Thiel · Fuhrmann · Jüngst

MAVO

Kommentar zur Rahmenordnung
für eine Mitarbeitervertretungsordnung

MAVO

Kommentar
zur Rahmenordnung
für eine Mitarbeitervertretungsordnung

6. vollständig überarbeitete und erweiterte Auflage

Von
Adolf Thiel
Oberrechtsrat a. D., ehemals am Erzbischöflichen Generalvikariat Köln, Referent für Schulungen zum Mitarbeitervertretungsrecht

Dr. Martin Fuhrmann
Syndikusanwalt und Referent an der Geschäftsstelle des Verbandes der Diözesen Deutschlands (VDD)

Manfred Jüngst
Vorsitzender Richter am Landesarbeitsgericht Köln

mitbegründet von
Dr. Franzjosef Bleistein
Vizepräsident des Landesarbeitsgerichts Köln a. D.

Luchterhand 2011

Bibliografische Information der Deutschen Nationalbibliothek
Die Deutsche Nationalbibliothek verzeichnet diese Publikation in der Deutschen Nationalbibliografie; detaillierte bibliografische Daten sind im Internet über http://dnb.d-nb.de abrufbar.

ISBN 978-3-472-07687-2

Zitiervorschlag: MAVO/*Bearbeiter*, § ... Rn ...

www.wolterskluwer.de
www.luchterhand-fachverlag.de

Alle Rechte vorbehalten.
© 2011 Wolters Kluwer Deutschland GmbH, Luxemburger Straße 449, 50939 Köln.
Luchterhand – eine Marke von Wolters Kluwer Deutschland GmbH.

Das Werk einschließlich aller seiner Teile ist urheberrechtlich geschützt. Jede Verwertung außerhalb der engen Grenzen des Urheberrechtsgesetzes ist ohne Zustimmung des Verlages unzulässig und strafbar. Das gilt insbesondere für Vervielfältigungen, Übersetzungen, Mikroverfilmungen und die Einspeicherung und Verarbeitung in elektronischen Systemen.
Verlag und Autor übernehmen keine Haftung für inhaltliche oder drucktechnische Fehler.

Umschlagkonzeption: Martina Busch, Grafikdesign, Fürstenfeldbruck
Satz: Satz-Offizin Hümmer GmbH, Waldbüttelbrunn
Druck und Weiterverarbeitung: Wilhelm & Adam OHG, Heusenstamm
Gedruckt auf säurefreiem, alterungsbeständigem und chlorfreiem Papier.

Vorwort zur sechsten Auflage

Mit der sechsten Auflage dieses Kommentars wird der Autorenkreis auf insgesamt drei Bearbeiter erweitert. Außer Adolf Thiel haben mitgewirkt Dr. Martin Fuhrmann und Manfred Jüngst.

Die Neuauflage ist veranlasst durch:
- die neue Kirchliche Arbeitsgerichtsordnung (KAGO) der Deutschen Bischofskonferenz vom 25. Februar 2010, die am 1. Juli 2010 in Kraft getreten ist,
- die Novellen zur Rahmenordnung für eine Mitarbeitervertretungsordnung gemäß Beschlüssen der Vollversammlung des Verbandes der Diözesen Deutschlands vom 25. Juni 2007 und 22. November 2010,
- Änderungen im Arbeitsvertragsregelungsrecht und
- Entwicklungen im staatlichen Recht.

Rechtsprechung der kirchlichen Arbeitsgerichte erster und zweiter Instanz, die ihre Arbeit nach dem 1. Juli 2005 aufgenommen haben, sowie staatliche Rechtsprechung zu betriebsverfassungsrechtlichen Fragen sind in die Kommentierung eingeflossen wie einschlägige Literatur.

Weil die Rahmenordnung für eine Mitarbeitervertretungsordnung ein Muster für diözesane Mitarbeitervertretungsordnungen ist, bedarf es der Umsetzung der Ordnung in diözesanes Gesetzesrecht durch die jeweiligen Diözesanbischöfe. Der Kommentar soll in das Mitarbeitervertretungsrecht insgesamt unter Berücksichtigung der aktuellen Änderungen einführen.

Der Benutzer dieses Kommentars wird die jeweils einschlägige diözesane Mitarbeitervertretungsordnung zusätzlich zur Hand nehmen, um der konkreten Gesetzeslage Rechnung zu tragen. Denn schon der Text der Rahmenordnung zeigt an, wo diözesane Abweichungen von der Rahmenordnung punktuell möglich sind. Davon werden jedoch die Beteiligungsrechte der Mitarbeitervertretung nicht betroffen.

Köln, im Februar 2011   Die Verfasser

Vorwort zur ersten Auflage

Als die erste Rahmenordnung für eine Mitarbeitervertretungsordnung im Bereich der Diözesen Deutschlands – endlich – am 3. 3. 1971 verabschiedet wurde, war das für die Katholische Kirche in Deutschland ein Sprung unmittelbar aus dem Mittelalter in die Neuzeit. Die auch auf dem Gebiet ihres Dienstrechtes streng hierarchisch gegliederte Kirche mit ihren vielfältigen sozialen, medizinischen und caritativen Einrichtungen räumte ihren Mitarbeitern zunächst zaghaft Mitwirkungs- und Mitbestimmungsrechte ein, die von einer nach demokratischen Grundsätzen frei gewählten Mitarbeitervertretung wahrzunehmen waren. Da gab es zu Beginn der Arbeit dieser Mitarbeitervertretungen, wie könnte es auch anders sein, vielfältigen »Sand im Getriebe«.

Die nun vorliegende, von den Verfassern kommentierte dritte Fassung der MAVO-Rahmenordnung vom 25. 11. 1985 ist mehr als nur eine Fortschreibung der vorhergehenden Fassungen. Sehr sorgfältig und in langen Beratungen suchte eine dazu berufene Kommission von Fachleuten eine der Praxis der kirchlichen Einrichtungen entsprechende Rahmenordnung vorzulegen, die auch in einzelnen Diözesen akzeptiert werden konnte. Bei allen aus der Kommentierung sichtbar werdenden Mängeln dieser Neufassung ist sie dennoch ein brauchbares Instrument der Zusammenarbeit zwischen den Dienstgebern und den Mitarbeitervertretungen. Unerläßlich ist dazu jedoch der ernste Wille zu einem ehrlichen fairen Miteinander. Dazu wollen diese Erläuterungen, mit denen sicher in dieser Form Neuland betreten wird, helfen.

Jeder Verfasser trägt für seine Kommentierung die wissenschaftliche Verantwortung. Der ständige Kontakt bei der Entstehung des Manuskriptes, aber auch die über zehn Jahre andauernde Zusammenarbeit der Verfasser in der Schlichtungsstelle – MAVO der Erzdiözese Köln gewährleisten, daß dieser Gemeinschaftskommentar aus einem Guß ist.

Gesetzgebung, Rechtsprechung und Schrifttum sind bis Juni 1987 berücksichtigt.

Köln, im September 1987   Die Verfasser

Bearbeiterübersicht

Im Einzelnen haben bearbeitet

Präambel	Thiel
§§ 1–3	Thiel
§ 4	Fuhrmann
§§ 5–15	Thiel
§§ 16, 17	Fuhrmann
§§ 18–20	Thiel
§§ 21, 22	Fuhrmann
§§ 22a–24	Thiel
§ 25	Fuhrmann
§§ 26–27a	Jüngst
§ 27b	Thiel
§ 28	Jüngst
§ 28a	Thiel
§ 29	Jüngst
§§ 30–31	Fuhrmann
§§ 32–39	Jüngst
§§ 40–44	Thiel
§§ 45–47	Jüngst
§§ 48–56	Thiel

Inhaltsverzeichnis

Vorwort zur sechsten Auflage V
Vorwort zur ersten Auflage VII
Bearbeiterübersicht IX
Abkürzungsverzeichnis XV
Literaturverzeichnis XXI

Ordnungstext

Rahmenordnung für eine Mitarbeitervertretungsordnung – MAVO – 3

Kommentierung

Rahmenordnung für eine Mitarbeitervertretungsordnung – MAVO –

    Präambel 39

I. Allgemeine Vorschriften

	§ 1	Geltungsbereich	67
	§ 1a	Bildung von Mitarbeitervertretungen	103
	§ 1b	Gemeinsame Mitarbeitervertretung	113
	§ 2	Dienstgeber	118
	§ 3	Mitarbeiterinnen und Mitarbeiter	126
	§ 4	Mitarbeiterversammlung	161
	§ 5	Mitarbeitervertretung	168

II. Die Mitarbeitervertretung

	§ 6	Voraussetzung für die Bildung der Mitarbeitervertretung Zusammensetzung der Mitarbeitervertretung	183
	§ 7	Aktives Wahlrecht	197
	§ 8	Passives Wahlrecht	210
	§ 9	Vorbereitung der Wahl	222
	§ 10	Dienstgeber – Vorbereitungen zur Bildung einer Mitarbeitervertretung	238
	§ 11	Durchführung der Wahl	244
	§§ 11a bis c	Vereinfachtes Wahlverfahren	251
	§ 11a	Voraussetzungen	252
	§ 11b	Vorbereitung der Wahl	254
	§ 11c	Durchführung der Wahl	255
	§ 12	Anfechtung der Wahl	258
	§ 13	Amtszeit der Mitarbeitervertretung	272
	§ 13a	Weiterführung der Geschäfte	284
	§ 13b	Ersatzmitglied, Verhinderung des ordentlichen Mitglieds und ruhende Mitgliedschaft	286
	§ 13c	Erlöschen der Mitgliedschaft	290

Inhaltsverzeichnis

§ 13d	Übergangsmandat	299
§ 13e	Restmandat	309
§ 14	Tätigkeit der Mitarbeitervertretung	312
§ 15	Rechtsstellung der Mitarbeitervertretung	340
§ 16	Schulung der Mitarbeitervertretung und des Wahlausschusses	370
§ 17	Kosten der Mitarbeitervertretung	404
§ 18	Schutz der Mitglieder der Mitarbeitervertretung	438
§ 19	Kündigungsschutz	460
§ 20	Schweigepflicht	505

III. Mitarbeiterversammlung

§ 21	Einberufung der Mitarbeiterversammlung	517
§ 22	Aufgaben und Verfahren der Mitarbeiterversammlung	528

IIIa. Sonderregelungen für gemeinsame Mitarbeitervertretungen

§ 22a	Sonderregelungen für gemeinsame Mitarbeitervertretungen nach § 1b	539

IV. Besondere Formen der Vertretung von Mitarbeiterinnen und Mitarbeitern

§ 23	Sondervertretung	543
§ 24	Gesamtmitarbeitervertretung und erweiterte Gesamtmitarbeitervertretung	550
§ 25	Arbeitsgemeinschaften der Mitarbeitervertretungen	560

V. Zusammenarbeit zwischen Dienstgeber und Mitarbeitervertretung

§ 26	Allgemeine Aufgaben der Mitarbeitervertretung	581
§ 27	Information	611
§ 27a	Information in wirtschaftlichen Angelegenheiten	618
§ 27b	Einrichtungsspezifische Regelungen	633
§ 28	Formen der Beteiligung, Dienstvereinbarung	642
§ 28a	Aufgaben und Beteiligung der Mitarbeitervertretung zum Schutz schwerbehinderter Menschen	647
§ 29	Anhörung und Mitberatung	652
§ 30	Anhörung und Mitberatung bei ordentlicher Kündigung	676
§ 30a	Anhörung und Mitberatung bei Massenentlassungen	712
§ 31	Anhörung und Mitberatung bei außerordentlicher Kündigung	720
§ 32	Vorschlagsrecht	728
§ 33	Zustimmung	734
§ 34	Zustimmung bei Einstellung und Anstellung	746
§ 35	Zustimmung bei sonstigen persönlichen Angelegenheiten	765
§ 36	Zustimmung bei Angelegenheiten der Dienststelle	789
§ 37	Antragsrecht	820
§ 38	Dienstvereinbarungen	825
§ 39	Gemeinsame Sitzungen und Gespräche	854

VI. Einigungsstelle

§ 40	Bildung der Einigungsstelle – Aufgaben	859
§ 41	Zusammensetzung – Besetzung	877

	§ 42	Rechtsstellung der Mitglieder	880
	§ 43	Berufungsvoraussetzungen	883
	§ 44	Berufung der Mitglieder	890
	§ 45	Zuständigkeit	894
	§ 46	Verfahren	907
	§ 47	Einigungsspruch	912

VII. **Sprecherinnen und Sprecher der Jugendlichen und der Auszubildenden, Vertrauensperson der schwerbehinderten Mitarbeiterinnen und Mitarbeiter, Vertrauensmann der Zivildienstleistenden**

	§ 48	Wahl und Anzahl der Sprecherinnen und Sprecher der Jugendlichen und der Auszubildenden	929
	§ 49	Versammlung der Jugendlichen und Auszubildenden	933
	§ 50	Amtszeit der Sprecherinnen und Sprecher der Jugendlichen und Auszubildenden	936
	§ 51	Mitwirkung der Sprecherinnen und Sprecher der Jugendlichen und Auszubildenden	938
	§ 52	Mitwirkung der Vertrauensperson der schwerbehinderten Mitarbeiterinnen und Mitarbeiter	942
	§ 53	Rechte des Vertrauensmannes der Zivildienstleistenden	950

VIII. **Schulen, Hochschulen**

	§ 54		953

IX. **Schlussbestimmungen**

	§ 55		959
	§ 56		962

Anhang

Anhang 1 Kirchliche Arbeitsgerichtsordnung (KAGO) 967

Anhang 2 Kirchliche Arbeitsgerichte

Dekret der Deutschen Bischofskonferenz über die Errichtung des Kirchlichen Arbeitsgerichtshofs 985

Kirchliche Arbeitsgerichte im Sinne von Art. 10 Abs. 2 GrO und § 1 KAGO im Bereich der Deutschen Bischofskonferenz 987

Stichwortverzeichnis 991

Abkürzungsverzeichnis

a. A.	andere Ansicht
AAS	Acta Apostolicae Sedis
a. a. O.	am angegebenen Ort
ABD	Arbeitsvertragsrecht der bayerischen (Erz-)Diözesen
Abs.	Absatz
AEUV	Vertrag über die Arbeitsweise der Europäischen Union
a. F.	alte Fassung
AfkKR	Archiv für katholisches Kirchenrecht
AGG	Allgemeines Gleichbehandlungsgesetz
AK	Arbeitsrechtliche Kommission des Deutschen Caritasverbandes
AktG	Aktiengesetz
A & K	Arbeitsrecht und Kirche
Anm.	Anmerkung
AP	Arbeitsrechtliche Praxis (Nachschlagewerk des BAG)
ArbG	Arbeitsgericht
ArbGG	Arbeitsgerichtsgesetz
ArbPlSchG	Arbeitsplatzschutzgesetz
ArbSchG	Arbeitsschutzgesetz
ArbStättV	Arbeitsstättenverordnung
ArbZG	Arbeitszeitgesetz
ASiG	Gesetz über Betriebsärzte, Sicherheitsingenieure und andere Fachkräfte für Arbeitssicherheit – Arbeitssicherheitsgesetz
Art.	Artikel
ATG	Altersteilzeitgesetz
AÜG	Arbeitnehmerüberlassungsgesetz
Aufl.	Auflage
AVR	Richtlinien für Arbeitsverträge in den Einrichtungen des Deutschen Caritasverbandes
AVVO	Arbeitsvertrags- und Vergütungsordnung für den kirchlichen Dienst in der Erzdiözese Freiburg
BAG	Bundesarbeitsgericht
BAGE	Amtliche Sammlung der Entscheidungen des Bundesarbeitsgerichts
BAT	Bundes-Angestelltentarifvertrag
BayPVG	Bayerisches Personalvertretungsgesetz
BaySchFG	Bayerisches Schulfinanzierungsgesetz
BB	Betriebsberater
Bd.	Band
BBG	Bundesbeamtengesetz
BBiG	Berufsbildungsgesetz
BDSG	Bundesdatenschutzgesetz
BeamtenVG	Beamtenversorgungsgesetz
BeamtStG	Beamtenstatusgesetz
BEEG	Bundeselterngeld- und Elternzeitgesetz
BGB	Bürgerliches Gesetzbuch
BGH	Bundesgerichtshof
BildscharbV	Bildschirmarbeitsverordnung

Abkürzungsverzeichnis

b+p	Betrieb + Personal
BPersVG	Bundespersonalvertretungsgesetz
BRRG	Beamtenrechtsrahmengesetz
BVerfG	Bundesverfassungsgericht
BVerfGE	Amtliche Sammlung der Entscheidungen des Bundesverfassungsgerichts
BVerwG	Bundesverwaltungsgericht
BVerwGE	Amtliche Sammlung der Entscheidungen des Bundesverwaltungsgerichts
Can.	canon, canones des CIC 1983
CIC	Codex Iuris Canonici 1983
CWMO	Caritas-Werkstätten-Mitwirkungsordnung
DB	Der Betrieb
DCV	Deutscher Caritasverband
DRK	Deutsches Rotes Kreuz
ders.	derselbe
dies.	dieselbe(n)
DStVS	Satzung für die gemeinschaftlichen kirchlichen Steuerverbände in den bayerischen (Erz-)Diözesen
DVO	Kirchliche Dienstvertragsordnung
DW	Diakonisches Werk
EGBGB	Einführungsgesetz zum BGB
EG	Europäische Gemeinschaft
EGMR	Europäischer Gerichtshof für Menschenrechte
EGV	Vertrag zur Gründung der Europäischen Gemeinschaft
EkA	Entscheidungen zum kirchlichen Arbeitsrecht
EKD	Evangelische Kirche in Deutschland
EMRK	Europäische Menschenrechtskonvention
ErfK	Erfurter Kommentar zum Arbeitsrecht
EU	Europäische Union
EuGH	Europäischer Gerichtshof
EUV	Vertrag über die Europäische Union
EWG	Europäische Wirtschaftsgemeinschaft
EzA	Entscheidungssammlung zum Arbeitsrecht
f.	Folgende
FC	Apostolisches Schreiben von Papst Johannes Paul II. über die Aufgaben der christlichen Familie in der Welt von heute »Familiaris consortio« (1981), Amtsblatt des Erzbistums Köln 1981 Nr. 322 S. 259
ff.	Fortfolgende
FFG	Frauenfürsorgegesetz
Fn	Fußnote
FS	Festschrift
FS Heinemann	Ministerium Justitiae – Festschrift für Heribert Heinemann zur Vollendung des 60. Lebensjahres
GG	Grundgesetz für die Bundesrepublik Deutschland
ggf.	gegebenenfalls
GmbH	Gesellschaft mit beschränkter Haftung
GmbHG	Gesetz betreffend die Gesellschaften mit beschränkter Haftung
GrO	Grundordnung des kirchlichen Dienstes im Rahmen kirchlicher Arbeitsverhältnisse

Abkürzungsverzeichnis

GrOKr	Grundordnung für katholische Krankenhäuser
GStVS	Satzung für die gemeindlichen kirchlichen Steuerverbände in den bayerischen (Erz-)Diözesen
Hdb. kath. KR	Handbuch des katholischen Kirchenrechts
Hdb. StKR	Handbuch des Staatskirchenrechts
HGB	Handelsgesetzbuch
HzA	Handbuch zum Arbeitsrecht
i. S. d.	im Sinne der/des
i. S. v.	im Sinne von
i. V. m.	in Verbindung mit
JZ	Juristenzeitung
KAB	Katholische Arbeitnehmerbewegung
KAGH	Kirchlicher Arbeitsgerichtshof
KAGO	Kirchliche Arbeitsgerichtsordnung
KDO	Anordnung über den kirchlichen Datenschutz
KHBV	Verordnung über die Rechnungs- und Buchführungspflichten von Krankenhäusern (Krankenhaus-Buchführungsverordnung)
KirchE	Entscheidungen in Kirchensachen seit 1946
KiStiftO	Ordnung für kirchliche Stiftungen in den bayerischen (Erz-)Diözesen
KMAO	Anordnung über das kirchliche Meldewesen (Kirchenmeldewesenanordnung)
KNA	Katholische Nachrichtenagentur
KODA	Kommission für die Ordnung diözesanen Arbeitsvertragsrechts
KR	Gemeinschaftskommentar zum Kündigungsschutzgesetz und sonstigen kündigungsschutzrechtlichen Vorschriften
KSchG	Kündigungsschutzgesetz
KuR	Kirche & Recht – Zeitschrift für die kirchliche und staatliche Praxis
KVVG	Kirchengesetz über die Verwaltung des katholischen Kirchenvermögens für den niedersächsischen Anteil der Diözese Fulda vom 15. 11. 1987, ABl. 1987 S. 93 ff.
KZVK	Kirchliche Zusatzversorgungskasse
LAG	Landesarbeitsgericht
LAGE	Sammlung der Entscheidungen der Landesarbeitsgerichte
LPVG NW	Landespersonalvertretungsgesetz Nordrhein-Westfalen
Ls./LS	Leitsatz
MAV	Mitarbeitervertretung
MAVO	Mitarbeitervertretungsordnung
m. N.	mit Nachweisen
MuSchG	Mutterschutzgesetz
MVG EKD	Kirchengesetz über Mitarbeitervertretungen in der Evangelischen Kirche in Deutschland (Mitarbeitervertretungsgesetz – MVG)
NachwG	Gesetz über den Nachweis der für ein Arbeitsverhältnis geltenden wesentlichen Bestimmungen (Nachweisgesetz)
NE	Nordelbien
n. F.	neue Fassung
NJW	Neue Juristische Wochenschrift
Nr.	Nummer
n. rkr.	nicht rechtskräftig
n. v.	nicht veröffentlicht
NRW	Nordrhein-Westfalen

Abkürzungsverzeichnis

NVwZ	Neue Zeitschrift für Verwaltungsrecht
NZA	Neue Zeitschrift für Arbeitsrecht
ÖTV	Gewerkschaft Öffentliche Dienste, Transport und Verkehr
OK	Ordenskorrespondenz
OVG	Oberverwaltungsgericht
PBV	Verordnung über die Rechnungs- und Buchführungs-Pflichten der Pflegeeinrichtungen (Pflege-Buchführungsverordnung)
PersV	Die Personalvertretung
RdA	Recht der Arbeit
RiA	Recht im Amt, Zeitschrift
RK	Rotes Kreuz
RL	Richtlinie
rkr.	rechtskräftig
Rn	Randnummer
RVG	Rechtsanwaltsvergütungsgesetz
S.	Seite/Satz
SBG	Soldatenbeteiligungsgesetz
SGB II	Sozialgesetzbuch. Zweites Buch – Grundsicherung für Arbeitsuchende
SGB III	Sozialgesetzbuch. Drittes Buch – Arbeitsförderung –
SGB IV	Sozialgesetzbuch. Viertes Buch – Gemeinsame Vorschriften für die Sozialversicherung –
SGB V	Sozialgesetzbuch. Fünftes Buch – Gesetzliche Krankenversicherung –
SGB VI	Sozialgesetzbuch. Sechstes Buch – Gesetzliche Rentenversicherung –
SGB VII	Sozialgesetzbuch. Siebtes Buch – Gesetzliche Unfallversicherung –
SGB VIII	Sozialgesetzbuch. Achtes Buch – Kinder- und Jugendhilfe –
SGB IX	Sozialgesetzbuch. Neuntes Buch – Rehabilitation und Teilhabe behinderter Menschen –
SGB XI	Sozialgesetzbuch. Elftes Buch – Soziale Pflegeversicherung –
SGB XII	Sozialgesetzbuch. Zwölftes Buch – Sozialhilfe –
SprAuG	Sprecherausschussgesetz
StGB	Strafgesetzbuch
StiftGNW	Stiftungsgesetz für das Land Nordrhein-Westfalen
StPO	Strafprozessordnung
ThGl	Theologie und Glaube (Zeitschrift)
TVöD	Tarifvertrag für den öffentlichen Dienst
TzBfG	Teilzeit- und Befristungsgesetz
UmwG	Umwandlungsgesetz
v.	Vom
VDD	Verband der Diözesen Deutschlands
ver.di	Vereinte Dienstleistungsgewerkschaft
VG	Verwaltungsgericht
VGH	Verwaltungsgerichtshof
vgl.	Vergleiche

Abkürzungsverzeichnis

WRV	Verfassung des Deutschen Reiches vom 18. 8. 1919 (Weimarer Reichsverfassung)
z. B.	zum Beispiel
ZBR	Zeitschrift für Beamtenrecht
ZDG	Zivildienstgesetz
ZDVG	Zivildienstvertrauensmann-Gesetz
Zentral-KODA	Zentrale Kommission zur Ordnung des Arbeitsvertragsrechts im kirchlichen Dienst
ZevKR	Zeitschrift für evangelisches Kirchenrecht
ZfA	Zeitschrift für Arbeitsrecht
ZfSH	Zeitschrift für Sozialhilfe
ZIP	Zeitschrift für Gesellschaftsrecht und Insolvenzpraxis
ZKD	Zentralverband der Mitarbeiterinnen und Mitarbeiter in Einrichtungen der katholischen Kirche Deutschlands e. V.
ZMV	Die Mitarbeitervertretung, Zeitschrift für die Praxis der Mitarbeitervertretungen in Einrichtungen der katholischen und evangelischen Kirche
ZPO	Zivilprozessordnung
ZRP	Zeitschrift für Rechtspolitik
ZTR	Zeitschrift für Tarif-, Arbeits- und Sozialrecht des öffentlichen Dienstes

Literaturverzeichnis

Achilles, Wilhelm-Albrecht: Unternehmerische Betätigung von kirchlichen Stiftungen, in: KuR 2009 S. 72–90.

Adam, Roman/Bauer, Uwe/ Bettenhausen, Gundula/Dahl, Jürgen/Dahlem, Wolfgang/von Dassel, Hans-Dietrich/ Heymanns, Norbert/Hindahl, Theodor/Litschen, Kai/ Schmidtke, Elisabeth/Schulz-Koffka, Kai: Tarifrecht der Beschäftigten im öffentlichen Dienst – Kommentar zum Tarifvertrag öffentlicher Dienst (TVöD) Verwaltung, Köln 2007.

Aigner, Tatjana: Rechtsschutz gegen Mobbing verstärkt – Eine Auswertung des Urteils des LAG Thüringen vom 10. April 2001, in: BB 2001 S. 1354.

Allmen, Jean-Jacques: Die Zugehörigkeit zur Kirche in reformierter Sicht, in: Das Problem der Kirchengliedschaft heute S. 412, Herausgeber: Peter Meinhold, Darmstadt 1979.

Altvater, Lothar/Hamer, Wolfgang/Kröll, Michael u. a.: Bundespersonalvertretungsgesetz: BPersVG, 6. Aufl., Frankfurt/Main 2009.

Amann, Thomas: Die Ausübung der Sacra Potestas im kirchlichen Arbeitsgericht, in: AfkKR 2006 S. 435–451.

Andelewski, Utz: Einrichtungsspezifische Regelungen in caritativen Einrichtungen, in ZMV 2010 S. 123–127.

Arbeitsgruppe Fortbildung im Sprecherkreis der Hochschulkanzler, Herausgeber – Kanzler der Universität Essen-Gesamthochschule: Personalvertretungsrecht an Wissenschaftlichen Hochschulen – Fortbildungsprogramm für die Wissenschaftsverwaltung, Materialien Nr. 7, Essen 1982.

Arntzen, Arnd: Loyalität und Loyalitätsprobleme in kirchlichen Arbeitsverhältnissen – Eine Analyse des teilkirchlichen deutschen Arbeitsrechts und neuerer Leitungskonzepte im Caritasbereich, Bochum 2003.

ders.: Loyalität und Loyalitätsprobleme in kirchlichen Arbeitsverhältnissen, 2003.

Ascheid, Reiner/Preis, Ulrich/ Schmidt, Ingrid: Kündigungsrecht, 3. Aufl., München 2007.

Auktor, Christian: Die individuelle Rechtsstellung der Betriebsratsmitglieder bei Wahrnehmung eines Restmandats, in: NZA 2003 S. 950–954.

Aymans, Winfried: Begriff, Aufgabe und Träger des Lehramts, in: Handbuch des katholischen Kirchenrechts S. 659, Herausgeber: Listl/Schmitz, Regensburg 1999.

ders.: Das konsoziative Element in der Kirche, in: AfkKR 1987 S. 337–366.

ders.: Der Leitungsdienst des Bischofs im Hinblick auf die Teilkirche. Über die bischöfliche Gewalt und ihre Ausübung aufgrund des Codex Juris Canonici, in: AfkKR 1984 S 35–55.

ders.: Die kanonistische Lehre von der Kirchengliedschaft im Lichte des II. Vatikanischen Konzils, in: AfkKR 1973 S. 397–417.

ders.: Die Träger kirchlicher Dienste, in: Handbuch des katholischen Kirchenrechts S. 242, Herausgeber: Listl/Schmitz, Regensburg 1999.

ders.: Gliederungs- und Organisationsprinzipien, in: Handbuch des katholischen Kirchenrechts S. 239–247, Herausgeber: Listl/Müller/Schmitz, Regensburg 1983.

ders.: Kirchliche Vereinigungen – Ein Kommentar zu den vereinigungsrechtlichen Bestimmungen des Codex Juris Canonici, Paderborn 1988.

Literaturverzeichnis

ders.:	Kirchliche Vereinigungen im Gebiet der deutschen Bischofskonferenz, in: AfkKR 1989 S. 369–386.
ders.:	Oberhirtliche Gewalt, in: AfkKR 1988 S. 3–38.
ders.:	Wesensverständnis und Zuständigkeiten der Bischofskonferenz im Codex Juris Canonici von 1983, in: AfkKR 1983 S. 46–61.
Aymans, Winfried/Mörsdorf, Klaus:	Kanonisches Recht – Lehrbuch aufgrund des Codex Juris Canonici, Band I, Einleitende Grundfragen und Allgemeine Normen, Paderborn/München/Wien/Zürich 1991.
Aymans, Windfried/Mörsdorf, Klaus:	Kanonisches Recht – Lehrbuch aufgrund des Codex Juris Canonici, Band II, Verfassungs- und Vereinigungsrecht, Paderborn, München, Wien, Zürich 1997.
Aymans, Windfried/Mörsdorf, Klaus:	Kanonisches Recht – Lehrbuch aufgrund des Codex Juris Canonici, Band III, Verkündigungsdienst und Heiligungsdienst, 13. Aufl., Paderborn 2006.
Baldus, Manfred:	Kirchliche Fachhochschulen und staatliches Hochschulrecht, in: Essener Gespräche zum Thema Staat und Kirche, Band 9 S. 112–142, Münster 1975.
Bauer, Jobst-Hubertus:	Arbeitsrechtliche Aufhebungsverträge, 8. Aufl., München 2007.
Baumann-Czichon, Bernhard/Germer, Lothar:	Mitarbeitervertretungsgesetz der Evangelischen Kirche in Deutschland (MVG-EKD), 3. Aufl., Frankfurt 2009.
Baumann-Gretzka, Marcus:	Die Aufsicht über rechtsfähige kirchliche Stiftungen des Bürgerlichen Rechts, in: KuR 2009 S. 91–101.
Becker, Friedrich:	Abgrenzung der Arbeitnehmerüberlassung gegenüber Werk- und Dienstverträgen, in: DB 1988 S. 2561–2567.
Becker, Nikolaus, Herausgeber:	Evangelisches Kirchenrecht im Rheinland. Die Kirchenordnung und andere Organisationsgesetze, nach dem Stand von Januar 1991, Neuwied.
Becker-Schaffner:	Die Rechtsprechung zur Ausschlussfrist des § 626 Abs. 2 BGB, in: DB 1987 S. 2147–2154.
ders.:	Die Rechtsprechung zu § 78a BetrVG, in: DB 1987 S. 2647.
Belling, Detlev W.:	Kirchliches Arbeitsrecht und kirchliche Arbeitsgerichtsbarkeit, in: NZA 2006 S. 1132–1135
Bengelsdorf, Peter:	Die erzwungene Weiterbeschäftigung: Kein Arbeitsverhältnis, in: DB 1989 S. 2020.
ders.:	Freizeitausgleich für teilzeitbeschäftigte Betriebsratsmitglieder, in: NZA 1989 S. 905–915.
ders.:	Die Anhörung des Betriebsrats vor einer Verdachtskündigung, FA 2010 S. 354 ff.
Bepler, Klaus:	Integratives System des Dritten Wegs als gleichwertige Alternative zum Tarifvertragsmodell, in: KuR 2004 S. 139–152.
Berchtenbreiter, Angelika:	Kündigungsschutzprobleme im kirchlichen Arbeitsverhältnis – Schriften zum Wirtschafts-, Arbeits- und Sozialrecht, Band 31, Heidelberg 1994.
Berger-Delhey, Ulf:	»Problemzone« § 37 BetrVG: Aktuelle Fragen zur Teilnahme an Schulungs- und Bildungsveranstaltungen, in: ZTR 1995 S. 545–548.
ders.:	Probezeit und Wartezeit, Synonyme oder Antinomie?, in: BB 1989 S. 977.
Berger-Delhey, Ulf/Alfmeier, Klaus:	Freier Mitarbeiter oder Arbeitnehmer?, in: NZA 1991 S. 257–260.
Berkowsky, Wilfried:	Die Unterrichtung des Betriebsrats bei Kündigungen durch den Arbeitgeber, NZA 1996 S. 1065 ff.
ders.:	Die personen- und verhaltensbedingte Kündigung, 4. Aufl., München 2005.
Bernards, Kordula:	Die Schlichtungsstelle im Mitarbeitervertretungsrecht der katholischen Kirche, Neuwied 1991.

Literaturverzeichnis

Besgen, Dieter:	Das Probearbeitsverhältnis, in: b+p 1995 S. 116–120.
Beyer, Norbert/Papenheim, Heinz-Gert:	Arbeitsrecht der Caritas, Freiburg, Loseblattsammlung, Stand: April 2010.
Beyer, Norbert/Frank, Willi/ Frey, Hans-Günther/Hammerl, Wolfgang/Müller, Matthias/ Schulze Froning, Wilma/Simon, Martin/Sroka, Reiner/Thüsing, Gregor/Tiggelbeck, Claudia/ Wege, Donat:	MAVO – Freiburger Kommentar zur Rahmenordnung für eine Mitarbeitervertretungsordnung einschließlich Kirchliche Arbeitsgerichtsordnung (KAGO), 5. Aufl., Freiburg 2008 (Stand: 1/2009).
Bielefeld, Ulrich:	Befristete Probearbeitsverhältnisse, in: NJW 1976 S. 1139.
Bier, Georg:	Die Rechtsstellung des Diözesanbischofs nach dem Codex Juris Canonici von 1983, Forschungen zur Kirchenrechtswissenschaft Band 32, Hrsg.: Norbert Lüdecke und Helmut Pree, Würzburg 2001.
Bietmann, Rolf:	Betriebliche Mitbestimmung im kirchlichen Dienst – Arbeitsrechtliche Probleme der kirchlichen Mitarbeitervertretungen – Schriften zum Wirtschafts-, Arbeits- und Sozialrecht, Band 18, Königstein/Ts. 1982.
ders.:	Rahmenordnung für eine Mitarbeitervertretungsordnung der katholischen Kirche, Kurzkommentar, Herausgeber: Hauptvorstand der Gewerkschaft Öffentliche Dienste, Transport und Verkehr, Stuttgart 1982.
Bioly, Josef/Hintz, Cornelia/ Wolf Franz J.:	Mitarbeitervertretungsgesetz für die Evangelische Kirche von Westfalen, die Evangelisch-Lippische Landeskirche und die Diakonischen Einrichtungen – Kommentar, Köln 1984.
Bischof, Michael:	Die Arten der Betriebsversammlungen und ihre zeitliche Lage, in: BB 1993 S. 1937.
Bleistein, Franzjosef:	Betriebsratsmitglieder: Teilnahme an Schulungs- und Bildungsveranstaltungen nach § 37 Abs. 6 und § 37 Abs. 7 BetrVG, in: b + p 1994 S. 310–312.
ders.:	Das Mitwirkungsrecht der Mitarbeitervertretungen nach der Mitarbeitervertretungsordnung der katholischen Kirche bei Kündigungen, in: Farthmann/Hanau/Isenhardt/Preis (Hrsg.), Arbeitsgesetzgebung und Arbeitsrechtsprechung, Festschrift zum 70. Geburtstag von Eugen Stahlhacke, Neuwied/Kriftel/Berlin 1995, S. 69–82.
ders.:	Die Geschäftsordnung des Betriebsrats: Rechtsfragen und Probleme, in: b+p 1996 S. 356–358.
ders.:	Schlichtungsverfahren in Streitigkeiten nach der Mitarbeitervertretungsordnung der Katholischen Kirche, in: RdA 1998 S. 37–42.
ders.:	Schulungs- und Bildungsveranstaltungen für Betriebsratsmitglieder (§ 37 Abs. 6 und 7 BetrVG), in: Beilage Nr. 1/75 S. 1 in BB Heft 5/1975.
ders.:	Sozialplan: Grundvoraussetzungen für den Abschluss, in: ZMV 5/1997 S. 210–214.
Blens, Dirk:	Schweigepflicht der Mitarbeitervertretungen, in: ZMV 2002 S. 214–217.
Boemke-Albrecht, Burkhard:	Die Versetzung von Betriebsratsmitgliedern, in: BB 1991 S. 541–548.
Braun, Stefan:	Checkliste Arbeitszeugnis, in: ZTR 2002 S. 106–110.
Brenner, Günter:	Rechtskunde für das Krankenpflegepersonal einschließlich des Altenpflegepersonals und anderer Berufe im Gesundheitswesen, Lehrbuch und Nachschlagewerk für die Praxis, 6. Aufl., Stuttgart/New York 1997.
Bröhl, Knut-Dietrich:	Die Orlando-Kündigung. Zwischenwort zur außerordentlichen Kündigung tariflich unkündbarer Arbeitnehmer, in: Festschrift für Schaub, S. 55 ff., München 1998.
ders.:	Die außerordentliche Kündigung mit notwendiger Auslauffrist, München 2005.

Literaturverzeichnis

Brose, Wiebke:	Das betriebliche Eingliederungsmanagement nach § 84 Abs. 2 SGB IX als eine neue Wirksamkeitsvoraussetzung für die krankheitsbedingte Kündigung?, in: DB 2005 S. 390–394.
Brunotte, Heinz:	Taufe und Kirchenmitgliedschaft, in: Das Problem der Kirchengliedschaft heute S. 173, Hrsg.: Peter Meinhold, Darmstadt 1979.
Busch, Wolfgang:	Die Vermögensverwaltung und das Stiftungsrecht im Bereich der katholischen Kirche, in: Handbuch des Staatskirchenrechts der Bundesrepublik Deutschland, Band I, 2. Aufl., Hrsg.: Listl, Joseph/Pirson, Dietrich, Berlin 1995, § 34 S. 947–1008.
Busemann/Schäfer:	Kündigung und Kündigungsschutz im Arbeitsverhältnis, 5. Aufl., Berlin 2006.
von Campenhausen, Axel:	Der Austritt aus den Kirchen und Religionsgemeinschaften, in: HdbStKR, Band I, 2. Aufl., Hrsg.: List, Joseph/Pirson, Dietrich, Berlin 1994, § 27 S. 777–785.
ders.:	Die Verantwortung der Kirche und des Staates für die Regelung von Arbeitsverhältnissen im kirchlichen Bereich, in: Essener Gespräche zum Thema Staat und Kirche, Band 18 S. 9, Münster 1984.
ders.:	Entwicklungstendenzen im kirchlichen Gliedschaftsrecht, in: ZevKR 1996 S. 129–141.
ders.:	Kircheneintritt – Kirchenaustritt – Kirchenmitgliedschaft, in: Das Problem der Kirchengliedschaft heute S. 257, Hrsg.: Peter Meinhold, Darmstadt 1979.
v. Campenhausen/de Wall:	Staatskirchenrecht, 4. Aufl., München 2006.
Christoph, Joachim E.:	Rechtsnatur und Geltungsbereich des kirchlichen Mitarbeitervertretungsrechts, in: ZevKR 1987 S. 47–67.
Compensis, Ulrike:	Sozialrechtliche Auswirkungen der stufenweisen Wiedereingliederung arbeitsunfähiger Arbeitnehmer nach § 74 SGB V, in: NZA 1992 S. 631–637.
Congar, Yves:	Veränderung des Begriffs »Zugehörigkeit zur Kirche«, in: Das Problem der Kirchengliedschaft heute S. 279, Herausgeber: Peter Meinhold, Darmstadt 1979.
Damköhler, Horst Martin:	Erläuterungen zur Mitarbeitervertretungs-Ordnung (MAVO), Herausgeber: Katholische Arbeitnehmerbewegung Süddeutschlands, München 1982.
Däubler, Wolfgang:	Zielvereinbarungen als Mitbestimmungsproblem, in: NZA 2005 S. 793–797.
Däubler, Wolfgang/Kittner, Michael/Klebe, Thomas, Hrsg.:	Betriebsverfassungsgesetz, 12. Aufl., Frankfurt/Main 2010.
Deinert, Olaf:	Lohnausfallprinzip in § 37 BetrVG und Verbot der Diskriminierung wegen des Geschlechts, in: NZA 1997 S. 183–189.
ders.:	Neugestaltung der Arbeitsvertragsgrundlagen in Einrichtungen der evangelischen Kirchen über den 3. Weg, in: ZTR 2005 S. 461–479.
Deutsche Bischofskonferenz, Herausgeber:	Codex Iuris Canonici – Codex des kanonischen Rechtes, 6. Aufl., Kevelaer 2009.
dies.:	Katholischer Erwachsenen-Katechismus – Das Glaubensbekenntnis der Kirche, Bonn 1985.
dies.:	Zeugenaussage, Zeugnisverweigerungsrecht und Schweigepflicht. Ein juristischer Leitfaden für Seelsorger zum Schutz des Beicht- und Seelsorgegeheimnisses, Arbeitshilfen Nr. 222, Bonn 2008.
Diringer, Arnd:	Der Chefarzt als leitender Angestellter, in: NZA 2003 S. 890–896.
Dütz, Wilhelm:	Arbeitsgerichtliche Überprüfung von kollektiven kirchlichen Arbeitsrechtsregelungen, in: Dem Staate, was des Staates – der Kirche, was der Kirche ist – Festschrift für Joseph Listl zum 70. Geburtstag, Herausgeber: Josef Isensee/Wilhelm Rees/Wolfgang Rüfner, Berlin 1999, S. 573–585.

Literaturverzeichnis

ders.:	Aktuelle kollektivrechtliche Fragen des kirchlichen Dienstes, in: Essener Gespräche zum Thema Staat und Kirche, Band 18 S. 67, Münster 1984.
ders.:	Anmerkung zum Urteil des BAG vom 11. 3. 1986 – 1 ABR 26/84, AP Art. 140 GG Nr. 25 Bl. 345–349.
ders.:	Besonderes Verhältnis – Die Loyalitätsanforderungen an Mitarbeiter im kirchlichen Dienst – in: Die Neue Ordnung, Heft 2/88 S. 127–138.
ders.:	Betriebsbedingte Kündigungen im kirchlichen Bereich, in: KuR 1/2006 S. 34–53.
ders.:	Die Kirchlichkeit von Einrichtungen auf dem Prüfstand, in: ZMV Sonderheft 2007 S. 9–13.
ders.:	Kirchliches Arbeitsrecht in nichtdiözesanen Einrichtungen, in: Eder/Floß, Grundkonsens in der Dienstgemeinschaft, Winzer 2006, S. 69–76.
ders.:	Kirchliche Einrichtungen im gesetzlichen Normengeflecht – zugleich Besprechung des Urteils des Delegationsgerichts der Apostolischen Signatur, in: KuR 2010 S. 151 Nr. 350.
ders.:	Kirchliche Festlegung arbeitsvertraglicher Kündigungsgründe?, in: NJW 1990 S. 2025–2031.
ders.:	Das Bundesverfassungsgericht zur Kündigung kirchlicher Arbeitsverhältnisse, in: NZA, Beilage Nr. 1/86 zu Heft 3/86 S. 11–15.
ders.:	Mitbestimmung in kirchlichen Wirtschaftsbetrieben, in: Farthmann/Hanau/Isenhardt/Preis (Hrsg.), Arbeitsgesetzgebung und Arbeitsrechtsprechung, Festschrift zum 70. Geburtstag von Eugen Stahlhacke, Neuwied/Kriftel/Berlin 1994 S. 101–114.
ders.:	Neue Grundlagen im Arbeitsrecht der katholischen Kirche, in: NJW 1994 S. 1369–1375.
ders.:	Kirchliche Vereine nach neuem Kirchenrecht – Zur Zuordnung nach den Typisierungen des CIC 1983 – in: Theologie und Glaube 1988 S. 352–365.
ders.:	Rechtsschutz für kirchliche Bedienstete im individuellen Arbeitsrecht, insbesondere Kündigungsschutzverfahren, in: NZA 2006 S. 65–71.
ders.:	Staatskirchenrechtliche Gerichtsschutzfragen im Arbeitsrecht, in: Festschrift für Wolfram Henckel, Berlin 1995 S. 145–159.
ders.:	Rechtsschutz für kirchliche Bedienstete im individuellen Arbeitsrecht, insbesondere Kündigungsschutzverfahren, in: NZA 2006 S. 65–71.
Düwell, Franz Josef:	Betriebsverfassungsgesetz, Handkommentar, 3. Aufl. 2010.
ders.:	Die Neuregelung des Verbots der Benachteiligung wegen Behinderung im AGG, in: BB 2006 S. 1741–1745.
Eberle, Susanne:	Sozialstationen in kirchlicher Trägerschaft, Essen 1993.
Eder, Joachim:	Tarifpartnerin Katholische Kirche? Der »Dritte Weg« der katholischen Kirche in der Bundesrepublik Deutschland aus kanonistischer Sicht, Schriften der Universität Passau, Reihe Katholische Theologie, Band 7, Passau 1991 (zitiert: Dissertation)
Eder, Joachim/Floß, Martin (Hrsg.):	Festschrift für Wolfgang Rückl anlässlich des 25-jährigen Jubiläums der Bayerischen Regional-KODA, Winzer 2006.
Ehlers, Dirk:	Der staatliche Gerichtsschutz in kirchlichen Angelegenheiten – BVerwG, NJW 1983, 2580 und BVerwG, NJW 1983, 2582, in: JuS 1989 S. 364–373.
ders.:	Rechtsfragen der Vollstreckung kirchlicher Gerichtsentscheidungen, in: ZevKR Bd. 49 (2004) S. 496–518.
ders.:	Zur Arbeitnehmereigenschaft von Nichtsesshaften, die in Einrichtungen der freien Wohlfahrtspflege beschäftigt sind, in: NZA 1989 S. 832.
Ehmann, Horst:	Datenschutz und Mitbestimmungsrechte bei der Arbeitnehmer-Datenverarbeitung, in: NZA 1993 S. 241–248.

XXV

Literaturverzeichnis

Ehrich, Christian/Hoß, Axel:	Die Kosten des Betriebsrats – Umfang und Grenzen der Kostentragungspflicht des Arbeitgebers, in: NZA 1996 S. 1075.
Emeis, Dieter:	Was ist ein christliches Krankenhaus?, in: Stimmen der Zeit, Band 196, 1978 S. 117–126.
Emsbach, Heribert/Seeberger, Thomas:	Rechte und Pflichten des Kirchenvorstandes, 10. Aufl., Köln 2009.
Engelhardt, Hanns:	Einige Gedanken zur Kirchenmitgliedschaft im kirchlichen und staatlichen Recht, in: ZevKR 1996 S. 142–158.
Engels, Gerd:	Betriebsverfassungsrechtliche Einordnung von Ein-Euro-Jobbern, in: NZA 2007 S. 8–13.
Engels, Gerd/Natter, Eberhard:	Wahl von betrieblichen Jugend- und Auszubildendenvertretungen im Herbst 1988, in: BB 1988 S. 1453.
Erdö, Peter:	Die Kirche als rechtlich verfaßtes Volk Gottes, in: Handbuch des katholischen Kirchenrechts, Regensburg, 2. Aufl. 1999, S. 12–20.
Erzbischöfliches Generalvikariat in Köln, Hrsg.:	Kölner Diözesan-Synode 1954, Köln 1954.
Etzel, Gerhard:	Betriebsverfassungsrecht, in: Handbuch zum Arbeitsrecht (HzA), Gruppe 19, Stand: August 1995, Neuwied.
ders.:	Die »Orlando-Kündigung«: Kündigung tariflich unkündbarer Arbeitnehmer, ZTR 2003 S. 210 ff.
Etzel, Gerhard/Bader, Peter/ Fischermeier, Ernst/Friedrich, Hans-Wolf/Griebeling, Jürgen/ Lipke, Gert-Albert/Pfeiffer, Thomas/Rost, Friedhelm/Spilger, Andreas Michael/Treber, Jürgen/Vogt, Norbert/Weigand, Horst/Wolff, Ingeborg:	Gemeinschaftskommentar zum Kündigungsschutzgesetz und zu sonstigen kündigungsschutzrechtlichen Vorschriften, 9. Aufl., Köln 2009; zitiert KR-*Bearbeiter*.
Fabricius, Fritz	Kommentar zu § 118 BetrVG – Tendenzbetriebe und Religionsgemeinschaften, Neuwied und Darmstadt 1985.
Fachet, Siegfried:	Datenschutz in der katholischen Kirche, Praxiskommentar zur Anordnung über den kirchlichen Datenschutz (KDO), Neuwied/Kriftel 1998.
Fahr, Friedrich/Weber, Helmut/Binder, Josef:	Ordnung für kirchliche Stiftungen – Satzungen und Wahlordnungen für die gemeindlichen und gemeinschaftlichen kirchlichen Steuerverbände in den bayerischen (Erz-)Diözesen, 16. Aufl., München 2006.
Farthmann, Friedhelm/Hanau, Peter/Isenhardt, Udo/ Preis, Ulrich, Hrsg.:	Arbeitsgesetzgebung und Arbeitsrechtsprechung. Festschrift zum 70. Geburtstag von Eugen Stahlhacke, Neuwied/Kriftel 1995.
Feldhoff, Norbert:	Dombau KODA in Köln – Die Ausnahme von der Regel, in: KuR 1/2010 S. 67–73.
Fey, Detlev:	Internet/Intranet und Mitarbeitervertretung, in: ZMV 2000 S. 17–20.
Fitting, Karl/Engels, Gerd/ Schmidt, Ingrid/Trebinger, Yvonne/Linsenmaier, Wolfgang:	Betriebsverfassungsgesetz – Handkommentar, 25. Aufl., München 2010.
Forsthoff, Ernst:	Lehrbuch des Verwaltungsrechts I. Bd. Allgemeiner Teil, 7. Aufl., München und Berlin 1958.
Frank, Willi:	Die neue Kirchliche Arbeitsgerichtsordnung (KAGO) im Bereich der katholischen Kirche, in: ZMV Sonderheft 2005 S. 13–19.
Freiburger Kommentar zur Rahmenordnung für eine Mitarbeitervertretungsordnung einschließlich Kirchliche Arbeitsgerichtsordnung (KAGO), 5. Auflage, März 2008, Stand 1/2009.	
Frey, Hans-Günther:	Novellierung der Rahmenordnung für eine Mitarbeitervertretungsordnung – MAVO, in: KuR 4/95 S. 11 = Nr. 350 S. 15–32.

Literaturverzeichnis

Frey, Hans-Günther/Bahles Elmar, Hrsg.:	Dienst- und Arbeitsrecht in der katholischen Kirche – Ergänzbare Rechtsquellensammlung, Neuwied.
Frey, Hans-Günther/Schmitz-Elsen, Josef:	Kurzkommentar zur Rahmenordnung für eine Mitarbeitervertretungsordnung (MAVO), in: caritas korrespondenz, Sonderheft I, Freiburg i.Br. 1978.
Frey, Hans-Günther/Schmitz-Elsen, Josef/Coutelle, Reinhold:	Kommentar zur Rahmenordnung für eine Mitarbeitervertretungsordnung (MAVO), 2. Aufl., in: caritas korrespondenz, Sonderheft I, Freiburg i.Br. 1981.
dies.:	MAVO, Kommentar zur Rahmenordnung für eine Mitarbeitervertretungsordnung, 3. Aufl., in: caritas korrespondenz, Sonderheft III, Freiburg i.Br. 1988.
Frey, Hans-Günther/Coutelle, Reinhold/Beyer, Norbert:	MAVO – Kommentar zur Rahmenordnung für eine Mitarbeitervertretungsordnung 4. Aufl., Freiburg 2001.
Frey, Helmut/Pulte, Peter:	Betriebsvereinbarungen in der Praxis, 3. Aufl., München 2005.
Friauf, Heinrich:	Arbeitnehmerweiterbildung und gewerkschaftliche Schulung – Zur Anwendung des nordrhein-westfälischen Arbeitnehmerweiterbildungsgesetzes aus verfassungsrechtlicher Sicht, in: DB Beilage Nr. 2/89 zu Heft 3 vom 20. Januar 1989.
Friesenhahn, Ernst:	Kirchen als Körperschaften des öffentlichen Rechts? Die Rechtslage in der Bundesrepublik Deutschland mit vergleichenden Ausblicken auf die Schweiz, in: Kirche und Staat in der neueren Entwicklung S. 352–384, Hrsg.: Paul Mikat, Darmstadt 1980.
Frost, Herbert:	Die Gliedschaft in der Kirchengemeinde, in: Das Problem der Kirchengliedschaft heute S. 237, Hrsg.: Peter Meinhold, Darmstadt 1979.
Fuhrmann, Martin:	Volkswirtschaftliche und mitarbeitervertretungsrechtliche Aspekte von Ein-Euro-Jobs, in: Grundkonsens in der Dienstgemeinschaft, Festschrift für Wolfgang Rückl anlässlich des 25-jährigen Jubiläums der Bayerischen Regional-KODA, Hrsg.: Eder, Joachim/Floß,Martin, Winzer 2006, S. 105–117.
Gabriels, André/Reinhardt, Heinrich J. F., Hrsg.:	Ministerium Justitiae, Festschrift für Heribert Heinemann zur Vollendung des 60. Lebensjahres, Essen 1985 zitiert: Verfasser, FS Heinemann.
Gamillscheg, Franz:	Kollektives Arbeitsrecht, Bd. II, München 2008.
Gänswein, Georg:	Kirchengliedschaft – Vom Zweiten Vatikanischen Konzil zum Codex Juris Canonici, St. Ottilien 1995.
Gaul, Dieter:	Die Rechtsposition der vom Betriebsübergang betroffenen Betriebsratsmitglieder, in: ZTR 1990 S. 13–15.
Geiger, Willi:	Die Rechtsprechung des Bundesverfassungsgerichts zum kirchlichen Selbstbestimmungsrecht, in: ZevKR 1981 S. 156–174.
Germann, Michael:	Das kirchliche Datenschutzrecht als Ausdruck kirchlicher Selbstbestimmung, Zeitschrift für evangelisches Kirchenrecht [ZevKR] 48 (2003) S. 446 ff.
Gerosa, Libero:	Ist die Exkommunikation eine Strafe?, in: AfkKR 1985 S. 83–120.
Geulen, Reiner:	Die Personalakte in Recht und Praxis, Neuwied/Darmstadt 1984.
Graulich, Markus:	Ist der Kirchenaustritt ein actus formalis defectionis ab Ecclesia catholica? – Ein Beitrag zur Diskussion, in: KuR 2008 S. 1–16.
Grützner Winfried:	Keine Betriebsratsfähigkeit von Betriebsteilen mit »kompetenzlosen Ansprechpartnern«, in: BB 1983 S. 200.
Grzeszick, Bernd:	Die Kirchenerklärung zur Schlussakte des Vertrages von Amsterdam, Europäischer Text, völkerrechtliche Verbindlichkeit, staatskirchenrechtlicher Inhalt, in: ZevKR, 48. Band S. 284–300.
Hack, Hubert:	Die Pfarrei, in: Handbuch des katholischen Kirchenrechts S. 384, Hrsg.: Listl/Müller/Schmitz, Regensburg 1983.

Literaturverzeichnis

Haering, Stephan: Bischof, Ordensschulen und Arbeitsrecht, in: Adnotationes in Jus Canonicum, Hrsg.: Elmar Guthoff/Karl-Heinz Selge, Band 8, S. 363–376, Frankfurt M./Berlin/Bern/New York/Paris/Wien.

ders.: Grundfragen der Lebensgemeinschaften der evangelischen Räte, in: Hdb. kath. KR, Hrsg.: Listl/Schmitz, 2. Aufl.Regensburg 1999, S. 591–603.

Hager, Johannes: Die Umdeutung der außerordentlichen in eine ordentliche Kündigung, in: BB 1989 S. 693–699.

Hallermann, Heribert: Die Vereinigungen im Verfassungsgefüge der lateinischen Kirche, Paderborn/München/Wien/Zürich 1999.

ders.: Strukturen kirchlicher Caritas im geltenden Recht, in: AfkKR 169. Band 1999, S. 443–457.

Hammer, Ulrich: Kirchliches Arbeitsrecht, Frankfurt am Main, 2002.

ders.: Neuere Entwicklungen der Normalität kirchlicher Arbeitsvertragsordnungen, in: ZTR 2002 S. 302–314.

Hanau, Peter: Die entsprechende Anwendung personalvertretungsrechtlicher Vorschriften auf die hochschulrechtliche Mitbestimmung, in: Personalvertretungsrecht an wissenschaftlichen Hochschulen – Fortbildungsprogramm für die Wissenschaftsverwaltung, Materialien Nr. 7 S. 46–70, Essen 1982.

ders.: Zum Verhältnis von Kirche und Arbeitsrecht, in: ZevKR 1980 S. 61–70.

Hanau, Peter/Thüsing, Gregor: Änderungen der Arbeitsbedingungen in Kirche und Diakonie, in: KuR 350 S. 55–77, 1999 S. 143–165.

dies.: Grenzen und Möglichkeiten des Outsourcings aus dem kirchlichen Dienst, in: KuR 2002 S. 9, Nr. 350 S. 119.

Harnack, Adolf: Entstehung und Entwicklung der Kirchenverfassung und des Kirchenrechts in den zwei ersten Jahrhunderten, Urchristentum und Katholizismus. Reprograf. Nachdruck d. Ausg. Leipzig 1910, Darmstadt 1990.

Heimerl, Hans/Pree, Helmuth: Handbuch des Vermögensrechts der katholischen Kirche, Regensburg 1993.

Heinemann, Heribert: Der Pfarrer, in: Handbuch des katholischen Kirchenrechts S. 496. Hrsg.: Listl/Schmitz, 2. Aufl., Regensburg 1999.

ders.: Die Bischofskonferenz – Überlegungen zu einer verfassungsrechtlich bedeutsamen Diskussion, in: AfkKR 1989 S. 91–121.

ders.: Die Mitarbeiter und Mitarbeiterinnen des Pfarrers, in: Listl/Schmitz, Hdb. kath. KR, 2. Aufl., Regensburg 1999 S. 515–528.

ders.: Die Rechtsstellung des Deutschen Caritasverbandes und der Diözesancaritasverbände und ihre Einordnung in das Gesetzbuch der Kirche, in: AfkKR 1989 S. 416–428.

ders.: Kirchen und kirchliche Gemeinschaften – Eine Anfrage an das neue Gesetzbuch der katholischen Kirche, in: ZevKR 1987 S. 378–386.

Hennecke, Rudolf: Bemessung von Arbeitsentgelt und allgemeinen Zuwendungen für freigestellte Betriebsräte, in: BB 1986 S. 936.

Henseler, Rudolf: Das Verhältnis des Diözesanbischofs zu den klösterlichen Verbänden unter besonderer Berücksichtigung des Exemtionsbegriffs und der Einordnung des Apostolats in die Gesamtpastoral des Bistums, in: Ordenskorrespondenz (OK) 25/1984 S. 276.

Herr, Theodor: Arbeitgeber Kirche – Dienst in der Kirche, Biblische und theologische Grundlagen, Paderborn 1985.

Herschel, Wilhelm: Schadensersatz bei Behinderung und Störung von Betriebsversammlungen, in: DB 1975 S. 690.

Hess, Harald/Schlochauer, Ursula/Worzalla, Michael/ Glock, Dirk/Nicolai, Andrea: Kommentar zum Betriebsverfassungsgesetz, 7. Aufl., Köln 2008 (zit.: *HSWGN-Bearbeiter*).

Literaturverzeichnis

Hesse, Konrad:	Das Selbstbestimmungsrecht der Kirchen und Religionsgemeinschaften, in: Hdb. St. KR Bd. I, 2. Aufl. Berlin 1994 S. 521–559.
Hierold, Alfred E.:	Die Statuten für den Jurisdiktionsbereich des katholischen Militärbischofs für die deutsche Bundeswehr, in: AfkKR 1990 S. 94–116.
ders.:	Grundfragen karitativer Diakonie, in: Handbuch des katholischen Kirchenrechts S. 1028, Hrsg.: Listl/Schmitz, Regensburg 1999.
ders.:	Organisation der Karitas, in: Handbuch des katholischen Kirchenrechts S. 1032, Hrsg.: Listl/Müller/Schmitz, 2. Aufl., Regensburg 1999.
Hill, Hermann:	Zur Rechtsdogmatik von Zielvereinbarungen in Verwaltungen, in: NVwZ 2002 S. 159–1063.
Hoeren, Thomas:	Kirchen und Datenschutz – Kanonistische und staatskirchenrechtliche Probleme der automatisierten Datenverarbeitung, Essen 1986.
ders.:	Normenkontrolle im kirchlichen Arbeitsrecht – Zum Beschluss der Kirchlichen Schlichtungsstelle Berlin vom 13. 3. 1984 (NJW 1985, 1857), in: NZA 1992 S. 1116–1119.
Homeyer, Josef:	Katholische Verbände – eine Lebensaußerung der Kirche, in: Arbeitshilfen 61 S. 5, Hrsg.: Sekretariat der deutschen Bischofskonferenz, Bonn 1988.
ders. als Sekretär der Gemeinsamen Synode der Bistümer in der Bundesrepublik Deutschland, Hrsg.:	Verantwortung des ganzen Gottesvolkes für die Sendung der Kirche, Ein Beschluss der Gemeinsamen Synode, Heftreihe: Synodenbeschlüsse Nr. 2, Bonn 1975.
von Hoyningen-Huene, Gerrick:	Der »freie Mitarbeiter« im Sozialversicherungsrecht, in: BB 1987 S. 1730–1736.
ders.:	Das Rechtsverhältnis zur stufenweisen Wiedereingliederung arbeitsunfähiger Arbeitnehmer (§ 74 SGB V), in: NZA 1992 S. 49–55.
von Hoyningen-Huene, Gerrick/Link, Rüdiger:	Kündigungsschutzgesetz, 14. Aufl., München 2007.
Hromadka, Wolfgang:	Der Begriff des leitenden Angestellten, Zur Auslegung des § 5 Abs. 3, 4 BetrVG i. d. F. vom 23. Dezember 1988, in: BB 1990 S. 57–64.
Hümmerich, Klaus:	Aufhebungs- und Abwicklungsvertrag in einem sich wandelnden Arbeitsrecht, NJW 2004 S. 2921 ff.
ders.:	Verfestigte Rechtsprechung zur Betriebsratsanhörung nach § 102 BetrVG, RdA 2000 S. 345 ff.
Hunold, Wolf:	Individual- und betriebsverfassungsrechtliche Probleme der Abmahnung, in: BB 1986 S. 2050–2055.
ders.:	Anmerkung zu BAG, 26. 5. 1988 – 1 ABR 18/87, in: BB 1988 S. 2101 (Begriff der Versetzung).
ders.:	§ 102 BetrVG: Abschließende Stellungnahme des Betriebsrats, NZA 2010 S. 797 ff.
Ilbertz, Wilhelm/Widmaier, Ulrich:	Bundespersonalvertretungsgesetz mit Wahlordnung unter Einbeziehung der Landespersonalvertretungsgesetze, 11. Aufl. Stuttgart 2008.
Jakobi, Tobias:	Konfessionelle Mitbestimmungspolitik, Marburg 2007.
Jankowski, Josef:	Schulungsveranstaltungen für Mitarbeitervertreter, in: Caritas 82, Jahrbuch des Deutschen Caritasverbandes S. 285–288.
Jobs, Friedhelm:	Das Werkstattverhältnis gemäß §§ 136 ff. SGB IX, in: ZTR 2002 S. 515–524.
Joussen, Jacob:	Outsourcing und Ausgründungen in kirchlichen Einrichtungen, in: KuR 2009 S. 1–21.
ders.:	Verhältnis von Betrieblichem Eingliederungsmanagement und krankheitsbedingter Kündigung, in: DB 2009 S. 286–290.
Jurina, Josef:	Das Dienst- und Arbeitsrecht im Bereich der Kirchen in der Bundesrepublik Deutschland, Staatskirchenrechtliche Abhandlungen, Band 10, Berlin 1979.

Literaturverzeichnis

ders.:	Der Rechtsstatus der Kirchen und Religionsgemeinschaften im Bereich ihrer eigenen Angelegenheiten, Berlin 1972.
ders.:	Die Dienstgemeinschaft der Mitarbeiter des kirchlichen Dienstes, in: ZevKR 29, Band 1./2. Heft September 1984 S. 1–188.
ders.:	Dienst- und Arbeitsrecht in der katholischen Kirche, in: Essener Gespräche zum Thema Staat und Kirche, Band 10 S. 57, Münster 1976.
ders.:	Die Subsidiarität arbeitsrechtlicher Gesetze gegenüber kircheneigenen Regelungen, in: NZA, Beilage Nr. 1/86 zu Heft 3/86 S. 15–18.
ders.:	Kirchenfreiheit und Arbeitsrecht, in: Festschrift für Johannes Broermann, S. 797 ff., Berlin 1982.
ders.:	Zur Entwicklung des »Dritten Weges« in der Katholischen Kirche, in: Dem Staate, was des Staates – der Kirche, was der Kirche ist, Festschrift für Joseph Listl zum 70. Geburtstag, herausgegeben von Josef Isensee, Wilhelm Rees und Wolfgang Rüfner, Berlin 1999 S. 519–542.
Jüngst, Manfred:	Das kirchliche Arbeitsgericht und seine Bedeutung für die Durchsetzbarkeit von Rechten aus dem kollektiven Arbeitsrecht, in: Boscheinen/Nitsche, Hrsg.: Freude und Hoffnung Bd. II, Bad Honnef 2005, S. 246–257.
ders.:	Probleme der Durchsetzbarkeit von Entscheidungen kirchlicher Arbeitsgerichte, in: ZMV Sonderheft 2005 S. 46–55.
Kämper, Burkhard:	Eingetragene Lebenspartnerschaft und kirchlicher Dienst, in: Muckel, Stefan, Hrsg.: Kirche und Religion im sozialen Rechtsstaat, Festschrift für Wolfgang Rüfner zum 70. Geburtstag, Berlin 2003, S. 401–421.
Kaiser, Matthäus:	Die Laien, in: Handbuch des katholischen Kirchenrechts S. 184, Hrsg.: Listl/Müller/Schmitz, Regensburg 1983.
ders.:	Die rechtliche Grundstellung der Christgläubigen, in: Handbuch des katholischen Kirchenrechts S. 171, Hrsg.: Listl/Müller/Schmitz, Regensburg 1983.
ders.:	Zugehörigkeit zur Kirche, in: Das Problem der Kirchengliedschaft heute S. 292, Hrsg.: Peter Meinhold, Darmstadt 1979.
Kalb, Herbert:	Kirchliches Dienst- und Arbeitsrecht in Deutschland und Österreich, in: Hdb. kath. KR, 2. Aufl., Regensburg 1999, S. 253–264.
Kapischke, Markus:	Kirchenaufsichtliche Genehmigungsvorbehalte im Arbeitsrecht, ZevKR (54) 2009 S. 205 ff.
Kappes, Karl-Heinz/Rath, Ralf:	Betriebsversammlungen während der Arbeitszeit, in: DB 1987 S. 2645.
Karpen, Ulrich:	Mitbestimmung in Körperschaftsorganen und im Personalrat – Ein Beitrag zum Problem der Inkompatibilität – in: Personalvertretungsrecht an wissenschaftlichen Hochschulen – Fortbildungsprogramm für die Wissenschaftsverwaltung, Materialien Nr. 7 S. 152–206, Essen 1982.
Kehl, Medard:	Das neue kirchliche Dienstrecht, in: Stimmen der Zeit 1985 S. 255–266.
Kehlen, Detlef:	Europäische Antidiskriminierung und kirchliches Selbstbestimmungsrecht – zur Auslegung von Art. 13 EG und Art. 4 der Richtlinie 2000/78/EG, Frankfurt am Main 2003.
Keßler Rainer:	Die Kirchen und das Arbeitsrecht, Darmstadt 1986.
Kittner, Michael/Däubler, Wolfgang/Zwanziger, Bertram:	Kündigungsschutzrecht, 7. Aufl., Frankfurt/Main 2008.
Klebe, Thomas/Wedde, Peter:	Elektronische Kommunikation des Betriebsrats – Zugleich eine Besprechung des BAG-Beschlusses vom 17. 2. 1993, in: DB 1993 S. 1426.
dies.:	Vom PC zum Internet: IT-Nutzung auch für Betriebsräte?, in: DB 1999 S. 1954–1961.
Klempt, W.:	Rauchen am Arbeitsplatz – Änderung der Rechtslage, in: b+p 2002 S. 691–694.

Klein, Franz:	Die Caritasdienstgemeinschaft – Fragwürdige Ideologie oder kirchliche Realität? Hrsg.: Katholischer Krankenhausverband Deutschlands e. V., Freiburg i. B. 1984.
Klevemann, Joachim:	Das Arbeitnehmerweiterbildungsgesetz Nordrhein-Westfalen – Materielle und prozessuale Fragen der Anerkanntheit von Bildungsveranstaltungen, in: BB 1989 S. 209–218.
Kliemt, Michael:	§ 102 IV BetrVG – keine unentdeckte Formvorschrift, in: NZA 1993 S. 921.
Köppen, Martina:	Rechtliche Wirkungen arbeitsrechtlicher Zielvereinbarungen, in: DB 2002 S. 374–379.
Kopp, Barbara:	»Datenklau« durch den Arbeitgeber – Strafrechtlicher Schutz von Arbeitnehmern, in A & K 2004 S. 4–6.
Korinth, Michael:	BR-Schulung und einstweilige Verfügung – Hinweise zur Antragstellung, ArbRB 2008 S. 30 ff.
Korta, Stefan:	Effektivierung des Rechtsschutzes im Mitarbeitervertretungsrecht? – Verfahren und Vollstreckung, in: ZMV – Sonderheft 2002 S. 56–61.
Kotzula, Stephan:	Zur Exkommunikation im CIC/1983, in: AfkKR 1987 S. 432–459.
Krämer, Peter:	Bischofskonferenz und Apostolischer Stuhl, in: AfkKR 1987 S. 127–139.
ders.:	Das Verhältnis der Bischofskonferenz zum Apostolischen Stuhl, in: Müller/Pottmeyer, Hrsg.: Die Bischofskonferenz – Theologischer und juridischer Status S. 256–270, Düsseldorf 1989.
ders.:	Die geistliche Vollmacht, in: Handbuch des katholischen Kirchenrechts S. 149, Hrsg.: Listl/Schmitz, 2. Aufl., Regensburg 1999.
ders.:	Die katholische Universität – Kirchenrechtliche Perspektiven, in: AfkKR 160. Band, 1991 S. 25–47.
ders.:	Die Zugehörigkeit zur Kirche, in: Handbuch des katholischen Kirchenrechts S. 200, Herausgeber: Listl/Schmitz, 2. Aufl., Regensburg 1999.
ders.:	Kirchliche Dienstgemeinschaft, in: Stimmen der Zeit 1989 S. 123–132.
ders.:	Theologisch-rechtliche Begründung der Bischofskonferenz, in: ZevKR 1987 S. 402–410.
ders.:	Die katholische Universität, in: AfkKR 1991 S. 25–47.
Krämer, Rolf:	Aktuelle kirchen- und wirtschaftsrechtliche Probleme einer diakonischen GmbH, in: ZevKR 1996 S. 66–84.
Kräßig, Stefan:	Der Verband der Diözesen Deutschlands, Freibg. Univ., Dissertation 1994, Pfaffenweiler 1995.
Krichel, Ulrich:	Zur EDV-Nutzung durch den Betriebsrat, in: NZA 1989 S. 668–671.
Krieger, Steffen/Ludwig, Gero:	Das Konsultationsverfahren bei Massenentlassungen – Praktischer Umgang mit einem weitgehend unbekannten Wesen, NZA 2010 S. 919 ff.
Krüger, Hartmut:	Kirchenautonomie und gesetzlicher Kündigungsschutz, in: ZTR 1991 S. 11–16.
Kuper, Bernd-Otto:	Betriebliche und überbetriebliche Mitwirkung im kirchlichen Dienst, in: Recht der Arbeit (RdA) 1979 S. 93.
ders.:	Caritas und Vereinsrecht, in: Caritas '80, Jahrbuch des Deutschen Caritasverbandes S. 102, Freiburg 1980.
ders.:	Werte kirchlicher Dienstgemeinschaft – aus der Sicht der Caritas, in: Ordenskorrespondenz (OK) 27/1986, Heft 2, S. 170.
Kursawe, Stefan:	Öffentliche Kritik am Arbeitgeber. Grenzen der Meinungsfreiheit und Reaktionsmöglichkeiten, ArbRB 2010 S. 21 ff.
Lauterbach, Herbert:	Unfallversicherung Sozialgesetzbuch VII, Bd. 1, 4. Aufl., April 2009 (Loseblatt).

Literaturverzeichnis

Lederer, Josef:	Pfarrgemeinderat und Pfarrverwaltungsrat, in: Handbuch des katholischen Kirchenrechts S. 425, Hrsg.: Listl/Müller/Schmitz, Regensburg 1983.
Lehmann, Karl:	Zur Frage »Wer ist Glied der Kirche?«, in: Das Problem der Kirchengliedschaft heute S. 274, Herausgeber: Peter Meinhold, Darmstadt 1979.
Leisching, Peter:	Die Bischofskonferenz in der kirchlichen Kodifikation von 1983, in: Müller/Pottmeyer, Die Bischofskonferenz S. 158–177, Düsseldorf 1989.
Leisner, Walter:	Das kirchliche Krankenhaus im Staatskirchenrecht der Bundesrepublik Deutschland, in: Essener Gespräche zum Thema Staat und Kirche, Band 17 S. 9, Münster 1983.
Lenherr, Titus:	Der Abfall von der katholischen Kirche durch einen formalen Akt, in: AfkKR 1983 S. 107–125.
Leser, Peter:	Brauchen wir Bußgelder zur Durchsetzung von Schlichtungssprüchen?, in: ZMV 1996 S. 121–123.
Leuchten, Alexius:	Das Betriebliche Eingliederungsmanagement in der Mitbestimmung, in: DB 2007 S. 2482–2485.
Leuze, Dieter:	Anmerkungen zum Recht des Personalrats auf Herausgabe eines Informationsblatts, in: ZTR 1989 S. 468–472.
ders.:	Bemerkungen zu dem allgemeinen Persönlichkeitsrecht des Arbeitnehmers und zu seinen Einschränkungen, in: ZTR 1990 S. 267–277.
ders.:	Betriebsversammlung und Personalversammlung; Gemeinsamkeiten und Unterschiede, in: ZTR 2000 S. 206 ff. und 247 ff.
ders.:	Die Anforderungen an arbeitsrechtliche Maßnahmen gegen Betriebsrats- und Personalratsmitglieder, in: DB 1993 S. 2590–2598.
Link, Christoph:	Antidiskriminierung und kirchliches Arbeitsrecht, in: ZevKR, Band 50 (2005) S. 403–418.
Lipke, Gert-Albert:	Betriebsverfassungsrechtliche Probleme der Teilzeitarbeit, in: NZA 1990 S. 758–769.
Listl, Joseph:	Das Grundrecht der Religionsfreiheit in der Rechtsprechung der Gerichte der Bundesrepublik Deutschland, Berlin 1971.
ders.:	Die Lehre der Kirche über das Verhältnis von Kirche und Staat, in: Hdb. kath. KR, Hrsg.: Listl/Schmitz, 2. Aufl. S. 1239–1255, Regensburg 1999.
ders.:	Die Aussagen des Codex Iuris Canonici vom 25. Januar 1983 zum Verhältnis von Kirche und Staat, in: Essener Gespräche zum Thema Staat und Kirche, Band 19 S. 9, Münster 1985.
ders.:	Die Rechtsnormen, in: Hdb. kath. KR 2. Aufl., Hrsg.: Listl/Schmitz, S. 102–118, Regensburg 1999.
ders.:	Der Religionsunterricht, in: Handbuch des katholischen Kirchenrechts S. 590–605, Hrsg.: Listl/Müller/Schmitz, Regensburg 1983.
ders.:	Plenarkonzil und Bischofskonferenz, in: Handbuch des katholischen Kirchenrechts S. 396, Hrsg.: Listl/Schmitz, 2. Aufl., Regensburg 1999.
ders.:	Die Ordensgemeinschaften und ihre Angehörigen in der staatlichen Rechtsordnung, in: HdbStKR, Band 1, 2. Aufl., Berlin 1994 S. 841–863.
Listl, Joseph/Hollerbach, Alexander:	Das Verhältnis von Kirche und Staat in der Bundesrepublik Deutschland, in: Handbuch des katholischen Kirchenrechts S. 1268–1293, Hrsg.: Listl/Schmitz, 2. Aufl., Regensburg 1999.
Listl, Joseph/Müller, Hubert/Schmitz, Heribert, Hrsg.:	Handbuch des katholischen Kirchenrechts, Regensburg 1983.
Listl, Joseph/Pirson, Dietrich, Hrsg.:	Handbuch des Staatskirchenrechts der Bundesrepublik Deutschland, Erster Band, 2. Aufl., Berlin 1994.
dies.:	Handbuch des Staatskirchenrechts der Bundesrepublik Deutschland, Zweiter Band, 2. Aufl., Berlin 1995.
Listl, Joseph/Schmitz, Heribert:	Handbuch des katholischen Kirchenrechts, 2. Aufl., Regensburg 1999.

Literaturverzeichnis

Löwisch, Manfred:	Betriebsratsamt und Sprecherausschussamt bei Betriebsübergang und Unternehmensänderung, in: BB 1990 S. 1698–1700.
Löwisch, Manfred/Kaiser, Dagmar:	Betriebsverfassungsgesetz, 6. Aufl., Heidelberg 2010.
Löwisch, Manfred/Spinner, Günter:	Kündigungsschutzgesetz, 9. Aufl., Heidelberg 2004.
Löwisch, Manfred/Schmidt-Kessel, Martin:	Die gesetzliche Regelung von Übergangsmandat und Restmandat nach dem Betriebsverfassungsreformgesetz, in: DB 2001 S. 2162–2165.
Lorenz, Georg:	Mobbing am Arbeitsplatz – Handlungsmöglichkeiten von Betroffenen, Dienstgeber und Mitarbeitervertretung, in: ZMV 2001 S. 261 und ZMV 2002 S. 15.
Loritz, Karl-Georg:	Die Beendigung freiwilliger Betriebsvereinbarungen mit vereinbarter Nachwirkung, in: DB 1997 S. 2074–2077.
Ludemann, Georg/Negwer, Werner:	Rechtsformen kirchlich-caritativer Einrichtungen – Verein – Stiftung – GmbH, Freiburg 2000.
Lüdicke, Klaus, Hrsg.:	Münsterischer Kommentar zum Codex Juris Canonici, Essen, nach dem Stande von November 1996.
ders.:	Loyalität und Arbeitsverhältnis im Kirchendienst, in: engagement – Zeitschrift für Erziehung und Schule 4/2002 S. 236–249.
Luf, Gerhard:	Glaubensfreiheit und Glaubensbekenntnis, in: Handbuch des katholischen Kirchenrechts S. 700–708, Hrsg.: Listl/Schmitz, 2. Aufl., Regensburg 1999.
ders.:	Rechtsphilosophische Grundlagen des Kirchenrechts, in: Handbuch des katholischen Kirchenrechts S. 33, Herausgeber: Listl/Schmitz, 2. Aufl., Regensburg 1999.
Marré, Heiner:	Zur Loyalität im Dienst der Kirche – Das Staatskirchenrecht als Imperativ, in: Theologie und Glaube (ThGL) 4/88 S. 397–414.
Marx, Siegfried:	Kirchenvermögens- und Stiftungsrecht – Staatskirchenrechtliche Bestimmungen zum Kirchenvermögens- und Stiftungsrecht im Bereich der katholischen Kirche, in: Handbuch des Staatskirchenrechts in der Bundesrepublik Deutschland, Band II, S. 117–160, Berlin 1975.
Maurer, Hartmut:	Allgemeines Verwaltungsrecht, 17. Aufl., München 2008.
May, Georg:	Bemerkungen zu der Kirchenrechtswissenschaft um das Jahr 1000, in: AfkKR 1989 S. 29–68.
ders.:	Die Hochschulen, in: Handbuch des katholischen Kirchenrechts S. 749–777, Hrsg.: Listl/Schmitz, 2. Aufl., Regensburg 1999.
ders.:	Das Kirchenamt, in: Handbuch des katholischen Kirchenrechts S. 175, Hrsg.: Listl/Schmitz, 2. Aufl., Regensburg 1999.
ders.:	Grundfragen kirchlicher Gerichtsbarkeit, in: Hdb. kath. KR S. 1153, Hrsg.: Listl/Schmitz, 2. Aufl., Regensburg 1999.
Mayerhöffer, Klaus:	Anwaltliche Vertretung und Kostentragung in kirchlichen Arbeitsgerichtsverfahren, in: ZMV Sonderheft 2005 S. 56–62.
Mayer-Maly, Theo:	Das staatliche Arbeitsrecht und die Kirchen, in: Essener Gespräche zum Thema Staat und Kirche, Band 10 S. 127, Münster 1976.
ders.:	Die arbeitsrechtliche Tragweite des kirchlichen Selbstbestimmungsrechts, in: BB, Beilage 3/1977 zu Heft 24/1977.
ders.:	Die Risikohaftung des Arbeitgebers für Eigenschäden des Arbeitnehmers, in: NZA Beilage 3/1991 zu Heft 23/91 S. 5–16.
ders.:	Gewerkschaftliche Zutrittsrechte, in: BB, Beilage 4/1979 zu Heft 9/1979.
Meier, Dominicus M.:	Verwaltungsgerichte für die Kirche in Deutschland? Von der gemeinsamen Synode 1975 zum Codex Juris Canonici 1983, Essen 2001.
Meinhold, Peter, Hrsg.:	Das Problem der Kirchengliedschaft heute, Darmstadt 1979.

Literaturverzeichnis

Mengel, Anja/Ullrich, Thilo:	Erste Erfahrungen mit dem neuen Recht der Beschäftigungs- und Qualifizierungsgesellschaften, in: BB 2005 S. 1109–1116.
Menges, Evelyne Dominica:	Die kirchliche Stiftung in der Bundesrepublik Deutschland – Eine Untersuchung zur rechtlichen Identität der kirchlichen Stiftung staatlichen Rechts mit der kanonischen Stiftung, Münchener theologische Studien, III. Kanonistische Abteilung, 48. Band, St. Ottilien 1995.
dies.:	Kirchliche Einrichtungen am Scheideweg zwischen kirchlichem und weltlichem Arbeitsrecht – Zur Entscheidung der Apostolischen Signatur vom 31. März 2010, in: KuR 1/2010 S. 56–66.
Meurer, Dieter:	Bundespersonalvertretungsrecht, 2. Aufl., Neuwied, Kriftel, Berlin 1992.
Mikat, Paul, Hrsg.:	Kirche und Staat in der neueren Entwicklung, Darmstadt 1980.
Mörsdorf Klaus:	Die Kirchengliedschaft, in: Das Problem der Kirchengliedschaft heute S. 95, Hrsg.: Peter Meinhold, Darmstadt 1979.
ders.:	Kirchenrecht, Band I, 11. Aufl., München/Paderborn/Wien 1964.
Mösenfechtel Ludwig/Perwitz-Passan, Angelikal-Wiertz, Marion:	Rahmenordnung 85 für eine Mitarbeitervertretungsordnung (MAVO 85), Kommentar, Köln 1987.
Mosiek, Ulrich:	Verfassungsrecht der Lateinischen Kirche, Band I, Grundfragen, Freiburg 1975.
ders.:	Verfassungsrecht der Lateinischen Kirche, Band III, Der Bischof und die Teilkirche, Freiburg 1978.
Müller, Friedrich:	Das Recht der Freien Schule nach dem Grundgesetz als Maßstab für Gesetzgebung und Exekutivpraxis der Länder, Staatskirchenrechtliche Abhandlungen, Band 12, 2. Aufl., Berlin 1982.
Müller, Gerhard:	Kritische Bemerkungen zur neuen Bestimmung des leitenden Angestellten – Die jetzige Bestimmung des leitenden Angestellten in § 5 Abs. 3 BetrVG – in: DB 1989 S. 824–831.
Müller, Hans-Otto:	Zur Abgrenzung der leitenden Angestellten de lege ferenda, in: DB 1987 S. 1684.
ders.:	Zur Präzisierung der Abgrenzung der leitenden Angestellten, in: DB 1988 S. 1697.
Müller, Hubert:	Die rechtliche Stellung des Diözesanbischofs gegenüber Generalvikar und Bischofsvikar, in: AfkKR 1984 S. 399–415.
ders.:	Grundfragen der Lebensgemeinschaften der evangelischen Räte, in: Handbuch des katholischen Kirchenrechts S. 476, Hrsg.: Listl/Müller/Schmitz, Regensburg 1983.
ders.:	Zur Frage nach der Stellung des Laien im CIC/1983, in: Ministerium Justitiae, Festschrift für Heribert Heinemann zur Vollendung des 60. Lebensjahres, herausgegeben von André Gabriels/Heinrich J. F. Reinhardt, Essen 1985.
ders.:	Zur Rechtsstellung der Laien in der röm.-kath. Kirche, in: ZevKR 1987 S. 467–479.
ders.:	Zum Verhältnis zwischen Bischofskonferenz und Diözesanbischof, in: Müller/Pottmeyer, Hrsg.: Die Bischofskonferenz – Theologischer und juridischer Status S. 236–255, Düsseldorf 1989.
Müller-Glöge, Rudi/Preis, Ulrich/Schmidt, Ingrid, Hrsg.:	Erfurter Kommentar zum Arbeitsrecht, 10. Aufl. München 2010.
Müller, Hubert/Pottmeyer, Hermann J., Hrsg.:	Die Bischofskonferenz – Theologischer und juridischer Status, Düsseldorf 1989.
Müller-Vollbehr, Gerd:	Europa und das Arbeitsrecht der Kirchen, Heidelberg 1999.

Literaturverzeichnis

Münzel, Hartmut:	Rechenschaftspflicht des kirchlichen Arbeitgebers gegenüber der Mitarbeitervertretung in wirtschaftlichen Angelegenheiten? – Zur Neufassung von § 27a der Rahmenordnung für eine Mitarbeitervertretungsordnung, in: NZA 2005 S. 449–453.
Mummenhoff, Winfried:	Loyalität im kirchlichen Arbeitsverhältnis, in: NZA 1990 S. 585–592.
von Nell-Breuning, Oswald:	Kirche(n) als Arbeitgeber, in: Ötv-Magazin 3/80 S. 33.
ders.:	Arbeitnehmer im kirchlichen Dienst, in: Stimmen der Zeit, Band 195 (1977) S. 302–310.
ders.:	Kirchliche Dienstgemeinschaft, in: Stimmen der Zeit, Band 195 (1977) S. 705–710.
Nelles, Marcus:	Der Kirchenaustritt – Kein »Actus formalis Defectionis«, in: AfkKR 2006 S. 353–373.
Niebler, Engelbert:	Abgestufte Loyalität? Probleme bei der Kündigung kirchlicher Mitarbeiter, in: AfkKR 1990 S. 464–470.
Niermann, Ernst:	Zur Lage der katholischen Militärseelsorge, in: Essener Gespräche zum Thema Staat und Kirche, Band 23 S. 110–145, Münster 1989.
Niklas, Thomas/Koehler, Lisa-Marie:	Vermeidung von Problemen bei Massenentlassungsanzeigen, NZA 2010 S. 913 ff.
Nissiotis, Nikos A.:	Die Zugehörigkeit zur Kirche nach orthodoxem Verständnis, in: Das Problem der Kirchengliedschaft heute S. 366, Hrsg.: Peter Meinhold, Darmstadt 1979.
Nuyken, Wessel:	Die Kirchenmitgliedschaft im Kirchengesetz über die Kirchenmitgliedschaft vom 10. November 1976, in: Das Problem der Kirchengliedschaft heute S. 325, Hrsg.: Peter Meinhold, Darmstadt 1979.
Öing, Eva Maria:	Loyalitätsbindungen des Arbeitnehmers im Dienst der katholischen Kirche, 2004.
Ollmann, Rainer:	Loyalitätserfordernisse in der kirchlichen Sozialarbeit, in: ZfSH/SGB 1990 S. 571–578.
Oxenknecht, Renate:	Freistellungen für Mitarbeitervertreterinnen und Mitarbeitervertreter, in: ZMV 1991 S. 3–7.
Pahlke, Armin:	Der »Dritte Weg« der Kirchen im Arbeitsrecht, in: NJW 1986 S. 350.
Palandt, Heinrich:	Bürgerliches Gesetzbuch, 69. Aufl., München 2010.
Papenheim, Heinz-Gert:	Arbeitsbedingungen der Berufspraktikantinnen/Berufspraktikanten, 14. Aufl., Frechen 2001.
Pirson, Dietrich:	Die Mitgliedschaft in den deutschen evangelischen Landeskirchen als Rechtsverhältnis, in: Das Problem der Kirchengliedschaft heute S. 138, Hrsg.: Peter Meinhold, Darmstadt 1979.
ders.:	Zum personellen Geltungsbereich kirchlicher Rechtsvorschriften, in: ZevKR 1982 S. 115–133.
Plander, Harro:	Die Rechtsnatur arbeitsrechtlicher Zielvereinbarungen, in: ZTR 2002 S. 155–162.
ders.:	Zustandekommen, Wirksamkeit und Rechtsfolgen arbeitsrechtlicher Zielvereinbarungen, in: ZTR 2002 S. 402–406.
Pompey, Heinrich:	Dienstgemeinschaft und Entfremdung von der Kirche, in: Caritas in Nordrhein-Westfalen 4/90 S. 289–296.
Pottmeyer, Hermann J.:	Das kirchliche Krankenhaus – Zeugnis kirchlicher Diakonie und ihres Auftrags, in: Essener Gespräche zum Thema Staat und Kirche, Band 17 S. 62, Münster 1983.
Potz, Richard:	Der Erwerb von Kirchenvermögen, in: Handbuch des katholischen Kirchenrechts S. 1068, Hrsg.: Listl/Schmitz, 2. Aufl., Regensburg 1999.

Literaturverzeichnis

Prader, Josef:	Interrituelle, Interkonfessionelle und Interreligiöse Probleme im Eherecht des neuen CIC, in: AfkKR 1983 S. 408–464.
Praß, Johannes/Rücker-Schaps, Anne:	Transfergesellschaften für kirchliche Einrichtungen, in: ZMV 3/2005 S. 130–134.
Pree, Helmuth:	Die Ausübung der Leitungsvollmacht, in: Handbuch des katholischen Kirchenrechts, Hrsg.: Listl/Schmitz, 2. Aufl., S. 156–175, Regensburg 1999.
ders.:	Zur Frage nach dem Proprium kirchlicher Einrichtungen: Eine kanonistische Perspektive, in: Essener Gespräche zum Thema Staat und Kirche, Band 34, S. 47–80, Münster 2000.
Primetshofer, Bruno:	Die Religiosenverbände, in: Handbuch des katholischen Kirchenrechts S. 604, Hrsg.: Listl/Schmitz, 2. Aufl., Regensburg 1999.
Prütting, Hans/Wegen, Gerhard/Weinreich, Gerd:	BGB Kommentar, 5. Aufl., Köln 2010, zitiert: PWW/Bearbeiter.
Puza, Richard:	Die Dom- und Stiftskapitel, in: Handbuch des katholischen Kirchenrechts S. 475–479, Hrsg.: Listl/Schmitz, 2. Aufl., Regensburg 1999.
Radtke, Henning:	Der Schutz des Beicht- und Seelsorgegeheimnisses, in: ZevKR 2007 (Bd. 52) S. 617–649
Rahner, Karl/Vorgrimler, Herbert:	Kleines Konzilskompendium – Sämtliche Texte des Zweiten Vatikanums – 35. Aufl., Freiburg/Basel/Wien 2008.
Ratzinger, Joseph:	Taufe, Glaube und Zugehörigkeit zur Kirche, in: Das Problem der Kirchengliedschaft heute S. 305, Hrsg.: Peter Meinhold, Darmstadt 1979.
Rauscher, Anton:	Die Eigenart des kirchlichen Dienstes, Würzburg 1985.
Rees, Wilhelm:	Der Religionsunterricht, in: *Listl/Schmitz*, Hrsg., Handbuch des katholischen Kirchenrechts, 2. Aufl. S. 734–749, Regensburg 1999.
Reichold, Hermann:	Durchbruch zu einer europäischen Betriebsverfassung, in: NZA 2003 S. 289–299.
ders.:	Europarechtliche Anforderungen an das Recht der Mitarbeitervertretung, in: Dabrowski/Wolf (Hrsg.), Europa und das deutsche kirchliche Arbeitsrecht, S. 45–56, Münster 2003.
ders.:	Europa und das deutsche kirchliche Arbeitsrecht, in: NZA 2001 S. 1054–1060.
Rhode, Ulrich:	Rechtliche Anforderungen an die Kirchlichkeit katholischer Vereinigungen und Einrichtungen, in: AfkKR 2006 (175. Bd.) s. 32–67.
Richardi, Reinhard:	AGB-Kontrolle kirchlicher Arbeitsverträge nach dem Schuldrechtsmodernisierungsgesetz, in: ZMV 2002 S. 161.
ders.:	Arbeitsrecht in der Kirche – Staatliches Arbeitsrecht und kirchliches Dienstrecht. 5. Aufl., München 2009.
ders.:	Betriebsverfassungsgesetz mit Wahlordnung, 12. Aufl., München 2010.
ders.:	Das Selbstbestimmungsrecht der Kirchen im Arbeitsrecht, in: NZA, Beilage Nr. 1/86 zu Heft 3/86 S. 3–10.
ders.:	Die Dienstgemeinschaft als Grundprinzip des kirchlichen Arbeitsrechts, in: Stefan Muckel (Hrsg.), Kirche und Religion im sozialen Rechtsstaat, Festschrift für Wolfgang Rüfner zum 70. Geburtstag, Berlin 2003 S. 727–742.
ders.:	Die Dienstgemeinschaft als Leitbild für die arbeitsrechtliche Ordnung des kirchlichen Dienstes, in: Grundkonsens in der Dienstgemeinschaft, Hrsg.: Eder, Joachim/Floß, Martin, Festschrift für Wolfgang Rückl anlässlich des 25-jährigen Jubiläums der Bayerischen Regional-KODA, Winzer 2006, S. 169–175.
ders.:	Die Mitbestimmung bei Kündigungen im kirchlichen Arbeitsrecht, in: NZA 1998 S. 113.
ders.:	Die Neuabgrenzung der leitenden Angestellten nach § 5 III und IV BetrVG, in: NZA Beilage 1/90 zu Heft 3/90 S. 2–10.

Literaturverzeichnis

ders.:	Gefahren beim Verlassen des »Dritten Weges«, in: neue caritas 4/2000 S. 33–37.
ders.:	Kirchenautonomie und gesetzliche Betriebsverfassung, in: ZevKR 1978 S. 367–413.
ders.:	Kirchliche Arbeitsgerichtsordnung für die Bistümer der katholischen Kirche, in: NJW 2005 S. 2744–2747.
ders.:	Staatlicher und kirchlicher Gerichtsschutz für das Mitarbeitervertretungsrecht der Kirchen, in: NZA 2000 S. 1305–1311.
ders.:	Das kollektive kirchliche Dienst- und Arbeitsrecht, in: Handbuch des Staatskirchenrechts der Bundesrepublik Deutschland, Band II, 2. Aufl., Berlin 1995, § 67 S. 927–958.
ders.:	Die Grundordnung der katholischen Kirche für den kirchlichen Dienst im Rahmen kirchlicher Arbeitsverhältnisse, in: NZA 1994 S. 19–24.
ders.:	Mitarbeitervertretungsrecht der Kirchen, in: Münchener Handbuch zum Arbeitsrecht, Band 2, Individualarbeitsrecht II, § 189 S. 1191–1209, München 1993.
Richardi, Reinhard/Dörner, Hans-Jürgen/Weber, Christoph:	Personalvertretungsrecht, 3. Aufl., München 2008.
Richardi, Reinhard/Thüsing, Gregor/Annuß, Georg:	Betriebsverfassungsgesetz, 12. Aufl., München 2010.
Richardi, Reinhard/Wlotzke, Otfried:	Münchener Handbuch zum Arbeitsrecht, Band 1, Individualarbeitsrecht, 3. Aufl., München 2009.
Rieble, Volker:	Betriebsverfassungsrechtliche Folgen der Betriebs- und Unternehmensumstrukturierung, in: Sonderbeilage zu NZA Heft 16/2003 S. 62–72.
ders.:	Die befristete Übernahme von Auszubildenden als Rechtsproblem, in: DB 1995 S. 247.
Riesenhuber, Karl/Domröse, Ronny:	Richtlinienkonforme Auslegung der §§ 17, 18 KSchG und Rechtsfolgen fehlerhafter Massenentlassungen, in: NZA 2005 S. 568–570.
Robbers, Gerhard:	Kirchenrechtliche und staatskirchenrechtliche Fragen des Kirchenübertritts, in: ZevKR 1987 S. 19–46.
Roca, Maria José:	Der Kirchenaustritt aus der Sicht von Staat, Kirche und Individuum, in: AfkKR 1990 S. 427–447.
Röder, Gerhard/Baeck, Ulrich:	Interessenausgleich und Sozialplan, 4. Aufl., München 2009.
Röder, Gerhard/Haußmann, Katrin:	Die Geltendmachung von Gesamtbetriebsvereinbarungen nach einer Umwandlung, in: DB 1999 S. 1754–1759.
Rolfs, Christian/Paschke, Derk:	Die Pflichten des Arbeitgebers und die Rechte schwerbehinderter Arbeitnehmer nach § 81 SGB IX, in: BB 2002 S. 1260–1264.
Roos, Lothar:	Pastorale und organisatorische Überlegungen zum Ort und zum Wirken der katholischen Verbände in Kirche und Gesellschaft, in: Arbeitshilfen 61 S. 75, Hrsg.: Sekretariat der deutschen Bischofskonferenz, Bonn 1988.
Rüfner, Wolfgang:	Individualrechtliche Aspekte des kirchlichen Dienst- und Arbeitsrechts, in: Handbuch des Staatskirchenrechts der Bundesrepublik Deutschland, Band II, Hrsg.: Listl, Joseph/Pirson, Dietrich, 2. Aufl., Berlin 1995, § 66 S. 901–925.
ders.:	ebenda:
Rüthers, Bernd:	Kirchenautonomie und gesetzlicher Kündigungsschutz, in: NJW 1976 S. 1918 und NJW 1977 S. 368. Das kirchlich rezipierte und adaptierte Dienst- und Arbeitsrecht der übrigen kirchlichen Bediensteten, § 66 S. 877–900.
ders.:	Tendenzschutz und Kirchenautonomie im Arbeitsrecht, in NJW 1978 S. 2066.
ders.:	Wie kirchentreu müssen kirchliche Arbeitnehmer sein?, in NJW 1986 S. 356.

XXXVII

Literaturverzeichnis

Ruf, Norbert:	Das Recht der Katholischen Kirche nach dem neuen Codex Juris Canonici, Freiburg/Basel/Wien 1983.
Ruhe, Hans Georg/Bartels, Wolfgang:	Praxishandbuch für Mitarbeitervertretungen, 2. Aufl., Köln 2008.
Ruland, Franz:	Die Sonderstellung der Religionsgemeinschaften im Kündigungsschutzrecht und in den staatlichen Mitbestimmungsordnungen, in: NJW 1980 S. 89.
Saier Oskar:	Anmerkungen zu anstehenden partikularrechtlichen und pastoralpraktischen Entscheidungen der Deutschen Bischofskonferenz, in: Arbeitshilfen 61 S. 43, Hrsg.: Sekretariat der Deutschen Bischofskonferenz, Bonn 1988.
Schäfer, Detmar:	Das kirchliche Arbeitsrecht in der europäischen Integration, Essen 1997.
Schaub, Günter:	Arbeitsrechts-Handbuch, 13. Aufl., München 2009.
ders.:	Das personalvertretungsrechtliche Beschlussverfahren, in: ZTR 2001 S. 97–103.
Scheuermann, Audomar:	Auswirkungen des Codes Juris Canonici von 1983 auf die kirchlichen Stiftungen, in: Deutsche Stiftungen, 43. Jahrestagung der Arbeitsgemeinschaft Deutscher Stiftungen – Bundesverband – und des Verbandes Deutscher Wohltätigkeitsstiftungen e. V am 4. und 5. Juni 1987 in Aschaffenburg – Tagungsbericht S. 62–81.
ders.:	Das Grundrecht der Autonomie im Ordensrecht, in: Ordenskorrespondenz (OK) 25/1984, S. 31.
ders.:	Die Stellung der Ordensinstitute in der Diözese, in: Ministerium Justitiae, Festschrift für Heribert Heinemann zur Vollendung des 60. Lebensjahres S. 249–257, Essen 1985, zitiert: Verfasser, FS Heinemann.
Schiefer, Bernd:	Schulungs- und Bildungsveranstaltungen gem. § 37 Abs. 7 BetrVG – Tatsächliche und rechtliche Aspekte, in: DB 1991 S. 1453–1464.
ders.:	Betriebsratsschulungen – geänderte Spielregeln, DB 2008 S. 2649 ff.
Schilberg, Arno:	Die Rechtsnormqualität kirchlicher Arbeitsrechtsregelungen im Rahmen des Dritten Weges, in: ZevKR 1996 S. 40–51.
Schleßmann, Hein:	Das Arbeitszeugnis, in: BB 1988 S. 1320.
Schleusener, Aino/Suckow, Jens/Voigt, Burkhard:	AGG, 2. Aufl., Köln 2008.
Schlief, Eugen:	Die Organisationsstruktur der katholischen Kirche, in: Handbuch des Staatskirchenrechts der Bundesrepublik Deutschland, Hrsg.: Listl, Joseph/Pirson, Dietrich, Band I, 2. Aufl., § 11 S. 347–382, Berlin 1994.
Schliemann, Harald:	Europa und das deutsche kirchliche Arbeitsrecht – Kooperation oder Konfrontation, in: NZA 2003 S. 407–415.
Schlömp-Röder, Jürgen:	Ausgrenzung der gewerkschaftlichen Bildungsveranstaltungen aus der Arbeitnehmerweiterbildung?, in: DB 1989 S. 276–278.
Schmidt, Klaus:	Die Umdeutung der außerordentlichen Kündigung im Spannungsverhältnis zwischen materiellem und Prozessrecht, in: NZA 1989 S. 611–668.
Schmitz, Heribert:	Bischofskonferenz und Partikularkonzil, in: Müller/Pottmeyer, Die Bischofskonferenz S. 178–195, Düsseldorf 1989.
ders.:	Der Diözesanbischof, in: Handbuch des katholischen Kirchenrechts S. 425, Hrsg.: Listl/Schmitz, 2. Aufl., Regensburg 1999.
ders.:	Die Konsultationsorgane des Diözesanbischofs, in: Handbuch des katholischen Kirchenrechts S. 447, Hrsg.: Listl/Schmitz, 2. Aufl., Regensburg 1999.
ders.:	Fragen der Rechtsüberleitung der bestehenden kirchlichen Vereinigungen in das Recht des CIC, in: AfkKR 1987 S. 367–384.

Literaturverzeichnis

ders.:	Die Personalprälaturen, in: Handbuch des katholischen Kirchenrechts S. 650, Hrsg.: Listl/Schmitz, 2. Aufl., Regensburg 1999.
ders.:	Kirchenaustritt als »Actus formalis« – Zum Rundschreiben des Päpstlichen Rates für Gesetzestexte vom 13. März 2006 und zur Erklärung der Deutschen Bischofskonferenz vom 24. April 2006 – Kanonistische Erläuterungen, in AfkKR 2005 (174. Bd.) S. 502–509.
ders.:	Taufe, Firmung, Eucharistie. Die Sakramente der Initiation und ihre Rechtsfolgen in der Sicht des CIC von 1983, in: AfkKR 1983 S. 369–407.
Schnizer, Helmut:	Allgemeine Fragen des kirchlichen Vereinsrechts, in: Handbuch des katholischen Kirchenrechts S. 563–578, Hrsg.: Listl/Schmitz, 2. Aufl., Regensburg 1999.
ders.:	Das Vereinsrecht, seine Canones und die kanonische Praxis, in: AfkKR 1987 S. 385–411.
ders.:	Die privaten und öffentlichen Vereine, in: Hdb. kath. KR, S. 578, Hrsg.: Listl/Schmitz, 2. Aufl., Regensburg 1999.
Schulz, Hans-Joachim:	Was wurde aus den »Grundsätzen über kirchliche Vereinigungen« – Ein heißes Eisen, das die Bischofskonferenz fallen ließ?, in: Beilage zur Offertenzeitung für die katholische Geistlichkeit, 1989, S. 611–623.
Schulz, Winfried:	Die bestehenden kirchlichen Vereinigungen im Ordnungsgefüge des neuen Codex, in: Kirchliches Vereinsrecht. Der neue Codex und die kirchlichen Vereine, Akademie-Vorträge 32, Katholische Akademie, Schwerte 1987.
ders.:	Der neue Codex und die kirchlichen Vereine, Paderborn 1986.
Schwarz-Seeberger, Gaby:	Erster Kirchlicher Tarifvertrag der Diakonie, in: ZMV 2002 S. 209–213.
Schweibert, Ulrike/Buse, Sandra:	Rechtliche Grenzen der Begünstigung von Betriebsratsmitgliedern – Schattenbosse zwischen »Macht und Ohnmacht«, NZA 2007 S. 1080 ff.
Schwendenwein, Hugo:	Das neue Kirchenrecht, Gesamtdarstellung, Graz/Wien/Köln 1983.
Schwerdtner, Peter:	Das Weiterbeschäftigungsverhältnis als Arbeitsverhältnis »zweiter Klasse«, in: DB 1989 S. 878.
ders.:	Nochmals: Das Weiterbeschäftigungsverhältnis als Arbeitsverhältnis »zweiter Klasse«, in: DB 1989 S. 2025.
Sebott, Reinhold:	Die Berufung zur Kirche, in: Handbuch des katholischen Kirchenrechts S. 157, Hrsg.: Listl/Müller/Schmitz, Regensburg 1983.
Seifart, Werner, Hrsg.:	Handbuch des Stiftungsrechts, 2. Aufl., München 2008.
Sekretariat der Deutschen Bischofskonferenz, Hrsg.:	Enzyklika Deus Caritas est, Papst Benedikt XVI., in: Verlautbarungen des Apostolischen Stuhls Nr. 171, Bonn 2006.
ders.:	Für das Leben, Pastorales Wort zum Schutz der ungeborenen Kinder, Bonn 1986.
ders.:	Grundordnung des kirchlichen Dienstes im Rahmen kirchlicher Arbeitsverhältnisse, in: Die Deutschen Bischöfe, Heft 51, Bonn 1993.
ders.:	Katholische Verbände – Studientag der Vollversammlung der Deutschen Bischofskonferenz, in: Arbeitshilfen 61, Bonn 1988.
ders.:	Mitarbeitervertretungsrecht der katholischen Kirche in den Diözesen der Bundesrepublik Deutschland und in der Diözese Berlin für Berlin (West), Arbeitshilfen 17, Bonn 1980.
ders.:	Rahmenordnung für eine Mitarbeitervertretungs-Ordnung, Arbeitshilfen 47, Bonn 1985.
ders.:	Rahmenordnung für eine Mitarbeitervertretungsordnung, Arbeitshilfen 128, Bonn 1995.
ders.:	Rahmenstatuten und -ordnungen für Diakone und Laien im pastoralen Dienst 1978/79 – Heftreihe: Die deutschen Bischöfe, Heft 22, Bonn.

Literaturverzeichnis

ders.:	Rahmenstatuten und -ordnungen für Gemeinde- und Pastoral-Referenten/Referentinnen, Heftreihe: Die deutschen Bischöfe, Heft 41, Bonn 1987.
ders.:	Soziale Einrichtungen in katholischer Trägerschaft und wirtschaftliche Aufsicht, Arbeitshilfen 182, Bonn 2004.
Sieg, Rainer:	Wahl der Schwerbehindertenvertretung, in: NZA 2002 S. 1064–1669.
Siepen, Karl:	Vermögensrecht der klösterlichen Verbände, Paderborn 1963.
Sibben, Ralf:	Beteiligung des Betriebsrats bei Suspendierungen?, in: NZA 1998 S. 1266.
Sieprath, Stefan:	Schulstiftungen und kirchliche Schulen in Deutschland – eine Verbindung mit Zukunft, in: KuR 2007 S. 54–65.
Sobánski, Remigiusz:	Geist und Funktion des Kirchenrechts, in: AfkKR 1982 S. 369–394.
Socha, Hubert:	Die Gesellschaften des apostolischen Lebens im neuen CIC, in: AfkKR 1983 S. 76–106.
Sowka, Hans-Harald:	Betriebsverfassungsrechtliche Probleme der Betriebsaufspaltung, in: DB 1988 S. 1318–1322.
ders.:	Teilzeitarbeit – ausgewählte Rechtsprobleme, in: DB 1994 S. 1873–1879.
Spengler, Erhard:	Die Rechtsprechung zum Arbeitsrecht in kirchlichen Angelegenheiten – insbesondere zur Loyalitätspflicht der kirchlichen Mitarbeiter, in: NZA 1987 S. 833–839.
Sroka, Reiner:	Neufassung der Rahmenordnung für eine Mitarbeitervertretungsordnung (MAVO) für die Einrichtungen der katholischen Kirche, in: KuR 2005 Nr. 350 S. 205–218 (Seiten 41–54).
Stahlhacke, Eugen:	Arbeitsgerichtsgesetz, in: Handbuch zum Arbeitsrecht (HzA), Gruppe 21, Neuwied.
Stahlhacke, Eugen/Bachmann, Bernward/Bleistein, Franzjosef/Berscheid, Ernst-Dieter:	Gemeinschaftskommentar zum Bundesurlaubsgesetz (GK-BUrlG), 5. Aufl., Neuwied/Berlin/Kriftel 1992.
Stahlhacke, Eugen/Preis, Ulrich/Vossen, Reinhard:	Kündigung und Kündigungsschutz im Arbeitsverhältnis, 10. Aufl., München 2010.
Staudinger:	Kommentar zum Bürgerlichen Gesetzbuch mit Einführungsgesetz und Nebengesetzen, Zweites Buch, Recht der Schuldverhältnisse §§ 823–832, 13. Aufl., Berlin 2008.
Stege, Dieter/Färber, Peter:	Das nordrhein-westfälische Arbeitnehmerweiterbildungsgesetz (AWbG) – Verfassungsrechtliche Bedenken – Rechtliche und praktische Fragen, in: DB Beilage Nr. 2/85 zu Heft 4 v. 25. Januar 1985.
Stege, Dieter/Sowka, Hans-Harald:	Das nordrhein-westfälische Arbeitnehmerweiterbildungsgesetz (AWbG) nach der Entscheidung aus Karlsruhe, in: DB 1988 zu Heft 33 v. 19 August 1988.
Steiner Udo:	Nichts Neues zum Rechtsweg für Klagen von Geistlichen und Kirchenbeamten aus ihrem Amtsverhältnis, in: NJW 1983 S. 2560.
Strigl Richard A.:	Die einzelnen Straftaten, in: Handbuch des katholischen Kirchenrechts S. 941, Hrsg.: Listl/Müller/Schmitz, Regensburg 1983.
ders.:	– Straftat und Strafe, in: wie vor, S. 929.
Struck, Gerhard:	Entwicklung und Kritik des Arbeitsrechts im kirchlichen Bereich, in: NZA 1991 S. 249–256.
Sydow, Gernot:	Kirchliche Beamtenverhältnisse zwischen staatlichem Recht und kirchlicher Ämterautonomie, in: KuR 2009 S. 229–240.
Sykes, SW:	Anglikanische Perspektiven zur Mitgliedschaft in der Kirche, in: Das Problem der Kirchengliedschaft heute S. 391, Hrsg.: Peter Meinhold, Darmstadt 1979.
Thiel, Adolf:	Aktivierung der Einigungsstellen im Sinne der MAVO, in: ZMV 2010 S. 64–67.

Literaturverzeichnis

→ Kleines Kompendium zum kirchlichen Arbeitsrecht – Katholische Kirche, Köln 2011

ders.:	Berufsgenossenschaft – Ansprechpartner der Mitarbeitervertretung, in: ZMV 1995 S. 106.
ders.:	Das Einigungsstellenverfahren nach den novellierten §§ 40 bis 47 MAVO für Regelungsstreitigkeiten, in: ZMV Sonderheft 2005 S. 71–81.
ders.:	Das Personalgespräch des Dienstgebers mit dem Mitarbeiter und die Teilnahme eines Dritten, in: ZMV 5/2004 S. 215–219.
ders.:	Das Wächteramt der Mitarbeitervertretung nach der Grundordnung, in: ZMV 1994 S. 4–9.
ders.:	Die Eine-Person-Mitarbeitervertretung, in: ZMV 1998 S. 9.
ders.:	Die Koalition im Blickfeld kirchlichen Verwaltungsverfahrens, in: MAV 6/2003 S. 276–280.
ders.:	Die Mitwirkung der Mitarbeitervertretung bei der Fassung von Musterarbeitsverträgen trotz KODA-Ordnung, in: ZMV 5/1992 S. 177–183.
ders.:	Die Nichtzulassung der Revision – Nichtzulassungsbeschwerde gemäß KAGO, in: ZMV 2006 S. 284–288.
ders.:	Die Novelle der Rahmenordnung für eine Mitarbeitervertretungsordnung – MAVO – vom 20. November 1995, in: ZMV 1996 S. 3–7.
ders.:	Dienst- und Disziplinarordnung für die kirchlichen Beamten in der Diözese Hildesheim, in: ZMV 2002 S. 12.
ders.:	Die Zulässigkeit des Rechtsweges nach der MAVO in der Rechtsprechung von Schlichtungsstellen, in: ZMV 1996 S. 64–72.
ders.:	Fehlende Entscheidungsgründe der MAVO-Schlichtungsstelle als wesentlicher Verfahrensmangel, in: ZMV 1999 S. 59–62.
ders.:	Kirchliche Arbeitsgerichtsordnung (KAGO) zum 1. Juli 2005 in Kraft gesetzt, in: ZMV 4/2005 S. 165–169.
ders.:	Kosten der Mitarbeitervertretung wegen Inanspruchnahme rechtsanwaltlicher Beratung, in: ZMV 1998 S. 213–217.
ders.:	Öffnungsklauseln für Dienstvereinbarungen durch Arbeitsvertragsordnungen – Änderung der MAVO und des Dritten Weges durch die AVR-Caritas, in: ZMV Sonderheft 1998 S. 15.
ders.:	Reduzierung der Arbeitsaufgaben für Mitglieder von Mitarbeitervertretungen, in: ZMV 2007 S. 290–294.
ders.:	Veränderungen im Arbeitsschutz für kirchliche Einrichtungen, in: ZMV 1996 S. 173.
ders.:	Werkstätten-Mitwirkungsverordnung für Werkstätten für behinderte Menschen, in: ZMV 2001 S. 219–222.
ders.:	Zur Rechtsstellung von Mitgliedern der Orden, diakonischen Gemeinschaften und DRK-Schwestern, in: ZMV 2000 S. 162–165.
Thiele, Christoph:	Erste Änderung des Kirchenmitgliedschaftsgesetzes der EKD, in: ZevKR 47. Bd. (2002) S. 79.
Thieme, Werner:	Praktische Probleme aus der Sicht eines Mitgliedes des Personalrats der Wissenschaftler, in: Personalvertretungsrecht an Wissenschaftlichen Hochschulen – Fortbildungsprogramm für die Wissenschaftsverwaltung, Materialien Nr. 7 S. 143–151, Essen 1982.
Thüsing, Gregor:	Das Übergangsmandat und das Restmandat des Betriebsrats nach § 21a und § 21b BetrVG, in: DB 2002 S. 738–743.
ders.:	Der Dritte Weg – seine Grundlagen und seine Zukunft, in: ZTR 1999 S. 298–302.
ders.:	Die Kirchen als Tarifvertragsparteien, in: ZevKR 1996 S. 52–66.
ders.:	Die Novellierung der MAVO und des MVG-EKD, in: KuR 2003 S. 23–47 = Nr. 350 S. 143–167.

→ Zur Geschichte der Mitarbeitervertretungsordnung im Erzbistum Köln, in: Schwendelapp (Hg.), Aus der Praxis des Arbeitsrechts und Personalwesens in den deutschen Bistümern, Bad Honnef 2006 S. 222–269

Literaturverzeichnis

ders.:	Leiharbeitnehmer in Caritas und Diakonie – Rechtliche Grundlage und personelle Grenzen der kirchlichen Dienstgemeinschaft, in: Festschrift für Reinhard Richardi zum 70. Geburtstag, herausgegeben von Georg Annuß, Eduard Picker, Helmut Wissmann, München 2007 S. 989–1005.
ders.:	Kirchliches Arbeitsrecht, Tübingen 2006.
ders.:	Europäisches Arbeitsrecht, München 2008.
Thüsing, Gregor/Lambrich, Thomas:	Das Fragerecht des Arbeitgebers – aktuelle Probleme zu einem klassischen Thema, in: BB 2002 S. 1146–1153.
Thüsing, Gregor/Wege, Donat:	Die neuen Informationsrechte in wirtschaftlichen Angelegenheiten nach § 27a MAVO, in: KuR 2004 S. 25–46 = Nr. 350 S. 169–190.
von Tiling, Peter:	Zur Rechtsstellung der privatrechtlich angestellten Mitarbeiter der Kirche, in: ZevKR 1977 S. 322–345.
Tinnefeld, Marie-Theres/Viethen, Hans-Peter:	Das Recht aus am eigenen Bild als besondere Form des allgemeinen Persönlichkeitsrechts, in: NZA 2003 S. 468–473.
von Usslar, Ludolf:	Die Legitimation kirchlicher Wohnungsunternehmen, in: KuR 2009 S. 102–111.
Voll, Otto:	Handbuch des Bayerischen Staatskirchenrechts (HdbBayStKirchR), München 1985.
de Wall, Heinrich:	Der Schutz des Seelsorgegeheimnisses (nicht nur) im Strafverfahren, in: NJW 2007 S. 1856–1859.
de Wall, Heinrich/Muckel, Stefan:	Kirchenrecht, 2. Aufl., München 2010.
ders.:	Neue Entwicklungen im Europäischen Staatskirchenrecht, in: ZevKR 47. Bd. (2002) S. 205.
Wank, Rolf:	Weiterbeschäftigungsanspruch des Arbeitnehmers, in: Münchner Handbuch Arbeitsrecht, Bd. 1, 3. Aufl. 2009, § 99.
Wank, Rolf/Maties, Martin:	Die Erforderlichkeit von Schulungen der Personalvertretungen nach BetrVG und BPersVG, in: NZA 2005 S. 1033–1038.
Weber, Claus:	Individualrechtliche Auswirkungen betriebsverfassungsrechtlicher personeller Einzelmaßnahmen, 2000.
Weber, Hermann:	Geltungsbereich des primären und sekundären Europarechts für die Kirchen, in: ZevKR 47. Bd. (2002) S. 221.
ders.:	Anmerkung zu BVerfG NJW 1986, 367, in: NJW 1986 S. 370.
ders.:	Staatliche und kirchliche Gerichtsbarkeit, NJW 1989 S. 2217–2227.
Wegener, Roland:	Staat und Verbände im Sachbereich Wohlfahrtspflege – Staatskirchenrechtliche Abhandlungen, Band 8, Berlin 1978.
Weiß, Andreas:	Die Richtlinien über persönliche Anforderungen an Diakone und Laien im kirchlichen Dienst im Hinblick auf Ehe und Familie vom 18. September 1995, in: Dem Staate, was des Staates – der Kirche, was der Kirche ist, Festschrift für Joseph Listl zum 70. Geburtstag, herausgegeben von Josef Isensee, Wilhelm Rees, Wolfgang Rüfner, Berlin 1999 S. 543–571.
ders.:	Kirchenrechtliche Problemstellungen der Arbeitsgerichtsbarkeit in der katholischen Kirche, in: ZMV Sonderheft 2005 S. 20–33.
ders.:	Die Loyalität der Mitarbeiter im kirchlichen Dienst, in: Hengsbach/Koschel (Hrsg.), 10 Jahre Grundordnung des kirchlichen Dienstes im Rahmen kirchlicher Arbeitsverhältnisse – eine Bestandsaufnahme, 2004, S. 36–62.
Wendt, Günther:	Bemerkungen zur gliedkirchlichen Vereinbarung über das Mitgliedschaftsrecht in der EKD, in: Das Problem der Kirchengemeinschaft heute S. 221, Hrsg.: Peter Meinhold, Darmstadt 1979.
Weng, Rudolf:	Der leitende Angestellte nach Änderung des Betriebsverfassungsgesetzes und Einführung von Sprecherausschüssen, in: DB 1989 S. 628–630.

Literaturverzeichnis

Wertenbruch, Wilhelm/Freitag, Hans-Otto:	Das Kirchenamt im Recht der gesetzlichen Unfallversicherung, Staatskirchenrechtliche Abhandlungen, Band 9, Berlin 1979.
Weth, Stephan/Wern, Sigurd:	Vom weltlichen zum kirchlichen Betrieb – Probleme des Betriebsübergangs, in: NZA 1998 S. 118–122.
Wieland, Joachim:	Die verfassungsrechtliche Stellung der Kirche als Arbeitgeber, in: DB 1987 S. 1633.
Wiese, Günther:	Zu einer gesetzlichen Regelung genetischer Untersuchungen im Arbeitsleben, in: BB 2005 S. 2073–2083.
Wiese/Kreutz/Oetker/Raab/Weber/Franzen:	Betriebsverfassungsgesetz – Gemeinschaftskommentar, mit Wahlordnungen (GK-BetrVG), 9. Aufl. Köln 2010.
Wilrich, Thomas:	Prüfung, Betrieb und Überwachung von Arbeitsmitteln und Anlagen nach der Betriebssicherheitsverordnung, in: DB 2002 S. 1553–1560.
Winter, Jörg:	Die Grundordnung der Evangelischen Landeskirche in Baden – Kommentar für Praxis und Wissenschaft, Köln 2011.
Wlotzke, Ottfried/Preis, Ulrich:	Betriebsverfassungsgesetz – Kommentar, 3. Aufl., München 2006.
Zapp, Hartmut:	Körperschaftsaustritt wegen Kirchensteuern – kein Kirchenaustritt, in: KuR 2007 S. 66–90.
Zilles, Hans:	Loyalität in Stufen – ein Verzicht auf verfassungsrechtlich zulässige Höchstforderungen, in: KuR 1999 S. 103–109 = Nr. 350 S. 47–53.
Zilles, Hans/Kämper, Burkhard:	Kirchengemeinden als Körperschaften im Rechtsverkehr, NVwZ 1994 S. 109 ff.

→ Wüstefeld, Marcus: Beispiel einer gelungenen Integrationsvereinbarung im Bistum Speyer, Oberhirtliches Verordnungsblatt (OVB) des Bistums Speyer, Beilage an Heft 6/2010

Ordnungstext

Rahmenordnung für eine Mitarbeitervertretungsordnung – MAVO –

in der Fassung des einstimmigen Beschlusses der Vollversammlung des Verbandes der Diözesen Deutschlands vom 20. November 1995

sowie der Änderungen gemäß Beschluss der Vollversammlung des Verbandes der Diözesen Deutschlands vom 21. Juni 1999

sowie der Änderungen gemäß Beschluss der Vollversammlung des Verbandes der Diözesen Deutschlands vom 23. Juni 2003

sowie der Änderungen durch Artikel 4 des Gesetzes zur Anpassung arbeitsrechtlicher Vorschriften an die Kirchliche Arbeitsgerichtsordnung (KAGO-Anpassungsgesetz – KAGO-AnpG) vom 21. September 2004

sowie der Änderungen gemäß Beschluss der Vollversammlung des Verbandes der Diözesen Deutschlands vom 25. Juni 2007 sowie ...

zuletzt geändert durch Beschluss der Vollversammlung des Verbandes der Diözesen Deutschlands vom 20. Juni 2011

Präambel

Grundlage und Ausgangspunkt für den kirchlichen Dienst ist die Sendung der Kirche. Diese Sendung umfasst die Verkündigung des Evangeliums, den Gottesdienst und die sakramentale Verbindung der Menschen mit Jesus Christus sowie den aus dem Glauben erwachsenden Dienst am Nächsten. Daraus ergibt sich als Eigenart des kirchlichen Dienstes seine religiöse Dimension. Als Maßstab für ihre Tätigkeit ist sie Dienstgebern und Mitarbeiterinnen und Mitarbeitern vorgegeben, die als Dienstgemeinschaft den Auftrag der Einrichtung erfüllen und so an der Sendung der Kirche mitwirken.

Weil die Mitarbeiterinnen und Mitarbeiter den Dienst in der Kirche mitgestalten und mitverantworten und an seiner religiösen Grundlage und Zielsetzung teilhaben, sollen sie auch aktiv an der Gestaltung und Entscheidung über die sie betreffenden Angelegenheiten mitwirken unter Beachtung der Verfasstheit der Kirche, ihres Auftrages und der kirchlichen Dienstverfassung. Dies erfordert von Dienstgebern und Mitarbeiterinnen und Mitarbeitern die Bereitschaft zu gemeinsam getragener Verantwortung und vertrauensvoller Zusammenarbeit.

Deshalb wird aufgrund des Rechtes der katholischen Kirche, ihre Angelegenheiten selbst zu regeln, unter Bezugnahme auf die Grundordnung des kirchlichen Dienstes im Rahmen kirchlicher Arbeitsverhältnisse vom 22. September 1993 die folgende Ordnung für Mitarbeitervertretungen erlassen.

I. Allgemeine Vorschriften

§ 1
Geltungsbereich

(1) Diese Mitarbeitervertretungsordnung gilt für die Dienststellen, Einrichtungen und sonstigen selbständig geführten Stellen – nachfolgend als Einrichtung(en) bezeichnet –
  1. der (Erz-)Diözesen,
  2. der Kirchengemeinden und Kirchenstiftungen,
  3. der Verbände von Kirchengemeinden,
  4. der Diözesancaritasverbände und deren Gliederungen, soweit sie öffentliche juristische Personen des kanonischen Rechts sind,
  5. der sonstigen öffentlichen juristischen Personen des kanonischen Rechts, beiden
  6. der sonstigen kirchlichen Rechtsträger, unbeschadet ihrer Rechtsform, die der bischöflichen Gesetzgebungsgewalt unterliegen, dem Diözesanbischof unterstellten
(2) Diese Mitarbeitervertretungsordnung ist auch anzuwenden im Bereich der sonstigen kirchlichen Rechtsträger und ihrer Einrichtungen sowie des Verbandes der Diözesen Deutschlands, des

Deutschen Caritasverbandes und der anderen mehrdiözesanen[1] und überdiözesanen[2] Rechtsträger, unbeschadet ihrer Rechtsform. Die vorgenannten Rechtsträger und ihre Einrichtungen sind gehalten, die Mitarbeitervertretungsordnung für ihren Bereich rechtsverbindlich zu übernehmen.

(3) In den Fällen des Abs. 2 ist in allen Einrichtungen eines mehrdiözesanen oder überdiözesanen Rechtsträgers die Mitarbeitervertretungsordnung der Diözese anzuwenden, in der sich der Sitz der Hauptniederlassung (Hauptsitz) befindet. Abweichend von Satz 1 kann auf Antrag eines mehrdiözesan oder überdiözesan tätigen Rechtsträgers der Diözesanbischof des Hauptsitzes im Einvernehmen mit den anderen Diözesanbischöfen, in deren Diözese der Rechtsträger tätig ist, bestimmen, dass in den Einrichtungen des Rechtsträgers die Mitarbeitervertretungsordnung der Diözese angewandt wird, in der die jeweilige Einrichtung ihren Sitz hat, oder eine Mitarbeitervertretungsordnung eigens für den Rechtsträger erlassen.

§ 1a
Bildung von Mitarbeitervertretungen

(1) In den Einrichtungen der in § 1 genannten kirchlichen Rechtsträger sind Mitarbeitervertretungen nach Maßgabe der folgenden Vorschriften zu bilden.
(2) Unbeschadet des Abs. 1 kann der Rechtsträger nach Anhörung betroffener Mitarbeitervertretungen regeln, was als Einrichtung gilt. Die Regelung bedarf der Genehmigung durch den Ordinarius. Die Regelung darf nicht missbräuchlich erfolgen.

§ 1b
Gemeinsame Mitarbeitervertretung[3]

(1) Die Mitarbeitervertretungen und Dienstgeber mehrerer Einrichtungen verschiedener Rechtsträger können durch eine gemeinsame Dienstvereinbarung die Bildung einer gemeinsamen Mitarbeitervertretung vereinbaren, soweit dies der wirksamen und zweckmäßigen Interessenvertretung der Mitarbeiterinnen und Mitarbeiter dient. Dienstgeber und Mitarbeitervertretungen können nach vorheriger Stellungnahme der betroffenen Mitarbeiterinnen und Mitarbeiter Einrichtungen einbeziehen, in denen Mitarbeitervertretungen nicht gebildet sind. Die auf Grundlage dieser Dienstvereinbarung gewählte Mitarbeitervertretung tritt an die Stelle der bisher bestehenden Mitarbeitervertretungen. Sind in keiner der Einrichtungen Mitarbeitervertretungen gebildet, so können die Rechtsträger nach vorheriger Stellungnahme der betroffenen Mitarbeiterinnen und Mitarbeiter die Bildung einer gemeinsamen Mitarbeitervertretung vereinbaren, soweit die Gesamtheit der Einrichtungen die Voraussetzungen des § 6 Abs. 1 erfüllt.
(2) Die Dienstvereinbarung nach Abs. 1 Satz 1 und die Regelung nach Abs. 1 Satz 4 bedürfen der Genehmigung durch den Ordinarius. Sie sind, soweit sie keine andere Regelung treffen, für die folgende Wahl und die Amtszeit der aus ihr hervorgehenden Mitarbeitervertretung wirksam. Für die gemeinsamen Mitarbeitervertretungen gelten die Vorschriften dieser Ordnung nach Maßgabe des § 22a.

§ 2
Dienstgeber

(1) Dienstgeber im Sinne dieser Ordnung ist der Rechtsträger der Einrichtung.
(2) Für den Dienstgeber handelt dessen vertretungsberechtigtes Organ oder die von ihm bestellte Leitung. Der Dienstgeber kann eine Mitarbeiterin oder einen Mitarbeiter in leitender Stellung schriftlich beauftragten, ihn zu vertreten.

---

1 Das sind solche, die in mehreren, nicht jedoch in allen Diözesen im Gebiet der Deutschen Bischofskonferenz Einrichtungen unterhalten.
2 Das sind solche, die im gesamten Konferenzgebiet Einrichtungen unterhalten.
3 Muster für eine diözesane Fassung.

§ 3
Mitarbeiterinnen und Mitarbeiter

(1) Mitarbeiterinnen und Mitarbeiter im Sinne dieser Ordnung sind alle Personen, die bei einem Dienstgeber
   1. aufgrund eines Dienst- oder Arbeitsverhältnisses,
   2. als Ordensmitglied an einem Arbeitsplatz in einer Einrichtung der eigenen Gemeinschaft,
   3. aufgrund eines Gestellungsvertrages oder
   4. zu ihrer Ausbildung

   tätig sind.
   Mitarbeiterinnen und Mitarbeiter, die dem Dienstgeber zur Arbeitsleistung überlassen werden im Sinne des Arbeitnehmerüberlassungsgesetzes, sind keine Mitarbeiterinnen und Mitarbeiter im Sinne dieser Ordnung.

(2) Als Mitarbeiterinnen und Mitarbeiter gelten nicht:
   1. die Mitglieder eines Organs, das zur gesetzlichen Vertretung berufen ist,
   2. Leiterinnen und Leiter von Einrichtungen im Sinne des § 1,
   3. Mitarbeiterinnen und Mitarbeiter, die zur selbständigen Entscheidung über Einstellungen, Anstellungen oder Kündigungen befugt sind,
   4. sonstige Mitarbeiterinnen und Mitarbeiter in leitender Stellung,
   5. Geistliche einschließlich Ordensgeistliche im Bereich des § 1 Abs. 1 Nrn. 2 und 3,
   6. Personen, deren Beschäftigung oder Ausbildung überwiegend ihrer Heilung, Wiedereingewöhnung, beruflichen und sozialen Rehabilitation oder Erziehung dient.

   Die Entscheidung des Dienstgebers zu den Nrn. 3 und 4 bedarf der Beteiligung der Mitarbeitervertretung gem. § 29 Abs. 1 Nr. 18. Die Entscheidung bedarf bei den in § 1 Abs. 1 genannten Rechtsträgern der Genehmigung des Ordinarius. Die Entscheidung ist der Mitarbeitervertretung schriftlich mitzuteilen.

(3) Die besondere Stellung der Geistlichen gegenüber dem Diözesanbischof und die der Ordensleute gegenüber den Ordensoberen werden durch diese Ordnung nicht berührt. Eine Mitwirkung in den persönlichen Angelegenheiten findet nicht statt.

§ 4
Mitarbeiterversammlung

Die Mitarbeiterversammlung ist die Versammlung aller Mitarbeiterinnen und Mitarbeiter. Kann nach den dienstlichen Verhältnissen eine gemeinsame Versammlung aller Mitarbeiterinnen und Mitarbeiter nicht stattfinden, so sind Teilversammlungen zulässig.

§ 5
Mitarbeitervertretung

Die Mitarbeitervertretung ist das von den wahlberechtigten Mitarbeiterinnen und Mitarbeitern gewählte Organ, das die ihm nach dieser Ordnung zustehenden Aufgaben und Verantwortungen wahrnimmt.

II. Die Mitarbeitervertretung

§ 6
Voraussetzung für die Bildung der Mitarbeitervertretung
Zusammensetzung der Mitarbeitervertretung

(1) Die Bildung einer Mitarbeitervertretung setzt voraus, dass in der Einrichtung in der Regel mindestens fünf wahlberechtigte Mitarbeiterinnen und Mitarbeiter (§ 7) beschäftigt werden, von denen mindestens drei wählbar sind (§ 8).

(2) Die Mitarbeitervertretung besteht aus

  1 Mitglied bei   5– 15 wahlberechtigten Mitarbeiterinnen und Mitarbeitern,
  3 Mitgliedern bei 16– 50 wahlberechtigten Mitarbeiterinnen und Mitarbeitern,
  5 Mitgliedern bei 51– 100 wahlberechtigten Mitarbeiterinnen und Mitarbeitern,
  7 Mitgliedern bei 101– 200 wahlberechtigten Mitarbeiterinnen und Mitarbeitern,
  9 Mitgliedern bei 201– 300 wahlberechtigten Mitarbeiterinnen und Mitarbeitern,
 11 Mitgliedern bei 301– 600 wahlberechtigten Mitarbeiterinnen und Mitarbeitern,
 13 Mitgliedern bei 601–1000 wahlberechtigten Mitarbeiterinnen und Mitarbeitern,
 15 Mitgliedern bei 1001 und mehr wahlberechtigten Mitarbeiterinnen und Mitarbeitern.
Falls die Zahl der Wahlbewerberinnen und Wahlbewerber geringer ist als die nach Satz 1 vorgesehene Zahl an Mitgliedern, setzt sich die Mitarbeitervertretung aus der höchstmöglichen Zahl von Mitgliedern zusammen. Satz 2 gilt entsprechend, wenn die nach Satz 1 vorgesehene Zahl an Mitgliedern nicht erreicht wird, weil zu wenig Kandidatinnen und Kandidaten gewählt werden oder weil eine gewählte Kandidatin oder ein gewählter Kandidat die Wahl nicht annimmt und kein Ersatzmitglied vorhanden ist.

(3) Für die Wahl einer Mitarbeitervertretung in einer Einrichtung mit einer oder mehreren nicht selbständig geführten Stellen kann der Dienstgeber eine Regelung treffen, die eine Vertretung auch der Mitarbeiterinnen und Mitarbeiter der nicht selbständig geführten Stellen in Abweichung von § 11 Abs. 6 durch einen Vertreter gewährleistet, und zwar nach der Maßgabe der jeweiligen Zahl der wahlberechtigten Mitarbeiterinnen und Mitarbeiter in den Einrichtungen. Eine solche Regelung bedarf der Zustimmung der Mitarbeitervertretung.

(4) Der Mitarbeitervertretung sollen jeweils Vertreter der Dienstbereiche und Gruppen angehören. Die Geschlechter sollen in der Mitarbeitervertretung entsprechend ihrem zahlenmäßigen Verhältnis in der Einrichtung vertreten sein.

(5) Maßgebend für die Zahl der Mitglieder ist der Tag, bis zu dem Wahlvorschläge eingereicht werden können (§ 9 Abs. 5 Satz 1).

§ 7
Aktives Wahlrecht

(1) Wahlberechtigt sind alle Mitarbeiterinnen und Mitarbeiter, die am Wahltag das 18. Lebensjahr vollendet haben und seit mindestens sechs Monaten ohne Unterbrechung in einer Einrichtung desselben Dienstgebers tätig sind.

(2) Wer zu einer Einrichtung abgeordnet ist, wird nach Ablauf von drei Monaten in ihr wahlberechtigt; im gleichen Zeitpunkt erlischt das Wahlrecht bei der früheren Einrichtung. Satz 1 gilt nicht, wenn feststeht, dass die Mitarbeiterin oder der Mitarbeiter binnen weiterer sechs Monate in die frühere Einrichtung zurückkehren wird.

(3) Mitarbeiterinnen und Mitarbeiter in einem Ausbildungsverhältnis sind nur bei der Einrichtung wahlberechtigt, von der sie eingestellt sind.

(4) Nicht wahlberechtigt sind Mitarbeiterinnen und Mitarbeiter,
 1. für die zur Besorgung aller ihrer Angelegenheiten ein Betreuer nicht nur vorübergehend bestellt ist,
 2. die am Wahltage für mindestens noch sechs Monate unter Wegfall der Bezüge beurlaubt sind,
 3. die sich am Wahltag in der Freistellungsphase eines nach dem Blockmodell vereinbarten Altersteilzeitarbeitsverhältnisses befinden.

§ 8
Passives Wahlrecht

(1) Wählbar sind die wahlberechtigten Mitarbeiterinnen und Mitarbeiter, die am Wahltag seit mindestens einem Jahr ohne Unterbrechung im kirchlichen Dienst stehen, davon mindestens seit sechs Monaten in einer Einrichtung desselben Dienstgebers tätig sind.

(2) Nicht wählbar sind Mitarbeiterinnen und Mitarbeiter, die zur selbstständigen Entscheidung in anderen als den in § 3 Abs. 2 Nr. 3 genannten Personalangelegenheiten befugt sind.

§ 9
Vorbereitung der Wahl

(1) Spätestens acht Wochen vor Ablauf der Amtszeit der Mitarbeitervertretung bestimmt die Mitarbeitervertretung den Wahltag. Er soll spätestens zwei Wochen vor Ablauf der Amtszeit der Mitarbeitervertretung liegen.

(2) Die Mitarbeitervertretung bestellt spätestens acht Wochen vor Ablauf ihrer Amtszeit die Mitglieder des Wahlausschusses. Er besteht aus drei oder fünf Mitgliedern, die, wenn sie Mitarbeiterinnen oder Mitarbeiter sind, wahlberechtigt sein müssen. Der Wahlausschuss wählt seine Vorsitzende oder seinen Vorsitzenden.

(3) Scheidet ein Mitglied des Wahlausschusses aus, so hat die Mitarbeitervertretung unverzüglich ein neues Mitglied zu bestellen. Kandidiert ein Mitglied des Wahlausschusses für die Mitarbeitervertretung, so scheidet es aus dem Wahlausschuss aus.

(4) Der Dienstgeber stellt dem Wahlausschuss zur Aufstellung des Wählerverzeichnisses spätestens sieben Wochen vor Ablauf der Amtszeit eine Liste aller Mitarbeiterinnen und Mitarbeiter mit den erforderlichen Angaben zur Verfügung. Der Wahlausschuss stellt die Liste der wahlberechtigten Mitarbeiterinnen und Mitarbeiter auf und legt sie mindestens vier Wochen vor der Wahl für die Dauer von einer Woche zur Einsicht aus. Die oder der Vorsitzende des Wahlausschusses gibt bekannt, an welchem Ort, für welche Dauer und von welchem Tage an die Listen zur Einsicht ausliegen. Jede Mitarbeiterin und jeder Mitarbeiter kann während der Auslegungsfrist gegen die Eintragung oder Nichteintragung einer Mitarbeiterin oder eines Mitarbeiters Einspruch einlegen. Der Wahlausschuss entscheidet über den Einspruch.

(5) Der Wahlausschuss hat sodann die wahlberechtigten Mitarbeiterinnen und Mitarbeiter aufzufordern, schriftliche Wahlvorschläge, die jeweils von mindestens drei wahlberechtigten Mitarbeiterinnen und Mitarbeitern unterzeichnet sein müssen, bis zu einem von ihm festzusetzenden Termin einzureichen. Der Wahlvorschlag muss die Erklärung der Kandidatin oder des Kandidaten enthalten, dass sie oder er der Benennung zustimmt. Der Wahlausschuss hat in ausreichender Zahl Formulare für Wahlvorschläge auszulegen.

(6) Die Kandidatenliste soll mindestens doppelt soviel Wahlbewerberinnen und Wahlbewerber enthalten wie Mitglieder nach § 6 Abs. 2 zu wählen sind.

(7) Der Wahlausschuss prüft die Wählbarkeit und lässt sich von der Wahlbewerberin oder dem Wahlbewerber bestätigen, dass kein Ausschlussgrund im Sinne des § 8 vorliegt.

(8) Spätestens eine Woche vor der Wahl sind die Namen der zur Wahl vorgeschlagenen und vom Wahlausschuss für wählbar erklärten Mitarbeiterinnen und Mitarbeiter in alphabetischer Reihenfolge durch Aushang bekannt zu geben. Danach ist die Kandidatur unwiderruflich.

§ 10
Dienstgeber – Vorbereitungen zur Bildung einer Mitarbeitervertretung

(1) Wenn in einer Einrichtung die Voraussetzungen für die Bildung einer Mitarbeitervertretung vorliegen, hat der Dienstgeber spätestens nach drei Monaten zu einer Mitarbeiterversammlung einzuladen. Er leitet sie und kann sich hierbei vertreten lassen. Die Mitarbeiterversammlung wählt den Wahlausschuss, der auch den Wahltag bestimmt. Im Falle des Ausscheidens eines Mitglieds bestellt der Wahlausschuss unverzüglich ein neues Mitglied.

(1a) Absatz 1 gilt auch,
1. wenn die Mitarbeitervertretung ihrer Verpflichtung gem. § 9 Abs. 1 und 2 nicht nachkommt,
2. im Falle des § 12 Abs. 5 Satz 2,
3. im Falle des § 13 Abs. 2 Satz 3,
4. in den Fällen des § 13a nach Ablauf des Zeitraumes, in dem die Mitarbeitervertretung die Geschäfte fortgeführt hat,
5. nach Feststellung der Nichtigkeit der Wahl der Mitarbeitervertretung durch rechtskräftige Entscheidung der kirchlichen Gerichte für Arbeitssachen in anderen als den in § 12 genannten Fällen, wenn ein ordnungsgemäßer Wahlausschuss nicht mehr besteht.

(2) Kommt die Bildung eines Wahlausschusses nicht zustande, so hat auf Antrag mindestens eines Zehntels der wahlberechtigten Mitarbeiterinnen und Mitarbeiter und nach Ablauf eines Jahres der Dienstgeber erneut eine Mitarbeiterversammlung zur Bildung eines Wahlausschusses einzuberufen.

(3) In neuen Einrichtungen entfallen für die erste Wahl die in den §§ 7 Abs. 1 und 8 Abs. 1 festgelegten Zeiten.

§ 11
Durchführung der Wahl

(1) Die Wahl der Mitarbeitervertretung erfolgt unmittelbar und geheim. Für die Durchführung der Wahl ist der Wahlausschuss verantwortlich.

(2) Die Wahl erfolgt durch Abgabe eines Stimmzettels. Der Stimmzettel enthält in alphabetischer Reihenfolge die Namen aller zur Wahl stehenden Mitarbeiterinnen und Mitarbeiter (§ 9 Abs. 8 Satz 1). Die Abgabe der Stimme erfolgt durch Ankreuzen eines oder mehrerer Namen. Es können so viele Namen angekreuzt werden, wie Mitglieder zu wählen sind. Der Wahlzettel ist in Anwesenheit von mindestens zwei Mitgliedern des Wahlausschusses in die bereitgestellte Urne zu werfen. Die Stimmabgabe ist in der Liste der wahlberechtigten Mitarbeiterinnen und Mitarbeiter zu vermerken.

(3) Bemerkungen auf dem Wahlzettel und das Ankreuzen von Namen von mehr Personen, als zu wählen sind, machen den Stimmzettel ungültig.

(4) Im Falle der Verhinderung ist eine vorzeitige Stimmabgabe durch Briefwahl möglich. Der Stimmzettel ist in dem für die Wahl vorgesehenen Umschlag und zusammen mit dem persönlich unterzeichneten Wahlschein in einem weiteren verschlossenen Umschlag mit der Aufschrift »Briefwahl« und der Angabe des Absenders dem Wahlausschuss zuzuleiten. Diesen Umschlag hat der Wahlausschuss bis zum Wahltag aufzubewahren und am Wahltag die Stimmabgabe in der Liste der wahlberechtigten Mitarbeiterinnen und Mitarbeiter zu vermerken, den Umschlag zu öffnen und den für die Wahl bestimmten Umschlag in die Urne zu werfen. Die Briefwahl ist nur bis zum Abschluss der Wahl am Wahltag möglich.

(5) Nach Ablauf der festgesetzten Wahlzeit stellt der Wahlausschuss öffentlich fest, wie viel Stimmen auf die einzelnen Gewählten entfallen sind und ermittelt ihre Reihenfolge nach der Stimmenzahl. Das Ergebnis ist in einem Protokoll festzuhalten, das vom Wahlausschuss zu unterzeichnen ist.

(6) Als Mitglieder der Mitarbeitervertretung sind diejenigen gewählt, die die meisten Stimmen erhalten haben. Alle in der nach der Stimmenzahl entsprechenden Reihenfolge den gewählten Mitgliedern folgenden Mitarbeiterinnen und Mitarbeitern sind Ersatzmitglieder. Bei gleicher Stimmenzahl entscheidet das Los.

(7) Das Ergebnis der Wahl wird vom Wahlausschuss am Ende der Wahlhandlung bekannt gegeben. Der Wahlausschuss stellt fest, ob jede oder jeder Gewählte die Wahl annimmt. Bei Nichtannahme gilt an ihrer oder seiner Stelle die Mitarbeiterin oder der Mitarbeiter mit der nächstfolgenden Stimmenzahl als gewählt. Mitglieder und Ersatzmitglieder der Mitarbeitervertretung werden durch Aushang bekannt gegeben.

(8) Die gesamten Wahlunterlagen sind für die Dauer der Amtszeit der gewählten Mitarbeitervertretung aufzubewahren. Die Kosten der Wahl trägt der Dienstgeber.

§§ 11a bis c Vereinfachtes Wahlverfahren[4]

§ 11a
Voraussetzungen

(1) In Einrichtungen mit bis zu 20 wahlberechtigten Mitarbeiterinnen und Mitarbeitern ist die Mitarbeitervertretung anstelle des Verfahrens nach den §§ 9 bis 11 im vereinfachten Wahlverfahren zu wählen.[5]

(2) Absatz 1 findet keine Anwendung, wenn die Mitarbeiterversammlung mit der Mehrheit der Anwesenden, mindestens jedoch einem Drittel der wahlberechtigten Mitarbeiterinnen und Mitarbeiter spätestens acht Wochen vor Beginn des einheitlichen Wahlzeitraums die Durchführung der Wahl nach den §§ 9 bis 11 beschließt.

§ 11b
Vorbereitung der Wahl

(1) Spätestens drei Wochen vor Ablauf ihrer Amtszeit lädt die Mitarbeitervertretung die Wahlberechtigten durch Aushang oder in sonst geeigneter Weise, die den wahlberechtigten Mitarbeiterinnen und Mitarbeitern die Möglichkeit der Kenntnisnahme gibt, zur Wahlversammlung ein und legt gleichzeitig die Liste der wahlberechtigten Mitarbeiterinnen und Mitarbeiter aus.

(2) Ist in einer Einrichtung eine Mitarbeitervertretung nicht vorhanden, so handelt der Dienstgeber gemäß Abs. 1.

§ 11c
Durchführung der Wahl

(1) Die Wahlversammlung wird von einer Wahlleiterin oder einem Wahlleiter geleitet, die oder der mit einfacher Stimmenmehrheit gewählt wird. Im Bedarfsfall kann die Wahlversammlung zur Unterstützung der Wahlleiterin oder des Wahlleiters Wahlhelfer bestimmen.

(2) Mitarbeitervertreterinnen und Mitarbeitervertreter und Ersatzmitglieder werden in einem gemeinsamen Wahlgang gewählt. Jede wahlberechtigte Mitarbeiterin und jeder wahlberechtigte Mitarbeiter kann Kandidatinnen und Kandidaten zur Wahl vorschlagen.

(3) Die Wahl erfolgt durch Abgabe des Stimmzettels. Auf dem Stimmzettel sind von der Wahlleiterin oder dem Wahlleiter die Kandidatinnen und Kandidaten in alphabetischer Reihenfolge unter Angabe von Name und Vorname aufzuführen. Die Wahlleiterin oder der Wahlleiter trifft Vorkehrungen, dass die Wählerinnen und Wähler ihre Stimme geheim abgeben können. Unverzüglich nach Beendigung der Wahlhandlung zählt sie oder er öffentlich die Stimmen aus und gibt das Ergebnis bekannt.

(4) § 9 Abs. 7, § 11 Abs. 2 Sätze 3, 4 und 6, § 11 Abs. 6 bis 8 und § 12 gelten entsprechend; an die Stelle des Wahlausschusses tritt die Wahlleiterin oder der Wahlleiter.

§ 12
Anfechtung der Wahl

(1) Jede wahlberechtigte Mitarbeiterin und jeder wahlberechtigte Mitarbeiter oder der Dienstgeber hat das Recht, die Wahl wegen eines Verstoßes gegen die §§ 6 bis 11c innerhalb einer Frist von einer Woche nach Bekanntgabe des Wahlergebnisses schriftlich anzufechten. Die Anfechtungserklärung ist dem Wahlausschuss zuzuleiten.

(2) Unzulässige oder unbegründete Anfechtungen weist der Wahlausschuss zurück. Stellt er fest, dass die Anfechtung begründet ist und dadurch das Wahlergebnis beeinflusst sein kann, so erklärt er die Wahl für ungültig; in diesem Falle ist die Wahl unverzüglich zu wiederholen. Im Falle

---

4 Muster für eine diözesane Wahlordnung.
5 Die Zahl der wahlberechtigten Mitarbeiterinnen und Mitarbeiter kann abweichend hiervon durch diözesane Regelung festgelegt werden.

einer sonstigen begründeten Wahlanfechtung berichtigt er den durch den Verstoß verursachten Fehler.
(3) Gegen die Entscheidung des Wahlausschusses ist die Klage beim Kirchlichen Arbeitsgericht innerhalb einer Ausschlussfrist von zwei Wochen nach Bekanntgabe der Entscheidung zulässig.
(4) Eine für ungültig erklärte Wahl lässt die Wirksamkeit der zwischenzeitlich durch die Mitarbeitervertretung getroffenen Entscheidungen unberührt.
(5) Die Wiederholung einer erfolgreich angefochtenen Wahl obliegt dem Wahlausschuss. Besteht kein ordnungsgemäß besetzter Wahlausschuss (§ 9 Abs. 2 Satz 2) mehr, so findet § 10 Anwendung.

§ 13
Amtszeit der Mitarbeitervertretung

(1) Die regelmäßigen Wahlen zur Mitarbeitervertretung finden alle vier Jahre in der Zeit vom 1. März bis 30. Juni (einheitlicher Wahlzeitraum) statt.[6]
(2) Die Amtszeit beginnt mit dem Tag der Wahl oder, wenn zu diesem Zeitpunkt noch eine Mitarbeitervertretung besteht, mit Ablauf der Amtszeit dieser Mitarbeitervertretung. Sie beträgt vier Jahre. Sie endet jedoch vorbehaltlich der Regelung in Abs. 5 spätestens am 30. Juni des Jahres, in dem nach Abs. 1 die regelmäßigen Mitarbeitervertretungswahlen stattfinden.[3]
(3) Außerhalb des einheitlichen Wahlzeitraumes findet eine Neuwahl statt, wenn
   1. an dem Tage, an dem die Hälfte der Amtszeit seit Amtsbeginn abgelaufen ist, die Zahl der wahlberechtigten Mitarbeiterinnen und Mitarbeiter um die Hälfte, mindestens aber um 50, gestiegen oder gesunken ist,
   2. die Gesamtzahl der Mitglieder der Mitarbeitervertretung auch nach Eintreten sämtlicher Ersatzmitglieder um mehr als die Hälfte der ursprünglich vorhandenen Mitgliederzahl gesunken ist,
   3. die Mitarbeitervertretung mit der Mehrheit ihrer Mitglieder ihren Rücktritt beschlossen hat,
   4. die Wahl der Mitarbeitervertretung mit Erfolg angefochten worden ist,
   5. die Mitarbeiterversammlung der Mitarbeitervertretung gemäß § 22 Abs. 2 das Misstrauen ausgesprochen hat,
   6. die Mitarbeitervertretung im Falle grober Vernachlässigung oder Verletzung der Befugnisse und Verpflichtungen als Mitarbeitervertretung durch rechtskräftige Entscheidung der kirchlichen Gerichte für Arbeitssachen aufgelöst ist.
(4) Außerhalb des einheitlichen Wahlzeitraumes ist die Mitarbeitervertretung zu wählen, wenn in einer Einrichtung keine Mitarbeitervertretung besteht und die Voraussetzungen für die Bildung der Mitarbeitervertretung (§ 10) vorliegen.
(5) Hat außerhalb des einheitlichen Wahlzeitraumes eine Wahl stattgefunden, so ist die Mitarbeitervertretung in dem auf die Wahl folgenden nächsten einheitlichen Wahlzeitraum neu zu wählen. Hat die Amtszeit der Mitarbeitervertretung zu Beginn des nächsten einheitlichen Wahlzeitraumes noch nicht ein Jahr betragen, so ist die Mitarbeitervertretung in dem übernächsten einheitlichen Wahlzeitraum neu zu wählen.

§ 13a
Weiterführung der Geschäfte

Ist bei Ablauf der Amtszeit (§ 13 Abs. 2) noch keine neue Mitarbeitervertretung gewählt, führt die Mitarbeitervertretung die Geschäfte bis zur Übernahme durch die neugewählte Mitarbeitervertretung fort, längstens für die Dauer von sechs Monaten vom Tag der Beendigung der Amtszeit an gerechnet. Dies gilt auch in den Fällen des § 13 Abs. 3 Nr. 1 bis 3.

---

6 Beginn und Ende des einheitlichen Wahlzeitraumes können abweichend durch diözesane Regelung festgelegt werden.

§ 13b
Ersatzmitglied, Verhinderung des ordentlichen Mitglieds und ruhende Mitgliedschaft

(1) Scheidet ein Mitglied der Mitarbeitervertretung während der Amtszeit vorzeitig aus, so tritt an seine Stelle das nächstberechtigte Ersatzmitglied (§ 11 Abs. 6 Satz 2).

(2) Im Falle einer zeitweiligen Verhinderung eines Mitglieds tritt für die Dauer der Verhinderung das nächstberechtigte Ersatzmitglied ein. Die Mitarbeitervertretung entscheidet darüber, ob eine zeitweilige Verhinderung vorliegt.

(3) Die Mitgliedschaft in der Mitarbeitervertretung ruht, solange dem Mitglied die Ausübung seines Dienstes untersagt ist. Für die Dauer des Ruhens tritt das nächstberechtigte Ersatzmitglied ein.

§ 13c
Erlöschen der Mitgliedschaft

Die Mitgliedschaft in der Mitarbeitervertretung erlischt durch
1. Ablauf der Amtszeit der Mitarbeitervertretung,
2. Niederlegung des Amtes,
3. Ausscheiden aus der Einrichtung oder Eintritt in die Freistellungsphase eines nach dem Blockmodell vereinbarten Altersteilzeitarbeitsverhältnisses,
4. rechtskräftige Entscheidung der kirchlichen Gerichte für Arbeitssachen, die den Verlust der Wählbarkeit oder eine grobe Vernachlässigung oder Verletzung der Befugnisse und Pflichten als Mitglied der Mitarbeitervertretung festgestellt hat.

§ 13d
Übergangsmandat

(1) Wird eine Einrichtung gespalten, so bleibt deren Mitarbeitervertretung im Amt und führt die Geschäfte für die ihr bislang zugeordneten Teile einer Einrichtung weiter, soweit sie die Voraussetzungen des § 6 Abs. 1 erfüllen und nicht in eine Einrichtung eingegliedert werden, in der eine Mitarbeitervertretung besteht (Übergangsmandat). Die Mitarbeitervertretung hat insbesondere unverzüglich Wahlausschüsse zu bestellen. Das Übergangsmandat endet, sobald in den Teilen einer Einrichtung eine neue Mitarbeitervertretung gewählt und das Wahlergebnis bekannt gegeben ist, spätestens jedoch sechs Monate nach Wirksamwerden der Spaltung. Durch Dienstvereinbarung kann das Übergangsmandat um bis zu weitere sechs Monate verlängert werden.

(2) Werden Einrichtungen oder Teile von Einrichtungen zu einer Einrichtung zusammengelegt, so nimmt die Mitarbeitervertretung der nach der Zahl der wahlberechtigten Mitarbeiterinnen und Mitarbeiter größten Einrichtung oder des größten Teils einer Einrichtung das Übergangsmandat wahr. Absatz 1 gilt entsprechend.

(3) Die Absätze 1 und 2 gelten auch, wenn die Spaltung oder Zusammenlegung von Einrichtungen und Teilen von Einrichtungen im Zusammenhang mit einer Betriebsveräußerung oder einer Umwandlung nach dem Umwandlungsgesetz erfolgt.

(4) Führt eine Spaltung, Zusammenlegung oder Übertragung dazu, dass eine ehemals nicht in den Geltungsbereich nach § 1 fallende Einrichtung oder ein Teil einer Einrichtung nunmehr in den Geltungsbereich dieser Ordnung fällt, so gelten Abs. 1 und 2 entsprechend. Die nicht nach dieser Ordnung gebildete Arbeitnehmervertretung handelt dann als Mitarbeitervertretung. Bestehende Vereinbarungen zwischen dem Dienstgeber und der nicht nach dieser Ordnung gebildeten Arbeitnehmervertretung erlöschen und zuvor eingeleitete Beteiligungsverfahren enden.

§ 13e
Restmandat

Geht eine Einrichtung durch Stilllegung, Spaltung oder Zusammenlegung unter, so bleibt deren Mitarbeitervertretung so lange im Amt, wie dies zur Wahrnehmung der damit im Zusammenhang stehenden Beteiligungsrechte erforderlich ist.

§ 14
Tätigkeit der Mitarbeitervertretung

(1) Die Mitarbeitervertretung wählt bei ihrem ersten Zusammentreten, das innerhalb einer Woche nach der Wahl stattfinden soll und von der oder dem Vorsitzenden des Wahlausschusses einzuberufen ist, mit einfacher Mehrheit aus den Mitgliedern ihre Vorsitzende oder ihren Vorsitzenden. Die oder der Vorsitzende soll katholisch sein. Außerdem sollen eine stellvertretende Vorsitzende oder ein stellvertretender Vorsitzender und eine Schriftführerin oder ein Schriftführer gewählt werden. Die oder der Vorsitzende der Mitarbeitervertretung oder im Falle ihrer oder seiner Verhinderung deren Stellvertreterin oder Stellvertreter vertritt die Mitarbeitervertretung im Rahmen der von ihr gefassten Beschlüsse. Zur Entgegennahme von Erklärungen sind die oder der Vorsitzende, deren Stellvertreterin oder Stellvertreter oder ein von der Mitarbeitervertretung zu benennendes Mitglied berechtigt.
(2) Die Mitarbeitervertretung kann ihrer oder ihrem Vorsitzenden mit Zweidrittelmehrheit der Mitglieder das Vertrauen entziehen. In diesem Fall hat eine Neuwahl der oder des Vorsitzenden stattzufinden.
(3) Die oder der Vorsitzende oder bei Verhinderung deren Stellvertreterin oder Stellvertreter beruft die Mitarbeitervertretung unter Angabe der Tagesordnung zu den Sitzungen ein und leitet sie. Sie oder er hat die Mitarbeitervertretung einzuberufen, wenn die Mehrheit der Mitglieder es verlangt.
(4) Die Sitzungen der Mitarbeitervertretung sind nicht öffentlich. Sie finden in der Regel während der Arbeitszeit in der Einrichtung statt. Bei Anberaumung und Dauer der Sitzung ist auf die dienstlichen Erfordernisse Rücksicht zu nehmen.
(5) Die Mitarbeitervertretung ist beschlussfähig, wenn mehr als die Hälfte ihrer Mitglieder anwesend ist. Die Mitarbeitervertretung beschließt mit Stimmenmehrheit der anwesenden Mitglieder. Bei Stimmengleichheit gilt ein Antrag als abgelehnt.
(6) Über die Sitzung der Mitarbeitervertretung ist eine Niederschrift zu fertigen, die die Namen der An- und Abwesenden, die Tagesordnung, den Wortlaut der Beschlüsse und das jeweilige Stimmenverhältnis enthalten muss. Die Niederschrift ist von der oder dem Vorsitzenden zu unterzeichnen. Soweit die Leiterin oder der Leiter der Dienststelle oder deren Beauftragte oder Beauftragter an der Sitzung teilgenommen haben, ist ihnen der entsprechende Teil der Niederschrift abschriftlich zuzuleiten.
(7) Der Dienstgeber hat dafür Sorge zu tragen, dass die Unterlagen der Mitarbeitervertretung in der Einrichtung verwahrt werden können.
(8) Die Mitarbeitervertretung kann sich eine Geschäftsordnung geben.
(9) Die Mitarbeitervertretung kann in ihrer Geschäftsordnung bestimmen, dass Beschlüsse im Umlaufverfahren gefasst werden können, sofern dabei Einstimmigkeit erzielt wird. Beschlüsse nach Satz 1 sind spätestens in der Niederschrift der nächsten Sitzung im Wortlaut festzuhalten.
(10) Die Mitarbeitervertretung kann aus ihrer Mitte Ausschüsse bilden, denen mindestens drei Mitglieder der Mitarbeitervertretung angehören müssen. Den Ausschüssen können Aufgaben zur selbständigen Erledigung übertragen werden; dies gilt nicht für die Beteiligung bei Kündigungen sowie für den Abschluss und die Kündigung von Dienstvereinbarungen. Die Übertragung von Aufgaben zur selbständigen Erledigung erfordert eine Dreiviertelmehrheit der Mitglieder. Die Mitarbeitervertretung kann die Übertragung von Aufgaben zur selbständigen Erledigung durch Beschluss mit Stimmenmehrheit ihrer Mitglieder widerrufen. Die Übertragung und der Widerruf sind dem Dienstgeber schriftlich anzuzeigen.

§ 15
Rechtsstellung der Mitarbeitervertretung

(1) Die Mitglieder der Mitarbeitervertretung führen ihr Amt unentgeltlich als Ehrenamt.
(2) Die Mitglieder der Mitarbeitervertretung sind zur ordnungsgemäßen Durchführung ihrer Aufgaben im notwendigen Umfang von der dienstlichen Tätigkeit freizustellen. Die Freistellung beinhaltet den Anspruch auf Reduzierung der übertragenen Aufgaben.

(3)[7] Auf Antrag der Mitarbeitervertretung sind von ihrer dienstlichen Tätigkeit jeweils für die Hälfte der durchschnittlichen regelmäßigen Arbeitszeit einer oder eines Vollbeschäftigten freizustellen in Einrichtungen mit – im Zeitpunkt der Wahl – mehr als
- 300 wahlberechtigten Mitarbeiterinnen und Mitarbeitern zwei Mitarbeitervertreterinnen oder Mitarbeitervertreter,
- 600 wahlberechtigten Mitarbeiterinnen und Mitarbeitern drei Mitarbeitervertreterinnen oder Mitarbeitervertreter,
- 1000 wahlberechtigten Mitarbeiterinnen und Mitarbeitern vier Mitarbeitervertreterinnen oder Mitarbeitervertreter.

Dienstgeber und Mitarbeitervertretung können sich für die Dauer der Amtszeit dahingehend einigen, dass das Freistellungskontingent auf mehr oder weniger Mitarbeitervertreterinnen oder Mitarbeitervertreter verteilt werden kann.

(3a) Einem Mitglied der Mitarbeitervertretung, das von seiner dienstlichen Tätigkeit völlig freigestellt war, ist innerhalb eines Jahres nach Beendigung der Freistellung im Rahmen der Möglichkeiten der Einrichtung Gelegenheit zu geben, eine wegen der Freistellung unterbliebene einrichtungsübliche berufliche Entwicklung nachzuholen. Für ein Mitglied im Sinne des Satzes 1, das drei volle aufeinanderfolgende Amtszeiten freigestellt war, erhöht sich der Zeitraum nach Satz 1 auf zwei Jahre.

(4) Zum Ausgleich für die Tätigkeit als Mitglied der Mitarbeitervertretung, die aus einrichtungsbedingten Gründen außerhalb der Arbeitszeit durchzuführen ist, hat das Mitglied der Mitarbeitervertretung Anspruch auf entsprechende Arbeitsbefreiung unter Fortzahlung des Arbeitsentgelts. Kann ein Mitglied der Mitarbeitervertretung die Lage seiner Arbeitszeit ganz oder teilweise selbst bestimmen, hat es die Tätigkeit als Mitglied der Mitarbeitervertretung außerhalb seiner Arbeitszeit dem Dienstgeber zuvor mitzuteilen. Gibt dieser nach Mitteilung keine Möglichkeit zur Tätigkeit innerhalb der Arbeitszeit, liegt ein einrichtungsbedingter Grund vor. Einrichtungsbedingte Gründe liegen auch vor, wenn die Tätigkeit als Mitglied der Mitarbeitervertretung wegen der unterschiedlichen Arbeitszeiten der Mitglieder der Mitarbeitervertretung nicht innerhalb der persönlichen Arbeitszeit erfolgen kann. Die Arbeitsbefreiung soll vor Ablauf der nächsten sechs Kalendermonate gewährt werden. Ist dies aus einrichtungsbedingten Gründen nicht möglich, kann der Dienstgeber die aufgewendete Zeit wie Mehrarbeit vergüten.

(5) Kommt es in den Fällen nach den Absätzen 2 und 4 nicht zu einer Einigung, entscheidet auf Antrag der Mitarbeitervertretung die Einigungsstelle.

(6) Für Reisezeiten von Mitgliedern der Mitarbeitervertretung gelten die für die Einrichtung bestehenden Bestimmungen.

§ 16
Schulung der Mitarbeitervertretung und des Wahlausschusses

(1) Den Mitgliedern der Mitarbeitervertretung ist auf Antrag der Mitarbeitervertretung während ihrer Amtszeit bis zu insgesamt drei Wochen Arbeitsbefreiung unter Fortzahlung der Bezüge für die Teilnahme an Schulungsveranstaltungen zu gewähren, wenn diese die für die Arbeit in der Mitarbeitervertretung erforderlichen Kenntnisse vermitteln, von der (Erz-)Diözese oder dem Diözesan-Caritasverband als geeignet anerkannt sind und dringende dienstliche oder betriebliche Erfordernisse einer Teilnahme nicht entgegenstehen. Bei Mitgliedschaft in mehreren Mitarbeitervertretungen kann der Anspruch nur einmal geltend gemacht werden. Teilzeitbeschäftigten Mitgliedern der Mitarbeitervertretung, deren Teilnahme an Schulungsveranstaltungen außerhalb ihrer persönlichen Arbeitszeit liegt, steht ein Anspruch auf Freizeitausgleich pro Schulungstag zu, jedoch höchstens bis zur Arbeitszeit eines vollbeschäftigten Mitglieds der Mitarbeitervertretung.

(1a) Absatz 1 gilt auch für das mit der höchsten Stimmenzahl gewählte Ersatzmitglied (§ 11 Abs. 6 Satz 2), wenn wegen

---

[7] Muster für eine diözesane Fassung.

1. ständiger Heranziehung,
2. häufiger Vertretung eines Mitglieds der Mitarbeitervertretung für längere Zeit oder
3. absehbaren Nachrückens in das Amt als Mitglied der Mitarbeitervertretung in kurzer Frist
die Teilnahme an Schulungsveranstaltungen erforderlich ist.
(2) Die Mitglieder des Wahlausschusses erhalten für ihre Tätigkeit und für Schulungsmaßnahmen, die Kenntnisse für diese Tätigkeit vermitteln, Arbeitsbefreiung, soweit dies zur ordnungsgemäßen Durchführung der Aufgaben erforderlich ist. Abs. 1 Satz 2 gilt entsprechend.

§ 17
Kosten der Mitarbeitervertretung[8]

(1) Der Dienstgeber trägt die durch die Tätigkeit der Mitarbeitervertretung entstehenden und für die Wahrnehmung ihrer Aufgaben erforderlichen Kosten einschließlich der Reisekosten im Rahmen der für den Dienstgeber bestehenden Bestimmungen. Zu den erforderlichen Kosten gehören auch
– die Kosten für die Teilnahme an Schulungsveranstaltungen im Sinne des § 16;
– die Kosten, die durch die Beiziehung sachkundiger Personen entstehen, soweit diese zur ordnungsgemäßen Erfüllung der Aufgaben notwendig ist und der Dienstgeber der Kostenübernahme vorher zugestimmt hat; die Zustimmung darf nicht missbräuchlich verweigert werden;
– die Kosten der Beauftragung eines Bevollmächtigten in Verfahren vor der Einigungsstelle, soweit der Vorsitzende der Einigungsstelle feststellt, dass die Bevollmächtigung zur Wahrung der Rechte des Bevollmächtigenden notwendig ist;
– die Kosten der Beauftragung eines Bevollmächtigten in Verfahren vor den kirchlichen Gerichten für Arbeitssachen, soweit die Bevollmächtigung zur Wahrung der Rechte des Bevollmächtigenden notwendig ist.
(2) Der Dienstgeber stellt unter Berücksichtigung der bei ihm vorhandenen Gegebenheiten die sachlichen und personellen Hilfen zur Verfügung.
(3) Abs. 1 und 2 gelten entsprechend für gemeinsame Mitarbeitervertretungen (§ 1b) und erweiterte Gesamtmitarbeitervertretungen (§ 24 Abs. 2), mit der Maßgabe, dass die Kosten von den beteiligten Dienstgebern entsprechend dem Verhältnis der Zahl der Mitarbeiterinnen und Mitarbeiter im Zeitpunkt der Bildung getragen werden. Die beteiligten Dienstgeber haften als Gesamtschuldner.

§ 18
Schutz der Mitglieder der Mitarbeitervertretung

(1) Die Mitglieder der Mitarbeitervertretung dürfen in der Ausübung ihres Amtes nicht behindert und aufgrund ihrer Tätigkeit weder benachteiligt noch begünstigt werden.
(1a) Das Arbeitsentgelt von Mitgliedern der Mitarbeitervertretung darf einschließlich eines Zeitraums von einem Jahr nach Beendigung der Mitgliedschaft nicht geringer bemessen werden als das Arbeitsentgelt vergleichbarer Mitarbeiterinnen und Mitarbeiter mit einrichtungsüblicher Entwicklung.
(1b) Die Mitglieder der Mitarbeitervertretung dürfen von Maßnahmen der beruflichen Bildung innerhalb und außerhalb der Einrichtung nicht ausgeschlossen werden.
(2) Mitglieder der Mitarbeitervertretung können gegen ihren Willen in eine andere Einrichtung nur versetzt oder abgeordnet werden, wenn dies auch unter Berücksichtigung dieser Mitgliedschaft aus wichtigen dienstlichen Gründen unvermeidbar ist und die Mitarbeitervertretung gemäß § 33 zugestimmt hat. Dies gilt auch im Falle einer Zuweisung oder Personalgestellung an einen anderen Rechtsträger.
(3) Erleidet eine Mitarbeiterin oder ein Mitarbeiter, die oder der Anspruch auf Unfallfürsorge nach beamtenrechtlichen Grundsätzen hat, anlässlich der Wahrnehmung von Rechten oder in Erfüllung von Pflichten nach dieser Ordnung einen Unfall, der im Sinne der beamtenrechtlichen Un-

---

[8] Abs. 3 ist Muster für eine diözesane Fassung.

fallfürsorgevorschriften ein Dienstunfall wäre, so sind diese Vorschriften entsprechend anzuwenden.
(4) Beantragt eine in einem Berufsausbildungsverhältnis stehende Mitarbeiterin oder ein in einem Berufsausbildungsverhältnis stehender Mitarbeiter, die oder der Mitglied der Mitarbeitervertretung oder Sprecherin oder Sprecher der Jugendlichen und der Auszubildenden ist, spätestens einen Monat vor Beendigung des Ausbildungsverhältnisses für den Fall des erfolgreichen Abschlusses ihrer oder seiner Ausbildung schriftlich die Weiterbeschäftigung, so bedarf die Ablehnung des Antrages durch den Dienstgeber der Zustimmung der Mitarbeitervertretung gemäß § 33, wenn der Dienstgeber gleichzeitig andere Auszubildende weiterbeschäftigt. Die Zustimmung kann nur verweigert werden, wenn der durch Tatsachen begründete Verdacht besteht, dass die Ablehnung der Weiterbeschäftigung wegen der Tätigkeit als Mitarbeitervertreterin oder Mitarbeitervertreter erfolgt. Verweigert die Mitarbeitervertretung die vom Dienstgeber beantragte Zustimmung, so kann dieser gemäß § 33 Abs. 4 das Kirchliche Arbeitsgericht anrufen.

§ 19
Kündigungsschutz

(1) Einem Mitglied der Mitarbeitervertretung kann nur gekündigt werden, wenn ein Grund für eine außerordentliche Kündigung vorliegt. Abweichend von Satz 1 kann in den Fällen des Artikels 5 Abs. 3 bis 5 der Grundordnung des kirchlichen Dienstes im Rahmen kirchlicher Arbeitsverhältnisse auch eine ordentliche Kündigung ausgesprochen werden. Die Sätze 1 und 2 gelten ebenfalls innerhalb eines Jahres nach Beendigung der Amtszeit, es sei denn die Mitgliedschaft ist nach § 13c Nrn. 2, 4 erloschen.
(2) Nach Ablauf der Probezeit darf einem Mitglied des Wahlausschusses vom Zeitpunkt seiner Bestellung an, einer Wahlbewerberin oder einem Wahlbewerber vom Zeitpunkt der Aufstellung des Wahlvorschlages an, jeweils bis sechs Monate nach Bekanntgabe des Wahlergebnisses nur gekündigt werden, wenn ein Grund für eine außerordentliche Kündigung vorliegt. Für die ordentliche Kündigung gilt Abs. 1 Satz 2 entsprechend.
(3) Die ordentliche Kündigung eines Mitglieds der Mitarbeitervertretung, eines Mitglieds des Wahlausschusses oder einer Wahlbewerberin oder eines Wahlbewerbers ist auch zulässig, wenn eine Einrichtung geschlossen wird, frühestens jedoch zum Zeitpunkt der Schließung der Einrichtung, es sei denn, dass die Kündigung zu einem früheren Zeitpunkt durch zwingende betriebliche Erfordernisse bedingt ist. Wird nur ein Teil der Einrichtung geschlossen, so sind die in Satz 1 genannten Mitarbeiterinnen und Mitarbeiter in einen anderen Teil der Einrichtung zu übernehmen. Ist dies aus betrieblichen Gründen nicht möglich, gilt Satz 1.

§ 20
Schweigepflicht

Die Mitglieder und die Ersatzmitglieder der Mitarbeitervertretung haben über dienstliche Angelegenheiten oder Tatsachen, die ihnen aufgrund ihrer Zugehörigkeit zur Mitarbeitervertretung bekannt geworden sind, Stillschweigen zu bewahren. Dies gilt auch für die Zeit nach Ausscheiden aus der Mitarbeitervertretung. Die Schweigepflicht besteht nicht für solche dienstlichen Angelegenheiten oder Tatsachen, die offenkundig sind oder ihrer Bedeutung nach keiner Geheimhaltung bedürfen. Die Schweigepflicht gilt ferner nicht gegenüber Mitgliedern der Mitarbeitervertretung sowie gegenüber der Gesamtmitarbeitervertretung. Eine Verletzung der Schweigepflicht stellt in der Regel eine grobe Pflichtverletzung im Sinne des § 13c Nr. 4 dar.

III. Mitarbeiterversammlung

§ 21
Einberufung der Mitarbeiterversammlung

(1) Die Mitarbeiterversammlung (§ 4) ist nicht öffentlich. Sie wird von der oder dem Vorsitzenden der Mitarbeitervertretung einberufen und geleitet. Die Einladung hat unter Angabe der Tages-

ordnung mindestens eine Woche vor dem Termin durch Aushang oder in sonst geeigneter Weise, die den Mitarbeiterinnen und Mitarbeitern die Möglichkeit der Kenntnisnahme gibt, zu erfolgen.

(2) Die Mitarbeiterversammlung hat mindestens einmal im Jahr stattzufinden. Auf ihr hat die oder der Vorsitzende der Mitarbeitervertretung einen Tätigkeitsbericht zu erstatten.

(3) Auf Verlangen von einem Drittel der wahlberechtigten Mitarbeiterinnen und Mitarbeiter hat die oder der Vorsitzende der Mitarbeitervertretung die Mitarbeiterversammlung unter Angabe der Tagesordnung innerhalb von zwei Wochen einzuberufen. Das gleiche gilt, wenn der Dienstgeber aus besonderem Grunde die Einberufung verlangt. In diesem Fall ist in der Tagesordnung der Grund anzugeben. An dieser Versammlung nimmt der Dienstgeber teil.

(4) Jährlich eine Mitarbeiterversammlung findet während der Arbeitszeit statt, sofern nicht dienstliche Gründe eine andere Regelung erfordern. Die Zeit der Teilnahme an dieser Mitarbeiterversammlung und die zusätzliche Wegezeit sind wie Arbeitszeit zu vergüten, auch wenn die Mitarbeiterversammlung außerhalb der Arbeitszeit stattfindet. Notwendige Fahrtkosten für jährlich höchstens zwei Mitarbeiterversammlungen sowie für die auf Verlangen des Dienstgebers einberufene Mitarbeiterversammlung (Abs. 3) werden von dem Dienstgeber nach den bei ihm geltenden Regelungen erstattet.

§ 22
Aufgaben und Verfahren der Mitarbeiterversammlung

(1) Die Mitarbeiterversammlung befasst sich mit allen Angelegenheiten, die zur Zuständigkeit der Mitarbeitervertretung gehören. In diesem Rahmen ist die Mitarbeitervertretung der Mitarbeiterversammlung berichtspflichtig. Sie kann der Mitarbeitervertretung Anträge unterbreiten und zu den Beschlüssen der Mitarbeitervertretung Stellung nehmen.

(2) Spricht mindestens die Hälfte der wahlberechtigten Mitarbeiterinnen und Mitarbeiter in einer Mitarbeiterversammlung der Mitarbeitervertretung das Misstrauen aus, so findet eine Neuwahl statt (§ 13 Abs. 3 Nr. 5).

(3) Jede ordnungsgemäß einberufene Mitarbeiterversammlung ist ohne Rücksicht auf die Zahl der erschienenen Mitglieder beschlussfähig. Die Beschlüsse bedürfen der einfachen Mehrheit aller anwesenden Mitarbeiterinnen und Mitarbeiter. Anträge der Mitarbeiterversammlung gelten bei Stimmengleichheit als abgelehnt.

(4) Anträge und Beschlüsse sind in einer Niederschrift festzuhalten und von der oder dem Vorsitzenden und der Schriftführerin oder dem Schriftführer der Mitarbeitervertretung zu unterzeichnen. Der Niederschrift soll eine Anwesenheitsliste beigefügt werden. Bei Teilversammlungen (§ 4 Satz 2) und im Falle des Abs. 2 ist eine Anwesenheitsliste beizufügen.

IIIa. Sonderregelungen für gemeinsame Mitarbeitervertretungen[9]

§ 22a
Sonderregelungen für gemeinsame Mitarbeitervertretungen nach § 1b

(1) Die dem Dienstgeber gegenüber der Mitarbeitervertretung nach dieser Ordnung obliegenden Pflichten obliegen bei der gemeinsamen Mitarbeitervertretung den betroffenen Dienstgebern gemeinschaftlich. Dies gilt auch für die Einberufung der Mitarbeiterversammlung zur Vorbereitung der Wahl einer gemeinsamen Mitarbeitervertretung (§ 10) sowie die Führung des gemeinsamen Gesprächs nach § 39 Absatz 1 Satz 1. Die Informationspflicht des Dienstgebers nach § 27 Abs. 1, § 27a und die Verpflichtungen aus den Beteiligungsrechten nach §§ 29 bis 37 sind auf die jeweils eigenen Mitarbeiterinnen und Mitarbeiter beschränkt. Die betroffenen Dienstgeber können sich gegenseitig ermächtigen, die Aufgaben füreinander wahrzunehmen.

---

9 Muster für eine diözesane Fassung.

(2) Die §§ 7 Absätze 1 und 2, 8 Absatz 1 und 13c Ziffer 4* finden mit der Maßgabe Anwendung, dass der Wechsel einer Mitarbeiterin oder eines Mitarbeiters zu einem kirchlichen Dienstgeber innerhalb des Zuständigkeitsbereichs der Mitarbeitervertretung nicht den Verlust des Wahlrechts, der Wählbarkeit oder der Mitgliedschaft in der Mitarbeitervertretung zur Folge hat.

(3) Für die Wahl der gemeinsamen Mitarbeitervertretung gelten die §§ 9 bis 11c, soweit das Wahlverfahren nicht durch besondere diözesane Verordnung geregelt wird.

(4) Die Mitarbeiterversammlung ist die Versammlung aller Mitarbeiterinnen und Mitarbeiter der Einrichtungen, für die eine gemeinsame Mitarbeitervertretung gemäß § 1b gebildet ist.

IV. Besondere Formen der Vertretung von Mitarbeiterinnen und Mitarbeitern

§ 23
Sondervertretung[10]

(1) Mitarbeiterinnen und Mitarbeiter, die von ihrem Dienstgeber einer Einrichtung eines anderen kirchlichen oder nichtkirchlichen Rechtsträgers zugeordnet worden sind, bilden eine Sondervertretung.

(2) Die Sondervertretung wirkt mit bei Maßnahmen, die vom Dienstgeber getroffen werden. Bei Zuordnung zu einem kirchlichen Rechtsträger ist im übrigen die Mitarbeitervertretung der Einrichtung zuständig.

(3) Das Nähere, einschließlich der Einzelheiten des Wahlverfahrens, wird in Sonderbestimmungen geregelt.

§ 24
Gesamtmitarbeitervertretung und erweiterte Gesamtmitarbeitervertretung[11]

(1) Bestehen bei einem Dienstgeber (§ 2) mehrere Mitarbeitervertretungen, so kann im Einvernehmen zwischen Dienstgeber und allen Mitarbeitervertretungen eine Gesamtmitarbeitervertretung gebildet werden.

(2) Die Mitarbeitervertretungen oder, soweit vorhanden, die Gesamtmitarbeitervertretungen mehrerer Einrichtungen mehrerer Rechtsträger können durch eine gemeinsame Dienstvereinbarung mit allen betroffenen Dienstgebern die Bildung einer erweiterten Gesamtmitarbeitervertretung vereinbaren, soweit dies der wirksamen und zweckmäßigen Interessenvertretung der Mitarbeiterinnen und Mitarbeiter dient. Diese tritt an die Stelle bestehender Gesamtmitarbeitervertretungen.

(3) Jede Mitarbeitervertretung entsendet in die Gesamtmitarbeitervertretung oder erweiterte Gesamtmitarbeitervertretung ein Mitglied. Außerdem wählen die Sprecherinnen oder Sprecher der Jugendlichen und Auszubildenden und die Vertrauensperson der schwerbehinderten Mitarbeiterinnen und Mitarbeiter der beteiligten Mitarbeitervertretungen aus ihrer Mitte je eine Vertreterin oder einen Vertreter und je eine Ersatzvertreterin oder einen Ersatzvertreter in die Gesamtmitarbeitervertretung oder erweiterte Gesamtmitarbeitervertretung. Durch Dienstvereinbarung kann die Mitgliederzahl und Zusammensetzung abweichend geregelt werden.

(4) Die Gesamtmitarbeitervertretung oder erweiterte Gesamtmitarbeitervertretung wirkt bei den Angelegenheiten im Sinne der §§ 26 bis 38 mit, die Mitarbeiterinnen und Mitarbeiter aus dem Zuständigkeitsbereich mehrerer Mitarbeitervertretungen betreffen. In allen übrigen Angelegenheiten wirkt die Mitarbeitervertretung der Einrichtung mit, unabhängig davon, wer für den Dienstgeber handelt.

(5) Soll eine einmal eingerichtete Gesamtmitarbeitervertretung oder erweiterte Gesamtmitarbeitervertretung aufgelöst werden, so bedarf es dafür der Zustimmung aller betroffenen Mitarbeitervertretungen und Dienstgeber. Für die Gesamtmitarbeitervertretung kann anlässlich des Einver-

---

* Wie in der in § 13c umgestellten Zählung muss es heißen: § 13c Ziffer 3 erste Alternative.
10 Muster für eine diözesane Fassung.
11 Muster für eine diözesane Fassung.

nehmens nach Abs. 1 und für die erweiterte Gesamtmitarbeitervertretung kann durch die zugrundeliegende Dienstvereinbarung eine abweichende Regelung getroffen werden.

(6) Für die Gesamtmitarbeitervertretung und erweiterte Gesamtmitarbeitervertretung gelten im Übrigen die Bestimmungen dieser Ordnung sinngemäß mit Ausnahme des § 15 Abs. 3.

§ 25
Arbeitsgemeinschaften der Mitarbeitervertretungen[12]

(1) Die Mitarbeitervertretungen im Anwendungsbereich dieser Ordnung bilden die »Diözesane Arbeitsgemeinschaft der Mitarbeitervertretungen im (Erz-)Bistum ....«.

(2) Zweck der Arbeitsgemeinschaft ist
1. gegenseitige Information und Erfahrungsaustausch mit den vertretenen Mitarbeitervertretungen,
2. Beratung der Mitarbeitervertretungen in Angelegenheiten des Mitarbeitervertretungsrechtes,
3. Beratung der Mitarbeitervertretungen im Falle des § 38 Abs. 2,
4. Förderung der Anwendung der Mitarbeitervertretungsordnung,
5. Sorge um die Schulung der Mitarbeitervertreterinnen und Mitarbeitervertreter,
6. Erarbeitung von Vorschlägen zur Fortentwicklung der Mitarbeitervertretungsordnung,
7. Abgabe von Stellungnahmen zu Vorhaben der Bistums-/Regional-KODA und der Arbeitsrechtlichen Kommission des Deutschen Caritasverbandes jeweils nach Aufforderung durch die Vorsitzende oder den Vorsitzenden der Kommission,
8. Erstellung von Beisitzerlisten nach § 44 Abs. 2 Satz 1,
9. Mitwirkung an der Wahl zu einer nach Art. 7 GrO zu bildenden Kommission zur Ordnung des Arbeitsvertragsrechts, soweit eine Ordnung dies vorsieht,
10. Mitwirkung bei der Besetzung der Kirchlichen Arbeitsgerichte nach Maßgabe der Vorschriften der KAGO.

(3) Organe der Arbeitsgemeinschaft sind
– die Mitgliederversammlung
– der Vorstand.

Zusammensetzung der Mitgliederversammlung und Wahl des Vorstandes werden in Sonderbestimmungen geregelt.

(4) Das (Erz-)Bistum trägt im Rahmen der der Arbeitsgemeinschaft im (Erz-)Bistumshaushalt zur Wahrnehmung der Aufgaben zur Verfügung gestellten Mittel die notwendigen Kosten einschließlich der Reisekosten entsprechend der für das (Erz-)Bistum geltenden Reisekostenregelung. Für die Teilnahme an der Mitgliederversammlung und für die Tätigkeit des Vorstandes besteht Anspruch auf Arbeitsbefreiung, soweit dies zur ordnungsgemäßen Durchführung der Aufgaben der Arbeitsgemeinschaft erforderlich ist und kein unabwendbares dienstliches oder betriebliches Interesse entgegensteht. § 15 Abs. 4 gilt entsprechend. Regelungen zur Erstattung der Kosten der Freistellung werden in Sonderbestimmungen geregelt. Den Mitgliedern des Vorstandes ist im zeitlichen Umfang des Anspruchs nach § 16 Abs. 1 Satz 1 Arbeitsbefreiung unter Fortzahlung der Bezüge für die Teilnahme an solchen Schulungsveranstaltungen zu gewähren, welche die für die Arbeit in der Arbeitsgemeinschaft erforderlichen Kenntnisse vermitteln.

(5) Die Arbeitsgemeinschaft kann sich mit Arbeitsgemeinschaften anderer (Erz-)Diözesen zu einer Bundesarbeitsgemeinschaft der Mitarbeitervertretungen zur Wahrung folgender Aufgaben zusammenschließen:
1. Förderung des Informations- und Erfahrungsaustausches unter ihren Mitgliedern,
2. Erarbeitung von Vorschlägen zur Anwendung des Mitarbeitervertretungsrechts,
3. Erarbeitung von Vorschlägen zur Entwicklung der Rahmenordnung für eine Mitarbeitervertretungsordnung,

---

12 Absätze 1 bis 4 sind Muster für eine diözesane Fassung.

4. Kontaktpflege mit der Kommission für Personalwesen des Verbandes der Diözesen Deutschlands,
5. Abgabe von Stellungnahmen zu Vorhaben der Zentral-KODA nach Aufforderung durch die Vorsitzende oder den Vorsitzenden der Kommission,
6. Mitwirkung bei der Besetzung des Kirchlichen Arbeitsgerichtshofes nach Maßgabe der Vorschriften der KAGO.

Das Nähere bestimmt die Vollversammlung des Verbandes der Diözesen Deutschlands.

V. Zusammenarbeit zwischen Dienstgeber und Mitarbeitervertretung

§ 26
Allgemeine Aufgaben der Mitarbeitervertretung

(1) Der Dienst in der Kirche verpflichtet Dienstgeber und Mitarbeitervertretung in besonderer Weise, vertrauensvoll zusammenzuarbeiten und sich bei der Erfüllung der Aufgaben gegenseitig zu unterstützen. Dienstgeber und Mitarbeitervertretung haben darauf zu achten, dass alle Mitarbeiterinnen und Mitarbeiter nach Recht und Billigkeit behandelt werden. In ihrer Mitverantwortung für die Aufgabe der Einrichtung soll auch die Mitarbeitervertretung bei den Mitarbeiterinnen und Mitarbeitern das Verständnis für den Auftrag der Kirche stärken und für eine gute Zusammenarbeit innerhalb der Dienstgemeinschaft eintreten.

(2) Der Mitarbeitervertretung sind auf Verlangen die zur Durchführung ihrer Aufgaben erforderlichen Unterlagen vorzulegen. Personalakten dürfen nur mit schriftlicher Zustimmung der Mitarbeiterin oder des Mitarbeiters eingesehen werden.

(3) Die Mitarbeitervertretung hat folgende allgemeine Aufgaben:
1. Maßnahmen, die der Einrichtung und den Mitarbeiterinnen und Mitarbeitern dienen, anzuregen,
2. Anregungen und Beschwerden von Mitarbeiterinnen und Mitarbeitern entgegenzunehmen und, falls sie berechtigt erscheinen, vorzutragen und auf ihre Erledigung hinzuwirken,
3. die Eingliederung und berufliche Entwicklung schwerbehinderter und anderer schutzbedürftiger, insbesondere älterer Mitarbeiterinnen und Mitarbeiter zu fördern,
4. die Eingliederung ausländischer Mitarbeiterinnen und Mitarbeiter in die Einrichtung und das Verständnis zwischen ihnen und den anderen Mitarbeiterinnen und Mitarbeitern zu fördern,
5. Maßnahmen zur beruflichen Förderung schwerbehinderter Mitarbeiterinnen und Mitarbeiter anzuregen,
6. mit den Sprecherinnen oder Sprechern der Jugendlichen und der Auszubildenden zur Förderung der Belange der jugendlichen Mitarbeiterinnen und Mitarbeiter und der Auszubildenden zusammenzuarbeiten,
7. sich für die Durchführung der Vorschriften über den Arbeitsschutz, die Unfallverhütung und die Gesundheitsförderung in der Einrichtung einzusetzen,
8. auf frauen- und familienfreundliche Arbeitsbedingungen hinzuwirken,
9. die Mitglieder der Mitarbeiterseite in den Kommissionen zur Behandlung von Beschwerden gegen Leistungsbeurteilungen und zur Kontrolle des Systems der Leistungsfeststellung und -bezahlung zu benennen, soweit dies in einer kirchlichen Arbeitsvertragsordnung vorgesehen ist.

(3a) Auf Verlangen der Mitarbeiterin oder des Mitarbeiters ist ein Mitglied der Mitarbeitervertretung hinzuzuziehen bei einem Gespräch mit dem Dienstgeber über
1. personen-, verhaltens- oder betriebsbedingte Schwierigkeiten, die zur Gefährdung des Dienst- oder Arbeitsverhältnisses führen können oder
2. den Abschluss eines Änderungs- oder Aufhebungsvertrages.

(4) Die Mitarbeitervertretung wirkt an der Wahl zu einer nach Art. 7 GrO zu bildenden Kommission zur Ordnung des Arbeitsvertragsrechts mit, soweit eine Ordnung dies vorsieht.

§ 27
Information

(1) Dienstgeber und Mitarbeitervertretung informieren sich gegenseitig über die Angelegenheiten, welche die Dienstgemeinschaft betreffen. Auf Wunsch findet eine Aussprache statt.
(2) Der Dienstgeber informiert die Mitarbeitervertretung insbesondere über
- Stellenausschreibungen,
- Änderungen und Ergänzungen des Stellenplanes,
- Behandlung der von der Mitarbeitervertretung vorgetragenen Anregungen und Beschwerden,
- Bewerbungen von schwerbehinderten Menschen und Vermittlungsvorschläge nach § 81 Abs. 1 Satz 4 SGB IX,
- Einrichtung von Langzeitkonten und deren Inhalt,
- den für ihren Zuständigkeitsbereich maßgeblichen Inhalt des Verzeichnisses gemäß § 80 Absatz 1 SGB IX sowie der Anzeige gemäß § 80 Absatz 2 Satz 1 SGB IX.

§ 27a
Information in wirtschaftlichen Angelegenheiten

(1) Der Dienstgeber einer Einrichtung, in der in der Regel mehr als 50 Mitarbeiterinnen und Mitarbeiter ständig beschäftigt sind und deren Betrieb überwiegend durch Zuwendungen der öffentlichen Hand, aus Leistungs- und Vergütungsvereinbarungen mit Kostenträgern oder Zahlungen sonstiger nicht-kirchlicher Dritter finanziert wird, hat die Mitarbeitervertretung über die wirtschaftlichen Angelegenheiten der Einrichtung rechtzeitig, mindestens aber einmal im Kalenderjahr unter Vorlage der erforderlichen Unterlagen schriftlich zu unterrichten, sowie die sich daraus ergebenden Auswirkungen auf die Personalplanung darzustellen. Die Mitarbeitervertretung kann Anregungen geben. Besteht eine Gesamtmitarbeitervertretung oder erweiterte Gesamtmitarbeitervertretung, so ist diese anstelle der Mitarbeitervertretung zu informieren.
(2) Zu den wirtschaftlichen Angelegenheiten im Sinne dieser Vorschrift gehören insbesondere
1. der allgemeine Rahmen der wirtschaftlichen und finanziellen Lage der Einrichtung;
2. Rationalisierungsvorhaben;
3. die Änderung der Organisation oder des Zwecks einer Einrichtung sowie
4. sonstige Veränderungen und Vorhaben, welche die Interessen der Mitarbeiterinnen und Mitarbeiter der Einrichtung wesentlich berühren können.
(3) Als erforderliche Unterlagen im Sinne des Abs. 1 sind diejenigen Unterlagen vorzulegen, die ein den tatsächlichen Verhältnissen entsprechendes Bild der Einrichtung vermitteln. Sofern für die Einrichtung nach den Vorschriften des Handels- oder Steuerrechts Rechnungs-, Buchführungs- und Aufzeichnungspflichten bestehen, sind dies der Jahresabschluss nach den jeweils maßgeblichen Gliederungsvorschriften sowie der Anhang und, sofern zu erstellen, der Lagebericht; für Einrichtungen einer Körperschaft des öffentlichen Rechts sind dies der auf die Einrichtung bezogene Teil des Verwaltungshaushalts und der Jahresrechnung.
(4) Die Mitarbeitervertretung oder an ihrer Stelle die Gesamtmitarbeitervertretung oder erweiterte Gesamtmitarbeitervertretung können die Bildung eines Ausschusses zur Wahrnehmung der Informationsrechte nach Abs. 1 beschließen. Soweit es zur ordnungsgemäßen Erfüllung der Aufgaben der Mitarbeitervertretung oder des Ausschusses erforderlich ist, hat der Dienstgeber sachkundige Mitarbeiterinnen und Mitarbeiter zur Verfügung zu stellen; er hat hierbei die Vorschläge des Ausschusses oder der Mitarbeitervertretung zu berücksichtigen, soweit einrichtungsbedingte Notwendigkeiten nicht entgegenstehen. Für diese Mitarbeiterinnen und Mitarbeiter gilt § 20 entsprechend.
(5) In Einrichtungen i. S. des Abs. 1 mit in der Regel nicht mehr als 50 ständig beschäftigten Mitarbeiterinnen und Mitarbeitern hat der Dienstgeber mindestens einmal in jedem Kalenderjahr in einer Mitarbeiterversammlung über das Personal- und Sozialwesen der Einrichtung und über die wirtschaftliche Lage und Entwicklung der Einrichtung zu berichten.
(6) Die Informationspflicht besteht nicht, soweit dadurch Betriebs- oder Geschäftsgeheimnisse gefährdet werden.

§ 27b
Einrichtungsspezifische Regelungen

Die Mitarbeitervertretung kann Anträge auf abweichende Gestaltung der Arbeitsentgelte und sonstigen Arbeitsbedingungen gegenüber einer nach Art. 7 GrO gebildeten Kommission zur Ordnung des Arbeitsvertragsrechts stellen, soweit die für die Kommission geltende Ordnung dies vorsieht.

§ 28
Formen der Beteiligung, Dienstvereinbarung

(1) Die Beteiligung der Mitarbeitervertretung an Entscheidungen des Dienstgebers vollzieht sich im Rahmen der Zuständigkeit der Einrichtung nach den §§ 29 bis 37.
Formen der Beteiligung sind:
– Anhörung und Mitberatung,
– Vorschlagsrecht,
– Zustimmung,
– Antragsrecht.

(2) Dienstvereinbarungen sind im Rahmen des § 38 zulässig.

§ 28a
Aufgaben und Beteiligung der Mitarbeitervertretung zum Schutz schwerbehinderter Menschen

(1) Die Mitarbeitervertretung fördert die Eingliederung schwerbehinderter Menschen. Sie achtet darauf, dass die dem Dienstgeber nach §§ 71, 72, 81, 83 und 84 SGB IX obliegenden Verpflichtungen erfüllt werden und wirkt auf die Wahl einer Vertrauensperson der schwerbehinderten Mitarbeiterinnen und Mitarbeiter hin.

(2) Der Dienstgeber trifft mit der Vertrauensperson der schwerbehinderten Mitarbeiterinnen und Mitarbeiter und der Mitarbeitervertretung in Zusammenarbeit mit dem Beauftragten des Dienstgebers gemäß § 98 SGB IX eine verbindliche Integrationsvereinbarung. Auf Verlangen der Vertrauensperson der schwerbehinderten Mitarbeiterinnen und Mitarbeiter wird unter Beteiligung der Mitarbeitervertretung hierüber verhandelt. Ist eine Vertrauensperson der schwerbehinderten Mitarbeiterinnen und Mitarbeiter nicht vorhanden, so steht das Recht, die Aufnahme von Verhandlungen zu verlangen, der Mitarbeitervertretung zu. Der Dienstgeber oder die Vertrauensperson der schwerbehinderten Mitarbeiterinnen und Mitarbeiter können das Integrationsamt einladen, sich an den Verhandlungen über die Integrationsvereinbarung zu beteiligen. Der Agentur für Arbeit und dem Integrationsamt, die für den Sitz des Dienstgebers zuständig sind, wird die Vereinbarung übermittelt. Der Inhalt der Integrationsvereinbarung richtet sich nach § 83 Abs. 2 SGB IX.

(3) Treten ernsthafte Schwierigkeiten in einem Beschäftigungsverhältnis einer schwerbehinderten Mitarbeiterin oder eines schwerbehinderten Mitarbeiters auf, die dieses Beschäftigungsverhältnis gefährden können, sind zunächst unter möglichst frühzeitiger Einschaltung des Beauftragten des Dienstgebers nach § 98 SGB IX, der Vertrauensperson der schwerbehinderten Mitarbeiterinnen und Mitarbeiter und der Mitarbeitervertretung sowie des Integrationsamtes alle Möglichkeiten und alle zur Verfügung stehenden Hilfen zu erörtern, mit denen die Schwierigkeiten beseitigt werden können und das Beschäftigungsverhältnis möglichst dauerhaft fortgesetzt werden kann.

§ 29
Anhörung und Mitberatung

(1) Das Recht der Anhörung und der Mitberatung ist bei folgenden Angelegenheiten gegeben:
 1. Maßnahmen innerbetrieblicher Information und Zusammenarbeit,
 2. Änderung von Beginn und Ende der täglichen Arbeitszeit einschließlich der Pausen sowie der Verteilung der Arbeitszeit auf die einzelnen Wochentage für Mitarbeiterinnen und Mitarbeiter für pastorale Dienste oder religiöse Unterweisung, die zu ihrer Tätigkeit der aus-

drücklichen bischöflichen Sendung oder Beauftragung bedürfen, sowie für Mitarbeiterinnen und Mitarbeiter im liturgischen Dienst,
3. Regelung der Ordnung in der Einrichtung (Haus- und Heimordnungen),
4. Festlegung von Richtlinien zur Durchführung des Stellenplans,
5. Verpflichtung zur Teilnahme oder Auswahl der Teilnehmerinnen oder Teilnehmer an beruflichen Fort- und Weiterbildungsmaßnahmen,
6. Durchführung beruflicher Fort- und Weiterbildungsmaßnahmen, die die Einrichtung für ihre Mitarbeiterinnen und Mitarbeiter anbietet,
7. Einführung von Unterstützungen, Vorschüssen, Darlehen und entsprechenden sozialen Zuwendungen sowie deren Einstellung,
8. Fassung von Musterdienst- und Musterarbeitsverträgen,
9. Regelung zur Erstattung dienstlicher Auslagen,
10. Abordnung von mehr als drei Monaten, Versetzung an eine andere Einrichtung, Zuweisung oder Personalgestellung an einen anderen Rechtsträger von Mitarbeiterinnen und Mitarbeitern für pastorale Dienste oder religiöse Unterweisung, die zu ihrer Tätigkeit der ausdrücklichen bischöflichen Sendung oder Beauftragung bedürfen,
11. vorzeitige Versetzung in den Ruhestand, wenn die Mitarbeiterin oder der Mitarbeiter die Mitwirkung beantragt,
12. Entlassung aus einem Probe- oder Widerrufsverhältnis in Anwendung beamtenrechtlicher Bestimmungen, wenn die Mitarbeiterin oder der Mitarbeiter die Mitwirkung beantragt,
13. Überlassung von Wohnungen, die für Mitarbeiterinnen oder Mitarbeiter vorgesehen sind,
14. grundlegende Änderungen von Arbeitsmethoden,
15. Maßnahmen zur Hebung der Arbeitsleistung und zur Erleichterung des Arbeitsablaufes,
16. Festlegung von Grundsätzen für die Gestaltung von Arbeitsplätzen,
17. Schließung, Einschränkung, Verlegung oder Zusammenlegung von Einrichtungen oder wesentlichen Teilen von ihnen,
18. Bestellung zur Mitarbeiterin oder zum Mitarbeiter in leitender Stellung gemäß § 3 Abs. 2 Nrn. 3 und 4,
19. Zurückweisung von Bewerbungen schwerbehinderter Menschen um einen freien Arbeitsplatz, soweit die Beschäftigungspflicht des § 71 Abs. 1 SGB IX noch nicht erfüllt ist,
20. Regelung einer Einrichtung nach § 1a Abs. 2.

(2) In den in Abs. 1 genannten Fällen wird die Mitarbeitervertretung zu der vom Dienstgeber beabsichtigten Maßnahme oder Entscheidung angehört. Diese ist der Mitarbeitervertretung rechtzeitig mitzuteilen.

(3) Erhebt die Mitarbeitervertretung binnen einer Frist von einer Woche keine Einwendungen, so gilt die vorbereitete Maßnahme oder Entscheidung als nicht beanstandet. Auf Antrag der Mitarbeitervertretung kann der Dienstgeber eine Fristverlängerung um eine weitere Woche bewilligen. Erhebt die Mitarbeitervertretung Einwendungen, so werden die Einwendungen in einer gemeinsamen Sitzung von Dienstgeber und Mitarbeitervertretung mit dem Ziel der Verständigung beraten.

(4) Hält die Mitarbeitervertretung auch danach ihre Einwendungen aufrecht und will der Dienstgeber den Einwendungen nicht Rechnung tragen, so teilt er dies der Mitarbeitervertretung schriftlich mit.

(5) Der Dienstgeber kann bei Maßnahmen oder Entscheidungen, die der Anhörung und Mitberatung der Mitarbeitervertretung bedürfen und der Natur der Sache nach keinen Aufschub dulden, bis zur endgültigen Entscheidung vorläufige Regelungen treffen. Die Mitarbeitervertretung ist über die getroffene Regelung unverzüglich zu verständigen.

§ 30
Anhörung und Mitberatung bei ordentlicher Kündigung

(1) Der Mitarbeitervertretung ist vor jeder ordentlichen Kündigung durch den Dienstgeber schriftlich die Absicht der Kündigung mitzuteilen. Bestand das Arbeitsverhältnis im Zeitpunkt der be-

absichtigten Kündigung bereits mindestens sechs Monate, so hat er auch die Gründe der Kündigung darzulegen.
(2) Will die Mitarbeitervertretung gegen die Kündigung Einwendungen geltend machen, so hat sie diese unter Angabe der Gründe dem Dienstgeber spätestens innerhalb einer Woche schriftlich mitzuteilen. Erhebt die Mitarbeitervertretung innerhalb der Frist keine Einwendungen, so gilt die beabsichtigte Kündigung als nicht beanstandet. Erhebt die Mitarbeitervertretung Einwendungen und hält der Dienstgeber an der Kündigungsabsicht fest, so werden die Einwendungen in einer gemeinsamen Sitzung von Dienstgeber und Mitarbeitervertretung mit dem Ziel einer Verständigung beraten. Der Dienstgeber setzt den Termin der gemeinsamen Sitzung fest und lädt hierzu ein.
(3) Als Einwendung kann insbesondere geltend gemacht werden, dass nach Ansicht der Mitarbeitervertretung
  1. die Kündigung gegen ein Gesetz, eine Rechtsverordnung, kircheneigene Ordnung oder sonstiges geltendes Recht verstößt,
  2. der Dienstgeber bei der Auswahl der zu kündigenden Mitarbeiterin oder des zu kündigenden Mitarbeiters soziale Gesichtspunkte nicht oder nicht ausreichend berücksichtigt hat,
  3. die zu kündigende Mitarbeiterin oder der zu kündigende Mitarbeiter an einem anderen Arbeitsplatz in einer Einrichtung desselben Dienstgebers weiter beschäftigt werden kann,
  4. die Weiterbeschäftigung der Mitarbeiterin oder des Mitarbeiters nach zumutbaren Umschulungs- oder Fortbildungsmaßnahmen möglich ist oder
  5. eine Weiterbeschäftigung der Mitarbeiterin oder des Mitarbeiters unter geänderten Vertragsbedingungen möglich ist und die Mitarbeiterin oder der Mitarbeiter sein Einverständnis hiermit erklärt hat.
Diese Einwendungen bedürfen der Schriftform und der Angabe der konkreten, auf den Einzelfall bezogenen Gründe.
(4) Kündigt der Dienstgeber, obwohl die Mitarbeitervertretung Einwendungen gemäß Abs. 3 Nrn. 1 bis 5 erhoben hat, so hat er der Mitarbeiterin oder dem Mitarbeiter mit der Kündigung eine Abschrift der Einwendungen der Mitarbeitervertretung zuzuleiten.
(5) Eine ohne Einhaltung des Verfahrens nach den Absätzen 1 und 2 ausgesprochene Kündigung ist unwirksam.

§ 30a
Anhörung und Mitberatung bei Massenentlassungen

Beabsichtigt der Dienstgeber, nach § 17 Abs. 1 des Kündigungsschutzgesetzes anzeigepflichtige Entlassungen vorzunehmen, hat er der Mitarbeitervertretung rechtzeitig die zweckdienlichen Auskünfte zu erteilen und sie schriftlich insbesondere zu unterrichten über
1. die Gründe für die geplanten Entlassungen,
2. die Zahl und die Berufsgruppen der zu entlassenden Mitarbeiterinnen und Mitarbeiter,
3. die Zahl und die Berufsgruppen der in der Regel beschäftigten Mitarbeiterinnen und Mitarbeiter,
4. den Zeitraum, in dem die Entlassungen vorgenommen werden sollen,
5. die vorgesehenen Kriterien für die Auswahl der zu entlassenden Mitarbeiterinnen und Mitarbeiter,
6. die für die Berechnung etwaiger Abfindungen vorgesehenen Kriterien.

Dienstgeber und Mitarbeitervertretung haben insbesondere die Möglichkeiten zu beraten, Entlassungen zu vermeiden oder einzuschränken und ihre Folgen zu mildern.

§ 31
Anhörung und Mitberatung bei außerordentlicher Kündigung

(1) Der Mitarbeitervertretung sind vor einer außerordentlichen Kündigung durch den Dienstgeber schriftlich die Absicht der Kündigung und die Gründe hierfür mitzuteilen.

(2) Will die Mitarbeitervertretung gegen die Kündigung Einwendungen geltend machen, so hat sie diese unter Angabe der Gründe dem Dienstgeber spätestens innerhalb von drei Tagen schriftlich mitzuteilen. Diese Frist kann vom Dienstgeber auf 48 Stunden verkürzt werden. Erhebt die Mitarbeitervertretung innerhalb der Frist keine Einwendungen, so gilt die beabsichtigte Kündigung als nicht beanstandet. Erhebt die Mitarbeitervertretung Einwendungen, so entscheidet der Dienstgeber über den Ausspruch der außerordentlichen Kündigung.

(3) Eine ohne Einhaltung des Verfahrens nach den Absätzen 1 und 2 ausgesprochene Kündigung ist unwirksam.

§ 32
Vorschlagsrecht

(1) Die Mitarbeitervertretung hat in folgenden Angelegenheiten ein Vorschlagsrecht:
1. Maßnahmen innerbetrieblicher Information und Zusammenarbeit,
2. Änderung von Beginn und Ende der täglichen Arbeitszeit einschließlich der Pausen sowie der Verteilung der Arbeitszeit auf die einzelnen Wochentage für Mitarbeiterinnen und Mitarbeiter für pastorale Dienste oder religiöse Unterweisung, die zu ihrer Tätigkeit der ausdrücklichen bischöflichen Sendung oder Beauftragung bedürfen, sowie für Mitarbeiterinnen und Mitarbeiter im liturgischen Dienst,
3. Regelung der Ordnung in der Einrichtung (Haus- und Heimordnungen),
4. Durchführung beruflicher Fort- und Weiterbildungsmaßnahmen, die die Einrichtung für ihre Mitarbeiterinnen und Mitarbeiter anbietet,
5. Regelung zur Erstattung dienstlicher Auslagen,
6. Einführung von Unterstützungen, Vorschüssen, Darlehen und entsprechenden sozialen Zuwendungen und deren Einstellung,
7. Überlassung von Wohnungen, die für Mitarbeiterinnen und Mitarbeiter vorgesehen sind,
8. grundlegende Änderungen von Arbeitsmethoden,
9. Maßnahmen zur Hebung der Arbeitsleistung und zur Erleichterung des Arbeitsablaufes,
10. Festlegung von Grundsätzen für die Gestaltung von Arbeitsplätzen,
11. Regelungen gemäß § 6 Abs. 3,
12. Sicherung der Beschäftigung, insbesondere eine flexible Gestaltung der Arbeitszeit, die Förderung von Teilzeitarbeit und Altersteilzeit, neue Formen der Arbeitsorganisation, Änderungen der Arbeitsverfahren und Arbeitsabläufe, die Qualifizierung der Mitarbeiterinnen und Mitarbeiter, Alternativen zur Ausgliederung von Arbeit oder ihrer Vergabe an andere Unternehmen.

(2) Will der Dienstgeber einem Vorschlag der Mitarbeitervertretung im Sinne des Abs. 1 nicht entsprechen, so ist die Angelegenheit in einer gemeinsamen Sitzung von Dienstgeber und Mitarbeitervertretung mit dem Ziel der Einigung zu beraten. Kommt es nicht zu einer Einigung, so teilt der Dienstgeber die Ablehnung des Vorschlages der Mitarbeitervertretung schriftlich mit.

§ 33
Zustimmung

(1) In den Angelegenheiten der §§ 34 bis 36 sowie des § 18 Absätze 2 und 4 kann der Dienstgeber die von ihm beabsichtigte Maßnahme oder Entscheidung nur mit Zustimmung der Mitarbeitervertretung treffen.

(2) Der Dienstgeber unterrichtet die Mitarbeitervertretung von der beabsichtigten Maßnahme oder Entscheidung und beantragt ihre Zustimmung. Die Zustimmung gilt als erteilt, wenn die Mitarbeitervertretung nicht binnen einer Woche nach Eingang des Antrages bei ihr Einwendungen erhebt. Auf Antrag der Mitarbeitervertretung kann der Dienstgeber die Frist um eine weitere Woche verlängern. Wenn Entscheidungen nach Ansicht des Dienstgebers eilbedürftig sind, so kann er die Frist auf drei Tage, bei Anstellungen und Einstellungen auch bis zu 24 Stunden unter Angabe der Gründe verkürzen.

(3) Erhebt die Mitarbeitervertretung Einwendungen, so haben Dienstgeber und Mitarbeitervertretung mit dem Ziel der Einigung zu verhandeln, falls nicht der Dienstgeber von der beabsichtigten

Maßnahme oder Entscheidung Abstand nimmt. Der Dienstgeber setzt den Termin für die Verhandlung fest und lädt dazu ein. Die Mitarbeitervertretung erklärt innerhalb von drei Tagen nach Abschluss der Verhandlung, ob sie die Zustimmung erteilt oder verweigert. Äußert sie sich innerhalb dieser Frist nicht, gilt die Zustimmung als erteilt.

(4) Hat die Mitarbeitervertretung die Zustimmung verweigert, so kann der Dienstgeber in den Fällen der §§ 34 und 35 das Kirchliche Arbeitsgericht, in den Fällen des § 36 die Einigungsstelle anrufen.

(5) Der Dienstgeber kann in Angelegenheiten der §§ 34 bis 36, die der Natur der Sache nach keinen Aufschub dulden, bis zur endgültigen Entscheidung vorläufige Regelungen treffen. Er hat unverzüglich der Mitarbeitervertretung die vorläufige Regelung mitzuteilen und zu begründen und das Verfahren nach den Absätzen 2 bis 4 einzuleiten oder fortzusetzen.

§ 34
Zustimmung bei Einstellung und Anstellung

(1) Die Einstellung und Anstellung von Mitarbeiterinnen und Mitarbeitern bedürfen der Zustimmung der Mitarbeitervertretung. Dasselbe gilt für die Beschäftigung von Personen, die dem Dienstgeber zur Arbeitsleistung überlassen werden im Sinne des Arbeitnehmerüberlassungsgesetzes (§ 3 Absatz 1 Satz 2). Der Zustimmung der Mitarbeitervertretung bedarf es nicht im Falle von
  1. Mitarbeiterinnen und Mitarbeitern für pastorale Dienste oder religiöse Unterweisung, die zu ihrer Tätigkeit der ausdrücklichen bischöflichen Sendung oder Beauftragung bedürfen,
  2. Mitarbeiterinnen und Mitarbeitern, deren Tätigkeit geringfügig im Sinne von § 8 Abs. 1 Nr. 2 SGB IV ist.

(2) Die Mitarbeitervertretung kann die Zustimmung nur verweigern, wenn
  1. die Maßnahme gegen ein Gesetz, eine Rechtsverordnung, kircheneigene Ordnungen oder sonstiges geltendes Recht verstößt,
  2. durch bestimmte Tatsachen der Verdacht begründet wird, dass die Bewerberin oder der Bewerber durch ihr oder sein Verhalten den Arbeitsfrieden in der Einrichtung in einer Weise stören wird, die insgesamt für die Einrichtung unzuträglich ist oder
  3. der Dienstgeber eine Person, die ihm zur Arbeitsleistung überlassen wird im Sinne des Arbeitnehmerüberlassungsgesetzes, länger als sechs Monate beschäftigen will. Mehrere Beschäftigungen einer Leiharbeitnehmerin oder eines Leiharbeitnehmers bei demselben Dienstgeber werden zusammengerechnet.

(3) Bei Einstellungs- oder Anstellungsverfahren ist die Mitarbeitervertretung für ihre Mitwirkung über die Person der oder des Einzustellenden zu unterrichten. Der Mitarbeitervertretung sind auf Verlangen ein Verzeichnis der eingegangenen einrichtungsinternen Bewerbungen sowie der Bewerbungen von Schwerbehinderten zu überlassen und Einsicht in die Bewerbungsunterlagen der oder des Einzustellenden zu gewähren. Anstelle der Überlassung eines Verzeichnisses können auch die erforderlichen Bewerbungsunterlagen zur Einsichtnahme vorgelegt werden.

§ 35
Zustimmung bei sonstigen persönlichen Angelegenheiten

(1) Die Entscheidung des Dienstgebers bedarf in folgenden persönlichen Angelegenheiten von Mitarbeiterinnen und Mitarbeitern der Zustimmung der Mitarbeitervertretung:
  1. Eingruppierung von Mitarbeiterinnen und Mitarbeitern,
  2. Höhergruppierung oder Beförderung von Mitarbeiterinnen und Mitarbeitern,
  3. Rückgruppierung von Mitarbeiterinnen und Mitarbeitern,
  4. nicht nur vorübergehende Übertragung einer höher oder niedriger zu bewertenden Tätigkeit,
  5. Abordnung von mehr als drei Monaten, Versetzung an eine andere Einrichtung, Zuweisung oder Personalgestellung an einen anderen Rechtsträger, es sei denn, dass es sich um Mitarbeiterinnen oder Mitarbeiter für pastorale Dienste oder religiöse Unterweisung handelt,

die zu ihrer Tätigkeit der ausdrücklichen bischöflichen Sendung oder Beauftragung bedürfen,
6. Versagen und Widerruf der Genehmigung einer Nebentätigkeit sowie Untersagung einer Nebentätigkeit,
7. Weiterbeschäftigung über die Altersgrenze hinaus,
8. Hinausschiebung des Eintritts in den Ruhestand wegen Erreichens der Altersgrenze,
9. Anordnungen, welche die Freiheit in der Wahl der Wohnung beschränken mit Ausnahme der Dienstwohnung, die die Mitarbeiterin oder der Mitarbeiter kraft Amtes beziehen muss,
10. Auswahl der Ärztin oder des Arztes zur Beurteilung der Leistungsfähigkeit der Mitarbeiterin oder des Mitarbeiters, sofern nicht die Betriebsärztin/der Betriebsarzt beauftragt werden soll, soweit eine kirchliche Arbeitsvertragsordnung dies vorsieht.[13]

(2) Die Mitarbeitervertretung kann die Zustimmung nur verweigern, wenn
1. die Maßnahme gegen ein Gesetz, eine Rechtsverordnung, kircheneigene Ordnungen, eine Dienstvereinbarung oder sonstiges geltendes Recht verstößt,
2. der durch bestimmte Tatsachen begründete Verdacht besteht, dass durch die Maßnahme die Mitarbeiterin oder der Mitarbeiter ohne sachliche Gründe bevorzugt oder benachteiligt werden soll.

§ 36
Zustimmung bei Angelegenheiten der Dienststelle

(1) Die Entscheidung bei folgenden Angelegenheiten der Dienststelle bedarf der Zustimmung der Mitarbeitervertretung, soweit nicht eine kirchliche Arbeitsvertragsordnung oder sonstige Rechtsnorm Anwendung findet:
1. Änderung von Beginn und Ende der täglichen Arbeitszeit einschließlich der Pausen sowie der Verteilung der Arbeitszeit auf die einzelnen Wochentage,
2. Festlegung der Richtlinien zum Urlaubsplan und zur Urlaubsregelung,
3. Planung und Durchführung von Veranstaltungen für die Mitarbeiterinnen und Mitarbeiter,
4. Errichtung, Verwaltung und Auflösung sozialer Einrichtungen,
5. Inhalt von Personalfragebogen für Mitarbeiterinnen und Mitarbeiter,
6. Beurteilungsrichtlinien für Mitarbeiterinnen und Mitarbeiter,
7. Richtlinien für die Gewährung von Unterstützungen, Vorschüssen, Darlehen und entsprechenden sozialen Zuwendungen,
8. Durchführung der Ausbildung, soweit nicht durch Rechtsnormen oder durch Ausbildungsvertrag geregelt,
9. Einführung und Anwendung technischer Einrichtungen, die dazu bestimmt sind, das Verhalten oder die Leistung der Mitarbeiterinnen und Mitarbeiter zu überwachen,
10. Maßnahmen zur Verhütung von Dienst- und Arbeitsunfällen und sonstigen Gesundheitsschädigungen,
11. Maßnahmen zum Ausgleich und zur Milderung von wesentlichen wirtschaftlichen Nachteilen für die Mitarbeiterinnen und Mitarbeiter wegen Schließung, Einschränkung, Verlegung oder Zusammenlegung von Einrichtungen oder wesentlichen Teilen von ihnen,
12. Zuweisung zu den einzelnen Stufen des Bereitschaftsdienstes, soweit eine kirchliche Arbeitsvertragsordnung dies vorsieht.

(2) Abs. 1 Nr. 1 findet keine Anwendung auf Mitarbeiterinnen und Mitarbeiter für pastorale Dienste oder religiöse Unterweisung, die zu ihrer Tätigkeit der ausdrücklichen bischöflichen Sendung oder Beauftragung bedürfen, sowie auf Mitarbeiterinnen und Mitarbeiter im liturgischen Dienst.

(3) Muss für eine Einrichtung oder für einen Teil der Einrichtung die tägliche Arbeitszeit gemäß Abs. 1 Nr. 1 nach Erfordernissen, die die Einrichtung nicht voraussehen kann, unregelmäßig oder kurzfristig festgesetzt werden, ist die Beteiligung der Mitarbeitervertretung auf die Grund-

---

13 Abs. 1 Nr. 10 ist ein Muster für eine diözesane Fassung.

sätze für die Aufstellung der Dienstpläne, insbesondere für die Anordnung von Arbeitsbereitschaft, Mehrarbeit und Überstunden beschränkt.

§ 37
Antragsrecht

(1) Die Mitarbeitervertretung hat in folgenden Angelegenheiten ein Antragsrecht, soweit nicht eine kirchliche Arbeitsvertragsordnung oder sonstige Rechtsnorm Anwendung findet:
1. Änderung von Beginn und Ende der täglichen Arbeitszeit einschließlich der Pausen sowie der Verteilung der Arbeitszeit auf die einzelnen Wochentage,
2. Festlegung der Richtlinien zum Urlaubsplan und zur Urlaubsregelung,
3. Planung und Durchführung von Veranstaltungen für die Mitarbeiterinnen und Mitarbeiter,
4. Errichtung, Verwaltung und Auflösung sozialer Einrichtungen,
5. Inhalt von Personalfragebogen für Mitarbeiterinnen und Mitarbeiter,
6. Beurteilungsrichtlinien für Mitarbeiterinnen und Mitarbeiter,
7. Richtlinien für die Gewährung von Unterstützungen, Vorschüssen, Darlehen und entsprechenden sozialen Zuwendungen,
8. Durchführung der Ausbildung, soweit nicht durch Rechtsnormen oder durch Ausbildungsvertrag geregelt,
9. Einführung und Anwendung technischer Einrichtungen, die dazu bestimmt sind, das Verhalten oder die Leistung der Mitarbeiterinnen und Mitarbeiter zu überwachen,
10. Maßnahmen zur Verhütung von Dienst- und Arbeitsunfällen und sonstigen Gesundheitsschädigungen,
11. Maßnahmen zum Ausgleich und zur Milderung von wesentlichen wirtschaftlichen Nachteilen für die Mitarbeiterinnen und Mitarbeiter wegen Schließung, Einschränkung, Verlegung oder Zusammenlegung von Einrichtungen oder wesentlichen Teilen von ihnen,
12. Zuweisung zu den einzelnen Stufen des Bereitschaftsdienstes, soweit eine kirchliche Arbeitsvertragsordnung dies vorsieht.

(2) § 36 Absätze 2 und 3 gelten entsprechend.

(3) Will der Dienstgeber einem Antrag der Mitarbeitervertretung im Sinne des Abs. 1 nicht entsprechen, so teilt er ihr dies schriftlich mit. Die Angelegenheit ist danach in einer gemeinsamen Sitzung von Dienstgeber und Mitarbeitervertretung zu beraten. Kommt es nicht zu einer Einigung, so kann die Mitarbeitervertretung die Einigungsstelle anrufen.

§ 38
Dienstvereinbarungen

(1) Dienstvereinbarungen sind in folgenden Angelegenheiten zulässig:
1. Arbeitsentgelte und sonstige Arbeitsbedingungen, die in Rechtsnormen, insbesondere in kirchlichen Arbeitsvertragsordnungen, geregelt sind oder üblicherweise geregelt werden, wenn eine Rechtsnorm den Abschluss ergänzender Dienstvereinbarungen ausdrücklich zulässt,
2. Änderung von Beginn und Ende der täglichen Arbeitszeit einschließlich der Pausen sowie der Verteilung der Arbeitszeit auf die einzelnen Wochentage; § 36 Abs. 2 gilt entsprechend,
3. Festlegung der Richtlinien zum Urlaubsplan und zur Urlaubsregelung,
4. Planung und Durchführung von Veranstaltungen für die Mitarbeiterinnen und Mitarbeiter,
5. Errichtung, Verwaltung und Auflösung sozialer Einrichtungen,
6. Inhalt von Personalfragebogen für Mitarbeiterinnen und Mitarbeiter,
7. Beurteilungsrichtlinien für Mitarbeiterinnen und Mitarbeiter,
8. Richtlinien für die Gewährung von Unterstützungen, Vorschüssen, Darlehen und entsprechenden sozialen Zuwendungen,
9. Durchführung der Ausbildung, soweit nicht durch Rechtsnormen oder durch Ausbildungsvertrag geregelt,
10. Durchführung der Qualifizierung der Mitarbeiterinnen und Mitarbeiter,

11. Einführung und Anwendung technischer Einrichtungen, die dazu bestimmt sind, das Verhalten oder die Leistung der Mitarbeiterinnen und Mitarbeiter zu überwachen,
12. Maßnahmen zur Verhütung von Dienst- und Arbeitsunfällen und sonstigen Gesundheitsschädigungen,
13. Maßnahmen zum Ausgleich und zur Milderung von wesentlichen wirtschaftlichen Nachteilen für die Mitarbeiterinnen und Mitarbeiter wegen Schließung, Einschränkung, Verlegung oder Zusammenlegung von Einrichtungen oder wesentlichen Teilen von ihnen,
14. Festsetzungen nach § 1b und § 24 Abs. 2 und 3,
15. Verlängerungen des Übergangsmandats nach § 13d Abs. 1 Satz 4.

(2) Zur Verhandlung und zum Abschluss von Dienstvereinbarungen im Sinne des Abs. 1 Nr. 1 kann die Mitarbeitervertretung Vertreter der Diözesanen Arbeitsgemeinschaft der Mitarbeitervertretungen oder Vertreter einer in der Einrichtung vertretenen Koalition im Sinne des Art. 6 GrO beratend hinzuziehen. Die Aufnahme von Verhandlungen ist der Diözesanen Arbeitsgemeinschaft oder einer in der Einrichtung vertretenen Koalition durch die Mitarbeitervertretung anzuzeigen.

(3) Dienstvereinbarungen dürfen Rechtsnormen, insbesondere kirchlichen Arbeitsvertragsordnungen, nicht widersprechen. Bestehende Dienstvereinbarungen werden mit dem Inkrafttreten einer Rechtsnorm gemäß Satz 1 unwirksam.

(3a) Dienstvereinbarungen gelten unmittelbar und zwingend. Werden Mitarbeiterinnen oder Mitarbeitern durch die Dienstvereinbarung Rechte eingeräumt, so ist ein Verzicht auf sie nur mit Zustimmung der Mitarbeitervertretung zulässig.

(4) Dienstvereinbarungen werden durch Dienstgeber und Mitarbeitervertretung gemeinsam beschlossen, sind schriftlich niederzulegen, von beiden Seiten zu unterzeichnen und in geeigneter Weise bekannt zu machen. Dienstvereinbarungen können von beiden Seiten mit einer Frist von 3 Monaten zum Monatsende schriftlich gekündigt werden.

(5) Im Falle der Kündigung wirkt die Dienstvereinbarung in den Angelegenheiten des Abs. 1 Nr. 2 bis 13 nach. In Dienstvereinbarungen nach Absatz 1 Nr. 1 kann festgelegt werden, ob und in welchem Umfang darin begründete Rechte der Mitarbeiterinnen und Mitarbeiter bei Außerkrafttreten der Dienstvereinbarung fortgelten sollen. Eine darüber hinausgehende Nachwirkung ist ausgeschlossen.

§ 39
Gemeinsame Sitzungen und Gespräche

(1) Dienstgeber und Mitarbeitervertretung kommen mindestens einmal jährlich zu einer gemeinsamen Sitzung zusammen. Eine gemeinsame Sitzung findet ferner dann statt, wenn Dienstgeber oder Mitarbeitervertretung dies aus besonderem Grund wünschen. Zur gemeinsamen Sitzung lädt der Dienstgeber unter Angabe des Grundes und nach vorheriger einvernehmlicher Terminabstimmung mit der Mitarbeitervertretung ein. Die Tagesordnung und das Besprechungsergebnis sind in einer Niederschrift festzuhalten, die vom Dienstgeber und von der oder dem Vorsitzenden der Mitarbeitervertretung zu unterzeichnen ist. Dienstgeber und Mitarbeitervertretung erhalten eine Ausfertigung der Niederschrift.

(2) Außer zu den gemeinsamen Sitzungen sollen Dienstgeber und Mitarbeitervertretung regelmäßig zu Gesprächen über allgemeine Fragen des Dienstbetriebes und der Dienstgemeinschaft sowie zum Austausch von Anregungen und Erfahrungen zusammentreffen.

VI. Einigungsstelle

§ 40
Bildung der Einigungsstelle – Aufgaben

(1) Für den Bereich der (Erz-)Diözese wird beim (Erz-)Bischöflichen Ordinariat/Generalvikariat in ... eine ständige Einigungsstelle gebildet.[14]

(2) Für die Einigungsstelle wird eine Geschäftsstelle eingerichtet.

(3) Die Einigungsstelle wirkt in den Fällen des § 45 (Regelungsstreitigkeiten) auf eine Einigung zwischen Dienstgeber und Mitarbeitervertretung hin. Kommt eine Einigung nicht zustande, ersetzt der Spruch der Einigungsstelle die erforderliche Zustimmung der Mitarbeitervertretung (§ 45 Abs. 1) oder tritt an die Stelle einer Einigung zwischen Dienstgeber und Mitarbeitervertretung (§ 45 Abs. 2 und 3).

§ 41
Zusammensetzung – Besetzung

(1) Die Einigungsstelle besteht aus
  a) der oder dem Vorsitzenden und der oder dem stellvertretenden Vorsitzenden,
  b) jeweils ....[15] Beisitzerinnen oder Beisitzer aus den Kreisen der Dienstgeber und der Mitarbeiter, die auf getrennten Listen geführt werden (Listen-Beisitzerinnen und Listen-Beisitzer),
  c) Beisitzerinnen oder Beisitzer, die jeweils für die Durchführung des Verfahrens von der Antragstellerin oder dem Antragsteller und von der Antragsgegnerin oder dem Antragsgegner zu benennen sind (Ad-hoc-Beisitzerinnen und Ad-hoc-Beisitzer).

(2) Die Einigungsstelle tritt zusammen und entscheidet in der Besetzung mit der oder dem Vorsitzenden, je einer Beisitzerin oder einem Beisitzer aus den beiden Beisitzerlisten und je einer oder einem von der Antragstellerin oder dem Antragsteller und der Antragsgegnerin oder dem Antragsgegner benannten Ad-hoc-Beisitzerinnen und Ad-hoc-Beisitzer. Die Teilnahme der Listen-Beisitzerinnen und Listen-Beisitzer an der mündlichen Verhandlung bestimmt sich nach der alphabetischen Reihenfolge in der jeweiligen Beisitzer-Liste. Bei Verhinderung einer Listen-Beisitzerin oder eines Listen-Beisitzers tritt an dessen Stelle die Beisitzerin oder der Beisitzer, welche oder welcher der Reihenfolge nach an nächster Stelle steht.

(3) Ist die oder der Vorsitzende an der Ausübung ihres oder seines Amtes gehindert, tritt an ihre oder seine Stelle die oder der stellvertretende Vorsitzende.

§ 42
Rechtsstellung der Mitglieder

(1) Die Mitglieder der Einigungsstelle sind unabhängig und nur an Gesetz und Recht gebunden. Sie dürfen in der Übernahme oder Ausübung ihres Amtes weder beschränkt, benachteiligt noch bevorzugt werden. Sie unterliegen der Schweigepflicht auch nach dem Ausscheiden aus dem Amt.

(2) Die Tätigkeit der Mitglieder der Einigungsstelle ist ehrenamtlich. Die Mitglieder erhalten Auslagenersatz gemäß den in der (Erz-)Diözese ... jeweils geltenden reisekostenrechtlichen Vorschriften. Der oder dem Vorsitzenden und der oder dem stellvertretenden Vorsitzenden kann eine Aufwandsentschädigung gewährt werden.

(3) Die Beisitzerinnen und Beisitzer werden für die Teilnahme an Sitzungen der Einigungsstelle im notwendigen Umfang von ihrer dienstlichen Tätigkeit freigestellt.

(4) Auf die von der Diözesanen Arbeitsgemeinschaft der Mitarbeitervertretungen bestellten Beisitzerinnen und Beisitzer finden die §§ 18 und 19 entsprechende Anwendung.

---

14 Die Bildung einer gemeinsamen Einigungsstelle durch mehrere Diözesen wird nicht ausformuliert, ist jedoch möglich.

15 Die Zahl der Beisitzerinnen und Beisitzer bleibt der Festlegung durch die Diözesen vorbehalten; es müssen jedoch mindestens jeweils 2 Personen benannt werden.

§ 43
Berufungsvorsaussetzungen

(1) Die Mitglieder der Einigungsstelle müssen der katholischen Kirche angehören, dürfen in der Ausübung der allen Kirchenmitgliedern zustehenden Rechte nicht behindert sein und müssen die Gewähr dafür bieten, jederzeit für das kirchliche Gemeinwohl einzutreten. Wer als Vorsitzende/r oder beisitzende/r Richter/in eines kirchlichen Gerichts für Arbeitssachen tätig ist, darf nicht gleichzeitig der Einigungsstelle angehören.

(2) Die oder der Vorsitzende und die oder der stellvertretende Vorsitzende sollen im Arbeitsrecht oder Personalwesen erfahrene Personen sein und dürfen innerhalb des Geltungsbereichs dieser Ordnung keinen kirchlichen Beruf ausüben.

(3) Zur Listen-Beisitzerin oder zum Listen-Beisitzer aus den Kreisen der Dienstgeber und zur oder zum vom Dienstgeber benannten Ad-hoc-Beisitzerin oder Ad-hoc-Beisitzer kann bestellt werden, wer gemäß § 3 Abs. 2 Nr. 1–5 nicht als Mitarbeiterin oder Mitarbeiter gilt. Zur Listen-Beisitzerin oder zum Listen-Beisitzer aus den Kreisen der Mitarbeiter und zur oder zum von der Mitarbeitervertretung benannten Ad-hoc-Beisitzerin oder Ad-hoc-Beisitzer kann bestellt werden, wer gemäß § 8 die Voraussetzungen für die Wählbarkeit in die Mitarbeitervertretung erfüllt und im Dienst eines kirchlichen Anstellungsträgers im Geltungsbereich dieser Ordnung steht.

(4) Mitarbeiterinnen und Mitarbeiter, die im Personalwesen tätig sind oder mit der Rechtsberatung der Mitarbeitervertretung betraut sind, können nicht zur Listen-Beisitzerin oder zum Listen-Beisitzer bestellt werden.

(5) Die Amtszeit der Mitglieder der Einigungsstelle beträgt fünf Jahre.

§ 44
Berufung der Mitglieder

(1) Die oder der Vorsitzende und die oder der stellvertretende Vorsitzende werden aufgrund eines Vorschlags der Listen-Beisitzerinnen und Listen-Beisitzer vom Diözesanbischof ernannt. Die Abgabe eines Vorschlages bedarf einer Zweidrittelmehrheit der Listen-Beisitzerinnen und Listen-Beisitzer. Kommt ein Vorschlag innerhalb einer vom Diözesanbischof gesetzten Frist nicht zustande, ernennt der Diözesanbischof die Vorsitzende oder den Vorsitzenden und die stellvertretende Vorsitzende oder den stellvertretenden Vorsitzenden nach vorheriger Anhörung des Domkapitels als Konsultorenkollegium und/oder des Diözesanvermögensverwaltungsrates[16] und des Vorstandes/der Vorstände der diözesanen Arbeitsgemeinschaft(en) der Mitarbeitervertretungen. Sind zum Ende der Amtszeit die oder der neue Vorsitzende und die oder der stellvertretende Vorsitzende noch nicht ernannt, führen die oder der bisherige Vorsitzende und deren Stellvertreterin oder Stellvertreter die Geschäfte bis zur Ernennung der Nachfolgerinnen und Nachfolger weiter.

(2) Die Bestellung der Listen-Beisitzerinnen und Listen-Beisitzer erfolgt aufgrund von jeweils vom Generalvikar sowie dem Vorstand/den Vorständen der diözesanen Arbeitsgemeinschaft(en) der Mitarbeitervertretungen zu erstellenden Beisitzer-Listen, in denen die Namen in alphabetischer Reihenfolge geführt werden.[17] Bei der Aufstellung der Liste der Beisitzerinnen und Beisitzer aus den Kreisen der Dienstgeber werden Personen aus Einrichtungen der Caritas, die vom zuständigen Diözesan-Caritasverband benannt werden, angemessen berücksichtigt.

(3) Das Amt eines Mitglieds der Einigungsstelle endet vor Ablauf der Amtszeit
   (a) mit dem Rücktritt,
   (b) mit der Feststellung des Wegfalls der Berufungsvoraussetzungen durch den Diözesanbischof.

(4) Bei vorzeitigem Ausscheiden des Vorsitzenden oder des stellvertretenden Vorsitzenden ernennt der Diözesanbischof die Nachfolgerin oder den Nachfolger für die Dauer der verbleibenden

---

16 Das Nähere regelt das diözesane Recht.
17 Die Festlegung der Zahl der Beisitzer bleibt der Regelung durch diözesanes Recht überlassen.

Amtszeit. Bei vorzeitigem Ausscheiden einer Listen-Beisitzerin oder eines Listen-Beisitzers haben der Generalvikar bzw. der Vorstand der diözesanen Arbeitsgemeinschaft der Mitarbeitervertretungen die Beisitzer-Liste für die Dauer der verbleibenden Amtszeit zu ergänzen.

§ 45
Zuständigkeit

(1) Auf Antrag des Dienstgebers findet das Verfahren vor der Einigungsstelle in folgenden Fällen statt:
   1. bei Streitigkeiten über Änderung von Beginn und Ende der täglichen Arbeitszeit einschließlich der Pausen sowie der Verteilung der Arbeitszeit auf die einzelnen Wochentage (§ 36 Abs. 1 Nr. 1),
   2. bei Streitigkeiten über Festlegung der Richtlinien zum Urlaubsplan und zur Urlaubsregelung (§ 36 Abs. 1 Nr. 2),
   3. bei Streitigkeiten über Planung und Durchführung von Veranstaltungen für die Mitarbeiterinnen und Mitarbeiter (§ 36 Abs. 1 Nr. 3),
   4. bei Streitigkeiten über Errichtung, Verwaltung und Auflösung sozialer Einrichtungen (§ 36 Abs. 1 Nr. 4),
   5. bei Streitigkeiten über Inhalt von Personalfragebogen für Mitarbeiterinnen und Mitarbeiter (§ 36 Abs. 1 Nr. 5),
   6. bei Streitigkeiten über Beurteilungsrichtlinien für Mitarbeiterinnen und Mitarbeiter (§ 36 Abs. 1 Nr. 6),
   7. bei Streitigkeiten über Richtlinien für die Gewährung von Unterstützungen, Vorschüssen, Darlehen und entsprechenden sozialen Zuwendungen (§ 36 Abs. 1 Nr. 7),
   8. bei Streitigkeiten über die Durchführung der Ausbildung, soweit nicht durch Rechtsvorschriften oder durch Ausbildungsvertrag geregelt (§ 36 Abs. 1 Nr. 8),
   9. bei Streitigkeiten über Einführung und Anwendung technischer Einrichtungen, die dazu bestimmt sind, das Verhalten oder die Leistung der Mitarbeiterinnen und Mitarbeiter zu überwachen (§ 36 Abs. 1 Nr. 9),
   10. bei Streitigkeiten über Maßnahmen zur Verhütung von Dienst- und Arbeitsunfällen und sonstigen Gesundheitsschädigungen (§ 36 Abs. 1 Nr. 10),
   11. bei Streitigkeiten über Maßnahmen zum Ausgleich und zur Milderung von wesentlichen wirtschaftlichen Nachteilen für die Mitarbeiterinnen und Mitarbeiter wegen Schließung, Einschränkung, Verlegung oder Zusammenlegung von Einrichtungen oder wesentlichen Teilen von ihnen (§ 36 Abs. 1 Nr. 11),
   12. bei Streitigkeiten über die Zuweisung zu den einzelnen Stufen des Bereitschaftsdienstes (§ 36 Abs. 1 Nr. 12).
(2) Darüber hinaus findet auf Antrag des Dienstgebers das Verfahren vor der Einigungsstelle statt bei Streitigkeiten über die Versetzung, Abordnung, Zuweisung oder Personalgestellung eines Mitglieds der Mitarbeitervertretung (§ 18 Abs. 2).
(3) Auf Antrag der Mitarbeitervertretung findet das Verfahren vor der Einigungsstelle in folgenden Fällen statt:
   1. bei Streitigkeiten über die Freistellung eines Mitglieds der Mitarbeitervertretung (§ 15 Abs. 5),
   2. bei Streitigkeiten im Falle der Ablehnung von Anträgen der Mitarbeitervertretung (§ 37 Abs. 3).

§ 46
Verfahren

(1) Der Antrag ist schriftlich in doppelter Ausfertigung über die Geschäftsstelle an den Vorsitzenden zu richten. Er soll die Antragstellerin oder den Antragsteller, die Antragsgegnerin oder den Antragsgegner und den Streitgegenstand bezeichnen und eine Begründung enthalten. Die oder der Vorsitzende bereitet die Verhandlung der Einigungsstelle vor, übersendet den Antrag an die An-

tragsgegnerin oder den Antragsgegner und bestimmt eine Frist zur schriftlichen Erwiderung. Die Antragserwiderung übermittelt er an die Antragstellerin oder den Antragsteller und bestimmt einen Termin, bis zu dem abschließend schriftsätzlich vorzutragen ist.

(2) Sieht die oder der Vorsitzende nach Eingang der Antragserwiderung aufgrund der Aktenlage eine Möglichkeit der Einigung, unterbreitet sie oder er schriftlich einen begründeten Einigungsvorschlag. Erfolgt eine Einigung, beurkundet die oder der Vorsitzende diese und übersendet den Beteiligten eine Abschrift.

(3) Erfolgt keine Einigung, bestimmt die oder der Vorsitzende einen Termin zur mündlichen Verhandlung vor der Einigungsstelle. Sie oder er kann der Antragstellerin oder dem Antragsteller und der Antragsgegnerin oder dem Antragsgegner eine Frist zur Äußerung setzen. Die oder der Vorsitzende veranlasst unter Einhaltung einer angemessenen Ladungsfrist die Ladung der Beteiligten und die Benennung der Ad-hoc-Beisitzerinnen und Ad-hoc-Beisitzer durch die Beteiligten.

(4) Die Verhandlung vor der Einigungsstelle ist nicht öffentlich. Die oder der Vorsitzende leitet die Verhandlung. Sie oder er führt in den Sach- und Streitgegenstand ein. Die Einigungsstelle erörtert mit den Beteiligten das gesamte Streitverhältnis und gibt ihnen Gelegenheit zur Stellungnahme. Im Falle der Nichteinigung stellen die Beteiligten die wechselseitigen Anträge. Über die mündliche Verhandlung ist ein Protokoll zu fertigen.

§ 47
Einigungsspruch

(1) Kommt eine Einigung in der mündlichen Verhandlung zustande, wird dies beurkundet und den Beteiligten eine Abschrift der Urkunden übersandt.

(2) Kommt eine Einigung der Beteiligten nicht zustande, so entscheidet die Einigungsstelle durch Spruch. Der Spruch der Einigungsstelle ergeht unter angemessener Berücksichtigung der Belange der Einrichtung des Dienstgebers sowie der betroffenen Mitarbeiter nach billigem Ermessen. Der Spruch ist schriftlich abzufassen.

(3) Der Spruch der Einigungsstelle ersetzt die nicht zustande gekommene Einigung zwischen Dienstgeber und Mitarbeitervertretung bzw. Gesamtmitarbeitervertretung. Der Spruch bindet die Beteiligten. Der Dienstgeber kann durch den Spruch nur insoweit gebunden werden, als für die Maßnahmen finanzielle Deckung in seinen Haushalts-, Wirtschafts- und Finanzierungsplänen ausgewiesen ist.

(4) Rechtliche Mängel des Spruchs oder des Verfahrens der Einigungsstelle können durch den Dienstgeber oder die Mitarbeitervertretung beim Kirchlichen Arbeitsgericht geltend gemacht werden; die Überschreitung der Grenzen des Ermessens kann nur binnen einer Frist von zwei Wochen nach Zugang des Spruchs beim Kirchlichen Arbeitsgericht geltend gemacht werden. Beruft sich der Dienstgeber im Fall des Absatzes 3 Satz 3 auf die fehlende finanzielle Deckung, können dieser Einwand sowie rechtliche Mängel des Spruchs oder des Verfahrens vor der Einigungsstelle nur innerhalb einer Frist von vier Wochen nach Zugang des Spruchs geltend gemacht werden.

(5) Das Verfahren vor der Einigungsstelle ist kostenfrei. Die durch das Tätigwerden der Einigungsstelle entstehenden Kosten trägt die (Erz-)Diözese. Jeder Verfahrensbeteiligte trägt seine Auslagen selbst; der Mitarbeitervertretung werden gemäß § 17 Abs. 1 die notwendigen Auslagen erstattet.

VII. Sprecherinnern und Sprecher der Jugendlichen und der Auszubildenden, Vertrauensperson der schwerbehinderten Mitarbeiterinnen und Mitarbeiter, Vertrauensmann der Zivildienstleistenden

§ 48
Wahl und Anzahl der Sprecherinnen und Sprecher der Jugendlichen und der Auszubildenden

In Einrichtungen mit in der Regel mindestens fünf Mitarbeiterinnen oder Mitarbeitern, die das 18. Lebensjahr noch nicht vollendet haben (Jugendliche) oder die zu ihrer Berufsausbildung beschäftigt sind und das 25. Lebensjahr noch nicht vollendet haben (Auszubildende), werden von diesen Sprecherinnen und Sprecher der Jugendlichen und der Auszubildenden gewählt.

Es werden gewählt
– eine Sprecherin oder ein Sprecher bei 5 bis 10 Jugendlichen und Auszubildenden sowie
– drei Sprecherinnen oder Sprecher bei mehr als 10 Jugendlichen und Auszubildenden.

§ 49
Versammlung der Jugendlichen und Auszubildenden

(1) Die Sprecherinnen und Sprecher der Jugendlichen und Auszubildenden können vor oder nach einer Mitarbeiterversammlung im Einvernehmen mit der Mitarbeitervertretung eine Versammlung der Jugendlichen und Auszubildenden einberufen. Im Einvernehmen mit der Mitarbeitervertretung und dem Dienstgeber kann die Versammlung der Jugendlichen und Auszubildenden auch zu einem anderen Zeitpunkt einberufen werden. Der Dienstgeber ist zu diesen Versammlungen unter Mitteilung der Tagesordnung einzuladen. Er ist berechtigt, in der Versammlung zu sprechen. § 2 Abs. 2 Satz 2 findet Anwendung. An den Versammlungen kann die oder der Vorsitzende der Mitarbeitervertretung oder ein beauftragtes Mitglied der Mitarbeitervertretung teilnehmen. Die Versammlung der Jugendlichen und Auszubildenden befasst sich mit Angelegenheiten, die zur Zuständigkeit der Mitarbeitervertretung gehören, soweit sie Jugendliche und Auszubildende betreffen.

(2) § 21 Abs. 4 gilt entsprechend.

§ 50
Amtszeit der Sprecherinnen und Sprecher der Jugendlichen und Auszubildenden

Die Amtszeit der Sprecherinnen und Sprecher der Jugendlichen und der Auszubildenden beträgt zwei Jahre. Die Sprecherinnen und Sprecher der Jugendlichen und der Auszubildenden bleiben im Amt, auch wenn sie während der Amtszeit das 26. Lebensjahr vollendet haben.

§ 51
Mitwirkung der Sprecherinnen und Sprecher der Jugendlichen und Auszubildenden

(1) Die Sprecherinnen und Sprecher der Jugendlichen und der Auszubildenden nehmen an den Sitzungen der Mitarbeitervertretung teil. Sie haben, soweit Angelegenheiten der Jugendlichen und Auszubildenden beraten werden,
   1. das Recht, vor und während der Sitzungen der Mitarbeitervertretung Anträge zu stellen. Auf ihren Antrag hat die oder der Vorsitzende der Mitarbeitervertretung eine Sitzung in angemessener Frist einzuberufen und den Gegenstand, dessen Beratung beantragt wird, auf die Tagesordnung zu setzen,
   2. Stimmrecht,
   3. das Recht, zu Besprechungen mit dem Dienstgeber eine Sprecherin oder einen Sprecher der Jugendlichen und Auszubildenden zu entsenden.

(2) Für eine Sprecherin oder einen Sprecher der Jugendlichen und der Auszubildenden gelten im übrigen die anwendbaren Bestimmungen der §§ 7 bis 20 sinngemäß. Die gleichzeitige Kandidatur

für das Amt einer Sprecherin oder eines Sprechers der Jugendlichen und Auszubildenden und das Amt der Mitarbeitervertreterin oder des Mitarbeitervertreters ist ausgeschlossen.

§ 52
Mitwirkung der Vertrauensperson der schwerbehinderten Mitarbeiterinnen und Mitarbeiter

(1) Die entsprechend den Vorschriften des Sozialgesetzbuches IX gewählte Vertrauensperson der schwerbehinderten Mitarbeiterinnen und Mitarbeiter nimmt an den Sitzungen der Mitarbeitervertretung teil. Die Vertrauensperson hat, soweit Angelegenheiten der schwerbehinderten Menschen beraten werden,
1. das Recht, vor und während der Sitzungen der Mitarbeitervertretung Anträge zu stellen. Auf ihren Antrag hat die oder der Vorsitzende der Mitarbeitervertretung eine Sitzung in angemessener Frist einzuberufen und den Gegenstand, dessen Beratung beantragt wird, auf die Tagesordnung zu setzen,
2. Stimmrecht,
3. das Recht, an Besprechungen bei dem Dienstgeber teilzunehmen.

(2) Der Dienstgeber hat die Vertrauensperson der schwerbehinderten Mitarbeiterinnen und Mitarbeiter in allen Angelegenheiten, die einen einzelnen oder die schwerbehinderten Menschen als Gruppe berühren, unverzüglich und umfassend zu unterrichten und vor einer Entscheidung anzuhören; er hat ihr die getroffene Entscheidung unverzüglich mitzuteilen. Ist dies bei einem Beschluss der Mitarbeitervertretung nicht geschehen oder erachtet die Vertrauensperson der schwerbehinderten Mitarbeiterinnen und Mitarbeiter einen Beschluss der Mitarbeitervertretung als eine erhebliche Beeinträchtigung wichtiger Interessen schwerbehinderter Menschen, wird auf ihren Antrag der Beschluss für die Dauer von einer Woche vom Zeitpunkt der Beschlussfassung ausgesetzt. Durch die Aussetzung wird eine Frist nicht verlängert.

(3) Die Vertrauensperson der schwerbehinderten Mitarbeiterinnen und Mitarbeiter hat das Recht, mindestens einmal im Jahr eine Versammlung der schwerbehinderten Mitarbeiter und Mitarbeiterinnen in der Dienststelle durchzuführen. Die für die Mitarbeiterversammlung geltenden Vorschriften der §§ 21, 22 gelten entsprechend.

(4) Die Räume und der Geschäftsbedarf, die der Dienstgeber der Mitarbeitervertretung für deren Sitzungen, Sprechstunden und laufenden Geschäftsbedarf zur Verfügung stellt, stehen für die gleichen Zwecke auch der Vertrauensperson der schwerbehinderten Mitarbeiterinnen und Mitarbeiter zur Verfügung, soweit hierfür nicht eigene Räume und sachliche Mittel zur Verfügung gestellt werden.

(5) Für die Vertrauensperson der schwerbehinderten Mitarbeiterinnen und Mitarbeiter gelten die §§ 15 bis 20 entsprechend. Weitergehende persönliche Rechte und Pflichten, die sich aus den Bestimmungen des SGB IX ergeben, bleiben hiervon unberührt.

§ 53
Rechte des Vertrauensmannes der Zivildienstleistenden

(1) Der Vertrauensmann der Zivildienstleistenden kann an den Sitzungen der Mitarbeitervertretung beratend teilnehmen, wenn Angelegenheiten behandelt werden, die auch die Zivildienstleistenden betreffen.

(2) Ist ein Vertrauensmann nicht gewählt, so können sich die Zivildienstleistenden an die Mitarbeitervertretung wenden. Sie hat auf die Berücksichtigung der Anliegen, falls sie berechtigt erscheinen, beim Dienstgeber hinzuwirken.

VIII. Schulen, Hochschulen

§ 54

(1) Die Ordnung gilt auch für die Schulen und Hochschulen im Anwendungsbereich des § 1.[18]
(2) Bei Hochschulen finden die für die Einstellung und Anstellung sowie die Eingruppierung geltenden Vorschriften keine Anwendung, soweit es sich um hauptberuflich Lehrende handelt, die in einem förmlichen Berufungsverfahren berufen werden.
(3) Lehrbeauftragte an Hochschulen sind keine Mitarbeiterinnen oder Mitarbeiter im Sinne dieser Ordnung.

IX. Schlussbestimmungen

§ 55

Durch anderweitige Regelungen oder Vereinbarung kann das Mitarbeitervertretungsrecht nicht abweichend von dieser Ordnung geregelt werden.

§ 56

(1) Vorstehende Ordnung gilt ab ....
(2) Beim Inkrafttreten bestehende Mitarbeitervertretungen bleiben für die Dauer ihrer Amtszeit bestehen. Sie führen ihre Tätigkeit weiter nach Maßgabe der Bestimmungen in den Abschnitten III, IV, V und VI.

---

18 Für Mitarbeiterinnen und Mitarbeiter an Schulen, die im Dienste eines Bundeslandes stehen, können Sonderregelungen getroffen werden.

Kommentierung

Rahmenordnung für eine Mitarbeitervertretungsordnung – MAVO –

in der Fassung des einstimmigen Beschlusses der Vollversammlung des Verbandes der Diözesen Deutschlands vom 20. November 1995
sowie der Änderungen gemäß Beschluss der Vollversammlung des Verbandes der Diözesen Deutschlands vom 21. Juni 1999
sowie der Änderungen gemäß Beschluss der Vollversammlung des Verbandes der Diözesen Deutschlands vom 23. Juni 2003
sowie der Änderungen durch Artikel 4 des Gesetzes zur Anpassung arbeitsrechtlicher Vorschriften an die Kirchliche Arbeitsgerichtsordnung (KAGO-Anpassungsgesetz – KAGO-AnpG) vom 21. September 2004
sowie der Änderungen gemäß Beschluss der Vollversammlung des Verbandes der Diözesen Deutschlands vom 25. Juni 2007
zuletzt geändert durch Beschluss der Vollversammlung des Verbandes der Diözesen Deutschlands vom 22. November 2010

Präambel

Grundlage und Ausgangspunkt für den kirchlichen Dienst ist die Sendung der Kirche. Diese Sendung umfaßt die Verkündigung des Evangeliums, den Gottesdienst und die sakramentale Verbindung der Menschen mit Jesus Christus sowie den aus dem Glauben erwachsenden Dienst am Nächsten. Daraus ergibt sich als Eigenart des kirchlichen Dienstes seine religiöse Dimension. Als Maßstab für ihre Tätigkeit ist sie Dienstgebern und Mitarbeiterinnen und Mitarbeitern vorgegeben, die als Dienstgemeinschaft den Auftrag der Einrichtung erfüllen und so an der Sendung der Kirche mitwirken.

Weil die Mitarbeiterinnen und Mitarbeiter den Dienst in der Kirche mitgestalten und mitverantworten und an seiner religiösen Grundlage und Zielsetzung teilhaben, sollen sie auch aktiv an der Gestaltung und Entscheidung über die sie betreffenden Angelegenheiten mitwirken unter Beachtung der Verfasstheit der Kirche, ihres Auftrages und der kirchlichen Dienstverfassung. Dies erfordert von Dienstgebern und Mitarbeiterinnen und Mitarbeitern die Bereitschaft zu gemeinsam getragener Verantwortung und vertrauensvoller Zusammenarbeit.

Deshalb wird aufgrund des Rechtes der katholischen Kirche, ihre Angelegenheiten selbst zu regeln, unter Bezugnahme auf die Grundordnung des kirchlichen Dienstes im Rahmen kirchlicher Arbeitsverhältnisse vom 22. September 1993 die folgende Ordnung für Mitarbeitervertretungen erlassen.

Übersicht

	Rn
I. Die Grundordnung	1
II. Die Rahmenordnung für eine diözesane MAVO	2–4
III. Diözesane Mitarbeitervertretungsordnungen	5–7
IV. Wesen des kirchlichen Dienstes	8–20
1. Präambel	8
2. Heilsdienst	9–11
3. Formen des Heilsdienstes	12–15
4. Religiöse Dimension	16
5. Kirchenrechtliche Stellung	17–20
V. Die Dienstgemeinschaft	21–39
1. Gesetzliche Definition	21
2. Das Wesen der Dienstgemeinschaft	22–35
a. Theologischer Begriff	23–28
b. Rechtlicher Begriff	29–35
3. Mitarbeiter und Dienstgeber	36–38
a. Aufgaben	36
b. Struktur der Dienstgemeinschaft	37, 38
4. Erwartungen an den Dienstgeber	39
VI. Mitwirkung der Mitarbeiter an den sie betreffenden Angelegenheiten	40–43
1. Die Bereitschaft zur gemeinsamen Verantwortung	41
2. Vertrauensvolle Zusammenarbeit	42

		Rn			Rn
3.	Beachtung der Verfasstheit der Kirche	43	2.	Staatskirchenrecht	54–57
VII.	Regelungsrecht der Kirche	44–74	3.	Europäisches Recht	58–63
	1. Kirchenrecht	46–53	4.	Die MAVO als Kirchenrecht	64–69
			5.	Die KAGO als Kirchenrecht	70–74

I. Die Grundordnung

1 Die Grundordnung des kirchlichen Dienstes im Rahmen kirchlicher Arbeitsverhältnisse vom 22. September 1993 (GrO), ab 1. Januar 1994 in den Bistümern der Bundesrepublik Deutschland (für die Diözese Fulda ab 1. 1. 1995) mit Änderung vom 21. September 2004 von den Diözesanbischöfen für ihre jeweilige Diözese als partikulares Kirchengesetz in Kraft gesetzt und in den diözesanen Amtsblättern verkündet,[1] regelt in ihrem Artikel 8 das Mitarbeitervertretungsrecht als kirchliche Betriebsverfassung mit folgendem Wortlaut: »Zur Sicherung ihrer Selbstbestimmung in der Arbeitsorganisation kirchlicher Einrichtungen wählen die Mitarbeiterinnen und Mitarbeiter nach Maßgabe kirchengesetzlicher Regelung Mitarbeitervertretungen, die an Entscheidungen des Dienstgebers beteiligt werden. Das Nähere regelt die jeweils geltende Mitarbeitervertretungsordnung (MAVO). Die Gremien der Mitarbeitervertretungsordnung sind an diese Ordnung gebunden«.[2] Mit der Bezugnahme auf die MAVO in der Grundordnung (GrO) wird zum Ausdruck gebracht, dass das **Mitarbeitervertretungsrecht als kirchliche Betriebsverfassung** kirchengesetzlich festgelegt wird und insbesondere nicht dem Beteiligungsrecht nach den KODA-Ordnungen unterliegt, was allerdings eine Mitwirkung der Mitarbeiter im kirchlichen Dienst an der Fortschreibung des Mitarbeitervertretungsrechts nicht ausschließt (§ 25).[3] Nach dem durch das Grundgesetz der Kirche garantierten Selbstbestimmungsrecht (Art. 140 GG i. V. m. Art. 137 Abs. 3 WRV) bestimmt sie für den ihr zugeordneten Bereich, »ob und in welcher Weise die Arbeitnehmer und ihre Vertretungsorgane in Angelegenheiten des Betriebs, die ihre Interessen berühren, mitwirken und mitbestimmen.«[4] Nach der Erklärung der deutschen Bischöfe zum Kirchlichen Dienst vom 22. September 1993[5] heißt es unter Abschnitt V: »Die Mitbestimmung der Mitarbeiterinnen und Mitarbeiter ist geboten, weil sie den Dienst der Kirche verantwortlich mitgestalten. »Weil die Verwirklichung der Mitbestimmung nicht von der Verfasstheit der Kirche, ihrem Auftrag und der kirchlichen Dienstverfassung getrennt werden kann, wurde hierzu auf Grund des kirchlichen Selbstbestimmungsrechts die Ordnung für Mitarbeitervertretungen erlassen. »Damit füllen die Kirchen den vom Staat zu selbstbestimmter Gestaltung anerkannten Regelungsraum auch zur Wahrung einer Konkordanz mit der staatlichen Arbeitsrechtsordnung aus.« Der kircheneigene Weg im Mitarbeitervertretungsrecht schließt schon im Hinblick auf die kirchliche Sozialehre eine gleichwertige soziale Verantwortung ein.« Gleichwohl weist die Erklärung der Bischöfe darauf hin, dass der kircheneigene Weg Unterschiede zum weltlichen Betriebs- und Personalvertretungsrecht erfordert, die ihren Grund in der Sendung der Kirche haben. Kirchliches Arbeitsrecht in der Bundesrepublik Deutschland ist zum Zwecke seiner Funktionsfähigkeit nicht eine Angelegenheit einzelner kirchlicher Einrichtungen und Verbände, sondern prinzipiell Gestaltungsaufgabe der Kirche insgesamt im Verhältnis zum Staat.

II. Die Rahmenordnung für eine diözesane MAVO

2 Die Rahmenordnung für eine Mitarbeitervertretungsordnung (MAVO) in der Fassung des Beschlusses der Vollversammlung des Verbandes der Diözesen Deutschlands (VDD) vom 22. 11. 2010 ist –

---

1 Übersicht bei: *Richardi*, Das kollektive Dienst- und Arbeitsrecht, in.: Hdb. StKR Bd. 2, 2. Aufl. 1995 § 67 S. 935.
2 Die deutschen Bischöfe, Heft 51, Grundordnung des kirchlichen Dienstes im Rahmen kirchlicher Arbeitsverhältnisse, Herausgeber Sekretariat der Deutschen Bischofskonferenz, Bonn, 22. September 1993; vgl. Amtsblatt des Erzbistums Köln 1993 Nr. 198 S. 222.
3 *Dütz*, Begründung zu Art. 8 GrO, in: Die deutschen Bischöfe, Heft 51 S. 34.
4 BVerfGE 46, 73, 94.
5 Die deutschen Bischöfe, Heft 51 S. 7 ff.; vgl. Amtsblatt des Erzbistums Köln 1993 Nr. 197 S. 219.

wie schon zuvor – ein per Beschluss empfohlenes **Muster für eine diözesane MAVO**. Das wird unterstrichen durch die Fußnoten im Gesetzestext mit den diesbezüglichen Anmerkungen zur zulässigen abweichenden Regelung durch den jeweiligen Diözesanbischof. Denn jeder Diözesanbischof ist der örtlich zuständige kirchliche Gesetzgeber (can. 391 § 2 CIC) entsprechend den Gegebenheiten in seiner Diözese, so dass schon deshalb bei der In-Kraft-Setzung einer MAVO Abweichungen vom Muster erfolgen können. Die Rahmen-MAVO hat mehrere Vorläuferinnen. Es handelt sich um die nachstehend genannten Fassungen:

- Mit der Rahmenordnung in der Fassung des Beschlusses der Vollversammlung des VDD vom **3. März 1971** wurde Neuland betreten. Gemäß der Beschlusslage traten mit Wirkung ab 1. Januar 1972 in den Diözesen und Erzdiözesen in den alten Bundesländern der Bundesrepublik Deutschland Mitarbeitervertretungsordnungen als diözesanes Kirchenrecht in Kraft.[6]
- Die **Novelle des Jahres 1977** durch Beschluss der Vollversammlung des VDD. Dazu erging am 24. 1. 1977 ein Beschluss, der für alle Dienststellen des VDD verbindlich war, während den Bistümern empfohlen wurde, in ihrem Bereich die Mitwirkung der Mitarbeiter entsprechend zu regeln. Die Novellierung der Rahmenordnung für eine Mitarbeitervertretungsordnung trat am 1. 3. 1977 in Kraft. Der Text wurde ergänzt um einen § 31a[7]; der Novelle folgten diözesane Novellen der MAVO, so z. B. für den Bereich der Erzdiözese Köln vom 26. Juli 1977[8] und für den Bereich anderer Diözesen.[9]
- Die **Novelle der Rahmenordnung von 1985**, welche die Rahmenordnung vom 24. Januar 1977 abgelöst hat, enthielt Änderungen und Ergänzungen, die auf Erfahrungen aus der Praxis, der Rechtsanwendung der Schlichtungsstellen sowie der Entwicklung der Rechtsprechung der staatlichen Gerichte beruhten.
Völlig neu waren 1985 die Bestimmungen über die Gesamtmitarbeitervertretung, die Sondervertretung für bestimmte Mitarbeitergruppen und die diözesane Arbeitsgemeinschaft der Mitarbeitervertretungen. Dazu kam das erweiterte Recht zur Anrufung der Schlichtungsstelle. Erstmals wurde die Möglichkeit zu Dienstvereinbarungen geregelt.
- **Die Novelle von 1995**[10] war beeinflusst von der Grundordnung (GrO), der Einführung einer Vertretung der Auszubildenden im BetrVG und Personalvertretungsrecht zusammen mit der schon bekannten Vertretung der Jugendlichen und dem Streben nach Vereinfachung des Wahlverfahrens in kleineren Einrichtungen, der Idee zur Verlängerung der Amtszeit der Mitarbeitervertretung von drei auf vier Jahre und demzufolge von einer Verlängerung der Zeit für die Schulung ihrer Mitglieder unter Einführung eines Schulungsanspruchs für die Mitglieder von Wahlausschüssen. Erheblich verändert wurde das Wahlrecht durch die Neufassungen der §§ 7 und 8. Das besondere Kündigungsschutzrecht für Mitarbeitervertreter (§ 19) wurde den Vorschriften in Art. 5 Abs. 3, 4 und 5 GrO angepasst. Neu systematisiert wurden die Vorschriften über die Beteiligungsrechte der MAV gemäß §§ 29 ff. Aus dem Mitarbeiterbegriff ausgeklammert wurden u. a. berufliche und soziale Rehabilitanden (§ 3 Abs. 2 Nr. 6). Die Sonderstellung der Mitarbeiter in pastoralen Diensten wurde stärker durch Einschränkung von Beteiligungsrechten hervorgehoben (vgl. § 34 Abs. 1, § 29 Abs. l Nr. 10, § 36 Abs. 2), die Beteiligung der MAV an der Entscheidung, wer Mitarbeiter in leitender Stellung ist (§ 29 Abs. l Nr. 18 i. V. m. § 3 Abs. 2 S. 2 und 3), wurde mit dem Recht der Anhörung und Mitberatung ausgestattet. Neu war auch die Einführung von Rechten des Vertrauensmanns der Zivildienstleistenden (§ 46a) und die Anerkennung des Rechts der diozesanen Arbeitsgemeinschaft der Mitarbeitervertretungen zum Zusammenschluss zu einer Bundesarbeits-

---

6 Vgl. Kirchlicher Anzeiger für die Erzdiözese Köln 1971 Nr. 260 S. 277.
7 Abgedruckt in: Mitarbeitervertretungsrecht der katholischen Kirche in den Diözesen der Bundesrepublik Deutschland und in der Diözese Berlin für Berlin (West), in: Arbeitshilfen, Band 17, herausgegeben vom Sekretariat der Deutschen Bischofskonferenz, Bonn 1980.
8 Kirchl. Anzeiger 1977 Nr. 211 S. 233.
9 Vgl. Fundstellenregister arbeitsrechtlich relevanter Regelungen der (Erz-)Bistümer in der Bundesrepublik Deutschland einschl. Berlin (West), Stand 31. 12. 1984.
10 Abgedruckt in: Arbeitshilfen, Heft 128 vom 20. 11. 1995, Herausgeber Sekretariat der Deutschen Bischofskonferenz, Bonn.

gemeinschaft der Mitarbeitervertretungen (§ 25 Abs. 5). Infolge der Forderung der Grundordnung zur Einrichtung kirchlicher Arbeitsgerichte auf den Gebieten des Mitarbeitervertretungsrechts (Art. 10 Abs. 2 GrO) wurde die Vorschrift des § 41 a. F. zugunsten der Anrufung der Schlichtungsstelle in Fällen von Rechtsstreitigkeiten geändert.
- Die Rahmenordnung von 1999 wurde zugunsten von Dienstvereinbarungen über Arbeitsentgelte und sonstige Arbeitsbedingungen ergänzt. Voraussetzung dazu ist, dass eine Rechtsnorm in der anzuwendenden kirchlichen Arbeitsvertragsordnung eine Öffnungsklausel für die Dienstvereinbarung enthält (§ 38 Abs. 2 n. F.).
- Im Mittelpunkt der Novelle von 2003 stand das Anliegen, die Mitverantwortung und die Teilhabe der Mitarbeiterschaft an der Gestaltung der wirtschaftlichen Rahmenbedingungen zu verwirklichen und die Beschäftigungssicherung stärker als eine Aufgabe der Mitarbeitervertretung zu etablieren (vgl. §§ 27a, 30a). Schließlich ging es um die Harmonisierung des Mitarbeitervertretungsrechts mit Vorgaben des europäischen Rechts (Recht der Europäischen Union). Weitere Regelungen galten einer flexiblen und mitverantworteten Festlegung der Einrichtung (§§ 1a, 1b), verbesserten Stellung der MAV mit Hilfe von Übergangs- und Restmandat wie nach Betriebsverfassungsgesetz (§§ 13d, 13e MAVO) und dem Recht der Beteiligung von Vertretern der Diözesanen Arbeitsgemeinschaft der Mitarbeitervertretungen oder von Vertretern einer in der Einrichtung vertretenen Koalition bei der Vereinbarung von Arbeitsbedingungen mit dem Instrument der Dienstvereinbarung (§ 38 Abs. 2).
- Mit der Einführung der Bestimmungen zur kirchlichen Arbeitsgerichtsbarkeit infolge der Inkraftsetzung der Kirchlichen Arbeitsgerichtsordnung (KAGO) mit Wirkung ab 1. Juli 2005 durch die Deutsche Bischofskonferenz aufgrund eines Mandats des Heiligen Stuhls sind die diözesanen Mitarbeitervertretungsordnungen der neuen Rechtslage mit entsprechenden Gesetzen im Laufe des Jahres 2005 angepasst worden.[11] Es wurden gemäß §§ 40 ff. MAVO Einigungsstellen eingeführt. Die Schlichtungsstellen-MAVO wurde dadurch abgelöst.

3 Durch Beschluss der Vollversammlung des Verbandes der Diözesen Deutschlands vom 25. Juni 2007 ergingen redaktionelle und materiellrechtliche Klarstellungen zu:
- den Aufgaben der Diözesanen Arbeitsgemeinschaften der Mitarbeitervertretungen der Diözesanen Arbeitsgemeinschaften der Mitarbeitervertretungen wegen besonderer kirchengesetzlicher Bestimmungen außerhalb der MAVO (vgl. § 25),
- den Aufgaben der MAV aus außerhalb der MAVO herrührenden kirchlichen Gesetzen (vgl. §§ 26 Abs. 4, 27 Abs. 2),
- dem Mitbestimmungsrecht der MAV gemäß § 35 Abs. 1 Nr. 10,
- der betrieblichen Gestaltung der Arbeitsentgelte und sonstigen Arbeitsbedingungen gemäß besonderen Öffnungsklauseln (§ 38 Abs. 1 Nr. 1und Abs. 2),
- Durchführung der Qualifizierung der Mitarbeiter (§ 38 Abs. 1 Nr. 10).

Die Änderungen des Jahres 2007 sind in der Folgezeit u. a. verbunden mit einer Neufassung der diözesanen MAVO in Kraft gesetzt und in den betreffenden diözesanen Amtsblättern veröffentlicht worden.[12]

4 Die Novelle der Rahmen-MAVO aufgrund des Beschlusses der Vollversammlung des Verbandes der Diözesen Deutschlands vom 22. November 2010 brachte u. a. folgende Änderungen:
- Leiharbeitnehmer zählen zwar nicht zu den Mitarbeitern i. S. d. MAVO, zu ihrer Einstellung hat die MAV aber ein Mitbestimmungsrecht gemäß § 34.
- Die Wahl einer MAV kann auch bei geringerer als der gesetzlichen Kandidatenzahl durchgeführt und abgeschlossen werden (§ 6 Abs. 2).
- Für Reisezeiten der Mitglieder der MAV gelten die für die betreffende Einrichtung bestehenden Bestimmungen (§ 15 Abs. 6).

---

11 U. a. Kirchlicher Anzeiger für die Diözese Aachen 2005 Nr. 221 S. 315; Kirchlicher Anzeiger für das Bistum Hildesheim 2005 S. 122 ff., 152.
12 Vgl. etwa Kirchlicher Anzeiger für die Diözese Aachen 2008 Nr. 41 S. 40–66.

- Teilzeitbeschäftigte Mitglieder der MAV werden bei Teilnahme an Schulungen beim Freizeitausgleich den Vollzeitbeschäftigten gleichgestellt (§ 16 Abs. 1).
- Das erste Ersatzmitglied der MAV kann unter näher genannten Voraussetzungen an Schulungen teilnehmen (§ 16 Abs. 1a).
- Auf Verlangen einer Mitarbeiterin oder eines Mitarbeiters kann bei bestimmten Anlässen ein Mitglied der MAV bei Gesprächen mit dem Dienstgeber hinzugezogen werden (§ 26 Abs. 3a). Zu einrichtungsspezifischen Regelungen im Geltungsbereich der AVR-Caritas gemäß § 11 AK-Ordnung ist eine entsprechende Regelung zur Mitwirkung der MAV durch § 27b in die MAVO aufgenommen worden.
- Der Dienstgeber hat der MAV Auskunft über näher bezeichnete Bewerbungen und Einsicht in die Bewerbungsunterlagen des Einzustellenden zu gewähren, wenn sie das wünscht (§ 34 Abs. 3 S. 2 und 3).
- Die Mitbestimmung zu den Stufen des Bereitschaftsdienstes ist zulässig, wenn eine Arbeitsvertragsordnung das vorsieht (§§ 36 Abs. 1 Nr. 12; 37 Abs. 1 Nr. 12).
- Die Arbeitsgemeinschaften i. S. v. § 25 können nach Aufforderung durch eine Kommission i. S. v. Art. 7 Abs. 1 GrO Stellungnahmen zu den Vorhaben der Kommission abgeben.
- Persönliche Rechte und Pflichten der Schwerbehindertenvertretung ergeben sich aus der MAVO und ergänzend aus den Bestimmungen des SGB IX (§ 52 Abs. 5 S. 2 MAVO).
- Ein Mindestalter zur Wählbarkeit des Sprechers oder der Sprecherin der Jugendlichen und der Auszubildenden ist nicht mehr festgesetzt.

III. Diözesane Mitarbeitervertretungsordnungen

Die Novellierungen des Jahres 2010 sind noch von den Diözesanbischöfen als zuständigen Gesetzgebern in ihren Mitarbeitervertretungsordnungen umzusetzen und in ihren jeweiligen diözesanen Amtsblättern zu promulgieren. In alphabetischer Reihenfolge handelt es sich um die (Erz-)Diözesen bzw. (Erz-)Bistümer Aachen, Augsburg, Bamberg, Berlin, Dresden-Meißen, Eichstätt, Erfurt, Essen, Freiburg, Fulda, Görlitz, Hamburg, Hildesheim, Köln, Limburg, Magdeburg, Mainz, München und Freising, Münster, Osnabrück, Paderborn, Passau, Regensburg, Rottenburg-Stuttgart, Speyer, Trier, Würzburg.

Das Militärbischofsamt am Sitz der Bundesregierung ist die Kurie des Militärbischofs. Der Militärbischof[13] steht dem Jurisdiktionsbereich des Katholischen Militärbischofs für die Deutsche Bundeswehr (Militärordinariat) vor (Art. 1 Päpstliche Statuten für den Jurisdiktionsbereich des Katholischen Militärbischofs für die Deutsche Bundeswehr).[14] Mit seiner Ernennung besitzt der Militärbischof alle Rechte und Pflichten, wie sie den Diözesanbischöfen zukommen, sowohl für den äußeren wie für den inneren Bereich der ordentliche, persönliche und eigenberechtigte, von jener der übrigen Bischöfe nicht abhängige Jurisdiktion (Art. 3 Päpstl. Statuten).[15] Der Militärbischof hat das Recht, einen Generalvikar zu ernennen, der ihn in allem, was die Seelsorge betrifft, unterstützt und in Sinn entsprechender Anwendung mit allen Vollmachten ausgestattet ist, die das kirchliche Gesetzbuch für den Generalvikar vorsieht (Art. 6 Abs. 3 Päpstl. Statuten). Vorschriften und Richtlinien des Militärbischofs werden im Verordnungsblatt des Militärbischofs veröffentlicht (Art. 9 Päpstl. Statuten). Der Militärbischof ist in seinem Bereich zum Erlass einer MAVO befugt, die für die Dienststellen seines kirchlichen Jurisdiktionsbereiches gilt, also für die Mitarbeiter seiner Kurie (vgl. can. 469–471; Art. 6 Abs. 1 S. 1 Päpstl. Statuten).

Der Kirchlichen Arbeitsgerichtsordnung (KAGO) vom 21. 9. 2004, in Kraft gesetzt mit Wirkung zum 1. Juli 2005, war eine befristete Dauer bis zum 30. Juni 2010 vorgegeben. Deshalb trat an ihre Stelle die Neufassung der KAGO gemäß Beschluss der Vollversammlung der Deutschen Bischofskonferenz

---

13 *Schlief*, die Organisationsstruktur der kath. Kirche, in: HdbStKR Bd. I, 2. Aufl. 1994 S. 347, 360 f.
14 Amtsblatt des Erzbistums Köln 1990 Nr. 56 S. 60 ff.
15 *Niermann*, Militärseelsorge, Essener Gespräche, Bd. 23 S. 110 ff.

vom 25. Februar 2010. Sie ist am 1. Juli 2010 nach entsprechendem Mandat des Apostolischen Stuhles in Kraft getreten und in den diözesanen Amtsblättern veröffentlicht worden. Die kirchlichen Gerichte für Arbeitssachen sind bestehen geblieben und zuständig für Rechtsstreitigkeiten aus dem Recht der nach Art. 7 GrO gebildeten Kommissionen zur Ordnung des Arbeitsvertragsrechts, für Rechtsstreitigkeiten auf dem Gebiet des Mitarbeitervertretungsrechts (MAVO) und der Caritas-Werkstätten-Mitwirkungsordnung (CWMO) mit erster und zweiter Instanz (§§ 1, 2, 6, 14, 21 KAGO). Die Zuständigkeit der Gerichte besteht nicht für Streitigkeiten aus dem Arbeitsverhältnis und für Normenkontrollverfahren (§ 2 Abs. 3 und 4 KAGO). Die vorsitzenden Richter und ihre Stellvertreter sind je nach Geschäftsverteilungsplan am Verfahren zu beteiligen (§ 16 Abs. 3, § 22 Abs. 3 KAGO). Fristen zur Klageerhebung sind nicht generell, sondern nur gemäß §§ 44, 44a, 44b KAGO geregelt, wobei der Wortlaut des § 44b dahin zu verstehen ist, dass ab Bekanntgabe der Entscheidung des Wahlorgans die Wahlprüfungsklage nur innerhalb einer Frist von zwei Wochen zulässig ist (vgl. z. B. § 12 Abs. 3 MAVO; § 27 Abs. 2 S. 2 CWMO). In § 44b KAGO fehlt allerdings der Hinweis auf die CWMO, während er in § 2 Abs. 2 KAGO enthalten ist. Die KAGO ist abgedruckt unten in Anhang I. Einen Überblick über die kirchlichen Gerichte für Arbeitssachen bietet unten der Anhang III. Die Geschäftsstelle des Kirchlichen Arbeitsgerichts wird am Sitz des zuständigen (Erz-)Bischöflichen Diözesangerichts (Offizialat bzw. Konsistorium) bzw. seiner in einem anderen Bistum bestehenden Außenstelle eingerichtet (§ 15 Abs. 3 KAGO), die des Kirchlichen Arbeitsgerichtshofs beim Sekretariat der Deutschen Bischofskonferenz (Sitz Bonn) eingerichtet (§ 23 Abs. 2 KAGO).

IV. Wesen des kirchlichen Dienstes

1. Präambel

8   Die Präambel der MAVO-Rahmenordnung enthält für das Verständnis der gesamten Ordnung eine wichtige Funktion. Sie nimmt die Gedanken der Erklärung der deutschen Bischöfe zum kirchlichen Dienst vom 22. September 1993[16] auf, so wie das bereits bei der Präambel der Rahmenordnung von 1985 zur inzwischen abgelösten Erklärung zum kirchlichen Dienst vom 27. Juni 1983[17] der Fall war. Die Erklärung von 1993 ist in die »Grundordnung des kirchlichen Dienstes im Rahmen kirchlicher Arbeitsverhältnisse« als kirchenrechtliche Verlautbarung umgesetzt worden, nachdem am 22. September 1994 die katholischen (Erz-)Bischöfe in der Bundesrepublik Deutschland den Beschluss gefasst hatten, sie für ihren jeweiligen Jurisdiktionsbereich zu erlassen (Präambel der Grundordnung).[18]

2. Heilsdienst

9   Der Auftrag der Kirche ist es, der Berufung aller Menschen zur Gemeinschaft mit Gott und untereinander zu dienen (Vaticanum II, LG 1, 5; GS 3, 19, 40, 45). Die spirituellen Wurzeln des kirchlichen Dienstes reichen in das Neue Testament,[19] wie die Erklärung der Bischöfe zum kirchlichen Dienst klarstellt. Der Dienst der Kirche ist Heilsdienst.

10 In der dogmatischen Konstitution über die Kirche des Zweiten Vatikanischen Konzils »Lumen Gentium«[20] wird der Heilsdienst als Sendung verstanden, die das Volk Gottes in seiner Gesamtheit vermöge des allgemeinen Priestertums aller Gläubigen ausübt[21] (can. 204 § 1 CIC).

11 »Kirchliche Einrichtungen dienen dem Sendungsauftrag des kirchlichen Dienstes, so dass auch die arbeitsrechtlichen Beziehungen zwischen den kirchlichen Anstellungsträgern und ihren Beschäftig-

---

16 Amtsblatt des Erzbistums Köln 1993 Nr. 197 S. 219.
17 Amtsblatt des Erzbistums Köln 1983 Nr. 182 S. 1555; Würzburger Diözesanblatt 1993 S. 314.
18 In: Die deutschen Bischöfe; Heft 51, Grundordnung des kirchlichen Dienstes im Rahmen kirchlicher Arbeitsverhältnisse, 22. September 1993; vgl. auch Kirchl. Amtsblatt Münster 1993 Art. 194 S. 123.
19 *Herr*, Arbeitgeber Kirche, S. 13.
20 *Rahner/Vorgrimler*, Kleines Konzilskompendium S. 123.
21 Lumen Gentium 10, in: *Rahner/Vorgrimler*, S. 40; *Rauscher*, Die Eigenart des kirchlichen Dienstes S. 41.

ten dem religiösen Charakter des kirchlichen Auftrags entsprechen müssen. In der Einrichtung selbst muss sichtbar und erfahrbar werden, dass sie sich dem Auftrag Christi verpflichtet und der Gemeinschaft der Kirche verbunden weiß« (Erklärung der deutschen Bischöfe zum kirchlichen Dienst 1993, Abschnitt I).

3. Formen des Heilsdienstes

12 Die drei Grunddienste des Heilsdienstes sind die Verkündigung des Evangeliums, der Gottesdienst sowie die sakramentale Verbindung der Menschen mit Jesus Christus und der Dienst am Nächsten.[22]

13 Die Teilhabe an der königlichen Sendung Christi verwirklicht sich durch den Dienst der Nächstenliebe, der im persönlichen Zeugnis, in den verschiedenen Formen des freiwilligen Einsatzes, im sozialen Handeln zum Ausdruck kommt. »Beim Dienst der Nächstenliebe muss uns eine Haltung beseelen und kennzeichnen: wir müssen uns des anderen als Person annehmen, die von Gott unserer Verantwortung anvertraut worden ist. Als Jünger Jesu sind wir berufen, uns zum Nächsten jedes Menschen zu machen« (Enzyklika Evangelium vitae 87). Deshalb erfordert die Mitarbeit im kirchlichen Dienst unter Berücksichtigung der Gestaltungsformen des kirchlichen Dienstes, dass kirchliche Anstellungsträger und ihre Beschäftigten dem religiösen Charakter des kirchlichen Auftrags entsprechen müssen. »Alle Beteiligten, Dienstgeber sowie leitende und ausführende Mitarbeiterinnen und Mitarbeiter, müssen bereit sein, an der Verwirklichung eines Stücks Auftrag der Kirche im Geist katholischer Religiosität, im Einklang mit dem Bekenntnis der katholischen Kirche und in Verbindung mit den Amtsträgern der katholischen Kirche mitzuwirken (Erklärung der Bischöfe zum kirchlichen Dienst, I; Art. 1 Grundordnung). Die Mitarbeit im kirchlichen Dienst erfordert ein Mitdenken und Mithandeln mit der Kirche. Es sind nicht allein Arbeitskraft, Funktion und Leistung gefragt, sondern wesentlich die Person selbst, die im Dienst der Kirche steht und anerkennt und ihrem Handeln zugrunde legt, dass Zielsetzung und Tätigkeit, Organisationsstruktur und Leitung der Einrichtung, für die sie tätig ist, sich an der Glaubens- und Sittenlehre und an der Rechtsordnung der katholischen Kirche auszurichten hat (Art. 1, S. 2 GrO). Denn alle in einer Einrichtung der katholischen Kirche Tätigen tragen durch ihre Arbeit ohne Rücksicht auf die arbeitsvertragliche Stellung gemeinsam dazu bei, dass die Einrichtung ihren Teil am Sendungsauftrag der Kirche erfüllen kann (Art. 1 S. 1 GrO). Die Glaubwürdigkeit der Kirche, ihrer Einrichtungen und der verschiedenen Dienste hängt davon ab, ob die Mitarbeiter zu solcher Zusammenarbeit bereit sind. Jede kirchliche Einrichtung muss folglich bei der Einstellung von Mitarbeitern darauf achten, dass diese die Eigenart des kirchlichen Dienstes bejahen (Art. 3 Abs. 1 S. 1 GrO). Jeder Mitarbeiter muss ohne Rücksicht auf seine Konfession seinen Auftrag glaubwürdig erfüllen, indem er mit den Zielen der Einrichtung, in der er seine Aufgaben gewissenhaft zu erfüllen hat, übereinstimmt (Art. 3 Abs. 3 GrO; Art. 4 GrO). Jeder hat kirchenfeindliches Verhalten zu unterlassen. Niemand darf in seiner persönlichen Lebensführung und in seinem dienstlichen Verhalten die Glaubwürdigkeit der Kirche und der Einrichtung, in der er beschäftigt wird, gefährden (Art. 4 Abs. 4 GrO).

14 »Die Kirche muss deshalb an ihre Mitarbeiterinnen und Mitarbeiter Anforderungen stellen, die gewährleisten, dass sie ihren besonderen Auftrag glaubwürdig erfüllen können. Dazu gehören fachliche Tüchtigkeit, gewissenhafte Erfüllung der übertragenen Aufgaben und eine Zustimmung zu den Zielen der Einrichtung« (Erklärung III, 1).

15 Damit die Einrichtung ihre kirchliche Sendung erfüllen kann, muss der kirchliche Dienstgeber bei der Einstellung darauf achten, dass eine Mitarbeiterin und ein Mitarbeiter die Eigenart des kirchlichen Dienstes bejahen (Erklärung III, 2).

---

[22] Enzyklika Deus Caritas est *Papst Benedikt XVI.* Nr. 22, in: Verlautbarungen des Apostolischen Stuhls Nr. 171.

4. Religiöse Dimension

16 Die Eigenart des kirchlichen Dienstes ist also seine religiöse Dimension.[23] Wenn auch in der Kirche eine Verschiedenheit des Dienstes der Geistlichen und der Laien besteht, so ist doch eine Einheit in der Sendung aufgetragen. Alle Dienste, auch im sozialen und erzieherischen Bereich, sind auf das Evangelium und auf die Glaubens- und Sittenlehre der Kirche bezogen. Die Einrichtungen der Kirche sind an die Glaubenssubstanz gebunden.[24]

5. Kirchenrechtliche Stellung

17 Nicht zu verwechseln mit der hier angesprochenen Indienstnahme ist die sich für die Laien ergebende kirchenrechtliche Stellung in einzelnen Bereichen. Auf der Grundlage der auch den Laien zuerkannten unmittelbaren Teilhabe an den drei munera Christi lässt sich eine Reihe von Tätigkeiten, die diesen drei munera zuzurechnen sind, aufzählen. Für den Bereich der Verkündigung und Lehre stellt can. 759 CIC grundlegend fest, dass die Laien kraft der Taufe und der Firmung durch ihr Wort und das Beispiel christlichen Lebens grundsätzlich Zeugen des Evangeliums sind und zur Mitarbeit bei der Ausübung des Dienstes am Wort berufen werden können. Dazu gehören vor allem folgende Aufgaben: die Katechese in der Familie (can. 774 § 2 CIC), in der Pfarrei (can. 776, 843 § 2, 851, § 2, 1063 n. 1 CIC) und in den Missionen (can. 785 CIC), der Religionsunterricht in der Schule (can. 804 und 805 CIC); die Lehre in theologischen Wissenschaften (can. 766, 767 § 1 CIC). Anteil an dem so verstandenen Dienst der Kirche haben die Laien auch nicht nur durch Beteiligung an der Feier der Eucharistie (can. 835 § 4 CIC), sondern durch die Übernahme einzelner liturgischer Funktionen, die Laien ausüben dürfen, nämlich zeitlich begrenzter Dienst des Lektors, des Kommentators oder Kantors (can. 230 § 2 CIC); im Bedarfsfall sogar der Dienst am Wort, die Leitung liturgischer Gebete, die Spendung der Taufe, Austeilung der eucharistischen Kommunion (can. 230 § 3 CIC); die Taufpatenschaft (can. 874 CIC) und Firmpatenschaft (can. 893 CIC); Assistenz bei der Eucharistiefeier eines blinden oder behinderten Priesters (can. 930 § 2 CIC); Aussetzung des Allerheiligsten (can. 943 CIC); im Bedarfsfall die Trauung (can. 1112 CIC), die Spendung von Sakramentalien (can. 1168 CIC).

18 Für die Stellung der Laien im munus regendi schließlich ist das Prinzip des can. 129 CIC maßgebend. Demnach ist zur Übernahme von Leitungsvollmacht in der Kirche das Weihesakrament Voraussetzung (can. 129 § 1 CIC); die Laien können aber bei der Ausübung dieser Vollmacht nach Maßgabe des Rechts mitwirken (can. 129 § 2 CIC). Dazu gehören also auch dotierte Stellen zur Wahrnehmung von Seelsorgeaufgaben unter Verantwortlichkeit eines Priesters (can. 517 § 2 CIC), die Zulassung zu allen Ämtern der bischöflichen Kurie mit Ausnahme der bischöflichen Vertretungsämter des Generalvikars, Bischofsvikars in der Verwaltung (can. 483 § 2 CIC) und des Offizials und Vizeoffizials in der diözesanen Gerichtsbarkeit (can. 1421 § 2, 1424, 1429, 1435 CIC). Die KAGO bestimmt, dass die kirchliche Gerichtsbarkeit für Arbeitssachen auch von Laien ausgeübt werden darf.

19 Der CIC enthält zwar kein eigenes Dienstrecht für die Laien mit entsprechenden Funktionen. Aber der Katalog der Tätigkeitsmerkmale in kirchlichen Arbeitsvertragsordnungen liefert konkrete Beispiele. Was dort an Tätigkeiten genannt wird (vgl. Anlagen 2, 2a bis 2d der AVR; Anlage 1 zur KAVO), ist Feld umfangreicher hauptberuflicher Mitarbeit von Laien, ganz abgesehen von den Mitarbeitern in der Verwaltung (Kölner Diözesan-Synode 1954 Dekret 437 ff.; Anlage 1 zur KAVO) und im Kultbereich (Kölner Diözesan-Synode Dekret 427 ff.; Anlage 1 zur KAVO) für Männer und Frauen nach Maßgabe bischöflicher Regelungskompetenz, wenn man von den ministeria des Lektorats und Akolythats absieht (can. 230 § 1).[25]

20 Neben die kirchlichen Dienste tritt die Mitwirkung in verfassungsrechtlichen Organen, wobei die Laien an der Leitungsgewalt mitwirken (can. 129 § 2 CIC),[26] aber wegen fehlender Weihe und folg-

---

23 *Rauscher*, Die Eigenart des kirchlichen Dienstes S. 39.
24 *Rauscher*, Die Eigenart des kirchlichen Dienstes S. 51.
25 *Müller, Hubert*, Zur Frage nach der Stellung des Laien im CIC/1983, Ministerium Justitiae S. 203, 207 f.
26 *Müller, Hubert* a. a. O. S. 209 f.

lich fehlender Amtsstellung mit Leitungsgewalt diese nicht ausüben (can. 129 § 1). Zum Dienst in den kirchlichen Arbeitsgerichten wird auf die Kirchliche Arbeitsgerichtsordnung (KAGO) hingewiesen (Rn 70 ff.).

V. Die Dienstgemeinschaft

1. Gesetzliche Definition

Die GrO und MAVO bezeichnen alle im Dienst der Kirche Stehenden als Dienstgemeinschaft, weil sie als Dienstgeber und Mitarbeiter den Auftrag der Einrichtung, in der sie tätig sind, erfüllen und so an der Sendung der Kirche mitwirken. Dazu gehören Kleriker (can. 207 § 1 CIC) in ihrem jeweiligen Weihegrad, Ordensleute – sie sind entweder Kleriker oder Laien (can. 207 § 2; 672 CIC) – und Laien (can. 207 § 1 CIC). In diesem Sinne definiert auch die Erklärung der deutschen Bischöfe zum kirchlichen Dienst die Dienstgemeinschaft (Präambel Ziff. 1).[27] Dem Ziel der Sendung dienen auch die Einrichtungen, die die Kirche unterhält und anerkennt, um ihren Auftrag in der Gesellschaft wirksam wahrnehmen zu können. Wer in ihnen ehrenamtlich und hauptamtlich tätig ist, wirkt an der Erfüllung dieses Auftrags mit. »Alle, die in den Einrichtungen mitarbeiten, bilden – unbeschadet der Verschiedenheit der Dienste und ihrer rechtlichen Organisation – eine Dienstgemeinschaft.« Die arbeitsrechtliche Stellung ist für die Tätigen in der Einrichtung der katholischen Kirche unter dem Gesichtspunkt Dienstgemeinschaft unerheblich. Erheblich ist die gemeinsame Arbeit in der Einrichtung, in der es nach dem Verständnis der MAVO nicht nur Arbeitnehmer im arbeitsrechtlichen Sinn, sondern auch andere beruflich Beschäftigte gibt (vgl. § 3), wie z. B. Beamte, auf die die Geltung der Grundordnung in diözesanen Bestimmungen eigens ausgedehnt worden ist. Allerdings werden unentgeltlich und ehrenamtlich Tätige im Ergebnis von der MAVO nicht erfasst. Die Grundordnung des kirchlichen Dienstes im Rahmen kirchlicher Arbeitsverhältnisse (GrO) definiert den Begriff Dienstgemeinschaft gemäß ihrem Art. 1 S. 1 wie folgt: »Alle in einer Einrichtung der katholischen Kirche Tätigen tragen durch ihre Arbeit ohne Rücksicht auf die arbeitsrechtliche Stellung gemeinsam dazu bei, dass die Einrichtung ihren Teil am Sendungsauftrag der Kirche erfüllen kann (Dienstgemeinschaft).« Die GrO gilt im Grundsatz nur für Arbeitsverhältnisse von Mitarbeiterinnen und Mitarbeitern bei den Dienststellen, Einrichtungen und sonstigen selbständig geführten Stellen (Art. 2 GrO). Sie gilt nicht für Mitarbeiter, die auf Grund eines Klerikerdienstverhältnisses oder ihrer Ordenszugehörigkeit tätig sind (Art. 2 Abs. 3 GrO). Trotz dieser Ausnahmen von den gesetzlichen Geltungsbereichen gilt für alle in einer Einrichtung der Kirche Tätigen die Zugehörigkeit zur Dienstgemeinschaft (Art. 1 S. 1 GrO; Präambel der MAVO). Dabei kommt es insoweit auf die Zugehörigkeit zur katholischen Kirche nicht an (§§ 7 und 8 MAVO; vgl. auch Art. 4 GrO). Zu beachten bleibt aber für die Begründung eines Arbeitsverhältnisses, dass der Mitarbeiter geeignet und befähigt ist, die vorgesehene Aufgabe so zu erfüllen, dass er der Stellung der Einrichtung in der Kirche und der übertragenen Funktion gerecht wird (Art. 3 GrO). In diesem Sinne ergibt sich eine nach der Funktion des Mitarbeiters zu beurteilende und vorzunehmende Bewerberauswahl bei der Einstellung, weil z. B. pastorale, katechetische sowie in der Regel erzieherische und leitende Aufgaben nur einer Person übertragen werden können, die der katholischen Kirche angehört (Art. 3 Abs. 2 GrO). Der Begriff der Dienstgemeinschaft bringt zum Ausdruck, dass jeder Mitarbeiter im kirchlichen Dienst dem Auftrag der Kirche verpflichtet ist.[28] Deshalb ist der Kirchenaustritt des katholischen Mitarbeiters aus der katholischen Kirche als Grund zur Beendigung des Beschäftigungsverhältnisses normiert (Art. 5 Abs. 5).[29]

21

---

27 Vgl. Amtsblatt des Erzbistums Köln 1993 Nr. 197 S. 219; Kirchliches Amtsblatt für die Diözese Fulda 1994 Nr. 198 S. 102.
28 *von Campenhausen*, Essener Gespräche Bd. 18 S. 21.
29 BVerfGE 70, 138.

2. Das Wesen der Dienstgemeinschaft

22 Je nach dem Standort des Betrachters wird der Begriff der Dienstgemeinschaft in seinem Wesen unterschiedlich verstanden.[30] Aus der Erklärung der Bischöfe zum kirchlichen Dienst vom 27. Juni 1983 ergeben sich theologische, juristische und soziologische Ansätze für das Verständnis des Wesens der Dienstgemeinschaft. Das ergibt sich auch aus der Erklärung der deutschen Bischöfe zum kirchlichen Dienst vom 22. September 1993.

a. Theologischer Begriff

23 Auftrag der Kirche ist es, der Berufung aller Menschen zur Gemeinschaft mit Gott und untereinander zu dienen (Präambel der Erklärung 1993 Ziffer 1 S. 1). Dem Auftrag will die Kirche durch Verkündigung des Evangeliums, die Feier der Eucharistie und der anderen Sakramente sowie durch den Dienst am Mitmenschen gerecht werden (vgl. Anmerkungen zur Präambel der Erklärung, a. a. O.). Gemäß can. 208 CIC werden die Gläubigen innerhalb der katholischen Kirche angesprochen (can. 205 CIC). Innerhalb der Kirche haben alle Gläubigen die Pflicht und das Recht, dazu beizutragen, dass die göttliche Heilsbotschaft immer mehr zu allen Menschen aller Zeiten auf der ganzen Welt gelangt (can. 211 CIC). Deshalb ist es den Gläubigen unbenommen, Vereinigungen für Zwecke der Caritas oder der Frömmigkeit oder zur Förderung der christlichen Berufung in der Welt frei zu gründen, um diese Zwecke gemeinsam zu verfolgen (can. 215 CIC). An der Sendung der Kirche haben die Gläubigen teil und somit das Recht, durch eigene Unternehmungen je nach ihrem Stand und ihrer Stellung eine apostolische Tätigkeit in Gang zu setzen oder zu unterhalten (can. 216 CIC).[31] Damit kann man also die Kirche insgesamt als Dienstgemeinschaft sehen,[32] weil alle ihr Zugehörigen am Aufbau des Leibes Christi mitwirken (can. 208 CIC), da sie durch Taufe und Firmung verpflichtet und berechtigt sind, an der kirchlichen Heilsordnung mitzuwirken (can. 204 § 1, 211, 759 CIC; Vaticanum II, LG 32).[33]

24 Diese Dienstgemeinschaft ist entsprechend dem Aufbau der Kirche und ihrer Gliederung und den fachlichen Aufgaben in Dienststellen und Einrichtungen organisiert (Vaticanum II, Laienapostolat 2, 10, 12, 13, 15, 18, 19, 26), wie das zum Beispiel an Pfarreien und Verbänden, Schulen und Hochschulen, Krankenhäusern und Heimen, Ordensinstituten und geistlichen Gemeinschaften sichtbar wird. Konkret erfahrbar wird die Kirche als Dienstgemeinschaft in der Dienstgemeinschaft einer bestimmten Einrichtung.[34] Dabei muss bei aller Verschiedenheit der Ämter und Dienste, der Personen und Situationen in Gemeinde, Beruf und privatem Leben die Einheit des Glaubens und der Glaubenden im Blickfeld bleiben.[35] Bereits unter der Geltung der MAVO 1971 wurde erklärt, dass es im Dienst der Kirche nicht nur um den sachgerechten Einsatz gehe, der aller menschlichen Arbeit eigen ist, sondern um die aus der Überzeugung und der Kraft des Glaubens erwachsende Arbeit in der Erfüllung des Auftrages Christi.[36] »Es ist Aufgabe der Hierarchie, das Apostolat der Laien zu fördern, Grundsätze und geistliche Hilfen zu geben, seine Ausübung auf das kirchliche Gemeinwohl hinzuordnen und darüber zu wachen, dass Lehre und Ordnung gewahrt bleiben« (Vaticanum II, Laienapostolat 24). Bereits der Apostel Paulus verwendet den Begriff der Dienstgemeinschaft im 2. Brief an die Korinther (8.4) mit dem griechischen Ausdruck Koí s doís, als er von den Gemeinden Mazedoniens berichtet. Bei all ihrer abgrundtiefen Armut gab es Reichtum an Gutherzigkeit. »Denn nach Kräften – ja ich bezeuge es: über die Kräfte, aus freien Stücken – haben sie uns mit viel Ermunterung um die

---

30 *Eder*, Dissertation S. 119 ff.
31 Enzyklika Deus Caritas est *Benedikt XVI.* vom 25. 12. 2005 Nr. 29.
32 *Krämer*, Kirchl. Dienstgemeinschaft, in: Stimmen der Zeit 1989, S. 123; Christifideles Laici, 1 ff.; 14; 18 ff.; 55 – Amtsblatt des Erzbistums Köln 1989 Nr. 59 S. 52 ff.
33 *Kehl*, Die Kirche S. 432.
34 *Krämer*, a. a. O. S. 125; *Aymans*, Hdb. kath. KR. S. 251.
35 *Herr*, a. a. O. S. 36; 41 f.; 47.
36 *Krautscheid*, in: Essener Gespräche Bd. 10 S. 180; vgl. auch *von Campenhausen*, in: Essener Gespräche Bd. 18 S. 22.

Gnade und die Gemeinschaft des Dienstes für die Heiligen angefleht«. Dienstgemeinschaft ist Aktion mehrerer in Übereinstimmung mit der Kirche zur Ausübung des Heilsdienstes, sei es auf allen Gebieten schlechthin, sei es auf einzelnen Gebieten des Sendungsauftrages der Kirche, nämlich Verkündigung des Evangeliums, Feier der Eucharistie und der anderen Sakramente oder Diakonie als Dienst am Nächsten (Vaticanum II, Laienapostolat 19).

Die Dienstgemeinschaft gewinnt durch die Aufgabe und die in ihr Tätigen Struktur. Keineswegs ist 25 die Struktur schon vorgegeben, sie wird von den Gliedern der Gemeinschaft oder von den der Gemeinschaft Beitretenden anerkannt und ggf. fortentwickelt. Das bedeutet aber Bejahung und Anerkennung des Sendungsauftrages der Kirche. Dabei geht es um Zeugnisgabe für Christus durch christliches Leben auf Grund der Eingliederung in den Leib Christi durch Taufe, Firmung und die Sendung des Herrn (Vaticanum II, Laienapostolat 3). Mit Erwerbsarbeit hat Dienstgemeinschaft allein nichts zu tun, weil sie wesensnotwendig Personen in sehr unterschiedlichen Funktionen zusammenführen kann, nämlich Kleriker, Ordensleute, haupt- und nebenberufliche, unentgeltlich und ehrenamtlich tätige Laien. Ob sich die Dienstgemeinschaft in Arbeitgeber und Arbeitnehmer zergliedern lässt, ist nicht wesentlich für ihren theologischen Aspekt (a. A. *Herr*, a. a. O. S. 68). In diesem Zusammenhang kann auf die **Apostolische Konstitution »Ex Corde Ecclesiae«** Papst Johannes Pauls II. über die katholischen Universitäten vom 15. August 1990[37] mit den Partikularnormen der Deutschen Bischofskonferenz zur der Apostolischen Konstitution von September 2008 – in Kraft getreten am 1.Oktober 2009[38] hingewiesen werden. In ihr wird die katholische Universität als Gemeinschaft beschrieben, die ihre Ziele auch verfolgt, wenn sie sich darum bemüht, eine wirklich menschliche und vom Geist Christi durchdrungene Gemeinschaft zu bilden. »Die Quelle ihrer Einheit entspringt der gemeinsamen Hingabe an die Wahrheit, der Hochschätzung der menschlichen Würde und letztlich der Person und Botschaft Christi, der dieser Institution die ihr eigene Qualität gibt. Auf Grund dieser Prägung wird die Universitätsgemeinschaft vom Geist der Freiheit und der Liebe durchdrungen und durch gegenseitige Achtung, durch ehrlichen Dialog und durch den Schutz der Rechte eines jeden einzelnen gekennzeichnet. Ihren Mitgliedern verhilft sie zur vollen Entfaltung ihrer Persönlichkeit« (Einleitung Abschnitt 21). »Die christlichen Dozenten sind aufgerufen, Zeugen und Lehrer echt christlichen Lebens zu sein, das die erreichte Verschmelzung von Glaube und Kultur, von entsprechender beruflicher Kompetenz und christlicher Weisheit offenbart. Alle Dozenten sollen durchdrungen sein von den hohen akademischen Zielen und von den Grundsätzen eines echt menschlichen Lebens« (Einleitung Abschnitt 22). Siehe weiter zu § 54.

Wegen des religiösen Sinns der Dienstgemeinschaft ist die Frage gestellt worden, ob denn die Mitarbeiter überhaupt sich der religiösen Dimension kirchlichen Dienstes bewusst seien oder sein wollten.[39] Denn nur der bewusste Dienst zur Erfüllung des Sendungsauftrages könne dem hohen Anspruch an den Dienst gerecht werden. Werden Mitarbeiter sich des Auftrages nicht bewusst, so sei das Idealbild der Dienstgemeinschaft nicht realistisch.[40] Mit diesem Problem hatte sich auch die Rechtsprechung zu befassen, als ein dem BetrVG zugeordneter Krankenhausträger im Wege eines Rechtsgeschäfts das Krankenhaus auf einen kirchlichen Träger übertragen hatte und darüber gestritten wurde, ob das BetrVG anwendbar geblieben sei oder kirchliches Mitarbeitervertretungsrecht auf dasselbe Personal Anwendung finde.[41] Es wurde die Frage erörtert, ob der unter der Geltung des BetrVG bestehende Gegensatz zwischen Arbeitgeber und Arbeitnehmerschaft einseitig vom neuen Dienstgeber aufgehoben werden könne. Das Zusammenfinden zu gemeinsamem, von christlicher Grundhaltung getragenem gleichgerichteten Dienst am Kranken setze eine Übereinstimmung zwi- 26

---

37 Verlautbarungen des Apostolischen Stuhls, Heft 99.
38 Amtsblatt des Erzbistums Köln 2009 Nr. 208 S. 221.
39 *Pompey*, Caritas NRW 4/90 S. 289, 294 ff.
40 *von Nell-Breuning*, Kirche(n) als Arbeitgeber, Ötv-Magazin 3/1980, S. 333.
41 *BAG*, 5. 12. 2007 – 7 ABR 72/06, NZA 2008, 653; 9. 2. 1982 – 1 ABR 36/80, EzA § 118 BetrVG 1972 Nr. 33; *LAG Düsseldorf,* 27. 5. 1980 – 19 Ta BV 20/79, EzA § 118 BetrVG 1972 Nr. 24.

schen Mitarbeitern und Arbeitgeber im sittlich-religiösen Bereich voraus.[42] Hier zeigt sich die Problematik in der Praxis.[43] Ausdrücklich ist darauf hinzuweisen, dass katholische Krankenhäuser caritative Einrichtungen sind. Da Caritas eine Wesens- und Lebensäußerung der katholischen Kirche ist, sollen diese Krankenhäuser in Ausübung christlicher Nächstenliebe dem kranken Menschen umfassend dienen. Denn kirchliche Krankensorge wurzelt in dem Heilsauftrag Jesu Christi. »In Erfüllung dieser Zielsetzung bilden alle Mitarbeiter im katholischen Krankenhaus eine Dienstgemeinschaft, deren geistige Grundlage das Evangelium ist«.[44]

27 Sicherlich darf für alle gelten, dass »der Mensch als Abbild Gottes geschaffen durch seine Arbeit am Werk des Schöpfers teilnimmt und es im Rahmen seiner menschlichen Möglichkeiten in gewissem Sinne weiterentwickelt und vollendet, indem er unaufhörlich voranschreitet in der Entdeckung der Schätze und Werte, welche die gesamte Schöpfung in sich birgt«.[45] »Männer und Frauen, die beim Erwerb des Lebensunterhalts für sich und ihre Familie ihre Tätigkeit so ausüben, dass sie ein sinnvoller Dienst für die Gesellschaft sind, dürfen mit Recht überzeugt sein, dass sie durch ihre Arbeit das Werk des Schöpfers weiter entwickeln, dass sie dem Wohl ihrer Brüder dienen und durch ihr persönliches Bemühen zur geschichtlichen Erfüllung des göttlichen Plans beitragen« (Gaudium et spes, 34).[46]

28 Das Wesen der kirchlichen Dienstgemeinschaft erschließt sich durch die Rückbesinnung auf das Handeln Christi, der sich bis zur Hingabe des Lebens zum Diener aller gemacht hat. Das Wesen des Dienstes soll ein durchhaltendes Strukturmerkmal des kirchlichen Lebens bleiben. Es geht um die Beteiligung am Tun Christi durch eigenes verantwortliches Handeln.[47]

b. Rechtlicher Begriff

29 Zu prüfen ist, ob es neben dem theologischen Begriff der Dienstgemeinschaft einen rechtlichen gibt,[48] zumal er in der Präambel der MAVO, Art. 1 GrO, in den Präambeln der KODA-Ordnungen, in § 1 Abs. 1 AVR des Deutschen Caritasverbandes, § 1 Abs. 1 Kirchl. Dienstvertragsordnung Berlin (DVO) u. a. verwendet wird (vgl. auch: Präambel MVG-EKD) und durch den Dualismus Dienstgeber und Mitarbeiter gekennzeichnet ist.[49]

30 Die Apostolische Konstitution »Ex Corde Ecclesiae« spricht in Art. 4 der Normae generales von der Universitätsgemeinschaft. Ihr wird aufgetragen, für den Schutz und die Stärkung des katholischen Charakters selbst Verantwortung zu übernehmen. »Daher ist es erforderlich, dass für die Universität geeignete Personen, hauptsächlich Professoren und Verwaltungsbedienstete, gewonnen werden, die bereit und in der Lage sind, diesen Charakter zu fördern.« Sie alle sind zum Zeitpunkt ihrer Ernennung über den katholischen Charakter der Institution und über dessen Folgen in Kenntnis zu setzen, ebenso über ihre Verpflichtung, diesen Charakter zu fördern oder wenigstens zu beachten (Art. 4 § 2 normae generales). Letzteres gilt mit Blick auf die der katholischen Kirche nicht angehörenden Dozenten (Art. 4 §§ 3, 4 normae generales).

---

42 *LAG Düsseldorf*, 27. 5. 1980 – 19 Ta BV 20/79, EzA § 118 BetrVG 1972 Nr. 24.
43 Vgl. dazu *von Nell-Breuning*, Arbeitnehmer im Kirchlichen Dienst, Stimmen der Zeit, Bd. 195, S. 302, 308.
44 Präambel der Grundordnung für katholische Krankenhäuser in der Erzdiözese Freiburg und der Diözese Rottenburg-Stuttgart, ABl. Freiburg 1989, S. 97; KABl. Rottenburg-Stuttgart 1989 S. 463; Grundordnung für katholische Krankenhäuser in Nordrhein-Westfalen, Amtsblatt des Erzbistums Köln 1996 Nr. 256 S. 321.
45 Enzyklika Laborem exercens, 25, in: Amtsbl. des Erzbistums Köln 1981, Nr. 245 S. 177, 205.
46 In: *Rahner/Vorgrimler* S. 480 f.
47 *von Campenhausen*, Die Verantwortung der Kirche und des Staates für die Regelung von Arbeitsverhältnissen im kirchlichen Bereich, in: Essener Gespräche Bd. 18, S. 9, 24; *Kehl*, Das neue kirchliche Dienstrecht, Stimmen der Zeit, Heft 4/85 S. 255, 257.
48 Ablehnend: *Fabricius*, GK-BetrVG § 118 Rn 721 ff.
49 *Eder*, Tarifpartnerin S. 119.

Mit der Rechtsprechung des BVerfG ist festzuhalten, dass die Kirche bei der Regelung ihrer Arbeitsverhältnisse eine **Sonderstellung wegen ihres Sendungsauftrages** hat und daher ihren Mitarbeitern das Leitbild einer kirchlichen Dienstgemeinschaft für die Ausgestaltung der kirchlichen Arbeitsverträge zur Grundlage machen kann.[50] Dadurch ist der Begriff Dienstgemeinschaft zu einem Rechtsbegriff geworden.[51] Es geht um die Verbundenheit aller Mitarbeiter mit Blick auf den Bezug zu den kirchlichen Grundpflichten. Diese ergeben sich aus der Kirchenmitgliedschaft allgemein und aus der Zugehörigkeit zum kirchlichen Dienst im Besonderen. Die Aufgabe des Dienstgebers, die einem Stück des Auftrages der Kirche verpflichtet ist, ist bestimmend für den Einsatz von Mitarbeitern für die damit verbundene Dienstleistung. Wer also unter dieser Voraussetzung in den Dienst der Kirche aufgenommen wird, der ist zugleich auf die religiöse Dimension des Dienstes in der Kirche oder in ihren ihr zugerechneten Einrichtungen und Dienststellen verwiesen. Damit wird erwartet, dass jeder Mitarbeiter als Glied der Kirche sich auch mit ihrer Lehre identifiziert, aus der heraus sie den Auftrag zu verwirklichen sucht. Das setzt eine Mitarbeiterschaft voraus, die sich nicht nur den Zielen verbunden weiß, sondern auch ihre persönliche Haltung nach der Lehre der Kirche ausrichtet. Daraus erwächst eine **Gemeinschaft der Glaubenden** in einer Dienststelle. Das führt zur Dienstgemeinschaft.

Diese einschränkende Betrachtung der kirchlichen Dienstgemeinschaft ist objektiv jedoch nicht vollständig. Im kirchlichen Dienst der katholischen und der evangelischen Kirche und ihrer Einrichtungen stehen nämlich nicht nur Angehörige der jeweiligen Kirche, sondern eben Christen anderer Kirchen und kirchlichen Gemeinschaften (Getaufte) und häufig auch Nichtchristen (Ungetaufte).[52] Die MAVO geht auf diese Tatsache selbst ein und bezieht daher alle, auch die Nichtgetauften, in die Dienstgemeinschaft mit ein und gewährt ihnen das Wahlrecht. Insofern ist also der Begriff Dienstgemeinschaft praktisch nur gewichtig und für die Ausgestaltung des kirchlichen Dienstes nur tragfähig, wenn diejenigen Mitarbeiter, die nicht Kirchenangehörige sind, eben nicht aus dem Gedanken der Dienstgemeinschaft ausgeklammert werden, um im Kontext rechtlicher und auf praktische Lösungen ausgerichteter Fragestellungen Nachteile zu vermeiden (§§ 1, 7, 9 AGG). Die so verstanden praktizierte kirchliche Dienstgemeinschaft begründet eine natürliche Gemeinsamkeit und Gleichheit aller Mitarbeiter im Kirchendienst am Auftrag der Kirche gemessen an den Aufgaben der Einrichtung, gleich welcher Berufsgruppe sie angehören und welchen Dienst sie ausführen (Art. 1 GrO). Es kommt auf die prinzipielle Ausrichtung der Einrichtung auf den kirchlichen Auftrag an; das unterscheidet von profanen Tätigkeitsbereichen.[53] Denn »unbeschadet ihrer Konfession sind alle Mitarbeiter verpflichtet, die katholische Grundrichtung des Krankenhauses in ihrem Aktiven Dienst aktiv mitzutragen« (Grundordnung für katholische Krankenhäuser, Rn 26; Art. 4 Abs. 3 GrO).

Wer also unter den Mitarbeitern nicht der Kirche zugerechnet wird, wird zumindest durch besonderen Vertrag, in der Regel durch Arbeitsvertrag, auf die Aufgaben der Dienstgemeinschaft und ihre Ziele verpflichtet (Grundordnung Abschnitt A Nr. 1 a. a. O.; Art. 3 Abs. 5 GrO). Er muss wenigstens in seinem Verhalten den Grundanliegen kirchlichen Dienstes entsprechen, darf sich also auch nicht in Gegensatz dazu stellen (Art. 4 Abs. 4 GrO). Daraus gewinnt die Dienstgemeinschaft einen rechtlichen Bezug zum Einzelarbeitsverhältnis.[54] Danach ist zu erwarten, dass jedes Mitglied und jeder Mitarbeiter das kirchliche Selbstverständnis der Einrichtung bzw. Dienststelle anerkennt und es sich in seinem dienstlichen Handeln zu eigen macht.[55]

---

50 *BVerfG*, 4. 6. 1985 NJW 1986, 367 ff. [B II, 1e] = BVerfGE 70, 138; vgl. *Emeis*, Was ist ein christliches Krankenhaus? Stimmen der Zeit, Bd. 196, 1978 S. 117–126 [122].
51 *Rüthers*, NJW 1986, 356 f.
52 *Jurina*, Die Dienstgemeinschaft, ZevKR 1984, 171, 176.
53 *Jurina*, Dienstgemeinschaft, a. a. O. S. 177.
54 Vgl. *Klein*, Die Caritasdienstgemeinschaft S. 13.
55 BVerfGE 53, 366, 404; *Dütz*, Aktuelle kollektivrechtliche Fragen des kirchlichen Dienstes, in: Essener Gespräche Bd. 18 S. 67, 70; so auch: *Rauscher*, Die Eigenart des kirchlichen Dienstes S. 98; *Richardi*, Die Dienstgemeinschaft S. 727, 730, 732.

34 Weil die Dienstgemeinschaft begrifflich keineswegs voraussetzt, dass alle ihr Zugehörigen auf der Grundlage des gleichen Rechtsverhältnisses (z. B. Arbeitsvertrag) zu ihr gehören, ergeben sich unterschiedliche Rechte und Pflichten im Einzelfall. Denn gerade die Pflichten der einzelnen Mitarbeiter aus ihrem jeweiligen Grundverhältnis fügen sich mit den Pflichten der anderen zu einem Geflecht, durch das die Dienstgemeinschaft arbeitsteilig funktionstüchtig wird und damit den konkreten Auftrag der Einrichtung erst erfüllen kann. Dazu dient im Einzelfall die dienstliche Weisung des Dienstgebers oder des Vorgesetzten, der alle in der Einrichtung Tätigen zu folgen haben, also die – durch Gestellungsvertrag beschäftigten – Ordensleute, Kleriker und Laien. Für den Fall der Nichtbefolgung der Weisung sind je nach Rechtsverhältnis angemessene Sanktionen möglich bis hin zum Ausscheiden aus der Dienstgemeinschaft der Einrichtung (Art. 5 GrO). Innerhalb der Dienstgemeinschaft bestehen wegen des individuellen Rechtsverhältnisses natürliche und rechtliche Interessen des einzelnen Beschäftigten (Mitarbeiters), die durch die jeweilige Rechtsordnung geschützt werden. Die MAVO erweitert die Rechte des einzelnen zu kollektiven Rechten, welche die MAV innerhalb der Dienstgemeinschaft wahrzunehmen hat (vgl. § 26). Dienstgemeinschaft ist in kirchlichen Wirtschaftsbetrieben durchaus vorstellbar, wenn auch dort staatliches Personal- oder Betriebsverfassungsrecht zur Anwendung kommt (§ 1 Rn 75 ff.). Die Ausklammerung bzw. Ausgrenzung aus dem Mitarbeiterbegriff des § 3 Abs. 1 S. 2 und Abs. 2 beinhaltet nicht den Ausschluss aus der Dienstgemeinschaft weder gemäß MAVO noch gemäß GrO. Innerhalb der Dienstgemeinschaft wird nach den jeweils wahrzunehmenden Funktionen unterschieden und danach, welche Loyalitätsobliegenheiten jeweils – auch abhängig vom jeweiligen Glaubensbekenntnis – vom jeweiligen Mitarbeiter eingefordert werden können (Art. 4 GrO).[56]

35 Leiharbeitnehmer i. S. d. AÜG, die beim kirchlichen Entleiher beschäftigt werden, sind funktional Mitarbeiter, weil sie in die Einrichtung zur Erfüllung ihrer Zielsetzung eingegliedert werden.[57] Das folgt aus § 34 Abs. 2 Nr. 3, weil deren Einstellung zur Beschäftigung von länger als sechs Monaten der Zustimmung der MAV unterliegt. Sie gelten nicht als Mitarbeiter i. S. d. MAVO, haben deshalb weder aktives noch passives Wahlrecht zur MAV (§ 3 Abs. 1 S. 2) und zählen bei der Ermittlung von Schwellenwerten (§§ 6, 11a, 15 Abs. 3, 27a) nicht mit. Aber sie tragen durch ihre Arbeit zum Gelingen des Zwecks der Einrichtung ebenso wie die anderen Beschäftigten bei.[58] Doch als Grenze der Dienstgemeinschaft gilt, dass zu ihr i. S. d. GrO gehört, wer durch das Arbeitsverhältnis auf die GrO verpflichtet ist oder gemäß anderen kirchlichen Bestimmungen zur Dienstgemeinschaft zählt. Das trifft auf Leiharbeitnehmer mit anderem Dienstgeber nicht zu. Ähnlich verhält es sich etwa mit bei einem Institut für Anästhesiologie angestellten Ärzten, die in einem kirchlichen Krankenhaus zu Diensten in der ambulanten und stationären Patientenversorgung herangezogen werden,[59] auch wenn ihre Einstellung und Eingliederung in die arbeitsteilige Patientenversorgung als Einstellung bewertet worden ist.[60]

3. Mitarbeiter und Dienstgeber

a. Aufgaben

36 Dieser Dienstgemeinschaft fallen zwei Aufgabenbereiche zu, nämlich der **spezielle Auftrag** der Dienststelle oder Einrichtung und die sich daraus ergebende Mitwirkung an der **Sendung der Kirche**. Dies führt dazu, dass Unterscheidungen der Mitarbeiter nach dem jeweiligen unterschiedlichen rechtlichen Status als Auszubildender, Arbeiter, Angestellter, Beamter, Kleriker, Ordensmitglied insoweit nicht vorgenommen werden. Zur Dienstgemeinschaft zählen auch diejenigen, die für den Dienstgeber handeln. Auf eine spezifische rechtliche Stellung kommt es nicht an (vgl. § 1 Abs. 1

---

56 *Richardi*, Die Dienstgemeinschaft S. 727, 730, 737.
57 *Thüsing*, Leiharbeitnehmer in Caritas und Diakonie, S. 989, 996 f.
58 *Joussen*, KuR 2009, 1, 7.
59 *Joussen*, KuR 2009, 8.
60 Vgl. *KAGH der EKD*, 29. 1. 2007 – II-0124/M38–06, ZMV 2007, 197.

AVR), auch nicht auf die Konfession des Mitarbeiters,[61] wenn man von leitenden Positionen absieht (vgl. Grundordnung für kath. Krankenhäuser in Nordrhein-Westfalen Abschnitt A Abs. 3 und 5;[62] Art 3 Abs. 2 GrO). »Es ist nötig, dass Räume für wirtschaftliche Tätigkeiten geschaffen werden, die von Trägern durchgeführt werden, die ihr Handeln aus freiem Entschluss nach Prinzipien ausrichten, die sich vom reinen Profitstreben unterscheiden, die aber dennoch weiter wirtschaftliche Werte hervorbringen wollen. Die vielen Ausdrucksformen der Wirtschaft, die aus konfessionellen und nicht konfessionellen Initiativen hervorgegangen sind, zeigen, dass das eine konkrete Möglichkeit ist«.[63]

b. Struktur der Dienstgemeinschaft

Zur Dienstgemeinschaft zählen Vorgesetzte und Untergebene, die Vertreter des Dienstgebers in leitender Stellung ebenso wie die Auszubildenden oder solche Personen, die gar nicht durch Arbeitsvertrag oder Weihe, z. B. Ordensleute, in Dienst genommen wurden, sondern durch Gestellungsvertrag oder ordensrechtliche Weisung. Dabei kommt es nicht darauf an, ob die Mitwirkungsrechte nach MAVO einheitlich verliehen sind[64]; denn die MAVO geht von unterschiedlichen Dienststellungen mit infolgedessen sehr unterschiedlichen Befugnissen der Mitglieder der Dienstgemeinschaft aus (§§ 2, 3, 7, 8, 10, 15, 18, 19, 22, 23 Abs. 1, 39, 48, 52). Nicht zu übersehen sind auch die Vertretungsorgane der ortskirchlichen Rechtsträger (Kirchenvorstand, Kirchenverwaltung, Stiftungsrat), deren Mitglieder weitgehend Ehrenamtsträger sind.[65] Von der Dienstgemeinschaft nicht wegzudenken sind die unentgeltlich Tätigen (Erklärung der Bischöfe zum kirchlichen Dienst, Nr. 10, Rn 1), obwohl sie nicht beruflich oder nebenberuflich tätig sind. Sie wirken entsprechend ihren Fähigkeiten mit. 37

Die MAVO gibt der jeweiligen Dienstgemeinschaft ihre Verfassung. Dabei geht sie von strukturellen Vorgaben aus, die in der jeweiligen Einrichtung oder Dienststelle anzutreffen sind.[66] 38

4. Erwartungen an den Dienstgeber

Das Proprium einer kirchlichen Einrichtung wird bestimmt durch ihre satzungsmäßige Unterstellung unter die Bestimmungen zu Inhalt und Zweck ihrer Tätigkeit mit Blick auf identitätsstiftende Kriterien einer Zuordnung zur Sendung der Kirche.[67] Dazu gehören religiöse Grundlage, Motivation und Zweckrichtung des Handelns. Der Träger der Einrichtung muss sich mit der katholischen Kirche, ihrem Sendungsauftrag und ihren Werten – jedenfalls in den Glaubens- und Sittenlehren eindeutig als verpflichtend vorgegebenen Werten – identifizieren wollen. Deshalb ist die Dienstgemeinschaft durch die Organisationszuständigkeit des Dienstgebers mit dessen Organen und bestellten Leitungen von diesem zu formen. Wohlmeinende, aber kritische Stimmen[68] zeigen die vielschichtigen Probleme auf, die bestehen oder gar entstehen können, insbesondere durch die Rechtsprechung, wenn die Anbindung der Einrichtung an die Kirche nicht auch organisiert und kontrolliert verläuft.[69] Für das Gelingen der Dienstgemeinschaft gelten weitgehend **Personalauswahl** und Personalführung 39

---

61 *Pahlke*, NJW 1986, 350, 352; *Jurina*, Die Dienstgemeinschaft, S. 176 f.
62 Amtsblatt des Erzbistums Köln 1996 Nr. 256, S. 321.
63 Enzyklika Caritas in veritate von *Papst Benedikt XVI.*, Art. 37, in: Amtsblatt des Erzbistums Köln 2009 Nr. 160 S. 145, 157.
64 *Kuper*, RdA 1979, 93, 96.
65 Vgl. *Busch*, Die Vermögensverwaltung, Hdb. StKR I S. 947, 1006; *Emsbach/Seeberger*, Rechte und Pflichten des Kirchenvorstandes Rn 56; *Lederer*, Pfarrgemeinderat und Pfarrverwaltungsrat, Hdb. kath. KR S. 425, 428; Art. 10 KiStiftO.
66 *Krämer*, Kirchliche Dienstgemeinschaft, Stimmen der Zeit 1989 S. 130.
67 *Pree*, Zur Frage des Propriums, Essener Gespräche Bd. 34 S. 47, 56 ff.
68 Vgl. *Leisner*, Das kirchliche Krankenhaus im Staatskirchenrecht, in: Essener Gespräche, Bd. 17, S. 9, 25 f.; *Pottmeyer*, Das kirchliche Krankenhaus – Zeugnis kirchlicher Diakonie und ihres Auftrags, in: Essener Gespräche, Bd. 17, S. 62, 70 ff. und Diskussionsbeiträge ebenda von *Helbig*, S. 85, 888 f.; *Viefhues*, S. 90 f.; *Müller*, S. 93 f.
69 BVerfGE 46, 73 = NJW 1978, 581.

(Art. 3 und 4 GrO).[70] Dazu ist die Mitwirkung der Mitarbeitervertretung dem Wesen der Dienstgemeinschaft angemessen. Es geht um die Gewinnung der loyalen Mitarbeiter für die Dienstgemeinschaft (Art. 3 und 4 GrO; Grundordnungen für katholische Krankenhäuser), um u. a. auch vor der Rechtsprechung im staatlichen Bereich zu bestehen (vgl. § 19 Rn 94). Dieser Aspekt gewinnt besondere Bedeutung mit Blick auf nicht im christlichen Glauben verankerte Mitarbeiter,[71] der durch die Leitbildfindung zur Stärkung der Mitarbeiterloyalität verdeutlicht wird.[72] Das setzt wiederum die Weiterbildung der Personen mit Leitungsverantwortung voraus, die in den nötigen ethischen, sozialen und spirituellen Kompetenzen zu schulen sind.[73] Die Dienstgemeinschaft als Leitbild kirchlicher Ordnung verbietet es, dass eine Einrichtung ganz oder partiell ihre Zuordnung zur Kirche aufkündigen darf. Erfolgt die Lossagung dennoch, bedeutet das für den Staat, dass der betreffende Dienstgeber nicht mehr an der verfassungsrechtlich gewährleisteten Selbstbestimmungsordnung der Kirche teilhat, so dass er die Zuordnung zur Kirche nicht mehr in Anspruch nehmen kann, wie z. B. das *ArbG Mönchengladbach* im Beschluss vom 12. Juli 2001[74] festgestellt hat. Ein solcher Rechtsträger unterliegt dann – evtl. als Tendenzunternehmen – dem staatlichen Arbeitsrecht.[75]

VI. Mitwirkung der Mitarbeiter an den sie betreffenden Angelegenheiten

40 Schon die Erklärung der Bischöfe zum kirchlichen Dienst von 1983 sagt unter Ziffer 6[76] ausdrücklich: »Weil die Mitarbeiter die Erfüllung des kirchlichen Dienstes mitgestalten und mitverantworten und an seiner religiösen Zielbindung teilhaben, sollen sie auch aktiv an der Gestaltung und Entscheidung über die sie betreffenden Angelegenheiten mitwirken. Hierzu wurde für den kirchlichen Dienst die Mitarbeitervertretungsordnung (MAVO) erlassen. Die Mitarbeiter sollen die Möglichkeiten der MAVO nutzen und ihre Anliegen in der rechtlich vorgesehenen Weise zur Geltung bringen. Der Dienstgeber soll denjenigen, die ein Amt in der Mitarbeitervertretung übernehmen, Hilfen zur Wahrnehmung ihrer Aufgaben anbieten. Es ist das gute Recht der Mitarbeiter, über ihre Vertreter ihre Sorgen und Interessen vorzubringen. Pflicht des Dienstgebers ist es, die Mitarbeitervertretung hieran nicht zu hindern.« Dieses Anliegen ist in der Präambel ebenfalls formuliert (vgl. Abschnitt V Erklärung zum kirchl. Dienst 1993). Durch die in der MAVO genannten Mitwirkungsrechte wird das Individualarbeitsrecht des einzelnen Mitarbeiters um kollektive Rechte erweitert.

1. Die Bereitschaft zur gemeinsamen Verantwortung

41 Die Dienstgemeinschaft aus Dienstgeber und seinen leitenden Repräsentanten (Mitglieder der Organe, bestellte Leitung, leitende Mitarbeiter) sowie den Mitarbeitern i. S. v. § 3 MAVO muss sich als tragfähig erweisen durch die Bereitschaft zu gemeinsam getragener Verantwortung für die gemeinsam zu erfüllende Aufgabe (Dienstbereitschaft). Aus dieser Sicht sind die Gegenstände, die der Mitarbeitervertretung (MAV) und der Gesamtheit der Mitarbeiter zugewiesen sind, zu behandeln.

2. Vertrauensvolle Zusammenarbeit

42 Damit die gemeinsam verantwortete Arbeit gelingt, ist vertrauensvolle Zusammenarbeit der Partner der MAVO erforderlich (vgl. dazu näher § 26 Rn 1 ff.). Dazu muss die Dienstgemeinschaft als solche in ihrer Gliederung nach Funktionen gegenseitige Information üben und Entscheidungen in gutem Einvernehmen erzielen. Die Dienstgemeinschaft schließt unterschiedliche Interessen zwischen Mitarbeitern und Dienstgebern nicht aus. Deshalb ist stets das Ziel der Einigung, ggf. mit Hilfe der Ei-

---

70 *Pompey*, Caritas NRW 4/90 S. 294; *Rauscher*, Eigenart S. 77 ff.
71 *Arntzen*, Loyalität und Loyalitätsprobleme in kirchlichen Arbeitsverhältnissen, S. 294 ff.
72 *ders.* a. a. O., S. 260 f.
73 *ders.* a. a. O., S. 291 f.
74 ZMV 2001, 244 ff.
75 *Richardi*, Die Dienstgemeinschaft, S. 727, 741.
76 Amtsblatt des Erzbistums Köln 1983 Nr. 182 S. 155.

nigungsstelle (§ 46 Abs. 2 MAVO) oder der kirchlichen Gerichte für Arbeitssachen (§ 41 KAGO) anzustreben.

3. Beachtung der Verfasstheit der Kirche

Alle Seiten des Zusammenwirkens sind gehalten, der besonderen Verfasstheit der Kirche Rechnung zu tragen. Diese wird in ihrer hierarchischen Struktur einerseits[77] und in den Instituten des gottgeweihten Lebens[78] andererseits deutlich (can. 207 CIC). In letzteren gilt die MAVO nicht, weil gemäß § 3 Abs. 3 die besondere Stellung der Ordensleute gegenüber dem Ordensoberen nicht berührt wird. Dies gilt auch für die Geistlichen im Verhältnis zu ihrem Diözesanbischof. Damit wird zugleich deutlich, dass das Mitarbeitervertretungsrecht unterschiedliche Stellungen in Beschäftigungsverhältnissen[79] berücksichtigt.

43

VII. Regelungsrecht der Kirche

Die Kirche nimmt für sich seit jeher das Recht zum Erlass von Gesetzen in Anspruch (Vorrede zum Codex Juris Canonici 1983). Das Rechtsetzungsrecht folgt aus der Tatsache, dass die Kirche als Gemeinschaft von Menschen besteht. Denn sie ist nicht nur Glaubens- und Heils-, sondern auch untrennbar damit verbunden Rechtsgemeinschaft.[80] Diese Gemeinschaft führt zur Ausbildung von kirchlichen Rechtsvorschriften.[81]

44

Damit Gesetze der kirchlichen Lebensordnung der Heilssendung der Kirche in geeigneter Weise entsprechen, werden sie im Laufe der Zeit abgeändert und erneuert, wobei allerdings die »Treue gegenüber dem göttlichen Stifter« zu wahren ist (Apostolische Konstitution Papst Johannes Pauls II. zum CIC vom 25. Januar 1983).

45

1. Kirchenrecht

Das Kirchenrecht verleiht dem **Papst** oberste, volle, unmittelbare universale Vollmacht über die Kirche, die er immer frei ausüben kann (can. 331 CIC). Er ist damit **oberster Gesetzgeber**, der für die ganze Kirche und jeden einzelnen Gläubigen verpflichtende Gesetze erlassen oder, soweit sie nicht göttlichen Rechtes sind, ändern kann. Er besitzt **kraft** seines **Amtes** über alle Teilkirchen (z. B. Diözesen) und deren Verbände einen **Vorrang ordentlicher Gewalt** (can. 333 § 1); er ist Gesetzgeber des universalen Rechts der Kirche. Allgemeine kirchliche Gesetze werden in der Regel durch Veröffentlichung im offiziellen Publikationsorgan Acta Apostolicae Sedis (AAS) promulgiert (can. 8 § 1 CIC).

46

Das **Konzil**, das **Kollegium der Bischöfe**, übt ebenfalls Leitungsgewalt aus; dazu zählt auch das **Recht der Gesetzgebung** (can. 337, 339 § 1, 135 § 1). Dasselbe gilt auch für das Partikularkonzil (can. 445 CIC).[82]

47

Gesetzgeber ihrer Teilkirchen sind die **Diözesanbischöfe** (can. 368, 369, 376, 391)[83] und auch der **Militärbischof** (Rn 6), in der Sedisvakanz der Diözesanadministrator (can. 427 § 1).[84] Es ist **Praxis**,

48

---

77 Vgl. *Aymans*, Die Träger kirchlicher Dienste, Hdb. kath. KR S. 242.
78 Vgl. *Müller, Hubert*, Grundlagen der Lebensgemeinschaften der evangelischen Räte, Hdb. kath. KR S. 476, 485; *Henseler*, Münsterischer Kommentar can. 573 Rd. Nr. 1–14.
79 Vgl. *Richardi*, Arbeitsrecht § 18 Rn 23 f.
80 *Listl*, Die Aussagen des Codex S. 13; Lumen Gentium, Art. 8, 20; Gaudium et Spes, Art. 40.
81 *Schwendenwein*, Das neue Kirchenrecht S. 27; *Listl*, Die Rechtsnormen S. 102; *May*, AfkKR 1989, 29; vgl. auch *Harnack*, Entstehung und Entwicklung S. 3, 163 ff.; *Sobánski*, AfKKR 1982, 369, 375 ff.; *Erdö*, Die Kirche als rechtlich verfasstes Volk Gottes, in: Hdb. kath. KR 1999 S. 12 ff.; *Rouco Varela*, AfkathKR, 172. Bd. 2003 S. 23.
82 *Schmitz, Heribert*, Bischofskonferenz und Partikularkonzil S. 178, 187.
83 Dazu: *Schmitz*, Gesetzgebungsbefugnis und -kompetenz des Diözesanbischofs, AfKKR 1983 S. 62.
84 *Aymans*, Oberhirtliche Gewalt, AfKKR 1988, 3, 28, 31.

dass die Diözesanbischöfe einer Region oder eines Bundeslandes der Bundesrepublik Deutschland (z. B. Bayern, Nordrhein-Westfalen, Baden-Württemberg, Region Nord-Ost) in gemeinsamen Entschließungen übereinkommen, in ihren jeweiligen Diözesen durch koordiniertes Handeln[85] gleich lautende diözesane Ordnungen oder Gesetze zu erlassen, um auf diese Weise die Einheitlichkeit des Rechts und der Rechtspraxis zu wahren oder herzustellen.[86] Dieses Vorgehen empfiehlt sich auf den Gebieten des Kirchensteuerrechts, des Vermögensverwaltungsrechts, des Datenschutzes[87] und des kirchlichen Arbeitsvertragsregelungsrechts, aber auch auf anderen Gebieten, z. B. der Seelsorge, mit gleichen Regelungsbedürfnissen.[88] Davon zeugen bisweilen auch so genannte Rahmenordnungen, wenn diese in diözesanes Recht umgesetzt werden sollen.[89] Der CIC regelt die Gesetzgebungskompetenzen des Diözesanbischofs nicht erschöpfend. Dessen Gesetzgebungsrecht betrifft auch im CIC nicht genannte Einzelfälle.[90] Als Beispiel sei die Ordnung zur Sicherstellung der Hygiene in katholischen Krankenhäusern in Nordrhein-Westfalen für die (Erz-)Bistümer Köln, Paderborn, Aachen, Essen und Münster[91] genannt. Sie ist von den Generalvikaren der genannten Bistümer erlassen worden, nachdem die Diözesanbischöfe ihnen hierzu die erforderliche Ermächtigung (can. 29, 30 CIC) erteilt hatten.[92] Andererseits wird das Gesetzgebungsrecht des Diözesanbischofs durch das allgemeine Kirchenrecht beschränkt, so etwa mit Rücksicht auf die Autonomie der Vereine bzw. Verbände. Dem Päpstlichen Rat für die Interpretation von Gesetzestexten kommt es zu, auf Antrag eines Betroffenen darüber zu entscheiden, ob partikulare Gesetze und allgemeine Dekrete, die von Gesetzgebern unterhalb der höchsten Autorität erlassen wurden, mit den gesamtkirchlichen Gesetzen übereinstimmen oder nicht (Art. 158 Apostolische Konstitution Pastor bonus über die Römische Kurie).

49 Dem Diözesanbischof sind gleichgestellt die Leiter von Gebietsprälaturen und Gebietsabteien (can. 370); Apostolische Vikariate, Apostolische Präfekturen sowie dauernd errichtete Apostolische Administraturen sind wie die Diözesen Teilkirchen (can. 368, 371). Äbte hingegen und andere Verbandsoberhirten sind auf ihren Aufgabenbereich für eine Abtei bzw. ihre Orden und Klöster verbandsrechtlich beschränkt (can. 134 § 1, 2. Halbsatz; can. 620, 734 CIC).[93] Sie haben keine Gesetzgebungsgewalt hinsichtlich der ihnen ordensrechtlich nicht zurechenbaren Glieder der Kirche, sind also z. B. zum Erlass einer MAVO nicht befugt, falls nicht arbeitsvertragliche Inbezugnahme der MAVO für die Mitarbeiter einer Ordensgemeinschaft erfolgt. Dasselbe gilt auch für die Personalprälaten. Denn aus can. 134 § 1 ist nicht zu folgern, dass solche Verbandsoberhirten Träger von Gesetz-

---

85 *Krämer*, Theologisch-rechtliche Begründung der Bischofskonferenz, ZevKR 1987, 402, 408.
86 Vgl. bei: *Fahr/Weber/Binder*, Ordnung für kirchliche Stiftungen, Satzungen und Wahlordnungen für die gemeindlichen und gemeinschaftlichen kirchlichen Steuerverbände in den bayerischen (Erz-)Diözesen; KODA-Ordnung der Diözesen in Nordrhein-Westfalen, Amtsblatt des Erzbistums Köln 1997 Nr. 224 S. 194 und spätere Änderungen; Grundordnung für katholische Krankenhäuser in Nordrhein-Westfalen, Amtsblatt Köln 1996 Nr. 256 S. 321; Grundordnung für katholische Krankenhäuser in der Erzdiözese Freiburg und der Diözese Rottenburg-Stuttgart, Kirchliches Amtsblatt für die Diözese Rottenburg-Stuttgart 1989 S. 463.
87 Amtsblatt Köln 1995 Nrn. 284–294 S. 297–315; 2003 Nr. 263 S. 249, Nr. 264 S. 257.
88 *Heinemann*, Die Bischofskonferenz, AfkKR 1989, 91, 118 f.; Dekret zur Inkraftsetzung der Jurisdiktionsvereinbarung zur Regelung der Rechtsmaterien in diözesanen Exklaven zwischen dem Erzbischof von Freiburg und dem Bischof von Rottenburg-Stuttgart, Kirchliches Amtsblatt Rottenburg-Stuttgart 2006 S. 274; Vereinbarung über die Zusammenarbeit in der Notfallseelsorge zwischen dem Land Baden-Württemberg und der Evangelischen Landeskirche in Baden, der Evangelischen Landeskirche in Württemberg, der Diözese Rottenburg-Stuttgart und der Erzdiözese Freiburg, Kirchliches Amtsblatt Rottenburg-Stuttgart 2006 S. 305.
89 So etwa: Rahmenordnung zur Prävention von sexuellem Missbrauch an Minderjährigen im Bereich der Deutschen Bischofskonferenz, Amtsblatt des Erzbistums Köln 2010 Nr. 209 S. 227.
90 *Bier*, Die Rechtsstellung des Diözesanbischofs, S. 202.
91 Amtsblatt des Erzbistums Köln 2010 Nr. 219 S. 234.
92 Amtsblatt des Erzbistums Köln 2010 Nr. 213 S. 230.
93 *Aymans*, Oberhirtliche Gewalt, AfkKR 1988, 3, 33 ff.

gebungsgewalt sind.[94] In den Verbänden haben die Kapitel Satzungsrecht hervorzubringen, nicht aber Gesetze im strengen Sinne.[95]

In einer Reihe von Materien kommt den **Bischofskonferenzen** (can. 447 ff. CIC) der Erlass von verbindlichen Dekreten zu, wenn die Kompetenz ausdrücklich durch das allgemeine Recht oder durch Einzelzuweisung von Seiten des Apostolischen Stuhls (Mandat) ihnen zuerkannt ist[96] (Art. 8 Abs. 1 Statut der Deutschen Bischofskonferenz vom 24. 9. 2002). Allerdings bedürfen die Dekrete einer Bischofskonferenz zur Erlangung der Rechtsverbindlichkeit der Gutheißung des Papstes (can. 455 CIC).[97] Die gemäß Art. 8 Abs. 1 Buchstabe b des Statuts der Deutschen Bischofskonferenz erlassenen Dekrete, seien sie Gesetze, Ausführungsverordnungen oder Verwaltungsverordnungen, bedürfen zu ihrer Rechtskraft der Promulgation nach Überprüfung durch den Apostolischen Stuhl (can. 455 § 2 CIC). Die Promulgation erfolgt dadurch, dass der Vorsitzende der Deutschen Bischofskonferenz das Dekret den einzelnen Diözesanbischöfen zustellt. Das Dekret ist in die betreffenden diözesanen Amtsblätter aufzunehmen, wenn nicht der Vorsitzende der Deutschen Bischofskonferenz etwas anderes bestimmt hat. Dabei ist der Termin anzugeben, von dem an das jeweilige Dekret für den Bereich der Deutschen Bischofskonferenz Rechtskraft erlangt (Art. 16 Abs. 2 des Statuts der Deutschen Bischofskonferenz vom 24. 9. 2002; can. 455 § 3 CIC). Die Deutsche Bischofskonferenz führt selbst kein Amtsblatt. 50

Die **Kirchliche Arbeitsgerichtsordnung (KAGO)** verdankt ihre Geltung einer besonderen Anordnung (Mandat), die der Apostolische Stuhl auf Bitten der Deutschen Bischofskonferenz erlassen hat.[98] »In den Fällen, in denen weder das allgemeine Recht noch eine besondere Anordnung des Apostolischen Stuhls der Bischofskonferenz die Gesetzgebungsbefugnis einräumt, bleibt die Zuständigkeit des einzelnen Diözesanbischofs ungeschmälert erhalten, und weder die Konferenz noch ihr Vorsitzender kann im Namen aller Bischöfe handeln, wenn nicht alle Bischöfe einzeln ihre Zustimmung gegeben haben« (can. 455 § 4 CIC).[99] Und in Angelegenheiten, in denen Beschlüsse der Bischofskonferenz keine Rechtsverbindlichkeit beanspruchen können, gelten Beschlüsse als Empfehlungen der Konferenz zur Förderung eines gemeinsamen oder gleichmäßigen Vorgehens der einzelnen im eigenen Namen handelnden Diözesanbischöfe,[100] ohne dass für den einzelnen Bischof eine rechtsverbindliche Verpflichtung entsteht (Art. 14 Statut der Deutschen Bischofskonferenz vom 24. 9. 2002).[101] Keine Gesetzgebungskompetenz haben von der Kirche errichtete oder ihr zuzuordnende Verbände oder Vereine ohne Rücksicht auf ihre Rechtsform i. S. kirchlichen oder staatlichen Rechts. Gesetze der Deutschen Bischofskonferenz können weder durch diözesanbischöfliches Gesetz oder Satzung des Deutschen Caritasverbandes abgeändert werden, falls das Gesetz der Bischofskonferenz keine entsprechende Ermächtigung enthält. 51

Die Vollversammlung des Verbandes der Diözesen Deutschlands (VDD)[102] hat als Organ der Körperschaft des staatlichen öffentlichen Rechts keine Gesetzgebungsgewalt (§ 1). Der VDD erlangte den Status einer Körperschaft des öffentlichen Rechts ohne staatliche Mitwirkung automatisch gemäß Art. 140 GG i. V. m. Art. 137 Abs. 5 S. 3 WRV,[103] während der Bundesminister des Innern 52

---

94 *Aymans*, a. a. O. S. 34 f.
95 *Henseler*, Münst. Kom. I zu can. 596 Rn 3; vgl. auch can. 631 § 1.
96 Apostol. Schreiben Papst Johannes Pauls II. vom 21. 5. 1998, AAS 90 (1998) S. 641–658 = AfkKR 1998, 158; *Listl*, Plenarkonzil und Bischofskonferenz, Hdb. Kath. KR S. 396 f., 407 ff.; *Müller, Hubert*, Zum Verhältnis zwischen Bischofskonferenz und Diözesanbischof, S. 236, 248.
97 *Aymans*, Wesensverständnis und Zuständigkeit der Bischofskonferenz, AfkKR 1983 S. 46 ff.; *Krämer*, Theologisch-rechtliche Begründung der Bischofskonferenz, ZevKR 1987, 402, 407 f.; *ders.*, Das Verhältnis der Bischofskonferenz zum Apostolischen Stuhl, S. 256, 259.
98 Vgl. Kirchlicher Anzeiger für das Bistum Hildesheim 2005 S. 125; zur Stellung des Diözesanbischofs in den Teilkirchenverbänden: *Bier*, Die Rechtsstellung des Diözesanbischofs, S. 279 ff.; 178 f.
99 *Krämer*, Bischofskonferenz und Apostolischer Stuhl, AfkKR 1987, 127, 130, 138.
100 *Leisching*, Die Bischofskonferenz, S. 158, 175.
101 *Müller, Hubert*, a. a. O., S. 253.
102 Satzung in: Amtsblatt des Erzbistums Köln 2004 Nr. 118 S. 110.
103 *Kräßig*, Der Verband der Diözesen Deutschlands, S. 189 ff.

die Gründung und die Rechtsstellung des VDD im Bundesanzeiger vom 14. 11. 1968 unter der Überschrift »Wiedergabe des Wortlauts der Feststellung des Bayerischen Staatsministeriums für Kultus und Unterricht« bekannt gemacht hat. Am allgemeinen Rechtsverkehr nimmt der VDD ausschließlich in den Formen des Privatrechts teil, macht aber von den Rechten der Ernennung kirchlicher Beamter (Art. 137 Abs. 5 WRV) Gebrauch.[104] Die Vollversammlung des VDD kann Empfehlungen zum Erlass von Gesetzen in den Diözesen aussprechen. Das ist in der Vollversammlung am 23. 6. 2003 durch die Verabschiedung der Rahmenordnung für eine Mitarbeitervertretungsordnung geschehen. Diese Rahmenordnung ist also kein Gesetz, sondern eine Musterordnung und Empfehlung an die Gesetzgebungskompetenz der Diözesanbischöfe für ihre jeweilige Diözese. Deshalb ist es rechtlich möglich, dass der einzelne Diözesanbischof mit Blick auf seine Teilkirche die Rahmenordnung modifiziert übernimmt (vgl. Rn 5).

53   Die Gestaltung eines Mitarbeitervertretungsrechts ist eine grundlegende Forderung der Enzyklika Mater et Magistra Nr. 91 (AAS 53 – 1961 – 401 ff.). Sie gehört folglich auch zur Hirtenaufgabe des Bischofs. Denn das Dekret Christus Dominus des Zweiten Vatikanischen Konzils lässt gemäß Art. 16 die Gestaltung eines Mitarbeitervertretungsrechts als Hirtenaufgabe des Bischofs zu. Dort heißt es: »Damit sie (die Bischöfe) für das Wohl der Gläubigen, deren jeweiliger Lage entsprechend, besser sorgen können, seien sie bemüht, deren Bedürfnisse in Anbetracht der sozialen Verhältnisse, in denen sie leben, gebührend kennen zu lernen. Dazu mögen sie geeignete Mittel, besonders das der soziologischen Untersuchung anwenden. Um alle sollen sie sich besorgt zeigen, gleich welchen Alters, welchen Standes, welcher Nationalität sie sind. (. . .) Bei der Wahrnehmung dieser Hirtensorge mögen sie ihren Gläubigen in Angelegenheiten der Kirche den ihnen gebührenden Anteil belassen und deren Pflicht und Recht anerkennen, aktiv am Aufbau des mystischen Leibes Christi mitzuwirken«.[105] Die kirchenrechtliche Legitimation des Diözesanbischofs für den Erlass einer MAVO steht damit fest.[106] Die MAVO ist als diözesanes Recht partikulares Kirchenrecht. Zum Geltungsbereich siehe § 1 Rn 1 ff.

2. Staatskirchenrecht

54   Nach dem Staatskirchenrecht ordnen und verwalten die Religionsgesellschaften (Religionsgemeinschaften) ihre Angelegenheiten selbständig innerhalb der Schranken des für alle geltenden Gesetzes. Sie verleihen ihre Ämter ohne Mitwirkung des Staates oder der bürgerlichen Gemeinde (Art. 140 GG i. V. m. Art. 137 Abs. 3 WRV). Infolge dieses Selbstbestimmungsrechts[107] der Kirche ist sie befugt Kirchengesetze zu erlassen.[108] Dabei entscheidet sie selbst, ob sie ein Gesetz erlassen will, wie sie es ausgestaltet und was es regelt.[109] Das gilt auch für eine Mitarbeitervertretungsordnung.[110] Folglich nehmen § 118 Abs. 2 BetrVG und § 112 BPersVG die Kirchen und ihre karitativen und erzieherischen Einrichtungen ohne Rücksicht auf ihre Rechtsform ausdrücklich aus mit der Möglichkeit der selbständigen kollektiven Ordnung ihres materiell eigenständigen, von staatlichen Vorgaben freien, kirchlich gesetzten Personal- bzw. Mitarbeitervertretungsrechtes (vgl. auch § 120 LPVG NW; § 92 Bay PVG), dessen Inhalt die Kirche selbst bestimmt.[111] Dieser verfassungsbezogenen Rechts-

---

104 *Kräßig*, a. a. O. S. 192.
105 *Rahner/Vorgrimler*, Kleines Konzilskompendium S. 266 f.
106 *Richardi*, Arbeitsrecht § 17 Rn 16.
107 Dazu: *Hesse*, Das Selbstbestimmungsrecht der Kirchen und Religionsgemeinschaften, Hdb. St. KR Bd. I, 2. Aufl. § 17 S. 521 ff.
108 *Listl/Hollerbach*, Das Verhältnis von Kirche und Staat in der Bundesrepublik Deutschland, Hdb. kath. KR S. 1268, 1289.
109 *Hanau*, Zum Verhältnis von Kirche und Arbeitsrecht, ZevKR 1980, 61, 67; *Voll*, Hdb. BayStKirchR S. 263.
110 BVerfG, 25. 3. 1980 – 2 BvR 208/76, BVerfGE 53, 366 = NJW 1980, 1895, 1897; 11. 10. 1977 – 2 BvR 209/76, BVerfGE 46, 73 = NJW 1978, 581, 583 = ZevKR 1978, 414 ff.; *Listl*, a. a. O. m. w. N.; *Richardi*, Arbeitsrecht § 17 Rn 1; *ders.*, Das Selbstbestimmungsrecht der Kirchen im Arbeitsrecht, NZA, Beilage 1/1986 S. 3, 10; *ders.*, Kirchenautonomie, ZevKR 1978, 367, 382, 406.
111 *Christoph*, Rechtsnatur und Geltungsbereich, ZevKR 1987, 52 m. N.

lage[112] entspricht auch die Bereichsausnahme der Religionsgemeinschaften und ihrer karitativen und erzieherischen Einrichtungen unbeschadet ihrer Rechtsform aus dem Sprecherausschussgesetz (§ 1 Abs. 3 Nr. 2 SprAuG), das als solches keine Geltung für Körperschaften des öffentlichen Rechts hat (§ 1 Abs. 3 Nr. 1 SprAuG).

Der durch die staatliche Rechtsordnung eingeräumte Freiraum ist von der Kirche nämlich nach ihrer freien Entscheidung gestaltungsfähig. Es gibt also keinen vom Staat vorgegebenen Standard, auch nicht unter dem Gesichtspunkt der Sozialstaatlichkeit, weil die Kirche sogar in der Entscheidung zur Schaffung einer MAVO völlig frei ist. Denn das Sozialstaatsprinzip enthält keinen konkreten und verbindlichen Auftrag zur Einführung einer Mitbestimmung in kirchlichen Einrichtungen.[113]

55

Das *Bundesverfassungsgericht*[114] hat anerkannt, dass die vorgenannten gesetzlichen Bestimmungen (§ 118 Abs. 2 BetrVG und § 112 BPersVG) durch das in **Art. 140 GG i. V. m. Art. 137 Abs. 3 WRV** gewährleistete **Selbstbestimmungsrecht der Kirchen** in ihren eigenen Angelegenheiten verfassungsrechtlich geboten sind.[115] Diese verfassungsrechtliche Erkenntnis bindet gemäß § 31 Abs. 1 BVerfGG die Verfassungsorgane des Bundes, der Länder sowie alle Gerichte und Behörden,[116] wenn Arbeitsverträge abgeschlossen werden. Das Betriebsverfassungsgesetz gilt gemäß § 130 BetrVG nicht für Verwaltungen und Betriebe des Bundes, der Länder, der Gemeinden und sonstiger Körperschaften, Anstalten und Stiftungen des öffentlichen Rechts, also auch nicht für Religionsgemeinschaften, die Körperschaften des öffentlichen Rechts sind.[117] Dazu gehört die verfasste Kirche. § 118 Abs. 2 erstreckt sich folglich auf alle privatrechtlich organisierten Religionsgemeinschaften und die privatrechtlich organisierten Einrichtungen mit erzieherischer und karitativer Tätigkeit der Religionsgemeinschaften und nimmt sie aus dem Geltungsbereich des BetrVG heraus.[118] Das gilt auch für die Orden und Klöster, die selbständige Institutionen der Kirche sind (can. 573 § 2 CIC).[119] § 112 BPersVG klammert die verfasste Kirche samt ihren erzieherischen und karitativen Einrichtungen ohne Rücksicht auf ihre Rechtsform aus dem Geltungsbereich des staatlichen Personalvertretungsrechts aus. Nicht in allen Personalvertretungsgesetzen der Bundesländer ist die Bereichsausnahme für die Religionsgemeinschaften enthalten. Dennoch bindet auch diese Länder die Verfassungsgarantie des Selbstbestimmungsrechts der Religionsgesellschaften.[120] Unter Berufung auf Art. 140 GG i. V. m. Art. 137 Abs. 3 WRV widersprechen *Fischer/Göres*[121] und *Richardi*[122] der Ansicht, dass Personalräte in kirchlichen Dienststellen gebildet werden können (a. A. *Grossmann/Mönch/Rohr*, Brem PersVG, § 1 Anm. 111 ff.). Dieser ablehnenden Meinung ist aufgrund der vorstehend erwähnten verfassungsrechtlichen Gegebenheit (Rn 54–56) zu folgen.

56

Die staatliche Ordnung (§ 112 BPersVG) geht jedoch von der Erwartung aus, dass die Kirchen die selbständige Ordnung eines Personalvertretungsrechts als ihnen zugewiesene Gestaltungsmöglichkeit erkennen und annehmen.[123] Es geht also nicht um die Schaffung eines rechtsfreien Raumes, sondern um die Bildung von Recht im kirchlichen Bereich i. S. einer Konkordanz zwischen staatlicher und kirchlicher Ordnung.[124] Dabei wird keineswegs verlangt, dass in allen Bereichen des Gemeinwe-

57

---

112 Vgl. bei *Keßler*, S. 94, Fußn. 365; S. 95 f. mit Hinweis auf unterschiedliche Ansichten.
113 *Richardi*, Arbeitsrecht § 16 Rn 35 f.; § 17 Rn 9 f.; *ders.*, Kirchenautonomie, ZevKR 1978, 367, 406, 409.
114 BVerfGE 46, 73, 95.
115 Dazu *Jurina*, Kirchenfreiheit S. 797, 812 ff.
116 *Richardi*, Arbeitsrecht § 16 Rn 31; a. A. *Fabricius*, GK-BetrVG § 118 Rn 127 bis 740.
117 *BAG*, 30. 7. 1987 – 6 ABR 78/85, NJW 1987, 933.
118 *Richardi*, a. a. O. § 16 Rn 38 ff.; *Fabricius*, GK-BetrVG § 118 Rn 759.
119 *H/S/W/G/N-Hess*, BetrVG § 118 Rn 69.
120 *Richardi*, Personalvertretungsrecht, § 112 Rn 2, 35 f.
121 BPersVG, § 112 Anm. 21.
122 Personalvertretungsrecht, § 112 Rn 5.
123 *Richardi*, Kirchenautonomie, ZevKR 1978, 408.
124 BVerfGE 42, 312, 340.

sens das gleiche Mitwirkungsmodell gilt, weil die Kirchen für ihren Bereich eine Mitwirkungsordnung geben können, die ihrem Selbstverständnis und Bekenntnis entspricht.[125]

3. Europäisches Recht

58 Der Vertrag über die Europäische Union (EUV) und der Vertrag über die Arbeitsweise der Union (AEUV) nach dem Vertrag von Lissabon vom 13. Dezember 2007 – in Kraft seit dem 1. Dezember 2009 – sind wesentliche Grundlagen des Europarechts (Art. 1 Abs. 3 EUV). Es besteht eine einheitliche mit Rechtspersönlichkeit ausgestattete Europäische Union, deren Grundsätze im EUV geregelt sind, während der AEUV (geänderter EGV) die Politikbereiche der Union und ihre Verfahrensabläufe behandelt. Bestandteil des Vertrages über die Europäische Union ist die Charta der Grundrechte der Europäischen Union vom 7. Dezember 2000 in der Fassung vom 12. Dezember 2007. Danach achtet die Union gemäß Art. 22 GR-Charta die Vielfalt der Kulturen, Religionen und Sprachen. Der genannte Artikel lehnt sich an die Erklärung Nr. 11 der Schlussakte des Vertrags von Amsterdam vom 2. Oktober 1997 zum Status der Kirchen und weltanschaulichen Gemeinschaften an, deren Inhalt nun in Art. 17 des Vertrags über die Arbeitsweise der Europäischen Union aufgenommen wurde. Art. 17 AEUV hat folgenden Wortlaut:

»(1) Die Union achtet den Status, den Kirchen und religiöse Vereinigungen oder Gemeinschaften in den Mitgliedstaaten nach deren Rechtsvorschriften genießen, und beeinträchtigt ihn nicht.

(2) Die Union achtet in gleicher Weise den Status, den weltanschauliche Gemeinschaften nach den einzelstaatlichen Rechtsvorschriften genießen.

(3) Die Union pflegt mit diesen Kirchen und Gemeinschaften in Anerkennung ihrer Identität und ihres besonderen Beitrags einen offenen, transparenten und regelmäßigen Dialog.«

Gemäß Art. 6 des Vertrages über die Europäische Union in der Fassung vom 13. Dezember 2007 erkennt die Union die Grundrechte-Charta und die Grundrechte, wie sie in der Europäischen Konvention zum Schutz der Menschenrechte und Grundfreiheiten (EMRK) gewährleistet sind und wie sie sich aus den gemeinsamen Verfassungsüberlieferungen der Mitgliedstaaten ergeben, als allgemeine Grundsätze und als Teil des Unionsrechts an. Die Charta der Grundrechte und die Verträge (EUV und AEUV) sind rechtlich gleichrangig (Art. 6 Abs. 1 EUV).

59 Mit den Absätzen 1 und 2 des Art. 17 AEUV hat das europäische Recht eine Kompetenzausübungsgrenze erhalten, die sicherstellt, dass sich der rechtliche Status der Kirchen nach dem Recht der Mitgliedstaaten der EU bestimmt und weder direkt noch indirekt von europäischen Gesetzgebungsakten beeinträchtigt werden darf. Der unterschiedlichen Rechtslage des Verhältnisses von Staat und Kirchen in den einzelnen Mitgliedstaaten wird Rechnung getragen.

60 Die Bestimmung stellt in Bezug auf Art. 6 Abs. 3 EUV klar, dass die nationalen Regelungen über Kirchen, Religions- und Weltanschauungsgemeinschaften Teil der nationalen Verfassungsüberlieferungen der Mitgliedstaaten sind. Das hat zur Folge, dass die staatskirchenrechtlichen Eigenheiten der Nationalstaaten zu beachten sind. Art. 6 Abs. 3 EUV dient als Auslegungshinweis zugunsten kirchlicher Selbstbestimmung nach Maßgabe der Besonderheiten des nationalen Staatskirchenrechts. Geschützt wird der Bestand der in den Mitgliedstaaten der Union existierenden institutionellen Rechtsbeziehungen zwischen Staat und Kirche; begrenzt werden Eingriffe in den Bestand des nationalen Institutionenrechts, so dass einer Vergemeinschaftung des Staatskirchenrechts entgegengewirkt wird mit der Wirkung, dass die Struktur des Staatskirchenrechts in der Bundesrepublik Deutschland gesichert wird.[126]

---

125 *Richardi*, a. a. O. S. 409; Arbeitsrecht § 2 Rn 36 ff., § 17 Rn 9 f.; *von Campenhausen*, Essener Gespräche, Bd. 18 S. 31.
126 In diesem Sinne schon *Grzeszik*, ZevKR 48. Bd. (2003) S. 284, 298 f. zum Wortlaut der Protokollerklärung Nr. 11 zur Schlussakte zum Amsterdamer Vertrag vom 2. 10. 1997.

Mit Art. 17 AEUV ist geregelt, dass die wesentlichen Strukturelemente des deutschen Staatskirchenrechts von der Europäischen Union (EU) geachtet werden. Genauso bedeutsam ist aber auch die Wertegebundenheit der EU durch die Inkorporation der Charta der Grundrechte der EU in den Vertrag über die Europäische Union und der damit gegebene Bezug auf das religiöse Erbe der EU. Denn gemäß Art. 22 der am 7. 12. 2000 in Nizza proklamierten Charta der Grundrechte achtet die Union die Vielfalt der Kulturen, Religionen und Sprachen und bezieht sich dabei inhaltlich auf Art. 6 EU-Vertrag. Art. 22 der Charta der Grundrechte lehnt sich ebenfalls an die Protokollerklärung Nr. 11 zur Schlussakte des Vertrages von Amsterdam zum Status der Kirchen und weltanschaulichen Gemeinschaften an. Er korrespondiert mit Art. 167 Abs. 1 und 4 AEUV und diese Vorschrift korrespondiert mit Art. 3 Abs. 3 Unterabsatz 4 EUV. Mit Art. 17 AEUV besteht auf der Ebene des Primärrechts der EU eine Regelung, die den Fortbestand des Selbstbestimmungsrechts der Religionsgemeinschaften nach Art. 140 GG i. V. m. Art. 137 Abs. 3 WRV garantiert und somit auch die Bestimmungen zur Bereichsausnahme der Religionsgesellschaften aus der staatlichen Betriebsverfassung (§ 118 Abs. 2 BetrVG, § 112 BPersVG) abdeckt.[127]

61

Zum kirchlichen Einzelarbeitsvertragsrecht sind sowohl § 9 AGG als auch Art. 4 Abs. 2 RL 2000/78/EG zur Frage der Gleichbehandlung in Beschäftigung und Beruf von Bedeutung, um dort ungerechtfertigte Diskriminierungen auszuschließen. Es gilt aber übereinstimmend, dass das Verbot unterschiedlicher Behandlung wegen der Religion oder der Weltanschauung nicht das Recht der Religionsgemeinschaften und der ihnen zugeordneten Einrichtungen ohne Rücksicht auf ihre Rechtsform berührt, von ihren Beschäftigten ein loyales und aufrichtiges Verhalten i. S. ihres jeweiligen Selbstverständnisses verlangen zu können (§ 9 Abs. 2 AGG); gemäß Art. 4 Abs. 2 Unterabsatz 2 RL 2000/78/EG können die Kirchen im Einklang mit den einzelstaatlichen verfassungsrechtlichen Bestimmungen und Rechtsvorschriften von den für sie arbeitenden Personen verlangen, dass sie sich loyal und aufrichtig i. S. d. Ethos der Organisation verhalten. Gemäß § 9 Abs. 1 AGG ist eine unterschiedliche Behandlung wegen der Religion oder der Weltanschauung bei der Beschäftigung durch Religionsgemeinschaften und die ihnen zugeordneten Einrichtungen ohne Rücksicht auf ihre Rechtsform auch zulässig, wenn eine bestimmte Religion unter Beachtung des Selbstverständnisses der jeweiligen Religionsgemeinschaft im Hinblick auf ihr Selbstbestimmungsrecht oder nach der Art der Tätigkeit eine gerechtfertigte berufliche Anforderung darstellt. Anders, nämlich einschränkender heißt es in Art. 4 Abs. 2 Unterabsatz 1 RL 2000/78/EG: »Die Mitgliedstaaten können in Bezug auf berufliche Tätigkeiten innerhalb von Kirchen ... Bestimmungen in ihren zum Zeitpunkt der Annahme dieser Richtlinie geltenden Rechtsvorschriften beibehalten oder in künftigen Rechtsvorschriften Bestimmungen vorsehen, die zum Zeitpunkt der Annahme dieser Richtlinie bestehende einzelstaatliche Gepflogenheiten widerspiegeln und wonach eine Ungleichbehandlung wegen der Religion oder Weltanschauung einer Person keine Diskriminierung darstellt, wenn die Religion oder Weltanschauung dieser Person nach der Art dieser Tätigkeiten oder Umstände ihrer Ausübung eine wesentliche, rechtmäßige und gerechtfertigte berufliche Anforderung angesichts des Ethos der Organisation darstellt. Eine solche Ungleichbehandlung muss die verfassungsrechtlichen Bestimmungen und Grundsätze der Mitgliedstaaten sowie die allgemeinen Grundsätze des Gemeinschaftsrechts beachten und rechtfertigt keine Diskriminierung aus einem anderen Grund.«

62

Gemäß Art. 17 Abs. 1 AEUV achtet die Union den Status, den Kirchen und religiöse Vereinigungen oder Gemeinschaften in den Mitgliedstaaten nach deren Rechtsvorschriften genießen, und beeinträchtigt ihn nicht. Folglich steht auch § 9 AGG im Einklang mit dem unmittelbar geltenden europäischen Recht, so dass die RL 2000/78/EG die Bestimmung des § 9 AGG unter Berücksichtigung des Art. 140 GG i. V. m. Art. 137 Abs. 3 WRV zur Garantie des kirchlichen Selbstbestimmungsrechts nicht verdrängt. Deshalb haben auch die Bestimmungen der Grundordnung des kirchlichen Dienstes im Rahmen kirchlicher Arbeitsverhältnisse zu Einstellungen, Loyalitätsobliegenheiten und Sanktionen bei deren Verletzung Bestand.[128]

63

---

127 *Weber*, GK-BetrVG § 118 Rn 32.
128 Vgl. zur Praxis: Richtlinien zur aufsichtsrechtlichen Genehmigung bei Stellenausschreibungen/-besetzun-

4. Die MAVO als Kirchenrecht

64 Die Mitarbeitervertretungsordnung ist dem innerkirchlichen Bereich zuzurechnen. Denn sie ordnet als diözesanes Kirchenrecht die Mitwirkung der im kirchlichen Dienst Stehenden an Entscheidungen im Organisationsbereich des kirchlichen Dienstgebers und regelt infolgedessen die Voraussetzungen und die Bildung von Mitarbeitervertretungen sowie die Mitgliedschaft in ihnen und die Arbeitsweise im innerkirchlichen Bereich. Die Rechtskontrolle erfolgt durch besondere kirchliche Arbeitsgerichte nach Maßgabe der Kirchlichen Arbeitsgerichtsordnung (KAGO; Text siehe Anhang I in diesem Kommentar). Ihre Zusammensetzung und Arbeitsweise ist ebenfalls innerkirchlich geregelt, wie dies zuvor auf die Schlichtungsstellen i. S. der MAVO früherer Fassung zutraf.[129] Die MAVO wirkt auch in den staatlichen Bereich hinein, soweit arbeitsrechtliche Bestimmungen des staatlichen Rechtskreises in Bezug genommen werden. Als Beispiel sei der Entgeltschutz gemäß § 18 Abs. 1a genannt. Der gemäß § 19 geregelte Kündigungsschutz zeigt, dass innerkirchliche Ordnung (Art. 5 Abs. 3–5 GrO) Vorrang vor dem Kündigungsschutz der MAVO haben soll. Die Regelung des besonderen Kündigungsschutzes gemäß § 19 hat eine unmittelbare Rechtswirkung im staatlichen Bereich. Die Vorschrift wirkt normativ auf das Arbeitsverhältnis ein; auch wenn sie arbeitsvertraglich nicht in Bezug genommen ist, hat sie Geltung. Spricht der Dienstgeber eine ordentliche Kündigung gegenüber einem durch § 19 geschützten Mitarbeiter (z. B. Mitglied der MAV) aus, obwohl keiner der in § 19 genannten Kündigungsgründe vorliegt, so kann der Betroffene Kündigungsschutzklage erheben (§ 13 Abs. 3 KSchG). Vor der Kündigung muss die MAV gehört worden sein, weil sonst die Kündigung unwirksam ist (§§ 30 Abs. 5; 31 Abs. 3).[130]

65 Es gibt Stimmen, welche die These vertreten, dass das Mitarbeitervertretungsrecht wegen der mit ihm gewährten Mitbestimmungs- und Mitwirkungsrechte nicht in den geistig-religiös geprägten Bereich passe.[131] Das Mitarbeitervertretungsrecht sei mit dem Individualarbeitsrecht eng verknüpft und rage deshalb in den staatlichen Rechtskreis hinein. Deshalb wird gefolgert, dass die MAVO autonomes Recht auf der Grundlage von Art. 140 GG i. V. m. Art. 137 Abs. 5 WRV sei,[132] dass also die Rechtsqualität des vom Diözesanbischof gesetzten Mitarbeitervertretungsrechts im Bereich der korporierten Kirche autonomes kirchliches Recht im staatlichen Rechtskreis sei (*Bietmann*, a. a. O. S. 74). Infolgedessen wird die Reichweite der Rechtssetzungsbefugnis des Diözesanbischofs auf den Bereich eingeengt, der nach staatlichem Recht einer Körperschaft des öffentlichen Rechts zuerkannt ist. Negiert wird also z. B. die Rechtssetzungsbefugnis für den privatrechtlich verfassten Bereich der Caritasverbände.[133] Denn die von einer Körperschaft des öffentlichen Rechts erlassene Satzung ist eine Rechtsvorschrift, die von einer dem Staate untergeordneten juristischen Person des öffentlichen Rechts im Rahmen der ihr gesetzlich verliehenen Autonomie mit Wirksamkeit für die ihr angehörigen und unterworfenen Personen erlassen wird.[134]

66 Damit wird allerdings zunächst deutlich, dass der vom staatlichen Recht geschaffene Freiraum vom Betriebsverfassungs- und Personalvertretungsrecht die eine und der innerkirchliche Bereich, für den die Kirchen ein eigenständiges Mitarbeitervertretungsrecht erlassen, die andere Seite ist. Deshalb muss kirchlicherseits darauf geachtet werden, dass der vom Staat den Kirchen überlassene Freiraum auch vollständig von allen betroffenen kirchlichen Einrichtungen ohne Rücksicht auf ihre Rechtsform (§ 1) ausgefüllt wird, also nicht nur im verfassten Bereich der Kirche, sondern auch in den ka-

---

gen für das Personal der ortskirchlichen Rechtspersonen in der Diözese Rottenburg-Stuttgart im Hinblick auf die Vorgaben der Grundordnung des kirchlichen Dienstes, Kirchliches Amtsblatt Rottenburg-Stuttgart 2010 S. 302 ff.

129 Dazu: *Christoph*, Rechtsnatur und Geltungsbereich, ZevKR 1987, 47 ff.
130 *Richardi*, Münch. HdbArbR Bd. 2, § 189 Rn 28 S. 1200; *LAG Köln*, 28. 10. 1992 – 7 Sa 692/92, KirchE 30, 384 = LAGE § 611 BGB Kirchl. Arbeitnehmer Nr. 7.
131 So *Bietmann*, Betriebliche Mitbestimmung im kirchlichen Dienst S. 69.
132 *Bietmann*, a. a. O. S. 72 f.
133 *Bietmann*, a. a. O. S. 75 f.
134 BVerwGE 10, 20 [49f] = NJW 1959, 1531.

ritativen und den anderen Tätigkeitsbereichen der – auch privatrechtlichen – Verbände der Kirche (vgl. § 1 Rn 1 ff., 13 ff., 21 ff., 28 ff.[135] Denn es kann nicht befriedigen, wenn der Staat in gerichtlichen Entscheidungen entsprechend der Rechtslage die Zurechnung der Einrichtung zur Kirche und damit die Nichtanwendbarkeit des staatlichen Personalvertretungs- und Betriebsverfassungsrechts feststellt, kirchlicherseits aber entsprechendes kirchliches Recht nicht gelten soll.[136]

Aus alledem folgt, dass allein die diözesane MAVO gelten muss, die der für eine bestimmte Diözese zuständige Bischof als partikulares Kirchenrecht erlassen hat. Soll für überdiözesane Einrichtungen gleiches Recht gelten, so bedarf es entsprechender Übereinkünfte der jeweils territorial zuständigen Gesetzgeber zur Regelung für die überdiözesanen Einrichtungen und zur gleichmäßigen Rechtslage, in den jeweiligen diözesanen Territorien (vgl. § 1 Abs. 3 S. 1). Zeugnisse für solche Übereinkünfte sind die aus der Regional-KODA, z. B. in Nordrhein-Westfalen, mit fünf Diözesen, in der Region Nord-Ost mit sechs und in Bayern mit sieben Diözesen hervorgehenden Beschlüsse zur Arbeitsvertragsregelung. Sie enthalten für alle beteiligten Diözesen gleich lautende Beschlüsse, die der jeweilige Diözesanbischof in Kraft setzt. Grundlage ist die für die jeweils betroffenen Diözesen etwa gleich lautende Ordnung für die Regional-KODA.[137] 67

Eine allein in Ausübung staatlich verliehener Autonomierechte gesetzte MAVO schafft in dem Bereich, der dem mit Verfassungsrang ausgestatteten Selbstbestimmungsrecht der Kirche zugewiesen ist, eine aus dem staatlichen Recht abgeleitete, aber nicht dem Selbstbestimmungsrecht einer und derselben Kirche und ihren Einrichtungen entsprechende Rechtsordnung, die nicht Kirchenrecht ist. Doch die Rahmenordnung und mit ihr die nach diesem Entwurf zu erlassenden diözesanen Mitarbeitervertretungsordnungen (Rn 5) gehen in § 1 ganz selbstverständlich davon aus, dass der zuständige Gesetzgeber der Kirche für den Erlass der MAVO auf der Grundlage des Kirchenrechts und damit über alle in § 1 genannten Rechtsträger öffentlichen und privaten staatlichen Rechts, wenn sie der Kirche zuzurechnen sind, gesetzgebungskompetent ist (§ 1 Rn 28 ff.).[138] 68

Setzen kirchliche Verbände auf der Grundlage der ihnen staatlich verliehenen Autonomierechte Satzungsrecht, das arbeitsrechtliche Wirkung haben soll, so ist die Rechtsverbindlichkeit nur im Wege einzelarbeitsvertraglicher Inbezugnahme zu erreichen. Denn Arbeitsrecht können Verbände nicht schaffen, wenn sie es nicht arbeitsvertraglich vereinbaren. Das zeigt sich z. B. im Anwendungsbereich der AVR (*Jurina*, Dienst- und Arbeitsrecht, Essener Gespräche Bd. 10 S. 80). Auf die Inkraftsetzung durch den Bischof wird abgestellt, wenn die AVR den Rang eines Kirchengesetzes haben sollen (§ 38 Rn 18). Dies folgt aus den Richtlinien für die Inkraftsetzung der Beschlüsse der Arbeitsrechtlichen Kommission und der Unterkommissionen des Deutschen Caritasverbandes durch die Diözesanbischöfe in der Bundesrepublik Deutschland.[139] 69

5. Die KAGO als Kirchenrecht

In der Grundordnung des kirchlichen Dienstes im Rahmen kirchlicher Arbeitsverhältnisse ist vorgegeben, für Rechtsstreitigkeiten auf den Gebieten der kirchlichen Ordnungen für das Arbeitsvertragsregelungsrecht und das Mitarbeitervertretungsrecht gerichtlichen Rechtsschutz durch unabhängige kirchliche Gerichte zu gewähren (Art. 10 Abs. 2 GrO). Die Kirchliche Arbeitsgerichtsordnung (KAGO, abgedruckt unten in Anhang I) bildet nach einer Erprobungsphase von fünf Jahren ab dem 1. Juli 2005 weiterhin mit Wirkung ab 1. Juli 2010 die Grundlage für die Errichtung einer zweistufigen kirchlichen Arbeitsgerichtsbarkeit (§ 1 KAGO) mit (nur) einer Tatsacheninstanz (§ 27 KAGO) und der Revisionsinstanz (§ 47 KAGO). Die Entwicklung dahin war bis zum 30. 6. 2010 wegen einer Zeit 70

---

135 *Richardi*, Kirchenautonomie, ZevKR 1978, 408.
136 *Christoph*, Rechtsnatur und Geltungsbereich, ZevKR 1987, 47, 60; § 1 Rn 5 ff.
137 Vgl. Amtsblatt des Erzbischöflichen Ordinariats Berlin 1997 Nr. 26 S. 13; Würzburger Diözesanblatt 1999 S. 64.
138 *Richardi*, Münch Hdb. ArbR Band 2 § 189 Rn 11 S. 1196.
139 Amtsblatt des Erzbistums Köln 2005 Nr. 304 S. 345.

der Erprobung vorläufig abgeschlossen. Die novellierte KAGO der Deutschen Bischofskonferenz gilt seit dem 1. Juli 2010.

71 Vorläufer der kirchlichen Arbeitsgerichte waren die Schlichtungsstellen, die sowohl über Regelungs- als auch über Rechtsstreitigkeiten zu entscheiden hatten, innerkirchlich jedoch nicht als Kirchengerichte i. S. d. CIC angesehen wurden.[140] Deshalb erbat die Deutsche Bischofskonferenz ein besonderes Mandat des Apostolischen Stuhls gemäß can. 455 § 1 CIC zum Erlass der KAGO, das am 17. März 2004 erteilt wurde. Der Beschluss der Deutschen Bischofskonferenz zum Erlass der KAGO erging am 21. September 2004 mit Inkraftsetzung zum 1. Juli 2005. Zugleich wurde seitens des Apostolischen Stuhls von allen Vorschriften des kanonischen Rechts dispensiert, mit denen der Entwurf der KAGO nicht übereinstimmte.[141] Gebilligt wurde auch die Errichtung interdiözesaner Kirchlicher Arbeitsgerichte und des Kirchlichen Arbeitsgerichtshofs in der nach der KAGO vorgeschriebenen Form (vgl. can. 1423 § 1, 1439 CIC i. V. m. Art. 124 Nr. 4 Pastor Bonus). Eine Zuständigkeit der Kirchlichen Arbeitsgerichte für Streitigkeiten aus dem Arbeitsverhältnis ist gemäß § 2 Abs. 3 KAGO nicht vorgesehen. Die Kirchlichen Arbeitsgerichte üben keine Normenkontrolle aus (§ 2 Abs. 4 KAGO).

72 Auf das Verfahren vor den Kirchlichen Arbeitsgerichten im ersten Rechtszug finden im Grundsatz die Vorschriften des staatlichen Arbeitsgerichtsgesetzes über das Urteilsverfahren in ihrer jeweiligen Fassung Anwendung (§ 27 KAGO). Gegen das Urteil des Kirchlichen Arbeitsgerichts findet unter den Voraussetzungen der KAGO die Revision an den Kirchlichen Arbeitsgerichtshof statt (§§ 47 ff. KAGO). Die Revision ist bei demjenigen Kirchlichen Arbeitsgericht einzulegen, dessen Urteil angefochten wird, wobei die Rechtsmittelfrist auch gewahrt ist, wenn die Revision beim Kirchlichen Arbeitsgerichtshof eingelegt wird (§ 50 Abs. 1 KAGO). Die Begründung der Revision ist beim Kirchlichen Arbeitsgerichtshof einzureichen (§ 50 Abs. 2 S. 2 KAGO).

73 Mit der KAGO ist zwar nicht entschieden, dass der Rechtsweg nach can. 1417 § 1 CIC, wonach es jedem Gläubigen freisteht, seine Streitsache in jeder Instanz und in jedem Prozessabschnitt dem Heiligen Stuhl zu übergeben oder bei ihm einzubringen, verschlossen ist. Die KAGO schreibt aber vor, wie die Prozesse zu führen sind, so dass jedenfalls ihre Unterbrechung (can. 1417 § 2 CIC) nicht in Betracht kommt.[142] Dazu hat das Tribunal delegatum der Apostolischen Signatur eine gegensätzliche Haltung eingenommen. Die Signatur hat einen ihr vorgebrachten Rechtsstreit, der beim Kirchlichen Arbeitsgerichtshof (KAGH) in zweiter Instanz anhängig war und an das erstinstanzliche Kirchliche Arbeitsgericht in Paderborn zurückverwiesen worden war, an sich gezogen. Das von der Signatur gebildete Tribunal delegatum unterrichtete das Kirchliche Arbeitsgericht über den Vorgang nicht. Das Kirchliche Arbeitsgericht in Paderborn entschied gemäß Lage nach der Zurückverweisung durch den KAGH im September 2009. Am 31. März 2010 entschied das Tribunal delegatum; es hob das Urteil des *KAGH* vom 27. 2. 2009[143] auf und erklärte das Urteil des Kirchlichen Arbeitsgerichts Paderborn als obsolet.[144] Über die dennoch eingelegte Revision gegen das neue Urteil des Kirchlichen Arbeitsgerichts Paderborn konnte der KAGH wegen des letztinstanzlich ergangenen Urteils des Tribunal delegatum nicht mehr entscheiden, so dass auch keine Entscheidung über die Auslagen des Anwalts der klagenden Mitarbeitervertretung ergehen konnte.[145]

---

140 Feststellung des *Obersten Gerichtshofs der Apostolischen Signatur* in Rom, Prot. N. 31493/00 VT, vom 28. 7. 2001.
141 *Weiß*, Kirchenrechtliche Problemstellungen, ZMV Sonderheft 2004, S. 20.
142 Ebenso *Weiß*, Kirchenrechtliche Problemstellungen, a. a. O. S. 27.
143 M 13/08, ZMV 2009, 153.
144 *Delegiertes Gericht des Obersten Gerichts der Apostolischen Signatur*, 31. 3. 2010 – 42676/09 VT Paderbornen, ZMV 2010, 145.
145 *KAGH*, 25. 6. 2010 – M 01/10.

Staatskirchenrechtlich umfasst die Kompetenz der Kirche zur Rechtsetzung in ihren eigenen Angelegenheiten die Befugnis zur Kontrolle des von ihr selbst gesetzten Rechts (Art. 140 GG i. V. m. Art. 137 Abs. 3 WRV).[146] 74

---

146 *Richardi*, Kirchliche Arbeitsgerichtsordnung, NJW 2005, 2744 f.

I ordne der Vorschriften des KAGO
({5, 7, 8, 9, 10, 11, 12, 13})
{§1-13, 28-43, 44-46, 446 KAGO}

I. Allgemeine Vorschriften

§ 1 Geltungsbereich

(1) Diese Mitarbeitervertretungsordnung gilt für die Dienststellen, Einrichtungen und sonstigen selbständig geführten Stellen – nachfolgend als Einrichtung(en) bezeichnet –
1. der Diözese,
2. der Kirchengemeinden und Kirchenstiftungen,
3. der Verbände der Kirchengemeinden,
4. der Diözesancaritasverbände und deren Gliederungen, soweit sie öffentliche juristische Personen des kanonischen Rechts sind,
5. der sonstigen öffentlichen juristischen Personen des kanonischen Rechts.

(2) Diese Mitarbeitervertretungsordnung ist auch anzuwenden im Bereich der sonstigen kirchlichen Rechtsträger und ihrer Einrichtungen sowie des Verbandes der Diözesen Deutschlands, des Deutschen Caritasverbandes und der anderen mehrdiözesanen[1] und überdiözesanen[2] Rechtsträger, unbeschadet ihrer Rechtsform. Die vorgenannten Rechtsträger und ihre Einrichtungen sind gehalten, die Mitarbeitervertretungsordnung für ihren Bereich rechtsverbindlich zu übernehmen.

(3) In den Fällen des Abs. 2 ist in allen Einrichtungen eines mehrdiözesanen oder überdiözesanen Rechtsträgers die Mitarbeitervertretungsordnung der Diözese anzuwenden, in der sich der Sitz der Hauptniederlassung (Hauptsitz) befindet. Abweichend von Satz 1 kann auf Antrag eines mehrdiözesan oder überdiözesan tätigen Rechtsträgers der Diözesanbischof des Hauptsitzes im Einvernehmen mit den anderen Diözesanbischöfen, in deren Diözese der Rechtsträger tätig ist, bestimmen, dass in den Einrichtungen des Rechtsträgers die Mitarbeitervertretungsordnung der Diözese angewandt wird, in der die jeweilige Einrichtung ihren Sitz hat, oder eine Mitarbeitervertretungsordnung eigens für den Rechtsträger erlassen.

Übersicht	Rn		Rn
I. Geltung der MAVO	1–12	aa. Autonomie	26
1. Sachlicher Geltungsbereich	2–6	bb. Apostolatstätigkeit	27–29
2. Räumlicher Geltungsbereich	7–12	6. Anwendung der MAVO auf die sonstigen kirchlichen Rechtsträger	30–68
II. Persönlicher Geltungsbereich der MAVO	13–69	a. Der Verband der Diözesen Deutschlands	31
1. Die Dienstgeber des Bereichs der verfassten Kirche	13–16	b. Der Deutsche Caritasverband	32–37
2. Dienststellen des Bistums	17, 18	c. Personalprälaturen	38, 39
3. Dienststellen der Kirchengemeinden, Kirchenstiftungen und Kirchengemeindeverbände, § 1 Abs. 1 Nr. 2 und 3	19, 20	d. Juristische Personen des staatlichen Rechts	40–46
4. Einrichtungen des Diözesancaritasverbandes und seiner Gliederungen	21	aa. Autonomie und Bezug zur Kirche	40–42
		bb. Die GmbH	43–46
5. Einrichtungen der sonstigen öffentlichen juristischen Personen des kanonischen Rechts	22–29	e. Kirchliche Vereine	47–62
a. Vorbemerkung	22	aa. Vereinsfreiheit und Versammlungsfreiheit in der Kirche	47, 48
b. Institute des geweihten Lebens (can. 573 ff. CIC)	23–29		

---

1 Das sind solche, die in mehreren, nicht jedoch in allen Diözesen im Gebiet der Deutschen Bischofskonferenz Einrichtungen unterhalten.
2 Das sind solche, die im gesamten Konferenzgebiet Einrichtungen unterhalten.

	Rn		Rn
bb. Die Vereinstypen des kanonischen Rechts nach dem CIC 1983	49–54	Betriebe im Verhältnis zum staatlichen Recht	70–87
		1. Sozial-caritative und erzieherische Einrichtungen	71, 72
aaa. Privater Verein ohne Rechtspersönlichkeit	51	2. Der Wissenschaft dienende Einrichtungen	73, 74
bbb. Privater Verein mit Rechtspersönlichkeit	52	3. Kirchliche Wirtschaftsbetriebe	75–82
		a. Kirchliche Unternehmungen	76–78
		b. Klösterliche Eigenbetriebe	79–82
ccc. Öffentlicher Verein	53, 54	4. Verfassungslage	83–86
		5. Dritter Weg	87
cc. Kirchliche Altvereine	55	IV. Ökumenische Trägerschaften	88, 89
dd. Verhältnis zur kirchlichen Autorität	56, 57	V. Streitigkeiten	90–93
		1. Arbeitsgerichtliches Beschlussverfahren	90
ee. Verhältnis zur MAVO	58–62		
f. Stiftungen	63–67	2. Verwaltungsgerichtliches Beschlussverfahren	91
g. Natürliche Personen	68		
7. Besondere MAVO gemäß § 1 Abs. 3 S. 2 zweite Alternative	69	3. Das Verfahren vor den kirchlichen Gerichten für Arbeitssachen	92, 93
III. Dienststellen, Einrichtungen und			

I. Geltung der MAVO

1 Die Vorschrift des § 1 regelt den Geltungsbereich der MAVO. Zu unterscheiden ist zwischen dem sachlichen (auch gegenständlichen), räumlichen und persönlichen Geltungsbereich der Ordnung. Seit Erlass der Grundordnung des kirchlichen Dienstes im Rahmen kirchlicher Arbeitsverhältnisse (GrO) kommt es darauf an, ob der Rechtsträger die GrO rechtsverbindlich anwendet oder dies willkürlich nicht (mehr) tut.[3] Dabei ist allerdings wegen der Motive zu unterscheiden. Die MAVO wurde in der Regel akzeptiert, während die Beteiligung der Mitarbeiter an der Gestaltung der Bedingungen des Individualarbeitsvertragsrechts i. S. d. Art. 7 Abs. 1 GrO in der Fassung von 1993 nicht die geforderte Akzeptanz fand. Offen blieb dabei die Frage, ob der die MAVO anwendende Rechtsträger (Dienstgeber) überhaupt zur Anwendung der MAVO verpflichtet war oder die MAVO aus Gründen der Opportunität angewendet hat, um dem staatlichen Betriebsverfassungsrecht zu entgehen. Die diözesanen Mitarbeitervertretungsordnungen traten im Gebiet der Diözesanen in den alten Bundesländern am 1. Januar 1972 in Kraft, während die GrO erst zum 1. Januar 1994 (bzw. 1. Januar 1995: Fulda) in den Diözesen im Gebiet der Bundesrepublik Deutschland in Kraft getreten ist. Sehr wesentlich kommt es mit Blick auf die MAVO darauf an, ob ein Rechtsträger außerhalb der verfassten Kirche (eingetragener Verein, Stiftung, GmbH) als ein der verfassten Kirche zugeordneter Rechtsträger zu qualifizieren ist.[4] Dazu gehören solche Rechtsträger, die dem Deutschen Caritasverband oder einem Diözesancaritasverband als Mitglied angehören. Sie sind durch das Satzungsrecht u. a. verpflichtet, die diözesane MAVO anzuwenden.[5] Die GrO nimmt die Arbeitsverhältnisse in den Blick, die MAVO dagegen Beschäftigungsverhältnisse i. S. v. § 3.

1. Sachlicher Geltungsbereich

2 Gemäß Abs. 1 ist eine Dienststelle, Einrichtung oder sonstige selbständig geführte Stelle im Bereich der katholischen Kirche die maßgebliche organisatorische Einheit, in der eine Mitarbeitervertretung (MAV) zu bilden ist (§ 1a), wenn die Mitarbeiterzahl ausreichend groß ist (§ 6). Bei den genannten

---

[3] *Delegiertes Gericht der Apostolischen Signatur*, 31. 3. 2010 – 42676/09 VT, KuR 2010, 127 m. Anm. *Menges*, KuR 2010, 56.

[4] *BVerfGE* 46, 73; *Dütz*, Kirchliche Einrichtungen im gesetzlichen Normengeflecht, KuR 2010 S. 151 ff. Nr. 350.

[5] *KAGH*, 25. 6. 2010 – M 06/10.

§ 1 Geltungsbereich

Stellen handelt es sich um Sammelbegriffe, die durch Abs. 1 die Sammelbezeichnung »Einrichtung« erhalten. Eine Einrichtung steht unter einer einheitlichen Leitung und Verwaltung und ist abgrenzbar zu einer anderen Einrichtung, die ebenfalls unter einer Leitung, womöglich desselben Dienstgebers (§ 2) steht, sich aber organisatorisch gegenüber der anderen z. B. durch die räumliche Entfernung oder die Andersartigkeit ihres Aufgabenfeldes abgrenzen lässt, so dass dann pro Einrichtung eine MAV zu bilden ist.

Dienststellen i. S. d. MAVO sind Kirchenbehörden, wie Generalvikariate, Ordinariate, Verwaltungsstellen und Betriebe, wie Friedhöfe, Nachrichtenagenturen, die Offizialate, Katholische Büros.

Einrichtungen sind z. B. Krankenhäuser, Heime, Kindertageseinrichtungen, Pflegestationen, Bibliotheken, Museen, Bildungshäuser, Beratungsstellen, Schulen, Fachhochschulen, Hochschulen, Forschungsstätten. **Sonstige selbständig geführte Stellen** sind z. B. Priesterseminare, Hilfswerke, Zentralstellen, Kirchliche Zusatzversorgungskasse. Eine Definition der Begriffe Dienststelle, Einrichtung, sonstige selbständig geführte Stelle gibt es in der MAVO nicht. Dafür aber kann der Rechtsträger regeln, was als Einrichtung gilt (§ 1a Abs. 2). Dabei ist von solchen Einheiten auszugehen, die selbständig gegenuber anderen Einheiten organisatorisch abgegrenzt sind. Bisweilen regeln Gesetze, was als eine Einrichtung (Betrieb) gilt (vgl. § 31 Krankenhausgesetz NW). Je nach Organisation gehören zu einer Einrichtung i. S. d. MAVO die Pfarrei, der Gemeindeverband, das Generalvikariat, die Gesamtheit aller Schulen in der Trägerschaft eines und desselben Rechtsträgers, Werkstätten, Einrichtungen von Klöstern, Anstalten, Dienststellen von Domkirchen, Vereinen, Verbänden, Gesellschaften mit beschränkter Haftung. Zwei oder mehr Kindergärten können als eine Einrichtung i. S. d. MAVO angesehen werden, wenn sie unter der einheitlichen Verwaltung und Leitung des Kirchenvorstandes derselben Kirchengemeinde oder der Verwaltung der Kirchenstiftung oder eines Kirchengemeindeverbandes stehen.

Wird ein Teil der Mitarbeiterschaft aus der Organisation der Dienststelle ausgegliedert (vgl. § 23), so zählt er nicht mehr zur bisherigen Stelle. Werden selbständige Stellen anderen angegliedert, so werden sie Teil der aufnehmenden Stelle. Das führt in der Regel zum Wegfall der bisherigen Organisationseinheit in ihrer Identität, so dass eine neue Einheit entsteht. Dann ist für die neue Einheit auch eine neue MAV zu bilden (§ 10; § 13d).

Wird entgegen dem Gebot zur Bildung einer MAV diese nicht eingerichtet, so findet aus Rechtsgründen weder Betriebsverfassungsrecht noch Personalvertretungsrecht Anwendung (§ 118 Abs. 2 BetrVG, § 112 BPersVG).

2. Räumlicher Geltungsbereich

Die MAVO gilt als diözesanes (partikulares) Kirchengesetz im gesamten Gebiet der Diözese des Bischofs, der die MAVO erlassen und in seinem Amtsblatt verkündet hat. Damit erfasst der räumliche Geltungsbereich der MAVO Dienststellen, Einrichtungen und sonstige selbständig geführte Stellen im Diözesangebiet. Die diözesane MAVO ist als Gesetz des Diözesanbischofs ein territorial geltendes Gesetz (can. 13 § 1 CIC). Denn dem Bischof steht nur innerhalb seiner Diözese Gesetzgebungsgewalt zu (can. 391 § 1 CIC).[6] Das Gesetz wendet sich ganz ausdrücklich an mehrdiözesane Rechtsträger, die nämlich in mehreren, nicht aber in allen Diözesen im Gebiet der Deutschen Bischofskonferenz Einrichtungen unterhalten (Abs. 2 S. 1). Das Gesetz wendet sich auch an sog. überdiözesane Rechtsträger, die im gesamten Konferenzgebiet Einrichtungen unterhalten. Das sind außer Ordensgemeinschaften inzwischen die im caritativen Bereich tätigen Gesellschaften mit beschränkter Haftung (GmbH), die über das Bundesgebiet mehrdiözesan oder überdiözesan verstreut Einrichtungen betreiben. Aktivitäten dieser Art können auch der Deutsche Caritasverband und seine Gliederungen entfalten. Geregelt wird in Abs. 3 S. 1, dass in allen **Einrichtungen eines mehrdiözesanen oder überdiözesanen Rechtsträgers die** MAVO der Diözese anzuwenden ist, in der sich der Sitz der Hauptniederlassung (Haupt-

---

6 Dazu: *Listl*, Hdb. kath. KR S. 83, 89.

I. Allgemeine Vorschriften

sitz) befindet. Diese Bezeichnungen sind interpretationsfähig. Sprachlich wird nicht verlangt, dass es um den Sitz geht, der möglicherweise im Vereinsregister eingetragen ist, sondern es geht um den Sitz, an dem die zentrale Verwaltung des Rechtsträgers domiziliert. Die Bezeichnung Hauptniederlassung kann sich ebenso wie das Wort Hauptsitz auf einen Orden beziehen, der in einer Stadt sein Mutterhaus oder Provinzialat hat, von wo aus die anderen Niederlassungen betreut werden.

8 Die **Orden** werden von der MAVO aber nur dann erreicht, wenn sie die Voraussetzung der Beschäftigung von Arbeitnehmern in ihren Einrichtungen erfüllen, also solche Personen i. S. d. Grundordnung des kirchlichen Dienstes im Rahmen kirchlicher Arbeitsverhältnisse beschäftigen, die nicht Mitglieder der Ordensgemeinschaft sind. Die MAVO regelt nicht den Ordensbereich, sondern gibt den vom Orden betriebenen Einrichtungen eine Betriebsverfassung, die zwar den Orden und dessen Organisation betrifft, wenn er zur Erfüllung seines Auftrages erzieherische oder caritative Einrichtungen betreibt,[7] wie das bei Schulen, Krankenhäusern oder Tageseinrichtungen für Kinder der Fall ist (vgl. can. 678, 681 § 1, 806 CIC).

9 Die Bischöfe haben als diözesane Gesetzgeber einen Weg genommen, der vom reinen Territorialprinzip für den räumlichen Geltungsbereich der MAVO abweicht. Es wird durch § 1 Abs. 3 S. 1 zugelassen, dass auf dem Gebiet der Diözese das andere MAVO-Diözesanrecht gilt, wenn der Hauptsitz des mehr- oder überdiözesanen Rechtsträgers im Geltungsbereich einer anderen MAVO, also außerhalb des konkreten Diözesangebiets liegt. Die im konkreten Diözesangebiet liegende Einrichtung ist dann von der Geltung der diözesanen MAVO exemt, wenn sie die für den Träger geltende MAVO anwendet. Der Träger hat als Dienstgeber den Vorteil, sich nur mit einer Rechtsordnung in allen seinen Einrichtungen zu befassen. Er wird die Nachteile in Kauf nehmen müssen, die mit den Zuständigkeiten von Einigungsstellen, Kirchlichen Arbeitsgerichten, Gesamtmitarbeitervertretungen, Mitgliedschaften in diözesanen Arbeitsgemeinschaften wegen weiter Wege der jeweils beteiligten Mitarbeitervertretungen eine Rolle spielen.

10 Abweichend vom Prinzip der Geltung der MAVO des Ortes des Hauptsitzes kann gemäß **§ 1 Abs. 3 S. 2** erste Alternative auf Antrag des Rechtsträgers der Diözesanbischof des Hauptsitzes des Trägers im Einvernehmen mit den anderen Diözesanbischöfen, in deren Diözese der Rechtsträger tätig ist, bestimmen, dass in den Einrichtungen des Rechtsträgers die MAVO der jeweiligen Diözesen angewendet wird, in der die jeweilige Einrichtung ihren Sitz hat. Mehrdiözesane caritative Träger haben bereits Antrag zugunsten der Geltung der MAVO der Diözese gestellt, in deren Gebiet ihre jeweiligen Einrichtungen belegen sind. Daraus folgt, dass die diözesane MAVO die größere Akzeptanz findet (Territorialprinzip). Die Nähe zur Einigungsstelle, zum kirchlichen Arbeitsgericht, die Verbundenheit mit der diözesanen Arbeitsgemeinschaft, die Rechtseinheit in der Diözese wiegen höher als die Anwendung nur einer einzigen auf den Hauptsitz des Rechtsträgers bezogenen MAVO. In diesem Zusammenhang ist auf die **Grundordnung für die katholischen Krankenhäuser in Nordrhein-Westfalen**[8] aller fünf Diözesanbischöfe im Lande Nordrhein-Westfalen (Aachen, Essen, Köln, Münster und Paderborn) hinzuweisen. Dort heißt es unter B IV: »Die vom Ortsbischof erlassene Mitarbeitervertretungsordnung, die Arbeitsvertragsrichtlinien des Deutschen Caritasverbandes und die vom Ortsbischof vorgeschriebenen Musterverträge finden Anwendung.« Es folgen weitere mitarbeitervertretungsrechtliche Bestimmungen über die Art und Weise der Zusammenarbeit zwischen Krankenhausbetriebsleitung und MAV als Ergänzung zur diözesanen MAVO. Die hier genannte Grundordnung für katholische Krankenhäuser stellt also für die Krankenhäuser das Territorialitätsprinzip zur Geltung der MAVO des für die Einrichtung gesetzgeberisch zuständigen Diözesanbischofs her. Damit bedarf es innerhalb des Landes Nordrhein-Westfalen keiner Anträge i. S. d. § 1 Abs. 3 S. 2 MAVO, weil die beteiligten Diözesanbischöfe bereits gesetzlich entschieden haben, welche MAVO in den Krankenhäusern und in komplementären Einrichtungen und Diensten des Krankenhauses sowie für gesundheits- und sozialpflegerische Zentren zu gelten hat. Andererseits kann im begründeten Einzel-

---

7 *Richardi*, Das kollektive kirchl. Dienst- und Arbeitsrecht, Hdb. StKR II. Bd. 2. Aufl. 1995, S. 954.
8 Amtsblatt des Erzbistums Köln 1996, Nr. 256 S. 321.

fall von der Grundordnung für katholische Krankenhäuser mit Zustimmung des Ortsbischofs abgewichen werden (Schlussbestimmung der Grundordnung kath. Krankenhäuser).

Die jeweilige MAVO ist von den Diözesanbischöfen im Gebiet der Deutschen Bischofskonferenz beschlossen worden und daher in der Bundesrepublik Deutschland allgemeines und wegen der Rechtsquelle diözesanes Kirchenrecht. Allerdings lässt § 1 Abs. 3 zweite Alternative zu, dass der Diözesanbischof für einen näher bestimmten Rechtsträger eine besondere Mitarbeitervertretungsordnung erlässt (Rn 69). Die KAGO regelt u. a. die örtliche Zuständigkeit der kirchlichen Arbeitsgerichte. Danach ist das Kirchliche Arbeitsgericht zur Entscheidung in MAVO-Streitigkeiten gemäß § 2 Abs. 2 KAGO zuständig, in dessen Bezirk der Rechtsträger seinen Sitz hat (§ 3 Abs. 3 KAGO).

Liegt die **Einrichtung im Ausland** oder in einem Gebiet, in dem die MAVO nicht erlassen worden ist, gilt die MAVO nicht, auch wenn sie sonst für den Rechtsträger verbindlich ist. Der Rechtsträger kann im anderen Territorium ggf. über sein Hausrecht verfügend (evtl. Satzungsrecht) im Falle eines rechtsfreien Raumes über arbeitsvertragliche Inbezugnahme seine MAVO oder die für ihn in seiner sonstigen Belegenheit geltende Rechtsordnung wirksam werden lassen. Das ist allerdings nur möglich, wenn es mit der Rechtslage in dem anderen Territorium (Diözese, Staat) verträglich ist.

II. Persönlicher Geltungsbereich der MAVO

1. Die Dienstgeber des Bereichs der verfassten Kirche

Gemäß **§ 1 Abs. 1** werden in den **Nummern 1 bis 5** folgende Gesetzesadressaten bestimmt
– die Diözese,
– die Kirchengemeinden und Kirchenstiftungen,
– die Verbände der Kirchengemeinden,
– die Diözesancaritasverbände und deren Gliederungen, die öffentliche juristische Personen des kanonischen Rechts sind,
– die sonstigen öffentlichen juristischen Personen des kanonischen Rechts.

Die Rechtsträger werden gemäß § 2 als Dienstgeber bezeichnet. Sie sind juristische Personen des kirchlichen und staatlichen Rechts, um im staatlichen Rechtsverkehr handeln zu können. Wer Mitarbeiter ist, regelt § 3. Mitarbeiter fallen ebenfalls unter den persönlichen Geltungsbereich der MAVO.

Es ist eine Frage des Einzelfalls, ob ein Diözesancaritasverband oder eine seiner Gliederungen öffentliche juristische Person des kanonischen Rechts ist. Das kommt in der einschränkenden Formulierung zu § 1 Abs. 1 Nr. 4 zum Ausdruck. Zu prüfen ist, ob entsprechende Dekrete der zuständigen Autorität, also des Diözesanbischofs ergangen sind, wodurch mit der Errichtung des Verbandes zugleich auch die Rechtsform der öffentlichen juristischen Person erworben wurde. Die daneben bestehende Rechtsform nach staatlichem Recht, etwa die des eingetragenen Vereins, hat mit Rücksicht auf die Bestimmung des Abs. 1 keine Bedeutung. Zu den sonstigen öffentlichen juristischen Personen gehören die Ordensgemeinschaften, weil sie mit ihrer Errichtung im Bereich des kanonischen Rechts automatisch Rechtspersönlichkeit haben und dies im Rang einer öffentlichen juristischen Person gemäß can. 116 § 1 CIC.[9] Eine nach staatlichem Recht ausgeprägte Rechtsform derselben ist durchaus zulässig, um im staatlichen Bereich Rechtsfähigkeit und Vermögensfähigkeit zu erlangen. Wesentlich ist die Autonomie und die kirchliche Einbindung.

In § 1 Abs. 1 Nr. 1 bis 3 werden die Strukturen eines Diözesangebietes berücksichtigt, wie sie als Gliederung der Teilkirche durch das allgemeine Kirchenrecht vorgegeben sind (can. 368 ff., 515 ff. CIC) und durch partikulares Kirchenrecht ausgebaut werden können. Dazu gehört u. a. auch die

---

[9] *Listl*, Ordensgemeinschaften, Hdb. StKR I. Bd. 2. Aufl., S. 841, 843; *Aymans-Mörsdorf*, KanR II S. 597 ff.; *Henseler*, Münsterischer Kommentar zum CIC can. 634 Rn 2; *Primetshofer*, Die Religionsverbände, Hdb. kath. KR S. 604, 607.

Schaffung von Kirchengemeindeverbänden (§§ 21 ff. KVVG Fulda)[10] und Pfarreien. **In § 1 Abs. 1 Nr. 4 und 5** werden die sonstigen in der Diözese existierenden Konsoziationen mit Rücksicht auf ihre kirchenrechtlich geregelte Rechtsform in den Geltungsbereich der MAVO einbezogen. Pfarreien und Kirchengemeindeverbände zu errichten, aufzuheben oder sie zu verändern, ist allein Sache des Diözesanbischofs nach Anhörung des Priesterrats (can. 515 § 2, 374, § 2 CIC). Die Pfarrei hat in aller Regel abgegrenzt zu sein (can. 518, § 374 § 1 CIC).[11]

2. Dienststellen des Bistums

17 Die Einrichtungen und Dienststellen des Bistums unterstehen dem Gesetzgeber als Leiter der Diözese. Im Wege der Organisation bestimmt er oder sein Generalvikar oder eine andere von ihm bestellte Autorität die Durchführung des Gesetzes (can. 391 § 2 CIC; vgl. § 2 Rn 10 ff.).

18 Von der Vorschrift des **§ 1 Abs. 1 Nr. 1** werden alle Dienststellen und Einrichtungen des Bistums erfasst. Hierbei geht es um die Verwaltungsstellen der Diözese, die bischöflichen Anstalten, Bildungshäuser, Akademien, Schulen, Konvikte und ggf. Krankenhäuser in der Trägerschaft des Bistums. In diese Kategorie fallen auch kirchliche Eigenbetriebe der Diözese, die rechtlich unselbständig sind (vgl. Statut für den kirchlichen Eigenbetrieb »Marchtaler Internate der Diözese Rottenburg-Stuttgart«.[12] Was als Dienststelle i. S. d. MAVO gelten soll, bestimmt der Generalvikar gemäß § 1a Abs. 2. Priesterseminar und Dienststellen des Domkapitels sind je nach Organisation unter § 1 Abs. 1 Nr. 1 oder Nr. 5 einzureihen. Es kommt auf die Trägerschaft der Dienststellen oder Einrichtungen an. Eigene kirchliche Rechtspersönlichkeit i. S. v. can. 116 § 1 CIC führt zur Eingruppierung unter Nr. 5.

3. Dienststellen der Kirchengemeinden, Kirchenstiftungen und Kirchengemeindeverbände, § 1 Abs. 1 Nr. 2 und 3

19 Die Kirchengemeinden, Kirchenstiftungen und Kirchengemeindeverbände, auch als Zweckverbände,[13] tragen und unterhalten Dienststellen und Einrichtungen unterschiedlicher Art.[14] Es handelt sich um Verwaltungen und Einrichtungen (z. B. Pfarrbüro, Kindergarten, Erziehungsberatungsstelle, Krankenhaus, Altenheim, Offene Tür, Jugendamt, Pfarrbücherei, Sozialstation). Die vorgenannten Körperschaften sind in der MAVO als Rechtsträger i. S. d. Staatskirchenrechts genannt. Unter diesen Bezeichnungen nehmen sie als kirchliche Körperschaften des öffentlichen Rechts am Rechtsverkehr im staatlichen Bereich teil.[15] Die MAVO verwendet für die Begriffe Kirchengemeinde und Kirchenstiftung (Rn 63) nicht den Begriff Pfarrei i. S. d. canonischen Rechts (vgl. dazu: can. 515 ff. CIC), obwohl sie nach Kirchenrecht Rechtspersönlichkeit besitzt (can. 515 § 3 CIC). Das folgt aus der Tatsache, dass Arbeits-, Ausbildungs- und Gestellungsverträge mit den nach Staatskirchenrecht oder nach partikularem Kirchenrecht[16] benannten, am Rechtsverkehr im weltlichen Bereich teilnehmenden Rechtsträgern abgeschlossen werden.[17] Die Bildung von Kirchengemeindeverbän-

---

10 Amtsblatt 1987 S. 93.
11 Vgl. auch Verlautbarungen des Bischofs von Essen zu Grenzbeschreibungen im Bistum Essen, Kirchliches Amtsblatt Bistum Essen 2010 Nrn. 63 ff. S. 93 ff.
12 Amtsblatt 2005 S. 111.
13 Amtsblatt Köln 1990 Nr. 181 S. 136.
14 Vgl. Mustersatzung eines Katholischen Kirchengemeindeverbandes, Amtsblatt des Erzbistums Köln 1997 Nr. 2 S. 3; Musterurkunde über die Errichtung eines Katholischen Kirchengemeindeverbandes, Amtsblatt des Erzbistums Köln 2000 Nr. 151 S. 124.
15 Z. B. Gesetz des Landes Preußen über die Verwaltung des katholischen Kirchenvermögens vom 24. Juli 1924, PrGS, S. 585, zuletzt geändert durch das Gesetz über das Friehofs- und Bestattungswesen NRW vom 17. 6. 2003, GV NRW 2003 S. 313 (KVG), abgedruckt bei *Emsbach/Seeberger*, Rechte und Pflichten des Kirchenvorstandes S. 128 ff.; ergänzend dazu: Geschäftsanweisung für die Verwaltung des Vermögens in den Kirchengemeinden und Gemeindeverbänden der Erzdiözese Köln, Amtsblatt des Erzbistums Köln 2009 Nr. 178 S. 104.
16 Z. B. KiStiftO bayerische Diözesen, in: *Fahr/Weber/Binder*, Ordnung für kirchl. Stiftungen S. 5 ff.
17 Vgl. § 1 Kirchengemeindeordnung, Kirchl. Amtsblatt Rottenburg-Stuttgart 2002 S. 113 ff.

den[18] trägt dazu bei, die Arbeitgeberschaft der Kirchengemeinden auf die Kirchengemeindeverbände zu übertragen, so dass dort und nicht mehr in den Kirchengemeinden Mitarbeitervertretungen zu bilden sind.

Nicht zu verwechseln mit den vorgenannten juristischen Körperschaften sind Seelsorgeeinheiten[19] oder Seelsorgebereiche, Pfarreiengemeinschaften,[20] Pfarrverbände, bei denen die Kirchengemeinden als Rechtsträger bestehen bleiben. In solchen Seelsorgeeinheiten kann es jedoch gemäß § 1b zur Bildung einer gemeinsamen Mitarbeitervertretung kommen, weil die Seelsorge in diesen Bezirken koordiniert wird.

4. Einrichtungen des Diözesancaritasverbandes und seiner Gliederungen

Mit § 1 Abs. 1 Nr. 4 wird der von den Diözesancaritasverbänden und ihren Gliederungen organisierte Bereich der katholischen Caritas erfasst, soweit sie **öffentliche juristische Personen des kanonischen Rechts** sind (can. 116 CIC). Einrichtungen solcher Rechtsträger fallen unmittelbar in den Geltungsbereich der MAVO. In Betracht kommt die dritte Stufe des kanonischen Vereins, nämlich der öffentliche kirchliche Verein mit kirchlicher Rechtspersönlichkeit (can. 301 § 3, 116 § 1 CIC). Öffentliche Vereine werden von den zuständigen kirchlichen Hoheitsträgern errichtet, damit sie eine bestimmte Aufgabe im Namen der Kirche verfolgen. Ihre Mitglieder sind berufen, auf dem durch den Zweck bezeichneten Teilgebiet an der geistlichen Verantwortung der Kirche in institutionalisierter Weise mitzutragen (can. 313 CIC). Zwei Kriterien unterscheiden die öffentliche Vereinigung von der privaten. Ihre Wirksamkeit geht von der Institution Kirche aus und ihre rechtliche Existenz beruht auf einem konstitutiven Hoheitsakt.[21] Die öffentliche Vereinigung unterliegt bei aller Erledigung ihrer statutenmäßigen Aufgaben der übergeordneten Weisungsgewalt der zuständigen Autorität (can. 315 CIC), die sie mit der Zielsetzung, einen Sendungsauftrag, wie z. B. der Caritas, wahrzunehmen, errichtet hat.

5. Einrichtungen der sonstigen öffentlichen juristischen Personen des kanonischen Rechts

a. Vorbemerkung

Gemäß § 1 Abs. 1 Nr. 5 unterfallen alle sonstigen öffentlichen juristischen Personen des kanonischen Rechts i. S. v. can. 116 CIC der MAVO. Außer den Ordensgemeinschaften (Rn 23) sind das z. B. die Domkapitel[22] und die Priesterseminare (can. 238 CIC) und etwa Zweckverbände als öffentliche juristische Personen in der Kirche, wie z. B. der Zweckverband Katholische Tageseinrichtungen für Kinder im Bistum Essen.[23] Es geht um die Klarstellung, dass die genannten kirchlichen Rechtsträger, die selbst keine Religionsgemeinschaften i. S. v. Art. 140 GG, 137 Abs. 3 WRV sind, vom Schutz des staatlich garantierten kirchlichen Selbstbestimmungsrechts umfasst sind. Dabei ist dann zu unterscheiden, was zum inneren Bereich dieser Rechtsträger einerseits und zu deren äußerem Wirken mit Blick auf Nichtmitglieder in deren Diensten andererseits gehört. Von Interesse ist dabei das Beschäftigungsverhältnis von Mitarbeitern und Mitarbeiterinnen, nicht aber das Rechtsverhältnis von satzungsrechtlichen Mitgliedern dieser Rechtsträger. Ist ein Domkapitel, Kathedralkapitel bzw. Metropolitankapitel Körperschaft des öffentlichen Rechts, findet das BetrVG gemäß seinem § 130 keine keine Anwendung, wenn die Körperschaft Dombauverwaltung und Dombauhütte als Betrieb führt. Körperschaften des öffentlichen Rechts unterfallen § 130 BetrVG, so dass in ihren juristisch nicht verselbständigten Betrieben, Einrichtungen und Verwaltungen, in denen Arbeitnehmer beschäftigt

---

18 Vgl. Amtsblatt des Erzbistums Köln 2005 Nr. 56ff. S. 56 ff.; 2008 Nr. 10 S. 9.
19 Vgl. Kirchliches Amtsblatt Münster 2001 Art. 146 S. 186.
20 Kirchliches Amtsblatt Münster 2001 Art. 79 S. 74.
21 *Schnizer*, Hdb. kath. KR S. 474 f.
22 Vgl. Statuten des Metropolitankapitels Freiburg, § 1 Abs. 2, Amtsbl. d. Erzdiözese Freiburg 1995 S. 275; des Domkapitels zu Osnabrück, § 1 Abs. 2, Kirchl. Amtsbl. der Diözese Osnabrück 1996 Art. 36 S. 54; *Puza*, Hdb. kath. KR S. 475.
23 Kirchliches Amtsblatt Bistum Essen 2010 Nr. 20 S. 19.

werden, kein Betriebsrat gewählt werden kann.[24] Eine dennoch erfolgte Betriebsratswahl ist nichtig.[25] Zur Frage der Pflicht zur Bildung einer Personalvertretung bei einem Domkapitel nach Landespersonalvertretungsrecht liegt keine gerichtliche Entscheidung vor. Das Personalvertretungsrecht nimmt gemäß § 112 BPersVG und z. B. § 120 LPVG NW die Religionsgemeinschaften und ihre karitativen und erzieherischen Einrichtungen ohne Rücksicht auf ihre Rechtsform von der Geltung des Betriebsverfassungsrechts aus. Ein Domkapitel ist Teil der verfassten Kirche (can. 503 ff. CIC). Diesem obliegt die Verwaltung der Domkirche zur Ermöglichung der Durchführung der darin stattfindenden Gottesdienste.

b. Institute des geweihten Lebens (can. 573 ff. CIC)

23   Orden im Bereich der katholischen Kirche sind selbst keine Religionsgemeinschaften. Sie sind selbständige Vereinigungen im Bereich der Kirche, nicht jedoch selbständige Teilkirchen.[26] Sie bilden im Verfassungsgefüge der Kirche einen eigenen kanonischen Stand (Vat II LG Art. 39 und 45). Ihre Institutionalisierung ist eine Schöpfung der Kirche.[27] Die Institute sind Einrichtungen der Kirche (can. 576, 578, 583, 590 § 1, 592 CIC). Das kompetente hierarchische Organ ist entweder der Apostolische Stuhl oder der Diözesanbischof (can. 593 f. CIC).[28]

24   Die Institute des geweihten Lebens (Orden) sind sowohl kirchenrechtlich als auch nach staatlichem Recht (z. B. e. V. oder Körperschaft des öffentlichen Rechts) organisiert; sie müssen allerdings **Dienstgeber i. S. d. MAVO** sein. In der Rechtsform des staatlichen Rechts nehmen sie als juristische Personen am Rechtsverkehr teil. Ist eine Ordensgemeinschaft päpstlichen Rechts Alleingesellschafterin einer GmbH, die ihrerseits Rechtsträgerin einer Einrichtung (z. B. Schule) ist, so findet auf sie die vom Diözesanbischof als Kirchengesetz erlassene Grundordnung des kirchlichen Dienstes im Rahmen kirchlicher Arbeitsverhältnisse (GrO) jedenfalls dann Anwendung, wenn die Alleingesellschafterin der Übernahme der GrO i. S. d. Art. 2 Abs. 2 GrO zustimmt.[29]

25   Die Institute des geweihten Lebens werden näher unterschieden in **Religioseninstitute** (auch Ordensinstitute; can. 607 ff. CIC), **Säkularinstitute** (can. 710 ff. CIC) und Gesellschaften des Apostolischen Lebens (can. 731 ff. CIC). Eine größere Gruppe unter ihnen sind die **Orden**. Es gibt Institute **päpstlichen Rechts**, die deswegen ausschließlich der Gewalt des Hl. Stuhles (can. 593) unterstehen, und solche, die als Institutionen diözesanen **(bischöflichen) Rechts** unter der besonderen Sorge des Diözesanbischofs stehen (can. 594 CIC). Dabei gilt für beide Arten das besondere Autonomierecht des can. 586 CIC. Es geht um die **Autonomie** im Ordensrecht.

aa. Autonomie

26   Wesen der Autonomie ist die **innere Ordnung** eines Ordensinstituts, die ihm eingeräumt wird, damit es das Erbgut des Instituts erhalten kann (can. 578 CIC).[30] Raum der Autonomie ist der Innenbereich des Ordensinstituts, vor allem sein inneres Regiment (can. 586 § 1, 732 CIC). Autonom ist das Leben der Institute, insbesondere ihre Leitung (vgl. § 3 Abs. 3), ihre kirchlich anerkannte Lebensordnung und jedwede Unternehmung und Bemühung zur Wahrung des überkommenen Erbgutes. Erbgut sind der Stifterwille, die kirchlich anerkannten Ziele, die Natur, die Spiritualität, die Weise des gemeinschaftlichen Lebens und der apostolischen Arbeit, sowie die gesunden Überlieferungen.[31] Diese

---

24 *LAG Köln*, 10. 10. 2003 – 12 TaBV 20/03, unter Hinw. auf *BAG*, 30. 7. 1987 – 6 ABR 78/85, AP Nr. 3 zu § 130 BetrVG 1972.
25 *LAG Köln*, 10. 10. 2003 – 12 TaBV 20/03, unter Hinw. auf *BAG*, 30. 7. 1987 – 6 ABR 78/85, AP Nr. 3 zu § 130 BetrVG 1972.
26 *Müller*, Hdb. kath. KR S. 484 ff.
27 *Müller*, a. a. O. m. N.
28 Dazu: *Haering*, Hdb. kath. KR 2. Aufl., S. 591, 599.
29 *KAGH*, 26. 6. 2009 – M 16/08, ZMV 2009, 212.
30 *Scheuermann*, Das Grundrecht der Autonomie im Ordensrecht, OK 25/1984 S. 31, 34.
31 *Scheuermann*, Die Stellung der Ordensinstitute in der Diözese, in: FS Heinemann, S. 249 f.

Autonomie muss der Bischof wahren und schützen (can. 586 § 2 CIC). Deshalb gilt die MAVO insoweit für den Ordensbereich nicht.

bb. Apostolatstätigkeit

Anders ist es aber, wenn es um die **Einordnung des Apostolats in die Gesamtpastoral des Bistums** geht.[32] In der Ausübung des Apostolats, nämlich der Seelsorge, dem Gottesdienst und den sonstigen Werken des schulischen,[33] erzieherischen, pflegenden und irgendwie sozial tätigen Apostolats überschreiten die Orden den Innenbereich ihres Instituts und unterstehen dem Diözesanbischof (can. 678 § 1 CIC), weil ihre apostolische Tätigkeit in die Diözese hineinstrahlt.[34]

Besonders deutlich wird dies durch can. 794 CIC. Die Kirche als solche nimmt für sich das Recht und die Pflicht in Anspruch, erzieherisch zu wirken, weil es ihr von Gott aufgetragen ist, den Menschen zu helfen, dass sie zur Fülle des christlichen Lebens zu gelangen vermögen. Gemäß can. 806 § 1 steht dem Diözesanbischof das Aufsichts- und Visitationsrecht über die in seiner Diözese befindlichen katholischen Schulen zu, auch über die von Mitgliedern von Ordensinstituten gegründeten oder geleiteten Schulen (vgl. auch can. 683 CIC); ihm steht es ferner zu, Vorschriften zur allgemeinen Ordnung der katholischen Schulen zu erlassen; diese Vorschriften gelten auch für die von den genannten Institutsmitgliedern geleiteten Schulen, unbeschadet der Autonomie hinsichtlich der inneren Leitung ihrer Schulen (§ 5 Nr. 5 Kirchliches Schulgesetz des Erzbistums Köln).[35]

Arbeitsvertragliche Entscheidungen, wie die Anstellung von Lehrkräften, die nicht Ordensmitglieder sind, ragen in den Außenbereich des Ordens. Deshalb ist auch nach dem Grundsatz der einheitlichen Leitung der Diözese (can. 394 § 1 CIC) davon auszugehen, dass die MAVO da anzuwenden ist, wo sich die Orden in Ausübung des Apostolats der Mitarbeit von nicht ordensangehörigen Mitarbeitern durch Arbeitsverträge u. Ä. bedienen.[36] Das staatliche Recht ragt u. a. als Arbeitsrecht in die **Orden** hinein, wenn diese Arbeitnehmer beschäftigen. Deshalb gilt Arbeitsrecht auch z. B. in den von den Orden getragenen sozial-caritativen, erzieherischen und anderen Einrichtungen und Betrieben ohne Rücksicht auf deren Rechtsform. Die Rechtskontrolle hinsichtlich des Arbeits- und Sozialrechts üben staatliche Gerichte aus. Infolgedessen gehören die arbeitsrechtlichen Angelegenheiten nicht zu den inneren Angelegenheiten der Ordensautonomie. Da es aber neben der staatlichen **Rechtsetzungsgewalt** für den kirchlichen Bereich diejenige **des Diözesanbischofs** gibt, ist auch kollektives Arbeitsrecht des Bischofs für die inneren Angelegenheiten der Kirche und somit **für die Orden** geltendes Recht. Dasselbe gilt auch für Betriebe der Orden, in denen Arbeitnehmer beschäftigt werden (bestritten; Rn 79). Die Bedeutung des Staatskirchenrechts darf nicht außer Acht bleiben. Die Obliegenheit der Orden, kirchliches Arbeitsrecht zu übernehmen, ist eine »Rechtsfrage in einer Gemengelage von verschiedenen Rechtsbereichen bzw. Rechtsebenen«. Staatliches Verfassungsrecht einschließlich Staatskirchenrecht, einfaches profanes Recht mit individuellem und kollektiven Arbeitsrecht sowie Vereinsrecht, Kirchenrecht unter Einschluss von Ordens- und Vereinsautonomie, aber auch diözesanes Recht mit kollektivem Arbeitsrecht gehören dazu.[37] Für selbständige Einrichtungen gibt es keine eigenständige Inanspruchnahme des grundgesetzlich garantierten Selbstbestim-

---

32 Vgl. *Scheuermann*, OK 25/1984 S. 36; *Henseler*, Das Verhältnis des Diözesanbischofs zu den klösterlichen Verbänden, OK 25/1984 S. 276, 286; nachsynodales apostol. Schreiben, Amtsblatt des Erzbistums Köln 1996 Nr. 124 S. 107, 123 Nr. 49.
33 Vgl. z. B. § 5 Nr. 5 Kirchliches Schulgesetz des Erzbistums Köln, Amtsblatt des Erzbistums Köln 2006 Nr. 166 S. 134; Erklärung der Kongregation für das katholische Bildungswesen zur katholischen Schule, Kirchl. Anzeiger für die Erzdiözese Köln 1977 Nr. 287 S. 377.
34 *Henseler*, Münsterischer Kommentar, can. 738 § 2; *Scheuermann*, Die Stellung der Ordensinstitute, FS Heinemann, S. 249, 252; *Socha*, Die Gesellschaften des apostolischen Lebens im neuen CIC, AfkKR 1983 S. 76, 102.
35 Amtsblatt des Erzbistums Köln 2006, S. 134.
36 *Richardi*, Das kollektive kirchl. Dienst- u. Arbeitsrecht, Hdb. StKR II. Band § 67 S. 954.
37 *Dütz*, Kirchliches Arbeitsrecht in nichtdiözesanen Einrichtungen, in Eder/Floß, S. 69 ff.

mungsrechts, da dieses nicht der jeweiligen Einrichtung gesondert zusteht, sondern nur der verfassten Kirche selbst.

6. Anwendung der MAVO auf die sonstigen kirchlichen Rechtsträger

30 Der Geltungsbereich der MAVO wird gemäß **§ 1 Abs.** 2 ausgedehnt auf die sonstigen kirchlichen Rechtsträger und ihre Einrichtungen unbeschadet ihrer Rechtsform im kirchlichen wie auch im staatlichen Rechtsbereich. Denn die (diözesane) MAVO ist anzuwenden und rechtsverbindlich zu übernehmen. Wie in der Grundordnung des kirchlichen Dienstes im Rahmen kirchlicher Arbeitsverhältnisse (GrO) wird berücksichtigt, dass die Gesetzgebungsbefugnis des Diözesanbischofs kirchenrechtlich begrenzt sein kann und dass insbesondere bei verselbständigten Einrichtungen in privatrechtlicher Form eine Zuordnung zur Kirche durch die Satzung abgesichert sein muss. Mit Blick auf das Staatskirchenrecht beruht die Sonderstellung innerhalb der Arbeitsrechtsordnung nicht auf der Satzungsautonomie der Rechtsträger, sondern auf dem verfassungsrechtlich verbürgten Selbstbestimmungsrecht der Kirche.[38] Deshalb sind die Rechtsträger, für die der Diözesanbischof die MAVO nicht unmittelbar in Kraft gesetzt hat, gehalten, sie für ihren Rechtsbereich rechtsverbindlich zu übernehmen (vgl. auch Art. 2 GrO). Unterstützt wird der kirchliche Gesetzesbefehl im Satzungsrecht des Deutschen Caritasverbandes und der diözesanen Caritasverbände zum Erwerb der korporativen Mitgliedschaft von einschlägigen Rechtsträgern in den Verbänden. Die Satzung eines diözesanen Caritasverbandes genehmigt der zuständige Diözesanbischof.[39] Auch der **Bereich der Dienststellenverfassung** gehört zur durch Art. 137 Abs. 3 WRV garantierten Regelungsbefugnis der Kirche.[40] Sie bestimmt, ob und in welcher Weise die Mitarbeiter und ihre Vertretungsorgane in Angelegenheiten der Dienststelle, die ihre Interessen berühren, mitwirken und mitbestimmen. Das gilt auch, wenn ein kirchlicher Rechtsträger eine Einrichtung übernimmt, in der zuvor das BetrVG gegolten hatte.[41] Dieses Gesetz findet in dem Augenblick keine Anwendung mehr, in dem die Einrichtung durch Übernahme zu einer Einrichtung der Kirche wird[42] (§ 13d Abs. 4). Erforderlich ist aber eine ausreichende institutionelle Verbindung zwischen der durch Art. 140 GG i. V. m. Art. 137 Abs. 3 WRV geschützten Religionsgemeinschaft und der Einrichtung (Rn 34).

a. Der Verband der Diözesen Deutschlands

31 Durch die Neufassung der Rahmenordnung der MAVO durch die Vollversammlung des Verbandes der Diözesen Deutschlands (VDD) haben die Diözesanbischöfe zugleich für den VDD mitentschieden, dass er gehalten ist, die diözesane Mitarbeitervertretungsordnung anzuwenden. Als überdiözesaner Verband ist er nicht aus dem Geltungsbereich der MAVO ausgenommen, sondern gemäß § 1 Abs. 3 zur Anwendung der MAVO der Diözese verpflichtet, in der sich der Sitz der Hauptniederlassung befindet. Der VDD[43] mit Sitz in München und Dienststellen z. B. in Bonn ist **Körperschaft des deutschen öffentlichen Rechts,** nicht aber etwa auch öffentliche oder private Person des kanonischen Rechts.[44] Er ist mit Billigung des Apostolischen Stuhls der Zusammenschluss der Diözesen in der Bundesrepublik Deutschland (§ 1 der Satzung).[45] Er nimmt die Aufgaben wahr, die ihm von der Deutschen Bischofskonferenz im rechtlichen und wirtschaftlichen Bereich übertragen werden

---

38 *BAG*, 10. 12. 1992 – 2 AZR 271/92, NZA 1993, 593.
39 Vgl. z. B. Kirchliches Amtsblatt Bistum Essen 2009, Nr. 33 S. 90; Amtsblatt des Erzbistums Köln 2009, Nr. 184, S. 202; Kirchliches Amtsblatt für die Diözese Osnabrück 2010, Art. 72 S. 105.
40 *BVerfGE* 46, 73 ff.
41 *BAG*, 9. 2. 1982 – 1 ABR 36/80, AP Nr. 10 zu § 118 BetrVG 1972 = EzA § 118 BetrVG 1972 Nr. 33.
42 Hierzu näher *Jurina*, Kirchenfreiheit S. 814 f. m. N. über die streitige wissenschaftliche Diskussion; *Ruland*, Sonderstellung S. 97 f.; *Fabricius*, § 118 BetrVG Rn 700, 727; *Jurina*, Das Dienst- und Arbeitsrecht S. 151 ff.
43 Dazu: *Listl*, Plenarkonzil und Bischofskonferenz, Hdb. kath. KR S. 304, 322 f.; *Schlief*, Hdb. StKR, 1. Bd., 2. Aufl. 1994 S. 365 ff.
44 *Kräßig*, Der Verband der Diözesen Deutschlands, S. 173.
45 Amtsblatt des Erzbistums Köln 2004 Nr. 118 S. 110.

[handwritten note at top: 1 Motu proprio „Dienst der Liebe" Benedikts XVI. in Kraft getreten am 10.12.2012; Papst]

Geltungsbereich § 1

(§ 3 der Satzung). Die Diözesanbischöfe gehören der Vollversammlung des VDD als Mitglieder mit Stimmrecht an (§ 5 der Satzung). Der VDD ist Rechtsträger von Dienststellen und Einrichtungen der Deutschen Bischofskonferenz (§ 16 Abs. 1 S. 1). Die in seiner Rechtsträgerschaft stehenden Dienststellen und Einrichtungen sind im rechtlichen und wirtschaftlichen Bereich an Weisungen der Organe des VDD gebunden (§ 16 Abs. 2). Eigene Gesetzgebungsbefugnis hat der VDD nicht. Er hat **Satzungsautonomie**, ist nicht Gesetzgeber (Präambel Rn 52 f.). Als Verband der Kirche ist er dem Gesetzgebungsrecht der Kirche unterworfen; als Dienstgeber unterliegt er der MAVO der Diözese der Belegenheit seiner »Hauptniederlassung« oder seines »Hauptsitzes«, falls nicht eine Mitarbeitervertretungsordnung eigens für den VDD erlassen wird (§ 1 Abs. 3 S. 2). ✗

b. Der Deutsche Caritasverband

Zu den sonstigen Rechtsträgern i. S. d. MAVO zählt gemäß § 1 Abs. 2 der Deutsche Caritasverband als überdiözesaner Rechtsträger mit Sitz in Freiburg. Für ihn gilt folglich die MAVO der Erzdiözese Freiburg gemäß § 1 Abs. 3 S. 1. Nach seiner Satzung hat er die Rechtsform eines eingetragenen Vereins, ist also privatrechtlich verfasst. Er hat gemäß Satzung vom 16. 10. 2003[46] die Doppelstellung als privater Verein von Gläubigen i. S. d. can. 299, 321–326 CIC einerseits und behält – wie bisher – die Rechtsstellung eines eingetragenen Vereins i. S. d. BGB andererseits; er wendet die Grundordnung des kirchlichen Dienstes im Rahmen kirchlicher Arbeitsverhältnisse in ihrer jeweiligen Fassung an (§ 2 der Satzung). Durch die Vorschrift des § 1 Abs. 2 S. 1 MAVO wird außerdem der gesamte Bereich der organisierten katholischen Caritas, wie er von den deutschen Bischöfen anerkannt und im Deutschen Caritasverband zusammengefasst ist (§ 2 Abs. 1, § 4 Satzung des DCV), erfasst. 32

Der **Deutsche Caritasverband**[47] hat sich kraft seiner Satzung (§ 2) der Aufsicht der Deutschen Bischofskonferenz unterstellt und hält mit seinem Präsidenten Kontakt zu ihren Organen (§ 10 Abs. 2 Satzung).[48] Das Beziehungsverhältnis zwischen Caritas und verfasster Kirche ist durch engen Kontakt auf der Diözesan- und Ortsebene verwirklicht, wie sich aus der Satzung des **Diözesan-Caritasverbandes** für das Erzbistum Köln e. V. vom 10. 8. 2009[49] ergibt. *[handwritten: 24.3.2011]* Schon aus der Präambel, aber auch aus einzelnen Vorschriften der Satzung (§§ 20, 21, 23) ergibt sich ein Aufsichtsrecht des Erzbischofs von Köln über den Verband einschließlich des Rechts der Genehmigung von Satzungsänderungen und das Recht zur Ernennung des Vorstandes (§ 9). Der Verband ist Gliederung und Mitglied des Deutschen Caritasverbandes sowie institutionelle und vom Erzbischof anerkannte Zusammenfassung aller der Caritas dienenden Einrichtungen und Dienste innerhalb des Erzbistums Köln (§ 2 Abs. 1 und 2 der Satzung). Auch nach dem Aufgabenkatalog ist eindeutig, dass dieser Verband auf dem Gebiet der kirchlichen Caritas zuständiger Rechtsträger ist (§ 3 der Satzung). Es steht aufgrund von § 2 Abs. 5 der Satzung fest, dass für diesen Verband auch Grundordnung des kirchlichen Dienstes im Rahmen kirchlicher Arbeitsverhältnisse (GrO) und MAVO gelten, die der Erzbischof von Köln erlässt, weil die Anwendung der GrO und der MAVO seinen korporativen Mitgliedern zur Bedingung gemacht wird (§ 5 der Satzung). Zum Bereich des Deutschen Caritasverbandes gehören die Diözesan-Caritasverbände mit Dekanats-, Bezirks-, Orts- und Kreisverbänden (§ 4 Abs. 1 Satzung) und Zentrale Fachverbände (§ 4 Abs. 2 der Satzung). 33

Da die **Caritas** unverzichtbare Lebensäußerung der katholischen Kirche ist,[50] ist sie ebenso wie die Kirche selbst **von der Geltung des Betriebsverfassungsrechts ausgenommen,**[51] weil dieser Bereich 34

[handwritten note: ✗ In dem VDD hat der Vorsitzende der Vollversammlung, der Erzbischof von Freiburg, eine MAVO erlassen, siehe Amtsblatt der Erzdiözese Freiburg 2011 Nr. 13 S. 167]

---

46 Neue caritas 5/2004 S. 32 ff.
47 *Hierold*, Organisation der Caritas, Hdb. kath. KR S. 1032.
48 Vgl. auch *Wegener*, Staat und Verbände § 171 f.
49 Amtsblatt des Erzbistums Köln 2009 Nr. 84, S. 202; vgl. auch: Mustersatzung für die Stadt- und Kreiscaritasverbände im Erzbistum Köln, Amtsblatt 2003, Nr. 329 S. 333. *[handwritten: 2011 155 274 / 2012 93 164]*
50 Enzyklika *Benedikt XVI.* Deus Caritas est vom 25. 12. 2005 Nrn. 22, 24, 32; Kirchliches Amtsblatt Bistum Essen 2009 Nr. 33 S. 90; *Hierold*, Grundfragen caritativer Diakonie, Hdb. kath. KR S. 847; *Kuper*, Caritas und Vereinsrecht, Caritas '80 S. 102 f.; *Hallermann*, AfkKR 1999, 443.
51 *Jurina*, Dienst- und Arbeitsrecht S. 159.

Thiel

ebenso wie einzelne karitative Einrichtungen unter § 118 Abs. 2 BetrVG fällt, wenn er nur der Kirche zugerechnet werden kann.[52] Maßgebend dafür ist die Satzung. Dazu gehören sowohl solche i. S. d. Kirchenrechts (z. B. Vereine, Stiftungen, Orden) als auch Träger i. S. d. staatlichen privaten Rechts (GmbH, eingetragener Verein, Gesellschaft des bürgerlichen Rechts, Stiftung) und des staatlichen öffentlichen Rechts (Körperschaften, Anstalten, Stiftungen).[53] Für die Geltung des Mitarbeitervertretungsrechts ist die Zuordnung zur Kirche durch die Satzung nur eine Voraussetzung, nicht der Geltungsgrund; denn die Satzungsautonomie umfasst nicht die Kompetenz zum Erlass einer arbeitsrechtlichen Mitbestimmungsordnung. Rechtsgrundlage für das Mitarbeitervertretungsrecht ist vielmehr die Verfassungsgarantie des kirchlichen Selbstbestimmungsrechts in Art. 137 Abs. 3 WRV.[54] Nach der Rechtsprechung des BVerfG und des BAG unterfällt eine karitative und erzieherische Einrichtung einer Religionsgemeinschaft nicht dem Geltungsbereich des BetrVG, wenn sie der Religionsgemeinschaft i. S. des § 118 Abs. 2 BetrVG zugeordnet ist. Hierzu bedarf es einer institutionellen Verbindung zwischen der Religionsgemeinschaft und der Einrichtung, auf Grund derer die Religionsgemeinschaft über ein »Mindestmaß an Einflussmöglichkeiten« verfügt, um auf Dauer eine Übereinstimmung der religiösen Betätigung der Einrichtung mit ihren Vorstellungen gewährleisten zu können. Allerdings wird die Prüfung der Einflussmöglichkeiten der Kirche nicht durch das den Kirchen durch Art. 140 GG i. V. m. Art. 137 Abs. 3 WRV garantierte Selbstbestimmungsrecht ausgeschlossen.[55] Die Zuordnung i. S. des § 118 Abs. 2 BetrVG setzt nicht das Bestehen einer christlich motivierten Dienstgemeinschaft zwischen dem kirchlichen Arbeitgeber und seinen Mitarbeitern voraus.[56]

35 Das BAG hat in seiner Entscheidung vom 5. 12. 2007[57] seine Rechtsprechung zur Frage der arbeitsrechtlichen Kontrolldichte bei der Zuordnung einer karitativen oder erzieherischen Einrichtung zu einer Religionsgemeinschaft präzisiert. Danach ist die vereinsrechtliche Zugehörigkeit des Trägers einer Einrichtung zu einer Religionsgemeinschaft allein keine ausreichende Bindung für die Zuordnung i. S. des § 118 Abs. 2 BetrVG. Erforderlich ist ein Mindestmaß an Ordnungs- und Verwaltungstätigkeit der Religionsgemeinschaft über die Einrichtung. Erst die verwaltungsmäßige Verflechtung zwischen der Religionsgemeinschaft und »ihrer« Einrichtung rechtfertigt den Ausschluss aus dem BetrVG. Das BAG geht in der Entscheidung davon aus, dass das für die Zugehörigkeit zur Religionsgemeinschaft erforderliche Ausmaß der Ordnungs- und Verwaltungstätigkeit der Kirche über die Einrichtung der Kontrolle staatlicher Arbeitsgerichtsbarkeit unterliegt. Die Arbeitsgerichte haben danach in einer zweistufigen Prüfung darüber zu befinden, ob überhaupt eine verwaltungsmäßige Verflechtung besteht und ob die Kirche auf Grund dieser Verbindung über ein Mindestmaß an Einflussmöglichkeiten verfügt, um auf Dauer eine Übereinstimmung der religiösen Betätigung mit ihren Vorstellungen gewährleisten zu können. Die bloße Assoziierung eines eingetragenen Vereins zu einem Diözesancaritasverband oder ein Kooperationsvertrag mit ihm ist im Gegensatz zu einer in dem Vertrag übernommenen Verpflichtung die AVR-Caritas anzuwenden, keine Rechtsgrundlage für die Geltung der MAVO; es müssen vielmehr deren Geltungsvoraussetzungen vorliegen.[58]

36 Will sich ein Rechtsträger der Anwendung der verbindlich erlassenen Rechtsordnung entziehen, obwohl er in das Mitarbeitervertretungsrecht einbezogen ist, stellt sich die Frage nach der Zugehörigkeit dieses Trägers und seiner Einrichtung zur katholischen Kirche.[59] Denn wollte man zwischen der verfassten Kirche einerseits und den privatrechtlich organisierten kirchlichen Rechtsträgern andererseits unterscheiden mit der Folge, dass das Mitarbeitervertretungsrecht bei letzteren nur auf der Grundlage der Satzungsautonomie Verbindlichkeit erlangen kann, würde der Rechtsetzungsgewalt des Bischofs eine Schranke errichtet, für die ausschließlich die staatliche Sicht maßgebend ist (Präambel Rn 64 ff.).

---

52 *BVerfGE* 46, 73 = NW 1978, 581; dazu näher *Wegener*, Staat und Verbände S. 167 ff.
53 Vgl. *von Campenhausen*, in: Seifart, Hdb. d. Stiftungsrechts, § 16.
54 *Richardi*, Arbeitsrecht in der Kirche, § 17 Rn 1; *Jurina*, a. a. O. S. 162.
55 *BAG*, 5. 12. 2007 – 7 ABR 72/06, NZA 2008, 653.
56 *BAG*, 5. 12. 2007 – 7 ABR 72/06, NZA 2008, 653.
57 7 ABR 72/06, NZA 2008, 653.
58 *KAGH*, 27. 11. 2009 – M 04/09, ZMV 2010, 94.
59 *Richardi*, Arbeitsrecht in der Kirche § 18 Rn 7.

Deshalb ist es maßgeblich, dass in der Kirche, ohne Rücksicht auf die Rechtsform des jeweiligen Trägers, der Diözesanbischof die Geltung der Mitarbeitervertretungsordnung festlegen kann (Rn 56 ff., 70 ff.). Will man ihm das bestreiten, weil man auf die Rechtsform abstellt, so gilt dennoch, dass die Satzungsautonomie rechtsgeschäftliche Autonomie ist. Diese vom Staat abgeleitete Autonomie eines privatrechtlich organisierten Verbandes gestattet es nicht, für Personen, die zum Verband in einem Arbeitsverhältnis stehen, ein Repräsentationsmandat zu schaffen.[60] Jenes üben der Betriebsrat nach Betriebsverfassungsgesetz und die MAV nach kirchlichem Mitarbeitervertretungsrecht aus. Ist eine Mitarbeitervertretungsordnung nicht durch kirchliches Gesetz erlassen, so ist sie im Falle ihrer Geltung bei einem privatrechtlich oder öffentlich-rechtlich organisierten Dienstgeber durch Satzung erlassen. Die Satzung erfasst jedoch nicht das einzelne Arbeitsverhältnis. Geltung hat sie nur, wenn die Arbeitsverträge auf sie Bezug nehmen.[61] Die Kirche ist nach ihrem Verständnis, auch unter dem Gesichtspunkt des Vereinsrechts, als Einheit gebildet.

Einem Diözesancaritasverband assoziierte Mitglieder, etwa eine Krankenhaus-GmbH oder ein eingetragener Verein von Mitgliedern des Deutschen Ordens sind nicht zur Übernahme kirchlichen Arbeitsrechts verpflichtet, so dass sie nicht gehalten sind, die GrO, die MAVO und kirchlich über den Dritten Weg gesetztes Arbeitsvertragsrecht zu übernehmen. Die Anwendung kirchlichen Arbeitsvertragsrechts ist kein Indiz für die Zuordnung zur Kirche. Andererseits ist es nach staatlichem Recht nicht zulässig, staatlich zwingendes Betriebsverfassungsrecht durch Anwendung kirchlichen gesetzten Rechts, das nur innerkirchlich Verbindlichkeit beansprucht, wie die MAVO, zu umgehen. Wird der Rechtsschein der Verbindlichkeit kirchlichen Betriebsverfassungsrechts widerrechtlich erweckt, ist zwar die Bildung einer MAV auf der Grundlage der diözesanen MAVO nichtig und unwirksam; der betroffenen Arbeitgeber muss aber für die Folgen einstehen, die sich aus dem Vertrauensschutz ergeben, folglich auch für entstandene Kosten der mit seiner Zustimmung gewählten MAV einschließlich Anwaltskosten wegen Prozessführung beim Kirchlichen Arbeitsgericht aufkommen.[62] Umgekehrt begründet die Ausgründung in eine GmbH nicht unbedingt eine Abspaltung von der Kirche. Jedenfalls ist staatskirchenrechtlich anerkannt, dass die Verfassungsgarantie des Selbstbestimmungsrechts der Kirchen gewährleistet, sich auch der Organisationsform des staatlichen Rechts zu bedienen, um ihren Auftrag in der Welt zu erfüllen, ohne dass dadurch die Zugehörigkeit zur Kirche aufgehoben wird.[63] So begründet die Wahl der Rechtsform einer GmbH keine Abspaltung von der Zuordnung zur Kirche.[64] Dazu muss allerdings die Verbindung mit den Amtsträgern der Kirche gewährleistet sein, die auch über die Mitgliedschaft in einem Diözesancaritasverband bestehen kann. Die bloße Assoziierung zu ihm reicht nicht aus. Auch ein Kooperationsvertrag mit ihm ist im Gegensatz zu einer in ihm übernommenen Verpflichtung, die AVR-Caritas anzuwenden, keine Rechtsgrundlage für die Geltung der MAVO; es müssen die Geltungsvoraussetzungen der MAVO vorliegen.[65]

c. Personalprälaturen

Die MAVO gilt als Gesetz des Diözesanbischofs nicht für den Jurisdiktionsbereich der Personalprälatur schlechthin. Denn die Personalprälatur ist begrifflich ein klerikaler Zweckverband weltgeistlichen Charakters, die zur Erfüllung besonderer Aufgaben unter eigener Leitung eines Personalprälaten und mit eigenen Statuten vom Papst errichtet wird und der auch Laien angehören können (can. 294–297).[66] Die Personalprälatur besitzt keine Satzungsautonomie, sondern erhält ihre Statuten vom Apostolischen Stuhl. Der Personalprälat hat die Stellung eines eigenen Ordinarius. Dieser Zweckverband ist personell nicht dergestalt organisiert, dass die Mitglieder der Personalprälatur zu ihr in einem

---

60 *Richardi*, a. a. O. § 18 Rn 6.
61 *Fabricius*, GK-BetrVG § 118 Rn 792 m. N.
62 *KAGH*, 27. 11. 2009 – M 04/09, ZMV 2010, 94.
63 *BVerfGE* 53, 366, 392; 57, 220, 243; 70, 138, 163 f., 165.
64 *KAGH*, 27. 11. 2009 – M 04/09, ZMV 2010, 94.
65 *KAGH*, 27. 11. 2009 – M 04/09, ZMV 2010, 94.
66 *Schmitz*, Die Personalprälaturen, Hdb. kath. KR S. 650.

I. Allgemeine Vorschriften

Beschäftigungsverhältnis stehen. Sie können dagegen Mitarbeiter i. S. d. MAVO sein, wenn sie in einer kirchlichen Dienststelle beschäftigt werden. Wegen der sehr weiten Fassung der Normen für die Rechtsfigur der Personalprälatur ist es vorstellbar, dass nach ihrer Zielsetzung und ihrem Vereinigungsrahmen die Mitglieder ihrerseits Vereine gründen, um besondere Zwecke (z. B. Schulträgerschaft und Leitung der Schule) zu verfolgen. Im Ergebnis ist nicht auszuschließen, dass eine Wirkstätte von Mitgliedern der Personalprälatur, die naturgemäß auf dem Territorium eines Diözesanbischofs liegt, je nach ihrer Zuordnung zur Kirche von der MAVO erfasst werden kann, insbesondere wenn die Statuten das Verhältnis zu dem Ortsordinarius bestimmen.

39 Dasselbe gilt, wenn die Prälatur ihre seelsorglichen oder missionarischen Werke nach vorausgehender Zustimmung des Diözesanbischofs ausübt oder auszuüben beabsichtigt (can. 297). Da die Personalprälatur vom Heiligen Kreuz und Opus Dei[67] zunächst als Vereinigung anzusehen ist, sind ihre Mitglieder nicht als Mitarbeiter i. S. d. MAVO anzusehen, ebenso wenig wie die Ordensleute zu ihrem Orden. Leiten allerdings Priester des Opus Dei eine Pfarrei, so untersteht die Pfarrei als Teil der Diözese dem Diözesanbischof (can. 515) mit der Folge, dass die MAVO dort gilt und die dort beschäftigten Mitarbeiter (§ 3 Abs. 1) eine MAVO bilden können (§§ 1 und 6).

d. Juristische Personen des staatlichen Rechts

aa. Autonomie und Bezug zur Kirche

40 Ob die Kirche für die ihr zuzurechnenden juristischen Personen Gesetzgebungsbefugnis hat, die mit staatlich verliehener Rechtsform in Erscheinung treten, ist innerkirchlich und nach Maßgabe der Satzung zu beurteilen.[68] Die nach staatlichem Recht organisierten Verbände, Vereine und Stiftungen der Kirche, die sich der Wahrnehmung kirchlicher Aufgaben im Auftrag der Kirche verschrieben haben und ihr innerkirchlich zuzuordnen sind (z. B. Träger von kirchlichen Krankenhäusern; Orden mit ihren Schulen, Betrieben und Heimen; Schulwerke), bleiben im Verband der Kirche.[69] Sie bestimmt oder lässt zu, in welcher Weise die Aktivitäten der Kirche im Kleide bestimmter Rechtsformen wahrgenommen werden (z. B. Zweckverband Katholische Tageseinrichtungen für Kinder im Bistum Essen). Das folgt aus ihrem verfassungsrechtlich verbürgten selbstbestimmbaren Organisationsrecht. Würde die staatliche Rechtsform kirchlicher juristischer Personen dazu führen, dass diese der Kirche entfremdet würden, so läge darin die Beeinträchtigung der Selbstbestimmung der Kirche, die doch lediglich im Rechtskleid staatlicher Rechtsform, sei sie öffentlich-rechtlich oder privatrechtlich verfasst, ihre Rechts- und Vermögensfähigkeit zur Teilnahme am Rechtsverkehr im staatlichen Bereich behaupten will. Die erzieherische Einrichtung eines Rechtsträgers gehört dann zu einer Religionsgemeinschaft, wenn z. B. Kirche und Einrichtung die Erziehung nach Inhalt und Ziel identisch vornehmen und sichergestellt ist, dass die Kirche ihre Vorstellungen zur Gestaltung der Erziehung in der Einrichtung durchsetzen kann.[70] Im Einzelfall können personelle Verflechtungen zwischen den Führungsgremien der Einrichtungen und Amtsträgern der Kirche genügen, ohne dass die Durchsetzungsmöglichkeiten statutenmäßig abgesichert sein müssten.[71] Dann gilt z. B. nicht das BetrVG.[72]

41 Das Bundesverfassungsgericht[73] hat entschieden, dass sich die Garantie freier Ordnung und Verwaltung der eigenen Angelegenheiten der Kirche (Art. 140 GG i. V. m. Art. 137 Abs. 3 WRV) als notwendige, wenngleich rechtlich selbständige Gewährleistung erweist, die der Freiheit des religiösen Lebens und Wirkens der Kirchen und Religionsgemeinschaften die zur Wahrnehmung dieser Auf-

---

67 Vgl. *Schmitz*, a. a. O. S. 653.
68 Vgl. z. B. Satzung der Stiftung »Erzbischöfliches Kinderheim Haus Nazareth« Sigmaringen, Amtsbl. d. Erzdiözese Freiburg 1995 Nr. 108 S. 245.
69 *Muckel*, Kirchliche Vereine, Hdb. StKR II. Band S. 828, 834.
70 Vgl. z. B. Statut für die katholischen Kindertageseinrichtungen im nordrhein-westfälischen Teil des Erzbistums Köln, Amtsbl. d. Erzbistums Köln 2008, Nr. 207 S. 246.
71 *BAG*, 14. 4. 1988 – 6 ABR 36/86, AfkKR 1988, 299, 234 ff.
72 *BAG*, 31. 7. 2002 – 7 ABR 12/01, NZA 2002, 1409.
73 *BVerfG*, 25. 3. 1980 – 2 BvR 208/76, *BVerfGE* 53, 366 = NJW 1980, 1895.

gaben unerlässliche Freiheit der Bestimmung über Organisation, Normsetzung und Verwaltung hinzufügt. Nach Art. 140 GG i. V. m. Art. 137 Abs. 3 WRV sind nicht nur die organisierte Kirche und deren selbständige Teile, sondern alle der Kirche in bestimmter Weise zugeordneten Einrichtungen ohne Rücksicht auf ihre Rechtsform Objekte, bei deren Ordnung und Verwaltung die Kirche grundsätzlich frei ist, wenn die Einrichtungen nach kirchlichem Selbstverständnis ihrem Zweck oder ihrer Aufgabe entsprechend berufen sind, ein Stück Auftrag der Kirche wahrzunehmen und zu erfüllen.[74] Die Regelungs- und Verwaltungsbefugnis stehen demnach der Kirche nicht nur hinsichtlich ihrer körperschaftlichen Organisation und ihrer Ämter zu, sondern auch hinsichtlich ihrer »Vereinigungen, die sich nicht die allseitige, sondern nur die partielle Pflege des religiösen oder weltanschaulichen Lebens ihrer Mitglieder zum Ziel gesetzt haben. Voraussetzung dafür ist aber, dass der Zweck der Vereinigung gerade auf die Erreichung eines solchen Ziels gerichtet ist. Das gilt ohne weiteres für organisatorisch oder institutionell mit Kirchen verbundene Vereinigungen wie kirchliche Orden, die im staatlichen Bereich auch als Körperschaften des privaten oder öffentlichen Rechts in Erscheinung treten. Ihr Daseinszweck enthält eine Intensivierung der gesamtkirchlichen Aufgaben« (can. 573 ff.; 298; 113 ff.). »Es gilt aber auch für andere selbständige oder unselbständige Vereinigungen, wenn und soweit ihr Zweck die Pflege oder Förderung eines religiösen Bekenntnisses oder die Verkündigung des Glaubens ihrer Mitglieder ist. Maßstab für das Vorliegen dieser Voraussetzungen kann das Ausmaß der institutionellen Verbindung mit einer Religionsgemeinschaft oder die Art der mit der Vereinigung verfolgten Ziele sein«.[75]

Maßgebendes Kriterium für die Zuordnung einer Einrichtung zur Kirche ist danach nicht etwa die Zugehörigkeit zur Kirchenverwaltung. Vielmehr genügt, dass die in Frage stehende Einrichtung der Kirche so nahe steht, dass sie teilhat an der Verwirklichung eines Stücks Auftrags der Kirche im Geist christlicher Religiosität, im Einklang mit dem Bekenntnis der christlichen Kirche und in Verbindung mit den Amtsträgern der Kirche.[76] Die so gewährleistete Freiheit der Kirche im Staat schließt ein, dass sich die Kirche zur Erfüllung ihres Auftrags auch der Organisationsformen des staatlichen Rechts bedienen kann, ohne dass dadurch die Zugehörigkeit der auf dieser Rechtsgrundlage gegründeten Einrichtung zur Kirche aufgehoben würde. In der Mitwirkung von Laien bei der Verwaltung solcher Einrichtungen kann keine Lockerung der Zuordnung zur Kirche gesehen werden.[77] Die Organisation innerhalb der Kirche unterliegt ihrem Selbstbestimmungsrecht. Mit Blick auf die Geltungsfrage kirchlichen oder staatlichen Betriebsverfassungsrechts prüfen im Falle von Rechtsstreitigkeiten staatliche Gerichte die verwaltungsmäßige Verflechtung zwischen Kirche und Einrichtung sowie ein Mindestmaß an Einflussmöglichkeiten der Kirche auf die Einrichtung durch deren Verbindung mit der Möglichkeit dauernden Einflusses auf eine Übereinstimmung der religiösen Betätigung der Einrichtung mit den Vorstellungen der Kirche.[78] Der Erzbischof von Paderborn hat grundlegende Standards zur Realisierung des Proprium in kirchlichen Einrichtungen verkündet. Als formale Voraussetzungen für die Anerkennung der Einrichtung als kirchlich werden genannt:
– Der Rechtsträger unterliegt in geregelter Form der bischöflichen Aufsicht.
– Verbindliche kirchliche Vorgaben werden in allen Belangen anerkannt.
– Ein Leitbild des Trägers ist aktuell vorhanden, vermittelt und wird bei Entscheidungen einbezogen.
– Es finden jeweils in der vom Erzbischof von Paderborn für das Erzbistum Paderborn in Kraft gesetzten Fassung Anwendung die Grundordnung des kirchlichen Dienstes im Rahmen kirchlicher Arbeitsverhältnisse nebst den diözesanen Ausführungsbestimmungen, die Kirchliche Arbeits- und Vergütungsordnung (KAVO) bzw. die Richtlinien für Arbeitsverträge in den Einrichtungen des Deutschen Caritasverbandes (AVR) und die Mitarbeitervertretungsordnung (MAVO).

---

74 *BVerfGE* 46, 73, LS. 1, 85 ff. = NJW 1978, 581 m. w. N.
75 *BVerfGE* 24, 236, 246 f. = NJW 1969, 31; *BVerfGE* 46, 86 f.
76 *BVerfGE* 46, 87.
77 *Richardi*, Kirchenautonomie und gesetzliche Betriebsverfassung. ZevKR 1978, 367, 396, 398 f.; Wort der Bischöfe zur Stellung der Verbände in der Kirche, Amtsblatt Köln 1990 Nr. 57 S. 62 ff.
78 *BAG*, 5. 12. 2007 – 7 ABR 72/06, NZA 2008, 653.

I. Allgemeine Vorschriften

– Leitende Aufgaben sollen an Personen übertragen werden, die der katholischen Kirche angehören.[79]

bb. Die GmbH

43 Zunehmende Bedeutung haben im kirchlichen, vor allem im caritativen Bereich die **Gesellschaften mit beschränkter Haftung (GmbH)** mit recht unterschiedlichen Unternehmenszwecken wie Kranken- und Altenpflege, Jugendhilfe, Schule, Nachrichtenverbreitung (z. B. KNA) gewonnen. Grundlage ist der Gesellschaftsvertrag gemäß § 2 GmbHG, der den gemäß § 3 GmbHG genannten Inhalt haben muss. Für die Zuordnung der GmbH zur Kirche sind besondere Voraussetzungen erforderlich. Gesellschafter können ein Bistum, eine Kirchengemeinde, ein Orden, ein Diözesancaritasverband sein, um allein oder mit anderen Gesellschaftern einen bestimmten Gesellschaftszweck unter Angabe des Unternehmensgegenstandes zu verfolgen. Dabei kann in der Präambel, vor allem aber im Gesellschaftsvertrag die Verbindung zur Kirche und ihre aufsichtsrechtliche Berechtigung verankert werden. Aus der Formulierung »der Betrieb der Gesellschaft erfolgt aus dem Selbstverständnis der Caritas als einer Wesensfunktion der katholischen Kirche« kann auf die Unterstellung unter die Kirchenaufsicht nicht geschlossen werden. Auch auf die Zusammensetzung der Organe der Gesellschaft ist Bedacht zu nehmen, wodurch die Zuordnung zur Kirche auch personell zum Ausdruck kommt. Zu berücksichtigen ist wegen des mitarbeitenden Personals die Verbindlichkeit der Grundordnung, bei Krankenhäusern zusätzliche kirchliche Ordnungen für diesen Bereich und die MAVO sowie die Anwendung des Arbeitsvertragsrechts i. S. d. KODA-Ordnungen gemäß Art. 7 und 8 GrO, wobei sich die Gesellschaft der kirchlichen Aufsicht des Diözesanbischofs unterstellt. Das hat auch zu gelten, wenn z. B. ein Bistum Gesellschafter ist, weil es um die Kontrolle von außen geht, die der Bischof ausübt. Bedeutung hat die Aufsicht auch in den Fällen des § 1a Abs. 2 MAVO bei der Regelung dessen, was die Gesellschaft (Rechtsträger) als Einrichtung i. S. d. MAVO bestimmen will, damit dort eine MAV gebildet werden kann. Denn die Regelung bedarf der Genehmigung des Ordinarius (§ 1a Abs. 2 S. 2 MAVO). Die MAV hat mit Rücksicht auf ihre Rechte und Befugnisse das Recht auf Information, welche Handlungen der oder die Gesellschafter im Rahmen ihrer Geschäftsführung ggf. nur kontrolliert durch Dritte wirksam vornehmen dürfen, wie z. B. Einstellungen, Beförderungen, Kündigungen. Diese Anmerkungen haben auch für andere Rechtsträger anderer Rechtsform, die dem kirchlichen Bereich i. S. d. MAVO zugerechnet werden, entsprechende Bedeutung. Ist ein Orden Alleingesellschafter einer GmbH, gilt die GrO und damit auch die MAVO der Diözese, in der die GmbH ihren Sitz hat. Die Anwendung der GrO bezeugt die Sonderstellung innerhalb des grundgesetzlich garantierten Selbstbestimmungsrechts der Kirche.[80]

44 Dient die Gründung einer Service-Gesellschaft in der Rechtsform der GmbH der Organisation bestimmter Dienste, die z. B. zuvor in einem Krankenhaus integriert waren, die aber aus Personalkostengründen ausgegliedert werden (z. B. Reinigungs- und Küchendienste), geht es um die Frage der Zugehörigkeit der GmbH zum Bereich der von der Kirche anerkannten Caritas und das Kriterium caritativer Einrichtung (vgl. § 118 Abs. 2 BetrVG). Denn bei einem reinen Wirtschaftsbetrieb, den gemäß Gesellschaftsvertrag eine dem Caritasverband zugeordnete Krankenhaus-GmbH und eine freie Service-Gesellschaft als neue GmbH gemeinsam betreiben, ist das Kriterium einer caritativen Einrichtung mit entsprechender Zwecksetzung zu suchen. Es geht nicht um die jeweilige Höhe der Stammeinlage der GmbH-Gesellschafter an der GmbH (§ 5 GmbHG). Es geht um das kirchliche Proprium und die Frage, ob das Proprium bestätigt wird, wenn die Leistungen der GmbH umfassen Lieferung von Speisen und Getränken an Patienten, Mitarbeiter und Besucher des Krankenhauses sowie Hauswirtschaftsleistungen, wobei weder vertiefte medizinische noch pflegerische Sachkenntnisse von den Mitarbeitern der GmbH gefordert werden und die Dienstleistungen auch gegenüber Dritten erbracht werden dürfen, während der Gesellschaftsvertrag zur Zuordnung zum kirchlichen Dienst bzw. Caritasverband schweigt. Weiteres Kriterium ist die Unterordnung unter geltendes kirch-

---

79 Kirchliches Amtsblatt für die Erzdiözese Paderborn 2009 Nr. 55 S. 49.
80 *KAGH*, 26. 6. 2009 – M 16/08, ZMV 2009, 212 f.

liches Arbeitsrecht (AVR, Grundordnung, Dritter Weg nach Maßgabe des bischöflich in Kraft gesetzten Arbeitsrechtsregelungsverfahrens, Anwendung der MAVO des zuständigen Diözesanbischofs) in seiner Gesamtheit, nicht selektiv. Die Verfassungsgarantie des Selbstbestimmungsrechts der Kirche behindert nicht die **Ausgliederung einer kirchlichen Einrichtung**, sie garantiert aber nicht, dass eine ausgegliederte Einrichtung der Kirche oder eines der Kirche zugeordneten caritativen Trägers dieser zugeordnet bleibt. Wer sich der Ordnung der Kirche ganz oder teilweise entzieht, wird nach staatlichem Recht beurteilt[81] (Rn 72).

Gemäß Art. 2 Abs. 2 GrO verpflichtet die Kirchlichkeit eines Rechtsträgers diesen zur Anwendung der GrO. Die Übernahme der GrO ist konstitutiv für die Geltung von MAVO (Art. 8 GrO) und das Arbeitsrechtsregelungsverfahren einschließlich Arbeitsvertragsregelungen gemäß Art. 7 Abs. 1 GrO.[82] Das Delegierte Gericht des Obersten Gerichts der Apostolischen Signatur[83] hat allerdings erklärt, dass kirchliche Rechtsträger in der Rechtsform des deutschen privaten Rechts rechtlich nicht zwingend verpflichtet seien, für alle ihre Einrichtungen die GrO anzuwenden. Hier gilt es zu unterscheiden zwischen einem Rechtsträger mit institutioneller Verbindung zur Kirche und Wahrnehmung einer kirchlichen Aufgabe einerseits und einem Zusammenschluss von Gläubigen i. S. v. can. 215 CIC in der Kirche andererseits, der z. B. katholische Bildungsarbeit leistet.[84] Ein freier Zusammenschluss von Gläubigen ist nicht zur Anwendung der GrO und der MAVO verpflichtet. Die Vereinigung i. S. von can. 215 CIC unterliegt einer kirchlichen Aufsicht nur in allgemeiner Weise hinsichtlich der Beachtung von Glaube und Sitte. Ein kirchlicher Rechtsträger in der Rechtsform des privaten Rechts hat nicht das Wahlrecht zwischen der Anwendung staatlichen oder kirchlichen Arbeitsrechts.[85] Ob staatliches oder kirchliches Arbeitsrecht gilt, bestimmt sich allein nach dem Status des Rechtsträgers als kirchlich oder nichtkirchlich. Kirchlicher Rechtsträger kann nur sein, wer – als solcher privatrechtlich verfasst – bereit ist, der Kirche ein Mindestmaß an Einflussmöglichkeiten auf seine Tätigkeit zu eröffnen. Ist er dazu nicht (mehr) bereit, hat er kraft Gesetzes keinen kirchlichen Status und damit auch keine Teilhabe am verfassungsrechtlich garantierten Selbstordnungs- und Selbstverwaltungsrecht der verfassten Kirche mit der Geltung des besonderen kirchlichen Arbeitsrechts. Die Zuordnung einer karitativen oder erzieherischen Einrichtung zu einer Religionsgemeinschaft i. S. des § 118 Abs. 2 BetrVG setzt eine institutionelle Verbindung zwischen der Kirche und der Einrichtung voraus, auf Grund derer die Kirche ein Mindestmaß an Einflussmöglichkeiten verfügt, um auf Dauer eine Übereinstimmung der religiösen Betätigung gewährleisten zu können. Dabei bedarf der ordnende Einfluss der Kirche zwar keiner satzungsmäßigen Absicherung. Die Kirche muss aber in der Lage sein, einen etwaigen Dissens in religiösen Angelegenheiten zwischen ihr und der Einrichtung zu unterbinden.[86] Ist das nicht der Fall, gilt staatliches Betriebsverfassungsrecht.

Ob sich der Träger einer Einrichtung oder eine Unternehmung mit apostolischer Tätigkeit katholisch nennen darf, richtet sich nach Kirchenrecht, wonach sich auch freie Zusammenschlüsse von Gläubigen mit Zustimmung der zuständigen kirchlichen Autorität katholisch nennen dürfen (can. 216 CIC), ohne kirchliche Einrichtung zu sein. Sind kirchliche Rechtsträger in einer Rechtsform des staatlichen Rechts organisiert, zugleich aber Rechtsträger i. S. von Art. 2 Abs. 1 GrO, so sind sie an die GrO gebunden.[87] Die Anwendung der GrO mit Anwendung der kirchlichen MAVO befreit allerdings nicht von der Prüfung, ob der Anwender unter Betriebsverfassungs- oder Personalvertretungs-

---

81 *Richardi*, Gefahren beim Verlassen des »Dritten Weges«, in: neue caritas 4/2000 S. 33.
82 *Delegiertes Gericht des Obersten Gerichts der Apostolischen Signatur*, 31. 3. 2010 – 42676/09 VT, Paderbornen, ZMV 2010, 145.
83 Wie vor.
84 *KArbG Paderborn*, 8. 10. 2009 – XVII/06, n. rkr.
85 Gegenteiliger Ansicht: *Delegiertes Gericht des Obersten Gerichts der Apostolischen Signatur*, 31. 3. 2010 – 42676/09 VT, Paderbornen.
86 *BAG*, 5. 12. 2007 – 7 ABR 72/06, EzA § 118 BetrVG 2001 Nr. 8 = NZA 2008, 653.
87 *Delegiertes Gericht des Obersten Gerichts der Apostolischen Signatur*, 31. 3. 2010 – 42676/09 VT, Paderbornen.

recht fällt. Darüber entscheiden die staatlichen Gerichte, während die kirchlichen Gerichte für Arbeitssachen darüber befinden, ob kirchliches Arbeitsrecht einschließlich GrO gilt.[88]

e. Kirchliche Vereine

aa. Vereinsfreiheit und Versammlungsfreiheit in der Kirche

47 Es gibt das den Christgläubigen verbürgte Grundrecht der Vereinigungs- und Versammlungsfreiheit, wie es can. 215 CIC/1983 artikuliert,[89] ohne überhaupt auf die Vorgaben des kanonischen Vereinsrechts oder des Rechts der Lebensverbände zurückgreifen zu müssen.[90] Die Ausrichtung auf die im CIC typisierten Kategorien der Vereine ist nicht erforderlich,[91] weil **die freien Zusammenschlüsse i. S. v. can. 215 CIC** in ihrer inneren Ordnung (Satzung) nicht an die Vorgaben des kanonischen Rechts gebunden sind. Die Ordnung hat dann auch nicht die Qualität eines Statuts i. S. v. can. 94 CIC sondern ist Konventionalordnung.[92] Der freie Zusammenschluss organisiert sich womöglich nach Maßgabe des weltlichen Rechts; kirchlich ist er insoweit nicht existent,[93] als ihm kirchenamtliche Anerkennung, wie sie für die kanonischen Vereine gemäß can. 299 § 3 CIC erforderlich ist, fehlt. Der Kategorie einer »kirchlichen Vereinigung« wird der freie Zusammenschluss von Gläubigen zugerechnet, wenn er einer gemäß can. 215 CIC kanonisch umschriebenen Zielsetzung folgt, nämlich Förderung der Caritas, der Frömmigkeit oder der christlichen Berufung in der Welt, und in irgendeiner Form, etwa gemäß seiner inneren Ordnung, mit der kirchlichen Autorität verbunden ist.[94] Die Mitgliedschaft in dem Zusammenschluss ist nicht durch gemeinrechtliche Vorgaben auf katholische Christen beschränkt. Allerdings muss sich der freie Zusammenschluss in die Gesamtsendung der Kirche einfügen; die dort organisierten Gläubigen müssen all den Erfordernissen des kanonischen Rechts genügen, an die die einzelnen Gläubigen bei der Wahrnehmung ihrer Rechte gebunden sind. Sie unterliegen den Bestimmungen über die kirchliche Gemeinwohlverpflichtung gemäß can. 223 § 1 CIC und der Verpflichtung auf eventuelle nähere Regelungen für die Ausübung der im Gemeinstatut näher umschriebenen Rechte (can. 223 § 2 CIC), wozu der Zustimmungsvorbehalt des can. 216 CIC zählt; denn ohne Zustimmung der zuständigen kirchlichen Autorität darf sich keine Unternehmung »katholisch« nennen. Beruft sich ein solcher Zusammenschluss dem Staat gegenüber auf seine Eigenschaft als katholische Vereinigung und wird deshalb die zuständige kirchliche Autorität zur Bestätigung des kirchlichen Status dieser Vereinigung angefragt, kann die Autorität gemäß can. 215 CIC die Existenz eines freien Zusammenschlusses bestätigen. Diese Bestätigung weist den Zusammenschluss aber nicht als kirchlichen i. S. eines kanonischen Vereins aus; er bleibt auf der Ebene einer Privatinitiative.[95] Allerdings ist es den so zusammengeschlossenen Gläubigen unbenommen, ihre Wirkungsmöglichkeit mit Blick auf die Kirche dadurch zu verbessern, dass der kirchlichen Autorität in der Satzung bestimmte Rechte eingeräumt sind.[96] Handelt es sich um eine Satzung i. S. d. staatlichen Rechts, so ist die Durchsetzung der der kirchlichen Autorität eingeräumten Rechte nur kraft staatlicher Rechtsordnung, nicht kraft kirchlicher Leitungsgewalt möglich.[97]

48 Gegenüber dem freien Zusammenschluss hat die kirchliche Autorität in der Regel nur die rechtlichen Möglichkeiten, die sie auch gegenüber nicht kirchlichen Vereinigungen hat. Dafür reicht eine breite Skala der Bewertung von Belobigung, Empfehlung bis hin zur Gestattung der Bezeichnung katholisch

---

88 *KAGH*, 27. 11. 2009 – M 04/09.
89 *Schnizer*, Hdb. kath. KR S. 563, 571.
90 *Aymans-Mörsdorf*, KanR II, S. 474 f.
91 *Schnizer*, Das Vereinsrecht, AfkKR 1987, 335.
92 *Aymans*, Das konsoziative Element in der Kirche AfkKR 1987, 337, 48 f.
93 *Schmitz*, Fragen der Rechtsüberleitung, AfkKR 1987, 367, 368.
94 *Aymans-Mörsdorf*, a. a. O. S. 473 f.
95 *Pree*, Zur Frage nach dem Proprium kirchlicher Einrichtungen, in: Essener Gespräche 34. Band (2000) S. 47, 69.
96 Vgl. Beschluss der Bischofskonferenz v. 19. 1. 1981, AfkKR 1981, 182.
97 *Aymans*, a. a. O. S. 337, 350.

(can. 216), andererseits aber auch von der Warnung bis zu Sanktionen für den Fall des Beitritts (vgl. can. 1374). Vereine bedürfen, um sich zur Kirche rechnen zu können, der Anerkennung durch die Kirche[98].

bb. Die Vereinstypen des kanonischen Rechts nach dem CIC 1983

Eine kirchliche (kanonische) Vereinigung wird zu einer solchen, wenn ihre innere Ordnung an die Anforderungen, die der CIC für den jeweiligen kirchenrechtlichen Vereinigungstyp aufgestellt hat, angepasst wird und die Sanktionierung der kanonischen Rechtsordnung erhält, nämlich durch Überprüfung (recognitio) bzw. Genehmigung (approbatio) der inneren Ordnung (can. 299 § 3 und can. 314 CIC) durch die zuständige kirchliche Autorität (can. 312, 322 CIC). Über die Vorgänge werden bei der zuständigen kirchlichen Autorität diesbezügliche Akten geführt. Die innere Ordnung wird zum Statut i. S. v. can. 94 §§ 1 und 2 CIC erhoben und erhält Rechtscharakter i. S. d. kanonischen Rechts[99]. Das **Statut bleibt aber gegenüber dem Gesetzesrecht abgeleitetes Recht,** weil es seinen Rechtscharakter nur aus der primären Rechtsordnung gewinnt und rechtlich verpflichtend wirkt, weil die primäre gesetzliche Ordnung, z. B. des CIC, das so vorsieht.[100] Vorgaben i. S. eines primären Rechts können sich auch aus speziellen und partikulären Normen ergeben (can. 223 § 2). Die zuständige kirchliche Autorität kann mit Blick auf die Verhältnisse im Bereich der Deutschen Bischofskonferenz auch prüfen, ob z. B. die Grundordnung des kirchlichen Dienstes im Rahmen kirchlicher Arbeitsverhältnisse (GrO) und die MAVO bei dem Verein unter den gesetzlichen Voraussetzungen zur Anwendung gelangen sollen. 49

Innerhalb der kanonischen Vereinigungen sind **drei Typen** geregelt. Wesentlich für die Bildung eines kanonischen Vereins sind mindestens drei natürliche oder juristische Personen, die den Verein durch Eintritt gründen (can. 115 § 2).[101] 50

aaa. Privater Verein ohne Rechtspersönlichkeit

Die erste Grundstufe ist der private kanonische Verein ohne Rechtspersönlichkeit (can. 310). Seine Existenz beruht auf der freien Willensübereinkunft von Gläubigen, sich zur **Verfolgung kirchlicher Zielsetzung** zusammenzuschließen (can. 299 § 1).[102] Allerdings **bedarf** dieser **Verein** zu seiner kirchenrechtlichen Relevanz **kirchlicher Anerkennung.** Dazu müssen seine Statuten von der zuständigen kirchlichen Autorität gemäß can. 299 § 3 die »recognitio« erfahren haben.[103] Die Überprüfung der Satzung kann auch ohne Belobigung oder Empfehlung i. S. v. can. 298 § 2 ausgehen.[104] Zuständige Autorität zur Überprüfung der Statuten ist diejenige, die auch bei anderen Vereinstypen wegen der Verleihung der Rechtspersönlichkeit zuständig ist (vgl. Rn 53). **Unabhängig von kirchlicher Regelung kann der nichtrechtsfähige private Verein durchaus Rechtspersönlichkeit i. S. d. staatlichen Rechts besitzen.**[105] Das dürfte für die kirchlich anerkannten Vereine aus der Zeit vor dem Inkrafttreten des CIC 1983 gelten[106] (Rn 55; 32). Der Verein kann auch nur korporative Mitglieder haben, wie das z. B. aus der Mustersatzung für katholische Sozialstationen in der Erzdiözese Freiburg[107] hervorgeht. Nach staatlichem Recht hat er die Rechtsform eines eingetragenen Vereins mit Eintragung in das Vereinsregister beim zuständigen Amtsgericht, während er nach kirchlichem Recht als privater 51

---

98 *Schnizer*, Allgemeine Fragen, Hdb. kath. KR S. 563, 568 f.; *Schulz*, Der neue Codex S. 4/ ff.; *Schmitz, Heribert*, Fragen der Rechtsüberleitung, AfkKR 1987, 367, 379 ff.; *Schnizer*, Das Vereinsrecht AfkKR 1987, 385, 397 ff.; *Dütz*, Kirchl. Vereine, in: Theologie und Glaube 1988, 352; *Pree*, Essener Gespräche 34. Band (2000) S. 47, 68 f.
99 *Aymans*, Das konsoziative Element, AfkKR 1987, 337, 350.
100 *Aymans*, a. a. O. S. 350 f.
101 *Schnizer*, Das Vereinsrecht, AfkKR 1987, 385, 407.
102 *Schnizer*, Die privaten und öffentlich kirchlichen Vereine, Hdb. kath. KR S. 579.
103 *Schnizer*, Allgemeine Fragen, Hdb. kath. KR S. 574; *ders.*, Hdb. kath. KR S. 579.
104 *Schulz*, Der neue Codex S. 51.
105 *Schnizer*, Das Vereinsrecht, AfkKR 1987, 385, 396 f. Rn 37.
106 *Dütz*, Kirchl. Vereine, ThGl 1988 S. 361.
107 Amtsblatt 2006 Nr. 303 S. 331.

Verein von Gläubigen ohne kirchliche Rechtspersönlichkeit gemäß can. 298 – 311, 321 ff. CIC kirchlich anerkannt und korporatives Mitglied im örtlichen Caritasverband ist (§ 1 der Mustersatzung). Er unterstellt sich der Aufsicht des Erzbischöflichen Ordinariats, unterwirft sich nach Maßgabe näherer Regelung der Zustimmung des Ordinariats zur Wirksamkeit näher genannter Rechtsgeschäfte, wendet die Grundordnung des kirchlichen Dienstes im Rahmen kirchlicher Arbeitsverhältnisses an und schließt mit seinen Arbeitnehmern Arbeitsverträge gemäß AVR-Caritas ab (§ 11 der Mustersatzung). Vgl. auch § 2 Abs. 7 Satzung des Caritasverbandes für die Diözese Münster e. V. vom 4. 11. 2005.[108]

bbb. Privater Verein mit Rechtspersönlichkeit

52 Die nächst höhere Stufe des kanonischen Vereins ist der kanonische Verein mit kirchlicher Rechtspersönlichkeit, also der rechtsfähige private Verein. Der entstammt der Privatinitiative (can. 299 § 1; 298 § 1), die jedoch keinerlei Beeinträchtigung durch die Verleihung der Rechtspersönlichkeit im Wege des Dekrets erfährt (can. 322 § 1). Vorauszugehen haben die Überprüfung (recognitio; can. 299 § 3) und die Genehmigung (probatio) der Statuten (can. 117) durch die zuständige kirchliche Autorität (can. 322 § 2, 312 § 1). Der private Charakter des Vereins wird dadurch nicht verändert. Trotz der den Vereinen eingeräumten Autonomie (can. 321) unterliegen sie gleichwohl der Aufsicht der kirchlichen Autorität (can. 323 § 1, can. 305) und ihrer Leitung. Die **Verleihung der Rechtspersönlichkeit** erfolgt gemäß can. 114 § 1 an private juristische Personen **durch besonderes Dekret** der zuständigen Autorität, welche die Rechtspersönlichkeit ausdrücklich gewährt (can. 116 § 2, 2. Halbsatz). **Zusätzlich** zur Rechtsfähigkeit i. S. d. Kirchenrechts kann der Verein auch **Rechtspersönlichkeit i. S. d. staatlichen Rechts** besitzen.[109]

ccc. Öffentlicher Verein

53 Die dritte Stufe des kanonischen Vereins ist **der öffentliche kirchliche Verein mit kirchlicher Rechtspersönlichkeit** (can. 301 § 3). Er wird nur von der zuständigen kirchlichen Autorität errichtet (can. 116 § 1). Im deutschsprachigen Bereich werden die öffentlichen Vereine auch als »kirchenamtliche« Vereinigungen bezeichnet.[110] Ein öffentlicher Verein und ebenso der Zusammenschluss öffentlicher Vereine werden durch dasselbe Dekret, durch das sie von der nach Maßgabe des can. 312 zuständigen kirchlichen Autorität errichtet werden, als juristische Person begründet und erhalten, soweit erforderlich, einen Sendungsauftrag für die Ziele, die sie im Namen der Kirche selbst zu verwirklichen vorhaben (can. 313; 301 § 1, § 2; 116 § 1).[111] Der öffentliche Verein muss, wie jeder private auch, **Statuten** haben, in denen Zweck bzw. soziales Programm, Sitz, Leitung und erforderliche Mitgliedschaftsbedingungen zu regeln sind (can. 304 § 1; 314).[112] Zuständige Autorität zur Errichtung von öffentlichen Vereinen sind der
– Heilige Stuhl für die gesamtkirchlichen und internationalen Vereine (can. 312 § 1n. 1),[113]
– die Bischofskonferenz für nationale Vereine, deren Tätigkeit auf das Gebiet der Bischofskonferenz bezogen ist (can. 312 § 1n. 2),
– der Diözesanbischof in seinem Gebiet für diözesane Vereine (can. 312 § 1n. 3) und für mehrdiözesane Vereine, wenn deren Hauptsitz in seiner Diözese liegt.[114]

---

108 Kirchl. Amtsblatt 2006 Art. 196 S. 150 ff.
109 *Schmitz, Heribert*, Fragen der Rechtsüberleitung, AfkKR 1987, 367, 373; *Schnizer*, Die privaten kirchl. und öffentlichen Vereine, Hdb. kath. KR S. 581 Fußnote 14; zum Caritasverband für die Diözese Augsburg: Amtsblatt für die Diözese Augsburg 2006 Nr. 75 S. 596 ff.
110 *Dütz*, Kirchliche Vereine, ThGl 1988 S. 352, 353 m. N.
111 *Schnizer*, a. a. O. S. 584 ff.
112 *Schnizer*, Allgemeine Fragen, Hdb. kath. KR S. 563, 574; Beispiel: Zweckverband Katholische Tageseinrichtungen für Kinder im Bistum Essen, Kirchliches Amtsblatt Bistum Essen 2010 Nr. 20 S. 19 ff.; Dekret zur Errichtung des Diözesan-Cäcilien-Verbandes in der Diözese Limburg als öffentlicher Verein, Amtsblatt des Bistums Limburg 2010, Nr. 536 S. 460, 462; Nr. 537 S. 463.
113 *Aymans*, Kirchl. Vereinigungen, S. 70 Fußnote 135.
114 *Aymans*, a. a. O. S. 71 Fußnote 138, S. 72 unter Einbeziehung von can. 19 i. V. m. can. 595 § 1.

Dasselbe gilt auch für die Verleihung der Rechtspersönlichkeit an private Vereine (can. 322 § 1) 54
durch Dekret.[115] Dieselbe Autorität ist auch zuständig für die Genehmigung der Statuten, ihre Überarbeitung und Änderung (can. 314).

cc. Kirchliche Altvereine

Da es Vereine gibt, die kirchlich anerkannt waren, als der CIC 1983 in Kraft getreten ist, ist zunächst 55
davon auszugehen, dass die rechtswirksam gegründeten Vereinigungen ohne kirchliche Rechtspersönlichkeit auch nach Inkrafttreten des CIC weiterbestehen.[116] Dasselbe gilt aber auch für von der kirchlichen Autorität errichtete Vereine,[117] wenn ihnen kanonische Rechtspersönlichkeit verliehen worden war.[118] Eine Überleitung auf die neue Rechtslage nach dem CIC 1983 ist jedoch erforderlich zur Zuordnung zu den neuen Vereinstypen und wegen der Klarheit und Rechtssicherheit.[119] Der CIC 1983 legt für den Deutschen Caritasverband und auch für die Diözesancaritasverbände die Form des öffentlichen Vereins nahe; die Kriterien eines privaten Vereins sind beim DCV stärker vorhanden als bei den Diözesancaritasverbänden.[120]

dd. Verhältnis zur kirchlichen Autorität

Für alle kirchlichen Vereine gilt, dass ihre Statuten der inneren Ordnung ihrer jeweiligen Körperschaft gelten und deshalb nur die Mitglieder erreichen und binden,[121] nicht dagegen Außenstehende. 56
Auf der Seite des Hirtendienstes ist aber, vor allem im Falle des Dissenses, die höhere legitimierte Autorität zu erblicken, weil eine andere Konzeption des breit verstandenen konsoziativen Elements in der Kirche ekklesiologisch nicht vertretbar sein dürfte.[122] Das folgt schließlich aus der Rechtsordnung selbst, die ja der zuständigen Autorität zumindest Begutachtung der Statuten einräumt, wenn überhaupt die Anerkennung als kanonischer Verein erfolgen soll (can. 299 § 3), um u. a. auch zu klären, ob der Vereinszweck Ziele umschreibt, die womöglich der kirchlichen Autorität vorbehalten sind (can. 301).[123] Der Statutengehalt wird wegen der Mindestanforderungen (can. 304) geprüft. Schließlich hat die kirchliche Autorität (Rn 54) das Recht und die Pflicht dafür zu sorgen, dass in den Vereinen die Unversehrtheit von Glaube und Sitte bewahrt werden. Sie hat darüber zu wachen, dass sich keine Missbräuche in die kirchliche Disziplin einschleichen. Und deshalb hat sie die Pflicht und das Recht, diese nach Gesetz und Statuten zu beaufsichtigen (can. 305).[124]

Aus der staatlichen Rechtsordnung ergeben sich hierzu keine Bedenken, weil dieser Bereich zu den 57
eigenen Angelegenheiten der Kirche in ihrer verfassungsrechtlich gesicherten Organisationsautonomie zur Sicherstellung der religiösen Dimension des Wirkens i. S. kirchlichen Selbstverständnisses zählt (Art. 140 GG i. V. m. Art. 137 Abs. 3 WRV).[125] Denn wer im kirchlichen Bereich wirken will, kann dies nur unter den Voraussetzungen, welche die Kirche hierfür regelt. Die Kirche ist berechtigt, das kirchliche Vereinsrecht gemäß ihren spezifischen Ordnungsgesichtspunkten, also auf der Grundlage ihres Selbstverständnisses rechtlich zu gestalten.[126] Die Vorschriften des CIC 1983 über »öffent-

---

115 *Heinemann*, Die Rechtsstellung des Deutschen Caritasverbandes, AfkKR 1989, 416, 425.
116 *Schnizer*, Allgemeine Fragen, Hdb. Kath. KR S. 563, 577.
117 *Heinemann*, AfkKR 1989, 416, 428.
118 *Schmitz, Heribert*, Fragen der Rechtsüberleitung, AfkKR 1987, 367, 369.
119 *Schmitz, Heribert*, a. a. O. S. 370; *Schulz*, Die bestehenden kirchl. Vereinigungen, in: Kirchliches Vereinsrecht, S. 24, 33 ff.
120 *Heinemann*, AfkKR 1989, 416 ff.
121 *Schulz*, Münst. Komm. I can. 310 Rn 3.
122 *Schnizer*, Das Vereinsrecht, AfkKR 1987, 385, 397.
123 *Schnizer*, a. a. O. S. 398 f.
124 Christifideles Laici, 30 f. Amtsblatt Köln 1989 Nr. 59, S. 52, 78 ff.; Wort der Bischöfe zur Stellung der Verbände in der Kirche, Amtsblatt Köln 1990 Nr. 57 S. 62 ff.
125 *BVerfGE* 53, 366 = NJW 1980, 1895.
126 *Aymans*, Kirchl. Vereinigungen, S. 69; *Schulz*, Die bestehenden kirchlichen Vereinigungen, in: Kirchliches Vereinsrecht, S. 24, 39 f.; Wort zur Stellung der Verbände in der Kirche, Amtsblatt Köln 1990, Nr. 57

liche« und »private« kirchliche Vereinigungen werden jedoch nicht als ausreichend angesehen, um die Probleme des katholischen Verbandswesens in Deutschland sinnvoll zu regeln. »Denn auch private Vereinigungen haben traditionell durch den Bischof oder die Bischofskonferenz einen pastoralen Auftrag erhalten«.[127] »Damit sind **Mischformen von Verbänden** entstanden, für die in Zukunft sichergestellt sein muss, dass bei ihrer pastoralen Aufgabenerfüllung im Namen des Bischofs oder der Deutschen Bischofskonferenz die dem pastoralen Amt verbandsrechtlich verbundene Autorität zur Verfügung gestellt wird«.[128]

ee. Verhältnis zur MAVO

58 Weil nun kirchliche Vereine in der Regel im Rechtskleid staatlich verliehener Rechtspersönlichkeit auftreten und so mit Rechtsfähigkeit ausgestattet nach staatlichem Recht handeln können,[129] treten sie nach staatlichem Recht in Verfolgung ihrer Zwecke als Träger von Einrichtungen (z. B. Krankenhäuser, Schulen, Altenheime, Sozialstationen, Kindergärten, Behindertenwerkstätten) in Erscheinung und beschäftigen als Arbeitgeber (Dienstgeber) Arbeitnehmer (Mitarbeiter). Als der Kirche zugeordnete Vereine unterliegen sie neben der allgemeinen Rechtsaufsicht auch der gesetzlichen Aufsicht desjenigen Ordinarius, in dessen Diözese sie tätig werden (can. 305 § 2). Das gilt auch für die privaten Vereine, die nicht als juristische Personen i. S. d. Kirchenrechts errichtet worden sind (can. 305 § 1; 310).[130]

59 Die gesetzliche Aufsicht beinhaltet mehrere Ebenen, nämlich hinsichtlich der Statuten und über die Statutenwahrung oder -änderung und die gemäß der allgemeinen und partikulären diözesanen Gesetzeslage, die durch die Gesetzgebung neue Rechtslagen erfährt. Folglich hat der Verein kirchliche Rechtsordnung als für ihn verbindliche Norm zu beachten, zumal er ja seine Existenz als kirchlich anerkannter Verein kirchlicher Norm verdankt. Diese Situation ist auch bei dem nach staatlichem Recht gebildeten rechtsfähigen Verein mit Blick auf das staatliche Recht anzutreffen (vgl. §§ 21 ff. BGB). Auch ein solcher Verein ist, wenn er Arbeitgeber ist, den Pflichten und Rechten unterworfen, die sich aus seinem rechtlichen Handeln ergeben, also auch als Arbeitgeber i. S. v. §§ 611 ff. BGB. Werden aber die Vereine aus der Sicht des staatlichen und kirchlichen Rechts der Kirche zugeordnet, so gelten in bestimmten Fällen Ausnahmen vom staatlichen Gesetz unbeschadet ihrer Rechtsform (vgl. § 118 Abs. 2 BetrVG, § 112 BPersVG). Umgekehrt bezieht die MAVO durch § 1 Abs. 2 die kirchlichen Rechtsträger unbeschadet ihrer Rechtsform in die Pflicht zur Bildung von Mitarbeitervertretungen ein. Das können also auch nach staatlichem Recht gebildete Rechtsträger sein, die kirchlich anerkannt, aber nicht mit kirchlich verliehener Rechtspersönlichkeit ausgestattet sind.[131] Folglich ist es dem kirchlich anerkannten Verein, der sich um die Anerkennung durch die Kirche bemüht hat, und dem kirchlich errichteten Verein nicht möglich darüber zu befinden, ob sie das höhere kirchliche Gesetz anwenden oder nicht. Denn alle Vereinsmitglieder sind durch die geprüften Statuten und den Inhalt dieser Statuten, der zur Anerkennung des Vereins als kirchlich geführt hat, der Kirche und ihrer zuständigen Autorität in der Diözese angesichts der Gesetzesunterworfenheit unter das kirchliche Recht verpflichtet. Dasselbe gilt für die Vereine mit kirchlich verliehener Rechtspersönlichkeit. Das hat auch für die altrechtlichen Vereine zu gelten, die noch nicht auf die neuen Vereinstypen des CIC 1983 übergeleitet worden sind. Denn auch sie werden von der neuen Ordnung des CIC geschützt.[132]

S. 62 ff.; *Homeyer*, Katholische Verbände, Arbeitshilfen 61 S. 5, 38 ff.; *Saier*, Anmerkungen, Arbeitshilfen 61 S. 43 ff.
127 Beschluss der Bischofskonferenz v. 19. 1. 1981, AfkKR 1981, 182.
128 *Roos*, Pastorale und organisatorische Überlegungen, Arbeitshilfen 61 S. 75, 89 f.
129 *Schnizer*, Das Vereinsrecht, AfkKR 1987, 385, 409 f.
130 *Aymans*, Kirchl. Vereinigungen S. 98.
131 *Schnizer*, Das Vereinsrecht, AfkKR 1987, 385, 409.
132 *Schulz*, Der neue Codex, S. 20, 22 f.

Die Statuten (Satzungen) geben Aufschluss über die Einbindung in die Kirche und die Einordnung als **60** der Kirche zuzurechnende Vereinigung.[133] Das bezeugen auch die vom *BVerfG*[134] genannten Tatbestände über kirchliche Stiftungen bei der Feststellung der Zuordnung zur Kirche, als es um Fragen der Geltung von Betriebsverfassungsrecht und besonderen Loyalitätspflichten innerhalb des kirchlichen Dienstes[135] und um die Zulässigkeit einer von der Kanzel verkündeten und durchgeführten Sammelaktion von Lumpen für Arme durch eine Vereinigung katholischer ländlicher Jugend Deutschlands in der Form eines nichtrechtsfähigen Vereins ging.[136]

Es besteht also kein Zweifel, dass kirchliche Vereine im Falle der Beschäftigung von Mitarbeitern **61** (Arbeitnehmern) durch die Kirchenaufsicht angehalten werden können, die Bestimmungen der MAVO anzuwenden. Das gilt für die rechtsfähigen Vereine ebenso wie für die kirchlichen privaten nichtrechtsfähigen Vereine (can. 310), die nach staatlichem Recht Rechtspersönlichkeit besitzen und entsprechend ihren Statuten Einrichtungen betreiben, Mitarbeiter beschäftigen und die kirchlichen Gesetze statutenmäßig anerkennen. Umgekehrt gilt im Verhältnis zwischen den kirchlichen Vereinen und ihren nach staatlichem Recht beschäftigten Mitarbeitern das staatliche Recht, also auch das staatliche Arbeitsrecht, wenn Arbeitsverträge abgeschlossen sind (can. 1290 CIC). Dabei darf nicht übersehen werden, dass staatliches Recht dem kirchlichen Bereich eigene Regelungskompetenzen zuweist, wenn es die Kirchen aus dem Geltungsbereich eines Gesetzes mitsamt ihren erzieherischen und karitativen Einrichtungen ausnimmt.

Will man ohne Zweifel zu erwecken die Geltung der MAVO für die Vereine behaupten, so sollten die **62** zuständigen Autoritäten einschließlich des Diözesanbischofs bei der Statutenprüfung, -billigung oder -genehmigung jedenfalls darauf hinwirken, die Geltung der MAVO in den Statuten als verbindliches Recht zu erklären. Ohne Geltung der MAVO bei den Vereinen des kirchlichen Rechts wären die Mitarbeiter kirchlicher Vereine womöglich vom staatlichen Personalvertretungsrecht ausgeschaltet, ohne wenigstens das von der Kirche gesetzte Recht beanspruchen zu können. Das dürfte für die staatliche Rechtsprechung nicht ohne Folgen bleiben. Denn der Zuordnung der Vereine zur Kirche muss deren Akzeptanz der Rechtsordnung der Kirche oder Teilkirche (Diözese) auf dem Gebiete kollektiver arbeitsrechtlicher Regelungen entsprechen, wenn die Vereine als Teil kirchlicher Aktivität Arbeitnehmer beschäftigen.[137] Deshalb ist den Statuten besondere Beachtung zu widmen, wenn es um die Frage der Geltung der MAVO (§ 1), des Betriebsverfassungsrechts (§ 118 Abs. 1 BetrVG) oder des Personalvertretungsrechts bei öffentlich-rechtlichen Körperschaften geht. Dazu ist der zuständige Diözesanbischof in seiner Sorge für die Klärung der Ziele des Vereins, gleich welcher Rechtsform er sich zur Teilnahme am Rechtsverkehr im staatlichen Bereich oder kirchlichen Bereich bedient, entscheidungskompetent (can. 312 § 2 CIC). Daraus folgt, dass die MAVO wegen der Zuordnung des Rechtsträgers zur Kirche gilt, nicht infolge seiner Satzungsautonomie. Denn die Satzungsautonomie umfasst nicht das Recht zum Erlass einer Mitarbeitervertretungsordnung.[138] Durch die Satzung werden auch nur die Mitglieder des Rechtsträgers verpflichtet, nicht aber die Mitarbeiter, die zum Rechtsträger in arbeitsrechtlichen Beziehungen stehen. Die Kirche regelt auf der Grundlage ihres Selbstbestimmungsrechts, ob und welches Mitarbeitervertretungsrecht gelten soll, und kann dies mit Wirkung für den Außenbereich auf Grund der Verfassungsgarantie des kirchlichen Selbstbestimmungsrechts (Art. 137 Abs. 3 WRV) tun.[139]

---

133 Schulz, a. a. O. S. 70 f.
134 *BVerfGE* 46, 73 zu A II der Gründe = NJW 1978, 581; *BVerfGE* 70, 138 zu A II 1 der Gründe.
135 Vgl. *BAG*, 12. 12. 1984 – 7 AZR 418/83.
136 *BVerfGE* 24, 236 = NJW 1969, 31 zu I 1 der Gründe.
137 *ArbG Mönchengladbach*, 12. 7. 2001 – 4 BV 34/01, ZMV 2001, 244.
138 *Richardi*, Arbeitsrecht in der Kirche, § 18 Rn 6.
139 *BVerfGE* 46, 73 = NJW 1978, 581.

I. Allgemeine Vorschriften

f. Stiftungen

63 Außer den Vereinen sind die Stiftungen im kirchlichen Raum von Bedeutung (vgl. z. B. can.1299 ff. CIC; KiStiftO bayer. Diözesen).[140] Man unterscheidet zwischen unselbständigen und selbständigen Stiftungen.[141] Bei den selbständigen (rechtsfähigen) Stiftungen wird allgemein zwischen privaten, öffentlichen, öffentlich-rechtlichen und kirchlichen Stiftungen unterschieden (vgl. can. 116 CIC; §§ 1, 36 bayStiftG).[142] Weltliche und kirchliche Rechtsordnung stellen Stiftungen staatlichen und kirchlichen Rechts nebeneinander, wobei auch Überschneidungen anzutreffen sind. Denn auch **kirchliche Stiftungen** bedienen sich staatlicher Rechtsformen und nehmen am weltlichen Rechtsverkehr teil.[143] Kirchliche Stiftungen sind nach staatlichem Recht solche, deren Zweck es ist, ausschließlich oder überwiegend kirchlichen Aufgaben zu dienen (z. B. § 2 Abs. 4 StiftG NW), und die eine besondere organisatorische Verbindung zu einer Kirche aufweisen, ohne unbedingt von der Kirche selbst errichtet zu sein.[144] Die kirchliche Stiftung, die nicht durch die Kirche selbst errichtet worden ist, bedarf innerkirchlich der Anerkennung durch die zuständige kirchliche Behörde.[145] Die kirchlich errichtete Stiftung bedarf zu ihrer Wirksamkeit im staatlichen Bereich der staatlichen Genehmigung der Stiftung.[146] Der CIC 1983 sieht die Errichtung der kirchlichen Stiftung durch den Ordinarius vor (can. 1303 § 1n. 1; 114 § 1; 116)[147] und geht als Rahmenordnung davon aus, dass weitere Bedingungen für die Errichtung und Annahme von Stiftungen partikularrechtlich festgelegt werden (can. 1304 § 2 CIC). Die Kirche kann privatrechtliche Stiftungen i. S. d. § 80 BGB nach näherer landesgesetzlicher Maßgabe errichten.[148] Beispiel für eine kirchliche Stiftung öffentlichen Rechts ist das Schulwerk für die Diözese Augsburg.[149] Die Errichtung erfolgte durch das als Stiftungsakt bezeichnete Dekret des Bischofs von Augsburg vom 28. 8. 1975. Die Satzung der kirchlichen Stiftung hat der Bischof am 28. 8. 1975 erlassen (vgl. jetzt: can. 116 §§ 1 und 2 erster Halbsatz; can. 115 § 3; can. 1303 § 1n.1 i. V. m. can. 114 § 2 CIC 1983). Durch Genehmigung des Bayerischen Staatsministeriums für Unterricht und Kultus vom 15. 10. 1975 erlangte diese Stiftung nach staatlichem Recht ihre Rechtsfähigkeit als Stiftung öffentlichen Rechts in entsprechender Anwendung des § 80 BGB und gemäß Art. 4, 5, 6 und 37 bayStiftG vom 26. 11. 1954.[150] Eine kirchliche Stiftung des öffentlichen Rechts ist auch die Katholische Universität Eichstätt-Ingolstadt. Sie wendet die MAVO nicht an.[151] Stiftungen können Unternehmen führen, so dass Stiftung und Unternehmen rechtlich identisch sind und im Rechtsverkehr allein die Stiftung als handelnde Rechtsperson auftritt.[152]

64 **Alte Stiftungen** lassen sich erst mit Hilfe von Urkunden, Satzung, Dokumenten sonstiger Art und unter Berücksichtigung der Rechtsgeschichte richtig einordnen. Oft gibt es Fälle, in denen die Stiftungsorgane sich der kirchlichen Aufsicht entziehen und der weltlichen unterstellen wollen. Dann hat die staatliche Aufsichtsbehörde – im Einvernehmen mit der Kirche – darüber zu entscheiden, ob die

---

140 Amtsblatt für das Erzbistum München und Freising 2006 Nr. 94 S. 166; Stiftungsordnung für das Erzbistum Köln, Amtsblatt des Erzbistums Köln 2006 Nr. 167 S. 154.
141 *Seifart*, Hdb. d. Stiftungsrechts, § 2 S. 7.
142 *von Campenhausen*, in: Seifart, Hbd. d. Stiftungsrechts, § 16 S. 299 ff.
143 Stiftung Katholische Schule in der Diözese Hildesheim, Kirchl. Anzeiger 1996 S. 93 ff., *von Campenhausen*, a. a. O. § 22 S. 323; *Baumann-Gretza*, Die Aufsicht über rechtsfähige kirchliche Stiftungen des Bürgerlichen Rechts, KuR 2009, 91, 93.
144 BVerfGE 46, 73 = NJW 1978, 581, 583; VGH Baden-Württemberg, 8. 5. 2009 – 1 S 2859/06; *Richardi*, Kirchenautonomie, ZevKR 1978, 367, 391 ff.; *von Campenhausen*, § 23 Rn 1 ff.
145 *Sieprath*, KuR 2007 Nr. 720 S. 54, 61; vgl. Kirchl. Amtsblatt Rottenburg-Stuttgart 2007 S. 158 ff.
146 Vgl. z. B. Art. 37 Abs. 1 bayStiftG; § 4 Abs. 3 S. 1 StiftGNW; § 42 Abs. 2, 3 StiftG RhPf; Kirchliche Stiftungsordnung im Bistum Osnabrück, Kirchl. Amtsblatt Osnabrück 2006 Art. 100 S. 92.
147 *Scheuermann*, Auswirkungen des Codex Juris Canonici von 1983.
148 *Hof*, Die Entstehung der Stiftung, in: Seifart, Hdb. d. Stiftungsr. § 7 Rn 5.
149 Amtsblatt für die Diözese Augsburg 1975, 85. Jahrgang, Nr. 22 vom 15. 10. 1975 S. 104 ff.
150 Bay BS II S. 661, zuletzt geändert durch Gesetz vom 4. 6. 1974 – GVBl. S. 245; siehe Amtsblatt Augsburg 1975 S. 426.
151 Pastoralblatt des Bistums Eichstätt 2001 Nr. 153 S. 251 f.
152 *Achilles*, Unternehmerische Betätigung von kirchlichen Stiftungen, KuR 2009 S. 72, 77.

von ihr als kirchliche Stiftung staatlichen Rechts eingestufte Stiftung wirklich von der Kirche gegründet wurde. Ist die Stiftung nicht solche des kirchlichen Rechts, ist immer noch zu prüfen, ob sie kirchliche Stiftung i. S. d. staatlichen Rechts ist. Es geht um die Frage, ob eine Stiftung der Kirche »in bestimmter Weise zugeordnet« ist,[153] um als kirchliche Stiftung qualifiziert werden zu können. Innere Elemente sind etwa
– religiöse Zwecke,
– kirchliche Zwecke,
– kirchliche Aufgaben,
– organisatorische Verbindung mit der Kirche,
– organisatorische Eingliederung in die kirchliche Verwaltung,
– Verwaltung durch die Kirche.

Äußere Elemente sind
– die Errichtung der Stiftung
  – durch die Kirche,
  – als ortskirchliche Stiftung und Pfründestiftung
– die satzungsmäßige kirchliche Aufsicht,
– sinnvolle Zweckerfüllung nur in Verbindung mit einer Kirche[154]
und schließlich die Anerkennung durch die kirchliche Autorität.

In vielen Stiftungsgesetzen findet sich als Definitionselement der kirchlichen Stiftung das Erfordernis der satzungsrechtlichen Unterstellung unter die Aufsicht der kirchlichen Autorität.[155] Das NWStiftG stellt auf das Faktum der kirchlichen Beaufsichtigung ab (§ 2 Abs. 4 StiftGNW). In diesem Punkt unterscheidet sich die kirchliche Stiftung nicht vom rechtsfähigen Verein staatlichen Rechts, bei welchem die ortsoberhirtliche Gewalt kraft Vereinssatzung begründet ist. Eine Stiftung kann erst dann als kirchlich qualifiziert werden, wenn der Stifter seiner Stiftung diesen rechtlichen Charakter beimessen möchte,[156] also etwa eine kirchliche Stiftung staatlichen Rechts. Eine rechtliche Identität der kirchlichen Stiftung setzt voraus, dass der Stifter nicht nur nach staatlichem Recht, sondern auch nach kanonischem Recht eine Stiftung gründen kann. Stifter und Stifterwille sind dann nach dem CIC-Recht zu untersuchen. Auch eine außerhalb der kanonischen Rechtsordnung stehende Person kann eine Stiftung gründen, wenn sie sich den Vorgaben des kanonischen Rechts unterwirft.[157] Dazu can. 1301 CIC.

Von der Errichtung einer Stiftung ist die **Annahme einer Stiftung** durch eine juristische Person (unselbständige Stiftung) zu unterscheiden (can. 1304 § 1 CIC). Sie wird nur gültig, wenn der Ordinarius die schriftliche Erlaubnis zur Annahme erteilt hat.[158] Selbständige kirchliche Stiftungen sind wegen ihrer organisatorischen Verbundenheit mit der Kirche auch ihrem Ordnungsbereich zuzurechnen (can. 1276; vgl. z. B. Art. 42 bay. KiStiftO). Sind sie Dienstgeber, gilt über die kirchliche Stiftungsaufsicht auch die diözesane MAVO.[159]

---

153 *VGH Baden-Württemberg*, 8. 5. 2009 – 1 S 2859/06; *Menges*, Die kirchliche Stiftung in der Bundesrepublik Deutschland, S. 252 f.
154 *Menges*, a. a. O. S. 256 ff.; *VG Trier*, 27. 6. 2002 – 1 K 183/01 TR n. v.; *VGH Baden-Württemberg*, 8. 5. 2009 – 1 S 2859/06.
155 Vgl. Kirchl Amtsblatt Rottenburg-Stuttgart 2007 S. 158 ff.; *VGH Baden-Württemberg*, 8. 5. 2009 – 1 S 2859/06.
156 *Menges*, a. a. O. S. 300.
157 *Menges*, a. a. O. S. 307.
158 *Potz*, Der Erwerb von Kirchenvermögen, Hdb. kath. KR S. 1076; vgl. Art. 8 Ordnung für kirchliche Stiftungen in den bayer. (Erz-)Diözesen – KiStiftO v. 1. 7. 1988, in: *Fahr/Weber/Binder*, S. 1 ff.
159 *BAG*, 10. 12. 1992 – 2 AZR 271/92, NZA 1993 S. 593 = AR-Blattei ES 960 Kirchenbedienstete Nr. 48.

g. Natürliche Personen

68 Die kirchliche MAVO ist partikulares Kirchengesetz. Nach Kirchenrecht werden durch rein kirchliche Gesetze grundsätzlich nur Angehörige der katholischen Kirche verpflichtet (can. 11 CIC). Damit wird der Anspruch nichtkatholischer Mitarbeiter anerkannt, ihren Glauben in der Kirche ihres Bekenntnisses zu entfalten.[160] Die MAVO lädt aber auch die Christen anderer Konfessionen und die Nichtgetauften zur Mitwirkung gemäß den Vorschriften der MAVO ein. Nach Maßgabe von § 3 Abs. 1 sind sie Mitarbeiter. Mitarbeiter wird, wer durch ein entsprechendes Rechtsverhältnis, das zur Mitarbeiterschaft führt, in die Einrichtung eingestellt worden ist. Dadurch wird der persönliche Geltungsbereich der MAVO berechtigend und verpflichtend auf die in der Dienststelle bzw. Einrichtung Tätigen ausgedehnt.[161] Die Tätigkeit im Kirchendienst haben der einzelne Mitarbeiter und die einzelne Mitarbeiterin durch freien Willen (Vertrag, einverständliche Ernennung, Weihe, Gelübde oder tatsächliche Eingliederung) angenommen. Infolgedessen gilt nicht allein das dem Grundverhältnis entspringende Geflecht aus Rechten und Pflichten, sondern auch die hierzu ergangene MAVO zur Regelung der kollektiven Rechte und Pflichten der durch das Grundverhältnis verpflichteten und berechtigten Mitarbeiter.[162] Zu beachten ist, dass die MAVO die Mitarbeiter im Grundsatz begünstigt; es geht um Mitwirkungsrechte in der Dienststelle. Die Geltung der Normen der MAVO wird durch die MAVO selbst nicht relativiert, sondern die Berechtigung aus der MAVO ist unterschiedlich geregelt. Einer durch den Einzelarbeitsvertrag herbeizuführenden Einbeziehungsabrede bedarf die MAVO deshalb weder bei den kirchenangehörigen noch bei den ihr nicht zugehörenden Mitarbeitern.[163] Wer nämlich eine durch die MAVO geregelte Funktion oder Rechtsstellung durch freien Willen erwirbt, der trägt folglich auch die damit verbundenen Pflichten.

7. Besondere MAVO gemäß § 1 Abs. 3 S. 2 zweite Alternative

69 Der Diözesanbischof kann eine Mitarbeitervertretungsordnung eigens für einen mehr- oder überdiözesan tätigen Rechtsträger erlassen, der seinen Hauptsitz im Bereich der Diözese unterhält (§ 1 Abs. 3 S. 2 zweite Alternative). Das hat z. B. der Erzbischof von Köln für die Katholische Nachrichtenagentur (KNA GmbH) getan. Die Ordnung weicht inzwischen inhaltlich von der hier behandelten Rahmenordnung und auch von der MAVO Erzbistum Köln erheblich ab (Rn 78). Der Erzbischof von Freiburg hat eine besondere MAVO für das Kolleg St. Blasien e. V. erlassen, die am 1. Oktober 2010 in Kraft getreten ist und die MAVO vom Dezember 1979 außer Kraft gesetzt hat.[164]

III. Dienststellen, Einrichtungen und Betriebe im Verhältnis zum staatlichen Recht

70 Die **staatliche Rechtsprechung** hatte sich verschiedentlich mit Fragen zu befassen, inwieweit Einrichtungen, Institute, Nachrichtenagenturen und Betriebe, deren Träger eindeutig der Kirche zuzurechnen sind, dem staatlichen Betriebsverfassungs- bzw. Personalvertretungsrecht zuzuordnen seien. Dabei sind folgende Tendenzen deutlich geworden.

1. Sozial-caritative und erzieherische Einrichtungen

71 Das *BAG*[165] hat unter Hinweis auf can. 794 § 1 CIC entschieden, dass die vom Kolping-Bildungswerk Diözesanverband Paderborn e. V. gegründete **GmbH**, die ein Berufsbildungswerk betreibt, in dem Lernbehinderte internatsmäßig weitergeschult und ausgebildet werden, nicht unter das BetrVG fällt. Denn die GmbH betreibt eine Einrichtung der katholischen Kirche. Durch die Statuten habe sich das Kolpingwerk mit der Kirche so verbunden, dass diese auf das Kolpingwerk und seine vereins-

---

160 *Luf,* Glaubensfreiheit und Glaubensbekenntnis, Hdb. kath. KR S. 700, 705.
161 Bischöfl. Schlichtungsst. Berlin, 13. 3. 1984 – 6/83 – MAVO, NJW 1985, 1858 l. Sp.
162 Vgl. *Christoph,* Rechtsnatur und Geltungsbereich, ZevKR 1987, 47, 62.
163 A. A. *Pirson,* ZevKR 1982, 115, 116 f.
164 Amtsblatt der Erzdiözese Freiburg 2010 Nr. 360 S. 425.
165 14. 4. 1988 – 6 ABR 36/86, NJW 1988, 3283 = AfkKR 1988 S. 229 ff. = ZevKR 1989 S. 74 ff.

und gesellschaftsrechtlichen Gliederungen Einfluss nehmen kann.[166] Vorausgegangen war die grundlegende Entscheidung des *BVerfG* vom 11. 10. 1977,[167] wonach ein Krankenhaus in der Trägerschaft einer **Stiftung** privaten staatlichen Rechts von der Anwendung des BetrVG ausgenommen ist, wenn es ein gemeinnütziges katholisches Krankenhaus und eine Stiftung nach dem katholischen Kirchenrecht ist. In diesem Sinne entschied das *BAG*[168] wegen der Zuordnung einer römisch-katholischen Schwesternkongregation, die durch Erlass des Bischofs von Ermland vom 18. 3. 1583 als solche anerkannt wurde, am 12. 3. 1602 die päpstliche Approbation erhielt, außerdem eine **Körperschaft öffentlichen (staatlichen) Rechts** und in der Krankenpflege tätig ist. Eine Einrichtung aber, die unter dem Namen Adolf Kolping auftretend – aus welchen Gründen auch immer – nicht zur katholischen Kirche zugeordnet sein will und folglich die Grundordnung nicht anwendet, nimmt nicht teil an der Wesens- und Lebensäußerung der katholischen Kirche. Gegen den erklärten Willen des Rechtsträgers der Einrichtung ist die Verwirklichung des Auftrags der Kirche kaum vorstellbar.[169] Die Kolping-Bildungszentren gGmbH in Paderborn wandte zunächst die Grundordnung des kirchlichen Dienstes im Rahmen kirchlicher Arbeitsverhältnisse und die MAVO der Erzdiözese Paderborn an, erklärte aber später, keine der katholischen Kirche zugeordnete Rechtsträgerin mehr zu sein, so dass das *Delegierte Gericht des Obersten Gerichts der Apostolischen Signatur* feststellte, dass die genannte Rechtsträgerin weder zur Anwendung der Grundordnung noch der MAVO verpflichtet sei.[170] Erklärt ein dem Diözesancaritasverband beigetretener Rechtsträger, er habe sich aus dem Geltungsbereich der GrO gelöst, um die diözesane MAVO nicht anzuwenden, bleibt er kraft Satzung des Diözesanverbandes zur Mitgliedschaft korporativer Mitglieder zur Anwendung der diözesanen MAVO verpflichtet.[171]

Für die Zuordnung einer rechtlich selbständigen Einrichtung zur Kirche ist erforderlich, dass die Einrichtung ihrem Zweck nach auf die **Verwirklichung eines kirchlichen Auftrags** gerichtet ist. Hinzukommen muss ein Mindestmaß an Einflussmöglichkeiten der Kirche, um auf Dauer eine Übereinstimmung der religiösen Betätigung der Einrichtung mit kirchlichen Vorstellungen gewährleisten zu können. Der ordnende Einfluss der Kirche bedarf keiner satzungsmäßigen Absicherung. Die Kirche muss jedoch in der Lage sein, einen etwaigen Dissens in religiösen Angelegenheiten zwischen ihr und der Einrichtung unterbinden zu können.[172] Betreibt eine **Wohnungsbau-GmbH** als Einrichtung der katholischen Kirche Wohnungsversorgung breiter Schichten der Bevölkerung, kommt es darauf an, ob sie **karitativ i. S. d. Kirche tätig** ist und dem kirchlichen Selbstverständnis von Caritas entspricht, so dass der Begriff der »karitativen Einrichtung« i. S. v. § 118 Abs. 2 BetrVG zutrifft. Deshalb ist im Einzelfall zu ermitteln, ob und ggf. unter welchen Voraussetzungen der Bau und die Verwaltung und Vermietung von Wohnungen und Eigenheimen nach den Grundsätzen der Kirche und ihrer Soziallehre deren Verständnis von Caritas entspricht. Das kann der Fall sein, wenn die Wohnungen bedürftigen Menschen zur Verfügung gestellt werden und mit dieser Tätigkeit keine Gewinnerzielungsabsicht verfolgt wird.[173] 72

2. Der Wissenschaft dienende Einrichtungen

Das *LAG Hamm* hat entschieden, dass ein Forschungsinstitut, getragen von einer GmbH, deren Gesellschafter eine Diözese und der Verband der Diözesen Deutschlands sind, nicht vom Geltungsbereich der BetrVG ausgenommen (§ 118 Abs. 2 BetrVG) sei, sondern dem BetrVG gemäß § 118 73

---

166 Vgl. auch *BAG*, 30. 4. 1997 – 7 ABR 60/95, ZMV 1997, 291.
167 – 2 BvR 209/76, NJW 1978, 581 = *BVerfGE* 46, 73.
168 *BAG*, 12. 12. 1984 – 7 AZR 418/83, NZA Beilage 1/1986 S. 32.
169 *LAG Baden-Württemberg*, 15. 12. 1999 – 2 Sa 7/99; weiter: Rn 47 f.
170 Urteil vom 31. 3. 2010 – 42676/09 VT, Paderbornen.
171 *KAGH*, 25. 6. 2010 – M 06/10.
172 Ständige Rechtsprechung; *BAG*, 31. 7. 2002 – 7 ABR 12/01, NZA 2002, 14 = EZA § 118 Abs. 2 BetrVG Nr. 74; zum Leitbild der Krankenhausseelsorge: Amtsblatt für die Diözese Augsburg 2000 S. 147.
173 *BAG*, 23. 10. 2002 – 7 ABR 59/01, ZTR 2003, 416, unter Hinweis auf das Dekret über das Laienpostolat Nr. 8, Vaticanum II; dazu: *von Usslar*, Die Legitimation kirchlicher Wohnungsunternehmen, KuR 2009, 102 ff.

Abs. 1 als Tendenzträger unterfalle.[174] Das Gericht hat die Geltung des § 118 Abs. 2 BetrVG nur deshalb abgelehnt, weil nach Artikel 2 der Verfassung des Instituts für wissenschaftliche Pädagogik der Zweck des Instituts die Förderung der wissenschaftlichen Arbeit auf dem Gebiet des Erziehungs- und Bildungswesens allgemein sei, während die in § 2 Abs. 1b des Gesellschaftsvertrages über die Gründung der genannten Gesellschaft vorgesehene Unterstützung der Erziehungs- und Bildungsarbeit der katholischen Diözesen, Verbände und Einrichtungen nicht in die Verfassung des Instituts übernommen worden sei und daher nicht zu seiner Aufgabenstellung gemäß der ihm selbst gegebenen Verfassung gehöre. Das *LAG* gelangte deshalb zu dem Ergebnis, dass sich die Kirche hieran festhalten lassen müsse, solange sie diese Zielsetzung nicht geändert habe. Lediglich deshalb, weil die kirchliche Zwecksetzung in der Verfassung des Instituts für wissenschaftliche Pädagogik nicht enthalten war, hat das *LAG* die Geltung des § 118 Abs. 2 BetrVG für das Institut verneint (Rn 84).

74 **Fachhochschulen** in kirchlicher Trägerschaft werden z. B. von Gemeinnützigen Gesellschaften mit beschränkter Haftung getragen. Gesellschafter sind, wie z. B. bei der Katholischen Fachhochschule Nordrhein-Westfalen, die fünf Bistümer Aachen, Essen, Köln, Münster, Paderborn (§ 4 des Gesellschaftsvertrages vom 12. 3. 1986). Gemäß § 47 gilt die MAVO auch für den Schul-, Fachschul-, Fachhochschul- und Hochschulbereich, wenn der Träger dem kirchlichen und karitativen Bereich zuzurechnen ist (§ 54 i. V. m. § 1)[175] und keine Sonderregelung besteht (vgl. z. B. § 54 MAVO Köln, Münster, Essen, Aachen; § 54 MAVO Paderborn). Die Katholische Fachhochschule für Sozialarbeit, Sozialpädagogik und Praktische Theologie Mainz steht als rechtlich unselbständige kirchliche Einrichtung der (Erz-)Diözesen Köln, Limburg, Mainz, Speyer und Trier in der Trägerschaft der Gemeinnützigen Gesellschaft zur Förderung von Wissenschaft und Bildung mbH (§ 1 Abs. 2 der Satzung).[176] Sie wendet die GrO an (§ 12a der Satzung).

3. Kirchliche Wirtschaftsbetriebe

75 Im kirchlichen Bereich sind außer den karitativen und erzieherischen Einrichtungen auch Wirtschaftsbetriebe von Bedeutung. Es handelt sich dabei u. a. um Druckereien, Gartenbetriebe, landwirtschaftliche Betriebe, Werkstätten, Läden, Weingüter, Brauereien, Brennereien, Versicherungen, Banken, in denen Arbeitnehmer beschäftigt werden.[177] Umstritten ist, ob auf solche Betriebe staatliches Personalvertretungs- bzw. Betriebsverfassungsrecht Anwendung findet.[178] Zu unterscheiden ist, ob der Betrieb privatrechtlich oder öffentlich-rechtlich organisiert, der Kirche zugeordnet und rechtlich selbständig oder unselbständig geführt wird und ob Landesrecht Besonderheiten regelt.[179] Davon zu unterscheiden sind etwa Reiseunternehmen, die den Namen katholisch in der Firma führen, aber dies nur deshalb, weil sich das Unternehmen als Anbieter für katholische Gruppen versteht, um geschäftlich zum Zuge zu kommen, wie etwa eine »Katholische Reise GmbH«. Auch hier gilt der Namensschutz für das Wort katholisch gemäß can. 216 CIC,[180] wenn nicht einmal ein kirchlicher Rechtsträger an dem Unternehmen beteiligt ist.

a. Kirchliche Unternehmungen

76 Wirtschaftliche Tätigkeit der Kirchen ist nicht in jedem Falle vom staatlichen Mitbestimmungsrecht ausgenommen. Es kommt auf folgende Voraussetzungen für die Ausnahme an
– religionsspezifische Zuordnung der Tätigkeit zur verfassten Kirche,
– nach Aufgabenstellung und Organisation (z. B. Satzung) der verfassten Kirche zugeordnete Tätigkeit,
– typische kirchliche Aufgabenwahrnehmung ohne Rücksicht auf die Rechtsform des Trägers.

---

174 *LAG Hamm*, 5. 12. 1979 – 12 Ta BV 75/79 – DB 1980, 696.
175 Übersicht bei *Baldus*, Kirchl. Fachhochschulen, Essener Gespräche 1975 Bd. 9 S. 112.
176 Amtsblatt des Erzbistums Köln 2003 Nr. 358 S. 376.
177 *Dütz*, Mitbestimmung in kirchlichen Wirtschaftsbetrieben, in: FS Stahlhacke, S. 101.
178 *Däubler/Kittner/Klebe/Schneider*, Betriebsverfassungsgesetz, 4. Aufl. 1994 § 108; a. A. *Dütz*, a. a. O.
179 *Dütz*, a. a. O., S. 101 f.
180 *BGH*, 24. 11. 1993 – XII ZR 51/92, NJW 1994, 245.

In diesem Sinne hat das *BAG*[181] entschieden, dass nach dem Selbstverständnis der evangelischen Kirche die **Religionsausübung** nicht nur die Bereiche des Glaubens und des Gottesdienstes, sondern auch die Freiheit zur Entfaltung der Wirksamkeit in der Welt umfasst, wie es ihrer religiösen Aufgabe entspricht. Hierzu zählt auch die Öffentlichkeitsarbeit mit publizistischen Mitteln als Teil kirchlicher Mission. Diese Aufgabenerfüllung kann auch von einem rechtlich selbständigen Presseverband als Teil der evangelischen Kirche wahrgenommen werden, so dass das staatliche Betriebsverfassungsrecht keine Anwendung findet.[182] 77

In diesem Sinne sind auch Unternehmungen vergleichbarer Art, wie die **Katholische Nachrichtenagentur** (KNA) in der Rechtsform einer **GmbH** einzuordnen,[183] speziell auch Versorgungseinrichtungen für die Altersversorgung von kirchlichen Mitarbeitern, wie z. B. kirchliche (Zusatz)versorgungskassen, Werke für Missionszwecke, Ausgleichskassen überdiözesaner Art zur Besorgung wirtschaftlicher Angelegenheiten der Kirchen oder Orden.[184] Die **Kirchliche Zusatzversorgungskasse als Anstalt des öffentlichen Rechts**[185] ist ebenfalls vom staatlichen Betriebsverfassungsrecht (§ 130 BetrVG), aber auch vom Personalvertretungsrecht ausgenommen (§ 112 BPersVG).[186] Für KNA hat der Erzbischof von Köln in den Jahren 1992/1993 eine besondere Mitarbeitervertretungsordnung erlassen (vgl. § 1 Abs. 3 S. 2, zweite Alternative), jedoch in der Folgezeit im Rahmen der Novellierungen der diözesanen MAVO in den Jahren 1996, 2005 und 2007 und danach trotz Errichtung kirchlicher Arbeitsgerichte die MAVO-KNA nicht entsprechend angepasst, so dass zum Stande vom 1. 12. 2005 zur Gewährung des Rechtsschutzes eine Lücke entstanden ist, zumal die in der MAVO-KNA noch erwähnte Schlichtungsstelle für die Erzdiözese Köln durch Einigungsstelle und Kirchliches Arbeitsgericht abgelöst ist (Art. 6 und 7 KAGO-Anpassungsgesetz).[187] 78

b. Klösterliche Eigenbetriebe

Werden, was nicht selten ist, Wirtschaftsbetriebe von Klöstern betrieben (z. B. Brauereien, Brennereien, Landgüter, Läden, Werkstätten, Weinbaubetriebe u. a.),[188] so sind sie häufig unselbständige Betriebe dieser Körperschaften. Die Betriebe dienen zum Lebensunterhalt ihrer Mitglieder und der Erhaltung ihres Anwesens zur Erwirtschaftung von Gewinnen. Soweit die Betriebe von den Ordensangehörigen allein verwaltet und betrieben werden, ergibt sich wegen des Ordensrechts und der staatlichen Gesetzgebung (§ 1 PersVG, § 5 Abs. 2 Nr. 3 BetrVG) die **Unanwendbarkeit der staatlichen Gesetze.** Werden nichtordensangehörige Mitarbeiter tätig, so ist auf die verfassungsrechtliche Regelung abzustellen, wonach die Kirche ihre inneren Angelegenheiten selbständig regelt. Dazu gehört auch, in welcher Weise ihre Klöster ihren Unterhalt bestreiten. Das Ziel ist die Aufrechterhaltung der Ordensgemeinschaft bzw. des Klosters, die wirtschaftliche Unabhängigkeit und der Lebensunterhalt der Mitglieder des Ordens oder Klosters (vgl. can. 610, § 2 CIC).[189] Wegen der Ausstrahlung des Klosters und seines Betriebes auf das kirchliche Umfeld und in die Arbeitswelt der nichtordensangehörigen Mitarbeiter gilt die MAVO, wenn sie der zuständige Bischof erlassen hat. Es gilt aber nicht das staatliche Betriebsverfassungs- oder Personalvertretungsrecht (§ 118 Abs. 2 BetrVG, § 112 BPersVG). Das ist z. B. der Fall bei einem kirchlichen Orden, der einen **Verlag mit angeschlossener Druckerei** betreibt, selbst wenn Verlag und Druckerei zur Sicherung der Wirtschaftlichkeit in erheblichem Umfang Fremdaufträge überneh- 79

---

181 24. 7. 1991 – 7 ABR 34/90, NZA 1991, 977 = ZTR 1992, 41 = AR-Blattei ES Tendenzbetrieb Nr. 47.
182 *BAG*, a. a. O.; *Dütz*, a. a. O. S. 110 ff.
183 Amtsblatt des Erzbistums Köln 1992 Nr. 279 S. 344; 1993 Nr. 157 S. 156.
184 *Dütz*, a. a. O.
185 Satzung in: Kirchl. Anzeiger für die Erzdiözese Köln 1976 Nr. 386 S. 667; zur Errichtung: Kirchl. Anzeiger Köln 1976 Nr. 385 S. 665, Gesetz betreffend die Errichtung der »Kirchlichen Zusatzversorgungskasse des Verbandes der Diözesen Deutschlands« als rechtsfähige Anstalt des öffentlichen Rechts: Kirchl. Anzeiger Köln 1976 Nr. 388 S. 721.
186 Neufassung der Satzung in: Amtsblatt des Erzbistums Köln 2002 Nr. 253, S. 214.
187 Amtsblatt des Erzbistums Köln 2005 Nr. 274 S. 325 ff.
188 *Siepen*, Vermögensrecht S. 114 ff.
189 *Henseler*, Münsterischer Kommentar, can. 610 Rn 2 f.

men. Ausschlaggebend ist eine erzieherische Zielsetzung des Gesamtbetriebs i. S. d. kirchlichen Selbstverständnisses; dazu gehören auch **Erwachsenenbildung** und **Medienarbeit**.[190]

80 Auch andere Rechtsträger (z. B. Pfarrgemeinden und andere Institute) betreiben Wirtschaftsbetriebe zur Unterhaltung von Bauwerken oder Personalstellen. Als Einrichtungen der Kirche unterfallen sie nicht dem BetrVG. Dasselbe gilt auch für Dombauhütten der Domkirchen oder Domkapitel zur Instandhaltung der Kirchengebäude. Es gilt die MAVO.

81 Im Falle der **Klosterbrauerei** Andechs hat das *LAG München*[191] entschieden, dass das BetrVG gemäß § 130 BetrVG nicht gelte, weil die Brauerei unselbständiger Betrieb eines Klosters sei, das selbst Körperschaft des öffentlichen Rechts ist. Das dem *LAG* folgende *BAG*[192] fügte ausdrücklich hinzu, § 130 BetrVG diene dazu, den Geltungsbereich des BetrVG gegenüber dem der Personalvertretungsgesetze des Bundes und der Länder abzugrenzen (m.N.). Es hat die verfassungsrechtliche Frage (Rn 82) zugunsten der einfach gesetzlichen des § 130 BetrVG zurückgestellt und festgestellt, dass das BetrVG wegen der öffentlich-rechtlichen Rechtsform des Klosters auf seine Brauerei nicht anwendbar sei.[193] Wäre die Klosterbrauerei ein Betrieb in Form einer privatrechtlichen Körperschaft (z. B. GmbH), so würde im Falle der Geltung des BetrVG die Belegschaft je nach Zugehörigkeit oder Nichtzugehörigkeit zum Orden in Mitarbeiter mit den Rechten aus dem BetrVG und solchen ohne Rechte aus dem BetrVG (§ 5 BetrVG) unterteilt mit der Folge, dass die Ordensleute aus dem BetrVG ausgeklammert wären; sie würden in die gesetzliche Abseitsstellung bzw. entgegen ihrer persönlichen und ordensrechtlichen Lebensführung in die tatsächlich und rechtlich nicht vorhandene Stellung von Kapitaleignern gebracht.[194] Die gleiche Problematik wäre infolge von § 4 Abs. 5 Nr. 1 BPersVG bei Geltung des BPersVG zu verzeichnen (vgl. Art. 4 Abs. 5 Buchst. c BayPVG).

82 Das *Bayerische Verwaltungsgericht München*[195] entschied, dass in der Klosterbrauerei als Betrieb einer Körperschaft des öffentlichen Rechts eine Personalratswahl nach Landespersonalvertretungsrecht durchzuführen sei. Der *Bay. VGH München* hat das erstinstanzliche Urteil im Wesentlichen bestätigt[196] und festgestellt, dass bei der Benediktinerabtei St. Bonifaz in München und Andechs, Körperschaft des öffentlichen Rechts, in der Klosterbrauerei Andechs mit Nebenbetrieben (Gastronomie und Metzgerei) ein Personalrat zu wählen ist. Andere Nebenbetriebe, wie Landwirtschaft, Gartenbetrieb, Wäscherei und Konventküche waren nicht mehr Gegenstand der Entscheidung. Leitlinien der Entscheidung für die Anwendung des staatlichen Personalvertretungsrechts trotz der Ausnahmeklausel des Art. 92 BayPVG für den Bereich der Religionsgesellschaften und ihre karitativen und erzieherischen Einrichtungen waren

- Gewerbebetrieb als auf Gewinnzielung ausgerichtetes Wirtschaftsunternehmen und als Handelsgewerbe in das Handelsregister nach den Bestimmungen des Handelsgesetzbuchs (§ 33 i. V. m. § 1 Abs. 2 Nr. 1 oder § 2 HGB) eingetragen,
- unselbständig geführter Wirtschaftsbetrieb einer nicht bundesunmittelbaren Körperschaft des öffentlichen Rechts i. S. v. Art. 1 BayPVG,
- keine unzulässige Beschränkung des Selbstbestimmungsrechts der Religionsgemeinschaften angesichts der positiven Regelungen des Art. 92 BayPVG, wonach diese Vorschrift außer den Religionsgemeinschaften und den ihnen zuzuordnenden Untergliederungen (z. B. Abtei) lediglich deren karitative und erzieherische Einrichtungen von der Personalvertretungspflicht freistellt,
- keine Absicht, nur den eigenen Bedarf (anders etwa in der Wäscherei oder Landwirtschaft) zu decken,

---

190 *Bay. VGH*, 16. 6. 1999 – 17 P 98. 1241, r.kr., ZTR 2000, 43.
191 30. 10. 1985, LAGE § 130 BetrVG Nr. 1 = NZA 1986, 540.
192 30. 7. 1987 – 6 ABR 78/85, NJW 1988, 933 = DB 1987, 2658.
193 Dazu *HSWGN-Hess*, BetrVG § 130 Rn 3b m. N.
194 Vgl. dazu *Henseler*, Münsterischer Kommentar, can. 668 Rn 6–9.
195 22. 7. 1988 – M 20 P 88 – 2212, PersR 1989, S. 235.
196 13. 9. 1989 – 17 P 89.00759 PersR 1990 S. 72 = BayVBl. 1990 S. 308.

– Unerheblichkeit fehlender personalvertretungsrechtlicher Einheit zwischen Mutterkörperschaft (Abtei) und den organisatorisch selbständigen Teilen (Brauerei mit Nebenbetrieben) im Hinblick auf Art. 92 BayPVG,
– Wirtschaftsbetrieb als religionsneutraler Vorgang, auch wenn er der Religionsausübung mittelbar dient, der sich nach Erscheinungsform und Struktur nicht von einem vergleichbaren Unternehmen der Privatwirtschaft unterscheidet,
– keine materielle Betroffenheit der mitarbeitenden Ordensleute hinsichtlich des Selbstbestimmungsrechts der Abtei in Ansehung des Mitbestimmungsrechts nach dem BayPVG (Art. 4 Abs. 5c BayPVG) und des Mitwirkungsrechts wegen des Letztentscheidungsrechts der Abtei (Art. 72 Abs. 4 BayPVG),
– Wirtschaftsbetrieb ist nicht bloße Vermögensverwaltung, die zur Autonomie der Kirche zählt, sondern er ermöglicht sie erst; auf die Vermögensverwaltung (Verwendungsmittel) hat der Personalrat keinen Einfluss.

4. Verfassungslage

Ausgehend von den Entscheidungen des *LAG Hamm* (Rn 73), des *BAG* (Rn 81) und des *Bay. VGH München* (Rn 76) ist die Frage zu beurteilen, ob es bei der Geltung der MAVO oder des staatlichen Personalvertretungs- und Betriebsverfassungsrechts um eine verfassungsrechtliche oder um eine einfache gesetzliche Regelung geht. Geht man mit der Rechtsprechung davon aus, dass sowohl § 118 Abs. 2 BetrVG als auch § 112 BPersVG den Zweck haben, das verfassungsrechtlich garantierte Selbstordnungs- und Selbstverwaltungsrecht der Kirchen (Art. 140 GG i. V. m. Art. 137 Abs. 3 WRV) zur Geltung zu bringen,[197] so kommt es auf den einschränkenden Wortlaut der beiden gesetzlichen Bestimmungen eigentlich nicht an,[198] insbesondere, wenn man davon ausgeht, dass es sich bei § 118 Abs. 2 BetrVG um eine Zweckmäßigkeitsregel handelt.[199] Denn wenn die Betriebsverfassung zu den eigenen Angelegenheiten der Religionsgesellschaften rechnet und deshalb die staatlichen Gesetze hierzu nicht für alle geltende Gesetze sind,[200] so genügt Art. 137 Abs. 3 WRV für die Ausnahme vom staatlichen Gesetz; das Gesetz nimmt auf das verfassungsrechtlich Gebotene[201] Rücksicht. Die in § 118 Abs. 2 BetrVG und § 112 BPersVG gleich lautend anzutreffende Formulierung, wonach jedes der beiden Gesetze »keine Anwendung auf Religionsgemeinschaften und ihre karitativen und erzieherischen Einrichtungen« unbeschadet ihrer Rechtsform findet, erweist sich dann als zu eng. Denn wenn man mit *Fabricius*,[202] davon ausgeht, dass die **Zuordnung einer Einrichtung zu einer Religionsgemeinschaft** nur bejaht werden kann, wenn die beiden Merkmale »**ideelle Bindung an die kirchliche Aufgabe**« sowie die »**organisatorische Zuordnung der Einrichtung zur Religionsgemeinschaft**« erfüllt seien, so folgt daraus, dass die Bereichsausnahme der staatlichen Gesetze nicht auf »karitative und erzieherische Einrichtungen« zu begrenzen, sondern auch auf andere Einrichtungen zu erstrecken ist, die sich als »Wesens- und Lebensäußerung der Kirche« darstellen.[203] Geht man von den Begriffen Zuordnung und Einwirkung sowie ideelle Bindung an die kirchliche Aufgabe aus,[204] so kommt man nicht umhin, auch wissenschaftliche Institute und kirchliche Nachrichten-Agenturen oder Presseverbände vom Geltungsbereich des BetrVG auszunehmen. Denn schließlich dienen sie

---

197 *Fabricius*, GK-BetrVG § 118 Rn 716 ff. m. N.; *Ilbertz/Widmaier*, BPersVG § 112 Anm. 1; a. A. *Altvater/Bacher/Sabottig/Schneider/Thiel*, BPersVG § 112 Rn 3.
198 *Jurina*, Das Dienst- und Arbeitsrecht im Bereich der Kirchen S. 159.
199 *Fabricius*, a. a. O. Rn 748, 718.
200 Vgl. *Richardi*, Arbeitsrecht in der Kirche § 16 Rn 24.
201 *BVerfGE* 42, 313, 331–335 = NJW 1976, 2123; *BVerfGE* 46, 73 = EzA § 118 BetrVG 1972 Nr. 15 = NJW 1978, 581, 583.
202 A. a. O. Rn 781 f.
203 Vgl. *Fabricius*, a. a. O. Rn 784; *Richardi*, a. a. O. § 3 Rn 16, unter Hinweis auf die Katholische Nachrichten-Agentur, KNA.
204 BAG, 5. 12. 2007 – 7 ABR 72/06, NZA 2008, 653.

der Wirksamkeit der Aufgaben, die der Kirche gestellt sind.[205] Dasselbe hat dann auch z. B. für die Kirchliche Zusatzversorgungskasse des Verbandes der Diözesen Deutschlands – Anstalt des öffentlichen Rechts – zu gelten.[206]

84 Folgt man diesen Überlegungen, so hätte das *LAG Hamm*[207] weniger auf den Wortlaut des § 118 Abs. 2 BetrVG abstellen können[208] und mehr auf die Tatsache, dass die vom Verband der Diözesen Deutschlands und der Diözese Münster gebildete Gesellschaft zum Betrieb eines wissenschaftlichen Instituts für Pädagogik kirchliche Aufgaben zu erfüllen hat, nämlich die wissenschaftliche Arbeit auf dem Gebiet des Erziehungs- und Bildungswesens zu fördern (Verfassung des Instituts, Art. 2) und die auf Erziehung und Bildung gerichtete Tätigkeiten der deutschen Diözesen, der katholischen Verbände und der katholischen Einrichtungen zu unterstützen, wie sich aus dem weitergehenden Wortlaut des Gesellschaftsvertrages (§ 2 Abs. 1) ergibt. Dass die Gesellschaft kirchlich anerkannt ist, ergibt sich durch die Gesellschafter und ihre Verfassungen.

85 Würde man sich dem *LAG Hamm* und dem ihm folgenden Teil der Literatur anschließen, so wären praktisch die kirchlichen Hochschulen und Fachhochschulen, die der Wissenschaft zu dienen haben, betroffen, wenn man letztlich nicht doch auf das Wesen der kirchlichen Bildung abstellt: »ausgehend vom Evangelium Jesu Christi zur ganzheitlichen Entfaltung der menschlichen Person beizutragen und junge Menschen dahin zu führen, aus christlicher Überzeugung heraus in ihrem Beruf tätig zu sein«.[209] Das ist auch ein Erziehungsziel (vgl. auch Art. 2 der Verfassung der Stiftung Katholische Universität Eichstätt-Ingolstadt). Deutlich heißt es in der Satzung für die Katholische Fachhochschule für Sozialarbeit, Sozialpädagogik und praktische Theologie Mainz vom 19. 9. 1988: »Die Fachhochschule ist eine Bildungseinrichtung der Katholischen Kirche. Sie dient der Erfüllung des kirchlichen Auftrages, freie Bildungseinrichtungen aus dem Geist des Evangeliums zu führen. Aufgrund ihrer Trägerschaft ist sie der verfassten Katholischen Kirche organisatorisch verbunden. Sie erfüllt die Aufgaben gemäß § 3 in der sich daraus ergebenden besonderen kirchlichen Prägung. Dementsprechend hat sie über eine praxisorientierte Ausbildung auf wissenschaftlicher Grundlage hinaus die Studenten zu befähigen, aus christlicher Verantwortung ihr Leben zu gestalten und ihren Dienst am Menschen zu leisten. Die an der Fachhochschule Tätigen und die Studenten haben diese besondere Prägung der Fachhochschule anzuerkennen und mitzutragen« (§ 2 Abs. 1 der Satzung).[210]

86 Die Entscheidungen der bayerischen Verwaltungsgerichte (Rn 82) stehen im Gegensatz zur Rechtsprechung des *BVerfG*.[211] Ein **Kloster** gehört, auch wenn es Körperschaft des staatlichen öffentlichen Rechts ist, zur katholischen Kirche (can. 590 § 1 CIC).[212] Art. 92 BayPVG regelt wie § 112 BPersVG: »Dieses Gesetz findet keine Anwendung auf Religionsgemeinschaften und ihre karitativen und erzieherischen Einrichtungen ohne Rücksicht auf ihre Rechtsform; ihnen bleibt die selbständige Ordnung eines Personalvertretungsrechts überlassen.« Ein Kloster ist mit seinem Betrieb nicht in den staatlichen Organisationsbereich einzuordnen. Als Teil der Kirche ist ihm und seinen von der Kirche vorgegebenen Grundsätzen und durch die Leitbilder für den Orden die selbständige Ordnung und Verwaltung seiner Angelegenheiten von der Verfassung garantiert. Deshalb ragt nicht jedes staatliche Gesetz ohne weiteres in den den Kirchen und ihren Einrichtungen zustehenden Autonomiebereich hinein, auch wenn es aus weltlicher Sicht von der zu regelnden Materie her als vernünftig erscheint.[213]

---

205 *Richardi*, § 3 Rn 16; BAG, 24. 7. 1991, ZTR 1992, 41 = NZA 1991, 977 = AR-Blattei ES Tendenzbetrieb Nr. 47.
206 Vgl. Satzung; dazu: *Jurina*, a. a. O. S. 156 ff., S. 159.
207 DB 1980, 696.
208 A. A. *Fabricius*, BetrVG Rn 786 f.
209 Aus: Präambel des Statuts der Katholischen Fachhochschule Nordrhein-Westfalen vom 12. 3. 1986.
210 Amtsblatt des Erzbistums Köln 2003 Nr. 358 S. 376.
211 11. 10. 1977 – 2 BvR 209/76, *BVerfGE* 46, 73 = NJW 1978, 581.
212 *BVerfGE* 24, 236, 247.
213 *BVerfG*, 25. 3. 1980 – 2 BvR 208/76, *BVerfGE* 53, 366, 404 = NJW 1980, 1895.

Andernfalls wäre die Erwartungsklausel in Art. 92 BayPVG und in § 112 BPersVG nicht garantiert, welche die Eigenständigkeit kirchlicher Personalverfassung respektiert.

5. Dritter Weg

Gemäß Art. 7 Abs. 1 GrO sind kirchliche Rechtsträger (Art. 2 GrO) verpflichtet, bischöflich in Kraft gesetzte Arbeitsrechtsnormen auf Arbeitsverhältnisse mit ihren Arbeitnehmern anzuwenden, die von Kommissionen, die mit Vertretern der Dienstgeber und Vertretern der Mitarbeiter paritätisch besetzt sind, beschlossen worden sind.[214] Streitig wird bisweilen, ob die Dienstgeber ohne Rücksicht auf ihre jeweilige wirtschaftliche Lage die Arbeitsvertragsnormen umsetzen müssen. Dazu bleibt festzustellen, dass die Zugehörigkeit der fraglichen Rechtsträger zur Kirche Kriterium für die Anwendung kirchlichen Arbeitsvertragsrechts ist, das durch Kommissionen i. S. von Art. 7 Abs. 1 GrO zustande gekommen ist. Es geht also um die Beteiligung der Mitarbeiterschaft an der Schaffung für sie geltender Arbeitsvertragsordnungen; das heißt Dritter Weg. Nicht jedoch zu verwechseln ist die Forderung nach dem Dritten Weg mit der nach Anwendung der MAVO. Denn die Ausnahmen von der Geltung staatlichen Betriebsverfassungsrechts (§ 118 Abs. 2 BetrVG, § 112 BPersVG) gelten im kirchlichen Bereich nur partiell, ohne dass die Zuordnung eines Rechtsträgers zur Kirche deshalb in Frage zu stellen ist, wenn er weder erzieherisch noch karitativ tätig ist und die MAVO deshalb nicht anzuwenden ist (Rn 75 ff.). Die Probleme des Dritten Weges sind erforderlichenfalls bezogen auf Spezifika der Einrichtungen eines oder mehrerer kirchlicher Rechtsträger zu lösen, wie das z. B. die KODA-Ordnung der fünf (Erz-)Diözesen in Nordrhein-Westfalen vorsieht, um im Ergebnis den Dritten Weg zu ermöglichen (vgl. § 1 Abs. 3 KODA-Ordnung). Die Nichtanwendung der MAVO sagt anders als etwa die Nichtbefolgung des Dritten Weges nichts über die Zuordnung eines Betriebes zur Kirche aus. Eine Unternehmung kann allerdings nicht als kirchlich angesehen werden, wenn keine Beziehung zur Kirche besteht, wenn also die betreffende Unternehmung überhaupt nicht erklärt, zur Kirche gehören zu wollen, wenn sie überhaupt nicht im Rahmen der kirchlichen Sendung tätig ist oder wenn sie sich einer rechtlichen Beziehung zur kirchlichen Autorität völlig entzieht.[215] Dann gilt auch die MAVO nicht. Kommt der Diözesanbischof zu dem Ergebnis, dass eine privatrechtlich verselbständigte Einrichtung nicht mehr Teil hat an der Verwirklichung eines Stücks Auftrag der Kirche im Geist katholischer Religiosität, im Einklang mit dem Bekenntnis der katholischen Kirche und in Verbindung mit ihm, so muss er durch einen rechtsverbindlichen Akt zum Ausdruck bringen, dass eine bisher bestehende Verbindung mit ihm aufgegeben wird. Dies muss zur Vermeidung einer Irreführung im Rechtsverkehr auch nach außen in Erscheinung treten. Ein Beschluss der Gesellschafter, nach dem sich eine GmbH nicht mehr als kirchliche Arbeitgeberin versteht und daher die Grundordnung des kirchlichen Dienstes im Rahmen kirchlicher Arbeitsverhältnisse nicht mehr für sich gelten lassen will, kann Grund sein, dass der Diözesanbischof durch einen entsprechenden Rechtsakt eine Klarstellung herbeiführt, dass er das Vertrauen verloren hat, in der Einrichtung die Erfüllung eines Beitrags zum Sendungsauftrag der Kirche zu erblicken. Das entscheiden die Gesellschafter aufgrund ihrer Satzungsautonomie.[216] Die Satzungsautonomie gibt einem Rechtsträger aber keine Befugnis, für seine Einrichtung ein Sonderarbeitsrecht zu schaffen. Sie gibt ihm auch kein Wahlrecht, ob das staatliche Arbeitsrecht mit oder ohne die Besonderheiten gilt, die sich aus der Verfassungsgarantie des kirchlichen Selbstbestimmungsrechts ergeben.[217]

IV. Ökumenische Trägerschaften

Ein **Caritasverband** und ein **Diakonisches Werk** haben durch Gesellschaftsvertrag eine **gemeinsame GmbH** gegründet, um mit der Gesellschaft ein »christliches Krankenhaus« zu betreiben. Diese

---

214 *KAGH*, 26. 6. 2009 – M 167/08, ZMV 2009, 212.
215 *Rhode*, AfkKR 2006, 32, 41.
216 *Delegiertes Gericht des Obersten Gerichts der Apostolischen Signatur*, 31. 3. 2010 – 42676/09 VT, Paderbornen.
217 *KAGH*, 27. 2. 2009 – M 13/08, ZMV 2009, 153; *BAG*, 5. 12. 2007 – 7 ABR 72/06, NZA 2008, 653.

GmbH ist keiner Kirche zuzuordnen, so dass kirchliches Mitarbeitervertretungsrecht nicht gilt, also weder MAVO noch MVG. Voraussetzung für die Geltung kirchlichen Rechts ist eine klare Zuordnung zu einer verfassten Kirche i. S. v. Art. 140 GG i. V. m. Art. 137 Abs. 3 WRV.[218] Dazu bedarf es einer klaren kirchenrechtlichen Regelung. Bei der Bildung eines christlichen Krankenhauses als einem nicht mehr der katholischen Kirche zuordnungsfähigen Institut hat auch die Genehmigung der rechtsgeschäftlichen Erklärungen zum Abschluss des Gesellschaftsvertrages durch den dem Caritasverband vorsitzenden Weihbischof nicht die erforderliche Rechtsgrundlage ersetzt. Eine Erweiterung der Aktivitäten des Caritasverbandes im Rahmen seiner Statuten ist möglich. Aber durch die Gründung einer GmbH mit dem Diakonischen Werk wird die Zuordnung der GmbH zur einen oder anderen Kirche aufgehoben, falls der Gesellschaftsvertrag zur Verknüpfung mit einer Kirche nichts erklärt.[219] Das hat zur Folge, dass die so gebildete GmbH als Tendenzbetrieb i. S. v. § 118 Abs. 1 BetrVG dem staatlichen Betriebsverfassungsrecht (s. § 1a Rn 28)[220] unterliegt. Was zur Kirche i. S. v. Art. 137 Abs. 3 WRV gehört, bestimmt die Kirche nach ihrem Selbstverständnis.[221] Zur Kirche gehört jede von ihr inkorporierte, zur Miterfüllung eines Stücks des kirchlichen Auftrags bestimmte, von ihr anerkannte und unter ihrem bestimmenden Einfluss stehende Einrichtung.[222] Die Entscheidung des *BVerfG* betreffend das Krankenhaus in Goch[223] gibt Aufschluss, aus welchen Merkmalen der kirchliche Charakter der Einrichtung erschlossen werden kann und welche organisatorische Verzahnung mit der Kirchenorganisation zu verlangen ist, um unter dem Schutz des Art. 137 Abs. 3 WRV von den Vorschriften des BetrVG befreit zu sein (Rn 40 ff.). **Zu unterscheiden ist zwischen den Bestimmungen des Grundgesetzes**, wonach als Ausfluss der Religionsausübungsfreiheit auch die korporative Freiheit der Vereinigung von Gemeinschaften garantiert ist (Art. 4 Abs. 2 GG, Art. 140 GG i. V. m. Art. 137 Abs. 2 WRV), deren religiöses Daseins- und Betätigungsrecht auch hinsichtlich der Art der hierfür zu schaffenden Organisation im Rahmen der Grundauffassungen der heutigen Kulturstaaten geschützt ist,[224] und dem kirchlichen Selbstverständnis zu Fragen der ökumenischen Zusammenarbeit im Bereich sozialer Einrichtungen und Maßnahmen.[225] »Ziel ökumenischer Zusammenarbeit ist es, einen sichtbaren Dienst an der Einheit als gemeinsame Aufgabe der Christen im Dienst der Welt zu leisten.«

89 »**Ökumenisch** können nur solche Aktionen genannt werden, welche die Annäherung und Einigung der getrennten christlichen Kirchen und kirchlichen Gemeinschaften zum Ziel haben sowie der gemeinsamen Aufgabe der Christen gegenüber der Welt dienen«.[226] »Praktische Formen der Zusammenarbeit sind Vereinigungen bekenntnisverschiedener Kirchen, die über die Zusammenarbeit in einer Einrichtung oder Maßnahme hinaus einen eigenen gemeinsamen und umfassenden Rechtsträger (z. B. e. V., GmbH, Stiftung) bilden, der Zuständigkeit und Verantwortung für Eigentum, Finanzierung, Personal, Geschäftsführung und Leitung übernimmt«.[227] Diese Form erschwert die Zuordnung zum Deutschen Caritasverband als einem der Spitzenverbände der freien Wohlfahrtspflege; es entsteht das Problem der Doppelmitgliedschaft in mehreren Spitzenverbänden, die nicht gewollt ist (§ 5 Abs. 1 S. 2 Buchst. i der Satzung des Diözesan-Caritasverbandes für das Erzbistum Köln),[228] und damit ganz selbstverständlich die Frage der Geltung der Grundordnung und der MAVO (§ 5 Abs. 1 S. 2 Buchst. bb und dd der Satzung a. a. O.). Denn Grundordnung und MAVO beanspruchen nur Geltung im Bereich der katholischen Kirche. Im Falle der Kooperation verschiedener Rechtsträger,

---

218 *Richardi*, § 16 Rn 64.
219 *Krämer, Rolf*, Kirchenrechtliche Probleme einer diakonischen GmbH, ZevKR 1996, 66, 80 ff.
220 Zur Problematik vgl. *VGH der EKU*, 19. 8. 1994 – VGH 2/91, RsprB ABl. EKD 1995.
221 *BVerfGE* 24, 236, 246 f.; 46, 73, 85; 53, 366, 391.
222 *Geiger*, Die Rechtsprechung des Bundesverfassungsgerichts, ZevKR 1981, 156, 163.
223 *BVerfGE* 46, 73, 87 ff.
224 *BVerfGE* 24, 236.
225 Kirchl. Anzeiger für die Erzdiözese Köln 1975 Nr. 213 S. 339 ff.
226 Kirchl. Anzeiger für die Erzdiözese Köln 1975 Nr. 213 S. 339, 342.
227 Kirchl. Anzeiger für die Erzdiözese Köln a. a. O. S. 343.
228 Amtsblatt des Erzbistums Köln 2000 Nr. 138 S. 112.

z. B. aus den Bereichen des staatlichem Betriebsverfassungsrechts und Personalvertretungsrechts, des MVG-EKD und der MAVO in einem Krankenhausverbund (etwa GmbH) kommt es auf seine Struktur und die tatsächliche Leitungsmacht und die klare Zuordnung zu einem der genannten Rechtsbereiche an (vgl. § 118 Abs. 1 u. 2, § 130 BetrVG). Das bestätigt z. B. eine Vereinbarung der Arbeitsgemeinschaft für die Ökumenischen Sozialstationen in der Diözese Speyer und der Evangelischen Kirche der Pfalz (Protestantische Landeskirche), deren Partner der Caritasverband für die Diözese Speyer e. V. und das Diakonische Werk der Evangelischen Kirche der Pfalz im Einvernehmen mit dem Bischöflichen Ordinariat und dem Landeskirchenamt sind. Die Arbeitsgemeinschaft nimmt die spitzenverbandlichen Aufgaben wahr und unterstützt die Ökumenischen Sozialstationen durch Dienstleistungen. Die Ökumenischen Sozialstationen stehen in Trägerschaft der katholischen und evangelischen Kirchengemeinden und der katholischen, evangelischen und ökumenischen Krankenpflegevereine. In den Einrichtungen werden die AVR-Caritas bzw. das Arbeitsrecht der Evangelischen Kirche der Pfalz und eine der kirchlichen Mitarbeitervertretungsregelungen angewendet. Erforderlich sind zudem die kirchenaufsichtlichen Genehmigungen der Satzung der Ökumenischen Sozialstation.[229] Im Gemeinschaftsbetrieb können für die an ihm beteiligten Arbeitgeber jeweils zu ihren Arbeitnehmern unterschiedliche Vergütungsordnungen zur Anwendung bringen. Denn eine betriebliche Vergütungsordnung betrifft die Leistungsbeziehung von Arbeitnehmer und Arbeitgeber aus dem Arbeitsverhältnis. An einem womöglichen Verfahren über die Eingruppierung eines Arbeitnehmers bzw. Mitarbeiters ist auf Dienstgeberseite auch im Gemeinschaftsbetrieb nur der Vertragsarbeitgeber beteiligt.[230]

V. Streitigkeiten

1. Arbeitsgerichtliches Beschlussverfahren

Streitigkeiten darüber, ob eine Dienststelle, Einrichtung oder sonstige selbständig geführte Stelle oder eben ein Betrieb nach § 118 Abs. 2 BetrVG aus dem Geltungsbereich des BetrVG herausfällt, sind im arbeitsrechtlichen Beschlussverfahren zu entscheiden (§ 2a Abs. 1 Nr. 1, Abs. 2 i. V. m. §§ 80 ff. ArbGG). Anlass für das Verfahren können sein: die Anfechtung einer Betriebsratswahl, die Feststellung der Nichtigkeit nach § 17 BetrVG,[231] die Behauptung eines Betriebserwerbers, dass nach dem Betriebsübergang eines Krankenhauses aus dem profanen Bereich in den kirchlichen Bereich das BetrVG nicht mehr gilt.[232] In dem Verfahren hat das Arbeitsgericht von Amts wegen alle erheblichen Tatsachen zu ermitteln und aufzuklären (§ 83 ArbGG).[233] Dabei ist der Dienstgeber regelmäßig eher in der Lage, die Umstände darzulegen, wie die institutionelle Zuordnung zwischen Einrichtungen und Kirche gegeben ist. Deshalb wird die Beibringungslast dem Dienstgeber aufgebürdet mit der Folge, dass bei einer offenen Frage von der Anwendbarkeit des Betriebsverfassungsrechts ausgegangen wird.[234] Wenn Ordensgemeinschaften der katholischen Kirche den Status einer Körperschaft des öffentlichen Rechts verliehen bekommen oder beibehalten haben, so findet für ihre nicht verselbständigten Einrichtungen auch wirtschaftlicher Art das Betriebsverfassungsgesetz gemäß § 130 BetrVG keine Anwendung. § 130 BetrVG dient dazu, den Geltungsbereich des BetrVG gegenüber dem der Personalvertretungsgesetze des Bundes und der Länder abzugrenzen. § 118 Abs. 2 BetrVG betrifft nicht die öffentlich-rechtlich organisierte Kirche, sondern die Religionsgemeinschaften und karitativen und erzieherischen Einrichtungen, die privatrechtlich organisiert sind.[235]

---

229 Oberhirtliches Verordnungsblatt – Amtsblatt für das Bistum Speyer 2006 Nr. 14 S. 24 ff.
230 BAG, 12. 12. 2006 – 1 ABR 38/05, NZA 2007, 712, LS.
231 Vgl. BAG, 6. 12. 1977 EzA § 118 BetrVG 1972 Nr. 16 und 9. 2. 1982 EzA § 118 BetrVG 1972 Nr. 33.
232 BAG, 5. 12. 2007 – 7 ABR 72/06, NZA 2008, 653.
233 BAG, wie vor; Fabricius, GK-BetrVG § 118 Rn 794.
234 ArbG Mönchengladbach, 12. 7. 2001 – 4 BV 34/01, ZMV 2001, 244.
235 BAG, 30. 7. 1987 – 6 ABR 78/85, DB 1987, 2658.

2. Verwaltungsgerichtliches Beschlussverfahren

91 Wird darüber gestritten, ob das Bundespersonalvertretungsgesetz (oder ein anderes Personalvertretungsgesetz) anwendbar ist oder ob § 112 BPersVG die Dienststelle aus dem Geltungsbereich des BPersVG ausklammert, entscheidet das zuständige Verwaltungsgericht nach § 83 Abs. 1 Nr. 2 und 3 BPersVG. Denn hierbei geht es um Fragen im Zusammenhang mit der Wahl, Zuständigkeit und Geschäftsführung der Personalvertretung.[236] Das Verfahren wird entsprechend den Vorschriften des Arbeitsgerichtsgesetzes über das Beschlussverfahren abgewickelt (§ 83 Abs. 2 BPersVG). Dasselbe gilt bei Streitigkeiten über die Geltung von Landespersonalvertretungsrecht. Das Beschlussverfahren kennt Antragsteller und Beteiligte[237]; es ist der Disposition der Beteiligten weitgehend entzogen. Im Beschlussverfahren wird eine dem Gesetz entsprechende Rechtslage hergestellt oder festgestellt.[238] Im Verfahren gilt der Grundsatz der Aufklärung von Amts wegen durch das Gericht (§ 83 Abs. 2 BPersVG i. V. m. § 83 Abs. 1 ArbGG). Deshalb hat das Verwaltungsgericht den Sachverhalt unter allen erkenntlich werdenden Gesichtspunkten aufzuklären. Dazu kann es Zeugen und Sachverständige vernehmen, Augenschein einnehmen, Urkunden einsehen und Auskünfte einholen (§ 83 Abs. 2 BPersVG i. V. m. § 83 Abs. 2 ArbGG).

3. Das Verfahren vor den kirchlichen Gerichten für Arbeitssachen

92 Bei Streitigkeiten über die Errichtung einer MAV, die Geltung der MAVO oder aus der MAVO ist das Kirchliche Arbeitsgericht zur Entscheidung über eine Rechtsfrage gemäß § 2 Abs. 2 KAGO zuständig.[239] Zur Einleitung einer MAV-Wahl wird auf § 10 MAVO verwiesen. Das Kirchliche Arbeitsgericht hat von Amts wegen u. a. seine Zuständigkeit zu prüfen. Sie ist sachlich nicht gegeben, wenn der Dienstgeber die kirchlich erlassene Mitarbeitervertretungsordnung nicht anwendet, weil er eine eigene Ordnung verfasst hat[240] oder weil er gar nicht in den Geltungsbereich einer kirchlichen Mitarbeitervertretungsordnung fällt.[241] Die Zulässigkeit einer Klage kann wegen fehlender Klagebefugnis entfallen, wenn z. B. die klagende MAV infolge eines Betriebsübergangs auf einen außerhalb des Geltungsbereichs der MAVO stehenden Betriebserwerber übergegangen und dadurch ihr Mandat als MAV untergegangen ist.[242] Die Klagebefugnis der MAV kann auch nachträglich entfallen, wenn die Zuordnung des Dienstgebers (z. B. als privatrechtlich verfasster Rechtsträger) zur katholischen Kirche aufgehoben oder durch eigenen Entschluss vor der letzten mündlichen Verhandlung[243] entfallen ist.[244] Ist der Rechtsweg zur kirchlichen Arbeitsgerichtsbarkeit nicht eröffnet, kann keine Kostenentscheidung nach § 12 Abs. 1 S. 2 KAGO ergehen.[245]

93 In jeder Gerichtsinstanz und in jedem Prozessabschnitt kann ein Verfahrensbeteiligter seine Streitsache dem Heiligen Stuhl zur Entscheidung übergeben oder bei ihm mit Klageantrag einbringen (can. 1417 § 1, 1501 ff. CIC). Die Anrufung unterbricht jedoch nicht die Ausübung der Jurisdiktion des Richters, der die Sache schon in Angriff genommen hat. Das Verfahren kann daher bis zum Endurteil fortgesetzt werden, falls nicht der Apostolische Stuhl dem Richter zu erkennen gegeben hat, dass er die Sache an sich gezogen hat. Im Falle der Berufung unterbricht die Anrufung des Apostolischen Stuhls die Ausübung der Jurisdiktion des befassten Gerichts (can. 1417 § 2 CIC). Nach der KAGO gibt es zwei Gerichtsinstanzen, aber keine Berufungsinstanz (§§ 14, 21 KAGO). Zuständig

---

236 *Ilbertz/Widmaier*, BPersVG § 112 Rn 5.
237 *BVerwG*, 20. 6. 1958, NJW 1958, 1649.
238 *OVG Berlin*, 12. 8. 1971, PersV 1972, 215.
239 *KAGH*, 12. 12. 2008 – M 04/08.
240 *KAGH*, 19. 3. 2010 – M 11/09, ZMV 2010, 153.
241 *KAGH*, 27. 11. 2009 – M 04/09, ZMV 2010, 94.
242 *KAGH*, 2. 3. 2007 – M 05/06.
243 *Kirchliches Arbeitsgericht Erster Instanz für das Erzbistum Paderborn*, 8. 10. 2009 – XVI/06 n.rkr.
244 *Delegiertes Gericht des Obersten Gerichts der Apostolischen Signatur*, 31. 3. 2010 – 42676/09 VT, Paderbornen.
245 *KAGH*, 27. 11. 2009 – M 04/09, ZMV 2010, 94.

für die Veranlassung der Entscheidung über die Streitsache beim Heiligen Stuhl ist die Apostolische Signatur (can. 1442, 1445 CIC). Dieses päpstliche Gericht kann die Entscheidung des unteren Gerichts bestätigen oder aufheben.[246] Die Aufhebung kommt u. a. in Betracht, wenn das untere Gericht ein Urteil zwischen den Prozessparteien gefällt hat, von denen wenigstens eine Partei keine prozessuale Rollenfähigkeit (mehr) besitzt (can. 1620 Nr. 5 CIC). War die Rollenfähigkeit von Anfang an nicht gegeben, ist die Nichtigkeit des Urteils festzustellen. Siehe weiter § 40 Rn 39 f.

§ 1a Bildung von Mitarbeitervertretungen

(1) In den Einrichtungen der in § 1 genannten kirchlichen Rechtsträger sind Mitarbeitervertretungen nach Maßgabe der folgenden Vorschriften zu bilden.

(2) Unbeschadet des Abs. 1 kann der Rechtsträger nach Anhörung betroffener Mitarbeitervertretungen regeln, was als Einrichtung gilt. Die Regelung bedarf der Genehmigung durch den Ordinarius. Die Regelung darf nicht missbräuchlich erfolgen.

Übersicht	Rn		Rn
I. Die Pflicht zur Bildung einer Mitarbeitervertretung (MAV) in der Einrichtung	1– 6	3. Abspaltung zum neuen Dienstgeber	24
II. Das Verhältnis zwischen § 1a und § 1b	7, 8	4. Gemeinschaftsbetrieb	25–27
III. Die Mitarbeitervertretung (MAV)	9–11	5. Errichtung einer Dienststelle durch mehrere verschiedenen Rechtsbereichen zugehörende Rechtsträger	28
1. Wesen	9		
2. Bildung der MAV durch Wahl	10		
3. Haftung	11	6. Stilllegung der Einrichtung	29
IV. Sonderregelungen für den sachlichen Geltungsbereich der MAVO	12–20	VI. Sondervertretungen	30–36
1. Rechte des Dienstgebers	12, 13	1. Die Sondervertretung gemäß § 23	30
2. Anhörung und Mitberatung der MAV	14	2. Die Gesamtmitarbeitervertretung	31
3. Genehmigung des Ordinarius	15–17	3. Die erweiterte Gesamtmitarbeitervertretung	32
4. Streitigkeiten	18–20	4. Der Sprecher der Jugendlichen und Auszubildenden	33
a. Dienststellenregelung	18, 19	5. Die Vertrauensperson der schwerbehinderten Menschen	34, 35
b. Genehmigung des Ordinarius	20	6. Der Vertrauensmann der Zivildienstleistenden	36
V. Folgen der Veränderungen von Dienststellen	21–29	VII. Die diözesane Arbeitsgemeinschaft der Mitarbeitervertretungen	37
1. Zusammenlegung und Trennung	21, 22	VIII. Die Bundesarbeitsgemeinschaft der Mitarbeitervertretungen	38
2. Dienststellenübergang auf einen anderen Träger	23		

I. Die Pflicht zur Bildung einer Mitarbeitervertretung (MAV) in der Einrichtung

Die Bildung von Mitarbeitervertretungen ist Pflicht (§ 1a Abs. 1). Diese Verpflichtung ist zwingend 1 und kann weder durch Vertrag noch durch Dienstvereinbarung oder Abstimmung der Mitarbeiter – etwa in einer Mitarbeiterversammlung – geändert werden (§ 55). Die Wahl einer MAV ist zuzulassen (§ 10 Abs. 1; § 11b Abs. 2).

Die MAV ist in kirchlichen Einrichtungen, Dienststellen und sonstigen selbständig geführten Stellen 2 (§ 1 i. V. § 1a Abs. 1) zu bilden. So wie es im Betriebsverfassungsrecht keine gesetzliche Definition

---

246 *Delegiertes Gericht des Obersten Gerichts der Apostolischen Signatur*, 31. 3. 2010 – 432676/09 VT, Paderbornen.

des Begriffes Betrieb gibt,[1] fehlt eine Erläuterung für die in der MAVO verwendeten Begriffe. Die MAVO setzt den Begriff dessen, was Dienststelle, Einrichtung oder sonstige selbständig geführte Stelle ist, voraus. Staatliche Rechtsprechung und Rechtslehre haben den Betriebsbegriff entwickelt. Danach ist ein Betrieb (z. B. Krankenhaus, Altenpflegeheim) eine organisatorische Einheit, innerhalb der der Unternehmer allein oder in Gemeinschaft mit Arbeitnehmern mit Hilfe von sächlichen und immateriellen Betriebsmitteln bestimmte arbeitstechnische Zwecke fortgesetzt verfolgt. Vom Vorliegen eines Betriebes i. S. d. BetrVG ist demnach regelmäßig auszugehen, wenn die in einer Betriebsstätte vorhandenen materiellen und immateriellen Betriebsmittel für den oder die verfolgten arbeitstechnischen Zwecke zusammengefasst, geordnet und gezielt eingesetzt werden und der Einsatz der menschlichen Arbeitskraft von einem einheitlichen Leitungsapparat gesteuert wird.[2] Werden diese Aufgaben von mehreren selbständigen Leitungsapparaten erfüllt, ist regelmäßig vom Vorhandensein mehrerer Betriebe auszugehen.[3] Eine Betriebsstätte ist als selbständiger Betrieb anzusehen, wenn seiner Leitung der Kern der Arbeitgeberfunktionen für die dort tätigen Mitarbeiter übertragen ist. Nicht entscheidend ist dagegen der Gesichtspunkt der örtlichen Einheit. Er bildet allenfalls einen Anhaltspunkt für das Vorliegen eines einheitlichen Betriebes, nicht aber ein Merkmal eines einheitlichen Betriebes.[4] Für das BPersVG existiert kein gesetzlicher Begriff des dort verwendeten Ausdrucks Dienststelle. Die MAVO trägt dem Rechnung und bestimmt in § 1a **Abs. 2, dass der Dienstgeber regelt, was Dienststelle, Einrichtung oder sonstige selbständig geführte Stelle ist.** Dazu hat er die MAV anzuhören und mitberaten zu lassen (§ 1a Abs. 2 i. V. m. § 29 Abs. 1 Nr. 20).

3 Der Auftrag des Diözesanbischofs zur Bildung von Mitarbeitervertretungen wird durch Wahlen erfüllt. Da jedoch die MAVO eine Wahlpflicht ebenso wenig kennt wie das Personalvertretungs- und Betriebsverfassungsrecht, kann die Erfüllung der Pflicht zur Bildung von Mitarbeitervertretungen gegenüber den Mitarbeitern nicht erzwungen werden. Besteht keine MAV, obwohl die rechtlichen Voraussetzungen zu ihrer Bildung vorliegen, hat der Dienstgeber bzw. sein Beauftragter eine Mitarbeiterversammlung einzuberufen (§ 10 Abs. 1 und 2). Sollten die Mitarbeiter jedoch keinen Wahlausschuss wählen, nicht zur MAV kandidieren oder aber nicht zur Wahl gehen, so besteht keine Möglichkeit, die Bildung einer MAV für die Einrichtung zu erzwingen.

4 Kommt der Dienstgeber seiner **Rechtspflicht zur Förderung der Wahl einer** MAV i. S. d. MAVO nicht nach oder verhindert er sie, kann ein wahlberechtigter Mitarbeiter das Kirchliche Arbeitsgericht im Klagewege zur Herbeiführung eines Wahlausschusses (§ 2 Abs. 2 i. V. m § 8 Abs. 2 Buchstabe b KAGO) anrufen. Ohne MAV können die kollektiven Arbeitsrechte der Mitarbeiter nicht wahrgenommen werden. Verzichten die Mitarbeiter auf die Bildung einer MAV, so begeben sie sich der Rechte, die sie und durch die MAV nach Maßgabe der MAVO haben.

5 Der Gesamtheit der Mitarbeiter oder einzelnen von ihnen stehen die Rechte einer MAV nicht zu. In kleinen Einrichtungen oder Dienststellen wird häufig auf die Wahl einer MAV verzichtet, weil die Mitarbeiter davon ausgehen, ein gutes Einvernehmen auch ohne MAV mit dem Dienstgeber zu unterhalten. Das ist zwar wichtig und dient dem Gedanken der Dienstgemeinschaft (Art. l GrO), reicht aber nicht aus, um die Rechte der Mitwirkung und Mitbestimmung der MAV an Maßnahmen des Dienstgebers wahrzunehmen. Der Dienstgeber ist dann seinerseits nicht verpflichtet, die Zusammenarbeit mit den Mitarbeitern in der Weise zu betreiben, welche die MAVO in den §§ 26–39 vorschreibt. In den Fällen besonderer Vertraulichkeit dürfte er das auch gar nicht.

6 Um aber die Möglichkeiten zur Bildung von Mitarbeitervertretungen zu fördern, ist es nach § 1b möglich, für mehrere Rechtsträger (Dienstgeber) eine »gemeinsame Mitarbeitervertretung« zu bilden. Außerdem ist den Diözesanen Arbeitsgemeinschaften der Mitarbeitervertretungen gemäß

---

1 *LAG Baden-Württemberg*, 26. 3. 1996 – 7 Ta BV 1/96 rkr., DB 1996, 2084.
2 *BAG*, 14. 12. 1994 EzA § 1 BetrVG 1972 Nr. 9 = AP Nr. 3 zu § 5 BetrVG Rotes Kreuz.
3 *Schlichtungsstelle Essen*, 9. 6. 2000 – 851245/1–2/00, ZMV 2000, 279; vgl. *BAG*, 19. 2. 2002 – 1 ABR 26/01, NZA 2002, 1300.
4 *BAG*, DB 1983, 1498 = AP Nr. 3 zu § 4 BetrVG 1972.

§ 25 Abs. 2 Nr. 3 die Förderung der Anwendung der MAVO aufgetragen. Diese haben deshalb das Recht, im Wege der Klage beim Kirchlichen Arbeitsgericht die Wahl einer MAV gegenüber dem Dienstgeber geltend zu machen, wenn er der Ansicht ist, dass die kirchliche MAVO nicht gilt.[5]

II. Das Verhältnis zwischen § 1a und § 1b

Gemäß § 1a ist festgelegt, wo räumlich Mitarbeitervertretungen nach Maßgabe des Organisationsrechts eines kirchlichen Dienstgebers (Rechtsträgers) zu bilden sind. Es gilt das Prinzip eine Einrichtung eine MAV. **Gemäß § 1b** kann es eine Alternative geben. Ausgangspunkt sind gemeinsame Willensbildungen mehrerer verschiedener Rechtsträger unter Beteiligung bestehender Mitarbeitervertretungen und/oder betroffener Mitarbeiter zur Bildung einer nur noch einzigen gemeinsamen Mitarbeitervertretung anstelle einer für jeden einzelnen Rechtsträger zuständigen Interessenvertretung der Mitarbeiter der beteiligten Dienstgeber unter Aufgabe der MAV i. S. v. § 1a, wobei die Interessen des jeweiligen Dienstgebers in der Zusammenarbeit mit der gemeinsamen Mitarbeitervertretung auf seine Sphäre beschränkt bleiben, andererseits gemeinsame Pflichten aller beteiligten Dienstgeber (Rechtsträger) gegenüber der gemeinsamen Mitarbeitervertretung wahrzunehmen sind (§ 22a Abs. 1 S. 1 und 2, Abs. 2, 3 und 4). Die Bildung einer gemeinsamen Einrichtung mehrerer Rechtsträger ist mit § 1b nicht geregelt, sondern eher das Ergebnis einer Betriebsabspaltung mit Gründung eines neuen Trägers für den Betrieb des abgespaltenen Betriebsteils oder näher benannter Funktionsbereiche der abgebenden Einrichtung. 7

Es bleibt für die gemäß § 1b beteiligten Rechtsträger (Dienstgeber) bei getrennter Führung der von ihnen getragenen Einrichtungen (§ 22a Abs. 1 S. 3 i. V. m. §§ 27 Abs. 1, 27a, 29 bis 37), selbst wenn die beteiligten Rechtsträger (Dienstgeber) formal kooperieren (§ 22a Abs. 1 S. 4). Im Gegensatz dazu steht der Gemeinschaftsbetrieb. Er wird vermutet, wenn zur Verfolgung arbeitstechnischer Zwecke die Betriebsmittel sowie die Mitarbeiter von mehreren beteiligten Rechtsträgern gemeinsam eingesetzt werden (vgl. § 1 Abs. 2 Nr. 1 BetrVG) und die Einrichtung im Wege eines Kooperationsvertrages unter eine gemeinsame Einrichtungs- oder Dienststellenleitung stellen. Wird z. B. eine psychologische Beratungsstelle mit einer Erziehungsberatungsstelle von drei Rechtsträgern (etwa Diözese, Dekanatsverband und Caritasverband) zu einer integrierten Familienberatungsstelle zusammengelegt und diese Dienststelle von ihnen gemeinsam mit ihren jeweiligen Mitarbeiterinnen und Mitarbeitern auf der Grundlage eines entsprechenden Kooperationsvertrages oder einer Entscheidung der Kirchenleitung geführt, so besteht ein Gemeinschaftsbetrieb,[6] für den unter den Voraussetzungen des § 6 Abs. 1 i. V. m. § 1a eine MAV gebildet werden kann. Gemäß § 23 MAVO Rottenburg-Stuttgart wurde eine »Sondervertretung« gebildet.[7] Ein Gemeinschaftsbetrieb wird vermutet, wenn mehrere Rechtsträger zur Verfolgung arbeitstechnischer Zwecke die Betriebsmittel sowie die Mitarbeiter von den Rechtsträgern gemeinsam eingesetzt werden. 8

III. Die Mitarbeitervertretung (MAV)

1. Wesen

Die MAV ist ein **Gebilde kirchlichen Rechts**. Sie ist nicht der Personalvertretung i. S. d. staatlichen öffentlichen Rechts, aber auch nicht dem Betriebsrat des staatlichen Betriebsverfassungsrechts zuzuordnen. Sie ist keine Rechtsperson. Die Mitarbeitervertretung ist Interessenvertretung der Mitarbeiter sowie ihr Repräsentant innerhalb der Dienststelle und vertritt sie gegenüber der Leitung der Dienststelle, jedoch nur im Rahmen der von der MAVO gesetzten Aufgaben und Befugnisse (**siehe § 5**). Die MAV stellt das demokratisch gebildete Repräsentationsorgan der Mitarbeiterschaft dar, die durch die MAVO zu einer rechtlichen Einheit zusammengefasst wird und so handeln kann. Durch sie haben die Mitarbeiter auf kirchengesetzlicher Grundlage und in dem gesetzlich geregelten Umfang an 9

---

5 *KAGH*, 25. 6. 2010 – M 06/10.
6 *BAG*, 11. 2. 2004 – 7 ABR 27/03, NZA 2004, 618.
7 Vgl. *KAGH*, 25. 4. 2008 – M 06/07, ZMV 2008, 138.

den gesetzlich bestimmten Entscheidungen des Dienstgebers teil. Die MAV kann in ihrer Funktion im eigenen Namen kraft Amtes tätig werden, nämlich gegenüber dem Dienstgeber und den Mitarbeitern (vgl. § 5 Rn 32, 35, 36). Die MAV ist an Aufträge und Weisungen ihrer Wähler nicht gebunden, sondern hat ihre Aufgaben nach eigener pflichtgemäßer Überzeugung im Rahmen des Rechts wahrzunehmen. Sie ist an Beschlüsse und Erklärungen ihrer Vorgängerin gebunden.

2. Bildung der MAV durch Wahl

10 Die mehrgliedrige MAV ist aus Mitarbeitern (Frauen und Männer, § 6 Abs. 4 S. 2) zusammengesetzt, die in Dienststellen (§ 1a) mit der erforderlichen Zahl von Mitarbeitern und Mitarbeiterinnen (§ 6), die aktiv und passiv (§§ 7 und 8) wahlberechtigt sind, beschäftigt werden. Zur Bildung der MAV ist eine Wahl unter Leitung eines Wahlausschusses (§ 9) oder Wahlleiters (§§ 11a bis 11c) erforderlich. Die MAV setzt sich aus einem oder mehreren Mitarbeitern zusammen. Sie wird von den Mitarbeitern (§ 3 Abs. 1) mit aktivem Wahlrecht einer Dienststelle, Einrichtung oder sonstigen selbständig geführten Stelle (§ 1) gewählt, wenn die Einrichtung mitarbeitervertretungsfähig ist. Zur Bildung der MAV sind die zwingenden Vorschriften des Wahlverfahrens einzuhalten.

3. Haftung

11 Die Haftung der MAV für die in Wahrnehmung ihrer Aufgaben vorgenommenen Handlungen und Unterlassungen ist in der MAVO nicht geregelt. Die MAVO kann die einzelnen Mitarbeiter nicht verpflichten. Bei der vermögensrechtlichen Haftung aus Rechtsgeschäft kommt nur eine Verpflichtung der im Einzelfall beteiligten Mitarbeitervertreter in Betracht. Dasselbe gilt für unerlaubte Handlungen (vgl. § 5 Rn 33).

IV. Sonderregelungen für den sachlichen Geltungsbereich der MAVO

1. Rechte des Dienstgebers

12 Gemäß § 1a Abs. 2 S. 1 ist der Dienstgeber berechtigt zu regeln, was als Dienststelle, Einrichtung oder sonstige selbständig geführte Stelle gilt. Das folgt aus seinem Organisationsrecht.[8] Er ist verpflichtet, für die Bildung von Mitarbeitervertretungen in seinen Einrichtungen zu sorgen (§ 1a Abs. 1 i. V. m. § 1). Aber um die Bildung einer MAV zu ermöglichen, sind organisatorische Voraussetzungen zu schaffen. Die diesbezügliche Regelung hilft, mögliche Auseinandersetzungen über die Definition dessen, was Dienststelle ist, zu vermeiden. Somit darf der Dienstgeber z. B. in Fällen, in denen bei ihm mehrere Dienststellen vorhanden sind, die aber nicht selbständige Dienststellen oder Einrichtungen sind, diese zu einer einheitlichen Dienststelle zusammenfassen (Dienststellenprinzip). Jede Kirchengemeinde oder Kirchenstiftung bildet eine Dienststelle. Der Dienstgeber muss aber festlegen, welche seiner Arbeitsstellen er zur Dienststelle i. S. dieser Ordnung fügt, damit z. B. die Mitarbeiter im Sakristan- und Organistendienst, die Kräfte im Pfarrbüro; die Mitarbeiterschaft der Friedhöfe, der Kindertageseinrichtungen, der Offenen Türen, Altentagesstätten etc. zu einer mitarbeitervertretungsfähigen Dienstgemeinschaft erstarken.

13 Trägt ein Dienstgeber (z. B. Verband von Kirchengemeinden bzw. Kirchengemeindeverband) mehrere Einrichtungen, z. B. Jugendamt, Erziehungsberatungsstelle, Schulreferat, Telefonseelsorge, Verwaltung, so kann er zur Ermöglichung der Bildung einer MAV diese unselbständigen Dienststellen zum Zweck der Bildung oder Bildungsmöglichkeit einer MAV durchaus zu einer einzigen Dienststelle i. S. v. § 1a Abs. 2 zusammenfügen. Dasselbe kann für einen Caritasverband für einen Landkreis gelten, der innerhalb des Gebietes des Landkreises an verschiedenen Orten Einrichtungen betreibt, die unter einheitlicher Leitung organisiert und Fachabteilungen zugeordnet sind, wie Verwaltung, Ambulante soziale Dienste (z. B. Erziehungsberatung, Haushalts-Organisations-Training), Ambulante Alten- und Krankenhilfe (z. B. Mobile Pflege, Essen auf Rädern), Behindertenhilfe (z. B. Caritas-

---

[8] Vgl. Kirchl. Amtsblatt Rottenburg-Stuttgart 2005 S. 355 ff.

Werkstätten, Betreutes Wohnen). Eine entsprechende Organisationsentscheidung kann auch der Träger mehrerer Schulen treffen[9]. Im Bistum Münster wird für jede Schule je eine MAV gebildet. Zur Regelung der Organisation fasst das zuständige Organ des Dienstgebers Beschluss. Sollen z. B. vier verschiedene Dienststellen, für die jeweils eine MAV besteht, zu einer einzigen Dienststelle gemäß § 1a Abs. 2 zusammengelegt werden, um künftig nur noch eine einzige MAV bestehen zu lassen, können die betroffenen Mitarbeitervertretungen gegen die Art der Zusammenlegung Einspruch einlegen. Im Falle der Geltendmachung von Rechtsmissbrauch des Dienstgebers liegt eine Rechtsstreitigkeit vor, so dass das Kirchliche Arbeitsgericht angerufen werden kann. Hierbei kann sich herausstellen, dass es durchaus mehrere verschiedene Sachaufgaben geben kann, die je verschiedene Dienststellen bedingen, so dass auch verschiedene Mitarbeitervertretungen zu bilden sind. Dabei sind die Umstände zu berücksichtigen, wie räumliche Nähe der Einrichtungen, sachliche Trennung unterschiedlicher Aufgabenbereiche, Verwirklichung einer Betriebsgemeinschaft. Dabei ist die berufsübergreifende Erfassung der Mitarbeiterinnen und Mitarbeiter einer Einrichtung durchaus dem Gedanken der Dienstgemeinschaft adäquat. Die Gesetzeslage nach § 1a mag unbefriedigend sein. Immer geht es um die Frage der einheitlichen Leitung der Einrichtung, ihrer gliederbaren Organisation und die Mitarbeiternähe. Erklärt ein Dienstgeber drei Krankenhäuser in seiner Trägerschaft mit 250, 750 und 1 200 Beschäftigten, die zwischen 20 und 25 km von einander entfernt liegen, als eine Einrichtung, so ist die Frage der einheitlichen Leitung für die drei Einrichtungen zu prüfen. Besteht für jedes Krankenhaus je eine Führung mit ärztlicher, verwaltungs- und pflegedienstlicher Leitung, ist von drei Einrichtungen auszugehen und nicht von einer einzigen. Die Bildung nur einer einzigen MAV für die drei Krankenhäuser zusammen mag Kostenerwägungen unterliegen, weil die Zahl der Mitglieder der MAV durch die Zusammenlegung schrumpft (§ 6). Eine solche Maßnahme des Dienstgebers ist mit § 55 nicht vereinbar, selbst wenn dazu kirchenaufsichtlich Genehmigung erteilt worden ist. Die Genehmigung gemäß § 1a Abs. 2 S. 2 ist wirkungslos, wenn die genehmigte Maßnahme wegen Rechtsmissbräuchlichkeit anfechtbar ist (§ 1a Abs. 2 S. 3).

2. Anhörung und Mitberatung der MAV

Besteht beim Dienstgeber eine MAV, die von der gemäß § 1a Abs. 2 S. 1 beabsichtigten Regelung betroffen sein wird, so ist dieser MAV zuvor Gelegenheit zur Stellungnahme zu geben (§ 1a Abs. 2 S. 1 i. V. m. § 29 Abs. 1 Nr. 20). Die Beteiligung ist Teil des Verfahrens zur Regelung dessen, was als Einrichtung künftig gelten soll. Dazu hat der Dienstgeber genau anzugeben, welche Arbeitsstellen er zu einer Dienststelle zusammenfügen will. Es ist dann Sache der MAV, ob und wie sie reagiert. Eine Beratung mit dem Dienstgeber ist vorgeschrieben, wenn Einwendungen geltend gemacht werden (§ 29 Abs. 3 S. 3). Bisweilen erlässt sogar der Diözesanbischof zur Ergänzung der diözesanen MAVO besondere Bestimmungen zur Regelung dessen, was als Dienststelle gelten soll und wo eine MAV zu bilden ist.[10] An diese Regelung ist das Kirchliche Arbeitsgericht gebunden.[11] Dazu besteht kein Beteiligungsrecht der MAV. Das Beteiligungsrecht der MAV entsteht dann, wenn der betroffene Dienstgeber, etwa der Generalvikar als Leiter seiner Behörde, die Umsetzung des bischöflichen Dekrets vornehmen muss.

3. Genehmigung des Ordinarius

§ 1a Abs. 2 S. 2 bestimmt ausnahmslos für jede Einrichtung, dass die Regelung dessen, was als Einrichtung gilt, der Genehmigung des Ordinarius bedarf. Ordinarius ist der Generalvikar des Diözesanbischofs. Ihm kommt kraft Amtes in der ganzen Diözese ausführende Gewalt zu, die der Diözesanbischof von Rechts wegen hat, um alle Verwaltungsakte erlassen zu können (can. 479 § 1 CIC). Die erwähnte Genehmigung ist Verwaltungsakt. Er kann von dem erlassen werden, der ausführende Ge-

---

9 Vgl. Amtsblatt Berlin 1996 S. 109.
10 Vgl. Amtsblatt des Erzbistums Köln, 1996 Nr. 271 S. 345; Amtsblatt der Diözese Münster 1996 Art. 230 S. 205.
11 Vgl. noch: *Schlichtungsstelle Köln*, 18. 6. 1996 – MAVO 10/96.

I. Allgemeine Vorschriften

walt besitzt (can. 35 CIC). Der Antrag zur Genehmigung dessen, was als Einrichtung gelten soll, ist schriftlich zu fassen, zu begründen und mit der Stellungnahme der MAV einzureichen. Im Geltungsbereich der MAVO unterliegen alle Dienstgeber als Anwender der MAVO der Pflicht zur Einholung der Genehmigung, gleichgültig in welcher Rechtsform sie als Träger der Einrichtung am Rechtsverkehr teilnehmen. Der Generalvikar hat ein Prüfungsrecht. Denn die Entscheidung des Dienstgebers zur Einrichtung darf nicht missbräuchlich erfolgen (§ 1a Abs. 2 S. 3). Im Einzelfall geht es um das Schicksal der MAV (vgl. § 29 Abs. 1 Nr. 20).

16 Mit dem Genehmigungsvorbehalt soll die Einheitlichkeit und Kontrolle der Durchführung der MAVO bei der Frage der Festlegung des Dienststellen- bzw. Einrichtungsbegriffs und die ordnungsgemäße Beschlussfassung beim Dienstgeber gewährleistet sein. Die Aufsicht übt die Verwaltungsbehörde des Diözesanbischofs nach Maßgabe seiner allgemeinen Rechtsaufsicht im Bistum aus (can. 392 § 1 CIC), also in der Regel der Generalvikar (can. 391 § 2 CIC). Dem Gesetzgebungsrecht des Diözesanbischofs folgt die Aufsicht über die Beachtung seiner Gesetze.[12]

17 Die Genehmigung des Generalvikars ist schriftlich auszufertigen (can. 37 CIC).

4. Streitigkeiten

a. Dienststellenregelung

18 Bei Streitigkeiten ist zu unterscheiden. Nach dem Organisationsrecht kann der Dienstgeber entscheiden, was als Einrichtung bzw. Dienststelle gilt und wo dann eine MAV zu bilden ist (§ 10). Die Regelung ist von drei Voraussetzungen abhängig:
– Anhörung und Mitberatung der MAV (§ 1a Abs. 2 S. 1, § 29 Abs. 1 Nr. 20),
– Genehmigung des Ordinarius (§ 1a Abs. 2 S. 2),
– keine missbräuchliche Organisationsentscheidung des Dienstgebers (§ 1a Abs. 2 S. 3).

19 Daraus können Streitigkeiten entstehen. Das Kirchliche Arbeitsgericht ist sachlich zuständig für Rechtsstreitigkeiten gemäß § 2 Abs. 2 KAGO, die sich aus der Sachentscheidung des Dienstgebers hinsichtlich seiner Dienststellenentscheidung gemäß § 1a Abs. 1 S. 1 ergeben. Das Kirchliche Arbeitsgericht überprüft im Falle der Klage die rechtliche Wirksamkeit der Entscheidung des Dienstgebers nach den vorgenannten Kriterien. Das sind Rechtsfragen. Die Entscheidung des Dienstgebers selbst ist eine Regelungsangelegenheit, deren Rechtmäßigkeit durch das Kirchliche Arbeitsgericht überprüfbar ist. Das gilt auch dann, wenn der Ordinarius den Beschluss (Entscheidung) des Dienstgebers genehmigt hat. Erweist sich die Entscheidung des Dienstgebers als rechtsfehlerhaft, geht die Genehmigung des Ordinarius ins Leere,[13] wenn das Kirchliche Arbeitsgericht durch Urteil (§ 43 KAGO) die Unwirksamkeit der Organisationsentscheidung des Dienstgebers wegen Rechtswidrigkeit feststellt.

b. Genehmigung des Ordinarius

20 Voraussetzung für die Zulässigkeit des Rechtsweges zum Kirchlichen Arbeitsgericht ist eine Rechtsstreitigkeit mitarbeitervertretungsrechtlicher Art (§ 2 Abs. 2 KAGO). Die ist hinsichtlich des Genehmigungsverfahrens i. S. v. § 1a Abs. 2 S. 2 nicht gegeben. Das Kirchliche Arbeitsgericht übt keine Verwaltungsgerichtsbarkeit aus. Hat der Ordinarius die Genehmigung der Dienststellenregelung versagt, ist dies zu begründen, damit ggf. aus den Hinweisen des Ordinarius ein berichtigter Antrag nachgeholt werden kann. Gegen die Versagung der Genehmigung oder gegen die Erteilung der Genehmigung ist nach der MAVO kein Rechtsbehelf vorgesehen. Das Kirchliche Arbeitsgericht ist gemäß § 2 Abs. 2 KAGO nicht zuständig, weil eine Genehmigungsstreitigkeit außerhalb des Kreises der

---

12 Zustimmend im Ergebnis *Mösenfechtel/Perwitz-Passan/Wiertz*, MAVO § 1 Anm. 5; a. A. *Bietmann*, Kurzkommentar, § 1 Anm. 4 wegen der von ihm angenommenen eingeschränkten Gesetzgebungskompetenz des Diözesanbischofs.
13 *Schlichtungsstelle Köln*, 14. 1. 1997 – MAVO 17/96, ZMV 1997, 85.

nach der MAVO Beteiligten liegt. Das Genehmigungsverfahren ist durch die MAVO nicht geregelt. Dasselbe gilt auch für das Anerkennungsverfahren zur Eignung von Schulungsveranstaltungen i. S. v. § 16 Abs. 1 S. 1 (§ 16 Rn 86 ff.). Hat der Generalvikar eine Anordnung nach Anhörung betroffener Mitarbeitervertretungen getroffen, bedarf die Anordnung der Genehmigung des Ordinarius. Der Generalvikar ist zwar als alter ego des Diözesanbischofs Ordinarius, in eigener Sache muss er seinen Diözesanbischof einschalten und diesen um Genehmigung bitten.

V. Folgen der Veränderungen von Dienststellen

1. Zusammenlegung und Trennung

Die MAVO regelt die Folgen für die Mitarbeitervertretungen und die Mitarbeiter, die aus organisatorischen Veränderungen von Dienststellen, Einrichtungen oder sonstigen selbständig geführten Stellen entstehen, wie
– Zusammenlegung von Einrichtungen,
– Spaltung, Abspaltung,
– Betriebsveräußerungen,
– Betriebsteilveräußerungen,
– Übernahme von Einrichtungen aus nicht der MAVO unterliegenden Rechtsbereichen,
– Stilllegung,
– Umwandlung.

21

Dazu wird auf §§ 13d und 13e verwiesen. Diese Vorschriften sind auch im Falle der Regelung gemäß § 1a Abs. 2 von Bedeutung. Werden Betriebsteile ausgegliedert und unter neue Betriebsträgerschaft gestellt, so dass also wenigstens zwei (kooperierende) Rechtsträger bestehen, kann durch Abmachungen gemäß § 1b bei den beteiligten Dienstgebern eine gemeinsame Mitarbeitervertretung gebildet werden, falls sie im Geltungsbereich der MAVO bleiben, also bei ihren Unternehmungen erzieherische oder caritative Einrichtungen betreiben und der Kirche durch ihren kirchlichen Sendungsauftrag und ihre Einflussnahme zugeordnet sind.[14] **Reine Wirtschaftsbetriebe** werden nicht dazu gerechnet (§ 118 Abs. 2 BetrVG) ebenso konfessionell organisierte Jugendverbände, welche die Grundordnung des kirchlichen Dienstes im Rahmen kirchlicher Arbeitsverhältnisse (GrO) nicht anwenden.[15]

22

2. Dienststellenübergang auf einen anderen Träger

Geht eine Dienststelle von dem bisherigen Träger auf einen anderen Träger **im Wege der Gesamtrechtsnachfolge** über,[16] rückt der neue Träger der Dienststelle mit allen Rechten und Pflichten in die Position des bisherigen Dienststellenträgers ein. Die MAV bleibt in diesem Falle im Amt, weil die Dienststelle mit ihrer Dienstgemeinschaft fortgeführt wird. Die bestehenden Arbeitsverhältnisse jedenfalls werden kraft Gesetzes vom bisherigen auf den neuen Dienststellenträger übergeleitet, so dass also auch die Mitarbeiter weiter vorhanden sind.[17] Das gilt nicht, **wenn der neue Dienststellenträger der MAVO nicht unterliegt**. In diesem Falle ist zu prüfen, welches andere Recht der betrieblichen Mitbestimmung gilt. Ein Dienststellenübergang liegt auch vor, wenn der bisherige Dienststellenträger mit einem anderen Träger eine Vereinbarung über die **gemeinsame Fortführung der Dienststelle** (z. B. Sozialstation) trifft. Das kann durch Bildung einer BGB-Gesellschaft (§ 705 BGB) geschehen. In diesem Falle muss geklärt werden, ob beide Partner (Gesellschafter) dem MAVO-Recht unterliegen. Anderenfalls wird die MAVO gegenstandslos, falls nicht durch den Gesellschaftsvertrag die Personalhoheit beim bisherigen Träger verbleibt. Dann besteht allerdings auch

23

---

14 *BVerfGE* 46, 73; *BAG*, 31. 7. 2002 – 7 ABR 12/01, NZA 2002, 1409; vgl. auch *BAG*, 14. 4. 1988 – 6 ABR 36/86, NJW 1988, 3283.
15 *ArbG Mönchengladbach*, 12. 7. 2001 – 4 BV 34/01, ZMV 2001, 244 n. rkr.
16 Dazu: *BAG*, 31. 5. 1990 – 2 AZR 13/90, ZTR 1991, 33.
17 Vgl. auch: *BAG*, 21. 2. 2008 – 8 AZR 157/07, EzA § 613a BGB 2002 Nr. 90; *Gaul*, Die Rechtsposition, ZTR 1990, 13.

noch keine einheitliche Personalleitung der gemeinsamen Dienststelle.[18] Das schließt eine planerische und organisatorische Zusammenarbeit der Gesellschafter aber nicht aus.

3. Abspaltung zum neuen Dienstgeber

24 Wird ein Betriebsteil (z. B. eine Spezialabteilung eines Krankenhauses) auf einen anderen Rechtsträger durch Rechtsträgergeschäft übertragen, so ist zu unterscheiden. Die Zuständigkeit der MAV der abgebenden MAV bleibt in Form eines Übergangsmandats (§ 13d) erhalten, wenn der neue Rechtsträger der MAVO unterliegt und der abgespaltene Betriebsteil selbständig weitergeführt wird. Wird der abgespaltene Betriebsteil beim neuen Rechtsträger mit der bei ihm vorhandenen Einrichtung zusammengelegt und besteht dort eine MAV, dann werden die Mitarbeiter des übertragenen Betriebsteils von der dortigen MAV repräsentiert. Mandatsträger in der Mitarbeiterschaft des abgespaltenen Betriebsteils verlieren ihr Amt als Mitglied der MAV (§ 13c Nr. 3).

4. Gemeinschaftsbetrieb

25 In der Praxis suchen verschiedene Rechtsträger aus ökonomischen oder gesellschaftlichen Gründen die Zusammenarbeit auf einem Spezialgebiet, so dass eine Einrichtung von ihnen gemeinsam betrieben wird, so z. B. der Betrieb eines kirchlichen Friedhofs durch zwei oder mehr Kirchengemeinden gemeinsam. Von einer gemeinsamen Einrichtung kann ausgegangen werden, wenn die beteiligten Rechtsträger jeweils anteilig Personal für den Betrieb des Friedhofs einstellen, also etwa für die Verwaltung, für die gärtnerischen und zur Bestattung erforderlichen Arbeiten. Führen die Kirchengemeinden aufgrund einer entsprechenden Vereinbarung unter gemeinsamer Führung den Friedhofsbetrieb mit ihren jeweiligen Beschäftigten durch, steht diesen Mitarbeitern ein Ansprechpartner gegenüber. Für den Betrieb Friedhof ist dann die Bildung einer MAV gemäß § 1a Abs. 2 denkbar. Auf die jeweilige individualrechtliche Bindung der Mitarbeiter kommt es nicht an; sie werden von der MAV des Friedhofs repräsentiert. Anders lassen sich die betriebsbezogenen Beteiligungsrechte gemäß §§ 29 und 32 sowie §§ 36 und 37 nicht sinnvoll wahrnehmen. Anders verhält es sich mit Blick auf die individualrechtlich ausgestalteten Rechtsverhältnisse der Mitarbeiter, wie z. B. bei Maßnahmen des Dienstgebers i. S. von §§ 30, 31, 35. In solchen Fällen hat die MAV ihre Beteiligungsrechte gegenüber dem Vertragsarbeitgeber (Dienstgeber) des betroffenen Mitarbeiters.[19]

26 Ein gemeinsamer Betrieb liegt vor, wenn wenigstens zwei Rechtsträger (oder Unternehmen) die in einer Betriebsstätte vorhandenen materiellen und immateriellen Mittel für einen oder mehrere einheitliche arbeitstechnische Zwecke zusammenfassen, ordnen, gezielt einsetzen und der Einsatz der menschlichen Arbeitskraft von einem einheitlichen Leitungsapparat gesteuert wird; dazu müssen sich die beteiligten Rechtsträger zumindest stillschweigend verbunden haben. Diese einheitliche Leitung muss sich auf die wesentlichen Funktionen des Dienstgebers in personellen und sozialen Angelegenheiten erstrecken.[20] Die Funktionen des Dienstgebers müssen von den beteiligten Rechtsträgern institutionell einheitlich wahrgenommen werden.[21] Die Personenidentität in der Betriebsleitung kann ein wesentliches Indiz für einen einheitlichen Leitungsapparat auf Betriebsebene sein. Ein Gemeinschaftsbetrieb besteht nicht, wenn die beteiligten Rechtsträger eine neue Rechtsperson bilden, die Vertragsarbeitgeberin aller Mitarbeiter und Eigentümer der Betriebsmittel wird.[22]

27 Ein gemeinsamer Betrieb kann aus der Zusammenlegung von Betrieben mehrerer Rechtsträger entstehen. Werden aber Kirchengemeinden zusammengelegt, um eine größere Kirchengemeinde zu bilden, so berührt das die Struktur der bei ihnen vorhandenen Betriebe, Verwaltungen und Einrichtun-

---

18 *BAG*, 14. 9. 1988 – 7 ABR 10/87, DB 1969, 127; 7. 8. 1986 – 6 ABR 57/85, DB 1987, 176 = NJW 1987, 2036.
19 *BAG*, 23. 9. 2003 AP BetrVG 1972 § 99 Eingruppierung Nr. 28 = NZA 2004, 800.
20 *BAG*, 11. 2. 2004 AP BetrVG 1972 § 1 Gemeinsamer Betrieb Nr. 22 = NZA 2004, 618.
21 *BAG*, 25. 5. 2005 EzA § 1 BetrVG 2001 Nr. 3.
22 ErfK/*Koch*, § 1 BetrVG Rn 13 ff.

gen zunächst nicht. Notwendig ist die Entscheidung der neuen oder erweiterten Kirchengemeinde als Dienstgeber, ob sie auch die vorhandenen Einrichtungen zu einer einzigen Einrichtung zusammenlegen will (§ 1a Abs. 2). Die so vergrößerten Einrichtungen sind aber keine Gemeinschaftsbetriebe, weil nur noch ein Rechtsträger besteht, der sie führt.

5. Errichtung einer Dienststelle durch mehrere verschiedenen Rechtsbereichen zugehörende Rechtsträger

Zwar wird die ökumenische Zusammenarbeit und die Zusammenarbeit mit anderen Trägern der freien Wohlfahrtspflege sowie freien Initiativen von der Kirche begrüßt, um durch die Zusammenarbeit die Verbesserung des Dienstes der Kirche am Menschen zu ermöglichen; doch wird die Grundorientierung der Träger und Mitarbeiter zentrales Kriterium für die Zusammenarbeit sein.[23] Auch bei getrennter Trägerschaft sollten Kirchen und kirchliche Verbände überall, wo die Voraussetzungen und Möglichkeiten gegeben sind, gemeinsam planen und handeln, wenn dies nicht dem Eigenleben oder Gesichtspunkten der Zweckmäßigkeit und Sachlichkeit, fachlichen oder gesellschaftskritischen Gründen entgegensteht. Gerade aber die zur Kooperation oder sogar zu gemeinsamer Trägerschaft gebildete Körperschaft aus nach Bekenntnis verschiedenen Kirchen oder gar aus Kirchen und nichtkirchlichen Trägern gebildete Trägerschaft schafft wegen des bei ihnen angestellten Personals rechtliche Probleme, weil der Träger keiner Kirche eindeutig zugeordnet werden kann.[24] Dann gilt staatliches Betriebsverfassungsrecht oder Personalvertretungsrecht. Mehrere Rechtsträger haben sich allerdings nicht schon dann zur Führung einer gemeinsamen Dienststelle miteinander verbunden, wenn sie lediglich planend und organisatorisch zusammenarbeiten, aber keine einheitliche Personalleitung besteht.[25] Schließen sich die verschiedenen Partner zu einer BGB-Gesellschaft (§ 705 BGB) zusammen, so werden sie allerdings gemeinsam Arbeitgeber.[26] Weil aber die Zuordnung zu einer Kirche nicht möglich ist, fehlt die Voraussetzung für die Bereichsausnahme aus dem staatlichen Personalvertretungs- und Betriebsverfassungsrecht (§ 112 BPersVG, § 118 Abs. 2 BetrVG).[27] Für die Zuordnung eines Trägers in der Rechtsform des privaten Rechts zur Kirche kommt es darauf an, dass durch Satzung oder Gesellschaftsvertrag die Einrichtung der Kirche so nahe steht, dass sie teilhat an der Verwirklichung eines Stücks Auftrag der Kirche im Geist christlicher Religiosität, im Einklang mit dem Bekenntnis der christlichen Kirche und in Verbindung mit den Amtsträgern der Kirche.[28] Es muss ein Mindestmaß an Einflussmöglichkeiten gekoppelt mit einer institutionellen Verbindung zwischen Kirche und Einrichtung vorhanden sein, während der Bestand einer christlichen motivierten Dienstgemeinschaft zwischen dem kirchlichen Arbeitgeber und seinen Mitarbeitern aus staatlicher Sicht nicht für die Zuordnung i. S. des § 118 Abs. 2 BetrVG nicht vorausgesetzt wird.[29]

6. Stilllegung der Einrichtung

Wird eine Einrichtung stillgelegt (§ 19 Rn 109 f.), so hat die MAV dieser Einrichtung gemäß § 13e noch ein Restmandat zur Wahrnehmung der sich im Zusammenhang mit der Stilllegung ergebenden Mitbestimmungs- und Mitwirkungsrechte. Das kann nur praktisch werden, wenn trotz der Stilllegung noch nicht alle Arbeitsverhältnisse rechtlich beendet sind und einzelne Mitarbeiter mit Abwicklungsaufgaben beschäftigt werden[30] und mögliche Sozialpläne noch zu erfüllen sind.

---

23 Kirchlicher Anzeiger für die Erzdiözese Köln 1975 Nr. 213 S. 339 ff.
24 *Eberle*, S. 153 unter Hinweis auf: Unser Standpunkt, Nr. 4 Gutachten des DCV über die ökumenische Zusammenarbeit u. Zusammenarbeit mit nichtkirchlichen Trägern im Bereich sozialer Einrichtungen und Maßnahmen, Kap. 3, 4, 5, Herausgeber: Deutscher Caritasverband, Freiburg, 1975.
25 *BAG*, 14. 9. 1988 – 7 ABR 10/87, DB 1989, 127; 7. 8. 1986 – 6 ABR 57/85, DB 1987, 176 = NJW 1987, 2036.
26 *BAG*, 6. 7. 1989 – 6 AZR 771/87, DB 1989, 1973.
27 *BVerfGE* 46, 73.
28 *BVerfGE* 53, 366, 392; 46, 73, 87; s. § 1 Rn 88 f.
29 *BAG*, 5. 12. 2007 – 7 ABR 72/06, EzA § 118 BetrVG 2001 Nr. 8.
30 *BAG*, 23. 11. 1988 – 7 AZR 121/88 zu I 1b, bb, DB 1989, 1194 f.

VI. Sondervertretungen

1. Die Sondervertretung gemäß § 23

30 Unter den Voraussetzungen des § 23 können zur Gewährleistung der Mitwirkung an Maßnahmen, die vom Dienstgeber für besondere Mitarbeitergruppierungen getroffen werden, Sondervertretungen gebildet werden (Personalprinzip, vgl. zu § 23).

2. Die Gesamtmitarbeitervertretung

31 Die Gesamtmitarbeitervertretung besteht im Falle ihrer Bildung aus Mitgliedern der bei einem und demselben Dienstgeber gebildeten Mitarbeitervertretungen (§ 24 Abs. 1 und Abs. 3 S. 1). Außerdem wählen die Sprecher der Jugendlichen und Auszubildenden und die Vertrauenspersonen der schwerbehinderten Menschen aus je ihrer Mitte je einen Vertreter und Ersatzvertreter (Frau oder Mann) in die Gesamtmitarbeitervertretung (§ 24 Abs. 3 S. 2). Ihre Aufgaben, Rechte und Pflichten ergeben sich aus § 24 Abs. 4 S. 1. Gemäß § 24 Abs. 3 S. 3 kann die Zusammensetzung der Gesamtmitarbeitervertretung durch Dienstvereinbarung variiert werden.

3. Die erweiterte Gesamtmitarbeitervertretung

32 Mit der Vorschrift des § 24 Abs. 2 soll es ermöglicht werden, dass eine Gesamtmitarbeitervertretung auch für die Mitarbeitervertretungen mehrerer verschiedener Rechtsträger errichtet wird. Voraussetzung ist das Einvernehmen zwischen den beteiligten Dienstgebern und allen bei diesen Dienstgebern bestehenden Mitarbeitervertretungen. Diese sog. »erweiterte Gesamtmitarbeitervertretung« hat kein Vorbild im staatlichen Recht. Es geht um einen zweistufigen Aufbau der Repräsentation der Mitarbeiter auf freiwilliger Basis. Die Vorschrift trägt dem gleichen Gedanken Rechnung, der Grundlage für § 1b ist, wonach eine »gemeinsame Mitarbeitervertretung« für die Einrichtungen verschiedener Rechtsträger freiwillig gebildet werden kann. Die Forderung, dass Einvernehmen unter den Beteiligten auf der Dienstgeber – wie auf der Mitarbeiterseite vorhanden sein muss, vermeidet zweckwidrige Zusammenschlüsse. Allerdings hat eine einmal errichtete Gesamtmitarbeitervertretung bzw. erweiterte Gesamtmitarbeitervertretung einen festen Stand, weil sie nur aufgelöst werden kann, wenn dazu die Zustimmung aller beteiligten Mitarbeitervertretungen und aller beteiligten Dienstgeber (Rechtsträger) vorliegt. Abweichendes muss in der über die Bildung des Repräsentationsorgans bestehenden Abmachung geregelt worden sein.

4. Der Sprecher der Jugendlichen und Auszubildenden

33 Gemäß § 48 werden da, wo Mitarbeitervertretungen gebildet sind, unter den Voraussetzungen der Zusammensetzung der Mitarbeiter mit Jugendlichen und auch Auszubildenden unter 25 Jahre Sprecher der Jugendlichen und der Auszubildenden gewählt. Ihre Amtszeit beträgt zwei Jahre (§ 50). Sie nehmen an den Sitzungen der MAV teil und haben dort Antrags- und diesbezogenes Stimmrecht (§ 51 Abs. 1). Die Bestimmungen der §§ 7 bis 20 gelten sinngemäß (§ 51 Abs. 2).

5. Die Vertrauensperson der schwerbehinderten Menschen

34 Soweit nach staatlichem Recht eine Schwerbehindertenvertretung in einer Dienststelle bzw. Einrichtung besteht (§ 94 SGB IX), hat diese gemäß § 52 MAVO das Recht zur Teilnahme an den Sitzungen der MAV. Sie hat zusätzliche Rechte gemäß § 28a und § 52 MAVO, wenn es um Angelegenheiten der schwerbehinderten Menschen in der Einrichtung bzw. Dienststelle geht. Für die Vertrauensperson der schwerbehinderten Menschen gelten ergänzend die §§ 15 bis 20 entsprechend (§ 52 Abs. 2). Im Übrigen gelten die Bestimmungen des SGB IX.

35 Die **Schwerbehindertenvertretung** ist bei den Sondervertretungen (§ 23) entsprechend ihrer Struktur als dienststellenunabhängige Personalvertretungen nicht zu bilden. Denn das staatliche Schwerbehindertenrecht (SGB IX) sieht Betriebe und Dienststellen als Betätigungsfeld der Vertretung der Schwerbehinderten an (§ 94 Abs. 1–4 SGB IX), nicht Personengruppen mit bestimmten Berufen an

verschiedenen, voneinander getrennten Einsatzorten der Mitarbeiter. Soweit Schwerbehinderte ihre Anliegen vortragen möchten, ist die MAV trotz fehlender Schwerbehindertenvertretung gemäß § 26 Abs. 3 Nr. 2, 3, 5 MAVO zuständig (anders: § 2 Abs. 1 S. 2 Sonderbestimmungen für Gemeinde- und Pastoralreferenten).[31]

6. Der Vertrauensmann der Zivildienstleistenden

Der Vertrauensmann der Zivildienstleistenden kann an den Sitzungen der MAV dann beratend teilnehmen, wenn Angelegenheiten behandelt werden, die auch die Zivildienstleistenden betreffen (§ 53 Abs. 1). Der Vertrauensmann der Zivildienstleistenden wird nach staatlichem Recht gewählt. 36

VII. Die diözesane Arbeitsgemeinschaft der Mitarbeitervertretungen

Gemäß diözesaner Ordnung ist die Bildung einer oder auch mehrerer diözesaner Arbeitsgemeinschaften der Mitarbeitervertretungen im Gebiet einer Diözese möglich (§ 25 Abs. 1). Diözesane Sonderbestimmungen regeln die Zusammensetzung der Mitgliederversammlung und die Wahl des Vorstandes (§ 25 Abs. 3). Die diözesanen Arbeitsgemeinschaften sind keine Sondervertretungen, sondern ein Zusammenschluss der bei ihr vertretenen Mitarbeitervertretungen auf diözesaner Ebene mit den in § 25 Abs. 2 genannten Berechtigungen. Sie sind keine Mitarbeitervertretung auf überbetrieblicher Ebene. 37

VIII. Die Bundesarbeitsgemeinschaft der Mitarbeitervertretungen

Die diözesanen Arbeitsgemeinschaften der Mitarbeitervertretungen können sich zu einer Bundesarbeitsgemeinschaft der Mitarbeitervertretungen zur Wahrung der in § 25 Abs. 5 näher bezeichneten Aufgaben zusammenschließen. Dieser Zusammenschluss ist freiwillig. Die zur Geschäftsführung erforderlichen Finanzmittel werden nach näherer Maßgabe durch Regelungen der Vollversammlung des Verbandes der Diözesen Deutschlands (VDD) durch den VDD zur Verfügung gestellt. 38

§ 1b Gemeinsame Mitarbeitervertretung[1]

(1) Die Mitarbeitervertretungen und Dienstgeber mehrerer Einrichtungen verschiedener Rechtsträger können durch eine gemeinsame Dienstvereinbarung die Bildung einer gemeinsamen Mitarbeitervertretung vereinbaren, soweit dies der wirksamen und zweckmäßigen Interessenvertretung der Mitarbeiterinnen und Mitarbeiter dient. Dienstgeber und Mitarbeitervertretungen können nach vorheriger Stellungnahme der betroffenen Mitarbeiterinnen und Mitarbeiter Einrichtungen einbeziehen, in denen Mitarbeitervertretungen nicht gebildet sind. Die auf Grundlage dieser Dienstvereinbarung gewählte Mitarbeitervertretung tritt an die Stelle der bisher bestehenden Mitarbeitervertretungen. Sind in keiner der Einrichtungen Mitarbeitervertretungen gebildet, so können die Rechtsträger nach vorheriger Stellungnahme der betroffenen Mitarbeiterinnen und Mitarbeiter die Bildung einer gemeinsamen Mitarbeitervertretung vereinbaren, soweit die Gesamtheit der Einrichtungen die Voraussetzungen des § 6 Abs. 1 erfüllt.

(2) Die Dienstvereinbarung nach Abs. 1 Satz 1 und die Regelung nach Abs. 1 Satz 4 bedürfen der Genehmigung durch den Ordinarius. Sie sind, soweit sie keine andere Regelung treffen, für die folgende Wahl und die Amtszeit der aus ihr hervorgehenden Mitarbeitervertretung wirksam. Für die gemeinsamen Mitarbeitervertretungen gelten die Vorschriften dieser Ordnung nach Maßgabe des § 22a.

---

31 Amtsblatt des Erzbistums Köln 1996 Nr. 273 S. 347.
1 Muster für eine diözesane Fassung.

Übersicht

		Rn			Rn
I.	Zweck der Vorschrift	1–6	4.	Die Bildung einer gemeinsamen MAV durch Vereinbarung der Dienstgeber, § 1b Abs. 1 S. 4	16
II.	Verfahren	7–16			
	1. Bildung einer gemeinsamen MAV durch Dienstvereinbarung (§ 1b Abs. 1 S. 1)	7–11	III.	Kirchenaufsichtliche Genehmigung, § 1b Abs. 2 S. 1	17
	2. Einbeziehung mitarbeitervertretungsloser Einrichtungen, § 1b Abs. 1 S. 2	12	IV.	Wahlzeitraum und Amtszeit, § 1b Abs. 2 S. 2	18
	3. Die Neuwahl der gemeinsamen MAV, § 1b Abs. 1 S. 3	13–15	V.	Anwendung des § 22a	19
			VI.	Streitigkeiten	20, 21
	a. Wahlausschuss	13	VII.	Die Schwerbehindertenvertretung im Verhältnis zur gemeinsamen Mitarbeitervertretung	22
	b. Vereinfachtes Wahlverfahren	14			
	c. Zeitpunkt der Neuwahl	15			

I. Zweck der Vorschrift

1 Die Vorschrift des § 1b geht über § 1a Abs. 2 hinaus. Ihr Zweck ist in § 22a mittelbar umschrieben. Mehrere Dienstgeber (Rechtsträger) können freiwillig dazu beitragen, dass im Wege einer freiwilligen (Dienst-) Vereinbarung für ihre Einrichtungen eine gemeinsame unternehmensüberschreitende Mitarbeitervertretung unter Ablösung örtlicher Mitarbeitervertretungen gebildet wird. Vorbild war etwa § 1a Abs. 3 und 4 MAVO Freiburg vom 8. 12. 1997,[2] wonach das Ziel verfolgt wurde, für kleinere Einheiten im Bereich der verfassten Kirche eine MAV durch übergreifende Struktur im Wege eines Organisationsstatuts zu ermöglichen.[3] Mit § 1b wird ein weiteres Feld betreten, womit aber nicht zugleich die Bildung eines Gemeinschaftsbetriebs (dazu § 1a Rn 28) verbunden ist (§ 22a Abs. 1 S. 2). Denn § 22a Abs. 1 macht die Grenzen deutlich, wie weit nämlich die beteiligten Dienstgeber gemeinsam oder eben getrennt gegenüber der gemeinsamen Mitarbeitervertretung auftreten dürfen. Die Informationspflicht des jeweiligen beteiligten Dienstgebers gemäß § 27 Abs. 1, vor allem § 27a und die Verpflichtungen aus den Beteiligungsrechten gemäß §§ 29 bis 37 und folglich § 38 sind auf die jeweils dem vertraglichen Dienstgeber zugeordneten Mitarbeiter und Mitarbeiterinnen beschränkt (§ 22a Abs. 1 S. 3).

2 Praktisch wird die Vorschrift des § 1b u. a. im Falle von Ausgliederungen von Dienstbereichen einer Einrichtung und Gründung neuer juristischer Personen als Träger der ausgegliederten Bereiche oder Einrichtungsteile [Tochter-GmbH], wobei die Bildung einer einzigen gemeinsamen MAV für den Bereich mehrerer juristischer Personen (Dienstgeber), so etwa eine Konzern-MAV oder Holdinggesellschaft, möglich sein soll. § 3 Abs. 1 Nr. 3 BetrVG eröffnet im Prinzip eine vergleichbare Möglichkeit. Die Bildung der gemeinsamen MAV soll der wirksamen und zweckmäßigen Interessenvertretung der Mitarbeiterinnen und Mitarbeiter dienen; sie ist nur möglich für Einrichtungen, die ihrem Betriebszweck nach Aufgaben i. S. v. § 118 Abs. 2 BetrVG bzw. § 112 BPersVG wahrnehmen, also erzieherisch oder caritativ wirken und einen kirchlichen Auftrag erfüllen,[4] also nicht reine Wirtschaftsbetriebe sind (§ 1 Rn 72).

3 Besteht für mehrere Dienststellen oder auch verschiedene Rechtsträger eine gemeinsame Mitarbeitervertretung, so gibt es zur analogen Bildung einer gemeinsamen Schwerbehindertenvertretung nach der MAVO keine Rechtsgrundlage (Rn 22).

4 Kirchenpolitisch kommen vor allem sog. Seelsorgeeinheiten, wie Pfarreien-Verbünde, Pfarrverbände, Pfarreiengemeinschaften, Pastoralverbünde für die Bildung einer gemeinsamen Mitarbeitervertretung in Betracht (so ganz eindeutig § 1b MAVO Paderborn).[5] Gemeint ist die Struktur, nach der

---

2 Amtsblatt der Erzdiözese Freiburg 1997 Nr. 232 S. 227.
3 Siehe noch MAVO Freiburg vom 4. 6. 2005, Amtsblatt der Erzdiözese Freiburg 2005 Nr. 102 S. 95.
4 *BVerfGE* 46, 73.
5 Kirchliches Amtsblatt 2004 Nr. 70 S. 58.

mehrere Kirchengemeinden bzw. Pfarreien bei Aufrechterhaltung ihrer rechtlichen Selbständigkeit (can. 515 § 3 CIC) in einem seelsorglichen Verbund für die Seelsorge unter eine pastorale Leitung gestellt werden, so dass für sie in der Regel ein (gemeinsamer) leitender Pfarrer bzw. Pfarrverbandsleiter zuständig ist.[6] Die Seelsorgeeinheit errichtet der Diözesanbischof (can. 374 § 2, 517 § 1, 544 CIC).[7]

Vom Pfarrverband zu unterscheiden ist der Kirchengemeindeverband, der nach Anerkennung durch den örtlich zuständigen Regierungspräsidenten in der Rechtsform einer Körperschaft des öffentlichen Rechts[8] u. a. als Betriebsträger von Einrichtungen der bei ihm zusammengeschlossenen Kirchengemeinden, als Anstellungsträger für das Personal dieser Kirchengemeinden und ihrer Einrichtungen (z. B. Tageseinrichtungen für Kinder) selbst Dienstgeber ist, während die bei ihm zusammengeschlossenen, aber rechtlich weiterhin rechtsfähigen Kirchengemeinden nicht mehr Dienstgeber sind. Daher wird beim Kirchengemeindeverband keine gemeinsame Mitarbeitervertretung i. S. v. § 1b, sondern eine MAV gemäß § 1a gebildet. 5

Voraussetzung für die **Bildung einer gemeinsamen MAV** ist gemäß **§ 1b Abs. 1 S. 1** die Mitwirkung der beteiligten Mitarbeitervertretungen. Der Kreis der Einrichtungen der beteiligten Dienstgeber kann gemäß **§ 1b Abs. 1 S. 2** erweitert werden um Einrichtungen, in denen keine MAV besteht; dazu sind die betroffenen Mitarbeiterinnen und Mitarbeiter um ihre (wohl zustimmende) Stellungnahme zu bitten. Ziel ist es, die Mitarbeitervertretungen personell jedenfalls als mehrgliedriges Gremium zu ermöglichen, um auf diese Weise die Mitarbeiterinnen und Mitarbeiter mit der wünschbaren effektiven Interessenvertretung auszustatten. Das wird besonders durch § 1b Abs. 1 S. 4 belegt, wonach die Rechtsträger durch freie Übereinkunft (Regelung) ohne Dienstvereinbarung die Möglichkeit haben sollen, auch da zur Bildung einer gemeinsamen Mitarbeitervertretung beizutragen, wo es sonst zur Bildung der MAV wegen zu geringer Mitarbeiterzahl gar nicht kommen kann (vgl. § 6 Abs. 1). 6

II. Verfahren

1. Bildung einer gemeinsamen MAV durch Dienstvereinbarung (§ 1b Abs. 1 S. 1)

Die auf dem Prinzip der Freiwilligkeit fußende Möglichkeit der Bildung einer gemeinsamen Mitarbeitervertretung muss im Falle der Beteiligung von Mitarbeitervertretungen in jedem Falle auf dem Wege einer Dienstvereinbarung (§ 38) grundgelegt werden. Voraussetzung ist, dass sich mehrere Dienstgeber als Träger verschiedener Einrichtungen, in denen jeweils eine MAV besteht (§ 1b Abs. 1 S. 1), darauf verständigen, eine »gemeinsame« MAV bilden zu lassen. Dazu fassen die jeweiligen Gremien der Rechtsträger den erforderlichen Beschluss und treffen so eine interne Willensbildung, um dann mit den Mitarbeitervertretungen in die Verhandlungen zum Abschluss der erforderlichen Dienstvereinbarung zu gehen. 7

Die Mitarbeitervertretungen müssen zustimmen. Sie können ihre Entscheidung frei treffen. Die anzustrebende Regelung soll erst für die folgende Wahlperiode, nicht für die schon laufende Amtszeit gelten. Dazu haben es Dienstgeber und Mitarbeitervertretungen zur Vorbereitung der Dienstvereinbarung in der Hand, in Mitarbeiterversammlungen (§§ 21, 22) die Absicht der Bildung einer gemeinsamen Mitarbeitervertretung diskutieren zu lassen. Dabei können Kriterien für den Einzugsbereich der gemeinsamen MAV zur Sprache kommen, um die späteren Mitglieder einer gemeinsamen MAV wegen der Entfernungen voneinander nicht zu überfordern. Außerdem spielen Kosten eine Rolle (§ 17). Denn das Prinzip, wonach die Einrichtung der Ort der MAV sein soll (§ 1a Abs. 1), wird durch 8

---

6 Vgl. Pastoralblatt des Bistums Eichstätt 2003 S. 5 ff.; Amtsblatt des Erzbistums Berlin 2001 Nr. 66 S. 44; Amtsblatt des Erzbistums Köln 2002 Nr. 260 S. 237 f.; 2003 Nr. 58 S. 43.
7 Kirchl. Amtsblatt Paderborn 2003 Nr. 28–31 S. 30 ff.; Amtsbl. d. Erzdiözese Freiburg 2003 Nr. 201 S. 182.
8 Z. B. Amtsblatt des Erzbistums Köln 2003 Nr. 32 S. 29; Nr. 33 S. 30; Nr. 34 S. 31.

§ 1b zu Gunsten einer gemeinsamen MAV für mehrere Rechtsträger und deren Einrichtungen verdrängt.

9 Voraussetzung für die Bildung der gemeinsamen MAV sind ferner Wirksamkeit und Zweckmäßigkeit für Mitarbeiterinnen und Mitarbeiter. Diese Voraussetzungen werden gemäß Abs. 2 S. 1 im kirchenaufsichtlichen Genehmigungsverfahren überprüft. Kriterien für die **Wirksamkeit** sind
 – Stärkung der Interessen der Mitarbeiter,
 – Bündelung der Themen einzelner Einrichtungen,
 – Bündelung der Interessen mehrerer Dienstgeber (Rechtsträger),
 – Gleichmäßigkeit der Entscheidungen bei verschiedenen Rechtsträgern,
 – Schärfung des Blicks für verschiedene betriebliche Besonderheiten.

10 Der Begriff **Zweckmäßigkeit** ist mehrdeutig. In der Verwaltung besagt er etwa Opportunität; in einem engeren Sinne besagt er, dass die Verwaltung von einem ihr eingeräumten Ermessen in einer dem Zweck der gesetzlichen Ermächtigung entsprechenden Weise Gebrauch zu machen hat, d. h. von mehreren Entscheidungsmöglichkeiten diejenige zu wählen hat, die dem Zweck des Gesetzes ein meisten entspricht. Ausgeschlossen ist eine Entscheidung, die gegen das **Willkürverbot** verstößt.

11 Kriterien für die Zweckmäßigkeit ergeben sich aus § 22a; dazu gehören
 – einrichtungsübergreifende Interessenwahrnehmung,
 – Zeitersparnis bei der Behandlung der Beratungs- und Entscheidungsgegenstände,
 – Bündelung der Gesprächspartnerschaft für mehrere Dienstgeber mit deren gemeinsamer Mitarbeitervertretung,
 – Wahrnehmung spezifischer Probleme eines Dienstgebers oder einer Einrichtung, differenzierbare problemorientierte Entscheidungen,
 – Informationsfluss zwischen mehreren Dienstgebern und einer MAV,
 – eine Mitarbeiterversammlung für mehrere Dienstgeber,
 – ein Wahlausschuss bzw. nur eine Wahlversammlung.

2. Einbeziehung mitarbeitervertretungsloser Einrichtungen, § 1b Abs. 1 S. 2

12 In Abs. 1 S. 2 wird die Möglichkeit zur Bildung der gemeinsamen MAV ausgehend von mehreren Dienstgebern und Mitarbeitervertretungen auf mitarbeitervertretungslose Einrichtungen ausgedehnt. Die Vorschrift ist nicht eindeutig hinsichtlich der Frage, ob Dienstgeber, bei denen keine MAV besteht, die Dienstvereinbarung als Beteiligte abschließen können. Das muss aber mit Blick auf die dritte Variante in Abs. 1 S. 4 angenommen werden, um eine gebietliche Ausklammerung zu vermeiden. Die Mitarbeiterinnen und Mitarbeiter der mitarbeitervertretungslosen Einrichtungen sind vor Abschluss der Dienstvereinbarung um ihre (wohl zustimmende) Stellungnahme zu bitten. Das geschieht entweder in einer vom Dienstgeber einberufenen Mitarbeiterversammlung in entsprechender Anwendung des § 10 Abs. 1 S. 1 und 2 oder in einer schriftlichen Umfrage.

3. Die Neuwahl der gemeinsamen MAV, § 1b Abs. 1 S. 3

a. Wahlausschuss

13 Die i. S. v. Abs. 1 S. 1 oder 2 geschlossene Dienstvereinbarung hat zur Folge, dass ein Wahlausschuss zur Neuwahl der gemeinsamen MAV zu bestellen ist. Nach § 22a Abs. 1 S. 2 berufen die beteiligten Dienstgeber eine Mitarbeiterversammlung ein, damit diese gemäß § 10 Abs. 1 einen Wahlausschuss wählt, der aus drei oder fünf Mitgliedern besteht (§ 9 Abs. 2 S. 2). Der Wahlausschuss bestimmt den Wahltag (§ 10 Abs. 1 S. 3).

b. Vereinfachtes Wahlverfahren

14 Gemäß § 22a Abs. 3 ist die Wahl einer gemeinsamen Mitarbeitervertretung im vereinfachten Wahlverfahren möglich, wenn die Voraussetzungen der §§ 11a bis 11c erfüllt sind. In diesem Falle berufen die beteiligten Mitarbeitervertretungen eine gemeinsame Wahlversammlung ein (§ 11b Abs. 1).

Soll die gemeinsame Mitarbeitervertretung nach der Willensbildung gemäß § 1b Abs. 1 S. 4 gewählt werden, berufen die beteiligten Dienstgeber unter den Voraussetzungen des § 11a Abs. 1 die Wahlversammlung gemäß § 11b Abs. 2 ein. Die betroffenen Dienstgeber können sich gegenseitig ermächtigen, diese Aufgabe für einander wahrzunehmen (§ 22a Abs. 1 S. 3).

c. Zeitpunkt der Neuwahl

Gemäß § 1b Abs. 2 S. 2 findet die Neuwahl der gemeinsamen MAV nicht während der Amtszeit betroffener Mitarbeitervertretungen statt sondern zu dem Zeitpunkt, zu dem die nächsten regelmäßigen Wahlen zur MAV gemäß § 13 Abs. 1 stattfinden. Davon gibt es eine Ausnahme, wenn die grundlegende Dienstvereinbarung eine andere Regelung über den Wahltermin enthält. Dabei ist allerdings auf die Bestimmungen des § 13 Abs. 2 zu achten, damit die Eingliederung in den Zeitraum der allgemeinen Wahlen (§ 13 Abs. 1), ggf. in Verbindung mit § 13 Abs. 5 erreicht wird. 15

4. Die Bildung einer gemeinsamen MAV durch Vereinbarung der Dienstgeber, § 1b Abs. 1 S. 4

Für die Bildung einer gemeinsamen MAV gemäß Abs. 1 S. 4 ist folgende Vorgehensweise anzuraten. Ausgehend von den mit dem Votum der Mitarbeiterschaften getroffenen Entschließungen der Dienstgeber – in der Regel durch übereinstimmende Beschlüsse der zuständigen Gremien der beteiligten Dienstgeber – haben die Rechtsträger eine förmliche Vereinbarung zu unterzeichnen, für welche ihrer Bereiche die eine einzige gemeinsame MAV gebildet werden soll. Dabei muss feststehen, dass die Gesamtheit der Bereiche – hier als Einrichtungen bezeichnet – die Voraussetzungen erfüllt, die erforderlichen Mitarbeiterzahlen i. S. d. § 6 Abs. 1 zu haben, nämlich regelmäßig mindestens fünf aktiv wahlberechtigte (§ 7) und mindestens regelmäßig drei wählbare Mitarbeiterinnen bzw. Mitarbeiter. Die Vereinbarung kann in ihren Regelungen bestimmen, ab wann die neue gemeinsame MAV tätig werden soll und ob sie unverzüglich oder erst bei den nächsten allgemeinen Wahlen gewählt werden soll (vgl. § 13). 16

III. Kirchenaufsichtliche Genehmigung, § 1b Abs. 2 S. 1

Gemäß § 1b Abs. 2 S. 1 bedürfen die Dienstvereinbarungen nach Abs. 1 S. 1 und die Regelung nach Abs. 1 S. 4 der kirchenaufsichtlichen Genehmigung des Ordinarius. Zuständig ist der Generalvikar des Diözesanbischofs, der die MAVO erlassen hat. Denn der Generalvikar ist Beauftragter des Diözesanbischofs für die Akte der Verwaltung (can. 134 § 1; 391 § 2; 479 § 1 CIC). Das Genehmigungsverfahren betrifft formal die Verfahrensvorgänge und den Inhalt der Ordnungsmäßigkeit der Dienstvereinbarung bzw. der gemeinsamen Regelung zur Bildung der gemeinsamen MAV. Deshalb sind die einschlägigen Beschlussprotokolle der Gremien der beteiligten Rechtsträger und der Regelungstext vorzulegen. Wird die Genehmigung nicht erteilt, ist den Beteiligten eine Begründung zu geben, damit eventuelle Beanstandungen ausgeräumt werden können. 17

IV. Wahlzeitraum und Amtszeit, § 1b Abs. 2 S. 2

Die Vereinbarung über die Bildung einer gemeinsamen MAV hat ohne besondere Regelung Wirksamkeit ab dem Zeitpunkt der nächsten allgemeinen Wahlen zu den Mitarbeitervertretungen. Das bedeutet für die bestehenden Mitarbeitervertretungen Weiterführung ihrer Amtsgeschäfte bis zur Wahl der gemeinsamen MAV. Den beteiligten Dienstgebern obliegt die gemeinschaftliche Einberufung der Mitarbeiterversammlung der beteiligten Einrichtungen zur Vorbereitung der Wahl einer gemeinsamen MAV (§ 22a Abs. 1 S. 2 i. V. m. § 10). 18

V. Anwendung des § 22a

Gemäß § 1b Abs. 2 S. 3 gelten für die gemeinsame MAV die Vorschriften der MAVO nach Maßgabe des § 22a. Auf die Ausführungen zu § 22a wird daher verwiesen. Zu den **Kosten** siehe § 17. 19

VI. Streitigkeiten

20 Streitigkeiten i. S. v. § 1b können Rechts- und Regelungsfragen betreffen. Das Kirchliche Arbeitsgericht entscheidet z. B. gemäß § 2 Abs. 2 KAGO i. V. m. § 12 MAVO über Wahlanfechtungen und den Antrag auf Feststellung der Nichtigkeit einer Wahl der gemeinsamen Mitarbeitervertretung, also über Rechtsstreitigkeiten. Antragsberechtigt ist jeder der beteiligten Dienstgeber ohne Rücksicht auf die Rechtsauffassung eines anderen beteiligten Dienstgebers. Die Selbständigkeit der beteiligten Dienstgeber, die zugunsten einer gemeinsamen Mitarbeitervertretung eine Dienstvereinbarung abgeschlossen haben, bleibt rechtlich im Übrigen unangetastet. Das Kirchliche Arbeitsgericht entscheidet nicht über die Zweckmäßigkeit der Regelung des Einzugsbereichs und den Repräsentationsbereich der gemeinsamen Mitarbeitervertretung, ferner nicht darüber, dass überhaupt eine gemeinsame Mitarbeitervertretung gebildet wird. Denn die Bildung einer gemeinsamen Mitarbeitervertretung ist Angelegenheit freiwilliger Regelung (Dienstvereinbarung), die nicht mit Hilfe der Einigungsstelle erzwingbar ist (§ 45).[9]

21 Im Rahmen eines Rechtsstreits hat das Kirchliche Arbeitsgericht aber die Grundsätze der Wirksamkeit der Dienstvereinbarung (§ 38 MAVO) unter Berücksichtigung der erforderlichen Genehmigungen des Ordinarius (§ 1b Abs. 2 i. V. m. Abs. 1 S. 1 und S. 4 MAVO) und die Frage von Willkür und Missbrauch zu überprüfen. Klage beim Kirchlichen Arbeitsgericht ist u. a. wegen Verletzung der einschlägigen Dienstvereinbarung zulässig (§ 2 Abs. 2 KAGO).

VII. Die Schwerbehindertenvertretung im Verhältnis zur gemeinsamen Mitarbeitervertretung

22 Mit Blick auf die Vorschrift des § 1b interessiert die Frage nach der Möglichkeit einer gemeinsamen Schwerbehindertenvertretung, die nach staatlichem Recht zu bilden ist. Gemäß § 94 Abs. 1 S. 1 SGB IX ist in Betrieben und Dienststellen, in denen wenigstens fünf schwerbehinderte Menschen nicht nur vorübergehend beschäftigt sind, eine Schwerbehindertenvertretung (eine Vertrauensperson und wenigstens ein stellvertretendes Mitglied) zu wählen. Betriebe oder Dienststellen, welche die Voraussetzungen des Wahlgebots des § 94 Abs. 1 SGB IX nicht erfüllen, können für die Wahl mit räumlich nahe liegenden Betrieben desselben Arbeitgebers[10] zusammengelegt werden (§ 94 Abs. 1 S. 4 SGB IX). Über die Zusammensetzung entscheidet der Arbeitgeber im Benehmen mit dem für den Sitz der Betriebe oder Dienststellen zuständigen Integrationsamt (§ 94 Abs. 1 S. 5 SGB IX). Die MAVO regelt das aufgezeigte Problem nicht, dem SGB IX ist die Bildung einer gemeinsamen Schwerbehindertenvertretung parallel zur gemeinsamen MAV für die Einrichtungen verschiedener Arbeitgeber nicht bekannt. Deshalb kann die Situation entstehen, dass die gemäß § 1b gebildete gemeinsame MAV mit mehreren auf betrieblicher Ebene verschiedener kirchlicher Dienstgeber gewählten Schwerbehindertenvertretungen zusammenarbeiten muss; zur analogen Bildung einer gemeinsamen Schwerbehindertenvertretung als Pendant zur gemeinsamen MAV gibt es keine Rechtsgrundlage.

§ 2 Dienstgeber

(1) Dienstgeber im Sinne dieser Ordnung ist der Rechtsträger der Einrichtung.

(2) Für den Dienstgeber handelt dessen vertretungsberechtigtes Organ oder die von ihm bestellte Leitung. Der Dienstgeber kann eine Mitarbeiterin oder einen Mitarbeiter in leitender Stellung schriftlich beauftragen, ihn zu vertreten.

Übersicht

	Rn		Rn
I. Dienstgeber	1– 3	III. Gesprächspartner der MAV	7–28
II. Rechtsträger	4– 6	1. Der Diözesanbischof	8–13
		a. Generalvikar	10

---

9 *Thiel*, ZMV 2010, 64, 67.
10 *BAG*, 10. 11. 2004 – 7 ABR 17/04, EzA § 3 BetrVG 2001 Nr. 1.

§ 2 Dienstgeber

	Rn		Rn
b. Bischofsvikar	11	3. Die bestellte Leitung	19–22
c. Finanzdirektor	12	4. Mitarbeiter in leitender Stellung	23–27
d. Offizial	13	5. Sitzung mit dem Dienstgeber	28
2. Organe des Trägers	14–18		

I. Dienstgeber

Die MAVO kennt nicht wie das Betriebsverfassungsgesetz die Begriffe Arbeitgeber und Arbeitnehmer, die Parteien des Arbeitsvertrages sind. Sie berücksichtigt zwar, dass es einen Arbeitgeber i. S. d. Arbeitsrechts gibt, geht aber vom **Dienstgemeinschaftsgedanken** aus (vgl. auch Art. 1 und 8 GrO), der einen Gegensatz von Kapital und Arbeit nicht kennt. Die MAVO kennt auch **nicht** den **Unternehmensbegriff**. Deshalb sind insoweit nähere Bezüge zum Personalvertretungsrecht erkennbar. 1

Der Begriff Mitarbeiter i. S. d. MAVO ist kein Terminus im rechtlichen Sinn, weil unter Mitarbeitern die in § 3 Abs. 1 S. 1 genannten Tätigen verstanden werden. Unter dieser Gesamtheit von Mitarbeitern befinden sich jedoch außer Arbeitnehmern, nämlich Angestellten, Arbeitern und ggf. Kirchenbeamten, die Kleriker, Ordensleute, aufgrund von Gestellungsverträgen Tätigen und Auszubildenden. Deshalb ist es richtig, wenn der Partner der Mitarbeiterschaft die umfassende Bezeichnung Dienstgeber erfährt. **Dienstgeber** ist also derjenige, bei dem jemand beschäftigt oder tätig wird, in die Dienststelle integriert und in abhängiger Stellung als weisungsgebundener Mitarbeiter eingesetzt ist. 2

Für die MAV ist im Zusammenhang mit ihren Beteiligungs- und Informationsrechten gemäß §§ 26 ff. die Partnerschaft zum zutreffenden Dienstgeber wesentlich. Zweifel können entstehen, wenn ein Rechtsträger Arbeitgeber ist, dessen Arbeitnehmer in einer Einrichtung eines anderen Rechtsträgers tätig ist, in der eine MAV gebildet ist. Das **Auseinanderfallen von Anstellungsträgerschaft und Beschäftigungsträgerschaft** wird in der MAVO in § 23 behandelt, aber auch in § 3 Abs. 1 im Zusammenhang mit Gestellungsverhältnissen erwähnt.[1] Ob und wie die Beteiligung der MAV bei persönlichen Angelegenheiten eines Mitarbeiters stattfindet, ist näheren Bestimmungen zur MAVO zu entnehmen (§ 23 Abs. 3), wenn z. B. **Sondervertretungen** gebildet sind (§ 23 Rn 16 ff.). Die Sondervertretung wirkt mit bei Maßnahmen, die vom Dienstgeber getroffen werden (§ 23 Abs. 2 S. 1).[2] Besteht **keine Sondervertretung**, erfolgen die Maßnahmen des rechtlichen Arbeitgebers bei Ausklammerung der Zuständigkeit der bei ihm gebildeten MAV ohne deren Beteiligung; die MAV beim Beschäftigungsträger ist nicht Partner des rechtlichen Arbeitgebers (vgl. auch § 7 Abs. 2 S. 1). Sind Mitarbeiter eines und desselben Arbeitgebers aus seiner Dienststelle ausgegliedert und einer anderen bei einem anderen Rechtsträger mit eigener MAV zugewiesen, ergibt sich die Frage, ob diese MAV für die Mitarbeiter beim Arbeitgeber informationsberechtigt i. S. d. § 26 Abs. 2 ist und somit Unterlagen dort anfordern kann.[3] Informationspflicht besteht für den Dienstgeber, bei dem die MAV gebildet ist. Über ihn könnte die MAV erforderliche Unterlagen beantragen. Im Falle der arbeitgeberseitigen Kündigung taucht die Frage nach der für die Anhörung zuständigen MAV auf (§§ 30, 31). Infolge der Ausgliederung der Mitarbeiter aus ihrer Stammdienststelle ihres Arbeitgebers ist nicht die etwa in der Stammdienststelle bestehende MAV zuständig (§ 7 Abs. 2). Die MAV der beschäftigenden Dienststelle ist ebenfalls nicht zuständig, weil die Maßnahme nicht von dem für sie zuständigen Dienstgeber getroffen werden soll. 3

II. Rechtsträger

Die MAVO definiert den Begriff Dienstgeber nach dem Rechtsträger der Dienststelle, Einrichtung oder sonstigen selbständig geführten Stelle. Der Begriff Dienstgeber ist jedoch mit Blick auf die bei 4

---

1 *Schlichtungsstelle Limburg*, 10. 2. 1992 – 15/91.
2 Vgl. auch § 23 Abs. 3 S. 1 i. V. m. §§ 26 bis 39 MAVO Augsburg, Amtsblatt 1996 S. 318 ff.
3 *Schlichtungsstelle Limburg*, 5. 11. 1991 – 14/91.

ihm Beschäftigten, also die Mitarbeiterinnen und Mitarbeiter i. S. von § 3 von Bedeutung und im Zusammenhang mit den Maßnahmen des Dienstgebers in personellen Angelegenheiten (z. B. §§ 34, 35) unter Berücksichtigung der Beteiligungsrechte der MAV wichtig. Denn auf die Zuordnung von Mitarbeitern und Mitarbeiterinnen zu einem bestimmten Dienstgeber kommt es für die zuständige MAV und ihre Rechte an. In der Praxis hat sich der Kooperationsgedanke mehrerer Rechtsträger herausgebildet. Ziel ist z. B. die Straffung der Organisation mehrerer Krankenhäuser, die jeweils in der Trägerschaft je eines Rechtsträgers stehen, die aber gemeinsam die Spezialisierung ihrer jeweiligen Häuser auf näher bestimmten Gebieten betreiben wollen und deshalb eine neue Gesellschaft (z. B. GmbH) gründen, welche die Kooperation steuern soll. Dann handelt es sich mit Rücksicht auf die Mitarbeiter der verschiedenen Rechtsträger um verschiedene Dienstgeber, die für ihre jeweilige Einrichtung eine MAV haben können (§ 1a). Wird aber für bestimmte Bereiche (z. B. Technik) eine betriebsübergreifende Funktionsleitung bestellt, so stellt sich die Frage der Zuordnung der Funktionsleitung zu den zu betreuenden Einrichtungen und das mit Blick auf die Mitarbeitereigenschaft, das Wahlrecht zur MAV und die Zuständigkeit der MAV jeder Einrichtung. Ist der Funktionsleiter bei einem Rechtsträger angestellt, so kann er nur der MAV zugeordnet sein, deren Dienstgeber mit dem Funktionsleiter einen Arbeitsvertrag abgeschlossen hat. Wird auch in den anderen Einrichtungen im Rahmen der Kooperationsstruktur tätig, kann es sich um eine nichtgewerbliche Arbeitnehmerüberlassung handeln, so dass die anderen Einrichtungen Entleiher sind. Leiharbeitnehmer sind aber nur dann Mitarbeiter i. S. d. MAVO, wenn dazu eine positive Regelung besteht. Anders liegt der Fall, wenn ein Gestellungsverhältnis begründet worden ist. Denn dann ist Mitarbeitereigenschaft gemäß § 3 Abs. 1 S. 1 gegeben.

5   Verantwortlich für die Wahrnehmung der Rechte und Pflichten des Dienstgebers i. S. d. MAVO ist der Rechtsträger, nicht eine zur Ausübung bestimmter Rechte zuständige Person. Die der Mitwirkung der MAV unterliegenden Maßnahmen des Rechtsträgers sind von ihm zu verantworten.

6   Da der Rechtsträger im kirchlichen Bereich körperschaftlich verfasst, also keine natürliche Person ist, wird er durch Organe vertreten. Organe sind natürliche Personen, die für den Rechtsträger zu handeln bestimmt sind. Das verfassungsmäßige Organ des Trägers ist Vertreter des Trägers im Rechtsverkehr. Für den Rechtsträger oder sein Organ kann auch die bestellte Leitung handeln (§ 2 Abs. 2 S. 1; Rn 19). Die bestellte Leitung kann befugt sein, einen Mitarbeiter in leitender Stellung (§ 3 Rn 73 ff.) mit den Angelegenheiten, die die MAV betreffen, zu beauftragen und sich vertreten zu lassen (§ 2 Abs. 2 S. 2; Rn 23 ff.). Besteht eine Holding, ist zu prüfen, ob die von ihr gebildeten Körperschaften, wenn sie Mitarbeiter beschäftigen, unter das Mitarbeitervertretungsrecht fallen.

III. Gesprächspartner der MAV

7   Je nach der Rechtsform und der jeweiligen Rechtsordnung, auch Verfassung genannt, handeln für den Dienstgeber die zuständigen Leitungen oder Organe, wenn der Dienstgeber juristische Person ist.

1. Der Diözesanbischof

8   Der Diözesanbischof ist der Vorsteher der Teilkirche, die Bistum oder Diözese heißt und Rechtspersönlichkeit besitzt (can. 373 CIC; Art. 140 GG i. V. m. Art. 137 Abs. 5 S. 1 WRV). Als Inhaber des Bischofsamtes ist er ihr Leiter (can. 375 § 1, 376 CIC) mit ganzer ordentlicher, eigenberechtigter[4] und unmittelbarer Gewalt (can. 381 § 1 CIC), nämlich mit gesetzgebender, ausführender und richterlicher Gewalt (can. 391, 135). Er vertritt die Diözese gesetzlich (can. 393 CIC). Die Vertretungsvollmacht erstreckt sich auf alle Rechtsgeschäfte,[5] die Gesetzgebung und Leitungsvollmacht. Letztere kann mit Ausnahme der Gesetzgebung der Diözesanbischof auf den Generalvikar (Rn 10) übertra-

---

[4] Dazu: *Müller, Hubert*, Die rechtliche Stellung des Diözesanbischofs gegenüber Generalvikar und Bischofsvikar, AfkKR 1984, 399, 401 ff.
[5] *Schmitz*, Hdb. kath. KR S. 336, 344.

gen (can. 479 § 1, 392 § 2 CIC).⁶ Gemäß can. 477 § 2 CIC kann der Diözesanbischof auch einen stellvertretenden Generalvikar ernennen. Vgl. ferner die Ausführungen zu Präambel Rn 6.

In der Sedisvakanz übt der Diözesanadministrator die Rechte des Bischofs und Generalvikars aus (can. 421 § 1, 427 CIC). Dazu kann er einen Vertreter mit fest umrissenen Aufgaben bestellen. Da aber weder der Bischof noch der Administrator eine Dienststelle i. S. d. MAVO leiten, sondern die Diözese, sind sie nicht Gesprächspartner der MAV, also nicht Dienstgeber.⁷

a. Generalvikar

Dem Generalvikar kommt kraft Amtes in der ganzen Diözese die ausführende Gewalt zu, die der Diözesanbischof von Rechts wegen hat, um alle Verwaltungsakte erlassen zu können, jene aber ausgenommen, die sich der Bischof selbst vorbehalten hat oder die von Rechts wegen ein Spezialmandat des Bischofs erfordern (can. 475 § 1, 479 § 1 CIC). Das bedeutet, dass sich das Amt des Generalvikars auf ganzen Bereich der Diözesanverwaltung im weiteren Sinn erstreckt, er also als Leiter des Ordinariats oder Generalvikariats die Dienstgeberfunktion der Diözese ausübt und folglich **Gesprächspartner der MAV seiner Behörde** ist (§ 2 Abs. 2 S. 1). Er kann jedoch gemäß § 2 Abs. 2 S. 2 die Gesprächsführung mit der MAV auf einen (Rn 25), evtl. mehrere Mitarbeiter in leitender Stellung (§ 3 Rn 73) übertragen, z. B. wenn durch die Gliederung der Verwaltung in mehrere Einrichtungen oder Dienststellen (§ 1a Abs. 2) mehrere Mitarbeitervertretungen bestehen (vgl. auch § 24). Die Übertragung erfolgt durch den Generalvikar als Leiter seiner Behörde, die Generalvikariat oder Ordinariat heißt, mit schriftlicher, der MAV anzuzeigender **Vollmachterteilung** an den **Mitarbeiter in leitender Stellung** (§ 3 Abs. 2 Nr. 4). Das gilt auch für Fälle von Streitigkeiten vor der Einigungsstelle und Gerichten, wenn der Generalvikar Beteiligter des Verfahrens ist. **Der den Generalvikar vertretende Mitarbeiter** in leitender Stellung hat sich durch schriftlich erteilte Vollmacht auszuweisen. Das gilt auch in den Fällen der Beteiligungsrechte der MAV (§§ 28 ff.), über die sie aus Anlass geplanter Maßnahmen des Generalvikars als Dienstgeber informiert wird. Die Vollmacht führt dazu, dass der Vertreter – wie der Generalvikar – der vertretungsberechtigte **Gesprächspartner für die MAV** ist. Der Vertreter muss dabei in der Lage sein, alle Verhandlungen mit der MAV zu führen und Erklärungen der MAV gegenüber so abzugeben wie der Generalvikar.⁸ Die MAVO geht in ihrem Wortlaut davon aus, dass der Generalvikar nur einen einzigen Vertreter bestellen kann. Er kann also nicht für jeden denkbaren Zweck oder zu jeder denkbaren Zeit einen anderen Vertreter bestellen. Die diesbezügliche Vorschrift des § 2 Abs. 2 S. 2 entspricht im Übrigen auch den insoweit gleich lautenden Regelungen des staatlichen Personalvertretungsrechts (§ 7 BPersVG, § 8 LPersVG NW). Das ist außerdem dem Prinzip der vertrauensvollen Zusammenarbeit gemäß § 26 Abs. 1 S. 1 geschuldet.

b. Bischofsvikar

Das Amt des Bischofsvikars ist formalrechtlich dem des Generalvikars nachgebildet, so dass neben letzterem dem Diözesanbischof ein weiterer Vertreter zur Seite steht, der die ihm zugewiesenen Aufgaben mit ordentlicher, stellvertretender, ausführender Vollmacht wahrnimmt (can. 134 § 1; can. 479 i. V. m. can. 135 CIC). Wie der Generalvikar ist auch der Bischofsvikar von Rechts wegen Ortsordinarius (can. 134 §§ 1 und 2 CIC), wobei dessen Vollmacht entweder territorial, funktional oder auch nur personal eingegrenzt sein kann (can. 476, 479 § 2 CIC). Gesprächspartner der MAV kann er jedoch nur dann sein, wenn er Leiter einer selbständigen Dienststelle mit besonderer MAV (§ 1) ist oder ihm ein besonderes Mandat zugewiesen ist.

---

⁶ *Müller, Hubert*, Die Diözesankurie, Hdb. kath. KR S. 364; Die rechtliche Stellung, AfkKR 1984, 399, 412 ff.
⁷ *Eder*, Dissertation, S. 118; *Bernards*, Die Schlichtungsstelle im Mitarbeitervertretungsrecht der katholischen Kirche S. 19.
⁸ *Aymans-Mörsdorf*, Kanonisches Recht Bd. I § 33 S. 341 ff.

I. Allgemeine Vorschriften

c. Finanzdirektor

12 In den bayerischen Diözesanverwaltungen ist herkömmlich neben dem Generalvikar ein Finanzdirektor als Delegat des Diözesanbischofs im vermögensrechtlichen Bereich tätig.[9] Neuerdings steht dem Diözesanbischof persönlich der Vorsitz im Vermögensverwaltungsrat der Diözese zu, womit er auch eine andere Person beauftragen kann (can. 492 § 1). Deshalb ist je nach der Struktur der Verwaltung und der Dienststellenorganisation der Finanzdirektor der Gesprächspartner der MAV als Dienstgebervertreter (§ 2 Abs. 2, § 39 Abs. 1).

d. Offizial

13 Der Offizial ist als Gerichtsvikar Leiter des kirchlichen Gerichts (can. 391 § 2, 1420 CIC), das Offizialat genannt wird. Für seine Dienststelle kann eine besondere MAV bestellt werden, falls nicht Übereinkunft besteht, dass die Mitarbeiter dieser Behörde mit einer anderen (z. B. Generalvikariat) eine gemeinsame MAV wählen. Das ist insbesondere der Fall, wenn die Personalverwaltung vom Generalvikariat für das Offizialat mit ausgeübt wird (vgl. § 1a Abs. 2).[10] Wegen der Repräsentanz durch einen Vertreter aus dem Mitarbeiterkreis des Offizialats bei den MAV-Wahlen wird auf § 6 Abs. 3 hingewiesen (§ 6 Rn 22 ff.).

2. Organe des Trägers

14 Für die Kirchengemeinde handelt der Kirchenvorstand als Organ (§ 1 Abs. 1 S. 2 des Gesetzes über die Verwaltung des kath. Kirchenvermögens – KVG –). Er vertritt die Gemeinde und das Vermögen. Der Pfarrer (Rn 19) gehört dem Kirchenvorstand als Vorsitzender an (§ 2 Abs. 1 Buchst. a KVG). Die Kirchengemeinde ist, wie andernorts die Kirchenstiftung, der staatskirchenrechtliche oder kirchenrechtliche (§ 1 Kirchenvermögensverwaltungsgesetz – KVVG Fulda[11]) Rechtsträger für das rechtsgeschäftliche Handeln der Pfarrei. Die **Pfarrei** ist nach kanonischem Recht **unterster selbständiger Teilverband** jeder Teilkirche (z. B. Diözese). Jede Teilkirche muss in Pfarreien aufgeteilt sein (can. 374 § 1 CIC). Die Pfarrei ist in der Regel der abgegrenzte Teil für das Pfarrvolk eines Gebietes (can. 518 CIC); sie ist Personengemeinschaft, während die Kirchengemeinde als Gebietskörperschaft auf der pfarrlichen Ebene bezeichnet wird, wenn sie mit Wirkung für das staatliche Recht konstituiert ist.[12] Die Pfarrei i. S. d. Kirchenrechts ist juristische Person (can. 515 § 3 CIC). Die Vertretung der Pfarrei erfolgt durch den **Pfarrer** (can. 532 CIC). Ist eine Pfarrei einem Orden übertragen, so ist einer der Priester der Pfarrer (can. 520 § 1 CIC).[13] Der Pfarrer ist der eigene Hirte der ihm übertragenen Pfarrei (can. 519 CIC).

15 Die **vermögensrechtliche Vertretung** erfolgt in Deutschland nicht durch den Pfarrer der Pfarrei, sondern durch ein kollegiales Organ, das je nach Rechtsgebiet entweder Kirchenvorstand (der Kirchengemeinde), Kirchenverwaltung (Bayern, Speyer), Verwaltungsrat (Limburg, Fulda, Mainz, Trier) heißt.[14] Mit seelsorglichen Aspekten ist der Kirchenvorstand nur im Zusammenhang mit vermögenswirksamen Auswirkungen der Seelsorge befasst. Die Seelsorge hingegen ist dem Pfarrer allein mit seinen Mitarbeitern aus dem Klerus und den hauptamtlichen pastoralen Diensten anvertraut. Dem Pfarrer steht der Pfarrgemeinderat zur Seite, der die apostolische Tätigkeit der Kirche beratend und fördernd unterstützen soll.[15] Der Pfarrgemeinderat ist nicht Organ einer Kirchengemeinde, er arbeitet aber mit dem Kirchenvorstand zusammen, bei auf der Ebene eines Seelsorgebereichs zu

---

9 *Müller, Hubert*, Die rechtliche Stellung, AfkKR 1984, 399, 413 f.
10 Amtsblatt des Erzbistums Köln 1996 Nr. 271 S. 345.
11 Amtsblatt Fulda 1987, S. 93–96.
12 *Hack*, Die Pfarrei, Hdb. kath. KR S. 384.
13 Dazu näher *Heinemann*, Der Pfarrer, Hdb. kath. KR S. 496.
14 Vgl. *Emsbach/Seeberger*, Rechte und Pflichten des Kirchenvorstandes Rn 25, 119; *Fahr/Weber/Binder*, Ordnung für kirchliche Stiftungen – Rechtsquellen, KVVG Fulda; *Busch*, Die Vermögensverwaltung, in: Hdb. StKR Bd. I 2. Aufl. S. 947, 963, 970 ff.
15 Vgl. z. B. Amtsblatt des Erzbistums Köln 2009 Nr. 2 S. 2 ff.

einem Kirchengemeindeverband zusammengeschlossenen Kirchengemeinden ist die Verbandsvertretung der Verbandsausschuss, mit dem der Pfarrgemeinderat im Rahmen seiner Aufgaben zusammenarbeitet.[16]

Die Angelegenheiten des Gemeindeverbandes (§ 22 KVG) werden von der Verbandsvertretung wahrgenommen (§ 25 KVG), die wiederum einen Ausschuss bestellen kann, der den Verband vertritt (§ 26 KVG; vgl. auch §§ 25, 26 Gesetz über die Verwaltung und Vertretung des Kirchenvermögens im Bistum Trier.[17] Die Errichtung von Katholischen Kirchengemeindeverbänden[18] führt dazu, dass die in ihnen jeweils zusammengeschlossenen Kirchengemeinden (Rechtsträger) Aufgaben an ihren jeweiligen Kirchengemeindeverband (Rechtsträger) übertragen. Dazu gehören regelmäßig
- Betriebsträgerschaft von Einrichtungen der Kirchengemeinden,
- Anstellungsträgerschaft für das Personal in den kirchengemeindlichen Einrichtungen (z. B. Tageseinrichtungen für Kinder),
- Anstellungsträgerschaft für das Personal der Kirchengemeinden (z. B. Küster, Kirchenmusiker, Pfarrsekretärin),
- Organisation der gemeinsamen Nutzung kirchlicher Funktionsgebäude (z. B. Kirche, Kapelle, Jugendheim, Kindergarten, Pfarrheim, Dienstwohnung),
- Rechts- und Finanzträgerschaft der pastoralen Zusammenarbeit der Kirchengemeinden in den Pfarrgemeinderäten bzw. im Pfarrverband.

Damit wird regelmäßig die Dienstgebereigenschaft der Kirchengemeinde auf den Kirchengemeindeverband übertragen, so dass dieser für die Bildung der MAV für die ihm übertragenen Einrichtungen zuständig ist (§ 1a). Organ des Kirchengemeindeverbandes ist die Verbandsvertretung. Ihr Vorsitzender ist der (einzige) Pfarrer der Kirchengemeinden des Seelsorgebereichs bzw. der Pfarrer, der zugleich Leiter des Pfarrverbandes ist, in dem die einzelnen Kirchengemeinden belegen sind.

Die juristischen Personen des staatlichen Rechts, seien es solche öffentlichen oder privaten Rechts, werden durch die Organe vertreten, die das staatliche Recht für sie bestimmt.

Organ des eingetragenen Vereins ist der Vorstand gemäß §§ 26 Abs. 1, 58 Nr. 3 BGB in Verbindung mit der Vereinssatzung; Organ der Stiftung ist der Vorstand gemäß §§ 86, 26 Abs. 1 BGB i. V. m. der Satzung; Organ der GmbH sind entweder einer oder mehrere Geschäftsführer gemäß § 35 GmbH-Gesetz. Die Geschäftsführer haben in der durch den Gesellschaftsvertrag bestimmten Form ihre Willenserklärungen kundzutun und für die Gesellschaft zu zeichnen. Ist nichts darüber bestimmt, so muss die Erklärung und Zeichnung durch sämtliche Geschäftsführer erfolgen. Dies ist u. a. für Dienstvereinbarungen beachtlich (§ 38 Abs. 4 MAVO). Ist der GmbH gegenüber eine Erklärung abzugeben, so genügt der Zugang an einen der Geschäftsführer.

3. Die bestellte Leitung

Der Rechtsträger bzw. sein Vertretungsorgan (Rn 14 ff.) ist berechtigt, für eine Dienststelle, Einrichtung oder sonstige selbständig geführte Stelle eine Leitung zu bestellen (z. B. Grundordnung für katholische Krankenhäuser in Nordrhein-Westfalen B I, 4).[19] Das folgt aus seiner Organisationsgewalt, soweit nicht besondere Bestimmungen entgegenstehen. Der **Pfarrer** (Rn 14) einer Pfarrei bzw. Kirchengemeinde oder Kirchenstiftung ist nicht bestellte Leitung i. S. d. MAVO, weil die Körperschaft (Dienstgeber) den Pfarrer nicht zur Leitung bestellt, sondern der gemäß can. 523 CIC zuständige Diözesanbischof. Der bestellten Leitung ist auf der Grundlage der MAVO die Verhandlungskompetenz mit der MAV übertragen (§ 2 Abs. 2 S. 1). Was bestellte Leitung ist, regelt die MAVO nicht. Nach can. 479 § 1 i. V. m. can. 475 § 1 CIC ist der **Generalvikar** die vom Bischof bestellte Leitung der

---

16 Dazu: *Emsbach/Seeberger*, Rechte und Pflichten des Kirchenvorstandes, Rn 192 ff.
17 Kirchliches Amtsblatt für das Bistum Trier 1978 Nr. 271.
18 Vgl. z. B. Amtsblatt des Erzbistums Köln 2004 Nrn. 275 ff., S. 276 ff.
19 Amtsblatt des Erzbistums Köln 1996 Nr. 256 S. 321.

Diözese (Rn 10 ff.). Im Übrigen ist – u. a. durch das Organisations- und Satzungsrecht der Dienstgeber für ihre Dienststellen oder Einrichtungen – verbindlich geregelt, wer bestellte Leitung ist. Für die **Caritasdirektoren** folgt das aus der Satzung des jeweiligen Caritasverbandes (vgl. z. B. § 12 der Satzung des Diözesan-Caritasverbandes für das Erzbistum Köln e. V.).[20] Für die katholischen Krankenhäuser in Nordrhein-Westfalen ist das die **Krankenhausbetriebsleitung;** sie besteht aus dem leitenden Arzt, dem Leiter des Pflegedienstes[21] und dem Leiter des Wirtschafts- und Verwaltungsdienstes. Zusätzlich können in die Krankenhausbetriebsleitung sonstige Mitarbeiter berufen werden, wenn Größe und besondere Aufgabenstellung des Krankenhauses es sachdienlich erscheinen lassen (Grundordnung für kath. Krankenhäuser in NW, B II Nr. 1 Abs. a und b).

20   Damit die Gesprächsführung mit dem Dienstgeber gewährleistet ist, schreibt § 39 Abs. 1 vor, dass die MAV einmal jährlich mit dem Dienstgeber selbst oder der von ihm bestellten Leitung (§ 2 Abs. 2) zu einer gemeinsamen Sitzung zusammenkommt.

21   Besteht ein mehrköpfiges Organ, so muss dieses festlegen, wer als Organmitglied oder bestellte Leitung die Sitzung bestreitet. Es reicht nicht, dass jemand bestellt wird, der keine Entscheidungskompetenz in den Angelegenheiten hat, die nach der MAVO verhandlungsfähig sind.[22] Ein Mitarbeiter in leitender Stellung (Rn 23) reicht für die gemäß § 39 Abs. 1 abzuhaltenden Gespräche aus (§ 2 Abs. 2, Rn 25). Die Zentralrendantur mit Zuständigkeit für die Verwaltungsangelegenheiten mehrerer Kirchengemeinden oder Gemeindeverbände ist nicht bestellte Leitung i. S. d. MAVO.[23]

22   Handelt für eine Dienststelle oder Einrichtung die bestellte Leitung, so muss diese **Handlungsvollmacht** haben. Deshalb ist die MAV berechtigt, sich über die Befugnisse der bestellten Leitung informieren zu lassen. Denn die Frage nach dem kompetenten Gesprächspartner ist wichtig für die richtige Antwort auf das Anliegen der rechtlich richtigen Zusammenarbeit zwischen Dienstgeber und MAV und damit auf die Erfüllung der Rechte und Pflichten aus der MAVO.[24]

4. Mitarbeiter in leitender Stellung

23   § 2 Abs. 2 S. 2 bestimmt, dass ein Mitarbeiter in leitender Stellung (§ 3 Rn 73) **beauftragt** werden kann, den Dienstgeber in gemeinsamen Sitzungen **zu vertreten** sowie Gespräche und Schriftwechsel mit der MAV zu führen. Die Beauftragung durch den Dienstgeber bedeutet, dass der leitende Mitarbeiter auch Verhandlungsvollmacht besitzt, die er nicht eigenmächtig delegieren kann.

24   Nach Betriebsverfassungsrecht kann sich der Arbeitgeber bei der Wahrnehmung seiner Rechte aus der Betriebsverfassung durch eine bei der Leitung des Betriebes verantwortlich beteiligte Person vertreten lassen,[25] während nach § 7 BPersVG der Dienststellenleiter der Gesprächspartner der Personalvertretung ist.[26] Insofern weicht also die MAVO vom staatlichen Recht ab, weil das Bundespersonalvertretungsgesetz die Vertretung des Dienststellenleiters nur bei dessen Verhinderung und dann nur durch seinen ständigen Vertreter – von obersten Dienstbehörden abgesehen – zulässt.[27] Den Fall der Schlichtung bei Streitigkeiten über die Zulässigkeit der Vertretung kennt die MAVO infolge des § 41 Abs. 2.

25   Der Mitarbeiter in leitender Stellung wird in der Regel zum Zwecke einer zügigen Abwicklung, insbesondere der **Routinegeschäfte**, die Gespräche und den Schriftwechsel mit der MAV führen. Ande-

---

20 Amtsblatt Köln 1996 Nr. 231 S. 264; § 9 Mustersatzung für die Stadt- und Kreiscaritasverbände im Erzbistum Köln, Amtsblatt 2003 Nr. 329 S. 333; § 17 Abs. 2 Satzung des Caritasverbandes für das Bistum Essen, Kirchliches Amtsblatt 2009 Nr. 33 S. 90.
21 Zu Rechtsstellung und Aufgaben der leitenden Krankenschwester: *Brenner*, Rechtskunde S. 284 ff.
22 So auch *Damköhler*, MAVO § 2.
23 *Emsbach/Seeberger*, Rechte und Pflichten des Kirchenvorstandes, Rn 138 ff.
24 Vgl. *Bietmann*, Kurzkommentar, § 2 Anm. 2.2; *Schlichtungsstelle Freiburg*, 2. 11. 1993 – Az.: 1993/8.
25 So *HSWGN-Rose*, BetrVG § 2 Rn 19.
26 Vgl. hierzu *Meurer*, Bundespersonalvertretungsrecht S. 112.
27 *Ilberts/Widmaier*, BPersVG § 7 Rn 1 ff.

rerseits ist die Pflicht zur qualitativen, vertrauensvollen Zusammenarbeit zwischen Dienstgeber und MAV zu beachten, damit dem Gedanken der Dienstgemeinschaft Rechnung getragen wird. Der **Begriff Mitarbeiter in leitender Stellung** ist in der MAVO nicht näher konkretisiert. Es ist in das freie Ermessen des Dienstgebers gestellt, wen er zum leitenden Mitarbeiter bestellt (vgl. Ausführungen zu § 3 Rn 73 ff.). Die Bestellung muss der Dienstgeber, sein Organ bzw. die von ihm bestellte Leitung gegenüber dem Mitarbeiter in leitender Stellung verfügen und der MAV zur Einleitung des Anhörungsverfahrens (§ 29 Abs. 1 Nr. 18) bekannt geben. Die mit der schriftlichen Bestellung (Vollmachterteilung) verbundene Vertretung des Dienstgebers führt dazu, dass der Vertreter der vertretungsberechtigte Gesprächspartner für die MAV ist. Er muss in der Lage sein, alle Verhandlungen mit der MAV zu führen und Erklärungen der MAV gegenüber so abzugeben wie der Dienstgeber. Die MAVO geht nach ihrem Wortlaut davon aus, dass der Dienstgeber nur einen einzigen Vertreter bestellen kann. Er kann also nicht für jeden denkbaren Zweck und zu jeder denkbaren Zeit einen anderen Vertreter bestellen. Dies entspricht dem insoweit nicht auslegungsfähigen Wortlaut des § 2 Abs. 2 S. 2 und entspricht im Übrigen auch den insoweit gleich lautenden Regelungen des staatlichen Personalvertretungsrechts (§ 7 BPersVG, § 7 Bayer. PVG, § 8 LPVG NW). Es sind keine Anhaltspunkte dafür erkennbar, dass die in Anlehnung an die Personalvertretungsgesetze geschaffene MAVO das Wort »ein« Mitarbeiter in § 2 Abs. 2 S. 2 anders ausdeuten lässt. Vor allem sind keine Anhaltspunkte – auch nicht in der Literatur zur MAVO – vorhanden, die es rechtfertigen könnten, eine Vielzahl von Vertretungsmöglichkeiten für den Dienstgeber zu schaffen.

Der Begriff Mitarbeiter in leitender Stellung ist nicht identisch mit dem des 26
– Mitarbeiters, der zu selbständigen Entscheidungen über Einstellungen, Anstellungen oder Kündigungen befugt ist (§ 3 Abs. 2 S. 1 Nr. 3; § 3 Rn 71), obwohl die Funktionen auch einem Mitarbeiter in leitender Stellung übertragen sein können,
– leitenden Mitarbeiters, Mitarbeiters mit leitenden Aufgaben oder leitend tätigen Mitarbeitern i. S. d. Art. 1 S. 2, Art. 3 Abs. 2, Art. 4 Abs. 1 S. 2, Art. 5 Abs. 3 S. 1 Grundordnung des kirchlichen Dienstes im Rahmen kirchlicher Arbeitsverhältnisse – GrO.

So ist z. B. die **Kindergartenleiterin** i. S. d. GrO als leitend einzustufen, weil sie mit ihrer Aufgabe für 27 den Inhalt der erzieherischen Tätigkeit verantwortlich, den anderen Kräften in der Einrichtung mit Weisungsbefugnis übergeordnet und für die Organisation der gesamten Kindergartenarbeit einschließlich der Zusammenarbeit mit den Erziehungsberechtigten der die Einrichtung besuchenden Kinder zuständig ist. Dennoch ist sie nicht leitende Mitarbeiterin i. S. v. § 3 Abs. 2 MAVO, weil sie keine selbständigen Entscheidungsbefugnisse hat (§ 3 Rn 4) und daher sogar zur MAV passiv wahlberechtigt ist.[28] Vergleichbares gilt z. B. für die Leiterin bzw. den Leiter einer psychologischen Familien- und Lebensberatung.[29]

5. Sitzung mit dem Dienstgeber

Um sicherzustellen, dass der Dienstgeber seine Pflichten gemäß MAVO selbst, mit den durch die 28 Trägerverfassung vorgesehenen Organen oder mit der bestellten Leitung erfüllt, ist ihm auferlegt, mit der MAV einmal **jährlich** eine Sitzung mit der MAV abzuhalten (§ 39 Abs. 1 S. 1). Für alle Sitzungen mit dem Dienstgeber gilt nunmehr ausnahmslos, dass er eine Mitarbeiterin oder einen Mitarbeiter in leitender Stellung schriftlich beauftragen kann, ihn zu vertreten. Demnach kann also auch das für den Dienstgeber je nach Verfassung handelnde Organ oder anstelle der von ihm bestellten Leitung eine Kraft in leitender Stellung die Sitzungen mit der MAV bestreiten. Voraussetzung ist allerdings, dass es sich bei dem Mitarbeiter rechtlich um einen in leitender Stellung handelt (vgl. § 3 Abs. 2 Nr. 4). Dieser **Mitarbeiter in leitender Stellung muss die Vertretungsmacht für den Dienstgeber zu handeln durch schriftliche Vollmacht des Dienstgebers nachweisen** (Rn 10; § 2 Abs. 2

---

28 *ArbG Bonn*, 29. 5. 1996 – 5 Ca 3380/95.
29 Kirchliches Amtsblatt Rottenburg-Stuttgart 2009 S. 73.

S. 2). Wegen der Einzelheiten zu den gemeinsamen Sitzungen und Gesprächen des Dienstgebers mit der MAV wird auf die Ausführungen zu § 39 verwiesen.

§ 3 Mitarbeiterinnen und Mitarbeiter

(1) Mitarbeiterinnen und Mitarbeiter im Sinne dieser Ordnung sind alle Personen, die bei einem Dienstgeber
1. aufgrund eines Dienst- oder Arbeitsverhältnisses,
2. als Ordensmitglied an einem Arbeitsplatz in einer Einrichtung der eigenen Gemeinschaft,
3. aufgrund eines Gestellungsvertrages oder
4. zu ihrer Ausbildung

tätig sind.

Mitarbeiterinnen oder Mitarbeiter, die dem Dienstgeber zur Arbeitsleistung überlassen werden im Sinne des Arbeitnehmerüberlassungsgesetzes, sind keine Mitarbeiterinnen und Mitarbeiter im Sinne dieser Ordnung.

(2) Als Mitarbeiterinnen und Mitarbeiter gelten nicht:
1. die Mitglieder eines Organs, das zur gesetzlichen Vertretung berufen ist,
2. Leiterinnen und Leiter von Einrichtungen im Sinne des § 1,
3. Mitarbeiterinnen und Mitarbeiter, die zur selbständigen Entscheidung über Einstellungen, Anstellungen oder Kündigungen befugt sind,
4. sonstige Mitarbeiterinnen und Mitarbeiter in leitender Stellung,
5. Geistliche einschließlich Ordensgeistliche im Bereich des § 1 Abs. 1 Nrn. 2 und 3,
6. Personen, deren Beschäftigung oder Ausbildung überwiegend ihrer Heilung, Wiedereingewöhnung, beruflichen und sozialen Rehabilitation oder Erziehung dient.

Die Entscheidung des Dienstgebers zu den Nrn. 3 und 4 bedarf der Beteiligung der Mitarbeitervertretung gem. § 29 Abs. 1 Nr. 18. Die Entscheidung bedarf bei den in § 1 Abs. 1 genannten Rechtsträgern der Genehmigung des Ordinarius. Die Entscheidung ist der Mitarbeitervertretung schriftlich mitzuteilen.

(3) Die besondere Stellung der Geistlichen gegenüber dem Diözesanbischof und die der Ordensleute gegenüber den Ordensoberen werden durch diese Ordnung nicht berührt. Eine Mitwirkung in den persönlichen Angelegenheiten findet nicht statt.

Übersicht	Rn		Rn
I. **Vorbemerkung**	1– 10	2. Telemitarbeiter, Heimarbeiter, Rendanten	27– 30
1. Grundordnungen und MAVO zur Mitarbeitereigenschaft	1– 4	3. Beamte	31
2. Begriff Mitarbeiter i. S. d. MAVO	5– 7	4. Gemeinde- und Pastoralreferenten	32
3. Individuelle Rechte der Mitarbeiter	8– 10	5. Geistliche	33
II. **Mitarbeiter**	11– 60	6. Ordensleute	34
1. Arbeitnehmer	12– 26	7. Zur Ausbildung Tätige	35– 44
a. Arbeiter, Angestellte	12– 14	a. Auszubildende	36
b. Mitarbeiter aufgrund von Arbeitsbeschaffungsmaßnahmen	15, 16	b. Praktikanten	37, 38
c. Stufenweise Wiedereingliederung	17	c. Sonstige Beschäftigte	39– 44
d. Sozialhilfe	18, 19	8. Aushilfskräfte	45
e. Arbeit auf Abruf	20, 21	9. Jugendfreiwilligendienste	46– 48
f. Mitarbeiter in Altersteilzeit	22– 26	a. Freiwilliger Dienst im Rahmen eines freiwilligen sozialen Jahres	47
		b. Freiwilliger Dienst im Rahmen eines freiwilligen ökologischen Jahres	48

	Rn		Rn
10. Personen als Ein-Euro-Jobber, § 16d S. 2 SGB II	49	e. Die Einzelgenehmigung	83
11. Auf Grund von Gestellungsverträgen Tätige	50–53	f. Mitteilung an die MAV	84
12. Einsatz von Arbeitskräften über Dienst- und Werkvertrag	54, 55	g. Ausnahmen von der Genehmigung des Ordinarius	85
13. Abgeordnete Mitarbeiter	56	h. Bekanntgabe der Entscheidung des Dienstgebers an den Mitarbeiter	86
14. Zum Wehr- oder Zivildienst herangezogene Mitarbeiter	57	i. Rechtsfolgen	87–91
15. Freie Mitarbeiter, Lehrbeauftragte	58, 59	6. Geistliche, Ordensgeistliche im Bereich der Kirchengemeinden, Kirchenstiftungen, Gemeindeverbände	92
16. Unentgeltlich (ehrenamtlich) Tätige	60	7. Personen in Maßnahmen der Rehabilitation und Resozialisierung	93–100
III. Leiharbeitnehmer	61–67	a. Einführung	93–95
1. Staatliches Recht	61–64	b. Berufliche Rehabilitanden	96
2. Nicht gewerbsmäßige Arbeitnehmerüberlassung	65	c. Werkstatt für behinderte Menschen	97
3. Drittbezogener Personaleinsatz in kirchlichen Einrichtungen	66	d. Eingliederungsmaßnahmen	98–100
4. Einstellungen	67	V. Sonderregelung für Geistliche und Ordensleute	101–107
IV. Ausklammerung vom Mitarbeiterbegriff der MAVO gemäß § 3 Abs. 2	68–100	1. Weltgeistliche	102
1. Die Mitglieder eines Organs	69	2. Ordensleute	103, 104
2. Leiter von Dienststellen, Einrichtungen und sonstigen selbständig geführten Stellen	70	3. Ausschluss der Mitwirkung in persönlichen Angelegenheiten	105–107
3. Mitarbeiter, die zu selbständigen Entscheidungen befugt sind (§ 3 Abs. 2 S. 1 Nr. 3)	71, 72	a. Ordensleute, Weltgeistliche	105
a. Vorbemerkung	71	b. Sonstige durch Gestellungsvertrag Beschäftigte	106, 107
b. Befugnisse	72	VI. Sonderfälle	108–117
4. Sonstige Mitarbeiter in leitender Stellung	73–77	1. Ehrenamtsträger	108
5. Das Exemtionsverfahren (§ 3 Abs. 2 S. 2 bis 4)	78–91	2. Unentgeltlich Beschäftigte und ähnliche	109, 110
a. Entscheidung des Dienstgebers, Beteiligung der MAV	78	3. Personen in Dienstverhältnissen des Staates	111, 112
b. Genehmigung der Entscheidung des Dienstgebers durch den Ordinarius	79, 80	a. Abgeordnete Beamte	111
		b. Zivildienstleistende	112
c. Begriff der Genehmigung	81	4. Sonstige	113–117
		a. Mitarbeiter aufgrund von Maßnahmen der Sozialhilfe	113–116
d. Genehmigung durch Allgemeinverfügung	82	b. Nicht dem Mitarbeiterbegriff zugeordnet	117
		VII. Streitigkeiten	118

I. Vorbemerkung

1. Grundordnungen und MAVO zur Mitarbeitereigenschaft

Die Vorschrift unterscheidet i. S. d. Artikels 1 GrO zwischen denen, die in einer Einrichtung der katholischen Kirche tätig sind. Sie alle tragen durch ihre Arbeit ohne Rücksicht auf ihre Stellung gemeinsam dazu bei, dass die Einrichtung ihren Teil am Sendungsauftrag der Kirche erfüllen kann (Dienstgemeinschaft). Aber je nach Funktion innerhalb der Dienstgemeinschaft wird zwischen Dienstgeber, leitenden und ausführenden **Mitarbeiterinnen und Mitarbeitern** (künftig: Mitarbeiter) strukturell unterschieden (vgl. Art. 3 Abs. 2 GrO, §§ 2 und 3 MAVO). Während die »Grundordnung des kirchlichen Dienstes im Rahmen kirchlicher Arbeitsverhältnisse« nur Arbeitnehmer i. S. d. staatlichen Arbeitsrechts (Art. 2 Abs. 1 und 3 GrO) im Blick hat, erfasst die MAVO den Gesamtbereich derer, die in einer kirchlichen Einrichtung (§ 1a) »tätig« sind, und differenziert dann weiter nach Mitarbeitern i. S. d. MAVO, nach Mitarbeitern in leitenden Positionen und solchen, die ausgesprochen und unausgesprochen nicht als Mitarbeiter gelten. Grundlage für den Mitarbeiterbegriff i. S. d. MAVO sind ein Dienstverhältnis, ein Arbeitsverhältnis, ein Gestellungsvertrag, die Ordensmitgliedschaft an einem Arbeitsplatz in einer Einrichtung der eigenen Gemeinschaft oder ein Ausbildungsverhältnis (§ 3 Abs. 1 S. 1 Nr. 1, 2, 3 und 4 MAVO), wobei die besondere Stellung der Kleriker gegenüber dem Diözesanbischof und die der Ordensleute zu ihren Ordensoberen nicht eingeschränkt wird (§ 3 Abs. 3 MAVO).

2   Unterscheidungen spezifischer Art nimmt auch die Grundordnung für katholische Krankenhäuser der fünf Diözesen in Nordrhein-Westfalen[1] vor (vgl. Abschnitt A Ziffern 2, 3, 5; Abschnitt B Unterabschnitt II GrOKr), um dem Zusammenwirken zwischen Krankenhausbetriebsleitung und Mitarbeitervertretung (MAV) eine Struktur zu geben (Abschnitt B Unterabschnitt IV Abs. 2 und 3 GrOKr). Ähnliches ergibt sich auch hinsichtlich der Funktion des Schulleiters und den Lehrern an einer kirchlichen Schule (vgl. z. B. Kirchliches Schulgesetz des Erzbistums Köln § 11).[2]

3   Leitende Mitarbeiter i. S. d. MAVO sind anders definierbar als die i. S. d. Grundordnung (GrO). Wer in einer Einrichtung leitende Aufgaben erfüllt, nimmt Funktionen wahr, die besondere Bedeutung für den Bestand und die Entwicklung der Einrichtung haben. Nach der MAVO hängt die Entscheidung, wer Mitarbeiter in leitender Stellung ist, von der Entscheidung des Dienstgebers im Rahmen seines Organisationsrechts ab (§ 3 Abs. 2 Unterabsatz 2 i. V. mit Unterabsatz 1 Nrn. 3 und 4 MAVO), während sich aus der Verfassung für die Einrichtung ergibt, wer Organ oder Leitung (§ 2 Abs. 2 MAVO) ist, wie dies hinsichtlich der Krankenhausbetriebsleitung geschehen ist. Der Krankenhausbetriebsleitung gehören an der Leitende Arzt des Krankenhauses, der Leiter des Pflegedienstes und der Leiter des Wirtschafts- und Verwaltungsdienstes (Abschnitt B Unterabschnitt II Ziffer 1 Buchst. a GrOKr).

4   Für die Tageseinrichtungen für Kinder ergeben sich durch landesrechtliche Bestimmungen Strukturvorgaben hinsichtlich des Personalstellenplans und der infolgedessen unterschiedlichen Befugnisse des Personals, so dass z. B. die Leiterin der Einrichtung leitende Aufgaben i. S. d. GrO, nicht aber der MAVO wahrnimmt, weil sie dazu Entscheidungsbefugnisse auf personalrechtlichem Gebiet haben müsste, indem sie gemäß § 3 Abs. 2 Nr. 3 MAVO zur selbständigen Entscheidung über Einstellungen oder Kündigungen befugt wäre oder gemäß § 3 Abs. 2 Nr. 4 MAVO durch ihre Befugnisse eine entsprechende für den Bestand der Einrichtung verantwortliche leitende Stellung einnähme. Solche Befugnisse stehen in Kirchengemeinden und Kirchenstiftungen den Kirchenvorständen bzw. den Kirchenverwaltungsvorständen oder anderen für die Verwaltung des Kirchenvermögens zuständigen Gremien des Anstellungsträgers zu (z. B. Kirchengemeindeverband).

2. Begriff Mitarbeiter i. S. d. MAVO

5   Durch § 3 MAVO wird der Kreis der Mitarbeiter und Mitarbeiterinnen i. S. d. MAVO definiert und der persönliche Geltungsbereich der MAVO eingegrenzt. Davon zu unterscheiden ist der in den AVR, in der KAVO und in anderen diözesanen Arbeitsvertragsordnungen verwendete Begriff des Mitarbeiters. Arbeitsvertragsordnungen sind Bestimmungen, nach denen der Dienstgeber (als Arbeitgeber) den Inhalt von Arbeitsverträgen auszugestalten und fortzuschreiben hat. Parteien des Arbeitsvertrages sind der Arbeitgeber (kirchlich: Dienstgeber) auf der einen und der Arbeitnehmer auf der anderen Seite.[3] In den AVR und in der KAVO sowie in anderen kirchlichen Arbeitsvertragsordnungen wird anstelle des Begriffs Arbeitnehmer der des Mitarbeiters verwendet. Arbeitnehmer sind sowohl Angestellte als auch Arbeiter (§ 622 Abs. 1 BGB; Tätigkeitsmerkmale der Anlage 2 zu den AVR, Anlage 1 KAVO).

---

1 Amtsblatt des Erzbistums Köln 1996 Nr. 256 S. 321.
2 Amtsblatt des Erzbistums Köln 2006 Nr. 166 S. 134.
3 Vgl. *HSWGN-Rose*, BetrVG § 5 Rn 19.

Mitarbeiterinnen und Mitarbeiter § 3

Dagegen ist der Begriff Mitarbeiter in der MAVO ein Sammelbegriff, wie § 3 Abs. 1 S. 1 zeigt.[4] Der 6
Mitarbeiter wird als Beschäftigter bzw. Tätiger verstanden. Ein Arbeits- oder Dienstverhältnis ist
nicht Voraussetzung, um Mitarbeiter zu sein. Auf den wöchentlichen zeitlichen Einsatz, Vollbeschäftigung oder Teilzeitbeschäftigung, Haupt- oder Nebentätigkeit, Haupt- oder Nebenberuf, Kurzzeitigkeit (siehe aber § 34 Abs. 1, 2. Halbsatz) kommt es nicht an, ebenfalls nicht darauf, ob es sich um eine sozialversicherungspflichtige Tätigkeit handelt.

Die Zuordnung zum Begriff Mitarbeiter ist wesentlich für die Zuständigkeit der MAV bei ihren Mit- 7
wirkungs- und Beteiligungsrechten (z. B. bei Einstellungen gemäß § 34) und für die Rechte der Mitarbeiter selbst. Die Rechtsstellung des einzelnen Mitarbeiters ist eingeschränkt auf sein Recht zur
Teilnahme an der Mitarbeiterversammlung (§§ 21, 22, 10 Abs. 1), sein aktives und passives Wahlrecht zur MAV (§§ 7, 8) und zum Wahlausschuss (§ 10 Abs. 1 S. 3), auf die Antragsrechte gemäß
§ 10 Abs. 2, § 41 Abs. 1 Nrn. 1–3, § 21 Abs. 3 S. 1 und Abs. 4, das Vorschlagsrecht gemäß § 9
Abs. 5 zur Kandidatur als MAV-Mitglied, das Anfechtungsrecht gemäß § 12 Abs. 1 und 3 sowie
das Einspruchsrecht gemäß § 9 Abs. 4 S. 4; das individuelle Beschwerderecht und die Anregung
von Maßnahmen i. S. v. § 26 Abs. 3 treten hinzu, ggf. Rechte zur Kandidatur i. S. v. §§ 24 und 25.
Zu den Dozenten an Hochschulen siehe § 54.

3. Individuelle Rechte der Mitarbeiter

Die MAV hat zwar gemäß § 26 Abs. 1 S. 2 ebenso wie der Dienstgeber darauf zu achten, dass alle 8
Mitarbeiterinnen und Mitarbeiter nach Recht und Billigkeit behandelt werden; die MAV ist aber
nicht gesetzlicher Vertreter der Beschäftigten zur Wahrnehmung ihrer außerhalb der MAVO bestehenden Rechte. Darum muss der Beschäftigte im Ergebnis – auch nach Beratung durch die MAV –
selbst bemüht sein. Denn die MAVO regelt – von wenigen Ausnahmen abgesehen – nicht die Rechtsbeziehungen zwischen Dienstgeber und Mitarbeiter. Diese ergeben sich einerseits aus dem jeweiligen
Arbeitsvertrag unter Einschluss der in Bezug genommenen Arbeitsvertragsordnung (z. B. AVR, KAVO, ABD etc.), die als diözesanes Arbeitsvertragsrecht i. S. v. Art. 7 GrO erlassen ist, und andererseits
aus den zwingenden Bestimmungen des staatlichen Rechts im Zusammenhang mit dem Arbeitsverhältnis unter Einschluss des Sozialversicherungsrechts.

Besonders zu erwähnen sind die Unterrichtungs- und Erörterungspflichten des Dienstgebers gegen- 9
über dem Mitarbeiter, die Anhörungs- und Erörterungsrechte des Mitarbeiters gegenüber dem
Dienstgeber unter dem Gesichtspunkt von Treu und Glauben (§ 242 BGB) einerseits, andererseits
treffen den Dienstgeber zahlreiche Auskunfts-, Aufklärungs- und Unterrichtungspflichten über Tatsachen, die der Mitarbeiter zur Wahrnehmung der Arbeitsaufgaben oder seiner Rechte aus dem Beschäftigungsverhältnis benötigt.[5] Zum Teil sind spezielle Auskunftspflichten gesetzlich geregelt (vgl.
§ 4 Nr. 7, §§ 12, 14 ArbSchG). Besonders zu erwähnen ist das Einsichtsrecht des Mitarbeiters in die
über ihn geführten Personalakten und das Beschwerderecht des Mitarbeiters bei den zuständigen Stellen der Einrichtung oder Dienststelle (vgl. z. B. §§ 6, 9, 23 AVR-Caritas; §§ 6 Abs. 2, 11, 12, 47
KAVO der Diözesen in NRW; §§ 8 Abs. 2 und 3, 12, 13 ABD sowie besondere Beschwerderechte
gemäß § 26 Abs. 3 Nr. 2 MAVO sowie besondere diözesane Bestimmungen gegen Benachteiligungen und Belästigungen am Arbeitsplatz). Zu erwähnen sind die Diskriminierungsverbote gemäß § 1
AGG und die vom Dienstgeber gemäß § 12 Abs. 3 und 4 i. V. m. § 7 Abs. 1 AGG zu ergreifenden
Maßnahmen zur Unterbindung der Benachteiligung. Die Beschäftigten haben das Recht, sich bei
den zuständigen Stellen der Einrichtung oder Dienststelle zu beschweren, wenn sie sich im Zusammenhang mit ihrem Beschäftigungsverhältnis vom Dienstgeber, von Vorgesetzten, anderen Beschäftigten oder Dritten wegen eines in § 1 genannten Grundes benachteiligt fühlen (§ 13 Abs. 1 S. 1
AGG). In diesem Zusammenhang ist auch das Beschwerderecht und das Recht auf Abhilfe einschließ-

---

[4] *Schlichtungsstelle Köln*, 22. 11. 1993 – MAVO 6/93, ZMV 1994, 34; *Schlichtungsstelle Münster*, 30. 5. 1994 – SchliV-MAVO 2/94, ZMV 1994, 203.
[5] ErfK/*Preis* § 611 BGB Rn 633 m. N.

I. Allgemeine Vorschriften

lich Schadensersatz oder Schmerzensgeld wegen Mobbing zu nennen[6]; es geht dabei um Einzelakte, die in ihrer Zusammenfassung zu einer Verletzung des Persönlichkeitsrechts oder der Gesundheit führen.[7]

10 Die Beschäftigten sind berechtigt, dem Dienstgeber Vorschläge zu allen Fragen der Sicherheit und des Gesundheitsschutzes bei der Arbeit zu machen (§ 17 ArbSchG). Zu Klerikern und Ordensangehörigen wird überdies auf § 3 Abs. 3 hingewiesen. Sind Mitarbeiter nach beamtenrechtlichen Grundsätzen und Bestimmungen angestellt, so bilden die kirchlichen und ergänzenden entsprechenden staatlichen Gesetze die Grundlage ihrer Rechte und Pflichten aus dem Beschäftigungsverhältnis (vgl. § 7 Kirchenbeamtenordnung des Bistums Limburg). Für alle Mitarbeiterinnen und Mitarbeiter im Kirchlichen Dienst sind darüber hinaus im Rahmen eines Arbeitsverhältnisses die Bestimmungen der Art. 3 bis 5 GrO verbindlich und im Falle besonderer diözesaner Regelung auch für Kirchenbeamte.

II. Mitarbeiter

11 Der Mitarbeiter i. S. d. MAVO steht in einem **Beschäftigungsverhältnis bei einem Dienstgeber i. S. v. § 2**. Unterfälle dieses Verhältnisses sind solche aufgrund eines Dienst-, Arbeits-, Gestellungs- und Ausbildungsverhältnisses sowie der Beschäftigung als Ordensmitglied an einem Arbeitsplatz in einer Einrichtung der eigenen Ordensgemeinschaft (§ 3 Abs. 1 S. 1 Nr. 1 bis 4). Wegen der Lehrbeauftragten an Hochschulen siehe § 54. Auf die Ausklammerung vom Mitarbeiterbegriff durch § 3 Abs. 1 S. 2 und Abs. 2 sei hier schon hingewiesen (Rn 61 ff., Rn 68 ff.). Für jeden Mitarbeiter ist eine Personalakte zu führen (vgl. etwa § 6 AVR, § 50 BeamtStG i. V. m. § 7 Abs. 1 Kirchenbeamtenordnung des Bistums Limburg.[8] Zu den Mitarbeiterinnen gehören nicht solche Personen, die in einem privaten Arbeitsverhältnis bei einem kirchlichen Bediensteten (z. B. Pfarrhaushälterin des Pfarrers) stehen. Nach der Neuformulierung des § 3 Abs. 1 S. 1 sind aber nicht alle Beschäftigten Mitarbeiter i. S. d. MAVO.

1. Arbeitnehmer

a. Arbeiter, Angestellte

12 Zur Gruppe der Beschäftigten gehören die Arbeiter und Angestellten. Dabei ist es unerheblich, ob sie hauptberuflich oder nebenberuflich tätig sind. Entscheidend ist das Arbeitsverhältnis aufgrund eines mündlichen oder schriftlichen (vgl. auch § 2 NachwG) Arbeitsvertrages mit dem Dienstgeber. Dadurch werden die Beschäftigten zu Arbeitnehmern. Das Kirchenrecht erkennt die berufliche Mitarbeit von Laien gegen Lohn ausdrücklich an (can. 231, 1286, 1290 CIC). Auf die Unterscheidung zwischen Arbeitern und Angestellten kommt es nach der MAVO anders als in § 5 Abs. 1 BetrVG und § 4 BPersVG, der noch eine zusätzliche Unterscheidung nach Beamten und Richtern trifft, nicht an. Ist ein Arbeitnehmer Kirchenvorstandsmitglied der ihn beschäftigenden Kirchengemeinde, so ist er nicht Mitarbeiter i. S. d. MAVO (§ 3 Abs. 2). Diese Konstellation tritt in den Diözesen nicht auf, in denen Mitarbeiter der Kirchengemeinden oder Kirchenstiftungen von Gesetzes wegen gar nicht Organmitglied (§ 2 Rn 14 ff.) sein dürfen (vgl. Art. 9 Abs. 1 Nr. 5 GStVS).

13 Mitarbeiter ist auch, **wer im Falle eines Kündigungsrechtsstreits weiterbeschäftigt wird**, weil eben das gemäß MAVO erforderliche Arbeitsverhältnis fortgesetzt wird.[9] Dasselbe gilt auch für die Weiterbeschäftigung während des Rechtsstreits über die Wirksamkeit eines befristeten Arbeitsverhältnisses.[10] Ein Arbeitgeber kann sogar verpflichtet sein, ein an sich wirksam befristetes Arbeitsverhältnis

---

6 *BAG*, 25. 10. 2007 – 8 AZR 593/06, EzA § 611 BGB 2002 Persönlichkeitsrecht Nr. 7 = NZA 2008, 223.
7 *BAG*, 16. 5. 2007 – 8 AZR 709/06, EzA § 611 BGB 2002 Persönlichkeitsrecht Nr. 6 = NZA 2007, 1154.
8 Amtsblatt 2009 Nr. 260 S. 189 f.
9 *BAG*, 27. 2. 1985 – GS 1/84, DB 1985, 2197; *Bengelsdorf*, Die erzwungene Weiterbeschäftigung, DB 1989, 2020, 2023; *Schwerdtner*, Das Weiterbeschäftigungsverhältnis als Arbeitsverhältnis »zweiter Klasse«, DB 1989, 878; DB 1989, 2025 f.; *BAG*, 15. 1. 1991, ZTR 1991, 346.
10 *LAG Hamm*, 11. 5. 1989 – 17 Sa 1879/88, DB 1989, 1577.

auf unbestimmte Zeit fortzusetzen, wenn er bei einem Arbeitnehmer die Erwartung geweckt und bestätigt hat, er werde bei Eignung und Bewährung unbefristet weiterbeschäftigt und wenn der Arbeitgeber sich dann doch mit einer Ablehnung der Weiterbeschäftigung zu seinem früheren Verhalten und dem von ihm geschaffenen Vertrauenstatbestand in Widerspruch setzt.[11]

Mitarbeiter können auch solche Personen sein, die von einem Dienstgeber ohne Bezüge beurlaubt worden sind, damit sie bei einem anderen Dienstgeber befristet gegen Entgelt arbeiten. Sie sind dann Mitarbeiter in der beschäftigenden Einrichtung. 14

b. Mitarbeiter aufgrund von Arbeitsbeschaffungsmaßnahmen

Personen, die in Maßnahmen zur Arbeitsbeschaffung (ABM) beschäftigt sind (§ 16 Abs. 1 SGB II, §§ 260–271 SGB III), gehören zum Kreis der Arbeitnehmer. Denn die Beziehungen zwischen dem von der Agentur für Arbeit zugewiesenen Arbeitnehmer und dem Dienstgeber, der sie beschäftigt, richten sich nach den Vorschriften des Arbeitsrechts (§ 260 Abs. 1 Nr. 4 SGB III).[12] Die Geförderten sind also Mitarbeiter i. S. v. § 3 Abs. 1.[13] 15

Für das Arbeitsverhältnis ist nicht wesentlich, ob die Finanzierung des Arbeitsentgelts von Dritten oder aus Eigenmitteln des Dienstgebers aufgebracht wird. Gerade im kirchlichen Erziehungs- und Bildungsbereich, vor allem der Schule und der Tageseinrichtungen für Kinder, werden erhebliche Mittel für die Vergütung des Personals durch staatliche Stellen aufgebracht. Die staatlichen Zuschüsse sind durchgehend von einer staatlichen Anerkennung der Einrichtung oder der Maßnahme abhängig. Insofern ist also auch die Entscheidung der Agentur für Arbeit über die Anerkennung einer Arbeitsbeschaffungsmaßnahme nach § 264 SGB III im Zusammenhang mit anderen Anerkennungsvorschriften zu sehen, wonach staatliche Finanzierungen von Maßnahmen erst gewährt werden, wenn der Dienstgeber die in den Anerkennungsvorschriften genannten Bedingungen erfüllt. Die Finanzierung der AB-Maßnahmen durch die Agentur für Arbeit ist für den Mitarbeiterbegriff nach MAVO also unerheblich. 16

c. Stufenweise Wiedereingliederung

Mitarbeiter ist, wer als krankenversicherter Arbeitnehmer wegen Krankheit arbeitsunfähig ist und gemäß § 74 SGB V stufenweise in das Erwerbsleben wieder eingegliedert wird. In diesem Falle bescheinigt der Arzt Arbeitsunfähigkeit des Arbeitnehmers und zusätzlich Art und Umfang der möglichen Tätigkeit des Arbeitnehmers bei dem Arbeitgeber (Dienstgeber). Voraussetzung für die Wiedereingliederung ist, dass der Arbeitnehmer seine bisherige Tätigkeit teilweise verrichten und durch eine stufenweise Wiederaufnahme seiner bisherigen Tätigkeit voraussichtlich wieder besser in das Erwerbsleben eingegliedert werden kann. Das arbeitsrechtliche Grundverhältnis bleibt ohnehin unangetastet. Deshalb ist es unerheblich, ob während der Eingliederungsmaßnahme Vergütung gezahlt wird oder nicht.[14] Das zwischen dem Dienstgeber (Arbeitgeber) und dem Mitarbeiter (Arbeitnehmer) zum Zwecke der stufenweisen Wiedereingliederung begründete Rechtsverhältnis ist eines eigener Art i. S. v. § 311 Abs. 1 BGB.[15] Denn es ist nicht auf eine Arbeitsleistung im üblichen Sinne gerichtet, sondern soll als Maßnahme der Rehabilitation dem Mitarbeiter ermöglichen, die Arbeitsfähigkeit wieder herzustellen. Deshalb vermag die Rehabilitation den Mitarbeiter für die Dauer der Maßnahme dennoch nicht aus dem Mitarbeiterkreis herauszudrängen (anders § 3 Abs. 2 S. 1 Nr. 6), weil im Falle krankheitsbedingter Abwesenheit des Arbeitnehmers das Arbeitsverhältnis aufrecht bleibt; der arbeitsunfähige Mitarbeiter bleibt Mitarbeiter i. S. v. § 3 Abs. 1 S. 1. Und im Falle der Wiedereinglie- 17

---

11 *BAG*, 16. 3. 1989 – 2 AZR 325/88, BB 1989, 1823.
12 *Richardi*, Arbeitsrecht in der Kirche § 18 Rn 30.
13 Zustimmend *Beyer*, Freiburger Kommentar zur MAVO, § 3 Rn 31.
14 *BAG*, 29. 1. 1992 – 5 AZR 37/91, NZA 1992, 643 = DB 1992, 1478 = BB 1993, 143; *Wanner*, DB 1992, 93; *von Hoyningen-Huene*, NZA 1992, 49; *Compensis*, NZA 1992, 631.
15 *Schaub/Vogelsang*, § 8 Rn 23 m. N.

derung werden Mitarbeiter nach Absprache mit dem Arbeitgeber häufig wieder auf ihren Arbeitsplätzen, wenn auch wegen des verringerten Beschäftigungsumfanges nur zur teilweisen Erfüllung ihre angestammten Arbeitsaufgaben eingesetzt.[16]

d. Sozialhilfe

18 Mitarbeiter i. S. d. MAVO können auch Personen in der Sozialhilfe sein (vgl. näher Rn 113 ff.). Dazu gehören z. B. erwerbsfähige Hilfebedürftige mit Vermittlungshemmnissen in Arbeit, mit denen ein Arbeitgeber einen Arbeitsvertrag i. S. des § 16e Abs. 1 S. 2 Nr. 4 SGB II abschließt.

19 Das kann anders sein, wenn zwischen dem Träger der Einrichtung und einem Nichtsesshaften kein Arbeitsvertrag über die Erbringung von Arbeitsleistungen abgeschlossen wird, weil eine rechtsgeschäftliche Bindung nicht Zweck der Beschäftigung ist.[17] Sofern **Personen zum Zwecke der Betreuung und Rehabilitation** beschäftigt werden (vgl. Rn 93 ff.), fehlt es sowohl an einem Leistungsaustausch als auch an dem das Arbeitsverhältnis prägenden Interessengegensatz zwischen Arbeitgebern und Arbeitnehmern. Den Einrichtungsträgern kommt es in solchen Fällen nicht primär darauf an, die Arbeitsleistung des Hilfesuchenden für sich zu verwerten. Die **Arbeit** ist nur ein **Element der Hilfe** neben der Gewährung von Unterkunft, Verpflegung und sozialer Betreuung. Es liegt dann ein Betreuungs-, **kein Arbeitsverhältnis** vor.[18] **Wer durch Arbeit therapiert werden soll, dem fehlen zwingende Arbeitnehmereigenschaften,**[19] weil er nicht beruflich tätig wird, was für den Mitarbeiterbegriff der MAVO wesentlich ist (§ 3 Abs. 1)[20] (Rn 110).

e. Arbeit auf Abruf

20 Werden Mitarbeiter entsprechend dem Arbeitsanfall nach Bedarf vom Arbeitgeber, aber **auf Dauer** beschäftigt und macht der Dienstgeber von ihrer Bereitschaft zur Arbeit auf Abruf Gebrauch, so liegt ein Arbeitsverhältnis auf Abruf i. S. v. § 12 TzBfG vor. **Ein Mitarbeiter mit Beschäftigung nach Bedarf ist Mitarbeiter i. S. v. § 3 Abs. 1.** Die Arbeit auf Abruf ist Teilzeitarbeit. Vollzeitbeschäftigte unterliegen bei der Vereinbarung von Abrufarbeit allein dem Schutz durch die §§ 307 ff. BGB.[21]

21 **Studentische Hilfskräfte, die als Sitzwache** im Krankenhaus in Dienst genommen werden, stehen in einem dauernden Arbeitsverhältnis. Für den Abschluss eines Arbeitsverhältnisses ist es dabei unschädlich, dass die wöchentliche oder monatliche Arbeitsmenge und die Lage der Arbeitszeit nicht näher festgelegt worden ist.[22] Dasselbe gilt für einen Pool von 8 bis 12 Studentinnen und Studenten, die zu **Nachtwachen** in einem Wohnheim mit Wohngruppen für Mutter und Kind und in einer Übergangswohngruppe eingesetzt sind und die sich untereinander ihre Nachtwachen einteilen, während der Dienstgeber die tatsächliche Arbeitsleistung vergütet. Sie sind nicht freie Honorarkräfte, sondern Mitarbeiter i. S. v. § 3 Abs. 1 S. 1, weil sie ihre Arbeitsleistung im Rahmen einer vom Dienstgeber bestimmten Arbeitsorganisation zu erbringen haben.[23]

f. Mitarbeiter in Altersteilzeit

22 Mitarbeiter, die Altersteilzeitarbeit leisten, sind danach zu unterscheiden, ob sie echte Altersteilzeiter während der gesamten Dauer der Altersteilzeit sind oder Altersteilzeit in **Form des Blockmodells** (§ 2 Abs. 2 Nr. 1 ATG) leisten, um ihr Arbeitsverhältnis in der zweiten Hälfte mit der Freistellungsphase

---

16 Dazu: *Boemke*, Anmerkung zum BAG-Urteil vom 29. 1. 1992 – AZR 37/91, AR-Blattei ES 1000 Krankheit des Arbeitnehmers Nr. 186, Bl. 4 ff.
17 *Ehlers*, NZA 1989, 832, 834.
18 *Ehlers*, a. a. O. S. 835 m. N.
19 *Ehlers*, a. a. O.
20 *Mösenfechtel/Perwitz-Passan/Wiertz*, § 3 Anm. 1.
21 *Schaub/Linck*, § 43 Rn 10.
22 *BAG*, 19. 1. 1993 – 9 AZR 53/92, DB 1993, 1781.
23 *Schlichtungsstelle Köln*, 19. 1. 1995 – MAVO 9/95.

zu gestalten. Die MAVO geht in §§ 7 Abs. 4, 13c Nr. 3 auf die **Freistellungsphase** ein. Sie sieht als Mitarbeiter nur diejenigen an, die aufgrund eines Dienst- oder Arbeitsverhältnisses tätig sind (§ 3 Abs. 1 S. 1). Eine Tätigkeit wird in der Freistellungsphase nicht ausgeübt.[24] Die Angelegenheit hat Bedeutung für
– die Feststellung der Zahl der wahlberechtigten Mitarbeiter (§ 6 Abs. 1),
– das aktive Wahlrecht (§ 7 Abs. 1 und 4 Nr. 3),
– das passive Wahlrecht (§ 8 Abs. 1),
– den möglichen Verlust des Amtes als Mitglied der MAV (§ 13c Nr. 3),
– den Freistellungsanspruch gemäß § 15 Abs. 3,
– das Recht zur Teilnahme an der Mitarbeiterversammlung (§§ 4, 21),
– die Beteiligung der MAV an der Kündigung des Arbeitsvertrages des Altersteilzeiters durch den Dienstgeber (§§ 30, 31).

Solange das Altersteilzeitarbeitsverhältnis dauert, besteht das rechtliche Band des Arbeitsverhältnisses zwischen dem Mitarbeiter und seinem Dienstgeber weiter, auch wenn der Mitarbeiter im Blockmodell von der Arbeit freigestellt ist. Denn der Mitarbeiter muss während der Gesamtdauer des Altersteilzeitarbeitsverhältnisses, also sowohl während der Arbeitsphase als auch während der Freistellungsphase, durchgehend Bezüge erhalten (§ 2 Abs. 2 Nr. 2 ATG). Aus diesem Grunde ist der Altersteilzeiter auch in der Freistellungsphase des Blockmodells Arbeitnehmer gemäß § 611 BGB, gemäß § 3 Abs. 1 S. 1 MAVO auch **Mitarbeiter**, der allerdings nicht in der Einrichtung tätig ist und auch bis zum Ablauf der Freistellungsphase nicht in die Einrichtung zurückkehren wird. Nach der Rechtsprechung des *BVerwG*[25] entfällt mit Beginn der Freistellungsphase die Dienststellenzugehörigkeit (§ 13c Nr. 3), weil die Eingliederung in die Dienststelle voraussetzt, dass der Arbeitnehmer nach Weisung des Dienststellenleiters an der Erfüllung der Aufgaben mitwirkt. Die bloße Entgegennahme von Bezügen bei jeglicher Freistellung von der Arbeitsleistung reiche für den Begriff der Eingliederung nicht aus, auch nicht wegen aus dem Altersteilzeitarbeitsverhältnis sich ergebenden Nebenpflichten während der Freistellungsphase, wie Loyalitätspflicht, Auskunftspflichten, weil die Arbeitspflicht als Kern der Eingliederung in die Dienststelle entfallen ist. 23

Der Eingliederungsgedanke ist auch bestimmend für das aktive Wahlrecht,[26] zumal auch Beurlaubungen ohne Bezüge je nach Dauer zum Ausschluss vom aktiven Wahlrecht führen können (vgl. § 7 Abs. 4 Nr. 2). Während nach dem Ende der Beurlaubung die Rückkehr in die Dienststelle erfolge, sei das bei der Freistellungsphase der Altersteilzeit ganz anders; in diesem Falle sei nämlich die Rückkehr in die Dienststelle entweder gänzlich ausgeschlossen oder jedenfalls ein völlig atypischer Vorgang. Die Ausgliederung aus der Dienststellenzugehörigkeit, wie etwa bei der Versetzung, sei von vornherein als endgültig konzipiert. Von Beurlaubung könne keine Rede sein, weil ein Freizeitausgleich erfolge. Das Ausscheiden aus der Dienststelle ist ohne Zweifel als endgültig konzipiert, wenn sich unmittelbar an die Freistellungsphase der Übergang in Altersrente anschließen soll.[27] Deshalb die Vorschriften des § 7 Abs. 4 Nr. 3 und § 13c Nr. 3. 24

Wird wegen der Freistellung das aktive Wahlrecht verneint, hat damit auch das passive Wahlrecht zur MAV während der Freistellungsphase im Blockmodell der Altersteilzeitarbeit keinen Bestand (§ 8 Abs. 1). Hinsichtlich der Schwellenwerte gemäß § 6 für Bildung und Größe der MAV ist dieses Ergebnis ebenfalls von Bedeutung; Altersteilzeiter in der Freistellungsphase des Blockmodells werden nicht zu den wahlberechtigten Mitarbeitern gezählt. Das hat ebenfalls Auswirkungen auf die Freistellung von Mitgliedern der MAV gemäß § 15 Abs. 3. Ist ein Altersteilzeiter Mitglied der MAV, verliert er gemäß § 13c Nr. 3 sein Amt mit Beginn der Freistellungsphase, weil er bereits in diesem Zeitpunkt aus der Einrichtung ausscheidet[28]; er verliert sein aktives und passives Wahlrecht. Der Verlust des 25

---

24 *BVerwG*, 15. 5. 2002 – 6 P 8.01, ZTR 2002, 551.
25 A. a. O. und *BVerwG*, 15. 5. 2002 – 6 P. 18.01, ZTR 2002, 553 f.
26 Vgl. *BAG*, 16. 4. 2003 – 7 ABR 53/02, EzA § 9 BetrVG 2001 Nr. 1 = ZTR 2003, 633.
27 *Fey/Rehren*, MVG-EKD, § 18 Rn 5.
28 Vgl. *BVerwG*, 15. 5. 2002 – 6 P 8.01, ZTR 2002, 551.

passiven Wahlrechts ist allerdings gemäß § 13c Nr. 4 auf Antrag durch Beschluss des Kirchlichen Arbeitsgerichts feststellbar.

26 Da die MAVO zwischen Mitarbeitern und wahlberechtigten Mitarbeitern unterscheidet (§ 7 Abs. 1 S. 1), die Mitarbeiterversammlung aber die Versammlung aller Mitarbeiterinnen und Mitarbeiter ist (§ 4 S. 1), können Altersteilzeiter in der Freistellungsphase des Blockmodells an der Mitarbeiterversammlung gemäß §§ 21 und 22 teilnehmen; sie sind zu der Versammlung einzuladen. Steht der Arbeitsvertrag eines Altersteilzeiters – auch in der Freistellungsphase – zur Kündigung an, ist die MAV gemäß §§ 30, 31 zu beteiligen. Betrifft die Kündigung ein Mitglied der MAV, das im Blockmodell in die Freistellungsphase eingetreten ist, gilt der nachwirkende Kündigungsschutz gemäß § 19 Abs. 1 S. 3.

2. Telemitarbeiter, Heimarbeiter, Rendanten

27 Anders als das BetrVG (§ 5 Abs. 1 BetrVG) erwähnt die MAVO Heimarbeiter und Mitarbeiter in Telearbeit nicht.

28 Heimarbeiter ist, wer in selbstgewählter Arbeitsstätte im Auftrag von Gewerbetreibenden erwerbsmäßig arbeitet, jedoch die Verwertung der Arbeitsergebnisse dem auftraggebenden Gewerbetreibenden überlässt (§ 2 Abs. 1 S. 1 HAG). Heimarbeiter sind keine Arbeitnehmer. Ihre Verträge mit den Unternehmern sind Dauerschuldverhältnisse und können Dienst- oder Werkverträge sein.[29] Während der Heimarbeiter nach BetrVG nur dann unter den Arbeitnehmerbegriff i. S. d. BetrVG fällt, wenn er in der Hauptsache für den Betrieb arbeitet, führt die Beschäftigung mit Telearbeit aufgrund Arbeitsvertrages zur Betriebszugehörigkeit.

29 Ausgehend vom Gedanken der Dienstgemeinschaft (Art. 1 GrO) ist darauf abzustellen, wie das Televerhältnis rechtlich ausgestaltet ist. Es besteht echte Arbeitnehmerschaft, wenn der Telearbeiter sowohl zu Hause außerhalb der Dienststelle als auch im Büro arbeitet, aber dies fachlich weisungsgebunden tut und der Dienstgeber den Arbeitsplatz mit dem notwendigen Gerät der Informations- und Kommunikationstechnik ausstattet und die Kosten des Betriebs der Technik trägt, während der Telearbeiter infolge seiner Eingliederung in den Betriebsablauf auch von den Betriebszeiten des Zentralrechners abhängig ist.[30] Obwohl Telearbeitsplätze außerhalb der Dienststelle des Dienstgebers liegen, ist bei organisatorischer Einbindung der Telearbeit in die Dienststelle dennoch von der Zuordnung zur Dienststelle auszugehen. Dann ist die Zuständigkeit der MAV der verbundenen Dienststelle mitarbeitervertretungsrechtlich festzustellen.[31] Der Telearbeiter ist dann Mitarbeiter i. S. d. § 3 Abs. 1 S. 1 Nr. 1.

30 Rendanten sind nicht Mitarbeiter i. S. d. MAVO. Sind sie als Geschäftsführer arbeitsvertraglich angestellt, sind sie Mitarbeiter. Die Beschäftigten in den Rendanturen der Gemeindeverbände sind Mitarbeiter des sie beschäftigenden Gemeindeverbandes.

3. Beamte

31 Soweit der kirchliche Dienstgeber Körperschaft des öffentlichen Rechts ist (vgl. Art. 140 GG i. V. m. Art. 137 Abs. 5 WRV), kann er Beamtenverhältnisse begründen. Die Beamten werden wie die staatlichen Beamten nicht in ein Arbeitsverhältnis, sondern in ein **Beamtenverhältnis** aufgenommen.[32] Sie erhalten keinen Arbeitsvertrag, sondern eine Ernennungsurkunde. Sie sind **Mitarbeiter** i. S. d. MAVO. Unter den Diözesen, die Beamtenverhältnisse begründen, haben einige auf eine generelle Regelung ihrer Beamtenverhältnisse verzichtet. Sie begnügen sich statt dessen damit, in der Ernennungsurkunde oder in einem gesonderten Anstellungsschreiben das jeweilige Landesbeamtenrecht für

---

29 *Schaub/Vogelsang*, § 11 Rn 2, 7 f.
30 *Schaub/Vogelsang*, § 8 Rn 45.
31 *Thiel*, ZMV-Sonderheft 2002, 71, 76.
32 Vgl. *Jurina*, Das Dienst- und Arbeitsrecht S. 64 f.; *ders.*, Dienst- und Arbeitsrecht, Essener Gespräche Bd. 10 S. 57, 69 ff.

anwendbar zu erklären, während andere Diözesen eigene Beamtengesetze erlassen haben,[33] wobei weitgehend auf das jeweils geltende Landesbeamtenrecht Bezug genommen wird. Von den Beamten sind die beamtenähnlich Angestellten zu unterscheiden. In ihren Arbeitsverträgen werden die Besoldungsordnungen des betreffenden Bundeslandes in Bezug genommen, die ordentliche Kündigung nach Ablauf der Probezeit ausgeschlossen und Alters- sowie Hinterbliebenenversorgung nach beamtenrechtlichen Grundsätzen, Unfallfürsorge und Beihilfen im Krankheitsfalle zugesagt, so dass Freiheit in der gesetzlichen Sozialversicherung besteht. Für Lehrkräfte im Ersatzschuldienst gelten darüber hinaus die für vergleichbare Lehrer im Landesbeamtenverhältnis geltenden laufbahnrechtlichen Bestimmungen. Die Beamten stehen in einem Dienstverhältnis, sind also Mitarbeiter wie die in einem Arbeitsverhältnis stehenden beamtenähnlichen Arbeitnehmer (§ 3 Abs. 1 S. 1 Nr. 1).

4. Gemeinde- und Pastoralreferenten

Von der Ernennung zum Beamten ist zu unterscheiden die **Beauftragung** eines Mitarbeiters durch den Bischof zur Wahrnehmung einer besonderen Aufgabe. Durch sie wird weder ein Beamtenverhältnis noch ein Arbeitsverhältnis begründet (vgl. can. 230 § 1). Werden **Gemeindereferenten** und **Pastoralreferenten** zu ihrem Dienst durch den Bischof beauftragt, so ist die Beauftragung Voraussetzung für den Abschluss des Arbeitsvertrages. Mitarbeiter für pastorale Dienste oder religiöse Unterweisung bedürfen zur Ausübung ihrer Tätigkeit der besonderen bischöflichen Sendung (can. 228 § 1; 759) CIC.[34] Die Einstellung dieser Mitarbeiter bedarf gemäß § 34 Abs. 1 S. 3 Nr. 1 nicht der Zustimmung der MAV.[35] Je nach diözesaner MAVO bilden die Pastoral- und Gemeindereferenten, die von ihrem Dienstgeber (Bistum) einer Einrichtung eines anderen kirchlichen (Kirchengemeinde, Kirchengemeindeverband) oder nichtkirchlichen (städtisches Krankenhaus, Justizvollzugsanstalt) Rechtsträgers zugeordnet worden sind, eine Sondervertretung (§ 23).

5. Geistliche

Geistliche (Kleriker) stehen als Diakone, auch als Ständige Diakone, oder Priester in einem besonderen Dienstverhältnis zu ihrem Bischof (can. 275 § 2 CIC). Kleriker wird man durch den Empfang der Diakonatsweihe (can. 266 § 1).[36] Der Weltgeistliche gehört in der Regel einer Diözese bzw. einer gleichgestellten teilkirchlichen Organisationsform an (can. 265, 266 § 1), der Ordensgeistliche einer Ordensgemeinschaft (can. 265, 266 § 2). Aufgrund des besonderen Dienstverhältnisses der Weltgeistlichen zum Bischof und des Verhältnisses der Ordensleute zum Orden und dem jeweiligen Oberen ergibt sich für diesen Kreis ein **Sonderstatus** in der Mitarbeiterschaft (§ 3 Abs. 3). Da Geistliche aufgrund der Weihe in Dienst genommen werden, hat die MAV hierbei auch kein Mitwirkungsrecht

---

33 *Jurina*, a. a. O. 70 ff.; vgl. Kirchenbeamtenstatut, Amtsblatt für die Diözese Rottenburg-Stuttgart 1987 S. 97; Disziplinarordnung, Amtsblatt für die Diözese Rottenburg-Stuttgart 1988 S. 105; Kirchl. Anzeiger Bistum Hildesheim 2001, S. 77; Kirchliches Amtsblatt Osnabrück 2006 Art. 145 S. 140; Amtsblatt des Bistums Limburg 2009 Nr. 260 S. 189.

34 Rahmenstatut für Gemeindereferent(inn)en in den Bistümern der Bundesrepublik Deutschland. Abschnitt 1.1, Amtsblatt des Erzbistums Köln 1984 Nr. 45 S. 69; Rahmenstatut für Pastoralreferenten(innen) in den Bistümern der Bundesrepublik Deutschland Abschnitt 1.1, Amtsblatt des Erzbistums Köln 1984 Nr. 47 S. 78; Statut für Gemeindereferentinnen und Gemeindereferenten im Bistum Fulda, Kirchl. Amtsbl. 1989, Nr. 52 Abschnitt 7 S. 25; Ordnung für den Dienst der Gemeindereferentinnen und Gemeindereferenten im Erzbistum Berlin, Amtsblatt des Erzbistums Berlin 2002 Nr. 99 S. 57; Dienstordnung für Gemeindereferentinnen/Gemeindereferenten in den bayerischen Diözesen, Amtsblatt für das Erzbistum Bamberg 2002 S. 59; Dienstordnung für Pastoralreferenten in der Diözese Rottenburg, Kirchliches Amtsblatt Rottenburg 1977 S. 98; *Aymans*, Hdb. kath. KR S. 659, 666.

35 Dazu: Rahmenstatuten und -ordnungen für Diakone und Laien im pastoralen Dienst 1978/79, Die deutschen Bischöfe, Heft 22; Rahmenstatuten und -ordnungen für Gemeinde und Pastoral-Referenten/Referentinnen v. 10. 3. 1987, Die deutschen Bischöfe, Heft 41 S. 7, Abschnitt 1.1; S. 33, Abschnitt 1.1.

36 Vgl. Ordnung für die Ständigen Diakone im Bistum Mainz, Amtsblatt für die Diözese Mainz 1989 Nr. 84 S. 49–54; Dienstordnung für Ständige Diakone im Erzbistum Köln, Amtsblatt des Erzbistums Köln 2006 Nr. 255 S. 235; *Ausführungsbestimmungen Kirchl. Anzeiger für die Diözese Aachen 2012 Nr. 60 S. 68*

i. S. v. § 34, also kein Zustimmungsrecht, denn eine Einstellung oder Anstellung i. S. d. MAVO (§ 34 Rn 28 ff. und 40 f.) findet nicht statt. Im Übrigen wird auf die diözesanen Statuten für den Priesterrat (can. 495 ff. CIC) und die für Ständige Diakone hingewiesen, wonach diese Gremien nicht dienststellenbezogen arbeiten, sondern auf der Ebene der Diözese zur Beratung des Diözesanbischofs berufen sind (vgl. auch Diakonenrat im Erzbistum Köln, Amtsblatt des Erzbistums Köln 1995 Nr. 18 S. 21).

6. Ordensleute

34 Ordensleute, also Ordensfrauen und Ordensmänner, können durch ihre Ordenszugehörigkeit in einer Einrichtung tätig sein (§ 3 Abs. 1 S. 1 Nr. 2). Hierbei wird es sich um ordenseigene Einrichtungen handeln. Ein eigens begründetes Beschäftigungsverhältnis ist nicht Voraussetzung, um Mitarbeiter zu sein, sondern lediglich die Mitgliedschaft im Orden und die aus ihr begründete, vom Ordensoberen zugewiesene Aufgabe an einem Arbeitsplatz[37] (can. 654, 671). Im Innenverhältnis zwischen dem Orden und dem Ordensmitglied gilt die MAVO nicht (§ 1 Rn 26; § 3 Abs. 3), weil kein Beschäftigungsverhältnis mit dem Orden besteht.[38] Zum Gestellungsvertrag siehe Rn 50.

7. Zur Ausbildung Tätige

35 Zu den Mitarbeitern i. S. v. § 3 Abs. 1 S. 1 MAVO gehören die zur Ausbildung Tätigen (§ 3 Abs. 1 S. 1 Nr. 4). Dabei spielt es keine Rolle, ob sie den Laien, Geistlichen oder Ordensleuten zuzuordnen sind. Der Begriff Ausbildung i. S. d. hier behandelten Vorschrift ist inhaltlich weiter als der im Berufsbildungsgesetz verwendete Begriff der Berufsausbildung. Zum Kreis der Personengruppe zählen folglich die in der vertraglichen Berufsausbildung stehenden **Auszubildenden, Anlernlinge, Praktikanten, Berufspraktikanten** (Anlage 7 zu den AVR – Caritas Abschnitt D) und **Krankenpflegeschüler** wegen ihrer praktischen Tätigkeit im Krankenhaus; aber auch **Volontäre**,[39] die gegen Entgelt zum Zwecke des Erwerbs beruflicher Kenntnisse, Fertigkeiten oder Erfahrungen tätig werden (§§ 26, 17 BBiG), und **Vorpraktikanten**, auch wenn sie für ihre Tätigkeit kein Arbeitsentgelt erhalten, gehören zu den zur Ausbildung Tätigen, wenn **Arbeitspflicht** besteht (dazu Anlage 7 zu den AVR).

a. Auszubildende

36 **Mitarbeiter** i. S. von § 3 Abs. 1 S. 1 Nr. 4 sind zu ihrer **Berufsausbildung** Beschäftigte, wenn sich ihre Berufsausbildung im Rahmen des arbeitstechnischen Zwecks eines Dienstleistungsbetriebes oder Produktionsbetriebs vollzieht und sie deshalb in vergleichbarer Weise wie die sonstigen Mitarbeiter – ohne Arbeitnehmer zu sein[40] – in die Einrichtung eingegliedert sind (**betriebliche Berufsbildung** i. S. v. § 2 Abs. 1 Nr. 1 BBiG). Findet die praktische Berufsausbildung dagegen in einem reinen Ausbildungsbetrieb statt (sonstige Berufsausbildungseinrichtung i. S. v. § 2 Abs. 1 Nr. 3 BBiG), so gehören diese Auszubildenden nicht zur Mitarbeiterschaft der Ausbildungseinrichtung und sind deshalb auch nicht dort zur MAV wahlberechtigt. Es kommt nach der Rechtsprechung des *BAG*[41] begrifflich darauf an, wo **für die Zwecke der Einrichtung ausgebildet** wird. Werden z. B. benachteiligte junge Menschen in einem überbetrieblichen und karitativen Ausbildungszentrum in größerer Zahl beruflich ausgebildet, so sind sie **in dem Berufsbildungszentrum nicht Mitarbeiter.** Es ist darauf abzustellen, wer dem Zweck der Einrichtung zu dienen hat. Das sind die Ausbilder eines Ausbildungszentrums, nicht aber die dort Auszubildenden.[42] Werden z. B. im Wege eines Ausbildungsvertrages

---

[37] Hierzu näher *Primetshofer*, Die Religionsverbände, Hdb. kath. KR S. 604.
[38] *Siepen*, Vermögensrecht S. 109 ff.
[39] *Uttlinger/Breier/Kiefer/Hoffmann*, BAT Bd. I § 3 Erl. 6; *BAG* 1. 12. 2004 – 7 AZR 129/04, NZA 2005, 779 f.
[40] *BAG*, 10. 7. 2003 – 6 AZR 348/02, NZA 2004, 269.
[41] *BAG*, 21. 7. 1993 – 7 ABR 35192, BB 1994, 575.
[42] *BAG*, 20. 3. 1996 – 7 ABR 46/95, EzA § 5 BetrVG 1972 Nr. 59; 7 ABR 34/95, EzA § 5 BetrVG 1972 Nr. 60.

Teilnehmer in der Altenpflegeausbildung bei einem Fachseminar angestellt, so haben sie dort nicht den Status eines Mitarbeiters. Denn Voraussetzung dafür ist die **berufspraktische Ausbildung im Rahmen der arbeitstechnischen Zwecksetzung der Einrichtung**, zu deren Erreichung die einrichtungsangehörigen Mitarbeiter zusammenarbeiten. Dazu muss die Berufsausbildung mit dem laufenden Produktions- oder Dienstleistungsprozess der Einrichtung verknüpft sein. Das ist der Fall, wenn der Auszubildende mit solchen Tätigkeiten beschäftigt wird, die zu den betrieblichen Aufgaben der Mitarbeiter des Seminars, also der Dozenten und Verwaltungskräfte gehören. Wenn aber der Einrichtungszweck eines Ausbildungsbetriebes allein auf die Vermittlung einer berufspraktischen oder gar nur theoretischen Ausbildung beschränkt ist, sind die dort tätigen Auszubildenden nicht in vergleichbarer Weise wie die übrigen Mitarbeiter in der Einrichtung integriert. Denn ihre Ausbildung vollzieht sich nicht im Rahmen der jeweiligen arbeitstechnischen Zwecksetzung eines Produktions- oder Dienstleistungsbetriebes, weil die Ausbildung selbst Gegenstand des Betriebszwecks ist.[43] Die Tatsache, dass zur Bestreitung des Unterhalts eine Vergütung gezahlt wird, ist für die Beurteilung als Mitarbeiter in solchen Fällen unerheblich. Auszubildende sind Mitarbeiter, wenn die Ausbildung auf betrieblicher Ebene erfolgt, also betriebliche Ausbildung ist.[44] Das ist auch der Fall bei Ausbildungsteilnehmern in der Schule einer Einrichtung, die als private Berufsfach- oder Ersatzschule landesrechtlich genehmigt ist, soweit sie im Rahmen dieser Ausbildung eine praktische Unterweisung in der Einrichtung erhalten.[45]

b. Praktikanten

Praktikanten sind in einem abhängigen, der Weisung des Dienstgebers unterliegenden Vertragsverhältnis tätig, das auf Ausbildung gerichtet ist. Von einem **Praktikanten** wird gesprochen, **wenn sich eine Person in einer betrieblichen Tätigkeit und Ausbildung befindet, die keine systematische Berufsausbildung darstellt**. Dabei kann es sich für das Praktikantenverhältnis im Rahmen einer Krankenpflegerausbildung auch darum handeln, dass in diesem Praktikum eine berufsbezogene Hinführung zu dieser erst noch zu erfolgenden Ausbildung vorgenommen wird.[46] Das gilt also auch für **Vorpraktikanten**. Von einem Arbeitsverhältnis unterscheidet sich das Praktikantenverhältnis dadurch, dass bei ihm die Ausbildung im Vordergrund der Vertragsbeziehungen steht (§ 26 BBiG),[47] während das Arbeitsverhältnis den reinen Austausch von Arbeitsleistungen gegen Arbeitsvergütung zum Gegenstand hat. Das Berufsausbildungsverhältnis unterscheidet sich vom Praktikantenverhältnis dadurch, dass im Berufsausbildungsverhältnis die Ausbildung nach einer Berufsbildungsordnung für einen anerkannten Ausbildungsberuf bis zum Prüfungsabschluss erfolgt, während das beim Praktikantenverhältnis nicht der Fall ist. Deshalb handelt es sich bei dem Praktikantenverhältnis um ein Arbeitsverhältnis mit besonderer Art von Ausbildung.[48] Praktikanten haben einen Vergütungsanspruch (§ 17 BBiG).[49] Im Rahmen des Betriebsverfassungsrechts ist es nach der Entscheidung des *BAG* vom 8. 5. 1990[50] außer Streit, dass Praktikanten Arbeitnehmer i. S. d. § 5 Abs. 1 BetrVG sind. Für den Geltungsbereich der MAVO kann folglich auch gelten, dass ein Praktikantenverhältnis ein arbeitsrechtliches Ausbildungsverhältnis ist. Das gilt auch dann, wenn die Anwendung der Bestimmungen der AVR-Caritas ausdrücklich ausgeschlossen wurde und ein für den kirchlichen Dienst typisches arbeitsvertragliches Regelwerk nicht gilt.[51] Zu den Praktikanten gehören auch solche **Studenten, die im Rahmen ihres Fachhochschulstudiums**, vergleichbar einer Lehrveranstaltung, das Praktikum absolvieren, obwohl sie an der Fachhochschule immatrikuliert bleiben. Denn sie werden

---

43 *BAG*, 20. 3. 1996 – 7 ABR 34/95, EzA § 5 BetrVG 1972 Nr. 60.
44 *BAG*, 26. 1. 1994, EzA § 5 BetrVG 1972 Nr. 57.
45 *BAG*, 24. 9. 1981, AP Nr. 26 zu § 5 BetrVG 1972.
46 *LAG Rheinland-Pfalz*, 8. 6. 1984 – 6 Sa 51/84, NZA 1986, 293.
47 *BAG*, 15. 12. 1993 NZA 1994, 835; 5. 12. 2002, DB 2004, 141.
48 *Schlichtungsstelle Köln*, 22. 11. 1993 – MAVO 6/93, ZMV 1994, 34.
49 Vgl. Ordnung für Praktikanten der Erz-Bistümer in NRW; Anlage 7 D zu den AVR-Caritas.
50 – 1 ABR 7/89, DB 1990, 2124.
51 *Schlichtungsstelle Köln*, 22. 11. 1993 – MAVO 6/93, ZMV 1994, 34.

nicht anders als andere Mitarbeiter beschäftigt, sind dem Dienstgeber weisungsunterworfen und voll in die Dienststelle eingegliedert, indem sie die tägliche Arbeitszeit einzuhalten haben, eine Arbeitsleistung erbringen und Vergütung erhalten.[52]

38 Keine Mitarbeiter sind **Studenten der wissenschaftlichen Hochschulen**, die im Rahmen eines vorgeschriebenen Praktikums von **sechs Wochen** praktische Kenntnisse in einer Einrichtung mit für ihre Fachrichtung geeigneter Tätigkeit erwerben sollen, ohne an die betrieblichen Arbeitszeiten gebunden zu sein und ohne Vergütung zu erhalten.

c. Sonstige Beschäftigte

39 **Umschüler und Teilnehmer an berufsvorbereitenden Maßnahmen für jugendliche Arbeitslose**, die in einer Dienststelle ausgebildet werden, die von der Arbeitsverwaltung hierfür Fördermittel erhält, sind zu ihrer Ausbildung oder Berufsausbildung Beschäftigte[53] Das Umschulungsverhältnis kann ein Berufsbildungsverhältnis (§ 1 Abs. 3 BBiG) oder ein normales Arbeitsverhältnis sein, in dem der Arbeitnehmer für eine bestimmte Tätigkeit angelernt wird. Die Unterscheidung richtet sich nach den getroffenen Vereinbarungen und der Ausgestaltung im Einzelfall.[54]

40 **Priesteramtskandidaten**, die nach dem Abschluss des Hochschulstudiums, vor und nach dem Eintritt in das Priesterseminar ein Praktikum absolvieren, sind zu ihrer Ausbildung tätig. Das Gleiche gilt auch für den sich auf das Priesteramt vorbereitenden Diakon, der außerhalb des Priesterseminars in einer Pfarrei praktisch tätig wird (vgl. z. B. Nrn. 15 ff. der Ordnung für die Priesterbildung im Erzbistum Köln, Amtsblatt 1996 Nr. 199 S. 232).

41 **Werkstudenten und Schüler** sind Mitarbeiter i. S. d. Ordnung, wenn sie während ihrer Studienzeit oder in den Schulferien eine Tätigkeit gegen Entgelt ausüben; sie gelten hier nicht als Auszubildende, sondern als Aushilfskräfte (Rn 45) und sind Mitarbeiter gemäß § 3 Abs. 1 S. 1 Nr. 1.

42 Werden Mitarbeiter im Rahmen ihrer Ausbildung zu einer anderen Dienststelle versetzt oder abgeordnet, bleiben sie dennoch nur bei der Dienststelle wahlberechtigt, von der sie eingestellt worden sind (§ 7 Abs. 3).

43 **Nicht zum Kreis der Mitarbeiter** gehören in staatlichen Diensten stehende Beamte auf Widerruf während ihrer Ausbildung in der Wahlstation (z. B. **Referendare**); sie bleiben Bedienstete ihres öffentlich-rechtlichen Dienstherrn (Rn 111; vgl. auch Rn 112). **Schüler im Schulpraktikum**, die zur Orientierung über die Arbeitswelt einige Wochen Betriebe und Einrichtungen besuchen und dort unter Aufsicht der Schule praktische Tätigkeiten verrichten, sind nicht Mitarbeiter i. S. d. MAVO (Rn 110).

44 Dasselbe gilt für **Schüler der Klasse 11 FOS**, die in einer Einrichtung tätig werden, während sie Schüler sind.

8. Aushilfskräfte

45 Häufig werden zur kurzfristigen Mitarbeit sog. Aushilfskräfte eingestellt, die auf Grund eines Arbeitsvertrages beschäftigt werden, wobei die Dauer der Beschäftigung einen Zeitraum von zwei Monaten im Jahr nicht überschreitet. Diese Personen sind Mitarbeiter i. S. v. § 3 Abs. 1 S. 1 Nr. 1. Aber für sie gelten besondere Bestimmungen. Gemäß § 7 Abs. 1 sind sie vom aktiven und damit vom passiven Wahlrecht (§ 8 Abs. 1) ausgeschlossen. Zu ihrer Einstellung bedarf es nicht der Zustimmung der MAV gemäß § 34 Abs. 1, wohl aber zu ihrer Eingruppierung und zu anderen persönlichen Angelegenheiten i. S. v. § 35. Voraussetzung ist allerdings für diese eingeschränkte Rechtsstellung, dass die Beschäftigung der Aushilfskräfte unter den Begriff der Geringfügigkeit i. S. v. § 8 Abs. 1 Nr. 2 SGB IV subsumiert werden kann. Das ist eine Beschäftigung, die innerhalb eines Jahres seit ihrem

---

52 *Schlichtungsstelle Limburg*, 10. 5. 1993 – 2/93; *BAG*, 30. 10. 1991 – 7 ABR 11/91, DB 1992, 1635.
53 *BAG*, 10. 2. 1981, EzA § 3 BetrVG 1972 Nr. 37.
54 *BAG*, 19. 1. 2006 – 6 AZR 638/04, EzA § 623 BGB 2002 Nr. 5 = NZA 2007, 97.

Beginn auf längstens zwei Monate oder fünfzig Arbeitstage nach ihrer Eigenart begrenzt zu sein pflegt oder im voraus vertraglich begrenzt ist. Wird z. B. ein Werkstudent wiederholt (z. B. immer während der Semesterferien) eingestellt und wird die Grenze der Geringfügigkeit dadurch überschritten, so entfallen die erwähnten Beschränkungen. Angelegenheiten von Aushilfskräften sind also nicht ohne weiteres den Beteiligungsrechten der MAV entzogen.[55] Durch die Neufassung der genannten Bestimmungen der MAVO wird die Mitarbeitereigenschaft von Aushilfskräften bestätigt.

9. Jugendfreiwilligendienste

Jugendfreiwilligendienste fördern die Bildungsfähigkeit der Jugendlichen und gehören zu den besonderen Formen des bürgerschaftlichen Engagements (§ 1 S. 1 JFDG). Jugendfreiwilligendienste i. S. d. JFDG sind das freiwillige soziale Jahr (FSJ) und das freiwillige ökologische Jahr (FÖJ), wie es in § 1 Abs. 2 JFDG heißt. Freiwillige sind Personen, die einen freiwilligen Dienst ohne Erwerbsabsicht, außerhalb einer Berufsausbildung und vergleichbarer Vollzeitbeschäftigung leisten, wozu sie sich befristet zwischen sechs und 24 Monaten verpflichtet haben, für den Dienst nur unentgeltliche Unterkunft, Verpflegung und Arbeitskleidung sowie ein angemessenes Taschengeld oder anstelle von Unterkunft, Verpflegung und Arbeitskleidung entsprechende Geldersatzleistungen erhalten dürfen (§ 2 Abs. 1 JFDG). 46

a. Freiwilliger Dienst im Rahmen eines freiwilligen sozialen Jahres

Der freiwillige Dienst im Rahmen eines freiwilligen sozialen Jahres wird ganztägig als überwiegend praktische Hilfstätigkeit, die an Lernzielen orientiert ist, in dem Gemeinwohl orientierten Einrichtungen, insbesondere in Einrichtungen der Wohlfahrtspflege, in Einrichtungen der Kinder- und Jugendhilfe, einschließlich der Einrichtungen für außerschulische Jugendbildung und Einrichtungen oder in Einrichtungen der Gesundheitspflege, in Einrichtungen der Kultur und Denkmalpflege oder in Einrichtungen des Sports geleistet (§ 3 Abs. 1 JFDG). Der Dienst wird außerhalb einer Berufsausbildung auf Grund einer schriftlichen Vereinbarung mit einem gesetzlich anerkannten Träger, wie z. B. einer Religionsgemeinschaft mit dem Status einer öffentlich-rechtlichen Körperschaft oder bei einem in der Bundesarbeitsgemeinschaft der freien Wohlfahrtspflege zusammengeschlossenen Verband oder seiner Untergliederung (§ 10 Abs. 1 JFDG) für eine ununterbrochene Zeit von in der Regel zwölf Monaten (§ 5 Abs. 1 S. 1 JFDG) bei Gewährung von unentgeltlicher Unterkunft, Verpflegung und Arbeitskleidung sowie eines angemessenen Taschengeldes oder entsprechenden Geldersatzleistungen anstelle der Sachleistungen (§ 2 Abs. 1 Nr. 3 JFDG) geleistet. Für eine Tätigkeit im Rahmen eines freiwilligen sozialen Jahres sind die Arbeitsschutzbestimmungen und das Bundesurlaubsgesetz entsprechend anzuwenden (§ 13 JFDG). Freiwillige i. S. d. Gesetzes sind nicht Mitarbeiter i. S. v. § 3 Abs. 1 S. 1 Nr. 1 MAVO, weil sie keine Arbeitnehmer sind.[56] 47

b. Freiwilliger Dienst im Rahmen eines freiwilligen ökologischen Jahres

Der freiwillige Dienst im Rahmen eines freiwilligen ökologischen Jahres wird ganztägig als überwiegend praktische Hilfstätigkeit in geeigneten Stellen und Einrichtungen (Einsatzstellen) geleistet, die im Bereich des Natur- und Umweltschutzes tätig sind (§ 4 Abs. 1 JFDG). Träger des freiwilligen ökologischen Jahres können Einrichtungen sein, die die Gewähr für eine dem Gesetz entsprechende Durchführung bieten und gesetzlich oder von der zuständigen Landesbehörde zugelassen sind (§ 10 JFDG). Die Freiwilligen stehen nicht in einem Arbeitsverhältnis, weil sie keine Arbeitnehmer sind,[57] so dass sie gemäß § 3 Abs. 1. S. 1 Nr. 1 MAVO nicht Mitarbeiter sind. 48

---

55 *Schlichtungsstelle Münster*, 30. 5. 1994 – SchliV – MAVO 2/94, ZMV 1994, 203.
56 *Schaub/Vogelsang*, § 8 Rn 19.
57 *Schaub/Vogelsang*, § 8 Rn 19.

I. Allgemeine Vorschriften

10. Personen als Ein-Euro-Jobber, § 16d S. 2 SGB II

49 Zu den arbeitnehmerähnlichen Personen gehören z. B. die gemäß § 16d S. 2 SGB II (vorher: § 16 Abs. 3 S. 2 SGB II) Geförderten. Es handelt sich um erwerbsfähige Hilfebedürftige, die keine Arbeit finden, für die aber Arbeitsgelegenheiten geschaffen werden und zusätzlich zum Arbeitslosengeld II eine Entschädigung für Mehraufwendungen zwischen einem und zwei Euro je Stunde zusätzlich erhalten, weshalb diese Personen auch als MAE-Kräfte (Mehraufwandsentschädigung) bezeichnet werden (kurz Ein-Euro-Jobber). Die genannten Personen müssen solche Arbeitsgelegenheiten wahrnehmen, die im öffentlichen Interesse liegen und zusätzlich sind. Zusätzlich sind Arbeiten, wenn sie ohne die Förderung nicht, nicht in diesem Umfang oder erst zu einem späteren Zeitpunkt durchgeführt werden. Im öffentlichen Interesse liegen die Arbeiten, wenn das Arbeitsergebnis der Allgemeinheit dient (§ 261 Abs. 2 und 3 SGB III). Das Beschäftigungsverhältnis wird als von Rechtssätzen des öffentlichen Rechts geprägtes Rechtsverhältnis[58] durch Eingliederungsvereinbarung begründet und ist gemäß § 16d S. 2 SGB II kein Arbeitsverhältnis.[59] Aber auch der nicht zweckgerichtete Einsatz der MAE-Kraft in der Praxis bei einem Arbeitgeber führt nicht in ein privatrechtliches Vertragsverhältnis.[60] Die Sache ist deshalb von Bedeutung, weil trotz fehlerhafter, nicht dem Gesetz entsprechenden Zweck erfolgender Maßnahme die Einstellung und Eingliederung im Betrieb dem Ein-Euro-Jobber die Eigenschaft als Arbeitnehmer fehlt, so dass die MAV zur Einstellung kein Mitbestimmungsrecht gemäß § 34 gewinnt; es wird nämlich kein Arbeitsverhältnis (§ 3 Abs. 1 S. 1 Nr. 1) begründet. Nach staatlichen Gesetzen kommt es für die Mitbestimmung der Betriebsvertretung allein auf die Einstellung an,[61] nicht wie nach der MAVO zusätzlich auf die arbeitsrechtliche Einordnung als Arbeitnehmer.[62] Allerdings hat die MAV einen Anspruch auf Information (§ 27 Abs. 1).

11. Auf Grund von Gestellungsverträgen Tätige

50 Im Gegensatz zum staatlichen Recht[63] sind auf Grund von Gestellungsverträgen Beschäftigte Mitarbeiter i. S. v. § 3 Abs. 1 MAVO.[64] Eine Reihe von Beschäftigten in kirchlichen Einrichtungen wird aufgrund von Gestellungsverträgen tätig. Wesentlich daran ist, dass die Mitglieder eines Ordens oder einer weltlichen Körperschaft (z. B. DRK-Schwesternschaft e. V.) beim Träger der Einrichtung nicht in ein privatrechtliches Arbeitsverhältnis eintreten.[65] Sie stehen auch nicht in einem solchen Verhältnis zum Orden oder, wie das *Bundesarbeitsgericht* für Rote-Kreuz-Schwestern entschieden hat, jedenfalls in der Regel in keinem solchen zur RK-Schwesternschaft.[66] Die Körperschaft schließt mit dem Dienstgeber einen Vertrag ab, durch den diese sich verpflichtet, für bestimmte Dienste in bestimmten Einrichtungen (z. B. Krankenhaus, Altenheim) aus ihren Reihen das erforderliche Personal zur Verfügung zu stellen. Dafür erhält die gestellende Körperschaft als Gestellungsleistung vom Dienstgeber eine Vergütung, das sog. Gestellungsgeld. Die Rechte und Pflichten ergeben sich im Einzelnen, auch hinsichtlich des gestellten Personals, aus dem Gestellungsvertrag. Das Gestellungsverhältnis unterscheidet sich vom Leiharbeitsverhältnis (Rn 61 ff.) dadurch, dass die von der DRK-Schwesternschaft in die Dienste einer Dienststelle entsandten Mitglieder (DRK-Schwestern) zur Schwesternschaft nicht in einem Arbeitsverhältnis stehen, sondern dieser mitgliedschaftlich eingegliedert sind.[67] Besteht bei einer DRK-Schwesternschaft ein Betriebsrat, ist die Aufnahme eines zur

---

58 *KAGH*, 30.11. 2006 – M 01/06, ZMV 2007, 79; *BAG*, 26.9. 2007 – 5 AZR 857/06, NZA 2007, 1422; 20. 2. 2008 – 5 AZR 290/07, NZA 2008, 1152.
59 *BAG*, 19. 3. 2008 – 5 AZR 435/07, ZTR 2008,502.
60 *BAG*, 8. 11. 2006 – 5 AZR 36/06, NZA 2007, 53; 26. 9. 2007 – 5 AZR 857/06, NZA 2007, 1422.
61 *BVerwG*, 21. 3. 2007 – 6 P 4.06, BVerwGE 128, 212 = PersR 2007, 301; *BAG*, 2. 10. 2007 – 1 ABR 60/06, NZA 2008, 244.
62 *KAGH*, 30.11. 2006 – M 01/06, ZMV 2007, 79.
63 Vgl. *BVerwG*, 3. 9. 1990 – 6 P 20.88, ZTR 1991, 38.
64 *Thiel*, ZMV 2000, 162.
65 *Siepen*, Vermögensrecht S. 112.
66 *BAG* – 3 AZR 67/54, JZ 1956, 377.
67 *BAG*, 6. 7. 1995 – 5 AZR 9/93, NZA 1996, 33 = ZTR 1995, 564.

Erbringung von Pflegediensten verpflichteten Mitglieds in diese Schwesternschaft eine Einstellung, die allerdings der Mitbestimmung des bei der Schwesternschaft gebildeten Betriebsrats nach § 99 BetrVG unterliegt. Das gilt auch dann, wenn das Mitglied im Weg der Personalgestellung als Pflegekraft in einer Einrichtung eines Dritten (z. B. kirchliches Krankenhaus) eingesetzt werden soll.[68]

In den Rahmen des Gestellungsverhältnisses sind auch diejenigen Mitarbeiter einzuordnen, die einer Einrichtung oder Dienststelle von einem Dritten (anderen Rechtsträger) in Übereinstimmung mit dem Träger der aufnehmenden Einrichtung bzw. Dienststelle zugewiesen sind, sei es in Form der vorübergehenden Zuweisung mit Zustimmung des Mitarbeiters oder der auf Dauer angelegten Personalgestellung, etwa i. S. v. § 4 Abs. 2 und 3 TV-L bzw. § 4 Abs. 2 und 3 TVöD i. V. m. den Protokollerklärungen zu § 4 Abs. 2 und § 4 Abs. 3 der genannten Tarifverträge. Die Maßnahmen des bisherigen Arbeitgebers erfolgen unter Fortsetzung des bestehenden Arbeitsverhältnisses mit ihm, wobei für die Dauer der Maßnahme das Direktionsrecht vom Dritten (Arbeitgeber) auf den Träger der aufnehmenden Einrichtung bzw. Dienststelle übergeht. Die Personalgestellung ist Folge der Verlagerung von Aufgaben des betroffenen Beschäftigten auf einen anderen Rechtsträger durch seinen Arbeitgeber bzw. Dienstgeber. Siehe weiter zu § 18 Abs. 2 S. 3. Mit dem Leiharbeitsverhältnis besteht nach der MAVO keine Vergleichbarkeit, weil Leiharbeitnehmer i. S. d. AÜG gemäß § 3 Abs. 1 S. 2 MAVO keine Mitarbeiter sind. Vom Betriebsübergang unterscheidet sich die Personalgestellung durch den Fortbestand des Arbeitsverhältnisses zum bisherigen Arbeitgeber bzw. Dienstgeber, während im Falle des Betriebsübergangs das Arbeitsverhältnis vom Betriebsveräußerer auf den Betriebserwerber übergeht (§ 613a BGB). Die Personalgestellung erfolgt auf der Grundlage eines Personalüberleitungsvertrages zwischen Arbeitgeber und Drittem. Der Personalüberleitungsvertrag berührt nicht das Arbeitsverhältnis, sondern nur das Verhältnis zwischen dem abgebenden Arbeitgeber und dem aufnehmenden Rechtsträger der Einrichtung. Der Beschäftigte ist verpflichtet, seine Arbeitsleistung bei dem Dritten zu erbringen. Arbeitgeber und Gestellungsempfänger können eine Kostenerstattung vereinbaren.[69]

Nach § 3 Abs. 1 S. 1 kommt es nicht darauf an, dass die nichtselbständige Arbeit des Personals in einem arbeits- oder kirchenrechtlich begründeten, beamtenähnlichen Rechtsverhältnis geleistet wird oder diese Arbeit im Rahmen eines Gestellungsvertrages erbracht wird. Auch **Entgeltlichkeit** der Dienstleistung ist **nicht Kriterium** für die Annahme eines Mitarbeiterverhältnisses; denn gerade bei der Tätigkeit von Ordensangehörigen kommt es den kirchlichen Orden in erster Linie auf religiöse und caritative Beweggründe, nicht aber auf Entgelt für ihre Arbeitsleistung an.[70]

Andererseits ist aber hervorzuheben, dass die originären Rechte zur Gestellungskörperschaft durch die Beschäftigung nicht in Frage gestellt sein dürfen. Das betont § 3 Abs. 3 hinsichtlich der Ordensleute, hat sinngemäß aber auch für Mitglieder weltlicher Körperschaften zu gelten.[71] Werden z. B. Mitglieder einer DRK-Schwesternschaft tätig, können in das Mitgliedsverhältnis die Mitwirkungs- und Mitbestimmungsrechte der MAV nicht eingreifen, weil sie damit die Stellung der jeweiligen DRK-Schwester zur Schwesternschaft in Frage stellen würden. Es ist ausschließlich Sache der Schwesternschaft, wie sie im Einzelnen die Rechtsverhältnisse eines Mitglieds ihrer Schwesternschaft ausgestaltet. Folglich kann die MAV in die Weisungsrechte der Schwesternschaft gegenüber einem Mitglied der Schwesternschaft nicht eingreifen, also auch nicht mit dem Blick auf die Zuweisung oder Abberufung von Arbeitsplätzen. Entscidend für die Eigenschaft, Mitarbeiter i. S. d. MAVO zu sein, ist, dass der Mitarbeiter mit seiner Dienstleistung in die arbeitsteilige Organisation eingeordnet ist.[72] Wie im Arbeitsrecht ist nicht die wirtschaftliche, sondern die persönliche Abhängig-

---

68 *BAG*, 23. 6. 2010 – 7 ABR 1/09, DB 2010, 2173.
69 *Dahlem*, in: Adam/Bauer u. a., Tarifrecht der Beschäftigten im öffentlichen Dienst, § 4 TVöD Rn 17.
70 Vgl. hierzu auch die Entscheidung der *Schlichtungsstelle Köln* vom 14. 3. 1986 MAVO 1/85 hinsichtlich der durch Gestellungsvertrag beschäftigten Mitglieder einer DRK-Schwesternschaft, NZA 1986, 690.
71 So auch *Schlichtungsstelle Köln* MAVO 1/85 und weiterführend MAVO 8/1987.
72 *Schlichtungsstelle Köln*, 12. 1. 2000 – MAVO 8/99.

keit maßgebend.⁷³ Ist eine Schwesternschaft vom Deutschen Roten Kreuz als Mitbetreiberin eines Krankenhauses anzusehen, so sind auch die bei der Schwesternschaft angestellten sog. Gastschwestern, die in diesem Krankenhaus beschäftigt sind, Arbeitnehmerinnen.⁷⁴

12. Einsatz von Arbeitskräften über Dienst- und Werkvertrag

54 Zunehmend werden **Fremdfirmenarbeitnehmer** eingesetzt und im Rahmen von Werk- und Dienstverträgen beschäftigt. **Beispiel:** Fensterreinigungsunternehmer entsenden ihre Arbeitnehmer zur Erledigung eines erteilten Reinigungsauftrages; Reinigungsunternehmen führen in eigener Regie mit eigenem Personal die Bürohausreinigung durch. Der Vertragsinhalt wird in der Regel durch allgemeine Geschäftsbedingungen oder entsprechende Formularverträge festgelegt. Der Hauptunterschied zwischen einem Arbeitnehmerüberlassungsvertrag (Rn 61 ff.) und einem Werkvertrag besteht in dem unterschiedlichen Leistungsgegenstand.⁷⁵ Gegenstand des Werkvertrages kann nach § 631, Abs. 2 BGB sowohl die Herstellung oder Veränderung einer Sache als auch ein anderer durch Arbeit oder Dienstleistung herbeizuführender Erfolg sein. Infolge obiger Beispiele werden also bestimmte Arbeitsergebnisse geschuldet, nämlich die Reinigung. Der Empfänger der Leistung hat gegenüber den Arbeitnehmern des Reinigungsunternehmens keine Weisungsbefugnis. Diese sind Erfüllungsgehilfen des Werkunternehmers (§ 278 BGB),⁷⁶ für deren ordnungsgemäße Arbeitsleistung er einzustehen hat. Der Werkunternehmer muss den Ablauf der geschuldeten Arbeiten durch eigene Repräsentanten organisieren und die einzelnen Arbeitsvorgänge überwachen⁷⁷; er bleibt für die Erfüllung des geschuldeten Werkes gegenüber dem Besteller verantwortlich.⁷⁸ Ist infolgedessen das auf werksvertraglicher Basis eingesetzte **Personal** des Werkunternehmers **nicht in die Arbeitsabläufe der Dienststelle organisatorisch eingegliedert**, so handelt es sich nicht um Mitarbeiter i. S. d. MAVO.⁷⁹

55 Werden Arbeitnehmer von **Fremdunternehmen** zu Dienstleistungen entsandt, die z. B. im technischen oder kaufmännischen Bereich liegen und selbständig erledigt werden, so kann es sich um einen Dienstvertrag handeln (§ 611 BGB), durch den der Unternehmer sich verpflichtet hat, mit Hilfe von Spezialisten Dienste zu leisten (z. B. Betriebsberatung wegen Neuordnung von Abteilungen und Arbeitsabläufen). Auch solche Arbeitnehmer erfüllen Aufgaben des Dienstleistungsunternehmens. Deshalb sind sie ebenfalls nicht Mitarbeiter i. S. d. MAVO. Dasselbe gilt für die Abgesandten im Rahmen von Serviceverträgen mit Maschinen- und Anlagenlieferanten und den Arbeitnehmern eines Bewachungsunternehmens.⁸⁰ Ähnlich verhält es sich beim Einsatz von Ärzten und Ärztinnen, die z. B. bei einem Institut für Anästhesiologie angestellt sind, also nicht in einem Arbeitsverhältnis zum Dienstgeber eines kirchlichen Krankenhauses stehen. Werden sie zur Behandlung kranker Menschen im ambulanten und stationären Bereich des Krankenhauses zusammen mit Kollegen des Krankenhauses per Gestellung beschäftigt, um auf einem Teilgebiet der vom Krankenhaus insgesamt zu erbringenden medizinischen Versorgung tätig zu werden, handelt es sich nicht um Mitarbeiter des Krankenhauses.⁸¹ Gleichwohl hat der *KGH-EKD* den Einsatz als mitbestimmungspflichtige Einstellung bewertet. Von den vorgenannten Fällen sind die Mitarbeiter zu unterscheiden, die auf Grund von Gestellungsverträgen in den Einrichtungen tätig werden (Rn 50 ff.).

---

73 *Richardi*, Arbeitsrecht in der Kirche § 18 Rn 26; *BAG*, a. a. O.
74 *BAG*, 14. 12. 1994 – 7 ABR 26/94, EzA § 1 BetrVG 1972 Nr. 9.
75 *Becker*, Abgrenzung, DB 1988, 2561, 2565 III, 1.
76 *LAG Köln*, 17. 10. 1988 – 11 Sa 145/88, DB 1989, 884; *BSG*, 11. 2. 1988 – 7 RAr 5/86, DB 1989, 930.
77 *Becker*, wie vor, S. 2566; *BAG*, 28. 11. 1989 – 1 ABR 90/88, BB 1990, 1343 f.
78 *BAG*, 30. 1. 1991 – 7 AZR 497/89, BB 1991, 2375, 2377.
79 Vgl. *ArbG Passau*, BB 1990, 2335; *ArbG Hameln*, BB 1990, 2342.
80 *BAG*, 28. 11. 1989 – 1 ABR 90/88, BB 1990, 1343 m. N.
81 *KGH-EKD*, 29. 1. 2007 – II – 0124/M 38–06, ZMV 2007, 197.

13. Abgeordnete Mitarbeiter

Werden Mitarbeiter zu einer anderen selbständigen Dienststelle eines anderen Rechtsträgers abgeordnet, z. B. Gemeinde- und Pastoralreferenten von der Diözese zur Kirchengemeinde oder zum Kirchengemeindeverband, werden sie **nach Ablauf von drei Monaten** in der zugewiesenen Dienststelle **wahlberechtigt**. Zum gleichen Zeitpunkt erlischt das Wahlrecht bei der früheren Dienststelle (§ 7 Abs. 2 S. 1). Um aber die Mitwirkung an Maßnahmen zu gewährleisten, die vom Dienstgeber als Arbeitgeber der vorgenannten Mitarbeiter getroffen werden, bilden diese Mitarbeiter eine Sondervertretung bei ihrem arbeitsvertraglichen Dienstgeber (Arbeitgeber). Vgl. dazu § 23; siehe auch § 7 Rn 31 ff.

56

14. Zum Wehr- oder Zivildienst herangezogene Mitarbeiter

Mitarbeiter, die als Arbeitnehmer zum Wehr- oder Zivildienst herangezogen werden, werden für die Dauer des Dienstes nicht aus dem Arbeitsverhältnis entlassen. Denn gemäß § 1 Abs. 1 ArbPlSchG ruht das Arbeitsverhältnis (vgl. auch § 78 Abs. 1 Nr. 1 ZDG)[82]; es ist nicht aufgelöst, sondern bleibt aufrechterhalten, wobei Arbeitsleistung und Lohnzahlung aufgehoben sind. Die Zugehörigkeit zur Dienststelle bleibt formal bestehen[83]; eine Beschäftigung als Mitarbeiter entfällt aber, so dass das Wahlrecht zur MAV (§ 7) ebenfalls wegfällt (§ 7 Rn 51 ff.; § 8 Rn 7).

57

15. Freie Mitarbeiter, Lehrbeauftragte

Personen, die aufgrund eines sog. freien Dienstvertrages als freie Mitarbeiter Dienstleistungen für kirchliche Einrichtungen, z. B. Ehe- und Erziehungsberatungsstellen, nebenberuflich erbringen (z. B. Ärzte, Psychologen, Juristen, Geistliche), sind in der Regel keine Mitarbeiter i. S. v. § 3 Abs. 1 S. 1. Sie werden nicht von der MAV repräsentiert.[84] Wann ein Dienstverhältnis als Arbeitsverhältnis (§ 622 BGB) anzusehen ist, ist gesetzlich nicht bestimmt, wenn man vom Sonderfall des § 84 Abs. 2 HGB absieht. So ist z. B. ein Programm gestaltender Rundfunkmitarbeiter – auch im kirchlichen Bereich – nicht deshalb Arbeitnehmer, weil er zur Herstellung seines Beitrags auf technische Einrichtungen und Personal der Rundfunkanstalt angewiesen ist und aus diesem Grunde in Dispositions- und Raumbelegungspläne aufgenommen wird.[85] Arbeitnehmer ist derjenige, der seine vertraglich geschuldete Leistung im Rahmen einer von Dritten bestimmten Arbeitsorganisation erbringt. Die Eingliederung in die fremde Arbeitsorganisation zeigt sich insbesondere daran, dass der Beschäftigte einem Weisungsrecht seines Vertragspartners (Arbeitgebers) unterliegt. Das Weisungsrecht kann Inhalt, Durchführung, Zeit, Dauer und Ort der Tätigkeit betreffen. Für die Abgrenzung von Bedeutung sind demnach in erster Linie die Umstände, unter denen die Dienstzu erbringen ist, nicht die Bezeichnung, welche die Parteien ihrem Rechtsverhältnis gegeben haben oder eine von ihnen gewünschte Rechtsfolge. Der jeweilige **Vertragstyp** ergibt sich aus dem wirklichen Geschäftsinhalt. Dieser wiederum folgt aus den getroffenen Vereinbarungen und aus der tatsächlichen Durchführung des Vertrages. Widersprechen sich Vereinbarung und **tatsächliche Durchführung**, so ist letztere maßgebend. Aus der praktischen Handhabung lassen sich Rückschlüsse darauf ziehen, von welchen Rechten und Pflichten die Parteien in Wirklichkeit ausgegangen sind.[86] Wesentlich ist, ob »freie Mitarbeit« oder ein Arbeitsverhältnis gewollt ist mit z. B. bezahltem Jahresurlaub, Lohnfortzahlung im Krankheitsfall, festen Dienststunden, Weisungsgebundenheit, Eingliederung in die Dienststelle, Vergütung nach Vergütungsordnung für Mitarbeiter (z. B. AVR, KAVO, TVöD, TV-L), Benutzung der Arbeitsmittel der Dienststelle. In diesem Fall besteht ein Arbeitsverhältnis. Falls solche Abhängigkeit nicht besteht, sondern weitgehende eigene Entfaltung möglich ist, ist von freier Mitarbeit auszugehen,[87] wie etwa bei der programmgestaltenden Mitarbeit bei Rundfunksendungen,

58

---

[82] Dazu: *Pusch*, Schutz des Arbeitsplatzes, HzA Gruppe 15 Rn 211 ff.
[83] *Pusch*, a. a. O., Rn 225 ff.
[84] *Schlichtungsstelle Köln*, 23. 3. 1995 – MAVO 1/95, ZMV 1995, 134.
[85] *BAG*, 19. 1. 2000 – 5 AZR 644/98, AR-Blattei ES 110 Arbeitnehmer Nr. 74.
[86] *BAG*, 11. 3. 1998 – 5 AZR 522/96, AR-Blattei ES 110 Arbeitnehmer Nr. 54.
[87] *Schlichtungsstelle Paderborn*, 29. 2. 1996 – X/95, ZMV 1997, 81.

wenn die Mitarbeiter typischerweise ihre eigenen Auffassungen zu politischen, wirtschaftlichen, künstlerischen oder anderen Sachfragen, ihre Fachkenntnisse und Informationen, ihre individuelle künstlerische Befähigung und Aussagekraft in die Sendung einbringen, wie dies bei Regisseuren, Moderatoren, Kommentatoren, Wissenschaftlern und Künstlern der Fall ist und sie keinerlei inhaltlichen Weisungen unterliegen.[88] Die Bezeichnungen Honorarkraft, Honorarverhältnis, Honorar reichen dagegen nicht aus, um ein Arbeitsverhältnis und damit die Mitarbeiter-/Arbeitnehmereigenschaft zu verneinen.[89] In der Regel ist der Einzelfall zu prüfen.[90]

59 **Lehrbeauftragte an Hochschulen und Fachhochschulen** sind keine Mitarbeiter i. S. d. MAVO (§ 54 Abs. 3).[91] Auf spezielle Regelungen in der diözesanen MAVO ist zu achten. Dozenten an Familienbildungsstätten oder sonstigen **Einrichtungen der Weiterbildung**, die **außerhalb schulischer Lehrgänge** unterrichten, sind nur dann Arbeitnehmer, wenn die Parteien dies vereinbart haben oder im Einzelfall festzustellende Umstände vorliegen, aus denen sich ergibt, dass der für das Bestehen eines Arbeitsverhältnisses erforderliche Grad der persönlichen Abhängigkeit gegeben ist. Rahmenlehrpläne ohne konkrete inhaltliche Vorgaben, ohne Bezeichnung didaktischer oder methodischer Umsetzung, mit Grobeinteilung und einzelnen Schwerpunkten ohne nähere Hinweise und ohne Einengung der Unterrichtsgestaltung sind Indikatoren für freie Mitarbeit.[92]

16. Unentgeltlich (ehrenamtlich) Tätige

60 Im Bereich der verfassten Kirche und im Bereich ihrer privatrechtlich verfassten Rechtsträger (z. B. Vereine, Stiftungen) werden in deren Organen Personen ehrenamtlich tätig. Als Mitglieder von Organen sind sie gemäß § 3 Abs. 2 Nr. 1 keine Mitarbeiter i. S. d. MAVO. Unentgeltlich (**ehrenamtlich**) tätig sind dort aber auch Personen, die aus altruistischen, dem Gemeinwohl des Rechtsträgers dienlichen Motiven Aufgaben i. S. d. Zwecks des Rechtsträgers übernehmen. Das kann auch ein **Auftragsgeschäft** i. s. v. § 662 BGB sein, wenn also **freiwillige Helfer** erklärtermaßen eine Dienstleistung unentgeltlich erbringen, eine Sache verwahren oder zur Verfügung stellen. **Gefälligkeiten** sind anzunehmen bei Abreden, die ausschließlich auf einem außerrechtlichen Geltungsgrund beruhen, wie Bekanntschaft oder Nachbarschaft und Hilfsbereitschaft. Diese Personen sind keine Mitarbeiter i. S. d. MAVO.[93]

III. Leiharbeitnehmer

1. Staatliches Recht

61 Gemäß § 3 Abs. 1 S. 2 sind Mitarbeiterinnen und Mitarbeiter eines anderen Dienstgebers bzw. Arbeitgebers, die i. S. d. AÜG zur Arbeitsleistung einem Dritten überlassen werden, keine Mitarbeiterinnen bzw. Mitarbeiter i. S. d. MAVO. Mit der Regelung soll klar sein, dass Leiharbeitnehmer in der Einrichtung eines Dienstgebers im Geltungsbereich der MAVO nicht wahlberechtigt sind. Sie sind aber nach dem Wortlaut der Vorschrift auch nicht Mitarbeiter i. S. d. Grundordnung und damit nicht Teil der Dienstgemeinschaft (Art. 1 GrO). Die Vorschriften der Grundordnung zur Einstellung und zu Loyalitätsobliegenheiten (Art. 3 bis 5 GrO) finden keine Anwendung, da sie nur auf Arbeitsverhältnisse mit kirchlichen Rechtsträgern abstellt (Art. 2 GrO), nicht aber auf Leiharbeitsverhältnisse. Deutlich wird das durch den Beschluss der Zentral-KODA vom 6. 11. 2008, wonach die Grundordnung des kirchlichen Dienstes im Rahmen kirchlicher Arbeitsverhältnisse zum Bestandteil des individuellen Arbeitsvertrages zu machen ist. Dieser Beschluss ist von den Diözesanbischöfen als Kir-

---

88 *BAG*, 19. 1. 2000 – 5 AZR 644/98, NZA 2000, 1102.
89 *LSG Baden-Württemberg*, 7. 6. 1991 – L 4 Kr 2123/89, ZMV 1991, 143.
90 *BAG*, 11. 3. 1998 – 5 AZR 522/96, AR-Blattei ES 110 Arbeitnehmer Nr. 54; *BVerfGE* 59, 281.
91 Dazu *Thieme*, Praktische Probleme S. 145.
92 *BAG*, 29. 5. 2002 – 5 AZR 161/01, ZTR 2003, 37.
93 Vgl. *Schlichtungsstelle Köln*, 12. 9. 1996 – MAVO 12/96, ZMV 1997, 34.

chengesetz in Kraft gesetzt worden.[94] Auf den Inhalt des Arbeitsvertrages des Verleihers mit seinen Arbeitnehmern hat der Entleiher keinen Einfluss, so dass z. B. Loyalitätsobliegenheiten vom Entleiher nicht eingefordert werden können, falls nicht im Überlassungsvertrag eine Garantenpflicht des Verleihers vereinbart ist.

Ergibt sich aus dem Arbeitsvertrag der Leiharbeitnehmer mit ihrem kirchlichen Verleihunternehmen die Verpflichtung zur Einhaltung von Loyalitätsobliegenheiten i. S. der Grundordnung des kirchlichen Dienstes im Rahmen kirchlicher Arbeitsverhältnisse wie für die Mitarbeiter im kirchlichen Entleiherbetrieb, stellt sich allerdings die Frage, ob die zur Arbeitsleistung überlassenen Arbeitnehmer überhaupt Leiharbeitnehmer i. S. des AÜG sind. Denn gewerbliche Arbeitnehmerüberlassung ist keine genuin kirchliche Tätigkeit, so dass beim Einsatz beim Entleiher eher eine Abordnung oder Versetzung oder Personalgestellung vorliegen dürfte. 62

Die gewerbliche Verleihertätigkeit befreit nicht von der Anwendung staatlichen Betriebsverfassungsrechts, weil nur erzieherische und karitative Einrichtungen, die der Kirche zugeordnet sind, vom Geltungsbereich des BetrVG ausgenommen sind (§ 118 Abs. 2 BetrVG). Der Wortlaut der Präambel zur MAVO geht ebenfalls vom Begriff der Dienstgemeinschaft aus und sieht im Kontext mit § 3 Abs. 1 S. 2 MAVO Leiharbeitnehmer in kirchlichen Einrichtungen nicht als Mitwirkende an der Sendung der Kirche; es fehlt die Teilhabe an der Mitgestaltung und Mitverantwortung des Dienstes in der Kirche sowie die Teilhabe an der religiösen Grundlage und Zielsetzung, so dass die Grundlage für die aktive Gestaltung und Entscheidung über die sie betreffenden Angelegenheiten beim kirchlichen Dienstgeber nicht vorhanden ist. Leiharbeitnehmer haben ihren arbeitsrechtlichen Standort beim Verleiher. Bei der gewerblichen **Arbeitnehmerüberlassung** stellt ein Unternehmer (Verleiher) bei ihm eingestellte Arbeitnehmer (Leiharbeitnehmer) einem anderen Unternehmer (Entleiher) gewerbsmäßig zur Arbeitsleistung zur Verfügung. Diese Arbeitnehmer haben einen Arbeitsvertrag nur mit dem Verleiher (Leiharbeitsvertrag) abgeschlossen. Daraus sind die Leiharbeitnehmer verpflichtet, ihre Arbeitsleistung von dem Verleiher bestimmten anderen Unternehmen (den Entleihern) zu erbringen. Ihren Lohn erhalten die Leiharbeitnehmer von ihrem Vertragspartner, dem Verleiher. Der Verleiher erhält von dem Entleiher, in dessen Betrieb die Leiharbeitnehmer ihre Arbeitsleistung nach seinen Weisungen erbringen, ein Entgelt für die Arbeitnehmerüberlassung auf der Grundlage des zwischen ihnen geschlossenen Arbeitnehmerüberlassungsvertrages. Vertraglicher Arbeitgeber der Leiharbeitnehmer ist nur der Verleiher. Vertragliche Beziehungen zwischen Entleiher und Leiharbeitnehmer bestehen grundsätzlich nicht. Dem Entleiher ist durch den Verleiher jedoch die Befugnis eingeräumt, die zur Verfügung gestellten Leiharbeitnehmer nach eigenen Weisungen zur Arbeitsleistung einzusetzen. Die Arbeitgeberbefugnisse und Arbeitgeberverpflichtungen, insbesondere das Direktions- oder Weisungsrecht sowie die Schutz- und Fürsorgepflichten des Arbeitgebers, sind dadurch zwischen dem Verleiher und dem Entleiher aufgespalten. Auch fallen der Betrieb des vertraglichen Arbeitgebers (Verleiherbetrieb) und der Betrieb der konkreten Beschäftigung (Entleiherbetrieb) bei der Arbeitnehmerüberlassung auseinander. Auf diese Besonderheiten geht die Vorschrift des § 3 Abs. 1 S. 2 ein, indem sie den Leiharbeitnehmer im kirchlichen Entleiherbetrieb aus dem Mitarbeiterbegriff ausklammert. Die Rechte und Pflichten zum Verleiherbetrieb bleiben davon unberührt. 63

Der dem AÜG zuzuordnende Leiharbeitnehmer hat in seinem Verleiherbetrieb an den Rechten teil, die durch Betriebsverfassungsrecht geregelt sind. Nach Art. 1 § 14 Abs. 2 AÜG sind Leiharbeitnehmer bei der Wahl der betriebsverfassungsrechtlichen Arbeitnehmervertretungen im Entleiherbetrieb nicht wählbar. Sie sind allerdings aktiv wahlberechtigt und berechtigt, die Sprechstunden dieser Arbeitnehmervertretungen aufzusuchen und an den Betriebsversammlungen im Entleiherbetrieb teilzunehmen.[95] Mit Rücksicht auf die Vorschrift des § 118 Abs. 2 BetrVG findet jedoch das **Betriebsverfassungsgesetz** im kirchlichen Bereich **keine Anwendung**, so dass insoweit die Verweisung des 64

---

94 Amtsblatt des Erzbistums Köln 2009, Nr. 97 S. 86; Kirchliches Amtsblatt Münster 2009 Art. 44 S. 47.
95 Dazu: *Becker*, HzA Gruppe 16 Rn 146 ff., 251 ff.

§ 14 Abs. 2 S. 3 und Abs. 3 AÜG auf die Vorschriften der §§ 81, 82 Abs. 1 und §§ 84 bis 86 und § 99 BetrVG für die kirchlichen Entleihereinrichtungen in Bezug auf die dort tätigen Leiharbeitnehmer nicht gilt. Im Übrigen gilt das AÜG jedoch auch für den kirchlichen Bereich schon wegen der dort genannten Rechte und Pflichten des Entleihers, die das AÜG eigenständig regelt; es gilt nicht, soweit es auf Bestimmungen und Organe des Betriebsverfassungsgesetzes verweist, so dass also auch § 14 Abs. 3 AÜG nicht gilt, wonach der Betriebsrat des Entleihers vor der Übernahme eines Leiharbeitnehmers u. a. nach § 99 BetrVG zu beteiligen ist. Dazu besteht gemäß § 34 Abs. 1 S. 2 das Mitbestimmungsrecht der MAV. Der kirchliche Dienstgeber hat entsprechende Maßnahmen im Rahmen seiner **Fürsorgepflicht** gegenüber dem Leiharbeitnehmer zu treffen, wie Unterrichtung über seine Aufgabe und Verantwortung in der Dienststelle sowie über die Art seiner Tätigkeit und ihre Einordnung in den Arbeitsablauf der Dienststelle, Belehrung über die Unfall- und Gesundheitsgefahren, denen dieser bei der Beschäftigung ausgesetzt ist, und über Maßnahmen und Einrichtungen zur Abwendung dieser Gefahren vor Beginn der Beschäftigung (§ 12 ArbSchG), Unterrichtung über Veränderungen in seinem Arbeitsbereich. Umgekehrt wird man dem Leiharbeitnehmer nicht verwehren dürfen, sich bei den zuständigen Stellen der Dienststelle des Betriebs zu beschweren, wenn er sich benachteiligt, ungerecht behandelt oder in sonstiger Weise beeinträchtigt fühlt. Dazu sei auf § 13 AGG hingewiesen. Dazu wird er auch ein Mitglied der MAV zur Unterstützung oder Vermittlung zumindest zu Rate ziehen oder die MAV einschalten. Die MAV wird dem nachgehen, weil sie dem Grundsatz der vertrauensvollen Zusammenarbeit mit dem Dienstgeber verpflichtet ist (§ 26).

2. Nicht gewerbsmäßige Arbeitnehmerüberlassung

65   Keiner besonderen gesetzlichen Regelung unterliegt die **nicht gewerbsmäßige Arbeitnehmerüberlassung** (sog. echtes Leiharbeitsverhältnis). Diese liegt vor, wenn der ausgeliehene Arbeitnehmer im Betrieb des Verleihers eingestellt ist, dort regelmäßig seine vertragliche Arbeitsleistung erbringt und **nur in besonderen Ausnahmefällen** von seinem Arbeitgeber (Verleiher) an einen anderen Unternehmer (Entleiher) **ausgeliehen** wird, um dort nach dessen Weisungen zu arbeiten. So beschriebene Fälle sind selten anzutreffen. Häufiger sind dagegen die Fälle, in denen Arbeitnehmer nicht gewerbsmäßig, aber doch überwiegend auf Dauer, nicht nur gelegentlich oder vorübergehend, einem Dritten überlassen werden, wobei dem Dritten nicht einmal die Lohnkosten in Rechnung gestellt werden, wie das z. B. bei der Anstellung von Arbeitnehmern durch das Bistum einerseits und deren Beschäftigung bei anderen Trägern (z. B. Verbänden) andererseits der Fall ist.[96] Jene setzen die Arbeitnehmer wie eigene voll in ihren Dienststellen ein und weisen sie zur Arbeit an. Dann liegt gemäß Art. 1 § 1 Abs. 2 AÜG nicht gewerbsmäßige Arbeitnehmerüberlassung vor[97]

3. Drittbezogener Personaleinsatz in kirchlichen Einrichtungen

66   Die MAVO regelt verschiedene Fälle des drittbezogenen Personaleinsatzes. Es geht zum einen um die auf Grund von Gestellungsverträgen Beschäftigten (§ 3 Abs. 1 S. 1) und zum anderen um die in § 23 genannten Personen, die sogar eine Sondervertretung bilden, weil sie zum Zwecke außerbetrieblichen Arbeitseinsatzes eingestellt werden. Dazu gehören z. B. Gemeinde- und Pastoralreferenten mit Tätigkeit in Pfarreien und Anstalten zur Wahrnehmung seelsorglicher Aufgaben infolge der bischöflichen Sendung. Auf die Ausführungen zu § 23 wird verwiesen. Wer betrieblich ausgegliedert ist, ist mangels Beschäftigung in der Stammdienststelle in dieser nicht als Mitarbeiter zu berücksichtigen; er ist weder aktiv noch passiv wahlberechtigt. Das ist diözesan anders regelbar, wie § 23a MAVO München und Freising zeigt, wonach auch die betrieblich ausgegliederten Mitarbeiter in die Stammdienststelle zur Ausübung ihrer Rechte nach der MAVO eingegliedert bleiben. Bei allen Varianten des Wahlrechts zur MAV kommt zum Ausdruck, dass der Schwerpunkt des Arbeitsverhältnisses bei der Diözese als

---

96 *Schlichtungsstelle Köln*, 18. 6. 1996 – MAVO 10/96.
97 *BAG*, 21. 3. 1990 – 7 AZR 198/89, NZA 1991, 269; 1. 6. 1994 – 7 AZR 419/92, Pressemitteilung BB 1994, 1216).

Mitarbeiterinnen und Mitarbeiter § 3

vertraglichem Arbeitgeber liegt.[98] Es geht um die wahlrechtsbezogene Zuordnung zu einer Einrichtung, Dienststelle oder eben Sondervertretung im kirchlichen Bereich, womit die Eigenschaft als Mitarbeiter i. S. v. § 3 Abs. 1 nicht in Frage steht, zumal sogar die mehrfache Zuordnung (§ 7 Abs. 2; § 23 Abs. 2) zu verschiedenen Dienststellen und Dienstgebern möglich ist.

4. Einstellungen

Wenn auch die Leiharbeitnehmer i. S. d. AÜG aus dem Mitarbeiterbegriff der MAVO ausgeklammert sind[99] (§ 3 Abs. 1 S. 2), so hat der Dienstgeber bei der MAV die Zustimmung zur Einstellung zu beantragen (§ 33 Abs. 3 S. 1 i. V. m. § 34). Die MAV kann die Zustimmung zur Einstellung verweigern, wenn die Einstellung für länger als sechs Monate beabsichtigt ist. Bei wiederholten Einstellungen einer und derselben Person mit kürzeren Fristen werden alle Zeiten der Beschäftigung zusammengezählt. Zweck der Regelung ist die Vermeidung von Verdrängung regulärer Arbeitsplätze zu Lasten der Dienstgemeinschaft. 67

IV. Ausklammerung vom Mitarbeiterbegriff der MAVO gemäß § 3 Abs. 2

§ 3 Abs. 2 enthält den Katalog von Personen, die aus dem Mitarbeiterbegriff i. S. d. MAVO ausgenommen sind, also wegen ihrer Funktion als Dienstgeber, Dienstgebervertreter, als Organmitglied, Personalentscheidungsbefugte oder Vorgesetzte mit Leitungsaufgaben nicht als Mitarbeiter in dem Sinne anzusehen sind, die von der MAV repräsentiert werden. Diese Personengruppen sind aber auch nicht bei der Feststellung der zahlenmäßigen Voraussetzungen für die Errichtung und Bildung von Mitarbeitervertretungen in Anrechnung zu bringen. Sie sind weder aktiv noch passiv wahlberechtigt. 68

1. Die Mitglieder eines Organs

Nach § 3 Abs. 2 S. 1 Nr. 1 sind die Mitglieder des gesetzlichen Vertretungsorgans einer juristischen Person nicht Mitarbeiter; z. B. die Mitglieder des Kirchenvorstandes oder Vermögensverwaltungsrates; die Ordensmitglieder als Gesellschafter einer GmbH, welche ein Krankenhaus des Ordens betreibt. Dasselbe gilt für die »bestellte Leitung« (§ 2 Abs. 2 S. 1). Dazu gehört z. B. die Krankenhausbetriebsleitung.[100] Der von den deutschen Bischöfen in ihren Diözesen durch Satzung geregelte Pfarrgemeinderat ist kein Vertretungsorgan der Pfarrei, wie dies der Kirchenvorstand für die Kirchengemeinde ist.[101] Deshalb sind die Mitglieder von Pfarrgemeinderäten, falls keine anderen Ausklammerungstatbestände vorliegen, nicht Organmitglieder i. S. v. § 3 Abs. 2 Nr. 1. Organ der GmbH sind die Geschäftsführer nach § 35 GmbHG; Organ des rechtsfähigen Vereins ist der Vorstand nach § 26 BGB. Im Bereich der Hochschulen ist deren Verfassung zur Beurteilung der Rechtslage von Bedeutung.[102] 69

2. Leiter von Dienststellen, Einrichtungen und sonstigen selbständig geführten Stellen

Die Leiter von Einrichtungen oder Dienststellen i. S. v. § 1 sind gemäß § 3 Abs. 2 S. 1 Nr. 2 nicht Mitarbeiter, auch wenn sie im arbeitsrechtlichen Sinne wegen des ihrer Aufgabe zugrunde liegenden Arbeitsvertrages Arbeitnehmer des Dienstgebers sind, für den sie tätig werden, wie etwa Caritasdirektoren, wenn sie nicht sogar Vorstandsmitglied des Caritasverbandes e. V. sind. Der Leiter der Einrichtung ist also derjenige, der unter Berücksichtigung der vom Dienstgeber entschiedenen Frage, was als selbständige Dienststelle zu gelten hat, die Leitung innehat. Er wird im Stellenplan geführt, seine 70

---

98 BAG, 14. 2. 1991 – 2 AZR 363/90; 1. 6. 1994 – 7 AZR 419/92.
99 Kritisch dazu Dütz, ZMV Sonderheft 2007, 9, 11 f.
100 Grundordnung für katholische Krankenhäuser in NW, Amtsblatt des Erzbistums Köln 1996 Nr. 256 S. 321 f.; Grundordnung für katholische Krankenhäuser in der Erzdiözese Freiburg Abschnitt B Abs. 2 Nr. 1 S. 3, Amtsblatt 1989 S. 97 f.
101 Lederer, Pfarrgemeinderat und Pfarrverwaltungsrat, Hdb. kath. KR S. 425 mit Quellennachweis der diözesanen Satzungen, die später weiterentwickelt wurden.
102 Vgl. dazu Karpen, Mitbestimmung S. 152, 152, 165 ff.

Stellenausschreibung der MAV mitgeteilt. Grundsätzlich bestimmt der Dienstgeber, was als Dienststelle, Einrichtung und sonstige selbständig geführte Stelle gilt (§ 1a Abs. 2 S. 1). Der in § 3 Abs. 2 S. 1 Nr. 2 gebrauchte Begriff **Einrichtung** ist aus § 1a Abs. 1 als **Sammelbegriff** abgeleitet. Es geht also in dieser Vorschrift nicht um den Begriff Einrichtung schlechthin; das könnte z. B. eine Tageseinrichtung für Kinder, Schule oder Sozialstation sein, für die nach jeweils geltenden öffentlich-rechtlichen Bestimmungen die Betriebskosten objektbezogen abzurechnen sind. Es geht hier vielmehr um den in der MAVO verwendeten Sammelbegriff. Dort wird unter Einrichtung nur eine solche **Organisationseinheit** verstanden, **bei der eine MAV gebildet wird** (§ 1a Abs. 1).[103] Hat der Dienstgeber mehrere Teildienststellen zu einer Einrichtung zusammengefügt (§ 1a Rn 12 ff.), so ist dies die Einrichtung im rechtstechnischen Sinn. Die **Leiter** dieser Gebilde, also der Einrichtungen oder Dienststellen i. S. v. **§ 1a sind gemäß § 3 Abs. 2 S. 1 Nr. 2 nicht Mitarbeiter**, auch wenn sie rechtlich Arbeitnehmer sind. Bei mehreren zu einer Dienststelle zusammengefassten Schulen, Krankenhäusern oder Kindergärten eines und desselben Trägers sind also nicht die Leiter der einzelnen unselbständigen Einrichtungen Leiter i. S. d. Ordnung, sondern diejenigen Personen, denen die **Gesamtzuständigkeit** für die zu einer Einheit zusammengefassten Dienststelle übertragen ist. **Leitung** einer Dienststelle, Einrichtung oder sonstigen selbständig geführten Stelle beinhaltet **Entscheidungsbefugnis für den Geschäftsbereich**. Bei den Verbänden sind es in der Regel die Geschäftsführer, denen personelle und wirtschaftliche Aufgaben mit Entscheidungsbefugnis verantwortlich übertragen sind. Dazu gehören Planung und Durchführung in Vollmacht des Rechtsträgers. Leiterinnen von Tageseinrichtungen für Kinder und von Offenen Türen, Pfarrbüchereien, Beratungsstellen fallen nicht unter den Begriff, da sie zwar Leitungsaufgaben mit Blick auf die Teilstelle, nicht aber die Gesamtleitung der Einrichtung i. S. v. § 1a innehaben. Entscheidungskompetenzen sind in der Regel auf laufende Geschäfte im Rahmen des vom Träger vorgegebenen Planes übertragen, während eine für den Bestand der Einrichtung verantwortliche Position fehlt. Zu prüfen ist, ob sie ggf. den Gruppen zu § 3 Abs. 2 S. 1 Nr. 3 oder 4 zuzuordnen sind (Rn 71 ff.). Nicht zu verwechseln ist der in § 3 Abs. 2 S. 1 Nr. 2 verwendete Begriff mit dem eines leitenden Mitarbeiters i. S. v. Art. 4 Abs. 1 S. 3 GrO. Jeder ist im Rahmen seiner Loyalitätsobliegenheiten auf das persönliche Lebenszeugnis i. S. d. Grundsätze der katholischen Glaubens- und Sittenlehre verpflichtet.[104] Der Begriff »Mitarbeiter mit leitenden Aufgaben« (Art. 3 GrO i. V. m. Art. 4 GrO) ist nicht identisch mit dem in der MAVO verwendeten Begriff des »Mitarbeiters in leitender Stellung« (§ 3 Abs. 2 Nr. 4 MAVO), weil nicht jeder Mitarbeiter mit leitenden Aufgaben i. S. d. GrO zugleich Mitarbeiter in leitender Stellung i. S. d. MAVO ist,[105] während jeder Mitarbeiter in leitender Stellung i. S. d. MAVO zugleich auch leitende Aufgaben i. S. d. GrO wahrnimmt. Mitarbeiter mit »leitenden Aufgaben« i. S. d. GrO ist, wer Funktionen wahrnimmt, die besondere Bedeutung für den Bestand, die Entwicklung und für die Glaubwürdigkeit der Einrichtung hinsichtlich ihres kirchlichen Auftrages haben.[106] Nach der MAVO-Fulda sind die Leiter von Abteilungen der Diözesanverwaltung und ihre ständigen Vertreter nicht Mitarbeiter i. S. d. MAVO (§ 3 Abs. 2 Nr. 2 MAVO-Fulda).

3. Mitarbeiter, die zu selbständigen Entscheidungen befugt sind (§ 3 Abs. 2 S. 1 Nr. 3)

a. Vorbemerkung

71 Die unter § 3 Abs. 2 S. 1 Nr. 3 und Nr. 4 genannten Personengruppen sind nicht allein durch ihre Befugnisse bzw. Funktionen aus dem Mitarbeiterbegriff der MAVO ausgenommen; es bedarf zur Wirksamkeit ihrer Exemtion noch zusätzlicher Akte, nämlich
– der Exemtionsentscheidung des Dienstgebers,
– der Anhörung und Mitberatung der MAV zu der geplanten Exemtion gemäß § 29 Abs. 1 Nr. 18 (§ 3 Abs. 2 S. 2; so seit der Novelle von 1995),

---

103 *KAGH*, 25. 6. 2010 – M 07/10.
104 Vgl. Amtsblatt des Bistums Würzburg 1996 S. 187.
105 Vgl. Kirchliches Amtsblatt Rottenburg-Stuttgart 2009 S. 73.
106 Oberhirtliches Verordnungsblatt Speyer 1996 Nr. 8 S. 28 ff.

– der Genehmigung der Exemtion bei den in § 1 Abs. 1 genannten Rechtsträgern durch den Ordinarius (§ 3 Abs. 2 S. 3) und
– der abschließenden schriftlichen Mitteilung des Dienstgerbers an die MAV über die Entscheidung der Exemtion (§ 3 Abs. 2. 4). Dazu ferner Rn 78 ff.

b. Befugnisse

Mitarbeiter, die zur selbständigen Entscheidung über Einstellungen, Anstellungen oder Kündigungen befugt sind, gehören gemäß **§ 3 Abs. 2 S. 1 Nr. 3** nicht zu den Mitarbeitern i. S. d. MAVO. Hierbei handelt es sich nicht um Mitarbeiter, die zugleich auch leitende Funktion auszuüben haben. Es geht lediglich um Einzelbefugnisse, wie aus den alternativen Aufzählungen der Bestimmung hervorgeht. Wer die Befugnisse erhält, entscheidet der Dienstgeber durch Erteilung einer Vollmacht nach Anhörung der MAV (§ 29 Abs. 1 Nr. 18; § 3 Abs. 2 S. 2). Allerdings muss die übertragene Entscheidungsbefugnis im Außenbereich Wirksamkeit entfalten. Von einer selbständigen Einstellungs- oder Entlassungsbefugnis kann dann nicht die Rede sein, wenn diese dem Mitarbeiter (z. B. Chefarzt) nur intern, nicht aber auch im Außenverhältnis zusteht.[107] Die Beurteilung der fachlichen Qualifikation eines Bewerbers ist nicht Einstellungsbefugnis, wenn zur Einstellung noch die Zustimmung der Einrichtungsleitung einzuholen ist oder sogar der Arbeitsvertrag vom Verwaltungsleiter der Einrichtung zu unterschreiben ist. Umgekehrt findet auf einen Chefarzt in einem kirchlichen Krankenhaus § 14 Abs. 2 KSchG nicht bereits deshalb Anwendung, weil er mit kirchenaufsichtlicher Genehmigung zu einem leitenden Angestellten i. S. v. § 3 Abs. 2 S. 1 Nr. 4 MAVO bestimmt worden ist.[108]

4. Sonstige Mitarbeiter in leitender Stellung

Mit den zuvor genannten Personen dürfen die sonstigen Mitarbeiter in leitender Stellung (**§ 3 Abs. 2 S. 1 Nr. 4**; vgl. auch § 2 Abs. 2 S. 2 und § 3 Abs. 2 Sätze 2 bis 5) nicht verwechselt werden. Es gibt für das Arbeitsrecht keinen einheitlichen Begriff des leitenden Angestellten.[109] Leitende Angestellte sind Arbeitnehmer mit spezifischen Arbeitnehmerinteressen, die aber für das Unternehmen oder einen Betrieb eines Unternehmens mit eigener Verantwortung erheblichen Entscheidungsspielraum haben und in Teilbereichen eigene Unternehmerfunktionen wahrnehmen.[110] Es geht hier um eine Personengruppe, die ohne zum Organ oder zur bestellten Leitung zu gehören, durch das Maß ihrer Entscheidungsbefugnis als Mitarbeiter bei der Wahrnehmung ihrer Rechte nach der MAVO in Interessenkollision käme.[111] Denn gemäß § 2 Abs. 2 S. 2 kann sie vom Dienstgeber zu Gesprächsführungen mit der MAV und der Teilnahme an deren Sitzungen beauftragt werden. Praktisch bleibt es dem Dienstgeber überlassen, wen er zum leitenden Mitarbeiter bestimmt, zumal der MAV nur ein Anhörungs- und Mitberatungsrecht eingeräumt ist (§ 3 Abs. 2 S. 1 Nr. 4 und Satz 2 i. V. m. § 29 Abs. 1 Nr. 18). Der Mitarbeiter in leitender Stellung braucht allerdings nicht wesensnotwendig die Gespräche mit der MAV, den Schriftwechsel mit ihr zu führen oder an deren Sitzungen teilzunehmen. Der Dienstgeber kann auch unabhängig von diesen Aufgaben bestimmen, wer in leitender Stellung tätig ist. Welche **Kriterien** der Mitarbeiter zu erfüllen hat, um Mitarbeiter in leitender Stellung zu sein oder zu werden, lässt die MAVO im Ergebnis offen. Allerdings darf der Dienstgeber nicht rechtsmissbräuchlich handeln, um etwa ein Mitglied der MAV auf diese Weise aus der MAV zu entfernen. Mit konstitutiver Wirkung sind in einigen Fällen zur MAVO ergänzende Bestimmungen erlassen worden, wer Mitarbeiter in leitender Stellung ist. Das sind z. B. im Erzbistum Köln die **Schulleiter** und deren ständige Vertreter.[112] Ob der Chefarzt eines Krankenhauses leitender Angestellter ist, hängt nach der Rechtsprechung maßgeblich von den Umständen des Einzelfalls ab. Chefärzte sind leitende

---

107 *BAG*, 18. 11. 1999 – 2 AZR 903/98, DB 2000, 830 = NZA 2000, 427.
108 *BAG*, 18. 11. 1999 – 2 AZR 903/98, DB 2000, 830 = NZA 2000, 427.
109 *Schaub/Vogelsang*, § 15 Rn 1.
110 *Schaub/Vogelsang*, § 15 Rn 30.
111 *Beyer*, Freiburger Kommentar zur MAVO, § 3 Rn 44.
112 Vgl. Amtsblatt des Erzbistums Köln 1986 Nr. 239 S. 331 f.

Angestellte, wenn sie unternehmens- oder betriebsleitende Entscheidungen treffen oder maßgeblich vorbereiten und diese Aufgabenstellung ihre Tätigkeit prägt. Allein die Stellung als Chefarzt erfüllt die Voraussetzungen nicht, weil ärztliche Entscheidungen nicht in erster Linie die unternehmerische Disposition betreffen, sondern an der Heilbehandlung ausgerichtet sind.[113] Für den Bereich der Krankenhäuser im Erzbistum Köln ist generelle Genehmigung erteilt worden, wenn die abteilungsleitenden **Chefärzte** (Abteilungsärzte, § 34 Abs. 1 S. 1 KHG NW) und in Heimen die Oberinnen und Verwaltungsleiter zu leitenden Mitarbeitern bestimmt werden.[114] Chefärzte in Krankenhäusern[115] erfüllen auf Grund ihrer Stellung und Funktion als Leiter ihrer Fachabteilung die Voraussetzung für die Qualifikation als Mitarbeiter in leitender Stellung[116]; allerdings ist dazu die **Exemtionsentscheidung** des Dienstgebers erforderlich (Rn 78).[117] Von den »Mitarbeitern in leitender Stellung« sind zu unterscheiden die »leitenden Mitarbeiter« bzw. »Mitarbeiter mit leitenden Aufgaben« i. S. d. Art. 3 und 4 GrO (Rn 70).

74 Man kann den Begriff »Mitarbeiter in leitender Stellung« nicht in jedem Falle mit dem in § 5 Abs. 3 S. 2 Nr. 1 bis 3 BetrVG verwendeten Begriff des leitenden Angestellten gleichsetzen. Das *BAG* verlangte zur Zeit der Geltung des § 5 Abs. 3 BetrVG alter Fassung vor dem 1. 1. 1989, dass ein leitender Angestellter unternehmerische Aufgaben wahrnimmt, die für den Bestand und die Entwicklung des Unternehmens bedeutsam sind, und dass er insoweit einen Entscheidungsspielraum hat, so dass er durch die Tätigkeit unmittelbar Zielvorstellungen und Produktion des Gesamtunternehmens beeinflussen kann.[118] Die neue Regelung des § 5 Abs. 3 S. 2 Nr. 3 BetrVG übernimmt in bestimmter Hinsicht die frühere Rechtsprechung des *BAG* zum damaligen § 5 Abs. 3 S. 3 BetrVG, wie sie in der Entscheidung vom 29. 1. 1980[119] aufgeführt worden ist.[120] Der leitende Angestellte muss nun mit einer Linien- und Stabsfunktion im Unternehmen oder Betrieb ausgestattet sein.[121] Die fragliche Tätigkeit des Angestellten hat seine Stellung schwerpunktmäßig zu bestimmen; durch sie charakterisiert sich die Funktion. Das muss im Arbeitsvertrag zum Ausdruck kommen.[122] Denn anderenfalls liegt gegenüber den anderen Mitarbeitern kein wesentlicher Unterschied vor.[123] Der Gesetzgeber hat in § 5 Abs. 4 BetrVG n. F. eine Norm geschaffen, um im Falle des § 5 Abs. 3 S. 2 Nr. 3 BetrVG die Zuordnung oder Nichtzuordnung zum Kreis der leitenden Angestellten durch Auslegung bestimmen zu können.[124] Ein Chefarzt eines Krankenhauses, der zur selbständigen Einstellung und Entlassung für den ärztlichen Bereich seiner Abteilung berechtigt ist, kann leitender Angestellter i. S. v. § 5 Abs. 3 S. 2 Nr. 1 BetrVG sein, sofern seine Personalbefugnis von hinreichender unternehmerischer Relevanz ist.[125]

75 In der MAVO geht es aber gar nicht um die Person mit unternehmerischer Entscheidungsautonomie, sondern darum, wer nach kirchlichem Selbstverständnis eine leitende Funktion ausübt, durch die er

---

113 *BAG*, 5. 5. 2010 – 7 ABR 97/08, NZA 2010, 955.
114 Kirchl. Anzeiger Köln 1972 Nr. 212 S. 234 f.; vgl. § 3 Abs. 2 S. 3; zur Krankenhausbetriebsleitung: § 2 Rn 19; vgl. auch: Ausführungsbestimmungen zur MAVO für den Bereich des Erzbistums Paderborn, in: Kirchl. Amtsbl. 1986 Nr. 193 S. 159.
115 Dazu: *Diringer*, Der Chefarzt als leitender Angestellter, NZA 2003, 891.
116 Amtsblatt des Erzbistums Köln 2009 Nr. 178 S. 194, 195 f.
117 *BAG*, 10. 12. 1992 – 2 AZR 281/92, AR-Blattei ES 960 Kirchenbedienstete Nr. 48 m. Anm. *Richardi*; NZA 1993, 593; *BAG*, 26. 7. 1995 – 2 AZR 578/94, AR-Blattei ES Kirchenbedienstete 960 Nr. 53; *LAG Niedersachsen*, 18. 12. 2001 – 12 Sa 694/01, ZMV 2002, 253; *KAGH*, 25. 6. 2010 – M 07/10.
118 *BAGE* 26, 36, 56 ff.; 26, 345, 352 ff.; 26, 358, 370; 27, 374, 382 ff.; 32, 381, 388 = NJW 1980, 2724 = DB 1980, 1545; *BAG* 23. 1. 1986 – 6 ABR 51/81, EzA § 5 BetrVG 1972 Nr. 42 = DB 1986, 1131.
119 BAGE 32, 381.
120 *Müller, Gerhard*, Kritische Bemerkungen, DB 1989, 824, 825 Ziff. 4a; *Hromadka*, Der Begriff des leitenden Angestellten, BB 1990, 577 f.
121 *Müller, Gerhard*, a. a. O.
122 *Hromadka*, a. a. O.
123 *BAGE* 26, 36, 53.
124 *Richardi*, Die Neuabgrenzung der leitenden Angestellten S. 3 und 6.
125 *LAG Hamm*, 7. 7. 2006 – 10(13) Ta BV 165/05, in: Das Krankenhaus 12/2006, 1125.

Aufgaben und Tätigkeit der kirchlichen Einrichtung beeinflussen kann.[126] Das ist der Fall, wenn der Mitarbeiter z. B. eine herausragende Stellung hat, indem ihm die Vertretung des Dezernenten eines Ordinariates und die Fachaufsicht über 200 Religionslehrer und selbständige Verhandlungen mit staatlichen Stellen übertragen ist und er verantwortlich für die Auswahl der Mitarbeiter ist, weil er die Bewerbungsverfahren durchführt und den Einstellungsvorschlag präsentiert.[127] Deshalb erscheint eine Heranziehung der Rechtsprechung des Bundesarbeitsgerichts zu § 5 Abs. 3 BetrVG a. F. oder des Wortlauts des § 5 Abs. 4 BetrVG n. F. für die Interpretation des Begriffes Mitarbeiter in leitender Stellung gemäß § 3 Abs. 2 S. 1 Nr. 4 nicht angebracht. Denn die in § 5 Abs. 3 S. 2 Nr. 3 BetrVG genannten Tatbestände und die zu § 5 Abs. 3 BetrVG a. F. entwickelten Kriterien werden dem Proprium der Kirche und auch ihrer Dienststellen mit Blick auf die Kompetenzen derer, die nicht die Leitungsgewalt (§ 2 Rn 8 ff.) haben, nicht gerecht.[128] Dasselbe gilt in Ansehung von § 5 Abs. 4 BetrVG n. F. Wegen des Selbstbestimmungsrechts der Kirche empfiehlt es sich sogar, dass diese sich durch eigene Rechtsetzung da behauptet, wo in von ihr erlassenen Ordnungen Regelungslücken bestehen, die schnell dazu führen können, dass die staatliche Rechtsprechung oder Gesetzgebung in die leeren Stellen hineinrückt.[129]

Da im caritativen Bereich mehr und mehr **Gesellschaften mit beschränkter Haftung (GmbH)** als Träger für die verschiedensten Aktivitäten der kirchlichen Liebestätigkeit das Feld betreten haben, kann es nicht ausgeschlossen bleiben, die Kriterien des leitenden Angestellten i. S. d. BetrVG bei vergleichbaren Organisationsstrukturen auf die MAVO zu übertragen. Besteht ein Unternehmen dieser Art, so sind die Kriterien für die Eigenschaft als leitender Mitarbeiter danach zu bestimmen, ob diesem neben formellen Vertretungsbefugnissen auch die damit verbundenen unternehmerischen Aufgaben zustehen. Diese dürfen nicht nur von einer untergeordneten Bedeutung sein. Es geht um Führungsaufgaben, die sich nicht bloß in der Wahrnehmung sog. Stabsfunktionen erschöpfen.[130] Eine unternehmerisch bedeutsame Aufgabe wird dadurch erfüllt, dass der Mitarbeiter planend und beratend tätig wird und kraft seines besonderen Sachverstandes unternehmerische Entscheidungen auf eine Weise vorbereitet, die es der eigentlichen Unternehmensführung nicht mehr gestattet, an seinen Vorschlägen vorbeizugehen.[131] Denn durch Arbeitsteilung ist der eigentliche Arbeitgeber (Dienstgeber) nicht stets in der Lage, sämtliche Unternehmensfunktionen selbst auszuüben. Er bedarf der gezielten Vorbereitung durch besonders qualifizierte Personen, die Sachverhalte strukturieren, Probleme analysieren und darauf aufbauende Vorschläge unterbreiten und damit die unternehmerische Entscheidung maßgeblich bestimmen und auf diese Weise einen erheblichen Einfluss auf die Führung des Unternehmens erlangen. Das rechtfertigt die Zuordnung zum Kreis der Mitarbeiter in leitender Stellung.[132] Die rein arbeitstechnische Durchführung unternehmerischer Entscheidungen oder eine Tätigkeit, die sich darin erschöpft, vorgegebene Ziele zu erarbeiten, qualifiziert noch nicht zum leitenden Mitarbeiter, auch wenn die Arbeitsergebnisse das Schicksal der Einrichtung entscheidend prägen können und der Mitarbeiter auf Grund seines hohen Spezialisierungsgrades eine Monopolstellung in der Einrichtung einnimmt (z. B. EDV-Spezialist, der die Datenverarbeitung in der Einrichtung aufbauen und vorantreiben soll).[133]

Eine analoge Abgrenzung i. S. d. §§ 7 oder 77 Abs. 1 S. 2 BPersVG i. V. m. § 36 Abs. 1 BBG kann ebenfalls nicht erwogen werden. Denn die Befugnisse des staatlichen Dienstherrn sind nur dem Dienststellenleiter oder seinem ständigen Vertreter (§ 7 S. 1 BPersVG) übertragen. Im Übrigen kennt die Kirche keinen dem staatlichen entsprechenden Behördenaufbau, wie er in § 7 S. 2 BPersVG ge-

---

126 *BAG*, 10. 12. 1992 – 2 AZR 271/92, AP Art. 140 GG Nr. 41.
127 *Schlichtungsstelle Limburg*, 16. 8. 1999 – 10/99, ZMV 2000, 56.
128 *Dütz*, Aktuelle kollektivrechtliche Fragen des kirchlichen Dienstes, Essener Gespräche Bd. 18 S. 67, 110.
129 *Dütz*, Essener Gespräche Bd. 18 S. 110.
130 *BAG*, 25. 3. 2009 – 7 ABR 2/08, ZTR 2009, 553 LS.
131 *BAG*, 11. 1. 1995 – 7 ABR 33/94 m. N., BB 1995, 1645.
132 *BAG*, 11. 1. 1995 – 7 ABR 33/94 m. N., BB 1995, 1645.
133 *LAG Köln*, 20. 4. 2001 – 11 Sa 1396/00, MDR 2001, 1122.

5. Das Exemtionsverfahren (§ 3 Abs. 2 S. 2 bis 4)

a. Entscheidung des Dienstgebers, Beteiligung der MAV

78 Die MAVO regelt in den Fällen des § 3 Abs. 2 S. 1 Nr. 3 und 4 nicht die kraft Gesetzes entstehende Ausklammerung aus dem Mitarbeiterbegriff durch die Tatsache der herausgehobenen Stellung des Mitarbeiters aus dem Kreis der anderen Mitarbeiter. Verlangt wird ausdrücklich das vorgeschriebene Exemtionsverfahren (Rn 71), nach dessen Durchführung erst feststeht, wer Mitarbeiter bzw. Mitarbeiterin in leitender Stellung ist und dann nicht (mehr) Mitarbeiter i. S. v. § 3 Abs. 1 S. 1 ist. Der Dienstgeber trifft die Entscheidung, wer bzw. welcher jeweilige Funktions- bzw. Stelleninhaber Mitarbeiter in leitender Stellung sein soll. Das folgt aus seinem Organisationsrecht. Die Exemtionsentscheidung ist nach außen deutlich zu machen. Dazu muss der Dienstgeber die **MAV** von seiner Entscheidungsabsicht informieren, um das **Anhörungs- und Mitberatungsverfahren** mit ihr gemäß § 29 in Gang zu setzen (§ 29 Abs. 1 Nr. 18 i. V. m. § 3 Abs. 2 S. 2). Er teilt seine Absicht der MAV mit (§ 29 Abs. 2). Erhebt die MAV nicht binnen einer Frist von einer Woche Einwendungen, gilt die geplante Entscheidung als nicht beanstandet (§ 29 Abs. 3 S. 1). Erhebt die MAV fristgerecht Einwendungen, erfolgt eine gemeinsame Sitzung des Dienstgebers mit der MAV zum Zwecke der Verständigung (§ 29 Abs. 3 S. 3). Wird keine Verständigung erreicht und will der Dienstgeber seinen Plan verwirklichen, teilt er dies der MAV schriftlich mit (§ 29 Abs. 4).

b. Genehmigung der Entscheidung des Dienstgebers durch den Ordinarius

79 Ist der Dienstgeber **Rechtsträger i. S. d. § 1 Abs. 1**, hat er außerdem die **Genehmigung des zuständigen Bischöflichen Generalvikars** zur Wirksamkeit seiner Exemtionsentscheidung einzuholen.[134] Dem Genehmigungsgesuch legt er die Stellungnahme der MAV bei. Der Generalvikar ist Ordinarius (can. 134 § 1 CIC) und hat Prüfungskompetenz unter allen rechtlichen Aspekten. Ohne Genehmigung ist die geplante Entscheidung im Falle des **§ 3 Abs. 2 S. 3** nicht durchführbar. Nach erteilter Genehmigung hat der Dienstgeber seine endgültige Entscheidung über die Exemtion der MAV schriftlich mitzuteilen; er legt die Genehmigungsentscheidung in Kopie bei. Im Falle der Beanstandung informiert der Dienstgeber die MAV und stellt fest, ob und in welcher Weise der Beanstandung abgeholfen werden kann. Dazu hat die MAV ein Mitberatungsrecht.

80 Die Genehmigung dient der Wahrung der Einheitlichkeit bei den Maßnahmen zur Ausklammerung aus der Mitarbeiterschaft i. S. v. § 3 Abs. 1 S. 1.

c. Begriff der Genehmigung

81 Unter Genehmigung wird die nachträgliche Zustimmung eines Dritten zu einem Rechtsgeschäft verstanden, während die vor Abschluss des Rechtsgeschäfts erteilte Zustimmung Einwilligung genannt wird (vgl. §§ 183, 184 BGB). Im kirchlichen Bereich wird unter Genehmigung verstanden, dass dem Beschluss eines Gremiums oder eines Organs zur Herbeiführung einer Rechtsänderung oder einer Willenserklärung zu einem Rechtsgeschäft zunächst die kirchenaufsichtliche Genehmigung zu folgen hat, ehe die entscheidende rechtsgeschäftliche Maßnahme oder Rechtshandlung vorgenommen werden darf.[135] Denn ohne die kirchenaufsichtliche Genehmigung ist bereits der grundlegende Beschluss zur Herbeiführung einer Willenserklärung oder eines Rechtsgeschäfts unwirksam, wenn Genehmigung des Beschlusses erforderlich ist (vgl. Art. 44 Abs. 4 KiStiftO).[136]

---

134 *Schlichtungsstelle Hildesheim*, 4. 8. 1994, ZMV 1994, 299; § 3 Abs. 2 S. 3.
135 Vgl. *Emsbach/Seeberger*, Rechte und Pflichten des Kirchenvorstandes, Rn 175.
136 In: *Fahr/Weber/Binder*, Ordnung für kirchliche Stiftungen S. 33 und Fußnote 67, 68.

d. Genehmigung durch Allgemeinverfügung

Der Ordinarius kann durch allgemeine Verfügung aufsichtsbehördlich die Genehmigung generell für gleich gelagerte Fälle erteilen, so dass eine Einzelgenehmigung durch kirchenaufsichtlichen Verwaltungsakt nicht mehr erforderlich ist.[137] Des kirchlichen Genehmigungsverfahrens bedarf es nicht, wenn in besonderen Bestimmungen geregelt ist, in welchen Fällen die kirchenaufsichtliche Genehmigung der Exemtion als erteilt gilt (Rn 73)[138] bzw. nicht erforderlich ist, wie etwa seit der Novelle von 1995 bei den Rechtsträgern i. S. v. § 1 Abs. 2 (Rn 79). 82

e. Die Einzelgenehmigung

Der **Dienstgeber beantragt beim Generalvikar (§ 2 Rn 10) die Genehmigung seiner Ausklammerungsentscheidung** (§ 3 Abs. 2 S. 1 Nr. 3 und 4) schriftlich, nachdem er die MAV gemäß § 29 Abs. 1 Nr. 18 beteiligt hat (§ 3 Abs. 2 S. 2 u. 3). Die schriftliche Äußerung der MAV, gleichgültig ob zustimmend oder ablehnend, fügt er dem Genehmigungsantrag bei und ebenso den Beschluss des Entscheidungsgremiums und begründet seine Entscheidung, deren Genehmigung er beantragt. Dazu erläutert er die von dem Mitarbeiter zu verrichtenden Aufgaben, seine Befugnisse und Rechte in der Organisation des Dienstgebers, so dass Rückschlüsse auf die Stellung des Mitarbeiters möglich sind, die gegenüber den anderen Mitarbeitern eine herausragende und deswegen leitende Stellung i. S. d. MAVO beinhaltet (Rn 71 ff.). Hat die MAV nicht im Anhörungsverfahren mitgewirkt, hat der Dienstgeber die Gründe dazu ebenfalls mitzuteilen. Die unterbliebene Anhörung der MAV ist ein Verfahrensfehler, der die Genehmigung des Ordinarius hindert. In die Entscheidung über die Genehmigung hat der Ordinarius die Argumente der MAV und des Dienstgebers einzubeziehen. Dabei ist zu prüfen, ob die Fakten das Bild eines leitenden Mitarbeiters ausfüllen. Steht die Genehmigungsfähigkeit fest, teilt der Generalvikar dem Dienstgeber die Genehmigung zur Entscheidung des Dienstgebers schriftlich mit, oder er lehnt die Genehmigung ab. **Ein Rechtsbehelf gegen die Genehmigung oder deren Versagung ist nicht vorgesehen.** 83

f. Mitteilung an die MAV

Die vom Ordinarius (Generalvikar) schriftlich erteilte Genehmigung der Entscheidung des Dienstgebers hat der Dienstgeber der MAV nun seinerseits schriftlich mitzuteilen, nachdem er die Genehmigungsentscheidung vom Ordinarius erhalten hat (**§ 3 Abs. 2 S. 4**). Die MAV hat hinsichtlich der Entscheidung des Ordinarius kein Mitwirkungsrecht, weil ihre Anhörung durch den Dienstgeber stattfindet. Hat der Dienstgeber die Mitteilung über die erteilte Genehmigung unterlassen, so beeinträchtigt das die Maßnahme des Dienstgebers nicht. Denn die Ausgrenzungsregelung hat für die Festlegung, wer zu den Mitarbeitern in leitender Stellung gehört, konstitutive Wirkung.[139] Die schriftliche Mitteilung kann der Dienstgeber nachholen. Die Vorschrift des § 3 Abs. 2 S. 4 ist eine Ordnungsvorschrift in Ergänzung zur vorangegangenen Mitteilung des Dienstgebers von seiner geplanten und mit der MAV ggf. bereits vor der kirchenaufsichtlichen Genehmigung erörterten Entscheidungsabsicht. Konstitutiv ist die kirchenaufsichtliche Genehmigung in den Fällen, in denen die Genehmigung des Ordinarius vorgeschrieben ist (§ 3 Abs. 2 S. 3).[140] 84

g. Ausnahmen von der Genehmigung des Ordinarius

Das Genehmigungsverfahren zur Entscheidung des Dienstgebers über die Ausklammerung aus dem Mitarbeiterbegriff ist für die in **§ 1 Abs. 2** genannten Rechtsträger nicht (mehr) vorgeschrieben.[141] Es 85

---

137 Ausführungsbestimmungen zur MAVO: Rn 61 am Ende; *BAG*, 10. 12. 1992 – 2 AZR 271/92, NZA 1993, 593.
138 *Schlichtungsstelle Köln*, 5. 11. 1996 – MAVO 11/96.
139 *Richardi*, Arbeitsrecht in der Kirche § 18 Rn 32.
140 *Schlichtungsstelle Köln*, 5. 11. 1996 – MAVO 11/96.
141 *KAGH*, 25. 6. 2010 – M 07/10.

geht hierbei um die sonstigen kirchlichen Rechtsträger sowie den Verband der Diözesen Deutschlands, den Deutschen Caritasverband und die anderen mehrdiözesanen und überdiözesanen Rechtsträger. Zu den Trägern gehören u. a. eingetragene Vereine, Gesellschaften mit beschränkter Haftung, Stiftungen des privaten Rechts.

h. Bekanntgabe der Entscheidung des Dienstgebers an den Mitarbeiter

86 Der Dienstgeber muss seine Entscheidung **im Falle des § 3 Abs. 2 S. 1 Nr. 3** dem betroffenen Mitarbeiter wegen der damit im Zusammenhang stehenden besonderen Befugnisse bekannt geben. Er beauftragt und bevollmächtigt (§ 167 BGB) den Mitarbeiter mit Befugnissen i. S. v. § 3 Abs. 2 S. 1 Nr. 3. **Die Form der Bestellung zum Mitarbeiter in leitender Stellung (§ 3 Abs. 2 S. 1 Nr. 4)** ist nach der Ordnung gegenüber dem betroffenen Mitarbeiter **nicht geregelt.** Das *BAG* hat die Bekanntgabe der Entscheidung des Dienstgebers an den Mitarbeiter aus diesem Grund für nicht erforderlich gehalten, weil die Entscheidung des Dienstgebers auch ohne Mitteilung an den Mitarbeiter wirksam sei. Der systematische Zusammenhang und der Sinn und Zweck der Norm lassen nicht darauf schließen, dass eine ausdrückliche Mitteilung an den Mitarbeiter zu fordern sei. Zwar verlange § 3 Abs. 2 S. 2 die Mitwirkung der MAV, nicht aber eine Stellungnahme des Mitarbeiters, dessen Status sich ändern soll. § 3 Abs. 2 S. 4 schreibt ausdrücklich die schriftliche Mitteilung der Entscheidung an die MAV vor, während der Mitarbeiter in diesem Zusammenhang wiederum keine Erwähnung findet. Daraus ist mit dem *BAG* zu folgern, dass die MAVO offenbar die Ausklammerung aus der Mitarbeiterschaft vornehmlich als eine Entscheidung des Dienstgebers im Verhältnis zur MAV, nicht aber als eine solche im Verhältnis zu dem betroffenen Mitarbeiter sieht. Ein Mitarbeiter in leitender Stellung könne sich nicht auf die fehlende Mitteilung der Entscheidung berufen, wenn ihm z. B. die Kündigung des Arbeitsvertrages zugegangen ist und die MAV wegen seiner Stellung als leitender Mitarbeiter nicht zuvor zur beabsichtigten Kündigung angehört worden ist und für die betreffende Gruppe von Mitarbeitern (Chefärzte) eine lange Praxis bestand, an den MAV-Wahlen nicht teilzunehmen.[142] Ist ein Mitarbeiter zum Mitarbeiter in leitender Stellung berufen worden, der Mitglied der MAV ist, wird ihm der Dienstgeber das mitzuteilen haben, weil damit das Amt als Mitglied der MAV erlischt (Rn 88).

i. Rechtsfolgen

87 Mit der wirksamen – ggf. genehmigten – Entscheidung des Dienstgebers über die Stellung des Mitarbeiters scheidet der Mitarbeiter aus dem Mitarbeiterkreis i. S. v. § 3 Abs. 1 S. 1 aus, wenn die mit § 3 Abs. 2 S. 1 Nr. 3 oder 4 verknüpften Funktionen übertragen sind. Das hat zur Folge, dass die MAV im Falle von Maßnahmen des Dienstgebers gemäß §§ 30 Abs. 1, 31 Abs. 1, 34, 35 Abs. 1 nicht (mehr) zu beteiligen ist. Dasselbe gilt für künftige Maßnahmen persönlicher Art gemäß §§ 29, 36. Die Initiativrechte der MAV gemäß §§ 32 und 37 entfallen in Ansehung des Mitarbeiters in leitender Stellung.

88 Die eventuelle **Mitgliedschaft in der MAV** erlischt gemäß § 13c Nr. 4 bei Verlust der Wählbarkeit zur MAV i. V. m. § 8 Abs. 1, § 7 Abs. 1, § 3 Abs. 2 S. 1 Nr. 3 oder 4; **der Verlust der Mitgliedschaft ist durch das Kirchliche Arbeitsgericht festzustellen (§ 44 KAGO).** Antragsteller können der Dienstgeber, die MAV, das MAV-Mitglied (§ 41 Abs. 2 Nr. 1) oder ein Viertel der wahlberechtigten Mitarbeiter sein (§ 41 Abs. 1 Nr. 3). Durch die Entscheidung des Dienstgebers allein erlischt die Mitgliedschaft in der MAV nicht. Die rechtskräftige Feststellung der kirchlichen Gerichte für Arbeitssachen über den Eintritt des Verlustes der Wählbarkeit ist konstitutiv. Solange der Verlust der Wählbarkeit des Mitglieds der MAV nicht rechtskräftig festgestellt ist, bleibt es im Amt.

89 Hat der Dienstgeber unter Beteiligung der MAV generell für bestimmte Gruppen von Mitarbeitern entschieden, dass sie infolge ihrer Funktionen zu den leitenden Mitarbeitern i. S. v. § 3 Abs. 2 Nr. 3 oder 4 gehören (und ist den gemäß § 3 Abs. 2 S. 3 i. V. m. § 1 Abs. 1 genannten Rechtsträgern die dazu erforderliche Genehmigung des Ordinarius erteilt worden), dann ist auch jede künftige Einstel-

---

142 *BAG*, 26. 7. 1995 – 2 AZR 578/98, EzA § 611 BGB Kirchliche Arbeitnehmer Nr. 41.

lung und Anstellung (§ 34) solcher Personen nicht mehr der Zustimmung der MAV zugeordnet. Fehlt es an der Genehmigung des Ordinarius und will der Dienstgeber eine Einstellung oder Anstellung vornehmen, so hat er dazu gleichwohl die Zustimmung der MAV einzuholen (§ 34 i. V. m. § 33)[143]; im Falle einer beabsichtigten dienstgeberseitigen Kündigung ist das Anhörungsverfahren gemäß §§ 30, 31 einzuleiten.[144]

Das fehlerhafte oder fehlende Exemtionsverfahren führt nicht zur Exemtion des Mitarbeiters aus der MAVO.[145] Das zeigen u. a. die Ergebnisse von Kündigungsschutzprozessen mit Chefärzten (Rn 73). Macht ein Mitarbeiter des kirchlichen Dienstes (Arbeitnehmer) im Kündigungsschutzprozess geltend, dass die MAV vor der dienstgeberseitigen Kündigung nicht gemäß §§ 30, 31 beteiligt worden ist, so hat das staatliche Arbeitsgericht dies zu überprüfen. Im Falle unterbliebener Beteiligung der MAV vor der Kündigung ist die dienstgeberseitige Kündigung unwirksam.[146] 90

Rechtsstreitigkeiten aus Anlass des Exemtionsverfahrens bei den in § 1 Abs. 1 und Abs. 2 genannten Rechtsträgern werden auf Antrag gemäß § 2 Abs. 2 KAGO vom Kirchlichen Arbeitsgericht entschieden.[147] Die staatlichen Arbeitsgerichte haben im Rahmen von Kündigungsschutzklagen die Vorfragenkompetenz.[148] 91

6. Geistliche, Ordensgeistliche im Bereich der Kirchengemeinden, Kirchenstiftungen, Gemeindeverbände

Geistliche und Ordensgeistliche (Priester und Diakone) im Bereich der Kirchengemeinden, Kirchenstiftungen und Kirchengemeindeverbände sind deshalb aus dem Bereich der Mitarbeiter **ausgeklammert** (§ 3 Abs. 2 S. 1 Nr. 5), weil diese Geistlichen durch ihre Funktion als Mitglied des Organs der vorgenannten Rechtsträger tätig werden oder werden können (vgl. z. B. § 2 und § 25 KVG). Von der Ausklammerung vom Begriff Mitarbeiter sind solche Diakone nicht betroffen, die zur Priesterausbildung praktisch tätig sind (Rn 40). Kein Kriterium für die Ausklammerung ist, dass sich Pfarrer als Dienstgeber und andere Geistliche als Mitarbeiter i. S. d. MAVO nicht gegenüberstehen sollen; denn in einem Generalvikariat oder Ordinariat ist diese Konstellation mit Blick auf den Generalvikar und seinen geistlichen Mitbruder, der Mitarbeiter ist, häufig. Domkapitulare sind Organmitglieder der Domkirche bzw. Mitglieder des Domkapitels, also nicht Mitarbeiter. Im Generalvikariat sind sie in der Praxis Mitarbeiter in leitender Stellung.[149] 92

7. Personen in Maßnahmen der Rehabilitation und Resozialisierung

a. Einführung

Als Mitarbeiter gelten gemäß § 3 Abs. 2 Nr. 6 solche Personen nicht, deren Beschäftigung oder Ausbildung überwiegend ihrer Heilung, Wiedereingewöhnung, beruflichen und sozialen Rehabilitation oder Erziehung dient. Die Regelung ist der Vorschrift des § 5 Abs. 2 Nr. 4 BetrVG nachgebildet, aber mit ihr nicht identisch (vgl. auch § 4 Abs. 5 Nr. 2 BPersVG). Die Vorschrift umschreibt zwei Personengruppen, nämlich Beschäftigte und Auszubildende in besonderen Maßnahmen, die aus dem Kreis der Personen des § 3 Abs. 1 S. 1 ausgegliedert werden. Die Maßnahmen müssen überwiegend der
– Rehabilitation oder 93

---

143 *Schlichtungsstelle Hildesheim*, 4. 8. 1994, ZMV 1994, 299.
144 *BAG*, 10. 12. 1992 – 2 AZR 271/92, NZA 1993, 593.
145 *Schlichtungsstelle Köln*, wie vor; *Schlichtungsstelle Hildesheim*, wie vor; *Schlichtungsstelle Münster*, 11. 8. 1998 – SchliV – MAVO 12/97, ZMV 1998, 899.
146 Vgl. etwa *LAG Niedersachsen*, 18. 12. 2001 – 12 Sa 694/01, ZMV 2001, 253.
147 Vgl. noch: *Schlichtungsstelle Köln*, 5. 11. 1996 – MAVO 11/96.
148 *BAG*, 10. 12. 1992 – 2 AZR 271/92, AR-Blattei ES Kirchenbedienstete 960 Nr. 48.
149 *Puza*, Die Dom- und Stiftskapitel, Hdb. kath. KR 2. Aufl., S. 475 f. m. N.

– Resozialisierung dienen. Dies gilt nicht nur für die Zwecke der Heilung oder Erziehung, sondern auch für die Wiedereingewöhnung. Es geht dabei um die Wiederherstellung eines normalen Verhältnisses der betroffenen Person zum allgemeinen Erwerbsleben. Die Wiedereingewöhnung ist darauf gerichtet, Personen, die jedweder geregelten Arbeit entwöhnt sind oder sich nicht an solche Arbeit gewöhnt haben, an geregelte Arbeit heranzuführen. Dazu gehören Personen, die vorwiegend aus arbeitstherapeutischen Gründen beschäftigt werden, wie z. B. Arbeitsscheue, Nichtsesshafte und Landstreicher.[150]

94 Die Vorschrift stimmt nicht mit § 3 AVR-Caritas überein. Die AVR gelten u. a. nicht für
– Mitarbeiter, deren Leistungsfähigkeit infolge einer körperlichen, geistigen, seelischen oder sonstigen Behinderung beeinträchtigt ist und deren Rehabilitation oder Resozialisierung durch Beschäftigungs- und Arbeitstherapiemaßnahmen angestrebt wird,
– Mitarbeiter, die nicht in erster Linie aus Gründen der Erwerbstätigkeit beschäftigt werden, sondern vorwiegend zu ihrer Betreuung, sofern die Anwendung der AVR nicht ausdrücklich schriftlich vereinbart ist,
– Mitarbeiter, die Arbeiten nach § 11 Abs. 3 SGB XII ausüben (§ 3 Abs. a bis c AVR),
– Mitarbeiter i. S. v. § 3 Abs. d bis g AVR.

95 Andererseits gelten die AVR im Umkehrschluss für Arbeitnehmer (§ 2 Abs. 2 AVR), also auch für solche Personen in Rehabilitationsmaßnahmen, mit denen Arbeits- oder Ausbildungsverträge abgeschlossen worden sind. Das gilt insbesondere für berufliche Rehabilitanden, die sich nicht in Beschäftigungs- und Arbeitstherapiemaßnahmen befinden. Nach der MAVO gilt nicht der Grundsatz, dass der Arbeitnehmer stets Mitarbeiter i. S. d. MAVO ist. Das zeigt § 3 Abs. 2 MAVO deutlich.

b. Berufliche Rehabilitanden

96 Werden Leistungen in Einrichtungen der beruflichen Rehabilitation ausgeführt, werden die Teilnehmenden nicht in den Betrieb der betreffenden Einrichtungen eingegliedert. Personen, deren Berufsausbildung selbst Gegenstand des Betriebszweckes der betriebsverfassungsrechtlichen bzw. mitarbeitervertretungsrechtlichen Einheit ist, sind keine Mitarbeiter, da sie nicht in die Betriebsorganisation des Dienstgebers eingegliedert sind.[151] Sie sind keine Arbeitnehmer (z. B. i. S. d. BetrVG, § 36 SGB IX). Sie wählen zu ihrer Mitwirkung besondere Vertreter (§ 36 S. 2 SGB IX). Sind Rehabilitanden schwerbehindert, ist zusätzlich die Schwerbehindertenvertretung nach § 95 SGB IX auch für sie zuständig.[152] Die Ausbildung der Teilnehmenden ist Gegenstand des Betriebszwecks der Einrichtung (§ 35 SGB IX). Daher gehört diese Personengruppe nicht zu den Mitarbeitern i. S. d. MAVO (§ 3 Abs. 2 S. 1 Nr. 6). Die Vorschriften des SGB IX sind für den kirchlich-caritativen Bereich bedeutsam, weil auch dort z. B. durch Berufsbildungswerke, Berufsförderungswerke und vergleichbare Einrichtungen der beruflichen Rehabilitation Leistungen ausgeführt werden. Dort haben die Auszubildenden an Zahl erheblich größeres Gewicht als die Ausbilder, die aber der Einrichtung das ihr eigene Gepräge geben. Daher sind die beruflichen Rehabilitanden zur MAV-Wahl weder aktiv noch passiv wahlberechtigt. Das ist anders, wenn die Genannten ihrerseits innerhalb des laufenden Betriebs mit denselben Zwecksetzungen eingesetzt werden, welche die dort beschäftigten Mitarbeiter verfolgen.[153]

c. Werkstatt für behinderte Menschen

97 Die Werkstätten für behinderte Menschen haben die Aufgabe, die Betreuten in das Arbeitsleben einzugliedern durch angemessene berufliche Bildung und eine Beschäftigung zu einem der Leistung angemessenen Entgelt. Es geht um die Förderung des Übergangs geeigneter Personen auf den allgemeinen Arbeitsmarkt durch geeignete Maßnahmen (§ 136 SGB IX). Behinderte Menschen im Ar-

---

150 *BAG*, 25. 10. 1989 – 7 ABR 1/88, DB 1990, 1192.
151 *BAG*, 13. 6. 2007 – 7 ABR 44/06, EzA § 5 BetrVG 2001 Nr. 2 = ZTR 2008, 58 LS.
152 *BAG*, 16. 4. 2003 – 7 ABR 27/02, NZA 2003, 1105 ff.
153 *BAG*, 26. 1. 1994 – 7 ABR 13/92, NZA 1995, 120.

beitsbereich anerkannter Werkstätten stehen, wenn sie nicht Arbeitnehmer sind, zu den Werkstätten in einem arbeitnehmerähnlichen Rechtsverhältnis (§ 138 Abs. 1 SGB IX).[154] Diese behinderten Menschen wirken unabhängig von ihrer Geschäftsfähigkeit durch Werkstatträte in den ihre Interessen berührenden Angelegenheiten der Werkstatt mit (§ 139 SGB IX). Werkstatträte sind in Einrichtungen der Religionsgemeinschaften zu bilden. Die Werkstätten-Mitwirkungsverordnung (WMVO) auf der Grundlage von § 144 Abs. 2 SGB IX findet auch Anwendung auf Religionsgemeinschaften und ihre Einrichtungen. Das gilt nicht, soweit sie eigene gleichwertige Regelungen getroffen haben (§ 144 Abs. 2 S. 2 SGB IX und § 1 Abs. 1 WMVO).[155] Inzwischen gilt für den kirchlichen und caritativen Bereich die CWMO.[156] Die in Werkstätten für behinderte Menschen Geförderten sind gemäß § 3 Abs. 2 S. 1 Nr. 6 vom Mitarbeiterbegriff der MAVO ausgeklammert, wenn sie nicht Arbeitnehmer sind. Dazu weiter: § 52 Rn 32 ff.

d. Eingliederungsmaßnahmen

Zu den Personen, die gemäß § 3 Abs. 2 S. 1 Nr. 6 nicht unter den Mitarbeiterbegriff der MAVO fallen, gehören auch die gemäß §§ 48 ff. SGB III zur Verbesserung ihrer Eingliederungsaussichten in das Arbeitsleben Geförderten. 98

Davon zu unterscheiden ist der Eingliederungsvertrag gemäß §§ 217 SGB III mit einem **Arbeitnehmer mit Vermittlungshemmnissen.** Der Arbeitnehmer ist Mitarbeiter i. S. d. MAVO. Gemäß §§ 229 ff. SGB III können Arbeitgeber, die einem Mitarbeiter (Arbeitnehmer) die Teilnahme an einer beruflichen Weiterbildung ermöglichen, wegen dessen deshalb bedingter Abwesenheit einen befristeten Zuschuss zum Arbeitsentgelt (§ 230 SGB III) für denjenigen **zuvor Arbeitslosen** erhalten, der für den weiterzubildenden Arbeitnehmer als Vertreter eingestellt wird (§ 229 S. 1 SGB III). Der Vertreter ist Arbeitnehmer mit befristetem Arbeitsvertrag (§ 231 Abs. 1 SGB III); er ist Mitarbeiter i. S. v. § 3 Abs. 1 S. 1 MAVO. 99

Ist ein Mitarbeiter arbeitsunfähig und kann er nach ärztlicher Feststellung seine bisherige Tätigkeit teilweise verrichten und kann er durch eine stufenweise Wiederaufnahme seiner Tätigkeit voraussichtlich besser wieder in das Erwerbsleben eingegliedert werden, so bleibt es für den Mitarbeiter bei dem Status, den er vor der Arbeitsunfähigkeit in der Einrichtung hatte; er bleibt im Falle des § 74 **SGB V** wahlberechtigt, weil er Mitarbeiter i. S. v. § 3 Abs. 1 S. 1 ist (Rn 17). 100

V. Sonderregelung für Geistliche und Ordensleute

Nach § 3 Abs. 3 gehen die besonderen Vorschriften für die Geistlichen (Priester und Diakone) im Verhältnis zu ihrem Diözesanbischof und die für Ordensleute gegenüber dem Ordensoberen den Vorschriften der MAVO vor. 101

1. Weltgeistliche

Die Geistlichen des Diözesanbischofs sind Weltgeistliche. Sie stehen in einem besonderen Verhältnis, nämlich dem der **Inkardination**, das durch die Weihe zum Diakon entsteht (can. 266 § 1 CIC). Daraus entstehen für den Geistlichen (Kleriker) **besondere Rechte und Pflichten** (can. 273 ff. CIC), auch für den Diözesanbischof (can. 384 CIC). Ist also ein Geistlicher Mitarbeiter i. S. d. MAVO, so untersteht er, auch wenn er Mitglied der MAV ist, dem besonderen Rechtsverhältnis zum Diözesanbischof. Das bedeutet, dass der Diözesanbischof den Geistlichen wegen Übertragung einer neuen Aufgabe aus der MAV abziehen kann. Weil die meisten Geistlichen Pfarrgeistliche sind und diese deshalb aus der Mitarbeiterschaft ohnehin ausgeklammert sind (vgl. § 3 Abs. 2 Nr. 5), tritt das Problem der Abberufung aus der MAV weitgehend nicht in Erscheinung. Eher können sich Probleme bei 102

---

154 *Jobs*, ZTR 2002, 515 f.; differenzierend *Schaub/Linck*, § 186 Rn 72.
155 Dazu: *Thiel*, ZMV 2001, 219.
156 Vgl. Kirchlicher Anzeiger für das Bistum Hildesheim 2003 S. 196 ff., geändert: Kirchlicher Anzeiger für das Bistum Hildesheim 2005 S. 159 f.

der Beteiligung zu Maßnahmen des Diözesanbischofs ergeben, wenn ein Geistlicher Mitglied der MAV ist. Aber auch in diesen Fällen entscheidet nicht der Geistliche allein, sondern dieser lediglich im Zusammenwirken mit den übrigen Mitgliedern der MAV. Dabei wird er auf dem Gebiet einer vom Bischof selbst erlassenen Ordnung tätig, so dass er bei richtiger Wahrnehmung der von der MAVO vorgeschriebenen Aufgaben nicht in eine Konfliktlage geraten kann, zumal auch im Wege des Rechtsschutzes für Betroffene noch Wege offen sind, die zu beschreiten sind.

2. Ordensleute

103 Die Ordensleute (Ordensgeistliche, Ordensbrüder, Ordensschwestern) stehen zu ihrem Orden in einem besonderen Verhältnis. Sind es **Ordensgeistliche**, so sind sie durch die Diakonenweihe **dem Ordensinstitut inkardiniert** (can. 266 § 2 CIC). Andere Ordensleute, aber auch die Ordensgeistlichen, sind infolge der **Ordensprofess** in das Institut mit Rechten und Pflichten eingegliedert (can. 654 CIC). Daraus ergeben sich die besonderen Pflichten und Rechte der Institute und ihrer Mitglieder gemäß can. 662 ff. CIC, insbesondere can. 671 CIC, wonach ein Ordensangehöriger außerhalb des eigenen Instituts **keine Dienste und Ämter ohne Erlaubnis** des zuständigen Oberen übernehmen kann. Der Diözesanbischof hat ein besonderes Weisungsrecht gegenüber einem Ordensmitglied, wenn der Obere nicht Vorsorge trifft (can. 679 CIC).

104 In mehreren Fällen sind die Zuständigkeiten des Diözesanbischofs und des Ordensoberen auf Zusammenarbeit angelegt (vgl. can. 678, 680, 681, 682, 683 CIC), so dass also auch die besonderen Verhältnisse der Ordensleute zum Diözesanbischof vor der MAVO Vorrang haben.[157]

3. Ausschluss der Mitwirkung in persönlichen Angelegenheiten

a. Ordensleute, Weltgeistliche

105 § 3 Abs. 3 S. 2 unterstreicht die Bedeutung von Satz 1 und erklärt, dass der MAV in den persönlichen Angelegenheiten der Geistlichen und Ordensleute wegen der besonderen Verhältnisse zum Bischof bzw. dem Ordensoberen Rechte nicht zustehen. Deshalb hat die MAV **keine Beteiligungsrechte** an Maßnahmen, die **gegenüber Geistlichen und Ordensleuten** getroffen werden. Das betrifft insbesondere die in § 35 Abs. 1 genannten Maßnahmen, zu denen sonst grundsätzlich die Zustimmung der MAV erforderlich ist, damit die Maßnahme wirksam ist (§ 33 Abs. 1). Dazu gehören Angelegenheiten i. S. v. § 3 Abs. 2 S. 2, § 18 Abs. 2 und 4, § 29 Abs. 1, §§ 34, 35; die Anhörung gemäß §§ 30, 31 ist in der Praxis gegenstandslos, weil Kündigungen nur Arbeitsverhältnisse betreffen, während die vorstehend genannten Mitarbeiter aus dem Klerus und dem Ordensstande in der Regel nicht in einem arbeitsvertraglichen Verhältnis zum Dienstgeber stehen. Selbst wenn das der Fall wäre, ist die Beteiligung der MAV durch die Ordnung ausgeschlossen.

b. Sonstige durch Gestellungsvertrag Beschäftigte

106 Aufgrund eines Gestellungsvertrages werden nicht nur Ordensleute tätig, sondern z. B. auch Rote-Kreuz-Schwestern (Rn 50 ff.). Durch Gestellungsvertrag darf die Anwendung der MAVO nicht ausgeschlossen oder eingeschränkt werden. Denn das würde die MAVO als Kirchengesetz berühren und damit dem Willen des bischöflichen Gesetzgebers zuwiderlaufen. Deswegen wird in § 55 ausdrücklich bestimmt, dass durch anderweitige Regelungen oder Vereinbarung das Mitarbeitervertretungsrecht nicht abweichend von dieser Ordnung geregelt werden kann.

107 Die MAVO berücksichtigt in § 3 Abs. 3 S. 2 das höherrangige Gesetz des CIC (Rn 102). Sie enthält andererseits besondere Regelungen für die Mitarbeiter, die zwar aufgrund von Gestellungsverträgen tätig werden, aber weder Geistliche noch Ordensleute sind, nicht getroffen. Insofern ist also die Mitwirkung der MAV in den persönlichen Angelegenheiten der DKR-Schwestern zulässig, soweit nicht

---

157 Vgl. Amtsblatt des Bistums Trier 2000, 372.

mitgliedschaftliche Rechte aus der Mitgliedschaft bei der Schwesternschaft betroffen sind[158] (Rn 52 f.).

VI. Sonderfälle

1. Ehrenamtsträger

Die Kirche bedient sich zur Erfüllung ihrer Aufgaben einer großen Anzahl von Ehrenamtsträgern, die aus verschiedenen Gründen nicht Mitarbeiter i. S. d. MAVO sind. Allen voran sind das die Mitglieder von Organen (§ 3 Abs. 2 Nr. 1; Rn 69, § 2 Rn 14 ff.). Daneben sind aber auch die Mitglieder der **Pfarrgemeinderäte**,[159] die Mitglieder der Kirchenchöre,[160] die **Ministranten**, sowie diejenigen, die nach den Bestimmungen des CIC als **Laien** eine Aufgabe in der Kirche wahrnehmen (can. 230 CIC), dafür aber keine Vergütung erhalten, zu nennen. Dennoch sind diese Gruppen in der gesetzlichen Unfallversicherung gemäß § 2 Abs. 1 Nr. 10 SGB VII versichert.[161] 108

2. Unentgeltlich Beschäftigte und ähnliche

Auch die unentgeltlich Beschäftigten gehören nicht zu den Mitarbeitern i. S. v. § 3 Abs. 1, weil sie ebenso wie die Ehrenamtsträger nicht beruflich tätig werden. Ihre Tätigkeit dient nicht dem Erwerb. Dasselbe gilt für solche Personen, deren Beschäftigung nicht in erster Linie ihrem Erwerb dient und die vorwiegend zu ihrer Heilung, Wiedereingewöhnung, sittlichen Besserung oder Erziehung beschäftigt werden; vgl. jetzt § 3 Abs. 2 S. 1 Nr. 6, Rn 93 ff. 109

Nicht zu den Mitarbeitern zählen solche Personen, die ein sog. **Einfühlungsverhältnis** ohne Vergütung und ohne Arbeitspflicht beim potentiellen Dienstgeber eingegangen sind, um den Betrieb erst kennen zu lernen und um die Voraussetzungen der Zusammenarbeit für das mögliche spätere Arbeitsverhältnis zu klären[162]; sie sind noch keine Mitarbeiter im MAVO-Sinne, weil sie weder beruflich noch zur Ausbildung tätig sind, sondern dies eventuell später werden. Dasselbe gilt für solche, die zur Arbeit eingewöhnt werden sollen. **Schülerpraktikanten** werden weder zu ihrer Ausbildung, Berufsausbildung noch zu einer weisungsgebundenen Arbeitsleistung, die vom Dienstgeber eigens organisiert werden und ein Arbeitsergebnis bringen muss, tätig. Sie sollen eine schulische Unterweisung mit Hilfe eines Betriebes zu ihrer Information über die Arbeitswelt mit dem Einblick in die betriebliche Arbeitsleistung anderer Mitarbeiter in einer Einrichtung erhalten. Ihnen soll eine kritische Auseinandersetzung mit der Arbeits- und Berufswelt ermöglicht und eine damit verbundene Hilfestellung für die spätere Berufswahl geboten werden.[163] Arbeitspflicht besteht in der Regel nicht. Deshalb sind sie **keine Mitarbeiter i. S. d. MAVO** (vgl. Rn 43). 110

3. Personen in Dienstverhältnissen des Staates

a. Abgeordnete Beamte

Nicht zum Kreis der Mitarbeiter gehört, wer im Rahmen eines im staatlichen Bereich bestehenden öffentlich-rechtlichen Dienstverhältnisses in kirchlichen Einrichtungen tätig wird. Das betrifft ins- 111

---

158 *Schlichtungsstelle Köln* MAVO 1/85; 8/87.
159 Vgl. Satzung für die Pfarrgemeinderäte im Erzbistum Köln, Amtsblatt des Erzbistums Köln 2005 Nr. 102 S. 95; Wahlordnung für die Pfarrgemeinderäte im Erzbistum Köln, Amtsblatt des Erzbistums Köln 2005 Nr. 103 S. 98.
160 Ordnung für die kirchenmusikalischen Gruppen im Erzbistum Köln, Amtsblatt des Erzbistums Köln 1996 Nr. 134 S. 156.
161 Dazu ausführlich: *Wertenbruch/Freitag*, Das Kirchenamt im Recht der gesetzlichen Unfallversicherung, S. 86, 95; Rahmenrichtlinien für ehrenamtl. Dienste im Erzbistum Freiburg, Amtsblatt der Erzdiözese Freiburg 1995 Nr. 40 S. 61.
162 *LAG Hamm*, 24. 5. 1989 – 15 Sa 18/89 rkr. BB 1989, 1759.
163 *BAG*, 8. 5. 1990 – 1 ABR 7/89, DB 1990, 2124 f. = NZA 1990, 897.

besondere die **Referendare**, welche als Beamte auf Widerruf einen Teil ihrer Ausbildung in einer kirchlichen Einrichtung oder Dienststelle absolvieren, oder z. B. **Lehrer** in staatlichen Diensten, wenn sie für begrenzte Dauer einem kirchlichen Rechtsträger unentgeltlich zur Verfügung gestellt werden und ihre Bezüge weiterhin vom staatlichen Dienstherrn erhalten.

b. Zivildienstleistende

112 Ebenso sind Zivildienstleistende, deren Rechte und Pflichten das Zivildienstgesetz (ZDG) regelt, keine Mitarbeiter i. S. d. MAVO. Der Einsatz von Zivildienstleistenden liegt außerhalb des Bestimmungsbereichs des Trägers einer kirchlichen Einrichtung, also des Dienstgebers. Die Eingliederung des einzelnen Zivildienstleistenden ergibt sich aus der Zuweisung, also einem Verwaltungsakt, der auf § 4 ZDG beruht.[164] Gemäß § 37 ZDG i. V. m. § 2 ZDVG wählen sie in Dienststellen mit mindestens fünf Zivildienstleistenden als Vertretung Vertrauensleute, die mit der MAV gemäß § 53 Abs. 1 zusammenarbeiten. Besteht keine Vertrauensvertretung, so können sich die Zivildienstleistenden mit ihren Anliegen an die MAV wenden (§ 53 Abs. 2). Die Dienststellenleiter und andere Personen, die mit Aufgaben der Leitung und Aufsicht beauftragt sind, erhalten gemäß § 30 ZDG die Befugnis, als Vorgesetzte dienstliche Anweisungen gegenüber dem Zivildienstleistenden zu erteilen. Damit üben sie jedoch keine Dienstanweisungen i. S. d. arbeitsrechtlichen Direktionsrechts aus, sondern eine Rechtsmacht zur Ausübung einzelner hoheitlicher Befugnisse im eigenen Namen gegenüber dem Zivildienstleistenden. Diese Rechtsmacht wird im Wege der durch § 4 ZDG geregelten Anerkennung der Dienststelle für die Ableistung des Zivildienstes verliehen.[165]

4. Sonstige

a. Mitarbeiter aufgrund von Maßnahmen der Sozialhilfe

113 Mitarbeiter ist auch, wem durch das Sozialamt Hilfe zur Arbeit durch Schaffung von Arbeitsgelegenheiten gewährt wird.[166] Deshalb sind Mitarbeiter in Arbeitsbeschaffungsmaßnahmen gemäß § 11 Abs. 3 SGB XII und in sonstigen öffentlich geförderten Maßnahmen – von besonderen Ausnahmen der MAVO abgesehen (vgl. § 3 Abs. 2 S. 1 Nr. 6) – im Grundsatz Mitarbeiter i. S. v. § 3 Abs. 1 S. 1. Mitarbeiter und Mitarbeiterinnen in Einrichtungen mit Anwendung der AVR-Caritas sind je nach Regelung der AVR-Caritas zwar vom Geltungsbereich der AVR-Caritas ausgenommen, wenn sie z. B. Arbeitsgelegenheiten nach § 16d SGB II wahrnehmen. Dennoch wird ihre Existenz in den Einrichtungen als Mitarbeiter bestätigt (§ 3 Abs. c, d und e AVR-Caritas). Zu unterscheiden ist in diesem Zusammenhang zwischen
– Arbeitsgelegenheiten in einem sozialversicherungspflichtigen Arbeitsverhältnis (§ 16d S. 1 SGB II) i. S. einer Entgeltvariante und
– Arbeitsgelegenheiten in einem Sozialrechtsverhältnis für im öffentlichen Interesse liegende »zusätzliche« Arbeiten gemäß § 16d S. 2 SGB II als sog. Zusatzjobs/Ein-Euro-Jobs,[167] durch die kein Arbeitsverhältnis begründet wird, sondern für die ein öffentlich-rechtlicher Vertrag die Rechtsgrundlage bildet.[168]

114 Die Mitarbeiter i. S. d. § 16d S. 1 SGB II sind aber mitarbeitervertretungsrechtlich als Mitarbeiter i. S. v. § 3 Abs. 1 S. 1 MAVO anzusehen; sie leisten weisungsgebundene Arbeit in einer Einrichtung.

---

164 *ArbG Hamburg*, 31. 1. 1989 – 10 BV 20/88, NZA 1989, 652.
165 *BGH*, NJW 1984, 118, 119; *BSG*, 20. 4. 1993 – 2 RU 35/92, NJW 1994, 77 f.; zur Rechtsstellung und Haftung der Zivildienstleistenden vgl. auch Caritas-Korrespondenz 1988–9 S. 33 ff.; *BGH*, 4. 6. 1992 – III ZR 93/91, NJW 1992, 2822 zur Amtshaftung bei durch Zivildienstleistenden verursachten Schaden gemäß Art. 34 GG i. V. m. § 839 BGB.
166 Vgl. *BAG*, 5. 4. 2000 – 7 ABR 20/99, ZTR 2001, 91.
167 *Papenheim*, in: Beyer/Papenheim, Arbeitsrecht der Caritas, § 3 AT AVR Rn 31, Stand 1/2005.
168 *BAG*, 8. 11. 2006 – 5 AZR 36/06, NZA 2007, 53.

Auf die Befristung des Arbeitsverhältnisses kommt es nicht an. Es geht um die Wiedereingliederung in den normalen Arbeitsmarkt nach einer längeren Beschäftigungslosigkeit.[169]

Hinsichtlich der Mitarbeiter in Zusatzjobs i. S. v. § 16d S. 2 SGB II (früher: § 16 Abs. 3 S. 2 SGB II) ist die Frage der Mitarbeitereigenschaft dahin zu beantworten, dass die MAVO in § 3 Abs. 1 S. 1 Nr. 1 als Mitarbeiter nur solche Personen bezeichnet, die in einem Dienst- oder Arbeitsverhältnis stehen. Die MAE-Beschäftigten sind aber nur arbeitnehmerähnlich tätig (Rn 49). 115

Die Mitarbeitereigenschaft ist nicht von der Geltung oder Anwendung der AVR-Caritas für das Beschäftigungsverhältnis abhängig, sondern von der Beschäftigung i. S. v. § 3 Abs. 1 S. 1 MAVO i. S. einer Eingliederung des Beschäftigten in die Einrichtung zur Verrichtung weisungsgebundener Tätigkeit. Ausnahmen vom Mitarbeiterbegriff ergeben sich durch Rechtsverhältnisse besonderer Art oder von der MAVO näher genannte Tatbestände (§ 3 Abs. 1 S. 2, Abs. 2). Der Mitarbeiterbegriff i. S. v. § 3 Abs. 1 S. 1 ist wesentlich für die Frage des Mitbestimmungsrechts der MAV zur Einstellung von Mitarbeitern gemäß § 34. Der Mitarbeiterbegriff i. S. v. § 3 Abs. 1 S. 1 ist wesentlich für die Ermittlung der Größe und Zusammensetzung der MAV (§ 6) sowie für das aktive und passive Wahlrecht zur MAV (§§ 7 und 8). 116

b. Nicht dem Mitarbeiterbegriff zugeordnet

Lehrbeauftragte an Hochschulen sind keine Mitarbeiter i. S. d. MAVO nach Maßgabe des § 54 Abs. 3. Siehe dort. Auf die Ausnahmeregelungen des § 3 Abs. 2 sei nochmals hingewiesen. Personen, die kraft öffentlichen Zwanges beschäftigt werden und folglich nicht in einem frei begründeten Arbeitsverhältnis stehen, sind nicht Mitarbeiter, wenn sie in Anstalten oder aus sonst therapeutischen Gründen beschäftigt werden.[170] 117

VII. Streitigkeiten

§ 2 Abs. 2 KAGO bestimmt, dass in allen Rechtsstreitigkeiten mitarbeitervertretungsrechtlicher Art das Kirchliche Arbeitsgericht angerufen werden kann. Die örtliche Zuständigkeit bestimmt § 3 KAGO. Ob eine Person Mitarbeiter i. S. v. § 3 Abs. 1 S. 1 MAVO ist oder dies gemäß § 3 Abs. 2 Nrn. 1 bis 6 MAVO nicht ist, hat rechtliche Konsequenzen hinsichtlich der Rechte als Mitarbeiter und der Befugnisse der MAV i. S. d. gesamten Ordnung. Bei gegebenem Feststellungsinteresse ist der betroffene Mitarbeiter bzw. die Mitarbeiterin aktiv legitimiert (§§ 8 Abs. 2 Buchst. b; 10 KAGO). 118

§ 4 Mitarbeiterversammlung

Die Mitarbeiterversammlung ist die Versammlung aller Mitarbeiterinnen und Mitarbeiter. Kann nach den dienstlichen Verhältnissen eine gemeinsame Versammlung aller Mitarbeiterinnen und Mitarbeiter nicht stattfinden, so sind Teilversammlungen zulässig.

Übersicht		Rn			Rn
I.	Vorbemerkung	1– 3	VII. Teilversammlung		26–34
II.	Begriff und Zweck	4	1. Vorbemerkung		26, 27
III.	Voraussetzungen	5– 9	2. Voraussetzungen		28, 29
IV.	Befugnisse	10, 11	3. Zusammensetzung		30, 31
V.	Teilnahmerecht	12–22	4. Durchführung		32
	1. Mitarbeiter der Dienststelle	12–14	5. Gruppenversammlungen		33
	2. Nicht Teilnahmeberechtigte	15–17	6. Parallelversammlungen		34
	3. Nichtöffentlichkeit	18–21	VIII. Andere Versammlungen		35, 36
	4. Verschwiegenheitspflicht	22	IX. Streitigkeiten		37
VI.	Einberufung und Durchführung	23–25			

---

169 Vgl. *Papenheim*, a. a. O. § 3 AT AVR Rn 36.
170 Vgl. zum BetrVG; *Raab*, GK-BetrVG § 5 Rn 86.

I. Vorbemerkung

1 Die Mitarbeiterversammlung ist als Institution des Mitarbeitervertretungsrechts **ein Forum innerbetrieblicher Demokratie**. Die Mitarbeiter sollen dort ihre Meinung äußern und durch Beschlüsse zum Ausdruck bringen. Das Gesetz unterscheidet folgende Arten von Mitarbeiterversammlungen: **Vollversammlungen** (§ 4 S. 1), **Teilversammlungen** (§ 4 S. 2), **ordentliche (regelmäßige) Versammlungen** (§ 21 Abs. 2) und **außerordentliche Versammlungen** (§ 21 Abs. 3) sowie **besondere Versammlungen** gemäß § 10 Abs. 1, 1a und 2.

2 Die Regelungen zur Mitarbeiterversammlung finden sich in den §§ 4, 21, 22, 22a Abs. 4 i. V. m. § 1b, aber auch in § 10 Abs. 1, 1a und 2. Die Vorschrift des § 4 präsentiert die **Mitarbeiterversammlung als Institution** gemäß MAVO, § 10 Abs. 1 schreibt die Mitarbeiterversammlung vor, wenn die Voraussetzungen für die Bildung einer MAV vorliegen, eine MAV aber nicht besteht. Die Mitarbeiterversammlung soll den **Wahlausschuss für die Mitarbeitervertreterwahl** wählen. Die Wahl des Wahlausschusses fällt in den Fällen des § 10 Abs. 1a der Mitarbeiterversammlung auch dann zu, wenn unter den dort genannten Umständen ein Wahlausschuss nicht besteht, obwohl die Vorbereitung einer MAV-Wahl geboten ist. Die §§ 21 und 22 schließlich regeln Einberufung, Aufgaben und Verfahren der Mitarbeiterversammlung.

3 Der Mitarbeiterversammlung ist der **Begriff der Mitarbeiterschaft** gedanklich voranzustellen. Dieser Begriff ist **nicht** mit dem der Dienstgemeinschaft (s. Präambel Rn 21 ff.) identisch. Unter Mitarbeiterschaft ist die Summe der Mitarbeiter i. s. v. § 3 Abs. 1 zu verstehen, die z. B. im Betriebsverfassungsrecht als Belegschaft bezeichnet wird (§ 80 Abs. 1 Nr. 2, § 111 BetrVG). Als rechtliche Einheit tritt die Mitarbeiterschaft einer Dienststelle, Einrichtung oder sonstigen selbständig geführten Stelle nach der MAVO nur in Form der Mitarbeiterversammlung (§ 4 S. 1) in Erscheinung; sie ist aber im Ergebnis mit Ausnahme des Falles gemäß § 10 nicht handlungsfähig, wenn die MAV fehlt. Deshalb müssen die wahlberechtigten Mitarbeiter die MAV wählen. Das setzt die Kandidatur von Mitarbeitern voraus. Daraus wird wiederum der Wille zur Gemeinschaftsbildung innerhalb der Mitarbeiterschaft erkennbar (vgl. ferner § 10). Die Mitarbeiterversammlung ist nicht mit der **Wahlversammlung** i. S. d. §§ 11a bis 11c identisch, die dem vereinfachten Wahlverfahren zur Bildung einer MAV in kleinen Einrichtungen dienen soll.

II. Begriff und Zweck

4 Die Mitarbeiterversammlung ist die **Versammlung aller Mitarbeiter** i. S. v. § 3 Abs. 1, die in der Dienststelle beschäftigt werden. Sie ist das Forum, vor dem die MAV Rechenschaft über ihre Tätigkeit abzulegen hat und auf dem die Mitarbeiterschaft zu den Beschlüssen der MAV Stellung nehmen und der MAV Anträge für ihre Tätigkeit unterbreiten kann (§§ 21, 22). Die Mitarbeiterversammlung dient also der Zusammenarbeit zwischen MAV und Mitarbeiterschaft, aber auch der mit dem Dienstgeber, insbesondere im Falle der erstmaligen Einberufung durch ihn, wenn noch keine MAV besteht (§ 10 Abs. 1) oder er die Einberufung der Mitarbeiterversammlung verlangt (§ 21 Abs. 3) oder gemäß § 27a Abs. 5 zu berichten hat. Zur Mitarbeiterschaft **gehören diejenigen Personen nicht**, die gemäß § 3 Abs. 1 S. 2 und Abs. 2 aus dem Kreis der Mitarbeiter ausgeklammert sind (vgl. Erläuterungen zu § 3). Daraus folgt, dass die Mitarbeiterversammlung kein Institut i. S. kirchlicher Koalitionsfreiheit (can. 215) ist; sie ist eine **Institution i. S. d. MAVO**, kein Organ der Dienststelle.

III. Voraussetzungen

5 In Einrichtungen, in denen keine MAV besteht, können Mitarbeiterversammlungen i. S. d. § 4 grundsätzlich nicht stattfinden. Ohne gewählte MAV sind Mitarbeiterversammlungen ausnahmsweise im Fall des § 10 Abs. 1 (zur Bestellung des Wahlausschusses) zulässig. Ebenso wenig kann in Einrichtungen mit weniger als fünf wahlberechtigten Mitarbeitern (§§ 6, 7) eine Mitarbeiterversammlung i. S. d. MAVO abgehalten werden.

Davon unberührt haben die Mitarbeiter einer Einrichtung das Recht, sich: 6
– **aufgrund eigener Initiative außerhalb der Arbeitszeit** und **außerhalb des Einrichtungsgeländes** oder
– **mit vorheriger Zustimmung des Dienstgebers während der Arbeitszeit in den Räumen der Einrichtung** zu versammeln (**Selbstversammlung**).

Dabei handelt es sich aber nicht um Mitarbeiterversammlungen i. S. dieses Gesetzes, auch dann nicht, 7
wenn der Dienstgeber dazu eingeladen hat (vgl. § 21 Rn 29). Der Dienstgeber kann aber eine sog.
Belegschaftsversammlung einberufen und leiten (vgl. § 21 Rn 31). Die Versammlung durch den
Dienstgeber darf keine Gegenveranstaltung zur Mitarbeiterversammlung werden. Sowohl die **Selbstversammlung** als auch die **Belegschaftsversammlung** unterliegen nicht den Organisationsvorschriften der §§ 4, 21, 22.

Ein **Recht auf spontane Versammlung der Mitarbeiter** in der Einrichtung ohne Zustimmung des 8
Dienstgebers gibt es nicht.[1]

Die Mitarbeiterversammlung ist nicht die einzige Plattform des Dialogs zwischen MAV und Mit- 9
arbeitern. Der Informationsaustausch kann auf vielfältige Art und Weise stattfinden, etwa durch
eine **Fragebogenaktion**, sofern sich die Fragen im Rahmen der gesetzlichen Aufgaben der MAV halten
und der Betriebsablauf und Betriebsfrieden nicht gestört werden.[2] Darüber hinaus kann die MAV die
Mitarbeiterschaft auch über das **Schwarze Brett** informieren, per **E-Mail** bzw. **Homepage im Intranet**, wenn die entsprechenden technischen Möglichkeiten bestehen.[3]

IV. Befugnisse

Die Mitarbeiterversammlung ist die von der MAVO geschaffene Form, in der die Mitarbeiter zu einer 10
gemeinsamen Willensbildung kommen können und sich die Mitarbeiterschaft unmittelbar präsentiert.[4] Die MAV gewinnt so die **Möglichkeit**, die für ihre Arbeit nötigen **Informationen aus der Mitarbeiterschaft zu erhalten**. Damit sind nicht die Informationen gemeint, die der Dienstgeber der
MAV zu geben hat.

Die Mitarbeiterversammlung hat **begrenzte Befugnisse**. Ihre Zuständigkeit erstreckt sich auf alle An- 11
gelegenheiten, die zur Zuständigkeit der MAV gehören (§ 22 Abs. 1). Sie kann sich deshalb mit allen
Themen befassen, die in den Zuständigkeitsbereich fallen. Ein Weisungsrecht steht der Mitarbeiterversammlung zwar nicht zu, doch kann sie die MAV gemäß § 22 Abs. 2 im Wege des **Misstrauensvotums** abberufen (§ 13 Abs. 3 Nr. 5). Allerdings ist die Abberufung eines **einzelnen** Mitarbeitervertreters aus der MAV durch die Mitarbeiterversammlung nicht möglich (vgl. § 21 Rn 22 ff.).

V. Teilnahmerecht

1. Mitarbeiter der Dienststelle

Die Mitarbeiterversammlung als **Vollversammlung** ist die Versammlung **aller** Mitarbeiter der Dienst- 12
stelle. Wer zur Teilnahme an der Mitarbeitervertreterversammlung berechtigt ist, folgt aus § 4 S. 1
i. V. m. § 3 Abs. 1 S. 1 (vgl. § 3 Rn 7 ff.). **Teilnahmeberechtigt** sind folglich **alle Mitarbeiter** i. S. d.
§ 3 Abs. 1 ohne Rücksicht auf ein aktives oder passives Wahlrecht und ihren Beschäftigungsumfang.
Dazu zählen also auch die in der Berufsausbildung Stehenden und Jugendlichen unter 18 Jahren (vgl.
§ 48). **Mitarbeiter in Elternzeit** bleiben Mitarbeiter i. S. d. § 3 Abs. 1 und sind deshalb auch teilnahmeberechtigt.[5] Etwas anderes gilt nach Ansicht des BAG für Mitarbeiter, die sich in der **Freistellungs-**

---

1 *Gamillscheg*, Kollektives Arbeitsrecht II, S. 645.
2 *BAG*, 8. 2. 1977 – 1 ABR 82/74, DB 1977, 914; *ArbG Berlin*, 24. 10. 2007 – 77 BVGa 16633/07, juris.
3 *Fitting*, BetrVG § 42 Rn 13.
4 *Richardi*, Arbeitsrecht in der Kirche § 18 Rn 95.
5 *BAG*, 31. 5. 1989 – 7 AZR 574/88, NZA 1990, 449.

phase der **Altersteilzeit im Blockmodell** befinden: Zwar ruht bei ihnen das Arbeitsverhältnis bis zu Beginn der Rente. Doch im Gegensatz zu den Mitarbeitern in Elternzeit steht bei ihnen im Zeitpunkt des Eintretens in die Freistellungsphase fest, dass sie nicht mehr als aktive Dienstnehmer in die Einrichtung zurückkehren werden.[6]

13 Teilnahmeberechtigt sind **Mitarbeiter im Außendienst** sowie Mitarbeiter, die am Tag der Mitarbeiterversammlung nicht zu arbeiten brauchen, weil sie eine Freischicht haben, in Erholungs- oder Sonderurlaub sind. Dasselbe gilt für **beurlaubte Mitarbeiter**.

14 Der Mitarbeiter ist **nicht verpflichtet**, an der Mitgliederversammlung teilzunehmen. Es gibt keinen Teilnahmezwang, nur ein Teilnahmerecht. Das gilt auch, wenn die Mitarbeiterversammlung während der Arbeitszeit stattfindet. Nimmt der Mitarbeiter an einer Versammlung während der Arbeitszeit – aus welchen Gründen auch immer – nicht teil, hat er weiterzuarbeiten.[7]

2. Nicht Teilnahmeberechtigte

15 **Den in § 3 Abs. 1 S. 2 und Abs. 2 aufgeführten Personen steht** grundsätzlich kein Teilnahmerecht an den Mitarbeiterversammlungen zu, weil sie nicht Mitarbeiter i. S. d. MAVO und das Gesetz auf sie keine Anwendung findet. Wenn der **Dienstgeber** an der Versammlung teilnehmen darf, z. B. weil er die Versammlung einberufen hat (§ 21 Abs. 3 S. 2–4; § 10 Abs. 1 S. 1 und 2, Abs. 1a) kann er **Mitarbeiter in leitender Stellung als Berater** hinzuziehen (z. B. im Falle des § 27a Abs. 5) oder auch als seine **Vertreter** entsenden. Letzteres ist in § 10 Abs. 1 S. 2 ausdrücklich geregelt. Außerdem **kann der Vorsitzende der MAV den Dienstgeber** zur Teilnahme an der Mitarbeiterversammlung **einladen**, ebenso die in § 3 Abs. 2 aufgeführte Personen.[8]

16 **Leiharbeitnehmer** i. S. d. AÜG nehmen im Entleiherbetrieb an der »Betriebsversammlung« teil (§ 14 Abs. 2 S. 2 AÜG). Die staatliche Regelung gilt aber nur für Betriebsversammlungen nach dem BetrVG, nicht für Mitarbeiterversammlungen i. S. d. MAVO. Darüber hinaus sind Leiharbeitnehmer i. S. d. AÜG in der MAVO aus dem Mitarbeiterbegriff ausgeklammert (§ 3 Abs. 1 S. 2). Sie sind während der Zeit ihrer Arbeitsleistung bei einem kirchlichen Entleiher Angehörige des entsendenden Betriebes des Verleihers (§ 14 Abs. 1 AÜG). Deshalb **dürfen Leiharbeitnehmer** – ähnlich wie die anderen Nichtmitarbeiter i. S. d. § 3 Abs. 2 – **grundsätzlich nicht an den Mitarbeiterversammlungen teilnehmen**. Wenn aber für die in § 3 Abs. 2 aufgeführten Personen Ausnahmen vom Teilnahmeverbot an Mitarbeiterversammlungen bestehen, so kann auch Leiharbeitnehmern in sachlich begründeten Fällen die Teilnahme nicht gänzlich verwehrt werden, weil sie – vergleichbar etwa mit den leitenden Mitarbeitern – in die kirchliche Einrichtung eingegliedert und dem Weisungsrecht des Dienstgebers unterworfen sind. Ein Teilnahmerecht von Leiharbeitnehmern in der Mitarbeiterversammlung ist daher zu befürworten, wenn dort Angelegenheiten erörtert werden, die die Leiharbeitnehmer unmittelbar betreffen und wenn sie vom Vorsitzenden der MAV mit Zustimmung des Dienstgebers zur Sitzung eingeladen werden.

17 Außerhalb der Dienststelle bestehende **Verbände** oder **Gewerkschaften haben kein Zutrittsrecht**, zur Mitarbeiterversammlung auch dann nicht, wenn Mitarbeiter bei ihnen Mitglieder sind.[9]

3. Nichtöffentlichkeit

18 Die Mitarbeiterversammlung ist **nicht öffentlich** (§ 21 Abs. 1 S. 1). Der Ausschluss der Öffentlichkeit dient dazu, **einrichtungsfremde, insbesondere politische Einflüsse, fernzuhalten**. Darüber hinaus soll durch das Gebot der Nichtöffentlichkeit die **freie und unbefangenen Aussprache** unter

---

[6] *BAG*, 16. 4. 2003 – 7 ABR 53/02, NZA 2003, 1345.
[7] *Fitting*, BetrVG § 42 Rn 24 ff.
[8] *Bietmann*, Kurzkommentar, § 16 Anm. 1.1; *Mösenfechtel/Perwitz-Passan/Wiertz*, § 21 Anm. 2.
[9] *Mayer-Maly*, Gewerkschaftliche Zutrittsrechte; *BVerfG*, BVerfGE 57, 220 ff.; *Jurina*, Kirchenfreiheit S. 797, 817.

den Mitarbeitern gefördert werden. Deshalb sind **Presse, Funk, Film und Fernsehen** zur Mitarbeiterversammlung generell nicht zugelassen.[10] Das ist wegen § 55 auch **nicht im Wege der Zustimmung aller Versammelten** einschließlich des Dienstgebers **abänderbar**.

Der Dienstgeber kann **einrichtungsfremden Personen den Zutritt** zur Einrichtung **verwehren**. Nehmen solche Personen dennoch an der Mitarbeiterversammlung teil, kann die Versammlung stattfinden, schon deshalb, um sie nicht ausfallen zu lassen. Allerdings ist der Grundsatz der Nichtöffentlichkeit verletzt. 19

Zur Zulässigkeit der **Teilnahme von einrichtungsfremden Referenten, Sachverständigen und Gästen** an Mitarbeiterversammlungen äußert sich die MAVO nicht. Sachdienliche Gründe können aber **im Ausnahmefall** deren Zulassung rechtfertigen.[11] So kann es z. B. im Interesse der Mitarbeiterversammlung sein, über arbeitsrechtliche Fragen (z. B. die Zusatzversorgung), die die Einzelarbeitsverhältnisse der Versammelten betreffen, durch einen kompetenten Referenten oder Anwalt, der nicht der Dienststelle angehört, informiert zu werden. In diesem Zusammenhang können sogar die vom Mitarbeiterbegriff Ausgeklammerten (§ 3 Abs. 2) ein Informationsbedürfnis haben. Anders als in § 45 BetrVG, wonach Angelegenheiten tarifpolitischer, sozialpolitischer und wirtschaftlicher Art, die den Betrieb oder seine Arbeitnehmer unmittelbar betreffen, thematisiert § 22 Abs. 1 S. 1 solche Angelegenheiten nicht (vgl. § 22 Rn 4 ff.). Da aber der Vorsitzende der MAV die Tagesordnung bestimmt, folgt daraus, dass Referenten, Sachverständige und Gäste **auf seine Einladung hin** an der Versammlung teilnehmen und zu den Versammelten zum gewünschten Thema sprechen können. Die MAV kann die **Einladung eines einrichtungsfremden Dritten jedoch nur nach vorheriger Zustimmung des Dienstgebers** aussprechen, weil der Dienstgeber grundsätzlich darüber zu befinden hat, ob einrichtungsfremde Personen zur Dienststelle Zutritt haben oder nicht.[12] Der Dienstgeber darf aber seine Zustimmung in Fällen, in denen die Hinzuziehung sachdienlich ist, nicht verweigern. 20

Die Teilnahme einrichtungsfremder Dritter ändert nichts am **nichtöffentlichen Charakter** der Mitarbeiterversammlung. Außenstehende können daher nur im Rahmen der ihnen von der MAV – mit Zustimmung des Dienstgebers – zugewiesenen Rolle in der Mitarbeiterversammlung auftreten. Insbesondere haben sie kein originäres Rede- und in keinem Fall ein Stimmrecht. 21

4. Verschwiegenheitspflicht

Eine ausdrückliche Regelung zur Verschwiegenheitspflicht für die Teilnehmer der Mitarbeiterversammlung fehlt. Aus dem Gebot der Nichtöffentlichkeit kann jedenfalls **keine generelle Verschwiegenheitspflicht** über Inhalt und Ablauf der Mitarbeiterversammlung abgeleitet werden.[13] **Weist der Dienstgeber** die Teilnehmer der Mitarbeiterversammlung **aber ausdrücklich auf die Geheimhaltungsbedürftigkeit** bestimmter Informationen **hin**, folgt die Verschwiegenheitspflicht aus der jeweiligen arbeitsvertraglichen Nebenpflicht.[14] 22

VI. Einberufung und Durchführung

Die ordentliche (d. h. regelmäßige) Mitarbeiterversammlung hat mindestens einmal im Jahr stattzufinden (§ 21 Abs. 2 S. 1). Über die Einberufung der Mitarbeiterversammlung durch den Vorsitzenden der MAV entscheidet in der Regel die MAV, auch über die zeitliche Lage und den Versammlungsort. Sie entscheidet auch, ob die Zusammenkunft als **Vollversammlung** oder **Teilversammlung** (§ 4 S. 2) stattfindet (dazu weiter unter Rn 26 ff.). Zur Einberufung sind die in § 21 genannten **Fristen und Formvorschriften einzuhalten** (vgl. dazu § 21). In der Gestaltung der Tagesordnung ist die 23

---

10 *HSWGN-Worzalla*, BetrVG § 42 Rn 24; *Fitting*, BetrVG § 42 Rn 44; GK-BetrVG/*Weber*, § 42 Rn 48; *Richardi/Annuß*, BetrVG § 42 Rn 38.
11 *BAG*, 19. 4. 1989 – 7 ABR 87/87, NZA 1989, 936; 13. 9. 1977 – 1 ABR 67/75, DB 1977, 1856.
12 *HSWGN-Worzalla*, BetrVG § 42 Rn 23; differenzierend *Richardi/Annuß*, BetrVG § 42 Rn 34 ff.
13 *Richardi/Annuß*, BetrVG § 42 Rn 45; GK-BetrVG/*Weber*, § 42 Rn 56.
14 GK-BetrVG/*Weber*, § 42 Rn 56; *Fitting*, BetrVG § 42 Rn 51.

MAV grundsätzlich frei. Im Falle der Einberufung der Mitarbeiterversammlung durch den Dienstgeber (§ 10 Abs. 1u. 1a), wenn keine MAV besteht, liegt die Leitung beim Dienstgeber (§ 10 Abs. 1 S. 2). Dasselbe gilt in den Fällen des § 10 Abs. 1a.

24 Der **Dienstgeber hat** den für die Abhaltung der Mitarbeiterversammlung erforderlichen **Raum zur Verfügung zu stellen.** Dies folgt aus § 17 Abs. 2, weil die Mitarbeiterversammlung eine Veranstaltung der MAV ist, zu der sie durch die Ordnung berechtigt und verpflichtet ist (§ 21 Abs. 2 und 3).[15] Der MAV steht kein Verfügungsrecht über die Räume der Dienststelle zu. Ebenso darf die MAV ohne Einvernehmen mit dem Dienstgeber keine **Räume außerhalb der Einrichtung** anmieten. Stellt der Dienstgeber einen Raum außerhalb der Einrichtung zur Verfügung, geschieht dies auf seine Kosten.[16] Auch die **sächlichen Mittel**, die zur ordnungsgemäßen Durchführung der Versammlung erforderlich sind, hat der Dienstgeber nach § 17 Abs. 2 bereit zu stellen.[17]

25 Die Durchführung der Mitarbeiterversammlung, ihre Leitung, ihr Inhalt und Ablauf werden unter §§ 21, 22 behandelt.

VII. Teilversammlung

1. Vorbemerkung

26 Gemäß § 4 S. 2 wird von dem Grundsatz, wonach für die Mitarbeiter nur eine einheitliche Mitarbeiterversammlung durchzuführen ist, in bestimmten Fällen zugunsten von Teilversammlungen abgewichen. Teilversammlungen sind zulässig, wenn nach den dienstlichen Verhältnissen eine gemeinsame Versammlung aller Mitarbeiter zum gleichen Zeitpunkt nicht stattfinden kann.

27 Liegen die Voraussetzungen für eine Teilversammlung vor, so besteht dennoch – anders als im Betriebsverfassungsrecht (§ 42 Abs. 1 S. 3 BetrVG) und im Personalvertretungsrecht (§ 48 Abs. 2 BPersVG) – keine Pflicht zur Durchführung einer Teilversammlung.[18] Die Durchführung der Teilversammlung ist mit Hilfe des Kirchlichen Arbeitsgerichts **erzwingbar** (§ 2 Abs. 2 KAGO), so dass es sich empfiehlt, eine Verständigung zwischen MAV und Dienstgeber herbeizuführen.[19] Die Initiative zur Abhaltung von Teilversammlungen richtet sich nach dem Recht zur Einberufung von Mitarbeiterversammlungen entsprechend (§§ 10 Abs. 1, 21 Abs. 1 S. 2). Allerdings hat die MAV mit Ausnahme des in § 10 Abs. 1 geregelten Falles darüber Beschluss zu fassen. Besteht keine MAV, so trifft der Dienstgeber die Entscheidung zur Abhaltung von Teilversammlungen (siehe auch § 10 Abs. 1a).

2. Voraussetzungen

28 Als Voraussetzungen für eine Teilversammlung kommen in Betracht die Größe der Mitarbeiterzahl, wenn durch sie eine sachgemäße Aussprache nicht sichergestellt ist, wenn die Mitarbeiter wegen der räumlichen Verhältnisse nicht gemeinsam an der einheitlichen Mitarbeitervollversammlung teilnehmen können, weil entsprechende Räumlichkeiten wegen der örtlichen Verhältnisse oder der Kostenbelastung für die Anmietung nicht in Betracht kommen.[20]

29 Auch bei Dienststellen oder Einrichtungen mit mehreren Schichtzeiten können Teilversammlungen notwendig werden. Das betrifft z. B. Krankenhäuser. Dort ergeben sich jedoch aufgrund des Pflegedienstes und der ärztlichen Bereitschaftspflicht zusätzliche Einschränkungen, wenn ständige Besetzung der Abteilung notwendig ist (vgl. § 21 Rn 40). Teilversammlungen sind aber nicht zulässig, um den Mitarbeitern zur Vollversammlung weite Wege zu ersparen.

---

[15] *Frey/Coutelle/Beyer*, MAVO § 17 Rn 20; *Bietmann*, Kurzkommentar, § 13 Anm. 11.
[16] *HSWGN-Worzalla*, BetrVG § 42 Rn 30; GK-BetrVG/*Weber*, § 42 Rn 22.
[17] *Richardi/Annuß*, BetrVG § 42 Rn 30.
[18] *Mösenfechtel*, MAVO § 4 Anm. 2.
[19] *Damköhler*, MAVO § 4.
[20] *HSWGN-Worzalla*, BetrVG § 42 Rn 46; *Mösenfechtel*, MAVO § 4 Anm. 2.

3. Zusammensetzung

Die Teilversammlung besteht nur **aus den Mitarbeitern, für die sie abgehalten wird.** Wer nicht zu dem Personenkreis gehört, ist weder teilnahme- noch stimmberechtigt. Eine Ausnahme gilt auch nicht für die Mitglieder der MAV. Ist der Personenkreis zur Teilnahmeberechtigung an den Teilversammlungen nicht jeweils abgegrenzt worden, so muss durch entsprechende Kontrolle über die Teilnehmerliste vorgesorgt werden, dass eine mehrfache Teilnahme an Teilversammlungen ausgeschlossen ist. 30

Werden auf Teilversammlungen Beschlüsse gefasst, so sind die abgegebenen Stimmen zusammenzuzählen, damit ein **einheitliches Ergebnis** der Teilversammlung festgestellt werden kann. Wahlen stehen Beschlüssen gleich. 31

4. Durchführung

Teilversammlungen sind im **engen zeitlichen Zusammenhang** abzuhalten, damit sie möglichst dieselbe Wirkung wie eine Vollversammlung haben. Sicherzustellen ist dies auch durch die Tagesordnung in derselben Reihenfolge. Weil die Teilversammlung eine Mitarbeiterversammlung ist, gelten für die Durchführung dieselben Bestimmungen wie für die Vollversammlung der Mitarbeiter. Darum wird auch jede Teilversammlung vom Vorsitzenden der MAV, im Verhinderungsfall von seinem Stellvertreter geleitet. Der MAV-Vorsitzende hat jedoch bei der Durchführung mehrerer Teilversammlungen nur bei der ersten Stimmrecht. Dasselbe gilt für seinen Vertreter und jedes andere Mitglied der Versammlung, das an mehreren Teilversammlungen anwesend war. Über die Durchführung der Teilversammlung entscheidet die MAV durch Beschluss. Besteht keine MAV, so entscheidet der Dienstgeber, wenn er gemäß § 10 Abs. 1 oder Abs. 1a zur **Wahl eines Wahlausschusses** die Mitarbeiterversammlung einberuft. Sind in der Teilversammlung Wahlen durchzuführen (§ 10 Abs. 1 S. 3), so muss zu jeder Teilversammlung die Kandidatenliste bekannt sein, nach der gewählt werden kann. Insofern sind im Falle der Bildung eines Wahlausschusses die Teilversammlungen nur im Wege zweier Abschnitte durchführbar, nämlich zunächst zur Kandidatenaufstellung und später für die Wahlen. 32

5. Gruppenversammlungen

Die Teilversammlung ist nicht zu verwechseln mit der Zusammenkunft bestimmter **Gruppen von Mitarbeitern** (z. B. Arbeiter, Angestellte, Frauen oder bestimmter Berufsgruppen). Solche Gruppenversammlungen fallen nicht unter § 4 S. 2 und sind grundsätzlich unzulässig. Denn Mitarbeiter- und Teilversammlungen i. S. d. MAVO sollten einen »annähernd repräsentativen Querschnitt«[21] der Belegschaft abbilden. Dieses Leitmotiv verträgt sich nicht mit Versammlungen, denen aufgrund der Beschränkung auf eine bestimmte Teilnehmergruppe gruppenegoistische Motive zugrunde liegen könnten. Zwar ist die Erörterung gruppenspezifischer Anliegen durchaus zulässig, mitunter sogar geboten; dies kann und soll aber nicht unter Ausschluss gruppenfremder Mitarbeiter erfolgen, sondern innerhalb der Dienstgemeinschaft – unbeschadet der Verschiedenheit der Dienste – unter Einbeziehung aller Arbeitsbereiche. 33

6. Parallelversammlungen

Unzulässig sind auch Teilversammlungen im Wege von zeitgleichen Parallelveranstaltungen, um unterschiedlich gelagerten Interessen gerecht zu werden, ohne jedoch die Gesamtheit der Tagesordnung zu berücksichtigen. Das folgt eindeutig aus der Vorschrift selbst, wonach die Mitarbeiterversammlung die Versammlung **aller** Mitarbeiter zu sein hat. Die **Parallelversammlung** hat den Nachteil, dass eine Berücksichtigung der Ergebnisse der einen und anderen Versammlung weder zur Reisekos- 34

---

21 GK-BetrVG/*Weber,* § 42 Rn 64.

tenerstattung noch zur Dienstbefreiung zur Ermöglichung der Teilnahme an solchen Veranstaltungen verpflichtet.

VIII. Andere Versammlungen

35 Jeder Dienstgeber kann unabhängig von den Bestimmungen der MAVO nach seinem Gutdünken eine **Versammlung aller Beschäftigten (sog. Belegschaftsversammlung)** einberufen, um auch diejenigen zu erreichen, die nach den Bestimmungen der MAVO vom Mitarbeiterbegriff ausgeklammert sind (§ 3 Abs. 1 S. 2 und Abs. 2). Eine Versammlung ist auch angezeigt, **wenn keine MAV** besteht.

36 Von der Mitarbeiterversammlung i. S. v. § 4 zu unterscheiden sind:
– die Versammlung der Jugendlichen und Auszubildenden (§ 49),
– die Versammlung der schwerbehinderten Menschen (§ 95 Abs. 6 SGB IX),
– die Werkstattversammlung gemäß § 8 Caritas-Werkstätten-Mitwirkungsordnung (CWMO) bzw. gemäß § 9 Werkstätten-Mitwirkungsverordnung (WMVO).

IX. Streitigkeiten

37 Die Vorschrift regelt die Zusammensetzung der Mitarbeiterversammlung und die Zulässigkeit von Teilversammlungen. Im Streitfall entscheidet das Kirchliche Arbeitsgericht gemäß § 2 Abs. 2 KAGO auf Antrag eines Beteiligten (§ 8 Abs. 2 Buchstabe b KAGO).

§ 5 Mitarbeitervertretung

Die Mitarbeitervertretung ist das von den wahlberechtigten Mitarbeiterinnen und Mitarbeitern gewählte Organ, das die ihm nach dieser Ordnung zustehenden Aufgaben und Verantwortungen wahrnimmt.

Übersicht	Rn		Rn
I. Begriff und Wesen der MAV	1–17	III. Rechtsstellung der Mitglieder der MAV	26–34
1. Vergleich mit dem staatlichen Recht	1	1. Ehrenamt	26
2. Kirchenrecht	2–17	2. Sonderrechte	27–31
a. Die Grundordnung	2	a. Grundverhältnis	28
b. Die Mitarbeiterschaft	3–5	b. Freistellung	29
c. Die Mitarbeitervertretung (MAV)	6–15	c. Wehrdienst	30
		d. Schutzrechte	31
d. Sprecher der Jugendlichen und Auszubildenden, Wahlausschuss, Vertrauensperson der schwerbehinderten Menschen	16, 17	3. Partei- und Handlungsfähigkeit	32
		4. Haftung	33
		5. Stellung zu anderen Organen	34
		IV. Aufgaben	35–37
II. Arten der MAV	18–25	1. Allgemeines	35, 36
1. Dienststellen-MAV	18	2. Sprechstunden	37
2. Gruppen-MAV, Sondervertretung	19	V. Entstehung der MAV	38
3. Gesamtmitarbeitervertretung	20	VI. Ende der Amtszeit der MAV	39
4. Erweiterte Gesamtmitarbeitervertretung	21	VII. Ende des Amtes als MAV-Mitglied	40, 41
5. Arbeitsgemeinschaften	22	VIII. Funktionen außerhalb der MAVO	42–50
6. Sprecher der Jugendlichen und Auszubildenden	23, 24	1. Arbeitsschutz	42, 43
7. Vertretung der schwerbehinderten Menschen	25	2. Datenschutz	44
		3. Beauftragte zur Wahrung der Würde von Frauen und Männern am Arbeitsplatz	45
		4. Gleichstellungsbeauftragte/ Frauenbeauftragte	46
		5. Mobbing-Kommission	47, 48

		Rn			Rn
6.	Kommission zur Leistungs- beurteilung	49	7.	Hygienekommission	50
			IX.	Streitigkeiten	51

I. Begriff und Wesen der MAV

1. Vergleich mit dem staatlichen Recht

Die Bestimmungen der §§ 5 und 15 Abs. 1 enthalten Aussagen zur Stellung der MAV und zur Rechtsstellung ihrer Mitglieder. Ohne zunächst auf die Begriffe Organ (§ 5), Amt und Ehrenamt (§ 15 Abs. 1) einzugehen, die gewiss kirchenrechtlich zu beurteilen sind, ist festzustellen, dass die MAV dem Betriebsrat bzw. dem Personalrat im staatlichen Recht entspricht.[1] Die MAVO verdankt ihre Entstehung den gesellschaftlichen und rechtlichen Entwicklungen im Lande.[2] Deshalb ist die Stellung der MAV den Vorbildern im staatlichen Rechtsbereich nachempfunden mit der Folge, dass die Mitglieder der MAV ihr »Amt« unentgeltlich als »Ehrenamt« führen (§ 15 Abs. 1). Damit stimmt der Wortlaut von § 15 Abs. 1 MAVO rein wörtlich mit § 46 Abs. 1 BPersVG und § 37 Abs. 1 BetrVG überein. Klarheit ist damit jedoch nicht hergestellt, zumal die im BetrVG verwendete Bezeichnung des Amtes des Betriebsratsmitgliedes als Ehrenamt als nicht korrekt eingestuft wird.[3] Die Rechtsnatur des Betriebsrats ist umstritten.[4] Die einzelnen Mitglieder des Betriebsrats bleiben Arbeitnehmer, haben ihre Aufgabe als Betriebsrat jedoch unentgeltlich zu erfüllen und dürfen deshalb weder Nachteile noch Vorteile erfahren,[5] um ihre Unabhängigkeit zu wahren. Ihre Amtstätigkeit ist vielmehr der nach dem Arbeitsvertrag geschuldeten Leistung gleichgestellt.[6] Die Rechtsnatur der Personalvertretungen wird auch nicht einheitlich definiert.[7] Wegen des Vorbildcharakters der staatlichen Rechtsordnung für die MAVO, die MAV und ihre Mitglieder entstehen demnach auch Fragen, ob die MAV Vertretung, Organ oder Repräsentant der Mitarbeiterschaft ist oder gar wegen der Dienstgemeinschaft (Präambel Rn 21 ff.), die in einer Dienststelle oder Einrichtung durch die Gesamtheit der dort Tätigen gebildet wird, ein Amt ebenso ausübt wie der Dienstgeber innerhalb der Dienstgemeinschaft. Da der kirchliche Dienst in seiner Struktur dem öffentlichen Dienst vergleichbar ist, kann die MAV deshalb zunächst begrifflich wie der Personalrat im öffentlichen Dienst definiert werden, nämlich als Repräsentant[8] der Mitarbeiter innerhalb einer Dienststelle oder Einrichtung. Sie vertritt Interessen der Mitarbeiter (z. B. § 26 Abs. 3) gegenüber dem Dienstgeber (§ 2), der Träger einer kirchlichen Dienststelle oder Einrichtung ist, auf die das staatliche Personalvertretungsrecht und das Betriebsverfassungsrecht keine Anwendung finden (§ 112 BPersVG; § 118 Abs. 2 BetrVG). Wegen der Herkunft der MAVO als Kirchenrecht (vom Diözesanbischof gesetztes Recht) ist die Rechtsstellung der MAV jedoch weder privatrechtlich noch öffentlich-rechtlich einzuordnen.

2. Kirchenrecht

a. Die Grundordnung

Gemäß Art. 8 S. 1 GrO wird das Mitarbeitervertretungsrecht als kirchliche Betriebsverfassung definiert. »Zur Sicherung ihrer Selbstbestimmung in der Arbeitsorganisation kirchlicher Einrichtungen wählen Mitarbeiterinnen und Mitarbeiter nach Maßgabe kirchengesetzlicher Regelung Mitarbeiter-

---

1 *Richardi*, Arbeitsrecht in der Kirche § 17 Rn 11 ff.
2 *Bietmann*, Betriebliche Mitbestimmung im kirchlichen Dienst S. 41 ff.; *Fabricius*, § 118 Rn 701 ff.; *Richardi*, a. a. O. § 16 Rn 1 ff.
3 *Weber*, GK-BetrVG § 37 Rn 8.
4 *HSWGN-Rose*, BetrVG Einleitung Rn 83 ff.
5 *Weber*, GK-BetrVG § 37 Rn 9 m. N.
6 *Fitting*, § 37 Rn 12; *Richardi/Thüsing*, BetrVG § 37 Rn 12; *LAG Baden-Württemberg*, 24. 7. 2002 – 2 Sa 20/02, ZMV 2003, 199.
7 *Richardi*, Personalvertretungsrecht, Einleitung Rn 74; *Ilbertz/Widmaier*, § 1 Rn 30, 39.
8 *Richardi*, Personalvertretungsrecht, Einleitung Rn 74.

vertretungen, die an Entscheidungen des Dienstgebers beteiligt werden.« Die Mitwirkung der Mitarbeiter und Mitarbeiterinnen im kirchlichen Dienst an der Fortschreibung des Mitarbeitervertretungsrechts ist nach Maßgabe der MAVO möglich, wie in § 25 Abs. 2 Nr. 5 geregelt ist. Ein Beteiligungskonzept wie nach den KODA-Ordnungen ist nicht vorgesehen.[9]

b. Die Mitarbeiterschaft

3   In der Erklärung der deutschen Bischöfe zum kirchlichen Dienst vom 22. September 1993[10] wird die Mitbestimmung der Mitarbeiterinnen und Mitarbeiter als geboten anerkannt, weil sie den Dienst der Kirche verantwortlich mitgestalten. Allerdings kann die Verwirklichung der Mitbestimmung nicht von der Verfasstheit der Kirche, ihrem Auftrag und der kirchlichen Dienstverfassung getrennt werden. Die Mitarbeiterinnen und Mitarbeiter sollen die Möglichkeit des Mitarbeitervertretungsrechts nutzen, ihre Rechte und Interessen, ihre Anliegen und Sorgen »in der vorgesehenen Weise« zur Geltung bringen (Abschnitt V der Erklärung, a. a. O.).

4   Die MAVO geht zwar vom Dienstgemeinschaftsgedanken aus (Präambel Rn 21), anerkennt aber das Spannungsverhältnis zwischen Dienstgeber und Mitarbeitern (§ 26 Abs. 1 S. 2 und 3, Abs. 3). Eine ähnliche Konstellation ist auch im Schulwesen anzutreffen, wo Lehrer, Schüler, Eltern, Kirche ein gemeinsames Bildungsideal verwirklichen wollen und sollen.[11] Zu erinnern ist auch an die Elternbeiräte der katholischen Kindertageseinrichtungen (z. B. Erzbistum Köln),[12] die für die Interessen der Eltern der den Kindergarten besuchenden Kinder Mitwirkungsaufgaben wahrnehmen, um die Erziehungsgrundsätze des Kindergartens mit den Erziehern und dem Träger zu beraten (§ 3 Abs. 2 Abs. 1 Statut für die katholischen Kindertageseinrichtungen im nordrhein-westfälischen Teil des Erzbistums Köln).

5   In allen bezeichneten Beziehungsebenen werden Spannungsmomente als möglich erachtet. Durch die genannten Rechtsordnungen werden die Mitarbeiterschaft und die Elternschaft als soziale Größe gewertet. Denn in Angelegenheiten, auf die der einzelne keinen Einfluss nehmen kann, soll der durch die jeweilige Ordnung gebildeten Gruppe die Mitwirkung am Gesamtgeschehen ermöglicht werden. Diese Gruppen sind zwar keine Verbände im Rechtssinn. Gemeinsam ist ihnen aber das Recht zur Wahl von Akteuren zur Wahrnehmung ihrer Interessen und ggf. der wohlverstandenen Interessen ihrer zu vertretenden Minderjährigen (can. 98 § 2 CIC). Durch die Mitwirkungsordnungen für Dienststellen, Schulen und Tageseinrichtungen für Kinder werden die in ihnen genannten Gruppen, nämlich Mitarbeiterschaften und Elternschaften als Einheiten (Größen) gewertet und an den Ordnungsgegenständen in den Einrichtungen über Mittelsleute beteiligt, die Mitwirkungsrechte ausüben. Das aber ist erst möglich, wenn die genannten Gruppen sich durch ihre Wahlen als solche konstituiert haben und folglich als soziale Einheit in Erscheinung treten. Ausgehend von der sozialen Einheit, die also keine juristische Person ist, ist folglich das gewählte Mitwirkungsgremium oder der gewählte Vertreter nicht Vertreter einer rechtsfähigen Einheit im Rechtssinn, weder im staatlichen noch im kirchlichen Rechtsbereich.

c. Die Mitarbeitervertretung (MAV)

6   Obwohl ein Mitarbeitervertretungsrecht und damit die Mitarbeitervertretung (MAV) dem allgemeinen Kirchenrecht unbekannt ist, ist ihre Stellung und die ihrer Mitglieder im Kontext mit den allgemeinen Bestimmungen des Kirchenrechts nach Begriff und Wesen zu definieren. Während der Priesterrat Repräsentanz des Presbyteriums der Diözese ist, dessen Aufgabe darin besteht, den Bischof

---

9   Begründung der GrO, in: Die deutschen Bischöfe, Heft 51 S. 34 zu Art. 8 GrO.
10 Heftreihe Die deutschen Bischöfe, Heft 51 S. 7; Amtsblatt des Erzbistums Köln 1993 Nr. 197 S. 219.
11 Z. B. §§ 1 und 2 Kirchliches Schulgesetz des Erzbistums Köln, Amtsblatt des Erzbistums Köln 2006 Nr. 106 S. 134.
12 Amtsblatt des Erzbistums Köln 2008 Nr. 207 S. 246.

Mitarbeitervertretung **§ 5**

bei der Leitung der Diözese nach Maßgabe des Rechts zu unterstützen (can. 495 § 1),[13] ist die MAV grundsätzlich kein Konsultationsgremium des Bischofs zu dessen Amtsführung.[14] Denn sie ist nur für eine bestimmte kirchliche Dienststelle oder Einrichtung (§§ 1a, 1b, 23) konzipiert und hat keinerlei Mitbestimmungs- oder Mitberatungsbefugnis bei der Kirchenleitung (vgl. §§ 26 ff.). Das ist anders bei den Organen zur Mitbestimmung bei Abschluss und Gestaltung der Arbeitsverträge für den kirchlichen Bereich gemäß Art. 7 Abs. 1 GrO, nämlich bei den Kommissionen, die mit Vertretern der Dienstgeber und der Mitarbeiter paritätisch besetzt sind, und Beschlüsse zu kirchlichen Rechtsnormen für den Inhalt der Arbeitsverhältnisse fassen, die der diözesanbischöflichen Inkraftsetzung für das jeweilige Bistum bedürfen. Diese Kommissionen (KODA, AK und deren Regionalkommissionen) wirken bei der kirchlichen Gesetzgebung des Diözesanbischofs (can. 391 CIC) zum kirchlichen Individualarbeitsvertragsrecht nach Maßgabe näherer diözesaner Ordnungen mitbestimmend mit. Die staatliche Sicht, was ein Kirchenamt ist, ist mit Blick auf das Selbstbestimmungsrecht der Kirche zu diesem Bereich nicht zwingend, zumal es zum Kirchenamtsbegriff im kirchenrechtlichen Sinne innerhalb der Kanonistik nicht gekommen ist.[15]

Die MAV übt keine Aufgabe mit Außenwirkung für und gegen den Dienstgeber aus. Infolgedessen vertritt sie weder Mitglieder der MAV, Mitarbeiter noch den Dienstgeber rechtsgeschäftlich. Letzteren vertreten dessen Organe, wie z. B. der Kirchenvorstand für die Kirchengemeinde (vgl. § 1 Abs. 1 S. 2 Preuß. Gesetz über die Verwaltung des kath. Kirchenvermögens vom 24. 7. 1924),[16] weil er das Vermögen der Kirchengemeinde verwaltet, die Kirchengemeinde und das Vermögen vertritt.

Die Mitglieder des Kirchenvorstandes werden daher als Ehrenamtsträger im staatskirchenrechtlichen Sinn bezeichnet (§ 9 S. 1 Preuß. Gesetz über die Verwaltung des kath. Kirchenvermögens). Ehrenamtsträger im partikulären Kirchenrechtssinn sind auch die Kirchenverwaltungsmitglieder in den bayerischen Diözesen (Art. 10 Abs. 2 S. 1 KiStiftO).[17] Gemäß can. 537 CIC handelt es sich um Mitglieder des Vermögensverwaltungsrates der Pfarrei, die dem Pfarrer bei der Verwaltung des Pfarrvermögens helfen. Die Mitglieder der KODA nehmen in der KODA (Bistums- oder Regional-KODA) ein kirchliches Amt i. S. v. can. 145 CIC wahr, weil die Aufgabe bei der Mitwirkung zur Gestaltung kirchlicher arbeitsvertraglicher Normen (vgl. §§ 2 und 10 KODA-Ordnung der Diözesen in NRW)[18] auf kirchlicher Anordnung beruht, auf Dauer eingerichtet ist und der Wahrnehmung eines geistlichen Zwecks dient.[19]

Zur Frage der Stellung des MAV-Mitgliedes ist zunächst Folgendes bedeutsam. Die Kirche unterscheidet bei ihren Ämtern. Die Leitungsgewalt (potestas regiminis), die auch Jurisdiktionsgewalt genannt wird, darf nur von solchen Personen übernommen werden, welche die heilige Weihe empfangen haben (can. 129 § 1). Laien können bei der Ausübung dieser Gewalt je nach Amtsstellung mitwirken, sie aber nicht ausüben (can. 129 § 2).[20]

Gemäß can. 228 § 1 können auch Laien Kirchenämter übernehmen, soweit das Recht es zulässt. Das Kirchenamt (officium ecclesiasticum) ist jedweder Dienst, der durch göttliche oder kirchliche Ordnung auf Dauer eingerichtet ist und der Wahrnehmung eines geistlichen Zweckes dient (can. 145 § 1). Das Kirchenamt kann auch nach partikulärem Recht geordnet sein. Für die Übertragung von kirchlichen Ämtern und Aufgaben an Laien ist gefordert die Eignung, d. h. die für das Amt geforderten persönlichen Qualifikationen, und die nach den Vorschriften des Rechts zulässige Aus-

---

13 *Aymans*, Der Leitungsdienst des Bischofs, AfkKR 1984 S. 35, 50 ff.
14 *Schmitz*, Die Konsultationsorgane des Diözesanbischofs, Hdb. kath. KR S. 352.
15 *Socha*, in: Münsterischer Kommentar zum CIC, Einführung vor can. 145 Rn 1.
16 Pr. Ges. S. 1924 S. 585 ff. – abgedruckt bei *Emsbach/Seeberger*, Rechte und Pflichten des Kirchenvorstandes S. 128.
17 In: *Fahr/Weber/Binder*, Ordnung für kirchliche Stiftungen S. 1, 9; Art. 6 Abs. 3 S. 1 GStVS, wie vor S. 36, 40.
18 Amtsblatt des Erzbistums Köln 1998, Nr. 306 S. 325.
19 *Eder*, Dissertation, S. 169 f.
20 *Socha*, Münsterischer Kommentar, can. 129 Rn 7 ff.; *Krämer*, Die geistliche Vollmacht, Hdb. kath. KR S. 149, 154.

übung.²¹ Innerhalb der Kirchenämter wird zwischen solchen im engeren (strengen) und weiteren Sinn unterschieden.²² Der Begriff munus wird im CIC 1983 zur Bezeichnung jedweder Aufgabe und jedweden Dienstes in der Kirche verwendet, während der Begriff officium ecclesiasticum (can. 145 § 1) ein Kirchenamt im engeren Sinne meint.²³ Zu den Diensten im weiteren Sinn gehören z. B. die der Organisten, Küster/Mesner, Gemeinde- und Pastoralreferenten, der Mitarbeiter in kirchlichen Krankenhäusern und Heimen, in den Tageseinrichtungen für Kinder, in den kirchlichen Verwaltungen und in den Schulen in kirchlicher Trägerschaft. Die Dienste können hauptberuflich, nebenberuflich oder ehrenamtlich bzw. unentgeltlich ausgeübt werden. Bei beruflicher Wahrnehmung ist der Dienst zu vergüten (can. 231 CIC). Diesen Laien wird im Verein mit Klerikern, Ordensleute eingeschlossen, wenn sie in einer Dienststelle als Mitarbeiter i. S. v. § 3 Abs. 1 tätig sind, das Recht zur Bildung einer MAV zuerkannt.

11 Der Begriff geistlicher Zweck als Voraussetzung für ein Kirchenamt wird als praktisch unverwendbar bezeichnet; unter Kirchenamt ist gedanklich die Repräsentation Christi zu verstehen.²⁴ Folglich muss der Amtsträger in der Gemeinschaft der Kirche stehen (can. 149 § 1). Letzteres braucht gemäß MAVO aller Diözesen (Präambel Rn 5) beim MAV-Mitglied nicht der Fall zu sein. Die Mitarbeiter entscheiden auch selbst, ob sie eine MAV bilden (Abschnitt V der Erklärung der Bischöfe zum kirchlichen Dienst, Amtsblatt des Erzbistums Köln 1993 Nr. 197 S. 219; § 1a Rn 3), während für ein Kirchenamt seine Notwendigkeit wesentlich ist,²⁵ also keine Dispositionsfreiheit besteht.

12 »Grundlage des Kirchenamtes ist ein bestimmter Aufgabenkreis, der um des Lebens der Communio willen einer ständigen Betreuung bedarf«. Das Kirchenrecht hat Dauercharakter. Deshalb muss der betreffende Dienst seinem Inhalt nach unabhängig von dem jeweiligen Amtsinhaber rechtlichen Bestand haben.²⁶ Gemäß can. 145 § 1 CIC ist jeder entweder durch göttliche oder kirchliche Anordnung dauerhaft eingerichtete Dienst, der zu einem geistlichen Zweck auszuüben ist, Kirchenamt. Auf Dauerhaftigkeit kommt es an, auf die vom Wechsel der Personen unabhängige objektive Beständigkeit, nicht auf die subjektive Beständigkeit. Der Dienst wird im Namen der Kirche ausgeübt. Ein solches Mandat hat die MAV nicht. Das Ehrenamt der MAV wird geprägt durch die Funktion, die Gesamtheit der Mitarbeiter gegenüber dem jeweiligen Dienstgeber zu repräsentieren, der selbst kein kirchliches Amts bekleiden muss. Die MAV hat, nur solange sie besteht, rechtliche und tatsächliche Bedeutung. Der Dienstgeber ist zur Wahrnehmung seiner Aufgaben auf ihre Existenz nicht angewiesen. Bei der Kündigung des Arbeitsverhältnisses durch den Dienstgeber gegenüber einem Mitarbeiter entfällt bei fehlender MAV z. B. die Anhörung zur Kündigung als Voraussetzung wirksamer Kündigung seitens des Dienstgebers. Dennoch ist die Stellung des MAV-Mitgliedes auf ein von der Kirche geschaffenes Gesetz gegründet. Die Funktion als Mitglied der MAV wird allein durch seine Annahme der Wahl, nicht durch Bestätigung einer kirchlichen Autorität übertragen. Zugang zum Amt, Amtsführung und Amtsverlust sind zwar kirchenrechtlich geregelt, aber damit ist lediglich geordnet, wie die Mitglieder der MAV und die MAV zu wirken haben. Ihre Wahl setzt eine gemäß § 3 Abs. 1 S. 1 bezeichnete Stellung im kirchlichen Dienst voraus.

13 Diese Grundstellung in einer Tätigkeit im kirchlichen Dienst einer Einrichtung unabhängig vom Beschäftigungsumfang (§ 7 Abs. 1) ist also grundlegende Voraussetzung für die Fähigkeit zur Übernahme des Amtes als MAV-Mitglied, nicht also ihr Status als Kleriker, Laie oder Kirchenglied, auch

---

21 *Reinhardt*, Münsterischer Kommentar, can. 228 Rn 1 ff.
22 *Mörsdorf*, Kirchenrecht I S. 273, *Mosiek*, Verfassungsrecht I S. 110; *Reinhardt*, a. a. O. Rn 3; *Aymans/Mörsdorf*, Bd. I S. 448.
23 Mit Aufzählung von Funktionen: *Reinhardt*, Rn 3 und 4; vgl. ferner *Müller, Hubert*, Zur Frage nach der Stellung des Laien im CIC 1983, FS Heinemann S. 203, 207 ff.; *Aymans*, Die Träger kirchlicher Dienste, Hdb. kath. KR S. 242, 246 ff.
24 *May*, Das Kirchenamt, Hdb. kath. KR S. 175, 176.
25 *May*, a. a. O. S. 177.
26 *Aymans/Mörsdorf*, Bd. I S. 447 f.

nicht ein Weihegrad (vgl. can. 207 § 1 i. V. m. can. 1008).[27] Eine Leitungsaufgabe schließt vom Amt als MAV Mitglied sogar aus (§ 3 Abs. 2). Der MAV steht damit auch insgesamt weder eine Leitungsaufgabe noch die Mitwirkung an der Leitungsgewalt im kirchlichen Amt zu. Es geht lediglich um Mitwirkungsrechte im organisatorischen inneren Bereich einer Dienststelle oder Einrichtung. Durch die Mitgliedschaft in der MAV ändert sich für das Mitglied am Status als Mitarbeiter nichts (§ 18 Abs. 1, 1a). Es treten zusätzliche Aufgaben hinzu. In das bischöfliche Sendungsrecht gegenüber Klerikern und Laien (Gemeinde- und Pastoralreferenten, Gemeinde- und Pastoralassistenten) und in die ordensinternen Weisungsbefugnisse der Ordensoberen gegenüber Ordensleuten kann die MAV nicht eingreifen (§ 3 Abs. 3, § 34 Abs. 1).

Deshalb lässt sich zum Begriff der MAV und ihrer Mitglieder feststellen, dass ihr Amt **kein Kirchenamt** (officium ecclesiasticum) ist.[28] Es ist ein zusätzlicher kirchlicher Dienst im Rahmen einer vorhandenen Tätigkeit im kirchlichen Dienst und der damit jeweils verbundenen Rechtsstellung; er wird als von der Kirche eingerichtetes Wahlamt übernommen und ist dazu bestimmt, der **Repräsentanz der Mitarbeiter gegenüber einem kirchlichen Dienstgeber auf näher bestimmten Gebieten innerbetrieblicher Mitwirkung** zu dienen. Die MAV ist also das demokratisch gebildete Repräsentationsorgan der Mitarbeiterschaft, die durch die MAVO zu einer rechtlichen Einheit (§ 4 Abs. 1) zusammengefasst wird und durch die MAV nach Maßgabe gesetzlich geregelter Kompetenz handeln kann (z. B. § 38 Abs. 1 und 2). Durch die MAV werden die Mitarbeiter der Dienststelle oder Einrichtung an den von der MAVO bestimmten Entscheidungen des Dienstgebers mittelbar beteiligt (§ 28 Abs. 1).[29] Da weder die Mitarbeiterschaft noch die Dienstgemeinschaft juristische Personen sind, ist die MAV nicht deren gesetzlicher Vertreter, auch nicht i. S. d. allgemeinen Kirchenrechts oder im Sinne der MAVO als partikuläres Kirchenrecht. Werden in staatlichen Gesetzen dem Betriebsrat oder Personalrat eine Kompetenz, Aufgabe oder Pflicht oder Rechte übertragen, so gilt das nicht schon für die MAV, weil betriebsverfassungsrechtliche Bestimmungen nur insoweit gelten, als die Gesetze unmittelbar für die Kirche gelten.[30] Mitarbeitervertretung i. S. d. MAVO ist nur dasjenige Gremium, das nach kirchlichem Recht gebildet worden ist. Ist eine Mitarbeitervertretung außerhalb des kirchlichen Rechts gewählt worden, so hat sie an den kirchenrechtlich geregelten Mitwirkungsrechten keinen Anteil.[31]

Aus staatlicher Sicht ist der Kirche mit Rücksicht auf das ihr verfassungsrechtlich gewährleistete Selbstbestimmungsrecht zur Regelung ihrer eigenen Angelegenheiten (Art. 140 GG i. V. m. Art. 137 Abs. 3 WRV) die selbständige Ordnung eines Personalvertretungsrechts überlassen (§ 112 BPersVG), dies allerdings mit Blick auf Konkordanz mit der staatlichen arbeitsrechtlichen Ordnung,[32] so dass ein absoluter Freiraum mitbestimmungsrechtlicher Art auf betrieblicher Ebene neben staatlicher Rechtsordnung mit Bestimmungen zur betrieblichen Mitbestimmung in Deutschland nicht in Betracht kommt.[33]

d. Sprecher der Jugendlichen und Auszubildenden, Wahlausschuss, Vertrauensperson der schwerbehinderten Menschen

Die vorstehenden Ausführungen (Rn 1–14) gelten sinngemäß auch für
– die Sprecher der Jugendlichen und der Auszubildenden (§ 51 Abs. 2 S. 1 i. V. m. § 15 Abs. 1) und
– die Mitglieder des Wahlausschusses (§ 9).

---

27 *Müller, Hubert*, Zur Rechtsstellung der Laien, ZevKR 1987, 467, 473 ff.
28 A. A. *Heimerl/Pree*, Hdb. Vermög. R kath. K S. 830 Rn 6/755, welche aus § 26 Abs. 1 MAVO die Teilhabe am geistlichen Ziel der kirchlichen Einrichtung zugunsten der MAV und ihrer Mitglieder ableiten.
29 *Bischöfliche Schlichtungsstelle Berlin* 13. 3. 1984 – 6/83 – MAVO, NJW 1985, 1857, 1859.
30 Z. B. SGB IX, welches die MAVO und die MAV nicht kennt; Kirchl. Amtsblatt Rottenburg-Stuttgart 1987 S. 354; § 46 Rn 13; vgl. auch § 3 Rn 15, § 14 AÜG; § 1 Abs. 4 ArbSchG.
31 KAGH, 25. 6. 2010 – M 04/10 und M 05/10.
32 *Richardi*, Arbeitsrecht in der Kirche, § 17 Rn 9.
33 *Richardi*, aaO § 17 Rn 10 ff.

I. Allgemeine Vorschriften

17 Die Vertretung der schwerbehinderten Menschen (§ 52 Abs. 5 i. V. m. § 15 Abs. 1), wie die Funktion nach staatlichem Recht genannt wird (§ 94 SGB IX), ist kein kirchliches Amt, weil die Kirche ihre Ämter und anderen kirchlichen Dienste nach eigener Ordnung selbst regelt und verleiht (Art. 140 GG i. V. m. Art. 137 Abs. 3 S. 2 WRV). Dabei kommt es auf den vom staatlichen Gesetzgeber verwendeten Ausdruck »Ämter« nicht an, weil er nicht kirchenspezifisch verstanden wird, wie die staatliche Rechtsprechung (§ 19 Rn 74 ff.) zeigt. Die MAVO setzt in ihren Regelungen eine Schwerbehindertenvertretung voraus, ordnet ihre Bildung jedoch nicht an, integriert sie jedoch in ihre Bestimmungen (§ 28a, 52).

II. Arten der MAV

1. Dienststellen-MAV

18 Die Repräsentanz der Mitarbeiter ist – von § 1b abgesehen (siehe zu § 1b) – grundsätzlich dienststellen bezogen organisiert (§ 1a). Die MAV wird aus allen Bereichen von Mitarbeitern einer Dienststelle gewählt, soweit sie aktiv wahlberechtigt sind (§ 7) und nicht gemäß § 3 Abs. 2 aus der Mitarbeiterschaft begrifflich ausgeklammert sind. Der Dienstgeber entscheidet, was als Dienststelle gilt (§ 1a Abs. 2).

2. Gruppen-MAV, Sondervertretung

19 Eine besondere Funktion hat die Sondervertretung (§ 23), die für diejenigen Mitarbeiter zu bilden ist, die einen und denselben Dienstgeber haben, aber keiner einheitlichen Dienststelle angehören, sondern anderen Dienststellen zugewiesen sind und somit zu einer Dienststellen-MAV ihres Dienstgebers keine Anbindung haben. Für diese Gruppen oder Dienstbereiche von Mitarbeitern bestimmter gleicher Berufe (z. B. Gemeinde-, Pastoralreferenten, Lehrer) in den verschiedenen Dienststellen, Einrichtungen oder Positionen ist eine gruppenbezogene Personalvertretung zu wählen (vgl. zu § 23).

3. Gesamtmitarbeitervertretung

20 Die MAV hat grundsätzlich keine dienststellenübergreifende Zuständigkeit, wenn man einmal von der durch besondere Dienstvereinbarung gebildeten gemeinsamen Mitarbeitervertretung (§ 1b) absieht. Weil es aber Dienstgeber gibt, die mehrere Dienststellen tragen, die organisatorisch und funktional voneinander getrennt sind und deshalb jeweils eine MAV haben, lässt die MAVO gemäß § 24 Abs. 1 die Bildung von Gesamtmitarbeitervertretungen zum Zwecke gleichgerichteter Maßnahmen bei einem und demselben Dienstgeber für die Mitarbeiter verschiedener Dienststellen zu, wenn mehrere Mitarbeitervertretungen beim Dienstgeber bestehen.

4. Erweiterte Gesamtmitarbeitervertretung

21 Abweichend von § 24 Abs. 1 ist gemäß § 24 Abs. 2 im Wege von Dienstvereinbarungen die Bildung einer erweiterten Gesamtmitarbeitervertretung für den Bereich mehrerer Dienstgeber möglich, wenn bei ihnen mehrere Mitarbeitervertretungen bzw. Gesamtmitarbeitervertretungen jeweils bestehen. Auf die Ausführungen zu § 24 Abs. 2 und 3 wird verwiesen.

5. Arbeitsgemeinschaften

22 Die gemäß § 25 (vgl. dort) zu entwickelnden Diözesanen Arbeitsgemeinschaften sind keine Mitarbeitervertretungen. Sie dienen der Information und Beratung nach Maßgabe der Vorschriften des § 25 und zusätzlicher diözesaner Regelungen. Mitarbeitervertretungen, die nicht auf der Grundlage diözesanrechtlicher Ordnung gebildet sind, sind von der Mitgliedschaft in der Diözesanen Arbeitsgemeinschaft der Mitarbeitervertretungen ausgeschlossen.[34]

---

[34] *KAGH*, 25. 6. 2010 – M 04/10 und M 05/10 unter Hinw. auf den Wortlaut des § 25 Abs. 1 MAVO.

6. Sprecher der Jugendlichen und Auszubildenden

Die Sprecher der Jugendlichen und Auszubildenden – so die Funktion – sind Repräsentanten 23
– der noch nicht zur MAV wahlberechtigten Mitarbeiter unter 18 Jahren (vgl. §§ 48 ff.) und
– der zu ihrer Berufsausbildung Beschäftigten, die das 25. Lebensjahr noch nicht vollendet haben (Auszubildende).

Sie sind nur wählbar, wenn überhaupt eine MAV in der Einrichtung gebildet ist und in der Einrich- 24
tung in der Regel fünf Mitarbeiter oder Mitarbeiterinnen den vorgenannten Gruppierungen angehören (§§ 48 ff.). Nach der Ordnung gibt es keine Sprecher für die Jugendlichen einerseits und die Auszubildenden andererseits (vgl. zum BetrVG §§ 60 ff.).

7. Vertretung der schwerbehinderten Menschen

Die Vertretung der schwerbehinderten Menschen ist nach staatlichem Recht zu bilden (§ 94 SGB IX) 25
und mitwirkungsberechtigt (§ 95 SGB IX) unter Einschluss der Bestimmungen dieser Ordnung. Dabei kommt es auf die Existenz einer MAV nicht an. Die MAVO regelt aber den Bezug der Schwerbehindertenvertretung zur MAV (§§ 28a, 52).

III. Rechtsstellung der Mitglieder der MAV

1. Ehrenamt

Die Mitglieder der MAV üben ihre Tätigkeit als Ehrenamt aus. Damit ist Unentgeltlichkeit gemeint 26
(vgl. § 15 Rn 4, 5; vgl. auch hier Rn 1). Das Amt ist höchstpersönlich auszuüben, für Aufwendungen besteht gemäß § 17 Anspruch auf Kostenerstattung bzw. Freistellung von Kosten. Die Freistellung von der Arbeitspflicht führt nicht zu Entgelteinbußen (vgl. auch zu § 18 Abs. 1 und 1a). Die Freistellung von der Arbeitspflicht führt nicht zu Nachteilen für das einzelne MAV-Mitglied hinsichtlich seiner Entgeltansprüche (§§ 15 Abs. 2, Abs. 3a, 16 Abs. 1, 18 Abs. 1a) und ebenfalls nicht zu sonstigen Nachteilen in seiner beruflichen oder arbeitsrechtlichen Entwicklung (§§ 15 Abs. 3a, 16 Abs. 1 S. 3, 18 Abs. 1b). Für Reisezeiten des Mitglieds der MAV gelten die für die Einrichtung bestehenden Bestimmungen (§ 15 Abs. 6).

2. Sonderrechte

Zur Ermöglichung der Tätigkeit als Mitglied der MAV sind der MAV Sonderrechte (§ 15 Abs. 2, 3, 4; 27
§ 16 Abs. 1; § 17) und Schutzrechte (§§ 18, 19) eingeräumt.

a. Grundverhältnis

Das Amt als Mitglied der MAV setzt ein entgeltliches Beschäftigungsverhältnis beim Dienstgeber in 28
dessen Einrichtung voraus (Rn 13). Auf ein Arbeitsverhältnis kommt es nicht an, wie sich aus § 3 Abs. 1 S. 1 ergibt. Es kommen sowohl privatrechtliche als auch öffentlich-rechtliche und rein kirchenrechtlich begründete Beschäftigungsverhältnisse in Betracht.

b. Freistellung

Zu den Rechten gehören gemäß § 15 Abs. 2 bis 4 Freistellungen von der Arbeit bzw. Freizeitausgleich 29
und die Ermöglichung der Teilnahme an Schulungen (§ 16).

c. Wehrdienst

Für die Dauer ihrer Amtsperiode können die Mitglieder der MAV und die Sprecher der Jugendlichen 30
und der Auszubildenden entsprechend den Jugendvertretern, Betriebsräten und Personalvertretungsmitgliedern vom Grundwehrdienst freigestellt werden. Ausgenommen sind jedoch Wehrpflichtige, die während ihrer Amtszeit das 28. Lebensjahr überschreiten würden (Amtsblatt des Erzbistums Köln 1978 Nr. 66 S. 49).

I. Allgemeine Vorschriften

d. Schutzrechte

31 Zur Gewährleistung ihrer Unabhängigkeit genießen die Mitglieder der MAV besonderen Kündigungsschutz (§ 19). Die Versetzbarkeit ist erschwert (§ 18 Abs. 2) und die Weiterbeschäftigung von Auszubildenden nach ihrer Ausbildung im Grundsatz nicht in das Alleinbestimmungsrecht des Dienstgebers gestellt, wenn er die Weiterbeschäftigung ablehnt (§ 18 Abs. 4). Auf §§ 15 Abs. 3a; 18, Abs. 1a und 1b wird hingewiesen.

3. Partei- und Handlungsfähigkeit

32 Der MAV kommt hinsichtlich der Dienstvereinbarung (§ 38), im Einigungsstellenverfahren (§§ 46, 47) und als Beteiligte im Verfahren vor dem Kirchlichen Arbeitsgericht (§ 2 Abs. 2 KAGO) Parteifähigkeit zu. Sie besitzt jedoch keine eigene Rechtspersönlichkeit und kann nicht Vermögensträger sein.[35] Ihr gehören deshalb auch nicht die von ihr erstellten Akten. Diese gehören, wie auch im Geltungsbereich des Personalvertretungsrechts, der Dienststelle, die jedoch kein Einsichtsrecht hat.[36] Im Rahmen des § 38 besitzt die MAV die Fähigkeit zum Abschluss von Dienstvereinbarungen. Dabei entfaltet die Dienstvereinbarung innerkirchliche Wirkung mit der Maßgabe, dass Rechtsstreitigkeiten aus ihr vor dem Kirchlichen Arbeitsgericht zu behandeln sind (§ 2 Abs. 2 KAGO). Das ist aber anders, wenn die Dienstvereinbarung wegen ihres Normcharakters (vgl. § 38 Abs. 3a) arbeitsvertragliche Regelungen enthält. Dann können infolge der Normen staatliche Gerichte vom Betroffenen in Anspruch genommen werden. Der MAV ist also **Teilrechtsfähigkeit** zuzuerkennen (vgl. auch §§ 15 Abs. 3, 16, 17).

4. Haftung

33 Die **MAV** ist als Kollegialgremium keine Rechtsperson (§ 1a Rn 9) und kann grundsätzlich nicht Schuldner von Schadensersatzansprüchen sein. Die MAVO regelt die Haftung nicht. Deshalb scheidet eine Haftung der MAV aus, weil sie kein Vermögen haben kann.[37] Die MAV ist kein Organ des Dienstgebers, so dass ihr schädigendes Verhalten gegenüber Dritten nicht dem Dienstgeber zugerechnet werden kann. Der Dienstgeber trägt nur die Kosten rechtmäßiger, nicht aber rechtswidriger Tätigkeit der MAV (§ 17). **Die einzelnen Mitglieder der MAV** haften nach den allgemeinen Regeln des bürgerlichen Rechts.[38] Sie haften nicht für ein Fehlverhalten der MAV, allerdings sind sie verantwortlich für eine Verletzung der Pflichten der MAV als Gesamtheit, wenn und soweit sie an dem Beschluss der MAV positiv mitgewirkt haben. Hat das Fehlverhalten eines MAV-Mitgliedes den Tatbestand einer unerlaubten Handlung erfüllt, tritt die Haftungsbegrenzung auf Vorsatz und grobe Fahrlässigkeit nicht ein (§§ 823 ff. BGB). Entstehen infolge von Rechtsgeschäften der Mitglieder der MAV mit Dritten Verpflichtungen, so haften die am Rechtsgeschäft beteiligten Mitglieder der MAV persönlich.[39] Hat ein MAV-Mitglied für die Teilnahme an einer Schulungsveranstaltung Dienstbefreiung (§ 16) erhalten, hat die Veranstaltung aber nicht oder nicht unter den Voraussetzungen der Anerkennung stattgefunden (§ 16 Rn 86 ff.) oder hat das MAV-Mitglied nicht teilgenommen, hat es aus ungerechtfertigter Bereicherung (§§ 812 ff. BGB) für die Rückzahlung der für die Dauer der Abwesenheit vom Dienst gezahlten Vergütung einzustehen; der Dienstgeber haftet nicht für entstandene Schulungskostengebühren.

5. Stellung zu anderen Organen

34 Die MAV ist nicht weisungsgebunden, auch nicht gegenüber der **Mitarbeiterversammlung**. Diese ist der MAV durch die Einrichtung des Misstrauensvotums und die damit verbundene Abberufungs-

---

35 Vgl. *BAG*, 29. 9. 2004 – 1 ABR 30/03, NZA 2005, 123.
36 Vgl. *Ilbertz/Widmaier*, BPersVG § 44 Rn 23.
37 Vgl. zum BetrVG *Richardi/Thüsing*, BetrVG Vorbem. vor § 26 Rn 8 m. N.
38 *Fitting*, § 1 Rn 212.
39 *Fitting*, § 1 Rn 214.

fähigkeit der MAV übergeordnet (§ 22 Abs. 2).[40] Der **Sprecher der Jugendlichen und Auszubildenden** berät die MAV, er hat keine eigene, selbständige Zuständigkeit neben der MAV, weil die MAV für die Belange der Mitarbeiter in ihrer Gesamtheit zuständig ist (§ 48 Rn 1). Dagegen sind die Aufgaben der **Schwerbehindertenvertretung** besonders geregelt, die von der MAV zu beachten sind (§ 52 Rn 1 ff.; siehe auch § 28a). Mit Blick auf die **Gesamtmitarbeitervertretung** wird auf § 24 und zur **diözesanen Arbeitsgemeinschaft** der Mitarbeitervertretungen wird auf § 25 verwiesen.

IV. Aufgaben

1. Allgemeines

Die MAV vertritt die Interessen der Mitarbeiter. Dazu ist sie berufen und verpflichtet. Das wird auch daran deutlich, dass sie mit dem Dienstgeber Dienstvereinbarungen (vgl. § 28 Rn 17–19) treffen kann (§ 38). Außerdem ergibt sich das Interessenvertretungsrecht aus der Bezeichnung als Mitarbeitervertretung und den ihr obliegenden Aufgaben (vgl. u. a. §§ 26 ff.). Als MAV kann sie in ihrer Funktion im eigenen Namen kraft Amtes tätig werden und zwar gegenüber dem Dienstgeber wie auch gegenüber den Mitarbeitern. Ihnen gegenüber ist sie berichtspflichtig (§ 21 Abs. 2 S. 2, § 22 Abs. 1) und zur Erörterung beantragter Beratungsgegenstände in einer Mitarbeiterversammlung verpflichtet (§ 22 Abs. 1). Der MAV werden zuweilen in anderen diözesanen Kirchengesetzen, wozu u. a. die Ordnung der Arbeitsrechtlichen Kommission des Deutschen Caritasverbandes e. V. (AK-Ordnung) zählt,[41] und nicht allein in der MAVO Berechtigungen und Aufgaben zuerkannt, die sie pflichtgemäß wahrzunehmen hat (vgl. § 11 AK-Ordnung i. d. F. vom 24. 3. 2010).[42] Es ist dann Sache des Gesetzgebers der MAVO, die der kirchlichen Betriebsverfassung (Art. 8 GrO) zuzuordnende Bestimmung auch in der MAVO zu verankern (vgl. § 55 Rn 2). Das ist mit der Einfügung des § 27b geschehen.

Je nach der diözesanen MAVO kommen der MAV nicht nur **dienststellenbezogene** oder mit dem Dienstgeber zu behandelnde Aufgaben zu (§ 39), sondern auch solche, die **überbetrieblich** zu behandeln sind (§§ 1b, 24, 25).

2. Sprechstunden

Die MAVO regelt zwar nicht ausdrücklich, dass die **MAV** für die Mitarbeiter Sprechstunden abhalten darf. Dennoch ist der Bestimmung des § 26 Abs. 3 Nr. 2 zu entnehmen, dass die Mitarbeiter mit der MAV Kontakte aufnehmen können, um ihre Anregungen und Beschwerden vorzutragen. Gerade in großen Einrichtungen oder solchen Dienststellen, die aus mehreren Teildienststellen (z. B. mehrere Schulen eines Trägers, die zu einer Dienststelle zusammengefasst worden sind) wird ein besonderes Bedürfnis nach Gedanken- und Informationsaustausch bestehen, so dass auch ein Mitglied der MAV zu solchen Sprechstunden hinausfährt, um über die MAV-Arbeit und aktuelle Gegenstände, für die keine Mitarbeiterversammlung erforderlich ist, zu berichten und Anregungen entgegenzunehmen. In der Sprechstunde dürfen die Mitarbeiter in allen Angelegenheiten gehört und beraten werden, die mit ihrem Beschäftigungsverhältnis und ihrer Stellung in der Einrichtung bzw. Dienststelle zusammenhängen und in den Aufgabenbereich der MAV fallen. **Die MAV entscheidet nach Absprache mit dem Dienstgeber über die zeitliche Lage der Sprechstunden.** Ob die MAV Sprechstunden abhalten will, entscheidet sie allerdings selbst. Das gilt ebenso für Sprechstunden außerhalb und während der Arbeitszeit. Rücksichtnahme auf die betrieblichen Verhältnisse ist allerdings erforderlich. Der Dienstgeber hat für die Sprechstunden den erforderlichen **Raum** zur Verfügung zu stellen (§ 17 Abs. 2). Die MAV entscheidet allein darüber, in welcher Weise sie die Sprechstunden durchführt und welche

---

40 Bedenken hiergegen bereits zu § 17 Abs. 2 MAVO 1977 *Bietmann*, Kurzkommentar, § 17 Anm. 2; *ders.,* Betriebliche Mitbestimmung S. 123 f.; vgl. auch *Richardi*, Arbeitsrecht in der Kirche § 18 Rn 96 f. m. Hinw. auf *BVerfGE* 51, 77, 94.
41 *KAGH*, 28. 8. 2009 – M 02/09, ZMV 2009, 322.
42 U. a. Kirchlicher Anzeiger für die Diözese Aachen 2010 Nr. 194 S. 199; *Andelewski*, Einrichtungsspezifische Regelungen in karitativen Einrichtungen, ZMV 2010, 123.

MAV-Mitglieder hiermit betraut werden. In der Regel kann der Vorsitzende der MAV die Sprechstunden abhalten. Er muss dann die erforderlichen Auskünfte geben und die erforderliche **Diskretion** wahren. An den Sprechstunden kann auch ein Mitglied der **Schwerbehindertenvertretung** teilnehmen, ggf. auch der **Sprecher der Jugendlichen und Auszubildenden**. Soweit MAV-Mitglieder, die nicht freigestellt sind (§ 15 Abs. 3), Sprechstunden der MAV wahrzunehmen haben, sind sie nach Maßgabe des § 15 Abs. 2 von ihrer beruflichen Tätigkeit ohne Minderung des Arbeitsentgelts bzw. der Gestellungsleistung zu befreien. Entsprechend der Einrichtung der Sprechstunde haben die **Mitarbeiter** das Recht, die Sprechstunden der MAV aufzusuchen. Der Mitarbeiter muss sich vor dem Besuch der Sprechstunde bei seinem zuständigen Vorgesetzten ordnungsgemäß abmelden. Eine Entgeltminderung findet dann nicht statt. Die **Mitglieder der MAV** haften den einzelnen Mitarbeitern wegen der ihnen in oder außerhalb von Sprechstunden gegebenen **Auskünfte und Empfehlungen** wegen fehlender vertraglicher Beziehungen nur im Falle einer unerlaubten Handlung,[43] allerdings regelmäßig nur in den Fällen des § 826 BGB, wenn Auskünfte gegeben worden sind, die zu Vermögensschäden geführt haben. Eine **Haftung** des Dienstgebers für Auskünfte der MAV-Mitglieder scheidet aus, weil die MAV insoweit in eigener Verantwortung und nicht als Erfüllungsgehilfe des Dienstgebers im Rahmen des Dienstverhältnisses tätig wird.

V. Entstehung der MAV

38 Die MAV entsteht nur durch die gesetzlich vorgeschriebene Wahl unter Wahrung der zwingenden Vorschriften der §§ 6 bis 12 i. V. m. § 55. Die Bestellung einer MAV durch den Dienstgeber, eine Selbsternennung oder eine Wahl ohne Wahlausschuss oder Wahlleiter führen erst gar nicht zu einer MAV, weil diese Vorgänge gegen zwingendes Recht verstoßen und daher nichtig sind (§ 12 Rn 1). Wesentlich sind die Annahme der Wahl (§ 11 Abs. 7 S. 2) und bei der mehrgliedrigen MAV die konstituierende Sitzung der neu gewählten MAV mit der Wahl des Vorsitzenden, seines Stellvertreters und des Schriftführers (§ 14 Abs. 1). Eine MAV i. S. der MAVO entsteht auch nur dann, wenn ihre Wahl auf der Grundlage eines kirchlichen Gesetzes beruht. Die Wahl einer Mitarbeitervertretung nach einer von einem Dienstgeber selbst erlassenen Mitarbeitervertretungsordnung ist mit Blick auf das diözesanbischöflich gesetzte Recht nichtig, so dass die so gewählte Mitarbeitervertretung rechtlich nie bestanden hat und deshalb auch nicht den Schutz der kirchlichen Arbeitsgerichtsbarkeit in Anspruch nehmen kann.[44] Die kirchliche Arbeitsgerichtsbarkeit ist aber auch nicht zuständig, wenn die MAV auf der Grundlage einer von einer Ordensgemeinschaft erlassenen Mitarbeitervertretungsordnung, die diözesanbischöflich nicht in Kraft gesetzt worden ist, angerufen wird.[45] Die kirchlichen Arbeitsgerichte sind sachlich nur zuständig für Rechtsstreitigkeiten aus dem kirchengesetzlich gesetzten Mitarbeitervertretungsrecht. Ordensgemeinschaften sind keine Gesetzgeber i. S. d. Kirchenrechts. Diözesanes Kirchenrecht setzt allein der zuständige Diözesanbischof (can. 391 CIC). Der KAGH sieht in einer von einem Dienstgeber erlassenen Mitarbeitervertretungsordnung eine vom Arbeitgeber geschaffene schuldrechtliche Ordnung, für die bei Meinungsverschiedenheiten ausschließlich die staatlichen Gerichte zuständig seien. Die entsprechend der Ordnung gewählte Mitarbeitervertretung sei rechtswirksam gebildet und daher rechtlich existent.[46]

VI. Ende der Amtszeit der MAV

39 Das Ende der Amtszeit der MAV tritt in den nachstehend genannten Fällen ein, nämlich durch
– Zeitablauf (§ 13 Abs. 2 i. V. m. § 13a),
– notwendige Neuwahlen außerhalb des einheitlichen Wahlzeitraums aus den in § 13 Abs. 3 Nrn. 1 bis 6 genannten Gründen,
– Neuwahl der MAV im Falle des § 13 Abs. 5,

---

43 *Weber*, GK-BetrVG § 39 Rn 39 m. N.
44 *Schlichtungsstelle-MAVO Köln*, 18. 10. 2000 – MAVO 8/2000, ZMV 2001, 38.
45 *KAGH*, 19. 3. 2010 – M 11/09.
46 *KAGH*, 19. 3. 2010 – M 11/09.

- Entscheidung über eine begründete Wahlanfechtung (§ 12),
- Auflösung bzw. Stilllegung der Dienststelle, Zusammenlegung mehrerer Dienststellen oder Teilung einer Dienststelle oder Einrichtung in mehrere Dienststellen oder Einrichtungen, wobei die Vorschriften des § 13d von Bedeutung sind,
- Übergang der Einrichtung an einen Rechtsträger außerhalb des Geltungsbereichs der MAVO.

VII. Ende des Amtes als MAV-Mitglied

Von den Gründen des Endes der Amtszeit der MAV (§ 13) zu unterscheiden ist das Erlöschen des Amts als MAV-Mitglied gemäß § 13c. Außerdem endet das Amt durch begründete Wahlanfechtung nach Entscheidung des Wahlausschusses, des Wahlleiters oder des Kirchlichen Arbeitsgerichts (§ 12), durch Beförderung in eine Position, die aus dem Kreis der aktiv bzw. passiv wahlberechtigten Mitarbeiter (§§ 7 und 8) oder dem der Mitarbeiter überhaupt (§ 3 Abs. 2) ausschließen. Hervorzuheben ist, dass in den Fällen des § 13c Nrn. 2 und 4 der nachwirkende Kündigungsschutz (§ 19 Abs. 1 S. 3) mit dem Ende der Mitgliedschaft in der MAV erlischt, nämlich

- wegen Niederlegung des Amtes (§ 13c Nr. 2),
- infolge rechtskräftiger Entscheidung der kirchlichen Gerichte für Arbeitssachen zum Verlust der Wählbarkeit (§ 13c Nr. 4),
- durch rechtskräftige Entscheidung der kirchlichen Gerichte für Arbeitssachen zur Amtsenthebung im Falle grober Vernachlässigung oder Verletzung der Befugnisse und Pflichten als Mitarbeitervertreter (§ 13c Nr. 4).

Denkbar ist, dass ein Mitglied der MAV durch Umsetzung in die Personalabteilung Kenntnisse über Angelegenheiten erhält, die in eine **Konfliktlage** zwischen Interessenwahrnehmung zugunsten des Dienstgebers und Interesse der MAV führen können. Dazu bleibt dem Mitglied praktisch nur die Wahl zwischen Annahme der neuen Tätigkeit oder Beibehaltung des Amtes als MAV-Mitglied.

VIII. Funktionen außerhalb der MAVO

1. Arbeitsschutz

Infolge der Vorschriften über die Arbeitssicherheit und den Arbeitsschutz sind auch in kirchlichen Einrichtungen die erforderlichen Fachkräfte zu bestellen. Dazu gehören
- der Betriebsarzt, § 2 ASiG,
- die Fachkraft für Arbeitssicherheit, § 5 ASiG,
- der Sicherheitsbeauftragte, § 22 SGB VII,
- der Strahlenschutzbeauftragte, § 29 Abs. 1 StrlSchV, § 13 Abs. 1 RöV,
- der Hygienebeauftragte sowie die Fachkräfte für Hygiene in Krankenhäusern (vgl. z. B. Ordnung zur Sicherstellung der Hygiene in katholischen Krankenhäusern im Erzbistum Köln, Amtsblatt des Erzbistums Köln 1991 Nr. 51 S. 99).

Die MAV hat sich für die Durchführung der Vorschriften über den Arbeitsschutz, die Unfallverhütung und die Gesundheitsförderung in der Einrichtung einzusetzen (§ 26 Abs. 3 Nr. 7). Gemäß §§ 36 Abs. 1 Nr. 10, 37 Abs. 1 Nr. 10 und 38 Abs. 1 Nr. 10 hat sie ein Mitbestimmungsrecht zu Maßnahmen zur Verhütung von Dienst- und Arbeitsunfällen und sonstigen Gesundheitsschädigungen. Aus diesem Grund entsteht auch eine Zusammenarbeit mit den Trägern der gesetzlichen Unfallversicherung (Berufsgenossenschaften).[47] Durch § 1 Abs. 4 ArbSchG ist geregelt, dass bei öffentlich-rechtlichen Religionsgemeinschaften an die Stelle der Betriebs- und Personalräte die Mitarbeitervertretungen entsprechend dem kirchlichen Recht treten. Die Mitwirkung der MAV im Arbeitsschutzausschuss gemäß § 11 ASiG dient infolge ihres Mitbestimmungsrechts bei Maßnahmen zur Verhütung von Unfällen und gesundheitlichen Gefahren (§ 36 Abs. 1 Nr. 10) der gebotenen Koope-

---

47 *Thiel*, ZMV 1995, 106.

ration und Information (§ 27 Abs. 1).[48] In Verwaltungen und Betrieben des Bundes, der Länder, der Gemeinden und der sonstigen Körperschaften, Anstalten und Stiftungen des öffentlichen Rechts ist ein den Grundsätzen des ASiG gleichwertiger arbeitsmedizinischer und sicherheitstechnischer Arbeitsschutz zu gewährleisten (§ 16 ASiG).

2. Datenschutz

44 Der **Diözesanbischof** bestellt **für den Bereich seines Bistums** einen **Beauftragten für den Datenschutz** (§ 16 KDO).[49] Aufgabe der Datenverarbeitung im kirchlichen Bereich ist es, die Tätigkeit der Dienststellen und Einrichtungen der katholischen Kirche zu fördern. Dabei muss gewährleistet sein, dass der einzelne durch den Umgang mit seinen personenbezogenen Daten in seinem Persönlichkeitsrecht geschützt wird (§ 1 KDO). Die MAV kann sich an den Beauftragten für den Datenschutz wenden, wenn ihr nach ihrer Meinung zu Unrecht Unterlagen vorenthalten werden, die dem Datenschutz zwar unterliegen, das Einsichtsrecht der MAV jedoch nicht ausschließen (§ 26 Abs. 2 S. 1 MAVO, § 17 Abs. 1 KDO).[50] Zu Personalakten wird auf § 26 Abs. 2 S. 2 verwiesen. Gemäß § 18a KDO[51] können kirchliche Stellen, die personenbezogene Daten automatisiert erheben, verarbeiten oder nutzen, einen **betrieblichen Datenschutzbeauftragten** schriftlich bestellen. Er kann auch von mehreren kirchlichen Stellen gemeinsam bestellt werden. Er ist dem Leiter der jeweiligen kirchlichen Stelle unmittelbar unterstellt. Mit der Vorschrift in der KDO wird Art. 18 Abs. 2 zweiter Spiegelstrich der EG-Datenschutzrichtlinie als Kann-Vorschrift umgesetzt. § 18b KDO konkretisiert die Aufgaben des betrieblichen Datenschutzbeauftragten vergleichbar der Regelung in § 4g BDSG. Hervorzuheben ist, dass dem betrieblichen Datenschutzbeauftragten die nach § 3a KDO zu erstellenden Verzeichnisse zur Verfügung zu stellen sind.

3. Beauftragte zur Wahrung der Würde von Frauen und Männern am Arbeitsplatz

45 Im Bistum Limburg bestellt der Generalvikar im Einvernehmen mit der Gesamtmitarbeitervertretung wenigstens zwei Personen (eine Frau und einen Mann), bei denen sich Mitarbeiter beschweren können, wenn sie sich von anderen Beschäftigten oder von Dritten am Arbeitsplatz sexuell belästigt fühlen (§ 4 Ordnung zur Wahrung der Würde von Frauen und Männern im Bistum Limburg durch besonderen Schutz vor sexueller Belästigung am Arbeitsplatz).[52] Die genannte Ordnung war Ausführungsbestimmung zu § 3 des Beschäftigtenschutzgesetzes vom 24. 6. 1994 und ist seit dem Erlass des AGG als Ausführungsbestimmung zu § 13 AGG zu werten. Danach haben die betroffenen Beschäftigten das Recht, sich bei den zuständigen Stellen des Betriebes oder der Dienststelle zu beschweren, wenn sie sich von anderen am Arbeitsplatz belästigt i. S. d. § 3 Abs. 4 AGG fühlen.[53]

4. Gleichstellungsbeauftragte/Frauenbeauftragte

46 Zur Förderung der Gleichstellung von Männern und Frauen gibt es für bestimmte Dienststellen je nach diözesanem Recht Regelungen mit dem Ziel, die Frauen verstärkt gemäß der Sendung der Kirche an der Gestaltung und Mitverantwortung teilhaben zu lassen. Dies soll durch Verbesserung der Zugangs- und Aufstiegsmöglichkeiten sowie der Arbeitsbedingungen für Frauen und die Förderung der Vereinbarkeit der Aufgaben in Familie und Beruf für Frauen und Männer erreicht werden. Die **Beauftragte für Frauen bzw. Gleichstellungsbeauftragte** unterstützt die Leitungen der Dienststellen bei der Durchführung der Ziele **unabhängig von der MAV**. Sie erhält auf Verlangen Einsicht in alle Bewerbungsunterlagen und hat ein Beanstandungsrecht bei Maßnahmen, die mit dem Gleichstel-

---

48 *Thiel*, ZMV 1996, 173, 176 r. Sp.
49 Amtsblatt des Erzbistums Köln 1995 Nr. 290 S. 305; Caritas-Korrespondenz 1995 Heft 3 S. 3 ff.
50 *Schlichtungsstelle München und Freising*, 23. 5. 1996 – 6 AR 96.
51 Neufassung 2003, Amtsblatt des Erzbistums Köln 2003 Nr. 263 S. 249.
52 *Amtsblatt Limburg* 1996 Nr. 83 S. 43.
53 In diesem Sinne auch Kirchl. Amtsblatt Erzbistum Hamburg 2003 Art. 88 S. 108.

lungspostulat unvereinbar sind, mit der Folge, dass die Dienststellenleitung erneut über den Vorgang zu entscheiden hat.[54]

5. Mobbing-Kommission

Zur Klärung von Vorwürfen über Mobbing am Arbeitsplatz besteht im Bistum Rottenburg-Stuttgart eine Mobbing-Kommission. Sie klärt unter Berücksichtigung des Sachverhalts und der Stellungnahmen der Betroffenen Vorwürfe und empfiehlt Maßnahmen zu ihrer Behebung.[55]   47

Im Erzbistum Hamburg ist die Beauftragte für Fragen der Diskriminierung, sexuelle Belästigung und Schutz vor Mobbing zuständig für Mitarbeiterinnen und Mitarbeiter, die unter den Geltungsbereich der MAVO des Erzbistums Hamburg fallen. Ziel ist, Ratsuchende so zu beraten, dass Arbeitsfrieden, Persönlichkeitsschutz sowie die Arbeitsfähigkeit gesichert oder wieder hergestellt werden können und ohne Gefahr vor Repressionen und ohne Vorverurteilung bei offener Moderation.[56]   48

6. Kommission zur Leistungsbeurteilung

In kirchlichen Arbeitsvertragsordnungen ist bestimmt, dass unter bestimmten Voraussetzungen Leistungen von Mitarbeitern individuell honoriert werden können. Das bezieht sich z. B. auf das Tempo zur Erreichung von höheren Entgeltstufen innerhalb einer Entgeltgruppe gemäß Tabellenentgelt nach Maßgabe der Eingruppierung (§ 25 Abs. 2 KAVO der Diözesen in NRW) und auf ein sog. individuelles Leistungsentgelt zusätzlich zum Tabellenentgelt als Leistungsprämie (§ 26 KAVO i. V. m. Anlage 28 zur KAVO). Dazu wird eine Einrichtungskommission gebildet, um im Falle von Beschwerden betroffener Mitarbeiter der Sache nachzugehen. Die MAV bestimmt, wer auf Mitarbeiterseite in die Einrichtungskommission entsandt wird (§ 25 Abs. 2 S. 4 KAVO; § 4 der Anlage 28 zur KAVO). Die genannten Bestimmungen schließen die Mitgliedschaft von MAV-Mitgliedern in der Einrichtungskommission nicht aus. Von der Zuständigkeit der Kommission zur Leistungsbeurteilung zu unterscheiden ist diejenige der MAV zum Abschluss Dienstvereinbarungen über das System der leistungsbezogenen Bezahlung durch Dienstvereinbarung gemäß § 38 (wie etwa gemäß § 3 i. V. m. § 7 der Anlage 28 zur KAVO), damit es überhaupt zur Einführung eines individuellen Leistungsentgelts in einer Dienststelle bzw. Einrichtung kommen kann.   49

7. Hygienekommission

Ein Beispiel für betriebliche Fachkommissionen ist die Hygienekommission, die gemäß § 2 der Ordnung zur Sicherstellung der Hygiene in katholischen Krankenhäusern in Nordrhein-Westfalen für die (Erz-)Bistümer Köln, Paderborn, Aachen, Essen und Münster vom 29. 9. 2010[57] zu bilden ist. Im Rahmen des § 27 ist es ratsam, die Mitwirkung eines oder mehrerer Mitglieder der MAV vorzusehen, auch wenn das nicht ausdrücklich angeordnet ist. Der Krankenhausträger hat alle erforderlichen Maßnahmen zur Verhütung, Erkennung und Bekämpfung von Krankenhausinfektionen zu veranlassen (§ 1 S. 1 der vorgenannten Ordnung). Die MAV hat gemäß § 26 Abs. 3 Nr. 1 u. a. die Aufgabe Maßnahmen anzuregen, die der Einrichtung dienen. Dazu hat die MAV in der Hygienekommission Gelegenheit, wie dies in § 2 Abs. 1 S. 4 vorgenannter Ordnung zur Sicherstellung der Hygiene zum Ausdruck kommt, wonach als weitere Mitglieder u. a. »Mitglieder der Mitarbeitervertretung im Krankenhaus« der Hygienekommission angehören können. Die Ordnung zur Sicherstellung der Hygiene ist ein allgemeines Dekret i. S. v. can. 29 CIC, erlassen von den Generalvikaren der genannten   50

---

54 Amtsblatt des Bistums Limburg 2000 Nr. 1 S. 105; Kirchl. Anzeiger für die Diözese Aachen 2003 Nr. 51 S. 22; Amtsblatt für das Erzbistum Bamberg 2003 S. 351; Amtsblatt für das Bistum Speyer -OVB – 2006 Nr. 29 S. 57.
55 Amtsblatt der Diözese Rottenburg-Stuttgart 2003 S. 621.
56 Kirchliches Amtsblatt Erzbistum Hamburg 2004 Art. 62 S. 117.
57 Amtsblatt des Erzbistums Köln 2010 Nr. 219 S. 234.

(Erz-)Bistümer, denen vom zuständigen bischöflichen Gesetzgeber die Maßnahme ausdrücklich zugestanden worden ist (can. 30 CIC).[58]

IX. Streitigkeiten

51 Außer der MAV insgesamt genießen auch einzelne Mitglieder der MAV im Falle von spezifischen Streitfällen Rechtsschutz. Dieser kann je nach dem Gegenstand bei den kirchlichen Gerichten für Arbeitssachen (§§ 2 Abs. 2, 8 Abs. 2 Buchst. d KAGO) oder den staatlichen Arbeitsgerichten (§ 2 Abs. 1 Nr. 3 Buchst. a ArbGG) geltend gemacht werden. Vor die staatlichen Arbeitsgerichte gehören Rechtsstreitigkeiten im Zusammenhang mit den Schutzbestimmungen der §§ 15 Abs. 3a; 18 Abs. 1, 1a, 2, 4, 19 sowie der Mehrarbeitsvergütung im Falle von § 15 Abs. 4 S. 5 MAVO. Geschützt in diesem Sinne sind auch Sprecher der Jugendlichen und Auszubildenden sowie die Vertrauensperson der schwerbehinderten Mitarbeiterinnen und Mitarbeiter.

---

58 Amtsblatt des Erzbistums Köln 2010 Nr. 213 S. 230.

II. Die Mitarbeitervertretung

§ 6 Voraussetzung für die Bildung der Mitarbeitervertretung
Zusammensetzung der Mitarbeitervertretung

(1) Die Bildung einer Mitarbeitervertretung setzt voraus, dass in der Einrichtung in der Regel mindestens fünf wahlberechtigte Mitarbeiterinnen und Mitarbeiter (§ 7) beschäftigt werden, von denen mindestens drei wählbar sind (§ 8).

(2) Die Mitarbeitervertretung besteht aus
  1 Mitglied   bei   5–   15 wahlberechtigten Mitarbeiterinnen und Mitarbeitern,
  3 Mitgliedern bei 16–   50 wahlberechtigten Mitarbeiterinnen und Mitarbeitern,
  5 Mitgliedern bei 51– 100 wahlberechtigten Mitarbeiterinnen und Mitarbeitern,
  7 Mitgliedern bei 101– 200 wahlberechtigten Mitarbeiterinnen und Mitarbeitern,
  9 Mitgliedern bei 201– 300 wahlberechtigten Mitarbeiterinnen und Mitarbeitern,
11 Mitgliedern bei 301– 600 wahlberechtigten Mitarbeiterinnen und Mitarbeitern,
13 Mitgliedern bei 601–1000 wahlberechtigten Mitarbeiterinnen und Mitarbeitern,
15 Mitgliedern bei 1001 und mehr wahlberechtigten Mitarbeiterinnen und Mitarbeitern.

Falls die Zahl der Wahlbewerberinnen und Wahlbewerber geringer ist als die nach Satz 1 vorgesehene Zahl an Mitgliedern, setzt sich die Mitarbeitervertretung aus der höchstmöglichen Zahl von Mitgliedern zusammen. Satz 2 gilt entsprechend, wenn die nach Satz 1 vorgesehene Zahl an Mitgliedern nicht erreicht wird, weil zu wenig Kandidatinnen und Kandidaten gewählt werden oder weil eine gewählte Kandidatin oder ein gewählter Kandidat die Wahl nicht annimmt und kein Ersatzmitglied vorhanden ist.

(3) Für die Wahl einer Mitarbeitervertretung in einer Einrichtung mit einer oder mehreren nicht selbständig geführten Stellen kann der Dienstgeber eine Regelung treffen, die eine Vertretung auch der Mitarbeiterinnen und Mitarbeiter der nicht selbständig geführten Stellen in Abweichung von § 11 Abs. 6 durch einen Vertreter gewährleistet, und zwar nach der Maßgabe der jeweiligen Zahl der wahlberechtigten Mitarbeiterinnen und Mitarbeiter in den Einrichtungen. Eine solche Regelung bedarf der Zustimmung der Mitarbeitervertretung.

(4) Der Mitarbeitervertretung sollen jeweils Vertreter der Dienstbereiche und Gruppen angehören. Die Geschlechter sollen in der Mitarbeitervertretung entsprechend ihrem zahlenmäßigen Verhältnis in der Einrichtung vertreten sein.

(5) Maßgebend für die Zahl der Mitglieder ist der Tag, bis zu dem Wahlvorschläge eingereicht werden können (§ 9 Abs. 5 Satz 1).

Übersicht	Rn		Rn
I. **Fähigkeit zur Bildung einer Mitarbeitervertretung**	1– 7	mung des § 6 Abs. 2 S. 1 durch S. 2 und 3	9–14
1. Fünf aktiv Wahlberechtigte . . .	2	a. Weniger Kandidaten als gesetzlich vorgesehen, § 6 Abs. 2 S. 2	10
2. Drei passiv Wahlberechtigte . .	3		
3. Regelmäßige Anzahl der wahlberechtigten Beschäftigten	4– 7	b. Zu wenig gewählte Bewerber zur Mitgliedschaft in der MAV, § 6 Abs. 2 S. 3	11
a. Tatsächlich aktiv wahlberechtigte Beschäftigte . . .	5, 6		
b. Feststellung durch den Dienstgeber	7	c. Vorzeitige Neuwahl der MAV	12–14
II. **Zahl der Mitglieder der MAV**	8–21	3. Ermittlung der Anzahl der wahlberechtigten Mitarbeiter	15
1. Grundsatznorm (§ 6 Abs. 2 S. 1)	8	4. Stichtag, § 6 Abs. 5	16, 17
2. Ausnahmen von der Bestim-		5. Veränderung der Anzahl der	

II. Die Mitarbeitervertretung

	Rn		Rn
wahlberechtigten Mitarbeiter nach dem Stichtag	18, 19	b. Zuteilung an die Kandidaten	32
6. Alleinvertreter	20	c. Text für eine Regelung	33
7. Mehrgliedrige MAV	21	d. Alternative zu a. bis c.	34–37
III. Zusammensetzung der MAV bei mehreren unselbständigen Stellen	22–40	e. Zustimmung der MAV	38–40
		IV. Zusammensetzung der MAV nach Dienstbereichen und Gruppen	41–45
1. Mehrere unselbständig geführte Stellen, § 6 Abs. 3	23, 24	1. Dienstbereiche	41
2. Abweichung vom Mehrheitswahlprinzip	25	2. Gruppen	42, 43
3. Regelung des Dienstgebers	26–40	3. Berücksichtigung von Frauen und Männern	44
a. Verteilung der Sitze in der MAV auf die einzelnen Stellen	27–31	4. Berücksichtigung der Mitarbeiter unterschiedlicher Konfession	45
		V. Ersatzmitglieder	46
		VI. Streitigkeiten	47

I. Fähigkeit zur Bildung einer Mitarbeitervertretung

1 Die Bildung einer MAV ist gemäß § 6 Abs. 1 an zwei wesentliche Voraussetzungen gebunden.

1. Fünf aktiv Wahlberechtigte

2 In der Dienststelle müssen in der Regel mindestens fünf aktiv wahlberechtigte Mitarbeiter i. S. v. § 7 beschäftigt werden, gleichgültig, ob sie voll- oder teilzeitbeschäftigt sind. Die Dienststelle bzw. Einrichtung definiert sich nach § 1a. Bei weniger Wahlberechtigten ist die Bildung einer MAV ungesetzlich und deshalb nichtig,[1] also nicht durchführbar.[2] Durch die Bestimmungen zum aktiven Wahlrecht (§ 7) werden im Ergebnis alle gemäß § 3 Abs. 1 S. 1 als Mitarbeiter klassifizierten Personen der Einrichtung erfasst. Allerdings sind am Wahltag gemäß § 7 nur diejenigen Mitarbeiterinnen und Mitarbeiter aktiv wahlberechtigt, die am Wahltag die erforderlichen Voraussetzungen zur Ausübung des aktiven Wahlrechts erfüllen. Durch § 1b wird die Bildung einer MAV sogar für mehrere Dienstgeber möglich, so dass Überlegungen zur Wahl eines »Sprechers« für kleinere Einrichtungen nicht anzustellen sind. Die Dienststelle umfasst den Bereich, den der Dienstgeber gemäß § 1a Abs. 2 durch Regelung oder gemäß § 1b mit mehreren Dienstgebern durch Dienstvereinbarung bestimmt hat. In diesem Falle ist zu prüfen, ob die jeweilige Regelung kirchenaufsichtlich genehmigt worden ist.

2. Drei passiv Wahlberechtigte

3 Von den mindestens fünf aktiv wahlberechtigten Mitarbeitern müssen drei i. S. v. § 8 passiv wahlberechtigt (wählbar) sein. Es kommt nicht auf die Anzahl der Mitarbeiter überhaupt an. Denn die kann größer sein als die nach dieser Vorschrift maßgebliche Zahl wählbarer Mitarbeiter bzw. Mitarbeiterinnen. Wird die erforderliche Zahl nicht erreicht, kann die Wahl nicht stattfinden.

3. Regelmäßige Anzahl der wahlberechtigten Beschäftigten

4 Für die Bildung der MAV (immer durch Wahl) ist die regelmäßige Zahl der Mitarbeiter und Mitarbeiterinnen zu ermitteln, die wahlberechtigt sind.

a. Tatsächlich aktiv wahlberechtigte Beschäftigte

5 Es ist daher auf die tatsächlich regelmäßig (»in der Regel«) vorhandenen aktiv wahlberechtigten Mitarbeiter abzustellen, nicht auf die Zahl nach dem Stellenplan. Nicht mitzuzählen sind diejenigen, die aus dem Mitarbeiterbegriff gemäß § 3 Abs. 1 S. 2 und Abs. 2 ausgeklammert sind. Leiharbeitnehmer i. S. d. AÜG zählen gemäß § 3 Abs. 1 S. 2 nicht zu den Mitarbeitern im Sinne der MAVO, sie haben

---

1 A. A. *Mösenfechtel/Perwitz-Passan/Wiertz*, § 6 Anm. 1 S. 2.
2 Ebenso: *Beyer*, in: Freiburger Kommentar zur MAVO, § 6 Rn 4.

kein aktives Wahlrecht zur MAV. Dasselbe gilt auch bei Leiharbeitnehmern, die nicht gewerbsmäßig überlassen werden.³ Denn sie gehören auch nicht zu der Zahl der regelmäßigen Mitarbeiter. Mitarbeiter aufgrund von Arbeitsbeschaffungsmaßnahmen zählen nicht zu den regelmäßig Beschäftigten. Das könnte anders sein, wenn AB-Maßnahmen sich über eine längere Zeit mit wechselnden Mitarbeitern hinziehen. Es kommt nicht auf die zufällige, tatsächliche Beschäftigtenzahl im Zeitpunkt des Wahlausschreibens an. Unerheblich ist auch die vorübergehende Mehr- oder Minderbeschäftigung von Mitarbeitern infolge von zusätzlichem Arbeitsanfall oder Arbeitsrückgang. Diese kurzfristigen Veränderungen fallen auch mit Rücksicht auf die dann fehlende Dauer der Dienststellenzugehörigkeit, die für das aktive Wahlrecht sechs Monate betragen muss (§ 7 Abs. 1), nicht ins Gewicht.⁴ Keine Berücksichtigung finden Arbeitnehmer von Fremdfirmen, die auf werkvertraglicher Basis tätig werden, z. B. Fensterputzer eines Reinigungsunternehmens (§ 3 Rn 54 f.).⁵

Mitarbeiter i. S. d. § 7 Abs. 4 werden nicht mitgezählt und ferner diejenigen nicht, die gemäß § 7 Abs. 1 vorbehaltlich § 10 Abs. 3 noch nicht wahlberechtigt sind, die infolge Abordnung gemäß § 7 Abs. 2 nicht wahlberechtigt sind, und diejenigen, die in einem Ausbildungsverhältnis stehen, aber nicht in der Einrichtung tätig sind, von der sie eingestellt sind (§ 7 Abs. 3). Im Zweifel ist der Wahltermin zu verschieben. Hat der Dienstgeber vor der Wahl zusätzliche Mitarbeiter eingestellt, die bei ihm am Wahltag noch nicht seit mindestens sechs Monaten beschäftigt sind, zählen diese Personen nicht zu den Wahlberechtigten (§ 7 Abs. 1). 6

b. Feststellung durch den Dienstgeber

Die Zahl der aktiv wahlberechtigten Mitarbeiter hat der Dienstgeber festzustellen (§ 9 Abs. 4 S. 1). Denn er hat die Unterlagen, die Auskunft darüber geben, ob ein Mitarbeiter die Voraussetzungen für das aktive und auch passive Wahlrecht erfüllt. Die Unterlagen wertet der Wahlausschuss aus (§ 9 Abs. 4 S. 2, § 6 Abs. 5). 7

II. Zahl der Mitglieder der MAV

1. Grundsatznorm (§ 6 Abs. 2 S. 1)

Die Zahl der aktiv wahlberechtigten Mitarbeiterinnen und Mitarbeiter der Dienststelle ist für die Größe der MAV maßgeblich. Die diesbezügliche Vorschrift des § 6 Abs. 2 S. 1 ist zwingenden Rechts und kann aus freien Stücken ohne Grund nicht abgeändert werden; Ausnahmevorschriften enthalten § 6 Abs. 1 S. 2 und 3. Die nach der jeweiligen Dienststellengröße gestaffelt festgelegte Zahl der Mitglieder der MAV ist daher zu beachten und bei der Durchführung des Verfahrens zur MAV-Wahl zu befolgen. 8

2. Ausnahmen von der Bestimmung des § 6 Abs. 2 S. 1 durch S. 2 und 3

Es gibt drei Ursachen dafür, dass die gemäß § 6 Abs. 2 festgelegte Zahl der Mitglieder der MAV nicht erreicht wird. Entweder kandidiert eine gerade ausreichende Zahl an Bewerbern, von denen nicht alle gewählt werden, oder schon vor der Wahl kandidieren weniger Bewerber als zur gesetzlichen Zahl der MAV-Mitglieder (§ 6 Abs. 2 S. 1) nötig sind, oder ein Gewählter nimmt die Wahl nicht an, während ein Ersatzmitglied nicht zur Verfügung steht. Die Sätze 2 und 3 in Absatz 2 ermöglichen die Wahl einer MAV in Abweichung von der zwingenden Vorschrift des § 6 Abs. 2 S. 1 mit Blick auf erforderliche Kandidaturen und die gesetzliche Normzahl der MAV. Auf eine Mitgliederzahl der MAV mit ungerader Zahl kommt es nicht an. Es geht prinzipiell um die Bildung einer MAV zugunsten kirchlicher Betriebsverfassung (Art. 8 GrO). Insofern wird die Bestimmung des § 9 Abs. 6 mit Blick auf die tatsächlichen Kandidaturen relativiert. 9

---

3 Vgl. auch *BAG*, 18. 1. 1989 – 7 ABR 67/87, BB 1989, 140.
4 So auch; *LAG Düsseldorf*, 26. 9. 1990 – 12 Ta BV 74/90, DB 1991, 238.
5 Vgl. auch *BAG*, 18. 1. 1989 – 7 ABR 21/88, DB 1989, 1420.

a. Weniger Kandidaten als gesetzlich vorgesehen, § 6 Abs. 2 S. 2

10 Die Ordnung unterstützt den Willen der Mitarbeiterinnen und Mitarbeiter der Einrichtung, durch eine MAV repräsentiert zu werden. Die Vorschrift befreit deshalb von der zwingenden Vorschrift des § 6 Abs. 2 S. 1. Es reicht aus für die Wahl einer MAV, wenn schlussendlich nur ein einziger Kandidat oder eine einzige Kandidatin zur Wahl einer MAV antritt. Die Kandidatur kann sich sogar mit der eigenen Stimme von Kandidat oder Kandidatin durchsetzen, so dass sogar statt einer mehrköpfigen MAV eine einköpfige MAV gewählt ist. Der Dienstgeber hat natürlich das Recht, dieses Wahlergebnis zu bewerten. Allerdings bleibt er an die Bestimmung der MAVO zugunsten der Rechte der MAV gebunden, also unter den Voraussetzungen der Freistellung gemäß § 15 Abs. 3 auch an die zugunsten des gewählten Mitglieds der MAV. Das gewählte MAV-Mitglied hat alle Rechte und Pflichten einer MAV und als Mitglied der MAV.

b. Zu wenig gewählte Bewerber zur Mitgliedschaft in der MAV, § 6 Abs. 2 S. 3

11 Vorstellbar ist, dass eine gesetzlich ausreichende Zahl an Kandidaturen zur Wahl der MAV angemeldet ist, dass aber nicht alle Bewerber, z. B. 13 zu wählende Mitglieder, aber überhaupt nur 10 Bewerber bei etwa 14 Kandidaturen gewählt werden. Anders herum: von 13 zu wählenden Kandidaten (§ 6 Abs. 2 S. 1) werden mangels Ersatzkandidaten alle 13 Kandidaten gewählt, aber einer oder mehr gewählte Kandidaten nehmen die Wahl nicht an. In diesem Fall wird die Zahl der Mitglieder der MAV durch die Zahl derjenigen Kandidaten bestimmt, die schließlich die Wahl angenommen haben. Der Verzicht auf das Mandat führt nicht zum Verlust des Kündigungsschutzes gemäß § 19 Abs. 2. Denn danach darf einer Wahlbewerberin oder einem Wahlbewerber ab dem Zeitpunkt der Aufstellung des Wahlvorschlags jeweils bis sechs Monate nach Bekanntgabe des Wahlergebnisses nur eingeschränkt gekündigt werden (siehe näher zu § 19 Abs. 2 und 3).

c. Vorzeitige Neuwahl der MAV

12 Die Neuwahl der MAV wird erforderlich, wenn die Gesamtzahl der Mitglieder – auch nach Eintreten der Ersatzmitglieder – um mehr als die Hälfte der aufgrund des Wahlergebnisses vorhandenen Mitgliederzahl, also der ursprünglichen tatsächlichen Mitgliederzahl gesunken ist (§ 13 Abs. 3 Nr. 2). Auf die gesetzliche Pflichtzahl der Mitglieder der MAV gemäß § 6 Abs. 2 S. 1 kommt es also nur an, wenn diese bei einer MAV-Wahl erreicht worden ist und die Gewählten die Wahl angenommen haben. Andernfalls reicht die Feststellung des Absinkens der Zahl der Mitglieder der MAV auf weniger als die Hälfte der ursprünglichen Gesamtzahl gewählter MAV-Mitglieder zur Auslösung der Neuwahl der MAV aus.

13 Ist lediglich ein Mitglied der MAV gewählt worden, das später aus der MAV ausgeschieden ist (§ 13c), ist die Neuwahl zur MAV erforderlich. Das folgt aus § 13 Abs. 3 Nr. 2.

14 Wird die MAV ihren Pflichten i. S. v. § 9 Abs. 1 und 2 nicht gerecht, muss der Dienstgeber gemäß § 10 die Initiative zur Vorbereitung einer MAV-Wahl ergreifen (§ 10 Abs. 1a Nr. 1).

3. Ermittlung der Anzahl der wahlberechtigten Mitarbeiter

15 Bei der Feststellung der Zahl der Mitglieder der MAV durch den Wahlausschuss (§ 9 Abs. 4 und 6) oder den Wahlversammlungsleiter bei vereinfachtem Wahlverfahren gemäß §§ 11a bis 11c ist auszugehen von der Zahl der in der Dienststelle bzw. Einrichtung beschäftigten aktiv wahlberechtigten Mitarbeiter (vgl. § 7; § 3 Abs. 1 S. 1). Bei der Zählung ist von den regelmäßig (»in der Regel«) Beschäftigten auszugehen (§ 6 Abs. 1). Der Stellenplan ist zur Ermittlung zu abstrakt, weil er unterschiedliche Besetzungen mit Vollzeit- und Teilzeitkräften zulässt und Stellen führt, die mit Stelleninhabern auch der Kategorie des § 3 Abs. 2 besetzt sind. Personen, deren Beschäftigung oder Ausbildung überwiegend ihrer Heilung, Wiedereingewöhnung, beruflichen und sozialen Rehabilitation oder Erziehung dient, gelten nicht als Mitarbeiter (§ 3 Abs. 2 Nr. 6) und zählen daher nicht mit,

wie etwa auch Leiharbeitnehmer (§ 3 Abs. 1 S. 2) oder zur Vertretung eines Stelleninhabers Beschäftigte.[6]

4. Stichtag, § 6 Abs. 5

Maßgebender Zeitpunkt für die Feststellung der regelmäßig beschäftigten Mitarbeiterzahl der aktiv Wahlberechtigten der Dienststelle oder der Einrichtung ist der Tag, bis zu dem Wahlvorschläge für die Wahl der Mitarbeitervertreter eingereicht werden können (§ 6 Abs. 5 i. V. m. § 9 Abs. 5 S. 1). Mit dieser Regelung ist ein rechtzeitiges Datum für den Wahlausschuss gesetzt, um die Größe der zu wählenden MAV und die notwendige Zahl der Kandidaturen verbindlich feststellen zu können. 16

Ist vorhersehbar, dass die Zahl der wahlberechtigten Mitarbeiter ziemlich bald nach dem Wahltermin z. B. infolge einer Betriebsabspaltung so absinken wird, dass eine zahlenmäßig kleinere MAV zu bilden ist, bleibt es dennoch bei der am Stichtag gemäß § 6 Abs. 5 i. V. m. § 9 Abs. 5 S. 1 vom Wahlausschuss als maßgeblich bezifferten Zahl der Mitglieder der MAV. Hier unterscheidet sich die Vorschrift des § 6 Abs. 2 MAVO z. B. von der Vorschrift des § 9 BetrVG, wonach es auf die regelmäßige Anzahl der wahlberechtigten Arbeitnehmer ankommt. Die regelmäßige Zahl kann auch davon abhängig sein, wie gering etwa nach zwei bis vier Monaten nach der Betriebsratswahl infolge eines bereits verhandelten Sozialplans die Zahl der dann noch vorhandenen Arbeitnehmer sein wird.[7] Nach der MAVO ist ggf. nach § 13 Abs. 3 Nr. 1 zu verfahren, wenn die Voraussetzungen erfüllt sind. 17

5. Veränderung der Anzahl der wahlberechtigten Mitarbeiter nach dem Stichtag

Veränderungen in der Zahl der wahlberechtigten Mitarbeiter, die nach dem Stichtag für die Wahlvorschläge eintreten, werden bei der Feststellung der Zahl der Mitarbeitervertreter nicht mehr berücksichtigt. Sinkt allerdings die Zahl z. B. wegen Aufgabe von Arbeitsplätzen unter fünf aktiv wahlberechtigte Mitarbeiter bis zur Durchführung der Wahl, ist die **Wahl abzusagen**. Denn dann sind die zwingenden Voraussetzungen für die Bildung einer MAV nicht mehr erfüllt. Im Übrigen wählt die gegenüber dem Stichtag für die Wahlvorschläge zahlenmäßig nach unten oder oben veränderte Mitarbeiterschaft die MAV in der Größe, die gemäß § 6 Abs. 2 zu wählen ist bzw. gewählt werden darf. 18

Schwankungen der Zahl der wahlberechtigten Mitarbeiter sind nach der Wahl im Grundsatz ohne Einfluss auf die Zahl der Mitglieder der MAV. Eine Ausnahme regelt § 13 Abs. 3 Nr. 1. Danach hat eine Neuwahl der MAV stattzufinden, wenn nach Ablauf der Hälfte der Amtszeit der MAV seit Amtsbeginn die Zahl der wahlberechtigten Mitarbeiter um die Hälfte, mindestens aber um 50, gestiegen oder gesunken ist. Sinkt im Laufe der Amtszeit die Zahl der regelmäßig wahlberechtigten Mitarbeiter unter fünf ab, so entfällt die Fähigkeit zur Bildung einer MAV, so dass die MAV ihre Tätigkeit einzustellen hat. 19

6. Alleinvertreter

In Dienststellen mit in der Regel 5 bis 15 wahlberechtigten Mitarbeitern wird eine **eingliedrige MAV**, häufig als **Betriebsobmann** bezeichnet, gewählt. Der oder die Gewählte ist Mitarbeitervertretung mit allen sich aus der MAVO ergebenden Rechten und Pflichten. Zum vereinfachten Wahlverfahren wird auf §§ 11a, 11b, 11c hingewiesen. 20

7. Mehrgliedrige MAV

In Dienststellen ab im der Regel 16 wahlberechtigten Mitarbeitern ist eine mehrköpfige MAV zu bilden, deren Größe sich aus der Staffel gemäß § 6 Abs. 2 ergibt. Die **Höchstzahl der Mitglieder** der **MAV beträgt 15**. Die maßgebende Zahl der Mitglieder der MAV stellt der Wahlausschuss fest (vgl. 21

---

6 *LAG Düsseldorf*, 26. 7. 2000 – 12 Ta BV 35/00, rkr., BB 2001, 153.
7 *LAG Schleswig-Holstein*, 27. 10. 1994 – 4 TaBV 23/94 rkr., BB 1995, 620.

II. Die Mitarbeitervertretung

Abs. 5, Rn 16, 17). Bei Streitigkeiten über die Größe und Zusammensetzung der MAV entscheidet im Falle der Wahlanfechtung zunächst der Wahlausschuss (§ 12 Abs. 1). Gegen die Entscheidung des Wahlausschusses ist die **Anrufung des Kirchlichen Arbeitsgerichts** innerhalb von **zwei Wochen nach Zugang** der Entscheidung zulässig (§ 12 Abs. 3, § 11c Abs. 4 MAVO, § 44b KAGO). Ist ein Wahlleiter bestellt, so hat er die Aufgaben des Wahlausschusses (§ 11c).

III. Zusammensetzung der MAV bei mehreren unselbständigen Stellen

22 Die Zusammensetzung der MAV nach Vertretern der Dienstbereiche und Gruppen (§ 6 Abs. 4; Rn 41 ff.) einerseits und nach den einzelnen zur Dienststelle gehörenden nicht selbständigen Stellen (§ 6 Abs. 3) andererseits wird in der MAVO als Idealfall gesehen, verpflichtend vorgeschrieben ist sie nicht.

1. Mehrere unselbständig geführte Stellen, § 6 Abs. 3

23 Hat die Dienststelle mehrere unselbständige Einzel- oder Teilstellen, die vom Dienstgeber unter einheitliche Leitung gestellt sind (z. B. Schulen, Heime, Krankenhäuser, Kindergärten, vgl. § 1a Abs. 2), so ist es vorstellbar, dass zur Wahl der MAV die Mitarbeiter der Teilstellen jeweils Kandidaten vorschlagen. Je nach Stärke der Mitarbeiterschaft der Teilstellen könnte jedoch das Wahlergebnis diejenigen Teilstellen begünstigen, die im Verhältnis zur gesamten Mitarbeiterschaft aller Teilstellen die meisten wahlberechtigten Mitarbeiter haben.

24 Das könnte dazu führen, dass die Teilstellen mit geringer Mitarbeiterzahl keinen Vertreter ihrer Stelle in die MAV entsenden könnten. Um dieses reine Mehrheitsrisiko des § 11 Abs. 6 auszugleichen, sieht § 6 Abs. 3 die Abwandlung des Mehrheitswahlrechts in ein **Verhältniswahlrecht** vor.

2. Abweichung vom Mehrheitswahlprinzip

25 Gemäß § 6 Abs. 3 ist es zulässig, die Mitarbeiterschaft aller nicht selbständig geführten Stellen einer Dienststelle in der MAV anteilig zu repräsentieren. Das geschieht im **Proporz** der wahlberechtigten Mitarbeiter zur Sollstärke der MAV und zu den Teilstellen. Zu berücksichtigen sind auch Verhältnisse auf der Grundlage der §§ 1b und 22a.

> **Beispiel:** Eine GmbH ist Trägerin von vier Krankenhäusern an einem und demselben Ort, die unter einheitlicher Leitung stehen bzw. gemäß § 1a Abs. 2 zu einer einzigen Dienststelle bestimmt worden sind (vgl. auch Rn 34):
>
> | Krankenhaus | Wahlberechtigte Mitarbeiter |
> | --- | --- |
> | A | 100 |
> | B | 300 |
> | C | 200 |
> | D | 400 |
> | = 4 Teildienststellen mit | 1 000 Wahlberechtigten |
>
> Gemäß § 6 Abs. 2 beträgt die Zahl der Sitze in der MAV = 13.

3. Regelung des Dienstgebers

26 Der Dienstgeber darf gemäß § 6 Abs. 3 vom Mehrheitswahlrecht des § 11 Abs. 6 abweichend die Wahlordnung zugunsten eines Verhältniswahlrechts mit Zustimmung der MAV abändern. Die MAV hat dazu ein Vorschlagsrecht gemäß § 32 Abs. 1 Nr. 11, um ggf. unter Berücksichtigung jeder einzelnen Teildienststelle die Sitze in der MAV auf jede Teildienststelle anteilig aufzuteilen. Dazu ist ein Schlüssel zur Verteilung der Sitze in der MAV zu entwickeln und vom Dienstgeber festzulegen. Ohne positives Zusammenwirken der Einrichtungspartner ist die Regelung nicht möglich (weiter unter Rn 38 ff.).

a. Verteilung der Sitze in der MAV auf die einzelnen Stellen

Die auf die einzelnen Stellen entfallende Zahl von MAV-Mitgliedern wird nach den Grundsätzen der Verhältniswahl nach Maßgabe des Höchstzahlensystems (d'Hondtsches System) errechnet. Die Zahlen der wahlberechtigten Mitarbeiter der einzelnen unselbständigen Teilstellen sind nebeneinander zu setzen und durch 1, 2, 3, 4 usw. zu teilen. Der Dienstgeber hat die Teilung so lange durchzuführen, bis für alle MAV-Sitze nach § 6 Abs. 3 die Höchstzahlen ermittelt sind. **Entsprechend** den auf sie entfallenden **Höchstzahlen** erhält jede Teildienststelle (unselbständige Stelle) MAV-Sitze. Das Beispiel von oben Rn 25 wird übertragen: 27

Für 1 000 wahlberechtigte Mitarbeiter, von denen
400 in Haus D
300 in Haus B
200 in Haus C
100 in Haus A

beschäftigt sind, stehen 13 MAV-Sitze zur Verfügung.

aa. Deshalb werden die Zahlen der Teilmitarbeiterschaft der einzelnen Häuser je getrennt durch 1, 2, 3, 4 usw. geteilt und die jeweils hierbei ermittelten Teilzahlen, getrennt nach den Teildienststellen, aufgeführt und aus diesen Reihen die auf die vier Teildienststellen entfallenden Sitze ermittelt: 28

Haus D	MAV-Sitze	Haus B	MAV-Sitze	Haus C	MAV-Sitze	Haus A	MAV-Sitze
400:1 = 400	1	300:1 = 300	2	200:1 = 200	3	100:1 = 100	9
400:2 = 200	4	300:2 = 150	5	200:2 = 100	8	100:2 = 50	
400:3 = 133,33	6	300:3 = 100	7	200:3 = 66,33			
400:4 = 100	10	300:4 = 75	12	200:4 = 50			
400:5 = 80	11	300:5 = 60					
400:6 = 66,66	13	300:6 = 50					
400:7 = 57,14							

Die Zahlen der obigen und nachstehenden (Rn 29–30) MAV-Sitze sind Ordnungszahlen.

Damit hat	Haus D	6 Sitze
	Haus B	4 Sitze
	Haus C	2 Sitze
	Haus A	1 Sitz
insgesamt also		13 Sitze

bb. Aus der nachstehenden Tabelle ist leicht ersichtlich, dass Haus A nach dem vorgeschlagenen Zählverfahren dann keinen MAV-Sitz zugeteilt bekäme. wenn es z. B. nur 50 wahlberechtigte Mitarbeiter hätte, Haus D aber 450. 29

Errechnung	MAV-Sitze D	Errechnung	MAV-Sitze B	Errechnung	MAV-Sitze C	Errechnung	MAV-Sitze A
450:1 = 450	1	300:1 = 300	2	200:1 = 200	4	50:1 = 50	0
450:2 = 225	3	300:2 = 150	5	200:2 = 100	9	50:2 = 25	

II. Die Mitarbeitervertretung

Errechnung	MAV-Sitze D	Errechnung	MAV-Sitze B	Errechnung	MAV-Sitze C	Errechnung	MAV-Sitze A
450:3 = 150	6	300:3 = 100	6	200:3 = 66,66	13		
450:3 = 150	7	300:4 = 75	11				
450:4 = 118,50	10						
450:5 = 90	12						
450:6 = 75							
450:7 = 64,28							

30 Weil aber § 6 Abs. 3 vorschreibt, dass die Repräsentanz einer Teilstelle in der MAV durch einen Vertreter gewährleistet sein soll, so ist **vor Anwendung des Höchstzahlverfahrens** zunächst für jede Teildienststelle die **Vergabe eines MAV-Sitzes** vorzunehmen. Dadurch ergibt sich dann folgendes **Schema**:

	Haus D vorab 450:1 = 450	Sitze 1	Haus B 300:1 = 300	Sitze 2	Haus C 200:1 = 200	Sitze 3	Haus A 50:1 = 50	Sitze 4
dann	450:2 = 225	5	300:2 = 150	7	200:2 = 100	10	50:2 = 25	
	450:3 = 150	6	300:3 = 100	9	200:3 = 66,66	13		
	450:4 = 118,50	8	300:4 = 75	12				
	450:5 = 90	11						
	Sitze	5	+	4	+	3	+	1 = 13

31 Wenn die letzte für die Verteilung der Sitze maßgebliche Höchstzahl bei den Teildienststellen gleich ist, muss das **Los** entscheiden.

b. Zuteilung an die Kandidaten

32 Nachdem pro Teilstelle die Zahl der Sitze feststeht, kann jetzt anhand des Wahlergebnisses die Zuteilung der Sitze der MAV an die Kandidaten der verschiedenen Teilstellen vorgenommen werden. Dabei kommen pro Teilstelle nur die Kandidaten derselben Stelle zum Zuge, diese allerdings in der Reihenfolge der auf sie abgegebenen Stimmen.

▶ *Beispiel:*

Es kandidierten und erhielten	Stimmen
im Krankenhaus A Kandidat A	40
im Krankenhaus B Kandidaten	
B 1	100
B 2	200
B 3	300

Voraussetzung für die Bildung der Mitarbeitervertretung § 6

Es kandidierten und erhielten	Stimmen
B 4	250
im Krankenhaus C Kandidaten	
C 1	500
C 2	400
C 3	600
C 4	700
im Krankenhaus D Kandidaten	
D 1	150
D 2	250
D 3	350
D 4	450
D 5	550

Dann ist im Vergleich mit der reinen Mehrheitswahl folgendes Verhältniswahlergebnis feststellbar:

§ 11 Abs. 6		§ 6 Abs. 3
1. C4	= 700	entsprechend Beispiel
2. C3	= 600	Rn 30, 32 sind folgende
3. D5	= 550	Kandidaten gewählt:
4. C1	= 500	Haus D = 5 Sitze
5. D4	= 450	mit Kandidaten
6. C2	= 400	D5, D4, D3, D2, D1
7. D3	= 350	Haus B = 4 Sitze
8. B3	= 300	mit Kandidaten
9. B4	= 250	B3, B4, B2, B1
10. D2	= 250	Haus C = 3 Sitze
11. B2	= 200	mit Kandidaten
12. D1	= 150	C4, C3, C1
13. B1	= 100	Haus A = 1 Sitz
14. A	= 40	mit Kandidat A

II. Die Mitarbeitervertretung

§ 11 Abs. 6		§ 6 Abs. 3
Gewählt sind hiernach die Kandidaten C 4–B 1, während A aus der Teilstelle A nicht zum Zuge kam, so dass auch die Teilstelle A nicht repräsentiert ist.	Nicht gewählt ist Kandidat C 2 aus dem Haus C trotz 400 Stimmen.	

c. Text für eine Regelung

33 ▶ Die vom Dienstgeber zu treffende Regelung könnte folgenden Wortlaut haben: Wahlordnung gemäß § 6 Abs. 3 MAVO zur Wahl der Mitarbeitervertretung am …

Gemäß § 6 Abs. 3 MAVO wird **mit Zustimmung der Mitarbeitervertretung** folgende Regelung getroffen:

§ 1 Die nach genannten unselbständigen Stellen … bilden eine Dienststelle. Für diese Dienststelle ist eine einzige Mitarbeitervertretung zu wählen.

§ 2 Zur Mitarbeitervertretung sind … Mitarbeitervertreter zu wählen (§ 6 Abs. 2 MAVO).

§ 3 In Abweichung vom Mehrheitswahlprinzip des § 11 Abs. 6 MAVO wird angeordnet, dass jede unter § 1 genannte unselbständige Stelle in der Mitarbeitervertretung repräsentiert sein soll.

§ 4 Entsprechend der Gesamtzahl der wahlberechtigten Mitarbeiter im Verhältnis zu den wahlberechtigten Mitarbeitern der einzelnen Teilstellen und unter Berücksichtigung der Anzahl der Sitze in der MAV gemäß § 2 ergibt sich folgendes Schema für die Ermittlung der Sitzverteilung.

Haus	Mitarbeiter	MAV-Sitze
A		
B		
C		
D		

§ 5 Die Ermittlung des Wahlergebnisses durch den Wahlausschuss geschieht daher mit folgender Maßgabe:
  a) Aus jeder Stelle ist gewählt, wer in seiner Stelle die meisten Stimmen erhalten hat.
  b) Bei der Ermittlung der weiteren Sitzverteilung ist die nach § 4 gegebene Anordnung zu beachten. Dabei sind die Kandidaten der jeweiligen Stellen in der Reihenfolge ihrer Stimmenzahl nach der Anzahl der auf ihre Stelle entfallenden Sitze gewählt.
  c) Ist für eine Stelle kein Kandidat gewählt worden, obwohl ein Sitz vorhanden ist, wird der Sitz an die Stelle vergeben, die bei Wegfall der nicht berücksichtigten Stelle bei der Sitzverteilung nach dem Höchstzahlensystem (d'Hondt) als nächste zum Zuge gekommen wäre.
  d) Wechselt ein MAV-Mitglied von einer Stelle i. S. v. § 1a in eine andere Stelle i. S. v. § 1a, verbleibt es in der Mitarbeitervertretung bis zum Ablauf ihrer Amtszeit.

Ort der Dienststelle, den …   Unterschrift des Dienstgebers

d. Alternative zu a. bis c.

34 Als Alternative zu der Annahme, dass mehr Kandidaten zur MAV wählbar sind als Teildienststellen vorhanden sind, ist auch denkbar, dass **mehr Teildienststellen bestehen als Kandidaten zur MAV wählbar sind. Beispiel:** Ein Schulträger hat im Gebiet einer Diözese 30 Schulen mit verschiedenen

Schulformen (z. B. Grund-, Haupt-, Realschule, Gymnasium, Schule des 2. Bildungsweges, Berufskolleg). Diese hat er zu einer einzigen Dienststelle erklärt (§ 1a Abs. 2 S. 1). Bedingt durch die Zahl der aktiv wahlberechtigten Mitarbeiter an den Schulen besteht die MAV aus 15 Mitgliedern. In diesem Fall ist vorstellbar, dass die Mitarbeiter jeder **Schule** (Teildienststelle) oder wenigstens jeder **Schulform** bei den Wahlen zur MAV Kandidaten aus ihren Reihen durchbringen wollen. Dementsprechend werden auch die Kandidaturen erfolgen. Eine echte Wahl im Sinne einer Auswahl ist möglich, wenn für jede Schule oder Schulform mehrere Kandidaten nominiert werden. Bei der gemäß § 6 Abs. 3 modifizierbaren Mehrheitswahl zu einer Verhältniswahl ergeben sich zwei Möglichkeiten.

aa. Für jede Teildienststelle wird derjenige Bewerber gewählt, der in seiner Teildienststelle die meisten Stimmen erhalten hat. Im Verhältnis der Wahlbewerber der einzelnen Teildienststellen sind diejenigen Kandidaten in die MAV gewählt, die in ihrer jeweiligen Teildienststelle die meisten Stimmen erhalten haben. Die Bewerber der Teildienststellen mit den jeweils zu geringen Stimmenzahlen sind dann nicht gewählt; sie können aber als Ersatzmitglieder der MAV gewählt werden mit der Folge, dass sie im Falle des Ausscheidens oder der Verhinderung eines ordentlichen Mitgliedes der MAV in die MAV nachrücken (§ 13b). Unzulässig ist in jedem Fall der Ausschluss von Kandidaturen bezogen auf bestimmte Teildienststellen oder Gruppen. Denn das wäre ein rechtswidriger Eingriff in das aktive und passive Wahlrecht.

Die vom Dienstgeber zu treffende Regelung könnte dann folgenden Wortlaut haben:[8]

Wahlordnung gemäß § 6 Abs. 3 MAVO zur Wahl der Mitarbeitervertretung am …

Gemäß § 6 Abs. 3 MAVO wird mit Zustimmung der Mitarbeitervertretung folgende Regelung getroffen:
§ 1 Die nachgenannten unselbständigen Dienststellen (z. B. Schulen) bilden eine einzige Dienststelle gemäß § 1a Abs. 2 S. 1 MAVO. Für diese Dienststelle ist eine einzige Mitarbeitervertretung zu wählen. (Aufzählung der einzelnen unselbständigen Stellen)
§ 2 Zur Mitarbeitervertretung sind … Mitarbeitervertreter zu wählen (§ 6 Abs. 2 MAVO).
§ 3 In Abweichung vom Mehrheitswahlprinzip des § 11 Abs. 6 MAVO wird angeordnet, dass im Grundsatz jede unter § 1 genannte unselbständige Teildienststelle in der Mitarbeitervertretung repräsentiert sein soll. Daher können aus jeder Teildienststelle Kandidaten für die Teildienststelle zur MAV kandidieren. Gewählt sind die Kandidaten einer jeden Teildienststelle, die dort die meisten Stimmen erhalten haben, und von diesen jene, die im Verhältnis zueinander die meisten Stimmen erhalten haben.
§ 4 Die nicht gewählten Kandidaten sind Ersatzmitglieder mit der Maßgabe, dass zunächst diejenigen berücksichtigt werden, deren Teildienststelle in der MAV nicht repräsentiert ist. Erst danach werden die übrigen Ersatzmitglieder in der Reihenfolge ihrer Stimmenzahl berücksichtigt.
§ 5 Wird ein MAV-Mitglied innerhalb der Dienststelle i. S. v. § 1 von einer Teildienststelle zu einer anderen Teildienststelle versetzt oder abgeordnet, bleibt es in der Mitarbeitervertretung bis zum Ablauf ihrer Amtszeit.

Ort der Dienststelle, den   Unterschrift des Dienstgebers

bb. Anstelle der Teildienststellen-Repräsentanz ist auch eine **Repräsentanz** der Lehrer **der verschiedenen Schulformen** (Gruppen) denkbar, ggf. unterschieden nach lehrendem und nicht lehrendem Personal.[9] In diesem Falle kann auf das Modell für die Teilstellen zu Rn 25 ff. zurückgegriffen werden. Demnach ist für jede Gruppe festzulegen, in welchem Verhältnis ihre Repräsentanten als Mitglieder der MAV aufzuteilen sind. Denn unterschiedliche Personalstärken der einzelnen Gruppen (Schulformen) bewirken ggf. unter Berücksichtigung der Gruppe des nicht lehrenden Personals unterschiedliche Anteile an der Repräsentanz in der MAV. Deshalb ist festzulegen, wie die MAV zusammenge-

---
8 Z. B. Amtsblatt des Erzbistums Köln 2011, Nr. 18 S. 264
9 Vgl. Amtsblatt Köln 2011 Nr. 18 S. 264

setzt sein soll. Hierzu bietet sich eine Sitzverteilung nach Maßgabe des Höchstzahlensystems nach d'Hondt (Rn 27 ff.) an.

▶ **Beispiel:**

Schulformgruppe A	600 Lehrer
Schulformgruppe B	300 Lehrer
Schulformgruppe C	100 Lehrer
Nichtlehrendes Personal D	70 Mitarbeiter
Summe	1 070 Mitarbeiter

Gemäß § 6 Abs. 2 besteht die MAV aus 15 Mitgliedern. Wenn jede vorstehende Gruppe in der MAV repräsentiert sein soll, ist für jede ein Sitz zu reservieren, während die restlichen Sitze nach dem d'Hondtschen Höchstzahlensystem zu vergeben sind (nachstehend). Wegen des Regelungstextes kann auf Rn 33 entsprechend verwiesen werden, indem der Begriff unselbständige Stelle durch den Begriff Gruppe zu ersetzen ist.

Ergebnis der Sitzverteilung für die vier im vorstehenden Beispiel genannten Gruppen (ohne Vorab-Reservierung):

Gruppe A	MAV-Sitze	Gruppe B	MAV-Sitze	Gruppe C	MAV-Sitze	Gruppe D	MAV-Sitze
600:1 = 600	1	300:1 = 300	3	100:1 = 100	10	70:1 = 70	14
600:2 = 300	2	300:2 = 150	6	100:2 = 50		70:2 = 35	
600:3 = 200	4	300:3 = 100	9				
600:4 = 150	5	300:4 = 75	13				
600:5 = 120	7	300:5 = 60					
600:6 = 100	8						
600:7 = 95,7	11	Die Sitzzahlen sind Ordnungszahlen, so dass also auf Gruppe A = 9, auf Gruppe B = 4 Sitze und auf Gruppe C und D je ein Sitz entfallen, also insgesamt 15 Sitze.					
600:8 = 75	12						
600:9 = 66,6	15						

e. Zustimmung der MAV

38 Die Regelung des Dienstgebers bedarf der Zustimmung der MAV (§ 6 Abs. 3 S. 2). Besteht noch keine MAV oder keine mehr, so muss der Dienstgeber bei der Regelung gemäß § 6 Abs. 3 S. 1 ohne Mitwirkung der MAV auskommen. Er kann bei fehlender MAV in jedem Falle gemäß § 6 Abs. 3 eine Regelung treffen. Besteht eine MAV, wird diese gemäß § 32 Abs. 1 Nr. 11 zur eventuellen Umgestaltung der Sonderregelung die Initiative ergreifen können. Scheidet ein Mitglied aus der MAV aus, so sollte selbstverständlich aus dem Bestand der Ersatzmitglieder das ausgeschiedene Mitglied der MAV ersetzt werden. Den Fall, dass ein Mitglied der MAV im Bereich der gemäß § 1a Abs. 2 gebildeten Dienststelle an eine andere Teilstelle oder zu einer anderen Gruppe versetzt oder abgeordnet wird, sollte die Regelung berücksichtigen. In jedem Falle sollte zur Vermeidung von Komplikationen das Mandat auch bei Umsetzung, Versetzung oder Abordnung an eine andere Teildienststelle oder Gruppe innerhalb des Zuständigkeitsbereichs der MAV erhalten bleiben (vgl. § 22a Abs. 2). Dadurch würde die Unabhängigkeit der MAV insgesamt und des betroffenen MAV-Mitgliedes am besten ge-

schützt (vgl. § 18 Abs. 1). Bei dieser Lösung wäre die Zustimmung gemäß § 33 i. V. m. § 18 Abs. 2 nicht erforderlich, weil der Verlust der MAV-Mitgliedschaft nicht auf dem Spiele stünde.

Fehlt bei bestehender MAV deren Zustimmung zur Regelung i. S. d. § 6 Abs. 3, ist dies ein Grund zur **Wahlanfechtung** gemäß § 12 Abs. 1. Die Nichtbeachtung der Regelung bei der Durchführung der Wahl und der Feststellung des Wahlergebnisses führt zur Anfechtbarkeit der Wahl.[10]

Die Einigungsstelle ist mit Rücksicht auf die abschließende Regelung ihrer Zuständigkeit (§ 45) im Falle einer **Streitigkeit** über die Ablehnung eines Regelungsvorschlags der MAV gemäß § 32 Abs. 1 Nr. 11 durch den Dienstgeber nicht zuständig. Das in § 6 Abs. 3 S. 2 der MAV zuerkannte Zustimmungsrecht zur Regelung gemäß § 6 Abs. 3 S. 1 wird nicht in § 33 Abs. 1 erwähnt, so dass die dem Dienstgeber für den Fall der Zustimmungsverweigerung der MAV gemäß § 33 Abs. 4 sonst eröffnete Möglichkeit der Anrufung der Einigungsstelle oder des Kirchlichen Arbeitsgerichts zur Ersetzung der Zustimmung verwehrt ist. Die Lösung bietet allenfalls § 2 Abs. 2 KAGO, weil eine ohne die Zustimmung der MAV i. S. v. § 6 Abs. 3 S. 1 erfolgte Regelung des Dienstgebers rechtswidrig ist. Die Rechtswidrigkeit kann gemäß § 8 Abs. 2 Buchstabe a KAGO auch die MAV geltend machen; es wäre auch ein Wahlanfechtungsgrund gegeben (§ 12 Abs. 1 MAVO). Folglich muss der Dienstgeber auch die Ersetzung der Zustimmung durch das Kirchliche Arbeitsgericht beantragen können, weil die MAV kein unkontrollierbares Vetorecht hat (§ 2 Abs. 2 KAGO). Sie hat aber ein eigenes Vorschlagsrecht gemäß § 32 Abs. 1 Nr. 11 (§ 32 Rn 17).

IV. Zusammensetzung der MAV nach Dienstbereichen und Gruppen

1. Dienstbereiche

Gemäß § 6 Abs. 4 S. 1 sollen der MAV jeweils Vertreter der Dienstbereiche angehören. Dies setzt voraus, dass aus den verschiedenen Bereichen Kandidaturen zur MAV angemeldet und auf den Stimmzetteln die Dienstbereiche der Kandidaten genannt werden. Es ist letztendlich die Entscheidung der Wähler, die das Wahlergebnis bestimmt. Deswegen ist die Sollvorschrift zur Berücksichtigung von Kandidaten aus den verschiedenen Dienstbereichen auch nur eine Empfehlung. Wird für einen Dienstbereich eine Sondervertretung (§ 23) gebildet, so ist die Bestimmung des § 6 Abs. 4 S. 1 gegenstandslos. Als Dienstbereich ist eine Abteilung einer Einrichtung oder Dienststelle oder ein Sachgebiet innerhalb der Organisationsstruktur zu verstehen.[11]

2. Gruppen

Abgesehen von den Dienstbereichen sollen auch die unterschiedlichen Mitarbeitergruppen berücksichtigt werden. Den Mitarbeitergruppen wird stärkere Beachtung zuteil werden, wenn die Dienststelle nicht nach Dienstbereichen, sondern eher nach Mitarbeitergruppen aufteilbar ist. Das könnte z. B. nach Geistlichen, Ordensleuten, Laien, nach Ärzten, Krankenschwestern, Lehrern, Erziehern, Verwaltungskräften, Schreibdiensten, sonstigen Kräften geschehen. Im Einzelfall wird es von der **Struktur der Dienststelle** abhängen, nach welchen Kriterien eine Gruppeneinteilung der Mitarbeiter vorgenommen werden kann, und die Kandidaturen geben den Ausschlag dafür, dass überhaupt die Gruppenangehörigkeit der Mitarbeiter bei der Wahl zum Zuge kommen kann. Das **Verhältnis der Gruppen** ist für die Zusammensetzung der MAV ebenso **unmaßgeblich** wie das der Dienstbereiche.[12] Die Ordnung sieht nicht wie Abs. 3 eine Sonderregelung zugunsten von Minderheiten vor. Deshalb ist es unzulässig, nur Gruppenwahlen zuzulassen mit der Folge, dass die Ärzte nur einen Arzt, Krankenschwestern nur Krankenschwestern und Verwaltungsdienste nur Mitarbeiter aus dem Verwaltungsbereich wählen könnten. Denn jeder Mitarbeiter hat die freie Wahl unter den Kandidaten und nutzt sein volles Stimmrecht nur, wenn er so viele Kandidaten wählen kann, wie Mitarbeiterver-

---

10 *Schlichtungsstelle Köln*, 7.5. 1990 – MAVO 5/90.
11 Vgl. § 23a MAVO München u. Freising, Amtsblatt 2004 S. 230.
12 *Bietmann*, Kurzkommentar, § 6 Anm. 4.

treter gemäß der Staffel des Abs. 2 gewählt werden können. Deshalb ist es unzulässig, zur MAV-Wahl Gruppenstimmzettel auszugeben, auf denen nur jeweils Kandidaten einer einzigen Gruppe aufgeführt sind. Das wäre ein Verstoß gegen zwingende Vorschriften des Wahlrechts.

43 Möglich ist aber eine **gesetzgeberische Maßnahme** zur Unterstützung der Wahl von Vertretern einer Mitarbeitergruppe, die im Verhältnis zu einer anderen Gruppe zahlenmäßig unterlegen (Minderheit) ist. Das ist der Fall, wenn einerseits z. B. die Lehrer aller Schulen eines Schulträgers (Rn 34), andererseits das nicht lehrende Personal ihre Kandidaten in eine und dieselbe MAV bringen wollen und sollen. Vorstellbar ist dann eine Regelung, die das Prinzip des Absatzes 4 durch Gesetz, ggf. in abgewandelter Kombination mit dem Prinzip des Absatzes 3[13] verbindlich macht[14].

3. Berücksichtigung von Frauen und Männern

44 Die Ordnung gilt für Frauen und Männer gleichermaßen. Sprachlich hebt die Ordnung das neuerdings besonders hervor, indem sie die männliche und die weibliche Form zur Bezeichnung der Mitarbeiter, der Wahlbewerber, des Vorsitzenden der MAV oder der Mitglieder der Einigungsstelle, des Sprechers der Jugendlichen und Auszubildenden verwendet. § 6 Abs. 4 S. 2 verlangt, dass die »Geschlechter« in der MAV entsprechend ihrem zahlenmäßigen **Verhältnis** in der Einrichtung vertreten sein sollen, schreibt das aber **nicht zwingend** vor. Denn es kommt auf die Kandidaturen und die Wahl an, so dass jedem Wähler bzw. jeder Wählerin ihre Präferenz für einen Kandidaten oder eine Kandidatin gestattet bleibt. Ein Eingriff in die Entscheidung der Wähler und Wählerinnen ist unzulässig. Der Gedanke der Dienstgemeinschaft umfasst die Gleichberechtigung von Frauen und Männern in der Einrichtung (Art. 1 GrO) und das Recht zur Ausübung des Amtes in den Gremien im Sinne der MAVO. Bei der Bildung der MAV ist aber der Anteil der beschäftigten Frauen und Männer in der Einrichtung nicht Wahl entscheidend, wie dies etwa durch § 15 Abs. 2 BetrVG zum Ausdruck kommt.

4. Berücksichtigung der Mitarbeiter unterschiedlicher Konfession

45 Die Ordnung geht davon aus, dass Mitarbeiter unterschiedlicher Religion oder Weltanschauung in der Einrichtung tätig sind (Präambel Abs. 4 i. V. m. Art. 4 GrO). Auf diese Tatsache geht die Vorschrift des § 14 Abs. 1 S. 2 ein, indem sie die Wahl eines Katholiken zum Vorsitzenden der MAV – allerdings nicht zwingend – vorschreibt (§ 14 Rn 9 ff.). Eine nach Konfessionen zusammengesetzte MAV ist jedoch nicht vorgeschrieben; das lässt sich der Vorschrift des § 6 Abs. 4 nicht entnehmen. Ein diesbezügliches Verhältniswahlrecht sieht die Ordnung nicht vor.

V. Ersatzmitglieder

46 Seit der MAVO-Rahmen-Novelle von 1985 wird nicht mehr verlangt, dass Ersatzmitglieder zur MAV gewählt werden sollen, was nach der Rahmenordnung von 1977 noch der Fall war (vgl. § 6 Abs. 3 MAVO 1977). Gemäß § 9 Abs. 6 MAVO soll aber die Kandidatenliste mindestens doppelt so viele Wahlbewerber enthalten wie Mitglieder zur MAV gemäß § 6 Abs. 2 zu wählen sind. Es ist zum Zwecke der Auswahl unter den Bewerbern zu begrüßen, wenn mehr Bewerber zur MAV kandidieren, weil dann Ersatzmitglieder zur Verfügung stehen. Aber auch ohne zusätzliche Bewerber ist die Durchführung der Wahl möglich (Rn 8 ff.). Als Mitglieder der MAV sind diejenigen gewählt, welche die meisten Stimmen erhalten haben (§ 11 Abs. 6 S. 1). Alle in der nach der Stimmenzahl entsprechenden Reihenfolge den gewählten Mitgliedern folgenden Kandidaten sind Ersatzmitglieder (§ 11 Abs. 6 S. 2). Das nächstberechtigte Ersatzmitglied rückt für ein verhindertes Mitglied in die MAV für die Dauer der Verhinderung ein (§ 13b Abs. 2); das Ersatzmitglied rückt in die MAV nach, wenn ein Mitglied der MAV während der Amtszeit vorzeitig ausscheidet (§ 13b Abs. 1; § 13c Nr. 2, 3 und

---

[13] Vgl. § 3 Wahlordnung gemäß § 6 Abs. 3 MAVO Köln, Amtsblatt des Erzbistums Köln 1996 Nr. 272 S. 346.
[14] Zum Problem der Majorisierung durch eine Berufsgruppe vgl. *ArbG Hanau*, 16. 8. 1990 – 1 BV 2/90, n. rkr., DB 1991, 51 f. m. Hinw. auf *ArbG Freiburg*, 13. 7. 1990 – 3 BV 1/90, AfP 1990, Heft IV m. Anm. *Berger-Delhey*.

4). Für die Dauer des Ruhens der Mitgliedschaft in der MAV tritt das nächstberechtigte Ersatzmitglied in die MAV ein (§ 13b Abs. 3). Ersatzmitglieder haben den Status von Wahlbewerbern, so dass für sie jedenfalls der Kündigungsschutz des § 19 Abs. 2 gilt, falls sie nicht sogar in irgendeiner Form als Mitglied der MAV tätig geworden sind (§ 19 Abs. 1).

VI. Streitigkeiten

Besteht Streit über die Frage, ob eine Einrichtung mitarbeitervertretungsfähig ist, entscheidet das Kirchliche Arbeitsgericht gemäß § 2 Abs. 2 KAGO auf Antrag des Dienstgebers oder eines einzelnen Mitarbeiters bzw. einer Mitarbeiterin (§ 8 Abs. 2 Buchst. b KAGO).

§ 7 Aktives Wahlrecht

(1) Wahlberechtigt sind alle Mitarbeiterinnen und Mitarbeiter, die am Wahltag das 18. Lebensjahr vollendet haben und seit mindestens sechs Monaten ohne Unterbrechung in einer Einrichtung desselben Dienstgebers tätig sind.

(2) Wer zu einer Einrichtung abgeordnet ist, wird nach Ablauf von drei Monaten in ihr wahlberechtigt; im gleichen Zeitpunkt erlischt das Wahlrecht bei der früheren Einrichtung. Satz 1 gilt nicht, wenn feststeht, dass die Mitarbeiterin oder der Mitarbeiter binnen weiterer sechs Monate in die frühere Einrichtung zurückkehren wird.

(3) Mitarbeiterinnen und Mitarbeiter in einem Ausbildungsverhältnis sind nur bei der Einrichtung wahlberechtigt, von der sie eingestellt sind.

(4) Nicht wahlberechtigt sind Mitarbeiterinnen und Mitarbeiter,
1. für die zur Besorgung aller ihrer Angelegenheiten ein Betreuer nicht nur vorübergehend bestellt ist,
2. die am Wahltage für mindestens noch sechs Monate unter Wegfall der Bezüge beurlaubt sind,
3. die sich am Wahltag in der Freistellungsphase eines nach dem Blockmodell vereinbarten Altersteilzeitarbeitsverhältnisses befinden.

Übersicht

		Rn			Rn
I.	Zwingendes Recht	1	III.	Ausnahmen von der Wahlberechtigung	30–42
II.	Voraussetzungen der Wahlberechtigung	2–29		1. Abgeordnete Mitarbeiter, § 7 Abs. 2	31–34
	1. Mitarbeiter der Dienststelle, § 7 Abs. 1	2–12		2. Mitarbeiter in der Ausbildung in anderer Dienststelle	35
	a. Geistliche	5		3. Mitarbeiter unter Betreuung	36–38
	b. Ordensleute	6–9		4. Beurlaubte Mitarbeiter	39
	aa. Beauftragung	7		5. Altersteilzeiter	40
	bb. Gestellungsvertrag	8		6. Geringfügig Beschäftigte	41
	cc. Arbeitsvertrag	9		7. Gemäß § 3 Abs. 2 aus der Mitarbeiterschaft ausgeklammerte Personen	42
	c. Laien	10–12	IV.	Sonderfälle	43–64
	2. Lebensalter	13		1. Mitarbeiter in mehreren Dienststellen	43
	3. Beschäftigungsdauer vor dem Wahltag	14–23		2. Mitarbeiter in Diensten mehrerer Dienstgeber	44–47
	a. Sechsmonatsfrist	14–18		3. Mitarbeiter eines Kirchengemeindeverbandes	48
	b. Ohne Unterbrechung	19–23		4. Versetzung	49, 50
	4. Abordnung	24, 25		5. Wehrdienst, Zivildienst	51–55
	5. Zuweisung an einen anderen Rechtsträger	26		6. Zivildienstleistende u. a.	56
	6. Mehrfaches Wahlrecht	27			
	7. Ausbildungsverhältnis	28			
	8. Eintragung in der Liste der aktiv Wahlberechtigten	29			

	Rn		Rn
7. Dienstunfähigkeit, verminderte Erwerbsfähigkeit, Rente auf Zeit	57	Mängel des Arbeitsvertrages, andere Verträge	61–63
8. Abwesenheit infolge des Mutterschutzes	58	11. Sonstige	64
9. Elternzeit, Pflegezeit	59, 60	V. **Stichtag für die Erfüllung der Voraussetzungen der Wahlberechtigung**	65
10. Kündigung des Arbeitsvertrages,		VI. Bedeutung der Wahlberechtigung	66
		VII. Streitigkeiten	67

I. Zwingendes Recht

1 Die Vorschrift über die aktive Wahlberechtigung ist zwingenden Rechts. Sie kann nicht durch Vereinbarungen oder Regelungen erweitert oder eingeschränkt werden. Das folgt aus § 12 Abs. 1 und § 55. Die MAVO macht einen Unterschied zwischen aktiv wahlberechtigten und nicht wahlberechtigten Mitarbeitern in verschiedenen Bestimmungen. Wer nicht aktiv wahlberechtigt ist, der ist auch zugleich von weiteren Rechten ausgeschlossen (Rn 41), obwohl er zu den Mitarbeitern i. S. d. § 3 Abs. 1 S. 1 zählt. Siehe auch § 22a Abs. 2.

II. Voraussetzungen der Wahlberechtigung

1. Mitarbeiter der Dienststelle, § 7 Abs. 1

2 Aktiv wahlberechtigt sind Mitarbeiterinnen und Mitarbeiter i. S. v. § 3 Abs. 1 S. 1 i. V. m. § 7. **Nicht zum Kreis der aktiv Wahlberechtigten gehören die in § 3 Abs. 1 S. 2 und Abs. 2 genannten Personen** (vgl. § 3 Rn 61, 68) sowie **Altersteilzeiter in der Freistellungsphase des Blockmodells nach ATG** (§ 3 Rn 22 ff.). Auf die Rechtsstellung des aktiv Wahlberechtigten als Arbeiter, Angestellter, Beamter, Auszubildender, Ordensmitglied, Kleriker kommt es nicht an.

3 Voraussetzung für die Ausübung des aktiven Wahlrechts ist weiter, dass die Mitarbeiter **am Tag der Wahl** Mitarbeiter der Dienststelle sind, für die eine MAV gewählt werden soll. Mitarbeiter ist, wer zum Dienstgeber in einem Rechtsverhältnis i. S. des § 3 Abs. 1 S. 1 steht und diesem zur Erbringung unselbständiger, d. h. weisungsgebundener Dienste verpflichtet ist.[1] Daher sind freie Mitarbeiter keine Mitarbeiter der Dienststelle. So sind z. B. sog. Honorarkräfte, die in Erziehungs- oder Eheberatungsstellen tätig werden, ohne in einem abhängigen Arbeitsverhältnis zu stehen, keine Mitarbeiter der Dienststelle i. S. v. § 3 Abs. 1 S. 1. Dasselbe gilt auch für Rehabilitanden und andere Personen in einer beruflichen Ausbildung oder sonstigen Maßnahme in reinen Bildungszentren, in denen praktische Ausbildung nicht im Rahmen der jeweiligen arbeitstechnischen Zwecksetzung des Betriebs sich vollzieht, zu dessen Erreichen die betriebsangehörigen Mitarbeiter zusammenwirken (vgl. § 3 Rn 96 ff.). Diese nicht in die Einrichtung Eingegliederten fallen aus dem Kreis der aktiv Wahlberechtigten heraus.

4 Das Beschäftigungsverhältnis im kirchlichen Dienst i. S. des § 3 Abs. 1 S. 1 entsteht unter mehreren rechtlichen Möglichkeiten.

a. Geistliche

5 Geistliche (Kleriker) erhalten in der Regel eine **Beauftragung** ihres Diözesanbischofs. Das Verhältnis zum Bischof beruht auf dem Inkardinationsverhältnis infolge der Diakonenweihe (can. 266 § 1 CIC). Die Tätigkeit der Geistlichen vollzieht sich aufgrund eines kirchenrechtlichen Dienstverhältnisses. Ein nicht inkardinierter Geistlicher, der sich mit Erlaubnis seines Heimatbischofs in einer anderen Diözese aufhält, untersteht dem Bischof der anderen Diözese für die Dauer seines Aufenthalts in der anderen Diözese (can. 271 CIC). Ordensgeistliche sind dem Institut ihres Ordens eingegliedert und

---

[1] Vgl. *BAG*, 5. 4. 2000 – 7 ABR 20/99, ZTR 2001, 91.

diesem inkardiniert (can. 266 § 2 CIC). Werden sie mit Zustimmung ihres Ordens in den Dienst einer Dienststelle gestellt, auf die die MAVO Anwendung findet, so sind sie aktiv wahlberechtigt, falls sie nicht infolge ihrer Stellung in der Dienststelle aus der Mitarbeiterschaft i. S. v. § 3 Abs. 2 ausgeklammert sind.

b. Ordensleute

Ordensleute, auch die, welche nicht Geistliche sind, also nicht wenigstens durch die Diakonenweihe 6 zu Klerikern geworden sind (can. 266 § 1 CIC), können auf zweierlei Weise in ein Beschäftigungsverhältnis eintreten.

aa. Beauftragung

Die erste Art ist die **Beauftragung durch ihren eigenen Orden**, in einer Dienststelle des Ordens tätig 7 zu sein. Unterliegt die Dienststelle der MAVO, weil die Dienststelle dem Apostolat des Ordens dient und deshalb der Diözesanbischof Rechtssetzungsbefugnis auch gegenüber dem Orden hat (vgl. § 1 Rn 27), so ist das Ordensmitglied aufgrund seiner ordensrechtlichen Weisung Beschäftigter (Tätiger) und infolgedessen aktiv wahlberechtigt.

bb. Gestellungsvertrag

Die zweite Art für die Begründung eines Beschäftigungsverhältnisses ist die **Tätigkeit aufgrund eines** 8 **Gestellungsvertrages**. Dieser wird zwischen dem Dienstgeber und dem das Ordensmitglied stellenden Orden abgeschlossen. Infolge des Gestellungsvertrages treten die gestellten Ordensleute in ein besonderes Beschäftigungsverhältnis zu der ihre Dienste annehmenden Dienststelle. Sie werden in die Dienststelle eingegliedert und entsprechend den durch den Gestellungsvertrag bestimmten Funktionen eingesetzt und damit Mitarbeiter im Sinne der MAVO (§ 3 Abs. 1 S. 1).[2] Denkbar ist, dass das gestellte Ordensmitglied auch in eine andere Arbeitsorganisation eingegliedert wird.

> **Beispiel:** Eine Krankenschwester für die ambulante Krankenpflege in einem Pfarrgebiet wird von der Pfarrei bzw. Kirchengemeinde an eine Sozialstation in besonderer Trägerschaft (z. B. Caritasverband) überstellt. In diesem Falle der sog. Überstellung wird eine Beschäftigung in der Sozialstation aufgenommen bei Ausgliederung aus dem Beschäftigungsverhältnis bei der Pfarrei. Es handelt sich in der Regel um eine Versetzung an eine andere Einrichtung.

cc. Arbeitsvertrag

Sollte eine Ordensperson ausnahmsweise auf Grund eines Arbeitsvertrages tätig werden, ist sie dennoch wie ein Ordensmitglied zu behandeln (§ 3 Abs. 3). 9

c. Laien

Laien werden in der Regel durch **Arbeitsvertrag** tätig. Wesentlich ist im Sinne der MAVO, dass sie 10 haupt- und nebenberuflich oder zu ihrer Ausbildung beschäftigt werden. Sie erhalten Vergütung für ihre Arbeit bzw. eine Ausbildungsvergütung. Soweit Mitarbeiter nicht aufgrund eines Arbeitsvertrages, sondern aufgrund eines **Beamtenverhältnisses** zum kirchlichen Dienstgeber beschäftigt werden (Dienstverhältnis), besteht hinsichtlich der aktiven Wahlberechtigung kein Unterschied zu den Mitarbeitern mit Arbeitsvertrag. Werden Laien infolge Gestellungsvertrages, wie z. B. DRK-Schwestern einer DRK-Schwesternschaft, tätig, so gelten für die Gestellten die gleichen Bedingungen wie bei

---

2 Anders die Regelungen nach staatlichem Personalvertretungsrecht, vgl. *BVerwG*, 3. 9. 1990 – 6 P 20.88, wonach ein Pfarrer, der aufgrund eines Gestellungsvertrages von seiner Landeskirche für eine Tätigkeit als Religionslehrer an einem staatlichen Gymnasium »bereitgestellt« wird, kein für die dortigen Personalratswahlen wahlberechtigter Mitarbeiter ist, weil die entscheidenden rechtlichen Befugnisse bei der Landeskirche verbleiben, die alleiniger Vertragspartner des Landes aufgrund des Gestellungsvertrages ist.

Ordensleuten hinsichtlich des aktiven Wahlrechts. Die Helfer im freiwilligen sozialen Jahr und die Teilnehmer am freiwilligen ökologischen Jahr i. S. d. Jugendfreiwilligendienstegesetzes (Freiwillige) sind keine Mitarbeiter im Sinne der MAVO, weil sie nicht im Sinne der in § 3 Abs. 1 S. 1 genannten Voraussetzungen tätig werden.

11 Der **Beginn der Tätigkeit** ist der Tag der vereinbarten Arbeitsaufnahme im Arbeitsvertrag. Das entspricht der sog. Vertragstheorie, wonach also auch derjenige schon als Mitarbeiter gilt, der trotz des vereinbarten Arbeitsbeginns wegen Krankheit die Arbeit nicht angetreten hat. Differenzierungen sind hinsichtlich der übrigen Grundverhältnisse, die nicht Arbeitsverhältnisse sind, nötig. So wird bei Geistlichen, Ordensleuten und gestellungsvertragsunterworfenen Beschäftigten erst dann die aktive Wahlberechtigung feststehen, wenn sie auch tatsächlich die Arbeit in der Dienststelle angetreten haben. Wegen der besonderen sechsmonatigen Karenzzeit gemäß § 7 Abs. 1 vgl. Rn 14 ff.

12 Nicht zum Kreis der Mitarbeiter gehören Arbeitnehmer eines anderen Betriebes, die vorübergehend in der Dienststelle oder Einrichtung des Dienstgebers tatsächlich arbeiten, ohne zu diesem in einem Arbeitsverhältnis zu stehen, wie Reparaturarbeiter oder Arbeiter einer Reinigungsfirma,[3] die im Rahmen von Werkverträgen tätig werden (§ 3 Rn 54 f.). Wegen der vom Bistum angestellten Gemeinde- und Pastoralreferenten wird auf § 23 verwiesen.

2. Lebensalter

13 Voraussetzung für das aktive Wahlrecht ist, dass der Mitarbeiter am Tage der Wahl, bei mehreren Wahltagen am letzten Tag der Stimmabgabe,[4] das **18. Lebensjahr** vollendet hat (§ 7 Abs. 1). Das ist der Fall, wenn der Mitarbeiter in Anwendung des § 187 Abs. 2 S. 2 BGB spätestens an diesem Tage 18 Jahre alt wird, also am Tage vor seinem Geburtstagsfest.[5]

3. Beschäftigungsdauer vor dem Wahltag

a. Sechsmonatsfrist

14 Der Mitarbeiter – wie auch die Mitarbeiterin – ist erst wahlberechtigt, wenn er am Wahltag **seit mindestens sechs Monaten** ohne Unterbrechung in irgendeiner Dienststelle, Einrichtung oder sonstigen selbständig geführten Stelle desselben Dienstgebers **tätig** ist (Abs. 1). Auf den Begriff der Einrichtung kommt es nicht an, wenn für mehrere Einrichtungen eine gemeinsame Mitarbeitervertretung räumlich zuständig ist. Dann reicht die Tätigkeit innerhalb des räumlichen Zuständigkeitsbereichs der MAV (vgl. § 23).

15 Weder im Betriebsverfassungsgesetz (vgl. § 7) noch im Bundespersonalvertretungsgesetz (vgl. § 13 Abs. 1) ist eine vergleichbare Karenzzeit für das aktive Wahlrecht vorgesehen.

16 Sowohl § 7 Abs. 1 als auch § 8 Abs. 1 MAVO machen für das aktive und das passive Wahlrecht zur Voraussetzung, dass der Mitarbeiter seit (mindestens) sechs Monaten ohne Unterbrechung in irgendeiner **Einrichtung desselben Dienstgebers** tätig ist. Deshalb sind die Vorschriften über die zeitlichen Voraussetzungen für das Wahlrecht wesentlich. Sie gelten nicht in den Fällen des § 10 Abs. 3. Im Falle des passiven Wahlrechts muss aber mit den sechs Monaten Tätigkeit bei demselben Dienstgeber eine insgesamt wenigstens zwölfmonatige Tätigkeit im kirchlichen Dienst im Bereich der katholischen Kirche zu verzeichnen sein. Die Gesamtzeit darf nicht rechtlich unterbrochen sein; die Zeit einer Abwesenheit wegen krankheitsbedingter Arbeitsunfähigkeit oder Urlaub ist unschädlich.

17 Das Betriebsverfassungsgesetz (§ 8 Abs. 1) und das Bundespersonalvertretungsgesetz (§ 14 Abs. 1 Nr. 1) stellen darauf ab, dass der Wahlbewerber am Wahltage seit mindestens sechs Monaten einem Betrieb desselben Unternehmens bzw. dem Geschäftsbereich seiner obersten Dienstbehörde ange-

---

3 Vgl. *BVerwG*, 14. 9. 1995 – 6 P 32.93, ZTR 1996, 280.
4 *HSWGN-Nicolai* § 7 Rn 28.
5 *PWW-Kesseler*, § 187 Rn 2.

hört. Auf die Zugehörigkeit zu einem und demselben Betrieb kommt es hiernach im öffentlichen Dienst nicht an,[6] wohl aber im Geltungsbereich des BetrVG.[7] Demnach ist auf Grund ihres Wortlauts für die §§ 7 Abs. 1 und 8 Abs. 1 MAVO davon auszugehen, dass es nicht auf die Zugehörigkeit zu einer und derselben Einrichtung, sondern auf die zu irgendeiner Einrichtung »desselben Dienstgebers« für das aktive und passive Wahlrecht ankommt. Es kommt auf Betriebserfahrung bei demselben Dienstgeber, nicht aber zusätzlich auf eine solche in nur einer einzigen Einrichtung an. Das bedeutet, dass zu einer anderen Dienststelle versetzte Mitarbeiter, also solche, die für dauernd von ihrer früheren Dienststelle ohne Unterbrechung zur neuen übergewechselt sind, keine Beschränkung des aktiven Wahlrechts erfahren.

Die **Berechnung der Frist** richtet sich nach dem Termin der Arbeitsaufnahme, die im Arbeitsvertrag oder in einer anderen Urkunde bestimmt ist; er kann vorbehaltlich § 14 Abs. 4 TzBfG auch mündlich vereinbart sein. Infolgedessen wird beim Fristbeginn der Tag mitgerechnet (§ 187 Abs. 2 BGB). Die Wartefrist endet daher gemäß § 188 Abs. 2 BGB mit dem Ablauf desjenigen Tages des letzten Monats, welcher dem Tage vorhergeht, der durch seine Benennung oder seine Zahl dem Anfangstage der Frist entspricht. Wer also zum 15. November eingestellt worden ist, für den endet die Wartefrist am Tage vor dem 15. Mai des folgenden Jahres, so dass also am 15. Mai die Wahlberechtigung eintritt. Wäre Wahltag am 14. Mai, bestünde keine Wahlberechtigung.[8] 18

b. Ohne Unterbrechung

Eine ununterbrochene Tätigkeit ist zur Wahlberechtigung nicht erforderlich.[9] Es reicht die **ununterbrochene Dauer des rechtlichen Bandes des Beschäftigungsverhältnisses** aus, aber auch der Wechsel von einem Rechtsverhältnis (z. B. als Auszubildender) in ein anderes (z. B. Arbeitnehmer im Angestelltenverhältnis).[10] 19

Die Formulierung des § 7 Abs. 1 deutet zunächst darauf hin, dass es auf die Dauer eines Beschäftigungsverhältnisses nicht ankommen soll, sondern nur auf die der tatsächlichen Tätigkeit. Abgesehen von dem in der Praxis der Wahlvorbereitung kaum vorstellbaren Arbeitsaufwand zur Feststellung evtl. Unterbrechungen der Tätigkeit, ggf. noch unterschieden nach Urlaub, unbezahltem Sonderurlaub, Krankheit, Fortbildung, Dienstbefreiung, ist auf die Besonderheit des Begriffes Tätigkeit in der MAVO hinzuweisen. In § 3 Abs. 1 wird der Begriff »tätig« als Sammelbegriff für alle Beschäftigten verwendet; er gilt also für Mitarbeiter in Arbeits- und Dienstverhältnissen ebenso wie für Auszubildende im Ausbildungsverhältnis und Mitarbeiter in Gestellungsverhältnissen. § 7 Abs. 1 nimmt den in § 3 Abs. 1 S. 1 verwendeten Begriff »tätig« wieder auf und wendet ihn auf die Mitarbeiter i. S. v. § 3 Abs. 1 S. 1 an. Infolgedessen ist es richtig, auf die **Dauer des Beschäftigungsverhältnisses, nicht auf die absolute Zahl von Tätigkeitstagen** abzustellen. Dies ergibt sich auch aus einem Vergleich mit § 7 Abs. 2 S. 1, wonach es für die aktive Wahlberechtigung eines abgeordneten Mitarbeiters allein darauf ankommt, dass seine Abordnung schon drei Monate andauert. Hier ist also ganz eindeutig die Dauer des Beschäftigungsverhältnisses entscheidend, nicht dagegen die tatsächliche Tätigkeit innerhalb dieser Zeit. Folglich sind wahlberechtigt Mitarbeiter der Dienststelle, die arbeitsunfähig krank sind oder waren, unter Beschäftigungsverbote des Mutterschutzgesetzes fallende Mitarbeiterinnen und Beurlaubte (vgl. auch Rn 39) und Mitarbeiter, die für den Lauf der Kündigungsfrist von der Arbeit freigestellt sind (zur Briefwahl vgl. § 11 Abs. 4). Als Unterbrechung im Sinne der Vorschrift des § 7 Abs. 1 gelten ferner nicht zurückgelegte Zeiten des Grundwehr- und Zivildienstes, von Eignungs- und Wehrübungen und der Elternzeit (§ 15 BEEG), in denen der Mitarbeiter bzw. die Mitarbeiterin zwar von der Dienststelle abwesend war und das Arbeits- oder Dienstverhältnis aufgrund gesetzlicher Bestimmungen ruhte, aber nicht aufgehoben war (vgl. aber auch: Rn 51 ff.; 56 ff.). 20

---

6 *Ilbertz/Widmaier*, BPersVG § 14 Rn 2.
7 *HSWGN-Nicolai*, BetrVG § 8 Rn 12.
8 Ebenso *Beyer*, Freiburger Kommentar, § 7 Rn 7.
9 *Richardi*, Arbeitsrecht in der Kirche § 18 Rn 44.
10 *Beyer*, Freiburger Kommentar zur MAVO, § 7 Rn 9.

II. Die Mitarbeitervertretung

21 Eine **Unterbrechung** der Tätigkeit liegt jedoch vor, wenn z. B. infolge Ablaufs der Ausbildungszeit und der vertraglich geregelten Beendigung des damit verbundenen Beschäftigungs- bzw. Ausbildungsverhältnisses ein beschäftigungsloser Zeitraum bis zur Wiedereinstellung als ausgebildeter Mitarbeiter entsteht.

22 Nimmt der Mitarbeiter seine Arbeit nur bei sich bietender Gelegenheit auf, so dass also sein Arbeitsverhältnis jeweils erneut befristet wird, weil er nur im Notfall als Ersatzkraft zur Verfügung stehen soll, so wird die Beschäftigungsdauer unterbrochen. Diese Unterbrechung kann wahlrechtsschädlich sein, wenn der Mitarbeiter in der fraglichen Zeit vor dem Wahltermin nicht ununterbrochen tätig war. Die erforderlichen Auskünfte hat der Dienstgeber dem Wahlausschuss zu erteilen. Dasselbe gilt entsprechend für die Feststellung des passiven Wahlrechts (§ 8 Rn 41).

23 Bei **Gestellungsverhältnissen** ist der Dienstantritt als Beginn für den Lauf der sechsmonatigen Tätigkeitsdauer anzusehen, auch wenn dann die Tätigkeit bei Fortbestand des Gestellungsverhältnisses, z. B. wegen Exerzitien von Ordensangehörigen, unterbrochen worden ist.

4. Abordnung

24 Bei **Abordnung** eines Mitarbeiters an eine andere Stelle, also bei nur vorübergehendem Einsatz an der anderen Stelle, regelt § 7 **Abs.** 2 in Anlehnung an § 13 Abs. 2 BPersVG, dass der abgeordnete Mitarbeiter im Grundsatz sein Wahlrecht bei der Stammdienststelle behält. Gehört er der aufnehmenden Stelle am Wahltage bereits seit drei Monaten an, wird er in ihr wahlberechtigt. Er verliert deshalb sein Wahlrecht an der abgebenden Stammdienststelle (§ 7 Abs. 2 S. 1), auch wenn in der aufnehmenden Stelle keine MAV gebildet werden kann.[11]

25 Das Wahlrecht bei der Stammdienststelle geht jedoch nicht verloren, wenn am Wahltage feststeht, dass der Mitarbeiter binnen weiterer sechs Monate in die frühere Einrichtung (Stammdienststelle) zurückkehren wird (§ 7 Abs. 2 S. 2). Dasselbe gilt, wenn ein lange Zeit an eine andere Dienststelle abgeordneter Mitarbeiter wieder an die Stammdienststelle zurückgekehrt ist. Dann ist er dort aktiv wahlberechtigt.

5. Zuweisung an einen anderen Rechtsträger

26 Wer einer Einrichtung bzw. Dienststelle eines anderen Rechtsträgers vorübergehend zugewiesen worden ist, wie dies im Falle der Anwendung des TVöD bzw. des TV-L durch Arbeitsvertrag mit einem kirchlichen Rechtsträger möglich ist (§ 4 Abs. 2 TVöD, § 4 Abs. 2 TV-L), ist mit Ausscheiden aus der Einrichtung des Dienstgebers nicht mehr aktiv wahlberechtigt (§ 7 Abs. 1).

6. Mehrfaches Wahlrecht

27 Mehrere **Teilzeitbeschäftigungen** in verschiedenen Einrichtungen eines und desselben Dienstgebers bewirken für den Mitarbeiter in jeder Einrichtung, in der eine MAV gebildet wird, das aktive Wahlrecht. Dasselbe gilt für das aktive Wahlrecht bei verschiedenen Dienstgebern. Deshalb ist bei teilzeitbeschäftigten Mitarbeitern eine **mehrfache Wahlberechtigung** nicht auszuschließen (vgl. auch § 23 Rn 9 ff.).

7. Ausbildungsverhältnis

28 Mitarbeiter in einem Ausbildungsverhältnis sind nur bei der Dienststelle, Einrichtung oder sonstigen selbständig geführten Stelle wahlberechtigt, von der sie eingestellt sind (**Abs. 3**). Es ist bei Ausbildungsverhältnissen häufig anzutreffen, dass die Auszubildenden zum Zwecke ihrer Ausbildung verschiedene Dienststellen durchlaufen. Sie werden dann in diesen Ausbildungsstellen nicht wahl-

---

11 *Schlichtungsstelle Köln*, 16. 5. 2000 – MAVO 5/2000.

berechtigt, sondern nur dort, wo der Vertragspartner des Ausbildungsverhältnisses (Dienstgeber) seine Dienststelle hat.[12]

8. Eintragung in der Liste der aktiv Wahlberechtigten

Eine wichtige Voraussetzung für die Ausübung des aktiven Wahlrechts ist die Eintragung der Mitarbeiter in die Liste der wahlberechtigten Mitarbeiter (§ 9 Abs. 4 S. 2). Sind die Eintragungen in der Liste unrichtig, so kann **gegen die Eintragung** oder Nichteintragung eines Mitarbeiters **Einspruch** eingelegt werden (§ 9 Abs. 4 S. 4). Der Wahlausschuss entscheidet über den Einspruch (§ 9 Abs. 4 S. 5). Gegen die Entscheidung des Wahlausschusses ist Klage beim Kirchlichen Arbeitsgericht zulässig (§ 2 Abs. 2, § 8 Abs. 2 Buchstabe b KAGO; § 12 Abs. 3 MAVO), wenn der Wahlausschuss dem Einspruch nicht abgeholfen hat. Ist jemand in der Liste der wahlberechtigten Mitarbeiter eingetragen, obwohl ihm am Wahltage das aktive Wahlrecht nicht zusteht, weil die materiellen Voraussetzungen der Wahlberechtigung nicht vorliegen, so hat der Eingetragene dennoch keine Wahlberechtigung.

III. Ausnahmen von der Wahlberechtigung

Neben Bestimmungen, die das aktive Wahlrecht von Mitarbeitern ausschließen, gibt es solche, welche zu **Besonderheiten im aktiven Wahlrecht** führen, nämlich entweder zur Beibehaltung des Wahlrechts bei der Dienststelle des Ersteinsatzes oder zur Gewinnung des Wahlrechts an einer anderen Dienststelle, so bei Abordnungen, während bei Ausbildungen an anderer Dienststelle außerhalb der Dienststelle des Dienstgebers i. S. d. Ausbildungsvertrages das aktive Wahlrecht nur bei letzterer besteht (§ 7 Abs. 2 und 3).

1. Abgeordnete Mitarbeiter, § 7 Abs. 2

Mitarbeiter, die vom Dienstgeber an eine andere Dienststelle abgeordnet werden, sind grundsätzlich bei der **Stammdienststelle unter den Voraussetzungen des** § 7 Abs. 1 wahlberechtigt. Das ändert sich erst, wenn die Abordnung länger als neun Monate an eine und dieselbe Dienststelle erfolgt (§ 7 Abs. 2). Der abgeordnete Mitarbeiter wird allerdings schon nach drei Monaten der Dauer seiner Abordnung an der neuen Dienststelle wahlberechtigt, selbst wenn er in der Stammdienststelle noch nicht sechs Monate beschäftigt war.[13] Das gilt jedoch nur, wenn die Abordnung seit Beginn der Wahlberechtigung noch sechs volle Monate andauern wird (§ 7 Abs. 2 S. 2). Dann verliert der Mitarbeiter mit dem Eintritt des aktiven Wahlrechts an der Dienststelle, zu der er abgeordnet ist, sein aktives und passives Wahlrecht zur früheren Dienststelle. Seine **Wahlberechtigung wandert** also mit, wenn auch zeitverzögert (§ 7 Abs. 2 S. 1). Dies geschieht jedoch nicht, wenn entweder bei der Abordnung oder aber zum Zeitpunkt des gesetzlichen Eintritts der neuen Wahlberechtigung feststeht, dass die Abordnung zur Dienststelle der Abordnung innerhalb eines Gesamtzeitraumes der Abordnung von neun Monaten beendet sein wird (§ 7 Abs. 2 S. 2).

Ist der Mitarbeiter jedoch nur teilweise an eine andere Dienststelle abgeordnet und bleibt er andererseits bei der Stammdienststelle seines Dienstgebers, so verliert er das Wahlrecht bei der Stammdienststelle des Dienstgebers nicht, gewinnt aber ein **zusätzliches Wahlrecht** bei der anderen Dienststelle nach drei Monaten der Dauer der Abordnung und entsprechender Verweildauer (§ 7 Abs. 2 S. 2) hinzu. **Es besteht dann ein mehrfaches Wahlrecht.** Der Begriff Abordnung ist dem Beamtenrecht entnommen. Er wird in § 13 Abs. 2 BPersVG als Tatbestandsmerkmal verwendet und ebenso in dieser Ordnung. Nach § 27 Abs. 1 BBG, § 14 BeamtStG kann ein Beamter vorübergehend zu einer seinem Amt entsprechenden Tätigkeit an eine andere Dienststelle abgeordnet werden. Eine eigentliche Definition gibt das Gesetz nicht. Es hat sich folgende Begriffsbestimmung durchgesetzt:

---

12 Vgl. *BAG*, 21. 7. 1993 – 7 ABR 35/92, DB 1994, 842.
13 *Beyer*, Freiburger Kommentar zur MAVO, § 7 Rn 19.

II. Die Mitarbeitervertretung

33 **Abordnung** ist die Weisung an einen Beamten, unter Aufrechterhaltung seiner beamtenrechtlichen Rechtsstellung unter Beibehaltung seines Amtes bei der Heimatbehörde bei einer anderen Dienststelle eines öffentlich-rechtlichen Dienstherrn eines anderen Landes oder des Bundes tätig zu sein (§ 14 Abs. 1 BeamtStG). Für die Abordnung von Beschäftigten im öffentlichen Dienst gilt Entsprechendes. Gemäß § 4 Abs. 1 TVöD können Beschäftigte des öffentlichen Dienstes aus dienstlichen oder betrieblichen Gründen abgeordnet werden. Abordnung ist die Zuweisung einer vorübergehenden Beschäftigung bei einer anderen Dienststelle oder einem anderen Betrieb desselben oder eines anderen Arbeitgebers. Bei einer Abordnung, die zu einer Beschäftigung des Mitarbeiters im pastoralen Dienst außerhalb des bisherigen Dienstortes führt, ist die **Anhörung der MAV** für den Fall vorgeschrieben, dass die Abordnung voraussichtlich länger als drei Monate dauert (§ 29 Abs. 1 Nr. 10). Soll ein sonstiger Mitarbeiter im kirchlichen Dienst für **länger als drei Monate** abgeordnet werden, so ist dazu gemäß § 35 Abs. 1 Nr. 5 die **Zustimmung der MAV** erforderlich.

34 Keine Abordnung sind angeordnete Besuche von Lehrgängen, Tagungen, Schulungen, da hiermit kein Dienststellenwechsel verbunden ist, auch wenn die Maßnahmen länger als drei Monate dauern. Die Betroffenen bleiben auch bei einer länger als dreimonatigen Entsendung bei ihrer Stammdienststelle wahlberechtigt.

2. Mitarbeiter in der Ausbildung in anderer Dienststelle

35 Die Mitarbeiter in Ausbildungsverhältnissen behalten ihre aktive Urwahlberechtigung zur Dienststelle ihres Dienstgebers; sie werden also in der Dienststelle ihres aktuellen Ausbildungsabschnitts, die nicht mit der des Dienstgebers (Vertragspartners des Ausbildungsverhältnisses) identisch ist, nicht aktiv wahlberechtigt (§ 7 Abs. 3). Deshalb ist das aktive **Wahlrecht von Mitarbeitern in Ausbildungsverhältnissen statisch.**

3. Mitarbeiter unter Betreuung

36 Früher war vom Wahlrecht ausgeschlossen, wer geschäftsunfähig war. Wer geschäftsunfähig ist, richtet sich nach § 104 BGB. Das ist gemäß § 104 Nr. 2 BGB eine Person, die sich in einem die freie Willensbestimmung ausschließenden Zustand krankhafter Störung der Geistestätigkeit befindet, sofern der Zustand seiner Natur nach nicht vorübergehend ist. Die frühere Bestimmung zum Ausschluss des Wahlrechts ist entfallen und durch eine dem Betreuungsgesetz angepasste ersetzt worden (**§ 7 Abs. 4 Nr. 1**).

37 Nach staatlichem Wahlrecht ist u. a. vom aktiven und passiven Wahlrecht ausgeschlossen, für den zur Besorgung aller seiner Angelegenheiten ein Betreuer nicht nur durch einstweilige Anordnung bestellt ist; dies gilt auch, wenn der Aufgabenkreis des Betreuers die in § 1896 Abs. 4 und § 1905 des BGB bezeichneten Angelegenheiten nicht erfasst (§ 13 Nr. 2, § 15 Abs. 2 Nr. 1 BWG).[14]

38 Die Bestimmung des § 7 Abs. 4 Nr. 1 stellt ab auf die Bestellung eines Betreuers, dem die Besorgung aller Angelegenheiten für einen Mitarbeiter nicht nur vorübergehend übertragen ist. Dabei ist davon auszugehen, dass **das Wahlrecht auch dann ausgeschlossen ist, wenn der Aufgabenkreis des Betreuers die in § 1896 Abs. 4 und § 1905 BGB bezeichneten Angelegenheiten nicht erfasst**, wie dies dem staatlichen und auch partikularen (Kirchen-)Recht entspricht. Ein solcherart betroffener Mitarbeiter ist vom aktiven und passiven Wahlrecht ausgeschlossen (§ 7 Abs. 4 Nr. 1 und § 8 Abs. 1).[15]

---

14 Vgl. auch § 5 Abs. 3 Gesetz über die Verwaltung und Vertretung des Kirchenvermögens in der Diözese Fulda, Amtsbl. 1996 Nr. 15 S. 15, Pr. Gesetz über die Verwaltung des katholischen Kirchenvermögens vom 24. 7. 1924 in d. F. vom 17. 6. 2003 – GV NRW S. 313 – zu § 4 Abs. 2 Nr. 1 für die Diözesen in NRW.
15 Ebenso *Beyer*, Freiburger Kommentar zur MAVO § 7 Rn 25.

4. Beurlaubte Mitarbeiter

Mitarbeiter, die am Wahltag ohne Bezüge beurlaubt sind, sind gemäß § 7 **Abs. 4 Nr. 2** nicht wahlberechtigt, wenn die Beurlaubung vom Wahltag aus gerechnet mindestens noch weitere sechs Monate andauern wird. Es spielt keine Rolle, ob der Mitarbeiter bei einer anderen Dienststelle tätig ist und dort sogar Bezüge hat oder ob er gar nicht tätig ist, wie z. B. im Sonderurlaub aus wichtigem Grund unter Verzicht auf die Fortzahlung des Entgelts (vgl. § 28 TVöD; § 28 TV-L; § 10 Anlage 14 zu den AVR). Während eines Erholungs- oder Krankenurlaubs ist ein Mitarbeiter wahlberechtigt. Zur **Elternzeit** siehe Rn 59. Wird während der Beurlaubung Vergütung gezahlt, so ist der Beurlaubte als Mitarbeiter der Dienststelle wahlberechtigt. Das gilt auch im Falle der bezahlten Freistellung von der Arbeitspflicht aus Anlass einer dienstgeberseitigen Kündigung oder eines Aufhebungsvertrages bis zum Eintritt der Beendigungsfrist für das Arbeitsverhältnis.

5. Altersteilzeiter

Mitarbeiter in Altersteilzeitarbeitsverhältnissen i. S. d. Altersteilzeitgesetzes sind weder aktiv noch passiv wahlberechtigt, wenn sie sich am Wahltag nach dem Blockmodell bereits in der **Freistellungsphase** (§ 2 Abs. 2 und 3 AltersteilzeitG) befinden (**§ 7 Abs. 4 Nr. 3**). Mit dieser Regelung ist die Streitfrage, ob Altersteilzeiter, die rechtlich noch im Arbeitsverhältnis stehen (§ 2 AltersteilzeitG), das Wahlrecht zur Wahl der MAV haben, wenn sie in die Freistellungsphase ohne Beschäftigung eingetreten sind,[16] entschieden (vgl. auch § 13c Nr. 3). Diese Personengruppe hat aber wegen des aufrechten Bandes des Arbeitsvertrages das Recht zur Teilnahme an der Mitarbeiterversammlung (§§ 4, 21). Gegenteiliges wäre in § 3 zu regeln gewesen.

6. Geringfügig Beschäftigte

Sowohl die geringfügig Beschäftigten (§ 8 Abs. 1 Nr. 1 SGB IV) als auch die kurzzeitig Beschäftigten (§ 8 Abs. 1 Nr. 2 SGB IV) sind unter den Voraussetzungen des § 7 Abs. 1 aktiv wahlberechtigt. Im Falle des § 8 Abs. 1 Nr. 2 SGB IV kann es sich dabei allerdings nur um die zweite Alternative handeln, wenn der Zeitraum bis zu 50 Arbeitstage innerhalb eines Kalenderjahres sich über einen Zeitraum von wenigstens sechs Monaten erstreckt und dies bereits aus dem Arbeitsvertrag hervorgeht und damit keine Unterbrechungen des rechtlichen Bandes des Arbeitsvertrages verbunden sind. Andernfalls verhindert **Kurzzeitigkeit** das aktive Wahlrecht, falls nicht von der Bildung einer MAV gemäß § 10 in einer neuen Einrichtung auszugehen ist (§ 10 Abs. 3). Von Mitarbeiterschaft (Eingliederung in eine Dienststelle) kann ausgegangen werden, wenn Daueraufgaben der Dienststelle bzw. Einrichtung wahrgenommen werden, es sich insbesondere ihrer Art und Zielsetzung nach um Aufgaben handelt, die so auch den bereits in der Dienststelle tätigen Mitarbeitern obliegen, zumal dann, wenn dadurch räumliche und sachliche Berührungspunkte entstehen. Mit der Streichung der Vorschrift des § 7 Abs. 2 Nr. 4 MAVO a. F. durch die Novelle der MAVO des Jahres 2003 wird das Ziel des Gesetzgebers zur Vermeidung der Diskriminierung Teilzeitbeschäftigter und befristet Beschäftigter (§ 4 TzBfG) unterstrichen. Bei einer Beschäftigung bis zu zwei Monaten (§ 8 Abs. 1 Nr. 2, erste Alternative SGB IV) kann das aktive Wahlrecht allenfalls im Falle des § 10 Abs. 3 gegeben sein, wenn eine neue Einrichtung entstanden ist. Denn dann kommt es für die erste Wahl einer MAV auf die in den §§ 7 Abs. 1 und 8 Abs. 1 festgelegten Vordienstzeiten nicht an.

7. Gemäß § 3 Abs. 2 aus der Mitarbeiterschaft ausgeklammerte Personen

Nicht aktiv wahlberechtigt sind diejenigen Personen, die gemäß § 3 Abs. 2 aus dem Begriff des Mitarbeiters ausgeklammert sind (vgl. zu § 3 Rn 61 ff.). Dazu gehören insbesondere auch die unter § 3 Abs. 2 Nr. 6 genannten Personen und Leiharbeitnehmer (§ 3 Abs. 1 S. 2).

---

16 *Thiel*, ZMV 1999, 116; *BVerwG*, 15. 5. 2002 6 P 8.01, ZTR 2002, 553; ZMV 2003, 50 f.

IV. Sonderfälle

1. Mitarbeiter in mehreren Dienststellen

43 Es gibt Dienstgeber, die verschiedene Dienststellen und Einrichtungen mit unterschiedlichen Aufgaben unterhalten. In Betracht kommen Verwaltungen, Schulen, Heime, Krankenhäuser. Sind in den verschiedenen Dienststellen jeweils Mitarbeitervertretungen zu bilden bzw. gebildet (§ 1a), dann ist ein in mehreren Dienststellen eines und desselben Dienstgebers beschäftigter Mitarbeiter, besonders dann, wenn er funktionsbezogene Arbeitsverträge mit demselben Dienstgeber abgeschlossen hat und er die sonst zum aktiven Wahlrecht geforderten Voraussetzungen erfüllt, in mehreren Dienststellen, in denen er beschäftigt wird, wahlberechtigt.

2. Mitarbeiter in Diensten mehrerer Dienstgeber

44 Steht ein Mitarbeiter jeweils arbeitsvertraglich in den Diensten mehrerer Dienstgeber und sind in deren Dienststellen bzw. Einrichtungen jeweils Mitarbeitervertretungen zu wählen, so hat der Mitarbeiter unter den übrigen Voraussetzungen für das aktive Wahlrecht ein mehrfaches Wahlrecht, weil er bei mehreren Dienstgebern beschäftigt wird.

45 Kooperiert ein Dienstgeber mit einem anderen kirchlichen Dienstgeber wegen des Einsatzes einer sonst nicht voll beschäftigten Fachkraft (z. B. Kirchenmusiker), so könnte ein Doppelwahlrecht anzunehmen sein, wenn bei beiden Dienstgebern je eine MAV zu wählen ist, obwohl nur ein Arbeitsvertragsverhältnis besteht, aber zum anderen kooperierenden Dienstgeber ein Beschäftigungsverhältnis besteht. Das kann bei einem Kirchenmusiker der Fall sein, wenn er bei der Kirchengemeinde A arbeitsvertraglich angestellt ist, bei der Kirchengemeinde B aber im Wege des Kooperationsvertrages zwischen A und B auch bei B weisungsgebunden seinen Aufgaben als Mitarbeiter nachgeht. Dieses echte Leiharbeitsverhältnis entspricht nicht den Voraussetzungen des AÜG, so dass § 3 Abs. 1 S. 2 MAVO nicht anwendbar ist.

46 Aber das arbeitsvertragliche Grundverhältnis ist entscheidend für die Zuordnung zum Dienstgeber und für das aktive Wahlrecht, nicht dagegen die zusätzliche Beschäftigung beim Kooperationspartner des Dienstgebers. Ein Fall des § 23 liegt nicht vor, weil der Dienstgeber den Mitarbeiter nicht aus seinem Dienststellenbereich ausgliedert.

47 Ist bei mehreren Dienstgebern eine **gemeinsame MAV** i. S. v. § 1b zu bilden, besteht schon aus diesem Grunde nur ein Wahlrecht. Das kann der Fall sein, wenn für das Gebiet eines Seelsorgebereichs mit mehreren Pfarreien (Kirchengemeinden oder eines Pfarrverbandes[17] mit einem Moderator (can. 517 § 1 CIC) die Bildung einer MAV gemäß § 1b vereinbart ist. Denn dann findet auch § 7 Abs. 1 mit der Maßgabe Anwendung, dass der Wechsel eines Mitarbeiters zu einem anderen Dienstgeber innerhalb des Zuständigkeitsbereichs der gemeinsamen MAV nicht den Verlust des Wahlrechts zur Folge hat (§ 22a Abs. 2).

3. Mitarbeiter eines Kirchengemeindeverbandes

48 Sind mehrere rechtlich selbständige Kirchengemeinden zu einem Kirchengemeindeverband als Körperschaft des öffentlichen Rechts zusammengeschlossen, um von diesem zweckgerichtet die Betriebsträgerschaft der Einrichtungen, die Anstellungsträgerschaft für das bei den Kirchengemeinden und ihren Einrichtungen zu beschäftigende Personal übernehmen zu lassen, dann ist der Kirchengemeindeverband der Diensteber der beschäftigten Mitarbeiterinnen und Mitarbeiter.[18] Er hat es in der Hand, gemäß § 1a festzulegen, ob alle Arbeitsbereiche nur eine einzige Dienststelle mit nur einer MAV bilden oder mehrere Einrichtungen mit den jeweiligen Mitarbeitervertretungen zu bilden sind.

---

17 Amtsblatt des Erzbistums Köln 2003 Nr. 7 S. 10.
18 Vgl. Amtsblatt des Erzbistums Köln 2003 Nrn. 32 bis 34, S. 29 bis 31.

4. Versetzung

49 Es ist zwischen verschiedenen Versetzungsbegriffen zu unterscheiden, nämlich dem hier gebräuchlichen Begriff der **Versetzung** von einer Dienststelle zu einer anderen, dem arbeitsvertraglichen Versetzungsbegriff, wonach durch einseitige, rechtsgeschäftliche Handlung der Arbeitgeber die Arbeitsbedingungen und den Arbeitsbereich des Arbeitnehmers innerhalb der vertraglich vereinbarten Aufgaben oder des Einsatzbereichs des Arbeitnehmers ändert, und dem betriebsverfassungsrechtlichen, wenn nämlich der Arbeitnehmer aus seinem bisherigen Arbeitsbereich[19] herausgelöst und einem anderen Arbeitsbereich innerhalb der Dienststelle zugeteilt wird (§ 95 Abs. 3 BetrVG). Nach Personalvertretungsrecht ist unter **Umsetzung** die Zuweisung eines anderen Aufgabenbereichs auf Dauer innerhalb derselben Dienststelle zu verstehen (*Meurer*, Bundespersonalvertretungsrecht S. 188 m. w. N.). Die MAVO kennt den Begriff der Umsetzung nicht. Wird ein Mitarbeiter an eine andere Dienststelle versetzt, weil ihm dort auf Dauer die Zuweisung eines Arbeitsbereichs zuteil wird, wird er dort wahlberechtigt. Das aktive Wahlrecht bei der bisherigen Dienststelle verliert er mit Wirkung der Versetzung.

50 Die Versetzung unterscheidet sich von der **Abordnung** dadurch, dass erstere nicht vorübergehend wie die Abordnung erfolgt, sondern auf Dauer. Die Versetzung ist vom Dienstgeber veranlasst und eine auf Dauer bestimmte Beschäftigung bei einer anderen Dienststelle oder einem anderen Betrieb desselben Arbeitgebers unter Fortsetzung des bestehenden Arbeitsverhältnisses (vgl. z. B. Protokollerklärungen zu § 4 Abs. 1 TV-L Nr. 2). Die Abordnung kann eine Versetzung einleiten. Der Begriff ist nicht zu verwechseln mit dem des § 95 Abs. 3 BetrVG. Letzterer bedeutet Zuweisung eines anderen Arbeitsbereichs, nicht Zuweisung einer Arbeitsstelle in einer anderen Dienststelle.[20]

5. Wehrdienst, Zivildienst

51 In der Zeit, in der Wehrpflichtige den Wehrdienst bzw. den Zivildienst ableisten (§ 3 Abs. 1 WehrpflG), ruht das **Arbeitsverhältnis zum Dienstgeber**, es wird aber nicht aufgehoben (vgl. § 1 Arbeitsplatzschutzgesetz und § 78 Abs. 1 Nr. 1 ZDG), sondern **besteht fort.** Deshalb ist die Frage nach dem aktiven Wahlrecht dieser Personengruppe zu stellen. Die MAVO gibt keine Auskunft. Würde man darauf abstellen, dass der Mitarbeiter in der Dienststelle tätig sein muss, so wäre die Frage bei dieser Personengruppe zu verneinen. Daher ist zu klären, was ein **ruhendes Arbeitsverhältnis** ist und welche Rechtsfolgen sich daraus ergeben.

52 Das Arbeitsverhältnis ruht nach herrschender Lehre, wenn aufgrund eines besonderen rechtlichen Gestaltungsaktes (Gesetz, Vereinbarung oder Entscheidung des Berechtigten)[21] bestimmte Pflichten, insbesondere die Hauptpflicht der Vertragsparteien (Arbeitsleistung und Lohnzahlung) für eine längere Zeit aufgehoben sind,[22] im Übrigen aber der Arbeitsvertrag und die Betriebszugehörigkeit des Arbeitnehmers fortbestehen.[23]

53 Das Ruhen umfasst demnach nicht das gesamte Arbeitsverhältnis, sondern nur bestimmte Rechte und Pflichten daraus. Demnach ist die Frage, welche Pflichten im Einzelnen aufgehoben sind, nicht beantwortet. In jedem Falle sind wegen des Ruhenszweckes die Hauptpflichten aufgehoben. Ob und ggf. in welchem Umfang die anderen Pflichten das Schicksal der Hauptpflichten teilen, richtet sich letztlich nach dem Zweck des Ruhens, wenn und soweit über die Frage keine ausdrücklichen Regelungen getroffen worden sind.[24] Das ist dann nur im Wege der Auslegung zu beantwor-

---

19 Vgl. dazu: *BAG*, 26. 5. 1988 – 1 ABR 18/87, DB 1988, 2158 = BB 1988, 2100 m. Anm. *Hunold*, BB 1988, 2101.
20 *BAG*, 26. 5. 1988 – 1 ABR 18/87, BB 1988, 2100; vgl. auch *BAG*, 15. 9. 1987 – 1 ABR 44/86, BB 1988, 482; 26. 1. 1988 – 1 AZR 531/86, BB 1988, 1327.
21 *BAG*, 10. 5. 1989 – 6 ARZ 660/87, DB 1989, 2127 f. B II 2.
22 *BAG*, 10. 5. 1989 – 6 AZR 660/87, DB 1989, 2127 f. B II 1 f.
23 Vgl. *Pusch*, Schutz des Arbeitsverhältnisses, HzA Gruppe 15, S. 325, 327 Rn 113 ff. m. N.
24 Vgl. *Pusch*, HzA Gruppe 15, Rn 133 ff.

II. Die Mitarbeitervertretung

ten.²⁵ Die Betriebszugehörigkeit und ihre Dauer können Grundlage und Maßstab für die verschiedensten Ansprüche und Rechtspositionen des Arbeitnehmers sein, nach herrschender Ansicht auch für das aktive und passive Wahlrecht zum Betriebsrat nach BetrVG.²⁶

54 Für die Anwendung der MAVO gelten jedoch andere Grundsätze. **Normen des staatlichen Arbeitsrechts vermögen nicht die Ordnung der MAVO zu tangieren.** Denn die MAVO ist eine kirchlich selbstbestimmte Ordnung. Insofern ist also eine Analogie zur herrschenden Lehre und auch zur Rechtsprechung zur Frage des Wahlrechts zu den Personalvertretungen nach staatlichem Recht nicht zulässig. Die staatliche Rechtsprechung erfasst den gesamten Bereich staatlicher Gesetzgebung, sie erfasst nicht den Bereich eigenständiger kirchlicher Regelung zur Verwaltung kirchlicher innerer Angelegenheiten. Insofern besteht also ein Freiraum der Kirche zur Regelung eines Rechtsverhältnisses für den innerkirchlichen Bereich aufgrund eines Arbeitsverhältnisses. Die MAVO ist innerkirchliches Kirchenrecht, wenn und soweit sie die Frage der Wählbarkeit zur Mitarbeitervertretung regelt.²⁷ Ist eine Frage innerkirchlich nicht geregelt, so besteht **keine Möglichkeit**, in Analogie zum staatlichen Recht und dann noch im Wege der Auslegung eine **ungeregelte innerbetriebliche Angelegenheit als staatlich gewollte Regelung zu bezeichnen.** Durch das Arbeitsplatzschutzgesetz regelt der Gesetzgeber das Ruhen des Arbeitsverhältnisses, nicht aber die Rechte, die nur durch kircheneigene Ordnung regelbar sind. Betriebsverfassungsrechtliche oder personalvertretungsrechtliche Regelungen des Staates, seien sie im Wege der Gesetzgebung, der Verwaltung oder der Rechtsprechung ergangen, gelten für den innerkirchlichen Bereich wegen des kirchlichen Selbstbestimmungsrechts zur Regelung ihrer eigenen Angelegenheiten nicht (Art. 140 GG i. V. m. Art. 137 Abs. 3 WRV).

55 Während das BPersVG und das BetrVG als Voraussetzung für das aktive Wahlrecht keine Mindestdauer für eine Beschäftigung festschreiben, ist das gemäß § 7 Abs. 1 jedoch der Fall. Insofern ist die in den Kommentierungen zu den genannten staatlichen Gesetzen anzutreffende Argumentation zugunsten des Wahlrechts der Wehr- und Zivildienstleistenden²⁸ spezifisch und daher wegen der anderen Bestimmungen des § 7 Abs. 1 zum aktiven Wahlrecht auf die MAVO nicht übertragbar. Weil die Wahlberechtigungsvoraussetzungen in der MAVO also anders geregelt sind als in den staatlichen Gesetzen, kann das Schweigen der MAVO nicht als positive Wahlberechtigungsnorm gedeutet werden. Deshalb ist das **Wahlrecht der Wehrdienst- und Zivildienstleistenden zu verneinen.**²⁹ *Beyer* erklärt, dass je nach Dauer des Wehr- oder Zivildienstes seit dem Wahltage das aktive Wahlrecht zu beurteilen sei. Bei noch mindestens sechsmonatiger Dauer des Wehr- oder Zivildienstes seit dem Wahltag wird das Wahlrecht verneint, bei kürzerer Dauer wird es bejaht.³⁰ Dabei wird an eine Beurlaubung ohne Bezüge (§ 7 Abs. 4 Nr. 2) gedacht.³¹ Hier darf nicht außer Acht bleiben, dass der Wehr- und Zivildienst nur für Beamte Beurlaubung ohne Bezüge ist (§ 9 Abs. 1 ArbPlSchG, § 78 ZDG). Die Beurlaubung ohne Bezüge ist wahlrechtshindernd, falls sie am Wahltag noch wenigstens sechs Monate dauert (§ 7 Abs. 4 Nr. 2). Trotz fortdauernden Arbeitsverhältnisses ist das Wahlrecht also im Prinzip versagt (vgl. auch § 13 Abs. 1 S. 2 BPersVG, wonach Beschäftigte, die am Wahltage seit mehr als sechs Monaten unter Wegfall der Bezüge beurlaubt sind, nicht wahlberechtigt sind). Dies muss dann auch für die Mitarbeiter im Sinne der MAVO gelten, wenn sie Wehr- oder Zivildienst leisten. Denn sie stehen in ihrer Eigenschaft als Wehr- oder Zivildienstleistende in einem besonderen Dienst- und Pflichtenverhältnis zum Staat, so dass ihre aktiven Arbeitnehmer- bzw. Mitarbeiterrechte bei ruhendem Arbeitsverhältnis ebenfalls wegen fehlender Tätigkeit in der Einrichtung ruhen (§§ 1, 10 ArbPlSchG, § 78 ZDG).

---

25 *Pusch*, a. a. O. Rn 215.
26 *Pusch*, a. a. O. Rn 229.
27 *BAG*, 11. 3. 1986 – 1 ABR 26/84, AP Nr. 25 zu Art. 140 GG.
28 Vgl. *Ilbertz/Widmaier*, BPersVG § 13 Rn 15; *HSWGN-Nicolai* § 7 Rn 18.
29 A. A. *Mösenfechtel/Perwitz-Passan/Wiertz*, § 7 Anm. 7e S. 6; *Damköhler*, MAVO § 7 Anm. 1.
30 Freiburger Kommentar zur MAVO § 7 Rn 15.
31 Vgl. *Bioly/Hintz/Wolf*, Mitarbeitervertretungsgesetz, § 7 Anm. 3 S. 111 f.

6. Zivildienstleistende u. a.

Zivildienstleistende in den Dienststellen sind **nicht aktiv wahlberechtigt**, weil sie nicht beim Dienstgeber der Dienststelle in einem Beschäftigungsverhältnis stehen, sondern im öffentlichen Dienst bei einem öffentlich-rechtlichen Dienstherrn (vgl. § 3 Rn 112). Sie sind daher nicht wahlberechtigt. Dasselbe gilt für **Referendare**, weil sie nicht in einem Arbeitsverhältnis zur Dienststelle und deren Dienstgeber stehen, sondern in einem Beamtenverhältnis zum Staat. Sie sind als Beamte auf Widerruf im Vorbereitungsdienst nach Personalvertretungsrecht wahlberechtigt (§ 13 Abs. 3 BPersVG).

7. Dienstunfähigkeit, verminderte Erwerbsfähigkeit, Rente auf Zeit

Dienstunfähigkeit und verminderte Erwerbsfähigkeit führen zur Einstellung der Tätigkeit des Mitarbeiters in der Dienststelle. Solange das Dienst-, Arbeits-, Gestellungsverhältnis oder Ausbildungsverhältnis jedoch besteht, besteht auch das Wahlrecht. Wird dem Mitarbeiter eine befristete Rente auf Zeit wegen verminderter Erwerbsfähigkeit (§ 102 Abs. 2 SGB VI) gewährt, so bedeutet dies nicht ohne weiteres das Ende des Arbeitsverhältnisses. Nach den angewandten Arbeitsvertragsregelungen (z. B. § 48 Abs. 1 S. 4 und 5 KAVO; § 18 Abs. 4 AVR-Caritas) ruht das Arbeitsverhältnis mit allen Rechten und Pflichten bis zum Ablauf des Tages, bis zu dem die Zeitrente bewilligt ist, längstens jedoch bis zum Ablauf des Tages, an dem das Arbeitsverhältnis endet (vgl. auch § 33 Abs. 2 S. 5 und 6 TV-L, § 33 Abs. 2 S. 5 und 6 TVöD). Das mit »allen Rechten und Pflichten« eintretende Ruhen des Arbeitsverhältnisses geht in seinen Wirkungen über diejenigen eines unbezahlten Sonderurlaubs hinaus. Deshalb besteht während der Zeit des Ruhens des Arbeitsverhältnisses wegen Bezuges der Rente auf Zeit kein Wahlrecht. Dasselbe gilt auch, solange der Mitarbeiter nach Wiederherstellung der Erwerbsfähigkeit noch nicht wieder bei seinem früheren Dienstgeber eingestellt worden ist (vgl. § 48 Abs. 5 KAVO).

8. Abwesenheit infolge des Mutterschutzes

Gesetzliche Arbeitsverbote i. S. d. Mutterschutzgesetzes setzen ein bestehendes Arbeitsverhältnis voraus (§ 1 Nr. 1 MuSchG). Daher besteht bei gesetzlichem Arbeitsverbot (§§ 3 und 6 Abs. 1 MuSchG) in diesem Sinne das Wahlrecht. Denn das Arbeitsverhältnis ruht nicht.[32] Dasselbe hat aber auch für die sonstigen Arbeitsverbote i. S. d. MuSchG zu gelten.

9. Elternzeit, Pflegezeit

Die Elternzeit gemäß § 15 BEEG ist privatrechtlicher Sonderurlaub. Das Arbeitsverhältnis besteht rechtlich fort und unterliegt sogar besonderem Kündigungsschutz (§ 18 BEEG). Allerdings ruhen kraft Gesetzes[33] die beiderseitigen Hauptpflichten (Arbeitsleistung und Vergütung), wenn bei dem Dienstgeber keine Teilzeitarbeit (§ 1 Abs. 1 Nr. 4 und § 2 Abs. 1 BEEG) erbracht wird.[34] Das aktive Wahlrecht wird deshalb gewährt. Allerdings ist es gemäß § 7 Abs. 4 Nr. 2 dann ausgeschlossen, wenn die Elternzeit bei entfallendem Arbeitsentgelt am Wahltage noch mindestens weitere sechs Monate andauert (Rn 39). Siehe auch § 8 Rn 7. Bei Beschäftigung während der Elternzeit gemäß § 15 Abs. 4 S. 1 BEEG bei dem Dienstgeber ist das Wahlrecht ohnehin gegeben.

Gemäß § 3 Abs. 1 PflegeZG sind Beschäftigte von der Arbeitsleistung vollständig oder teilweise freizustellen, wenn die gesetzlichen Voraussetzungen erfüllt sind, weil sie einen nahen Angehörigen pflegen wollen. Die Pflegezeit nach § 4 PflegeZG beträgt für jeden pflegebedürftigen nahen Angehörigen längstens sechs Monate (§ 4 Abs. 1 PflegeZG). Die Pflegezeit ist bei vollständiger Freistellung von der Arbeit unbezahlter Sonderurlaub.[35] Dieser Sonderurlaub schließt mit Rücksicht auf § 7 Abs. 4 Nr. 2 MAVO vom aktiven Wahlrecht zur Mitarbeitervertretung nicht aus.

---

32 *BAG*, 3. 6. 1987 – 5 AZR 153/86 n. v.; *BAG*, 10. 5. 1989 – 6 AZR 660/87, DB 1989, 2127, 2128 B II, 1e.
33 *BAG*, 10. 2. 1993 – 10 AZR 450/91, BB 1993, 1083.
34 *BAG*, 22. 6. 1988 – 5 AZR 526/87, DB 1988, 2365; 10. 5. 1989 – 6 AZR 660/871, DB 1989, 2127 f. B II 1. f.
35 ErfK-*Gallner*, § 3 PflegeZG Rn 4.

II. Die Mitarbeitervertretung

10. Kündigung des Arbeitsvertrages, Mängel des Arbeitsvertrages, andere Verträge

61 Ein Mitarbeiter, der sich in einem gekündigten Arbeitsverhältnis befindet, ist bis zum Ablauf der Kündigungsfrist wahlberechtigt und zwar auch dann, wenn er während des Laufes der Kündigungsfrist von der Arbeitsleistung freigestellt ist.

62 Wird der Mitarbeiter **nach Ablauf der Kündigungsfrist weiterbeschäftigt**, so bedeutet dies wegen des Wortlauts des § 3 Abs. 1, dass ein Arbeitsverhältnis besteht. Dieses ist ausreichend für die Bejahung des Wahlrechts.[36] Auch bei nichtigem oder anfechtbarem Arbeitsvertrag ist bei Beschäftigung die Wahlberechtigung gegeben.[37]

63 Werden Personen wie Mitarbeiter beschäftigt, obwohl ein Gestellungsvertrag noch nicht rechtswirksam abgeschlossen ist, so handelt es sich, wenn die Personen zu ihrer Berufsausübung tätig werden, um eine Tätigkeit im Sinne eines tatsächlichen Beschäftigungsverhältnisses. Diese Personen sind Mitarbeiter i. S. v. § 3 Abs. 1 S. 1, also aktiv wahlberechtigt.[38]

11. Sonstige

64 Für die Ausübung des Wahlrechts kommt es nicht auf die Staatsangehörigkeit an, sondern nur auf die allgemeinen Voraussetzungen für die Wahlberechtigung. Wählbar sind neben den deutschen Wahlberechtigten sowohl **Staatenlose** als auch **Ausländer**.

V. Stichtag für die Erfüllung der Voraussetzungen der Wahlberechtigung

65 Alle Voraussetzungen für das aktive Wahlrecht müssen am Wahltag vorliegen. Erstreckt sich die Wahl über mehrere Tage, so müssen die Voraussetzungen an dem Tag vorliegen, an dem der betreffende Mitarbeiter wählt. Dies gilt auch, wenn er erst am letzten Tag wählt. Sind am Wahltag trotz Eintragung in der Liste der Wahlberechtigten (vgl. Rn 29) Voraussetzungen für die Wahlberechtigung weggefallen, so ist der Mitarbeiter nicht wahlberechtigt.

VI. Bedeutung der Wahlberechtigung

66 Die Zahl der Wahlberechtigten ist bedeutsam für die Errichtung und Größe von Mitarbeitervertretungen (§ 6 Abs. 1 und 2). Wer nicht aktiv wahlberechtigt ist, hat kein passives Wahlrecht (§ 8 Abs. 1 i. V. m. § 7).

VII. Streitigkeiten

67 Streitigkeiten über das aktive Wahlrecht werden gemäß § 9 Abs. 4 S. 5 vom Wahlausschuss entschieden. **Wahlanfechtungen innerhalb einer Woche** seit Bekanntgabe des Wahlergebnisses wegen eines behaupteten oder bestrittenen aktiven Wahlrechts werden gemäß § 12 Abs. **1 vom Wahlausschuss entschieden**. Gegen seine Entscheidung ist die Klage beim Kirchlichen Arbeitsgericht innerhalb von zwei Wochen nach Zugang der Entscheidung zulässig (§ 12 Abs. 3, § 11c Abs. 4 MAVO; § 2 Abs. 2 und § 44b KAGO).

§ 8 Passives Wahlrecht

(1) Wählbar sind die wahlberechtigten Mitarbeiterinnen und Mitarbeiter, die am Wahltag seit mindestens einem Jahr ohne Unterbrechung im kirchlichen Dienst stehen, davon mindestens seit sechs Monaten in einer Einrichtung desselben Dienstgebers tätig sind.

---

36 Vgl. *Ilbertz/Widmaier*, BPersVG § 13 Rn 13; *LAG Berlin*, 2. 5. 1994 – 9 Ta BV 1/94 rkr., DB 1994, 2556 im Fall der Kündigungsschutzklage.
37 *HSWGN-Nicolai*, § 7 Rn 17.
38 Vgl. *Schlichtungsstelle Köln*, 14. 3. 1986 – MAVO 1/1985, NZA 1986, 690.

(2) Nicht wählbar sind Mitarbeiterinnen und Mitarbeiter, die zur selbständigen Entscheidung in anderen als den in § 3 Abs. 2 Nr. 3 genannten Personalangelegenheiten befugt sind.

Übersicht	Rn			Rn
I. Vorbemerkung	1– 4	V.	Ausschluss der Wählbarkeit	38–54
II. Zwingendes Recht	5		1. Gemäß § 8 Abs. 1	39–41
III. Voraussetzungen der Wählbarkeit	6–36		a. Ausschluss vom aktiven Wahlrecht	39, 40
1. Aktives Wahlrecht	7		b. Dienstzeit im Kirchendienst unter einem Jahr	41
2. Vollendung des 18. Lebensjahres	8		2. Gemäß § 8 Abs. 2	42–47
3. Gekündigte Mitarbeiter	9–15		3. Mitgliedschaft im Wahlausschuss	48
4. Sonstige Fälle	16		4. Ausschluss aus der MAV	49
5. Zugehörigkeit zum kirchlichen Dienst	17–21		5. Nichtaufnahme in den Wahlvorschlag	50
a. Einjährige Dienstzeit vor dem Wahltag	18		6. Einberufung zum Wehr- oder Zivildienst	51
b. Sechsmonatige Beschäftigungszeit vor dem Wahltag	19		7. Sprecher der Jugendlichen und Auszubildenden	52
c. Ohne Unterbrechung	20		8. Vertretung der schwerbehinderten Menschen	53
d. Sonderfall des § 10 Abs. 3	21		9. Betriebsbeauftragte	54
6. Einfluss der Zugehörigkeit	22–26	VI.	Sonderregelung für die Wahl in einer neuen Einrichtung	55
a. Zu einer weiteren Dienststelle	22	VII.	Kündigungsschutz für Wahlbewerber	56, 57
b. Zu einer anderen Mitarbeitervertretung, Personalvertretung o. ä.	23–25	VIII.	Anfechtung der Wahl bei Verstößen gegen die Bestimmungen des § 8	58–60
c. Zur Vertretung der schwerbehinderten Menschen	26		1. Anfechtungsrecht	58
7. Zugehörigkeit eines Wahlbewerbers zur katholischen Kirche	27–35		2. Einspruchsrecht	59
8. Förmliche Voraussetzungen	36		3. Entscheidung	60
IV. Stichtag für die Erfüllung der Voraussetzungen der Wahlberechtigung	37	IX.	Ausschluss staatlicher Rechtskontrolle	61–63

I. Vorbemerkung

Die Grundordnung des kirchlichen Dienstes im Rahmen kirchlicher Arbeitsverhältnisse (GrO) lässt gemäß Art. 4 GrO die Beschäftigung von katholischen, nicht katholischen christlichen und nichtchristlichen Mitarbeitern, von spezifischen Funktionen abgesehen (Art. 3 GrO), zu. Deshalb ist zur Wählbarkeit der Kandidaten über ihre Kirchenzugehörigkeit nichts gesagt, obwohl gemäß § 14 Abs. 1 S. 2 der Vorsitzende der MAV katholisch sein soll, in den bayerischen Diözesen der Vorsitzende und sein Stellvertreter sogar katholisch sein müssen[1] (Rn 27 ff.). 1

Die Frage, ob ein katholischer Wahlbewerber für das Amt des Mitarbeitervertreters an der Ausübung seiner allgemeinen kirchlichen Gliedschaftsrechte gehindert ist, hat keine Bedeutung; sie ist erheblich für die Mitglieder der Einigungsstelle (§ 43 Abs. 1 S. 1) und der kirchlichen Arbeitsgerichte (§ 18 Abs. 1, § 24 Abs. 2 KAGO). Einem Mitglied der MAV kann dagegen außerordentlich (§ 19 Abs. 1 S. 1) und in den Fällen des Art. 5 Abs. 3 bis 5 GrO auch ordentlich gekündigt werden (§ 19 Abs. 1 S. 2), ebenso einem Wahlbewerber (§ 19 Abs. 2). 2

Ansonsten gibt es auch für geringfügig Beschäftigte (§ 8 Abs. 1 Nr. 1 SGB IV) keine Zugangssperre in diesem Sinne zum Amt als Mitarbeitervertreter. Dasselbe gilt auch für die diesbezügliche Frage des Verlustes der Wählbarkeit zur MAV. Die gerechtfertigte Kündigung i. S. d. § 1 KSchG und § 626 3

---

[1] Vgl. z. B. § 14 Abs. 1 S. 3 MAVO München und Freising, Amtsblatt 2005 S. 246.

II. Die Mitarbeitervertretung

BGB und das damit verbundene Ausscheiden aus der Einrichtung vermögen das Amt als Mitglied der MAV aufzuheben (§ 13c Nr. 4).

4 Wer aus der katholischen Kirche ausgetreten ist, hat einen schwerwiegenden Verstoß gegen die Loyalitätsobliegenheit begangen (Art. 5 Abs. 2 GrO). Nach der GrO dürfen in diesem Falle Mitarbeiter nicht weiter beschäftigt werden (Art. 5 Abs. 5 Unterabsatz 1). Aus diesem Grunde wurde von einer Ausschlussregelung vom passiven Wahlrecht zur MAV abgesehen. Mitarbeiter, die in der Ausübung ihrer allgemeinen kirchlichen Gliedschaftsrechte gehindert sind, werden nach der Grundordnung unterschiedlich behandelt (Art. 5 Abs. 3, 4, 5 GrO) mit der Folge, dass ein genereller Ausschluss von der Wählbarkeit zur MAV nicht mehr vorgesehen ist. Damit erübrigt sich für den Wahlausschuss oder den Wahlleiter die Beurteilung möglicher Wahlausschlussgründe i. S. d. Frage der Weiterbeschäftigung. Bleibt das Grundverhältnis des Mitarbeiters (z. B. Arbeitsverhältnis) aufrecht, ist und bleibt er wählbar unter den allgemeinen Voraussetzungen der MAVO,[2] auch wenn er als Katholik in der Ausübung seiner allgemeinen kirchlichen Gliedschaftsrechte gehindert ist.[3]

II. Zwingendes Recht

5 Die Vorschrift behandelt das passive Wahlrecht. Sie ist ebenso wie die Vorschriften über das aktive Wahlrecht des § 7 zwingenden Rechts und durch andere Regelungen, auch nicht im Wege von Verträgen oder Vereinbarungen, nicht abänderbar (§ 12 Abs. 1; § 55). Deshalb kann die Wählbarkeit weder eingeschränkt noch erweitert werden. § 8 enthält erschöpfend die Voraussetzungen für die Wählbarkeit zur MAV. Demzufolge darf der Wahlausschuss, der die Wählbarkeit zu prüfen und festzustellen hat (§ 9 Abs. 7; siehe § 9 Rn 41 f.), von den in § 8 genannten Bestimmungen über das passive Wahlrecht bei seinen Entscheidungen über die passive Wahlberechtigung von Wahlbewerbern ebenso wenig abweichen wie ein Dienstgeber oder ein Kirchliches Arbeitsgericht i. S. d. KAGO. Die Wählbarkeit ist nicht deshalb auszuschließen, weil ein Kandidat ehrenrührig oder gar strafbar gehandelt hat (z. B. Annahme von Geschenken für seine Arbeit, Diebstahl). In solchen Fällen sind Sanktionen nach Maßgabe des Dienstverhältnisses adäquat zu treffen. Der Ausschluss von der Wahl ist jedoch unzulässig. Siehe auch § 22a Abs. 2.

III. Voraussetzungen der Wählbarkeit

6 Die Voraussetzungen der Wählbarkeit sind in § 8 abschließend geregelt. Hinzutreten als formelle Voraussetzungen die Eintragung in der Liste der Wahlberechtigten (§ 9 Abs. 4 S. 2) und in der Kandidatenliste (§ 9 Abs. 6 und 8).

1. Aktives Wahlrecht

7 Voraussetzung für das passive Wahlrecht ist zunächst das aktive Wahlrecht. Nicht jeder aktiv Wahlberechtigte ist grundsätzlich auch wählbar (vgl. Rn 38 ff.). Deshalb muss ein Bewerber für die Wahl in die MAV sowohl die materiellen als auch die formellen Voraussetzungen des § 7 (vgl. Anmerkungen zu § 7) und § 8 erfüllen. Ein Verlust der aktiven Wahlberechtigung führt zum Verlust der Wählbarkeit. Auch Teilzeitbeschäftigte (§ 2 TzBfG) sind bei aktivem Wahlrecht unter den Voraussetzungen des § 8 Abs. 1 wählbar.

2. Vollendung des 18. Lebensjahres

8 Der Wahlberechtigte muss am Wahltag mindestens 18 Jahre alt sein. Erstreckt sich die Wahl über mehrere Tage, so muss die Vollendung des 18. Lebensjahres wenigstens am letzten Wahltag eingetreten sein (vgl. § 7 Rn 65).

---

2 *Thiel*, ZMV 1996 S. 3, 4 r. Sp.
3 *Frey*, Novellierung der MAVO, KuR 4/95, 11 = 350, S. 15, 19.

3. Gekündigte Mitarbeiter

Wählbar sind auch Mitarbeiter, denen ordentlich gekündigt wurde, **während des Laufs einer Kündigungsfrist** und im Falle der Weiterbeschäftigung auch nach **Ablauf der Kündigungsfrist.** Dies folgt unmittelbar aus dem Wortlaut des § 3 Abs. 1, der auf ein Beschäftigungsverhältnis abstellt. Wer beschäftigt wird, ist Mitarbeiter; das gilt auch für den fristlos gekündigten Mitarbeiter, solange er beschäftigt wird; er ist i. S. v. § 7 Abs. 1 tätig.

Die Wählbarkeit eines gekündigten Mitarbeiters bleibt auch erhalten, wenn seiner vor der MAV-Wahl erhobenen Kündigungsschutzklage nach Durchführung der Wahl stattgegeben wird.[4] Das gilt auch im Falle einer außerordentlichen Kündigung, wenn der gekündigte Mitarbeiter nach § 13 KSchG Kündigungsschutzklage erhoben hat. Durch die Erhebung einer Feststellungsklage nach § 13 KSchG bleibt bis zum rechtskräftigen Abschluss des Verfahrens vor dem Arbeitsgericht die rechtswirksame Beendigung des Arbeitsverhältnisses durch die Kündigung und damit auch die Frage der Wählbarkeit ungeklärt. Diese Ungewissheit berechtigt nicht zur Aberkennung des Wahlrechts. Vielmehr ist der Gekündigte hinsichtlich seiner Wählbarkeit wie ein der Einrichtung angehöriger Mitarbeiter zu behandeln. Andernfalls hätte der Dienstgeber die Möglichkeit, durch den Ausspruch unberechtigter – fristloser – Kündigungen gegenüber unliebsamen Wahlbewerbern Einfluss auf die Zusammensetzung der MAV zu nehmen. Nach dem Kündigungsschutzprozess steht fest, ob das Arbeitsverhältnis durch die Kündigung aufgelöst worden ist. Ist das Arbeitsverhältnis nicht aufgelöst worden, so war der Kandidat zum Zeitpunkt der Wahl Mitarbeiter i. S. v. § 3 Abs. 1 S. 1 und deshalb wahlberechtigt. Bis zur rechtskräftigen **Feststellung der Unwirksamkeit der Kündigung** durch das Arbeitsgericht ist der Gewählte zeitweilig **an der Ausübung seines Amtes gehindert;** denn die Rechtswirksamkeit der Wahl zum Mitglied der MAV ist in der Schwebe. Deshalb vertritt ihn das nächstberechtigte Ersatzmitglied (§ 13b Abs. 2). Nach der Rechtsprechung des *BAG* zum BetrVG bleibt auch der ordentlich gekündigte Arbeitnehmer für die Wahl des Betriebsrats nach § 8 Abs. 1 BetrVG wählbar, wenn er eine Kündigungsschutzklage nach § 4 KSchG erhoben hat und diese nicht vor der Durchführung der Wahl rechtskräftig abgewiesen wurde. Die Wählbarkeit gelte sogar dann, wenn die Betriebsratswahl nach Ablauf der Kündigungsfrist durchgeführt und der gekündigte Arbeitnehmer nicht weiterbeschäftigt wird.[5] Das Wahlrecht gemäß MAVO ist Kirchenrecht, das Kündigungsrecht hingegen dem staatlichen Rechtsschutz unterstellt.[6] Kommt es beim Wahlrecht nach MAVO aber auf die Vorfrage des Bestandes des Arbeitsverhältnisses an, so ist die Ungewissheit darüber bis zur angestrebten Klärung durch das staatliche Arbeitsgericht nicht dem Wahlbewerber, sondern dem kündigenden Dienstgeber (Arbeitgeber) als Risiko aufzubürden. Dem Gesetzgeber der MAVO bleibt es überlassen, eine klarstellende Regelung für die Fälle eines rechtlichen Schwebezustandes im Arbeitsverhältnis zu schaffen. Für die Freistellungsphase im Blockmodell der Altersteilzeitarbeit hat er das getan (vgl. § 7 Abs. 4 Nr. 3, § 13c Nr. 4).

Ist die Kündigungsschutzlage des gekündigten Arbeitnehmers (Mitarbeiters) **abgewiesen**, so ist nach Rechtskraft des Urteils festgestellt, dass der Mitarbeiter am Wahltag nicht mehr im Beschäftigungsverhältnis stand. Dann war eine Voraussetzung für die Wählbarkeit nicht gegeben. Das Gleiche gilt, wenn das Arbeitsgericht das Arbeitsverhältnis auf Antrag nach § 9 KSchG auflöst und hierfür einen Zeitpunkt festsetzt, der vor dem Wahltag liegt. In diesen Fällen ist die Wahl von Anfang an nichtig. Einer Anfechtung gemäß § 12 bedarf es nicht, weil gemäß § 13c Nr. 4 die Mitgliedschaft in der MAV erloschen ist.

Nicht wählbar ist der gekündigte Mitarbeiter, wenn am Wahltag die **Kündigungsfrist abgelaufen** ist und er **keine Kündigungsschutzklage** erhoben hat.[7] Dies gilt auch, wenn er zu diesem Zeitpunkt die

---

[4] *BAG*, 14. 5. 1997 – 7 ABR 26/96, DB 1997, 208; *Ilbertz/Widmaier*, BPersVG § 14 Rn 16.
[5] *BAG* 10. 11. 2004 – 7 ABR 12/04, NZA 2005, 707.
[6] *BVerfGE* 70, 138.
[7] *HSWGN-Nicolai*, § 8 Rn 5.

Kündigungsschutzklage deshalb nicht erhoben hat, weil die Dreiwochenfrist zur Erhebung der Klage (§ 4 S. 1 KSchG) noch nicht abgelaufen ist.

13 Ein gekündigter Mitarbeiter hat nach Ablauf der Kündigungsfrist kein Zutrittsrecht zur Dienststelle, wenn er nicht weiterbeschäftigt wird. Dasselbe gilt für den **fristlos** Gekündigten. Ist der Mitarbeiter von der Weiterbeschäftigung entbunden, so hat er als Wahlbewerber kein Zutrittsrecht zum Betrieb. Das Zutrittsrecht ist aber zu bejahen, wenn die Kündigung wegen Gesetzesverstoßes, wie Nichtanhörung der MAV (§ 30 Abs. 5), Verstoß gegen § 9 MuSchG, § 85 SGB IX oder § 18 BEEG offenbar nichtig ist. Die entsprechende Rechtsprechung des *BAG*[8] zum Betriebsverfassungsrecht ist hier wegen der vergleichbaren Problematik im Bereich der MAVO zu berücksichtigen.

14 Hat der Dienstgeber die fristlose oder fristgemäße Kündigung erst nach dem Wahltag ausgesprochen oder läuft die Kündigungsfrist einer vor dem Wahltag erfolgten ordentlichen Kündigung erst nach dem Wahltag ab, so ist die Kündigung für die Zugehörigkeit zur Dienststelle und damit für die Wählbarkeit ohne Bedeutung.

15 Zum Kündigungsschutz von Wahlbewerbern und Mitgliedern der MAV vgl. § 19, zur Beendigung des Amtes als Mitglied der MAV vgl. § 13c, zur Kündigung vgl. besonders § 13c Nr. 4.

4. Sonstige Fälle

16 Soweit in den Sonderfällen zu § 7 Rn 43 ff. das aktive Wahlrecht bejaht wurde, ist ein Mitarbeiter auch passiv wahlberechtigt. Davon bleiben die hinzutretenden Einschränkungen des passiven Wahlrechts gemäß § 8 unberührt. Demnach sind Mitarbeiter in mehreren Dienststellen, Mitarbeiter, deren Arbeitsvertrag anfechtbar ist, ohne Bezüge Beurlaubte (eingeschränkt) und Ausländer vorbehaltlich § 8 Abs. 2 wählbar, wenn sie aktiv wahlberechtigt sind. Wer nahe vor der Erreichung der **Altersgrenze** steht, ist aufgrund seiner noch andauernden Beschäftigung aktiv und passiv wahlberechtigt.

5. Zugehörigkeit zum kirchlichen Dienst

17 **Der Wahlbewerber muss am Wahltag** eine zusammenhängende Dienstzeit von mindestens **einem Jahr** im Kirchendienst verbracht haben (§ 8 Abs. 1). Als kirchlicher Dienst ist derjenige im Bereich der Geltung der MAVO i. S. d. § 1 anzusehen. In den Geltungsbereich der MAVO fallen nur Einrichtungen und Dienststellen, in denen die MAVO gilt. Damit wird also nur der Bereich der katholischen Kirche erfasst, nicht derjenige anderer Kirchen oder kirchlicher Gemeinschaften. Deshalb ist der Begriff kirchlicher Dienst i. S. v. § 8 Abs. 1 eng auf den im Geltungsbereich der MAVO zu beschränken. Vordienstzeiten bei einer anderen christlichen Kirche oder kirchlichen Gemeinschaft können also nicht berücksichtigt werden. Die **Zeiten als Leiharbeitnehmer** können auf die Wartezeit nicht angerechnet werden.[9]

a. Einjährige Dienstzeit vor dem Wahltag

18 Bei der einjährigen ununterbrochenen Dienstzeit kommt es lediglich auf lückenlos aneinander gereihte Beschäftigungszeiten bei einem oder mehreren Dienstgebern im Bereich der katholischen Kirche an. Das können also z. B. verschiedene Träger von Schulen und Krankenhäusern oder verschiedene Generalvikariate oder Kirchengemeinden/Kirchenstiftungen sein.

b. Sechsmonatige Beschäftigungszeit vor dem Wahltag

19 Als wesentliche Zusatzvoraussetzung tritt das Erfordernis eines Beschäftigungsverhältnisses bei einem und demselben Dienstgeber von mindestens sechs Monaten vor dem Wahltag hinzu. Auf

---

8 *BAG*, 19. 7. 1977 – 1 AZR 376/74, EzA § 37 BetrVG 1972 Nr. 55 = DB 1977, 2181.
9 *ArbG Berlin*, 23. 5. 1990 – 6 B V 7/90, BB 1990, 16.

die Zugehörigkeit zu derselben Dienststelle kommt es nicht an (vgl. § 7 Rn 14 ff.). Es reicht aus, wenn ohne Unterbrechung ein Beschäftigungs-, Ausbildungs- oder Gestellungsverhältnis bestanden hat.

c. Ohne Unterbrechung

Die Vorschrift des § 8 Abs. 1 stellt wesentlich darauf ab, dass die Mindestdienstzeiten und Mindestbeschäftigungszeiten am Wahltag ohne Unterbrechung zurückgelegt worden sind. **Unterbrechung** liegt z. B. vor, wenn ein Arbeitsverhältnis beendet worden ist und das folgende nicht kalendermäßig an das vorangegangene unmittelbar anknüpft. Dann liegt eine rechtliche Unterbrechung vor. Diese ist wahlrechtsschädlich, während die tatsächliche Unterbrechung der Beschäftigung bei Fortbestand des Grundverhältnisses (z. B. Gestellungsverhältnis, Zuweisungsverhältnis durch Ordensmitgliedschaft) wahlrechtsunschädlich ist (vgl. § 7 Rn 19 ff.). 20

d. Sonderfall des § 10 Abs. 3

Auf die in § 8 festgelegten Vordienstzeiten kommt es nicht an, wenn in einer neuen Dienststelle bzw. Einrichtung oder selbstandig geführten Stelle erstmals eine Mitarbeitervertretung zu wählen ist (§ 10 Abs. 3). 21

6. Einfluss der Zugehörigkeit

a. Zu einer weiteren Dienststelle

Für das passive Wahlrecht ist ohne Bedeutung, wenn ein Mitarbeiter einer weiteren Dienststelle angehört oder dort bereits das Amt des Mitarbeitervertreters bekleidet. § 23 lässt ein Doppelmandat zu (siehe dort). Durch Teilzeitbeschäftigung ist es möglich, dass ein Mitarbeiter bei verschiedenen Dienstgebern beschäftigt wird. 22

b. Zu einer anderen Mitarbeitervertretung, Personalvertretung o. ä.

Liegt das passive Wahlrecht bei zwei oder mehr Dienstgebern vor, ist, soweit nicht besondere Vorschriften entgegenstehen, eine mehrfache Wählbarkeit für das Mitarbeitervertreteramt gegeben. Insofern kann ein Mandatsträger zu einer weiteren Mitarbeitervertretung kandidieren. Er darf an der Kandidatur nicht gehindert werden. 23

Es ist durchaus zulässig, dass ein Mandatsträger aus den Bereichen des Betriebsverfassungsgesetzes und des Bundespersonalvertretungsgesetzes für die MAV kandidiert, wenn er außerdem Mitarbeiter im kirchlichen Dienst ist und dort die MAVO gilt und er dort auch aktiv wahlberechtigt ist. 24

Eine Unvereinbarkeit zweier Mandate besteht lediglich bei der gleichzeitigen Kandidatur zur MAV und zum Amt des Sprechers der Jugendlichen und Auszubildenden (Rn 52; § 51 Abs. 2 S. 2) bzw. bei doppelter angestrebter oder ausgeübter Amtsführung in diesen beiden Ämtern. 25

c. Zur Vertretung der schwerbehinderten Menschen

Das Mitglied der Schwerbehindertenvertretung kann zur MAV kandidieren und gewählt werden. Eine Vorschrift, die das passive Wahlrecht zur MAV insoweit einschränkt, besteht nicht. Denn die Wahl zur MAV erfolgt nach Kirchenrecht, die Wahl zur Schwerbehindertenvertretung nach staatlichem Recht (§ 94 SGB IX; § 52 Rn 1 ff.). Umgekehrt kann ein Mitglied der MAV zur Schwerbehindertenvertretung kandidieren. Ebenso ist auch eine gleichzeitige Kandidatur zu beiden Vertretungen und damit doppelte Amtsführung zulässig. Wer zum Amt des Sprechers der Jugendlichen und Auszubildenden kandidieren will oder das Amt bekleidet, kann zusätzlich zur Schwerbehindertenvertretung kandidieren und gewählt werden. Auch die Vertrauensfrau oder der Vertrauensmann der schwerbehinderten Menschen können für das Amt des Sprechers der Jugendlichen und Auszubildenden kandidieren und dieses ebenfalls ausüben. Denn auch insoweit bestehen keine gesetzlichen Hinderungs- oder Ausschlussgründe. 26

7. Zugehörigkeit eines Wahlbewerbers zur katholischen Kirche

27 Die Vorschrift des § 8 schweigt zur Kirchenzugehörigkeit der Bewerber für das Amt des Mitarbeitervertreters. Aber nach § 14 Abs. 1 S. 1 hat die MAV bei ihrem ersten Zusammentreffen nach der Wahl, das innerhalb einer Woche nach der Wahl stattfinden soll und von dem Vorsitzenden des Wahlausschusses einzuberufen ist, mit einfacher Mehrheit aus den Mitgliedern ihren Vorsitzenden bzw. ihre Vorsitzende zu wählen. Diese Person soll katholisch sein (§ 14 Abs. 1 S. 2). Damit ist zugleich eine Frage des Propriums kirchlicher Einrichtungen[10] angesprochen. Auf abweichende Vorschriften in diözesanen Ordnungen ist zu achten (vgl. Rn 1).

28 Das hat für den Wahlausschuss oder den im vereinfachten Wahlverfahren handelnden Wahlleiter die Konsequenz, dass auch zu prüfen ist, ob Wahlbewerber der katholischen Kirche angehören. Denn die Sollvorschrift des § 14 Abs. 1 S. 2 und erst recht die zwingende Vorschrift in der Fassung der bayerischen Diözesen (§ 14 Abs. 1 S. 3) ist zu beachten und anzuwenden. Das kann nicht erst nach der Wahl geschehen, sondern muss bereits beim Wahlverfahren sichergestellt sein. Allerdings wird bei der Kandidatur je nach diözesanem Recht zu unterscheiden sein. Wenn der Vorsitzende der MAV katholisch sein muss, ist die Durchführung der Wahl nur möglich, wenn überhaupt ein katholischer Mitarbeiter kandidiert. Probleme ergeben sich dann ferner beim Wahlergebnis, wenn er nicht die erforderliche Stimmenzahl zur Mitgliedschaft in der MAV erhalten hat. Denn es gilt das Mehrheitswahlrecht (§ 11 Abs. 6 S. 1). Im Ergebnis ist beim Scheitern eines katholischen Wahlbewerbers die Wahl in den bayerischen Diözesen zu wiederholen,[11] wenn keine Ausnahme zulässig ist (vgl. § 14 Abs. 1 S. 4 MAVO bayerische Diözesen).

29 Muss die diözesane Sollvorschrift beachtet werden, so geht es bei fehlender Kandidatur eines katholischen Bewerbers ebenfalls um die Frage der Durchführbarkeit der Wahl. Aber wegen der Sollvorschrift des § 14 Abs. 1 S. 2 darf davon ausgegangen werden, dass bei mangelnder Bereitschaft eines katholischen Mitarbeiters zur Kandidatur die Wahl zur MAV dennoch durchführbar bleibt, weil dann die Wahl des Vorsitzenden der MAV in Abweichung von der Sollvorschrift des § 14 Abs. 1 S. 2 keinem katholischen Mitglied angetragen werden kann. Die Wahl eines Mitglieds anderer Konfession ist dann möglich und unvermeidbar. Praktizierbar ist die Sollvorschrift des § 14 Abs. 1 S. 2 also nur, wenn katholische Mitarbeiter der Einrichtung zum Amt als MAV-Mitglied kandidieren, so dass die Aussicht der Übernahme des Amtes als Vorsitzender der MAV durch ein katholische MAV-Mitglied begründet erscheint.

30 Die rechtliche Eingliederung in die katholische Kirche wird durch die Taufe bewirkt (can. 96 CIC), wobei die volle Gemeinschaft mit der katholischen Kirche durch die Bande des Glaubensbekenntnisses, der Sakramente und der kirchlichen Leitung erlangt wird (can. 205 CIC)[12] (siehe auch § 19 Rn 67).

31 Die Zugehörigkeit zur katholischen Kirche liegt gemäß can. 206 CIC bei denen noch nicht vor, die um die Aufnahme in die Kirche bitten, aber noch nicht getauft sind (vgl. auch can. 788). Die **Katechumenen**[13] erfüllen die Voraussetzung der Sollvorschrift des § 14 Abs. 1 S. 2 noch nicht.

32 Nach der MAVO-Rahmenordnung kann die einköpfige MAV im Ergebnis je nach Kandidatur und Wahlausgang auch nicht katholisch sein.

33 Denn für die einköpfige MAV gilt § 14 Abs. 1 **rechtlich** nicht, weil ein Vorsitzender bzw. eine Vorsitzende nicht zu wählen ist.

34 Mit der Zugehörigkeit des Wahlbewerbers zur katholischen Kirche wird die Erwartung verbunden, dass er zur Übernahme des Amtes auch ernsthaft bereit ist und außerdem zur Kandidatur für den

---

10 *Pree*, Hdb. St. KR 2. Aufl. S. 47, 73 ff.
11 *Schlichtungsstelle Augsburg*, 21. 1. 2002 – 4 A 2001.
12 Vgl. u. a. *BayVerfGH*, 12. 3. 1968 – Vf. 127 – VII – 67, KirchE 10, 21 = ZevKR 1968/69, 175.
13 Vgl. *Sebott*, Die Berufung zur Kirche, Hdb. Kath. KR S. 157.

Vorsitz in der MAV zur Verfügung steht. Die Frage einer womöglichen Behinderung in der Ausübung der allgemeinen kirchlichen Gliedschaftsrechte ist in diesem Zusammenhang ohne Bedeutung. Das folgt aus der Grundordnung. Dort ist die Frage der Einstellung in den kirchlichen Dienst, der Aufrechterhaltung des Arbeitsverhältnisses und die Frage der Kündigung eines Arbeitsverhältnisses in den Artikeln 3, 4 und 5 behandelt. Dabei führt der Kirchenaustritt aus der katholischen Kirche in jedem Fall ohne Rücksicht auf eine leitende oder ausführende Stellung des Mitarbeiters zur Beendigung des Arbeitsverhältnisses, auch durch Kündigung (Art. 5 Abs. 5 Unterabsatz 1 GrO), wobei § 19 MAVO keinen Kündigungsschutz gewährt, weder dem Gewählten noch dem Kandidaten (§ 19 Abs. 1 und 2).

Selbst wenn mit dem Austritt aus der katholischen Kirche der Übertritt zu einer anderen christlichen Kirche verbunden sein sollte, so bleibt dies für die römisch-katholische Kirche Schisma und Häresie (can. 1364 § 1 CIC i. V. m. can. 751 CIC; Art. 5 Abs. 2 GrO). Der Betreffende kann am sakramentalen Leben nicht teilnehmen (can. 1331 § 1). Das ist erst wieder möglich, wenn er bereit ist, seine Austrittserklärung rückgängig zu machen.[14] Dazu muss er außerdem seinen Pfarrer außerhalb der Beichte von der erhaltenen Absolution in Kenntnis setzen, damit dieser die Meldung an die kirchliche Meldestelle vollziehen kann.[15] Zur Liturgie der Feier der Wiederaufnahme in die volle Gemeinschaft der katholischen Kirche siehe Amtsblatt der Diözese Rottenburg-Stuttgart 1995 S. 469 (siehe auch § 19 Rn 76 ff.).

8. Förmliche Voraussetzungen

Neben der **Eintragung in die Liste der wahlberechtigten Mitarbeiter** durch den Wahlausschuss (§ 9 Abs. 4 S. 2; § 7 Rn 29) ist förmliche Voraussetzung für die Wählbarkeit, dass der Mitarbeiter, der gewählt werden möchte, auf einem **schriftlichen Wahlvorschlag**, der von mindestens drei wahlberechtigten Mitarbeitern unterzeichnet sein muss, **namentlich** enthalten ist (§ 9 Abs. 5), um in die **Kandidatenliste** eingetragen zu werden (§ 9 Abs. 6). Er muss außerdem vom Wahlausschuss für wählbar erklärt worden sein und im **Aushang** als Wahlkandidat bekannt gegeben werden (§ 9 Abs. 8).

IV. Stichtag für die Erfüllung der Voraussetzungen der Wahlberechtigung

Alle Voraussetzungen der Wählbarkeit müssen am Wahltag erfüllt sein. Erstreckt sich die Wahl über mehrere Tage, so ist der letzte Wahltag maßgeblich. Falls der Mitarbeiter gewählt wird, müssen die Voraussetzungen während der ganzen Amtszeit vorliegen (vgl. § 13c Nr. 2).

V. Ausschluss der Wählbarkeit

Die Vorschrift des § 8 nennt eine Reihe von Mitarbeitern, die vom passiven Wahlrecht ausgeschlossen sind. Die Ausschlusstatbestände sind zwingenden Rechts (§ 12 Abs. 1, § 55).

1. Gemäß § 8 Abs. 1

a. Ausschluss vom aktiven Wahlrecht

Gemäß § 8 Abs. 1 ist nicht wählbar, wer nicht aktiv wahlberechtigt ist (vgl. § 7). Das ist der Fall, wenn der Wahlbewerber die in § 7 Abs. 1 und 2 genannten Voraussetzungen für das aktive Wahlrecht nicht erfüllt. Der Mitarbeiter in einem Ausbildungsverhältnis ist nicht wählbar, wenn er in einer Dienststelle tätig ist, die ihn nicht eingestellt hat (§ 7 Abs. 3). Nicht wählbar sind die unter § 7 Abs. 4 genannten Mitarbeiter (§ 8 Abs. 1 i. V. m. § 7). Wahlbewerber sind dann nicht wählbar, wenn sie spätestens am Wahltag aus der Einrichtung infolge beendeten Beschäftigungsverhältnisses oder Versetzung aus der Einrichtung ausscheiden.

---

14 Erklärung der Diözesanbischöfe in der Bundesrepublik Deutschland vom 2. 12. 1969, zu Fragen des kirchl. Finanzwesens, in: AfkKR 138 (1969) S. 557 f.
15 Amtsblatt der Erzdiözese Freiburg 1985 S. 149, vgl. can. 1358 § 1 CIC.

40 Nicht wählbar sind Minderjährige (§ 8 Abs. 1 i. V. m. § 7 Abs. 1), also diejenigen Mitarbeiter bzw. Mitarbeiterinnen, die am Wahltag das 18. Lebensjahr noch nicht vollendet haben (§ 2 BGB). Ausgeschlossen sind ferner die in § 3 Abs. 1 S. 2 und Abs. 2 genannten Personen, weil sie vom Mitarbeiterbegriff ausgenommen sind.

b. Dienstzeit im Kirchendienst unter einem Jahr

41 Nicht wählbar ist ferner, wer die in § 8 Abs. 1 namentlich genannten Voraussetzungen nicht erfüllt. Das ist, wer am Wahltage noch nicht seit mindestens einem Jahr ohne Unterbrechung im kirchlichen Dienst steht (vgl. Rn 17 f.) und wer am Wahltag noch nicht seit mindestens sechs Monaten in einer Einrichtung eines und desselben Dienstgebers beschäftigt ist. Auf eine gleich bleibende Position kommt es nicht an. Werden Arbeitskräfte wiederholt aus betrieblichen Gründen befristet zur Aushilfe tätig, so sind sie nur dann passiv wahlberechtigt, wenn sie unmittelbar vor dem Wahltag ein Jahr ohne Unterbrechung eingestellt waren (vgl. § 7 Rn 22). **Bei neuen Einrichtungen gilt § 10 Abs. 3.**

2. Gemäß § 8 Abs. 2

42 Gemäß § 8 Abs. 2 sind gemäß § 7 Abs. 1 aktiv wahlberechtigte Mitarbeiter vom passiven Wahlrecht ausgeschlossen, nämlich **Mitarbeiter und Mitarbeiterinnen, die zur selbständigen Entscheidung in anderen als den in § 3 Abs. 2 Nr. 3 genannten Personalangelegenheiten befugt sind**. Die Befugnisse gemäß § 3 Abs. 2 Nr. 3 lauten: selbständige Entscheidungen über Einstellungen (§ 34 Abs. 1), Anstellungen (§ 34 Rn 42) oder Kündigungen (§§ 30, 30a, 31). Wer die genannten Befugnisse zusammen oder einzeln hat, ist nicht Mitarbeiter.

43 Infolge dessen handelt es sich bei den in § 8 Abs. 2 genannten Mitarbeitern um solche, die das aktive Wahlrecht haben, wegen ihrer besonderen Befugnisse zur selbständigen Entscheidung in Personalangelegenheiten aber Gesprächspartner der MAV sein können. Deshalb ist der Ausschluss vom passiven Wahlrecht wegen der möglichen Gefahr einer Interessenkollision richtig. Die Befugnis, selbständige Entscheidungen zu treffen, liegt vor, wenn der Mitarbeiter wenigstens in einzelnen Personalangelegenheiten ohne Rückfrage beim Dienstgeber oder seinem Vorgesetzten Entscheidungen abschließend treffen kann, die einen Mitarbeiter und den Dienstgeber verpflichten oder berechtigen. Der Mitarbeiter entscheidet in Personalangelegenheiten, wenn er z. B. für mitbestimmungspflichtige Einstellungen (§ 34) einrichtungsintern die Verantwortung trägt. Das ist der Fall, wenn er die Auswahlentscheidung trifft, während die Begründung des Arbeits- oder Beamtenverhältnisses durch die Personalverwaltung bzw. den Rechtsträger nach außen rechtswirksam vorgenommen wird. Die im Verantwortungsbereich des Mitarbeiters maßgeblich liegenden Auswahlentscheidung ist mit Blick auf den Schutzzweck der Mitbestimmung bei Einstellungen (§ 34) erheblich i. S. d. § 8 Abs. 2.[16] Die Befugnis kann auf dienstlichen Geschäftsanweisungen oder Geschäftsverteilungsplänen beruhen. Entscheidungsvorbereitungen gehören nicht zu den selbständigen Entscheidungsbefugnissen. Auf die Einordnung als Mitarbeiter in leitender Stellung kommt es nicht an, weil dieser begrifflich bereits nach § 3 Abs. 2 Nr. 4 aus dem Kreis der Mitarbeiter ausgeklammert ist.[17]

44 Die Bestimmung des § 8 Abs. 2 ist derjenigen vergleichbar, die in § 14 Abs. 3 BPersVG aufgenommen worden ist. Danach sind zu selbständigen Entscheidungen in Personalangelegenheiten diejenigen Personen befugt, die **in den Status des Einzelnen eingreifende Entscheidungen** treffen können[18] und diese Befugnis auf Dauer – nicht nur vertretungsweise – angelegt ist, folglich zu den regulären Aufgaben des befassten Mitarbeiters gehört.

45 Aus § 8 Abs. 2 kann also gefolgert werden, dass auch solche Mitarbeiter, die nicht in eine leitende Stellung (§ 3 Abs. 2 S. 1 Nr. 4) berufen worden sind, selbständige Personalentscheidungen treffen können. Dazu gehören die in § 35 Abs. 1 genannten Entscheidungen in persönlichen Angelegenhei-

---

16 Vgl. *BVerwG*, 12. 5. 2010 – 6 P 7.09, ZTR 2010, 544.
17 *BAG*, 18. 11. 1999 – 2 AZR 903/98; DB 2000, 830.
18 *Ilbertz/Widmaier*, BPersVG § 14 Rn 22.

ten (§ 35 Rn 1 ff.), die vorzeitige Versetzung in den Ruhestand (§ 29 Abs. 1 Nr. 11) und die Entlassung aus einem Probe- oder Widerrufsverhältnis in Anwendung beamtenrechtlicher Bestimmungen (§ 29 Abs. 1 Nr. 12). Dies müssen aber nicht die einzigen Entscheidungsfälle i. S. d. § 8 Abs. 2 sein, weil der Gesetzgeber das sonst ohne große Mühe hätte zum Ausdruck bringen müssen, wenn er eine klare Einschränkung gewollt hätte. Denn es kommt bei den Entscheidungsfällen nicht stets darauf an, dass die MAV beteiligungsbefugt ist. Das ist sie in den Fällen des § 29 Abs. 1 Nr. 11 und 12 auch nur dann, wenn der betroffene Mitarbeiter die Beteiligung der MAV überhaupt wünscht.

Folglich sind auch Disziplinarmaßnahmen (z. B. Suspendierung vom Dienst) zu den Entscheidungen in persönlichen Angelegenheiten zu zählen, weil sie in den Status des Mitarbeiters einzugreifen vermögen. Diese Wirkung können auch Beförderungen, Abordnungen und Versetzungen entfalten, nicht dagegen Arbeitsbefreiungen, Gewährung von Urlaub, dienstliche Beurteilungen,[19] Abmahnungen und Zeugniserteilung. Die Gewährung von bezahltem und unbezahltem Sonderurlaub dagegen hat eingreifende Wirkung.[20] Nicht notwendig ist, dass dem Mitarbeiter der Ausspruch der Personalentscheidung (z. B. Versetzung, Abordnung) gegenüber den anderen Mitarbeitern obliegt.[21] Eine Entscheidungsbefugnis bezüglich der Mitarbeiter einer nachgeordneten Dienststelle nimmt jedoch nicht die Wählbarkeit zur MAV der eigenen Dienststelle, wie etwa des Mitarbeiters eines Generalvikariats gegenüber Lehrern einer Schule in der Trägerschaft der Diözese. 46

Nicht zu den eingreifenden Personalentscheidungen gehören Entscheidungen im Rahmen der Durchführung des Arbeitsvertrages, wie Beihilfen, Fahrkostenerstattungen, die von Personalsachbearbeitern gewöhnlich nach geltendem Arbeitsvertragsrecht zu treffen sind.[22] Der Mitarbeiter darf die Personalentscheidungen nicht lediglich bearbeiten, sondern er muss eine selbständige Entscheidungsbefugnis haben, um aus dem passiven Wahlrecht ausgeklammert zu sein. 47

3. Mitgliedschaft im Wahlausschuss

Mitglieder des Wahlausschusses sind bei Vorliegen der Wählbarkeitsvoraussetzungen wahlberechtigt. Sie scheiden jedoch im Fall einer Kandidatur zur MAV-Wahl gemäß § 9 Abs. 3 S. 2 aus dem Wahlausschuss aus. Wegen der Nachbestellung eines neuen Mitgliedes für den Wahlausschuss siehe § 9 Abs. 3 S. 1 und § 10 Abs. 1 S. 3 sowie § 9 Rn 20, § 10 Rn 18. 48

4. Ausschluss aus der MAV

Ist ein Wahlkandidat aus der MAV ausgeschlossen worden, so berührt dies die neue Kandidatur nicht. Denn dieser Tatbestand gehört nicht zu den abschließend aufgeführten, welche die Wählbarkeit hindern. Die **Rechtsfolgen des Ausschlusses** beschränken sich nach § 13c ausschließlich auf das Erlöschen der Mitgliedschaft in der MAV, der das ausgeschlossene Mitglied zum Zeitpunkt seines Ausschlusses angehört. Insofern sind also die Wählbarkeitsvoraussetzungen bei der Kandidatur erneut zu prüfen. 49

5. Nichtaufnahme in den Wahlvorschlag

Wer nicht in die Kandidatenliste aufgenommen worden ist und nicht durch Aushang als vorgeschlagener Wahlbewerber bekannt gegeben worden ist (§ 9 Abs. 6 und 8), ist aus formellen Gründen nicht wählbar. Dasselbe gilt für den, der nicht in die Liste der aktiv Wahlberechtigten aufgenommen worden ist. Das aktive Wahlrecht ist Wählbarkeitserfordernis. Wer zu Unrecht nicht berücksichtigt worden ist, kann die Wahl gemäß § 12 anfechten. 50

---

19 Ebenso *Beyer*, in: Freiburger Kommentar zur MAVO, § 8 Rn 16.
20 Strittig: *Mösenfechtel/Perwitz-Passan/Wiertz*, MAVO § 8 Anm. 7b S. 4.
21 *Dörner*, in: Richardi/Dörner/Weber, Personalvertretungsrecht, § 14 Rn 24.
22 *Bietmann*, Kurzkommentar, § 8 Anm. 2.2.

6. Einberufung zum Wehr- oder Zivildienst

51 Die Einberufung zum Wehr- oder Zivildienst hat keinen Einfluss auf die Kandidatur. Davon zu unterscheiden ist die Frage der Aufrechterhaltung des Mandats nach erfolgter Wahl, wenn der Wehr- oder der Zivildienst abzuleisten ist. Ist der Kandidat bereits während der Kandidatur dem Wehr- oder Zivildienst eingegliedert, so schließt dies das aktive Wahlrecht (vgl. § 7 Rn 51 ff.) und damit die Wählbarkeit aus.

7. Sprecher der Jugendlichen und Auszubildenden

52 Wer als aktiv Wahlberechtigter für das Amt des Sprechers der Jugendlichen und Auszubildenden kandidiert, ist von der Kandidatur für das Amt des Mitarbeitervertreters ausgeschlossen (§ 51 Abs. 2 S. 2). Dasselbe gilt für den Sprecher der Jugendlichen und Auszubildenden. Will er dennoch kandidieren, muss er sein Amt als Sprecher der Jugendlichen und Auszubildenden niederlegen.

8. Vertretung der schwerbehinderten Menschen

53 Wer der Schwerbehindertenvertretung (§ 94 SGB IX) angehört oder sich darum bewirbt, ist von der Wählbarkeit zur MAV deshalb nicht ausgeschlossen (Rn 26).

9. Betriebsbeauftragte

54 In einer Reihe von Gesetzen oder Anordnungen werden besondere hervorgehobene Funktionen zum Schutz der Mitarbeiter und Mitarbeiterinnen genannt, wonach der jeweilige Arbeitgeber bzw. Dienstgeber verpflichtet ist, solche Stellen einzurichten. Dazu gehören u. a. Betriebsärzte und Fachkräfte für Arbeitssicherheit (§ 5 ASiG), die bei Anwendung ihrer arbeitsmedizinischen und sicherheitstechnischen Fachkunde weisungsfrei sind (§ 8 Abs. 1 ASiG) und als leitende Kräfte unmittelbar der Dienststellenleitung unterstehen (§ 8 Abs. 2 ASiG). Die genannten Fachkräfte haben bei der Erfüllung ihrer Aufgaben mit dem Betriebsrat zusammenzuarbeiten (§ 9 Abs. 1 ASiG). Entsprechendes gilt im Geltungsbereich der MAVO gemäß § 26 Abs. 3 Nr. 7 für die MAV. Denn das ASiG ist ein für alle geltendes Gesetz; in Verwaltungen und Betrieben von Körperschaften, Anstalten und Stiftungen des öffentlichen Rechts gilt Entsprechendes (§ 16 ASiG). Die Fachkräfte haben den Arbeitgeber (Dienstgeber) beim Arbeitsschutz und bei der Unfallverhütung zu unterstützen (§ 6 ASiG), haben aber keine Weisungsbefugnisse gegenüber den Beschäftigten.[23] Ebenso herausgehobene Positionen haben die Datenschutzbeauftragten gemäß § 16 Abs. 3 KDO; sie sind in der Ausübung ihrer Tätigkeit unabhängig und haben beratende Funktion (§ 17 Abs. 1 KDO). Betriebsbeauftragte mit anderen Aufgaben (z. B. Frauenbeauftragte, Gleichstellungsbeauftragte im kirchlichen Dienst, Beschwerdestelle i. S. d. § 13 Abs. 1 AGG) gehören ebenfalls zu den Inhabern herausgehobener Positionen. Allerdings haben sie keine Befugnisse zu selbständigen Entscheidungen in Personalangelegenheiten. Soweit aber die Zusammenarbeit mit der Betriebsvertretung (Mitarbeitervertretung) eine Rolle spielt (vgl. § 26 Abs. 3 Nr. 2), sind sie nicht in der Lage, gleichzeitig das Amt als Mitarbeitervertreter zu bekleiden, so dass aus diesem Grunde die Wählbarkeit i. S. v. § 8 MAVO wegen Interessenkonflikten nicht in Betracht kommt.[24] Die genannten Personen sind unmittelbar der Dienststellenleitung zugeordnet, weil ihre Funktion dazu dient, Positionen der Dienstgebers zu vertreten oder sogar an seiner Stelle Entscheidungen zu treffen (§ 18 KDO).

VI. Sonderregelung für die Wahl in einer neuen Einrichtung

55 Die Dauer der Dienstzeit gemäß § 8 Abs. 1 wird in neuen Dienststellen nicht zur Wählbarkeitsvoraussetzung erhoben (§ 10 Abs. 3). Es reicht also aus, wenn die übrigen Wählbarkeitsvoraussetzungen vorliegen. Wer jedoch zu einer Dienststelle abgeordnet ist, erlangt das Wahlrecht dort erst, wenn

---

23 *BAG*, 15. 12. 2009 – 9 AZR 769/08, ZTR 2010, 257.
24 *Ilbertz/Widmaier*, BPersVG § 14 Rn 31a.

er **seit mindestens drei Monaten** vor der Wahl dort beschäftigt ist. Der Begriff **neue Einrichtung** ist eng auszulegen. Nicht gemeint sind solche Dienststellen, in denen trotz der Voraussetzungen für die Bildung einer MAV die Wahl längere Zeit unterblieben ist. Werden mehrere Dienststellen zu einer neuen zusammengeschlossen, so sind die Voraussetzungen für die Neuwahl einer MAV gegeben mit der Folge, dass die in § 8 Abs. 1 genannten Zeiten ebenfalls gemäß § 10 Abs. 3 unbeachtlich sind. Die Größe der MAV wird nach § 6 Abs. 5 bestimmt, also nach dem Tag, bis zu dem Wahlvorschläge gemacht werden können (§ 9 Abs. 5 S. 1).

VII. Kündigungsschutz für Wahlbewerber

Nach Ablauf seiner arbeitsvertraglichen Probezeit darf einem Wahlbewerber vom Zeitpunkt der Aufstellung des Wahlvorschlags bis sechs Monate nach Bekanntgabe des Wahlergebnisses nur gekündigt werden, wenn ein Grund für eine außerordentliche Kündigung (§ 626 BGB) vorliegt. Für die ordentliche Kündigung gilt Folgendes. In den Fällen des Art. 5 Abs. 3 bis 5 GrO kann eine ordentliche Kündigung ausgesprochen werden (§ 19 Abs. 2 i. V. m. Abs. 1 S. 2 MAVO). Wegen der Einzelheiten zu den Gründen für die Kündigung und zur personellen Abstufung zur Frage der Weiterbeschäftigung wird auf die Ausführungen zu § 19 Rn 68 ff. verwiesen. Während der arbeitsvertraglichen Probezeit ist eine Kandidatur regelmäßig ausgeschlossen, wenn die Probezeit sechs Monate beträgt. Wird einem Wahlbewerber gekündigt, ist das Beteiligungsrecht der MAV zu beachten (§§ 30–31). 56

Ist der Kündigungsschutz gemäß § 19 eingetreten, gilt im Übrigen, dass eine ordentliche Kündigung aus anderen Gründen als denen des Art. 5 Abs. 3 bis 5 GrO ausgeschlossen ist. 57

VIII. Anfechtung der Wahl bei Verstößen gegen die Bestimmungen des § 8

1. Anfechtungsrecht

Die Nichtbeachtung der Bestimmungen des § 8 über die Wählbarkeit zur MAV berechtigt jeden wahlberechtigten Mitarbeiter und den Dienstgeber zur Anfechtung der Wahl (§ 12 Abs. 1), allerdings erst nach der Wahl. 58

2. Einspruchsrecht

Von der Anfechtung zu unterscheiden ist das nach § 9 Abs. 4 S. 4 geregelte Einspruchsrecht des Mitarbeiters gegen die Eintragung oder Nichteintragung eines Mitarbeiters in die Liste der Wahlberechtigten. Über den Einspruch entscheidet der Wahlausschuss. Ein Wahlbewerber, dem der Wahlausschuss die Wählbarkeit bestreitet, kann vor der Wahl die Feststellung seiner Wählbarkeit durch den Wahlausschuss herbeiführen. Weitergehende Rechte hat er gemäß § 41 Abs. 2. 59

3. Entscheidung

Über die Anfechtung der Wahl entscheidet der Wahlausschuss gemäß § 12 Abs. 1 S. 3. Gegen die Entscheidung des Wahlausschusses ist die Klage beim Kirchlichen Arbeitsgericht innerhalb von zwei Wochen nach Eingang der Entscheidung zulässig (§ 12 Abs. 3 i. V. m. § 2 Abs. 2 KAGO). Im vereinfachten Wahlverfahren (§§ 11a bis 11c) tritt an die Stelle des Wahlausschusses der Wahlleiter (§ 11c Abs. 4). 60

IX. Ausschluss staatlicher Rechtskontrolle

Streiten Dienstgeber und Mitarbeiter darüber, ob der Mitarbeiter zu der beim Dienstgeber zu bildenden oder gebildeten MAV wählbar ist, ist der **Rechtsweg** zu den staatlichen Gerichten ausgeschlossen[25]. Von der staatlichen Gerichtsbarkeit ausgenommen sind nämlich innerkirchliche Maßnahmen, die im staatlichen Zuständigkeitsbereich keine unmittelbaren Rechtswirkungen entfalten. Hierzu ge- 61

---

25 *BAG*, 11. 3. 1986 – 1 ABR 26/84, AP Nr. 25 zu Art. 140 GG m. Anm. *Dütz*.

hören auch die Bestimmungen über die Erfordernisse zur Übernahme von Ämtern, Ehrenämtern und anderen Aufgaben in der Kirche und ihren Einrichtungen (Art. 140 GG i. V. m. Art. 137 Abs. 3 S. 2 WRV).[26] Das staatliche Recht erkennt der Kirche das Recht zu, den **Kernbereich** der eigenen Angelegenheiten einer rechtlichen Regelung zu unterwerfen, die sich nach dem religiösen Selbstverständnis der Kirche bestimmt.[27] Das Mitarbeitervertretungsrecht ist kirchlich gesetztes Recht für den Kernbereich der eigenen Angelegenheiten.

62 Vor die staatlichen Arbeitsgerichte kann der Fall einer Streitigkeit aus dem Arbeitsverhältnis getragen werden, nicht jedoch die Frage, ob und welche Anforderungen die Kirche an Mitarbeiter stellen darf, die in eine von der Kirche geregelte Funktion treten wollen.[28] Dafür sprechen neben Art. 137 Abs. 3 WRV auch die Regelungen des § 118 Abs. 2 BetrVG und des § 112 BPersVG, welche die Geltung dieser Gesetze im Bereich der Religionsgesellschaften und ihrer karitativen und erzieherischen Einrichtungen unbeschadet deren Rechtsform ausschließen.

63 Würden staatliche Gerichte die Voraussetzungen für die Wählbarkeit zur MAV anders beurteilen als die Kirche, so würde das Selbstbestimmungsrecht der Kirche in ihren eigenen, inneren Angelegenheiten beeinträchtigt.[29]

§ 9 Vorbereitung der Wahl

(1) Spätestens acht Wochen vor Ablauf der Amtszeit der Mitarbeitervertretung bestimmt die Mitarbeitervertretung den Wahltag. Er soll spätestens zwei Wochen vor Ablauf der Amtszeit der Mitarbeitervertretung liegen.

(2) Die Mitarbeitervertretung bestellt spätestens acht Wochen vor Ablauf ihrer Amtszeit die Mitglieder des Wahlausschusses. Er besteht aus drei oder fünf Mitgliedern, die, wenn sie Mitarbeiterinnen oder Mitarbeiter sind, wahlberechtigt sein müssen. Der Wahlausschuss wählt seine Vorsitzende oder seinen Vorsitzenden.

(3) Scheidet ein Mitglied des Wahlausschusses aus, so hat die Mitarbeitervertretung unverzüglich ein neues Mitglied zu bestellen. Kandidiert ein Mitglied des Wahlausschusses für die Mitarbeitervertretung, so scheidet es aus dem Wahlausschuss aus.

(4) Der Dienstgeber stellt dem Wahlausschuss zur Aufstellung des Wählerverzeichnisses spätestens sieben Wochen vor Ablauf der Amtszeit eine Liste aller Mitarbeiterinnen und Mitarbeiter mit den erforderlichen Angaben zur Verfügung. Der Wahlausschuss stellt die Liste der wahlberechtigten Mitarbeiterinnen und Mitarbeiter auf und legt sie mindestens vier Wochen vor der Wahl für die Dauer von einer Woche zur Einsicht aus. Die oder der Vorsitzende des Wahlausschusses gibt bekannt, an welchem Ort, für welche Dauer und von welchem Tage an die Listen zur Einsicht ausliegen. Jede Mitarbeiterin und jeder Mitarbeiter kann während der Auslegungsfrist gegen die Eintragung oder Nichteintragung einer Mitarbeiterin oder eines Mitarbeiters Einspruch einlegen. Der Wahlausschuss entscheidet über den Einspruch.

(5) Der Wahlausschuss hat sodann die wahlberechtigten Mitarbeiterinnen und Mitarbeiter aufzufordern, schriftliche Wahlvorschläge, die jeweils von mindestens drei wahlberechtigten Mitarbeiterinnen und Mitarbeitern unterzeichnet sein müssen, bis zu einem von ihm festzusetzenden Termin einzureichen. Der Wahlvorschlag muß die Erklärung der Kandidatin oder des Kandidaten

---

26 Vgl. *Jurina*, Rechtsstatus S. 63 ff. und 136 ff.
27 *BVerfG* (2.Kammer des Zweiten Senats), 9. 12. 2008 – 2 BvR 717/09. ZTR 2009,106; *Jurina*, a. a. O. S. 114; *OVG Magdeburg*, 24. 2. 1997 – B 2 S 30/96, NJW 1998, 3070.
28 *BAG*, 11. 3. 1986 – 1 ABR 26/84, AP Nr. 25 zu Art. 140 GG, ZevKR 1987, 88 = NJW 1986, 2591; dazu *Christoph*, Rechtsnatur und Geltungsbereich des kirchl. Mitarbeitervertretungsrechts, ZevKR 1987, 47, 60 ff.
29 *BAG*, 11. 3. 1986 – 1 ABR 26/84, BAGE 51, 238 ff.; *Richardi*, Arbeitsrecht in der Kirche § 22 Rn 1 ff.; *Bietmann*, Betriebliche Mitbestimmung im kirchlichen Dienst S. 93.

enthalten, dass sie oder er der Benennung zustimmt. Der Wahlausschuß hat in ausreichender Zahl Formulare für Wahlvorschläge auszulegen.

(6) Die Kandidatenliste soll mindestens doppelt so viel Wahlbewerberinnen und Wahlbewerber enthalten wie Mitglieder nach § 6 Abs. 2 zu wählen sind.

(7) Der Wahlausschuss prüft die Wählbarkeit und läßt sich von der Wahlbewerberin oder dem Wahlbewerber bestätigen, dass kein Ausschlussgrund im Sinne des § 8 vorliegt.

(8) Spätestens eine Woche vor der Wahl sind die Namen der zur Wahl vorgeschlagenen und vom Wahlausschuss für wählbar erklärten Mitarbeiterinnen und Mitarbeiter in alphabetischer Reihenfolge durch Aushang bekannt zu geben. Danach ist die Kandidatur unwiderruflich.

Übersicht

		Rn
I.	Anwendungsbereich der Vorschrift	1– 4
II.	Bestimmung des Wahltages	5– 8
	1. Mitarbeitervertretung, § 9 Abs. 1	5, 6
	2. Einheitlicher Wahltermin	7
	3. Der Wahlausschuss	8
III.	Bestellung des Wahlausschusses durch die MAV	9–21
	1. Zeitpunkt	9–13
	2. Größe und Zusammensetzung des Wahlausschusses	14–18
	3. Vorsitzender des Wahlausschusses	19
	4. Ersatzmitglieder	20, 21
IV.	Rechtsstellung des Wahlausschusses	22–28
	1. Beginn und Ende des Amtes	22, 23
	2. Kündigungsschutz	24–26
	3. Ehrenamt	27, 28
V.	Aufgaben des Dienstgebers	29
VI.	Aufgaben des Wahlausschusses	30–48
	1. Listen der Wahlberechtigten	30, 31
	2. Einsicht in die Listen	32
	3. Einsprüche	33–35
	4. Wahlausschreiben mit Aufforderung zu Wahlvorschlägen	36–39
	a. Form des Wahlvorschlags	37
	b. Hinweise des Wahlausschusses	38
	c. Keine Listenwahl	39
	5. Kündigungsschutz der Wahlbewerber	40
	6. Prüfung der Wählbarkeit	41, 42
	7. Kandidatenliste	43–48
	a. Mindestzahl der Wahlbewerber	44–46
	b. Aushang der Kandidatenliste	47
	c. Unwiderruflichkeit der Kandidatur	48
VII.	Willensbildung des Wahlausschusses	49, 50
VIII.	Kalender für die Mindestfristen zur Wahlvorbereitung	51–53
IX.	Kosten	54
X.	Streitigkeiten	55
XI.	Formulare für das Wahlverfahren	56–62
	1. Zur Bekanntgabe des Wahltermins (§ 9 Abs. 1):	57
	2. Für das Wahlausschreiben (Rn 36 ff.):	58
	3. Für den Wahlvorschlag (Rn 36 ff., 41 f.):	59
	4. Bestätigung der Wählbarkeit	60
	5. Vermerke des Wahlausschusses	61
	6. Zur Bekanntgabe der zur Wahl der MAV vorgeschlagenen Mitarbeiter (Rn 43 ff.):	62

I. Anwendungsbereich der Vorschrift

Die §§ 9 und 10 enthalten **Vorschriften über die Bestellung des Wahlausschusses**, der für die Durchführung der Wahl der MAV gemäß § 11 und die Überprüfung von etwaigen Wahlmängeln gemäß § 12 verantwortlich ist. § 9 regelt die Fälle, in denen in der Dienststelle bereits **eine MAV vorhanden** ist. Diese hat die gesetzliche Aufgabe, den Wahlausschuss für die Neuwahl der MAV zu bestellen. § 10 regelt die Wahl des Wahlausschusses in einer Dienststelle, in der **keine MAV oder kein Wahlausschuss (mehr) besteht**. Ursache dafür kann sein, dass zuvor noch keine MAV gebildet werden konnte oder die Amtszeit einer MAV durch Zeitablauf oder Rücktritt beendet war, ohne dass diese die Vorbereitung einer neuen MAV-Wahl eingeleitet hatte oder dass es nicht die zur Wahl einer MAV erforderlichen Kandidaturen gegeben hat.

2 Für die Wahl einer MAV und ihre Vorbereitung ist die Bestellung eines Wahlausschusses **zwingend vorgeschrieben**. Die Vorschrift des § 9 ist insgesamt und für alle Dienststellen zwingenden Rechts, soweit nicht im vereinfachten Verfahren gewählt wird (§§ 11a–c). Eine ohne Wahlausschuss durchgeführte Wahl ist wegen der damit verbundenen Nichtbeachtung der Formvorschriften zur Ermittlung der Wahlberechtigung eine Nichtwahl und infolgedessen rechtlich ohne Bedeutung, also nichtig.

3 Auch für die Wahl des Sprechers der Jugendlichen und der Auszubildenden ist gemäß § 51 Abs. 2 S. 1 i. V. m. § 9 ein Wahlausschuss erforderlich, der von der MAV bestimmt wird,[1] falls nicht im vereinfachten Verfahren (§§ 11a bis 11c) gewählt wird.

4 Weder die MAV, der Dienstgeber noch der Wahlausschuss dürfen die Vorschriften des § 9 abändern (§ 12 Abs. 1, § 55). Verbindliche Normen sind ferner §§ 1a, 1b, 2, 3, 6, 7, 8, 13 und 15 (analog), 19 Abs. 2 und 3 sowie § 16 Abs. 2 und § 13d Abs. 1, § 17 Abs. 1 S. 2. Ist eine Einrichtung aus dem Geltungsbereich eines anderen Arbeitnehmervertretungsrechts als der MAVO in den Geltungsbereich der MAVO übertragen worden, so hat die in der Einrichtung bestehende Arbeitnehmervertretung gemäß § 13d Abs. 4 für die Bestellung des Wahlausschusses die Verantwortung (vgl. auch § 10 Rn 2).

II. Bestimmung des Wahltages

1. Mitarbeitervertretung, § 9 Abs. 1

5 Die amtierende MAV ist gemäß § 9 Abs. 1 gehalten, **spätestens acht Wochen vor Ablauf ihrer Amtszeit** (§ 13) den Wahltag zur Neuwahl der MAV zu bestimmen. Die Bestimmung darf also auch früher erfolgen. Damit beginnt die Wahlvorbereitung, die von der Wahldurchführung (§ 11) zu unterscheiden ist.

6 Der **Termin der Neuwahl** der MAV **soll spätestens zwei Wochen vor Ablauf der gesetzlichen Amtszeit der amtierenden MAV liegen** (Rn 51–52). Aus betrieblichen Gründen kann die amtierende MAV gehalten sein, den Wahltermin so rechtzeitig anzusetzen, dass vor Ablauf ihrer Amtszeit die Wahl ordnungsgemäß abgeschlossen werden kann. Das ist nötig, um z. B. bei in die Wahlvorbereitungszeit fallender Betriebsschließung wegen Urlaubs die gesetzlichen Mindestfristen nicht zu verkürzen und die Wahl nicht anfechtbar werden zu lassen (Rn 51 ff.). Umgekehrt lässt die Sollvorschrift des § 9 Abs. 1 S. 2 auch einen weniger als zwei Wochen vor dem Ablauf der Amtszeit der MAV liegenden Wahltermin zu, weil durch die Sollvorschrift betriebliche Erfordernisse berücksichtigt werden dürfen. Ist die Wahl vor Ablauf der Amtszeit der amtierenden MAV nicht erfolgt, so führt die MAV die Geschäfte auch noch nach Ablauf ihrer gesetzlichen Amtszeit (§ 13 Abs. 2) bis längstens sechs Monate weiter (§ 13a S. 1). Diese Situation kann auch eintreten, wenn die Wahl nach erfolgreicher Anfechtung zu wiederholen ist (§ 12 Abs. 2 S. 2). Deshalb wird der Ansicht nicht gefolgt, dass der Wahltag vor dem Ablauf der Amtszeit der amtierenden MAV liegen müsse.[2] Denn schließlich ist bei der Wahlvorbereitung denkbar, dass der Fristenkalender aus technischen Gründen nicht eingehalten werden kann, so dass schon aus diesem Grund die Verschiebung des Wahltermins erforderlich werden kann.

2. Einheitlicher Wahltermin

7 Durch § 13 Abs. 1 ist bestimmt, dass die regelmäßigen Wahlen zur MAV alle vier Jahre in der Zeit vom 1. März bis 30. Juni einheitlich in der gesamten Diözese stattfinden. Dieser einheitliche Wahlzeitraum kann hinsichtlich Beginn und Ende durch diözesane Regelung abweichend festgelegt werden. Außerhalb des einheitlichen Wahlzeitraumes findet eine (Neu-) Wahl in den gemäß § 13 Abs. 3 und 4 genannten Fällen statt. Durch die Festlegung eines für alle Dienststellen und Einrichtungen

---

1 *Bietmann*, Kurzkommentar, § 28 Anm. 4.
2 So aber: *Mösenfechtel/Perwitz-Passan/Wiertz*, § 9 Anm. 2a S. 2, 3.

einheitlichen Wahlzeitraumes wird die Bildung und Zusammensetzung arbeitsfähiger Gesamtmitarbeitervertretungen (§ 24) und diözesaner Arbeitsgemeinschaften der Mitarbeitervertretungen (§ 25) zeitlich erleichtert und begünstigt.

3. Der Wahlausschuss

Der Wahlausschuss bestimmt den Wahltag in dem gemäß § 10 Abs. 1 S. 3 vorgesehenen Fall (§ 10 Rn 20), der auch durch die Fälle des § 10 Abs. 1a ausgelöst werden kann. 8

III. Bestellung des Wahlausschusses durch die MAV

1. Zeitpunkt

Spätestens **acht Wochen vor Ablauf ihrer Amtszeit** oder auch eher hat die MAV einen Wahlausschuss für die Neuwahl einer MAV zu bestellen (§ 9 Abs. 2). Das ist gesetzliche Pflicht (vgl. § 12 Rn 6, 15). Die Weigerung der MAV, den Wahltag zu bestimmen oder einen Wahlausschuss zu bestellen, ist eine Verletzung ihrer Pflichten. Auf Antrag eines Viertels der wahlberechtigten Mitarbeiter oder des Dienstgebers entscheidet das Kirchliche Arbeitsgericht über die Pflichtverletzung mit der Folge, dass ggf. wegen grober Verletzung ihrer Verpflichtungen die MAV aufgelöst wird (§ 13 Abs. 3 Nr. 6 MAVO i. V. m. § 2 Abs. 2 KAGO). 9

Die **Bestellung der Mitglieder** des Wahlausschusses erfolgt nach einem Beschluss der MAV und nach Fühlungnahme mit solchen Personen, die für das Amt geeignet sind. Besteht **keine MAV**, so kann die Bestellung des Wahlausschusses nur durch die Wahl in der Mitarbeiterversammlung erfolgen (§ 10 Rn 9 ff.). Dasselbe gilt, wenn die Amtszeit der MAV abgelaufen ist (§ 13 Abs. 2). 10

Ist die Amtszeit der MAV vorzeitig beendet worden, weil ein Fall des **§ 13 Abs. 3 Nrn. 1–3** dazu geführt hat, so sind die Vorschriften des § 9 Abs. 1 und 2 auch anwendbar, weil gemäß § 13a dafür gesorgt sein muss, dass die Neuwahl der MAV ordnungsgemäß vorbereitet wird, indem die geschäftsführende MAV (§ 13a i. V. m. § 13 Abs. 3 Nrn. 1 bis 3) den Wahltag bestimmt und den Wahlausschuss bestellt; denn sie führt die Geschäfte bis zur Übernahme durch die neu gewählte MAV fort, längstens bis zur Dauer von sechs Monaten über den Ablauf der Amtszeit hinaus. 11

In den Fällen des § 13 Abs. 3 Nrn. 4 bis 6 führt die davon betroffene MAV die Geschäfte nicht weiter (§ 13a S. 2), so dass der Dienstgeber gemäß § 10 Abs. 1 die Mitarbeiterversammlung einzuberufen hat, damit diese einen neuen Wahlausschuss wählt. Das gilt besonders in dem Falle der erfolgreich angefochtenen Wahl einer MAV, wenn kein ordnungsgemäß besetzter Wahlausschuss mehr besteht (§ 10 Abs. 1a Nr. 5). 12

Ist zum Zeitpunkt der Entscheidung über die Anfechtung die alte MAV dagegen noch gemäß § 13 Abs. 2 im Amt, so bestimmt sie den Tag der Wiederholung der MAV-Wahl und bestellt auch den Wahlausschuss, falls derjenige, der über die Anfechtung der Wahl zu befinden hat, nicht mehr besteht. 13

2. Größe und Zusammensetzung des Wahlausschusses

Der Wahlausschuss besteht aus einer ungeraden Mitgliederzahl, die entweder **drei** oder **fünf** beträgt. In der Regel genügt ein dreiköpfiger Wahlausschuss; er ist aber auch erforderlich. Ein aus weniger als drei Personen bestehender Wahlausschuss ist kein Wahlausschuss i. S. d. MAVO und deshalb nicht zur Durchführung der MAV-Wahl berechtigt (vgl. Rn 2 ff.). 14

Eine Vergrößerung des Wahlausschusses auf fünf Mitglieder ist zulässig, wenn dies zur ordnungsgemäßen Wahl erforderlich ist. Die **Mitglieder** des Wahlausschusses **brauchen nicht Mitarbeiter zu sein**. Soweit Mitarbeiter zum Mitglied des Wahlausschusses bestellt werden sollen, müssen sie wahlberechtigt sein (§ 9 Abs. 2 S. 2 i. V. m. § 7). Anderseits können aus dem Begriff der Mitarbeiter 15 gemäß § 3 Abs. 2 ausgeklammerte Personen Mitglied des Wahlausschusses sein.[3] Dienststellenfremde Personen können nicht Mitglied des Wahlausschusses sein.[4]

16 Wer zur MAV-Wahl kandidiert, kann nicht Mitglied des Wahlausschusses sein (§ 9 Abs. 3 S. 2).

17 Im Übrigen ist die MAV in der Auswahl der Mitglieder des Wahlausschusses frei. Eine Zusammensetzung des Wahlausschusses nach Vertretern von Dienstbereichen oder Gruppen, etwa in Analogie zu § 6 Abs. 4 S. 1, ist nicht vorgesehen. Männer und Frauen sollten bei der Bestellung des Wahlausschusses berücksichtigt werden.

18 Eine zum Mitglied des Wahlausschusses bestellte Person hat keine Pflicht zur Annahme des Amtes. Lehnt sie ab, so hat die MAV eine andere Person zu bestellen (vgl. auch Rn 23).

3. Vorsitzender des Wahlausschusses

19 Der Wahlausschuss wählt in seiner konstituierenden Sitzung seinen Vorsitzenden – Frau oder Mann – (§ 9 Abs. 2 S. 3). Der Wahlausschuss besteht aus mehreren Mitgliedern, so dass deswegen eine Leitung erforderlich ist. Deshalb ist die Wahl des Vorsitzenden Pflicht der Mitglieder des Wahlausschusses. Der Wahlausschuss gibt seine Konstituierung und seine Zusammensetzung dem Dienstgeber und der Mitarbeiterschaft bekannt.

4. Ersatzmitglieder

20 Die MAVO sieht die Möglichkeit zur Bestellung von Ersatzmitgliedern für den Wahlausschuss nicht vor. Infolgedessen muss die MAV im Falle des Ausscheidens eines Mitgliedes aus dem Wahlausschuss ein neues Mitglied nachbestellen (§ 9 Abs. 3 S. 1).[5]

21 Ungeregelt ist der **Fall der Verhinderung** eines Mitgliedes des Wahlausschusses an der Wahrnehmung seiner Aufgaben, z. B. durch Krankheit. Aus diesem Grunde ist eine vorsorgliche Praxis angezeigt, die z. B. in § 16 Abs. 1 S. 4 BetrVG ausdrücklich geregelt ist. Der Wahlausschuss wird zur Sicherstellung seiner Handlungsfähigkeit durch ein **Ersatzmitglied** verstärkt, das in den Wahlausschuss bei Verhinderung eines Mitgliedes nachrückt.[6] Von diesem Zeitpunkt an erstarkt das Kündigungsschutzrecht des § 19 Abs. 2 auch für das Ersatzmitglied (Rn 24 ff.). Das Problem des Ersatzes spielt eine Rolle in den Fällen, in denen der Wahlausschuss nicht von der MAV, sondern von der Mitarbeiterversammlung (§ 10 Abs. 1 S. 3) gewählt worden ist. Deshalb sollte auch die Mitarbeiterversammlung gleich bei der Wahl Ersatzmitglieder mitwählen (§ 10 Rn 18), die sonst der Wahlausschuss in seiner Restbesetzung nachbestellt (§ 10 Abs. 1 S. 4).

IV. Rechtsstellung des Wahlausschusses

1. Beginn und Ende des Amtes

22 Das Amt des Wahlausschusses beginnt mit der Annahme der Bestellung bzw. Wahl.[7] Es endet in der Regel praktisch nach der Einberufung der neu gewählten MAV und der Wahl des bzw. der Vorsitzenden der MAV (§ 14 Abs. 1 S. 1) oder im Falle von Wahlanfechtungen nach der Entscheidung des Wahlausschusses (§ 12 Abs. 1 und 2). Die Ordnung geht jedoch gemäß § 12 Abs. 5 davon aus, dass der Wahlausschuss auch noch im Amt ist, solange nicht das Wahlanfechtungsverfahren abgeschlossen ist, so dass er bei erfolgreicher Anfechtung der Wahl bei der Schlichtungsstelle die Wieder-

---

3 *Mösenfechtel*, § 9 Anm. 2; *Bietmann*, Kurzkommentar, § 9 Anm. 1.3.
4 *Schulze Froning*, Freiburger Kommentar zur MAVO, § 9 Rn 6; a. A. *Bietmann*, Kurzkommentar, § 9 Anm. 1.3, welcher auf jedweden Angehörigen des kirchlichen Dienstes die Möglichkeit zur Mitgliedschaft im Wahlausschuss einer bestimmten Dienststelle ausdehnen will.
5 *Schulze Froning*, Freiburger Kommentar zur MAVO § 9 Rn 5.
6 *Schulze Froning*, Freiburger Kommentar zur MAVO, § 9 Rn 5, schlägt eine Nachbestellung vor.
7 *Coutelle*, Freiburger Kommentar zur MAVO, § 19 Rn 26.

holung des gesamten Wahlverfahrens durchführt, wenn er noch ordnungsgemäß besetzt ist. Durch den **Rücktritt** des Wahlausschusses endet das Amt. Werden zwei Einrichtungen während des Wahlverfahrens in einer Einrichtung miteinander zu einer einzigen Einrichtung verbunden, ist die Bestellung des Wahlausschusses hinfällig, weil durch die Zusammenlegung eine neue Einrichtung entstanden ist (§ 1a Rn 21). Die Wahl ist auf die neue Einrichtung zu konzipieren. Deshalb muss das Wahlverfahren gemäß § 10 Abs. 1 über den Dienstgeber und die neue Mitarbeiterversammlung der neuen Einrichtung mit der Wahl eines neuen Wahlausschusses eingeleitet werden. Die Amtszeiten bestehender Mitarbeitervertretungen richten sich im Falle der **Zusammenlegung von Einrichtungen** nach § 13d Abs. 2; die MAV der nach der Zahl der wahlberechtigten Mitarbeiterinnen und Mitarbeiter größten Einrichtung nimmt das Übergangsmandat wahr. Soll eine **gemeinsame Mitarbeitervertretung** (§ 1b) gebildet werden, bleiben die amtierenden Mitarbeitervertretungen bis zur Wahl der gemeinsamen Mitarbeitervertretung im Amt.

Jedes einzelne Mitglied des Wahlausschusses kann sein Amt **jederzeit niederlegen.** Dies geschieht durch Erklärung gegenüber der MAV, die gemäß § 9 Abs. 3 S. 1 ein neues Mitglied zu bestellen hat. Dies gilt nicht, wenn die Mitarbeiterversammlung gemäß § 10 Abs. 1 den Wahlausschuss gewählt hat. In diesem Falle ist dem Wahlausschuss das Ausscheiden mitzuteilen, der dann unverzüglich ein neues Mitglied für den Wahlausschuss zu bestellen hat (§ 10 Abs. 1 S. 4). Das Amt des einzelnen Wahlausschussmitgliedes endet außerdem, wenn es Mitarbeiter gemäß § 3 Abs. 1 ist, durch Verlust des aktiven Wahlrechts (§ 9 Abs. 2 S. 2), infolge des Ausscheidens aus der Dienststelle sowie bei Kandidatur zur MAV. Dann hat die MAV den Wahlausschuss bzw. dieser sich selbst mit dem vorsorglich bestellten Ersatzmitglied (Rn 20) zu ergänzen. Die **Abberufung** als Mitglied des Wahlausschusses – durch wen auch immer – ist **unzulässig.** 23

2. Kündigungsschutz

Den Mitgliedern des Wahlausschusses gilt ein **besonderer Kündigungsschutz vor der ordentlichen Kündigung gemäß § 19 Abs. 2.** Der Kündigungsschutz erstarkt allerdings erst nach Ablauf der arbeitsvertraglichen Probezeit. Da die Probezeit eine Besonderheit des Arbeitsvertrages ist, beginnt also der Kündigungsschutz bei fehlender Probezeit mit der Annahme der Bestellung zum Mitglied des Wahlausschusses. Der besondere Kündigungsschutz gemäß § 15 Abs. 3 KSchG gilt nicht. 24

Der Kündigungsschutz gilt bis sechs Monate nach Bekanntgabe des Wahlergebnisses.[8] Er gilt auch für solche Mitglieder des Wahlausschusses, die ihr Amt vorzeitig, gleich aus welchem Grunde, niedergelegt haben.[9] Dieser nachwirkende Kündigungsschutz gilt uneingeschränkt, weil § 19 Abs. 2 auf die Einschränkung in § 19 Abs. 1 S. 3 nicht – entsprechend – verweist (vgl. § 19 Rn 28 ff.) Schließlich ist dieses Ergebnis wegen der Ausführungen zu § 19 Rn 28 angemessen. 25

Der Kündigungsschutz ist jedoch **in folgenden Fällen ausgeschlossen:** Es darf einerseits dann gekündigt werden, wenn ein wichtiger Grund für eine außerordentliche Kündigung i. S. v. § 626 BGB vorliegt. Andererseits darf einem Mitglied des Wahlausschusses auch ordentlich, also fristgemäß gekündigt werden in den Fällen des Artikels 5 Abs. 3 bis 5 der Grundordnung des kirchlichen Dienstes im Rahmen kirchlicher Arbeitsverhältnisse. (Dazu näher zu § 19). Der Kündigungsschutz ist ferner in den Fällen und nach Maßgabe des § 19 Abs. 3 ausgeschlossen. Kein besonderer Kündigungsschutz besteht für Mitglieder des Wahlausschusses, deren Wahl oder Bestellung nichtig ist. Das ist der Fall, wenn die Einladung zur Mitarbeiterversammlung nicht so bekannt gemacht worden ist, dass alle Mitarbeiter der Einrichtung hiervon Kenntnis nehmen konnten, diese auch nicht auf andere Weise tatsächlich davon erfahren haben und durch das Fernbleiben der nicht unterrichteten Mitarbeiter das Wahlergebnis beeinflusst werden konnte (§ 10 Rn 11) oder wenn die Bestellung durch die nicht mehr im Amt befindliche MAV oder auf andere vom Gesetz nicht geregelte Weise (z. B. durch den Dienstgeber) erfolgt ist. 26

---

8 Vgl. *BAG*, 14. 2. 2002 – 8 AZR 175/01, DB 2002, 2000.
9 A. A. *Coutelle*, Freiburger Kommentar zur MAVO § 19 Rn 26.

II. Die Mitarbeitervertretung

3. Ehrenamt

27 Das Amt des Mitgliedes des Wahlausschusses ist ein nicht vergütetes Ehrenamt. Der Wahlausschuss kann für seine Tätigkeit keine Vergütung verlangen. Arbeitsversäumnis, die wegen der Tätigkeit als Wahlausschussmitglied notwendig ist, berechtigt den Dienstgeber nicht zur Verkürzung der Bezüge oder der Gestellungsgeldes (Rn 54). Die Mitglieder des Wahlausschusses erhalten für ihre Tätigkeit und für Schulungsmaßnahmen Arbeitsbefreiung im erforderlichen Umfang (§ 16 Abs. 2, § 16 Rn 109 ff.). Wird die erforderliche Arbeitsbefreiung, die beim Dienstgeber zu beantragen ist, verweigert, so kann hierin eine Behinderung des Wahlverfahrens gesehen werden, die nach dem Sinn der MAVO und ihrem Befehl zur Bildung von Mitarbeitervertretungen (§ 1a Abs. 1) unzulässig ist.

28 Passender wäre für die Mitglieder des Wahlausschusses eine Regelung zur Freistellung i. S. v. § 15 Abs. 2 und zum Freizeitausgleich i. S. v. § 15 Abs. 4. Die Arbeitsbefreiung ist jeweils beim Dienstgeber zu beantragen und von ihm zu gewähren. Außerdem kann sich auch für das eine oder andere Mitglied des Wahlausschusses die Notwendigkeit einer Tätigkeit außerhalb seiner dienstplanmäßigen Arbeitszeit ergeben, so dass aus diesem Grunde vergüteter Freizeitausgleich die Lösung bringt. Im Falle von Meinungsverschiedenheiten zwischen dem Wahlausschuss und dem Dienstgeber oder von einzelnen Mitgliedern des Wahlausschusses mit dem Dienstgeber kann das Kirchliche Arbeitsgericht zur Gewährung des Freizeitausgleichs angerufen werden (§ 2 Abs. 2 KAGO).

V. Aufgaben des Dienstgebers

29 Gemäß § 9 Abs. 4 S. 1 stellt der Dienstgeber dem Wahlausschuss zur Aufstellung des Wählerverzeichnisses spätestens sieben Wochen vor Ablauf der Amtszeit der MAV eine **Liste aller Mitarbeiter** mit den erforderlichen Angaben zur Verfügung. Die Liste hat demnach die Mitarbeiter gemäß § 3 Abs. 1 S. 1 namentlich zu erfassen. Dazu sind diejenigen Angaben nötig, denen zufolge der Wahlausschuss das aktive Wahlrecht feststellen kann. Deshalb muss die Liste Angaben enthalten, wer gemäß § 3 Abs. 2 aus dem Mitarbeiterbegriff ausgeklammert ist, wer gemäß § 7 wahlberechtigt oder vom aktiven Wahlrecht ausgeschlossen ist. Erst dadurch gerät der Wahlausschuss in die Lage, das von ihm zu erarbeitende Wählerverzeichnis anzufertigen.

VI. Aufgaben des Wahlausschusses

1. Listen der Wahlberechtigten

30 Gemäß § 9 Abs. 4 S. 2 muss der Wahlausschuss die Liste der wahlberechtigten Mitarbeiter selbst verbindlich aufstellen. Dabei ist er von den Daten des Dienstgebers abhängig, die er aber aufgrund seiner Aufgaben von ihm erhalten muss. Bei der Aufstellung geht es zunächst um die Aufstellung der Liste der aktiv Wahlberechtigten. Es ist ein Gebot der Zweckmäßigkeit, dass der Wahlausschuss auch eine Liste der passiv Wahlberechtigten aufstellt. Dazu ist er ebenfalls auf Angaben des Dienstgebers angewiesen, die es ermöglichen, das passive Wahlrecht festzustellen. Denn mit Hilfe dieser zweiten Liste wird es möglich, Wahlvorschläge zu machen oder wenigstens zu überprüfen. Deshalb ist der Dienstgeber verpflichtet, dem Wahlausschuss vollständige und richtige Angaben zu machen. Diese Pflicht verletzt der Dienstgeber z. B. dann, wenn er erst nach Ablauf der Einspruchsfrist gegen Eintragungen im Wählerverzeichnis (§ 9 Abs. 4 S. 4) mitteilt, wen er zu leitenden Mitarbeitern bzw. Mitarbeiterinnen i. S. v. § 3 Abs. 2 Nr. 4 bestellt hat, so dass diese Mitarbeiter bzw. Mitarbeiterinnen weder aktiv noch passiv wahlberechtigt sind. Durch Rückfrage bei der MAV kann der Wahlausschuss prüfen, ob die Exemtion solcher Mitarbeiter bzw. Mitarbeiterinnen gemäß § 29 Abs. 1 Nr. 18 unter Beteiligung der MAV erfolgt ist. Im Zweifel ist der Wahltermin in Absprache mit der MAV (§ 9 Abs. 1 S. 1) zu verschieben, um das berichtigte Wählerverzeichnis erneut fristgerecht auszulegen (§ 9 Abs. 4 S. 2).

31 Die Listen der aktiv Wahlberechtigten muss der Wahlausschuss mindestens **vier Wochen vor der Wahl** für die Dauer einer Woche **zur Einsicht auslegen** (§ 9 Abs. 4 S. 2).

2. Einsicht in die Listen

Hierzu muss der Vorsitzende des Wahlausschusses in geeigneter Weise, entweder durch Rundschreiben oder durch Aushang, bekannt geben, an welchem Ort, für welche Dauer und von welchem Tage an die Listen zur Einsicht ausliegen (§ 9 Abs. 4 S. 3). In der Bekanntmachung ist darauf aufmerksam zu machen, dass jeder Mitarbeiter innerhalb einer Frist von einer Woche nach dem Ende der Auslegung der Listen gegen die Eintragung oder Nichteintragung eines Mitarbeiters **Einspruch** einlegen kann (vgl. § 9 Abs. 4 S. 4). Unzulässig ist der **Aushang der Listen am Schwarzen Brett**, wenn der für jedermann einsehbar ist. Hiergegen sprechen der Datenschutz, aber auch die Praxis, weil die Einsicht in die an einem bestimmten Ort ausgelegten Listen unter Beobachtung des Wahlausschusses möglich ist und der Einsichtnehmende unmittelbar dem Wahlausschuss sachdienliche Hinweise geben kann. Zur Aufforderung zu Wahlvorschlägen siehe Rn 36.

3. Einsprüche

Zur fehlerfreien Wahlvorbereitung kann jeder – auch nicht wahlberechtigte – **Mitarbeiter** gegen die Nichteintragung oder die – auch schreibfehlerhafte – Eintragung eines Mitarbeiters oder seiner eigenen Person in das Wählerverzeichnis Einspruch einlegen, wenn z. B. einer oder mehrere Wahlberechtigte nicht oder Nichtwahlberechtigte dagegen als wahlberechtigt aufgeführt sind.

Die **Frist zum Einspruch ist eine Ausschlussfrist** und läuft ab Beginn der Auslegung **bis zum Ende der Auslegung des Wählerverzeichnisses**. Bis zum Ablauf der Einspruchsfrist hat der Wahlausschuss das Wählerverzeichnis jederzeit selbständig und uneingeschränkt auf Vollständigkeit und Richtigkeit zu überprüfen und Fehler auf Beschluss hin zu berichtigen, auch ohne Einspruch, weil die **Berichtigung Amtspflicht des Wahlausschusses** ist. Er hat laufend alle Änderungen, die auf das aktive Wahlrecht der Mitarbeiter Einfluss haben, in das Wählerverzeichnis aufzunehmen. Wird ein in das Wählerverzeichnis aufgenommener Mitarbeiter später gestrichen, ist er zu benachrichtigen. Der Wahlausschuss befindet über den Einspruch gemäß § 9 Abs. 4 S. 5 durch **Beschluss** (vgl. § 14 Abs. 5 analog). Erachtet er den Einspruch als begründet, ist das Wählerverzeichnis zu berichtigen. **Einspruch und Einspruchsentscheidung erfolgen schriftlich mit Begründung.** Der Dienstgeber hat gegen das vom Wahlausschuss aufgestellte Wählerverzeichnis **kein Einspruchsrecht**. Ihm bleibt allerdings ein Hinweisrecht, dem der Wahlausschuss kraft Amtspflicht nachzugehen hat. Das Wahlanfechtungsrecht wird durch **Unterlassung des Einspruchs** nicht berührt, auch wenn der Einspruch rechtsmissbräuchlich unterblieben ist, um vom Wahlanfechtungsrecht Gebrauch zu machen. Denn Verstöße gegen Wahlrechtsvorschriften werden nicht dadurch geheilt, dass ein Einspruch gegen die Richtigkeit der Wählerlisten unterblieben ist.[10] Vorrang hat das von Rechtsverstößen freie Wahlergebnis. Das Wahlanfechtungsrecht des Dienstgebers ist ohnehin wegen seines fehlenden Einspruchsrechts gegen die Richtigkeit der Listen der Wahlberechtigten vom unterlassenen Einspruch unabhängig.[11]

Nach Ablauf der Einspruchsfrist hat der Wahlausschuss das Wählerverzeichnis nochmals auf seine Vollständigkeit hin zu überprüfen, weil davon die Ausübung des Wahlrechts der Mitarbeiter formal abhängt. Wenn die Wählerliste fehlerhaft ist, ist zur Vermeidung einer fehlerhaften Wahl mit davon beeinflusstem Wahlergebnis für die **Berichtigung von Amts wegen** unbeschränkt Sorge zu tragen. Wenn auch Einsprüche gegen das Wählerverzeichnis nicht mehr zulässig sind, so sind doch Berichtigungen durch den Wahlausschuss noch zulässig, um offenbare Unrichtigkeiten zu beseitigen. Wird die Wahl aufgrund eines fehlerhaften Wählerverzeichnisses durchgeführt, so ist sie wegen dieses Verstoßes anfechtbar, wenn dadurch das Wahlergebnis beeinflusst werden konnte (§ 12 Abs. 2 S. 2). Deshalb ist die Berichtigung des Wählerverzeichnisses praktisch noch am Wahltage vor der Stimmabgabe zulässig.

---

10 *Richardi*, Arbeitsrecht in der Kirche § 18 Rn 55.
11 *Richardi*, a. a. O.

4. Wahlausschreiben mit Aufforderung zu Wahlvorschlägen

36 Gemäß § 9 Abs. 5 S. 1 hat der Wahlausschuss die aktiv wahlberechtigten Mitarbeiterinnen und Mitarbeiter aufzufordern, **schriftliche Wahlvorschläge** einzureichen (Rn 56 ff.). Dazu bestimmt er einen **Termin** mit Uhrzeit (vgl. auch Rn 44) und nennt die gesetzliche **Zahl der zur MAV zu wählenden Mitglieder** (§ 6 Abs. 2). Maßgeblich für die Zahl ist der Tag, bis zu dem Wahlvorschläge bei ihm am genau bezeichneten Ort und Raum vorliegen müssen (§ 6 Abs. 5 i. V. m. § 9 Abs. 5). Die Bestimmung des § 9 Abs. 5 S. 1 ist eine der entscheidenden zum Wahlverfahren. Die Mitarbeiter (Frauen und Männer), die Wahlvorschläge machen sollen oder sich zur Wahl stellen und zur Wahl vorgeschlagen werden sollen, müssen positiv aus dem Wahlausschreiben entnehmen können, bis zu welchem Termin ein gültiger Wahlvorschlag beim Wahlausschuss vorliegen muss. Daher ist in § 9 Abs. 5 S. 1 ausdrücklich festgelegt, dass im Wahlausschreiben dieser Termin vom Wahlausschuss festzusetzen und bekannt zu geben ist. Eine mündliche Mitteilung durch den Wahlausschuss bei der Abholung eines Wahlvorschlagsformulars verstößt gegen eine zwingende Wahlverfahrensbestimmung, die zur Anfechtung der Wahl berechtigt, wenn dadurch das Wahlergebnis beeinflusst sein kann.[12] Der Wahlausschuss ist an den von ihm festgesetzten Termin zur Einreichungsfrist für Wahlvorschläge gebunden.[13] Wird das Wahlausschreiben für eine MAV-Wahl in einer Einrichtung mit mehreren Verwaltungen oder Betriebsstätten durch Aushang bekannt gemacht, muss grundsätzlich in jeder Verwaltung bzw. Betriebsstätte ein Abdruck des Wahlausschreibens ausgehängt werden. Andernfalls ist die Wahl nach § 12 Abs. 1 anfechtbar,[14] insbesondere wenn durch fehlerhaften Aushang das Wahlergebnis beeinflusst sein kann. Der Wahlausschuss hat anzugeben, wo Wahlvorschläge ihm gegenüber abzugeben sind. Dazu muss er auch den Raum benennen, wo der Wahlausschuss oder wenigstens eines seiner Mitglieder angetroffen werden kann.[15]

a. Form des Wahlvorschlags

37 Der Wahlausschuss hat in ausreichender Zahl einheitliche Formulare für die Wahlvorschläge anzufertigen und auszulegen (§ 9 Abs. 5 S. 3), die den Anforderungen des Absatzes 5 genügen und die notwendigen Eintragungen für den Wahlvorschlag kennzeichnen, nämlich die Bezeichnung als Wahlvorschlag für die Mitarbeitervertretungswahl mit dem Wahltag; den Raum für die Eintragung des Kandidaten mit Namen, Vornamen (nicht erforderlich: Geburtsdatum, Berufsbezeichnung); Konfession, wenn die diözesane Ordnung darauf im Wahlrecht abstellt (vgl. § 8 Rn 1); ggf. auch Teildienststelle, Gruppe und Dienstbereich der Tätigkeit; den Platz für **Stützunterschriften** mindestens dreier aktiv Wahlberechtigter, die den Wahlvorschlag unterzeichnen müssen; den Text der **Erklärung des Wahlkandidaten, dass er seiner Benennung als Kandidat zustimmt (§ 9 Abs. 5 S. 2). Die Bestätigung, dass kein Ausschlussgrund von der Wählbarkeit i. S. d. § 8 vorliegt (§ 9 Abs. 7),** erfolgt gegenüber dem Wahlausschuss (Rn 41, Rn 59 ff.). Ist ein zur Kandidatur bereiter Mitarbeiter verhindert, innerhalb der Frist für die Einreichung der Wahlvorschläge (Rn 36) seine Kandidatur zu betreiben, so hat er die Möglichkeit, seine Bereitschaft zur Kandidatur auch früher mit den erforderlichen Angaben zu erklären. Diejenigen Mitarbeiter, die seine Kandidatur unterstützen, müssen sich in ihrem Wahlvorschlag auf die vorzuweisende Erklärung des Kandidaten beziehen und innerhalb der Frist den Wahlvorschlag beim Wahlausschuss einreichen. **Ein Mitarbeiter kann zugunsten mehrerer Kandidaten Stützunterschriften leisten.** Beispiel: In einer Einrichtung gibt es nur fünf aktiv wahlberechtigte Mitarbeiter. Nur ein Kandidat kann gewählt werden. Dennoch soll gemäß § 9 Abs. 6 die Kandidatenliste doppelt soviel Wahlbewerber enthalten, wie Mitglieder nach § 6 Abs. 2 zu wählen sind. Deshalb ist die Befolgung dieser Vorschrift nur möglich, wenn von den vorhandenen Mitarbeitern einige mehrfach Stützunterschriften leisten. Enthält ein Wahlvorschlag eine zu geringe Anzahl von Stützunterschriften, ist er gemäß § 9 Abs. 5 S. 1 ungültig.

---

12 *Schlichtungsstelle Köln*, 23. 1. 1992 – MAVO 5/91.
13 *Schlichtungsstelle Köln*, 23. 1. 1992 – MAVO 5/91.
14 Vgl. *BAG*, 5. 5. 2004 – 7 ABR 44/03, DB 2004, 1947.
15 *BVerwG*, 11. 8. 2009 – 6 PB 16.09, ZTR 2009, 554 LS.

b. Hinweise des Wahlausschusses

In seiner Aufforderung zur Einreichung von Wahlvorschlägen muss der Wahlausschuss mit Rücksicht auf § 9 Abs. 6 auf die Zahl der gemäß § 6 Abs. 2 zu wählenden Mitglieder zur MAV hinweisen und hinzufügen, dass die Kandidatenliste nach Möglichkeit mindestens doppelt so viele Wahlbewerber enthalten soll wie Mitglieder zu wählen sind. Soweit die **Wahl gemäß § 6 Abs. 3** in Abweichung vom reinen Mehrheitswahlprinzip unter dem Gesichtspunkt der Repräsentation einzelner Teildienststellen in der MAV durchgeführt werden soll, ist dies mitzuteilen. In der Aufforderung zur Kandidatur ist aufmerksam zu machen auf die Vorschriften des § 6 Abs. 4 und den Tag, bis zu dem Wahlvorschläge gemacht werden können. Das ist der Tag, von dem ab noch mindestens eine volle Woche vor der Wahl die Namen der zur Wahl vorgeschlagenen und vom Wahlausschuss für wählbar erklärten Mitarbeiter in alphabetischer Reihenfolge durch Aushang bekannt gemacht werden können (§ 9 Abs. 8). Wird im Wahlausschreiben trotz Kenntnis des dauerhaften Absinkens der Mitarbeiterzahl auf Grund unternehmerischer Entscheidung die Wahl einer mehrköpfigen MAV entgegen § 6 Abs. 2 vorgesehen, liegt ein schwerwiegender Verstoß gegen grundlegende Wahlvorschriften vor. Im Wege einer einstweiligen Verfügung kann eine dann offensichtlich anfechtbare Wahl bei einem bewussten Verstoß des Wahlausschusses abgebrochen werden, auch wenn damit eine mitarbeitervertretungslose Zeit eintritt.[16] Sieht eine Wahlordnung vor, dass teilzeitbeschäftigte Mitarbeiter nicht wie ein vollbeschäftigter Mitarbeiter zur Ermittlung der Zahl der wahlberechtigten Mitarbeiter gezählt werden sondern mit einem Bruchteil, so bestimmt sich die Zusammensetzung der MAV nach der Summe der einzelnen Bruchteile.[17]

c. Keine Listenwahl

Weil die MAVO die Listenwahl nicht kennt, können auch keine Listenwahlvorschläge eingereicht werden. Wenn Mitarbeiter einer bestimmten innerbetrieblichen oder überbetrieblichen Koalition (z. B. Berufsverband, Art. 6 GrO) ihre Verbandsfreunde bei der Kandidatur unterstützen wollen, können sie das durch ihre Wahlvorschläge zum Ausdruck bringen.

5. Kündigungsschutz der Wahlbewerber

Die Wahlbewerber genießen gemäß **§ 19 Abs. 2** nach Ablauf der arbeitsvertraglichen Probezeit **besonderen Kündigungsschutz** vor der ordentlichen Kündigung. Dieser beginnt mit dem Zeitpunkt der Aufstellung des Wahlvorschlages und wirkt bis **sechs Monate** nach Bekanntgabe des Wahlergebnisses. Der Kündigungsschutz bleibt jedoch versagt, wenn der Wahlausschuss den Wahlvorschlag verwirft, weil der Wahlvorschlag ungültig ist oder der Wahlbewerber kein passives Wahlrecht hat (zu den übrigen Einschränkungen des besonderen Kündigungsschutzes vgl. § 19 Abs. 1 und 2). Die ordentliche Kündigung eines Wahlbewerbers ist auch in den Fällen und nach Maßgabe des § 19 Abs. 3 zulässig.

6. Prüfung der Wählbarkeit

Wird ein Wahlvorschlag eingereicht, prüft ihn der Wahlausschuss ohne zeitliche Verzögerung, um bei Fehlern noch rechtzeitig innerhalb der Einreichungsfrist Korrekturen erfolgen zu lassen und so die Wahl des Kandidaten zu ermöglichen und eine erfolgreiche Anfechtung der Wahl zu vermeiden.[18] Unverzichtbar ist gemäß **§ 9 Abs. 7** bei der Einreichung des Wahlvorschlags die Erklärung des vorgeschlagenen Wahlkandidaten, dass bei ihm keine Ausschlussgründe i. S. d. § 8 vorliegen. Ohne diese Erklärung des Wahlkandidaten kann er vom Wahlausschuss nicht zur Wahl zugelassen werden. Die Bestimmung ist zwingendes Recht, auf dessen Einhaltung zur Wirksamkeit eines eingereichten Wahlvorschlags nicht verzichtet werden kann.[19] Obwohl der Wahlbewerber gemäß § 9 Abs. 7 zu erklären

---

16 *LAG Hamburg*, 26. 4. 2006 – 6 Ta BV 6/06, NZA 2006, 36 LS.
17 Vgl. *KAGH*, 2. 2. 2007 – M 03/06.
18 *LAG Düsseldorf*, 25. 3. 2003 – 8 Ta BV 70/02, ZMV 2003, 134.
19 *Schlichtungsstelle Köln*, 23. 1. 1992 – MAVO 5/91.

hat, dass ein Wahlausschlussgrund nicht vorliegt, hat der Wahlausschuss ein uneingeschränktes Recht, die Wählbarkeit (aktives und passives Wahlrecht) des Kandidaten zu prüfen. Er ist dazu von Amts wegen gesetzlich verpflichtet. Bei der Prüfung hat der Wahlkandidat wie der Dienstgeber mitzuwirken. Beide müssen dem Wahlausschuss die erforderlichen Informationen nach ihrem besten Wissen geben. Dabei kann sich ereignen, dass schwierige Fragen hinsichtlich der Wählbarkeit gemäß den Bestimmungen des § 8 entstehen. Diese darf der Wahlausschuss nicht als unbeachtlich und deshalb bei der Wahl als unerheblich bewerten. Er wird daher Bedenken, die ihm von Mitarbeiter- oder Dienstgeberseite vorgetragen werden, ebenso wie eigenen Bedenken nachgehen müssen, weil er für die ordnungsgemäße, fehlerfreie Durchführung der Wahl auch im Stadium der Wahlvorbereitung verantwortlich ist und Wahlanfechtungen nach Möglichkeit vermieden werden müssen. Im Einzelnen wird auf die Erläuterungen zu § 8 verwiesen.

42 Ist ein **Wahlbewerber nicht wählbar**, so weist der Wahlausschuss dessen Kandidatur zurück. Gegen diese Entscheidung ist allenfalls die Wahlanfechtung zulässig. **Ungültige Wahlvorschläge** weist der Wahlausschuss mit Begründung zurück. Dabei weist er auf ggf. behebbare Mängel hin. Er hat Aufklärungspflicht. Gegebenenfalls kann der Wahlvorschlag fehlerfrei wiederholt werden, wenn die beanstandeten Mängel (z. B. fehlende Stützunterschriften) behoben sind und die Frist für die Wahlvorschläge noch nicht abgelaufen ist.[20] Bei unbehebbaren Mängeln (z. B. fehlendes aktives – § 7 – oder passives Wahlrecht – § 8 –) verbleibt es bei der Zurückweisung des Wahlvorschlages, während im Falle behebbarer Mängel der Wahlausschuss eine Nachfrist zur Behebung des Mangels **innerhalb der Einreichungsfrist** für Wahlvorschläge setzen muss.[21] Erst nach erfolglosem Ablauf der Nachfrist kann der Wahlausschuss den Wahlvorschlag zurückweisen. Ein Verstoß gegen diese Regel ist ein Wahlanfechtungsgrund. Denn die Zulassung oder die Versagung der Kandidatur können das Wahlergebnis beeinflussen.[22]

7. Kandidatenliste

43 Nach Einzug der Wahlvorschläge (siehe auch § 6 Abs. 4 S. 2) und der Prüfung der Wählbarkeit der Wahlbewerber durch den Wahlausschuss stellt dieser die Kandidatenliste nach Maßgabe der gültigen Kandidaturen in alphabetischer Reihenfolge auf (§ 9 Abs. 6 und 8). Listenkandidaturen sind unzulässig (Rn 39); die Kandidaturen sind deshalb als Einzelkandidaturen auszuweisen. Sind auf der Kandidatenliste überdurchschnittlich viele Kandidaturen – etwa mehr als 80 % der Wahlberechtigten als Wahlbewerber – aufgeführt, so liegt darin kein Verstoß gegen Wahlvorschriften, auch wenn damit zahlreichen Wahlbewerbern ein besonderer Kündigungsschutz beschert wird (§ 9 Abs. 6, § 19 Abs. 2).[23] In den bayerischen Diözesen ist die Konfession des Kandidaten anzugeben, wenn der Vorsitzende der MAV und sein Stellvertreter katholisch sein müssen. Wegen der Vorschrift des § 6 Abs. 4 S. 1 ist hinter dem Namen des Kandidaten sein Dienstbereich und die Berufsgruppe dann anzugeben, wenn verschiedene Dienstbereiche oder Gruppen in der Dienststelle oder Einrichtung bestehen (z. B. im Krankenhaus: Ärzte, Pfleger und Krankenschwestern, Verwaltungskräfte). Zum Aushang der Kandidatenliste wird auf Rn 47 verwiesen.

a. Mindestzahl der Wahlbewerber

44 Die Kandidatenliste verschafft einen Überblick über die Anzahl der Kandidaturen. Wird die für die gesetzliche Wahl der Mitglieder der MAV erforderliche Mindestzahl gemäß § 6 Abs. 2 S. 1 nicht erreicht, kann die **Wahl dennoch** durchgeführt werden, wenn wenigstens ein Kandidat oder eine Kandidatin für die Wahl zur MAV zur Verfügung steht, wobei die Voraussetzungen für die Wählbarkeit von ihnen erfüllt sein müssen (§ 6 Abs. 2 S. 2). Die Bestimmung des § 6 Abs. 2 S. 2 ermöglicht die Wahl einer MAV auch dann, wenn sich nicht genügend Wahlbewerber i. S. v. § 6 Abs. 2 zur

---

20 *LAG Berlin*, 7. 2. 2006 – 4 Ta BV 214/06, NZA 2006, 509.
21 *BAG*, 25. 5. 2005 – 7 ABR 39/04, NZA 2006, 116.
22 *Schlichtungsstelle Köln*, 14. 12. 1983 – MAVO 6/83.
23 *LAG Köln*, 29. 3. 2001 – 5 Ta BV 22/01, MDR 2001, 1176.

Verfügung stellen. Falls nämlich die Zahl der Wahlbewerberinnen und Wahlbewerber geringer ist als die nach § 6 Abs. 2 S. 1 vorgesehene Zahl an Mitgliedern, setzt sich die MAV aus den gewählten Mitgliedern zusammen. Es ist also nicht erforderlich, dass die Kandidatenliste **die in § 9 Abs. 6 angegebene Soll-Zahl** von Wahlbewerbern aufweist. Diese Zahl ermöglicht jedoch eine echte Wahl unter den Bewerbern. Zur Vermeidung der womöglichen Absage des Wahltermins (Rn 45) kann der Wahlausschuss seine ursprünglich vorgesehene Frist für die Einreichung von Wahlvorschlägen (Rn 36) ggf. verlängern, wenn nämlich die Wahlvorbereitungen im Übrigen nicht gefährdet werden (z. B. die rechtzeitige Herstellung der Stimmzettel, Vorbereitung und Versand der Briefwahlunterlagen – § 11 Abs. 4 –). Denn **der Wahlausschuss hat ein eigenständiges Bestimmungsrecht für den Termin, bis zu dem die schriftlichen Wahlvorschläge bei ihm eingegangen sein müssen** (§ 9 Abs. 5 S. 1), also auch im Rahmen des Fristenkalenders (Rn 51) ein Recht zur Bestimmung einer **Nachfrist**.

Kandidiert niemand, so hat der Wahlausschuss den Wahltermin abzusagen und durch Aushang oder auf andere geeignete Weise die Wahlberechtigten über den Mangel an Kandidaten zu informieren und zur Kandidatur zu bewegen. Mit der MAV ist ein neuer Wahltermin abzusprechen, wenn sie noch im Amt ist, damit in der Zwischenzeit – auch unter Einschluss einer Mitarbeiterversammlung – eine neue Kandidatenaufstellung mit der gesetzlichen Anzahl an Kandidaturen angeregt wird. Ergeben sich keine i. S. d. § 6 Abs. 2 S. 1 ausreichenden Kandidaturen, wird die Wahl mit den vorhandenen Kandidaturen durchgeführt. Kandidiert gleichwohl niemand, wird mit Ablauf der Amtszeit bzw. Geschäftsführungszeit der bisherigen MAV (§ 13a) die Dienststelle mitarbeitervertretungslos, so dass der Dienstgeber die Initiative zur Bildung einer MAV erhält, um zu gegebener Zeit gemäß § 10 Abs. 1 über eine von ihm einzuberufende Mitarbeiterversammlung einen Wahlausschuss wählen lassen, der dann den Wahltermin neu bestimmt. 45

Der Wahlausschuss kann vom Dienstgeber nicht angehalten oder gar gezwungen werden, die Wahl trotz zu geringer Kandidaturen durchzuführen. Der Dienstgeber hat nur das Recht, Fehler zu rügen, die er im Rahmen seines Anfechtungsrechts gemäß § 12 geltend machen kann, falls der Wahlausschuss nicht einem vorherigen Einspruch von anderer Seite während der Wahlvorbereitung stattgegeben hat. Es entspricht der gesetzlichen Regelung, dass der Wahlausschuss die Wahl vorbereitet und leitet (§§ 9, 11) und der Dienstgeber insoweit in ein Wahlverfahren nicht eingreifen darf. Er hat deshalb auch den **Abbruch des Wahlverfahrens** hinzunehmen, wenn die Entscheidung des Wahlausschusses korrekt ist. Der Wahlausschuss muss die Möglichkeit haben, eigene Fehler zur Vermeidung einer ungültigen Wahl zu korrigieren. Dazu gehört auch die Berichtigung der gesetzlich geregelten Fristen, wenn diese falsch berechnet worden sind. In den **Diözesen, die zusätzliche Wählbarkeitsvoraussetzungen** normieren, muss der Wahlausschuss auch darauf achten, dass die Kandidaturen den persönlichen Anforderungen etwa an den Vorsitzenden der MAV in konfessioneller Hinsicht gerecht werden (§ 14 Rn 10). 46

b. Aushang der Kandidatenliste

Die Kandidatenliste ist gemäß § 9 Abs. 8 S. 1 spätestens **eine Woche vor der Wahl** durch Aushang bekannt zu geben (Rn 62). Dabei ist zur Vermeidung von Benachteiligungen die alphabetische Reihenfolge der Namen der vorgeschlagenen Wahlbewerber einzuhalten. Es empfiehlt sich, in größeren Einrichtungen die Wahlbewerber mit einem Foto neben dem Namen und unter Angabe des Geburtsdatums, mit Arbeitsbereich und Beruf oder Gruppe sowie ggf. der Teildienststelle vorzustellen. Hierbei ist allerdings das Prinzip der Gleichbehandlung zu beachten, wonach jeder Wahlbewerber aufgefordert wird, sein Foto abzuliefern. Es ist dann Sache des Kandidaten, ob er ein Foto für den Aushang abgibt. 47

c. Unwiderruflichkeit der Kandidatur

Nach dem Aushang der Kandidatenliste darf der Wahlbewerber seine Kandidatur nicht mehr widerrufen (§ 9 Abs. 8 S. 2). Mit dieser Vorschrift wird gesichert, dass der Wahlausschuss feststellen kann, ob die Wahl bei den angemeldeten Kandidaturen auch durchgeführt werden kann. Der Wahlaus- 48

II. Die Mitarbeitervertretung

schuss darf jetzt keine Kandidatur mehr streichen,[24] selbst wenn er zu der Überzeugung gelangt ist, dass die Kandidatur wegen fehlender Wählbarkeitsvoraussetzungen gemäß § 8 unzulässig ist. Das ist insbesondere im Fall der schon angelaufenen Briefwahl von Bedeutung und einleuchtend. War die Kandidatur unzulässig, ist die Wahlanfechtung möglich (§ 12 Rn 10 ff.).

VII. Willensbildung des Wahlausschusses

49 Der Wahlausschuss ist ein mehrgliedriges Gremium (§ 9 Abs. 2 S. 2). Er muss daher seine **Entscheidungen** durch Abstimmung der einzelnen Mitglieder des Wahlausschusses nach den Regeln der Mehrheit **durch Beschluss** herbeiführen. Hierbei kommt dem Vorsitzenden des Wahlausschusses die Leitung des Abstimmungsverfahrens zu. Er stellt das Ergebnis der Abstimmung fest. **Stimmenthaltungen** zählen als nicht abgegebene Stimme. Da der Wahlausschuss jedoch zu Entscheidungen verpflichtet ist, dürfen die Mitglieder des Wahlausschusses die notwendigen Entscheidungen nicht durch Stimmenthaltung blockieren.

50 Die **Beschlüsse** und **Entscheidungen** des Wahlausschusses sind zu **protokollieren**.

VIII. Kalender für die Mindestfristen zur Wahlvorbereitung

51 Die in § 9 genannten Mindestfristen für die Wahlvorbereitungshandlungen sind im nachstehenden Schema enthalten.

▶ **Beispiel:**

1. Juni	– Ablauf der Amtszeit der alten MAV
– 8 Wochen davor: = 6. April	– MAV bestimmt den Wahltag = 18. Mai = 2 Wochen vor Ablauf der Amtszeit der alten MAV (§ 9 Abs. 1)
– Ebenfalls 8 Wochen davor: = 6. April	– Bestellung der Mitglieder des Wahlausschusses (§ 9 Abs. 2 S. 1)

Fällt der Tag auf einen arbeitsfreien Tag, einen Sonn- oder Feiertag, ist der vorgenannte Termin vorzuverlegen, um die Zeiten, der Wahlvorbereitung zu erhalten.

– 7 Wochen davor: = 13. April	– Dienstgeber gibt Daten für die Aufstellung des Wählerverzeichnisses an Wahlausschuss (§ 9 Abs. 4 S. 1)
	– Schulung des Wahlausschusses
– 4 Wochen vor dem Wahltag (18. Mai) = 20. April	– Wahlausschuss legt Listen der wahlberechtigten Mitarbeiter zur Einsicht aus (§ 9 Abs. 4 S. 2)
– Der Vorsitzende gibt Ort, Dauer und Zeit der Listenauslage bekannt (§ 9 Abs. 4 S. 3)	
– 3 Wochen vor dem Wahltag: = 27. April	– Ende der Listenauslage (§ 9 Abs. 4 S. 2)

---

24 *Schlichtungsstelle Köln*, 23. 9. 1987 – MAVO 3/87.

– 3 Wochen vor dem Wahltag: = 27. April	– Ende der Einspruchsfrist gegen Eintragung oder Nichteintragung in der Liste (§ 9 Abs. 4 S. 4)
– Danach	– Aufforderung zur Kandidatur (§ 9 Abs. 5)
	– Einzug der Wahlvorschläge
	– Prüfung der Wählbarkeit (§ 9 Abs. 7)
– 1. Woche vor dem Wahltag = 11. Mai	– Aushang der Wahlbewerber (§ 9 Abs. 8 S. 1)
– Danach	– Ausgabe der Briefwahlunterlagen (§ 11 Abs. 4 S. 1)
– 18. Mai	– Wahltag
	– Stimmabgabe bis Ende der Wahlzeit (§ 11 Abs. 4 S. 4)
	– Stimmenauszählung (§ 11 Abs. 5)
	– Bekanntgabe des Wahlergebnisses

Wird an mehreren Tagen gewählt, so gilt wegen der Fristen der erste Wahltag als Stichtag. Die Stimmabgabe ist bis zum Abschluss der Wahlzeit am letzten Wahltag zulässig. Danach erfolgen Stimmauszählung unter Berücksichtigung der Briefwähler und Bekanntgabe des Wahlergebnisses.

Der vorstehende Mindestfristenkalender zeigt deutlich sehr enge Zeiträume an. Unter Berücksichtigung von Entscheidungen über mögliche Einsprüche gegen Eintragungen oder Nichteintragungen in den Listen der Wahlberechtigten, wegen der Prüfung des passiven Wahlrechts der Wahlbewerber, der rechtzeitigen Ausgabe von Briefwahlunterlagen an die Briefwähler (vgl. § 11 Rn 7–10) zur rechtzeitigen Stimmabgabe unter Berücksichtigung des Postweges ist ein längerer Zeitraum für die Wahlvorbereitung möglich, damit sie ordnungsgemäß durchgeführt wird. 52

Besonders eng sind die Zeiträume an einigen Nahtstellen, wie Zeitpunkt der Bestellung der Mitglieder des Wahlausschusses, der Herausgabe der Unterlagen zur Aufstellung des Wählerverzeichnisses und die Auslage der Listen der wahlberechtigten Mitarbeiter. Hier sind Dehnungen hilfreich, damit ausreichende Zeit zur Entscheidung strittiger Fragen zur Verfügung steht. Auch der Zeitraum zwischen dem Aushang der Wahlbewerber bis zum Wahltag ist bei notwendiger Briefwahl ausreichend lang zu regeln (Rn 51). 53

IX. Kosten

Die notwendigen Kosten zur Vorbereitung und Durchführung der Wahl trägt der Dienstgeber (§ 11 Abs. 8 S. 2, vgl. § 11 Rn 21). Der Wahlausschuss ist nach der MAVO nicht berechtigt oder verpflichtet zu beschließen, einen eingereichten Wahlvorschlag um das Lichtbild des Kandidaten zu ergänzen. Er prüft lediglich die Gültigkeit des Wahlvorschlags. Ist der Wahlvorschlag gültig, ist beim Aushang der Kandidatenliste am Schwarzen Brett die Zufügung des Fotos Sache des Kandidaten, wenn der Wahlausschuss das gestattet. Die Kosten für Lichtbilder trägt der Dienstgeber nicht.[25] 54

X. Streitigkeiten

Streitigkeiten über Fragen der Wahlvorbereitung sind Rechtsstreitigkeiten in Angelegenheiten des Wahlverfahrensrechts (§ 8 Abs. 2 Buchstabe b KAGO) und werden auf Antrag eines Klageberechtig- 55

---

25 Vgl. auch: *BAG*, 3. 12. 1987 – 6 ABR 78/85, BB 1988, 1042.

II. Die Mitarbeitervertretung

ten (Dienstgeber, amtierende MAV, Mitarbeiter oder Wahlausschuss) vom Kirchlichen Arbeitsgericht entschieden. Mängel bei der Bestellung oder der Tätigkeit des Wahlausschusses machen die Wahl, wenn die Voraussetzungen des § 12 (vgl. dort) vorliegen, anfechtbar (vgl. Rn 38). Entscheidungen und Maßnahmen des Wahlausschusses, die sich auf die Wahl beziehen, sowie die Bestellung des Wahlausschusses können nur angefochten werden, wenn durch sie das Wahlergebnis beeinflusst sein kann.[26]

XI. Formulare für das Wahlverfahren

56 Zur Durchführung der Wahlvorbereitung empfiehlt sich der Gebrauch von Mustern für die Benachrichtigung der Wahlberechtigten. Dazu werden einige Formularbeispiele vorgestellt.

1. Zur Bekanntgabe des Wahltermins (§ 9 Abs. 1):

57 Die Mitarbeitervertretung   Datum

in

Bekanntmachung

in ihrer Sitzung vom ... hat die Mitarbeitervertretung den ... als Wahltermin zur Wahl einer neuen Mitarbeitervertretung bestimmt (§ 9 Abs. 1 MAVO). Zu Mitgliedern des Wahlausschusses sind folgende Personen bestellt worden:

....

Unterschrift des/der Vorsitzenden der MAV

2. Für das Wahlausschreiben (Rn 36 ff.):

58 Der Wahlausschuss

in   Datum

Wahlausschreiben

für die Wahl der Mitarbeitervertretung

in

....

Dienststelle, Einrichtung, sonstige Stelle

am ....

Gemäß § 6 MAVO ist bei .... wahlberechtigten Mitarbeitern eine Mitarbeitervertretung (MAV) zu bilden, die aus .... Mitglied(ern) besteht. Gleichzeitig ist/sind .... Ersatzmitglied(er) zu wählen. Wählen kann nur, wer in die Liste der aktiv wahlberechtigten Mitarbeiter eingetragen ist. Diese Liste liegt für jeden zur Einsichtnahme in der Zeit vom .... bis ...., von .... Uhr bis .... Uhr in .... beim Wahlausschuss aus.

Jeder Mitarbeiter und jede Mitarbeiterin kann innerhalb einer Frist von einer Woche nach Auslegung der Liste, also spätestens bis zum .... gegen die Eintragung oder Nichteintragung Einspruch einlegen. Der Wahlausschuss entscheidet über den Einspruch endgültig.

---

[26] *Schlichtungsstelle Mainz*, 29. 9. 1997 – Az 1726, 3/11 – 1997.

Die Wahlberechtigten werden aufgefordert, schriftliche Wahlvorschläge, die jeweils von mindestens drei Wahlberechtigten unterzeichnet sein müssen, bis zum .... einzureichen. Die Wahlvorschläge sollen Vertreter der Dienstbereiche und Gruppen berücksichtigen. Jeder Wahlvorschlag muss die Erklärung des Kandidaten enthalten, dass er seiner Benennung zustimmt und ein Wahlausschlussgrund nicht vorliegt.

Formulare für die Wahlvorschläge liegen beim Wahlausschuss vor. Wahlvorschläge, die nicht die nötige Anzahl von Unterschriften enthalten oder verspätet eingehen, sind ungültig. Gewählt werden kann nur, wer in einen gültigen Wahlvorschlag aufgenommen ist.

....
Unterschriften der Mitglieder des Wahlausschusses

3. **Für den Wahlvorschlag (Rn 36 ff., 41 f.):**

Wahlvorschlag

zur Wahl der MAV in .... am ....

Der nachstehende Wahlvorschlag muss von drei wahlberechtigten Mitarbeitern unterschrieben sein, um gültig zu sein. Der Wahlvorschlag muss die vom vorgeschlagenen Kandidaten abzugebende Erklärung enthalten, dass er seiner Benennung zustimmt. Der Wahlvorschlag hat spätestens bis zum .... dem Wahlausschuss in .... vorzuliegen.

Die nachstehend Unterzeichneten schlagen Herrn/Frau ... zur Wahl der Mitarbeitervertretung in .... vor.

....
Unterschriften von mindestens drei wahlberechtigten Mitarbeitern

Datum ....

Erklärung
des Vorgeschlagenen

Ich, Name ...., erkläre mich hiermit in Kenntnis der Bestimmungen der §§ 7, 8 MAVO über die Wählbarkeit mit meiner Benennung zur MAV-Wahl einverstanden.

Datum ....
Unterschrift des/der Kandidaten/in

4. **Bestätigung der Wählbarkeit**

Der/die Vorgeschlagene bestätigt hiermit, dass gegen seine/ihre Wählbarkeit kein Ausschlussgrund i. S. v. §§ 7, 8 MAVO vorliegt.

Datum ....
Unterschrift

Die nachstehenden Vermerke zu 5. und die Erklärung zu 4. können auf der Rückseite des Wahlvorschlages eingetragen werden.

5. **Vermerke des Wahlausschusses**

Eingang:

Aktives	und	passives Wahlrecht
☐ ja		☐ ja
☐ nein		☐ nein

II. Die Mitarbeitervertretung

geprüft am: ....
Unterschrift ....

6. Zur Bekanntgabe der zur Wahl der MAV vorgeschlagenen Mitarbeiter (Rn 43 ff.):

62

Bekanntgabe der Kandidaten

und Kandidatinnen zur Wahl der Mitarbeitervertretung

in ....

Zur Wahl der Mitarbeitervertretung wurden folgende Mitarbeiterinnen und Mitarbeiter gültig vorgeschlagen, die in alphabetischer Reihenfolge aufgeführt sind. Es kandidieren:

Namen

Die Wahl findet am ...., in der Zeit von ...... bis ...... Uhr in ...... (Wahllokal) statt.

Jede/r wahlberechtigte Mitarbeiter(in) hat .... Stimme(n) entsprechend der Zahl der zu wählenden Mitarbeitervertreter. Die Stimmabgabe erfolgt durch Ankreuzen von höchstens so vielen Namen wie Kandidaten bzw. Kandidatinnen zu wählen sind.

Zu wählen sind .... Kandidaten/Kandidatinnen. Das Ankreuzen von mehr als .... Namen und Zusätze machen den Stimmzettel ungültig. Mitarbeiter, die am Wahltag an der Wahl verhindert sind, können von der Briefwahl Gebrauch machen. Die Briefwahlunterlagen sind beim Wahlausschuss in der Zeit von .... Uhr bis .... Uhr in .... ab sofort erhältlich. Sie werden auf Wunsch zugeschickt. Der Wahlbrief muss bis zum Ende der Wahlzeit beim Wahlausschuss in .... eingegangen sein.

....
Datum .... Der Wahlausschuss

§ 10 Dienstgeber – Vorbereitungen zur Bildung einer Mitarbeitervertretung

(1) Wenn in einer Einrichtung die Voraussetzungen für die Bildung einer Mitarbeitervertretung vorliegen, hat der Dienstgeber spätestens nach drei Monaten zu einer Mitarbeiterversammlung einzuladen. Er leitet sie und kann sich hierbei vertreten lassen. Die Mitarbeiterversammlung wählt den Wahlausschuss, der auch den Wahltag bestimmt. Im Falle des Ausscheidens eines Mitglieds bestellt der Wahlausschuss unverzüglich ein neues Mitglied.

(1a) Absatz 1 gilt auch,
1. wenn die Mitarbeitervertretung ihrer Verpflichtung gemäß § 9 Abs. 1 und 2 nicht nachkommt,
2. im Falle des § 12 Abs. 5 Satz 2,
3. im Falle des § 13 Abs. 2 Satz 3,
4. in den Fällen des § 13a nach Ablauf des Zeitraumes, in dem die Mitarbeitervertretung die Geschäfte fortgeführt hat,
5. nach Feststellung der Nichtigkeit der Wahl der Mitarbeitervertretung durch rechtskräftige Entscheidung der kirchlichen Gerichte für Arbeitssachen in anderen als den in § 12 genannten Fällen, wenn ein ordnungsgemäßer Wahlausschuss nicht mehr besteht.

(2) Kommt die Bildung eines Wahlausschusses nicht zustande, so hat auf Antrag mindestens eines Zehntels der wahlberechtigten Mitarbeiterinnen und Mitarbeiter und nach Ablauf eines Jahres der Dienstgeber erneut eine Mitarbeiterversammlung zur Bildung eines Wahlausschusses einzuberufen.

(3) In neuen Einrichtungen entfallen für die erste Wahl die in den §§ 7 Abs. 1 und 8 Abs. 1 festgelegten Zeiten.

Übersicht	Rn		Rn
I. Anwendungsbereich der Vorschrift	1– 8	2. Absatz 1a Nr. 2	25
II. Wahl des Wahlausschusses	9–22	3. Absatz 1a Nr. 3	26
1. Einberufung der Mitarbeiterversammlung	9–11	4. Absatz 1a Nr. 4	27
2. Aufgabe der Mitarbeiterversammlung	12–14	5. Absatz 1a Nr. 5	28
3. Wahl des Wahlausschusses	15–19	IV. Scheitern der Bildung eines Wahlausschusses	29–31
4. Bestimmung des Wahltages	20	1. Antrag von einem Zehntel der wahlberechtigten Mitarbeiter	30
5. Ausscheiden eines Mitgliedes aus dem Wahlausschuss	21, 22	2. Einladung des Dienstgebers zur Mitarbeiterversammlung	31
III. Einberufung der Mitarbeiterversammlung in den Fällen des Absatzes 1a	23–28	V. Folgen der Untätigkeit des Dienstgebers	32
1. Absatz 1a Nr. 1	24	VI. Keine Dienstzeiterfordernisse in neuen Einrichtungen	33, 34

I. Anwendungsbereich der Vorschrift

Die Vorschrift ist zwingendes Recht. Sie behandelt die Wahl des Wahlausschusses in der mitarbeitervertretungslosen Dienststelle, in der die Voraussetzungen für die Bildung einer MAV (§ 6 Abs. 1) erfüllt sind. Die Vorschrift ergänzt § 9. Sie gilt entsprechend für die Dienststelle, in der kein Sprecher der Jugendlichen und Auszubildenden vorhanden ist, obwohl die Voraussetzungen des § 48 erfüllt sind (§ 51 Abs. 2 S. 1 i. V. m. § 10 Abs. 1). 1

Übernimmt z. B. ein kirchlicher Rechtsträger (vgl. § 1 Abs. 1) durch Rechtsgeschäft ein bisher von einem nichtkirchlichen Träger betriebenes Krankenhaus, um Krankenpflege zu betreiben und damit den Auftrag der Kirche in der Welt auf dem Gebiet der tätigen Nächstenliebe wahrzunehmen, so wird das Krankenhaus unter Umständen durch den **Trägerwechsel** zu einer kirchlichen Einrichtung,[1] wobei es auf den Bestand einer christlich motivierten Dienstgemeinschaft zwischen dem kirchlichen Arbeitgeber (Dienstgeber) und seinen Mitarbeitern nicht ankommt.[2] Besteht in der übernommenen Einrichtung eine Arbeitnehmervertretung nach anderem Recht als dem Mitarbeitervertretungsrecht i. S. d. MAVO (z. B. BetrVG, BPersBG, MVG-EKD), so handelt die in der übernommenen Einrichtung gebildete **Arbeitnehmervertretung**, die nicht nach der MAVO gebildet worden ist, ab der Übernahme in den Geltungsbereich der MAVO als **Mitarbeitervertretung i. S. d. MAVO** mit den sich aus dieser Ordnung ergebenden Rechten und Pflichten (§ 13d Abs. 4). Die Arbeitnehmervertretung hat unverzüglich den **Wahlausschuss** gemäß § 13d Abs. 1 S. 2 i. V. m. § 13d Abs. 4 S. 1 (Übertragung einer Einrichtung) **zur Durchführung einer MAV-Wahl** zu bestellen. Die Bestellung erfolgt also in Anwendung der Bestimmungen des § 9. Eine mitarbeitervertretungslose (Zwischen-)Zeit wird mit der Vorschrift des § 13d Abs. 4 also vermieden. 2

Ist der übernehmende Rechtsträger dagegen nicht einer Religionsgemeinschaft i. S. d. § 118 Abs. 2 BetrVG zugeordnet, weil eine institutionelle Verbindung zwischen der Religionsgemeinschaft und der Einrichtung fehlt, auf Grund derer die Religionsgemeinschaft über ein Mindestmaß an Einflussmöglichkeiten verfügt, um auf Dauer eine Übereinstimmung der religiösen Betätigung der Einrichtung mit ihren Vorstellungen gewährleisten zu können, so bleibt die übernommene Einrichtung im Geltungsbereich des z. B. bisher geltenden staatlichen Betriebsverfassungsrechts.[3] 3

---

1 *BAG*, 9. 2. 1982 – I ABR 36/80, EzA § 118 BetrVG 1972 Nr. 33 = DB 1982, 1414 = BB 1982, 924.
2 *BAG*, 5. 12. 2007 – 7 ABR 72/06, NZA 2008, 653.
3 *BAG*, wie vor.

4 Werden mehrere bisher selbständig geführte Dienststellen zu einer einzigen Dienststelle vereinigt, entsteht eine neue Einrichtung, so dass in dieser die Wahl einer MAV vorzubereiten ist (vgl. § 13d Abs. 2; § 1a Rn 21 f.).

5 Dasselbe gilt auch in den Fällen des Absatzes 1a Nrn. 1 bis 5 (Rn 23 ff.).

6 Die Vorschrift ist zu unterscheiden von den Vorschriften der §§ 11a, 11b, 11c (siehe dort) über **das vereinfachte Wahlverfahren** in Einrichtungen mit je nach diözesaner Ordnung begrenzter Mitarbeiterzahl, in der Regel mit bis zu 20 aktiv Wahlberechtigten (§ 7); diözesane Bestimmungen sehen höhere Mitarbeiterzahlen bis zu 50 Personen vor. In den betreffenden Einrichtungen findet anstelle einer Mitarbeiterversammlung die Wahlversammlung, ohne einen Wahlausschuss zu wählen, zur Wahl der MAV statt. Zu der Wahlversammlung lädt der Dienstgeber ein (§ 11b Abs. 2), wenn eine MAV nicht vorhanden ist.

7 Das vereinfachte Wahlverfahren findet jedoch nicht statt, wenn die Mitarbeiterversammlung mit der Mehrheit der Anwesenden, mindestens jedoch mit einem Drittel aller aktiv Wahlberechtigten der Einrichtung oder Dienststelle (§ 1a) die Durchführung der Wahl nach den §§ 9 bis 11 beschlossen hat (§ 11a Abs. 2), also einen Wahlausschuss wählt. Praktisch muss also der Dienstgeber einer kleinen Einrichtung die Mitarbeiterversammlung einladen mit den Tagesordnungspunkten:
– Beschluss über die Durchführung des vereinfachten Wahlverfahrens,
– Wahl des Wahlleiters zur MAV-Wahl,
– Wahl der MAV und hilfsweise
– Wahl eines Wahlausschusses zur Durchführung der MAV-Wahl.

8 Denn der Dienstgeber kann das Wahlverfahren durch die Art der Einladung nicht allein bestimmen. Das Bestimmungsrecht hat die Mitarbeiterversammlung (§ 11a Abs. 2). Sollte anderes gewollt sein, hätte die Entscheidungsbefugnis der Mitarbeiterversammlung keine praktische Bedeutung. Das Bestimmungsrecht der Mitarbeiterversammlung ist auch dann nicht aufgehoben, wenn die MAV-Wahl nicht in den gemeinsamen einheitlichen Wahltermin (§ 13 Abs. 1) fällt, weil die Mitarbeiterversammlung nicht rechtzeitig einberufen worden ist. Denn Wahlen können auf Grund der Gegebenheiten in der Dienststelle gerade auch außerhalb eines einheitlichen Wahltermins erfolgen (§ 13 Abs. 3, Abs. 4 i. V. m. § 10).

II. Wahl des Wahlausschusses

1. Einberufung der Mitarbeiterversammlung

9 § 10 Abs. 1 schreibt vor, dass zur Wahl eines Wahlausschusses der **Dienstgeber** die Mitarbeiterversammlung (§ 4) einzuladen hat. Für die Einladung sind nähere Regelungen nicht getroffen. Dennoch sind die Grundsätze für die Einberufung einer Mitarbeiterversammlung gemäß § **21 analog** anzuwenden. Auf § 22a Abs. 1 wird hingewiesen.

10 Die Einladung hat **innerhalb von drei Monaten**, spätestens nach drei Monaten, zu erfolgen, nachdem die Voraussetzungen für die Bildung einer MAV vorliegen (vgl. § 6 Abs. 1); eine spätere Einladung ist aber nicht unzulässig. Das folgt aus dem grundsätzlichen Gebot zur Bildung von Mitarbeitervertretungen (§ 1a Abs. 1) und der Vorschrift des § 10 Abs. 2 zur Wiederholung der Einladung, wenn es bei der ersten Versammlung nicht zur Wahl des Wahlausschusses gekommen ist.

11 Die **Einladung** zur besonderen Mitarbeiterversammlung erfolgt **durch Aushang** mit einer Frist von mindestens zwei Wochen (vgl. § 21 Abs. 1 S. 3 i. V. m. Abs. 3 S. 1 und 2) unter Angabe des Grundes und der Tagesordnung der Versammlung (vgl. § 21 Abs. 3 S. 3) sowie von Ort und Zeit. Wird die Einladung zur Mitarbeiterversammlung nicht ordnungsgemäß bekannt gegeben und wird sie deshalb von Mitarbeitern nicht zur Kenntnis genommen oder erfahren Mitarbeiter von der Versammlung tatsächlich nicht, so kann das die Nichtigkeit der Wahl des Wahlausschusses zur Folge haben.

Das ist insbesondere der Fall, wenn infolge des Fernbleibens von Mitarbeitern das Wahlergebnis beeinflusst sein kann.[4]

2. Aufgabe der Mitarbeiterversammlung

Unter Leitung des Dienstgebers oder seines Vertreters (§ 10 Abs. 1 S. 2) ist in der Mitarbeiterversammlung der **Wahlausschuss zu wählen** (§ 10 Abs. 1 S. 3). Eine Abweichung von dieser Verfahrensvorschrift ist unzulässig, macht die Wahl des Wahlausschusses aber nicht nichtig, wenn der Dienstgeber oder sein Vertreter trotz ordnungsgemäßer Einladung die Mitarbeiterversammlung nicht leitet, so dass die Mitarbeiter auch ohne die Anwesenheit des Dienstgebers bzw. seines Vertreters den Wahlausschuss wählen. Die Mitarbeiterversammlung ist allerdings auf den Zweck der Wahl des Wahlausschusses beschränkt. Zur Mitarbeiterversammlung gehören alle Mitarbeiter i. S. v. § 3 Abs. 1, also auch diejenigen, die gemäß § 7 nicht aktiv wahlberechtigt sind (§ 4 S. 1). Von der Teilnahme an der Mitarbeiterversammlung sind die vom Mitarbeiterbegriff gemäß § 3 Abs. 1 S. 2 und Abs. 2 Ausgeklammerten ausgeschlossen. 12

Die Mitarbeiterversammlung kann die Durchführung des vereinfachten Wahlverfahrens nur beschließen, wenn dies nach § 11a Abs. 1 zulässig ist. Eine gegen die Vorschrift erfolgende Maßnahme ist unzulässig (§ 55). Voraussetzung für die Durchführung des vereinfachten Wahlverfahrens ist der entsprechende Hinweis in der Einladung (Rn 7). Andernfalls muss nach dem Beschluss zur Durchführung des vereinfachten Wahlverfahrens zu einer neuen Mitarbeiterversammlung als Wahlversammlung i. S. v. § 11b eingeladen werden. 13

Die Mitarbeiterversammlung findet in der Regel **während der Arbeitszeit** statt. In Einrichtungen mit Schichtdienst ist auf die besondere betriebliche Situation Rücksicht zu nehmen. In Einrichtungen mit Unterricht oder Betreuung von Kindern wird die Versammlung in der unterrichtsfreien Zeit stattfinden (vgl. § 21 Rn 39). Wegen der Einberufung von Teilversammlungen zur Wahl des Wahlausschusses wird auf § 4 Rn 26 verwiesen. 14

3. Wahl des Wahlausschusses

Die Bestellung des Wahlausschusses erfolgt durch Wahl. Es reicht die **Mehrheit der anwesenden Mitarbeiter** aus. Die Mehrheit aller Mitarbeiter der Dienststelle ist nicht erforderlich. Denn die Mitarbeiterversammlung ist gemäß § 22 Abs. 3 S. 1 ohne Rücksicht auf die Zahl der erschienenen Mitarbeiter und Mitarbeiterinnen beschlussfähig. Der Wahlausschuss kann also auch gewählt werden, wenn sich nur eine Minderheit der Mitarbeiter an der Mitarbeiterversammlung und an der Wahl beteiligt. Voraussetzung ist allerdings eine gültige Einberufung der Mitarbeiterversammlung durch den Dienstgeber. 15

Die Wahl des Wahlausschusses ist formlos möglich. Geheime oder schriftliche Wahl ist nicht erforderlich. Es findet **Mehrheitswahl** statt. Jedes Mitglied des Wahlausschusses muss von der Mehrheit der anwesenden Mitarbeiter gewählt werden. Die relative Mehrheit der abgegebenen Stimmen genügt nicht. Bei Stimmengleichheit sollte eine Stichwahl erfolgen. Im Übrigen gilt für den Wahlausschuss § 9 Abs. 2 S. 2 und 3. 16

Für das Wahlrecht in der Mitarbeiterversammlung gelten die allgemeinen Grundsätze für das Stimmrecht. Wer nicht gemäß § 7 wahlberechtigt ist, darf sich dennoch in der Mitarbeiterversammlung an der Wahl des Wahlausschusses beteiligen. 17

In der Mitarbeiterversammlung machen die Anwesenden Vorschläge zur Kandidatur für das Amt des Wahlausschussmitgliedes. Festzulegen ist auch die Größe des Wahlausschusses, der aus drei oder fünf Personen bestehen kann (§ 9 Abs. 2 S. 2). Weil jedoch ein Wahlausschussmitglied zur MAV-Wahl kandidieren kann und deshalb aus diesem Grunde oder durch andere Umstände an der Wahrneh- 18

---

4 Vgl. *BAG*, 7. 5. 1986 – 2 AZR 349/85, DB 1986, 1883.

mung seiner Aufgabe als Mitglied des Wahlausschusses gehindert sein kann, etwa durch Krankheit, empfiehlt sich die vorsorgliche Wahl von Ersatzmitgliedern (vgl. § 9 Rn 20).

19 Über die Mitarbeiterversammlung ist gemäß § 22 Abs. 4 eine **Niederschrift** zu fertigen, die vom Dienstgeber und von einem in der Mitarbeiterversammlung zu bestellenden Schriftführer zu unterzeichnen ist.

4. Bestimmung des Wahltages

20 Der Wahlausschuss konstituiert sich durch die Wahl seines Vorsitzenden und bestimmt gemäß § 10 Abs. 1 S. 3 den Wahltag.

5. Ausscheiden eines Mitgliedes aus dem Wahlausschuss

21 Scheidet ein Mitglied aus dem Wahlausschuss aus, so bestellt der Wahlausschuss unverzüglich ein neues Mitglied (§ 10 Abs. 1 S. 4). Unverzüglich heißt, dass sofort und ohne schuldhaftes Zögern eine Person zu suchen und zur Mitarbeit im Wahlausschuss zu verpflichten ist (vgl. auch § 9 Abs. 3).

22 Ist ein Ersatzmitglied bereits in der Mitarbeiterversammlung gewählt worden, so wird dieses zum neuen Mitglied des Wahlausschusses bestellt.

III. Einberufung der Mitarbeiterversammlung in den Fällen des Absatzes 1a

23 Der Dienstgeber hat auch dann i. S. v. § 10 Abs. 1 S. 1 und 2 tätig zu werden und einen Wahlausschuss wählen zu lassen (§ 10 Abs. 1 S. 3), wenn folgende Ereignisse das erforderlich machen, wie dies aus § 10 Abs. 1a folgt.

1. Absatz 1a Nr. 1

24 Die MAV kommt ihren Verpflichtungen gemäß § 9 Abs. 1 und 2 nicht nach. Gemäß § 9 Abs. 1 bestimmt die MAV spätestens acht Wochen vor Ablauf ihrer Amtszeit (§ 13) den Wahltag, der spätestens zwei Wochen vor Ablauf ihrer Amtszeit liegt. Und gemäß § 9 Abs. 2 S. 1 und 2 muss die MAV ebenfalls spätestens acht Wochen vor Ablauf ihrer Amtszeit die Mitglieder des Wahlausschusses bestellen. Hat die MAV nicht vor Ablauf der achtwöchigen Mindestfristen gehandelt, so muss der Dienstgeber selbst die Initiative ergreifen und zur Bildung eines Wahlausschusses die Mitarbeiterversammlung einberufen. In diesem Falle bestimmt der gewählte Wahlausschuss den Wahltag (§ 10 Abs. 1a Nr. 1 i. V. m. § 10 Abs. 1 S. 3), nicht aber der Dienstgeber.

2. Absatz 1a Nr. 2

25 Ist nach der erfolgreichen Anfechtung einer MAV-Wahl, welche die Wiederholung der Wahl erforderlich macht (§ 12 Abs. 2 S. 2, 2. Halbsatz), kein ordnungsgemäß besetzter Wahlausschuss (vgl. § 9 Abs. 2 S. 2) mehr vorhanden, so ist ein neuer Wahlausschuss zu bestellen mit der Folge, dass der Dienstgeber zur Wahl des Wahlausschusses die Mitarbeiterversammlung einzuberufen hat.

3. Absatz 1a Nr. 3

26 Gemäß § 13 Abs. 2 S. 3 endet die regelmäßige vierjährige Amtszeit der MAV am 30. Juni des Jahres, in dem nach § 13 Abs. 1 die regelmäßigen einheitlichen Mitarbeitervertretungswahlen stattfinden (abweichende diözesane Termine sind entsprechend zu berücksichtigen). Hat die Amtszeit der MAV ihr Ende gefunden, auch etwa im Falle des § 13 Abs. 5, so hat der Dienstgeber spätestens dann die Mitarbeiterversammlung zur Wahl des Wahlausschusses einzuladen. Dieser Fall ist denkbar, wenn z. B. trotz Initiativen der MAV kein Wahlausschuss bestellt worden ist.

4. Absatz 1a Nr. 4

Gemäß § 13a führt die alte MAV die Geschäfte weiter, wenn bei Ablauf ihrer Amtszeit noch keine neue MAV gewählt ist. Ist die neue MAV auch nach Ablauf der sechsmonatigen Dauer der verlängerten Geschäftsführung der (alten) MAV noch nicht gewählt, dann muss der Dienstgeber die Mitarbeiterversammlung zur Wahl des Wahlausschusses einberufen. Die Einberufung kann aber unterbleiben, wenn ein Wahlverfahren läuft und nur die Wahl der neuen MAV noch nicht abgeschlossen ist, während der Wahltag bereits feststeht.

5. Absatz 1a Nr. 5

Es kann Gründe geben, welche die Nichtigkeit einer MAV-Wahl zur Folge haben. Ist die Nichtigkeit durch ein kirchliches Arbeitsgericht rechtskräftig festgestellt worden und besteht kein ordnungsgemäß besetzter Wahlausschuss mehr, hat der Dienstgeber die Mitarbeiterversammlung zur Wahl des Wahlausschusses einzuberufen. An dieser Stelle ist die Frage angebracht, wie lange denn der Wahlausschuss sich als im Amt befindlich zu erachten hat oder sich wenigstens ordnungsgemäß zusammenzuhalten hat. Nach § 12 Abs. 5 S. 1 darf davon ausgegangen werden, dass der Wahlausschuss, falls seine Mitglieder nicht zurückgetreten sind, schon deswegen im Amt bleibt, solange nach jeder Wahl noch ein Wahlanfechtungsverfahren zur Wiederholung der Wahl führt und infolgedessen wiederum die Zeit des Wahlverfahrens durchzustehen ist. Das hat auch Auswirkungen auf den Kündigungsschutz gemäß § 19 Abs. 2.

IV. Scheitern der Bildung eines Wahlausschusses

Für den Fall, dass in der Mitarbeiterversammlung kein Wahlausschuss – aus welchen Gründen auch immer – gebildet wird, oder der Wahlausschuss später zerfällt, weil infolge des Ausscheidens eines oder mehrerer Mitglieder niemand nachbestellt werden kann, gibt es zwei Wege zur Wiederholung des Versuchs zur Wahl eines Wahlausschusses (§ 10 Abs. 2).

1. Antrag von einem Zehntel der wahlberechtigten Mitarbeiter

Auf Antrag mindestens eines Zehntels der wahlberechtigten Mitarbeiter hat der Dienstgeber erneut eine Mitarbeiterversammlung zur Bildung eines Wahlausschusses einzuberufen. Für das Verfahren gelten dieselben Vorschriften wie für die Einberufung der Mitarbeiterversammlung gemäß § 10 Abs. 1. Der Dienstgeber hat in diesem Falle auf die Initiative aus der Mitarbeiterschaft zu reagieren.

2. Einladung des Dienstgebers zur Mitarbeiterversammlung

Bei fehlendem Antrag der Mitarbeiterseite kann auch der Dienstgeber nach Ablauf eines Jahres seit der vorangegangenen Mitarbeiterversammlung von sich aus erneut eine Mitarbeiterversammlung zur Bildung eines Wahlausschusses gemäß § 10 Abs. 1 einberufen, weil er im Grundsatz dafür zu sorgen hat, dass in seinen Einrichtungen eine MAV gebildet wird (§ 1a Abs. 1).

V. Folgen der Untätigkeit des Dienstgebers

Lädt der Dienstgeber die Mitarbeiterversammlung zur Wahl eines Wahlausschusses nicht ein, obwohl er selbst tätig werden muss und sogar ein Zehntel der Wahlberechtigten dies verlangt hat, so kann eine wahlberechtigte Mitarbeiterin oder ein wahlberechtigter Mitarbeiter – auch mehrere gemeinsam – gemäß § 2 Abs. 2 i. V. m. § 8 Abs. 2 Buchstabe b KAGO Klage vor dem Kirchlichen Arbeitsgericht erheben, damit der Dienstgeber die Mitarbeiterversammlung einberuft, in der der Wahlausschuss zu bestellen ist. Die Entscheidung des Kirchlichen Arbeitsgerichts hat für den Dienstgeber vorbehaltlich der §§ 47 ff. KAGO bindende Wirkung. Er muss dem Urteil des Kirchlichen Arbeitsgerichts unverzüglich Folge leisten (§ 53 KAGO). Die Bildung einer MAV ist nicht in das Belieben von Dienstgeber oder Mitarbeiterinnen und Mitarbeitern gestellt. Folglich kann auf die Pflicht zur Bildung einer MAV nicht verzichtet werden.

Thiel

VI. Keine Dienstzeiterfordernisse in neuen Einrichtungen

33 Gemäß § 10 Abs. 3 gilt für neue Einrichtungen eine Besonderheit. Die in §§ 7 und 8 festgelegten Dienstzeiten von Mitarbeitern, die zur Wahlberechtigung erforderlich sind, sind in neuen Einrichtungen nicht erforderlich. Das folgt aus der Vorschrift von § 10 Abs. 1, der vorschreibt, dass innerhalb von drei Monaten seit Vorliegen der Voraussetzung zur Bildung einer MAV die Vorbereitungen zur Bildung einer MAV einzuleiten sind. Das gilt auch in den Fällen, in denen Einrichtungen zu einer neuen Einrichtung zusammengefügt werden, so dass deshalb eine neue MAV zu wählen ist. Dabei spielt es keine Rolle, ob durch die Zusammenlegung überhaupt eine mitarbeitervertretungsfähige Einrichtung erstmals entsteht oder aus einer oder mehreren mitarbeitervertretungsfähigen Einrichtungen eine einheitliche neue Dienststelle bzw. Einrichtung entsteht (Rn 4).

34 Die Vorschrift des § 10 Abs. 3 gilt nicht für solche Einrichtungen oder Dienststellen, in denen z. B. aus den Gründen des § 13 Abs. 3 eine Neuwahl der MAV stattfinden muss. Saisonbetriebe fallen nicht unter die Vorschrift des § 10 Abs. 3, weil sie nicht neue Einrichtungen sind. Es gilt § 10 Abs. 1, wobei das Wahlrecht (§ 7) und die Wählbarkeit (§ 8) zur MAV zu prüfen sind.

§ 11 Durchführung der Wahl

(1) Die Wahl der Mitarbeitervertretung erfolgt unmittelbar und geheim. Für die Durchführung der Wahl ist der Wahlausschuss verantwortlich.

(2) Die Wahl erfolgt durch Abgabe eines Stimmzettels. Der Stimmzettel enthält in alphabetischer Reihenfolge die Namen aller zur Wahl stehenden Mitarbeiterinnen und Mitarbeiter (§ 9 Abs. 8 Satz 1). Die Abgabe der Stimme erfolgt durch Ankreuzen eines oder mehrerer Namen. Es können so viele Namen angekreuzt werden, wie Mitglieder zu wählen sind. Der Wahlzettel ist in Anwesenheit von mindestens zwei Mitgliedern des Wahlausschusses in die bereitgestellte Urne zu werfen. Die Stimmabgabe ist in der Liste der wahlberechtigten Mitarbeiterinnen und Mitarbeiter zu vermerken.

(3) Bemerkungen auf dem Wahlzettel und das Ankreuzen von Namen von mehr Personen, als zu wählen sind, machen den Stimmzettel ungültig.

(4) Im Falle der Verhinderung ist eine vorzeitige Stimmabgabe durch Briefwahl möglich. Der Stimmzettel ist in dem für die Wahl vorgesehenen Umschlag und zusammen mit dem persönlich unterzeichneten Wahlschein in einem weiteren verschlossenen Umschlag mit der Aufschrift »Briefwahl« und der Angabe des Absenders dem Wahlausschuss zuzuleiten. Diesen Umschlag hat der Wahlausschuss bis zum Wahltag aufzubewahren und am Wahltag die Stimmabgabe in der Liste der wahlberechtigten Mitarbeiterinnen und Mitarbeiter zu vermerken, den Umschlag zu öffnen und den für die Wahl bestimmten Umschlag in die Urne zu werfen. Die Briefwahl ist nur bis zum Abschluss der Wahl am Wahltag möglich.

(5) Nach Ablauf der festgesetzten Wahlzeit stellt der Wahlausschuss öffentlich fest, wie viel Stimmen auf die einzelnen Gewählten entfallen sind und ermittelt ihre Reihenfolge nach der Stimmenzahl. Das Ergebnis ist in einem Protokoll festzuhalten, das vom Wahlausschuss zu unterzeichnen ist.

(6) Als Mitglieder der Mitarbeitervertretung sind diejenigen gewählt, die die meisten Stimmen erhalten haben. Alle in der nach der Stimmenzahl entsprechenden Reihenfolge den gewählten Mitgliedern folgenden Mitarbeiterinnen und Mitarbeiter sind Ersatzmitglieder. Bei gleicher Stimmenzahl entscheidet das Los.

(7) Das Ergebnis der Wahl wird vom Wahlausschuss am Ende der Wahlhandlung bekanntgegeben. Der Wahlausschuss stellt fest, ob jede oder jeder Gewählte die Wahl annimmt. Bei Nichtannahme gilt an ihrer oder seiner Stelle die Mitarbeiterin oder der Mitarbeiter mit der nächstfolgenden Stimmenzahl als gewählt. Mitglieder und Ersatzmitglieder der Mitarbeitervertretung werden durch Aushang bekanntgegeben.

(8) Die gesamten Wahlunterlagen sind für die Dauer der Amtszeit der gewählten Mitarbeitervertretung aufzubewahren. Die Kosten der Wahl trägt der Dienstgeber.

Übersicht

		Rn				Rn
I.	Verantwortlichkeit für die Durchführung der Wahl	1, 2		6. Aushang des Wahlergebnisses	18, 19
II.	Durchführung der Wahl	3–19	III.	Aufbewahrung der Wahlunterlagen	20
	1. Stimmabgabe	3–6	IV.	Kosten der Wahl	21
	2. Briefwahl	7–10	V.	Ende des Amtes des Wahlausschusses	22–24
	3. Feststellung des Wahlergebnisses	11–15	VI.	Beispiele für Wahlunterlagen	25–28
	4. Bekanntgabe des Wahlergebnisses an die Wahlkandidaten	16		1. Stimmzettel	26
				2. Wahlniederschrift	27
	5. Annahme der Wahl	17		3. Bekanntgabe des Wahlergebnisses	28

I. Verantwortlichkeit für die Durchführung der Wahl

Der Wahlausschuss ist für die Durchführung der Wahl verantwortlich (Abs. 1). Die Vorschrift gilt für jeden Wahlausschuss, unabhängig von der Art seiner Bestellung. Sie gilt auch für die Wahl von Sprechern der Jugendlichen und Auszubildenden, falls nicht im vereinfachten Wahlverfahren gewählt wird (§ 51 Abs. 2 i. V. m. § 11 bzw. §§ 11a–11c). Der Wahlausschuss darf die eingeleitete Wahl nicht abbrechen und keine Neuwahl einleiten. Seine Hauptaufgabe besteht darin, die Wahl ordnungsgemäß durchzuführen. Der **Abbruch der Wahl** kann allenfalls berechtigt sein, wenn irreparable Fehler vorliegen (z. B. eine Gruppe von Mitarbeitern einer Teildienststelle ist gar nicht bei den Wahlvorbereitungen berücksichtigt und folglich nicht zur Wahl eingeladen worden; siehe auch § 1b). Der Wahlausschuss hat bei nicht korrigierbaren Mängeln nach den Rechtmäßigkeitskriterien vorzugehen, die er auch anzuwenden hätte, wenn die Wahl angefochten worden wäre. Danach kommt ein Abbruch der Wahl durch den Wahlausschuss nur in Betracht, wenn der festgestellte Rechtsmangel nicht korrigierbar und unheilbar ist und die Weiterführung der Wahl mit Sicherheit eine erfolgreiche Anfechtung der Wahl oder ihre Nichtigkeit zur Folge hätte. Ist der Wahlausschuss nach diesen Kriterien nicht befugt, die Wahl abzubrechen, stellt ein dennoch erfolgter Abbruch der Wahl eine Wahlbehinderung dar, die wegen des nach § 7 zugestandenen Wahlrechts nicht zulässig ist.[1] 1

Im vereinfachten Wahlverfahren (§§ 11a–11c) tritt an die Stelle des Wahlausschusses der Wahlleiter (§ 11c Abs. 4). Es gelten § 9 Abs. 7, § 11 Abs. 2 Sätze 3, 4 und 6, § 11 Abs. 6 bis 8 und § 12 entsprechend (§ 11c Abs. 4). 2

II. Durchführung der Wahl

1. Stimmabgabe

Die Durchführung der Wahl schließt an die Vorbereitungen der Wahl an (vgl. §§ 9 und 10). Es gilt der Grundsatz der **unmittelbaren** und **geheimen Wahl** (Abs. 1). Aus diesem Grunde muss für die Gewährleistung des Grundsatzes durch besondere Vorkehrungen Sorge getragen werden. Dazu bedarf es eines Wahllokals mit den zur geheimen Stimmabgabe erforderlichen **Wahlkabinen.** 3

Jedem Wahlberechtigten ist ein Stimmzettel auszuhändigen (Abs. 2), auf dem die Namen der Wahlbewerber in alphabetischer Reihenfolge enthalten sind (vgl. § 9 Abs. 8 S. 1). Die Stimmzettel müssen in jeder Weise gleich sein. Jeder Wahlberechtigte muss selbst wählen. Lediglich ein stark körperlich behinderter Wahlberechtigter hat das Recht, eine Person seines Vertrauens hinzuzuziehen, damit er sein Wahlrecht ausüben kann.[2] Die Vertrauensperson darf dem Wähler oder der Wählerin beim Aus- 4

---

[1] In diesem Sinne: *LAG Bremen*, 27. 2. 1990 – 1 Ta BV 3/90, rkr., DB 1990, 1571.
[2] *Schlichtungsstelle Köln*, 16. 3. 1987 – MAVO 7/86.

II. Die Mitarbeitervertretung

füllen des Stimmzettels und ggf. beim Einwerfen des Wahlumschlags in die Wahlurne behilflich sein. Eine Beratung des Wählers oder der Wählerin durch die Vertrauensperson, für welchen Kandidaten zu stimmen sei, verletzt die Freiheit der Wahlentscheidung und das Wahlgeheimnis. Die Vertrauensperson ist zur Wahrung des Wahlgeheimnisses verpflichtet (vgl. § 16 Abs. 2 Wahlordnung zum BPersVG). Stimmrechtsübertragung ist unzulässig. Wer an der Wahl verhindert ist, macht ggf. von der **Briefwahl** Gebrauch (vgl. Rn 7 ff.). Es besteht kein Wahlzwang. Kein Wahlberechtigter darf zur Wahl genötigt oder daran gehindert werden.

5 Auf dem Stimmzettel kann jeder Wahlberechtigte nach Maßgabe der Zahl der zu wählenden Kandidaten durch Ankreuzen auf dem dafür vorgesehenen Feld wählen. Wer keinen Namen ankreuzt, wählt ungültig; ebenso derjenige, der mehr Namen ankreuzt als zur MAV Kandidaten wählbar sind, oder wer Zusätze oder besondere Kennzeichen auf dem Stimmzettel anbringt (Abs. 3). Der Stimmzettel ist nach dem Wahlvorgang in der Wahlkabine im Wahlumschlag vor dem Wahlausschuss, von dem zwei Mitglieder anwesend sein müssen, in die bereitgestellte **Urne** zu werfen.[3] Dabei wird geprüft, ob der Wähler wahlberechtigt ist. Seine Stimmabgabe ist in der Liste der Wahlberechtigten durch den Wahlausschuss zu vermerken, um Doppelwahlen zu vermeiden und die Wahlbeteiligung während der Wahlzeit zu ermitteln. **Wahlen ohne Stimmzettel sind ungültig.**

6 Der Wahlausschuss darf während der laufenden Mitarbeitervertretungswahl Dritten keine Einsichtnahme in die mit Stimmabgabevermerken versehene Wählerliste gestatten. Das gebietet der allgemeine Grundsatz der Freiheit der Wahl sowie der ungeschriebene Grundsatz der Chancengleichheit der Wahlbewerber, aber eben auch der Grundsatz der geheimen Wahl. Der Grundsatz der freien Wahl umfasst auch die Freiheit der Entscheidung nicht zu wählen. Es darf kein Druck ausgeübt werden, dass jemand zur Wahl geht. Das geschieht aber, wenn ein Wahlberechtigter unter Hinweis auf seine fehlende Stimmabgabe nach Maßgabe der mit Stimmabgabevermerken versehenen Wählerliste gezielt zur Stimmabgabe angesprochen wird. Um eine daraus resultierende Drucksituation zu verhindern, ist der Wahlausschuss auch unter dem Gesichtspunkt strikter Neutralität verpflichtet, das Wahlergebnis nicht zu beeinflussen.[4]

2. Briefwahl

7 Ist ein Wahlberechtigter am Wahltag an der Stimmabgabe verhindert, so kann er vom Recht der Briefwahl Gebrauch machen (§ 11 Abs. 4 S. 1). Dazu muss der Wahlausschuss **rechtzeitig** vor dem Wahltage **Vorkehrungen treffen** und dies bekannt geben. Gerade in Dienststellen mit erfahrungsgemäß hoher Briefwahlbeteiligung oder geradezu notwendiger Briefwahl (vgl. § 23) erweist es sich als notwendig, mit den Wahlvorbereitungen gemäß § 9 so rechtzeitig zu beginnen, dass ein größerer Zeitraum zwischen dem Abschluss der Kandidatenliste (§ 9 Abs. 8 S. 1) und dem Wahltag vorhanden ist, als durch die Mindestwahlordnung nach § 9 vorgesehen ist. Denn es muss wegen der Briefwähler ein rechtzeitiger Termin zur Entgegennahme der Wahlunterlagen festgelegt werden, damit auch innerhalb des Zeitraumes zwischen der Ausgabe der Briefwahlunterlagen und der Aufgabe des Briefes mit der Stimmabgabe zur Post und dem Zugang des Briefes an den Wahlausschuss genügend Zeit zur Gewährleistung der rechtzeitigen Stimmabgabe liegt (vgl. zu § 9 Rn 51 ff.). Der Briefwähler beantragt beim Wahlausschuss rechtzeitig die **Briefwahlunterlagen** an die von ihm gewünschte Anschrift. Dazu gehört gemäß § 11 Abs. 4 S. 2 auch der **Wahlschein.** Dieser ist Ausweis für die Wahlberechtigung des Briefwählers und hat die eigenhändige Stimmabgabe des Briefwählers durch Unterzeichnung des entsprechenden Erklärungstextes zu bestätigen. Der persönlich unterzeichnete Wahlschein des Briefwählers ist in den äußeren Briefumschlag mit der Aufschrift »Briefwahl« zu legen; er dient der Ermittlung der Stimmabgabe durch den Briefwähler.

8 Der Stimmzettel für die Briefwahl wird in einem für alle Wähler gleichen Wahlumschlag gelegt. Dieser nicht gekennzeichnete Umschlag wird in einen besonders gekennzeichneten **Briefwahlbrief**

---
[3] *Schlichtungsstelle Köln,* 16. 3. 1987 – MAVO 7/86.
[4] *BAG,* 6. 12. 2000 – 7 ABR 34/99, DB 2001, 1422.

gelegt. Er ist zur Beförderung durch die Post oder andere geeignete Weise bestimmt. Er trägt die Aufschrift »Briefwahl« und die Angabe des Absenders zur Ermittlung des Wählers auf der Liste der Wahlberechtigten. Auf der Vorderseite steht die Anschrift des Wahlausschusses. Der Briefwähler trägt die Gefahr des Verlustes seines Briefwahlbriefes vor dem Eingang beim Wahlausschuss.

Der Wahlausschuss hat den Briefumschlag bis zum Wahltag aufzubewahren und am Wahltage mit Hilfe des unterzeichneten Wahlscheins die Stimmabgabe des Absenders in der Liste der wahlberechtigten Mitarbeiter zu vermerken. Dazu öffnet er den Briefumschlag und wirft den darin enthaltenen Umschlag in die Wahlurne. 9

Briefe, die **nach dem Abschluss der Wahlzeit** eingehen, werden bei der Stimmabgabe wegen Verspätung nicht mehr berücksichtigt. 10

3. Feststellung des Wahlergebnisses

Nach Ablauf der festgesetzten Wahlzeit ist das Wahlergebnis öffentlich zu ermitteln und festzuhalten (§ 11 Abs. 5). Die Öffentlichkeit der Stimmauszählung erfordert, besonders bei der Briefwahl, dass Ort und Zeitpunkt der Stimmauszählung vorher in der Einrichtung öffentlich bekannt gemacht werden. Die Mitarbeiter müssen einen ungehinderten Zugang zum Ort der Stimmauszählung erhalten, um die Feststellung des Wahlergebnisses beobachten zu können. Ein Verstoß gegen das Gebot der öffentlichen Stimmauszählung schließt nicht aus, dass es während der Stimmauszählung zu Fehlern gekommen ist, die im Falle der öffentlichen Auszählung nicht unterlaufen wären.[5] Der Wahlausschuss stellt gemäß § 11 Abs. 5 Folgendes öffentlich fest: 11

– Zahl der Wahlberechtigten,
– Zahl der Wähler, der Wahlumschläge, der Wahlscheine und Stimmzettel,
– Zahl der gültigen Stimmzettel,
– Zahl der ungültigen Stimmzettel,
– Zahl der Stimmen für die einzelnen Wahlbewerber,
– Zahl der Mitglieder der MAV (§ 6 Abs. 2),
– Reihenfolge der Stimmen für die einzelnen Wahlbewerber gemäß § 11 Abs. 5 und 6,
– ggf. Reihenfolge der Stimmen für die einzelnen Wahlbewerber bei der Wahl gemäß besonderer Wahlordnung nach § 6 Abs. 3.

Die **Auszählung der Stimmen** ist **mittels EDV** grundsätzlich zulässig.[6] Allerdings muss die Verantwortlichkeit des Wahlausschusses für den Auszählvorgang gewahrt sein. Die Verantwortlichkeit des Wahlausschusses ist nicht gewährleistet, wenn sich während der im Rechenzentrum stattfindenden Datenerfassung der Stimmzettel nicht ständig Mitglieder des Wahlausschusses eben in dem Rechenzentrum aufhalten und den Verbleib der Stimmzettel beobachten. Eine Stimmenauszählung, die teilweise außerhalb des bekannt gemachten Auszählungsraumes in einem anderen Raum (Rechenzentrum) stattfindet, ist nicht öffentlich, wenn interessierte Beobachter in das Rechenzentrum nur auf Klingelzeichen Einlass finden. 12

Das festgestellte Wahlergebnis ist in einer **Wahlniederschrift** festzuhalten, die alle Mitglieder des Wahlausschusses unterschreiben müssen. Zum Mitglied der MAV ist gewählt, wer die meisten Stimmen erhalten hat (§ 11 Abs. 6 S. 1). Bei der mehrgliedrigen MAV sind diejenigen Wahlbewerber gewählt, die die meisten Stimmen erhalten haben. Alle auf die nach der Stimmenzahl den gewählten Kandidaten folgenden Wahlbewerber sind Ersatzmitglieder. Bei gleicher Stimmenzahl entscheidet bei der Feststellung des Wahlergebnisses sowohl zur Ermittlung der Gewählten als auch wegen der Reihenfolge der Ersatzmitglieder das Los. 13

---

5 *BAG*, 15. 11. 2000 – 7 ABR 53/99, BB 2001, 1534.
6 *LAG Berlin*, 16. 11. 1987 – 12 Ta BV 6/87, BB 1988, 1117.

14 Hat der Dienstgeber in **Abweichung von § 11 Abs. 6** eine Regelung gemäß § 6 Abs. 3 getroffen, so ist das Wahlergebnis nach dieser besonderen Regelung festzustellen. Wer keine oder keine gültige Stimme erhalten hat, ist nicht gewählt.

15 Sind weniger Wahlbewerber gewählt worden als für die gesetzliche Stärke nach § 6 Abs. 2 S. 1 vorgeschrieben, so ist die geringere Zahl von gewählten Kandidaten für die Stärke der MAV maßgeblich (§ 6 Abs. 2 S. 2 und 3).

4. Bekanntgabe des Wahlergebnisses an die Wahlkandidaten

16 Liegt das Wahlergebnis vor, gibt es der Wahlausschuss unverzüglich bekannt (§ 11 Abs. 7 S. 1), damit es die Wahlkandidaten zur Kenntnis nehmen können. Die Form für die Bekanntgabe an sie ist nicht vorgeschrieben. Es genügt der Aushang am Schwarzen Brett.

5. Annahme der Wahl

17 Der Wahlausschuss hat jeden Gewählten zu befragen, ob er die Wahl annimmt (**§ 11 Abs. 7 S. 2**). Wird die Wahl nicht angenommen, so rückt das stimmenstärkste Ersatzmitglied nach (**§ 11 Abs. 7 S. 3**). Ist kein Ersatzmitglied vorhanden, besteht die MAV aus den gewählten Mitgliedern, die die Wahl angenommen haben (§ 6 Abs. 2 S. 3).

6. Aushang des Wahlergebnisses

18 Die Bekanntgabe des Wahlergebnisses erfolgt nach der Benachrichtigung der Gewählten, sobald die Namen der MAV-Mitglieder endgültig feststehen, d. h. wenn alle Gewählten die Wahl angenommen haben oder der nächste nicht gewählte Bewerber mit der nächst höchsten Stimmenzahl in die MAV eingetreten ist. Mit der Bekanntgabe durch Aushang (**§ 11 Abs. 7 S. 4**) beginnt die **Wahlanfechtungsfrist** (§ 12 Abs. 1 S. 1).

19 Als Zeitpunkt des Aushangs (z. B. am Schwarzen Brett) gilt der Tag, an dem alle Mitarbeiter erstmals das Wahlergebnis zur Kenntnis nehmen können (§ 12 Rn 28). Bei gleitender Arbeitszeit und Schichtzeiten können die Mitarbeiter das Wahlergebnis erst zur Kenntnis nehmen, wenn sie anwesend sind. Erfolgt der Aushang nach der Kernzeit oder der Schicht, so gilt erst der folgende Arbeitstag als Tag der Bekanntgabe des Wahlergebnisses[7] (§ 12 Rn 27 f.). Bei mehreren Aushängen gilt als Zeitpunkt der Bekanntgabe derjenige des letzten Aushangs des Wahlergebnisses.[8]

III. Aufbewahrung der Wahlunterlagen

20 Der weiter amtierende Wahlausschuss hat nach Abschluss der Wahlhandlungen, ggf. nach Abschluss der Wahlanfechtungsverfahren, sämtliche Wahlunterlagen einschließlich der Stimmzettel an die neu und rechtsgültig gewählte MAV auszuhändigen. Denn gemäß **§ 11 Abs. 8 S. 1** sind die Wahlunterlagen für die Dauer der Amtszeit der gewählten MAV aufzubewahren. Die neue MAV muss die Wahlunterlagen verschlusssicher und nicht jedermann zugänglich aufbewahren. Der Dienstgeber hat die dazu erforderlichen Verschlussmöglichkeiten bereitzustellen (§ 17 Abs. 2). Dies dient dem Zweck, durch Einsichtnahme in die Wahlakten die Ordnungsmäßigkeit der Wahl überprüfen zu können. Diese Befugnis steht grundsätzlich auch dem Dienstgeber zu.[9] Die Einsichtnahme in derartige Unterlagen durch den Dienstgeber ist nur zulässig, wenn sie zur Überprüfung der Ordnungsmäßigkeit der Wahl erforderlich ist. Das hat er darzulegen.[10]

---

[7] *Schlichtungsstelle Köln*, 29. 5. 1991 – MAVO 4/1991.
[8] *Kreutz*, GK-BetrVG § 18 Rn 39.
[9] *BAG*, 27. 7. 2005 – 7 ABR 54/04, NZA 2006, 59.
[10] *BAG*, 27. 7. 2005 – 7 ABR 54/04, NZA 2006, 59.

IV. Kosten der Wahl

In § 11 Abs. 8 S. 2 wird geregelt, dass der Dienstgeber die Kosten der Wahl zu tragen hat. Hierzu 21 gehören die Zahlung von Gestellungsgeldern sowie Bezügen an die Mitarbeiter im Wahlausschuss, an die Wähler und Kandidaten, die während der Dienststunden i. S. d. Wahlordnung tätig sind, eventuelle Reisekosten, die Herstellung der Wahlunterlagen, Schreibmaterial, Wahlraum, Mobiliar. Schulungsveranstaltungen sind für die Mitglieder des Wahlausschusses nach § 16 Abs. 2 vorgesehen, so dass insoweit auch Kosten zu erstatten sind (vgl. § 16 Rn 109 ff.; § 17 Abs. 1 S. 2 erster Spiegelstrich). Soweit den Mitgliedern des Wahlausschusses Mehrarbeit oder Überstunden entstehen, haben sie Anspruch auf Freizeitausgleich nach Maßgabe ihres Arbeits- oder Gestellungsvertrages. Sind den Mitgliedern des Wahlausschusses zur Durchführung ihrer Aufgaben Auslagen entstanden, so hat sie der Dienstgeber zu erstatten. Der Umfang der Kostenerstattung ist auf das Erforderliche zu beschränken (vgl. § 17 Rn 31 ff.). **Streitigkeiten wegen der Kostenerstattung** werden auf Antrag vom Kirchlichen Arbeitsgericht entschieden (§ 2 Abs. 2 KAGO). Der Wahlausschuss erledigt Aufgaben der Dienststelle infolge seiner Bestellung zur Durchführung der MAV-Wahl in der Dienststelle. Weil die Bildung von Mitarbeitervertretungen auch zum Pflichtenkreis des Dienstgebers gehört (§ 1a und § 10 Abs. 1, 1a, 2), erfüllt der Wahlausschuss also einen gesetzlichen Auftrag, wenn er ordnungsgemäß bestellt worden ist (§ 9 Abs. 2 S. 1 und 2, § 10 Abs. 1 S. 3) und ihm in Erfüllung seiner Auftragspflichten Auslagen entstehen (vgl. § 17 Rn 31 ff.). Bei der Wahl einer gemeinsamen MAV (§ 1b) tragen die beteiligten Dienstgeber die Kosten anteilig (§ 22a Abs. 3). Im Gegensatz zu § 17 Abs. 1 schweigt § 11 Abs. 8 S. 2 zur Vergütung eines Sachverständigen oder Rechtsanwalts für die Beratung des Wahlausschusses, auch zur Frage der Verpflichtung zu einer Vereinbarung über die Freistellung von Kosten des Wahlausschusses mit dem Dienstgeber. Der Wahlausschuss hat die Pflicht zur fehlerfreien Durchführung der Wahl zur MAV. Dazu ist er auf die Mitwirkung des Dienstgebers wesentlich angewiesen. Besteht jedoch beim Dienstgeber mit Einschluss seiner eigenen sachkundigen Mitarbeiter keine Klarheit z. B. über die Wahlberechtigung seiner Mitarbeiter, hat er zur Aufklärung durch sachverständige Dritte beizutragen. In solchen Fällen bietet es sich an, zwischen Wahlausschuss und Dienstgeber eine Vereinbarung über die Kostenlast durch Hinzuziehung eines Sachverständigen zu treffen, falls nicht etwa die Geschäftsstelle der Diözesanen Arbeitsgemeinschaft der Mitarbeitervertretungen zu Rate gezogen werden kann. Verweigert der Dienstgeber eine Vereinbarung trotz der Erforderlichkeit der Hinzuziehung eines Sachverständigen, sollte der Wahlausschuss die fehlende Zustimmung des Dienstgebers durch das Kirchliche Arbeitsgericht ersetzen lassen (§ 17 Abs. 1 S. 2 zweiter und vierter Spiegelstrich analog).[11]

V. Ende des Amtes des Wahlausschusses

Der Wahlausschuss hat sein Amt nach der Bekanntgabe des Wahlergebnisses und nach dem Aushang 22 der Mitglieder und Ersatzmitglieder der neu gewählten MAV weiterzuführen, weil noch folgende Aufgaben zu erfüllen sind.

Der **Vorsitzende des Wahlausschusses** hat die neu gewählte MAV zu ihrer konstituierenden Sitzung 23 einzuberufen. Dies hat unabhängig vom Ende der Amtszeit der alten MAV so rechtzeitig zu geschehen, dass die neue MAV innerhalb einer Woche nach der Wahl zusammentritt (§ 14 Abs. 1 S. 1).

Im Übrigen hat der Wahlausschuss innerhalb desselben Zeitraumes gemäß § 12 Abs. 1 eventuelle 24 Wahlanfechtungen entgegenzunehmen. In diesem Falle verlängert sich seine Amtszeit bis zu seiner Entscheidung über die Anfechtung. Wird die Entscheidung des Wahlausschusses bei dem Kirchlichen Arbeitsgericht angefochten (§ 12 Abs. 3) und die Wahl für ungültig erklärt, so obliegt die Wiederholung der erfolgreich angefochtenen Wahl dem Wahlausschuss (§ 12 Abs. 5 S. 1). Wird die Wahl nicht angefochten, so endet das Amt des Wahlausschusses mit Ablauf der Wahlanfechtungsfrist (§ 12 Abs. 1 S. 1). Im Übrigen endet das Amt des Wahlausschusses, wenn er nicht mehr ordnungsgemäß besetzt ist (§ 12 Abs. 5 S. 2 i. V. m. § 9 Abs. 2 S. 2).

---

11 Vgl. *BAG*, 11.11. 2009 – 7 ABR 26/08, NZA 2010, 353.

VI. Beispiele für Wahlunterlagen

25 Neben den zu § 9 (§ 9 Rn 56 ff.) genannten Formularvorschlägen sind nachstehend Beispiele für in § 11 genannte Wahlunterlagen aufgeführt.

1. Stimmzettel

26 Der **Stimmzettel** ist in einheitlicher Form und Farbe zur Wahrung des Wahlgeheimnisses zu halten. Er kann zur Orientierung des Wählers aufgedruckte Zusätze enthalten.

▶ Beispiel:

Stimmzettel

zur Wahl der Mitarbeitervertretung

in ...., am ....

Jeder Wähler hat .... Stimme(n). Deshalb kann er bis zu .... Namen der nachstehend aufgeführten Kandidaten ankreuzen. Das Ankreuzen von mehr als .... Namen und das Anbringen von Bemerkungen machen den Stimmzettel ungültig.

Kandidaten

.... ☐   .... ☐   .... ☐
.... ☐   .... ☐   .... ☐

2. Wahlniederschrift

27 Die **Wahlniederschrift** hat den Ablauf der Wahl, die Art und Weise der Stimmenauszählung sowie die Feststellung des Wahlergebnisses wiederzugeben (§ 11 Abs. 5).

▶ Beispiel:

Niederschrift

über die Wahl zur Mitarbeitervertretung

in ...., am ....

Das Wahllokal wurde am .... um ...... Uhr geöffnet und um ...... Uhr geschlossen. Anschließend wurde das Wahlergebnis von den Mitgliedern des Wahlausschusses wie folgt öffentlich ermittelt:

1. Von den .... verteilten Briefwahlunterlagen waren bis zur Schließung des Wahllokals .... mit Absenderangabe beim Wahlausschuss eingegangen. Die .... Wahlumschläge wurden in die Wahlurne gegeben, nachdem die Absender in der Wählerliste vermerkt worden waren.
2. Dann wurden die Wahlurne geöffnet und die Wahlumschläge gezählt. Es befanden sich .... Wahlumschläge in der Wahlurne. Im Wählerverzeichnis waren .... Wähler und .... Briefwähler registriert. Es bestand also Übereinstimmung.
3. Die Stimmzettel wurden den Umschlägen entnommen, gezählt. Es wurde Übereinstimmung der Zahl der Wahlumschläge mit der Zahl der Stimmzettel festgestellt. Jeder Wahlumschlag enthielt nur einen Stimmzettel.
4. .... Stimmzettel wurden als ungültig bewertet.
5. Die für die einzelnen Kandidaten abgegebenen Stimmen auf den Stimmzetteln wurden gezählt und für das Wahlergebnis ausgewertet.
6. Zur Mitarbeitervertretung waren .... Kandidaten wählbar.

7. Das Wahlergebnis ist in der Anlage zu dieser Niederschrift enthalten. Die Gewählten sind entsprechend den auf sie entfallenden Stimmen aufgeführt und nach Mitgliedern und Ersatzmitgliedern unterschieden.
Anlage zu Ziffer 7
....
Datum .... Unterschriften der Mitglieder des Wahlausschusse

3. Bekanntgabe des Wahlergebnisses

Die Bekanntgabe des Wahlergebnisses durch Aushang gemäß § 11 Abs. 7 S. 4 kann beispielsweise folgenden Wortlaut haben: 28

Ergebnis der Wahl der Mitarbeitervertretung am .... in ....

Der Wahlausschuss gibt hiermit das amtliche Wahlergebnis bekannt.

Wahlberechtigte: ....
Wahlbeteiligte: ....
Ungültig wählten .... Wähler,
Gültig wählten .... Wähler.

Zu(m) Mitglied(ern) der MAV wurde(n) gewählt:
1. .... mit .... Stimmen
2. .... mit .... Stimmen
3. .... mit .... Stimmen

Zu(m) Ersatzmitglied(ern) wurde(n) gewählt:
1. .... mit .... Stimmen
2. .... mit .... Stimmen
3. .... mit .... Stimmen

Die Gewählten haben die Wahl angenommen.

Die Anfechtung der Wahl kann bis zum .... schriftlich beim Wahlausschuss mit Begründung eingereicht werden.

....
Datum .... Der Wahlausschuss

§§ 11a bis c Vereinfachtes Wahlverfahren[1]

Zweck der Bestimmungen

Für kleine Einrichtungen mit bis zu zwanzig (so Bistum Trier, § 13 Abs. 1 MAVO Kirchl. Amtsblatt 2005 S. 15), aber mindestens fünf, oder diözesan abweichend sogar mehr als zwanzig wahlberechtigten Beschäftigten (bis zu fünfzig u. a. gemäß § 11a MAVO Hamburg, Diözesen in NRW, Osnabrück) ist ein weniger aufwendiges Wahlverfahren als nach den §§ 9 bis 11 vorgesehen, nämlich in einer Wahlversammlung (§ 11c). Damit soll dem Bedarf nach einem verkürzten und vereinfachten Verfahren Rechnung getragen werden. Das Wahlgeheimnis wird dabei jedoch nicht in Frage gestellt (§ 11c Abs. 3 S. 3). Die Vereinfachung ist vorgeschrieben (§ 11a Abs. 1). Aber die Mitarbeiterversammlung (§ 4) kann mit wenigstens einem Drittel aller wahlberechtigten Mitarbeiterinnen und Mitarbeiter spätestens acht Wochen vor Beginn des einheitlichen Wahlzeitraums (§ 13 Abs. 1) die Durchführung

---

[1] Muster für eine diözesane Wahlordnung.

II. Die Mitarbeitervertretung

der Wahl nach den §§ 9 bis 11 beschließen (§ 11a Abs. 2). An die Stelle des Wahlausschusses tritt im vereinfachten Wahlverfahren die aus einer Person bestehende, in einer Wahlversammlung der Wahlberechtigten gewählte Wahlleitung (§ 11b Abs. 1, § 11c Abs. 1 und 4). Die Wahlleitung kann bei Bedarf durch Wahlhelfer unterstützt werden (§ 11c Abs. 1 S. 2). Nach Abgabe von Wahlvorschlägen sind zur Ermöglichung der geheimen Wahl Stimmzettel herzustellen (§ 11c Abs. 1 S. 1 und 2). Wahlanfechtungen sind an die Wahlleitung zu richten; sie muss auch darüber entscheiden (§ 11c Abs. 4 i. V. m. § 12). Briefwahl ist nicht möglich (§ 11c Abs. 4; § 11 Abs. 4 gilt nicht).

§ 11a Voraussetzungen

(1) In Einrichtungen mit bis zu 20 wahlberechtigten Mitarbeiterinnen und Mitarbeitern ist die Mitarbeitervertretung anstelle des Verfahrens nach den §§ 9 bis 11 im vereinfachten Wahlverfahren zu wählen.[1]

(2) Absatz 1 findet keine Anwendung, wenn die Mitarbeiterversammlung mit der Mehrheit der Anwesenden, mindestens jedoch einem Drittel der wahlberechtigten Mitarbeiterinnen und Mitarbeiter spätestens acht Wochen vor Beginn des einheitlichen Wahlzeitraums die Durchführung der Wahl nach den §§ 9 bis 11 beschließt.

Übersicht

		Rn			Rn
I.	Zahl der Wahlberechtigten	1, 2	III.	Entscheidung der Mitarbeiterversammlung	4–7
II.	Anzuwendende Verfahrensvorschriften	3	IV.	Zeitpunkt der Entscheidung der Mitarbeiterversammlung	8

I. Zahl der Wahlberechtigten

1 Gemäß § 11a Abs. 1 ist ein vereinfachtes Wahlverfahren zur Wahl einer Mitarbeitervertretung (MAV) nach der Rahmenordnung möglich. Voraussetzung ist einerseits eine für die Bildung einer Mitarbeitervertretung ausreichende Zahl aktiv (mindestens fünf) und passiv (mindestens drei) wahlberechtigter Mitarbeiter (§ 6 Abs. 1, §§ 7 und 8). Mitarbeiterinnen sind in den Zahlen jeweils eingeschlossen. Andererseits wird das vereinfachte Wahlverfahren nur in Einrichtungen mit bis zu zwanzig aktiv wahlberechtigten Mitarbeitern zugelassen, falls nicht eine diözesane Ordnung von einer niedrigeren oder höheren Begrenzung der Mitarbeiterzahl ausgeht (vielfach wird in diözesanen Mitarbeitervertretungsordnungen von der Zahl gemäß Rahmen-MAVO abgewichen; bis zu 50 aktive Mitarbeiter und Mitarbeiterinnen können für die Durchführung des vereinfachten Wahlverfahrens je nach diözesaner Ordnung in einer Einrichtung in Betracht kommen).

2 Das vereinfachte Wahlverfahren zur Bildung einer MAV geht bei den Zahlen der Mitarbeiterschaft von Regelzahlen aus. Das kann im konkreten Fall bei einer Stellenvakanz dazu führen, dass möglicherweise nicht die aktuelle Beschäftigtenzahl für das Wahlverfahren maßgeblich ist und daher das ordentliche Wahlverfahren gemäß §§ 9 bis 11 durchzuführen ist, weil nämlich die Zahl der regelmäßig Beschäftigten höher als die Zahl ist, die für das vereinfachte Wahlverfahren maßgeblich ist. Indikator für die Regelzahl der wahlberechtigten Mitarbeiterinnen und Mitarbeiter ist der Stellenplan der Einrichtung für ständig Beschäftigte am Wahltag. Die kurzfristig Beschäftigten, die gemäß § 7 Abs. 1 noch nicht aktiv wahlberechtigt sind, zählen nicht mit, falls die Wahl nicht in einer neuen Einrichtung stattfindet (§ 10 Abs. 3).

---

[1] Die Zahl der wahlberechtigten Mitarbeiterinnen und Mitarbeiter kann abweichend hiervon durch diözesane Regelung festgelegt werden.

II. Anzuwendende Verfahrensvorschriften

Die Vorschriften über
- die Prüfung der Wählbarkeit der Wahlbewerber (§ 9 Abs. 7),
- die geheime Wahl mit Stimmzetteln und Vermerk der Stimmabgabe (§ 11 Abs. 2 Sätze 3, 4 und 6),
- die Ermittlung des Wahlergebnisses (§ 11 Abs. 7),
- die Aufbewahrung der Wahlunterlagen einschließlich Stimmzetteln (§ 11 Abs. 8),
- die Anfechtung der Wahl (§ 12)

gelten auch entsprechend beim vereinfachten Wahlverfahren (§ 11c Abs. 4). Sie müssen also bei der Durchführung des vereinfachten Wahlverfahrens beachtet und eingehalten werden. Eine davon abweichende Regelung ist gemäß § 55 unzulässig und kann zur Wahlanfechtung führen.

III. Entscheidung der Mitarbeiterversammlung

Gemäß § 11a Abs. 2 ist die **Mitarbeiterversammlung** (§ 4) zuständig, um über die Art der Durchführung des (vereinfachten) Wahlverfahrens in der kleinen Einrichtung zu entscheiden. Das Gebot der vereinfachten Durchführung des Wahlverfahrens kann zugunsten des normalen Verfahrens gemäß §§ 9 bis 11 modifiziert werden. Voraussetzung dafür ist die Einberufung einer Mitarbeiterversammlung. Das Initiativrecht dazu ergibt sich aus § 10 Abs. 1 zugunsten des Dienstgebers, wenn die Voraussetzungen für die Bildung einer MAV vorliegen, aber keine MAV besteht. Besteht eine MAV, hat diese das Recht zur Einberufung einer Mitarbeiterversammlung (§ 21 Abs. 2) und die Pflicht dazu, wenn ein Drittel der wahlberechtigten Mitarbeiter (§ 21 Abs. 3 S. 1) oder der Dienstgeber dies verlangt (§ 21 Abs. 3 S. 2).

Findet keine Mitarbeiterversammlung statt, auf der über die Durchführung des Wahlverfahrens Beschluss gefasst wird, findet in der kleinen Einrichtung das vereinfachte Wahlverfahren statt.

Von der Mitarbeiterversammlung ist die in § 11b Abs. 1 genannte **Wahlversammlung** zu unterscheiden. Die Zusammensetzung der Mitarbeiterversammlung richtet sich nach § 4, während die Wahlversammlung sich aus den zur MAV Wahlberechtigten zusammensetzt und nur aus Anlass des vereinfachten Wahlverfahrens einberufen wird (§ 11b Abs. 1).

Die **Mitarbeiterversammlung** ist gewöhnlich gemäß § 22 Abs. 3 S. 1 ohne Rücksicht auf die Zahl der erschienenen Mitglieder beschlussfähig. Aber zur Beschlussfassung über die Durchführung der Wahl nach den §§ 9 bis 11 ist nicht allein die **Zahl der Anwesenden** entscheidend, sondern die für die Beschlussfassung erforderliche **Anzahl von Wahlberechtigten**. Denn wenigstens ein Drittel aller wahlberechtigten Mitarbeiterinnen und Mitarbeiter der Einrichtung muss sich gegen das vereinfachte Wahlverfahren entscheiden. Die Mehrheit für den Beschluss ist von zwei Faktoren abhängig, von der Mehrheit der Anwesenden und von dem qualifizierten Drittel aller Wahlberechtigten. Sind die Wahlberechtigten vollzählig erschienen, ist die Entscheidung der Mehrheit der anwesenden Wahlberechtigten, nicht nur ein Drittel der Wahlberechtigten entscheidend. Die nicht Wahlberechtigten haben nur Stimmrecht in der Mitarbeiterversammlung.

▸ **1. Beispiel:** In der Einrichtung E gibt es 24 Mitarbeiter. Davon sind 20 aktiv wahlberechtigt. Über den Antrag auf Durchführung des Wahlverfahrens gemäß §§ 9 bis 11 wird abgestimmt mit 14 Nein-Stimmen und 10 Ja-Stimmen. Die Mehrheit hat also für das vereinfachte Verfahren gestimmt.

2. Beispiel: Von den 24 Mitarbeitern erscheinen 16 Mitarbeiter, darunter alle 4 nicht Wahlberechtigte. Die Abstimmung ergibt 7 Ja-Stimmen der Wahlberechtigten und 9 Nein-Stimmen der Übrigen. Zwar hat ein Drittel der Wahlberechtigten mit ja gestimmt, ist aber von der Mehrheit der Nein-Stimmen überstimmt worden, so dass das vereinfachte Wahlverfahren stattfindet.

3. Beispiel: Es erscheinen von den 24 Mitarbeitern nur 17 Wahlberechtigte. Acht stimmen für das Verfahren nach §§ 9 bis 11. Zwei Mitarbeiter enthalten sich der Stimme, der Rest stimmt dagegen. Mehr als ein Drittel aller Wahlberechtigten hat gegen das vereinfachte Wahlverfahren gestimmt.

Die 8 Stimmen (= ein Drittel der Wahlberechtigten) bilden aber nicht die Mehrheit der Anwesenden. Damit findet das vereinfachte Wahlverfahren statt.

IV. Zeitpunkt der Entscheidung der Mitarbeiterversammlung

8 Die Entscheidung zugunsten der Durchführung des Wahlverfahrens gemäß §§ 9 bis 11 hat spätestens 8 Wochen vor Beginn des einheitlichen Wahlzeitraums zu erfolgen. Gemäß § 13 Abs. 1 finden die regelmäßigen Wahlen zur MAV alle vier Jahre in der Zeit vom 1. März bis 30. Juni (einheitlicher Wahlzeitraum) statt. (Beginn und Ende des einheitlichen Wahlzeitraums können abweichend durch diözesane Regelung festgelegt werden). Bezogen auf die fragliche Entscheidung der Mitarbeiterversammlung hat diese also spätestens am 5. Januar stattzufinden. Die Frist ist einzuhalten, weil bei einer Entscheidung zugunsten des Wahlverfahrens gemäß §§ 9 bis 11 dem Fristenplan zur Vorbereitung der Wahl gemäß § 9 Rechnung zu tragen ist.

§ 11b Vorbereitung der Wahl

(1) Spätestens drei Wochen vor Ablauf ihrer Amtszeit lädt die Mitarbeitervertretung die Wahlberechtigten durch Aushang oder in sonst geeigneter Weise, die den wahlberechtigten Mitarbeiterinnen und Mitarbeitern die Möglichkeit der Kenntnisnahme gibt, zur Wahlversammlung ein und legt gleichzeitig die Liste der wahlberechtigten Mitarbeiterinnen und Mitarbeiter aus.

(2) Ist in einer Einrichtung eine Mitarbeitervertretung nicht vorhanden, so handelt der Dienstgeber gemäß Abs. 1.

Übersicht

	Rn			Rn
I. Wahlversammlung zum vereinfachten Wahlverfahren	1–5		3. Form der Einladung	4
1. Ort und Zeit, Adressaten der Einladung	1		4. Auslage des Wählerverzeichnisses	5
2. Frist zur Einladung	2, 3	II.	Pflichten des Dienstgebers	6, 7

I. Wahlversammlung zum vereinfachten Wahlverfahren

1. Ort und Zeit, Adressaten der Einladung

1 Gemäß § 11b Abs. 1 hat die amtierende MAV zur Einleitung des vereinfachten Wahlverfahrens alle wahlberechtigten Mitarbeiterinnen und Mitarbeiter zur Wahlversammlung einzuladen, damit die Versammelten die MAV für ihre Einrichtung wählen. Dazu gibt sie in der Einladung den Ort und die Zeit der Versammlung und die Tagesordnung an. Zu den Wahlberechtigten gehören auch Gemeinde- und Pastoralreferenten, die in der Einrichtung beschäftigt sind, wenn sie von der Diözese in die Einrichtung abgeordnet oder versetzt worden sind. Es handelt sich um die Gruppe von Mitarbeiterinnen und Mitarbeitern, die etwa zusätzlich gemäß § 23 z. B. eine Sondervertretung bilden können und folglich ein Doppelwahlrecht haben, nämlich mit Blick auf eine MAV-Wahl für die Sonder-MAV bei der sie beschäftigenden Diözese (Arbeitgeberin) und für die betriebliche MAV in der Einrichtung (Kirchengemeinde, Kirchenstiftung, Gemeindeverband), wo sie tatsächlich beschäftigt sind. Auf diözesane Bestimmungen ist im Einzelfall zu achten.

2. Frist zur Einladung

2 Die Einladung zur Wahlversammlung hat spätestens drei Wochen vor dem Ablauf der Amtszeit der MAV durch die amtierende MAV zu erfolgen. Der Ablauf der Amtszeit der MAV ist näher hin festzustellen. Die Amtszeit der MAV dauert vier Jahre und hat mit dem Tag der vorangegangenen Wahl begonnen, wenn zu diesem Zeitpunkt noch keine MAV bestanden hatte (§ 13 Abs. 2). Hatte aber schon eine MAV bestanden, begann die Amtszeit der amtierenden MAV erst mit Ablauf der Amtszeit

der Vorgänger-MAV. Auf die Personengleichheit der jeweiligen MAV kommt es nicht an. In jedem Falle endet die Amtszeit der MAV beim einheitlichen Wahltermin am 30. Juni des Jahres, in dem nach § 13 Abs. 1 die regelmäßigen Mitarbeitervertretungswahlen stattfinden (§ 13 Abs. 2 S. 3).

Hatte aber außerhalb des einheitlichen Wahlzeitraumes eine einrichtungsbezogene MAV-Wahl statt- 3 gefunden (z. B. Neuwahl einer MAV nach Rücktritt einer MAV), so ist die Mitarbeitervertretung in dem auf die Wahl folgenden nächsten einheitlichen Wahlzeitraum neu zu wählen (§ 13 Abs. 5 S. 1). Hat die Amtszeit der zwischenzeitlich gewählten MAV jedoch zu Beginn des nächsten einheitlichen Wahlzeitraumes noch nicht ein Jahr betragen, so ist die neue MAV erst in dem übernächsten einheitlichen Wahlzeitraum neu zu wählen (§ 13 Abs. 5 S. 2). Davon sind also die Einladung und die Frist zur Wahlversammlung abhängig.

3. Form der Einladung

Die amtierende MAV hat die Einladung zur Wahlversammlung durch öffentlichen Aushang am 4 Schwarzen Brett (oder Info-Kasten) oder in sonst geeigneter Weise bekannt zu geben (§ 11b Abs. 1). Wenn die schriftliche oder mündliche Einladung rechtzeitig an jedermann ergehen kann, ist auch diese gültig. Aber in jedem Falle ist zusätzlich auf die Auslage der Liste der wahlberechtigten Mitarbeiterinnen und Mitarbeiter hinzuweisen.

4. Auslage des Wählerverzeichnisses

Mit dem Zeitpunkt der Bekanntgabe der Einladung zur Wahlversammlung muss die MAV auch mit- 5 teilen, wo das Wählerverzeichnis bzw. die Liste der aktiv Wahlberechtigten eingesehen werden kann (§ 11b Abs. 1). Sie wird nicht öffentlich ausgehängt. Jeder Wahlberechtigte kann nur wählen, wenn er auch in die Wählerliste aufgenommen worden ist. Sie ist formaler Ausweis für die Wahlberechtigung. Deshalb prüfen mit Hilfe der ausgelegten Liste Mitarbeiter und Mitarbeiterinnen, ob sie selbst und andere Mitarbeiter dort richtig eingetragen sind, damit ggf. Korrekturen angemeldet werden können. Das Wählerverzeichnis bleibt bis zum Wahltag ausgelegt.

II. Pflichten des Dienstgebers

Der Dienstgeber ist der MAV bei der Aufstellung der **Liste der Wahlberechtigten** behilflich. Besteht 6 in seiner Einrichtung keine MAV, so hat er die **Einladung zur Wahlversammlung** in der gemäß § 11b Abs. 1 beschriebenen Weise vorzunehmen. Er weist den **Raum** zu, in dem die Wahlversammlung stattfinden soll. Er trägt die **Kosten** der Wahl.

Die Wahlversammlung ist für die Mitarbeiterinnen und Mitarbeiter, die zur Teilnahme berechtigt 7 sind, eine dienstliche Veranstaltung, wenn sie daran teilnehmen. Aus diesem Grunde ist dazu **Dienstbefreiung** von den arbeitsvertraglichen Pflichten durch den Dienstgeber geboten, um die Teilnahme an der Wahlversammlung zu ermöglichen. Wer außerhalb der Dienstzeit an der Wahlversammlung teilnimmt, hat keinen Vergütungsanspruch und keinen Anspruch auf Freizeitausgleich.

§ 11c Durchführung der Wahl

(1) Die Wahlversammlung wird von einer Wahlleiterin oder einem Wahlleiter geleitet, die oder der mit einfacher Stimmenmehrheit gewählt wird. Im Bedarfsfall kann die Wahlversammlung zur Unterstützung der Wahlleiterin oder des Wahlleiters Wahlhelfer bestimmen.

(2) Mitarbeitervertreterinnen und Mitarbeitervertreter und Ersatzmitglieder werden in einem gemeinsamen Wahlgang gewählt. Jede wahlberechtigte Mitarbeiterin und jeder wahlberechtigte Mitarbeiter kann Kandidatinnen und Kandidaten zur Wahl vorschlagen.

(3) Die Wahl erfolgt durch Abgabe des Stimmzettels. Auf dem Stimmzettel sind von der Wahlleiterin oder dem Wahlleiter die Kandidatinnen und Kandidaten in alphabetischer Reihenfolge unter Angabe von Name und Vorname aufzuführen. Die Wahlleiterin oder der Wahlleiter trifft Vorkeh-

rungen, dass die Wählerinnen und Wähler ihre Stimme geheim abgeben können. Unverzüglich nach Beendigung der Wahlhandlung zählt sie oder er öffentlich die Stimmen aus und gibt das Ergebnis bekannt.

(4) § 9 Abs. 7, § 11 Abs. 2 Sätze 3, 4 und 6, § 11 Abs. 6 bis 8 und § 12 gelten entsprechend; an die Stelle des Wahlausschusses tritt die Wahlleiterin oder der Wahlleiter.

Übersicht

	Rn			Rn
I. Durchführung der Wahlversammlung	1–10	II.	Aufbewahrung der Wahlunterlagen	11
1. Wahl des Wahlleiters	1– 3	III.	Kosten	12
2. Durchführung der MAV-Wahl	4– 7	IV.	Wahlanfechtung	13–16
3. Stimmenauszählung und Bekanntgabe des Wahlergebnisses	8–10		1. Wahlleitung	13, 14
			2. Kirchliches Arbeitsgericht	15, 16

I. Durchführung der Wahlversammlung

1. Wahl des Wahlleiters

1 Die zur Wahlversammlung einladende MAV eröffnet die Versammlung, bei mehrköpfiger MAV deren Vorsitzender oder bei dessen Verhinderung sein Stellvertreter. Hat der Dienstgeber eingeladen, eröffnet er die Wahlversammlung.

2 Erste Handlung ist die Wahl der Wahlleiterin oder des Wahlleiters (Wahlleitung, § 11c Abs. 1 S. 1) zu Beginn der Versammlung. Im Bedarfsfall kann die Wahlversammlung zusätzlich zur Unterstützung der Wahlleitung **Wahlhelfer** bestimmen (§ 11c Abs. 1 S. 2). Diese helfen bei den zur Durchführung der MAV-Wahl notwendigen organisatorischen und technischen Erfordernissen, z. B. bei der Herstellung der Stimmzettel, bei der Stimmabgabe und der Feststellung des Wahlergebnisses.

3 Wer zur MAV kandidiert, ist vom Amt des Wahlleiters nach demokratischen Gepflogenheiten ausgeschlossen. Die Ordnung schließt nicht aus, dass der Wahlleiter – unter den Voraussetzungen der Wählbarkeit – auch zur MAV kandidiert. Dagegen dürfen Mitglieder des Wahlausschusses nicht zur MAV kandidieren (§ 9 Abs. 3 S. 2). Es geht aber auch um die Unparteilichkeit der Wahlleitung. Denn diese muss über eine womögliche Wahlanfechtung entscheiden, wovon die gewählte MAV betroffen ist. Deshalb ist es richtig, dass die Wahlleitung zur Vermeidung von Interessenkonflikten nicht zur MAV kandidiert.

2. Durchführung der MAV-Wahl

4 Entsprechend den Bestimmungen des § 6 Abs. 1 bis 4 wird festgestellt, wie viele Mitglieder die MAV haben darf. Davon hängt ab, wie viele Kandidaten gewählt werden müssen (§ 6 Abs. 2). Außerdem ist festzustellen, welche Betriebsteile zur Bildung der MAV in Betracht kommen. Der Dienstgeber hat vorher festgelegt, was als Einrichtung gilt, für die eine MAV zu bilden ist (§ 1a Abs. 2).

5 Dann holt die Wahlleitung aus der Mitte der Wahlversammlung Vorschläge zur Kandidatur ein. Jede wahlberechtigte Mitarbeiterin und jeder wahlberechtigte Mitarbeiter (§ 7) ist berechtigt, Kandidatinnen und Kandidaten zur Wahl vorzuschlagen (§ 11 Abs. 2 S. 2). Sämtliche Vorgeschlagenen werden notiert. Gemäß § 11c Abs. 4 i. V. m. § 9 Abs. 7 prüft die Wahlleitung die Wählbarkeit der Vorgeschlagenen und lässt sich von jeder Wahlbewerberin und jedem Wahlbewerber bestätigen, dass kein Ausschlussgrund vom passiven Wahlrecht i. S. d. § 8 vorliegt. Danach werden Kandidat und Kandidatin befragt, ob sie zur Kandidatur bereit sind. Verneinendenfalls entfällt die Kandidatur.

6 Sind die Kandidaten festgestellt, ist der Stimmzettel herzustellen und mit Rücksicht auf die Anwesenden entsprechend zu vervielfältigen. Das ist gemäß § 11c Abs. 3 S. 2 Aufgabe der Wahlleitung. Auf dem Stimmzettel sind in alphabetischer Reihenfolge unter Angabe von Name und Vorname die Kandidatinnen und Kandidaten aufzuführen. Für eine ausreichende Zahl von Stimmzetteln

nach Maßgabe der Zahl der Wahlberechtigten ist zu sorgen. Nach Austeilung der Stimmzettel mit den unbedingt bereits namentlich auf dem Stimmzettel aufgeführten Kandidaten bzw. Kandidatinnen an die Wahlberechtigten erfolgt in geheimer Wahl die Stimmabgabe. Dazu muss sichergestellt sein, dass die Wähler und Wählerinnen auch wirklich geheim abstimmen können, etwa in Wahlkabinen oder an abgeschirmten Plätzen. Unzulässig ist die Eintragung der Namen der gewählten Kandidaten durch die Wähler auf ihrem selbst erstellten Stimmzettel.[1]

Die Abgabe der Stimmen erfolgt durch Ankreuzen eines oder mehrerer Namen (§ 11c Abs. 4 i. V. m. § 11 Abs. 2 S. 3). Es können so viele Namen angekreuzt werden, wie Mitglieder zur MAV gemäß § 6 zu wählen sind (§ 11c Abs. 4 i. V. m. § 11 Abs. 2 S. 4). Zu diesem Zweck sollte zur Sicherstellung geheimer Wahl eine Wahlkabine bereitstehen (§ 11c Abs. 3 S. 3). Die Abgabe des Stimmzettels kann durch Einwurf in eine Wahlurne oder durch Einsammeln erfolgen. Die Vorschrift des §§ 11c Abs. 3 S. 1 lässt die Einzelheiten offen. Aber die Stimmabgabe der Wähler und Wählerinnen ist von der Wahlleitung in der Liste der Wahlberechtigten zu vermerken (§ 11c Abs. 4 i. V. m. § 11 Abs. 2 S. 6).

3. Stimmenauszählung und Bekanntgabe des Wahlergebnisses

Unverzüglich nach Beendigung der Wahlhandlung zählt die Wahlleitung öffentlich die Stimmen aus und gibt das Ergebnis bekannt (§ 11c Abs. 3 S. 4). Als Mitglieder der MAV ist die Person oder sind die Personen gewählt, welche die meisten Stimmen erhalten haben.

Alle in der nach der Stimmenzahl folgenden Kandidaten oder Kandidatinnen sind Ersatzmitglieder. Für die Reihenfolge der Ersatzposition ist die Zahl der abgegebenen Stimmen maßgeblich. Bei gleicher Stimmenzahl entscheidet das Los (§ 11c Abs. 4 i. V. m. § 11 Abs. 6).

Im Zusammenhang mit der Bekanntgabe des Wahlergebnisses stellt die Wahlleitung fest, ob jeder Gewählte die Wahl annimmt (§ 11c Abs. 4 i. V. m. § 11 Abs. 7 S. 2). Bei Nichtannahme der Wahl gilt der Kandidat mit den nächst meisten Stimmen als gewählt (§ 11c Abs. 4 i. V. m. § 11 Abs. 7 S. 3). Mitglieder und Ersatzmitglieder der neuen MAV werden nach der mündlichen Bekanntgabe zusätzlich durch Aushang bekannt gegeben (§ 11c Abs. 4 i. V. m. § 11 Abs. 7 S. 4). Denn von diesem Zeitpunkt läuft die Frist für womögliche Wahlanfechtungen (§ 11c Abs. 4 i. V. m. § 12 Abs. 1). Haben weniger Kandidaturen stattgefunden als nach der Ordnung für die Größe der Belegschaft gemäß § 6 Abs. 2 S. 1 vorgesehen, so gelten die Bestimmungen des § 6 Abs. 2 S. 2 bzw. S. 3.

II. Aufbewahrung der Wahlunterlagen

Die Wahlunterlagen aus der Wahlversammlung einschließlich der Stimmzettel sind für die Dauer der Amtszeit der gewählten MAV aufzubewahren, dürfen also schon aus Gründen der Kontrollierbarkeit des Wahlergebnisses – etwa im Falle einer Wahlanfechtung – nicht vernichtet werden.[2] Die Aufbewahrung erfolgt durch die MAV (§ 11c Abs. 4 i. V. m. § 11 Abs. 8 S. 1).

III. Kosten

Die Kosten jeder MAV-Wahl trägt der Dienstgeber (§ 11c Abs. 4 i. V. m. § 11 Abs. 8 S. 2).

IV. Wahlanfechtung

1. Wahlleitung

Die im vereinfachten Wahlverfahren durchgeführte Wahl kann unter den Voraussetzungen der Vorschrift des § 12 angefochten werden (§ 11c Abs. 4 i. V. m. § 12). Möglich ist aber auch die Klage auf

---

1 *Diözesanes Arbeitsgericht* für den MAVO-Bereich *Köln*, 28. 5. 2009 – MAVO 07/2009.
2 *Diözesanes Arbeitsgericht* für den MAVO-Bereich *Köln*, 28. 5. 2009 – MAVO 07/2009.

Feststellung der Nichtigkeit der Wahl, die an keine Frist gebunden ist (§ 44b KAGO) und über die das Kirchliche Arbeitsgericht zu entscheiden hat.[3] Zur Nichtigkeit siehe unter § 12 Rn 5 und 6.

14 Die Wahlanfechtung kann dagegen nur innerhalb einer Frist von einer Woche nach Bekanntgabe des Wahlergebnisses auf schriftlichem Wege an die Wahlleitung erfolgen (§ 11c Abs. 4 i. V. m. § 12 Abs. 1). Die Wahlleitung prüft, wie sonst der Wahlausschuss, gemäß § 12 Abs. 2 die Begründetheit der Anfechtung. Stellt die Wahlleitung fest, dass die Anfechtung unzulässig oder unbegründet ist, weist sie die Anfechtung zurück (§ 12 Abs. 2 S. 1). Stellt die Wahlleitung fest, dass die Anfechtung begründet ist und dadurch das Wahlergebnis beeinflusst sein kann, so erklärt sie die Wahl für ungültig. In diesem Falle ist die MAV-Wahl unverzüglich zu wiederholen. Im Falle einer sonstigen begründeten Wahlanfechtung berichtigt die Wahlleitung den durch den Verstoß verursachten Fehler. Wegen der Einzelheiten zu den Anfechtungsgründen wird auf die Ausführungen zu § 12 verwiesen.

2. Kirchliches Arbeitsgericht

15 Gegen die Entscheidung der Wahlleitung ist die Klage vor dem Kirchlichen Arbeitsgericht innerhalb von zwei Wochen nach Bekanntgabe der Entscheidung der Wahlleitung zulässig (§ 11c Abs. 4 i. V. m. § 12 Abs. 3 MAVO; § 44b KAGO).

16 Die Wiederholung einer erfolgreich angefochtenen Wahl obliegt der bisherigen Wahlleitung (§ 11c Abs. 4 i. V. m. § 12 Abs. 5 S. 1). Besteht die Wahlleitung nicht mehr, so beruft der Dienstgeber die Wahlversammlung ein (§ 11b Abs. 2), damit dann unter einer neu zu wählenden Wahlleitung die Wahl der MAV im vereinfachten Verfahren (§§ 11a bis 11c) wiederholt wird.

§ 12 Anfechtung der Wahl

(1) Jede wahlberechtigte Mitarbeiterin und jeder wahlberechtigte Mitarbeiter oder der Dienstgeber hat das Recht, die Wahl wegen eines Verstoßes gegen die §§ 6 bis 11c innerhalb einer Frist von einer Woche nach Bekanntgabe des Wahlergebnisses schriftlich anzufechten. Die Anfechtungserklärung ist dem Wahlausschuss zuzuleiten.

(2) Unzulässige oder unbegründete Anfechtungen weist der Wahlausschuss zurück. Stellt er fest, dass die Anfechtung begründet ist und dadurch das Wahlergebnis beeinflusst sein kann, so erklärt er die Wahl für ungültig; in diesem Falle ist die Wahl unverzüglich zu wiederholen. Im Falle einer sonstigen begründeten Wahlanfechtung berichtigt er den durch den Verstoß verursachten Fehler.

(3) Gegen die Entscheidung des Wahlausschusses ist die Klage beim Kirchlichen Arbeitsgericht innerhalb einer Ausschlussfrist von zwei Wochen nach Bekanntgabe der Entscheidung zulässig.

(4) Eine für ungültig erklärte Wahl lässt die Wirksamkeit der zwischenzeitlich durch die Mitarbeitervertretung getroffenen Entscheidungen unberührt.

(5) Die Wiederholung einer erfolgreich angefochtenen Wahl obliegt dem Wahlausschuss. Besteht kein ordnungsgemäß besetzter Wahlausschuss (§ 9 Abs. 2 Satz 2) mehr, so findet § 10 Anwendung.

Übersicht	Rn		Rn
I. Vorbemerkung	1– 4	III. Anfechtung der Wahl	10–42
II. Nichtigkeit der Wahl	5– 9	1. Voraussetzung	10–20
1. Begriff	6, 7	a. Verstöße gegen das Wahlrecht, § 7	13
2. Geltendmachung	8		
3. Folgen	9	b. Verstöße gegen die Vorschriften zur Wählbarkeit, § 8	14

---

3 *Diözesanes Arbeitsgericht* für den MAVO-Bereich *Köln*, 28. 5. 2009 – MAVO 07/2009; *KAGH*, 2. 2. 2007 – M 03/06, ZMV 2007, 136.

		Rn			Rn
	c. Verstöße gegen das Wahlverfahren	15–20		h. Kirchliches Arbeitsgericht	39–41
	aa. Verstöße bei der Bestellung des Wahlausschusses bzw. Wahlleiters	16		aa. Klage	39, 40
				bb. Frist	41
				i. Rücktritt der MAV vor der Entscheidung	42
	bb. Andere Verstöße gegen das Wahlverfahren	17–20	IV.	Wirkung der Wahlanfechtung	43–51
2.	Anfechtungsberechtigung	21, 22	1.	Wiederholung der Wahl	43
3.	Verfahren	23–42	2.	Korrektur eines Fehlers	44
	a. Antrag des Anfechtungsberechtigten	23	3.	Bildung eines neuen Wahlausschusses?	45–48
	b. Anfechtungsgegner	24	4.	Keine Weiterführung der laufenden Geschäfte bis zur Neuwahl	49
	c. Inhalt des Antrags	25, 26	5.	Berichtigung des Wahlergebnisses	50
	aa. Antragswortlaut	25			
	bb. Begründung	26	6.	Zwischenzeitliche Entscheidungen der MAV	51
	d. Anfechtungsfrist	27, 28	V.	Kosten der Wahlanfechtung	52–55
	e. Wahlausschuss bzw. Wahlleiter	29–33	VI.	Keine Anwendbarkeit des § 12	56–59
			1.	Wahlen innerhalb der MAV	56–58
	f. Beteiligte des Verfahrens	34	2.	Wahlen innerhalb des Wahlausschusses	59
	g. Entscheidung des Wahlausschusses bzw. des Wahlleiters	35–38			

I. Vorbemerkung

Die Anfechtung nach dieser Vorschrift bezieht sich auf die Wahl der gesamten Mitarbeitervertretung und kann auf eine Feststellung der Ungültigkeit der Wahl oder auf Berichtigung eines infolge Verstoßes gegen die Wahlvorschriften verursachten Fehlers gerichtet sein. 1

Die Vorschrift gilt für die Anfechtung der Wahl des Sprechers der Jugendlichen und Auszubildenden entsprechend (§ 51 Abs. 2 S. 1). 2

Die Voraussetzungen für die Anfechtung der Wahl zur MAV sind **in § 12 abschließend** geregelt. Aus Gründen der Rechtssicherheit kann die Wahl nur innerhalb einer Woche seit Bekanntgabe des Wahlergebnisses schriftlich angefochten werden. Damit soll möglichst schnell festgestellt werden können, ob eine MAV ordnungsgemäß gewählt worden ist. Nach Fristablauf erhält die fehlerhaft gewählte MAV den Rechtsschein eines ohne Fehler gewählten Gremiums. Es besteht dann keine Möglichkeit zur Nachprüfung der Wahl, weder vor dem Wahlausschuss noch vor dem Kirchlichen Arbeitsgericht. 3

Von der Wahlanfechtung zu unterscheiden ist der **Einspruch** gemäß § 9 Abs. 4 S. 4 gegen die Eintragung oder Nichteintragung eines Mitarbeiters in die Wählerlisten. Über den Einspruch entscheidet der Wahlausschuss noch vor der Wahl (§ 9 Abs. 4 S. 5). Auch bei unterlassenem Einspruch ist die Wahlanfechtung möglich. 4

II. Nichtigkeit der Wahl

Von der Anfechtung der Wahl ist die Geltendmachung der Nichtigkeit der Wahl zu unterscheiden (vgl. § 12 Abs. 1; § 10 Abs. 1a Nr. 5). Ist die MAV-Wahl aufgrund einer vom Dienstgeber selbst verfassten Mitarbeitervertretungsordnung durchgeführt worden, die kein kirchlicher Gesetzgeber erlassen und promulgiert hat, so ist jedoch ein besonderes Schuldverhältnis zwischen Dienstgeber und gewählter Mitarbeitervertretung entstanden. Es ergeben sich daraus Rechte und Pflichten des Dienstgebers gegenüber der Mitarbeitervertretung; er kann die Existenz der Mitarbeitervertretung nicht negieren, nachdem er bewusst ihre Wahl nach seiner Ordnung hat durchführen lassen. Bei einer solchen Ordnung handelt es sich nicht um kirchliches Recht, sondern um eine vom Arbeitgeber selbst geschaffene schuldrechtliche Ordnung, für die bei Meinungsverschiedenheiten ausschließlich die staatlichen 5

Gerichte zuständig sind.[1] Eine entsprechend der vom Arbeitgeber selbst bestimmten Ordnung gewählte Mitarbeitervertretung ist rechtswirksam gebildet. Ihr ist derjenige Rechtsstatus zuzubilligen wie seinerzeit den Sprecherausschüssen der leitenden Angestellten vor dem Erlass des Sprecherausschussgesetzes.[2] Die nicht kirchenrechtlich gebildete Mitarbeitervertretung hat keine Beteiligungsrechte bei einer Diözesanen Arbeitsgemeinschaft der Mitarbeitervertretungen i. S. v. § 25.[3] Sie wird auch nicht von kirchlichen Ordnungen zur Arbeitsrechtsregelung erreicht, die der Mitarbeitervertretung etwa im Rahmen des Arbeitsvertragsregelungsrechts ein Mitwirkungsrecht einräumen (vgl. etwa § 11 AK-Ordnung in der Fassung vom 24. 3. 2010).

1. Begriff

6 Nichtigkeit liegt vor, wenn die Voraussetzungen für die Wahl nicht gegeben sind oder gegen Wahlrechtsvorschriften in so erheblichem Maße verstoßen wurde, dass nicht einmal der Anschein einer ordnungsgemäßen Wahl gewahrt ist.[4] Das ist der Fall, wenn die Grundlagen für eine Wahl oder für die Wählbarkeit eines Kandidaten nicht vorhanden waren, oder wenn von einem gesetzmäßigen Wahlverfahren überhaupt nicht gesprochen werden kann.[5] In solchen Fällen liegt eine Nichtwahl vor; so z. B. bei einer Wahl ohne den vorgeschriebenen Wahlausschuss. Die Wahl ist nichtig, wenn
– die Einrichtung nach § 6 Abs. 1 nicht zur Wahl einer MAV fähig ist,
– eine Einrichtung nicht der MAVO, sondern z. B. dem BetrVG unterliegt,[6]
– die Wahl oder Wiederwahl der MAV ohne Stimmzettel in der Mitarbeiterversammlung (§ 11c Abs. 3) erfolgt,
– für eine Einrichtung eine MAV gewählt wird, obwohl für diese und andere Dienststellen gemeinsam eine MAV zu bilden ist oder bereits besteht,
– ohne Wahlausschuss oder unter einem unwirksam gewählten Wahlausschuss gewählt worden ist,[7]
– die Wahl ohne die Möglichkeit geheimer Stimmabgabe durchgeführt worden ist.[8]

7 Müssen etwa katholische Mitarbeiter bzw. Mitarbeiterinnen schon deshalb zur MAV kandidieren und in die MAV gewählt werden, um in der konstituierenden Sitzung der neu gewählten MAV als Kandidaten für den Vorsitz und den stellvertretenden Vorsitz in der MAV zur Verfügung zu stehen, könnte wegen fehlender katholischer Kandidaten die gesamte MAV-Wahl zu wiederholen sein, falls nicht eine besondere diözesanbischöfliche Erlaubnis die Abweichung von entsprechenden Vorschriften der MAVO zulässt.[9]

2. Geltendmachung

8 Die Geltendmachung der Nichtigkeit ist an keine Frist gebunden. Die Nichtigkeit der MAV-Wahl ist allerdings durch Feststellungsklage vor dem Kirchlichen Arbeitsgericht geltend zu machen (§ 2 Abs. 2 KAGO). Im Zweifel ist es ratsam, mit der Anfechtung der Wahl nicht zu zögern. § 12 sieht als Rechtsbehelf grundsätzlich die **Anfechtung** vor, so dass auch mit Rücksicht auf den allgemeinen Rechtsfrieden und die Rechtssicherheit die Frist zur Anfechtung beachtet werden sollte (Rn 29), wenn auch weder der Wahlausschuss noch der Wahlleiter die Nichtigkeit der Wahl feststellen können, weil sie gemäß § 12 Abs. 2 S. 2 nur die Ungültigkeit der MAV-Wahl feststellen dürfen.[10] Zu bedenken

---

1 *KAGH*, 19. 3. 2010 – M 11/09, ZMV 2010, 153.
2 *KAGH*, 19. 3. 2010 – M 11/09, ZMV 2010, 153, mit Hinw. auf *BAG*, 19. 2. 1975 – 1 ABR 94/73, AP BetrVG 1972 § 5 Nr. 9 und 10.
3 *KAGH*, 25. 6. 2010 – M 04/10 und M 05/10.
4 *KAGH*, 2. 2. 2007 – M 3/06, ZMV 2007, 136.
5 *BAG*, 22. 3. 2000 – 7 ABR 34/98, NZA 2000, 1119; *LAG Köln*, 10. 10. 2003 – 12 Ta BV 20/03, n. v.
6 *Schlichtungsstelle Köln*, 18. 10. 2000 – MAVO 8/2000, ZMV 2001, 38.
7 Vgl. *ArbG Bielefeld*, 20. 5. 1987 – 4 BV 9/87, BB 1987, 1458.
8 *Diözesanes Arbeitsgericht* für den MAVO-Bereich *Köln*, 28. 5. 2009 – MAVO 07/2009.
9 Siehe 5. Auflage, § 12 Rn 7.
10 *KAGH*, 2. 2. 2007 – M 03/06; *Simon*, Freiburger Kommentar zur MAVO, § 12 Rn 71 ff.

ist, dass bei einer **Wahl ohne Wahlausschuss** das Wahlanfechtungsverfahren gar nicht ordnungsgemäß beim Wahlausschuss beginnen kann (vgl. § 12 Abs. 1 S. 2 und 3). In diesem Falle kann nur die Klage beim Kirchlichen Arbeitsgericht gemäß § 2 Abs. 2 i. V. m. § 8 Abs. 2 Buchst. b KAGO in Betracht kommen. Bei nichtigem Wahlverfahren und folglich nicht rechtlichem Bestand der MAV tritt der Fall ein, dass der Dienstgeber eine Mitarbeiterversammlung gemäß § 10 Abs. 1 MAVO einzuberufen hat, um für die Bildung einer MAV einen Wahlausschuss durch die Mitarbeiterversammlung wählen zu lassen, wenn kein ordnungsgemäßer Wahlausschuss besteht. Tut der Dienstgeber das nicht, so kann ein Zehntel der wahlberechtigten Mitarbeiterinnen und Mitarbeiter (bei 10 Wahlberechtigten einer von ihnen, bei 11 Wahlberechtigten zwei von ihnen) das Kirchliche Arbeitsgericht mit dem Klagebegehren anrufen, dass der Dienstgeber verpflichtet wird, eine Mitarbeiterversammlung zum Zwecke der Wahl eines Wahlausschusses einzuberufen.

3. Folgen

Im Falle der Nichtigkeit hat die MAV nie rechtlich bestanden. Das bedeutet, dass die Rechte der MAV 9 einschließlich des Kündigungsschutzes der gewählten Mitarbeiter, der Ersatzmitglieder (§ 19) und der Mitwirkungsrechte der MAV (§§ 26 ff.) nicht wirksam ausgeübt werden können. Es bleibt allerdings der nachwirkende Kündigungsschutz für Wahlbewerber aufrecht (§ 19 Abs. 2). Die Nichtigerklärung der Wahl hat rückwirkende Kraft. Deshalb haben die Gewählten auch keine Kostenerstattungsansprüche gegen den Dienstgeber gemäß § 17 Abs. 1. Erteilte Arbeitsbefreiungen für die Tätigkeit in der MAV erfolgten grundlos, so dass Nachholung der ausgefallenen Arbeitszeit verlangt werden kann. Ist Nachholung nicht möglich, ist der während der Freistellung gezahlte Arbeitslohn zurückzuzahlen (§ 812 Abs. 1 S. 2 BGB). Diese Pflicht ist ausgeschlossen, wenn der Dienstgeber wusste, dass er die Arbeitsbefreiung nicht zu gewähren brauchte (§ 814 BGB). Es kommt vor, dass ein Dienstgeber zwar die Bildung einer MAV zugelassen hat, weil er sich außerhalb des Geltungsbereichs des staatlichen BetrVG wähnt, aber gleichzeitig die Anwendung der Grundordnung des kirchlichen Dienstes im Rahmen kirchlicher Arbeitsverhältnisse (GrO) negiert, weil er nicht alle Bestimmungen der GrO – z. B. Ablehnung des Dritten Weges gemäß Art. 7 GrO – als verbindlich erachtet oder die gesamte GrO gar nicht erst verbindlich übernommen hat (vgl. Art. 2 Abs. 2 GrO). Wird dann im Verfahren vor dem Kirchlichen Arbeitsgericht wegen einer Streitigkeit auf dem Gebiete des KODA-Ordnungsrechts festgestellt, dass bei fehlender Anerkennung der Verbindlichkeit der GrO auch die MAVO (Art. 8 GrO) nicht anwendbar ist, hat der Dienstgeber gleichwohl die der MAV in der vorausgehenden Amtszeit entstandenen Kosten zu erstatten.[11]

III. Anfechtung der Wahl

1. Voraussetzung

Voraussetzung für die Zulässigkeit einer Wahlanfechtung ist, dass bei der Wahl gegen **wesentliche** 10 Vorschriften über das Wahlrecht (§ 6 Abs. 1 und 2, § 7), die Wählbarkeit (§ 8), das Wahlverfahren (§§ 9–11 oder §§ 11a–11c) oder die Zusammensetzung der MAV (§ 6 Abs. 2 und 5) verstoßen worden ist und die Möglichkeit einer Beeinflussung des Wahlergebnisses durch diesen Verstoß besteht.[12]

Die Vorschriften der §§ 6–11c enthalten **Mussvorschriften** einerseits und Soll- sowie Kannvorschrif- 11 ten (vgl. § 6 Abs. 3 und 4) andererseits. Erstere sind **wesentliche Vorschriften**. Die Nichtbeachtung von Soll- oder Kannvorschriften rechtfertigt die Wahlanfechtung grundsätzlich nicht, falls nicht von einer Kannvorschrift zur Durchführung der Wahl ausdrücklich Gebrauch gemacht worden ist (vgl. § 6 Abs. 3).

---

11 Vgl. für den Fall nicht offenkundiger Verkennung des Geltungsbereichs des BetrVG: *BAG*, 29. 4. 1998 – 7 ABR 42/97, NZA 1998, 1133 = ZMV 1998, 243.
12 *KAGH*, 2. 2. 2007 – M 03/06, ZMV 2007, 136; *Richardi*, Arbeitsrecht in der Kirche § 18 Rn 54; *Schlichtungsstelle Köln*, 23. 1. 1992 – MAVO 5/91.

II. Die Mitarbeitervertretung

12 Die Nichtbeteiligung Wahlberechtigter an der Wahl ist kein Verstoß gegen die Wahlvorschriften, weil nur ein Wahlrecht, nicht aber eine Wahlpflicht besteht. Ein Verstoß gegen das Wahlrecht wäre nur gegeben, wenn das Fernbleiben von der Wahl nicht auf freier Willensentscheidung, sondern auf einem Verstoß gegen wesentliche Wahlvorschriften beruht.[13]

a. Verstöße gegen das Wahlrecht, § 7

13 Wesentliche Verstöße gegen die Vorschrift über die aktive Wahlberechtigung nach § 7 berechtigen zur Wahlanfechtung. Solche Verstöße sind:
– Zulassung von nicht wahlberechtigten Mitarbeitern zur Wahl,
– Nichtzulassung von wahlberechtigten Mitarbeitern zur Wahl.

b. Verstöße gegen die Vorschriften zur Wählbarkeit, § 8

14 Wesentliche Verstöße gegen die Vorschriften über die Wählbarkeit nach § 8 berechtigen zur Anfechtung der Wahl. Ist der Mangel der Wählbarkeit jedoch vor der Entscheidung des Wahlausschusses oder vor der Verhandlung des Kirchlichen Arbeitsgerichts behoben, ist die Wahlanfechtung unbegründet. Nach Ablauf der Anfechtungsfrist kann ein Mangel der Wählbarkeit jedoch auf andere Weise geltend gemacht werden (vgl. § 13c Nr. 2). Verstöße sind:
– Zulassung von nicht wahlberechtigten Mitarbeitern als Wahlkandidaten,[14]
– Nichtzulassung eines wahlberechtigten Mitarbeiters zur Wahl[15] bzw. seine zu Unrecht erfolgte Streichung von der Vorschlagsliste (§ 9 Rn 48) oder die Zurückweisung eines gültigen Wahlvorschlags durch den Wahlausschuss.

c. Verstöße gegen das Wahlverfahren

15 Wesentliche Verstöße gegen das Wahlverfahren, also die §§ 6, 9 bis 11c, berechtigen zur Wahlanfechtung.

Beispiele:

aa. Verstöße bei der Bestellung des Wahlausschusses bzw. Wahlleiters

16 Fehlerhaft sind die Bestellung eines Wahlausschusses durch eine nicht mehr im Amt befindliche MAV und die nicht ordnungsgemäße Besetzung des Wahlausschusses. Fehlerhaft ist die Bestellung des Wahlleiters durch den Dienstgeber (§ 11c Abs. 1).

bb. Andere Verstöße gegen das Wahlverfahren

17 Als Verstöße gegen das Wahlverfahren sind ferner zu nennen
– fehlendes Wahlausschreiben oder unzureichender Aushang des Wahlausschreibens,
– fehlende oder unrichtige Bestimmung der Frist für die Einreichung von Wahlvorschlägen im Wahlausschreiben,
– Fehlen der erforderlichen Stützungsunterschriften im Wahlvorschlag,
– fehlende unterschriftliche Einverständniserklärung des Kandidaten zur Kandidatur (§ 9 Abs. 5 S. 2)
– fehlende schriftliche Erklärung des Kandidaten, dass bei ihm keine Ausschlussgründe i. S. d. § 8 vorliegen (§ 9 Abs. 7),
– verspätete Zulassung von Wahlvorschlägen,[16]

---

[13] Vgl. *Ilbertz/Widmaier*, BPersVG § 25 Rn 7; OVG NRW, 6. 5. 1998 – 1 A 4540/97 PVL, ZTR 1998, 526.
[14] *Schlichtungsstelle Freiburg*, 1989/2.
[15] *Bischöfl. Schlichtungsstelle Berlin* 5/79.
[16] *Schlichtungsstelle Köln*, 23. 1. 1992 – MAVO 5/91, Caritas in NRW [Recht] 2/92, S. 37.

- Nichtbeachtung der im Wahlausschreiben genannten Zeit zur Stimmabgabe,[17]
- ungenaue Benennung von Wahlbewerbern auf den Stimmzetteln,
- Ergänzung der Wählerliste während der Stimmabgabe,
- falsche Festlegung der Zahl der zu wählenden Mitglieder der MAV durch den Wahlausschuss,[18]
- falsche Einschätzung des Dienststellenbegriffs (§§ 1a, 1b),
- keine öffentliche Bekanntmachung von Ort und Zeitpunkt der Stimmabgabe,
- Schließung des Wahllokals eine Stunde vor Ablauf der offiziellen Wahlzeit, obwohl noch nicht alle Mitarbeiter ihre Stimme abgegeben haben,[19]
- fehlende Wahlkabine oder abgeschirmte Schreibgelegenheit zum Schutz des Wahlgeheimnisses (§ 11 Abs. 1 S. 1),[20]
- Wahl ohne Stimmzettel (§ 11c Abs. 3),
- Wahl mit Stimmzetteln ohne voreingetragene Kandidaten.[21]

Schreibt eine diözesane MAVO für den Vorsitz in der MAV zwingend ein bestimmtes religiöses Bekenntnis vor, so ist die Wahl u. U. zu wiederholen, wenn das Wahlergebnis der kirchengesetzlichen Vorschrift zur Zusammensetzung der MAV (§ 14 Abs. 1 S. 2) im Ergebnis nicht gerecht werden kann und eine Ausnahmeregelung nicht vorgesehen ist. 18

Eine Anfechtung der Wahl ist nur zulässig, wenn eine Berichtigung des Verstoßes nicht erfolgt ist. Andernfalls besteht kein Rechtsschutzinteresse an einer Wahlanfechtung.[22] Normalerweise berichtigt der Wahlausschuss den Verstoß. Die Wahlanfechtung muss sich nicht ausschließlich auf die Ungültigkeitserklärung der Wahl richten, sondern kann auch eine Berichtigung des Wahlergebnisses (§ 12 Abs. 2 S. 2), z. B. eine andere Sitzverteilung (§ 6 Abs. 3) oder Feststellung der Stimmenzahl (§ 11 Abs. 6), insbesondere bei gleicher Stimmenzahl (§ 11 Abs. 6 S. 3), zum Ziele haben. 19

Eine Anfechtung ist darüber hinaus nur dann zulässig, wenn durch den Verstoß gegen wesentliche Vorschriften das **Wahlergebnis beeinflusst** sein kann (§ 12 Abs. 2 S. 2). Die Ordnung geht davon aus, dass es nicht sinnvoll ist, in den Fällen die Wahl anzufechten, in denen das Wahlergebnis durch einen Verstoß nicht beeinflusst sein kann. Liegt ein erheblicher, nicht berichtigter Verstoß vor, dann ist davon auszugehen, dass durch den Verstoß das Wahlergebnis beeinflusst sein kann. Auf die tatsächliche Beeinflussung kommt es allerdings nicht an.[23] Eine abstrakte Möglichkeit des Kausalzusammenhangs zwischen Verfahrensverstoß und Wahlergebnis genügt für die Anfechtung der Wahl nicht. Es kommt auf den konkreten Verstoß unter Berücksichtigung des konkreten Wahlergebnisses an.[24] Dazu sind bei der Anfechtung die erheblichen Tatsachen vorzutragen (z. B. Stimmengleichheit mehrerer Kandidaten bei Nichtzulassung eines Wahlberechtigten zur Wahl).[25] Zum Wahlergebnis i. S. d. § 11 Abs. 6 S. 1 gehört nicht die Reihenfolge, in der die Ersatzmitglieder gemäß § 13 Abs. 1 nachrücken bzw. ein zeitweilig verhindertes MAV-Mitglied vertreten. Deshalb beeinflusst die falsche Reihenfolge der Zählung der Ersatzmitglieder das Wahlergebnis i. S. v. § 12 Abs. 2 S. 2 nicht. Denn Ersatzmitglieder sind nicht zu MAV-Mitgliedern gewählt worden (§ 11 Abs. 6 S. 1), sie bestimmen das Wahlergebnis nicht.[26] 20

---

17 *Schlichtungsstelle Freiburg*, 1989/2.
18 *KAGH*, 2. 2. 2007 – M 3/06, ZMV 2007, 136.
19 *Schlichtungsstelle Freiburg*, 1989/2.
20 *Schlichtungsstelle Freiburg*, 1989/2.
21 Diözesanes Arbeitsgericht für den MAVO-Bereich *Köln*, 28. 5. 2009 – MAVO 07/2009.
22 S. auch *Ilbertz/Widmaier*, BPersVG § 25 Rn 13; *HSWGN-Nicolai*, BetrVG § 19 Rn 8.
23 *Bietmann*, Kurzkommentar, § 11 Anm. 2.
24 *Bietmann*, a. a. O. Anm. 1, 2.
25 Vgl. *Schlichtungsstelle Paderborn* 14. 4. 1994 – II/94.
26 *BAG*, 21. 2. 2001 – 7 ABR 41/99, NZA 2002, 282.

II. Die Mitarbeitervertretung

2. Anfechtungsberechtigung

21 Anfechtungsberechtigt ist jeder am Wahltage gemäß § 7 **aktiv wahlberechtigte Mitarbeiter**[27] selbst wenn er nach der Wahlanfechtung, aber noch vor der Entscheidung aus der Dienststelle ausgeschieden ist, weil der Fortbestand des für die Zulässigkeit des Antrages gebotenen Rechtsschutzinteresses durch das Ausscheiden des Antragstellers aus der Dienststelle nicht berührt wird. Es geht um die Kontrolle, ob kirchliches Recht beachtet oder verletzt worden ist. Auch Wahlberechtigte, die nicht kandidiert oder gewählt haben, sind anfechtungsberechtigt (§ 8 Abs. 2 Buchst. b KAGO i. V. m. § 12 Abs. 1 MAVO). Denn die Anfechtung dient dem Interesse der Dienststelle an der Feststellung der Beachtung der Wahlvorschriften, damit nur eine ordnungsgemäß gewählte MAV ihre Arbeit aufnimmt.[28] Das **Rechtsschutzinteresse** für den Antrag, die Wahl für unwirksam zu erklären, entfällt mit Ablauf der Amtszeit des Gremiums, dessen Wahl angefochten wird.[29] Der **Dienstgeber** ist ebenfalls anfechtungsberechtigt (§ 12 Abs. 1 S. 1). Der Wahlausschuss hat kein Wahlanfechtungsrecht, weil er über die Anfechtung zu entscheiden hat. Er kann daher auch nicht im Anfechtungsverfahren vor dem Kirchlichen Arbeitsgericht Beteiligter sein.[30] Jedoch ist jedes Mitglied der MAV und des Wahlausschusses berechtigt, als wahlberechtigter Mitarbeiter die Wahl anzufechten.

22 Der Dienstgeber hat grundsätzlich ein rechtliches Interesse an der Feststellung, ob die MAV ordnungsgemäß gewählt worden ist. Deshalb ist ihm ein Anfechtungsrecht im Falle des Verstoßes gegen die Vorschriften in den §§ 6 bis 11c mit Recht zuzuerkennen (§ 8 Abs. 2 Buchstabe b KAGO i. V. m. § 12 Abs. 1 MAVO). Da der Dienstgeber regelmäßig juristische Person ist und deshalb durch seine Organe vertreten wird, ist zu prüfen, ob die anfechtende Person für den Dienstgeber zu handeln berechtigt ist. Die dienstgeberseitige Wahlanfechtung der MAV-Wahl bei einer Kirchengemeinde, einer Kirchenstiftung oder einem Kirchengemeindeverband ist rechtsgeschäftsähnliche Handlung i. S. d. einschlägigen Gesetze, so dass die für Willenserklärungen erforderliche Schriftform[31] nach entsprechender Beschlussfassung des Gremiums Bedingung für eine wirksam erklärte Anfechtung der MAV-Wahl ist. Diözesanes Mitarbeitervertretungsrecht bestimmt, dass für die Dienstgeber Kirchengemeinde und Kirchenstiftung (§ 1 Abs. 1 Nr. 2) deren vertretungsberechtigte Organe und die von diesen bestellte Leitung handeln (§ 2 Abs. 2 S. 1). Das sind je nach diözesanem Recht Kirchenvorstand, Verwaltungsrat bzw. Vermögensverwaltungsrat, nicht aber nur der Pfarrer allein.[32] Der Pfarrer ist gemäß can. 532 CIC zwar bei allen rechtlichen Angelegenheiten Vertreter der ihm übertragenen Pfarrei. Die Vermögensverwaltung der Pfarrei obliegt nach diözesanem Recht jedoch nicht dem Pfarrer allein, sondern in Deutschland dem jeweiligen (staatskirchenrechtlich) zuständigen Organ, so dass auch ein Anfechtungsbeschluss des Organs erforderlich ist, wobei mit Blick auf die kurze Wahlanfechtungsfrist gemäß § 12 Abs. 1 innerhalb einer Frist von einer Woche nach Bekanntgabe des Wahlergebnisses gehandelt sein muss. Mit Rücksicht auf die Kostenfragen gemäß § 17 MAVO gehört das Mitarbeitervertretungsrecht zum Bereich Vermögensverwaltung. Das Vermögen verwaltet der Kirchenvorstand in den Diözesen in Nordrhein-Westfalen gemäß § 1 Abs. 1 Gesetz über die Verwaltung des katholischen Kirchenvermögens vom 24. Juli 1924.[33] Der Kirchenvorstand vertritt die Gemeinde und das Vermögen. Gemäß § 14 S. 2 des Gesetzes verpflichten die Willenserklärungen des Kirchenvorstandes die Gemeinde und die vertretenen Vermögensmassen nur dann, wenn sie der Vorsitzende oder sein Stellvertreter und zwei Mitglieder schriftlich unter Beidrückung

---

27 Ebenso *Simon*, Freiburger Kommentar zur MAVO, § 12 Rn 8.
28 Vgl. BAG, 4. 12. 1986 – 6 ABR 48/85, DB 1987, 232; einschränkend wegen des nur subjektiven Rechtsschutzinteresses: *BAG*, 15. 2. 1989 – 7 ABR 9/88, DB 1989, 2626 f.
29 *BAG*, 13. 3. 1991 – 7 ABR 5/90, NZA 1991, 946; vgl. auch Rn 43.
30 A. A. *KAGH*, 2. 2. 2007 – M 3/06, ZMV 2007, 136.
31 Z. B. Unterschrift des Vorsitzenden bzw. seines Stellvertreters und zweier weiterer Mitglieder des Kirchenvorstandes unter Beifügung des Amtssiegels, vgl. § 9 Geschäftsanweisung für die Verwaltung des Vermögens in den Kirchengemeinden und Gemeindeverbänden der Erzdiözese Köln, Geschäftsanweisung 2009, Amtsblatt des Erzbistums Köln 2009 S. 194 ff.
32 A. A. *KAGH*, 2. 2. 2007 – M 3/06, ZMV 2007, 136.
33 Vgl. *Emsbach/Seeberger*, Rechte und Pflichten des Kirchenvorstandes, S. 128.

des Amtssiegels abgeben. Kosten der MAV sind im Haushaltsplan der Kirchengemeinde zu berücksichtigen. Auf die Rechtslage in Deutschland nimmt die Vorschrift can. 532 CIC 1983 zwar keine Rücksicht, so dass eigens für den Bereich der Deutschen Bischofskonferenz mit Datum vom 13. 1. 1984 ein päpstliches Indult erging, wonach die Approbation der in den deutschen Diözesen bestehenden Regelung des Pfarrvermögensrates erteilt wurde, so dass can. 532 CIC nicht eingehalten werden muss.[34]

3. Verfahren

a. Antrag des Anfechtungsberechtigten

Das Anfechtungsverfahren erfolgt auf schriftlichen Antrag des Anfechtungsberechtigten an den **Wahlausschuss** (Abs. 1 S. 1 und 2). Der Antrag ist vom Anfechtenden selbst zu unterschreiben. Rechtswirksame Vertretung ist zulässig. Die Einreichung eines Antragsschriftentwurfs, den ein Mitarbeiter als Erklärungsbote »im Auftrag« für weitere Mitarbeiter unterschreibt, genügt nicht.[35] Der Antrag muss beim Wahlausschuss eingehen (Abs. 1 S. 2). An die Stelle des Wahlausschusses tritt im vereinfachten Wahlverfahren der **Wahlleiter** (§ 11c Abs. 4). 23

b. Anfechtungsgegner

Die Anfechtung richtet sich gegen die neu gewählte MAV,[36] wenn die gesamte MAV-Wahl oder die eines einzelnen MAV-Mitgliedes angefochten wird. Denn im Ergebnis ist das Wahlergebnis auch nur durch einen nicht ordnungsgemäß gewählten Wahlkandidaten beeinflusst, so dass die gesamte neu gewählte MAV betroffen ist. Denn bei unterbliebener Kandidatur eines Kandidaten würden sich die Stimmen auf die anderen Wahlkandidaten möglicherweise anders verteilt haben.[37] Will ein Anfechtungsberechtigter die Anfechtung einer MAV-Wahl darauf stützen, dass unter Verkennung des Dienststellen- bzw. Einrichtungsbegriffs (§ 1a Rn 12 f.) in einer einheitlichen Einrichtung bzw. Dienststelle mehrere Mitarbeitervertretungen gewählt worden seien, so muss er die Wahl aller Mitarbeitervertretungen anfechten. Die Anfechtung der Wahl nur einer dieser Mitarbeitervertretungen ist unzulässig.[38] Der Wahlausschuss ist nicht Anfechtungsgegner, weil er über die Wahlanfechtung zu entscheiden hat.[39] Folglich ist er am Verfahren vor dem Kirchlichen Arbeitsgericht nicht beteiligt.[40] Die Mitglieder des Wahlausschusses können jedoch **Zeugen** im Verfahren sein.[41] 24

c. Inhalt des Antrags

aa. Antragswortlaut

Der schriftlich zu stellende Antrag hat sich auf die Ungültigkeit der Wahl richten, um damit eine Wiederholung der Wahl anzustreben oder eine Korrektur des durch den Verstoß verursachten Fehlers zu erreichen. Ist beantragt worden, die Wahl für nichtig oder ungültig zu erklären, so ist der Antrag dahin auszulegen, dass die Wahl unter jedem rechtlichen Gesichtspunkt nachgeprüft werden soll. Die Anfechtungsgründe sind innerhalb der Anfechtungsfrist schriftlich geltend zu machen. Allerdings steht dem Wahlausschuss bzw. dem Wahlleiter nicht das Recht zu, die Nichtigkeit einer Wahl festzustellen. Er hat nur die Befugnis, im Rahmen einer Wahlanfechtung die Ungültigkeit der Wahl festzustellen. Der Wahlausschuss kann gemäß § 12 Abs. 2 S. 2 die Wahl für ungültig erklären, wenn er die 25

---

34 Abgedruckt in: *Karl Bauschke*, Der Kirchenvorstand im Erzbistum Paderborn S. 168; siehe auch *Ahlers*, in Lüdicke, Münsterischer Kommentar zum CIC, can. 532 Rn 7.
35 Vgl. *LAG Frankfurt a. M.*, 23. 2. 1989 – 12 Ta BV 157/88, BB 1989, 2041.
36 *Schlichtungsstelle Köln*, MAVO 7/86 und 3/87; *KAGH*, 2. 2. 2007 – M 3/06, ZMV 2007, 136.
37 *Damköhler*, MAVO § 11 Anm. 3.
38 Vgl. zum BetrVG: *BAG*, 7. 12. 1988 – 7 ABR 10/88, BB 1989, 1619.
39 *Schlichtungsstelle Köln*, MAVO 1/80; 5/91.
40 A. A. *KAGH*, 2. 2. 2007 – M 3/06, ZMV 2007, 136.
41 *Schlichtungsstelle Köln*, 16. 3. 1987 – MAVO 7/86; 23. 1. 1992 – MAVO 5/91.

Anfechtung für begründet hält und dadurch das Wahlergebnis beeinflusst sein kann. Die Entscheidung über die Nichtigkeit der Wahl steht folglich dem Kirchlichen Arbeitsgericht zu.[42]

bb. Begründung

26 Die Anfechtung hat innerhalb der Anfechtungsfrist konkrete Gründe dafür zu nennen, welche die Anfechtung begründet erscheinen lassen. Es reicht nicht aus, den Wortlaut des Gesetzes zu wiederholen. Es ist der Sachverhalt darzulegen, der möglicherweise die Ungültigkeit der durchgeführten Wahl begründen könnte.[43] Es sind Tatsachen erforderlich; Rechtsbehauptungen reichen nicht aus. Wer z. B. am Wahltag nicht wählbar war, weil seine Dienstzeit im kirchlichen Dienst noch nicht die erforderliche Dauer von mindestens einem Jahr ohne Unterbrechung erreicht hatte, ist ungültig gewählt, selbst wenn zum Zeitpunkt der Anfechtung die Wahlberechtigung eingetreten sein sollte. Denn die fehlerhafte Wahl hat Auswirkung auf die Zusammensetzung der MAV, die dann ebenfalls fehlerhaft ist. Eine Heilung des Fehlers ist also nicht möglich. Wegen der Anfechtungsgründe wird auf Rn 10 ff. verwiesen. Ein Anfechtungsantrag ohne Nennung des Anfechtungsgrundes ist als unzulässig zurückzuweisen.

d. Anfechtungsfrist

27 Die **Frist von einer Woche**, innerhalb der die Anfechtung schriftlich erfolgen muss (Abs. 1 S. 1), ist eine **Ausschlussfrist**. Mit ihrem Ablauf erlischt das Anfechtungsrecht. Die Frist rechnet vom Tage der Bekanntgabe des Wahlergebnisses (§ 11 Abs. 7 S. 4; § 11 Rn 18 f.). Für die Berechnung von Fristen und Terminen gelten §§ 186 ff., insbesondere §§ 187 Abs. 1, 188 Abs. 2 BGB. Danach ist der Tag, an dem das Wahlergebnis veröffentlicht worden ist, nicht mitzurechnen. Die Frist endet mit dem Ablauf des 7. Tages. Spätestens am letzten Tag der Frist muss die Anfechtungserklärung beim Wahlausschuss eingegangen sein. Die Aufgabe zur Post oder eine sonstige Absendung am gleichen Tag reicht nicht aus. Eine Verlängerung der Anfechtungsfrist ist nicht zulässig. Fällt der letzte Tag der Frist auf einen Sonntag oder gesetzlichen Feiertag, so tritt an die Stelle des Sonntags oder Feiertags der nächstfolgende Werktag (§ 193 BGB).

28 Voraussetzung für den Beginn der Frist ist, dass das Wahlergebnis ordnungsgemäß bekannt gemacht worden ist. Das ist der Fall, wenn alle wahlberechtigten Mitarbeiter überhaupt die Möglichkeit hatten, von einem bestimmten Zeitpunkt an das Wahlergebnis zur Kenntnis zu nehmen. Dabei kommt es nur darauf an, ob sie objektiv in der Lage waren, von der Bekanntmachung Kenntnis zu erlangen. Nicht entscheidend ist, ob sie subjektiv davon Kenntnis nehmen wollten.[44] Wer zum Beispiel am Nachmittag des Wahltages infolge seiner Teilzeitbeschäftigung in der Einrichtung nicht mehr anwesend ist, hat objektiv keine Möglichkeit, von einem zu dieser Zeit ausgehängten Wahlergebnis Kenntnis zu erlangen. Er kann es erst am folgenden Tag lesen, so dass dieser Tag, an dem alle Mitarbeiter objektiv die Möglichkeit haben, die Bekanntmachung des Wahlausschusses zur Kenntnis zu nehmen, als Tag der ordnungsgemäßen Bekanntmachung gilt.[45] Wird die Bekanntmachung berichtigt, so läuft von da an eine neue Anfechtungsfrist. Erfolgt keine ordnungsgemäße Bekanntmachung des Wahlergebnisses, so beginnt der Lauf der Ausschlussfrist nicht. Es besteht auch die Möglichkeit, die Anfechtung der Wahl schon vor Bekanntgabe des Wahlergebnisses vorzunehmen.

e. Wahlausschuss bzw. Wahlleiter

29 Innerhalb der Anfechtungsfrist muss ein schriftlicher **Anfechtungsantrag** beim Wahlausschuss eingegangen sein (§ 12 Abs. 1 S. 1 und 2). Ist im Antrag selbst keine ausreichende Begründung enthalten, so kann diese schriftlich noch innerhalb der kurzen Anfechtungsfrist nachgeholt werden. Das Nach-

---

42 *KAGH*, 2. 2. 2007 – M 03/06, ZMV 2007, 136.
43 BAGE 22, 38, 40; *Schlichtungsstelle Paderborn*, 14. 4. 1994 – 11/94.
44 *Schlichtungsstelle Köln*, 29. 5. 1991 – MAVO 4/91.
45 *Schlichtungsstelle Köln*, 29. 5. 1991 – MAVO 4/91.

schieben von weiteren Anfechtungsgründen ist zulässig, wenn nur der Anfechtungsantrag rechtzeitig begründet wurde.[46] Verspätet ist das Nachschieben von Anfechtungsgründen vor dem Kirchlichen Arbeitsgericht, weil in diesem Falle die Anfechtung insoweit nicht rechtzeitig vor dem Wahlausschuss begründet worden ist. Denn nur die Anfechtungsgründe, die form- und fristgerecht, also schriftlich innerhalb einer Woche nach Bekanntgabe des Wahlergebnisses, beim Wahlausschuss genannt sind und deshalb von ihm geprüft werden können, sind durch das Kirchliche Arbeitsgericht überprüfbar.[47] Die Ausführungen zum Wahlausschuss gelten entsprechend für den **Wahlleiter (§ 11c Abs. 4)**.

Eine nicht rechtzeitig angefochtene Wahl ist – von dem Ausnahmefall der Wahlnichtigkeit (vgl. Rn 5 ff.) abgesehen – nach materiellem Recht von Anfang an gültig; die durch Verstöße verursachten Mängel gelten als geheilt. 30

Allerdings wird man den Mangel der Wählbarkeit eines einzelnen MAV-Mitglieds gemäß § 13c Nr. 4 auch nach Ablauf der Anfechtungsfrist durch den Dienstgeber feststellen lassen dürfen, wenn der Mangel weiterhin besteht. 31

Das Anfechtungsverfahren ist zu beenden, wenn das Rechtsschutzinteresse vor der Entscheidung des Wahlausschusses oder des Kirchlichen Arbeitsgerichts entfällt. Das ist u. a. der Fall, wenn die gesamte neu gewählte MAV nach der Wahlanfechtung zurücktritt (§ 13 Abs. 3 Nr. 3; siehe aber Rn 42). 32

Richtet sich die Anfechtung gegen ein einzelnes oder gegen mehrere Mitglieder der MAV und treten diese daraufhin zurück (§ 13 Abs. 3 Nr. 3 bzw. § 13c Nr. 3), so entfällt das Rechtsschutzinteresse für das Anfechtungsverfahren nicht ohne weiteres (Rn 42). Die Anfechtung ist bei fehlendem Rechtsschutzinteresse zurückzuweisen. Die Ersatzmitglieder rücken nach, oder es ist infolge des Rücktritts eine Neuwahl erforderlich (§ 13 Abs. 3 Nr. 2, Nr. 3). 33

f. Beteiligte des Verfahrens

Beteiligte am Wahlanfechtungsverfahren sind diejenigen, deren Rechtsstellung durch das Anfechtungsverfahren unmittelbar berührt wird. Das ist neben dem Antragsteller und dem Antragsgegner (MAV) auch der Dienstgeber. 34

g. Entscheidung des Wahlausschusses bzw. des Wahlleiters

Gemäß Abs. 1 S. 3 hat der Wahlausschuss über den Antrag der Anfechtung, nämlich über: 35
– die Zulässigkeit der Anfechtung und
– ihre Begründetheit bzw. Unbegründetheit,
– die Wiederholung der Wahl (vgl. Rn 43) oder
– die Korrektur eines Fehlers

zu entscheiden.

Ist die Anfechtung unzulässig oder unbegründet, weist sie der Wahlausschuss zurück (§ 12 Abs. 2 S. 1). Unzulässig ist die Anfechtung, wenn sie: 36
– von einem nicht wahlberechtigten Mitarbeiter beantragt worden ist,
– verspätet eingereicht worden oder verspätet eingegangen ist.

Dasselbe gilt, wenn nicht ein Verstoß gegen die Vorschriften der §§ 6 bis 11c gerügt worden ist.

Unbegründet ist die Anfechtung, wenn sich herausstellt, dass kein Verstoß gegen die Vorschriften der §§ 6 bis 11c vorliegt. Ist das Wahlergebnis durch einen Fehler nicht beeinflusst, wird aber ein Verstoß gegen Wahlordnungsvorschriften festgestellt, so ist der Fehler zu berichtigen. In diesem Falle ist die Anfechtung begründet. Die Ausführungen zum Wahlausschuss gelten entsprechend für den Wahlleiter (§ 11c Abs. 4). 37

---

46 *HSWGN-Nicolai*, § 19 Rn 28.
47 *Schlichtungsstelle Köln*, 16. 3. 1987 – MAVO 7/86; *Schlichtungsstelle Paderborn*, 14. 4. 1994 – II/94.

II. Die Mitarbeitervertretung

38 Die Wahlanfechtung ist begründet, wenn der Wahlausschuss oder der Wahlleiter feststellt, dass durch die vorgebrachten und festgestellten Gründe des Verstoßes gegen die zwingenden Wahlrechtsbestimmungen die Wahl beeinflusst wurde oder beeinflusst sein kann. In diesem Falle hat der Wahlausschuss oder der Wahlleiter die Wahl für ungültig zu erklären und außerdem festzustellen, dass die Wahl unverzüglich zu wiederholen ist (§ 12 Abs. 2 S. 2). Die Wiederholung des Wahlverfahrens obliegt dem Wahlausschuss (§ 12 Abs. 5 S. 1) oder dem Wahlleiter (§ 11c Abs. 4 i. V. m. § 12 Abs. 5 S. 1). Besteht kein ordnungsgemäß besetzter Wahlausschuss (§ 9 Abs. 2 S. 2) mehr, so richtet sich die Einleitung des zu wiederholenden Wahlverfahrens nach § 10 (§ 12 Abs. 5 S. 2). Das gilt entsprechend bei Wegfall des Wahlleiters (§ 11c Abs. 4).

h. Kirchliches Arbeitsgericht

aa. Klage

39 Gegen die Entscheidung des Wahlausschusses oder des Wahlleiters ist die Klage vor dem Kirchlichen Arbeitsgericht zulässig (§ 2 Abs. 2 KAGO i. V. m. § 12 Abs. 3 oder § 11c Abs. 4 MAVO), wenn dem Anfechtungsantrag nicht entsprochen worden oder die Entscheidung sachlich fehlerhaft ist. Klageberechtigt ist (Rn 21 f.), wessen Anfechtungsantrag vom Wahlausschuss oder Wahlleiter zurückgewiesen worden ist oder wer sonst ein Rechtsschutzinteresse an einer Entscheidung des Kirchlichen Arbeitsgerichts zwecks Korrektur der Entscheidung des Wahlausschusses oder Wahlleiters hat. Die MAV ist – anders als ein MAV-Mitglied – nicht antragsberechtigt, weil sie Beteiligte des Anfechtungsverfahrens ist; denn sie ist von der Anfechtung und der Anfechtungsentscheidung betroffen, weil es um ihren Bestand geht, und deshalb ohnehin Beteiligte des Verfahrens.

40 Die Ordnung legt nicht fest, dass nur das Kirchliche Arbeitsgericht anrufen kann, wer bereits im Anfechtungsverfahren vor dem Wahlausschuss oder dem Wahlleiter beteiligt war. Denn es muss möglich sein, dass das Kirchliche Arbeitsgericht die Entscheidung des Wahlausschusses oder Wahlleiters rechtlich überprüft (§ 12 Abs. 3 MAVO i. V. m. § 8 Abs. 2 Buchst. b KAGO). Als Kläger kann daher auch die gewählte MAV in Betracht kommen (§ 8 Abs. 2 Buchstabe a bzw. Buchstabe b KAGO). Für die Zulässigkeit einer originären Anfechtungsklage vor dem Kirchlichen Arbeitsgericht nach einem Wahlanfechtungsverfahren vor dem Wahlausschuss oder dem Wahlleiter spricht, dass der anfechtende Mitarbeiter oder der Dienstgeber, der mit dem Wahlergebnis und dem Wahlverfahren einverstanden und dies erst nach der Entscheidung des Wahlausschusses oder des Wahlleiters nicht ist (z. B. die Anfechtung vor dem Wahlausschuss ist verspätet geltend gemacht worden, während dieser dennoch die Anfechtung für zulässig und begründet erachtet hat;[48] feststellen lassen können soll, ob eine das Wahlergebnis abändernde oder die Wahl für nichtig erklärende Entscheidung möglicherweise fehlerhaft getroffen worden ist. Damit wird das Schwergewicht der Anfechtung auf das Verfahren vor dem Kirchlichen Arbeitsgericht verlagert, das deshalb mit völlig neuem Vorbringen konfrontiert werden kann, das der Wahlausschuss oder der Wahlleiter nicht geprüft hat. **Bedenken gegen das Überspringen des Wahlausschusses** oder des Wahlleiters durch einen Beteiligten bestehen nicht, wenn der Wahlausschuss oder der Wahlleiter überhaupt zuvor entschieden hat. Es kommt nicht darauf an, wer im Verfahren Beteiligter war oder wem die Entscheidung zugegangen ist. Ab Zugang der Entscheidung des Wahlausschusses oder des Wahlleiters an die Beteiligten des Anfechtungsverfahrens läuft allerdings die Frist von zwei Wochen zur Anrufung des Kirchlichen Arbeitsgerichts (§ 12 Abs. 3 MAVO; § 44b KAGO). Gegen die Entscheidung des Wahlausschusses oder des Wahlleiters hat also auch der Antragsgegner (gewählte MAV) oder ein anderer zuvor nicht Beteiligter das Recht zur Klage vor dem Kirchlichen Arbeitsgericht mit dem Ziel der Überprüfung der Anfechtungsentscheidung des Wahlausschusses oder des Wahlleiters. Antragsgegner ist weder der Wahlausschuss[49] noch der Wahlleiter, sondern die MAV.[50] Ist im erstinstanzlichen Verfahren die Beteiligung

---

[48] Vgl. *Schlichtungsstelle Köln*, MAVO 4/1991.
[49] A. A. *Bernards*, Die Schlichtungsstelle, S. 124 f.; § 9 Rn 22.
[50] *Schlichtungsstelle Köln*, 20. 5. 1980 – MAVO 1/80; 14. 12. 1983 – MAVO 6/83; 16. 5. 1986 – MAVO 3/85; 16. 3. 1987 – MAVO 7/86; 29. 5. 1991 – MAVO 4/91; 16. 7. 1991 – MAVO 6/91; *Schlichtungsstelle Pader-*

Anfechtung der Wahl **§ 12**

der betroffenen MAV unterblieben, so ist die MAV jedenfalls als notwendig Beigeladene i. S. v. § 9 Abs. 2 KAGO anzusehen,[51] so dass sie jedenfalls im Revisionsverfahren als Revisionsklägerin ihre Rechte geltend machen kann (§ 8 Abs. 2 Buchstabe a KAGO).

bb. Frist

Die Anrufung des Kirchlichen Arbeitsgerichts hat schriftlich mit den Anfechtungsgründen innerhalb einer Ausschlussfrist von zwei Wochen nach Bekanntgabe der Entscheidung des Wahlausschusses oder Wahlleiters zu erfolgen (§ 12 Abs. 3 MAVO, § 44b KAGO). Die Vorschrift des § 44b KAGO ist nicht deutlich hinsichtlich des berufenen Autors der Entscheidung. Es kann sich im Kontext mit § 12 Abs. 3 MAVO nur um die Entscheidung des Wahlausschusses oder des Wahlleiters (§ 11c Abs. 4 zweiter Halbsatz MAVO) handeln. Das Kirchliche Arbeitsgericht entscheidet über die Wahlanfechtung vorbehaltlich zulässiger Revision beim Kirchlichen Arbeitsgerichtshof (§§ 47 ff. KAGO) endgültig. Gegen die Entscheidung ist kein weiteres Verfahren vor staatlichen Gerichten zulässig.[52] Die Revision ist innerhalb eines Monats nach Zustellung des vollständigen Urteils oder des Beschlusses über die Zulassung der Revision schriftlich einzulegen. Sie ist dann innerhalb von zwei Monaten nach Zustellung des vollständigen Urteils oder des Beschlusses über die Zulassung der Revision zu begründen. Die Begründung ist bei dem KAGH einzureichen; Fristverlängerung ist auf Antrag möglich (§ 50 KAGO).

41

i. Rücktritt der MAV vor der Entscheidung

Tritt im Falle der Wahlanfechtung die MAV noch vor der Entscheidung über die Wahlanfechtung zurück, können sich zwei unterschiedliche Konstellationen ergeben. Ist noch die alte MAV im Amt, weil deren Amtszeit noch nicht abgelaufen ist, amtiert sie weiter bis zum Ende ihrer Amtszeit, ggf. darüber hinaus geschäftsführend gemäß § 13a S. 1. Ist die Vorgänger-MAV nicht mehr im Amt oder hat eine MAV nicht bestanden, so ist gemäß § 13a S. 2 geregelt, dass die zurückgetretene MAV die Geschäfte bis zur Übernahme durch die neu gewählte MAV fortführt, längstens für die Dauer von sechs Monaten vom Tag des Rücktritts an gerechnet (§ 13a i. V. m. § 13 Abs. 3 Nr. 3). Infolgedessen wird der Rücktritt der von der Wahlanfechtung betroffenen MAV nicht sofort wirksam, weil die MAV die Amtsgeschäfte weiterführt. Das Rechtsschutzinteresse an der Durchführung des Anfechtungsverfahrens bleibt deshalb also bestehen. Nach der endgültigen Entscheidung über die Wahlanfechtung steht fest, ob die Wahl auch aus diesem Grunde unverzüglich zu wiederholen ist. In diesem Falle darf die zurückgetretene MAV die Amtsgeschäfte nicht mehr weiterführen (Umkehrschluss aus § 13 Abs. 3 Nr. 4; § 13a S. 2).

42

IV. Wirkung der Wahlanfechtung

1. Wiederholung der Wahl

Die Wirkung der Anfechtung tritt mit der endgültigen Entscheidung ein. Hält der Wahlausschuss oder der Wahlleiter die Anfechtung für begründet, so steht entweder fest, dass das Wahlergebnis zu korrigieren ist oder die gewählten Mitarbeiter keine MAV-Mitglieder mehr sind. Dasselbe gilt im Falle der Entscheidung des Kirchlichen Arbeitsgerichts, das die Vorentscheidung des Wahlausschusses oder des Wahlleiters korrigieren kann. Allerdings kommt der Feststellung keine rückwirkende Kraft zu. Die vor der Feststellung von der MAV gefassten Beschlüsse bleiben daher wirksam[53] (vgl. Abs. 4). Kostenerstattungsansprüche, die gemäß § 17 Abs. 1 entstanden sind, sind durch den Dienstgeber zu befriedigen. Stellt der Wahlausschuss, der Wahlleiter oder schließlich das Kirchliche

43

---

born, 14. 4. 1994 – II/94; a. A. *Schlichtungsstellen Aachen* 2/84 MAVO, Berlin 5/79 MAVO, Essen 637241 – 3/88, Paderborn I/1984, II 1984, Regensburg 2/84, 2/86 MAVO.

51 *KAGH*, 2. 2. 2007 – M 03/06, ZMV 2007, 136.
52 *BAG*, 11. 3. 1986 – 1 ABR 26/84, EzA § 611 BGB Kirchliche Arbeitnehmer Nr. 25.
53 *Bietmann*, Kurzkommentar, § 11 Anm. 11.

Arbeitsgericht fest, dass die Anfechtung der Wahl begründet ist und dadurch das Wahlergebnis beeinflusst sein kann, so ist die Wahl für ungültig zu erklären. Die Wahl ist dann unverzüglich zu wiederholen (§ 12 Abs. 2 S. 2), und zwar **in allen ihren Stadien**. Die zu wiederholende Wahl ist keine Neuwahl, sondern die fehlerfreie Nachholung der ungültigen Wahl. Aus diesem Grund bleibt es auch, soweit das möglich ist, bei den früheren Voraussetzungen, wie Sitzverteilung (§ 6 Abs. 3) und Stärke der MAV (§ 6 Abs. 2).

2. Korrektur eines Fehlers

44 Stellt der Wahlausschuss einen korrigierbaren Fehler fest, so berichtigt er das Wahlergebnis. Denn nur bei einem unheilbaren Mangel ist die Wahl zu wiederholen (Rn 50).

3. Bildung eines neuen Wahlausschusses?

45 Gemäß § 12 Abs. 5 S. 1 obliegt dem bereits tätig gewesenen Wahlausschuss die Wiederholung der erfolgreich angefochtenen Wahl. Durch die Entscheidung über die Wahlanfechtung ist seine Amtszeit nicht beendet.

46 Im vereinfachten Wahlverfahren gilt das entsprechend für den gemäß § 11c Abs. 1 gewählten Wahlleiter (§ 11c Abs. 4 i. V. m. § 12 Abs. 5 S. 1).

47 Erst wenn der Wahlausschuss nicht mehr ordnungsgemäß besetzt ist (§ 9 Abs. 2 S. 2) oder der Wahlleiter zurückgetreten ist oder sonst nicht mehr das Amt ausüben kann, muss der Dienstgeber gemäß § 10 die Vorbereitungen zur Bildung einer MAV in Gang bringen (§ 10 Abs. 1a Nr. 2 i. V. m. § 12 Abs. 5 S. 2), indem er zu einer Mitarbeiterversammlung einlädt (§ 10 Abs. 1), in der der Wahlausschuss oder gemäß §§ 11a bis 11c wegen der Durchführung des vereinfachten Wahlverfahrens in der Wahlversammlung (§ 11b) der Wahlleiter gewählt wird (§ 11c Abs. 1). Die Wahlversammlung besteht im Unterschied zur Mitarbeiterversammlung (§ 4) nur aus den wahlberechtigten Mitarbeitern (§ 11b Abs. 1).

48 Der Wahlausschuss ist nicht mehr im Amt, wenn er nach Maßgabe seiner ursprünglichen Zahlenstärke (drei oder fünf Mitglieder, § 9 Abs. 2 S. 2) nicht mehr besteht. Auf die ursprünglich bestellten Mitglieder kommt es nicht an, weil unter dem ordnungsgemäß besetzten Wahlausschuss diejenige Zusammensetzung zu verstehen ist, die er durch die Vorgänger-MAV oder durch Bestellung von Ersatzmitgliedern erfahren hat (§ 9 Abs. 3 S. 1). Ist dagegen die erfolgreich angefochtene Wahl nicht gemäß § 9, sondern gemäß § 10 eingeleitet worden, so ist ordnungsgemäß der Wahlausschuss besetzt, der entweder seine Zusammensetzung auf die Wahl in der Mitarbeiterversammlung zurückführen kann (§ 10 Abs. 1 S. 3) oder der sich im Falle des Ausscheidens eines Mitgliedes wieder gemäß § 10 Abs. 1 S. 4 durch ein neues Mitglied ergänzt hat. Ein unterzähliger Wahlausschuss ist nicht mehr ordnungsgemäß besetzt. Aber die Vorschrift des § 10 Abs. 1 S. 4 lässt nach der Festlegung der Größe des Wahlausschusses dessen eigene Regeneration stets aufs Neue zu, so dass die Kette seiner ordnungsgemäßen Besetzung erst reißt, wenn alle Mitglieder oder wenigstens die Mehrheit seiner Mitglieder zugleich zurücktreten.

4. Keine Weiterführung der laufenden Geschäfte bis zur Neuwahl

49 Die ungültig gewählte MAV darf ab der abschließenden, rechtskräftigen Entscheidung über die Wahlanfechtung bis zur Wiederholung der Wahl der MAV die laufenden Geschäfte nicht weiterführen (Umkehrschluss aus § 13 Abs. 3 Nr. 4 i. V. m. § 13a S. 2).

5. Berichtigung des Wahlergebnisses

50 Richtet sich die Anfechtung der Wahl lediglich auf Berichtigung des Wahlergebnisses und ist eine solche Berichtigung durch den Wahlausschuss möglich, so stellt der Wahlausschuss durch Beschluss das richtige Wahlergebnis fest. Erkennt der Wahlausschuss, dass ein Mangel korrigiert werden kann, so darf er die Ungültigkeit der Wahl nicht aussprechen.

6. Zwischenzeitliche Entscheidungen der MAV

§ 12 Abs. 4 regelt eindeutig, dass trotz der für ungültig erklärten MAV-Wahl die von der gewählten MAV getroffenen Entscheidungen gültig bleiben. Das bedeutet aber auch, dass z. B. durch die Amtsführung entstandene Kosten gemäß § 17 Abs. 1 vom Dienstgeber zu tragen bzw. zu erstatten sind. Auch die der MAV gewährten sachlichen und persönlichen Hilfen (§ 17 Abs. 2), die erfolgte Freistellung zu den MAV-Sitzungen (§ 15 Abs. 2) und gewährter Freizeitausgleich (§ 15 Abs. 4) bleiben rechtmäßig, falls nicht andere Gründe ihre Berechtigung in Frage stellen. Die MAV verliert durch die erfolgreiche Anfechtung der Wahl ihr Mandat nicht rückwirkend, sondern erst ab rechtskräftiger Feststellung der Ungültigkeit der Wahl. Die Anfechtung der Wahl hat auch gegenüber der gewählten MAV keine aufschiebende Wirkung, so dass die MAV nach der Wahl ihre Arbeit also aufnehmen kann. 51

V. Kosten der Wahlanfechtung

Die Kosten des Antragstellers eines Wahlanfechtungsverfahrens vor dem Wahlausschuss **trägt dieser selbst**. Denn sie gehören nicht zu den Kosten, die nach § 17 der Dienstgeber für die Wahrnehmung der Aufgaben der MAV zu tragen hat. Sie gehören aber auch nicht zu den Kosten für die Durchführung des Verfahrens gemäß § 2 Abs. 2 KAGO, weil das Verfahren vor dem Wahlausschuss kein Gerichtsverfahren ist (§ 12 KAGO). Auch wenn Mitglieder der MAV oder des Wahlausschusses die Anfechtung beantragen, ändert sich an der Kostenpflichtigkeit nichts. 52

MAV-Mitglieder üben bei der Wahlanfechtung keine MAV-Tätigkeit aus. Sie handeln nur als wahlberechtigte Mitarbeiter. Über die **Kosten der Wahlanfechtung vor dem Kirchlichen Arbeitsgericht entscheidet das Kirchliche Arbeitsgericht** gemäß § 12 Abs. 1 und 2 KAGO, nämlich welche Auslagen wem zu erstatten sind (§ 12 Abs. 1 S. 2 KAGO). Hierauf ist bei Klageerhebung zu achten (§ 17 Abs. 1 S. 2, 4. Spiegelstrich). 53

Sind der MAV Kosten als Anfechtungsgegner entstanden, so sind es Kosten, die durch die Wahrnehmung der Aufgaben der MAV verursacht sind. Sie trägt daher der Dienstgeber gemäß § 17. 54

Die Ermittlung des Gegenstandswerts der anwaltlichen Tätigkeit im staatlichen arbeitsgerichtlichen Beschlussverfahren erfolgt seit dem 1. Juli 2004 nach § 23 Abs. 3 S. 2 RVG. Diese Art der Ermittlung ist auf das Urteilsverfahren der kirchlichen Arbeitsgerichtsbarkeit übertragbar. Der **Wert der anwaltlichen Tätigkeit** in einem Verfahren zur Anfechtung der MAV-Wahl dürfte sich grundsätzlich unter Anwendung einer typisierenden Betrachtungsweise an der Staffel des § 6 orientieren. Bei einer MAV mit einem Mitglied richtet sich der Gegenstandswert nach staatlichem Recht; für jedes weitere Mitglied erhöht sich der Gegenstandswert.[54] Im Streitfall richtet sich die Festsetzung des Gegenstandswerts nach § 23 Abs. 2 RVG. Vorhandene Anhaltspunkte für die individuelle Wertfestsetzung sind zu berücksichtigen. Die staatliche Rechtsprechung hat in den Fällen, in denen es um die Anfechtung einer Betriebsratswahl geht, als Kriterien für die Wertbemessungsgrundlage insbesondere die Zahl der wahlberechtigten Arbeitnehmer bzw. die Zahl der zu wählenden Betriebsratsmitglieder angesehen.[55] Den möglichen Kosten für eine Wiederholung der Wahl kommt nach dieser Rechtsprechung keine entscheidende Bedeutung zu. Die entstehenden Kosten für eine erneute Wahl würden keine Indikation für die Bewertung des Streites um die Berechtigung des Betriebsrates zur Vertretung der Interessen der Arbeitnehmer eines Betriebes darstellen.[56] Als Ausgangswert könne nicht der damals geltende Hilfswert von 6000 DM herangezogen werden, weil dieser nach § 8 Abs. 2 BRAGO bezifferte Wert der Bedeutung dieses Beschlussverfahrens im Verhältnis zu anderen betriebsverfassungsrechtlichen Streitigkeiten nicht gerecht werde. Wenn schon für das Verfahren bei Ausschluss eines Mitgliedes aus dem Betriebsrat (§ 23 Abs. 1 BetrVG) mindestens der Hilfswert von 6000 DM maßgebend sei, müsse der Ausgangswert bei einem Wahlanfechtungsverfahren (§ 19 55

---

54 *LAG Berlin*, 17. 12. 1991 – 1 Ta 50/91; *LAG Rheinland-Pfalz*, 30. 3. 1992 – 3 BV 19/91, NZA 1992, 667.
55 *LAG Rheinland-Pfalz* 30. 3. 1992 – 3 BV 19/91, NZA 1992, 667, m. N.
56 Vgl. *LAG Berlin*, 17. 12. 1991 – 1 Ta 50/91.

BetrVG) höher angesetzt werden, weil es im letzteren Verfahren um die Legitimation der Institution des Betriebsrats insgesamt als Interessenvertreter der Arbeitnehmerschaft gehe. Die eingangs genannte Bewertung könne für besonders einfach oder schwierig gelagerte Wahlanfechtungsverfahren ggf. reduziert oder erhöht werden. Diese Rechtsprechung lässt sich wegen der gleich gelagerten Problematik nach der MAVO auf das Wahlanfechtungsverfahren einer MAV-Wahl übertragen. Voraussetzung für die Kostentragung des Dienstgebers zugunsten der MAV ist die arbeitsgerichtlich festgestellte Erforderlichkeit anwaltlicher Tätigkeit für die MAV (§ 17). Das kirchliche Arbeitsgericht entscheidet durch Urteil, ob Auslagen gemäß den mitarbeitervertretungsrechtlichen Vorschriften erstattet werden und wer diese zu tragen hat (§ 12 Abs. 1 S. 2 KAGO). Das Gericht kann auf Antrag eines Beteiligten auch vor Verkündung des Urteils durch selbständig anfechtbaren Beschluss (§ 55 KAGO) entscheiden, ob Auslagen gemäß § 12 Abs. 1 S. 2 KAGO erstattet werden (§ 12 Abs. 2 KAGO).

VI. Keine Anwendbarkeit des § 12

1. Wahlen innerhalb der MAV

56   Soweit Wahlen **innerhalb der MAV** Anlass zu **Meinungsverschiedenheiten** geben, ist § 12 nicht anwendbar. Denn diese Vorschrift bezieht sich nur auf die Wahlen einer MAV, nicht also z. B. auf die Wahl des Vorsitzenden der MAV, seines Stellvertreters und des Schriftführers. Dasselbe gilt für die Wahlen und Beschlüsse in der Mitarbeiterversammlung, in der Sondervertretung (§ 23), der Gesamtmitarbeitervertretung (§ 24) und in der Diözesanen Arbeitsgemeinschaft der Mitarbeitervertretungen (§ 25).

57   Das Kirchliche Arbeitsgericht kann aber gemäß § 2 Abs. 2 KAGO in Angelegenheiten des Wahlverfahrensrechts angerufen werden, so dass auch ein Mitglied der MAV die eine oder andere Wahl innerhalb der MAV durch Klage beim Kirchlichen Arbeitsgericht anfechten kann (vgl. zu § 14 Abs. 1). Dasselbe gilt für die Sondervertretung (§ 23), die Gesamtmitarbeitervertretung (§ 24 Abs. 1), die erweiterte Gesamtmitarbeitervertretung (§ 24 Abs. 2), die DiAG-MAV (§ 25) und ebenso die Sprecher der Jugendlichen und Auszubildenden (§ 43).

58   Infolge der Vorschrift des § 2 Abs. 2 KAGO sind also Rechtsstreitigkeiten über die Wahl des Vorsitzenden in der MAV, seines Stellvertreters und des Schriftführers vor dem Kirchlichen Arbeitsgericht austragbar.

2. Wahlen innerhalb des Wahlausschusses

59   Die fehlerhafte Wahl des Wahlausschusses kann zur Wahlanfechtung führen, insbesondere wenn er nicht ordnungsgemäß besetzt worden ist (vgl. § 12 Abs. 1 S. 1 i. V. m. § 9 Abs. 2 S. 2). Für Wahlen innerhalb des Wahlausschusses und daraus entstehende Streitigkeiten ist das Kirchliche Arbeitsgericht gemäß § 2 Abs. 2 KAGO zuständig.

§ 13 Amtszeit der Mitarbeitervertretung

(1) Die regelmäßigen Wahlen zur Mitarbeitervertretung finden alle vier Jahre in der Zeit vom 1. März bis 30. Juni (einheitlicher Wahlzeitraum) statt.[1]

(2) Die Amtszeit beginnt mit dem Tag der Wahl oder, wenn zu diesem Zeitpunkt noch eine Mitarbeitervertretung besteht, mit Ablauf der Amtszeit dieser Mitarbeitervertretung. Sie beträgt vier Jahre. Sie endet jedoch vorbehaltlich der Regelung in Abs. 5 spätestens am 30. Juni des Jahres, in dem nach Abs. 1 die regelmäßigen Mitarbeitervertretungswahlen stattfinden.[2]

---

1 Beginn und Ende des einheitlichen Wahlzeitraumes können abweichend durch diözesane Regelung festgelegt werden.

2 Beginn und Ende des einheitlichen Wahlzeitraumes können abweichend durch diözesane Regelung festgelegt werden.

(3) Außerhalb des einheitlichen Wahlzeitraumes findet eine Neuwahl statt, wenn
1. an dem Tage, an dem die Hälfte der Amtszeit seit Amtsbeginn abgelaufen ist, die Zahl der wahlberechtigten Mitarbeiterinnen und Mitarbeiter um die Hälfte, mindestens aber um 50, gestiegen oder gesunken ist,
2. die Gesamtzahl der Mitglieder der Mitarbeitervertretung auch nach Eintreten sämtlicher Ersatzmitglieder um mehr als die Hälfte der ursprünglich vorhandenen Mitgliederzahl gesunken ist,
3. die Mitarbeitervertretung mit der Mehrheit ihrer Mitglieder ihren Rücktritt beschlossen hat,
4. die Wahl der Mitarbeitervertretung mit Erfolg angefochten worden ist,
5. die Mitarbeiterversammlung der Mitarbeitervertretung gemäß § 22 Abs. 2 das Misstrauen ausgesprochen hat,
6. die Mitarbeitervertretung im Falle grober Vernachlässigung oder Verletzung der Befugnisse und Verpflichtungen als Mitarbeitervertretung durch rechtskräftige Entscheidung der kirchlichen Gerichte für Arbeitssachen aufgelöst ist.

(4) Außerhalb des einheitlichen Wahlzeitraumes ist die Mitarbeitervertretung zu wählen, wenn in einer Einrichtung keine Mitarbeitervertretung besteht und die Voraussetzungen für die Bildung der Mitarbeitervertretung (§ 10) vorliegen.

(5) Hat außerhalb des einheitlichen Wahlzeitraumes eine Wahl stattgefunden, so ist die Mitarbeitervertretung in dem auf die Wahl folgenden nächsten einheitlichen Wahlzeitraum neu zu wählen. Hat die Amtszeit der Mitarbeitervertretung zu Beginn des nächsten einheitlichen Wahlzeitraumes noch nicht ein Jahr betragen, so ist die Mitarbeitervertretung in dem übernächsten einheitlichen Wahlzeitraum neu zu wählen.

Übersicht

		Rn				Rn
I.	Überblick zu den Vorschriften der §§ 13 bis 13e	1– 6		f.	Auflösung der MAV durch rechtskräftiges Urteil des kirchlichen Gerichts für Arbeitssachen (§ 13 Abs. 3 Nr. 6)	37–45
II.	Einheitlicher Wahlzeitraum für die regelmäßigen Wahlen, Abs. 1	7–11				
III.	Regelmäßige Amtszeit der MAV	12–15				
IV.	Beginn der Amtszeit der MAV	16, 17			aa. Voraussetzung für die Neuwahl	37, 38
V.	Ende der Amtszeit der MAV	18–50			bb. Antrag	39
	1. Regelmäßige Amtszeit	18			cc. Grobe Pflichtverletzung	40–45
	2. Vorzeitige Neuwahl	19–45		3.	Besondere Fälle	46–48
	a. Veränderung der Zahl der Wahlberechtigten (§ 13 Abs. 3 Nr. 1)	20–24		4.	Übergang in einen anderen Rechtsbereich/Betriebsübergang	49, 50
	b. Absinken der Zahl der Mitglieder der MAV um mehr als die Hälfte (Abs. 3 Nr. 2)	25–30	VI.		Wahl bei fehlender MAV (§ 13 Abs. 4)	51
	c. Rücktritt der MAV mit der Mehrheit ihrer Mitglieder (§ 13 Abs. 3 Nr. 3)	31–34	VII.		Folgen der Neuwahl außerhalb des einheitlichen Wahlzeitraums (§ 13 Abs. 5)	52–54
	d. Die erfolgreich angefochtene Mitarbeitervertretungswahl (§ 13 Abs. 3 Nr. 4)	35	VIII.		Sprecher der Jugendlichen und Auszubildenden	55
	e. Misstrauensvotum (§ 13 Abs. 3 Nr. 5)	36	IX.		Streitigkeiten	56, 57

I. Überblick zu den Vorschriften der §§ 13 bis 13e

Die Vorschriften der §§ 13 bis einschließlich 13e beinhalten zum einen die Kontinuität der Repräsentation der Mitarbeiterinnen und Mitarbeiter einer Einrichtung durch die MAV bei Veränderun-

II. Die Mitarbeitervertretung

gen im personellen und im betrieblichen Bereich, zum anderen das Ende des Amtes der MAV mit einer Vakanz bis zur Neuwahl der MAV (§ 13 Abs. 3 Nr. 4–6) bei:
- einer erfolgreichen Anfechtung der MAV-Wahl,
- Misstrauensvotum gegen die MAV,
- Auflösung der MAV durch das Kirchliche Arbeitsgericht im Falle grober Vernachlässigung ihrer Pflichten und Befugnisse.

2 § 13 enthält die Vorschriften über die Amtsdauer (Beginn und Ende der Amtszeit) der MAV als Gremium, während § 13c die Beendigung des Amtes als Mitglied der MAV im Einzelfall regelt.

3 § 13a regelt Fälle der Fortführung der Geschäfte der MAV nach Ablauf ihrer Amtszeit für eine begrenzte Übergangszeit, wenn noch keine neue MAV gewählt worden ist; das gilt auch in Fällen einer vorzeitig erforderlichen Neuwahl der MAV, nämlich bei:
- quantifizierter Veränderung der Zahl der wahlberechtigten Mitarbeiter einer Einrichtung (§ 13 Abs. 3 Nr. 1),
- Absinken der Mitgliederzahl der MAV – auch nach Eintritt sämtlicher Ersatzmitglieder – um mehr als die Hälfte der ursprünglichen Mitgliederzahl (§ 13 Abs. 3 Nr. 2),
- Rücktritt der MAV (§ 13 Abs. 3 Nr. 3).

4 § 13b regelt Fälle für das Nachrücken von Ersatzmitgliedern in die MAV sowie das Ruhen der Mitgliedschaft in der MAV.

5 § 13d regelt das Übergangsmandat der MAV im Falle der Spaltung einer Einrichtung (§ 13d Abs. 1), der Zusammenlegung von Einrichtungen oder Teilen von Einrichtungen (§ 13d Abs. 2), der Spaltung oder Zusammenlegung mit einer Betriebsveräußerung oder einer Umwandlung nach dem Umwandlungsgesetz (§ 13d Abs. 3); in § 13d Abs. 4 ist der Fall eines Einrichtungsübergangs aus dem Bereich außerhalb des Geltungsbereichs der MAVO in den Geltungsbereich der MAVO geregelt, um keine arbeitnehmervertretungslose Übergangszeit bis zur Wahl der Mitarbeitervertretung gemäß MAVO eintreten zu lassen. Zur Neuwahl der MAV siehe § 13d als Spezialnorm.

6 § 13e schließlich regelt das Restmandat der MAV im Falle des Untergangs der Einrichtung im Zusammenhang mit den bei Abwicklungsaufgaben bestehenden Beteiligungsrechten der MAV.

II. Einheitlicher Wahlzeitraum für die regelmäßigen Wahlen, Abs. 1

7 Ausgehend von einer vierjährigen Amtszeit einer MAV (Abs. 2) sieht Absatz 1 für die nach dieser Ordnung zu wählenden Mitarbeitervertretungen einen einheitlichen turnusmäßig alle vier Jahre stattfindenden Wahltermin in der Zeit vom 1. März bis zum 30. Juni vor. Das ist ein Rahmenzeitraum. Die Rahmenordnung lässt diözesan abweichende Regelungen zu Beginn und Ende des einheitlichen Wahlzeitraums ausdrücklich zu, so dass der verbindliche Wahlzeitraum also diözesanen Vorschriften, die im Amtsblatt der Diözese veröffentlicht werden, zu entnehmen ist.

8 In der Diözese Osnabrück ist z. B. der Zeitraum vom 1. März bis zum 31. März einheitlich festgelegt.[3] Sind bei Inkrafttreten der Novelle Mitarbeitervertretungen im Amt, richtet sich ihre Amtszeit noch nach der Ordnung, die vor dem Inkrafttreten die Dauer der Amtszeit der MAV bestimmt hat (§ 56 Abs. 2 S. 1). Auf diözesane gesetzliche Übergangsregelungen ist zu achten.

9 Der Zeitraum von vier Monaten (März bis Juni) dient der Flexibilität bei der Vorbereitung und Durchführung der Wahlen und zugleich einer sinnvollen verwaltungsmäßigen Betreuung der Wahlen in diesem Zeitraum. Das kommt auch der Schulung der Mitglieder des Wahlausschusses zugute (§ 16 Abs. 2). Trotz aller Einheitlichkeit können die in ihrer Struktur höchst unterschiedlichen kirchlichen und kirchlich-caritativen Einrichtungen innerhalb des vorgegebenen Zeitrahmens den jeweils für die Dienststelle oder Einrichtung günstigsten Wahltermin flexibel festlegen (vgl. § 9 Abs. 1), um etwa ungünstige Zeiten, die für die Durchführung der Wahl hinderlich sein könnten,

---

3 § 13 Abs. 1 MAVO Osnabrück, Amtsblatt 2003 Art. 295 S. 329, 333.

zu vermeiden.⁴ Gemäß § 13 Abs. 2 S. 3 ist das Ende der Amtsperiode der MAV auf den 30. Juni festgesetzt. Diözesane Abweichungen sind zu beachten, wenn der zeitliche Rahmen für den einheitlichen Wahlzeitraum von der Rahmenordnung abweicht. Der Stichtag für das Ende der Amtsperiode der MAV bietet den Vorteil, dass der in Absatz 1 gesteckte Zeitrahmen unabhängig vom vorangehenden Wahldatum voll ausgeschöpft werden kann. Damit wird zumindest zu diesem Zeitpunkt ein kontinuierlicher Übergang zwischen der alten und neuen MAV ohne Terminzwang sichergestellt.⁵ Sollte infolge der Wiederholung der Wahl infolge der erfolgreichen Wahlanfechtung nach dem 30. Juni die Wahl stattfinden, würde die Amtszeit der aus der wiederholten Wahl hervorgegangenen MAV spätestens am 30. Juni des folgenden einheitlichen Wahlzeitraums enden.

In der Vorschrift des Absatzes 1 wird der frühest mögliche vierjährig wiederkehrende Wahltermin auf den 1. März zwingend festgelegt. Eine Wahl, die vor dem gesetzlich festgesetzten Termin (1. März) stattfindet und nicht durch die gesetzlich genannten Sondertatbestände des § 13 Abs. 3 und § 13d bedingt war, ist ungültig. Denn die nach Gesetz maßgebliche Voraussetzung der Einhaltung des einheitlichen Wahlzeitraums ist dann nicht beachtet worden. Dagegen ist ein Überziehen der MAV-Wahl über den 30. Juni hinaus zwar rechtswidrig (vgl. aber Rn 52), aber wirksam,⁶ weil Wahlanfechtungen die Wiederholung der Wahl auslösen können. 10

Mit jenem 30. Juni endet zwar die ordentliche Amtszeit der bisherigen MAV; sie geht jedoch gemäß § 13a S. 1 in der kommissarischen Weiterführung der Geschäfte durch die bisherige MAV auf. Das gilt längstens für die Dauer von sechs Monaten vom Tag der Beendigung der Amtszeit der alten MAV gerechnet. Tritt danach eine Vakanz ein, ist gemäß § 13 Abs. 4, der auf § 10 verweist, ohnehin eine neue MAV zu wählen. Wegen der außerhalb des einheitlichen Wahlzeitraums erfolgten Wahl wird auf die Ausführungen zu Absatz 5 verwiesen (Rn 52 ff.). 11

III. Regelmäßige Amtszeit der MAV

Gemäß **Absatz 2 S. 2** beträgt die reguläre Amtszeit der MAV vier Jahre. Abweichend von der gesetzlichen Regelung kann die Amtszeit durch Vereinbarung zur Abänderung der diözesanen Ordnung weder verkürzt noch verlängert werden (§ 55). 12

Die Amtszeit der MAV gilt für die Sprecher der Jugendlichen und Auszubildenden nicht; sie beträgt gemäß § 50 nur zwei Jahre. Die Amtszeit der Vertrauensperson der schwerbehinderten Menschen und des Vertrauensmannes der Zivildienstleistenden richtet sich nach staatlichem Recht. 13

Die Vorschriften der §§ 13 bis 13c gelten weder für die Gesamtmitarbeitervertretung i. S. v. § 24 noch die Diözesane Arbeitsgemeinschaft der Mitarbeitervertretungen i. S. v. § 25. Die Vorschriften gelten für die Sondervertretung gemäß § 23. 14

Von der Amtszeit der MAV als Gremium ist die Dauer der Mitgliedschaft des einzelnen Mitglieds der MAV zu unterscheiden (§ 13c). Diese ist zwar in der Regel mit der Amtszeit der MAV identisch. Sie kann aber z. B. beim Nachrücken eines Ersatzmitgliedes nach § 13b Abs. 1, Niederlegung des Amtes (§ 13c Nr. 2), Ausschluss aus der MAV (§ 13c Nr. 4) davon verschieden sein. 15

IV. Beginn der Amtszeit der MAV

Besteht in der Dienststelle keine MAV, so beginnt die Amtszeit der MAV mit dem Tag der Wahl (genauer: mit der Bekanntgabe des Wahlergebnisses). Eine Dienststelle ist ohne MAV, wenn die MAV-Wahl zum ersten Mal durchgeführt wird, aber auch dann, wenn bei der Neuwahl die Amtszeit der alten MAV abgelaufen ist. Die Amtszeit einer außerhalb der regelmäßigen Amtszeit gewählten MAV beginnt ebenfalls mit dem Tag ihrer Wahl (genauer: mit der Bekanntgabe des Wahlergebnisses). In der Ordnung steht, dass die Amtszeit »mit dem Tag der Wahl« beginnt (§ 13 Abs. 2 S. 1, erste Alter- 16

---

4 *Fey/Rehren*, MVG.EKD § 15 Rn 2.
5 *Fey/Rehren*, a. a. O. § 15 Rn 2.
6 *Fey/Rehren*, a. a. O. § 15 Rn 3.

native). Ohne Bekanntgabe des Wahlergebnisses – diese kann ohne weiteres am Wahltage erfolgen – ist aber nicht klar, wer in die MAV gewählt ist, so dass die Amtsgeschäfte erst aufgenommen werden können, wenn das Wahlergebnis feststeht (§ 11 Rn 16).

17 Der förmliche Beginn der Amtszeit erfolgt unbeschadet der Amtszeit der bisherigen MAV mit der Konstituierung der neu gewählten MAV (§ 14 Abs. 1). Zur konstituierenden Sitzung hat der Vorsitzende des Wahlausschusses einzuladen. Die Amtszeit beginnt gesetzlich aber auch für die sich bereits konstituierende MAV erst mit Ablauf der Amtszeit der Vorgänger-MAV (**§ 13 Abs. 2 S. 1, zweite Alternative**). Im Zweifel ist zu prüfen, wann die Amtszeit der Vorgänger-MAV begonnen hat, weil zunächst diese MAV eine vierjährige Amtszeit zu durchlaufen hat (§ 13 Abs. 2 S. 1). Lag der Wahltermin für die Neuwahl der MAV verhältnismäßig früh (vgl. § 9 Abs. 1), so muss die neu gewählte MAV sich noch so lange ihrer Amtstätigkeit enthalten, wie die bisherige MAV ihre vierjährige Amtszeit noch durchläuft, längstens bis zum 30. Juni (§ 13 Abs. 2 S. 3). Vorzeitiger Rückzug oder Verdrängung der bisherigen MAV ist unzulässig, selbst wenn die bisherige MAV ganz oder weitgehend mit der neu gewählten MAV identisch ist.

V. Ende der Amtszeit der MAV

1. Regelmäßige Amtszeit

18 Das Ende der Amtszeit der MAV bedeutet das Ende der MAV als Gremium. Die Amtszeit der MAV endet im regulären Turnus – vorbehaltlich der Regelung in Absatz 5 (Rn 52) – spätestens am 30. Juni des Jahres, in dem nach Absatz 1 die regelmäßigen Mitarbeitervertretungswahlen stattfinden. Diözesane Abweichungen von diesem Zeitpunkt sind möglich (z. B. § 13 Abs. 2 MAVO Osnabrück 2003). Die regelmäßige, zwingend vorgeschriebene Amtszeit beträgt hingegen genau vier Jahre (§ 13 Abs. 2 S. 2). Zur Weiterführung der Amtsgeschäfte wird auf § 13a Rn 1 ff. verwiesen. Siehe ferner: §§ 1b, 13d, 13e.

2. Vorzeitige Neuwahl

19 Die Vorschrift regelt in **Absatz 3** das vorzeitige Ende der Amtszeit der Mitarbeitervertretung. Allerdings sind nicht alle Fälle aufgeführt, die zu einer Beendigung führen, sondern nur diejenigen, in denen eine vorzeitige Neuwahl der Mitarbeitervertretung gesetzlich vorgeschrieben ist. Nicht verhindert wird, dass die Amtszeiten in keinem anderen Fall vorzeitig abgebrochen werden. Vielmehr sind nur die häufiger zu einer vorzeitigen Beendigung der Amtszeit führenden Tatbestände aufgeführt. Die Fälle, in denen eine Neuwahl erforderlich wird, sind allerdings abschließend aufgezählt, wenn auch nicht allein in Absatz 3, weil auch Absatz 4 bei fehlender MAV die Wahl einer MAV außerhalb des einheitlichen Wahlzeitraums vorschreibt. Siehe weiter § 13d.

a. Veränderung der Zahl der Wahlberechtigten (§ 13 Abs. 3 Nr. 1)

20 Außerhalb des einheitlichen Wahlzeitraums (Abs. 1) findet eine Neuwahl statt, wenn an dem Tage, an dem die Hälfte der Amtszeit seit Amtsbeginn der MAV abgelaufen ist, die Zahl der wahlberechtigten Mitarbeiterinnen und Mitarbeiter um die Hälfte, mindestens aber um fünfzig gestiegen oder gesunken ist.

21 Die Vorschrift ist § 13 Abs. 2 Nr. 1 BetrVG und § 27 Abs. 2 Nr. 1 BPersVG – allerdings nicht vollständig – nachgebildet. Die staatlichen Bestimmungen stellen ab auf die Veränderung der Zahl der regelmäßig Beschäftigten mit Ablauf von 24 Monaten vom Tage der Wahl gerechnet.

22 Wesentliches Moment für die Neuwahl ist nach dieser Vorschrift die erheblich veränderte Zahl der Wahlberechtigten, die ein Recht auf eine Neuwahl haben sollen. Entgegen den Bestimmungen in den genannten staatlichen Gesetzen kommt es bei der Änderung der maßgeblichen Zahl gemäß § 13 Abs. 3 Nr. 1 nicht auf die aller Mitarbeiter, sondern auf die der wahlberechtigten Mitarbeiter (Mitarbeiterinnen eingeschlossen) an. Die Neuwahl ist durch die amtierende MAV entsprechend § 9 Abs. 1 und 2 unverzüglich einzuleiten.

Die Änderung des Personalbestandes ist nur dann für die Neuwahl erheblich, wenn die Veränderung 23 die zahlenmäßigen Voraussetzungen erfüllt und die Hälfte der Amtszeit der MAV seit Amtsbeginn abgelaufen ist.

1. Beispiel: Sind 70 wahlberechtigte Personen in einer Dienststelle oder Einrichtung beschäftigt und erhöht sich die Zahl der Wahlberechtigten um 40 Personen, so findet keine Neuwahl statt. Die Veränderung um mehr als die Hälfte liegt vor, nicht aber gleichzeitig die Steigerung um 50 wahlberechtigte Personen.

2. Beispiel: Sind 110 wahlberechtigte Personen in einer Dienststelle oder Einrichtung beschäftigt und erhöht sich die Zahl der Wahlberechtigten um 51 Personen, so findet ebenfalls keine Neuwahl statt. Die Veränderung beträgt zwar mehr als 50, nicht aber mehr als die Hälfte der Wahlberechtigten.

3. Beispiel: Sind 110 wahlberechtigte Personen in der Einrichtung beschäftigt und erhöht sich die Zahl der Wahlberechtigten um 60 Personen, so findet die Neuwahl statt, da eine Veränderung sowohl um mehr als 50 als auch um mehr als die Hälfte der Wahlberechtigten eingetreten ist.

4. Beispiel: Durch Entscheidung des Dienstgebers (e. V.) werden die Sozialstationen mit 200 Mitarbeiterinnen und Mitarbeitern aus der Einrichtung mit bisher insgesamt 398 Beschäftigten ausgegliedert. Träger der Sozialstationen wird eine GmbH. Damit sind sowohl mindestens die Hälfte der Wahlberechtigten als auch mehr als 50 Wahlberechtigte der gesamten Mitarbeiterschaft aus der abgebenden Einrichtung ausgeschieden. (Dazu weiter § 13d Abs. 1).

Die zahlenmäßigen Veränderungen der Belegschaft reichen allein aber nicht aus, um Neuwahlen zur 24 MAV auszulösen. Hinzutreten muss ein fixierter Zeitpunkt der Änderungen. Die maßgebliche Änderung der Zahl der Wahlberechtigten muss nach Ablauf von 24 Monaten (= Hälfte der gesetzlichen Amtszeit) seit Beginn der Amtszeit der MAV gerechnet gegeben sein. Daher muss die Zahl der Wahlberechtigten am Tage des Beginns der Amtszeit der MAV – z. B. 25. März 2009 – mit derjenigen am 25. März des Jahres 2011 verglichen werden. Die Zahlen am Wahltag sind nach dem Wortlaut der Bestimmung nicht maßgeblich. Wenn sich erst nach dem 25. März 2011 die Zahl der Wahlberechtigten wesentlich ändert, so bleibt dies ohne Wirkung. Denn es geht um die Veränderung zu einem bestimmten Stichtag, nicht um die zahlenmäßigen Änderungen vor oder nach »dem Tage«, sondern »an dem Tage«,[7] an dem die Hälfte der Amtszeit seit dem Anbeginn der MAV abgelaufen ist. Spätere Änderungen innerhalb der Amtszeit sollen also nicht mehr zu Neuwahlen führen. Wird eine Einrichtung oder ein Teil einer Einrichtung in eine andere Einrichtung eingegliedert und folglich aus der Ursprungseinrichtung abgespalten, gelten die Vorschriften des § 13d als Spezialvorschriften (vgl. § 13d Abs. 1 bis 3) mit der Folge, dass unabhängig von der Zahl der abgehenden oder zugehenden Mitarbeiter Neuwahlen anzusetzen sind.

b. Absinken der Zahl der Mitglieder der MAV um mehr als die Hälfte (Abs. 3 Nr. 2)

Die Ordnung schreibt ferner für den Fall eine vorzeitige Neuwahl der Mitarbeitervertretung vor, dass 25 die ursprüngliche Gesamtzahl der Mitglieder der MAV um mehr als die Hälfte gesunken ist. Vorher müssen allerdings sämtliche in Betracht kommenden Ersatzmitglieder in die MAV nachgerückt sein.

Die Vorschrift ist öfter durch Novellierungen verändert worden. Seit der Neufassung des § 6 Abs. 2 26 mit den Sätzen 1, 2 und 3 geht es um die Ermöglichung der Bildung einer MAV schlechthin, selbst wenn bei der MAV-Wahl die gesetzliche Normzahl gemäß § 6 Abs. 2 S. 1 nicht erreicht worden ist (§ 6 Abs. 2 S. 2 und 3). Zu vergleichen ist die Ausgangszahl der Mitglieder der MAV nach der Wahl mit derjenigen des Ist-Standes innerhalb der laufenden Amtszeit der MAV. Entsprach nach dem Wahlergebnis die Zahl der MAV-Mitglieder der gesetzlichen Zahl und waren Ersatzmitglieder nicht vorhanden, so ist die ursprüngliche Zahl mit der Ist-Zahl der MAV-Mitglieder zu vergleichen. Ersatz-

---

7 Vgl. *Ilbertz/Widmaier*, § 27 Rn 15.

mitglieder stehen nach dem Wahlergebnis nicht zur Verfügung. Dasselbe ist der Fall, wenn die gesetzliche Zahl der MAV-Mitglieder gemäß Wahlergebnis erst gar nicht erreicht wurde. Ist von zwei ursprünglich vorhandenen MAV-Mitgliedern eines aus der MAV ausgeschieden, so ist keine Neuwahl erforderlich, weil nicht mehr als die Hälfte ihrer Mitglieder ausgeschieden ist. Hat ein gewählter MAV-Kandidat seine Wahl nicht angenommen, so hat er der MAV schon ursprünglich nicht angehört.

27 Eine Neuwahl kommt nicht in Betracht, wenn die Mindeststärke der MAV infolge vorübergehender Verhinderung eines oder mehrerer Mitglieder unterschritten wird. Beispiel: Aus einer fünfgliedrigen MAV (ohne Ersatzmitglieder) scheidet ein Mitglied aus. Ein weiteres Mitglied befindet sich gemäß Mutterschutzgesetz im gesetzlichen Arbeitsverbot und nimmt für sechs Monate Elternzeit, möchte aber während der Elternzeit die Tätigkeit in der MAV fortführen. Die MAV ist uneingeschränkt beschlussfähig, auch wenn noch ein weiteres Mitglied aus der MAV ausscheiden sollte.

28 Die Verhinderung eines MAV-Mitgliedes führt nicht zum Ende der Mitgliedschaft in der MAV. Das Ausscheiden der Mitglieder führt dagegen zur Verringerung der Zahl der Mitglieder der MAV von fünf auf drei. Die so verkleinerte MAV bleibt im Amt, weil sie noch mit mehr als der Hälfte der gesetzlichen Zahl der MAV-Mitglieder handeln kann. Die zeitweilige Verhinderung von Mitgliedern der MAV wirkt nicht wie das Ausscheiden aus der MAV, so dass eine Neuwahl der MAV nicht erforderlich ist. Eine Neuwahl kommt nicht in Betracht, wenn die Mindeststärke der MAV infolge vorübergehender Verhinderung eines oder einzelner MAV-Mitglieder unterschritten wird. Gegebenenfalls wird auf die Beschlussfähigkeit der MAV zu achten sein (§ 14 Abs. 5 S. 1).

29 **Die i. S. v. § 13 Abs. 3 Nr. 2 geschrumpfte MAV hat die gemäß § 13 Abs. 3 Nr. 2 erforderliche Neuwahl einzuleiten.** Denn sie ist gemäß § 13a S. 2 geschäftsführend im Amt. Sie bestimmt deshalb den Neuwahltermin in entsprechender Anwendung des § 9 Abs. 1 und bestellt gemäß § 9 Abs. 2 die Mitglieder des Wahlausschusses. Die Geschäfte einschließlich der Beteiligungsrechte führt sie bis zur Bekanntgabe des Wahlergebnisses der neuen MAV fort, bis das letzte ordnungsgemäß gewählte MAV-Mitglied weggefallen ist,[8] allerdings nicht länger als die gemäß § 13a festgelegte verlängerte Amtszeit. Ist ein Wahlausschuss nicht zu finden, ergeben sich nicht keine Kandidaturen für die Wahl zur MAV (§ 6 Abs. 2), sagt die MAV bzw. der Wahlausschuss die Neuwahl ab (§ 9 Rn 45). Besteht die MAV nicht mehr, hat der Dienstgeber gemäß § 10 Abs. 1 die Initiative zur Bestellung eines Wahlausschusses zu ergreifen (§ 10 Abs. 1a Nr. 4). Dazu muss er die Mitarbeiterversammlung einberufen, die den Wahlausschuss wählt. Der Dienstgeber kann in keinem Fall den Wahlausschuss einsetzen. Der Wahlausschuss bestimmt dann den Wahltermin. Kommt die Bildung eines Wahlausschusses nicht zustande, so kann ein Zehntel der wahlberechtigten Mitarbeiter die Einberufung einer Mitarbeiterversammlung beim Dienstgeber beantragen (§ 10 Abs. 2). Wird die Mitarbeiterseite nicht tätig oder nicht in ausreichender Zahl, so kann der Dienstgeber nach Jahresfrist die Initiative zur Bildung eines Wahlausschusses erneut ergreifen (§ 10 Abs. 2, 2. Alternative i. V. m. Abs. 1; vgl. auch § 10 Rn 29 ff.).

30 Ist im vereinfachten Verfahren zu wählen (§§ 11a, 11b, 11c), lädt die amtierende und geschrumpfte MAV gemäß § 11b unverzüglich die Wahlberechtigten zur Wahlversammlung ein und legt gleichzeitig die Liste der wahlberechtigten Mitarbeiterinnen und Mitarbeiter aus (§ 11b Abs. 1).

c. Rücktritt der MAV mit der Mehrheit ihrer Mitglieder (§ 13 Abs. 3 Nr. 3)

31 Eine Neuwahl vor dem Ende der Amtszeit der MAV hat auch stattzufinden, wenn die MAV durch Mehrheitsbeschluss ihren Rücktritt beschlossen hat. Stimmenthaltung wirkt wie Ablehnung des Beschlusses über den Rücktritt. Erforderlich ist für den Beschluss die Mehrheit der in der MAV tatsächlich vorhandenen Mitglieder, nicht die Zahl der in der Sitzung der MAV anwesenden und abstimmenden Mitglieder. Einer Begründung bedarf der Rücktrittsbeschluss nicht.[9] Der MAV steht ein weiter

---

[8] *LAG Düsseldorf/Köln*, DB 1975, 455 = EzA § 22 BetrVG 1972 Nr. 1.
[9] *BVerwG*, 26. 11. 1992 – 6 P 14.91, ZTR 1993, 129.

Ermessensspielraum für ihre Entscheidung zur Verfügung. Infolgedessen könnte im Streitfall das Kirchliche Arbeitsgericht den Rücktrittsbeschluss nur dann aufheben, wenn objektive Anhaltspunkte für ein offensichtliches Überschreiten der sich aus der MAVO oder anderem Recht ergebenden Ermessensgrenzen bestehen. Der Beschluss der MAV wirkt sowohl gegen die Gegner des Beschlusses als auch gegen die sich der Stimme enthaltenden und die nicht anwesenden Mitglieder der MAV und die Ersatzmitglieder (vgl. *Ilbertz/Widmaier*, § 27 Rn 20). Der Rücktrittsbeschluss kann nicht widerrufen werden, da er eine rechtsgestaltende Erklärung ist, die als einseitige Willenserklärung nicht empfangsbedürftig ist. Die frühere Bestimmung, wonach die MAV ihren Rücktritt in der Mitgliederversammlung bekannt geben musste, ist entfallen. Vom Zeitpunkt des wirksamen Rücktrittsbeschlusses wird die MAV nur noch geschäftsführend tätig (§ 13a S. 2).

Auch die nur aus einem Mitglied bestehende MAV hat ein Recht zum Rücktritt. In diesem Falle rückt nicht das Ersatzmitglied nach, so dass die Neuwahl durchzuführen ist. Ist die MAV aus Solidarität mit einem ausgeschlossenen Mitglied zurückgetreten, um eine Neuwahl zugunsten des ausgeschlossenen Mitgliedes in die MAV zu erreichen, ist auch dieses Vorgehen der MAV nicht angreifbar (*Ilbertz/Widmaier*, § 27 Rn 23 m. N.). 32

Die durch den Rücktritt der MAV vor Ablauf ihrer gesetzlichen Amtszeit notwendig werdende Neuwahl ist keine Nachwahl für die restliche Dauer der Amtszeit. Wie in allen anderen Fällen einer außerplanmäßigen MAV-Wahl ist deshalb von den aktuellen Verhältnissen in der Einrichtung auszugehen. Deshalb ist z. B. von der Zahl der wahlberechtigten Mitarbeiter des Tages auszugehen, bis zu dem gemäß § 9 Abs. 5 S. 1 Wahlvorschläge eingereicht werden können (§ 6 Abs. 5). 33

Im vereinfachten Wahlverfahren ist die Zahl der Mitarbeiter maßgeblich, die am Wahltage zur MAV wahlberechtigt sind, weil die Kandidatur und die Wahl in der Wahlversammlung erfolgen (§ 11b Abs. 1, § 11c). 34

d. Die erfolgreich angefochtene Mitarbeitervertretungswahl (§ 13 Abs. 3 Nr. 4)

Es lag im Bestreben der Verfasser der Ordnung, sämtliche Tatbestände einer vorzeitigen Beendigung der Amtszeit der MAV aufzuführen.[10] Dennoch ist darauf hinzuweisen, dass die infolge einer Anfechtung der MAV-Wahl notwendig werdende MAV-Wahl die Wiederholung der erfolgreich angefochtenen, nämlich fehlerhaften Wahl ist (§ 12 Abs. 5). Der Unterschied zu den übrigen Bestimmungen zur Herbeiführung der vorzeitigen Neuwahl liegt darin, dass dort von einer gültig gewählten MAV ausgegangen wird, während die in Abs. 3 Nr. 4 genannte Voraussetzung für die Neuwahl gerade nicht von einer gültigen Wahl ausgeht. Insofern liegt ein Widerspruch zwischen den Bestimmungen des § 12 Abs. 5 und des § 13 Abs. 3 Nr. 4 vor. Denn die Wiederholung des Wahlverfahrens nach der erfolgreichen Anfechtung der MAV-Wahl obliegt zuerst dem zuvor mit der Durchführung der Wahl beauftragten Wahlausschuss (§ 12 Abs. 5 S. 1). 35

e. Misstrauensvotum (§ 13 Abs. 3 Nr. 5)

Hat mindestens die Hälfte aller wahlberechtigten Mitarbeiter und Mitarbeiterinnen in einer ordnungsgemäß einberufenen Mitarbeiterversammlung der MAV das Misstrauen ausgesprochen, so findet gemäß § 22 Abs. 2 i. V. m. § 13 Abs. 3 Nr. 5 eine Neuwahl der MAV statt. **Die durch das Misstrauensvotum abberufene MAV besteht ab Feststellung des Abstimmungsergebnisses in der Mitarbeiterversammlung nicht mehr** und führt daher auch nicht die Geschäfte der MAV weiter. Das folgt aus der Vorschrift des § 13a S. 2, die nicht auf § 13 Abs. 3 Nr. 5 verweist. 36

---

10 *Frey*, Novellierung, KuR 1995, 350 S. 15, 21.

f. Auflösung der MAV durch rechtskräftiges Urteil des kirchlichen Gerichts für Arbeitssachen (§ 13 Abs. 3 Nr. 6)

aa. Voraussetzung für die Neuwahl

37 Die Neuwahl der MAV wird auch dann notwendig, wenn die MAV im Falle grober Vernachlässigung oder Verletzung der Befugnisse und Verpflichtungen als MAV durch rechtskräftiges Urteil des kirchlichen Gerichts für Arbeitssachen aufgelöst ist. Wird dagegen nur ein einzelnes Mitglied oder werden mehrere Mitglieder der MAV ausgeschlossen (§ 13c Nr. 4), so findet nur dann eine Neuwahl der MAV statt, wenn dadurch die Gesamtzahl der Mitglieder der MAV nach Eintreten sämtlicher Ersatzmitglieder um mehr als die Hälfte der ursprünglich vorhandenen Mitglieder gesunken ist (§ 13 Abs. 2 Nr. 2). Die Vorschrift ordnet aber nicht nur die infolge der Auflösung der MAV erforderliche Durchführung der Neuwahl der MAV an, sondern i. V. m. § 2 Abs. 2 und § 44 KAGO wird das Verfahren und der materielle Anspruch auf Auflösung der MAV geregelt. Die Klage auf Auflösung der MAV (Amtsenthebung) kann nur von mindestens der Hälfte der Mitglieder der MAV oder vom Dienstgeber erhoben werden (§ 44 KAGO).

38 Das **Amtsenthebungsverfahren** ist unter den Voraussetzungen des § 13 Abs. 3 Nr. 6 auch zulässig gegen die gemeinsame MAV (§ 1b), die Sondervertretung (§ 23), die Gesamtmitarbeitervertretung sowie die erweiterte Gesamtmitarbeitervertretung (§ 24 Abs. 6) und den Sprecher der Jugendlichen und Auszubildenden (§ 51 Abs. 2 S. 1). Der Ausschluss eines einzelnen Mitglieds aus der MAV oder aus einem der anderen Gremien ist in § 13c Nr. 4 geregelt. Klagebefugnis haben die Hälfte der Mitglieder der MAV sowie der Dienstgeber (§ 44 KAGO).

bb. Antrag

39 Im Falle des § 13 Abs. 3 Nr. 6 erfolgt das Verfahren zur Auflösung der MAV (Amtsenthebung) nur dann durch das Kirchliche Arbeitsgericht, wenn eine der gemäß § 44 S. 2 KAGO klageberechtigten Parteien deswegen bei dem Kirchlichen Arbeitsgericht Klage erhoben hat. Beklagte ist die MAV. Die Vorschriften des § 13 Abs. 3 Nr. 6 regeln eine Möglichkeit der Auflösung von Mitarbeitervertretungen gegen deren Willen zusätzlich neben der anderen Möglichkeit des Misstrauensvotums der Mitarbeiterversammlung (§ 22 Abs. 2). Zweck der Vorschrift ist es, das Vorhandensein einer gesetzmäßig und pflichtbewusst arbeitenden MAV zu gewährleisten. Für die Auflösung einer MAV reicht der Nachweis des objektiven Pflichtverstoßes aus, wobei von der Auflösung auch diejenigen Mitglieder der MAV betroffen werden, die für den Pflichtverstoß nicht verantwortlich sind. Der Klageantrag ist gemäß § 44 KAGO innerhalb einer Frist von vier Wochen zulässig, nachdem der Kläger vom Sachverhalt Kenntnis erlangt hat (§ 44 S. 1 KAGO).

cc. Grobe Pflichtverletzung

40 Voraussetzung für die Auflösung einer MAV ist:
– eine grobe Vernachlässigung oder
– grobe Verletzung der Befugnisse und Verpflichtungen (grober Pflichtverstoß) als MAV. Der Verstoß muss verdeutlichen, dass die MAV die sich für die MAV-Arbeit ergebenden Pflichten grob verletzt hat. Hierbei verwendet die MAVO einen unbestimmten Rechtsbegriff, der einen Beurteilungsspielraum für das Kirchliche Arbeitsgericht lässt.[11] Entscheidend ist, ob vom Standpunkt eines Dritten aus betrachtet ein bestimmtes Verhalten bei vernünftiger Würdigung aller Umstände des Einzelfalles[12] als grob missbräuchlich im Hinblick auf die Pflicht zur neutralen und objektiven Amtsführung zu werten ist oder ob eine bestimmte Vorgehensweise trotz angezeigter Bedenken ohne eine Rückversicherung bei sach- und rechtskundigen Personen (§ 17 Abs. 1 S. 2 zweiter Spie-

---

11 Vgl. *BAG*, AP Nr. 1 zu § 74 BetrVG 1972.
12 Ebenso *Simon*, Freiburger Kommentar zur MAVO, § 13 Rn 69.

gelstrich) oder Institutionen gewählt worden ist. Auf ein Verschulden kommt es bei dem groben Pflichtenverstoß an (vgl. zu § 20).

Die Unterscheidung zwischen einer Vernachlässigung der gesetzlichen Befugnisse und der Verletzung der gesetzlichen Pflichten hat keine besondere Bedeutung. Eine Vernachlässigung der Befugnisse wird regelmäßig eine Untätigkeit sein, eine Verletzung der Pflichten dagegen ein positives Handeln. Als Vernachlässigung der Befugnisse als MAV wird man eine Verletzung der gegenüber den Mitarbeiterinnen und Mitarbeitern bestehenden Pflichten ansehen, während die Verletzung der Pflichten als MAV vor allem gegenüber der Einrichtung in Betracht kommt.[13] Auf das Gebot der Schweigepflicht der MAV gemäß § 20 wird hingewiesen. 41

Entscheidend ist, dass der Verstoß grob ist. Ein nicht grober Verstoß rechtfertigt die Auflösung der MAV nicht. Mit dem Pflichtverstoß müssen die rechtlichen Grenzen des Vertretbaren in grober Weise überschritten worden sein durch **grobe Verletzung der gesetzlichen Pflichten** oder durch Nichtkümmern infolge grober Nachlässigkeit, z. B. wegen Gleichgültigkeit, Bequemlichkeit.[14] Eine grobe Verletzung der gesetzlichen Pflichten der MAV i. S. v. § 13 Abs. 3 Nr. 6 liegt nur vor, wenn die Pflichtverletzung objektiv erheblich und offensichtlich schwerwiegend ist. Danach kann eine grobe Verletzung der gesetzlichen Pflichten nur angenommen werden, wenn unter Berücksichtigung aller Umstände des Einzelfalles die weitere Amtsführung der MAV untragbar erscheint.[15] Die MAVO schweigt zur Zulässigkeit allgemeiner politischer Äußerungen der MAV bzw. des Dienstgebers und zu parteipolitischen Betätigungen der MAV (anders z. B. § 74 Abs. 2 S. 3 BetrVG). Streitigkeiten über die Zulässigkeit einer bestimmten Betätigung der MAV kann der Dienstgeber im Wege eines Feststellungsantrages beim Kirchlichen Arbeitsgericht klären lassen. Eine entsprechende gerichtliche Feststellung ist im Fall einer späteren Pflichtverletzung der MAV von entscheidender Bedeutung für einen etwaigen Auflösungsantrag des Dienstgebers.[16] 42

Zahlreiche Entscheidungen der staatlichen Gerichte zur Frage des groben Verstoßes im Bereich des staatlichen Betriebsverfassungs- und Personalvertretungsrechts sind auch für den Bereich des Mitarbeitervertretungsrechts bedeutsam (vgl. Nachweise in: *Ilbertz/Widmaier*, § 28 Rn 8). Eine erschöpfende Aufzählung von Amtspflichtverletzungen der MAV die sich auf ihren gesamten Pflichtenkreis beziehen können, ist nicht möglich. 43

Als Einzelfälle von Amtspflichtverletzungen der MAV, die grob sein müssen, kommen in Betracht: 44
– Verletzung des Gebots zur vertrauensvollen Zusammenarbeit entgegen § 26 Abs. 1,
– Unterlassung der Bestellung eines Wahlausschusses entgegen § 9 Abs. 2,
– Unterlassung der Weiterführung der Geschäfte gemäß § 13a,
– Unterlassung der Wahl des Vorsitzenden der MAV und seines Stellvertreters entgegen § 14 Abs. 1,
– Duldung des Auftretens des Vorsitzenden der MAV ohne Vertretungsmacht der MAV (§ 14 Abs. 1 S. 5),
– Verstöße gegen § 14 Abs. 4, insbesondere die Unterlassung erforderlicher Sitzungen der MAV,
– Unterlassung der Unterrichtung des Dienstgebers über die Teilnahme und zeitliche Lage der Schulungsveranstaltungen entgegen § 16,
– Verletzung der Schweigepflicht (§ 20),
– Unterlassung der Einberufung notwendiger Mitarbeiterversammlungen und der Erstattung von Tätigkeitsberichten entgegen § 21 Abs. 2,
– Abschluss von Dienstvereinbarungen entgegen § 38 Abs. 2,[17]
– Nichtwahrnehmung der Beteiligungsrechte nach §§ 29 ff.,

---

13 *Ilbertz/Widmaier*, § 28 Rn 6 m. N.
14 VGH Baden-Württemberg, 24. 3. 1981, ZBR 1982, 219.
15 Vgl. *BAG*, 22. 6. 1993 – 1 ABR 62/92, NZA 1994, 184;
16 *BAG*, 17. 3. 2010 – 7 ABR 95/08, FA 2010, 154.
17 Für den Bereich des BetrVG: *ArbG Marburg*, 7. 8. 1996 – 1 BV 6/96, DB 1996, 1925.

- missbräuchliche Ausübung von Beteiligungsrechten zum Nachteil einzelner Mitarbeiter, der gesamten Mitarbeiterschaft oder des Dienstgebers entgegen § 26 Abs. 1,
- Unterlassung der Zusammenarbeit mit dem Sprecher der Jugendlichen und Auszubildenden, der Vertretung der schwerbehinderten Menschen, dem Vertreter der Zivildienstleistenden.

45 Grobe und schuldhafte Pflichtverstöße des Vorsitzenden der MAV können nicht durch Mehrheitsbeschlüsse der MAV gedeckt werden.[18] Ein Verstoß gegen individuelle Dienstpflichten, der das Gebiet der MAVO nicht berührt, ist kein Ausschlussgrund. Denn die Verletzung mitarbeitervertretungsrechtlicher Pflichten ist der Verletzung dienstrechtlicher Pflichten nicht gleichzusetzen.[19] Besondere Dienstpflichten werden durch die Zugehörigkeit zur MAV nicht begründet.

3. Besondere Fälle

46 Sinkt die **Zahl der Wahlberechtigten unter fünf**, ist die Dienststelle nicht mehr mitarbeitervertretungsfähig. Die Amtszeit der MAV ist gesetzlich beendet.

47 Wird eine Dienststelle mit einer anderen dergestalt vereinigt, dass eine neue Dienststelle entsteht, ist die Rechtslage nach § 13d Abs. 2 zu beurteilen; die Amtszeit der MAV der kleineren Einrichtung erlischt mit dem Tage der Fusion. Die MAV der größeren Einrichtung übt bis zur Neuwahl der MAV ein Übergangsmandat in der neuen Einrichtung aus (siehe zu § 13d Abs. 2).

48 Wird ein Teil der Einrichtung abgespalten, bleibt aber die abgebende Einrichtung mit ihrem Personal mitarbeitervertretungsfähig, bleibt die MAV mit allen ihren Mitgliedern im Amt, auch bei Übergang des Arbeitsverhältnisses, für die Dauer des auch für die Mitarbeiter des abgespaltenen Teils bestehenden Übergangsmandats (siehe § 13d Abs. 1).

4. Übergang in einen anderen Rechtsbereich/Betriebsübergang

49 Wird die Dienststelle, Einrichtung oder sonstige selbstständig geführte Stelle von einem Träger übernommen, auf den die MAVO keine Anwendung findet, weil auf ihn Betriebsverfassungs- oder Personalvertretungsrecht oder das Mitarbeitervertretungsrecht einer anderen Kirche oder Religionsgemeinschaft Anwendung findet, erlischt das Amt der MAV mit der Wirksamkeit des Übergangs der Einrichtung auf den Erwerber (Betriebsinhaberwechsel). Denn die übernommene Einrichtung tritt infolge des Übergangs aus dem Rechtsbereich der MAVO heraus, wenn auch die bisherige Mitarbeiterschaft infolge der Übernahme in der Einrichtung verbleibt (§ 613a BGB).

50 Dagegen bleibt die gewählte MAV im Amt, wenn bei einem Betriebsübergang und bei Bewahrung der Identität der übertragenen Einrichtung auf einen anderen Rechtsträger dieser im Geltungsbereich der MAVO (§ 1) steht. Dann beeinflusst der Betriebsübergang nach § 613a BGB nicht die mitarbeitervertretungsrechtliche Rechtsstellung der für diese Einrichtung gewählten MAV.[20] Zu den besonderen Fragen des Übergangsmandats bei Abspaltung und Eingliederung eines Einrichtungsteils bei einem anderen Rechtsträger wird auf § 13d und wegen des Restmandats der MAV bei Untergang der Einrichtung wird auf § 13e verwiesen.

VI. Wahl bei fehlender MAV (§ 13 Abs. 4)

51 Wenn in einer Einrichtung oder Dienststelle keine MAV besteht, sind Wahlen auch außerhalb des regelmäßigen Wahlzeitraumes durchzuführen (§ 13 Abs. 4). Die Vorschrift des **Absatzes** 4 stellt in einer Art Generalklausel sicher, dass bei Vorliegen der Voraussetzungen für eine mitarbeitervertretungsfähige Einrichtung oder Dienststelle Wahlen zur MAV außerhalb des einheitlichen Vierjahreszeitraums möglich sind. Dabei kommt es auf die Gründe nicht an, deretwegen eine MAV nicht besteht. Regelmäßig werden Fälle in Betracht kommen, in denen in einer Dienststelle oder Einrichtung

---

18 Vgl. *OVG Lüneburg*, 5.11.1974, ZBR 1975, 155.
19 Vgl. für das BetrVG: *BAG*, 5.12.1975, BAGE 27, 366 = BB 1976, 415 = DB 1976, 583.
20 Vgl. auch: *BAG*, 11.11.1995 – 7 ABR 178/95, für das BetrVG.

die Voraussetzungen für die Wahl einer MAV erstmals vorliegen oder in denen fehlende Bereitschaft zur Wahl oder gar zur Kandidatur und zur Übernahme eines Mandats die Wahl verhindern. Möglich ist auch, dass eine MAV-Wahl nichtig war. In diesen Fällen ist der Wahlausschuss von der Mitarbeiterversammlung zu bestellen, die der Dienstgeber einzuberufen hat (§ 10).

VII. Folgen der Neuwahl außerhalb des einheitlichen Wahlzeitraums (§ 13 Abs. 5)

Hat außerhalb des einheitlichen Wahlzeitraums gemäß § 13 Abs. 1 eine Wahl der MAV stattgefunden, so ist die MAV in dem auf die Wahl folgenden nächsten einheitlichen Wahlzeitraum neu zu wählen (§ 13 Abs. 5 S. 1). Davon gibt es jedoch eine **Ausnahme**. Hat nämlich die Amtszeit der neu gewählten MAV zu Beginn des nächsten einheitlichen Wahlzeitraumes noch nicht ein volles Jahr betragen, so ist die so bestehende MAV erst in dem übernächsten einheitlichen Wahlzeitraum neu zu wählen (**§ 13 Abs. 5 S. 2**). Ihre Amtszeit verlängert sich also, während die Amtszeit der MAV, die infolge einer zwischenzeitlichen Neuwahl schon länger als ein Jahr im Amt ist, eine Verkürzung der Amtszeit erfährt. Anliegen der Vorschrift des Absatzes 5 ist sicherzustellen, dass außerhalb des regelmäßigen Wahlzeitraums gewählte Mitarbeitervertretungen bei der Neuwahl wieder in den gleichmäßigen Vierjahresrhythmus eingegliedert werden. Deshalb sind die zwischenzeitlich neu gewählten Mitarbeitervertretungen in dem auf die Wahl folgenden nächsten Zeitraum der regelmäßigen MAV-Wahlen bis auf die erwähnte Ausnahme neu zu wählen. Die Amtszeit beträgt daher in diesen Fällen nicht vier Jahre. Sie endet spätestens am 30. Juni des Jahres, in dem regelmäßige MAV-Wahlen stattzufinden haben.

52

Die Amtszeit der außerhalb des regelmäßigen Wahlzeitraums gewählten MAV endet mit der Bekanntgabe des Wahlergebnisses der neu gewählten MAV,[21] weil für diese MAV keine gesetzliche Amtsdauer geregelt ist, sondern eine von der Ordnung gewollte Zwischenamtszeit, die durch Neuwahl beendet wird. Die Amtszeit der dann im Frühjahr neu gewählten MAV beginnt also mit dem Tag der Wahl der MAV (§ 13 Abs. 2 S. 1 erster Halbsatz). Das folgt aus dem Grundsatz des § 13 Abs. 5 S. 1, der eine verkürzte Amtszeit der erst später gewählten MAV bestimmt. Ist z. B. wegen Eröffnung einer neuen Einrichtung erst im Oktober des allgemeinen Wahljahres die MAV gewählt worden, so endet ihre Amtszeit mit dem Tag der Neuwahl der MAV in der Einrichtung gemäß § 13 Abs. 1 i. V. m. § 13 Abs. 5 S. 1. Eine nachwirkende Amtszeit über den 30. Juni hinaus und bis Oktober des allgemeinen Wahljahres hinein scheidet wegen verkürzter Amtszeit aus.

53

Ob eine zwischenzeitlich gewählte MAV noch nicht ein Jahr im Amt ist, richtet sich nach dem Beginn des Zeitraums für die allgemeinen Wahlen (1. März). Denn entscheidend für die Übergehung dieser MAV beim nächstfolgenden regelmäßigen Wahlzeitraum ist in diesen Fällen, dass die Amtszeit der MAV zu Beginn dieses Zeitraums weniger als ein Jahr beträgt. Auf den wirklichen Wahltag in der Einrichtung kommt es nicht an; der kann auch später als am 1. März liegen. Der Wahltag, an dem die MAV zwischenzeitlich gewählt wurde, zählt bei der Fristberechnung entsprechend § 187 Abs. 1 i. V. m. § 188 Abs. 2 BGB mit.

54

VIII. Sprecher der Jugendlichen und Auszubildenden

Hinsichtlich der Anwendung des § 13 auf die Sprecher der Jugendlichen und Auszubildenden gelten die §§ 48 ff. Damit ist § 13 nur sinngemäß anwendbar (§ 51 Abs. 2 S. 1; § 51 Rn 18).

55

IX. Streitigkeiten

Streitigkeiten über Beginn und Ende der Amtszeit der MAV sind Rechtsstreitigkeiten; über sie entscheidet gemäß § 2 Abs. 2 KAGO das Kirchliche Arbeitsgericht. Die Klage zur Einleitung des Amtsenthebungsverfahrens gegen die MAV gemäß § 13 Abs. 3 Nr. 6 ist gemäß § 44 KAGO nur innerhalb einer Frist von vier Wochen zulässig, nachdem der Kläger vom Auflösungsgrund Kenntnis erlangt hat.

56

---

21 Vgl. für das BetrVG: *BAG*, 28. 9. 1983 – 7 AZR 266/82, DB 1984, 833.

57 Beginn und Ende der Amtszeit der MAV können allerdings auch im Urteilsverfahren vor dem staatlichen Arbeitsgericht eine Rolle spielen, wenn es sich dort um einen Kündigungsschutzprozess handelt und Beginn oder Ende der Amtszeit der MAV als Vorfrage mitzuentscheiden ist (vgl. §§ 19, 30, 30a, 31).

§ 13a Weiterführung der Geschäfte

Ist bei Ablauf der Amtszeit (§ 13 Abs. 2) noch keine neue Mitarbeitervertretung gewählt, führt die Mitarbeitervertretung die Geschäfte bis zur Übernahme durch die neu gewählte Mitarbeitervertretung fort, längstens für die Dauer von sechs Monaten vom Tag der Beendigung der Amtszeit an gerechnet. Dies gilt auch in den Fällen des § 13 Abs. 3 Nr. 1 bis 3.

Übersicht

		Rn			Rn
I.	Weiterführung der Geschäfte nach Ablauf der Amtszeit der MAV	1– 4	II.	Wahltermin und Wahlausschuss	5– 7
	1. Ablauf der Amtszeit der MAV gemäß § 13 Abs. 2	2	III.	Dauer der Geschäftsführung	8
			IV.	Ausschluss der Weiterführung der Geschäfte	9
	2. Ablauf der Amtszeit gemäß § 13 Abs. 3 Nrn. 1 bis 3	3, 4	V.	Restmandat der MAV nach Schließung einer Einrichtung	10, 11

I. Weiterführung der Geschäfte nach Ablauf der Amtszeit der MAV

1 Die Vorschrift regelt in den Fällen des § 13 Abs. 2 und § 13 Abs. 3 Nrn. 1, 2 und 3 die **Weiterführung der Geschäfte** der MAV nach Ablauf ihrer Amtszeit und den **Ausschluss der Weiterführung der Geschäfte** der MAV in den Fällen des § 13 Abs. 3 Nrn. 4, 5 und 6.

1. Ablauf der Amtszeit der MAV gemäß § 13 Abs. 2

2 Zur Kontinuität der Arbeit der MAV ist die bisherige MAV nach Ablauf der regulären Amtszeit, wenn noch keine MAV gewählt ist (§ 13 Abs. 2 S. 2 und 3) bis zur Neuwahl einer anderen zur Geschäftsführung verpflichtet, und zwar bis zu dem Zeitpunkt, zu dem die neu gewählte MAV die Geschäfte übernimmt. Diese verlängerte Geschäftsführung erfolgt jedoch längstens für die Dauer von sechs Monaten vom Tag der Beendigung der Amtszeit der MAV an gerechnet (§ 13a S. 1).

2. Ablauf der Amtszeit gemäß § 13 Abs. 3 Nrn. 1 bis 3

3 Ist die MAV in den Fällen des § 13 Abs. 3 Nrn. 1 bis 3 neu zu wählen, so ist die bisherige MAV ebenfalls bis zur Neuwahl einer anderen zur Geschäftsführung verpflichtet (§ 13a S. 2). Dabei handelt es sich um die Fälle:
– der zahlenmäßigen Veränderung des Mitarbeiterbestandes mit Wahlberechtigung (§ 13 Abs. 3 Nr. 1),
– des Absinkens der Mitgliederzahl der MAV unter das erforderliche Quorum (§ 13 Abs. 3 Nr. 2),
– des Rücktritts der MAV als Gremium (§ 13 Abs. 3 Nr. 3).

4 Die Fortführung der Geschäfte durch die restlichen MAV-Mitglieder nach dem **Rücktritt einzelner Mitglieder der MAV** erfolgt auch dann, wenn es zu einer Neuwahl wegen fehlender Wahlvorschläge nicht kommt.[1] Somit kann auch ein einziges MAV-Mitglied die Geschäfte der MAV fortführen, weil ein Kollegium durch die Ordnung nicht zur Bedingung gemacht ist.[2] Wann die Voraussetzungen des § 13 Abs. 3 Nr. 2 vorliegen, ist gleichgültig. Wenn einer oder mehrere Gewählte nach der Wahlbenachrichtigung (§ 11 Abs. 7) die Annahme der Wahl ablehnen, ohne dass die MAV durch Ersatzmitglieder verstärkt werden kann, führt die kleinere MAV als gemäß § 6 Abs. 2 S. 3 ordnungsgemäß

---
1 *Ilbertz/Widmaier*, § 27 Rn 28.
2 Vgl. *LAG Düsseldorf*, 20. 9. 1974 – 16 Sa 24/74, DB 1975, 454.

gewählte MAV ihre Amtstätigkeit aus. Es handelt sich dann nicht um die Fortführung der Geschäfte der MAV, weil infolge der Ablehnung der Annahme der Wahl als Mitglied der MAV der betreffende Kandidat kein Mitglied der MAV geworden ist, so dass ein Fall des Absinkens der Zahl der Mitglieder der MAV i. S. d. § 13 Abs. 3 Nr. 2 nicht vorliegt.

II. Wahltermin und Wahlausschuss

Zur Geschäftsführung gehört in besonderer Hinsicht auf die erforderliche Neuwahl die Festsetzung des neuen Wahltermins und die Bestellung des Wahlausschusses nach § 9 Abs. 2. Eine MAV, die ihren Rücktritt beschlossen hat, weil ihre Wahl erfolgreich angefochten worden ist, kann jedoch keinen Wahlausschuss bestellen, wenn während der Weiterführung der Geschäfte die Entscheidung der Ungültigkeit der Wahl Rechtskraft erlangt.[3] Denn die rechtskräftige Entscheidung des Wahlausschusses oder des kirchlichen Gerichts für Arbeitssachen über die erfolgreiche Wahlanfechtung hat zur Folge, dass die betroffene MAV von der Weiterführung der Geschäfte ausgeschlossen ist (§ 13 Abs. 3 Nr. 4 i. V. m. § 13a S. 2). 5

Setzt die MAV keinen Wahltermin fest und bestellt sie keinen Wahlausschuss, so beruft der Dienstgeber eine Mitarbeiterversammlung ein, damit dort ein Wahlausschuss gewählt wird (§ 10 Abs. 1a Nr. 1), der dann seinerseits den Wahltermin festsetzt (§ 10 Abs. 1). Der Dienstgeber soll aber eine Frist abwarten, ehe er tätig wird. Denn gemäß § 10 Abs. 1 hat er, wenn in einer Einrichtung die Voraussetzungen für die Bildung einer MAV vorliegen, spätestens nach drei Monaten zu der Mitarbeiterversammlung einzuladen. Dieselbe Verpflichtung trifft den Dienstgeber auch, wenn der Zeitraum abgelaufen ist, in dem die MAV die Geschäfte gemäß § 13a fortgeführt hat (§ 10 Abs. 1a Nr. 4). 6

Kommt keine Mitarbeiterversammlung zustande oder bestellt sie keinen Wahlausschuss, so gilt § 10 Abs. 2. 7

III. Dauer der Geschäftsführung

Die Dauer der Weiterführung der Geschäfte ist auf maximal sechs Monate, vom Tage der Beendigung der Amtszeit an gerechnet, ausgedehnt worden, um eine Vakanz möglichst zu vermeiden. Die Geschäftsführung der MAV endet, wenn während der Zeit nach Ablauf ihrer gesetzlichen ordentlichen Amtszeit eine neue MAV gewählt worden ist und die neu gewählte MAV die Geschäftsführung übernommen hat (§ 13a S. 1). Im Falle der Weiterführung der Geschäfte kann der Fall eintreten, dass die MAV auf ein Mitglied geschrumpft ist. In einem solchen Fall ist die Neuwahl der MAV erforderlich, aber auch erst einzuleiten. In diesem Falle führt das verbleibende Mitglied der MAV die Geschäfte weiter. Die Beteiligungsrechte der MAV sind auch in einem solchen Fall durch den Dienstgeber zu beachten.[4] Bestand die MAV ursprünglich nur aus zwei Mitgliedern (§ 6 Abs. 2 S. 2 und 3), so ist bei Ausscheiden eines der beiden Mitglieder aus der MAV keine Neuwahl erforderlich, weil nicht mehr als die Hälfte der Mitglieder der MAV ausgeschieden ist. 8

IV. Ausschluss der Weiterführung der Geschäfte

In den Fällen des § 13 Abs. 3 Nrn. 4, 5 und 6 ist die Weiterführung der Geschäfte der aus dem Amt geschiedenen MAV untersagt. Denn in diesen Fällen endet das Amt der MAV mit der Rechtskraft der Entscheidung in den Fällen des § 13 Abs. 3 Nrn. 4 und 6 und des Misstrauensvotums gemäß § 22 Abs. 2 (§ 13 Abs. 3 Nr. 5). In diesen Fällen trifft den Dienstgeber die Pflicht zur Einberufung der Mitarbeiterversammlung gemäß § 10 Abs. 1, falls nicht im Falle der erfolgreichen Wahlanfechtung der Wahlausschuss noch besteht (§ 12 Abs. 5). Letzterenfalls führt er die Wiederholung der MAV-Wahl durch. 9

---

3 *BVerwG*, 10. 8. 1978, PersV 1979, 417.
4 *LAG Düsseldorf*, 20. 9. 1974 – 16 Sa 27/74, DB 1975, 454.

V. Restmandat der MAV nach Schließung einer Einrichtung

10   Die Schließung einer Einrichtung führt zur Frage, ob diese zur vorzeitigen Beendigung der Amtszeit der MAV führt. Die geplante Schließung (Stilllegung) erfolgt zu einem künftigen Termin. Die Zeit wird genutzt, um die ordentlichen Kündigungen gegenüber den Mitarbeiterinnen und Mitarbeitern auszusprechen, wozu die MAV zu hören ist (§ 30, § 30a).

11   Es bleibt aber dennoch zu unterscheiden zwischen der Stilllegung der Einrichtung und der danach noch erforderlichen Abwicklung bis zur vollständigen Auflösung der Einrichtung. Dabei kann es um die Abwicklung der Arbeitsverhältnisse und die Aufstellung eines Sozialplans gehen (vgl. §§ 36, 37, 38 Abs. 1 Nr. 11). Solange die Arbeitsverhältnisse (Beschäftigungsverhältnisse) der Mitarbeiter einschließlich derjenigen der MAV-Mitglieder nicht beendet sind, bleibt die MAV ungeachtet der Stilllegung im Amt und übt ihre vollen Rechte aus, also nicht ein Restmandat. Das Amt der MAV endet allerdings, wenn die wahlberechtigte Mitarbeiterschaft auf unter fünf wahlberechtigte Personen zurückgegangen ist (§ 6 Abs. 1) bzw. das Amt aller MAV-Mitglieder einschließlich der Ersatzmitglieder erloschen ist (§ 13c). Das Ende der Amtszeit tritt mit dem Ausscheiden des letzten MAV-Mitgliedes sofort und endgültig ein. Für ein Restmandat danach ist z. B. bei noch anhängiger Rechtsstreitigkeit Raum. **Auf § 13e wird hingewiesen.** Ein erloschenes Mandat lebt allerdings nicht wieder auf.[5]

§ 13b Ersatzmitglied, Verhinderung des ordentlichen Mitglieds und ruhende Mitgliedschaft

(1) Scheidet ein Mitglied der Mitarbeitervertretung während der Amtszeit vorzeitig aus, so tritt an seine Stelle das nächstberechtigte Ersatzmitglied (§ 11 Abs. 6 Satz 2).

(2) Im Falle einer zeitweiligen Verhinderung eines Mitglieds tritt für die Dauer der Verhinderung das nächstberechtigte Ersatzmitglied ein. Die Mitarbeitervertretung entscheidet darüber, ob eine zeitweilige Verhinderung vorliegt.

(3) Die Mitgliedschaft in der Mitarbeitervertretung ruht, solange dem Mitglied die Ausübung seines Dienstes untersagt ist. Für die Dauer des Ruhens tritt das nächstberechtigte Ersatzmitglied ein.

Übersicht	Rn		Rn
I. Ersatzmitglieder	1–12	b. Gründe zeitweiliger Verhinderung	7– 9
1. Vorzeitiges Ausscheiden eines MAV-Mitgliedes	3	3. Ruhen der Mitgliedschaft in der MAV	10, 11
2. Zeitweilige Verhinderung eines MAV-Mitgliedes	4– 9	4. Altersteilzeit in der Freistellungsphase	12
a. Feststellung der Verhinderung durch die MAV	5, 6	II. Die Rechtsstellung der Ersatzmitglieder	13–18

I. Ersatzmitglieder

1   In drei Absätzen regelt § 13b den Einzug von Ersatzmitgliedern in die MAV in drei verschiedenen Fällen. Es geht um die Wahrung der Kontinuität der Arbeit der MAV und ihre Beschlussfähigkeit. Das Nachrücken der vorhandenen Ersatzmitglieder in die MAV ist zwingend geregelt. Wahlbewerber für das Amt des Mitgliedes der MAV, die im Wahlvorschlag aufgeführt waren, aber nicht mit ausreichender Stimmenzahl zum Zuge gekommen sind, sind Ersatzmitglieder (§ 11 Abs. 6 S. 2). Besteht in der Einrichtung nur eine einköpfige MAV, so ist das mit den nächst meisten Stimmen gewählte Ersatzmitglied Nachrückender. Ist kein Ersatzmitglied vorhanden, ist Neuwahl gemäß § 10 Abs. 1 einzuleiten. Begrifflich ist ein Nachrücken von Ersatzmitgliedern in die MAV nicht möglich, wenn die – ein-

---

5 *Thüsing*, DB 2002, 738, 742.

gliedrige oder mehrgliedrige – MAV (mehrheitlich) ihren Rücktritt erklärt hat. Denn durch den Rücktritt wird zum Ausdruck gebracht, dass die MAV als Gremium zu bestehen aufhören und ihre Arbeit einstellen will. Für das Nachrücken von Ersatzmitgliedern ist aber der Fortbestand der MAV als Gremium Voraussetzung. Daran fehlt es, obwohl die zurückgetretene MAV gemäß § 13a S. 2 i. V. m. § 13 Abs. 3 Nr. 3 die Geschäfte noch weiterzuführen hat.

Zu unterscheiden ist zwischen endgültigem Nachrücken eines Ersatzmitgliedes in den Fällen des Erlöschens einer bisherigen Mitgliedschaft i. S. d. § 13c (§ 13b Abs. 1) und dem vorübergehenden Eintritt eines Ersatzmitgliedes innerhalb: 2
– der Dauer der Verhinderung eines Mitgliedes der MAV (§ 13b Abs. 2) und
– der ruhenden Mitgliedschaft in der MAV (§ 13b Abs. 3).

1. Vorzeitiges Ausscheiden eines MAV-Mitgliedes

Scheidet ein MAV-Mitglied während der Amtszeit der MAV vorzeitig aus, rückt das Ersatzmitglied mit den meisten Stimmen (§ 11 Abs. 6 S. 2) in die MAV nach (**§ 13b Abs. 1**). Das Nachrücken erfolgt gesetzlich. Der Vorsitzende der MAV oder sein Stellvertreter hat dem Ersatzmitglied die Nachricht über das Nachrücken in die MAV mitzuteilen. Verhindert die MAV das Nachrücken, begeht sie eine grobe Pflichtverletzung (§ 13 Abs. 3 Nr. 6). Denn sie ist im Wege der Beschlussfassung insgesamt für das Nachrücken des Ersatzmitgliedes verantwortlich. Das Ersatzmitglied wird neues Mitglied der MAV mit allen Rechten und Pflichten und nimmt bis zum Ende der Amtszeit der MAV die Stelle des bisherigen Mitgliedes vollgültig ein. Das Nachrücken bewirkt aber nicht zugleich die Übernahme solcher Positionen, die dem ausgeschiedenen Mitglied zusätzlich übertragen waren, wie z. B. Vorsitz der MAV oder Mitglied eines bestimmten Ausschusses. 3

2. Zeitweilige Verhinderung eines MAV-Mitgliedes

Bei zeitweiliger Verhinderung eines Mitgliedes der MAV an der Wahrnehmung seiner Aufgaben tritt für die Dauer der Verhinderung das nächstberechtigte Ersatzmitglied in die MAV ein (§ 13b Abs. 2 S. 1). Durch die zeitweilige Verhinderung an der Amtsausübung wird die Mitgliedschaft in der MAV nicht unterbrochen, sondern nur die Amtsausübung. Das aktive und passive Wahlrecht als Mitarbeiter (§§ 7 und 8) sowie die durch Wahl bzw. Bestellung zur Wahrnehmung von Aufgaben im Rahmen der MAVO erworbenen Rechte bleiben bestehen. Im Verhinderungsfall ist ein – vorhandenes – Ersatzmitglied zu bestellen. Verhinderung ist nicht Verlust des Amtes als MAV-Mitglied. 4

a. Feststellung der Verhinderung durch die MAV

Die MAV entscheidet gemäß § 13b Abs. 2 S. 2 darüber, ob eine zeitweilige Verhinderung des MAV-Mitgliedes vorliegt. Sie liegt vor, wenn das Mitglied der MAV tatsächlich oder rechtlich nicht in der Lage ist, sein Amt auszuüben. Dann hat die MAV die Pflicht, das nächstberechtigte Ersatzmitglied für die Dauer der Verhinderung des ausfallenden Mitglieds der MAV zu bestellen. Damit folgt die MAV dem Wahlergebnis der MAV-Wahl, aus dem die MAV durch das Wählervotum hervorgegangen ist. Die Unterlassung oder gar die **Verhinderung des Nachrückens** ist eine grobe Verletzung der Pflichten als MAV. Das Ersatzmitglied kann gemäß § 8 Abs. 2 Buchstabe d KAGO durch das Kirchliche Arbeitsgericht feststellen lassen, dass der Fall für sein Recht zum Einzug in die MAV entstanden ist. Bei größerer Zahl verhinderter oder ausgeschiedener Mitglieder der MAV ist die Verhinderung des Nachrückens ein grober Verstoß gegen die Pflichten der MAV i. S. v. § 13 Abs. 6. 5

Eine Verhinderung liegt nicht vor, wenn ein Mitglied der MAV aus freien Stücken eine Weile keine Aufgabe in der MAV wahrnehmen möchte (vgl. § 5 Rn 41). In diesem Falle kann aber ein grober Verstoß gegen die Pflichten als Mitglied der MAV vorliegen, so dass die Frage der Amtsenthebung zu prüfen ist (§ 13c Nr. 4), falls nicht die Niederlegung des Amtes erfolgt (§ 13c Nr. 2). 6

II. Die Mitarbeitervertretung

B. Gründe zeitweiliger Verhinderung

7 Zeitweilige Verhinderung kann vor Allem eintreten durch Krankheit,[1] Urlaub, Sonderurlaub, z. B. Elternzeit (§ 15 BEEG), gesetzliches Arbeitsverbot (z. B. §§ 3 und 6 Abs. 1 MuSchG), Wehrdienst, Zivildienst, Dienstreise, Streit über die Wirksamkeit einer Kündigung, den Ausschluss als Mitglied der MAV oder das Erlöschen des Amtes. Auf die Dauer der Verhinderung kommt es nicht an.[2] Die Verhinderung muss objektiv begründet und unausweichlich sein. Denn das Mitglied der MAV kann sich nicht willkürlich nach freiem Ermessen vertreten lassen. Nach Beendigung der zeitweiligen Verhinderung des MAV-Mitgliedes tritt das Ersatzmitglied wieder in die Reihe der Ersatzmitglieder zurück. Zum Kündigungsschutz siehe § 19 Rn 12.

8 Die Elternzeit (§ 15 BEEG) schließt ein Mitglied der MAV nicht aus der MAV aus, sondern lässt es Mitglied bleiben. Die MAV muss allenfalls die zeitweilige Verhinderung an der Ausübung der MAV-Tätigkeit feststellen. Weil die Tätigkeit der MAV ehrenamtlich ist (§ 15 Abs. 1), ist die MAV-Tätigkeit während der Elternzeit nicht unzulässig. Denn schließlich ist auch eine Teilzeitbeschäftigung während der Elternzeit möglich. Daher ist auch die Tätigkeit als MAV-Mitglied während der Elternzeit möglich. Die Elternzeit ist ein Sonderfall des Sonderurlaubs. Daher ist auch in dieser Zeit das Band des Arbeitsverhältnisses vorhanden. Die Wählbarkeit gemäß §§ 7 und 8 bleibt bestehen. Sie geht nur dann verloren, wenn zum Zeitpunkt einer MAV-Wahl eine Beurlaubung unter Wegfall der Bezüge für mindestens noch sechs Monate besteht (§ 7 Abs. 4 Nr. 2). Durch die Elternzeit oder einen anderen Sonderurlaub mit oder ohne Bezüge tritt also nicht der Verlust der Mitgliedschaft in der MAV ein (§ 7 Rn 59).

9 Wird ein Mitglied der MAV im Rahmen der **Wiedereingliederung gemäß § 74 SGB V** tätig und kann es auch an Sitzungen der MAV teilnehmen, muss die MAV entscheiden, ob der Fall zeitweiliger Verhinderung behoben ist. Sollte das Mitglied den Vorsitz in der MAV innehaben, nimmt es auch diese Position nach Wegfall der Verhinderung ebenfalls wieder ein.

3. Ruhen der Mitgliedschaft in der MAV

10 Wird einem Mitarbeitervertreter durch den Dienstgeber oder eine Behörde die **Ausübung des Dienstes untersagt**, so ruht deshalb die Mitgliedschaft in der MAV. In diesem Fall tritt für die Dauer der Untersagung des Dienstes das nächstberechtigte Ersatzmitglied in die MAV ein (§ 13b Abs. 3).

11 Die Suspendierung vom Dienst kann z. B. infolge fristgemäßer Kündigung (vgl. § 19 Abs. 1 S. 2) erfolgen, weil der Dienstgeber die Zusammenarbeit mit dem MAV-Mitglied als Mitarbeiter bis zum Ablauf der Frist nicht hinnehmen will. Die Ausübung des Dienstes kann auch und gerade Beamten, Geistlichen und Ordensleuten untersagt werden (§ 3 Abs. 3 S. 1). Es ist jedoch nicht zulässig, die Suspendierung vom Dienst mit Rücksicht auf die Tätigkeit des MAV-Mitgliedes in der MAV auszusprechen. Das wäre ein Verstoß des Dienstgebers gegen das Behinderungsverbot des § 18 Abs. 1. Das sich zu Unrecht vom Dienst suspendiert sehende MAV-Mitglied kann, wenn es Arbeitnehmer ist, Klage auf Weiterbeschäftigung beim staatlichen Arbeitsgericht erheben und Klage zur Feststellung seiner aktiven MAV-Mitgliedschaft beim Kirchlichen Arbeitsgericht erheben (§ 2 Abs. 2 i. V. m. § 8 Abs. 2 Buchst. d KAGO).

4. Altersteilzeit in der Freistellungsphase

12 Wer als Mitglied der MAV einen Vertrag zur Altersteilzeitarbeit nach dem ATG abgeschlossen hat und mit dem Blockmodell die Freistellungsphase wählt, scheidet bei Eintritt in die Freistellungsphase aus der Einrichtung verbunden mit dem Verlust der Mitgliedschaft in der MAV aus (§ 13c Nr. 3; § 13c Rn 10).

---

[1] BAG, 5. 9. 1986 – 7 AZR 175/85, BB 1987, 1319.
[2] Bietmann, Kurzkommentar, § 12 Anm. 5.

II. Die Rechtsstellung der Ersatzmitglieder

Das **Ersatzmitglied tritt an die Stelle** des ausgeschiedenen, verhinderten oder vom Ruhen seiner Mitgliedschaft betroffenen Mitgliedes der MAV **mit allen Rechten und Pflichten** des Amtes. Es erlangt die Stellung eines Mitgliedes der MAV mit dem erweiterten Kündigungsschutz des § 19 Abs. 1, während es ohne Nachrücken nur den kürzer nachwirkenden Kündigungsschutz nach § 19 Abs. 2 hat. Das Nachrücken erfolgt nicht in dieselbe Position des Mitgliedes der MAV, dessentwegen nachgerückt wird; es geht um einen numerischen Ersatz, wenn man von der eingliedrigen MAV einmal absieht. Das amtierende Ersatzmitglied genießt den Versetzungs- und Abordnungsschutz gemäß § 18 Abs. 2.

13

Unklar ist für die **Fälle des vorübergehenden Eintritts in die MAV** die verlängerte Nachwirkung des Kündigungsschutzes i. S. v. § 19 Abs. 1 S. 3. Die Amtszeit als Mitglied der MAV erstreckt sich auf die Dauer der Amtszeit der MAV. Für das Ersatzmitglied gilt als Amtszeit der Rest der gesetzlichen Amtszeit. Das nur vorübergehend eintretende Ersatzmitglied hat aber nicht an der gesamten Amtszeit der MAV bis zu ihrem Ende teil.[3]

14

Das *Bundesarbeitsgericht* unterscheidet nicht, wie es § 15 Abs. 1 S. 2 KSchG für Mitglieder des Betriebsrates hinsichtlich des Kündigungsschutzes tut, zwischen Amtszeit und der Zeit der persönlichen Mitgliedschaft und kommt von diesem Ausgangspunkt zu dem Ergebnis, dass auch zeitweilig in den Betriebsrat einrückende Ersatzmitglieder den ein volles Jahr nachwirkenden Kündigungsschutz haben.[4] Nach der neueren Rechtsprechung des BAG haben den nachwirkenden Kündigungsschutz auch zeitweilig in den Betriebsrat nachgerückte Ersatzmitglieder, die nach Beendigung des Vertretungsfalles wieder aus dem Betriebsrat ausgeschieden sind. Dabei soll es unerheblich sein, ob die Vertretung kurzfristig oder länger anhaltend war. Es reicht danach aus, dass das Ersatzmitglied tatsächlich Betriebsratsaufgaben während der Vertretungszeit wahrgenommen hat.[5] Das Ersatzmitglied muss im Streitfall darlegen und beweisen, dass es zeitweilig als Betriebsrat amtiert hat. Die Jahresfrist für den nachwirkenden Kündigungsschutz zeitweilig nachgerückter Betriebsratsmitglieder beginnt mit dem jeweiligen Ende der Stellvertretung ohne Rücksicht darauf, wie lange die Vertretung gedauert hat.[6]

15

Die Entscheidung über den nachwirkenden Kündigungsschutz ist für den kirchlichen Bereich deshalb von Bedeutung, weil die kirchenrechtliche Regelung des nachwirkenden Kündigungsschutzes i. S. v. **§ 19 Abs. 1 S. 3, Abs. 2 S. 2** dem nachwirkenden Kündigungsschutz des § 15 Abs. 1 S. 2, Abs. 2 S. 2 KSchG nachgebildet worden ist und **unmittelbare Rechtswirkung im staatlichen Bereich** hat. Sie wirkt als kirchengesetzliche Regelung und zwingendes Recht normativ auf das Arbeitsverhältnis ein und gilt auch gegen den Willen der Arbeitsvertragsparteien.[7] Damit unterliegen die kirchengesetzlichen Vorschriften über den nachwirkenden Kündigungsschutz des § 19 staatlicher Rechtskontrolle (vgl. dazu § 19 Rn 42). Deshalb ist die Rechtsprechung des *BAG* in diesem Falle von unmittelbarer Bedeutung für Ersatzmitglieder i. S. d. MAVO. Im Falle arbeitgeberseitiger Kündigung muss das Ersatzmitglied Kündigungsschutzklage innerhalb von drei Wochen nach Zugang der Kündigung beim staatlichen Arbeitsgericht erheben mit dem Antrag auf Feststellung, dass das Arbeitsverhältnis durch die Kündigung nicht aufgelöst ist (§§ 4, 13 Abs. 1 S. 2 KSchG).

16

Zeitweilig nachgerückte Ersatzmitglieder haben grundsätzlich keinen Anspruch auf Teilnahme an Schulungsveranstaltungen, während endgültig nachrückenden Ersatzmitgliedern ein anteiliger Zeitraum für die verbleibende Amtszeit zu Schulungsveranstaltungen zuzuerkennen ist (§ 16 Abs. 1). An-

17

---

3 Vgl. hierzu wegen der gleichen Rechtsproblematik *HSWGN-Schlochauer*, BetrVG § 25 Rn 17 ff ., m. N.
4 *BAG*, 6. 9. 1979 – 2 AZR 548/77, EzA § 15 KSchG n. F. Nr. 23 = BB 1980, 317 = DB 1980, 451; a. A. *HSWGN-Schlochauer*, BetrVG § 25 Rn 19 mit Hinweisen auf die dem BAG folgende herrschende Meinung.
5 *BAG*, 18. 5. 2006 – 6 AZR 627/05, NZA 2006, 1037; 12. 2. 2004 – 2 AZR 163/03, EzA § 15 KSchG n. F. Nr. 56 = DB 2004, 1508.
6 *BAG*, 18. 5. 2006 – 6 AZR 627/05, NZA 2006, 1037.
7 *Richardi*, Arbeitsrecht in der Kirche, § 18 Rn 89.

dererseits besteht ein Schulungsanspruch auch für das mit der höchsten Stimmenzahl gewählte Ersatzmitglied (§ 11 Abs. 6 S. 2), wenn in § 16 Abs. 1a genannte Voraussetzungen erfüllt ist.

18 Vor dem Nachrücken in die MAV finden die besonderen Schutzrechte für MAV-Mitglieder auf Ersatzmitglieder keine Anwendung. Sie haben aber den sechs Monate nachwirkenden Kündigungsschutz als Wahlbewerber gemäß § 19 Abs. 2.

§ 13c Erlöschen der Mitgliedschaft

Die Mitgliedschaft in der Mitarbeitervertretung erlischt durch
1. Ablauf der Amtszeit der Mitarbeitervertretung,
2. Niederlegung des Amtes,
3. Ausscheiden aus der Einrichtung oder Eintritt in die Freistellungsphase eines nach dem Blockmodell vereinbarten Altersteilzeitarbeitsverhältnisses,
4. rechtskräftige Entscheidung der kirchlichen Gerichte für Arbeitssachen, die den Verlust der Wählbarkeit oder eine grobe Vernachlässigung der Verletzung der Befugnisse und Pflichten als Mitglied der Mitarbeitervertretung festgestellt hat.

Übersicht

	Rn			Rn
I. Ende der Mitgliedschaft in der MAV	1–33		a. Verlust der Wählbarkeit	13–17
1. Ablauf der Amtszeit der MAV	2		b. Urteil des kirchlichen Gerichts für Arbeitssachen über den Ausschluss eines MAV-Mitgliedes aus der MAV	18–33
2. Niederlegung des Amtes	3		aa. Antrag	19, 20
3. Ausscheiden aus der Einrichtung/Freistellungsphase bei Altersteilzeit	4–12		bb. Ausschlussgründe	21–27
a. Ausscheiden aus der Einrichtung	4–9		cc. Verteidigung	28
b. Freistellungsphase bei Altersteilzeitarbeit	10–12		dd. Wirkung des Ausschlusses aus der MAV	29
4. Rechtskräftige Entscheidung der kirchlichen Gerichte für Arbeitssachen bei Verlust der Wählbarkeit sowie im Falle grober Vernachlässigung der Verletzung der Befugnisse und Pflichten als Mitglied der Mitarbeitervertretung	13–33		ee. Erledigung des Ausschlussverfahrens	30, 31
			ff. Abmahnung des Mitgliedes der MAV	32
			gg. Einstweilige Verfügung gegen die Ausübung des Amtes als MAV-Mitglied	33
		II.	Pflichtenverstöße des Dienstgebers	34

I. Ende der Mitgliedschaft in der MAV

1 Von der Amtszeit der MAV und ihrem Ende (§ 13) ist die vorzeitige Beendigung der Mitgliedschaft des einzelnen Mitgliedes in der MAV zu unterscheiden. Die Vorschrift des § 13c gilt auch für die Mitglieder der gemeinsamen Mitarbeitervertretung (§ 1b), der Sondervertretung (§ 23), der Gesamtmitarbeitervertretung und der erweiterten Gesamtmitarbeitervertretung (§ 24) und für die Sprecher der Jugendlichen und Auszubildenden sinngemäß (§ 51 Abs. 2 S. 1).

1. Ablauf der Amtszeit der MAV

2 Endet die Amtszeit der MAV (§ 13), so ist davon das einzelne Mitglied der MAV ebenfalls zum gleichen Zeitpunkt betroffen (**§ 13c Nr. 1**). Es hat aber in den gemäß § 13a genannten Fällen bei der Weiterführung der Geschäfte der MAV mitzuwirken.

2. Niederlegung des Amtes

Die Mitgliedschaft in der MAV erlischt gemäß § 13c Nr. 2 durch Niederlegung des Amtes durch freien Entschluss des einzelnen MAV-Mitgliedes. Die Niederlegung ist weder form- noch fristgebunden und kann ohne Angabe von Gründen,[1] sollte aber zu Beweiszwecken schriftlich erfolgen.[2] Die Erklärung erfolgt gegenüber der MAV (§ 14 Abs. 1 S. 5). Sie wird wirksam mit dem Zugang bei dem Vorsitzenden, seinem Stellvertreter oder dem von der MAV benannten empfangsberechtigten Mitglied der MAV. Die Erklärung ist unwiderruflich und darf nicht bedingungsweise erfolgen. **Die Niederlegung des Mandats durch den Betriebsobmann** (einköpfige MAV) bedeutet **Rücktritt der MAV**. Die Rücktrittserklärung hat gegenüber dem Dienstgeber zu erfolgen. **Mit der Niederlegung des Amtes erlischt der besondere Kündigungsschutz (§ 19 Abs. 1 S. 3 i. V. m. § 13c Nr. 2).** Es gibt dann keinen nachwirkenden Kündigungsschutz. Die Ausführungen gelten auch für das Ersatzmitglied.

3. Ausscheiden aus der Einrichtung/Freistellungsphase bei Altersteilzeit

a. Ausscheiden aus der Einrichtung

Mit dem Ausscheiden aus der Dienststelle, Einrichtung oder sonstigen selbständig geführten Stelle (§ 13c Nr. 3) erlischt mit Ausnahme des § 22a Abs. 2 die Mitgliedschaft in der MAV. Der Grund für das Ausscheiden ist unerheblich. Als Gründe kommen in Betracht:
– Ende des befristeten Arbeitsvertrages,[3]
– Erreichen der Altersgrenze,
– Erwerbsminderung verbunden mit dem Ende des Arbeitsvertrages,
– Beendigung des Arbeitsverhältnisses durch Kündigung,
– Eintritt in den Ruhestand nach beamtenrechtlichen Grundsätzen,
– Ende des Ausbildungsverhältnisses bei fehlender Weiterbeschäftigung,
– Eintritt in die Freistellungsphase im Rahmen des Blockmodells bei Altersteilzeitarbeit,
– Aufhebung des Arbeitsvertrages,
– Versetzung oder Abordnung in eine andere Einrichtung,
– Vorübergehende Zuweisung oder Personalgestellung auf Dauer an einen anderen Rechtsträger (vgl. § 18 Abs. 2 S. 2).

Jede **Versetzung** und die **Abordnung** von mehr als drei Monaten mit Erlangung des Wahlrechts an der neuen Dienststelle führen zum Erlöschen der Mitgliedschaft in der MAV der bisherigen Dienststelle (vgl. dazu auch § 18 Abs. 2). Der nachwirkende Kündigungsschutz gemäß § 19 Abs. 1 S. 3 geht in diesen Fällen jedoch nicht verloren (§ 19 Rn 24, 27). Für Mitarbeiter, die gemäß §§ 1b und 23 der MAV angehören, wird in der Regel das Ausscheiden aus dem Bereich, für den die MAV gebildet ist, bedeutsam, nicht dagegen nur die Versetzung oder Abordnung an einen anderen Dienstort oder eine andere Dienststelle, die zum Bereich der Zuständigkeit der gemeinsamen MAV, der Sondervertretung bzw. der Bereichsvertretung gehört.[4] Kein Ausscheiden aus der Einrichtung bewirken die Freistellungen während der Elternzeit i. S. d. BEEG und während der Pflegezeit i. S. d. PflegezeitG.

Dasselbe gilt für den Zuständigkeitsbereich der gemeinsamen Mitarbeitervertretung i. S. v. § 1b deshalb, weil der Bereich der gemeinsamen MAV sich notwendiger Weise über das Arbeitsgebiet verschiedener Dienstgeber erstreckt, für die aber die gemeinsame MAV ebenso wie für die dort beschäftigten Mitarbeiter und Mitarbeiterinnen gebildet ist (§ 22a Abs. 2).

Das Arbeitsverhältnis der Mitglieder der MAV kann vom Dienstgeber durch **Kündigung** (§ 19 Abs. 1 und 3) nach Anhörung der MAV beendet werden (§§ 30–31). Erhebt das MAV-Mitglied **Kündigungsschutzklage**, so steht bis zur rechtskräftigen Entscheidung des Arbeitsgerichts nicht fest, ob

---

1 *Bietmann*, Kurzkommentar, § 12 Anm. 4.3.
2 *Mösenfechtel/Perwitz-Passan/Wiertz*, § 13 Anm. 4 S. 5.
3 Vgl. auch *BAG*, 23. 1. 2002 – 7 ABR 611/00, NZA 2002, 986.
4 *Schlichtungsstelle Paderborn*, 20. 3. 1996 – III/96.

eine Beendigung des Arbeitsverhältnisses erfolgt ist. Deshalb ist das gekündigte MAV-Mitglied nach dem in der Kündigung genannten Zeitpunkt des Eintritts der Kündigung – fristlos oder fristgerecht – an der Ausübung seines Amtes **zeitweilig verhindert.** Dann muss ein Ersatzmitglied nach § 13b Abs. 2 an seine Stelle treten.[5] Wird vom Gericht rechtskräftig festgestellt, dass die Kündigung zu Recht erfolgt ist, steht fest, dass das Mitglied der MAV durch die Kündigung und zu dem in der Kündigung genannten Zeitpunkt sein Amt als Mitarbeitervertreter verloren hat. Stellt das Gericht dagegen fest, dass das Arbeitsverhältnis durch die Kündigung nicht aufgelöst worden ist, so entfällt die zeitweilige Verhinderung des MAV-Mitgliedes an der Ausübung seines Amtes. Es ist weiter Mitglied der MAV, dies insbesondere auch bei noch nicht rechtskräftiger Entscheidung, wenn ein Weiterbeschäftigungsanspruch des Gekündigten besteht, dem Rechnung getragen wird (§ 30 Rn 120–129).

8   Zu beachten ist, dass das staatliche Gericht zur Entscheidung über die Ausübung der Rechte als Mitglied der MAV nicht zuständig ist, sondern nur die Wirksamkeit der Kündigung zu prüfen hat.

9   Kündigt das MAV-Mitglied den Arbeitsvertrag unter Einhaltung der Kündigungsfrist, so erlischt sein Amt mit Ablauf der Kündigungsfrist. Gleiches gilt für den im Aufhebungsvertrag festgesetzten Zeitpunkt der Beendigung des Arbeitsverhältnisses. Wird das Mitglied der MAVO im Rahmen der zulässigen ordentlichen Kündigung des Arbeitsvertrages (§ 19 Abs. 1) oder eines Aufhebungsvertrages bis zum Ablauf der Kündigungsfrist unter Fortzahlung der Vergütung von der Arbeitsleistung freigestellt, besteht das Arbeitsverhältnis bis zum Fristablauf. Erst zu diesem Zeitpunkt endet auch das sozialversicherungspflichtige Beitragsverhältnis.[6] Das befristete Arbeitsverhältnis endet mit Fristablauf. Erreicht das MAV-Mitglied die gemäß § 41 S. 2 SGB VI wirksam vereinbarte **Altersgrenze,** der zu Folge es aus dem Arbeitsverhältnis ausscheiden muss, so endet die Mitgliedschaft in der MAV mit dem Datum des Zeitpunktes für das Ausscheiden. Das gilt nicht, wenn das Beschäftigungsverhältnis nahtlos – auch mit Teilzeitbeschäftigung – fortgesetzt wird. Dann bleibt die Mitgliedschaft bestehen. Auf die Dauer der Verlängerung kommt es nicht an.

b. Freistellungsphase bei Altersteilzeitarbeit

10 Bei der **Eingehung eines Altersteilzeitarbeitsverhältnisses** nach dem Altersteilzeitgesetz wird die Absenkung des Beschäftigungsumfanges auf die Hälfte gern mit dem Blockmodell gewählt, so dass die zweite Hälfte der Dauer des Arbeitsverhältnisses in die **Freistellungsphase** führt. Damit erfolgt trotz Weiterzahlung der Arbeitsvergütung für vorgeleistete Arbeit die **Ausgliederung** aus der Dienststelle bzw. Einrichtung, weil in der Freistellungsphase in der Einrichtung keine Tätigkeit mehr ausgeübt wird.[7] Das führt in der Konsequenz für das Mitglied der MAV zum Ende seines Amtes (§ 13c Nr. 3). Damit ist die Eingliederung in die Dienststelle entfallen, die vom Weisungsrecht des Dienstgebers und der entsprechenden Weisungsgebundenheit des Mitarbeiters geprägt ist. Wer ausgeschieden ist, ist damit weder aktiv (§ 7 Abs. 4 Nr. 3) noch passiv wahlberechtigt, weil er nicht mehr tätiger Mitarbeiter ist, wenn er auch noch Vergütung erhält.[8] Ein ruhendes Arbeitsverhältnis (z. B. Elternzeit, Pflegezeit) erfüllt zwar die Voraussetzungen einer Beschäftigung auch nicht, aber nicht jede tatsächliche Unterbrechung der Arbeitsleistung führt dazu, dass eine Beschäftigung nicht mehr vorliegt. Als Beschäftigte sind solche Mitarbeiter anzusehen (§ 3 Abs. 1 S. 1), die zwar vorübergehend keine Arbeitsleistung erbringen, aber in die Dienststelle zurückkehren werden. Das ist nach dem Eintritt in die Freistellungsphase nicht der Fall, weil die Tätigkeit in der Einrichtung beendet wird. Die wegen des Altersteilzeitarbeitsvertrages auch in der Freistellungsphase bestehenden Nebenpflichten als Arbeitnehmer[9] fallen nach der Rechtsprechung nicht ins Gewicht, auch nicht der Gedanke, dass ein in der

---

5   Vgl. *HSWGN-Schlochauer*, § 24 Rn 11 mit weiteren Nachweisen zur entsprechenden Vorschrift des BetrVG; ebenso *Schwarze*, in Richardi/Dörner/Weber, Personalvertretungsrecht § 31 Rn 16.
6   *BSG*, 24. 9. 2008 – B 12 KR 22/07 R, BB 2009, 782.
7   *BVerwG*, 15. 5. 2002 – 6 P 8.01, ZTR 2002, 551.
8   *BAG*, 25. 10. 2000 – 7 ABR 18/00, NZA 2001, 461 = DB 2001, 706 m. Anm. *Haag/Gräter/Dangelmaier*, DB 2001, 702.
9   Vgl. *Thiel*, ZMV 1999 116; *Natzel*, NZA 1998, 1262.

Freistellungsphase befindlicher Altersteilzeiter vergleichbar einem von der Arbeitspflicht freigestellten Arbeitnehmervertreter sich der Tätigkeit in der Arbeitnehmervertretung besonders widmen könnte.[10] Das wollte aber die Personalvertretung in dem vom *BVerwG* entschiedenen Fall nicht ohne Gegenleistung des Arbeitgebers; sie verlangte wegen der zu erwartenden Teilnahme an Sitzungen des Personalrats des wegen Altersteilzeit künftig freizustellenden Personalratsmitglieds bereits während dessen Arbeitsphase schon einen vorausgewährten Freizeitausgleich. Den hat der Arbeitgeber verweigert.

Der **Wiedereintritt** in das Beschäftigungs- bzw. Arbeitsverhältnis lässt die Mitgliedschaft in der MAV nach einmal erfolgtem Ausscheiden nicht wieder aufleben. 11

Das Arbeitsverhältnis ist in Fällen des Ruhens (z. B. unbezahlter Sonderurlaub; § 7 Rn 57) nicht beendet, so dass die Mitgliedschaft in der MAV nicht erlischt, sondern fortbesteht. Allerdings dürfte ein Fall der zeitweiligen Verhinderung des MAV-Mitglieds vorliegen (§ 13b Abs. 2), so dass das nächstberechtigte Ersatzmitglied eintritt. Hierzu ist allerdings die Feststellung der MAV erforderlich. 12

4. Rechtskräftige Entscheidung der kirchlichen Gerichte für Arbeitssachen bei Verlust der Wählbarkeit sowie im Falle grober Vernachlässigung der Verletzung der Befugnisse und Pflichten als Mitglied der Mitarbeitervertretung

a. Verlust der Wählbarkeit

Gemäß § 13c Nr. 4 (**erste Alternative**) erlischt die Mitgliedschaft in der MAV durch den Verlust der Wählbarkeit gemäß § 8. Der Verlust der Wählbarkeit ist im Wege der Feststellungsklage durch das Kirchliche Arbeitsgericht festzustellen. Den Antrag dazu stellt der Dienstgeber oder mindestens die Hälfte der Mitglieder der MAV (§ 2 Abs. 2 i. V. m. § 44 KAGO). Die Feststellung durch den Dienstgeber oder andere Beteiligte allein reicht für den Mandatsverlust nicht aus. Stellt weder der Dienstgeber noch die MAV den Antrag, obwohl die Wählbarkeit bestritten wird, kann das betroffene Mitglied der MAV auf Feststellung klagen, dass es Mitglied der MAV ist (§ 256 ZPO i. V. m. § 2 Abs. 2, § 8 Abs. 2 Buchstabe d und §§ 28, 27 KAGO). 13

Die Gründe für den Verlust der Wählbarkeit ergeben sich aus § 8, wenn nämlich die Voraussetzungen für die Wählbarkeit während der Amtsdauer des MAV-Mitgliedes entfallen sind. Wird z. B. ein MAV-Mitglied mit einer Funktion i. S. v. § 3 Abs. 2 Nrn. 2 bis 4 betraut oder wird es zur selbständigen Entscheidung in anderen als den in § 3 Abs. 2 Nr. 3 genannten Personalangelegenheiten befugt (§ 8 Abs. 2) verliert es sein passives Wahlrecht i. S. v. § 8. 14

Wird der Verlust der Wählbarkeit durch das Kirchliche Arbeitsgericht festgestellt, verliert das betroffene MAV-Mitglied die Rechte, die mit dem Amt des Mitarbeitervertreters verbunden sind, insbesondere den hier in Frage kommenden nachwirkenden Kündigungsschutz (§ 19 Abs. 1 S. 3 i. V. m. § 13c Nr. 4; § 19 Rn 24). Der Verlust der Mitgliedschaft in der MAV tritt mit dem Zeitpunkt der rechtskräftigen Entscheidung durch das kirchliche Gericht für Arbeitssachen ein. 15

Die Feststellung des Verlustes der Wählbarkeit gemäß § 13c Nr. 4 erste Alternative und ebenso der fehlenden Wählbarkeitsvoraussetzungen gemäß § 8 ist ein **innerkirchlicher** Akt, der nicht der staatlichen Rechtskontrolle unterliegt.[11] Denn wenn die Kirche berechtigt ist, eine Mitarbeitervertretungsordnung zur Verwaltung ihrer eigenen Angelegenheiten i. S. v. Art. 140 GG i. V. m. Art. 137 Abs. 3 WRV zu erlassen[12] und demnach auch das Recht hat, selbst zu bestimmen, wer das Amt eines Mitgliedes der MAV bekleiden darf, kann ihr dieses Recht nicht im Wege staatlicher Rechtskontrolle wieder entzogen werden. Die Verfassungsgarantie des kirchlichen Selbstbestimmungsrechts gewährleistet der Kirche, darüber zu befinden, welche Dienste es in ihren Einrichtungen geben soll und in 16

---

10 *Natzel*, NZA 1998, 1266.
11 *BAG*, Beschl. v. 11. 3. 1986 – 1 ABR 26/84, EzA § 611 Kirchliche Arbeitnehmer Nr. 25.
12 *BVerfGE* 46, 73 ff.; dazu *Jurina*, Kirchenfreiheit S. 812 f. m. Nachw. zur wissenschaftl. Diskussion, S. 814 ff.

II. Die Mitarbeitervertretung

welchen Rechtsformen sie wahrzunehmen sind.[13] Wegen der Einzelheiten über die Voraussetzungen der Aberkennung der Wählbarkeit vgl. § 8; siehe auch Rn 30 f.

17 Gemäß § 7 Abs. 4 Nr. 2 besteht für Mitarbeiter in der Elternzeit (§ 15 BEEG) kein aktives Wahlrecht und damit kein passives Wahlrecht, wenn die Elternzeit bei Wegfall des Arbeitsentgelts am Wahltag noch mindestens sechs Monate andauert (§ 7 Rn 59). Der Tatbestand des Wahltages fehlt allerdings in der Regel dann, wenn sich das **Mitglied der MAV** zur **Inanspruchnahme der Elternzeit** entschlossen und diese angetreten hat. In diesem Fall hat das **Mandat Bestand**, während bei fehlender Teilzeitarbeit (§ 15 Abs. 4 BEEG) das Arbeitsverhältnis ruht. Deshalb ist das MAV-Mitglied infolge seiner Entscheidung zugunsten der Elternzeit (§ 16 BEEG) für die Dauer der Elternzeit an der Ausübung seiner Tätigkeit als Mitglied der MAV allenfalls verhindert (§ 13b Abs. 2; § 13b Rn 4), wenn die MAV das festgestellt hat und das Mitglied sein Amt während der Elternzeit nicht ausüben möchte. Es rückt das Ersatzmitglied vorübergehend in die MAV ein (§ 13b Abs. 2).

b. Urteil des kirchlichen Gerichts für Arbeitssachen über den Ausschluss eines MAV-Mitgliedes aus der MAV

18 Durch rechtskräftiges Urteil des kirchlichen Gerichts für Arbeitssachen erlischt die Mitgliedschaft in der MAV, wenn sich das MAV-Mitglied grober Vernachlässigung oder Verletzung der Befugnisse und Pflichten als Mitarbeitervertreter schuldig gemacht hat (§ 13c Nr. 4 zweite Alternative, Amtsenthebung). Das betroffene MAV-Mitglied kann dem Urteil des Kirchlichen Arbeitsgerichts jedoch durch seinen nicht widerruflichen Rücktritt (§ 13c Nr. 2 Niederlegung des Amtes) zuvorkommen. Das gilt auch für ein zeitweilig nachgerücktes Ersatzmitglied der MAV (§ 13b), wenn es auf seinen Ersatzplatz verzichtet.

aa. Antrag

19 Voraussetzung für die Amtsenthebung ist, dass gemäß §§ 2 Abs. 2, 44 KAGO i. V. m. § 13c Nr. 4 zweite Alternative MAVO ein Antrag auf Ausschluss des Mitarbeitervertreters aus der MAV gestellt wird. Den Ausschluss eines MAV-Mitgliedes beantragen der **Dienstgeber** oder mindestens die Hälfte der **MAV** nach ihrem entsprechenden Beschluss (§ 14 Abs. 5 MAVO).

▶ **Beispiele:**

a) Die MAV besteht aus fünf Mitgliedern, Ersatzmitglieder sind nicht vorhanden. Sie fasst bei Beschlussfähigkeit (§ 14 Abs. 5 S. 1) wirksam Beschluss mit der Mehrheit der erschienenen Mitglieder der MAV (§ 14 Abs. 5 S. 2). Das wegen Ausschlusses aus der MAV betroffene MAV-Mitglied ist von der Beschlussfassung ausgeschlossen.

aa) Bei folglich noch vier anwesenden MAV-Mitgliedern sind zur Beschlussfassung drei Stimmen zum Ausschlussantrag erforderlich.

bb) Bei drei erschienenen stimmberechtigten Mitgliedern der MAV beträgt deren Mehrheit zwei Stimmen, während für den Klageantrag gemäß § 44 S. 2 KAGO drei Mitglieder der MAV zur Klageberechtigung erforderlich sind.

b) Besteht die MAV aus nur vier Mitgliedern, so ist das betroffene Mitglied von der Beschlussfassung ausgeschlossen. Der Mehrheitsbeschluss gelingt mit zwei von drei Stimmen der Anwesenden. Zwei Mitglieder der vierköpfigen MAV genügen für den Ausschlussantrag bei dem Kirchlichen Arbeitsgericht (§ 44 S. 2 KAGO).

---

13 *BVerfG*, 4. 6. 1985 – 2 BvR 1703/83 u. a., *BVerfGE* 70, 138 = BB 1985, 1600 = DB 1985, 2103 = Caritas in NW, Recht-Informationsdienst B II Heft 5/1985.

c) Gibt es im Falle a) aa) Ersatzmitglieder, rückt das berufene Ersatzmitglied zur Abstimmung wegen Verhinderung des betroffenen MAV-Mitgliedes in die MAV vorübergehend ein. Drei Stimmen sind für den Beschluss zum Ausschluss erforderlich.

Diese Mehrheit ist auch für den Klageantrag gemäß § 44 S. 2 KAGO erforderlich. Vom Ausschlussverfahren nach § 13c Nr. 4 zweite Alternative ist das Misstrauensvotum der Hälfte aller wahlberechtigten Mitarbeiter gemäß § 22 Abs. 2 i. V. m. § 13 Abs. 3 Nr. 5 gegen die gesamte MAV zu unterscheiden (vgl. § 22). Der Antrag auf Ausschluss aus der MAV muss innerhalb derjenigen Wahlperiode gestellt werden, in der der Pflichtverstoß begangen wurde. Deshalb können frühere Verstöße aus früheren Amtsperioden nicht berücksichtigt werden, falls sich in der laufenden Amtsperiode keine Wiederholung ergeben hat. Sinn der Ordnung ist, dass eine Amtsenthebung nur während der laufenden Amtszeit möglich ist.

Das Antragsrecht ist an eine Frist gebunden (§ 44 KAGO), also binnen vier Wochen, nachdem der bzw. die Kläger von dem Sachverhalt für die Begründung der **Klage** auf Amtsenthebung Kenntnis erlangt haben. Die Frist ist einzuhalten, um einen Rechtsverlust zu vermeiden. 20

bb. Ausschlussgründe

Voraussetzung für den Ausschluss eines oder mehrerer Mitglieder aus der MAV ist eine grobe Vernachlässigung oder Verletzung der Befugnisse und Pflichten als Mitglied der MAV, also eine grobe Pflichtverletzung. Es handelt sich um einen unbestimmten Rechtsbegriff. Deshalb ist dem Kirchlichen Arbeitsgericht ein gewisser **Beurteilungsspielraum** einzuräumen. Dabei werden die Tatumstände des Einzelfalles zu beurteilen sein. Es muss sich um die Verletzung einer gesetzlichen Pflicht des Mitarbeitervertreters[14] handeln, nicht dagegen um arbeitsvertragliche Pflichten. Es kommen nur solche Pflichten in Betracht, die mit dem Amt als MAV-Mitglied in Zusammenhang stehen.[15] Grobe Pflichtverletzung bedeutet handgreifliche und offensichtlich schwerwiegende objektiv erhebliche Pflichtverletzung, die geeignet ist, den Betriebsfrieden oder die Ordnung des Betriebes nachhaltig zu stören oder zu gefährden.[16] Die **Verletzung gesetzlicher Pflichten** durch ein Mitglied der MAV ist grob, wenn der Verstoß von solchem Gewicht ist, dass er das Vertrauen in eine künftige ordnungsgemäße Amtsführung zerstört oder zumindest schwer erschüttert[17] und die weitere Amtsausübung unter Berücksichtigung der Umstände des Einzelfalles deshalb untragbar geworden ist.[18] Infolgedessen reicht eine gewöhnliche Pflichtverletzung nicht aus, während ein einmaliger schwerer Verstoß, der als grobe Pflichtverletzung zu werten ist, ausreichen kann. Ein Problem hierbei ergibt sich aus der Pflicht zur guten Zusammenarbeit aller Mitglieder der MAV untereinander. So kann auch die Mitteilung eines einzelnen Mitgliedes der MAV über interne Beratungen der MAV, die vertraulich sind, eine grobe Pflichtverletzung sein, so dass die MAV ein eigenes Initiativrecht für ein Ausschlussverfahren hat (§ 44 KAGO). Der Tatbestand der Vorschrift ist dem in § 28 Abs. 1 S. 1 BPersVG enthaltenen nachgebildet. Die Unterscheidung zwischen einer **Vernachlässigung der gesetzlichen Befugnisse** und der Verletzung der gesetzlichen Pflichten hat keine besondere Bedeutung. Denn eine Vernachlässigung der Befugnisse wird regelmäßig eine Art Untätigkeit sein, eine Verletzung der Pflichten dagegen ein positives Handeln.[19] Beide Arten können zusammentreffen oder ineinander übergehen.[20] 21

---

14 Vgl. *Richardi/Thüsing*, BetrVG § 23 Rn 12.
15 *Bietmann*, Kurzkommentar, § 12 Anm. 4. 5. 2.
16 BAG, 2. 11. 1955, BB 1956, 77 = DB 1956, 68; *LAG Berlin*, 17. 3. 1988 – 7 Ta BV 9/87, BB 1988, 1045 f.; *HSWGN-Schlochauer*, § 23 Rn 16 m. N.
17 BVerwG, 14. 4. 2004 – 6 PB 1. 04, ZTR 2004, 383.
18 Kirchliches Arbeitsgericht für die Bayerischen (Erz-)Diözesen, 9. 3. 2010 – 28 MV 09, ZMV 2010, 323.
19 *Ilbertz/Widmaier*, BPersVG § 28 Rn 6.
20 *Ilbertz/Widmaier*, BPersVG § 28 Rn 6.

22 **Pflichtwidrig** kann auch die **rechtsmissbräuchliche Ausübung von Befugnissen** sein.[21] Das folgt aus dem Grundsatz von Treu und Glauben (§ 242 BGB) und dem in § 26 Abs. 1 formulierten Gebot der vertrauensvollen Zusammenarbeit zwischen Dienstgeber und MAV. Rechtsmissbrauch ist Handeln ohne Recht. Allerdings ist nicht jede rechtsmissbräuchliche Ausübung von Befugnissen eine grobe Pflichtverletzung. Vielmehr ist diese erst gegeben, wenn Befugnisse im Widerspruch zu § 26 Abs. 1 und § 39 Abs. 1 S. 1 und 2 im Einzelfall gravierend missbraucht werden oder wenn ständig ohne Rücksicht auf die betrieblichen Belange einseitig und unangemessen versucht wird, die Interessen der Mitarbeiterschaft durchzusetzen. Anders ist die Lage, wenn die Befugnisse nach der MAVO konsequent ausgeschöpft werden.[22]

23 Der Pflichtverstoß muss **subjektiv schuldhaft** sein.[23] Schuld liegt vor bei Vorsatz oder Fahrlässigkeit (§ 276 BGB). Auch leichte Fahrlässigkeit genügt, wenn nur der Mitarbeitervertreter objektiv und subjektiv grob pflichtwidrig und schwerwiegend gegen seine Amtspflichten verstoßen hat.[24]

24 Auf die Entscheidung der Rechtsprechung zur Frage des groben Verstoßes wird bei der Bewertung zurückzugreifen sein.[25]

25 **Zu erwähnen ist vor allem:**
 – Angriff auf den Leiter der Dienststelle im Tätigkeitsbericht;
 – grobe, ehrverletzende Beleidigungen des Leiters der Dienststelle;
 – Verrat betriebsinterner Informationen, Nichteinladung bestimmter Mitglieder der MAV zu ihren Sitzungen durch den Vorsitzenden der MAV;
 – Verstoß gegen den Grundsatz der vertrauensvollen Zusammenarbeit (vgl. zu § 26 Rn 1 ff.);
 – Verweigerung der Mitarbeit in der MAV.[26]

Verstöße gegen zwingende Normen der MAVO können ebenfalls grobe Pflichtverletzungen sein. Dies ist z. B. dann der Fall, wenn gegen die Vorschrift einer diözesanen MAVO über den Vorsitz in der MAV durch die Wahl seitens der MAV-Mitglieder verstoßen wird. Eine grobe Pflichtverletzung begeht, wer als freigestelltes Mitglied der MAV (§ 15 Abs. 3) falsche Angaben über den Zweck seiner Tätigkeit während der Arbeitszeit außerhalb der Einrichtung macht.[27] In diesen Zusammenhang gehört auch das unentschuldigte Fernbleiben von einer Schulungsveranstaltung für Mitarbeitervertreter, für die der Dienstgeber Arbeitsbefreiung erteilt und die MAV für das Mitglied der MAV dessen Teilnahme beschlossen hat (§ 16 Abs. 1 S. 1).

26 Gemäß § 20 S. 3 ist die **Verletzung der Schweigepflicht** regelmäßig »eine grobe Pflichtverletzung« i. S. v. § 13c Nr. 4 zweite Alternative. Das ist fast gleichbedeutend mit einem absoluten Grund für die Amtsenthebung des betroffenen Mitglieds der MAV, jedenfalls regelmäßig. Im Verfahren vor dem Kirchlichen Arbeitsgericht hat dieses also zu prüfen, ob eine Verletzung der Schweigepflicht überhaupt vorliegt (vgl. § 20), ob sie wirklich als grober Verstoß einzuordnen ist, zumal das Gebot der Schweigepflicht sehr weitgehend auslegbar und unklar ist, ob die Verletzung der Schweigepflicht nur bei Vorsatz oder auch bei jeder Form der Fahrlässigkeit Sanktionen auslösen soll. In diesem Zusammenhang darf nicht das Problem der Güterabwägung zur Vermeidung von Nachteilen der Mitarbeiter übersehen werden, z. B. bei der Unfallprävention oder einem Dienstunfall, welcher der Berufsgenossenschaft zu melden ist. Die Schweigepflicht gilt nicht, wenn im Zusammenhang mit Dienstvereinbarungen die DiAG-MAV oder eine Mitarbeiterkoalition zu informieren ist (§ 38 Abs. 2

---

21 *Oetker*, GK-BetrVG § 23 Rn 19.
22 *Oetker*, GK-BetrVG § 23 Rn 19, m. N. zum BetrVG.
23 BVerwG, 14. 2. 1969, PersV 1970, 40; *LAG Berlin*, 17. 3. 1988 – 7 Ta BV 9/87, BB 1988, 1045 f.
24 *Bietmann*, Kurzkommentar § 12 Anm. 4. 5. 4; *Schlichtungsausschuss der Evangelischen Landeskirche in Baden*, 26. 2. 1992 – 45/91, ZMV 1992, 120; ErfK-*Eisemann*, § 23 Rn 4; *Richardi/Thüsing*, BetrVG § 23 Rn 28; *Fitting*, § 23 Rn 16: nur bei Vorsatz und grober Fahrlässigkeit.
25 Vgl. *Ilbertz/Widmaier*, BPersVG § 28 Rn 8–11.
26 *Ilbertz/Widmaier*, BPersVG § 28 Rn 8 m. N.
27 BAG, AP Nr. 1 zu § 74 BetrVG 1972 Bl. 9.

S. 1). Gewährt ein Mitglied der MAV einem Dritten Einsicht in Bewerbungsunterlagen, die ihm nach § 34 vorgelegt werden, liegt ein objektiv erheblicher und offensichtlich schwerwiegender Verstoß gegen die gesetzliche Geheimhaltungspflicht nach § 20 vor, der den Ausschluss des Mitglieds aus der MAV rechtfertigt.[28]

Umstritten war die Frage, ob ein Mitglied des Betriebsrats, das während seiner Amtszeit ordentlich 27 nicht gekündigt werden kann (§ 15 KSchG), deshalb **abgemahnt** werden kann, weil es **während der Arbeitszeit für die Mitgliedschaft in einer Gewerkschaft geworben** hat.[29] Das *Bundesverfassungsgericht* hat klargestellt, dass durch Art. 9 Abs. 3 GG die Koalitionsfreiheit auch eines einzelnen Mitglieds der Koalition geschützt wird, wenn es andere zum Beitritt zu gewinnen sucht, um die eigene Vereinigung durch Mitgliederzuwachs zu stärken.[30] Dabei hat das *BVerfG* zwischen der Frage der Vertragsverletzung und dem Zutrittsrecht betriebsfremder Gewerkschaftsbeauftragter zu einer kirchlichen Einrichtung[31] unterschieden. Es geht im Einzelfall um die Bestimmung der gegenseitigen Rechte und Pflichten des Arbeitnehmers und seines Arbeitgebers hinsichtlich der Werbung für eine Gewerkschaft im Betrieb; die grundrechtlich geschützten Positionen beider Vertragspartner sind zu berücksichtigen.[32] Ausdrücklich regelt **Art. 6 Abs. 1 S. 2 GrO**, dass **Mitarbeiterinnen und Mitarbeiter berechtigt** sind, **innerhalb ihrer Einrichtung für den Beitritt zu Koalitionen zu werben**, über deren Aufgaben und Tätigkeiten zu informieren sowie Koalitionsmitglieder zu betreuen. Denn die Mitarbeiterinnen und Mitarbeiter des kirchlichen Dienstes können sich in **Ausübung ihrer Koalitionsfreiheit** als kirchliche Arbeitnehmer zur Beeinflussung der Gestaltung ihrer Arbeits- und Wirtschaftsbedingungen in Vereinigungen (Koalitionen) zusammenschließen, diesen beitreten und sich in ihnen betätigen (Art. 6 Abs. 1 S. 1 GrO). Allerdings muss die Koalition wegen der Zielsetzung des kirchlichen Dienstes dessen Eigenart und die sich daraus für die Mitarbeiterinnen und Mitarbeiter ergebenden Loyalitätsobliegenheiten anerkennen (Art. 6 Abs. 2 GrO). Infolgedessen ist Mitgliedern der MAV im Rahmen des Art. 6 GrO die Werbung für eine Koalition in ihrer Einrichtung auch während der Arbeitszeit gestattet. Auf das Betätigungsrecht der in der Einrichtung vertretenen Koalitionen gemäß § 38 Abs. 2 S. 1 sei hingewiesen.

cc. Verteidigung

Das vom Ausschlussantrag betroffene Mitglied der MAV kann sich anwaltlich vertreten lassen. Ge- 28 mäß § 17 Abs. 1 S. 2 vierter Spiegelstrich gehören zu den vom Dienstgeber zu tragenden Kosten auch diejenigen zur Beauftragung eines Bevollmächtigten im Verfahren vor dem Kirchlichen Arbeitsgericht, soweit die Bevollmächtigung zur Wahrung der Rechte des bevollmächtigenden Mitglieds der MAV notwendig ist. Wird die anwaltliche Vertretung als notwendig erachtet, worüber das Kirchliche Arbeitsgericht gemäß § 12 Abs. 2 KAGO auch vor Verkündung des Urteils durch selbständig anfechtbaren Beschluss (§ 55 KAGO) entscheiden kann, hat der Dienstgeber die Kosten des Anwalts zu tragen. Denn zu den nach § 17 Abs. 1 vom Dienstgeber zu tragenden Kosten der Tätigkeit der MAV gehören auch solche Kosten, die zur sachgerechten Verteidigung eines MAV-Mitgliedes im Verfahren vor dem Kirchlichen Arbeitsgericht mit dem Ziel seines Ausschlusses aus der MAV wegen grober Verletzung seiner gesetzlichen Pflichten als MAV-Mitglied notwendig sind. Das gilt auch für die **Kosten der Hinzuziehung eines Rechtsanwalts**. Die Notwendigkeit der Heranziehung ist nicht danach zu beurteilen, ob das MAV-Mitglied in dem Ausschlussverfahren schließlich obsiegt. Nicht notwendig ist die Zulassung eines Rechtsanwalts, wenn eine Verteidigung gegen den Ausschlussantrag von vornherein als offensichtlich aussichtslos erscheinen muss. Das ist der Fall, wenn das dem MAV-Mitglied vorgeworfene Verhalten von ihm ernsthaft nicht bestritten werden kann und die rechtliche

---

28 Vgl. *ArbG Wesel*, 16. 10. 2008 – 5 BV 34/08, NZA-RR 2009, 21.
29 *BAG*, 13. 11. 1991 – 5 AZR 74/91, DB 1992, 843.
30 *BVerfG*, 14. 11. 1995 – 1 BvR 601/92, DB 1996, 1627.
31 *BVerfGE* 57, 220.
32 *BVerfGE* 7, 198, 204 ff., 212.

II. Die Mitarbeitervertretung

Würdigung dieses Verhaltens unzweifelhaft eine zum Ausschluss führende grobe Pflichtverletzung ergibt[33] (§ 17 Rn 78).

dd. Wirkung des Ausschlusses aus der MAV

29 Der rechtskräftige Ausschluss aus der MAV führt sofort ebenso wie der Verlust des Amtes zum Verlust des besonderen Kündigungsschutzes (§ 19 Abs. 1 S. 3 i. V. m. § 13c Nr. 4 zweite Alternative) mit der Wirksamkeit der Entscheidung. Ohne Entscheidung des Kirchlichen Arbeitsgerichts bleibt das MAV-Mitglied im Amt und genießt den besonderen Kündigungsschutz i. S. v. § 19. Im Falle eines Kündigungsschutzprozesses vor dem staatlichen Arbeitsgericht hat dieses Gericht die Entscheidung des Kirchlichen Arbeitsgerichts zum Status als MAV-Mitglied zu berücksichtigen; es kann die Statusfrage – etwa wegen vom Dienstgeber behaupteten Verlustes des MAV-Amtes – nicht selbst entscheiden.[34]

ee. Erledigung des Ausschlussverfahrens

30 Das anhängige Verfahren über den Ausschluss eines MAV-Mitgliedes aus der MAV endigt außer durch rechtskräftiges Urteil des kirchlichen Gerichts für Arbeitssachen (§ 13c Nr. 4) bereits dann, wenn:
– die Amtszeit der MAV abgelaufen ist (§ 13 Abs. 1, § 13c Nr. 1),
– die Einrichtung aufgelöst oder mitarbeitervertretungsunfähig geworden ist (§ 6 Abs. 1),
– die MAV infolge der Entscheidung über die Wahlanfechtung aufgelöst (§ 12 Abs. 2 S. 2; § 12 Rn 43) oder gemäß § 13 Abs. 3 Nr. 6 MAVO i. V. m. § 44 KAGO aufgelöst ist,
– der MAV das Misstrauen in der Mitarbeiterversammlung ausgesprochen worden ist (§ 22 Abs. 2),
– das betroffene MAV-Mitglied sein Amt niedergelegt hat (§ 13c Nr. 2) oder
– durch Ausscheiden aus der Dienststelle sein Amt als MAV-Mitglied verloren hat (§ 13c Nr. 3; Rn 4); nicht aber wenn die MAV den Rücktritt erklärt hat (§ 13 Abs. 3 Nr. 3), weil dann die MAV gemäß § 13a S. 2 noch geschäftsführend im Amt bleibt.

31 In den einschlägigen Fällen besteht kein Rechtsschutzinteresse mehr für eine förmliche Feststellung des Kirchlichen Arbeitsgerichts über den Ausschluss aus der MAV. Dasselbe gilt auch für ein Verfahren zur Feststellung des Verlustes der Wählbarkeit (§ 13c Nr. 4 erste Alternative) entsprechend. Der Ausschluss eines Mitgliedes aus der MAV erfolgt nur für die gegenwärtige Amtszeit, nicht aber für spätere Amtszeiten. Deshalb kann ein aus der MAV ausgeschlossenes Mitglied bei der nächsten Wahl erneut zur MAV kandidieren.

ff. Abmahnung des Mitgliedes der MAV

32 Im Zusammenhang mit der Frage des Ausschlusses eines Mitgliedes aus der MAV ist die Möglichkeit einer Abmahnung durch den Dienstgeber vor Ausschluss aus der MAV zu behandeln. Es geht um eine Rüge und Verwarnung vor dem schärferen Mittel des Ausschlusses.[35] Die Abmahnung ist die Ausübung eines arbeitsvertraglichen Gläubigerrechts durch den Arbeitgeber.[36] Die Abmahnung kommt vor der Kündigung in Betracht, wenn eine Pflichtverletzung aus dem Arbeitsverhältnis durch den Arbeitnehmer erfolgt ist, wie z. B. eine Arbeitsverweigerung.[37] In diesem Sinne ist auch Art. 5 Abs. 1 GrO zu beachten. Es kommt eine Pflichtverletzung durch ein Mitglied der MAV als Gegenstand einer Abmahnung in Betracht, wenn das MAV-Mitglied zumindest auch seine arbeitsvertraglichen Pflichten verletzt hat. Deshalb ist, wenn das Verhalten eines Arbeitnehmers zugleich auch eine Verletzung seiner Pflicht als MAV-Mitglied darstellt, eine Abmahnung wegen Verletzung seiner arbeitsvertrag-

---

33 Vgl. auch *BAG*, 19. 4. 1989 – 7 ABR 6/88, NZA 1990, 233.
34 So im Grundsatz: *Belling*, NZA 2006, 1132, 1134 f.
35 *Kania*, DB 1996, 374.
36 *BAG*, 15. 7. 1992 – 7 AZR 466/91, NZA 1993, 220; 10. 11. 1993 – 7 AZR 682/92, DB 1994, 2545.
37 *BAG*, 10. 11. 1993 – 7 AZR 682/92, DB 1994, 2554.

lichen Pflichten nicht ausgeschlossen.[38] Aber umgekehrt ist eine Abmahnung bei reiner Pflichtverletzung in Ausübung der MAV-Tätigkeit vor Herbeiführung des Ausschlusses aus der MAV nicht erforderlich. Denn keiner der am Ausschlussverfahren möglicherweise Beteiligten (§ 44 KAGO i. V. m. § 13c Nr. 4 zweite Alternative) steht zum MAV-Mitglied in einem Rechtsverhältnis mit Weisungsberechtigung. Da wo das MAV-Mitglied nicht Arbeitnehmer, sondern auf andere Weise Beschäftigter ist (vgl. § 3 Abs. 1), kommt die Abmahnung schon deswegen gedanklich nicht zum Zuge. Über den Ausschluss entscheidet nicht das staatliche Arbeitsgericht, sondern das Kirchliche Arbeitsgericht (§ 13c Nr. 4), während über die Berechtigung der Abmahnung als Gläubigerrecht das staatliche Arbeitsgericht befindet (vgl. Art. 10 Abs. 1 GrO). Die MAVO kennt im Gegensatz zu Art. 5 Abs. 1 GrO die Abmahnung nicht.

gg. Einstweilige Verfügung gegen die Ausübung des Amtes als MAV-Mitglied

Gemäß § 52 KAGO sind einstweilige Verfügungen möglich, wenn ein wichtiger Grund vorliegt. Die einstweilige Verfügung ergeht durch Beschluss des Kirchlichen Arbeitsgerichts ohne mündliche Verhandlung (§ 52 Abs. 2 KAGO). Eine einstweilige Verfügung setzt einen Anordnungsgrund und einen Anordnungsanspruch voraus. Das Kirchliche Arbeitsgericht muss bei gegebener Veranlassung selbst untersuchen, ob die für den Anordnungsgrund und den Anordnungsanspruch entscheidungserheblichen Tatsachen vorliegen bzw. glaubhaft sind und daher präsente Zeugen vernehmen.[39] Unter Abwägung der zu prüfenden Gründe zur Entscheidung im Wege einstweiliger Verfügung ist auch die Untersagung der Ausübung des Amtes als MAV-Mitglied bis zur Entscheidung nach mündlicher Verhandlung möglich (§ 13b Abs. 3). 33

II. Pflichtenverstöße des Dienstgebers

Während bei groben Pflichtenverstößen eines Mitgliedes der MAV der Ausschluss des Mitgliedes aus der MAV verlangt werden kann (Rn 18 ff.), kommen bei Pflichtenverstößen des Dienstgebers nur die in den Fällen des § 2 Abs. 2 KAGO genannten Möglichkeiten der Anrufung des Kirchlichen Arbeitsgerichts in Betracht. Allerdings kann arbeitsrechtlich wegen Verletzung von Dienstpflichten zur Verantwortung gezogen werden, wer als Beauftragter des Dienstgebers (§ 2 Abs. 2, § 3 Abs. 2 Nrn. 2 bis 4) tätig ist. Andere Verantwortliche (§ 3 Abs. 2 Nr. 1 und 5) können aufsichtsrechtlich oder dienstrechtlich zur Beachtung ihrer Pflichten gemäß der MAVO angehalten werden. Auslöser dafür kann in jedem Falle das Verfahren vor dem Kirchlichen Arbeitsgericht oder der Einigungsstelle und ihren Entscheidungen sein, wenn durch sie ein Pflichtenverstoß im Bereich des Dienstgebers zum Nachteil der MAV unter Verletzung der MAVO festgestellt worden ist (vgl. § 26 Abs. 1). Darüber kann die MAV unter Vorlage der Entscheidung den Dienstgeber unterrichten, der seinerseits durch seine Organe den Verantwortlichen zur Verantwortung ziehen und Abhilfe schaffen kann, um die Rechtsordnung zu bewahren. Leitende Mitarbeiter können also mit arbeitsrechtlichen Sanktionen belegt werden, wenn sie Arbeitnehmer sind, mit dienstrechtlichen, wenn sie Beamte oder Geistliche sind. Ordensmitglieder können von ihren Oberen zur Beachtung des Rechts angehalten werden, Mitarbeiter auf Grund von Gestellungsverträgen über den Dienstgeber durch den Gestellungspartner des Dienstgebers unter Anmahnung einwandfreier Erfüllung der durch den Gestellungsvertrag zugesagten Leistungen. Verstöße des Dienstgebers gegen das Benachteiligungsverbot von Mitgliedern der MAV gemäß § 18 Abs. 1 sind zu § 18 Rn 6 behandelt. 34

§ 13d Übergangsmandat

(1) Wird eine Einrichtung gespalten, so bleibt deren Mitarbeitervertretung im Amt und führt die Geschäfte für die ihr bislang zugeordneten Teile einer Einrichtung weiter, soweit sie die Voraussetzungen des § 6 Abs. 1 erfüllen und nicht in eine Einrichtung eingegliedert werden, in der eine Mi-

---

[38] *BAG*, 15. 7. 1992 – 7 AZR 466/91, NZA 1993, 220 = DB 1993, 438.
[39] *LAG München*, 26. 8. 1992 – 5 Ta BV 43/92, BB 1993, 2168 LS.

arbeitervertretung besteht (Übergangsmandat). Die Mitarbeitervertretung hat insbesondere unverzüglich Wahlausschüsse zu bestellen. Das Übergangsmandat endet, sobald in den Teilen einer Einrichtung eine neue Mitarbeitervertretung gewählt und das Wahlergebnis bekannt gegeben ist, spätestens jedoch sechs Monate nach Wirksamwerden der Spaltung. Durch Dienstvereinbarung kann das Übergangsmandat um bis zu weitere sechs Monate verlängert werden.

(2) Werden Einrichtungen oder Teile von Einrichtungen zu einer Einrichtung zusammengelegt, so nimmt die Mitarbeitervertretung der nach der Zahl der wahlberechtigten Mitarbeiterinnen und Mitarbeiter größten Einrichtung oder des größten Teils einer Einrichtung das Übergangsmandat wahr. Absatz 1 gilt entsprechend.

(3) Die Absätze 1 und 2 gelten auch, wenn die Spaltung oder Zusammenlegung von Einrichtungen und Teilen von Einrichtungen im Zusammenhang mit einer Betriebsveräußerung oder einer Umwandlung nach dem Umwandlungsgesetz erfolgt.

(4) Führt eine Spaltung, Zusammenlegung oder Übertragung dazu, dass eine ehemals nicht in den Geltungsbereich nach § 1 fallende Einrichtung oder ein Teil einer Einrichtung nunmehr in den Geltungsbereich dieser Ordnung fällt, so gelten Abs. 1 und 2 entsprechend. Die nicht nach dieser Ordnung gebildete Arbeitnehmervertretung handelt dann als Mitarbeitervertretung. Bestehende Vereinbarungen zwischen dem Dienstgeber und der nicht nach dieser Ordnung gebildeten Arbeitnehmervertretung erlöschen und zuvor eingeleitete Beteiligungsverfahren enden.

Übersicht

	Rn		Rn
I. Zweck der Vorschrift	1–4	tung mit einer Mitarbeitervertretung	21
II. Geltungsbereich des Übergangsmandats	5–21	III. Die Ausübung des Übergangsmandats	22–30
1. Spaltung einer Einrichtung (§ 13d Abs. 1)	6–8	1. Personelle Zusammensetzung der MAV	22–24
2. Zusammenlegung von Einrichtungen (§ 13d Abs. 2)	9–18	2. Inhalt des Übergangsmandats	25, 26
a. Zusammenlegung von Pfarreien (Kirchengemeinden)	10–12	3. Dauer	27
b. Spaltung einer Pfarrei (Kirchengemeinde)	13	4. Persönlicher Geltungsbereich	28
c. Organisationsänderung bei anderen Rechtsträgern	14–18	5. Kosten	29
		6. Neuwahlen der MAV	30
3. Beteiligte Rechtsträger	19, 20	IV. Übergang in den Geltungsbereich der MAVO	31–35
4. Eingliederung in eine Einrichtung		V. Ausgliederung in einen Rechtsbereich außerhalb der MAVO	36
		VI. Streitigkeiten	37

I. Zweck der Vorschrift

1 Vorbild für die Regelung der Absätze 1, 2 und 3 des § 13d ist § 21a BetrVG.[1] Die Vorschrift des § 21a BetrVG wiederum dient der Umsetzung des Artikels 6 der Richtlinie 2001/23/EG des Rates vom 12. März 2001 zur Angleichung der Rechtsvorschriften der Mitgliedstaaten über die Wahrung von Ansprüchen der Arbeitnehmer beim Übergang von Unternehmen, Betrieben oder Betriebsteilen.[2] Durch die Regelung eines allgemeinen Übergangsmandats für die MAV ist die genannte Richtlinie im Geltungsbereich der MAVO mit der Novellierung der Rahmenordnung für eine Mitarbeitervertretung im Jahre 2003 und den ihr folgenden diözesanen Mitarbeitervertretungsordnungen innerkirchlich umgesetzt worden. Das **Übergangsmandat der MAV** soll ein Defizit ausgleichen, das **bei betrieblichen Organisationsänderungen** in der Übergangsphase entstehen kann, wenn nämlich eine Einrichtung gespalten wird mit der Folge, dass für den abgespaltenen Teil und sein Personal

---

[1] *Thüsing*, in: Freiburger Kommentar zur MAVO § 13 Rn 3.
[2] ABl. Nr. L 82 S. 16.

noch keine eigene MAV besteht. Dasselbe Problem kann bei einer Zusammenlegung entstehen, wenn dadurch eine neue Einrichtung entsteht und die bisherigen Mitarbeitervertretungen ihr Amt deshalb verlieren. Deshalb wird mit dem in § 13d entwickelten Übergangsmandat eine Zwischenlösung angestrebt, um keine mitarbeitervertretungslose Zeit eintreten zu lassen.

Der MAV steht mit der Vorschrift bei jeder Form der **Spaltung** einer Einrichtung (Abs. 1) oder **Zusammenlegung** von Einrichtungen oder Teilen von Einrichtungen zu einer neuen Einrichtung (Abs. 2) ein Übergangsmandat zu, wenn die Organisationsänderung zum Wegfall der bisherigen MAV führt oder ein Teil der Mitarbeiterschaft aus dem Zuständigkeitsbereich ihrer bisherigen MAV herausfällt und dadurch der **Schutz der MAVO** verloren ginge. Dabei kommt es nicht darauf an, ob die Umorganisation im Zusammenhang mit einem Betriebsübergang im Wege der Einzel- oder Gesamtrechtsnachfolge oder ausschließlich auf Grund von Änderungen der Betriebsorganisation innerhalb eines Unternehmens erfolgt (Abs. 3). Es geht also lediglich um die Folgen bei Änderungen auf der Ebene der Einrichtung, nicht dagegen um Strukturänderungen auf der Ebene des Rechtsträgers der Einrichtung, weil solche Änderungen keinen Einfluss auf den weiteren Bestand der MAV haben. Übernimmt z. B. ein kirchlicher Rechtsträger ein Krankenhaus von einem Dritten, bleibt die übernommene Einrichtung in ihrem Bestand erhalten. Soll aber in einem zweiten Akt die übernommene Einrichtung mit einer beim Krankenhauserwerber bestehenden Einrichtung zu einer einzigen Einrichtung zusammengelegt werden, geht es um das Schicksal der jeweils bestehenden Mitarbeitervertretungen und die Frage, wer die Mitarbeiter und Mitarbeiterinnen i. S. d. MAVO als MAV vertritt. 2

Die Bestimmung des § 13d Abs. 4 gilt dem **Fall des Übergangs einer dem staatlichen Betriebsverfassungs- oder Personalvertretungsrecht oder dem Mitarbeitervertretungsrecht der evangelischen Kirche oder der Diakonie unterfallenden Einrichtung in den Geltungsbereich der MAVO.** Um eine lückenlose Umsetzung des europäischen Rechts zu ermöglichen, wird ein Übergangsmandat für die nicht nach der MAVO gebildeten Arbeitnehmervertretungen ermöglicht. Sie nehmen im Zeitpunkt der Überleitung die Stellung einer Mitarbeitervertretung ein und nehmen dieses Übergangsmandat nach den Bestimmungen der MAVO wahr, nicht nach dem vorher geltenden Betriebsvertretungsrecht. Im Falle des Abs. 4 geht es um einen Betriebsinhaberwechsel und die sich daraus ergebenden Folgen für die Betriebsvertretung beim Eintritt in den Geltungsbereich der diözesanen MAVO. 3

Kein Übergangsmandat ist geregelt für den Fall, dass eine kirchliche Einrichtung aus dem Geltungsbereich der MAVO in den eines anderen betriebsverfassungsrechtlichen Rechtskreises übertragen wird. Die nach der MAVO gewählte MAV verliert ihr Mandat aus dem Recht der MAVO, weil die MAVO nicht mehr gilt. Für ein Restmandat der MAV fehlt die Rechtsgrundlage (§ 13e). 4

II. Geltungsbereich des Übergangsmandats

Für das Übergangsmandat kommt es auf die Art der Umorganisation und damit verbundene rechtsgeschäftliche Übertragungen von Einrichtungen oder Teilen von Einrichtungen nicht an, auch nicht auf den Übergang von Arbeitsverhältnissen. Entscheidend ist die **Änderung der Identität der Einrichtung** auf Grund der in der Vorschrift genannten Umstrukturierungen in Form einer Spaltung oder Zusammenfassung von Einrichtungen und/oder Teilen von Einrichtungen. Zur Beurteilung ob sich die Identität einer Einrichtung geändert hat, ist der Einzelfall maßgebend. Ausgangspunkt für den Begriff Einrichtung ist § 1a. Auf Änderungen des Rechtsträgers kommt es nach der Vorschrift nicht an. Deshalb gilt die Vorschrift nicht für die Gesamtmitarbeitervertretung bzw. erweiterte Gesamtmitarbeitervertretung i. S. v. § 24. Sie gilt auch nicht für die Sprecher der Jugendlichen und der Auszubildenden i. S. v. §§ 48 ff.[3]; die MAV repräsentiert auch diesen Personenkreis. 5

---

3 *Thüsing*, a. a. O. § 13d Rn 15.

1. Spaltung einer Einrichtung (§ 13d Abs. 1)

6   Der Begriff Spaltung ist nicht definiert. Sein Inhalt ist nach dem Zweck der Vorschrift des § 13d Abs. 1 zu bestimmen. Es geht um einen Umbau auf der Ebene der Einrichtung oder Dienststelle, die sich auf die bisherige organisatorische Einheit auswirkt. Zwei Möglichkeiten sind denkbar; entweder ist die arbeitstechnische Struktur betroffen oder es erfolgt eine Aufteilung eines bisher einheitlichen Leitungsapparats.[4]

7   ▶ **Beispiel:** Ein Rechtsträger (z. B. Caritasverband) verwaltet und leitet in einer Stadt verschiedene Dienste im sozialen Bereich, wie Verwaltung, Behinderteneinrichtung, betreutes Wohnen, Werkstatt für Behinderte, Alten- und Pflegeheim, Obdachlosenasyl, Tageseinrichtung für Kinder im sozialen Brennpunkt, Kleider- und Möbelkammer. Alle Dienste sind zusammen als eine Einrichtung mit den Mitarbeitern und mit einer MAV organisiert. Aus arbeitstechnischen und haushaltsrechtlichen Gründen u. a. mit Blick auf Drittmittel unterschiedlicher Leistungsträger teilt der Dienstgeber (Rechtsträger) die bisher geführte Einheit in fachlich strukturierte Einheiten auf. Das ist eine **Aufspaltung, die aber gemäß § 1a Abs. 2 nicht zur Bildung neuer Mitarbeitervertretungen führen muss, wenn die einheitliche Leitung aller Betriebsteile Bestand hat.**

8   Eine **Abspaltung** läge vor, wenn aus der organisatorischen Einheit des Ursprungsbetriebs ein Teil ausgegliedert würde, wie etwa aus einem Krankenhaus der Küchen- und Reinigungsbereich. Die Aufspaltung in zwei oder mehrere Einrichtungen führt zum Verlust der Identität der bisherigen Einrichtungsorganisation, weil sie eigenständige Einrichtungen (sonstige selbständig geführte Stellen, § 1 Abs. 1) werden. In ihnen muss je eine MAV neu gewählt werden, soweit die Fähigkeit zur Bildung einer MAV gemäß § 6 Abs. 1 besteht. Das gilt z. B. auch, wenn aus einer Kirchengemeinde ein Teil abgespalten wird (can. 122 CIC). Die Muttergemeinde bleibt erhalten.

2. Zusammenlegung von Einrichtungen (§ 13d Abs. 2)

9   Ein Übergangsmandat ordnet § 13d Abs. 2 S. 1 bei der Zusammenlegung von Einrichtungen und/oder Einrichtungsteilen zu einer neuen Einrichtung bzw. Dienststelle an. In Betracht kommen ganz unterschiedliche Fallgestaltungen. Eine Zusammenlegung von Einrichtungen i. S. d. § 13d Abs. 2 liegt vor, wenn zwei oder mehr bisher selbständige organisatorische Einheiten von Arbeitsmitteln so zusammengefasst werden, dass eine einzige Organisationseinheit entsteht. Dazu müssen sowohl die arbeitstechnische Struktur als auch der Leitungsapparat vereinheitlicht werden. Ob auch die Rechtsträger, die Träger der Einrichtungen sind, zusammengeschlossen werden, spielt keine Rolle. Die Vorschrift soll gerade auch den Fall der Bildung einer gemeinsamen Einrichtung durch mehrere Träger erfassen. Wenn § 13d Abs. 2 auch von der Zusammenfassung von Einrichtungsteilen spricht, so ist damit der Fall der nach § 1a selbständigen Teileinrichtung gemeint.[5] § 13d Abs. 2 setzt voraus, dass durch die Zusammenlegung ein neuer Betrieb bzw. eine neue Einrichtung entsteht. Stellt sich die Zusammenlegung als Eingliederung einer Einrichtung in eine andere Einrichtung dar, die ihrerseits ihre Identität behält, ist ein Übergangsmandat nicht erforderlich. Die Zuständigkeit der MAV der aufnehmenden Einrichtung erstreckt sich vielmehr automatisch auf die Mitarbeiter der eingegliederten Einrichtung oder des Teils der Einrichtung. Besteht keine MAV bei dem aufnehmenden Träger, behält die MAV einer von der Zusammenlegung betroffenen Einrichtung jedenfalls ein Restmandat (§ 13e). Die Entstehung des Übergangsmandats nach § 13d Abs. 2 setzt nicht voraus, dass in allen bislang selbständigen Einrichtungen eine MAV gewählt war. Dass die Mitarbeiter der mitarbeitervertretungslosen Einrichtungen die MAV, die das Übergangsmandat erhält, nicht legitimiert haben, steht dem nicht entgegen. Denn nach der Ordnung soll eine MAV das Übergangsmandat allein ausüben. Dieses Defizit ist vertretbar, weil die MAV des Übergangsmandats unverzüglich einen Wahlausschuss zur Wahl einer neuen MAV bestellen muss (§ 13d Abs. 2 S. 2 i. V. m. § 13d Abs. 1 S. 2), die von allen betroffenen Mitarbeiterinnen und Mitarbeitern gewählt wird.

---

4   *Löwisch/Schmidt-Kessel*, BB 2001, 2162 f.; *Kreutz*, GK-BetrVG § 21a Rn 21.
5   Vgl. *Löwisch/Schmidt-Kessel* zu § 4 Abs. 1 BetrVG, a. a. O. S. 2164.

Übergangsmandat § 13d

a. Zusammenlegung von Pfarreien (Kirchengemeinden)

Die kirchenrechtliche Zusammenlegung von Pfarreien kann auf verschiedene Weise erfolgen. Entweder wird jede mit einer anderen Pfarrei zu verschmelzende Pfarrei aufgelöst, um sie zu einer neuen (größeren) Pfarrei zu vereinigen,[6] oder es werden eine oder mehrere Pfarreien aufgelöst, um deren Pfarrgebiet und die Gläubigen dieses Territoriums einer anderen bestehenden Pfarrei anzugliedern.[7] Jede Pfarrei besitzt Rechtsfähigkeit (can. 515 § 3 CIC). Sie ist nach staatlichem Recht öffentlich-rechtliche Person. Errichtung, Aufhebung oder Veränderung der Pfarreien ist allein Sache des Diözesanbischofs (can. 515 § 2 CIC), der das erforderliche Dekret erlässt. Damit die Veränderung nach staatlichem Recht wirksam wird, ist die staatliche Anerkennung erforderlich.[8] Die aufnehmende oder die neu errichtete Kirchengemeinde (Pfarrei) tritt in die Rechtsnachfolge der aufgelösten Kirchengemeinden (Pfarreien), can. 121 CIC, während die aufgelösten Pfarreien ihre Existenz verlieren, Kirchenvorstände und Pfarrgemeinderäte aufgelöst sind.[9]

Besteht in der aufgelösten Pfarrei (Kirchengemeinde) eine MAV, ist zu unterscheiden, ob die MAV für eine bestimmte Einrichtung der Kirchengemeinde (z. B. Altenheim) oder für die gesamte Mitarbeiterschaft der Kirchengemeinde gebildet wurde. Im ersten Fall führt die Auflösung der Kirchengemeinde nicht gleichzeitig zur Auflösung der Einrichtung. Denn die Einrichtung geht auf die neue Kirchengemeinde über ohne Beschädigung der Identität der Einrichtung; die MAV z. B. des Altenheims bleibt im Amt. Neuer Dienstgeber ist die das Altenheim nunmehr aufnehmende und tragende Kirchengemeinde im Rahmen der Gesamtrechtsnachfolge. War dagegen die MAV für die gesamte Mitarbeiterschaft einer Kirchengemeinde gebildet, führt die Auflösung der Kirchengemeinde zur Auflösung der MAV[10] mit der Maßgabe, dass diejenige MAV im Amt bleibt, die nach der Zahl der wahlberechtigten Mitarbeiterinnen und Mitarbeiter die größte Einheit repräsentiert; sie hat das Übergangsmandat und muss einen Wahlausschuss bestellen, damit für die neue (vergrößerte) Kirchengemeinde eine neue MAV gewählt wird (§ 13d Abs. 2 i. V. m. Abs. 1 S. 2). Bestand im Zeitpunkt der Zusammenlegung nur eine MAV, hat sie das Übergangsmandat. Bestand keine MAV, hat der neue Dienstgeber die Bildung einer MAV zu veranlassen (§ 10).

Da die **Zusammenlegung von Pfarreien Sache des Diözesanbischofs** ist, die Pfarrei die Anordnung über die Veränderung auf Betriebsebene nicht selbst bestimmt, hat die MAV zur aufzuhebenden Pfarrei kein Anhörungs- und Mitberatungsrecht i. S. v. § 29 Abs. 1 Nr. 17. Ein Beteiligungsrecht besteht an den womöglichen **Folgemaßnahmen**, die auf örtlicher Ebene durch die neue Pfarrei (Kirchengemeinde) getroffen werden sollen. Die Mitglieder der aufgelösten MAV genießen den nachwirkenden Kündigungsschutz gemäß § 19 Abs. 1 S. 3, wenn sie nicht aus dem Dienst ausscheiden. Infolge des den Kirchen verfassungsrechtlich garantierten Selbstbestimmungsrechts (Art. 140 GG i. V. m. Art. 137 Abs. 3 WRV) ist es ihnen auch überlassen, ihre Gebietsstrukturen zu verändern.[11] Wird kirchenrechtlich eine Körperschaft des öffentlichen Rechts (Kirchengemeinde) mit staatlicher Genehmigung einer anderen rechtsfähigen Körperschaft des öffentlichen Rechts (Kirchengemeinde) eingegliedert[12] oder wird eine Kirchengemeinde aufgehoben und deren Gebiet einer neuen Kirchen-

---

6 Vgl. z. B. Amtsblatt des Erzbistums Köln 2002 Nr. 12 S. 25, Nr. 13 S. 27; 2006 Nr. 6 S. 6; 2008 Nr. 6 S. 6; Nr. 7 S. 7; Amtsblatt für die Diözese Münster 2001 Art. 289 S. 30; 2006 Art. 207 S. 163; Art. 209 S. 164; Amtsblatt für das Bistum Essen 2001 Nr. 133 S. 126.
7 Vgl. Amtsblatt für die Diözese Münster 2001 Art. 290 S. 301; 2006 Art. 208 S. 164; Amtsblatt des Erzbistums Köln 2000 Nr. 2 S. 6, Nr. 3 S. 7; 2006 Nr. 12 S. 14; 2008 Nr. 8 S. 8; Amtsblatt für das Bistum Essen 2002 Nr. 70 S. 82.
8 Vgl. etwa Kirchlicher Anzeiger für das Erzbistum Köln 1961 Nr. 118 S. 109; § 4 Vereinbarung über die staatliche Mitwirkung bei der Bildung und Veränderung katholischer Kirchengemeinden vom 8./18./20./22. und 25. Oktober 1960, GV NW 1960 S. 426.
9 Amtsblatt des Erzbistums Köln 2002 Nrn. 313 ff. S. 286 ff.; 2003 Nr. 11 S. 11 f.
10 *BAG*, 21. 1. 2003 – 1 ABR 9/02, NZA 2003, 1097.
11 Vgl. Kirchliches Amtsblatt für die Diözese Münster 2006 Art. 207 S. 163.
12 Vgl. Amtsblatt des Erzbistums Köln 2008 Nr. 8 S. 8; Kirchliches Amtsblatt für die Diözese Münster 2006 Art. 208 S. 164.

gemeinde zugewiesen,[13] so findet § 613a BGB wegen des Wegfalls der eingegliederten Körperschaft keine Anwendung. Ist ein Widerspruchsrecht der Mitarbeiter gegen den Übergang ihrer Arbeitsverhältnisse folglich nicht vorgesehen, so kann das Widerspruchsrecht auch nicht aus einer analogen Anwendung des § 613a BGB abgeleitet werden; das Widerspruchsrecht liefe ins Leere, wenn die bisherige Arbeitgeberin (Kirchengemeinde) aufgehoben ist.[14] Dasselbe ergibt sich im Falle der Aufhebung mehrerer Kirchengemeinden, deren Gebiete zu einer größeren neuen Kirchengemeinde zusammengefasst werden.[15]

b. Spaltung einer Pfarrei (Kirchengemeinde)

13   Ist eine Pfarrei durch neue Ansiedlungen bevölkerungsreicher geworden, kann wegen größerer Zahl der Gläubigen das Neubaugebiet von der Mutterpfarrei abgetrennt und zu einer neuen Pfarrei erhoben werden. Die Errichtung steht allein dem Diözesanbischof zu (can. 515 § 2 CIC). Für die bestehende MAV entsteht für den Fall, dass für von ihr bislang repräsentierte Mitarbeiter im Falle des Ausscheidens aus der Mutterpfarrei die Fortsetzung ihrer Tätigkeit im neuen Pfarrgebiet ein Übergangsmandat entsteht, wenn die Zahl der dortigen Mitarbeiter die Bildung einer MAV zulässt (§ 6 Abs. 1). Das gilt auch, wenn Mitglieder der MAV durch die Änderung nunmehr Mitarbeiter der neuen Pfarrei sind.

c. Organisationsänderung bei anderen Rechtsträgern

14   Die vorstehend genannten Veränderungen in der Rechtsperson einer juristischen Person des öffentlichen Rechts sind entsprechend bei Veränderung juristischer Personen des privaten Rechts zu behandeln. Fazit ist: die Neugründung einer Rechtsperson ist von Bedeutung für die Frage des Übergangsmandats mit Blick auf die Trägerschaft einer Einrichtung, für die bisher die MAV der ausgliedernden Rechtsperson zuständig war, wenn die Ausgliederung im Geltungsbereich der MAVO erfolgt.

15   Übernimmt die neu gegründete Rechtsperson eine Einrichtung mit bestehender MAV, bleibt die MAV im Amt. Es findet nämlich keine Organisationsänderung der übernommenen Einrichtung statt.

16   Wird ein Rechtsträger mit einem anderen Rechtsträger verbunden, ohne dass zugleich auch eine betriebliche Organisationsänderung der Einrichtungen erfolgt, bleiben die bestehenden Mitarbeitervertretungen im Amt.

17   Erfolgt der Zusammenschluss der Rechtsträger mit gleichzeitigem Zusammenschluss ihrer Einrichtungen zu einer einzigen, ist das Übergangsmandat bei der MAV, die die größere Zahl aktiv wahlberechtigter Mitarbeiter repräsentiert. Die andere MAV scheidet deshalb aus dem Amt. Allerdings hat die amtierende MAV die Neuwahl der MAV einzuleiten. Hierzu kann der Dienstgeber gemäß § 6 Abs. 3 durch Einführung des Verhältniswahlrechts dafür sorgen, dass die kleinere der zusammengeschlossenen Einrichtungen auch personell bei der Wahl von Mitgliedern der MAV zum Zuge kommt.

18   Überträgt ein Rechtsträger seine Einrichtung, in der eine MAV besteht, bleibt diese im Amt, wenn nicht zusätzlich eine Eingliederung in die schon bestehende Einrichtung des anderen Rechtsträgers erfolgt und dessen Einrichtung die größere Anzahl aktiv wahlberechtigter Mitarbeiter hat, die von der dort bestehenden MAV repräsentiert werden.

3. Beteiligte Rechtsträger

19   Für das Entstehen des Übergangsmandats ist nach Absatz 3 unerheblich, ob die Spaltung von Einrichtungen oder deren Zusammenlegung von Teilen von Einrichtungen im Zusammenhang mit einer

---

13 Vgl. Amtsblatt des Erzbistums Köln 2006 Nr. 12 S. 14.
14 Vgl. für das öffentliche Recht: *BAG*, 18. 12. 2008 – 8 AZR 660/07, ZTR 2009, 534.
15 Vgl. Amtsblatt des Erzbistums Köln 2008 Nr. 6 S. 6, Nr. 7 S. 7; Kirchliches Amtsblatt für die Diözese Münster 2006 Art. 209 S. 164.

Veräußerung (Betriebsübergang gemäß § 613a BGB) oder einer Umwandlung i. S. d. 3. und 4. Buches des Umwandlungsgesetzes erfolgt (Abs. 3). Entscheidend ist allein die tatsächliche Änderung der Einrichtungsorganisation. Reiner Rechtsträgerwechsel ist innerhalb des Geltungsbereichs der MAVO ohne Bedeutung. Denn dann bleiben bestehende Mitarbeitervertretungen im Geltungsbereich der MAVO im Amt.[16]

Das Übergangsmandat entsteht nicht nur bei einer Änderung der Einrichtungsorganisation als Folge einer Spaltung nach § 123 UmwG. Es gilt auch bei einer Organisationsänderung nach einer Verschmelzung i. S. d. 1. Buches des UmwG. 20

4. Eingliederung in eine Einrichtung mit einer Mitarbeitervertretung

Die gesetzliche Definition des Übergansmandats des § 13d Abs. 1 S. 1 enthält ein negatives Tatbestandsmerkmal. Das Übergangsmandat ist nämlich ausgeschlossen, wenn ein Teil der abgespaltenen Einrichtung in eine Einrichtung eingegliedert wird, in der bereits eine MAV besteht. Insofern werden die aufgenommenen Mitarbeiter Teil der Dienstgemeinschaft der aufnehmenden Einrichtung und deshalb von der dort gewählten MAV repräsentiert. Ein Nebeneinander zweier Mitarbeitervertretungen ist wegen des erreichten Schutzzwecks nicht erforderlich. Allerdings kann sowohl in der aufnehmenden als auch in der abgebenden Einrichtung wegen einer wesentlichen Änderung der Mitarbeiterzahl eine Neuwahl erforderlich werden (§ 13 Abs. 3 Nr. 1). Das **Restmandat** der MAV der abgebenden Einrichtung wird durch § 13d Abs. 1 nicht ausgeschlossen. Das Restmandat (§ 13e) richtet sich aber gegen den ursprünglichen Dienstgeber. 21

III. Die Ausübung des Übergangsmandats

1. Personelle Zusammensetzung der MAV

Während der Dauer des Übergangsmandats bleibt die MAV nicht nur als Organ sondern auch in ihrer bisherigen personellen Zusammensetzung bestehen und ist für die neue Organisationseinheit zuständig. Entscheidender Zeitpunkt dafür ist die Lage vor der Umstrukturierung und die Mitgliederzahl der MAV. Auf die danach bestehende Zugehörigkeit zur alten oder neuen Einrichtung kommt es nicht an. Das ist also eine Ausnahme von der Einrichtungsbezogenheit des Mandats und der Zuordnung zum selben Dienstgeber.[17] Während der Dauer des Übergangsmandats bleibt die MAV in der personellen Zusammensetzung, wie sie vor der Umstrukturierung bestanden hat, sowohl für die Ursprungseinrichtung als auch für die neuen mitarbeitervertretungsfähigen Organisationseinheiten zuständig, für die erst noch eine MAV zu wählen ist.[18] 22

Von der Zusammensetzung gibt es aber eine Ausnahme, wenn das Arbeitsverhältnis eines MAV-Mitgliedes bzw. Ersatzmitgliedes im Zuge der betrieblichen Umstrukturierung mit dem bisherigen Dienstgeber endet und auch nicht mit einem Dienstgeber einer daraus gebildeten neuen Einheit fortgesetzt wird. In diesem Fall scheidet das MAV-Mitglied aus der Ursprungseinrichtung aus und gehört auch nicht mehr zur Mitarbeiterschaft der neu gebildeten Einheit (§ 13 Nr. 4). Für das ausgeschiedene MAV-Mitglied rückt, falls vorhanden, ein Ersatzmitglied nach. 23

Bei Zusammenlegung mehrerer Einrichtungen oder Teilen von Einrichtungen bestimmt § 13d Abs. 2, dass von mehreren aktuell in Betracht kommenden Mitarbeitervertretungen diejenige im Amt bleibt, die bisher die größere Zahl wahlberechtigter Mitarbeiterinnen und Mitarbeiter repräsentiert hat. Ausschlaggebend sind die Verhältnisse der letzten Wahl zur MAV, um Manipulationen bei der Umstrukturierung zu vermeiden. Es kommt nämlich nicht auf die Zahl der Mitglieder der MAV an. Die zeitweise Verdrängung des Prinzips der Legitimation durch demokratische Wahl wird von der 24

---

16 *BAG*, 9. 2. 1982 – 1 ABR 36/80, EzA § 118 BetrVG 1972 Nr. 33.
17 *Fitting*, § 21a Rn 16.
18 *Rieble*, Sonderbeilage zu NZA Heft 16/2003 S. 62, 64.

Funktion des Übergangsmandats bestimmt und ist mit Blick auf die zeitliche Befristung des Mandats (§ 13d Abs. 2 S. 2 i. V. m. Abs. 1 S. 3 und 4) nicht zu beanstanden.

2. Inhalt des Übergangsmandats

25 Die Rechte und Befugnisse aus dem Übergangsmandat sind inhaltlich nicht eingeschränkt.[19] Der MAV obliegen aus dem Übergangsmandat und der damit verbundenen Beschlussfähigkeit:
- die unverzügliche Bestellung des Wahlausschusses für die Neuwahl der Mitarbeitervertretungen einschließlich des Ursprungsbetriebes,
- die Wahrnehmung der Beteiligungsrechte, besonders die im personellen und wirtschaftlichen Bereich,
- der Abschluss von Dienstvereinbarungen.

26 Das Übergangsmandat berechtigt zu allen Befugnissen der MAV im organisatorischen Bereich, wie Durchführung von Mitarbeiterversammlungen, Sprechstunden, Entsendung von Mitgliedern der MAV in die Gremien gemäß MAVO (Gesamt-MAV; erweiterte Gesamt-MAV; DiAG-MAV), zu Anträgen an die Einigungsstelle und das Kirchliche Arbeitsgericht mit Führung des Verfahrens.

3. Dauer

27 Das Übergangsmandat dauert bis zur Wahl der neuen Mitarbeitervertretungen in den neuen Teilen der Ursprungseinrichtung und bis zur Bekanntgabe des Wahlergebnisses (§ 13d Abs. 1 S. 3). Es endet spätestens sechs Monate nach dem Wirksamwerden der Spaltung. Allerdings kann durch Dienstvereinbarung (§ 38 Abs. 1 Nr. 13) das Übergangsmandat um bis zu weitere sechs Monate verlängert werden (§ 13d Abs. 1 S. 4). Im Falle der Zusammenlegung von Einrichtungen (§ 13d Abs. 2) kann das Übergangsmandat der berechtigten MAV jedoch verloren werden, weil eine andere Mitarbeitervertretung für die Wahrnehmung des Übergangsmandats zum Zuge kommt. Das ist z. B. der Fall, wenn die gemäß § 13d Abs. 2 S. 1 zunächst berechtigte MAV im Amt bleibt. Sinkt aber deren Gesamtzahl der Mitglieder der MAV auch nach Eintreten sämtlicher Ersatzmitglieder um mehr als die Hälfte der ursprünglich vorhandenen Mitgliederzahl, hat eine Neuwahl der MAV stattzufinden (§ 13 Abs. 3 Nr. 2 MAVO). Solange jedoch dort noch keine neue MAV gewählt ist, führt die geschrumpfte MAV die Geschäfte längstens für die Dauer von sechs Monaten seit ihrer Schrumpfung unter die Toleranzgrenze des § 13 Abs. 3 Nr. 2 im Sinne eines Restmandats i. S. v. § 13a S. 2 i. V. m. S. 1 fort. Ist diese Zeit ohne die erforderliche Neuwahl einer MAV abgelaufen, endet die Amtszeit der Übergangs-MAV und das Übergangsmandat geht auf die rechnerisch nächst berufene MAV über, solange der nach § 13d für das Übergangsmandat geregelte Zeitraum von sechs Monaten seit der Zusammenlegung der Einrichtungen noch nicht beendet ist. Denn aus dem Sinn und Zweck der anzuwendenden Vorschriften in § 13a und § 13d folgt die Vermeidung eines mitbestimmungsfreien Zeitraums. Denn die Vorschriften für das sog. Übergangsmandat sind darauf angelegt, einen Zeitraum ohne eine MAV zu verhindern.[20]

> ▶ Beispiel: Am 1.7. eines Jahres schrumpft die MAV unter die Hälfte ihrer ursprünglichen Mitgliederzahl. Am 1.10. desselben Jahres erfolgt die Zusammenlegung der Einrichtungen des Dienstgebers, wozu auch die inzwischen geschrumpfte MAV gehört. Das Restmandat dieser Übergangs-MAV endet gemäß § 13a i. V. m. § 13 Abs. 3 Nr. 2 am 31.12. des Jahres. Eine weitere MAV aus einer anderen der zusammengelegten Einrichtungen mit rechnerisch nächstberechtigter Stelle tritt an die Stelle der geschäftsführenden MAV (§ 13a) mit Wirkung ab 1.1. des folgenden Jahres bis längstens zum Ablauf der Dauer des Übergangsmandats nach der Zusammenlegung am 1.10. des vergangenen Jahres, das ist der 31.3. des neuen Jahres, falls nicht durch Dienstvereinbarung die Verlängerung des Übergangsmandats vereinbart wird (§ 13d Abs. 2 S. 2 i. V. m. § 13d Abs. 1 S. 4).

---

19 ErfK-*Koch*, § 21a BetrVG Rn 1.
20 *Diözesanes Arbeitsgericht* für den MAVO-Bereich *Köln*, 16. 12. 2008 – MAVO 26/2008.

4. Persönlicher Geltungsbereich

Die MAV ist infolge des Übergangsmandats für die Mitarbeiter und Mitarbeiterinnen der Ursprungseinrichtung und für diejenigen der neu geschaffenen Einheit bzw. Einheiten zuständig, selbst wenn sie vor der Umstrukturierung ohne MAV bestanden hat. Das Übergangsmandat beruht auf Gesetz, nicht auf Wahl. Erreicht die Belegschaft der neuen Einrichtung nicht den für die Bildung einer MAV erforderlichen Schwellenwert (§ 6 Abs. 1), kann dort keine neue MAV gebildet werden. Das bedeutet für das Übergangsmandat aber auch eine Grenze mit der Folge, dass dann die abgegebenen Mitarbeiter und Mitarbeiterinnen nicht mehr repräsentiert sind.[21] Der Gestellungsvertrag geht nicht nach § 613a BGB auf einen Betriebserwerber über, weil § 613a BGB nur Arbeitsverhältnisse erfasst.[22]

28

5. Kosten

Weil die MAV in Wahrnehmung des Übergangsmandats Aufwendungen hat, sind die damit verbundenen Kosten vom zuständigen Dienstgeber oder von mehreren zuständigen Dienstgebern anteilig zu tragen. Die zuständigen Dienstgeber haften als Gesamtschuldner. Damit fallen die Kosten der MAV in Wahrnehmung des Übergangsmandats nicht allein auf den Dienstgeber der Ursprungseinrichtung. Er hat es in der Hand, für den Fall der Spaltung der Einrichtung die notwendigen Absprachen mit dem anderen Dienstgeber zu treffen. Andernfalls kann die Belegschaftsgröße der vom Übergangsmandat betroffenen Einrichtungen taugliches Kriterium für die Kostenaufteilung sein.[23] Der Freistellungsanspruch eines Mitglieds der MAV für die Wahrnehmung des Übergangsmandats nach § 15 Abs. 2 richtet sich an den jeweiligen Vertragsdienstgeber. Dieser ist auch zur Fortzahlung des Entgelts verpflichtet.

29

6. Neuwahlen der MAV

Sowohl im Falle der Spaltung einer Einrichtung als auch im Falle der Zusammenlegung mehrerer Einrichtungen im Geltungsbereich der MAVO sind unter den Voraussetzungen des § 6 Abs. 1 Neuwahlen zur MAV durchzuführen (§ 13d Abs. 1 und 2). Die mit dem Übergangsmandat betraute MAV hat unverzüglich im Falle der Spaltung der Einrichtung die erforderlichen Wahlausschüsse und im Falle der Zusammenlegung mehrerer Einrichtungen den Wahlausschuss (§ 9 Abs. 2 S. 2) zu bestellen. Soll im vereinfachten Wahlverfahren (§§ 11a bis 11c), also ohne die Bildung eines Wahlausschusses, gewählt werden, hat die mit dem Übergangsmandat betraute MAV die Wahl gemäß § 11b Abs. 1 vorzubereiten. Besteht keine MAV, hat der Dienstgeber die Wahl der MAV vorzubereiten (§ 11b Abs. 2). Ist infolge der Abspaltung der abgespaltete Teil einer anderen Einrichtung eingegliedert worden, so dass also eine Zusammenlegung erfolgt ist, führt die MAV der aufnehmenden Einrichtung die Neuwahl der MAV herbei.

30

IV. Übergang in den Geltungsbereich der MAVO

In § 13d Abs. 4 geht es um den Einzug von Einrichtungen in den Geltungsbereich der MAVO, deren Arbeitnehmervertretungen vorher anderen Rechtskreisen außerhalb der MAVO zugeordnet waren. Das gilt einerseits für das staatliche Betriebsverfassungsrecht und das Personalvertretungsrecht des Bundes und der Länder und andererseits für den Bereich des Mitarbeitervertretungsrechts der evangelischen Kirche und der diakonischen Einrichtungen. Der Übergang von Einrichtung und Personal aus jenen Bereichen in den der Mitarbeitervertretungsordnungen der römisch-katholischen Diözesen führt gemäß § 118 Abs. 2 BetrVG bzw. § 112 BPersVG zur Beendigung der bisherigen Geltung des Arbeitnehmervertretungsrechts.[24]

31

---

21 *Fitting*, § 21a Rn 23.
22 *BAG*, 13. 2. 2003 – 8 AZR 654/01, ZTR 2003, 358 LS.
23 *Fitting*, § 21a Rn 27.
24 *BAG*, 9. 2. 1982 – 1 ABR 36/80, EzA § 118 BetrVG 1972 Nr. 33; *Weth/Wern*, NZA 1998, 118.

32 Wegen der Übergangsprobleme bei Spaltung, Zusammenlegung oder Übertragung von Einrichtungen oder Teilen davon soll im Falle des Übergangsmandats sichergestellt sein, dass die Arbeitnehmervertretung des jeweiligen Ursprungsrechtskreises außerhalb der MAVO an Ort und Stelle im MAVO-Bereich aktiv für die übergehenden Arbeitnehmer tätig werden kann. Grundlage der Amtsausübung ist die jeweilige diözesane MAVO und das Übergangsmandat (§ 13d Abs. 4 i. V. m. Abs. 1), mit dem die unverzügliche Bestellung eines Wahlausschusses i. S. v. § 9 verbunden ist (§ 13d Abs. 4 i. V. m. Abs. 1 S. 2). Im Falle des Betriebsübergangs bleiben die einzelarbeitsvertraglichen Bestimmungen für die Mandatsträger unberührt (§ 613a Abs. 1 S. 1 BGB).[25]

33 Soweit Einrichtungen außerhalb des Geltungsbereichs der MAVO oder Teile davon zu einer Einrichtung mit einer Einrichtung im Geltungsbereich der MAVO zusammengelegt werden, nimmt die Arbeitnehmervertretung der nach Zahl der wahlberechtigten Mitarbeiterinnen und Mitarbeiter größeren Einrichtung oder des Teils der Einrichtung das Übergangsmandat auf der Basis der MAVO wahr. Voraussetzung ist, dass die neue Einrichtung nach ihrer Zusammenlegung mitarbeitervertretungsfähig ist. **In Wahrnehmung des Übergangsmandats hat die zuständige Arbeitnehmervertretung den Wahlausschuss nach MAVO zu bestellen.** Das Übergangsmandat endet, sobald eine neue MAV gewählt und das Wahlergebnis bekannt gegeben worden ist. Es endet spätestens sechs Monate nach Wirksamwerden der Zusammenlegung. Durch Dienstvereinbarung (§ 38) kann das Übergangsmandat um bis zu weitere sechs Monate verlängert werden (§ 13d Abs. 4 S. 1 i. V. m. Abs. 1).

34 Die betrieblichen Maßnahmen i. S. d. § 13d Abs. 4 S. 1 führen dazu, dass die von der Maßnahme betroffene Arbeitnehmervertretung als Mitarbeitervertretung i. S. d. MAVO zu handeln hat; sie ist an das Recht der MAVO gebunden (§ 13d Abs. 4 S. 2). Denn bestehende Vereinbarungen zwischen dem Ursprungsarbeitgeber und der nicht nach der MAVO gebildeten Arbeitnehmervertretung erlöschen und zuvor eingeleitete Beteiligungsverfahren finden ohne Rücksicht auf ein – wünschbares – Ergebnis ein abruptes Ende (§ 13d Abs. 4 S. 3).

35 Vereinbarungen über von der MAVO abweichende Regelungen für den Status bestehender Arbeitnehmervertretungen im Zusammenhang mit der betriebsorganisatorischen Veränderung (z. B. Zusammenlegung zweier Einrichtungen) sind gemäß § 55 unzulässig und deshalb unwirksam.[26] Das ist anders, wenn der Kooperationsvertrag zweier Gesellschafter (Rechtsträger) beim Zusammenschluss zu einer Krankenhausgemeinschaft keine Zusammenlegung der jeweiligen Krankenhäuser vorsieht, sondern lediglich eine Aufteilung der Funktionen mit Spezialisierung auf bestimmten, von einander abgegrenzten Gebieten der Behandlung und Pflege. Dann bleibt es bei der Zuordnung zu den bisherigen Rechtskreisen mit unterschiedlichem Arbeitnehmervertretungsrecht, wie etwa bei Diakonie und Caritas. § 1b ist nicht anwendbar, weil es sich um eine Vorschrift für den inneren Rechtskreis der MAVO (§ 1) handelt.

V. Ausgliederung in einen Rechtsbereich außerhalb der MAVO

36 Führt die Spaltung, die Zusammenlegung oder eine Übertragung einer Einrichtung zum Verlassen des Rechtskreises der MAVO, so kommt es darauf an, ob im anderen Rechtskreis entsprechende Übergangsregelungen getroffen sind. Soweit im Falle der Spaltung oder Zusammenlegung noch ein Restmandat der MAV gegen den Träger der Ursprungseinrichtung besteht, gilt § 13e. Mit dem Übergang einer Einrichtung aus dem Geltungsbereich der MAVO auf einen zur Diakonie gehörenden Rechtsträger verlässt die Einrichtung den Geltungsbereich der MAVO. Im Bereich der evangelischen Kirche hat der Diözesanbischof der katholischen Kirche keine Gesetzgebungsbefugnis für eine Fortsetzung des Mandats der MAV. Wenn also ein Betriebserwerber nicht der katholischen Kirche zugeordnet ist, hat die MAV der auf ihn übergegangenen Einrichtung auch kein Übergangsmandat; sie geht unter. Ein etwa beim Kirchlichen Arbeitsgericht i. S. d. KAGO anhängiger Rechts-

---

25 *Richardi*, Arbeitsrecht in der Kirche, § 5 Rn 10 ff.
26 Vgl. *VerwG der EKD*, 23. 8. 2001 – I – 0124/F 20–01, NZA 2002, 867.

streit zwischen der MAV und dem bisherigen Dienstgeber i. S. d. MAVO ist ab Betriebsübergang in den Bereich außerhalb der MAVO nicht mehr zulässig.[27] *ergänzt*

VI. Streitigkeiten

Über Streitigkeiten zu Entstehung und Ausübung des Übergangsmandats, über das Verhältnis von Mitarbeitervertretung und Dienstgeber oder zwischen mehreren Mitarbeitervertretungen entscheidet das Kirchliche Arbeitsgericht auf Antrag eines Beteiligten (§ 2 Abs. 2 KAGO). Antragsberechtigt ist auch die Arbeitnehmervertretung als Übergangs-Mitarbeitervertretung i. S. v. § 13d Abs. 4. 37

§ 13e Restmandat

Geht eine Einrichtung durch Stilllegung, Spaltung oder Zusammenlegung unter, so bleibt deren Mitarbeitervertretung so lange im Amt, wie dies zur Wahrnehmung der damit im Zusammenhang stehenden Beteiligungsrechte erforderlich ist.

Übersicht

		Rn			Rn
I.	Zweck der Vorschrift	1, 2	III.	Ende der Amtszeit	9–14
II.	Geltungsbereich	3– 8		1. Personelle Zusammensetzung der MAV	9, 10
	1. Stilllegung	4		2. Inhalt des Restmandats	11
	2. Spaltung	5, 6		3. Dauer des Restmandats	12
	3. Zusammenlegung	7		4. Kosten	13, 14
	4. Restmandat und Übergangsmandat	8	IV.	Streitigkeiten	15

I. Zweck der Vorschrift

Die Amtszeit der MAV endet – abgesehen von § 13 Abs. 3 – vorzeitig, wenn eine Einrichtung oder Dienststelle, in der die MAV gewählt ist, stillgelegt, die Betriebsorganisation durch Spaltung oder Zusammenlegung mit anderen Einrichtungen oder Teilen von Einrichtungen aufgelöst wird. Der Wegfall der Betriebs- bzw. Einrichtungsorganisation der Ursprungseinrichtung bewirkt gemäß § 1a das Ende der Einrichtung und damit das Ende der MAV. Aber im Zusammenhang mit der Stilllegung, Spaltung oder Zusammenlegung werden Beteiligungsrechte der MAV ausgelöst (§ 29 Abs. 1 Nr. 17, § 36 Abs. 1 Nr. 11), so dass die MAV u. U. einen Sozialplan gemäß § 37 Abs. 1 Nr. 11 erzwingen kann. Durch § 13e ist zur Vermeidung des abrupten Endes des Amtes der MAV in Übereinstimmung mit § 21b BetrVG die Rechtsfigur des Restmandats für die MAV geregelt. 1

Das Restmandat sichert das Recht der MAV, die mit der Auflösung der Einrichtungsorganisation zusammenhängenden mitarbeitervertretungsrechtlichen Befugnisse über das Ende der Amtszeit der MAV wahrzunehmen. Die Vorschrift ist zwingend und kann durch die Betriebspartner nicht abgeändert werden (§ 55).[1] Das Restmandat setzt nach seinem Zweck einen die Betriebsstilllegung überdauernden Regelungsbedarf voraus.[2] 2

II. Geltungsbereich

Die MAVO ordnet das Entstehen des Restmandats in allen Fällen an, in denen die Auflösung der betrieblichen Organisation zur vorzeitigen Beendigung der Amtszeit der MAV führt. Das Restmandat entsteht also als Folge der in § 13e genannten Auflösungstatbestände. Endet das Amt der MAV aus anderen Gründen vorzeitig, weil etwa einer der Tatbestände des § 13 Abs. 3 erfüllt ist oder ihre Mitglieder einschließlich der Ersatzmitglieder infolge der Auflösung ihrer Arbeitsverhältnisse aus der Ein- 3

---

27 *KAGH*, 2. 3. 2007 – M 05/06.
1 Vgl. *BAG*, 5. 10. 2000 – 1 AZR 48/00, NZA 2001, 849; § 55.
2 *Kreutz*, GK-BetrVG 21b Rn 13; *HSWGN-Worzalla*, BetrVG § 21b Rn 11.

richtung oder Dienststelle ausscheiden (§ 13 Nr. 3) und keine Neuwahl der MAV erfolgt, kommt ein Restmandat der bisherigen MAV nicht in Frage. In den Fällen des § 13 Abs. 3 Nrn. 1 bis 3 führt die betroffene MAV gemäß § 13a S. 2 i. V. m. S. 1 die Geschäfte befristet weiter. Das hat zur Folge, dass der MAV die erforderlichen Sachmittel und Räume zur Verfügung zu stellen sind.[3]

1. Stilllegung

4 Die Stilllegung einer Einrichtung bzw. Dienststelle ist die Aufhebung der Dienstgemeinschaft zwischen Dienstgeber und Mitarbeitern für dauernd oder einen unbestimmten Zeitraum,[4] der wirtschaftlich nicht unerheblich ist.[5] Nicht jede Änderung der Einrichtung ist zugleich eine Stilllegung i. S. d. § 13e. Die räumliche Verlegung einer Einrichtung lässt ebenso wie ein Betriebsübergang nach § 613a BGB die betriebliche Organisation unberührt. Der Betriebsinhaberwechsel spielt keine Rolle, solange er im Geltungsbereich der MAVO stattfindet. Erforderlich für die Stilllegung ist, dass die Mitarbeiterschaft in rechtlicher Hinsicht aufgelöst worden ist. Das ist auch das Ende des Schutzes vor der ordentlichen Kündigung für die Mitglieder der MAV (§ 19 Abs. 3). Nicht ausreichend ist eine Teilstilllegung,[6] solange die Zahl der regelmäßig beschäftigten wahlberechtigten Mitarbeiter nicht unter fünf sinkt.[7]

2. Spaltung

5 Wird eine Einrichtung in zwei oder mehr Einrichtungen gespalten durch Aufspaltung oder Abspaltung von Einrichtungsteilen, kommt ein Restmandat der MAV ebenfalls in Betracht. Das gilt auch, wenn mit der Spaltung ein Betriebsinhaberwechsel verbunden ist. Die Spaltung muss die Auflösung der Betriebsorganisation zur Folge haben. Die dadurch ausgelösten Beteiligungsrechte richten sich gegen den Dienstgeber der Ursprungseinrichtung.

6 Bei der Abspaltung eines Teils der Einrichtung endet die Amtszeit der MAV in der verbleibenden Ursprungseinrichtung nicht. Die dortige MAV übt im Rahmen ihres Vollmandats die Beteiligungsrechte gemäß § 36 Abs. 1 Nr. 11 für infolge der Abspaltung ausscheidende Mitarbeiter aus.

3. Zusammenlegung

7 Die Zusammenlegung von Einrichtungen ist immer auch eine Betriebsänderung. Deshalb kommt ein Restmandat der bisherigen MAV in Betracht. Die Zusammenlegung von Einrichtungen kann so erfolgen, dass die eine in die andere eingegliedert wird oder dass aus den zusammengelegten Einrichtungen eine neue Einrichtung entsteht. Im ersten Fall geht der eingegliederte Teil als Einrichtung unter, im zweiten Fall gehen die zusammengelegten Einrichtungen unter. Aber wenn die betroffenen Mitarbeitervertretungen ihre Beteiligungsrechte nach § 36 Abs. 1 Nr. 11 nicht mehr rechtzeitig vor der Zusammenlegung wahrnehmen, bleiben sie insoweit auch nach der Zusammenlegung zur Wahrnehmung dieser Rechte im Amt (Restmandat).

4. Restmandat und Übergangsmandat

8 Bei Spaltung und Fortführung der abgespaltenen Einrichtungsteile als eigenständige Einrichtungen steht der MAV der Ursprungseinrichtung sowohl ein Restmandat als auch ein Übergangsmandat (§ 13d) zu. Werden die durch Spaltung entstandenen Teile der Einrichtung in eine Einrichtung mit MAV eingegliedert, entsteht kein Übergangsmandat, aber eben ein Restmandat der MAV der Ursprungseinrichtung im Verhältnis zum Dienstgeber der Ursprungseinrichtung; die MAV der auf-

---

3 *LAG Bremen*, 9. 12. 2004 – 3 Ta BV 15/04; rkr.; DB 2005, 1527.
4 *BAG*, 21. 6. 2001 – 2 AZR 137/00, NZA 2002, 212; 10. 1. 2001 AP Nr. 115 zu § 1 KSchG 1969 Betriebsbedingte Kündigung; 11. 3. 1998 AP Nr. 43 zu § 111 BetrVG 1972.
5 *BAG*, 6. 4. 2006 – 8 AZR 222/04, EzA § 613a BGB 2002 Nr. 49.
6 *HSWGN-Worzalla* BetrVG § 21b Rn 2.
7 *Kreutz*, GK-BetrVG § 21b Rn 14.

nehmenden Einrichtung ist nicht zuständig. Bei einer Zusammenlegung von Einrichtungen zu einer einheitlichen Einrichtung steht jeder MAV für die Einheit, für die sie gewählt worden war, ein Restmandat zu. Das Übergangsmandat übt die MAV der Einheit mit der größten Mitarbeiterzahl aus (§ 13d Abs. 2).

III. Ende der Amtszeit

1. Personelle Zusammensetzung der MAV

Das Restmandat ist von der MAV auszuüben, die bei Beendigung der Amtszeit im Amt war. Für die Größe und die personelle Zusammensetzung der das Restmandat ausübenden MAV kommt es auf den Zeitpunkt der Stilllegung, Spaltung oder Zusammenlegung an. Wird die gesetzliche Mindestzahl der Mitglieder der MAV infolge vorherigen Ausscheidens und bei Fehlen eines Ersatzmitgliedes unterschritten (§ 13 Abs. 3 Nr. 2), führen die restlichen Mitglieder der MAV die Geschäfte gemäß § 13a S. 2 i. V. m. § 13 Abs. 3 Nr. 2 weiter. Dazu gehört die Wahrnehmung des Restmandats. Die ist allerdings ausgeschlossen, wenn die Zahl der Mitarbeiter und Mitarbeiterinnen unter fünf gesunken ist (§ 6 Abs. 1).

Außerdem ist die Amtsniederlegung (§ 13c Nr. 2) möglich.[8] Die diesbezügliche Erklärung kann gegenüber der Mitarbeiterversammlung (sofern noch möglich), gegenüber der MAV und durch ein letztes MAV-Mitglied gegenüber dem Dienstgeber (zu Beweiszwecken schriftlich) erfolgen.[9]

2. Inhalt des Restmandats

Die Vorschrift enthält keine Umschreibung der Aufgaben für das Restmandat. Die MAV bleibt im Amt, aber ohne Vollmandat. Es geht nicht nur um die Abwicklung der Aufgaben sondern eben um die sich aus den Vorschriften der MAVO ergebenden Beteiligungsrechte einer MAV. Die Bestimmung sichert mit Hilfe des Restmandats den Schutz und Nutzen der Mitarbeiter über das Ende der Amtszeit der MAV hinaus. Dazu gehört auch die Pflicht, einen bereits abgeschlossenen, aber noch nicht erfüllten Sozialplan an veränderte Umstände anzupassen. Die Aufgaben des Restmandats erstrecken sich auf noch bestehende Arbeitsverhältnisse und einzelne Mitarbeiter in Abwicklungsaufgaben im Zusammenhang mit der Stilllegung. Die das Restmandat ausübende MAV ist daher gemäß §§ 30–31 vor einer Kündigung der Arbeitsverhältnisse der mit Abwicklungsaufgaben betrauten Mitarbeiter zu hören.

3. Dauer des Restmandats

Die Ausübung des Restmandats ist gesetzlich nicht befristet, kann also so lange dauern, bis die ihm zugedachten Aufgaben erledigt und solange die das Restmandat ausübenden Mitglieder der MAV zur Ausübung bereit sind.[10] Es kann daher auch nach Abschluss der Stilllegung bzw. Spaltung oder Zusammenlegung wirksam sein, wenn z. B. Sozialpläne abgeändert oder ergänzt werden. Das Restmandat dauert folglich auch über die gesetzliche Amtszeit der MAV hinaus.[11]

4. Kosten

Die mit der Ausübung des Restmandats verbundenen Kosten hat der Dienstgeber des Ursprungsbetriebs bzw. der Ursprungseinrichtung zu tragen (§ 17). Dazu gehören auch Entgeltfortzahlungen für das ein Restmandat ausübende MAV-Mitglied, das bei einem anderen Dienstgeber beschäftigt ist; der hat diese Kosten nicht zu tragen. Deshalb würde der neue Dienstgeber im Falle eines Freistellungsanspruchs des MAV-Mitgliedes für Restmandatstätigkeit nicht die damit verbundene Weiterzahlung

---

8 *HSWGN-Schlochauer*, BetrVG § 21b Rn 12 m. N.
9 *Thüsing*, Freiburger Kommentar zur MAVO § 13e Rn 10.
10 Vgl. *BAG*, 12. 1. 2000, AP Nr. 5 zu § 24 BetrVG 1972; 5. 10. 2000, AP Nr. 141 zu § 112 BetrVG 1972.
11 *Kreutz*, GK-BetrVG § 21b Rn 19.

des Entgelts schulden. Das deshalb ausfallende Entgelt muss der Dienstgeber der Ursprungseinrichtung zahlen. Das entspricht dem Gedanken des vergüteten Freizeitausgleichs gemäß § 15 Abs. 4, der im Falle fehlender Ausgleichsmöglichkeit finanziell abzugelten ist (§ 15 Abs. 4 S. 6).[12] Sind noch Kostenerstattungen aus der Zeit des Vollmandats offen, aber vor Eintritt des Restmandats noch nicht geltend gemacht worden, ist bei entsprechender Anwendung von § 13a die MAV befugt, noch nicht erfüllte Kostenerstattungsansprüche gegen den Ursprungsdienstgeber weiter zu verfolgen. Im Rahmen einer Gesamtrechtsnachfolge können die Ansprüche nur gegen den Rechtsnachfolger geltend gemacht werden. So etwa nach Zusammenlegung mehrerer Kirchengemeinden zu einer neuen vergrößerten Kirchengemeinde.

14 Ist das Arbeitsverhältnis des Mitglieds einer restmandatierten MAV beendet, kommt eine Befreiung von der dem Arbeitgeber geschuldeten Arbeitsleistung oder ein Freizeitausgleich nicht mehr in Betracht, wenn es das Restmandat nach Eintritt in den Ruhestand dennoch weiter ausübt. Deshalb scheidet auch eine Vergütung für mit MAV-Tätigkeit erbrachte Freizeitopfer aus. Denn diese widerspräche dem Ehrenamtsprinzip.[13]

IV. Streitigkeiten

15 Streitigkeiten zwischen dem Dienstgeber und der MAV über den Bestand eines Restmandats entscheidet auf Antrag gemäß § 2 Abs. 2 KAGO das Kirchliche Arbeitsgericht, während wegen des Vergütungsanspruchs i. S. v. § 15 Abs. 4 S. 6 die Einigungsstelle zuständig ist (§ 15 Abs. 5).

§ 14 Tätigkeit der Mitarbeitervertretung

(1) Die Mitarbeitervertretung wählt bei ihrem ersten Zusammentreten, das innerhalb einer Woche nach der Wahl stattfinden soll und von der oder dem Vorsitzenden des Wahlausschusses einzuberufen ist, mit einfacher Mehrheit aus den Mitgliedern ihre Vorsitzende oder ihren Vorsitzenden. Die oder der Vorsitzende soll katholisch sein. Außerdem sollen eine stellvertretende Vorsitzende oder ein stellvertretender Vorsitzender und eine Schriftführerin oder ein Schriftführer gewählt werden. Die oder der Vorsitzende der Mitarbeitervertretung oder im Falle ihrer oder seiner Verhinderung deren Stellvertreterin oder Stellvertreter vertritt die Mitarbeitervertretung im Rahmen der von ihr gefassten Beschlüsse. Zur Entgegennahme von Erklärungen sind die oder der Vorsitzende, deren Stellvertreterin oder Stellvertreter oder ein von der Mitarbeitervertretung zu benennendes Mitglied berechtigt.

(2) Die Mitarbeitervertretung kann ihrer oder ihrem Vorsitzenden mit Zweidrittelmehrheit der Mitglieder das Vertrauen entziehen. In diesem Fall hat eine Neuwahl der oder des Vorsitzenden stattzufinden.

(3) Die oder der Vorsitzende oder bei Verhinderung deren Stellvertreterin oder Stellvertreter beruft die Mitarbeitervertretung unter Angabe der Tagesordnung zu den Sitzungen ein und leitet sie. Sie oder er hat die Mitarbeitervertretung einzuberufen, wenn die Mehrheit der Mitglieder es verlangt.

(4) Die Sitzungen der Mitarbeitervertretung sind nicht öffentlich. Sie finden in der Regel während der Arbeitszeit in der Einrichtung statt. Bei Anberaumung und Dauer der Sitzung ist auf die dienstlichen Erfordernisse Rücksicht zu nehmen.

(5) Die Mitarbeitervertretung ist beschlussfähig, wenn mehr als die Hälfte ihrer Mitglieder anwesend ist. Die Mitarbeitervertretung beschließt mit Stimmenmehrheit der anwesenden Mitglieder. Bei Stimmengleichheit gilt ein Antrag als abgelehnt.

---

12 *Thüsing*, Freiburger Kommentar zur MAVO § 13e Rn 14; *Kreutz*, GK-BetrVG § 21b Rn 22.
13 *BAG*, 5. 5. 2010 – 7 AZR 728/08, FA 2010, 217.

(6) Über die Sitzung der Mitarbeitervertretung ist eine Niederschrift zu fertigen, die die Namen der An- und Abwesenden, die Tagesordnung, den Wortlaut der Beschlüsse und das jeweilige Stimmenverhältnis enthalten muss. Die Niederschrift ist von der oder dem Vorsitzenden zu unterzeichnen. Soweit die Leiterin oder der Leiter der Dienststelle oder deren Beauftragte oder Beauftragter an der Sitzung teilgenommen haben, ist ihnen der entsprechende Teil der Niederschrift abschriftlich zuzuleiten.

(7) Der Dienstgeber hat dafür Sorge zu tragen, dass die Unterlagen der Mitarbeitervertretung in der Einrichtung verwahrt werden können.

(8) Die Mitarbeitervertretung kann sich eine Geschäftsordnung geben.

(9) Die Mitarbeitervertretung kann in ihrer Geschäftsordnung bestimmen, dass Beschlüsse im Umlaufverfahren gefasst werden können, sofern dabei Einstimmigkeit erzielt wird. Beschlüsse nach Satz 1 sind spätestens in der Niederschrift der nächsten Sitzung im Wortlaut festzuhalten.

(10) Die Mitarbeitervertretung kann aus ihrer Mitte Ausschüsse bilden, denen mindestens drei Mitglieder der Mitarbeitervertretung angehören müssen. Den Ausschüssen können Aufgaben zur selbständigen Erledigung übertragen werden; dies gilt nicht für die Beteiligung bei Kündigungen sowie für den Abschluss und die Kündigung von Dienstvereinbarungen. Die Übertragung von Aufgaben zur selbständigen Erledigung erfordert eine Dreiviertelmehrheit der Mitglieder. Die Mitarbeitervertretung kann die Übertragung von Aufgaben zur selbständigen Erledigung durch Beschluss mit Stimmenmehrheit ihrer Mitglieder widerrufen. Die Übertragung und der Widerruf sind dem Dienstgeber schriftlich anzuzeigen.

Übersicht

		Rn			Rn
I.	Konstituierende Sitzung der MAV	1–15	VII.	Die Sitzungen der MAV	32–70
	1. Vorbemerkung	1		1. Zweck der Sitzungen	32, 33
	2. Einberufung	2–5		2. Einberufung	34–36
	a. durch den Vorsitzenden des Wahlausschusses	2–4		3. Tagesordnung	37–39
				4. Einzuladende Personen	40–42
	b. durch den Wahlleiter	5		5. Nichtöffentlichkeit	43–45
	3. Einzuladende Personen	6, 7		6. Leitung	46
	4. Wahlen	8–15		7. Zeitliche Lage und Ort der Sitzung	47–53
	a. des Vorsitzenden der MAV	8, 9		8. Beschlussfähigkeit und Beschlüsse der MAV	54–65
	b. des stellvertretenden Vorsitzenden und des Schriftführers	10		a. Beschlussfähigkeit	55–57
				b. Beschlussfassung	58–64
	c. Mängel der Wahl	11, 12		c. Ausschluss von der Beschlussfassung in eigener Sache	65
	d. Diözesane Bestimmungen zum Vorsitz in der MAV	13, 14			
	e. Geschäftsführung der MAV ohne Vorsitzenden	15		9. Die Niederschrift	66–70
II.	Stellung und Aufgaben des Vorsitzenden der MAV	16–19	VIII.	Aufbewahrung der Unterlagen	71–74
			IX.	Sprechstunden	75–77
III.	Der stellvertretende Vorsitzende der MAV	20, 21	X.	Geschäftsordnung der MAV	78–84
				1. Zweck der Geschäftsordnung	78
IV.	Der Schriftführer	22–26		2. Beschluss	79–81
	1. Aufgabe	22, 23		3. Beschlüsse der MAV im Umlaufverfahren	82, 83
	2. Regelungen für Niederschriften	24–26		4. Inhalt der Geschäftsordnung	84
V.	Entgegennahme von Erklärungen an die MAV	27	XI.	Ausschüsse der MAV	85–92
VI.	Abberufung durch Vertrauensentzug, § 14 Abs. 2	28–31		1. Vorbemerkung	85
				2. Mehrgliedrige MAV	86
	1. des Vorsitzenden der MAV	28–30		3. Aufgaben	87–92
	2. des stellvertretenden Vorsitzenden und des Schriftführers	31	XII.	Mitarbeit der MAV in der Diözesa-	

	Rn		Rn
nen Arbeitsgemeinschaft der Mitarbeitervertretungen (DiAG-MAV)	93	XIII. Streitigkeiten	94, 95

I. Konstituierende Sitzung der MAV

1. Vorbemerkung

1   Die Vorschrift des § 14 regelt die förmliche Geschäftsführung der MAV. Die Ordnung enthält Kann-, Soll- und zwingende Mussvorschriften. Soweit Kannvorschriften der MAV eine Berechtigung zusprechen, ist es ihre Angelegenheit, darüber frei zu befinden. An den Tatbestand der Wahl der MAV knüpft § 14 Abs. 1 mehrere Rechtsfolgen. Zwingend ist für die **mehrgliedrige MAV** die **Wahl eines Vorsitzenden** vorgeschrieben. Dazu muss der Vorsitzende des Wahlausschusses oder der Wahlleiter die gewählten Mitglieder der MAV einladen. Soweit es um die Terminfrage des Zusammentretens der MAV und die Frage der **Zugehörigkeit des Vorsitzenden der MAV zur katholischen Kirche** geht, ist die Rechtsfolge nicht zwingend. Es wird den jeweils Verpflichteten ein gebundenes Ermessen eingeräumt. Denn die diesbezüglichen Soll-Vorschriften verknüpfen die Rechtsfolgen mit dem Tatbestand der MAV-Wahl für alle typischen Fälle, gestatten aber den jeweiligen Handlungsverpflichteten in atypischen Fällen, also aus angebbaren, besonderen, überwiegenden Gründen von der Verwirklichung der gesetzlichen Rechtsfolge abzusehen. Die Erfüllung des Tatbestandes einer durchgeführten MAV-Wahl bleibt dann hinsichtlich des Termins des Zusammentretens der Gewählten und der Frage der Zugehörigkeit des zu wählenden Vorsitzenden der MAV zur katholischen Kirche rechtsfolgenlos, zumal das Gesetz Alternativen in der Rechtsfolge nicht formuliert hat, sondern diese den Verpflichteten an die Hand gibt (Rn 9). Dies ist im Falle einer zwingenden Vorschrift (vgl. z. B. noch § 14 Abs. 1 S. 2 MAVO bayerische Diözesen) anders; die Wahl eines nichtkatholischen MAV-Vorsitzenden wurde daher z. B. im Bistum Augsburg für ungültig erklärt.[1]

2. Einberufung

a. durch den Vorsitzenden des Wahlausschusses

2   **§ 14 Abs. 1 S. 1** regelt die Einberufung der **konstituierenden Sitzung** der neu gewählten MAV. Vor ihrer Konstituierung kann die MAV keine rechtswirksamen Beschlüsse fassen. Der Dienstgeber ist auch nicht verpflichtet, mit einer noch nicht konstituierten MAV zu verhandeln (Rn 15). Die nach § 14 Abs. 1 S. 1 vorgeschriebene Wahl des Vorsitzenden (Frau oder Mann) konstituiert die MAV und macht sie handlungsfähig. Ohne die Wahl eines Vorsitzenden kann keine Sitzung der MAV ordnungsgemäß einberufen werden, was nach § 14 Abs. 3 aber gefordert wird. Im Falle der erstmaligen Wahl einer MAV ist der Dienstgeber nicht schon ab der Bekanntgabe des Wahlergebnisses, sondern erst mit der Konstituierung der MAV verpflichtet, diese zu einer beabsichtigten dienstgeberseitigen Kündigung anzuhören.[2]

3   Die Konstituierung hat zugleich auch **Signalwirkung für die bisherige MAV**. Durchläuft die Vorgänger-MAV noch ihre Amtszeit, führt sie auch die Amtsgeschäfte ordentlich weiter, selbst wenn sich die neue MAV konstituiert hat (§ 13 Abs. 2). Ist die ordentliche Amtszeit der Vorgänger-MAV bereits abgelaufen und führt sie die Amtsgeschäfte gemäß § 13a über ihre gesetzliche Amtszeit hinaus befristet weiter, dann endet die Tätigkeit der bisherigen MAV mit der konstituierenden Sitzung der neu gewählten MAV (§ 13a).

4   Die neu gewählte MAV soll innerhalb einer Woche nach der Wahl zum ersten Mal zusammentreffen. Dazu muss sie der **Vorsitzende des Wahlausschusses** nach Feststellung der gewählten Mitglieder rechtzeitig und ordnungsgemäß nach pflichtgemäßem Ermessen einberufen. Die Einberufung

---

1 *Schlichtungsstelle Augsburg*, 21. 1. 2002 – 4 A 2001, ZMV 2004, 88.
2 *LAG Düsseldorf*, 24. 6. 2009 – 12 Sa 336/09, ZTR 2009, 554 LS.

kann unabhängig davon erfolgen, ob die Wahl angefochten wird. Denn die **Einberufungsfrist** und die **Anfechtungsfrist** laufen zeitlich **nebeneinander** (§§ 12 Abs. 1 S. 1 und 14 Abs. 1 S. 1). Die konstituierende Sitzung der MAV erst nach Ablauf der Anfechtungsfrist (§ 12 Abs. 1 S. 1) anzuberaumen, um auf diese Weise abzuwarten, ob die Wahl überhaupt angefochten wird, ist nicht erforderlich. Denn es kommt nicht auf die Anfechtung der MAV-Wahl, sondern auf die abschließende Entscheidung im Wahlanfechtungsverfahren an. Das kann je nach Lage des Falles eine längere Zeit der Unsicherheit mit sich bringen, insbesondere solange bei Anrufung des Kirchlichen Arbeitsgerichts dessen Entscheidung noch nicht bekannt ist (§ 12 Abs. 3; § 12 Rn 39 f.). Selbst eine für ungültig erklärte Wahl lässt aber die Wirksamkeit der von der MAV getroffenen Entscheidungen unberührt (§ 12 Abs. 4; § 12 Rn 51). Mit der Einberufung legt die oder der Vorsitzende des Wahlausschusses die **Tagesordnung** fest, nämlich bei der mehrgliedrigen MAV die **Wahl des Vorsitzenden** der MAV, seines **Stellvertreters** und die des **Schriftführers** (§ 14 Abs. 1). Kommt der Vorsitzende des Wahlausschusses seiner Obliegenheit zur Einberufung der konstituierenden Sitzung nicht nach, wird man es den Mitgliedern der neu gewählten MAV überlassen müssen, von sich aus zusammenzutreten. Denn der Fall der Säumnis des Vorsitzenden des Wahlausschusses ist nicht geregelt.

b. durch den Wahlleiter

Im Falle des vereinfachten Wahlverfahrens gemäß §§ 11a bis 11c hat der Wahlleiter zur konstituierenden Sitzung der MAV einzuladen, wenn eine mehrgliedrige MAV gewählt worden ist. Die Leitungsaufgabe wird wahrgenommen, bis die MAV über den Vorsitzenden durch Wahl entschieden hat. Was für die Aufgaben des Vorsitzenden des Wahlausschusses im Zusammenhang mit der Einladung zur konstituierenden Sitzung der MAV und ihrer Leitung gilt, trifft insoweit auf den Wahlleiter in gleicher Weise zu (§ 11c Abs. 4).

3. Einzuladende Personen

Der Vorsitzende des Wahlausschusses muss alle gewählten Mitglieder der MAV zur konstituierenden Sitzung einladen. Hat ein Gewählter die Annahme der Wahl abgelehnt, wird der nächstberechtigte Wahlbewerber als Mitglied der MAV eingeladen (§ 11 Abs. 7 S. 3). Nicht einzuladen sind der Dienstgeber, der Sprecher der Jugendlichen und Auszubildenden sowie die Vertrauensperson der schwerbehinderten Menschen. Sie werden erst zu den weiteren Sitzungen der MAV eingeladen.

Weil die Sitzungen der MAV **nicht öffentlich** sind (§ 14 Abs. 4 S. 1), nehmen an der konstituierenden Sitzung die übrigen Mitglieder des Wahlausschusses nicht teil.

4. Wahlen

a. des Vorsitzenden der MAV

In der konstituierenden Sitzung hat die mehrgliedrige MAV **unter der Leitung des Vorsitzenden des Wahlausschusses die Pflicht zur Wahl** eines MAV-Vorsitzenden oder einer Vorsitzenden aus den Mitgliedern der MAV (§ 14 Abs. 1 S. 1). Grundsätzlich soll kein Mitglied das Amt des Vorsitzenden der MAV ablehnen, weil sonst die Gefahr besteht, dass keine Wahl möglich wird (siehe aber Rn 13). Zur Wahl stehen nicht die Ersatzmitglieder der MAV, solange sie nicht in die MAV nachgerückt sind. Ist ein Mitglied der MAV an der Teilnahme der konstituierenden Sitzung verhindert, so kann es durch das nächstberufene Ersatzmitglied vertreten werden (§ 13b Abs. 2). Wer zum Vorsitz kandidiert, ist auch selbst wahlberechtigt.

Gemäß **§ 14 Abs. 1 S. 2** soll die oder der Vorsitzende der MAV katholisch sein. Diese Vorschrift ist als Ordnungsvorschrift zu verstehen; sie ist nicht zwingenden Rechts. Weil nach der Ordnung nicht nur katholische oder Christen einer anderen Kirche oder kirchlichen Gemeinschaft, sondern auch Nichtchristen zur MAV wählbar sind, kann es sogar hier oder da, je nach dem Wahlausgang der MAV-Wahl, zu einer Minderheit der Katholiken in der MAV kommen, was infolge der Art. 3 und 4 GrO durchaus geschehen kann. Deshalb ist es vorstellbar, dass die Wahl eines Vorsitzenden nicht auf einen katholischen Bewerber fällt, was in Diasporagebieten mit wenigen Katholiken nicht auszuschließen ist. Die

MAV ist mangels zwingender Regelung über die Religionszugehörigkeit also auch dann gültig konstituiert, wenn kein katholisches Mitglied der MAV zum Vorsitzenden gewählt wurde. Wäre anderes gewollt, müsste dazu bereits in den Vorschriften über das passive Wahlrecht und zur Durchführung der MAV-Wahl eine Regelung enthalten sein. Denn wäre der Vorsitz in der MAV durch ein katholisches Mitglied Bedingung, dürfte keine Wahl zur MAV stattfinden, wenn kein Mitglied der katholischen Kirche zur MAV kandidiert (§ 8 Rn 27 ff.).[3] Eine so weit reichende Folge lässt sich der Ordnung nicht entnehmen. Zum Vorsitzenden ist also gewählt, wer die meisten Stimmen auf sich vereinigt (relative Mehrheit), weil eine »einfache Mehrheit« genügt. Geheime Wahl ist nicht vorgeschrieben.

b. des stellvertretenden Vorsitzenden und des Schriftführers

10 In einem vom Wahlgang des Vorsitzenden der MAV getrennten Wahlgang soll, so die Ordnungsvorschrift des § 14 Abs. 1 S. 3, ein stellvertretender Vorsitzender (Frau oder Mann) gewählt werden. Wegen der vielfältigen Aufgaben des Vorsitzenden und für den Fall seiner Verhinderung empfiehlt sich die Befolgung der Vorschrift. Die **Wahl** des stellvertretenden Vorsitzenden **leitet** bereits **der Vorsitzende der MAV**. Dieser leitet dann auch die Wahl des Schriftführers.[4] Während die Wahl des Vorsitzenden der MAV notwendig ist und im Falle einer Nichtwahl die Einberufung der MAV durch den Vorsitzenden des Wahlausschusses zu wiederholen ist,[5] kann die Wahl des stellvertretenden Vorsitzenden in späteren Sitzungen der MAV unter Leitung des Vorsitzenden der MAV ebenso nachgeholt werden wie die des Schriftführers.[6]

c. Mängel der Wahl

11 Für die nach § 14 Abs. 1 vorzunehmenden Wahlen bestehen abgesehen von Abs. 1 S. 2 keine besonderen Vorschriften. Demnach ist wie die bereits behandelte Frage der Konfession des Vorsitzenden der MAV (Rn 9) die Frage der geheimen Wahl ohne wesentliche Bedeutung. Allerdings ist bei Streitigkeiten über die Wahl, insbesondere bei Wahlmängeln die Klage vor dem Kirchlichen Arbeitsgericht zulässig (§ 2 Abs. 2 KAGO). Denn in Angelegenheiten des Wahlverfahrensrechts, zu denen auch die Wahlen innerhalb der MAV gehören, sind der Dienstgeber und jeder Mitarbeiter klageberechtigt (§ 8 Abs. 2 Buchst. b KAGO), also auch jedes Mitglied der MAV.

12 Nach allgemeinen Wahlgrundsätzen ist zu verfahren. Deshalb ist der Gewählte auch danach zu befragen, ob er die Wahl annimmt. Lehnt der Gewählte die Wahl ab, so ist eine erneute Wahl erforderlich. So wie ein Mitglied der MAV sein Amt niederlegen kann, wird man dem Vorsitzenden, seinem Stellvertreter und auch dem Schriftführer die Niederlegung ihrer Ämter zuzubilligen haben. Sie erklären die Niederlegung vor der MAV, bleiben aber Mitglieder der MAV. Dies ist in der MAVO nicht erwähnt; dennoch wird man wegen der Funktionsfähigkeit der MAV davon auszugehen haben, dass nur solche MAV-Mitglieder die besonderen Funktionen in der MAV wahrnehmen, die dazu bereit sind.[7]

d. Diözesane Bestimmungen zum Vorsitz in der MAV

13 Schreiben diözesane Mitarbeitervertretungsordnungen vor, dass der Vorsitzende und der stellvertretende Vorsitzende der MAV katholisch sein müssen,[8] ist in der konstituierenden Sitzung der MAV folglich ein katholisches Mitglied der MAV zum Vorsitzenden der MAV und ein weiteres katholisches Mitglied der MAV zum stellvertretenden Vorsitzenden der MAVO zu wählen. Das ist zwingende Vor-

---

3 *Thiel*, ZMV 1996, 3 f.
4 *Bietmann*, Kurzkommentar, § 13 Anm. 1.1.
5 *Bietmann* a. a. O.; *Mösenfechtel/Perwitz-Passan/Wiertz*, § 14 Anm. 2.
6 *Mösenfechtel/Perwitz-Passan/Wiertz*, a. a. O.
7 Vgl. hierzu wegen gleicher Probleme im BetrVG *HSWGN-Glock*, BetrVG § 26 Rn 32.
8 Vgl. § 14 Abs. 1 S. 3 MAVO bayerische Diözesen.

schrift.[9] Die Vorschrift gehört systematisch bereits zu den Vorschriften über das Wahlrecht, nicht erst zu den Vorschriften über die Geschäftsführung der MAV. Zwar hat die MAV ihren Vorstand zu wählen und nicht die Mitarbeiter. Aber um katholische Mitglieder der MAV in deren Vorstand wählen zu können, ist eine erfolgreiche Kandidatur für die MAV erforderlich. Weitere Voraussetzung ist die Kandidatur für den Vorstand der MAV und schließlich die Wahl. Unabweisbare Voraussetzung für die gesetzmäßige Wahl des Vorstandes der MAV ist demnach die Kandidatur von katholischen Wahlbewerbern zur MAV-Wahl. Die Wahl ist nur mit ausreichender Mehrheit zu gewinnen (§ 11 Abs. 6 S. 1). Eine eventuell erforderliche Klage, die Wahl des nicht gesetzmäßig gewählten Vorsitzenden oder stellvertretenden Vorsitzenden der MAV ist gemäß § 2 Abs. 2 KAGO zulässig.[10] Die Klage kann vom Dienstgeber oder auch von einem Mitglied der MAV angestrengt werden. Der Gewählte ist in dem Verfahren Beteiligter, die MAV als ganze deshalb Beklagte, weil sie zur gesetzmäßigen Wahl des Vorstandes der MAV verpflichtet ist.

Hat eine MAV entgegen einer oben genannten diözesanen MAVO ein nichtkatholisches MAV-Mitglied in den Vorstand gewählt (vom Schriftführer ist in diesem Zusammenhang abzusehen), ist die Wahl der betreffenden Person nicht wirksam und deshalb zu wiederholen. Bleibt es bei der Wahl, so ist sie gemäß § 2 Abs. 2 KAGO mit der Klage vor dem Kirchlichen Arbeitsgericht anfechtbar. Vor der Einschaltung des Kirchlichen Arbeitsgerichts ist jedoch vorstellbar, dass der zuständige Diözesanbischof auf Antrag im Wege des Dispenses für gültig erklärt.[11] Dazu hat die MAV die Pflicht, wegen des Wahlergebnisses unter Darlegung triftiger Gründe beim Diözesanbischof die Zustimmung zur Wahl zu beantragen. Bis zur Erteilung des Reskripts des Diözesanbischofs (can. 59 CIC) kann die MAV ihre Amtsgeschäfte führen. Sie ist nämlich gewählt, womöglich noch nicht ordnungsgemäß konstituiert. Gegen die Entscheidung des Diözesanbischofs als gesetzgebender und dispensierender Autorität ist die Klage beim Kirchlichen Arbeitsgericht nicht zulässig (siehe auch § 12 Rn 7).

e. Geschäftsführung der MAV ohne Vorsitzenden

Hat die gewählte MAV keinen Vorsitzenden gewählt, kann der Dienstgeber mit der MAV Verhandlungen führen,[12] weil infolge der Wahl durch die Mitarbeiter alle mit dem Amt verbundenen Rechte und Pflichten entstehen. Eine Unterscheidung zwischen Amtsbeginn und Amtsausübungsbefugnis ist der MAVO nicht zu entnehmen. Der Dienstgeber kann dann ohne Rücksicht auf die eigentlich Empfangsberechtigten für Benachrichtigungen der MAV (§ 14 Abs. 1 S. 5) der gesamten MAV seine Informationen zur Wahrnehmung der Beteiligungsrechte zukommen lassen. Die MAV kann bei ihrem Zusammentreten auch die erforderlichen Beschlüsse wirksam fassen und mit dem Dienstgeber Vereinbarungen treffen.[13] Die konstituierende Sitzung der MAV ist ein interner Vorgang ihrer Geschäftsführung. Die Nachteile ihrer mangelhaften Konstituierung hat sie selbst zu verantworten, sogar mit der Folge, dass der Dienstgeber wegen grober Verletzung gesetzlicher Pflichten als MAV bei dem Kirchlichen Arbeitsgericht die Auflösung der MAV beantragen kann (§ 13 Abs. 3 Nr. 6 MAVO i. V. m. § 44 KAGO).

II. Stellung und Aufgaben des Vorsitzenden der MAV

Dem Vorsitzenden der MAV kommt durch die Ordnung eine hervorgehobene Stellung innerhalb der mehrgliedrigen MAV zu. Er hat die Tätigkeit und Geschäftsführung der MAV zu organisieren. Er vertritt gemäß § 14 Abs. 1 S. 4 die MAV im Rahmen der von ihr gefassten Beschlüsse. Im Verhinderungsfall ist das der stellvertretende Vorsitzende. Der Vorsitzende **beraumt die Sitzungen der MAV an, bestimmt die Tagesordnung der Sitzungen und leitet sie** (§ 14 Abs. 3 S. 1). Er leitet auch die Mitarbeiterversammlungen, zu denen er einberuft (§ 21 Abs. 1 S. 2, Abs. 3 S. 1 und 2)

---

9 *Schlichtungsstelle Augsburg*, 21. 1. 2002 – 4 A 2001.
10 Vgl. *Schlichtungsstelle Augsburg*, 21. 1. 2002 – 4 A 2001.
11 Vgl. § 14 Abs. 1 S. 4 MAVO bayerische (Erz-)Diözesen.
12 Vgl. dazu den Meinungsstand zum BetrVG: *Raab*, GK-BetrVG § 26 Rn 6.
13 *BAG*, 28. 9. 1983 – 7 AZR 266/82, DB 1984, 833.

II. Die Mitarbeitervertretung

und die Tagesordnung festlegt (§ 21 Abs. 1 S. 3, Abs. 3 S. 1 bis 3). Er sorgt für die Niederschrift über die genannten Sitzungen und unterzeichnet sie (§ 14 Abs. 6 S. 2, § 22 Abs. 4 S. 1). In der Mitarbeiterversammlung hat er den Tätigkeitsbericht der MAV zu erstatten (§ 21 Abs. 2 S. 2). Zu den Sitzungen der MAV lädt der Vorsitzende die Mitglieder der MAV, den oder die Sprecher der Jugendlichen und Auszubildenden sowie die Vertrauensperson der schwerbehinderten Menschen und je nach der Tagesordnung den Dienstgeber ein. Der Vorsitzende der MAV ist nicht deren Vertreter sondern deren Sprecher.[14] Die Beteiligungsrechte übt die MAV als Kollegialorgan aus. Soll der Vorsitzende der MAV oder ein anderes Mitglied zu bestimmten Geschäften ermächtigt werden, so bedarf es dazu eines entsprechenden Beschlusses der MAV. Der darf aber nicht derart weit gehen, dass die MAV als solche aus ihrer Verantwortung in den ihr zugewiesenen Bereichen entlassen wird. Insofern sind nur Bevollmächtigungen im Einzelfalle denkbar. Die vom Vorsitzenden der MAV eigenmächtig abgegebenen Erklärungen vermögen die MAV nicht zu binden. Dennoch kann die MAV ein eigenmächtiges Handeln ihres Vorsitzenden nachträglich billigen. Dazu hat sie einen entsprechenden Beschluss zu fassen.[15]

17 Der Vorsitzende ist zur **Entgegennahme von Erklärungen** berechtigt. Dazu gehören u. a. die an die MAV zum Zwecke ihrer Beteiligungsrechte gerichteten Mitteilungen und Anträge des Dienstgebers (§ 14 Abs. 1 S. 5). Die Ordnung des **§ 14 Abs. 1 S. 5** nennt in diesem Zusammenhang eine Gleichberechtigung zur Entgegennahme von Erklärungen zugunsten:
– des Vorsitzenden der MAV,
– des stellvertretenden Vorsitzenden und
– des von der MAV dazu nach der Ordnung pflichtgemäß benannten Mitgliedes der MAV.

18 Die Regelung bezweckt eine größere Bandbreite für den Zugang von Erklärungen an die **mehrgliedrige MAV**. Denn durch den wirksamen Zugang der Erklärung des Dienstgebers an eines der drei vorgenannten Mitglieder der MAV werden Fristen in Gang gesetzt. Wichtig wird das z. B. im Falle der Mitteilung des Dienstgebers über eine Kündigungsabsicht gegenüber einem Mitarbeiter. Der Zeitpunkt des Zugangs der Mitteilung ist maßgeblich für den Lauf der nach der MAVO geregelten Fristen, z. B. zu Einwendungen der MAV gegen eine beabsichtigte Kündigung (§§ 30, 31). Eine nicht ordnungsgemäß zugegangene Information des Dienstgebers zur Anhörung der MAV hat die Unwirksamkeit der Kündigung eines Arbeitsverhältnisses zur Folge (§ 30 Abs. 5, § 31 Abs. 3). Deshalb kommt es auf die Empfangsberechtigung solcher Informationen auf der Seite der MAV und damit zur wirksamen Entgegennahme von Erklärungen des Dienstgebers an.[16] Die Vorschrift des § 14 Abs. 1 S. 5 stellt klar, dass die Erklärung dem Vorsitzenden, seinem Stellvertreter oder einem von der MAV benannten Mitglied zugehen kann. Allerdings besteht keine Rangfolge bei den Empfangsberechtigten. Diese kann jedoch in diözesanen Mitarbeitervertretungsordnungen mit Blick auf den Fall der Abwesenheit eines der Berechtigten klarstellend geregelt sein.[17] Damit ist der Kreis der Empfangsberechtigten allerdings auch abschließend genannt. Zugang von Erklärungen an andere Mitglieder der MAV lässt den Fristenlauf zur Reaktion der MAV nicht eintreten. Das Anhörungsverfahren bei Kündigungen wird also eingehalten, wenn die dienstgeberseitige Information zur Einleitung der Anhörung einem der drei berechtigten Mitglieder der MAV abgegeben wird. Dann gilt die Erklärung als wirksam zugegangen mit der Folge, dass ein Anhörungsverfahren, z. B. zur dienstgeberseitigen Kündigungsabsicht (§§ 30, 30a, 31), ordnungsgemäß eingeleitet ist und Fristen zur Stellungnahme der MAV in Gang gesetzt sind. Klar gestellt ist, dass die Entgegennahme von Erklärungen durch andere MAV-Mitglieder der MAV, die nicht zur Entgegennahme von Mitteilungen bzw. Erklärungen des Dienstgebers ermächtigt sind, das in Gang zu setzende Verfahren nicht einleitet.[18]

---

14 Vgl. *BAG*, 16. 10. 1991 – 2 AZR 156/91, ZMV 1992, 247.
15 Vgl. zum Betriebsratsvorsitzenden: *HSWGN-Glock*, BetrVG § 26 Rn 38 ff.
16 *BAG*, 16. 10. 1991 – 2 AZR 156/91, ZMV 1992, 247; 25. 3. 2004 – 2 AZR 380/03, ZMV 2/2005 S. 100.
17 Vgl. z. B. § 14 Abs. 1 S. 5 MAVO Paderborn.
18 *BAG*, 16. 10. 1991 – 2 AZR 156/91 a. a. O.

Die Reaktion der MAV auf die Mitteilung des Dienstgebers erfolgt allerdings nur wirksam im Rahmen der von der MAV gefassten Beschlüsse (§ 14 Abs. 1 S. 4). Solche Erklärungen gibt der Vorsitzende oder im Falle seiner Verhinderung nur sein Stellvertreter ab. Daraus wird ersichtlich, dass die Befugnis zur Entgegennahme von Erklärungen durch die MAV großzügiger geregelt ist als die Befugnis zur Abgabe von Erklärungen der MAV. Die MAV kann aber in ihrem Beschluss festlegen, wer ggf. den Dienstgeber von einem Beschluss der MAV in Kenntnis setzen soll. Mit Rücksicht auf womögliche Ausschüsse der MAV empfiehlt sich das geradezu (§ 14 Abs. 10). 19

III. Der stellvertretende Vorsitzende der MAV

Der Stellvertreter des MAV-Vorsitzenden kann die Aufgaben als Vorsitzender nur wahrnehmen, wenn der **Vorsitzende selbst verhindert** ist (§ 14 Abs. 3 S. 1). Der Grund der Verhinderung spielt keine Rolle. Unerheblich ist, ob es sich um rechtliche oder tatsächliche Gründe, ob es sich um eine vorübergehende oder länger dauernde Verhinderung handelt. Sind von der MAV dem Vorsitzenden Aufgaben übertragen worden oder Ermächtigungen ausgesprochen worden, so kann sie der Stellvertreter nur wahrnehmen, wenn sich der Beschluss der MAV auch auf den Stellvertreter erstreckt. 20

Ist neben dem Vorsitzenden der MAV auch der Stellvertreter verhindert, seine Tätigkeit auszuüben, so ist zunächst zu prüfen, ob die MAV die Verhinderung des Vorsitzenden und des Stellvertreters festgestellt hat (§ 13b Abs. 2). Dann würden zwei Ersatzmitglieder zeitweilig in die MAV nachrücken (§ 13b Abs. 2 S. 1). Dennoch ist die Frage der Wahl eines weiteren stellvertretenden Vorsitzenden der MAV für diesen Fall nicht geregelt. Man wird aber wegen gleicher Problematik im Betriebsverfassungsgesetz in gleicher Weise die MAV durch Wahl eines weiteren stellvertretenden Vorsitzenden handlungsfähig machen können.[19] Sollten der Vorsitzende und sein Stellvertreter aus der MAV ausgeschieden sein, so stehen ihre Ämter zur Neuwahl an. In diesem Falle ist es zulässig, dass die MAV in ihrer Gesamtheit die Sitzung zur Neuwahl festlegt (vgl. Rn 8–14), wobei ein MAV-Mitglied die Wahl leitet. 21

IV. Der Schriftführer

1. Aufgabe

Der nach § 14 Abs. 1 S. 3 gewählte oder wenigstens i. S. v. Abs. 6 wirksam bestellte Schriftführer nimmt die **schriftlichen Aufzeichnungen** über die Sitzung und die Beschlüsse der MAV, die Mitarbeiterversammlung und die Gespräche mit dem Dienstgeber (§ 14 Abs. 6, § 22 Abs. 4 S. 1, § 39 Abs. 1 S. 4) vor. Ist kein Schriftführer bestellt, muss der Vorsitzende die Niederschrift selbst anfertigen. Er ist für den Inhalt der Niederschrift verantwortlich, weil er sie zu unterschreiben hat (§ 14 Abs. 6 S. 7). 22

Besteht keine MAV, wird aber eine Mitarbeiterversammlung durch den Dienstgeber gemäß § 10 Abs. 1 S. 1 einberufen, so ist über die Mitarbeiterversammlung eine Niederschrift über die gefassten Beschlüsse entsprechend § 22 Abs. 4 anzufertigen. Deshalb empfiehlt sich die Bestellung eines Schriftführers für die Mitarbeiterversammlung. 23

2. Regelungen für Niederschriften

Niederschriftenregelungen befinden sich in der MAVO an verschiedenen Stellen. Sie gelten gemäß § 11 Abs. 5 S. 2 der Feststellung des Wahlergebnisses der MAV-Wahl, gemäß § 14 Abs. 6 S. 1 den Sitzungen der MAV zur **Dokumentierung der An- und Abwesenden, der Tagesordnung, des Wortlautes der Beschlüsse** und des jeweiligen **Stimmverhältnisses**. Der Vorsitzende der MAV hat die Niederschrift zu unterzeichnen und, wenn und soweit der Dienstgeber an der Sitzung teilgenommen hat, den diesbezüglichen Teil der Niederschrift schriftlich dem Dienstgeber oder dessen Beauftragten zuzuleiten (§ 14 Abs. 6 S. 3). Niederschriften sind auch über die Anträge und Beschlüsse der Mitarbeiterversammlung zu fertigen und in diesem Falle vom Vorsitzenden und dem Schriftführer zu unter- 24

---

19 *HSWGN-Glock*, BetrVG § 26 Rn 58 ff.

zeichnen (§ 22 Abs. 4 S. 1). Nicht erforderlich ist die Anwesenheitsliste, weil gemäß § 22 Abs. 4 S. 2 lediglich der guten Ordnung halber die Anwesenheitsliste beigefügt sein soll. Die **Anwesenheitsliste** ist jedoch in zwei Fällen zwingend vorgeschrieben, bei Teilversammlungen der Mitarbeiter (§ 22 Abs. 4 S. 3 i. V. m. § 4 Abs. 2) und im Falle des § 22 Abs. 2, wenn nämlich die Mitarbeiterversammlung der MAV das Misstrauen ausspricht. Denn in diesem Falle ist die Ermittlung der Hälfte aller wahlberechtigten Mitarbeiter in der Mitarbeiterversammlung erforderlich.

25 Besondere Bedeutung hat die **Niederschrift über Dienstvereinbarungen** i. S. v. § 38 Abs. 4 S. 1. Sie ist vom Dienstgeber und von der gesamten MAV zu unterschreiben. Über die gemeinsamen Sitzungen und Gespräche zwischen Dienstgeber und MAV ist gemäß § 39 Abs. 1 S. 4 eine Niederschrift zu fertigen, die vom Dienstgeber und vom Vorsitzenden der MAV zu unterzeichnen ist. In diesem Fall erhalten der Dienstgeber und die MAV je eine Ausfertigung der Niederschrift in voller Länge (§ 39 Abs. 1 S. 5).

26 Über die in der MAVO geregelten Fälle von Niederschriften hinaus sind weitere Niederschriften unverzichtbar. Das folgt aus den Wahlvorbereitungen und Wahldurchführungen gemäß §§ 9 bis 11, 11a bis 11c und den erforderlichen Beschlussfassungen über Wahlanfechtungen gemäß § 12 Abs. 2.

V. Entgegennahme von Erklärungen an die MAV

27 Erklärungen des Dienstgebers und anderer Personen an die MAV erfolgen an den Vorsitzenden, seinen Stellvertreter oder an ein von der MAV benanntes weiteres Mitglied der MAV (§ 14 Abs. 1 S. 5). Schriftliche Erklärungen bedürfen des sicheren Zugangs in der Weise, dass für die MAV eine Empfangsvorrichtung so eingerichtet ist, dass die Erklärung mit dem Einlegen in die Empfangsvorrichtung einem Zugriff des Absenders oder Beförderers entzogen ist.[20] Denn nur in einem derartigen Fall ist es gerechtfertigt, dass der Empfänger die Gefahr des Verlustes, der Veränderung oder Verzögerung der Willenserklärung trägt, nachdem diese Risiken bis zum Zugang der Erklärung beim Erklärenden liegen. Allerdings können die Beteiligten abweichende Vereinbarungen treffen und festlegen, wann und auf welche Weise der Zugang von Erklärungen erfolgt sein soll, um Klarheit in Fristensachen zu schaffen. Das offene Postfach der MAV in der Poststelle der Einrichtung ist nicht als Empfangsvorrichtung anzusehen, falls nicht eine diesbezügliche Vereinbarung zwischen Dienstgeber und MAV getroffen wurde.[21]

VI. Abberufung durch Vertrauensentzug, § 14 Abs. 2

1. des Vorsitzenden der MAV

28 Der Vorsitzende der MAV wird **für die Dauer der Amtszeit** der MAV gewählt. Ist die Wahl während der Amtszeit der MAV erfolgt, so gilt die Wahl für den Rest der Amtszeit. Die MAV hat aber das Recht, ihren Vorsitzenden abzuberufen. Das tut sie gemäß **§ 14 Abs. 2 S. 1**, indem sie ihm mit der qualifizierten Mehrheit von zwei Dritteln aller Mitglieder das Vertrauen entzieht. Die Angabe des Grundes ist nicht erforderlich. Genießt aber der Vorsitzende das Vertrauen der MAV nicht mehr, so ist die MAV berechtigt, einen neuen Vorsitzenden zu wählen. Sie muss dies aber auch tun (§ 14 Abs. 2 S. 2), um konstituiert zu bleiben.

29 Bei der Abstimmung über den **Vertrauensentzug** ist der Vorsitzende ebenso abstimmungsberechtigt wie alle anderen Mitglieder der MAV.[22] Denn schließlich war der Vorsitzende auch bei seiner Wahl wahlberechtigt. Deshalb ist es richtig, wenn in geheimer Wahl festgestellt wird, ob ihm das Vertrauen tatsächlich mit der notwendigen Mehrheit entzogen worden ist. Bei einer dreigliedrigen MAV müssen

---

20 *BAG*, 16. 3. 1994 – 5 AZR 44/92, AP Nr. 68 zu § 611 BGB Abhängigkeit; *LAG Berlin*, 31. 1. 2007 – 17 Sa 1599/06, ZTR 2007, 513.
21 *LAG Berlin*, 31. 1. 2007 – 17 Sa 1599/06, ZTR 2007, 513.
22 *Raab*, GK-BetrVG, § 33 Rn 26 m. N.; gegenteiliger Ansicht: *Tiggelbeck*, Freiburger Kommentar zur MAVO § 14 Rn 25.

also die beiden anderen MAV-Mitglieder zur Erlangung der Zweidrittelmehrheit geschlossen gegen den Vorsitzenden stimmen. Stimmenthaltung auch nur eines der beiden würde nicht zur Abberufung des Vorsitzenden führen. Nicht geregelt ist, wer den **Vorsitz bei der Vertrauensabstimmung** führt. Infolgedessen obliegt die Leitung auch dieses Vorganges dem Vorsitzenden der MAV. Sein Amt als Mitglied der MAV wird durch die Vertrauensabstimmung nicht berührt. Wird nach dem Vertrauensentzug die Neuwahl eines Vorsitzenden der MAV vorgenommen, so leitet diese Wahl der stellvertretende Vorsitzende der MAV. Der stellvertretende Vorsitzende rückt im Falle des Vertrauensentzuges gegenüber dem Vorsitzenden der MAV nicht automatisch auf dessen Stelle. Das folgt aus § 14 Abs. 2 S. 2, der zwingend die Neuwahl des Vorsitzenden vorschreibt. Besteht die MAV nur aus zwei Mitgliedern, ist Vertrauensentzug mit nur einer Stimme nicht möglich.

Der abgewählte Vorsitzende der MAV kann bei Zweifeln an seiner ordnungsgemäßen Abberufung beim Kirchlichen Arbeitsgericht **Klage** auf Feststellung erheben, dass er Vorsitzender der MAV ist (§ 2 Abs. 2, § 8 Abs. 2 Buchstabe d, § 10 Buchstabe d KAGO). Zu bedenken ist, das die Mitglieder der MAV ein Ehrenamt wahrnehmen (§ 15 Abs. 1), so dass Zwistigkeiten untereinander ihrem und der MAV Ansehen schaden, wenn Meinungsverschiedenheiten und folglich Streitigkeiten öffentlich werden, statt sie in gutem Einvernehmen intern zu beenden.   30

2. des stellvertretenden Vorsitzenden und des Schriftführers

So wie dem Vorsitzenden der MAV das Vertrauen entzogen werden kann, dürfte auch gegenüber dem Stellvertreter der Vertrauensentzug, obwohl nicht geregelt, in Analogie zu § 14 Abs. 2 S. 1 möglich sein.[23] Allerdings ist wegen des fehlenden zwingenden Gebots einer Wahl von stellvertretenden Vorsitzenden und Schriftführern nicht unbedingt die Neuwahl für diese beiden Funktionen erforderlich, aber ratsam (vgl. Rn 20, 22) um die Funktionsfähigkeit der MAV zu stärken.   31

VII. Die Sitzungen der MAV

1. Zweck der Sitzungen

Die mehrgliedrige MAV ist zur **Herbeiführung ihrer Willensbildung** (§ 14 Abs. 5) auf Sitzungen angewiesen. Dasselbe gilt für einen Ausschuss der MAV, und zwar unabhängig davon, ob ihm Aufgaben zur selbständigen Erledigung oder zur Vorbereitung übertragen sind. Zu unterscheiden ist zwischen:
– den Sitzungen der MAV i. S. v. § 14,
– den Sitzungen der MAV i. S. d. Beteiligungsrechte (§§ 29 Abs. 3 S. 3, 30 Abs. 2 S. 3, 32 Abs. 2 S. 1, 33 Abs. 3 S. 1 und 2, § 37 Abs. 3 S. 2, 38 Abs. 3) mit dem Dienstgeber,
– den gemeinsamen Sitzungen und Gesprächen mit dem Dienstgeber i. S. v. § 39.   32

Auch das MAV-Mitglied, welches Alleinmitglied der MAV ist, hat seine Aufgaben in gemeinsamen Sitzungen mit dem Dienstgeber zu erledigen. Jede Sitzung muss ordnungsgemäß einberufen sein. Vor den Sitzungen sind informelle Gespräche der MAV-Mitglieder untereinander sowie Gespräche mit dem Dienstgeber zulässig und auch als Tätigkeit der MAV anzuerkennen, wenn dies der guten Zusammenarbeit und der Erfüllung der Aufgaben förderlich ist (§ 26 Abs. 1).   33

2. Einberufung

Die Sitzungen der MAV beruft in der Regel der **Vorsitzende** der MAV ein (**§ 14 Abs. 3**). Zu den gemeinsamen Sitzungen mit Dienstgeber und MAV gemäß § 39 Abs. 1 lädt der Dienstgeber ein (§ 39 Abs. 1 S. 3). Ist der Vorsitzende verhindert, so beruft sein Stellvertreter die Sitzung ein.   34

Die Sitzung muss einberufen werden, wenn die Mehrheit der MAV-Mitglieder (§ 14 Abs. 3 S. 2) oder der Dienstgeber (§ 39 Abs. 1 S. 2) sie verlangen. Dasselbe gilt, wenn der oder die Sprecher der Jugend-   35

---

23 So *Mösenfechtel/Perwitz-Passan/Wiertz*, § 14 Anm. 3.

lichen und Auszubildenden die Einberufung einer MAV-Sitzung mit einem bestimmten Beratungsgegenstand beantragen (§ 51 Abs. 1 S. 2 Nr. 1 S. 2). In gleicher Weise kann auch die Vertrauensperson der schwerbehinderten Menschen gemäß § 52 Abs. 1 S. 2 Nr. 1 S. 2 eine MAV-Sitzung beantragen.

36 Die Einberufung ist durch die MAVO nicht näher geregelt. Insofern kann die MAV selbst im Wege einer **Geschäftsordnung** (Rn 78 ff.)bestimmen, in welcher **Form** und mit welchen **Fristen** die Sitzungen einberufen werden sollen.

3. Tagesordnung

37 Die Teilnehmer an der MAV-Sitzung müssen sich auf die zu erörternden Themen vorbereiten können. Deshalb ist ihnen **rechtzeitig** vor der Sitzung **die Tagesordnung zuzuleiten.** Die Tagesordnung (§ 14 Abs. 3 S. 1, § 51 Abs. 1 S. 2 Nr. 1 S. 2, § 52 Abs. 1 S. 2 Nr. 1 S. 2) muss so formuliert sein, dass jeder Teilnehmer über die zur Behandlung anstehenden Fragen im Bilde ist. Es wird nicht zu umgehen sein, dass die Tagesordnung ergänzt oder geändert wird. Der Vorsitzende der MAV muss dann dafür sorgen, dass die eingeladenen Teilnehmer Zeit zur Vorbereitung haben. Es geht um die Sicherstellung einer Beschlussfassung in der MAV, die mit ausreichender Vorbereitung zustande gekommen ist.

38 Der Vorsitzende legt die Tagesordnung fest. Allerdings wird die Thematik ihm von den Mitgliedern der MAV, vom Dienstgeber oder von anderer Seite (vgl. Sprecher der Jugendlichen und Auszubildenden, Schwerbehindertenvertretung Rn 40) zugehen, damit er sie auf die Tagesordnung setzt. Der **Ergänzung der Tagesordnung** wird Rechnung zu tragen sein, wenn sich dieses als sinnvoll und zweckmäßig erweist.

39 Wird unter dem **Tagesordnungspunkt »Verschiedenes«** beraten, kann die MAV nur dann wirksame Beschlüsse fassen, wenn sie vollständig und vollzählig versammelt ist und kein Mitglied der MAV der Beschlussfassung widerspricht. Die vorherige Mitteilung der Tagesordnung soll den Mitgliedern der MAV Gelegenheit geben, sich ein Bild über die in der Sitzung zu treffenden Entscheidungen zu machen und es ihnen ermöglichen, sich auf die Beratung der einzelnen Tagesordnungspunkte ordnungsgemäß vorzubereiten. Nur bei Kenntnis der Tagesordnung hat ein verhindertes Mitglied der MAV die Möglichkeit, seine MAV-Kollegen schon vorher über seine Auffassung zu unterrichten und sie zu überzeugen oder sie ggf. auch nur zu bitten, seine Argumente in der MAV-Sitzung zumindest vorzutragen. Im Hinblick auf den Zweck der Vorschrift des § 14 Abs. 3 leistet der Tagesordnungspunkt »Verschiedenes« nichts. Er unterrichtet die Mitglieder der MAV allenfalls davon, dass von der zeitlichen Planung der Sitzung her gesehen noch mit allgemeinen Erörterungen zu rechnen ist bzw. Zeit für weitere Anregungen zur Verfügung steht.[24]

4. Einzuladende Personen

40 Gemäß § 51 Abs. 1 nehmen die Sprecher der Jugendlichen und Auszubildenden regelmäßig an der Sitzung der MAV teil. Sie sind daher ebenso zur MAV-Sitzung einzuladen wie die Vertrauensperson der schwerbehinderten Menschen gemäß § 52 Abs. 1 S. 1. In § 52 Abs. 1 S. 2 Nr. 1–3 wird das Teilnahmerecht jedoch näher geregelt, wenn Angelegenheiten der schwerbehinderten Menschen beraten werden, vgl. dort. Wegen Rechtsstreitigkeiten über die Rechte und Pflichten der Schwerbehindertenvertretung entscheiden die Arbeitsgerichte im Beschlussverfahren,[25] bei reinen MAVO-Streitigkeiten das Kirchliche Arbeitsgericht (§ 2 Abs. 2 KAGO).

41 Ist ein Mitglied der MAV an der Teilnahme der MAV-Sitzung verhindert, das kann auch im Fall einer Interessenkollision geschehen,[26] so ist **das nächstberechtigte Ersatzmitglied** einzuladen, nachdem die MAV die zeitweilige Verhinderung eines Mitgliedes festgestellt hat (§ 13b Abs. 2). Dasselbe gilt,

---

24 *BAG*, 28. 10. 1992 – 7 ABR 14/92, NZA 1993, 466 f. = DB 1993, 840 = BB 1993, 580.
25 *BAG*, 2. 9. 1989 – 1 AZR 465/88, DB 1990, 796.
26 *LAG Düsseldorf,* 16. 12. 2004 – 11 Ta BV 79/04; rkr., DB 2005, 954.

wenn die Mitgliedschaft eines MAV-Mitgliedes in der MAV gemäß § 13b Abs. 3 ruht. Der Dienstgeber oder sein Beauftragter nehmen an den Sitzungen teil, zu denen er gemäß § 39 Abs. 1 S. 3 einlädt und die gemäß § 39 Abs. 2 den regelmäßigen Gesprächen dienen. Der Dienstgeber hat wegen des Grundsatzes der vertrauensvollen Zusammenarbeit mit der MAV (§ 26 Abs. 1 S. 1) den Einladungen der MAV zu ihren Sitzungen i. S. v. § 39 Abs. 2 ebenso zu folgen, wie die MAV die gemeinsame Sitzung gemäß § 39 Abs. 1 wahrzunehmen hat. Wegen des Grundsatzes der Nichtöffentlichkeit (Rn 43) ist er jedoch nicht berechtigt, unmittelbar eine mitarbeitervertretungsfremde Person (Mitarbeiter) zur Protokollführung hinzuzuziehen.[27]

Der **Dienstgeber** hat in der MAV-Sitzung **kein Stimmrecht**. 42

5. Nichtöffentlichkeit

Gemäß § 14 Abs. 4 S. 1 sind die **Sitzungen der MAV** nicht öffentlich. Dasselbe gilt für die **Sitzungen** 43 **der anderen Gremien i. S. d. MAVO**. Zutritt zur Sitzung der MAV haben nur die Mitglieder der MAV, ein Ersatzmitglied im Falle der Verhinderung eines MAV-Mitgliedes, des Ruhens einer Mitgliedschaft in der MAV oder dann, wenn es für ein ausgeschiedenes Mitglied in die MAV nachgerückt ist (§ 13b). Das Recht der Teilnahme an der Sitzung haben der Dienstgeber bei gemeinsamen Sitzungen (§ 39) und stets die Vertrauensperson der schwerbehinderten Menschen (§ 52 Abs. 1 S. 1); der Vertrauensmann der Zivildienstleistenden nur dann, wenn Angelegenheiten behandelt werden, die auch die Zivildienstleistenden betreffen (§ 53 Abs. 1). Soll ein sachverständiger **Gast** oder Bevollmächtigter aus Anlass der Sitzung der MAV bei ihr zu einem Beratungsgegenstand vortragen (vgl. § 17 Abs. 1 S. 2 zweiter, dritter oder vierter Spiegelstrich; § 27a Abs. 4), wird die Sitzung der MAV förmlich unterbrochen. Nach Anhörung der genannten Personen wird die Sitzung ohne sie fortgesetzt. Kein Teilnahmerecht haben nach § 17 Abs. 2 zu stellende Hilfspersonen (z. B. Schreibkraft, vgl. § 17 Rn 49), denn sie unterliegen nicht der in § 20 geregelten Schweigepflicht. Deshalb hat der Schriftführer der MAV die Niederschrift zu fertigen, der **außerhalb der Sitzung** sich der **Schreibhilfe für die Reinschrift der Protokolle** über die Sitzung der MAV bedienen kann.[28]

Ein Verstoß gegen die Nichtöffentlichkeit kann zur Unwirksamkeit der Beschlussfassung der MAV 44 führen, wenn sie unter möglicher Beeinflussung durch nicht berechtigte Teilnehmer zustande gekommen ist.[29] Die MAV übt deshalb das **Hausrecht** aus.

Hat die MAV aus ihrer Mitte **Ausschüsse i. S. v. § 14 Abs. 10** gebildet und diesen Aufgaben zur selb- 45 ständigen Erledigung übertragen, so gelten die vorstehenden Grundsätze der Nichtöffentlichkeit ebenfalls für die Sitzungen der Ausschüsse.

6. Leitung

Der Vorsitzende der MAV leitet mit Ausnahme der Verhinderung jede Sitzung der MAV (§ 14 Abs. 3 46 S. 1). Zu den gemeinsamen Sitzungen mit dem Dienstgeber siehe § 39. Zur Leitung gehören die **Eröffnung und Beendigung**, die Worterteilung und Wortentziehung, die Leitung in Abstimmungen sowie die Feststellung der Abstimmungsergebnisse. In einer **Geschäftsordnung** kann die MAV Regelungen zur Durchführung der Sitzungen erlassen (Rn 84). Dazu gehört dann auch die Ausübung des Hausrechts im Sitzungsraum, um Störungen der Sitzung zu vermeiden[30]. Ist der Vorsitzende verhindert, an der Sitzung der MAV teilzunehmen, leitet sein Stellvertreter die Sitzung. Ist auch der verhindert, so ist von den anwesenden Mitgliedern der MAV nach Feststellung ihrer Beschlussfähigkeit ein kommissarischer Sitzungsleiter zu wählen.

---

[27] *ArbG Bad Hersfeld*, 8. 1. 1987 – 1 BV 11/86, BB 1987, 2452.
[28] Vgl. auch *Fey/Rehren*, MVG-EKD § 24 Rn 17; *HSWGN-Glock*, BetrVG § 30 Rn 23.
[29] *Bernards*, Die Schlichtungsstelle, S. 55; *Raab*, GK-BetrVG § 33 Rn 59 im Falle der Einflussnahme der nicht teilnahmeberechtigten Person, ebenso *Richardi/Thüsing*, BetrVG § 33 Rn 44.
[30] Vgl. *HSWGN-Glock*, BetrVG § 29 Rn 55 zu Sitzungen des Betriebsrates.

7. Zeitliche Lage und Ort der Sitzung

47 Die Sitzungen der MAV finden in der Regel **während der Arbeitszeit** statt (§ 14 Abs. 4 S. 2; vgl. § 30 S. 1 BetrVG). Zur Klärung der zeitlichen Lage hat die MAV einen bestimmten Sitzungstag festzulegen (z. B. jeden ersten Dienstag im Monat, um 14 Uhr). Dabei haben jedoch die MAV und bei besonderer Sitzung der einladende Vorsitzende bei Anberaumung und Dauer der Sitzung auf die dienstlichen Erfordernisse Rücksicht zu nehmen (§ 14 Abs. 4 S. 3; vgl. auch § 30 S. 2 BetrVG). Deshalb ist der Dienstgeber über die Regelung der MAV zu unterrichten, damit u. a. auch die Freizeitgewährung richtig berechnet werden kann. In Einrichtungen mit **Schichtdienst**, auch **Nachtdienst**, ist nicht zu umgehen, dass das eine oder andere Mitglied der MAV außerhalb seiner Dienststunden an den MAV-Sitzungen teilnehmen muss. In solchen Fällen hat das betroffene MAV-Mitglied gemäß § 15 Abs. 4 einen Anspruch auf entsprechenden Freizeitausgleich (§ 15 Rn 64 ff.), der beim Dienstgeber zu beantragen ist. Kommt es mit dem Dienstgeber zu keiner Einigung, so entscheidet auf Antrag der MAV die Einigungsstelle (§ 15 Abs. 5 i. V. m. § 45 Abs. 3).

48 **Die MAV hat ihre Sitzungen nach pflichtgemäßem Ermessen aus eigenem Recht zu bestimmen.** Sie wird daher die zeitliche Lage der Sitzungen so wählen, dass dem Grundsatz der Erforderlichkeit Rechnung getragen wird. Das bezieht sich auch auf die Häufigkeit der Sitzungen. Dabei muss dem Arbeitsanfall Rechnung getragen werden. Die Dauer der Sitzung wird von der abzuhandelnden Tagesordnung bestimmt. Insofern ist also eine doppelte Abwägung erforderlich. Denn neben den betrieblichen Erfordernissen sind die Belange der MAV zur rationellen Durchführung ihrer Aufgaben zu berücksichtigen. Die Mitglieder der MAV nehmen aus eigenem Recht an den Sitzungen der MAV teil und bedürfen daher zur Teilnahme keiner Erlaubnis des Dienstgebers, wenn die Sitzungen während der Arbeitszeit stattfinden. Sie müssen sich jedoch beim Vorgesetzten abmelden (Rn 53). Müssen Aufgaben der MAV außerhalb der Einrichtung wahrgenommen werden oder müssen auswärts beschäftigte MAV-Mitglieder zur Wahrnehmung von MAV-Aufgaben in die Dienststelle kommen, so sind auch die während der Arbeitszeit hiermit verbundenen **Reisezeiten** erforderliche MAV-Tätigkeit. Dies gilt insbesondere auch für die Tätigkeit der Gremien i. S. v. §§ 1b und 23, 24, 25.

49 MAV-Sitzungen, die erforderlich sind, dürfen nur in Ausnahmefällen außerhalb der Arbeitszeit stattfinden. Das wird in Dienststellen oder Einrichtungen der Fall sein, wenn die besonderen Verhältnisse der Einrichtung eine Freistellung der MAV-Mitglieder von der Arbeit nicht zulassen. Das ist der Fall bei Lehrern, Erziehern, die nur schwer zu vertreten sind. Dasselbe kann aber auch für andere Mitarbeiter gelten, die nicht abkömmlich sind, weil der Betriebsablauf der Einrichtung nicht gestört werden darf (vgl. § 15 Rn 64 ff.).

50 Die Sitzungen sind so anzuberaumen, dass auch die Teilnahme der teilweise freigestellten Mitglieder der MAV (§ 15 Abs. 3) an den regelmäßigen Sitzungen der MAV in der Zeit der jeweiligen teilweisen Freistellung erfolgt. Erst wenn der Umfang der Teilfreistellung durch die Teilnahme an den regelmäßigen Sitzungen und weiteren Routineaufgaben ausgeschöpft ist, hat das teilfreigestellte Mitglied der MAV Anspruch auf Arbeitsbefreiung. Die MAV ist gehalten, die Aufgabenverteilung für die Mitglieder der MAV sachgemäß vorzunehmen.[31] Die überobligatorische Freistellung ist zu vermeiden (vgl. dazu § 15 Rn 34).

51 Halten sich die Mitglieder der MAV nicht an die Grundsätze der Erforderlichkeit und der betrieblichen Belange, so kann darin ein Verstoß gegen die Pflichten der MAV erblickt werden, den der Dienstgeber bei vergeblicher Abmahnung zum Anlass der Anrufung des Kirchlichen Arbeitsgerichts machen kann, damit diese ggf. über das Erlöschen der Mitgliedschaft in der MAV wegen grober Verletzung der Befugnisse und Pflichten der MAV entscheidet (§ 14 Abs. 4 S. 3 i. V. m. § 13 Abs. 3 Nr. 6 MAVO; § 2 Abs. 2 KAGO).

---

31 Zur klaren Bestimmung des § 20 Abs. 4 S. 2 MVG-EKD: *VerwG der EKD*, 29. 10. 2002 – T – 0124/F – 40–01, ZMV 2003, 32.

Gegebenenfalls wird der Dienstgeber den **Anspruch auf Freizeitausgleich** (vgl. § 15 Rn 65 ff., 71) 52
nicht anders als durch Herabsetzung der regelmäßig zu leistenden Dienststunden gewähren, wie z. B.
bei Lehrern durch Unterrichtsstundenermäßigung.[32]

Es entspricht dem Gebot der vertrauensvollen Zusammenarbeit zwischen Dienstgeber und MAV 53
(§ 26 Abs. 1 S. 1), dass die MAV dem Dienstgeber rechtzeitig mitteilt, wann sie ihre Sitzungen abhält,
falls nicht ohnehin ein fester Sitzungstermin allgemein bekannt ist. Die Sitzungen können jedoch
nicht von der Genehmigung des Dienstgebers abhängig sein. Denn gegen den Missbrauch seitens
der MAV kann sich der Dienstgeber durch Anrufung des Kirchlichen Arbeitsgerichts wehren (vgl.
§ 13 Abs. 3 Nr. 6 MAVO i. V. m. § 2 Abs. 2 KAGO). Die Sitzungen der MAV finden in der Einrichtung statt, in welcher der Dienstgeber die dazu dienliche Räumlichkeit zur Verfügung gestellt hat
(§ 17 Abs. 2). Für die Sondervertretung i. S. v. § 23 oder Mitarbeitervertretungen mit einem größeren
Einzugsbereich (z. B. MAV für die Schulen der Diözese, MAV für die Einrichtungen eines Kreiscaritasverbandes) stimmen sich MAV und Dienstgeber über den Ort und den Raum zur Abhaltung der
Sitzungen ab; der Dienstgeber hat die Kosten der Veranstaltung einschließlich der Fahrtkosten gemäß
§ 17 Abs. 1 S. 1 zu tragen.

8. Beschlussfähigkeit und Beschlüsse der MAV

Die Vorschrift des § 14 Abs. 5 bestimmt, unter welchen Voraussetzungen die MAV wirksame Be- 54
schlüsse fassen kann. Sie ist zwingender Natur und kann vorbehaltlich der Bestimmung in § 14
Abs. 9 weder durch Geschäftsordnung (Rn 78 ff.) noch durch für den Einzelfall gefassten Beschluss
abgeändert werden (§ 55).

a. Beschlussfähigkeit

Gemäß § 14 Abs. 5 S. 1 ist die MAV nur beschlussfähig, wenn **mehr als die Hälfte ihrer Mitglieder** 55
anwesend ist. Auszugehen ist von der gesetzlich vorgeschriebenen Zahl ihrer Mitglieder (§ 6 Abs. 2
S. 1), ggf. unter Beteiligung von Ersatzmitgliedern, wenn ordentliche Mitglieder aufgrund der Feststellung ihrer Verhinderung (§ 13b Abs. 2) der Sitzung fernbleiben müssen. Liegt die Zahl der Mitglieder unter der gesetzlichen Normzahl (§ 6 Abs. 2 S. 2 und 3), so ist anstelle der gesetzlichen Soll-Zahl der Mitglieder der MAV von deren Ist-Zahl zur Feststellung der Beschlussfähigkeit (nämlich
mehr als deren Hälfte) auszugehen. Im Falle des Absinkens der Mitglieder unter die Hälfte der Ausgangszahl ist zwar eine Neuwahl der MAV erforderlich, die amtierende MAV bleibt aber noch geschäftsführend im Amt (§ 13a S. 2). Ist eine **MAV** für die Dauer der Äußerungsfrist – z. B. des § 30
Abs. 2 S. 1 – **beschlussunfähig** i. S. d. § 14 Abs. 5, weil in dieser Zeit mehr als die Hälfte der MAV-Mitglieder an der Amtsausübung verhindert ist und nicht durch Ersatzmitglieder vertreten werden
kann, so nimmt die Rest-MAV in entsprechender Anwendung des § 13a S. 2 i. V. m. § 13 Abs. 3
Nr. 2 z. B. die Beteiligungsrechte des § 30 Abs. 2 wahr. § 13 Abs. 3 regelt Fälle, in denen die Neuwahl der MAV außerhalb der regulären Amtszeit der MAV erfolgt, nämlich z. B. dann, wenn die
Gesamtzahl der Mitglieder der MAV auch nach Eintreten sämtlicher Ersatzmitglieder um mehr
als die Hälfte der ursprünglich vorhandenen Mitgliederzahl gesunken ist (§ 13 Abs. 3 Nr. 2). Bis
zur Neuwahl aber führt die Rest-MAV gemäß § 13a die Geschäfte weiter. Dann ist sie folglich
auch noch beschlussfähig. Diese Rechtsregel zur vorübergehenden Geschäftsführung der MAV
sollte deshalb auch zur Anwendung kommen, wenn die MAV wegen widriger Umstände (z. B. Erkrankungen, urlaubsbedingte Abwesenheiten) zu ihrer **Beschlussfassung nicht mit mehr als der**
Hälfte ihrer Mitglieder zusammentreten kann, der Dienstgeber aber ihre Beteiligung in Anspruch
nimmt, ehe er eine Maßnahme trifft, an der die MAV zu beteiligen ist (§§ 18 Abs. 2 und 4, 29, 30 bis
31, 34 bis 36). Die Verantwortung für die Wahrnehmung der Beteiligungsrechte liegt bei der MAV,

---

[32] Vgl. Amtsblatt des Erzbistums Köln 1984 Nr. 125 S. 166; 1986 Nr. 239 S. 331 f.; 1996 Nr. 271 S. 345 f.

wenn sie dem Dienstgeber die Zustimmung zu der beabsichtigten Maßnahme erteilt.[33] Die amtierende MAV darf nicht weniger Rechte haben als die gemäß § 13a geschäftsführende Rest-MAV (vgl. auch can. 17 CIC).

56 **Wirksame Beschlüsse** können nur in einer unter Angabe der Tagesordnung und rechtzeitiger Einladung[34] mit den erforderlichen Beratungsunterlagen ordnungsgemäß einberufenen Sitzung der MAV gefasst werden, zu der alle Mitglieder, ggf. Ersatzmitglieder eingeladen worden sind und wenn mehr als die Hälfte (Rn 55) aller MAV-Mitglieder anwesend ist (§ 14 Abs. 5 S. 1). Die Abstimmung erfolgt nach gemeinsamer Beratung und Kenntnis der gegenseitigen Argumente. Eine Beschlussfassung aufgrund einer nicht ordnungsgemäß einberufenen Sitzung ist unwirksam.[35] Eine Beschlussfassung im **Umlaufverfahren** ist nach Maßgabe der Geschäftsordnung der MAV zulässig (§ 14 Abs. 9).

57 **In eigener Sache** kann ein Mitglied der MAV nicht mitstimmen (vgl. aber Rn 29). Wegen **Befangenheit** kann es nicht an der Beratung teilnehmen. Seine Anwesenheit würde die freie Meinungsäußerung und -bildung der übrigen Mitglieder der MAV beeinträchtigen (Rn 65). An die Stelle des Befangenen tritt das Ersatzmitglied.[36]

b. Beschlussfassung

58 Die MAV **beschließt mit der Mehrheit** ihrer anwesenden Mitglieder (§ 14 Abs. 5 S. 2). **Bei Stimmengleichheit** gilt ein Antrag als **abgelehnt** (§ 14 Abs. 5 S. 3). Stimmenthaltung hat in diesem Zusammenhang als Ablehnung zu gelten.[37] Soweit an den Abstimmungen über die zu fassenden Beschlüsse der Sprecher der Jugendlichen und Auszubildenden oder die Vertrauensperson der schwerbehinderten Menschen (§ 51 Abs. 1 Nr. 2, § 52 Abs. 1 Nr. 2) beteiligt sind, werden auch deren Stimmen bei der Feststellung der Stimmenmehrheit berücksichtigt. Voraussetzung ist aber auch hier für die Beschlussfassung, dass mehr als die Hälfte der Mitglieder der MAV bei der Beschlussfassung anwesend ist. **Beispiel:** Die MAV hat sieben gesetzliche Mitglieder. An der Sitzung der MAV nehmen sechs Mitglieder teil. Ein Ersatzmitglied ist nicht bestellt. Die Abstimmung der MAV ergibt im Falle der vom Dienstgeber beantragten Zustimmung folgendes Stimmenverhältnis: 3 Ja-Stimmen, 1 Enthaltung, 2 Nein-Stimmen. Beschlussfähigkeit liegt gemäß § 14 Abs. 5 vor. Weil aber die MAV mit Stimmenmehrheit der anwesenden Mitglieder zu beschließen hat, ist der Antrag bei nur drei Ja-Stimmen im Verhältnis zu insgesamt sechs Anwesenden abgelehnt. Die Stimmenthaltung führt nicht zur Mehrheit der Anwesenden. Sind der Sprecher der Jugendlichen und der Auszubildenden oder die Vertrauensperson der schwerbehinderten Menschen zu den sie betreffenden Angelegenheiten in der Sitzung nicht beteiligt, so ist der Beschluss der MAV, soweit er die Zuständigkeit jener Organe betrifft, unwirksam (§ 51 Abs. 1 Nr. 2, § 52 Abs. 1 Nr. 2).

59 Die **Wirksamkeit der Beschlüsse der MAV** ist Voraussetzung für die Mitwirkung der MAV in den Formen der Beteiligung gemäß § 28. Dasselbe gilt in den Fällen der Willensbildung zu
– gemeinsamer Mitarbeitervertretung im Wege einer Dienstvereinbarung (§ 1b),
– Zusammensetzung der MAV gemäß § 6 Abs. 3,
– Bestimmung des Wahltages (§ 9 Abs. 1),
– Bestellung des Wahlausschusses (§ 9 Abs. 2 und 3),
– Abhaltung der Wahlversammlung bei vereinfachtem Wahlverfahren (§ 11b),
– Rücktritt der MAV (§ 13 Abs. 3 Nr. 3),
– Feststellung der Verhinderung eines MAV-Mitgliedes (§ 13b Abs. 2 S. 2),
– Bildung eines Ausschusses gemäß § 14 Abs. 10,

---

33 Vgl. *BAG*, 18. 8. 1982 – 7 AZR 437/80, NJW 1983, 2836.
34 Vgl. *BAG*, 28. 4. 1988 – 6 AZR 405/86, DB 1988, 2259.
35 Vgl. *Ilbertz/Widmaier*, BPersVG § 37 Rn 4.
36 *Ilbertz/Widmaier*, BPersVG § 37 Rn 7.
37 *Bietmann*, Kurzkommentar, § 13 Anm. 5; *Mösenfechtel/Perwitz/Passan/Wiertz*, § 14 Anm. 7.

- Freistellung von Mitgliedern der MAV gemäß § 15 Abs. 3,
- Freistellung eines Mitgliedes zur Schulung (§ 16 Abs. 1),
- Maßnahmen i. S. v. § 17 Abs. 1 S. 2,
- Bildung einer Gesamtmitarbeitervertretung (§ 24 Abs. 1) bzw. einer erweiterten Gesamtmitarbeitervertretung (§ 24 Abs. 2),
- Entsendung eines MAV-Mitgliedes in die Gesamtmitarbeitervertretung bzw. erweiterte Gesamtmitarbeitervertretung (§ 24 Abs. 3),
- Entsendung eines Mitgliedes der MAV in ein Gremium bzw. in die Mitgliederversammlung der diözesanen Arbeitsgemeinschaft der Mitarbeitervertretungen gemäß näherer diözesaner Sonderbestimmung (§ 25 Abs. 2),
- Vorlage von Unterlagen seitens des Dienstgebers (§ 26 Abs. 2, § 27a Abs. 1 und 3),
- Schritten zur Erlangung von Rechtsschutz (§ 17 Abs. 1 S. 2; § 17 Rn 64 ff., 69 ff.).

Fehlerhaft zustande gekommene Beschlüsse der MAV können bei Beanstandung zum Rechtsverlust der MAV oder des Dienstgebers führen. Auf das Anhörungsverfahren nach § 30 wirken sich Mängel, die in den Zuständigkeits- und Verantwortungsbereich der MAV fallen, grundsätzlich selbst dann nicht aus, wenn der Dienstgeber im Zeitpunkt der Kündigung weiß oder nach den Umständen vermuten kann, dass die Behandlung der Angelegenheit durch die MAV nicht fehlerfrei erfolgt ist.[38] Das ist anders, wenn der Dienstgeber seinerseits für die Beschlussfassung der MAV fehlerhafte Ursache gesetzt hat.

1. Beispiel: 60

Der Dienstgeber teilt die Absicht der Kündigung eines Arbeitsverhältnisses (§ 30) dem Vorsitzenden der MAV nur mündlich mit und bittet ihn, in der MAV Beschluss fassen zu lassen. Wegen des Formfehlers der nicht schriftlichen Mitteilung ist die Anhörung der MAV nicht ordnungsgemäß, die Kündigung dann nicht wirksam.

2. Beispiel: 61

Die MAV berät den mündlichen Antrag des Dienstgebers und beschließt die Zustimmung zur Kündigung aufgrund der mündlich mitgeteilten Kündigungsgründe. Der Beschluss der MAV ist fehlerhaft, die Anhörung daher nicht wirksam erfolgt; die Kündigung ist unwirksam.

3. Beispiel: 62

Der Vorsitzende der MAV hat die schriftlichen Unterlagen zur Kündigungsbegründung in der Einladung zur Sitzung der MAV nicht mitgeschickt, so dass die Mitglieder der MAV sich nicht auf die Sitzung vorbereiten konnten, um Beschluss fassen zu können. In diesem Fall läuft bei Untätigkeit der MAV womöglich die Äußerungsfrist gemäß § 30 Abs. 2 S. 1 und 2 ab, so dass die beabsichtigte Kündigung als nicht beanstandet gilt.

Die vorstehenden Beispiele zeigen, dass es Mängel bei der Anhörung geben kann, die entweder in den 63
Risikobereich des Dienstgebers oder der MAV fallen. Erfüllt der Dienstgeber die Voraussetzungen für die ordnungsgemäße Einleitung des Anhörungsverfahrens nicht, ist die Anhörung unwirksam. Mängel im Verantwortungsbereich der MAV führen nicht zur Unwirksamkeit der Anhörung. In den Risikobereich der MAV fällt es auch, wenn ein zum Empfang der Mitteilung des Dienstgebers bevollmächtigtes MAV-Mitglied eine Mitteilung des Dienstgebers im Anhörungsverfahren nicht rechtzeitig oder nicht ordnungsgemäß an die MAV weitergibt oder eine MAV-Sitzung gar nicht oder verspätet stattfindet. Von einem der MAV zuzurechnenden Risikobereich ist nicht zu reden, wenn der Dienstgeber die MAV irritiert und somit selbst einen Fehler veranlasst. Das ist der Fall, wenn der Dienstgeber nur mit dem Vorsitzenden oder einem Teil der MAV das Anhörungsverfahren bestreitet (vgl. § 14 Abs. 10 S. 2) und damit keine Gelegenheit zur ordentlichen Beschlussfassung gibt.[39]

---

38 *BAG*, 16. 1. 2003 – 2 AZR 707/01, BB 2003, 1791.
39 Vgl. bei *Raab*, GK-BetrVG § 102 Rn 76.

64 Die **absichtliche Herbeiführung der Beschlussunfähigkeit** der MAV kann ein grober Verstoß gegen die Pflichten als MAV-Mitglied sein, der zum Ausschluss aus der MAV führen kann. Jedes Mitglied der MAV ist verpflichtet, für eine konstruktive Arbeitsweise innerhalb der MAV zu sorgen.[40] Über die Art und Weise der Abstimmung zur Beschlussfassung enthält die MAV keine Bestimmung. Die Form der Abstimmung ist daher einer Regelung in der Geschäftsordnung zu überlassen. Der Vorsitzende der MAV kann die Abstimmungsform nicht bestimmen, falls er hierzu nicht ausdrücklich berechtigt ist.

c. Ausschluss von der Beschlussfassung in eigener Sache

65 Ein von einer Maßnahme des Dienstgebers persönlich betroffenes Mitglied der MAV darf in eigener Sache an der Beratung und Beschlussfassung der MAV (z. B. Ausschluss aus der MAV, Kündigung, Eingruppierung, Höhergruppierung, Rückgruppierung, Versetzung, Abordnung) wegen **Interessenkollision** nicht mitwirken.[41] Das gilt auch im Falle von den Ehepartner eines MAV-Mitgliedes betreffenden personellen Einzelmaßnahmen.[42] Für das wegen Interessenkollision verhinderte Mitglied ist das Ersatzmitglied zu laden. Ein ohne Beratung mit dem (vorhandenen) Ersatzmitglied der MAV gefasster Beschluss ist unwirksam. Das gilt auch für die schriftliche Mitteilung der MAV an den Dienstgeber. Bei Verletzung der Kollisionsfreiheit tritt die Fiktion der Zustimmung zu der vom Dienstgeber beabsichtigten Maßnahme ein. Denn die nicht ordnungsgemäße Reaktion der MAV zu einem Beteiligungsakt des Dienstgebers führt zum Rechtsverlust der MAV, weil die MAV bei fehlerhaftem Beratungsvorgang in der Regel ihr Beteiligungsrecht nicht mehr fristgerecht wahrnimmt.[43] Mit Ablauf der Wochenfrist des § 33 Abs. 2 S. 2 gilt die Zustimmung mangels wirksamer Verweigerung als erteilt.[44] Die Nichtbeteiligung von MAV-Mitgliedern bei Beratung und Abstimmung ist zwar nicht geregelt, doch handelt es sich um eine Selbstverständlichkeit, dass sich betroffene und interessierte Personen innerhalb eines objektiven und neutralen Gremiums jeder Tätigkeit in Bezug auf ihre persönliche Rechtsstellung enthalten. Das entspricht allgemein kirchlichen Grundsätzen.[45] Im Einzelfall kommt es darauf an, ob eine bestimmte Angelegenheit einem MAV-Mitglied oder einem Angehörigen einen unmittelbaren Vorteil oder Nachteil bringen kann. Diese Grundsätze gelten auch für den Sprecher der Jugendlichen und Auszubildenden. Zu denken ist vor allem an personelle Einzelmaßnahmen (z. B. § 18 Abs. 2 und 4, § 19, §§ 30, 31, 35) und den Beschluss der MAV über die Einleitung des Amtsenthebungsverfahrens gegen ein MAV-Mitglied (§ 13c Nr. 4 MAVO; § 44 KAGO). **Besteht die MAV nur aus einem Mitglied, tritt an seine Stelle das Ersatzmitglied**, nachdem das MAV-Mitglied wegen seines Anspruches auf rechtliches Gehör beteiligt worden ist.[46] Soweit es um organisatorische Akte der MAV (z. B. Wahlen innerhalb der MAV oder die Abberufung aus entsprechenden Funktionen) geht, an denen sich jedes MAV-Mitglied beteiligen kann, ist auch das betroffene MAV-Mitglied stimmberechtigt. Ebenso wenig liegt ein Ausschlussgrund vor bei der Beschlussfassung über die Teilnahme eines MAV-Mitglieds an einer Schulungsveranstaltung oder bei einem Beschluss über die Beauftragung eines Rechtsanwalts für die Vertretung der MAV in einem Verfahren, in dem es um eine personelle Einzelmaßnahme gegenüber dem MAV-Mitglied geht.[47]

9. Die Niederschrift

66 Über jede Sitzung der MAV ist eine Niederschrift gemäß den Vorschriften von § **14 Abs. 6** anzufertigen (vgl. Rn 22 ff.). Die Aufnahme von Beschlüssen der MAV in die Niederschrift ist keine Wirksamkeitsvoraussetzung. Sie dient vielmehr dem Nachweis der Ordnungsmäßigkeit der Beschlussfas-

---

40 Vgl. auch *Ilbertz/Widmaier*, BPersVG § 37 Rn 12 m. N.
41 *BAG*, 3. 8. 1999 – 1 ABR 30/98, ZTR 2000, 238 = NZA 2000, 440.
42 *LAG Düsseldorf*, 16. 12. 2004 – 11 Ta BV 79/04; rkr., DB 2005, 954.
43 Vgl. *LAG Düsseldorf*, 15. 11. 2001 – 11 Ta BV 48/01, BB 2002, 1704.
44 *BAG*, 3. 8. 1999 – 1 ABR 30/98, ZTR 2000, 238 = NZA 2000, 440.
45 Can. 1448 CIC, Art. 18 Abs. 1 KiStiftO bayerischer Diözesen, § 13 Abs. 3 Preuß. Gesetz über die Verwaltung des katholischen Kirchenvermögens vom 24. 7. 1924.
46 *Raab*, GK-BetrVG § 33 Rn 25.
47 *Raab*, GK-BetrVG § 33 Rn 26 m. N.

sung und der Tatsache, dass die MAV mit der erforderlichen Mehrheit in einer bestimmten Sache entschieden hat.

Deshalb ist die Niederschrift (Protokoll) über die Sitzung der MAV ein wichtiges Dokument. Eine qualifizierte Mitarbeitervertretungstätigkeit soll sich daher in entsprechenden Protokollen niederschlagen. Die Niederschrift muss folgenden Mindestinhalt haben: 67
- Ort und Zeitangabe der Sitzung,
- die namentlich aufgeführten Anwesenden und Abwesenden
  (unter Berücksichtigung des Sprechers der Jugendlichen und Auszubildenden, § 51, der Vertrauensperson der schwerbehinderten Menschen, § 52, und des Vertrauensmannes der Zivildienstleistenden, § 53),
- Beschlussfähigkeit,
- evtl. Anwesenheit des Dienstgebers,
- die Tagesordnung,
- Wortlaut der Beschlüsse mit den Abstimmungsergebnissen,
- Wahlergebnisse mit Stimmenverhältnissen,
- Ort, Datum und Unterschrift des Sitzungsleiters.

Das Protokoll fertigt die Schriftführung (§ 14 Abs. 1 S. 3). Ist kein Schriftführer gewählt, ist für jede Sitzung ein Protokollführer zu bestellen.[48] Zu unterscheiden ist zwischen dem Protokollführer und der möglicherweise zur Reinschrift bestellten Schreibkraft (§ 17 Abs. 2). Die Schreibkraft hat keinen Zutritt zur Sitzung der MAV, weil das Gebot der Nichtöffentlichkeit der Sitzungen der MAV uneingeschränkt gilt (§ 14 Abs. 4 S. 1). Die mit Schreibarbeiten beauftragte Kraft ist in jedem Falle auf ihre Verschwiegenheitspflicht hinzuweisen (*Oxenknecht*, ZMV 1995, 169). Das Ergebnisprotokoll ist vorgeschrieben, das Verlaufsprotokoll kann sinnvoll sein, um die verschiedenen Diskussionsbeiträge zur Willensbildung darzustellen. In jedem Falle ist die Genehmigung des Protokolls über die vorangegangene Sitzung zu behandeln. 68

Die Niederschrift (Protokoll) über die MAV-Sitzung erhalten: 69
- der Dienstgeber, soweit er an der MAV-Sitzung teilgenommen hat, im Auszug (§ 14 Abs. 6 S. 3),
- die Mitglieder der MAV wegen der Kritik der Niederschrift und zu ihrer Information bei Beachtung der Verschwiegenheitspflicht (§ 20).

Die Niederschrift erhält der Sprecher der Jugendlichen und Auszubildenden ebenfalls (§ 51 Abs. 2 i. V. m. § 14 Abs. 6). Soweit dem Dienstgeber das Recht auf einen Protokollauszug zugebilligt wird, muss ein entsprechendes Recht der Vertrauensperson der schwerbehinderten Menschen zuerkannt werden, soweit sie an Sitzungen der MAV teilgenommen, Anträge gestellt und Stimmrecht ausgeübt hat (§ 52 Abs. 1 Nr. 1 und 2), obwohl § 52 Abs. 5 die Vorschrift des § 14 nicht in Bezug nimmt. Ebenso ist ggf. dem Vertrauensmann der Zivildienstleistenden ein Protokollauszug in den Fällen des § 53 Abs. 1 zuzugestehen. 70

VIII. Aufbewahrung der Unterlagen

Die Unterlagen der MAV müssen in der Einrichtung bzw. Dienststelle verwahrt werden. Der Dienstgeber hat gemäß **§ 14 Abs. 7** dafür zu sorgen, dass der MAV der dafür notwendige Raum zum Verschluss der Sachen zur Verfügung steht. Die Unterlagen gehören dem Dienstgeber, der jedoch über sie keine Verfügungsgewalt hat. Ihm sind die Unterlagen nicht zugänglich. Zu den Unterlagen gehören insbesondere die **Sitzungsniederschriften** der MAV und auch die **Wahlunterlagen** (§ 11 Abs. 8 S. 1). Jedes Mitglied der MAV hat ein Recht auf Einsicht in die Unterlagen. Das gilt auch für auf Datenträger gespeicherte Dateien und E-Mails der MAV. Das MAV-Mitglied hat das unabdingbare Recht, solche Unterlagen der MAV auf elektronischem Wege zu lesen.[49] 71

---

48 *Oxenknecht*, ZMV 1995, 169.
49 *BAG*, 21.8. 2009 – 7 ABR 15/08, NZA 2009, 1218 = ZTR 2009, 671 LS.

72 Es kommt vor, dass nach dem Verbleib von Unterlagen der MAV gefragt wird und wem diese eigentlich gehören, insbesondere nach dem Ausscheiden von Mitgliedern aus der MAV, die noch Protokolle aus der Zeit ihrer Tätigkeit in der MAV haben. Auch der Dienstgeber kann ein Interesse daran haben, dass die Unterlagen nicht in falsche Hände geraten. Die MAVO gibt dazu keine Auskunft. Deshalb ist unter Berücksichtigung der Rechtsprechung staatlicher Gerichte Folgendes anzunehmen. Der **Dienstgeber ist Eigentümer** und mittelbarer Besitzer der der MAV zur Verfügung gestellten Sachen und damit auch der MAV-Akten. Der unmittelbare Besitz daran steht der MAV in ihrer Gesamtheit, nicht aber einem einzelnen Mitglied der MAV zu. Ein entlassenes Mitglied der MAV, welches im Besitz von MAV-Akten ist und ihre Herausgabe an die amtierende MAV verweigert, übt verbotene Eigenmacht aus, auch wenn die Rechtswirksamkeit der Entlassung streitig ist. Der Dienstgeber ist berechtigt, im eigenen Namen die Herausgabe der MAV-Akten an die MAV zu verlangen.[50] Denn die MAV oder ihre Mitglieder sind nur für die Dauer ihres Amtes zum Besitz der Akten, auch von Kopien, berechtigt. Solange eine MAV besteht, kann der Dienstgeber keine Rechte aus seinem mittelbaren Besitz geltend machen, weil er sich damit in die autonome Geschäftsführungsbefugnis der MAV einmischen würde.[51]

73 Die aus dem Amt scheidende MAV hat die Akten an die nachfolgende neue MAV weiterzugeben. Das gilt für Akten mit Gegenwarts- und Zukunftsbezug. Folgt der alten MAV nicht unmittelbar nach ihrem Amtsende eine neue MAV, so sind die Akten dem Dienstgeber zur sorgfältigen Aufbewahrung zu überantworten, damit er sie einer später ins Amt getretenen MAV übergibt. Der Grundsatz der vertrauensvollen Zusammenarbeit zwischen MAV und Dienstgeber hat sich hier zu bewähren (§ 26 Abs. 1 S. 1). Verwahrt der Dienstgeber Akten der MAV, hat er sie auf Verlangen der MAV an diese herauszugeben (§ 26 Abs. 2 S. 1), nicht nur vorzulegen, weil er gemäß § 17 Abs. 2 die sachlichen Hilfen der MAV zur Verfügung stellen muss. Dazu gehören auch die MAV-Akten, die gemäß § 14 Abs. 7 von der MAV zu verwahren sind. Das sind u. a. Sitzungsprotokolle (§ 14 Abs. 6), Protokolle über Mitarbeiterversammlungen (§ 22 Abs. 4) und Dienstvereinbarungen (§ 38 Abs. 4). Ob Akten von der MAV vernichtet werden dürfen, hängt davon ab, wer über sie verfügungsberechtigt ist. Die der MAV vom Dienstgeber überlassenen Sachen verbleiben in seinem Eigentum, weil er Eigentümer ist. Das ist im Geltungsbereich des Betriebsverfassungsgesetzes[52] und des Personalvertretungsrechts[53] dieselbe Rechtslage.

74 Die MAV ist ermächtigt (§ 185 BGB), über die verbrauchbaren Sachen (z. B. Schreibpapier) im Rahmen einer ordnungsgemäßen Geschäftsführung zu verfügen. Die Eigentümerbefugnisse des Dienstgebers sind durch die Zweckbindung der überlassenen Sachen beschränkt. Folglich darf die MAV auch nach Erledigung Akten vernichten, wenn kein Aufbewahrungszweck mehr zu verfolgen ist, weil die Akten für die Arbeit der MAV ohne jegliches Interesse sind.[54] Für jede MAV ist aber von Interesse, wann der Dienstgeber z. B. Entscheidungen darüber getroffen hat, wer in seiner Einrichtung Mitarbeiter in leitender Stellung (§ 3 Abs. 2 Nr. 4) oder Mitarbeiter ist, der zur selbständigen Entscheidung über Einstellungen, Anstellungen oder Kündigungen befugt ist (§ 3 Abs. 2 Nr. 3). Das gilt auch für Stellenpläne, Einstellungen, Eingruppierungen und Höhergruppierungen, die Mitteilung über die in der Einrichtung beschäftigten schwerbehinderten Menschen, Unterlagen über Arbeitsschutz und Unfallverhütung. Solche Akten haben Vergangenheits- und Zukunftsbezug. Akten über laufende Verhandlungen sind der nächsten MAV zu übergeben. Über Rechtsstreitigkeiten entscheidet das Kirchliche Arbeitsgericht gemäß § 2 Abs. 2 KAGO. Siehe auch § 17 Rn 126 ff.

---

50 *ArbG Paderborn*, 29. 12. 1954 – 1 Ca 566/54, AR-Blattei ES Betriebsverfassung X, Geschäftsführung des Betriebsrats 530.10 Nr. 6.
51 *LAG Hamm*, 21. 3. 1955 – 2 Sa 2/55, AR-Blattei ES 530.10 Nr. 6a.
52 Vgl. *Weber*, GK-BetrVG § 40 Rn 178, 180 m. N.
53 *Ilbertz/Widmaier*, BPersVG, § 44 Rn 22.
54 *Weber*, GK-BetrVG § 40 Rn 182.

IX. Sprechstunden

Die MAV kann zur Erfüllung ihrer Aufgaben (vgl. z. B. § 26 Abs. 3 Nr. 2) Sprechstunden **während** 75 **der Arbeitszeit** einrichten. Dazu hat sie sich wegen Zeit und Ort mit dem Dienstgeber zu verständigen. Die MAV soll u. a. in den Sprechstunden die Sorgen und Anregungen der Mitarbeiter erfahren. Dazu gehören auch die persönlichen dienstlichen Angelegenheiten und Beschwerden. Durch den Kontakt mit den Mitarbeitern wird die MAV in die Lage versetzt, mit dem Dienstgeber auf Abhilfe hinzuwirken (§ 26 Abs. 3 Nr. 2, § 27 Abs. 2 dritter Spiegelstrich). Der einzelne Mitarbeiter soll aber seinem **Vorgesetzten das Verlassen des Arbeitsplatzes anzeigen.**

Die MAV muss die **Häufigkeit** der Sprechstunden nach ihrem pflichtgemäßen Ermessen festsetzen. 76 Wenn sie dies trotz sachlichen Bedürfnissen nicht tut, kann hierin ein Pflichtenverstoß liegen. Die Sprechstunden müssen durch kundige Mitglieder der MAV abgehalten werden. Die Mitarbeiter dürfen am Besuch der Sprechstunde nicht gehindert werden, weil sonst die MAV ihre Aufgaben nicht ungehindert erfüllen kann (§ 18 Abs. 1). Durch den Besuch und die Abhaltung der Sprechstunden dürfen Minderungen der Bezüge nicht entstehen.

Die **Kosten** für die Einrichtung und den Betrieb der Sprechstunden trägt der **Dienstgeber**, der Raum, 77 Geschäftsbedarf und personelle Hilfen für die MAV zur Verfügung stellen muss (§ 17 Abs. 2).

X. Geschäftsordnung der MAV

1. Zweck der Geschäftsordnung

Gemäß § 14 Abs. 8 ist die MAV berechtigt, sich eine Geschäftsordnung zu geben. Es handelt sich um 78 die Feststellung eines Rechts, das bereits vor Einfügung in die Rahmen-MAVO für die MAV als selbstverständlich angesehen wurde. Die Vorschrift eröffnet weder Kompetenz- noch Verfahrensregelungen über den Rahmen der Ordnung hinaus. In der Geschäftsordnung werden Einzelheiten der Geschäftsführung der MAV geregelt. Das gilt insbesondere auch für die Koordination der Arbeit der MAV und der von ihr gebildeten Ausschüsse (§ 14 Abs. 10). Nach wie vor besteht keine Pflicht zum Beschluss einer Geschäftsordnung, weil die Regelung als Kann-Bestimmung der mehrgliedrigen MAV ein Ermessen einräumt, sich eine Geschäftsordnung zu geben. Hat die MAV sich eine Geschäftsordnung mit ordnungsgemäßer Beschlussfassung gegeben, so bedeutet dies auch für den Dienstgeber wirksame Selbstbindung der MAV an die Regeln der Geschäftsordnung, auf die er sich verlassen kann.[55]

2. Beschluss

Die Geschäftsordnung kommt durch einen Beschluss der MAV gemäß § 14 Abs. 5 zustande. Mangels besonderer Regelung über die Mehrheit zur Beschlussfassung über die Geschäftsordnung ist die absolute Mehrheit aller Mitglieder der MAV nicht erforderlich; es genügt bei Beschlussfähigkeit die Mehrheit der anwesenden MAV-Mitglieder (§ 14 Abs. 5 S. 2). Die Geschäftsordnung kann aber regeln, mit welchem Stimmenverhältnis sie geändert werden kann. Sie ist schriftlich abzufassen und vom Vorsitzenden der MAV zu unterschreiben und zum Bestandteil der diesbezüglichen Sitzungsniederschrift der MAV zu machen, wobei auch das Abstimmungsverhältnis zu nennen ist. Die Sitzungsniederschrift ist ebenfalls vom Vorsitzenden zu unterschreiben (§ 14 Abs. 6). Die Geschäftsordnung ist den Mitgliedern der MAV abschriftlich zur Kenntnisnahme zur Verfügung zu stellen und ebenso den Vertretungen gemäß §§ 48 ff., 52 und 53 sowie dem Dienstgeber im Rahmen des Gebots der vertrauensvollen Zusammenarbeit (§ 26 Abs. 1), vor allem aber auch wegen der womöglich gebildeten Ausschüsse und deren Zuständigkeit.

---

55 Vgl. *Bleistein*, Die Geschäftsordnung des Betriebsrats, in: b+p 1996, 356.

II. Die Mitarbeitervertretung

80 Die verabschiedete Geschäftsordnung gilt nur für die Dauer der Amtszeit der sie erlassenden MAV ohne Nachwirkung. Danach erlischt sie, so dass eine neu gewählte MAV sich eine neue Geschäftsordnung geben muss, wenn sie von der Bestimmung des § 14 Abs. 8 Gebrauch machen will.

81 Der Dienstgeber kann den Inhalt der Geschäftsordnung nicht (mit-)bestimmen. Verstößt aber die Geschäftsordnung der MAV gegen zwingende Bestimmungen der MAVO, etwa gegen das Gebot der Nichtöffentlichkeit der Sitzungen der MAV und ihrer Ausschüsse (§ 14 Abs. 4 S. 1), kann der Dienstgeber dies – ggf. im Wege der Unterlassungsklage beim Kirchlichen Arbeitsgericht (§ 2 Abs. 2 KAGO) – rügen. Denn durch die Geschäftsordnung dürfen zwingende Bestimmungen der MAVO nicht abgeändert werden (§ 55).[56] Andererseits können Einzelheiten zum Ablauf einer MAV-Sitzung und Organisationsfragen geregelt werden. Das kann sich insbesondere auf die Zusammenarbeit der MAV insgesamt im Verhältnis zu ihren Ausschüssen und der Ausschüsse zum Dienstgeber beziehen (§ 14 Abs. 10).

3. Beschlüsse der MAV im Umlaufverfahren

82 Die Regelung des **§ 14 Abs. 9** soll in Verbindung mit der Geschäftsordnung die Erledigung der Aufgaben der MAV erleichtern. Allerdings wird bei den erforderlichen Stimmen zur Abstimmung im Umlaufverfahren abweichend von § 14 Abs. 5 Einstimmigkeit aller Mitglieder der MAV verlangt. Es geht bei dem Umlaufverfahren nicht um die Frage der Beschlussfähigkeit der MAV gemäß § 14 Abs. 5 S. 1, weil die von der Ordnung verlangte Einstimmigkeit sich auf alle Mitglieder der MAV bezieht. Danach aber könnte das Umlaufverfahren auch unpraktisch werden, weil es durch eine Nein-Stimme oder eine Enthaltung gegenstandslos wird. Es bleibt in das Belieben der MAV gestellt, ob sie sich überhaupt zur Beschlussfassung des Umlaufverfahrens bedienen will, einmal durch die Aufnahme in die Geschäftsordnung überhaupt und dann im Wege der Praxis, insbesondere bei kurzen Reaktionsfristen für die MAV (§ 31 Abs. 2, § 33 Abs. 2 S. 4). Offen ist, welche Gegenstände überhaupt für das Umlaufverfahren geeignet sein sollen und welche Voraussetzungen die Beschlussfassung im Umlaufverfahren ermöglichen sollen. Die Art der Kommunikation ist festzulegen, nämlich Rundschreiben, Ferngespräch oder E-Mail des Vorsitzenden der MAV und die Rückmeldung der Mitglieder der MAV. Ferner ist an die in § 13b genannten Fälle des Eintritts des Ersatzmitgliedes in die MAV zu denken und an die Beteiligung des Ersatzmitgliedes unter den Voraussetzungen seiner Aktivierungsmöglichkeit. Denn ohne Beteiligung des einsetzbaren Ersatzmitgliedes der MAV ist die Beschlussfassung im Umlaufverfahren blockiert. Diese Dinge müssten in der Geschäftsordnung geregelt werden. Dabei ist insbesondere auf die Fälle Rücksicht zu nehmen, in denen der Dienstgeber zu schriftlicher Information verpflichtet ist (§§ 30 Abs. 1, 30a, 31 Abs. 1). Ohne Geschäftsordnung der MAV ist die Beschlussfassung der MAV im Umlaufverfahren gar nicht möglich (**§ 14 Abs. 9 S. 1**).

83 Die im Umlaufverfahren erzielten Beschlüsse sind spätestens in der Niederschrift der nächsten Sitzung im Wortlaut festzuhalten (**§ 14 Abs. 9 S. 2**).

4. Inhalt der Geschäftsordnung

84 Die Geschäftsordnung der MAV könnte den nachstehenden Wortlaut haben. Dabei ist allerdings zu beachten, dass es in jeder Einrichtung Besonderheiten zur Bewältigung des Betriebsablaufs gibt, auf die zusätzlich Rücksicht zu nehmen ist. Das gilt auch für die Mitarbeitervertretungen, die Ausschüsse bilden.

> Muster für die Geschäftsordnung einer mehrgliedrigen MAV
>
> Geschäftsordnung der Mitarbeitervertretung der/des .... (Einrichtung(Dienststelle)) in .... gemäß Beschluss vom ....

---

56 Vgl. auch: *BAG*, 28. 10. 1992 – 7 ABR 14/92, DB 1993, 840.

§ 1
Geltung

Diese Geschäftsordnung beruht auf § 14 Abs. 8 MAVO des Bistums
.... vom .... (Amtsblatt ....)
und gilt für die Dauer der gegenwärtigen Amtszeit der Mitarbeitervertretung (MAV); zu ihrer Änderung bedarf es eines Beschlusses der Mehrheit der Mitglieder der MAV.

§ 2
Vorstand

(1) Die MAV hat einen Vorsitzenden, einen stellvertretenden Vorsitzenden und einen Schriftführer, deren Amtszeit bis zum Ende der Amtszeit der MAV gilt; sie beginnt mit der Annahme der Wahl zu der jeweiligen Funktion.

(2) Der Vorsitzende führt die laufenden Geschäfte der MAV, im Falle seiner Abwesenheit sein Stellvertreter. Er lädt zu den Sitzungen der MAV unter Angabe der Tagesordnung ein und leitet sie.

(3) Soweit keine Beschlüsse gefasst werden, können der Vorsitzende oder sein Stellvertreter keine für die MAV verbindlichen Erklärungen gegenüber Dritten abgeben. Dasselbe gilt für die anderen Mitglieder der MAV.

(4) Der Vorsitzende unterrichtet die MAV in ihrer Sitzung über die Gespräche mit dem Dienstgeber und seinen Beauftragten und über Zugänge von Erklärungen des Dienstgebers. Dasselbe gilt für den stellvertretenden Vorsitzenden und jedes einzelne Mitglied der MAV, die mit Dritten Gespräche in MAV-Angelegenheiten geführt oder Erklärungen entgegengenommen oder abgegeben haben.

(5) Gemäß § 14 Abs. 1 S. 5 MAVO wird das MAV-Mitglied N. N. zur Entgegennahme von Erklärungen zusätzlich berechtigt.

§ 3
Sitzungen

(1) Die regelmäßigen Sitzungen der MAV finden am .... statt.

(2) Besondere Sitzungen werden mit einer Frist von mindestens ... Tagen auf Verlangen der Mehrheit der Mitglieder der MAV unter Angabe der Tagesordnung einberufen oder in der vorangehenden Sitzung festgelegt.

(3) Eilbedürftige Sitzungen wegen Eilentscheidungen in den Fällen der §§ 30, 31, 33 Abs. 2, 34 MAVO werden ohne Frist einberufen.

(4) Zu jeder Sitzung ist schriftlich mit Angabe der Tagesordnung und Beifügung der Sitzungsunterlagen einzuladen (§§ 14 Abs. 3 MAVO).

(5) Zu als eilbedürftig einzustufenden Sitzungen kann mündlich unter Angabe des Grundes eingeladen werden. Die Unterlagen sind in der Sitzung bekannt zu geben.

§ 4
Teilnehmer

(1) An den Sitzungen der MAV nehmen außer den Mitgliedern teil
– der Dienstgeber je nach Tagesordnung,
– der Sprecher oder die Sprecherin der Jugendlichen und Auszubildenden,
– die Vertrauensperson der schwerbehinderten Menschen,
– der Vertrauensmann der Zivildienstleistenden im Falle seines Antrages.

Sie sind zur Tagesordnung antragsberechtigt.

(2) Die Erschienenen tragen sich in die Anwesenheitsliste ein.

(3) Werden Dritte zu den Sitzungen der MAV eingeladen, so ist zur Wahrung der Nichtöffentlichkeit für die Dauer ihrer Anwesenheit die Sitzung förmlich zu unterbrechen und nach Verabschiedung des Gastes wieder aufzunehmen.

§ 5
Verhinderung

(1) Ist ein Mitglied der MAV an der Teilnahme der Sitzung ganz oder teilweise verhindert, unterrichtet es den Vorsitzenden unter Angabe des Grundes, damit ggf. das Ersatzmitglied eingeladen werden oder ggfls. nachrücken kann. Dasselbe gilt entsprechend für den Vorsitzenden der MAV im Verhältnis zu seinem Stellvertreter.

(2) Ist neben dem Vorsitzenden auch sein Stellvertreter an der Teilnahme der Sitzung verhindert, so leitet das älteste Mitglied der MAV die Sitzung und lädt erforderlichenfalls zur Sitzung unter Abgabe der Tagesordnung und mit Benachrichtigung der Ersatzmitglieder ein.

§ 6
Beschlussfähigkeit

(1) Die Sitzungen der MAV werden eröffnet mit der Feststellung
– der Beschlussfähigkeit der MAV (§ 14 Abs. 5 S. 1 MAVO) und
– der ordnungsgemäßen Einladung,
– der Billigung der Tagesordnung, soweit sie noch nicht beschlossen worden war.

Ergänzungen der Tagesordnung erfolgen auf Antrag und auch in dringenden Fällen durch Beschluss aller Mitglieder der MAV in der Sitzung. Im Übrigen sind Anträge zur Tagesordnung bis spätestens zum Sitzungsbeginn einzureichen.

(2) Ist die MAV nicht beschlussfähig, wird die Sitzung vertagt.

§ 7
Sitzungsverlauf

(1) Beantragt der Dienstgeber die Sitzung der MAV, bestimmt er die zu behandelnden Tagesordnungspunkte für die Einladung durch den Vorsitzenden der MAV.

(2) In die Tagesordnung führen die Antragsteller oder der Vorsitzende ein.

(3) Der Vorsitzende erteilt als Sitzungsleiter nach der Reihenfolge der Wortmeldungen mit Ausnahme bei Anträgen zur Geschäftsordnung das Wort; er entzieht es, wenn unsachliche Beiträge geleistet werden. Er kann die Sitzung nicht abbrechen, kein MAV-Mitglied von der Beratung ausschließen, Befangenheit ausgenommen. Sitzungen können jedoch durch Vertagung unterbrochen werden.

§ 8
Beschlüsse

(1) Beschlüsse sind zulässig über Tagesordnungspunkte, die beraten worden sind. Sie bedürfen zu ihrer Wirksamkeit der Mehrheit der anwesenden Mitglieder der MAV, bei Anträgen der Sprecher der Jugendlichen und Auszubildenden, der Vertrauensperson der schwerbehinderten Menschen oder des Vertrauensmannes der Zivildienstleistenden unter Einschluss dieser Vertreter.

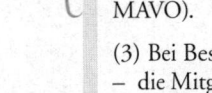

(2) Bei fehlender Beschlussfähigkeit können Beschlüsse nicht gefasst werden (§ 14 Abs. 5 S. 1 MAVO).

(3) Bei Beschlussfassung sind stimmberechtigt
– die Mitglieder der MAV, soweit nicht Befangenheit außerhalb des organisatorischen Bereichs der MAV vorliegt,

– der Sprecher der Jugendlichen und Auszubildenden, wenn er einen Antrag gestellt hat (§ 51 Abs. 1 S. 2 Nr. 2 MAVO),
– die Vertrauensperson der schwerbehinderten Menschen, wenn sie einen Antrag gestellt hat (§ 52 Abs. 1 S. 2 Nr. 2 MAVO),
– der Vertrauensmann der Zivildienstleistenden, wenn er einen Antrag gestellt hat (§ 53 Abs. 1 MAVO).

(4) Soll über einen Antrag Beschluss gefasst werden, der nicht auf der mit der Einladung zur Sitzung mitgeteilten Tagesordnung genannt war, ist die Anwesenheit aller Mitglieder der MAV erforderlich; kein Mitglied darf der Beschlussfassung widersprechen.

(5) Beschlüsse werden mit der Mehrheit der Stimmen der an der Beschlussfassung Beteiligten durch Handaufheben, auf Antrag in geheimer Abstimmung gefasst. Geheime Abstimmung erfolgt stets bei Anwesenheit eines betroffenen Mitgliedes der MAV, soweit es nicht ohnehin von der Beratung ausgeschlossen ist.

(6) Abstimmungen sind in der Weise durchzuführen, dass der Vorsitzende den Wortlaut des Antrags vorträgt, dann die dem Antrag zustimmenden Stimmen, dann die Enthaltungen und zum Schluss die Gegenstimmen ermittelt.

(7) Beschlüsse werden im Umlaufverfahren gemäß den technischen Gegebenheiten beim Dienstgeber durch den Vorsitzenden der MAV herbeigeführt, wenn die ordentlichen Mitglieder der MAV vollzählig erreichbar sind und unter Einschluss des Vorsitzenden Einstimmigkeit erzielt worden ist. Darüber ist in der nächsten Sitzung der MAV ein Vermerk in die Niederschrift aufzunehmen.

§ 9
Protokollführung

(1) Über die Sitzungen ist ein Protokoll zu führen. Beschlüsse sind wörtlich wiederzugeben. Das Abstimmungsergebnis ist festzuhalten.

(2) Die Niederschrift enthält folgenden förmlichen Aufbau zur Darstellung des äußeren Verlaufs der Sitzung
– Sitzungstag, Beginn, Ende, Ort der Sitzung,
– Anwesende (Anwesenheitsliste),
– Abwesende: entschuldigt, unentschuldigt,
– Ordnungsmäßigkeit der Einladung,
– Beschlussfähigkeit,
– Tagesordnung,
– Wortlaut der Beschlüsse mit dem jeweiligen Stimmenverhältnis (§ 14 Abs. 6 S. 1 MAVO).

(3) Die Niederschrift ist vom Vorsitzenden (Leiter der Sitzung) zu unterzeichnen (§ 14 Abs. 6 S. 2 MAVO) und den Mitgliedern der MAV zuzuleiten, ggf. auszugsweise nach Maßgabe der Tagesordnung denen, die nicht Mitglieder der MAV sind, aber an der Sitzung teilgenommen haben.

(4) Ergebnisse der Verhandlungen mit dem Dienstgeber werden protokolliert und von diesem sowie dem Vorsitzenden unterschrieben.

§ 10
Aufbewahrung der Unterlagen

Die Sitzungsunterlagen, Protokolle, Erklärungen der MAV, des Dienstgebers und die Dienstvereinbarungen und sonstigen Materialien werden an näher bezeichneter Stelle unter Verschluss verwahrt und können von jedem Mitglied der MAV eingesehen werden.

§ 11
Sprechstunden

(1) Die MAV hält für die Mitarbeiter Sprechstunden (z. B.:
- nach Maßgabe näherer Bekanntmachung,
- wöchentlich am .... in der Zeit von .... bis .... Uhr in ....,
- nach Vereinbarung).

(2) Mit der Abhaltung der Sprechstunden wird ein Mitglied der MAV beauftragt, welches den Sprecher der Jugendlichen und Auszubildenden, die Vertrauensperson der schwerbehinderten Menschen oder den Vertrauensmann der Zivildienstleistenden hinzuziehen kann.

§ 12
Ausschüsse

Die Aufgaben der MAV werden gemäß § 14 Abs. 10 MAVO nach Maßgabe ihrer Beschlüsse Ausschüssen übertragen. Die Ausschüsse können zu ihren Sitzungen den Sprecher der Jugendlichen und Auszubildenden, die Vertrauensperson der schwerbehinderten Menschen oder den Vertrauensmann der Zivildienstleistenden je nach sachlichem Zusammenhang zur Beratung hinzuziehen. Haben Ausschüsse abschließende Entscheidungskompetenz, sind die Mitglieder der vorgenannten Gremien je nach Tagesordnung zur Sitzung des Ausschusses einzuladen. Ausschüsse sollen mit anderen Gremien des Dienstgebers außerhalb der MAVO zusammenarbeiten. Gemäß § 27a Abs. 4 S. 1 MAVO behält sich die MAV die Bildung eines entsprechenden Ausschusses zur Wahrnehmung der Rechte gemäß § 27a Abs. 1 MAVO vor.

§ 13
Mitarbeiterversammlung

(1) Die Mitarbeiterversammlung wird einberufen entweder
a) auf Beschluss der MAV,
b) auf Verlangen von einem Drittel der wahlberechtigten Mitarbeiter oder
c) auf Verlangen des Dienstgebers unter Angabe der Tagesordnung

durch den Vorsitzenden (§ 21 Abs. 1 S. 2, Abs. 3 MAVO). Dasselbe gilt für Teilversammlungen (§ 4 S. 2 MAVO).

(2) Den Termin für die Mitarbeiterversammlung legt in der Regel die MAV fest. Die Einladung ergeht durch Aushang am Schwarzen Brett oder E-Mail an die Mitarbeitrinnen und Mitarbeiter zwei Wochen vor der Mitarbeiterversammlung unter Angabe von Ort, Zeit und Tagesordnung. Die Mitarbeiterinnen und Mitarbeiter können zu schriftlichen Anregungen und Fragen zu interessierenden Themen aufgefordert werden, damit sie in der Mitarbeiterversammlung behandelt werden können.

(3) Mit dem Dienstgeber wird sichergestellt, dass die Versammlung stattfinden kann. Soll der Dienstgeber an der Versammlung teilnehmen, wird er eingeladen; soweit er selbst die Mitarbeiterversammlung gewünscht hat, nimmt er an ihr teil (§ 21 Abs. 3 S. 2 und 4 MAVO).

(4) Leiter der Mitarbeiterversammlung ist der Vorsitzende der MAV, bei seiner Verhinderung sein Stellvertreter.

(5) Den mit der MAV rechtzeitig abgestimmten Tätigkeitsbericht trägt der Vorsitzende der MAV, das eine oder andere beauftragte Mitglied der MAV je nach Aufgabenverteilung, insbesondere in den Ausschüssen, der Mitarbeiterversammlung zur Beratung und Abstimmung vor. Die MAV berät den Tätigkeitsbericht vor dem Termin der Mitarbeiterversammlung in einer ihrer Sitzungen. Deshalb ist der Tätigkeitsbericht mit der Einladung zu der Sitzung der MAV an ihre Mitglieder zu verschicken.

§ 14
Teilversammlung

(1) Werden Teilversammlungen i. S. v. § 4 S. 2 MAVO nach Genehmigung des Dienstgebers durchgeführt, führt den Vorsitz der Vorsitzende oder sein Stellvertreter. Stimmberechtigung gilt nur für eine Teilversammlung.

(2) Schließt die Teilversammlung an eine vorangegangene Teilversammlung an, so ist zu Beginn der Teilversammlung über den Verlauf der vorangegangenen Teilversammlung unter Angabe der Beschlüsse zu berichten.

§ 15
Eilfälle zur Beteiligung der MAV

Behandelt der Dienstgeber eine Maßnahme als eilbedürftig (§ 31 Abs. 2 S. 2, § 33 Abs. 2 S. 3 MAVO), wird die MAV unverzüglich durch den Vorsitzenden oder seinen Stellvertreter zur Sitzung einberufen. Besteht ein Eil-Ausschuss, so wird dieser nach Maßgabe der ihm von der MAV übertragenen Kompetenz vom Vorsitzenden einberufen. Der Eil-Ausschuss berichtet durch den Vorsitzenden oder den stellvertretenden Vorsitzenden der MAV über die getroffenen Entscheidungen. Der Dienstgeber ist über die Existenz eines Eilausschusses zu informieren.

§ 16
Gespräche mit dem Dienstgeber gemäß § 39 MAVO

(1) Lädt der Dienstgeber gemäß § 39 Abs. 1 MAVO zur gemeinsamen Sitzung ein, nimmt die MAV insgesamt teil.

(2) Verlangt die MAV eine gemeinsame Sitzung mit dem Dienstgeber aus besonderem Grund (§ 39 Abs. 1 S. 2 MAVO), ist dies nach Beratung der zu besprechenden Themen in der MAV, ggf. unter Berücksichtigung der Wünsche der Gremien i. S. v. §§ 48, 52 und 53 MAVO möglich.

§ 17
Gesamtmitarbeitervertretung

Besteht die Möglichkeit der Bildung einer Gesamtmitarbeitervertretung i. S. v. § 24 Abs. 1 MAVO, ergreift die MAV die Initiative zu ihrer Bildung. Das in die Gesamtmitarbeitervertretung entsandte Mitglied ist der MAV berichtspflichtig. Ihm kann Weisung erteilt werden. Entsprechendes gilt im Falle des § 24 Abs. 2 MAVO.

§ 18
Arbeitsgemeinschaft der Mitarbeitervertretungen

Die MAV beteiligt sich nach Maßgabe diözesaner Ordnung an der Diözesanen Arbeitsgemeinschaft der Mitarbeitervertretungen (DiAG-MAV). Das in die DiAG-MAV oder in eine Fachgruppe der DiAG-MAV entsandte Mitglied ist der MAV berichtspflichtig.

§ 19
Streitigkeiten

(1) Im Falle von Streitigkeiten stellt die MAV wenigstens ein Mitglied zur Wahrnehmung ihrer Interessen vor der streitentscheidenden Instanz.

(2) Bei der Vorbereitung auf ein Streitverfahren wird geprüft, ob sich die MAV eines Rechtsbeistandes bedienen soll (§ 17 Abs. 1 S. 2 dritter und vierter Spiegelstrich MAVO), wobei die Bestimmungen des Verfahrensrechts und zur Kostenlast (§ 12 KAGO) beachtet werden.

§ 20
Inkrafttreten

.... Ort, Datum .... Unterschrift des Vorsitzenden

XI. Ausschüsse der MAV

1. Vorbemerkung

85 Das BetrVG schreibt in seinem § 27 die Bildung eines Betriebsausschusses vor, wenn der Betriebsrat neun oder mehr Mitglieder hat. Der Betriebsausschuss besteht stets aus dem Vorsitzenden des Betriebsrats, dessen Stellvertreter und zusätzlichen Ausschussmitgliedern, deren Anzahl abhängig von der Größe des Betriebsrats ist. Ist ein Betriebsausschuss gewählt, so können weitere Ausschüsse gebildet werden (§ 28 BetrVG). Die Regelung der MAVO ist § 23 Abs. 3 MVG.EKD nachgebildet. Danach ist die Bildung eines Hauptausschusses nicht die Voraussetzung für weitere Ausschüsse.

2. Mehrgliedrige MAV

86 Gemäß **§ 14 Abs. 10 S. 1** kann die mehrgliedrige MAV mit mehr als drei Mitgliedern aus ihrer Mitte Ausschüsse bilden. Der jeweils gebildete Ausschuss muss aus mindestens drei Mitgliedern bestehen. Das bedeutet praktisch, dass nur in großen Mitarbeitervertretungen von der Möglichkeit zur Bildung von Ausschüssen überhaupt Gebrauch gemacht werden kann. Der gemäß § 14 Abs. 10 S. 1 gebildete Ausschuss wird mit Aufgaben zur selbständigen Erledigung betraut. Er ist nicht mit einem reinen Arbeitsausschuss zur Vorbereitung von Sitzungsthemen für die MAV zu verwechseln.[57] Der Vorsitzende der MAV und sein Stellvertreter sind nicht geborene Mitglieder des Ausschusses. Die Bestellung der Ausschussmitglieder erfolgt durch die Wahl der Mitglieder der MAV. Gemäß § 24 Abs. 6 gilt die Vorschrift zur Bildung von Ausschüssen auch für die Gesamtmitarbeitervertretung und die erweiterte Gesamtmitarbeitervertretung wie auch für die Sondervertretung (§ 23) und die gemeinsame Mitarbeitervertretung i. S. v. § 1b. Die MAV kann die Bildung eines Ausschusses zur Wahrnehmung der Informationsrechte nach § 27a Abs. 1 beschließen (§ 27a Abs. 4 S. 1). Soweit es zur ordnungsgemäßen Erfüllung der Aufgaben dieses Ausschusses erforderlich ist, hat der Dienstgeber sachkundige Mitarbeiterinnen und Mitarbeiter zur Verfügung zu stellen (§ 27a Abs. 4 S. 2).

3. Aufgaben

87 Den Ausschüssen können gemäß **§ 14 Abs. 10 S. 2** Aufgaben zur selbständigen Erledigung übertragen werden. Ausgenommen davon sind allerdings näher bestimmte Beteiligungsfälle, wie:
– die Anhörung und Mitberatung vor der dienstgeberseitigen Kündigung i. S. d. §§ 30–31,
– der Abschluss einer Dienstvereinbarung,
– die Kündigung von Dienstvereinbarungen.

88 Die selbständige Erledigung von Aufgaben gehört nicht zu den unverzichtbaren Aufgaben eines Ausschusses. Ausreichend ist eine mitarbeitervertretungsrechtliche Aufgabe.[58]

89 Die MAV kann die Übertragung von Aufgaben zur selbständigen Erledigung durch Beschluss wieder zurücknehmen. Der dazu erforderliche Widerruf an den Ausschuss bedarf des Beschlusses der Mehrheit der Mitglieder der MAV (§ 14 Abs. 10 S. 4). **Die Übertragung von Aufgaben zur selbständigen Erledigung ist dagegen an die qualifizierte Mehrheit von drei Vierteln der Mitglieder der MAV gebunden** (§ 14 Abs. 10 S. 3). Die Form des Widerrufs ist nicht geregelt. Durch die Geschäftsordnung kann allerdings das Verfahren zur Bestellung und Abberufung von Ausschüssen und der Aufgabenzuteilung und Aufgabenwegnahme näher geregelt werden. Daher ist auch an geheime Abstimmung zur Bestellung der Mitglieder des Ausschusses zu denken.

90 Gemäß § 14 Abs. 10 S. 5 sind Übertragung und Widerruf von Aufgaben eines Ausschusses dem Dienstgeber schriftlich mitzuteilen. Dieser muss wissen, unter welchen Voraussetzungen er die MAV wirksam an seinen Maßnahmen beteiligen kann. Neue Mitarbeitervertretungen schreiten daher zur Aufgabenteilung und Ausschussbildung erst dann, wenn die Mitglieder des Ausschusses genü-

---

57 *Schlichtungsstelle Köln*, 17. 12. 1998 – MAVO 3/98.
58 *Schlichtungsstelle Köln*, 17. 12. 1998 – MAVO 3/98.

gende Kenntnisse auf den Gebieten, die sie zu verantworten haben, besitzen, um in die Verhandlungen mit dem Dienstgeber in verantwortlicher Weise eintreten zu können.

Der Aufgabenkreis der Ausschüsse ist sorgfältig festzulegen, um Kompetenzüberschreitungen zu vermeiden. Meinungsverschiedenheiten über die Zuständigkeit eines Ausschusses sind mit Dreiviertelmehrheit der MAV zu entscheiden, weil die Bestellung des Ausschusses ebenfalls mit Dreiviertelmehrheit der Mitglieder der MAV erfolgt. 91

Als problematisch ist die Kompetenz von Ausschüssen zur selbständigen Erledigung von beteiligungspflichtigen Angelegenheiten (Anhörung, Mitberatung, Vorschlagsrecht, Zustimmung und Antrag) zu werten. In der mitarbeitervertretungsrechtlichen Praxis muss es sich zeigen, ob die Erledigung wesentlicher Aufgaben der MAV durch nur wenige Mitglieder sinnvoll ist. Der Konflikt ist nicht auszuschließen, wenn Entscheidungen des Ausschusses auf mehrheitliche Kritik der gesamten MAV stoßen. An den vorangegangenen Entscheidungen des Ausschusses ist nichts mehr zu ändern, wenn er im Rahmen seiner Kompetenz gehandelt hat und sein Beschluss Rechtswirkung außerhalb der MAV erzielt hat, z. B. durch Mitteilung an den Dienstgeber.[59] 92

XII. Mitarbeit der MAV in der Diözesanen Arbeitsgemeinschaft der Mitarbeitervertretungen (DiAG-MAV)

Die MAV bildet zusammen mit den anderen Mitarbeitervertretungen im Bereich der Diözese bzw. im Geltungsbereich der diözesanen MAVO die »Diözesane Arbeitsgemeinschaft der Mitarbeitervertretungen« (§ 25). Die Zusammensetzung ihrer Mitgliederversammlung und die Wahl ihres Vorstandes werden in unterschiedlichen diözesanen Sonderbestimmungen geregelt (§ 25 Abs. 3 S. 2).[60] Demnach entsendet jede MAV – in der Regel – eines ihrer Mitglieder in die Mitgliederversammlung der Diözesanen Arbeitsgemeinschaft. Aber wegen der in großen Diözesen hohen Zahl der betrieblichen Mitarbeitervertretungen sind zur Strukturierung der Arbeit in der DiAG-MAV sog. Fachbereiche – auch Teilversammlungen – vorgeschrieben, die mit Delegierten aus den zum Fachbereich gehörenden Mitarbeitervertretungen beschickt werden. Dazu hat die jeweils beteiligte MAV gemäß erlassenen diözesanen Sonderbestimmungen aus ihrer Mitte einen Delegierten zu ernennen und dieses Mitglied dem Vorsitzenden des Fachbereichs zu benennen. Der lädt die Delegierten zu den Sitzungen des Fachbereichs ein. Zur Beendigung der Delegation bestehen ebenfalls besondere diözesane Regelungen unter Bezugnahme auf die Bestimmungen der MAVO über die Amtszeit der MAV und ihrer Mitglieder (§ 13, §§ 13a, 13c). Die Ruhensvorschrift des § 13b Abs. 3 findet entsprechende Anwendung. Ob das delegierte Mitglied der MAV von dieser durch Beschluss der berufenen MAV vorzeitig abberufen werden kann, richtet sich nach den diözesanen Sonderbestimmungen.[61] 93

XIII. Streitigkeiten

Rechtsstreitigkeiten auf dem Gebiet der Geschäftsführung der MAV oder ihres Vorsitzenden, zu den Wahlen innerhalb der MAV, aus Anlass der Bildung von Ausschüssen, der Frage wirksamer Aufgabenübertragung oder des Widerrufs der Aufgabenübertragung einschließlich der Delegation von Mitgliedern der MAV in die Diözesane Arbeitgemeinschaft der Mitarbeitervertretungen (§ 25) gemäß Sonderbestimmungen zur MAVO sind gemäß § 2 Abs. 2 KAGO vom Kirchlichen Arbeitsgericht zu entscheiden. Verfahrensbeteiligte können je nach dem Gegenstand der Rechtsstreitigkeit sein: 94
a) die MAV und der Dienstgeber in Angelegenheiten der MAVO,
b) die MAV, der Dienstgeber, die einzelnen Mitarbeiter und die Wahlorgane in Angelegenheiten des Wahlverfahrensrechts und des Rechts der Mitarbeiterversammlung,

---

59 *Tiggelbeck*, in: Freiburger Kommentar zur MAVO § 14 Rn 56.
60 Vgl. dazu z. B.: Kirchlicher Anzeiger für die Diözese Aachen 2009 Nr. 107 S. 118; Amtsblatt Bistum Essen 2009 Nr. 69 S. 135; Amtsblatt des Erzbistums Köln 2008 Nr. 178 S. 206.
61 Vgl. z. B. § 5 Abs. 3 Sonderbestimmungen gemäß § 25 Abs. 1 und 4 MAVO – Diözesane Arbeitsgemeinschaft der Mitarbeitervertretungen im Bistum Essen, Amtsblatt Bistum Essen 2009 Nr. 69 S. 135.

c) die Organe der diözesanen Arbeitsgemeinschaft, der Dienstgeber und das beteiligte Bistum in Angelegenheiten aus dem Recht der Arbeitsgemeinschaften für Mitarbeitervertretungen einschließlich dazu bestehender Sonderbestimmungen,
d) in Angelegenheiten gemäß § 8 Abs. 2 Buchstabe d KAGO die jeweils betroffene Person, die MAV und der Dienstgeber.

Zur Beiladung siehe § 9 KAGO. Die Klage ist nur zulässig, wenn die klagende Partei geltend macht, in eigenen Rechten verletzt zu sein, oder wenn sie eine Verletzung von Rechten eines Organs, dem sie angehört, geltend macht (§ 10 KAGO).

95 Im Übrigen hat die MAV in den Fällen beabsichtigter Anträge an das Kirchliche Arbeitsgericht sorgfältig darauf zu achten, dass sie im Verfahren vor dem Kirchlichen Arbeitsgericht den Nachweis erbringen kann, dass dazu, sei es im Beschlussverfahren oder in einem Klageverfahren, ordnungsgemäß Beschluss gefasst worden ist. Dazu dienen die Einladung zur Sitzung mit Angabe der Tagesordnung und die Sitzungsniederschrift mit der Beschlussfassung sowie der Angabe der Beschlussfähigkeit auf der Grundlage der erforderlichen Anzahl der erschienenen Mitglieder der MAV (§ 14 Abs. 5 S. 1; Rn 58 ff.). Wesentliche Voraussetzung für das ordnungsgemäße Zustandekommen eines Beschlusses der MAV ist die ordnungsgemäße Ladung aller ihrer Mitglieder einschließlich etwaiger Ersatzmitglieder unter Mitteilung der Tagesordnung. Das gilt grundsätzlich auch, wenn ein Mitglied der MAV wegen Urlaubs oder vorübergehender Erkrankung verhindert ist. Dabei ist zu berücksichtigen, dass aufgrund der Regelung in § 13b Abs. 2 die MAV zuvor die zeitweilige Verhinderung eines MAV-Mitglieds festzustellen hat. Die Feststellung kann in der vorausgehenden Sitzung der MAV getroffen werden, oder das Ersatzmitglied der MAV muss vorsorglich zu der Sitzung geladen werden und die MAV hat zu Beginn der Sitzung über die zeitweilige Verhinderung des MAV-Mitglieds zu entscheiden, ehe das Ersatzmitglied an der Sitzung der MAV mit Stimmrecht teilnehmen darf. Im Falle einer vorübergehenden Verhinderung eines MAV-Mitglieds ist jedoch zu berücksichtigen, dass ein Verstoß gegen Verfahrensvorschriften nur dann angenommen werden kann, wenn die vorübergehende Verhinderung vorhersehbar und die Ladung des Ersatzmitgliedes überhaupt noch möglich ist.[62]

§ 15 Rechtsstellung der Mitarbeitervertretung

(1) Die Mitglieder der Mitarbeitervertretung führen ihr Amt unentgeltlich als Ehrenamt.

(2) Die Mitglieder der Mitarbeitervertretung sind zur ordnungsgemäßen Durchführung ihrer Aufgaben im notwendigen Umfang von der dienstlichen Tätigkeit freizustellen. Die Freistellung beinhaltet den Anspruch auf Reduzierung der übertragenen Aufgaben.

(3)[1] Auf Antrag der Mitarbeitervertretung sind von ihrer dienstlichen Tätigkeit jeweils für die Hälfte der durchschnittlichen regelmäßigen Arbeitszeit einer oder eines Vollbeschäftigten freizustellen in Einrichtungen mit – im Zeitpunkt der Wahl – mehr als
– 300 wahlberechtigten Mitarbeiterinnen und Mitarbeitern zwei Mitarbeitervertreterinnen oder Mitarbeitervertreter,
– 600 wahlberechtigten Mitarbeiterinnen und Mitarbeitern drei Mitarbeitervertreterinnen oder Mitarbeitervertreter,
– 1000 wahlberechtigten Mitarbeiterinnen und Mitarbeitern vier Mitarbeitervertreterinnen oder Mitarbeitervertreter.

Dienstgeber und Mitarbeitervertretung können sich für die Dauer der Amtszeit dahingehend einigen, dass das Freistellungskontingent auf mehr oder weniger Mitarbeitervertreterinnen oder Mitarbeitervertreter verteilt werden kann.

---

62 *Kirchliches Arbeitsgericht der Diözese Rottenburg-Stuttgart*, 20. 3. 2009 – AS 29/08.
  1 Muster für eine diözesane Fassung.

(3a) Einem Mitglied der Mitarbeitervertretung, das von seiner dienstlichen Tätigkeit völlig freigestellt war, ist innerhalb eines Jahres nach Beendigung der Freistellung im Rahmen der Möglichkeiten der Einrichtung Gelegenheit zu geben, eine wegen der Freistellung unterbliebene einrichtungsübliche berufliche Entwicklung nachzuholen. Für ein Mitglied im Sinne des Satzes 1, das drei volle aufeinanderfolgende Amtszeiten freigestellt war, erhöht sich der Zeitraum nach Satz 1 auf zwei Jahre.

(4) Zum Ausgleich für die Tätigkeit als Mitglied der Mitarbeitervertretung, die aus einrichtungsbedingten Gründen außerhalb der Arbeitszeit durchzuführen ist, hat das Mitglied der Mitarbeitervertretung Anspruch auf entsprechende Arbeitsbefreiung unter Fortzahlung des Arbeitsentgelts. Kann ein Mitglied der Mitarbeitervertretung die Lage seiner Arbeitszeit ganz oder teilweise selbst bestimmen, hat es die Tätigkeit als Mitglied der Mitarbeitervertretung außerhalb seiner Arbeitszeit dem Dienstgeber zuvor mitzuteilen. Gibt dieser nach Mitteilung keine Möglichkeit zur Tätigkeit innerhalb der Arbeitszeit, liegt ein einrichtungsbedingter Grund vor. Einrichtungsbedingte Gründe liegen auch vor, wenn die Tätigkeit als Mitglied der Mitarbeitervertretung wegen der unterschiedlichen Arbeitszeiten der Mitglieder der Mitarbeitervertretung nicht innerhalb der persönlichen Arbeitszeit erfolgen kann. Die Arbeitsbefreiung soll vor Ablauf der nächsten sechs Kalendermonate gewährt werden. Ist dies aus einrichtungsbedingten Gründen nicht möglich, kann der Dienstgeber die aufgewendete Zeit wie Mehrarbeit vergüten.

(5) Kommt es in den Fällen nach den Absätzen 2 und 4 nicht zu einer Einigung, entscheidet auf Antrag der Mitarbeitervertretung die Einigungsstelle.

(6) Für Reisezeiten von Mitgliedern der Mitarbeitervertretung gelten die für die Einrichtung bestehenden Bestimmungen.

Übersicht

	Rn
I. Geltungsbereich der Vorschrift	1, 2
II. Zweck der Vorschrift	3
III. Die Rechtsstellung der Funktionsträger (§ 15 Abs. 1)	4– 8
1. Ehrenamt	4
2. Unentgeltlichkeit	5
3. Unfallversicherungsschutz	6– 8
IV. Freistellung von der Arbeitspflicht	9– 48
1. Vorbemerkung	9, 10
2. Der Freistellungsgrundsatz (§ 15 Abs. 2)	11– 24
a. Freistellung im notwendigen Umfang	11– 17
b. Abmahnung	18– 21
c. Abmeldung	22
d. Reduzierung der dienstlichen Aufgaben (§ 15 Abs. 2 S. 2)	23, 24
3. Freistellung von der dienstlichen Tätigkeit in großen Einrichtungen (§ 15 Abs. 3)	25– 39
a. Sinn der Vorschrift	25– 28
b. Die Zulässigkeit der Freistellung	29, 30
c. Zahl der freizustellenden Mitglieder der MAV	31, 32
aa. Bemessung nach der Zahl der Wahlberechtigten zum Zeitpunkt der Wahl der Mitarbeitervertretung	31
bb. Änderung des rechnerischen Freistellungskontingents während der Amtszeit der MAV	32
d. Umfang der Freistellung	33, 34
e. Freistellung von Teilzeitbeschäftigten	35
f. Sonderfälle	36, 37
g. Verhinderung freigestellter Mitglieder der MAV	38, 39
4. Verfahren zur Freistellung	40– 46
a. Bestimmung der freizustellenden Mitglieder durch die MAV	40– 43
b. Antrag der MAV	44, 45
c. Streitigkeiten	46
5. Wechsel in der Freistellung	47, 48
V. Rechtsstellung der freigestellten Mitglieder der MAV	49– 53
1. Freistellung von der beruflichen Tätigkeit	50– 52
2. Schulung	53
VI. Entgeltschutz, beruflicher Werdegang, Tätigkeitsschutz	54– 63
1. Entgeltschutz	55– 59
2. Gewährleistung des beruflichen Werdegangs (§ 15 Abs. 3a)	60– 62

II. Die Mitarbeitervertretung

	Rn		Rn
3. Tätigkeitsschutz	63	5. Inhaber der Ansprüche nach § 15 Abs. 4	87–89
VII. **Ausgleich für Tätigkeit als Mitglied der Mitarbeitervertretung außerhalb der Arbeitszeit (§ 15 Abs. 4)**	64–91	a. Das Mitglied der MAV	87
1. Zweck der Vorschrift	64–66	b. Reduzierung der übertragenen Aufgaben	88
2. Voraussetzungen für den Zeitausgleich	67–75	c. Anzeige der MAV-Tätigkeit	89
a. Mitglied der MAV	68	6. Fristen	90, 91
b. MAV-Tätigkeit	69	VIII. **Zeugnis über die Tätigkeit als MAV-Mitglied**	92, 93
c. Tätigkeit außerhalb der Arbeitszeit	70–72	IX. **Streitigkeiten**	94–104
d. Betriebsbedingte Gründe	73–75	1. Einigungsstelle, § 15 Abs. 5	94–96
3. Arbeitsbefreiung	76–84	2. Kirchliche Arbeitsgerichtsbarkeit	97, 98
a. Reduzierung der übertragenen Aufgaben	76, 77	3. Staatliche Gerichte	99–103
b. Freizeitausgleich	78–84	4. Kosten	104
4. Abgeltung	85, 86	X. **Reisezeiten der Mitglieder der MAV, § 15 Abs. 6**	105–115

I. Geltungsbereich der Vorschrift

1 Die Vorschrift gilt für:
   – die Mitglieder der MAV, für die Ersatzmitglieder dann, wenn sie in die MAV vorübergehend oder endgültig eingetreten sind,
   – die Mitglieder der gemeinsamen MAV (§ 1b),
   – die Mitglieder der Sondervertretung (§ 23),
   – die Mitglieder der Gesamtmitarbeitervertretung mit Ausnahme von § 15 Abs. 3 (§ 24 Abs. 6),
   – die Mitglieder der erweiterten Gesamtmitarbeitervertretung (§ 24 Abs. 2),
   – die Sprecher der Jugendlichen und Auszubildenden entsprechend (§ 51 Abs. 2 S. 1),
   – die Vertrauenspersonen der schwerbehinderten Menschen entsprechend (§ 52 Abs. 5),
   – den Vertrauensmann der Zivildienstleistenden insoweit, als er an den Sitzungen der MAV beratend teilnimmt (§ 53 Abs. 1 i. V. m. § 15 Abs. 2 und 4 analog).

2 Die Mitglieder des Wahlausschusses (§ 9) erhalten für ihre Tätigkeit Arbeitsbefreiung gemäß § 16 Abs. 2 S. 1. Die Mitglieder der KODA erhalten Freistellung von der Arbeitspflicht nach besonderen Vorschriften der jeweiligen KODA-Ordnung. Ist ein Mitglied der MAV zugleich Mitglied der KODA, so richten sich seine Freistellungsansprüche unabhängig voneinander nach den jeweils für seine Aufgaben spezifischen gesetzlichen Regelungen, also nach MAVO und nach KODA-Ordnung.

II. Zweck der Vorschrift

3 Die Vorschrift regelt die **Rechtsstellung der Mitglieder der Mitarbeitervertretung** und verdeutlicht, dass das Amt eines Mitgliedes der MAV ein **Ehrenamt** (Abs. 1) ist. Durch die Vorschrift des § 15 wird die **innere Unabhängigkeit der Mitglieder der MAV** geschützt, während die äußere Unabhängigkeit durch die §§ 18 und 19 geschützt wird. Schon durch die Bezeichnung Ehrenamt soll zum Ausdruck gebracht werden, dass das Mitglied der MAV für seine Tätigkeit keinerlei Entgelt oder Vergütung erhalten soll. Das wird durch die Vorschrift selbst ausdrücklich hervorgehoben. Danach ist die **Amtsführung unentgeltlich.** Einerseits sollen der MAV infolge der Amtstätigkeit keine Nachteile erwachsen, während sie andererseits durch die Amtstätigkeit keine Vorteile erlangen darf. Die durch die Tätigkeit in der MAV gegenüber dem vertraglich vereinbarten Aufgabengebiet vermehrte Verantwortung führt nicht zu einer höher vergüteten, etwa nach anderen Tätigkeitsmerkmalen zu beurteilenden höherwertigen Tätigkeit. Die **Mitarbeit in der MAV** ist nicht nach Tätigkeitsmerkmalen und Vergütungsgruppen zu beurteilen, sondern eben **unbezahlte Tätigkeit**, zu der freizustellen ist (Rn 9 ff.). Es ist den Mitgliedern der MAV untersagt, wirtschaftliche Vorteile oder sonstige Annehmlichkeiten aus ihrer Amtsführung zu ziehen. Andererseits darf einem Mitglied der MAV nicht die Übernahme

finanzieller Nachteile zugemutet werden. Der Ersatz erforderlicher und nachgewiesener Auslagen ist daher zulässig und durch § 17 Abs. 1 vorgeschrieben (§ 17 Rn 3).

III. Die Rechtsstellung der Funktionsträger (§ 15 Abs. 1)

1. Ehrenamt

Das Amt des Mitarbeitervertreters wird partikularkirchenrechtlich als Ehrenamt bezeichnet. Es setzt Mitarbeitereigenschaft voraus, während z. B. der Dienst als Ministrant, Lektor oder Chorsänger, als Pfarrgemeinderatsmitglied, Kirchenvorstands- oder Kirchenverwaltungsratsmitglied unabhängig von einer Mitarbeiterstellung in der Kirche erworben werden kann. Es ist ein Wahlamt durch den Diözesanbischof geschaffen mit Bestimmungen über Zugang und Beendigung des Amtes. Mit dem Amt sind Mitwirkungsrechte (§ 28) verbunden, die sich auf besonders genannte Angelegenheiten und Maßnahmen in einer Dienststelle oder bei einem Dienstgeber erstrecken. Die Mitarbeitervertreter sind aufgerufen, für die Belange der Mitarbeiter beim Dienstgeber vorstellig zu werden (§ 26 Abs. 1 S. 2), in ihrer Mitverantwortung für die Aufgabe der Einrichtung oder Dienststelle das Verständnis für den Auftrag der Kirche zu stärken und für eine gute Zusammenarbeit innerhalb der Dienstgemeinschaft (Präambel Rn 21 ff.) einzutreten (§ 26 Abs. 1 S. 3). **4**

2. Unentgeltlichkeit

Besonderes Merkmal der Amtsführung ist die Unentgeltlichkeit. Deshalb dürfen dem Mitglied der MAV wegen seiner Amtsführung weder vom Dienstgeber noch von anderen Personen eine Vergütung oder sonstige geldwerte Vorteile gewährt werden, soweit sie das Amt nicht durch die MAVO mit sich bringt.[2] Dem tatsächlichen Gewähren von Vorteilen materieller Art steht das Versprechen einer Leistung gleich.[3] Nach § 15 Abs. 1 verboten ist z. B. die Gewährung eines höheren Arbeitsentgelts als an vergleichbare Mitarbeiter, von Sitzungsgeldern, von Arbeitsentgelt trotz nicht erforderlicher Arbeitsversäumnis oder von Leistungen als angeblichen Ersatz für in Wirklichkeit nicht entstandene oder jedenfalls nicht erforderliche Aufwendungen.[4] Fordert die MAV für ihre Mitglieder oder gar für den Vorsitzenden in Anlehnung an die Praxis für Mitarbeiter in leitender Stellung eine monatliche pauschale Aufwandsentschädigung, also eine Vergütung für nicht einzeln nachzuweisende Auslagen und die Mühen für die Arbeit als MAV-Mitglied schlechthin, verstößt das gegen das Gebot der Unentgeltlichkeit. Entspräche der Dienstgeber dem Wunsch der MAV, würde er gegen § 15 Abs. 1 und das Begünstigungsverbot des § 18 Abs. 1 verstoßen (§ 18 Rn 13; § 17 Rn 1). **5**

3. Unfallversicherungsschutz

Für die Mitglieder der MAV besteht in der Regel Unfallversicherungsschutz. Sie sind Beschäftigte und werden aus dem Kreis der Mitarbeiter gewählt. Der für diese bestehende Versicherungsschutz erfasst auch ihre Tätigkeit als Mitglied der MAV, soweit es sich um einrichtungsbezogene Tätigkeit handelt.[5] Hat ein Mitglied der MAV auf Grund seines Dienstverhältnisses Anspruch auf Unfallfürsorge nach beamtenrechtlichen Vorschriften, so gelten diese auch mit Blick auf die Tätigkeit als Mitglied der MAV (§ 18 Abs. 3). Aufgabe der MAV ist nach der MAVO, zum Wohle der Einrichtung und ihrer Mitarbeiter zusammenzuwirken, mit dem Dienstgeber über Angelegenheiten im Rahmen der Beteiligungsrechte zu verhandeln (§§ 26 ff.). Unter Versicherungsschutz steht die Tätigkeit der MAV im gesamten innerbetrieblichen Bereich. Dazu gehören z. B. die Teilnahme an Sitzungen der MAV, der Gesamtmitarbeitervertretung und der diözesanen Arbeitsgemeinschaft der Mitarbeitervertretungen, Teilnahme an Mitarbeiterversammlungen, Schulungen i. S. v. § 16 Abs. 1. **6**

---

2 Vgl. auch zu § 37 Abs. 1 BetrVG: *Weber*, GK-BetrVG § 37 Rn 9 ff. m. N.
3 *Weber*, GK-BetrVG § 37 Rn 9 ff. m. N.
4 *Weber*, GK-BetrVG § 37 Rn 9 ff. m. N.
5 Vgl. *Fitting*, § 37 Rn 14; *BSG*, BB 1976, 980.

7 Die Teilnahme der Mitarbeiter an MAV-Wahlen ist in vollem Umfang, also bei Vorbereitung und Durchführung der Wahl, bei einer Tätigkeit als Kandidat oder als Mitglied des Wahlausschusses unfallversichert. Unter Versicherungsschutz steht auch die Tätigkeit der Sprecher der Jugendlichen und Auszubildenden (§§ 48 ff.), weil auch deren Aufgaben ebenso wie die Aufgaben der MAV einrichtungsbezogen sind. Ebenso wie die Tätigkeit der MAV steht auch die der Vertrauensperson der schwerbehinderten Menschen (§ 52) unter Versicherungsschutz. Die Aufgaben der Vertrauensperson der schwerbehinderten Menschen sind ausschließlich einrichtungsbezogen (§ 80 SGB IX).

8 Der Versicherungsfall tritt infolge von Arbeitsunfällen und Berufskrankheiten ein (§ 7 SGB VII). Arbeitsunfälle sind Unfälle von Versicherten infolge einer den Versicherungsschutz nach §§ 2, 3 oder 6 SGB VII begründenden Tätigkeit. Zu den versicherten Tätigkeiten zählen auch Wegeunfälle i. S. v. § 8 Abs. 2 SGB VII. Als Gesundheitsschaden gilt auch die Beschädigung oder der Verlust eines Hilfsmittels, z. B. Brille (§ 8 Abs. 3 SGB VII).

IV. Freistellung von der Arbeitspflicht

1. Vorbemerkung

9 Die Vorschriften der Absätze 2 und 3 regeln, dass die zur ordnungsgemäßen Ausübung des Ehrenamtes erforderliche Zeit durch Freistellung des einzelnen MAV-Mitgliedes von der dienstlichen Tätigkeit gewonnen wird, während in Abs. 4 der Freizeitausgleich für die regelmäßige Beanspruchung als MAV-Mitglied außerhalb der Arbeitszeit geregelt ist (Rn 64 ff.). Jedes Mitglied ist zur Tätigkeit nach Maßgabe der ihm durch seine Berechtigung auferlegten Pflichten gehalten, selbst tätig zu werden. **Delegation von Aufgaben auf Nichtmitglieder oder noch nicht in die MAV nachgerückte Ersatzmitglieder der MAV ist unzulässig.** Andererseits hat jedes Mitglied wegen seiner zusätzlichen Pflichten als Mitarbeiter begrenzten Anspruch auf Freistellung von seiner Arbeitspflicht und auf Aufgabenreduzierung (§ 15 Abs. 2 S. 2), u. a. auch um an Schulungsveranstaltungen (§ 16) teilnehmen zu können. Von Novellierung zu Novellierung hat der Freistellungsgedanke eine Weiterentwicklung erfahren. In § 13 Abs. 4 S. 2 MAVO 1971 war eine Kannvorschrift enthalten, nach der die MAV ihre Sitzungen während der Dienstzeit abhalten durfte, während in § 13 Abs. 4 S. 2 MAVO 1977 bereits davon die Rede war, dass die Sitzungen der MAV in der Regel während der Arbeitszeit stattfinden sollten, allerdings unter Rücksichtnahme auf die dienstlichen Erfordernisse (§ 13 Abs. 4 S. 3 MAVO 1977). Dazu gab es mit § 13 Abs. 9 MAVO 1977 eine Regelung zur Arbeitsbefreiung der Mitglieder der MAV nach Maßgabe des Umfangs und der Art der Dienststelle und der ordnungsgemäßen Durchführung der Aufgaben der MAV. Die Novelle von 1985 brachte mit § 14 Abs. 4 S. 2 die Klarstellung, dass die **Sitzungen der MAV regelmäßig während der Arbeitszeit in der Einrichtung** stattfinden. Bei Anberaumung und Dauer der Sitzung war auf die dienstlichen Erfordernisse Rücksicht zu nehmen (§ 14 Abs. 4 S. 3 a. F.). Diese Fassung ist in der Novelle 1995 unverändert erhalten geblieben (§ 14 Abs. 4 S. 2 und 3). Die Fassung der MAVO von 1985 führte mit § 15 Abs. 2 von der »Arbeitsbefreiung« (vgl. § 13 Abs. 9 MAVO 1977) zur »Freistellung« für die Durchführung erforderlicher MAV-Aufgaben (vgl. § 15 Abs. 2 a. F.). Der Wortlaut des § 15 Abs. 2 in der Fassung von 1985 ist identisch mit dem Wortlaut des § 15 Abs. 2 S. 1 der Novelle von 2003. Die Formulierung, wonach »von der dienstlichen Tätigkeit freizustellen« ist, bedeutet begrifflich Arbeitsbefreiung. Denn Befreiung und Freistellung von der dienstlichen Tätigkeit sind keine Gegensätze, weil sie beide die Entbindung von der etwa durch den Arbeitsvertrag festgelegten Funktion (Arbeitspflicht) regeln. Sie **unterscheiden** sich in ihren Voraussetzungen dadurch, dass nach **§ 15 Abs. 2** die Freistellung und Aufgabenreduzierung (Novelle 2003) nur zulässig ist, soweit dies der Umfang der ordnungsgemäßen Durchführung von MAV-Aufgaben »notwendig« macht, während nach **§ 15 Abs. 3** die Freistellung von der dienstlichen Tätigkeit von der Beschäftigtenzahl und einem diesbezüglichen Antrag der MAV abhängig ist, dass der Dienstgeber dann aber die Freistellung zu gewähren hat (§ 15 Abs. 3 S. 2). Im Kontext des Absatzes 3 mit Absatz 2 steht allerdings fest, dass bei weniger als 301 wahlberechtigten Mitarbeitern am Tage der Wahl eine Dauerfreistellung nicht einmal antei-

lig zulässig ist.⁶ § 15 Abs. 3 beinhaltet eine Obergrenze der Freistellung, keine Mindestgrenze. Die Freistellung gemäß § 15 Abs. 2 und die gemäß Absatz 3 unterscheiden sich ferner hinsichtlich der Rechtsfolgen in der Weise, dass die Freistellung nach Absatz 2 auf die Wahrnehmung einer konkreten Aufgabe beschränkt und damit vorübergehend ist, während die Freistellung nach Absatz 3 für die Dauer der Amtszeit der MAV erfolgt. Sie ist die ständige Entbindung von der beruflichen Tätigkeit zu einem Teil oder zur Gänze. Wird MAV-Tätigkeit betriebsbedingt außerhalb der Arbeitszeit des betroffenen Mitglieds der MAV ausgeübt, so ist dafür gemäß **§ 15 Abs. 4** ein Ausgleich vorgesehen (Rn 64 ff.). Mit der Novelle von 2003 ist zusätzlich ein die Freistellung flankierender Anspruch auf **Reduzierung der übertragenen Arbeitsaufgaben** eingeräumt (**§ 15 Abs. 2 S. 2**).

Die Freistellung von der dienstlichen Tätigkeit ist der gemeinsame Oberbegriff für zwei verschiedene Zwecke. Zum einen geht es um die jeweils notwendige Freistellung im Einzelfall, zum anderen geht es um die von der konkreten Notwendigkeit unabhängige Freistellung auf Dauer nach Maßgabe bestimmter Beschäftigtenzahlen. Insofern baut die Vorschrift des § 15 Abs. 3 auf der des § 15 Abs. 2 konkretisierend auf, lässt aber keine begünstigende Abweichung vom vorgegebenen Freistellungskontingent zu (§ 15 Abs. 3 S. 2). Wollte man die Möglichkeit der vollen Freistellung bereits auf § 15 Abs. 2 stützen, hätte die Freistellungsstaffel des § 15 Abs. 3 S. 1 eine dementsprechende ergänzende Fassung erhalten müssen und die Dauerfreistellung auch unterhalb von 301 wahlberechtigten Mitarbeitern hätte ermöglicht werden müssen. 10

2. Der Freistellungsgrundsatz (§ 15 Abs. 2)

a. Freistellung im notwendigen Umfang

Die Mitglieder der MAV sind grundsätzlich von der dienstlichen Tätigkeit (Arbeit) freizustellen, 11 wenn und soweit dies zur ordnungsgemäßen Durchführung ihrer Aufgaben erforderlich ist. Die Freistellung erfolgt im notwendigen Umfang (§ 15 Abs. 2 S. 1) und beinhaltet den Anspruch auf Reduzierung der übertragenen Aufgaben (§ 15 Abs. 2 S. 2). Damit ist gemäß **§ 15 Abs. 2** der Freistellungsgrundsatz geschaffen und verdeutlicht, wonach die Mitglieder der MAV einen Anspruch darauf haben, wenigstens vorübergehend an bestimmten Tagen, zu bestimmten Zeiten oder gar von einer bestimmten Art der Tätigkeit (etwa Nachtschicht) zur Erfüllung der Amtstätigkeit freigestellt zu werden. Unter Freistellung ist jener Sonderfall der Arbeitsbefreiung zu verstehen, die nicht das MAV-Mitglied in eigener Verantwortung fallweise und kurzfristig in Anspruch nimmt, sondern der Dienstgeber generell gewährt.⁷ Die Vorschrift entspricht § 37 Abs. 2 BetrVG und § 46 Abs. 3 S. 1 BPersVG.⁸ Die Freistellung i. S. d. § 15 Abs. 2 S. 1 setzt keine Zustimmung des Dienstgebers voraus. Das Mitglied der MAV muss sich allerdings vor Verlassen des Arbeitsplatzes ordnungsgemäß abmelden.⁹ Der Dienstgeber kann keine zusätzliche Begründung für die Abwesenheit verlangen. Angaben zur Art der Tätigkeit im Rahmen der Aufgaben der MAV können nicht verlangt werden.¹⁰ Zur Amtstätigkeit der MAV gehören alle ihr nach der MAVO auch unter Berücksichtigung anderer (auch staatlicher) Gesetze durch die MAVO übertragenen Aufgaben (vgl. § 1 Abs. 4 ArbSchG). Dazu gehören die Durchführung der Sitzungen der MAV und ihrer Ausschüsse (§ 14), die Sitzungen i. S. v. § 51 Abs. 1 S. 2, § 51 Abs. 1 S. 2, § 39, die Mitarbeiterversammlung (§§ 21, 22), die Sprechstunden der MAV für die Mitarbeiterinnen und Mitarbeiter, die Zusammenarbeit mit dem Dienstgeber (§ 26 Abs. 3, § 39), die Verhandlungen mit ihm (§§ 27, 27a, 28 ff.), die Teilnahme an Schulungsveranstaltungen (§ 16 Abs. 1), die Beteiligung an Verfahren vor der Einigungsstelle (§ 40 ff. MAVO) und den kirchlichen Arbeitsgerichten (§§ 1 ff. KAGO), die Zusammenarbeit mit den Trägern der gesetzlichen Unfallversicherung, die infolge der Geschäftsverteilung einzelnen Mitgliedern der

---

6 *Schlichtungsstelle Köln*, MAVO 6/1987.
7 *Ilbertz/Widmaier*, BPersVG § 46 Rn 13.
8 *Schlichtungsstelle Köln*, MAVO 4/1988.
9 *BAG*, 15. 7. 1992 – 7 AZR 466/91, BB 1992, 2512; 15. 3. 1995 – 7 AZR 643/94, BB 1995, 1744.
10 *BAG*, 14. 2. 1990 – 7 ABR 13/88, BB 1990, 1625.

II. Die Mitarbeitervertretung

MAV oder im Einzelfalle zugewiesenen Aufgaben, wie z. B. die Arbeit in einem Ausschuss (§ 14 Abs. 10).

12 Wird ein MAV-Mitglied als **Zeuge vor Gericht** vernommen, so ist das keine Tätigkeit als MAV-Mitglied. Vor dem staatlichen Gericht steht es jedem anderen Zeugen gleich. Die Teilnahme als Zuhörer, Beobachter oder gar Beistand in einem Gerichtsverfahren – z. B. wegen Kündigung und der damit verbundenen Frage des ordnungsgemäßen Anhörungsverfahrens vor der MAV – gehört nicht zu den Aufgaben der MAV.[11]

13 Mit der Zustimmung des Dienstgebers sind **Krankenbesuche**, die **Teilnahme an Beisetzungen** von Mitarbeitern, die **Gratulationen bei Jubiläen** und **Geburtstagen** und anderen familiären Anlässen der Mitarbeiter während der Dienststunden möglich. Die Teilnahme am Geburtstagsempfang eines Behörden- oder Einrichtungsleiters des Dienstherrn gehört nicht zu den Amtsaufgaben der MAV. Es handelt sich um eine Ehren- oder Anstandspflicht, einer Einladung zu einem dafür vorgesehenen Empfang Folge zu leisten. Dazu tritt dann allerdings die Pflicht des MAV-Mitgliedes, ernsthaft zu prüfen, ob es einer Einladung während der Dienstzeit folgt.[12]

14 Unerheblich ist, ob die **Tätigkeit in der Dienststelle oder außerhalb** zu verrichten ist. Letzteres ist in der Regel einschließlich der Reisezeit (vgl. Rn 74; § 15 Abs. 6) zur Wahrnehmung von Terminen bei Schulungsveranstaltungen (§ 16),[13] Sitzungen der gemeinsamen MAV (§ 1b), der Sondervertretung (§ 23) und der Gesamtmitarbeitervertretung bzw. erweiterten Gesamtmitarbeitervertretung (§ 24), der Diözesanen Arbeitsgemeinschaft der Mitarbeitervertretungen (§ 25) und vor der Einigungsstelle (§§ 40 ff.) und dem Kirchlichen Arbeitsgericht (§§ 1 ff. KAGO) der Fall. Die Teilnahme eines Mitgliedes der MAV an einem Termin in einem MAVO-Rechtsstreit vor dem Kirchlichen Arbeitsgericht gehört zu den Amtsobliegenheiten dieses Mitgliedes, insbesondere dann, wenn die Anwesenheit des Mitgliedes zur Durchführung seiner Aufgaben erforderlich ist.[14] Das ist z. B. der Fall, wenn es um die Rechte der MAV oder eines einzelnen Mitgliedes der MAV geht. Dann kann es auch am Verkündigungstermin des Kirchlichen Arbeitsgerichts teilnehmen, weil im Fall der Anwesenheit die die Entscheidung tragenden Gründe durch den Vorsitzenden des Kirchlichen Arbeitsgerichts vorzutragen sind[15].

15 Die nach Abs. 2 S. 1 erforderliche Arbeitsbefreiung kann nicht aus Richtwerten abgeleitet werden.[16] Die Freistellungspflicht des Dienstgebers erschöpft sich aber auch nicht darin, den Mitgliedern der MAV die zur ordnungsgemäßen Durchführung ihrer Aufgaben erforderliche freie Zeit zu gewähren. Auch bei der Zuteilung des Arbeitspensums muss der Dienstgeber auf die Inanspruchnahme des Mitgliedes der MAV durch nachweisbare MAV-Tätigkeit während der Arbeitszeit angemessen durch **Arbeitsentlastung**, so ausdrücklich § 15 Abs. 2 S. 2, bei Lehrern etwa durch Reduzierung der Pflichtstundenzahl[17] Rücksicht nehmen (vgl. zu § 15 Abs. 4, Rn 76 f.). Da aber die MAV-Tätigkeit nicht immer gleichmäßig anfällt, kann der Dienstgeber bei insgesamt schwankender Arbeitsbelastung nur eine nachträgliche Korrektur des Arbeitspensums vornehmen.[18] Infolgedessen haben die Mitglieder der MAV aus Absatz 2 **keinen Anspruch auf pauschalierte prozentuale Arbeitsbefreiung**, auch nicht die MAV insgesamt. Der Sonderfall der prozentualen Freistellung ist allein unter den Voraussetzungen des § 15 Abs. 3 geregelt (Rn 25 ff.). Zu prüfen ist stets, ob die konkrete Aufgabe durch ein Mitglied der MAV erledigt werden kann oder ob mehrere Mitglieder sie wahrnehmen müssen. Entscheidende Hilfe zur Beurteilung dieser Frage ist, durch welchen Beschluss die MAV die Aufgaben-

---

11 Dazu näher: *Weber*, GK-BetrVG § 37 Rn 27 m. N.; *BAG*, 31. 8. 1994 – 7 AZR 893/93, DB 1994, 1235.
12 *Schlichtungsstelle Köln*, 9. 2. 1989 – MAVO 10/1988.
13 *BAG* 29. 1. 1974 – 1 ABR 41/73, AR-Blattei ES 530.8 Nr. 15.
14 *Schlichtungsstelle Köln*, 12. 7. 1988 – MAVO 4/1988.
15 So noch: *Schlichtungsstelle Köln*, 12. 7. 1988 – MAVO 4/1988.
16 *BAG*, 19. 6. 1979 – 6 AZR 638/77; vgl. *HSWGN-Glock*, BetrVG § 37 Rn 26 m. N.
17 *LAG Berlin*, 25. 11. 1985 – 12 Ta BV 4/85, LAGE § 37 BetrVG Nr. 19; *Schlichtungsstelle Augsburg*, 29. 4. 2003 – 6 A 2001.
18 *BAG*, 27. 6. 1990 – 7 ABR 43/89, BB 1991, 759.

verteilung für die einzelnen Mitglieder vorgenommen hat. Rationelle Einteilung der Aufgaben ist unabweisbar nötig.[19] Jedes einzelne Mitglied der MAV muss darüber hinaus gewissenhaft überlegen und umsichtig prüfen, ob alle Belange seiner dienstlichen Pflichten im Verhältnis zu den Umständen der Erfüllung der Aufgaben als Mitarbeitervertreter die Arbeitsversäumnis notwendig machen.[20]

Der Schriftführer kann die Niederschrift über die Beschlüsse der MAV in der Sitzung abfassen, während die Reinschrift erforderlichenfalls später durch eine vom Dienstgeber zur Verfügung gestellte Schreibhilfe (§ 17 Abs. 2) angefertigt werden kann. Einen Freistellungsanspruch von der Arbeitspflicht im Rahmen der ordnungsgemäßen Durchführung seiner Aufgaben hat auch der Schriftführer der MAV gemäß § 15 Abs. 2 S. 1 im notwendigen Umfang. Es ist Sache der MAV festzulegen, wer das Sitzungsprotokoll zu führen hat, zumal Schriftführer gewählt werden sollen (§ 14 Abs. 1), weil u. a. über jede Sitzung der MAV eine Niederschrift anzufertigen ist (§ 14 Abs. 5). Die ordnungsgemäße Bestellung zum Schriftführer ist Voraussetzung für die nach § 15 Abs. 2 zu übernehmende Aufgabe. Das bedeutet aber auch, dass die Abwicklung der Schriftführung in der Sitzung der MAV keinen zusätzlichen Freistellungsanspruch auslösen kann. Soweit Aufgaben der Schriftführung nach der Sitzung der MAV zu erledigen sind, kann zusätzliche Freistellung nur im notwendigen Umfang erfolgen. Die Sitzungsniederschrift muss zwingend nur den in § 14 Abs. 6 S. 1 genannten Inhalt haben. Deshalb ist eine zusätzliche Freistellung nur berechtigt, wenn zusätzliche Aufgaben im Zusammenhang mit der Schriftführung als notwendig (§ 15 Abs. 2 S. 1) hinzukommen. Sind etwa Lehrer mit dem Amt des Schriftführers betraut, so sind die von ihnen zu fertigenden Niederschriften nach Maßgabe des vorgeschriebenen Inhalts in der Sitzung zu erledigen, so dass ein zusätzliches Freistellungsdeputat deshalb nicht in Erwägung zu ziehen ist. 16

Zur Rationalisierung der Arbeit der MAV empfiehlt sich die Einsetzung von Ausschüssen zur Entlastung der gesamten MAV (§ 14 Abs. 10). Vor allem wird zu berücksichtigen sein, wo eine Aufgabe mit Sachkenntnis ohne großen Zeitverlust erledigt werden kann. Das kann z. B. auch für Verhandlungen mit dem Dienstgeber gelten, wenn es um Routineangelegenheiten geht. Dabei wird dem Vorsitzenden der MAV eine besondere Belastung entstehen, so dass er vor allem von der Arbeit freizustellen sein wird. 17

b. Abmahnung

Ob eine MAV-Tätigkeit vorliegt, ist nach objektiven Merkmalen zu entscheiden. Die Freistellung muss zur ordnungsgemäßen Durchführung der Aufgaben der MAV erforderlich sein.[21] Sie ist in ihrem Umfang abhängig vom konkreten Anlass.[22] Was objektiv nicht zu den Aufgaben der MAV gehört, kann nicht berücksichtigt werden. Deswegen ist es gleichgültig, ob das MAV-Mitglied die Arbeitsversäumnis für erforderlich halten durfte. Sein guter Glaube wird insoweit nicht geschützt.[23] Nicht zu den gesetzlichen Aufgaben gehören u. a. Mitgliederwerbung für eine Koalition, Besuch von Veranstaltungen einer Koalition, Beratung der Mitarbeiter in Privatangelegenheiten, Vertretung von Mitarbeitern als Prozessbevollmächtigter vor dem Arbeitsgericht, Teilnahme an Gerichtsverhandlungen, ohne Beteiligter zu sein, falls nicht gerade eine Grundsatzfrage mit Auswirkungen auf die MAV-Arbeit behandelt wird; Vermittlung von Arbeitskräften, Entgegennahme von Urlaubsanträgen.[24] 18

Wird ein Mitglied der MAV amtlich tätig, obwohl die Tätigkeit nach eigener Prüfung eigentlich nicht erforderlich war (z. B. Durchführung einer MAV-Sitzung, obwohl die MAV nicht beschlussfähig war – § 14 Abs. 5 S. 1), verletzt es seine arbeitsvertraglichen Pflichten. Deshalb kann der Dienstgeber das 19

---

19 *BAG*, 1. 3. 1963 – 1 ABR 3/62, BB 1963, 729 = DB 1963, 869 zu § 37 BetrVG 1952; *HSWGN-Glock*, BetrVG § 37 Rn 27 f. m. N.
20 *BAG*, 6. 8. 1981 – 6 AZR 505/78, EzA § 37 BetrVG 1972 Nr. 73.
21 *Schlichtungsstelle Köln*, 12. 7. 1988 – MAVO 4/1988, n. v.
22 *HSWGN-Glock*, BetrVG § 37 Rn 17 f. m. N.; *Ilbertz/Widmaier*, BPersVG § 46 Rn 15.
23 *Weber*, GK-BetrVG § 37 Rn 21 m. N.; *HSWGN-Glock*, BetrVG § 37 Rn 25 m. N.
24 Vgl. bei *HSWGN-Glock*, § 37 Rn 24a.

II. Die Mitarbeitervertretung

Fehlverhalten abmahnen,[25] ggf. kann er sogar die Entgeltfortzahlung verweigern.[26] Daher darf z. B. eine Gesamtmitarbeitervertretung oder ein Mitglied derselben (§ 24) nicht Aufgaben einer MAV wahrnehmen, weil die zuständige MAV ihre Aufgaben nicht delegieren darf. Das folgt aus § 1a Abs. 1 und wird durch § 1a Abs. 2 verdeutlicht. **Maßstab für die Freistellung ist der Aufgabenkatalog der zuständigen MAV.** Die Mitglieder der MAV sind nicht verpflichtet, die von ihnen jeweils aufgewendete MAV-Tätigkeit schriftlich aufzuzeichnen.[27] Aufzeichnungen sind aber nützlich (Rn 15).

20 Eine Abmahnung des MAV-Mitgliedes kann für sein Verhalten allerdings nur dann wegen der dadurch unberechtigten Versäumnis der Arbeitszeit nicht in Betracht kommen, wenn es sich um die Verkennung schwieriger oder ungeklärter Rechtsfragen handelt.[28] Eine Abmahnung kommt aber in Betracht, wenn das MAV-Mitglied zumindest auch seine arbeitsvertraglichen Pflichten verletzt hat. Denn das MAV-Mitglied ist, abgesehen von der Arbeitsbefreiung wegen Durchführung von MAV-Aufgaben, in gleicher Weise wie andere Mitarbeiter zur Arbeitsleistung verpflichtet, so dass für eine Ungleichbehandlung der Abmahnungsbefugnis keine Veranlassung besteht.[29] Durch die Abmahnung wird dem Mitarbeiter vor Augen geführt, welches Verhalten von ihm künftig zur Vermeidung individualrechtlicher Konsequenzen verlangt wird.[30] Grundsätzlich sind Dringlichkeit der beruflichen Tätigkeit und der Verrichtung von MAV-Arbeit gegeneinander abzuwägen, so dass betriebsbedingte Gründe eine zeitliche Verlegung der MAV-Arbeit bedingen können. Möglich ist aber auch die Feststellung der Verhinderung des betroffenen MAV-Mitglieds durch die MAV wegen betrieblicher Unabkömmlichkeit mit der Folge, dass dann an seiner Stelle ein Ersatzmitglied an der MAV-Sitzung teilnimmt, z. B. um jedenfalls die Beschlussfähigkeit der MAV zu sichern.[31]

21 Zur Prüfung des Entgeltfortzahlungsanspruchs (Rn 55 ff.) kann der Dienstgeber auch Angaben zur Art der durchgeführten Mitarbeitervertretungstätigkeit fordern, wenn anhand der betrieblichen Situation und des geltend gemachten Zeitaufwandes erhebliche Zweifel an der Erforderlichkeit der Mitarbeitervertretungstätigkeit bestehen.[32]

c. Abmeldung

22 Liegen die Voraussetzungen des Freistellungsanspruchs vor, so ist das Mitglied der MAV in entsprechendem Umfang von der Arbeitspflicht befreit. Es darf sich nicht ohne Abmeldung beim Dienstgeber bzw. seinem zuständigen Vertreter vom Arbeitsplatz entfernen[33] und muss sich nach Erledigung der Amtsgeschäfte wieder zurückmelden.[34] Angaben zur Art der Tätigkeit für die MAV können nicht verlangt werden, wohl aber zu Ort und voraussichtlicher Dauer der Tätigkeit.[35] Eine ausdrückliche Zustimmung des Dienstgebers ist nicht notwendig. Die Abmeldung dient dazu, dass der Dienstgeber wegen des Ausfalls der Arbeitsleistung betrieblich disponieren kann.[36] Wird die Freistellung von der Arbeit verweigert, so darf sich das Mitglied der MAV ohne Erlaubnis entfernen, soweit das zur Führung der Amtsgeschäfte notwendig ist[37]. Macht der Dienstgeber betriebliche Gründe für die Unabkömmlichstellung geltend, gebietet die vertrauensvolle Zusammenarbeit, dass das MAV-Mitglied

---

25 *BAG*, 6. 8. 1981 – 6 AZR 505/78, EzA § 37 BetrVG 1972 Nr. 73.
26 *HSWGN-Glock*, BetrVG § 37 Rn 36, 51; *BAG*, 15. 3. 1995 – 7 AZR 643/94, DB 1995, 1514.
27 Vgl. *BAG*, 14. 2. 1990 – 7 ABR 13/88, BB 1990, 1625.
28 *BAG*, 31. 8. 1994 – 7 AZR 893/93, EzA § 611 BGB Abmahnung Nr. 33 = DB 1995, 1235.
29 *BAG*, 31. 8. 1994 – 7 AZR 893/93, EzA § 611 BGB Abmahnung Nr. 33 = DB 1995, 1235 m. N.
30 *BAG*, 10. 11. 1993 – 7 AZR 682/92, NZA 1994, 500.
31 Vgl. *BAG*, 11. 6. 1997 – 7 AZR 229/96, FA 1997, 23.
32 *BAG*, 15. 3. 1995 – 7 AZR 643/94, DB 1995, 1514.
33 *BAG*, 15. 3. 1995 – 7 AZR 643/94, DB 1995, 1514; 15. 7. 1992 – 7 AZR 466/91, MDR 1993, 883 = BB 1992, 2512.
34 *BAG*, 13. 5. 1997 – 1 ABR 2/97, EzA § 37 BetrVG 1972 Nr. 135; *Koch*, in: Schaub, Arbeitsrechts-Handbuch § 221 II Rn 10 f.
35 *BAG*, 15. 3. 1995 – 7 AZR 643/94, DB 1995, 1514.
36 *BAG*, 15. 7. 1992 – 7 AZR 466/91, MDR 1993, 883 = BB 1992, 2512.
37 *Koch*, in: Schaub, Arbeitsrechts-Handbuch § 221 II Rn 10.

prüft, ob eine Verschiebung der Amtstätigkeit möglich ist.[38] Eine Dienstanweisung über das Abmeldeverfahren bedarf gemäß § 29 Abs. 1 Nr. 3 der Anhörung und Mitberatung der MAV, weil sie in der Einrichtung tätige Mitarbeiter betrifft. Nimmt ein Mitglied der MAV an der Gleitzeit teil, so ist es nicht verpflichtet, die Dauer der Tätigkeit für MAV-Aufgaben aufzuzeichnen, weil die Aufgaben während der Arbeitszeit zu erledigen sind.

d. Reduzierung der dienstlichen Aufgaben (§ 15 Abs. 2 S. 2)

Der Anspruch auf Reduzierung der dem Mitglied der MAV übertragenen dienstlichen Aufgaben im Rahmen des Beschäftigungsverhältnisses (§ 15 Abs. 2 S. 2) ist die Folge der Einräumung des Anspruchs auf Arbeitsbefreiung gemäß § 15 Abs. 1 S. 1.[39] Das bedeutet, dass die Arbeitsbefreiung nicht zur Nacharbeit wegen unerledigter Aufgaben führen soll. Deshalb muss der Dienstgeber im Falle des Antrages des Mitglieds der MAV auf Entlastung reagieren und dies etwa auf der Grundlage seines Weisungsrechts als Arbeitgeber. Voraussetzung für die Entlastung von dienstlichen Pflichten ist, dass dem MAV-Mitglied die volle Ausübung seines Ehrenamtes innerhalb seiner Arbeitszeit nicht möglich ist, weil ihm ein fest umrissener Aufgabenkreis übertragen wurde, was z. B. bei Lehrern mit vorgegebenen Unterrichtsstunden durchaus der Fall sein kann.[40] Zur Sicherung eines geordneten Schulbetriebs ist daher die fixe Unterrichtsentlastung durch Freistunden einzuplanen.[41] Das führt dann fallweise zur Übertragung von dienstlichen Aufgaben des MAV-Mitglieds auf andere Mitarbeiter, soweit die Aufgaben nach Feststellung des Dienstgebers von dem MAV-Mitglied wegen seiner Arbeitsentlastung nicht erfüllt werden können. Kommt es nicht zur Reduzierung der Aufgaben gemäß Beschäftigungsverhältnis, liegt darin eine Benachteiligung des MAV-Mitglieds, die gemäß § 18 Abs. 1 unzulässig ist.[42] Der Dienstgeber muss zur Vermeidung der Beeinträchtigung des Betriebsablaufs für personellen Ersatz des abwesenden MAV-Mitglieds sorgen. Er darf es nicht an der Wahrnehmung der Aufgaben als Mitglied der MAV hindern, weil das gemäß § 18 Abs. 1 unzulässig ist. Umgekehrt muss das Mitglied der MAV den Dienstgeber – in der Regel seinen Vorgesetzten – rechtzeitig über seine durch MAV-Tätigkeit bedingte Abwesenheit durch Abmeldung unterrichten. In begründeten Ausnahmefällen ist z. B. wegen Ermäßigung des Unterrichtsstundendeputats eine rückwärts gerichtete Betrachtung angefallener MAV-Tätigkeit zulässig.[43]

Wird Mitgliedern der MAV nicht die erforderliche Freistellung von der dienstlichen Tätigkeit zuteil, so liegt darin ein Verstoß des Dienstgebers gegen das **Behinderungsverbot** des § 18 Abs. 1. Gemäß § 45 Abs. 3 Nr. 1 i. V. m. § 15 Abs. 5 und Abs. 2 kann die MAV, nicht aber das einzelne MAV-Mitglied, bei ablehnender Haltung des Dienstgebers die Einigungsstelle zur Entscheidung anrufen . Denn der Freistellungsanspruch ist ein Anspruch der MAV.

3. Freistellung von der dienstlichen Tätigkeit in großen Einrichtungen (§ 15 Abs. 3)

a. Sinn der Vorschrift

Unter Freistellung i. S. d. **Absatzes 3** wird der Sonderfall der Freistellung vom Dienst verstanden, die nicht vom Mitglied der MAV in eigener Verantwortung fallweise und kurzfristig in Anspruch genommen wird, sondern **auf Antrag der MAV** generell vom Dienstgeber bzw. seinem Dienststellenleiter personenbezogen gewährt wird. Mit der Freistellung von Mitgliedern der MAV – teilweise oder auch ganz – soll sichergestellt werden, dass die außerhalb von Sitzungen anfallenden Geschäfte der MAV ordnungsgemäß und sachgemäß wahrgenommen werden und die wirksame Erfüllung

---

38 *BAG*, 13. 5. 1997 AP 119 zu § 37 BetrVG 1972 = NZA 1997, 1062.
39 *Kirchliches Arbeitsgericht für die Bayerischen (Erz-)Diözesen*, 23. 11. 2006 – 21 MV 06, ZMV 2007, 140; *Thiel*, ZMV 2007, 290.
40 *Schlichtungsstelle-MAVO Augsburg*, 10. 3. 2003 – 6 A 2001, n. v.
41 *Schlichtungsstelle-MAVO für die Diözese Regensburg*, 8. 6. 2000 – 3/2000, ZMV 2000, 191.
42 *Kirchliches Arbeitsgericht für die Bayerischen (Erz-)Diözesen*, 23. 11. 2006 – 21 MV 06, ZMV 2007, 140.
43 *Kirchliches Arbeitsgericht für die Bayerischen (Erz-)Diözesen*, 23. 11. 2006 – 21 MV 06, ZMV 2007, 140.

II. Die Mitarbeitervertretung

der der MAV zustehenden Aufgaben und Befugnisse garantiert wird. Durch § 15 Abs. 3 wird der MAV ein **Dauerfreistellungsanspruch** zugunsten der Freistellung einzelner ihrer Mitglieder von der dienstlichen Tätigkeit **für die Dauer einer Amtsperiode** zugestanden. Die Vorschrift ist eine Konkretisierung der Grundnorm des § 15 Abs. 2, ohne dass dies entsprechend den Vorschriften von § 46 Abs. 4 und Abs. 3 BPersVG zum Ausdruck gebracht wird. Es geht um das Verhältnis von fallweiser zu dauernder Freistellung von der Arbeitspflicht. Letztere ist ohne Zustimmung des Dienstgebers nicht möglich.

26 Die MAVO kennt die völlige Freistellung von der Arbeitspflicht im Ansatz nicht. Aber gemäß **§ 15 Abs. 3 S. 2** können Dienstgeber und MAV sich für die Dauer der Amtszeit der MAV dahingehend einigen, dass das Freistellungskontingent auf mehr oder weniger Mitglieder der MAV als nach Satz 1 vorgesehen aufgeteilt werden kann. Das Freistellungskontingent muss nicht ausgeschöpft werden.

27 Die **Totalfreistellung** auch eines z. B. nur zu 50 v. H. des Beschäftigungsumfanges eines Vollbeschäftigten angestellten MAV-Mitgliedes ist nicht ausgeschlossen (Rn 35).

28 Die betriebsübliche Arbeitszeit des freigestellten Mitgliedes der MAV ist von diesem einzuhalten, weil es während der Arbeitszeit MAV-Aufgaben zu verrichten hat.[44] Ein von den Mitarbeitern zu bedienendes **Zeiterfassungsgerät** muss auch das freigestellte Mitglied der MAV bedienen.

b. Die Zulässigkeit der Freistellung

29 **In Dienststellen mit im Zeitpunkt der Wahl weniger als 301 aktiv wahlberechtigten Mitarbeitern (§ 7) ist die Dauerfreistellung überhaupt nicht zugelassen.** Deshalb scheidet die etwa quotenmäßig verringerte Freistellung eines MAV-Mitgliedes bei geringerer Mitarbeiterzahl aus.[45] Eine solche Freistellung wäre eine gemäß § 55 unzulässige Abweichung von der MAVO. Bei der Ermittlung der Zahl der wahlberechtigten Mitarbeiter kommt es nicht auf den Stellenplan, sondern auf die tatsächlich vorhandenen Mitarbeiter an, die am Wahltag aktiv wahlberechtigt sind. So kann z. B. die Zahl von 300 wahlberechtigten Mitarbeitern durch Arbeitsplatzteilung oder Stellenteilung auf 301 oder mehr Mitarbeiter vergrößert werden, während die Zahl der Mitarbeiter durch Zusammenlegung von mehreren Arbeitsplätzen auch schrumpfen kann. **Maßgeblich sind die Zahlen am Wahltag** (§ 15 Abs. 3 S. 1; siehe auch § 6 Rn 5 f.). Hilfreich ist zur Feststellung der maßgeblichen Zahl das Wählerverzeichnis.

30 § 15 Abs. 3 MAVO setzt den Bestand einer Einrichtung voraus, wenn die Freistellungsstaffel zur Anwendung kommen soll. Die **Sondervertretung** (§ 23) ist nicht einrichtungs- oder dienststellenbezogen, weil die Sondervertretung gerade unabhängig von einer Einrichtung oder Dienststelle besteht (§ 23 Rn 6). Es geht aber um die Zusammenfassung einer bestimmten Gruppe von Mitarbeitern (z. B. Berufsgruppe), die eine bestimmte Personalstärke hat. Wenn aber eine Sondervertretung die Rechte einer MAV hat (§ 23 Abs. 2 S. 1), dann sind ihr auch die Modalitäten der Freistellung nicht deshalb zu versagen, weil es sich um keine Dienststellenvertretung, sondern um eine Berufsgruppen- oder Personenvertretung handelt. Denn bei 301 und mehr Mitarbeitern ist eine ebenso starke Belastung der Sondervertretung vorstellbar wie bei einer Dienststelle mit ebenso vielen Mitarbeitern; für die Angelegenheiten der Berufsgruppenzugehörigkeit ist die Sondervertretung die Anlaufstelle der von ihr repräsentierten Mitarbeiter. Dann kann es nicht darauf ankommen, dass bei einer Sonder- oder Bereichsvertretung die Einrichtung oder Dienststelle begrifflich fehlt, in der die Repräsentierten arbeiten. Sie sind durch den Dienstgeber direktionsgemäß beschäftigt und zu einer Einheit als Mitarbeiterschaft gefügt. Das ist aus der Sicht des Gedankens der Sondervertretung ausreichend für die Anwendbarkeit des § 15 Abs. 3 MAVO, falls diözesane Bestimmungen nicht entgegenstehen (§ 23 Abs. 3).

---

44 *LAG Düsseldorf*, 26. 5. 1993 – 18 Sa 303/93, NZA 1994, 720.
45 Vgl. *Schlichtungsstelle Köln*, 15. 12. 1987 – MAVO 6/1987, Caritas in NRW 5/88 B II Blatt 1, zum damals noch höheren Schwellenwert.

c. Zahl der freizustellenden Mitglieder der MAV

aa. Bemessung nach der Zahl der Wahlberechtigten zum Zeitpunkt der Wahl der Mitarbeitervertretung

Die Zahl der freizustellenden Mitglieder der MAV richtet sich nach der **Freistellungsstaffel**, wie sie in § 15 Abs. 3 normiert ist. Ausschlaggebend ist die Zahl der aktiv wahlberechtigten Mitarbeiter (§ 7) in der Dienststelle oder Einrichtung zum Zeitpunkt der Wahl der MAV und der sich daraus ergebende Schwellenwert. Auf den jeweiligen Beschäftigungsumfang eines Mitarbeiters kommt es nicht an. Die Freistellungsstaffel kann nicht verändert werden. Möglich ist die gemäß Abs. 3 S. 2 zulässige Variante zum Freistellungsumfang einzelner Mitglieder der MAV im Rahmen des Freistellungskontingents.

bb. Änderung des rechnerischen Freistellungskontingents während der Amtszeit der MAV

Ändert sich nach dem Wahltag die Anzahl der wahlberechtigten Mitarbeiter in der Weise, dass davon die Freistellungsstaffel rechnerisch betroffen ist, so bleiben die Verhältnisse zum Zeitpunkt der Wahl als Bemessungsgrundlage für die Freistellungsstaffel maßgeblich,[46] weil schon bei kleiner Veränderung der Zahl der Wahlberechtigten von 301 auf 300 trotz z. B. gleichen Stellenplans sofort die Rücknahme der Freistellung zu erfolgen hätte. Wäre die Rücknahme der Freistellung während der Dauer der Amtsperiode der MAV gewollt, hätte das in der Ordnung zum Ausdruck gebracht werden müssen. Aber die kurzfristig nach der MAV-Wahl eintretende Änderung der Zahl der wahlberechtigten Mitarbeiter kann die Willensbildung der MAV beeinflussen, wenn nämlich die Voraussetzung für die Freistellung rechnerisch dauerhaft entfallen und die Freistellung beim Dienstgeber noch nicht beantragt ist. Steigt die Zahl der wahlberechtigten Mitarbeiter nach der Freistellungsstaffel so an, dass rechnerisch ein weiteres Mitglied nach ihr freigestellt werden könnte, verbleibt es bis zum Ablauf der Amtszeit der MAV bei den für die Freistellungsstaffel maßgebenden Ausgangszahlen des Wahltages. Vorrangig ist die Prüfung, ob eine Neuwahl der MAV gemäß § 13 Abs. 3 stattzufinden hat. Dann ist sie durchzuführen und anschließend über die Freistellung neu zu entscheiden.

Unterschreitungen und Überschreitungen des Schwellenwerts für die Freistellung haben in anderen Ordnungen zur Betriebsverfassung mit Blick auf die Amtszeit der Betriebsvertretungen Berücksichtigung gefunden. Nach der Rechtsprechung des Bundesverwaltungsgerichts zum Personalvertretungsrecht ist der Personalrat verpflichtet, eine Reduzierung der Zahl der Freistellungen hinzunehmen, wenn eindeutig feststeht, dass der nach der Freistellungsstaffel maßgebliche Schwellenwert erheblich und dauerhaft unterschritten wird.[47] Nach der Rechtsprechung des KGH-EKD ist eine Änderung der Zahl der Freistellungen der Mitglieder der Mitarbeitervertretung während der Amtszeit möglich und nötig, wenn und weil anders eine hinreichend sachgerechte, zeitgerechte und sorgfältige Tätigkeit der MAV nicht gewährleistet ist. Dabei bleiben geringfügige Über- oder Unterschreitungen – um etwa bis zu zehn Mitarbeitern – außer Betracht. Es kommt darauf an, dass die Überschreitung oder Unterschreitung des einschlägigen Schwellenwerts eindeutig, erheblich und von hinreichender Dauer ist.[48] Auch das BetrVG lässt die Freistellung in Abhängigkeit von den jeweils aktuellen Schwellenwerten (§ 38 Abs. 1 BetrVG) zu.[49] Wegen anderer Bestimmung in § 15 Abs. 3 MAVO ist aber eine dem Zahlenverhältnis gerecht werdende Freistellung bei unter den Schwellenwert gesunkener Mitarbeiterzahl nach Absprache zwischen Dienstgeber und MAV sinnvoll, jedenfalls zulässig, weil die Initiative zur Freistellung gemäß § 15 Abs. 1 S. 1 von der MAV ausgeht.

d. Umfang der Freistellung

Weil eine völlige Freistellung von der Arbeitsleistung im Grundsatz nicht vorgesehen ist, sondern nur zur **Hälfte der durchschnittlichen regelmäßigen Arbeitszeit eines vergleichbaren Vollbeschäftigten**,

---

46 Ebenso *Tiggelbeck*, in Freiburger Kommentar zur MAVO § 15 Rn 34.
47 *BVerwG*, 9. 7. 2008 – 6 PB12.08, ZTR 2008, 578.
48 *KGH-EKD*, 23. 11. 2009 – I – 02124/R 50 – 09, ZMV 2010, 92.
49 *Weber*, GK BetrVG § 38 Rn 13, 14.

bleibt das freigestellte MAV-Mitglied in der Regel mit seiner Arbeit vertraut. Der Begriff der Vollbeschäftigung ergibt sich aus der in der Einrichtung geltenden Arbeitsvertragsordnung. Im Falle der Erteilung eines Dienstzeugnisses wegen Beendigung der Tätigkeit beim Dienstgeber ist eine Beurteilung der Arbeitsleistung möglich. Je nach dem Grad der Freistellung erfolgt auch die Freistellung von Arbeitsbereitschaft, Bereitschaftsdienst und Rufbereitschaft entweder anteilig bei teilweiser Freistellung oder voll bei völliger Freistellung.

34 Die Vorschrift beginnt die Freistellungsstaffel mit 301 wahlberechtigten Mitarbeitern am Wahltage der MAV. Die MAVO lässt die Freistellung zweier Mitglieder ab 301 wahlberechtigten Mitarbeitern jeweils zur Hälfte der durchschnittlichen regelmäßigen wöchentlichen Arbeitszeit eines Vollbeschäftigten zu, so dass das Freistellungskontingent bis zu einer vollen Freistellung erreicht wird. In dieser Konsequenz ist gemäß § 15 Abs. 3 S. 2 die Möglichkeit einer Modifikation eingeräumt, wonach Dienstgeber und MAV sich für die Dauer der Amtszeit der MAV einigen können, das Freistellungskontingent auf nur ein vollbeschäftigtes Mitglied mit voller Freistellung von der dienstlichen Tätigkeit zu beschränken, weil das Kontingent auf weniger als zwei (also eines) Mitglieder verteilt werden kann. Umgekehrt darf durch Vereinbarung das Freistellungskontingent auf mehr als zwei Mitglieder der MAV aufgeteilt werden mit der Folge, dass der Freistellungsumfang pro freigestelltes Mitglied der MAV geringer ausfällt, um das Freistellungskontingent insgesamt nicht zu überziehen.

▶ **Beispiel:** 301 wahlberechtigte Mitarbeiter verhelfen zu zwei zur Hälfte der durchschnittlichen regelmäßigen Arbeitszeit eines Vollbeschäftigten freigestellten Mitgliedern der MAV. Diese Freistellungsmenge (Freistellungskontingent) in Höhe einer Vollbeschäftigung kann durch **Vereinbarung** einem Mitglied der MAV ganz oder mehr als zwei Mitgliedern anteilig zuerkannt werden, so dass z. B. ein MAV-Mitglied zu 50 v. H. und zwei weitere Mitglieder zu je 25 v. H. von ihrer Tätigkeit als Vollbeschäftigte freigestellt werden. Es kommt also auf die örtlichen Verhältnisse an, wie die Dauerfreistellung am sinnvollsten gestaltet wird. Muss ein freigestelltes MAV-Mitglied betriebsbedingt für die MAV-Tätigkeit Freizeit opfern, dann kann es einen Freizeitausgleich in der Weise vornehmen, dass es seine regelmäßige Anwesenheit in der Einrichtung zur üblichen Arbeitszeit entsprechend verkürzt[50]; denn es ist sowieso von seiner beruflichen Tätigkeit befreit. Es kann daher seine Aufgabenerledigung zeitlich flexibel einteilen. Der Dienstgeber ist davon in Kenntnis zu setzen.[51] Ist das Mitglied der MAV nur mit einem Teil seines vertraglichen Beschäftigungsumfangs von der Arbeitspflicht freigestellt, hat es seine MAV-Tätigkeit in die arbeitsfreie Zeit zu legen. So ist z. B. die Teilnahme der teilfreigestellten Mitglieder der MAV an den regelmäßigen Sitzungen der MAV in die Zeit der jeweiligen Teilfreistellung zu legen.[52] Aus ihrer Verantwortung für eine sachgerechte Erfüllung der ihr obliegenden Aufgaben kann die MAV auch nähere Regelungen über die zeitliche Lage der Teilfreistellungen treffen. Hierbei sind unterschiedliche Regelungen denkbar. So kann z. B. die **Teilfreistellung** vollbeschäftigter MAV-Mitglieder in der Weise erfolgen, dass sie an jedem Arbeitstag für bestimmte Stunden oder an bestimmten Arbeitstagen in vollem Umfang von der Arbeit freizustellen sind. Es ist ferner zulässig, die Lage der Teilfreistellung flexibel dahingehend zu gestalten, dass sie an die jeweiligen Erfordernisse sowohl der MAV-Arbeit, aber auch der beruflichen Tätigkeit des MAV-Mitglieds angepasst werden kann. In besonderer Weise sind dabei die Schulungsveranstaltungen für Mitglieder der MAV zu bedenken. Insgesamt darf auch bei Teilfreistellungen das Freistellungskontingent gemäß § 15 Abs. 3 S. 1 nicht überschritten werden. Deshalb ist die zu starke Aufteilung der Freistellungen zugunsten von Teilfreistellungen sehr sorgfältig von Dienstgeber und MAV zu prüfen, um den Nutzen der zielorientierten Freistellung nicht zu vergeuden.

---

50 *Fitting,* BetrVG § 38 Rn 81.
51 *Fitting,* BetrVG § 38 Rn 82.
52 *VerwG. EKD,* 29. 10. 2002 – I – 0124/F 40–01, NZA 2003, 1163.

e. Freistellung von Teilzeitbeschäftigten

Gemäß § 8 Abs. 1 sind zur MAV auch teilzeitbeschäftigte Mitarbeiterinnen und Mitarbeiter wählbar. 35
Wer mit einem Beschäftigungsumfang von 50 v. H. eines Vollbeschäftigten beschäftigt wird, wäre bei Inanspruchnahme der Normalfreistellung von 50 v. H. eines Vollbeschäftigten also gänzlich von seiner Arbeitspflicht freigestellt (§ 15 Abs. 3 S. 1). Nach dem Wortlaut der Vorschrift des § 15 Abs. 3 S. 1 ist der Dienstgeber gehalten, dem Antrag stattzugeben. In § 15 Abs. 3 S. 2 ist allerdings die Möglichkeit abweichender Verständigung über den Umfang der Freistellung in der Weise eröffnet, dass sich Dienstgeber und MAV über die Verteilung der Freistellung auf mehrere Mitglieder der MAV mit einem Bruchteil der durchschnittlichen regelmäßigen Arbeitszeit eines vergleichbaren Vollbeschäftigten einigen. Diese Einigung ist anzuraten, weil die MAVO flankierende Bestimmungen für den Fall der völligen Freistellung von der Arbeitspflicht mit Ausnahme des § 15 Abs. 3a nicht normiert hat. Im Umfang der Freistellung ist auch anteilig von den regelmäßigen Bereitschaftsdiensten und Rufbereitschaften unter Beibehaltung der Bezüge freizustellen.[53] Bei Teilfreistellungen ist darauf zu achten, dass das gemäß § 15 Abs. 3 S. 1 begrenzte Freistellungskontingent nicht überschritten wird (Rn 34).

f. Sonderfälle

Ist ein Mitglied der MAV im **Schichtdienst** eingesetzt, so ist es im Falle der völligen Freistellung ganz 36
von der Arbeit freigestellt. Ist das Mitglied dagegen nur teilweise (z. B. 50 v. H.) dauernd freigestellt, so ist seine Schichtarbeit zu kürzen, damit es seinen Aufgaben in der dienstbefreiten Zeit nachgehen kann.

> **Beispiel:** Ein Arzt ist zur Hälfte des Beschäftigungsumfanges eines Vollbeschäftigten von der Arbeit freigestellt. Vormittags ist Sitzung der MAV, nachmittags hat der Arzt seine Dienste zu leisten. Durch die Freistellung von einem Teil der Schichtarbeitszeit ist dafür gesorgt, dass er seine MAV-Tätigkeit frei einteilen kann. Während seiner dienstplanmäßigen gekürzten Arbeitszeit darf er keine MAV-Tätigkeit ausüben, um seine Freistellung nicht auf Kosten seiner Dienstpflichten über die gesetzliche Höchstzeit hinaus auszudehnen. Die MAV muss bei der Planung ihrer Sitzungen darauf Rücksicht nehmen.

Werden **Lehrer** freigestellt, so ist der Maßstab für ihre Freistellung das Unterrichtsstundensoll eines 37
vergleichbaren vollbeschäftigten Kollegen. Die Freistellung kann voll oder anteilig durch Entlastung von der Pflichtstundenzahl erfolgen, weil die durch § 15 Abs. 3 S. 1 und S. 2 genannten Alternativen auch im Bereich von Schulen ausgeschöpft werden können. Die Freistellungsregelungen sollten allerdings unter Berücksichtigung der jeweiligen staatlichen Bestimmungen für die Ersatz- und Privatschulen erfolgen, weil je nach Landesrecht für nicht erteilten Unterricht die staatlichen Mittel anteilig gekürzt werden können. So vergütet der Freistaat Bayern nur den von Religionslehrern der Kirchen tatsächlich erteilten Unterricht den Kirchen pauschal (Art. 7 Abs. 1 BaySchFG), während die Kirchen dem bei ihnen angestellten Religionslehrer die volle Vergütung schulden. Denn die Kirchen sind in Bayern die Arbeitgeber der Religionslehrer bestimmter Schulformen der öffentlichen Hand.[54] Zur Stundenermäßigung siehe auch Rn 77 zu § 15 Abs. 4 MAVO).

g. Verhinderung freigestellter Mitglieder der MAV

Ist das freigestellte Mitglied der MAV **zeitweilig** an der Ausübung seines Amtes verhindert, was gemäß 38
§ 13b Abs. 2 S. 2 die MAV durch Beschluss zu entscheiden hat, so rückt das nächstberechtigte Ersatzmitglied für die Dauer der Verhinderung in die MAV ein (§ 13b Abs. 2 S. 1). Damit rückt das Ersatzmitglied jedoch nur in die Funktion als MAV-Mitglied ein, nicht dagegen auch in die Position der

---

53 *Schlichtungsstelle Freiburg*, 24. 11. 1998 – 3/1998, ZMV 1999, 38.
54 Dienstordnung für Lehrer an staatlichen Schulen in Bayern – LDO – KM Bek. v. 3. 10. 1977 KMBl. I S. 537, ber. KMBl. I 1977 S. 666.

Freistellung. Denn das verhinderte Mitglied der MAV bleibt freigestellt.[55] Dagegen hat das Ersatzmitglied aus konkretem Anlass, wie die übrigen Mitglieder der MAV, Anspruch auf Freistellung von der dienstlichen Tätigkeit gemäß § 15 Abs. 2, wenn dies zur ordnungsgemäßen Durchführung seiner Aufgaben erforderlich ist.

39 Ist der **Vorsitzende der MAV** freigestellt, so tritt bei seiner von der MAV festgestellten Verhinderung sein Stellvertreter nicht automatisch auch in die Position der Freistellung, weil sich die Wahrnehmung der Aufgaben des stellvertretenden Vorsitzenden der MAV auf die Ausübung der Funktionen des verhinderten Vorsitzenden der MAV beschränken, die diesem kraft Amtes zustehen.[56] Bei Verhinderung auf längere Zeit (z. B. Krankheit, Urlaub) kann die MAV die Freistellung eines anderen Mitgliedes der MAV mit Rücksicht auf die Freistellungsstaffel nicht beanspruchen, weil die Freistellungsstaffel nach der MAVO keine Mindestvorschrift enthält, während das z. B. gemäß § 38 Abs. 1 S. 1 BetrVG und § 46 Abs. 4 BPersVG der Fall ist.[57]

4. Verfahren zur Freistellung

a. Bestimmung der freizustellenden Mitglieder durch die MAV

40 Der MAV steht der Anspruch auf Freistellung gemäß § 15 Abs. 3 S. 1 zu. Infolgedessen hat sie darüber zu beschließen (§ 14 Abs. 5), wer in welchem Umfang freigestellt werden soll. Eine Wahl ist nicht vorgeschrieben, um das freizustellende MAV-Mitglied zu bestimmen. Eine Prärogative für ein bestimmtes Mitglied der MAV zur Freistellung (Vorsitzender, Stellvertreter) gibt es nach der Ordnung nicht. Zu bedenken bleibt aber für jede MAV die Freistellungsstaffel (oder auch Zahlenkatalog) für die Anzahl der Freistellungen und dies auch im Zusammenhang mit der Kandidatur zur MAV. Denn wenn sich Kandidaten bei mehr als dreihundert Wahlberechtigten nicht grundsätzlich zur Freistellung bereit finden, sind sie nicht bereit, die ihnen durch die Wahl zufallenden Aufgaben zu erfüllen. Besonders dasjenige Mitglied der MAV, welches zum Vorsitz in der MAV kandidiert und gewählt wird, sollte vor seiner Wahl zur Bereitschaft zur vollen oder teilweisen Freistellung von der dienstlichen Tätigkeit befragt werden, weil die MAVO davon ausgeht, dass die Aufgaben der MAV nur voll und effektiv wahrgenommen werden, wenn bei einer bestimmten Personalstärke mit wahlberechtigten Mitarbeitern und Mitarbeiterinnen auch entsprechende Freistellungen erfolgt sind.[58] In diesem Zusammenhang wird gerade der oder die Vorsitzende und deren Stellvertreter in die Verantwortung gezogen, weil sie in besonderer Weise durch die Aufgaben in der MAV belastet sind. Eine klärende Vorschrift wie etwa § 46 Abs. 3 S. 2 BPersVG enthält die MAVO nicht.

41 Die Beratung der Freistellung hat mit der gesamten MAV zu erfolgen, weil ihr insgesamt der Freistellungsanspruch zusteht. Das freizustellende Mitglied der MAV nimmt stimmberechtigt an der Beschlussfassung teil. Es hat ebenso wie bei der Wahl zum Vorsitzenden der MAV bei eigener Kandidatur ein eigenes Stimmrecht.

42 Die MAV muss die freizustellenden Mitglieder dem Dienstgeber präsentieren. Das gilt sowohl mit Blick auf Abs. 3 S. 1 als auch auf Abs. 3 S. 2. Infolge des Grundsatzes der vertrauensvollen Zusammenarbeit zwischen Dienstgeber und MAV gemäß § 26 Abs. 1 S. 1 stimmt die MAV ihre Vorschläge zur Freistellung mit dem Dienstgeber ab, nachdem die Bereitschaft und das Einverständnis zur Freistellung auf Seiten der MAV feststeht. Durch die Konsultation des Dienstgebers über die Freizustellenden wird es möglich, dass dem Antrag auf Freistellung auch personell entsprochen wird. Denn dem Dienstgeber ist Gelegenheit zu geben, vor der Freistellung auf die Beachtung der betrieblichen Belange hinzuwirken, damit die der Freistellung eines bestimmten Mitgliedes der MAV (z. B. einziger Spezialist für den EDV-Bereich) entgegenstehenden Gründe berücksichtigt werden.

---

55 Vgl. für den Betriebsrat: *Weber*, GK-BetrVG § 38 Rn 37.
56 Vgl. *Raab*, GK-BetrVG § 26 Rn 66.
57 Ebenso *Tiggelbeck*, Freiburger Kommentar zur MAVO, § 15 Rn 48.
58 *BVerwG*, 26. 10. 1977, ZBR 1978, 242.

Die MAV hat gemäß § 26 Abs. 1 S. 1 ihre Gründe für die in Aussicht genommene Entscheidung darzulegen, sich mit den Argumenten des Dienstgebers auseinander zu setzen und sich um eine für beide Seiten angemessene Lösung zu bemühen. Denn die Regelungsfrage, wer freigestellt wird und wie das Freistellungskontingent ausgeschöpft wird, ist eine Angelegenheit, die bei Streit nicht vor die Einigungsstelle getragen werden kann (§ 15 Abs. 5). Geht es aber um einen Streit über eine Rechtsfrage, kann die MAV das Kirchliche Arbeitsgericht gemäß § 2 Abs. 2 KAGO anrufen. 43

b. Antrag der MAV

Die MAV richtet nach Klärung der Vorfragen über die Modalitäten der Freistellung den entsprechenden Freistellungsantrag an den Dienstgeber. Der Antrag enthält die Namen der freizustellenden Mitglieder der MAV und den Umfang der begehrten Freistellung. Eine Frist zur Antragstellung ist nicht gesetzt. Der Antrag wird für die Dauer der Amtszeit der MAV gestellt, so dass er bald nach Beginn der Amtszeit zu stellen ist (vgl. § 15 Abs. 3 S. 2). Das jeweils betroffene Mitglied der MAV muss aus freien Stücken zur Freistellung bereit sein. Für Mitglieder der MAV, die nicht mit der Freistellung einverstanden sind, darf der Freistellungsantrag nicht gestellt werden; der Dienstgeber könnte dem Antrag nicht stattgeben. Die Bestimmung eines MAV-Mitgliedes zur Freistellung durch die Mehrheit der MAV ist nicht statthaft, weil es dazu keine Rechtsgrundlage gibt. Schließlich könnte das MAV-Mitglied dadurch zum Rücktritt veranlasst werden. Das wiederum wäre eine Behinderung seiner Amtsführung, die gemäß § 18 Abs. 1 verboten ist. 44

Gibt der Dienstgeber dem Antrag statt, so hat er die im Antrag genannten Mitglieder der MAV von der dienstlichen Tätigkeit entsprechend dem Umfang von ihrer Arbeitspflicht freizustellen. Eine diesbezügliche Dienstvereinbarung erfolgt nicht (§ 38 Abs. 1). 45

c. Streitigkeiten

Entspricht der Dienstgeber dem Antrag nicht, so hat er die Ablehnung des Antrages zu begründen. Aus der Begründung wird ersichtlich, ob es um eine Rechtsfrage geht. Entsteht Streit über die Rechtsfrage, z. B. infolge grundsätzlicher Ablehnung der Freistellung, kann die MAV gemäß § 2 Abs. 2 KAGO das Kirchliche Arbeitsgericht anrufen (Rn 97).[59] Will der Dienstgeber z. B. das zur Freistellung präsentierte Mitglied der MAV nicht freistellen, weil es den einzigen exponierten Arbeitsplatz innehat, kann das Kirchliche Arbeitsgericht etwa nach seiner Anrufung durch die Beteiligten den Vorschlag unterbreiten, die Freistellung anteilig auf weitere Mitglieder der MAV aufzuteilen, um so den Dienstgeber vor dem Nachteil eines weitgehenden Ausfalls eines Spezialisten bewahren zu helfen. Die Einigungsstelle ist gemäß § 15 Abs. 5 nicht zuständig. 46

5. Wechsel in der Freistellung

Gemäß § 15 Abs. 3 S. 2 können sich Dienstgeber und MAV für die Dauer einer Amtszeit der MAV darüber einigen, dass die Freistellung abweichend von § 15 Abs. 3 S. 1 im Rahmen des Freistellungskontingents auf mehr oder weniger Mitglieder der MAV aufgeteilt wird, also z. B. auch auf nur ein einziges Mitglied bei voller Freistellung. **Nicht geregelt** ist, ob ein Wechsel der Freistellung der Mitarbeitervertreter während der Amtszeit der MAV möglich ist. Ein chronologischer Wechsel in der Person ist denkbar,[60] wenn auch nicht ein Wechsel im Umfang der Freistellung des einzelnen freigestellten Mitgliedes. Der **Wechsel in der Person** des freigestellten Mitgliedes der MAV ist deshalb zu kalkulieren, weil die Freistellung jedenfalls dann endet, wenn die Mitgliedschaft in der MAV vorzeitig endet (§ 13c Nrn. 2 bis 4). In diesem Falle ist entsprechend der getroffenen Vereinbarung eine Nachbefreiung zugunsten eines anderen MAV-Mitgliedes möglich. 47

---

59 Siehe noch: *Schlichtungsstelle Köln*, 23. 3. 1995 – MAVO 1/95; 15. 2. 1995 – MAVO 9/94.
60 *Tiggelbeck*, in: Freiburger Kommentar zur MAVO § 15 Rn 47).

48 Dazu bedarf es eines **Antrags der MAV** an den Dienstgeber und seiner Zustimmung. Das gilt in gleicher Weise, wenn die Freistellung gemäß § 15 Abs. 3 S. 1 erfolgt ist. Einer Neubestimmung aller freigestellten Mitglieder der MAV bedarf es deswegen nicht.[61]

V. Rechtsstellung der freigestellten Mitglieder der MAV

49 Die Problematik einer völligen Freistellung von der dienstlichen Tätigkeit entsprechend den staatlichen Gesetzen (vgl. § 38 BetrVG und § 46 Abs. 4 und 5 BPersVG) ist umfangreich. Das gilt z. B. für die Bemessung von Arbeitsentgelt und allgemeinen Zuwendungen, für Beförderungen und Höhergruppierungen.[62]

1. Freistellung von der beruflichen Tätigkeit

50 Das völlig freigestellte Mitglied der MAV ist nur von seiner dienstlichen (beruflichen) Tätigkeit befreit, nicht dagegen von den sonstigen Pflichten aus dem Arbeitsverhältnis. Die Befreiung hat nur den Zweck, die Aufgaben der MAV zu erfüllen. Daher hat das freigestellte MAV-Mitglied **Beginn und Ende der täglichen Arbeitszeit einzuhalten**.[63] Bei **Schichtbetrieb** kann das freigestellte MAV-Mitglied seine Anwesenheitszeit so legen, dass es z. B. die Besetzung zweier Schichten betreuen kann. Die Abweichung der Anwesenheitszeit von der persönlichen Arbeitszeit bedarf der Vereinbarung mit dem Dienstgeber.

51 **Freigestellte Mitglieder der MAV** haben sich am Sitz der MAV innerhalb des Betriebs bzw. der Einrichtung aufzuhalten. Sie unterliegen allerdings nicht dem Direktionsrecht des Dienstgebers,[64] sind aber an die betriebliche Arbeitszeit gebunden.

52 Für das freigestellte MAV-Mitglied gilt die betriebliche Ordnung einschließlich der **Benutzung einer Stechuhr** zur Kontrolle der Arbeitszeit. Wird in einer Einrichtung **Mehrarbeit** (auch Überstunden) geleistet, braucht ein völlig freigestelltes Mitglied der MAV während dieser Zeit nicht in der Einrichtung anwesend zu sein.[65] Bei Missachtung der **Anwesenheitspflicht** verletzt das MAV-Mitglied seine Amtspflicht und seinen Arbeitsvertrag mit der Folge, dass es entsprechend dem Umfang der Fehlzeit keinen Anspruch auf das Arbeitsentgelt hat.[66] Entsprechendes gilt, wenn das MAV-Mitglied keine erforderliche MAV-Tätigkeit ausübt.[67] Demnach kann der Dienstgeber die **Unterlassung einer anderen Tätigkeit während der Freistellung** verlangen.[68]

2. Schulung

53 Freigestellte Mitglieder der MAV können an **Schulungsveranstaltungen** unter den Voraussetzungen des § 16 Abs. 1 teilnehmen. Völlig freigestellte MAV-Mitglieder brauchen wegen ihrer bereits bestehenden Freistellung von ihrer dienstlichen Tätigkeit vom Dienstgeber nicht eigens von der Arbeitsleistung freigestellt zu werden. Der von der MAV zu fassende Beschluss über die Teilnahme an der Schulung (§ 16 Rn 66 ff.) ist dem Dienstgeber mitzuteilen, weil dieser das Recht hat, die Erfüllung der Voraussetzungen für die Teilnahme an der Schulung zu prüfen (§ 16 Abs. 1) insbesondere, ob die Anerkennung der Schulung als geeignet erfolgt ist und die Schulung für das Mitglied der MAV erforderlich ist. Denn davon hängt ab, ob der Dienstgeber die Kosten der Veranstaltung zu tragen hat (§ 17 Abs. 1 S. 2 erster Spiegelstrich).

---

61 Vgl. *BAG*, 28. 10. 1992 – 7 ABR 2/92, BB 1993, 1658.
62 Vgl. *Hennecke*, Bemessung von Arbeitsentgelt, BB 1986, 936 m. N.; *HSWGN-Glock*, BetrVG § 38 Rn 43 ff. m. N.; *Ilbertz/Widmaier*, BPersVG § 46 Rn 25 m. N.
63 *LAG Düsseldorf*, 26. 5. 1993 – 18 Sa 303/93, NZA 1994, 720.
64 *HSWGN-Glock*, BetrVG § 38 Rn 44a, 45; *Weber*, GK-BetrVG § 38 Rn 77 ff.
65 *Weber*, GK-BetrVG § 38 Rn 77.
66 *BAG*, AP Nr. 1 zu § 103 BetrVG 1972 Bl. 7.
67 *BAG*, 15. 3. 1995 – 7 AZR 643/94, DB 1995, 1514.
68 *Weber*, GK-BetrVG § 38 Rn 83.

VI. Entgeltschutz, beruflicher Werdegang, Tätigkeitsschutz

Weder in § 15 Abs. 2 noch in § 15 Abs. 3 ist anders als in § 15 Abs. 4 und in staatlichen Gesetzen (vgl. 54
§§ 37, 38 BetrVG und § 46 BPersVG) von einer Entgeltfortzahlung während der Freistellung von der
dienstlichen Tätigkeit die Rede. Die fallweise, ständig teilweise und auch die vollständig von der
dienstlichen Tätigkeit freigestellten Mitglieder der MAV i. S. v. § 15 Abs. 2, Abs. 3 S. 1 und S. 2 stehen unter Entgelt- und Tätigkeitsschutz. Infolge der Vorschrift des § 18 Abs. 1 und 1a ist sicherzustellen, dass die Mitglieder der MAV weder in wirtschaftlicher noch in beruflicher Hinsicht gegenüber
vergleichbaren Mitarbeitern mit betrieblicher Entwicklung Nachteile erleiden (§ 18 Rn 6 ff.). Das
gilt hinsichtlich der Beschäftigungszeit, der Dienstzeit, der Jubiläumsdienstzeit und der Bewährungszeiträume oder Tätigkeitsaufstiege in die höhere Vergütungs- oder Entgeltgruppe und des beruflichen
Aufstiegs vergleichbarer Mitarbeiter derselben Einrichtung (§ 15 Abs. 3a).

1. Entgeltschutz

Sind die Voraussetzungen für die Freistellung gegeben, so besteht neben dem Anspruch auf Freistel- 55
lung auch der Anspruch darauf, dass keine Minderung des Arbeitsentgelts, der Dienstbezüge oder der
Gestellungsgelder eintritt,[69] weil den Mitgliedern der MAV auf Grund ihrer Tätigkeit kein Nachteil
entstehen darf (§ 18 Abs. 1 und 1a). Der Entgeltschutz kann auch aus § 15 Abs. 4 abgeleitet werden,
weil für außerhalb der regelmäßigen Arbeitszeit geleistete MAV-Tätigkeit vergüteter Freizeitausgleich
zu gewähren ist. Es ist das Entgelt zu zahlen, das der Dienstgeber hätte aufwenden müssen, wenn das
Mitglied der MAV während der Zeit der Freistellung von der dienstlichen Tätigkeit gearbeitet hätte.[70]
Es gilt das **Lohnausfallprinzip**.[71] Dies ergibt sich aus dem fortbestehenden Arbeits-, Dienst- oder Gestellungsverhältnis. Arbeitsversäumnis ist also wie Arbeitszeit zu rechnen. Der Entgeltfortzahlungsanspruch folgt daher aus § 15 Abs. 2 oder 3 i. V. m. § 611 BGB.

Für die gesetzlichen Voraussetzungen des Entgeltfortzahlungsanspruches nach § 15 Abs. 2 i. V. m. 56
§ 611 BGB ist das Mitglied der MAV darlegungs- und beweispflichtig. Der Dienstgeber kann zur
Prüfung des Entgeltfortzahlungsanspruchs auch Angaben zur Art der durchgeführten MAV-Tätigkeit fordern, wenn anhand der betrieblichen Situation einerseits und des geltend gemachten Zeitaufwandes andererseits erhebliche Zweifel an der Erforderlichkeit der MAV-Tätigkeit bestehen.[72] Deshalb ist die Fortzahlung des Entgelts insoweit ausgeschlossen, als ein Mitglied der MAV in der Zeit der
Freistellung nicht mitarbeitervertretungsbezogene Tätigkeiten erledigt.

Das gilt auch für das auf Dauer gemäß § 15 Abs. 3 freigestellte Mitglied der MAV. Denn so wie gemäß 57
Absatz 2 das Mitglied zur ordnungsgemäßen Durchführung seiner Aufgaben im notwendigen Umfang von der dienstlichen Tätigkeit freizustellen ist, so darf das gemäß Abs. 3 freigestellte Mitglied der
MAV in der arbeitsfreien Zeit nur Mitarbeitervertretungsaufgaben erledigen. Es kommt also nicht
auf die Freistellung, sondern auf die **Art der in der Freistellungszeit erledigten Tätigkeit** an; es
muss Mitarbeitervertretungstätigkeit sein.[73] Das freigestellte MAV-Mitglied muss sich in der Einrichtung zur MAV-Tätigkeit bereithalten, um als MAV-Mitglied in Anspruch genommen zu werden.
Denn damit werden andere MAV-Mitglieder, die sonst während der Arbeitszeit in Anspruch genommen werden müssten, gerade der Arbeitsleistung erhalten. Deshalb ist bei Tätigkeiten außerhalb der
Einrichtung nachprüfbar, ob erforderliche MAV-Tätigkeit verrichtet worden ist. So kann die Teilnahme als Zuhörer einer Gerichtsverhandlung dazu geeignet sein, der MAV nützliche Erkenntnisse
für ihre konkrete Tätigkeit zu vermitteln, wenn z. B. noch die Kündigung eines Mitarbeiters bevorsteht, weil ein anderer Rechtsstreit vorab zu entscheiden ist, der die Kündigung möglich machen soll

---

69 *Richardi*, Arbeitsrecht in der Kirche, § 18 Rn 63.
70 *LAG Köln*, 21. 2. 2000 – 8 (13) Sa 907, 99, ZMV 2000, 234; *Oxenknecht*, Freistellungen, ZMW 1991, 3, 5.
71 *Weber*, GK-BetrVG § 37 Rn 53 ff. m. N.; § 38 Rn 84; *BAG*, 18. 9. 1991 – 7 AZR 41/90, EzA § 37 BetrVG
 1972 Nr. 109 S. 3.
72 *BAG*, 15. 3. 1995 – 7 AZR 643/94, DB 1995, 1514.
73 Vgl. *BAG*, 31. 5. 1989 – 7 AZR 277/88, BB 1990, 491; *BAGE* 42 S. 405 = AP Nr. 44 zu § 37 BetrVG 1972.

(z. B. Zustimmung des Integrationsamtes zur Kündigung eines schwerbehinderten Menschen).[74] Das *LAG Bremen*[75] hat die Teilnahme eines Mitgliedes des Betriebsrates an der Gerichtsverhandlung wegen Kündigungsschutzklage eines Betriebsratsmitgliedes als zulässige und erforderliche Betriebsratstätigkeit angesehen.

58 Die **Entgeltberechnung** erfolgt beim **Zeitlohn** (Vergütung nach Arbeitszeit) so, als ob die Arbeitsfreistellung nicht stattgefunden hätte, sondern das MAV-Mitglied gearbeitet hätte. Beim **Leistungslohn** ist eine hypothetische Berechnung anzustellen, deren Ziel es sein muss, das ohne Arbeitsfreistellung verdiente Entgelt zu ermitteln.[76]

59 Ungekürzt sind auch **Zusatzleistungen** des Dienstgebers zu zahlen. Dazu gehören u. a. vermögenswirksame Leistungen, Zuschläge für die durch die Tätigkeit in der MAV versäumten Überstunden und für die Nacht-, Sonn- und Feiertagsarbeit,[77] zusätzliches Urlaubsgeld, Weihnachtszuwendung; Zuschläge für Bereitschaftsdienste und Rufbereitschaften, auch wenn sie durch die Freistellung entfallen.[78] Das MAV-Mitglied hat dagegen keinen Anspruch auf solche Beträge, die nicht für die Arbeit selbst, sondern als Ersatz für Aufwendungen gezahlt werden (z. B. Kantinenessen, Wegegelder).[79] Von dem unvermindert zu zahlenden Arbeitsentgelt sind die Lohnsteuer, Kirchensteuer, die Sozialversicherungsbeiträge und die Beiträge und ggf. Sanierungsgelder zur Zusatzversorgungskasse abzuführen. Das **Job-Ticket** ist weiter zu gewähren, weil auch das voll freigestellte MAV-Mitglied zur Einhaltung der Arbeitszeit und damit zur Fahrt zur Dienststelle verpflichtet ist.

2. Gewährleistung des beruflichen Werdegangs (§ 15 Abs. 3a)

60 Gemäß § 15 Abs. 3a darf eine völlige Freistellung von der beruflichen Tätigkeit nicht zur Beeinträchtigung der beruflichen Entwicklung des betroffenen Mitglieds der MAV führen. Spätestens innerhalb der in § 15 Abs. 3a genannten Fristen ist die Nachholung der beruflichen Entwicklung zu vollziehen. Die Vorschrift konkretisiert die des § 18 Abs. 1. Mit dem Verbot der Benachteiligung (§ 18 Abs. 1) ist gleichzeitig das Gebot an den Dienstgeber verbunden, einem Mitglied der MAV diejenige berufliche Entwicklung zu ermöglichen, die es ohne die volle Freistellung im Rahmen der Möglichkeiten der Einrichtung durchlaufen hätte. Daraus ergibt sich für das betroffene Mitglied der MAV ein Rechtsanspruch, so dass es den Dienstgeber auf Zahlung der Vergütung in Anspruch nehmen kann, die aus einer höheren Vergütung resultiert, oder auf Beförderung, vorausgesetzt, dass das MAV-Mitglied ohne Freistellung mit entsprechenden Aufgaben betraut worden wäre.[80] Auf ein Verschulden des Dienstgebers bei der Übergehung des MAV-Mitgliedes kommt es nicht an.[81] Desgleichen dürfen teilweise oder völlig freigestellte MAV-Mitglieder nicht von berufsbezogenen Fortbildungsmaßnahmen ferngehalten werden (§ 18 Abs. 1b); dies gilt auch für solche Fortbildungsmaßnahmen, die sich auf die dienstliche Aufgabenwahrnehmung beziehen, wenn eine Rückkehr des betroffenen MAV-Mitglieds an seinen Arbeitsplatz wahrscheinlich ist.[82] Durch die völlige Freistellung von der beruflichen Tätigkeit und der möglichen mehrmaligen Wiederwahl und Freistellung ist in Fällen der Beförderung die Eignungsbeurteilung für die höher bewertete Tätigkeit erschwert. Anhand der Personalakten sind frühere Beurteilungen zum Eignungsgrad heranzuziehen. Allerdings sind vom Dienst völlig freigestellte Mitglieder der MAV vor einer Beförderung nicht ausnahmslos verpflichtet, die Aufgaben eines höherwertigen Dienstpostens zum Zwecke der Erprobung wahrzunehmen und damit auf die

---

74 *BAG*, VBB 1990, 491.
75 28. 6. 1989 – 2 Sa 39/89, rkr., BB 1990, 742.
76 *Weber*, GK-BetrVG § 37 Rn 59; *HSWGN-Glock*, § 37 Rn 44 m. N.
77 Vgl. *ArbG Oldenburg*, 5. 5. 1994 – 5 Ca 824/93, KirchE 32, 155.
78 *LAG Köln*, 21. 2. 2000 – 8 (13) Sa 907/99, ZMV 2000, 234.
79 *BAG*, 14. 9. 1988 – 7 AZR 753/87, NZA 1989, 856.
80 *Ilbertz/Widmaier*, BPersVG, § 46 Rn 25.
81 *Treber*, in: Richardi/Dörner/Weber, Personalvertretungsrecht § 46 Rn 82; *BAG*, 26. 9. 1990 AP BPersVG § 8 Nr. 4.
82 *Hess. VG*, 16. 1. 1997, ZBR 1998, 68, LS.

Freistellung zu verzichten. Von Bedeutung kann dies z. B. für Lehrer an Ersatzschulen sein, auf deren Dienstverhältnis die einschlägigen staatlichen Beförderungsbestimmungen Anwendung finden.[83] Eine berufliche Benachteiligung liegt vor, wenn der Dienstgeber es unterlässt, das Ergebnis einer fiktiven Erprobung des Mitarbeiters für den höheren Dienstposten prognostisch zu ermitteln, wenn er also nicht den Blick auf bisherige Leistungsstärken im Dienst vor der Freistellung lenkt. Steht etwa der Aufstieg eines Rektors von Besoldungsgruppe A 13 nach A 14 an, darf die Bewerbung auf den höheren Dienstposten nicht deshalb verworfen werden, weil der Bewerber infolge seiner Freistellung die tatsächliche Erprobung nicht wahrnehmen konnte. Von einem ganz freigestellten MAV-Mitglied kann nicht prinzipiell verlangt werden, dass es seine Freistellung vollständig oder teilweise aufgibt, um die Chance der Beförderung zu erhalten.[84] Dafür sieht die MAVO gestaffelte Nachholungszeiträume vor.

Wird dem völlig freigestellten MAV-Mitglied die höherwertige Tätigkeit angeboten, bleibt es aber in der Freistellung, ist die Stelle mit dem nach dem freigestellten MAV-Mitglied bestgeeigneten Bewerber zu besetzen. Ist das MAV-Mitglied mit der höher bewerteten Tätigkeit nur im Wege einer Versetzung zu betrauen, muss es mit der Versetzung einverstanden sein.[85] Die Förderung des MAV-Mitgliedes erfährt ihre Grenze, wo die Vermeidung von beruflichen Nachteilen in verbotene Begünstigung (§ 18 Abs. 1) übergehen würde.[86] Die berufliche Ausgangslage muss verglichen werden mit solchen Beschäftigten, die zum Zeitpunkt der Übernahme des MAV-Amtes durch das MAV-Mitglied unter Berücksichtigung der Qualifikation entweder dieselbe oder aber eine gleichwertige Tätigkeit verrichtet haben.[87] Daher muss die berufliche Ausgangslage mit derselben Vergütungs- bzw. Entgeltgruppe bestehen. Auch die Beschäftigungszeit muss übereinstimmen. Deshalb ist für das freigestellte MAV-Mitglied eine fiktive Nachzeichnung des beruflichen Werdegangs vorzunehmen, also solche berufliche Bewertung beizumessen, wie sie ihm ohne Freistellung zugekommen wäre. Dabei ist davon auszugehen, dass ein freigestelltes MAV-Mitglied ohne seine Freistellung auch weiterhin gleiche Leistungen erbracht hätte. Eine negative Prognose, dass es einem seit längerer Zeit freigestellten MAV Mitglied an aktuellem beruflichen Wissen und an aktuellen Erfahrungen fehlt, ist unzulässig. Denn die Tatsache der Freistellung darf nicht als mindere Qualifikation angesehen werden, weil sonst gegen den Sinn der mitarbeitervertretungsrechtlichen Vorschriften der §§ 18 Abs. 1 und 15 Abs. 3a verstoßen würde. Sind Bewährungsaufstiege arbeitsvertraglich vereinbart, so sind auch Zeiten der Freistellung auf die Bewährungszeit oder die für einen Tätigkeitsaufstieg[88] anzurechnen. Die Bestimmung des § 15 Abs. 3a ist also deshalb eingefügt worden, um den Dienstgeber zu verpflichten, dem aus der vollen Freistellung in die berufliche Tätigkeit zurückgekehrten Mitarbeiter wenigstens eine wegen der Freistellung unterbliebene einrichtungsübliche berufliche Entwicklung nachzuholen. Dabei sind enge Fristen gesetzt. Der Nachholzeitraum beträgt ein Jahr nach Beendigung der Freistellung, er erhöht sich auf zwei Jahre, wenn der Mitarbeiter als Mitglied der MAV drei volle aufeinander folgende Amtszeiten (§ 13 Abs. 2) freigestellt war. Restamtszeiten werden dabei nicht berücksichtigt.

Problematisch ist allerdings, wie bei völlig freigestellten MAV-Mitgliedern mit arbeitsvertragsrechtlich festgesetzten Leistungsstufen oder gar Leistungsprämien zu handeln ist, wenn dazu jährliche Bewertungen erfolgen müssen. Eine Berücksichtigung von Leistungsbewertungen aus der Zeit vor der Freistellung macht keinen Sinn, weil bei den genannten Vergütungen aktuelle Daten verlangt werden.[89] Gemäß § 26 KAVO i. V.m der Anlage 26 zur KAVO der Diözesen in NRW kann eine Einrichtung i. S. d. MAVO ein Leistungsentgelt nach Maßgabe einer Dienstvereinbarung i. S. v. § 38 als eine variable und leistungsorientierte Bezahlung zusätzlich zum Tabellenentgelt gewähren. Die leistungsorientierte Bezahlung soll dazu beitragen, die Arbeitsqualität, Effektivität und Effizienz in den kirch-

---

83 Vgl. *BVerwG*, 21. 9. 2006 – 2 C 13.05, RiA 2007, 214.
84 *BVerwG*, 21. 9. 2006 – 2 C 13.05, RiA 2007, 214.
85 *Ilbertz/Widmaier*, BPersVG, § 46 Rn 25.
86 *BAG*, 27. 6. 2001 AP BPersVG § 46 Nr. 23; 29. 10. 1998 – 7 AZR 202/97, ZTR 1999, 235.
87 *BAG*, 26. 9. 1990 ZTR 1990, 334.
88 *Ilbertz/Widmaier*, BPersVG, § 46 Rn 25d.
89 *Ilbertz/Widmaier*, BPersVG, § 46 Rn 25 f.

lichen Einrichtung zu verbessern. Dazu sind jährliche Zielvereinbarungen erforderlich, um die Leistungsbemessung nach Zielerreichungen oder über eine systematische Leistungsbewertung vornehmen zu können. Für das voll von der Arbeit freigestellte Mitglied der MAV ist eine Zielvereinbarung nicht durchführbar.

3. Tätigkeitsschutz

63 Das Mitglied der MAV ist nach Ablauf seiner Freistellung wieder mit einer gleichwertigen Tätigkeit zu beschäftigen, die der Tätigkeit vor seiner Freistellung entsprach, oder die sogar derjenigen entspricht, die bei beruflicher Weiterentwicklung inzwischen erreicht worden wäre (§ 15 Abs. 3a). Ein voll freigestelltes MAV-Mitglied hat nach Beendigung der Freistellung keinen Anspruch darauf, seinen vor der Freistellung innegehabten Arbeitsplatz wieder zu erhalten; der könnte zwischenzeitlich sogar weggefallen sein. Ist ein vergleichbarer Arbeitsplatz weggefallen, so gibt § 18 Abs. 1 einen Anspruch darauf, nicht mit geringerwertigen Tätigkeiten als vor der Freistellung beschäftigt zu werden. Das betroffene MAV-Mitglied kann deshalb verlangen, dass ihm Tätigkeiten übertragen werden, die seiner erreichten Entgelt- bzw. Vergütungsgruppe vor oder während der Freistellung entsprechen. In diesem Zusammenhang ist auf die Bestimmung des § 18 Abs. 1b hinzuweisen, wonach Mitglieder der MAV von Maßnahmen der beruflichen Bildung innerhalb und außerhalb der Einrichtung nicht ausgeschlossen werden dürfen. Ausnahmen vom Tätigkeitsschutz bestehen nur bei zwingenden betrieblichen Notwendigkeiten, wobei allerdings der Kündigungsschutz des § 19 zu beachten ist. Bei zwingender Zuweisung eines geringerwertigen Arbeitsplatzes ist der Entgeltschutz zu beachten (§ 18 Abs. 1a).

VII. Ausgleich für Tätigkeit als Mitglied der Mitarbeitervertretung außerhalb der Arbeitszeit (§ 15 Abs. 4)

1. Zweck der Vorschrift

64 Aus betriebsbedingten Gründen kann es unvermeidbar sein, dass ein Mitglied der MAV außerhalb der Arbeitszeit seine MAV-Aufgaben zu erfüllen hat. Das ist der Fall, wenn der Dienstgeber darauf Einfluss genommen hat, dass die MAV-Tätigkeit nicht während der Arbeitszeit verrichtet wurde[90] oder der Dienstgeber keine Möglichkeit zur Ausübung der MAV-Tätigkeit während der Arbeitszeit gegeben hat.[91]

65 In § 14 Abs. 4 S. 2 und 3 ist geregelt, dass die Sitzungen der MAV in der Regel während der Arbeitszeit in der Einrichtung stattfinden, dass aber bei Anberaumung und Dauer der Sitzung auf die dienstlichen Erfordernisse Rücksicht zu nehmen ist. Es wird daher als unangemessen erachtet, wenn ein Mitglied der MAV seine Freizeit für Mitarbeitervertretungsaufgaben einsetzen müsste. Zur **Vermeidung eines Freizeitopfers** werden gemäß § 15 Abs. 4 entsprechende Ausgleichsansprüche gewährt. Die MAVO schreibt im Grundsatz vor, dass der Dienstgeber aufgrund des Gebots der vertrauensvollen Zusammenarbeit der Betriebspartner (§ 26 Abs. 1) für Vorkehrungen zu sorgen hat, dass Mitglieder der MAV in ihrer Amtseigenschaft regelmäßig nur während der Arbeitszeit in Anspruch genommen werden. Das gilt natürlich auch für teilzeitbeschäftigte Mitglieder der MAV. Wenn aus betriebsbedingten Gründen MAV-Tätigkeit während der Arbeitszeit nicht möglich ist, soll das MAV-Mitglied in Form einer Art **Entschädigung** einen Freizeitausgleich für die ihm auferlegte Belastung erhalten. Damit dient § 15 Abs. 4 in Ergänzung zu § 15 Abs. 2 zugleich dem Schutz der MAV-Mitglieder vor einer unentschädigten Inanspruchnahme außerhalb der Arbeitszeit.

66 Die Ausgleichsansprüche in § 15 Abs. 4 stellen also **keine Begünstigung** des MAV-Mitglieds (§ 18 Abs. 1) dar und stehen nicht im Widerspruch zum Grundsatz des § 15 Abs. 1, wonach die Mitglieder der MAV ihr Amt unentgeltlich als Ehrenamt führen.[92] Ein Verstoß gegen § 15 Abs. 1 liegt aber vor,

---

[90] *BAG*, 26. 1. 1994 – 7 AZR 593/92, BB 1994, 1215.
[91] *BAG*, 3. 12. 1987 – 6 AZR 569/85, BB 1988, 1461.
[92] Vgl. zum BetrVG: *Weber*, GK-BetrVG § 37 Rn 68 m. N.

wenn die Tätigkeit als Mitglied der MAV – und davon abgeleitet in der DiAG-MAV – nicht aus betriebsbedingten Gründen außerhalb der Arbeitszeit durchgeführt werden müsste und gleichwohl ein Ausgleich gewährt wird. Gleiches gilt, wenn statt des primär nach § 15 Abs. 4 S. 1 vorgesehenen Anspruchs auf Arbeitsbefreiung unter Fortzahlung des Arbeitsentgelts ein finanzieller Ausgleich gewährt würde, ohne dass aus betriebsbedingten Gründen eine Arbeitsbefreiung ausgeschlossen ist.

2. Voraussetzungen für den Zeitausgleich

Ausgleichsansprüche nach § 15 Abs. 4 bestehen nur, wenn: 67
– MAV-Mitglieder
– MAV-Tätigkeit
– aus betriebsbedingten Gründen

durchführen müssen, sie also nicht aus besonderer Vorliebe oder privaten Gründen in die arbeitsfreie Zeit legen oder dies mit Rücksicht auf ein ganz bestimmtes Mitglied der MAV tun.

a. Mitglied der MAV

Die Vorschrift gilt für sämtliche MAV-Mitglieder, auch für freigestellte. Sie gilt unabhängig von der 68
vereinbarten Arbeitszeit, also unabhängig vom Beschäftigungsumfang für vollzeit- und für teilzeitbeschäftigte Mitglieder der MAV, sowie für in Bedarfsarbeit (Arbeit auf Abruf gemäß § 12 Abs. 1 TzBfG) oder in einem Job-Sharing-Arbeitsverhältnis (Arbeitsplatzteilung gemäß § 13 Abs. 1 TzBfG) stehende MAV-Mitglieder.

b. MAV-Tätigkeit

Tätigkeit als Mitglied der MAV ist alles, was zur ordnungsgemäßen Durchführung der Aufgaben der 69
MAV erforderlich ist. Es gelten die Grundsätze zu § 15 Abs. 2. Der Verhandlungstermin z. B. vor dem Kirchlichen Arbeitsgericht wird von seinem Vorsitzenden festgesetzt, so dass die MAV in diesem Fall nicht bestimmen kann, wann sie tätig werden will. Fällt der Verhandlungstermin in die arbeitsfreie Zeit, ist Freizeitausgleich geboten für den aus der MAV, der teilgenommen hat. Jedoch besteht dieses Recht zur Teilnahme regelmäßig nicht für alle Mitglieder der MAV; sie muss die Mitglieder auswählen, die nach ihrer Auffassung ihre Interessen am besten vertreten können und dabei sich auf das erforderliche Minimum beschränken.[93]

c. Tätigkeit außerhalb der Arbeitszeit

Es muss nicht nur objektive **MAV-Tätigkeit** vorgelegen haben, sondern ihre **Durchführung außer-** 70
halb der Arbeitszeit muss **erforderlich** gewesen sein. Maßgebend ist die individuelle Arbeitszeit des Mitgliedes der MAV, das den Ausgleichsanspruch für von ihm ausgeübte MAV-Tätigkeit geltend macht. Das gilt auch in Fällen flexibler Arbeitsform.[94] Die MAV-Tätigkeit liegt nur insoweit außerhalb der Arbeitszeit, wie sie zusätzlich zu der durch Arbeit oder erforderliche MAV-Tätigkeit ausgefüllten vertraglichen Arbeitszeit des MAV-Mitgliedes geleistet wird.

Die MAV-Tätigkeit, die betriebsbedingt außerhalb der Arbeitszeit geleistet wird, ist dem **Dienstgeber** 71
rechtzeitig anzuzeigen, damit er disponieren kann, um die Arbeitsbefreiung (Zeitausgleich) zu gewähren. In Betracht kommen MAV-Mitglieder, die z. B. als **Lehrer und Erzieher** den Unterricht und die Betreuung von Kindern und Jugendlichen nicht ausfallen lassen dürfen.[95] Kann ein Mitglied der MAV im Übrigen die Lage seiner Arbeitszeit zumindest teilweise selbst bestimmen (z. B. Hausmeister), hat es die Tätigkeit als Mitglied der MAV außerhalb seiner Arbeitszeit dem Dienstgeber zuvor mitzuteilen (§ 15 Abs. 4 S. 3).

---

93 *Schlichtungsstelle Köln,* 10. 1. 1990 – MAVO 10/1989.
94 *Weber,* GK-BetrVG § 37 Rn 74 m. N.
95 *Fitting,* § 37 Rn 89.

72 Ein Schulträger kann gegenüber einem Lehrer, der nach einzelarbeitsvertraglicher Vereinbarung berechtigt ist, einen Teil seiner Arbeit nach Zeit, Umfang und Ort selbst zu bestimmen, nicht einseitig anordnen, dieser habe die MAV-Tätigkeit anstelle der häuslichen Arbeit (für den Schuldienst) zu leisten.[96]

d. Betriebsbedingte Gründe

73 Ausgleichsansprüche nach § 15 Abs. 4 sind nur gegeben, wenn MAV-Tätigkeit aus betriebsbedingten Gründen außerhalb der Arbeitszeit durchzuführen ist. Die Inanspruchnahme von Freizeit muss auf den besonderen betrieblichen Verhältnissen der Gestaltung des Arbeitsablaufs oder der Beschäftigungslage beruhen. § 15 Abs. 4 S. 5 nennt als betriebsbedingte Gründe ausdrücklich auch **unterschiedliche Arbeitszeiten der Mitglieder der MAV**. In Betracht kommen MAV-Mitglieder mit:
– Teilzeitbeschäftigung,
– Arbeit auf Abruf,
– Beschäftigung bei Arbeitsplatzteilung,
– Schichtarbeit/Wechselschichtarbeit,
– Gleitzeit,
– Nachtarbeit.

74 Die unterschiedlichen Arbeitszeiten allein reichen nicht aus. Die Vorschrift verlangt, dass die MAV-Tätigkeit **wegen** der unterschiedlichen Arbeitszeiten der MAV-Mitglieder nicht innerhalb der persönlichen Arbeitszeit erfolgen kann. Es muss also unmöglich sein, die Mitglieder der MAV zu einem bestimmten Zeitpunkt während ihrer persönlichen Arbeitszeit gemeinsam zur MAV-Tätigkeit zu versammeln. Das muss auf Umstände zurückzuführen sein, die vom Dienstgeber veranlasst werden und daher seiner Sphäre zuzuordnen sind.[97] Wer als Teilzeitbeschäftigter nur vormittags arbeitet, kann mit einem vormittags und nachmittags arbeitenden MAV-Mitglied am Vormittag die gemeinsame MAV-Sitzung abhalten. Ist das wegen besonderer betrieblicher Gründe nicht möglich, dann liegt MAV-Tätigkeit außerhalb der persönlichen Arbeitszeit betriebsbedingt vor, um einen Freizeitausgleich zu rechtfertigen.[98] **Reisezeiten** oder zusätzliche **Wegezeiten** sind der MAV-Tätigkeit zuzuordnen (Rn 14; § 15 Abs. 6).[99]

75 **Gründe aus dem Bereich der MAV sind keine betriebsbedingten Gründe.** Der Anspruch auf Freizeitausgleich besteht nicht, wenn nur die Gestaltung der MAV-Arbeit das Freizeitopfer eines Mitglieds der MAV erfordert, um sein Amt auszuüben,[100] wie z. B. bei Unterbrechung des Urlaubs. Dafür kann das Ersatzmitglied tätig werden (§ 13b Abs. 2).

3. Arbeitsbefreiung

a. Reduzierung der übertragenen Aufgaben

76 Die mit dem Freizeitausgleich verbundene Arbeitsbefreiung hat regelmäßig nur dann Sinn, wenn das Mitglied der MAV trotz gewährten Freizeitausgleichs die nicht erledigte Arbeit später – in der Regel mit Mehrarbeit – nicht auch noch nachholen muss. Aus diesem Grunde ordnet § 15 Abs. 2 S. 2 Reduzierung der übertragenen Aufgaben an. Die Reduzierung ist nicht erforderlich, wenn durch die Freistellung das Arbeitspensum bereits reduziert ist, indem etwa andere Mitarbeiter die Aufgabe erledigen oder die ausgefallene Arbeit wegen der Eigenart der Dienste gar nicht mehr nachholbar ist.

77 Für ein MAV-Mitglied, das **Lehrer** an einer Schule in kirchlicher Trägerschaft ist, kann für die erforderliche MAV-Tätigkeit nur eine Freistellung in der Weise erfolgen, dass es in bestimmtem Umfang

---

[96] *BAG*, AP Nr. 62 zu § 37 BetrVG 1972 Bl. 3 R.
[97] *Richardi/Thüsing*, BetrVG § 37 Rn 44.
[98] *Weber*, GK-BetrVG § 37 Rn 83.
[99] *Tiggelbeck*, Freiburger Kommentar zur MAVO, § 15 Rn 68.
[100] *Richardi/Thüsing*, BetrVG § 37 Rn 45 m. N.

von der Unterrichtsverpflichtung entbunden wird. Bei der Umrechnung von Unterrichtsstunden auf Zeitstunden/Minuten ist ein Vergleich anzustellen mit einem Mitarbeiter oder einer Mitarbeiterin mit vollschichtiger Tätigkeit in der Einrichtung. Dabei ist zu berücksichtigen, dass Lehrer in der unterrichtsfreien Zeit tatsächlich weniger arbeiten, so dass ein Jahresvergleich erforderlich ist.[101]

b. Freizeitausgleich

Liegen die Voraussetzungen des § 15 Abs. 4 S. 1, 2, 3 und 4 vor, besteht ein **Anspruch auf Ausgleich**, der **primär auf Arbeitsbefreiung unter Fortzahlung des Entgelts** gerichtet ist. Nur wenn der Anspruch auf Arbeitsbefreiung aus betriebsbedingten Gründen nicht innerhalb der folgenden sechs Kalendermonate (§ 15 Abs. 4 S. 5) möglich ist, kann der Dienstgeber die aufgewendete Zeit wie Mehrarbeit vergüten (§ 15 Abs. 4 S. 6). Der **Abgeltungsanspruch** ist rein **subsidiär**, um eine Begrenzung der Arbeitsbelastung des MAV-Mitgliedes zu gewährleisten. Das MAV-Mitglied hat den Nachweis über in seiner Freizeit erforderliche MAV-Tätigkeit dem zeitlichen Umfang nach zu führen. Dazu führt es zur Beweissicherung einen Kalender. Den Anspruch hat allerdings die MAV im Streitfall bei der Einigungsstelle feststellen zu lassen (§ 15 Abs. 5). Das MAV-Mitglied darf den Anspruch auf Arbeitsbefreiung nicht eigenmächtig durchsetzen und von sich aus der Arbeit fern bleiben. Das gilt auch im Falle der Gleitzeit. Andernfalls verstößt es gegen seinen Arbeitsvertrag. 78

Das MAV-Mitglied muss den Anspruch nach § 242 BGB unverzüglich geltend machen, damit der Dienstgeber sich darauf einstellen kann, die Arbeitsbefreiung innerhalb der Frist der nächsten sechs Kalendermonate zu gewähren (§ 15 Abs. 4 S. 5). Für die Geltendmachung des Anspruchs besteht allerdings keine eigens geregelte Ausschlussfrist (Rn 83). Andererseits enthält die Fristsetzung für die Arbeitsbefreiung eine Sollbestimmung. Daraus ist zu folgern, dass der Freizeitausgleich auch noch später erfolgen kann, wenn dies z. B. aus Gründen eines geordneten Unterrichtsbetriebs in einer Schule erst im folgenden Schuljahr bei Festlegung des Stundenplanes möglich ist. 79

Dem Dienstgeber steht es zu, die Arbeitsbefreiung (Zeitausgleich) nach billigem Ermessen zusammenhängend oder ratenweise zu gewähren und die zeitliche Lage festzusetzen.[102] Das *LAG Baden-Württemberg*[103] hat entschieden, dass ein im Dreischichtbetrieb tätiges Betriebsratsmitglied, das an ganztägigen Betriebsratssitzungen teilnimmt, nicht verpflichtet ist, an den dem Sitzungstag vorangehenden und den dem Sitzungstag nachfolgenden Nachtschichten zu arbeiten, aber seinen Vergütungsanspruch für die ausgefallenen Schichten behält. 80

Der zeitliche Aufwand für in der Freizeit (außerhalb der Arbeitszeit) aufgewendete MAV-Tätigkeit ist nicht wie Mehrarbeit zu behandeln, so dass keine über den tatsächlichen Zeitaufwand hinausgehende zusätzliche Arbeitsbefreiung zu gewähren ist (§ 15 Abs. 4 S. 1). 81

Die Arbeitsbefreiung ist unter Fortzahlung des Arbeitsentgelts zu gewähren, so dass ein Zuschlag für Mehrarbeit nicht in Betracht kommt. 82

Der Anspruch auf Arbeitsbefreiung ist innerhalb arbeitsvertraglicher **Ausschlussfristen** geltend zu machen (vgl. § 57 KAVO; § 23 AVR-Caritas). Bestehen keine Ausschlussfristen, gilt die Verjährungsvorschrift des § 195 BGB. Weiter zu Rn 90. 83

Erkrankt das MAV-Mitglied während des Freizeitausgleiches, ist der gewährte Ausgleich gleichwohl verbraucht.[104] 84

---

101 *LAG Niedersachsen*, 13. 11. 2001 – 16 Sa 1995/00, ZTR 2002, 146.
102 *Weber*, GK-BetrVG § 37 Rn 94.
103 *LAG Baden-Württemberg* 26. 8. 1988 – 1 Sa 14/88, NZA 1989, 567.
104 *BVerwG*, 23. 1. 1991 – 2 B 120/90, ZTR 1991, 174.

4. Abgeltung

85 Konnte die Arbeitsbefreiung aus betriebsbedingten Gründen nicht vor Ablauf der Frist des § 15 Abs. 4 S. 6 gewährt werden und bestand auch keine Alternative zugunsten eines verlängerten Ausgleichszeitraumes, so ist die für MAV-Tätigkeit aufgewendete Zeit außerhalb der vertraglich geschuldeten Arbeitszeit gemäß § 15 Abs. 4 S. 6 **wie Mehrarbeit (verstanden i. S. v. § 7 Abs. 6 bzw. § 7 Abs. 7 und 8 TVöD) zu vergüten.** Der Anspruch auf Vergütung (Abgeltung) für außerhalb der Arbeitszeit aufgewendete Zeit für erforderliche Tätigkeit als Mitglied der MAV entsteht nur, wenn die vom Mitarbeiter verlangte Arbeitsbefreiung (Freizeitausgleich) vom Dienstgeber aus betriebsbedingten Gründen verweigert wird.[105]

86 Die Art der Abgeltung lässt sich mit der ohne Freizeitausgleich zeitlich höheren Beanspruchung des Mitglieds der MAV begründen, jedenfalls bei vollbeschäftigten Mitgliedern der MAV.[106] Bei teilzeitbeschäftigten Mitgliedern der MAV entsteht ein Problem, weil diese bei außerhalb ihrer persönlichen verkürzten Arbeitszeit geleisteter MAV-Tätigkeit nicht ohne weiteres über die Zeit eines vollbeschäftigten MAV-Mitgliedes hinaus beansprucht werden. Denn Mehrarbeitszuschläge gibt es nach den bekannten Arbeitsvertragsordnungen und dem TVöD (§ 7 Abs. 6 TVöD) erst nach Überschreitung der Arbeitszeit für Vollbeschäftigte. Infolge dessen muss zur Vermeidung einer Begünstigung teilzeitbeschäftigter Mitglieder der MAV so verfahren werden, dass bei MAV-Tätigkeit im Rahmen der Vollzeitbeschäftigung so gezahlt wird wie für regelmäßige Arbeitszeit Teilzeitbeschäftigter und für Mehrarbeit erst oberhalb der Grenze der Vollbeschäftigten die Überstundenvergütung, also Vergütung mit Zeitzuschlag.[107] In welcher Höhe der Mehrarbeitszuschlag zu zahlen ist, richtet sich nach der für die Einrichtung geltenden Arbeitsvertragsordnung (vgl. z. B. § 3 Abs. 2 der Anlage 6 zu den AVR i. V. m. § 1 Abs. 3 Unterabsatz 2 der Anlage 6a zu den AVR).

5. Inhaber der Ansprüche nach § 15 Abs. 4

a. Das Mitglied der MAV

87 Gemäß § 15 Abs. 4 S. 1 stehen der Anspruch auf Arbeitsbefreiung und der subsidiäre Anspruch auf Abgeltung nicht gewährter Arbeitsbefreiung (§ 15 Abs. 4 S. 6) dem betroffen Mitglied der MAV persönlich zu, nicht der MAV. Das ergibt sich aus der persönlichen Pflicht zur Geltendmachung des Anspruchs und zum dazu erforderlichen Nachweis für betriebsbedingt außerhalb der Arbeitszeit geleistete erforderliche MAV-Tätigkeit allein oder mit der MAV (z. B. bei Sitzungen der MAV). Dennoch hat im Falle fehlender Einigung über die Ansprüche die MAV für das anspruchsberechtigte Mitglied der MAV den zutreffenden Anspruch durch die **Einigungsstelle** geltend zu machen (§ 15 Abs. 5). Das hat in der Weise zu geschehen, dass der auszugleichende Freizeitanspruch in seinem näher bezifferten Umfang geltend gemacht und die zeitliche Lage für den Freizeitausgleich, hilfsweise der entsprechende Abgeltungsbetrag für das betroffene MAV-Mitglied im Feststellungsantrag geltend gemacht wird. Der Dienstgeber ist Antragsgegner, das betroffene MAV-Mitglied Beteiligter des Einigungsstellenverfahrens.

b. Reduzierung der übertragenen Aufgaben

88 Mit dem Antrag auf Feststellung des Umfangs der Arbeitsbefreiung ist erforderlichen Falls gleichzeitig der Anspruch auf Reduzierung der übertragenen Aufgaben ab einem bestimmten Zeitpunkt geltend zu machen (§ 15 Abs. 2 S. 2).

---

105 *BAG*, 25. 8. 1999 – 7 AZR 713/97, EzA § 37 BetrVG 1972 Nr. 140 = NZA 2000, 554 = ZTR 2000, 330 f.
106 Vgl. *Fitting*, § 37 Rn 110.
107 *Fitting*, § 37 Rn 111.

c. Anzeige der MAV-Tätigkeit

Darf ein Mitglied der MAV ganz oder teilweise die Lage seiner Arbeitszeit selbst bestimmen, kann der Freizeitausgleich überhaupt nur dann erfolgreich geltend gemacht werden, wenn das betroffene Mitglied der MAV die außerhalb seiner beruflichen Arbeitszeit liegende MAV-Tätigkeit bereits vorher dem Dienstgeber mitgeteilt hat (§ 15 Abs. 4 S. 2) und der Dienstgeber keine Möglichkeit zur MAV-Tätigkeit innerhalb der Arbeitszeit dem MAV-Mitglied gegeben hat (§ 15 Abs. 4 S. 3).

6. Fristen

In § 15 Abs. 4 ist nicht geregelt, bis zu welchem Termin der jeweilige Ausgleichsanspruch geltend zu machen ist, damit er nicht verfällt. Ausgehend von vielfach bestehenden arbeitsvertraglichen Ausschlussfristen (Rn 83; § 37 Abs. 1 TVöD, vorher § 70 BAT) fallen die Ausgleichsansprüche i. S. v. § 15 Abs. 4 unter die Ausschlussfristen.[108] Das Ende der Amtszeit der MAV kommt als Ausschlussfrist nicht in Betracht, weil dem Mitglied der MAV bis zum letzten Tage der Amtszeit bzw. Geschäftsführung der MAV (§§ 13, 13a, 13c, 13d, 13e) Ausgleichsansprüche entstehen können, die folglich erst nach Beendigung der Amtsgeschäfte geltend gemacht werden können. Der vom MAV-Mitglied geltend zu machende Anspruch auf den Ausgleich betrifft unmittelbar die Frage, inwieweit das MAV-Mitglied noch seine arbeitsvertragliche Arbeitsleistung schuldet. Entscheidend für die Anwendbarkeit vertraglicher oder tarifvertraglicher Ausschlussfristen, z. B. auf den Anspruch auf Freizeitausgleich, ist die enge Verknüpfung eines Lebensvorganges mit dem Arbeitsverhältnis. Arbeitsbefreiung kann nur noch gewährt werden, wenn sie bei noch bestehendem Arbeitsverhältnis durchführbar ist. Deshalb ist bei Ausscheiden des MAV-Mitgliedes aus dem Arbeitsverhältnis nur noch die Abgeltung nicht gewährter Arbeitsbefreiung möglich.

Macht die MAV gemäß § 15 Abs. 5 den Ausgleichsanspruch bei der Einigungsstelle geltend, hat der Antrag der MAV nicht die prozessuale Wirkung der Rechtshängigkeit wie im Zivilprozess die Klageerhebung, so dass z. B. die Verjährung des Anspruchs nicht gehemmt wird (§ 209 BGB).

VIII. Zeugnis über die Tätigkeit als MAV-Mitglied

In der Rechtsprechung[109] und in der Literatur[110] wird die Auffassung vertreten, dass eine Betriebsratstätigkeit **nur auf ausdrücklichen Wunsch des Arbeitnehmers** in das Arbeitszeugnis aufgenommen werden dürfe, weil diese Tätigkeit nichts mit der arbeitsvertraglich geschuldeten Tätigkeit zu tun hat (§ 109 Abs. 1 GewO).[111] Das gelte sowohl für die konkrete Bezeichnung einer Betriebsratstätigkeit als auch für diesbezüglich umschreibende Wertungen, welche einen Rückschluss auf eine derartige Tätigkeit nahe legten.[112] Andererseits müsse der Arbeitgeber die Freistellung wohl erwähnen, wenn diese gemäß § 38 BetrVG über mehrere Jahre gedauert hat und der Arbeitgeber die Leistung nicht mehr verantwortlich beurteilen könne.[113] Diese Grundsätze, die zum Zeugnisrecht vorgetragen werden, müssen folglich wegen fehlender kirchlicher Regelung auch für das qualifizierte Arbeitszeugnis[114] des Mitarbeiters im kirchlichen Dienst beachtet werden, wenn der Mitarbeiter bzw. die Mitarbeiterin Mitglied der MAV war. Denn **das arbeitsrechtliche Zeugnisrecht gilt auch für Arbeitnehmer im kirchlichen Dienst**, weil die kirchlichen Arbeitsverhältnisse dem allgemeinen Individualarbeitsrecht unterliegen.[115]

---

108 *BAG*, 26. 2. 1992 – 7 AZR 201/91, DB 1993, 1424 = NZA 1993, 423.
109 *BAG*, 19. 8. 1992 AP 5 zu § 8 BPersVG = NZA 1993, 93, 222; *LAG Hamm*, 12. 4. 1976, DB 1976, 1112; *ArbG Ludwigshafen*, 18. 3. 1987 – 2 Ca 281/87, DB 1987, 1364 m. N.
110 *Weber*, GK-BetrVG § 37 Rn 14 m. N.
111 *Linck*, in Schaub, Arbeitsrechts-Handbuch § 146 Rn 18.
112 *ArbG Ludwigshafen* 18. 3. 1987 – 2 Ca 281/87, DB 1987, 1364 m. N.
113 *HSWGN-Glock*, BetrVG § 37 Rn 8; *Schleßmann*, Das Arbeitszeugnis, BB 1988, 1320, 1322 III, 2a.
114 Dazu: *Braun*, ZTR 2002, 106.
115 *BVerfGE* 70, 138; *Jurina*, Das Dienst- und Arbeitsrecht S. 127; *Richardi*, Arbeitsrecht in der Kirche, § 2 Rn 18 ff.

93 Die vorstehenden Grundsätze sind auch im Hinblick auf **dienstliche Regelbeurteilungen** anzuwenden[116]. Demnach darf eine ehrenamtliche Tätigkeit i. S. d. MAVO im Regelfall in einer dienstlichen Regelbeurteilung nicht erwähnt werden. Nach § 18 Abs. 1 dürfen Personen, die Aufgaben oder Befugnisse nach der MAVO wahrnehmen, darin nicht behindert oder wegen ihrer Tätigkeit nicht benachteiligt oder begünstigt werden. Dies gilt auch für ihre berufliche Entwicklung (§ 15 Abs. 3a). Ebenso wenig wie die nach Arbeitsvertrag geschuldete Leistung Bezug zur Tätigkeit als Mitglied der MAV hat,[117] haben dienstliche Regelbeurteilungen bzw. dienstliche Beurteilungen den Bezug auf die MAV-Tätigkeit zu unterlassen. Die Beurteilung darf sich nur auf Eignung, Befähigung und fachliche Leistung des Beurteilten beziehen, weil ein mitarbeitervertretungsrechtliches Ehrenamt keinen der dienstlichen Beurteilung unterliegenden Bezug zur vom Mitarbeiter geschuldeten Dienst- oder Arbeitsleistung hat.[118]

IX. Streitigkeiten

1. Einigungsstelle, § 15 Abs. 5

94 § 15 Abs. 5 regelt die Zuständigkeit der Einigungsstelle zur Entscheidung, wenn entweder über den Umfang der notwendigen Entlastung bzw. Freistellung von der dienstlichen Tätigkeit gemäß Abs. 2 oder den Freizeitausgleich gemäß Abs. 4 zwischen MAV und Dienstgeber keine Einigung erzielt wird. Antragsberechtigt zur Eröffnung des Einigungsstellenverfahrens ist die MAV (§ 15 Abs. 5 i. V. m. § 45 Abs. 3 Nr. 1) nach ihrem diesbezüglichen Beschluss (§ 14 Abs. 5). Die Antragsschrift der MAV an die Einigungsstelle muss darauf gerichtet sein festzustellen, dass die Freistellung eines bestimmten MAV-Mitgliedes wegen einer näher zu bezeichnenden Aufgabe als MAV-Mitglied berechtigt war[119] oder der die Freistellung zurückweisende Bescheid des Dienstgebers unwirksam ist (so im Falle des Absatzes 2). Geht es um Freizeitausgleich (Absatz 4), so lautet der Antrag auf Feststellung, dass dem MAV-Mitglied ein Anspruch auf Freizeitausgleich mit einer näher bezeichneten Dauer zusteht.[120]

95 Ist ungewiss, ob die Freistellung oder der Freizeitausgleich die adäquate Maßnahme ist, so sollte die MAV z. B. ihren Antrag auf Freistellung mit einem Hilfsantrag auf Freizeitausgleich verbinden. Damit bringt sie zugleich zum Ausdruck, dass sie auch einen Einigungsvorschlag der Einigungsstelle zugunsten einer von zwei Möglichkeiten annehmen will. Der Antrag der MAV ist zu begründen. Damit steht fest, dass im Einigungsstellenverfahren die zur Freistellung führende Tätigkeit der MAV bzw. eines MAV-Mitgliedes kontrollierbar ist. Das hat allerdings auch zur Folge, dass der Spruch der Einigungsstelle in einem Verfahren vor staatlichen Gerichten bindende Wirkung hat, insbesondere wegen Zahlungsansprüchen.

96 Geht es um die streitige Frage der **Festsetzung der zeitlichen Lage der Sitzungen der MAV,** welche die MAV in eigener Zuständigkeit festlegen darf (§ 14 Rn 47 ff.), so entscheidet die Einigungsstelle auf Antrag der MAV (§ 15 Abs. 5 i. V. m. Abs. 2). Denn es geht um die konkrete Regelung der Freistellung von der Arbeitspflicht ihrer Mitglieder.

2. Kirchliche Arbeitsgerichtsbarkeit

97 Gemäß § 15 Abs. 5 ist die Einigungsstelle bei Regelungsstreitigkeiten zur Frage der Dauerfreistellung eines oder mehrerer Mitglieder der MAV i. S. v. § 15 Abs. 3 nicht zuständig. Geht es um eine Rechtsstreitigkeit (Rn 43, 46), ist das Kirchliche Arbeitsgericht zuständig (§ 2 Abs. 2 KAGO). Die MAV hat in den Fällen des § 15 Abs. 3 einen Rechtsanspruch auf die Freistellung von Mitgliedern der MAV von

---

116 Vgl. *BAG,* 19. 8. 1992 – 7 AZR 262/91, NZA 1993, 222.
117 *BAGE* 38, 141, 146 f. = AP § 13 BAT Nr. 1 zu II 3, II 5.
118 *BAG,* 19. 8. 1992 – 7 AZR 262/91 – NZA 1993, 222.
119 So *Schlichtungsstelle Köln,* 12. 7. 1988 – MAVO 4/1988 n. v.
120 *Schlichtungsstelle Köln,* 14. 1. 1997 – MAVO 16/96 n. v.

der dienstlichen Tätigkeit für die Dauer einer Amtsperiode. Besteht Streit über die Freistellungspflicht des Dienstgebers, so ist das Kirchliche Arbeitsgericht wegen der Rechtsstreitigkeit gemäß § 2 Abs. 2 KAGO sachlich zuständig.

Antragsteller können die MAV und der Dienstgeber sein (§ 8 Abs. 2 Buchst. a KAGO). Können sich dagegen MAV und Dienstgeber nicht über den Umfang der Freistellung einzelner Mitglieder der MAV i. S. v. § 15 Abs. 3 S. 2 einigen, handelt es sich um eine Regelungsstreitigkeit, die von der Einigungsstelle wegen des Zuständigkeitskatalogs des § 45 von der Einigungsstelle nicht entschieden werden kann (Umkehrschluss aus § 15 Abs. 5). Wegen des zu gewährenden Rechtsschutzes durch das Kirchliche Arbeitsgericht ist dieses wegen des sich aus § 15 Abs. 3 S. 2 ergebenden Anspruchs zugunsten der MAV gemäß § 2 Abs. 2 KAGO zuständig.

3. Staatliche Gerichte

Die Vorschriften über die Rechtsstellung der MAV haben auch für das einzelne MAV-Mitglied unmittelbare, das Arbeits-, Dienst-, Ausbildungs- oder Gestellungsverhältnis berührende Wirkung. Hierbei handelt es sich um Ansprüche auf Entgeltfortzahlung (§ 15 Abs. 2) für die Dauer der Arbeitszeitversäumnis und auf bezahlten Freizeitausgleich für außerhalb der Arbeitszeit ausgeführte Amtstätigkeit (§ 15 Abs. 4). Wegen dieser Ansprüche ist die kirchliche Einigungsstelle nicht zuständig (Art. 10 Abs. 1 GrO), aber auch nicht das Kirchliche Arbeitsgericht (§ 2 Abs. 3 KAGO).

Soweit ein Mitarbeitervertreter im Sinne eines Arbeitsverhältnisses betroffen ist, hat er einen Anspruch aus dem Arbeitsverhältnis, so dass für die Klage der Rechtsweg zu den staatlichen Arbeitsgerichten eröffnet ist (§ 2 Abs. 1 Nr. 3 Buchstabe a ArbGG; § 611 BGB).[121] Die Ansprüche auf Entgeltfortzahlung und Freizeitausgleich fallen unter die vereinbarten Ausschlussfristen, insbesondere des § 37 Abs. 1 TVöD, vorher § 70 Abs. 1 BAT,[122] aber auch unter die Ausschlussfristen i. S. v. § 57 KAVO der Diözesen in NRW und § 23 AVR-Caritas. Vom Streitgegenstand her geht es um eine bürgerliche Rechtsstreitigkeit zwischen Arbeitnehmer (Mitarbeiter) und Arbeitgeber (Dienstgeber) aus dem Arbeitsverhältnis. Es geht nicht um Tätigkeit in der MAV, sondern um den Umfang der Vergütung oder der Arbeitspflicht des Mitgliedes der MAV. Ansprüche der vorstehenden Art sind daher, wenn sie nicht verfallen sollen, innerhalb einer Ausschlussfrist von sechs Monaten nach Fälligkeit schriftlich geltend zu machen.

Beamte, deren Dienstverhältnisse öffentlich-rechtlich geregelt sind, können wegen ihrer Ansprüche das staatliche Verwaltungsgericht anrufen (§ 40 Abs. 1 VwGO).[123]

In Fällen zu zahlender Gestellungsgelder für eine gestellte Arbeitskraft (Mitarbeiter) ergeben sich wegen der Entgeltfortzahlung Ansprüche aus dem Gestellungsverhältnis für den, der den Mitarbeiter zur Arbeitsleistung zur Verfügung des Dienstgebers stellt. Denn die MAVO ragt in das Gestellungsverhältnis hinein (§ 3 Abs. 1). Der Anspruch ist vor dem ordentlichen Gericht geltend zu machen, weil der Gestellungsvertrag bürgerlich-rechtlicher, aber nicht arbeitsrechtlicher Natur ist.

Im Falle eines Anspruchs auf Freizeitausgleich steht dieser der gestellten Arbeitskraft zu (§ 15 Abs. 4). Der aus dem Gestellungsvertrag berechtigte Personalgeber kann den Freizeitausgleich nicht für sich, sondern nur für sein gestelltes Personal geltend machen.

4. Kosten

Klagt das MAV-Mitglied vor dem staatlichen Gericht (z. B. Arbeitsgericht) auf Vergütung für die für MAV-Tätigkeit aufgewendete Zeit und bedient es sich dazu anwaltlicher Hilfe, so hat es die Anwaltskosten für die Prozessführung vor dem Arbeitsgericht selbst zu tragen,[124] weil § 12a Abs. 1 ArbGG

---

121 *BAG*, 19. 6. 1979 – 6 AZR 638/77.
122 *BAG*, 26. 2. 1992 – 7 AZR 201/91, DB 1993, 1424.
123 *Jurina*, Das Dienst- und Arbeitsrecht S. 175.
124 *BAG*, 30. 6. 1993 – 7 ABR 45/92, BB 1993, 2449.

den Anspruch auf Erstattung erstinstanzlicher Rechtsanwaltskosten auch dann ausschließt, wenn sie einem Betriebsratsmitglied bei der auf § 37 Abs. 2 BetrVG gestützten Verfolgung seines Lohnanspruchs im Urteilsverfahren entstanden sind. Diese Rechtsfolge ist auf das Mitglied der MAV, welches Arbeitnehmer ist, in gleicher Weise übertragbar. Im Übrigen wird auf die Ausführungen zu § 17 (§ 17 Rn 144 f.) verwiesen.

X. Reisezeiten der Mitglieder der MAV, § 15 Abs. 6

105 Gemäß § 15 Abs. 6 gelten für Reisezeiten der Mitglieder der MAV die für die Einrichtung des Dienstgebers bestehenden Bestimmungen zum Rahmen der täglichen Arbeitszeit unter Einschluss von Dienstreisen und Dienstgängen der Mitarbeiterinnen und Mitarbeiter. Abweichungen sind wegen des Verbots der Begünstigung und der Benachteiligung von Mitgliedern der MAV gemäß § 18 Abs. 1 unzulässig. Zwischen Dauer der Dienstreise und anerkannter Reisezeit ist zu unterscheiden (vgl. z. B. § 6 der Anlage 5 zu den AVR-Caritas). Gemäß § 15 Abs. 6 geht es um die Frage der betrieblichen Bewertung von Reisezeiten der Mitarbeiter bzw. der MAV-Mitglieder als Arbeitszeit um eine Berechnungsgrundlage für erforderliche Arbeitsbefreiung und womöglichen Freizeitausgleich gemäß § 15 Abs. 4 bilden zu können. Denn Reisezeiten, die ein Mitglied außerhalb seiner Arbeitszeit im Zusammenhang mit mitarbeitervertretungsrechtlichen Aufgaben aufwendet, kommen unter Anwendung geltender betrieblicher Bestimmungen für einen Freizeitausgleich in Betracht.[125]

106 Das Arbeitszeitgesetz definiert den Begriff der Reisezeit nicht, die MAVO auch nicht. Eine gesetzliche Regelung, wonach Reisezeiten wie vergütungspflichtige Arbeitszeit zu bewerten sind, besteht nicht. Deshalb kommt es auf die erwähnten arbeitsvertraglichen oder betrieblichen Regelungen über die Durchführung von Dienstreisen bzw. Dienstgängen in der Einrichtung des Dienstgebers und die Bewertung der Reisezeit als Arbeitszeit zum Zweck der Vergütung an.[126] Bei der Bestimmung der Reisezeit geht es nicht um die Ermittlung notwendiger Reisekosten. Dazu verhält sich das Reisekostenrecht mit Bestimmungen zur Dauer der Dienstreise bzw. des Dienstganges.

107 Eine Reihe von Bestimmungen der MAVO lässt die Bildung von Mitarbeitervertretungen in der Weise zu, dass deren Mitglieder zu ihren Sitzungen Anfahrtswege größeren Ausmaßes haben, wie z. B. die Mitarbeitervertretung für das Gebiet eines Kirchengemeindeverbandes mit an verschiedenen Orten gelegenen Teildienststellen der am Kirchengemeindeverband beteiligten Kirchengemeinden (§ 1a), die gemeinsame Mitarbeitervertretung für mehrere Rechtsträger (§ 1b), die Sondervertretung für bestimmte Berufsgruppen (§ 23), die MAV mehrerer Schulen eines Rechtsträgers (§ 1a Abs. 2), die MAV eines Kreiscaritasverbandes für Einrichtungen des Trägers im gesamten Kreisgebiet eines Landkreises, die Gesamtmitarbeitervertretung und die erweiterte Gesamtmitarbeitervertretung (§ 24). Zu nennen sind ferner die Reisezeiten der Mitglieder der Diözesanen Arbeitsgemeinschaft der Mitarbeitervertretungen bzw. der Mitglieder der Gruppierungen der Diözesanen Arbeitsgemeinschaft der Mitarbeitervertretungen zu ihren von der MAVO genannten Sitzungen (§ 25). Von praktischer Bedeutung sind ebenfalls die Reisen von Mitgliedern der Mitarbeitervertretung zu Verhandlungen bei der Einigungsstelle und den kirchlichen Gerichten für Arbeitssachen, um dort den ergangenen Ladungen zur mündlichen Verhandlung Folge zu leisten.

108 Zu unterscheiden ist zwischen Reisezeiten während der vertraglich geschuldeten Arbeitszeit (§ 15 Abs. 2) und Reisezeiten außerhalb der Arbeitszeit des Mitgliedes der MAV (§ 15 Abs. 4). Soweit die außerhalb der Arbeitszeit des MAV-Mitgliedes verbrachte Reisezeit als Arbeitszeit bewertet wird, ist sie gemäß § 15 Abs. 4 mit vergüteter Freizeit im Rahmen der Grenzen der Bewertung als Arbeitszeit auszugleichen. Soweit die für die Reise erforderliche Arbeitsbefreiung nicht in Anspruch genommen werden kann und deshalb die Reise außerhalb der Arbeitszeit durchgeführt werden muss, besteht ein Anspruch auf entsprechende Arbeitsbefreiung.[127] So ist z. B. ein MAV-Mitglied, das zu einer um

---

125 Vgl. *BAG*, 12. 8. 2009 – 7 AZR 218/08, NZA 2009, 1284.
126 *BAG*, 21. 6. 2006 – 7 AZR 389/05, NZA 2006, 1417.
127 *Fitting* § 37 Rn 91 m. N.

9 Uhr beginnenden Sitzung der Gesamtmitarbeitervertretung eines mehrdiözesanen Rechtsträgers von Hamburg nach Stuttgart reist, berechtigt, die Reise schon am Vortage unter Inanspruchnahme der erforderlichen Arbeitsbefreiung anzutreten. Ist Arbeitsbefreiung aus betrieblichen Gründen nicht möglich, hat das MAV-Mitglied insoweit Anspruch auf einen entsprechenden Freizeitausgleich, als es am Vortag Arbeitszeit für die Durchführung der Reise hätte in Anspruch nehmen können.[128]

Bei Reisen teilzeitbeschäftigter MAV-Mitglieder ist für die Frage der Inanspruchnahme von Arbeitszeit auf die übliche Arbeitszeit eines vollzeitbeschäftigten MAV-Mitgliedes abzustellen. Das bedeutet: fällt die erforderliche Reisezeit in die Arbeitszeit eines vollbeschäftigten MAV-Mitglieds, besteht der Ausgleichsanspruch gemäß § 15 Abs. 4. Denn insoweit hat das teilzeitbeschäftigte MAV-Mitglied wegen seiner verkürzten Arbeitszeit keine Möglichkeit, die Reise während der Arbeitszeit eines vollbeschäftigten MAV-Mitglieds anzutreten.[129] Die außerhalb der Arbeitszeit vollbeschäftigter MAV-Mitglieder liegende Reisezeit ist arbeitsrechtlich keine Arbeitszeit. Deshalb kommt es dazu auf arbeitsvertragliche oder betriebliche Regelungen an, was zu gelten hat, wenn die Reisezeit betriebsbedingt außerhalb der betrieblichen Arbeitszeit für Vollbeschäftigte liegt.[130] Nur wenn die Reisezeit länger dauert als die dienstplanmäßige tägliche Arbeitszeit, entsteht die Frage des Freizeitausgleichs. Das setzt aber voraus, dass Reisezeiten der Mitarbeiterinnen und Mitarbeiter beim Dienstgeber grundsätzlich auf die Arbeitszeit angerechnet werden. Dann darf das MAV-Mitglied, das weder begünstigt noch benachteiligt werden darf (§ 18 Abs. 1), ebenfalls für die überschießende Zeit zur Erledigung erforderlicher MAV-Tätigkeit vergüteten Freizeitausgleich gemäß § 15 Abs. 4 in Anspruch nehmen. 109

Der Lohnfortzahlungsanspruch des MAV-Mitglieds hat bei berechtigter Arbeitsversäumnis seine Rechtsgrundlage im Arbeitsvertrag i. V. m. § 611 Abs. 1 BGB.[131] Aus dem Lohnausfallprinzip folgt andererseits, dass für MAV-Tätigkeiten außerhalb der Arbeitszeit kein Lohnanspruch besteht. Dafür besteht gemäß § 15 Abs. 4 ein Anspruch auf Freizeitausgleich. 110

Wer aber ohne Bezüge beurlaubt ist, z. B. wegen Elternzeit nach dem BEEG, hat für die aufgewendete Zeit zur Erledigung von MAV-Aufgaben keinen Ausgleichsanspruch und keinen Vergütungsanspruch, weil er von der Arbeit freigestellt ist. Er kann daher aus der Dauer der Reisezeit keine Vergütungsansprüche ableiten; es sind nur Reisekosten abzurechnen.[132] Die mitarbeitervertretungsrechtliche Tätigkeit des beurlaubten MAV-Mitglieds fällt nicht betriebsbedingt in die arbeitsfreie Zeit. Dasselbe gilt auch, wenn ein Mitglied der MAV während seines Jahresurlaubs MAV-Tätigkeit verrichtet; Anspruch auf Freizeitausgleich besteht nicht.[133] 111

Haben Lehrer einen auswärtigen Termin wahrzunehmen, so ist zu prüfen, ob das MAV-Mitglied von der Unterrichtspflicht zu befreien ist. Ist das nicht der Fall, ist weiter zu prüfen, ob die Reisezeit in die frei verfügbare Zeit fällt, so dass mit Rücksicht auf die ehrenamtliche MAV-Tätigkeit Freizeitausgleich nicht in Betracht kommt, besonders dann nicht, wenn der Lehrkraft wegen ihres Amtes als MAV-Mitglied Entlastungsstunden eingeräumt worden sind. Wer als Mitglied der MAV gemäß § 15 Abs. 3 von der Arbeit freigestellt ist, hat ebenfalls keinen Anspruch auf Freizeitausgleich. Das gilt für voll- und teilzeitbeschäftigte Mitglieder der MAV. Die Freistellung ist Kompensation für MAV-Tätigkeit innerhalb und außerhalb der betrieblichen Arbeitszeit. 112

Kirchliche Arbeitsvertragsordnungen regeln die Dauer der Dienstreise bzw. eines Dienstgangs (vgl. § 7 der Anlage 15 zur KAVO der Diözesen in NRW), aber nicht durchgängig den zeitlichen Wert der Reisezeit als Arbeitszeit. Hier helfen betriebliche Regelungen über die Gleitzeit und die eventuelle Kappungsgrenze, wonach nicht die gesamte Dauer der Dienstreise (z. B. nicht mehr als 10 Stunden 113

---

[128] *Fitting* § 37 Rn 91.
[129] *Fitting*, § 37 Rn 91.
[130] *BAG*, 12. 8. 2009 – 7 AZR 218/08, NZA 2009, 1284.
[131] *Fitting* § 37 Rn 58 ff.
[132] *Kreft*, in: Wlotzke/Preis, BetrVG, § 40 Rn 25.
[133] *Richardi/Thüsing*, BetrVG, § 37 Rn 46.

pro Tag) wie Arbeitszeit bewertet wird. Die Reisekostenordnung der bayerischen (Erz-)Diözesen enthält in ihrem § 7 lediglich Bestimmungen zur Dauer der Dienstreise mit Blick auf die Wirtschaftlichkeit der Wegstreckenabrechnung (Teil C, 14 des ABD) Die AVR-Caritas dagegen enthalten eine Bestimmung gemäß § 6 der Anlage 5 zu den AVR.[134] Sie nehmen außerdem in ihren Bestimmungen (Anlage 13a zu den AVR) auf Regelungen über Reisekostenerstattung der jeweiligen Belegenheitsdiözese der Einrichtung Bezug. Gemäß § 6 Abs. 1 S. 1 Anlage 5 zu den AVR-Caritas zählt nur die Zeit der dienstlichen Inanspruchnahme am auswärtigen Geschäftsort des Dienstgeschäfts als Arbeitszeit. Es wird jedoch gemäß § 6 Abs. 1. S. 3 der Anlage 5 zu den AVR-Caritas für jeden Tag, an dem der Mitarbeiter sich außerhalb des Beschäftigungsortes aufhalten muss, mindestens die dienstplanmäßige bzw. betriebsübliche Arbeitszeit berücksichtigt. Liegt die dienstliche Inanspruchnahme am auswärtigen Geschäftsort unter der regelmäßigen Arbeitszeit, besteht folglich keine Verpflichtung zur Nachleistung. Gemäß § 6 Abs. 1 S. 2 der Anlage 5 zu den AVR wird die notwendige Reisezeit neben der Zeit der dienstlichen Inanspruchnahme am Geschäftsort in im Grundsatz vollem Umfang als Arbeitszeit bewertet, aber für die Zeit der tatsächlichen dienstlichen Inanspruchnahme und für die notwendige Reisezeit werden insgesamt höchstens zehn Stunden als tägliche Arbeitszeit angerechnet. Gelten in einer Einrichtung die AVR-Caritas, so haben Mitglieder der MAV im Falle von Reisen im Rahmen ihrer MAV-Aufgaben den Mitarbeitern entsprechende Ansprüche gemäß § 15 Abs. 6 MAVO.

114 Bestehen keine diözesanen Regelungen, gilt Landes- oder Bundesrecht im Rahmen der Bestimmungen des Arbeits- oder Dienstvertrages. Werden in kirchlichen Einrichtungen Bestimmungen für den öffentlichen Dienst angewendet, so gilt der Grundsatz, dass bei Dienstreisen nur die Zeit der dienstlichen Inanspruchnahme am auswärtigen Geschäftsort als Arbeitszeit gilt. Allerdings bestehen vom Grundsatz abweichende zusätzliche Bestimmungen. Danach wird für jeden Tag einschließlich der Reisetage mindestens die auf ihn entfallende regelmäßige, durchschnittliche oder dienstplanmäßige Arbeitszeit berücksichtigt, wenn diese bei Nichtberücksichtigung der Reisezeit nicht erreicht würde. Wenn aber nicht anrechenbare Reisezeiten insgesamt 15 Stunden im Monat überschreiten, werden auf Antrag 25 v. H. dieser überschreitenden Zeiten bei fester Arbeitszeit als Freizeitausgleich gewährt und bei gleitender Arbeitszeit im Rahmen der jeweils geltenden Vorschriften auf die Arbeitszeit angerechnet. Beträgt die Anzahl der nicht anrechnungsfähigen Reisezeiten 19 Stunden im Monat, so sind die 4 über 15 Stunden liegenden Reisezeitstunden mit 25 v. H., also mit einer Stunde Freistellung von der Arbeitspflicht ausgeglichen. Der besonderen Situation von Teilzeitbeschäftigten ist Rechnung zu tragen (§ 44 Abs. 2 TVöD-BT-V). Soweit aber Einrichtungen in privater Rechtsform oder andere Arbeitgeber nach eigenen Grundsätzen verfahren, sind diese abweichend von den vorstehenden Bestimmungen maßgebend (§ 44 Abs. 3 TVöD-BT-V).

115 Ansprüche auf Freizeitausgleich bzw. Vergütung wegen vorgenannter Reisezeiten sind individualrechtliche Ansprüche des einzelnen Mitglieds der MAV; sie sind im Streitfall neben den kirchlicherseits und bei den Diözesancaritasverbänden eingerichteten Schlichtungsstellen für arbeitsvertragliche Streitigkeiten von den staatlichen Gerichten zu entscheiden (siehe Rn 99 ff.).

§ 16 Schulung der Mitarbeitervertretung und des Wahlausschusses

(1) Den Mitgliedern der Mitarbeitervertretung ist auf Antrag der Mitarbeitervertretung während ihrer Amtszeit bis zu insgesamt drei Wochen Arbeitsbefreiung unter Fortzahlung der Bezüge für die Teilnahme an Schulungsveranstaltungen zu gewähren, wenn diese die für die Arbeit in der Mitarbeitervertretung erforderlichen Kenntnisse vermitteln, von der (Erz-)Diözese oder dem Diözesan-Caritasverband als geeignet anerkannt sind und dringende dienstliche oder betriebliche Erfordernisse einer Teilnahme nicht entgegenstehen. Bei Mitgliedschaft in mehreren Mitarbeitervertretungen kann der Anspruch nur einmal geltend gemacht werden. Teilzeitbeschäftigten Mit-

---

134 Dazu: *Beyer*, in: Beyer/Papenheim, Arbeitsrecht der Caritas, Anlage 5, § 6 Sonderbestimmungen bei Dienstreisen, Rn 4 ff.

gliedern der Mitarbeitervertretung, deren Teilnahme an Schulungsveranstaltungen außerhalb ihrer persönlichen Arbeitszeit liegt, steht ein Anspruch auf Freizeitausgleich pro Schulungstag zu, jedoch höchstens bis zur Arbeitszeit eines vollbeschäftigten Mitglieds der Mitarbeitervertretung.

(1a) Absatz 1 gilt auch für das mit der höchsten Stimmenzahl gewählte Ersatzmitglied (§ 11 Abs. 6 Satz 2), wenn wegen
1. ständiger Heranziehung,
2. häufiger Vertretung eines Mitglieds der Mitarbeitervertretung für längere Zeit oder
3. absehbaren Nachrückens in das Amt als Mitglied der Mitarbeitervertretung in kurzer Frist

die Teilnahme an Schulungsveranstaltungen erforderlich ist.

(2) Die Mitglieder des Wahlausschusses erhalten für ihre Tätigkeit und für Schulungsmaßnahmen, die Kenntnisse für diese Tätigkeit vermitteln, Arbeitsbefreiung, soweit dies zur ordnungsgemäßen Durchführung der Aufgaben erforderlich ist. Abs. 1 Satz 2 gilt entsprechend.

Übersicht

		Rn
I.	Recht auf Schulung	1– 12
	1. Zweck der Vorschrift	1, 2
	2. Vergleich mit staatlichen Bestimmungen	3
	3. Persönlicher Geltungsbereich	4– 12
II.	Der Anspruch auf Arbeitsbefreiung	13– 85
	1. Inhaber des Anspruchs	13
	2. Veranstalter	14
	3. Schulungsveranstaltungen	15
	4. Schulungsbedürftige Personen	16– 19
	5. Erforderlichkeit der vermittelten Kenntnisse	20– 43
	a. Thematik	23, 24
	b. Eigenart des kirchlichen Dienstes	25
	c. Grundkenntnisse	26– 32
	aa. Mitarbeitervertretungsrecht	31
	bb. Kenntnisse im Arbeitsrecht	32
	d. Spezialkenntnisse	33– 43
	6. Arbeitsbefreiung	44– 58
	a. Innerhalb der Amtsperiode	44, 45
	b. Fortzahlung der Bezüge	46– 49
	c. Freizeitausgleich nur für teilzeitbeschäftigte Mitglieder der MAV	50– 52
	d. Zeitliche Lage der Arbeitsbefreiung und Abgeltungsanspruch	53– 58
	7. Zeitlicher Umfang der Schulungen	59– 65
	8. Verfahren zur Freistellung	66– 73
	a. Beschlussfassung der MAV	66– 68
	b. Antragstellung beim und Freistellung durch den Dienstgeber	69– 72
	c. Geltendmachung des Anspruchs vor dem Kirchlichen Arbeitsgericht	73
	9. Kostentragung	74– 79
	10. Abgrenzung zum Bildungsurlaub	80– 84
	a. Landesrecht	80, 81
	b. Arbeitsvertragliche Regelungen	82
	c. Kirchengesetzliche Bestimmungen	83, 84
	11. Aus- und Fortbildung gemäß SGB VII	85
III.	Anerkennung der Schulungsveranstaltung als geeignet	86–108
	1. Anerkennung	86– 91
	a. Antrag auf Anerkennung	90
	b. Allgemeine Anerkennung	91
	2. Kriterien für die Anerkennung als geeignet	92– 96
	3. Versagung der Anerkennung	97– 99
	4. Ersatzansprüche	100
	5. Streitigkeiten	101–108
	a. Der Veranstalter	101
	b. Die Diözesane Arbeitsgemeinschaft der Mitarbeitervertretungen	102–106
	c. Anfechtung der Anerkennung	107, 108
IV.	Die Mitglieder des Wahlausschusses	109–122
	1. Arbeitsbefreiung für die Tätigkeit im Wahlausschuss	109, 110
	2. Arbeitsbefreiung zur Schulung	111–115
	3. Antrag auf Arbeitsbefreiung	116–118
	4. Vergütungsansprüche	119
	5. Schulung anderer Gremienmitglieder?	120–122
	a. Mitglieder der DiAG-MAV	120
	b. KODA-Mitglieder	121, 122
V.	Unfallschutz	123
VI.	Folgen unberechtigter Teilnahme an einer Schulungsveranstaltung	124

	Rn		Rn
VII. Streitigkeiten	125–138	5. Streitigkeiten zwischen einem Mitglied des Wahlausschusses und dem Dienstgeber	135
1. Streitigkeiten zwischen MAV-Mitglied und Dienstgeber	125, 126		
2. Streitigkeiten zwischen Dienstgeber und MAV	127, 128	6. Streitigkeiten der Sprecher der Jugendlichen und der Auszubildenden und der Vertrauensperson der schwerbehinderten Menschen	136
3. Streitigkeiten zwischen MAV und MAV-Mitglied	129		
4. Streitigkeiten zwischen dem Wahlausschuss und dem Dienstgeber	130–134	7. Einstweilige Verfügung, § 52 KAGO	137, 138
a. Mögliche Streitfälle	130–132	VIII. Beispiel für einen Klageantrag an das Kirchliche Arbeitsgericht, § 28 KAGO	139–141
b. Arbeitsbefreiung	133		
c. Kostenerstattungsansprüche	134		

I. Recht auf Schulung

1. Zweck der Vorschrift

1 Die Vorschrift berücksichtigt, dass eine Mitarbeitervertretung (MAV) ohne die für ihre Arbeit erforderlichen Kenntnisse ihre Befugnisse und Aufgaben nicht ordnungsgemäß wahrnehmen kann. Deshalb gibt sie der MAV einen **kollektivrechtlichen Anspruch** zugunsten jedes ihrer Mitglieder auf Arbeitsbefreiung **bis zu insgesamt drei Wochen pro Amtsperiode** unter Fortzahlung der Bezüge für die Teilnahme an geeigneten Schulungsveranstaltungen zu finanziellen Lasten des Dienstgebers. Hinzukommen muss die Anerkennung der Schulungsveranstaltung durch Diözese oder Diözesancaritasverband (§ 16 Abs. 1). Darüber hinaus werden in § 16 Abs. 2 Ansprüche der Mitglieder des Wahlausschusses auf Arbeitsbefreiung für ihre Tätigkeit und für Schulungsmaßnahmen geregelt.

2 Durch die Novellierung 2010 ist die Vorschrift in zweierlei Hinsicht geändert worden: Zum einen regelt Abs. 1 S. 3 den **Freizeitausgleich für teilzeitbeschäftigte Mitglieder der Mitarbeitervertretung bei Ganztagsschulungen** (Abs. 1 S. 3), zum anderen hat der Gesetzgeber bei Vorliegen bestimmter Voraussetzungen den **Schulungsanspruch auf das** mit der höchsten Stimmenzahl gewählte **Ersatzmitglied ausgedehnt** (Abs. 1a).

2. Vergleich mit staatlichen Bestimmungen

3 Die Bestimmung des Absatzes 1 ist im Grunde den Vorschriften im BetrVG und BPersVG nachgebildet,[1] weicht im Detail aber von den staatlichen Bestimmungen ab und weist insoweit größere Ähnlichkeit mit der Regelung in der evangelischen Kirche[2] auf. Während § 37 Abs. 6 BetrVG und § 46 Abs. 6 BPersVG einen **zeitlich unbegrenzten kollektiven Anspruch** des Betriebs- oder Personalrats auf Teilnahme an Schulungs- und Bildungsveranstaltungen zur Erlangung der für die Arbeit der Betriebsvertretungen erforderlichen Kenntnisse enthalten, gewähren § 37 Abs. 7 BetrVG, § 46 Abs. 7 BPersVG **jedem einzelnen Mitglied der Betriebsvertretung** während seiner regelmäßigen Amtszeit einen **individuellen Anspruch auf Bildungsurlaub** für **insgesamt drei Wochen**; bei erstmalig gewählten Mitgliedern sind es vier Wochen. Der Kollektivanspruch nach Abs. 6 und der Individualanspruch nach Abs. 7 stehen selbständig nebeneinander.[3] Der zeitlich **unbegrenzte Anspruch** nach § 37 Abs. 6 BetrVG und § 46 Abs. 6 BPersVG steht dem Betriebs- und Personalrat zu, wenn Kenntnisse unter Berücksichtigung der konkreten Situation sofort oder auf Grund typischer Fallgestaltung demnächst benötigt werden, um die Aufgaben sachgemäß wahrnehmen zu können. Maßgeblich ist, ob die vermittelten Kenntnisse für die Betriebs- bzw. Personalratsarbeit **erforderlich** sind. Für den **zeitlich be-**

---

1 § 37 Abs. 6 und 7 BetrVG, § 46 Abs. 6 und 7 BPersVG.
2 § 19 Abs. 3 MVG.EKD.
3 Zur Rechtslage im BetrVG vgl. *Fitting*, BetrVG § 37 Rn 136 ff.; zum BPersVG vgl. *Richardi/Treber*, § 46 BPersVG Rn 103 ff.

grenzten **Bildungsanspruch** nach § 37 Abs. 7 BetrVG, § 46 Abs. 7 BPersVG genügt es, dass die Schulungs- und Bildungsveranstaltungen **geeignet** sind, für die Betriebs- oder Personalratstätigkeit nützliche Kenntnisse zu vermitteln, ohne dass es darauf ankommt, dass die erworbenen Kenntnisse im konkreten Fall benötigt werden.[4]

3. Persönlicher Geltungsbereich

Die Vorschrift des § 16 Abs. 1 gilt nicht nur für die Mitglieder der MAV, sondern auch zugunsten der **gemeinsamen Mitarbeitervertretungen** (§ 1b i. V. m. § 17 Abs. 3), der **Gesamtmitarbeitervertretung** (§ 24 Abs. 6), der **erweiterten Gesamtmitarbeitervertretung** (§ 24 Abs. 2 i. V. m. § 17 Abs. 3). Darüber hinaus steht der Schulungsanspruch auch den **Sprechern der Jugendlichen und Auszubildenden** (§ 51 Abs. 2), der **Vertrauensperson der schwerbehinderten Menschen** (§ 52 Abs. 5 mit Vorrang des § 96 Abs. 4 SGB IX) sowie den **Mitgliedern der Sondervertretung** (§ 23) zu.

Über die konkrete Teilnahme an der Schulungsveranstaltung entscheidet nicht das einzelne Mitglied der Interessenvertretung, sondern das Kollektivorgan (MAV, Gesamt-MAV usw.) durch Beschluss (vgl. Rn 66). Den maßgeblichen Kollektivbeschluss zur Teilnahme an einer Schulung fassen jeweils für ihre Mitglieder die **MAV**, die **gemeinsame MAV** oder die **Sondervertretung**. Die Gesamtmitarbeitervertretung muss berücksichtigen, dass gemäß § 16 Abs. 1 S. 2 der Anspruch auf Arbeitsbefreiung zu Schulungsveranstaltungen für ein Mitglied insgesamt **nur einmal** ausgeschöpft werden kann; dasselbe gilt für die erweiterte Gesamtmitarbeitervertretung und die Vertrauensperson der schwerbehinderten Menschen, die zugleich Mitglied der MAV ist.

Wenn auch in **§ 16 Abs. 1 S. 2** nur davon die Rede ist, dass bei Mitgliedschaft in mehreren Mitarbeitervertretungen der Anspruch auf Arbeitsbefreiung für Schulungszwecke nur einmal geltend gemacht werden kann, so kann aus der Verweisungsvorschrift des § 52 Abs. 5, wonach die §§ 15 bis 20 MAVO entsprechend gelten, gefolgert werden, dass das **Anrechnungsprinzip auch für die Vertrauensperson der schwerbehinderten Menschen** gilt, gleichgültig ob sie mehrfach in der Schwerbehindertenvertretung oder zusätzlich in einer MAV Mitglied ist. Die Anrechnungsvorschrift gilt insbesondere wegen des Vorrangs der Freistellung von ihrer beruflichen Tätigkeit gemäß § 96 Abs. 4 S. 3 SGB IX.

Die **Sprecher der Jugendlichen und der Auszubildenden** (§§ 48 ff.) nehmen gemäß § 51 Abs. 1 Nr. 1 an den Sitzungen der MAV teil. Deshalb ist in der Sitzung der MAV über die Teilnahme des Sprechers der Jugendlichen und der Auszubildenden an einer Schulungsveranstaltung zu entscheiden. Die Vertretung der Jugendlichen und der Auszubildenden hat keine selbständigen Mitwirkungs- und Mitbestimmungsrechte, sondern kann sie nur durch und über die MAV geltend machen. Daher kann sie allein gegenüber dem Dienstgeber keine wirksamen Beschlüsse fassen. Das gilt auch für die Beschlüsse zur Teilnahme an Schulungsveranstaltungen gemäß § 16 Abs. 1. Bei der Beschlussfassung ist die Vertretung der Jugendlichen und der Auszubildenden stimmberechtigt (§ 51 Abs. 1 S. 2 Nr. 2). Die Beschlüsse werden dem Dienstgeber zugeleitet.

Der Schulungsanspruch gilt – seit der Novellierung 2010 – auch für das mit der höchsten Stimmenzahl gewählte **Ersatzmitglied** (§ 11 Abs. 6 S. 2), wenn wegen ständiger Heranziehung, häufiger Vertretung eines Mitglieds der Mitarbeitervertretung für längere Zeit oder abschbaren Nachrückens in das Amt als Mitglied der Mitarbeitervertretung in kurzer Frist die Teilnahme an Schulungsveranstaltungen erforderlich ist (Abs. 1a).[5] Die Regelung orientiert sich an der Formulierung in § 96 Abs. 4 S. 4 SGB IX. Im staatlichen Betriebsverfassungs- bzw. Personalvertretungsrecht zählen Ersatzmitglie-

---

4 *BAG*, 28. 8. 1996 – 7 AZR 840/95, AiB 1997, 230; 11. 8. 1993 – 7 ABR 52/92, AuR 1994, 159; *HSWGN-Glock*, BetrVG § 37 Rn 155; *Richardi*, Arbeitsrecht in der Kirche, § 18 Rn 80; GK-BetrVG/*Weber*, § 37 Rn 135. Ein Anspruch auf Bildungsurlaub, wie er etwa im Bund in § 47 Abs. 7 BPersVG geregelt ist, fehlt in den Landespersonalvertretungsgesetzen in Baden-Württemberg, Bayern, Niedersachsen, Nordrhein-Westfalen und Saarland, vgl. Nachweise bei *Altvater*, § 46 BPersVG Rn 147.

5 Regelungen über die Teilnahme von Ersatzmitgliedern an erforderlichen Schulungs- und Bildungsveranstaltungen finden sich nicht im BPersVG, aber in einigen Landespersonalvertretungsgesetzen, vgl. Nachweise bei

der – vor einem dauerhaften Nachrücken in die betriebliche Interessenvertretung – grundsätzlich nicht zum anspruchsberechtigten Personenkreis für eine Schulung, denn nach dem Wortlaut des § 37 Abs. 6 und 7 BetrVG ist der Schulungsanspruch auf Mitglieder des Betriebsrats beschränkt. Allerdings ist dieser Grundsatz durch die Rechtsprechung vielfach durchbrochen worden. Ein Schulungsanspruch für ein Ersatzmitglied wurde vom BAG zum Beispiel zuerkannt, wenn das Ersatzmitglied häufig für längere Zeit ein Betriebsratsmitglied vertreten muss.[6] Der Erwerb der zu vermittelnden Kenntnisse muss für die Gewährleistung der Arbeitsfähigkeit des Betriebsrats erforderlich sein.[7] Ein solcher Fall einer häufigen Inanspruchnahme wurde vom **LAG Köln** bejaht, wenn Ersatzmitglieder über einen längeren Zeitraum hinweg **bei ca. 50 %** der Betriebsratssitzungen herangezogen wurden und auch künftig mit ihrer Heranziehung zu rechnen ist.[8] Nach dem **ArbG Mannheim** ist der Schulungsanspruch gegeben, wenn das Ersatzmitglied in den vergangenen fünf Jahren regelmäßig **an mehr als einem Viertel** der Betriebsratssitzungen teilgenommen hat und wenn damit gerechnet werden darf, dass auch in Zukunft ein entsprechender Vertretungsbedarf besteht.[9]

9 Durch die Neuregelung des **Abs. 1a** sind einige Aspekte dieser staatlichen Rechtsprechung in Gesetzesform gegossen und damit in den kirchlichen Rechtskreis transformiert worden. Der Schulungsanspruch setzt nunmehr im Einklang mit der staatlichen Rechtsprechung den **ständigen** (Nr. 1) oder zumindest den **häufigen** (Nr. 2) Einsatz des Ersatzmitglieds **für längere Zeit**, d. h. innerhalb einer Amtsperiode, voraus. Bevor der Anspruch geltend gemacht werden kann, wird man erwarten können, dass das Ersatzmitglied mindestens an einem **Viertel** der MAV-Sitzungen teilgenommen hat. Für die Annahme der 3. Alternative (Nr. 3) genügt die absehbare Möglichkeit des Vertretungsfalles in allernächster Zeit.

10 In allen drei Fällen besteht der **Schulungsanspruch** allerdings **nur dann**, wenn mit einiger Sicherheit angenommen werden kann, dass das mit der höchsten Stimmenzahl gewählte Ersatzmitglied **auch in Zukunft** – etwa bei längerer krankheitsbedingter Verhinderung des ordentlichen MAV-Mitglieds – **als Vertreter fungieren wird**. Andernfalls ist die Teilnahme an der Schulungsveranstaltung nicht erforderlich. Die durchzuführende Prognose wird nicht zuletzt davon abhängen, wie lang die verbleibende Amtszeit noch dauert.

11 Durch die Verwendung des Wortes »oder« in Nr. 2 ist deutlich herausgestellt, dass die Voraussetzungen der Nrn. 1 bis 3 **nicht kumulativ** vorliegen müssen.

12 Rückt das Ersatzmitglied **endgültig** in die MAV nach, steht ihm ein Schulungsanspruch nach Absatz 1 zu.

II. Der Anspruch auf Arbeitsbefreiung

1. Inhaber des Anspruchs

13 Die Bestimmung des § **16 Abs. 1 S. 1** begründet **keinen individuellen Anspruch** des einzelnen Mitgliedes der MAV auf Arbeitsbefreiung zur Teilnahme an Schulungsveranstaltungen, sondern einen **Kollektivanspruch der MAV**. Das bedeutet, dass die MAV einen ordnungsgemäßen Beschluss

---

Altvater, § 46 BPersVG Rn 145. Zur Rechtslage im BPersVG vgl. *Altvater*, § 46 BPersVG Rn 101; *Richardi/Treber*, § 46 BPersVG Rn 117.

6 Ähnlich im Personalvertretungsrecht: Der Schulungsanspruch für Ersatzmitglieder wird ausnahmsweise bejaht, wenn sicher angenommen werden kann, dass das Ersatzmitglied zumindest vorübergehend als Vertreter wird fungieren müssen. Das soll auch dann gelten, wenn ein dauerhaftes Nachrücken mit Sicherheit zu erwarten ist, vgl. *BayVGH*, 3. 11. 1993, PersR 1994, 133; *Altvater*, § 46 BetrVG Rn 47; *Ilbertz/Widmaier*, § 46 BPersVG Rn 38; *Richardi/Treber*, § 46 BPersVG Rn 117.

7 *BAG*, 16. 8. 1977 – 1 ABR 49/76, DB 1988, 2287; 15. 5. 1986 – 6 ABR 64/83, NZA 1986, 803; 19. 9. 2001 – 7 ABR 32/00, BB 2002, 256.

8 *LAG Köln*, 10. 2. 2000 – 5 TaBV 63/99, NZA-RR 2001, 142.

9 *ArbG Mannheim*, 19. 1. 2000 – 8 BV 18/99, AiB 2000, 506.

(§ 14 Abs. 5) darüber fassen muss, wer von ihren Mitgliedern zu welchem Zeitpunkt und zu welchen Themen an welcher Schulung teilnimmt. Erst danach erwirbt das einzelne Mitglied der MAV den Anspruch gegen den Dienstgeber auf Arbeitsbefreiung. Schulungsberechtigt sind alle ordentlichen Mitglieder der MAV. Die MAV muss den Anspruch als Kollektivorgan für jedes Mitglied der MAV beim Dienstgeber geltend machen und realisieren. Das einzelne MAV-Mitglied muss aber seinen Willen bekunden, an einer Schulung teilnehmen zu wollen. Anders als die Betriebsvertretungen nach staatlichem Betriebsverfassungs- und Personalvertretungsrecht (§ 37 Abs. 7 BetrVG und § 46 Abs. 7 BPersVG) hat das einzelne MAV-Mitglied **keinen individuellen Anspruch auf Bildungsurlaub.**

2. Veranstalter

Als Veranstalter der Schulungen können sich verschiedene Träger bewerben. Ihr Angebot kann nur angenommen werden, wenn ihre **Veranstaltung diözesan oder vom Diözesancaritasverband anerkannt** ist. Die Anerkennung muss vor Beginn der Veranstaltung vorliegen. Die Anerkennung ist stets Voraussetzung für die Teilnahmeberechtigung.[10] Das gilt auch dann, wenn eine MAV, eine Gesamtmitarbeitervertretung, die DiAG-MAV, der Sprecher der Jugendlichen und der Auszubildenden oder die Vertrauensperson der schwerbehinderten Menschen glaubt, dass es sich nicht um eine Schulung i. S. d. § 16 Abs. 1 S. 1 handele, sondern um eine notwendige Maßnahme im Rahmen der Wahrnehmung der Aufgaben der MAV mit der Folge, dass dann die Kostentragung des Dienstgebers unmittelbar aus § 17 Abs. 1 S. 1 zu erfolgen habe. Das Erfordernis der Anerkennung gilt auch, wenn die Veranstaltung in den Händen der Bundesarbeitsgemeinschaft der Mitarbeitervertretungen (§ 25 Abs. 5), der diözesanen Arbeitsgemeinschaften der Mitarbeitervertretungen (§ 25 Abs. 1), der Regional- und Bistumskommissionen zur Ordnung des diözesanen Arbeitsvertragsrechts oder der Arbeitsrechtlichen Kommission des Deutschen Caritasverbandes liegt.[11]

14

3. Schulungsveranstaltungen

Nur **Schulungsveranstaltungen** können den Anspruch auf Arbeitsbefreiung auslösen. Deshalb muss die einzelne Veranstaltung didaktisch auf einen bestimmten Kreis der Teilnehmer abstellen, damit eine individuelle Beziehung zwischen Lehrpersonal und Teilnehmern möglich ist. Die Teilnahme z. B. an **Konferenzen** oder **Kongressen** ist hiervon nicht erfasst, denn diese dienen typischerweise dem Austausch von Informationen und Meinungen, weniger der Wissensvermittlung. Die Veranstaltung muss das Ziel verfolgen, bei den Teilnehmern einen bestimmten Wissensstand zu erzielen.[12]

15

4. Schulungsbedürftige Personen

Ob die Teilnahme an der Schulung erforderlich ist, hängt auch davon ab, ob die zu vermittelnden Kenntnisse **gerade für die Amtsausübung des zu schulenden Mitglieds** von Bedeutung sind. Verfügt ein MAV-Mitglied bereits über entsprechende Kenntnisse, z. B. weil er schon früher an einer Schulung mit gleichem oder ähnlichem Inhalt teilgenommen hat, so ist eine Schulung grundsätzlich nicht erforderlich. Ausnahme: Wenn die Schulung der **Wissensvertiefung** dient oder wenn eine **grundlegend neue Rechtslage** eintritt, die eine Wissensauffrischung sinnvoll erscheinen lässt.

16

Verfügt das MAV-Mitglied bereits **aufgrund praktischer Erfahrung** über ausreichende Vorkenntnisse, etwa weil es über zehn Jahre das Amt ausgeübt hatte, wird eine Schulung, die **nur Grundkenntnisse** vermitteln soll, regelmäßig nicht erforderlich sein.[13] In diesem Fall kann davon ausgegangen werden, dass zumindest die Kenntnisse, die zur sachgerechten Erfüllung der laufenden Geschäftsführung be-

17

---

10 *Schlichtungsstelle Trier*, 25. 11. 1994 – 7/94 MAVO.
11 *Schlichtungsstelle Trier*, 25. 11. 1994 – 7/94 MAVO.
12 *HSWGN-Glock*, BetrVG § 37 Rn 102; *LAG Berlin*, 11. 12. 1989 – 9 Ta 2/89, DB 1990, 696.
13 *BAG*, 19. 3. 2008 – 7 ABR 2/07 juris; *LAG Schleswig-Holstein*, 3. 6. 2009 – 6 TaBV 55/08, juris; ErfK-*Koch*, § 37 BetrVG Rn 15.

nötigt werden, bereits vorhanden sind. Dabei muss es sich allerdings um persönliche Kenntnisse des MAV-Mitgliedes handeln, nicht um Kenntnisse des Gremiums »MAV« oder anderer MAV-Mitglieder.

18 Wollte ein Mitglied der betrieblichen Interessenvertretung **kurz vor Ende der Amtszeit** eine Schulung absolvieren, musste es nach früherer Rechtsprechung des BAG die Erforderlichkeit der Schulungsmaßnahme besonders begründen.[14] Diese Rechtsprechung hat das BAG mit Urteil v. 7. 5. 2008 ausdrücklich aufgegeben.[15] Man wird in diesen Fällen aber auch in Zukunft zumindest eine nähere Darlegung erwarten dürfen, ob das zu schulende MAV-Mitglied in seiner verbleibenden Amtszeit das vermittelte Wissen tatsächlich benötigt.[16]

19 Bei Mitarbeitervertretern, die **demnächst aus dem kirchlichen Dienst ausscheiden**, z. B. wegen Kündigung oder Eintritts in den Altersruhestand, ist eine **Schulung** regelmäßig **nicht erforderlich**.

5. Erforderlichkeit der vermittelten Kenntnisse

20 Voraussetzung für die Erfüllung des Anspruchs auf Arbeitsbefreiung zur Teilnahme an der Schulung ist die Vermittlung **erforderlicher Kenntnisse**. Der Wortlaut entspricht insoweit der wesentlichen Tatbestandsvoraussetzung in § 37 Abs. 6 S. 1 BetrVG. Daher ist die Auslegung entsprechend vorzunehmen. »Erforderlich« ist ein unbestimmter Rechtsbegriff. Nach ständiger Rechtsprechung des BAG handelt es sich hierbei um solche **Kenntnisse, die die MAV unter Berücksichtigung der konkreten Situation in der Einrichtung und des Wissensstandes der MAV sofort oder demnächst benötigt, um seine derzeitigen oder demnächst anfallenden Aufgaben sachgerecht wahrnehmen zu können**.[17]

21 Es kommt entscheidend auf die **Gegebenheiten und Verhältnisse der konkreten Einrichtung** an. Die Schulung muss sich auf Themen beziehen, die zu den gesetzlichen Aufgaben der MAV gehören. Die vermittelten Kenntnisse müssen für die Wahrnehmung der MAV-Tätigkeit notwendig sein; es reicht nicht aus, dass sie nur verwertbar oder nützlich sind.[18] In **zeitlicher Hinsicht** bezieht sich die Erforderlichkeit der Teilnahme an Schulungsveranstaltungen auf **die laufende Amtsperiode**. Der Schulungsanspruch kann folglich nicht damit begründet werden, dass das zu vermittelnde Wissen für die nächste Amtsperiode benötigt werde.[19]

22 Die MAV hat die Frage nach der Erforderlichkeit nicht nach ihrem subjektiven Ermessen zu beantworten, sondern sich auf den objektiven Standpunkt eines vernünftigen Dritten zu stellen, der die Interessen der Einrichtung einerseits, der MAV und der Mitarbeiterschaft andererseits abzuwägen hat.[20] Ihr ist allerdings ein gewisser **Beurteilungspielraum** einzuräumen.[21] Bei der Beurteilung der Erforderlichkeit ist zu bedenken, dass Wissen und Recht die entscheidende Machtressource der MAV sind. Deshalb muss sie über den Inhalt und Umfang ihrer Rechte und Pflichten informiert sein. Die Schulung dient allerdings **nicht** zur »**Herstellung einer intellektuellen Waffengleichheit**«[22] oder einer **wissensmäßigen Parität** zwischen Dienstgeber und MAV.[23] MAV-Mitglieder sind weder Führungskräfte noch Co-Manager der Einrichtung. Durch erforderliche Schulungsmaßnahmen sollen

---

14 *BAG*, 7. 6. 1989 – 7 ABR 26/88, AP BetrVG 1972 § 37 Nr. 67; so auch *Richardi/Treber*, § 46 BPersVG Rn 126.
15 *BAG*, 7. 5. 2008 – 7 AZR 90/07, DB 2008, 2659.
16 *Schiefer*, DB 2008, 2649, 2651.
17 *BAG*, AP § 37 BetrVG 1972 Nrn. 4, 5, 6, 9, 13, 18, 20, 26, 33, 35, 54, 63, 67; GK-BetrVG/*Weber*, § 37 Rn 156; *Fitting*, BetrVG § 37 Rn 141.
18 *Wank/Maties*, NZA 2005, 1033.
19 *HSWGN-Glock*, BetrVG § 37 Rn 114.
20 *BAG*, 19. 7. 1995 – 7 ABR 49/94, NZA 1996, 442; ähnlich *Richardi/Thüsing*, § 37 BetrVG Rn 114.
21 *Richardi/Thüsing*, BetrVG § 37 Rn 114; *Fitting*, BetrVG § 37 Rn 174; GK-BetrVG/*Weber*, § 37 Rn 195; **a. A.** *HSWGN-Glock*, BetrVG § 37 Rn 126: Entscheidung obliegt allein den Arbeitsgerichten.
22 *Fitting*, BetrVG § 37 Rn 142.
23 *BAG*, 11. 8. 1993 – 7 ABR 52/92, NZA 1994, 517; *LAG Köln*, 25. 1. 1993 – 3 Ta BV 90/92, DB 1993, 789; *LAG Berlin*, 11. 12. 1989 – 9 Ta BV 2/89, DB 1990, 696; ebenso h. M. im Schrifttum *Richardi/Thüsing*,

die Mitglieder der MAV vielmehr in die Lage versetzt werden, die Vorschriften der MAVO sinnvoll anzuwenden und als sachkundige Partner mit dem Dienstgeber verhandeln zu können.[24] Außerdem assoziiert der Begriff der »intellektuellen Waffengleichheit« eine Nähe zum Konfrontationsmodell des Tarifvertragssystems, dessen wichtigstes Rechtsinstitut – der Arbeitskampf – bei der Regelung betriebsverfassungsrechtlicher Streitfragen aufgrund des strikten Arbeitskampfverbots (vgl. § 74 Abs. 2 BetrVG) ohnehin nicht zum Einsatz kommen darf. Dies gilt erst recht für den Bereich des Kirchlichen Arbeitsrechts, wo Streik und Aussperrung nicht einmal bei der Gestaltung der Arbeitsvertragsbedingungen zulässig sind. Der Ausgleich der teilweise antagonistischen Interessen zwischen Dienstgeber und Dienstnehmer hat im kirchlichen Dienst in paritätisch zusammengesetzten Kommissionen des Dritten Weges ohne Einsatz von Arbeitskampfmaßnahmen zu erfolgen (vgl. Art. 7 Abs. 2 GrO). Leitprinzip der MAVO ist – insoweit vergleichbar mit den Mitbestimmungsordnungen im weltlichen Recht – nicht die kämpferische Auseinandersetzung, sondern die vertrauensvolle Zusammenarbeit zwischen Einrichtungsleitung und Mitarbeitervertretung und die Suche nach konsensualen Lösungen. Das Postulat der wissensmäßigen Parität geht auch deshalb fehl, weil Schulungsmaßnahmen – entgegen einer in der Literatur vertretenen Auffassung – **nicht** das Ziel verfolgen, Rückstände an Allgemeinwissen bei den MAV-Mitgliedern abzubauen, allgemeine staatsbürgerliche Fortbildung zu vermitteln oder allgemein eine intellektuelle Chancengleichheit mit den Arbeitgebern herzustellen.[25] Persönliche Vervollkommnung ist daher Sache des Einzelnen und darf nicht auf Kosten des Dienstgebers behoben werden. Deshalb scheiden Schulungen über allgemein-, partei-, rechts- oder wirtschaftspolitische Themen ebenso aus wie Schulungen über künstlerische Themen.[26]

a. Thematik

Die Thematik der Veranstaltung muss einen **konkreten Bezug zur gesetzlichen Tätigkeit der MAV** aufweisen. Beim vermittelten Wissen kann es sich sowohl um **Grund- als auch um Spezialkenntnisse** handeln, die das Mitglied der MAV für seine Tätigkeit in der MAV benötigt. Das kann sich auch auf die Arbeit in einem Ausschuss der MAV (vgl. § 14 Abs. 10) erstrecken. Besondere Berücksichtigung verdienen Themen, die der Ausübung der Beteiligungsrechte der MAV inhaltlich dienen (z. B. Probleme der Eingruppierung, des Kündigungsschutzes, des Arbeitsschutzes, der Arbeitssicherheit, der Leistungskontrolle mit technischen Einrichtungen; die Beurteilungsrichtlinien für Mitarbeiterinnen und Mitarbeiter, Anträge zum Sozialplan, Anträge zur Streitentscheidung unter Berücksichtigung der Verfahren vor der Einigungsstelle [§§ 40–47 MAVO] und vor dem Kirchlichen Arbeitsgericht [§§ 1 ff. KAGO]). Wünscht die MAV eines einzelnen Dienstgebers Schulung zu den bei dem Dienstgeber praktisch werdenden Entscheidungen, so sollte diesem Wunsch unter Berücksichtigung der Vermittlung spezieller Kenntnisse Rechnung getragen werden. Wenn der Dienstgeber z. B. den Tarifvertrag für den öffentlichen Dienst (TVöD) einzelarbeitsvertraglich für die Mitarbeiter teilweise oder vollständig in Bezug nimmt, so ergeben sich gerade hinsichtlich der Eingruppierung und Höhergruppierung Probleme, die von der MAV im Rahmen ihrer Mitwirkungsrechte nur richtig beurteilt werden können, wenn sie mit dem TVöD vertraut ist, wie anderswo eine MAV mit den AVR, der KAVO, DVO, ABD oder dem Beamtenrecht vertraut sein muss. 23

Die Arbeitsgemeinschaft der katholisch-sozialen Bildungswerke in der Bundesrepublik Deutschland (AKSB) hat einen Themenkatalog für Schulungsveranstaltungen nach dem Mitarbeitervertretungsrecht erarbeitet, dessen Wortlaut in der Fassung des Beschlusses der Kommission für Personalwesen des Verbandes der Diözesen Deutschland vom 12./13. September 1996 vom Verwaltungsrat des VDD, am 14./15. Oktober zustimmend zur Kenntnis genommen worden ist.[27] 24

BetrVG § 37 Rn 81; *HSWGN-Glock*, BetrVG § 37 Rn 98; GK-BetrVG/*Weber*, § 37 Rn 137; **a. A.** *Fitting*, BetrVG § 37 Rn 142; *DKK-Wedde*, BetrVG § 37 Rn 91 ff.; *Wank/Maties*, NZA 2005, 1033, 1034.
24 So insbesondere *Richardi/Thüsing*, BetrVG § 37 Rn 81.
25 *BAG*, 11. 8. 1993 – 7 ABR 52/92, NZA 1994, 517.
26 GK-BetrVG/*Weber*, § 37 Rn 158.
27 Bonn 1999 AKSB Dokumente – Manuskripte – Protokolle Heft 26.

b. Eigenart des kirchlichen Dienstes

25 Konkret muss die Schulung die Mitglieder der Mitarbeitervertretungen und der anderen Vertretungen i. S. d. MAVO (§§ 23, 51 Abs. 2 S. 1, 52 Abs. 5) mit dem kirchlichen Dienst unter Berücksichtigung der Sendung der Kirche und der daraus entstehenden Eigenart ihres Dienstes (Präambel) vertraut machen, den Umgang mit Gesetzestexten lehren, die für die Aufgaben der MAV einschlägig sind. Dazu gehören die Grundordnung des kirchlichen Dienstes im Rahmen kirchlicher Arbeitsverhältnisse, die KAGO, die jeweils geltenden KODA-Ordnungen, staatliches Arbeitsrecht und kirchliche Arbeitsvertragsordnungen sowie gemäß kirchlicher Praxis in Bezug genommene Tarifverträge und je nach Art der Einrichtung das für sie geltende spezielle Recht (z. B. Schulrecht, Recht für Tageseinrichtungen für Kinder, Krankenhausrecht). Dabei sind auch die in den repräsentierten Einrichtungen anstehenden konkreten Fragen und Aufgaben und die richtige Art der Mitwirkung an Maßnahmen des Dienstgebers oder Initiativen der MAV und anderer Vertretungen gegenüber dem Dienstgeber zu behandeln, insbesondere wenn Schließungen von Teilen der Einrichtung oder völlige Stilllegungen bevorstehen. Daraus folgt eindeutig, dass **Grundwissen** und **Spezialwissen** durch die Schulungen zu vermitteln ist. Allerdings ist zu unterscheiden, ob die Themen für die Arbeit der MAV erforderlich oder nützlich sind. Nützlichkeit reicht nicht aus. Die Schwierigkeit der Feststellung darüber, was die für die Arbeit in der MAV erforderliche Maßnahme ist, wird durch die Anerkennung der Schulungsveranstaltung als geeignet nicht behoben. Denn die Eignung bezieht sich auf die Themen, während in der jeweiligen Einrichtung zusätzlich die **Erforderlichkeit für die konkrete MAV** zu prüfen ist.

c. Grundkenntnisse

26 Erforderliche Kenntnisse sind jedenfalls **Grundkenntnisse**, die **jedes MAV-Mitglied** haben muss, um seinen Aufgaben in der Einrichtung als MAV-Mitglied überhaupt gerecht werden zu können.[28] Einen Anspruch auf **Grundschulungen** haben **sämtliche Mitglieder** der MAV, weil sie alle zwangsläufig mit diesen Themen befasst sind und die Kenntnisse bei allen erforderlich sind, damit das Kollektiv funktionieren kann. Eine Verweisung auf die vorhandenen Kenntnisse scheidet aus, weil andernfalls die MAV von den Wissenden abhängig wäre. Jedes Mitglied nimmt aber das Amt in eigener Verantwortung wahr.[29]

27 Neu gewählten Mitgliedern der MAV sind daher Schulungen anzubieten, die der **Einführung in das Mitarbeitervertretungsrecht** und in das für den kirchlichen Dienst geltende – auch staatliche – Arbeitsrecht einschließlich des Arbeitsvertragsrechts dienen und Kenntnisse und Hilfen für die Organisation der Arbeit der Mitarbeitervertretungen vermitteln. Weitere Angebote sind abzustellen auf den jeweils aktuellen Informationsbedarf, der z. B. durch **Änderungen des geltenden Rechts** ausgelöst wird.

28 Die Schulung über **Gesetzentwürfe** vermittelt in der Regel noch keine für die MAV-Tätigkeit erforderlichen Kenntnisse, wenn nach dem Stande des Gesetzgebungsverfahrens nicht damit gerechnet werden kann, dass der Gesetzentwurf ohne wesentliche Änderungen verabschiedet werden wird.[30]

29 In den Schulungen sind **Grundfragen des kirchlichen Dienstes** von besonderer Bedeutung (vgl. Erklärung der deutschen Bischöfe zum kirchlichen Dienst vom 22. 9. 1993; Grundordnung). Schulungen zur **Soziallehre der katholischen Kirche** gehören zum Themenbereich, weil sowohl die »Erklärung der deutschen Bischöfe zum kirchlichen Dienst« als auch die »Grundordnung« die Verbindlichkeit der Prinzipien und Normen der Soziallehre für die kirchliche Arbeitsverfassung betonen.

30 Für die Vermittlung der so genannten Grundkenntnisse ist ein aktueller, betriebsbezogener Anlass nicht erforderlich.[31] Denn **Einführungen erstmals gewählter Mitglieder der MAV in das Recht**

---

28 Ähnlich für das Personalvertretungsrecht vgl. *Richardi/Treber*, § 46 BPersVG Rn 122.
29 *Wank/Maties*, NZA 2005, 1033, 1035; ErfK-*Koch*, § 37 BetrVG Rn 12.
30 *BAG*, 16. 3. 1988 – 7 AZR 557/87, BB 1988 1326.
31 *BAG*, 15. 5. 1986 – 6 ABR 74/83, DB 1983, 2496; 16. 10. 1986 – 6 ABR 14/84, DB 1987, 891.

der kirchlichen Betriebsverfassung sind unverzichtbar zur Erfüllung ihrer Aufgaben. Umgekehrt wird die Teilnahme neu gewählter Mitglieder an Veranstaltungen für Fortgeschrittene, welche bereits Grundkurse besucht haben, nicht in Betracht kommen.[32] Die Vermittlung von Grundkenntnissen ist für alle Mitglieder der MAV erforderlich. Deswegen können weder MAV noch Dienstgeber neu in die MAV eingetretenen Mitgliedern den Anspruch auf Arbeitsbefreiung für Schulungszwecke beschneiden oder gänzlich versagen. Grundkenntnisse sind ebenso wie Spezialkenntnisse schon deshalb zu vermitteln, weil im Gegensatz zum staatlichen Recht ein individueller Anspruch für Mitarbeitervertreter auf Arbeitsbefreiung zu Schulungen fehlt.

aa. Mitarbeitervertretungsrecht

Eine **einführende Unterrichtung über das Mitarbeitervertretungsrecht (MAVO)** und die **Kirchliche Arbeitsgerichtsordnung (KAGO)** ist für jede MAV erforderlich. Denn die Kenntnis der MAVO als die gesetzliche Grundlage der Tätigkeit der MAV ist für ihre Arbeit unverzichtbar. Deshalb muss jedes Mitglied der MAV die Möglichkeit haben, sich die für seine Amtstätigkeit erforderlichen und bei ihm noch nicht vorhandenen **Grundinformationen** zu verschaffen. Die MAV kann nicht auf das **Selbststudium** oder eine **Unterrichtung durch bereits geschulte MAV-Mitglieder** verwiesen werden.[33] Denn eine solche Wissensvermittlung ist nicht Aufgabe von MAV-Mitgliedern. Zur Vermittlung von Grundwissen gehören Themenfelder, in denen die Mitwirkung der MAV gefordert wird oder gemäß dieser Ordnung möglich ist. Dies betrifft z. B. die Zusammenarbeit mit dem Dienstgeber und dessen Informationspflichten, die Einführung zur Personalplanung, die grundlegenden Fragen von Interessenausgleich und Sozialplan, die Durchsetzung von Informationsrechten, die Mitbestimmung bei der Einführung technischer Kontrolleinrichtungen, die Fragen des Gesundheitsschutzes und der Arbeitssicherheit, den Einsatz von und die Zusammenarbeit mit Arbeitssicherheitspersonal, die Ausschreibung von Arbeitsplätzen, Personalfragebögen, Beurteilungsgrundsätze, Personalrichtlinien, Einstellungen und Versetzungen, Beteiligungsrechte der MAV bei betriebsbedingten, verhaltens- und personalbedingten Kündigungen sowie die Einführung in das Kündigungsschutzrecht, Dienstvereinbarungen und eben Verfahrensrecht mit Blick auf mögliche Streitigkeiten nach MAVO und KAGO. 31

bb. Kenntnisse im Arbeitsrecht

Grundkenntnisse des Arbeitsrechts durch Kurse (z. B. Arbeitsrecht I und Arbeitsrecht II) sind erforderlich, weil das allgemeine Arbeitsrecht mit dem MAVO-Recht als der gesetzlichen Grundlage für die Tätigkeit der MAV eng verflochten ist.[34] Das zeigt sich insbesondere im Bereich der personellen Mitbestimmung (§§ 34 f. MAVO), Anhörung und Mitberatung (§§ 29, 30, 30a, 31). Bei Einstellung, Versetzung und Kündigung ist eine ordnungsgemäße Ausübung der Beteiligungsrechte nicht vorstellbar, wenn das zur Mitentscheidung aufgerufene Mitglied der MAV keine Grundkenntnisse über Abschluss und Inhalt von Arbeitsverträgen unter Beachtung der geltenden Arbeitsvertragsordnung, womöglich in Bezug genommener Tarifverträge, die wechselseitigen Rechte und Pflichten des Mitarbeiters und Dienstgebers während des Beschäftigungsverhältnisses und über die Beendigungsmöglichkeiten hat. Das einzelne Mitglied der MAV kann seiner allgemeinen Überwachungspflicht gemäß § 26 Abs. 1 S. 2 ebenso wenig nachkommen wie den Unterstützungsaufgaben nach § 26 Abs. 3 Nrn. 2, 3, 4, 7, 8, wenn es nicht die dort angesprochenen Bereiche des Individualarbeitsrechts, wie z. B. das Arbeitsschutzrecht einschließlich Arbeitszeitrecht in seinen Grundzügen kennt. Letztlich berühren auch Mitbestimmungsrechte in sozialen Angelegenheiten aus dem Katalog der §§ 36, 37, 38 Abs. 1 die arbeitsvertragliche Situation der Mitarbeiter. Deshalb sind **Grundkenntnisse des allgemeinen Arbeitsrechts für alle Mitglieder der MAV unerlässlich.** Einer näheren Darlegung 32

---

32 *Berger-Delhey*, ZTR 1995, 545, 547 m. w. N.
33 *BAG*, 19. 9. 2001 – 7 ABR 32/00, BB 2002, 256; 19. 3. 2008 – 7 ABR 2/07, juris; vgl. auch *HSWGN-Glock*, BetrVG § 37 Rn 113; *Fitting*, BetrVG § 37 Rn 141; einschränkend GK-BetrVG/*Weber*, § 37 Rn 175.
34 *BAG*, 7. 5. 2008 – 7 AZR 90/07, DB 2008, 2659; 16. 10. 1986 – 6 ABR 14/84, DB 1987, 891.

der Erforderlichkeit einer Schulung mit Themen, die der Vermittlung dieses Grundwissens dienen, bedarf es daher im Regelfall ebenso wenig wie in Fällen, in denen es um die Vermittlung mitarbeitervertretungsrechtlicher Grundkenntnisse oder stets aktueller Aufgaben wie die der Unfallverhütung (Arbeitssicherheit) geht.[35]

d. Spezialkenntnisse

33 Die MAV kann gemäß § 14 Abs. 10 **Ausschüsse** bilden, um so die Arbeit besser und spezialisiert zu organisieren. Weil die Ausschüsse mit Ausnahme der Beteiligung bei Kündigungen und des Abschlusses und der Kündigung von Dienstvereinbarungen ausschließlich zuständig sein können, werden gerade ihre Mitglieder auf Vermittlung von Spezialkenntnissen angewiesen sein, um ihren Aufgaben für die MAV gerecht zu werden. Auch deshalb hat sich die Vermittlung der für die Arbeit in der MAV erforderlichen Kenntnisse auf Spezialgebiete und besondere aktuelle Anlässe in der Einrichtung zu erstrecken. Hierbei geht es um die konkrete Situation der einzelnen Einrichtung und der MAV, damit die Mitglieder der MAV ihre derzeitigen und demnächst anfallenden Aufgaben ordnungsgemäß wahrnehmen können.[36] Während Grundkenntnisse den Vertretern aus verschiedenen Mitarbeitervertretungen in derselben Schulung vermittelt werden können, kommt es bei der Vermittlung von Spezialkenntnissen mit Rücksicht auf die **besonderen Verhältnisse** in einer einzigen MAV auf die **konkrete Situation** an. Der Begriff der Erforderlichkeit der Vermittlung von Kenntnissen verengt sich also zugunsten des Aufgabenbereichs einer bestimmten MAV.

34 Bei der Vermittlung von Spezialkenntnissen ist allerdings **nicht erforderlich**, dass **alle** Mitglieder der MAV an der Schulung teilnehmen, sondern **nur diejenigen, welche von der MAV eine besondere Aufgabe bekommen haben**. Aber gerade **fachspezifische Kenntnisse**, wie z. B. auf dem Gebiet des Schulrechts, des Gesundheitswesens oder des Jugendhilferechts können es erforderlich machen, den Mitarbeitervertretungen der jeweils betroffenen Einrichtung die erforderlichen Kenntnisse zu Stellenplänen, Finanzierung, Information in wirtschaftlichen Angelegenheiten (§ 27a) mit dem erforderlichen Wirtschaftsrecht und in der Regel einschlägigem Landesrecht unter Berücksichtigung kirchlicher Ordnungen zu vermitteln. Das setzt wiederum voraus, dass sich die MAV – im Einvernehmen mit dem Dienstgeber – an eine Schulungsstätte wendet, um die erforderliche Schulung zu erhalten. Dies hat auch für die Themen von Dienstvereinbarungen (z. B. Sozialpläne) zu gelten, wenn diese nur einrichtungsbezogen sind (§ 38 Abs. 1 Nr. 11) oder arbeitsvertragsrechtliche Öffnungsklauseln bestehen, welche gemäß § 38 Abs. 1 Nr. 1 zur Dienstvereinbarung führen sollen.

35 Die Schulungsthemen »**Diskussion, Versammlung und Verhandlungstechnik**« sind nur dann als erforderlich anzusehen, wenn das entsandte MAV-Mitglied in der MAV eine derart herausgehobene Stellung einnimmt, dass gerade seine Schulung für die MAV notwendig ist.[37] Dazu ist **eingehende Darlegung** erforderlich. Die Teilnahme eines MAV-Mitgliedes zum Thema »**Managementtechniken für Betriebs- und Personalräte**« hat das BAG bei fehlender Darlegung eines betrieblichen Bezuges als nicht erforderlich bewertet, insbesondere weil trotz des Tagungsplans der Schwerpunkt der Veranstaltung in der rhetorischen Schulung der Betriebsratsmitglieder gelegen habe, sich also erkennbar nicht mit den gesetzlichen Aufgaben des Betriebsrates befasst habe.[38] Gerade Seminare mit Themen wie »**Sprechwirksamkeit – ich als Interessenvertreter in Rede und Gespräch**« oder »**Rhetorik und Persönlichkeitsbildung**« sind vom BAG nicht als erforderlich, im letzteren Fall nicht einmal als geeignet anerkannt worden.[39]

36 **Betriebsbezogene Schulung** liegt vor, wenn an von der MAVO eingeräumte Beteiligungsrechte der MAV angeknüpft wird und die erforderliche Aktualität zu bejahen ist. Das gilt z. B. für **Beurteilungs-**

---

35 *BAG*, 15. 5. 1986 – 6 ABR 74/83, DB 1986, 2496.
36 *BAG*, 19.7 1995 – 7 ABR 49/94, NZA 1996, 442.
37 *BAG*, 24. 5. 1995 – 7 ABR 54/94, DB 1996, 145.
38 *BAG*, 14. 9. 1994 – 7 ABR 27/94, NZA 1995, 381.
39 *BAG*, 15. 8. 1978 – 6 ABR 65/76, n. v.

richtlinien für die Mitarbeiter (§ 36 Abs. 1 Nr. 6, § 37 Abs. 1 Nr. 6, § 38 Abs. 1 Nr. 6), wobei dann auch zu **prüfen ist**, **ob die Gesamtmitarbeitervertretung zuständig ist**, wenn sie besteht. Denn es geht um die Abfassung der Regelungen, in denen das Verfahren und die Kriterien für die Bewertung der Leistung und möglicherweise des Verhaltens der Mitarbeiter festgelegt werden, nämlich Gegenstand, Art und Umfang der Beurteilung, also die Gesichtspunkte, in welchem Verfahren Mitarbeiter insgesamt oder in Teilen ihrer Leistung oder ihres Verhaltens beurteilt werden sollen. Sind die Grundsätze zur Leistungsbeurteilung in einer Dienstvereinbarung niedergelegt (§ 38), so hat die MAV ein Überwachungsrecht.

Von erheblicher Bedeutung sind auch die Kenntnisse zur **Abfassung und inhaltlichen Gestaltung von** 37 **Personalfragebögen** (§ 36 Abs. 1 Nr. 5, § 37 Abs. 1 Nr. 5, § 38 Abs. 1 Nr. 5). Das Mitbestimmungsrecht der MAV erfasst nämlich auch standardisierte Erfassungen des Potenzials von Mitarbeitern. Das gilt unabhängig davon, auf welche Weise die Befragung des Mitarbeiters bzw. Bewerbers durchgeführt wird, ob vorformulierte Fragen in Worten ausgedrückt oder in Testform gestellt werden. Parallel zur Rechtslage bei den allgemeinen Beurteilungsgrundsätzen bezieht sich das Mitbestimmungsrecht der MAV nach § 36 Abs. 1 Nr. 5 auch auf den Verwendungszweck der mittels Personalfragebogen ermittelten Angaben. Dies hat auch Bedeutung im Falle von Neueinstellungen, weil die MAV gemäß § 34 Abs. 3 S. 2 auf ihren Wunsch im Einzelfall Einsicht in die Bewerbungsunterlagen des Einzustellenden erhält.

Im Zusammenhang mit der inhaltlichen Gestaltung von Personalfragebögen sind auch Kenntnisse 38 des **Allgemeinen Gleichbehandlungsgesetzes** (AGG) unerlässlich. Die Vermittlung solcher Kenntnisse ist nicht erst dann **erforderlich**, wenn Diskriminierungen in der Einrichtung festgestellt worden sind.[40] Das AGG setzt früher an und ist auch darauf gerichtet, Diskriminierungen gar nicht erst entstehen zu lassen. Nach § 17 Abs. 1 AGG sind die Arbeitnehmervertretungen aufgefordert, im Rahmen ihrer Aufgaben und Handlungsmöglichkeiten an der Verwirklichung des in § 1 AGG genannten Ziels mitzuwirken. Mitarbeitervertretungsrechtliche Aufgaben und Handlungsmöglichkeiten bezüglich der Vorschriften des AGG ergeben sich insbesondere aus §§ 26, 30, 30a, 31, 34, 35 MAVO. Die Errichtung und die personelle Besetzung der **Beschwerdestelle** i. S. d. AGG sind mitbestimmungsfrei.[41] Das BAG hat die Frage offen gelassen, ob der Dienstgeber verpflichtet ist, in jedem seiner Einrichtungen eine Beschwerdestelle einzurichten oder ob eine unternehmensweite Beschwerdestelle ausreicht. Richtigerweise reicht eine Beschwerdestelle für das Gesamtunternehmen aus. Auch bei dieser Entscheidung hat die MAV kein Mitbestimmungsrecht. Es handelt sich um eine mitbestimmungsfreie Organisationsentscheidung, die keine Regelung der Ordnung des Betriebs oder des Verhaltens der Arbeitnehmer enthält.[42] Will der Arbeitgeber im Hinblick auf die von ihm errichtete Beschwerdestelle **Regelungen zur Vereinheitlichung oder Ausgestaltung des Beschwerdeverfahrens** einführen, etwa zu Form, Ablauf und Bescheidung der Beschwerde, so unterliegt dies allerdings der betrieblichen Mitbestimmung.[43]

Die Teilnahme eines Mitglieds der MAV an einer Schulungsveranstaltung zum Thema **Mobbing** 39 kann dann erforderlich sein, wenn eine betriebliche Konfliktlage besteht, aus der sich für die MAV Handlungsbedarf zur Wahrnehmung einer gesetzlichen Aufgabenstellung ergibt und zu deren Erledigung die MAV das auf der Schulung vermittelte Wissen benötigt.[44] Seit dem Inkrafttreten des AGG ist das Thema »Mobbing« teilweise gesetzlich erfasst. § 3 Abs. 3 AGG definiert den Begriff der **Belästigung** und erklärt eine Belästigung zur Benachteiligung i. S. d. AGG. Der Rechtsbegriff der

---

40 *LAG Hessen*, 25. 10. 2007 – 9 TaBV 84/07, juris.
41 *BAG*, 21. 7. 2009 – 1 ABR 42/08, NZA 2009, 1049.
42 *BAG*, 21. 7. 2009 – 1 ABR 42/08, NZA 2009, 1049; *LAG Berlin-Brandenburg*, 28. 2. 2008 – 5 TaBV 2476/07, juris; *LAG Hamburg*, 17. 4. 2007 – 3 TaBV 6/07, BB 2007, 2070; *LAG Nürnberg*, 19. 2. 2008 – 6 TaBV 80/07, DB 2009, 71; *LAG Hamburg*, 29. 1. 2008 – 5 TaBV 5/08, juris.
43 § 87 Abs. 1 Nr. 1 BetrVG: »Fragen der Ordnung des Betriebs«, siehe *BAG*, 21. 7. 2009 – 1 ABR 42/08, NZA 2009, 1049. Im Anwendungsbereich der MAVO ergibt sich das Beteiligungsrecht aus § 29 Abs. 1 Nr. 3.
44 *BAG*, 15. 1. 1997 – 7 ABR 14/96, NZA 1997, 781.

Belästigung ist teilweise deckungsgleich mit dem juristisch nicht belegten und kontrovers diskutierten Begriff des Mobbing. Belästigungen und Mobbing weisen zwar deutliche Überschneidungen auf, sind aber nicht völlig identisch. Der Unterschied liegt darin, dass die Belästigung nach dem AGG immer bezogen auf die geschützten Merkmale erfolgt, anders als das Mobbing, das ohne Merkmalsbezug erfolgen kann. Mobbingfälle, die keinen Bezug zu einem der in § 1 AGG genannten geschützten Merkmale aufweisen, erfüllen daher nicht den Tatbestand der Belästigung i. S. d. § 3 Abs. 3 AGG. Wegen der erheblichen Überschneidungen der Rechtsmaterien kann eine Mobbing-Präventionsschulung integriert werden in eine allgemeine Schulung zum AGG. Aus diesem Grund kann auch die **sexuelle Belästigung** am Arbeitsplatz, als eine Sonderform der Belästigung i. S. d. AGG (vgl. § 3 Abs. 4 AGG), Gegenstand von Schulungsveranstaltungen für MAV-Mitglieder sein.[45]

40 Zunehmenden Einfluss auf das gesamte **Personalaktenrecht** hat die Speicherung personenbezogener Daten in Dienst- und Beschäftigungsverhältnissen durch den Dienstgeber. Die **Speicherung von Daten** insbesondere im Wege der elektronischen Datenverarbeitung (EDV) wird auch in kirchlichen Einrichtungen und Dienststellen praktiziert. Dabei geht es um den Begriff der »**Personalinformationssysteme**«. Personenbezogene Daten werden gespeichert über Informationen aus Personalfragebögen, Arbeitsverträgen, Sozialdaten, Arbeitszeiterfassungsgeräten, über Ausbildungsgänge, Ausbildungsmaßnahmen, Bewertungen, Beurteilungen, Bewerbungsunterlagen, über Kontenverbindungen, steuerliche Vorgänge, Sozial- und Privatversicherung usw. Daher ist der Erwerb von Kenntnissen über den **Datenschutz** für die MAV von Bedeutung (vgl. § 36 Abs. 1 Nr. 9).[46] Das gilt insbesondere dann, wenn die anfallenden Informationen umfassend durch **Personalinformationssysteme** gespeichert, ausgewertet und der Personalabteilung zur Verfügung gestellt werden (§ 36 Abs. 1 Nr. 9, § 37 Abs. 1 Nr. 9). Bei der Schulung sind die **Besonderheiten des kirchlichen Datenschutzrechts** besonders zu berücksichtigen.[47]

41 Themen zu **Arbeitsschutz** und **Arbeitssicherheit** sind der MAV nahe zu bringen. In diesem Zusammenhang ist z. B. der **Umgang mit Gefahrstoffen** in Fragen des Gesundheitsschutzes (§ 26 Abs. 3 Nr. 7 MAVO) i. V. m. der Gefahrstoffverordnung zu nennen (§ 36 Abs. 1 Nr. 10 MAVO). Soweit **Sozialfragen** behandelt werden, genügt aus einer MAV die Schulung eines ihrer Mitglieder.

42 Die Vermittlung allgemeiner **Grundkenntnisse des Sozial- und Sozialversicherungsrechts** ist ohne einen konkreten betriebsbezogenen Anlass nicht erforderlich i. S. v. § 16.[48] Die Beratung von Arbeitnehmern in sozialversicherungsrechtlichen Fragen gehört nach Auffassung des BAG nicht zu den Aufgaben des Betriebsrats. Entsprechendes dürfte auch für die MAVO gelten.

43 Schulungen für MAV-Mitglieder, die **Grundkenntnisse der Betriebswirtschaftslehre und der Bilanzanalyse** vermitteln sollen, sind in der Regel nicht erforderlich für die Arbeit in der Mitarbeitervertretung. Das BAG bejaht einen entsprechenden Schulungsanspruch nur für Mitglieder des Wirtschaftsausschusses.[49] Eine dem Wirtschaftsausschuss vergleichbare Institution kennt das kirchliche Mitarbeitervertretungsrecht nicht (vgl. aber § 27a). Im Anwendungsbereich der MAVO wird man **ausnahmsweise** die Erforderlichkeit der Vermittlung betriebswirtschaftlicher Grundkenntnisse beja-

---

45 *ArbG Wesel*, 31. 3. 1993 – 3 BV 35/92, DB 1993, 1096.
46 *LAG Niedersachsen*, 28. 9. 1979 – 3 Ta BV 3/79, EzA § 37 BetrVG 1972 Nr. 64: 2 Tage anerkannt; *ArbG Stuttgart*, 16. 3. 1983 – 2 BV 1/83, DB 1983, 1718: 1 Tag anerkannt; für das Personalvertretungsrecht vgl. *VG Potsdam*, 15. 10. 1997, PersVG 1998, 494.
47 Zum Datenschutz in der Kirche vgl. HdbStKirchR, Bd. 1, 2. Aufl., § 24; *Germann*, ZevKR 48 (2003), 446 ff.; *Fachet*, Datenschutz in der katholischen Kirche, 1998. Die Totalexemtion aller kirchlichen Einrichtungen vom Geltungsanspruch des Bundesdatenschutzgesetzes, jedenfalls soweit die Kirchen ein eigenes Datenschutzrecht geschaffen haben, wird von der h. M. aus Art. 140 GG i. V. m. Art. 137 Abs. 3 S. 1 WRV abgeleitet, vgl. nur *v. Campenhausen/de Wall*, Staatskirchenrecht, S. 293 m. w. N. Empfehlenswert ist die Materialsammlung zum kirchlichen Datenschutz und Melderecht, Arbeitshilfe Nr. 206, hrsg. vom Sekretariat der Deutschen Bischofskonferenz, Bonn 2006.
48 *BAG*, 4. 6. 2003 – 7 ABR 42/02, NZA 2003, 1284.
49 *BAG*, 5. 2. 1991 – 1 ABR 24/90, EzA § 106 BetrVG Nr. 15 = AP Nr. 10 zu § 106 BetrVG 1972.

hen können, wenn ein **konkreter betriebsbezogener Anlass** besteht, etwa wenn der Dienstgeber Rationalisierungsmaßnahmen plant oder einen Antrag auf abweichende Gestaltung der Arbeitsentgelte gegenüber einer nach Art. 7 GrO gebildeten Kommission zu stellen beabsichtigt (§ 27b). Schulungsbedarf in betriebswirtschaftlichen Fragen besteht auch vor Abschluss einer Dienstvereinbarung über Arbeitsentgelte gemäß § 38 Abs. 1 Nr. 1. Die Möglichkeit, externe Berater zur Verhandlung und zum Abschluss von Dienstvereinbarungen über Arbeitsentgelt hinzuzuziehen (vgl. § 38 Abs. 2), lässt den Schulungsanspruch nicht entfallen, weil die betroffene MAV aufgrund eigener Sachkunde in die Lage versetzt werden sollte, die Tragweite ihrer Entscheidung zu überblicken. Will der Dienstgeber in diesen Angelegenheiten einem annähernd gleichgewichtigen Verhandlungspartner gegenüber stehen, eine Bedingung für eine wirksame und ausgewogene Dienstvereinbarung, darf er der beteiligten MAV keine Schulung verwehren, die ein entsprechendes Fachwissen vermittelt.[50]

6. Arbeitsbefreiung

a. Innerhalb der Amtsperiode

Mit der Vorschrift über die Arbeitsbefreiung ist nicht gemeint, dass die MAV insgesamt nur bis zu drei Wochen Schulung haben darf. **Jedes einzelne Mitglied** hat ein **Kontingent von drei Kalenderwochen** für die Schulung. Es ist aber nicht erforderlich, dass die MAV in ihrer Gesamtbesetzung an den Schulungen teilnimmt. Das Wort »insgesamt« bezieht sich auf die Häufigkeit der Teilnahme eines MAV-Mitgliedes, nicht auf die Gesamtzahl der Tage der Teilnahme aller Mitglieder der MAV. Denn wäre letzteres richtig, gäbe es bei mehrtägigen Veranstaltungen kaum Aussicht, dass alle Mitglieder einer größeren MAV (§ 6) je an einer Schulung innerhalb einer Amtsperiode teilnehmen könnten. Wird einem MAV-Mitglied Gelegenheit zur Schulung geboten, so kann es dennoch auf einen Termin verzichten, ohne seinen Gesamtanspruch zu verlieren, solange die Amtsperiode nicht abgelaufen ist. Eine **Übertragung** des nicht verbrauchten Schulungskontingents **in die nächste Wahlperiode** ist **ausgeschlossen**.[51] **Abgeltung** wegen unterbliebener Schulung **findet nicht statt**. Lehnt der Dienstgeber die Arbeitsbefreiung zur Teilnahme an der Schulung ab, hat nicht das einzelne Mitglied der MAV, sondern die MAV das Recht zur Anrufung des Kirchlichen Arbeitsgerichts (§ 2 Abs. 2 KAGO i. V. m. § 16 Abs. 1 MAVO; s. Rn 127). 44

Dem Antragsrecht der MAV entspricht die **Pflicht des Dienstgebers zur Erfüllung** des Anspruchs unter den Voraussetzungen der Anerkennung der Schulung als geeignet zuzüglich der Priorität dringender dienstlicher oder betrieblicher Interessen. Außerdem erfolgt Klarstellung, dass im Falle der Mitgliedschaft in mehreren Mitarbeitervertretungen der Anspruch für das Mitglied nur einmal geltend gemacht werden kann (vgl. z. B. §§ 23 und 24 i. V. m. § 16 Abs. 1 S. 2). 45

b. Fortzahlung der Bezüge

Erhalten die Mitglieder der MAV Arbeitsbefreiung zur Teilnahme an der Schulungsveranstaltung, so erhalten sie **dieselben Bezüge, die sie erhalten würden,** wenn sie dienstplanmäßig gearbeitet hätten. Fortzahlung der Bezüge bedeutet, dass durch die Teilnahme an der Schulung **keine Minderung der Bezüge** eintreten darf. Es gilt das **Lohnausfallprinzip**.[52] Das an einer erforderlichen Schulung teilnehmende Mitglied einer Mitarbeitervertretung hat Anspruch auf **Fortzahlung seines individuellen Arbeitsentgelts**, inklusive aller Zuschläge und Zulagen.[53] Das schließt auch die notwendigen Wege-, Fahrt- und Reisezeiten ein, die das MAV-Mitglied **innerhalb der Normalarbeitszeit** aufwendet, um zur Schulung an- und abzureisen und gilt auch für Pausenzeiten des jeweiligen Seminartages.[54] 46

---

50 Vgl. auch *LAG Niedersachsen*, 27. 9. 2000 – 1 Sa 227/00, juris.
51 *LAG Düsseldorf*, 8. 10. 1991 – 13 Sa 1450/90, DB 1992, 636.
52 *Richardi/Thüsing*, § 37 BetrVG Rn 132; *HSWGN-Glock*, BetrVG § 37 Rn 149.
53 *BAG*, 15. 1. 1991 – 1 AZR 178/90, AP Nr. 114 zu Art. 9 GG.
54 *BAG*, 16. 2. 2005 – 7 AZR 330/04, NZA 2005, 936.

47 Liegen die Zeiten der Schulungsteilnahme (aber auch die Wege-, Fahrt- und Reisezeiten) **außerhalb der Normalarbeitszeit**, besteht **kein Anspruch auf Entgeltfortzahlung**.[55] In diesem Fall müssen die MAV-Mitglieder einen entsprechenden Teil ihrer Freizeit opfern. Denn die Norm regelt lediglich die Arbeitsbefreiung, nicht dagegen den Freizeitausgleich. Beispiel: Geht ein Normalarbeitstag in einer Einrichtung von 9.00 bis 17.00 Uhr und wird die Schulungsveranstaltung nachmittags zwischen 14.00 und 19.00 Uhr durchgeführt, besteht deshalb ein Ausgleichsanspruch nur für zwei Stunden. Findet die Schulung außerhalb der Normalarbeitszeit statt (z. B. an einem arbeitsfreien Samstag), gibt es überhaupt keinen Zahlungsanspruch, da bei der Nichtteilnahme an der Schulung wäre auch keine Vergütung angefallen. Auch Reisezeiten sind nur zu vergüten, soweit sie innerhalb der Normalarbeitszeit liegen.[56]

48 Einen Ausgleichsanspruch für aufgewendete Freizeit (**Freizeitausgleich**) bei **vollzeitbeschäftigten** Mitgliedern der MAV sieht die MAVO und evangelische MVG.EKD[57] – anders als § 37 Abs. 6 S. 1 und 2 BetrVG – nicht vor. Die Vorschrift des § 16 Abs. 1 gewährt Mitgliedern einer Mitarbeitervertretung für die Teilnahme an Schulungsveranstaltungen lediglich Arbeitsbefreiung unter Fortzahlung der Bezüge, **nicht** aber **Freizeitausgleich** für die Dauer der Schulungsveranstaltungen und den dazu gehörenden Reisezeiten, die ganz oder teilweise außerhalb der Arbeitszeit liegen.[58] Eine § 15 Abs. 4 MAVO entsprechende Regelung des Freizeitausgleichs für MAV-Tätigkeit enthält § 16 nicht.[59] Es besteht auch keine Regelungslücke, die durch Analogie zu § 15 Abs. 4 MAVO zu schließen wäre.[60]

49 Die Mitglieder der MAV können Vollbeschäftigte, aber auch gemäß §§ 7 und 8 **Teilzeitbeschäftigte** sein. Das hat zur Folge, dass teilzeitbeschäftigte Mitarbeiter, die an einer ganztägigen Schulungsveranstaltung teilnehmen, während ihr Arbeitstag dienstplanmäßig nur einen Teil in Anspruch nimmt, mehr Zeit als vergleichbare Vollbeschäftigte aufwenden müssen. Bei konsequenter Anwendung des Lohnausfallprinzips stünde dem teilzeitbeschäftigten MAV-Mitglied **kein Anspruch auf Fortzahlung der Bezüge** zu, weil es ohne die Schulungsmaßnahme nicht gearbeitet und folglich auch keinen Vergütungsanspruch erworben hätte.[61]

c. Freizeitausgleich nur für teilzeitbeschäftigte Mitglieder der MAV

50 Teilzeitbeschäftigten MAV-Mitgliedern, deren Teilnahme an Schulungsveranstaltungen außerhalb ihrer persönlichen Arbeitszeit liegt, steht zwar kein Lohnfortzahlungsanspruch, aber **ein Anspruch auf Freizeitausgleich** pro Schulungstag zu, jedoch höchstens bis zur Arbeitszeit eines vollbeschäftigten Mitglieds der Mitarbeitervertretung (§ 16 Abs. 1 S. 3). Diese im Zuge der MAVO-Reform 2010 eingefügte Regelung bezweckt eine Angleichung der Rechtslage an das BetrVG. Die bisherige Gesetzesfassung hatte dazu geführt, dass teilzeitbeschäftigten Mitgliedern einer MAV, die an ganztätigen Schulungen teilnahmen, ein besonderes Freizeitopfer ohne Lohnansprüche auferlegt wurde. Der KAGH hat diese Regelung für europarechtskonform gehalten.[62] Die Ungleichbehandlung gegenüber vollzeitbeschäftigten MAV-Mitgliedern rechtfertigt der KAGH mit der Ausgestaltung des Amtes eines Mitarbeitervertreters als unentgeltliches Ehrenamt. Eine sachlich ungerechtfertigte Ungleichbehandlung der Teilzeitkräfte i. S. d. § 4 Abs. 1 TzBfG hat der KAGH verneint.[63]

---

[55] *BAG*, 10. 11. 2004 – 7 AZR 131/04, NZA 2005, 704.; 16. 2. 2005 – 7 AZR 330/04, NZA 2005, 936; ErfK-Koch, § 37 BetrVG Rn 19; *Richardi/Thüsing*, § 37 BetrVG Rn 135a.
[56] *BAG*, 10. 11. 2004 – 7 AZR 131/04, NZA 2005, 704.
[57] Zur Rechtslage in der evangelischen Kirche vgl. *BAG*, 11. 11. 2008 – 1 AZR 646/07, ZMV 2009, 168.
[58] *KAGH*, 25. 4. 2008 – 02/08, ZMV 2008, 198.
[59] *KAGH*, 25. 4. 2008 – 02/08, ZMV 2008, 198.
[60] *KAGH*, 25. 4. 2008 – 02/08, ZMV 2008, 198.
[61] So im Ergebnis zur alten Rechtslage auch *KAGH*, 25. 4. 2008 – 02/08, ZMV 2008, 198.
[62] *KAGH*, 25. 4. 2008 – 02/08, ZMV 2008, 198.
[63] *KAGH*, 25. 4. 2008 – 02/08, ZMV 2008, 198; *BAG*, 11. 11. 2008 – 1 AZR 646/07, ZMV 2009, 168.

Durch die Neuregelung in Abs. 1 S. 3 ist nunmehr ausdrücklich klargestellt, dass einem teilzeit- 51
beschäftigten MAV-Mitglied ein **Anspruch auf Freizeitausgleich** zusteht, wenn er an erforderlichen Schulungsveranstaltungen teilnimmt, die außerhalb seiner persönlichen Arbeitszeit liegen. Ähnlich wie die Regelung des § 37 Abs. 6 S. 2 BetrVG dient diese Vorschrift dazu, ein Sonderopfer der teilzeitbeschäftigten Mitarbeitervertreter zu vermeiden. Als Mitarbeitervertreter mit gleichen Rechten und Pflichten benötigen teilzeitbeschäftigte MAV-Mitglieder den gleichen Informations- und Wissenstand wie die vollzeitbeschäftigten Kollegen. Es ist nach neuer Rechtslage deshalb nicht mehr gerechtfertigt, von ihnen zur Erlangung dieser Kenntnisse ein größeres Freizeitopfer zu verlangen. Der Anspruch auf Freizeitausgleich ist allerdings »gedeckelt«. Der Umfang ist pro Schulungstag auf die Arbeitszeit eines vollzeitbeschäftigten Mitglieds der MAV begrenzt.[64]

Da vollzeitbeschäftigten Mitarbeitervertretern mangels betriebsbedingter Veranlassung der zeitlichen 52
Lage der Schulung kein Ausgleichsanspruch für Zeiten der Schulungsteilnahme z. B. an einem arbeitsfreien Samstag oder über die betriebsübliche Arbeitszeit hinaus zusteht, ist der Ausgleichsanspruch für teilzeitbeschäftigte MAV-Mitglieder dem Umfang nach **auf die Arbeitszeit eines vollzeitbeschäftigten Arbeitnehmers pro Schulungstag begrenzt**. Dadurch soll eine Besserstellung der teilzeitbeschäftigten Mitarbeitervertreter vermieden werden.[65] Beispiel: Dauert die Schulung pro Tag länger als die betriebsübliche Arbeitszeit, etwa weil die Diskussionen sich bis in die Abendstunden ziehen, entsteht weder für vollzeit- noch für teilzeitbeschäftigte Mitarbeitervertreter ein darüber hinausgehender Ausgleichsanspruch. Für die Vollzeitbeschäftigten gibt es keinen Anspruch, weil es generell keinen Freizeitausgleich gibt, sondern nur eine Lohnfortzahlung nach dem Lohnausfallprinzip; für die Teilzeitbeschäftigten entfällt der – grundsätzlich existierende – Freizeitausgleich, weil sie nicht besser gestellt werden sollen als ihre vollzeitbeschäftigten Kollegen.

d. Zeitliche Lage der Arbeitsbefreiung und Abgeltungsanspruch

Der Freizeitausgleich für teilzeitbeschäftigte Mitabeitervertreter ist grundsätzlich auf **Arbeitsbefrei-** 53
ung unter Fortzahlung des Arbeitsentgelts gerichtet. Einen befristet geltend zu machenden **Abgeltungsanspruch**, wie er etwa in § 37 Abs. 3 S. 3 BetrVG vorgesehen ist, kennt die MAVO nicht. Der kirchliche Dienstgeber kann entscheiden, wie er bei teilzeitbeschäftigten MAV-Mitgliedern die Arbeitsbefreiung zeitlich festlegt. Er kann nach billigem Ermessen (§ 315 Abs. 1 BGB) insbesondere darüber befinden, ob er die Arbeitsbefreiung **zusammenhängend** oder **ratenweise** gewährt.[66] Der Dienstgeber ist nicht verpflichtet, die Arbeitsbefreiung innerhalb eines Monats zu gewähren, der Mitarbeitervertreter nicht gehalten, sie in diesem Zeitrum zu nehmen, da eine dem § 37 Abs. 3 S. 3 BetrVG vergleichbare Regelung fehlt. Kann der Anspruch auf Arbeitsbefreiung aus betriebsbedingten Gründen nicht gewährt werden, so muss er abgegolten werden.

Einen **Abgeltungsanspruch** auf Vergütung der aufgewendeten Schulungszeit wird man bejahen kön- 54
nen, wenn betriebsbedingte Gründe die Arbeitsbefreiung verhindert haben und der Anspruch zu verfallen droht. Der Anspruch auf Arbeitsbefreiung unterliegt den tarifvertraglichen Ausschlussfristen[67] und der Verjährung. Die Verjährungsfrist beträgt drei Jahre, gerechnet vom Schluss des Jahres an, in dem der Anspruch entstanden ist, § 195 BGB. Beispiel: Nimmt ein zu 50 Prozent beschäftigtes MAV-Mitglied an einer fünftägigen Schulungsmaßnahme teil, könnte der Dienstgeber den Anspruch auf Freizeitausgleich, der über die reguläre Arbeitszeit des Mitarbeitervertreters hinausgeht, in Geld abgelten, wenn er nachvollziehbar darlegt, dass auf den Mitarbeiter aus betrieblichen Gründen über einen längeren Zeitraum nicht verzichtet werden kann. Da eine entsprechende Arbeitsbefreiung nicht möglich ist, verwandelt sich der Freistellungs- in einen Zahlungsanspruch.

---

64 Vgl. auch *BAG*, 16. 2. 2005 – 7 AZR 330/04, DB 2005, 1858.
65 Ähnliche Rechtslage im BetrVG vgl. *BAG*, 16. 2. 2005 – 7 AZR 330/04, NZA 2005, 936.
66 *HSWGN-Glock*, BetrVG § 37 Rn 66; *Richardi/Thüsing*, § 37 BetrVG Rn 54.
67 *BAG*, 16. 4. 2003 EzA § 37 BetrVG 2001 Nr. 1.

55 Die aus betriebsbedingten Gründen nicht durch Arbeitsbefreiung ausgeglichene Schulungszeit, die über die reguläre Arbeitszeit des teilzeitbeschäftigten Mitarbeitervertreters hinausgeht, ist – bis zur Grenze der Arbeitszeit eines vollbeschäftigten MAV-Mitglieds – allerdings **nicht wie Mehrarbeit** zu vergüten, sondern wie reguläre Arbeitszeit. Denn die Gewährung eines Überstundenzuschlags bereits bei Überschreiten der individuellen, nicht aber der betrieblichen Arbeitszeit wäre keine Gleichstellung, sondern würde die teilzeitbeschäftigten Mitarbeitervertreter besser stellen.[68]

56 Da der Dienstgeber ein einseitiges Gestaltungsrecht hat, die Arbeitsbefreiung zeitlich festzulegen, darf das teilzeitbeschäftigte MAV-Mitglied in keinem Fall den Anspruch auf Arbeitsbefreiung **eigenmächtig** durchsetzen und von sich aus der Arbeit fernbleiben. Vielmehr muss der Dienstgeber die Freizeit erteilen; notfalls ist der Anspruch gerichtlich durchzusetzen.[69]

57 Die MAV-Mitglieder, die regelmäßig **Nachtdienst** haben, erhalten pro Schulungstag Arbeitsbefreiung. Das bedeutet Freistellung von der Arbeit ab 0 Uhr bis 24 Uhr. Wer also zum Nachtdienst eingeteilt ist, ist ab 0 Uhr des Schulungstages von der Arbeit freizustellen. Rechnerisch ergibt sich am Schulungstag also zweimal die Freistellung. Zum ersten wird die Teilschicht des Vortages um 24 Uhr beendet, zum zweiten wird der Teil der Nachtschicht des Schulungstages bis 24 Uhr arbeitsfrei gestellt. Dauert die Schulung von Montag bis Donnerstag, so sind das gewöhnlich vier Arbeitstage. Die Freistellung erfolgt daher von Montag 0 Uhr bis Donnerstag 24 Uhr. Will das MAV-Mitglied die Nachtschicht jedoch am Montag ab 0 Uhr noch arbeiten, weil die Schulung erst am Nachmittag beginnt, so kann es dafür die Freistellung von der Nachtschicht von Donnerstag auf Freitag ganz verlangen. Eine zusätzliche Freistellung, die über den Anspruch von § 16 hinausgeht, ist nicht möglich, weil dies nach § 18 Abs. 1 unzulässig ist. Gegebenenfalls müsste eine zusätzliche Freistellung auf das Freistellungskontingent angerechnet werden, wenn es noch nicht erschöpft ist.

58 Die **Freistellung** des gemäß § 15 Abs. 3 bereits **auf Dauer** teilweise **von der Arbeit freigestellten Mitgliedes der MAV** hindert nicht die besondere Freistellung von der Arbeitspflicht zur Teilnahme an Schulungsveranstaltungen. Das folgt aus der Gesetzessystematik, die zwischen Freistellung von der Arbeit und Freizeitausgleich wegen der Erledigung der Aufgaben der MAV einerseits (§ 15 Abs. 2 bis 4) und Arbeitsbefreiung zur Teilnahme an Schulungsveranstaltungen andererseits (§ 16) unterscheidet. Die Schulung ist nicht Tätigkeit der MAV, sie ist den Mitgliedern der MAV auch nicht zur Amtspflicht gemacht. Ist ein Mitglied der MAV mit nur 50 v. H. des Beschäftigungsumfangs eines Vollbeschäftigten angestellt und als solches von der Arbeit gemäß § 15 Abs. 3 ganz freigestellt, so hat es die Teilnahme an den Schulungsveranstaltungen ganz auf Kosten seiner Zeiteinteilung zu planen, ohne zusätzlichen Ausgleich verlangen zu können.

7. Zeitlicher Umfang der Schulungen

59 Im Hinblick auf die Dauer der Schulungen ist zu differenzieren zwischen dem zeitlichen Umfang der **einzelnen Schulungsmaßnahme** auf der einen und der **Gesamtdauer der Schulungen in der Amtszeit** auf der anderen Seite.

60 Der **zeitliche Umfang der einzelnen Schulungsmaßnahme** richtet sich danach, was im Einzelfall **erforderlich** ist. Eine Faustformel für die Länge der Schulungen existiert nicht. Letztlich hängt die zulässige Dauer der Veranstaltung vom jeweiligen Inhalt der Schulung, dem Wissensstand der Teilnehmer und den Besonderheiten der entsendenden Einrichtung ab. Die Rechtsprechung zur zulässigen Dauer einer Schulungsmaßnahme ist sehr großzügig. Ein- bis zweitätige Schulungen dürften in der Regel unproblematisch sein. Das BAG hat aber auch **fünf- bzw. sechstätige** Schulung zum BetrVG anerkannt, ebenso wie eine **vierzehntägige** Schulung eines Betriebsratsvorsitzenden über das BetrVG.[70]

---

[68] *Fitting*, BetrVG § 37 Rn 111; *Richardi/Thüsing*, § 37 BetrVG Rn 59; **a. A.** *Düwell-Wolmerath*, § 37 BetrVG Rn 23.
[69] *Richardi/Thüsing*, § 37 BetrVG Rn 54; GK-BetrVG/ *Weber*, § 37 Rn 90.
[70] Ausführliche Nachweise bei GK-BetrVG/ *Weber*, § 37 Rn 193; *Fitting*, BetrVG § 37 Rn 173.

Hinsichtlich der **Gesamtdauer der Schulungen in der Amtszeit** hat jedes MAV-Mitglied Anspruch 61
auf Arbeitsbefreiung unter Fortzahlung der Bezüge für die Dauer von **maximal drei Wochen** pro
Amtszeit, d. h. 21 Tage einschließlich der Samstage und Sonntage bzw. 18 Werktage, wenn man
die Sonn- und Feiertage unberücksichtigt lässt. Diese Regelung entspricht bei gleicher Dauer den
§§ 37 Abs. 7 BetrVG und 46 Abs. 7 BPersVG; diese erweitern allerdings den Schulungsanspruch
des Betriebsrats und der Personalvertretung zugunsten des einzelnen Mitglieds dieser Gremien individuell. Die Freistellung für Schulungszwecke kann zusammenhängend oder geteilt für mehrere
Schulungsmaßnahmen verlangt werden.

Auf die tatsächliche **Dauer der Amtszeit der MAV** kommt es für das Schulungskontingent nicht an; 62
sie kann auch kürzer (§ 13 Abs. 3, § 13c) oder länger (§ 13a) als die regelmäßige Amtszeit (§ 13
Abs. 2) ausfallen. Ausschlaggebend sind die Wahlperiode und die persönliche Amtszeit innerhalb
der Wahlperiode. Wer also früh sein Schulungskontingent ausschöpft, hat dies auch zu Recht erhalten, wenn durch besondere Umstände die Amtszeit der MAV kürzer als vier Jahre ausfällt. In die MAV
nachrückende Ersatzmitglieder (§ 13b Abs. 1) erhalten anteilig zur Restamtszeit der MAV ein Schulungskontingent. Mit der Neuwahl entsteht der Anspruch erneut.

Nicht ausgeschöpfte Schulungstage **verfallen** mit Ablauf der Amtszeit, eine Übertragung auf die 63
nächste Amtszeit kommt nicht in Betracht.[71]

Wer mehrfach beschäftigt und mehrfach Mitglied einer MAV einschließlich einer Sondervertretung, 64
Gesamtvertretung oder Sprecher der Jugendlichen und der Auszubildenden ist, der kann das Freistellungskontingent zur Teilnahme an Schulungsveranstaltungen **nur einmal** ausschöpfen (§ 16 Abs. 1
S. 2). Dabei werden die Teilnahmetage aus mehreren Vertretungen auf das Gesamtkontingent für die
Freistellung angerechnet.

Viele Mitarbeiter haben dienstplanmäßig die Fünf-Tage-Woche bei voller Beschäftigung. Deshalb ist 65
bei der **Ermittlung des Freistellungskontingents** von der Arbeit für den Besuch von Schulungsveranstaltungen bei dreiwöchiger Dauer von den Arbeitstagen pro Woche auszugehen. Wer z. B. nur
vier Tage in der Woche zu arbeiten hat, hat Anspruch auf 12, wer fünf Tage pro Woche zu arbeiten
hat, hat Anspruch auf 15, wer sechs Arbeitstage pro Woche arbeiten muss, hat Anspruch auf 18 Arbeitstage Arbeitsbefreiung pro Wahlperiode.[72] Würde der Anspruch auf Arbeitsbefreiung lediglich
nach Kalendertagen berechnet, würden die Mitarbeitervertreter mit den wenigsten Arbeitstagen
pro Woche am meisten begünstigt. Denn wer z. B. nur an drei Tagen in der Woche mit dienstplanmäßig nur jeweils acht Stunden täglich zu arbeiten hat, käme innerhalb von drei Arbeitswochen gar
nicht zur Ausschöpfung des 21-tägigen Freistellungsanspruchs. Denn in drei Wochen fallen in diesem Fall erst 9 Arbeitstage an. Finden Schulungen folglich an arbeitsfreien Tagen statt, so wird bei
Teilnahme an solchen Veranstaltungen die Arbeitsfreistellung nicht erforderlich. Freizeitausgleich
findet nicht statt; die Schulung ist auf das gesetzliche Kontingent gleichwohl schon wegen der Kosten
für die Schulungstage anzurechnen. Hat das einzelne Mitglied der MAV sein Schulungskontingent
erschöpft, kann es mit der Maßgabe des landesrechtlich geregelten Arbeitnehmerweiterbildungsurlaubs an weiteren Veranstaltungen, die gemäß den Vorschriften über den Weiterbildungsurlaub
anerkannt sind, teilnehmen.

8. Verfahren zur Freistellung

a. Beschlussfassung der MAV

Gemäß § 16 Abs. 1 unterliegt die Arbeitsbefreiung zu Schulungsveranstaltungen einer Vorentschei- 66
dung der MAV. Denn es geht um den Anspruch der MAV als Kollektivorgan, nicht um einen persönlichen Anspruch des freizustellenden Mitglieds der MAV. Daher trifft die MAV die Auswahl der für

---

71 *Fitting*, BetrVG § 37 Rn 222; *HSWGN-Glock*, BetrVG § 37 Rn 173.
72 Für eine Umrechnung der Schulungsdauer auf Arbeitstage im Rahmen des § 37 Abs. 7 BetrVG auch *Fitting*,
  BetrVG § 37 Rn 220; GK-BetrVG/*Weber*, § 37 BetrVG Rn 237; *HSWGN-Glock*, BetrVG § 37 Rn 167.

II. Die Mitarbeitervertretung

die Freistellung vorzuschlagenden Mitglieder nach pflichtgemäßem Ermessen durch ordnungsgemäßen Beschluss in ihrer Sitzung. **Die MAV beschließt darüber, ob** und wenn ja, **wer wann an welcher Schulungsveranstaltung teilnehmen soll.** Die Gesamtmitarbeitervertretung ist für die Beschlussfassung ebenfalls zuständig, weil auch Probleme aus dem Aufgabengebiet der Gesamtmitarbeitervertretung (§ 24) zu behandeln sein können.

67 Ohne einen **ordnungsgemäßen Beschluss** der MAV ist ein Mitglied der MAV nicht berechtigt, während der Arbeitszeit an einer Schulungsveranstaltung teilzunehmen.[73] Zur ordnungsgemäßen Beschlussfassung der MAV ist die dazu erforderliche Ankündigung in der den Mitgliedern der MAV übersandten Tagesordnung zur beabsichtigten Entsendung zur Schulung zu beachten. Unterbleibt dies, so kann dieser Mangel nur durch den einstimmigen Beschluss der vollzählig versammelten Mitglieder der MAV geheilt werden, dass sie mit der Behandlung des vorher nicht mitgeteilten Tagesordnungspunktes einverstanden sind (§ 14 Rn 37–39). Die Beschlussfassung muss der Schulungsmaßnahme zeitlich vorausgehen, ein fehlender Beschluss kann nicht nachträglich gebilligt werden.[74]

68 Die MAV hat über die Teilnahmeentscheidung einen Ermessensspielraum; wegen der Erforderlichkeit der Schulung ist der **Grundsatz der Verhältnismäßigkeit** zu beachten, insbesondere wegen der Kostenbelastung des Dienstgebers. Dabei ist auf die betrieblichen Notwendigkeiten Rücksicht zu nehmen. Die MAV und jedes einzelne Mitglied der MAV sind gehalten, bei der Planung des Besuchs einer Schulungsveranstaltung auf die dienstlichen Belange der Einrichtung oder Dienststelle, insbesondere bei vorübergehender Personalknappheit, Rücksicht zu nehmen. Hier gelten die Grundsätze, die auch gemäß § 14 Abs. 4 S. 3 von der MAV zu beachten sind. Der Betriebsablauf darf unter Berücksichtigung des Grundsatzes der Verhältnismäßigkeit und der vertrauensvollen Zusammenarbeit (§ 26 Abs. 1 S. 1) nicht beeinträchtigt werden.[75] Deshalb ist stets zu prüfen, ob die betrieblichen Gegebenheiten den zwingenden Vorrang gegenüber dem Interesse der MAV für Schulungszwecke haben. Zwingende Gründe zur Verschiebung der Teilnahme eines Mitgliedes an der Schulung liegen vor, wenn das zur Schulung von der MAV ausgewählte Mitglied durch sein Fehlen in der Dienststelle den reibungslosen Betriebsablauf in Frage stellt, wenn also z. B. für unaufschiebbare Arbeiten keine eingearbeitete Vertretung zur Verfügung steht.[76]

b. Antragstellung beim und Freistellung durch den Dienstgeber

69 Der Beschluss der MAV selbst führt die Freistellung noch nicht herbei. Vielmehr muss der Dienstgeber in die Teilnahme an der Schulungsveranstaltung **einwilligen**. Die MAV hat hierfür die Arbeitsbefreiung beim Dienstgeber **rechtzeitig** unter Angabe der Namen der von ihr bestimmten Teilnehmer, der Veranstaltung nach Thema, Ort und Dauer zu **beantragen**. Der Dienstgeber prüft daraufhin den Antrag, insbesondere ob die gesetzlichen Voraussetzungen des Schulungsanspruchs vorliegen. Anders als im Bereich des BetrVG hängt die Teilnahmeberechtigung im Anwendungsbereich der MAVO von einem **vorherigen Einverständnis** des Dienstgebers ab, wie etwa bei der Urlaubsgewährung.[77] Diese unterschiedliche Bewertung lässt sich mit dem unterschiedlichen Wortlaut der Regelungen rechtfertigen: Während § 37 Abs. 6 S. 3 nur davon spricht, dass der Betriebsrat die Teilnahme die zeitliche

---

[73] *BAG*, 8. 3. 2000 – 7 ABR 11/98, NZA 2000, 838.
[74] *BAG*, 8. 3. 2000 – 7 ABR 11/98, NZA 2000, 838.
[75] GK-BetrVG/*Weber*, § 37 Rn 182 ff.
[76] *HSWGN-Glock*, BetrVG § 37 Rn 135 m. N.
[77] Nach § 37 Abs. 6 S. 3, Abs. 7 S. 3 BetrVG müssen lediglich die Tatbestandsvoraussetzungen der Erforderlichkeit vorliegen, und der Betriebsrat muss dem Arbeitgeber die Teilnahme sowie zeitliche Lage der Veranstaltung rechtzeitig bekannt geben, vgl. *Korinth*, ArbRB 2008, 30; so wohl auch *LAG Hamm*, 10. 5. 2004 – 10 TaBV 41/04, juris; *LAG Düsseldorf*, 6. 9. 1995 – 12 TaBV 69/85, NZA-RR 1996, 12; *LAG Köln*, 20. 11. 2003 – 5 TaBV 69/03, DB 2004, 551; *LAG Baden-Württemberg*, 17. 12. 1987 – 11 TaBV 3/87, AuR 1988, 258; ErfK-*Koch*, § 37 BetrVG Rn 24; **a.A**. *Richardi/Thüsing*, § 37 BetrVG Rn 131; GK-BetrVG/ *Weber*, § 37 Rn 280; *HSWGN-Glock*, BetrVG § 37 Rn 140: Nimmt das BR-Mitglied ohne Zustimmung des Arbeitgebers oder ohne gerichtliche Entscheidung an der Schulungsmaßnahme teil, so verstößt es gegen seine Arbeitspflicht.

Lage der Schulung dem Arbeitgeber *bekannt zu geben* hat, verlangt § 16 Abs. 1 S. 1 einen *Antrag* der MAV.

Rechtzeitig ist die Antragstellung der MAV beim Dienstgeber nur, wenn dieser die wegen der Arbeitsbefreiung des MAV-Mitglieds notwendigen Maßnahmen (z. B. Sicherstellung einer Vertretung) angemessene Zeit vorher treffen und für den Fall von Einwendungen gegen die zeitliche Lage der Veranstaltung auch noch das Kirchliche Arbeitsgericht vor Beginn der Veranstaltung von der MAV angerufen werden kann. Nach Ansicht des LAG Niedersachsen soll – für den Anwendungsbereich des BetrVG – eine Unterrichtung des Arbeitgebers 2 $^1/_2$ Wochen vor Beginn der Schulung ausreichen.[78]   70

Der Dienstgeber ist nicht berechtigt, mehreren Mitgliedern derselben MAV den **gleichzeitigen Besuch** einer Schulungsveranstaltung zu versagen, insbesondere dann nicht, wenn er auch bei anderen Gelegenheiten dieselben Mitarbeiter gleichzeitig beurlaubt. Der Dienstgeber muss jedenfalls dafür sorgen, dass die Mitglieder der MAV während ihrer Amtszeit das ihnen zustehende Quantum an Schulungsveranstaltungen während ihrer Amtsperiode besuchen können.   71

Unterlässt die MAV die Unterrichtung des Dienstgebers, so handelt sie **pflichtwidrig**.[79] Nimmt der Mitarbeitervertreter an der Schulung teil, obwohl der Dienstgeber ihn vorher nicht freigestellt hat, verletzt er seine arbeitsvertraglichen Pflichten. **Eine Selbstbeurlaubung zur Teilnahme an der Schulung ist unzulässig.** Geschieht dies dennoch, so entfällt der Anspruch auf Fortzahlung der Bezüge und Ersatz der Schulungskosten.[80]   72

c. Geltendmachung des Anspruchs vor dem Kirchlichen Arbeitsgericht

Besteht zwischen Dienstgeber und MAV bzw. einem einzelnen Mitarbeitervertreter Streit darüber, ob die Schulung erforderlich ist, kann die MAV eine **einstweilige Verfügung** des Kirchlichen Arbeitsgerichts beantragen, durch die dem Dienstgeber die Arbeitsbefreiung zu der Schulung aufgegeben wird (§ 52 KAGO).[81]   73

9. Kostentragung

Der Dienstgeber kann die Teilnahme an der Schulung nicht mit dem Hinweis auf knappe Kassen oder fehlenden Haushaltsansatz der Einrichtung verweigern. Denn durch **§ 17 Abs. 1 S. 2 Spiegelstrich 1 i. V. m. § 16** ist bestimmt, dass der Dienstgeber die Kosten für Teilnahme an der erforderlichen Schulungsveranstaltung i. S. d. § 16 trägt. Das bedeutet entweder Erstattung der vom MAV Mitglied verauslagten Kosten oder aber, dass ein Anspruch auf Freistellung von den Kosten der Schulung gegen den Dienstgeber besteht.[82] Zu den Kosten gehören die Auslagen für die Fahrt zum Veranstaltungsort. Diese werden nach der für den Dienstgeber geltenden Reisekostenregelung erstattet (§ 17 Abs. 1 S. 1). Ferner sind die Kosten für Unterkunft, Verpflegung und die Kursusgebühren zu erstatten. Wegen Streitigkeiten über die Kostenerstattung wird auf § 16 Rn 125 ff. verwiesen.   74

Eine Kostenerstattung für Gesetzessammlungen, die an die Teilnehmer ausgegeben werden, findet nicht statt, wenn das Material auch leihweise hätte überlassen werden können. Denn eine solche Ausgabe zum Verbleib beim jeweiligen Schulungsteilnehmer war dann nicht erforderlich.[83]   75

---

78 *LAG Niedersachen*, 14. 8. 1987 – 3 Sa 538/86, AuR 1989, 60.
79 *HSWGN-Glock*, BetrVG § 37 Rn 139.
80 So im Ergebnis auch für das BetrVG: *Richardi/Thüsing*, § 37 BetrVG Rn 124; *HSWGN-Glock*, BetrVG § 37 Rn 139; a. A. *Fitting*, BetrVG § 37 Rn 242; GK-BetrVG/*Weber*, § 37 270.
81 *Schlichtungsstelle Würzburg*, 31. 1. 1995 – MA 2/94, ZMV 1995, 233; vgl. Hinweise zur Antragstellung bei *Korinth*, ArbRB 2008, 30 ff.
82 *LAG Schleswig-Holstein*, 3. 9. 1987 – 4 Ta BV 25/87, BB 1988, 348.
83 *LAG Berlin*, 10. 10. 1988 – 9 Ta BV 6/88, DB 1989, 683.

76 Der Dienstgeber muss aber z. B. die Kosten für die Schulung über den Einsatz eines PC für die Erledigung von Mitarbeitervertretungsaufgaben nach § 16 tragen, wenn aktuelle oder absehbare einrichtungsbezogene Anlässe die Schulung des entsandten MAV-Mitglieds erfordert haben.[84] Die Pflicht des Dienstgebers, Schulungskosten zu tragen, gilt allerdings nicht unbegrenzt, sondern wird durch die **Grundsätze der Erforderlichkeit und Verhältnismäßigkeit** eingeschränkt. Die Kosten sind möglichst niedrig zu halten.[85] Bei mehreren gleichwertigen Veranstaltungen hat die MAV ihr Mitglied an derjenigen teilnehmen zu lassen, die für den Dienstgeber geringere Kosten verursacht; andernfalls ist dieser nicht verpflichtet, die höheren Kosten zu tragen.[86]

77 Daraus folgt auch, dass der **Schulungsort in der Nähe** sein sollte. Das ist anders zu beurteilen, wenn dort keine Schulungen zur Vermittlung der erforderlichen Kenntnisse geboten werden.[87] Die Fahrtkosten sind niedrig zu halten, **Fahrgemeinschaften** sind zumutbar.[88] Die **Rechnungsbeträge** sind für den Dienstgeber erkennbar **aufzuschlüsseln**.[89] Private Veranstalter dürfen keine Gewinne aus den Schulungsveranstaltungen erzielen. Das gilt gerade für Berufsverbände. Ohne Spezifikation der Rechnungsposten ist der Dienstgeber berechtigt, die Kostenübernahme zu verweigern, falls er nicht zuvor bereits bezifferte Kosten anerkannt hat.

78 Die **tägliche An- und Abreise** zu einem 40 km entfernten Seminarort zum Zweck der Einsparung von Übernachtungskosten ist den Teilnehmern einer MAV-Schulung in der Regel unzumutbar.[90] Eine **zusätzliche Übernachtung** im Anschluss an ein Seminar ist dann erforderlich, wenn es dem MAV-Mitglied aufgrund langer Fahrtzeit bzw. nächtlicher Ankunftszeit nicht zumutbar ist, direkt nach Seminarende die Heimreise anzutreten.[91]

79 Die **Kostentragung entfällt für den Dienstgeber**, wenn die Teilnahme des MAV-Mitgliedes an der Schulungsveranstaltung unter Berücksichtigung der aktuellen konkreten Situation in der MAV und der Aufgabenzuweisung nicht erforderlich war.[92] Das kann z. B. auch für den nur teilweise besuchten Kurs gelten.[93]

10. Abgrenzung zum Bildungsurlaub

a. Landesrecht

80 Im Übereinkommen Nr. 140 der Internationalen Arbeitsorganisation (ILO) über den bezahlten Bildungsurlaub vom 24. Juni 1974 hatte sich die Bundesrepublik Deutschland völkerrechtlich verpflichtet, einen bezahlten **Bildungsurlaub** zum Zwecke der Berufsbildung, der allgemeinen und politischen Bildung sowie der gewerkschaftlichen Bildung einzuführen. Da der Bund untätig blieb, verabschiedeten einige Bundesländer im Rahmen der konkurrierenden Gesetzgebung Landesgesetze, die Arbeitnehmern einen Anspruch auf die Gewährung von Bildungsurlaub geben. **Bildungsurlaubsgesetze** existieren mittlerweile in den meisten Bundesländern. Baden-Württemberg, Bayern, Sachsen und Thüringen verfügen über kein Bildungsfreistellungs- bzw. Bildungsurlaubsgesetz.[94]

81 Nach den Regelungen in den Bildungsfreistellungs- bzw. Bildungsurlaubsgesetz ist es daher Mitarbeitern, die Mitglieder der MAV sind, möglich, an Maßnahmen der Schulung nach Maßgabe der MAVO

---

84 *BAG*, 19. 7. 1995 – 7 ABR 49/94, NZA 1996, 442.
85 *BAG*, 15. 5. 1986 – 6 ABR 74/83, EzA Nr. 85 zu § 37 BetrVG 1972.
86 *LAG Schleswig-Holstein*, 23. 9. 1987 – 5 Sa 409/87, NZA 1988, 590.
87 *BAG*, 29. 1. 1974, DB 1974, 293.
88 *LAG Hamm*, 13. 11. 1991 – 3 Ta BV 110/91, BB 1992, 781; *Berger-Delhey*, ZTR 1995, 545, 547.
89 *BAG*, 30. 3. 1994 – 7 ABR 45/93, NZA 1995, 382.
90 *ArbG Bremen*, 31. 5. 2007 – 10 BV 59/07, juris.
91 *ArbG Ulm*, 20. 12. 2006 – 9 BV 5/06, juris.
92 *BAG*, 14. 9. 1994 – 7 ABR 27/94, NZA 1995, 381.
93 *BAG*, 21. 5. 1974 – 1 ABR 279/73, DB 1974, 2015.
94 Einen guten Überblick über die Regelungen der einzelnen Bundesländer einschließlich der Veranstaltungsverzeichnisse unter http://www.saarland.de/11460.htm.

einerseits und der Weiterbildung nach Maßgabe des Landesrechts andererseits teilzunehmen. Die Weiterbildung muss allerdings arbeitnehmerbezogen[95] und jedermann – also auch Arbeitnehmern – zugänglich sein.[96] Der Bildungsträger darf den Zugang zu einer Bildungsveranstaltung weder rechtlich noch faktisch beschränken. Soweit ein arbeitsvertraglicher Anspruch auf Bildungsurlaub oder auf Teilnahme an fachlichen Fortbildungsveranstaltungen besteht, ist zu prüfen, ob in der Regelung eine Anrechnungsvorschrift zum gesetzlichen Anspruch auf Bildungsurlaub besteht (vgl. § 10 Abs. 3 Unterabsatz 2 AVR).

b. Arbeitsvertragliche Regelungen

In Arbeitsvertragsregelungen ist teilweise bestimmt, dass Mitarbeiter jährlich zur Teilnahme an Fortbildungsmaßnahmen bzw. zur Wahrnehmung von Bildungsurlaub bezahlte Dienstbefreiung erhalten (vgl. § 10 Abs. 6 AVR; Bestimmungen über Fort- und Weiterbildung, Anlage 25 zur KAVO der Diözesen in Nordrhein-Westfalen). Eine Anrechnung auf gesetzlichen Bildungsurlaub sehen die AVR und § 3 Abs. 4 Anlage 25 zur KAVO der Diözesen in NRW vor. Eine Anrechnung auf die Dienstbefreiung zur Teilnahme an der Schulung i. S. v. § 16 dieser Rahmenordnung ist nicht geregelt. Insoweit ist eine **Kumulierung der Ansprüche möglich** (§ 3 Abs. 5 Anlage 25 zu KAVO). Die Mitglieder der AK haben Dienstbefreiungsanspruch gemäß § 10 Abs. 7 AVR. 82

c. Kirchengesetzliche Bestimmungen

Die Mitglieder der Bistums- oder Regional-KODA können je nach diözesaner Ordnung u. U. auch wegen ihrer Aufgaben in der KODA (Kommission zur Ordnung des diözesanen Arbeitsvertragsrechts) Anspruch auf Freistellung von der dienstlichen Tätigkeit haben, um innerhalb der Amtszeit Schulungsveranstaltungen, die für die Arbeit in der KODA erforderliche Kenntnisse vermitteln, besuchen zu können (vgl. z. B. § 10 Regional-KODA-Ordnung Nord-Ost). Eine etwa bestehende Anrechnungsvorschrift im Verhältnis zu anderen Schulungsveranstaltungen ist zu prüfen. 83

Gemäß **Art. 9 GrO** haben die Mitarbeiterinnen und Mitarbeiter Anspruch auf berufliche Fort- und Weiterbildung. Diese umfassen die fachlichen Erfordernisse, aber genauso die ethischen und religiösen Aspekte des Dienstes. Hierbei müssen auch Fragen des Glaubens und der Wertorientierung sowie die Bewältigung der spezifischen Belastungen der einzelnen Dienste angemessen berücksichtigt werden. 84

11. Aus- und Fortbildung gemäß SGB VII

Die **Unfallversicherungsträger** haben auf eigene Kosten für die Aus- und Fortbildung der Personen in Einrichtungen und Dienststellen zu sorgen, die mit der Durchführung der Maßnahmen zur Verhütung von Arbeitsunfällen, Berufskrankheiten und arbeitsbedingten Gesundheitsgefahren sowie mit der Ersten Hilfe betraut sind (§ 23 Abs. 1 und 2 SGB VII). Für die Arbeitszeit, die wegen der Teilnahme an einem Lehrgang ausgefallen ist, besteht gegen den Dienstgeber ein Anspruch auf Fortzahlung des Arbeitsentgelts (§ 23 Abs. 3 SGB VII). Ist ein Mitglied der MAV dem genannten Personenkreis zuzuordnen, hat es deshalb zusätzlichen Anspruch auf Arbeitsbefreiung außerhalb der Vorschriften der MAVO. Werden besondere Veranstaltungen für Mitarbeitervertreter zu Themen wie Einsatz der MAV zur Durchführung der Vorschriften über den Arbeitsschutz, die Unfallverhütung und die Gesundheitsförderung in der Einrichtung (vgl. § 26 Abs. 3 Nr. 7 MAVO) und Maßnahmen des Dienstgebers zur Verhütung von Dienst- und Arbeitsunfällen und sonstigen Gesundheitsschädigungen (§ 36 Abs. 1 Nr. 10, § 37 Abs. 1 Nr. 10, § 38 Abs. 1 Nr. 10 MAVO) angeboten, die von der Diözese anerkannt sind, gehören sie zu Schulungsmaßnahmen i. S. v. § 16 Abs. 1 MAVO (vgl. auch § 1 Abs. 4 ArbSchG). 85

---

95 *LAG Köln*, 28. 4. 1989 – 6 Sa 101/89, NZA 1989, 848.
96 *BAG*, 3. 8. 1989 – 8 AZR 249/87, DB 1990, 227; 16. 8. 1990 – 8 AZR 654/88, DB 1990, 2325.

III. Anerkennung der Schulungsveranstaltung als geeignet

1. Anerkennung

86 Der Anspruch auf Schulung setzt weiter voraus, dass die Schulungsveranstaltung von dem Bistum oder dem Diözesancaritasverband **als geeignet** anerkannt ist (§ 16 Abs. 1 S. 1). Zu klären ist, welches Bistum oder welcher Diözesancaritasverband für die Anerkennung zuständig ist. Das kann die für die Belegenheit der Dienststelle zuständige Körperschaft oder die für den Ort der Veranstaltung zuständige Körperschaft sein. Denkbar ist auch, dass ein Träger der Schulungsveranstaltung wegen seiner Belegenheit (z. B. in Wiesbaden) das Bistum Limburg und wegen des Veranstaltungsortes (z. B. Bad Honnef) das Erzbistum Köln um Anerkennung der Veranstaltung als geeignet bittet. Es ist möglich, dass die Teilnehmer der Schulungsveranstaltung aus verschiedenen Diözesen anreisen. **Grundsätzlich ist davon auszugehen, dass die Kriterien für die Anerkennung von der für den Bereich der Dienststelle zuständigen Anerkennungskörperschaft festgelegt werden.** Das folgt aus der jeweiligen diözesanen Mitarbeitervertretungsordnung.

87 Finden Schulungsveranstaltungen in einer anderen Diözese statt, so wird aus der Anerkennung durch die andere Diözese oder deren Caritasverband zu schließen sein, dass die **Anerkennung** durch das nach der diözesanen MAVO zuständige Bistum oder seines Caritasverbandes **als erteilt gilt**, falls nicht ausdrücklich die Teilnahme an Schulungsveranstaltungen im Bistum angeordnet ist. Hat bereits ein Bistum die Veranstaltung anerkannt, obwohl sie von dem dort belegenen Träger in einer anderen Diözese durchgeführt wird, ist eine neue Entscheidung des Bistums des Ortes der Veranstaltung erforderlich. Dieses Bistum des Veranstaltungsortes kann auf die bereits getroffene Anerkennung des anderen Bistums Bezug nehmen. Denn eine gegensätzliche Entscheidung müsste praktisch die Inhalte der Veranstaltung anders bewerten. In solchen Fällen ist eine vorherige Absprache zumindest der beteiligten Bistümer sinnvoll (für die Diözesen in Bayern vgl. Amtsblatt für das Erzbistum München und Freising 1997 Nr. 45 S. 105).

88 Mitarbeitervertreter aus dritten Bistümern sollten nicht noch zusätzlich eine Anerkennung ihres Bistums benötigen. Es müsste ausreichen, wenn das Belegenheitsbistum des Veranstalters und das Belegenheitsbistum des Veranstaltungsortes eingeschaltet wurden und zur Anerkennung eine Entscheidung getroffen und sie dem Veranstalter mitgeteilt haben. Hierzu sollten das gemäß § 16 für die Mitarbeitervertretung zuständige Bistum oder der zuständige Diözesancaritasverband den Dienstgebern und ihren Mitarbeitervertretungen hilfreiche Erklärungen abgeben, insbesondere dann, wenn der Veranstalter um Anerkennung nachgesucht hat. Die Teilnehmer an Schulungsveranstaltungen müssen sich vom Veranstalter der Schulung nachweisen lassen, dass die Veranstaltung i. S. v. § 16 als geeignet anerkannt ist.

89 Nicht auszuschließen ist, dass eine MAV mit Zustimmung ihres Dienstgebers eine **interne** – auch mehrtägige – **Schulung** haben will, wozu sie gegebenenfalls ihr geeignet erscheinende Dozenten einlädt. Die Schulung ist keine Sitzung der MAV mit Gast i. S. v. § 14; sie wird auf das Schulungskontingent der Mitglieder der MAV gemäß § 16 Abs. 1 angerechnet. Die **interne Schulung** ermöglicht die Aufarbeitung der besonderen Angelegenheiten einer Einrichtung, weshalb diese Maßnahme auch die Teilnahme des Dienstgebers einschließen kann (vgl. § 26 Abs. 1 S. 1). Auch Rollenspiele können Gegenstand der Schulung sein, um das Verständnis für unterschiedliche Standpunkte bei der Ausgangslage zu Verhandlungen der Betriebspartner zu wecken und Verständigungswege einzuüben. Solche Schulungen, die der Dienstgeber für seine MAV gutheißt und für sie die Kosten trägt, bedürfen keiner Anerkennung von außen i. S. d. § 16 Abs. 1. Andererseits dürfen solche Schulungen nicht die Teilnahme an anerkannten außerbetrieblichen Schulungen verbauen.

a. Antrag auf Anerkennung

90 Bestimmungen über das Anerkennungsverfahren enthält die Ordnung nicht. Dennoch ist von Folgendem auszugehen. Die Anerkennung setzt einen **Antrag des Veranstaltungsträgers an das Bistum oder den Diözesancaritasverband** voraus, falls nicht der eine oder andere der beiden Rechtsträger

selbst Veranstalter ist. Der Veranstalter trägt das Risiko inhaltlich und wirtschaftlich. Um über die Anerkennung entscheiden zu können, müssen die für die Anerkennung erforderlichen Unterlagen dem Antrag beigefügt werden. Deshalb wird der Antragsteller stets das Programm und den vorgesehenen Personenkreis anzugeben haben, der geschult werden soll. Aus dem Programm haben Ort und Zeit sowie Dauer der Veranstaltung, der Lehrstoff, die Dozenten und die Leitung der Schulung ersichtlich zu sein. Ob auch die Mitarbeitervertreter die Anerkennung beantragen können, ist nicht geregelt. Das ist denkbar,[97] doch in der Praxis umständlich, weil eigentlich die Publizität der Anerkennung im Mittelpunkt stehen muss, die der Veranstalter eher zu bewerkstelligen vermag, weil er mit der Anerkennung werben darf.

b. Allgemeine Anerkennung

An die Stelle der Einzelentscheidung kann eine **Globalentscheidung über die Anerkennung** der Veranstaltungen eines Veranstalters als geeignet erfolgen, wenn die Veranstaltungen dem vom Bistum oder Diözesancaritasverband vorgegebenen Kriterienkatalog generell entsprechen. Das kann zu dem Zweck geschehen, dass der Veranstalter sein Jahresprogramm rechtzeitig herausbringen kann und die möglichen Teilnehmer rechtzeitig planen können.[98] Die Anerkennung kann aber auch für die Fälle erfolgen, in denen gerade einzelne Mitarbeitervertretungen mit Rücksicht auf ihre konkrete Situation Schulungen erbitten. Denn es ist für die anerkennende Stelle nicht immer einfach zu prüfen, was eine MAV konkret an Schulung nötig hat, während die anerkannte Schulungsstätte durch ihre Dozenten sehr gut beurteilen kann, was erforderlich ist. Deshalb ist davon auszugehen, dass gerade Veranstalter anregen, welche aktuellen Themen die Schulung behandeln soll. Somit kann die Anerkennung auch mit Blick auf das für die Schulung Erforderliche, welches die Schulungsstätte gewährleistet, erfolgen.

2. Kriterien für die Anerkennung als geeignet

Der Begriff der **Geeignetheit** ist ebenso wie der der Erforderlichkeit ein unbestimmter Rechtsbegriff. Anerkennungskriterium kann die **Organisation** der Schulungsveranstaltung sein. Aus dem Programm muss hervorgehen, dass Kenntnisse vermittelt werden sollen, die für die Aufgabe und Tätigkeit in der MAV erforderlich sind. Deshalb sind Gebiete des staatlichen Personalvertretungs- und Betriebsverfassungsrechts oder anderer vergleichbarer Ordnungen außerhalb des Geltungsbereichs der MAVO als absoluter Lehrstoff ungeeignet. Die Tendenz der Schulungsveranstaltung muss der kirchlichen Ordnung entsprechen, die Mitarbeitervertreter zum Umgang mit der MAVO einladen und innerlich überzeugen (Richtlinien für die MAV-Fortbildung in den bayerischen (Erz-)Diözesen, Amtsblatt München und Freising 1997 Nr. 45, S. 105).

Die **Dauer der Tagung** muss so angelegt sein, dass eine Schulung ermöglicht wird, die einen Erfolg sichert. Deshalb sind **Grundkurse** grundsätzlich mehrtägig durchzuführen.[99] Das Haus der Veranstaltung und der Träger müssen die Gewähr für die im Programm ausgewiesene Veranstaltung, die Begegnung, die geeignete Referentenauswahl, den Tagungsleiter und die bestmögliche Methode der Schulung übernehmen. Der Träger der Schulungsveranstaltung muss kirchliches Arbeits- und Dienstrecht uneingeschränkt anerkennen.

Weiteres Anerkennungskriterium ist die **Struktur** der Veranstaltung. Grundsätzlich empfiehlt sich eine Unterscheidung nach **Grund- und Aufbauseminaren**, damit der Adressatenkreis über die Ziele der Veranstaltung informiert wird. Die Programminhalte sind nicht standardisierbar, weil der Themenkatalog der zu behandelnden Materien nicht in wenigen Veranstaltungen unterzubringen ist. Die Themen der Veranstaltung sind dem Ziel der Vermittlung von Kenntnissen und Fähigkeiten unterzuordnen, die speziell die Mitarbeitervertretung in ihren Aufgaben unterstützen.

---

97 *Frey/Coutelle/Beyer*, MAVO § 16 Rn 29.
98 *Jankowski*, Schulungsveranstaltungen, Caritas 82 S. 285 ff.
99 *Jankowski*, Schulungsveranstaltungen, Caritas 82 S. 286.

95 Zu prüfen ist, ob es i. S. v. § 16 Abs. 1 S. 1 um eine Schulungsveranstaltung gehen soll, die von der Erforderlichkeit der vermittelten Kenntnisse für Mitglieder der MAV oder anderer Gremien i. S. d. MAVO (vgl. §§ 16 Abs. 2, 23, 51, 52) getragen ist (s. Rn 11 ff.). Es muss ein **für alle Schulungsteilnehmer passender Themenplan** erstellt sein. **Dann ist zu prüfen, ob und inwieweit die geplante Veranstaltung den gesetzlichen Anforderungen entspricht.** Die Schulung ist nach ihrem Inhalt auch deshalb zu überprüfen, um dafür zu sorgen, dass der Veranstalter die Grenzen des § 16 Abs. 1 S. 1 nicht überschreitet und der Dienstgeber nicht mit Arbeitsbefreiungen für nicht erforderliche Schulungen belastet wird. Hierbei gilt es zu unterscheiden. Die Diözese oder der Diözesancaritasverband können nur über die Geeignetheit der Veranstaltung entscheiden, wenn sie objektiv feststellen, dass die Thematik schlechthin erforderlich ist. Inwieweit die Thematik aber gerade für ganz bestimmte Teilnehmer erforderlich ist, können sie nicht entscheiden, weil im Einzelfall der Wissensstand und die konkrete Betriebsbezogenheit der Thematik nicht bekannt sein dürfte. Hier gilt also **die abstrakt festgestellte Geeignetheit für das Anerkennungsverfahren**, wie dies gemäß § 37 Abs. 7 oder § 46 Abs. 7 BPersVG für den staatlichen Bereich geregelt ist. Danach müssen die Schulungsthemen einen hinreichenden Bezug zu den gesetzlichen Aufgaben z. B. des Betriebsrats aufweisen.[100] Neben der Eignung des Veranstaltungsträgers kommt es vor allem auf die jeweiligen Themen und die Ausgestaltung der Veranstaltung an. Der mit der Anerkennung zu erreichende Anspruch auf die Arbeitsbefreiung bezweckt, die spezifische Wahrnehmung mitarbeitervertretungsrechtlicher Aufgaben zu fördern. Dafür reicht ein ausreichender Zusammenhang zwischen dem Inhalt der zu besuchenden Veranstaltung und der ordnungsgemäßen Erfüllung der mitarbeitervertretungsrechtlichen Aufgaben aus, der aber auch bestehen muss. Eine allgemeine Bildungsmaßnahme ohne hinreichenden Zusammenhang mit der Mitarbeitervertretungstätigkeit würde zudem eine mit § 18 Abs. 1 nicht zu vereinbarende Begünstigung darstellen; sie wäre gegebenenfalls der Arbeitnehmerweiterbildung i. S. d. landesrechtlichen Gesetze über die Weiterbildung von Arbeitnehmern zuzuordnen und vom Mitglied der MAV selbst zu finanzieren.

96 Die Frage der »**Eignung**« ist auf Grund einer generalisierenden Betrachtung einheitlich für den gesamten Geltungsbereich der MAVO zu beantworten. Das gilt insbesondere der Vermittlung erforderlicher Grundkenntnisse. Dazu gehören die Grundordnung des kirchlichen Dienstes im Rahmen kirchlicher Arbeitsverhältnisse unter Berücksichtigung des kirchlichen Selbstverständnisses, des Staatskirchenrechts, staatlicher und kirchlicher Rechtskontrolle (§ 2 Abs. 2 KAGO), die Mitarbeitervertretungsordnung mit Rechten und Pflichten der Beteiligten einschließlich der Verfahrensvorschriften bei Streitigkeiten, staatliches Arbeitsrecht und kirchliche Arbeitsvertragsordnungen einschließlich Öffnungsklauseln i. S. v. § 38 Abs. 1 Nr. 1 und angewendeter Tarifverträge, technischer und sozialer Arbeitsschutz, die KODA-Ordnungen und die Verfahren zur Arbeitsvertragsregelung, methodische Hilfen für die Tätigkeit der MAV wie Geschäftsführung, MAV-Wahlen, Informations- und Öffentlichkeitsarbeit, Initiativrechte und Reaktionsrechte bei den Beteiligungsformen, Zusammenarbeit mit anderen Vertretungen i. S. d. MAVO (§§ 24, 51, 52), mit der DiAG-MAV (§ 25 Abs. 2) und der Bundesarbeitsgemeinschaft der Mitarbeitervertretungen (§ 25 Abs. 5). Spezialkenntnisse sind erforderlich z. B. zu Dienstvereinbarungen, zum kirchlichen Vermögensverwaltungsrecht, kirchlichen Rechtsschutz und für Mitglieder der Mitarbeitervertretungen, die in besonderen Ausschüssen (§ 14 Abs. 10) mitarbeiten.

3. Versagung der Anerkennung

97 **Die Anerkennung** der Schulung als geeignet **muss versagt werden**, wenn das Schulungsprogramm den spezifischen Anforderungen des § 16 Abs. 1 S. 1 an Schulungsveranstaltungen nicht entspricht. **Zuständig** für die Entscheidung ist nicht der Dienstgeber, sondern das **Bistum** oder der **Diözesancaritasverband**. Folge der Ablehnung der Anerkennung ist, dass die Veranstaltung für Mitglieder von Mitarbeitervertretungen nicht ausgeschrieben werden darf. Der Veranstalter kann die geplante Maßnahme je nach Inhalt möglicherweise noch als Arbeitnehmerweiterbildung im Rahmen landesrecht-

---

100 *BAG*, 11. 8. 1993 – 7 ABR 52/92, NZA 1994, 517, 519.

licher Bildungsurlaubsvorschriften durchführen, wenn er in diesem Sinne anerkannter Träger der Weiterbildung ist und gemäß Landesrecht die Veranstaltung offen für jedermann ist (vgl. z. B. § 1 AWbG NW; § 7 Abs. 1 Nr. 5 BFG Rh.-Pf.). Ein Anspruch nach staatlichem Landesrecht besteht nur, wenn der Arbeitnehmer an einer anerkannten Bildungsveranstaltung teilnimmt, die von einem anerkannten Bildungsträger durchgeführt wird. Der anspruchsberechtigte Arbeitnehmer muss dem Arbeitgeber den Zeitpunkt der Inanspruchnahme rechtzeitig schriftlich mitteilen und das Vorliegen der anspruchsbegründenden Voraussetzungen nach dem jeweiligen Landesgesetz dartun.

Fehlt die Anerkennung der Schulung als für die Mitglieder der MAV geeignet, ist der Dienstgeber weder berechtigt noch verpflichtet, dem Antrag der MAV auf Arbeitsbefreiung zur Schulung zu entsprechen. Selbst im Falle einer Arbeitsbefreiung träfen ihn die Kosten der Veranstaltung nicht, allenfalls die Last der vergüteten Freistellung vom Dienst, falls nicht unbezahlter Sonderurlaub gewährt wurde. 98

Ob eine Anerkennung nur deshalb versagt werden kann, weil die Anreise weit und also teuer ist, ist deshalb fraglich, weil die Kostenfrage nicht das Bistum oder der Diözesancaritasverband zu klären hat, sondern der Dienstgeber mit seiner MAV (§ 17 Abs. 1 S. 2, erster Spiegelstrich). Keineswegs kann die Anerkennung nur deshalb versagt werden, weil der **Schulungsort im Gebiet einer anderen Diözese** liegt, zumal ja gar nicht feststeht, ob die Entfernung von der Dienststelle des zu schulenden Mitgliedes der MAV zum Veranstaltungsort besonders groß ist, selbst wenn die Belegenheitsdiözese der MAV sogar auch Schulungen durchführt.[101] Finden in einer Diözese keine oder keine ausreichenden Schulungen statt, so bleibt den Mitgliedern der MAV praktisch keine andere Wahl, als in der anderen Diözese sich schulen zu lassen. Dasselbe gilt dann natürlich auch mit Blick auf andere, nichtkirchliche Veranstalter. Es lässt sich aus der Ordnung nicht ableiten, dass nichtkirchliche Einrichtungen und Veranstaltungen als Schulungsträger nicht anerkannt werden können. 99

4. Ersatzansprüche

Hat die Bildungsveranstaltung nicht den Schulungskriterien entsprochen oder ist sie nicht anerkannt gewesen, so **entfällt der Entgeltfortzahlungsanspruch** des teilnehmenden MAV-Mitgliedes, und der von der Arbeitspflicht freistellende Dienstgeber hat einen Anspruch auf Rückzahlung der gezahlten Dienstbezüge nach den Grundsätzen über die ungerechtfertigte Bereicherung gemäß §§ 812 ff. BGB. Beim nächsten Fälligkeitstermin für die Bezüge wird in der Praxis der Dienstgeber seine Schuld mit der Gegenforderung aufrechnen (§ 387 BGB), so dass er folglich die Bezüge kürzen wird. Für daraus resultierende Zahlungsstreitigkeiten sind die staatlichen Gerichte zuständig. Das MAV-Mitglied hat dann Ersatzansprüche gegen den Veranstalter der Bildungsmaßnahme, die es an den Dienstgeber abtreten kann, wenn jener die Kosten für die Teilnahme übernommen hat (vgl. § 17 Abs. 1 S. 2). Für daraus resultierende Rechtsstreitigkeiten sind die staatlichen ordentlichen Gerichte zuständig. 100

5. Streitigkeiten

a. Der Veranstalter

Durch die Ablehnung der Anerkennung der Schulung als geeignet sind Streitigkeiten infolge von Interessen zugunsten der Anerkennung möglich. Betroffener ist der Veranstalter unmittelbar. Die Versagung der Anerkennung ist durch ihn nicht anfechtbar. Denn weder der Veranstalter noch das Bistum oder der Diözesancaritasverband sind Beteiligte i. S. d. MAVO. Der Veranstalter ist folglich nicht zur Anfechtung der Entscheidung des Bistums oder des Diözesancaritasverbandes legitimiert. Das folgt aus der Vorschrift des § 8 Abs. 2 KAGO, in der die Aktivlegitimation geregelt ist. Gegenstand des Streitverfahrens ist dagegen die ablehnende Entscheidung des Dienstgebers zur Arbeitsbefreiung und Teilnahme an der Schulung. Denn der Dienstgeber ist Beteiligter gemäß § 8 Abs. 2 Buchst. a KAGO i. V. m. § 16 Abs. 1 S. 1. Die ablehnende Entscheidung über die Anerkennung der Schulung 101

---

101 A. A. *Frey/Coutelle/Beyer*, MAVO § 16 Rn 30.

II. Die Mitarbeitervertretung

als geeignet ist keine mitarbeitervertretungsrechtliche Angelegenheit. Die Zuständigkeit des Kirchlichen Arbeitsgerichts ist nur gegeben, wenn geltend gemacht werden kann, dass der Antragsteller (Veranstalter) in seinen mitarbeitervertretungsrechtlichen Rechten verletzt sei. Die gegenüber dem Veranstalter entscheidende Diözese oder der Diözesancaritasverband sind nicht dessen Partner i. S. d. MAVO.

b. Die Diözesane Arbeitsgemeinschaft der Mitarbeitervertretungen

102 Die DiAG-MAV trägt gemäß § 25 Abs. 2 Nr. 4 die Sorge um die Schulung der Mitarbeitervertreterinnen und Mitarbeitervertreter, führt die Schulung aber nicht durch. Andererseits nimmt die DiAG-MAV keine Aufgaben einer MAV wahr, sondern ist im Wesentlichen Beratungs- und Informationsorgan i. S. v. § 25 Abs. 1 Nrn. 1 bis 4. Dies gilt insbesondere für die Schulung der Mitglieder der MAV. Die DiAG-MAV hat die Aufgabe, darauf hinzuwirken, dass Schulungsveranstaltungen stattfinden, Mitglieder der Mitarbeitervertretungen zur Teilnahme zu bewegen und auf den Inhalt Einfluss zu nehmen. Die Versagung der Anerkennung der Schulungsveranstaltung liegt dagegen außerhalb der MAVO. Sofern jedoch die DiAG-MAV geltend machen kann, die Versagung der Anerkennung verletze sie in ihren Rechten als Veranstalter, handelt es sich gleichwohl nicht um eine mitarbeitervertretungsrechtliche Streitigkeit, so dass das Kirchliche Arbeitsgericht nicht zur Entscheidung berufen ist.

103 Anders ist die Rechtslage dann, wenn der DiAG-MAV ein besonderes Veranstaltungsrecht eingeräumt und für den Fall der ablehnenden Entscheidung über die Anerkennung der Schulung durch Bistum oder Diözesancaritasverband ein besonderes Antragsrecht durch diözesane Ordnung eingeräumt ist.[102] In diesem Fall kommt es aber für die Beteiligtenfähigkeit darauf an, dass die DiAG-MAV selbst als Veranstalter von Schulungsveranstaltungen auftreten kann und die Anerkennung der Veranstaltung als Veranstalterin beantragt hat.[103] Dann ist sie im Falle der Ablehnung der Anerkennung in der Lage zu behaupten, in ihren Rechten aus der MAVO verletzt zu sein und kann folglich im Verfahren vor dem Kirchlichen Arbeitsgericht als Kläger (Beteiligter, § 8 Abs. 2 Buchstabe c KAGO) antreten mit dem Antrag, die fehlende Anerkennung der Schulungsveranstaltung durch das Kirchliche Arbeitsgericht als geeignet zu ersetzen. Ist die DiAG-MAV dagegen nicht Veranstalter einer geplanten Schulungsveranstaltung, hat sie kein Antragsrecht. Ist die DiAG-MAV aufgrund diözesaner Ordnung antragsbefugt, dann wird sie durch ihren Vorstand vertreten (§ 25 Abs. 3 MAVO; § 8 Abs. 2 Buchstabe c KAGO).

104 Eine nicht anerkannte Schulung darf den Mitgliedern der MAV nicht angeboten werden. Der Dienstgeber ist zur diesbezüglichen Arbeitsbefreiung nicht berechtigt (§ 16 Abs. 1). Die Durchführung der Veranstaltung unter den Voraussetzungen der Arbeitnehmerweiterbildung bleibt davon unberührt.

105 Die MAV, deren Antrag auf Arbeitsbefreiung zur Teilnahme eines MAV-Mitgliedes an der Veranstaltung gemäß § 16 Abs. 1 beim Dienstgeber scheitert, kann zwar das Kirchliche Arbeitsgericht anrufen (§ 2 Abs. 2 KAGO i. V. mit § 16 Abs. 1 S. 1 MAVO), hätte aber materiell keinen Erfolg, weil der Dienstgeber die Tatsache fehlender Anerkennung der Schulung als geeignet selbst zur Grundlage seiner Entscheidung zur Ablehnung der Teilnahme des MAV-Mitgliedes machen muss.

106 Das die Anerkennung ablehnende Bistum oder der ablehnende Diözesancaritasverband sind nicht Beteiligte des Streitverfahrens, da die Frage der Anerkennung der Schulung außerhalb der MAVO zu beantworten ist, so dass auch das Kirchliche Arbeitsgericht nicht entscheidungskompetent ist.

c. Anfechtung der Anerkennung

107 Fraglich ist, ob es gemäß § 2 Abs. 2 KAGO zulässig ist, gegen den positiven Anerkennungsbescheid zu klagen und wer dazu ein Rechtsschutzinteresse mit dem Ziel der Aufhebung des Bescheides gel-

---

102 *MAVO-Schlichtungsstelle der Diözese Rottenburg-Stuttgart*, 15. 11. 1991 – SV 9/91.
103 *MAVO-Schlichtungsstelle der Diözese Rottenburg-Stuttgart*, 29. 3. 1996 – SV 02/1996, ZMV 1996, 243.

tend machen kann. Für den Bereich des BetrVG hat das BAG entschieden, die Anerkennung einer Schulungs- und Bildungsveranstaltung für Betriebsratsmitglieder sei nach § 37 Abs. 7 BetrVG eine Angelegenheit aus dem BetrVG i. S. d. § 2a Abs. 1 Nr. 1 ArbGG.[104] Daraus folge, dass die Landesvereinigung der Arbeitgeberverbände NW beteiligungs- und antragsberechtigt sei, einen nach ihrer Auffassung unrichtigen Anerkennungsbescheid des zuständigen Landesministeriums anzufechten, weil der Bescheid für die Arbeitgeber Kostenfolgen bei Teilnahme von Betriebsratsmitgliedern auslöse, solange er nicht durch gerichtliche Entscheidung aufgehoben sei. Im Gegensatz zu § 37 Abs. 7 S. 1 BetrVG nennt § 16 Abs. 1 S. 1 nicht die Beteiligten für das Anerkennungsverfahren, also z. B. weder die DiAG-MAV für die Vertretung der Interessen der Mitarbeiter noch irgendwelche Interessenvertreter der Dienstgeber. Insofern gibt es für das Anerkennungsverfahren i. S. d. § 16 Abs. 1 S. 1 keine vergleichbaren Beteiligten mit der Folge, dass die Anfechtung einer positiven Anerkennungsentscheidung durch Bistum oder Diözesancaritasverband nicht auf § 2 Abs. 2 KAGO gestützt werden kann.

108 Der Dienstgeber hat die Frage der Arbeitsbefreiung selbst zu entscheiden, nämlich danach, ob sämtliche Voraussetzungen zur Teilnahme an der Schulungsveranstaltung im konkreten Fall vorliegen. Dazu hat er ein selbständiges Prüfungsrecht, selbst wenn die Anerkennung als geeignet vorliegt. Es kommt auf die Vermittlung erforderlicher Kenntnisse für die Arbeit in der MAV und auf die Klärung der Betriebsverträglichkeit unter Berücksichtigung der konkreten Situation in der Einrichtung an. Im Streitfall gemäß § 2 Abs. 2 KAGO hat das Kirchliche Arbeitsgericht die Gründe zu überprüfen, die der Dienstgeber gegen die Arbeitsbefreiung zur Schulung vorbringt. Dabei ist es an die positive Entscheidung über die Anerkennung nicht gebunden, weil es das Kriterium der Erforderlichkeit der Schulung im Einzelfall und nicht generell zu prüfen hat.[105] Nur die Ablehnung der Anerkennung und folglich ihr Fehlen bindet das Gericht.[106]

IV. Die Mitglieder des Wahlausschusses

1. Arbeitsbefreiung für die Tätigkeit im Wahlausschuss

109 Den Mitgliedern des Wahlausschusses werden Ansprüche auf Arbeitsbefreiung in zweierlei Hinsicht gewährt, nämlich zur **Durchführung der Aufgaben des Wahlausschusses** (§§ 9, 11, 12) und zur **Teilnahme an Schulungsmaßnahmen** (§ 16 Abs. 2). Beide Ansprüche bestehen nebeneinander, aber nicht in Abhängigkeit voneinander. Die Erforderlichkeit der Arbeitsbefreiung ist unter den jeweiligen Aspekten einzeln zu prüfen. Der Anspruch auf Arbeitsbefreiung steht dem Wahlausschuss als mehrgliedrigem Gremium (§ 9 Abs. 2 S. 2) als ganzem zu, nicht jedem einzelnen Mitglied allein. Denn der Wahlausschuss trifft seine Entscheidungen durch Beschluss. Arbeitsbefreiung entfällt für dasjenige Mitglied des Wahlausschusses, welches nicht Mitarbeiter i. S. d. Ordnung ist (§ 9 Abs. 2 S. 2 i. V. m. § 7 und § 3 Abs. 1). Die Mitglieder des Wahlausschusses können entscheiden, für wen aus ihrer Mitte sie die Arbeitsbefreiung beim Dienstgeber beantragen wollen, wenn eine Aufgabe nicht von der Gesamtheit des Wahlausschusses zu erledigen ist.

110 Mitglieder haben für ihre erforderliche Tätigkeit im Wahlausschuss, die aus betrieblichen Gründen außerhalb ihrer Arbeitszeit zu leisten war, Ausgleichsansprüche in entsprechender Anwendung des § 15 Abs. 4.[107]

2. Arbeitsbefreiung zur Schulung

111 Der Anspruch auf Arbeitsbefreiung zur Teilnahme an Schulungen wird unter der Voraussetzung der Vermittlung von Kenntnissen für die Tätigkeit im Wahlausschuss auf seine Mitglieder gemäß § 16

---

104 *BAG*, 11. 8. 1993 – 7 ABR 52/92, NZA 1994, 517.
105 *BAG*, 29. 4. 1992 – 7 ABR 61/91, NZA 1993, 375.
106 *MAVO-Schlichtungsstelle Rottenburg-Stuttgart*, 20. 11. 1991 – SV 9/91.
107 In diesem Sinne für das BetrVG: *BAG*, 26. 4. 1995 – 7 AZR 874/94, NZA 1996, 160.

Abs. 2 ausgedehnt. Bei Mitgliedschaft in mehreren Wahlausschüssen kann der Anspruch auf Arbeitsbefreiung zur Schulung nur einmal geltend gemacht werden (§ 16 Abs. 2 S. 2 i. V. m. Abs. 1 S. 2).

112 Die Vorschrift knüpft den Anspruch auf Arbeitsbefreiung an folgende **Voraussetzungen**
– Mitgliedschaft im Wahlausschuss,
– Teilnahme an einer Schulungsmaßnahme mit der Vermittlung von Kenntnissen für die Tätigkeit im Wahlausschuss zur ordnungsgemäßen Durchführung der Aufgaben des Wahlausschusses,
– Erforderlichkeit der Schulung zur Durchführung der Aufgaben des Wahlausschusses.

113 Der **Anspruch gilt** nach seinem Wortlaut **nicht dem Wahlleiter oder der Wahlleiterin im vereinfachten Wahlverfahren** (§ 11c Abs. 1), u. a. weil diese Personen erst in der Wahlversammlung gewählt werden, die anschließend bereits die MAV wählt (§ 11c Abs. 2, 3 und 4).

114 Das Ziel der Arbeitsbefreiung ist die ungestörte Arbeit des Wahlausschusses schlechthin und außerdem die Ermöglichung des Erwerbs spezifischer Kenntnisse über das Wahlverfahren einschließlich der Bestimmungen über das Wahlrecht bis hin zur Entscheidung über Wahlanfechtungen (§§ 6 bis 9, 11 und 12). Die Schulung umfasst daher inhaltlich nicht die für die Schulung einer MAV erforderlichen Themen, sondern ist thematisch eingegrenzt auf die Erfordernisse der MAV-Wahl vor Ort.

115 Für die außerhalb der Arbeitszeit des Mitgliedes des Wahlausschusses liegende Schulungsmaßnahme steht dem jeweils betroffenen Mitglied **kein Anspruch auf Freizeitausgleich** zu, weil das Mitglied des Wahlausschusses bei Schulungsveranstaltungen keine Besserstellung gegenüber den Mitgliedern der MAV erfahren darf, die ebenfalls in vergleichbaren Fällen keinen Anspruch auf Freizeitausgleich haben. Ehrenamtliche unentgeltliche Tätigkeit beinhaltet regelmäßig auch nicht ausgleichspflichtige Freizeitopfer. Ein Freizeitopfer ist nur dann ausgleichspflichtig, soweit aus betriebsbedingten Gründen während der Freizeit geleistete Amtstätigkeit zu der normalen Arbeitsleistung hinzukommt (§ 15 Abs. 4).

3. Antrag auf Arbeitsbefreiung

116 Beim Vorliegen der Voraussetzungen des § 16 Abs. 2 S. 1 erhalten die Mitglieder des Wahlausschusses Arbeitsbefreiung. Darauf haben sie einen gesetzlichen Anspruch. Begrifflich ist die Zustimmung des Arbeitgebers zur Arbeitsbefreiung erforderlich. Deshalb empfiehlt sich folgendes Vorgehen. Die MAV teilt dem Dienstgeber mit, dass sie den Wahlausschuss bestellt hat (§ 9 Abs. 2) und wer ihm angehört. Im Falle des § 10 Abs. 1 erfährt das der Dienstgeber infolge der von ihm oder seinem Vertreter geleiteten Mitarbeiterversammlung zur Wahl des Wahlausschusses. Bei Nachbestellung eines Mitgliedes des Wahlausschusses zeigt die MAV die Ergänzung an (§ 9 Abs. 3 S. 1), im Falle der §§ 9 Abs. 3 S. 2 und 10 Abs. 1 S. 4 der Wahlausschuss. Er muss sich konstituieren. Dieser Vorgang macht bereits Arbeitsbefreiung nötig. Den erforderlichen Antrag kann die MAV stellen, wenn sie den Wahlausschuss bestellt hat, in den anderen Fällen stellen die Mitglieder des Wahlausschusses den Antrag. In allen Fällen sollte der Antrag so abgefasst sein, dass mit dem erstmaligen Antrag auf Arbeitsbefreiung dieser auch für alle späteren Fälle notwendiger Arbeitsbefreiung gestellt wird, um nicht vor jeder Terminierung erst wieder den Arbeitsbefreiungsantrag neu stellen zu müssen. Zustimmendenfalls wird der Dienstgeber dann die Freistellung von der Arbeit für die Tätigkeit des Wahlausschusses gewähren mit der Folge, dass sich die Mitglieder des Wahlausschusses, wenn sie Mitarbeiter sind, zur Wahrnehmung ihrer Aufgaben vorher abzumelden haben. Im Übrigen wird auf die Ausführungen zu § 15 Abs. 2 verwiesen (§ 15 Rn 22).

117 Lehrkräfte werden auf die unterrichtsfreie Zeit verwiesen. Zur Teilnahme an einer Schulung ist gesonderter Antrag erforderlich. Ist ein Mitglied des Wahlausschusses auch noch Mitglied eines anderen Wahlausschusses, was nach dem Wortlaut von § 16 Abs. 2 S. 2 nicht ausgeschlossen ist, so hat dieses Mitglied wegen seiner Tätigkeit in dem zweiten Wahlausschuss ebenfalls im Zusammenwirken mit dem Wahlausschuss Anspruch auf Arbeitsbefreiung zur Erfüllung der zusätzlichen Aufgabe. Die Vorschrift des § 16 Abs. 2 S. 2 kann nur im Kontext zu § 16 Abs. 1 S. 2 ausgedeutet werden, der auf die Arbeitsbefreiung zu Schulungen verweist. Diese darf dem mehrfach eingesetzten Mitglied des Wahlausschusses nur einmal für alle Fälle seines Einsatzes gewährt werden.

Die Teilnahme an einer Schulungsveranstaltung für Mitglieder von Wahlausschüssen ist nur zulässig, wenn der Dienstgeber dem Antrag zur Arbeitsbefreiung stattgegeben hat. 118

4. Vergütungsansprüche

Vergütungsansprüche von Mitgliedern des Wahlausschusses bestehen für die Dauer ihrer infolge Dienstbefreiung ausgefallenen Arbeitszeit und Arbeitsleistung. Zur Betätigung im Wahlausschuss zählt nicht nur die eigentliche Wahlvorbereitung und Durchführung der Wahl, sondern regelmäßig auch die Unterweisung in den Tätigkeiten des Wahlausschusses. Beweispflichtig für die Tätigkeit und das dadurch bedingte Arbeitsversäumnis sind die Mitglieder des Wahlausschusses. 119

5. Schulung anderer Gremienmitglieder?

a. Mitglieder der DiAG-MAV

Der Schulungsanspruch für Mitglieder der Diözesanen Arbeitsgemeinschaft der Mitarbeitervertretungen ist nunmehr ausdrücklich geregelt, vgl. die Ausführungen unter § 25 Rn 44. 120

b. KODA-Mitglieder

Eine Schulung für Mitglieder anderer Gremien, wie etwa einer KODA oder der Arbeitsrechtlichen Kommission zusammen mit Mitgliedern der MAV, kann aus dem Blickwinkel der Schulungsfunktion des § 16 MAVO nicht dem Ziel der Vermittlung erforderlicher Kenntnisse für die Tätigkeit als Mitarbeitervertreter dienen. Aus diesem Grunde sind Schulungen i. S. d. § 16 Abs. 1 S. 1 nur dann als geeignet anzuerkennen, wenn sie der Schulung von Mitgliedern der MAV gerecht werden. 121

Schulungen für andere Gremienmitglieder müssen sich thematisch je nach zugrunde liegender Ordnung über Schulungsveranstaltungen an die Vorgaben für die zielorientierte Schulung dieser Personenkreise halten. Das verdeutlichen diözesane Ordnungen zur KODA (auch Regional-KODA) im Zusammenhang mit Ordnungen zur Rechtsstellung der Mitglieder der KODA (vgl. z. B. Rechtsstellungs- und Kostenordnung § 4 Abs. 1, Amtsblatt des Erzbistums Köln 1992 Nr. 125 S. 189 f.). Ist das Mitglied der KODA zugleich Mitglied einer MAV, hat es zweifach Anspruch auf Schulung, nämlich als MAV-Mitglied und zusätzlich als KODA-Mitglied. 122

V. Unfallschutz

Erleidet ein Mitglied der MAV bei der Teilnahme an einer Schulungsveranstaltung oder auf dem Wege zu und von der Schulung einen Unfall, so unterliegt es den gesetzlichen Leistungen der Unfallversicherung, wenn es Arbeitnehmer ist und deshalb in der gesetzlichen Unfallversicherung versichert ist (§ 17 Rn 45 ff.). Wegen der Geistlichen und Beamten, die nicht in der gesetzlichen Unfallversicherung versichert sind, wird auf § 18 Rn 37 ff. und § 21 Rn 63 ff. verwiesen. Wegen der Ordensleute gelten im Gestellungsverhältnis die ordensrechtlichen Regelungen (§ 21 Rn 65). Die vorstehenden Bemerkungen gelten auch für die Mitglieder des Wahlausschusses. 123

VI. Folgen unberechtigter Teilnahme an einer Schulungsveranstaltung

Der Teilnehmer an einer **nicht erforderlichen** oder **nicht als geeignet anerkannten** Schulungsveranstaltung kann mit arbeitsrechtlichen Sanktionen belegt werden.[108] Der Dienstgeber ist nicht verpflichtet, die Schulungskosten zu tragen, weil er auf eine Mitteilung der MAV, ein bestimmtes Mitglied zu der Schulung entsenden zu wollen, geschwiegen hat.[109] Erweist sich eine Schulungsveranstaltung als nicht erforderlich, kann der Dienstgeber entsprechende Freistellungen ablehnen. Nimmt ein Mitglied der MAV dennoch an einer solchen Veranstaltung teil, so ist die unberechtigte 124

---

108 *BAG*, 10. 1. 1993 – 7 AZR 682/92, NZA 1994, 500.
109 *BAG*, 24. 5. 1995 – 7 ABR 54/94, DB 1996, 145.

Teilnahme Säumnis der Arbeitszeit und damit arbeitsvertragliche Leistungspflichtverletzung. In diesem Falle können daher Abmahnung und gegebenenfalls Kündigung gerechtfertigt sein.[110]

VII. Streitigkeiten

1. Streitigkeiten zwischen MAV-Mitglied und Dienstgeber

125 Streitigkeiten über **Grund** und **Höhe** des gemäß § 16 Abs. 1 S. 1 fortzuzahlenden Arbeitsentgelts bei Arbeitsbefreiung zur Teilnahme an Schulungen sind **bürgerlich-rechtliche Rechtsstreitigkeiten**, da sie ihre Grundlage im Arbeitsverhältnis haben; sie werden von den staatlichen Arbeitsgerichten gemäß § 2 Abs. 1 Nr. 3a ArbGG entschieden (vgl. Art. 10 Abs. 1 GrO).[111] Die Rechtskraft einer im Verfahren vor der kirchlichen Streitinstanz ergangenen Entscheidung über die mitarbeitervertretungsrechtliche Vorfrage hat für das Verfahren vor dem staatlichen Arbeitsgericht präjudizielle Wirkung. Ist sowohl ein arbeitsgerichtliches Urteilsverfahren und ein mitarbeitervertretungsrechtliches Verfahren gleichzeitig eingeleitet worden, etwa um Auslagen und Entgeltansprüche anlässlich der Schulungsveranstaltung geltend zu machen, ist das staatliche Verfahren bis zum rechtskräftigen Abschluss des mitarbeitervertretungsrechtlichen Verfahrens auszusetzen, um unterschiedliche Entscheidungen zu vermeiden.

126 Hat ein MAV-Mitglied an einer nicht erforderlichen Schulung teilgenommen, obwohl der Dienstgeber Bedenken vorgebracht hatte, ist nur dann wegen Arbeitsverweigerung eine Abmahnung möglich, wenn er der Entsendung des Mitglieds der MAV durch Verweigerung der Arbeitsbefreiung widersprochen hat, so dass bei einem Rechtsstreit über die Berechtigung der Abmahnung der Weg zum staatlichen Arbeitsgericht zulässig ist (Art. 10 Abs. 1 GrO).[112]

2. Streitigkeiten zwischen Dienstgeber und MAV

127 Streitigkeiten zwischen der MAV und dem Dienstgeber wegen Ablehnung der Arbeitsbefreiung zum Besuch einer Schulungsveranstaltung werden auf Klageantrag der MAV vom Kirchlichen Arbeitsgericht entschieden (§ 2 Abs. 2 KAGO i. V. m. § 16 Abs. 1 MAVO). Die Klage ist zulässig, solange die Veranstaltung noch nicht stattgefunden hat.[113]

128 Wegen der Streitigkeiten über die Kostentragung aus Anlass der Schulungsveranstaltung wird auf die Ausführungen zu § 17 Rn 49 ff. verwiesen.

3. Streitigkeiten zwischen MAV und MAV-Mitglied

129 Das Kirchliche Arbeitsgericht kann zur Entscheidung in Streitigkeiten zwischen der MAV und ihren Mitgliedern angerufen werden. Denn durch die gemäß § 2 Abs. 2 und § 8 Abs. 2 Buchstabe d KAGO gewährte Antragsbefugnis ist aufgezählt, wer aktiv für ein Streitverfahren legitimiert ist. Bei Entscheidungen der MAV über die Nichtteilnahme des betreffenden MAV-Mitgliedes an der Schulungsmaßnahme ist das einzelne MAV-Mitglied aktivlegitimiert. Das dient dem Rechtsschutz des einzelnen Mitglieds der MAV.

4. Streitigkeiten zwischen dem Wahlausschuss und dem Dienstgeber

a. Mögliche Streitfälle

130 Zwischen dem Wahlausschuss und dem Dienstgeber kann es zu Streitigkeiten außerhalb des Wahlverfahrens kommen. Streitfälle können sein:

---

110 *BAG*, 10. 11. 1993 – 7 ABR 682/92, NZA 1994, 500.
111 *Schlichtungsstelle Köln*, 15. 2. 1995 – MAVO 17/94; so auch die ständige Rechtsprechung des BAG zum BetrVG, Nachweise bei GK-BetrVG/*Weber*, § 37 Rn 285; *HSWGN-Glock*, BetrVG § 37 Rn 180.
112 *BAG*, 10. 11. 1993 – 7 AZR 682/92, DB 1994, 2554.
113 *Schlichtungsstelle Würzburg*, 31. 1. 1995 – MA 2/94, ZMV 1995, 233.

- verweigerte Arbeitsbefreiung zur Durchführung von Aufgaben als Mitglied des Wahlausschusses,
- verweigerte Arbeitsbefreiung zur Teilnahme an der Schulung für Mitglieder des Wahlausschusses,
- Kosten der Schulung,
- Vergütung für außerhalb der Arbeitszeit geleistete Wahlausschussarbeit bzw. Freizeitausgleich.[114]

Gemäß § 2 Abs. 2 und § 8 Abs. 2 Buchstabe b KAGO sind die Mitglieder des Wahlausschusses bei Rechtsstreitigkeiten wegen einer Klage vor dem Kirchlichen Arbeitsgericht klagebefugt (§ 10 KAGO). 131

Vergütungsansprüche des einzelnen Mitglieds des Wahlausschusses sind als individualrechtliche Streitigkeiten aus dem Arbeitsvertrag vor dem staatlichen Arbeitsgericht geltend zu machen (Art. 10 Abs. 1 GrO). 132

b. Arbeitsbefreiung

Bei Streitigkeiten zur erforderlichen Arbeitsbefreiung von Mitgliedern des Wahlausschusses für ihre Teilnahme an der Schulung und für ihre Tätigkeit im Wahlausschuss empfiehlt sich der Antrag auf einstweilige Verfügung (§ 52 KAGO). Denn die Zeit der Tätigkeit des Wahlausschusses ist an Fristen gebunden, so dass nicht viel Zeit besteht, um erst ein ordentliches Streitverfahren durchzuziehen. Das gilt insbesondere für die Teilnahme an einer zweckgerichteten Schulung. Siehe weiter zu § 47 Rn 52 ff. 133

c. Kostenerstattungsansprüche

Soweit dem Wahlausschuss zur Durchführung seiner Tätigkeit Kosten entstanden sind, müssen diese im Falle der Nichtanerkennung des Dienstgebers bei dem Kirchlichen Arbeitsgericht im Rechtsstreitverfahren geltend gemacht werden. Dasselbe gilt für Kostenerstattungsansprüche infolge von Schulungsmaßnahmen. Weil die Kosten aber auch im Rahmen der für die Dienststelle erbrachten Leistungen entstanden sind, bestehen keine Bedenken, den Anspruch durch die Mitglieder des Wahlausschusses gemäß § 670 BGB vor dem staatlichen Arbeitsgericht geltend zu machen, wenn der Rechtsweg zur kirchlichen Streitentscheidungsinstanz versagt ist. 134

5. Streitigkeiten zwischen einem Mitglied des Wahlausschusses und dem Dienstgeber

Die Mitglieder des Wahlausschusses haben jeweils für die durch ihre Inanspruchnahme für Tätigkeiten im Wahlausschuss und die Teilnahme an Schulungen ausgefallene Arbeitszeit (§ 16 Abs. 2) Anspruch auf Vergütung nach dem Lohnausfallprinzip. Streitigkeiten über Grund und Höhe des fortzuzahlenden Arbeitsentgelts sind bürgerlich-rechtliche Rechtsstreitigkeiten aus dem Arbeitsvertrag, so dass sie vor dem staatlichen Arbeitsgericht auszutragen sind. 135

6. Streitigkeiten der Sprecher der Jugendlichen und der Auszubildenden und der Vertrauensperson der schwerbehinderten Menschen

Die Vorschriften des § 16 Abs. 1 gelten gemäß §§ 51 Abs. 2 und 52 Abs. 5 auch für die Sprecher der Jugendlichen und der Auszubildenden sowie die Vertrauensperson der schwerbehinderten Menschen entsprechend. Infolgedessen gelten die vorausgegangenen Ausführungen zu Streitigkeiten und Konfliktlösung entsprechend. 136

---

114 *BAG*, 26. 4. 1995 – 7 AZR 874/94, NZA 1996, 160.

7. Einstweilige Verfügung, § 52 KAGO

137 Es gibt Fälle, in denen eine rasche Entscheidung zur Frage der Teilnahme an einer Schulung erforderlich wird, um die Veranstaltung nicht zu versäumen. Unter solchen Umständen ist bei dem Kirchlichen Arbeitsgericht eine **einstweilige Verfügung** zur Ermöglichung der Teilnahme an der Schulung zulässig.[115] Aus dem **Schweigen** des Dienstgebers auf den Antrag zur Arbeitsbefreiung wegen Teilnahme an einer Schulungsveranstaltung **darf nicht seine Zustimmung gefolgert werden**. Den Antrag zur Streitentscheidung bzw. auf Erlass der einstweiligen Verfügung stellt die MAV, Antragsgegner ist der Dienstgeber. Im Gegensatz zum BetrVG (§ 37 Abs. 2 und Abs. 6 BetrVG), wo die Arbeitsbefreiung zur Schulung nach herrschender Meinung nicht die Zustimmung des Arbeitgebers voraussetzt und daher das Bestreiten der »Erforderlichkeit« der Maßnahme keine Teilnahmesperre auslöst,[116] ist nach der MAVO beim Dienstgeber **Antrag** auf Arbeitsbefreiung zu stellen. Deshalb ist im Unterschied zum BetrVG der MAV ein Antragsrecht zur Durchsetzung des Anspruchs auf Arbeitsbefreiung zum Zwecke der Teilnahme an der Schulungsmaßnahme zuzuerkennen (§ 2 Abs. 2 i. V. m. § 8 Abs. 2 Buchst. a KAGO).

138 Ist sich der Dienstgeber nicht sicher, ob er ein Mitglied der MAV zu einer erforderlichen Schulung schickt, sollte er nicht bedingungslos Dienstbefreiung erteilen, sondern sich vorbehalten, die Abwesenheit auf den Jahresurlaubsanspruch anzurechnen, wenn die Veranstaltung nicht die Voraussetzungen des § 16 erfüllt.[117] Im Übrigen trägt das Mitglied der MAV das Risiko des Besuchs einer nicht geeigneten Schulungsveranstaltung, auch wenn es mit Hilfe von Arbeitsbefreiung oder gar einer einstweiligen Verfügung (§ 52 KAGO) den Besuch der Veranstaltung durchgesetzt hat.

VIII. Beispiel für einen Klageantrag an das Kirchliche Arbeitsgericht, § 28 KAGO

139 An dieser Stelle wird ein einfaches Beispiel für eine Klage der MAV zugunsten der Teilnahme eines ihrer Mitglieder an einer Schulung gemäß § 16 Abs. 1 MAVO formuliert. Auf die Prozessvorschriften der KAGO (§§ 27 ff. KAGO), die Klagebefugnis usw. (§§ 8 Abs. 2, 9, 10, 11, 12 KAGO) wird hingewiesen (in diesem Kommentar Anhang I).

140 Im Einzelfall hat die MAV zu prüfen, ob es für den Prozess erforderlich oder zweckmäßig ist, sich eines Prozessbevollmächtigten zu bedienen. Dann muss sie zur Vermeidung des Prozesskostenrisikos (§ 11 KAGO) den Antrag auf Zulassung der Bevollmächtigung eines Rechtsbeistandes stellen (§ 17 Abs. 1 S. 2 vierter Spiegelstrich MAVO). Zu den zu stellenden Anträgen fasst die MAV zuvor gemäß § 14 Abs. 5 MAVO Beschluss. Ist für die MAV durch die Geschäftsstelle der DiAG-MAV (§ 25 MAVO) die Vertretung der MAV bei Streitigkeiten organisiert, ist der Antrag gemäß § 17 Abs. 1 S. 2 vierter Spiegelstrich nicht erforderlich.

---

115 *Schlichtungsstelle Würzburg*, 31. 1. 1995 – MA 2/94, ZMV 1995, 233. Hinweise zur Antragsgestaltung bei *Korinth*, ArbRB 2008, 30 ff.
116 Nach § 37 Abs. 6 S. 3, Abs. 7 S. 3 BetrVG müssen lediglich die Tatbestandsvoraussetzungen der Erforderlichkeit vorliegen, und der Betriebsrat muss dem Arbeitgeber die Teilnahme sowie zeitliche Lage der Veranstaltung rechtzeitig bekannt geben, vgl. *Korinth*, ArbRB 2008, 30; so wohl auch *LAG Hamm*, 10. 5. 2004 – 10 TaBV 41/04, juris; *LAG Düsseldorf*, 6. 9. 1995 – 12 TaBV 69/85, NZA-RR 1996, 12; *LAG Köln*, 22. 11. 2003 – 5 TaBV 69/03, DB 2004, 551; *LAG Baden-Württemberg*, 17. 12. 1987 – 11 TaBV 3/87, AuR 1988, 258; **a.A.** *LAG Hamm*, 23. 11. 1972 – 8 TaBV 37/72, DB 1972, 2489; *Richardi/Thüsing*, § 37 BetrVG Rn 131; GK-BetrVG/*Weber*, § 37 Rn 280; *HSWGN-Glock*, BetrVG § 37 Rn 140: Nimmt das BR-Mitglied ohne Zustimmung des Arbeitgebers oder ohne gerichtliche Entscheidung an der Schulungsmaßnahme teil, so verstößt es gegen seine Arbeitspflicht.
117 Vgl. z. B. die Rechtsprechung zum AWbG NW, *BAG*, 21. 9. 1993 – 9 AZR 335/91, BB 1993, 2531; 11. 5. 1993 – 9 AZR 231/89, juris.

▶ **Beispiel für einen Klageantrag gemäß § 28 KAGO:** 141

Absender: MAV .... in ....

Straße ...., PLZ .... Ort ....

An das
Kirchliche
Arbeitsgericht
in Augsburg

München, den ....

Klage

der Mitarbeitervertretung der Einrichtung E in (Straße, Ort), vertreten durch ihren Vorsitzenden V,

– Klägerin –

gegen

die Krankenhaus St.C eGmbH, vertreten durch ihren Geschäftsführer G in

(Straße, Ort)

– Beklagte –

wegen Teilnahme an einer Schulung gemäß § 16 Abs. 1 MAVO

Es wird beantragt:

Die Beklagte wird verurteilt,
1. dem Mitglied der Klägerin (MAV), Frau F, wohnhaft in (Straße, Ort), in der Zeit vom .... bis .... Arbeitsbefreiung unter Fortzahlung der Bezüge zur Teilnahme an der Schulungsveranstaltung für Mitarbeitervertreter in dem Bildungshaus B, Straße, Ort zu gewähren und
2. Frau F von den Kosten der zu Ziffer 1 genannten Schulung freizustellen,
3. Frau F die notwendigen Fahrtkosten zum Besuch der Schulung zu erstatten.

Begründung:

Die Klägerin hat in ihrer Sitzung vom .... beschlossen, dass ihr Mitglied F an der im Antrag zu 1. genannten Schulung teilnimmt. Die Schulung behandelt das Thema »Grundlagen der Mitarbeitervertretungsordnung – eine Einführung für Anfänger«. F ist seit der letzten MAV-Wahl neues Mitglied der MAV (Klägerin). Ihre erstmalige Schulung ist daher erforderlich, weil F keinerlei Vorkenntnisse zum Mitarbeitervertretungsrecht hat. Die Beklagte hat die Teilnahme der F an der Schulung aus nicht verständlichen Gründen abgelehnt, weil im laufenden Kalenderjahr schon andere Mitglieder der MAV zu Schulungen freigestellt worden sind und der dafür vorgesehene Etat der Beklagten erschöpft sei. Die Schulungsveranstaltung ist vom zuständigen Diözesancaritasverband als geeignet anerkannt.

Unterschrift des Vorsitzenden der MAV

§ 17 Kosten der Mitarbeitervertretung[1]

(1) Der Dienstgeber trägt die durch die Tätigkeit der Mitarbeitervertretung entstehenden und für die Wahrnehmung ihrer Aufgaben erforderlichen Kosten einschließlich der Reisekosten im Rahmen der für den Dienstgeber bestehenden Bestimmungen. Zu den erforderlichen Kosten gehören auch
- die Kosten für die Teilnahme an Schulungsveranstaltungen im Sinne des § 16;
- die Kosten, die durch die Beiziehung sachkundiger Personen entstehen, soweit diese zur ordnungsgemäßen Erfüllung der Aufgaben notwendig ist und der Dienstgeber der Kostenübernahme vorher zugestimmt hat; die Zustimmung darf nicht missbräuchlich verweigert werden;
- die Kosten der Beauftragung eines Bevollmächtigten in Verfahren vor der Einigungsstelle, soweit der Vorsitzende der Einigungsstelle feststellt, dass die Bevollmächtigung zur Wahrung der Rechte des Bevollmächtigenden notwendig ist;
- die Kosten der Beauftragung eines Bevollmächtigten in Verfahren vor den kirchlichen Gerichten für Arbeitssachen, soweit die Bevollmächtigung zur Wahrung der Rechte des Bevollmächtigenden notwendig ist.

(2) Der Dienstgeber stellt unter Berücksichtigung der bei ihm vorhandenen Gegebenheiten die sachlichen und personellen Hilfen zur Verfügung.

(3) Abs. 1 und 2 gelten entsprechend für gemeinsame Mitarbeitervertretungen (§ 1b) und erweiterte Gesamtmitarbeitervertretungen (§ 24 Abs. 2), mit der Maßgabe, dass die Kosten von den beteiligten Dienstgebern entsprechend dem Verhältnis der Zahl der Mitarbeiterinnen und Mitarbeiter im Zeitpunkt der Bildung getragen werden. Die beteiligten Dienstgeber haften als Gesamtschuldner.

Übersicht

	Rn
I. Vorbemerkung	1– 10
II. Veranschlagung im Haushalt	11, 12
III. Voraussetzung für die Kostentragungspflicht	13– 19
IV. Inhalt der Kostenerstattungspflicht	20– 30
1. Begründung eines gesetzlichen Schuldverhältnisses	20– 30
a. Anspruch auf Vorschuss, Pauschalierung	21– 23
b. Keine unmittelbare Verpflichtung des Dienstgebers, aber Freistellungsanspruch	24– 28
c. Ersatzansprüche des Dienstgebers	29
d. Verzugs- und Prozesszinsen	30
V. Umfang der Kostenerstattung	31– 90
1. Gebot der sparsamen Verwendung der Mittel	31– 33
2. Reisekosten	34– 44
3. Unfälle von MAV-Mitgliedern	45– 48
a. Personenschäden	45, 46
b. Sachschäden	47, 48
4. Schulungsveranstaltungen	49– 52
5. Kostenübernahme für die Beiziehung sachkundiger Personen	53– 63
6. Beauftragung eines Bevollmächtigten für das Einigungsstellenverfahren	64– 68
7. Bevollmächtigte für das Verfahren vor dem Kirchlichen Arbeitsgericht	69– 89
a. Entscheidung des Kirchlichen Arbeitsgerichts	69– 71
b. Beschwerde gegen den Beschluss des Kirchlichen Arbeitsgerichts	72
c. Revision	73– 89
8. Sonstige Kosten	90
V. Sachliche und personelle Hilfen	91–134
1. Sachliche Hilfen	92–124
a. Raum	92– 96
b. Mobiliar, technische Ausrüstung, Material	97–106
c. Gesetzestexte und Literatur	107–111
d. Personalcomputer, Laptop, Notebook	112, 113
e. Internet, Intranet, Juristische Datenbanken	114–120
f. Informationsblatt für Mitarbeiterinnen und Mitarbeiter	121–124

---

[1] Absatz 3 ist Muster für eine diözesane Fassung.

	Rn		Rn
2. Eigentum an überlassenen Gegenständen	125	b. Andere Antragsberechtigte	139–142
3. Akten der MAV	126–130	2. Staatliche Gerichte	143–149
4. Personelle Hilfen	131–134	a. Kirchenrecht	143
VI. Aufteilung der Kosten unter mehreren Dienstgebern (§ 17 Abs. 3)	135, 136	b. Staatliches Recht	144–147
		c. Antragsberechtigung des einzelnen Mitgliedes der MAV	148, 149
VII. Streitigkeiten	137–149	VIII. Kosten der MAV bei Insolvenz	150–153
1. Kirchliches Arbeitsgericht	137–142	IX. Abwicklung von Ansprüchen auf Kostenfreistellung der MAV nach Ende ihrer Amtszeit	154, 155
a. Antragsberechtigte Mitglieder der MAV	137, 138		

I. Vorbemerkung

Die Vorschrift regelt die **Kostentragungspflicht des Dienstgebers** für die durch die Tätigkeit der Mitarbeitervertretung entstehenden Kosten. Die Norm trägt dem Umstand Rechnung, dass es sich bei der MAV um ein Ehrenamt (§ 15 Abs. 1) handelt und sie über keine eigenen finanziellen Mittel verfügt. Weder das einzelne MAV-Mitglied noch die Mitarbeiterschaft in ihrer Gesamtheit sollen durch die Betätigung der MAV finanziell belastet werden. Das Leitprinzip, wonach der Arbeitgeber die **gesamte Kostenlast** der Arbeit der betrieblichen Repräsentativorgane zu tragen hat, ist ein typisches Kennzeichen des Rechts der kollektiven Mitbestimmung in Deutschland. Es gilt sowohl für den staatlichen als auch den kirchlichen Rechtsbereich. Vergleichbare Regelungen zur Kostentragung enthalten alle Gesetze der kollektiven Mitbestimmung (vgl. z. B. §§ 40, 41 BetrVG; §§ 44, 45 BPersVG[2]; § 14 Abs. 2 SprAuG; §§ 16, 30 EBRG; § 30 MVG.EKD). Trotz unterschiedlichen Wortlauts gehen diese Vorschriften von dem allgemeinen Rechtsgedanken aus, dass die durch die Arbeit der betrieblichen Repräsentativorgane entstehenden sachlichen und persönlichen Kosten dem Arbeitgeber aufzuerlegen sind. Die fundamentale Bedeutung dieses Rechtsgedankens wird auch darin deutlich, dass die **Kostentragungspflicht des Arbeitgebers** in allen Ordnungen **eine zwingende gesetzliche Pflicht** darstellt, die weder durch Tarifvertrag noch durch Betriebs- bzw. Dienstvereinbarung abbedungen werden kann.

Obwohl nicht ausdrücklich gesetzlich geregelt, gilt auch für den Anwendungsbereich der MAVO ein striktes **Umlageverbot**.[3] Es handelt sich hierbei um einen zentralen Grundsatz des deutschen Betriebsverfassungsrechts, der auch ohne ausdrückliche gesetzliche Erwähnung für die MAVO Geltung beansprucht.[4] Das Umlageverbot, das die Erhebung und Annahme von jedweden Beiträgen durch die MAV unterbinden will, dient dazu die Ehrenamtlichkeit der MAV-Tätigkeit und die Unabhängigkeit der MAV zu sichern.[5] Auch Außenstehende, wie z. B. Gewerkschaften oder politische Parteien dürfen der MAV keine Zuwendungen zukommen lassen. Allerdings sind Sammlungen der MAV oder ihrer Mitglieder für andere Zwecke als die der MAV nicht generell unzulässig, sofern die MAV dabei ihre Neutralität nicht verletzt. Das gilt insbesondere für Sammlungen, die aus einer sittlichen Pflicht erwachsen, wie etwa Kollekten für eine Kranzspende oder Geburtstags-, Jubiläums- oder Abschiedsgeschenke. Über beabsichtigte Sammlungen zu diesen Zwecken sollte der Dienstgeber allerdings vorab informiert werden.

Die Novellierung der MAVO im Jahr 2010 hat einige Änderungen im Wortlaut des § 17 gebracht. Die sprachliche Neufassung der Norm bezweckt allerdings **keine inhaltliche Modifikation der Kostentragungspflicht**; es geht vielmehr um eine sprachliche Bereinigung der bisher wenig schlüssigen Terminologie. Nach § 17 Abs. 1 S. 1 a. F. trug der Dienstgeber die für die Wahrnehmung der Auf-

---

2 Guter Überblick über die Kostenregelungen in den Landespersonalvertretungsgesetzen bei *Richardi/Jacobs*, § 44 BPersVG Rn 102 ff.; *Altvater*, § 44 BPersVG Rn 74 ff.
3 *Frey/Coutelle/Beyer*, MAVO § 17 Rn 2.
4 Vgl. § 41 BetrVG, § 45 BPersVG, § 30 Abs. 5 MVG.EKD.
5 BAG, 14. 8. 2002 – 7 ABR 29/01, NZA 2003, 626.

gaben der Mitarbeitervertretung »**notwendigen**« Kosten. Die »Notwendigkeit« wurde nach früherem Recht in Abs. 2 näher präzisiert mit Hinweis auf die »**Notwendigkeit oder Zweckmäßigkeit**« der Kosten (vgl. § 17 Abs. 1 S. 2, 3. und 4. Spiegelstrich). Zur Vermeidung dieser Tautologie wird künftig in Abs. 1 S. 1 der Begriff der »**Erforderlichkeit**« als zentrale Voraussetzung für die Kostentragung verwendet. Damit wird bewusst auf die parallele Voraussetzung der Kostenerstattung im BetrVG Bezug genommen. Obwohl das Tatbestandsmerkmal der Erforderlichkeit in § 40 Abs. 1 BetrVG nicht ausdrücklich erwähnt ist, so ist doch allgemein anerkannt, dass der Arbeitgeber im Anwendungsbereich des BetrVG nur dann zur Tragung der Kosten verpflichtet ist, wenn diese **erforderlich** waren.[6] Die Neufassung des § 17 Abs. 1 S. 2, 4.Spiegelstrich dient der Harmonisierung von Mitarbeitervertretungsordnung (MAVO) und Kirchlicher Arbeitsgerichtsordnung (KAGO). Die Entscheidung, ob die Bevollmächtigung zur Wahrung der Rechte des Bevollmächtigenden notwendig ist, hat nach den prozessualen Bestimmungen der KAGO zu erfolgen (vgl. § 12 Abs. 1 S. 2 KAGO). Materieller und prozessualer Kostenerstattungsansprüche sind zu trennen. Bei einer Rechtsstreitigkeit in einer mitarbeitervertretungsrechtlichen Angelegenheit kann eine Entscheidung über die Kosten nicht im Hauptsacheverfahren selbst ergehen. Wer die Kosten zu tragen hat, beurteilt sich allein nach materiellem Recht, also nach § 17 MAVO, nicht nach Prozessrecht. Deshalb muss über die Pflicht des Dienstgebers, die Kosten für die Führung eines Rechtsstreits zu tragen, bei Meinungsverschiedenen durch Beschluss entschieden werden, vgl. § 12 KAGO.

4 Durch den Wegfall des Merkmals der »zweckmäßigen« Beauftragung ist **keine Veränderung der Voraussetzungen der Kostentragungspflicht des Dienstgebers** beabsichtigt. Die Beauftragungen, die nach altem Recht »zweckmäßig« waren, sind nach neuem Recht »notwendig«. In der Vergangenheit sind beide Begriffe in der Rechtspraxis synonym verwendet worden; daher können die Erwägungen, die früher im Rahmen der Zweckmäßigkeit der Beauftragung vorgenommen worden sind, nunmehr im Zusammenhang mit der Auslegung des Begriffs »notwendig« angestellt werden.

5 Die MAVO verpflichtet den Dienstgeber in mehreren Bestimmungen, die durch die Tätigkeit der MAV und anderer Gremien entstandenen Kosten zu tragen. Eine generelle Regelung, wann welche Kosten erforderlich sind, enthält die Ordnung nicht. Deshalb hat die MAV wie jedes andere Gremium i. S. d. MAVO die **Erforderlichkeit der Kosten auslösender Maßnahmen** vor ihrer Entstehung **sorgfältig zu prüfen**. Das ist gerade für die gemeinsame Mitarbeitervertretung und die erweiterte Gesamtmitarbeitervertretung von Bedeutung, weil gemäß § 17 Abs. 3 die Kosten von den beteiligten Dienstgebern anteilig getragen werden.

6 Gemäß § 17 Abs. 2 hat der Dienstgeber sachliche und personelle Hilfen zur Verfügung zu stellen. Allerdings besteht ein Anspruch auf Überlassung unter Berücksichtigung der bei dem Dienstgeber bzw. den Dienstgebern vorhandenen Gegebenheiten.

7 Zu den Kosten, die dem Dienstgeber durch die MAVO zu tragen auferlegt sind, gehören die:
- der Wahl der Mitarbeitervertretung (§ 11 Abs. 8 S. 2, § 11c Abs. 4) und der gemeinsamen Mitarbeitervertretung (§ 1b),
- der Geschäftsführung der Mitarbeitervertretung, der gemeinsamen Mitarbeitervertretung (§ 17) einschließlich der Kosten wegen Freistellung von der Arbeitspflicht (§ 15 Abs. 2 und 3; § 14 Abs. 4 S. 2),
- des Freizeitausgleichs (§ 15 Abs. 4),
- der Schulung (§ 16 i. V. m. § 17 Abs. 1 S. 2, erster Spiegelstrich),
- Reisekosten (§ 17 Abs. 1 S. 1),
- der als erforderlich anerkannten Kostenübernahme für die Beiziehung sachkundiger Personen (§ 17 Abs. 1 S. 2, 2. Spiegelstrich),
- der Beauftragung eines Bevollmächtigten in Verfahren vor der Einigungsstelle gemäß § 17 Abs. 1 S. 2, 3. Spiegelstrich,

---

6 Ständige Rechtsprechung *BAG*, 16. 1. 2008 – 7 ABR 71/06, NZA 2008, 546.

- der Beauftragung eines Bevollmächtigten in Verfahren vor den kirchlichen Gerichten für Arbeitssachen gemäß § 17 Abs. 1, S. 2, 4. Spiegelstrich,
- der sachlichen und personellen Hilfen (§ 17 Abs. 2),
- der notwendigen Fahrkosten von Mitarbeitern und Mitarbeiterinnen zur Teilnahme an der Mitarbeiterversammlung (§ 21 Abs. 4, § 22a Abs. 4),
- der Sondervertretung (§ 23),
- der Gesamtmitarbeitervertretung (§ 24 Abs. 6 i. V. m. § 17) und der Erweiterten Gesamtmitarbeitervertretung (§ 24 Abs. 2 i. V. m. § 17),
- der Diözesanen Arbeitsgemeinschaft der Mitarbeitervertretungen im Rahmen der im Bistumshaushalt zur Verfügung gestellten Mittel (§ 25 Abs. 4 S. 1; Kostenträger ist das Bistum; Regelungen zur Erstattung der Kosten der Freistellung werden in Sonderbestimmungen geregelt, § 25 Abs. 4 S. 4,
- für die Durchführung des Einigungsstellenverfahrens entstehenden notwendigen Kosten (§ 47 Abs. 5) einschließlich der Bestellung von Bevollmächtigten § 47 Abs. 5, § 17 Abs. 1 S. 2, 3.Spiegelstrich),
- für die Durchführung der Verfahren vor den kirchlichen Arbeitsgerichten einschließlich der Bestellung von Verfahrensbevollmächtigten (§ 17 Abs. 1 S. 2, 4. Spiegelstrich MAVO; § 12 KAGO),
- der Wahl der Sprecher der Jugendlichen und der Auszubildenden und für deren Geschäftsführung und Schulung (§ 51 Abs. 2 S. 1 i. V. m. § 11 Abs. 8 S. 2, § 11c Abs. 4, §§ 17 und 16, § 49 Abs. 2 i. V. m. § 21 Abs. 4),
- der Amtsführung und Schulung der Vertrauensperson der schwerbehinderten Menschen (§ 52 Abs. 5 i. V. m. §§ 17 und 16 MAVO; § 96 Abs. 4, 8 u. 9 SGB IX).

Die Kosten der Wahl der **Schwerbehindertenvertretung** sind nicht in der MAVO geregelt, weil die Wahl und die Pflicht zur Kostentragung Regelungsgegenstand des SGB IX sind. Nach § 96 Abs. 8 SGB IX hat der Arbeitgeber die durch die Tätigkeit der Schwerbehindertenvertretung entstehenden Kosten zu tragen. Die Rechtslage entspricht insoweit § 40 Abs. 1 BetrVG. Im Unterschied zu den Betriebsräten haben die Schwerbehindertenvertreter keinen unmittelbar gegen den Arbeitgeber gerichteten Anspruch, ihnen Räume und Geschäftsbedarf zur Verfügung zu stellen. Nach § 96 Abs. 9 SGB IX sind die Schwerbehindertenvertretungen darauf verwiesen, Räume und Geschäftsbedarf des Betriebsrats (im Anwendungsbereich der MAVO: der MAV) mitzubenutzen. 8

Die Kosten der Wahl des **Vertrauensmannes der Zivildienstleistenden** trägt der Dienstgeber ebenfalls nach staatlichem Recht. 9

Der **Kostenerstattungspflicht** des Dienstgebers steht nicht entgegen, dass im Wege der Anfechtung die **Nichtigkeit der Wahl** festgestellt wird, wie z. B. in dem Fall einer nicht offenkundigen Verkennung des Geltungsbereichs einer Mitarbeitervertretungsordnung oder des Betriebsverfassungsgesetzes.[7] Nach der Rechtsprechung des Bundesarbeitsgerichts ist eine Betriebsratswahl auch dann nichtig, wenn sie in einem Betrieb durchgeführt wird, der nach § 118 Abs. 2 BetrVG nicht unter den Geltungsbereich des Betriebsverfassungsgesetzes fällt, weil es sich um eine karitative und erzieherische Einrichtung einer Religionsgemeinschaft handelt.[8] Denn insoweit fehlt es von Anbeginn an den gesetzlichen Voraussetzungen für die Durchführung einer Betriebsratswahl. Das Vorliegen dieses Nichtigkeitsgrundes ist in aller Regel nicht offenkundig. Diese Beurteilung erfordert regelmäßig die Beantwortung schwieriger verfassungsrechtlicher Fragestellungen und eine Bewertung derjenigen Merkmale, aus denen sich ein Mindestmaß an kirchlicher Einflussmöglichkeit ergibt, die den Ausschluss des BetrVG zur Folge hat. Das begründet im Gegensatz zu den Fällen, in denen die Nichtigkeit der Wahl wegen grober und offenkundiger Rechtsverstöße auf der Hand liegt, bis zum rechtskräftigen Abschluss des Wahlanfechtungsverfahrens **ein besonderes Schutzbedürfnis für diejenigen Betriebsratsmitglieder**, die in einer schwierig zu beurteilenden und unklaren Rechtslage die Ge- 10

---

[7] *BAG*, 29. 4. 1998 – 7 ABR 42/97, NZA 1998, 1133 = ZMV 1998, 243.
[8] *BAG*, 9. 2. 1982 – 1 ABR 36/80, AP Nr. 24 zu § 118 BetrVG 1972.

schäfte für den Betriebsrat führen und die dabei entstehenden Kosten aus ihrem Vermögen bestreiten. Sie sind hinsichtlich ihrer tatsächlichen Aufwendungen zu behandeln wie diejenigen Betriebsratsmitglieder, deren Wahl für unwirksam erklärt worden ist. **Umgekehrt haben diese Grundsätze auch dann zu gelten, wenn irrtümlich die kirchliche Zuordnung angenommen wird, in Wirklichkeit jedoch der Anwendungsbereich des BetrVG eröffnet ist.** Beruht die Nichtigkeit einer MAV-Wahl auf einer nicht offenkundigen Verkennung des Geltungsbereichs der kirchlichen Mitarbeitervertretungsordnung, steht einer nichtig gewählten MAV ein Anspruch auf Erstattung tatsächlicher Aufwendungen nach § 17 analog zu.[9] Diese Rechtsfolge dient dem Schutz derjenigen betrieblichen Interessenvertreter, die im Vertrauen auf die Richtigkeit ihrer Rechtsansicht die tatsächlich entstandenen und erstattungsfähigen Kosten ihrer Amtsausübung zunächst selbst getragen haben.

II. Veranschlagung im Haushalt

11   Der Dienstgeber ist infolge der Vorschrift des § 17 verpflichtet, in seinem **Haushaltsplan** bzw. **Budget** Ausgaben für die Kosten der MAV und die anderen Gremien der MAVO vorzusehen. Diese Maßnahme ist schon deshalb erforderlich, damit Entscheidungen von Einigungsstelle und Kirchlichem Arbeitsgericht, wonach der Dienstgeber Kosten i. S. d. § 17 zu tragen hat, nicht ins Leere gehen. Daher hat der Dienstgeber für die Maßnahmen finanzielle Deckung in seinen Haushalts-, Wirtschafts- und Finanzierungsplänen auszuweisen (§ 47 Abs. 4 Unterabsatz 2, Abs. 5 Unterabsatz 2 MAVO; § 12 KAGO, vgl. auch Amtsblatt des Erzbistums Köln 1992 Nr. 118 S. 186). Mit dem Haushaltsansatz können aber berechtigte Ausgaben der MAV, insbesondere die Kosten für die Teilnahme an Schulungen nicht verweigert werden, wenn sie über die Kostenkalkulation hinausgehen.[10]

12   Der Dienstgeber hat nicht die Pflicht, in der Mitarbeiterversammlung über die Kosten der MAV zu sprechen (§ 21 Abs. 3 S. 2 bis 4). Hat er ein berechtigtes Interesse daran, darf er durch die Art und Weise seiner Informationsgestaltung und Informationsvermittlung die MAV nicht in ihrer Amtsführung beeinträchtigen (§ 18 Abs. 1). Gegebenenfalls könnte die MAV anlassbezogen die Unterlassung bei dem Kirchlichen Arbeitsgericht beantragen (§ 2 Abs. 2 KAGO). Wenn der Dienstgeber über die wirtschaftliche Lage berichtet, so ist es ihm in diesem Zusammenhang nicht verwehrt, auch die Kosten der MAV zu nennen.[11]

---

9   A. A. *KAGH*, 27. 11. 2009 – M 04/09: Der Gerichtshof hat in dem zugrunde liegenden Sachverhalt eine Kostenentscheidung abgelehnt, weil der Rechtsweg zu der Kirchlichen Arbeitsgerichtsbarkeit mangels kirchlicher Zuordnung nicht gegeben war. – Im Ergebnis überzeugt diese Entscheidung nicht, da sowohl Arbeitgeber als auch das betriebliche Repräsentativorgan in dem zugrunde liegenden Sachverhalt über 20 Jahre davon ausgegangen waren, dass es sich bei der fraglichen Institution um eine kirchliche Einrichtung handelt. Selbst wenn nachträglich festgestellt wird, dass die notwendige Verbindung mit den Amtsträgern der Kirche nicht gewährleistet sei, die staatskirchenrechtliche Zuordnung zur Kirche nicht bestehe und der Anwendungsbereich der MAVO nicht eröffnet sei, müssten die Kosten der betrieblichen Interessenvertretung, die im Vertrauen auf die Richtigkeit ihrer Rechtsansicht über die Kirchlichkeit getätigt und vom Arbeitgeber über Jahre anstandslos beglichen wurden, bis zur rechtskräftigen Feststellung der fehlenden kirchlichen Zuordnung dem Arbeitgeber auferlegt werden. Die Kostenentscheidung kann über eine analoge Anwendung des § 12 Abs. 1 S. 2 KAGO i. V. m. § 17 Abs. 1 MAVO ergehen. Für die umgekehrte Konstellation ebenso *BAG*, 29. 4. 1998 – 7 ABR 42/97, NZA 1998, 1133 = ZMV 1998, 243.
10 Etwas anders die Rechtslage im Personalvertretungsrecht, wo das BVerwG die Auffassung vertritt, dass kostenmäßige Betätigungen des Personalrats dem Haushaltsvorbehalt unterliegen. Allerdings ist die Berufung auf nicht vorhandene Haushaltsmittel nur unter sehr engen Voraussetzungen möglich. Aus der haushaltsmäßigen Bindung der Personalratsarbeit leitet das BVerwG bestimmte Pflichten ab. Der Personalrat sei z. B. verpflichtet, seinen voraussehbaren Finanzbedarf rechtzeitig vor Aufstellung des Haushaltsplans bei der Dienststelle geltend zu machen, unvorhersehbaren und unvermeidlichen Mittelbedarf zwecks Nachbewilligung von Haushaltsmitteln rechtzeitig anzuzeigen und seine Tätigkeit auf den jeweiligen Mittelbestand einzurichten, vgl. zum Ganzen *Altvater*, § 44 BPersVG Rn 12 ff.; *Richardi/Jacobs*, § 44 BPersVG Rn 14.
11 *BAG*, 19. 1. 1995 – 7 ABR 60/94, DB 1996, 431.

III. Voraussetzung für die Kostentragungspflicht

Der Dienstgeber hat die **durch die Tätigkeit der MAV** und einzelner ihrer Mitglieder **tatsächlich entstandenen Kosten** zu tragen, wenn sie objektiv **zur Wahrnehmung der Aufgaben der MAV nach der MAVO dienen** und im konkreten Fall **erforderlich** und **verhältnismäßig** sind. Dazu gehören sowohl die Kosten der gesamten MAV als auch die ihrer einzelnen Mitglieder, soweit sie zur ordnungsgemäßen Durchführung ihrer Aufgaben erforderlich sind, einschließlich der Kosten zur Durchführung der Mitarbeiterversammlung (§ 21).

13

Die Erforderlichkeit der Kosten ist nicht rückblickend zu beurteilen, maßgebend ist vielmehr, ob die MAV **im Zeitpunkt der Verursachung** bei gewissenhafter Abwägung unter Anlegung eines verständigen Maßstabs die Ausgabe für erforderlich halten durfte.[12] **Abzustellen ist auf das Urteil eines vernünftigen Dritten.**[13] Dabei hat sie die Interessen der Belegschaft an einer sachgerechten Ausübung des MAV-Amtes einerseits und berechtigte Interessen des Dienstgebers, auch soweit sie auf eine Begrenzung der Kostentragungspflicht gerichtet sind, gegeneinander abzuwägen.[14]

14

Nimmt die MAV **Aufgaben** wahr, die ihr **nicht ausdrücklich zugewiesen** sind, löst dies grundsätzlich **keine Kostenerstattungspflicht** des Dienstgebers aus.[15] Fraglich ist, inwieweit **Kosten für soziale Aufmerksamkeiten** vom Dienstgeber zu erstatten sind, z. B. die Beschaffung eines Kranzes für einen verstorbenen Mitarbeiter, die Reisekosten für den Besuch eines erkrankten Mitarbeiters im Krankenhaus oder kleinere Geschenke zum Dienstjubiläum. Einerseits handelt es sich hierbei um wichtige Zeichen der Wertschätzung und Anerkennung. Andererseits geht es hierbei um gesellschaftliche Verpflichtungen, die nicht der rechtlichen Sphäre zuzurechnen sind. Die von der Rechtsprechung entschiedenen Fälle beziehen sich auf den Bereich des staatlichen Rechts, nicht den der kirchlichen Ordnung.[16] In der Praxis stehen der MAV auch für Ausgaben vorstehender Art in der Regel Mittel des Dienstgebers zur Verfügung. Erforderlich im Sinne des § 17 sind die daraus entstehenden Kosten jedoch nicht. Es empfiehlt sich, in diesen Fällen eine **Absprache mit dem Dienstgeber** über die Kostentragung zu treffen.

15

Außerdem dürfen die **Kosten nicht unverhältnismäßig** sein. Das ist der Fall, wenn kein anderes, weniger aufwendiges Mittel zur Erfüllung der Aufgabe zur Verfügung steht.[17] Die Kosten müssen immer in angemessenem Verhältnis zur Bedeutung der Aufgabe stehen und das berechtigte Interesse des Arbeitgebers an einer Eingrenzung der Kosten berücksichtigen.[18] Nach der Rechtsprechung des BAG zu § 40 BetrVG steht der MAV im Hinblick auf die Erforderlichkeit der in Anspruch genommenen Sachmittel **ein Beurteilungsspielraum** zu, mit der Folge, dass die arbeitsgerichtliche Nachprüfung darauf beschränkt ist, ob das verlangte Sachmittel der Erledigung von MAV-Aufgaben dient und ob die berechtigten Interessen des Dienstgebers berücksichtigt sind.[19]

16

Unterliegt die MAV bei der Einschätzung der Erforderlichkeit der Kosten einer **Fehlbeurteilung**, so **haften** grundsätzlich **alle Mitglieder des Gremiums persönlich als Gesamtschuldner** (§ 427 BGB). Ob die MAV-Mitglieder die entstandenen Kosten selbst zu tragen haben, hängt letztlich davon ab, ob sie ihre Verursachung bei pflichtgemäßer Sorgfalt nicht für erforderlich halten durften. Beim Haftungsmaßstab sind in diesen Fällen die Grundsätze des innerbetrieblichen Schadensausgleichs heran-

17

---

12 Ständige Rechtsprechung *BAG*, 19. 3. 2003 – 7 ABR 15/02, NZA 2003, 871.
13 *BAG*, 11. 3. 1998 – 7 ABR 59/96, NZA 1998, 953.
14 Ständige Rechtsprechung *BAG*, 16. 5. 2007 – 7 ABR 45/06, NZA 2007, 1117.
15 *Richardi/Thüsing*, BetrVG § 40 Rn 5.
16 BVerwG, 24. 10. 1969 – VII P 14.68, ZBR 1970, 193: Eine allgemeine Pflicht, erkrankte Bedienstete zu besuchen, besteht für den Personalrat nicht; *HessVGH*, 26. 11. 1969 PersVG 1971, 35: Keine Kostenerstattung für die Beschaffung eines Kranzes für einen verstorbenen Beschäftigten. Zustimmend: *HSWGN-Glock*, BetrVG § 40 Rn 42; GK-BetrVG/*Weber*, § 40 Rn 37.
17 Ständige Rechtsprechung seit *BAG*, 31. 10. 1972, AP Nr. 2 zu § 40 BetrVG 1972.
18 *BAG*, 16. 5. 2007 – 7 ABR 45/06, NZA 2007, 1117.
19 *BAG*, 11. 11. 1998 – 7 ABR 57/97, NZA 1999, 945.

zuziehen, so dass die MAV-Mitglieder bei einer nur leicht fahrlässigen Fehlbeurteilung gleichwohl die Erstattung der Kosten durch den Dienstgeber werden verlangen können.[20] Da Fehlbeurteilungen schnell passieren können, ist es ratsam, vor der Tätigung der Ausgabe einen Beschluss der MAV herbeizuführen und sich in Zweifelsfällen mit dem Dienstgeber ins Benehmen zu setzen, um ihm Gelegenheit zur Stellungnahme zu geben. Das gilt insbesondere bei außergewöhnlichen Aufwendungen.[21]

18 Will die MAV Kostenerstattung für eine von ihr getroffene Maßnahme geltend machen, muss es sich um einen **Gegenstand der Geschäftsführung** i. S. d. § 17 handeln. **Zu unterscheiden** ist allerdings zwischen einer **Schulung** i. S. d. § 16 Abs. 1 S. 1 und einer **Maßnahme im Rahmen der Geschäftsführung i. S. v.** § 17 im Übrigen. Schulungsveranstaltungen sind nicht Ausfluss unmittelbarer Mitarbeitervertretungstätigkeit, selbst wenn es bei der Schulung auch um die Möglichkeit des Gedankenaustausches und des Erfahrungsaustausches zum Mitarbeitervertretungsrecht geht. Ist eine Veranstaltung in den Rahmen des § 16 einzuordnen, so kann bei fehlender Anerkennung der Schulung als geeignet nicht ersatzweise ein Anspruch aus Geschäftsführung der MAV i. S. v. § 17 Abs. 1 S. 1 geltend gemacht werden.[22]

19 Will sich die MAV wegen eines Verfahrens bei der Einigungsstelle oder beim Kirchlichen Arbeitsgericht eines Bevollmächtigten bedienen, ist dazu am Beginn des jeweiligen Verfahrens **Antrag** zu stellen (§ 17 Abs. 1 S. 2, 3. und 4. Spiegelstrich). Außerdem muss der Dienstgeber im Falle beabsichtigter **Beiziehung sachkundiger Personen** durch die MAV **vorher zugestimmt** haben (§ 17 Abs. 1 S. 2, 2. Spiegelstrich).

IV. Inhalt der Kostenerstattungspflicht

1. Begründung eines gesetzlichen Schuldverhältnisses

20 Gemäß § 17 trägt der Dienstgeber die durch die Tätigkeit der MAV entstehenden erforderlichen Kosten. Durch diese Kostentragungspflicht entsteht zwischen dem Dienstgeber und der MAV ein **vermögensrechtliches gesetzliches Schuldverhältnis**.[23] Gläubigerin dieses Schuldverhältnisses ist die MAV. Auch wenn die MAVO der Mitarbeitervertretung keine generelle Rechts- und Vermögensfähigkeit verleiht, ist sie insoweit als partiell vermögensfähig anzusehen.[24] Denn wer im Rahmen der ihr gesetzlich zugewiesenen Aufgaben Inhaberin vermögensrechtlicher Ansprüche sein kann, besitzt zugleich die partielle Vermögensfähigkeit. Soweit einzelne Mitglieder der MAV im Rahmen ihrer Tätigkeit vom Dienstgeber Aufwendungsersatz verlangen können, handelt es sich um einen Indivi-

---

20 Zu den Grundsätzen des innerbetrieblichen Schadensausgleichs vgl. *BAG*, 18. 4. 2002 – 8 AZR 348/01, NZA 2003, 37 ff.: Nach der derzeit maßgeblichen Rechtsprechung des BAG ist der innerbetriebliche Schadensausgleich nach einem dreistufigen Haftungsmodell vorzunehmen: Unterläuft dem Arbeitnehmer nur eine geringfügige und leicht entschuldbare Pflichtwidrigkeit, die jedem Arbeitnehmer jederzeit unterlaufen kann und die unter den Begriff der leichtesten Fahrlässigkeit zu subsumieren ist, so scheidet jedwede Schadensersatzverpflichtung aus. Wird eine Pflichtwidrigkeit aufgrund mittlerer Fahrlässigkeit begangen, haftet der Arbeitnehmer anteilig und richtet sich sein Haftungsanteil nach den umfassend zu würdigenden Umständen des Einzelfalls (*BAG*, GS 27. 9. 1994, DB 1994, 2237). Bei grober Fahrlässigkeit und vorsätzlichen Pflichtwidrigkeiten, bei denen der Arbeitnehmer auch die Möglichkeit eines Schadenseintritts bei seinem Arbeitgeber in den Vorsatz aufnimmt, kommt grundsätzlich eine volle Haftung in Betracht. Von grober Fahrlässigkeit ist dabei dann die Rede, wenn der Arbeitnehmer diejenige Sorgfalt außer Acht gelassen hat, die jedem anderen an seiner Stelle unmittelbar eingeleuchtet hätte und die Pflichtverletzung besonders schwerwiegend und auch subjektiv unentschuldbar erscheint. Die Annahme grober Fahrlässigkeit schließt für sich jedoch keineswegs aus, zur Vermeidung existenzgefährdender Rechtsfolgen eine Haftungsobergrenze einzuziehen (vgl. *BAG*, 23. 1. 1997, NZA 98, 140).
21 *Fitting*, BetrVG § 40 Rn 11; *Richardi/Thüsing*, BetrVG § 40 Rn 9.
22 *Schlichtungsstelle Trier*, 25. 11. 1994 – 7/94 MAVO.
23 *BAG*, 24. 10. 2001 – 7 ABR 20/00, NZA 2003, 53; *Richardi/Thüsing*, BetrVG § 40 Rn 42; *Fitting*, BetrVG § 40 Rn 90; *HSWGN-Glock*, BetrVG § 40 Rn 72b; GK-BetrVG/*Weber*, § 40 Rn 16.
24 *BAG*, 24. 10. 2001 – 7 ABR 20/00, NZA 2003, 53.

dualanspruch des einzelnen Mitglieds, der aus dem Kollektivanspruch der MAV abgeleitet ist.[25] Aus diesem gesetzlichen Schuldverhältnis ergeben sich folgende unmittelbare Einzelansprüche der MAV bzw. ihrer Mitglieder:

a. Anspruch auf Vorschuss, Pauschalierung

Die MAV kann vom Dienstgeber einen angemessenen **Vorschuss** für voraussichtliche Aufwendungen verlangen.[26] Zu diesem Zweck kann der MAV ein entsprechender **Dispositionsfonds** zur Verfügung gestellt werden, aus dem sie die laufenden Kosten bezahlen kann.[27] Dieser Fonds darf allerdings nur der Geschäftsvereinfachung dienen[28] und darf keine versteckte Zuwendung an die MAV-Mitglieder enthalten.[29]

Die MAV ist verpflichtet, die verwendeten Mittel nach dem Rechtsgedanken des § 666 BGB im Einzelnen **nachzuweisen** und **abzurechnen**.[30]

Vom Vorschuss zu trennen ist die Frage der Zulässigkeit der **Vereinbarung eines Pauschalaufwendungsersatzes**. Eine pauschale Abgeltung der Kosten ist – nicht nur vor dem Hintergrund der Volkswagen-Affäre – problematisch, weil die MAV nur einen Anspruch auf Kostenerstattung in der Höhe hat, in der Kosten **tatsächlich** angefallen sind und erforderlich waren. Die Pauschalierung birgt die Gefahr, dass der MAV vom Dienstgeber – vielleicht um sie »bei Laune« zu halten – mehr als erforderlich zugebilligt wird, was mit dem Begünstigungsverbot unvereinbar ist.[31] Nennenswerte praktische Vorteile sind mit einer Pauschale nicht verbunden. Denn trotz der Pauschalierung muss die MAV die Erforderlichkeit der Aufwendungen prüfen und kann der Dienstgeber diese im Nachhinein bestreiten. Im Schrifttum wird eine Pauschalierung allerdings überwiegend für zulässig erachtet, wenn sie nicht zu einer versteckten Vergütung der MAV-Mitglieder führt und wenn nur bestimmte üblicherweise auftretenden Kosten damit abgegolten werden.[32] Die Pauschale wird von der MAV bewirtschaftet. Der Dienstgeber kann den Betrag jährlich festsetzen und lässt sich von der MAV am Ende des Gewährungszeitraumes Rechnung legen. Die Gewährung des Pauschalbetrages kann als Vorschuss auf anstehende Ausgaben angesehen werden.[33] Damit sichergestellt ist, dass die Pauschalzahlungen nicht zu »versteckten Vergütungen« führen, sollte der Dienstgeber von der MAV eine ordnungsgemäße Buchführung und Rechnungslegung über die Ausgaben verlangen und zumindest stichprobenartige Kontrollen durchführen.

b. Keine unmittelbare Verpflichtung des Dienstgebers, aber Freistellungsanspruch

Aus der Kostentragungspflicht des Dienstgebers ergibt sich **keine Vertretungsmacht** der MAV, für den Dienstgeber zu handeln.[34] Durch das Handeln der MAV kann der Dienstgeber **nicht unmittelbar verpflichtet** werden, außer in den Fällen einer wirksamen Stellvertretung.[35]

---

25 *Richardi/Thüsing*, BetrVG § 40 Rn 42.
26 *Fitting*, BetrVG § 40 Rn 91; GK-BetrVG/*Weber*, § 40 Rn 23; *HSWGN-Glock*, BetrVG § 40 Rn 73; *Richardi/Thüsing*, BetrVG § 40 Rn 43.
27 *Fitting*, BetrVG § 40 Rn 91; *Richardi/Thüsing*, BetrVG § 40 Rn 43.
28 So ausdrücklich *BAG*, 29. 9. 2004 – 1 ABR 30/03, NZA 2005, 123.
29 *HSWGN-Glock*, BetrVG § 40 Rn 73a.
30 *BAG*, 29. 9. 2004 – 1 ABR 30/03, NZA 2005, 123.
31 Zum Spannungsfeld zwischen Lohnausfallprinzip und Begünstigungsverbot vgl. *Schweibert/Buse*, NZA 2007, 1080 ff.
32 *HSWGN-Glock*, BetrVG § 40 Rn 77e; *Fitting*, BetrVG § 40 Rn 41; ErfK-*Koch*, § 40 BetrVG Rn 7. Kritisch zum Pauschalaufwendungsersatz *Richardi/Thüsing*, BetrVG § 40 Rn 45.
33 *LAG Köln*, 13. 9. 1984 – 10 Sa 583/84, DB 1985, 394.
34 *LAG Köln*, 15. 11. 2000, NZA-RR 2001, 253; *Richardi/Thüsing*, BetrVG § 40 Rn 44; *Fitting*, BetrVG § 40 Rn 92.
35 GK-BetrVG/*Weber*, § 40 Rn 18; *Richardi/Thüsing*, BetrVG § 40 Rn 44.

25 Schließt eine MAV einen Vertrag, so **haften** zunächst die **MAV-Mitglieder**, die selbst gehandelt haben, und ggf. die anderen MAV-Mitglieder, in deren Vollmacht der Vertrag geschlossen wurde.

26 Soweit die MAV Zahlungsverbindlichkeiten eingegangen ist, die **noch nicht erfüllt** sind, hat sie allerdings gegenüber dem Dienstgeber einen **Anspruch auf Freistellung von dieser Verbindlichkeit**, sofern die MAV sich mit ihrem Handeln im Rahmen ihres Aufgabenbereichs bewegt.[36]

27 Ist die Forderung des Dritten durch die MAV bereits **erfüllt** worden, verwandelt sich der Anspruch auf eine Freistellung in einen **Zahlungsanspruch gegen den Dienstgeber**.[37]

28 Wird der Freistellungsanspruch durch die MAV **an einen Dritten abgetreten**, z. B. an einen Rechtsanwalt, verwandelt sich der Freistellungsanspruch der MAV ebenfalls in einen Zahlungsanspruch.[38] Für die wirksame Abtretung bedarf es eines Beschlusses der MAV.

c. Ersatzansprüche des Dienstgebers

29 Hat der Dienstgeber den Kostenvorschuss oder die Kostenpauschale für die Kosten der Geschäftsführung der MAV oder ihre Mitglieder zu hoch bemessen, so hat er einen **Anspruch auf Rückzahlung** des übersteigenden Betrages nach den Vorschriften über die ungerechtfertigte Bereicherung (§ 812 ff. BGB). Dieser Anspruch kann gegenüber dem einzelnen Mitglied der MAV gegen den ihm zustehenden Vergütungsanspruch (z. B. § 611 BGB) aufgerechnet (§ 387 BGB) werden. Im Streitfall ist wegen der Berechtigung der Aufrechnung das staatliche Gericht anzurufen. Im Falle eines arbeitsvertraglichen Vergütungsanspruchs ist das staatliche Arbeitsgericht gemäß § 2 Abs. 1 Nr. 3 Buchst. a ArbGG zuständig. In dem Rechtsstreit wird wegen der Lohnforderung der Aufrechnungsanspruch des Dienstgebers geprüft. Die Klage auf volle Vergütung ist also bei dem staatlichen Gericht geltend zu machen. Das Kirchliche Arbeitsgericht ist nicht zuständig, weil es für bürgerlich-rechtliche Streitigkeiten nicht zuständig ist. Das folgt aus Art. 10 Abs. 1 GrO und § 2 Abs. 3 KAGO. Dasselbe gilt für Streitigkeiten der Kirchenbeamten und der Geistlichen wegen ihrer Gehaltsansprüche. Kirchenbeamte wenden sich an das staatliche Verwaltungsgericht.[39] Kleriker im Rahmen ihres dienstrechtlichen Verhältnisses i. S. d. Kirchenrechts zunächst an den Generalvikar.

d. Verzugs- und Prozesszinsen

30 Hat ein Mitglied der MAV die entstandenen Verbindlichkeiten im Rahmen des § 17 erfüllt (z. B. die Reisekosten ausgelegt oder die Kostennote des Rechtsanwalts beglichen), so ist die Erstattungsforderung gegen den Dienstgeber bei Verzug oder nach Eintritt der Rechtshängigkeit zu **verzinsen**.[40] Verzug tritt ein, wenn der Dienstgeber die Aufwendungen der MAV trotz Mahnung oder innerhalb von 30 Tagen nach Erhalt der Zahlungsaufstellung nicht erstattet (§ 286 Abs. 1 und Abs. 3 BGB). Der Anspruch ist während des Verzugs, spätestens vom Eintritt der Rechtshängigkeit an, mit acht Prozentpunkten über den Basissatz nach § 247 BGB zu verzinsen (§§ 288 Abs. 2, 291 BGB). Ist ein Mitglied der MAV seinerseits gegenüber dem Gläubiger in Verzug, so umfasst der Freistellungs- und Zahlungsanspruch gegen den Dienstgeber auch die dadurch entstandenen Verzugszinsen.[41]

---

[36] Ständige Rechtsprechung *BAG*, 21. 11. 1978 – 6 ABR 10/77, DB 1979, 507; 28. 6. 1995 – 7 ABR 47/94, NZA 1995, 1220.

[37] *BAG*, 27. 3. 1979 – 6 ABR 15/77, AP Nr. 7 zu § 80 ArbGG 1953. Umstritten ist, ob sich die Anspruchsgrundlage aus Geschäftsführung ohne Auftrag (so *Richardi/Thüsing*, BetrVG § 40 Rn 47) oder aus § 40 BetrVG bzw. § 17 MAVO selbst ergibt (so GK-BetrVG/*Weber*, § 40 Rn 17).

[38] *BAG*, 13. 5. 1998 – 7 ABR 65/96, NZA 1998, 900.

[39] *Weber*, NJW 1989, 2217 ff.

[40] *BAG*, 18. 1. 1989 – 7 ABR 98/87, NZA 1989, 641. *Fitting*, BetrVG § 40 Rn 94; *HSWGN-Glock*, BetrVG § 40 Rn 76; *Richardi/Thüsing*, BetrVG § 40 Rn 58; GK-BetrVG/*Weber*, § 40 Rn 19.

[41] GK-BetrVG/*Weber*, § 40 Rn 19; *Richardi/Thüsing*, BetrVG § 40 Rn 58.

V. Umfang der Kostenerstattung

1. Gebot der sparsamen Verwendung der Mittel

Die MAV muss bei ihren Ausgaben **so sparsam** sein, **wie** es bei ordnungsgemäßer Durchführung ihrer Aufgaben **möglich** ist. Dies gilt besonders für die gemeinsame MAV (§ 1b), die Sondervertretung (§ 23) und die Gesamtmitarbeitervertretungen i. S. v. § 24, weil die Kommunikationswege länger sind als bei der MAV in einer einzigen Dienststelle. Bei Fahrten ist das **preisweiteste Verkehrsmittel** zu wählen, falls nicht der Zeitaufwand wesentlich höher ist. Abzuwägen ist, ob für eine bestimmte Angelegenheit die persönliche Anwesenheit erforderlich ist oder ob ein Telefongespräch ausreicht und dadurch Fahrtkosten gespart werden können. Zwischen Ferngespräch und schriftlicher Erledigung einer Angelegenheit ist die Kostenfrage abzuwägen. Statt Rundgängen durch große Dienststellen kann die Abhaltung von Sprechstunden weniger zeitraubend sein.[42] **Trotz des Grundsatzes der Sparsamkeit darf die Tätigkeit der MAV nicht beeinträchtigt werden** (§§ 18 Abs. 1, 26 Abs. 1). Die Teilnahme an arbeitsrechtlichen Tagungen gehört nicht zu den Aufgaben der MAV i. S. d. § 17 Abs. 1 i. V. m. §§ 26 ff., um für ihre Arbeit erforderliche Kenntnisse zu erhalten. Das ist eine Angelegenheit nach § 16 Abs. 1.[43] 31

Die MAV wird bei ihrer Entscheidung über Kosten verursachende Maßnahmen stets auch die Vertretbarkeit der Maßnahme prüfen und berücksichtigen müssen, dass die Erstattung der Kosten aus Mitteln erfolgt, die der Dienstgeber mehr oder minder von Dritten (z. B. Kirchensteuer, Pflegekosten, Beiträge) erhalten hat. Ein grober **Ermessensfehlgebrauch** kann ein Pflichtverstoß sein, der nach § 13c Nr. 4 zum Ausschluss aus der MAV führen kann. 32

Die MAV unterliegt dem **Grundsatz wirtschaftlicher und sparsamer Verwaltung von Haushaltsmitteln** und ist daher verpflichtet, die Kosten (z. B. einer Reise) im Rahmen der MAV-Tätigkeit möglichst niedrig zu halten. 33

2. Reisekosten

Zu den notwendigen Kosten zählen die Reisekosten, die zur Wahrnehmung von Aufgaben der MAV erforderlich sind. Hierzu gehören z. B. Reiseaufwendungen durch die Teilnahme an auswärtigen Sitzungen der Gesamt-MAV, der Mitarbeiterversammlung oder durch den Besuch eines abgelegenen, jedoch zur Einrichtung gehörenden Einrichtungsteils. Die Reisekosten umfassen die **Fahrtkosten** und die erforderlichen Kosten für **Unterbringung**, **Verpflegung** und **Telefongespräche** mit dienstlichem Bezug. 34

Nicht erstattungsfähig sind **Kosten der persönlichen Lebensführung**, wie etwa Aufwendungen für Getränke und Tabakwaren.[44] 35

Während das Reisekostenrecht den Kostenerstattungsanspruch von der Anordnung oder Genehmigung einer Dienstreise durch den Dienstgeber abhängig macht, bestimmt die Mitarbeitervertretung im Rahmen des Mitarbeitervertretungsrechts selbst, wann eine Reise erforderlich ist, was jedoch der Nachprüfung durch das Kirchliche Arbeitsgericht unterliegt (§ 2 Abs. 2 KAGO). Besteht in der Einrichtung eine **allgemeine Reisekostenregelung**, so ist diese auch für die MAV verbindlich, wenn die Reisekosten vom Mitarbeitervertreter beeinflusst werden können.[45] Eine andere Sichtweise verstößt gegen das Begünstigungsverbot. Es würde eine ungerechtfertigte Besserstellung der MAV-Mitglieder darstellen, wenn diese für die im Zusammenhang mit der Ausübung ihrer Aufgaben anfallende Reisetätigkeit höhere Beträge als andere Dienstnehmer bei betrieblich veranlassten Reisen beanspruchen könnten, ohne dass hierfür ein sachlicher Grund besteht. Besteht keine Reisekostenregelung, ist der 36

---

42 *BAG*, 1. 3. 1963, AP Nr. 8 zu § 37 BetrVG 1952.
43 *Schlichtungsstelle Trier*, 25. 11. 1994 – 7/94 MAVO.
44 ErfK-*Koch*, § 40 BetrVG Rn 8; *Fitting*, § 37 BetrVG Rn 53.
45 *BAG*, 28. 3. 2007 – 7 ABR 33/06, juris.

Dienstgeber gehalten, eine solche zu schaffen, um seinen Pflichten zur Kostenerstattung einen Maßstab für die MAV an die Hand zu geben.

37 **Fahrten zwischen Wohnung und Arbeitsstelle** sind in der Regel nicht erstattungspflichtig.[46] Der Dienstgeber ist nicht verpflichtet, einem **freigestellten MAV-Mitglied**[47] die Kosten für die regelmäßigen Fahrten von seinem Wohnort zum MAV-Büro abzüglich der ersparten Fahrtkosten vom Wohnort zum bisherigen Arbeitsort zu erstatten. Denn es ist grundsätzlich Sache des Arbeitnehmers, sich auf seine Kosten zur Arbeitsleistung in den Betrieb als Leistungsort zu begeben. Es würde gegen das Begünstigungsverbot verstoßen, wenn dem freigestellten MAV-Mitglied Kosten für die regelmäßigen Fahrten vom Wohnort zum Sitz der MAV als Ort der Leistungserbringung erstattet würden. Als gesetzliche Folge der Freistellung nach § 15 Abs. 3 ergibt sich, dass sich das freigestellte MAV-Mitglied am Sitz der MAV für MAV-Tätigkeit bereithalten muss. Davon ist es nur entbunden, soweit es zur Erfüllung konkreter MAV-Aufgaben erforderlich ist.[48] Musste dagegen das MAV-Mitglied ausschließlich zur Wahrnehmung einer Aufgabe in der MAV und nicht auch zugleich zur Erfüllung der Arbeitspflicht fahren (vgl. z. B. §§ 14, 21, 23, 24), besteht Anspruch auf Fahrtkostenerstattung.[49] Das gilt z. B. auch für **Fahrtkosten für MAV-Tätigkeit während der Elternzeit**, weil die Mitgliedschaft in der MAV nicht erlischt (§ 13c MAVO) und deshalb MAV-Tätigkeit möglich ist.[50] Kein Fahrtkostenerstattungsanspruch besteht allerdings, wenn das MAV-Mitglied während der Elternzeit einer Teilzeitbeschäftigung nachgeht.

38 Fahrten zur Einholung von **Informationen und Beratung bei der diözesanen Arbeitsgemeinschaft der Mitarbeitervertretungen oder bei Koalitionen** (vgl. § 38 Abs. 2 S. 2) gehören zur Tätigkeit der MAV. Fahrten zu Verbänden oder Organisationen, die nicht durch die MAVO geregelt sind, gehören nicht zur bestimmungsmäßigen Tätigkeit der MAV oder eines einzelnen Mitglieds.[51]

39 Selbst wenn der Amtsbereich der MAV sich über ein weites Gebiet erstreckt (z. B. MAV für die Lehrer einer Diözese), darf der **Sitzungsort** der MAV aus Kostengründen nicht an einen extrem entfernten Ort gelegt werden, wenn dadurch im Verhältnis zu einem zentral gelegenen Sitzungsort höhere Reisekosten – womöglich auch längere Reisezeiten – entstehen.

40 **Reisen von MAV-Mitgliedern bedürfen keiner Genehmigung des Dienstgebers**. Mitarbeitervertretungen sind unabhängig und dem Dienstgeber nicht unterstellte Organe, auf deren Amtsführung er keinen Einfluss hat, solange die MAV und ihre einzelnen Mitglieder aufgabengetreu ihre Arbeit durchführen. Es ist daher allein Sache der MAV, über die Durchführung von Reisen zu befinden. Gleiches gilt für alle übrigen mit Kosten verbundenen Maßnahmen, die sich aus der Tätigkeit der MAV ergeben.

41 **Reisen** sieben Mitgliedern der MAV **zu einer Gerichtsverhandlung** ohne Aufforderung durch das Kirchliche Arbeitsgericht an, so ist der Grund für das Erscheinen zu prüfen. War für eines oder gar mehrere Mitglieder der MAV die Anwesenheit nicht erforderlich, braucht der Dienstgeber insoweit die Fahrtkosten nicht zu tragen bzw. zu erstatten. Die MAV muss die Mitglieder zu ihrer Vertretung bei dem Kirchlichen Arbeitsgericht auswählen und dann denjenigen beauftragen, der nach ihrer Auffassung ihre Interessen am besten vertreten kann.[52]

42 Nimmt ein MAV-Mitglied die Möglichkeit, ein **unentgeltlich zur Verfügung gestelltes Beförderungsmittel** zu benutzen nicht wahr, hat es wie jeder andere Mitarbeiter keinen Anspruch auf Wegstreckenentschädigung oder Fahrtkostenersatz.[53]

---

46 *BVerwG*, 14. 2. 1990 – 6 P 13, 88, ZTR 1990, 296; *LAG Düsseldorf*, BB 1990, 1977; *BAG*, 28. 8. 1991 – 7 ABR 46/90, NZA 1992, 72.
47 *BAG*, 13. 6. 2007 – 7 ABR 62/06, NZA 2007, 1301; 28. 8. 1991 – 7 ABR 46/90, NZA 1992, 72.
48 *BAG*, 13. 6. 2007 – 7 ABR 62/06, NZA 2007, 1301; 28. 8. 1991 – 7 ABR 46/90, NZA 1992, 72.
49 *BAG*, 18. 1. 1989 – 7 ABR 89/87, NZA 1989, 641.
50 *BAG*, 25. 5. 2005 – 7 ABR 45/04, NZA 2005, 1002.
51 *Schlichtungsstelle Trier*, 25. 11. 1994 – 7/94 MAVO.
52 *Schlichtungsstelle Köln*, MAVO 10/1989.
53 *OVG Münster*, 15. 3. 1989 – CB 4/88, ZTR 1989, 455.

Die Mitglieder von gemeinsamen Mitarbeitervertretungen (§ 1b), von Sonder- bzw. Bereichsvertretungen (§ 23), Gesamtmitarbeitervertretungen (§ 24 Abs. 1) und erweiterten Gesamtmitarbeitervertretungen (§ 24 Abs. 2) müssen bei ihrer Tätigkeit in einem weiten Gebiet (z. B. mehrere Pfarreien, Dekanat, Diözese) stets prüfen, ob sie eine Reise – Mitarbeitervertretungstätigkeit stets vorausgesetzt – selbst antreten müssen oder die ihnen zugeordneten Mitarbeiter – zum Beispiel zu Sprechstunden – anreisen lassen sollen, weil nicht jede Reise dem Mitarbeitervertreter aufgebürdet werden kann. Denn Reisezeit führt zu Arbeitszeitverlusten. Reisekosten entstehen den Mitgliedern der MAV insbesondere, wenn sie wegen ihrer an verschiedenen Orten gelegenen Arbeitsplätze (z. B. mehrere Schulen haben nur eine MAV – § 1a Abs. 2 –; § 23, Mitglieder der Sondervertretung) zur Sitzung der MAV gemäß § 14 Abs. 4 oder zu einer Verhandlung vor dem Kirchlichen Arbeitsgericht anreisen müssen oder wenn ein Mitglied der MAV außerhalb der üblichen Arbeitszeit der meisten MAV-Mitglieder zur Sitzung der MAV in die Dienststelle fahren muss. In diesen Fällen sind den betroffenen MAV-Mitgliedern die Fahrtkosten zu erstatten.[54] Dasselbe gilt für die Mitglieder der Gremien gemäß §§ 23 bis 25 und 51, 52. 43

Ob Fahrten mit **öffentlichen Verkehrsmitteln** oder mit dem **eigenen Fahrzeug** auszuführen sind, ergibt sich aus dem Reisekostenrecht des Dienstgebers. 44

3. Unfälle von MAV-Mitgliedern

a. Personenschäden

Der Unfall eines Mitgliedes der MAV ist in Ausführung seiner Tätigkeit, z. B. anlässlich einer durch die MAV-Tätigkeit erforderlichen Reise, ein **Arbeitsunfall**. Denn die aufgabengetreu verrichtete Tätigkeit der MAV-Mitglieder ist betriebsbezogene Tätigkeit, für die Unfallversicherungsschutz gemäß § 8 SGB VII besteht.[55] 45

Für **Priester** und **Beamte**, für die infolge besonderer Regelungen beamtenrechtliche Unfallfürsorgevorschriften oder entsprechende Grundsätze gelten und die infolgedessen von der gesetzlichen Unfallversicherung frei sind (§ 4 Abs. 1 Nr. 1 SGB VII), trägt der Dienstgeber für die in Ausübung der Tätigkeit eines MAV-Mitgliedes entstehenden Kosten der Unfallfürsorge (§ 18 Abs. 3; vgl. z. B. § 24 Ordnung der Dienst- und Versorgungsbezüge der Priester des Erzbistums Köln, Amtsblatt des Erzbistums Köln 1993 Nr. 94 S. 99). Bei satzungsmäßigen Mitgliedern geistlicher Genossenschaften (Ordensleute), die versicherungsfrei sind (§ 4 Abs. 1 Nr. 3 SGB VII), gelten die ordensrechtlichen Regelungen, im Falle eines Gestellungsverhältnisses ggf. in Verbindung mit dem Gestellungsvertrag. 46

b. Sachschäden

Die Vorschriften über die Unfallfürsorge und die Unfallversicherung gelten nur für Personenschäden, nicht für Sachschäden. Die **Beschädigung des eigenen Kraftfahrzeugs** eines Mitglieds der MAV auf der Fahrt zu einem Sitzungstermin der MAV erfolgt nicht anlässlich der Verrichtung der Arbeitsleistung für den Dienstgeber, sondern bei mitarbeitervertretungsrechtlichen Anlässen. § 17 regelt ebenso wenig wie § 9 für Mitglieder des Wahlausschusses Ansprüche bei Eigenschäden. Ein Anspruch aus § 670 BGB kommt wegen fehlenden Auftrags des Dienstgebers nicht in Betracht. Ein Kostenerstattungsanspruch besteht jedoch, wenn der Dienstgeber auf der Verwendung des Kraftfahrzeugs durch das MAV-Mitglied bestanden hat oder das MAV-Mitglied zum Transport von MAV-Gegenständen seinen eigenen Pkw eingesetzt und dies für erforderlich halten durfte.[56] 47

Erleidet das MAV-Mitglied bei der **Benutzung des eigenen Pkw** einen Unfall, setzt eine Haftung des Dienstgebers für entstandene Sachschäden voraus, dass der **Dienstgeber** die Benutzung des Pkw aus- 48

---

54 *BAG*, 18. 1. 1989 – 7 ABR 89/87, NZA 1989, 641 f.; 10. 8. 1994 – 7 ABR 35/93, BB 1995, 1034.
55 GK-BetrVG/*Weber*, § 40 Rn 80; *Richardi/Thüsing*, BetrVG § 40 Rn 54.
56 *BAG*, 3. 3. 1983 – 6 ABR 4/80, NJW 1984, 198; ebenso GK-BetrVG/*Weber*, § 40 Rn 79; *HSWGN-Glock*, BetrVG § 40 Rn 40.

drücklich gewünscht hat oder diese erforderlich war, damit das MAV-Mitglied seine gesetzlichen Aufgaben ordnungsgemäß wahrnehmen konnte. Das kann der Fall sein, wenn die Mitglieder der MAV sich aus mehreren Teildienststellen (z. B. mehrere Schulen an verschiedenen Orten) rekrutieren und bei unzureichenden Verkehrsverbindungen mit öffentlichen Verkehrsmitteln oder in dringenden Angelegenheiten auf ihr eigenes Kraftfahrzeug zur Erledigung ihrer Aufgaben angewiesen sind. Bei einem von dem MAV-Mitglied grob fahrlässig oder vorsätzlich verschuldeten Unfall entfällt allerdings eine Haftung des Dienstgebers.[57] Diese Grundsätze der Haftung gelten auch für den Einsatz von anderen Beförderungsmitteln des MAV-Mitgliedes (z. B. Fahrrad, Motorrad etc.). Sieht eine kirchliche Reisekostenordnung jedoch Ansprüche auf Regulierung von Eigenschäden der Mitarbeiter vor, so haftet der Dienstgeber auch den Mitgliedern der MAV, wenn die Mitglieder der MAV von Einschränkungen durch die Reisekostenordnung nicht betroffen sind (§ 17 Abs. 1 S. 1). Besteht keine Regulierungspflicht nach der Reisekostenregelung und kommt ein Ersatzanspruch für Eigenschäden nicht in Betracht, so gelten die allgemeinen Haftungsgrundsätze.

4. Schulungsveranstaltungen

49 Gemäß § 17 Abs. 1 S. 2, 1. Spiegelstrich hat der Dienstgeber die Kosten der Schulungsveranstaltungen für Mitarbeitervertretungen i. S. v. § 16 Abs. 1 S. 1 zu tragen. Dasselbe gilt für die Mitglieder des Wahlausschusses (§ 16 Abs. 2), die Mitglieder der Sondervertretung (§ 23), die Vertrauensperson der schwerbehinderten Menschen (§ 52 Abs. 5 i. V. m. §§ 16 und 17) sowie den Sprecher bzw. die Sprecherin der Jugendlichen und Auszubildenden (§ 51 Abs. 2 S. 1 i. V. m. §§ 16 und 17) und die Mitglieder der gemeinsamen Mitarbeitervertretung (§ 1b) sowie die Mitglieder der Gesamtmitarbeitervertretungen (§ 24) im Rahmen ihrer Aufgabenstellungen (§ 24 Abs. 6 i. V. m. § 16 Abs. 1 S. 2).

50 Der Dienstgeber hat zwar das Recht, der zeitlichen Lage der Schulung aus dienstlichen oder betrieblichen Gründen zu widersprechen (§ 16 Abs. 1 S. 1), er kann aber die Kostentragungspflicht nicht mit dem Hinweis auf seine **schwierige Finanzlage** oder die festgelegte Höchstgrenzenregelung für die Erstattung der Schulungskosten ablehnen, insbesondere dann nicht, wenn der Schulungsbedarf (Grundschulung) die Vermittlung erforderlicher Kenntnisse für die MAV-Tätigkeit unaufschiebbar ist.[58] Unaufschiebbar ist z. B. die Teilnahme des MAV-Mitgliedes an einer Spezialschulung nur dann, wenn es die dort vermittelten Kenntnisse benötigt, um einem akuten Handlungsbedarf auf Seiten der MAV zu genügen.[59]

51 Der Kostenerstattungsanspruch bei Schulungsmaßnahmen gegen den Dienstgeber steht dem zur Schulung entsandten Mitglied der MAV zu, nicht der MAV als Organ.[60] Allerdings ist auch die MAV berechtigt, einen Rechtsstreit vor den Kirchlichen Arbeitsgerichten über die Erstattung der ihren Mitgliedern entstandenen Aufwendungen einzuleiten, mit der Maßgabe, dass die MAV die Erstattung der Kosten an ihre Mitglieder verlangt.[61]

52 Im konkreten Einzelfall ist die Verhältnismäßigkeit der Kosten, insbesondere wegen der Entfernung des Schulungsortes von der Dienststelle, zu beurteilen, wenn auch eine näher gelegene Schulungsstätte mit vergleichbaren Angeboten aufwartet und diese anerkannt sind. Dem Dienstgeber steht auch das Recht zu, sich über die Kosten für Unterricht, Unterkunft und Verpflegung am Schulungsort aufgeschlüsselt zu erkundigen.[62] Voraussetzung für die **Pflicht zur Übernahme der Kosten** ist, dass die MAV vor der Veranstaltung einen **Beschluss (§ 14 Abs. 5) zur Teilnahme** an der vom Mitglied oder von den Mitgliedern der MAV besuchten Veranstaltung ordnungsgemäß und nachweisbar (Sit-

---

57 *LAG Hamm*, 16. 4. 1997 – 3 TaBV 112/96, BB 1997, 2007.
58 *BVerwG*, 7. 12. 1994 – 6 P 36/93, NVwZ 1996, 191; 26. 2. 2003 – 6 P 9.02, ZTR 2003, 414.
59 *BVerwG*, 26. 2. 2003 – 6 P 10.02, ZTR 2003, 415.
60 *BAG*, 31. 10. 1972 AP BetrVG 1972 § 40 Nr. 2; *BVerwG*, 27. 4. 1979 – 6 P 30.78, PersV 1981, 29.
61 So *Richardi/Thüsing*, BetrVG § 40 Rn 86 mit Hinweis auf *BAG*, 9. 9. 1975 AP ArbGG 1953 § 83 Nr. 6.
62 *LAG Düsseldorf*, 7. 7. 1993 – 4 TaBV 45/93, BB 1993, 2236.

zungsprotokoll der MAV) gefasst hat.[63] Ein vorangehender Beschluss über die Teilnahme an einem anderen Seminar (das aber bereits ausgebucht war) genügt nicht, ebenso wenig ein nach dem Besuch der Schulung gefasster genehmigender Beschluss der MAV.[64] Die Teilnahme an Schulungsveranstaltungen kurz vor Ablauf der Amtsperiode der MAV ist in der Regel nicht mehr erforderlich, so dass der Dienstgeber die Arbeitsbefreiung und die Kostentragung ablehnen darf. Wegen der Berechtigung zur Teilnahme an Schulungen wird auf die Ausführungen zu § 16 verwiesen.

5. Kostenübernahme für die Beiziehung sachkundiger Personen

Gemäß § 17 Abs. 1 S. 2, 2. Spiegelstrich gehören zu den notwendigen Kosten solche, die durch die Beiziehung **sachkundiger Personen** entstehen, soweit diese zur ordnungsgemäßen Erfüllung der Aufgaben notwendig ist und der Dienstgeber der Kostenübernahme vorher zugestimmt hat. Die Zustimmung darf nicht missbräuchlich verweigert werden. Voraussetzung für die Kostenübernahme ist zunächst ein **ordnungsgemäßer Beschluss der MAV** (§ 14 Abs. 5).[65] Weitere Voraussetzung ist der **Antrag der MAV** an den Dienstgeber auf Zusage der Kostenübernahme. Erst nach positivem **Bescheid des Dienstgebers** ist die erstattungsfähige Beiziehung der sachkundigen Person zulässig. Wegen der Kosten ist zu prüfen, ob die Beauftragung einer sachkundigen Person erforderlich ist oder eine kostengünstigere Lösung möglich ist. Unter Berücksichtigung der Verhältnismäßigkeit, der Schwierigkeit der materiellen Sach- und Rechtsfragen ist abzuwägen, was wirklich notwendig ist.[66] Im Einzelfall ist stets zu prüfen, welche Qualität die Angelegenheit hat, deretwegen die MAV sich beraten lassen will. Die Einschaltung eines Sachverständigen (sachkundige Person) muss für die Erledigung von MAV-Aufgaben **erforderlich** sein. 53

Als Sachverständige kommen sowohl **außerbetriebliche Berater** als auch **innerbetriebliche Sachverständige** in Betracht. Anders als im BetrVG, wo zwischen außerbetrieblichen Sachverständigen i. S. d. § 80 Abs. 3 BetrVG und den sachkundigen Arbeitnehmern als Auskunftspersonen i. S. d. § 80 Abs. 2 S. 3 BetrVG differenziert wird, erfasst der Begriff des »sachkundigen Person« i. S. d. MAVO sowohl externe als auch betriebsangehörige Sachverständige. Es handelt sich um Personen, die der MAV (oder sonstigen Gremien i. S. d. MAVO) die ihnen fehlenden fachlichen oder rechtlichen Kenntnisse vermitteln, damit sie ihre Aufgaben in Zusammenarbeit mit dem Dienstgeber sachgemäß erfüllen können.[67] Sachverständige vermitteln Rechts- und Erfahrungssätze, sie können auf Grund ihrer besonderen Sachkunde Tatsachen feststellen oder aus einem feststehenden Sachverhalt Schlussfolgerungen ziehen. 54

Der Sachverständige braucht **nicht neutral** zu sein.[68] Er kann der MAV seine Sachkunde zur Wahrnehmung ihrer Interessen zur Verfügung stellen, sie gegebenenfalls auf dienstgeberseitige Informationsmängel hinweisen (vgl. § 27a). Die Sachverständigentätigkeit ist nicht auf die Unterstützung der MAV in einer einzelnen Frage beschränkt; sie kann sich auch auf die Einführung eines Projekts beziehen, das längerfristiger Beratung bedarf, wie etwa bei der Einführung neuer Technologien in der Einrichtung (vgl. §§ 36, 37, 38 jeweils Abs. 1 Nr. 9). 55

Auch ein **Rechtsanwalt**, von dem sich die MAV in Rechtsfragen beraten lässt, für die ihr eigene Kenntnisse fehlen, ist Sachverständiger i. S. d. Norm.[69] Hierunter fällt auch die Erstellung eines Rechtsgutachtens durch einen Anwalt. Keine Sachverständigentätigkeit liegt vor, wenn ein Rechtsanwalt im Rahmen eines konkreten Rechtsstreits tätig wird.[70] In diesem Fall richtet sich die Kostentragungs- 56

---

63 *BVerwG*, 7. 12. 1994 – 6 P 36/93, NVwZ 1996, 191.
64 *BAG*, 8. 3. 2000 – 7 ABR 11/98, NZA 2000, 838.
65 *BAG*, 13. 5. 1998 – 7 ABR 65/96, NZA 1998, 900.
66 *BAG*, 21. 6. 1989 – 7 ABR 78/87, DB 1989, 2436.
67 *BAG*, 13. 5. 1998 – 7 ABR 65/96, NZA 1998, 900.
68 ErfK-*Kania*, § 80 BetrVG Rn 31.
69 *BAG*, 16. 11. 2005 – 7 ABR 12/05, NZA 2006, 553; 25. 4. 1978 – 6 ABR 9/75, DB 1978, 1747; 15. 11. 2000 – 7 ABR 24/00, EzA § 40 BetrVG 1972 Nr. 92.
70 Zur nicht ganz einfachen Abgrenzung vgl. *Richardi/Thüsing*, BetrVG § 40 Rn 26.

pflicht nach § 17 Abs. 2 S. 2, 3. oder 4. Spiegelstrich. Über die Notwendigkeit der Bevollmächtigung eines Rechtsanwalts wird in diesem Fall nicht im Wege einer Vereinbarung mit dem Dienstgeber, sondern durch Beschluss des Vorsitzenden der Einigungsstelle bzw. des Kirchlichen Arbeitsgerichts entschieden.

57 Hinsichtlich der **Höhe der Kostentragungspflicht** im Rahmen des § 17 Abs. 1 S. 2, 2. Spiegelstrich gilt bei einer außergerichtlichen Beratung der MAV durch einen Anwalt **§ 34 RVG**, wonach eine Vergütungsvereinbarung zu treffen ist. Bei Fehlen gesetzlicher Vergütungsregelungen geht man im Schrifttum davon aus, dass sich die MAV durch einen Anwalt mit Qualifikationsniveau eines Fachanwalts beraten lassen darf.[71] Ein marktübliches Honorar gemäß § 612 Abs. 2 BGB kann vereinbart werden.

58 Die Hinzuziehung eines Rechtsanwalts zu **Interessenausgleichs- bzw. Sozialplanverhandlungen** ist in der Regel notwendig, weil es sich bei Betriebsänderungen nicht um Standard- oder Routineangelegenheiten handelt, sondern um eine schwierige Rechtsmaterie, die einen besonderen Sachverstand voraussetzt.[72]

59 Die **Beiziehung des Sachverständigen** ist **erforderlich**, wenn der MAV die notwendige Sachkunde fehlt, wie etwa bei Fragen der EDV, arbeitswissenschaftlichen Fragen, Analyse der Geschäftsberichte, Vorbereitung eines Interessenausgleichs und Sozialplan (§§ 36, 37, 38 jeweils Abs. 1 Nr. 11), sonstigen schwierigen Rechtsfragen z. B. im Zusammenhang mit wichtigen neuen Vorschriften, die für die Einrichtung von Bedeutung sind.[73] Eine allgemeine Vermittlung von Kenntnissen, losgelöst von konkreten Fragen der Einrichtung, ist Schulungen i. S. v. § 16 Abs. 1 S. 1 vorbehalten.[74]

60 Generell gilt: Die Erforderlichkeit zur Beiziehung eines externen Sachverständigen ist zu verneinen, wenn sich die MAV die fehlende Sachkunde **kostengünstiger** als durch die Beauftragung eines externen Sachverständigen verschaffen kann. Die MAV ist aus den Grundsätzen der vertrauensvollen Zusammenarbeit und der Verhältnismäßigkeit verpflichtet, zum Erwerb des notwendigen Fachwissens **zunächst die innerbetrieblichen Erkenntnisquellen zu erschließen**, ehe die mit Kosten verbundene Beauftragung eines externen Sachverständigen als erforderlich angesehen werden kann. Die Mitglieder der MAV haben sich insbesondere um die selbständige Aneignung der notwendigen Kenntnisse zu bemühen und ggf. weitere, ihnen vom Dienstgeber gebotene Möglichkeiten der Unterrichtung durch sachkundige Arbeitnehmer der eigenen Einrichtung zu nutzen. Auch der Besuch einschlägiger Schulungen hat grundsätzlich Vorrang vor der Beauftragung externer Sachverständiger.[75] Nicht erforderlich ist die Hinzuziehung eines Rechtsanwalts als sachkundige Person zur Unterstützung der MAV bei den Verhandlungen über eine Dienstvereinbarung über die Arbeitszeitgestaltung, wenn hierbei nicht rechtliche, sondern eher praktische Aspekte im Vordergrund stehen und/oder wenn eine kostengünstigere Beratung durch ein Mitglied der Mitarbeitervertretung des Bistums gewährleistet ist.[76]

61 Über die Erforderlichkeit der Beiziehung eines Sachverständigen besteht häufig Streit. Die MAV hat insoweit einen **Beurteilungsspielraum**, der nur einer eingeschränkten Prüfung durch das Kirchliche Arbeitsgericht zugänglich ist. Ist die Erforderlichkeit bejaht worden, besteht ein Anspruch auf Hinzuziehung der sachkundigen Person. Die Ausübung dieses Rechts bedarf aber wegen der Kostenübernahme der **vorherigen Zustimmung des Dienstgebers**. Er darf seine Zustimmung **nicht missbräuchlich verweigern** und dadurch die Arbeit der MAV erschweren (§ 26 Abs. 1 S. 1). Mit der vorherigen Zustimmung erwirbt die MAV einen Kostenerstattungsanspruch bzw. einen Anspruch auf Freistellung von den Kosten zu Lasten des Dienstgebers.

---

[71] *Fitting*, BetrVG § 40 Rn 28.
[72] *LAG Hessen*, 18. 11. 2009 – 9 TaBV 39/09, LAGE § 111 BetrVG 2001 Nr. 9.
[73] *BAG*, 13. 5. 1998 – 7 ABR 65/96, NZA 1998, 900. Vgl. auch ErfK-*Kania*, § 80 BetrVG Rn 34.
[74] *BAG*, 17. 3. 1987 – 1 ABR 59/85, NZA 1987, 747.
[75] *BAG*, 26. 2. 1992 – 7 ABR 51/90, NZA 1993, 86; 16. 11. 2005 – 7 ABR 12/05, NZA 2006, 553.
[76] *KAG Mainz*, 25. 11. 2010, M 20/10 Lb.

Stimmt der Dienstgeber der Kostenübernahme für die Hinzuziehung einer sachkundigen Person 62
nicht zu, muss seine fehlende Zustimmung durch das Kirchliche Arbeitsgericht auf Antrag der
MAV gegebenenfalls ersetzt werden (§ 17 Abs. 1 S. 2, 2. Spiegelstrich MAVO i. V. m. § 2 Abs. 2 KA-
GO). Keinesfalls darf die MAV im Wege der Selbsthilfe eigenmächtig einen Sachverständigen beauftragen. Für den Fall eines fehlerhaften Sachverständigengutachtens wird auf die werkvertraglichen
Regelungen der §§ 633 ff. BGB i. V. m. §§ 280 ff. BGB hingewiesen. Die MAV kann ihre Ansprüche
gegen den Gutachter an den ihr verpflichteten Dienstgeber abtreten.

Hat der Dienstgeber die Übernahme der Kosten, die durch die erforderliche Beiziehung sachkundiger 63
Personen bei der Aufgabenerfüllung der MAV entstehen, missbräuchlich abgelehnt, kann die MAV
Klage beim Kirchlichen Arbeitsgericht nach ordnungsgemäß gefasstem Beschluss (§ 14 Abs. 5) zur
Entscheidung der Rechtsfrage (§ 2 Abs. 2 KAGO) erheben.

Antragsformulierung:

Es wird festgestellt, dass der Antragsgegner (Dienstgeber) verpflichtet ist, die Antragstellerin (Mitarbeitervertretung) für die Beiziehung der Frau bzw. des Herrn ....
als sachkundige Person in der Angelegenheit .... von den erforderlichen Kosten bis zur Höhe von .... Euro freizustellen.

6. Beauftragung eines Bevollmächtigten für das Einigungsstellenverfahren

Gemäß § 17 Abs. 1 S. 2, 3. Spiegelstrich trägt der Dienstgeber die Kosten der Beauftragung eines 64
Bevollmächtigten in Verfahren vor der Einigungsstelle, soweit der **Vorsitzende der Einigungsstelle**
auf Antrag **vorab feststellt**, dass die Bevollmächtigung zur Wahrung der Rechte des Bevollmächtigenden, sei es als Antragsteller oder als Antragsgegner (z. B. MAV, Gesamtmitarbeitervertretung, Sondervertretung) **notwendig** ist. Der Antrag dazu ist mit dem Antrag gemäß § 46 Abs. 1 bzw. der
Antragserwiderung zu stellen. Zu entscheiden ist gleichzeitig über die Zulassung eines von den Beteiligten beauftragten Beistandes (Bevollmächtigten) im Einigungsverfahren, weil die Verhandlung vor
der Einigungsstelle nicht öffentlich ist (§ 46 Abs. 4 S. 1). Die Entscheidung konzentriert sich bei der
Kostentragungslast auf die Frage, ob die Bevollmächtigung zur Wahrung der Rechte des Bevollmächtigenden **notwendig** ist. Der Wegfall des Tatbestandsmerkmals »zweckmäßig« durch die MAVO-Novellierung 2010 führt zu keinen inhaltlichen Änderungen im Vergleich zur früheren Rechtslage (vgl.
Rn 3).

Für die Beurteilung, ob die Hinzuziehung eines Bevollmächtigten notwendig ist, **kommt es auf die** 65
Erfolgsaussichten des Antragstellers in dem Einigungsstellenverfahren **grundsätzlich nicht an.** Nur
wenn die Rechtsverfolgung **offensichtlich aussichtslos**[77] oder gar **mutwillig**[78] erscheint, kommt die
Beauftragung eines Bevollmächtigten nicht in Frage. Gleiches gilt, wenn die MAV unmittelbar den
Rechtsweg beschreitet, ohne zuvor einen außergerichtlichen Einigungsversuch mit dem Dienstgeber
unternommen zu haben.[79] Aussichtslos ist ein Verfahren, wenn eine identische Frage bereits höchstrichterlich entschieden wurde und keine neuen Argumente vorgetragen werden.[80] Mutwilligkeit ist
dadurch gekennzeichnet, dass die MAV die Kostentragungspflicht des Dienstgebers als Druckmittel
ausnutzt, um den Dienstgeber zum Nachgeben an anderer Stelle anzuhalten oder wenn die MAV das
Interesse des Dienstgebers an der Begrenzung der Kostentragungspflicht bewusst missachtet.[81]

---

77 *BAG*, 3. 10. 1978 – 6 ABR 102/76, DB 1979, 107; 20. 10. 1989 – 7 ABR 25/98, NZA 2000, 556;
19. 3. 2003 – 7 ABR 15/02, NZA 2003, 870; 17. 8. 2005 – 7 ABR 56/04, NZA 2006, 109; *LAG Hamm*,
12. 1. 2007 – 10 TaBV 63/06, juris.
78 *LAG Schleswig-Holstein*, 4. 7. 2000 – 3 TaBV 15/00, NZA-RR 2000, 590.
79 *LAG Schleswig-Holstein*, 15. 9. 1988, DB 1989, 52.
80 *BAG*, 29. 7. 2009 – 7 ABR 95/07, NZA 2009, 1223; *LAG Hamm*, 4. 12. 1985 – 3 TaBV 119/85, NZA 1986,
337.
81 *LAG Schleswig-Holstein*, 4. 7. 2000 – 3 TaBV 15/00, NZA-RR 2000, 590.

66 Die staatlichen und kirchlichen Arbeitsgerichte verfolgen bei der Bestimmung der Notwendigkeit bzw. Erforderlichkeit einer Hinzuziehung eines Rechtsbeistands insgesamt eine eher großzügige Linie, was nicht zuletzt daran zu erkennen ist, dass die Annahme der Notwendigkeit bzw. Erforderlichkeit selten ausführlich begründet wird.[82] Nur wenn die Hinzuziehung eines Bevollmächtigten ausnahmsweise als nicht notwendig bzw. erforderlich **abgelehnt** wird, finden sich in den Entscheidungen nähere Ausführungen. Notwendig ist die Beauftragung eines rechtskundigen Bevollmächtigten zum Beispiel dann, wenn der Fall **materiell- oder prozessrechtliche Schwierigkeiten** enthält[83] und wenn die zu klärende Rechtsfrage sich unzweifelhaft aus dem Gesetzestext entnehmen lässt oder in der einschlägigen Kommentarliteratur nicht nachgelesen werden kann.[84] Außerdem ist die Notwendigkeit regelmäßig zu bejahen, wenn der Dienstgeber sich durch einen Rechtsbeistand oder durch einen ausgebildeten Juristen vertreten lässt.[85] Dieses Gebot der prozessualen »Waffengleichheit« ergibt sich bereits aus dem Gebot der vertrauensvollen Zusammenarbeit.[86]

67 Keinen Anspruch auf Erstattung von Rechtsanwaltskosten hat ein Mitglied der MAV, wenn es sich in dem Einigungsstellenverfahren auf **Ersetzung der Zustimmung der MAV zu seiner** vom Dienstgeber **beabsichtigten Versetzung** in eine andere Dienststelle (§ 18 Abs. 2, § 33 Abs. 1 und 4, § 45 Abs. 2) durch einen Rechtsanwalt vertreten lässt. Denn seine Beteiligung am Einigungsstellenverfahren ist keine Tätigkeit als Mitglied der MAV.[87] In dem Einigungsstellenverfahren sind Parteien der Dienstgeber als Antragsteller (§ 45 Abs. 2 i. V. m. § 18 Abs. 2) und die MAV als Antragsgegnerin.

68 Durch die Entscheidung des Vorsitzenden der Einigungsstelle über die Zulässigkeit der Beauftragung eines Bevollmächtigten im Verfahren vor der Einigungsstelle wird der Dienstgeber zur Kostentragung verpflichtet. Hierbei handelt es sich um eine verfahrensleitende Verfügung mit Bindungswirkung für die Beteiligten des Einigungsstellenverfahrens.

7. Bevollmächtigte für das Verfahren vor dem Kirchlichen Arbeitsgericht

a. Entscheidung des Kirchlichen Arbeitsgerichts

69 Hinsichtlich der Beauftragung eines Bevollmächtigten der MAV, aber auch eines anderen berechtigten Gremiums i. S. d. MAVO, für das Verfahren vor dem Kirchlichen Arbeitsgericht gilt gemäß § 17 Abs. 1 S. 2, 4. Spiegelstrich Folgendes: Die Feststellung der Notwendigkeit der Beauftragung trifft der **Vorsitzende** des Kirchlichen Arbeitsgerichts, der die Befähigung zum Richteramt (§ 18 Abs. 2 KAGO) hat, **vorab** und **allein**. Die Entscheidung bedarf eines entsprechenden Antrages der MAV bzw. eines anderen beteiligten Vertretungsorgans i. S. d. MAVO. Der Antrag ist zweckmäßigerweise mit der Klageerhebung gemäß § 28 KAGO bzw. bei Klageerwiderung zu stellen.

70 Nicht zu verwechseln mit dem Antrag nach § 17 Abs. 1 S. 2, 4. Spiegelstrich MAVO ist der Antrag i. S. d. Verfahrensvorschriften § 12 Abs. 1 S. 2 und Abs. 2 KAGO. In der MAVO geht es um die vom Einzelrichter zu entscheidende Zulassung eines Verfahrenbevollmächtigten für die MAV oder ein

---

82 Exemplarisch *KAGH*, 25. 6. 2010 – M 06/10: »Zu den notwendigen Kosten gehören auch die Kosten zur Beauftragung eines Bevollmächtigten im Verfahren vor dem Kirchlichen Arbeitsgerichtshof; denn die Bevollmächtigung eines Rechtsanwalts erscheint vorliegend zur Wahrung der Rechte der Diözesanen Arbeitsgemeinschaft der Mitarbeitervertretungen zweckmäßig.«

83 *KAGH*, 7. 11. 2008 – M 12/08: »schwierige Rechtsfrage«; 27. 11. 2009 – M 06/09: »Schwierigkeit der Problemlage«; 19. 3. 2010 – M 13/09; vgl. auch *Richardi/Thüsing*, BetrVG § 40 Rn 25; *HSWGN-Glock*, BetrVG § 40 Rn 22; GK-BetrVG/*Weber*, § 40 Rn 98.

84 So etwa *LAG Düsseldorf*, 27. 3. 1992 – 9 TaBV 6/92, LAGE § 40 BetrVG 1972 Nr. 36.

85 *BAG*, 14. 2. 1996 – 7 ABR 25/95, NZA 1996, 892; *LAG Köln*, 14. 7. 1995 – 4 TaBV 40/95, NZA-RR 1996, 94. So auch die ständige Rechtsprechung des *KAGH*, 12. 12. 2008 – M 04/08: »Es kommt hinzu, dass sich die Gegenseite von einem Rechtsanwalt vertreten lässt. Daher erscheint hier auch aus Gründen der Ausgewogenheit und zur Wahrung gleicher Rechte und Chancen im Prozess die Hinzuziehung eines Rechtsanwalts bzw. einer Rechtsanwältin auch auf Seiten der Klägerin angemessen und zweckmäßig.«

86 *LAG Köln*, 14. 7. 1995 – 4 TaBV 40/95, NZA-RR 1996, 94.

87 Ähnliche Problematik im BetrVG: *BAG*, 31. 1. 1990 – 7 ABR 39/89, DB 1991, 495.

anderes Vertretungsorgan i. S. d. MAVO im Verfahren vor dem Kirchlichen Arbeitsgericht, so dass als Rechtsfolge für den Dienstgeber die Kostenlast gemäß § 17 Abs. 1 S. 2, 4. Spiegelstrich MAVO entsteht. In § 12 Abs. 1 S. 2 und Abs. 2 KAGO geht es um eine Vorabentscheidung des Kirchlichen Arbeitsgerichts in voller Besetzung (§ 16 Abs. 2 KAGO) darüber, ob Auslagen zu erstatten sind und wer sie zu tragen hat. Darüber befindet das Gericht auf Antrag eines Beteiligten auch schon vor Verkündung des Urteils durch selbständig anfechtbaren Beschluss (§ 12 Abs. 2 i. V. m. § 55 KAGO).

Vor den kirchlichen Arbeitsgerichten besteht **kein Anwaltszwang** (§ 11 KAGO). 71

b. Beschwerde gegen den Beschluss des Kirchlichen Arbeitsgerichts

Ist ein Beteiligter mit der Entscheidung des Vorsitzenden des Kirchlichen Arbeitsgerichts über die Zulassung eines Verfahrensbevollmächtigten gemäß § 17 Abs. 1 S. 2, 4. Spiegelstrich MAVO nicht einverstanden, so steht ihm das Recht der **Beschwerde** zu. Der Beschluss des Vorsitzenden ist selbständig anfechtbar (§ 12 Abs. 2 KAGO i. V. m. § 55 KAGO). Hinsichtlich der Beschwerde gegen die Entscheidung des Vorsitzenden gilt § 78 Satz 1 des Arbeitsgerichtsgesetzes entsprechend mit der Maßgabe, dass über die Beschwerde der Präsident des Arbeitsgerichtshofes durch Beschluss ohne mündliche Verhandlung entscheidet. 72

c. Revision

Im Falle der Revision beim Kirchlichen Arbeitsgerichtshof (§ 47 KAGO) **hat die** durch das Kirchliche Arbeitsgericht **einmal zugelassene Beauftragung eines Bevollmächtigten weiter Bestand**, falls der bevollmächtigende Beteiligte nicht anders entschieden. Auch in der Revisionsinstanz besteht kein Anwaltszwang (§ 11 KAGO). Die **erstmalige** Beauftragung eines Bevollmächtigten für die Revision durch die MAV bedarf wegen der vom Dienstgeber zu tragenden Kosten allerdings der gerichtlichen Zulassung durch Feststellung der Notwendigkeit. Dasselbe gilt für die Beschwerde im Fall der Nichtzulassung der Revision gemäß § 48 KAGO. Nicht anders kann es beim Antrag auf eine einstweilige Verfügung (§ 52 KAGO) sein. 73

Das Gesetz schreibt nicht vor, dass der zu Bevollmächtigende **Rechtsanwalt** sein **muss**. Unter dem Gesichtspunkt von Notwendigkeit wird auch darüber zu befinden sein. 74

Die Bestellung des Beistandes bzw. Rechtsanwalts ist nicht von dessen **Zugehörigkeit zu einer Kirche** abhängig (anders z. B. § 61 Abs. 4 S. 1 MVG-EKD). Die Hinzuziehung eines Beistandes bzw. Rechtsanwalts hängt weder vom Einverständnis der Gegenseite noch von dem des Vorsitzenden des Kirchlichen Arbeitsgerichts ab. Als Beistand kommt jeder in Betracht, der die MAV oder den Dienstgeber im Verfahren **sach- und rechtskundig** unterstützen kann, also z. B. Mitglieder einer anderen Mitarbeitervertretung,[88] andere Dienststellenleitungen, Dienstgeber oder der Diözesanen Arbeitsgemeinschaft der Mitarbeitervertretungen. **Die Verhandlungsvollmacht ist vorzulegen.** Allerdings hat seinerzeit die Schlichtungsstelle für die Erzdiözese München und Freising angemerkt, dass es nicht die gesetzliche Aufgabe von MAV-Mitgliedern sei, Mitarbeiter vor der Schlichtungsstelle zu vertreten. Nicht ausgeschlossen sind Vertreter von Gewerkschaften. 75

Der Hinzuziehung eines Rechtsanwalts steht grundsätzlich nicht entgegen, dass auch eine – grundsätzlich kostengünstigere – **Vertretung durch ein Mitglied der Diözesanen Arbeitsgemeinschaft der Mitarbeitervertretungen** möglich ist. Wer die Kirchlichen Arbeitsgerichte anruft, kann grundsätzlich frei wählen, ob er anwaltliche Hilfe in Anspruch nimmt oder ob er sich auf die sachkundige Rechtsberatung durch die jeweilige DiAG stützt. Ob die Mitglieder der DiAG überhaupt zur gerichtlichen Vertretung befugt sind, hängt von den einschlägigen diözesanen Regelungen ab. 76

Für die **Notwendigkeit der Beauftragung** eines Bevollmächtigten in Verfahren vor den kirchlichen Gerichten für Arbeitssachen gelten im Wesentlichen die Grundsätze der Beauftragung eines Bevoll- 77

---

[88] *Schlichtungsstelle für die Erzdiözese München und Freising*, ZMV 2000, 55.

mächtigten vor den Einigungsstellen (vgl. Rn 65 ff.). Die Notwendigkeit hängt in erster Linie von der **Schwierigkeit der prozessualen und materiellen Rechtsfragen** ab. Fehlende juristische Kenntnisse auf Seiten der MAV und/oder die Tatsache, dass sich die Gegenseite anwaltlich bzw. juristisch beraten lässt, sind Indizien dafür, dass die Beauftragung eines Bevollmächtigten notwendig ist.

78 Die Entscheidung über die Notwendigkeit kann **nicht davon abhängig** gemacht werden, **ob den Anträgen der MAV durch das Kirchliche Arbeitsgericht stattgegeben wird**. Das ist gerade mit Blick auf **Amtsenthebungsverfahren** gegen die MAV (§ 13 Abs. 3 Nr. 6 MAVO, § 2 Abs. 2 KAGO) oder das Ausschlussverfahren gegen ein Mitglied der MAV (§ 13c Nr. 4 MAVO, § 2 Abs. 2 KAGO) zu beachten. Zur Fristwahrung siehe § 44 KAGO. Zu bedenken ist, dass zu Beginn der jeweiligen Verfahren nicht feststeht, ob den Anträgen stattgegeben wird, ob also im Falle des Amtsenthebungsverfahrens eines Mitgliedes der MAV schuldhaftes Verhalten des Mitgliedes festgestellt wird (§ 13c Nr. 4). Die Erforderlichkeit der Hinzuziehung eines Rechtsanwalts ist nicht danach zu beurteilen, ob das MAV-Mitglied in dem Ausschlussverfahren schließlich obsiegt oder, wenn in dem Ausschlussverfahren keine rechtskräftige Sachentscheidung ergangen ist, ob es bei hypothetischer Betrachtung obsiegt hätte. Vielmehr kommt es darauf an, ob für das MAV-Mitglied eine anwaltliche Verteidigung in dem Ausschlussverfahren nach Beurteilung des Vorsitzenden des Kirchlichen Arbeitsgerichts als notwendig angesehen wurde. Nicht notwendig ist die Zulassung und Beauftragung eines Rechtsanwalts, wenn eine Verteidigung gegen den Ausschlussantrag von vornherein als offensichtlich aussichtslos erscheinen muss. Das ist der Fall, wenn das dem MAV-Mitglied vorgeworfene Verhalten von ihm ernsthaft nicht bestritten werden kann und die rechtliche Würdigung des Verhaltens unzweifelhaft eine zum Ausschluss aus der MAV führende grobe Pflichtverletzung i. S. v. § 13c Nr. 4 ergibt.[89] Die Rechtsverfolgung ist nur dann offensichtlich aussichtslos, wenn die Rechtslage unzweifelhaft ist und zu einem Unterliegen der MAV führen muss. Davon kann aber nicht ausgegangen werden, wenn über eine ungeklärte Rechtsfrage zu entscheiden ist und die Rechtsauffassung der MAV vertretbar erscheint.[90]

79 Ein **einzelnes Mitglied der MAV** kann vom Dienstgeber nicht die Erstattung der **Anwaltskosten** verlangen, wenn es in einem **Rechtsstreit für versäumte Arbeitszeit** wegen angeblicher Tätigkeit in der MAV die Lohnfortzahlung verlangt.[91] Der Vergütungsanspruch ist **arbeitsvertraglicher Natur**, bei dessen Geltendmachung das Mitglied der MAV demselben Kostenrisiko unterworfen ist wie ein sonstiger Mitarbeiter bei der Geltendmachung von Vergütungsansprüchen.

80 Hinsichtlich des **Umfangs der erstattungsfähigen Kosten** erhält der Rechtsanwalt für seine Tätigkeit grundsätzlich die Gebühren und Auslagen nach dem Rechtsanwaltsvergütungsgesetz (**RVG**). Die Gebührenhöhe richtet sich nach dem **Gegenstandswert** (§ 2 Abs. 1 RVG). Diesen kann der Rechtsanwalt selbst ermitteln oder gerichtlich festsetzen lassen.

81 Beantragt der Bevollmächtigte der MAV die Streitwertfestsetzung, dann ist der **Dienstgeber** wegen seiner Kostentragungspflicht **vor dem Beschluss anzuhören**.

82 Mitarbeitervertretungsrechtliche Streitigkeiten sind in aller Regel **nichtvermögensrechtliche Streitigkeiten**, soweit sie Mitbestimmungsrechte und andere Befugnisse der MAV zum Gegenstand haben. Nach § 23 Abs. 3 RVG ist bei nichtvermögensrechtlichen Streitigkeiten ein **Gegenstandswert von 4 000 EUR** anzusetzen, von dem nach Lage des Falles abgewichen werden kann, wobei jedoch 500 000 EUR nicht überschritten werden dürfen. Nach § 22 Abs. 1 RVG werden in derselben Angelegenheit die Werte mehrer Gegenstände zusammengerechnet.

83 Fraglich ist, ob es sich bei dem Wert in § 23 Abs. 3 RVG um einen **Regelwert** handelt, von dem nur in begründeten Ausnahmefällen abgewichen werden kann, oder einen **Hilfsstreitwert**, der nur zur Anwendung kommt, wenn keine anderen Maßstäbe zur Verfügung stehen. Das LAG Rheinland-

---

[89] *BAG*, 19. 4. 1989 – 7 ABR 6/88, NZA 1990, 233.
[90] *BAG*, 19. 3. 2003 – 7 ABR 15/02, NZA 2003, 870.
[91] *BAG*, 30. 6. 1993 – 7 ABR 45/92, BB 1993, 2449.

Pfalz[92] geht von einem Hilfsstreitwert aus, während das LAG Köln[93] von einem Regelwert spricht. Tatsächlich wird dieser Wert von der Rechtsprechung oftmals gekürzt bzw. vervielfacht, wobei **ein einheitliches Schema nicht erkennbar** ist.

In der Rechtsprechungspraxis der Landesarbeitsgerichte werden für die Wertfestsetzung folgende Umstände als maßgeblich angesehen: Abzustellen ist in erster Linie auf die **Bedeutung der Angelegenheit** gerade **auch in immaterieller** Hinsicht, wobei nicht die wirtschaftliche Bedeutung für den Arbeitgeber maßgeblich ist, sondern die Bedeutung für die Belegschaft.[94] Die streitwertrechtliche »Bedeutung« der Anfechtung einer Betriebsratswahl hängt nach Ansicht des LAG Köln zum Beispiel von der Größe des betroffenen Betriebes ab, die sich wiederum in der Größe des Betriebsrats widerspiegelt, dessen Wahl angefochten wird.[95] Bei personalisierten Mitbestimmungsrechten (z. B. Zustimmung zur Einstellung oder Anhörung und Mitberatung bei der Kündigung) wird teilweise vorgeschlagen, die Wertungen des § 42 Abs. 3 GKG heranzuziehen und den Verdienst der betroffenen Arbeitnehmer zu berücksichtigen.[96] Geht es um die Unterlassung der Verletzung grundlegender Mitbestimmungsrechte, können 8 000 EUR angemessen sein.[97] Andere Landesarbeitsgerichte weichen vom Regelstreitwert ab, wenn dies wegen der **Schwierigkeit der Sache** geboten erscheint.[98] Die tatsächlichen Schwierigkeiten müssen sich immer auf die anwaltliche Tätigkeit selbst auswirken. Teilweise wird auf den Arbeitsaufwand der Verfahrensbevollmächtigten, der sich nach Umfang, Schwierigkeit und Dauer des Verfahrens richtet, abgestellt.[99] Mitunter soll es auf den Grad der Beharrlichkeit ankommen, mit der der Arbeitgeber die Rechte des Betriebsrats missachtet.[100] Einigkeit besteht darin, dass die angespannte wirtschaftliche Situation des Arbeitgebers und die Erfolgsaussichten des Antrags die Höhe des Streitwerts nicht beeinflussen.[101] 84

Bei Verfahren des vorläufigen Rechtsschutzes ist nur ein Drittel,[102] die Hälfte[103] bzw. zwei Drittel[104] des normalen Gegenstandswertes in Ansatz zu bringen. 85

Liegen keine Besonderheiten vor, ist auch in mitarbeitervertretungsrechtlichen Streitigkeiten nach Ansicht des **Kirchengerichtshofs der EKD** der Regelstreitwert von 4 000 EUR festzusetzen.[105] Das entspricht im Ergebnis auch der bisherigen Rechtsprechung des **Kirchlichen Arbeitsgerichtshofs**.[106] 86

Eine **Gebührenvereinbarung** mit einem Rechtsanwalt, die zu einer höheren Vergütung führt, darf die MAV regelmäßig **nicht für erforderlich** halten.[107] 87

Macht der beauftragte Rechtsanwalt **Reisekosten** geltend, so sind diese nur dann vom Dienstgeber zu erstatten, wenn am Ort der MAV oder in ihrer Nähe kein Anwalt mit entsprechender Fachkompetenz ansässig ist.[108] 88

---

92 *LAG Rheinland-Pfalz*, 1. 3. 2010 – 1 Ta 24/10, juris; 9. 9. 2009 – 1 Ta 202/09, juris.
93 *LAG Köln*, 29. 6. 2009 – 2 Ta 168/09, juris.
94 *LAG Köln*, 2. 9. 2010 – 7 Ta 277/10, juris; *LAG Düsseldorf*, 11. 1. 2007 – 6 Ta 638/06, juris.
95 *LAG Köln*, 14. 10. 2010 – 7 Ta 249/10, juris.
96 *LAG Hamburg*, 11. 1. 2010 – 4 Ta 17/09, juris; *LAG Hamm*, 20. 11. 2009 – 10 Ta 601/09, juris.
97 *LAG Rheinland-Pfalz*, 1. 3. 2010 – 1 Ta 24/10, juris.
98 So z. B. *LAG Schleswig-Holstein*, 16. 7. 2010 – 3 Ta 81/10, juris; *LAG Rheinland-Pfalz*, 13. 3. 2009 – 1 Ta 28/09, juris; *LAG Hamm*, 2. 2. 2009 – 10 Ta 801/08, juris.
99 *LAG Schleswig-Holstein*, 6. 2. 2002 – 2 Ta 145/01, DB 2002, 1224.
100 *LAG Hamm*, 28. 6. 2007 – 10 Ta 149/07, juris.
101 *LAG Hamm*, 6. 3. 2009 – 13 Ta 846/08, juris; *LAG Köln*, 22. 9. 2008 – 7 Ta 188/08, juris.
102 *LAG Schleswig-Holstein*, 19. 11. 1985 – 4 Ta BV 41/85, n. v.
103 *LAG Hamm*, 25. 4. 1993 – 8 Ta BV 183/92, LAGE § 8 BRAGO Nr. 22.
104 *LAG Hamm*, 27. 10. 2006 – 10 Ta BV 675/06, NZA-RR 2007, 153.
105 *KGH.EKD*, 10. 2. 2010 – II-0124/R81–09, n. v.
106 *KAGH*, Beschluss v. 4. 11. 2009, M 01/09, n. v.; Beschluss v. 13. 3. 2009, M 13/08, n. v.
107 *BAG*, 20. 10. 1999 – 7 ABR 25/98, NZA 2000, 556; *LAG Hessen*, 18. 11. 2009 – 9 TaBV 39/09, LAGE § 111 BetrVG 2001 Nr. 9.
108 *BAG*, 15. 11. 2000 – 7 ABR 24/00, EzA § 40 BetrVG 1972 Nr. 92.

89 Die MAV, die in einer Streitigkeit von einem Rechtsanwalt vertreten worden ist, kann mangels Rechtsfähigkeit (s. § 5 Rn 32) **nicht als Kollegialorgan** auf Zahlung der **Anwaltskosten** in Anspruch genommen werden.[109] In Anlehnung an eine verbreitete Auffassung zur Rechtslage nach dem BetrVG kann der beauftragte Rechtsanwalt seine Vergütungsansprüche allerdings **gegen die Mitglieder der MAV** richten, die den Vertretungsauftrag erteilt haben.[110]

8. Sonstige Kosten

90 Fraglich ist, ob **Kinderbetreuungskosten** vom Dienstgeber zu erstatten sind, die dadurch anfallen, dass ein Mietglied der MAV außerhalb der Arbeitszeit Tätigkeiten für die MAV verrichtet. Das LAG Hessen hat die Frage für den Anwendungsbereich des BetrVG grundsätzlich bejaht.[111] Das LAG Nürnberg urteilt restriktiver. Kinderbetreuungskosten seien jedenfalls dann nicht erforderlich und damit nicht erstattungsfähig, wenn die Kinderbetreuung von einer anderen im Haushalt lebenden Person hätte übernommen werden können.[112] In einer kürzlich ergangenen Entscheidung hat das BAG erkannt, dass ein alleinerziehendes Betriebsratsmitglied vom Arbeitgeber in angemessener Höhe die Erstattung der Kosten verlangen kann, die ihm durch die erforderliche Fremdbetreuung seines minderjährigen Kindes während einer mehrtägigen auswärtigen Betriebsratstätigkeit entstehen. Das gilt jedoch nicht für die Zeiten, in denen das Betriebsratsmitglied ohne die Erfüllung von Betriebsratsaufgaben zur Arbeitsleistung verpflichtet wäre oder in denen der Arbeitgeber vom Betriebsratsmitglied berechtigterweise Mehrarbeit verlangen könnte. Das Betriebsratsmitglied darf eine entgeltliche Fremdbetreuung der minderjährigen Kinder auch dann für erforderlich halten, wenn eine im Haushalt des Betriebsratsmitglieds lebende und nicht zur Kinderbetreuung verpflichtete Person (hier eine volljährige Tochter) die Betreuung ernsthaft ablehnt.[113]

V. Sachliche und personelle Hilfen

91 Der Dienstgeber hat gemäß **§ 17 Abs. 2** der MAV und anderen berechtigten Gremien (vgl. z. B. § 17 Abs. 3), die durch Verweisung auf § 17 berechtigt sind, **sachliche** und **personelle Hilfen** für die laufende Geschäftsführung zur Verfügung zu stellen und infolgedessen auch die daraus resultierenden Kosten bzw. Lasten zu tragen. Allerdings steht der Umfang der Pflichten des Dienstgebers unter dem gesetzlichen Vorbehalt seiner bei ihm vorhandenen Gegebenheiten. Deshalb kann es von Einrichtung zu Einrichtung und von Dienstgeber zu Dienstgeber unterschiedliche Ausstattungen für die MAV geben. Die Ursachen sind der **Umfang der Geschäftsführung** der MAV, die **Größe der Einrichtung** und die **personelle Zusammensetzung** der MAV. Der Dienstgeber hat die Hilfen zur Verfügung zu stellen, so dass die MAV einen Überlassungsanspruch hat; sie darf keine eigenmächtigen Beschaffungen vornehmen.

1. Sachliche Hilfen

a. Raum

92 Zu den sachlichen Hilfen für die MAV gehören die Räume, die für die Sitzungen, Sprechstunden und die laufende Geschäftsführung der MAV zur Verfügung zu stellen sind. Damit verbunden sind auch die Folgeleistungen des Dienstgebers mit dem erforderlichen Inventar, Heizung, Licht, Reinigung.[114] Der Raum muss so beschaffen sein, dass er für die Sitzungen der MAV und ihre Sprechstunden die geeignete

---

109 *Fitting*, BetrVG § 40 Rn 92; GK-BetrVG/*Weber*, § 40 Rn 82.
110 *LAG Düsseldorf*, 13. 5. 1998 – 7 Ta BV 10/98, NZA 1998, 1080.
111 *LAG Hessen*, 22. 7. 1997 – 4/12 TaBV 146/96, LAGE § 40 BetrVG 1972 Nr. 56: Teilnahme eines teilzeitbeschäftigten GesBR an dessen auswärtigen Sitzungen. Zustimmend *Fitting*, BetrVG § 40 Rn 43.
112 *LAG Nürnberg*, 27. 11. 2008 – 5 TaBV 79/07, juris.
113 *BAG*, 23. 6. 2010 – 7 ABR 103/08, NZA 2010, 1298 = ZMV 2010, 270.
114 *LAG Rheinland-Pfalz*, 2. 2. 1996 – 3 Ta BV 37/95, BB 1996, 2465.

Größe und Lage hat. Der Raum kann daher nicht im Keller liegen, wenn dieser im Wesentlichen nicht für den gewöhnlichen Aufenthalt von Personen hergerichtet ist oder neben Lagerräumen liegt.

Der einmal zugewiesene Raum kann allerdings wieder entzogen werden, wenn die MAV in einem anderen als Ersatz zugewiesenen Raum ihre Aufgaben erfüllen kann. Gleichwertigkeit mit dem früher zugewiesenen Raum ist nicht erforderlich.[115] Nicht zu beanstanden ist, wenn die Räumlichkeiten der MAV im Zuge von Umstrukturierungsmaßnahmen in ein anderes Gebäude verlegt werden, das nur in einer Entfernung von 3 bis 5 Minuten Fußweg von den bisher genutzten Büroräumen steht.[116] 93

Aus der Verpflichtung des Dienstgebers, die Vertraulichkeit der MAV-Tätigkeit zu sichern, ergibt sich die Pflicht, der MAV ein eigenes Zimmer für die Schreibkraft der MAV zur Verfügung zu stellen, wenn die räumliche Situation der Einrichtung dies zulässt und auch die sonstigen Mitarbeiter in ähnlich großzügigen Verhältnissen arbeiten können. Sind die räumlichen Verhältnisse in der Einrichtung beengt, ist es der MAV zumutbar und zu dulden, dass in dem Raum der für die MAV tätige Schreibkraft zusätzlich der Arbeitsplatz einer Schreibkraft des allgemeinen Schreibdienstes eingerichtet wird.[117] 94

In größeren Einrichtungen müssen für die MAV eine oder mehrere abschließbare Räume zur ständigen Nutzung überlassen werden.[118] In kleineren Einrichtungen kann eine zeitweise Überlassung eines anderweitig genutzten Raumes ausreichen. In diesem Fall ist jedoch mindestens ein abschließbarer Schrank zur Verfügung zu stellen.[119] 95

Der MAV steht ein **Hausrecht** an den ihr zur Verfügung gestellten Räumen insoweit zu, als die Räume zur Erfüllung ihrer Aufgaben erforderlich sind.[120] Das Hausrecht berechtigt die MAV gegenüber dem Dienstgeber nicht, Dritten Zugang zu den Räumen der MAV zu gewähren, wenn und soweit Zutritt oder Aufenthalt Dritter im MAV-Büro zur Erfüllung der Aufgaben nach der MAVO nicht erforderlich sind. Andererseits ist der Dienstgeber mit Rücksicht auf das Hausrecht der MAV verpflichtet, unter Wahrung der berechtigten Geheimhaltungsbelange des Dienstgebers den Zugang Dritter zum MAV-Büro zu dulden, soweit dies für die Erfüllung der gesetzlichen Aufgaben der MAV erforderlich ist. Die MAV kann vom Dienstgeber verlangen, dass dieser ohne vorherige Genehmigung oder gegen ihren Willen das MAV-Büro nicht betritt. Sie kann ein abschließbares Büro verlangen.[121] Im Einzelfall hat der Dienstgeber den Zutritt eines Rechtsanwalts zum Büro der MAV zu dulden.[122] 96

b. Mobiliar, technische Ausrüstung, Material

Mobiliar, technische Ausrüstung (z. B. Schreibmaschine, Diktiergerät), Schreibmaterial in der erforderlichen Menge, Porto, Stempel, verschließbare Schränke (§ 14 Abs. 7) gehören zu den sachlichen Hilfen ebenso wie die nachstehend genannten Hilfsmittel unter Berücksichtigung der beim Dienstgeber vorhandenen Gegebenheiten. 97

Für die technische Ausstattung gelten folgende **Grundannahmen**: Die MAV hat keinen Anspruch auf die bestmögliche oder modernste Technik. Nützlichkeit ist nicht mit Erforderlichkeit gleichzusetzen. Bei der Beurteilung der Erforderlichkeit ist eine einzelfallbezogene Betrachtungsweise geboten. Es kommt immer auf die konkreten Verhältnisse vor Ort an. Bei der Frage, was zur ordnungsgemäßen Durchführung der Aufgaben der MAV erforderlich ist, wird man insbesondere auf das Ausstattungsniveau des Dienstgebers und die Größe der Einrichtung abzustellen haben. 98

---

115 *ArbG Hamburg*, 11. 6. 1987 – 8 Ga BV 4/87, DB 1987, 2658.
116 *KAG Mainz*, 9. 6. 2010 – M 18/10; *KAG Mainz*, 9. 6. 2010 – M 17/10.
117 *Hess. VerwGH*, 17. 2. 1995 – HPV TL 2143/92, ZTR 1994, 349.
118 *LAG Schleswig-Holstein*, 19. 9. 2007 – 6 TaBV 14/07, NZA-RR 2008, 187; *ArbG Frankfurt*, 17. 2. 1999 – 2 BV 454/98, NZA-RR 1999, 420.
119 *LAG Bremen*, 9. 12. 2004 – 3 TaBV 15/04, DB 2005, 1527.
120 *BAG*, 18. 9. 1991 – 7 ABR 63/90, NZA 1992, 315.
121 *LAG Nürnberg*, 1. 4. 1999 – 6 Ta 6/99, NZA 2000, 335.
122 *BAG*, 20. 10. 1999 – 7 ABR 37/98, juris; *LAG Schleswig-Holstein*, 23. 6. 1998 – 1 Ta BV 15/98, DB 1999, 392.

II. Die Mitarbeitervertretung

99 Zur Erleichterung der Verständigung der Mitglieder der Mitarbeitervertretung, Sondervertretung und Gesamtmitarbeitervertretung sowie der Diözesanen Arbeitsgemeinschaft in einem weit ausgedehnten Gebiet (Diözese) ist der Gebrauch des **Telefons** unerlässlich.[123] Deshalb ist es möglich, für die MAV oder ein anderes Gremium i. S. d. MAVO einen zentralen Dienstanschluss zu installieren, der z. B. dem Vorsitzenden zum Kontakt mit den Mitgliedern der MAV, den angeschlossenen Teildienststellen und ihren Mitarbeitern sowie mit dem Dienstgeber zu dienen bestimmt ist.

100 Die MAV kann nach § 17 Abs. 2 auch verlangen, eine an den Arbeitsplätzen der Mitarbeiterinnen und Mitarbeiter vorhandene Telefonanlage durch eine vom Dienstgeber zu veranlassende gesonderte fernsprechtechnische Schaltung für den innerbetrieblichen Dialog mit der Mitarbeiterschaft nutzbar machen zu lassen. Denn die Nutzung des Telefons zur **Kontaktaufnahme mit den von der MAV vertretenen Mitarbeitern** betrifft die Erfüllung gesetzlicher Aufgaben der MAV besonders dann, wenn die Mitarbeiter vom Büro der MAV weit entfernte Arbeitsplätze haben, wie etwa im Gebiet einer gemeinsamen MAV (§ 1b) oder einer Sondervertretung (§ 23).[124] Umgekehrt kann die MAV auch verlangen, eine an den Arbeitsplätzen der einzelnen Mitglieder der MAV vorhandene **Telefonanlage** fernsprechtechnisch so einzurichten, dass die Mitarbeiter der Einrichtung bei dem MAV-Mitglied ihres Vertrauens anrufen können, wenn z. B. eine gemeinsame Mitarbeitervertretung (§ 1b) oder Sondervertretung (§ 23) gebildet ist, deren Mitglieder wegen der Gebietsstruktur mit räumlich weit auseinander liegenden Dienststellen zur Erfüllung ihrer gesetzlichen Aufgaben erreichbar sein müssen.[125] Die MAV hat jedoch keinen Anspruch darauf, dass die Telefone in den Betriebsstätten, in denen keine MAV-Mitglieder beschäftigt sind, telefontechnisch so eingerichtet werden, dass die Mitarbeiter von dort aus sämtliche Mitglieder der MAV anrufen können.

101 Zur Frage, ob dem Mitglied eines betrieblichen Repräsentativorgans gegen den Arbeitgeber ein Anspruch auf Ausstattung mit einem **Mobiltelefon** zusteht, existiert noch keine Entscheidung des BAG, aber einige Entscheidungen der Instanzgerichte. Nach Auffassung des LAG Stuttgart ist die Ausstattung mit einem Handy dann nicht erforderlich, wenn eine zuverlässige und zeitnahe Kommunikation des Vorsitzenden mit den übrigen Betriebsratsmitgliedern ohne ein Handy möglich ist.[126] Dies ist bei einem Betriebsratsvorsitzenden, der mehr als 40 % der Jahresarbeitszeit aufgrund überbetrieblicher Betriebsratsämter abwesend ist, aber nicht der Fall.[127] Nach dem Beschluss des ArbG Wesel aus dem Jahr 1999 kann der Betriebsrat bei entsprechenden betrieblichen Verhältnissen auch ein eigenes Handy als erforderliches Sachmittel verlangen. Dies gilt insbesondere dann, wenn in dem vom Betriebsrat zu betreuenden, weit auseinander liegenden Betriebsstätten keine besonderen Betriebsratsbüros eingerichtet sind und eine anderweitige Kommunikation zwischen diesen in einem zeitlich vertretbaren Rahmen sonst nicht durchführbar ist oder wenn zur ordnungsgemäßen Erledigung von Betriebsratsaufgaben in einem erheblichen Umfang eine schnelle Verbindung zwischen Betriebsratsmitglied und der betrieblichen Stelle erforderlich ist.[128] Dagegen hat das LAG München im konkreten Fall einen Anspruch des Betriebsrats nach § 40 Abs. 2 BetrVG abgelehnt. Dabei war von entscheidender Bedeutung, dass die telefonische Erreichbarkeit der Betriebsratsmitglieder durch die in den einzelnen Verkaufsstellen installierten Telefonanlagen nach Auffassung des Gerichts gewährleistet war.[129] Neuerdings hat das LAG Halle dem Betriebsrat einen Anspruch auf ein Mobiltelefon zugestanden, wenn er ansonsten nicht ungestört telefonieren und angerufen werden kann oder seine Telefonate mitgehört werden können.[130]

---

123 Vgl. z. B. *BAG*, 19. 1. 2005 – 7 ABR 24/04, juris.
124 *BAG*, 9. 6. 1999 – 7 ABR 66/97, MDR 1999, 1511.
125 *BAG*, 27. 11. 2002 – 7 ABR 36/01, NZA 2003, 803.
126 *LAG Stuttgart*, 3. 3. 2006 – 5 TaBV 9/05, juris.
127 *ArbG Karlsruhe*, 11. 6. 2008 – 4 BV 15/07, juris.
128 *ArbG Wesel*, 14. 4. 1999 – 4 BV 44/98, juris.
129 *LAG München*, 20. 12. 2005 – 8 TaBV 57/05, juris.
130 *LAG Halle*, 23. 6. 2010 – 4 TaBV 4/10, juris.

Eine aus mehreren Mitgliedern bestehende MAV kann ohne Darlegung der Erforderlichkeit verlan- 102
gen, dass ihr der Dienstgeber ein **Telefaxgerät** zur Verfügung stellt, wenn der MAV die Mitbenutzung
der Geräte des Dienstgebers aus Vertraulichkeitsgründen nicht zumutbar ist.[131] Nach Ansicht des
LAG Düsseldorf kann ein Telefaxgerät zumindest ab mittlerer Unternehmensgröße zu den erforderlichen Sachmitteln gehören.[132]

Ein **Anrufbeantworter** kann erforderlich sein, um die telefonische Erreichbarkeit der MAV sicher- 103
zustellen.[133]

Soweit in der Einrichtung **Fotokopiergeräte** vorhanden sind, darf sie die MAV mitbenutzen.[134] Will 104
der Dienstgeber ihr die Benutzung verwehren, muss er der MAV ein eigenes Gerät zur Verfügung
stellen.

Zum Geschäftsbedarf der MAV gehört auch der für den Aushang bestimmte Kasten oder das 105
Schwarze Brett, wo die MAV Mitteilungen für die Mitarbeiter der Dienststelle veröffentlichen kann.
Die Aushänge dürfen allerdings nur das zum Gegenstand haben, was zum Aufgabenbereich der MAV
gehört. Auseinandersetzungen zwischen Dienstgeber und MAV oder der MAV mit anderen Personen
oder Gruppen gehören grundsätzlich nicht ans Schwarze Brett. Unzulässig sind deshalb ehrverletzende Angriffe auf den Dienstgeber und die von ihm Beauftragten. Gegen strafrechtliche Bestimmungen verstoßende Veröffentlichungen sind gegebenenfalls vom Dienstgeber zu entfernen, auch gegen
den Willen der MAV. Im Rahmen sachlicher Kritik ist es aber zulässig, dass die MAV ihre vom Dienstgeber abweichende Meinung bekannt gibt. Der Dienstgeber hat kein Zensurrecht (vgl. § 18 Rn 2); er
darf die Bekanntmachungen der MAV auch nicht eigenmächtig entfernen, sondern muss, falls die
MAV seiner Aufforderung die Bekanntmachung abzunehmen, nicht nachkommt, beim Kirchlichen
Arbeitsgericht eine einstweilige Verfügung beantragen.[135] Er darf die Bekanntmachung nur dann
selbst entfernen, wenn die Bekanntmachung eindeutig gegen das Strafgesetz verstößt und die
MAV sich weigert, sie abzunehmen. Die MAV hat den Aushang politischer Flugblätter zu unterlassen.
Die politische Betätigung gehört nicht zum Aufgabenbereich der MAV. Dasselbe gilt für den Dienstgeber. Zwar besteht in der MAVO keine dem § 74 Abs. 2 S. 3 BetrVG entsprechende Norm, wonach
sich Arbeitgeber und Betriebsrat jeder parteipolitischen Betätigung im Betrieb zu enthalten haben;
doch kann durch solcherlei Parteinahme von den Aufgaben der MAV abgelenkt werden, zumal
die MAV die Vertretung aller Mitarbeiter ist und deshalb zu politischer Zurückhaltung angehalten
ist (zur politischen Betätigung der MAV vgl. § 22 Rn 5 ff.). **Außenstehenden**, aber auch den in
den Einrichtungen vertretenen Koalitionen, darf die Mitbenutzung des Schwarzen Brettes **nicht gestattet** werden.

Der Dienstgeber kann der MAV auch ein **Postfach** einrichten, damit die MAV sich dort Nachrichten 106
abholen kann. Um aber wegen des Zeitpunktes des Zugangs von Mitteilungen des Dienstgebers an
die MAV bei Fristsachen keinen Streit entstehen zu lassen, sollten MAV und Dienstgeber eine Vereinbarung darüber treffen, wie die MAV von der Einlage in das Postfach ohne Verzögerung erfährt.
Denn legt der Dienstgeber etwa an Sylvester (31. Dezember) eine Nachricht in den Kasten und die
MAV-Mitglieder sind nicht mehr in der Einrichtung, können sie in Eilfällen überhaupt nicht reagieren. Deshalb sind für **Eilfälle** in jedem Falle Absprachen über die Benachrichtigung in solchen Fällen
zu treffen. Dasselbe Problem kann auch während der Urlaubsabwesenheit der MAV-Mitglieder von
Bedeutung werden. In Fällen dieser Art dürfte die Hinterlegung im Postfach unzureichend sein, um
die MAV pflichtgemäß an ihren Mitwirkungsrechten zu beteiligen.

---

131 *LAG Hamm*, 14. 5. 1997 – 3 Ta BV 2/97, BB 1997, 2052.
132 *LAG Düsseldorf*, 24. 6. 1993, NZA 1993, 1143; vgl. auch *LAG Rheinland-Pfalz*, 30. 6. 2004 – 10 TaBV
880/03, RDV 2006, 79; *BAG*, 15. 11. 2000 – 7 ABR 9/99, juris; *LAG Niedersachsen* 27. 5. 2002 – 5
TaBV 21/02, AiB 2003, 555.
133 *BAG*, 15. 11. 2000 – 7 ABR 9/99, juris; *ArbG Berlin*, 7. 10. 2005 – 28 BV 17569/05, juris; zuletzt *LAG
Baden-Württemberg*, 29. 1. 2010 – 7 TaBV 8/09, juris.
134 *AG Düsseldorf*, 6. 1. 1995, BB 1995, 879.
135 *VG Berlin*, 9. 11. 1994 – VG FK – B 8.94, PersR 1995, 96.

II. Die Mitarbeitervertretung

c. Gesetzestexte und Literatur

107 Zu den erforderlichen Sachmitteln gehört grundsätzlich auch **Fachliteratur**.[136] Als Fachliteratur kommen in Betracht die Texte der MAVO, KAGO, Grundordnung und der anderen Arbeitnehmerschutzgesetze (ArbZG, MuSchG, KSchG, BUrlG usw.), der Unfallverhütungsvorschriften und der in der Einrichtung anzuwendenden kirchlichen Arbeitsvertragsordnungen bzw. Tarifverträge. Die Möglichkeit der Mitbenutzung der in der Einrichtung vorhandenen Fachliteratur ist – insbesondere in kleineren Einrichtungen – ausreichend, wenn die MAV-Mitglieder im Bedarfsfall jederzeit Einsicht nehmen können.[137]

108 Ein **aktueller Kommentar zur MAVO**[138] und **eine arbeits- und sozialrechtliche Fachzeitschrift**[139] gehören zum unentbehrlichen Arbeitsmittel, über das eine MAV jederzeit verfügen muss, wenn sie ihre Aufgaben ordnungs- und sachgemäß erfüllen will. Inhaltlich geeignet sind Zeitschriften, die zeitgerecht von aktuellen Entwicklungen auf dem Gebiet des Mitarbeitervertretungs- und Arbeitsrechts berichten. Ist in der Einrichtung noch keine Fachzeitschrift vorhanden, so hat die MAV unter mehreren geeigneten Fachzeitschriften ein **Auswahlrecht**.[140] In kleineren Einrichtungen ist es grundsätzlich ausreichend, wenn der MAV eine solche Zeitschrift **im Umlaufverfahren** zur Verfügung gestellt wird. Die MAV kann nicht in jedem Falle für jedes Mitglied der MAV ein bestimmtes Buch mit **Fachliteratur** verlangen. Auf eine bestehende Handbibliothek ist zurückzugreifen.[141]

109 Die vom Dienstgeber zur Verfügung zu stellenden **Kommentare** müssen sich mit Rücksicht auf die gesetzliche Aufgabenstellung der MAV **jeweils auf dem neuesten Stand** befinden und beim Wechsel der Auflage auch neu beschafft werden.[142] Dabei braucht sich die MAV nicht ausschließlich vom Interesse des Dienstgebers an einer möglichst geringen Kostenbelastung leiten zu lassen.[143] Die MAV hat jedoch keinen Rechtsanspruch auf solche **Textausgabensammlungen** für Arbeitsvertragsregelungen, die nicht mehr auf dem neuesten Stande der Beschlussfassung in der KODA sind. Ausgaben dieser Art müssen, um für den Anwender nützlich zu sein, das aktuell geltende Recht wiedergeben.[144]

110 Nicht erforderlich ist der regelmäßige Bezug der **Tagespresse**.[145]

111 Der Einwand des Dienstgebers, er verfüge selbst nicht über dieses Buch bzw. Fachzeitschrift und die MAV müsse sich aus Gründen der »Waffengleichheit« ebenfalls auf den Erwerb verzichten, ist nicht tragfähig.[146] Der Dienstgeber kann die berechtigten Forderungen der MAV nach Fachliteratur nicht damit zurückweisen, dass er sie auf den vorrangigen Besuch von Schulungsveranstaltungen oder die Inanspruchnahme von Sachverständigen verweist.[147]

---

136 Ständige Rechtsprechung *BAG*, 25. 1. 1995 – 7 ABR 37/94, NZA 1995, 59.
137 *LAG Düsseldorf*, 14. 4. 1965, BB 1966, 123.
138 *BAG*, 26. 10. 1994 – 7 ABR 15/94, NZA 1995, 386: »Das auf der gesetzlichen Aufgabenstellung beruhende Informationsbedürfnis des Betriebsrats verlangt, dass sich die ihm von dem Arbeitgeber zur Verfügung zu stellenden Kommentare jeweils auf dem neuesten Stand befinden und bei einem Wechsel der Auflage auch neu beschafft werden; dabei steht dem Betriebsrat ein Wahlrecht darüber zu, ob er an dem bisherigen Kommentar festhält oder ob ihm ein anderer für seine Bedürfnisse geeigneter erscheint.«
139 *Fitting*, BetrVG § 40 Rn 123; *HSWGN-Glock*, BetrVG § 40 Rn 92; *Richardi/Thüsing*, BetrVG § 40 Rn 70.
140 *BAG*, 15. 4. 1983 – 6 ABR 70/82, DB 1984, 248; *LAG Schleswig-Holstein*, 11. 4. 1995 – 1 Ta BV 4/95, BB 1995, 1188; *BVerwG*, 5. 10. 1988, ZTR 1990, 121; *Schlichtungsstelle Paderborn*, 27. 1. 1993 – V/92, ZMV 1994, 251; ebenso *Richardi/Thüsing*, BetrVG § 40 Rn 70; *HSWGN-Glock*, BetrVG § 40 Rn 92.
141 *Schlichtungsstelle München und Freising*, 15. 3. 1996 – 13 AR 95; *Hess. VerwGH*, 17. 6. 1993 – BPVTK 1 122/92, ZTR 1994, 173; *LAG Berlin*, 5. 10. 1992 – 9 Ta BV 3/92 und 5/92, AR-Blattei ES 530.10 Nr. 72.
142 *BAG*, 26. 10. 1994 – 7 ABR 15/94, NZA 1995, 386.
143 *BAG*, 24. 1. 1996 – 7 ABR 22/95, DB 1996, 2034.
144 *Schlichtungsstelle München und Freising*, 27. 9. 1996 – 26 AR 96.
145 *BAG*, 29. 11. 1989 – 7 ABR 42/89, NZA 990, 448: »Der Betriebsrat kann nicht verlangen, dass ihm der Arbeitgeber die Zeitung »Handelsblatt« zur Verfügung stellt.
146 *LAG Bremen*, 3. 5. 1996 – 4 TaBV 46/95 und 20/96, BB 1996, 2303.
147 *BAG*, 25. 1. 1995 – 7 ABR 37/94, NZA 1995, 591.

d. Personalcomputer, Laptop, Notebook

Die Überlassung eines **Personalcomputers** (PC) nebst Monitor und Drucker sowie Software zur Text- und Zahlenverarbeitung an die MAV kann erforderlich i. S. v. § 17 Abs. 2 i. V. m. Abs. 1 S. 1 sein. Der Anspruch auf Mitbenutzung der Datenverarbeitungseinrichtungen des Dienstgebers ist zu bejahen, wenn die MAV nicht in der Lage ist, ohne derartige technische Hilfe ihre gesetzlichen Aufgaben ordnungsgemäß wahrzunehmen. Ein PC ist jeder MAV als Grundausstattung zur Verfügung zu stellen, wenn konkrete Gründe für ein solches Erfordernis dargelegt werden können.[148] Ein Anspruch besteht grundsätzlich dann, wenn die MAV andernfalls ihre gesetzlichen Pflichten nicht erfüllen kann oder wegen des zeitlichen Mehraufwandes ihre Aufgaben vernachlässigen müsste.[149] Es kommt maßgeblich auf die Verhältnisse in der Einrichtung an. Ist der Einsatz von Personalcomputern betriebsüblich, wird man der MAV einen PC nicht verwehren können. Das Ausstattungsniveau des Dienstgebers ist daher ein wichtiger Maßstab dafür, ob die MAV für die Wahrnehmung ihrer Aufgaben einen Anspruch auf einen Personalcomputer hat. In letzter Zeit bejahen – nicht zuletzt auf Grund der Allgegenwart dieser Geräte – immer mehr Landesarbeitsgerichte einen Anspruch des Betriebsrats auf einen Computer **ohne nähere Darlegung der Erforderlichkeit**.[150] Das LAG Hessen sieht in der Vorenthaltung eines Computers sogar eine Behinderung der Betriebsratsarbeit i. S. v. § 78 BetrVG.[151] Ist der PC-Einsatz allerdings die absolute Ausnahme (z. B. in einem Kindergarten), wird auch die MAV in der Regel nicht die Überlassung eines Computers verlangen können. In kleineren Einrichtungen kann die MAV allerdings auf die **Mitbenutzung** eines Personalcomputers verwiesen werden, wenn die MAV nur wenige Male im Jahr auf einen PC angewiesen ist.[152]

112

Die Anschaffung eines tragbaren Computers (**Laptop, Notebook**) ist für die Arbeit der MAV **in der Regel nicht erforderlich**, weil die Mitglieder der MAV mit den – in der Regel noch – kostengünstigeren stationären Einheiten ihre Aufgaben genau so effektiv wahrnehmen können. Ausnahmsweise wird man einen Anspruch auf einen tragbaren PC bejahen können, wenn MAV-Mitglieder nachweislich viele auswärtige Termine wahrnehmen müssen und die Nutzung der technischen Infrastruktur des MAV-Büros nicht möglich ist.[153] Ähnliches gilt auch für andere mobile Kommunikationsmittel, wie z. B. Black-Berrys, PDAs und das iPhone. Trotz ihrer unbestreitbaren Nützlichkeit werden diese Geräte für die MAV-Arbeit in aller Regel nicht erforderlich sein. Ist die Nutzung eines Computers erforderlich, wird man den Einsatz eines **Druckers** in der Regel nicht verwehren können. Auf die Nutzung eines gemeinsamen Netzwerkdruckers kann die MAV nur verwiesen werden, wenn dabei die Geheimhaltung der MAV-Arbeit sichergestellt ist.[154]

113

e. Internet, Intranet, Juristische Datenbanken

Bei der Beantwortung der Frage, ob der Betriebsrat einen Anspruch auf **Zugang zum Internet** hat, vertrat das BAG zunächst eine eher restriktive Linie. Es verlangte für die Bejahung eines solchen Anspruchs eine einzelfallbezogene Erforderlichkeitsprüfung.[155] Dies führte in der Praxis zu Rechtsunsicherheit und vielen Rechtsstreitigkeiten und wurde den tatsächlichen Gegebenheiten im betrieb-

114

---

148 *BAG*, 16. 5. 2007 – 7 ABR 45/06, NZA 2007, 1117; 11. 3. 1998 – 7 ABR 59/96, NZA 1998, 953; *LAG Köln*, 9. 1. 2008 – 7 TaBV 25/07, AuR 2009, 61; umfassende Übersicht über die Rechtsprechung und Literatur bei GK-BetrVG/*Weber*, § 40 Rn 153.
149 *BAG*, 12. 5. 1999 – 7 ABR 36/97, NZA 1999, 1290; 16. 5. 2007 – 7 ABR 45/06, NZA 2007, 1117.
150 *LAG Bremen*, 4. 6. 2009 – 3 TaBV 4/09, NZA-RR 2009, 485; *LAG Nürnberg*, 4. 11. 2009 – 4 TaBV 44/09, juris; *LAG Hamm*, 26. 2. 2010 – 10 TaBV 13/09, juris.
151 *LAG Hessen*, 7. 2. 2008 – 9 TaBV 247/07, juris.
152 GK-BetrVG/*Weber*, § 40 Rn 153.
153 *Fitting*, BetrVG § 40 Rn 132; GK-BetrVG/*Weber*, § 40 Rn 154. Vgl. auch *VG Sigmaringen*, 3. 9. 2010 – PL 11 K 4215/09, juris: »Notwendige Reisetätigkeit erfordert für den Personalrat einen mobilen Computer (Laptop, Notebook) mit Anschlussmöglichkeit an das Intranet, wenn kein zumutbarer Zugriff über einen stationären PC besteht.«
154 Zuletzt *LAG Hamm*, 18. 6. 2010 – 10 TaBV 11/10, NZA-RR 2010, 521.
155 *BAG*, 23. 8. 2006 – 7 ABR 55/05, NZA 2007, 337.

lichen Alltag kaum gerecht. Aufgrund der Verbreitung des Internets als Informations- und Kommunikationsmittel sollte ein Internetzugang zumindest in größeren Einrichtungen – wie Telefon und PC – zur **Grundausstattung einer jeden Mitarbeitervertretung** gehören. Diese an den praktischen Gegebenheiten orientierte Auffassung wird von verschiedenen Landesarbeitsgerichten geteilt.[156]

115 Das BAG hat in seiner jüngsten Rechtsprechung eine deutliche Kehrtwende zu seiner bisherigen Auffassung vorgenommen. Abweichend von seiner früheren Rechtsprechung hat es die Voraussetzungen zur Gewährung eines Internetzuganges für den Betriebsrat erheblich vereinfacht. Der Anspruch des Betriebsrates bzw. der MAV auf Zugang zum Internet ist damit im Gegensatz zur früheren Rechtsprechung des BAG zum **Regelfall** geworden.[157]

116 Diese Entwicklung ist zu begrüßen, da das Internet mittlerweile zu einem selbstverständlichen, nahezu überall verfügbaren Informations- und Kommunikationsmedium geworden ist. Die aktualisierte Rechtsprechung des BAG trägt auch zur Rechtssicherheit bei und ist einfacher zu handhaben. Die Kostenbelastung des Dienstgebers durch den Internetzugang, ein Argument aus den 1990er Jahren, hat sich angesichts der Möglichkeit zur Inanspruchnahme von Flatrates weitgehend erledigt. Sicherheitsbedenken sind nach wie vor ernst zu nehmen, diese entstehen aber nicht durch die Inanspruchnahme des Internets durch die MAV, sondern durch das Internet an und für sich. Im Übrigen lassen sich solche Risiken durch geeignete technische Maßnahmen, etwa durch die Installierung von Firewalls, Antivirenprogramme und regelmäßige Softwareupdates ohne nennenswerten Aufwand in erträglichen Grenzen halten.

117 Das **Intranet** bietet sich als Informationsmedium in kirchlichen Einrichtungen an, in denen sehr viele Mitarbeiter über einen PC-Anschluss verfügen. Der Dienstgeber kann dazu verpflichtet sein, der MAV eine **Homepage im Intranet** zur Verfügung zu stellen, die dann die Funktion des »Schwarzen Brettes« übernimmt.[158] Die MAV muss sich auch nicht etwa darauf verweisen lassen, die Mitarbeiter durch Aushänge am schwarzen Brett, mit Hilfe von Rundschreiben oder im Rahmen von Mitarbeiterversammlungen zu informieren. Zur Erfüllung dieser Informationspflicht darf sie sich vielmehr, sofern vorhanden, durchaus auch des beim Dienstgeber – üblicherweise zum Zwecke der Vereinfachung und Verbesserung der innerbetrieblichen Kommunikation – installierten Intranets bedienen. Der Dienstgeber darf ferner die MAV auch nicht auf die Möglichkeit verweisen, seine Informationen an die Mitarbeiter **per E-Mail** zu versenden. Gerade dann, wenn in der Einrichtung ein Intranet vorhanden ist und/oder nicht alle Mitarbeiter über einen eigenen PC am Arbeitsplatz verfügen, ist die Informationsübermittlung per E-Mail nicht geeignet, um Nachrichten und Informationen des Betriebsrats der gesamten Belegschaft zur Kenntnis zu geben.[159] Denn in diesen Fällen ist nicht gewährleistet, dass eine E-Mail der MAV jeden einzelnen Mitarbeiter tatsächlich erreicht. Vielmehr besteht die Gefahr, dass diese E-Mails von einem der übrigen Nutzer dieser Arbeitsplätze gelesen oder ungelesen gelöscht werden.[160] Der Dienstgeber ist, ohne Vorliegen der Voraussetzungen der Nothilfe oder Notwehr nicht berechtigt, einseitig von der MAV in das betriebsinterne Intranet eingestellte Seiten zu löschen. Insoweit gelten die gleichen Grundsätze wie bei Aushängen am Schwarzen Brett.[161] Dies bedeutet, dass die MAV mit der Veröffentlichung im Intranet Straftaten begehen müsste, bevor der Dienstgeber eigenmächtig, ohne seine Handlungen zuvor vom Kirchlichen Arbeitsgericht kontrollieren zu lassen, Veröffentlichungen beseitigen darf.

---

156 *LAG Niedersachen*, 9. 3. 2007 – 3 TaBV 47/06, juris; *LAG Berlin-Brandenburg*, 17. 8. 2009 – 10 TaBV 725/09, juris; *LAG Kiel*, 22. 7. 2009 – 6 TaBV 15/09, juris.
157 *BAG*, 20. 1. 2010 – 7 ABR 79/08, NZA 2010, 709; 7. 2. 2010 – 7 ABR 81/09, NZA-RR 2010, 413; 14. 7. 2010 – 7 ABR 80/08, ZMV 2010, 270. Etwas enger *Richardi/Thüsing*, BetrVG § 40 Rn 68; GK-BetrVG/*Weber*, § 40 Rn 167.
158 *BAG*, 3. 9. 2003 – 7 ABR 12/03, NZA 2004, 278.
159 *BAG*, 3. 9. 2003 – 7 ABR 12/03, NZA 2004, 278.
160 *BAG*, 3. 9. 2003 – 7 ABR 12/03, NZA 2004, 278.
161 *LAG Hamm*, 12. 3. 2004 – 10 TaBV 161/03, RDV 2004, 223; zustimmend *HSGWN-Glock*, § 40 BetrVG Rn 96a; *Fitting*, BetrVG § 40 Rn 133; GK-BetrVG/*Weber*, § 40 Rn 166.

Die MAV kann allerdings nicht die Errichtung einer **Homepage im öffentlich zugänglichen Internet** 118
vom Dienstgeber verlangen.[162] Denn es gehört nicht zu ihren Aufgaben die Öffentlichkeit über einrichtungsinterne Vorgänge zu unterrichten.

Verfügt der Dienstgeber über einen kostenpflichtigen **Zugang zu juristischen Datenbanken** (z. B. juris, lexisnexis, beck-online usw.) mit online verfügbaren Gesetzestexten, Entscheidungssammlungen, Kommentaren, Zeitschriften etc., kann er der MAV die **Mitbenutzung** gestatten bzw. die MAV die Mitbenutzung beanspruchen, wenn dies keine unverhältnismäßige Kosten verursacht.[163] Unter Umständen ist ein elektronischer Zugang zu einer juristischen Datenbank aus Dienstgebersicht sogar die kostengünstigere Alternative zur Bereitstellung schriftlicher Kommentare, Gesetzessammlungen bzw. Fachzeitschriften. 119

Auf die Beteiligungsrechte der MAV bei der Einführung von Internet und Intranet (§ 29 Abs. 1 120
Nr. 14, § 36 Abs. 1 Nr. 9) wird hingewiesen.[164]

f. Informationsblatt für Mitarbeiterinnen und Mitarbeiter

Die MAV ist grundsätzlich nicht darauf beschränkt, die Mitarbeiter auf Mitarbeiterversammlungen 121
und durch Anschläge im Aushangkasten zu unterrichten. Ob die Informationspflicht durch **Herausgabe schriftlicher**, zur Verteilung an die Mitarbeiter bestimmter **Informationen** erfüllt werden kann, ist nach den konkreten Verhältnissen der einzelnen Einrichtung zu beurteilen. Abzuwägen ist die Dringlichkeit der Unterrichtung vor der nächsten ordentlichen Mitarbeiterversammlung und etwaige Unzulänglichkeit anderer Informationsmittel (Schwarzes Brett, mündliche Unterrichtung) einerseits sowie die Kostenbelastung des Dienstgebers andererseits.[165] Gerade in größeren Dienststellen ist es üblich, ein **Informationsblatt der MAV** für die Mitarbeiter herauszugeben. Die Kosten hierfür trägt der Dienstgeber, wobei Art der Aufmachung, Papier und Druck als Kostenfaktoren mit dem Dienstgeber besprochen werden müssen. Im Zeitalter des **Inter- und Intranet** dürften elektronische Distributionswege für den Dienstgeber kostengünstiger und für die MAV praktikabler sein. Sind elektronische Vertriebswege vorhanden, werden Informationsblätter in Papierform allenfalls für die Mitarbeiter, die keinen Zugang zu Telearbeitsplätzen haben, in Betracht kommen.

Sowohl **Zeitungen der MAV** als auch Werkszeitungen **des Dienstgebers** genießen den Schutz der 122
Pressefreiheit (Art. 5 Abs. 1 S. 2 GG).[166] Zu unterscheiden davon ist das Grundrecht der Meinungsfreiheit (Art. 5 Abs. 1 S. 1 GG). Zur Presse gehören auch Werkszeitungen. Ihnen gebührt der Schutz eines Kommunikationsmediums. Der Schutz der Pressefreiheit umfasst die Grundentscheidung über Ausrichtung und Gestaltung des Publikationsorgans insgesamt. Darin ist auch die Entscheidung eingeschlossen, ob Zuschriften von Dritten in die Publikation aufgenommen werden. Geschützt sind nicht nur eigene Beiträge der Herausgeber oder redaktionellen Mitarbeiter, sondern auch die Wiedergabe von Beiträgen Außenstehender, die sich nicht beruflich im Pressewesen betätigen. Die Pressefreiheit schützt schließlich auch die Entscheidung, Zuschriften Dritter anonym zu veröffentlichen.[167] Grenzen ergeben sich aus der Schweigepflicht der MAV (§ 20). Einem von der MAVO geschützten Interesse der MAV, den Dienstgeber als betrieblichen Gegenspieler aus der Kommunikation zwischen den Mitarbeitern und der MAV herauszuhalten, kommt kein solches Gewicht zu, dass die Pressefreiheit zurücktreten muss, wenn der Dienstgeber sich in der Werkszeitung öffentlich über die Betriebsvertretung in der Werkszeitung mit einem Beitrag verärgert äußert.[168] Umgekehrt ist es der MAV dann nicht verwehrt, über schon Bekanntes Kritik zu äußern. Das Verbot der Beeinträchtigung

---

162 *ArbG Paderborn*, 29. 1. 1998, DB 1998, 678. Ebenso *HSWGN-Glock*, BetrVG § 40 Rn 96b; GK-BetrVG/ *Weber*, § 40 Rn 166.
163 GK-BetrVG/*Weber*, § 40 Rn 167; *Fitting*, BetrVG § 40 Rn 134.
164 *Fey*, ZMV 2000, 17.
165 *BAG*, 21. 11. 1978 – 6 ABR 85/76, DB 1979, 751.
166 *BVerfG*, 8. 10. 1996 – 1 BvR 1183/90, NZA 1997, 158.
167 *BVerfG*, 8. 10. 1996 – 1 BvR 1183/90, NZA 1997, 158.
168 *BVerfG*, 8. 10. 1996 – 1 BvR 1183/90, NZA 1997, 158.

des Betriebsfriedens und das Gebot der vertrauensvollen Zusammenarbeit von Dienstgeber und MAV (§ 26 Abs. 1 S. 1) sind grundsätzlich auch für Abhandlungen, Darstellungen, Zeitungsinterviews und sonstige Veröffentlichungen in Werkszeitungen zu beachten. Aber der Pressefreiheit ist Rechnung zu tragen. Eine Zensur der Beiträge ist unzulässig. Auch die gemäß Art. 5 Abs. 1 S. 1 GG verfassungsrechtlich gewährleistete **Meinungsfreiheit** genießt bei der Bewertung der Störung des Betriebsfriedens ihren besonderen Schutz. Streitigkeiten über das Presserecht gehören vor die staatlichen Gerichte.

123 Die Informations- und Werbetätigkeit von **Gewerkschaften** hat in kirchlichen Einrichtungen unter näherer Differenzierung Platz. Keinen Raum für Werbung haben die Gewerkschaften durch **betriebsfremde Beauftragte** in kirchlichen Einrichtungen. Sie haben **kein Zutrittsrecht** wegen fehlender gesetzlicher Grundlage.[169] An dieser Sichtweise hat sich auch durch die Aufgabe der Kernbereichsformel durch Beschluss des BVerfG vom 14. 11. 1995 nichts geändert.[170] Sind in der kirchlichen Einrichtung **Mitarbeiter Mitglieder einer Gewerkschaft,** so kann ihnen die Werbung für die Gewerkschaft nicht verboten werden. Andernfalls läge ein Verstoß gegen das grundrechtlich geschützte Recht der **Koalitionsfreiheit** gemäß Art. 9 Abs. 3 GG vor.[171] Die gewerkschaftliche Informationstätigkeit und Mitgliederwerbung rechtfertigt aber keine Verletzung der arbeitsvertraglichen Pflichten. Sofern Mitarbeiter im kirchlichen Dienst für die Gewerkschaft, in der sie Mitglied sind, werben, dürfen sie dies nicht während der Arbeitszeit tun. Ferner darf die Werbetätigkeit weder die Arbeitsabläufe beeinträchtigen noch den Betriebsfrieden gefährden. Darüber hinaus hat die gewerkschaftliche Aktivität in der Einrichtung auf die Besonderheiten des kirchlichen Dienstes (z. B. Loyalitätsobliegenheiten, Verbots des Arbeitskampfes usw.) Rücksicht zu nehmen. Die Kirchenautonomie und die sich hieraus ergebenden Folgerungen dürfen nicht nur bei der Information, Werbung und Betreuung, sondern ganz allgemein nicht beeinträchtigt und in Abrede gestellt werden. Halten sich die betriebsangehörigen Mitglieder der Gewerkschaft an diese Vorgaben, verstößt ihre Mitgliederwerbung und Informationstätigkeit weder gegen das Hausrecht noch das Eigentumsrecht des Betriebsinhabers.

124 Die oben beschriebenen Grundsätze gelten für kirchliche Mitarbeiter, die Gewerkschaftsmitglieder sind. **Sie gelten nicht für Mitglieder der Mitarbeitervertretung**. Diese dürfen weder für eine Gewerkschaft noch für eine Partei in der Einrichtung werben. Die MAV hat keine politischen Aufgaben und ist zur politischen Neutralität verpflichtet. Mitglieder der MAV haben sich bei gewerkschaftlichen Aktivitäten so zu verhalten, dass das Vertrauen der Mitarbeiter in die Objektivität und Neutralität ihrer Amtsführung nicht beeinträchtigt wird.[172]

2. Eigentum an überlassenen Gegenständen

125 Stellt der Dienstgeber der MAV sachliche Hilfen, die in seinem Eigentum stehen, zur Verfügung (Möbel, Bücher, Schreibmaschine) so bleibt er Eigentümer. Andererseits gibt es Gegenstände, die verbrauchbar sind, wie Schreibmaterialien und Fotokopien. Hierbei handelt es sich um zum Verbrauch bestimmten Sachaufwand. Das Eigentum erlischt infolge Verbrauches. Die MAV ist ermächtigt, über die verbrauchbaren Sachen im Rahmen einer ordnungsgemäßen Geschäftsführung zu verfügen. Die Eigentümerbefugnisse des Dienstgebers sind durch die Zweckbestimmung der überlassenen Sachen beschränkt. Wieder anders ist es mit dem Papier, das durch Beschriftung der MAV zu Akten der MAV gestaltet wird. Weil die MAV nicht rechts- und deshalb eigentumsunfähig ist (vgl. § 5 Rn 32), besteht

---

169 *BVerfG,* 17. 2. 1981 – 2 BvR 384/78, NJW 1981, 1829; *BAG,* 4. 8. 1986 – 6 ABR 40/84, juris. Vgl. zum Zutrittsrecht der Gewerkschaften in kirchliche Einrichtungen auch *Richardi,* Arbeitsrecht in der Kirche, § 11 Rn 7 ff.; *Jurina,* Kirchenfreiheit und Arbeitsrecht S. 797, 817 m. N.; *Mayer-Maly,* Gewerkschaftliche Zutrittsrechte, BB Beilage 4/1979.

170 *BVerfG,* 14. 11. 1995 – 1 BvR 601/92, NZA 1996, 381. So auch Richardi, Arbeitsrecht in der Kirche, § 11 Rn 26; a. A. ErfK/*Dietrich*, Art. 9 GG Rn 41.

171 *Richardi,* Arbeitsrecht in der Kirche, § 11 Rn 30.

172 *Richardi,* Arbeitsrecht in der Kirche, § 11 Rn 44.

das Eigentum an diesen Sachen beim Dienstgeber weiter.[173] Er hat aber kein Verfügungs- bzw. Einsichtsrecht.

3. Akten der MAV

Die MAV hat die Akten an die nachfolgende neue MAV weiterzugeben. Das gilt für Akten mit Gegenwarts- und Zukunftsbezug und für solche mit Vergangenheitsbezug. Verantwortlich für die Weitergabe sind die Mitglieder der alten MAV gegenüber der neuen MAV. Folgt der alten MAV nicht unmittelbar nach ihrem Amtsablauf eine neue MAV, so sind die Akten dem Dienstgeber zur sorgfältigen Aufbewahrung zu überantworten, damit er sie einer später ins Amt getretenen MAV übergibt. Der Grundsatz der vertrauensvollen Zusammenarbeit zwischen MAV und Dienstgeber hat sich hier zu bewähren (vgl. § 26 Abs. 1 S. 1). Verwahrt der Dienstgeber Akten der MAV, hat er sie auf Verlangen der MAV an diese herauszugeben (§ 26 Abs. 2 S. 1), nicht nur vorzulegen, weil er gemäß § 17 Abs. 2 MAVO die sachlichen Hilfen der MAV zur Verfügung stellen muss. Dazu gehören auch die MAV-Akten, die gemäß § 14 Abs. 7 MAVO von der MAV zu verwahren sind, wozu der Dienstgeber die erforderlichen Hilfen zu bieten hat (§ 17 Abs. 2 MAVO). Zu den Akten der MAV gehören insbesondere die Sitzungsniederschriften der MAV, die Wahlunterlagen der letzen MAV-Wahl (§ 11 Abs. 8 S. 1 MAVO), natürlich auch Protokolle über Mitarbeiterversammlungen (§ 22 Abs. 4) und Dienstvereinbarungen (§ 38 Abs. 4). 126

Die Frage, **ob Akten vernichtet werden können**, hängt davon ab, wer über die Akten verfügungsberechtigt ist. Die Akten der MAV sind nicht Akten einzelner Mitglieder der MAV, also auch nicht des Vorsitzenden, sondern der MAV insgesamt, dienen aber nicht nur der MAV, sondern der jeweiligen amtierenden MAV und damit dem Funktionieren der MAVO als kirchliche Betriebsverfassung. Daher wird es als angemessen angesehen, die Akten eigentumsmäßig dem Dienstgeber zuzuordnen, der durch die Zweckbindung der Akten in seinen Befugnissen beschränkt und außerdem aufgrund des zwischen ihm und der MAV bestehenden gesetzlichen Schuldverhältnisses verpflichtet ist, die Zweckbindung zu erhalten. Durch diese auch für das Betriebsverfassungsrecht anerkannte Konstruktion werden die Schwierigkeiten vermieden, die sich sonst bei der Ablösung der bisherigen durch die neue MAV oder beim Wegfall der MAV ergeben würden. 127

Wird **nach Beendigung der Amtszeit der alten MAV** keine neue MAV gewählt, so sind die Akten vom Dienstgeber vorläufig unter Verschluss zu nehmen und einer später gewählten MAV zur Verfügung zu stellen. Die MAV ist ihrerseits, wie auch jedes MAV-Mitglied, in der Verfügung über die Akten nach den Grundsätzen einer ordnungsgemäßen Geschäftsführung beschränkt. Sie kann sie daher nicht nach Belieben vernichten, sondern muss sie der neuen MAV übergeben. Die Übergabe ist nicht notwendig, soweit die Akten schlechthin erledigt und für die Arbeit der neuen MAV ohne jegliches Interesse sind. Demgemäß kann die alte MAV also solche Akten vernichten, die für die MAV keinen Arbeitswert mehr haben. Bestehen Zweifel zur Frage der Vernichtbarkeit von Akten, so soll die alte MAV die Akten der neuen übergeben, weil diese selbst feststellen kann, was für ihre Arbeit nicht mehr benötigt wird. Dazu gehören sicherlich solche Schriftwechsel mit dem Dienstgeber, die ihren Abschluss gefunden haben und deren Ergebnisse keine Bedeutung mehr für die MAV haben. Das gilt für Äußerungen der MAV zu Einstellungen, Eingruppierungen, Höhergruppierungen, Beförderungen usw. gegenüber der Geschäftsleitung. Für jede MAV ist aber von Interesse, wann der Dienstgeber Entscheidungen darüber getroffen hat, wer in seiner Einrichtung Mitarbeiter in leitender Stellung oder Mitarbeiter ist, der zur selbständigen Entscheidung über Einstellungen, Anstellungen oder Kündigungen befugt ist (§ 3 Abs. 2 MAVO). Solche Akten haben Vergangenheits- und Zukunftsbezug. 128

---

[173] Zur umstrittenen sachenrechtlichen Zuordnung der Arbeitsmittel, die der MAV zur Verfügung gestellt werden vgl. *Fitting*, BetrVG § 40 Rn 107; *Richardi/Thüsing*, BetrVG § 40 Rn 74 ff.; *HSWGN-Glock*, BetrVG § 40 Rn 100.

129 Urkunden über Dienstvereinbarungen und Akten über laufende Verhandlungen sind der nächsten MAV zu übergeben. Über Rechtsstreitigkeiten hierüber entscheidet das Kirchliche Arbeitsgericht (§ 2 Abs. 2 KAGO).

130 Scheidet ein Mitglied aus der MAV aus, hat es die bei ihm befindlichen Akten (auch Fotokopien) an die MAV herauszugeben. Den Anspruch kann auch der Dienstgeber zugunsten der Herausgabe an die MAV geltend machen, bei fehlender MAV an sich.

4. Personelle Hilfen

131 Der Dienstgeber ist verpflichtet, der MAV in erforderlichem Umfang personelle Hilfen zur Verfügung zu stellen (§ 17 Abs. 2). Darunter fallen vor allem Hilfskräfte für die Erledigung **bürotechnischer Arbeiten** (z. B. eine Schreibkraft). Im Einzelfall ist auf die betrieblichen Gegebenheiten der Einrichtung Rücksicht zu nehmen, auch bei der zeitlichen Inanspruchnahme des Personals des Dienstgebers. Er stellt es der MAV zur Verfügung, indem er dienstliche Weisung zur Arbeitsleistung bei der MAV erteilt. Der Dienstgeber ist auch dann verpflichtet, der MAV für die Sitzungen, die Sprechstunden und laufende Geschäftsführung in erforderlichem Umfang Büropersonal zur Verfügung zu stellen, wenn er das MAV-Büro mit Personalcomputern ausgestattet hat[174] oder wenn einzelne MAV-Mitglieder selbst die für die Schreibarbeiten notwendigen Fähigkeiten haben.[175] Die Einzelheiten für die Arbeit bestimmt dagegen die MAV im Rahmen ihrer Aufgabenstellung. Eigenständige Aufgaben und Befugnisse hat das zur Verfügung gestellte Personal nicht, weil es durch die MAVO nicht mit Rechten ausgestattet ist, nach denen ihm Aufgaben oder Befugnisse zugewiesen sind.

132 Nach Lage des Einzelfalles hat die MAV die Hilfskraft auf die **Schweigepflicht** hinzuweisen. Dasselbe gilt für den Dienstgeber aufgrund seines Direktionsrechts. Da der Dienstgeber der Mitarbeiterversammlung den entsprechenden Raum zur Verfügung stellen muss, hat er auch durch seine Kräfte für die Aufstellung von Tischen und Stühlen zu sorgen. Infolgedessen kann die MAV auch die Hilfe des **Hausmeisters** erbitten, der auch für die richtige Beheizung, die Bedienung der Lautsprecheranlage und andere technische Bedürfnisse und technisches Gerät zuständig ist.

133 Ob eine Schreibkraft zur Sitzung der MAV hinzugezogen werden darf, wird unter Beachtung von § 14 Abs. 4 S. 1 davon abhängen, ob ihr unmittelbar für die Reinschrift diktiert werden muss. Sie ist nicht für die Niederschrift verantwortlich, weil diese vom Vorsitzenden bzw. vom Schriftführer anzufertigen ist. Das Diktat kann am Ende der Sitzung erfolgen, falls kein Diktiergerät zur Verfügung steht. Im Falle gemeinsamer Sitzung mit dem Dienstgeber (§ 39) kann dieser einen Mitarbeiter oder eine Mitarbeiterin mit der Protokollführung beauftragen. In diesem Fall wirkt der Protokollführer für den Dienstgeber in der Sitzung mit.

134 Gegen den Willen der MAV besteht keine Pflicht zur Beschäftigung einer Schreibkraft, die das Vertrauen der MAV nicht (mehr) genießt.[176]

VI. Aufteilung der Kosten unter mehreren Dienstgebern (§ 17 Abs. 3)

135 Die gemäß § 17 Abs. 1 und 2 für die gemeinsame Mitarbeitervertretung (§ 1b) und die erweiterte Gesamtmitarbeitervertretung (§ 24 Abs. 2) zu tragenden Kosten werden von den beteiligten Dienstgebern im Innenverhältnis anteilig getragen. Maßstab für die verhältnisgerechten Kostenanteile ist die jeweilige Zahl der Mitarbeiterinnen und Mitarbeiter bei den jeweils beteiligten Dienstgebern. Die Einbeziehung in die anteilige Kostenlast erfolgt ab der Bildung des Mitarbeitervertretungsgremiums. Verschieben sich später die Zahlen-Verhältnisse bei den beteiligten Dienstgebern, ist die Quote der

---

[174] *BAG*, 20. 4. 2005 – 7 ABR 14/04, NZA 2005, 1010.
[175] *LAG Düsseldorf*, 8. 1. 2004 – 11 TaBV 33/03, NZA-RR 2004, 358.
[176] *BAG*, 5. 3. 1997 – 7 ABR 3/96, NZA 1997, 844.

Kostenanteile unter den Dienstgebern neu zu bestimmen. In der diesbezüglichen Dienstvereinbarung ist eine klarstellende Regelung zu empfehlen (vgl. § 1b Abs. 1 S. 1, § 24 Abs. 2 S. 1).

Nach § 17 Abs. 3 S. 1 gilt zwar der Grundsatz, dass bei einer Mehrheit von Schuldnern einer teilbaren Leistung jeder Schuldner (hier Dienstgeber) nur zu einem bestimmten Anteil verpflichtet ist. Aber gemäß § 17 Abs. 3 S. 2 ist zusätzlich bestimmt, dass die beteiligten Dienstgeber als Gesamtschuldner gemäß § 421 BGB gegenüber dem jeweils in Betracht kommenden Mitarbeitervertretungsgremium haften. Damit ist festgelegt, dass jeder beteiligte Dienstgeber gegenüber dem Mitarbeitervertretungsgremium die ganze Kostenlast zu tragen hat, so dass das Mitarbeitervertretungsgremium die Leistung einmal nach ihrem Belieben von jedem der beteiligten Dienstgeber ganz oder zu einem Teile fordern darf. Bis zur Bewirkung der ganzen Leistung bleiben sämtliche beteiligte Dienstgeber verpflichtet. Zur Ausgleichspflicht der Gesamtschuldner wird auf § 426 BGB verwiesen. 136

VII. Streitigkeiten

1. Kirchliches Arbeitsgericht

a. Antragsberechtigte Mitglieder der MAV

Verstößt der Dienstgeber gegen eine Bestimmung des § 17, kann die MAV das Kirchliche Arbeitsgericht anrufen (§ 2 Abs. 2 KAGO). Zu unterscheiden ist zwischen den Ansprüchen aus § 17 Abs. 1 wegen finanzieller Leistungen und den Ansprüchen aus § 17 Abs. 2 wegen sachlicher und persönlicher Hilfen. Antragsberechtigt ist je nach Gegenstand das einzelne Mitglied der MAV oder die MAV insgesamt (§ 8 Abs. 2 KAGO). Hatte ein einzelnes Mitglied der MAV Auslagen im Rahmen der Geschäftsführung oder einer anerkannten Schulung, deren Erstattung verlangt wird (z. B. Reisekosten), dann hat es den Klageantrag auf Leistung gegen den Dienstgeber zu stellen und zu begründen (§ 8 Abs. 2 Buchstabe d KAGO). 137

Ist der Kostenerstattungsanspruch durch ein Mitglied der MAV entstanden, das auf Grund eines Gestellungsvertrages tätig ist, so ist das Kirchliche Arbeitsgericht im Streitfall ebenfalls zuständig, weil entsprechende Antragsbefugnis besteht (§ 8 Abs. 2 Buchstabe d KAGO). 138

b. Andere Antragsberechtigte

Sind dem **Sprecher der Jugendlichen und Auszubildenden**, der **Vertrauensperson der schwerbehinderten Menschen** Auslagen zu ersetzen, so ist deren Antragsberechtigung aus ihren Ansprüchen gemäß § 51 Abs. 2 i. V. m. § 17 für Sprecher der Jugendlichen und Auszubildenden und gemäß § 52 Abs. 5 i. V. m. § 17 für die Vertrauensperson der schwerbehinderten Menschen abzuleiten. Die Antragsbefugnis an das Kirchliche Arbeitsgericht ist aus § 8 Abs. 2 Buchstabe d KAGO abzuleiten. Denn der Dienstgeber hat auch die Kosten zu tragen, die den vorstehend genannten Amtsinhabern entstehen. 139

Kostenerstattungsberechtigt ist auch die **Gesamtmitarbeitervertretung bzw. erweiterte Gesamtmitarbeitervertretung** (§ 24), weil auch für sie der Dienstgeber die gemäß § 17 genannten Kosten zu tragen und ihr die sachlichen und personellen Hilfen zur Verfügung zu stellen hat. 140

Dasselbe gilt auch für die **Sondervertretung** i. S. v. § 23. Diözesane Sondervorschriften sind zu beachten. Aus der Kostentragungspflicht des Dienstgebers zugunsten der Tätigkeit der genannten Gremien ergibt sich ihre Klagebefugnis beim Kirchlichen Arbeitsgericht in analoger Anwendung von § 8 Abs. 2 KAGO. 141

Zu den notwendigen Kosten, die der Dienstgeber zu tragen hat, gehören auch die Kosten für die Teilnahme an Schulungsveranstaltungen für Mitglieder des Wahlausschusses (§ 16 Abs. 2 S. 1, § 17 Abs. 1 S. 2, erster Spiegelstrich). Infolge dessen ist den Mitgliedern des Wahlausschusses ein eigenständiges Klagerecht auf Kostenerstattung gemäß § 8 Abs. 2 i. V. m. § 10 KAGO einzuräumen. Die MAV hat den Anspruch mangels eigener Berechtigung nicht; überdies ist der Wahlausschuss ein von der MAV unabhängiges Gremium (§ 9 Abs. 3 S. 2). Ein Rechtsanspruch auf Grund der MA- 142

2. Staatliche Gerichte

a. Kirchenrecht

143 Die Bestimmungen über die Kostentragung des Dienstgebers gemäß § 17 sind kollektives Mitarbeitervertretungsrecht der Kirche, also nicht staatliches Recht. Ansprüche aus § 17 sind daher nicht vor staatlichen, sondern den kirchlichen Arbeitsgerichten geltend zu machen.[177]

b. Staatliches Recht

144 Macht die MAV Aufwendungen, kann sie oder ein einzelnes Mitglied ihre Ansprüche nicht auf Geschäftsbesorgung i. S. d. 670, 677 ff. BGB stützen, weil die MAV und ihre einzelnen Mitglieder nicht das Geschäft eines anderen, also des Dienstgebers etwa, sondern ihr eigenes betreiben, wenn sie dazu Aufwendungen machen.

145 Zu unterscheiden ist ferner zwischen der Streitigkeit aus dem kirchlichen Mitarbeitervertretungsrecht und der Streitigkeit aus dem Arbeitsverhältnis. Für die letztere ist der Rechtsweg zu den staatlichen Arbeitsgerichten gegeben (Art. 10 Abs. 1 GrO). Da die Kirche sich der Privatautonomie bedient, wenn sie Personen auf Grund eines Arbeitsverhältnisses beschäftigt, ist sie schon aus diesem Grund bei Streitigkeiten der staatlichen Gerichtsbarkeit unterworfen, soweit Arbeitnehmer Ansprüche aus ihrem Arbeitsverhältnis geltend machen.[178] Da für die Rechtsposition der Arbeitnehmer kircheneigene Regelungen maßgebend sein können, insbesondere auch eine Beteiligung der nach kirchlichem Recht gebildeten MAV, kann eine Meinungsverschiedenheit über die Anwendung kircheneigenen Rechts als Vorfrage in einer Streitigkeit aus dem Arbeitsverhältnis von Bedeutung sein. Die Arbeitsgerichte haben insoweit die **Kompetenz zur Inzidentkontrolle**, soweit die Kirche die Beantwortung derartiger Vorfragen keiner vorherigen abschließenden Klärung durch kirchliche Gerichte unterstellt.[179]

146 Die Erstattungsansprüche gemäß § 17 Abs. 1 sind kollektivrechtlich geregelt. Soweit das einzelne Mitglied der MAV persönlich vermögensmäßig betroffen ist, weil ihm Kosten durch Auslage entstanden sind (z. B. Reisekosten, Schulungsgebühren), muss der Rechtsanspruch nach staatlichem Recht entstanden sein, um vor dem staatlichen Gericht geltend gemacht werden zu können.[180] Zumindest muss der Anspruch in den staatlichen Rechtskreis hineinragen. Es ist offenkundig, dass die MAVO mit einzelnen Bestimmungen in den staatlichen Rechtskreis hineinragt, wenn es darum geht, Wirkungen im staatlichen Bereich zu erzeugen. So werden Mitarbeiter durch die §§ 30, 31 im Falle der dienstgeberseitigen Kündigung unter besonderen Schutz gestellt, weil die Kündigung ohne Anhörung der MAV nicht wirksam ist.[181] Die **Ausgleichsansprüche** der an einer gemeinsamen Mitarbeitervertretung (§ 1b) und einer erweiterten Gesamtmitarbeitervertretung (§ 24 Abs. 2) beteiligten Dienstgeber gegeneinander **wegen anteiliger Kostenlast (§ 17 Abs. 3)** berühren die Rechte der genannten Mitarbeitervertretungsgremien nicht; sie beruhen auf §§ 421, 426 BGB. Das folgt aus der zwischen ihnen bestehenden freiwilligen Dienstvereinbarung und der Bestimmung des § 17 Abs. 3 S. 2 MAVO, wonach die Dienstgeber als Gesamtschuldner haften. Für die Entscheidung über zivilrechtliche Ansprüche sind im Streitfall die ordentlichen Gerichte zuständig.

---

177 *BAG*, 25. 4. 1989 – 1 ABR 88/87, NJW 1989, 2284; 9. 9. 1992 – 5 AZR 456/91, NZA 1993, 597.
178 *BAG*, 10. 12. 1992 – 2 AZR 271/92, NZA 1998, 593.
179 *BAG*, 10. 12. 1992 – 2 AZR 271/92, AP GG Art. 140 Nr. 41; 4. 7. 1991 – 2 AZR 16/91, KirchE 29, 214–218; 16. 10. 1991 – 2 AZR 156/91, KirchE 29, 345–354; 21. 5. 1992 – 2 AZR 49/92, KirchE 30, 225–237.
180 *BAG*, 9. 9. 1992 – 5 AZR 456/91, NZA 1993, 597.
181 *BAG*, 10. 12. 1992 – 2 AZR 271/92, NZA 1993, 593; 7. 10. 1993 – 2 AZR 226/93, NZA 1994, 443; 26. 7. 1995 – 2 AZR 578/94, NZA 1995, 1197.

Liegen wegen eines Ausgleichsanspruchs **Kirchengemeinden** im Streit, ist wegen ihrer Rechtspersön- 147
lichkeit nach staatlichem Recht als Körperschaften des öffentlichen Rechts Parteifähigkeit und Pro-
zessfähigkeit gegeben (§§ 50 Abs. 1, 52 ZPO). Aber wenn die Möglichkeit besteht, innerkirchliche
Streitigkeiten durch die Anrufung kircheneigener Gerichte oder Schlichtungsgremien beizulegen,
besteht für die Anrufung staatlicher Gerichte vor Erschöpfung des kirchlichen Rechtswegs kein
Rechtsschutzbedürfnis.[182] Deshalb ist der Rechtsweg zum Kirchlichen Arbeitsgericht gemäß § 2
Abs. 2 KAGO zu gehen.

c. Antragsberechtigung des einzelnen Mitgliedes der MAV

Grundlage für die Antragsberechtigung bei Streitigkeiten aus der MAVO ist § 8 Abs. 2 Buchst. d 148
KAGO. Die Vorschrift spricht dem einzelnen Mitglied der MAV i. V. m. §§ 17 und 16 Abs. 1 ein
Antragsrecht zu, weil dem einzelnen Mitglied Aufwendungen entstehen können, für die der Dienst-
geber die erforderlichen Kosten zu tragen hat. Für Streitigkeiten sind folgende Parteiungen denkbar,
nämlich Streitverfahren zwischen:
- MAV und Dienstgeber,
- Mitglied der MAV und Dienstgeber,
- MAV und einem anderen mitarbeitervertretungsrechtlichen Organ (z. B. Gesamtarbeitervertre-
tung),
- Wahlausschuss und Dienstgeber (§§ 16 Abs. 2 und 17 Abs. 1 S. 2, erster Spiegelstrich),
- MAV und einem Mitglied der MAV oder
- MAV und DiAG-MAV,
- die gemäß § 1b und § 24 Abs. 2 beteiligten Dienstgeber untereinander (§ 17 Abs. 3 S. 1).

Aus der MAVO folgt nicht, dass der Dienstgeber nur verpflichtet sei, der MAV entstandene Kosten zu 149
erstatten. Persönliche Aufwendungen eines MAV-Mitgliedes sind der Sache nach ebenfalls zu erstatten, wenn sie z. B. durch Fahrten für die MAV oder wegen Teilnahme an Schulungen entstanden sind.
Die Antragsberechtigung ist dem einzelnen Mitglied der MAV gerade auch mit Rücksicht auf § 18
Abs. 1 zuzubilligen. Schließlich könnte die MAV als ausdrücklich antragsberechtigt gerade der Auffassung ihres Mitgliedes widersprechen, so dass aus diesem Grunde ein Rechtsschutzinteresse des
MAV-Mitgliedes an einer Entscheidung der Schlichtungsstelle besteht.

VIII. Kosten der MAV bei Insolvenz

Nicht jeder Dienstgeber, der die MAVO anwendet, ist Körperschaft des öffentlichen Rechts, wie dies 150
auf die verfasste Kirche zutrifft (Art. 140 GG i. V. m. Art. 137 Abs. 5 WRV). Soweit der Dienstgeber
z. B. als GmbH tätig wird, ist die Insolvenz möglich. Im Falle der Insolvenz des Dienstgebers ist die
Insolvenzordnung zu beachten. Sie kennt keine bevorrechtigten Konkursforderungen i. S. d. früheren
Konkursordnung, mehr, sondern nur noch Massegläubiger (§ 53 InsO) und Insolvenzgläubiger (§ 38
InsO).

Für den Rang der Kostenerstattungsansprüche nach § 17 MAVO gegen den Dienstgeber ist im Falle 151
seiner Insolvenz wie folgt zu unterscheiden:

Kostenerstattungsansprüche, die **vor Eröffnung** des Insolvenzverfahrens begründet wurden, sind ein- 152
fache Insolvenzverbindlichkeiten gemäß § 38 InsO.[183] Für diese haftet ein Dienstgeber (Arbeitgeber),
der die Einrichtung nach Insolvenzeröffnung gemäß § 613a BGB übernommen hat, nicht.[184] Bei der
Geltendmachung ist das Mitglied der MAV an das Verfahrensrecht der InsO gebunden; es muss also
die behauptete Forderung innerhalb einer vom Insolvenzgericht bestimmten Frist beim Insolvenzverwalter schriftlich zur Tabelle angemeldet werden (vgl. §§ 28, 174 f. InsO).

---

182 *BGH*, 28. 3. 2003 – V ZR 261/02, NJW 2003, 2097.
183 *Richardi/Thüsing*, BetrVG § 40 Rn 59; GK-BetrVG/*Weber*, § 40 Rn 197; *Fitting*, BetrVG § 40 Rn 101.
184 *BAG*, 13. 7. 1994 – 7 ABR 50/93, MDR 1995, 73.

153 Kostenerstattungsansprüche, die **nach Eröffnung** des Insolvenzverfahrens entstehen, sind Masseverbindlichkeiten i. S. v. § 55 Abs. 1 Nr. 1 InsO und aus der Masse vorab zu befriedigen.[185] Weil bei Insolvenz des Dienstgebers bestehende Forderungen vielfach nicht und fast nie in voller Höhe befriedigt werden, sollten sich MAV und ihre Mitglieder durch eine rechtzeitige Vorschusszahlung absichern.[186]

IX. Abwicklung von Ansprüchen auf Kostenfreistellung der MAV nach Ende ihrer Amtszeit

154 Vermögensrechtliche, vom Dienstgeber noch nicht erfüllte Ansprüche der MAV gehen mit dem Ende der Amtszeit der MAV nicht ersatzlos unter. Schließt sich an die Amtszeit einer MAV unmittelbar die Amtszeit der neu gewählten MAV an, wird die neu gewählte MAV auch hinsichtlich der vermögensrechtlichen Rechtspositionen Funktionsnachfolgerin ihrer Vorgängerin. Bestehen z. B. noch Gebührenansprüche eines Rechtsanwalts wegen Wahrnehmung eines Mandats für die Vorgänger-MAV (§ 17 Abs. 1 S. 2, 2., 3. und 4. Spiegelstrich), so richten sich diese gegen die neu gewählte MAV. Die MAV ist nach der MAVO als vermögensfähig insoweit anzusehen, als ihr nach der Ordnung vermögensrechtliche Ansprüche zustehen, nämlich dann, wenn der Dienstgeber für die MAV Kosten zu tragen hat.[187] Tritt nach dem Ende der Amtszeit der MAV (vgl. § 13) ein mitarbeitervertretungsloser Zustand ein, bleibt die bisherige MAV in bestimmten Fällen noch befristet geschäftsführend im Amt (§ 13 Abs. 3 Nrn. 1 bis 3, § 13a). Die MAV kann dann ihre vermögensrechtlichen Ansprüche gegen den Dienstgeber verfolgen und an den Gläubiger abtreten mit der Folge, dass sich die Kostenfreistellungsansprüche in Zahlungsansprüche des Gläubigers gegen den Dienstgeber umwandeln.[188]

155 Soweit die MAV aber z. B. wegen eines Amtsenthebungsverfahrens (§ 13 Abs. 3 Nr. 6) oder einer erfolgreichen Wahlanfechtung (§ 13 Abs. 3 Nr. 4) nicht mehr im Amt ist, also auch von der Weiterführung der Geschäfte ausgeschlossen ist (§ 13a S. 2 i. V. m. S. 1), ist eine Lösung nur möglich, wenn der MAV dennoch in Analogie zu § 13a die Rechtsverfolgung vermögensrechtlicher Ansprüche zugestanden wird, weil eine Funktionsnachfolge nicht präsent ist.

§ 18 Schutz der Mitglieder der Mitarbeitervertretung

(1) Die Mitglieder der Mitarbeitervertretung dürfen in der Ausübung ihres Amtes nicht behindert und aufgrund ihrer Tätigkeit weder benachteiligt noch begünstigt werden.

(1a) Das Arbeitsentgelt von Mitgliedern der Mitarbeitervertretung darf einschließlich eines Zeitraums von einem Jahr nach Beendigung der Mitgliedschaft nicht geringer bemessen werden als das Arbeitsentgelt vergleichbarer Mitarbeiterinnen und Mitarbeiter mit einrichtungsüblicher Entwicklung.

(1b) Die Mitglieder der Mitarbeitervertretung dürfen von Maßnahmen der beruflichen Bildung innerhalb und außerhalb der Einrichtung nicht ausgeschlossen werden.

(2) Mitglieder der Mitarbeitervertretung können gegen ihren Willen in eine andere Einrichtung nur versetzt oder abgeordnet werden, wenn dies auch unter Berücksichtigung dieser Mitgliedschaft aus wichtigen dienstlichen Gründen unvermeidbar ist und die Mitarbeitervertretung gemäß § 33 zugestimmt hat. Dies gilt auch im Falle einer Zuweisung oder Personalgestellung an einen anderen Rechtsträger.

---

[185] *Richardi/Thüsing*, BetrVG § 40 Rn 59; GK-BetrVG/*Weber*, § 40 BetrVG Rn 198; *Fitting*, BetrVG § 40 Rn 102.
[186] *Fitting*, BetrVG § 40 Rn 103.
[187] *BAG*, 24. 10. 2001 – 7 ABR 20/00, NZA 2003, 53.
[188] *BAG*, 24. 10. 2001 – 7 ABR 20/00, NZA 2003, 53.

(3) Erleidet eine Mitarbeiterin oder ein Mitarbeiter, die oder der Anspruch auf Unfallfürsorge nach beamtenrechtlichen Grundsätzen hat, anlässlich der Wahrnehmung von Rechten oder in Erfüllung von Pflichten nach dieser Ordnung einen Unfall, der im Sinne der beamtenrechtlichen Unfallfürsorgevorschriften ein Dienstunfall wäre, so sind diese Vorschriften entsprechend anzuwenden.

(4) Beantragt eine in einem Berufsausbildungsverhältnis stehende Mitarbeiterin oder ein in einem Berufsausbildungsverhältnis stehender Mitarbeiter, die oder der Mitglied der Mitarbeitervertretung oder Sprecherin oder Sprecher der Jugendlichen und der Auszubildenden ist, spätestens einen Monat vor Beendigung des Ausbildungsverhältnisses für den Fall des erfolgreichen Abschlusses ihrer oder seiner Ausbildung schriftlich die Weiterbeschäftigung, so bedarf die Ablehnung des Antrages durch den Dienstgeber der Zustimmung der Mitarbeitervertretung gemäß § 33, wenn der Dienstgeber gleichzeitig andere Auszubildende weiterbeschäftigt. Die Zustimmung kann nur verweigert werden, wenn der durch Tatsachen begründete Verdacht besteht, dass die Ablehnung der Weiterbeschäftigung wegen der Tätigkeit als Mitarbeitervertreterin oder Mitarbeitervertreter erfolgt. Verweigert die Mitarbeitervertretung die vom Dienstgeber beantragte Zustimmung, so kann dieser gemäß § 33 Abs. 4 das Kirchliche Arbeitsgericht anrufen.

Übersicht	Rn		Rn
I. Vorbemerkung	1	bb. Zuweisung, Personalgestellung	49
II. Freiheit der Amtsausübung	2–14	b. Verhältnis von § 18 Abs. 2 zu § 35 Abs. 1 Nr. 5	50
1. Behinderungsverbot	2–5	c. Geistliche, Ordensleute	51
2. Benachteiligungsverbot	6–10	VI. Unfallfürsorge für Mitarbeiter nach beamtenrechtlichen Grundsätzen	52–61
3. Abmahnung	11	1. Gesetzliche Unfallversicherung	52
4. Schutzgesetz	12	2. Die Unfallfürsorge	53–60
5. Begünstigungsverbot	13	3. Ordensleute	61
6. Erwähnung der MAV-Tätigkeit in Beurteilungen	14	VII. Weiterbeschäftigung von MAV-Mitgliedern im Anschluss an ihre Berufsausbildung (§ 18 Abs. 4)	62–80
III. Schutz des Arbeitsentgelts, § 18 Abs. 1a	15–25	1. Zweck der Vorschrift	62
IV. Berufliche Bildung der Mitglieder der Mitarbeitervertretung (§ 18 Abs. 1b)	26–28	2. Voraussetzungen	63–74
V. Versetzung, Abordnung, Zuweisung und Personalgestellung von MAV-Mitgliedern (§ 18 Abs. 2)	29–51	a. Berufsausbildungsverhältnis eines Mitgliedes der MAV u. a.	63–67
1. Direktionsrecht	29–32	b. Schriftlicher Antrag	68–71
2. Begriffe	33–37	c. Weiterbeschäftigung anderer Auszubildender	72, 73
3. Zustimmung des MAV-Mitgliedes	38, 39	d. Befristete Übernahme von Auszubildenden	74
a. Versetzung und Abordnung	38	3. Mitwirkung der MAV bei Ablehnung des Weiterbeschäftigungsantrages	75, 76
b. Zuweisung und Personalgestellung	39	a. Zustimmung der MAV	75
4. Dienstliche Gründe	40–44	b. Zustimmungsverweigerung	76
a. Versetzung und Abordnung	40–43	4. Streitigkeiten über die Zustimmungsverweigerung	77–79
b. Zuweisung und Personalgestellung	44	5. Gleichzeitige Vertretung von MAV-Mitglied und MAV	80
5. Zustimmung der MAV	45–51		
a. Laien	45–49		
aa. Versetzung, Abordnung	45–48		

I. Vorbemerkung

1 Die Gewährung umfassenden Schutzes der Mitglieder der MAV, die an der Erfüllung der ihnen durch die MAVO übertragenen Aufgaben mitwirken, vor äußerem Druck und ihre Sicherung vor beruflicher Benachteiligung ist notwendige Voraussetzung für eine freie und unabhängige Arbeit in der MAV. Die Schutzbestimmungen sind in den §§ 18, 19, 15 Abs. 3a sowie §§ 51 Abs. 2 S. 1 und 52 Abs. 5 i. V. m. §§ 18, 19 und 15 Abs. 3a enthalten. Die Vorschriften dienen der Sicherung der Tätigkeit der MAV und ihrer Mitglieder überhaupt und darüber hinaus der Unabhängigkeit der Entscheidungen der Sprecher der Jugendlichen und Auszubildenden (§ 48) und der Vertrauensperson der schwerbehinderten Menschen (§ 52). Der umfassende Schutz gilt für Beamte in den vorgenannten Funktionen nicht, wenn Disziplinarmaßnahmen angewendet werden. Geistliche und Ordensleute unterfallen den Schutzvorschriften des § 18 Abs. 2 und 4 praktisch nicht, weil ihre besondere Stellung gegenüber dem Diözesanbischof bzw. gegenüber den Ordensoberen durch die MAVO nicht berührt wird und eine Mitwirkung der MAV in den persönlichen Angelegenheiten dieses Personenkreises als MAV-Mitglied nicht stattfindet (§ 3 Abs. 3). Die Mitglieder der Sondervertretung (§ 23) und der – auch erweiterten – Gesamtmitarbeitervertretung (§ 24 Abs. 1 u. 2) unterstehen unter den genannten personenbezogenen Vorbehalten dem Schutz der Vorschriften des § 18, weil sie MAV-Mitglieder sind. Geschützt sind auch die Ersatzmitglieder, wenn sie anstelle der ordentlichen Mitglieder Funktionen ausüben. Die Mitglieder des Wahlausschusses werden nach dem Wortlaut der MAVO nicht unter den Schutz des § 18 Abs. 1, 2, 4 gestellt. Das erscheint mit Rücksicht auf die Aufgabe und die Amtszeit des Wahlausschusses, die im Falle einer erfolgreich angefochtenen MAV Wahl sogar verlängert wird (§ 12 Abs. 5), unbillig. Deshalb liegt eine Gesetzeslücke vor.[1] Die Lücke betrifft wahlberechtigte Wahlbewerber, Teilnehmer an der Mitarbeiterversammlung, Hilfskräfte i. S. v. § 17 Abs. 2. Da auch dem Wahlausschuss infolge seiner Amtsführung Kosten entstehen können, ist eine Lösung zu seinen Gunsten erforderlich. Diese ist bei weiter Auslegung in der Aktivlegitimation zugunsten des Wahlausschusses zu erkennen (§ 8 Abs. 2 Buchst. b i. V. m. § 10 KAGO). Der Schutz der MAV erstreckt sich auch auf das allgemeine Persönlichkeitsrecht ihrer Mitglieder. Das gilt hinsichtlich der Kontrolle der Nutzung des Telefons und des Internets.[2] Gemäß § 42 Abs. 4 finden die §§ 18 und 19 auf die von der Diözesanen Arbeitsgemeinschaft der Mitarbeitervertretungen bestellten Beisitzerinnen und Beisitzer der Einigungsstelle entsprechende Anwendung. Auf die beisitzenden Richter der Mitarbeiterseite bei den kirchlichen Gerichten für Arbeitssachen finden die §§ 18 und 19 MAVO entsprechend Anwendung (§ 17 Abs. 4 S. 2 KAGO).

II. Freiheit der Amtsausübung

1. Behinderungsverbot

2 § 18 Abs. 1 verbietet jede unmittelbare Behinderung derjenigen, die nach der Ordnung eine Aufgabe als Mitarbeitervertreter, Sprecher der Jugendlichen und Auszubildenden und Vertrauensperson der schwerbehinderten Menschen wahrzunehmen haben. Untersagt sind gegenüber den Amtsträgern nicht nur solche Maßnahmen und Handlungen, die ursächlich mit ihrer Amtstätigkeit zusammenhängen.[3] Bei § 18 Abs. 1 handelt es sich um eine allgemeine Schutznorm, die für einzelne Funktionsträger konkretisiert wird. Die Vorschrift schützt Mitglieder der MAV auch vor anderen Mitgliedern der MAV, so dass auch das Plenum der MAV ein einzelnes seiner Mitglieder im Rahmen ordnungs- und pflichtgemäßer Betätigung nicht behindern darf. Der Schutz gilt insgesamt aber nur im Rahmen einer ordnungsgemäßen Aufgabenwahrnehmung. Der **Begriff der Behinderung ist umfassend auszulegen**.[4] Daher ist sowohl eine Erschwerung, Störung oder Verhinderung als Behinderung anzuse-

---

1 *Tiggelbeck*, Freiburger Kommentar zur MAVO, § 18 Rn 7.
2 *Kopp*, Datenklau durch den Arbeitgeber, A & K 2004, 4.
3 Vgl. zu Mitgliedern der AK des DCV: *Schlichtungsstelle Freiburg*, 29. 9. 1997 – 4/97, ZMV 1998, 84.
4 *Ilbertz/Widmaier*, BPersVG § 8 Rn 4.

hen.⁵ Die Fernhaltung eines Mitgliedes der MAV von einer Sitzung durch einen nicht dringenden dienstlichen Auftrag, grundloses Verbot einer MAV-Sitzung oder einer Mitarbeiterversammlung innerhalb der Dienststelle oder der Dienststunden, unbegründete Verweigerung der Übernahme von Kosten (§ 17); Verweigerung der Zusammenarbeit mit der MAV (§ 26 Abs. 1), der Beteiligung in den gesetzlich vorgeschriebenen Fällen; fehlende Zurverfügungstellung der erforderlichen Unterlagen (§ 26 Abs. 2); Weigerung die von der MAV benötigten Räume, Gerät, Geschäftsbedarf, Telefon bereitzustellen, sind geeignet, der MAV die von ihr gesetzlich zu verrichtenden Aufgaben zu erschweren. Denn die MAV hat mit ihrer Stellung als einem kollektiven Vertretungsorgan auf der Grundlage interner Willensbildung selbständig und eigenverantwortlich, ohne den Weisungen oder der Aufsicht des Dienstgebers zu unterliegen, selbst darüber zu befinden, wie sie ihre Geschäfte führen und die ihr obliegenden Aufgaben erfüllen will. So sind z. B. Veröffentlichungen der MAV am Schwarzen Brett auch ohne Genehmigung des Dienstgebers zulässig (§ 17 Rn 105). Jede Maßnahme hat daher zu unterbleiben, welche in der MAVO vorgeschriebene Arbeit der MAV erschwert. Auf Verlangen des Dienstgebers ist die MAV allerdings verpflichtet, sich vor Ausübung ihres Zugangsrechts zu den Dienstabteilungen anzumelden und den Grund grob anzugeben.⁶

Eine grobe Behinderung der MAV liegt vor, wenn der Dienstgeber in einer Mitarbeiterversammlung die Streichung von Fahrtkostenzuschüssen mit den Kosten der MAV-Tätigkeit begründet⁷ oder von den Mitgliedern der MAV erwartet, dass sie während ihrer MAV-Tätigkeit (z. B. regelmäßige Sitzung) zu dienstlichen Einsätzen abrufbar sind (§ 15 Abs. 2). Keine Behinderung liegt dagegen vor, wenn der Dienstgeber Forderungen ablehnt, die nicht der ordnungsgemäßen Aufgabenerfüllung der MAV dienen. Wird ein Antrag der MAV i. S. d. Beteiligungsrechte der MAV abgelehnt, so ist dies noch keine Behinderung. Die MAV hat in diesen Fällen das Recht, die Einigungsstelle anzurufen (§ 37 Abs. 3, § 45 Abs. 3 Nr. 2). Das Behinderungsverbot richtet sich gegen jedermann, also nicht nur an Dienstgeber und Mitarbeiter. Mitarbeiter dürfen die MAV oder einzelne ihrer Mitglieder in der ordnungsgemäßen Erfüllung ihrer Aufgaben nicht behindern.⁸

Für die Erfüllung des Tatbestandes der Behinderung reicht die objektive Behinderung aus, weil Vorsatz oder Fahrlässigkeit (Verschulden) nicht dargetan zu werden braucht. Selbst eine unbeabsichtigte Behinderung ist unverzüglich zu beheben. Dabei kann auch im Wege einer Dienstaufsichtsbeschwerde die Angelegenheit verfolgt werden.

Eine Behinderung der Tätigkeit der MAV liegt nicht vor, wenn der Dienstgeber in einer Mitarbeiterversammlung oder bei anderer Gelegenheit kampfbetonte Ausführungen gegen die MAV macht, der Arbeitsablauf in der Einrichtung dadurch aber nicht gestört wird.⁹ Die MAVO hindert streitige und offen ausgetragene Auseinandersetzungen auch heftigerer Art zwischen Dienstgeber und MAV nicht. Der Dienstgeber kann im Schutz seiner grundgesetzlich gesicherten **Meinungsfreiheit (Art. 5 Abs. 1 GG)** seine Unzufriedenheit mit der MAV offen zum Ausdruck bringen und sogar auch deutlich den Wunsch nach einer anderen Zusammensetzung der MAV äußern. Dennoch ist das Gebot der vertrauensvollen Zusammenarbeit gemäß § 26 Abs. 1 zu beachten. Eine objektive Beeinträchtigung der Tätigkeit der MAV durch herabsetzende Äußerungen des Dienstgebers in Aushängen u. Ä. ist nicht durch die Meinungsfreiheit in Art. 5 Abs. 1 S. 1 GG gedeckt. Die MAV kann insoweit Unterlassung verlangen.¹⁰ Wenn ein an die MAV gerichtetes Schreiben in Kopie allen Mitarbeitern übergeben wird oder der Dienstgeber einzelne Mitarbeiter wegen seiner Meinungsverschiedenheiten mit der MAV anspricht, dürfte dies über den Rahmen der Zulässigkeit hinausgehen. Geschützt ist vor allem auch die **Pressefreiheit (Art. 5 Abs. 1 S. 2 GG). Werkszeitungen** genießen den Schutz der Pressefreiheit, auch wenn der Dienstgeber in seinem Presseorgan ätzende Kritik an der MAV von Beitrags-

---

5 *BVerwG*, 28. 7. 1989, PersV 1989, 488.
6 *LAG Nürnberg*, 18. 10. 1993 – 7 Ta BV 13/93, NZA 1994, 378.
7 *ArbG Rosenheim*, 22. 6. 1988 – 3 BV 4/88, BB 1989, 147.
8 *Mösenfechtel/Perwitz-Passan/Wiertz*, § 18 Anm. 2.
9 *LAG Köln* 21. 3. 1995 – 9 Ta BV 68/94, LAGE § 23 BetrVG Nr. 37.
10 *LAG Niedersachsen*, 6. 4. 2004 – 1 Ta BV 64/03, rkr., DB 2004, 1735.

einsendern ohne Namensnennung veröffentlicht. Die Pressefreiheit steht als Grundrecht nicht nur Presseunternehmen zu; sie gilt auch für eine Zeitung im Rahmen eines andersartigen Unternehmenszwecks. Das Grundrecht schützt den gesamten Inhalt eines Presseorgans. Geschützt sind nicht nur eigene Beiträge der Herausgeber oder redaktionellen Mitarbeiter. Der Schutz der Pressefreiheit umfasst auch die Wiedergabe von Beiträgen Außenstehender, die sich nicht beruflich im Pressewesen betätigen. Geschützt ist die Entscheidung, Zuschriften Dritter anonym zu veröffentlichen.[11]

2. Benachteiligungsverbot

6   Benachteiligung ist jede **objektive Schlechterstellung einer Person**, die Aufgaben oder Befugnisse als Mitglied der MAV oder der anderen vergleichbaren Gremien i. S. d. MAVO wahrnimmt, **im Verhältnis zu vergleichbaren anderen Beschäftigten**.[12] Vergleichbar sind die Mitarbeiter, die im Zeitpunkt der Übernahme des Amtes als MAV-Mitglied eine im Wesentlichen gleich qualifizierte Tätigkeit wie das MAV-Mitglied ausgeübt haben. Für Ersatzmitglieder kommt es auf den Zeitpunkt des Nachrückens in die MAV an.[13] Vergleichbar ist ein Mitarbeiter, der in etwa das gleiche Dienstalter aufzuweisen hat und hinsichtlich Eignung, Befähigung und fachlicher Leistung im Wesentlichen gleich beurteilt ist. Es muss sich um eine im Wesentlichen gleich qualifizierte Tätigkeit handeln.[14] Benachteiligung kann aber auch die Umsetzung auf einen Arbeitsplatz mit nach vielen Berufsjahren ungewohnter Arbeit sein, wenn dies zur **Maßregelung** des Mitglieds der MAV erfolgt, selbst wenn sonst keine Änderungen von Arbeitszeit, Beschäftigungsumfang und Vergütungsmerkmalen erfolgen.[15] Ein ganz von der Arbeit freigestelltes MAV-Mitglied hat z. B. einen Anspruch auf Zusatzurlaub für Wechselschichtarbeiter (§ 2 Abs. 2 Unterabsatz 1 der Anlage 5 zu den AVR-Caritas) oder Schichtarbeit (§ 2 Abs. 2 Unterabsatz 2 der Anlage 5 zu den AVR-Caritas) gemäß § 4 Abs. 2 und 3 der Anlage 14 zu den AVR-Caritas, wenn es ohne die Freistellung auf Grund seiner Arbeitsleistung einen Zusatzurlaubsanspruch erworben hätte.[16] Maßstab für die Bemessung des Zuatzurlaubs sind das vorangegangene Kalenderjahr und die Zahl vor der Freistellung festgelegten wöchentlichen Arbeitstage.

7   Das Benachteiligungsverbot gilt dem Problem der beruflichen Entwicklung des einzelnen Mitgliedes in der MAV. Wie jeder Mitarbeiter, dessen Beförderung oder Höhergruppierung ansteht, hat auch das Mitglied der MAV einen Anspruch, wegen seiner Zugehörigkeit zur MAV nicht bei den Entscheidungen des Dienstgebers übergangen zu werden. Eine betriebsübliche berufliche Entwicklung besteht aus einem gleichförmigen Verhalten des Dienstgebers und einer bestimmten Regel. Beförderungen müssen so typisch sein, dass auf Grund der betrieblichen Gegebenheiten und Gesetzmäßigkeiten grundsätzlich, nämlich wenigstens in der überwiegenden Mehrzahl der vergleichbaren Fälle damit gerechnet werden kann.[17] Berührt das Benachteiligungsverbot den Arbeitsvertrag, so ist entsprechend den Bestimmungen des Rechts das Arbeitsgericht anrufbar,[18] in Fällen kollektivrechtlicher Art das Kirchliche Arbeitsgericht durch die MAV gemäß § 2 Abs. 2 KAGO.[19]

8   Das Problem könnte sich verschärft für solche Mitglieder der MAV stellen, die gemäß § 15 Abs. 3 ganz oder teilweise von ihrer regelmäßigen Arbeitszeit freigestellt sind. Durch die Freistellung wird der Beurteilungsspielraum der Vorgesetzten im Verhältnis zu anderen Mitarbeitern, die nicht freigestellt und daher in ihrer Stelle voll eingesetzt sind, eingeengt. Dennoch darf dies nicht dazu führen, dass für solche MAV-Mitglieder, insbesondere, wenn sie öfter wiedergewählt werden, die höher-

---

11 *BVerfG*, 8. 10. 1996 – 1 BvR 1183/90, NZA 1997, 158.
12 *Schlichtungsstelle Paderborn*, 9. 5. 1996 – Ia/Ib/96.
13 Vgl. *BAG*, 15. 1. 1992 – 7 ABR 194/91, DB 1993, 1379.
14 *LAG Düsseldorf* 21. 4. 1994 – 8 Sa 367/94.
15 *Schlichtungsstelle Osnabrück*, 11. 2. 1999 – 01/1998, n. v.
16 *BAG*, 7. 11. 2007 – 7 AZR 820/06, NZA 2008, 597.
17 *BAG*, 15. 1. 1992 – 7 AZR 194/91, ZTR 1993, 174 = DB 1993, 1379.
18 *LAG Baden-Württemberg*, 24. 7. 2002 – 2 Sa 20/02, ZMV 2003, 199.
19 *BAG*, 9. 9. 1992 – 5 AZR 456/91, KirchE 30, 340 = MDR 1993, 1214 = NZA 1993, 597.

wertigen Stellen verschlossen bleiben[20]. Bewerben sich neben dem Mitglied der MAV andere Mitarbeiter der Dienststelle um einen höher bewerteten Arbeitsplatz, so ist ein Anspruch auf das höhere Arbeitsentgelt ggf. im Wege einer Schadensersatzforderung (Rn 12) geltend zu machen, wenn eine personelle Auswahl im Rahmen der in der Einrichtung üblichen beruflichen Entwicklung zu dem Ergebnis geführt hätte, dass nur das MAV-Mitglied nach den betriebsüblichen Auswahlkriterien hätte befördert werden müssen[21]. In diesem Zusammenhang wird auf die Vorschrift des § 15 Abs. 3a hingewiesen.

Will ein Mitglied der MAV geltend machen, dass sein **beruflicher Werdegang durch die Freistellung von der dienstlichen Tätigkeit** dahingehend **beeinträchtigt** worden ist, dass es nicht wie vergleichbare Mitarbeiter eingruppiert und vergütet wird, muss es nachweisen, dass es die Voraussetzungen für die angestrebte Vergütungsgruppe erfüllt[22] und sich ggf. bewährt hat.[23] Hat ein Mitglied der MAV nur infolge seiner MAV-Tätigkeit nicht eine Position mit höherer Vergütung erreicht, kann es infolge der Vorschrift den Dienstgeber unmittelbar auf Zahlung dieser Vergütung in Anspruch nehmen. Der Anspruch setzt allerdings voraus, dass dem MAV-Mitglied der Nachweis gelingt, dass es – wenn man seine Tätigkeit als MAV-Mitglied hinwegdenkt – inzwischen mit einer Aufgabe betraut worden wäre, die ihm den Anspruch auf das begehrte Arbeitsentgelt geben würde. Die bloße Möglichkeit oder konkrete Chance einer derartigen beruflichen Entwicklung genügt nicht.[24] 9

Nach dem Sinn und Zweck des Verbots der Benachteiligung kann diese vorliegen, wenn in zeitlichem und sachlichem Zusammenhang mit der Einstellung eines Bewerbers oder der Beförderung oder Höhergruppierung eines Beschäftigten z. B. der befristete Arbeitsvertrag eines Mitgliedes der MAV nicht verlängert wird.[25] Wird ein Mitarbeiter während der Laufzeit eines befristeten Arbeitsvertrages in die MAV gewählt, kann die zweite Befristung im Anschluss an die Erstbefristung als Umgehung des Kündigungsschutzes (§ 19) angesehen werden, wenn die zweite Befristung dem Grunde nach sachlichen strengen Anforderungen nicht gerecht wird.[26] Eine Benachteiligung kann vorliegen, wenn einem Mitarbeiter anstelle des MAV-Mitgliedes eine Beförderung zuteil werden soll, um das MAV-Mitglied schlechter als den anderen Mitarbeiter zu stellen. Dann wäre die Beförderung des Mitarbeiters zugleich ein Verstoß gegen § 35 Abs. 2 Nr. 1 und wegen dessen unrechtmäßiger Bevorzugung ein solcher gegen § 35 Abs. 2 Nr. 2 mit der Folge, dass die MAV der beabsichtigten Maßnahme der Beförderung des anderen Mitarbeiters zum Nachteil des MAV-Mitgliedes die Zustimmung verweigern dürfte.[27] Zum Entgeltschutz siehe Rn 15. 10

3. Abmahnung

Begeht ein Mitglied der MAV eine Pflichtverletzung, kann die Reaktion des Dienstgebers eine Abmahnung sein, wenn das Mitglied zumindest auch seine **arbeitsvertraglichen Pflichten** verletzt hat. Wenn das Verhalten eines Mitarbeiters zugleich auch eine Verletzung seiner Pflicht als MAV-Mitglied ist, so ist eine Abmahnung wegen der Verletzung seiner arbeitsvertraglichen Pflichten nicht ausgeschlossen.[28] Ein Mitglied der MAV ist, abgesehen von der Arbeitsbefreiung wegen Tätigkeit in der MAV, ebenso zur Arbeitsleistung verpflichtet wie jeder andere Arbeitnehmer. Es besteht damit kein Unterschied hinsichtlich der Zulässigkeit einer Abmahnung zu Mitarbeitern, die kein Mitglied der MAV sind.[29] Ist aber ein 11

---

20 *Meurer*, Bundespersonalvertretungsrecht, S. 224 f.
21 Vgl. dazu: *BAG*, 13. 11. 1987 – 7 AZR 550/86, zu § 37 Abs. 4 BetrVG, DB 1988/812; 26. 9. 1990 – 7 AZR 208/89, NZA 1991, 694.
22 *LAG Baden-Württemberg*, 24. 7. 2002 – 2 Sa 20/02, ZMV 2003, 199.
23 *LAG Düsseldorf*, 21. 6. 1994 – 8 Sa 367/94.
24 *BAG*, 11. 12. 1991 – 7 AZR 75/91, NZA 1993, 909.
25 *BVerwG*, 13. 5. 1987, PersV 1988, 401.
26 *BAG*, 17. 2. 1983 – 2 AZR 481/81, BB 1983, 1218 = NJW 1983, 1927.
27 *Schlichtungsstelle Paderborn*, 9. 5. 1996 – Ia/Ib/96.
28 *BAG*, 15. 7. 1992 – 7 AZR 466/91, BB 1992, 2512 = DB 1993, 438 = NZA 1993, 220.
29 *BAG*, 10. 11. 1993 – 7 AZR 682/92, BB 1994, 1290 f. = NZA 1994, 500 = DB 1994, 2554.

MAV-Mitglied der objektiv fehlerhaften Ansicht, eine MAV-Aufgabe wahrzunehmen, kommt eine Abmahnung des Dienstgebers wegen einer dadurch bedingten Versäumnis der Arbeitszeit dann nicht in Betracht, wenn es sich um die Verkennung schwieriger oder ungeklärter Rechtsfragen handelt.[30] Bei der Frage, ob ein Mitglied der MAV seine arbeitsvertraglichen Pflichten verletzt, wenn es während der Arbeitszeit gewerkschaftliches Werbematerial an Mitarbeiter verteilt, ist einerseits zwischen dem Recht der Koalitionsfreiheit des Mitarbeiters (Art. 9 Abs. 3 GG) und andererseits dem Recht des Dienstgebers auf wirtschaftliche Betätigungsfreiheit (Art. 2 Abs. 1 GG) zu unterscheiden (Art. 6 Abs. 1 S. 2 und 3 GrO). In diesem Zusammenhang ist auch dienstgeberseitig die Berechtigung einer Abmahnung wegen Verteilung von Werbematerial während der Arbeitszeit zu prüfen,[31] weil das Recht der Koalitionsfreiheit nicht verletzt werden darf. Die Verletzung mitarbeitervertretungsrechtlicher Amtspflichten allein kann nicht durch eine individualrechtliche Abmahnung sanktioniert werden. Zu prüfen ist die Möglichkeit des Amtsenthebungsverfahrens (§ 13c Nr. 5 oder § 13 Abs. 3 Nr. 6.).

4. Schutzgesetz

12   **Fraglich ist, ob § 18 Abs. 1 ein Schutzgesetz i. S. v. § 823 Abs. 2 BGB ist.** Schutzgesetze sind nach ständiger Rechtsprechung diejenigen Rechtsnormen, die dazu bestimmt sind, den Einzelnen oder einzelne Personenkreise gegen die Verletzung von Rechtsgütern zu schützen. Dabei ist es nicht erforderlich, dass dies die einzige Aufgabe des Gesetzes ist. Es genügt, dass sie zu einem anderen Normzweck, so etwa zu dem des Schutzes der Allgemeinheit, hinzutritt.[32] Dagegen reicht es nicht aus, wenn sich eine Norm zwar zum Vorteil bestimmter Personen oder Personengruppen auswirkt, hierauf aber nach ihrer Ordnungsfunktion nicht abzielt. Jede Rechtsnorm, welche die genannten Voraussetzungen erfüllt, hat der Charakter eines Schutzgesetzes, ohne dass es darauf ankommt, ob es sich um ein Gesetz im formellen Sinne, um eine Rechtsverordnung oder um eine sonstige Rechtsnorm i. S. d. Art. 2 EGBGB handelt. Es genügt, wenn ein bestimmtes Gebot oder Verbot ausgesprochen wird.[33] So sind die §§ 78, 78a BetrVG,[34] § 119 Abs. 1 Nr. 2 BetrVG[35] und § 107 BPersVG[36] als Schutzgesetze i. S. d. § 823 Abs. 2 BGB bezeichnet worden.[37] Keine Schutzgesetze sind Vereinssatzungen.[38] Die Bestimmung des § 18 Abs. 1 MAVO zielt auf den Schutz jedes einzelnen Mitgliedes der MAV ab. Die MAVO ist als vom Diözesanbischof erlassene Norm Kirchengesetz (Präambel Rn 5, 48). Weil der durch § 18 Abs. 1 gewählte kirchliche Rechtsschutz wegen seiner arbeitsrechtlichen Qualität in den staatlichen Bereich hineinragt und deshalb staatlicher Rechtskontrolle unterliegt, ist die genannte Rechtsnorm Schutzgesetz i. S. v. § 823 Abs. 2 BGB mit der Folge, dass bei rechtswidriger und schuldhafter Verletzung der Vorschrift dem Benachteiligten Schadenersatzansprüche entstehen können.[39] Folglich wird über die Schadensersatzansprüche von staatlichen Gerichten entschieden. Das sind bei Arbeitsverhältnissen die Arbeitsgerichte (§ 2 Abs. 1 Nr. 3d ArbGG), in anderen Fällen die ordentlichen Gerichte. Die Vorschrift des **§ 8 Abs. 2 Buchst. a KAGO** gibt nur der MAV insgesamt ein Klagerecht im Falle des Verstoßes des Dienstgebers gegen die Vorschrift des § 18 Abs. 1 gegen den Dienstgeber bei dem Kirchlichen Arbeitsgericht. Das einzelne Mitglied der MAV hat ein Antragsrecht gemäß § 8 Abs. 2 Buchst. d KAGO.

---

30 *BAG*, 31. 8. 1994 – 7 AZR 893/93, EzA § 611 BGB Abmahnung Nr. 33 = DB 1995, 1235.
31 *BVerfG*, 14. 11. 1995 – 1 BvR 601/92, EzA Art. 9 GG Nr. 60 zu *BAG*, 13. 11. 1991 – 5 AZR 74/91, DB 1992, 843.
32 *Soergel/Siebert*, BGB § 823 Rn 334 m. N.
33 *Soergel/Siebert*, BGB § 823 Rn 334 m. N.
34 *BAG*, 12. 2. 1975 – 5 AZR 79/74, DB 1975, 1226; *Benöhr*, NJW 1973, 1780 m. N. Fn 25.
35 *Herschel*, DB 1975, 690.
36 *BAG*, 9. 6. 1982 – 4 AZR 766/79, DB 1982, 2711.
37 *Schäfer*, in: Staudinger, BGB § 823 Rn 603.
38 *Palandt/Sprau*, BGB § 823 Rn 56; *PWW-Schaub*, BGB § 823 Rn 217.
39 *Meurer*, a. a. O., S. 159.

5. Begünstigungsverbot

So wie die Benachteiligung ist auch die Begünstigung der Mitglieder der MAV verboten. Begünstigung ist jede sachlich nicht gerechtfertigte Bevorzugung vor vergleichbaren Dienstkräften.[40] So sind sachlich nicht begründete Zuwendungen (z. B. Aufwandsentschädigungen), voreilige Beförderungszusagen, Bevorzugungen bei der Vergabe von Dienstwohnungen nach § 18 Abs. 1 untersagt.[41] Erfolgen sie dennoch, sind sie rechtswidrig. Rechtsgeschäfte, die gegen § 18 Abs. 1 – also gegen Kirchengesetz – verstoßen, sind gemäß § 134 BGB nichtig. Ist eine verbotene Begünstigung bereits gewährt, so kommt § 817 S. 2 BGB zur Anwendung mit der Folge, dass die Rückforderung ausgeschlossen ist. Das Begünstigungsverbot gilt auch im Zusammenhang mit **Sozialplänen** (§ 38 Abs. 1 Nr. 11). Würden gleichmäßige Bedingungen für alle Angehörigen einer bestimmten Altersgruppe als Mitarbeiter zur Aufgabe des Arbeitsplatzes vereinbart, so könnten in dieser Altersgruppe befindliche Mitarbeitervertreter nicht ausgenommen werden. Würden sie arbeitslos, könnten sie umgekehrt von der Bundesanstalt für Arbeit nicht mit einer Sperrzeit (§ 144 SGB III) infolge des Aufhebungsvertrages belegt werden, weil ein wichtiger Grund für das Verhalten des betroffenen Mitgliedes der MAV bestünde.[42] Eine MAV darf auch nicht von Mitarbeitern oder Dritten Zuwendungen – nicht einmal für die Durchführung ihrer Aufgaben – entgegennehmen, um ihre Unabhängigkeit nicht zu beeinträchtigen.[43] Die MAV bleibt auf Freistellung von Kosten bzw. Kostenerstattungen verwiesen (§ 17) und auf die Unentgeltlichkeit ihrer Tätigkeit (§ 15 Abs. 1; § 15 Rn 3, 5). Deshalb verstößt eine Vereinbarung, wonach die zu vergütende wöchentliche Arbeitszeit eines teilzeitbeschäftigten, von der beruflichen Tätigkeit freigestellten MAV-Mitgliedes wegen des Umfangs der MAV-Tätigkeit für die Dauer der Freistellung von 19,25 Stunden auf 30 Stunden pauschal erhöht wird, gegen das Begünstigungsverbot und ist deshalb nach § 134 BGB nichtig.[44]

6. Erwähnung der MAV-Tätigkeit in Beurteilungen

Eine ehrenamtliche Tätigkeit nach der MAVO darf im Regelfall in einer **dienstlichen Beurteilung** und in **Dienstzeugnissen** nicht erwähnt werden.[45] Der betroffene Mitarbeiter hat einen Anspruch auf Entfernung der Ausführungen, u. U. auf völlige Entfernung einer dienstlichen Beurteilung, gemäß § 1004 BGB analog, weil § 18 Abs. 1 MAVO ein Schutzgesetz i. S. d. § 823 Abs. 2 BGB ist. Der Betroffene kann also auf **Entfernung der Ausführungen aus den Personalakten** bestehen und eine Beurteilung verlangen, die die beanstandeten Ausführungen nicht enthält. Arbeitszeugnisse sind gemäß § 109 GewO zu berichten. Die Tätigkeit als Mitglied der MAV hat mit der geschuldeten Arbeitsleistung in der Einrichtung nichts zu tun und ist deshalb in einem qualifizierten Dienst- bzw. Arbeitszeugnis weder zu erwähnen noch zu beurteilen. § 18 Abs. 1 verbietet sowohl die Benachteiligung als auch die Begünstigung eines MAV-Mitgliedes, so dass es fraglich ist, ob die Erwähnung von MAV-Tätigkeit auch auf ausdrücklichen Wunsch des Mitarbeiters zulässig ist. Das *BAG*[46] unterscheidet. In der Regel können aus der Erwähnung der MAV-Tätigkeit Vorteile und Nachteile erwachsen, insbesondere wenn der Mitarbeiter weiter in der Einrichtung bleibt und infolge seiner ehrenamtlichen Tätigkeit nicht voll der dienstlichen Aufgabe zur Verfügung steht. Deshalb lässt das *BAG*[47] die Erwähnung der ehrenamtlichen Tätigkeit als Personalrat in einer dienstlichen Regelbeurteilung als geboten zu, wenn ansonsten eine dienstliche Beurteilung überhaupt nicht mehr erstellt werden kann, weil die Freistellung von der dienstlichen Tätigkeit in sehr hohem Maße oder völlig erfolgt ist. Nach einer Entscheidung des *LAG Hessen*[48] hat der Arbeitnehmer in der Regel einen Anspruch darauf, dass

---

40 *Ilbertz/Widmaier*, BPersVG § 8 Rn 15.
41 Vgl. in diesem Sinne auch *Meurer*, a. a. O. S. 152.
42 *SG Mannheim*, 30. 3. 1990 – 2 Ar 1965/88, rkr., BB 1990, 2496.
43 Vgl. *BVerwG*, 10. 10. 1990 – 6 P 22.88, ZTR 1991, 38.
44 *BAG*, 16. 2. 2005 – 7 AZR 95/04, NZA-RR 2005, 556.
45 Vgl. *BAG*, 19. 8. 1992 – 7 AZR 262/91, DB 1993 S. 1525 = NZA 1993, 222.
46 *BAG*, 19. 8. 1992 – 7 AZR 262/91, DB 1993 S. 1525 = NZA 1993, 222.
47 *BAG*, 19. 8. 1992 – 7 AZR 262/91, DB 1993 S. 1525 = NZA 1993, 222.
48 *LAG Hessen* 19. 11. 1993 – 9 Sa 111/93, DB 1994, 1044, LS.

III. Schutz des Arbeitsentgelts, § 18 Abs. 1a

15 Die Vorschrift des § 18 Abs. 1a MAVO ist derjenigen des § 37 Abs. 4 S. 1 BetrVG nachgebildet. Sie gilt sowohl den freigestellten als auch den nicht freigestellten Mitgliedern der MAV. Die Vorschrift ergänzt und konkretisiert das **Benachteiligungsverbot** des § 18 Abs. 1. Ausgehend von § 15 Abs. 3 kann es zu einer völligen Freistellung eines Mitgliedes der MAV von seiner Arbeitspflicht kommen. In diesem Falle ergeben sich naturgemäß Abkoppelungen von der beruflichen Tätigkeit und Gefahren für die berufliche Entwicklung in der Einrichtung. Dem freigestellten Mitglied der MAV sind daher auch diejenigen Bezügebestandteile zu gewähren, die es vor der Freistellung etwa wegen Bereitschaftsdiensten oder Rufbereitschaften erhalten hat.[49] Das gilt auch, wenn etwa Dienste zu ungünstigen Zeiten wegen der Freistellung oder Zuschläge wegen Wegfalls von Schichtdiensten zur Debatte stehen, die wegen der Tätigkeit als MAV-Mitglied entfallen und ebenso Überstunden. Hier ist die dadurch bedingte Entgeltänderung auszugleichen.[50] Die Höhe des Nachteilsausgleichs bemisst sich nach der Entgeltminderung gegenüber vergleichbaren Mitarbeitern, sodass also auch Schwankungen bei vergleichbaren Mitarbeitern zu berücksichtigen sind.[51] Allerdings kann ein freigestelltes Mitglied der MAV vom Dienstgeber nicht verlangen, dass er ihm während der Freistellung zusätzlich zum Bruttoarbeitsentgelt die Nettolohndifferenz zahlt, die sich daraus ergibt, dass Zulagen, die im Falle der Arbeitsleistung steuer- und sozialversicherungsfrei sind, abgabenpflichtig sind.[52] Das dem freigestellten MAV-Mitglied auch zu privaten Zwecken gestellte **Dienstfahrzeug** ist Vergütungsbestandteil in Form eines Sachbezuges, auch wenn eine gegenteilige Abmachung für den Fall der Freistellung besteht.[53]

16 Bei **Bewerbungen freigestellter Mitglieder der MAV** auf eine Beförderungsstelle bzw. höher vergütete Tätigkeit ist ihre Bewerbung so zu berücksichtigen als wären sie nicht freigestellt. Denn die einrichtungsübliche Entwicklung vergleichbarer anderer Mitarbeiter ist mit Blick auf das betroffene MAV-Mitglied zu honorieren. Das freigestellte MAV-Mitglied muss sich allerdings bei Stellenausschreibungen bewerben. Der Ausschluss vom Bewährungsaufstieg ist daher ebenfalls unzulässig.[54] Nicht jede Veränderung der materiellen und formellen Arbeitsbedingungen des einen oder anderen Mitglieds der MAV stellt eine Begünstigung oder Benachteiligung dar. Es ist immer darauf abzustellen, ob eine Besser- oder Schlechterstellung im Vergleich zu anderen Mitarbeitern eine Rolle spielt und diese Besser- oder Schlechterstellung aus sachlichen oder in der Person des MAV-Mitglieds liegenden Gründen erfolgt. Auf eine Benachteiligungsabsicht kommt es nicht an. Wenn also ein Mitglied der MAV eine höherwertige Tätigkeit wegen häufiger Abwesenheiten durch Mitarbeitervertretungstätigkeit nicht erbringen kann, ist Anspruch auf einen Nachteilsausgleich gegeben.[55] Denn das Mitglied der MAV ist so zu stellen (Fiktion), wie ein vergleichbarer Mitarbeiter ohne Tätigkeit in der MAV gestellt wäre. Damit ist einem Mitglied der MAV die Vergütung für eine höherwertige Tätigkeit zu zahlen, obwohl ihm die Tätigkeit nicht übertragen werden kann.[56]

17 Wird der Anspruch auf höhere Vergütung (**Höhergruppierung**) wegen einer Benachteiligung darauf gestützt, dass das Mitglied der MAV ohne seine Freistellung eine Tätigkeit ausüben würde, die die Merkmale der angestrebten Vergütungsgruppe erfüllt, so ist der berufliche Werdegang des Mitgliedes

---

49 *LAG Köln*, 21. 2. 2000 – 8 (13) Sa 907/98, ZMV 2000, 234.
50 *BAG*, 7. 6. 1989 – 7 AZR 500/88, Die EkA Vergütung [3].
51 *BAG*, 17. 5. 1977, AP Nr. 28 zu § 37 BetrVG 1972.
52 *BAG*, 15. 1. 1997 – 7 AZR 873/95, EzA BetrVG 1972 § 37 Nr. 134.
53 *BAG*, 23. 6. 2004 – 7 AZR 514/03, NZA 2004, 1287.
54 *BAG*, 15. 5. 1968, AP Nr. 1 zu § 23a BAT.
55 *BAG*, 13. 11. 1987 – 7 AZR 550/86, DB 1988, 812 LS.
56 *BAG*, 29. 10. 1998 – 7 AZR 676/96, DB 2000, 151.

der MAV fiktiv nachzuzeichnen.[57] Das gilt auch für weitgehend freigestellte MAV-Mitglieder, wie z. B. Lehrer.[58]

18 Der nachwirkende Schutz von einem Jahr nach Beendigung der Mitgliedschaft in der MAV steht in engem Zusammenhang mit dem nachwirkenden Kündigungsschutz (§ 19 Abs. 1 S. 3) der Mitglieder der MAV gegen die ordentliche Kündigung, der ebenfalls ein Jahr nach Beendigung der Amtszeit der MAV fortdauert und innerhalb dessen die Mitglieder der MAV in aller Regel eine verzögerte berufliche Entwicklung nachholen können.

19 Maßgebender Zeitpunkt für die Vergleichbarkeit ist zunächst der Zeitpunkt der Wahl zum Mitglied der MAV, also der Zeitpunkt der Berufsausübung ohne Mandat.[59] Bei Ersatzmitgliedern ist der Zeitpunkt des Nachrückens in die MAV entscheidend.[60] Das Arbeitsentgelt des Mitgliedes der MAV ist in diesem Zeitpunkt mit dem anderer Mitarbeiter zu vergleichen, die unter Berücksichtigung der Qualifikation und der Persönlichkeit dieselbe oder eine im Wesentlichen gleich qualifizierte Arbeit verrichtet haben.[61] Wird das MAV-Mitglied wegen seiner MAV-Tätigkeit auf einen anderen Arbeitsplatz versetzt, ist für den Vergleich dennoch der bisherige Arbeitsplatz maßgebend.[62]

20 Bei der Bemessung der an das MAV-Mitglied zu zahlenden Vergütung ist die **einrichtungsübliche Entwicklung** der vergleichbaren oder auch nur eines einzigen vergleichbaren Mitarbeiters zu berücksichtigen. Einrichtungsüblichkeit ist die Entwicklung, die andere nach Qualifikation und Persönlichkeit vergleichbare Mitarbeiter unter Berücksichtigung der Gegebenheiten in der Einrichtung bzw. Dienststelle genommen haben.[63] Zur Vergleichbarkeit ist auf die Mitarbeiter abzustellen, die im Zeitpunkt der Übernahme des MAV-Amtes eine im Wesentlichen gleich qualifizierte Tätigkeit ausgeübt haben wie das MAV-Mitglied.[64] Hierbei sind zugunsten der Mitglieder der MAV auch Maßnahmen der Einrichtung für die berufliche Fortbildung zu berücksichtigen, an denen vergleichbare Mitarbeiter teilgenommen haben, die aber das betreffende MAV-Mitglied wegen seiner Amtstätigkeit nicht besuchen konnte[65] Siehe § 18 Abs. 1b.

21 Das Arbeitsentgelt des MAV-Mitgliedes ist demjenigen vergleichbarer Mitarbeiter laufend anzupassen. Hierbei umfasst die durch die Bestimmung des § 18 Abs. 1a geforderte Entgeltsicherung zum einen den Ausgleich etwaiger Entgeltminderungen, die dadurch eintreten, dass ein MAV-Mitglied wegen seiner MAV-Tätigkeit von der Wechselschicht auf die einfache Tagesschicht umgesetzt wird.[66] Darüber hinaus sind die späteren Steigerungen der Vergütung vergleichbarer Mitarbeiter auf Grund ihrer einrichtungsüblichen Entwicklung zu berücksichtigen.[67] Aus § 18 Abs. 1a resultierende Ansprüche auf Anpassung der Vergütung beruhen auf § 611 BGB i. V. m. dem Arbeitsvertrag, so dass arbeitsvertragliche Ausschlussfristen für die Geltendmachung von Ansprüchen (z. B. gemäß § 23 AT AVR-Caritas) zu beachten sind.

22 Die betriebsübliche berufliche Entwicklung vergleichbarer Mitarbeiter entsteht auf Grund eines gleichförmigen Verhaltens des Dienstgebers und einer von ihm aufgestellten Regel. Betriebsüblichkeit liegt nicht schon vor, wenn das Mitglied der MAV bei der Übernahme des Amtes als MAV-Mit-

---

57 *BAG*, 29. 10. 1998 – 7 AZR 202/97, ZTR 1999, 235; 27. 6. 2001 – 7 AZR 496/99, NZA 2002, 106 = ZTR 2001, 576; 14. 7. 2010 – 7 AZR 359/09, ZTR 2011, 56.
58 *BAG*, 19. 3. 2003 – 7 AZR 334/02, ZTR 2004, 50.
59 *BAG*, 17. 8. 2005 – 7 AZR 528/04, ZTR 2006, 285; *Fitting*, § 37 Rn 119 m. N.
60 *BAG*, 15. 1. 1992 – 7 AZR 194/91 AP Nr. 84 zu § 37 BetrVG 1972 = DB 1993, 1379 = ZTR 1993, 174.
61 *BAG*, 17. 5. 1977, 21. 4. 1983, 15. 1. 1992, AP Nrn. 28, 43, 84 zu § 37 BetrVG 1972; ErfK-*Eisemann*, § 37 BetrVG Rn 13.
62 *Fitting*, § 37 Rn 119.
63 *BAG*, 15. 1. 1992 AP Nr. 84 zu § 37 BetrVG 1972 Nr. 69; ErfK-*Eisemann*, § 37 BetrVG Rn 13; *LAG Baden-Württemberg*, 24. 7. 2002 – 2 Sa 20/02, ZMV 2003, 199.
64 *LAG Rheinland-Pfalz*, 21. 9. 2006 – 11 Sa 230/06, ZTR 2007, 340.
65 ErfK-*Eisemann*, § 37 BetrVG Rn 13; *LAG Köln*, 21. 8. 2002 – 8 Sa 404/02, ZTR 2003, 359 LS.
66 *Richardi/Thüsing*, BetrVG § 37 Rn 68.
67 *Fitting*, § 37 Rn 124.

glied in seiner bisherigen Entwicklung einem vergleichbaren Mitarbeiter vollkommen gleichgestanden hat. Einrichtungsüblich ist die Entwicklung, die bei objektiv vergleichbarer Tätigkeit Mitarbeiter mit vergleichbarer fachlicher und persönlicher Qualifikation bei Berücksichtigung der normalen betrieblichen und personellen Entwicklung in beruflicher Hinsicht genommen haben. Der Begriff der Üblichkeit bezeichnet den Normalfall, nicht den Ausnahmefall. Da § 18 Abs. 1a das Benachteiligungsverbot des § 18 Abs. 1 konkretisiert, darf die Anwendung der Vorschrift auch nicht zu einer Begünstigung des MAV-Mitglieds gegenüber anderen Mitarbeitern führen. Deshalb ist z. B. die Übertragung höherwertiger Tätigkeiten nur dann betriebsüblich i. S. v. § 18 Abs. 1a (vergleichbar § 37 Abs. 4 BetrVG), wenn nach den betrieblichen Gepflogenheiten dem MAV-Mitglied eine höherwertige Tätigkeit hätte übertragen werden müssen oder die Mehrheit der vergleichbaren Mitarbeiter einen solchen Aufstieg erreicht. Nicht ausreichend ist, dass eine Besserstellung eines oder mehrerer vergleichbarer Mitarbeiter auf individuellen, nur auf diese bzw. einen bestimmten Mitarbeiter persönlich zugeschnittenen Gründen beruht.[68]

23 Wird in einer Einrichtung zusätzlich zum Tabellenentgelt eine besondere leistungsbezogene Vergütung (vgl. § 26 KAVO mit Anlage 28 der Diözesen in NRW) gezahlt, ist eine mit § 18 Abs. 1a konforme Lösung für ganz oder teilweise freigestellte Mitglieder der MAV erforderlich. Es geht um die Berechnung der variablen Vergütung für die Zeit der Freistellung. Für die grundsätzliche Fortzahlung der Vergütung gilt § 18 Abs. 1 i. V. m. § 15.

24 Zur ggf. nach Zielvorgaben orientierten Leistungsvergütung und ihre Berechnung enthält die MAVO keine Bestimmung. Zu unterscheiden ist außerdem zwischen Zielvorgaben, die der Mitarbeiter individuell erfüllen kann und solchen, die auf anderen Faktoren, etwa Teamarbeit, beruhen. Das ganz von der Arbeit freigestellte MAV-Mitglied wird von Zielvorgaben nicht erreicht, das teilweise oder nach Anlass freigestellte MAV-Mitglied kann Zielvorgaben erhalten. Bei voller Freistellung empfiehlt sich der Vergleich mit vergleichbaren Mitarbeitern gemäß § 18 Abs. 1a, bei teilweise freigestellten Mitarbeitern ist die Erreichung der Zielvorgabe unter Berücksichtigung vergleichbarer Vollbeschäftigter gemäß durchschnittlicher Inanspruchnahme für MAV-Tätigkeit im Zeitraum der Zielvereinbarung mit einem rechnerischen Bonus zu ermitteln. Es geht in allen Fällen um die laufende Anpassung an das Arbeitsentgelt vergleichbarer Mitarbeiter bzw. Mitarbeiterinnen

25 **Streitigkeiten** aus Anlass einer behaupteten unzutreffenden Entgeltentwicklung bzw. unzutreffenden Eingruppierung als Mitglied der Mitarbeitervertretung werden, wenn das Mitglied der MAV Arbeitnehmer ist, von den staatlichen Arbeitsgerichten entschieden.[69] Das Kirchliche Arbeitsgericht ist zur Entscheidung über einzelarbeitsvertragliche Ansprüche nicht zuständig, sondern das staatliche Arbeitsgericht[70] (vgl. Art. 10 Abs. 1 GrO; § 2 Abs. 3 KAGO).

IV. Berufliche Bildung der Mitglieder der Mitarbeitervertretung (§ 18 Abs. 1b)

26 Im Kontext zum Benachteiligungsverbot gemäß § 18 Abs. 1, zum Entgeltschutz gemäß § 18 Abs. 1a steht die Vorschrift des § 18 Abs. 1b. Diese drei Bestimmungen werden ergänzt durch § 15 Abs. 3a, wonach die Freistellung eines Mitglieds der MAV von seiner dienstlichen Tätigkeit gemäß § 15 Abs. 3a nicht zur Beeinträchtigung seines beruflichen Werdegangs führen darf. Gemäß § 18 Abs. 1b dürfen Mitglieder der MAV – ohne Rücksicht auf eine evtl. Freistellung – nicht von Maßnahmen der beruflichen Bildung innerhalb und außerhalb der Einrichtung ausgeschlossen werden.

27 Gemäß Art. 9 GrO haben alle Mitarbeiterinnen und Mitarbeiter Anspruch auf berufliche Fort- und Weiterbildung. Dieser Anspruch steht folglich auch den Mitgliedern der MAV zu, auch denen, die ganz oder teilweise von der Arbeit freigestellt sind (§ 18 Abs. 1b). Veranstaltungen i. S. v. Art. 9 GrO sind nicht zu verwechseln mit den für Mitglieder von Mitarbeitervertretungen bestimmten spe-

---

68 *BAG*, 17. 8. 2005 – 7 AZR 528/04, ZTR 2006, 285.
69 *BAG*, 17. 8. 2005 – 7 AZR 528/04, ZTR 2006, 285; *LAG Baden-Württemberg*, 24. 7. 2002 – 2 Sa 20/02, ZMV 2003, 199.
70 *Schlichtungsstelle Münster*, 6. 10. 1997 – SchliV – MAVO 9/97, ZMV 1997, 290.

zifischen Schulungsmaßnahmen gemäß § 16. Die MAV hat ein Mitbestimmungsrecht zur Durchführung von Ausbildungen, soweit sie nicht durch Rechtsnormen oder Ausbildungsvertrag geregelt sind (§ 36 Abs. 1 Nr. 8, § 37 Abs. 1 Nr. 8); sie hat das Anhörungs-, Mitberatungs- und Vorschlagsrecht zur Durchführung beruflicher Fort- und Weiterbildungsmaßnahmen, welche die Einrichtung für ihre Mitarbeiterinnen und Mitarbeiter anbietet (§ 29 Abs. 1 Nr. 6, § 32 Abs. 1 Nr. 4).

Die Vorschrift des § 18 Abs. 1b soll sicherstellen, dass eine gleichmäßige Behandlung aller Mitarbeiter und Mitarbeiterinnen einschließlich der Mitglieder der MAV bei ihrer beruflichen Bildung durch den Dienstgeber erfolgt. Das gilt auch für vom Dienst teilweise oder ganz freigestellte MAV-Mitglieder. 28

V. Versetzung, Abordnung, Zuweisung und Personalgestellung von MAV-Mitgliedern (§ 18 Abs. 2)

1. Direktionsrecht

Die Vorschrift des § 18 Abs. 2 nennt vier verschiedene Maßnahmen des Dienstgebers gegenüber Mitgliedern der MAV, die Einfluss auf die personelle Zusammensetzung der MAV während ihrer Amtszeit haben. Denn in allen Fällen – mit Ausnahme der Teilabordnung – ist die Folge, dass das betroffene Mitglied der MAV aus der Einrichtung ausscheidet und damit sein Mandat als MAV-Mitglied – ggf. auch im Falle der Abordnung, § 7 Abs. 2 – verliert (§ 13c Nr. 3). Einerseits geht es um den Verbleib des betroffenen MAV-Mitglieds als Mitarbeiter im Beschäftigungsverhältnis zum Dienstgeber außerhalb der bisher zugewiesenen Dienststelle oder Einrichtung (§ 18 Abs. 2 S. 1), andererseits um den Wechsel zu einem anderen Rechtsträger (§ 18 Abs. 2 S. 2). Die Maßnahmen des Dienstgebers können unter bestimmten Voraussetzungen auch gegen den Willen der betroffenen MAV-Mitglieder durchgeführt werden. Dazu gehört, dass der Dienstgeber zu einer Versetzung, Abordnung in seinem Bereich, zu einer Zuweisung oder Personalgestellung zu einem anderen Rechtsträger aufgrund des bestehenden Rechtsverhältnisses (z. B. Arbeitsvertrag) berechtigt ist. Soweit danach der Dienstgeber über die Konkretisierung der eigentlichen Tätigkeit hinaus dem Mitarbeiter (Arbeitnehmer) einen neuen Tätigkeitsbereich zuweisen kann (§ 9 AVR, § 11 KAVO der Diözesen in NRW, § 12 ABD), ist es ihm möglich, die Versetzung und die Abordnung einseitig durch Ausübung des Direktionsrechts aus dienstlichen oder organisatorischen Gründen anzuordnen.[71] Dasselbe kann auch zutreffen, wenn Zuweisung oder Personalgestellung an einen anderen Rechtsträger rechtlich zulässig ist. 29

Gemäß § 4 Abs. 2 TVöD-AT kann Beschäftigten im dienstlichen oder betrieblichen Interesse mit ihrer Zustimmung vorübergehend eine mindestens gleich vergütete Tätigkeit bei einem Dritten zugewiesen werden. Der betroffene Beschäftigte kann die Zustimmung allerdings nur aus wichtigem Grund verweigern. Die Rechtsstellung des Beschäftigten auf der Grundlage des Beschäftigungsverhältnisses bleibt von der Zuweisung unberührt. Bezüge aus der Verwendung bei dem Dritten werden auf das Entgelt des Beschäftigten angerechnet. 30

Gemäß § 4 Abs. 3 TVöD-AT erfolgt Personalgestellung, wenn Aufgaben der Beschäftigten zu einem Dritten verlagert werden, so dass der Beschäftigte bei weiterbestehendem Arbeitsverhältnis zu seinem Vertragsarbeitgeber die arbeitsvertraglich geschuldete Arbeitsleistung zu erbringen hat (vgl. auch § 4 Abs. 2 und 3 TV-L). Die Aufgabenübertragung auf einen anderen Rechtsträger führt nicht zu einem gesetzlichen Wechsel des Arbeitsverhältnisses des betroffenen Arbeitnehmers auf den anderen Rechtsträger. Zum Übergang des Arbeitsverhältnisses auf den Dritten bedarf es einer vertraglichen Regelung zwischen dem Arbeitnehmer und dem abgebenden sowie dem aufnehmenden Rechtsträger.[72] 31

Kraft gesetzlicher Verweisung gilt § 18 Abs. 2 auch für die Sprecher der Jugendlichen und Auszubildenden (§ 51 Abs. 2), die Vertrauensperson der schwerbehinderten Menschen (§ 52 Abs. 5) und die 32

---

[71] *BAG*, 6. 2. 1985, AP Nr. 3 zu § 1 TVG Tarifverträge: Textilindustrie m. Anm. *Gaul*.
[72] Vgl. *BAG*, 25. 6. 2009 – 8 AZR 336/08, ZTR 2010, 92.

II. Die Mitarbeitervertretung

Mitglieder der Gesamtmitarbeitervertretung und der erweiterten Gesamtmitarbeitervertretung (§ 24). Die Mitglieder des Wahlausschusses werden durch die Vorschrift des § 18 Abs. 2 nicht geschützt, weil es an einer entsprechenden Vorschrift fehlt (vgl. Rn 1) Die Vorschrift gilt für Ersatzmitglieder der MAV, wenn sie in die Position nachgerückt sind. Soweit ein Ausbildungsverhältnis besteht, wird das etwa betroffene MAV-Mitglied bzw. der Sprecher der Jugendlichen und Auszubildenden durch seinen Ausbildungsvertrag i. V. m. dem BBiG geschützt.

2. Begriffe

33 Die **Versetzung** ist eine Maßnahme des Dienstgebers, wodurch der Mitarbeiter in eine andere Tätigkeit bei demselben Dienstgeber in einer anderen Dienststelle oder zur Dienststelle eines anderen Dienstgebers befohlen wird (vgl. § 7 Rn 49 f. im Zusammenhang mit beamtenrechtlichen Bestimmungen). Die Versetzung ist auf Dauer gerichtet. Gemäß Protokollerklärung Nr. 2 zu § 4 Abs. 1 TVöD-AT erfolgt die auf Dauer gerichtete Versetzung lediglich im Bereich der Dienststellen oder Betriebe desselben Arbeitgebers unter Fortsetzung des bestehenden Arbeitsverhältnisses. Zum Beamtenrecht siehe § 28 BBG und § 15 BeamtStG.

34 Die **Abordnung** dagegen ist vorübergehender Natur. Sie kann entweder zu einer Dienststelle desselben Dienstgebers oder zu einer Dienststelle eines anderen Dienstgebers erfolgen (vgl. § 35 Abs. 1 Nr. 5; Protokollerklärung Nr. 1 zu § 4 Abs. 1 TVöD-AT). Zum Beamtenrecht siehe § 27 BBG und § 14 BeamtStG.

35 Von der Vorschrift des § 18 Abs. 2 wird die **Umsetzung** innerhalb der Einrichtung oder Dienststelle an einen anderen Arbeitsplatz[73] nicht erfasst. Unzulässig ist allerdings die Umsetzung, wenn sie auf einen geringerwertigen Arbeitsplatz führt. Dann handelt es sich um eine Änderungskündigung, die gemäß § 19 Abs. 1 S. 2 unzulässig ist. Führt die Umsetzung zu einem höherwertigen Arbeitsplatz, handelt es sich um eine Beförderung, zu der die MAV ebenso wie bei der Herabgruppierung und der nicht nur vorübergehenden Übertragung einer höher oder niedriger zu bewertenden Tätigkeit ein Zustimmungsrecht hat (§ 35 Abs. 1 Nr. 2 bis 4). Eine Versetzung wird nicht angenommen, wenn der Dienstgeber geregelt hat, dass mehrere Dienststellen eine Einrichtung i. S. v. § 1a Abs. 2 bilden und der Dienstgeber von einer Stelle zu einer anderen Stelle einen Mitarbeiter dirigiert, selbst wenn der dabei von einer Region zu einer anderen Region[74] umziehen muss.

36 **Zuweisung** ist – unter Fortsetzung des bestehenden Arbeitsverhältnisses – die vorübergehende Beschäftigung bei einem Dritten im In- und Ausland, bei dem der Allgemeine Teil des TVöD nicht zur Anwendung kommt (Protokollerklärung zu § 4 Abs. 2 TVöD-AT). Zum Beamtenrecht siehe § 29 BBG und § 20 BeamtStG.

37 **Personalgestellung** ist – unter Fortsetzung des bestehenden Arbeitsverhältnisses – die auf Dauer angelegte Beschäftigung bei einem Dritten. Ursache dafür ist die tatsächliche Verlagerung von Aufgaben des Beschäftigten zu einem Dritten, so dass der Arbeitgeber bei weiter bestehendem Arbeitsverhältnis verlangen kann, dass die arbeitsvertraglich geschuldete Arbeitsleistung des Beschäftigten bei dem Dritten zu erbringen ist, wenn die übertragenen Aufgaben bei dem Dritten wirklich anfallen und dort einen adäquaten funktionellen Personalbedarf auslösen. Die Personalgestellung ist also an eine Funktionsnachfolge gebunden (§ 4 Abs. 3 TV-L).[75] Die Modalitäten der Personalgestellung werden zwischen dem Arbeitgeber und dem Dritten vertraglich geregelt (Protokollerklärung zu § 4 Abs. 3 TVöD).

---

73 Vgl. zur Definition: *VerwG der EKD*, 19. 2. 1998 – 0124/B 27–29, Rspr. Beilage zum Amtsblatt der EKD 1998, 36.
74 *Schlichtungsstelle Paderborn*, 20. 3. 1996 – III/96, ZMV 1996, 306.
75 *LAG Düsseldorf*, 23. 9. 2009 – 12 Sa 357/09, ZTR 2010, 134.

3. Zustimmung des MAV-Mitgliedes

a. Versetzung und Abordnung

Hat sich der Dienstgeber ein **Recht zur Versetzung und Abordnung arbeitsvertraglich nicht vorbehalten**, können die beiden Maßnahmen nur im Wege der einvernehmlichen Vertragsänderung oder der Änderungskündigung erfolgen. Ist ein Mitglied der MAV von den genannten Maßnahmen betroffen, ist zu unterscheiden. Der Versetzung und der Abordnung eines MAV-Mitgliedes auf Grund einer Änderungskündigung steht grundsätzlich der Kündigungsschutz des § 19 entgegen. Denn das Verbot der ordentlichen Kündigung von MAV-Mitgliedern bezieht sich nicht nur auf die Beendigungskündigung, sondern auch auf die Änderungskündigung.[76] Eine vom Dienstgeber gegenüber einem MAV-Mitglied zum Zwecke der Versetzung oder Abordnung ausgesprochene Änderungskündigung ist unwirksam und macht die bezweckten Maßnahmen unzulässig. Etwas anderes gilt nur für die außerordentliche Änderungskündigung (§ 19 Abs. 1 S. 1) sowie in Fällen der Betriebsstilllegung oder der Stilllegung eines Teils der Einrichtung (§ 19 Abs. 3). Im letztgenannten Fall hat das MAV-Mitglied grundsätzlich einen Anspruch, auf einen gleichwertigen Arbeitsplatz in einen anderen Teil der Einrichtung übernommen zu werden (§ 19 Abs. 3 S. 2). Der Dienstgeber kann hierzu das Mittel der Änderungskündigung anwenden (§ 19 Rn 108 ff.). Wenn aber **bei arbeitsvertraglich eingeräumter Berechtigung zur Versetzung und zur Abordnung** der Dienstgeber eine dieser Maßnahmen gegenüber einem MAV-Mitglied durchführen will, so würde die Versetzung und unter Umständen auch die Abordnung zum Ausscheiden aus der Dienststelle (§ 1 Abs. 1) führen mit der Folge, dass die Mitgliedschaft in der MAV erlischt (§ 13c Nr. 3). Da durch diese Maßnahmen das MAV-Mitglied in seinen Rechten aus der MAVO betroffen ist, könnten gegen seinen Willen weder Versetzung noch Abordnung erfolgen. Voraussetzung für die Maßnahme ist in jedem Fall die Zustimmung des MAV-Mitgliedes.

38

b. Zuweisung und Personalgestellung

Zuweisung und Personalgestellung an einen Dritten (anderen Rechtsträger) sind mit Blick auf den Arbeitsvertrag interpretationsfähig. Während arbeitsrechtlich das Recht zu Versetzung und Abordnung im Bereich der Einrichtungen und Dienststellen desselben Arbeitgebers (Dienstgebers) in der Regel wegen entsprechender arbeitsvertraglicher Klauseln – und sei es durch Bezugnahme auf eine kollektive arbeitsvertragsrechtliche Regelung, ggf. unter Bezugnahme auf einen Tarifvertrag – zulässig ist, ist im Einzelfall zu prüfen, ob Zuweisung und Personalgestellung ebenfalls arbeitsvertraglich zulässig sind. Das Direktionsrecht des Dienstgebers kann im Rahmen seiner arbeitsvertraglichen Kompetenz Zuweisung und Personalgestellung umfassen, wenn der Arbeitsvertrag dadurch unangetastet bleibt, der Dienstgeber also die Erfüllung seiner Pflichten und die Wahrnehmung seiner Rechte in den Grenzen des Arbeitsvertrages besorgt. Wird aber der arbeitsvertraglich bestimmte Arbeitsort geändert, ohne eine entsprechende Arbeitsvertragsklausel zu bedienen, entsteht die Frage, ob das Direktionsrecht des Dienstgebers durchgreift. Voraussetzung ist, dass im Arbeitsvertrag Zuweisung bzw. Personalgestellung an einen Dritten (anderen Rechtsträger) durch den Dienstgeber vorgesehen sind. Andernfalls ist die Zuweisung bzw. Personalgestellung nur im Wege der Änderungskündigung möglich. Dazu hat die MAV das Anhörungsrecht gemäß § 30 zusätzlich zum Mitbestimmungsrecht gemäß § 18 Abs. 2 S. 2, wenn das betroffene Mitglied der MAV der Maßnahme des Dienstgebers widerspricht (§ 18 Abs. 2 S. 1). Da das Mitglied der MAV vor der ordentlichen Kündigung gemäß § 19 Abs. 1 geschützt ist, kann nur die einvernehmliche Vertragsänderung die Lösung sein, falls nicht die Bestimmung des § 19 Abs. 3 die Änderungskündigung zulässt.

39

---

76 *Boemke-Albrecht*, BB 1991, 541 m. N.

4. Dienstliche Gründe

a. Versetzung und Abordnung

40 Vom Erfordernis der Zustimmung des Mitglieds der MAV kann jedoch abgesehen werden, wenn die Versetzung oder Abordnung auch unter Berücksichtigung der MAV-Mitgliedschaft aus wichtigen dienstlichen Gründen unvermeidbar ist. Bei der Versetzung oder Abordnung ist aber zu prüfen, ob die dienstlichen Belange so sehr im Vordergrund stehen, dass demgegenüber eine Änderung der **Zusammensetzung der MAV** eine **geringere Rolle** spielt. Es geht nicht um die Zulässigkeit der Versetzung oder Abordnung, sondern um die aus dienstlichen Gründen und Interessen erforderliche Versetzung oder Abordnung, wobei eben unter keinen Umständen eine andere Lösung des Problems möglich ist. Nur unter dieser Voraussetzung gehen bei einem Konflikt zwischen der Zusammensetzung der MAV und den dienstlichen Interessen die dienstlichen Belange vor. Daraus folgt hier auch, dass z. B. die Abordnung nicht länger dauern darf als dies im dienstlichen Interesse unabweisbar notwendig ist. Eine länger als drei Monate dauernde Abordnung führt durch Erlöschen des aktiven und passiven Wahlrechts zum Erlöschen der Mitgliedschaft in der MAV (§ 7 Abs. 2, § 8 Abs. 1, § 13c Nr. 3) und hat insofern dieselbe Wirkung wie eine Versetzung.

41 Die Zuweisung eines anderen Arbeitsplatzes kann also sowohl durch Versetzung, Abordnung als auch Umsetzung erfolgen. Vom Schutz des § 18 Abs. 2 wird die Zuweisung eines anderen Arbeitsplatzes nur erfasst, wenn mit ihr zugleich ein Wechsel der Dienststelle – evtl. mit anderem Dienstort – verbunden ist. Das mit dem Dienststellenwechsel verbundene Ausscheiden aus der bisherigen Dienststelle führt für das betroffene Mitglied der MAV zum nachwirkenden Kündigungsschutz (§ 19 Abs. 1 S. 3 i. V. m. § 13c Nr. 3), wenn der Dienstgeber der Gleiche bleibt.

42 In diesem Zusammenhang ist der Unterschied zwischen einer Dienststelle i. S. v. § 1a Abs. 2 und derjenigen i. S. v. § 23 zu verdeutlichen. Hat der Dienstgeber gemäß § 1a Abs. 2 mehrere Teildienststellen zu einer Dienststelle erklärt, so ist die Versetzung des MAV-Mitgliedes von einer Teilstelle zur anderen innerhalb derselben Dienststelle keine unter den Schutz des § 18 Abs. 2 fallende Maßnahme. Denn das Mitglied der MAV bleibt in der »Dienststelle«. Es verliert nicht sein Amt als MAV-Mitglied (vgl. auch § 22a Abs. 2). Dennoch kann es sich um eine Versetzung i. S. v. § 35 Abs. 1 Nr. 5 handeln (vgl. dort). Besteht eine Sondervertretung (vgl. § 23), so ist zu prüfen, welchem Personenkreis die Sondervertretung zuzurechnen ist. Wird ein MAV-Mitglied innerhalb des Bereiches der Sondervertretung versetzt, ohne aus der Zuständigkeit der Sondervertretung auszuscheiden, so liegt ebenfalls keine unter den Schutz des § 18 Abs. 2 fallende Maßnahme vor, weil das MAV-Mitglied zur Sondervertretung wahlberechtigt und wählbar, also MAV-Mitglied bleibt.

43 Ist mit der Versetzung oder Abordnung die Ausgliederung aus der Zuständigkeit der Sondervertretung verbunden, so handelt es sich um eine Maßnahme i. S. d. Schutzes des § 18 Abs. 2. Im Falle des § 23 kommt es also nicht auf das Ausscheiden aus einer Dienststelle, sondern auf das Ausscheiden aus der räumlichen Zuständigkeit der MAV i. S. v. § 23 an.

b. Zuweisung und Personalgestellung

44 Sowohl Zuweisung als auch Personalgestellung sichern dem betroffenen Mitarbeiter die Aufrechterhaltung seines Arbeitsverhältnisses. Im Zusammenhang mit seiner Position als Mitglied der MAV interessieren die dienstlichen Gründe für die genannten Maßnahmen. Dazu hat die MAV ein Recht zur Erörterung mit dem Dienstgeber (§ 18 Abs. 2 S. 1 i. V. m. § 18 Abs. 2 S. 2).

5. Zustimmung der MAV

a. Laien

aa. Versetzung, Abordnung

45 Wenn **Versetzung oder Abordnung gegen den Willen des MAV-Mitgliedes** erfolgen sollen, bedarf jede der beiden Maßnahmen der Zustimmung der beteiligten MAV. Denn es geht um ihre personelle

Zusammensetzung, die durch Versetzung oder Abordnung verändert wird (Rn 33). Das folgt aus dem Wortlaut des § 18 Abs. 2, wonach es um das Verhältnis des Mitgliedes der MAV zu seiner MAV geht. Die Maßnahme muss unter Berücksichtigung der Mitgliedschaft in der MAV unvermeidbar sein. Die Zustimmung ist nicht Sache der Gesamtmitarbeitervertretung. Das wäre der Fall, wenn es sich zugleich um ihr Mitglied handelte, das durch die Maßnahme aus der Gesamtmitarbeitervertretung ausscheiden müsste. Die Gesamtmitarbeitervertretung wäre eingeschaltet, wenn der Dienstgeber in einer sog. Personalrunde eine Reihe von Versetzungen zusammenfasst und zugleich mehrere Mitarbeitervertretungen ihres Zuständigkeitsbereichs betroffen wären (§ 24 Abs. 4). Ist z. B. ein **Mitarbeiter im pastoralen Dienst Mitglied der MAV** einer Kirchengemeinde (§ 1a), der Sondervertretung (§ 23) und zugleich auch noch der Gesamtmitarbeitervertretung (§ 24 Abs. 1), so richtet sich das Zustimmungsrecht allein danach, inwieweit eines der drei Gremien den Verlust des Mitgliedes durch Versetzung oder Abordnung erleidet. Die **Ordnung des Bistums Münster** sieht für pastorale Dienste, auch im Falle ihrer Mitgliedschaft in der MAV, **kein Mitbestimmungsrecht** irgendeiner MAV vor (Ziffer III. S. 2 der Anordnung zur Bildung einer MAV für Pastoralreferenten und Pastoralassistenten vom 30. 12. 1996).[77]

Die MAV hat die Entscheidung über die Zustimmung oder Versagung der Zustimmung **nach pflichtgemäßer Prüfung** zu treffen. Das Verfahren über die Zustimmung richtet sich nach § 33. An der Beschlussfassung der MAV über die Zustimmung kann das betroffene Mitglied nicht mitwirken. Da es aus Rechtsgründen an der Entscheidung in der MAV verhindert ist, ist das nächstberechtigte Ersatzmitglied zur Entscheidung in der MAV berufen (§ 13b Abs. 2). Auf diese Weise ist auch die Entscheidung einer eingliedrigen MAV überhaupt nur denkbar. Die **Beschlussfassung** der MAV erfolgt **gemäß § 14 Abs. 5**. Wird die Zustimmung nicht innerhalb der vorgesehenen **Frist von einer Woche** verweigert, so gilt die Maßnahme als gebilligt (§ 33 Abs. 2 S. 2). Die MAV kann jedoch beim Dienstgeber beantragen, die Frist um eine weitere Woche zu verlängern (§ 33 Abs. 2 S. 3). 46

Die Beendigung der Abordnung ist keine der Zustimmung unterliegende Maßnahme, weil die Abordnung von vornherein eine vorübergehende Dienststellenzugehörigkeit begründet. 47

Das betroffene MAV-Mitglied kann unabhängig von der erteilten Zustimmung der MAV die Rechtmäßigkeit der Versetzung oder Abordnung gerichtlich prüfen lassen. Für Mitarbeiter mit Arbeitsvertrag ist das staatliche Arbeitsgericht zuständig.[78] Hat die MAV der Versetzung oder Abordnung nicht zugestimmt, ist die Maßnahme nicht rechtswirksam. Der Dienstgeber muss bei Verweigerung der Zustimmung der MAV die Einigungsstelle zur Entscheidung anrufen (§ 18 Abs. 2 i. V. m. § 33 Abs. 1 bis 3, § 45 Abs. 2). Die MAV der aufnehmenden Einrichtung ist ebenfalls beteiligungsberechtigt, weil die Versetzung sich für die aufnehmende Einrichtung als Einstellung i. S. v. § 34 darstellt.[79] 48

bb. Zuweisung, Personalgestellung

Zuweisung und Personalgestellung eines Mitglieds der MAV an einen anderen Rechtsträger bedürfen der Zustimmung der MAV, wenn das betroffene Mitglied der MAV den Maßnahmen widerspricht. Es gelten entsprechend die Ausführungen zu Versetzung und Abordnung von Mitgliedern der MAV gegen ihren Willen. 49

b. Verhältnis von § 18 Abs. 2 zu § 35 Abs. 1 Nr. 5

Die Zustimmung gemäß § 18 Abs. 2 ist zu unterscheiden von der Zustimmung im Falle des § 35 Abs. 1 Nr. 5. Beide Verfahren sind in § 33 geregelt (§ 33 Abs. 1). Der Gegenstand des Verfahrens ist verschieden. § 18 Abs. 2 hat Bedeutung für den Fall der Weigerung des Mitgliedes der MAV, sich versetzen, abordnen, einem anderen Rechtsträger zuweisen oder sich auf Dauer dorthin befehlen zu lassen. § 35 Abs. 1 Nr. 5 hat Bedeutung für den Fall der mit Einverständnis des MAV-Mitgliedes 50

---

[77] *Amtsblatt für die Diözese Münster* 1996 Art. 230 S. 205.
[78] *ArbG Siegburg*, 15. 4. 2002 – 2 Ca 214/01, ZMV 2002, 202.
[79] *ArbG Siegburg*, 15. 4. 2002 – 2 Ca 214/01, ZMV 2002, 202.

erfolgenden Abordnung oder Versetzung, Zuweisung oder Personalgestellung. Denn in letzterem Fall geht es, weil das MAV-Mitglied Mitarbeiter (§ 3 Abs. 1) ist, um eine zustimmungspflichtige Maßnahme i. S. d. allgemeinen Beteiligungsrechte der MAV. Das Einverständnis des MAV-Mitgliedes zu einer zustimmungspflichtigen Maßnahme des Dienstgebers macht das Zustimmungsverfahren und das Zustimmungserfordernis der MAV i. S. v. § 35 Abs. 1 Nr. 5 nicht hinfällig,[80] ausgenommen Mitarbeiter für pastorale Dienste oder religiöse Unterweisung, die zu ihrer Tätigkeit der ausdrücklichen bischöflichen Sendung oder Beauftragung bedürfen (§ 29 Abs. 1 Nr. 10). In allen Fällen der Versetzung oder Abordnung, Zuweisung oder Personalgestellung bleibt für das betroffene Mitglied der MAV der nachwirkende Kündigungsschutz (§ 19 Abs. 1 S. 3) erhalten.

c. Geistliche, Ordensleute

51 Bei Geistlichen und Ordensangehörigen ist allerdings zu beachten, dass nach § 3 Abs. 3 ihre besondere Stellung gegenüber dem Diözesanbischof bzw. Ordensoberen durch die MAVO nicht berührt wird. Die MAV wirkt bei Versetzung und Abordnung nicht mit (§ 3 Abs. 3 S. 2). Der Versetzungs- und Abordnungsschutz vermag sie von der **Gehorsamspflicht nicht zu entbinden**.[81] Wenn auch durch besondere kirchenrechtliche Bestimmungen die Versetzbarkeit von Mitgliedern der MAV, die Geistliche und Ordensleute sind, wegen der Vorschrift des § 3 Abs. 3 leichter möglich ist, so ist davon ihre Unabhängigkeit in der MAV nicht berührt.[82] Denn den kirchlichen Oberen stehen wegen des besonderen kirchenrechtlichen Status von Geistlichen und Ordensleuten keine Weisungsbefugnisse für das Abstimmungsverfahren und die Arbeitsweise in der MAV zu.[83] Auch eine entsprechende Kompetenz des Dienstgebers besteht nicht.[84]

VI. Unfallfürsorge für Mitarbeiter nach beamtenrechtlichen Grundsätzen

1. Gesetzliche Unfallversicherung

52 Mitarbeiter, die Aufgaben nach der MAVO wahrnehmen, stehen als Arbeitnehmer unter dem Schutz der gesetzlichen Unfallversicherung (§ 2 Abs. 1 Nr. 1 SGB VII). Die Mitglieder der MAV werden aus dem Kreis der Angehörigen der Dienststelle oder Einrichtung gewählt. Der für diese bestehende Versicherungsschutz erfasst auch ihre Tätigkeit als Mitglied der MAV, soweit es sich um dienststellenbezogene Tätigkeit handelt[85] Aufgabe der MAV ist es, zum Wohle der Mitarbeiter der Einrichtung tätig zu sein, mit dem Dienstgeber über strittige Fragen zu verhandeln und an Maßnahmen des Dienstgebers mitzuwirken (§ 36 Abs. 1 Nr. 10 MAVO; § 1 Abs. 4 ArbSchG). Deshalb steht die Tätigkeit der MAV wie diejenige eines Betriebsrates im gesamten innerbetrieblichen Bereich unter dem Versicherungsschutz. Dazu gehört z. B. die Teilnahme an den Sitzungen der MAV, Sitzungen der Gesamtmitarbeitervertretung, der Diözesanen Arbeitsgemeinschaft, Schulungen von Mitgliedern der MAV, wenn diese Schulungen den Zweck verfolgen, Kenntnisse zu vermitteln, die auf die Tätigkeit der MAV Bezug haben (§ 16 Abs. 1). Die Teilnahme der Mitarbeiter an MAV-Wahlen ist in vollem Umfang, also bei Vorbereitung und Durchführung der Wahl, bei einer Tätigkeit als Kandidat oder als Mitglied des Wahlausschusses versichert.[86]

---

80 *Schlichtungsstelle Köln*, 2. 12. 1991 – MAVO 9/91, ZMV 1993, 31.
81 *Bietmann*, Betriebliche Mitbestimmung im kirchlichen Dienst S. 103; *Beyer*, Freiburger Kommentar zur MAVO, § 3 Rn 58.
82 A. A. *Bietmann*, Betriebliche Mitbestimmung im kirchlichen Dienst S. 103.
83 *Dütz*, Kollektivrechtliche Fragen des kirchlichen Dienstes, Essener Gespräche Bd. 18 S. 108 f.
84 *Richardi*, Arbeitsrecht in der Kirche, § 18 Fn. 77 S. 333.
85 Dazu wegen der Betriebsräte: *Lauterbach/Schwerdtfeger*, UV – SGB VII § 8 = Rn 179 ff.
86 *Lauterbach/Schwerdtfeger*, UV – SGB VII § 8 = Rn 179 ff.

2. Die Unfallfürsorge

§ 18 Abs. 3 gilt für diejenigen Mitarbeiter und Mitarbeiterinnen, die infolge besonderer Regelung im Rahmen ihres Dienstverhältnisses Anspruch auf Unfallfürsorge nach beamtenrechtlichen Grundsätzen haben und deshalb von dem Versicherungsschutz nach SGB VII ausgenommen sind (§ 4 Abs. 1 Nr. 1 SGB VII). Die Vorschrift ist Ergänzungsvorschrift zu den gesetzlichen Unfallfürsorgebestimmungen, seien es kirchliche oder staatliche Bestimmungen. 53

§ 18 Abs. 3 hat nicht nur den Schutz von Mitgliedern der MAV zum Ziel, sondern auch den Schutz aller Mitarbeiter, die Anspruch auf Unfallfürsorge nach beamtenrechtlichen Grundsätzen haben. Der Schutz erstreckt sich auf einen Unfall anlässlich der Wahrnehmung von Rechten oder in Erfüllung von Pflichten nach dieser Ordnung. Insofern werden nach dieser Vorschrift Mitarbeiter und MAV-Mitglieder geschützt, denen ein Anspruch auf Unfallfürsorge nach beamtenrechtlichen Grundsätzen aus ihrem Dienstverhältnis zusteht. 54

Voraussetzung ist für den Unfallschutz jedoch ferner, dass der Unfall i. S. d. beamtenrechtlichen Unfallfürsorgevorschriften ein **Dienstunfall** wäre. Es kommt nicht darauf an, dass der Mitarbeiter Beamter ist. Es kann sich also auch um einen Arbeitnehmer handeln, dem Unfallfürsorge nach beamtenrechtlichen Grundsätzen zugesagt ist. Wegen des Unfalls ist der Mitarbeiter auf die Vorschriften über die Unfallfürsorge für Beamte verwiesen. Diese sind durch den Dienstgeber entsprechend anzuwenden. Dasselbe gilt je nach diözesaner Regelung auch für die Priester.[87] 55

Im Falle von Streitigkeiten entscheiden bei Beamten die Verwaltungsgerichte, bei Arbeitnehmern die Arbeitsgerichte. 56

Der Umfang der Unfallfürsorge ist in den §§ 30 ff. Beamtenversorgungsgesetz geregelt. Danach werden Körper- und Gesundheitsschäden (§ 31 BeamtVG) und Sachschäden (§ 32 BeamtVG) berücksichtigt. Wegen Dauerschäden wird auf § 35 BeamtVG i. V. m. § 31 BVG zum Zweck einer womöglichen Schadensausgleichsrente für Gesundheitsschäden verwiesen. 57

Die Unfallfürsorge ist ausgeschlossen, wenn der Verletzte den Unfall vorsätzlich herbeigeführt hat (§ 44 Abs. 1 BeamtVG). 58

Unfälle, aus denen Unfallfürsorgeansprüche nach dem BeamtVG entstehen können, sind innerhalb einer **Ausschlussfrist von zwei Jahren nach dem Eintritt** des Unfalls bei dem Dienstgeber des Verletzten (Dienstvorgesetzter) zu melden (§ 45 Abs. 1 S. 1 BeamtVG). 59

Für **Priester** bestehen besondere diözesane Regelungen zur Unfallfürsorge.[88] Die Unfallfürsorge umfasst Erstattung von Sachschäden und besonderen Aufwendungen, Heilverfahren, Unfallausgleich, Unfallruhegehalt oder Unterhaltsbeitrag. Auf die Unfallfürsorge findet Abschnitt V des Gesetzes über die Versorgung der Beamten und Richter in Bund, Ländern, ausgenommen die §§ 30, 39 bis einschließlich § 43, in der jeweils geltenden Fassung entsprechend Anwendung. Ein Dienstunfall ist dem Besoldungsträger und dem Generalvikar unverzüglich zu melden. Priester, die nicht die Versorgungszusage haben und folglich rentenversicherungspflichtig beschäftigt werden, unterliegen der gesetzlichen Unfallversicherung; der Dienstunfall ist der zuständigen Berufsgenossenschaft als gesetzlichem Träger der Unfallversicherung zu melden. 60

3. Ordensleute

In der gesetzlichen Unfallversicherung sind versicherungsfrei satzungsmäßige Mitglieder geistlicher Genossenschaften, wenn ihnen nach den Regeln der Gemeinschaft Anwartschaft auf die in der Gemeinschaft übliche Versorgung gewährleistet und die Erfüllung der Gewährleistung gesichert ist (§ 4 61

---

87 Vgl. z. B. § 24 Ordnung der Dienst- und Versorgungsbezüge der Priester des Erzbistums Köln, Amtsbl. 1993, S. 99.
88 Vgl. z. B. Ordnung der Dienst- und Versorgungsbezüge der Priester des Erzbistums Köln, Amtsblatt Köln, 1993 Nr. 94, S. 99, § 24 PrBVO.

Abs. 1 Nr. 3 SGB VII). Bei Schadenszufügung aus unerlaubter Handlung haftet dem Ordensmitglied der Schädiger nach den allgemeinen gesetzlichen Vorschriften.

VII. Weiterbeschäftigung von MAV-Mitgliedern im Anschluss an ihre Berufsausbildung (§ 18 Abs. 4)

1. Zweck der Vorschrift

62 Das in § 18 Abs. 1 geregelte Benachteiligungsverbot wird durch § 18 Abs. 4 erweitert, um der Gefahr zu begegnen, dass der Dienstgeber Auszubildende, die ein Ehrenamt i. S. d. MAVO haben, ggf. wegen ihrer Tätigkeit
– in der MAV, gemeinsamen MAV oder Sondervertretung,
– als Sprecher der Jugendlichen und Auszubildenden oder
– in der Vertretung schwerbehinderter Menschen (§ 52 Abs. 5 i. V. m. § 18 Abs. 4
nicht in ein unbefristetes Arbeitsverhältnis übernimmt, obwohl er gleichzeitig andere Auszubildende nach erfolgreichem Abschluss der Berufsausbildung weiterbeschäftigt. Die Vorschrift entspricht nicht der des § 78a BetrVG.

2. Voraussetzungen

a. Berufsausbildungsverhältnis eines Mitgliedes der MAV u. a.

63 § 18 Abs. 4 gilt allen Mitarbeitern, die MAV-Mitglieder, Sprecher der Jugendlichen und der Auszubildenden (§ 18 Abs. 4) oder Vertrauenspersonen der schwerbehinderten Menschen (§ 52 Abs. 2 i. V. m. § 18 Abs. 4) oder Mitglieder von Sondervertretungen (§ 23) sind und ohne Rücksicht auf ihr Lebensalter in einem befristeten Berufsausbildungsverhältnis stehen (§§ 10 ff. BBiG) oder bei Umschulungsverhältnissen für einen anerkannten Ausbildungsberuf (§ 60 BBiG).

64 Durch den Ablauf des Ausbildungsvertrages scheidet der Auszubildende aus der Dienststelle bzw. Einrichtung aus, wenn sich keine Weiterbeschäftigung anschließt. Volontäre und Praktikanten sind keine Auszubildenden i. S. d. BBiG.[89] Der in § 18 Abs. 4 genannte Personenkreis ist nicht identisch mit den in § 3 Abs. 1 Genannten, die zur Ausbildung tätig sind (§ 3 Rn 27), sondern enger. Das wird deutlich durch die Bezeichnung »Auszubildende«. Diese Bezeichnung wird in § 9 BPersVG und in § 78a BetrVG verwendet und gilt nach diesen Bestimmungen für Auszubildende i. S. d. Berufsbildungsgesetzes.[90] Dabei kommt es auf staatlich anerkannte Ausbildungsberufe nicht an.[91] Gerade für den kirchlichen Dienst sind solche Ausbildungsverhältnisse gemeint, die vertraglich oder kirchenrechtlich geregelt sind und eine geordnete Ausbildung von wenigstens zwei Jahren Dauer vorsehen (§§ 4 und 5 BBiG). Ob dasselbe auch für Gemeindeassistenten und Pastoralassistenten entsprechend gilt, deren Berufseinführung nach der Fachhochschul- bzw. Hochschulausbildung auf zwei Jahre befristet ist,[92] ist fraglich. Zu berücksichtigen ist aber, dass am Ende der Berufseinführung die Zweite Dienstprüfung steht, deren erfolgreicher Abschluss für eine unbefristete Anstellung Voraussetzung ist, aber keinen Anspruch auf Einstellung begründet, selbst wenn die befristete Berufseinführung erfolgreich beendet ist. Dazu ist auf § 34 Abs. 1 hinzuweisen, nach dessen Wortlaut die Einstellung von Mitarbeitern für pastorale Dienste oder religiöse Unterweisung nicht dem Mitbestimmungsrecht der MAV unterliegt. Völlig ausgenommen aus dem Bereich der Vorschrift des Absatzes 4 sind Geistliche und Ordensleute (§ 3 Abs. 3).

---

89 KR-*Weigand*, § 78a BetrVG Rn 11.
90 *Ilbertz/Widmaier*, BPersVG § 9 Rn 4; *HSWGN-Nicolai*, BetrVG § 78a Rn 6; KR-*Weigand*, § 78a BetrVG Rn 8.
91 *BAG*, 23. 6. 1983 – 6 AZR 595/80, DB 19849 1786; *Becker-Schaffner*, DB 1987, 2647.
92 Vgl. z. B. Rahmenstatuten und Ordnungen für Gemeinde- und Pastoral-Referenten/Referentinnen vom 10. 3. 1987, Heftreihe: Die deutschen Bischöfe, in: Heft 41 S. 29 ff. und S. 47 f.

Jedenfalls sind auch kirchlich anerkannte Ausbildungsberufe zu berücksichtigen, wenn der betreffende Mitarbeiter nach Maßgabe des BBiG in einem Berufsausbildungsverhältnis i. S. d. § 10 BBiG steht. Nicht in den Geltungsbereich des BBiG fällt grundsätzlich die schulisch geprägte Berufsausbildung in Heil- und Heilhilfsberufen (Hebammenberuf, Krankenschwester, -pfleger, Krankenpflegehelfer, Kinderkrankenschwester, medizinisch- und pharmazeutisch-technische Assistentin, Masseur, Krankengymnasten). Wenn dagegen das Ausbildungsverhältnis in der Krankenpflege überwiegend arbeitsrechtlich betrieblich gestaltet ist, finden die Vorschriften des BBiG Anwendung, also auch das Auslaufen des Ausbildungsverhältnisses mit bestandener Prüfung.[93]

Der Schutz zugunsten des Auszubildenden beginnt, wenn nach der Stimmenauszählung zur Wahl der MAV, des Sprechers der Jugendlichen und Auszubildenden oder zur Vertrauensperson der schwerbehinderten Menschen feststeht, dass der Auszubildende die für seine Wahl ausreichende Stimmenzahl erreicht hat (§ 11 Abs. 6). Die Bekanntgabe des Wahlergebnisses nach § 11 Abs. 7 ist nicht Voraussetzung für den Eintritt des Schutzes des § 18 Abs. 4.[94]

Nicht unter § 18 Abs. 4 fallen in Ausbildung befindliche Mitglieder des Wahlausschusses und Wahlbewerber, die nicht zum Zuge gekommen sind. Die Vorschrift gilt ebenfalls nicht für befristete Arbeitsverhältnisse. Wird ein Mitarbeiter in einem zulässigerweise befristet abgeschlossenen Arbeitsverhältnis (§§ 14, 15 TzBfG) beschäftigt, und in dieser Zeit in ein Amt der MAVO gewählt, so endet sein Arbeitsverhältnis und damit sein Amt mit dem vereinbarten Zeitablauf des Arbeitsvertrages (§ 15 Abs. 1 TzBfG). Einen Rechtsanspruch auf Fortsetzung seines Arbeitsverhältnisses über den vereinbarten Zeitablauf hinaus wegen seiner Wahl in ein Amt der MAVO hat dieser Mitarbeiter nicht.

b. Schriftlicher Antrag

Will der Auszubildende in der Dienststelle weiterbeschäftigt werden, **wenn er die Berufsausbildung erfolgreich abgeschlossen hat**, so muss er **spätestens einen Monat vor Beendigung des Ausbildungsverhältnisses** einen schriftlichen Antrag auf Weiterbeschäftigung stellen. Gemäß § 21 Abs. 1 BBiG endet das Ausbildungsverhältnis mit dem Ablauf der Ausbildungszeit. Gemäß § 21 Abs. 2 BBiG endet das Berufsausbildungsverhältnis jedoch schon mit dem Bestehen der Abschlussprüfung, also vor Ablauf der Ausbildungszeit. Deshalb muss der Auszubildende hiernach die Frist für den Weiterbeschäftigungsantrag berechnen.[95] Begründet wird der Antrag nur sein, wenn auch die Beendigung der Ausbildung erfolgreich ist.

Der Auszubildende hat die Abschlussprüfung grundsätzlich erst dann bestanden i. S. v. § 21 Abs. 2 BBiG, wenn das Prüfungsverfahren abgeschlossen und das Ergebnis der Prüfung mitgeteilt worden ist. Besteht die Prüfung aus mehreren Abschnitten, so ist der Tag der Feststellung des Gesamtergebnisses der Prüfung maßgeblich.[96] Besteht der Auszubildende die Abschlussprüfung nicht, so verlängert sich das Berufsausbildungsverhältnis auf sein Verlangen hin bis zur nächstmöglichen Wiederholungsprüfung, höchstens um ein Jahr (§ 21 Abs. 3 BBiG).

Durch den Antrag wird die Weiterbeschäftigung noch nicht begründet. Ist der Auszubildende noch minderjährig (unter 18 Jahre alt), so bedarf das Weiterbeschäftigungsverlangen der Zustimmung seines gesetzlichen Vertreters.

Wird der Auszubildende im Anschluss an das Berufsausbildungsverhältnis beschäftigt, ohne dass hierüber ausdrücklich etwas vereinbart worden ist, so gilt ein Arbeitsverhältnis auf unbestimmte Zeit als begründet (§ 24 BBiG). Eine zu Ungunsten des Auszubildenden davon abweichende Vereinbarung ist nichtig (§ 25 BBiG). Schließt der Auszubildende einen befristeten Arbeitsvertrag zur Weiterbe-

---

93 KR-*Weigand*, §§ 21–23 BBiG Rn 22 m. N.
94 Vgl. *BAG*, 22. 9. 1983 – 6 AZR 323/81, DB 1984, 936.
95 *BAG*, 31. 10. 1985 – 6 AZR 557/84, BB 1986, 1223.
96 *BAG*, 16. 2. 1994 – 5 AZR 251/93, ZTR 1994, 341, LS.

schäftigung nach seiner Ausbildung ab, so kann darin nach den Umständen des Einzelfalles der Verzicht auf unbefristete Weiterbeschäftigung liegen.[97]

c. Weiterbeschäftigung anderer Auszubildender

72 Weil der Dienstgeber nicht gehalten ist, den Auszubildenden nach der abgeschossenen Ausbildung in ein Arbeitsverhältnis zu übernehmen, wird es darauf ankommen, wie sich der Dienstgeber hinsichtlich eines oder mehrerer anderer Auszubildender nach deren erfolgreicher Berufsausbildung verhält. Wenn er auch nur einen anderen Auszubildenden weiterbeschäftigt, kann er den Auszubildenden, der MAV-Mitglied, Sprecher der Jugendlichen und Auszubildenden oder Vertrauensperson der schwerbehinderten Menschen ist, jedenfalls nicht ohne Einschaltung der MAV übergehen. In § 18 Abs. 4 ist nicht der Fall geregelt, dass der Dienstgeber bei Einstellung eines fremden Mitarbeiters anstelle des Auszubildenden bzw. Ausgebildeten die MAV einzuschalten hat, wenn er die Weiterbeschäftigung des Ausgebildeten nach der Ausbildung ablehnt. Deshalb ist in einem solchen Fall der Schutz des Auszubildenden zu verneinen.[98] Anders ist die Rechtslage gemäß § 78a BetrVG.[99] Allerdings hat die MAV ein Zustimmungsrecht bei Einstellung für die Beschäftigung von Personen, die dem Dienstgeber i. S. d. Arbeitnehmerüberlassungsgesetzes zur Arbeitsleistung überlassen werden (§ 3 Abs. 1 S. 2). Sie kann die Zustimmung zu der Einstellung verweigern, wenn die Beschäftigung für länger als sechs Monate geplant ist (§ 34 Abs. 2 Nr. 3), so dass auf diese Weise an die Stelle des Leiharbeitnehmers bei gleicher Qualifikation der Auszubildende die Chance der Übernahme in ein Arbeitsverhältnis erhält, obwohl er selbst keinen Anspruch auf Übernahme in das Arbeitsverhältnis hat.

73 Ein **Ersatzmitglied** der MAV, des Sprechers der Jugendlichen und Auszubildenden oder der Vertretung der schwerbehinderten Menschen, das nur an wenigen, zeitlich weit auseinander fallenden Sitzungen stellvertretend in der MAV oder den anderen Vertretungen mitgewirkt hat, kann nicht verlangen, nach Beendigung seiner Berufsausbildung in der Dienststelle gemäß § 18 Abs. 4 in einem Dauerarbeitsverhältnis weiterbeschäftigt zu werden.[100] Anders liegt der Fall, wenn das Ersatzmitglied im Zeitpunkt der Beendigung des Ausbildungsverhältnisses tätig ist. Dann hat das Ersatzmitglied den Schutz des § 18 Abs. 4 ebenso wie dasjenige Ersatzmitglied, das kurz vor Beendigung der Ausbildung dauerhaft in eines der vorgenannten Gremien nachgerückt ist.[101]

d. Befristete Übernahme von Auszubildenden

74 Wegen des Grundgedankens der Dienstgemeinschaft (Art. 1 S. 1 GrO) und mit Rücksicht auf das weitere berufliche Fortkommen des Auszubildenden ist zu prüfen, ob ihn der Dienstgeber für kurze Zeit befristet weiterbeschäftigen kann. § 14 Abs. 1 Nr. 2 TzBfG gibt dazu eine Möglichkeit. Wenn z. B. kein Arbeitsplatz für einen unbefristet einzustellenden Arbeitnehmer zur Verfügung steht, kann auch eine befristete Beschäftigung hilfreich für das berufliche Weiterkommen sein. Daraus folgt aber mit Rücksicht auf § 24 BBiG, dass der Dienstgeber Auszubildende erst dann befristet weiterbeschäftigt, wenn ein wirksam befristeter Arbeitsvertrag zustande gekommen ist (§§ 14, 15 TzBfG). Denn die ohne Befristungsabrede erfolgte Weiterbeschäftigung führt zur Weiterbeschäftigung auf unbestimmte Zeit (§ 16 TzBfG). Will der Mitarbeiter geltend machen, dass die Befristung seines Arbeitsvertrages rechtsunwirksam ist, muss er innerhalb von drei Wochen nach dem vereinbarten Ende des

---

97 *BAG*, 31. 5. 2005 – 6 PB 1.05, ZTR 2005, 492.
98 Ebenso: *Tiggelbeck*, Freiburger Kommentar zur MAVO, § 18 Rn 58.
99 *BAG*, 16. 7. 2008 – 7 ABR 13/07, NZA 2009, 202.
100 Vgl. *BVerwG*, 25. 6. 1986 – 6 P 27/84 zu §§ 9, 107 BPersVG, NJW 1987, 669; anders: *BAG*, 15. 1. 1980 – 6 AZR 726/79 – zu § 78a BetrVG, wenn das Ersatzmitglied der Jugendvertretung zum Zeitpunkt des Begehrens nach Weiterbeschäftigung Mitglied der Jugendvertretung ist, DB 1980, 1649 – oder innerhalb der Amtsperiode war – *BAG*, 13. 3. 1986 – 6 AZR 207/87, DB 1986, 2235.
101 Insoweit auch: *Tiggelbeck*, Freiburger Kommentar zur MAVO § 18 Rn 52; sie sieht jedoch von einer Differenzierung innerhalb des Kreises der nach Abs. 4 einzubeziehenden Personen ab.

befristeten Arbeitsvertrages Klage beim Arbeitsgericht auf Feststellung erheben, dass das Arbeitsverhältnis auf Grund der Befristung nicht beendet ist (§ 17 S. 1 TzBfG).

3. Mitwirkung der MAV bei Ablehnung des Weiterbeschäftigungsantrages

a. Zustimmung der MAV

Lehnt der Dienstgeber den Antrag des Auszubildenden ab, so ist die Entscheidung des Dienstgebers vor der Mitteilung an den Auszubildenden der MAV zur Zustimmung mitzuteilen (§ 33), wenn der Dienstgeber gleichzeitig einen anderen Auszubildenden weiterbeschäftigt. Allerdings ist das Zustimmungsrecht der MAV nicht in ihr Ermessen gestellt sondern gebunden. Auf die Kommentierung zu § 33 wird verwiesen. 75

b. Zustimmungsverweigerung

Die Zustimmung zur Entscheidung des Dienstgebers kann nämlich nur verweigert werden, wenn der Verdacht besteht, dass die Ablehnung der Weiterbeschäftigung wegen der Tätigkeit als MAV-Mitglied, Sprecher der Jugendlichen und Auszubildenden oder Vertrauensperson der schwerbehinderten Menschen erfolgt (§ 18 Abs. 4 S. 2). Die MAV muss deshalb die **Verdachtsgründe** nennen. Reagiert die MAV nicht innerhalb der für die Zustimmung vorgesehenen Frist von einer Woche auf die Mitteilung des Dienstgebers über die der Zustimmung unterliegende Ablehnung der Weiterbeschäftigung, so gilt die Zustimmung dazu als erteilt (§ 33 Abs. 2 S. 2). Will die MAV die Zustimmung zur Ablehnung der Weiterbeschäftigung verweigern, so muss sie innerhalb der Frist Einwendungen beim Dienstgeber erheben. Sie kann dazu Fristverlängerung von einer Woche beantragen (§ 33 Abs. 2 S. 3). In Fällen von Einwendungen der MAV müssen Dienstgeber und MAV mit dem Ziel der Einigung verhandeln (§ 33 Abs. 3). 76

4. Streitigkeiten über die Zustimmungsverweigerung

Hat die MAV die Zustimmung verweigert, kann der Dienstgeber das Kirchliche Arbeitsgericht im Wege der Klage anrufen (§ 18 Abs. 4 S. 3 i. V. m. § 33 Abs. 4 MAVO; § 2 Abs. 2 i. V. m. § 8 Abs. 2 Buchst. d KAGO), damit es die Zustimmung ersetzt. Die Anrufung des Kirchlichen Arbeitsgerichts ist nicht in das Belieben des Dienstgebers gestellt, wenn er bei seiner Ablehnung der Weiterbeschäftigung bleiben will. Er ist dazu auf die Entscheidung des Kirchlichen Arbeitsgerichts angewiesen. Denn dieses hat über die Berechtigung der Zustimmungsverweigerung der MAV mit bindender Wirkung zu befinden. 77

Unterlässt der Dienstgeber die Anrufung des Kirchlichen Arbeitsgerichts, obwohl die MAV der ablehnenden Entscheidung des Dienstgebers zur Weiterbeschäftigung widersprochen hat, so kann die MAV das Kirchliche Arbeitsgericht wegen Verstoßes des Dienstgebers gegen das Zustimmungsverfahren (§ 33) anrufen. Das Kirchliche Arbeitsgericht entscheidet in seinem Verfahren über die Beiladung des betroffenen Funktionsträgers von Amts wegen oder auf Antrag (§ 9 KAGO). Der Beigeladene hat das Recht, innerhalb der Anträge der Beteiligten Anträge zu stellen. Dasselbe gilt für die Vertrauensperson der schwerbehinderten Menschen (§ 52 Abs. 5) und für den Sprecher der Jugendlichen und Auszubildenden (§ 18 Abs. 4 S. 1 und 4). 78

Das MAV-Mitglied, der Sprecher der Jugendlichen und Auszubildenden und die Vertrauensperson der schwerbehinderten Menschen können unter diesen Umständen mit Rücksicht auf den in die Rechtsbeziehungen zwischen dem Dienstgeber und ihnen als Auszubildende eingreifenden besonderen Schutz der MAVO den Rechtsstreit über die Weiterbeschäftigung vor das Arbeitsgericht tragen. Das gilt insbesondere, wenn kirchengerichtlich i. S. d. KAGO festgestellt ist, dass der Dienstgeber die Weiterbeschäftigung wegen Tätigkeit in den genannten Wahlehrenämtern zu Unrecht abgelehnt hat. Die Weiterbeschäftigung gilt nur dann als fingiert (§ 24 BBiG), wenn sie tatsächlich erfolgt ist, nicht wenn sie wegen des Rechtsstreits und der Ablehnung unterblieben ist. 79

II. Die Mitarbeitervertretung

5. Gleichzeitige Vertretung von MAV-Mitglied und MAV

80 Die Interessenlagen zur Weiterbeschäftigung des MAV-Mitglieds können bei MAV und MAV-Mitglied gleich sein, nämlich Abwehr des Zustimmungsersetzungsantrags. Wird für beide derselbe Rechtsanwalt als Prozessbevollmächtigter tätig, so verstößt dieser nicht gegen das Verbot der Wahrnehmung widerstreitender Interessen nach § 43a BRAO. Gelangt die MAV allerdings zu der Auffassung, sie wolle an der Zustimmungsverweigerung nicht mehr festhalten, können widerstreitende Interessen entstehen, so dass der Prozessbevollmächtigte in diesem Fall beide Mandate niederlegen muss, um nicht gegen § 43a BRAO zu verstoßen.[102]

§ 19 Kündigungsschutz

(1) Einem Mitglied der Mitarbeitervertretung kann nur gekündigt werden, wenn ein Grund für eine außerordentliche Kündigung vorliegt. Abweichend von Satz 1 kann in den Fällen des Artikels 5 Abs. 3 bis 5 der Grundordnung des kirchlichen Dienstes im Rahmen kirchlicher Arbeitsverhältnisse auch eine ordentliche Kündigung ausgesprochen werden. Die Sätze 1 und 2 gelten ebenfalls innerhalb eines Jahres nach Beendigung der Amtszeit, es sei denn die Mitgliedschaft ist nach § 13c Nrn. 2, 4 erloschen.

(2) Nach Ablauf der Probezeit darf einem Mitglied des Wahlausschusses vom Zeitpunkt seiner Bestellung an, einer Wahlbewerberin oder einem Wahlbewerber vom Zeitpunkt der Aufstellung des Wahlvorschlages an, jeweils bis sechs Monate nach Bekanntgabe des Wahlergebnisses nur gekündigt werden, wenn ein Grund für eine außerordentliche Kündigung vorliegt. Für die ordentliche Kündigung gilt Abs. 1 Satz 2 entsprechend.

(3) Die ordentliche Kündigung eines Mitglieds der Mitarbeitervertretung, eines Mitglieds des Wahlausschusses oder einer Wahlbewerberin oder eines Wahlbewerbers ist auch zulässig, wenn eine Einrichtung geschlossen wird, frühestens jedoch zum Zeitpunkt der Schließung der Einrichtung, es sei denn, dass die Kündigung zu einem früheren Zeitpunkt durch zwingende betriebliche Erfordernisse bedingt ist. Wird nur ein Teil der Einrichtung geschlossen, so sind die in Satz 1 genannten Mitarbeiterinnen und Mitarbeiter in einen anderen Teil der Einrichtung zu übernehmen. Ist dies aus betrieblichen Gründen nicht möglich, gilt Satz 1.

Übersicht

	Rn		Rn
I. Einleitung	1–9	c. Kündigung in einer MAV-losen Dienststelle	19
1. Geschichtlicher Überblick	1	4. Wahlbewerber	20, 21
2. Zweck der Vorschrift	2, 3	5. Sprecher der Jugendlichen und der Auszubildenden	22
3. Reichweite des Kündigungsschutzes	4–7	6. Schwerbehindertenvertretung	23
4. Entzug der Missio canonica	8	III. Nachwirkender Kündigungsschutz	24–31
5. Berufsausübungs- und Beschäftigungsverbote, Tätigkeitsuntersagung	9	1. Zeitraum für Mitglieder der MAV	24
II. Geschützter Personenkreis	10–23	2. Ersatzmitglieder	25, 26
1. Mitglieder von Gremien i. S. d. MAVO	10, 11	3. Ausschluss der Nachwirkung	27
2. Ersatzmitglieder	12	4. Nachwirkung für zurückgetretene Wahlausschussmitglieder und Wahlbewerber	28, 29
3. Mitglieder des Wahlausschusses	13–19	5. Nachwirkung bei Anfechtung und Nichtigkeit der Wahl	30
a. Probezeit	14–16	6. Änderung der Schutzzeit bei vorzeitiger Neuwahl der MAV	31
b. Dauer des Kündigungsschutzes	17, 18		

---

102 *BAG*, 25. 8. 2004 – 7 ABR 60/03, NZA 2005, 168.

		Rn
IV.	Die außerordentliche Kündigung	32– 42
	1. Voraussetzung	32– 34
	2. Anhörung der MAV	35– 37
	3. Rechtsschutz	38– 42
	a. Schutzklage	39– 41
	b. Feststellungsklage	42
V.	Zulässigkeit der ordentlichen Kündigung in besonderen Fällen	43–122
	1. Vorbemerkung	43– 48
	2. Anhörung der MAV	49, 50
	3. Staatlicher Kündigungsschutz	51– 54
	4. Verfassungsrechtlich garantiertes kirchliches Selbstbestimmungsrecht	55– 60
	5. Europäisches Recht	61– 63
	6. Die Grundordnung	64– 96
	a. Katholische Mitarbeiter	66– 73
	b. Kündigungsfälle	74– 92
	aa. Entzug der kirchlichen Lehrerlaubnis	75
	bb. Kirchenaustritt	76– 82
	aaa. Erklärung	76– 79
	bbb. Der Übertritt	80
	ccc. Kündigung	81
	ddd. Wiederaufnahme in die katholische Kirche	82
	cc. Standesamtliche Heirat trotz kirchlichem Ehehindernis/außereheliche Beziehungen	83, 84
	dd. Werbung für eine andere Glaubensgemeinschaft	85
	ee. Aktive Mitgliedschaft in einer kirchenfeindlichen Partei	86
	ff. Homosexualität/Transsexualität	87– 89
	gg. Schwangerschaftsabbruch	90, 91
	hh. Sonstige Verstöße gegen die Glaubens- und Sittenlehre der katholischen Kirche	92

		Rn
	c. Gerichtliche Überprüfung der Kündigungsgründe	93– 96
	aa. Kirchliches Selbstbestimmungsrecht	93
	bb. Arbeitsgerichtliche Entscheidung	94
	cc. Abstufungstheorie	95, 96
	7. Nichtkatholische, getaufte Mitarbeiter	97–102
	8. Nichtchristliche Mitarbeiter	103
	9. Verhältnis von § 19 und § 13c	104–106
	10. Folgen bei Arbeitslosigkeit	107
	11. Betriebsbedingte Kündigung	108–122
	a. Schließung der Einrichtung	109–117
	aa. Zum Begriff der Schließung	110
	bb. Weiterbeschäftigungsmöglichkeit in einer anderen Einrichtung	111
	cc. Anhörung der MAV	112
	dd. Ausspruch der Kündigung	113–116
	aaa. Zum Zeitpunkt der Schließung	114
	bbb. Zu einem früheren Zeitpunkt	115, 116
	ee. Wirksamkeit der Kündigung	117
	b. Kündigungsschutz bei teilweiser Schließung der Einrichtung	118–121
	aa. Begriff der Schließung eines Teils der Einrichtung	119
	bb. Übernahme in einen anderen Teil der Einrichtung	120
	cc. Zulässigkeit der Kündigung	121
	c. Wegfall des Arbeitsplatzes	122
VI.	Verhältnis zu anderen Kündigungsschutzvorschriften	123–126
VII.	Streitigkeiten über die Kündigung	127–129
VIII.	Amtsausübung nach der Kündigung	130

I. Einleitung

1. Geschichtlicher Überblick

Der besondere Kündigungsschutz für die Mitglieder in Gremien der MAVO ist seit der MAVO 1971[1] über die Novelle von 1977[2] bis zur Novelle 1985[3] differenzierter weiterentwickelt worden. Vorbild ist

---

[1] Vgl. Kirchlicher Anzeiger des Erzbistums Köln 1971 Nr. 266 S. 277 mit § 14 Abs. 3.
[2] Vgl. Kirchlicher Anzeiger des Erzbistums Köln 1977 Nr. 211 S. 233 mit § 9 Abs. 9, § 14 Abs. 3.
[3] § 19, Amtsblatt des Erzbistums Köln 1986 Nr. 238 S. 321.

II. Die Mitarbeitervertretung

nur zum Teil § 15 KSchG. Die Novelle der Rahmenordnung von 1985 regelte erstmals den nachwirkenden Kündigungsschutz (§ 19 Abs. 1 S. 3, Abs. 2 S. 1 a. F.). Vom besonderen Kündigungsschutz werden die Beendigungskündigung und die Änderungskündigung des Dienstgebers (Arbeitgebers) erfasst. Die Novelle der Rahmenordnung von 1995[4] berücksichtigt in der Fassung des § 19 die Bestimmungen des Art. 5 Abs. 3 bis 5 GrO zur Frage der Weiterbeschäftigung im Arbeitsverhältnis von Mitarbeitern bei schwerwiegendem Loyalitätsverstoß i. S. v. Art. 5 Abs. 2 GrO nach Maßgabe näherer Abstufung nach den dort genannten Kriterien, welche die Neufassung der MAVO im Jahre 1995 notwendig machten.[5] Die §§ 15, 16 KSchG finden auf die Amtsträger i. S. d. MAVO keine Anwendung.[6]

2. Zweck der Vorschrift

2   Der Zweck des besonderen Kündigungsschutzes des § 19 besteht darin, Mitarbeiter mit Aufgaben i. S. d. MAVO in der ungestörten Wahrnehmung ihrer Aufgaben zu stärken. Sie sollen nicht aus Furcht vor Entlassung davor zurückschrecken, ihre bisweilen nicht einfache und manchmal naturgemäß konfliktbehaftete Aufgabe durchzustehen. Wahlbewerber sollen sich um die Aufgaben i. S. d. MAVO bemühen. Der nachwirkende Kündigungsschutz soll den Schutz ausbauen und zu einer Phase der Beruhigung führen. Weiterer Zweck ist, die MAV in ihrer Zusammensetzung nach der Wahl zu bewahren und dadurch die Stetigkeit ihrer Arbeit zu sichern. In diesem Zusammenhang sei auf § 17 Abs. 4 S. 2 KAGO verwiesen, wonach auch die beisitzenden Richter der Mitarbeiterseite bei den kirchlichen Gerichten für Arbeitssachen in entsprechender Anwendung des § 19 MAVO geschützt werden.

3   In § 15 KSchG ist der besondere Kündigungsschutz im Rahmen des Betriebsverfassungs- und des Personalvertretungsrechts geregelt. Dieser findet jedoch auf die Personen keine Anwendung, die im Rahmen der MAVO ein Amt oder eine Funktion (Mitglied des Wahlausschusses der MAV, Sprecher der Jugendlichen und Auszubildenden, Schwerbehindertenvertretung) ausüben. Der besondere staatliche Kündigungsschutz gilt ferner nicht für Wahlbewerber und ehemalige Amts- und Funktionsträger i. S. d. MAVO.[7] Dafür bietet § 19 eine kirchengesetzliche Grundlage für den Kündigungsschutz, der in den staatlichen Bereich hineinragt. Jede Kündigung ist jedoch überhaupt erst zulässig, wenn die MAV – ohne Mitwirkung des betroffenen Mitglieds – zuvor gemäß §§ 30–31 beteiligt worden ist (siehe weiter Rn 10). Zu Versetzung und Abordnung von Mitgliedern der MAV wird auf § 18 Abs. 2 verwiesen.

3. Reichweite des Kündigungsschutzes

4   Geschützt wird vor der dienstgeberseitigen (arbeitgeberseitigen) ordentlichen Kündigung im Grundsatz (§ 19 Abs. 1 S. 2 und 3), nicht aber vor der außerordentlichen (fristlosen) Kündigung des Arbeitgebers (Dienstgebers) gemäß § 19 Abs. 1 S. 1. Bei letzterer besteht womöglich ein Anspruch auf vertragsgemäße Weiterbeschäftigung bis zum rechtskräftigen Abschluss des Kündigungsschutzprozesses,[8] jedenfalls bei offensichtlichem Verstoß des Dienstgebers gegen zwingende gesetzliche Vorschriften.[9] Dann ist auch uneingeschränkte Amtsausübung als MAV-Mitglied zulässig. Der besondere gesetzliche Kündigungsschutz nach staatlichem Recht bleibt unberührt (vgl. § 9 MuSchG, § 18 BEEG, §§ 85, 91 SGB IX).

5   Die **Kündigung** ist eine einseitige, empfangsbedürftige, rechtsgestaltende Willenserklärung, durch die der Wille, das Arbeitsverhältnis für die Zukunft aufzulösen, gemäß § 623 BGB schriftlich

---

4 Vgl. Amtsblatt des Erzbistums Köln 1996 Nr. 270 S. 331.
5 *Thiel*, ZMV 1994, 110 ff.
6 *Richardi*, Arbeitsrecht in der Kirche, § 18 Rn 85.
7 *Richardi*, Arbeitsrecht in der Kirche, § 18 Rn 85 ff; *Jurina*, Das Dienst- und Arbeitsrecht S. 130.
8 BAG, 2. 4. 1987 – 2 AZR 418/86, BB 1988, 1120.
9 KR-*Etzel*, § 103 BetrVG Rn 147a.

zum Ausdruck gebracht wird.[10] Wird das Arbeitsverhältnis auf andere Weise als durch Kündigung des Dienstgebers beendet, etwa durch Zeitablauf eines wirksam befristeten Arbeitsvertrages, durch Aufhebungsvertrag, Eintritt in die Freistellungsphase eines nach dem Blockmodell vereinbarten Altersteilzeitarbeitsverhältnisses (§ 13c Nr. 3), Eigenkündigung des Arbeitnehmers (Mitarbeiters) oder erfolgreiche Anfechtung des Arbeitsvertrages, greift der Schutz des § 19 nicht ein. Das gilt auch, wenn das Arbeitsverhältnis auf Grund vertraglicher Regelung oder wegen Inbezugnahme tarifvertraglicher Vorschriften (z. B. TVöD) oder Arbeitsvertragsordnungen (ABD, AVR, KAVO, DVO) mit Erreichung des 65. Lebensjahres des Mitarbeiters automatisch enden soll. Ist nach Vollendung des 65. Lebensjahres die Möglichkeit einer Fortsetzung des Arbeitsverhältnisses mit Zustimmung der MAV vorgesehen, entspricht dies einer Neueinstellung (§ 34 Rn 37). Der unmittelbare Anschluss der Beschäftigung hindert die Fortführung des Mandats als MAV-Mitglied nicht, weil ein Ausscheiden aus der Einrichtung (§ 13c Nr. 3) nicht vorliegt.

Die ordentliche Kündigung ist nur unter den in § 19 genannten Voraussetzungen zulässig. Der in der MAVO geregelte besondere Kündigungsschutz ist Kirchenrecht, das im weltlichen Bereich unmittelbare Rechtswirkung erzeugt.[11] Das gilt zumindest in den Fällen, in denen die MAVO als Kirchengesetz wirksam erlassen worden ist. Denn dann ist die MAVO Kirchenrecht.[12] Dann wirkt sie als zwingendes Recht normativ auf das Arbeitsverhältnis ein. Ist die MAVO jedoch nicht als Kirchengesetz erlassen, das gilt für die Rahmenordnung der MAVO nach Beschlusslage in der Vollversammlung des Verbandes der Diözesen, sondern ist sie von einem Dienstgeber im Rahmen seiner Autonomierechte in seinem Bereich als innerbetriebliche Ordnung erlassen, so wird durch diese Maßnahme nicht Arbeitsrecht geschaffen. Denn die rechtlichen Grundlagen des Arbeitsrechts sind nicht Satzungen oder Vereinsgesetze des Dienstgebers. Sie binden die Mitglieder des Satzungsgebers, nicht aber Dritte, also Arbeitnehmer. Die Satzung ist nämlich nicht Rechtsnorm, sondern Ergebnis einer privatrechtlichen Willensbildung.[13] Erst durch die arbeitsvertragliche Inbezugnahme der MAVO-Rahmenordnung ist sie Arbeitsrecht nach Maßgabe des Grundsatzes der Vertragsfreiheit. Erst dann wird die Ordnung Vertragsinhalt der Arbeitsverhältnisse. Wirkt aber die MAVO in das Arbeitsverhältnis ein, so kann sich der Mitarbeiter als Mitglied der MAV auf die Schutzvorschrift des § 19 arbeitsvertraglich berufen. Die Schutzvorschrift gilt jedoch nicht für Geistliche (Priester, Diakone), Ordensleute und Mitarbeiter auf Grund von Gestellungsverträgen, sowie Beamte, weil mit ihnen kein Arbeitsverhältnis besteht. Infolgedessen ist eine Kündigung nicht möglich. Der Mitarbeiter, der ohne arbeitsvertragliche oder gesetzliche Grundlage Amt und Funktion i. S. d. MAVO ausübt, weil der Dienstgeber die Bildung einer MAV initiiert oder zumindest durch Zusammenarbeit mit den Funktionsträgern die Geltung der MAVO für verbindlich erachtet, kann sich auf die Schutzvorschrift des § 19 gemäß § 242 BGB nach Treu und Glauben berufen.

Der **Schutz** des § 19 erstreckt sich auf Beendigungskündigungen und Änderungskündigungen, wenn sie als ordentliche ausgesprochen werden. Das **gilt auch für Massen- oder Gruppenänderungskündigungen**, durch die die Arbeitsbedingungen aller Mitarbeiter der Einrichtung oder derjenigen Mitarbeitergruppe geändert werden sollen, welcher der durch § 19 geschützte Mitarbeitervertreter angehört. Denn § 19 enthält insofern keine Einschränkung des Kündigungsschutzes. Die Arbeit in der MAV muss nach Möglichkeit von Streitigkeiten um die Arbeitsbedingungen eines MAV-Mitgliedes freigehalten werden, damit dessen Aufgaben unbelastet von eigenen Sorgen fehlerfrei erfüllt werden können. Allerdings gibt Abs. 3 die Grenzen des Kündigungsschutzes an (Rn 104 ff.).

---

10 KR-*Griebeling*, § 1 KSchG Rn 151.
11 *Richardi*, Arbeitsrecht in der Kirche, § 18 Rn 89.
12 Zur Gesetzgebungsbefugnis in der katholischen Kirche vgl. *Listl*, Die Rechtsnormen, Hdb. kath. KR § 8 S. 102, 104.
13 BayObLGE, 77, 10.

II. Die Mitarbeitervertretung

4. Entzug der Missio canonica

8   Mit dem Schutz vor der Kündigung darf nicht der Schutz vor dem **Entzug der missio canonica** bzw. der bischöflichen Beauftragung verwechselt werden; davor schützt die MAVO nämlich nicht. Der Entzug der missio canonica ist eine innerkirchliche Maßnahme, die nicht von den staatlichen Verwaltungsgerichten[14] oder Arbeitsgerichten überprüft wird.[15] Der Begriff missio canonica besagt, dass auch Laien durch besonderen kirchlichen Auftrag an einzelnen Aufgaben des kirchlichen Amts mitwirken. Hierzulande bedeutet er die Übertragung des Auftrages zur Erteilung von Religionsunterricht im Sinne einer missio catechetica[16] und das »Nihil obstat« für die Ausübung des Lehramtes an einer theologischen Fakultät an staatlichen Hochschulen[17] und kirchlichen Universitäten und Fakultäten.[18] Siehe auch Rn 72, 90. Dem Entzug der missio canonica gleichzusetzen ist etwa der Entzug der kanonischen Beauftragung als Gemeindereferent durch den zuständigen Diözesanbischof, wodurch nach rechtskräftiger Entscheidung die Kündigung des Arbeitsvertrages eingeleitet werden kann. Über die Wirksamkeit der Kündigung entscheidet im Streitfalle das staatliche Arbeitsgericht. Mit Dekret vom 25. März 2010 hat die Kongregation für das Katholische Bildungswesen »Normen zur Erteilung des Nihil obstat bei der Berufung von Professoren der Katholischen Theologie an den staatlichen Universitäten im Bereich der Deutschen Bischofskonferenz« für fünf Jahre ad experimentum befristet in Kraft gesetzt. Die Lehre der Theologie nimmt in eigener Weise an der amtlichen Verkündigung der katholischen Glaubenslehre gemäß can. 747 CIC teil und bedarf insofern einer Beauftragung durch die zuständige kirchliche Autorität (vgl. can. 812, 118 CIC; Art. 27 § 1 Apostolische Konstitution Sapientia christiana vom 15. April 1979). In Deutschland wird bei der Berufung von Professoren der Katholischen Theologie an den staatlichen Universitäten (in Baden-Württemberg auch an den Pädagogischen Hochschulen) das auch konkordatär geregelte Nihil obstat erteilt. Es handelt sich um die Erklärung der zuständigen kirchlichen Autorität gegenüber der zuständigen staatlichen Autorität, dass gegen die für eine Lehrtätigkeit vorgeschlagene Person seitens der Kirche keine Einwendungen erhoben werden. Die Normen sind sinngemäß auch auf die Katholisch-Theologischen Fakultäten und Hochschulen in kirchlicher Trägerschaft anzuwenden. Bei der Berufung von Professoren, die an einer Katholischen Fachhochschule in anwendungsbezogener Form religionspädagogische bzw. theologische Disziplinen vertreten, ist das Mandat des Diözesanbischofs gemäß can. 812 CIC erforderlich. Die Normen gelten für den Bereich der Deutschen Bischofskonferenz mit Wirkung ab 25. März 2010. Sie ersetzen die »Normen zum Einholen des Nihil obstat«, von dem Art. 27 § 2 der Apostolischen Konstitution Sapientia Christiana handelt, vom 12. Juli 1988 für den Bereich der Deutschen Bischofskonferenz.[19]

---

14 *VG Aachen*, 27. 6. 1972, DVBl. 1974, 57 m. Anm. *Listl; Friesenhan*, Kirchen als Körperschaften des öffentlichen Rechts S. 380.

15 *BAG*, 26. 5. 1988 – 7 AZR 506/87, EzA § 611 BGB Kirchl. Arbeitnehmer Nr. 27 m. Anm. *Dütz;* näher dazu: *Marré*, Loyalität im Dienst der Kirche, in: ThGl 1988 S. 397, 410 ff.; siehe auch: *BVerfG* (2. Kammer des Zweiten Senats), 9. 12. 2008 – 2 BvR 717/09, ZTR 2009, 106.

16 Vgl. Missio-Ordnung, Kirchl. Amtsblatt Rottenburg-Stuttgart 2005 S. 244; Missio-canonica-Ordnung, Kirchlicher Anzeiger Bistum Hildesheim 2008 S. 12; Ordnung für die Verleihung, Rückgabe und den Entzug der Missio canonica und der Kirchlichen Unterrichtserlaubnis für Lehrkräfte des Faches Katholisch Religion in der Diözese Osnabrück, in: Kirchliches Amtsblatt Osnabrück 2006 Art. 76 S. 67; *Heinemann*, Die Mitarbeiter des Pfarrers, Hdb. kath. KR, S. 515 m. N.; näher: *Rees*, Der Religionsunterricht, Hdb. kath. KR, § 70, S. 734, 736; Rahmenstatuten Gemeinde- und Pastoralreferenten S. 14, 40.

17 *May*, Die Hochschulen, Hdb. kath. KR, § 71, S. 749, 761, 770, 772 ff.; Normen zur Erteilung des Nihil obstat bei der Berufung von Professoren der Katholischen Theologie an den staatlichen Universitäten im Bereich der Deutschen Bischofskonferenz, Kirchliches Amtsblatt Bistum Essen 2010 Nr. 55 S. 79.

18 Amtsblatt des Erzbistums Köln 1979, Nr. 223 S. 190 ff. Art. 19.

19 Kirchliches Amtsblatt für die Diözese Münster 2010 Art. 114 S. 121 ff.

5. Berufsausübungs- und Beschäftigungsverbote, Tätigkeitsuntersagung

Unter verschiedenen Voraussetzungen kann dem Mitarbeiter die Berufsausübung untersagt werden. So bedürfen Ärzte z. B. einer besonderen Erlaubnis (§§ 2, 10 Bundesärzteordnung), ohne die ein gesetzliches Beschäftigungsverbot besteht. Durch Erlöschen der Arbeitserlaubnis eines Ausländers entsteht ein Beschäftigungsverbot nach § 284 ff. SGB III. Durch Strafurteil kann ein Berufsausübungsverbot (§§ 70–70b StGB) verhängt werden. Auch behördliche Tätigkeitsuntersagung kann z. B. gemäß § 48 SGB VIII in Betracht kommen, indem die zuständige Behörde dem Träger einer erlaubnispflichtigen Einrichtung die weitere Beschäftigung des Leiters, eines Beschäftigten oder sonstigen Mitarbeiters ganz oder für bestimmte Funktionen oder Tätigkeiten untersagt, wenn nämlich Tatsachen die Annahme rechtfertigen, dass sie die für ihre Tätigkeit erforderliche Eignung nicht besitzen. Wird ein Mitarbeiter (§ 611 BGB) von einer der vorstehenden Maßnahmen betroffen, so kann das einen personenbedingten Kündigungsgrund darstellen,[20] auf Grund dessen das Arbeitsverhältnis gekündigt werden kann. Im Falle sexuellen Missbrauchs Minderjähriger wird im Einklang mit den jeweiligen staatlichen und kirchlichen dienst- oder arbeitsrechtlichen Regelungen vorgegangen. Die betreffende Person wird nicht in der Arbeit mit Kindern und Jugendlichen im kirchlichen Bereich eingesetzt.[21] Beruht das Beschäftigungsverhältnis auf anderen Rechtsverhältnissen, so sind diese Verhältnisse betroffen, wovon allerdings die Schutzvorschriften des § 19 nicht berührt werden, weil sie nur Arbeitnehmer schützen (Rn 4 ff., Rn 11). Ist im Falle eines Arbeitsverhältnisses die **außerordentliche Kündigung des MAV-Mitgliedes** unzulässig, kommt eine **ordentliche Kündigung nur** in Betracht, **wenn der Untersagungsgrund für die Tätigkeit zugleich auch ein Grund zur ordentlichen Kündigung i. S. d. § 19 Abs. 1 S. 2 und Abs. 2 S. 2 ist** (vgl. Rn 66 ff.). Da durch die Untersagung der Tätigkeit für den Arbeitgeber (Dienstgeber) ein Beschäftigungsverbot besteht, kommt er wegen Verweigerung der Annahme der Arbeitsleistung nicht in Annahmeverzug.[22] Er braucht dann keine Vergütung zu zahlen. Das gilt auch im Falle einer **Straftat** oder **Untersuchungshaft**. Ob eine außerordentliche Kündigung (§ 626 BGB) zulässig ist, hängt von Art und Ausmaß der betrieblichen Auswirkungen ab.[23] Die Beschäftigungsverbote gemäß §§ 3, 4 und 6 MuSchG verhindern die Tätigkeit als MAV-Mitglied nicht.

II. Geschützter Personenkreis

1. Mitglieder von Gremien i. S. d. MAVO

Durch § 19 werden folgende Personen unter besonderen Kündigungsschutz gestellt: Mitarbeitervertreter i. S. v. § 1a und § 1b (§ 19 Abs. 1 und 3) sowie die gemäß §§ 23 und 24 genannten Mandatsträger, Sprecher der Jugendlichen und Auszubildenden (§ 51 Abs. 2 S. 1 i. V. m. § 19 Abs. 1 und 3), die Schwerbehindertenvertretung (§ 52 Abs. 5 i. V. m. § 19 Abs. 1 und 3). Die Vorschriften zum besonderen Kündigungsschutz gelten gemäß § 19 Abs. 2 auch für die Mitarbeiter in der Funktion als
– Mitglied des Wahlausschusses vom Zeitpunkt seiner Bestellung (§ 9 Abs. 2 S. 1 und 2, Abs. 3 S. 1 oder § 10 Abs. 1 S. 3 und 4) und
– wählbare Wahlbewerber[24] vom Zeitpunkt der Aufstellung des Wahlvorschlages (§ 9 Abs. 5 S. 1 und 2, Abs. 7; § 11c Abs. 2 S. 2, Abs. 3 S. 2),

wenn sie als Arbeitnehmer die – möglicherweise vereinbarte – Probezeit (z. B. § 7 Abs. 4 AT AVR-Caritas) beendet haben. Vor der außerordentlichen Kündigung besteht kein besonderer Kündigungsschutz (§ 19 Abs. 1 S. 1, Abs. 2 S. 1), während die ordentliche Kündigung nur dann zulässig ist, wenn

---

20 KR-*Griebeling*, § 1 KSchG Rn 292 ff.
21 Leitlinien für den Umgang mit sexuellem Missbrauch Minderjähriger durch Kleriker, Ordensangehörige und andere Mitarbeiterinnen und Mitarbeiter im Bereich der Deutschen Bischofskonferenz Nrn. 41 und 42, abgedruckt u. a. in: Amtsblatt der Erzdiözese Freiburg 2010 Nr. 356 S. 419.
22 *BAG*, 6. 3. 1974, AP Nr. 29 zu § 615 BGB.
23 *BAG*, 15. 11. 1984 – EzA § 626 n. F. Nr. 95.
24 *BAG*, 26. 9. 1996 – 2 AZR 528/95.

II. Die Mitarbeitervertretung

eine der geschützten Personen eine Loyalitätsobliegenheit verletzt hat (§ 19 Abs. 1 S. 2, Abs. 2 S. 2), oder wenn die Schließung der Einrichtung oder eines Teils derselben die ordentliche Kündigung notwendig macht (§ 19 Abs. 3). Gemäß § 42 Abs. 4 sind die dort näher genannten Beisitzer der Einigungsstelle entsprechend geschützt.

11 Weil die Vorschrift für Mitarbeiter in einem Beamten- oder Gestellungsverhältnis, Ordens- oder Klerikerverhältnis gar nicht von Bedeutung ist und ebenso nicht für solche Mitarbeiter, bei denen arbeitsvertraglich die ordentliche Kündigung ausgeschlossen ist, gelten hier die besonderen Bestimmungen des Dienst- oder Ordensrechtes. Gegebenenfalls ist den besonderen Bestimmungen über Versetzung oder Abordnung (§ 18 Abs. 2), über den Verlust der Wählbarkeit (§ 13c Nr. 4) und des Gestellungsvertrages und des kirchlichen Disziplinarrechts[25] Beachtung zu schenken. Die Vorschrift des § 19 setzt die ordentliche Kündbarkeit des Mitarbeiters voraus, schafft aber als Schutzvorschrift keinen das Grundverhältnis ändernden Rechtszustand. Werden **Kirchenbeamte** z. B. gemäß Disziplinarordnung aus dem Dienst entfernt (vgl. § 11 DiszO Rottenburg-Stuttgart), geschieht das bei Mitarbeitervertretern ohne den Schutz der MAVO (vgl. § 19 MAVO Rottenburg-Stuttgart), weil die Maßnahme keine Kündigung ist und von den Vorschriften der MAVO nicht erfasst wird. Wer z. B. als beamtenmäßig angestellter Lehrer, also mit Inbezugnahme beamtenrechtlicher Bestimmungen im Arbeitsvertrag, wegen Dienstunfähigkeit in den Ruhestand versetzt worden ist, ohne dass es einer Beendigungskündigung bedurfte[26] hat gleichzeitig durch Ausscheiden aus dem Dienst und der Einrichtung sein Amt als Mitglied der MAV verloren (§ 13c Nr. 3).

2. Ersatzmitglieder

12 Die Ersatzmitglieder der MAV rekrutieren sich aus den Wahlbewerbern, die bei der MAV-Wahl gegenüber den Mitgliedern der MAV nicht die für ihre Wahl erforderlichen Stimmen erhalten haben (§ 11 Abs. 6 S. 2). Sie haben deshalb den **für Wahlbewerber geltenden Kündigungsschutz.** Treten die Ersatzmitglieder aber in Funktion, so nehmen sie die Aufgaben eines MAV-Mitgliedes wahr. Das Amt kann für die restliche Dauer der Amtszeit für ein ausgeschiedenes Mitglied der MAV (§ 13b Abs. 1 i. V. m. § 11 Abs. 6 S. 2) ausgeübt werden oder in Fällen, in denen ein Mitglied der MAV vorübergehend (zeitweilig) an seiner Amtsführung verhindert ist (§ 13b Abs. 2) oder die Mitgliedschaft eines Mitarbeitervertreters in der MAV infolge der Untersagung seines Dienstes ruht (§ 13b Abs. 3). Dann besteht auch der besondere Kündigungsschutz des **§ 19 Abs. 1 S. 2 für Ersatzmitglieder** der MAV, auch für solche, die nur zeitweilig und solange sie die Aufgaben eines Mitgliedes wahrnehmen, indem sie ein ordentliches MAV-Mitglied vertreten[27] (siehe weiter Rn 25 ff.). Ziel der entsprechenden staatlichen Rechtsprechung ist die Verbesserung der Rechtsstellung des amtierenden Ersatzmitgliedes zur Sicherung seines Arbeitsplatzes. Dies folgt aber auch aus § 13b Abs. 2 S. 1.

3. Mitglieder des Wahlausschusses

13 Dem besonderen Schutz vor einer ordentlichen Kündigung unterstehen auch die Mitglieder des Wahlausschusses (§ 19 Abs. 2 S. 1).

a. Probezeit

14 Voraussetzung ist allerdings, dass die sog. – wirksam vereinbarte – Probezeit abgelaufen ist. Damit wird zum Ausdruck gebracht, dass der besondere Kündigungsschutz vor Ablauf der Probezeit nicht eintritt. Dazu ist zu bemerken, dass zu Mitgliedern des Wahlausschusses, wenn sie Mitarbeiter sind,

---

25 Vgl. Disziplinarordnung für Kirchenbeamte und Ruhestandsbeamte, Amtsblatt für die Diözese Rottenburg-Stuttgart 1988 S. 105 ff.
26 Vgl. *LAG Düsseldorf*, 19. 9. 1997 – 11 Sa 479/97.
27 Vgl. *BAG*, 9. 11. 1977 – 5 AZR 175/76, EzA § 15 KSchG n. F. Nr. 13 wegen der gleichen Rechtsproblematik zu § 15 Abs. 1 S. 1 KSchG, BB 1978, 359; 17. 1. 1979 – 5 AZR 891/77, EzA § 15 KSchG n. F. Nr. 21 = BB 1979, 888; 5. 9. 1986 – 7 AZR 175/85, BB 1987, 1319; 5. 11. 2009 – 2 AZR 487/08, ZTR 2010, 334 LS.

nur diejenigen bestellt werden können, die aktiv wahlberechtigt sind (§ 9 Abs. 2 S. 2), also mit Ausnahme des Falles der Wahl in einer neuen Einrichtung (§ 10 Abs. 3 i. V. m. § 7 Abs. 1) seit mindestens sechs Monaten ohne Unterbrechung (§ 7 Rn 19 ff.) in einer Einrichtung desselben Dienstgebers tätig sind (§ 7 Abs. 1). Probezeiten ergeben sich aus Gesetz (§ 20 BBiG: mindestens ein Monat, höchstens vier Monate) und aus Vertrag[28] (kirchliche Arbeitsvertragsordnungen). Während der Probezeit des Berufsausbildungsverhältnisses kann dieses jederzeit ohne Einhaltung einer Kündigungsfrist gekündigt werden (§ 22 Abs. 1 i. V. m. § 20 BBiG). In Arbeitsverträgen werden in der Regel vorgeschaltete Probezeiten vereinbart, falls nicht sogar befristete Probearbeitsverhältnisse abgeschlossen. Gemäß § 1 Abs. 1 KSchG erstarkt der allgemeine gesetzliche Kündigungsschutz nach Ablauf von sechs Moneten des Bestandes des länger befristeten oder des unbefristeten Arbeitsverhältnisses zugunsten des Arbeitnehmers. Deshalb wird die vertragliche Probezeit in der Regel auf den Zeitraum von bis zu sechs Monaten begrenzt. Eine Probezeit kann kürzer (§ 622 Abs. 3 BGB) vereinbart werden, wie § 7 Abs. 4 AVR und § 2 Abs. 4 S. 1 TVöD zeigen (vgl. auch § 5 ABD und § 4 KAVO). Innerhalb der ersten sechs Monate seines Bestandes kann das Arbeitsverhältnis ordentlich gekündigt werden, ohne dass im Wege kündigungsschutzrechtlicher Kontrolle die soziale Rechtfertigung der Kündigung nachgeprüft werden kann (§ 1 Abs. 1 KSchG). Der allgemeine Kündigungsschutz besteht dann noch nicht. Der besondere Kündigungsschutz gilt, wenn keine Probezeit vereinbart ist oder die Probezeit abgelaufen ist (§ 19 Abs. 2). Bei einer länger als sechs Monate vereinbarten Probezeit schließt die im Arbeitsvertrag genannte Dauer der Probezeit den besonderen Kündigungsschutz entsprechend länger aus. Es gilt dann aber schon der allgemeine Kündigungsschutz nach Ablauf der ersten sechs Monate des Arbeitsverhältnisses.[29] Nach Ablauf der Probezeit tritt der besondere Kündigungsschutz hinzu. Siehe ferner §§ 30, 30a, 31.

Die der Schriftform bedürfende **Befristungsmöglichkeit von Arbeitsverträgen** ist durch § 14 TzBfG geregelt. Grundsätzlich ist die Befristung von einem Sachgrund abhängig (§ 14 Abs. 1 TzBfG), falls nicht wegen höheren Lebensalters des Arbeitnehmers gemäß § 14 Abs. 3 TzBfG eine Ausnahme zulässig ist. Der Abschluss befristeter Arbeitsverträge ist auch mit schwangeren Arbeitnehmerinnen und schwerbehinderten Arbeitnehmern zulässig; ein Verstoß gegen Art. 3 Abs. 3 S. 2 oder Art. 6 Abs. 4 GG liegt nicht vor;.[30] Klassischer Fall eines zulässigen Zeitvertrages ist der befristet abgeschlossene Probearbeitsvertrag (§ 14 Abs. 1 Nr. 5 TzBfG), während die befristete Erprobung im bestehenden Arbeitsverhältnis nicht zu dessen Beendigung, sondern zur Weiterbeschäftigung führt, falls es nicht gekündigt wird (vgl. dazu: § 5 ABD, § 7 Abs. 4 AVR, § 4 KAVO mit Höchstfrist).

15

Zur grundlosen Befristung des Arbeitsvertrages siehe § 14 Abs. 2 TzBfG. Durch Tarifvertrag kann die Anzahl von Verlängerungen eines grundlos befristeten Arbeitsvertrages oder die gesetzliche Höchstdauer der Befristung (zwei Jahre) abweichend festgelegt werden (§ 14 Abs. 2 S. 3 TzBfG). Kirchliche Arbeitsvertragsordnungen sind Tarifverträgen i. S. d. TVG nicht gleichgestellt, so dass eine über den Dritten Weg beschlossene kirchliche Regelung zur Überschreitung der gesetzlichen Frist ohne Sachgrund über zwei Jahre hinaus unzulässig ist.[31]

16

b. Dauer des Kündigungsschutzes

Der besondere Kündigungsschutz beginnt, abgesehen von der Beendigung der Probezeit, in dem Zeitpunkt der wirksamen Bestellung zum Mitglied des Wahlausschusses. Das geschieht mit der Annahme des Amtes durch den Bestellten (§ 9 Abs. 2 S. 1) oder den Gewählten (§ 10 Abs. 1 S. 3). Der besondere Kündigungsschutz endet mit Ablauf von sechs Monaten nach der Bekanntgabe des Wahl-

17

---

28 Vgl. *Moritz*, Aktuelle Fragen zum Probearbeitsverhältnis, BB 1978, 866 f.; *Berger-Delhey*, BB 1989, 977; *Besgen*, Das Probearbeitsverhältnis, in: b + p 1995, 116 ff.
29 KR-*Griebeling* § 1 KSchG Rn 64.
30 KR-*Lipke*, § 14 TzBfG Rn 6 m. N.
31 *BAG*, 25. 3. 2009 – 7 AZR 710/07, EzA § 611 BGB 2002 Kirchliche Arbeitnehmer Nr. 11 = NZA 2009, 1417.

ergebnisses der MAV-Wahl.[32] Der besondere Schutz vor der ordentlichen Kündigung gemäß § 19 ist jedoch ausgeschlossen, wenn die in § 19 Abs. 2 i. V. m. Abs. 1 S. 2 oder Abs. 3 genannten Gründe vorliegen (vgl. auch § 9 Rn 24, 25). Die vor Eintritt des Kündigungsschutzes ausgesprochene Kündigung, deren Frist aber erst nach Eintritt des Kündigungsschutzes abläuft, ist von § 19 nicht erfasst.

18 Will der Arbeitgeber einem Mitglied des Wahlausschusses wirksam kündigen, so ist grundsätzlich die **Anhörung der MAV**, bei außerordentlicher Kündigung gemäß § 31, bei ausnahmsweise zulässiger ordentlicher Kündigung gemäß § 30 erforderlich. Ist jedoch noch keine MAV im Amt, so ist das Anhörungsverfahren nicht möglich. Das ändert sich, sobald das Wahlergebnis bekannt gegeben worden ist. Von diesem Zeitpunkt hat der Dienstgeber die neu gewählte MAV einzuschalten und ihr die Kündigungsabsicht mitzuteilen. Andernfalls ist die Kündigung unwirksam.

c. Kündigung in einer MAV-losen Dienststelle

19 Die in einer nichtigen Wahl gewählten Mitglieder des Wahlausschusses genießen nicht den besonderen Kündigungsschutz des § 19 Abs. 2 S. 1. Die Wahl des Wahlausschusses in einer Mitarbeiterversammlung (§ 10 Abs. 1) ist nichtig, wenn die Einladung zu dieser Versammlung nicht so bekannt gemacht worden ist, dass alle Mitarbeiter der Einrichtung hiervon Kenntnis nehmen konnten oder auch auf andere Weise tatsächlich nicht davon erfahren haben und durch das Fernbleiben der nicht unterrichteten Mitarbeiter das Wahlergebnis beeinflusst werden konnte[33] (vgl. § 10 Rn 11).

4. Wahlbewerber

20 Für Wahlbewerber gelten die besonderen Kündigungsschutzbestimmungen des § 19 Abs. 2 vor der ordentlichen Kündigung ebenfalls. Die ordentliche **Kündigung** bedarf der vorherigen **Anhörung der MAV** (§ 30). Der besondere Kündigungsschutz wird jedoch erst nach Ablauf der Probezeit wirksam; in der Regel vom Zeitpunkt der Aufstellung des Wahlvorschlages an (§ 9 Abs. 7). Die Probezeit wird besonders in neuen Einrichtungen bedeutsam, wenn nämlich die Wahlbewerber noch keine längeren Vordienstzeiten aufweisen und noch in der Probezeit stehen (vgl. § 10 Abs. 3). Das ist in der Regel bei solchen Wahlbewerbern der Fall, die erst am Wahltag die dienstzeitlichen Voraussetzungen für ihre Wählbarkeit (§ 8 Abs. 1) erfüllen. (Wegen der Probezeit vgl. § 7 Abs. 4 AVR, § 4 KAVO, § 5 ABD). Die außerordentliche Kündigung bedarf zu ihrer Wirksamkeit der Anhörung (§ 31), wenn eine MAV besteht.

21 Ist ein Wahlbewerber bis zum Ablauf von sechs Monaten nach Bekanntgabe des Wahlergebnisses der MAV-Wahl **als Ersatzmitglied nicht zum Zuge gekommen**, ist der für ihn nachwirkende Kündigungsschutz mit dem Ablauf der Frist beendet. Danach kann der Dienstgeber dem erfolglosen Wahlbewerber wieder wie jedem anderen Mitarbeiter kündigen. Der Dienstgeber ist insbesondere nicht gehindert, die Kündigung auf Pflichtverletzungen des Mitarbeiters zu stützen, die dieser während der Schutzfrist begangen hat und die erkennbar nicht im Zusammenhang mit der Wahlbewerbung stehen.[34] Allerdings dürfen die Kündigungsgründe nicht bereits verwirkt sein.[35]

5. Sprecher der Jugendlichen und der Auszubildenden

22 **Sprecher** der Jugendlichen und der Auszubildenden unterliegen demselben Kündigungsschutz wie Mitarbeitervertreter (§ 51 Abs. 2 S. 1 i. V. m. § 19 Abs. 1 und 3). Die **Wahlbewerber** für das Amt des Sprechers und die **Mitglieder des Wahlausschusses für die Sprecherwahl** unterstehen nach Ablauf der Probezeit dem gleichen Kündigungsschutz wie die Wahlbewerber und Wahlausschussmitglieder zur Mitarbeitervertreterwahl (§ 51 Abs. 2 S. 1 i. V. m. § 9 Abs. 2 S. 1, § 10 Abs. 1 S. 3, § 19 Abs. 2 und 3). Zwar wird in § 51 Abs. 2 S. 1 nur für die Sprecher die Inbezugnahme der §§ 7 bis 20 erwähnt,

---

32 Vgl. *BAG*, 14. 2. 2002 – 8 AZR 175/01, DB 2002, 2000.
33 *BAG*, 7. 5. 1986 – 2 AZR 349/85, DB 1986, 1883.
34 *BAG*, 13. 6. 1996 – 2 AZR 431/95, NZA 1996, 1032.
35 *LAG Frankfurt a. M.*, AuR 1989, 352.

Die sehr wörtliche Interpretation hält aber dem Anliegen der Vorschriften über die Sprecher nicht stand, weil schließlich auch die Wahlen der Sprecher mit Hilfe eines Wahlleiters und von Wahlbewerbern durchgeführt werden. Das folgt eindeutig aus der Verweisungsvorschrift des § 51 Abs. 2 S. 1 i. V. m. §§ 7–20). Denn für die Sprecherwahl besteht keine eigenständige Wahlordnung, wenn man von § 48 absieht.

6. Schwerbehindertenvertretung

Die Vertrauensperson der schwerbehinderten Menschen genießt wegen ihres Amtes besonderen Kündigungsschutz (§ 52 Abs. 5 i. V. m. § 19 Abs. 1 und 3). Sie ist damit ebenso geschützt wie ein Mitglied der MAV. Der Kündigungsschutz beginnt mit dem Zeitpunkt der Annahme der Wahl zur Schwerbehindertenvertretung. Das folgt aus der Besonderheit der für die Vertrauenspersonen geltenden Bestimmungen staatlichen und kirchlichen Rechts. Die Wahl der Vertrauensperson, ihre Aufgaben, persönliche Rechte und Pflichten sind durch §§ 94 ff. SGB IX und die dazu erlassene Wahlordnung geregelt. Für den kirchlichen Bereich sind jedoch nur Aufgaben und Rechte der Vertrauenspersonen der schwerbehinderten Menschen geregelt (§§ 28a, 52), auch in Ansehung der Zusammenarbeit mit der MAV. Den staatlichen Bestimmungen zugunsten der Vertrauenspersonen (§ 96 SGB IX) sind in der MAVO solche für den innerkirchlichen Bereich nachgebildet worden (§§ 28a, 52 Abs. 5 i. V. m. §§ 15–20).

III. Nachwirkender Kündigungsschutz

1. Zeitraum für Mitglieder der MAV

Der besondere Kündigungsschutz zeitigt auch Nachwirkungen für die in § 19 Abs. 1 S. 3 und Abs. 2 S. 1 näher geregelten Zeitspannen. Für Mitglieder der MAV gilt ein **Zeitraum von einem Jahr** seit Beendigung der Amtszeit (§ 19 Abs. 1 S. 3). Für Mitglieder des Wahlausschusses gilt die Nachwirkung ebenso wie für die Wahlbewerber bis **sechs Monate** nach der Bekanntgabe des Wahlergebnisses der MAV-Wahl (§ 19 Abs. 2 S. 1). Entsprechend gelten die Bestimmungen über die abgestufte Nachwirkung des Kündigungsschutzes für die Sprecher der Jugendlichen und Auszubildenden (§ 51 Abs. 2 S. 1 i. V. m. § 19 Abs. 1 S. 3) sowie für die Vertrauensperson der schwerbehinderten Menschen (§ 52 Abs. 5 i. V. m. § 19 Abs. 1 S. 3) einerseits und die Mitglieder des Wahlausschusses und die Wahlbewerber für die Wahl der Jugendlichen und Auszubildenden (§ 51 Abs. 2 S. 1 i. V. m. § 19 Abs. 2) andererseits. Erklärt der Dienstgeber im Nachwirkungszeitraum gegenüber dem früheren MAV-Mitglied eine ordentliche Kündigung, so ist diese auch dann nichtig, wenn ein wichtiger Grund zur fristlosen Kündigung vorgelegen, der Dienstgeber aber die außerordentliche Kündigung nicht ausgesprochen hat. War die MAV-Wahl nichtig, so behält ein gewähltes MAV-Mitglied den nachwirkenden Kündigungsschutz für Wahlbewerber (Rn 30). Der Nachwirkungszeitraum gilt auch in den Fällen des § 13 Abs. 3, vgl. auch § 13a S. 2.

2. Ersatzmitglieder

Der nachwirkende Kündigungsschutz gilt auch für Ersatzmitglieder der MAV (Wahlbewerber Rn 20). Treten die Ersatzmitglieder in Funktion, so sind sie wie MAV-Mitglieder dem besonderen Kündigungsschutz unterstellt (Rn 12). Das ist unzweifelhaft bei den für den Rest der Amtszeit in die MAV eintretenden Ersatzmitgliedern. Für sie gilt auch der nachwirkende Kündigungsschutz wie für MAV-Mitglieder gemäß § 19 Abs. 1 S. 3.[36]

Ersatzmitgliedern, die stellvertretend für ein zeitweilig verhindertes ordentliches MAV-Mitglied der MAV angehört und Aufgaben eines Mitgliedes der MAV wahrgenommen haben, wird man auch nach Beendigung des Vertretungsfalls, der sich während der Amtszeit der MAV wiederholen kann, grundsätzlich den **nachwirkenden Kündigungsschutz des § 19 Abs. 1 S. 3** zubilligen müssen. Die dem ent-

---

36 *BAG*, 18. 11. 1999 – 2 AZR 77/99, NZA 2000, 484.

sprechende Rechtsprechung des BAG zum nachwirkenden betriebsverfassungsrechtlichen Kündigungsschutz[37] ist auf Grund gleichlautender Kündigungsschutzbestimmungen in § 15 Abs. 1 S. 2 KSchG und § 19 Abs. 1 S. 3 MAVO von Bedeutung. Die zeitweilig in Aktion tretenden Ersatzmitglieder der MAV durchlaufen weder eine volle noch eine Restamtszeit der MAV. Aber sie werden zur Aufrechterhaltung der Funktionsfähigkeit der MAV mit Ersatzfunktionen für den Fall von Verhinderungen während der gesamten Amtszeit der MAV zu rechnen haben, wenn sie bereits als Ersatzmitglied in Funktion getreten sind. In § 19 Abs. 1 S. 3 ist der Beginn der Nachwirkung des Kündigungsschutzes wie in § 15 Abs. 1 S. 2 KSchG mit dem Schluss des Vertretungsfalles verknüpft. Der nachwirkende Kündigungsschutz für vorübergehend herangezogene Ersatzmitglieder der MAV beginnt daher jeweils nach Beendigung der Vertretung in der MAV und beträgt unabhängig von der Dauer der Vertretung ein Jahr. Diese Frist beginnt bei jeder weiteren Vertretung erneut zu laufen. Der nachwirkende Kündigungsschutz besteht unabhängig davon, ob der Dienstgeber von der Vertretungstätigkeit gewusst hat; maßgebend ist der objektive Tatbestand.[38] Das BAG hat dargelegt, dass auch die Beendigung der befristeten Mitgliedschaft des Ersatzmitgliedes den Tatbestand der Beendigung der Amtszeit i. S. d. § 15 Abs. 1 S. 2 KSchG erfülle. Der Schutzgedanke gelte ganz ungeteilt den aus dem Betriebsrat ausgeschiedenen Mitgliedern. Soweit »berufene« Ersatzmitglieder während der Amtszeit nicht tätig geworden seien, gelte der nachwirkende Kündigungsschutz nicht. In gleicher Weise ist auch kurzzeitig tätig gewordenen stellvertretenden Sprechern der Jugendlichen und Auszubildenden der nachwirkende Kündigungsschutz zuzuerkennen (§ 48, § 51 Abs. 2 i. V. m. § 11 Abs. 6, S. 2, § 19 Abs. 1). Der Schutz entfällt nicht allein deshalb, weil sich im Nachhinein herausstellt, dass ein Vertretungsfall in Wahrheit gar nicht vorgelegen hat. Ausgeschlossen ist der Schutz aber, wenn der Vertretungsfall durch unlautere Absprache zum Schein herbeigeführt wird oder sich beim Ersatzmitglied aufdrängen muss, dass kein Vertretungsfall vorliegt.[39]

3. Ausschluss der Nachwirkung

27 Während Betriebsratsmitglieder, die ihr Betriebsratsamt niedergelegt haben, grundsätzlich den nachwirkenden Kündigungsschutz des § 15 Abs. 1 S. 2 KSchG genießen,[40] tritt nach der MAVO der nachwirkende Kündigungsschutz nicht ein, wenn die Mitgliedschaft in der MAV **in den Fällen des § 13c Nrn. 2 oder** 4 erloschen ist, nämlich wegen der Niederlegung des Mitarbeitervertretungsamtes oder infolge rechtskräftiger Entscheidung der kirchlichen Gerichte für Arbeitssachen festgestellten Verlustes der Wählbarkeit oder im Falle grober Vernachlässigung oder Verletzung der Befugnisse und Pflichten als MAV-Mitglied (§ 19 Abs. 1 S. 3). In den in § 18 Abs. 2 genannten Fällen der Versetzung oder Abordnung, Zuweisung oder Personalgestellung an einen anderen Rechtsträger (Ausscheiden) bleibt der nachwirkende **Kündigungsschutz** aufrecht (§ 13c Rn 5), ebenso in den Fällen des Rücktritts der MAV (§ 13 Abs. 3 Nr. 3), des Misstrauensvotums der Mitarbeiterversammlung (§ 22 Abs. 2) wie überhaupt in den Fällen gemäß § 13 Abs. 3 Nr. 1–6. Der Zeitraum des nachwirkenden Kündigungsschutzes beginnt, wenn er besteht, am Tage nach dem Ereignis, das für den Verlust der Mitgliedschaft in der MAV maßgeblich ist.

4. Nachwirkung für zurückgetretene Wahlausschussmitglieder und Wahlbewerber

28 Die unter Rn 27 behandelte eingeschränkte Nachwirkung des Kündigungsschutzes gilt nicht für vor Ablauf der Durchführung der Wahl zurückgetretene Mitglieder des Wahlausschusses und für Wahlbewerber, deren Wahlvorschlag durch spätere Streichung von Stützungsunterschriften (§ 9 Abs. 5 S. 1) ungültig wird. Das folgt aus § 19 Abs. 2, der nicht auf die den nachwirkenden Kündigungsschutz einschränkende Verweisungsvorschrift des § 19 Abs. 1 S. 3 Bezug nimmt. Zur Problematik

---

37 *BAG*, 6. 9. 1979 – 2 AZR 548/77, BB 1980, 317 = DB 1980, 451; 18. 5. 2006 – 6 AZR 627/05, NZA 2006, 1037.
38 *BAG*, 18. 5. 2006 – 6 AZR 627/05, NZA 2006, 1037.
39 *BAG*, 12. 2. 2004 – 2 AZR 163/03, DB 2004, 1508.
40 *BAG*, 5. 7. 1979 – 2 AZR 521/77, DB 1979, 2327.

sei auf das Urteil des *BAG* vom 9. 10. 1986[41] verwiesen. Das BAG hat den **nachwirkenden Kündigungsschutz für ein zurückgetretenes Wahlvorstandsmitglied** zur Durchführung der Betriebsratswahl gemäß § 15 Abs. 3 S. 2 KSchG bestätigt und ausgeführt, dass für zurückgetretene Wahlvorstandsmitglieder der nachwirkende Kündigungsschutz bereits vom Zeitpunkt des Rücktritts an und nicht erst mit der Bekanntgabe des Wahlergebnisses einsetze. Es begründete die Entscheidung u. a. mit dem Urteil des *BAG* vom 5. 12. 1980.[42] Dort ging es um den Kündigungsschutz für einen Wahlbewerber, dem nachträglich die erforderliche Anzahl von Stützungsunterschriften für den gültigen Wahlvorschlag entzogen worden war. Das BAG hat auf den individuellen Schutzzweck des § 15 Abs. 3 S. 2 KSchG abgestellt und auch in diesem Falle den nachwirkenden Kündigungsschutz zuerkannt.[43]

Der nachwirkende Kündigungsschutz schließt die **außerordentliche Kündigung** aus wichtigem Grund (§ 626 BGB) nicht aus. Der Dienstgeber hat im Falle seiner Kündigung jedoch die Pflicht zur Anhörung der MAV gemäß § 31. Im Falle des § 19 Abs. 3 besteht kein nachwirkender Kündigungsschutz, so dass also die ordentliche Kündigung bzw. Änderungskündigung nach Anhörung der MAV (§ 30) zulässig ist. 29

5. Nachwirkung bei Anfechtung und Nichtigkeit der Wahl

Ist die MAV-Wahl angefochten und für ungültig erklärt worden, so bleiben die von der MAV getroffenen Entscheidungen gültig (§ 12 Abs. 4). Infolgedessen ist die bis zur Feststellung der Ungültigkeit der Wahl im Amt befindliche MAV legal. Deshalb genießen die Mitglieder der MAV auch den Kündigungsschutz durch § 19. Verlieren sie infolge der Feststellung der Ungültigkeit der Wahl ihr Amt, geht auch ihre Amtszeit zu Ende. Sie sind deswegen zumindest genauso vom nachwirkenden Kündigungsschutz erfasst wie Ersatzmitglieder der MAV, die vorübergehend in der MAV tätig geworden sind. Für sie wirkt also der **Kündigungsschutz** noch **innerhalb eines Jahres** seit Feststellung der Ungültigkeit der Wahl nach. War die Wahl von vornherein nichtig, so dass eine Nichtwahl (§ 12 Rn 6) vorliegt, so ist ein nachwirkender Kündigungsschutz für MAV-Mitglieder nicht möglich, weil die »Wahl« gar nicht stattgefunden hat. Infolgedessen haben alle Kandidaten zur MAV-Wahl nur den Status von Wahlbewerbern mit dem für sie geltenden nachwirkenden Kündigungsschutz von sechs Monaten (§ 19 Abs. 2). Dies gilt nicht für solche **Wahlbewerber**, die bei ihrer Kandidatur kein passives Wahlrecht hatten (§ 8 Rn 6 ff.) und es auch bei der Wahl nicht oder nicht mehr hatten, und solche, die nach ihrer Wahl die Annahme der Wahl abgelehnt haben. Der nachwirkende Kündigungsschutz gilt im Falle der nichtigen Wahl jedoch für die **Mitglieder des Wahlausschusses**.[44] 30

6. Änderung der Schutzzeit bei vorzeitiger Neuwahl der MAV

Wird durch Gesetzesänderung oder vorzeitiges Ende der Amtszeit der MAV (§ 13 Abs. 3) die Amtszeit und damit die Zeit des Kündigungsschutzes vor der ordentlichen Kündigung einschließlich des Nachwirkungszeitraumes verkürzt, so ist dies für die davon betroffenen Mitglieder der MAV zwar nachteilig, aber gesetzliche Folge, die von den Betroffenen hinzunehmen ist. Demgegenüber verlängert sich der Schutzzeitraum in den Fällen, in denen durch Gesetz die Verlängerung der Amtszeit der MAV eintritt (vgl. § 13 Abs. 5 S. 2). Der nachwirkende Kündigungsschutz verlangert sich nicht als Kompensation für eine verkürzte Amtszeit der MAV. 31

---

41 *BAG* 9. 10. 1986 – 2 AZR 650/85, BB 1987, 613.
42 *BAG* 5. 12. 1980 – 7 AZR 781/78, EzA § 15 KSchG n. F. Nr. 25.
43 A. A. *Löwisch*, Anm. zu EzA § 15 KSchG n. F. Nr. 25.
44 Vgl. *LAG Düsseldorf*, 24. 8. 1978, BB 1979, 575.

IV. Die außerordentliche Kündigung

1. Voraussetzung

32 Die außerordentliche Kündigung eines nach § 19 geschützten Mitarbeiters ist grundsätzlich zulässig. Soll sie ausgesprochen werden, so ist sie zu begründen. Dazu bedarf es eines wichtigen Grundes i. S. v. § 626 BGB. Zweistufig ist zu prüfen, ob ein bestimmter Sachverhalt an sich geeignet ist, als wichtiger Kündigungsgrund eingestuft zu werden. Liegt er vor, so bedarf es der weiteren Prüfung, ob die Fortsetzung des Arbeitsverhältnisses unter Berücksichtigung der konkreten Umstände des Einzelfalles und unter Abwägung der Interessen beider Vertragspartner zumutbar ist oder nicht.[45] Eine schwere, insbesondere schuldhafte Vertragsverletzung kann ein wichtiger Grund für eine außerordentliche Kündigung sein. Das gilt auch für eine erhebliche Verletzung von vertraglichen Nebenpflichten.[46] So begeht ein Krankenpfleger in einer psychiatrischen Klinik eine besonders schwere Pflichtverletzung, wenn er seine Stellung als Pfleger zur Befriedigung seiner geschlechtlichen Wünsche ausnutzt. Auch der dringende Verdacht einer solchen Pflichtverletzung kann einen wichtigen Grund zur außerordentlichen Kündigung darstellen.[47] Die außerordentliche Kündigung kann ohne Einhaltung einer Frist ausgesprochen werden. Sie ist zulässig, wenn dem Dienstgeber »unter Berücksichtigung aller Umstände des Einzelfalles und unter Abwägung der Interessen beider Vertragsteile die Fortsetzung des Dienstverhältnisses bis zum Ablauf der Kündigungsfrist oder bis zu der vereinbarten Beendigung des Dienstverhältnisses nicht zugemutet werden kann« (§ 626 Abs. 1 BGB).[48] Unter Berücksichtigung von § 314 Abs. 2 BGB und Art. 5 Abs. 1 GrO ist vor Ausspruch der außerordentlichen Kündigung zu prüfen, ob eine Abmahnung ausreicht, um den Mitarbeiter anzuhalten, sich künftig wieder vertragskonform zu verhalten.[49] Nach der ständigen Rechtsprechung des *BAG*[50] ist bei beabsichtigter Kündigung eines Betriebsratsmitgliedes zunächst danach zu differenzieren, ob diesem eine reine Verletzung einer Pflicht aus dem Arbeitsverhältnis vorgeworfen wird oder ob die Arbeitspflichtverletzung im Zusammenhang mit seiner Tätigkeit als Betriebsratsmitglied steht.[51] Eine Verletzung arbeitsvertraglicher Pflichten ist z. B. die sexuelle Belästigung am Arbeitsplatz (§ 3 Abs. 4 AGG), die bei Begehung durch einen Vorgesetzten je nach ihrem Umfang und ihrer Intensität zu dessen außerordentlicher Kündigung führen kann.[52] Verlangt der Dienstgeber ein sofortiges Personalgespräch mit einem Mitglied der MAV, ohne diesem das Gesprächsthema zu nennen und ohne die Möglichkeit, eine Vertrauensperson hinzuzuziehen, ist die Ablehnung der Teilnahme an dem Personalgespräch kein Grund für eine fristlose Kündigung auch dann nicht, wenn durch vielfache Prozesse die Vertrauenssituation zwischen Dienstgeber und MAV-Mitglied gestört ist.[53]

33 Nach der herrschenden Simultantheorie kann ein Betriebsratsmitglied durch eine und dieselbe Handlung sowohl grob seine Amtspflicht als auch seine Pflichten aus dem Arbeitsvertrag verletzen.[54] Nach Ansicht der Rechtsprechung soll die außerordentliche Kündigung nur dann gerechtfertigt sein, wenn unter Anlegung eines besonders strengen Maßstabs das pflichtwidrige Verhalten als schwerer Verstoß gegen die Pflichten aus dem Arbeitsverhältnis zu werten ist.[55] Diese Grundsätze sind auch bei Mit-

---

[45] *BAG*, 27. 4. 2006 – 2 AZR 386/05, ZTR 2006, 595; 7. 7. 2005 – 2 AZR 581/04, ZTR 2006, 213.
[46] *BAG*, 12. 3. 2009 – 2 ABR 24/08, ZTR 2009, 658 m. N.
[47] *BAG*, 12. 3. 2009 – 2 ABR 24/08, ZTR 2009, 658 m. N.
[48] Vgl. *BAG*, 24. 4. 1997 – 2 AZR 268/97, DB 1997, 1878; *LAG Rheinland-Pfalz*, 9. 1. 1997 – 11 Sa 428/96, MDR 1997, 949.
[49] *BAG*, 12. 1. 2006 – 2 AZR 21/05, ZTR 2006, 674; 10. 6. 2010 – 2 AZR 541/09, NZA 2010, 1227; Art. 5 Abs. 1 GrO; KR-*Fischermeier*, § 626 BGB Rn 261 ff.
[50] *BAG* 16. 10. 1986 – 2 ABR 71/85, BB 1987, 1952 m. N.
[51] *LAG Köln*, 27. 10. 2005 – 10 (9) 973/05, ZTR 2006, 342 LS.
[52] *BAG*, 25. 3. 2004 – 2 AZR 341/03, NZA 2004, 1214.
[53] *LAG Köln*, 30. 3. 2009 – 2 Sa 1322/08, ZTR 2009, 662 LS.
[54] Vgl. *Leuze*, Die Anforderungen an arbeitsrechtliche Maßnahmen gegen Betriebsrats- und Personalratsmitglieder, DB 1993, 2590; *Oetker*, GK-BetrVG § 23 Rn 23 m. N.; *Bieback*, RdA 1978, 82, 85.
[55] Nachweise: *Oetker*, GK-BetrVG § 23 Rn 23.

gliedern der MAV zu beachten. Daraus folgt, dass im Falle einer groben Verletzung der Amtspflicht als MAV-Mitglied die Kündigung unzulässig ist und daher nur ein Ausschlussverfahren nach § 13c Nr. 4 MAVO möglich ist. Eine außerordentliche Kündigung kommt nur dann in Betracht, wenn zugleich eine schwere Verletzung der Pflichten aus dem Arbeitsverhältnis vorliegt, wobei an die Berechtigung der fristlosen Entlassung ein strengerer Maßstab anzulegen ist als bei einem Mitarbeiter, der der MAV nicht angehört[56] (vgl. auch Rn 93 ff.). Das *BAG*[57] und zuvor das *LAG Köln*[58] haben übereinstimmend festgestellt, dass eine fristlose Kündigung rechtmäßig ist, wenn im Fall der Einhaltung der ordentlichen Kündigungsfrist das Beschäftigungsverhältnis für die Dauer eines Schuljahres fortzusetzen gewesen wäre. Anlassfall war die Heirat einer katholischen Lehrerin an einer katholischen Privatschule (Ersatzschule) mit einem geschiedenen Katholiken, woraufhin der Schulträger fristlos gekündigt hatte.[59] Ähnlich hat das *LAG Düsseldorf*[60] im Falle einer fristlosen Kündigung eines Lehrers entschieden, der im dringenden Verdacht eines Diebstahls zum Nachteil einer Kollegin stand. Ein MAV-Mitglied kann auch fristlos entlassen werden, wenn es zum Nachteil des Dienstgebers vor Gericht als Zeuge eine Falschaussage gemacht hat.[61] Bei ehrkränkenden Äußerungen über den Dienstgeber in einem Anwaltsschriftsatz ist eine fristlose Kündigung nicht statthaft.[62]

Das Arbeitsverhältnis eines MAV-Mitgliedes kann in aller Regel nicht wegen **häufiger krankheitsbedingter Fehlzeiten** außerordentlich fristlos gekündigt werden. In § 19 Abs. 1 S. 1 ist ohne eigenständige Definition der Hinweis auf eine fristlose außerordentliche Kündigung aus wichtigem Grund i. S. v. § 626 Abs. 1 BGB enthalten. Deshalb sind die in § 626 BGB enthaltenen und daraus abgeleiteten Regeln zur Zulässigkeit einer außerordentlichen Kündigung auch im Rahmen des § 19 Abs. 1 S. 1 anzuwenden.[63] Nach § 19 Abs. 1 ist die ordentliche Kündigung des Arbeitsverhältnisses eines MAV-Mitgliedes grundsätzlich unzulässig und auf Ausnahmen beschränkt. Soweit nur eine ordentliche Kündigung möglich wäre, darf dem MAV-Mitglied abgesehen von den in § 19 genannten Ausnahmefällen von dem Schutz vor der ordentlichen Kündigung nicht gekündigt werden. Zur außerordentlichen betriebsbedingten Kündigung siehe unter Rn 124. 34

2. Anhörung der MAV

Der Dienstgeber ist gemäß § 31 Abs. 1 gehalten, der MAV die Absicht der Kündigung und die Gründe (§ 31 Rn 18) schriftlich mitzuteilen (Anhörung). Gehört der Mitarbeitervertreter mehreren Mitarbeitervertretungen (§§ 5, 23) an, so bedarf es **vor einer außerordentlichen Kündigung** der Anhörung dieser Vertretungen, wenn jede Vertretung bei demselben Dienstgeber besteht (§ 31).[64] Gemäß § 626 Abs. 2 S. 1 und 2 BGB kann die Kündigung nur innerhalb von zwei Wochen seit Kenntnis der für die Kündigung maßgebenden Gründe erfolgen.[65] Die zeitliche Begrenzung wird an die Kenntnis von den für die Kündigung maßgebenden Tatsachen zum Zeitpunkt des Zugangs der Kündigung gebunden.[66] Die Frist läuft erst, wenn der Kündigungsberechtigte den Sachverhalt so weit kennt, dass er eine Gesamtwürdigung nach Zumutbarkeitsgesichtspunkten vornehmen kann.[67] Hat aber der Fristenlauf begonnen, muss das Anhörungsverfahren beschleunigt durchgeführt werden. Für vor Einleitung des Anhörungsverfahrens bzw. vor Erklärung der Kündigung bekannte Gründe gilt Folgendes: Nachgeschobene Gründe für die Kündigung, die bereits vor Erklärung der Kündigung entstanden 35

---

56 *BAG*, 16. 10. 1986 – 2 ABR 71/85, BB 1987, 1952 m. N.; 5. 11. 2009 – 2 AZR 487/08, ZTR 2010, 334 LS.
57 *BAG*, 18. 11. 1986 – 7 AZR 274/85, EzA § 611 BGB Kirchliche Arbeitnehmer Nr. 26 m. Anm. *Dütz*.
58 *LAG Köln*, 6. 3. 1985 – 2 Sa 1148/84.
59 Anders *BAG*, 25. 5. 1988 –7 AZR 506/87, KirchE 26, 142 = AP Nr. 36 zu Art. 140 GG.
60 *LAG Düsseldorf* 5. 5. 1982 – 6 Sa 143/82, n. v.
61 Vgl. *LAG Berlin*, 29. 8. 1988 – 9 Ta BV 4/88, DB 1989, 52.
62 *LAG Saarland*, 9. 12. 1987 – 1 Sa 199/87, NJW 1989, 420.
63 Vgl. *BAG*, 18. 2. 1993 – 2 AZR 526/92, NZA 1994, 74 f. = BB 1993, 2381.
64 Vgl. *BVerwG*, 8. 12. 1986 – 6 P 208, NJW 1987, 2601.
65 Dazu: *Becker-Schaffner*, DB 1987, 2147.
66 KR-*Fischermeier*, § 226 BGB Rn 172 f.
67 *BAG*, 6. 7. 1972 – 2 AZR 386/71, DB 1972, 2119.

und dem Dienstgeber bekannt gewesen sind, die er aber der MAV nicht mitgeteilt hat, sind im Kündigungsschutzprozess nicht zu verwerten, weil der Dienstgeber bei objektiver Betrachtung hinsichtlich der ihm bekannten, aber nicht mitgeteilten Gründe seine Mitteilungspflicht gegenüber der MAV verletzt hat (§ 31 Abs. 1).[68] Will die MAV gegen die Kündigung Einwendungen geltend machen, so hat sie ihrerseits unter Angabe der Gründe dem Dienstgeber innerhalb von drei Arbeitstagen ihre Einwendungen gegen die außerordentliche Kündigung geltend zu machen (§ 31 Abs. 2 S. 1). Der Dienstgeber kann die Frist sogar auf 48 Stunden verkürzen (§ 31 Abs. 2 S. 2). Erhebt die MAV innerhalb der gesetzten Frist keine Einwendungen, so gilt die beabsichtigte Kündigung als nicht beanstandet (§ 31 Abs. 2 S. 3). Der Dienstgeber ist jedoch nicht gehalten, die Einwendungen bei seiner Entscheidung zu berücksichtigen. Er entscheidet in jedem Fall über den Ausspruch der außerordentlichen Kündigung (§ 31 Abs. 2 S. 4). Die Anhörung ist bei der außerordentlichen Kündigung gegenüber derjenigen vor der ordentlichen Kündigung erheblich vereinfacht, weil eine gemeinsame Sitzung der MAV mit dem Dienstgeber zur Beratung der Einwendungen gegen die Kündigung nicht stattfindet (vgl. §§ 30 Abs. 2, 31 Abs. 2). Eine ohne Einhaltung des Anhörungsverfahrens ausgesprochene Kündigung ist unwirksam (§ 31 Abs. 3).[69]

36 Besteht **die MAV nur aus einem einzigen Mitglied** und soll ihm gekündigt werden, so ist dennoch vor der Kündigung das **Anhörungsverfahren** einzuleiten. Die Ordnung schweigt, ob das betroffene MAV-Mitglied selbst oder das Ersatzmitglied anzuhören ist. Gemäß § 21 Abs. 2 S. 2 MVG.EKD ist das Ersatzmitglied zu beteiligen, weil gemäß § 26 Abs. 3 Buchst. a MVG.EKD Mitglieder der MAV an der Beratung und Beschlussfassung nicht teilnehmen dürfen, wenn der Beschluss ihnen selbst einen Vor- oder Nachteil bringen kann. Wegen **Befangenheit des MAV-Mitgliedes** ist das Ersatzmitglied zu beteiligen.[70] Denn es entspricht allgemeinen Grundsätzen, dass ein MAV-Mitglied und der Sprecher der Jugendlichen und Auszubildenden in eigenen, die Person selbst unmittelbar betreffenden Angelegenheiten sich nicht selbst an der Beratung und Beschlussfassung beteiligen dürfen,[71] es hat aber gegenüber der MAV Anspruch auf rechtliches Gehör. Ist kein Ersatzmitglied vorhanden, entfällt das Anhörungsverfahren.[72] In diesem Fall sollte der Dienstgeber das Mitglied der MAV oder den Sprecher der Jugendlichen und Auszubildenden vor dem Ausspruch der Kündigung (Zustellung) förmlich wegen seines Anspruchs auf rechtliches Gehör über die beabsichtigte Kündigung hören, dies sogar, wenn ein Ersatzmitglied vorhanden ist.[73]

37 Bei jeder Anhörung vor der dienstgeberseitigen Kündigung ist dienstgeberseitig darauf zu achten, dass das **Anhörungsverfahren mit Beteiligung der MAV durch eine diesbezüglich vom Dienstgeber wirksam beauftragte Person** erfolgt. Dazu muss die Beauftragung in eindeutiger Weise erfolgt sein. Es genügt nicht ein Mitarbeiter oder eine Mitarbeiterin in bestimmter Funktion (etwa Justitiar/in), der die MAV anhört. Es muss sich um einen Mitarbeiter oder eine Mitarbeiterin in leitender Stellung mit entsprechender Vollmacht handeln.[74]

3. Rechtsschutz

38 Der bzw. die Gekündigte kann die Wirksamkeit der nach § 626 BGB ausgesprochenen Kündigung durch das Arbeitsgericht im Klagewege überprüfen lassen (§ 13 Abs. 1 i. V. m. § 4 S. 1 und §§ 5 bis 7 KSchG).

---

68 Vgl. KR-*Fischermeier*, § 626 BGB Rn 183.
69 *LAG Düsseldorf*, 15. 1. 1991 – 16 Sa 1416/90, NZA 1991, 600 LS; *BAG*, 16. 10. 1991 – 2 AZR 156/91, ZMV 1992, 247.
70 *ArbG Bonn*, 29. 5. 1996 – 5 Ca 3380/95 n. v.; *Thiel*, ZMV 1998, 9 ff.
71 *Raab*, GK-BetrVG § 33 Rn 23 f.
72 *ArbG Bonn*, 2. 7. 1997 – 2 Ca 39/96 n. v.
73 *Raab*, GK-BetrVG § 33 Rn 25.
74 *LAG Niedersachsen*, 8. 11. 1989 – 7 (14) Sa 195/89, KirchE 27, 314.

a. Schutzklage

Die Kündigungsschutzklage ist dem Arbeitnehmer eröffnet, der bereits nach § 1 KSchG den allgemeinen Kündigungsschutz erworben hat (KR-*Griebeling*, § 1 KSchG Rn 64, 90 ff.). Er muss nach § 13 Abs. 1 S. 2 KSchG die Rechtsunwirksamkeit der Kündigung gemäß § 4 KSchG innerhalb von drei Wochen nach Zugang der Kündigung durch Klage auf Feststellung geltend machen, dass das Arbeitsverhältnis durch die Kündigung nicht aufgelöst worden ist. 39

Die **fristlose Kündigung** kann im Falle ihrer Unwirksamkeit dann **in eine ordentliche Kündigung gemäß § 140 BGB umgedeutet** werden, wenn sie gemäß § 19 MAVO überhaupt zulässig ist und der Kündigende Tatsachen konkret vorgetragen hat, die darauf hindeuten, dass die Umdeutung in eine ordentliche Kündigung seinem mutmaßlichen Willen entsprach und dieser Wille dem Gekündigten auch erkennbar geworden ist.[75] Bei der Ermittlung des hypothetischen Willens des Kündigenden ist auf die wirtschaftlichen Folgen abzustellen, die mit der nichtigen Erklärung bezweckt waren. Die Umdeutung einer unwirksamen außerordentlichen Kündigung in eine ordentliche Kündigung kommt also in Betracht, wenn sich aus der Erklärung des Kündigenden als wirtschaftlich gewollte Folge ergibt, das Arbeitsverhältnis auf jeden Fall zu beenden und wenn dies dem Gekündigten erkennbar war.[76] Nach § 30 ist die MAV vor jeder ordentlichen Kündigung zu hören. Will sich der Dienstgeber im Prozess also auf eine ordentliche Kündigungserklärung (Rn 43 ff.) berufen, so müssen auch bei diesem (umgedeuteten) Rechtsgeschäft die mitarbeitervertretungsrechtlichen Voraussetzungen, also die **vorherige Anhörung der MAV nach § 30 und § 31** vorliegen. Hat der Dienstgeber im Falle der außerordentlichen Kündigung versäumt, die MAV vorsorglich auch zu einer eventuell durch Umdeutung rechtlich relevant werdenden ordentlichen Kündigung nach § 30 Abs. 1 MAVO zu hören, so ist die ordentliche Kündigung gemäß § 30 Abs. 5 unwirksam. 40

Diese **doppelte Anhörung der MAV** hat für die Frage des mutmaßlichen Willens des Dienstgebers die Folge, dass damit auch sein Wille feststeht, notfalls später zivilrechtlich eine Umdeutung gemäß § 140 BGB zu erreichen. Im Kündigungsschutzprozess hat der Dienstgeber auf die von ihm durchgeführte zusätzliche vorsorgliche und für den gekündigten Mitarbeiter erkennbare Anhörung der MAV in irgendeiner Form hinzuweisen.[77] Deshalb hat der Gekündigte Anlass, sehr sorgfältig darauf zu achten, ob auch die für die bei der – wenn überhaupt gemäß § 19 zulässigen – ordentlichen Kündigung längere Anhörungsfrist der MAV beachtet worden ist (§ 30 Abs. 2 S. 1). 41

b. Feststellungsklage

Untersteht das Arbeitsverhältnis noch nicht oder überhaupt nicht dem allgemeinen Kündigungsschutz, ist eine Kündigungsschutzklage nach § 4 KSchG möglich. Im Wege der Feststellungsklage kann der Gekündigte begehren, festzustellen, dass das Arbeitsverhältnis durch die Kündigung nicht aufgelöst ist. 42

V. Zulässigkeit der ordentlichen Kündigung in besonderen Fällen

1. Vorbemerkung

Die Vorschriften der §§ 8, 13c und 19 Abs. 1 und 2 stehen in einem engeren Zusammenhang. Sie regeln, wer Mitarbeitervertreter werden, dieses Amt vorzeitig verlieren und aus ihm sogar bei Verlust des Arbeitsplatzes entfernt werden kann. 43

---

75 *BAG*, 13. 8. 1987 – 2 AZR 599/86, NJW 1988, 581 = DB 1988, 813 zu II 2a) aa) der Gründe; AP § 256 ZPO Nr. 50 zu II 2a m. N.; KR-*Fischermeier* § 626 BGB Rn 366 m. N.; KR-*Friedrich* § 13 KSchG Rn 84 ff.
76 Dazu: *Schmidt, Klaus*, NZA 1989, 651, 664.
77 *Schmidt, Klaus*, NZA 1989, 651, 664.

II. Die Mitarbeitervertretung

44 § 8 regelt den Ausschluss von der Kandidatur, § 13c Nr. 4 i. V. m. § 8 Abs. 2 das Erlöschen des Amtes als Mitarbeitervertreter infolge des Verlustes der Wählbarkeit; vgl. auch § 13c Nr. 3 i. V. m. § 7 Abs. 4 Nr. 3 und § 8 Abs. 1.

45 **§ 19 Abs. 1 S. 2** schließlich regelt die ordentliche Kündbarkeit des Mitarbeitervertreters wegen der Verletzung von Loyalitätsobliegenheiten. **§ 19 Abs. 2 S. 2** weitet die Kündigungsberechtigung aus diesem Grunde gegenüber Wahlausschussmitgliedern und Wahlbewerbern aus.

46 In **§ 19 Abs. 3** wird ein Spezialfall für die Zulässigkeit der ordentlichen Kündigung geregelt, nämlich bei Schließung der Einrichtung oder von Teilen derselben.

47 Die Bestimmungen der §§ 8 und 13c entfalten innerkirchliche Wirkung wegen des Zugangs zum Amt des Mitarbeitervertreters und des Verlustes dieses Amtes.[78]

48 Die Kündigung des Arbeitsvertrages hat dagegen Außenwirkung. Sowohl die außerordentliche als auch die ordentliche Kündigung ragen in den staatlichen, nämlich arbeitsrechtlichen Rechtskreis hinein, so dass die staatliche Rechtskontrolle eingeschaltet werden kann. Dabei geht der Schutz vor der ordentlichen Kündigung gemäß § 19 Abs. 1 S. 2 dem allgemeinen Kündigungsschutz i. S. d. § 1 KSchG vor, insbesondere in dem seltenen Fall, in dem ein Mitglied der MAV sich noch in der regelmäßig sechs Monate dauernden Probezeit in einer neuen Einrichtung (§ 10 Abs. 3) zu bewähren hat. Dagegen können Wahlbewerber und Mitglieder des Wahlausschusses innerhalb der Probezeit den besonderen Kündigungsschutz gemäß § 19 noch nicht für sich buchen (§ 19 Abs. 2 S. 1). Sollte das Mitglied der MAV fehlerhaft gewählt worden sein, so bleibt der Kündigungsschutz mangels Wahlanfechtung innerhalb der Anfechtungsfrist des § 12 bestehen.

2. Anhörung der MAV

49 Vor der ordentlichen Kündigung ist die MAV anzuhören (§ 30). Dazu hat der MAV die Kündigungsabsicht schriftlich mitzuteilen. Bestand das Arbeitsverhältnis des Mitarbeiters im Zeitpunkt der beabsichtigten Kündigung bereits mindestens sechs Monate, so hat der Dienstgeber auch die Gründe der Kündigung schriftlich darzulegen (§ 30 Abs. 1). Eine ohne Anhörung der MAV ausgesprochene Kündigung ist unwirksam (§ 30 Abs. 5).[79] Damit wird verhindert, dass durch eine willkürliche Kündigung ein Mitglied der MAV aus der Dienststelle ausgeschlossen wird.

50 Kündigt der Dienstgeber mit ordentlicher Frist, ohne den Grund für eine gemäß § 19 zulässige ordentliche oder für eine außerordentliche Kündigung zu nennen, ist die Kündigung unwirksam. Die Unwirksamkeit der Kündigung kann beim staatlichen Arbeitsgericht geltend gemacht werden. Zur Eine-Person-MAV und zum Anhörungsverfahren siehe Rn 36.

3. Staatlicher Kündigungsschutz

51 Die ordentliche Kündigung gemäß § 19 Abs. 1 S. 2, Abs. 3 unterliegt dem allgemeinen Kündigungsschutz des § 1 KSchG und dem besonderen staatlichen Kündigungsschutz.[80] Der Gekündigte kann die Kündigung auf ihre soziale Rechtfertigung überprüfen lassen.[81] Sozial ungerechtfertigt ist die Kündigung, wenn sie nicht durch Gründe, die in der Person oder im Verhalten des Arbeitnehmers liegen, oder durch dringende betriebliche Erfordernisse, die einer Weiterbeschäftigung des Arbeitnehmers in seiner Dienststelle entgegenstehen, bedingt ist (§ 1 Abs. 2 S. 1 KSchG). Ein Verstoß gegen kirchliche Loyalitätsgebote wird in der Regel als verhaltensbedingter oder gar personenbedingter Kündigungsgrund zu prüfen sein, wobei die staatlichen Arbeitsgerichte im Einzelfall die kirchlichen

---

[78] *BAG*, 11. 3. 1986 – 1 ABR 26/84, NJW 1986, 2591 = AfkKR 1986, 541.
[79] *BAG*, 16. 10. 1991 – 2 AZR 156/91, ZMV 1992, 247; 4. 7. 1991 – 2 AZR 16/91, ZMV 1992, 69; *LAG Niedersachsen*, 8. 11. 1989 – 7 (14) Sa 195/89, KirchE 27, 314; *LAG München*, 14. 8. 1986 – 5 Sa 1006/85, Beilage zum AMBl. Nr. 20/1987 C 39, Bayerisches Staatsministerium für Arbeit und Sozialordnung.
[80] *VGH Baden-Württemberg*, 26. 5. 2003 – 9 S 1077/02, ZMV 2003, 305.
[81] *BVerfGE*, 70, 138; *Jurina*, Das Dienst- und Arbeitsrecht S. 131; *KR-Fischermeier*, Kirchl. ArbN Rn 1 ff.

Maßstäbe bei den nach Kirchenrecht zuständigen Autoritäten der verfassten Kirchen zu erfragen haben.[82] Eine einzelfallbezogene Interessenabwägung kann durchaus geboten sein (Art. 5 Abs. 3 S. 3 GrO).

Die Vorschrift des § 19 Abs. 1 ist geprägt durch die restriktive Rechtsprechung zur außerordentlichen Kündigung einerseits[83] und dem früheren gemäß § 14 Abs. 3 MAVO 1977 geregelten absoluten Schutz vor ordentlicher Kündigung andererseits. Ist nämlich eine außerordentliche Kündigung bei einem Verstoß gegen Loyalitätspflichten nicht zulässig und daher unwirksam, so wäre mangels ordentlicher Kündigungsberechtigung gegenüber Mitarbeitervertretern wegen Verstoßes gegen Loyalitätsobliegenheiten die Kündigung nicht möglich, während sie gegenüber anderen Mitarbeitern derselben Einrichtung ausgesprochen werden würde.[84] In diesem Zusammenhang sei auf § 41 Abs. 3 KAVO der Bistümer in NW hingewiesen, wonach der grundsätzliche Ausschluss der ordentlichen Kündigung gegenüber dem Mitarbeiter nach einer Beschäftigungszeit von 15 Jahren nach vollendetem 40. Lebensjahr nicht gilt, wenn der Mitarbeiter gegen kirchliche Grundsätze grob nach außen verstoßen hat oder aus der Kirche ausgetreten ist[85] (Art. 5 Abs. 2 und 5 GrO). 52

Soweit Geistliche und Ordensleute beschäftigt werden, sind sie nicht auf Grund von Arbeitsverträgen tätig. Wegen fehlender Arbeitsverhältnisse findet das KSchG keine Anwendung[86] (vgl. Rn 11). 53

Gegen die Durchbrechung des Schutzes vor der ordentlichen Kündigung bestehen **keine Bedenken**, weil hierdurch dem Sinn und Zweck des besonderen Kündigungsschutzes nicht Abbruch geschieht. Denn es steht nicht die Arbeitsweise des Amts- oder Funktionsträgers i. S. d. MAVO in Erfüllung seiner Aufgaben im Blickpunkt, sondern seine Person als Mitarbeiter mit seinen arbeitsvertraglichen Loyalitätsobliegenheiten. Diese hat er auch als Amts- und Funktionsträger i. S. d. MAVO zu achten. Vor der Kündigung ist zu prüfen, ob eine Abmahnung zu einer Verhaltensänderung führen kann (Art. 5 Abs. 1 GrO). Die aus betrieblichen Gründen erfolgende Kündigung gemäß § 19 Abs. 3 richtet sich ebenfalls nicht gegen die Arbeitsweise des Amts- und Funktionsträgers. 54

4. Verfassungsrechtlich garantiertes kirchliches Selbstbestimmungsrecht

Gemäß Art. 140 GG i. V. m. Art. 137 Abs. 3 WRV ordnet und verwaltet jede Religionsgesellschaft ihre Angelegenheiten selbständig innerhalb der Schranken des für alle geltenden Gesetzes. Sie verleiht ihre Ämter ohne Mitwirkung des Staates oder der bürgerlichen Gemeinde. Innerhalb des Selbstbestimmungsrechts, das auch der katholischen Kirche verfassungsrechtlich garantiert wird, ist die Auswahl des Personals für den kirchlichen Dienst wesentliches Kriterium für dieses Selbstbestimmungsrecht, auch wenn die Kirche sich des weltlichen Arbeitsrechts bedient.[87] Denn die Garantie autonomer Selbstbestimmung beschränkt sich nicht nur auf Glaubensfragen, sondern erfasst auch die in ihren Einrichtungen bestehenden Dienstverhältnisse einschließlich der karitativen und erzieherischen Einrichtungen, mit deren Hilfe sich die Kirche aktiv bei der Erziehung und der sozialen Hilfe in ihrem Sinne beteiligt,[88] indem diese ihr zugeordneten Einrichtungen nach kirchlichem Selbstverständnis ihrem Zweck und ihrer Aufgabe entsprechend dazu berufen sind, ein Stück des Auf- 55

---

82 *BVerfGE* 70, 138; KR-*Fischermeier* Kirchl. ArbN Rn 4.
83 Vgl. *BAG*, 14. 10. 1980 – 1 AZR 1274/79, B II. 3, EzA § 1 KSchG Tendenzbetrieb Nr. 10; *LAG Köln*, 6. 3. 1985 – 2 Sa 1148/84; *BAG*, 18. 11. 1986 – 7 AZR 274/85, über die Frage fristloser Kündigung in besonderem Fall, Rn 33; *LAG Niedersachsen*, 6. 7. 1983 – 7 Sa 35/83; *BAG*, 25. 5. 1988 – 7 AZR 506/87.
84 Vgl. *BAG*, 12. 12. 1984 – AZR 418/83, NZA, Beilage 1/1986, 32.
85 Amtsblatt des Erzbistums Köln 1989 Nr. 79 zu Ziff. 13 S. 125, 127; vgl. Anm. von: *Dütz*, Kirchliche Festlegung, NJW 1990, 2025, 2031 mit Fn. 82 für sämtliche Ordnungen; näher: Anm. zu *BAG*, EzA § 611 BGB Kirchl. Arbeitnehmer Nr. 27.
86 KR-*Griebeling*, § 1 KSchG Rn 82; *Müller*, Das Recht der Freien Schule S. 69.
87 *BVerfGE* 70, 138; *Rüfner*, Das kirchlich rezipierte und adaptierte Dienst- und Arbeitsrecht, Hdb. StKR 2. Bd. S. 877, 883.
88 *BAG*, 25. 4. 1978 – 1 AZR 70/76, AP Nr. 2 zu Art. 140 GG; *Rüthers*, NJW 1976, 1918.

trags der Kirche wahrzunehmen und zu erfüllen.[89] Die Kirchen können sich zur Erfüllung ihres Auftrages auch der Organisationsformen des staatlichen Rechts bedienen und ihre Aufgaben z. B. durch Körperschaften, Anstalten oder Stiftungen des öffentlichen Rechts, durch Vereine, Stiftungen des privaten Rechts oder Gesellschaften mit beschränkter Haftung (GmbH) durchführen, die dann ebenfalls unter den Schutz des Art. 140 GG zugunsten des kirchlichen Selbstbestimmungsrechts fallen.[90] Vertragsfreiheit und Selbstbestimmungsrecht zusammen ermöglichen es den Kirchen, den kirchlichen Dienst nach ihrem Selbstverständnis zu ordnen.[91] Soweit die Kirchen zur Erfüllung ihrer Aufgaben Arbeitsverhältnisse eingehen, sind sie grundsätzlich an die allgemeinen Vorschriften des Arbeitsrechts gebunden,[92] ohne damit die Befugnis zu verlieren, den Arbeitsverträgen infolge der Verfassungsgarantie des kirchlichen Selbstbestimmungsrechts einen religiös geprägten Inhalt zu geben.[93] Soweit die kirchlichen Regelungen als Inhalte des Arbeitsvertrages den anerkannten Maßstäben der verfassten Kirchen Rechnung tragen, sind sie für die Arbeitsgerichte verbindlich,[94] aber auch für staatliche Verwaltungsbehörden, z. B. Integrationsämter, die über die Zustimmung zur arbeitgeberseitigen Kündigung schwerbehinderter Mitarbeiter zu befinden haben.[95] Die Bindung an das staatliche Arbeitsrecht folgt für die katholische Kirche auch aus can. 1286, 1290 CIC. Dennoch muss zusätzlich die Verfolgung religiöser Aufgaben möglich bleiben und deshalb bei der Ausgestaltung des einzelnen Arbeitsverhältnisses Berücksichtigung finden.[96] Problematisch sind daher die bei Betriebsübergang fortgeltenden arbeitsvertraglichen Folgen (§ 613a Abs. 1 S. 1 BGB) aus dem nicht kirchlichen in den kirchlichen Bereich.[97] Es fällt in das Risiko des kirchlichen Betriebserwerbers, ob er bei einer Betriebsübernahme mit der dort vorhandenen Belegschaft i. S. d. kirchlichen Auftrags tätig werden kann. Dazu muss der kirchliche Betriebserwerber eigens auf die übernommenen Mitarbeiter zugehen.[98]

56 Spezifische Obliegenheiten kirchlicher Mitarbeiter können die Kirchen in den Schranken des für alle geltenden Gesetzes nach ihrem Selbstverständnis regeln und verbindlich machen.[99] Im Falle eines Loyalitätsverstoßes hat der kirchliche Dienstgeber allerdings gemäß Art. 5 Abs. 1 GrO vor Ausspruch einer Kündigung mit dem kirchlichen Mitarbeiter ein Beratungsgespräch bzw. ein klärendes Gespräch zu führen, um dann die Entscheidung zur **Ermahnung, Abmahnung** (§ 314 Abs. 2 S. 1 BGB) und erst als letztes Mittel zur Änderungs- oder sogar Beendigungskündigung zu treffen.[100]

57 Grenzen für die kirchliche Festlegung von Loyalitätsobliegenheiten regeln sich gemäß *BVerfG*[101] aus den Grundprinzipien der Rechtsordnung, wie dem allgemeinen Willkürverbot (Art. 3 Abs. 1 GG), den guten Sitten (§ 138 Abs. 1 BGB) und dem ordre public (Art. 6 EGBGB). Diese Formel des Bundesverfassungsgerichts macht es möglich, die Einwirkung der Grundrechte auf das Arbeitsrecht infolge der Drittwirkung der Grundrechte in kirchlichen Arbeitsverhältnissen zur Geltung zu bringen.[102]

---

89 *BVerfGE* 46, 73 = NJW 1978, 581.
90 *BVerfGE* 57, 220 = NJW 1981, 1829.
91 *Rüfner*, Individualrechtliche Aspekte des kirchlichen Dienst- und Arbeitsrechts, in: Hdb. StKR 2. Bd. S. 901, 902.
92 *BVerfG*, 4. 6. 1985 BVerfGE 70, 138 = BB 1985, 1600 = DB 1985, 2103 = Caritas NW 5/85, Rechtsinformationsdienst B II = KirchE 23, 105, 111 f.; *Rüthers*, NJW 1976, 1918 f. m. N.; *Dütz*, Kirchliche Festlegung, NJW 1990, 2025; *Richardi*, Arbeitsrecht in der Kirche § 2 Rn 18 ff.; § 5 Rn 3 ff.
93 *Richardi*, Arbeitsrecht in der Kirche § 5 Rn 4.
94 *Rüfner*, Hdb. StKR 2. Bd. S. 903.
95 *VGH Baden-Württemberg*, 26. 5. 2003 – 9 S 1077/02, ZMV 2003, 305.
96 *Jurina*, Kirchenfreiheit, S. 806.
97 *Richardi*, Arbeitsrecht in der Kirche § 5 Rn 10 ff.
98 *Richardi*, Arbeitsrecht in der Kirche § 5 Rn 16.
99 *BVerfGE* 70, 138, 166; *Rüthers*, NJW 1976, 1918, 1920; *Spengler*, NZA 1987, 833, 837; *Dütz*, NJW 1990, 2025; *Jurina*, Kirchenfreiheit S. 811; *ders.*, Das Dienst- und Arbeitsrecht S. 66 f., 125 f.; a. A. *Wieland*, DB 1987, 1633, 1635 f.
100 *BAG*, 16. 9. 1999 – 2 AZR 712/98, EzA § 611 Kirchliche Arbeitnehmer Nr. 45 m. Anm. *Dütz;* NZA 2000, 208.
101 *BVerfGE* 70, 138, 168.
102 *Rüfner*, Hdb. StKR 2. Bd. S. 904.

Welche kirchlichen Grundverpflichtungen als Gegenstand des Arbeitsverhältnisses bedeutsam sein können, richtet sich nach den von der verfassten Kirche anerkannten Maßstäben.[103] Im Streitfall haben die Arbeitsgerichte die vorgegebenen kirchlichen Maßstäbe für die Bewertung vertraglicher Loyalitätspflichten zugrunde zu legen, soweit die Verfassung das Recht der Kirche anerkennt, hierüber selbst zu befinden.[104] Es bleibt den verfassten Kirchen überlassen, verbindlich zu bestimmen, was die Glaubens- und Sittenlehre aussagt.[105] Auch die Entscheidung darüber, ob und wie innerhalb der im kirchlichen Dienst tätigen Mitarbeiter eine »Abstufung« der Loyalitätspflichten eingreifen soll, ist grundsätzlich eine dem kirchlichen Selbstbestimmungsrecht unterliegende Angelegenheit.[106] Damit hat das *BVerfG* im Streit darüber, ob bei der Frage der Verletzung der Loyalitätspflicht über die »Nähe« des Mitarbeiters zu »spezifisch kirchlichen Aufgaben« außerhalb der Kirche entschieden werden könne, eine klare Antwort gegeben. Die seit dem Urteil des *BAG* vom 31. 1. 1956[107] geführte Diskussion, wer die besonderen Loyalitätsobliegenheiten zu erfüllen habe und wer nicht,[108] ist zugunsten der Bestimmung durch die Kirchen entschieden worden.[109] Wer in den kirchlichen Dienst tritt, wird Glied der Gemeinschaft, die sich als Dienstgemeinschaft der Kirche versteht.[110] Er nimmt teil am Proprium des kirchlichen Dienstes, weil er ein Stück Auftrag der Kirche in der Welt verwirklicht. So verstanden wird also von jedem Mitarbeiter erwartet, dass er beim Abschluss des Arbeitsvertrages dieses weiß, nachdem er durch den Dienstgeber darauf hingewiesen worden ist (Art. 3 Abs. 3 GrO). Dann kann es bezüglich der Loyalität der Mitarbeiter gegenüber Grundlagen der kirchlichen Glaubens- und Sittenlehre und ihrer Respektierung **keine abgestufte Loyalität** in dem Sinne geben, dass auf irgendeiner Stufe der Mitarbeiter diese Loyalität nicht einmal mehr gegenüber fundamentalen Anforderungen des katholischen Glaubens und der Sittenlehre als unverzichtbar gefordert werden könnte (Art. 5 Abs. 2, 1. Spiegelstrich GrO).[111]

58

Es geht hierbei also letztendlich darum, dass im Mitarbeiterkreis der Kirche nicht als unbeachtlich zugelassen werden kann, was von der Gesamtheit der Gläubigen zu beachten ist.[112] Es geht um eine personale Entscheidung des einzelnen Mitarbeiters (Art. 3 und 4 GrO). Das entspricht dem Wesen der religiösen Dimension des kirchlichen Dienstes.

59

Die christliche Dienstgemeinschaft prägt alle kirchlichen Dienste und fordert von allen Mitarbeitern Loyalität, gleich ob sie im Verkündigungsdienst oder an anderer Stelle stehen. Die Kirche stellt an ihre Mitarbeiter Anforderungen, die gewährleisten, dass sie ihren besonderen Auftrag glaubwürdig erfüllen. Dazu gehören fachliche Tüchtigkeit, gewissenhafte Erfüllung der übertragenen Aufgaben (can. 231 § 1 CIC) und die Zustimmung zu den Zielen der kirchlichen Einrichtung (Erklärung der deut-

60

---

103 *BVerfG*, 4. 6. 1985 BVerfGE 70, 138 = BB 1985, 1600 = DB 1985, 2103 = Caritas NW 5/85, Rechtsinformationsdienst B II = KirchE 23, 105, 111 f.; *LAG Hamm*, 1. 3. 1990 – 17 Sa 1326/89, BB 1990, 1422; *Krüger*, ZTR 1991, 11, 15.
104 *Dütz*, NZA 2006, 65.
105 *BVerfG*, 4. 6. 1985 BVerfGE 70, 138 = BB 1985, 1600 = DB 1985, 2103 = Caritas NW 5/85, Rechtsinformationsdienst B II = KirchE 23, 105, 111 f.
106 *Spengler*, NZA 1987, 833, 838.
107 AP Nr. 15 zu § 1 KSchG – Wiederverheiratung eines in einem katholischen Krankenhaus beschäftigten Handwerkers, *BAGE* 2, 279.
108 Vgl. KR-*Fischermeier*, Kirchl. ArbN Rn 6, 7 m. N. zu Rechtsprechung und Literatur; *Richardi*, Arbeitsrecht in der Kirche, § 6 Rn 27 ff.; *Ruland*, NJW 1980, 89 [95]; *Rüthers*, NJW 1976, 1918, 1923; *Jurina*, Das Dienst- und Arbeitsrecht S. 120 f.; *ders.*, Kirchenfreiheit, Festschrift Joh. Broermann S. 797, 804 f.; *Mayer-Maly*, Dienst- und Arbeitsrecht, Essener Gespräche Bd. 10 S. 127, 135 f.; *ders.*, Die arbeitsrechtl. Tragweite d. kirchl. Selbstbestimmungsrechts, BB, Beilage 3/1977 S. 10.
109 *Richardi*, Arbeitsrecht in der Kirche, § 7 Rn 22 f., *Rüfner*, Individualrechtl. Aspekte, Hdb. StKR 2. Band, 2. Aufl., S. 901, 917.
110 *Listl*, Diskussionsbeitrag in Essener Gespräche, Bd. 18 S. 119 ff.
111 *Marré*, Loyalität, in: ThGl 1988, S. 397.406 m. w. N.; andererseits differenzierend: *Dütz*, NJW 1990, 2025, 2028 ff. i. S. v. Art. 5 Abs. 2, 2. Spiegelstrich GrO i. V. m. Art. 5 Abs. 3 und Abs. 4 GrO.
112 *Listl*, Diskussionsbeitrag in Essener Gespräche, Bd. 18 S. 119 ff.; *BVerfG*, 4. 6. 1985 – 2 BvR 1703/83 u. a., *BVerfGE* 70, 138, 166.

schen Bischöfe zum kirchlichen Dienst Abschnitt III Nr. 1). Die elementaren Grundsätze der Glaubens- und Sittenlehre können folglich für alle katholischen Mitarbeiter verbindlich gemacht werden, so dass Loyalitätsabstufungen prinzipiell dem Gedanken der Dienstgemeinschaft nicht entsprechen, während sie aus anderen Gründen sinnvoll sein können,[113] wie dies Art. 4 GrO in Bezug auf Funktion und Religionsverschiedenheil der Mitarbeiter zeigt.[114]

5. Europäisches Recht

61   Gemäß Art. 19 AEUV (vorher Art. 13 EG-Vertrag) kann der Rat auf Vorschlag der Kommission und nach Anhörung des EU-Parlaments einstimmig geeignete Vorkehrungen treffen, um Diskriminierungen aus Gründen des Geschlechts, der Rasse, der ethnischen Herkunft, der Religion oder der Weltanschauung, einer Behinderung, des Alters oder der sexuellen Ausrichtung zu bekämpfen. In der Richtlinie 2000/78/EG des Rates vom 27. November 2000 zur Festlegung eines allgemeinen Rahmens zur Verwirklichung der Gleichbehandlung in Beschäftigung und Beruf ist in Art. 4 Abs. 2 bestimmt, dass die Mitgliedstaaten der EU in Bezug auf berufliche Tätigkeiten innerhalb von Kirchen und anderen öffentlichen oder privaten Organisationen, deren Ethos auf religiösen Grundsätzen oder Weltanschauungen beruht, Bestimmungen vorsehen können, dass keine Diskriminierung einer Person vorliegt, wenn die Religion oder Weltanschauung dieser Person nach der Art dieser Tätigkeiten oder der Umstände ihrer Ausübung eine wesentliche und gerechtfertigte berufliche Anforderung angesichts des Ethos der Organisation darstellt. Die **Kirchen** können im Einklang mit den einzelstaatlichen verfassungsrechtlichen Bestimmungen und Rechtsvorschriften von den für sie arbeitenden Personen verlangen, dass sie sich loyal und aufrichtig i. S. d. Ethos der Organisation verhalten. Das gilt auch für andere öffentliche oder private Organisationen, deren Ethos auf religiösen oder Weltanschauungen beruht. Siehe auch Präambel Rn 58 ff.

62   In diesem Zusammenhang ist auf die **Personalauswahl** bei Einstellungen zu achten, um einforderbare Loyalitätspflichten effektiv werden zu lassen.[115] Das deutsche Recht ist europarechtskonform auszulegen, auch wenn die eine oder andere Richtlinie der EG noch nicht in nationales Recht umgesetzt worden ist.[116] Mit dem Allgemeinen Gleichbehandlungsgesetz vom 14. 8. 2006 (AGG) hat der deutsche Gesetzgeber u. a. die Richtlinie 2000/78/EG umgesetzt. Danach ist gemäß § 9 Abs. 1 AGG die unterschiedliche Behandlung wegen der Religion oder Weltanschauung bei der Beschäftigung durch Religionsgemeinschaften und die ihnen zugeordneten Einrichtungen ohne Rücksicht auf ihre Rechtsform auch zulässig, wenn eine bestimmte Religion oder Weltanschauung unter Beachtung des Selbstverständnisses der jeweiligen Religionsgemeinschaft im Hinblick auf ihr Selbstbestimmungsrecht oder nach der Art der Tätigkeit eine gerechtfertigte berufliche Anforderung darstellt. Das Verbot unterschiedlicher Behandlung wegen der Religion oder Weltanschauung (§ 1 AGG) berührt nicht das Recht der Religionsgemeinschaften von ihren Beschäftigten ein loyales und aufrichtiges Verhalten im Sinne ihres jeweiligen Selbstverständnisses verlangen zu können.[117]

63   Der **Anwendungsvorrang des Rechts der EU** vor dem mitgliedstaatlichen Recht besteht allgemein (Art. 23 GG). Im Falle der Umsetzung der Richtlinien der EG in nationales, deutsches Recht sind auch arbeitsrechtliche Normen des staatlichen Gesetzgebers für alle geltendes Gesetz, das auch von den Kirchen gemäß Art. 140 GG i. V. m. Art. 137 Abs. 3 WRV zu beachten ist.[118] Geht es um die Festlegung von Loyalitätsobliegenheiten, werden die materiellen Inhalte dem »Ethos der Organisation« überlassen. Der kirchliche Arbeitgeber hat sie konsequent umzusetzen.[119] Gerichtlich wird

---

113 *Rüfner*, Individualrechtliche Aspekte, Hdb. StKR 2. Bd. S. 907 ff. m. N.
114 *Dütz*, Begründung zu Art. 4 GrO unter Bezugnahme auf *BVerfGE* 70, 138, 167 f., in: Die deutschen Bischöfe, Heft 51, S. 28, Herausg. Deutsche Bischofskonferenz Bonn, 22. 9. 1993.
115 *Schliemann*, NZA 2003, 407, 412 f.
116 Vgl. *BAG*, 5. 3. 1996, NZA 1996, 751.
117 KR-*Fischermeier*, Kirchl. ArbN Rn 8.
118 *Reichold*, NZA 2001, 1054, 1057 ff.
119 *Reichold*, NZA 2001, 1054, 1059.

nicht geprüft, ob eine Loyalitätsanforderung berechtigt war, sondern nur, ob darauf basierende arbeitsrechtlich getroffene Maßnahmen – nach der Art der Tätigkeit oder den Umständen ihrer Ausübung – geeignet waren. Dazu hat der Europäische Gerichtshof für Menschenrechte in Straßburg (EGMR) in seiner Entscheidung vom 23. September 2010 – AZ. 1620/03 – Stellung genommen. Die staatlichen Arbeitsgerichte in Deutschland haben im Falle von Verstößen gegen Loyalitätsobliegenheiten in Ansehung des rechtlich geschützten Privatlebens (Art. 8 EMRK) zu prüfen und abzuwägen, ob das Recht des Dienstgebers zur Kündigung oder das Interesse des Arbeitnehmers an der Erhaltung seines Arbeitsplatzes überwiegt, wenn er z.b. innerhalb des kirchlichen Bereiches, für den er ausgebildet worden ist, nach einer Kündigung keine Anstellung mehr – z. B. als Kirchenmusiker – erlangen kann. Die Grundordnung des kirchlichen Dienstes im Rahmen kirchlicher Arbeitsverhältnisse regelt abgestufte Loyalitätsanforderungen (Art. 4 GrO), indem nichtkatholische Mitarbeiter schwächere Loyalitätsobliegenheiten als katholische Mitarbeiter und vor allem Mitarbeiter mit besonders genannten Aufgaben (Art. 3 Abs. 2 GrO) haben und dass deshalb bei der Einstellung die Frage nach der Religionszugehörigkeit erlaubt sein muss (Art. 3 Abs. 5 GrO). Das ist neben der richterrechtlichen Lage[120] auch mit Art. 4 Abs. 2 S. 3 RL 2000/78/EG vereinbar.[121]

6. Die Grundordnung

Durch § 19 Abs. 1 S. 2 MAVO wird der Kündigungsschutz der Mitglieder der MAV vor der ordentlichen Kündigung relativiert. Ist nach Art. 5 Abs. 3 bis 5 GrO die Weiterbeschäftigung eines Mitarbeiters nicht möglich, ist davon auch das Mitglied der MAV betroffen. Der Dienstgeber hat abgesehen von den Fällen des § 626 BGB die ordentliche Kündigung auszusprechen, falls das Arbeitsverhältnis nicht auf andere Weise (z. B. Auflösungsvertrag, Zeitablauf) endet. Die Sanktionen von Verstößen gegen Loyalitätsobliegenheiten (Art. 5 GrO) sind abgestuft normiert (Art. 5 Abs. 1 GrO). Nur als letzte Maßnahme kommt eine Kündigung in Betracht (Art. 5 Abs. 1 S. 3 GrO), wenn nämlich klärendes Gespräch, Abmahnung, formeller Verweis, Versetzung oder Änderungskündigung nicht geeignet sind, dem Obliegenheitsverstoß zu begegnen (Art. 5 Abs. 1 S. 2 GrO). Dabei ist zwischen verhaltens- und personenbedingten Gründen zu unterscheiden. Die Kündigung wegen eines Verstoßes gegen Loyalitätsobliegenheiten wird stets auf einem Verhalten des Mitarbeiters gründen und in vielen Fällen zu einem **Dauerzustand** führen, der die Eignung des Mitarbeiters für die von ihm ausgeübte Tätigkeit im kirchlichen Dienst entfallen lässt und damit zugleich einen in der Person des Mitarbeiters liegenden Grund schafft, wie etwa der Kirchenaustritt, die Eingehung einer nach Kirchenrecht ungültigen Ehe und der auf Fehlverhalten gründende Entzug der Missio canonica. Nur verhaltensbedingte Kündigung kommt in Betracht, wenn ein **Verhalten**, welches gegen Loyalitätsobliegenheiten verstößt, **beendet** werden kann, wie z. B. außereheliches oder gar ehebrecherisches Zusammenleben[122] oder praktizierte Homosexualität.[123] In **Verhaltensfällen** ist eine Kündigung nur bei schwerer Obliegenheitsverletzung gebilligt worden, wie z. B. die Stellungnahme gegen das von der katholischen Kirche vertretene absolute Verbot des Schwangerschaftsabbruchs.[124] Die praktizierte Homosexualität sei nach BAG[125] **abzumahnen** gewesen. Ebenso wurde die Abmahnung im Falle einer homologen Insemination und nicht die Kündigung als geeignete Maßnahme angesehen.[126]

Im Zusammenhang mit den Leitlinien für den Umgang mit sexuellem Missbrauch Minderjähriger durch Kleriker, Ordensangehörige und andere Mitarbeiterinnen und Mitarbeiter im Bereich der Deutschen Bischofskonferenz[127] steht auch die Rahmenordnung zur Prävention von sexuellem Miss-

---

120 *BVerfGE*, 70, 138.
121 *Reichold*, NZA 2001, 1054,1060.
122 *ArbG Köln*, 11. 3. 1994 – 18 Ca 2118/93 n. rkr.; n. v.
123 *BAG*, 30. 6. 1983 – 2 AZR 524/81, NJW 1984, 1917 = KirchE 21, 162.
124 *BVerfGE* 70, 138, 170 f.
125 *BAG*, 30. 6. 1983 – 2 AZR 524/81, NJW 1984, 1917 = KirchE 21, 162.
126 *BAG*, 7. 10. 1993 – 2 AZR 226/93, NZA 1994, 443.
127 U. a. Amtsblatt der Diözese Freiburg 2010 Nr. 356 S. 419.

brauch an Minderjährigen im Bereich der Deutschen Bischofskonferenz.[128] Allen Mitarbeiterinnen und Mitarbeitern sind die Verhaltensregeln und Sanktionen bei Nichteinhaltung bekannt zu machen. Um das Wohl und den Schutz der Kinder und Jugendlichen zu optimieren, können Dienstanweisungen und hausinterne Regelungen erlassen werden, die auch arbeitsrechtliche Verbindlichkeiten haben. Die Prävention von sexuellem Missbrauch ist Thema im Vorstellungsgespräch, während der Einarbeitungszeit sowie in weiterführenden Mitarbeitergesprächen. Haupt- und nebenamtliche Mitarbeiterinnen und Mitarbeiter müssen entsprechend den gesetzlichen Bestimmungen ein erweitertes polizeiliches Führungszeugnis vorlegen (vgl. § 72a SGB VIII i. V. m. § 30a Bundeszentralregistergesetz). Außerdem ist die Unterzeichnung einer Selbstverpflichtungserklärung verbindliche Voraussetzung einer Anstellung wie auch einer Beauftragung zu einer ehrenamtlichen Tätigkeit im kinder- und jugendnahen Bereich[129]

a. Katholische Mitarbeiter

66 Die Grundordnung lässt die Beschäftigung von:
– katholischen,
– nichtkatholischen christlichen und
– nichtchristlichen

Mitarbeiterinnen und Mitarbeitern zu (Art. 4 Abs. 1 bis 3 GrO). Dabei unterscheidet sie allerdings nach **Funktionen der Mitarbeiter** (Art. 3 Abs. 2 GrO). Denn pastorale, katechetische sowie in der Regel erzieherische und leitende Aufgaben können nur einer Person übertragen werden, die der katholischen Kirche angehört. Von den katholischen Mitarbeitern wird erwartet, dass sie die Grundsätze der katholischen Glaubens- und Sittenlehre anerkennen und beachten, während im pastoralen, katechetischen und erzieherischen Dienst sowie Mitarbeitern, die auf Grund der Missio canonica tätig sind, **das persönliche Lebenszeugnis** i. S. d. Grundsätze der katholischen Glaubens- und Sittenlehre erforderlich ist; dasselbe gilt für leitende Mitarbeiter i. S. d. Grundordnung (Art. 4 Abs. 1 GrO). Ausdrücklich fügt die **Grundordnung für katholische Krankenhäuser** in Nordrhein-Westfalen (Diözesen Aachen, Essen, Köln, Münster und Paderborn – GrOKr –)[130] hinzu, dass leitende Mitarbeiter in der Regel der katholischen Kirche angehören müssen (Abschnitt A Nr. 3 Abs. 2 GrOKr). Dazu zählen die Mitglieder der Krankenhausbetriebsleitung, wie Leitender Arzt, Leiter des Pflegedienstes, Leiter des Wirtschafts- und Verwaltungsdienstes (Abschnitt B II Nr. 1 Buchstaben a, b und c; Abschnitt A Nr. 5 S. 2 GrOKr) und die Abteilungsärzte (Abschnitt A Nr. 5 S. 2 GrOKr), welche auch Chefärzte genannt werden. Von dieser Gruppe wird besondere Loyalität i. S. d. Grundordnung des kirchlichen Dienstes im Rahmen kirchlicher Arbeitsverhältnisse erwartet; denn es gilt die GrO auch für den Bereich der GrOKr (Abschnitt A Nr. 5 S. 1 GrOKr).

67 Nach der Lehre[131] und dem Recht der katholischen Kirche (CIC) wird der Mensch **durch die Taufe** der Kirche Christi **eingegliedert** und in ihr zur Person mit den Pflichten und Rechten, die den Christen unter Beachtung ihrer jeweiligen Stellung eigen sind, soweit sie sich in der katholischen Gemeinschaft befinden und wenn nicht eine rechtmäßig verhängte Strafe entgegensteht (can. 96). Die Kirche

---

128 Kirchliches Amtsblatt für das Bistum Dresden-Meißen 2010 Nr. 93 S. 155.
129 Dazu auch: Kirchliches Amtsblatt Osnabrück 2010 Art. 88 S. 133; Kirchlicher Anzeiger für das Bistum Hildesheim 2010 S. 235: Gesetz zur Vermeidung von Kindesgefährdung im Umgang mit Kindern und Jugendlichen. Gemäß § 1 des Gesetzes haben kirchliche Rechtsträger hinsichtlich der persönlichen Eignung insbesondere sicherzustellen, dass keine Personen, die in kirchlichen Einrichtungen mit Kindern und Jugendlichen arbeiten oder diese betreuen, eingesetzt werden, die rechtskräftig wegen einer Straftat nach den §§ 171, 174 bis 174c, 176 bis 180a, 181a, 182 bis 184f, 225, 232 bis 233a, 234, 235 oder 236 des Strafgesetzbuches verurteilt worden sind.
130 Amtsblatt des Erzbistums Köln 1996 Nr. 256 S. 231.
131 *Mosiek*, Verfassungsrecht 1, S. 73 ff. m. Hinw. auf die Konzilsaussagen: Lumen Gentium Nr. 11, bei *Rahner/Vorgrimler* S. 135; Lumen Gentium Nr. 31 bei *Rahner/Vorgrimler* S. 161, Unitatis Redintegratio Nr. 22, bei *Rahner/Vorgrimler* S. 248; Katholischer Erwachsenen-Katechismus S. 334.

Christi ist gemäß can. 204 § 2 in der katholischen Kirche verwirklicht. Von der im sakramentalen Taufgeschehen grundgelegten Zugehörigkeit zur Kirche Christi ist schließlich nach can. 205 die Entfaltung der Kirchenangehörigkeit in der katholischen Kirche zu unterscheiden. Denn »voll in der Gemeinschaft der katholischen Kirche stehen die Getauften, die in ihrem sichtbaren Verband mit Christus verbunden sind, und zwar durch die Bande des Glaubensbekenntnisses, der Sakramente und der kirchlichen Leitung« (can. 205).[132]

68 Wer **aus der katholischen Kirche ausgetreten** ist, darf nicht eingestellt werden (Art. 3 Abs. 3 GrO) und als Mitarbeiter nicht weiterbeschäftigt werden (Art. 5 Abs. 5 Unterabsatz 1 GrO). Dabei kommt es auf die im kirchlichen Dienst wahrzunehmende Funktion nicht an, so dass von einem absoluten Kündigungsgrund gesprochen werden darf. Einem Mitglied der MAV müsste also aus einem solchen Grunde gemäß § 19 Abs. 1 S. 2 MAVO gekündigt werden.

69 Für eine **Kündigung aus kirchenspezifischen Gründen** sieht die Kirche insbesondere folgende Loyalitätsverstöße als schwerwiegend an (Art. 5 Abs. 2 GrO):
– Verletzungen der gemäß Art. 3 und 4 GrO von einem Mitarbeiter zu erfüllenden Obliegenheiten, insbesondere Kirchenaustritt, öffentliches Eintreten gegen tragende Grundsätze der katholischen Kirche (z. B. hinsichtlich der Abtreibung) und schwerwiegende sittliche Verfehlungen,
– sexueller Missbrauch Minderjähriger (authentische Interpretation des Art. 5 Abs. 2 GrO durch den Erzbischof von München und Freising,[133] der die Kündigung rechtfertigt),[134]
– Abschluss einer nach dem Glaubensverständnis und der Rechtsordnung der Kirche ungültigen Ehe,
– Handlungen, die kirchenrechtlich als eindeutige Distanzierung von der katholischen Kirche anzusehen sind, vor allem Abfall vom Glauben (Apostasie oder Häresie gemäß c. 1364 § 1 i. V. m. can. 751 CIC), Verunehrung der heiligen Eucharistie (can. 1367 CIC), öffentliche Gotteslästerung und Hervorrufen von Hass und Verachtung gegen Religion und Kirche (can. 1369 CIC), Straftaten gegen die kirchlichen Autoritäten und die Freiheit der Kirche (insbesondere gemäß den cc. 1373, 1374 CIC, Art. 5 Abs. 2 GrO),
– eingetragene Lebenspartnerschaft.[135]

70 Auf die Erwägungen zur rechtlichen Anerkennung der Lebensgemeinschaften zwischen homosexuellen Personen der Kongregation für die Glaubenslehre wird hingewiesen.[136] Nach der Lehre der katholischen Kirche kann die Achtung gegenüber homosexuellen Personen in keiner Weise zur Billigung des homosexuellen Verhaltens oder zur rechtlichen Anerkennung führen, weil das Gemeinwohl verlangt, dass die Gesetze die eheliche Gemeinschaft als Fundament der Familie, der Grundzelle der Gesellschaft, anerkennen, fördern und schützen.

71 **Allerdings wird wegen der in Betracht kommenden Frage der Weiterbeschäftigung nach arbeitsvertraglichen Funktionen der Mitarbeiter und also auch der Mitglieder der MAV abgestuft** (vgl. Art. 5 Abs. 3 im Verhältnis zu Art. 5 Abs. 4 GrO).[137] Denn ein nach den vorstehend genannten Gründen

---

132 Vgl. hierzu *Krämer*, Die Zugehörigkeit zur Kirche, Hdb. Kath. KR S. 162; *Lehmann*, Zur Frage »Wer ist Glied der Kirche?«, in: Das Problem der Kirchengliedschaft heute S. 274; *Ratzinger*, Taufe, Glaube und Zugehörigkeit zur Kirche, in: wie vor S. 305; *Kaiser*, Zugehörigkeit zur Kirche, in: wie vor S. 292; *Congar*, Veränderung des Begriffs »Zugehörigkeit zur Kirche«, in: wie vor S. 279; *Mosiek*, Verfassungsrecht I S. 75; Lumen Gentium Nr. 14, bei *Rahner/Vorgrimler*, S. 139; *Aymans*, Kirchengliedschaft, AfkKR 1973, 397, 407 ff.
133 Amtsblatt 2004 Nr. 65 S. 132.
134 Dazu ferner: Amtsblatt für die Erzdiözese Hamburg 2002 Art. 124 S. 147; Amtsblatt für die Diözese Rottenburg-Stuttgart 2002 S. 185.
135 Amtsblatt des Bistums Limburg 2002 Nr. 92 S. 71 als authentische Interpretation der Grundordnung des Bischofs von Limburg, Amtsblatt 1993 S. 74 ff.; Amtsblatt des Erzbistums Köln 2002 Nr. 215 S. 179; *Deutsche Bischofskonferenz*, Amtsblatt für die Diözese Osnabrück 2000, 131 f.
136 Amtsblatt des Erzbistums Köln 2003 Nr. 194 S. 205.
137 *Zilles*, Loyalität in Stufen, KuR 350, 47 = 1999, 103.

erkanntes Verhalten schließt die Möglichkeit der Weiterbeschäftigung aus, wenn es begangen wird von pastoral, katechetisch oder leitend tätigen Mitarbeiterinnen oder Mitarbeitern, die auf Grund einer Missio canonica tätig sind (Art. 5 Abs. 3 S. 1 GrO). Zu leitenden Mitarbeiterinnen i. S. d. GrO zählen auch Leiterinnen von Tageseinrichtungen für Kinder.[138] Sie unterliegen nicht dem Begriff der Mitarbeiterin in leitender Stellung i. S. v. § 3 Abs. 2 Nr. 4 MAVO, zumal sie zur MAV passiv wahlberechtigt sind (§ 3 Rn 68 ff., § 8 Rn 45).

72 Wird eine Weiterbeschäftigung nicht bereits wie bei Funktionsträgern i. S. v. Art. 5 Abs. 3 GrO ausgeschlossen, so hängt gemäß Art. 5 Abs. 4 GrO die **Möglichkeit einer Weiterbeschäftigung von den Einzelfallumständen** ab, insbesondere vom Ausmaß einer Gefährdung der Glaubwürdigkeit von Kirche und kirchlicher Einrichtung, von der Belastung der kirchlichen Dienstgemeinschaft, der Art der Einrichtung, dem Charakter der übertragenen Aufgabe, deren Nähe zum kirchlichen Verkündigungsauftrag, von der Stellung der Mitarbeiterin oder des Mitarbeiters in der Einrichtung sowie von der Art und dem Gewicht der Obliegenheitsverletzung. Dabei ist auch zu berücksichtigen, ob eine Mitarbeiterin oder ein Mitarbeiter die Lehre der Kirche bekämpft oder sie anerkennt, aber im konkreten Fall versagt.

73 Im Falle des Abschlusses einer nach dem Glaubensverständnis und der Rechtsordnung der Kirche ungültigen Ehe scheidet eine Weiterbeschäftigung jedenfalls dann aus, wenn sie unter öffentliches Ärgernis erregenden oder die Glaubwürdigkeit der Kirche beeinträchtigenden Umständen geschlossen wird, z. B. nach böswilligem Verlassen von Ehepartner und Kindern (Art. 5 Abs. 5 Unterabsatz 2 GrO).

b. Kündigungsfälle

74 Soweit es zu dienstgeberseitigen Kündigungen wegen Verstößen gegen Loyalitätsobliegenheiten gekommen ist oder kommen kann, wird auf die nachstehenden Ausführungen hingewiesen.

aa. Entzug der kirchlichen Lehrerlaubnis

75 Ist dem Mitarbeiter z. B. zur Erteilung katholischen Religionsunterrichts die kirchliche Lehrerlaubnis (missio canonica, Rn 8) erteilt worden, so ist ihr Entzug infolge eines dauernden Verstoßes gegen die katholische Glaubens- und Sittenlehre eine innerkirchliche Maßnahme (can. 805), die vor den staatlichen Gerichten nicht justitiabel ist,[139] aber zur Kündigung des Arbeitsverhältnisses führen kann[140] (Rn 94; vgl. auch Rn 8, 9). Die Rechtmäßigkeit einer Versagung der missio canonica kann grundsätzlich bei der Frage der Anstellungsfähigkeit eines Lehrers z. B. nicht incidenter im staatlichen Verwaltungsrechtsweg überprüft werden.[141]

bb. Kirchenaustritt

aaa. Erklärung

76 Der Kirchenaustritt erfolgt mit bürgerlicher Wirkung,[142] d. h. nur mit Wirkung für den staatlichen Rechtsbereich, lässt aber die kraft Kirchenrechts bestehenden Bindungen wegen seiner Faktizität nicht unberührt.[143] Denn der vor einer staatlichen Behörde erklärte und durch staatliches Recht ge-

---

138 *ArbG Bonn*, 29. 5. 1996 – 5 Ca 3380/95 n. v.
139 *BAG*, 25. 5. 1988 – 7 AZR 506/87, EzA § 611 BGB Kirchliche Arbeitnehmer Nr. 27.
140 *Listl*, Der Religionsunterricht, Hdb. kath. KR, S. 590, 604 f.
141 *VG Münster*, 10. 8. 1977 – 4 K 1639/76, KirchE 16, 160.
142 Vgl. z. B. *Preuß.* Staatsgesetz betr. den Austritt aus Religionsgemeinschaften des öffentlichen Rechts vom 30. 11. 1920 – GS. 1921 S. 119 –; Übersicht über das Landesrecht bei: *von Campenhausen*, Hdb. StKR § 27 S. 783 ff.
143 *Mörsdorf*, Die Kirchengliedschaft, in: Das Problem der Kirchengliedschaft heute S. 95, 104 f.; *Schmitz*, Kirchenaustritt als »actus formalis«, in: ArchkathKR 2005, 502, 507; *Graulich*, Ist der Kirchenaustritt ein actus formalis defectionis ab Ecclesia catholica?, in: KuR 2008, 1, 10 ff.

regelte Kirchenaustritt führt zu einer **Beeinträchtigung der vollen Kirchenzugehörigkeit**.¹⁴⁴ Darauf haben die Diözesanbischöfe der Bundesrepublik Deutschland schon in einer Erklärung vom 2. Dezember 1969 nachdrücklich hingewiesen. »Der Austritt hat nicht nur Wirkungen im staatlichen Bereich, sondern auch in der Kirche. Die Ausübung der Grundrechte eines katholischen Christen ist untrennbar von der Erfüllung seiner Grundpflichten. Wenn also ein Katholik seinen Austritt aus der Kirche erklärt – aus welchen Gründen auch immer –, so stellt dies eine schwere Verfehlung gegenüber der kirchlichen Gemeinschaft dar. Er kann daher am sakramentalen Leben erst wieder teilnehmen, wenn er bereit ist, seine Austrittserklärung rückgängig zu machen«.¹⁴⁵ Die Deutsche Bischofskonferenz hat dazu am 24. 4. 2006 Folgendes festgestellt:

»1. Durch die Erklärung des Austritts aus der katholischen Kirche vor der staatlichen Behörde wird mit öffentlicher Wirkung die Trennung von der Kirche vollzogen. Der Kirchenaustritt ist der öffentlich erklärte und amtlich bekundete Abfall von der Kirche und erfüllt den Tatbestand des Schismas im Sinn des c. 751 CIC.

2. Die Erklärung des Austritts vor der staatlichen Behörde wird durch Zuleitung an die zuständige kirchliche Autorität auch kirchlich wirksam. Dies wird durch die Eintragung im Taufbuch dokumentiert.

3. Wer – aus welchen Gründen auch immer – den Austritt aus der katholischen Kirche erklärt, zieht sich die Tatstrafe der Exkommunikation zu, d. h. er verliert die mit der Zugehörigkeit zur kirchlichen Gemeinschaft (Communio) verbundenen Gliedschaftsrechte, insbesondere zum Empfang der Sakramente und zur Mitwirkung in der Kirche. Ebenso treten die im kirchlichen Eherecht vorgesehenen Rechtsfolgen ein.

4. Wer den Austritt aus der katholischen Kirche erklärt, kann nicht in einem kirchlichen Dienst- bzw. Arbeitsverhältnis stehen.

5. Die Exkommunikation ist eine Beugestrafe, die zur Umkehr auffordert. Nach dem Austritt wird sich die Kirche durch den zuständigen Seelsorger um eine Versöhnung mit der betreffenden Person und um eine Wiederherstellung ihrer vollen Gemeinschaft mit der Kirche bemühen.«¹⁴⁶

Der Kirchenaustritt hat also auch Wirkungen hinsichtlich der Wählbarkeit zum Kirchenvorstand (§ 5 Abs. 1 KVG). Wenn der Ausgetretene durch kirchenbehördliche Entscheidung von den allen Kirchengliedern zustehenden Rechten ausgeschlossen ist, ist er z. B. zum Kirchenverwaltungsrat nicht wählbar (vgl. § 6 Abs. 1 Buchst. e Gesetz über die Verwaltung und Vertretung des Kirchenvermögens im Bistum Trier).¹⁴⁷ Gemäß § 4 Abs. 3 S. 1 der Satzung für die Pfarrgemeinderäte im Erzbistum Köln ist jemand nicht zum Pfarrgemeinderat wählbar, wenn er in der Ausübung seiner allgemeinen kirchlichen Gliedschaftsrechte behindert ist.¹⁴⁸ Für die Aufnahme in den **Kirchenchor** ist Zugehörigkeit zur katholischen Kirche erforderlich.¹⁴⁹ Aus can. 1364 § 1 i. V. m. can. 751 ist zu folgern, dass der Kirchenaustritt die von selbst eintretende Strafe der **Exkommunikation**¹⁵⁰ nach sich zieht, wenn er einen Verstoß gegen den Glauben und ein Lossagen von der Kirche bedeutet.¹⁵¹ Auch wenn wegen anderer Beweggründe, die zum Kirchenaustritt geführt haben, die von selbst eintretende Exkommunikation nicht gegeben ist – sie ist in den einzelnen Diözesen als Tatstrafe für

---

144 Vgl. Amtsblatt für die Diözese Regensburg 2006 S. 142 ff.
145 Kirchlicher Anzeiger des Erzbistums Köln 1970 S. 10 f.; Amtsblatt des Erzbistums Köln 2006 Nr. 133 S. 109.
146 Kirchliches Amtsblatt Münster 2006 Art. 195 S. 150.
147 Amtsblatt Trier 1978, Nr. 271.
148 Amtsblatt des Erzbistums Köln 1997 Nr. 132 S. 127.
149 Ordnung für die kirchenmusikalischen Gruppen im Erzbistum Köln, Amtsblatt des Erzbistums Köln 1996, Nr. 134 S. 156.
150 Hierzu ausführlich: *Kotzula*, Zur Exkommunikation im CIC/1983, in: AfkKR 1987, 432 458 f., *Gerosa*, Ist die Exkommunikation eine Strafe?, in: AfkKR 1985, 83, 113 ff.
151 *Krämer*, Die Zugehörigkeit zur Kirche, in: Hdb. Kath. KR S. 162, 169.

den angesprochenen Fall eigens angedroht worden[152] –, ist die Teilnahme am sakramentalen Leben der Kirche wegen des faktischen Zustands der Trennung nicht möglich, also auf Grund einer Sperre (*Krämer*, Hdb. Kath. KR S. 162, 169). Soweit die Ansicht vertreten wird, dass der Körperschaftsaustritt wegen Verweigerung der Kirchensteuer keinen Kirchenaustritt darstellt,[153] spielt dieser Tatbestand keine Rolle mit Blick auf die Grundordnung des kirchlichen Dienstes im Rahmen kirchlicher Arbeitsverhältnisse, weil diese Vorschriften zum Kirchenaustritt i. S. v. Art. 3 Abs. 4 und Art. 5 Abs. 5 S. 1 GrO von der Erklärung des Kirchenaustritts nach staatlichem Recht ausgehen. Der Kirchenaustritt ist aber als solcher konstitutiv i. S. d. kirchlichen Arbeitsrechts mit den daraus formulierten Rechtsbeeinträchtigungen.

78 In den Pfarreien des Erzbistums Hamburg wird ein Kirchenaustrittsbuch geführt. Der Kirchenaustritt muss im Austrittsbuch der Wohnortpfarrei eingetragen werden.[154] In der Freien und Hansestadt Bremen wird der Kirchenaustritt vor der kirchlichen Autorität erklärt.

79 Von dem Kirchenaustritt zu unterscheiden ist der **Rituswechsel** (can. 112 § 1n. 1 und 2). Darunter wird verstanden, dass jemand nach dem Empfang der Taufe in der lateinischen Kirche (can. 111 § 1) in eine andere Rituskirche eigenen Rechts aufgenommen wird. Grundsätzlich bedarf es dazu der Erlaubnis des Apostolischen Stuhls. Es gibt aber auch den Fall, dass ein Ehegatte bei Eingehung der Ehe oder während des Bestehens der Ehe erklärt, dass er zur Rituskirche eigenen Rechts des anderen Ehegatten übertritt.[155] Die **Rituskirche** ist wie auch die lateinische Kirche innerhalb der katholischen Gesamtkirche ein Teilkirchenverband.[156] Damit stehen die katholischen orientalischen Rituskirchen gleichberechtigt neben der lateinischen Kirche des Westens.[157]

bbb. Der Übertritt

80 Der Katholik, der zu einer anderen christlichen Kirche oder Religionsgemeinschaft übertritt, ist in aller Regel gemäß can. 751 CIC Schismatiker, weil der Übertritt die Verweigerung der Unterordnung unter den Papst oder der Gemeinschaft mit den diesen untergebenen Gliedern der Kirche darstellt, und Häretiker, weil der Übertretende bestimmte Inhalte katholischen Glaubens leugnet. Ihn trifft nach can. 1364 § 1 CIC die als Tatstrafe eintretende Exkommunikation. Dennoch bleibt seine Kirchengliedschaft trotz des Übertritts in eine andere, nichtkatholische christliche Kirche oder kirchliche Gemeinschaft zur katholischen Kirche bestehen, allerdings nicht mehr in der vollen Gemeinschaft zu ihr.[158] Seitens der katholischen Kirche bestehen keine Vereinbarungen zum Kirchenübertritt zu anderen Religionsgemeinschaften. Zur Klarstellung ist bei einem Übertritt von einer anderen zur katholischen Kirche oder von der katholischen Kirche zu einer anderen Kirche stets zunächst eine Kirchenaustrittserklärung in den hierfür gesetzlich vorgeschriebenen Formen abzugeben.[159]

ccc. Kündigung

81 Die Verschweigung des Kirchenaustritts einer Lehrerin bei ihrer Einstellung an einer katholischen Schule,[160] der Kirchenaustritt eines in einem katholischen Jugendheim beschäftigten Buchhal-

---

152 Vgl. Kölner Diözesansynode 1954, S. 230 Nr. 610 § 2; Synodalstatuten des Bistums Trier 1959, S. 139 Art. 271 Abs. 2.
153 *Zapp*, KuR 2007 Nr. 410 S. 66.
154 Kirchliches Amtsblatt Erzbistum Hamburg 2004 Art. 63 S. 117.
155 Dazu: *Krämer*, Die Zugehörigkeit zur Kirche, Hdb. Kath. KR S. 162, 167 Fn. 20.
156 *Aymans*, Gliederungs- und Organisationsprinzipien, Hdb. kath. KR S. 239, 242 f.
157 Vgl. Vat II, Dekret über die katholischen Ostkirchen, Art. 3. in: *Rahner/Vorgrimler*, Kleines Konzilskompendium S. 205 f.
158 *Schwendenwein*, Das neue Kirchenrecht S. 544 Anm. 11; *von Campenhausen*, ZevKR 1996, 129, 141; *ders.*, Der Austritt, Hdb. StKR § 27 S. 777, 782.
159 Amtsblatt der Erzdiözese Freiburg 2008 Nr. 298 S. 290.
160 BAG, 4. 3. 1980 – 1 AZR 1151/78, EzA § 1 KSchG Tendenzbetrieb Nr. 9; a. A. *ArbG Köln*, 14. 7. 1976 – 7 Ca 1783/76 zum Kirchenaustritt einer Krankenhausärztin, EzA § 1 KSchG Tendenzbetrieb Nr. 2.

ters,[161] der Kirchenaustritt eines in einem katholischen Krankenhaus beschäftigten Assistenzarztes[162] sind als Kündigungsgründe anerkannt worden.[163] Die Frage, ob ein Kirchenaustritt der Kindergärtnerin eines kirchlichen Kindergartens eine fristlose Kündigung (§ 626 BGB) rechtfertigt, hat das *ArbG Krefeld*[164] verneint und ihre Zulässigkeit von den Einzelfallumständen abhängig gemacht. Die ordentliche Kündigung wurde dagegen als zulässig erachtet.[165]

ddd. Wiederaufnahme in die katholische Kirche

Tritt ein ausgetretener **Katholik wieder in die katholische Kirche ein**, so kann er nach Auferlegung einer Buße die Absolution von der Strafe der Exkommunikation erhalten, wenn er den katholischen Glauben bekennt und verspricht, die öffentliche Zugehörigkeit zur katholischen Kirche zu bekunden. Er muss bereit sein, die Kirchenaustrittserklärung zu widerrufen und seinen Pfarrer außerhalb der Beichte von der erhaltenen Absolution in Kenntnis setzen, damit dieser die Meldung an die kirchliche Meldestelle vollziehen kann.[166] Zur Feier der Wiederaufnahme in die volle Gemeinschaft der katholischen Kirche wird auf das Amtsblatt für die Diözese Rottenburg-Stuttgart 1995 S. 469 hingewiesen. 82

cc. Standesamtliche Heirat trotz kirchlichem Ehehindernis/außereheliche Beziehungen

Fälle für die Kündigung waren ferner die Heirat mit einer Person, die in einer nach kanonischem Recht gültigen Ehe gelebt hat,[167] die standesamtliche Heirat einer Kindergartenleiterin mit einem geschiedenen Mann,[168] die Heirat einer Lehrerin an einem katholischen Gymnasium mit einem geschiedenen Mann,[169] die neue standesamtliche Heirat einer kirchlich getrauten Angestellten in einer Caritas-Geschäftsstelle nach Scheidung ihrer ersten Ehe,[170] die standesamtliche Eheschließung mit einem nicht laisierten katholischen Priester.[171] Wegen der vorstehenden Entscheidungen siehe auch can. 1055, 1056, 1085, 1087, 1088, 1134, 1141 CIC.[172] Anlass zur Kündigung können bei kirchlichen Einrichtungen **außereheliche Beziehungen** des Mitarbeiters oder der Mitarbeiterin zu einer 83

---

161 *BAG*, 23. 3. 1984 – 7 AZR 249/81, EzA § 1 KSchG Tendenzbetrieb Nr. 15 m. Anm. *Herschel*; *BVerfG*, 4. 6. 1985 – 2 BvR 1703/83, 1718/83 und 856/84, BVerfGE 70, 138 = NZA Beilage 1/1986 S. 28 = AfkKR 1985, 253 = NJW 1986, 367 = BB 1985, 1600 = DB 1985, 2103 = Caritas in Nordrhein-Westfalen 5/85, Recht-Informationsdienst B II, Literatur: *Wenzel*, Kündigung und Kündigungsschutz Rn 215; vgl. ferner KR-*Wolf*, Grunds. Rn 404 f.; *Rüthers*, NJW 1986, 356; *Weber*, Anm. zu *BVerfG*, 4. 6. 1985, NJW 1986, 370; *BAG*, 15. 1. 1986 – 7 AZR 545/85; ZevKR 1986, 461, 464 = AfkKR 1986, 537 ff.
162 *BAG*, 12. 12. 1984 – AZR 418/837; EzA § 1 KSchG Tendenzbetrieb Nr. 17 = NZA Beilage 1/1986, 32.
163 Vgl. auch *Ollmann*, ZfSH/SGB 1990, 571, 574 f.; *Dütz*, NJW 1990, 2025, 2027; a. A. *Struck*, der unter Hinweis auf Art. 4 GG eine arbeitsvertragliche Pflicht zum religiösen Bekenntnis, auch gegenüber der beschäftigenden Kirche gleichen Bekenntnisses, verneint, NZA 1991, 249, 252.
164 *ArbG Krefeld* 26. 11. 1975 – 4 Ca 962/75, KirchE 15, 120.
165 So auch *LAG Düsseldorf*, 11. 10. 1978 – 15 Sa 1114/78, KirchE 17, 83.
166 Amtsblatt der Erzdiözese Freiburg 1985 S. 149 vgl. can. 1358 § 1; *Robbers*, ZevKR 1987, 19, 42.
167 *ArbG Köln*, 18. 2. 1976 – 7 Ca 9433/75, EzA § 1 KSchG Tendenzbetrieb Nr. 1.
168 *BAG*, 25. 4. 1978 – 1 AZR 70/76, NJW 1978, 2116 = EzA § 1 KSchG Tendenzbetrieb Nr. 4 mit dem Hinweis, dass die Grundrechte der Gekündigten gemäß Art. 4 GG, Art. 6 Abs. 2 GG, Art. 2 Abs. 1 GG nicht verletzt seien, m. Anm. *Dütz*.
169 *BAG*, 31. 10. 1984 – 7 AZR 232/83, EzA § 1 KSchG Tendenzbetrieb Nr. 16 = NJW 1985, 1855.
170 *BAG*, 14. 10. 1980 – 1 AZR 1274/79, NJW 1981, 1228 = EzA § 1 KSchG Tendenzbetrieb Nr. 10 m. Anm. *Herschel*; zuvor *LAG München*, 5. 11. 1979 – 8 Sa 739/78, EzA § 1 KSchG Tendenzbetrieb Nr. 6; die gegen das Urteil des BAG eingelegte Verfassungsbeschwerde der Mitarbeiterin ist nicht zur Entscheidung durch das *BVerfG* angenommen worden, EzA § 1 KSchG Nr. 10 = NJW 1983, 2570.
171 *BAG*, 4. 3. 1980 – 1 AZR 125/78, EzA § 1 KSchG Tendenzbetrieb Nr. 8.
172 Vgl. auch Rn 93 sowie: Gaudium et Spes Nr. 47 ff. in: *Rahner/Vorgrimler*, Kleines Konzilskompendium S. 497 ff.

II. Die Mitarbeitervertretung

verheirateten Person sein[173] und ebenso der **Ehebruch**.[174] Allerdings kommt es auf die Stellung des Mitarbeiters im kirchlichen Dienst und darauf an, ob die Fortsetzung des Arbeitsverhältnisses im kirchlichen Dienst unzumutbar ist. Im Falle der Kündigung gegenüber einem Kirchenmusiker einer katholischen Kirchengemeinde im Bistum Essen wegen außerehelichen Zusammenlebens mit einer anderen Frau vermisste der Europäische Gerichtshof für Menschenrechte die gründliche Abwägung der Interessenlagen der Parteien des Arbeitsvertrages und sah in der Verweigerung des Kündigungsschutzes durch die deutsche Gerichtsbarkeit einen Verstoß der Bundesrepublik Deutschland gegen Art. 8 EMRK. Dem Arbeitgeber ist es in der Regel nicht gestattet, **bei gleichem Fehlverhalten** mehrerer Arbeitnehmer an einzelnen ein Exempel zu statuieren oder Einzelnen zu verzeihen mit der Folge, dass eine ausgesprochene einzelne Kündigung unwirksam ist.[175] Der Gleichbehandlungsgrundsatz ist bei der Kündigung nur insoweit unanwendbar, als trotz gleichen Fehlverhaltens im Rahmen der Zumutbarkeit weiterer Beschäftigung die Vergangenheit des Einzelnen im Arbeitsverhältnis unterschiedlich zu gewichten ist. Insbesondere bei einem im kirchlichen Verkündigungsdienst tätigen Arbeitnehmer kann eine gegen Glaubensgrundsätze verstoßende Eheschließung mit einem geschiedenen, aber noch in kanonisch-rechtlich gültiger Ehe lebenden Partner eine ordentliche Kündigung sozial rechtfertigen.[176] In diesem Sinne erging auch die Entscheidung des *ArbG Bonn* vom 29. 5. 1996 gegenüber einer Kindergartenleiterin, die einen Geschiedenen standesamtlich geheiratet hatte.[177] Es geht bei der Kündigung – also bei der Ausübung eines Gestaltungsrechts – um die Feststellung der Unzumutbarkeit der Fortsetzung des Arbeitsverhältnisses unter Berücksichtigung der Umstände des konkreten Falles,[178] wobei eine einzelfallbezogene Interessenabwägung zwischen den Arbeitsvertragsparteien geboten ist.[179] Gemäß § 9 Abs. 2 AGG darf die Kirche loyales und aufrichtiges Verhalten der Mitarbeiter im Sinne ihres Selbstverständnisses einfordern (vgl. Art. 5 Abs. 2 GrO).[180] Dabei ist zu unterscheiden nach der Religionszugehörigkeit des Mitarbeiters im kirchlichen Dienst (Art. 4 GrO). Eine unterschiedliche Behandlung der Mitarbeiter auf Grund ihrer Religion oder ihrer Weltanschauung ergibt sich folglich mit Blick auf Loyalitätsobliegenheiten und ist zulässig[181] (siehe auch: Art. 4 Abs. 2 Unterabsatz 2 Richtlinie 2000/78/EG des Rates zur Festlegung eines allgemeinen Rahmens für die Verwirklichung der Gleichbehandlung in Beschäftigung und Beruf).

84   Die **Grundordnung** vom 22. 9. 1993 nennt den Abschluss einer nach dem Glaubensverständnis und der Rechtsordnung der Kirche ungültigen Ehe einen schwerwiegenden Loyalitätsverstoß (Art. 5 Abs. 2 GrO), verlangt aber vom Dienstgeber die Prüfung, ob die Weiterbeschäftigung in jedem einzelnen Fall unzumutbar ist. Das ist der Fall, wenn der Verstoß von pastoral, katechetisch oder leitend tätigen Mitarbeitern begangen wird und von Mitarbeitern, die auf Grund einer Missio canonica tätig sind (Art. 5 Abs. 3 S. 1 GrO). Damit wird nicht mehr in allen Fällen mitarbeiterseitigen Loyalitätsverstoßes infolge ungültiger Eheschließung die Kündigung verlangt, insbesondere wenn ein Mitarbeiter die Lehre der Kirche anerkennt, aber im konkreten Fall versagt (Art. 5 Abs. 4 GrO). Hat ein katholischer Chefarzt an einem katholischen Krankenhaus in kirchlicher Trägerschaft mit Wissen des Arbeitgebers in eheähnlicher Partnerschaft gelebt und schließlich nach Scheidung seiner ersten kirchlich gültigen Ehe erneut standesamtlich geheiratet und hat der Arbeitgeber (Dienstgeber) in vergleichbaren Fällen und in Fällen einer Wiederheirat nach Scheidung einer früheren Ehe Kündigungen nicht

---

173 *LAG Hamm*, 1. 3. 1990 – 17 Sa 1326/89, BB 1990, 1422.
174 *BAG*, 24. 4. 1997 – 2 AZR 268/97, DB 1997, 1878 = AP § 611 BGB Kirchendienst Nr. 27 m. Anm. *Thüsing*; Europäischer Gerichtshof für Menschenrechte, 23. 9. 2010 – Beschwerde-Nr. 425/03 und Nr. 1620/03.
175 *ArbG Regensburg*, 23. 4. 1990 – 6 Ca 271/89, rkr., BB 1990, 1418; *Krüger*, ZTR 1991, 11, 16; *LAG Düsseldorf*, 1. 7. 2010 – 5 Sa 996/09.
176 *BAG*, 25. 5. 1988 – 7 AZR 506/87, KirchE 26, 142 = AP Nr. 36 zu Art. 140 GG.
177 *ArbG Bonn*, 29. 5. 1996 – 5 Ca 3380/95.
178 *Schaub/Linck*, ArbR-Hdb. § 130 Rn 33 m. N.; *KR-Griebeling*, KSchG § 1 Rn 233.
179 *Dütz*, NZA 2006, 65, 67; *KR-Fischermeier*, Kirchl. ArbN Rn 5.
180 *KR-Fischermeier*, Kirchl. ArbN Rn 8; *LAG Düsseldorf*, 1. 7. 2010 – 5 Sa 996/09.
181 *KR-Treber*, AGG § 9 Rn 16 f.

ausgesprochen, verstößt der Arbeitgeber gegen den Gleichbehandlungsgrundsatz, wenn er im Einzelfall kündigt. Er verstößt überdies mit der Kündigung gegen das Verbot widersprüchlichen Verhaltens i. S. d. § 242 BGB. Die Kündigung ist dann sozial ungerechtfertigt.[182] Die Frage des Kommunionempfanges von wiederverheirateten geschiedenen Gläubigen wird vom kirchlichen Lehramt nicht unterschiedlich behandelt,[183] sondern unter Hinweis auf das Schreiben Familiaris consortio werden die Hirten ermahnt, die wiederverheirateten Geschiedenen zu ermutigen, an verschiedenen Lebensvollzügen der Kirche teilzunehmen. Zugleich bekräftigt es die beständige und allgemeine »auf die Heilige Schrift gestützte Praxis, wiederverheiratete Geschiedene nicht zur eucharistischen Kommunion zuzulassen«. Arbeitsvertraglich wird jedoch bei der Frage der Kündigung differenziert. Das zeigen insbesondere die von der Bischofskonferenz am 28. 9. 1995 in Fulda verabschiedeten **Richtlinien über persönliche Anforderungen an Diakone und Laien im pastoralen Dienst im Hinblick auf Ehe und Familie**.[184] »Danach stellt der pastorale Dienst an die persönliche Lebensführung Anforderungen, die über das für einen jeden Christen geltende Maß hinausgehen. Wer einen pastoralen Dienst übernimmt, ist verpflichtet, sich grundsätzlich mit der Kirche und ihrer Lehre zu identifizieren. Geistlich und praktisch können Ehe und Familie dessen, der einen kirchlichen Dienst ausübt, von der Tätigkeit für die Kirche nicht unberührt bleiben.« Von Personen, die in den pastoralen Dienst aufgenommen werden wollen oder in ihm tätig sind, wird gefordert, dass sie ihre personal-partnerschaftliche Gemeinschaft in einer kirchenrechtlich gültigen Ehe leben.[185]

dd. Werbung für eine andere Glaubensgemeinschaft

Sind arbeitsvertraglich Loyalitätsobliegenheiten zur Mitarbeit als Erzieher in einer Tageseinrichtung für Kinder in Trägerschaft einer christlichen Kirchengemeinde vereinbart, dann ist das öffentliche und werbende Auftreten des Mitarbeiters für eine nicht christliche Glaubensgemeinschaft geeignet, das Arbeitsverhältnis dienstgeberseitig außerordentlich zu kündigen. Das ist der Fall, wenn von den Glaubenssätzen einer Kirche erheblich abweichende Lehren verbreitet werden und der Mitarbeiter keine hinreichende Gewähr dafür bietet, in einem konfessionellen Kindergarten der Verpflichtung zur Loyalität nachzukommen, wenn er nämlich öffentlich für Lehrveranstaltungen der Glaubensgemeinschaft wirbt und solche Veranstaltungen auch selbst durchführt. Ein derartiges Verhalten ist tendenzschädlich aus der Sicht des Arbeitgebers. Ist im Kündigungszeitpunkt davon auszugehen, dass in der Zukunft weitere derartige Verstöße vorkommen, ist die außerordentliche Kündigung nach vergeblichen Versuchen, einen Sinneswandel herbeizuführen, berechtigt[186]; die Verfassungsbeschwerde ist nicht zur Entscheidung angenommen worden.[187]

85

ee. Aktive Mitgliedschaft in einer kirchenfeindlichen Partei

Das *LAG Hamm*[188] hat erkannt, dass die Kündigung gegenüber einem Erzieher in einem kirchlichen Kinderheim, der entgegen kirchlichen Bestimmungen (can. 1374 CIC) Mitglied einer kommunistisch/marxistisch/leninistischen Partei ist und sich aktiv für diese Partei einsetzt, dann sozial gerechtfertigt ist, wenn ein klarer Beschluss über die Unvereinbarkeit einer solchen Mitgliedschaft und Mitarbeit in der Kirche vorliegt und allgemein bekannt gemacht ist. Gegenüber dem Selbstbestimmungsrecht der Kirche kann sich der Gekündigte nicht auf seine Grundrechte aus Art. 12 Abs. 1 S. 1 (Berufswahlrecht, freie Arbeitsplatzwahl) und Art. 4 Abs. 1 GG (Glaubens- und Gewissensfreiheit) und auch nicht darauf berufen, dass eine Entscheidung des *Bundesverfassungsgerichts* über die Verfassungswidrigkeit der Partei gemäß Art. 21 Abs. 2 GG nicht vorliegt.[189] Die Funktionärstätigkeit in

86

---

182 *LAG Düsseldorf*, 1. 7. 2010 – 5 Sa 996/09; BAG, 8.9.2011 – 2 AZR 543/10 NZA 2012, 443
183 Amtsblatt des Erzbistums Köln 1994 Nr. 242 S. 235.
184 Amtsblatt des Erzbistums Köln 1995, Nr. 297 S. 331 ff., Amtsblatt des Bistums Trier 1996 Nr. 16 S. 22.
185 Erläuterungen zu den Richtlinien, Amtsblatt des Erzbistums Köln 1995 S. 332.
186 *BAG*, 21. 2. 2001 – 2 AZR 139/00, NZA 2001, 1136.
187 *BVerfG*, 7. 3. 2002 – 1 BvR 1962/01, EzA § 611 Kirchliche Arbeitnehmer Nr. 47a.
188 *LAG Hamm* 26. 11. 1985 – 7 Sa 1571/85, NJW 1987, 973.
189 Dazu KR-*Fischermeier*, § 626 BGB Rn 118; *Ollmann*, ZfSH/SGB 1990, 571, 578.

der DKP ist mit der Treuepflicht einer im kirchlichen Dienst stehenden Erzieherin nicht zu vereinbaren.[190]

ff. Homosexualität/Transsexualität

87 Zur Kündigung führten ferner die homosexuelle Praxis eines Heimleiters für behinderte Menschen, der in seiner Dienstwohnung am Arbeitsplatz wohnte und trotz Abmahnung[191] sein Verhalten nicht änderte[192] und das öffentliche und praktizierte Bekenntnis eines Kantors zur Homosexualität.[193]

88 Nach dem Urteil des *BAG* vom 30. 6. 1983[194] stellt die auch im außendienstlichen Bereich ausgeübte homosexuelle Praxis eines im Dienst des Diakonischen Werkes einer evangelischen Landeskirche im Bereich der Konfliktberatung eingesetzten Arbeitnehmers eine Vertragspflichtverletzung dar, die jedenfalls dann geeignet ist, einen Kündigungsgrund abzugeben, wenn der Arbeitnehmer vorher erfolglos abgemahnt worden ist. Das Eingehen einer eingetragenen Lebenspartnerschaft i. S. d. Gesetzes zur Beendigung der Diskriminierung gleichgeschlechtlicher Gemeinschaften/Lebenspartnerschaften vom 16. 2. 2001 (BGBl. I S. 266) widerspricht der Auffassung über die Ehe und Familie, wie sie die katholische Kirche lehrt.[195] Deshalb wird der Vorgang als schwerwiegender Loyalitätsverstoß i. S. v. Art. 5 Abs. 2 GrO gewertet (Rn 69), der die dort geregelten Rechtsfolgen nach sich zieht.[196] Voraussetzung für die Geltung der Grundordnung des kirchlichen Dienstes im Rahmen kirchlicher Arbeitsverhältnisse (GrO) ist, dass die GrO für das Arbeitsverhältnis verbindlich gemacht worden ist.[197] Die im dienstlichen Bereich erfolgende Suche nach homosexuellen Kontakten mit Volljährigen im Internet ist kein Grund zur (fristlosen) Kündigung des Arbeitsverhältnisses, wenn keine arbeitsvertraglichen (Neben-)Pflichten, insbesondere Loyalitätsobliegenheiten, verletzt worden sind.[198] Die sexuelle Orientierung bzw. sexuelle Identität eines Menschen gehört zur grundgesetzlich geschützten Privat- und Intimsphäre (Art. 2 Abs. 1 i. V. m. Art. 1 Abs. 1 GG) und ist für die arbeitsvertraglich geschuldete Tätigkeit ohne Relevanz, so dass sie eine dienstgeberseitige Kündigung des Arbeitsvertrages nicht rechtfertigen kann.[199]

89 Eine transsexuelle Person kann aus einem mit der Umwandlung ihres Geschlechts zusammenhängenden Grund aus dem Arbeitsverhältnis nicht entlassen werden, weil Art. 5 Abs. 1 Richtlinie 76/207/EWG dieser Maßnahme entgegensteht.[200] Nicht die sexuelle Ausrichtung ist Kriterium für einen Loyalitätsverstoß, sondern die Verhaltensweise, die aufgrund einforderbarer Loyalitätsobliegenheiten aus religiösen Gründen unzulässig ist (vgl. Art. 4 Abs. 2 Unterabsatz 2 RL 2000/78/EG; Rn 69).

---

190 *ArbG Herne*, 11. 12. 1987 – 5 Ca 589/87, KirchE 25, 390.
191 Dazu: *Hunold*, BB 1986, 2050.
192 *ArbG Gießen*, 6. 3. 1984 – 2 Ca 438/83; vgl. auch *BAG*, 30. 6. 1983 – 2 AZR 524/81, NJW 1984, 1917 = KirchE 21, 162; *Keßler*, Die Kirchen und das Arbeitsrecht S. 193 ff.; *Ollmann*, ZfSH/SGB 1990, 571, 577.
193 *ArbG Düsseldorf*, 16. 3. 1987 – 9 Ca 524/87; vgl. auch: Amtsblatt des Erzbistums Köln 1986 Nr. 253 S. 34 f.
194 *BAG*, 30. 6. 1983 – 2 AZR 524/81, AP Art. 140 GG Nr. 15 m. Anm. *Richardi*.
195 Vgl. Amtsblatt für die Diözese Osnabrück 2000 S. 131; Amtsblatt des Erzbistums Köln 2003 Nr. 194 S. 205.
196 Amtsblatt des Erzbistums Köln 2002 Nr. 215 S. 181; dazu: *Kämper*, Eingetragene Lebenspartnerschaft und kirchlicher Dienst, in: FS Rüfner, S. 401, 415 ff.; Senat für Amtszucht der VELKD, 8. 11. 1990 – Az. 2/90, ZevKR 1991, 210.
197 *ArbG Frankfurt a. M.*, 18. 4. 2007 – 7 Ca 7285/06.
198 *ArbG Frankfurt a. M.*, 18. 4. 2007 – 7 Ca 7285/06.
199 *ArbG Frankfurt a. M.*, 18. 4. 2007 – 7 Ca 7285/06, m. N.
200 *EuGH*, 30. 4. 1996 – Rs. C – 13/94, NZA 1996, 695.

gg. Schwangerschaftsabbruch

Die öffentliche Stellungnahme eines in einem katholischen Krankenhaus beschäftigten Arztes für den legalen Schwangerschaftsabbruch,[201] wobei das Grundrecht auf Freiheit der Meinungsäußerung aus Art. 5 Abs. 1 GG bei Verletzung der Loyalitätspflicht nicht verletzt wird;[202] wurde als Verletzung der Loyalitätsobliegenheit und als Kündigungsgrund bewertet.[203] 90

Gemäß den Bischöflichen Richtlinien für katholische Schwangerschaftsberatungsstellen, die keine Beratungsscheine als Voraussetzung für straffreie Abtreibungen ausstellen,[204] haben sich alle in den katholischen Beratungsstellen tätigen Mitarbeiterinnen und Mitarbeiter auf die Einhaltung der Richtlinien schriftlich zu verpflichten; die Nichteinhaltung der Richtlinien hat arbeitsrechtliche Konsequenzen (§ 13 der Richtlinie). Die kirchliche Anerkennung der Beratungsstelle wird widerrufen, wenn gegen die Zielsetzung der Beratung für das Leben des Kindes und gegen die Richtlinien verstoßen wird (§ 14 der Richtlinie). Es geht um den Schutz des ungeborenen Kindes (§ 1 der Richtlinie) und Hilfen für Schwangere, Mütter und Kinder zu vermitteln (§ 3 der Richtlinie).[205] 91

hh. Sonstige Verstöße gegen die Glaubens- und Sittenlehre der katholischen Kirche

Es stellt einen die fristlose Kündigung des Arbeitsverhältnisses rechtfertigenden Grund dar, wenn ein kirchlicher Mitarbeiter für eine von ihm aufgenommene Korrespondenz über sexuelle Praktiken das Pfarrhaus als Kontaktadresse angibt.[206] Es kann einen wichtigen Grund zur fristlosen Kündigung eines Chefarztes in einem katholischen Krankenhaus darstellen, wenn dieser mit seinen Behandlungsmethoden (homologe Insemination) gegen tragende Grundsätze des geltenden Kirchenrechts verstößt. Im Einzelfall kann eine **Abmahnung** erforderlich sein, wenn der Arzt eine bestimmte Behandlungsmethode bereits vor der endgültigen Klärung ihrer kirchenrechtlichen Zulässigkeit anwendet.[207] Eine Lehrerin an einer katholischen Privatschule, die im Rahmen einer von ihr anberaumten Pressekonferenz ihre intimen Beziehungen zu einem an der selben Schule tätigen Priester offen legt, macht sich schon durch dieses Vorgehen einer die Kündigung des Dienstverhältnisses rechtfertigenden Verletzung der arbeitsvertraglichen Loyalitätspflicht schuldig.[208] Dies ergibt sich auch aus der arbeitsvertraglichen Treuepflicht gemäß §§ 611, 242 BGB.[209] Die Aufnahme einer ehebrecherischen Beziehung und deren Aufrechterhaltung ist gravierender Verstoß gegen die Loyalitätsobliegenheiten, der zur ordentlichen Kündigung durch den Dienstgeber berechtigt.[210] Bei **sexuellen Belästigungen** hat der Dienstgeber die zum Schutz der Mitarbeiter vorgesehenen gesetzlichen Maßnahmen zu ergreifen und dabei den Grundsatz der Verhältnismäßigkeit zu beachten (§ 3 Abs. 4 i. V. m. § 2 Abs. 1 Nr. 1–4, §§ 6, 12, 13, 14, 15 AGG). Reicht eine Abmahnung nicht aus, um die Fortsetzung sexueller Belästigungen mit der gebotenen Sicherheit zu unterbinden und kommt eine Umsetzung oder Versetzung des Störers nicht in Betracht, kann der Dienstgeber mit einer Kündigung auf die sittlichen Verfehlungen reagieren.[211] Personen, die im kirchlichen Dienst stehen, ist die Mitwirkung bei Donum 92

---

201 *BAG*, 21. 10. 1982 – 2 AZR 591/80, EzA § 1 KSchG Tendenzbetrieb Nr. 12.
202 *BAG*, 21. 10. 1982 – 2 AZR 628/80, EzA § 1 KSchG Tendenzbetrieb Nr. 13 m. Anm. *Rüthers*, dazu grundlegend *BVerfG*, 4. 6. 1985 – 2 BvR 1703/83, 1718/83 und 856/84, *BVerfGE* 70, 138.
203 Siehe auch: Sekretariat der Deutschen Bischofskonferenz, Für das Leben, in: Die deutschen Bischöfe, Heft 38.
204 Amtsblatt des Erzbistums Köln 2001, Nr. 2 S. 6.
205 Vgl. auch: Menschenwürde und Menschenrechte, Hirtenwort der deutschen Bischöfe, Amtsblatt des Erzbistums Köln 1996, Nr. 228 S. 259; Apostolisches Schreiben zu den Schwangerschaftsberatungsstellen, Amtsblatt des Erzbistums Köln 1998 Nr. 31 S. 35; 1999 Nr. 167 S. 163.
206 *LAG Rheinland-Pfalz*, 16. 6. 1988 – 4 Sa 174/88, KirchE 26, 168.
207 *BAG*, 7. 10. 1993 – 2 AZR 226/93, NZA 1994, 443 = NJW 1994, 3032.
208 *BVerfG*, 31. 1. 2001 – 1 BvR 619/92, NZA 2001, 717.
209 *LAG München*, 8. 4. 1991 – 9 Sa 72/90, KirchE 29, 85.
210 *ArbG Köln*, 11. 3. 1994 – 18 Ca 2118/93; *ArbG Oberhausen*, 24. 5. 1994 – 3 Ca 356/94, KirchE 32, 169.
211 *LAG Hamm*, 22. 10. 1996 – 6 Sa 730/96, rkr., DB 1997, 482.

Vitae e. V. untersagt. Auch der Austausch von Personal zu und von Donum Vitae e. V. ist nicht gestattet.[212]

c. Gerichtliche Überprüfung der Kündigungsgründe
aa. Kirchliches Selbstbestimmungsrecht

93 Weil gesichert ist, dass es im Hinblick auf das verfassungsrechtlich gewährleistete kirchliche Selbstbestimmungsrecht **allein Sache der verfassten Kirchen** ist, über Bestehen, Umfang und Abstufung kirchlicher **Loyalitätspflichten zu bestimmen**, ist im Konfliktfall grundsätzlich zu prüfen, ob nach dem Selbstbestimmungsrecht der verfassten Kirche im konkreten Fall eine arbeitsrechtlich abgesicherte Loyalitätspflichtverletzung durch einen Mitarbeiter im kirchlichen Dienst vorliegt[213] und wie schwer diese Pflichtverletzung zu bewerten ist. Darüber entscheidet der Dienstgeber in Ansehung der kirchlichen Bestimmungen, an die der Mitarbeiter und der Dienstgeber gebunden ist.[214] Als nächstes tritt das arbeitsgerichtliche Prüfungsrecht hinzu, um festzustellen, ob die kirchlichen Grundsätze zur Ausübung ihres Selbstbestimmungsrechts »in Widerspruch zu Grundprinzipien der Rechtsordnung« stehen. Sind diese Prinzipien nicht verletzt (**Willkürverbot:** Art. 3 Abs. 1 GG; **Begriff der guten Sitten:** § 138 Abs. 1 BGB; **Ordre public:** Art. 6 EGBGB), dann sind die Arbeitsgerichte uneingeschränkt an das kirchliche Selbstbestimmungsrecht gebunden. Sie müssen den Sachverhalt feststellen und unter die kirchlicherseits vorgegebenen, arbeitsrechtlich abgesicherten Loyalitätsobliegenheiten subsumieren.[215] Die Kirchen haben die ausdrückliche Befugnis, in den Schranken des für alle geltenden Gesetzes den kirchlichen Dienst nach ihrem Selbstverständnis zu regeln und verbindlich zu bestimmen. Die Kirchen können also mit ihren Mitarbeitern im Arbeitsvertrag besondere Loyalitätsobliegenheiten vereinbaren. Aufgrund des Vertragsabschlusses tritt eine Verschränkungslage von staatlichem und kirchlichem Recht ein, wonach das Dienstverhältnis als Rechtsverhältnis des staatlichen Rechts zugleich in die kirchliche Rechtsordnung eingebettet ist (can. 1290).[216] Das *BVerfG* geht insoweit von dem Sonderarbeitsvertragsrecht der Kirchen aus.[217] Nicht maßgeblich sind Auffassungen der einzelnen betroffenen kirchlichen Dienststellen oder Anschauungen breiter Kreise unter den Kirchenmitgliedern, einzelner bestimmten Tendenzen verbundener Mitarbeiter oder von der kirchlichen Lehre abweichende Diskussionsbeiträge einzelner.[218] Die Kirchen legen verbindlich fest, was die Glaubwürdigkeit der Kirche und ihrer Verkündung erfordert und welches die »wesentlichen Grundsätze der Glaubens- und Sittenlehre« sind und was als schwerer Verstoß dagegen anzusehen ist.[219] In diesem Zusammenhang sei auf den Inhalt der Strafe der Exkommunikation verwiesen, wonach diese Kirchenstrafe keinen Dienst in der Kirche erlaubt, wenn die Exkommunikation verhängt oder festgestellt worden ist (can. 1331 § 2 n. F.). Dasselbe gilt für den Entzug der missio canonica, welche Voraussetzung für den Dienst in der Glaubensverkündigung und Glaubenslehre ist (z. B. Religionslehrer, Theologieprofessoren: vgl. Rn 8).

bb. Arbeitsgerichtliche Entscheidung

94 Mit der Subsumtion des Sachverhalts unter die arbeitsrechtlich abgesicherten Loyalitätsobliegenheiten ist die Prüfung der Rechtmäßigkeit einer Kündigung nach Auffassung des *BVerfG* allerdings noch nicht abgeschlossen. Denn trotz Verletzung einer Loyalitätsobliegenheit des Arbeitnehmers ist noch die Prüfung erforderlich, ob diese Verletzung eine Kündigung des kirchlichen Arbeitsverhältnisses

---

212 Erklärung der deutschen Bischöfe zu Donum Vitae e. V., in: Pastoralblatt des Bistums Eichstätt 2006 Nr. 74 S. 119; Amtsblatt des Erzbistums Köln 2006 Nr. 165 S. 133.
213 Vgl. *Dütz*, NZA Beilage 1/1986, S. 11, 13.
214 *Kirchengerichtshof der EKD*, 29. 5. 2006 – II – 0124/M 22 – 06, ZMV 2006, 247.
215 *Weber*, NJW 1986, 370 f.
216 *Pahlke*, NJW 1986, 350, 352.
217 *Rüthers*, NJW 1986, 356, 357.
218 *BVerfGE*, 70, 138.
219 *BVerfG*, BVerfGE 70, 138; *Dütz*, Besonderes Verhältnis S. 127, 134 f.

sachlich rechtfertigt.[220] Dies ist nach den kündigungsschutzrechtlichen Bestimmungen der §§ 1 KSchG, 626 BGB zu entscheiden.[221] Hierin liegt ein Spannungsverhältnis, das weiterer Klärung bedarf.[222] Das *ArbG Regensburg*[223] hat die Klarstellung des *BVerfG* anerkannt, aber die Kündigung der Kirchenbehörde gegenüber einem Bibliothekar, der eine zuvor gültig verheiratete, aber geschiedene Katholikin mit einem aus ihrer ersten Ehe zu versorgenden Kind und einem von dem Bibliothekar gezeugten zu erwartenden Kind geheiratet hatte, für sozial ungerechtfertigt (§ 1 Abs. 2 S. 1 KSchG) erklärt, weil u. a. ein anderer Mitarbeiter, der auch geschieden war, nach seiner standesamtlichen Wiederverheiratung lediglich versetzt wurde (vgl. jetzt: Art. 5 Abs. 1 GrO). Das *ArbG Münster* hatte darüber zu entscheiden, ob die standesamtliche Heirat einer Fachlehrerin für geistig Behinderte mit einem Geschiedenen ein die Kündigung ihres Arbeitsverhältnisses rechtfertigender Grund sei, nachdem aus der Ehe zwei Kinder hervorgegangen waren.[224] Das Gericht hat die Ansicht vertreten, dass die Auffassung der katholischen Kirche über den Verstoß gegen die Lehre über die Unauflöslichkeit der Ehe und damit gegen den Arbeitsvertrag gegen den ordre public (jetzt Art. 6 EGBGB) verstoße, weil diese Auffassung sowohl die in Art. 6 Abs. 1 GG und Art. 12 der Europäischen Menschenrechtskonvention geschützte Eheschließungsfreiheit als auch die Gewissensfreiheit der gekündigten Arbeitnehmerin aus Art. 4 Abs. 1 GG sowie die in Art. 1 Abs. 1 GG geschützte Menschenwürde des ersten Kindes der Arbeitnehmerin, das durch die Eheschließung ehelich geboren wurde, verletze und deshalb in untragbarem Widerspruch zu grundlegenden am staatlichen Recht orientierten Gerechtigkeitsvorstellungen stehen würde. Die Kündigung würde im Falle ihrer Zulassung die Eheschließung mit einer Sanktion belegen. Das *LAG Hamm*[225] hat die Kündigungsschutzklage der gekündigten Lehrerin jedoch abgewiesen, weil beim Widerstreit von Verfassungsgrundsätzen das verfassungsrechtlich garantierte Selbstbestimmungsrecht der Kirchen nicht unzumutbar beeinträchtigt werden dürfe, damit die Glaubwürdigkeit der Kirche nicht auf dem Spiel steht. Die Nichtzulassungsbeschwerde gegen das Urteil des *LAG Hamm* ist vom *BAG*[226] verworfen worden. In einem anderen Fall hat das *BAG*[227] die Entlassung einer Religionslehrerin im Wege der Kündigung als gerechtfertigt angesehen, weil die Frau standesamtlich einen geschiedenen Mann geheiratet hatte, mit dem sie inzwischen ein Kind hatte. Das *BAG* erklärte, dass die Frau als Religionslehrerin nicht die katholische Glaubenslehre glaubwürdig verkünde, nachdem sie selbst dagegen verstoßen habe und persönlich nicht danach lebe. Es hat hervorgehoben, dass der Grundsatz der Unauflöslichkeit der Ehe nach wie vor zu den wesentlichen Grundsätzen der katholischen Glaubens- und Sittenlehre gehört (can. 1055, 1134, 1141 CIC 1983). Die Frau hatte gegen die Kündigung geltend gemacht, dass sie durch die Schwangerschaft in den Konflikt geraten sei, entweder den geschiedenen Kindesvater zu heiraten oder das Kind möglicherweise nicht auszutragen, was beides gegen die katholischen Glaubensgrundsätze verstoßen hätte. Die katholische Kirche entzog der Frau nach der Eheschließung mit dem geschiedenen Mann wegen des Verstoßes gegen die katholische Glaubens- und Sittenlehre die Befähigung zur Erteilung des katholischen Religionsunterrichts (missio canonica; Rn 8). Die fristlose Kündigung gegenüber der Frau wurde aufgehoben, dagegen wurde die vorinstanzliche Umwandlung in eine ordentliche Kündigung[228] bestätigt. Zur sozialen Rechtfertigung der Kündigung des Arbeitsverhältnisses einer katholischen Mitarbeiterin einer katholischen Kirchengemeinde wegen erneuter standesamtlicher Eheschließung zu Lebzeiten des früheren Ehegatten hat das *LAG Niedersachsen*[229] Folgendes ausgeführt: Durch die wiederholte Aufforderung des Pfarrers der Kirchengemeinde, den Vater des inzwi-

---

220 Europäischer Gerichtshof für Menschenrechte, Straßburg, 23. 9. 2010 – 1620/03; vgl. *Berchtenbreiter*, Kündigungsschutzprobleme S. 97 ff.; *Dütz*, Besonderes Verhältnis S. 135.
221 BAG 15. 1. 1986 – 7 AZR 545/85, ZevKR 1986, 461= AfkKR 1986, 537, 540.
222 *Rüthers*, NJW 1986, 336, 359.
223 *ArbG Regensburg*, 18. 7. 1986 – 5 Ca 968/86, n. rkr.
224 *ArbG Münster*, 3. 9. 1986 – 4 Ca 194/86, BB 1987, 128.
225 *LAG Hamm*, 27. 1. 1987 – 7 Sa 2049/86, BB 1987, 1322.
226 *BAG*, 30. 10. 1987 – 7 AZR 278/87, BB 1987, 2369.
227 *BAG*, 25. 5. 1988 – 7 AZR 506/87, EzA § 611 Kirchliche Arbeitnehmer Nr. 27 m. Anm. *Dütz*.
228 Vgl. dazu *Hager*, BB 1989, 693; Rn 40.
229 *LAG Niedersachsen*, 9. 3. 1989 – 14 Sa 1608/88, NJW 1990, 534 f.

II. Die Mitarbeitervertretung

schen geborenen Kindes zu heiraten, also eine zweite Ehe standesamtlich einzugehen, habe die anstellende Kirchengemeinde selbst das Entstehen des Kündigungsgrundes wesentlich mit veranlasst, während sie gegen das jahrelange Zusammenleben der Mitarbeiterin mit dem späteren Ehegatten nichts eingewandt hatte. Kirchliches Anliegen und faktische Verwirklichung werden von den Gerichten beurteilt. Differieren kirchliche Grundsätze und anzutreffende Praxis voneinander, so wird ein Schwachpunkt offenbar,[230] der bei mehr Achtsamkeit hätte vermieden werden können; bei der Frage der sozialen Rechtfertigung der Kündigung bleibt er nicht unberücksichtigt.

cc. Abstufungstheorie

95 Die vom *BAG*[231] entwickelte Abstufungstheorie, wonach das ArbG über die Inhalte und Abstufung der besonderen Loyalitätspflichten der Mitarbeiter im kirchlichen Dienst entscheide[232] ist vom *BVerfG* korrigiert worden.[233] Die Kirchen entscheiden.[234] Der Versuch von *Dütz*,[235] zwischen Grundpflichten (bzw. Mindestloyalität)[236] aller Mitarbeiter und gesteigerten Loyalitätspflichten besonderer Mitarbeitergruppen (Funktionsabstufung)[237] zu unterscheiden, wonach bei Handwerkern der Verstoß gegen kirchliche Eheverbote kein Kündigungsgrund sei, birgt für die Praxis von der Sache her Schwierigkeiten (Rn 59), weil die Eigenschaft als Mitarbeiter in der Kirche dessen Stellung in der Kirche nicht verändert.[238] Die **Mitarbeitervertreter** jedenfalls stehen wegen ihrer besonderen Funktion ohne Ansehung ihrer beruflichen Stellung in einem besonderen Dienst, der durch die MAVO, nicht allein durch den Arbeitsvertrag geregelt ist. Ausschlaggebend ist außerdem die Zugehörigkeit oder Nichtzugehörigkeit zur katholischen Kirche[239] (Art. 4, 5 Abs. 5 GrO). Darauf ist am besten bei den Einstellungsgesprächen informativ hinzuweisen[240] (Art. 3 Abs. 5 GrO). Es muss davon ausgegangen werden, dass die Identifikation mit der Kirche nicht teilbar ist, so dass nicht zwischen totaler und partieller Identifikation unterschieden werden kann, weil grundsätzlich für alle Christen das Erfordernis der Identifikation gilt.[241] Allerdings können entsprechend den drei Hauptgruppen der kirchlichen Dienstverhältnisse Unterscheidungen vorgenommen werden. Gemäß can. 209 § 1 CIC sind die Gläubigen verpflichtet, auch in ihrem eigenen Verhalten immer die Gemeinschaft mit der Kirche zu wahren. Die Kirche verlangt einen gemeinsamen Standard christlicher Lebensführung von ihren Gläubigen, so dass es in diesem Bereich keine Abstufung geben kann. Das Kriterium für dieses generell geforderte Verhalten ist an der »communio cum ecclesia« zu messen. Allerdings ist das Handeln von Klerikern von größerer Bedeutung für das kirchliche Selbstverständnis als das Handeln von Laien, die wiederum in unterschiedlicher Weise, nämlich im besonderen und im allgemeinen kirchlichen Dienst stehen.[242] Denn can. 96 und can. 204 § 1 CIC ordnen den Gläubigen unterschiedliche Rechte und Pflichten zu und gehen davon aus, dass je nach Stellung in der Kirche unterschiedliche Pflichten und damit korrespondierende Rechte bestehen (Art. 4 Abs. 1 GrO). Es geht unter Berücksichtigung der can. 225 § 2, 229 § 1 und 231 § 2 um die jeweilige Stellung, die eine Person in der Kirche innehat. Die jeweilige Nähe zum kirchlichen Auftrag bringt besondere Rechte und eben auch Pflichten mit sich (vgl. auch can. 209 § 2 und 223 § 1 CIC). Für katholische Laienmitarbeiter im allgemeinen kirchlichen Dienst gilt, dass sie keine äußerlich feststellbaren Ver-

---

230 *v. Tiling*, ZevKR 1977, 322, 339; *LAG Düsseldorf*, 1. 7. 2010 – 5 Sa 996/09.
231 *BAG*, 14. 10. 1980, EzA § 1 KSchG Tendenzbetrieb Nr. 10.
232 *BAG*, 23. 3. 1984, – 7 AZR 249/81, NJW 1984, 2596 = KirchE 22, 53.
233 *BVerfGE* 70, 138.
234 *Mayer-Maly*, BB, Beilage 3/77 zu Heft 24/1977 S. 10.
235 Kirchliche Festlegung, NJW 1990, 2025, 2027 ff.
236 So: *Mummenhoff*, Loyalität im Kirchlichen Arbeitsverhältnis, NZA 1990, 590.
237 So: *Mummenhoff*, NZA 1990, 592.
238 *Eder*, Dissertation S. 136.
239 *Mummenhoff*, NZA 1990, 585, 587.
240 *Mummenhoff*, NZA 1990, 589.
241 *Eder*, Dissertation S. 109.
242 *Eder*, Dissertation S. 109 m. N.

stöße gegen Grundprinzipien der christlichen Lebensordnung begehen, die auch bei anderen Katholiken zu einer rechtlichen Beeinträchtigung ihrer Stellung in der Kirche führen.[243]

Folge der Abstufungstheorie[244] und der schon zuvor erfolgten Korrektur durch das Bundesverfassungsgericht ist die durch die Grundordnung (GrO) ergangene Weisung an die Dienstgeber und deren ausführende Organe oder bestellte Leitungen, nach den durch die Grundordnung vorgegebenen Kriterien die Frage der Weiterbeschäftigung zu stellen und zu entscheiden. Dabei stehen im Mittelpunkt die Mitarbeiter i. S. v. Art. 5 Abs. 3 S. 1 GrO, insbesondere also Mitarbeiter im Verkündigungsdienst, wie Pastoralassistenten, Pastoralreferenten, Gemeindeassistenten, Gemeindereferenten, Religionslehrer, Katecheten und Mitarbeiter mit leitenden Aufgaben. Bei den »Leitenden« ist zu unterscheiden, ob sie diese Funktion i. S. v. § 2 Abs. 2 S. 1 und § 3 Abs. 2 Nrn. 1, 2, 3 und 4 MAVO ausüben und infolgedessen ohnehin nicht Mitarbeitervertreter sein können, wie z. B. Kirchenvorstandsmitglieder, GmbH-Geschäftsführer, Mitglieder der Krankenhausbetriebsleitung, Schulleiter und deren ständige Stellvertreter, Hauptabteilungsleiter in den Ordinariaten, Direktoren der Diözesancaritasverbände und Ortscaritasverbände, einstellungs- und entlassungsbefugte Mitarbeiter, oder ob sie Mitarbeiter mit leitenden Aufgaben i. S. d. Grundordnung sind, aber nicht schon deshalb aus dem Mitarbeiterbegriff der MAVO ausgegrenzt sind und infolgedessen Mitarbeitervertreter sein können, wie z. B. Leiter und Leiterinnen von Pfarrkindergärten, Leiter von Bildungseinrichtungen, Chefärzte, falls sie nicht eigens gemäß § 3 Abs. 2 S. 2 i. V. m. Satz 1 Nr. 3 und 4 unter Beteiligung der MAV gemäß § 29 Abs. 1 Nr. 18 MAVO aus dem Mitarbeiterbegriff ausgegrenzt worden sind, wozu bei den in § 1 Abs. 1 MAVO genannten Rechtsträgern die Genehmigung des Ordinarius erfolgt sein muss (§ 3 Abs. 2 S. 3 MAVO). Die GrOKr bezeichnet die Abteilungsärzte als leitende Mitarbeiter (Abschnitt B II Nr. 2 Buchstabe f). Da die GrOKr jedoch keine Ausführungsvorschriften zur MAVO enthält, sondern eine die GrO ergänzende Spezialordnung ist, ist zur Ausgrenzung der Chefärzte aus dem Mitarbeiterbegriff des § 3 Abs. 1 MAVO zusätzlich nach § 3 Abs. 2 die Beteiligung der MAV zur Ausgrenzung erforderlich (§ 29 Abs. 1 Nr. 18).

7. Nichtkatholische, getaufte Mitarbeiter

Durch die MAVO werden auch Nichtkatholiken, seien sie getauft oder ungetauft, der Gesetzgebung der katholischen Kirche unterstellt. Diese Maßnahme erfolgt aber nicht entgegen der Bestimmung von can. 11 CIC, sondern mit Rücksicht auf ihre Stellung als Mitarbeiter in einer Einrichtung der katholischen Kirche. Wer auf Grund eines Arbeitsvertrages (§ 611 BGB) in Dienste getreten ist, unterliegt in der Durchführung des Arbeitsvertrages den Weisungen des Arbeitgebers, also auch den kollektivrechtlichen Normen, die sich auf seinen Status als Mitarbeiter der kirchlichen Einrichtung oder Dienststelle beziehen. Folglich sind auch **Ausschlussgründe vom Amt als Mitarbeitervertreter für Nichtkatholiken verbindlich** (Art. 140 GG i. V. m. Art. 137 Abs. 3 WRV).[245]

Die Zugehörigkeit zu einer anderen Kirche (als der katholischen) oder kirchlichen Gemeinschaft[246] wird durch die **Taufe** erworben.[247] Orthodoxe Christen, die aus freier Gewissensentscheidung in die volle Gemeinschaft mit der katholischen Kirche aufgenommen werden möchten, werden gemäß can. 35 CCEO (Kodex des Ostkirchenrechts) in die katholische (unierte) Kirche desselben Ritus aufgenommen. Die Aufnahme orthodoxer Christen in die lateinische Kirche ist nur mit Genehmigung

---

243 *Eder*, Dissertation S. 111 m. N.
244 *LAG Rheinland-Pfalz*, 12. 9. 1991 – 4 Sa 72/91, NZA 1992, 648.
245 *Bischöfliche Schlichtungsstelle Berlin*, NJW 1985, 1857 f., 1. Sp.
246 Dazu: *Heinemann*, ZevKR 1987, 378.
247 *Brunotte*, Taufe und Kirchenmitgliedschaft, in: Das Problem der Kirchengliedschaft heute S. 173; *Allmen*, Die Zugehörigkeit zur Kirche in reformierter Sicht, in: wie vor S. 142; *Sykes*, Anglikanische Perspektiven zur Mitgliedschaft in der Kirche, in: wie vor S. 391; *Nissiotis*, Die Zugehörigkeit zur Kirche nach orthodoxem Verständnis, in: wie vor S. 366; *Meinhold*, Das Problem der Kirchengliedschaft aus lutherischer Sicht, in: wie vor S. 344; *Mosiek*, Verfassungsrecht I S. 75; Lumen Gentium Nr. 15, bei: Rahner/Vorgrimler, S. 140; Unitatis Redintegratio Art. 22 f., bei: Rahner/Vorgrimler, S. 248.

des Apostolischen Stuhles möglich. Für unierte Katholiken stellt die Ermöglichung eines regelmäßigen Sakramentenempfangs keine Notwendigkeit zum Rituswechsel in die lateinische Kirche dar, da diese keinem rechtlichen Hindernis zum Sakramentenempfang in der lateinischen Kirche unterliegen (can. 844 § 1 CIC; can. 671 § 1 CCEO).[248]

99 Innerhalb der **Evangelischen Kirche in Deutschland** (EKD) wird nach herkömmlichem evangelischen Kirchenrecht die Kirchenmitgliedschaft durch die Taufe, durch evangelischen Bekenntnisstand und durch Wohnsitz in der Gliedschaft der EKD begründet.[249] Nach dem maßgeblichen Kirchenrecht kommt es für die Zugehörigkeit zur evangelischen Kirche nicht allein auf das Bekenntnis zu dieser, sondern auf die erfolgte Taufe an.[250] Die Kirchenmitgliedschaft besteht zur Kirchengemeinde und zur Gliedkirche des Wohnsitzes..[251] Durch die Kirchenmitgliedschaft in einer Gliedkirche der EKD gehört das Kirchenmitglied der bestehenden **Gemeinschaft der deutschen evangelischen Christenheit** an. Die sich daraus für das Kirchenmitglied ergebenden Rechte und Pflichten gelten im gesamten Bereich der EKD. Innerhalb der EKD setzt sich bei einem Wohnsitzwechsel in den Bereich einer anderen Gliedkirche die Kirchenmitgliedschaft in der Gliedkirche des neuen Wohnsitzes fort.[252]

100 Die in der Vereinbarung der Gliedkirchen der EKD offen gebliebenen Einzelregelungen des Erwerbs, der Veränderung und der Beendigung der Kirchenmitgliedschaft sind in dem **Kirchengesetz** über die Kirchenmitgliedschaft, das kirchliche Meldewesen und den Schutz der Daten der Kirchenmitglieder **vom 10. November 1976**[253] geregelt worden. Das Kirchengesetz wurde **am 8. November 2001** u. a. zu § 7 **geändert**. Demzufolge erwerben Getaufte ohne Kirchenmitgliedschaft die Kirchenmitgliedschaft durch **Aufnahme** (nach Kirchenaustritt aus einer anderen christlichen Kirche mit bürgerlicher Wirkung), **Wiederaufnahme** (nach Austritt aus einer Gliedkirche der Evangelischen Kirche in Deutschland), **Übertritt** (Erwerb der Kirchenmitgliedschaft durch Aufgabe der Mitgliedschaft in einer anderen christlichen Kirche oder Religionsgemeinschaft ohne vorherigen Austritt mit bürgerlicher Wirkung, sofern nicht das staatliche Recht einen vorherigen Austritt erfordert).

101 Die durch die Taufe erworbene Zugehörigkeit zur Kirche wird verlebendigt durch die Gliedschaft in einer Gemeinde, weil über sie die Rechte und Pflichten der Kirchengliedschaft praktiziert werden können.[254]

102 Von nichtkatholischen christlichen Mitarbeitern wird erwartet, dass sie die Wahrheiten und Werte des Evangeliums achten und dazu beitragen, sie in der Einrichtung zur Geltung zu bringen (Art. 4 Abs. 2 GrO). Denn alle Mitarbeiter müssen die Eigenart des kirchlichen Dienstes bejahen, sie müssen geeignet und fähig sein, die katholische Grundrichtung der Einrichtung mitzutragen (Abschnitt A Nr. 3 GrOKr). Sie haben kirchenfeindliches Verhalten zu unterlassen und dürfen in ihrer persönlichen Lebensführung und in ihrem dienstlichen Verhalten die Glaubwürdigkeit der Kirche und der Einrichtung, in der sie beschäftigt sind, nicht gefährden (Art. 4 Abs. 4 GrOKr). Das gilt auch

---

248 Amtsblatt für die Diözese Regensburg 2007 S. 67.
249 *Winter*, Die Grundordnung, Art. 8 Rn 3; zur Beendigung der Mitgliedschaft in der Evangelischen Landeskirche in Baden s. Art. 11 der Grundordnung der Evangelischen Landeskirche in Baden.
250 *OVG Magdeburg*, 14. 1. 2010 – 4 L 236/08.
251 *Engelhardt*, ZevKR 1996, 142, 151 ff.
252 Vereinbarung über die Kirchenmitgliedschaft der Gliedkirchen in der EKD, Amtsblatt der EKD 1970 S. 2; siehe auch Kirchengesetz der Evgl. Kirche im Rheinland zur Vereinbarung vom 13. 1. 1970, KABl. S. 33, in: *Becker* (Hrsg.), Evangelisches Kirchenrecht im Rheinland, Die Kirchenordnung und andere Organisationsgesetze, Heft 3 S. 1 ff. = Das Problem der Kirchengliedschaft heute S. 231; dazu *Wendt*, Bemerkungen zur gliedkirchlichen Vereinbarung über das Mitgliedschaftsrecht in der EKD, in: wie vor S. 221; *Nuyken*, Die Kirchenmitgliedschaft im Kirchengesetz über die Kirchenmitgliedschaft vom 10. November 1976, in: wie vor S. 325.
253 ABl. EKD S. 389.
254 *Meinhold*, in: wie vor S. 344 f.; *Frost*, Die Gliedschaft in der Kirchengemeinde, in: Das Problem der Kirchengliedschaft heute S. 237.

für Mitglieder der MAV. Infolgedessen kann u. a. der Austritt aus der christlichen Kirche, wenn kein Übertritt in eine andere christliche Kirche erfolgt,[255] Grund für eine Kündigung i. S. v. § 19 Abs. 1 S. 2 MAVO (Art. 5 Abs. 2 i. V. m. Art. 5 Abs. 3 und 4) sein,[256] falls der Dienstgeber sich in der Vergangenheit bei Kirchenaustritten nicht entgegengesetzt verhalten hat.[257] Zu beachten ist, dass es zwingende staatliche Vorschriften über den Kirchenaustritt, aber nicht solche über den Eintritt in die Kirche gibt,[258] wenn man von den vereinsrechtlich dispositiven Bestimmungen des BGB für privatrechtlich organisierte Religionsgemeinschaften einmal absieht. Durch § 19 Abs. 1 S. 2 MAVO i. V. m. Art. 5 Abs. 3 bis 5 GrO wird zum Ausdruck gebracht, dass nichtkatholische christliche Mitarbeitervertreter als Mitarbeiter einerseits entsprechend den Bestimmungen ihrer Kirchen und christlichen Gemeinschaften ihre Lebensführung einrichten. Andererseits sollen sie aber als Mitarbeiter in einer katholischen Einrichtung alles unterlassen, was der Eigenart des Dienstes in der Einrichtung und der Lehre der katholischen Kirche widersprechen könnte (Art. 4 Abs. 4 GrO).[259] Über den Kündigungsgrund des Kirchenaustritts[260] hinaus sind deshalb Angriffe von Mitarbeitern auf zentrale Glaubensfragen und sittliche Wertpositionen der Kirche und die Unterstützung kirchenfeindlicher Organisationen als Kündigungsgrund wegen Loyalitätspflichtverletzung denkbar und durchsetzbar.[261] Der CIC erkennt das Recht der Nichtkatholiken an. Wenn aber ein nichtkatholischer Christ in den kirchlichen Dienst übernommen wird, kann er vertraglich verpflichtet werden, kirchengemäßes Verhalten zu befolgen, zumal dies auf Grund der Taufe möglich ist, die alle Christen auf Grundpflichten verpflichtet, wenn auch in differenzierter Weise (can. 209 CIC).[262] Nichtkatholiken sind verpflichtet, in der Öffentlichkeit nicht gegen kirchliche Normen aufzutreten. Ein nichtkatholischer Mitarbeiter kann trotz seiner Indienstnahme in den kirchlichen Dienst nicht auf die katholische Glaubens- und Sittenlehre verpflichtet werden, weil dies einen Gewissenszwang bedeuten würde. Allerdings kann vertraglich von ihm verlangt werden, dass er dem Anstaltszweck nicht zuwiderhandelt (Art. 4 Abs. 2 und 3 GrO).

8. Nichtchristliche Mitarbeiter

Von ungetauften Mitarbeitern ist es nicht möglich, eine Identifikation mit der Kirche zu fordern. Dies wäre Gewissenszwang. Es kann nur gefordert werden, dass sie keine äußerlich feststellbaren Verstöße gegen Grundprinzipien der christlichen Lehre begehen, was einzelvertraglich zu vereinbaren ist.[263] Deshalb verlangt Art. 4 Abs. 3 GrO, dass diese Mitarbeiter bereit sein müssen, die ihnen in einer kirchlichen Einrichtung übertragenen Aufgaben i. S. d. Kirche zu erfüllen. Öffentliche Gotteslästerung und Hervorrufen von Hass und Verachtung gegen Religion und Kirche sind daher als Kündigungsgrund i. S. v. Art. 5 Abs. 2 i. V. m. Art. 5 Abs. 3 und 4 GrO denkbar, falls nicht eine mildere Maßnahme, wie etwa die Abmahnung (Art. 5 Abs. 1 GrO) in Betracht zu ziehen ist. Kirchenfeindliches Verhalten ist zu unterlassen, persönliche Lebensführung und dienstliches Verhalten darf die Glaubwürdigkeit der Kirche und der Einrichtung, in der sie beschäftigt sind, nicht gefährden (Art. 4 Abs. 4 GrO).

103

9. Verhältnis von § 19 und § 13c

Während § 13c Bestimmungen über das Ende bzw. den Verlust der Mitgliedschaft in der MAV enthält, die innerkirchliche Wirkung entfalten, schränkt § 19 die Kündbarkeit des Arbeitsvertrages mit einem

104

---

[255] *Robbers*, ZevKR 1987, 19, 22 ff.
[256] *LAG Niedersachsen*, 18. 11. 1983 – 10 Sa 120/83, KirchE 21, 294.
[257] *LAG Hamm*, 16. 8. 1988 – 7 Sa 536/88, KirchE 26, 194.
[258] *von Campenhausen*, Kircheneintritt-Kirchenaustritt – Kirchenmitgliedschaft, in: Das Problem der Kirchenmitgliedschaft heute, S. 257; *OVG Lüneburg*, 26. 9. 1989 – 13 L 56/89, KirchE 27, 265 f.
[259] *Dütz*, NZA Beilage 1/1986, S. 11, 15.
[260] *SG Münster*, 13. 6. 1989 – S 12 Ar 128/88, NZA 1990, 1000.
[261] *Spengler*, NZA 1987, 833, 837.
[262] *Eder*, Dissertation S. 111.
[263] *Eder*, Dissertation S. 112 f. m. N.

Arbeitnehmer (Mitarbeiter), der Mitglied der MAV ist oder es noch vor Ablauf der Jahresfrist war, ohne das Amt gemäß § 13c Nr. 2 und 4 verloren zu haben (§ 19 Abs. 1 S. 3), ein. Das für Streitigkeiten gemäß § 13c Nr. 2 und 5 i. V. m. § 2 Abs. 2 KAGO zuständige Kirchliche Arbeitsgericht hat über das Erlöschen der Mitgliedschaft in der MAV zu entscheiden, das staatliche Arbeitsgericht (§ 4 KSchG) über die soziale Rechtfertigung der Kündigung (§ 1 KSchG). Beide Entscheidungsinstanzen sind unabhängig voneinander; aber das staatliche Arbeitsgericht hat die Entscheidung über den Verlust des Amts als MAV-Mitglied bei der Prüfung des Kündigungsschutzes gemäß § 19 zu berücksichtigen. Will der Dienstgeber den besonderen Kündigungsschutz des § 19 auslöschen, muss er allerdings zunächst das Amtsenthebungsverfahren vor dem Kirchlichen Arbeitsgericht austragen (§ 13c Nr. 4). Gegebenenfalls ist dann die ordentliche Kündigung auch unter anderen Gesichtspunkten begründbar, nicht mehr nur unter denen des § 19 Abs. 1 oder Abs. 3.

105 Es entspricht aber nicht dem Sinn der MAVO, wegen der Kündigungsabsicht den Verlust der MAV-Mitgliedschaft feststellen zu lassen; denn die jeweiligen Gründe können voneinander verschieden sein. So beruht z. B. der Verlust der Wählbarkeit auf den Gründen des § 13c Nr. 4 i. V. m. § 8 Abs. 2 oder auf der Entscheidung des Dienstgebers, wer Mitarbeiter in leitender Stellung (§ 3 Abs. 2) ist, nachdem das Mitglied der MAV in diese Position befördert und die MAV beteiligt worden ist (vgl. § 29 Abs. 1 Nr. 18, § 35 Abs. 1 Nr. 4). Der Verlust der Mitgliedschaft in der MAV kann auch die Verletzung einer Amtspflicht als Ursache haben (§ 13c Nr. 4), wobei die Amtspflichtverletzung (vgl. z. B. § 13c Rn 18 ff.) kein Verstoß gegen Loyalitätsobliegenheiten i. S. v. § 19 Abs. 1 S. 2 MAVO i. V. m. Art. 5 Abs. 2 GrO zu sein braucht. Der Verstoß gegen Loyalitätsobliegenheiten ist unter dem Gesichtspunkt der Kündigung gemäß § 19 Abs. 1 S. 2 zu würdigen, wobei auch gemäß Art. 5 Abs. 1 GrO die Abmahnung zu prüfen ist, während gemäß § 13c ganz andere Gesichtspunkte zu berücksichtigen sind. Selbst wenn im Falle der Verletzung einer Loyalitätsobliegenheit die Kündigung unwirksam ist, kann dennoch die Prüfung des Ausschlusses aus der MAV erfolgen (§ 13c Nr. 4). Umgekehrt kann bei wirksamer Kündigung zusätzlich ein Interesse an der Feststellung des Ausschlusses aus der MAV bestehen, weil bei fristgemäßer ordentlicher Kündigung die Fortsetzung des Arbeitsverhältnisses bis zum Ablauf der Kündigungsfrist oder im Falle des Weiterbeschäftigungsanspruchs die Weiterbeschäftigung bis zum Ende des Arbeitsrechtsstreits wegen der Kündigung möglich ist (§ 30 Rn 120 ff.).

106 Die ordentliche Kündigung aus anderen Gründen als den in § 19 genannten ist gegenüber dem MAV-Mitglied nicht wirksam. Das Verfahren zwecks Ausschlusses aus der MAV (§ 13c Nr. 4) kann das nicht ändern. Denn es geht beim Ausschlussverfahren lediglich um Sanktionen im Falle grober Vernachlässigung oder Verletzung von Befugnissen als Mitarbeitervertreter, nicht von Pflichten aus dem Arbeitsvertrag (Rn 104; § 13c Rn 18 ff.).

10. Folgen bei Arbeitslosigkeit

107 Ist dem MAV-Mitglied infolge der Verletzung einer Loyalitätsobliegenheit ordentlich und wirksam gekündigt worden, so kann der Gekündigte im Falle der Arbeitslosigkeit ohne Sperrzeit Arbeitslosenunterstützung verlangen. Allerdings ist dabei abzuwägen, ob Verfassungsgrundrechte (z. B. Art. 1, 4, 6 GG) gegenüber der Versichertengemeinschaft höher zu bewerten sind.[264] Kann der Gekündigte wichtige Gründe zu seinen Gunsten bei der Beendigung des Arbeitsverhältnisses i. S. v. § 144 SGB III geltend machen, tritt die Sperrfrist bei der Arbeitslosenunterstützung nicht ein. Das gilt sogar dann, wenn der Mitarbeiter von sich aus durch eigene Kündigung oder Vertragsauflösung die Arbeitslosigkeit herbeigeführt hat, um einer Kündigung des Arbeitgebers (Dienstgeber) zuvorzukommen.[265]

---

[264] *LSG Mainz*, 30. 3. 2006 – L 1 AL 162/05, caritas in NRW 3/2006 S. 41 = ZMV 2006, 214.
[265] *SG Münster*, 10. 5. 1989 – S 12 Ar 187/86 n. rkr., NJW 1989, 2839 – im Falle der Heirat einer bei einer katholischen Pfarrgemeinde angestellten Erzieherin mit einem geschiedenen, katholisch-kirchlich verheirateten Mann; *SG Münster*, 13. 6. 1989 – S 12 Ar 128/88, NZA 1990, 100 – im Falle des Kirchenaustritts einer an einem kath. Krankenhaus beschäftigten Krankenschwester ev. Konfession und deshalb arbeitgeberseitig erfolgter Kündigung.

11. Betriebsbedingte Kündigung

Die Vorschrift des § 19 Abs. 3 enthält eine Ausnahme vom Verbot der ordentlichen Kündigung in den dort genannten Fällen. Dennoch regelt sie nicht alle Fälle einer ordentlichen betriebsbedingten Kündigung. Die Änderung der Arbeitsbedingungen von Mitarbeitern, in die Mitglieder der MAV einbezogen werden müssen, ist von Absatz 3 nicht erfasst, so dass aus diesem Grunde eine ordentliche Kündigung gegenüber einem Mitglied der MAV auszuscheiden hat. Allerdings kann eine außerordentliche Änderungskündigung (§ 626 Abs. 1 BGB) aus betriebsbedingten Gründen gerechtfertigt sein, wenn ein wichtiger Grund für eine außerordentliche Änderungskündigung vorliegt. Der setzt auf Seiten des Dienstgebers voraus, dass für ihn die Fortsetzung derjenigen bisherigen Bedingungen, deren Änderung er erstrebt, jeweils unzumutbar geworden ist, d. h. dass die vorgesehenen Änderungen für ihn unabweisbar sind. Darüber hinaus müssen zugleich die neuen Bedingungen dem Gekündigten zumutbar sein.[266] Nach Abs. 1 S. 1 ist die außerordentliche Änderungskündigung zulässig. Umstände, die in die Sphäre des Betriebsrisikos des Dienstgebers fallen, sind allerdings – wie bei anderen Mitarbeitern – insbesondere bei einem durch § 19 geschützten Mitglied der MAV in der Regel nicht als wichtige Gründe geeignet. Will der Dienstgeber die Arbeitsbedingungen aller Mitarbeiter oder einer Gruppe von ihnen aus betrieblichen Gründen ändern, ohne dass einer der Schließungsfälle des Abs. 3 vorliegt, so kann er dies gegenüber Mitgliedern der MAV nur durch eine Änderungskündigung aus wichtigen Grund durchsetzen.[267] Die Einführung von Kurzarbeit spricht zunächst indiziell dafür, dass der Dienstgeber nur von einem vorübergehenden Arbeitsmangel ausgegangen ist, der eine betriebsbedingte Kündigung nicht rechtfertigen kann.[268]

a. Schließung der Einrichtung

§ 19 Abs. 3 S. 1 regelt die Zulässigkeit der ordentlichen Kündigung in einem speziellen Fall betrieblicher Notwendigkeit, nämlich nur bei oder aus Anlass der Schließung der Dienststelle oder Einrichtung.[269] Die Bestimmung entspricht § 15 Abs. 4 KSchG. Da dem Dienstgeber eine Kündigung aus wichtigem Grunde ohne Einhaltung einer Kündigungsfrist im Falle einer Stilllegung der Einrichtung in aller Regel verschlossen ist, wäre ohne die Zulässigkeit der ordentlichen Kündigung gemäß § 19 Abs. 3 S. 1 die Stilllegung praktisch nicht durchführbar. Wenn aber alle Mitarbeiter anlässlich der Stilllegung der Einrichtung die Kündigung erhalten, verliert auch der Sonderkündigungsschutz für Mitglieder der MAV in § 19 Abs. 1 S. 2 seinen Sinn. Eine weitere Ausnahme regelt § 19 Abs. 3 S. 3, der eine ordentliche Kündigung von Mitgliedern der MAV zulässt, wenn ein Teil der Einrichtung geschlossen wird und das MAV-Mitglied in diesem Teil beschäftigt wird, aber nicht in einen anderen Einrichtungsteil übernommen werden kann. In diesem Fall bleibt die Einrichtung selbst erhalten, was den Gesetzgeber der MAVO mit Blick auf die Funktionsfähigkeit der MAV und der Kontinuität ihrer Arbeit veranlasst hat, den Sonderkündigungsschutz für MAV-Mitglieder zu relativieren. Der Dienstgeber darf seine Absicht, eine Abteilung seiner Einrichtung zu schließen, verwirklichen, muss aber das in dieser Abteilung beschäftigte MAV-Mitglied vorrangig in eine andere Abteilung übernehmen (§ 19 Abs. 3 S. 2). Nur wenn dies aus betrieblichen Gründen nicht möglich ist, gestattet § 19 Abs. 3 S. 3 die Kündigung, die allerdings der Kontrolle des staatlichen Arbeitsgerichts unterliegt (§ 1 Abs. 2 S. 1 KSchG).[270]

aa. Zum Begriff der Schließung

Für den Begriff der Schließung der Einrichtung ist entscheidend, dass diese auf einem ernstlichen Willen des Dienstgebers beruht und für eine zeitlich erhebliche oder unbestimmte Dauer geplant

---

266 *BAG*, 6. 3. 1986 – 2 ABR 15/85, DB 1986, 2605 ff.
267 *BAG*, 6. 3. 1986 – 2 ABR 15/85, DB 1986, 2606 zu B II, 3 m. N.
268 *BAG*, 26. 6. 1997 – 2 AZR 494/94, DB 1997, 2079.
269 Dazu: *BAG*, 19. 6. 1991 – 2 AZR 127/91, DB 1991, 2442.
270 Siehe auch *BAG*, 26. 9. 2002 – 2 AZR 636/01, ZTR 2003, 356.

ist.[271] Die Schließung kann durch Aufgabe des Betriebszwecks oder durch eine nicht ganz unerhebliche räumliche Verlegung der Einrichtung mit Auflösung der alten und Aufbau einer neuen Dienstgemeinschaft vom Dienstgeber herbeigeführt werden.[272] Es muss sich um eine völlige Aufgabe des Zwecks der Einrichtung handeln. So kann man von Schließung noch nicht sprechen, wenn die zu pflegenden Menschen eines Altenheims entlassen werden, während die sog. Abwicklungsmaßnahmen noch weiter betrieben werden.[273] Bei einer nur teilweisen Stilllegung der Einrichtung gilt § 19 Abs. 3 S. 1 nicht. Werden zwei Betriebe miteinander vereinigt, so dass jeder seine Selbständigkeit verliert, ist darin auch eine Stilllegung zu sehen, die aber nicht zur Kündigung berechtigt[274] (§ 1a Rn 21). Veräußerung oder Verpachtung sind jedoch keine Betriebsstilllegung, da der Erwerber gemäß § 613a BGB in die Arbeitsverhältnisse des bisherigen Dienstgebers eintritt und die Identität der Einrichtung damit gewahrt bleibt und folglich auch die Inhaber von Ämtern und Funktionen i. S. d. MAVO ihr Amt behalten. Letzteres ist jedoch nicht der Fall, wenn die Einrichtung von einem kirchlichen Träger auf einen Träger i. S. d. BetrVG oder des Personalvertretungsrechts übergeht. Dann gilt die MAVO nicht mehr. Die Schließung von Einrichtungen oder wesentlichen Teilen von ihnen ist gemäß § 29 Abs. 1 Nr. 17 von der MAV mitzuberaten. Dennoch steht dem Dienstgeber das alleinige Entscheidungsrecht über die Schließung oder Teilschließung zu. Auf den Grund für die Schließung der Einrichtung kommt es nicht an.

bb. Weiterbeschäftigungsmöglichkeit in einer anderen Einrichtung

111 Man wird davon auszugehen haben, dass die Kündigung dann nicht zulässig ist, wenn die Beschäftigung in einer anderen Dienststelle oder Einrichtung des Dienstgebers möglich ist[275] (§ 30 Abs. 3 Nr. 3 MAVO), möglicherweise mit Hilfe einer Änderungskündigung.[276] Das hängt damit zusammen, dass die Vorschrift des § 19 Abs. 3 S. 1 den § 1 KSchG nicht verdrängt, während dies durch § 15 Abs. 4 KSchG geschieht.[277] Erfolgt eine Weiterbeschäftigung, so ist wegen der damit verbundenen Versetzung die Zustimmung der MAV (§ 18 Abs. 2, § 33 oder § 35 Abs. 1 Nr. 5) erforderlich. Unerheblich ist, dass im Falle der Weiterbeschäftigung in einer anderen Einrichtung das Amt als MAV-Mitglied endet (§ 13c Nr. 3), weil die Kündigungsschutzvorschrift des staatlichen Gesetzes der Erhaltung des Arbeitsplatzes, nicht der des Amtes als MAV-Mitglied dient.

cc. Anhörung der MAV

112 Die MAV ist vor der Kündigung gemäß § 30 zu hören. Ohne das Verfahren nach den Absätzen 1 und 2 jener Vorschrift ist die Kündigung unwirksam (§ 30 Abs. 5). Hier wird insbesondere das Recht der MAV zu Einwendungen gemäß § 30 Abs. 3 Nr. 3 bedeutungsvoll. Es ist nämlich darüber zu befinden, ob der zu Kündigende an einem anderen Arbeitsplatz in einer Einrichtung desselben Dienstgebers weiter beschäftigt werden kann. Über die Einwendungen der MAV ist der Gekündigte gemäß § 30 Abs. 4 durch den kündigenden Dienstgeber bei der Kündigung zu unterrichten.

dd. Ausspruch der Kündigung

113 Sind die Voraussetzungen des § 19 Abs. 3 S. 1 oder 3 erfüllt, kann der Dienstgeber jederzeit nach ordnungsgemäßer Anhörung der MAV unter Einhaltung der maßgeblichen Frist für die ordentliche Kündigung zu dem zulässigen Kündigungstermin die Kündigung aussprechen. Die Kündigung muss deshalb bereits vor der Schließung der Einrichtung erfolgen, damit sie fristgerecht zum Zeitpunkt der Schließung wirksam werden kann.

---

271 *BAG*, 21. 6. 2001 – 2 AZR 137/00, NZA 2002, 212.
272 KR-*Etzel*, § 15 KSchG Rn 79 m. N.; *BAG*, 12. 2. 1987 – 2 AZR 247/86, DB 1988, 126 ff.
273 *Schlichtungsstelle Hildesheim*, 30. 8. 2002, ZMV 2002, 293.
274 Vgl. KR-*Etzel*, § 15 KSchG Rn 83–85.
275 *BAG*, 13. 8. 1992 – 2 AZR 22/92, NZA 1993, 224.
276 *BAG*, 28. 10. 1999 – 2 AZR 437/98, NZA 2000, 825.
277 KR-*Etzel*, § 15 KSchG Rn 93.

aaa. Zum Zeitpunkt der Schließung

Der Zeitpunkt der geplanten Schließung der Einrichtung ist in der Regel der früheste Termin, zu dem der Dienstgeber das Arbeitsverhältnis kündigen kann. Ist zu diesem Zeitpunkt eine Kündigung (z. B. wegen der einzuhaltenden Frist) rechtlich unzulässig, darf der Dienstgeber erst zum **nächstmöglichen** (späteren) Termin nach der Schließung der Einrichtung kündigen. Wird eine Belegschaft in Etappen abgebaut, so dürfen die durch § 19 Abs. 3 S. 1 geschützten Mitarbeiter erst mit der letzten Gruppe entlassen werden.[278] Kann hierbei von mehreren MAV-Mitgliedern nur ein Teil noch einige Zeit weiterbeschäftigt werden, hat der Dienstgeber bei der Auswahl der zu Kündigenden die Grundsätze über die soziale Auswahl nach § 1 Abs. 3 KSchG zu beachten. Abwicklungs- und Aufräumarbeiten einiger Mitarbeiter für kurze Zeit stehen der Annahme einer Betriebsschließung nicht entgegen.[279]

114

bbb. Zu einem früheren Zeitpunkt

Zu einem früheren Zeitpunkt dürfen durch § 19 Abs. 3 S. 1 geschützte Personen dann entlassen werden, wenn die Entlassung zu dem früheren Zeitpunkt durch **zwingende betriebliche Erfordernisse** bedingt ist. An den Begriff sind strenge Anforderungen zu stellen, damit die Kontinuität der Arbeit der MAV, die gerade zum Zeitpunkt der Schließung der Einrichtung sehr rege sein wird, nicht vor der Schließung zum Erliegen gebracht wird. Ein zwingendes betriebliches Erfordernis liegt für die vorzeitige Entlassung vor, wenn der zu Kündigende nicht mehr weiterbeschäftigt werden kann, weil die entsprechende Beschäftigung weggefallen ist und er auch mangels Eignung nicht auf einer anderen Stelle weiterbeschäftigt werden kann.[280]

115

Kann ein nach § 19 geschützter Mitarbeiter nach dem Wegfall seines Arbeitsplatzes nach seinen Fähigkeiten auf einem anderen Arbeitsplatz eingesetzt werden, ist dieser Arbeitsplatz aber durch einen anderen Mitarbeiter besetzt, so muss der Dienstgeber in Ansehung des § 19 den anderen Mitarbeiter vor dem besonders geschützten Mitarbeiter kündigen (freikündigen), weil letzterer Vorrang bei der Weiterbeschäftigung hat (Rn 123).

116

ee. Wirksamkeit der Kündigung

Ist die Kündigung vorsorglich erfolgt, ist es aber überhaupt nicht zur Schließung der Einrichtung gekommen, so ist die Kündigung wirkungslos, das Arbeitsverhältnis dauert weiter fort. Erfolgt die Schließung erst später als ursprünglich mit der Kündigung beabsichtigt, so wirkt die Kündigung erst zum nächstzulässigen Kündigungstermin, in dem die Schließung der Einrichtung oder der Wegfall der Beschäftigungsmöglichkeit eingetreten ist.[281] Das entspricht dem Grundsatz, dass eine nicht fristgerechte Kündigung zum nächstzulässigen Kündigungstermin wirkt.[282]

117

b. Kündigungsschutz bei teilweiser Schließung der Einrichtung

§ 19 Abs. 3 S. 2 regelt den Fall, in dem nicht die gesamte Dienststelle oder Einrichtung geschlossen wird, sondern nur ein Teil derselben. Dann ist die ordentliche Kündigung grundsätzlich ausgeschlossen. Die durch § 19 geschützten Mitarbeiter sind in einem anderen Teil der Einrichtung weiterzubeschäftigen. Diese Vorschrift entspricht § 15 Abs. 5 S. 1 KSchG. Steht nach Stilllegung einer Einrichtungsabteilung nur eine begrenzte Zahl von Weiterbeschäftigungsmöglichkeiten in einer anderen Abteilung der Einrichtung zur Verfügung, genießen die aktiven MAV-Mitglieder zur Sicherung der Stetigkeit der MAV-Arbeit bei der Besetzung der Stellen Vorrang vor den im Nachwirkungszeitraum sonderkündigungsgeschützten Ersatzmitgliedern.[283]

118

---

278 *BAG*, 26. 10. 1967 – 2 AZR 422/66, AP Nr. 17 zu § 13 KSchG; KR-*Etzel*, § 15 KSchG Rn 102 m. N.
279 KR-*Etzel*, § 15 KSchG Rn 102a m. N.
280 KR-*Etzel*, § 15 KSchG Rn 103 m. N.
281 *BAG*, 23. 4. 1980 – 5 AZR 49/78, EzA § 15 n. F. KSchG Nr. 24.
282 KR-*Etzel*, § 15 KSchG Rn 109 m. N.
283 *BAG*, 2. 3. 2006 – 2 AZR 83/05, DB 2006, 2299 = NZA 2006, 988.

aa. Begriff der Schließung eines Teils der Einrichtung

119 Ein Teil der Einrichtung liegt vor, wenn in einem organisatorisch abgegrenzten Teil der Einrichtung eine personelle Identität, eigene technische Betriebsmittel sowie ein eigener Teilbetriebszweck, der auch in einem Hilfszweck bestehen kann, vorhanden sind. Unerheblich ist die Zahl der beschäftigten Mitarbeiter. Teil der Einrichtung können eine Abteilung, eine Gruppe oder eine Einrichtung, die Teil einer Gesamteinrichtung ist, sein. Soweit für eine Teileinrichtung eine eigene MAV besteht, ist sie nicht Teileinrichtung im Sinne dieser Vorschrift. Es gilt dann für den Fall ihrer Schließung § 19 Abs. 3 S. 1. Es geht darum, dass trotz des Wegfalls des Arbeitsplatzes für eine gemäß § 19 geschützte Person durch die Teilschließung die Fortsetzung des Arbeitsverhältnisses durch Übernahme auf eine andere Stelle in den vor der Schließung bewahrten Teilen der Einrichtung gesichert ist. Die Beurteilung der Teilschließung als solche richtet sich nach den Kriterien für die einer Einrichtung. Der Dienstgeber trifft die Entscheidung und schränkt seine Tätigkeit ein.

bb. Übernahme in einen anderen Teil der Einrichtung

120 Der Dienstgeber muss bei der Schließung einer Teileinrichtung oder eines Teils der Einrichtung nach § 19 geschützte Mitarbeiter in andere Teile der Einrichtung übernehmen. Dabei muss ein **gleichwertiger Arbeitsplatz** zur Verfügung gestellt werden. Fraglich ist, ob der Dienstgeber, wenn ein gleichwertiger Arbeitsplatz besetzt ist, zugunsten des durch § 19 geschützten Mitarbeiters einen anderen Mitarbeiter entlassen kann. Die damit verbundene **Freikündigung** wird im Grundsatz als zulässig erachtet.[284] Das gilt auch für Wahlbewerber.[285] Bestehen Rationalisierungsschutzbestimmungen (etwa Anlage 23 zur KAVO der Diözesen in NRW), hat der Dienstgeber diejenigen Bemühungen aufzubringen und umzusetzen, welche für den Wegfall von Arbeitsplätzen vorgesehen sind.[286] Denn die Einrichtung bleibt und insoweit auch der Arbeitsplatz, während es bei der Schließung der ganzen Einrichtung lediglich um die zeitliche Reihenfolge der Entlassung geht. Man wird daher die sozialen Belange des weniger stark geschützten und des durch § 19 besonders geschützten Mitarbeiters mit Blick auf das Interesse an einer Weiterbeschäftigung abzuwägen haben. Dabei können erhebliche Schwierigkeiten auftreten, wenn z. B. besondere Kündigungsschutzbestimmungen des staatlichen Rechtsbereichs (z. B. § 85 SGB IX) relevant werden, auf die sich der durch § 19 nicht geschützte Mitarbeiter berufen kann.[287] Ein Anspruch auf Zuweisung eines höherwertigen Arbeitsplatzes besteht nicht,[288] weil das MAV-Mitglied nicht begünstigt werden darf (§ 18 Abs. 1).[289]

cc. Zulässigkeit der Kündigung

121 Ist eine Weiterbeschäftigung durch Übernahme in einen anderen Teil der Einrichtung aus betrieblichen Gründen nicht möglich, so ist die Kündigung des geschützten Mitarbeiters so durchzuführen, als würde die ganze Einrichtung geschlossen (§ 19 Abs. 3 S. 3). Der Dienstgeber hat die MAV vor Ausspruch der Kündigung zu hören (§ 30) und sie über die geplante Einschränkung der Einrichtung zu unterrichten, anzuhören und zur Mitberatung einzuschalten (§ 29 Abs. 1 Nr. 17). Bei der Überprüfung einer betriebsbedingten Kündigung, die auf den Wegfall des bisherigen Arbeitsplatzes gestützt wird, ist nicht nur der Zeitpunkt der Kündigung maßgeblich. Denn war zum Zeitpunkt der Kündigung ein anderer Arbeitsplatz frei, der bis zum Zugang der Kündigung vom Dienstgeber neu besetzt worden ist, dann ist die Kündigung sozialwidrig.[290] Fallen bei einer betriebsbedingten Kündigung die betrieblichen Erfordernisse, die einer Weiterbeschäftigung des Mitarbeiters entgegen-

---

284 *BAG*, 18. 10. 2000 – 2 AZR 494/99, NZA 2001, 321 = NJW 2001, 2420.
285 *BAG*, 12. 3. 2009 – 2 AZR 47/08, NZA 2009, 1264.
286 *BAG*, 6. 10. 2005 – 2 AZR 362/04, ZTR 2006, 438.
287 Vgl. KR-*Etzel*, § 15 KSchG Rn 126.
288 *LAG Köln*, 31. 5. 1989 – 2 Sa 1076/88, DB 1989, 2234.
289 *BAG*, 23. 2. 2010 – 2 AZR 656/08, NZA 2010, 1288.
290 *LAG Berlin*, 29. 8. 1988 – 12 Sa 40/88 und 59/88, DB 1988, 2264; Abweichung von *BAG*, 6. 6. 1984 – 7 AZR 451/82, DB 1984, 2704.

standen, noch während des Laufs der Kündigungsfrist nachträglich weg, so kann der zunächst wirksam gekündigte Mitarbeiter einen Anspruch auf **Wiedereinstellung** haben.[291] Eine ohne Einhaltung des nach § 30 Abs. 1 und 2 vorgeschriebenen Anhörungsverfahrens ausgesprochene Kündigung ist unwirksam (§ 30 Abs. 5). Im Falle der Wiedereinstellung ist das Beteiligungsverfahren nach § 34 einzuhalten, weil wegen der vorangegangenen Kündigung ein neuer Arbeitsvertrag, ggf. mit veränderten Bedingungen, abzuschließen ist (§ 13c Rn 11).

c. Wegfall des Arbeitsplatzes

Fällt nur der Arbeitsplatz des Mitgliedes der MAV etwa durch Streichung einer Hierarchieebene oder Veränderung der Ablauforganisation weg, bleibt das betroffene MAV-Mitglied gemäß § 19 dennoch geschützt. Der Dienstgeber muss einen Ersatzarbeitsplatz zur Verfügung stellen. In solchen Fällen ist auch nach dem allgemeinen Kündigungsschutzrecht stets zu prüfen, ob der Arbeitsplatz wirklich entfallen ist und die Organisationsentscheidung des Dienstgebers nicht offensichtlich unsachlich oder willkürlich ist.[292] Eine Weiterbeschäftigung in demselben Betrieb oder in einem anderen Betrieb des Unternehmens setzt einen freien Arbeitsplatz voraus, für den der Arbeitnehmer die erforderlichen Kenntnisse hat. Dabei unterliegt die Gestaltung des Anforderungsprofils für den freien Arbeitsplatz der lediglich auf offenbare Unsachlichkeit zu überprüfenden Unternehmensdisposition des Arbeitgebers.[293] Im Zweifel kann also eine Versetzung des Mitglieds der MAV in Betracht kommen, um eine betriebsbedingte Kündigung zu vermeiden (vgl. § 18 Abs. 2).[294] Zur Freikündigung eines anderen Arbeitsplatzes vgl. Rn 120.

122

VI. Verhältnis zu anderen Kündigungsschutzvorschriften

Kündigt der Dienstgeber gemäß § 19 einem Mitarbeiter, so hat er die sonstigen kündigungsschutzrechtlichen Vorschriften außerhalb der MAVO, nämlich § 1 KSchG, §§ 85 ff. SGB IX, § 9 MuSchG, § 2 ArbPlSchG, § 18 BEEG zu beachten. Er muss daher ggf. behördliche Zustimmungen (Integrationsamt bei schwerbehinderten Menschen, Amt für Arbeitsschutz bei Frauen mit Mutterschutz) beantragen und abwarten. Im Falle beabsichtigter außerordentlicher Kündigung eines schwerbehinderten Menschen gilt § 91 SGB IX i. V. m. § 626 BGB. Wird die Zustimmung zur außerordentlichen Kündigung eines schwerbehinderten Menschen erst vom Widerspruchsausschuss erteilt, so muss die Kündigung, wenn die Frist des § 626 Abs. 2 S. 1 BGB verstrichen ist, unverzüglich (§ 121 Abs. 1 BGB) erklärt werden, sobald der Arbeitgeber sichere Kenntnis davon hat, dass der Widerspruchsausschuss zustimmt. Hierfür reicht die mündliche Bekanntgabe aus, dass dem Widerspruch stattgegeben wird.[295]

123

Bestimmen **Arbeitsverträge** auf Grund von **Arbeitsvertragsordnungen** oder in Bezug genommenem Tarifvertrag, dass eine ordentliche Kündigung ab einer bestimmten Beschäftigungszeit oder Betriebszugehörigkeit und nach Erreichen eines näher genannten Lebensalters ausgeschlossen ist (sog. ordentliche **Unkündbarkeit**, vgl. § 53 Abs. 3 ABD, § 14 Abs. 5 AVR, § 34 Abs. 2 TVöD, § 41 Abs. 3 S. 1 KAVO), so ist das auch im Falle des § 19 Abs. 3 MAVO zu berücksichtigen. Eine außerordentliche betriebsbedingte Kündigung mit sozialer Auslauffrist gegen einen nach Arbeitsvertrag ordentlich nicht mehr kündbaren Arbeitnehmer kommt als Alternative nur in Frage, wenn der Arbeitgeber alle zumutbaren Mittel ausgeschöpft hat, um den Arbeitnehmer, dessen bisheriger Arbeitsplatz weggefallen ist, anderweitig zu beschäftigen. Dazu gehört dann auch eine Umorganisation und notfalls das »**Freikündigen**« von Arbeitsplätzen, auf denen Arbeitnehmer beschäftigt sind, die ihrerseits den Status der »Unkündbarkeit« noch nicht erreicht haben. Nur wenn der Arbeitgeber darlegt, dass trotz dieser verschärften Anforderungen eine Weiterbeschäftigung nicht möglich oder nicht zumutbar ist,

124

---

291 *BAG*, 27. 2. 1997 – 2 AZR 160/96, NZA 1997, 757.
292 *BAG*, 10. 10. 2002 – 2 AZR 598/01, DB 2003, 506.
293 *BAG*, 24. 6. 2004 – 2 AZR 326/03, ZTR 2005, 106.
294 *BAG*, 23. 11. 2004 – 2 AZR 24/04, ZTR 2005, 540, LS.
295 *BAG*, 21. 4. 2005 – 2 AZR 255/04, NZA 2005, 991.

II. Die Mitarbeitervertretung

weil der weiter gezahlten Arbeitsvergütung keine angemessene Arbeitsleistung gegenübergestellt werden kann, kann die Kündigung nach § 626 Abs. 1 BGB gerechtfertigt werden.[296]

125 Gemäß § 613a Abs. 4 S. 1 BGB ist die Kündigung des Arbeitsverhältnisses durch den bisherigen Arbeitgeber oder durch den neuen Inhaber wegen **Betriebsübergangs** (§ 613a Abs. 1 BGB) eines Betriebs oder Betriebsteils unwirksam. Allerdings kann der Arbeitnehmer, also auch das Mitglied der MAV, dem Übergang des Arbeitsverhältnisses **widersprechen** (§ 613a Abs. 6 BGB). In diesem Fall bleibt der Mitarbeiter vertraglich Mitarbeiter seines bisherigen Dienstgebers. Hat aber der bisherige Dienstgeber wegen Wegfalls des Arbeitsplatzes oder eines ähnlichen Arbeitsplatzes für das MAV-Mitglied keine Beschäftigungsmöglichkeit mehr, so kann die Fortsetzung des Arbeitsverhältnisses für ihn unzumutbar sein mit der Folge, dass er unter Einhaltung der ordentlichen Kündigungsfrist außerordentlich aus wichtigem Grund kündigen kann (§ 19 Abs. 1 S. 1 MAVO, § 626 Abs. 1 BGB).[297] Liegt lediglich ein Betriebsteilübergang vor, taucht die Frage der Freikündigung (Rn 120, 124) auf, falls kein sonst freier Arbeitsplatz zur Verfügung steht.

126 Die Grundsätze über die soziale Auswahl (§ 1 Abs. 3 KSchG) finden Anwendung, wenn nur ein Teil der nach § 19 Abs. 3 geschützten Personen weiterbeschäftigt werden kann, wobei die aktiven Mandatsträger zur Sicherung der Stetigkeit der MAV-Arbeit bei der Besetzung der Stellen Vorrang vor dem im Nachwirkungszeitraum sonderkündigungsgeschützten Personenkreis (z. B. Ersatzmitglieder, Wahlbewerber, Mitglieder des Wahlausschusses – Abs. 2) genießen.[298] Folglich hat arbeitsvertraglicher Schutz vor ordentlicher Kündigung anderer Mitarbeiter, die nicht Mandatsträger sind, bei der Sozialauswahl Nachrangigkeit gegenüber den geschützten Mandatsträgern. Arbeitsvertraglicher Kündigungsschutz rangiert hinter gesetzlichem Kündigungsschutz.[299] Betreibt der Dienstgeber Filialen, die keine eigenständigen Betriebe bilden, darf er bei der Sozialauswahl keine Belegschaft der Filialen außer Acht lassen. Er muss dann prüfen, ob unter den Mitarbeitern bzw. Mitarbeiterinnen keine dem zu Kündigenden vergleichbaren Mitarbeiter tätig sind.[300] Probleme ergeben sich im Falle der Konkurrenz des Schutzes vor der ordentlichen Kündigung gemäß § 19 einerseits und Konkurrenzfällen zwischen § 19 MAVO und staatlichen gesetzlichen Kündigungsschutzbestimmungen zugunsten schwerbehinderter Menschen, dem Mutterschutzrecht zuzuordnenden Frauen sowie den in Elternzeit befindlichen Personen und denen, die nach dem Pflegezeitgesetz geschützt sind. Im Falle des § 19 MAVO ergibt sich ein Vorrang zugunsten des aktiven Mitglieds der MAV. Der Sonderkündigungsschutz des MAV-Mitglieds ragt in den staatlichen Rechtskreis hinein. Da aber die MAVO nicht staatliches Recht ist, wie etwa der Kündigungsschutz für Betriebsratsmitglieder oder Mitglieder des Personalrats (§ 15 KSchG), ist im Streitfall nach Einschaltung staatlicher Behörden für den Sonderkündigungsschutz die staatliche Arbeitsgerichtsbarkeit zuständig.

VII. Streitigkeiten über die Kündigung

127 Streitigkeiten über Kündigungen gemäß § 19 fallen unter die Zuständigkeit der staatlichen Arbeitsgerichte (§ 4 S. 1 i. V. m. § 1 KSchG; § 13 Abs. 1 S. 2 i. V. m. § 4 S. 1 KSchG). Klageberechtigt ist der gekündigte Mitarbeiter bzw. die gekündigte Mitarbeiterin. Der gemäß § 19 normierte Kündigungsschutz wirkt in den staatlichen Rechtskreis hinein.

128 Die MAVO regelt nicht, dass und unter welchen Voraussetzungen der Dienstgeber berechtigt ist, die **Auflösung des Arbeitsverhältnisses von Funktionsträgern i. S. d. MAVO (Rn 10)** gemäß § 9 Abs. 1 S. 2 KSchG durch das Arbeitsgericht zu beantragen. Dem Sinn und Zweck des § 19 würde der Auf-

---

[296] *LAG Berlin*, 14. 11. 2002 – 16 Sa 1541/01, ZTR 2003, 249 unter Hinweis auf: *BAG*, 12. 8. 1999 – 2 AZR 748/98, NZA 1999, 1267; 17. 9. 1998 – 2 AZR 419/97, NZA 1999, 258; 5. 2. 1998 – 2 AZR 227/97, NZA 1998, 771.
[297] Vgl. *VerwG der EKD*, 28. 1. 1999 – 0124/C 13–98, RsprBeilage Amtsblatt der EKD 1999 S. 30.
[298] *BAG*, 2. 3. 2006 – 2 AZR 83/05, NZA 2006, 988.
[299] *Wimmers*, ZMV 2007, 287.
[300] *BAG*, 3. 4. 2008 – 2 AZR 879/06, NZA 2008, 1060.

lösungsantrag des Dienstgebers widersprechen, weil der Kündigungsschutz der MAVO umgangen werden könnte. Andererseits lässt § 19 die außerordentliche Kündigung aus wichtigem Grund und die ordentliche Kündigung in Fällen der **Verletzung von Loyalitätsobliegenheiten** und Schließung der Einrichtung zu. Stellt das Arbeitsgericht die Unwirksamkeit der außerordentlichen Kündigung fest, kann gemäß § 13 Abs. 1 S. 3 KSchG nur der betroffene Mitarbeiter die Auflösung des Arbeitsverhältnisses gegen Zahlung einer Abfindung beantragen. Stellt das Arbeitsgericht fest, dass die **vom Dienstgeber ausgesprochene ordentliche verhaltensbedingte Kündigung sozialwidrig** war, kann der Dienstgeber gemäß § 9 Abs. 1 S. 2 KSchG die Auflösung des Arbeitsverhältnisses durch das Gericht beantragen.[301] Voraussetzung für den Erfolg des Antrages des Dienstgebers ist, dass Gründe vorliegen, welche die **Glaubwürdigkeit des kirchlichen Dienstgebers**, auf die er von seiner Zielsetzung her angewiesen ist, einbüßen lassen.[302]

Soweit eine Streitigkeit darüber besteht, ob die Probezeit wegen ihrer Dauer wirksam vereinbart ist, weil sie einerseits als unangemessen lang festgelegt empfunden, andererseits infolgedessen der Kündigungsschutz vor der ordentlichen Kündigung gemäß § 19 Abs. 2 als noch nicht existent erachtet wird, kann dies im Falle dienstgeberseitiger Kündigung mit einer Kündigungsschutzklage durch den betroffenen Mitarbeiter vor dem Arbeitsgericht geltend gemacht werden, damit dort festgestellt wird, dass der besondere Kündigungsschutz im Falle ordentlicher Kündigung bereits eingetreten war, als die arbeitgeberseitige Kündigung ausgesprochen wurde. 129

VIII. Amtsausübung nach der Kündigung

Solange ein Mitglied nach einer außerordentlichen oder ordentlichen Kündigung weiterbeschäftigt wird, ist es Mitarbeiter i. S. d. MAVO (§ 3 Abs. 1 S. 1 Nr. 1) und kann daher sein Amt als MAV-Mitglied wahrnehmen (§ 8 Rn 9 ff.). Die Zulässigkeit seiner Amtsführung unterliegt nicht staatlicher Rechtskontrolle (§ 8 Rn 63). Der Dienstgeber kann aber gemäß § 13b Abs. 3 die Ausübung des Dienstes untersagen, so dass davon die Amtsausübung als Mitglied der MAV betroffen ist, weil die Mitgliedschaft in der MAV ruht (§ 13b Abs. 3 S. 1). Im Streitfall entscheidet über das Ruhen der Mitgliedschaft das Kirchliche Arbeitsgericht (§ 2 Abs. 2 KAGO) auf Antrag des Betroffenen. Das staatliche Arbeitsgericht ist für die Frage der Untersagung des Dienstes zuständig. 130

§ 20 Schweigepflicht

Die Mitglieder und die Ersatzmitglieder der Mitarbeitervertretung haben über dienstliche Angelegenheiten oder Tatsachen, die ihnen auf Grund ihrer Zugehörigkeit zur Mitarbeitervertretung bekannt geworden sind, Stillschweigen zu bewahren. Dies gilt auch für die Zeit nach Ausscheiden aus der Mitarbeitervertretung. Die Schweigepflicht besteht nicht für solche dienstlichen Angelegenheiten oder Tatsachen, die offenkundig sind oder ihrer Bedeutung nach keiner Geheimhaltung bedürfen. Die Schweigepflicht gilt ferner nicht gegenüber Mitgliedern der Mitarbeitervertretung sowie gegenüber der Gesamtmitarbeitervertretung. Eine Verletzung der Schweigepflicht stellt in der Regel eine grobe Pflichtverletzung im Sinne des § 13c Nr. 4 dar.

Übersicht	Rn		Rn
I. Vorbemerkung	1– 6	3. Mitglieder der Gesamt-	
II. Sinn des Schweigegebots	7	mitarbeitervertretung	11
III. Adressatenkreis des Schweigegebots	8–22	4. Mitglieder der diözesanen	
1. Mitglieder und Ersatzmitglieder		Arbeitsgemeinschaft	12
der MAV	8, 9	5. Sprecher der Jugendlichen und	
2. Mitglieder der Sondervertretung	10	Auszubildenden	13

---

301 KR-*Spilger*, § 9 KSchG Rn 13.
302 Vgl. *BVerfG*, 9. 2. 1990 – 1 BvR 717/87, NJW 1990, 2053; *LAG Niedersachsen*, 9. 3. 1989 – 14 Sa 1608/88, NJW 1990, 534, 535 zum Auflösungsantrag.

		Rn			Rn
	6. Die Schwerbehindertenvertretung	14		1. Zeugen	26
	7. Der Vertrauensmann der Zivildienstleistenden	15		2. MAV-Mitglieder untereinander	27
	8. Mitglieder des Wahlausschusses, Schreibhilfen der MAV	16–18		3. Sprecher der Jugendlichen und der Auszubildenden, Schwerbehindertenvertretung	28
	9. Mitglieder der Einigungsstelle und der kirchlichen Arbeitsgerichte	19		4. Mitglieder der Gesamtmitarbeitervertretung	29
	10. Dienstgeber und dessen Beauftragte	20		5. Die Mitglieder der diözesanen Arbeitsgemeinschaft	30
	11. Ehemalige Amtsträger	21		6. Offenkundige Tatsachen	31
	12. Teilnehmer einer Mitarbeiterversammlung	22		7. Öffentlichkeitsarbeit der MAV	32
IV.	Umfang des Schweigegebots	23–25	VI.	Folgen der Verletzung der Schweigepflicht	33–36
V.	Ausnahmen von der Schweigepflicht	26–32	VII.	Datengeheimnis	37–39
			VIII.	Berufliche Schweigepflicht (Exkurs)	40

I. Vorbemerkung

1 Die Vorschrift orientiert sich an § 10 BPersVG. Sie erstreckt sich nicht allein auf die Mitglieder der MAV, sondern auf Personen, die Aufgaben oder Befugnisse nach der MAVO wahrnehmen oder wahrgenommen haben. Dazu gehören deshalb auch die Mitglieder der Vertretungen gemäß §§ 1b, 23, 24, 51 Abs. 2, 52 Abs. 2. Wenn auch nicht ausdrücklich erwähnt, gehören die Mitglieder des Wahlausschusses und der Vertrauensmann der Zivildienstleistenden zu den Adressaten der Verschwiegenheitspflicht. Besondere Bedeutung hat die Vorschrift auch mit Blick auf § 27a zur vertraulichen Behandlung von Betriebs- und Geschäftsgeheimnissen. Eine Beschränkung der Verschwiegenheitspflicht nur auf dienstliche Angelegenheiten besteht nicht. Es geht ganz allgemein um den Schutz der Vertraulichkeit.

2 Das Betriebsverfassungsgesetz regelt die **Verschwiegenheitspflicht** an verschiedenen Stellen. § 79 BetrVG i. V. m. § 120 BetrVG regelt die Geheimhaltungspflicht, die auf echte Betriebs- oder Geschäftsgeheimnisse beschränkt ist.[1] Unter den Begriff fällt jede im Zusammenhang mit einem Betrieb stehende Tatsache, die nicht offenkundig, sondern nur einem eng begrenzten Personenkreis bekannt ist und nach dem Willen des Betriebsinhabers auf Grund eines berechtigten wirtschaftlichen Interesses geheim gehalten werden soll[2] (siehe auch § 27a Abs. 6).

3 Die **Geheimhaltungspflicht** gilt nicht zwischen den einzelnen Institutionen des BetrVG. Allerdings gilt die Verschwiegenheit der Betriebsratsmitglieder gegenüber der Jugend- und Auszubildendenvertretung, nicht aber umgekehrt. Ist die Weitergabe von Betriebs- oder Geschäftsgeheimnissen innerhalb der verschiedenen Institutionen der Betriebsverfassung zulässig, darf diese Weitergabe nur unter ausdrücklichem Hinweis auf die Geheimhaltung erfolgen.[3]

4 Neben der Wahrung der Geheimhaltung der Betriebs- und Geschäftsgeheimnisse (§ 79 BetrVG) sind weitere Verschwiegenheitspflichten geregelt, die sich insbesondere auch auf die persönlichen Verhältnisse einzelner Arbeitnehmer beziehen. Dazu gehört die Schweigepflicht des Betriebsratsmitgliedes, das von einem Arbeitnehmer bei der Erörterung seines Arbeitsentgelts, seiner Leistungen sowie seiner beruflichen Entwicklung im Betrieb hinzugezogen wird (§ 82 Abs. 2 BetrVG). Eine Schweigepflicht besteht für das von einem Arbeitnehmer zur Einsicht in seine Personalakten hinzugezogene Betriebsratsmitglied (§ 83 Abs. 1 BetrVG). Auch im Falle von personellen Einzelmaßnahmen (§ 99 Abs. 1

---

[1] *HSWGN-Nicolai*, BetrVG § 79 Rn 1; *Richardi/Thüsing*, BetrVG § 79 Rn 2.
[2] *BAG*, 23. 6. 1987 – 6 ABR 46/84, m. N., BB 1987, 2448.
[3] *HSWGN-Nicolai*, BetrVG § 79 Rn 6.

BetrVG) wie Einstellung, Eingruppierung, Umgruppierung und Versetzung besteht wegen der im Rahmen der personellen Maßnahmen bekannt gewordenen persönlichen Verhältnisse und Angelegenheiten Schweigepflicht, wenn wegen ihrer Bedeutung oder ihres Inhalts vertrauliche Behandlung erforderlich ist. Dasselbe gilt im Falle von Kündigungen von Arbeitnehmern, wenn der Betriebsrat im Rahmen des Anhörungsverfahrens Kenntnisse über Verhältnisse und Angelegenheiten des Arbeitnehmers erhält, die mit der Kündigung in Zusammenhang stehen (§ 102 Abs. 2 BetrVG). Gewährt ein MAV-Mitglied einem Dritten Einsicht in Bewerbungsunterlagen, die ihm wegen einer beabsichtigten Einstellung vorgelegt worden sind, liegt ein Verstoß gegen die gesetzliche Geheimhaltungspflicht vor, der den Ausschluss aus der MAV rechtfertigt.[4]

Das Bundespersonalvertretungsgesetz regelt in §§ 10, 101 Abs. 2 BPersVG die Schweigepflicht aktiver und ehemaliger Amtsträger i. S. d. Gesetzes. Die Schweigepflicht erstreckt sich umfassend auf alle Angelegenheiten und Tatsachen, welche den Personen bekannt geworden sind, die Aufgaben und Befugnisse nach dem BPersVG wahrnehmen oder wahrgenommen haben, so u. a, auch Vertrauensleute der schwerbehinderten Menschen, Teilnehmer an Personalversammlungen.[5]

Die Schweigepflicht gemäß § 20 MAVO ist sehr umfassend geregelt, erstreckt sich allerdings im Gegensatz zum unmittelbaren Vorbild des § 10 BPersVG nur auf »dienstliche« Angelegenheiten und Tatsachen. Sie erstreckt sich auch auf Vorgänge innerhalb der MAV.[6] Auf die Ausführungen zu Rn 8 ff. wird hingewiesen.

II. Sinn des Schweigegebots

§ 20 regelt eine Hauptpflicht des Mitarbeitervertretungsrechts. Die Verschwiegenheitspflicht, Schweigepflicht genannt, dienst dem Zweck, die Funktionsfähigkeit der MAV zu gewährleisten, was aus der Sanktionsvorschrift in § 20 mit Blick auf § 13c Nr. 4 deutlich wird. Die Mitglieder der MAV müssen untereinander frei und offen diskutieren können. Deshalb muss unter ihnen die Gewissheit bestehen, dass Inhalt und Ablauf der Sitzungen der MAV nicht nach außen getragen werden. Die Vorschrift dient in Bezug auf interne Vorgänge der MAV dem Schutz der freien und unabhängigen Willensbildung.[7] Gegenüber dem Betriebsverfassungsgesetz ist die Pflicht umfassender und geht auch über den Schutz des Geheimnisses nach §§ 203 Abs. 2 S. 1 Nr. 1, 353b Abs. 1 S. 1 Nr. 1 StGB hinaus. Die MAVO ordnet die absolute Verschwiegenheitspflicht an. Diese besteht für alle von der Vorschrift betroffenen Adressaten gleichmäßig und neben den besonderen Schweigepflichten, die sich aus der jeweiligen beruflichen Position als Mitarbeiter (z. B. dienstrechtlich oder arbeitsvertraglich) ergeben. Die MAVO hat in § 26 Abs. 1 Dienstgeber und Mitarbeitervertretung die vertrauensvolle Zusammenarbeit und gegenseitige Unterstützung bei der Erfüllung der Aufgaben zur Pflicht gemacht. Eine solche Zusammenarbeit und gegenseitige Unterstützung lassen sich nur verwirklichen, wenn zwischen allen Beteiligten ein **Vertrauensverhältnis** dadurch erworben wird, dass jeder vom anderen mit guten Gründen erwarten kann, dass er seine Aufgaben mit guter Sorgfalt wahrnimmt und über alles, was ihm im Rahmen seiner Tätigkeit zur Kenntnis gebracht worden ist, Unberechtigten gegenüber schweigt. Das fördert wiederum den für die gegenseitige Information notwendigen Austausch von Tatsachen, die für die Entscheidungsfindung der gemäß MAVO mit Aufgaben und Befugnissen ausgestatteten Personen erheblich sind. Nur dann kann der Dienstgeber die Unterlagen vorlegen, die andererseits die MAV, die Vertrauensperson der schwerbehinderten Menschen oder der Sprecher der Jugendlichen und Auszubildenden zur Erfüllung ihrer Aufgaben benötigen. Zum Stillschweigen sind deshalb auch die verpflichtet, die in der Vergangenheit Aufgaben in der MAV wahrgenommen haben (§ 20 S. 2).

---

4 Vgl. zum BetrVG *Arbeitsgericht Wesel*, 16. 10. 2008 – 5 BV 34/08, NZA 2009, 221.
5 *Ilbertz/Widmaier*, BPersVG § 10 Rn 4.
6 *Richardi*, Arbeitsrecht in der Kirche § 18 Rn 93.
7 Vgl. *BVerwG*, 11. 1. 2006 NVwZ-RR 2006, 333.

III. Adressatenkreis des Schweigegebots

1. Mitglieder und Ersatzmitglieder der MAV

8   Zu den Personen, die der Schweigepflicht unterliegen, gehören neben den Mitgliedern der MAV die Ersatzmitglieder, soweit sie mit Aufgaben der MAV oder eines einzelnen Mitgliedes der MAV befasst waren. Tatsachen, die sie in einem anderen Zusammenhang als dem ihrer Zugehörigkeit zur MAV erfahren, fallen nicht unter die Schweigepflicht.

9   Der Schweigepflicht unterliegen ebenfalls die Mitglieder der gemeinsamen MAV (§ 1b). Weil verschiedene Dienstgeber Partner der gemeinsamen MAV sind, müssen sie jeder für sich in besonderer Weise klar stellen, was die gemeinsame MAV ggf. nicht im Verhältnis zum anderen beteiligten Dienstgeber verwerten darf (vgl. dazu auch § 22a Abs. 1 S. 3). Interna der MAV unterliegen ebenfalls der Schweigepflicht, an die auch von der MAV beauftragte Sachverständige gebunden sind, wenn sie für die MAV tätig geworden sind.

2. Mitglieder der Sondervertretung

10 Die Mitglieder der Sondervertretung gemäß § 23 Abs. 1 unterliegen der Schweigepflicht. Denn sie sind Mitglieder einer MAV (§ 23 Abs. 2 S. 1).

3. Mitglieder der Gesamtmitarbeitervertretung

11 Die Mitglieder der Gesamtmitarbeitervertretung sind gemäß § 24 Abs. 6 i. V. m. § 20 der Schweigepflicht unterworfen. Denn sie wirken gemäß § 24 Abs. 4 bei den Angelegenheiten i. S. d. §§ 26 bis 38 mit, bei denen Mitarbeiter aus dem Zuständigkeitsbereich mehrerer Mitarbeitervertretungen betroffen sind. Die **Mitglieder der erweiterten Gesamtmitarbeitervertretung** (§ 24 Abs. 2) haben eine besondere Verantwortung, weil sie aus verschiedenen Unternehmungen stammen, die möglicherweise nicht miteinander abgesprochene Ziele verfolgen. Aus diesem Grunde müssen die beteiligten Rechtsträger, die auf dem Markt womöglich als Konkurrenten auftreten, ihre Grundposition zur Bildung einer erweiterten Gesamtmitarbeitervertretung bedenken, ehe sie die Bildung einer erweiterten Gesamtmitarbeitervertretung vereinbaren (vgl. dazu: § 24 Abs. 2, 4 und 5).

4. Mitglieder der diözesanen Arbeitsgemeinschaft

12 Sind die Mitglieder der diözesanen Arbeitsgemeinschaft zugleich Mitglieder einer MAV oder Gesamt-MAV, so sind sie als solche den Geboten des § 20 unterworfen. Als Mitglieder der diözesanen Arbeitsgemeinschaft haben sie die Aufgaben i. S. d. § 25 Abs. 2 zu erfüllen. Diese Tätigkeit unterliegt nicht betrieblicher Vertraulichkeit, zumal ja gerade Erfahrungsaustausch stattfinden soll (§ 25 Abs. 2 Nr. 1).

5. Sprecher der Jugendlichen und Auszubildenden

13 Für die Sprecher der Jugendlichen und Auszubildenden gilt die Schweigepflicht gemäß § 51 Abs. 2 S. 1. Die Verletzung der Schweigepflicht kann zur Amtsenthebung führen (§ 20 S. 3).

6. Die Schwerbehindertenvertretung

14 Gemäß § 52 Abs. 5 S. 1 gilt für die Vertrauensperson der schwerbehinderten Menschen die Schweigepflicht wie für Mitglieder der MAV (§ 20). Sie erlangt Wissen durch ihr Amt und die Teilnahme an den Sitzungen der MAV. Die der MAV geltende Schweigepflicht erstreckt sich daher mit Recht auf die Schwerbehindertenvertretung. Im Falle der Verletzung der Schweigepflicht durch die Vertrauensperson ist als Sanktion der Ausschluss von der Teilnahme an den Sitzungen der MAV zu erwägen, zumal für die nach staatlichem Recht ins Amt gewählte Vertrauensperson der schwerbehinderten Menschen im Gegensatz zu § 50 Abs. 2 i. V. m. § 17 MVG-EKD ein Amtsenthebungsverfahren nicht ausdrücklich vorgesehen ist. Aber § 20 S. 3 MAVO erklärt die Verletzung der Schweigepflicht als in der Regel

grobe Pflichtverletzung i. S. d. § 13 Nr. 5, so dass deshalb als Sanktion für eine grobe Pflichtverletzung in Analogie zu § 13c Nr. 4 sogar ein Amtsenthebungsverfahren im Rahmen des kirchlichen Selbstbestimmungsrechts (Art. 140 GG i. V. m. Art. 137 Abs. 3 WRV) in Betracht kommen dürfte, weil anderenfalls § 20 S. 3 eine lex imperfecta wäre. Gemäß § 52 Abs. 5 S. 2 sei noch angemerkt: Scheidet die Vertrauensperson vorzeitig aus dem Amt aus, rückt das mit der höchsten Stimmenzahl gewählte stellvertretende Mitglied für den Rest der Amtszeit nach (§ 94 Abs. 7 S. 4 SGB IX). Auf Antrag eines Viertels der wahlberechtigten schwerbehinderten Menschen kann der Widerspruchsausschuss bei dem Integrationsamt (§ 119 SGB IX) das Erlöschen des Amtes einer Vertrauensperson wegen grober Verletzung ihrer Pflichten beschließen (§ 94 Abs. 7 S. 5 SGB IX). Im Einzelfall ist zu prüfen, ob gemäß § 155 Abs. 3 SGB IX Strafantrag zu stellen ist. Siehe weiter Rn 33 ff.

7. Der Vertrauensmann der Zivildienstleistenden

Die Schweigepflicht ist dem Vertrauensmann der Zivildienstleistenden durch die MAVO nicht auferlegt. Aus dem Kontext der MAVO hat wegen des Rechts zur Teilnahme an Sitzungen der MAV auch der Vertrauensmann der Zivildienstleistenden sich an die Grundsätze der Vertraulichkeit zu halten, so dass auch für ihn das Schweigegebot verbindlich ist (vgl. auch § 28 Abs. 1 ZDG).

8. Mitglieder des Wahlausschusses, Schreibhilfen der MAV

Weder die Mitglieder des Wahlausschusses (§ 9) noch die anforderbaren Schreibhilfen (§ 17 Abs. 2) werden zur Schweigepflicht erwähnt.

Eine Schweigepflicht kann sich für die Mitglieder des Wahlausschusses aus § 9 Abs. 7, für den Wahlversammlungsleiter und Wahlhelfer aus § 11c Abs. 4 ergeben, zumal wenn der Umgang mit sensiblen Daten die Schweigepflicht von der Sache her gebietet.

Schreibhilfen mit Aufgabenerledigung für die MAV sind von der MAV mit Rücksicht auf die Schweigepflicht der Mitglieder der MAV (§ 20) zur Geheimhaltung zu verpflichten. Die Aufgabenerledigung erfolgt gleichzeitig im Rahmen ihrer Arbeitspflicht (§ 17 Abs. 2), so dass ein Verstoß gegen die Schweigepflicht aus der Aufgabenübertragung Vertragsverletzung ist.[8]

9. Mitglieder der Einigungsstelle und der kirchlichen Arbeitsgerichte

Die Mitglieder der Einigungsstelle unterliegen der Schweigepflicht wegen des Beratungsgeheimnisses gemäß § 42 Abs. 1 S. 3 – auch nach Ausscheiden aus dem Amt. Der Vorsitzende der Einigungsstelle wird sie darauf verpflichten. Die Schweigepflicht gilt gemäß § 17 Abs. 1 S. 3 KAGO auch für die Richter des Kirchlichen Arbeitsgerichts und gemäß § 24 Abs. 1 KAGO für die Mitglieder des Kirchlichen Arbeitsgerichtshofs.

10. Dienstgeber und dessen Beauftragte

Wenn es auch nicht in der Ordnung selbst steht, so untersteht doch auch der Dienstgeber und jeder von ihm in Angelegenheiten der MAVO Beauftragte der Schweigepflicht im gleichen Umfang wie die Mitglieder der MAV. Das folgt aus dem Grundsatzgebot der vertrauensvollen Zusammenarbeit zwischen Dienstgeber und MAV gemäß § 26 Abs. 1. Auf die Ausführungen zu § 26 Rn 2 bis 12 wird verwiesen.

11. Ehemalige Amtsträger

An die Schweigepflicht sind auch die ehemaligen Amtsträger gebunden (§ 20 S. 2). Die Schweigepflicht endet nicht mit dem Ausscheiden oder der Versetzung in eine andere Dienststelle. Sie gilt ohne Einschränkung für alle weiter, die irgendwann einmal »über dienstliche Angelegenheiten

---
8 *Tiggelbeck*, Freiburger Kommentar zur MAVO, § 20 Rn 5.

oder Tatsachen« im Rahmen ihrer »Befugnisse und Pflichten« Kenntnisse erlangt haben. Die ausgeschiedenen Mitglieder der MAV sind **auch gegenüber** ihren **Nachfolgern** zur Verschwiegenheit verpflichtet. Das folgt aus der bereits erwähnten Ermöglichung vertrauensvoller Zusammenarbeit und dem Gebot der gegenseitigen Unterstützung bei der Erfüllung der Aufgaben nach dieser Ordnung. Die wichtigen und zur Weitergabe an die Nachfolger geeigneten Unterlagen und Niederschriften über Verhandlungen geben ausreichend Auskunft und vermögen zur Kontinuität der Arbeit der MAV beizutragen. Das könnte bei einer eingliedrigen MAV auf Schwierigkeiten stoßen, weshalb in der Kommentierung zu § 10 BPersVG[9] eine Unterrichtung der Nachfolger durch die Amtsvorgänger als zulässig angesehen wird, wenn ein vollständiger Wechsel der Personen stattgefunden hat oder eine Angelegenheit noch nicht abgeschlossen ist. Die Unterrichtung in diesen Fällen wird dann nicht als Verletzung der Schweigepflicht bewertet.

12. Teilnehmer einer Mitarbeiterversammlung

22 Teilnehmer einer Mitarbeiterversammlung unterliegen nicht der Schweigepflicht, solange sie nicht besonders darauf hingewiesen werden, was als vertraulich zu behandeln ist.[10] Im Falle des Bruchs der Vertraulichkeit gelten die arbeitsrechtlichen Bestimmungen unter Einbeziehung der Arbeitsvertragsordnung (vgl. z. B. § 5 Abs. 1 AVR-Caritas).

IV. Umfang des Schweigegebots

23 Die Schweigepflicht besteht darin, die unter die Amtsverschwiegenheit fallenden Angelegenheiten und Tatsachen nicht unbefugten Dritten zu offenbaren oder für eigene Interessen zu verwerten.[11] Sie bezieht sich auf **alle Angelegenheiten und Tatsachen dienstlicher Art**, die im Rahmen der Wahrnehmung von Aufgaben oder Befugnissen nach der MAVO bekannt geworden sind. Es kommt nicht darauf an, wo eine bestimmte Angelegenheit oder Tatsache in Ausübung des Amtes als MAV-Mitglied oder in anderer nach dieser Ordnung geregelten Eigenschaft bekannt geworden ist. Es kommen auch gelegentlich einer Akteneinsicht bekannt gewordene Tatsachen in Betracht, die z. B. mit Themen einer Sitzung der MAV nicht in Zusammenhang stehen. Zu den Tatsachen dienstlicher Art gehören allerdings auch solche, die im außerdienstlichen Bereich angesiedelt sind, aber auf Grund des besonderen kirchlichen Dienst- und Arbeitsrechts dienstlich bzw. arbeitsrechtlich relevant sind und deshalb in den Aufgabenkreis der Amtsträger i. S. d. MAVO im Wege ihrer Mitwirkungsrechte nach MAVO hineinragen.

24 Die Schweigepflicht gilt **gegenüber jedermann**, nämlich Außenstehenden und Angehörigen der Dienststelle. Auch gegenüber dem Dienstgeber besteht grundsätzlich eine Pflicht zur Verschwiegenheit, dies besonders dann, wenn in einer Sitzung der MAV ohne Beteiligung des Dienstgebers oder seines Beauftragten Angelegenheiten behandelt worden sind. Darüber hinaus gehören zur Verschwiegenheitspflicht auch Angelegenheiten, die zur **Privatsphäre eines Mitarbeiters** zählen. Deshalb handelt die MAV pflichtwidrig, wenn sie durch Aushang am Schwarzen Brett Sitzungsprotokolle veröffentlicht, in denen die Vergütungsgruppen mit Fallgruppen bzw. die Lohnhöhe der von einer personellen Maßnahme (z. B. Einstellung, Umgruppierung) betroffenen Mitarbeiter aufgeführt sind. Angaben dieser Art sind der Intimsphäre des Mitarbeiters zuzuordnen und deshalb nicht für die Allgemeinheit bestimmt. Die Daten über Einkommen und Vermögen sind als personenbezogen gemäß § 3 Abs. 1 BDSG geschützt. Sie dürfen vom Empfänger (MAV) weder bekannt gegeben (§ 5 BDSG) noch weitergegeben (§ 28 BDSG) werden.[12] **Auf die einschlägigen Bestimmungen der KDO wird hingewiesen.**

---

9 *Ilbertz/Widmaier*, BPersVG § 10 Rn 8.
10 *Baumann-Czichon/Germer*, MVG-EKD § 31 Rn 25.
11 *Treber*, in: Richardi/Dörner/Weber, Personalvertretungsrecht, § 10 Rn 14.
12 *LAG Berlin*, 26. 6. 1986 – 7 Ta BV 2/86, ZTR 1988, 473.

Die Schweigepflicht gilt gegenüber dem Dienstgeber nicht in Verhandlungen und Besprechungen, 25
soweit dabei die Vertraulichkeit der Beratungen der MAV nicht verletzt wird. Dasselbe gilt in Fällen
beabsichtigter Kündigung durch den Dienstgeber, wenn die MAV Rücksprache mit dem betroffenen
Mitarbeiter nehmen will. Würde der Dienstgeber der MAV über die beabsichtigte Kündigung gegenüber dem zu kündigenden Mitarbeiter eine Schweigepflicht auferlegen, so wäre die MAV in der
Durchführung ihrer Mitwirkungsrechte behindert (§ 18 Abs. 1). Denn die MAV muss sich vergewissern dürfen, wie bei der außerordentlichen Kündigungsabsicht des Dienstgebers der betroffene Mitarbeiter überhaupt reagiert.

V. Ausnahmen von der Schweigepflicht

1. Zeugen

In Fällen, in denen der zur Verschwiegenheit verpflichtete Personenkreis von einer Stelle als Zeuge 26
vernommen wird (z. B. von der Einigungsstelle oder vor dem Kirchlichen Arbeitsgericht oder staatlichem Arbeitsgericht), wird eine **Aussagepflicht** zu bejahen sein. Das folgt z. B. aus den Vorgängen im
Zusammenhang mit einer Kündigung, wenn es darum geht, ob und in welcher Weise die MAV gehört
worden ist und mit beraten hat. Hierbei handelt es sich um dienstliche Angelegenheiten, die dem
Schutz des Gekündigten zu dienen bestimmt sind. Infolgedessen ergibt sich aus der Natur der Sache
keine Schweigepflicht im Zeugenstande. Geht es um die Pflicht zur Zeugenaussage in einem Strafverfahren, kann sich das Mitglied der MAV nicht auf das Zeugnisverweigerungsrecht des § 53 Abs. 1
StPO berufen.[13]

2. MAV-Mitglieder untereinander

Eine Schweigepflicht besteht ferner nicht für die MAV-Mitglieder gegenüber den übrigen Mitar- 27
beitervertretern. Denn die gegenseitige Information ist Voraussetzung für die Meinungsbildung der
MAV. Dasselbe gilt naturgemäß zugunsten der Ersatzmitglieder, wenn diese ein ordentliches Mitglied
vertreten. Anders ist es, wenn ein einzelnes Mitglied der MAV zusammen mit einem Mitarbeiter Einsicht in die Personalakten genommen hat und nur dem einzelnen Mitglied Akteneinsicht gewährt
worden ist. Hier besteht eine Schweigepflicht, falls der betroffene Mitarbeiter wegen späterer Beratungen nicht ausdrücklich von der Schweigepflicht entbindet.

3. Sprecher der Jugendlichen und der Auszubildenden, Schwerbehindertenvertretung

Für die Sprecher der Jugendlichen und Auszubildenden untereinander und die Schwerbehinderten- 28
vertretung gilt, was zu Nr. 2 (Rn 27) gesagt worden ist, in entsprechender Weise.

4. Mitglieder der Gesamtmitarbeitervertretung

Mitglieder der Gesamtmitarbeitervertretung sind von der Schweigepflicht ausgenommen, wenn sie 29
sich untereinander über die Angelegenheiten aus ihren Dienststellen informieren, die Mitarbeiter aus
dem Zuständigkeitsbereich mehrerer Mitarbeitervertretungen betreffen (§ 24 Abs. 4 S. 1)

5. Die Mitglieder der diözesanen Arbeitsgemeinschaft

Mitglieder der diözesanen Arbeitsgemeinschaft (§ 25) unterliegen in der Eigenschaft als Mitarbeiter- 30
vertreter der Schweigepflicht im Grundsatz. Durch § 25 Abs. 2 ist aber ein Informationsaustausch
der Mitglieder der diözesanen Arbeitsgemeinschaft besonderes Anliegen. Dennoch gilt das Schweigegebot gemäß § 20, weil die diözesane Arbeitsgemeinschaft der Mitarbeitervertretungen kein Gremium der Einrichtung wie die MAV ist.

---

13 *BVerfG*, 19. 1. 1979 – 2 BuR 995/78, NJW 1979,1286; *HSWGN-Nicolai*, § 79 Rn 16.

6. Offenkundige Tatsachen

31 Nicht unter die Schweigepflicht fallen solche Angelegenheiten und Tatsachen, die jedermann bekannt und daher offenkundig sind. Dasselbe gilt für solche Angelegenheiten oder Tatsachen, die nach Inhalt oder Gewicht der Geheimhaltung nicht bedürfen. Dabei wird nach dienstlichen und individuellen Interessen ggf. zu unterscheiden sein, weil dem Persönlichkeitsschutz besondere Bedeutung zukommt. Personalangelegenheiten werden daher stets besonderer Vertraulichkeit zuzuordnen sein.

7. Öffentlichkeitsarbeit der MAV

32 § 20 S. 3 befreit von der Schweigepflicht zu solchen dienstlichen Angelegenheiten oder Tatsachen, die offenkundig sind oder ihrer Bedeutung nach keiner Geheimhaltung bedürfen. Die MAVO ist darauf angelegt, dass etwaige Konflikte zwischen Dienstgeber und MAV intern zu bereinigen sind (§§ 26 Abs. S. 1, 27 Abs. 1, 39). Zu den Aufgaben der MAV gehört die Abhaltung der Mitarbeiterversammlung, die nicht öffentlich ist (§ 21 Abs. 1 S. 1). In der Mitarbeiterversammlung hat der Vorsitzende der MAV einen Tätigkeitsbericht zu erstatten (§ 21 Abs. 2 i. V. m. § 22 Abs. 1). Aus den genannten Vorschriften folgt nicht, dass es zu den Aufgaben der MAV gehört, die Öffentlichkeit über Interna der Einrichtung zu informieren. Die MAV ist bei der Wahrnehmung ihr obliegender Aufgaben zwar selbständig und nicht an Weisungen des Dienstgebers gebunden. Sie ist aber rechtlich unselbständiger, dienststelleninterner Teil der Einrichtung. Die Öffentlichkeitsarbeit der MAV wird eingeschränkt durch den Grundsatz, dass sie nicht mitregiert. Das gilt zum einen gegenüber staatlichen Stellen, zum anderen gegenüber den Medien. Die MAV hat deshalb kein Recht zur Abgabe von Presseerklärungen.[14] Das gilt auch für die Diözesane Arbeitsgemeinschaft der Mitarbeitervertretungen. Es ist aber üblich, dass die Mitarbeitervertretung in unregelmäßigen Abständen die Mitarbeiter und Mitarbeiterinnen in einem von herausgegebenen Publikationsorgan über für die Mitarbeiterschaft interessante Vorgänge in der Einrichtung informiert, wie z. B. über Angelegenheiten, an denen die MAV mit Blick auf die unternehmerische Planung des Dienstgebers beteiligt ist (§ 27a Abs. 1), wobei sie allerdings die Grenzen des Schweigegebots zu beachten hat. Ferner sind Maßnahmen des Dienstgebers zur Verhütung von Dienst- und Arbeitsunfällen und sonstigen Gesundheitsschädigungen (§ 36 Abs. 1 Nr. 10, § 37 Abs. 1 Nr. 10) für die Mitarbeiterschaft von Interesse, zu denen die MAV ein Mitbestimmungsrecht hat. Gemäß § 26 Abs. 3 Nr. 7 hat die MAV sich für die Durchführung der Vorschriften über den Arbeitsschutz, die Unfallverhütung und die Gesundheitsförderung in der Einrichtung einzusetzen. Ein Konflikt kann entstehen, wenn der Dienstgeber Hinweisen der MAV auf Versäumnisse nicht nachkommt und folglich die MAV die zuständige für den Arbeitsschutz zuständige Behörde anrufen will. Das darf sie unmittelbar und unter Umgehung des Dienstgebers. Sie hat die Pflicht, über strittige Fragen mit dem ernsten Willen zur Einigung zu verhandeln und Vorschläge für die Beilegung von Meinungsverschiedenheiten zu machen (§ 26 Abs. 1). Falls das nicht gelingt und die MAV ihre internen Möglichkeiten ausgeschöpft hat, verletzt sie die obliegende Verschwiegenheitspflicht nicht, wenn außenstehende bzw. betriebsfremde Stellen eingeschaltet werden, um angemessene Lösungen zu finden. Allerdings ist in jedem Falle zu prüfen, ob die Einigungsstelle gemäß § 45 bei einer Regelungsangelegenheit oder sogar das Kirchliche Arbeitsgericht im Falle einer Rechtsstreitigkeit (§ 2 Abs. 2 KAGO) anzurufen ist. Allerdings ist festzuhalten, dass die Beteiligungsrechte der MAV gemäß §§ 29 und 32 nicht dem Einigungsstellenverfahren im Konfliktfall zugänglich sind, so dass in diesen Fällen Drang zum Gang in die Öffentlichkeit entstehen kann.

VI. Folgen der Verletzung der Schweigepflicht

33 Zwischen Pflichtverletzung als Mitglied der MAV und der Verletzung der Pflichten aus dem Arbeits- oder Dienstvertrag ist zu unterscheiden. Gemäß § 13c Nr. 4 berechtigt eine grobe Verletzung der Pflichten als Mitglied der MAV den Dienstgeber, die Amtsenthebung des Mitglieds der MAV bei

---

14 *KAGH*, 3. 8. 2007 – M 04/07, ZMV 2007, 311.

dem Kirchlichen Arbeitsgericht im Wege der Klage zu beantragen (§ 2 Abs. 2 KAGO), ggf. sogar die Auflösung der MAV (§ 13 Abs. 3 Nr. 6), wenn ein Beschluss der MAV im Wege seiner Bekanntmachung unmittelbar und gröblich gegen die Schweigepflicht.[15]

Gemäß § 20 S. 3 stellt die Verletzung der Schweigepflicht in der Regel eine grobe Pflichtverletzung i. S. d. § 13c Nr. 4 dar. Wegen der Formulierung, dass die Verletzung der Schweigepflicht »regelmäßig« ein grober Verstoß ist, hat das zur Entscheidung angerufene Kirchliche Arbeitsgericht allerdings zu prüfen, ob der erhobene Vorwurf der Verletzung der Schweigepflicht im Einzelfalle tatsächlich als schuldhafter grober Verstoß einzustufen ist. Damit ist die Verletzung der Schweigepflicht kein absoluter Amtsenthebungsgrund. Im Falle der Entscheidung des Kirchlichen Arbeitsgerichts über die Amtsenthebung bleibt das Arbeitsverhältnis, Dienst- oder Gestellungsverhältnis bestehen. Folge des Verlustes der Mitgliedschaft in der MAV wegen der Amtsenthebung ist für das Arbeitsverhältnis der Verlust des Schutzes vor der ordentlichen Kündigung (§ 19 Abs. 1 S. 3 i. V. m. § 13c Nr. 4; § 13c Rn 26). 34

Im Einzelfall kann wegen Verletzung der Schweigepflicht auch eine außerordentliche Kündigung (§ 19 Abs. 1 S. 1 MAVO, § 626 BGB) in Betracht kommen, wenn gleichzeitig Pflichten aus dem Arbeitsvertrag derart verletzt wurden, dass eine Fortführung des Arbeitsverhältnisses unzumutbar geworden ist.[16] Im Falle vorausgegangener kirchengerichtlicher Amtsenthebung ist auch die ordentliche Kündigung des Arbeitsverhältnisses mit dem betroffenen Rechtsbrecher zulässig (§ 19 Abs. 1 S. 3). Im Streitfall entscheidet mit Blick auf eine arbeitsvertragliche Pflichtverletzung im Kündigungsschutzverfahren das staatliche Arbeitsgericht. 35

Strafrechtlich hat die Verletzung der in § 20 normierten Schweigepflicht keine Folgen, weil eine spezielle Strafnorm im Gegensatz zu § 353b Abs. 1 Nr. 3 StGB oder § 203 Abs. 2 Nr. 3 StGB mit Blick auf das Personalvertretungsrecht hinsichtlich der MAVO nicht besteht. Gegebenenfalls ist Strafbarkeit gegeben, wenn ein Tatbestand des Strafrechts erfüllt ist, also z. B. gegen die Bestimmungen der §§ 201, 202, 202a, 203 oder 204 StGB verstoßen worden ist. Die **berufliche Schweigepflicht** besteht nach Maßgabe gesetzlicher Bestimmungen unabhängig von der Vorschrift der MAVO.[17] 36

VII. Datengeheimnis

Verlangt die MAV vom Dienstgeber Auskünfte im Rahmen der Bestimmungen der §§ 26 ff., wie z. B. den Stellenplan mit Angabe der Eingruppierung der Stelleninhaber, unterliegen diese Mitteilungen gegenüber der MAV nicht dem Datenschutz. Die MAV ist im Verhältnis zum Dienstgeber datenschutzrechtlich Teil der speichernden Stelle und nicht Dritter i. S. d. Datenschutzrechts.[18] Datenschutzrechtliche Fragen entstehen nur insoweit, als es um den Umgang (Erhebung, Verarbeitung oder Nutzung) mit personenbezogenen Daten geht (vgl. § 1 Abs. 1 und 2 Anordnung über den kirchlichen Datenschutz für das Erzbistum Paderborn – KDO).[19] Soweit es also z. B. abstrakt um den Stellenplan oder abstrakt um die vorhandenen Stellenbeschreibungen geht, ist der Datenschutz nicht tangiert, da hiermit keine personenbezogenen Daten, wie etwa Name des Stelleninhabers, verbunden sind. Sollten personenbezogene Angaben hinzugefügt sein, müssen diese bei Vorlage an die MAV entfernt (geschwärzt) werden. Es geht um die Unterscheidung zwischen Datenschutz einerseits und die vom Arbeitsrecht andererseits her zu beantwortende Frage des Informationsanspruchs der MAV gegenüber dem Dienstgeber im Rahmen des Grundsatzes der vertrauensvollen Zusammenarbeit zwischen Dienstgeber und MAV (§ 26 Abs. 1 S. 1). Aus diesem Grunde stehen die der MAV zustehenden Informationsansprüche im Rahmen ihrer Informations- und Beteiligungsrechte (z. B. §§ 30, 30a, 31, 34, 35) nicht im Widerspruch zu den datenschutzrechtlichen Pflichten des Dienstgebers. Stellt der 37

---

15 *Richardi/Thüsing*, BetrVG § 79 Rn 36; *Fitting*, § 79 Rn 41; *Oetker*, GK-BetrVG § 79 Rn 43 m. N.
16 ErfK-*Kania*, § 79 BetrVG Rn 20 m. N.
17 Dazu: *Brenner*, Rechtskunde für das Krankenpflegepersonal S. 74 ff.
18 *Schlichtungsstelle München und Freising*, 23. 5. 1996 – 6 AR 96.
19 Amtsblatt Paderborn 2003 Nr. 194 S. 168;

Dienstgeber der MAV datengeschützte Personalakten zur Erfüllung ihrer Aufgaben zur Verfügung, so unterliegt die MAV dem Datengeheimnis, weil die MAV und damit jedes MAV-Mitglied auf Grund seines Amtes die Daten zur Kenntnis bekommt. Das gilt insbesondere für den Fall der Personalakteneinsicht (§ 26 Abs. 2 S. 2). Der Datenschutzbeauftragte hat darüber zu wachen, dass nicht unberechtigt Daten erhoben, verarbeitet oder genutzt werden (vgl. § 17 Abs. 1 KDO). In arbeitsvertraglichen Regelungen ist bestimmt, dass der Mitarbeiter ein Recht auf Einsicht in seine vollständigen Personalakten hat (vgl. z. B. § 6 Abs. 2 S. 1 AVR-Caritas). Mit schriftlicher Zustimmung des Mitarbeiters dürfen Personalakten durch die MAV eingesehen werden (§ 26 Abs. 2 S. 2). Daraus folgt für die MAV die Pflicht zur Wahrung des Datengeheimnisses. Denn der Datenschutz schützt den Mitarbeiter als Träger der Daten. Diesen Schutz unterstützt die Schweigepflicht der MAV.

38 Die Bestimmungen des staatlichen Datenschutzrechts sind kraft kirchlichen Gesetzes vom Dienstgeber zu beachten, weil die Bestimmungen des kirchlichen Datenschutzrechts u. U. als subsidiär einzustufen sind (§ 1 Abs. 3 KDO).[20] Das hat zur Folge, dass auch die MAV gemäß § 26 Abs. 1 S. 2 ein Recht hat, auf die mitbestimmungsfreie Personaldatenverarbeitung des Dienstgebers Einfluss auszuüben. Dabei hat sie die besondere Funktion des **diözesanen Datenschutzbeauftragten** (§§ 15, 16, 17, 18 KDO) voll zu berücksichtigen und darf ihn konsultieren. Ferner ist zu unterscheiden zwischen dem Diözesandatenschutzbeauftragten (§ 16 KDO) und dem betrieblichen Beauftragten für den Datenschutz (§§ 18a, 18b KDO). Der **betriebliche Datenschutzbeauftragte** wirkt auf die Einhaltung der KDO und anderer Vorschriften über den Datenschutz hin. Zu diesem Zweck kann er sich in Zweifelsfällen an den Diözesandatenschutzbeauftragten wenden. Sind kirchlicherseits bereichsspezifische Regelungen erlassen, gehen sie der kirchlichen Datenschutzanordnung vor (§ 1 Abs. 3 KDO). Der Träger der Einrichtung (Krankenhaus) ist zur Bestellung wenigstens eines Datenschutzbeauftragten für die von ihm betriebenen Krankenhäuser verpflichtet (z. B. § 5 der Ordnung zum Schutz von Patientendaten in katholischen Krankenhäusern und Einrichtungen im Erzbistum Köln).[21] Weder der Diözesandatenschutzbeauftragte noch der betriebliche Beauftragte für den Datenschutz verlieren dadurch an Bedeutung, weil sie weiter reichende Aufgaben als nur den Schutz der Patientendaten wahrnehmen. In diesem Zusammenhang ist nicht klar, in welcher Weise die MAV von den Beauftragten für Datenschutz kontrollierbar ist. Der Wortlaut der §§ 17 und 18b KDO schließt die Kontrolle nicht aus. Die MAV ist neben den Vorschriften über die Schweigepflicht auch den Vorschriften über den Datenschutz unterworfen. Die KDO schützt alle personenbezogenen Daten. Die Geltung der KDO auch für Mitglieder der MAV führt aber nicht zu einer Einschränkung der MAV-Arbeit. Denn § 4 S. 1 KDO untersagt nur eine unbefugte Nutzung von personenbezogenen Daten. Ihre Nutzung zur Erfüllung und im Rahmen der umfassenden MAV-Aufgaben ist jedoch nicht unbefugt. Allerdings findet die in § 4 S. 2 KDO vorgesehene Verpflichtung auf das Datengeheimnis durch den Dienstgeber auf MAV-Mitglieder keine Anwendung. Dem steht die organisatorische Unabhängigkeit der MAV vom Dienstgeber entgegen. Deshalb kann der betriebliche Datenschutzbeauftragte, den der Dienstgeber bestellt, die MAV nicht überwachen.[22] Eine Überprüfung im Einzelfall kann durch den Diözesandatenschutzbeauftragten erfolgen, wenn ein Betroffener geltend macht, in seinen Rechten verletzt worden zu sein (§ 15 KDO).

39 Soweit eine mitbestimmungspflichtige Datenverarbeitung in Frage steht, gilt § 36 Abs. 1 Nr. 9, der in seinem Wortlaut § 87 Abs. 1 Nr. 6 BetrVG wortgleich ist.

---

20 *Fachet*, Datenschutz in der katholischen Kirche S. 60 Rn 8.1; siehe auch Amtsblatt für die Diözese Augsburg 2003 Nr. 44 S. 496: Anordnung über den Sozialdatenschutz in der freien Jugendhilfe gemäß SGB I § 35 Abs. 1, 3 und 4; SGB VIII §§ 62–68; SGB X §§ 67–80, 83, 84; Amtsblatt des Erzbistums Köln 2004 Nr. 92, 93 S. 96.
21 Amtsblatt des Erzbistums Köln 2005 Nr. 247 S. 304.
22 Vgl. *BAG*, 11. 11. 1997 – 1 ABR 21/97, AR-Blattei ES 110 Arbeitnehmer Nr. 53.

VIII. Berufliche Schweigepflicht (Exkurs)

Von der Schweigepflicht der Amtsträger i. S. d. MAVO sind berufliche Schweigepflichten zu unterscheiden (vgl. z. B. § 8 KAVO der Diözesen in NRW, § 9 ABD, § 5 AVR),[23] die aufgrund des Arbeitsverhältnisses zu beachten sind; insbesondere sei auf die Beachtung des Datengeheimnisses nach staatlichem und kirchlichem Recht hingewiesen. Darüber hinaus gelten besondere Verpflichtungen der Ärzte und anderer Personen (§ 203 StGB), die jedoch von der Schweigepflicht entbunden werden können. Schweigepflichten können auch mit einem Zeugnisverweigerungsrecht vor Gerichten einhergehen (§§ 53, 53a StPO; §§ 383 ff. ZPO). Besonders zu nennen sind Geistliche (§ 383 Abs. 1 Nr. 4 ZPO und § 53 Abs. 1 Nr. 1 StPO). Geistlicher ist auch ein Laie, der keine kirchliche Weihe erhalten hat, aber im Auftrag seiner Kirche z. B. hauptamtlich als Anstaltsseelsorger einer Justizvollzugsanstalt selbständig Aufgaben wahrnimmt, die zum unmittelbaren Bereich seelsorglicher Tätigkeit gehören.[24] Das Bundesverfassungsgericht hat aber ein Zeugnisverweigerungsrecht im Einzelfall von der Abwägung des schutzwürdigen Interesses des Geistlichen mit den Belangen der Strafrechtspflege abhängig gemacht und im konkreten Falle die Anordnung einer Beugehaft wegen unberechtigter Zeugnisverweigerung als nicht unverhältnismäßig erachtet.[25] Das Zeugnisverweigerungsrecht gilt dann nicht, wenn es um Tatsachen geht, die z. B. vom Gemeindereferenten ausgehen oder dem Gemeindereferenten nicht in seiner Eigenschaft als Seelsorger anvertraut oder bekannt geworden sind. Denn Seelsorge i. S. d. § 53 Abs. 1 Nr. 1 StPO ist nur eine von religiösen Motiven und Zielsetzungen getragene Zuwendung, die der Fürsorge für das seelische Wohl des Beistand Suchenden, der Hilfe im Leben oder Glauben benötigt, dient. Zu ihr gehören nicht Gespräche, Erkenntnisse oder Tätigkeiten des Geistlichen auf dem Gebiet des täglichen Lebens bei Gelegenheit der Ausübung von Seelsorge ohne Bezug zum seelischen Bereich.[26] In diesem Sinne verhält sich z. B. Art. 9 der Verträge zwischen dem Heiligen Stuhl und der Freien und Hansestadt Hamburg vom 29. 11. 2005,[27] des Landes Brandenburg vom 12. 11. 2003,[28] des Landes Bremen vom 21. 11. 2003,[29] wonach Geistliche, ihre Gehilfen und die Personen, die zur Vorbereitung auf den Beruf an der berufsmäßigen Tätigkeit teilnehmen, in Verfahren, die dem Landesrecht unterliegen, berechtigt sind, ihr Zeugnis über dasjenige zu verweigern, was ihnen in der Beichte oder in ihrer seelsorglichen Tätigkeit anvertraut worden oder bekannt geworden ist. Das Beichtgeheimnis wird gewährleistet.

---

23 Dazu *Papenheim*, in: Beyer/Papenheim, Arbeitsrecht der Caritas, AT § 5 zur Verschwiegenheitspflicht.
24 *BGH*, 15. 11. 2006 – StB 15/06, NJW 2007, 307 = ZMV 2007, 155; dazu: *de Wall*, NJW 2007, 1856; *Radtke*, ZevKR 2007, 617 ff.
25 *BVerfG*, 1. Kammer des Zweiten Senats, 25. 1. 2007 – 2 BvR 26/07, NJW 2007, 1865; siehe auch Arbeitshilfen Nr. 222 der Deutschen Bischofskonferenz, 2008.
26 *BVerfG*, 25. 1. 2007 – 2 BvR 26/07, NJW 2007, 1865.
27 Hamburgisches GVBl. 2006, 435 ff.
28 GVBl. Teil I 2004 S. 224–236.
29 GBl. 2004 S. 152–161.

III. Mitarbeiterversammlung

§ 21 Einberufung der Mitarbeiterversammlung

(1) Die Mitarbeiterversammlung (§ 4) ist nicht öffentlich. Sie wird von der oder dem Vorsitzenden der Mitarbeitervertretung einberufen und geleitet. Die Einladung hat unter Angabe der Tagesordnung mindestens eine Woche vor dem Termin durch Aushang oder in sonst geeigneter Weise, die den Mitarbeiterinnen und Mitarbeitern die Möglichkeit der Kenntnisnahme gibt, zu erfolgen.

(2) Die Mitarbeiterversammlung hat mindestens einmal im Jahr stattzufinden. Auf ihr hat die oder der Vorsitzende der Mitarbeitervertretung einen Tätigkeitsbericht zu erstatten.

(3) Auf Verlangen von einem Drittel der wahlberechtigten Mitarbeiterinnen und Mitarbeiter hat die oder der Vorsitzende der Mitarbeitervertretung die Mitarbeiterversammlung unter Angabe der Tagesordnung innerhalb von zwei Wochen einzuberufen. Das gleiche gilt, wenn der Dienstgeber aus besonderem Grunde die Einberufung verlangt. In diesem Fall ist in der Tagesordnung der Grund anzugeben. An dieser Versammlung nimmt der Dienstgeber teil.

(4) Jährlich eine Mitarbeiterversammlung findet während der Arbeitszeit statt, sofern nicht dienstliche Gründe eine andere Regelung erfordern. Die Zeit der Teilnahme an dieser Mitarbeiterversammlung und die zusätzliche Wegezeit sind wie Arbeitszeit zu vergüten, auch wenn die Mitarbeiterversammlung außerhalb der Arbeitszeit stattfindet. Notwendige Fahrtkosten für jährlich höchstens zwei Mitarbeiterversammlungen sowie für die auf Verlangen des Dienstgebers einberufene Mitarbeiterversammlung (Abs. 3) werden von dem Dienstgeber nach den bei ihm geltenden Regelungen erstattet.

Übersicht	Rn		Rn
I. Einleitung	1, 2	a. Einladungsfrist	26, 27
II. Nichtöffentlichkeit	3–5	b. Tagesordnung	28–30
1. Grundsatz	3, 4	3. Vom Dienstgeber einberufene Versammlung	31, 32
2. Gäste	5		
III. Die ordentliche pflichtgemäße Mitarbeiterversammlung	6–19	V. Zeitliche Lage, Fortzahlung der Vergütung und Fahrtkosten	33–60
1. Einberufung/Leitung	7–10	1. Zeitliche Lage	34–45
a. Einladungsfrist	8, 9	2. Vergütungsanspruch, zusätzliche Wegezeiten	46–51
b. Form der Einladung	10	3. Fahrtkosten	52–60
2. Tagesordnung	11–18	VI. Gesetzeswidriger Verlauf der Mitarbeiterversammlung	61, 62
3. Anzahl der Versammlungen	19	VII. Unfallversicherung	63–65
IV. Die außerordentliche Mitarbeiterversammlung	20–32	VIII. Streitigkeiten	66, 67
1. Initiativrecht	20–24		
2. Einberufung/Leitung	25–30		

I. Einleitung

Die Mitarbeiterversammlung (vgl. § 4), nicht zu verwechseln mit der Wahlversammlung gemäß §§ 11b und 11c, ist die Versammlung aller Mitarbeiter i. S. v. § 3 Abs. 1 S. 1 unter Ausschluss der gemäß § 3 Abs. 1 S. 2 und Abs. 2 vom Mitarbeiterbegriff ausgeklammerten Personen. Betriebsfremde Personen haben keinen Zutritt, die vom Mitarbeiterbegriff ausgeklammerten Personen nur dann, wenn sie eingeladen sind. Der Dienstgeber kann selbst die Einberufung einer Mitarbeiterversammlung im Falle des § 10 Abs. 1 vornehmen. Dann leitet er sie. Er kann auch eine Mitarbeiterversammlung verlangen (§ 21 Abs. 3 S. 2). Dann nimmt er an der Versammlung teil (§ 21 Abs. 3 S. 4). 1

III. Mitarbeiterversammlung

2 Nach wie vor ist die **Anwesenheit des Dienstgebers** in der Mitarbeiterversammlung **nicht der Normalfall**, sondern die Ausnahme, obwohl bei der Betonung der Dienstgemeinschaft durch die Grundordnung des kirchlichen Dienstes im Rahmen kirchlicher Arbeitsverhältnisse (Art. 1 S. 1 GrO) und durch die Präambel der MAVO andere Erwartungen geweckt werden (vgl. Art. 8 S. 1 GrO) und 26 Abs. 1 S. 1 die vertrauensvolle Zusammenarbeit zwischen Dienstgeber und MAV hervorhebt.[1] Offenbar tun sich Mitarbeiter bei Abwesenheit des Dienstgebers leichter, wenn sie kritische Anfragen stellen oder Aussagen machen möchten.[2]

II. Nichtöffentlichkeit

1. Grundsatz

3 **Keine Mitarbeiterversammlung ist öffentlich** (§ 21 Abs. 1 S. 1). Damit ist zwingend geregelt, dass einrichtungsfremde Personen zur Versammlung **kein Zutrittsrecht** haben, auch wenn die Versammlung außerhalb der Dienststelle in gemieteten Räumen stattfindet. Der Versammlungsleiter hat **Außenstehenden** die Teilnahme zu versagen. Dasselbe Recht hat der Dienstgeber. Beiden steht deshalb das **Hausrecht** zu.[3]

4 **Außenstehende** sind im Bereich der Kirchengemeinden und Kirchenstiftungen z. B. die Pfarrgemeinderäte, weil diese den Dienstgeber nicht repräsentieren. Auf der Pfarrebene sind also Partner im mitarbeitervertretungsrechtlichen Beziehungsgefüge die MAV auf der einen und der Kirchenvorstand, der Verwaltungsrat oder Kirchenverwaltungsrat als Vertreter der Dienststelle oder ein Beauftragter des Dienstgebers (z. B. der Pfarrer) auf der anderen Seite. Demgemäß schließt das Gebot der vertrauensvollen Zusammenarbeit eine unmittelbare Kontaktaufnahme zwischen MAV und dem Pfarrgemeinderat in mitarbeitervertretungsrechtlichen Angelegenheiten aus. In Bezug auf die Mitarbeiterversammlung der Kirchengemeinde oder der Kirchenstiftung folgt daraus das Verbot, Mitglieder von Pfarrgemeinderäten zu der Mitarbeiterversammlung einzuladen. Dasselbe gilt hinsichtlich von Elternräten, Schulpflegschaften, Kuratoriumsmitgliedern, Kirchensteuerräten, die ebenfalls keine Dienstgeberstellung einnehmen.[4]

2. Gäste

5 Die **Teilnahme einrichtungsfremder Personen** an der Mitarbeiterversammlung ist zulässig, wenn im Rahmen der Zuständigkeit der Mitarbeiterversammlung aus konkretem Anlass **auf Einladung MAV** sachkundige Informationen erforderlich sind, zu der aus der Einrichtung selbst nicht ausreichend Auskunft gegeben werden kann. Dann ist aber – auch aus Kostengründen – mit dem Dienstgeber eine Absprache erforderlich und die Anwesenheit des Referenten auf die Behandlung eines bestimmten Fragenkomplexes in der Mitarbeiterversammlung zu beschränken (z. B. Fragen der Zusatzversorgung, Vorstellung und Auskünfte des Betriebsarztes).[5]

III. Die ordentliche pflichtgemäße Mitarbeiterversammlung

6 Die Ordnung unterscheidet zwischen der – **ordentlichen** – jährlich abzuhaltenden Mitarbeiterversammlung gemäß **§ 21 Abs. 2**, der **außerordentlichen** Mitarbeiterversammlung gemäß **§ 21 Abs. 3** und der **besonderen** gemäß § 10 Abs. 1, 1a und 2.

---

1 *Leser*, ZMV 1994, 281.
2 *Ruhe*, ZMV 1994, 278, 280 Nr. 28.
3 *Frey/Coutelle/Beyer*, MAVO § 21 Rn 10.
4 *OVG Nordrhein-Westfalen*, 24. 2. 1994 – 1 A 35/91 PVL, ZTR 1994, 349; 4. 11. 1992, ZTR 1993, 137 hinsichtlich der Kreistags- bzw. Gemeinderatsmitglieder; *BVerwG*, 10. 3. 1995 – 6 P 15/93, NVwZ 1997, 78 Landtagsabgeordnete.
5 *Leuze*, Betriebsversammlung und Personalversammlung, ZTR 2000, 247, 251.

1. Einberufung/Leitung

Die ordentliche Mitarbeiterversammlung **beruft der Vorsitzende** der MAV **nach Beschluss der MAV** 7
ein und leitet sie (§ 21 Abs. 1 S. 2). **Einmal jährlich** ist eine Mitarbeiterversammlung einzuberufen, damit die Versammlung den Tätigkeitsbericht der MAV entgegennehmen kann (§ 21 Abs. 2). Die Unterlassung der Einberufung der ordentlichen Mitarbeiterversammlung ist ein Pflichtverstoß.

a. Einladungsfrist

Die Einladung hat mit einer **Frist von mindestens einer Woche** zu erfolgen (§ 21 Abs. 1 S. 3). Eine 8
längere Frist empfiehlt sich, damit für Mitarbeiter im Außendienst eine rechtzeitige Disposition zur Teilnahme möglich wird.

Da die Einladung nicht nur in der Form des Aushanges zu ergehen braucht, ist in jedem Falle für die 9
Fristwahrung zu bedenken, wer möglicherweise später als erwartet von der Einladung Kenntnis erhalten könnte. Denn **der Fristenlauf rechnet ab Bekanntgabe der Einladung**. Die ordnungsgemäße Einladung ist nur erfolgt, wenn sie fristgerecht allen Mitarbeitern und Mitarbeiterinnen bekannt gegeben worden ist.

b. Form der Einladung

Die Form der Einberufung der Mitarbeiterversammlung ist in § 21 Abs. 1 S. 3 geregelt. Die Ein- 10
ladung erfolgt entweder durch **Aushang** am Schwarzen Brett oder im Aushangkasten oder aber in sonst geeigneter Weise, etwa durch vervielfältigte schriftliche Einladung oder **per E-Mail** an die Mitarbeiter i. S. v. § 3 Abs. 1 S. 1. Vom Zeitpunkt der Veröffentlichung der Einladung, am besten vom Zeitpunkt des Aushanges, wenn zusätzliche schriftliche Einladung ergeht, läuft die Einladungsfrist. Deshalb ist der rechtzeitige Zugang der Einladung sicherzustellen, wenn der Zeitpunkt des Aushangs der Einladung nicht maßgeblich sein soll. Andernfalls ist sicherzustellen, dass der Aushang von jedem zur Kenntnis genommen werden kann. Die Einladung hat Angaben zu enthalten über **Ort, Zeit**, gegebenenfalls bei Teilversammlungen (§ 4 S. 2) den jeweiligen Ort und die jeweilige Zeit der Teilversammlung, und die **Tagesordnung** (§ 21 Abs. 1 S. 3).

2. Tagesordnung

Die **Tagesordnung** für die jährlich abzuhaltende Mitarbeiterversammlung muss den **Tätigkeits-** 11
bericht der MAV nennen (§ 21 Abs. 2). Weil aber die Mitarbeiterversammlung sich mit allen Angelegenheiten zu befassen hat, die zur Zuständigkeit der MAV gehören (§ 22 Abs. 1 S. 1), muss die Tagesordnung **auch Fragen der Mitarbeiter** und ihre Beantwortung durch die MAV vorsehen. **Die MAV ist berichtspflichtig** (§ 22 Abs. 1 S. 2).

Den in jedem Falle zu erstattenden **Tätigkeitsbericht** hat die MAV zumindest vor dem Vortrag durch 12
den Vorsitzenden oder seinen Stellvertreter **abzustimmen**. Die Art und Weise der Herstellung des Einvernehmens bestimmt die MAV. Es ist ausreichend, wenn mangels besonderen Beschlusses der MAV die Grundzüge des Berichtes beraten werden, um den Inhalt des Berichts durch Beschluss zu billigen. Es ist aber auch vorstellbar, dass wegen einer wichtigen Berichtsangelegenheit die Einzelheiten des Berichts gemeinsam formuliert werden.

Der **Tätigkeitsbericht** muss sich auf diejenigen Themen erstrecken, die im Berichtsjahr der MAV im 13
Rahmen ihrer Aufgaben gestellt waren. Die Mitarbeiterversammlung soll einen **umfassenden Überblick über die Tätigkeit** erhalten. Hierzu wird auch die Tätigkeit in der Gesamtmitarbeitervertretung/erweiterten Gesamtmitarbeitervertretung (§ 24) und die Arbeit der Diözesanen Arbeitsgemeinschaft der Mitarbeitervertretungen (§ 25) zu zählen sein. Denn die vorgenannten Gremien setzen sich aus Repräsentanten der einzelnen Mitarbeitervertretungen zusammen. Das ist gemäß § 24 Abs. 3 S. 1 geregelt und im Falle der Arbeitsgemeinschaft den jeweiligen diözesanen Ordnungen zu § 25 Abs. 3 S. 2 zu entnehmen.

III. Mitarbeiterversammlung

14   Der **Bericht über die Tätigkeit der Bundesarbeitsgemeinschaft der Mitarbeitervertretungen** (§ 25 Abs. 5) ist nicht Sache der MAV, da sie nicht unmittelbar, sondern allenfalls mittelbar über die Diözesane Arbeitsgemeinschaft der Mitarbeitervertretungen DiAG-MAV (§ 25 Abs. 1 bis 4) repräsentiert ist. Es mag Zufall sein, wenn ein Mitglied der MAV auch in die Bundesarbeitsgemeinschaft delegiert ist (vgl. § 25).

15   Der Tätigkeitsbericht muss eine **Darstellung mindestens der bedeutsamen Geschäftsvorgänge** in solcher Ausführlichkeit enthalten, dass die Teilnehmer der Mitarbeiterversammlung ein zutreffendes Bild von der Tätigkeit der MAV erhalten. Dazu zählen u. a. **Anzahl, Art und Umfang von Beteiligungsfällen einschließlich der Dienstvereinbarungen** (§ 38). Der Bericht kann außer der Darstellung von Tatsachen die Mitteilung über Erwägungen und Beurteilungen der MAV enthalten. Der Tätigkeitsbericht darf alle Angelegenheiten berühren, die die Einrichtung oder Dienststelle und ihre Beschäftigten unmittelbar betreffen und zur Zuständigkeit der MAV gehören (§ 22 Abs. 1 S. 1).

16   Tatsachen oder Angelegenheiten, die Verschwiegenheit erfordern, unterliegen der **Schweigepflicht**, so dass hierüber vor der Mitarbeiterversammlung nicht berichtet werden darf (vgl. zu § 20).

17   Über den Bericht kann auch eine **Aussprache** stattfinden. Das folgt aus § 22 Abs. 1 S. 3, wonach die Mitarbeiterversammlung der MAV Anträge unterbreiten und zu den Beschlüssen der MAV Stellung nehmen kann. Dabei wird die MAV sich nur insoweit äußern, wie es die Sachlage erlaubt. Eine **Billigung des Tätigkeitsberichts** durch die Mitarbeiterversammlung **ist nicht vorgeschrieben**.

18   Zur jährlichen **Berichtspflicht des Dienstgebers** siehe § 27a Abs. 5. Die MAV kann mit dem Dienstgeber verabreden, dass er in der Mitarbeiterversammlung gemäß § 27a Abs. 5 berichtet, wenn in der Einrichtung nicht mehr als 50 Mitarbeiterinnen und Mitarbeiter ständig beschäftigt sind.

3. Anzahl der Versammlungen

19   **Die MAV** hat gemäß § 21 Abs. 2 S. 1 das Recht und auch die – keineswegs in ihr Belieben gelegte – **Pflicht**, mindestens **einmal im Kalenderjahr** die Mitarbeiterversammlung stattfinden zu lassen und durch den Vorsitzenden der MAV dazu einzuladen. Gerade die Mitarbeiter benötigen als Wähler in ihrer Gesamtheit den Meinungsaustausch mit der MAV. Schließlich ist die Mitarbeiterversammlung Ort zur Entgegennahme der Berichterstattung über die Arbeit der MAV (§ 21 Abs. 2 S. 2). Die Berichtspflicht der MAV entspricht dem Recht auf Berichterstatung seitens der Mitarbeiterversammlung (vgl. auch § 22 Abs. 1 S. 2). **Deshalb darf die MAV die jährliche ordentliche Mitarbeiterversammlung nicht grundlos ausfallen lassen.** Denn durch die fehlende Information der Mitarbeiter seitens der MAV in der Mitarbeiterversammlung verliert die MAV durch entsprechende fehlende Rückäußerung aus der Mitarbeiterversammlung den Kontakt zu den wirklichen Wünschen und Meinungen der Mitarbeiter. Unterlässt die MAV die Mitarbeiterversammlung, begeht sie eine **Pflichtverletzung**.[6] Auch über mit dem Dienstgeber laufende Verhandlungen besteht Berichtspflicht im Rahmen der Zulässigkeit und unter Beachtung des möglichen Schweigegebots. Es ist nicht richtig, Mitarbeiter mit fertigen Verhandlungsergebnissen zu konfrontieren, wenn Meinungen noch hätten abgefragt werden können. Eine ganz andere Sache ist es, ob die Meinungen durchdringen. Mehrere ordentliche Mitarbeiterversammlungen im Jahr sind durchaus zulässig, weil das aus § 21 Abs. 2 S. 1 folgt. Denn mindestens eine Mitarbeiterversammlung ist vorgeschrieben und hat stattzufinden. Dennoch hat die MAV zu prüfen, ob eine zusätzliche Versammlung nötig ist.

IV. Die außerordentliche Mitarbeiterversammlung

1. Initiativrecht

20   § 21 Abs. 3 regelt das Initiativrecht zur Einberufung außerordentlicher Mitarbeiterversammlungen. Das Initiativrecht steht sowohl **einem Drittel der aktiv wahlberechtigten Mitarbeiter** (§ 21 Abs. 3

---

6 *Oxenknecht*, Freistellungen, ZMV 1991, 3, 4.

S. 1) **als auch dem Dienstgeber** (§ 21 Abs. 3 S. 2) zu. Der Antrag zur Einberufung der außerordentlichen Versammlung ist an den Vorsitzenden der MAV zu richten. Der Antrag kann formlos gestellt werden.

Beantragen ein Drittel der aktiv wahlberechtigten Mitarbeiter oder der Dienstgeber eine außerordentliche Mitarbeiterversammlung, müssen sie zugleich **den Beratungsgegenstand** (Gegenstand der Tagesordnung) **angeben**, den sie erörtert wissen wollen. Andernfalls ist die MAV nicht verpflichtet, die Mitarbeiterversammlung einzuberufen.[7]

Nach Antragseingang **hat die MAV zu prüfen, ob die Mitarbeiterversammlung** zur Behandlung des beantragen Gegenstandes **zuständig** ist. Im Rahmen des § 21 Abs. 3 S. 1 ist zu prüfen, ob das notwendige Quorum eingehalten wurde. Ob die Durchführung der Mitarbeiterversammlung **zweckmäßig** ist, unterliegt dagegen nicht der Prüfung durch die MAV.[8]

Ob mindestens ein Drittel der aktiv wahlberechtigten Mitarbeiter die Einberufung gefordert hat, ist am **Quorum der Wahlberechtigten** gemäß § 7 (vgl. dort) zu ermitteln. Stichtag für die Ermittlung ist der Zeitpunkt des Antrages auf Einberufung der Mitarbeiterversammlung. Der Antrag des Mitarbeiterdrittels ist an keine Form gebunden, zu empfehlen ist aber der Nachweis durch eine **Unterschriftensammlung** mit der Angabe des Anliegens (z. B. »Einberufung einer außerordentlichen Mitarbeiterversammlung«) und des konkreten Beratungsgegenstandes.

Nicht ausdrücklich geregelt ist, **ob für die Durchführung einer außerordentlichen Mitarbeiterversammlung ohne Minderung der Bezüge während der Arbeitszeit geworben werden darf** bzw. ob die Einhaltung des Quorums z. B. **durch eine Unterschriftensammlung innerhalb der Arbeitszeit** sichergestellt werden kann. Wenn gemäß § 21 Abs. 3 ein Drittel der aktiv wahlberechtigten Mitarbeiter die Durchführung einer außerordentlichen Mitarbeiterversammlung erzwingen kann, so gehört zu diesem Anspruch naturgemäß auch das Recht, eine entsprechende Antragsstellung, z. B. durch eine Unterschriftensammlung, vorzubereiten.[9] Weil die in der MAVO gewährten Rechte sich ausschließlich auf die Zusammenarbeit **in der** Einrichtung beziehen, sind die mit diesen Rechten zusammenhängenden Handlungen (hier z. B. das Sammeln von Unterschriften) **grundsätzlich während und nicht außerhalb der Arbeitszeit** vorzunehmen, zumal die Interessen des Dienstgebers durch die geringfügige Unterbrechung der Arbeit kaum beeinträchtigt werden. Außerdem würde das Recht zur außerordentlichen Einberufung einer Mitarbeiterversammlung durch ein Drittel der Belegschaft praktisch leer laufen, wenn Vorbereitungshandlungen zur Ausübung dieses Rechts nur in der arbeitsfreien Zeit gestattet würden, in der die Dienstnehmer ohnehin kaum angesprochen werden könnten. Die teleologische Auslegung dieser Norm gebietet es daher, dass die erforderlichen Stimmen für den Antrag auf Abhaltung einer außerordentlichen Mitarbeiterversammlung innerhalb der Arbeitszeit ohne Minderung der Bezüge gesammelt werden dürfen.[10] Allerdings steht jede Inanspruchnahme eines Rechts unter dem Verbot der missbräuchlichen Ausübung. So ist bei der Ausübung des Rechts auf die Interessen des Dienstgebers im Rahmen des Zumutbaren Rücksicht zu nehmen.

2. Einberufung/Leitung

Der Vorsitzende der MAV muss die außerordentliche Mitarbeiterversammlung alsbald einberufen (§ 21 Abs. 3 S. 1). Er muss dem Ersuchen der Initiativberechtigten stattgeben und die Versammlung leiten.

---

7 *HSWGN-Worzalla*, BetrVG § 43 Rn 30; *Richardi/Annuß*, BetrVG § 43 Rn 31.
8 *Richardi/Annuß*, BetrVG § 43 Rn 29; *Fitting*, BetrVG § 43 Rn 42.
9 ArbG Stuttgart, 13. 5. 1977 – 7 Ca 117/77, BB 1977, 1304.
10 Im Ergebnis ebenso: *Frey/Coutelle/Beyer*, MAVO § 21 Rn 13; *Altvater*, § 49 BPersVG Rn 10; *Fitting*, BetrVG § 43 Rn 40; GK-BetrVG/*Weber*, § 43 Rn 41; *Richardi/Annuß*, BetrVG § 43 Rn 30; **a. A.** *HSWGN-Worzalla*, BetrVG § 43 Rn 29.

III. Mitarbeiterversammlung

a. Einladungsfrist

26 Auf einen Antrag nach Absatz 3 ist der Vorsitzende der MAV verpflichtet, die beantragte Mitarbeiterversammlung **innerhalb von zwei Wochen** einzuberufen, aber nicht schon durchzuführen. Mit dem Zeitraum von zwei Wochen wird den Beteiligten die erforderliche Zeit zur Vorbereitung der Mitarbeiterversammlung eingeräumt.[11]

27 Der Tag des Eingangs des Antrages wird nicht mitgerechnet (§ 187 BGB). Die Durchführung der Mitarbeiterversammlung muss dann ohne schuldhaftes Zögern erfolgen. Bei der innerhalb von zwei Wochen einzuberufenden Mitarbeiterversammlung ist die Einladungsfrist von wenigstens einer Woche unter Beachtung von Abs. 1 S. 3 zulässig und erforderlich.

b. Tagesordnung

28 Antragsteller, die die Anberaumung einer außerordentlichen Mitarbeiterversammlung beantragen, müssen den Gegenstand, der beraten werden soll, eindeutig bezeichnen, um dem Vorsitzenden der MAV und der MAV zunächst die Prüfung zu ermöglichen, ob die Mitarbeiterversammlung anberaumt werden darf und wie sie vorzubereiten ist. Wegen der Besonderheit der Versammlung sind in der Einladung der **Grund** anzugeben und **wer die Einberufung verlangt hat**, weil davon die Tagesordnung bestimmt wird.

29 Hat der **Dienstgeber** die Einberufung der **Mitarbeiterversammlung veranlasst**, so ist der besondere Grund der Einberufung in jedem Falle in der Tagesordnung zu nennen (§ 21 Abs. 3 S. 3). Der Dienstgeber hat dann auch an der Mitarbeiterversammlung teilzunehmen. Dabei ist es selbstverständlich, dass er solche Mitarbeiter in die Versammlung mitnimmt, die ihn bei seinem Vortrag unterstützen oder diesen sogar in seiner Gegenwart zur anstehenden Thematik halten. Deshalb sind auch solche Mitarbeiter zur Versammlung zugelassen, die sonst von ihr ausgeschlossen sind, weil sie vom Mitarbeiterbegriff gemäß § 3 Abs. 2 ausgeklammert sind und deshalb nicht zur Mitarbeiterversammlung gemäß § 4 S. 1 gehören.

30 Aus der Vorschrift des § 21 Abs. 3 über die Angabe der Tagesordnung zum Zeitpunkt der Einberufung der außerordentlichen Mitarbeiterversammlung geht hervor, dass eine **Ergänzung der Tagesordnung in der Versammlung** selbst **nicht möglich** ist. Es ist sogar eine Ergänzung der Tagesordnung durch Aushang nur noch möglich, wenn die einzuhaltende Mindestfrist für die Einladung noch beachtet wird. Denn auch die Tagesordnung ist Motiv zur Befolgung der Einladung.

3. Vom Dienstgeber einberufene Versammlung

31 Die MAVO regelt die Einberufung der Mitarbeiterversammlung durch den Dienstgeber nur in den in § 10 Abs. 1, 1a und 2, § 22a Abs. 1 genannten Fällen (§ 10 Rn 9, 23 ff., 29 ff.). Anderseits ist der Dienstgeber aber berechtigt, eine **Versammlung aller Tätigen**, also auch der vom Mitarbeiterbegriff ausgeklammerten Beschäftigten (§ 3 Abs. 2) als **Belegschaftsversammlung** einzuberufen, um über Belange der Einrichtung zu informieren, auch wenn Fragen berührt werden, die zur Zuständigkeit der MAV gehören. Das ist aus dem Direktions- und Informationsrecht des Dienstgebers abzuleiten.[12] Er hat das Recht, mit sämtlichen Beschäftigten in direkten Kontakt zu treten, ohne dies über den formalen und beschränkten Weg der Mitarbeiterversammlung tun zu müssen.

32 Unzulässig könnte die Maßnahme dann sein, wenn die Versammlung **eine missbräuchliche Gegenveranstaltung zur Mitarbeiterversammlung** wird.[13] Das wäre ein Verstoß gegen § 55, der Abweichungen von der Ordnung der MAVO verbietet. Zur besonderen Informationspflicht des Dienstgebers in wirtschaftlichen Angelegenheiten vgl. § 27a Abs. 5. Gemäß § 27a Abs. 5 hat der Dienstgeber die Mitarbeiterversammlung einmal jährlich über das Personal- und Sozialwesen der Ein-

---

[11] *Frey/Coutelle/Beyer*, MAVO § 21 Rn 13.
[12] *BAG*, 13. 3. 2001 – 1 ABR 33/00, NZA 2001, 976.
[13] *BAG*, 27. 6. 1989 – 1 ABR 28/88, NZA 1990, 113.

richtung und über die wirtschaftliche Lage und Entwicklung der Einrichtung zu informieren. Besteht keine MAV, lädt er zur Mitarbeiterversammlung ein (§ 10 Abs. 1 analog).

V. Zeitliche Lage, Fortzahlung der Vergütung und Fahrtkosten

Durch die Neufassung des § 21 Abs. 4 regelt das Gesetz zum ersten Mal ausdrücklich die zeitliche Lage der Mitarbeiterversammlung (S. 1) und macht Aussagen zur Arbeitsbefreiung und zum Vergütungsanspruch für die Zeit der Mitarbeiterversammlung (S. 2). Die Fahrtkostenregelung (S. 3) ist unverändert geblieben. 33

1. Zeitliche Lage

Nach der Neuregelung findet jährlich **eine** Mitarbeiterversammlung im Kalenderjahr **während der Arbeitszeit** statt. Damit ist die zwingend stattzufindende Jahresversammlung gemäß § 21 Abs. 2 S. 1 gemeint. Die Regelung ist als Mindestregelung zu verstehen. Bei entsprechender Zustimmung des Dienstgebers können auch mehrere Mitarbeiterbeiterversammlungen im Jahr während der Arbeitszeit stattfinden (vgl. Rn 19). 34

Maßgeblich für die Bestimmung des Begriffs **Arbeitszeit** ist die **betriebsübliche Arbeitszeit**, also die Zeit während der ein erheblicher Teil der Belegschaft arbeitet.[14] 35

Zu welchem **Zeitpunkt** während der Arbeitszeit die Mitarbeiterversammlung stattfinden soll, bestimmt grundsätzlich die MAV. Es entspricht aber dem **Gebot der vertrauensvollen Zusammenarbeit**, dass die MAV versucht, mit dem Dienstgeber ein Einvernehmen bzgl. des konkreten Zeitpunkts der Mitarbeiterversammlung zu erzielen, damit dieser die erforderlichen Dispositionen treffen kann. Das ist auch deshalb erforderlich, weil der Dienstgeber den für die Abhaltung der Mitarbeiterversammlungen erforderlichen Raum zur Verfügung stellen muss. Diese Verpflichtung ergibt sich unmittelbar aus § 17 Abs. 2, da die Durchführung der Versammlung zu den Aufgaben der MAV gehört. Die MAV kann nicht von sich aus einen Raum in Anspruch nehmen oder anmieten. **Kommt es** im Hinblick auf die Mitarbeiterversammlung, die während der Arbeitszeit stattfindet, **zu keiner Einigung** zwischen MAV und Dienstgeber, so **setzt die MAV** den Zeitpunkt der Versammlung **alleine** fest. Allerdings hat sie dem Gebot der vertrauensvollen Zusammenarbeit entsprechend auf die Bedürfnisse der Einrichtung Rücksicht zu nehmen und dafür Sorge zu tragen, dass ein möglichst geringer Ausfall an Arbeitszeit eintritt.[15] Auch sollte bei der Festlegung der Lage der Mitarbeiterversammlung der Betriebsablauf möglichst wenig gestört werden. Schließlich ist die Versammlung so zu legen, dass innerhalb der Arbeitszeit eine größtmögliche Zahl an Mitarbeitern erreicht wird.[16] 36

Von dem Grundsatz, dass die ordentliche Jahresmitarbeiterversammlung gemäß § 21 Abs. 2 S. 1 während der Arbeitszeit stattfindet, **kann nur abgewichen werden, wenn dienstliche Gründe eine andere Regelung erfordern**. Diese Ausnahmebestimmung ist eng auszulegen. Eine Abhaltung der Mitarbeiterversammlung außerhalb der Arbeitszeit setzt in der Regel eine **wirtschaftlich untragbare Belastung** des Dienstgebers oder eine **erhebliche Beeinträchtigung der betrieblichen Abläufe** voraus. Bloße Unbequemlichkeiten für die Einrichtungsleitung oder geringfügige Beeinträchtigung im Betriebsablauf reichen nicht aus. Auch wenn absehbar ist, dass ein hoher Prozentsatz der Mitarbeiter wegen betrieblicher Notwendigkeiten nicht an der Mitarbeiterversammlung teilnehmen kann, ist eine Verlegung der Versammlung außerhalb der Arbeitszeit gerechtfertigt. 37

Bei **gleitender Arbeitszeit** darf die Mitarbeiterversammlung **in der Kernzeit stattfinden**.[17] 38

---

14 *BAG*, 9. 3. 1976 – 1 ABR 74/74, AP Nr. 3 zu § 44 BetrVG 1972; 5. 5. 1987 – 1 AZR 292/85, NZA 1987, 853.
15 *Fitting*, BetrVG § 44 Rn 9 ff.; *Richardi/Annuß*, BetrVG § 44 Rn 18.
16 *LAG Baden-Württemberg*, 10. 5. 2002 – 14 TaBV 1/02, AiB 2003, 627.
17 *HSWGN-Worzalla*, BetrVG § 44 Rn 7; GK-BetrVG/*Weber*, § 44 Rn 13.

III. Mitarbeiterversammlung

39 In **Schulen** und **Tageseinrichtungen** für Kinder sind Mitarbeiterversammlungen **grundsätzlich außerhalb der Unterrichtszeit bzw. der Betreuungszeit** der Kinder anzusetzen (vgl. z. B. wegen der Sitzungen der MAV in Schulen: Ausführungsbestimmungen zur MAVO Köln – Amtsblatt 1996 Nr. 3 S. 5 zu § 15 Abs. 4 MAVO Köln).

40 In Einrichtungen mit **Schichtdienst** und täglich sich überschneidenden Dienststundenplänen, z. B. in **Krankenhäusern** oder **Pflegeheimen**, kann die Mitarbeiterversammlung für einen Teil der Belegschaft stets nur während der Arbeitszeit stattfinden. Hier ist es ratsam, **Teilversammlungen** (§ 4 S. 2) abzuhalten, um allen Mitarbeitern die Teilnahme während ihrer individuellen Arbeitszeit zu ermöglichen.[18]

41 Wo die ununterbrochene Funktionsfähigkeit bestimmter Dienste (z. B. Krankenhäuser) sichergestellt werden muss, ist für die Zeit der Mitarbeiterversammlung ein **Notdienst** zu organisieren.

42 Werden in Einrichtungen mit **Schichtarbeit** keine Teilversammlungen abgehalten, kann es sinnvoll sein, die Mitarbeiterversammlung so zu legen, dass sie in etwa gleichem Umfang am Ende der einen und am Anfang der nächsten Schicht stattfindet, damit möglichst viele Mitarbeiter teilnehmen können.[19] Auf diese Weise kann sichergestellt werden, dass die Versammlung für Mitarbeiter beider Schichten teils in und teils außerhalb der Arbeitszeit liegt. Denkbar ist auch die Durchführung der Versammlung in der Schicht, in der die Mehrheit der Belegschaft tätig ist. Die MAV kann die Versammlung auch alternierend in verschiedenen Schichten ansetzen, damit sie für unterschiedliche Mitarbeitergruppen außerhalb der ihrer Arbeitszeit liegt.[20] Der Dienstgeber kann jedenfalls nicht dazu verpflichtet werden, wegen einer bevorstehenden Mitarbeiterversammlung die Einrichtung bzw. Dienststelle zu schließen, weil Teilversammlungen als weniger gravierende Eingriffe stets möglich und vorzugswürdig sind (§ 4 Rn 20 ff.).[21]

43 Zur **zeitlichen Lage der Mitarbeiterversammlung**, die **auf Verlangen des Dienstgebers** (§ 21 Abs. 3 S. 2, § 10 Abs. 1, 1a und 2) bzw. **eines Drittels der wahlberechtigten Mitarbeiter** (§ 21 Abs. 3 S. 1), einberufen wird, enthält das Gesetz keine Regelung. Soweit der Dienstgeber die Mitarbeiterversammlung initiiert hat oder der Durchführung während der Arbeitszeit zugestimmt hat, finden diese zusätzlichen Versammlungen **grundsätzlich während der Arbeitszeit** statt. Hat der Dienstgeber zugestimmt, dass die Mitarbeiterversammlung in die Arbeitszeit fällt oder hat er deren Einberufung veranlasst, so bleibt er folglich zur Zahlung des Arbeitsentgelts für die an der Mitarbeiterversammlung teilnehmenden Mitarbeiter verpflichtet.[22] Das gilt auch für **Wegezeiten**, die während der Arbeitszeit zurückgelegt werden müssen, z. B. wenn die Mitarbeiter aus Außenstellen zum Versammlungsort kommen müssen.

44 Wurde die Mitarbeiterversammlung hingegen **auf Antrag eines Drittels der Belegschaft** einberufen, so findet sie grundsätzlich **außerhalb der Arbeitszeit** und **ohne Vergütungsanspruch** statt.[23] Das ist berechtigt, weil diese Versammlungen gesetzlich nicht verpflichtend vorgeschrieben sind, sondern von einer qualifizierten Minderheit der Mitarbeiter verlangt werden können. Diese Art der Versammlungen soll aber nicht dazu führen, dass der Dienstgeber mit der Zahlung des Arbeitsentgelts belastet wird, obwohl die Teilnehmer der Versammlung nicht arbeiten. Mit Zustimmung des Dienstgebers können auch diese Versammlungen jedoch während der Arbeitszeit stattfinden.

45 Über die **Dauer** der Mitarbeiterversammlung schweigt das Gesetz. Die MAV darf aber nur die wirklich erforderliche Zeit in Ansatz bringen. In der Praxis wird man sich an Erfahrungswerten orientie-

---

18 *HSWGN-Worzalla*, BetrVG § 44 Rn 16.
19 *LAG Niedersachsen*, 30. 8. 1982 – 11 Ta BV 8/81, DB 1983, 1312; *LAG Schleswig-Holstein*, 30. 5. 1991 – 4 Ta BV 12/91, DB 1991, 2247.
20 GK-BetrVG/*Weber*, § 44 Rn 12; **a. A.**: *HSWGN-Worzalla*, BetrVG § 44 Rn 16.
21 *LAG Köln*, 19. 4. 1988 – 11 Ta BV 24/88, BB 1988, 1326.
22 *Fitting*, BetrVG § 44 Rn 6; GK-BetrVG/*Weber*, § 44 BetrVG Rn 28.
23 GK-BetrVG/*Weber*, § 44 Rn 29.

ren, die sich bei ordnungsgemäß abgehaltenen Versammlungen zu bestimmten Themenbereichen herausgebildet haben. Die einseitige Festlegung einer Höchstdauer durch den Dienstgeber ist jedenfalls grundsätzlich unzulässig.[24] Etwas anderes gilt, wenn der Zeitpunkt und die Dauer der Mitarbeiterversammlung zwischen Dienstgeber und MAV ausdrücklich ausgehandelt wurden.

2. Vergütungsanspruch, zusätzliche Wegezeiten

46 Die **Zeit der Teilnahme** an der obligatorischen Jahresversammlung gemäß § 21 Abs. 2 S. 1 **und die zusätzliche Wegezeit** sind **wie Arbeitszeit** zu vergüten, auch wenn die Mitarbeiterversammlung aus dienstlichen Gründen außerhalb der Arbeitszeit stattfindet. Die neu eingefügte Regelung des § 21 Abs. 4 S. 2 ist der Bestimmung in § 44 Abs. 1 S. 2 BetrVG nachgebildet. Bei dieser Regelung handelt es sich – im Einklang mit der Rechtsprechung des BAG[25] zu § 44 Abs. 1 S. 2 BetrVG – um einen **selbständigen mitarbeitervertretungsrechtlichen Vergütungsanspruch** und nicht um einen Lohnersatzanspruch.[26] Für die Vergütungspflicht kommt es nicht darauf an, ob ein Mitarbeiter in dieser Zeit einen Lohnanspruch erworben hätte, wenn er nicht an der Versammlung teilgenommen hätte und/oder ob die Teilnahme an der Versammlung in die **persönliche Arbeitszeit** eines Mitarbeiters fällt, sondern lediglich darauf, **dass der Mitarbeiter an der Versammlung während der betriebsüblichen Arbeitszeit tatsächlich teilgenommen hat**.[27]

47 Das hat zur Folge, dass eine Vergütungspflicht auch gegenüber den Mitarbeitern besteht, die während ihres **Urlaubs**, ihrer **Arbeitsunfähigkeit** (soweit der Mitarbeiter zwar arbeitsunfähig ist, aber an der Versammlung teilnehmen kann) oder während ihrer **Elternzeit**[28] an einer Mitarbeiterversammlung ihrer Einrichtung teilnehmen.[29] Eine Vergütungspflicht besteht auch dann, wenn ein **Telearbeitnehmer** an der Mitarbeiterversammlung in der Einrichtung teilnimmt. Denn nach Ansicht der BAG-Rechtsprechung muss der sich in Elternzeit bzw. Urlaub befindliche Mitarbeiter die Möglichkeit haben, sich durch seine Teilnahme an der Versammlung über das Betriebsgeschehen zu informieren. Nimmt der Mitarbeiter während seines Erholungsurlaubs (Arbeitsunfähigkeit, Elternzeit usw.) das Freizeitopfer auf sich, während der betriebsüblichen Arbeitszeit an einer Mitarbeiterversammlung teilzunehmen, ist ihm diese Teilnahme zusätzlich zu seinem während des Urlaubs fortzuzahlenden Entgelts (bzw. zu seiner Entgeltfortzahlung oder zum Elterngeld) zu vergüten.

48 **Teilzeitkräften** wird die volle Zeit der Versammlung vergütet.

49 Andererseits ist eine längere Zeit der Versammlung als der persönlichen Arbeitszeit entspricht, nicht wie **Mehrarbeit** zu vergüten (**keine Mehrarbeits- oder Sonntagszuschläge**).[30]

50 Die Mitarbeiter sind im Hinblick auf den **Umfang des Vergütungsanspruchs** so zu stellen, als wenn sie während der Versammlungsteilnahme und der Wegezeit ihrer normalen Arbeit nachgegangen wären, auch wenn die Versammlung ganz oder teilweise nicht während ihrer persönlichen Arbeitszeit stattfindet. Sie haben daher Anspruch auf das **volle individuelle Arbeitentgelt**.[31]

51 Der Mitarbeiter ist von seiner **Arbeitspflicht** bei Teilnahme an der Mitarbeiterversammlung **freigestellt**. Einen Anspruch auf Vergütung der Zeit der Teilnahme und zusätzlicher Wegezeiten haben nur die Mitarbeiter, die an den Versammlungen **tatsächlich teilgenommen** haben. Wer der Mitarbeiterversammlung – aus welchen Gründen auch immer – fernbleibt, ist weiterhin zur Arbeitsleistung

---

24 GK-BetrVG/*Weber*, § 44 Rn 16; *Richardi/Annuß*, BetrVG § 44 Rn 21.
25 BAG 5.5.1987 – 1 AZR 292/85, NZA 1987, 853.
26 GK-BetrVG/*Weber*, § 44 Rn 30; *Fitting*, § BetrVG 44 Rn 26; *Richardi/Annuß*, BetrVG § 44 Rn 27; *Düwell-Tautphäus*, § 44 BetrVG Rn 15.
27 *BAG* 5.5.1987 – 1 AZR 292/85, NZA 1987, 853.
28 *BAG* 31.5.1989 – 7 AZR 574/88, NZA 1990, 449.
29 *Richardi/Annuß*, BetrVG § 44 Rn 33 m. w. H. auf die Rechtsprechung; GK-BetrVG/*Weber*, § 44 Rn 33.
30 GK-BetrVG/*Weber*, § 44 Rn 42.
31 *HSWGN-Worzalla*, BetrVG § 44 Rn 29.

III. Mitarbeiterversammlung

verpflichtet. Mitarbeiter, die weder an der Mitarbeiterversammlung teilgenommen noch weitergearbeitet haben, obwohl dies möglich war, haben keinerlei Vergütungsansprüche.

3. Fahrtkosten

52 Der Dienstgeber hat die **notwendigen Fahrtkosten**, die zur Teilnahme an der Mitarbeiterversammlung entstehen, zu erstatten (§ 21 Abs. 4 S. 3). Allerdings sind **jährlich höchstens Fahrtkosten für zwei Mitarbeiterversammlungen zu vergüten**. Hat der Dienstgeber jedoch selbst die Einberufung der Mitarbeiterversammlung verlangt, so hat er auch die Fahrtkostenerstattung für die Teilnahme an dieser Versammlung zu erstatten.

53 Fahrtkostenerstattungen können z. B. entstehen in den Fällen, in denen Mitarbeiterversammlungen **außerhalb der individuellen Arbeitszeit von Mitarbeitern** liegen und diese deshalb eigens zur Mitarbeiterversammlung anreisen müssen. Das kann z. B. bei Teilzeitbeschäftigten der Fall sein oder bei Mitarbeitern im Schichtdienst, wenn keine Teilversammlungen stattfinden. Auch wenn die Versammlung **außerhalb der Einrichtung** abgehalten wird (z. B. bei mehreren räumlich getrennten Dienststellen eines Rechtsträgers), können Fahrtkosten geltend gemacht werden.

54 Eine **Pauschalierung** der Fahrtkosten ist **zulässig**. So können z. B. bei der Benutzung eines eigenen PKW die in § 9 Abs. 2 EStG aufgeführten Beträge angesetzt werden.[32]

55 Hat der Mitarbeiter eine **Zeitkarte**, mit der er öfter am Tage eine Fahrt antreten kann, so entstehen **keine zusätzlichen** Fahrtkosten, so dass auch eine Fahrtkostenerstattung entfällt.[33] Anders ist es, wenn die Veranstaltung in einem angemieteten Raum abseits der Dienststelle stattfindet und deswegen zusätzliche Fahrtkosten entstehen. Diese sind zu erstatten. Dasselbe gilt auch für Mitarbeiterversammlungen von Mitarbeitern i. S. v. **§ 23 Abs. 1** oder solchen aus Teildienststellen, die gemäß § 1a Abs. 2 zu einer Dienststelle zusammengefügt worden sind, so dass die Mitarbeiter zum Versammlungsort fahren müssen.

56 Auch Mitarbeiter, die **urlaubsbedingt** oder wegen der Elternzeit **abwesend** sind, können an Mitarbeiterversammlungen teilnehmen und haben in Höhe der Kosten, die bei Arbeitspflicht anfallen würden, Fahrtkostenerstattungsansprüche.

57 Die Fahrtkostenerstattung **unterliegt nicht der Einkommenssteuer**.[34]

58 Anders als die Mitglieder der MAV, die eigene Geschäfte der MAV erledigen, erfüllen die Mitarbeiter bei der Teilnahme an der Mitarbeiterversammlung allgemeine Pflichten der Dienstgemeinschaft. Die Pflichten der Dienstgemeinschaft liegen im Interesse des Dienstgebers ebenso wie der Mitarbeiterschaft. **Wenn also Mitarbeiter die Mitarbeiterversammlung besuchen, liegt das auch im Interesse des Dienstgebers.** Denn der Tätigkeitsbericht der MAV, der Bericht des Dienstgebers, die Aussprache in der Mitarbeiterversammlung über die Angelegenheiten der Dienststelle eröffnen die Möglichkeit zu innerbetrieblicher Mitwirkung. Die Mitarbeiterversammlung dient deshalb dem kollektiven Ausgleich der Interessen der Mitarbeiter und des Dienstgebers. Die **Teilnahme an der Mitarbeiterversammlung ist** daher die **Wahrnehmung von Angelegenheiten im Interesse der Dienststelle und folglich des Dienstgebers**. Daher sind Reisekosten aus Anlass der Teilnahme an der Mitarbeiterversammlung Auslagen i. S. d. **Geschäftsbesorgung gemäß § 670 BGB** und infolgedessen im Rahmen des Reisekostenrechts beim Dienstgeber von diesem zu erstatten. Fehlt eine Reisekostenerstattungsregelung, so sind die allgemeinen Regeln des Arbeitsrechts für den Aufwendungsersatz des Arbeitnehmers anzuwenden.

---

32 *Fitting*, BetrVG § 44 Rn 41; *Richardi/Annuß*, BetrVG § 44 Rn 43.
33 *Richardi/Annuß*, BetrVG § 44 Rn 43.
34 Vgl. Erlass des Finanzministeriums Niedersachsen v. 21. 10. 1992, DB 1992, 2368.

Die Fahrtkostenerstattung unterliegt dem **Gebot der Verhältnismäßigkeit**.[35] Das heißt: Nur solche 59
Aufwendungen sind zu ersetzen, die bei Arbeitspflicht entstanden wären, nicht solche, die unvertretbar sind (z. B. eine Anreise aus dem Urlaubsort oder in der Elternzeit aus einem vom Arbeitsort weit entfernt liegenden Ort).

Gemäß § 21 Abs. 4 S. 3 hat der Dienstgeber das Recht, die Einzelheiten der Fahrtkostenerstattung 60
selbst zu regeln. Das gilt für Fahrten, die aus Anlass der Mitarbeiterversammlungen eines Bereiches (gemeinsame MAV, § 1b) oder der Zuständigkeit einer Sondervertretung i. S. v. § 23 unternommen werden, ebenfalls. Je nach Reisekostenrecht können dann sogar Ansprüche auf Spesen oder Tagegelder neben den Fahrtkosten entstehen.

VI. Gesetzeswidriger Verlauf der Mitarbeiterversammlung

Wenn der gesetzliche Rahmen einer Mitarbeiterversammlung durch die **Erörterung unzulässiger** 61
Themen erheblich überschritten wird **oder** die Versammlung ihren Charakter als Mitarbeiterversammlung dadurch einbüßt, dass **eine große Zahl nicht berechtigter Teilnehmer anwesend ist** und der Dienstgeber jeweils hierauf hingewiesen hat, **kann die Vergütungspflicht entfallen**.[36] Unterlässt allerdings der Dienstgeber – sofern er anwesend ist – einen entsprechenden Hinweis, setzt er einen zurechenbaren Vertrauenstatbestand, der ihn verpflichtet, die Mitarbeiter so zu stellen, als handele es sich um eine zulässige ordentliche Mitarbeiterversammlung.[37]

Der Anspruch auf Zahlung der Vergütung entfällt auch dann, wenn eine Versammlung, die außerhalb 62
der Arbeitszeit stattfinden müsste, ohne Zustimmung des Dienstgebers während der Arbeitszeit durchgeführt wird. Die Teilnahme an einer Versammlung, die außerhalb der Arbeitszeit durchzuführen wäre, aber unzulässiger Weise in die Arbeitszeit gelegt wird, bedeutet zugleich einen **Verstoß gegen die Arbeitspflicht** aus dem Arbeitsverhältnis, sofern der Dienstgeber das Verhalten nicht nachträglich billigt. Jedoch ist eine schuldhafte Pflichtverletzung zu verneinen, wenn die Mitarbeiter die Rechtslage nicht kannten und deshalb davon ausgingen, dass die Versammlung während der Arbeitszeit stattfinden durfte. Es genügt daher nicht, dass der Dienstgeber nur dem MAV-Vorsitzenden die Einberufung der Mitarbeiterversammlung untersagt, er muss vielmehr die Mitarbeiter auf die Unzulässigkeit der Versammlung hinweisen.[38]

VII. Unfallversicherung

Jede Mitarbeiterversammlung ist eine **dienstliche Veranstaltung**, so dass **Unfälle** aus Anlass des Be- 63
suchs der Veranstaltung unter den **Unfallversicherungsschutz** fallen (vgl. zu § 17 Rn 45 ff., § 18 Rn 37 ff.). Mitarbeiter, die Arbeiter oder Angestellte sind, fallen in der Regel unter den gesetzlichen Unfallversicherungsschutz. Andere Mitarbeiter, die Beamte sind oder denen Versorgungszusagen nach Beamtenrecht gegeben worden sind, haben Ansprüche gegen ihren Dienstherrn. Durch Gestellungsvertrag Beschäftigte haben die Ansprüche, die der gestellende Teil zu befriedigen hat, gegebenenfalls unter Mitwirkung des Gestellungsempfängers (Dienstgebers), soweit nicht gesetzlicher Unfallversicherungsschutz besteht.

Priester haben in der Regel entsprechend den für die staatlichen Beamten bestehenden gesetzlichen 64
Bestimmungen Anspruch auf Unfallfürsorge, während für die **Ständigen Diakone** dann gesetzlicher Unfallversicherungsschutz anzunehmen ist, wenn Rentenversicherungspflicht in der gesetzlichen Rentenversicherung besteht und beamtenrechtliche Unfallfürsorgevorschriften oder entsprechende

---

35 *HSWGN-Worzalla*, BetrVG § 44 Rn 39a; *Richardi/Annuß*, BetrVG § 44 Rn 42; a. A.: *Fitting*, BetrVG § 44 Rn 41.
36 *LAG Bremen*, 5. 3. 1982 – 1 Sa 374–378/81, DB 1982, 1573; *LAG Baden-Württemberg*, 17. 2. 1987 – 8 (14) Sa 106/86; *HSWGN-Worzalla*, BetrVG § 44 Rn 27; *Fitting*, BetrVG § 44 Rn 34.
37 *BAG*, 23. 10. 1991 – 7 AZR 249/90, NZA 1992, 557.
38 *BAG*, 14. 10. 1960 – 1 AZR 254/58, DB 1961, 172.

III. Mitarbeiterversammlung

Grundsätze nicht gelten.[39] Für die Versicherungsfreiheit in der gesetzlichen Unfallversicherung ist wesentlich, dass hinsichtlich der Unfälle im Rahmen eines Dienst- oder Arbeitsverhältnisses beamtenrechtliche Unfallfürsorgevorschriften oder entsprechende Grundsätze gelten (§ 4 Abs. 1 Nr. 1 SGB VII). Die Unfallfürsorgevorschriften für Bundesbeamte sind in den §§ 30 ff. BeamtVG enthalten. Diese Regelungen gelten auch für Beamte der Länder und Gemeinden, soweit sie nicht durch Landesrecht ersetzt wurden (vgl. § 108 BeamtVG). Als entsprechende Grundsätze i. S. v. § 4 Abs. 1 Nr. 1 SGB VII können nur solche Regelungen angesehen werden, die in ihrer Gesamtheit einen Schutz gewähren, der dem Schutz nach beamtenrechtlichen Unfallfürsorgevorschriften in etwa gleichkommt. Es müssen wie bei den Beamten zwingende gesetzliche Vorschriften oder sonstige Rechtsnormen (z. B. Satzungen) die Gewährung der Unfallfürsorge vorschreiben und die Voraussetzungen dafür regeln; es muss die Sicherheit bestehen, dass die Leistungen beim Eintritt des Unfalls tatsächlich gewährt werden.[40]

65 Satzungsmäßige **Mitglieder geistlicher Genossenschaften (Orden)**, Diakonissen und Angehörige ähnlicher Gemeinschaften sind **versicherungsfrei**, wenn ihnen nach den Regeln der Gemeinschaft Anwartschaft auf die in der Gemeinschaft übliche Versorgung **gewährleistet und** die Erfüllung der Gewährleistung **gesichert ist** (§ 4 Abs. 1 Nr. 3 SGB VII). Geistliche Genossenschaften sind primär die als öffentlich-rechtliche Körperschaften anerkannten Kirchen und Religionsgemeinschaften einschließlich der auf sie bezogenen religiösen Vereine. Ähnliche Gemeinschaften i. S. d. § 4 Abs. 1 Nr. 3 SGB VII sind solche, die karitative, pflegerische oder sonstige ethische Ziele verfolgen.[41] Sie müssen Tätigkeiten verrichten, die unmittelbar der Allgemeinheit dienen und nach außen als gemeinnützige Tätigkeiten in Erscheinung treten. Die gewährleistete Versorgung muss aller Wahrscheinlichkeit nach von der Gemeinschaft erbracht werden können und ausreichend sein.[42]

VIII. Streitigkeiten

66 Streitigkeiten aus Anlass von Meinungsverschiedenheiten zwischen Dienstgeber und MAV über die **Abhaltung der Mitarbeiterversammlung**, deren **Kosten**, deren **zeitliche Lage** oder die **Frage, ob Teilversammlungen durchgeführt werden können**, werden auf Antrag des Dienstgebers oder der MAV vom **Kirchlichen Arbeitsgericht** (§ 2 Abs. 2 i. V. m. § 8 Abs. 2 Buchst. b KAGO) entschieden. Es handelt sich dabei um Rechtsstreitigkeiten, weil es um den Anspruch auf ein Recht geht, also nicht um eine Regelungsstreitigkeit.

67 Auch über Ansprüche der Mitarbeiter auf **Zahlung des Arbeitsentgelts** für die Zeit der Teilnahme an der Mitarbeiterversammlung und die zusätzlichen Wegezeiten sowie auf **Erstattung der Fahrtkosten** entscheiden die **kirchlichen, nicht die staatlichen Arbeitsgerichte**. Denn es handelt sich hierbei nicht um Ansprüche aus dem Arbeitsverhältnis bzw. um bürgerlich rechtliche Streitigkeiten, sondern um **selbständige mitarbeitervertretungsrechtliche** Ansprüche aus § 21 Abs. 4 S. 2 (Vergütung wie Arbeitszeit) und S. 3 (Fahrtkostenerstattung).[43] Bei diesen Rechtsstreitigkeiten sind Mitarbeitervertretung, Dienstgeber und der einzelne Mitarbeiter beteiligungsfähig (vgl. § 2 Abs. 2 i. V. m. § 8 Abs. 2 Buchst. b KAGO), d. h. sie können als Kläger, Beklagter oder als Beigeladener an einem Verfahren vor den Kirchlichen Gerichten für Arbeitssachen teilnehmen.

§ 22 Aufgaben und Verfahren der Mitarbeiterversammlung

(1) Die Mitarbeiterversammlung befasst sich mit allen Angelegenheiten, die zur Zuständigkeit der Mitarbeitervertretung gehören. In diesem Rahmen ist die Mitarbeitervertretung der Mitarbeiter-

---

39 Vgl. § 25 Abs. 3 Dienstordnung für Ständige Diakone im Erzbistum Köln, Amtsblatt 1996 Nr. 16 S. 11 ff.
40 *Schmidt*, SGB VII, § 4 Rn 5.
41 *Schmidt*, SGB VII, § 4 Rn 14.
42 *Schmidt*, SGB VII, § 4 Rn 16.
43 Vgl. zur Rechtswegabgrenzung zuletzt *BAG*, 11. 11. 2008 – 1 AZR 646/07, ZMV 2009, 168.

versammlung berichtspflichtig. Sie kann der Mitarbeitervertretung Anträge unterbreiten und zu den Beschlüssen der Mitarbeitervertretung Stellung nehmen.

(2) Spricht mindestens die Hälfte der wahlberechtigten Mitarbeiterinnen und Mitarbeiter in einer Mitarbeiterversammlung der Mitarbeitervertretung das Misstrauen aus, so findet eine Neuwahl statt (§ 13 Abs. 3 Nr. 5).

(3) Jede ordnungsgemäß einberufene Mitarbeiterversammlung ist ohne Rücksicht auf die Zahl der erschienenen Mitglieder beschlussfähig. Die Beschlüsse bedürfen der einfachen Mehrheit aller anwesenden Mitarbeiterinnen und Mitarbeiter. Anträge der Mitarbeiterversammlung gelten bei Stimmengleichheit als abgelehnt.

(4) Anträge und Beschlüsse sind in einer Niederschrift festzuhalten und von der oder dem Vorsitzenden und der Schriftführerin oder dem Schriftführer der Mitarbeitervertretung zu unterzeichnen. Der Niederschrift soll eine Anwesenheitsliste beigefügt werden. Bei Teilversammlungen (§ 4 Satz 2) und im Falle des Abs. 2 ist eine Anwesenheitsliste beizufügen.

Übersicht	Rn		Rn
I. Zweck der Vorschrift	1– 3	Stellungnahme zu Beschlüssen der MAV	15–21
II. Beratungsgegenstand	4–21	III. Misstrauensvotum gegenüber der MAV	22–32
1. Angelegenheiten der MAV	4–10	IV. Beschlussfähigkeit der Mitarbeiterversammlung	33–39
2. Erörterung unzulässiger Themen bzw. Art und Weise der Auseinandersetzung	11	V. Niederschrift über die Mitarbeiterversammlung	40–44
3. Diskussionskultur in der Versammlung	12	VI. Streitigkeiten	45
4. Berichtspflicht der MAV	13, 14		
5. Antragsrecht und Recht zur			

I. Zweck der Vorschrift

Die Vorschrift umfasst Regelungen zur inhaltlichen (vgl. auch § 21 Abs. 2 S. 1) und geschäftsmäßigen Durchführung der Mitarbeiterversammlung, insbesondere zu den Themen im Zusammenhang mit der Berichtspflicht der MAV (Abs. 1), zum Misstrauensvotum gegen die MAV (Abs. 2), zur Beschlussfähigkeit der Mitarbeiterversammlung (Abs. 3) sowie zur Protokollierung der Versammlung (Abs. 4). Die Ordnung sieht eine besondere **Versammlung der Jugendlichen und Auszubildenden vor** (§ 49). Dennoch gehören die Jugendlichen und Auszubildenden als Mitarbeiter i. S. v. § 3 Abs. 1 S. 1 zur Mitarbeiterversammlung. Denn die Sprecherinnen und Sprecher der Jugendlichen und Auszubildenden können vor oder nach einer Mitarbeiterversammlung im Einvernehmen mit der MAV eine Versammlung der Jugendlichen und Auszubildenden einberufen. Die Versammlung kann sogar im Einvernehmen mit der MAV und dem Dienstgeber zu einem anderen Zeitpunkt stattfinden. 1

Die Mitarbeiterversammlung hat darauf Rücksicht zu nehmen, dass der **Grundsatz der vertrauensvollen Zusammenarbeit**, der insbesondere die MAV und den Dienstgeber bindet (§ 26 Abs. 1 S. 1; vgl. § 26 Rn 1–11), auch von ihren Teilnehmern beachtet wird. Denn der Grundsatz gilt in der Mitarbeiterversammlung für jeden Mitarbeiter als deren Mitglied (§ 22 Abs. 3 S. 1). 2

Der **Leiter der Mitarbeiterversammlung** hat dafür zu sorgen, dass die von der MAVO aufgestellten Regeln für die Zuständigkeit und Durchführung der Versammlung eingehalten werden. Tut er dies nicht, so kann hierin eine grobe Pflichtverletzung liegen, die nach § 13c Nr. 4 MAVO zu seiner Abberufung aus der Mitarbeitervertretung durch das Kirchliche Arbeitsgericht führen kann (§ 2 Abs. 2 KAGO). 3

II. Beratungsgegenstand

1. Angelegenheiten der MAV

4 Die Mitarbeiterversammlung kann nur diejenigen Themen behandeln, die in die **Zuständigkeit der MAV** gehören. Der Themenkreis deckt sich daher mit dem von der MAVO abgesteckten Aufgabenbereich der MAV. Der **Zuständigkeitsbereich** der MAV und damit der von der Mitarbeiterversammlung diskutierbare Themenbereich ergibt sich im Wesentlichen aus §§ 26, 27a und b, 28a, aus den Beteiligungsrechten (§§ 29 bis 37) und aus den durch Dienstvereinbarung (§ 38) regelbaren Angelegenheiten. Nach Maßgabe dieses Zuständigkeitskatalogs können in den Mitarbeiterversammlungen **alle Themen** erörtert werden, **die die Mitarbeiter in ihrer Eigenschaft als Beschäftigte der Einrichtung unmittelbar betreffen**. Angelegenheiten, die die Teilnehmer der Mitarbeiterversammlung **lediglich in ihrer Eigenschaft als Staatsbürger** betreffen, können hingegen nicht Gegenstand der Aussprache sein.

5 Anders als im Betriebsverfassungs- und Personalvertretungsrecht weist das Gesetz der MAV – und damit mittelbar der Mitarbeiterversammlung – **keinerlei politische Aufgaben** zu.[1] Damit hat **nicht nur jede parteipolitische, sondern auch jede allgemeinpolitische Betätigung** in der Mitarbeiterversammlung zu unterbleiben. Bereits aus diesem Grund ist die jüngste Entscheidung des 7. Senats des BAG v. 17. 3. 2010,[2] die sich gegen die bisher gefestigte Rechtsprechung und die herrschende Ansicht im Schrifttum stellt und das Risiko einer zunehmenden Politisierung der Betriebsarbeit begründet, auf den kirchlichen Bereich nicht übertragbar.[3] Abgesehen davon, dass eine klare Unterscheidung zwischen »parteipolitischen« und »allgemeinpolitischen« Aussagen kaum möglich ist,[4] weil nahezu alle aktuellen politischen Themen auch von den Parteien öffentlich diskutiert werden und damit jede politische Diskussion immer auch parteipolitisch gefärbt ist, bietet auch der Gesetzeswortlaut keine Anhaltspunkte dafür, dass in der Mitarbeiterversammlung allgemeinpolitische Themen erörtert werden dürfen. Während das BetrVG und das BPersVG an verschiedenen Stellen immerhin die Behandlung **tarif-, sozial- und umweltpolitischer** Angelegenheiten zum Aufgabenkreis der Betriebs- bzw. Personalräte zählt, soweit sie den Betrieb oder die Arbeitnehmer unmittelbar betreffen (vgl. §§ 45, 74, 75 BetrVG, §§ 51, 67 BPersVG), fehlen in der MAVO entsprechende Hinweise auf »politische« Betätigungsmöglichkeiten der MAV völlig. Der Begriff »politisch« taucht kein einziges Mal im Gesetz auf. Auch eine teleologische Auslegung spricht für **ein allgemeines Verbot jeder politischen Betätigung im kirchlichen Betriebsverfassungsrecht**. Letztlich dient dieses Verbot – ähnlich wie im profanen Bereich – dem Betriebsfrieden und der Zusammenarbeit in der Einrichtung. Dienstgeber und MAV sollen vertrauensvoll zusammenarbeiten (vgl. § 26 Abs. 1 S. 3) und sind im Rahmen des kirchlichen Sendungsauftrags zur Neutralität und politischer Zurückhaltung verpflichtet. Innerhalb der Dienstgemeinschaft sollen politische Themen, die keinen Bezug zur Arbeit in der Einrichtung, den dort Beschäftigten und deren Arbeitsverhältnissen haben, möglichst außen vor bleiben. Politische Debatten lenken von der eigentlichen Arbeit ab. Eine Politisierung der Einrichtung führt leicht zu Spannungen mit der Folge, dass das Betriebsklima und die Arbeitsabläufe darunter leiden.[5] Mitarbeiter in der Einrichtung können nicht verhindern, dass die MAV im Namen der Belegschaft – und damit auch in ihrem Namen – eine politische Haltung vertritt, die sie nicht teilen. Innerhalb einer Einrichtung ist mit verschiedenen politischen Ansichten zu rechnen. Jede politische Aktivität ist daher geeignet, den Widerspruch anderer hervorzurufen und den Betriebsfrieden zu stören.[6] Die MAV

---

1 Zur Rechtslage im weltlichen Recht vgl. *Richardi/Annuß*, BetrVG § 45 Rn 18; GK-BetrVG/*Weber*, § 45 Rn 12 ff.
2 *BAG*, 17. 3. 2010 – 7 ABR 95/08, DB 2010, 1649.
3 Allgemein zur Reichweite der politischen Betätigung der Betriebsorgane vgl. *HSWGN-Worzalla*, § 74 BetrVG Rn 32 ff.; *Fitting*, BetrVG § 74 Rn 37 ff.; GK-BetrVG/*Kreutz*, § 74 Rn 96 ff.
4 A.A.: *BAG*, 17. 3. 2010 – 7 ABR 95/08, DB 2010, 1649.
5 *BAG*, 12. 6. 1986 – 6 ABR 67/84, DB 1987,1898; in diesem Sinne bereits *BAG*, 21. 2. 1978 – 1 ABR 54/76, BB 1978, 1116.
6 *BAG*, 21. 2. 1978 – 1 ABR 54/76, DB 1978, 1547.

ist zwar als Repräsentantin der Belegschaft demokratisch legitimiert. Diese Legitimation erstreckt sich aber nicht auf allgemeinpolitische Fragen, weil diese nicht Gegenstand der MAV-Wahl sind. Die Mitarbeiter stimmen in MAV-Wahlen nicht über den Afghanistan-Einsatz, den Klimaschutz, die Reform der Rentenversicherung oder über die Zukunft der Atomkraftwerke ab, sondern über die Mitgestaltung der Arbeitsbedingungen in der Einrichtung und wer sie bei diesem Anliegen gegenüber dem Dienstgeber vertreten soll. Die Aufgaben der MAV – und mittelbar der Mitarbeiterversammlung – sind in der MAVO eindeutig und abschließend beschrieben: Die MAV ist gewählt, um die Interessen der Beschäftigten in der kirchlichen Einrichtung gegenüber dem Dienstgeber zu vertreten. Sie soll bei den Mitarbeitern das Verständnis für den Auftrag der Kirche stärken und für eine gute Zusammenarbeit innerhalb der Dienstgemeinschaft eintreten (§ 26 Abs. 1 S. 3). Sie hat hauptsächlich eine **Schutz- und Repräsentationsfunktion** gegenüber den Mitarbeitern. Ihre Rechte erschöpfen sich in dieser einrichtungsbezogenen Stellung. Ihre Aufgabe ist es nicht, die Belegschaft über aktuelle allgemein- oder parteipolitischen Themen und ihre Ansicht dazu zu unterrichten. Die **MAV verfügt weder über ein partei- noch ein allgemeinpolitisches Mandat**, sondern soll lediglich Themen behandeln, die einen unmittelbaren Bezug zu den Beschäftigten und deren Beschäftigungsverhältnissen in der Einrichtung haben.

Die Mitarbeiterversammlung kann sich mit **Angelegenheiten arbeitsvertragsrechtlicher Art** befassen, **welche die Einrichtung oder ihre Mitarbeiter unmittelbar betreffen**. Das steht nicht in Widerspruch zu Art. 7 GrO, wonach Arbeitsvertragsbedingungen im kirchlichen Dienst in paritätisch zusammengesetzten arbeitsrechtlichen Kommissionen auszuhandeln und zu beschließen sind. Zum einen geht es in der Mitarbeiterversammlung nicht darum, Arbeitsvertragsbedingungen auszuhandeln oder rechtsverbindlich zu beschließen, sondern lediglich um die Erörterung solcher Themen. Zum anderen weist das Gesetz der MAV an verschiedenen Stellen ausdrücklich die Aufgabe zu, bestimmte Arbeitsvertragsbedingungen mitzugestalten (vgl. § 26 Abs. 3 Nr. 8: frauen- und familienfreundliche Arbeitsbedingungen; § 27b: Anträge der MAV auf abweichende Gestaltung der Arbeitsvertragsbedingungen; § 38 Abs. 1 Nr. 1: Abweichungen von den Kommissionsbeschlüssen durch Dienstvereinbarung); somit steht auch der Mitarbeiterversammlung zu, sich mit diesen Themen zu befassen. Da den Arbeitsrechtlichen Kommissionen keine Monopolstellung hinsichtlich der Erörterung und/oder Gestaltung von kirchlichen Arbeitsvertragsbedingungen zukommt (vgl. § 27b und § 38 Abs. 1 Nr. 1), gehören auch die Unterrichtung über den Stand laufender oder abgeschlossener Verhandlungen in der KODA oder in der Arbeitsrechtlichen Kommission des Deutschen Caritasverbandes in den Zuständigkeitsbereich der MAV. Diese Materien können damit auch Gegenstand der Beratungen in der Mitarbeiterversammlung sein. Auch Erörterungen über die Lage der Dienststunden, die gleitende Arbeitszeit, den Dienstplan, über Mehrarbeit und Überstunden, besondere Arbeitsbefreiungen, Urlaubsplanrichtlinien u. s. w. (vgl. §§ 29 Abs. 1, 32 Abs. 1, 36, 37 Abs. 1, 38 Abs. 1) sind im Rahmen der Tagesordnung selbstverständlich zulässige Beratungsgegenstände. Denn gerade arbeitsvertragliche Fragen können zu Beschlüssen der Mitarbeiterversammlung führen, wenn dazu in der Praxis ein konkretes kollektives Regelungsbedürfnis offenkundig besteht. Die Beschlüsse hat die MAV dem Dienstgeber, gegebenenfalls der Gesamt-MAV und der diözesanen Arbeitsgemeinschaft der Mitarbeitervertretungen, vorzutragen (§ 27 Abs. 1).

Zum Themenkatalog der Mitarbeiterversammlung gehören auch **Angelegenheiten der Wahlvorbereitung**. Die MAV ist damit befasst gemäß § 9 Abs. 1 S. 1 wegen der Bestimmung des Wahltages, gemäß § 9 Abs. 2 S. 1 wegen der Bestellung des Wahlausschusses, gemäß § 9 Abs. 3 S. 1 wegen der Nachbestellung eines neuen Mitgliedes des Wahlausschusses. Gemäß § 11a Abs. 2 hat die Mitarbeiterversammlung sich mit der Art der Durchführung der Wahl zu befassen, wenn es sich um eine Einrichtung i. S. v. § 11a Abs. 1 handelt. In diesem Falle findet gemäß § 11b die Versammlung der Wahlberechtigten zur Wahlversammlung statt, wenn die Mitarbeiterversammlung nicht gemäß § 11a Abs. 2 für die Durchführung der Wahl nach den §§ 9 bis 11 Beschluss gefasst hat. Auf die Ausführungen zu §§ 10, 11a, 11b und 11c wird hingewiesen.

Nicht zur Zuständigkeit der MAV gehört die **Wahl der Mitarbeitervertreter**. Diese ist Sache der Mitarbeiter selbst und des Wahlausschusses (§ 11 Abs. 1). Deshalb gehört die Vorstellung von Wahlbewerbern für das Amt des Mitarbeitervertreters nicht in die Mitarbeiterversammlung, sondern gegebenenfalls in eine Wahlversammlung i. S. v. § 11b.

9 Bei der Erörterung der Themen ist die Vorschrift des **§ 26 Abs. 1 S. 2** zu beachten, wonach Dienstgeber und MAV darauf zu achten haben, **dass alle Mitarbeiter nach Recht und Billigkeit behandelt werden** (vgl. auch zu § 26 Rn 13 ff.). Damit sind insoweit auch **Angelegenheiten zu besprechen, welche die Mitarbeiter unmittelbar berühren** (vgl. § 27a Abs. 5).

10 Zu den spezifischen Themen gehören unter Berücksichtigung von § 26 Abs. 1 S. 3 auch **Fragen zum Verständnis für den Auftrag der Kirche und die Stärkung des Sendungsauftrages innerhalb der Dienstgemeinschaft** (vgl. § 26 Rn 30 ff.).

2. Erörterung unzulässiger Themen bzw. Art und Weise der Auseinandersetzung

11 Durch die Erörterung unzulässiger Themen kann die Versammlung ihren Charakter als Mitarbeiterversammlung verlieren. In diesem Fall **kann die Vergütungspflicht** des Dienstgebers **entfallen** (vgl. § 21 Rn 61). Die MAV ist verpflichtet, darauf zu achten, dass aus der Tagesordnung für die Mitarbeiterversammlung unzulässige Erörterungsgegenstände herausgehalten werden. Deshalb muss der Versammlungsleiter eine außerhalb der Tagesordnung entstehende **Erörterung unzulässiger Themen verhindern**, damit er keinen Pflichtverstoß i. S. d. § 13c Nr. 4 begeht. Sollte der Versammlungsleiter bzw. sein Stellvertreter gegen seine Pflicht verstoßen, so kann jeder Teilnehmer gegen solch einen Verstoß vorgehen. Gegebenenfalls kann der Dienstgeber auf Grund seines **Hausrechts** dafür sorgen, dass unzulässige Themen nicht erörtert werden; er kann aber nicht die Aufhebung der Mitarbeiterversammlung durchsetzen.[7]

3. Diskussionskultur in der Versammlung

12 Die Mitarbeiter können sich in der Mitarbeiterversammlung **frei äußern**.[8] Missstände dürfen kritisiert, Personen, die dafür verantwortlich sind, benannt werden. Die **Kritik** darf sich auch gegen den Dienstgeber oder gegen leitende Angestellte der Einrichtung richten. Sie darf jedoch **nicht unsachlich oder ehrverletzend** sein. Beleidigungen (§ 185 ff. StGB) haben zu unterbleiben. Schließlich sind in der Mitarbeiterversammlung die Regeln über die Treuepflicht aus dem Dienst- oder Arbeitsverhältnis einzuhalten. Deshalb haben die Teilnehmer alles zu unterlassen, was der Einrichtung Schaden zufügt.[9]

4. Berichtspflicht der MAV

13 Während das Echo auf den gemäß § 21 Abs. 2 S. 2 zu haltenden **Tätigkeitsbericht** (vgl. hierzu § 21 Rn 12) die Diskussion der Mitarbeiterversammlung ist, so ist die MAV auf die aus der Mitarbeiterversammlung zulässigerweise gestellten Fragen **zur Auskunft verpflichtet** (§ 22 Abs. 1 S. 2). Die Vorschrift enthält den Hinweis, dass der Tätigkeitsbericht der MAV auf Fragen aus der Mitarbeiterversammlung zu ergänzen ist. Darüber hinaus besteht aber **ein grundsätzliches Fragerecht der Teilnehmer im Rahmen der Zuständigkeit der MAV**, auf das die MAV mit Auskünften und Berichten zu reagieren hat. Zur Vorbereitung der MAV empfehlen sich bereits vor der Mitarbeiterversammlung schriftliche Anfragen aus der Mitarbeiterschaft an die MAV. In der Einberufung der Mitarbeiterversammlung sollte dazu ein entsprechender Hinweis erfolgen.

14 Der Berichtspflicht steht die **Schweigepflicht** des § 20 gegenüber. Allerdings unterliegen nur solche dienstlichen Angelegenheiten oder Tatsachen der Schweigepflicht der MAV, die Verschwiegenheit erfordern (vgl. zu § 20). Dazu gehören solche Angelegenheiten, die in der MAV vorgetragen, einem

---

[7] *Ilbertz/Widmaier*, § 51 BPersVG Rn 9.
[8] Zum Grundrecht auf Meinungsfreiheit und seine Schranken im Arbeitsverhältnis vgl. *BAG*, 12. 1. 2006 – 2 AZR 21/05, NZA 2006, 917 m. w. N.; vgl. auch *Kursawe*, ArbRB 2010, 21 ff.
[9] *HSWGN-Worzalla*, BetrVG § 45 Rn 20.

Mitarbeitervertreter anvertraut oder auf Grund seiner Tätigkeit bekannt geworden sind oder worüber die MAV Geheimhaltung beschlossen bzw. der Dienstgeber um Verschwiegenheit gebeten hat. Zur Informationspflicht des Dienstgebers in wirtschaftlichen Angelegenheiten siehe zu § 27a Abs. 5.

5. Antragsrecht und Recht zur Stellungnahme zu Beschlüssen der MAV

Eine besondere Ausformung des Reaktionsrechts der Mitarbeiterversammlung auf den Tätigkeitsbereich der MAV ist das **Antragsrecht gemäß § 22 Abs. 1 S. 3.** Wird der MAV ein Antrag unterbreitet oder zu seinen Beschlüssen Stellung genommen, so erfolgt dies **durch Beschluss,** den die Mitarbeiterversammlung mit Stimmenmehrheit fasst.[10] 15

Die Abstimmung über Anträge an die MAV wird regelmäßig durch den **Antrag** eines oder mehrerer Teilnehmer eingeleitet. **Antrags- und abstimmungsberechtigt** sind alle Mitarbeiter i. S. d. § 3 Abs. 1 ohne Rücksicht auf ein aktives oder passives Wahlrecht und ihren Beschäftigungsumfang. Nicht antrags- und abstimmungsberechtigt sind die in § 3 Abs. 1 S. 2 und Abs. 2 aufgeführten Personen. Der Antrag ist angenommen, wenn sich die **einfache Mehrheit** für ihn ausgesprochen hat. Wer sich der Stimme enthält, wird nicht mitgerechnet. Nur wenn die Mehrheitsverhältnisse zweifelhaft sind, ist eine genaue Auszählung der Stimmen erforderlich.[11] 16

Nicht zu verwechseln mit dem Recht zum Antrag und zur Stellungnahme ist das **Recht auf Weisungen oder Richtlinien.** Letzteres steht der Versammlung gegenüber der MAV nicht zu. 17

Anträge und Stellungnahmen müssen sich auf den Aufgabenbereich der MAV beziehen (vgl. Rn 4 ff.). Beschlüsse, die über diesen Bereich hinausgehen, sind unzulässig. Denn die Mitarbeiterversammlung hat ihre Willensbildung streng auf den Aufgabenbereich der MAV zu beschränken. Das ergibt sich aus § 22 Abs. 1 S. 3, der eine Willensbildung der Mitarbeiterversammlung nur für Anträge an die MAV und für Stellungnahmen zu ihren Beschlüssen vorsieht. Die Bezugnahme auf die MAVO bedeutet eine Bindung der Willensbildung der Mitarbeiterversammlung an den Aufgabenbereich der MAV. 18

Fraglich ist, **ob Beschlüsse der Mitarbeiterversammlung die MAV binden.** Einerseits kann die Mitarbeiterversammlung nicht neben der MAV oder gar gegen sie handeln. Sie hat **keine Vertretungsbefugnis** und **kann** auch eine zwischen Dienstgeber und MAV abgeschlossene **Dienstvereinbarungen nicht aufheben.** Die Mitarbeiterschaft wird von der MAV vertreten, nicht von der Mitarbeiterversammlung. Die Beschlüsse der Mitarbeiterversammlung über Anträge oder eine Stellungnahmen haben daher **keine unmittelbare rechtliche Bindung** für die MAV, sie enthalten **nur Anregungen bzw. Empfehlungen.**[12] Entscheidungsbefugt bleibt alleine die MAV.[13] 19

Allerdings **darf die MAV** trotz ihrer rechtlichen Unverbindlichkeit die **Anträge und Stellungnahmen der Versammlung nicht einfach ignorieren.** Sie muss sich vielmehr mit ihnen befassen und nach pflichtgemäßem Ermessen entscheiden, ob sie und ggf. welche Schlussfolgerungen sie daraus ziehen will.[14] Fasst die Mitarbeiterversammlung an die Adresse der MAV Beschlüsse, an die sich die MAV nicht hält, hat die Mitarbeiterversammlung aber keinen Rechtsbehelf (vgl. § 8 Abs. 2 KAGO). 20

Andererseits besitzt die Mitarbeiterversammlung unter bestimmten Voraussetzungen ein wirksames Instrument zur Durchsetzung ihres Willens: **die Abwahl durch Misstrauensantrag.** Der Misstrauensantrag ist aber nicht an bestimmte materiell-rechtliche Tatbestände geknüpft, sondern kann ohne Begründung eingebracht werden. Insofern ist also bei Nichtbeachtung eines Beschlusses der Mitarbeiterversammlung durch die MAV ein Konfliktfall denkbar. 21

---

10 *Altvater,* § 51 BPersVG Rn 2a; GK-BetrVG/*Weber,* § 45 Rn 32.
11 *Ilbertz/Widmaier,* § 51 BPersVG Rn 10 ff.
12 So auch für das BetrVG: GK-BetrVG/*Weber,* § 45 Rn 33; für das BPersVG: *Ilbertz/Widmaier,* § 51 BPersVG Rn 16 ff.
13 *Frey/Coutelle/Beyer,* MAVO § 22 Rn 4.
14 *Altvater,* § 51 BPersVG Rn 2.

III. Misstrauensvotum gegenüber der MAV

22 Im Gegensatz zum Betriebsverfassungsgesetz und zum Personalvertretungsrecht regelt § 22 Abs. 2, dass die Mitarbeiterversammlung der Mitarbeitervertretung das **Misstrauen aussprechen** kann. Voraussetzung ist, dass mindestens die **Hälfte aller wahlberechtigten Mitarbeiter der Dienststelle** dem Antrag aus der Versammlung, der MAV das Misstrauen auszusprechen, zustimmt.

23 Die **Möglichkeit der Abwahl der betrieblichen Interessenvertretung durch die Belegschaft** ist im deutschen Recht **ein Unikum**.[15] Auch die Mitarbeitervertretungsgesetze in der evangelischen Kirche sehen Misstrauensvoten nicht vor. Die Bestimmung des **Bremischen Personalvertretungsgesetzes**, die eine Abwahl einzelner Personalratsmitglieder durch die Personalversammlung bei geheimer Wahl mit absoluter Mehrheit vorgesehen hatte, wurde vom BVerfG im Jahr 1979 wegen Verstoßes gegen die Rahmenregelung im Bundespersonalvertretungsgesetz für verfassungswidrig erklärt.[16] In der Abwahl schwinge, so das BVerfG, der **Rätegedanke** mit, von dem sich sowohl das BetrVG als auch das BPersVG deutlich absetze. Zwar hatte der Regierungsentwurf zum Betriebsrätegesetz 1920 die Abberufung durch Misstrauensvotum vorgesehen, um den Zusammenhang zwischen Wähler und Gewähltem zu stärken und der Bürokratisierung vorzubeugen. Diese Regelung wurde später aber nicht in das Gesetz übernommen. Das BVerfG hielt die Regelung in Bremen jedenfalls für nicht vereinbar »mit der bisherigen Rechtstradition und den Grundprinzipien des Betriebsverfassungs- und Personalvertretungsrechts«.

24 **Kritiker des Misstrauensvotums** im katholischen Bereich bemängeln, dass die Möglichkeit der Abwahl die rechtliche Stellung der betrieblichen Interessenvertretung schwäche und ihre Unabhängigkeit bedrohe.[17] Die verantwortungsvolle Tätigkeit der Interessenvertretung zum Wohl der Beschäftigten verlange auch den Mut zu unpopulären Entscheidungen und Maßnahmen.[18] Seine Pflichten könne ein Mitglied der betrieblichen Interessenvertretung nur dann in vollem Umfang gerecht werden, wenn es sein Amt nicht als einseitige Interessenvertretung auffasse, sondern in persönlicher Unabhängigkeit ohne Bindung an Weisungen und Aufträge ausübe. Hierfür genieße es besonderen Schutz durch das Behinderungsverbot (§§ 99, 107 BPersVG). Muss ein Mitglied der Interessenvertretung gewärtigen, dass es während der laufenden Wahlperiode jederzeit ohne besonderen Grund abberufen werden kann, so kann es seine Aufgabe nach Ansicht des BVerfG nicht unabhängig und mit der gebotenen Objektivität und Neutralität erfüllen.[19]

25 Zutreffend an dieser Kritik ist, dass die Möglichkeit der Abwahl in der Mitarbeiterversammlung das freie Mandat des MAV-Mitglieds **in die Nähe des imperativen Mandats** rückt. Dennoch wird man **nicht von einem Weisungsrecht der Mitarbeiterversammlung gegenüber der MAV** ausgehen können. Zu berücksichtigen ist, dass es in der MAVO – anders als im Bremischen PersVG – nicht um die Abwahl eines einzelnen Mitglieds der Interessenvertretung geht, sondern um die Abberufung ausschließlich der gesamten MAV. Das hohe Quorum für das Misstrauensvotum (mindestens die Hälfte der wahlberechtigten Mitarbeiter) und der Umstand, dass die Abwahl nicht jederzeit, sondern nur in der Mitarbeiterversammlung vorgenommen werden kann, sorgt dafür, dass von diesem Instrument in der Praxis nur selten und nur bei Vorliegen bestimmter Voraussetzungen Gebrauch gemacht werden kann. Daher wird man nur in seltenen Ausnahmefällen davon sprechen können, **dass die Mitarbeiterversammlung der MAV übergeordnet sei**.

26 Tatsächlich stärkt das Recht der Abwahl die Belegschaft gegenüber ihrer Mitarbeitervertretung. Dem Wähler der MAV wird das Recht zugestanden, an der Arbeitsweise der MAV Kritik zu üben und diese Kritik auch im Ernstfall durch basisdemokratische Abwahl noch vor Ablauf der Amtszeit zu verdeut-

---

15 Vergleichbare Abwahlmöglichkeiten kennt aber das **österreichische, französische, belgische** und **spanische und US-amerikanische Recht**, vgl. *Gamillscheg*, Kollektives Arbeitsrecht II, S. 486 f.
16 *BVerfG*, 27. 3. 1979 – 2 BvR 1011/78, NJW 1979, 1875.
17 *Bietmann*, Betriebliche Mitbestimmung, S. 123.
18 *Bietmann*, Betriebliche Mitbestimmung, S. 123.
19 *BVerfG*, 27. 3. 1979 – 2 BvR 1011/78, NJW 1979, 1875.

lichen. Von diesem Recht wird die Versammlung nur Gebrauch machen, wenn die **Vertrauensgrundlage** zwischen der qualifizierten Mehrheit der wahlberechtigten Mitarbeitern und der gesamten MAV **irreparabel zerstört ist** und die **Fortführung der Amtsperiode** mit der ursprünglich gewählten MAV für eine Mehrheit der Belegschaft **unzumutbar** erscheint. Das wird in der Praxis nur bei gravierenden Unstimmigkeiten oder Meinungsverschiedenheiten bzw. bei groben Pflichtverletzungen der gesamten MAV vorkommen.

Das Misstrauensvotum setzt einen entsprechenden **Antrag bereits vor der Mitarbeiterversammlung** voraus. Das Begehren ist auf der **Tagesordnung** auszuweisen.[20] Darüber hinaus ist die Abwahl in der Versammlung an eine **qualifizierte Mehrheit** gebunden. Die vorherige Beantragung dient dem Übereilungsschutz und soll dem Leiter vor Beginn der Versammlung die Feststellung der genauen Zahl der wahlberechtigten Mitarbeiter ermöglichen (vgl. Rn 39). Würde das Misstrauensvotum nicht auf der Tagesordnung stehen, könnten sich die Belegschaft oder Teile davon auf diese wichtige Angelegenheit gar nicht einstellen; die Mitarbeiter würden womöglich gar nicht zur Versammlung erscheinen und eine Abwahl dürfte oftmals bereits an diesem Quorum scheitern. Erscheint nämlich weniger als die Hälfte der wahlberechtigten Mitarbeiter, ist schon der Antrag zum Misstrauensvotum wegen Beschlussunfähigkeit der Versammlung unzulässig. Erscheint wenigstens die Hälfte der wahlberechtigten Mitarbeiter, so bedarf es der Einstimmigkeit bei der Abstimmung über den Misstrauensantrag – unter Einschluss der Mitglieder der betroffenen MAV, die ebenfalls Stimmrecht haben. Dieser Fall dürfte praktisch wohl kaum vorkommen. Soll der Misstrauensantrag also gelingen, müssten deutlich mehr als die Hälfte der wahlberechtigten Mitarbeiter zur Versammlung erscheinen und in ihrer überwältigenden Mehrheit für die Abwahl stimmen. **Beispiel:** In einer Einrichtung mit 100 wahlberechtigten Mitarbeitern besteht die MAV aus fünf Mitgliedern. Die qualifizierte Mehrheit für eine Abwahl beträgt 51 Stimmen. Soll die MAV nach Maßgabe des § 22 Abs. 2 abberufen werden, müssten – wenn z. B. bei der Mitarbeiterversammlung 70 wahlberechtigte Mitarbeiter anwesend sind[21] – mindestens 51 der anwesenden 70 Mitarbeiter für die Abwahl votieren (d. h. Zustimmungsquote über 70 %). Nehmen gar nur 60 wahlberechtigte Mitarbeiter an der Versammlung teil, müssten sich 51 der 55 Anwesenden (60 abzüglich der fünf MAV-Mitglieder, die wahrscheinlich gegen den Antrag stimmen werden) für die Absetzung aussprechen.

Soll die Abwahl in einer **außerordentlichen Mitarbeiterversammlung auf Verlangen von einem Drittel der Mitarbeiter** (§ 21 Abs. 3) stattfinden, müssten die Initiatoren zunächst (z. B. durch eine Unterschriftensammlung) **ein Drittel der Belegschaft** für dieses Vorhaben gewinnen. Wird diese Hürde genommen, ist der MAV-Vorsitzende verpflichtet, die Versammlung ordnungsgemäß unter Angabe dieses Tagesordnungspunktes innerhalb von zwei Wochen einzuberufen. Eine Prüfung, ob die Abhaltung der Versammlung **zweckmäßig** ist, steht der MAV nicht zu.

Die Abstimmung in der Mitarbeiterversammlung über den Misstrauensantrag kann **durch Handzeichen** oder in geheimer Wahl **durch Stimmzettel** erfolgen.[22] Über die Art und Weise der Abstimmung ist ein Beschluss der Mitarbeiterversammlung herbeizuführen (vgl. Rn 38).

Ist die MAV durch das Misstrauensvotum abberufen worden, **so endet ihre Amtszeit mit der Feststellung des Abstimmungsergebnisses**. Das folgt aus § 13a, dessen Wortlaut die Weiterführung der Geschäfte der MAV nicht auf die Fälle des § 13 Abs. 3 Nrn. 4 bis 6 erstreckt (§ 13a S. 2). Ein Nachrücken von Ersatzmitgliedern (§ 13b) kommt nicht in Betracht, weil § 22 Abs. 2 als speziellere Regelung ausdrücklich die Neuwahl als Rechtsfolge vorsieht. Das bedeutet: Im Falle des erfolgreichen Misstrauensvotums ist die Dienststelle oder Einrichtung **sofort ohne MAV**. Nach Maßgabe des § 10 Abs. 1 hat der Dienstgeber daraufhin die vorgeschriebene Neuwahl einzuleiten.

---

20 ~~Frey/Coutelle/Beyer~~, MAVO § 22 Rn 5.
21 Die restlichen dreißig Mitarbeiter fehlen aufgrund anderweitiger Verhinderung o. wg. Desinteresses an der Veranstaltung.
22 ~~Frey/Coutelle/Beyer~~, MAVO § 22 Rn 5.

III. Mitarbeiterversammlung

31 Das Misstrauen kann **nur gegen die gesamte MAV** ausgesprochen werden, **nicht jedoch gegen ein einzelnes Mitglied** (vgl. Wortlaut des § 22 Abs. 2: »der Mitarbeitervertretung«).[23] Einzelne Mitglieder der MAV können aber bei einer groben Vernachlässigung oder Verletzung der Befugnisse und Pflichten als Mitarbeitervertreter **durch Entscheidung der kirchlichen Gerichte für Arbeitssachen** ihre Mitgliedschaft verlieren (§ 13c Rn 18 ff.). Der Ausschluss eines MAV-Mitgliedes bei groben Pflichtverletzungen setzt jedoch die Klage des **Dienstgebers** oder **mindestens der Hälfte der Mitglieder der MAV** voraus (§ 44 KAGO). Die Mitarbeiterversammlung selbst ist diesbezüglich nicht klagebefugt.

32 Die MAV kann dem Misstrauensvotum durch die **kollektive Niederlegung des Amtes** (§ 13c Nr. 2) zuvorkommen. Die Niederlegung des Amtes ist jederzeit möglich, an keine Voraussetzungen, Gründe, Formen oder Fristen gebunden. Will die MAV diesen Weg beschreiten, muss die Erklärung jedes einzelnen MAV-Mitglieds, sein Amt nicht mehr fortführen zu wollen, **gegenüber dem Dienstgeber spätestens bis zur Einleitung des Abstimmungsverfahrens über den Misstrauensantrag** erfolgen. Auch die eindeutige und unwiderrufliche Erklärung des »Rücktritts« ist als Amtsniederlegung nach § 13c Nr. 2 zu behandeln. Die kollektive Niederlegung des Amtes durch alle Mitglieder der MAV führt – anders als ein erfolgreiches Misstrauensvotum – dazu, dass ggf. vorhandene **Ersatzmitglieder nachrücken können**, ohne dass eine Neuwahl durchzuführen wäre.

IV. Beschlussfähigkeit der Mitarbeiterversammlung

33 Im Grundsatz ist **jede Mitarbeiterversammlung** ohne Rücksicht auf die Zahl der Teilnehmer **beschlussfähig (§ 22 Abs. 3 S. 1)**. Voraussetzung ist allerdings, dass sie ordnungsgemäß einberufen worden ist (vgl. § 21 Abs. 1 S. 2 und 3, § 21 Abs. 3 S. 1 bis 3).

34 In der Mitarbeiterversammlung sind **alle Mitarbeiter** (§ 3 Abs. 1) ohne Rücksicht auf ihre aktive Wahlberechtigung **stimmberechtigt**.[24]

35 Mit Ausnahme der Abstimmung über den Misstrauensantrag (§ 22 Abs. 2) bedürfen die Beschlüsse der Mitarbeiterversammlung der **einfachen Mehrheit** aller anwesenden abstimmungsberechtigten Mitarbeiter (§ 22 Abs. 3 S. 2). Nicht stimmberechtigt ist der Dienstgeber oder der von ihm Beauftragte, der aus dem Mitarbeiterbegriff gemäß § 3 Abs. 2 ausgeklammert ist.

36 **Bei Stimmengleichheit gelten Anträge** der Mitarbeiterversammlung als **abgelehnt** (§ 22 Abs. 3 S. 3). Damit ist zugleich zum Ausdruck gebracht, dass jeder Antrag, gleich von wem berechtigterweise gestellt, bei Stimmengleichheit abgelehnt ist. Dasselbe gilt auch für die Stellungnahme zu den Beschlüssen der MAV.

37 **Der Dienstgeber oder sein Beauftragter können** in der Mitarbeiterversammlung **keine Anträge** stellen. Das ergibt sich aus § 22 Abs. 1 S. 1. Etwas anderes gilt, wenn sich einer der antragsberechtigten Mitarbeiter das Anliegen des Dienstgebers zu Eigen macht und die Zuständigkeit der Mitarbeiterversammlung zur Beschlussfassung gegeben ist. Dann kann über den vom Mitarbeiter gestellten Antrag abgestimmt werden.

38 Der **Versammlungsleiter soll** wegen des möglichen Antrages auf **geheime Abstimmung Stimmzettel vorbereitet halten**. Das gilt insbesondere, wenn über den Misstrauensantrag abgestimmt wird. Zwar ist über das Abstimmungsverfahren keine Regelung getroffen, doch entspricht es demokratischen Gepflogenheiten, bei mehrheitlichem Wunsch nach geheimer Abstimmung diesem Begehren stattzugeben.

39 Bei der Abstimmung über den **Misstrauensantrag** haben alle diejenigen kein Stimmrecht, die gemäß § 7 vom aktiven Wahlrecht ausgeschlossen sind. Das sind Mitarbeiter unter 18 Jahren (§ 7 Abs. 1), solche, die noch nicht seit mindestens sechs Monaten in einer Einrichtung des Dienstgebers tätig sind,

---

23 *Richardi*, Arbeitsrecht in der Kirche, § 18 Rn 96.
24 *Frey/Coutelle/Beyer*, MAVO § 22 Rn 8.

für länger als drei Monate zu einer anderen selbständig geführten Dienststelle Abgeordnete (§ 7 Abs. 2), Mitarbeiter in einem Ausbildungsverhältnis, wenn sie in einer anderen Dienststelle wahlberechtigt sind (§ 7 Abs. 3), und alle gemäß § 7 Abs. 4 vom aktiven Wahlrecht Ausgeschlossenen, nämlich Mitarbeiter, für die zur Besorgung aller ihrer Angelegenheiten ein Betreuer nicht nur vorübergehend bestellt ist, die am Wahltag für mindestens noch sechs Monate unter Wegfall der Bezüge beurlaubt sind. Wegen der besonderen Erfordernisse bei der **Abstimmung über den Misstrauensantrag (§ 22 Abs. 2)** ist erst festzustellen, wie viele wahlberechtigte Mitarbeiter zum Zeitpunkt der Abstimmung über den Misstrauensantrag in der Dienststelle überhaupt beschäftigt sind und wer von den Anwesenden aktiv wahlberechtigt ist. Erst dann kann die Beschlussfähigkeit festgestellt werden (vgl. Rn 27). Dabei wird der Versammlungsleiter gar nicht ohne die Liste der am Tage der Abstimmung über den Misstrauensantrag wahlberechtigten Mitarbeiter auskommen können. Denn mit dieser Liste wird zu vergleichen sein, wer als Wahlberechtigter anwesend ist. Dazu ist eine diesbezügliche Anwesenheitsliste zu führen. Daraus wird deutlich, dass ein Misstrauensantrag ohne umfangreiche Vorbereitungen gar nicht abstimmungsfähig ist.

V. Niederschrift über die Mitarbeiterversammlung

Gemäß § 22 Abs. 4 S. 1 sind **in einer Niederschrift Anträge und die dazu ergangenen Beschlüsse** zu notieren. Zu den Beschlüssen zählt auch die Abstimmung über den Misstrauensantrag. Im Protokoll ist das Abstimmungsergebnis darüber festzuhalten. Zur Klarheit des Abstimmungsergebnisses ist außerdem die Zahl der am Abstimmungstage wahlberechtigten Mitarbeiter der Einrichtung, die Zahl der anwesenden wahlberechtigten Mitarbeiter, die Zahl der abgegebenen Stimmen und die Zahl der für den Antrag abgegebenen gültigen Stimmen anzugeben. Erst aus dieser Zahl lässt sich das Abstimmungsergebnis feststellen. 40

In die **Niederschrift** gehört aber auch der gemäß § 13 Abs. 3 Nr. 3 von der Mehrheit der Mitglieder der MAV der Mitarbeiterversammlung gegenüber erklärte **Rücktritt der MAV**. Denn ihren Rücktritt kann die MAV in einer Mitarbeiterversammlung erklären. Dazu ist auch festzustellen, aus wie vielen Mitgliedern die MAV besteht und wer von diesen den Rücktritt erklärt hat, damit feststellbar ist, ob die absolute Mehrheit der Mitglieder der MAV den Rücktritt erklärt hat (§ 13 Rn 31 ff.). 41

Die Niederschrift ist in jedem Falle **vom Leiter der Versammlung** zu unterschreiben. Das ist entweder der Vorsitzende der MAV (§ 21 Abs. 1 S. 2) oder sein Stellvertreter, wenn der Vorsitzende verhindert war, die Mitarbeiterversammlung zu leiten. Die Niederschrift muss **auch der Schriftführer** unterzeichnen. 42

Ein zusätzliches Erfordernis für die Niederschrift ist die **Anwesenheitsliste**. Hierzu besteht nur im Grundsatz keine zwingende Vorschrift (§ 22 Abs. 4 S. 2). Die **Anwesenheitsliste ist zwingend** vorgeschrieben bei **Teilversammlungen** (§ 22 Abs. 4 S. 3 i. V. m. § 4 S. 2) und bei einer Abstimmung über den **Misstrauensantrag** (§ 22 Abs. 4 S. 3 i. V. m. Abs. 2). Denn bei Teilversammlungen ist die Richtigkeit der Abstimmungen sicherzustellen und zu garantieren, dass jeder Mitarbeiter nur einmal abstimmt. Der Leiter der Teilversammlung hat also nur in einer Teilversammlung Stimmrecht. 43

Es wird bei **Teilversammlungen** (§ 4 S. 2) in der Niederschrift festgehalten werden müssen, wie die Zahlen der Stimmen bei Abstimmungen verteilt waren, damit aus den Einzelangaben in den Niederschriften über die Teilversammlungen das Gesamtabstimmungsergebnis festgestellt werden kann. Außerdem werden die wesentlichen Argumente der Diskussion über die zur Abstimmung gestellten Anträge festzuhalten sein, um sie für die weitere Teilversammlung verwerten zu können (zur Teilversammlung vgl. § 4 Rn 26 ff.). 44

VI. Streitigkeiten

Die **kirchlichen Gerichte für Arbeitssachen** sind für Rechtsstreitigkeiten der in § 2 Abs. 2 KAGO genannten Art zuständig. Zu den Rechtsstreitigkeiten gehören auch solche Rechtsstreitigkeiten mitarbeitervertretungsrechtlicher Art über die **Wirksamkeit der Beschlüsse der Mitarbeiterversammlung** (§ 8 Abs. 2 Buchst. b KAGO) in formeller und materieller Hinsicht. Dabei kommt es u. a. 45

III. Mitarbeiterversammlung

auf die ordnungsgemäße Einladung, die Tagesordnung, die Art und Weise der Durchführung der Mitarbeiterversammlung – auch der Teilversammlung (§ 4 Satz 2) – und der Abstimmung zur Beschlussfassung, namentlich zu Fragen der beantragten geheimen Stimmabgabe und der Stimmenauszählung an.

IIIa. Sonderregelungen für gemeinsame Mitarbeitervertretungen[1]

§ 22a Sonderregelungen für gemeinsame Mitarbeitervertretungen nach § 1b

(1) Die dem Dienstgeber gegenüber der Mitarbeitervertretung nach dieser Ordnung obliegenden Pflichten obliegen bei der gemeinsamen Mitarbeitervertretung den betroffenen Dienstgebern gemeinschaftlich. Dies gilt auch für die Einberufung der Mitarbeiterversammlung zur Vorbereitung der Wahl einer gemeinsamen Mitarbeitervertretung (§ 10) sowie die Führung des gemeinsamen Gesprächs nach § 39 Absatz 1 Satz 1. Die Informationspflicht des Dienstgebers nach § 27 Abs. 1, § 27a und die Verpflichtungen aus den Beteiligungsrechten nach §§ 29 bis 37 sind auf die jeweils eigenen Mitarbeiterinnen und Mitarbeiter beschränkt. Die betroffenen Dienstgeber können sich gegenseitig ermächtigen, die Aufgaben füreinander wahrzunehmen.

(2) Die §§ 7 Absätze 1 und 2, 8 Absatz 1 und 13c *Ziffer 3 II Alternative* finden mit der Maßgabe Anwendung, dass der Wechsel einer Mitarbeiterin oder eines Mitarbeiters zu einem kirchlichen Dienstgeber innerhalb des Zuständigkeitsbereichs der Mitarbeitervertretung nicht den Verlust des Wahlrechts oder der Mitgliedschaft in der Mitarbeitervertretung zur Folge hat.

(3) Für die Wahl der gemeinsamen Mitarbeitervertretung gelten die §§ 9 bis 11c, soweit das Wahlverfahren nicht durch besondere diözesane Verordnung geregelt wird.

(4) Die Mitarbeiterversammlung ist die Versammlung aller Mitarbeiterinnen und Mitarbeiter der Einrichtungen, für die eine gemeinsame Mitarbeitervertretung gemäß § 1b gebildet ist.

Übersicht	Rn		Rn
I. Zweck der Vorschrift	1	5. Die Mitarbeiterversammlung, Abs. 4	8–10
II. Einzelheiten	2–13	6. Geschäftsführung der gemeinsamen Mitarbeitervertretung	11
1. Gemeinschaftliches Handeln der Dienstgeber, Abs. 1 S. 1, 2 und 4	2–4	7. Die Beteiligung anderer Gremien	12, 13
2. Getrenntes Handeln der Dienstgeber, Abs. 1 S. 3	5	a. Sprecher der Jugendlichen und Auszubildenden	12
3. Rechte der Mitarbeiterinnen und Mitarbeiter, Abs. 2	6	b. Vertrauensperson der schwerbehinderten Menschen	13
4. Wahlverfahren für die gemeinsame MAV, Abs. 3	7	III. Streitigkeiten	14

I. Zweck der Vorschrift

Die Vorschrift ergänzt Regelungen über die Zusammenarbeit zwischen mehreren Dienstgebern (eben nicht nur Einrichtungen eines und desselben Rechtsträgers) und ihrer gemeinsamen Mitarbeitervertretung (§ 1b). Anderseits unterscheidet sie zwischen gemeinsamen Angelegenheiten und solchen Maßnahmen, die für einen der beteiligten Dienstgeber spezifisch und deshalb nur mit diesem zu verhandeln sind. Die Dienstgeber haben die gemeinschaftliche Aufgabe, mit der gemeinsamen MAV in die Gespräche zu ziehen (§ 22a Abs. 1 S. 1). Den Weg der vereinfachten Gesprächsführung dazu eröffnet § 22a Abs. 1 S. 4. Denn die beteiligten Dienstgeber können sich gegenseitig ermächtigen, die Aufgaben füreinander gegenüber der gemeinsamen Mitarbeitervertretung wahrzunehmen. Das hat besondere Bedeutung für die vertrauensvolle Zusammenarbeit gemäß § 26 (§ 22a Abs. 1 S. 3). Das Wahlrecht der Mitarbeiterinnen und Mitarbeiter im Zuständigkeitsbereich der gemeinsamen Mitarbeitervertretung wird von einem Arbeitsplatzwechsel innerhalb des Bereichs einer gemeinsamen Mitarbeitervertretung nicht angetastet. Das gilt auch für ein bestehendes Mandat (§ 22a Abs. 2). Die im Normtext des § 22a Abs. 2 enthaltene Verweisung auf »§ 13c Ziffer 3 1. Alternative«

1   1 Muster für eine diözesane Fassung.

entspricht der neuen Zählung in § 13c. Die in der Beschlussfassung der Vollversammlung des VDD vom 22.11.2010 enthaltene Verweisung auf »§ 13c Ziffer 4« ist folglich ein Redaktionsversehen.

II. Einzelheiten

1. Gemeinschaftliches Handeln der Dienstgeber, Abs. 1 S. 1, 2 und 4

2 Bei der Überlegung zur Bildung einer gemeinsamen MAV im Zuständigkeitsbereich mehrerer Dienstgeber sind die Folgen bereits zu bedenken. Es geht um verschiedene Vorgehensweisen, bei denen stets auf Gemeinsamkeit Bedacht zu nehmen ist in Angelegenheiten, die für alle von der gemeinsamen MAV repräsentierten Mitarbeiterinnen und Mitarbeiter von Bedeutung sind (§ 22a Abs. 1 S. 1). Zusätzlich ist festzulegen wer von der Dienstgeberseite die Gespräche mit der gemeinsamen MAV führen soll, wenn nicht alle beteiligten Dienstgeber – vertreten durch ihre Organe – an den Gesprächen teilnehmen. Es muss mit einer Stimme gesprochen werden.

3 Die Einberufung der Mitarbeiterversammlung im Geltungsbereich für die gemeinsame MAV gemäß § 10 durch die Dienstgeber gehört zum gemeinschaftlichen Handeln (§ 22a Abs. 1 S. 2). Ebenso haben die Dienstgeber das jährliche Gespräch mit der MAV gemäß § 39 Abs. 1 S. 1 gemeinschaftlich zu führen (§ 22a Abs. 1 S. 2).

4 Es ist Sache der im Zuständigkeitsbereich der gemeinsamen MAV handelnden Dienstgeber, ob und wie sie sich gegenseitig ermächtigen, die Aufgaben des Zusammenwirkens mit der gemeinsamen MAV für einander wahrzunehmen (§ 22a Abs. 1 S. 4). Dabei sollte der gemeinsamen MAV eine ständige Person gegenüber stehen, damit durch sie eine gewisse Beständigkeit in den Gesprächsabläufen sichergestellt ist. Der Umfang der Ermächtigung ist der gemeinsamen MAV bekannt zu geben.

2. Getrenntes Handeln der Dienstgeber, Abs. 1 S. 3

5 Wenn es um Informationspflichten gemäß §§ 27 und 27a geht, lädt der betroffene Dienstgeber bzw. Unternehmer die gemeinsame MAV zum Gespräch oder wendet sich nachrichtlich an die gemeinsame MAV in eigener Sache. Denn es geht um Angelegenheiten seiner Einrichtungen oder Dienststellen, die er verantwortlich leitet. Das gilt auch in Angelegenheiten der Beteiligungsrechte der gemeinsamen MAV gemäß §§ 29 bis 37 (§ 22a Abs. 1 S. 3). Denn die Organisationshoheit hat der Rechtsträger der Dienststelle bzw. Einrichtung. Er entscheidet allein, auch über Personalangelegenheiten, zu denen die gemeinsame MAV ein Beteiligungsrecht hat. Er ist deshalb der geborene Verhandlungspartner der gemeinsamen MAV, was durch § 22a Abs. 1 S. 3 geregelt ist. Das bedeutet, dass z. B. bei Versetzungen und Abordnungen, Zuweisungen oder Personalgestellungen (siehe § 18 Abs. 2 S. 2) an eine Einrichtung des anderen Dienstgebers der abgebende und der aufnehmende Dienstgeber mit der gemeinsamen MAV Kontakt aufnehmen, um die Beteiligung der gemeinsamen MAV zu gewährleisten. Das gilt ebenso im Falle der dienstgeberseitigen Kündigung. Zuvor ist die gemeinsame MAV vom zuständigen Dienstgeber zu informieren und im Wege der Anhörung und Mitberatung zu beteiligen, damit die Kündigung wirksam werden kann, wenn sie nach dem Beteiligungsverfahren ausgesprochen wird (§§ 30 Abs. 5, 31 Abs. 3).

3. Rechte der Mitarbeiterinnen und Mitarbeiter, Abs. 2

6 Innerhalb des Repräsentationsgebiets der gemeinsamen MAV hat der Wechsel einer Mitarbeiterin oder eines Mitarbeiters von einem Dienstgeber zu einem anderen keinen Einfluss auf deren Rechtsstellung nach der MAVO. Das gilt auch hinsichtlich der Stellung eines Mitglieds der gemeinsamen MAV. Gemäß § 22a Abs. 2 geht das aktive Wahlrecht im Falle einer Versetzung oder Abordnung an eine andere Einrichtung desselben oder eines anderen beteiligten Dienstgebers im Zuständigkeitsbereich der gemeinsamen MAV nicht verloren, d. h. der Dienststellen- bzw. Arbeitgeberwechsel (§ 7 Abs. 1 und 2) wirken sich insoweit nicht nachteilig für den Mitarbeiter oder die Mitarbeiterin aus. Dasselbe gilt auch für das passive Wahlrecht (§ 8 Abs. 1). Der Wechsel innerhalb des Zuständigkeitsbereichs der gemeinsamen MAV führt auch nicht zum Verlust des Amtes als Mitglied der gemein-

samen MAV. In diesen Fällen sind die Vorschriften des § 7 Abs. 1 und 2, des § 8 Abs. 1 und des § 13c Nr. 3 erste Alternative suspendiert.

4. Wahlverfahren für die gemeinsame MAV, Abs. 3

Die Vorschrift des § 22a Abs. 3 unterscheidet sich von der des § 22a Abs. 1 S. 2 hinsichtlich der Einleitung des Wahlverfahrens. Grundsätzlich gilt der Organisationsablauf nach § 22a Abs. 3 in Verbindung mit den besonderen Vorschriften für das Wahlverfahren gemäß §§ 9 bis 11c. Zu unterscheiden ist jedoch zwischen einem **Wahlverfahren mit** (§ 9) und einem vereinfachten Wahlverfahren **ohne Wahlausschuss** (§§ 11a – 11c). Zur ersten Wahl einer gemeinsamen MAV geht es um die von den beteiligten Dienstgebern gemeinschaftlich vorzunehmende Initiative durch Einberufung der Mitarbeiterversammlung aller beteiligten Mitarbeiterinnen und Mitarbeiter unter Einschluss der betroffenen Mitarbeitervertretungen gemäß § 10 (§ 22a Abs. 1 S. 2). Die Initiative ist gerade mit Blick auf die Bildung einer gemeinsamen MAV bei Fehlen einer MAV (§ 1b Abs. 1 S. 4) geboten; allerdings dann nicht nötig, wenn die beteiligten Dienstgeber unter den Voraussetzungen des § 11a und des § 6 Abs. 1, das vereinfachte Wahlverfahren durchführen lassen können (§ 11b Abs. 2). Die Vorschrift der Musterordnung (Rahmen-MAVO) steht unter dem Vorbehalt, dass für das Wahlverfahren zu einer gemeinsamen MAV keine besondere diözesane Regelung getroffen worden ist (§ 22a Abs. 3).

7

5. Die Mitarbeiterversammlung, Abs. 4

Die Mitarbeiterversammlung ist nach der Vorschrift des § 22a Abs. 4 die Versammlung aller Mitarbeiterinnen und Mitarbeiter der Dienstgeber und deren Einrichtungen mit gemeinsamer MAV i. S. v. § 1b. Zu unterscheiden ist zwischen den zeitlichen Abläufen zur Bildung der gemeinsamen MAV.

8

Gemäß § 22a Abs. 1 S. 2 ist bereits eine Mitarbeiterversammlung handlungsfähig, wenn erst eine gemeinsame MAV gewählt werden soll. Das folgt aus der Bezugnahme auf § 10 in § 22a Abs. 1 S. 2 und Abs. 3. Deshalb ist die Definitionsnorm des Abs. 4 auch dahingehend zu interpretieren, dass die Mitarbeiterversammlung schon im Falle einer noch zu wählenden gemeinsamen MAV handeln kann, wenn die notwendige (Dienst-) Vereinbarung zur Bildung einer gemeinsamen MAV wirksam ist. Ist eine gemeinsame MAV im Amt, beruft sie die Mitarbeiterversammlung gemäß § 21 Abs. 1 bis 3 ein, die sich entsprechend § 22 mit den ihr zustehenden Themen befasst.

9

Für die **Fahrtkosten** zur Mitarbeiterversammlung im Bereich der gemeinsamen Mitarbeitervertretung gilt § 21 Abs. 4 entsprechend. Im Übrigen wird wegen der Kosten auf § 17 hingewiesen.

10

6. Geschäftsführung der gemeinsamen Mitarbeitervertretung

Die gemeinsame Mitarbeitervertretung gemäß § 1b ist wie die MAV nach § 1a berechtigt, sich zu konstituieren, Sitzungen abzuhalten, Beschlüsse zu fassen und Ausschüsse gemäß § 14 zu bilden und für ihre Amtstätigkeit Freistellung gemäß § 15 zu beanspruchen. Ihre Mitglieder haben Anspruch auf die Teilnahme an Schulungen unter Freistellung von der Arbeitspflicht (§ 16), sie haben die Rechte aus § 17 wegen der Kosten, welche die Dienstgeber anteilig zu tragen haben, und den Schutz gemäß § 18 und 19; sie unterliegen der Schweigepflicht gemäß § 20 und den Geboten vertrauensvoller Zusammenarbeit mit den sie betreffenden Dienstgebern zusammen (§ 26, § 27 Abs. 2, § 28a, § 39 Abs. 1 S. 1) und einzeln (§ 22a Abs. 1 S. 3 i. V. m. § 27 Abs. 1, § 27a und §§ 29 bis 37, § 39 Abs. 1 S. 2 und Abs. 2).

11

7. Die Beteiligung anderer Gremien

a. Sprecher der Jugendlichen und Auszubildenden

In Einrichtungen, für die eine gemeinsame Mitarbeitervertretung gemäß § 1b gebildet ist und denen Jugendliche und/oder Auszubildende in den beteiligten Einrichtungen angehören (§ 48 Abs. 1), sind Sprecher der Jugendlichen und der Auszubildenden zu wählen, wenn dort zusammen wenigstens fünf

12

Mitarbeiterinnen und Mitarbeiter unter 18 Jahren (Jugendliche) oder zu ihrer Berufsausbildung Beschäftigte unterhalb des vollendeten 25. Lebensjahres (Auszubildende) beschäftigt werden. Haben sich die Einrichtungspartner auf die Bildung einer gemeinsamen MAV i. S. d. § 1b verständigt, muss dieser Tatsache auch mit Blick auf die Wahl der Sprecher der Jugendlichen und Auszubildenden Rechnung getragen werden. Dasselbe gilt dann auch für die Versammlung dieser Jugendlichen und Auszubildenden mit Blick auf die gemeinsame Mitarbeitervertretung und Mitarbeiterversammlung (§ 49). Die Bildung der Jugend- und Auszubildendenvertretung erfolgt in Abhängigkeit von der Bildung einer Mitarbeitervertretung.

b. Vertrauensperson der schwerbehinderten Menschen

13 Ist eine gemeinsame Mitarbeitervertretung gemäß § 1b gebildet, ist die Mitwirkung der Vertrauensperson der schwerbehinderten Mitarbeiterinnen und Mitarbeiter gemäß § 52 sicherzustellen. Ist es im Bereich der Zuständigkeit der gemeinsamen Mitarbeitervertretung (§ 1b) zur Wahl mehrerer jeweils einrichtungsbezogener Vertrauenspersonen nach staatlichem Recht gekommen (vgl. zu § 52), nehmen sie alle an den Sitzungen der gemeinsamen Mitarbeitervertretung mit den Rechten teil, die gemäß § 52 zuerkannt sind. An der gemeinsamen Mitarbeiterversammlung nehmen sie als Mitarbeiter teil.

III. Streitigkeiten

14 Zu unterscheiden ist wegen der Bildung der gemeinsamen Mitarbeitervertretung gemäß § 1b und den Sonderregelungen des § 22a. Die Bildung einer gemeinsamen Mitarbeitervertretung erfolgt freiwillig (§ 1b), kann also nicht erzwungen werden. Folglich ist weder die Einigungsstelle (§§ 40 ff., 45 MAVO) noch das Kirchliche Arbeitsgericht im Falle einer Regelungsstreitigkeit über die Bildung der gemeinsamen Mitarbeitervertretung zuständig. Im Falle einer Rechtsstreitigkeit wegen der Rechte und Pflichten aus §§ 1b und 22a MAVO ist gemäß § 2 Abs. 2 KAGO das Kirchliche Arbeitsgericht zuständig.

IV. Besondere Formen der Vertretung von Mitarbeiterinnen und Mitarbeitern

§ 23 Sondervertretung[1]

(1) Mitarbeiterinnen und Mitarbeiter, die von ihrem Dienstgeber einer Einrichtung eines anderen kirchlichen oder nichtkirchlichen Rechtsträgers zugeordnet worden sind, bilden eine Sondervertretung.

(2) Die Sondervertretung wirkt mit bei Maßnahmen, die vom Dienstgeber getroffen werden. Bei Zuordnung zu einem kirchlichen Rechtsträger ist im Übrigen die Mitarbeitervertretung der Einrichtung zuständig.

(3) Das Nähere, einschließlich der Einzelheiten des Wahlverfahrens, wird in Sonderbestimmungen geregelt.

Übersicht	Rn		Rn
I. Vorbemerkung	1	VIII. Vertrauensperson der schwerbehinderten Menschen	22
II. Zweck der Vorschrift	2–8	IX. Diözesane Ordnungen	23–30
III. Mehrfaches Wahlrecht und Doppelmandat	9–12	1. Sondervertretungen	23–27
1. Aktives Wahlrecht	9–11	2. Mitarbeitervertretung für mehrere Bereiche	28
2. Doppelmandat	12	3. Wahlverfahren	29
IV. Wahlberechtigung zur Sondervertretung	13	4. Fehlende diözesane Regelungen	30
V. Wahlverfahren	14	X. Das Rechtsverhältnis der Zuordnung	31–34
VI. Geschäftsführung und Rechtsstellung	15, 16	XI. Streitigkeiten	35
VII. Beteiligungsrechte der Sondervertretung	17–21		

I. Vorbemerkung

Wie schon in der Rahmen-MAVO von 1985 die §§ 23 bis 25 lediglich als Muster für diözesane Mitarbeitervertretungsordnungen ausgestaltet waren,[2] aber eben keine Verbindlichkeit beanspruchten, wiederholte und erweiterte die Novelle der Rahmen-MAVO vom 20. 11. 1995 diesen Weg eines Musters, damit diözesanen Besonderheiten durch den diözesanen Gesetzgeber Rechnung getragen werde. Deshalb ist das in der jeweiligen (Erz-)Diözese geltende Recht in seinen häufig veränderten Einzelheiten zu beachten.[3] Die Idee der Sondervertretung fand ihren Boden unter den Mitarbeitern und Mitarbeiterinnen im pastoralen Dienst (Gemeinde- und Pastoralreferenten), die entsprechend den Rahmenstatuten für diese Berufsgruppen beim Bistum (Arbeitgeber) zwar angestellt sind, dann aber ihre Aufgaben in anderen Dienststellen, z. B. Pfarreien, Pfarrverbänden, Pfarreiengemeinschaften, Pfarrverbünden u. ä., Gemeindeverbänden oder auf Dekanatsebene (siehe weiter Rn 4), aufgrund einer besonderen Zuordnung (häufig Abordnung und Versetzung) verrichten. Diese Mitarbeiterinnen und Mitarbeiter hatten ursprünglich keine Mitarbeitervertretung für die Vertretung ihrer Interessen gegenüber ihrem rechtlichen Dienstgeber (Arbeitgeber), aus dessen Dienststelle sie ausgegliedert waren. Diese vom Gesetz ursprünglich nicht gesehene Tatsache führte dazu, dass für die genannten Berufsgruppen die Bildung einer Sondervertretung im Wege der Ausfüllung einer Ge-

1

---

1 Muster für eine diözesane Fassung.
2 Arbeitshilfen 47 zu §§ 23 bis 25, S. 12.
3 Vgl. z. B. MAVO Osnabrück, Amtsblatt 2003 Art. 295 S. 329, 338 und MAVO Hamburg, Amtsblatt 2005 Art. 94 S. 143.

setzeslücke ermöglicht wurde, also eine personengruppenbezogene Mitarbeitervertretung.[4] Damit sollte diesen Mitarbeiterinnen und Mitarbeitern die Mitwirkung an Maßnahmen ihres rechtlichen Dienstgebers durch eine eigene MAV ermöglicht werden. Siehe aber Rn 30.

II. Zweck der Vorschrift

2   Mit der Vorschrift des § 23 wird bezogen auf nur einen Dienstgeber eine Regelung zugunsten solcher Mitarbeiter getroffen, die einerseits bei einem kirchlichen Rechtsträger angestellt sind, andererseits aber bei einem anderen Rechtsträger – etwa auf der Grundlage eines Gestellungsvertrages, einer Abordnung, Versetzung oder Zuweisung – dienstlich eingesetzt, diesem also zugeordnet sind. Dabei kann es sich um einen kirchlichen, staatlichen, kommunalen oder auch sonstigen privaten (z. B. Krankenhaus) Rechtsträger handeln (Abs. 1). Die Vorschrift des § 23 unterscheidet sich von der des § 1b darin, dass im Falle des § 1b mehrere Dienstgeber im Geltungsbereich der MAVO zusammen handeln, um eine gemeinsame MAV durch ihre jeweiligen Beschäftigten bilden zu lassen, während § 23 einer in verschiedensten Dienststellen oder Einrichtungen beschäftigten Gruppe von Mitarbeiterinnen und Mitarbeitern die Bildung einer auf einen einzigen Dienstgeber bezogenen MAV ermöglicht. Auf diözesane Bestimmungen ist zu achten.

3   Wesentlich für den genannten Personenkreis ist seine Zuordnung durch den Dienstgeber zur Einrichtung eines anderen Rechtsträgers. Durch die Regelung wird vom Grundsatz der §§ 1 und 1a abgewichen, wonach grundsätzlich einrichtungsbezogene Mitarbeitervertretungen zu bilden sind. Die Vorschrift gilt nicht nur zugunsten von Berufsgruppen, etwa aller Pastoral- oder Gemeindereferenten, sondern stellt ab auf die besondere Situation des Mitarbeiters, der einer anderen Einrichtung in anderer Trägerschaft zugewiesen (zugeordnet) ist. Die Sondervertretung ist nicht dienststellenbezogen, sondern auf eine Personengruppe bezogen, deren Mitglieder an verschiedenen Stellen bei Rechtsträgern eingesetzt sind, die mit dem Dienstgeber nicht identisch sind. Die MAV gemäß § 1a ist dienststellenbezogen. Sie wird gebildet für eine vom Dienstgeber gebildete Dienststelle oder Einrichtung oder mehrere Einrichtungen, für die zusammen eine MAV besteht: z. B. alle Schulen des Rechtsträgers bilden gemäß § 1a Abs. 2 eine Dienststelle, so dass eine MAV für alle Schulen zusammen bei einem Rechtsträger der Schulen besteht.

4   Als Beispiele seien genannt bei dem Bistum angestellte
 – Gemeinde- oder Pastoralreferenten mit Tätigkeit in einer Kirchengemeinde oder Kirchenstiftung (Seelsorgebereich, Dekanat) oder in einem Gemeindeverband oder bei einem Krankenhausträger,
 – pastorale Dienste in der Seelsorge an Inhaftierten in staatlichen Justizvollzugsanstalten,
 – katechetische Lehrkräfte zur Erteilung des Religionsunterrichts an öffentlichen Schulen,
 – Sozialarbeiter und Sozialpädagogen in den katholischen Jugendämtern in Stadt- und Kreisdekanaten,
 – Mitarbeiter in Einrichtungen des öffentlichen oder privaten Rundfunks,

5   Dabei kommt es nicht darauf an, ob die Zuordnung unmittelbar durch dienstliche Weisung oder auf Grund eines Gestellungsvertrages zwischen dem Bistum als Dienstgeber und dem Träger der (in der Regel staatlichen) Einrichtung erfolgt, ob die Personalkosten also erstattet werden oder nicht. Ziel und Zweck ist, dass die für diese Mitarbeiter von ihrem Dienstgeber zu treffenden Maßnahmen der Beteiligung einer besonderen personenkreisbezogenen MAV i. S. d. MAVO (Sondervertretung) zugeordnet sind (Abs. 2 S. 1). Dabei kommt es nicht mehr darauf an, ob die betroffenen Mitarbeiter an die erwähnten Einrichtungen in anderer Trägerschaft abgeordnet oder versetzt worden sind (so noch § 23 Rahmen-MAVO 1985), sondern dass sie der Einrichtung »zugeordnet« sind. Der Begriff der Zuordnung wird gegenüber Abordnung und Versetzung als umfassender angesehen. Nach § 23

---

4 So schon früher: § 1 Abs. 1 S. 2 MAVO Limburg, Amtsblatt vom 30. 6. 1978 S. 37; Amtsblatt des Erzbistums Köln 1985 Nr. 29 S. 38; § 23 MAVO Mainz, Amtsblatt 1995 Nr. 2 S. 1 f.; § 23 MAVO München und Freising, Amtsblatt 2001 Nr. 49 S. 152.

kann also eine vom Dienststellenprinzip der §§ 1 und 1a losgelöste MAV als Sondervertretung gebildet werden.

Zur Unterscheidung zwischen den nach § 1a Abs. 2 S. 1 und nach § 23 zu treffenden Maßnahmen gilt Folgendes. Gemäß § 1a Abs. 2 S. 1 wie auch §§ 1 Abs. 1 und 1a Abs. 1 geht es um eine Dienststelle bzw. Einrichtung, in der die Mitarbeiter eine MAV bilden sollen. Gemäß § 23 geht es um die Ermöglichung der Bildung einer MAV für Mitarbeiter an verschiedenen Dienststellen oder Einrichtungen außerhalb der Dienststelle oder Einrichtung des Dienstgebers. In der Praxis wird die Unterscheidung nicht immer deutlich.[5] Der Dienstgeber regelt gemäß § 1a Abs. 2 S. 1, was als Einrichtung oder Dienststelle gilt. In diesem Falle geht es um die Klarstellung, in welchem Einrichtungsgebilde eine MAV gebildet werden soll. Dazu werden verschiedene Betriebs- oder Einrichtungsteile oder auch ganze Einrichtungen (z. B. Kindergärten und Schulen) zu einer einzigen Einrichtung oder Dienststelle i. S. d. MAVO durch den Dienstgeber als deren Träger zusammengefügt (§ 1a Rn 12 ff.). Das setzt voraus, dass der Dienstgeber die Organisationsgewalt über die Einrichtungen hat, die seiner Leitung als Träger unterstehen. Dort wird dann eine einrichtungsbezogene MAV gebildet.[6] Geht es aber um Dienststellen und Einrichtungen, die der Dienstgeber selbst nicht leitet, beherrscht und tragt, also um Einrichtungen oder Dienststellen in anderer Trägerschaft, kann es nur noch um die vom Dienstgeber angestellten, aber den anderen Trägern zugeordneten Mitarbeiter des Dienstgebers gehen. Diese Mitarbeiter befinden sich außerhalb ihrer Stammdienststelle und sollen gemäß § 23 Abs. 1 die Möglichkeit zur Bildung einer Sondervertretung haben mit der Konsequenz des Doppelmandats (Rn 12 ff.), wenn sie an einer Dienststelle eines anderen Trägers tätig sind, in der eine MAV gebildet werden kann oder gebildet ist (§ 7 Abs. 2).

So wie für Gemeinde- und Pastoralreferenten eine Sondervertretung gemäß § 23 gebildet werden kann,[7] so kann das auch für andere Mitarbeitergruppen möglich sein, insbesondere etwa für bei Jugendverbänden Beschäftigte, die bei einem Bistum als Arbeitnehmer unter Vertrag stehen, dort aber nicht wahlberechtigt sind, weil sie nicht in dessen Dienststellen eingegliedert sind.[8] Dazu ist eine Sonderregelung erforderlich (§ 23 Abs. 3).

Offen ist, ob nur eine einzige Sondervertretung (vgl. § 23 Abs. 1 MAVO Osnabrück 2003; §§ 44 ff. MAVO Trier) oder mehrere Sondervertretungen unter Berücksichtigung der jeweiligen Funktion der Mitarbeiter (vgl. § 23 MAVO Hildesheim)[9] zu bilden sind. Die Rahmenordnung überlässt die nähere Regelung dem Gesetzgeber der diözesanen MAVO (§ 23 Abs. 3). So sind im Bistum Regensburg für die pastoralen Dienste je nach Funktion drei Sondervertretungen zu bilden (§ 23 MAVO Regensburg).

III. Mehrfaches Wahlrecht und Doppelmandat

1. Aktives Wahlrecht

Die Regelungen der MAVO lassen es zu, dass ein Mitarbeiter je nach seiner Zuordnung zu Dienststellen bzw. Einrichtungen wegen seiner Beschäftigung mehrfach aktives Wahlrecht erlangen kann.

▶ **Beispiel:** Eine Gemeindereferentin ist beim Bistum angestellt und zur Erfüllung ihrer Aufgabe einer Pfarrei zur Hälfte ihres Beschäftigungsumfanges mit  19, 25 Wochenstunden zugeordnet. Zur anderen Hälfte arbeitet sie in der Verwaltung ihres Dienstgebers in der Abteilung für Seelsorgepersonal im Ordinariat bzw. Generalvikariat.

---

5 Vgl. § 23a MAVO München und Freising, Amtsblatt 2004 Nr. 115 S. 230.
6 *Schlichtungsstelle Köln*, 18. 6. 1996 – MAVO 10/96.
7 Vgl. Sonderbestimmungen zur MAVO für den Bereich der Erzdiözese Köln, Amtsblatt 2004 Nr. 164 S. 180.
8 *Schlichtungsstelle Köln*, 18. 6. 1996 – MAVO 10/96.
9 Kirchl. Anzeiger 2005 S. 182; früher § 23 MAVO Mainz, Amtsblatt 1995 Nr. 2 S. 1; anders § 23 MAVO Mainz 2004, Amtsblatt 2004 S. 174.

11 Da sie in zwei Dienststellen beschäftigt ist, ist sie gemäß § 7 in jeder aktiv zur MAV wahlberechtigt. Das Ergebnis ist überraschend. Aber eine diesbezügliche Wahlrechtsbegrenzung besteht nach der Rahmenordnung nicht. Ein Recht oder gar eine Pflicht zur Entscheidung zugunsten einer Selbstbeschränkung in der Ausübung des aktiven Wahlrechts ist nicht vorgesehen.[10]

2. Doppelmandat

12 Nach der Ordnung ist für die in Betracht kommenden Mitarbeiter das Doppelmandat möglich. Sie unterliegen nämlich gemäß Abs. 2 S. 2 bei Zuordnung zu einem kirchlichen Rechtsträger der Zuständigkeit der dortigen örtlichen MAV. Das bedeutet im Ergebnis aber auch Wahlberechtigung nach Maßgabe der §§ 7 und 8, wenn sie nicht eine Position als Mitarbeiter in leitender Stellung innehaben (vgl. § 3 Abs. 2). Auf eine Tätigkeit infolge »Abordnung« (§ 7 Abs. 2) kommt es wegen des umfassenden Begriffs der »Zuordnung« nicht an. Der betroffene Mitarbeiter kann sowohl zur MAV der anderen Einrichtung als auch zur Sondervertretung kandidieren und gewählt werden. Darauf nimmt z. B. die Vorschrift des § 16 Abs. 1 S. 2 Rücksicht, wonach bei Mitgliedschaft in mehreren Mitarbeitervertretungen der Anspruch auf Arbeitsbefreiung unter Fortzahlung der Bezüge zur Teilnahme an Schulungen nur einmal geltend gemacht werden kann.

IV. Wahlberechtigung zur Sondervertretung

13 Die gemäß § 23 Abs. 1 vorgeschriebene Bildung einer Sondervertretung ist nur möglich, wenn aktives und passives Wahlrecht ausgeübt werden kann. Dazu ist zu regeln, ab welcher Mitarbeiterzahl die Bildung der Sondervertretung unter Berücksichtigung ihrer Größe und Zusammensetzung möglich ist. Zu regeln ist auch, unter welchen Voraussetzungen aktives und passives Wahlrecht zur Sondervertretung erworben werden kann (vgl. § 23 Abs. 3). Besteht eine grundsätzliche Regelung zugunsten der Bildung einer Sondervertretung, so ist davon auszugehen, dass die Adressaten der Norm in ausreichend großer Zahl vorhanden sind und folglich die Kandidatur und Wahl zur Sondervertretung möglich ist (vgl. z. B. § 6).

V. Wahlverfahren

14 Die Einzelheiten des Wahlverfahrens sind durch diözesane Ordnung zu bestimmen (§ 23 Abs. 3).

VI. Geschäftsführung und Rechtsstellung

15 Sowohl die Amtszeit, die Geschäftsführung der Sondervertretung als auch ihre Rechtsstellung ergeben sich aus den allgemeinen Bestimmungen der MAVO, die auch für andere Mitarbeitervertretungen gelten. Die §§ 13 bis 20 gelten für die Sondervertretung und ihre Mitglieder in gleicher Weise wie für jede andere MAV. Ebenso gelten § 21 (Einberufung der Mitarbeiterversammlung) und § 22 (Aufgaben und Verfahren der Mitarbeiterversammlung). Auf die Kommentierung der Vorschriften wird verwiesen. Vgl. auch §§ 4, 5. Auf besondere diözesane Vorschriften ist zu achten. Die gemäß § 23 gebildete Sondervertretung ist Mitarbeitervertretung i. S. d. MAVO.

16 Zur Mitarbeiterversammlung gehören die Mitarbeiterinnen und Mitarbeiter, für die die Sondervertretung nach Maßgabe der ihr Zugewiesenen zuständig ist; das sind insbesondere ihre Wählerinnen und Wähler bzw. die zur Sondervertretung Wahlberechtigten sowie diejenigen Mitarbeiterinnen und Mitarbeiter, die am Wahltage noch nicht die Voraussetzungen für das aktive Wahlrecht zur Sondervertretung erfüllt hatten. Die zur Mitarbeiterversammlung Anreisenden haben Anspruch auf Fahrtkostenerstattung (§ 21 Abs. 4).

---

10 Anders MAVO Bamberg § 23 Abs. 3, Amtsbl. 1996 S. 325 ff. bei Einsatz in verschiedenen Dienststellen in der Trägerschaft der Erzdiözese.

VII. Beteiligungsrechte der Sondervertretung

Gemäß § 23 Abs. 2 S. 1 wirkt die Sondervertretung mit bei Maßnahmen, die vom Dienstgeber getroffen werden. Damit haben die Mitwirkungsmöglichkeiten der Sondervertretung gegenüber dem Text der Rahmenordnung von 1985 keine materiellen Änderungen erfahren (vgl. § 23 Abs. 3 a. F.). Auf diözesane Vorschriften zu den Aufgaben der Sondervertretung wird zu achten sein.[11]

Gesprächspartner der Sondervertretung ist der Dienstgeber der von der Sondervertretung repräsentierten Mitarbeiter. Deshalb hat der Dienstgeber mit der Sondervertretung nach den Vorschriften der §§ 26 bis 39 zusammenzuarbeiten, soweit die Vorschriften auf die Sondervertretung anwendbar sind. Das gilt gerade mit Rücksicht auf die Beteiligungsrechte i. S. v. §§ 28 ff. In Fällen von Streitigkeiten ist in den Fällen des § 45 MAVO die Einigungsstelle, in den Fällen des § 2 Abs. 2 KAGO das Kirchliche Arbeitsgericht zuständig. Die Sondervertretung wirkt bei folgenden Maßnahmen mit:
– § 29 Abs. 1 Nrn. 1, 4 bis 16, 18, 19,
– §§ 30 und 31,
– § 32 Abs. 1 Nrn. 1, 4 bis 12,
– §§ 33, 34 Abs. 1, 35 Abs. 1 Nrn. 1–4, 6–9 und 36 Abs. 1 Nrn. 2 bis 11,
– § 37 Abs. 1 Nrn. 2 bis 11,
– § 38 Abs. 1 Nrn. 3 bis 13.

Für die Zusammenarbeit zwischen Dienstgeber und Sondervertretung gelten die Bestimmungen der §§ 26, 27, 27a, 28, 28a, 38 Abs. 2 bis 5 und § 39 ebenfalls, wobei im Falle des § 27a die dort genannten Einschränkungen sich auf das Informationsrecht der Sondervertretung eher negativ auswirken dürften, während im Falle des § 28a es darauf ankommt, ob überhaupt eine Schwerbehindertenvertretung besteht.

Von den Zuständigkeiten der örtlichen MAV der kirchlichen Dienststellen am Ort der Zuordnung sind die Beteiligungsrechte bei beabsichtigter dienstgeberseitiger Kündigung (§§ 30–31), bei der Einstellung und Anstellung (§ 34) und die Zustimmung zu Maßnahmen i. S. d. § 35 Abs. 1 zu unterscheiden. Hierzu ist die Zuständigkeit der Sondervertretung gegeben, soweit diese ihrerseits nicht von Beteiligungsrechten ausgeschlossen ist (vgl. z. B. § 34 Abs. 1, § 35 Abs. 1 Nr. 5). Der Ausschluss der Mitbestimmung gilt in den Fällen, in denen es sich um die Einstellung, Versetzung oder Abordnung von **Mitarbeitern für pastorale Dienste oder religiöse Unterweisung** handelt, die zu ihrer Tätigkeit der ausdrücklichen bischöflichen Sendung bedürfen. Die Rahmenstatuten für Gemeinde- und Pastoralreferenten sehen vor, dass der Diözesanbischof die Sendung und damit nicht nur die Einstellung oder Anstellung, sondern auch die Versetzung und Abordnung dieser Mitarbeitergruppe bestimmt. Er kann als Gesetzgeber daher auch festlegen, dass diese Maßnahmen mitbestimmungsfrei bleiben. Auf die spezifischen Beteiligungsrechte der Sondervertretung für pastorale Dienste gemäß § 29 Abs. 1 Nr. 2 und 10 wird hingewiesen.

Bestehen bei einem Dienstgeber (§ 2) mehrere Mitarbeitervertretungen, so kann im Einvernehmen zwischen Dienstgeber und allen Mitarbeitervertretungen eine Gesamtmitarbeitervertretung gebildet werden (§ 24 Abs. 1). Es ist unter den Voraussetzungen des Einvernehmens also möglich, dass die Sondervertretung mit den anderen Mitarbeitervertretungen eines und desselben Dienstgebers eine Gesamtmitarbeitervertretung bilden kann, um auf diesem Wege für die Gesamtheit der Mitarbeiter und Mitarbeiterinnen des Dienstgebers (etwa Diözese) tätig zu werden.

VIII. Vertrauensperson der schwerbehinderten Menschen

Weil die Sondervertretung nicht einer bestimmten Dienststelle zuzuordnen ist und vom Dienststellenprinzip losgelöst ist, ist in dem von der Sondervertretung repräsentierten Personenkreis die Wahl einer Vertretung der schwerbehinderten Menschen nach staatlichem Recht nicht möglich. Die Wahl

---

11 Vgl. z. B. § 23a MAVO Osnabrück, Amtsblatt 2003 Art. 295 S. 329 ff. und § 23 MAVO Hamburg, Amtsblatt 2005 Art. 94 S. 143 ff.

IV. Besondere Formen der Vertretung von Mitarbeiterinnen und Mitarbeitern

der Vertrauensperson der schwerbehinderten Menschen ist in § 94 SGB IX, nicht in der MAVO geregelt. § 52 MAVO gewährt der Vertretung der schwerbehinderten Menschen von Einrichtungen bzw. Dienststellen ein Mitwirkungsrecht in den Sitzungen der MAV einer bestimmten Dienststelle. Deshalb müssen schwerbehinderte Menschen unter den geltenden staatlichen gesetzlichen Bestimmungen ihre Vertretung wählen und mit der Vertretung ihrer Dienststelle Kontakt aufnehmen, die beim zuständigen Arbeitgeber aktiv wird. Zur Vertrauensperson der schwerbehinderten Menschen vgl. Erläuterungen zu § 52.

IX. Diözesane Ordnungen

1. Sondervertretungen

23 Diözesane Ordnungen unterscheiden sich hinsichtlich der Gruppierungen, die zu einer Sondervertretung gehören. Je nach Geltungsbereich für den Kreis der Mitarbeiter werden diese besonderen Mitarbeitervertretungen auch gruppenspezifische Sondervertretung oder Bereichsvertretung genannt.

24 Die MAVO Augsburg[12] sieht die Bildung einer Sondervertretung für die bei der Diözese Augsburg beschäftigten Mitarbeiter vor, die zur Ausübung ihres Dienstes einer Einrichtung eines anderen kirchlichen oder nichtkirchlichen Rechtsträgers zugeordnet sind (§ 23 MAVO Augsburg).

25 Das sind:
– Pastoralassistenten und Pastoralreferenten,
– Gemeindeassistenten und Gemeindereferenten,
– Pfarrhelferinnen und Pfarrhelfer,
– Religionslehrerinnen und Religionslehrer.

26 Für jede in der Sondervertretung vertretene Berufsgruppe ist in den Grenzen des § 6 Abs. 2 wenigstens ein Mitglied zu wählen.

27 In anderen Diözesen bestehen Sondervertretungen speziell für Pastoralassistenten, Pastoralreferenten, Gemeindeassistenten und Gemeindereferenten gemeinsam, wie in Berlin,[13] Görlitz,[14] Köln,[15] Fulda.[16] Eine besondere Regelung enthält § 23 MAVO Regensburg[17] für die Bildung von Bereichsvertretungen zugunsten je verschiedener beim Bistum beschäftigter Berufsgruppen. Ebenso § 1a Abs. 5 MAVO Freiburg.[18]

2. Mitarbeitervertretung für mehrere Bereiche

28 Die MAVO München und Freising statuiert in ihrem § 23a die Bildung einer MAV im Erzbischöflichen Ordinariat mit Vertretern aus den Bereichen oder Berufsgruppen:
– Erzbischöfliches Ordinariat und nachgeordnete Einrichtungen,
– Religionslehrer im Kirchendienst an Volks- und Förderschulen,
– Pastoralassistenten und Pastoralreferenten,
– Gemeindeassistenten, Gemeindereferenten und Seelsorgehelfer,
– Religionslehrer an weiterführenden Schulen.

Hierbei handelt es sich ausdrücklich nicht um eine Sondervertretung (§ 23a Abs. 4).[19]

---

12 Amtsblatt 2004 S. 274.
13 Amtsblatt 2004 Nr. 141 S. 100.
14 Amtsblatt 2005 Nr. 59.
15 Amtsblatt 2004 Nr. 164 S. 180.
16 Amtsblatt 2005 Nr. 93 S. 62.
17 Amtsblatt 2004 S. 79ff.
18 Amtsblatt 2005 Nr. 102 S. 95.
19 Amtsblatt 2004 Nr. 115 S. 230.

3. Wahlverfahren

Wegen der sehr weit auseinander liegenden Einsatzorte der Mitarbeiter regen die diözesanen Ordnun- 29
gen ausdrücklich Briefwahl an. Den Wahlberechtigten werden die Listen der wahlberechtigten und
wählbaren Mitarbeiter, die Bekanntgabe der zur Wahl der Sondervertretung vorgeschlagenen Mitarbeiter sowie die Bekanntgabe des Wahlergebnisses durch einfachen Brief zugesandt (vgl. Sonderbestimmungen zu § 23 MAVO Berlin).[20]

4. Fehlende diözesane Regelungen

Die Mitarbeitervertretungsordnungen der Diözesen Aachen, Limburg, Münster, Paderborn, München 30
und Freising (Stand 31. 12. 2010) enthalten keine dem § 23 entsprechenden Bestimmungen. Gemäß
§ 1a sind aber besondere Vorkehrungen für Vertretungen näher bestimmter Berufsgruppen möglich.

X. Das Rechtsverhältnis der Zuordnung

Die MAVO definiert nicht das Verhältnis zwischen dem Dienstgeber und dem anderen Rechtsträger, 31
dem der Mitarbeiter zugeordnet ist. Die MAVO geht davon aus, dass der Mitarbeiter zum Dienstgeber in einem Arbeitsverhältnis steht, auch wenn er bei einem anderen Rechtsträger beschäftigt wird.
Durch die »Zuordnung« des Mitarbeiters zu einem anderen Träger bleibt das daraus sich ergebende
Rechtsverhältnis offen. Es kann öffentlich-rechtlicher Natur oder privatrechtlicher Natur sein. Das
liegt an der Ausgestaltung der Rechtsbeziehungen zwischen den Beteiligten des Dreiecksverhältnisses
Dienstgeber – Mitarbeiter – Dritter. Es kann sich bei der Zuordnung nicht um vermutete Arbeitsvermittlung i. S. d. Art. 1 § 1 Abs. 2 AÜG handeln, weil bei der Ausgestaltung der Rechtsbeziehungen
die Voraussetzungen beim kirchlichen Arbeitgeber nicht vorliegen. Gewerbsmäßige Arbeitnehmerüberlassung i. S. v. Art. 1 § 1 Abs. 1 AÜG scheidet deshalb aus, weil die zu erbringenden Dienstleistungen im Sendungsauftrag der Kirche begründet sind und nicht auf erwerbswirtschaftlichen Erwägungen der Kirche als Dienstgeberin beruhen. Es geht um den Verkündigungsdienst der Mitarbeiter
im pastoralen Dienst, der Religionslehrer im öffentlichen Schuldienst[21] und anderer im kirchlichen
Dienst stehender Funktionsträger, wie z. B. Priester und Diakone, die gerade Mitarbeiter ihres kirchlichen Dienstherrn bleiben und nur infolgedessen Beauftragungen erhalten, bei anderen Trägern tätig
zu werden, ohne deren Arbeitnehmer zu werden (vgl. § 3 Rn 66).

Das Bundesarbeitsgericht hatte in einem Fall das Rechtsverhältnis zu beurteilen. Das Land Schleswig- 32
Holstein hatte eine Verwaltungsvereinbarung über die Erteilung des evangelischen Religionsunterrichts in öffentlichen Schulen durch kirchliche Lehrkräfte zur Durchführung des Kirchenvertrages
zwischen dem Land und den evangelischen Landeskirchen in Schleswig-Holstein abgeschlossen. Die
Vereinbarung galt der Sicherstellung der Erteilung des Religionsunterrichts an öffentlichen Schulen
mit Lehrern im kirchlichen Dienst. In der Verwaltungsvereinbarung waren die persönlichen Voraussetzungen für die Erteilung des Lehrauftrages durch die zuständige staatliche Schulaufsichtsbehörde
genannt. Die kirchlichen Lehrkräfte unterstanden der kirchlichen Dienstaufsicht im Allgemeinen, im
Rahmen ihres Lehrauftrages jedoch der staatlichen Schulaufsicht. Der Personalrat der Schule war
nicht zuständig. Die Schulaufsichtsbehörde konnte im Benehmen mit den kirchlichen Aufsichtsorganen einer kirchlichen Lehrkraft den Lehrauftrag entziehen, wenn sich gegen die Person oder gegen die
Unterrichtstätigkeit Einwendungen ergaben. Das Land trug im Rahmen des Landeshaushalts die persönlichen Kosten der kirchlichen Lehrkräfte.

Das *BAG*[22] verneinte ein Arbeitsverhältnis zwischen dem Land und dem Lehrer. Es stellte ein Arbeits- 33
verhältnis zwischen Kirche und Lehrer fest. Die Kirchenverwaltung hatte die Erteilung des Lehrauf-

---

20 Amtsblatt 2004 Nr. 141 S. 100.
21 Vgl. z. B. Dienst- und Vergütungsordnung für kirchlich angestellte Religionslehrerinnen und Religionslehrer
an Volks- und Sonder(volks)schulen in den bayerischen (Erz-)Diözesen, Amtsblatt für das Erzbistum München und Freising 1988 S. 482, 1989 S. 431.
22 14. 2. 1991 – 2 AZR 363/90.

trags beim Land beantragt. Ein Behördenbediensteter des Landes hatte dann den Lehrauftrag erteilt. Die Art und Weise, wie das Rechtsverhältnis zwischen dem Lehrer und dem Land angebahnt wurde, sprächen gegen die Annahme eines Arbeitsverhältnisses mit dem Land, weil die gewählte Gestaltungsform sich nicht als Vertrag darstellen lasse, weder als Vertrag zugunsten Dritter noch als nicht gewerbsmäßige Arbeitnehmerüberlassung, sondern als Rechtsverhältnis eigener Art zum Land mit Rechtsgrundlage in Art. 140 GG, Art. 137 Abs. 3 WRV i. V. m. Art. 7 Abs. 3 GG, nämlich infolge der Erteilung des Lehrauftrages als ein Rechtsverhältnis öffentlich-rechtlicher Art auf der Grundlage des Kirchenvertrages, der nach überwiegender Auffassung dem öffentlichen Recht zuzuordnen ist.[23]

34 Eine Arbeitnehmerüberlassung setzt voraus, dass die Person des Arbeitnehmers voll in die Einrichtung der entleihenden Stelle eingegliedert wird und die zu erfüllenden Aufgaben nach den Weisungen des Entleihers ausführt. Das ist anders, wenn das Bistum den Dienst in der Einrichtung bei dem anderen Träger nach seinen eigenen Grundsätzen inhaltlich festlegt und überwacht, wie das bei Mitarbeitern in pastoralen Diensten der Fall ist. Gemeinde- und Pastoralreferenten stehen unter dem Sendungsauftrag des Diözesanbischofs (can. 228 § 1, 759 CIC), dem der Abschluss des Arbeitsvertrages folgt. In diesem Rechtsverhältnis ist jeder Gemeinde- und Pastoralreferent gehalten, der bischöflichen Sendung zu folgen und den Auftrag am Einsatzort zu erfüllen. Dabei hat die Kirche grundgesetzlich garantiert das Recht, zur Ausübung der Seelsorge zugelassen zu werden, wo bei Gläubigen in Heer, Krankenhäusern, Justizvollzugsanstalten oder sonstigen öffentlichen Anstalten das Bedürfnis nach Gottesdienst und Seelsorge besteht (Art. 140 GG i. V. m. Art. 141 WRV). Auch im Falle des Abschlusses von Gestellungsverträgen zur Refinanzierung der Personalkosten der Kirche bleibt der Schwerpunkt der arbeitsvertraglichen Pflichten zum vertraglichen kirchlichen Arbeitgeber (Dienstgeber) erhalten, so dass eine Aufspaltung der Arbeitgeberfunktionen zwischen dem Vertragsarbeitgeber und dem anderen Träger einer Einrichtung nicht vorliegt.

XI. Streitigkeiten

35 Im Falle von Rechtsstreitigkeiten auf den Gebieten des § 23 und der weiteren diözesanen Ausführungsbestimmungen einschließlich des Wahlverfahrensrechts ist gemäß § 2 Abs. 2 KAGO das Kirchliche Arbeitsgericht bei Klageerhebung zuständig.

§ 24 Gesamtmitarbeitervertretung und erweiterte Gesamtmitarbeitervertretung[1]

(1) Bestehen bei einem Dienstgeber (§ 2) mehrere Mitarbeitervertretungen, so kann im Einvernehmen zwischen Dienstgeber und allen Mitarbeitervertretungen eine Gesamtmitarbeitervertretung gebildet werden.

(2) Die Mitarbeitervertretungen oder, soweit vorhanden, die Gesamtmitarbeitervertretungen mehrerer Einrichtungen mehrerer Rechtsträger können durch eine gemeinsame Dienstvereinbarung mit allen betroffenen Dienstgebern die Bildung einer erweiterten Gesamtmitarbeitervertretung vereinbaren, soweit dies der wirksamen und zweckmäßigen Interessenvertretung der Mitarbeiterinnen und Mitarbeiter dient. Diese tritt an die Stelle bestehender Gesamtmitarbeitervertretungen.

(3) Jede Mitarbeitervertretung entsendet in die Gesamtmitarbeitervertretung oder erweiterte Gesamtmitarbeitervertretung ein Mitglied. Außerdem wählen die Sprecherinnen oder Sprecher der Jugendlichen und Auszubildenden und die Vertrauensperson der schwerbehinderten Mitarbeiterinnen und Mitarbeiter der beteiligten Mitarbeitervertretungen aus ihrer Mitte je eine Vertreterin oder einen Vertreter und je eine Ersatzvertreterin oder einen Ersatzvertreter in die Gesamtmitarbeitervertretung oder erweiterte Gesamtmitarbeitervertretung. Durch Dienstvereinbarung kann die Mitgliederzahl und Zusammensetzung abweichend geregelt werden.

---

23 *Hollerbach*, Hdb. StKR § 6 II S. 282 ff.
1 Muster für eine diözesane Fassung.

(4) Die Gesamtmitarbeitervertretung oder erweiterte Gesamtmitarbeitervertretung wirkt bei den Angelegenheiten im Sinne der §§ 26 bis 38 mit, die Mitarbeiterinnen und Mitarbeiter aus dem Zuständigkeitsbereich mehrerer Mitarbeitervertretungen betreffen. In allen übrigen Angelegenheiten wirkt die Mitarbeitervertretung der Einrichtung mit, unabhängig davon, wer für den Dienstgeber handelt.

(5) Soll eine einmal eingerichtete Gesamtmitarbeitervertretung oder erweiterte Gesamtmitarbeitervertretung aufgelöst werden, so bedarf es dafür der Zustimmung aller betroffenen Mitarbeitervertretungen und Dienstgeber. Für die Gesamtmitarbeitervertretung kann anlässlich des Einvernehmens nach Abs. 1 und für die erweiterte Gesamtmitarbeitervertretung kann durch die zugrunde liegende Dienstvereinbarung eine abweichende Regelung getroffen werden.

(6) Für die Gesamtmitarbeitervertretung und erweiterte Gesamtmitarbeitervertretung gelten im Übrigen die Bestimmungen dieser Ordnung sinngemäß mit Ausnahme des § 15 Abs. 3.

Übersicht	Rn			Rn
I. Zweck der Vorschrift	1–6	IV.	Die Rechtsstellung der Gesamtmitarbeitervertretung	24–29
II. Voraussetzungen für die Bildung einer Gesamtmitarbeitervertretung (Abs. 1)	7–12	V.	Aufgaben der Gesamtmitarbeitervertretung	30–36
1. Mehrere Dienststellen eines Dienstgebers	7–10		1. Zuständigkeit mehrerer Mitarbeitervertretungen	30–34
2. Einvernehmen über die Bildung einer Gesamtmitarbeitervertretung	11, 12		2. Ausschluss der Zuständigkeit der Gesamtmitarbeitervertretung	35, 36
III. Zusammensetzung der Gesamtmitarbeitervertretung	13–23	VI.	Anwendbarkeit der allgemeinen Vorschriften der MAVO	37–40
1. Mitglieder der Mitarbeitervertretungen	13–17		1. Rechte und Pflichten	37
2. Vertreter der Sprecher der Jugendlichen und Auszubildenden und der Vertrauensleute der schwerbehinderten Menschen	18		2. Amtszeit	38
			3. Ausschluss von Bestimmungen	39, 40
3. Vorstand	19–23	VII.	Die erweiterte Gesamtmitarbeitervertretung (Abs. 2)	41–44
a. Einberufung zur konstituierenden Sitzung	20	VIII.	Auflösung der Gesamtmitarbeitervertretung und der erweiterten Gesamtmitarbeitervertretung (Abs. 5)	45–52
b. Leitung der Wahlen für den Vorstand	21–23	IX.	Streitigkeiten	53, 54

I. Zweck der Vorschrift

Zu unterscheiden ist zwischen 1
– der einrichtungsbezogenen MAV (§ 1a),
– der gemeinsamen MAV mehrerer Dienstgeber für deren Mitarbeiterinnen und Mitarbeiter (§ 1b),
– der Sondervertretung (§ 23),
– der Gesamtmitarbeitervertretung (§ 24 Abs. 1 als Repräsentationsgremium für das gesamte Unternehmen des Dienstgebers mit den verschiedenen Einrichtungen, in denen eine MAV besteht,
– der erweiterten Gesamtmitarbeitervertretung i. S. d. § 24 Abs. 2 als Repräsentationsgremium von mehreren Mitarbeitervertretungen oder mehreren Gesamtmitarbeitervertretungen mehrerer verschiedener Dienstgeber.

Die Vorschrift ist nicht zwingenden Rechts. Sie soll es jedoch den Betriebspartnern ermöglichen, 2
einen zweistufigen Aufbau der Repräsentationsgremien bei einem Dienstgeber (Abs. 1) oder sogar mehreren verschiedenen Dienstgebern gemeinsam zu verwirklichen (Abs. 2). Die Bildung einer Gesamtmitarbeitervertretung und einer erweiterten Gesamtmitarbeitervertretung ist in die **Entscheidungsfreiheit** der Mitarbeitervertretungen und des Dienstgebers (Abs. 1) oder mehrerer verschiede-

ner Dienstgeber (Abs. 2) gestellt. Wird kein Einvernehmen zu ihrer Bildung erzielt, ist das Kirchliche Arbeitsgericht allenfalls für den Fall einer Rechtsstreitigkeit (§ 2 Abs. 2 KAGO) zuständig, nicht aber für den Fall einer Streitigkeit zur Regelung der Bildung einer Gesamtmitarbeitervertretung oder einer erweiterten Gesamtmitarbeitervertretung,[2] etwa im Wege einer freiwilligen Dienstvereinbarung.

3 § 47 BetrVG schreibt die Bildung eines Gesamtbetriebsrats vor, wenn in einem Unternehmen mehrere Betriebsräte bestehen. Eine vergleichbare Bestimmung enthält die MAVO nicht; sie geht von der Freiwilligkeit der Bildung einer Gesamtmitarbeitervertretung aus.

4 Ist eine Gesamtmitarbeitervertretung gebildet, ist damit jedenfalls die Möglichkeit eröffnet, dass wichtige die Mitarbeiter betreffende Entscheidungen nicht mehr auf der Ebene einer Dienststelle, sondern auf der Ebene aller Dienststellen des Dienstgebers getroffen werden. Die **Gesamtmitarbeitervertretung** ist dann **das für alle – jedenfalls mehrere – Dienststellen des Dienstgebers** zuständige **Vertretungsorgan** aller Mitarbeiter des Dienstgebers. Entsprechendes gilt für die erweiterte Gesamtmitarbeitervertretung mit Blick auf die Angelegenheiten i. S. d. §§ 26 bis 38 bei mehreren Dienstgebern.

5 Die **Gesamtmitarbeitervertretung** wirkt nach § 24 Abs. 4 S. 1 in Angelegenheiten, die Mitarbeiter aus dem Zuständigkeitsbereich mehrerer Mitarbeitervertretungen betreffen, gemäß den **§§ 26 bis 38** mit. Damit soll erreicht werden, dass eine für die Mitarbeiter verschiedener oder aller Dienststellen eines und desselben Dienstgebers erforderliche Maßnahme einheitlich geregelt wird. Denn mehrere Mitarbeitervertretungen können unterschiedliche Interessen verfolgen, so dass auch je nach Lage des Falles unterschiedliche Regelungen in den Dienststellen des Dienstgebers denkbar und möglich sind. **Die Einrichtung einer Gesamtmitarbeitervertretung dient also dem Ausgleich gegenläufiger Interessen in den einzelnen Dienststellen.** Die Gesamtmitarbeitervertretung hat die Aufgabe, die Mitwirkungsrechte der Mitarbeitervertretung in eigener Zuständigkeit gebündelt und einheitlich wahrzunehmen. Das gilt entsprechend auf der Zuständigkeitsebene der erweiterten Gesamtmitarbeitervertretung und für die Dienstgeber. Wichtige Voraussetzung für die Zuständigkeit der Gesamtmitarbeitervertretung ist eine Maßnahme, die einrichtungsübergreifend durchgeführt werden soll und eine unterschiedliche Ausgestaltung in den einzelnen Einrichtungen bzw. Dienststellen, die mit einer notwendig einheitlichen Vorgehensweise nicht vereinbar wäre.[3] Die Gesamtmitarbeitervertretung hat nicht eine Rahmenkompetenz. Denn eine einheitliche mitbestimmungspflichtige Angelegenheit kann nicht in Teile aufgespalten werden, die in die Zuständigkeit der Gesamtmitarbeitervertretung fallen, und solche, für welche die örtlichen Mitarbeitervertretungen zuständig sind.[4]

6 Wichtigste Trägerin der Mitwirkungsrechte bleibt allerdings die MAV der einzelnen Dienststelle (vgl. § 24 Abs. 1). Die Gesamtmitarbeitervertretung aber soll eine organisatorische Einheit zwischen den einzelnen Mitarbeitern verschiedener Dienststellen des Dienstgebers herstellen und eine geschlossene Interessenvertretung gegenüber dem für die einzelnen Dienststellen zuständigen Dienstgeber sicherstellen.[5]

II. Voraussetzungen für die Bildung einer Gesamtmitarbeitervertretung (Abs. 1)

1. Mehrere Dienststellen eines Dienstgebers

7 **Nach § 24 Abs. 1 darf eine Gesamtmitarbeitervertretung errichtet werden, wenn bei einem und demselben Dienstgeber (§ 2) mehrere Mitarbeitervertretungen bestehen.** Die Errichtung der Gesamtmitarbeitervertretung setzt demnach voraus, dass der Rechtsträger der Dienststellen, Einrichtungen oder sonstigen selbständig geführten Stellen (Dienststellen) eine rechtliche Einheit bildet. Für mehrere rechtlich voneinander verschiedene Dienstgeber kann es eine erweiterte Gesamtmitarbeitervertretung geben. (Abs. 2, Rn 38 ff.).

---

2 *Bernards*, Die Schlichtungsstelle S. 54.
3 *BAG*, 14. 11. 2006 – 1 ABR 4/06, DB 2007, 1141.
4 *BAG*, 14. 11. 2006 – 1 ABR 4/06, DB 2007, 1141.
5 Vgl. *Ilbertz/Widmaier*, BPersVG § 55 Rn 3.

Eine Gesamtmitarbeitervertretung darf nur dann gebildet werden, wenn in **mindestens zwei** selbstän- 8
digen Dienststellen des Dienstgebers je eine Mitarbeitervertretung besteht. Dabei spielt die Größe der
MAV keine Rolle. Es kommt jedoch darauf an, dass tatsächlich mehrere Mitarbeitervertretungen gewählt und noch vorhanden sind.

Bestehen beim Dienstgeber mehr als zwei Dienststellen, von denen nur in einer keine MAV besteht, so 9
kann jedenfalls wegen der beiden Dienststellen, die je eine MAV haben, eine Gesamtmitarbeitervertretung gebildet werden. Die mitarbeitervertretungslose Dienststelle ist allerdings in der Gesamtmitarbeitervertretung nicht vertreten (Abs. 3 S. 1).

In einer **anderen Diözese** desselben Dienstgebers gelegene Dienststellen bleiben für die Einrichtung 10
einer Gesamtmitarbeitervertretung **nicht außer Betracht**, weil sie vom Geltungsbereich der MAVO
derjenigen Diözese erfasst werden, in deren Gebiet der Dienstgeber als Rechtsperson seinen Sitz bzw.
seinen Hauptsitz hat (§ 1 Abs. 3 S. 1) und weil die Gesamtmitarbeitervertretung dort Amtshandlungen vornehmen kann (§ 1 Abs. 3). Das betrifft mehrdiözesane und überdiözesane Dienstgeber mit
Dienststellen in mehreren Diözesen (§ 1 Abs. 2).

2. Einvernehmen über die Bildung einer Gesamtmitarbeitervertretung

Zur Bildung einer Gesamtmitarbeitervertretung ist außerdem das **Einvernehmen zwischen dem** 11
Dienstgeber und allen Mitarbeitervertretungen seiner Dienststellen einschließlich der Sondervertretungen gemäß § 23 erforderlich (§ 24 Abs. 1). Das Einvernehmen ist nicht erzwingbar. Die Willensbildung erfolgt in jeder MAV durch förmlichen Beschluss (§ 14 Abs. 5), der im Sitzungsprotokoll
dokumentiert wird (§ 14 Abs. 6). Die Initiative zur Bildung einer Gesamtmitarbeitervertretung
kann sowohl vom Dienstgeber als auch von einer einzelnen MAV ausgehen. Wesentlich ist, dass
in der diözesanen Ordnung die Bildung einer Gesamtmitarbeitervertretung überhaupt geregelt ist.

Nach den Vorschriften des § 24 Abs. 1 ist die Bildung einer Gesamtmitarbeitervertretung nicht eine 12
Frage der Mehrheitsentscheidung, sondern der vollen Einvernehmlichkeit. Die gegenteilige Haltung
des Dienstgebers oder nur einer MAV macht den Versuch der Bildung einer Gesamtmitarbeitervertretung hinfällig. Besteht ein gleichlautender Wille zur Bildung einer Gesamtmitarbeitervertretung
aller gemäß § 24 Abs. 1 Beteiligten, so bedarf es der Konstituierung der Gesamtmitarbeitervertretung
(Rn 19 ff.).

III. Zusammensetzung der Gesamtmitarbeitervertretung

1. Mitglieder der Mitarbeitervertretungen

Gemäß § 24 Abs. 3 S. 1 hat **jede MAV** einer Dienststelle des Dienstgebers einen **Vertreter**, der Mit- 13
glied der MAV ist, in die Gesamtmitarbeitervertretung zu entsenden. Dazu fasst die MAV mehrheitlich über die zu entsendende Person Beschluss. Sie kann sich dabei der Wahl bedienen. Das Verfahren
ist ihr überlassen.

Es ist die **diözesane Ordnung** darüber zu befragen, ob die Vorschrift des § 24 Abs. 3 S. 1 der Rahmen- 14
ordnung unverändert übernommen worden ist oder ob statt nur eines Mitgliedes aus jeder MAV ggf.
und unter welchen Voraussetzungen mehrere Mitglieder einer MAV zur Gesamtmitarbeitervertretung zu entsenden sind; eine diesbezügliche **Dienstvereinbarung** ist zulässig (§ 24 Abs. 3 S. 3). Sie
kann abweichend von der Norm des § 24 Abs. 3 S. 1
– die Mitgliederzahl der Gesamtmitarbeitervertretung (bei fünf Einrichtungen mit je einer MAV
  und auffällig unterschiedlicher Größe der Belegschaften statt fünf etwa acht Mitglieder zur Berücksichtigung der größeren Einrichtungen) und
– die Zusammensetzung der Gesamtmitarbeitervertretung (etwa nach Betriebsgröße gestaffelt im
  Verhältnis zur Gesamtzahl der Mitglieder der Gesamtmitarbeitervertretung)
bestimmen.

IV. Besondere Formen der Vertretung von Mitarbeiterinnen und Mitarbeitern

15 Für die abzuschließende Dienstvereinbarung gelten die Formvorschriften gemäß § 38 Abs. 4. Zur Frage der Kündbarkeit der Dienstvereinbarung kann die Dienstvereinbarung besondere Bestimmungen enthalten (§ 24 Abs. 5 S. 1 und 2).

16 Unzulässig ist die Abweichung von der MAVO im Wege einer Geschäftsordnung der Gesamtmitarbeitervertretung (§ 55). Unzulässig ist aber auch die Herbeiführung eines unterschiedlichen Stimmengewichts der einzelnen Mitglieder der Gesamtmitarbeitervertretung, weil Mitgliederzahl und Zusammensetzung der Gesamtmitarbeitervertretung in Kombination zu regeln sind. Unzulässig ist ebenfalls die Unterschreitung der gesetzlichen Mindestzahl der Mitglieder der Gesamtmitarbeitervertretung (§ 24 Abs. 3 S. 1), weil jede MAV darüber mitbestimmt, ob eine Gesamtmitarbeitervertretung gebildet wird. Die MAV hat kein Recht zum Verzicht auf Mitarbeit in der Gesamtmitarbeitervertretung (§ 55).

17 Es empfiehlt sich, dass in entsprechender Anwendung von § 24 Abs. 3 S. 2 jede an der Gesamtmitarbeitervertretung beteiligte MAV auch ein **Ersatzmitglied** für das von ihr in die Gesamtmitarbeitervertretung entsandte Mitglied bestellt, um ihre Präsenz bei Verhinderung des ordentlichen Mitgliedes durch das Ersatzmitglied sicherzustellen.

2. Vertreter der Sprecher der Jugendlichen und Auszubildenden und der Vertrauensleute der schwerbehinderten Menschen

18 Gemäß § 24 Abs. 3 S. 2 haben die **Sprecher der Jugendlichen und Auszubildenden und die Vertrauensleute** der **schwerbehinderten Menschen** der an der Gesamtmitarbeitervertretung beteiligten Dienststellen aus ihrer Mitte je einen **Vertreter** und einen Ersatzvertreter für die Gesamtmitarbeitervertretung zu wählen. Aus diesem Grunde empfiehlt es sich, dass der Dienstgeber die Sprecher der Jugendlichen und Auszubildenden seiner Dienststellen einerseits und die Vertrauensleute der schwerbehinderten Menschen andererseits zur Wahl einberuft und die jeweils erforderlichen Wahlen leitet. Das Wahlergebnis teilt er dem Vorsitzenden der Gesamtmitarbeitervertretung (Rn 20 f.) mit. Dieser lädt dann die Repräsentanten der Sprecher der Jugendlichen und Auszubildenden und der Vertrauensleute der schwerbehinderten Menschen zu den Sitzungen der Gesamtmitarbeitervertretung in entsprechender Anwendung von § 45 Abs. 1 ein. Ist nur an einer der an der Gesamt-MAV beteiligten Dienststellen oder Einrichtungen ein Sprecher der Jugendlichen und Auszubildenden gewählt, so bedarf es keiner Wahl; denn er gehört der Gesamt-MAV gesetzlich an. Dasselbe gilt für die Vertrauensperson der schwerbehinderten Menschen, wenn nur eine gewählt ist.

3. Vorstand

19 In **§ 24 Abs. 6** ist geregelt, dass für die Gesamtmitarbeitervertretung im Übrigen die Bestimmungen der **MAVO** gelten. Infolgedessen ist in entsprechender Anwendung von § 14 **Abs. 1** ein **Vorsitzender**, sein **Stellvertreter** und ein **Schriftführer** zu wählen (Vorstand).

a. Einberufung zur konstituierenden Sitzung

20 Dies setzt voraus, dass die Gesamtmitarbeitervertretung zu einer konstituierenden Sitzung einberufen wird. Die Einberufung der Gesamtmitarbeitervertretung zu dieser Sitzung hat in der MAVO kein Vorbild. Deshalb wird der Dienstgeber oder ein von ihm Beauftragter nach Feststellung des Einvernehmens über die Bildung einer Gesamtmitarbeitervertretung die Mitarbeitervertretungen seiner Dienststellen auffordern, zu der von ihm einzuberufenden konstituierenden Sitzung je einen Vertreter oder mehr nach Maßgabe der diözesanen Ordnung zu entsenden.

b. Leitung der Wahlen für den Vorstand

21 Es wird sich empfehlen, dass der Dienstgeber die konstituierende Sitzung der Gesamtmitarbeitervertretung in entsprechender Anwendung des § 10 Abs. 1 auch leitet. Unter seiner oder seines Beauftragten **Leitung** ist dann in entsprechender Anwendung des § 14 **Abs. 1 S. 1 die Wahl des Vorsitzenden der Gesamtmitarbeitervertretung** durchzuführen.

Nach der Wahl und der Erklärung über die Annahme der Wahl finden unter Leitung des gewählten Vorsitzenden der Gesamtmitarbeitervertretung die Wahlen des **stellvertretenden Vorsitzenden** und des **Schriftführers** in entsprechender Anwendung des § 14 Abs. 1 S. 2 statt.

Zu den späteren Sitzungen der Gesamtmitarbeitervertretung sind die Vertreter der Sprecher der Jugendlichen und Auszubildenden und der Vertrauensleute der schwerbehinderten Menschen (§ 24 Abs. 3 S. 2) einzuladen (§§ 45 Abs. 1; 46 Abs. 1 i. V. m. § 24 Abs. 6).

IV. Die Rechtsstellung der Gesamtmitarbeitervertretung

Die **Gesamtmitarbeitervertretung** ist nach ihrer Errichtung eine **Dauereinrichtung mit wechselnder Mitgliedschaft.** Sie hat **keine Amtszeit.** Das folgt aus dem Entsendungsprinzip des § 24 Abs. 3 S. 1. Demgemäß ist die Gesamtmitarbeitervertretung eine Versammlung von Beauftragten der einzelnen Mitarbeitervertretungen und Organ i. S. d. MAVO zur Wahrnehmung der Interessen der Mitarbeiter in den Dienststellen bzw. Einrichtungen des Dienstgebers. Die Mitgliedschaft in der Gesamtmitarbeitervertretung ist an die Mitgliedschaft in einer MAV gebunden. Auch innerhalb einer Wahlperiode kann die MAV ihr entsandtes Mitglied durch ein anderes ersetzen. Jedenfalls ergeben sich aus der Rahmen-MAVO keine anders lautenden Bestimmungen. Andererseits steht es einer neu gewählten MAV frei, darüber zu entscheiden, wer in Zukunft die Vertretung in der Gesamtmitarbeitervertretung übernehmen soll.

Die Gesamtmitarbeitervertretung **erlischt**, wenn die Voraussetzungen für ihre Errichtung fortgefallen sind, weil z. B. die Zahl der Dienststellen auf eine zurückgegangen ist oder nur noch eine MAV besteht. Funktionsunfähig ist die Gesamtmitarbeitervertretung, wenn ihre Mitglieder ersatzlos abberufen worden sind.

Dazu stellt sich die Frage der groben Verletzung der Verpflichtungen der jeweiligen Mitarbeitervertretungen (§ 13 Abs. 3 Nr. 6). Denn gemäß § 24 Abs. 5 kann die Auflösung der Gesamtmitarbeitervertretung nur einvernehmlich erfolgen (Rn 42 ff.). Der Dienstgeber kann seine positive Erklärung zur Bildung einer Gesamtmitarbeitervertretung nicht einseitig zurücknehmen. Er kann aber mit Hilfe des Urteils des Kirchlichen Arbeitsgerichts gemäß § 13 Abs. 3 Nr. 6 i. V. m. § 24 Abs. 6 die Auflösung der Gesamtmitarbeitervertretung herbeiführen, wenn jene ihre Pflichten oder Befugnisse grob vernachlässigt oder verletzt hat.

Will der Dienstgeber mit der Gesamtmitarbeitervertretung nicht mehr zusammenarbeiten, so führt dies auf Antrag der Gesamtmitarbeitervertretung ggf. zum Verfahren beim Kirchlichen Arbeitsgericht (§ 24 Abs. 6 i. V. m. § 2 Abs. 2 KAGO).

Eine MAV darf die Durchführung von Maßnahmen der Gesamtmitarbeitervertretung nicht verhindern (§ 24 Abs. 6 i. V. m. § 18 Abs. 1). Andererseits ist die **Gesamtmitarbeitervertretung** den **Einzelmitarbeitervertretungen nicht übergeordnet** (§ 24 Abs. 4 S. 2). Sie hat somit kein Recht, einzelnen Mitarbeitervertretungen Weisungen zu erteilen und kann ohnehin eine einheitliche Ordnung und Gestaltung der Dienststellen nicht erzwingen. Andererseits ist es vorstellbar, dass die Gesamtmitarbeitervertretung in den Fragen, in denen sie keine Zuständigkeit hat, als Koordinierungsstelle zwischen den einzelnen Mitarbeitervertretungen tätig wird. Dabei muss natürlich von allen auch die Schweigepflicht (§ 20 i. V. m. § 24 Abs. 6) beachtet werden, wenn Verschwiegenheit erforderlich ist.

Die Mitglieder der Gesamtmitarbeitervertretung haben die Rechte des § 15 mit Ausnahme von Abs. 3, also Freistellungsansprüche gemäß § 15 Abs. 2 und Ansprüche auf individuellen Freizeitausgleich gemäß § 15 Abs. 4 (§ 24 Abs. 6). Die Gesamtmitarbeitervertretung ist nicht berechtigt, stellvertretend für eine MAV ihres Zuständigkeitsbereichs Aufgaben zu übernehmen. Dafür ist die örtliche MAV zuständig und verantwortlich und zur Wahrnehmung der Aufgaben verpflichtet. Sie darf ihre MAV-Pflichten nicht verletzen. Die Gesamtmitarbeitervertretung darf infolgedessen auch eventuelle Mandate von einer MAV nicht annehmen. Denn sie ist auf den ihr zugewiesenen Aufgabenkatalog beschränkt und hat ihre Aufgaben selbst wahrzunehmen. In Fällen von Streitigkeiten aus dem Mitarbeitervertretungsrecht kann sie die Rechte gemäß § 17 Abs. 1 S. 2 dritter und vierter Spiegelstrich wahrnehmen.

V. Aufgaben der Gesamtmitarbeitervertretung

1. Zuständigkeit mehrerer Mitarbeitervertretungen

30 § 24 Abs. 4 regelt die **Zuständigkeit der Gesamtmitarbeitervertretung** und damit das Verhältnis zwischen ihr und den einzelnen Mitarbeitervertretungen der einzelnen Dienststellen desselben Dienstgebers. Die Gesamtmitarbeitervertretung ist schon wegen ihrer fakultativen Existenz aber auch wegen des engen Zuständigkeitsbereichs kein den einzelnen Mitarbeitervertretungen übergeordnetes Organ. Jede MAV bleibt für diejenigen Angelegenheiten zuständig, die sie von Rechts wegen selbst wahrzunehmen hat. Denn dazu ist sie von den Mitarbeitern gewählt und dem Dienstgeber für die betreffende Dienststelle oder Einrichtung zugeordnet (§ 24 Abs. 4 S. 2). Die Gesamtmitarbeitervertretung ist nur **im Rahmen des** ihr von der MAVO **zugewiesenen Bereichs zuständig. Sie gewinnt ihre Zuständigkeit nicht durch Beauftragungen der einzelnen Mitarbeitervertretungen.** Nach § 24 Abs. 4 S. 1 wirkt die Gesamtmitarbeitervertretung bei den **Angelegenheiten** mit, **die Mitarbeiter aus dem Zuständigkeitsbereich mehrerer Mitarbeitervertretungen betreffen** und in den §§ 26 bis 38 geregelt sind. Dienstvereinbarungen (§ 38) sind nicht aus der Zuständigkeit der Gesamtmitarbeitervertretung herausgenommen. Gegenstände, die in einer Dienststelle bereits durch Dienstvereinbarung geregelt sind, können für andere Dienststellen noch einheitlich geregelt werden. Durch die Zuständigkeit der Gesamtmitarbeitervertretung für Angelegenheiten mehrerer Mitarbeitervertretungen wird eine einheitliche Entscheidung in gleichen Angelegenheiten beim selben Dienstgeber in mehreren Dienststellen möglich.

31 Besonders geregelt ist das Recht der Gesamtmitarbeitervertretung auf die Information in wirtschaftlichen Angelegenheiten anstelle der MAV der Einrichtung, die der Dienstgeber gemäß § 27a Abs. 1 zu erteilen hat (§ 27a Abs. 1 S. 3). Die diözesane MAVO gibt Auskunft, ob die Bestimmung der Rahmen- bzw. Musterordnung übernommen wurde. Die Informationspflicht des Dienstgebers bleibt bei Anwendung des § 27a Abs. 1 auf die jeweilige Einrichtung begrenzt, so dass auch die Gesamtmitarbeitervertretung keine Informationen über das gesamte Unternehmen erhält. Das wird augenfällig in den Fällen, wenn
- in einer Einrichtung keine MAV besteht,
- eine Einrichtung die Zahl von 50 Mitarbeiterinnen und Mitarbeitern nicht übersteigt.

Denn die Gesamtmitarbeitervertretung tritt nur da an die Stelle der betrieblichen MAV, wo diese besteht und die Rechte gemäß § 27a Abs. 1 hat.

32 Fälle für die Beteiligung der Gesamtmitarbeitervertretung (§ 28) können sein:
- Maßnahmen i. S. v. § 29 Abs. 1 Nrn. 1, 2, 5, 6, 7, 8, 9, 13, 14, 15, 16, 17;
- Maßnahmen i. S. v. § 36 Abs. 1 Nrn. 3, 4, 5, 6, 7, 8, 9, 10, 11, 12.

Entsprechend den Reaktionsrechten der Gesamtmitarbeitervertretung zu den vorstehend genannten Maßnahmen hat diese ein Initiativrecht zu folgenden Maßnahmen:
- Maßnahmen i. S. v. § 32 Abs. 1 Nrn. 1, 4, 5, 6, 7, 8, 9, 10, 12;
- Maßnahmen i. S. v. § 37 Nrn. 3, 4, 5, 6, 7, 8, 9, 10, 11, 12.

33 Zum Abschluss von Dienstvereinbarungen i. S. v. § 38 ist anstelle der MAV der Dienststelle, **wenn Mitarbeiterinnen und Mitarbeiter aus dem Zuständigkeitsbereich mehrerer Mitarbeitervertretungen aus Einrichtungen des Dienstgebers gleichermaßen betroffen sind** (§ 24 Abs. 4 S. 1), auch die Gesamtmitarbeitervertretung auf folgenden Gebieten befugt:
- Planung und Durchführung von Veranstaltungen für die Mitarbeiterinnen und Mitarbeiter (§ 38 Abs. 1 Nr. 3),
- Errichtung, Verwaltung und Auflösung sozialer Einrichtungen (§ 38 Abs. 1 Nr. 4),
- Inhalt von Personalfragebogen für Mitarbeiterinnen und Mitarbeiter (§ 38 Abs. 1 Nr. 5),
- Beurteilungsrichtlinien für Mitarbeiterinnen und Mitarbeiter (§ 38 Abs. 1 Nr. 6),

Gesamtmitarbeitervertretung und erweiterte Gesamtmitarbeitervertretung § 24

- Richtlinien für die Gewährung von Unterstützungen, Vorschüssen, Darlehen und entsprechenden sozialen Zuwendungen (§ 38 Abs. 1 Nr. 7),
- Durchführung der Ausbildung, soweit sie nicht durch Rechtsvorschriften oder durch Ausbildungsvertrag geregelt ist (§ 38 Abs. 1 Nr. 8),
- Einführung und Anwendung technischer Einrichtungen, die dazu bestimmt sind, das Verhalten oder die Leistung der Mitarbeiterinnen und Mitarbeiter zu überwachen,
- Maßnahmen zur Verhütung von Dienst- und Arbeitsunfällen und sonstigen
- Gesundheitsschädigungen (§ 38 Abs. 1 Nr. 10),
- Maßnahmen zum Ausgleich und zur Milderung von wesentlichen wirtschaftlichen Nachteilen für die Mitarbeiterinnen und Mitarbeiter wegen Schließung, Einschränkung, Verlegung oder Zusammenlegung von Einrichtungen oder wesentlichen Teilen von ihnen (§ 38 Abs. 1 Nr. 11).
- Dienstvereinbarung gemäß § 38 Abs. 1 Nr. 12 i. V. m. § 24 Abs. 2 und 3.

Hat die Gesamtmitarbeitervertretung eine Dienstvereinbarung bei fehlender Zuständigkeit abgeschlossen, ist die Dienstvereinbarung unwirksam. 34

2. Ausschluss der Zuständigkeit der Gesamtmitarbeitervertretung

Die **Mitwirkungsmöglichkeit** der Gesamtmitarbeitervertretung ist jedoch **gemäß § 24 Abs. 4 S. 2 ausgeschlossen**, wenn Angelegenheiten nur einer Dienststelle zu behandeln sind. Deshalb ist die Mitwirkung bei personellen Einzelmaßnahmen in aller Regel von der zuständigen MAV auszuüben (vgl. §§ 30, 30a, 31, 34, 35). Denn Einstellungen, Eingruppierungen, Höhergruppierungen und Kündigungen betreffen Mitarbeiter einer einzelnen Dienststelle. Dasselbe gilt auch für Versetzungen oder Abordnungen eines Mitarbeiters von einer Dienststelle in die andere. 35

Die Zuständigkeit ist aber zu bejahen, wenn bei einer besonderen Ausbildung bestimmter Mitarbeiter auf der Ebene mehrerer Dienststellen desselben Dienstgebers sich die Durchführung der Ausbildung von vornherein auf mehrere Ausbildungsstellen erstreckt und nur so sachgerecht erfolgen kann (§ 36 Nr. 8). 36

VI. Anwendbarkeit der allgemeinen Vorschriften der MAVO

1. Rechte und Pflichten

Durch § 24 Abs. 6 ist bestimmt, dass die Gesamtmitarbeitervertretung die Rechte und Pflichten einer Mitarbeitervertretung hat. Es gelten nämlich die übrigen Bestimmungen der MAVO sinngemäß mit Ausnahme der Vorschrift des § 15 Abs. 3 über die Dauerfreistellung von Mitgliedern der MAV für eine Amtsperiode. Infolgedessen sind §§ 13b und 13c, §§ 14, 15 (ohne Absatz 3), 17, 18, 20 für die Gesamtmitarbeitervertretung in gleicher Weise wie für die Mitarbeitervertretungen und ihre Mitglieder anwendbar. Scheidet ein Mitglied der Gesamtmitarbeitervertretung aus dem Amt als MAV-Mitglied aus (§ 13c), verliert es auch zum selben Zeitpunkt seine Mitgliedschaft in der Gesamtmitarbeitervertretung (§ 24 Abs. 3 S. 1). Da sich die Gesamtmitarbeitervertretung aus Vertretern mehrerer Mitarbeitervertretungen zusammensetzt, übt auch die Amtszeit der jeweiligen MAV Einfluss auf die Zusammensetzung der Gesamtmitarbeitervertretung aus (§ 12 Abs. 5, § 13 Abs. 2 bis 5, § 22 Abs. 2; § 13a). In den Fällen der erfolgreichen Wahlanfechtung einer MAV-Wahl (§ 13 Abs. 2 Nr. 4), des Misstrauensvotums der Mitarbeiterversammlung gegenüber der MAV (§ 13 Abs. 2 Nr. 5 i. V. m. § 22 Abs. 2) und des Urteils des Kirchlichen Arbeitsgerichts bzw. des Kirchlichen Arbeitsgerichtshofes über die Auflösung der MAV (§ 13 Abs. 2 Nr. 6) endet die Amtszeit der betroffenen MAV sofort, weil in diesen Fällen die Weiterführung der Geschäfte der MAV nicht vorgesehen ist (§ 13a S. 2); sie ist in der Gesamtmitarbeitervertretung nicht mehr vertreten. Die Gesamtmitarbeitervertretung kann Ausschüsse bilden (§ 24 Abs. 6 i. V. m. § 14 Abs. 10). 37

2. Amtszeit

38 Die Gesamtmitarbeitervertretung ist, wenn sie einmal gebildet ist, eine Dauereinrichtung mit wechselnder Mitgliedschaft. Eine Amtszeit besteht für die Gesamtmitarbeitervertretung nicht, weil sie sich aus Mitgliedern der gewählten Mitarbeitervertretungen entsprechend deren Amtszeit zusammensetzt. Die regelmäßige Amtszeit der beteiligten Mitarbeitervertretungen (§ 13 Abs. 1) hat keinen Einfluss auf die Amtszeit der Gesamtmitarbeitervertretung. Scheidet der Vorsitzende aus der Gesamtmitarbeitervertretung aus oder legt er sein Amt nieder, so ist ein Nachfolger durch die Gesamtmitarbeitervertretung in entsprechender Anwendung des § 14 Abs. 1 S. 1 zu wählen. Dasselbe gilt im Falle des Ausscheidens oder des Amtsverzichts des stellvertretenden Vorsitzenden und des Schriftführers. Außerdem ist die Mitgliedschaft in der Gesamt-MAV abhängig von der Amtszeit (§ 13 Abs. 2, 3; § 13c Nr. 1; § 22 Abs. 2) und von der personellen Entscheidung der entsendenden MAV, von der persönlichen Amtsdauer des Entsandten in der MAV (§ 13c) und vom Ruhen der Mitgliedschaft in der MAV gemäß § 13b Abs. 3.

3. Ausschluss von Bestimmungen

39 Aus dem System der MAVO folgt der Ausschluss der Anwendbarkeit solcher Bestimmungen für die Gesamtmitarbeitervertretung, die den Mitgliedern der MAV genuin zugedacht sind. So bestehen Ansprüche gemäß § 16 Abs. 1 und der Kündigungsschutz gemäß § 19 für Mitglieder der Gesamtmitarbeitervertretung bereits aus ihrer Eigenschaft als Mitglieder der MAV oder einer gemeinsamen MAV. § 53 ist auf die Gesamtmitarbeitervertretung nicht anwendbar, weil der Vertrauensmann der Zivildienstleistenden in § 24 Abs. 3 nicht erwähnt ist. Die MAVO erwähnt eine Gesamtmitarbeiterversammlung nicht, so dass eine sinngemäße Anwendung der Vorschriften der §§ 21, 22 nicht in Betracht zu ziehen ist.[6] Dasselbe gilt für rein einrichtungs- und personenbezogene Maßnahmen des Dienstgebers i. S. d. §§ 30, 30a, 31, 34 und 35.

40 Die Gesamtmitarbeitervertretung ist nicht Mitglied der diözesanen Arbeitsgemeinschaft der Mitarbeitervertretungen (DiAG, § 25), weil die in der Gesamtmitarbeitervertretung vertretenen Mitarbeitervertretungen bereits in der DiAG vertreten sind und die Gesamtmitarbeitervertretung der Zusammenschluss mehrerer Mitarbeitervertretungen ist. Näheres ergibt sich aus den diözesanen Vorschriften.

VII. Die erweiterte Gesamtmitarbeitervertretung (Abs. 2)

41 Die Vorschrift des § 24 Abs. 2 ist eine Ergänzung des § 24 Abs. 1 zur Regelung des Zusammenwirkens:
– mehrerer Mitarbeitervertretungen verschiedener Rechtsträger,
– mehrerer verschiedener Rechtsträger mit einen für sie gemeinsamen erweiterten Gesamtmitarbeitervertretung, welche an die Stelle einer oder mehrerer Gesamtmitarbeitervertretungen tritt (§ 24 Abs. 2 S. 2).

42 **Durch freiwillige Dienstvereinbarung** (§ 38 Abs. 1 Nr. 12 i. V. m. § 24 Abs. 2 und 3) der beteiligten Dienstgeber (etwa im Bereich einer Holding-Gesellschaft) mit den beteiligten Repräsentanten der Mitarbeiter kann geregelt werden, eine erweiterte Gesamtmitarbeitervertretung zu bilden. Ausgeschlossen ist die Dienstvereinbarung dann, wenn bei einem Dienstgeber mehrere Mitarbeitervertretungen gebildet sind, die aber füreinander keine Gesamtmitarbeitervertretung gebildet haben, also dort kein diesbezügliches Einvernehmen untereinander herrscht.

43 Die Dienstvereinbarung kann nur getroffen werden, wenn die Bildung der erweiterten Gesamtmitarbeitervertretung der wirksamen und zweckmäßigen Interessenvertretung der Mitarbeiterinnen und Mitarbeiter dient (dazu: § 1b Rn 9 ff.). Weitere Voraussetzung auf der Dienstgeberseite ist, dass deren

---

6 Ebenso *Hammerl*, in: Freiburger Kommentar zur MAVO, § 24 Rn 20.

Beschlussgremien entsprechende Beschlüsse gefasst haben, die Bildung einer erweiterten Gesamtmitarbeitervertretung zuzulassen, ehe die Dienstvereinbarung unterzeichnet werden kann.

Im Unterschied zu § 1b (gemeinsame Mitarbeitervertretung) wird die erweiterte Gesamtmitarbeitervertretung aufbauend auf den bei verschiedenen Dienstgebern bestehenden Mitarbeitervertretungen gebildet, während die beteiligten Gesamtmitarbeitervertretungen verdrängt werden. In der Dienstvereinbarung über ihre Errichtung ist darauf zu achten, ob und unter welchen Voraussetzungen die Beteiligten aus der erweiterten Gesamtmitarbeitervertretung ausscheiden können, um andererseits den Bestand der erweiterten Gesamtmitarbeitervertretung mit den übrigen Beteiligten (Mitabeitervertretungen und Dienstgeber) zu erhalten (§ 24 Abs. 5 S. 2). Zur Zusammensetzung und Aufgaben der erweiterten Gesamtmitarbeitervertretung sowie zur Rechtsstellung wird auf die Ausführungen unter Rn 13 ff. hingewiesen. 44

VIII. Auflösung der Gesamtmitarbeitervertretung und der erweiterten Gesamtmitarbeitervertretung (Abs. 5)

Weil die Bildung der Gesamtmitarbeitervertretung und der erweiterten Gesamtmitarbeitervertretung nicht zwingend ist, kann das jeweilige Gremium gemäß § 24 Abs. 5 S. 1 aufgelöst werden, wenn dazu die einmütige Zustimmung aller Beteiligten erfolgt. Selbstauflösung ist also zulässig. 45

Die einmal errichtete Gesamtmitarbeitervertretung kann sich allerdings nur dann auflösen, wenn die bei dem Dienstgeber bestehenden Mitarbeitervertretungen und der Dienstgeber gemeinsam den einstimmigen Auflösungsbeschluss herbeiführen. Zuvor müssen die Beteiligten in ihren Gremien entsprechende Beschlüsse über die Auflösung herbeiführen (vgl. § 14 Abs. 5). Die Auflösung der Gesamtmitarbeitervertretung ist also – von § 13 Abs. 3 Nr. 6 abgesehen – im Grundsatz nicht erzwingbar, falls nicht eine Regelung gemäß § 24 Abs. 5 S. 2 besteht, die etwa die Kündigung durch einen Beteiligten zulässt. 46

Dasselbe gilt für die errichtete erweiterte Gesamtmitarbeitervertretung, solange die der Bildung der erweiterten Gesamtmitarbeitervertretung zu Grunde liegende Dienstvereinbarung keine § 24 Abs. 5 S. 2 entsprechende abweichende Regelung enthält. 47

Damit ist der Fortbestand der beiden Gremien von der Schließung einer einzelnen Einrichtung oder der Auflösung eines Dienstgebers als Rechtsträger bei der erweiterten Gesamtmitarbeitervertretung und dem damit verbundenen Amtsverlust der beteiligten MAV oder Gesamtmitarbeitervertretung unabhängig. Der einseitige Austritt eines Beteiligten aus einem der Gremien ist unzulässig, im Falle der erweiterten Gesamtmitarbeitervertretung nur dann, wenn durch die zugrunde liegende Dienstvereinbarung gedeckt; im Falle der Gesamtmitarbeitervertretung, wenn das über Abkommen erzielte Einvernehmen gemäß § 24 Abs. 1 eine Abmachung enthält, wie sie nach § 24 Abs. 5 S. 2 möglich ist. 48

Überträgt ein Rechtsträger seine sämtlichen Einrichtungen, für die eine Gesamtmitarbeitervertretung besteht, auf einen anderen Rechtsträger im Geltungsbereich der MAVO, bleibt die Gesamtmitarbeitervertretung bestehen, weil der Erwerber die Identität der Einrichtungen wahrt, so dass auch die Mitarbeitervertretungen der einzelnen Einrichtungen Bestand haben und folglich auch die von ihnen getragene Gesamtmitarbeitervertretung. Der Erwerber ist Nachfolger der Vereinbarung über die Bildung einer Gesamtmitarbeitervertretung mit dem Veräußerer. 49

Werden aber sämtliche Einrichtungen eines Rechtsträgers auf zwei (mehrere) andere, bisher mitarbeitervertretungslose Rechtsträger übertragen, ist der Fortbestand der bei dem Veräußerer bestehenden Gesamtmitarbeitervertretung nicht möglich.[7] Wird der Bestand der Einrichtungen auf einen Rechtsträger außerhalb des Geltungsbereichs der MAVO übertragen, gehen die jeweiligen Mitarbeitervertretungen und damit die Gesamtmitarbeitervertretung unter; die MAVO gilt nicht mehr. 50

---

7 Vgl. *BAG*, 5. 6. 2002 – 7 ABR 17/01, NZA 2003, 336.

IV. Besondere Formen der Vertretung von Mitarbeiterinnen und Mitarbeitern

51 Mit der Auflösung eines der genannten Gremien verlieren der Vertreter der Sprecher der Jugendlichen und Auszubildenden und der Vertreter der schwerbehinderten Menschen ihre in den Gremien wahrzunehmenden Funktionen.

52 Der Bestand der erweiterten Gesamtmitarbeitervertretung bleibt mit Rücksicht auf die gemäß Dienstvereinbarung verbleibenden Rechtsträger und Mitarbeitervertretungen – wenn auch vermindert – aufrecht.

IX. Streitigkeiten

53 Da für die Gesamtmitarbeitervertretung und die erweiterte Gesamtmitarbeitervertretung die Bestimmungen der MAVO mit Ausnahme von § 15 Abs. 3 im Übrigen sinngemäß gelten (§ 24 Abs. 6), ist im Streitfall zwischen Dienstgeber und dem jeweiligen Gremium entweder in den Fällen des § 45 die Einigungsstelle (§§ 40 ff.) oder im Falle von Rechtsstreitigkeiten das Kirchliche Arbeitsgericht (§ 2 Abs. 2 KAGO) zuständig. Die Bestimmung des § 2 Abs. 2 KAGO gibt dem Kirchlichen Arbeitsgericht keine Allzuständigkeit, sondern nach ihrem eindeutigen Wortlaut nur eine Zuständigkeit für mitarbeitervertretungsrechtliche Rechtsstreitigkeiten, die sich aus dem Streitgegenstand ergeben. Örtlich ausschließlich zuständig ist dasjenige Kirchliche Arbeitsgericht, in dessen Dienstbezirk sich der Sitz der Hauptniederlassung des Rechtsträgers der bei ihm gebildeten Gesamtmitarbeitervertretung befindet, soweit nicht durch Gesetz eine davon abweichende Regelung der örtlichen Zuständigkeit getroffen wird (§ 3 Abs. 3 KAGO).

54 Die Gesamtmitarbeitervertretung ist z. B. nicht zur Antragstellung im Streit um die Anerkennung einer Schulungsveranstaltung für Mitarbeitervertreter als geeignet berechtigt, weil das Anerkennungsverfahren als solches nicht durch die MAVO geregelt ist und der Dienstgeber über die Anerkennung nicht entscheidet, sondern das Bistum oder der Diözesancaritasverband. Von der Versagung der Anerkennung ist die MAV oder auch die Gesamtmitarbeitervertretung nicht betroffen, sondern der Veranstalter der Schulung.[8] Infolgedessen fehlt der Gesamtmitarbeitervertretung bzw. erweiterten Gesamtmitarbeitervertretung auch das Rechtsschutzbedürfnis als Voraussetzung des Verfahrens vor dem Kirchlichen Arbeitsgericht (vgl. § 10 KAGO).

§ 25 Arbeitsgemeinschaften der Mitarbeitervertretungen*

(1) Die Mitarbeitervertretungen im Anwendungsbereich dieser Ordnung bilden die »Diözesane Arbeitsgemeinschaft der Mitarbeitervertretungen im (Erz-)Bistum . . . .«.

(2) Zweck der Arbeitsgemeinschaft ist
1. gegenseitige Information und Erfahrungsaustausch mit den vertretenen Mitarbeitervertretungen,
2. Beratung der Mitarbeitervertretungen in Angelegenheiten des Mitarbeitervertretungsrechtes,
3. Beratung der Mitarbeitervertretungen im Falle des § 38 Abs. 2,
4. Förderung der Anwendung der Mitarbeitervertretungsordnung,
5. Sorge um die Schulung der Mitarbeitervertreterinnen und Mitarbeitervertreter,
6. Erarbeitung von Vorschlägen zur Fortentwicklung der Mitarbeitervertretungsordnung,
7. Abgabe von Stellungnahmen zu Vorhaben der Bistums-/Regional-KODA und der Arbeitsrechtlichen Kommission des Deutschen Caritasverbandes jeweils nach Aufforderung durch die Vorsitzende oder den Vorsitzenden der Kommission,
8. Erstellung von Beisitzerlisten nach § 44 Abs. 2 Satz 1,
9. Mitwirkung an der Wahl zu einer nach Art. 7 GrO zu bildenden Kommission zur Ordnung des Arbeitsvertragsrechts, soweit eine Ordnung dies vorsieht,

---

8 *Schlichtungsstelle Limburg*, 8. 1. 1996 – 17/95.
* Absätze 1 bis 4 sind Muster für eine diözesane Fassung.

10. Mitwirkung bei der Besetzung der Kirchlichen Arbeitsgerichte nach Maßgabe der Vorschriften der KAGO.

(3) Organe der Arbeitsgemeinschaft sind
– die Mitgliederversammlung
– der Vorstand.
Zusammensetzung der Mitgliederversammlung und Wahl des Vorstandes werden in Sonderbestimmungen geregelt.

(4) Das (Erz-)Bistum trägt im Rahmen der der Arbeitsgemeinschaft im (Erz-)Bistumshaushalt zur Wahrnehmung der Aufgaben zur Verfügung gestellten Mittel die notwendigen Kosten einschließlich der Reisekosten entsprechend der für das (Erz-)Bistum geltenden Reisekostenregelung. Für die Teilnahme an der Mitgliederversammlung und für die Tätigkeit des Vorstandes besteht Anspruch auf Arbeitsbefreiung, soweit dies zur ordnungsgemäßen Durchführung der Aufgaben der Arbeitsgemeinschaft erforderlich ist und kein unabwendbares dienstliches oder betriebliches Interesse entgegensteht. § 15 Abs. 4 gilt entsprechend. Regelungen zur Erstattung der Kosten der Freistellung werden in Sonderbestimmungen geregelt. Den Mitgliedern des Vorstandes ist im zeitlichen Umfang des Anspruchs nach § 16 Abs. 1 Satz 1 Arbeitsbefreiung unter Fortzahlung der Bezüge für die Teilnahme an solchen Schulungsveranstaltungen zu gewähren, welche die für die Arbeit in der Arbeitsgemeinschaft erforderlichen Kenntnisse vermitteln.

(5) Die Arbeitsgemeinschaft kann sich mit Arbeitsgemeinschaften anderer (Erz-) Diözesen zu einer Bundesarbeitsgemeinschaft der Mitarbeitervertretungen zur Wahrung folgender Aufgaben zusammenschließen:
1. Förderung des Informations- und Erfahrungsaustausches unter ihren Mitgliedern,
2. Erarbeitung von Vorschlägen zur Anwendung des Mitarbeitervertretungsrechts,
3. Erarbeitung von Vorschlägen zur Entwicklung der Rahmenordnung für eine Mitarbeitervertretungsordnung,
4. Kontaktpflege mit der Kommission für Personalwesen des Verbandes der Diözesen Deutschlands,
5. Abgabe von Stellungnahmen zu Vorhaben der Zentral-KODA nach Aufforderung durch die Vorsitzende oder den Vorsitzenden der Kommission,
6. Mitwirkung bei der Besetzung des Kirchlichen Arbeitsgerichtshofes nach Maßgabe der Vorschriften der KAGO.

Das Nähere bestimmt die Vollversammlung des Verbandes der Diözesen Deutschlands.

Übersicht	Rn		Rn
I. Vorbemerkung	1– 5	tretungen in Angelegenheiten des Mitarbeitervertretungsrechts, Abs. 2 Nr. 2	20
II. Bildung der Diözesanen Arbeitsgemeinschaft der Mitarbeitervertretungen	6–14	c. Beratung der Mitarbeitervertretung im Falle des § 38 Abs. 2, Nr. 3	21
1. Anwendungsbereich der MAVO	6– 9		
2. Zuständigkeitsgebiete der Diözesanen Arbeitsgemeinschaft .	10, 11	d. Förderung der Anwendung der Mitarbeitervertretungsordnung, Abs. 2 Nr. 4	22, 23
3. Keine regionale Arbeitsgemeinschaft, keine Landesarbeitsgemeinschaft, keine sonstigen Zusammenschlüsse	12–14	e. Sorge um die Schulung der Mitglieder der MAV, Abs. 2 Nr. 5	24
III. Zweck	15–32		
1. Aufgabenkatalog	15–17	f. Erarbeitung von Vorschlägen zur Fortentwicklung der MAVO, Abs. 2 Nr. 6	25
2. Einzelheiten	18–30		
a. Informations- und Erfahrungsaustausch, Abs. 2 Nr. 1	18, 19		
b. Beratung der Mitarbeitervertretungen			

	Rn		Rn
g. Zusammenarbeit mit Kommissionen für das Arbeitsvertragsrecht, Abs. 2 Nr. 7	26, 27	a. Förderung des Informations- und Erfahrungsaustausches, Abs. 5 Satz 1 Nr. 1	47
h. Erstellung von Beisitzerlisten nach § 44 Abs. 2 S. 1, Abs. 2 Nr. 8	28	b. Erarbeitung von Vorschlägen zur Anwendung des Mitarbeitervertretungsrechts, Abs. 5 Satz 1 Nr. 2	48
i. Mitwirkung an der Wahl zu einer nach Art. 7 GrO zu bildenden Kommission zur Ordnung des Arbeitsvertragsrecht, Abs. 2 Nr. 9	29	c. Erarbeitung von Vorschlägen zur Entwicklung der Rahmenordnung für eine MAVO, Abs. 5 Satz 1, Nr. 3	49
j. Mitwirkung bei der Besetzung der Kirchlichen Arbeitsgerichte, Abs. 2 Nr. 10	30	d. Kontaktpflege mit der Kommission für Personalwesen des Verbandes der Diözesen Deutschlands, Abs. 5 Satz 1 Nr. 4	50
3. Partner der diözesanen Arbeitsgemeinschaft	31, 32		
VI. Organe der diözesanen Arbeitsgemeinschaft, Abs. 3 S. 1	33–37	e. Abgabe von Stellungnahmen zu Vorhaben der Zentral-KODA, Abs. 5 S. 1 Nr. 5	51
1. Die Mitgliederversammlung	34		
2. Der Vorstand	35		
3. Konstituierende Sitzung der Mitgliederversammlung	36, 37	f. Mitwirkung bei der Besetzung des Kirchlichen Arbeitsgerichtshofs, Abs. 5 S. 1 Nr. 6	52
a. Einberufung	36		
b. Wahl des Vorstands	37	3. Die Richtlinien für die Bundesarbeitsgemeinschaft	53–59
V. Sitzungen	38	VIII. Rechtsstreitigkeiten	60–66
VI. Kostentragung	39–44	1. Aktivlegitimation der DiAG-MAV	60, 61
1. Bistumshaushalt	39		
2. Arbeitsbefreiung	40	2. Aktivlegitimation des Mitglieds der DiAG-MAV	62
3. Freizeitausgleich	41		
4. Entlastung des Dienstgebers	42, 43	3. Aktivlegitimation des Dienstgebers	63
5. Schulungsanspruch für Mitglieder der DiAG-MAV	44		
VII. Zusammenschluss zu einer Bundesarbeitsgemeinschaft (BAG-MAV)	45–59	4. Aktivlegitimation des Bischöflichen Generalvikars	64
1. Zusammenschluss	45	5. Aktivlegitimation der Bundesarbeitsgemeinschaft der Mitarbeitervertretungen	65, 66
2. Aufgaben	46–52		

I. Vorbemerkung

1 Arbeitsgemeinschaften der Mitarbeitervertretungen haben **im staatlichen Betriebsverfassungsrecht und Personalvertretungsrecht keine Entsprechung.**[1] Die Entstehung der Arbeitsgemeinschaft ist ursprünglich auf die Vernetzung von Mitarbeitervertretungen bischöflicher Ordinariate bzw. Generalvikariate zurückzuführen. Der korporative Zusammenschluss der Arbeitsgemeinschaften der Mitarbeitervertretungen in den Diözesen im Bereich der Deutschen Bischofskonferenz wurde möglich, nachdem sich der Verwaltungsrat des Verbandes der Diözesen Deutschlands (VDD) 1981 für die Bildung diözesaner Arbeitsgemeinschaften (DiAG) ausgesprochen hat. Seit der Novelle der Rahmenordnung im Jahr 1985 ist die Bildung diözesaner Arbeitsgemeinschaften gesetzlich zwingend vorgesehen. Der Zusammenschluss der diözesanen Arbeitsgemeinschaften zu einer Bundesarbeitsgemeinschaft der Mitarbeitervertretungen (BAG-MAV) ist seit 1995 kirchengesetzlich normiert. Damit verfügen die Mitarbeitervertretungen sowohl auf Bistums- als auch auf Bundesebene über eine gesetzlich geregelte Organisationsstruktur.

---

1 *KAGH*, 12. 12. 2008 – M 04/08 Rn 34; 25. 6. 2010 – M 06/10 Rn 20.

Das System der Arbeitsgemeinschaften im katholischen Mitarbeitervertretungsrecht weist Ähnlichkeiten mit dem Recht der **Gesamtausschüsse der Mitarbeitervertretungen** im evangelischen Bereich auf (§ 54 MVG.EKD). Allerdings stellen sich die realen überbetrieblichen Vertretungsstrukturen im evangelischen Bereich weit heterogener dar, als es die rechtlichen Regelungen nahe legen und als dies für den katholischen Bereich zutrifft.[2]

Inzwischen bestehen in allen 27 Bistümern eine oder mehrere Arbeitsgemeinschaften. Die meisten Diözesen verfügen über **eine** DiAG.[3] In anderen Diözesen bestehen **zwei Arbeitsgemeinschaften**, eine für den Bereich der verfassten Kirche, eine andere für die sozial-karitativen Einrichtungen der Caritas. Typisch für dieses Modell ist etwa die Regelung im Erzbistum Freiburg, wo eine sog. **DiAG A** existiert, die von den Mitarbeitervertretungen in der Erzdiözese, den Dekanatsverbänden und den Kirchengemeinden gebildet wird. Daneben gibt es eine sog. **DiAG B**, die insbesondere aus den Mitarbeitervertretungen der korporativen Mitglieder des Caritasverbandes besteht.[4] Es gibt aber auch zwei Bistümer mit **drei Arbeitsgemeinschaften**.[5] Im Bistum Würzburg zum Beispiel besteht für den Bereich der dem Bischof unmittelbar unterstellten Einrichtungen eine DiAG A, für den Bereich der diözesanen Caritas eine DiAG B und für den Bereich der kirchlichen Schulen eine DiAG C.[6]

Den Arbeitsgemeinschaften ist allgemein die Aufgabe zugewiesen, die Mitarbeitervertretungen bei der Wahrnehmung ihrer Aufgaben, Rechte und Pflichten zu beraten, zu unterstützen und zu informieren (vgl. Aufzählung in Abs. 2). In der Vergangenheit wurde die Aufgabenzuweisung der Arbeitsgemeinschaft von Diözese zu Diözese unterschiedlich definiert, teilweise auch abweichend von der Musterregelung in der Rahmen-MAVO. Entsprechend differiert auch die konkrete **organisatorische** und **personelle Ausstattung** der Arbeitsgemeinschaften von Bistum zu Bistum. So sind z. B. die Geschäftsstellen der Arbeitsgemeinschaften unterschiedlich besetzt. Neben Sekretariatskräften gibt es hauptamtliche Geschäftsführer/innen mit und ohne juristische Ausbildung. Manche DiAGen sind so gut ausgestattet, dass sie einen Informations- und Beratungsstandard anbieten können, der dem der Gewerkschaften entspricht.[7] Andere müssen ihre Arbeit als Vorstand der Arbeitsgemeinschaft aus einem MAV-Büro neben der normalen MAV-Arbeit auf Betriebsebene ohne jede juristische Unterstützung organisieren. Als Erklärung für diese Unterschiede wird die finanzielle Situation des einzelnen Bistums, die Interaktionsorientierung seines Bischofs gegenüber den Mitarbeitervertretungen und der jeweilige Arbeitsaufwand ins Feld geführt.[8]

Ungeachtet der **begrenzten gesetzlichen Aufgabenzuweisung** agieren die Arbeitsgemeinschaften **in der Praxis** oftmals wie »**betriebliche Ersatzgewerkschaften**«,[9] nicht zuletzt aufgrund des geringen gewerkschaftlichen Organisationsgrades in den meisten katholischen Einrichtungen. Über ihre eigentliche mitarbeitervertretungsrechtliche Funktion hinaus, die im Gesetz abschließend geregelt ist, begreifen sie sich mitunter als eigenständige Gestaltungsmacht bei der Aushandlung von Arbeitsvertragsbedingungen sowie als allgemeinpolitische Repräsentanz der Mitarbeiter im kirchlichen Dienst. Sie machen sich gelegentlich zum Sprachrohr der tatsächlichen oder vermeintlichen arbeits-, tarif- und allgemeinpolitischen Interessen der kirchlichen Mitarbeiterschaft, präsentieren sich als »Stachel im Fleisch der Leitungen« und beanspruchen für sich ein »zumindest kirchenpolitisches

---

2 Vgl. die ausführliche Untersuchung der Rechtspraxis von *Jakobi*, Konfessionelle Mitbestimmungspolitik, S. 120 ff.
3 Aachen, Bamberg, Berlin, Dresden-Meißen, Essen, Görlitz, Hamburg, Hildesheim, Köln, Limburg, Magdeburg, Mainz, Münster, Osnabrück, Fulda, Erfurt, Speyer.
4 Amtsblatt Freiburg Nr. 32 vom 8. 12. 2009, S. 177. Ähnliche Regelungen finden sich in Rottenburg-Stuttgart, München und Freising, Eichstätt, Paderborn, Passau, Regensburg, Trier.
5 Würzburg und Augsburg.
6 Würzburger Diözesanblatt Nr. 11 vom 25. 5. 2009, S. 187.
7 *Jakobi*, Konfessionelle Mitbestimmung, S. 134.
8 *Jakobi*, konfessionelle Mitbestimmung, S. 133.
9 *Hammer*, Kirchliches Arbeitsrecht, S. 271.

Mandat«.[10] Dieses Selbstverständnis der Arbeitsgemeinschaften ist mit dem gesetzlichen Leitbild, der Stellung der Arbeitsgemeinschaften im Mitarbeitervertretungsrecht und den ihnen zugeteilten Aufgaben nicht vereinbar (vgl. auch Rn 15 ff.). Sofern sich die Arbeitsgemeinschaften wie Koalitionen verhalten, wird außer Acht gelassen, dass sie diese Funktion mangels Gegnerfreiheit und wirtschaftlicher Unabhängigkeit nicht ausfüllen können, denn die Kosten der diözesanen Arbeitsgemeinschaften trägt das jeweilige (Erz-)Bistum, die der BAG-MAV im Wesentlichen der Verband der Diözesen Deutschlands (VDD).[11] Auch handelt es sich bei den Arbeitsgemeinschaften nicht um freiwillige Zusammenschlüsse von Arbeitnehmern, sondern um gesetzlich geschaffene Institutionen, deren Mitglieder zur Mitgliedschaft verpflichtet sind. Sofern die Arbeitsgemeinschaften den Anspruch erheben, die Interessen der Mitarbeiterschaft im politischen Raum zu vertreten, übersehen sie, dass sie hierfür kein politisches Mandat und damit keine Legitimation besitzen. Ähnlich wie die MAV (vgl. § 22 Rn 5) besitzen auch die Arbeitsgemeinschaften weder ein partei- noch ein allgemeinpolitisches Mandat. Äußern sich Arbeitsgemeinschaften z. B. in »Resolutionen« oder »Pressemitteilungen« öffentlich zu politischen Themen, überschreiten sie den ihnen vom kirchlichen Gesetzgeber zugewiesenen Rahmen.[12]

II. Bildung der Diözesanen Arbeitsgemeinschaft der Mitarbeitervertretungen

1. Anwendungsbereich der MAVO

6   Gemäß § 25 Abs. 1 bilden die Mitarbeitervertretungen im Anwendungsbereich der MAVO der jeweiligen Diözese die »Diözesane Arbeitsgemeinschaft der Mitarbeitervertretungen«, allerdings unter Einschluss der Mitarbeitervertretungen, auf die sich die Arbeitsgemeinschaft auch außerdiözesan erstreckt (§ 1 Abs. 3 S. 1 i. V. m. Abs. 2).

7   Durch Absatz 1 ist geregelt, dass jede MAV im Gebiet einer Diözese zur Bildung der diözesanen Arbeitsgemeinschaft aufgerufen ist. Eine dem § 25 Abs. 1 der Rahmen-MAVO entsprechende Bestimmung in der diözesanen MAVO schreibt die **Bildung der DiAG-MAV zwingend** vor. Es ist nicht in das Belieben der Mitarbeitervertretungen gestellt, ob sie ein solches mitarbeitervertretungsrechtliches Gremium bilden wollen. Vielmehr handelt es sich bei den Mitarbeitervertretungen eines (Erz-)Bistums grundsätzlich um **Zwangsmitglieder der jeweiligen diözesanen Arbeitsgemeinschaft**.

8   Allerdings setzt die Mitgliedschaft voraus, dass die MAV nach einer rechtswirksamen Mitarbeitervertretungsordnung gewählt wurde, die von demselben (bischöflichen) Gesetzgeber in Kraft gesetzt wurde, wie die Ordnung der Arbeitsgemeinschaft, der die MAV angehört. Ist die MAV-Wahl aufgrund einer **vom Dienstgeber selbst verfassten** so genannten »Mitarbeitervertretungsordnung« durchgeführt worden, die kein kirchlicher Gesetzgeber erlassen und promulgiert hat, so handelt es sich nicht um kirchliches Recht, sondern um **eine vom Dienstgeber selbst geschaffene schuldrechtliche Ordnung**. Für Meinungsverschiedenheiten aus dieser Ordnung sind **ausschließlich die staatlichen, nicht die kirchlichen Arbeitsgerichte** zuständig.[13] Die auf diese Weise gewählte betriebliche Interessenvertretung ist jedoch kein rechtliches Nullum. Es besteht **ein besonderes Schuldverhältnis zwischen Dienstgeber und gewählter Interessenvertretung**. Daraus ergeben sich Rechte und Pflichten des Dienstgebers gegenüber der Interessenvertretung. Der Dienstgeber kann die Existenz der Mitarbeitervertretung nicht negieren, nachdem er bewusst ihre Wahl nach seiner eigenen Ordnung hat durchführen lassen. Eine so zustande gekommene betriebliche Interessenvertretung ist grundsätz-

---

10 Vgl. *Ruhe/Bartels*, Praxishandbuch Mitarbeitervertretungen, 2001, S. 250; *Jakobi*, Konfessionelle Mitbestimmungspolitik, S. 140.
11 Teilweise wird im Schrifttum die Ansicht vertreten, dass die verhältnismäßig gute materielle und personelle Ausstattung der überbetrieblichen Interessenvertretungsstrukturen ein Grund für die vergleichsweise schwache Stellung von Gewerkschaften in den katholischen Einrichtungen sei, vgl. *Jakobi*, Konfessionelle Mitbestimmung, S. 149.
12 *KAGH*, 3. 7. 2007 – M 04/07.
13 *KAGH*, 19. 3. 2010 – M 11/09.

lich rechtswirksam gebildet. Sie hat den rechtlichen Status von Sprecherausschüssen der leitenden Angestellten vor dem Erlass des Sprecherausschussgesetzes.[14] Die nicht nach bischöflichem Recht gebildete Interessenvertretung hat **jedoch keine Beteiligungsrechte bei einer Diözesanen Arbeitsgemeinschaft der Mitarbeitervertretungen** i. S. d. § 25.[15] Denn sie gehört ihr als Mitglied nicht an, weil sie nicht nach Maßgabe einer rechtsgültigen diözesanen Mitarbeitervertretungsordnung gewählt wurde. Sie wird auch nicht von kirchlichen Ordnungen zur Arbeitsrechtsregelung erreicht, die der Mitarbeitervertretung etwa im Rahmen des Arbeitsvertragsregelungsrechts ein Mitwirkungsrecht einräumen (vgl. etwa § 11 AK-Ordnung in der Fassung vom 24. 3. 2010).

Eine konstituierte DiAG-MAV ist für **alle Mitarbeitervertretungen im Geltungsbereich der diözesanen Mitarbeitervertretungsordnung** zuständig, auch für solche, die an der Mitgliederversammlung nicht teilgenommen haben. Die jeweilige MAV hat die Initiative zur Bildung der diözesanen Arbeitsgemeinschaft zu ergreifen, wenn sie gemäß diözesaner Ordnung zu bilden ist, aber noch nicht besteht. Die DiAG-MAV ist auf Dauer angelegt, neu gebildete Mitarbeitervertretungen sind aufzunehmen. **Die DiAG-MAV kann sich nicht selbst auflösen.** Wie sich die DiAG-MAV zusammensetzt, ist in diözesanen Sonderbestimmungen geregelt (§ 25 Abs. 3). 9

2. Zuständigkeitsgebiete der Diözesanen Arbeitsgemeinschaft

Infolge des Anwendungsbereichs der diözesanen MAVO (§ 1 Abs. 3 S. 1) hat sich die DiAG-MAV auch jener Mitarbeitervertretungen anzunehmen, die außerhalb ihres Diözesangebiets liegen, aber die für den Dienstgeber **an seinem Hauptsitz verbindliche MAVO** anwenden müssen (Anwendungsbereich der MAVO). Denn als Norm gilt, dass in allen Einrichtungen eines mehrdiözesanen oder überdiözesanen Rechtsträgers die MAVO derjenigen Diözese anzuwenden ist, in der sich der **Sitz der Hauptniederlassung** (Hauptsitz) befindet. In diesem Falle sind alle bei dem Rechtsträger bestehenden Mitarbeitervertretungen an der DiAG-MAV der Diözese des Hauptsitzes beteiligt. 10

Nach § 1 Abs. 3 S. 2 kann von der Norm abweichend auf Antrag eines mehrdiözesanen oder überdiözesan tätigen Rechtsträgers der Diözesanbischof des Hauptsitzes **im Einvernehmen** mit den anderen Diözesanbischöfen, in deren Diözese der Rechtsträger mit einer Einrichtung tätig ist, bestimmen, dass in den Einrichtungen des Rechtsträgers die jeweilige MAVO der Diözese angewandt wird in der die jeweilige Einrichtung ihren Sitz hat (Territorialprinzip), oder eine MAVO eigens für den Rechtsträger erlassen. Im Falle des Territorialprinzips ist die MAV der außerhalb der Diözese des Hauptsitzes gelegenen Einrichtung an der DiAG-MAV beteiligt, die in der Diözese ihres Einrichtungssitzes gebildet ist. Auf die Ausführungen zu § 1 Abs. 3 wird hingewiesen. 11

3. Keine regionale Arbeitsgemeinschaft, keine Landesarbeitsgemeinschaft, keine sonstigen Zusammenschlüsse

Im Gegensatz zur Ermöglichung der Bildung einer Arbeitsgemeinschaft der Mitarbeitervertretungen auf **Bundesebene** (vgl. Abs. 5) ist die Schaffung von Arbeitsgemeinschaften auf regionaler (mehrdiözesaner) Ebene nicht von der Mitarbeitervertretungsordnung erfasst. Die DiAGen können sich mithin **nicht zu regionalen Arbeitsgemeinschaften** oder **Landesarbeitsgemeinschaften** zusammenschließen. Mangels gesetzlicher Grundlage fehlt es der DiAG an einer entsprechenden Organisationsgewalt.[16] Organisationsentscheidungen auf dem Feld der betrieblichen Mitbestimmung sind dem kirchlichen Gesetzgeber vorbehalten. Daran ändert auch nichts, dass es auf dem Gebiet des Dritten Weges (Art. 7 GrO) regionale Zusammenschlüsse in sog. Regional-KODAen gibt, z. Zt. für die Region der Diözesen in Bayern, die Region der Diözesen in Nordrhein-Westfalen, die Region Osnabrück-Vechta und die Region Nord-Ost mit den Diözesen Berlin, Dresden-Meißen, Erfurt, Görlitz, 12

---

14 *KAGH*, 19. 3. 2010 – M 11/09, ZMV 2010, 153, mit Hinw. auf *BAG*, 19. 2. 1975 – 1 ABR 94/73, AP BetrVG 1972 § 5 Nr. 9 und 10.
15 *KAGH*, 25. 6. 2010 – M 04/10 und M 05/10.
16 *Schlichtungsstelle München-Freising*, Entscheidung vom 17. 9. 1997 – 12 AR 97.

IV. Besondere Formen der Vertretung von Mitarbeiterinnen und Mitarbeitern

Hamburg, Magdeburg. Abgesehen davon, dass die Installierung regionaler arbeitsrechtlicher Kommissionen auf einer kirchengesetzlichen Grundlage beruht (sog. Regional-KODA-Ordnungen), für die es im Bereich der betrieblichen Mitbestimmung keine Entsprechung gibt, ist ein Zusammenschluss der DiAGen einer Region auch aus sachlichen Gründen nicht erforderlich, weil die arbeitsrechtlichen Kommissionen für die Arbeitsrechtsregelung, die DiAGen für die betriebliche Mitbestimmung zuständig sind. Soweit diese klare Aufgabenzuweisung in der MAVO punktuell durchbrochen wird (etwa in § 26 Abs. 3 Nr. 8; § 27b; § 38 Abs. 1 Nr. 1), geht es Im Wesentlichen um die Ausfüllung einrichtungsbezogener Öffnungsklauseln, die nur den Aufgabenbereich der MAV vor Ort bzw. der jeweiligen DiAG berühren, einen Zusammenschluss der DiAGen auf regionaler Ebene aber nicht erforderlich machen.

13 Nach Auffassung der Schlichtungsstelle München-Freising v. 17. 9. 1997 ist die DiAG berechtigt, an einer **Veranstaltung der BAG-MAV** zum Thema Informations- und Erfahrungsaustausch auch **auf Landesebene** mit je einer Vertreterin oder einem Vertreter zumindest einmal im Jahr teilzunehmen.[17]

14 Für Zusammenschlüsse von Vertretern der Dienstnehmer in den Gremien des betrieblichen Mitbestimmungsbereichs (DiAGen und BAG-MAV) mit solchen der Arbeitsrechtsregelung (AK, Zentral-KODA usw.) findet sich ebenfalls keine gesetzliche Grundlage. Gleichwohl kommen sie in der Praxis vor, etwa in Form der sog. »**Interessengemeinschaft der MitarbeiterInnen in Caritas und Kirche**« (**IgMiCK**) . Sofern Mitglieder der arbeitsrechtlichen Kommissionen, der DiAGen oder der BAG-MAV an solchen Veranstaltungen und Aktivitäten teilnehmen, bewegen sie sich außerhalb ihres Kompetenzbereichs. Es handelt sich hierbei um reine Privatveranstaltungen, die die Teilnehmer auf eigene Kosten und eigenes Risiko durchführen. Durch öffentlichkeitswirksame Aktionen können die Teilnehmer an diesen informellen Veranstaltungen jedoch gegen ihre Amtspflichten aus ihrer Mitgliedschaft in den Kommissionen, in der jeweiligen DiAG bzw. BAG-MAV verstoßen, falls sie durch ihr Auftreten fälschlicherweise den Eindruck erwecken, im Namen des Gremiums, dem sie rechtswirksam angehören, zu handeln oder von diesem Gremium für die Mitarbeit in der informellen Gruppe besonders legitimiert zu sein.

III. Zweck

1. Aufgabenkatalog

15 In § 25 Abs. 2 werden die Aufgaben der diözesanen Arbeitsgemeinschaft genannt. Die diözesanen Fassungen des Aufgabenkatalogs können Abweichungen von der Musterordnung enthalten. Die **abschließende Aufzählung** zeigt, dass die Arbeitsgemeinschaft nicht die Aufgaben von Gesamtmitarbeitervertretungen (§ 24) hat. Sie ist Informations- und Beratungsorgan für die in ihr organisierten Mitarbeitervertretungen, für Dienstgeber und den kirchlichen Gesetzgeber auf dem Gebiet des kollektiven Arbeitsrechts im Gebiet einer Diözese.

16 Die DiAG ist Beraterin und Ansprechpartnerin der **Mitarbeitervertretungen, nicht der einzelnen Mitarbeiter.** Sie kann von sich aus an die MAV und an den Dienstgeber herantreten, wenn sie dies für erforderlich hält. Die DiAG-MAV nimmt weder Aufgaben der Gesamtmitarbeitervertretung noch der MAV wahr. Sie unterstützt allerdings die jeweilige MAV bei der Durchführung ihrer Aufgaben (vgl. § 38 Abs. 2) und kann – z. B. bei Beschwerden – unmittelbar beim Dienstgeber auf Abhilfe hinwirken. Bleiben diese Gespräche erfolglos, so kann sich der Vorstand der Arbeitsgemeinschaft auch an das zuständige Aufsichtsorgan wenden.[18]

17 Die DiAG-MAV ist **weder Gewerkschafts- noch Berufsverbandsersatz.** Sie ist abhängig von der Bildung von Mitarbeitervertretungen und gewählten Mandatsträgern und daher Verband im soziologischen Sinn. Sie ist aber **kein freier Zusammenschluss** von Mitarbeitervertretungen bestimmter Einrichtungen und Dienststellen, die ihrerseits Vertreter in die Arbeitsgemeinschaft entsandt haben,

---

17 *Schlichtungsstelle München-Freising*, Entscheidung vom 17. 9. 1997 – 12 AR 97.
18 *Frey/Coutelle/Beyer*, MAVO § 25 Rn 21.

sondern eine Zwangskorporation. **Die DiAG-MAV repräsentiert nicht die Mitarbeiter im Bereich der Diözese.** Sie hat **kein** wie auch immer geartetes **politisches Mandat** der Mitarbeiter, sondern nur das der in ihr vertretenen Mitarbeitervertretungen.

2. Einzelheiten

a. Informations- und Erfahrungsaustausch, Abs. 2 Nr. 1

Die DiAG-MAV ist ein **Forum gegenseitiger Information** und des Erfahrungsaustausches der in ihr vertretenen Mitarbeitervertretungen. Hierbei geht es vornehmlich um die Erörterung der Art und Weise der Zusammenarbeit mit dem jeweiligen Dienstgeber und das, was im Wege der Beteiligung erreicht werden konnte und wie Dienstgeber sich in Fällen der Anhörung und Mitberatung, insbesondere unter Berücksichtigung von Maßnahmen i. S. v. Art. 5 GrO verhalten, wenn es um die Reaktion auf Verletzungen von Loyalitätsobliegenheiten geht. Die Mitbestimmung bei der Einstellung (§ 34) und die bei Maßnahmen i. S. d. § 35 u. a. bei der Handhabung der Eingruppierung, Höhergruppierung und Rückgruppierung sowie die Abschlüsse von Dienstvereinbarungen (§ 38) sind Gegenstand des Erfahrungsaustausches ebenso wie z. B. die Beteiligung der Mitarbeiterinnen und Mitarbeiter an den Wahlen zur Mitarbeitervertretung, die Teilnahme an den Mitarbeiterversammlungen und die Zusammenarbeit mit den Vertrauensleuten der schwerbehinderten Menschen, mit dem Vertrauensmann der Zivildienstleistenden und dem Sprecher der Jugendlichen und Auszubildenden. Dazu kommen Angelegenheiten der Freistellung, des Freizeitausgleichs der Mitarbeitervertreter und die Durchführung der allgemeinen Aufgaben der MAV i. S. v. § 26 MAVO. 18

Für den Informations- und Erfahrungsaustausch kann sich DiAG verschiedener Mittel bedienen. Sie kann z. B. **Beratungsgespräche** führen, **Rundschreiben** und **Rundmails** verfassen, **Arbeitskreise** bilden und zu **Informationsveranstaltungen** (vgl. z. B. § 9 Abs. 3 Spiegelstrich 4 im Statut der DiAG-MAV Paderborn) einladen. Die Mitarbeitervertretungen sind berechtigt, an diesen Informationsveranstaltungen der DiAG jeweils mit ihrem gesetzlichen Vertreter teilzunehmen.[19] Des Weiteren kann die DiAG zur Beratung und Information der Mitarbeitervertretungen **Materialien zusammenstellen** und den MAVen zur Verfügung stellen. Nahezu alle diözesanen Arbeitsgemeinschaften[20] sowie die Bundesarbeitsgemeinschaft der Mitarbeitervertretungen[21] verfügen über eine gut ausgebaute Internetpräsenz. 19

b. Beratung der Mitarbeitervertretungen in Angelegenheiten des Mitarbeitervertretungsrechts, Abs. 2 Nr. 2

Die DiAG-MAV ist in den meisten Diözesen personell so ausgestattet, dass ihr ein hauptamtlicher Geschäftsführer zur Verfügung steht, der den Rat suchenden Mitarbeitervertretungen Auskünfte gibt.[22] Die Beratung erstreckt sich nach dem Wortlaut der Norm **auf Angelegenheiten des Mitarbeitervertretungsrechts.** Eine solche Engführung ist aber praxisfremd und bedarf einer teleologischen Korrektur, da sich viele Fragen, für die Mitarbeitervertretungen eine Auskunft benötigen, nicht ausschließlich unter Anwendung der MAVO lösen lassen. Verbindungen zum allgemeinen Arbeitsrecht, zum Kirchenrecht, Staatskirchenrecht und Grundkenntnisse des Sozialrechts mit ihren Bezügen zum Arbeitsrecht sind zumeist unverzichtbar und daher auch Gegenstand der Beratung. Auch das Kirchliche Arbeitsgerichtsverfahrensrecht (KAGO) gehört zum Beratungsprogramm, weil sie das prozessuale Pendant zum materiellen Mitarbeitervertretungsrecht darstellt. Bei Streitigkeiten vor der Einigungsstelle (§§ 40 ff. MAVO) oder von den Kirchlichen Arbeitsgerichten (§ 2 Abs. 2 KAGO) *kann* die MAV – sie *muss* aber nicht – einen Vertreter der DiAG mit der Wahrnehmung ihrer Interessen (Prozessvertretung) beauftragen (vgl. § 11 KAGO: Die Beteiligten können vor den kirchlichen Ge- 20

---

19 *Schlichtungsstelle Augsburg*, Entscheidung v. 14. 7. 2003 – AZ 3 A 2002.
20 http://www.diag-mav.de/frameset/frameset.htm.
21 http://www.bag-mav.de.
22 Auflistung in ZMV 1996, 24 ff.

c. Beratung der Mitarbeitervertretung im Falle des § 38 Abs. 2, Nr. 3

21 Sollen Dienstvereinbarungen über Arbeitsentgelte und sonstige Arbeitsbedingungen geschlossen werden, wenn die dazu erforderlichen Voraussetzungen erfüllt sind, hat die DiAG-MAV auf Anforderung der beteiligten MAV die Aufgabe der Beratung zur Verhandlung der Dienstvereinbarung (§ 38 Abs. 1 Nr. 1, Abs. 2). Besteht eine regionale Arbeitsvertragsordnung mit **Öffnungsklausel**, so kann davon ausgegangen werden, dass eine DiAG-MAV in derselben Sache mit einer oder mehreren anderen DiAG-MAV Informationsaustausch pflegt (§ 25 Abs. 2 Nr. 1).

d. Förderung der Anwendung der Mitarbeitervertretungsordnung, Abs. 2 Nr. 4

22 Die DiAG-MAV hat zu prüfen, ob dort, wo es gesetzlich möglich ist, Mitarbeitervertretungen zu bilden sind. Die Bildung von Mitarbeitervertretungen ist Pflicht (vgl. § 1a). Das **Hinwirken zur Bildung einer MAV** kann zum Beispiel durch eine entsprechende Anregung an den zuständigen Dienstgeber erfolgen. Denkbar ist auch ein Hinweis an die Mitarbeiter, wobei die Mitarbeiterversammlung (§ 10 Abs. 1) das geeignete Forum sein kann. Ebenso kann die DiAG-MAV auch die Diözesanleitung einschalten, damit sie ihren Einfluss auf die betreffenden Dienstgeber geltend macht, dass eine MAV in den Einrichtungen gebildet wird.

23 Die Frage, ob in einer Einrichtung eine MAV nach diözesanem Mitarbeitervertretungsrecht zu bilden ist, kann durch die DiAG **auch im Wege der Feststellungsklage vor den kirchlichen Arbeitsgerichten** geklärt werden. Die **Klagebefugnis** der DiAG (vgl. § 10 KAGO), die erforderlich ist, weil die KAGO eine gewillkürte Prozeßstandschaft nicht kennt, leitet der **Kirchliche Arbeitsgerichtshof** aus dem Sinn und Zweck der Einrichtung einer Arbeitsgemeinschaft ab. Zwar darf nach Ansicht des KAGH keine Konkurrenz zu den primär zuständigen Mitarbeitervertretungen eintreten, soweit es aber darum geht, **ob im Geltungsbereich der MAVO überhaupt eine Mitarbeitervertretung zu bilden ist**, sei von einer **Regelungslücke in § 10 KAGO** auszugehen. Der Begriff der eigenen Rechte, deren Verletzung geltend gemacht wird, dürfe demnach nicht so restriktiv interpretiert werden, dass eine Klagebefugnis der DiAG versagt werde. Es wäre – so der KAGH – ein Wertungswiderspruch, den DiAG-MAVen in § 8 Abs. 2 lit. c KAGO eine Beteiligtenstellung zuzuerkennen, die Klagebefugnis in § 10 KAGO aber so zu begrenzen, dass auch in Angelegenheiten die den Arbeitsgemeinschaften durch § 25 zugewiesen sind, kein Prozess vor den kirchlichen Arbeitsgerichten geführt werden kann.[23] Die DiAG ist allerdings nur dann zur Führung eines gerichtlichen Verfahrens befugt, wenn in der Einrichtung keine MAV besteht und/oder wenn es zweifelhaft ist, ob nach diözesanem Mitarbeitervertretungsrecht überhaupt eine MAV zu bilden ist, etwa weil die Zuordnung der Einrichtung zur Kirche in Frage steht.

e. Sorge um die Schulung der Mitglieder der MAV, Abs. 2 Nr. 5

24 Gemäß § 16 Abs. 1 haben die Mitglieder der MAV Anspruch auf Teilnahme an Schulungsveranstaltungen und Erstattung der Kosten für die Teilnahme (§ 17 Abs. 1 S. 2). Die Sorge um die Schulung erstreckt sich darauf, dass Schulungen überhaupt angeboten werden, ein Veranstalter und die notwendigen Dozenten gewonnen werden und die Veranstaltung die gemäß § 16 erforderliche Anerkennung der Diözese oder des Diözesancaritasverbandes als geeignet erfährt. Es ist nicht Aufgabe der DiAG-MAV, die Schulung selbst zu veranstalten. Näheres ist der diözesanen Ordnung zu entnehmen.

---

23 *KAGH*, 25. 6. 2010 – M 06/10.

f. Erarbeitung von Vorschlägen zur Fortentwicklung der MAVO, Abs. 2 Nr. 6

Gerade der gegenseitige Erfahrungsaustausch der in der DiAG-MAV vertretenen Mitarbeitervertretungen (Abs. 2 Nr. 1) ermöglicht es der DiAG-MAV, Vorschläge zur Fortentwicklung der MAVO zu erarbeiten. Anderseits ist die DiAG-MAV an der Fortentwicklung der MAVO in der Weise zu beteiligen, dass ihr Entwürfe zur Äußerung zugeleitet werden, damit sie Gelegenheit zur Stellungnahme erhält. Ein Mitwirkungsrecht am Erlass der MAVO, wie dies für die KODA gemäß KODA-Ordnungen bei der Abfassung von Arbeitsvertragsregelungen vorgesehen ist, hat die DiAG-MAV jedoch nicht. Infolgedessen können die nicht berücksichtigten Vorschläge der DiAG-MAV auch nicht zum Gegenstand eines Streitverfahrens (§ 2 Abs. 2 KAGO) gemacht werden. 25

g. Zusammenarbeit mit Kommissionen für das Arbeitsvertragsrecht, Abs. 2 Nr. 7

Mit der Vorschrift wird der Kontakt zwischen einer Kommission i. S. v. Art. 7 Abs. 1 GrO zur Diözesanen Arbeitsgemeinschaft der Mitarbeitervertretungen erneut legalisiert, nachdem eine vergleichbare Regelung im Zuge der MAVO-Novelle 2003 gestrichen wurde. Einzelne diözesane Fassungen der Mitarbeitervertretungsordnungen haben die Streichung der Zusammenarbeit mit den Kommissionen für das Arbeitsvertragsrecht nicht nachvollzogen. Eine Verschränkung von Mitarbeitervertretungsrecht und Arbeitsrechtsregelungen ist sowohl unter sachlichen als auch unter personellen Gesichtspunkten sinnvoll: In sachlicher Hinsicht hat der Gesetzgeber an verschiedenen Stellen der MAVO das Prinzip der strikten Trennung der beiden Rechtsmaterien aufgegeben und der MAV unter bestimmten Voraussetzungen ein Mitspracherecht bei der Gestaltung der Arbeitsvertragsbedingungen eingeräumt (vgl. § 26 Abs. 3 Nr. 8: frauen- und familienfreundliche Arbeitsbedingungen; § 27b: Anträge der MAV auf abweichende Gestaltung der Arbeitsvertragsbedingungen; § 38 Abs. 1 Nr. 1: Abweichungen von den Kommissionsbeschlüssen durch Dienstvereinbarung). Das strikte Verbot einer Zusammenarbeit zwischen betrieblicher und überbetrieblicher Ebene ist auch insofern praxisfern, als die Mitglieder der Dienstnehmerseite in einigen Kommissionen von den DiAG-MAVen gewählt werden (vgl. nunmehr auch Abs. 2 Nr. 9). 26

Das Initiativrecht für die Zusammenarbeit liegt beim Vorsitzenden der jeweiligen Kommission zur Gestaltung des Arbeitsvertragsrechts. Die Arbeitsgemeinschaft gibt im Falle einer Aufforderung zu konkreten Beschlussvorhaben eine Stellungnahme ab, wobei sie gegebenenfalls auch auf Regelungsdefizite hinweist. Bei Unklarheiten muss die Arbeitsgemeinschaft bei dem Vorsitzenden der Kommission Rückfrage halten. 27

h. Erstellung von Beisitzerlisten nach § 44 Abs. 2 S. 1, Abs. 2 Nr. 8

Dem Vorstand der DiAG-MAV kommen besondere Aufgaben zur Besetzung der Einigungsstelle (§ 44 Abs. 1, 2 und 4 MAVO) und des Kirchlichen Arbeitsgerichts zu. Für die Einigungsstelle ist er zuständig zur Bestellung der ständigen Listen-Beisitzer aus den Kreisen der Mitarbeiter (§ 41 Abs. 1 Buchstabe b, § 44 Abs. 1 S. 1) und erforderlichenfalls wird er vor Ernennung des Vorsitzenden bzw. des stellvertretenden Vorsitzenden der Einigungsstelle angehört (§ 44 Abs. 1 S. 2 MAVO). Bei vorzeitigem Ausscheiden eines Listen-Beisitzers der Mitarbeiterseite hat er die Beisitzerliste für die Dauer der verbleibenden Amtszeit der Einigungsstelle zu ergänzen (§ 44 Abs. 4 S. 2 MAVO). 28

i. Mitwirkung an der Wahl zu einer nach Art. 7 GrO zu bildenden Kommission zur Ordnung des Arbeitsvertragsrecht, Abs. 2 Nr. 9

Die personelle Zusammensetzung der Kommissionen zur Ordnung des Arbeitsvertragsrechts ist in den jeweiligen KODA- bzw. AK-Ordnungen geregelt. Bei der Besetzung der Dienstnehmerbank der Kommission folgt die katholische Kirche im Regelfall dem Grundsatz der demokratisch legitimierten Repräsentation. Nur in Ausnahmefällen, (z. B. in der Regional-KODA-NRW, wo der Zentralverband katholischer Kirchenangestellter Deutschlands e. V. (ZKD) ein Entsenderecht hat) erfolgt die Entsendung nach dem Verbandsgrundsatz. Einige KODA-Ordnungen sehen bei der Wahl der Mitglieder der Dienstnehmerseite die Beteiligung der diözesanen Arbeitsgemeinschaften vor (z. B. 29

Bistums-KODA-Ordnung Rottenburg-Stuttgart, § 5 Abs. 5: Wahl der Mitarbeiterseite in der Kommission durch Wahlbeauftragte. Wahlbeauftragte sind die Vertreter in der Mitgliederversammlung der DiAG).[24] Abs. 2 Nr. 9 enthält die mitarbeitervertretungsrechtliche Entsprechung zu den einschlägigen Vorschriften in den KODA-Ordnungen.

j. Mitwirkung bei der Besetzung der Kirchlichen Arbeitsgerichte, Abs. 2 Nr. 10

30 Die Zusammensetzung des Kirchlichen Arbeitsgerichts erfolgt unter Beteiligung des Vorstands der DiAG-MAV. Der Vorsitzende und der stellvertretende Vorsitzende des Kirchlichen Arbeitsgerichts werden vom Diözesanbischof ernannt. Die DiAG-MAV wirkt durch ihre vorherige Stellungnahme zur beabsichtigten Ernennung mit (§ 19 KAGO). Die beisitzenden Richter aus den Kreisen der Mitarbeiter werden auf Vorschlag des Vorstandes der diözesanen Arbeitsgemeinschaft(en) für Mitarbeitervertretungen und auf Vorschlag der Mitarbeitervertreter in der KODA vom Diözesanbischof ernannt (§ 20 Abs. 1 KAGO). Wird ein gemeinsames Kirchliches Arbeitsgericht gebildet, sind die dazu ergangenen Bestimmungen einschlägig (vgl. Dekret über die Errichtung des gemeinsamen Kirchlichen Arbeitsgerichts erster Instanz für die (Erz-)Bistümer Berlin, Dresden-Meißen, Erfurt, Görlitz, Hamburg, Hildesheim, Magdeburg, Osnabrück und den Oldenburgischen Teil des Bistums Münster, Kirchl. Anzeiger für das Bistum Hildesheim 2005 S. 146; Ausführungsbestimmungen, Kirchl. Anzeiger für das Bistum Hildesheim 2005 S. 149).

3. Partner der diözesanen Arbeitsgemeinschaft

31 Im Wesentlichen ist die DiAG-MAV Informationsort für die Mitarbeitervertretungen bzw. deren Delegierte. Aus der Information folgt dann möglicherweise eine Aktion i. S. d. Aufgabenkatalogs (§ 25 Abs. 2). Daraus können sich die Beschlüsse zu gemeinsamem Handeln, wie Anregungen und Vorschläge zur Verbesserung der Arbeitsweisen der Mitarbeitervertretungen, zu Schulungen und MAVO-Regelungen an die entsprechenden Gremien oder an die Diözesanleitung ergeben. Damit ist kein fester Gesprächspartner vorgesehen, wohl aber die Möglichkeit, die Beschlüsse an diejenigen zu adressieren, die zu einem bestimmten Verhalten veranlasst werden sollen.

32 Der **Generalvikar** ist u. a. Ansprechpartner der DiAG-MAV, weil er ihr über den Bistumshaushalt die notwendigen Mittel für die Erfüllung ihrer Aufgaben zur Verfügung stellt (Abs. 4 S. 1).

VI. Organe der diözesanen Arbeitsgemeinschaft, Abs. 3 S. 1

33 Gemäß § 25 Abs. 3 S. 1 hat die DiAG-MAV zwei Organe.

1. Die Mitgliederversammlung

34 Die Mitgliederversammlung setzt sich aus den Delegierten der Mitarbeitervertretungen zusammen, die der DiAG-MAV zugeordnet sind. Die Delegierten werden von den Mitarbeitervertretungen nach Maßgabe diözesaner Ordnung gewählt.

2. Der Vorstand

35 Der Vorstand kann je nach diözesaner Ordnung einköpfig oder mehrköpfig zusammengesetzt sein. Ihm kommt die Geschäftsführung der Arbeitsgemeinschaft zu, falls er nicht zusätzlich durch einen geschäftsführenden Ausschuss oder gar einen eigens vom Bistum angestellten Geschäftsführer unterstützt wird. Gemäß § 25 Abs. 3 S. 2 ist eine besondere diözesane Regelung erforderlich.

---

24 Vgl. auch § 5 Abs. 4 Bistums-KODA-Ordnung Limburg.

3. Konstituierende Sitzung der Mitgliederversammlung

a. Einberufung

In der Rahmen-MAVO ist nicht geregelt, wer die Mitgliederversammlung der DiAG-MAV einberuft. 36
Im Falle der erstmaligen Mitgliederversammlung tut dies der Generalvikar oder eine von ihm mit der Sitzungsleitung beauftragte Person. Das kann auch der Diözesancaritasdirektor sein. Die Einladung kann über das Amtsblatt der Diözese oder in sonst geeigneter Weise erfolgen. In diözesanen Vorschriften ist zu regeln, wer die Einladung zur konstituierenden Sitzung vornimmt und die Sitzung leitet. Das kann im Falle einer bereits bestehenden DiAG-MAV auch der amtierende Vorstand der DiAG-MAV sein.

b. Wahl des Vorstands

Ziel der Einladung zur Mitgliederversammlung ist die Wahl des Vorstandes der DiAG-MAV, womit 37
die DiAG-MAV sich konstituiert. Zur Wahl des Vorstandes bedarf es der Versammlungsleitung, unter deren Führung die Wahl des Vorstandes stattfindet.

V. Sitzungen

Die DiAG-MAV ist der gesetzliche Zusammenschluss der Mitarbeitervertretungen in der Diözese. 38
Zur Einberufung und Häufigkeit der Sitzungen der DiAG-MAV, zur Konstituierung des Gremiums sagt die Rahmen-MAVO nichts. Aus § 25 Abs. 3 folgt, dass diözesane Sonderbestimmungen zu erlassen sind, die Einzelheiten zur Zusammensetzung der Mitgliederversammlung und die Wahl und Amtszeit des Vorstandes regeln. Die Sonderbestimmungen regeln auch die Einberufung der Mitgliederversammlung und weiterer Gruppierungen der DiAG-MAV auf Grundlage der diözesanen Struktur der DiAG-MAV, die in den Diözesen unterschiedlich ist.

VI. Kostentragung

1. Bistumshaushalt

Gemäß § 25 Abs. 4 S. 1 wird der Arbeitsgemeinschaft ein Ausgabenansatz **im Bistumshaushalt** bewilligt, woraus die laufenden Ausgaben zur Wahrnehmung der Aufgaben und die Reisekosten der Delegierten der Arbeitsgemeinschaft zu bestreiten sind. Wesentlich ist der vorgegebene Haushaltsrahmen des Bistums. Deshalb muss die Arbeitsgemeinschaft rechtzeitig erfahren, welche Möglichkeiten mit Blick auf die Kosten ihr offen stehen. Denn schon die Reisekosten sind ein besonderer Kostenfaktor; sie werden nach der für das Bistum geltenden **Reisekostenregelung** entsprechend erstattet. Der Kostenfaktor kann natürlich dazu beitragen, wie die Größe und Zusammensetzung der Arbeitsgemeinschaft geregelt wird. 39

2. Arbeitsbefreiung

Gemäß § 25 Abs. 4 S. 2 haben die zur Arbeitsgemeinschaft Delegierten Anspruch auf Arbeits- bzw. 40
Dienstbefreiung. Daraus folgt, dass die Veranstaltungen der Arbeitsgemeinschaft in die Dienststunden der Delegierten fallen dürfen. Dies darf allerdings nur im Rahmen des dienstlich Vertretbaren geschehen. Die Arbeitsbefreiung ist vom Dienstgeber nach Prüfung der dienstlichen Interessen zu gewähren oder zu versagen. Deshalb muss die Arbeitsgemeinschaft selbst darauf achten, dass die dienstlichen Pflichten ihrer Delegierten gewahrt bleiben. Denn die Voraussetzungen des § 25 Abs. 4 S. 2 für eine Freistellung sind enger als die gemäß § 15 Abs. 2, weil die Erforderlichkeit der Aufgabenerfüllung und etwaige entgegen stehende unabweisbare dienstliche oder betriebliche Interessen in jedem Einzelfall gegeneinander abzuwägen sind.[25] Der Rahmenordnung ist zu entnehmen, dass die Veranstaltungen der DiAG-MAV nach Möglichkeit in der dienstfreien Zeit stattfinden sollen.

---

25 *Schlichtungsstelle Köln*, 30. 1. 2002 – MAVO 26/2002, ZMV 2002, 79.

Das wird allerdings wegen unterschiedlicher Arbeitszeiten nicht jedem Delegierten gleichzeitig möglich sein. Dann aber wird die Arbeitsbefreiung erforderlich, damit die DiAG-MAV insgesamt ihre Aufgaben auch durch Abhaltung von Mitarbeiterversammlungen erfüllen kann.

3. Freizeitausgleich

41 Nach § 25 Abs. 4 S. 3 ist Freizeitausgleich, aber keine (teilweise) Dauerfreistellung für die Aufgabenerfüllung der Delegierten in der DiAG-MAV vorgesehen, wie dies gemäß § 15 Abs. 3 der Fall ist.[26] Für regelmäßig außerhalb der Arbeitszeit anfallende Sitzungen und die Durchführung der sonstigen Aufgaben ist dem Mitglied der DiAG-MAV auf Antrag Freizeitausgleich von seinem Dienstgeber zu gewähren. § 15 Abs. 4 gilt entsprechend (vgl. die Ausführungen zu § 15 Abs. 4).

4. Entlastung des Dienstgebers

42 Gemäß § 25 Abs. 4 S. 4 ist zur **Erstattung von Kosten** der Freistellung von Mitgliedern bzw. Delegierten der DiAG-MAV auf besondere **diözesane Regelungen** zu achten. In der Rahmenordnung ist keine Regelung enthalten, obwohl sie bei den Beratungen eine Rolle gespielt hat.

43 In der Vergangenheit haben Dienstgeber Forderungen gegen das Bistum erhoben mit dem Ziel, für die nicht dienststellenbezogenen Aufgaben ihrer in der DiAG-MAV tätigen Mitarbeiter Kostenersatz für bezahlte Freistellung zu erhalten. Es handelt sich in der Regel um die Kosten einer notwendigen Vertretung in den Fällen notwendiger Arbeitsbefreiung gemäß § 25 Abs. 4 S. 2 und des Freizeitausgleichs gemäß § 25 Abs. 4 S. 3 i. V. m. § 15 Abs. 4 zum Zwecke der Erfüllung von Aufgaben gemäß § 25 der jeweiligen diözesanen MAVO. Für die bei Arbeitsbefreiung mit Entgeltfortzahlung entstehenden Kosten erhält der betroffene Dienstgeber nach dem Ordnungstext keine Entschädigung. Die DiAG-MAV hat den Delegierten erforderliche Bescheinigungen über die Teilnahme an den Sitzungen der DiAG-MAV auszustellen. Diözesane Sonderregelungen zur Entschädigung des Dienstgebers sind zu beachten.

5. Schulungsanspruch für Mitglieder der DiAG-MAV

44 Im Zuge der MAVO-Novellierung 2010 wurde durch die Regelung des Abs. 4 S. 5 ein eigenständiger Schulungsanspruch für die Mitglieder der DiAG-MAV in das Gesetz aufgenommen. Bis dahin bestand für diese Personen lediglich ein Schulungsanspruch als MAV-Mitglieder. Dies wurde vom Gesetzgeber als unzureichend angesehen, weil Mitglieder der DiAG-MAV (teilweise) mit anderen Aufgaben betraut sind, als »normale« MAV-Mitglieder. Das macht nunmehr eine **spezielle Schulung** erforderlich. Die Schulungen nach Abs. 4 S. 5 **dienen zum Erwerb des für die Arbeit in der Arbeitsgemeinschaft erforderlichen Wissens**. Erforderlich sind diejenigen Kenntnisse, die die Mitglieder der Arbeitsgemeinschaft benötigen, um ihre derzeitigen oder demnächst anfallenden Aufgaben sachgerecht wahrnehmen zu können. Die vermittelten Kenntnisse müssen sich auf die konkreten Aufgaben als Mitglied der Arbeitsgemeinschaft beziehen. Erforderliche Kenntnisse in diesem Sinne sind z. B. solche über allgemeines Arbeitsrecht, einschließlich des Individualarbeitsrechts, des Kirchlichen Arbeitsrechts sowie Grundzüge des kanonischen Rechts. Darüber hinaus sind **betriebswirtschaftliche Grundkenntnisse** sowie die Fähigkeit, einen Jahresabschluss zu verstehen und gezielte Nachfragen zu stellen, unerlässlich, um eine seriöse Beratung der MAVen nach Maßgabe des § 38 Abs. 2, Abs. 1 Nr. 1 durchführen zu können. Die Bildungsangebote der kirchlichen Bildungshäuser werden sich auf diesen speziellen Bedarf ausrichten müssen. Der Schulungsanspruch besteht im zeitlichen Umfang des Anspruchs nach § 16 Abs. 1 S. 1 MAVO. Damit ist klargestellt, dass jedem Mitglied der Arbeitsgemeinschaft während der Dauer seiner regelmäßigen Amtszeit Anspruch auf **insgesamt drei Wochen** Arbeitsbefreiung unter Fortzahlung der Bezüge für die Teilnahme an Schulungsveranstaltungen zusteht – **einschließlich** seines Anspruchs als MAV-Mitglied.

---

26 *Schlichtungsstelle Köln*, 30. 1. 2002 – MAVO 26/2002, ZMV 2002, 79.

VII. Zusammenschluss zu einer Bundesarbeitsgemeinschaft (BAG-MAV)

1. Zusammenschluss

Gemäß § 25 Abs. 5 gestattet die MAVO der DiAG-MAV den Zusammenschluss mit Arbeitsgemeinschaften anderer Diözesen zur Bildung einer Bundesarbeitsgemeinschaft der Mitarbeitervertretungen (BAG-MAV). Diese Bestimmung ist erstmals in die Rahmenordnung der MAVO von 1995 aufgenommen worden. Dadurch wird einem diözesanen Gremium der MAVO auf überdiözesaner Ebene eine Organisationsbefugnis zweckgerichtet eingeräumt. Zu prüfen ist, ob die diözesane MAVO eine diesbezügliche Regelung überhaupt enthält und welchen Regelungsinhalt sie gegebenenfalls hat.

45

2. Aufgaben

Die Aufgaben der BAG-MAV sind in § 25 Abs. 5 S. 1 Nrn. 1 bis 6 gesetzlich geregelt. An die gesetzlichen Vorgaben ist die BAG-MAV gebunden. Deshalb ist die BAG-MAV ein Gremium i. S. d. MAVO und folglich an die Grundordnung des kirchlichen Dienstes im Rahmen kirchlicher Arbeitsverhältnisse gebunden (Art. 8 S. 3 GrO). Auf die jeweilige diözesane MAVO ist zu achten (vgl. § 8 Abs. 2 und § 14 Abs. 2 Ausführungsbestimmungen zu § 25, Amtsblatt für das Erzbistum München und Freising 2001 Nr. 156 S. 346; § 25 Abs. 5 Nr. 5 MAVO Köln).

46

a. Förderung des Informations- und Erfahrungsaustausches, Abs. 5 Satz 1 Nr. 1

Ähnlich der Bestimmung des Absatzes 2 Nr. 1 soll auch die BAG-MAV ihren Mitgliedern ein Forum für Informationen und Erfahrungen sein. In diesem Gremium werden deshalb auch die unter Nr. 2 bis 4 genannten Angelegenheiten Gegenstand des Informationsaustausches sein. Die weite Fassung der Regelung in der Nr. 1 gibt der BAG-MAV das Recht, die Art und Weise der Förderung des Informations- und Erfahrungsaustausches unter ihren Mitgliedern zu bestimmen; dazu gehören auch einmal jährliche Zusammenkünfte der Beteiligten, gegebenenfalls auch auf regionaler Ebene, wie etwa für den Bereich der Bistümer eines Bundeslandes oder den Bereich der Regional-KODA.[27] Dazu wird die Entsendung eines delegierten Mitgliedes der beteiligten DiAG-MAV als ausreichend angesehen.[28]

47

b. Erarbeitung von Vorschlägen zur Anwendung des Mitarbeitervertretungsrechts, Abs. 5 Satz 1 Nr. 2

Die Erarbeitung von Vorschlägen zur Anwendung des Mitarbeitervertretungsrechts beinhaltet auch die Kritik an der Anwendbarkeit. Denn weder die BAG-MAV noch die DiAG-MAV können selbständig die Regelungen des Mitarbeitervertretungsrechts ändern (§ 55), sondern können dies nur durch Vorschläge an die Diözesanleitungen tun. Damit sind die Ordinarien auch Ansprechpartner der BAG-MAV.

48

c. Erarbeitung von Vorschlägen zur Entwicklung der Rahmenordnung für eine MAVO, Abs. 5 Satz 1, Nr. 3

Die Vorschläge zur Entwicklung der Rahmenordnung für eine MAVO geben der Mitarbeiterschaft im kirchlichen Dienst bundesweit ein indirektes Mitwirkungsrecht zur Entwicklung des Mitarbeitervertretungsrechts im Bereich der Deutschen Bischofskonferenz. Durch die Bestimmung wird es möglich, die Vorschläge der verschiedenen Arbeitsgemeinschaften zur Entwicklung der diözesanen Mitarbeitervertretungsordnungen zu koordinieren, um einer Rechtszersplitterung vorzubeugen und ein vergleichbares Mitbestimmungsniveau in den einzelnen Diözesen sicher zu stellen.

49

---

27 *Schlichtungsstelle München und Freising*, 15. 5. 1997 – 12 AR 97, ZMV 1998, 36.
28 *Schlichtungsstelle Köln*, 29. 9. 1994 – MAVO 2/94.

d. Kontaktpflege mit der Kommission für Personalwesen des Verbandes der Diözesen Deutschlands, Abs. 5 Satz 1 Nr. 4

50 Die Kommission für Personalwesen des Verbandes der Diözesen Deutschlands (PWK/VDD) erfährt in einer kollektivrechtlichen Vorschrift Erwähnung. Sie hat die Aufgabe, in allen Diözesen interessierende arbeits- und dienstrechtliche Fragen zu beraten und Vorschläge für die Diözesen zu erarbeiten, soweit nicht die jeweilige KODA zuständig ist. Die BAG-MAV ist berechtigt, mit der PWK/VDD Kontakte aufzunehmen, damit die von ihr erarbeiteten Vorschläge einen Adressaten haben und ihr die Vorschläge der PWK/VDD zur Mitberatung zur Verfügung stehen. Insbesondere die Vorschläge gemäß Abs. 5 Nr. 2 und 3 sind der PWK/VDD mitzuteilen, besonders bei Anhörungen zu Entwürfen auf Gebieten des Mitarbeitervertretungsrechts, sei es die Anwendung oder die Weiterentwicklung. Dazu gehört auch die Anhörung zu einer Arbeitsgerichtsordnung i. S. v. Art. 10 Abs. 2 GrO. In der Praxis hat sich eingebürgert, dass die BAG-MAV bei allen gesetzgeberischen Novellierungsmaßnahmen auf Bundesebene, soweit das Kirchliche Arbeitsrecht betroffen ist, angehört wird.

e. Abgabe von Stellungnahmen zu Vorhaben der Zentral-KODA, Abs. 5 S. 1 Nr. 5

51 Mit der Novellierung 2010 ist der Aufgabenkatalog der BAG-MAV um das Recht, Stellungnahmen zu Vorhaben der Zentral-KODA abzugeben, erweitert worden. Das steht im Zusammenhang mit der Änderung in Abs. 2 Nr. 7 (vgl. dort). Die Stellungnahmen müssen sich auf Themen beziehen, die in den Zuständigkeitsbereich der Zentral-KODA fallen (vgl. § 3 Zentral-KODA-Ordnung) und setzen eine entsprechende Aufforderung des Vorsitzenden bzw. der Vorsitzenden der Zentral-KODA voraus.

f. Mitwirkung bei der Besetzung des Kirchlichen Arbeitsgerichtshofs, Abs. 5 S. 1 Nr. 6

52 Die BAG-MAV hat das Recht, vor der Ernennung des Präsidenten und der weiteren Mitglieder des Kirchlichen Arbeitsgerichtshofes mit der Befähigung zum staatlichen und kirchlichen Richteramt gegenüber dem Vorsitzenden der Deutschen Bischofskonferenz eine Stellungnahme abzugeben, vgl. § 25 S. 2 KAGO. Die beisitzenden Richter aus den Kreisen der Mitarbeiter werden auf gemeinsamen Vorschlag des Vorstandes der BAG-MAV und der Mitarbeiterseite der Zentral-KODA vom Vorsitzenden der Deutschen Bischofskonferenz ernannt (§ 26 Abs. 1 KAGO). Zur Zusammensetzung und Besetzung des Kirchlichen Arbeitsgerichtshofes wird auf § 22 KAGO verwiesen.

3. Die Richtlinien für die Bundesarbeitsgemeinschaft

53 Die MAVO enthält keine Vorschriften zur Zusammensetzung und Arbeitsweise der BAG-MAV. Dazu heißt es in **Abs. 5 Satz 2** lediglich, dass das Nähere die **Vollversammlung des Verbandes der Diözesen Deutschlands** regelt. Nach der Satzung des VDD besteht die Vollversammlung aus den Diözesanbischöfen bzw. den Diözesanadministratoren der in der Bundesrepublik Deutschland zum VDD zusammengeschlossenen Diözesen. Nicht zu verwechseln ist die Vollversammlung des VDD mit der Vollversammlung der Deutschen Bischofskonferenz. Bei letzterer handelt es sich um den gemäß can. 447 bis 459 CIC bestehende Zusammenschluss der Bischöfe der Teilkirchen in Deutschland zum Studium und zur Förderung gemeinsamer pastoraler Aufgaben, zu gegenseitiger Beratung, zur notwendigen Koordinierung der kirchlichen Arbeit und zum gemeinsamen Erlass von Entscheidungen sowie zur Pflege der Verbindung zu anderen Bischofskonferenzen (Art. 1 Statut der Deutschen Bischofskonferenz). Der Vollversammlung der DBK gehören im Gegensatz zur Vollversammlung des VDD auch die Weihbischöfe im Konferenzgebiet an.

54 Die Vollversammlung des VDD hat für die BAG-MAV »**Richtlinien für die BAG-MAV**« erlassen, welche die **Zusammensetzung der BAG-MAV**, die **Aufgaben**, die **Zusammensetzung ihrer Organe**, Fragen der **Arbeitsbefreiung** und der **Kosten** regelt. Der Wortlaut der Richtlinien für die BAG-MAV in der Fassung vom 21. 6. 1993 ist nachstehend abgedruckt.

Richtlinien für die Bundesarbeitsgemeinschaft der Mitarbeitervertretungen 55

Die Vollversammlung des Verbandes der Diözesen Deutschlands hat auf ihrer 65. Sitzung am 21. 06. 1993 die folgenden Richtlinien für die Bundesarbeitsgemeinschaft der Mitarbeitervertretungen beschlossen:

§ 1
Zusammensetzung

(1)
1. Die Bundesarbeitsgemeinschaft ist ein Zusammenschluss von diözesanen Arbeitsgemeinschaften der Mitarbeitervertretungen im Bereich der Deutschen Bischofskonferenz.
2. Solange keine Arbeitsgemeinschaften der Mitarbeitervertretungen bestehen, können die auf Diözesanebene gebildeten Gesamtmitarbeitervertretungen der Bundesarbeitsgemeinschaft beitreten.

(2) Die Mitgliedschaft in der BAG ist freiwillig und kann jederzeit beendet werden. Die Erklärungen über Beitritt und Beendigung der Mitgliedschaft sind an den Vorstand zu richten.

§ 2
Sitz

Die Bundesarbeitsgemeinschaft der Mitarbeitervertretungen (BAG-MAV) hat ihren Sitz am Dienstort des 1. Vorsitzenden.

§ 3
Organe

Die Bundesarbeitsgemeinschaft hat folgende Organe:
– Die Mitgliederversammlung,
– den Vorstand.

§ 4
Aufgaben

(1) Die Bundesarbeitsgemeinschaft der Mitarbeitervertretungen nimmt folgende Aufgaben wahr:
1. Förderung des Informations- und Erfahrungsaustausches unter ihren Mitgliedern,
2. Erarbeitung von Vorschlägen zur Anwendung des Mitarbeitervertretungsrechts,
3. Erarbeitung von Vorschlägen zur Fortentwicklung der Rahmenordnung für eine Mitarbeitervertretungsordnung,
4. Kontaktpflege mit der Kommission für Personalwesen des Verbandes der Diözesen Deutschlands.

(2) Die Bundesarbeitsgemeinschaft hat das Recht, an die Vertreter der Mitarbeiter in der Zentral-KODA Anregungen zu richten.

§ 5
Mitgliederversammlung

(1) Die Mitgliederversammlung ist das beschlussfassende Organ der Bundesarbeitsgemeinschaft. Die Arbeitsgemeinschaften bzw. Gesamtmitarbeitervertretungen können je (Erz-)Diözese zwei Delegierte aus ihrer Mitte entsenden.

(2) Einmal im Jahr findet eine maximal zweitägige Mitgliederversammlung statt, zu der vier Wochen vorher unter Mitteilung der Tagesordnung schriftlich durch den 1. Vorsitzenden einzuladen ist.

(3) Eine außerordentliche Mitgliederversammlung ist innerhalb von zwei Monaten einzuberufen, wenn 1/3 der Mitglieder es unter Angabe des Beratungsgegenstandes und der Gründe für die Eilbedürftigkeit schriftlich beantragen.

(4) Die Mitgliederversammlung ist beschlussfähig, wenn ordnungsgemäß eingeladen wurde und mindestens die Hälfte der Mitglieder vertreten ist. Beschlüsse werden mit einfacher Mehrheit der Anwesenden

gefasst. Abstimmungen erfolgen durch Handzeichen, sofern nicht von einem Delegierten geheime Abstimmung beantragt worden ist.

(5) Das Stimmrecht kann nicht kumuliert oder übertragen werden, auch dann nicht, wenn ein Mitglied nur durch einen Delegierten vertreten ist.

(6) Über die Mitgliederversammlung ist ein Protokoll anzufertigen. Einwände gegen das Protokoll sind innerhalb von vier Wochen nach Versand beim Vorsitzenden schriftlich geltend zu machen.

§ 6
Aufgaben der Mitgliederversammlung

Der Mitgliederversammlung obliegt:
1. *die Wahl und Abberufung der Vorstandsmitglieder;*
2. *die Entgegennahme des Tätigkeitsberichts des Vorstandes;*
3. *die Entlastung des Vorstandes;*
4. *die Beratung und Beschlussfassung über die Durchführung der Aufgaben nach § 4.*

§ 7
Vorstand

(1) Der Vorstand besteht aus dem 1. und 2. Vorsitzenden sowie drei weiteren Mitgliedern, die für eine Wahlperiode von vier Jahren aus dem Kreis der Delegierten gewählt werden. Der 1. Vorsitzende wird im Falle seiner Verhinderung durch den 2. Vorsitzenden vertreten.

(2) Bei Rücktritt oder Ausscheiden eines Vorstandsmitgliedes findet eine Nachwahl durch die Mitgliederversammlung für den Rest der Wahlperiode statt.

(3) Der Vorstand führt die Beschlüsse der Mitgliederversammlung durch und erstattet der Mitgliederversammlung jährlich einen Tätigkeitsbericht.

Dem Vorstand obliegen im Rahmen dieser Richtlinien alle Aufgaben, die nicht der Mitgliederversammlung vorbehalten sind.

(4) Vorstandssitzungen finden nach Bedarf statt; sie werden vom 1. Vorsitzenden einberufen. Eine Vorstandssitzung ist innerhalb eines Monats einzuberufen, wenn zwei Mitglieder des Vorstandes dies schriftlich unter Angabe des Grundes beantragen.

Der Vorstand ist beschlussfähig, wenn drei Vorstandsmitglieder anwesend sind.

(5) § 5 Absatz 4 gilt entsprechend.

§ 8
Arbeitsbefreiung/Kosten

(1) Für die Teilnahme an der Mitgliederversammlung und für die Tätigkeit des Vorstandes besteht Anspruch auf Arbeitsbefreiung, soweit dies zur ordnungsgemäßen Durchführung der Aufgaben der Bundesarbeitsgemeinschaft erforderlich ist und kein unabweisbares dienstliches oder betriebliches Interesse entgegensteht.

(2) Der Vorstand der Bundesarbeitsgemeinschaft erhält auf Antrag insgesamt ein Freistellungskontingent im Umfang der durchschnittlichen regelmäßigen Arbeitszeit eines Vollbeschäftigten. Hiervon entfällt bis zur Hälfte auf den 1. Vorsitzenden; das verbleibende Freistellungskontingent entfällt auf die übrigen Vorstandsmitglieder. Ein Anspruch auf eine darüber hinausgehende Freistellung zur Wahrnehmung von Aufgaben nach diesen Richtlinien besteht nicht.

(3) Diejenige (Erz-)Diözese, die den jeweiligen Vorsitzenden stellt, stellt für die Dauer der Amtszeit des Vorsitzenden die sachlichen und personellen Hilfen für die Wahrnehmung der laufenden Geschäfte der Bundesarbeitsgemeinschaft im notwendigen Umfang zur Verfügung.

(4) Auf die Mitgliederversammlung finden die diözesanen Regelungen über die Kosten der diözesanen Arbeitsgemeinschaft entsprechend Anwendung. Im Übrigen trägt der Verband der Diözesen Deutschlands im Rahmen der dem Vorstand der Bundesarbeitsgemeinschaft für Mitarbeitervertretungen im Verbandshaushalt zur Wahrnehmung seiner Aufgaben zur Verfügung gestellten Mittel die notwendigen Kosten. Die Reisekosten der Vorstandsmitglieder trägt die jeweilige (Erz-)Diözese gemäß der dort geltenden Reisekostenregelung.

(5) Der Verband der Diözesen erstattet jährlich über die jeweilige (Erz-)Diözese den Dienstgebern der Vorstandsmitglieder den anteiligen Brutto-Personalaufwand gemäß Abs. 2. Er erstattet ferner den Personal- und Sachaufwand gemäß Abs. 3 sowie die Reisekosten der Vorstandsmitglieder gemäß Abs. 4.

§ 9
Inkrafttreten

Diese Richtlinien treten am 01. 01. 1994 in Kraft.

Im Gegensatz zur diözesanen Arbeitsgemeinschaft ist die **Mitgliedschaft in der Bundesarbeitsgemeinschaft freiwillig** und kann jederzeit beendet werden, vgl. § 1 Abs. 2. Solange keine diözesane Arbeitsgemeinschaft besteht, können die auf der Diözesanebene gebildeten Gesamtmitarbeitervertretungen der Bundesarbeitsgemeinschaft beitreten. 56

Zur Mitgliederversammlung können die Arbeitsgemeinschaften bzw. Gesamtmitarbeitervertretungen **je Diözese zwei Delegierte** aus ihrer Mitte entsenden, § 5 Abs. 1 S. 2. Da das Regelungswerk keine näheren Ausführungen dazu trifft, nach welchen Kriterien diese zwei Mitglieder auszuwählen sind, obliegt die konkrete Bestimmung der Delegierten letztlich dem pflichtgemäßen Ermessen der Arbeitsgemeinschaften bzw. Gesamtmitarbeitervertretungen, denen das originäre Entsendungsrecht zusteht. In den Diözesen, in denen mehr als zwei Arbeitsgemeinschaften existieren (vgl. Rn 3), müssen sich die Arbeitsgemeinschaften einigen, wer aus ihrem Kreis als Delegierter in die Mitgliederversammlung auf Bundesebene entsandt werden soll. Um jeder Arbeitsgemeinschaft die Möglichkeit zu geben, wenigstens zeitweise in der Mitgliederversammlung vertreten zu sein, wäre es im Konfliktfall z. B. denkbar, dass man sich in diesen Diözesen auf ein rollierendes System verständigt, wonach jedes Jahr (oder ggf. in anderen Zeitabständen) ein Mitglied ausscheidet, um der jeweils pausierenden Arbeitsgemeinschaft Gelegenheit zu geben, in der Mitgliederversammlung vertreten zu sein. 57

Die **Delegierten** und **Mitglieder des Vorstands**, die an der Mitarbeiterversammlung teilnehmen wollen, haben Anspruch auf **Arbeitsfreiung**, soweit kein unabweisbares dienstliches oder betriebliches Interesse entgegensteht. 58

Dem **Vorstand** der BAG steht auf Antrag insgesamt ein **Freistellungskontingent** im Umfang der durchschnittlichen regelmäßigen Arbeitszeit **eines Vollbeschäftigten** zu, wovon die Hälfte auf den Vorsitzenden und die andere Hälfte auf die übrigen Vorstandsmitglieder entfallen. 59

VIII. Rechtsstreitigkeiten

1. Aktivlegitimation der DiAG-MAV

Die MAVO regelt in § 45 nur noch die Zuständigkeit der Einigungsstelle für Streitigkeiten der dort genannten Art. Im Falle von Rechtsstreitigkeiten ist die DiAG-MAV an das Kirchliche Arbeitsgericht gemäß § 2 Abs. 2 KAGO verwiesen, wenn sie geltend macht, durch eine Handlung oder Unterlassung **in ihren Rechten** verletzt zu sein (§ 10 KAGO) und die Angelegenheit § 25 zuzuordnen ist. **Klagebefugt** ist die DiAG-MAV durch ihre **Organe** (d. h. Vorstand[29] und Mitgliederversammlung, § 8 Abs. 2 Buchstabe c KAGO). Da die Zusammensetzung der Mitgliederversammlung und Wahl des Vorstandes in Sonderbestimmungen zur MAVO geregelt werden (§ 25 Abs. 3 S. 2), ist die jeweilige diözesane Ordnung zu Rate zu ziehen. Da es sich bei den Organen der DiAG-MAV jeweils um 60

---

29 *Schlichtungsstelle Köln*, 30. 1. 2002 – MAVO 26/2001, ZMV 2002, 79.

mehrköpfige Gremien handelt, ist über die Anrufung des Kirchlichen Arbeitsgerichts Beschluss herbeizuführen. Sowohl der Vorstand als auch die Mitgliederversammlung entscheiden, wer aus ihrer Mitte bei dem Kirchlichen Arbeitsgericht als bevollmächtigter Verhandlungsführer auftritt.

61 Geht es um die Frage, ob in einer Einrichtung eine MAV nach diözesanem Mitarbeitervertretungsrecht zu bilden ist, kommt der DiAG nach Ansicht des Kirchlichen Arbeitsgerichtshofs eine besondere **Klagebefugnis** zu (vgl. Rn 23). Das gilt jedenfalls dann, wenn in der Einrichtung keine MAV besteht und/oder wenn es zweifelhaft ist, ob nach diözesanem Mitarbeitervertretungsrecht überhaupt eine MAV zu bilden ist, etwa weil die Zuordnung der Einrichtung zur Kirche in Frage steht.

2. Aktivlegitimation des Mitglieds der DiAG-MAV

62 Das einzelne Mitglied der DiAG-MAV ist gemäß § 8 Abs. 2 Buchstabe b KAGO klagebefugt in Angelegenheiten, die seine Rechtsstellung als Mitglied der MAV betreffen. Geht es um Reisekosten und Arbeitsbefreiung wegen Tätigkeit in der DiAG-MAV, ist das betroffene Mitglied der DiAG-MAV klagebefugt (§ 25 Abs. 4 S. 2 und 3 i. V. m. § 15 Abs. 4).

3. Aktivlegitimation des Dienstgebers

63 Der Dienstgeber ist klagebefugt, wenn er geltend macht, durch eine Handlung oder Unterlassung in seinen Rechten verletzt zu sein, nämlich in Angelegenheiten des § 25 MAVO (§ 8 Abs. 2 Buchst. c KAGO). In diesem Zusammenhang ist ein Rechtsstreit über einen Anspruch auf Erstattung der Kosten der Freistellung einer Mitarbeiterin oder eines Mitarbeiters wegen Tätigkeit in der DiAG-MAV i. S. v. § 25 Abs. 4 S. 4 MAVO in Verbindung mit einer diözesanen Sonderregelung denkbar (§ 2 Abs. 2 KAGO).

4. Aktivlegitimation des Bischöflichen Generalvikars

64 In Angelegenheiten des § 25 ist der Bischöfliche Generalvikar als Vertreter des Bistums (can. 479 § 1 CIC) wegen der Kosten der DiAG-MAV beteiligt, weil das Bistum die im Rahmen der DiAG-MAV im Bistumshaushalt zur Wahrnehmung der Aufgaben zur Verfügung gestellten Mittel die notwendigen Kosten einschließlich der Reisekosten trägt (§ 25 Abs. 4 S. 1). Zu unterscheiden ist zwischen der einseitigen Festsetzung der Haushaltsmittel und der sich daraus ergebenden Bewirtschaftung der der DiAG-MAV zur Verfügung gestellten Mittel. Die DiAG-MAV ist auf die zur Verfügung gestellten Mittel verwiesen. In diesem Rahmen ist sie allerdings kontrollierbar, weil nur die notwendigen Kosten vom Bistum zu tragen sind. Kontrollierbar ist auch das Betätigungsfeld der DiAG-MAV im Rahmen des § 25 Abs. 5 in der BAG-MAV mit Konsequenzen für die Frage der Zulässigkeit des Zusammenschlusses der DiAG-MAV mit anderen DiAG-MAV in der BAG-MAV.

5. Aktivlegitimation der Bundesarbeitsgemeinschaft der Mitarbeitervertretungen

65 Die Aufgaben der BAG-MAV ergeben sich aus dem Katalog des § 25 Abs. 5. Die BAG-MAV ist klagebefugt, wenn es um eine Rechtsstreitigkeit auf dem Gebiet des § 25 Abs. 5 geht.[30] Gegebenenfalls muss die eine oder andere DiAG-MAV im Zusammenhang mit einer Rechtsverletzung i. S. v. § 25 Abs. 5 und einer diesbezüglichen Rechtsstreitigkeit beim Kirchlichen Arbeitsgericht klagen, wenn sie in ihren Rechten im Zusammenhang mit ihrer Beteiligung an der BAG-MAV verletzt worden ist (§ 2 Abs. 2 KAGO).

66 Die Richtlinien über die Aufgaben und Rechte der BAG-MAV und ihre Finanzierung sind zwar nicht Bestandteil der MAVO, weil aus § 25 Abs. 5 S. 2 folgt, dass das Nähere nicht der diözesane Gesetzgeber, sondern qua Haushaltsrecht des Verbandes der Diözesen Deutschlands dieser für die BAG-MAV bestimmt. Die Zuständigkeit des Kirchlichen Arbeitsgerichts erstreckt sich gemäß § 2 Abs. 2 KAGO aber auch auf Rechtsstreitigkeiten aus den die MAVO ergänzenden Ordnungen. Deshalb kön-

---

30 *Schlichtungsstelle München und Freising*, 15. 5. 1997 – 12 AR 97, ZMV 1998, 36.

nen auch Rechtsstreitigkeiten wegen Kosten der BAG-MAV vom Kirchlichen Arbeitsgericht entschieden werden. Dazu hat die BAG-MAV – vertreten durch ihren Vorstand (§ 3 Richtlinien für die Bundesarbeitsgemeinschaft der Mitarbeitervertretungen) – Klagebefugnis (§ 8 Abs. 2 Buchst. c KAGO).

V. Zusammenarbeit zwischen Dienstgeber und Mitarbeitervertretung

§ 26 Allgemeine Aufgaben der Mitarbeitervertretung

(1) Der Dienst in der Kirche verpflichtet Dienstgeber und Mitarbeitervertretung in besonderer Weise, vertrauensvoll zusammenzuarbeiten und sich bei der Erfüllung der Aufgaben gegenseitig zu unterstützen. Dienstgeber und Mitarbeitervertretung haben darauf zu achten, dass alle Mitarbeiterinnen und Mitarbeiter nach Recht und Billigkeit behandelt werden. In ihrer Mitverantwortung für die Aufgabe der Einrichtung soll auch die Mitarbeitervertretung bei den Mitarbeiterinnen und Mitarbeitern das Verständnis für den Auftrag der Kirche stärken und für eine gute Zusammenarbeit innerhalb der Dienstgemeinschaft eintreten.

(2) Der Mitarbeitervertretung sind auf Verlangen die zur Durchführung ihrer Aufgaben erforderlichen Unterlagen vorzulegen. Personalakten dürfen nur mit schriftlicher Zustimmung der Mitarbeiterin oder des Mitarbeiters eingesehen werden.

(3) Die Mitarbeitervertretung hat folgende allgemeine Aufgaben:
1. Maßnahmen, die der Einrichtung und den Mitarbeiterinnen und Mitarbeitern dienen, anzuregen,
2. Anregungen und Beschwerden von Mitarbeiterinnen und Mitarbeitern entgegenzunehmen und, falls sie berechtigt erscheinen, vorzutragen und auf ihre Erledigung hinzuwirken,
3. die Eingliederung und berufliche Entwicklung schwerbehinderter und anderer schutzbedürftiger, insbesondere älterer Mitarbeiterinnen und Mitarbeiter zu fördern,
4. die Eingliederung ausländischer Mitarbeiterinnen und Mitarbeiter in die Einrichtung und das Verständnis zwischen ihnen und den anderen Mitarbeiterinnen und Mitarbeitern zu fördern,
5. Maßnahmen zur beruflichen Förderung schwerbehinderter Mitarbeiterinnen und Mitarbeiter anzuregen,
6. mit den Sprecherinnen oder Sprechern der Jugendlichen und der Auszubildenden zur Förderung der Belange der jugendlichen Mitarbeiterinnen und Mitarbeiter und der Auszubildenden eng zusammenzuarbeiten,
7. sich für die Durchführung der Vorschriften über den Arbeitsschutz, die Unfallverhütung und die Gesundheitsförderung in der Einrichtung einzusetzen,
8. auf frauen- und familienfreundliche Arbeitsbedingungen hinzuwirken,
9. die Mitglieder Mitarbeiterseite in den Kommissionen zur Behandlung von Beschwerden gegen Leistungsbeurteilungen und zur Kontrolle des Systems der Leistungsfeststellung und -bezahlung zu benennen, soweit dies in einer kirchlichen Arbeitsvertragsordnung vorgesehen ist.

(3a) Auf Verlangen der Mitarbeiterin oder des Mitarbeiters ist ein Mitglied der Mitarbeitervertretung hinzuzuziehen bei einem Gespräch mit dem Dienstgeber über
1. personen-, verhaltens- oder betriebsbedingte Schwierigkeiten, die zur Gefährdung des Dienst- oder Arbeitsverhältnisses führen können oder
2. den Abschluss eines Änderungs- oder Aufhebungsvertrages.

(4) Die Mitarbeitervertretung wirkt an der Wahl zu einer nach Artikel 7 GrO zu bildenden Kommission zur Ordnung des Arbeitsvertragsrechts mit, soweit eine Ordnung dies vorsieht.

Übersicht	Rn		Rn
I. Grundsatz der vertrauensvollen Zusammenarbeit	1– 12	II. Grundsätze für die Behandlung der Mitarbeiter	13– 29
1. Die Sendung der Kirche	1	III. Mitverantwortung	30– 32
2. Vertrauensvolle Zusammenarbeit	2– 9	IV. Vorlage von Unterlagen (§ 26 Abs. 2)	33– 68
3. Pflichtverletzungen	10– 12	1. Der Begriff Vorlegen	35
		2. Erforderliche Unterlagen	36– 42

Jüngst

	Rn		Rn
3. Der Stellenplan	43– 54	und Gesundheitsförderung (§ 26 Abs. 3 Nr. 7)	93– 98
4. Bruttolohn- und Gehaltslisten	55– 57	a. Vorbemerkung	93
5. Personalakten	58– 60	b. Die Rolle der MAV gemäß § 26 Abs. 3 Nr. 7	94
6. Sonstige Unterlagen	61, 62	c. Geschützte Personen	95– 97
7. Datenschutz	63– 66	d. Betriebsbeauftragte	98
8. Streitigkeiten	67, 68	8. Hinwirken auf frauen- und familienfreundliche Arbeitsbedingungen (§ 26 Abs. 3 Nr. 8)	99–116
V. **Allgemeine Aufgaben der Mitarbeitervertretung (§ 26 Abs. 3)**	69–120	a. Grundsätzliches	100
1. Anregungen/Antragsrecht (§ 26 Abs. 3 Nr. 1)	70, 71	b. Einzelheiten	101–114
2. Behandlung von Anregungen und Beschwerden von Mitarbeitern (§ 26 Abs. 3 Nr. 2)	72– 78	c. Kirchliche Regelungen	115, 116
3. Förderung der Eingliederung und der beruflichen Entwicklung schwerbehinderter und anderer schutzbedürftiger Mitarbeiterinnen und Mitarbeiter (§ 26 Abs. 3 Nr. 3)	79– 83	9. Benennung der Mitglieder der Mitarbeiterseite in Kommissionen für Leistungsbeurteilungen bzw. für Leistungsfeststellungen und Leistungsbezahlungen (§ 26 Abs. 3 Nr. 9)	117–120
4. Eingliederung ausländischer Mitarbeiter in die Einrichtung (§ 26 Abs. 3 Nr. 4)	84	VI. **Dienstgebergespräch Hinzuziehung eines Mitglieds der Mitarbeitervertretung**	121–142
5. Berufliche Förderung schwerbehinderter Mitarbeiter und Mitarbeiterinnen (§ 26 Abs. 3 Nr. 5)	85– 89	a. Personen-, verhaltens- oder betriebsbedingte Schwierigkeiten, die zur Gefährdung des Dienst- oder Arbeitsverhältnisses führen können	132–136
a. Freie Arbeitsplätze	85	b. Abschluss eines Änderungs- oder Aufhebungsvertrages	137–142
b. Integrationsvereinbarung	86	VII. **Mitwirkung bei der Wahl zu einer nach Artikel 7 GrO zu bildenden Kommission zur Ordnung des Arbeitsvertragsrechts**	143–146
c. Rechte schwer behinderter Menschen	87, 88	VIII. **Streitigkeiten**	147, 148
d. Teilzeitarbeitsplätze	89		
6. Zusammenarbeit mit dem Sprecher der Jugendlichen und Auszubildenden (§ 26 Abs. 3 Nr. 6)	90– 92		
7. Einsatz auf den Gebieten Arbeitsschutz, Unfallverhütung			

I. Grundsatz der vertrauensvollen Zusammenarbeit

1. Die Sendung der Kirche

1 Grundlage und Ausgangspunkt für die Gestaltung des kirchlichen Dienstes ist die Sendung der Kirche (Art. 1 GrO). Weil die Mitarbeiter an der Erfüllung dieser Sendung mitwirken, sie mitgestalten und entscheidend an ihrer religiösen Grundlage und an ihren Zielen teilhaben, verlangt **Abs. 1** in besonderer Weise eine vertrauensvolle Zusammenarbeit zwischen Dienstgeber und Mitarbeitervertretung (MAV). Diese Zusammenarbeit setzt eine Kooperation voraus, die sich auf alle Bereiche der Dienstgemeinschaft erstreckt (Art. 1 S. 1 GrO). Der ausdrückliche Hinweis, dass der Dienst in der Kirche in »besonderer Weise« diese Kooperation fordert, schließt es aus, dass Dienstgeber und MAV in bewusster Konfrontation die ihnen gemeinsam zugewiesenen Aufgaben angehen.

2. Vertrauensvolle Zusammenarbeit

2 Vertrauensvolle Zusammenarbeit ist der entscheidende Gesichtspunkt der Zusammenarbeit in kirchlichen Einrichtungen (§ 26 Abs. 1 S. 1). Dieser Grundsatz ist nicht nur programmatischer Natur ohne konkreten Bezug. Er wird aktueller Rechtssatz bei der Anwendung und Auslegung der MAVO in allen ihren Bestimmungen (Rn 5). Dabei bezieht er sich nicht nur auf die Beziehungen

zwischen dem Dienstgeber und der MAV als Gesamtheit. Diese Pflicht zur vertrauensvollen Zusammenarbeit richtet sich auch an die **einzelnen Mitglieder der MAV**.[1] Auch das einzelne Mitglied der MAV muss sich bei seiner Tätigkeit innerhalb der Grenzen halten, die sich aus der allgemeinen Rechtsordnung ergeben und insbesondere sich aus den Vorschriften der MAVO entnehmen lassen.

Vertrauensvolle Zusammenarbeit bedeutet vor allem, dass im **Alltag der Dienstgemeinschaft** Dienstgeber und MAV bei allen Erklärungen, Maßnahmen und Entscheidungen gegenseitige Ehrlichkeit und Offenheit walten lassen.[2] Daher würde es auch dem Grundsatz vertrauensvoller Zusammenarbeit entschieden widersprechen, wenn eine MAV ein Informationsblatt an die Mitarbeiter herausgeben würde, dessen alleiniger Zweck die Darstellung bestehender Meinungsverschiedenheiten in der Einrichtung wäre.[3] Die hier vertretene Auffassung hat in besonderer Weise in einer Einrichtung Geltung, die sich auf den kirchlichen Sendungsauftrag stützt. Kein Partner in dieser Dienstgemeinschaft kann den anderen ablehnen und sein Begehren, auch wenn er ihm nicht zustimmen könnte, einfach abtun. Verständnis auch für eine abweichende Meinung aufzubringen und sich ernsthaft mit ihr auseinander zu setzen, ist eine unabweisbare Forderung vertrauensvoller Zusammenarbeit im kirchlichen Dienst. 3

Nicht zu vereinbaren mit dem Grundsatz »vertrauensvoller Zusammenarbeit« ist auch eine **Unterschriftenaktion oder Flugblattaktion**[4] **gegen den Leiter der Einrichtung**. Dazu gibt es in der MAVO, auf die es allein für die Zulässigkeit einer solchen Aktion ankommt, keine Rechtsgrundlage. Diese Rechtsgrundlage kann auch nicht darin liegen, dass der Leiter einer Einrichtung Rechte der MAV oder den Grundsatz vertrauensvoller Zusammenarbeit verletzt hat. Für die Sanktion solcher Rechtsverstöße gibt es klare Verfahrensregeln, so dass rein plebizitäre Maßnahmen der MAV zu unterbleiben haben. Es gibt auch keine Rechtsgrundlage für das Aufsuchen von Mitarbeitern an ihrem Arbeitsplatz durch MAV-Mitglieder, um ihre Unterschriften für Aktionen der MAV gegen den Leiter der Einrichtung zu sammeln.[5] 4

Insbesondere zeigt sich an den Bestimmungen der §§ 27–39, wie diese vertrauensvolle Zusammenarbeit unter Einschluss gemeinsamer Sitzungen und Gespräche ausgeprägt ist. Sie ist aber auch immanent enthalten in § 15 Abs. 2 (Freistellung der Mitglieder der MAV im »notwendigen« Umfang), § 18 Abs. 1 (Benachteiligungsverbot) und Abs. 2 (Versetzungs- und Abordnungsverbot), § 19 (Kündigungsschutz), § 18 Abs. 1a (Entgeltschutz) und § 20 (Schweigepflicht von MAV-Mitgliedern). Ebenso aber besteht Verhandlungspflicht zwischen Dienstgeber und MAV sowie absolute Friedenspflicht, also die Unterlassung von Arbeitskampf oder arbeitskampfähnlichen Maßnahmen innerhalb kirchlicher Einrichtungen durch die Initiative der MAV (Art. 7 Abs. 2 S. 2 GrO). 5

Die Bestimmung des § 26 Abs. 1 S. 1 schließt die »gegenseitige Unterstützung« bei der Erfüllung der gemeinsamen Aufgaben in den Grundsatz vertrauensvoller Zusammenarbeit mit ein. Hierdurch wird nochmals verdeutlicht, dass § 26 Abs. 1 S. 1 eine **objektiv geltende Rechtsnorm** kirchlichen Rechts ist, die sich unmittelbar an Dienstgeber und MAV wendet und sie zur Einhaltung der vertrauensvollen Zusammenarbeit und gegenseitiger Unterstützung zwingt. Daneben ist aber bei der Auslegung aller Regelungen der MAVO – gleich ob es sich um formelle Vorschriften (z. B. aktives (§ 7) und passives (§ 8) Wahlrecht für die MAV-Wahl, Vorbereitung der Wahl (§ 9 Abs. 4) oder um Informationsrechte (§§ 26 Abs. 2, 27, 27a) und Beteiligungsrechte der MAV (§ 28 Abs. 1) handelt – § 26 zu beachten. Diese »gegenseitige Unterstützung« kann auch neben § 17, der die Kostentragungspflicht des Dienstgebers für erforderliche Aufwendungen der MAV regelt, mit als Anspruchsgrundlage für die Übernahme von **Anwaltskosten** (§ 17 Abs. 1 S. 2) bei der Vertretung der MAV herangezogen werden. 6

---

1 *BAG*, 21. 2. 1978 – 1 ABR 54/76, EzA § 74 BetrVG 1972 Nr. 4 = BB 1978, 1116.
2 *BAG*, 22. 5. 1959 – 1 ABR 2/59, AP Nr. 3 zu § 2 BetrVG 1952 = BB 1959, 848.
3 So *VGH Baden-Württemberg*, 6. 9. 1988 – 15 S 2018/87, PersV 1990, 133; *OVG Nordrhein-Westfalen*, 10. 2. 1993 – CL 1/90, PersV 1995, 461.
4 *VG Karlsruhe*, 6. 11. 1998 – 16 K 701/98, ZTR 1999, 286 rkr.
5 *VGH Baden-Württemberg*, 8. 9. 1992 – PL 15 S 130/92, PersVG 1995, 122.

Die MAV kann zur Erfüllung ihrer Aufgaben einer sachkundigen Beratung und Vertretung bedürfen. Dann bedarf es ihrer »Unterstützung« i. S. d. § 26 Abs. 1 durch die Übernahme der Anwaltskosten. Entsprechendes gilt für die Hinzuziehung eines **Sachverständigen** (§ 17 Abs. 2 S. 2). Die MAV hat keine eigene Rechtspersönlichkeit. Sie hat dem Dienstgeber zu erklären, wer von ihren Mitgliedern zur Entgegennahme von Erklärungen an die MAV berechtigt ist (§ 14 Abs. 1 S. 5).

7 Ohne eine Kostenübernahme durch den Dienstgeber hafteten ihre Mitglieder persönlich und könnten auf Grund dieser persönlichen Kostentragungspflicht sich möglicherweise von der Geltendmachung von Rechten der MAV abhalten lassen.[6]

8 In allen Streitfragen muss demnach § 26 Abs. 1 S. 1 als die vom kirchlichen Gesetzgeber ausdrücklich gewollte und besonders hervorgehobene Richtschnur gegenseitigen Handelns beachtet werden. Das gilt auch in der betriebsöffentlichen Auseinandersetzung über streitige Regelungsfragen.[7]

9 Das Gebot der vertrauensvollen Zusammenarbeit kann die Teilnahme der/des Vorsitzenden der MAV an einem Seminar zum Konfliktmanagement erforderlich machen, wenn eine konkrete Konfliktsituation in der Einrichtung vorliegt, die eine vertrauensvolle Zusammenarbeit zwischen Dienstgeber und MAV behindert.[8]

3. Pflichtverletzungen

10 Folge der Verletzung der vertrauensvollen Zusammenarbeit ist für Mitglieder der MAV eine Amtspflichtverletzung, die nach § 13 Abs. 3 Nr. 6 bzw. § 13c Nr. 4 zweite Alternative zu einem Ausschlussverfahren vor dem Kirchlichen Arbeitsgericht führen kann, wenn es sich um eine grobe Verletzung der Pflichten als Mitarbeitervertreter handelt. Für den Dienstgeber kann ein Verstoß gegen Rechte der MAV zu einem Verfahren nach § 2 Abs. 2 KAGO führen, wenn eines der Rechte der MAV verletzt ist.

11 Die MAV kann außerdem im Rahmen des § 41 Abs. 2 KAGO die Rechtsfrage überprüfen lassen, ob der Dienstgeber den »Grundsatz vertrauensvoller Zusammenarbeit« verletzt hat. Zur Klage vor dem Kirchlichen Arbeitsgericht genügt aber nicht jede Verletzung dieses Grundsatzes – sondern wie bei einem MAV-Mitglied nach § 13c Nr. 5 – nur eine grobe Verletzung des Grundsatzes vertrauensvoller Zusammenarbeit.[9] Im Beschluss *Schlichtungsstelle Köln*[10] wird festgestellt, dass nur ein objektiv schwerwiegender Verstoß, eine objektiv schwerwiegende Verletzung dieses Grundsatzes, der zu einer erheblichen Belastung der Zusammenarbeit mit der MAV führt, diese Voraussetzung erfüllen kann. Ein schuldhaftes Verhalten des Dienstgebers wird nicht unbedingt gefordert.[11] Entscheidend ist ein objektiver Tatbestand, der die gerügte Verletzung der Rechte der MAV bedingt. Dem Grundsatz der genannten Entscheidung des *BAG* ist auch für den Bereich des § 26 MAVO insoweit zuzustimmen, als ein grober Verstoß nicht vorliegt, wenn der Dienstgeber seine Rechtsposition in einer schwierigen und bisher ungeklärten Rechtsfrage verteidigt. Das ist in der Entscheidung MAVO 15/96 Köln deswegen bejaht worden, weil der Dienstgeber, um sich gegen irrige, öffentlich bekannt gemachte Auffassungen der MAV in der Frage der Einführung von Betriebsferien in einer Einrichtung zur Wehr setzte und sie zu korrigieren versuchte, indem er die nicht geheime Sitzungsniederschrift einer gemeinsamen Sitzung nach §§ 33 Abs. 2, 39 MAVO (§ 39 Rn 14) den Mitarbeitern bekannt gab. Im Übrigen genügt es für die Annahme eines schwerwiegenden Verstoßes gegen die vertrauensvolle Zusammenarbeit durch den Dienstgeber nicht, wenn vorgetragen und bewiesen wird, dass nur das

---

6 So auch *Schlichtungsstelle Limburg*, Beschl. vom 20. 8. 1990 – 8/90, n. v.
7 *LAG Niedersachsen*, 6. 4. 2004 – 1 Ta BV 64/03, rkr., DB 2004, 1735.
8 *LAG Niedersachsen*, 9. 2. 2005 – 6 TaBV 90/04, der betriebsrat 10/2005, S. 36–37.
9 *Schlichtungsstelle Köln*, 21. 9. 1995 – MAVO 7/95, ZMV 1996, 95; 5. 11. 1996 – MAVO 15/96, ZMV 1997, 309; 17. 3. 2005 – MAVO 5/2005.
10 5. 11. 1996 – MAVO 15/96, ZMV 1997, 309.
11 *BAG*, 14. 11. 1989 – 7 ABR 87/88, AP Nr. 76 zu § 99 BetrVG 1972 = DB 1990, 1093; *Schlichtungsstelle Köln*, 17. 3. 2005 – MAVO 5/2005.

persönliche Vertrauensverhältnis eines Mitarbeitervertreters zum Dienstgeber in einer speziellen, nur diese beiden Partner berührenden Frage (notwendige Arbeitsbefreiungen nach § 15 Abs. 2) gestört ist.[12]

Werden beispielsweise bei der Darstellung der wirtschaftlichen Lage einer Einrichtung, vom Dienstgeber, von den die wirtschaftliche Lage negativ beeinflussenden Faktoren, nur die betriebsratsbezogenen Kosten detailliert benannt und die übrigen Kosten in einer gemeinsamen Kostenstelle »Verwaltung« global ausgewiesen, führt dies dazu, dass sich die Mitarbeiter nicht nur kein zuverlässiges und aussagekräftiges Bild von den ertragsmindernden Faktoren machen konnten. Gleichzeitig behindert dies die MAV in der Wahrnehmung der Mitarbeiterinteressen und stellt einen Verstoß gegen die vertrauensvolle Zusammenarbeit dar.[13] 12

II. Grundsätze für die Behandlung der Mitarbeiter

§ 26 Abs. 1 S. 2 verpflichtet Dienstgeber und MAV zur Wahrung der unveräußerlichen Grundrechte aller Mitarbeiter in der kirchlichen Einrichtung. Mit Recht wird die gleichlautende Bestimmung des § 75 Abs. 1 S. 1 BetrVG 1972 und des § 67 Abs. 1 S. 1 BPersVG die »Magna Charta« der Betriebs- bzw. Dienststellenverfassung[14] genannt. Daher ist diese Bestimmung auch für die MAVO **entscheidende Richtlinie** bei der **Anwendung** und **Auslegung**. Sie hat nicht nur Einfluss bei der Schaffung kollektiver Regelungen (Dienstvereinbarungen = § 28 Abs. 2, § 38). Sie wirkt sich aber auch aus auf die Pflichten, die Dienstgeber und MAV im Verhältnis zu den einzelnen Mitarbeitern zu beachten haben. 13

Wenn verlangt wird, dass Dienstgeber und MAV darauf zu achten haben, dass alle Mitarbeiter nach **Recht und Billigkeit** behandelt werden, so müssen sie sich zunächst bei ihren eigenen Maßnahmen und Entscheidungen an diesen Grundsätzen messen lassen. Werden gemeinsame Maßnahmen veranlasst und durchgeführt, müssen sie § 26 Abs. 1 S. 2 entsprechen. Das gilt aber in gleicher Weise, wenn einer der Partner seine Befugnisse wahrnimmt. 14

Daraus folgt für die Auslegung des § 26 Abs. 1 Satz 2, dass der Dienstgeber und die MAV darauf achten müssen, alle in der Einrichtung tätigen Mitarbeiter nach Recht und Billigkeit zu behandeln. Der allgemeine Gleichbehandlungsgrundsatz ist dabei der wichtigste Unterfall von Recht und Billigkeit. Ob eine Regelung für den Mitarbeiter diesen Anforderungen entspricht, zeigt sich in erster Linie daran, wie er im Vergleich zu anderen Mitarbeitern behandelt wird.[15] Dabei gibt es eine »Gleichbehandlung im Unrecht« – gemeint sind damit Leistungen an einen vergleichbaren Mitarbeiter, die dieser unter Verletzung bindender Rechts- oder Tarifvorschriften erhält – nicht.[16] Die Vorschrift des § 26 Abs. 1 Satz 2 begründet demnach zunächst eine Bindung der Partner der Einrichtung an die Grundsätze von Recht und Billigkeit bei der korrekten Anwendung ihrer eigenen Regelungen. 15

Diese Bestimmung des § 26 Abs. 1 S. 2 hat zunächst kollektivrechtlichen Charakter (Rn 13). Sie hat keine unmittelbar wirkenden, individualrechtlichen Folgen auf die in einer kirchlichen Einrichtung bestehenden Arbeitsverhältnisse. Jedoch enthält diese Bestimmung einen allgemein geltenden Grundsatz, alle Mitarbeiter nach Recht und Billigkeit zu behandeln. Insoweit verstärkt diese kollektiv-rechtlich festgelegte Überwachungspflicht nur den schon vorhandenen individuellen Inhalt des jeweiligen Arbeitsvertrages (im Einzelnen dazu Rn 17 ff.). Über diese begrenzten individual-rechtlichen Auswirkungen hinaus ist jedoch § 26 Abs. 1 S. 2 ein Schutzgesetz zugunsten betroffener Mitarbeiter. Schuldhafte Verstöße der Dienstgeber wie eines einzelnen Mitgliedes der MAV verpflichten daher nach § 823 Abs. 2 BGB den Handelnden – nicht die nicht rechts- und vermögensfähige MAV in ihrer 16

---

12 *Schlichtungsstelle Köln*, 21.9.1995 – MAVO 7/95, ZMV 1996, 95.
13 *BAG*, 19.7.1995 – 7 ABR 60/94, NZA 1996, 332 ff.
14 *Richardi*, BetrVG § 75 Rn 1; *Dietz/Richardi*, BPersVG § 67 Rn 1.
15 *BAG*, 15.1.1991 – 1 AZR 80/90, AP Nr. 57 zu § 112 BetrVG 1972 = DB 1991, 1526 – Abschnitt II der Gründe.
16 *BAG*, 15.5.1993 – 9 AZR 411/89, AP Nr. 5 zu § 1 AWbG NW = DB 1993, 2236.

Gesamtheit – zum Schadensersatz und zur Unterlassung künftiger Beeinträchtigungen des Mitarbeiters. Ein **Schutzgesetz i. S. d. § 823 Abs. 2 BGB** ist diese Vorschrift deshalb, weil sie gerade den Schutz der Mitarbeiter vor unbilligen, das Gleichbehandlungsgebot missachtende Maßnahmen des Dienstgebers im Auge hat. Schadensersatz- und eventuelle Unterlassungsansprüche, die auf § 823 Abs. 2 BGB gestützt werden können, setzen Verschulden des Handelnden i. S. d. § 276 BGB, also Vorsatz oder Fahrlässigkeit, voraus.

17 Aus der Garantenstellung der Partner einer kirchlichen Einrichtung folgt, dass § 26 Abs. 1 S. 2 für einen in seinen Rechten verletzten Mitarbeiter noch **keinen unmittelbaren individual-rechtlichen Anspruch** abgibt. Vielmehr ist die Behandlung des einzelnen Mitarbeiters nach Recht und Billigkeit Inhalt seines Arbeitsvertrages. Insoweit ist die Behandlung nach Recht und Billigkeit ohnehin nur die sich unmittelbar aus dem Arbeitsverhältnis ergebende gesteigerte Treue- und Fürsorgepflicht.[17] Ob dieser Grundsatz im Einzelfall schuldhaft verletzt ist und damit ein vertraglicher Anspruch des betroffenen Mitarbeiters auf Gleichbehandlung besteht, ist dem Begehren dieses Mitarbeiters überlassen. Allerdings ist es Pflicht der MAV, den Dienstgeber darauf hinzuweisen, dass nach ihrer zu begründenden Auffassung im konkreten Fall Recht und Billigkeit nicht beachtet wurden. Insoweit gehört es zu den nach § 26 Abs. 3 Nr. 2 von der MAV besonders zu wahrenden Aufgaben, den Beschwerden von Mitarbeitern über Verletzung des Gleichbehandlungsgebotes nachzugehen und auf die Beachtung dieses Grundsatzes beim Dienstgeber hinzuwirken.

18 Der **einzelne Mitarbeiter** hat einen vertraglichen Anspruch gegen den Dienstgeber, nach **Recht und Billigkeit** behandelt zu werden. Das Arbeitsverhältnis steht zwar unter dem Grundsatz der **Vertragsfreiheit**. Die Parteien könnten also festlegen, was in ihrem Arbeitsverhältnis gelten soll. Jedoch zwingt der Grundsatz von Recht und Billigkeit zu einer Korrektur, wenn dem Dienstgeber einseitig Bestimmungsrechte eingeräumt werden, die sich nicht mehr mit der Gleichstellung aller vor dem Gesetz vereinbaren lassen. Hier ist zu verweisen auf die **absoluten Differenzierungsverbote** des Art. 3 Abs. 2 GG (Gleichheit von Mann und Frau) und Art. 3 Abs. 3 GG (Unzulässige Differenzierungen des Arbeitnehmers nach Abstammung, Rasse, Sprache, Heimat und Herkunft, seinem Glauben, seiner religiösen und politischen Anschauung, wobei es gemäß Art. 4 Abs. 2 der Richtlinie 2000/78/EG des Rates zur Festlegung eines allgemeinen Rahmens für die Verwirklichung der Gleichbehandlung in Beschäftigung und Beruf den Kirchen zugestanden ist, angesichts ihres Ethos ihre Personalentscheidungen zu treffen, was nach Art. 140 GG i. V. m. Art. 137 Abs. 3 WRV zulässig ist. Diese absoluten Differenzierungsverbote gelten auch in den Bereichen des Glaubens, der religiösen und politischen Anschauung eines Mitarbeiters.

19 Dienstgeber und MAV haben daher auch bei Dienstvereinbarungen das Differenzierungsverbot zu beachten, dem der allgemeine Gleichheitssatz des Art. 3 Abs. 1 GG zugrunde liegt. Er zielt darauf ab, eine Gleichbehandlung von Personen in vergleichbaren Sachverhalten sicherzustellen und soll eine gleichheitswidrige Gruppenbildung auszuschließen. Maßgeblich für eine Differenzierung ist das Vorliegen eines die Bildung unterschiedlicher Gruppen rechtfertigenden Sachgrundes. Von Bedeutung ist insoweit vor allem der mit der Regelung verfolgte Zweck.[18]

20 In Entsprechung der RL 2000/78 EG des Rates zur Festlegung eines allgemeinen Rahmens für die Verwirklichung der Gleichbehandlung in Beschäftigung und Beruf vom 27. 11. 2000 hat der Gesetzgeber den Diskriminierungsverboten als besonderen beruflichen Anforderungen durch das Allgemeine Gleichbehandlungsgesetz (AGG) vom 14. 8. 2005[19] Rechnung getragen. Ziel des Gesetzes ist es, Benachteiligungen aus Gründen der Rasse oder wegen der ethnischen Herkunft, des Geschlechts, der Religion oder Weltanschauung, einer Behinderung, des Alters oder der sexuellen Iden-

---

17 *BAG*, 5. 4. 1984 – 2 AZR 513/82, EzA § 17 BBiG Nr. 1; 3. 12. 1985 – 4 ABR 60/85, AP Nr. 2 zu § 74 BAT = DB 1986, 756.
18 *BAG*, 6. 11. 2007 – 1 AZR 960/06, EzA § 112 BetrVG 2001 Nr. 25 = ZIP 2008, 327.
19 BGBl. I. S. 1897, zuletzt geändert zum 1. 7. 2008, BGBl. I S. 2840.

tität zu verhindern oder zu beseitigen (§ 1 AGG), § 7 AGG spricht ein ausdrückliches Benachteiligungsverbot wegen eines in § 1 AGG genannten Grundes aus.

Ein Arbeitsplatz darf nicht unter Verstoß gegen diese Benachteiligungsverbote ausgeschrieben werden (§ 11 AGG). Eine Ungleichbehandlung wegen der Religion oder Weltanschauung stellt keine Diskriminierung dar, wenn die Religion oder Weltanschauung dieser Person nach der Art der beruflichen Tätigkeit oder wegen der Umstände ihrer Ausübung, unter Beachtung des Selbstverständnisses der Religionsgemeinschaft, eine wesentliche, rechtmäßige und gerechtfertigte berufliche Anforderung darstellt. Die Kirchen und anderen öffentlichen oder privaten Organisationen, deren Ethos auf religiösen Grundsätzen oder Weltanschauungen beruht, können im Einklang mit den einzelstaatlichen verfassungsrechtlichen Bestimmungen (vgl. Art. 140 GG i. V. m. Art. 137 Abs. 3 WRV) und Rechtsvorschriften von den für sie arbeitenden Personen verlangen, dass sie sich loyal und aufrichtig i. S. d. Ethos der Organisation verhalten (Art. 4 Abs. 2 Unterabsatz 2 RL 2000/78).[20] Dies ist nunmehr durch § 9 AGG ausdrücklich garantiert. 21

Das Verbot unterschiedlicher Behandlung wegen der Religion oder der Weltanschauung berührt auch nicht das Recht der Religionsgemeinschaften und der ihnen zugeordneten Einrichtungen ohne Rücksicht auf ihre Rechtsform oder der Vereinigungen, die sich die gemeinschaftliche Pflege einer Religion oder Weltanschauung zur Aufgabe machen, von ihren Beschäftigten ein loyales und aufrichtiges Verhalten im Sinne ihres jeweiligen Selbstverständnisses verlangen zu können (§ 9 Abs. 2 AGG). 22

Hiernach hat das *Landesarbeitsgericht Rheinland-Pfalz* den Kirchenaustritt nach dem Selbstverständnis des kirchlichen Arbeitgebers als schwerwiegende Pflichtverletzung angesehen, der, anders als für einen weltlichen Arbeitgeber, die Kündigung des Arbeitsvertrages durch den kirchlichen Arbeitgeber rechtfertigen kann.[21] Der *Europäische Gerichtshof für Menschenrechte* verlangt allerdings in jedem Einzelfall eine Abwägung der Rechte aus Art. 8 EMRK (Recht auf Achtung des Privat- und Familienlebens) und Art. 9 (Religionsfreiheit) i.V.m. Art. 11 (Vereinsfreiheit).[22] 23

Der Dienstgeber kann nicht zum Abschluss eines Arbeitsvertrages gezwungen werden. Entscheidet er sich jedoch zur Einstellung, muss er im Rahmen der »für alle geltenden Gesetze« auch die Einhaltung der grundgesetzlich garantierten Rechte des betroffenen Mitarbeiters nach Art. 3 GG beachten.[23] Es wird oft verkannt: Der arbeitsrechtliche Gleichbehandlungsgrundsatz beruht darauf, dass eine feste Rechtsbeziehung zwischen einem gemeinsamen Arbeitgeber und den jeweils betroffenen Mitarbeitern mit verschiedenen Gestaltungsmöglichkeiten des Arbeitgebers besteht, die erst durch die Begründung des Arbeitsverhältnisses zustande kommen. Soweit **relative Differenzierungsverbote** in Frage kommen, also Unterscheidungsmerkmale, die unter Umständen sachlich zu begründen und geboten sind, ist der Gleichheitsbegriff des **Gleichbehandlungsgrundsatzes** zu beachten. Dieser Gleichbehandlungsgrundsatz verbietet nicht jede unterschiedliche Behandlung von Arbeitnehmern. Er ist ein wesentlicher Grundsatz des individuellen Arbeitsrechts. Er verbietet nur eine unterschiedliche Behandlung aus willkürlichen oder sachfremden Gründen.[24] Der Gleichbehandlungsgrundsatz verlangt demnach vom Dienstgeber, dass er nur in sachgerechter Weise unter Berücksichtigung der vom Arbeitsrecht anerkannten Wertungen seine Differenzierungen vornimmt und sie sachgerecht begründet.[25] Auf dem Gebiete der Festsetzung der Vergütung hat, zumindest soweit der Dienstgeber sich im übertariflichen Raum bewegt, der Grundsatz der Vertragsfreiheit Vorrang vor dem arbeitsrechtlichen 24

---

20 In diesem Sinne: *BVerfGE* 70/138; Art. 3 bis 5 GrO.
21 *LAG Rheinland-Pfalz*, 2.7.2008 – 7 Sa 250/08, EzA-SD 2008, Nr. 17, S. 6.
22 Urteile des *EGMR*, 23.9.2010 – 423/03 (Obst) und – 1620/03 (Schüth), EuGRZ 2010, 571 und EuGRZ 2010, 560.
23 *BVerfGE* 70/138, *BVerfG* 4.6.1985 – 2 BvR 1703/83, BB 1985, 1600.
24 Ständige Rechtsprechung des *BAG*, 10.4.1984 – 3/AZR 57/82, EzA § 242 BGB Gleichbehandlung Nr. 41 = DB 1984, 2571.
25 So für die geschlechtsspezifische Ausschreibung – heute geregelt in § 11 AGG – noch unter Geltung des § 611b BGB: *LAG Köln*, LAGE § 611b BGB Nr. 1.

Gleichbehandlungsgrundsatz.[26] Das gilt **auch** für besondere Zulagen (Erschwerniszulagen), die für eine bestimmte Tätigkeit gewährt werden. Der Gleichbehandlungsgrundsatz ist Anspruchsgrundlage vor allem im Bereich freiwilliger Sozialleistungen, bei der Ausübung des Weisungsrechtes für die Arbeitsleistung, nicht ohne weiteres auch bei der Ausübung des Kündigungsrechts. Die Berücksichtigung des Gleichbehandlungsgrundsatzes erfolgt vielmehr bei verhaltens- und personenbedingten Kündigungen im Rahmen der Interessenabwägung, während sie für die betriebsbedingte Kündigung ihren Niederschlag im Wesentlichen in den Regeln über die Sozialauswahl findet. Anderes gilt demgegenüber für die sog. Änderungskündigung. Ein Änderungsangebot, dessen Inhalt den arbeitsrechtlichen Gleichbehandlungsgrundsatz verletzt, widerspricht dem Grundsatz der Verhältnismäßigkeit. Es muss vom Arbeitnehmer nicht billigerweise hingenommen werden und führt daher zur Unwirksamkeit der Änderungskündigung.[27] Gegen die Heranziehung des Gleichbehandlungsgrundsatzes hat sich das *BAG*[28] auch bei Einstellungsmodalitäten ausgesprochen, also z. B. bei der Frage, ob ein Mitarbeiter zunächst befristet, ein anderer dagegen unbefristet eingestellt werden soll. Insoweit hat die rechtliche zulässige vertragliche Gestaltungsfreiheit Vorrang.

25 Ein **Abschlusszwang** für ein Arbeitsverhältnis besteht generell im deutschen Privatrecht nicht. Das gilt auch für kirchliche Einrichtungen. Soweit der **§ 18 Abs. 4** den Dienstgeber zur Weiterbeschäftigung eines Auszubildenden – unter Beachtung der dort festgelegten Formalitäten – verpflichtet (§ 18 Rn 62 ff.), handelt es sich nicht um einen Abschlusszwang für den Dienstgeber, sondern nach allgemeiner Auffassung um eine verfassungsrechtlich zulässige Beschränkung der Vertragsfreiheit, die sowohl durch das Sozialstaatsprinzip, aber auch durch den besonderen Kündigungsschutz für Funktionsträger der MAV nach § 18 Abs. 4 gerechtfertigt ist.[29]

26 Soweit der Dienstgeber aus unsachlichen, gegen den Grundsatz von Treu und Glauben verstoßenden Gründen oder aus sittenwidrigen Gründen einen Mitarbeiter nicht weiterbeschäftigt, wird auch insoweit ein Abschlusszwang verneint. Die Rechtsprechung prüft jedoch, ob die Beendigungsgründe einer gerichtlichen Überprüfung standhalten. Das ist beispielsweise für die Beendigung eines Arbeitsverhältnisses während der Probezeit verneint worden für einen Mitarbeiter, den der Arbeitgeber trotz entsprechender Arbeitsleistungen wegen seiner Homosexualität nicht weiterbeschäftigten wollte.[30] Mit der Frage, ob die Kündigung eines HIV-infizierten Mitarbeiters, der noch nicht unter den allgemeinen Kündigungsschutz des § 1 KSchG fällt, sittenwidrig sein kann und daher das Arbeitsverhältnis fortgesetzt werden müsste, befasste sich das *BAG* in seiner Entscheidung vom 16. 2. 1989.[31] Konkret werden in solchen Fällen die Kündigungs- oder Beendigungsgründe einer gerichtlichen Überprüfung unterzogen, wobei dem Mitarbeiter die Beweislast dafür zufällt, ob die von ihm behaupteten Unwirksamkeitsgründe für die Kündigung vorliegen. Auch eine Kündigung zur Unzeit kann sich als treuwidrig erweisen. Dabei führt allerdings im Regelfall nicht allein der den Mitarbeiter besonders belastende Zeitpunkt der Arbeitgeberkündigung (die »Unzeit« der Kündigung) zu der Rechtsfolge der Unwirksamkeit der Kündigung, die Annahme einer Treuwidrigkeit der Kündigung setzt vielmehr weitere Umstände voraus. Dies kann der Fall sein, wenn der Erklärende absichtlich oder aufgrund einer auf Missachtung der persönlichen Belange des Empfängers beruhenden Gedankenlosigkeit einen Zugangszeitpunkt wählt, der den Empfänger besonders beeinträchtigt. Der bloße zeitliche Zusammenhang mit einer Fehlgeburt der Arbeitnehmerin ist dabei ebenso wenig als ausreichend angesehen worden,[32] wie der Zugang der Kündigung am 24.12.[33] Im Hinblick auf die besonderen

---

26 *BAG*, 30. 5. 1984 – 4 AZR 146/82, EzA § 242 BGB Gleichbehandlung Nr. 37 = BB 1985, 590; 13. 2. 2002 – 5 AZR 713/00, DB 2002, 1381.
27 BAG, 3. 7. 2003 – 2 AZR 617/02, DB 2004, 655 f.
28 20. 8. 1986 – 4 AZR 272/85, EzA § 242 BGB Gleichbehandlung Nr. 44 = DB 1987, 693.
29 Zur insoweit gleichen Rechtsfrage in § 78a BetrVG, § 9 BPersVG siehe *Fitting*, § 78a Rn 2; *Ilbertz/Widmaier*, BPersVG § 9 Rn 2; Hinweis auf *BVerwG*, 13. 3. 1989, ZBR 1989, 310 = PersVG 1989, 133.
30 *BAG*, 23. 6. 1994 – 2 AZR 617/93, AP Nr. 9 zu § 242 BGB Kündigung = DB 1994, 2190.
31 2 AZR 347/88, AP Nr. 46 zu § 138 BGB = DB 1989, 2382.
32 *BAG*, 12. 7. 1990 – 2 AZR 39/90, NZA 1991, 63 ff.
33 *BAG*, 14. 11. 1984 – 7 AZR 174/83, NZA 1986, 97 f.

Umstände des Falles hat das *Landesarbeitsgericht Bremen*[34] eine Kündigung für unwirksam erklärt, die dem Arbeitnehmer nach einem schweren Arbeitsunfall am gleichen Tage im Krankenhaus, unmittelbar vor einer auf dem Unfall beruhenden Operation, ausgehändigt worden ist. Auch eine schwere Erkrankung eines nahen Angehörigen oder ein Todesfall in der Familie reichen für sich betrachtet nicht aus, um eine Kündigung zu diesem Zeitpunkt oder zeitnah dazu als treuwidrig erscheinen zu lassen.[35]

Das gilt im Übrigen auch für einen **Beförderungsanspruch**. Ein allgemeiner Anspruch auf Beförderung, auch auf Grund des Gleichbehandlungsgrundsatzes, besteht nicht. Es bedarf vielmehr einer ausdrücklichen vertraglichen Zusage. Eine den Beförderungsanspruch auslösende Anwartschaft kennt das Arbeitsrecht nicht.[36] Im Übrigen ist auch der Inhalt eines Stellenplanes keine Rechtsgrundlage für eine Eingruppierung oder Beförderung.[37]

Die Verpflichtung des § 26 Abs. 1 S. 2 erstreckt sich auf »alle Mitarbeiter«. Sie erfasst damit alle in der kirchlichen Einrichtung tätigen Personen, ohne Rücksicht darauf, ob sie auf Grund eines Arbeitsvertrages, Gestellungsvertrages mit einem Orden oder einer anderen Schwesternschaft oder auf Grund eines freien Mitarbeiterverhältnisses tätig sind. Im Streitfall kann zur Klärung der Frage, welche Arbeitsvertragsordnung in der Einrichtung anzuwenden ist, das Kirchliche Arbeitsgericht gemäß § 2 Abs. 2 KAGO angerufen werden. Auch insoweit handelt es sich um eine Rechtsstreitigkeit aus der MAVO. Klagebefugt ist damit auch die MAV. Denn die Pflicht, alle Mitarbeiter nach Recht zu behandeln, erstreckt sich auf die Anwendung des zutreffenden Arbeitsvertragsrechts. Das folgt u. a. aus § 29 Abs. 1 Nr. 8, § 35 Abs. 1 Nr. 1, ist aber eine Grundsatzfrage des gerechten Lohnes, zu dessen Zahlung der Dienstgeber verpflichtet ist (can. 231 § 2; 1286 CIC). Zu § 35 Abs. 3 Buchstabe b MVG-EKD wird auf die Entscheidung des *VerwG der EKD* vom 7. 12. 2000[38] hingewiesen.

Nicht erfasst werden die in § 3 Abs. 2 Nr. 1, 2 und 5 genannten Personenkreise. Mitglieder eines Organs, die zur gesetzlichen Vertretung berufen sind (§ 3 Abs. 2 Nr. 1), gehören ebenso wie Leiter von Einrichtungen i. S. d. § 1 (§ 3 Abs. 2 Nr. 2) zum Personenkreis der Dienstgeber nach § 2. Geistliche (einschließlich Ordensgeistlichen) im Bereich des § 1 Abs. 1 Nr. 2 (der Kirchengemeinden, Kirchenstiftungen und Kirchengemeindeverbänden) sind aus kirchenrechtlichen Gründen (§ 3 Rn 92) aus dem Kreis der Mitarbeiter ausdrücklich ausgenommen. Diese Herausnahme ist sachgerecht. Die Verpflichtung des § 26 Abs. 1 S. 2 ist auch nicht auf Mitarbeiter, die Personalentscheidungsbefugnisse haben (§ 3 Abs. 2 Nr. 3) sowie sonstige leitende Angestellte (§ 3 Abs. 2 Nr. 4), ausgedehnt. Zwar kann nicht bestritten werden, dass Recht und Billigkeit auch auf diesen Personenkreis ebenso Anwendung findet wie der Gleichbehandlungsgrundsatz. Jedoch hat die MAV für diesen Personenkreis, der die Interessen des Dienstgebers an besonderer Stelle (Personalsektor) oder in besonderen Aufgaben wie der Dienstgeber selbst zu vertreten hat, kein Mandat. Es ist Sache dieses Mitarbeiterkreises, seine Interessen selbst dem Dienstgeber gegenüber unter Hinweis auf die allgemein geltenden Grundsätze des § 26 Abs. 1 S. 2 zu vertreten (siehe auch § 3 Abs. 1 S. 2 und Abs. 2 S. 1 Nr. 6).

III. Mitverantwortung

Dem Grundsatz der **Mitverantwortung** der MAV trägt § 26 Abs. 1 S. 3 in besonderem Maße Rechnung. Hier ist ausdrücklich geregelt, dass auch die MAV bei den Mitarbeitern dafür einzutreten hat, das Verständnis für den Auftrag der Kirche zu stärken und für eine gute Zusammenarbeit innerhalb der Dienstgemeinschaft einzutreten. Wenngleich sich § 26 Abs. 1 S. 3 seinem Wortlaut nach nur an die MAV richtet, ist allerdings selbstverständlich, dass beide **Partner** in dieser Weise auf die Dienst-

---

34 *LAG Bremen*, 29. 10. 1985 – 4 Sa 151/85, LAGE § 242 BGB Nr. 1.
35 *BAG*, 5. 4. 2001 – 2 AZR 185/00, NZA 2001, 890 ff.
36 *BAG*, 20. 6. 1984 – 4 AZR 276/82, AP Nr. 58 zu § 611 BGB DO-Angestellte.
37 *BAG*, 29. 9. 1982 – 4 AZR 1172/79, AP Nr. 67 zu §§ 22, 23 BAT 1975.
38 *VerwG der EKD*, 7. 12. 2000 – 0124/E 4 – 00, Rspr. B. ABl. EKD 2002, S. 68 ff.

gemeinschaft einwirken und damit zum Wohl der Einrichtung wie des Sendungsauftrages der Kirche wirken sollen.

31 Diese programmatischen Feststellungen sind für die Zusammenarbeit innerhalb der Dienstgemeinschaft von ausschlaggebender Bedeutung. Sie sind aber nicht nur eine programmatische Generalklausel und damit als Auslegungsregel für die in der MAVO festgelegten Rechte und Pflichten verwertbar. Sie konkretisieren unmittelbar Rechte und Pflichten von Dienstgeber, MAV als Gesamtheit und einzelnen Mitgliedern der MAV. Das zeigt sich u. a. in der Festlegung der Voraussetzungen für die Einstellung in den kirchlichen Dienst gemäß Art. 3 und 4 GrO, nämlich Befolgung der Loyalitätsobliegenheiten und Sanktionen bei deren Verletzung (Art. 5 GrO), die im Falle des Kirchenaustritts aus der katholischen Kirche in jedem Falle zur Kündigung des Arbeitsvertrages führen (Art. 5 Abs. 5 GrO, § 19 Abs. 1 S. 2 MAVO). Wer als Mitglied der MAV innerhalb der Dienstgemeinschaft das Verständnis für den besonderen Auftrag der Kirche stärken soll, kann sich nicht von der Rechtsgemeinschaft der Kirche durch seinen Austritt lösen. Er muss bereit und als Glied seiner Kirche auch in der Lage sein, mit den Inhabern der geistlichen Ämter als vollwertiges Mitglied zusammenzuarbeiten. Dies ist verstößt nicht gegen das Diskriminierungsverbot des AGG (Rn 20).[39]

32 Zum anderen verlangt diese Bestimmung ein Eintreten für **gute Zusammenarbeit** innerhalb der Dienstgemeinschaft. Dabei wird bewusst auf die Gemeinschaft zwischen Dienstgeber und Mitarbeitern abgestellt und nicht auf das Eintreten einseitig nur für eine gute Zusammenarbeit unter den Mitarbeitern abgestellt. »Eintreten« verlangt aktiven Einsatz, nicht nur passive Hinnahme und kritiklose Billigung der Maßnahmen des Dienstgebers oder von Wünschen und Forderungen der Mitarbeiter. Die MAV hat eigene Rechte und Pflichten, die unter diesem Gebot des »Eintretens für die Zusammenarbeit innerhalb der Dienstgemeinschaft« stehen und im Streitfall danach beurteilt werden müssen.

IV. Vorlage von Unterlagen (§ 26 Abs. 2)

33 Der MAV sind auf Verlangen die zur Durchführung ihrer Aufgaben erforderlichen Unterlagen vorzulegen (§ 26 Abs. 2 S. 1). Das gilt auch zugunsten der Gesamtmitarbeitervertretung (§ 24), die gemäß §§ 26 bis 38 in den Angelegenheiten mitwirkt, die Mitarbeiter aus dem Zuständigkeitsbereich mehrerer MAVen desselben Dienstgebers betreffen.[40]

34 Der Dienstgeber hat **auf Verlangen** die Unterlagen vorzulegen, die die MAV benötigt, um ihre Pflichten nicht nur nach § 26 Abs. 1 S. 1 und 2 erfüllen zu können, sondern um alle ihr zugewiesenen Aufgaben nach der MAVO durchführen zu können. Dazu zählen die in § 26 Abs. 3 genannten allgemeinen Aufgaben ebenso wie in §§ 29–38 festgelegten besonderen Beteiligungsrechte der MAV (siehe auch zu § 27a).

1. Der Begriff Vorlegen

35 »Vorlegen« bedeutet ein Weniger als »zur Verfügung stellen«, also keine Aushändigung.[41] »Vorlegen« heißt Einblick in die Unterlagen gewähren[42] wird, um für die MAV ein zuverlässiges Bild der Unterlagen und ihrer Konsequenzen für die Dienstgemeinschaft zu ermöglichen. Ein Rechtsanspruch auf Aushändigung der angeforderten Unterlagen besteht jedoch nicht.

---

39 Siehe auch *LAG Rheinland-Pfalz*, 2. 7. 2008 – 7 Sa 250/08, EzA-SD 2008, Nr. 17, S. 6.
40 *Schlichtungsstelle Aachen*, 24. 3. 1998 – 06/1997 – MAVO, ZMV 1998 S. 234.
41 *Richardi/Thüsing*, BetrVG § 80 Rn 67; *BAG*, 3. 12. 1981 – 6 ABR 8/80, AP Nr. 17 zu § 80 BetrVG 1972 = DB 1982, 653.
42 *BAG*, 16. 8. 1995 – 7 ABR 63/94, EzA § 80 BetrVG 1972 Nr. 41; *LAG Bremen*, 25. 10. 1994 – 1 Ta BV 27/93, DB 1995, 1771, wobei ein verständiger und kooperationsbereiter Dienstgeber die geforderten Unterlagen auch aushändigen (zur Problematik vgl. § 27a Abs. 1; § 27a Rn 23.

2. Erforderliche Unterlagen

§ 26 Abs. 2 gibt nur ein Recht der MAV zur **Vorlage der Unterlagen**, die für eine sachgerechte Arbeit der MAV unerlässlich, also **erforderlich** sind. »**Erforderlich**« in diesem Sinne ist die Vorlage solcher Unterlagen, deren Kenntnis im konkreten Fall eine Voraussetzung für die sinnvolle Ausübung eines Mitwirkungsrechtes darstellt und sich damit das Vorlagebegehren bereits aus der Mitwirkung selbst rechtfertigt.[43] Ein **allgemeines Einsichtsrecht** in alle Unterlagen, die der Dienstgeber über seine Einrichtung führt, **gewährt § 26 Abs. 2 nicht**.[44] Zu den vorzulegenden, erforderlichen Unterlagen gehört unter Umständen auch eine – vom Dienstgeber erstellte – Sammlung aller für die Einrichtung geltenden Regelungen, die für die MAV nicht nur nützlich, sondern bei der Gesamtbetrachtung dieser Unterlagen auch für ihre Arbeit »erforderlich« ist. Mit dieser Begründung lässt sich auf § 26 Abs. 2 ein Anspruch auf Vorlage einer solchen Sammlung stützen. § 26 Abs. 2 gibt der MAV jedoch keinen Anspruch darauf, dass der Dienstgeber diese Unterlagen mit einem bestimmten Inhalt vorlegt. Zu Recht hat die *Schlichtungsstelle Limburg* in ihrer Entscheidung 14/91 vom 5. 11. 1991 (n. v.) den Anspruch einer MAV zurückgewiesen, die nach der Herausnahme einer bestimmten Regelung (Reisekostenregelung) aus einer Vorschriftensammlung vom Dienstgeber auf Grund des § 26 Abs. 2 forderte, er müsse die aus der Sammlung herausgenommene Regelung wieder beifügen und die so wieder ergänzte Sammlung der MAV vorlegen. Es ist zutreffend, dass die Bestimmung des § 26 Abs. 2 der MAV nur einen Informations- und Unterrichtungsanspruch gibt, der durch die Vorlage der erforderlichen (gewünschten) vorhandenen Unterlagen erfüllt ist. Geschuldet ist also die Vorlage aller Unterlagen, seien sie inhaltlich richtig oder falsch. Über § 26 Abs. 2 kann nicht eine Berichtigung von – nach Auffassung der MAV – fehlerhaften oder ergänzungsbedürftigen Unterlagen erzwungen werden. Wie der Dienstgeber solche Sammlungen der in der Einrichtung geltenden Regelungen zusammenstellt, gehört zu seiner Organisationsbefugnis. Eine Einflussmöglichkeit darauf gibt die MAVO nicht. Eine andere Frage ist es, ob die MAV ein Mitberatungs- oder Zustimmungsrecht in einer bestimmten Frage hat. Das muss sie im Rahmen des dafür vorgesehenen Rechtsweges durchzusetzen versuchen – für eine Reisekostenabrechnung beispielsweise über § 32 Abs. 1 Nr. 5 (§ 32 Rn 11). 36

Soweit schriftliche Unterlagen nicht vorliegen ist das Einsichtsrecht der MAV, im Rahmen des § 26 Abs. 2, bei Verwendung der EDV hinsichtlich solcher Personalplanungsdaten auszudehnen, die lediglich als Datei vorhanden sind und ohne großen Aufwand ausgedruckt werden können. Das gilt insbesondere dann, wenn die Mitarbeiter in der Lohnbuchhaltung bestimmten Kostenstellen zugeordnet sind, so dass auch eine Liste der Mitarbeiter und Mitarbeiterinnen gegliedert nach Kostenstellen, mit Bezeichnung der den einzelnen Kostenstellen zugeordneten Abteilungen, ohne großen Aufwand ausgedruckt und der MAV zur Einsichtnahme vorgelegt werden kann.[45] 37

Die Unterlagen sind der **MAV** vorzulegen (siehe auch § 27a). Da die Aufgaben der MAV, insbesondere die in §§ 29–38 geregelten Beteiligungsrechte von der MAV als Gesamtgremium wahrgenommen werden müssen, muss jedes **Mitglied** der MAV die Möglichkeit haben, die vorgelegten Unterlagen einzusehen. Dieses Einblicksrecht für jedes Mitglied findet allenfalls seine Schranken im Rechtsmissbrauch und im Grundsatz vertrauensvoller Zusammenarbeit. Kein Mitglied der MAV kann ein Einblicksrecht in die vorzulegenden Unterlagen auf Kosten der Funktionsfähigkeit der Einrichtung durchsetzen. Die MAV kann das Einsichtsrecht in die vorgelegten Unterlagen auf ihren Vorsitzenden, seinen Stellvertreter oder ein besonders dazu beauftragtes Mitglied der MAV übertragen. Sie kann jedoch dazu nicht gezwungen werden. 38

»Vorlage« gibt der MAV das Recht, sich aus den vom Dienstgeber vorgelegten Unterlagen **schriftliche Aufzeichnungen** zu machen.[46] Das gilt vor allem bei besonders umfangreichen Unterlagen, bei denen 39

---

43 Entscheidung zum gleichlautenden § 68 Abs. 2 Satz 2 BPersVG: *BVerwG*, 21. 9. 1984 – 6 P 24/83, ZBR 1985, 85; 26. 1. 1994 – 6 P 21/92, AP Nr. 5 zu § 68 BPersVG = NVwZ 1995, 91.
44 *Schlichtungsstelle Limburg*, 9. 7. 1990 – 390, n. v.
45 *Schlichtungsstelle Osnabrück*, 23. 5. 2001 – 02/2000.
46 *BAG*, 15. 6. 1976 – 1 ABR 116/74, EzA § 80 BetrVG 1972 Nr. 14 = BB 1976, 1223.

objektiv mit der Durchsicht allein das Informationsbedürfnis nicht zufriedenstellend erfüllt werden kann. Nach Sinn und Zweck der gesetzlichen Regelung wäre es zu eng, den Begriff der Vorlage auf die Einsichtnahme zu beschränken.[47] Durch die Vorlage soll gewährleistet werden, dass die Mitglieder der MAV die Möglichkeit haben, sich auf deren Sitzungen gründlich vorzubereiten. Es genügt daher nicht, dass sie die Unterlagen nur in Gegenwart des Dienstgebers einsehen können, es ist andererseits aber auch nicht erforderlich, dass dieser die Unterlagen den Mitgliedern der MAV überlässt, ihnen also aushändigt. Es steht dem aber nicht entgegen, dass sie sich anhand der Unterlagen Notizen machen können.[48]

Das **Recht zu schriftlichen Aufzeichnungen** ist allenfalls dann nicht gegeben, wenn der Dienstgeber Geheimhaltungsinteressen hat und sich bei der Vorlage der Unterlagen zu Recht darauf beruft. Zwar sind nach Maßgabe der Festlegungen in § 20 (§ 20 Rn 8, 34) die Mitglieder der MAV zur Verschwiegenheit über alle dienstlichen Angelegenheiten und Tatsachen nach außen verpflichtet, die ihnen auf Grund ihrer Zugehörigkeit zur MAV bekannt geworden sind und Verschwiegenheit erfordern. Es kann jedoch im Einzelfall geboten sein, auch detaillierte schriftliche Aufzeichnungen über die vorgelegten Unterlagen deswegen zu untersagen, weil wichtige Interessen des Dienstgebers dazu Anlass geben. Zu denken wäre hier z. B. an beabsichtigte Änderungen des Stellenplanes, die – wenn sie vorzeitig bekannt würden – zur Unruhe unter den Mitarbeitern führen könnten. Der Dienstgeber könnte unter Berufung auf die Verletzung wichtiger Dienstgeheimnisse die Fertigung von schriftlichen Aufzeichnungen zwar untersagen. Er kann aber mit dieser Begründung die Vorlage erbetener und für die Arbeit der MAV auch erforderlicher Unterlagen nicht versagen.

40 Das Recht, sich schriftliche Aufzeichnungen machen zu dürfen, gibt keine Befugnisse zur **vollständigen Abschrift** oder zur **Anfertigung von Fotokopien**.[49] Dabei kann die MAV nur die Vorlage der beim Dienstgeber vorhandenen, nicht die Anfertigung völlig neuer Unterlagen, die dann vorgelegt werden sollen, verlangen.[50]

41 Die Vorlage der Unterlagen ist nur dann eine Pflicht des Dienstgebers, wenn die MAV die Vorlage verlangt. Dieser **Antrag** der MAV ist Voraussetzung der Vorlagepflicht. Die Vorlage kann **jederzeit** beantragt werden. Die Vorlagepflicht ist also nicht von einem bereits bestehenden, konkreten Streitfall abhängig; denn sie dient der erschöpfenden Unterrichtung der MAV, nicht der Offenlegung und Klärung bereits vorhandener Differenzen zwischen Dienstgeber und MAV.

42 Vorzulegen sind die **erforderlichen** Unterlagen, die Unterlagen also, ohne die bei objektiver Wertung die MAV ihre Aufgaben nach der MAVO nicht ordnungsgemäß erfüllen kann. Bei Kirchengemeindeverbänden und Kirchengemeinden wirken je nach diözesaner Ordnung die Rendanturen an der Vorlage mit (vgl. Ordnung für die Rendanturen im Erzbistum Köln).[51]

3. Der Stellenplan

43 Zu den vorzulegenden Unterlagen gehört zunächst der **Stellenplan** – und zwar der entscheidende Ist-Stellenplan. Der Stellenplan ist Teil der Personalplanung des Dienstgebers.[52] Zum **Begriff »Personalplanung«**: § 27 Rn 12; § 27a Rn 21, 22. Dabei muss unterschieden werden zwischen dem Soll-Stellenplan – eben den Stellen, die im Rahmen der Personalplanung für ein bestimmtes Haushaltsjahr erwartet werden und die Grundlage für den Ist-Stellenplan abgeben – und dem Ist-Stellenplan –, also

---

47 So auch zum Begriff der Vorlage in § 106 BetrVG: *BAG*, 20.11.1984 – 1 ABR 64/82, AP BetrVG 1972 § 106 Nr. 3.
48 So ausdrücklich *BAG*, 20.11.1984 – 1 ABR 64/82, AP BetrVG 1972 § 106 Nr. 3; ebenso *KAGH*, 2. 3. 2007 – M 06/06, ZMV 2007, 195.
49 *BAG*, 3. 12. 1981 – 6 ABR 8/80, AP Nr. 17 zu § 80 BetrVG 1972 = DB 1982, 653.
50 *BAG*, 7. 8. 1986 – 6 ABR 77/83, AP Nr. 25 zu § 80 BetrVB 1972 = DB 1987, 101; *Zentrale Gutachterstelle beim VDD*, 16. 8. 2001, ZMV 2002, 186.
51 Amtsblatt 2004 Nrn. 24 und 25 S. 22 ff., 24 ff.
52 Vgl. *BVerwG*, 23. 1. 2002 – 6 P 5.01, ZTR 2002, 196.

den Stellen, die tatsächlich in der Einrichtung von den Kostenträgern zugestanden, damit vorhanden und besetzt sind.

In Bezug auf § 26 Abs. 2 S. 1 MAVO (Berlin) ist eine teleologische Interpretation geboten. Es geht im Rahmen dieser Bestimmung um die Unterlagen, die der Beantwortung der Frage dienen, welche Stellen (wirtschaftlich/rechtlich) zur Verfügung stehen (abstrakter Stellenplan), und es geht ferner um die konkrete Stellenbesetzung um einen Vergleich des Soll- mit dem Ist-Zustand jederzeit zu ermöglichen. Der für die Personalplanung vorauszusetzende abstrakte Stellenplan (Soll-Stellenplan) ist nicht notwendigerweise mit der konkreten Stellenbesetzung identisch. Letztere bestimmt den Ist-Stellenplan.[53] 44

Für den Soll-Stellenplan sind im refinanzierten Bereich (etwa: Schulen, Tageseinrichtungen für Kinder) staatliche – landesrechtliche – Vorgaben von Bedeutung, welche die Begründung für den Stellenplan einer Einrichtung geben und daher für Dienstgeber und MAV verbindlich sind. 45

Die MAV hat ein legitimes Interesse daran, den Ist-Stellenplan vom Dienstgeber vorgelegt zu erhalten. Sie muss für ihre Arbeit wissen, über welche bewilligten und auch tatsächlich besetzten Stellen die Einrichtung verfügt. Dass dieser Ist-Stellenplan Ausgangspunkt für die Vorlagepflicht ist, ergibt sich incidenter aus § 27 Abs. 2: Dort ist ausdrücklich festgelegt, dass die MAV einen Informationsanspruch über die »Änderungen und Ergänzungen des Stellenplanes« hat. Ein solcher Informationsanspruch über Änderungen und Ergänzungen eines Ist-Stellenplanes hat nur Sinn, wenn die MAV zunächst über den Soll-Stellenplan informiert ist (§ 27 Rn 11 ff.) und den Ist-Stellenplan in allen Einzelheiten kennt.[54] Auf der Vorlagepflicht des Ist-Stellenplanes nach § 26 Abs. 2 baut demnach die Informationspflicht des § 27 Abs. 2 auf. Die Regelung des § 27 Abs. 2 folgt demnach konsequenterweise der Vorlagepflicht für den Stellenplan nach § 26 Abs. 2.[55] 46

Es ist unrichtig, wenn von Dienstgeberseite teilweise vorgetragen wird, bei der Informationspflicht nach § 27 Abs. 2 handele es sich um eine völlig selbständige Pflicht ohne Zusammenhang mit der Vorlagepflicht des Ist-Stellenplanes nach § 26 Abs. 2.[56] 47

Der Dienstgeber ist nach der Entscheidung des *KAGH* vom 2. 3. 2006[57] nur verpflichtet, der MAV Unterlagen vorzulegen, die in einem Ist-Stellenplan folgende Inhalte haben: 48
– Name, Vorname,
– Geburtsdatum,
– Datum der Einstellung bei der Dienststelle/bei Befristungen Datum des Ablaufs, der Befristung,
– Beschäftigungszeit,
– Eingruppierung unter Angabe der Kostenstelle,
– ausgeübte Tätigkeit,
– als leitend bezeichnete Mitarbeiterinnen und Mitarbeiter i. S. d. MAVO,
– Beschäftigungsumfang.

Datenschutzrechtliche Bedenken dagegen können nicht erhoben werden, wenn weitere persönliche Angaben (insbesondere Familienstand und genaue Gehaltsbezüge) nicht im Stellenplan stehen. Allerdings setzt die Vorlage eines mit Namen versehenen Stellenplanes voraus, dass der Dienstgeber einen solchen Stellenplan aufgestellt hat. Er kann nicht verpflichtet werden, einen mit Namen versehenen Stellenplan erst zu erstellen. 49

---

53 *KAGH*, 2. 3. 2007 – M 06/06, ZMV 2007, 195.
54 *Schlichtungsstelle München und Freising*, 18. 1. 1996 – 10 AR 95, ZMV 1997, 36.
55 *KAGH*, 2. 3. 2007 – M 06/06, ZMV 2007, 195.
56 So auch *Schlichtungsstelle Köln*, 7. 1. 1993 – MAVO 9/92, ZMV 1993, 174 und 22. 11. 1993 – MAVO 7/93, ZMV 1994, 34; *Schlichtungsstelle München*, 21. 8. 1996 – 14 AR 96, n. v.
57 *KAGH*, 2. 3. 2006, M 06/06, ZMV 2007, 195.

50 Falls der Dienstgeber – aus welchen Gründen auch immer – keinen abstrakten Stellenplan hat, braucht er ihn nicht besonders für die Vorlage an die MAV zu erstellen. Dies mag für eine geordnete Personalplanung ein Mangel sein, kann aber von der MAV nicht erzwungen werden.[58]

51 Die MAV hat demnach nur einen Anspruch auf **Vorlage** des beim Dienstgeber **vorhandenen Stellenplanes**.

52 Die MAV hat erst recht keinen Anspruch darauf, dass der Dienstgeber einen anderen Stellenplan für sie erst anfertigt oder inhaltlich mehr in diesen Stellenplan hineinschreibt, als er es bisher getan hat.[59]

53 Die MAV hat auch keinen Anspruch auf Vorlage eines Prüfungsberichtes einer Wirtschaftsprüfungsgesellschaft, in dem die Effektivität der Verwaltung und des Stellenplanes untersucht wurde, um sich eigene Überprüfungsmöglichkeiten für den Stellenplan zu eröffnen.[60]

54 Nicht zu den vorzulegenden Unterlagen gehören **Personalakten. Hierfür** gilt vielmehr § 26 Abs. 2 Satz 2 als Sonderregelung (Rn 58).

4. Bruttolohn- und Gehaltslisten

55 Keine ausdrückliche Regelung in der MAVO gibt es für das Einblicksrecht in **die Bruttolohn- und Gehaltslisten**.

56 Ein allgemein bestehendes Einblicks- oder Vorlagerecht für die Bruttolohn- und Gehaltslisten gibt es nicht.[61] Jedoch ist aus dem allgemein festgelegten Überwachungsrecht von Dienstgeber und MAV (Rn 14 ff.) abzuleiten, dass die MAV bei Verletzung der Grundsätze von Recht und Billigkeit und des Gleichbehandlungsgebotes auch einen Anspruch auf **Einblick in die Bruttolohn- und Gehaltslisten**,[62] jedoch nicht auf **Aushändigung** der Listen hat. Das Einblicksrecht kann jedoch nur geltend gemacht werden, wenn glaubhaft gemacht wird, dass der Dienstgeber bei der Eingruppierung oder der Gehaltsfestsetzung von den Grundsätzen von Recht und Billigkeit abgewichen ist. Sinn und Zweck des so begrenzten Einblicksrechts (keine Abschriften oder Fotokopien) ist es, bei der Anwendung kollektiver Normen (Inbezugnahme von Tarifnormen) oder kollektiv-ähnlicher Normen (etwa AVR-Caritas) im Bereiche der durch Tätigkeitsmerkmale festgelegten Grundvergütung Verletzungen des Gleichbehandlungsgrundsatzes bei der Eingruppierung auszuschließen. In diesem Ausnahmefall ist der MAV ein beschränktes Einblicksrecht in die Bruttogehaltslisten auf Grund des § 26 Abs. 1 S. 2 zuzubilligen. Dieses Einblicksrecht muss vor allem dann gewährt werden, wenn sich ein Arbeitnehmer bei der MAV in einer nicht offenkundig unbegründeten Beschwerde über die Verletzung des Gleichbehandlungsgebotes bei der Festlegung seiner Grundvergütung, die in dieser kirchlichen Einrichtung nach kollektiv-rechtlichen Grundsätzen erfolgt, beschwert (§ 26 Abs. 3 Nr. 2; Rn 72 f.). Die MAV kann eine solche Beschwerde nur dann dem Dienstgeber vortragen, wenn sie über die Beschwerdegründe sachgerecht auch durch Einblick in die Bruttogehaltslisten unterrichtet ist. Der Dienstgeber kann sich in diesem Ausnahmefall auch nicht darauf berufen, dass in der MAVO ein allgemeines Einblicksrecht in die Bruttogehaltslisten nicht festgelegt sei und ein generelles Überwachungsgebot auch für die Beachtung gesetzlicher und kollektiver Normen (Dienstvereinbarungen) in § 26 Abs. 3 (etwa wie in § 68 Abs. 1 Nr. 2 BPersVG) nicht bestehe.

57 Ist der MAV ein Einblicksrecht in die Entgeltlisten in diesem Sinne und Umfang zuzubilligen, so kann der Dienstgeber den **Ort der Einsichtnahme** bestimmen. Er kann auch selbst dabei anwesend sein

---

58 *KAGH*, 2. 3. 2007 – M 06/06, ZMV 2007, 195.
59 *Schlichtungsausschuss Evang. Landeskirche Baden*, 10. 2. 1993 – 40/91, ZMV 1993, 176.
60 *Schlichtungsstelle Essen*, 18. 11. 1988 – 8/88, m. v.; siehe aber zu § 27a.
61 A. A. *Frey/Coutelle/Beyer*, § 26 Rn 22 ohne nähere Begründung.
62 So auch für den Unterrichtungs- und Vorlageanspruch nach § 68 Abs. 2 BPersVG, der wortgleich mit § 26 Abs. 2 MAVO ist: *BVerwG*, 27. 2. 1985 – 6 P 9.84, ZBR 1985, 173; *Schlichtungsstelle Essen*, 15. 1. 1993 – 5/92, ZMV 1993, 177.

oder die Einsichtnahme in einem mit anderen Mitarbeitern besetzten Raum (z. B. Büro des Leiters der Personalabteilung oder der Rendantur) anordnen. Er darf aber nicht andere, auch nicht Leitende Mitarbeiter mit der **Kontrolle der MAV-Mitglieder** bei der Einsichtnahme beauftragen.[63]

5. Personalakten

Ein eigenes Einsichtsrecht in die Personalakten des Mitarbeiters besteht für die MAV grundsätzlich nicht (§ 26 Abs. 2 S. 2). Nur nach vorheriger schriftlicher Zustimmung des betroffenen Mitarbeiters hat die MAV einen Anspruch auf Einsicht in seine Personalakten.[64] In diesem Fall muss der Dienstgeber dem Antrag auf Einsicht in eine Personalakte ohne weitere Prüfungsmöglichkeit entsprechen, wenn die MAV durch ihren Vorsitzenden oder ein dazu beauftragtes Mitglied unter Vorlage einer schriftlichen Zustimmungserklärung des Mitarbeiters Einblick in dessen Personalakte fordert. Eines besonderen konkreten Anlasses bedarf es dazu nicht. Auch der betroffene Mitarbeiter hat ein **jederzeitiges Einsichtsrecht** in alle Personalakten, die über ihn geführt werden[65] »Geheime« Personalakten sind unzulässig.[66] Dieses Recht auf jederzeitige Einsichtnahme in die Personalakten darf nicht rechtsmissbräuchlich, etwa standig wiederholend ausgeübt werden.

Der **Begriff »Personalakte«** ist dahingehend zu definieren, dass es sich dabei und eine systematische Sammlung von Unterlagen über einen bestimmten Mitarbeiter handelt – ohne Rücksicht auf die Stelle, an der dieses Material gesammelt wird, auf ihre Form und das dazu verwandte Aufzeichnungsmaterial. Daher fallen auch die in nicht offenen, also insbesondere elektronischen Datenbanken gespeicherten Personaldaten, auf die der Dienstgeber jederzeit zurückgreifen und sie abfragen kann, unter den Begriff »Personalakte«. Dabei dürfen solche Personalakten nur Angaben enthalten, an denen der Arbeitgeber ein sachliches Interesse hat.[67] Zu Richtlinien zu Inhalten von und Umgang mit Personalakten siehe Amtsblatt des Erzbistums Köln 1998 Nr. 10 S. 22.

Zu den Bewerbungsunterlagen Einzustellender wird auf § 34 Abs. 3 verwiesen.

6. Sonstige Unterlagen

Außer den oben namentlich genannten Unterlagen hat der Dienstgeber mit Rücksicht auf die Beteiligungsrechte der MAV nach §§ 29 ff. u. a. vorzulegen
– die bei ihm verwendeten Arbeitsvertragsordnungen – auch unter Berücksichtigung von Art. 7 Abs. 1 GrO – und Arbeitsvertragsmuster,
– Personalfragebögen,
– Gestellungsverträge,
– Verträge mit Verleihern von Arbeitnehmern,
– die Unterlagen über vom Dienstgeber betriebene Sozialeinrichtungen für die Einrichtung,
– die Verzeichnisse über an Mitarbeiter zu vergebende Wohnungen und Bewerberlisten.

Dazu kommen nach Maßgabe von § 27 erforderliche Informationen, z. B. über Rechtsnachfolgen durch Betriebsübergänge, Aufteilung, Zusammenlegung, Verlegung, Schließung von Einrichtungen oder Teilen von ihnen; über Mitarbeiterbefragungen.[68]

---

63 *BAG*, 16. 8. 1995 – 7 ABR 63/94, AP Nr. 53 zu § 80 BetrVG 1972 = DB 1996, 430; bestätigt *BAG*, 13. 2. 2007 – 1 ABR 14/06, NZA 2007, 1121 ff.
64 So auch zu § 82 BetrVG: *BAG*, 23. 2. 1984 – 6 ABR 22/81, EzA § 82 BetrVG 1972 = AP Nr. 2 zu § 82 BetrVG 1972 = DB 1984, 2098.
65 *BAG*, 17. 3. 1970 – 5 AZR 263/69, EzA § 611 BGB Fürsorgepflicht Nr. 9 = DB 1970, 886.
66 Zur Problematik *BVerwG*, 30. 8. 1962 – II C 16.60, NJW 1963, 123; 23.2.1962 – VII B 21.61, NJW 1963, 1123.
67 *BAG*, 28. 3. 1979 – 5 AZR 80/77, AP Nr. 3 zu § 75 BPersVG = DB 1979, 1703.
68 *BAG*, 8. 6. 1999 – 1 ABR 28/97, NZA 1999, 1345.

7. Datenschutz

63 Der Anspruch der MAV auf Vorlage von Unterlagen ist weder durch die Anordnung über den kirchlichen Datenschutz (KDO) noch durch Bundesdatenschutzgesetz (BDSG) eingeschränkt, weil die MAV wegen fehlender Rechtspersönlichkeit nicht Dritter i. S. d. datenschutzrechtlichen Bestimmungen (vgl. § 1 Abs. 2 KDO) ist.[69] Umgekehrt hat die MAV ein Recht, gemäß § 26 Abs. 2 S. 1 auf die mitbestimmungsfreie Personaldatenverarbeitung gerade im Hinblick auf vorzulegende Unterlagen und vom Dienstgeber zu erteilende Informationen Einfluss zu nehmen. Insoweit ersetzt auf dem Gebiete der MAVO § 26 Abs. 2 S. 1 die Rechte, die sonst dem Betriebsrat nach § 80 Abs. 1 Nr. 1 BetrVG[70] oder dem Personalrat nach § 68 Abs. 1 Nr. 2 BPersVG[71] zustehen.[72] Der Schutz personenbezogener Daten ergibt sich kirchlicherseits aus der KDO und dem CIC (can. 220, 983, 1388) und Art. 9 RK. Nicht zu verkennen ist die Regelungslücke des Verhältnisses des Datenschutzbeauftragten zur MAV.[73]

Der Anspruch der MAV nach § 26 Abs. 2 S. 1 ist spezialgesetzlich geregelt mit der Folge, dass diese Vorschrift den Bestimmungen von KDO (§ 1 Abs. 3 KDO) und staatlichen Rechtsvorschriften vorgeht (siehe auch § 20 Rn 37). Die Vorschrift des § 26 Abs. 2 S. 1 stellt insoweit eine die Datenübermittlung erlaubende Rechtsvorschrift i. S. d. § 3 Abs. 1 Nr. 1 KDO dar (vgl. auch § 4 Abs. 1 BDSG) ebenso für die Verpflichtung des Dienstgebers zur Offenlegung der Sozialdaten vergleichbarer Mitarbeiter nach § 1 Abs. 3 S. 1 KSchG.[74]

64 Allerdings ist ein **Anspruch der MAV, sich selbst personenbezogene Daten der Mitarbeiter in einer eigenen Datenbank zu speichern, abzulehnen**,[75] weil die KDO ebenso wie das BDSG auch zum **Schutz der Mitarbeiter** erlassen ist.[76] Das gilt sowohl für die Speicherung »allgemeiner« Personaldaten als auch »spezieller« Daten wie Funktion und Bewertung einer Stelle, um etwa Eingruppierungsentscheidungen des Dienstgebers überprüfen zu können. Es soll nicht bestritten werden, dass die Speicherung allgemeiner Personaldaten für eine MAV zweckmäßig sein kann. Auf die »Zweckmäßigkeit« der Speicherung solcher Daten kommt es aber für ihre Zulässigkeit nicht an, wenn die MAV vom Dienstgeber Einsicht in die bei ihm gespeicherten Daten fordert und ihr diese Einsicht (oder ein Abdruck) der gespeicherten allgemeinen Daten gewährt wird.

65 Für die Erhebung spezieller Daten durch die MAV fehlt es an einer Rechtsgrundlage in der KDO, in der MAVO und letztlich mit Blick auf die auch gemäß § 1 Abs. 3 KDO zu beachtende staatliche Gesetzeslage (etwa BDSG und BetrVG) für den Betriebsrat; das BDSG gilt auch für die Datenverarbeitung durch die Betriebsräte. Allerdings besteht insoweit nicht die Kontrollbefugnis des betrieblichen Datenschutzbeauftragten (§§ 4f und 4g BDSG).[77]

66 Ein besonders sensibler Schutzbereich sind (digitale) **Telefonanlagen** in den Verwaltungsbüros. Denn hier können extern (bei Anschluss an das öffentliche ISDN-Netz) und innerhalb der kirchlichen Stelle umfangreiche personenbezogene Dateien entstehen, die Hinweise auf das Kommunikationsverhalten der Gesprächsteilnehmer geben. Deshalb ist unter Beteiligung der MAV (§ 36 Abs. 1 Nr. 9) verbindlich festzulegen, welche Leistungsmerkmale aktiviert, welche Daten gespeichert und

---

[69] *Fachet*, Datenschutz in der katholischen Kirche, S. 296.
[70] *Richardi/Thüsing*, BetrVG § 80 Rn 8.
[71] *Ilbertz/Widmaier*, BPersVG § 68 Rn 10.
[72] Siehe dazu ausdrücklich: § 26 Abs. 3 Nr. 9 MAVO Freiburg, Amtsblatt 1997 S. 227 ff.; § 26 Abs. 3 Nr. 3 MAVO Rottenburg-Stuttgart, Amtsblatt 1997, S. 562 ff.
[73] So auch im BDSG das ungeregelte Verhältnis des Datenschutzbeauftragten zum Betriebsrat: *BAG*, 11. 11. 1997 – 1 ABR 21/97, AR-Blattei ES 110 Nr. 53.
[74] *BAG*, 24. 3. 1983 – 2 AZR 21/82, EzA § 1 KSchG Betriebsbedingte Kündigung Nr. 21 – DB 1983, 1822.
[75] *BVerwG*, 4. 9. 1990 – 6 P 28/87, PersV 1991, 375 = ZTR 1991 80.
[76] Vgl. *BAG*, 11. 11. 1997 – 1 ABR 21/97, AR-Blattei ES 110 Nr. 53.
[77] *BAG*, 11. 11. 1997 – 1 ABR 21/97, AR-Blattei ES 110 Nr. 53.

wie bzw. von wem sie ausgewertet werden. Die Mitarbeiter sollten über den Umfang dieser Datenverarbeitung unterrichtet werden.

8. Streitigkeiten

Die Verletzung der Vorlagepflicht von Unterlagen durch den Dienstgeber kann nach § 2 Abs. 2 KAGO auch schon bei einem einmaligen Verstoß Anlass zu einem Rechtsstreitverfahren vor dem Kirchlichen Arbeitsgericht sein. In diesem Verfahren kann nur der schuldhafte Verstoß des Dienstgebers nachträglich festgestellt werden. Auf diese Feststellung allein ist aber die MAV nicht mehr angewiesen. Sie kann nach § 2 Abs. 2 KAGO auch auf Leistung gegen den Dienstgeber klagen. Der Streit um die Vorlagepflicht ist eine Rechtsstreitigkeit mitarbeitervertretungsrechtlicher Art i. S. d. § 2 Abs. 2 KAGO. 67

Zu prüfen ist allerdings zunächst, ob nicht vorrangig der Weg einer **Leistungsklage** z. B. gegen den Dienstgeber die Vorlage eines Stellenplanes (Rn 42) oder die Offenlegung von Verträgen mit Drittunternehmen bei Werkverträgen mit freien Mitarbeitern (§ 27 Rn 9) zu wählen ist. Grundsätzlich geht nämlich die Leistungsklage einer Feststellungsklage vor und bewirkt im Falle des Erfolges die Erfüllung der Vorlageansprüche gegen den Dienstgeber. 68

V. Allgemeine Aufgaben der Mitarbeitervertretung (§ 26 Abs. 3)

Als Ergänzung und unabhängig von den in §§ 27 ff. festgelegten Informations- und Beteiligungsrechten der MAV spricht § 26 Abs. 3 der MAV die in § 26 Abs. 3 Nr. 1–9 festgelegten **allgemeinen Aufgaben** zu. Diese allgemeinen Aufgaben hat die MAV unabhängig davon zu erfüllen, ob ihr ein besonderes Beteiligungsrecht eingeräumt worden ist. In diesen **ausdrücklich formulierten allgemeinen Aufgaben** hat die MAV ein **Initiativrecht**. Sie kann im Rahmen der vertrauensvollen Zusammenarbeit von sich aus an den Dienstgeber herantreten, um Informationen und Vorlage der für die Klärung des Sachverhaltes erforderlichen Unterlagen bitten (Rn 34) und Anregungen geben. Die MAV ist demnach nicht auf ein Tätigwerden des Dienstgebers angewiesen. Ob der MAV darüber hinaus über die genannten Aufgabenstellungen nach § 26 Abs. 1 Nr. 1 bis 9 hinaus wie beispielsweise in § 80 Abs. 1 Nr. 1 BetrVG und § 68 Abs. 1 Nr. 2 BPersVG geregelt ein allgemeines Überwachungsrecht zusteht, ob also die MAV darüber zu wachen hat, dass alle Gesetze, Verordnungen, Unfallverhütungsvorschriften, KAVO bzw. AVR und Dienstvereinbarungen, die zu Gunsten der Mitarbeiterinnen und Mitarbeiter bestehen, durchgeführt werden, ist bisher ungeklärt. Der KAGH hat mit Beschluss vom 3. 9. 2010[78] zur Klärung dieser Fragestellung die Revision zugelassen und bereits in diesem Zulassungsbeschluss angedeutet, ein derartiges Überwachungsrecht anzunehmen. 69

1. Anregungen / Antragsrecht (§ 26 Abs. 3 Nr. 1)

Die MAV hat ein eigenes Antragsrecht für alle Maßnahmen, die der Einrichtung und ihren Mitarbeitern dienen. Damit wird nochmals das Initiativrecht der MAV im Rahmen der vertrauensvollen Zusammenarbeit mit dem Dienstgeber hervorgehoben. Die MAV kann damit alle Maßnahmen beantragen, die diesem Zweck dienen, auch wenn sie kein besonderes Beteiligungsrecht nach §§ 29 ff. hat. 70

Diesem Antragsrecht der MAV steht die **Pflicht des Dienstgebers** gegenüber, zu den Anträgen der MAV Stellung zu nehmen, sich mit den beantragten Maßnahmen auseinander zu setzen und sie mit der MAV zu erörtern, notfalls auf gemeinsamen Sitzungen und Gesprächen (§ 39). Allerdings ist diese Pflicht des Dienstgebers auf Angelegenheiten beschränkt, die überhaupt in die Zuständigkeit der MAV fallen. Der Dienstgeber kann ein Eingehen auf Anregungen der MAV verweigern, wenn sich ihr Begehren nicht in den Aufgaben- und Beteiligungsbereich der MAV einordnen lässt. 71

---

78 *KAGH*, 3.9.2010 – M 15/10, n. v.

2. Behandlung von Anregungen und Beschwerden von Mitarbeitern (§ 26 Abs. 3 Nr. 2)

72 Diese Bestimmung spricht von der Behandlung nicht nur von Anregungen, sondern auch Beschwerden der Mitarbeiter. Der Begriff »**Anregung**« steht dabei für Vorschläge von Mitarbeitern. »**Beschwerde**« ist eine Rüge über eine individuelle Benachteiligung, eine ungerechte Behandlung oder eine sonstige, nachhaltige Benachteiligung eines Mitarbeiters durch den Dienstgeber. Dabei kommt es auf den subjektiven Standpunkt des Mitarbeiters an, der sich benachteiligt fühlt und sich deshalb bei der MAV beschwert. Umstritten ist dabei, ob ein Mitglied der MAV zur Klärung von Anregungen und Beschwerden der Mitarbeiter ein **Zugangsrecht zum Arbeitsplatz** des Mitarbeiters ohne Einvernehmen des Dienstgebers hat. Richtigerweise steht dem Dienstgeber zu, zu verlangen, dass ihn die MAV unterrichtet, an welchem Arbeitsplatz und zu welchem Zeitpunkt MAV-Mitglieder Gespräche mit Mitarbeitern führen. Daher räumt die Rechtsprechung des *BVerwG*[79] entgegen der Rechtsprechung des *BAG*[80] dem Dienstgeber gegen das Aufsuchen eines Mitarbeiters ein – eng begrenztes – Widerspruchsrecht ein. Nur wenn ernste Störungen des Arbeits- und Betriebsablaufes zu befürchten sind, kann der Dienstgeber dem Aufsuchen eines Mitarbeiters am Arbeitsplatz widersprechen.

73 Bei einem **Personalgespräch mit dem Mitarbeiter** besteht weder aus § 26 Abs. 1 noch aus § 26 Abs. 3 Nr. 2 ein allgemeiner umfassender Rechtsanspruch eines MAV-Mitgliedes auf Teilnahme.[81] Allerdings ist ein solches Teilnahmerecht für die besonderen Fallkonstellationen des § 26 Abs. 3a nunmehr ausdrücklich normiert (Rn 121 ff.).

74 Die MAV hat die Anregung bzw. die Beschwerde entgegenzunehmen und sich mit ihr zu befassen. Kommt sie nach ihrer sorgfältigen Prüfung zu der Überzeugung, dass sie berechtigt erscheinen, muss die MAV den Sachverhalt dem Dienstgeber vortragen und auf eine Erledigung hinwirken. Soweit dazu die Vorlage oder die Einsicht in Unterlagen notwendig ist, die dem Dienstgeber zur Verfügung stehen, gilt § 26 Abs. 2 S. 1 (Rn 33 ff.). Jedenfalls besteht insoweit für die Behandlung von Anregungen und Beschwerden ein Initiativrecht der MAV, die verpflichtet ist, den Mitarbeiter über die von ihr eingeleiteten Maßnahmen zu unterrichten und ihm das Ergebnis ihrer Verhandlungen mit dem Dienstgeber mitzuteilen (§ 27 Abs. 2, 3. Spiegelstrich).

75 Die Behandlung von Beschwerden und Streitigkeiten **unter Mitarbeitern** gehört nicht zu den gesetzlichen Aufgaben der MAV. Sie könnte zwar von den Beteiligten um Vermittlung gebeten werden. Sie kann jedoch weder von sich aus noch auf die Bitte eines Beteiligten zur Schlichtung tätig werden. Ein eigenes Entscheidungsrecht hat die MAV in solchen Auseinandersetzungen nicht.

76 Beschwert sich ein Mitarbeiter bei der MAV über gegen ihn gerichtetes **Mobbing** (oder Bossing (Mobbing durch einen Vorgesetzten),[82] hat die MAV dem nachzugehen und beim Dienstgeber sich für Abhilfe einzusetzen. Denn Mobbing ist eine Beeinträchtigung erheblicher Art, durch »das die Mobbingopfer unter den **Psychoterror** von Vorgesetzten oder Kollegen gesetzt wird, indem »fortgesetzte, aufeinander aufbauende oder ineinander übergreifende, der Anfeindung, Schikane oder Diskriminierung dienende Verhaltensweisen« an den Tag gelegt werden, »die nach Art und Ablauf einer übergeordneten, von der Rechtsordnung nicht gedeckten Zielsetzung förderlich sind und jedenfalls in ihrer Gesamtheit das allgemeine **Persönlichkeitsrecht** oder andere ebenso geschützte Rechte wie die **Ehre** oder die **Gesundheit** des Betroffenen verletzen«.[83] Die rechtliche Be-

---

[79] *BVerwG*, 9. 3. 1990 – 6 P 15.88, PersVG 1990, 315.
[80] *BAG*, 23. 6. 1983 – 6 ABR 65/80, AP Nr. 45 zu § 37 BetrVG 1972 = DB 1983, 2419.
[81] So auch *BAG*, 23. 2. 1984 – 6 ABR 22/81, AP Nr. 2 zu § 82 BetrVG 1972 = EzA § 82 BetrVG 1972 Nr. 2 = DB 1984, 2098; *Schlichtungsausschuss Evang. Landeskirche Baden*, 27. 11. 1990 – 18/90, ZMV 1991, 67; *Thiel*, ZMV 5/2004 S. 215, 216 ff.
[82] Dazu: *Lorenz*, Mobbing am Arbeitsplatz, ZMV 2001, 261 und ZMV 2002, 15; *LAG Thüringen*, 28. 6. 2005 – 5 Sa 63/04, m. Anm. *Lorenz*, ZMV 2005, 317 ff.
[83] *LAG Thüringen*, 10. 4. 2001 – 5 Sa 403/2000, ZMV 2001, 150 = BB 2001, 1358; m. Anm. *Aigner*, Rechtsschutz gegen Mobbing verstärkt, BB 2001, 1354; vgl. *LAG Schleswig-Holstein*, DB 2002, 1056.

sonderheit der als Mobbing bezeichneten tatsächlichen Erscheinungen liegt darin, dass nicht eine einzelne, abgrenzbare Handlung, sondern die Zusammenfassung mehrerer Einzelakte in einem Prozess zu einer Verletzung des Persönlichkeitsrechts oder der Gesundheit des betroffenen Arbeitnehmers führen kann, wobei die einzelnen Teilakte jeweils für sich betrachtet rechtlich wiederum »neutral« sein können. Rechtlich betrachtet geht es damit zunächst um die Qualifizierung eines bestimmten Gesamtverhaltens als Verletzungshandlung im Rechtssinne. Die Zusammenfassung der einzelnen Verhaltensweisen erfolgt dabei durch die ihnen zugrunde liegende Systematik und Zielrichtung, Rechte und Rechtsgüter – im Regelfall das Persönlichkeitsrecht und/oder die Gesundheit des Betroffenen – zu beeinträchtigen.[84]

Trotz des Beschwerderechts bei der MAV handelt es sich für das Mobbingopfer um ein Individualrecht aus dem zugrunde liegenden Arbeitsverhältnis,[85] so dass der Betroffene sich bei fehlender Abhilfe in der Einrichtung an das Arbeitsgericht zu wenden hat. Auf die Existenz einer MAV kommt es letztlich nicht an.[86] Der **Kreis der beschwerdefähigen Angelegenheiten** ist umfassend. In Betracht kommen u. a.: 77
- ausländerfeindliches Verhalten,
- sexuelle Belästigung am Arbeitsplatz,
- Nichterfüllung eines Rechtsanspruchs.

Keine Rolle spielt, ob die Beeinträchtigung vom Dienstgeber, seinen vorgesetzten Mitarbeitern oder von den Arbeitnehmerkollegen der Einrichtung ausgeht.[87] 78

3. Förderung der Eingliederung und der beruflichen Entwicklung schwerbehinderter und anderer schutzbedürftiger Mitarbeiterinnen und Mitarbeiter (§ 26 Abs. 3 Nr. 3)

Als besondere Pflicht der MAV ist in § 26 Abs. 3 Nr. 3 hervorgehoben die besondere Förderung für schwerbehinderte, andere schutzbedürftige und ältere Mitarbeiter. Zu dem Aufgabengebiet, welches die MAV aus eigenem Antrieb und mit eigenen Anregungen und Vorschlägen (vgl. § 32 Abs. 1 Nr. 4) aufgreifen und dem Dienstgeber vortragen kann, gehören: 79
- schwerbehinderte Menschen (§ 2 Abs. 2, §§ 68 ff., §§ 81 ff. SGB IX), insbesondere auch
- den schwerbehinderten Menschen Gleichgestellte (§ 2 Abs. 3 SGB IX),
- chronisch Kranke,
- Beschäftigte, die innerhalb eines Jahres länger als sechs Wochen ununterbrochen oder wiederholt arbeitsunfähig sind (§ 84 Abs. 2 SGB IX),
- Sozialhilfeempfänger (§ 11 Abs. 3 SGB XII),
- Schwangere (vgl. dazu: MuSchG),
- ehemalige Strafgefangene,
- Aussiedler,
- Flüchtlinge,
- Jugendliche (vgl. JArbSchG); siehe Rn 90 ff.

Die MAV hat bei der Wahrnehmung ihrer Beteiligungsrechte (z. B. § 29, §§ 30 – 31) ihre Vorstellungen konkret einzubringen, um ihrer Förderungspflicht gerecht zu werden; sie hat ein Recht dazu. Daraus folgt z. B. die Förderung der Einstellung von schwerbehinderten Menschen im Zusammenwirken mit der Schwerbehindertenvertretung (§§ 28a, § 46, § 34 MAVO; § 27 Rn 22 f.; § 122 SGB IX). Gemäß § 99 SGB IX arbeiten Dienstgeber bzw. Arbeitgeber, Beauftragter des Arbeitgebers (§ 98 SGB IX), Vertrauensperson der schwerbehinderten Menschen und MAV (vgl. § 1 Abs. 4 ArbSchG) eng zusammen. Auf die Ausführungen zu § 26 Abs. 3 Nr. 5 wird hingewiesen (Rn 85 ff.). 80

---

84 *BAG*, 16. 5. 2007 – 8 AZR 709/06, NZA 2007, 1154, 1166.
85 Kirchliches Amtsblatt Rottenburg-Stuttgart 2003 S. 621.
86 *Richardi/Thüsing*, BetrVG § 84 Rn 2, 6.
87 *Richardi/Thüsing*, BetrVG § 84 Rn 6 ff.

81 Die Eingliederung und berufliche Entwicklung schutzbedürftiger und älterer Mitarbeiter und Mitarbeiterinnen gelingt nur, wenn diese Personen mit der Entwicklung in den Berufszweigen vertraut gemacht werden, insbesondere mit den technischen Entwicklungen, um Fuß zu fassen. Dazu gehört auch die Mitberatung bei der Auswahl der Teilnehmer an beruflichen Fort- und Weiterbildungsmaßnahmen (§ 29 Abs. 1 Nr. 6). Zum Kreis der Schutzbedürftigen gehören die in § 84 Abs. 2 SGB IX genannten kranken Mitarbeiter. Für sie sind mit ihrer Zustimmung Maßnahmen i. S. eines betrieblichen Eingliederungsmanagements zu klären, um einer krankheitsbedingten Kündigung vorzubeugen (§ 1 KSchG).[88]

82 § 80 Abs. 2 S. 3 SGB IX findet, da im Gesetzestext nicht genannt, auf die Mitarbeitervertretungen unmittelbar keine Anwendung. Zur Wahrnehmung der Aufgabe der MAV nach § 26 Abs. 3 Nr. 3 ist es dennoch erforderlich, dass der Dienstgeber die ihm nach dem gesetzlichen Schwerbehindertenrecht obliegenden Aufgaben erfüllt. Daher hat der Dienstgeber die in § 80 Abs. 2 S. 1 SGB IX genannte Anzeige des Arbeitgebers gegenüber der Agentur für Arbeit und das nach § 80 Abs. 1 SGB IX geführte Verzeichnis der MAV vorzulegen.

83 Vorzulegen bedeutet allerdings nicht, wie in § 80 Abs. 2 S. 2 BetrVG vorgesehen, zur Verfügung zu stellen. Nach Sinn und Zweck der gesetzlichen Regelung wäre es jedoch zu eng, den Begriff der Vorlage auf die Einsichtnahme zu beschränken. Durch die Vorlage soll gewährleistet werden, dass die Mitglieder der MAV die Möglichkeit haben, sich auf deren Sitzungen pünktlich vorzubereiten. Es genügt daher nicht, dass sie die Unterlagen nur in Gegenwart des Dienstgebers einsehen können; es ist andererseits aber auch nicht erforderlich, dass dieser die Unterlagen oder Abschriften ihnen überlässt, ihnen also aushändigt. Es steht dem aber nicht entgegen, dass sie sich anhand der Unterlagen Notizen machen können.[89] Die Informationspflicht selbst ist nunmehr ausdrücklich geregelt in § 27 Abs. 2, 5. Spiegelstrich.

4. Eingliederung ausländischer Mitarbeiter in die Einrichtung (§ 26 Abs. 3 Nr. 4)

84 Die Eingliederung von Ausländern ist ebenso wie die gemäß § 26 Abs. 3 Nr. 3 Aufgabe des Dienstgebers. Die MAV wirkt jedoch mit. Ein wesentlicher Gesichtspunkt dieser Aufgabenstellung ist die Förderung des gegenseitigen Verständnisses zwischen ausländischen und deutschen Mitarbeiterinnen und Mitarbeitern.[90] Es geht um ausländische Mitarbeiter (vgl. §§ 284 ff. SGB III; Verordnung über die Arbeitsgenehmigung für ausländische Arbeitnehmer; § 5 Arbeitsaufenthaltsverordnung) und ihre Eingliederung in die Einrichtung durch Förderung des Verständnisses zwischen ihnen und den anderen Mitarbeitern und Mitarbeiterinnen. Dazu gehören u. a. Asylanten (vgl. Asylverfahrensgesetz), wenn sie arbeiten dürfen. Nach EG-Recht ist zu unterscheiden zwischen EU-Bürgern (Art. 17, 39 EG-Vertrag Amsterdamer Fassung) und anderen Ausländern (vgl. VO – EWG-Nr. 1612/68 über die Freizügigkeit der Arbeitnehmer innerhalb der Gemeinschaft; § 2 Abs. 2 Ausländergesetz, Aufenthaltsgesetz/EWG.) Die Praxis zeigt, dass ausländische Mitarbeiter in den Einrichtungen kirchlicher Träger beschäftigt werden. Ihre Integration gelingt, wenn die sprachliche Verständigung möglich ist und die MAV sich dieser Mitarbeiter besonders annimmt. Dazu hat sie durch ihre Beteiligungsrechte nach MAVO konkrete Gelegenheit.

5. Berufliche Förderung schwerbehinderter Mitarbeiter und Mitarbeiterinnen (§ 26 Abs. 3 Nr. 5)

a. Freie Arbeitsplätze

85 Gemäß § 81 Abs. 1 SGB IX sind die Arbeitgeber verpflichtet zu prüfen, ob freie Arbeitsplätze mit schwerbehinderten Menschen besetzt werden können. Dazu ist die Kontaktnahme mit der Agentur für Arbeit geboten. Über das Ergebnis werden die Schwerbehindertenvertretung und die MAV unterrichtet.

---

88 *Brose*, DB 2005, 390.
89 *KAGH*, 27. 2. 2009 – M 14/08, ZMV 2009, 157; ebenso zum Begriff der Vorlage in § 106 BetrVG: *BAG*, 20. 11. 1984 – 1 ABR 64/82, NZA 1985, 432 ff.
90 *Richardi/Thüsing*, BetrVG § 80 Rn 43.

b. Integrationsvereinbarung

Der Dienstgeber/Arbeitgeber trifft mit der Schwerbehindertenvertretung und der MAV in Zusammenarbeit mit seinem Beauftragten (§ 98 SGB IX) eine verbindliche Integrationsvereinbarung (§ 83 Abs. 1 SGB IX). Ist eine Schwerbehindertenvertretung nicht vorhanden, steht der MAV nach staatlichem Recht i. V. m. § 26 Abs. 1 S. 2 MAVO ein Antragsrecht auf Verhandlung zu. Dazu kann das Integrationsamt zur Beteiligung an der Integrationsvereinbarung eingeladen werden. Die Vereinbarung enthält Regelungen im Zusammenhang mit der Eingliederung schwerbehinderter Menschen, insbesondere zu:
– Personalplanung unter Berücksichtigung von Frauen,
– Arbeitsplatzgestaltung,
– Gestaltung des Arbeitsumfeldes,
– Arbeitsorganisation,
– Arbeitszeit,
– Regelungen über die Durchführung in den Dienststellen und Einrichtungen (§ 83 Abs. 2 SGB IX).

c. Rechte schwer behinderter Menschen

Werden schwer behinderte Menschen beschäftigt, hat der Dienstgeber gemäß § 81 Abs. 2 SGB IX jegliche Benachteiligung dieser Personen zu vermeiden, soweit sachliche Gründe keine abweichende Behandlung zulassen. Die schwerbehinderten Menschen haben gemäß § 81 Abs. 4 SGB IX gegenüber ihren Arbeitgebern (Dienstgebern) Anspruch auf ihren Fähigkeiten entsprechende Tätigkeit, bei der sie ihre Fähigkeiten und Kenntnisse möglichst voll verwerten und weiter entwickeln können. Sie haben Anspruch auf bevorzugte Berücksichtigung bei innerbetrieblichen Maßnahmen der beruflichen Bildung zur Förderung ihres beruflichen Fortkommens und Erleichterung im zumutbaren Umfang zur Teilnahme an außerbetrieblichen Maßnahmen der beruflichen Bildung. Die Teilnahme an außerbetrieblichen Bildungsmaßnahmen muss ihnen vom Dienstgeber in zumutbarem Umfang ermöglicht werden, etwa durch Befreiung von der Arbeit mit oder ohne Fortzahlung der Vergütung, durch Übernahme von Lehrgangs- und Reisekosten. Verletzt der Dienstgeber schuldhaft seine gesetzliche Pflicht zu einer angemessenen Beschäftigung eines schwerbehinderten Menschen, ist er zum Schadensersatz verpflichtet. Es gehört zu den allgemeinen Aufgaben der MAV, dem Dienstgeber sachgerechte Hinweise über den Einsatz und die berufliche Förderung schwer behinderter Mitarbeiter zu geben. Zur Zusammenarbeit mit der Vertrauensperson der schwerbehinderten Menschen siehe § 52.

Die schwer behinderten Menschen haben Anspruch auf behinderungsgerechte Einrichtung und Unterhaltung der Arbeitsstätten, Betriebsanlagen, Maschinen und Geräte sowie die Gestaltung der Arbeitsplätze, des Arbeitsumfeldes, der Arbeitsorganisation und der Arbeitszeit, Ausstattung ihres Arbeitsplatzes mit den erforderlichen technischen Arbeitshilfen unter Berücksichtigung der Behinderung und ihrer Auswirkungen auf die Beschäftigung.

d. Teilzeitarbeitsplätze

Gemäß § 81 Abs. 5 SGB IX fördert der Dienstgeber die Einrichtung von Teilzeitarbeitsplätzen. Unterstützung erhält er dabei von den Integrationsämtern. Schwer behinderte Menschen haben einen Anspruch auf Teilzeitbeschäftigung, wenn die kürzere Arbeitszeit wegen Art oder Schwere der Behinderung notwendig ist. Allerdings ist der Anspruch eingeschränkt, nämlich wenn für den Dienstgeber die Erfüllung nicht zumutbar ist oder mit unverhältnismäßigen Aufwendungen verbunden wäre oder soweit staatliche oder berufsgenossenschaftliche Arbeitsschutzvorschriften entgegenstehen. Ein Anspruch auf eine konkrete Verteilung der wöchentlichen Arbeitszeit ist hieraus jedoch nicht unmittelbar abzuleiten.[91]

---

91 *LAG Köln*, 23. 11. 2009 – 5 Sa 601/09, ZTR 2010, 263.

6. Zusammenarbeit mit dem Sprecher der Jugendlichen und Auszubildenden (§ 26 Abs. 3 Nr. 6)

90 Der Sprecher der Jugendlichen und der Auszubildenden vertritt die:
- Jugendlichen unter 18 Jahren und
- Auszubildenden unter 25 Jahren (§ 48).

91 Er hat im Rahmen des § 51 Abs. 1 Nrn. 1 bis 3 besondere Befugnisse der MAV gegenüber, wenn Angelegenheiten von solchen Mitarbeitern anstehen und von der MAV beraten werden. Insoweit wird auf § 51 Rn 2 ff. verwiesen.

92 Die Verpflichtung zur Zusammenarbeit zwingt die MAV, Angelegenheiten der Auszubildenden und Jugendlichen (vgl. § 7 Abs. 1 Nr. 2 SGB VIII) nicht ohne ihren Sprecher oder ihre Sprecherin zu beraten und zu entscheiden. Das gilt auch, wenn der Sprecher oder die Sprecherin nicht ausdrücklich von ihren Rechten aus § 51 Abs. 1 Nr. 1 Gebrauch machen. Die MAV hat also vom Sprecher aus eigenem Interesse und aus der ihr auferlegten Pflicht in diesen Angelegenheiten Vorschläge und Stellungnahmen anzufordern und ihm die Möglichkeit zur Mitberatung und Mitentscheidung (§ 51 Abs. 1 Nr. 2) einzuräumen. Das bewusste Übergehen des Sprechers in diesen Angelegenheiten ist eine grobe Verletzung der Befugnisse und Pflichten der MAV i. S. d. § 13 Abs. 3 Nr. 6). Sanktionen sind: der Ausschluss des verantwortlichen Mitgliedes der MAV (§ 13c Nr. 5) oder Amtsenthebung der MAV im Wege einer Entscheidung des Kirchlichen Arbeitsgerichts (§ 13 Abs. 3 Nr. 6, § 13c Nr. 5 MAVO i. V. m. § 2 Abs. 2 KAGO).

7. Einsatz auf den Gebieten Arbeitsschutz, Unfallverhütung und Gesundheitsförderung (§ 26 Abs. 3 Nr. 7)

a. Vorbemerkung

93 Zu unterscheiden ist zwischen der Vorschrift des § 26 Abs. 3 Nr. 7 und der Vorschrift des § 36 Abs. 1 Nr. 10 nebst § 37 Abs. 1 Nr. 10 und § 38 Abs. 1 Nr. 12. In der letztgenannten Regelungsgruppe geht es um die kollektiv-rechtliche Beteiligung der MAV an Maßnahmen zur Verhütung von Dienst- und Arbeitsunfällen und sonstigen Gesundheitsschädigungen (siehe dort).

b. Die Rolle der MAV gemäß § 26 Abs. 3 Nr. 7

94 § 26 Abs. 3 Nr. 7 weist der MAV den »Einsatz für die Durchführung« von Arbeitnehmerschutzvorschriften zu, ohne selbst mit der Durchführung dieser Aufgabe betraut zu sein. Der Einsatz für die Durchführung der Vorschriften macht aber nur Sinn, wenn die MAV sich vergewissert hat, ob und welche Arbeitnehmerschutzvorschriften vom Dienstgeber zu beachten sind und ggf. nicht beachtet wurden. Die MAV hat daher ein Recht auf Unterrichtung, was der Dienstgeber auf den Gebieten von Arbeitsschutz, Unfallverhütung und Gesundheitsförderung veranlasst hat; sie hat ein Recht zur Überprüfung, ob der Dienstgeber alle einschlägigen gesetzlichen Bestimmungen und Verordnungen (vgl. z. B. Betriebssicherheitsverordnung)[92] auch bezogen auf Einzelfälle – beachtet (z. B. Auslegung der Arbeitsschutzbestimmungen; betriebliches Eingliederungsmanagement, § 84 Abs. 2 SGB IX). Hilfreich ist dabei u. a. die Zusammenarbeit mit dem Betriebsarzt, der örtlichen gemeinsamen Servicestelle oder der Berufsgenossenschaft.[93] Durch die Wahrnehmung der Kontrollfunktion wird die MAV kein dem Dienstgeber übergeordnetes Kontrollorgan.[94] Sie tritt nicht an die Stelle einer staatlichen Behörde, wie etwa das Amt für Arbeitsschutz. Die Überwachung und der Einsatz für Arbeitnehmerschutzvorschriften ist eine Aufgabe für Dienstgeber und MAV gemeinsam, die im Rahmen vertrauensvoller Zusammenarbeit zu vollziehen ist und den berechtigten Schutzbedürfnissen der Mitarbeiter und Mitarbeiterinnen dient. Einsatz ist also mehr als Überwachung; er setzt aktives Handeln zum Schutz der Mitarbeiter und Mitarbeiterinnen als unerlässlich voraus.

---

92 *Wilrich*, DB 2002, 1553.
93 Vgl. *Thiel*, ZMV 1995, 106; ZMV 1996, 173.
94 *BAG*, 11. 7. 1972 – 1 ABR 2/72, EzA § 80 BetrVG 1972 Nr. 1 = DB 1972 S. 2020.

c. Geschützte Personen

Dieses aktive Handeln der MAV erfordert ihre sichere Kenntnis der gefährdeten oder schutzbedürftigen Mitarbeiter. Daher ist die Frage entscheidend, ob die MAV vom Dienstgeber eine **Unterrichtung über alle schutzbedürftigen Mitarbeiter** verlangen kann. Die MAV ist kein allgemeines Kontrollorgan des Dienstgebers. Ihr werden auch durch § 26 Abs. 3 Nr. 7 keine zusätzlichen Kontrollrechte auf dem dort genannten Gebiet des Arbeits- und Gesundheitsschutzes eingeräumt. Sie soll nur in die Lage versetzt werden, bei erkennbaren Gefahren für die Mitarbeiter sich aktiv für die Behebung gefährdender Zustände einzusetzen. Dazu ist sie auch berechtigt, den Betrieb zu begehen und die Mitarbeiter und Mitarbeiterinnen an ihrem Arbeitsplatz aufzusuchen. Die MAV hat gemäß § 84 Abs. 2 S. 6 SGB IX das Recht, zum betrieblichen Eingliederungsmanagement Klärung zu verlangen, und wacht darüber, dass der Dienstgeber die ihm gemäß § 84 SGB IX obliegenden Verpflichtungen erfüllt (§ 84 Abs. 2 S. 7 SGB IX). Das *Bundesverwaltungsgericht* hat in seinem Beschluss vom 29.8.1990[95] ausdrücklich die Frage verneint, ob der Dienstgeber die **Schwangerschaft** einer Mitarbeiterin der Personalvertretung (MAV) auch dann mitteilen müsse, wenn diese ihre Einwilligung dazu nicht erteilt hat. Diese Entscheidung steht im Gegensatz zu dem Beschluss des *BAG* vom 27.2.1968.[96] Übereinstimmung besteht zwischen beiden Gerichten darüber, dass die Weitergabe persönlicher Daten und Lebenssachverhalte – wie z. B. das Bestehen einer Schwangerschaft ohne ausdrückliche Einwilligung der betroffenen Mitarbeiterin – eine Beeinträchtigung des Persönlichkeitsrechts der Betroffenen darstellt. Während aber das *BAG* die Offenbarung auch ohne Einwilligung mit der Stellung des Betriebsrats als Organ der Betriebsverfassung bejaht, sieht das *BVerwG* Schwierigkeiten schon in der Tatsache, dass dem Personalrat (und auch der MAV) eben **kein allgemeines Kontrollrecht** des Dienstgebers zusteht. Zudem verdienen nach seiner Auffassung das Persönlichkeitsrecht und das Selbstbestimmungsrecht der betroffenen Mitarbeiterin den Vorrang vor einer laufenden Unterrichtung des Personalrates (der MAV). Dieser zwischen den beiden obersten Bundesgerichten bestehende Gegensatz lässt sich nach § 26 MAVO nur auf dem Grundsatz vertrauensvoller Zusammenarbeit dadurch lösen, dass sich der Dienstgeber bei Kenntnis der Schwangerschaft einer Mitarbeiterin um ihre Einwilligung zur Weitergabe an die MAV bemüht. Bleibt die Mitarbeiterin bei ihrer Ablehnung, muss sich der Dienstgeber daran halten und kann die MAV nicht informieren.[97] Diese vom *BVerwG* vertretene Auffassung ist für die Mitteilung einer bestehenden Schwangerschaft im Bereich der MAVO zutreffend.

Bei der Mitteilung der in der Einrichtung vorhandenen **schwer behinderten Menschen** bestehen die gleichen Bedenken jedoch nicht. Das ist auch die Auffassung des *Schlichtungsausschusses Evang. Landeskirche Baden*.[98] Rechtsgrundlage für diese Mitteilungspflicht ist aber hier auch nicht eine entsprechende Bestimmung der dort geltenden Mitarbeitervertretungsordnung. Denn § 80 Abs. 2 Satz 3 SGB IX legt ausdrücklich fest, dass der Arbeitgeber dem Betriebs- bzw. Personalrat, also auch der MAV, eine Abschrift der Anzeige an die Agentur für Arbeit) über die Beschäftigung von schwerbehinderten Menschen und das dazu gehörende Verzeichnis der schwer behinderten Menschen auszuhändigen hat. Hier beruht die Aushändigungspflicht – im Gegensatz zum MuSchG – auf einer ausdrücklichen gesetzlichen Grundlage.

Im Übrigen gewähren die Rechte nach § 26 Abs. 3 Nr. 7 der MAV **keinen Rechtsanspruch** darauf, dass der Dienstgeber die nach Auffassung der MAV zweckmäßigen Maßnahmen auf dem Gebiete des Arbeitsschutzes, der Unfallverhütung und der Gesundheitsförderung so auch **durchzuführen** hat. Die MAV kann also nicht in einem Verfahren vor dem Kirchlichen Arbeitsgericht nach § 2 Abs. 2 KAGO feststellen lassen, welche Ansprüche auf diesem Gebiete der einzelne Mitarbeiter hat und dass der Dienstgeber die Maßnahmen dann durchzuführen hat. Sie kann nur beim Dienstgeber die Nicht-

---

95 BVerwG, 29.8.1990 – 6 P 30/70, NJW 1991, 373 = PersV 1991, 78.
96 BAG, 27.2.1968 – 1 ABR 6/67, AP Nr. 1 zu § 58 BetrVG 1958 = DB 1968, 1224.
97 *Richardi/Thüsing*, BetrVG § 80 Rn 59.
98 *Schlichtungsausschusses Evang. Landeskirche Baden*, 4.12.1987 – 27/87, NZA 1988, 173.

beachtung der gesetzlichen Vorschriften rügen und auf Abhilfe drängen. Dabei geht § 26 Abs. 1 davon aus, dass der Dienstgeber bei berechtigten Beanstandungen auch für Abhilfe sorgt.[99]

d. Betriebsbeauftragte

98 Zu den Kontrollbefugnissen der MAV gehört auch, ob der Dienstgeber die gesetzlich geforderten Betriebsbeauftragten bestellt hat. Der Gesetzgeber ist mehr und mehr dazu übergegangen, die Einhaltung von gesetzlichen Schutzvorschriften nicht nur durch staatliche Überwachungstätigkeit sondern zusätzlich durch die Pflicht zur Bestellung von sog. Betriebsbeauftragten zu erreichen, um die Arbeitnehmerinteressen über gleichsam innerbetriebliche Kontrollorgane wahrnehmen zu lassen, die sich auch gegen die Interessen des Arbeitgebers richten können. Ähnlich wie die MAV nehmen die Betriebsbeauftragten grundsätzlich ein Amt wahr, dem ein schuldrechtlicher Vertrag zugrunde liegt. Ein besonderes Gesetz, das die Rechte und Pflichten aller Betriebsbeauftragten regelt, besteht nicht. Die einschlägigen Regelungen finden sich in verschiedenen Gesetzen, so u. a. für:
– den Betriebsarzt in §§ 2 ff. ASiG,
– die Fachkraft für Arbeitssicherheit in §§ 5 ff. ASiG,
– den Arbeitsschutzausschuss in § 11 ASiG,
– den Sicherheitsbeauftragten in § 22 SGB VII,
– den betrieblichen Datenschutzbeauftragten gemäß kirchenrechtlichen Vorschriften gemäß Anordnung über den kirchlichen Datenschutz (KDO),[100]
– den Strahlenschutzbeauftragten in § 29 StrlSchV, § 13 Abs. 2 S. 1 RöV,
– den Beauftragten des Arbeitgebers für Angelegenheiten schwerbehinderter Menschen in § 98 SGB IX,
– den Bildungsbeauftragten in § 28 BBiG.

8. Hinwirken auf frauen- und familienfreundliche Arbeitsbedingungen (§ 26 Abs. 3 Nr. 8)

99 Familie und Beruf der Mitarbeiterinnen und Mitarbeiter sollen durch familienfreundliche Arbeitsbedingungen zu ihrem Recht kommen. Auf besondere Belange für Frauen ist Rücksicht zu nehmen. Darauf hat die MAV beim Dienstgeber hinzuwirken. Hinwirken in diesem Sinne bedeutet, durch entsprechende Anregungen und Anträge an den Dienstgeber kann die MAV auf bestehende Defizite in diesen Fragen in der Einrichtung hinweisen und durch geeignete Vorschläge für die Beseitigung nachteiliger Arbeitsbedingungen für Frauen und Familien mitsorgen.[101]

a. Grundsätzliches

100 Gemäß dem Gleichheitssatz des Art. 3 GG fördert der Staat die tatsächliche Durchsetzung der Gleichberechtigung von Frauen und Männern und wirkt auf die Beseitigung bestehender Nachteile hin (Art. 3 Abs. 2 S. 2 GG). Die Benachteiligung wegen des Geschlechts ist grundsätzlich verboten (§§ 1, 3 AGG). Deshalb müssen Familientätigkeit und Erwerbstätigkeit aufeinander abgestimmt werden können, wozu rechtlicher Schutz bestehen muss.[102] Gemäß Art. 141 EG-Vertrag hat jeder der EU-Staaten die Anwendung des Grundsatzes des gleichen Entgelts für Männer und Frauen sicher zu stellen. Eingeschärft wird dies durch die Richtlinien 75/117 EWG zur Angleichung der Rechtsvorschriften der Mitgliedstaaten über die Anwendung des Grundsatzes des gleichen Entgelts für Männer und Frauen vom 10. 2. 1975 und RL 76/207 EWG zur Verwirklichung des Grundsatzes der Gleichbehandlung von Männern und Frauen hinsichtlich des Zugangs zur Beschäftigung,[103] zur Berufsbildung und zum beruflichen Aufstieg sowie in Bezug auf die Arbeitsbedingungen vom 9. 2. 1976.

---

99 *BAG*, 10. 6. 1986 – 1 ABR 59/84, EzA § 80 BetrVG 1972 Nr. 26 = AP Nr. 26 zu § 80 BetrVG 1972 = DB 1986, 2393, 2396.
100 Dazu: *Fachet*, Datenschutz in der katholischen Kirche, S. 153 ff.
101 Zum Recht des Hinwirkens auch *BAG*, 19. 1. 2010 – 1 ABR 62/08, NZA 2010, 592 ff.
102 *BVerfGE* 88, 203 unter Hinweis auf Art. 3 Abs. 2 GG, Art. 6, 1, 2 GG.
103 *EuGH*, 4. 10. 2001 – Rs. C – 438/99, ZMV 2002, 35; 4. 10. 2001 – Rs. C – 109/00, ZMV 2002, 39.

Die Umsetzung in das deutsche Recht ist durch das am 14. 8. 2006 in Kraft getretene Allgemeine Gleichbehandlungsgesetz (AGG)[104] erfolgt.

b. Einzelheiten

Nach § 7 AGG darf ein Arbeitgeber einen Arbeitnehmer unter anderem wegen seines Geschlechts nicht benachteiligen. Das Benachteiligungsverbot gilt bereits für das sog. Anbahnungsverhältnis also für die Begründung eines Arbeitsverhältnisses. Es gilt sodann weiter beim beruflichen Aufstieg, einer Weisung (Versetzung) oder einer Kündigung. Damit wird auch dem Grundrecht des Art. 3 Abs. III GG im Arbeitsvertragsrecht Geltung verschafft, wonach niemand wegen seines Geschlechtes benachteiligt oder bevorzugt werden darf. Den Geschlechtern soll im Rahmen des Arbeitsvertragsrechts Chancengleichheit eingeräumt werden. Die Rechte Betroffener und die Rechtsfolgen eines Verstoßes gegen die Diskriminierungsverbote nach § 1 AGG sind nunmehr in §§ 13 bis 15 AGG geregelt. § 15 AGG befasst sich mit den Schadensersatzansprüchen – auch der Höhe nach –, die auf einen Verstoß des Arbeitgebers gegen dieses Diskriminierungsverbot gestützt werden können. Die sachgerechte Auslegung des § 15 Abs. 2 AGG führt dazu, dass es sich bei dem Entschädigungsanspruch um einen verschuldensunabhängigen Anspruch handelt. Unter Berücksichtigung der Rechtsprechung des Europäischen Gerichtshofs stünde eine Regelung, die als Sanktion für den Verstoß gegen das Benachteiligungsverbot die Zahlung einer Entschädigung vorsieht und den Entschädigungsanspruch des Arbeitnehmers von einem Verschulden des Arbeitgebers abhängig macht, nicht im Einklang mit den europarechtlichen Vorgaben.[105] Der Entschädigungsanspruch muss – von abweichenden tarifvertraglichen Bestimmungen abgesehen – innerhalb einer Frist von zwei Monaten geltend gemacht werden (§ 15 Abs. 4 S. 1 AGG). Die Frist beginnt im Falle einer Bewerbung oder eines beruflichen Aufstiegs mit Zugang der Ablehnung und in den sonstigen Fällen der Benachteiligung zu dem Zeitpunkt, in dem der oder die Beschäftigte von der Benachteiligung Kenntnis erlangt. Eine Klage auf Entschädigung nach § 15 AGG muss innerhalb von drei Monaten, nachdem der Anspruch schriftlich geltend gemacht worden ist, erhoben werden (§ 61b Abs. 1 ArbGG). Machen mehrere Bewerber einen Anspruch wegen Benachteiligung nach § 15 AGG geltend, wird auf § 61b Abs. 2 ArbGG hingewiesen. Ein Anspruch auf Begründung eines Beschäftigungsverhältnisses, Berufsausbildungsverhältnisses oder einen beruflichen Aufstieg besteht nach dem AGG nicht, es sei denn, ein solcher ergibt sich aus einem anderen Rechtsgrund.

101

Für die Lohngleichheit von Mann und Frau gilt nach der ständigen Rechtsprechung des *BAG*,[106] dass sowohl eine unmittelbare als auch eine mittelbare Diskriminierung der Frau nach Art. 141 EG-Vertrag verboten ist. Eine höhere Entlohnung von Männern ist nur dann zu rechtfertigen, wenn sie durch sachliche Gründe gerechtfertigt ist, die nicht auf das Geschlecht bezogen sind.[107] Das Lohngleichheitsgebot des Art. 141 EGV verbietet nicht nur unmittelbare Diskriminierungen, d. h. solche, die sich unmittelbar aus Regelungen ergeben, die ausdrücklich nach dem Geschlecht differenzieren, sondern es erstreckt sich auch auf mittelbare Diskriminierungen. Eine mittelbare Diskriminierung liegt nach Europäischem Gemeinschaftsrecht vor, wenn dem Anschein nach neutrale Vorschriften, Kriterien oder Verfahren Personen, die dem einen Geschlecht angehören, in besonderer Weise gegenüber Personen des anderen Geschlechts benachteiligen können, es sei denn, die betreffenden Vorschriften, Kriterien oder Verfahren sind durch ein rechtmäßiges Ziel sachlich gerechtfertigt und die Mittel sind zur Erreichung dieses Ziels angemessen und erforderlich.[108]

102

---

104 BGBl. I S. 1897.
105 *BAG*, 22. 1. 2009 – 8 AZR 906/07, NZA 2009, 945, 954.
106 *BAG*, 23. 9. 1992 – 4 AZR 30/92, AP Nr. 1 zu § 612 BGB Diskriminierung = DB 1993, 737.
107 *EuGH*, 21. 10. 1999 – Rs. C 333/97, DB 2000, 223.
108 Vgl. etwa *BAG*, 13. 2. 2007 – 9 AZR 729/05, NZA 2007, 860.

103 Regelungen für frauen- und familienfreundliche Arbeitsbedingungen sind durch das Bundesgleichstellungsgesetz (BGleiG) vom 5. 2. 2001[109] für den Bereich der Bundesverwaltung und der Bundesgerichte geradezu exemplarisch festgelegt.

104 Das Gesetz enthält im Abschnitt 2 Maßnahmen zur Gleichstellung von Frauen und Männern insbesondere für Bewerbungsgespräche (§ 7 BGleiG), Auswahlentscheidungen bei Einstellung, beruflichem Aufstieg, Vergabe von Ausbildungsplätzen (§ 8 BGleiG), Qualifikation und Benachteiligungsverbote (§ 9 BGleiG), Fortbildung und einen sog. Gleichstellungsplan (§ 11 BGleiG), der für vier Jahre erstellt wird und nach zwei Jahren der aktuellen Entwicklung anzupassen ist. Bei dieser Anpassung sind insbesondere die Gründe sowie ergänzende Maßnahmen aufzunehmen, wenn erkennbar ist, dass die Ziele des Gleichstellungsplans sonst nicht oder nicht innerhalb der vorgesehenen Zeiträume erreicht werden können.

105 Abschnitt 3 enthält Regelungen zur Vereinbarkeit von Familie und Erwerbstätigkeit für Frauen und Männer, insbesondere bezüglich familiengerechter Arbeitszeiten und Rahmenbedingungen (§ 12 BGleiG), Teilzeitbeschäftigung, Telearbeit und familienbedingte Beurlaubung (§ 13 BGleiG), den Wechsel zur Vollzeitbeschäftigung und den sog. beruflichen Wiedereinstieg (§ 14 BGleiG) und ausdrücklich ein Benachteiligungsverbot bei Teilzeitbeschäftigung, Telearbeit und familienbedingter Beurlaubung (§ 15 BGleiG).

106 Das Gesetz gilt demnach nicht unmittelbar für die Einrichtungen der Kirchen. Es enthält jedoch wichtige Gesichtspunkte, die auch im kirchlichen Bereich vergleichbar gestaltet werden können.

Auch die Bestellung einer Gleichstellungsbeauftragten (§§ 16 ff. BGleiG) gehört zu diesen Bestimmungen.

107 Aus diesen Grundsätzen des Bundesgleichstellungsgesetzes lassen sich auch für kirchliche Dienstgeber und die MAV geeignete Anregungen und Anträge der MAV ableiten, die sie im Rahmen des § 26 Abs. 3 Nr. 8 dem Dienstgeber vorlegen und mit ihm darüber verhandeln kann.

108 Das Teilzeit- und Befristungsgesetz (§§ 8 und 9 TzBfG) sowie Vorschriften über den Mutterschutz (§§ 3 bis 8, 9 und 10 MuSchG) und die Elternzeit (insbesondere §§ 15 ff. BEEG) räumen Rechtsansprüche im Sinne familienfreundlicher Arbeitsbedingungen ein.

109 Der Schutz vor sexueller Belästigung ist zwischenzeitlich im Allgemeinen Gleichbehandlungsgesetz (AGG) geregelt. Die Regelungen des AGG erfassen insoweit gleichermaßen Frauen und Männer. Dies gilt naturgemäß auch in kirchlichen Einrichtungen. Nach § 12 Abs. 1 AGG ist der Dienstgeber insbesondere verpflichtet, alle erforderlichen Maßnahmen zum Schutz vor sexueller Belästigung zu treffen. Dieser Schutz umfasst auch vorbeugende Maßnahmen.

110 Bei Verstößen durch Beschäftigte hat der Dienstgeber die im Einzelfall geeigneten, erforderlichen und angemessenen Maßnahmen zur Unterbindung wie Abmahnung, Umsetzung, Versetzung oder Kündigung zu ergreifen.

111 Die Bestimmungen in § 12 AGG sind als Schutzgesetz i. S. d. § 823 Abs. 2 BGB geeignet deliktische Ansprüche des Betroffenen gegen den Dienstgeber zu begründen.

112 Es liegt grundsätzlich im Ermessen des Dienstgebers, mit welchen Maßnahmen er auf Belästigungen eines Mitarbeiters durch einen Vorgesetzten reagiert. Der Mitarbeiter kann die Entlassung des Vorgesetzten in der Regel nicht verlangen. Er hat aber einen Anspruch auf die Ausübung rechtsfehlerfreien Ermessens durch den Dienstgeber. Der Dienstgeber muss nur solche Maßnahmen ergreifen, die er nach den Umständen des Einzelfalles als verhältnismäßig ansehen darf und die ihm zumutbar sind. Wenn allerdings nach objektiver Betrachtungsweise eine rechtsfehlerfreie Ermessensentscheidung des Dienstgebers nur das Ergebnis haben kann, eine bestimmte Maßnahme zu ergreifen, hat der Mitarbeiter Anspruch auf deren Durchführung. Kommt es nicht zur Kündigung des Vorgesetz-

---

109 BGBl. I S. 3234.

ten, so hat der Mitarbeiter einen Anspruch auf das Angebot eines gleichwertigen Arbeitsplatzes, an dem er nicht mehr den Weisungen des bisherigen Vorgesetzten untersteht, nur dann, wenn ein solcher Arbeitsplatz im Unternehmen vorhanden ist.[110]

Gemäß § 13 AGG hat der Betroffene das Recht, sich bei den zuständigen Stellen des Dienstgebers zu beschweren, wenn er sich sexuell belästigt fühlt.

Der Dienstgeber ist verpflichtet eine derartige Stelle einzurichten, Dabei ist er frei in seiner Entscheidung, welcher Stelle er diese Aufgabe überträgt.[111] 113

Die Beschwerde ist zu prüfen und das Ergebnis dem beschwerdeführenden Mitarbeiter mitzuteilen (§ 13 Abs. 1 S. 2 AGG).

§ 12 AGG dürfte Möglichkeiten zu einer Regelung nach § 32 Abs. 1 Nr. 1 und Nr. 3 nicht zulassen. Gibt es eine gesetzliche Regelung über den betroffenen Gegenstand (die Bestimmungen der §§ 1, 3, 7 und 12 AGG regeln das Verbot »unwillkommener sexueller Zudringlichkeiten oder Körperkontakte, Gesten und Aussagen sexuellen Inhalts« inhaltlich), ist nämlich eine Mitbestimmung ausgeschlossen. Die Bestimmungen des AGG enthalten insoweit eine abschließende gesetzliche Regelung.[112] Die Partner der Einrichtung können daher auf diesem Gebiet keine einrichtungsspezifischen Regelungen über die Durchführung des AGG treffen. 114

c. Kirchliche Regelungen

Der Bischof von Limburg hatte bereits mit Wirkung ab 1. Januar 2000 zunächst auf sechs Jahre befristet die Ordnung zur Förderung der Gleichstellung von Männern und Frauen im Bischöflichen Ordinariat und seinen Dienststellen (Gleichstellungsordnung) erlassen, um verstärkt Frauen gemäß der Sendung der Kirche an der Gestaltung und Mitverantwortung teilhaben zu lassen, gepaart mit der Verbesserung der Zugangs- und Aufstiegsbedingungen sowie der Arbeitsbedingungen für Frauen und die Förderung der Vereinbarkeit der Aufgaben in Familie und Beruf für Frauen und Männer.[113] Vorangegangen waren im Jahr 1996 die Ordnung für die Beauftragte für Frauenförderung[114] und die Ordnung zur Wahrung der Würde von Frauen und Männern im Bistum Limburg durch besonderen Schutz vor sexueller Belästigung zur Ergänzung des staatlichen Beschäftigtenschutzgesetzes vom 25. 6. 1994 in seiner jeweils gültigen Fassung.[115] 115

In verschiedenen Arbeitsvertragsordnungen ist der Rechtsanspruch auf Teilzeitarbeit mit Rücksicht auf die Kinder und die pflegebedürftigen sonstigen Angehörigen der Mitarbeiter eingeräumt. Aus denselben Gründen kann unentgeltlicher Sonderurlaub beantragt werden (vgl. etwa: §§ 14b, 38 Abs. 2 KAVO; § 1a der Anlage 5 und § 10 der Anlage 14 zu den AVR-Caritas; §§ 15b, 50 ABD). 116

9. Benennung der Mitglieder der Mitarbeiterseite in Kommissionen für Leistungsbeurteilungen bzw. für Leistungsfeststellungen und Leistungsbezahlungen (§ 26 Abs. 3 Nr. 9)

Leistungsentgelte wurden im Bereich des öffentlichen Dienstes nach Ablösung des BAT durch den TVöD als neue Entgeltform vorgesehen und sind für den Bereich des Bundes durch den aufgrund von § 18 Abs. 3 TVöD-Bund am 1. 1. 2007 vereinbarten LeistungsTV Bund in Kraft getreten. Dasselbe gilt nach § 18 TVöD-VkA für den Bereich der kommunalen Arbeitgeber. Die vergleichbare Bestimmung in § 18 TV-L für die Länder ist zwischenzeitlich wieder gestrichen. Leistungsentgelte sind ins- 117

---

110 *BAG*, 25. 10. 2007 – 8 AZR 593/06, NZA 2008, 223 ff.
111 *Schleusener/Suckow/Voigt*, AGG § 13 Rn 11.
112 So für das Mitbestimmungsrecht nach § 87 Abs. 1 Nr. 1 BetrVG: *BAG*, 22. 7. 2008 – 1 ABR 40/07, NZA 2008, 1248, 1257.
113 Amtsblatt des Bistums Limburg 2000 Nr. 191 S. 105.
114 Amtsblatt des Bistums Limburg 1996 S. 25, zuletzt geändert 1999, Amtsblatt des Bistums Limburg 2000 S. 107.
115 Amtsblatt des Bistums Limburg 1996 Nr. 83 S. 43; siehe auch § 5 Rn 45 f.

besondere Leistungsprämien, befristete Leistungszulagen und Erfolgsprämien. Derzeit sind Leistungszulagen nach § 8 Abs. 1 S. 2 LeistungsTV-Bund die einzige Leistungsentgeltform im Bereich des Bundes.[116]

118 Die AVR sehen in Anlage 1VIII (b) ebenfalls die Möglichkeit vor, bei besonders hochwertigen Leistungen eines Mitarbeiters, eine widerrufliche Leistungszulage zu gewähren.

119 Für den ordnungsgemäßen Umgang mit Leistungsentgelten bedarf es zunächst der Leistungsbeurteilungen und sodann der Kontrolle einer Leistungsfeststellung und Leistungsbezahlung.[117] Hierzu wird es in der Praxis der Einrichtung unter Beteiligung von Mitarbeitervertretern besetzter Kommissionen bedürfen.

120 § 26 Abs. 3 Nr. 9 räumt nun der MAV das Recht ein, die Mitglieder der Mitarbeiterseite in den Kommissionen zur Behandlung von Beschwerden gegen Leistungsbeurteilungen und zur Kontrolle des Systems der Leistungsfeststellung und -bezahlung zu benennen, soweit dies in einer kirchlichen Arbeitsvertragsordnung vorgesehen ist.

VI. Dienstgebergespräch Hinzuziehung eines Mitglieds der Mitarbeitervertretung

121 Den Mitgliedern der MAV ist durch § 26 Abs. 3a unter den dort genannten Voraussetzungen ein Beteiligungsrecht an Dienstgebergesprächen zugeordnet.

122 Inhaltlich muss es sich um Dienstgespräche mit einem bestimmten Inhalt handeln. Genannt für die Möglichkeit der Hinzuziehung eines Mitglieds der MAV sind Gespräche mit dem Dienstgeber über:
– personen-, verhaltens- oder betriebsbedingte Schwierigkeiten, die zur Gefährdung des Dienst- oder Arbeitsverhältnisses führen können oder
– den Abschluss eines Änderungs- oder Aufhebungsvertrages.

123 Voraussetzung für die Hinzuziehung eines Mitglieds der MAV ist immer das Verlangen der Mitarbeiterin oder des Mitarbeiters.

124 Damit ist zunächst klargestellt, dass das Teilnahmerecht des Mitgliedes der MAV nicht ein eigenes Rechts des Mitglieds der MAV darstellt. Die Entscheidung der Hinzuziehung liegt allein beim betroffenen Mitarbeiter.

125 Auch ist kein generelles Teilnahmerecht für Dienstgebergespräche auf Verlangen eines Mitarbeiters eingeräumt. Das Recht des Mitarbeiters auf Hinzuziehung eines Mitglieds der MAV gilt nur in den genannten Fällen. Die Aufzählung der Fälle in § 26 Abs. 3a ist abschließend (enumerativ).

126 Ob das Dienstgebergespräch Schwierigkeiten, die zur Gefährdung des Dienst- oder Arbeitsverhältnisses führen können, zum Inhalt haben wird und/oder Fragen zum Abschluss eines Änderungs- oder Aufhebungsvertrages zum Gegenstand haben wird, weiß der Dienstgeber im Voraus. Hieraus leitet dessen Verpflichtung ab, den Mitarbeiter darüber vorab zu informieren, um ihm zu ermöglichen, die Hinzuziehung eines Mitglieds der MAV zu verlangen.

127 Kommt es zu einem Gespräch mit dem Dienstgeber auf Veranlassung des Mitarbeiters, der seinerseits über die Möglichkeit eines Änderungs- oder Aufhebungsvertrages verhandeln möchte, so reicht für die Hinzuziehung eines Mitglieds der MAV der Hinweis des Mitarbeiters zum Inhalt des gewünschten Gesprächs und des entsprechenden Verlangens der Hinzuziehung eines Mitglieds der MAV.

128 Welches Mitglied der MAV der Mitarbeiter hinzuziehen möchte, unterliegt dessen freier Entscheidung.

---

116 Zum Regelungsstand allgemein: *Brock* in Groeger, Arbeitsrecht im öffentlichen Dienst, Teil 3 C Rn 1 ff., 14 ff.
117 Zu den Methoden der Leistungsfeststellung und -bewertung siehe *Brock* in Groeger, a. a. O. Rn 30–54.

Das angesprochene Mitglied der MAV ist nach Maßgabe seines Mandats als verpflichtet anzusehen, dem Teilnahmewunsch des Mitarbeiters zu entsprechen.

129

Durch das Recht auf Hinzuziehung eines Mitglieds der MAV wird deren Erörterungsrecht gestärkt. Das Mitglied der MAV soll dem Arbeitnehmer bei dem Gespräch beratend zur Seite stehen. Durch seine Teilnahme wird ein etwa vorhandenes intellektuelles Übergewicht des Arbeitgebers ausgeglichen oder abgemildert. Auch ist es dem hinzugezogenen Mitglied der MAV eher möglich als dem Mitarbeiter, selbst zu den vom Dienstgeber angeführten Problemlagen entsprechend den ihm zur Verfügung stehenden Informationen korrigierend einzugreifen. Schließlich wird durch die Hinzuziehung dafür gesorgt, dass für den Mitarbeiter bei der Unterredung eine Person seines Vertrauens als Zeuge zugegen ist.[118]

130

Dies kann insbesondere dann, wenn auf Seiten des Arbeitgebers Personen an dem Gespräch teilnehmen, die später als Zeugen zur Verfügung stehen, aus Gründen der »Waffengleichheit« von nicht zu unterschätzender Bedeutung sein.[119] Aus diesen Gründen liegt die Hinzuziehung eines Mitgliedes der MAV in den Fällen des § 26 Abs. 3a auch im unmittelbaren Interesse des Dienstgebers.

131

a. Personen-, verhaltens- oder betriebsbedingte Schwierigkeiten, die zur Gefährdung des Dienst- oder Arbeitsverhältnisses führen können

Hier sind sämtliche Fallkonstellationen arbeitsvertraglicher Probleme angesprochen, die die Schwierigkeit der Gefährdung des Dienst- oder Arbeitsverhältnisses beinhalten können (vgl. auch § 1 KSchG).

132

Geht es bei einer personenbedingten Problematik in einem Personalgespräch mit dem Dienstgeber im Rahmen des betrieblichen Eingliederungsmanagements zunächst nur um Informationen zur Fragestellungen der Leistungsmöglichkeit beziehungsweise Leistungsfähigkeit des betroffenen Mitarbeiters, so handelt es sich noch nicht um ein Gespräch zu dem der Mitarbeiter die Hinzuziehung eines Mitgliedes der MAV verlangen könnte, da sich die Fragestellung »Gefährdung des Dienst- oder Arbeitsverhältnisses« zunächst nicht stellt. Das betriebliche Eingliederungsmanagement dient nämlich vorrangig zur Re-Integration arbeitsunfähiger Arbeitnehmer. Dazu sind etwaige Möglichkeiten der Umorganisation zu prüfen, um gerade einer Gefährdung des Arbeitsverhältnisses entgegenzuwirken. Möglichkeiten der Vermeidung derartiger Folgen – einschließlich eines Freimachens von Arbeitsplätzen durch Umsetzungen – sind zu prüfen.[120]

133

Kommt in Umsetzung eines Konzepts später eine Versetzung in Betracht, die zu einer Änderung des Arbeitsvertrages führen würde und soll hierüber ein weiteres Gespräch zwischen Dienstgeber und Mitarbeiter geführt werden, wäre § 26 Abs. 3a Ziff. 2 betroffen, so dass der Mitarbeiter zu diesem Gespräch die Hinzuziehung eines Mitgliedes der MAV verlangen kann.

134

Dient ein Gespräch mit dem Dienstgeber aus Anlass einer verhaltensbedingten Problematik zunächst nur der Klärung tatsächlicher Umstände, so ist ebenfalls noch nicht vom Vorliegen eines Falles i. S. v. § 26 Abs. 3a Ziff. 1. auszugehen. Behält sich der Dienstgeber vor – je nach Klärung der tatsächlichen Umstände – bereits in diesem Dienstgebergespräch eine Abmahnung auszusprechen oder eine Kündigung nach Anhörung der MAV auszusprechen und entsprechend im Dienstgebergespräch anzukündigen wären wiederum die Voraussetzungen für die Hinzuziehung eines Mitgliedes der MAV erfüllt.

135

Bei einer betriebsbedingten Problematik hängen die Fragestellungen um die Gefährdung des Dienst- oder Arbeitsverhältnisses regelmäßig nicht mehr von Vorfragen ab, die in einem Gespräch mit dem Dienstgeber zu klären sind. Die Erforderlichkeit betriebsbedingter Kündigungen hängt von der anstehenden unternehmerischen Entscheidung des Dienstgebers ab. Fragen zur Vergleichbarkeit von Arbeitnehmern bei anstehenden Kündigungen ebenso wie die zur Sozialauswahl heranzuziehenden

136

---

118 *BAG*, 23. 4. 2008 – 2 AZR 1012/06, EzA § 1 KSchG Krankheit Nr. 55.
119 Vgl. dazu *EGMR*, 27. 10. 1993 – 37/1992/382/460, NJW 1995, 1413.
120 *BAG*, 23. 4. 2008 – 2 AZR 1012/06, NZA-RR 2008, 515 ff.

tatsächlichen Umstände beurteilen sich nach feststehenden objektiven Kriterien. Daher wird es bei einem Gespräch mit dem Dienstgeber aus Anlass einer betriebsbedingten Problematik regelmäßig um einen Tatbestand i. S. d. § 26 Abs. 3a Ziff. 1 gehen. Allenfalls kommt daneben die Fragestellung Änderungsvertrag oder Aufhebungsvertrag, der Tatbestand i. S. d. § 26 Abs. 3a Ziff. 2, in Betracht. In der Praxis wird daher bei einem Gespräch mit dem Dienstgeber im Zusammenhang mit einer betriebsbedingten Problematik, der Mitarbeiter immer die Hinzuziehung eines Mitglieds der MAV verlangen können.

b. Abschluss eines Änderungs- oder Aufhebungsvertrages

137 Der Änderungsvertrag führt zur Fortsetzung des Arbeitsverhältnisses zu neuen geänderten Bedingungen. Durch den Aufhebungsvertrag wir das Arbeitverhältnis im gegenseitigen Einvernehmen zu vereinbarten Bedingungen – in der Praxis häufig gegen Zahlung einer Abfindung – beendet.

138 Der Änderungsvertrag vermeidet somit die Notwendigkeit einer sog. Änderungskündigung, der Aufhebungsvertrag die Beendigungskündigung jeweils unter Berücksichtigung der Anhörungs- und Mitberatungsrechte der MAV nach § 30 MAVO.

139 Da es sich um vertragliche Vereinbarungen handelt, für die der Grundsatz der Vertragsfreiheit gilt, unterliegt das wirksame Zustandekommen derartiger vertraglicher Vereinbarungen nämlich keinerlei Beteiligungsrechten der MAV.

140 Allerdings kommt es in der Praxis häufig im Nachhinein dazu, dass vom Mitarbeiter geltend gemacht wird, er sei bei Vertragsabschluss vom Dienstgeber übervorteilt worden. Es wird dann versucht die vertragliche Vereinbarung wegen Täuschung anzufechten, um deren Nichtigkeit nach § 142 BGB zu erzielen.

141 Gerade diesem Risiko wirkt das Recht des Mitarbeiters, ein Mitglied der MAV zu den Vertragsverhandlungen hinzuzuziehen, entgegen.

142 Allein schon wegen der durch die Hinzuziehung einer Person des Vertrauens bewirkten Waffengleichheit (Rn 131) wird eine Anfechtung wegen Täuschung regelmäßig ausscheiden.

VII. Mitwirkung bei der Wahl zu einer nach Artikel 7 GrO zu bildenden Kommission zur Ordnung des Arbeitsvertragsrechts

143 Kommissionen zur Ordnung des Arbeitsvertragsrechts sind nach Art. 7 GrO berufen, Rechtsnormen für den Inhalt der Arbeitsverhältnisse zu beschließen. Die Kommissionen sind mit Vertretern der Dienstgeber und Vertretern der Mitarbeiter paritätisch besetzt. Die Kommissionen sind dabei ihrerseits an die GrO gebunden.

144 Das Nähere insbesondere die jeweiligen Zuständigkeiten regeln die KODA-Ordnungen.

145 Mit § 26 Abs. 4 wird die Beteiligung der MAVen zur Besetzung der zu bildenden Kommissionen geregelt.

146 Die Mitarbeitervertretung wirkt an der Wahl zu einer nach Artikel 7 GrO zu bildenden Kommission zur Ordnung des Arbeitsvertragsrechts mit, soweit eine Ordnung dies vorsieht.

VIII. Streitigkeiten

147 Gemäß § 2 Abs. 2 KAGO i. V. m. **§ 26 Abs. 2** MAVO kann die MAV bei einem Verstoß des Dienstgebers gegen seine Pflicht, der MAV die für ihre Arbeit erforderlichen Unterlagen vorzulegen, das Kirchliche Arbeitsgericht anrufen. Das gilt z. B. für die Beratungsergebnisse von Projektgruppen einer Dienststelle, in denen Einsparungen im Personalbereich behandelt worden sind.[121] Gemäß

---

121 *Schlichtungsstelle Aachen*, 24. 3. 1993 – 06/1997 – MAVO, ZMV 1998 S. 235.

§ 2 Abs. 2 KAGO kann das Kirchliche Arbeitsgericht in allen sonstigen Rechtsstreitigkeiten mitarbeitervertretungsrechtlicher Art angerufen werden, wenn z. B. ein Verstoß gegen das Gebot der vertrauensvollen Zusammenarbeit zwischen Dienstgeber und MAV i. S. v. § 26 Abs. 1 vorliegt.[122] Dabei ist aber zu beachten, dass nicht jeder einfache Verstoß gegen den Grundsatz der vertrauensvollen Zusammenarbeit der Nachprüfung durch das Kirchliche Arbeitsgericht zugänglich ist; es muss sich um einen beachtlichen, die Zusammenarbeit stark belastenden, nicht unbedingt schuldhaften Verstoß eines Partners der MAVO handeln.[123] Persönliche Streitigkeiten eines einzelnen Mitgliedes der MAV mit dem Dienstgeber, welche die Arbeit der MAV aber nicht tangieren, reichen für eine Klage an das Kirchliche Arbeitsgericht allerdings nicht aus.[124]

Dasselbe gilt für die Geltendmachung der Verletzung der Rechte des Mitarbeiters auf Hinziehung eines Mitgliedes der MAV zu den Gesprächen mit dem Dienstgeber i. S. d. § 26 Abs. 3a dadurch, dass der Dienstgebers bei anstehenden Gesprächen mit den in § 26 Abs. 3a genannten Inhalten den Mitarbeiter nicht vor dem Gespräch auf die anstehende Thematik hingewiesen hat (Rn 121 ff.), so dass dieser die Hinziehung nicht verlangen konnte. 148

§ 27 Information

(1) Dienstgeber und Mitarbeitervertretung informieren sich gegenseitig über die Angelegenheiten, welche die Dienstgemeinschaft betreffen. Auf Wunsch findet eine Aussprache statt.

(2) Der Dienstgeber informiert die Mitarbeitervertretung insbesondere über
– Stellenausschreibungen,
– Änderungen und Ergänzungen des Stellenplanes,
– Behandlung der von der Mitarbeitervertretung vorgetragenen Anregungen und Beschwerden,
– Bewerbungen von schwerbehinderten Menschen und Vermittlungsvorschläge nach § 81 Abs. 1 Satz 4 SGB IX,
– den für ihren Zuständigkeitsbereich maßgeblichen Inhalt des Verzeichnisses gemäß § 80 Absatz 2 Satz 1 SGB IX sowie der Anzeige gemäß § 80 Absatz 2 Satz 1 SGB IX,
– Einrichtung von Langzeitkonten und deren Inhalt.

Übersicht

	Rn
I. Gegenseitige Informationspflicht	1–28
1. Gegenseitigkeit (§ 27 Abs. 1)	1–3
2. Informationspflichten mit näherem Inhalt (§ 27 Abs. 2)	4–28
a. Information über Stellenausschreibungen	6–10
b. Änderungen und Ergänzungen des Stellenplanes	11–20
c. Behandlung der von der MAV vorgetragenen Anregungen und Beschwerden	21
d. Information über Bewerbungen von schwerbehinderten Menschen und Vermittlungsvorschläge nach § 81 Abs. 1 S. 4 SGB IX	22, 23
e. Informationen über Inhalte des Verzeichnisses gemäß § 80 Abs. 2 S. 1 SGB IX sowie der Anzeige gemäß § 80 Abs. 2 S. 1 SGB IX	24, 25
f. Einrichtung von Langzeitkonten und deren Inhalte	26–28
II. Erfüllung der Informationspflicht durch den Dienstgeber	29–32
III. Sanktionen gegen den Dienstgeber wegen Verstoßen gegen § 27 Abs. 2	33–38
1. Feststellungsantrag	34
2. Leistungsantrag	35, 36
3. Zustimmungsverweigerung	37
4. Geldbuße	38

---

122 *Schlichtungsstelle Köln*, 21. 9. 1995 – MAVO 7/95, ZMV 1996, 95.
123 *Schlichtungsstelle Köln*, 17. 3. 2005 – MAVO 5/2005.
124 So noch: *Schlichtungsstelle Köln*, 21. 9. 1995 – MAVO 7/95 ZMV 1996, 95.

I. Gegenseitige Informationspflicht

1. Gegenseitigkeit (§ 27 Abs. 1)

1 § 27 Abs. 1 S. 1 legt eine »**gegenseitige**« **Informationspflicht** über alle Angelegenheiten, die die Dienstgemeinschaft betreffen, fest. Diese gegenseitige Pflicht bekräftigt nochmals den bereits in § 26 Abs. 1 S. 1 (Rn 1 ff.) herausgestellten Grundsatz der vertrauensvollen Zusammenarbeit zum Wohle der Einrichtung und ihrer Mitarbeiter. Es wird damit zum Ausdruck gebracht, dass diese vertrauensvolle Zusammenarbeit nur funktionieren kann, wenn beide Partner den gleichen Informationsstand haben. Deswegen ist auch ausdrücklich in § 27 Abs. 1 S. 2 verfügt, dass auf »**Wunsch**« – besser »Antrag« – eines Partners eine **Aussprache über konkrete Fragen** der Dienstgemeinschaft stattzufinden hat.

Zur Information in wirtschaftlichen Angelegenheiten siehe § 27a.

Eine Informationspflicht des Dienstgebers bzw. ein Auskunftsanspruch der MAV zur Praxis von **Zielvereinbarungen** besteht gemäß § 27 Abs. 1 S. 1 i. V. m. § 26 Abs. 1 S. 2. Aufgabe der MAV ist es, auf der Grundlage von Informationen ihre Aufgaben erfüllen zu können, also etwa darauf zu achten, dass Recht und Billigkeit gegenüber den Mitarbeitern walten. Dazu hat die MAV ein Prüfungsrecht[1] Zielvereinbarungen sind gesetzlich nicht geregelt. Sie sind zu sehen als Instrument des betrieblichen Steuerungsmodells einerseits und der Steuerung der Verwaltung im staatlichen Bereich.[2] Sie haben keine Außenwirkung. Im Bereich der Arbeitsverhältnisse werden sie den Dienstanweisungen zugeordnet.[3] Echte Zielvereinbarungen belassen dem Arbeitnehmer gezielte Freiheiten, darüber zu befinden, wie er die Ziele erreichen will. Dabei kann festgelegt sein, wie der Arbeitgeber zur Förderung der Ziele beitragen soll.[4]

2 Eine Informationspflicht besteht, wenn die Einrichtung selbst einen **Einstellungsstopp** verhängt oder dieser Einstellungsstopp von einer übergeordneten (vorgesetzten) Einrichtung angeordnet wird.[5] Hier muss der MAV der betroffenen Einrichtung die Möglichkeit zur Information und zur Stellungnahme eröffnet werden. – Eine Informationspflicht besteht auch bei der Bestellung **freiberuflicher Betriebsärzte**. Diese Maßnahme des Dienstgebers fällt nicht unter das Zustimmungsrecht des § 36 Abs. 1 Nr. 10. – Schließlich ist eine Informationspflicht der MAV auch zu bejahen, wenn der Dienstgeber sich grundsätzlich entschließt, bisher in der Einrichtung mit eigenen Arbeitskräften ausgeführte Arbeiten zu »privatisieren« (»**Outsourcing**«.[6] Hier ist die Information schon deswegen geboten, um der MAV die Möglichkeit zu eröffnen, sozial begleitende Maßnahmen für einen Stellenabbau eigener Mitarbeiter (§ 37 Abs. 1 Nr. 11) in die Wege zu leiten und beim Dienstgeber zu beantragen. Gemäß § 613a Abs. 5 BGB haben die Mitarbeiter einen individuellen Unterrichtungsanspruch in Textform (§ 126b BGB) über einen **Betriebsübergang**. Gibt es eine Mitarbeitervertretung, wird auch diese unterrichtet (vgl. Art. 7 Abs. 1 RL 2001/23/EG vom 12. 3. 2001). Der bisherige Arbeitgeber oder der neue Inhaber ist verpflichtet, die Arbeitnehmer (Mitarbeiter) vor dem Übertragungsvorgang (auch im Falle der **Umwandlung** gemäß § 1 UmwG) zu informieren über

– den Zeitpunkt oder geplanten Zeitpunkt des Übergangs,
– den Grund für den Übergang,
– die rechtlichen, wirtschaftlichen und sozialen Folgen des Übergangs für die Arbeitnehmer und
– die hinsichtlich der Arbeitnehmer in Aussicht genommenen Maßnahmen (§ 613a Abs. 5; §§ 5 Abs. 1 Nr. 9, 126 Abs. 1 Nr. 11, 194 Nr. 7 UmwG).

---

1 *BAG*, 21. 10. 2003 – 1 ABR 39/02, DB 2004, 322.
2 *Hill*, NVwZ 2002, 1059.
3 *Köppen*, DB 2002, 374.
4 *Plander*, ZTR 2002, 155, 402.
5 *BVerwG*, 2. 11. 1994 – 6 P 6/93, PersV 1995, 333.
6 Dazu auch *VGH Baden-Württemberg*, 17. 7. 1990 – 15 S 2711/89, rkr., PersV 1995, 118.

Weder der Dienstgeber noch die MAV kann sich dem Antrag des anderen Partners zu einer Aussprache entziehen, wenn konkrete, die Dienstgemeinschaft betreffende Fragen und Probleme als Aussprachepunkte gewünscht werden. Die grundlose Weigerung der MAV rechtfertigt ein Verfahren gegen ihre Mitglieder nach § 13c Nr. 5. Gegen den Dienstgeber ist zwar eine Sanktion nicht vorgesehen. Dennoch können die Partner einer Einrichtung über die Rechtsfrage, ob eine aussprachepflichtige Angelegenheit nach § 27 Abs. 1 S. 1 vorliegt, das Kirchliche Arbeitsgericht nach § 2 Abs. 2 KAGO anrufen und in diesem Verfahren einen Verstoß des Dienstgebers gegen die Informationspflichten feststellen lassen. 3

2. Informationspflichten mit näherem Inhalt (§ 27 Abs. 2)

§ 27 Abs. 2 zwingt den Dienstgeber in den nachstehenden sechs Fallbeispielen (Rn 6–28) zu einer sachgerechten Information. In den Fällen der Spiegelstriche 1 und 2 ist eine Information nach Vollzug einer Maßnahme nicht vertretbar. Sinn und Zweck einer vorangehenden Information ist hier, dass noch Weichenstellungen mit der MAV besprochen werden können. Die MAV muss ihre Anregungen und Einwendungen vorbringen können, ehe es zu spät ist. Insgesamt ist die in § 27 festgelegte Informationspflicht des Dienstgebers wichtige Grundlage für die Erfüllung der der MAV obliegenden Aufgaben. Teilweise korrespondieren die besonderen Informationspflichten des Dienstgebers nach § 27 Abs. 2 mit den allgemeinen Aufgaben der MAV nach § 26 Abs. 3. Der allgemeine Informationsanspruch der Mitarbeitervertretung besteht unabhängig von weitergehenden Ansprüchen der MAVO.[7] 4

So sind Informationen über Stellenausschreibungen und Änderungen und Ergänzungen des Stellenplanes das korrespondierende Gegenstück zu § 26 Abs. 3 Nr. 1 (§ 26 Rn 70 f.), die Behandlung der von der MAV vorgetragenen Anregungen und Beschwerden gehören zu § 26 Abs. 3 Nr. 2 (§ 26 Rn 72 f.), die Berichte über Bewerbungen von schwerbehinderten Menschen zu § 26 Abs. 3 Nr. 3 (§ 26 Rn 79 f.). In diesen Zusammenhang sind auch einzuordnen die Einstellungen solcher Personen, die mit Rücksicht auf den Wortlaut von § 34 Abs. 1 nicht unter das Mitbestimmungsrecht der MAV fallen, wie z. B.: 5
– Leiharbeitnehmer (§ 3 Abs. 1 S. 2),
– Beschäftigte i. S. v. § 3 Abs. 2,
– kurzfristig Beschäftigte (§ 8 Abs. 1 Nr. 2 SGB IV),
– Mitarbeiter in pastoralen Diensten,
– Zivildienstleistende,
– sonstige zur Ausbildung in anderen Diensten Stehende, die zur praktischen Tätigkeit oder Ausbildung überwiesen werden (z. B. Referendare im staatlichen Dienst).

a. Information über Stellenausschreibungen

Die MAV hat einen Informationsanspruch über die vom Dienstgeber beabsichtigten Stellenausschreibungen. Zwar fehlt eine dem § 93 BetrVG, § 75 Abs. 3 Nr. 14 BPersVG vergleichbare Regelung in der MAVO. Nach § 93 BetrVG hat der Betriebsrat ein Initiativrecht, allgemein oder für einen bestimmten Arbeitsplatz, die Stellenausschreibung innerhalb des Betriebes zu fordern. § 75 Abs. 3 Nr. 14 BPersVG geht grundsätzlich davon aus, dass freie Dienstposten auch für Angestellte und Arbeiter innerhalb einer Behörde auszuschreiben sind und das Absehen von einer Ausschreibung dem Mitbestimmungsrecht des Personalrats unterliegt. 6

Diese Information über die Stellenausschreibung umfasst auch die Mitteilung des Ausschreibungstextes mit dem Stellenprofil und den Stellenanforderungen. Der Dienstgeber hat dabei zu prüfen, ob der Arbeitsplatz auch als Teilzeitarbeitsplatz auszuschreiben ist, wenn die Eignung dafür gegeben ist (§ 7 Abs. 1 TzBfG). Der Dienstgeber kann sich seiner Informationspflicht nicht dadurch entziehen, 7

---

7 So zu der gleich gelagerten Thematik nach § 80 Abs. 2 BetrVG *BAG*, 10. 10. 2006 – 1 ABR 68/05, NZA 2007, 99.

dass er einen Personalberater (Personalberatungsunternehmen) einschaltet. Hier umfasst dann die Information die vom Personalberater eingeleiteten Maßnahmen, seine Auswahlkriterien und die vorgeschlagenen Bewerber.[8]

8 § 27 Abs. 2 spricht von einer Information der MAV über eine Stellenausschreibung. Eine solche Information erscheint wenig sinnvoll, wenn die Stellenausschreibung einseitig vom Dienstgeber vorgenommen und erst danach – etwa auf Grund des in § 20 festgelegten Schweigegebotes für die Mitglieder der MAV – nur innerhalb der MAV diskutiert und mit dem Dienstgeber besprochen werden könnte. Die Information kann überhaupt nur Sinn haben, wenn sie vor der Ausschreibung der MAV bekannt gegeben wird[9] und dann entweder die MAV aus dem Kreis der Mitarbeiter geeignete Stellenbewerber nennt oder aber Mitarbeiter, die sie für geeignet hält, zur Bewerbung anregt. Darin liegt keine Verletzung der Schweigepflicht, weil die MAV nach § 26 Abs. 3 Nr. 1 generell die allgemeine Aufgabe zugewiesen erhielt, Maßnahmen, die der Einrichtung und den Mitarbeitern dienen, anzuregen (§ 26 Rn 70 f.). Verfehlt wird der Gedanke der Stellenausschreibung und das Gebot der vertrauensvollen Zusammenarbeit mit der MAV (§ 26 Abs. 1 S. 1) verletzt, wenn der MAV der Text einer Stellenausschreibung vorgelegt wird, nachdem der Dienstgeber schon zwei Jahre zuvor mit einer externen Person in Verhandlungen über deren Einstellung steht und die spätere interne oder externe Stellenausschreibung nur der Form halber erfolgt, obwohl andere interne oder externe Bewerber nicht die geringste Chance für die Einstellung oder Anstellung haben. Ist die Stellenausschreibung fehlerhaft erfolgt, hat die MAV bei der Einstellung dennoch kein Zustimmungsverweigerungsrecht, da die Zustimmungsverweigerungsgründe nach § 34 Abs. 2 Nr. 1 bis 3 nicht einschlägig sind.

9 Diese Informationspflicht gilt auch bei der **Einstellung freier Mitarbeiter**, wenn es sich um eine Beschäftigung handelt, die an sich nach §§ 34, 35 dem Zustimmungsrecht des MAV unterliegen würde. Ein Beispiel hierfür wäre die Ablösung der in einem Krankenhaus im Rahmen eines Arbeitsverhältnisses fest angestellten Hygiene-Fachkräfte durch die Einstellung selbständig arbeitender freier Arbeitskräfte auf Grund eines Werkvertrages. Hier liegt zwar keine »Einstellung« i. S. d. § 34 vor. Der Dienstgeber hat aber der MAV gegenüber über diese Beschäftigung auf Grund eines freien Werkvertrages tätigen Kräfte eine Informationspflicht.[10]

10 Der MAV steht in diesem Falle auch ein Einsichtsrecht in die mit diesem Unternehmer abgeschlossenen Verträge, die Grundlage der Beschäftigung bilden, zu.[11]

b. Änderungen und Ergänzungen des Stellenplanes

11 Die Informationspflicht des Dienstgebers bezieht sich auf Änderungen und Ergänzungen des vorhandenen Stellenplanes (zur Vorlagepflicht siehe § 26 Rn 43 ff.).

12 Der Begriff »**Stellenplan**« lässt sich nur auf dem Hintergrund einer in der Einrichtung bestehenden Personalplanung näher erläutern. Er ist nicht eindeutig, wie sich aus der Rechtsprechung vor allem des *BAG* zum § 92 BetrVG und zur inhaltlich gleich lautenden Bestimmung des § 78 Abs. 3 – vor allem Satz 3 – BPersVG ergibt.[12] Unter »**Personalplanung**« ist die Gesamtheit der Maßnahmen des Dienstgebers zu verstehen, die zur Ermittlung des künftigen Personalbedarfs entsprechend seinen jeweiligen Personalerfordernissen von ihm eingeleitet werden. Dabei geht es um den gegenwärtigen vorhandenen oder künftig erst entstehenden Personalbedarf in quantitativer und qualitativer Hinsicht. Zur Personalplanung gehört die Personalbedarfsplanung, der Personaldeckungsplan (Personalbeschaffung, Personalabbau), der Personalentwicklungsplan und der Personaleinsatzplan (siehe § 27a).

---

8 Vgl. dazu *BAG*, 18. 12. 1990 – 1 ABR 15/90, AP Nr. 85 zu § 99 BetrVG 1972 = EzA § 99 BetrVG 1972 Nr. 97 = DB 1991, 969.
9 *Schlichtungsstelle Osnabrück*, 20. 2. 2004 – 07 – 2003.
10 *BAG*, 9. 7. 1991 – 1 ABR 45/90, AP Nr. 94 zu § 99 BetrVG 1972 = DB 1992, 327.
11 *BAG*, 31. 1. 1989 – 1 ABR 72/87, AP Nr. 33 zu § 80 BetrVG 1972 = DB 1989, 982.
12 Vgl. dazu *BAG*, 6. 11. 1990 – 1 ABR 60/89, AP Nr. 4 zu § 92 BetrVG 1972 = DB 1991, 654.

Auf Grund dieser Personalplanung entsteht der »genehmigte« Stellenplan. 13

Er lässt sich aufteilen in einen Soll-Stellenplan, der wiedergibt, was als »genehmigt« gilt, und einen 14
Ist-Stellenplan, der die auf Grund des Soll-Stellenplanes tatsächlich besetzten Stellen festhält. Außerdem gibt es darüber hinaus den Stellenbesetzungsplan, der nun den Ist-Stellenplan – insoweit unterscheidet er sich von ihm – mit dem Namen und den Eingruppierungsmerkmalen des jeweils auf einer Stelle eingesetzten Mitarbeiters ausweist.

Für die MAV ist sowohl der Soll-Stellenplan als auch der Ist-Stellenplan von entscheidender Bedeutung. 15
Sie geben wieder, wie viele in der Personalplanung vorgesehene Stellen tatsächlich »genehmigt« wurden und was dann konkret von den genehmigten Stellen tatsächlich besetzt wurde.

Die MAV hat zwar keine Mitwirkungs- bzw. Mitbestimmungsrechte bei der Erstellung des Soll-Stellenplanes. 16
Sie hat aber nach § 27 Abs. 2 i. V. m. § 26 Abs. 2 S. 1 einen Informationsanspruch sowohl über den Soll- als auch über den Ist-Stellenplan in ihrer Einrichtung.[13] Dabei ist richtigerweise dieser Informationsanspruch nicht abstrakt auf die in einer Einrichtung vorhandenen Stellen gerichtet, sondern der Anspruch der MAV geht auf die Stellenpläne – aufgegliedert nach den einzelnen Abteilungen, in denen die Mitarbeiter eingesetzt werden.

Um ein Beispiel zu nennen: Für die MAV eines Krankenhauses ist es zunächst ohne Interesse, einen 17
unaufgegliederten Gesamtstellenplan dieses Krankenhauses zu erhalten, der nur die Anzahl der im Krankenhaus vorhandenen Stellen im gesamten Pflegebereich oder im ärztlichen Bereich nennt. Entscheidend für die MAV ist es zu wissen, wie der Soll-Stellenplan, der u. U. Grundlage für die Verhandlung mit den Kostenträgern war, sich in die einzelnen Abteilungen des Krankenhauses aufgliedert, welche Pflegestellen mit welcher Eingruppierungsbewertung welcher Abteilung zugeordnet sind, und wie tatsächlich der Ist-Stellenplan die bewilligten Stellen dann auf die einzelnen Abteilungen aufteilt.

Dagegen besteht – wenn die in § 26 Rn 43 ff. gemachten Angaben in dem vorgelegten Stellenplan 18
enthalten sind – ein Anspruch auf die **namentliche Besetzung** der Stellen nur im konkret zu begründenden Bedarfsfall.[14] Er besteht demnach nur, wenn eine der MAV zugewiesene Aufgabe nicht ohne Offenlegung der Namen bewältigt werden kann. Datenschutzrechtliche Bedenken bestehen dann nicht (§ 26 Rn 63 ff.).

Der Dienstgeber genügt im Rahmen seiner Personalplanung demnach seiner Informationspflicht 19
nicht, wenn er der MAV abstrakt die im Soll-Stellenplan vorgesehenen und von den Kostenträgern bewilligten Stellen der gesamten Einrichtung mitteilt. Unerlässlich ist die **Information über den Soll- und Ist-Stellenplan**.

Anhand dieser Pläne hat er die MAV über die von ihm vorgeschlagenen Änderungen und Ergänzungen 20
der von ihm entwickelten Soll- und Ist-Stellenpläne zu unterrichten. Nur eine Unterrichtung über die Änderungen und Ergänzungen kann diesen Anforderungen nicht genügen. Sie sind für die MAV überhaupt nicht nachprüfbar, also eine Information ohne Informationswert (§ 26 Rn 43 ff.).

c. Behandlung der von der MAV vorgetragenen Anregungen und Beschwerden

Die MAV hat die allgemeine Aufgabe, Anregungen und Beschwerden von Mitarbeitern dem Dienstgeber 21
vorzutragen (§ 26 Abs. 3 Nr. 2; § 26 Rn 72 ff.). Es besteht eine ausdrückliche Informationspflicht durch den Dienstgeber über die Behandlung dieser Beschwerden (§ 27 Abs. 2, 3. Spiegelstrich).

---

13 *Schlichtungsstelle München*, 18. 1. 1996 – 10 AR 95, ZMV 1997, 36.
14 *Schlichtungsstelle München*, 21. 8. 1996 – 14 AR 96, n. v.

d. Information über Bewerbungen von schwerbehinderten Menschen und Vermittlungsvorschläge nach § 81 Abs. 1 S. 4 SGB IX

22 Gemäß §§ 71 ff. SGB IX haben private und öffentliche Arbeitgeber mit mindestens 20 Arbeitsplätzen (§ 73 SGB IX) auf wenigstens 5 Prozent der Arbeitsplätze schwerbehinderte Menschen (§ 2 Abs. 2 SGB IX) zu beschäftigen, wobei schwerbehinderte Frauen besonders zu berücksichtigen sind (§ 71 Abs. 1 SGB IX). Als öffentliche Arbeitgeber gelten u. a. »jede sonstige Körperschaft, Anstalt oder Stiftung des öffentlichen Rechts«, also auch die öffentlich-rechtlich verfassten Körperschaften der katholischen Kirche in Deutschland (Art. 140 GG i. V. m. Art. 137 Abs. 5 WRV). Deshalb haben diese Arbeitgeber eine besondere Pflicht zu prüfen, ob freie Arbeitsplätze mit schwerbehinderten Menschen besetzt werden können (§ 81 Abs. 1 S. 1 SGB IX). Dazu haben sie mit der Agentur für Arbeit Kontakt aufzunehmen. Diese Stelle oder ein von ihr beauftragter Integrationsfachdienst schlägt dann den Arbeitgebern geeignete schwerbehinderte Menschen vor (§ 81 Abs. 1 S. 2 und 3 SGB IX). Über die Vermittlungsvorschläge und vorliegende Bewerbungen haben die Arbeitgeber die Schwerbehindertenvertretung (Vertrauensperson der schwerbehinderten Menschen; vgl. § 52 MAVO) und die Betriebsvertretungen (§ 93 SGB IX) unmittelbar nach Eingang zu unterrichten (§ 81 Abs. 1 S. 4 SGB IX).

23 Betriebsvertretung i. S. d. MAVO ist die Mitarbeitervertretung (§ 5 i. V. m. § 52 MAVO). Die Information des Dienstgebers ist wichtig im Zusammenhang mit der Beteiligung der MAV zu geplanten Einstellungen (§ 34). Die Dienststellen der öffentlichen Arbeitgeber melden den Agenturen für Arbeit freie und neu zu besetzende Arbeitsplätze (§ 82 S. 1 SGB IX). Haben sich schwerbehinderte Menschen um einen solchen Arbeitsplatz beworben oder sind sie von der Agentur für Arbeit oder einem beauftragten Integrationsdienst vorgeschlagen worden, sind sie in der Regel zu einem Vorstellungsgespräch einzuladen (§ 82 S. 2 SGB IX).

e. Informationen über Inhalte des Verzeichnisses gemäß § 80 Abs. 2 S. 1 SGB IX sowie der Anzeige gemäß § 80 Abs. 2 S. 1 SGB IX

24 § 80 SGB IX findet, da im Gesetzestext nicht genannt, auf die MAV zwar nicht unmittelbar Anwendung. Zur Wahrnehmung der Aufgaben der MAV ist es dennoch erforderlich, dass der Dienstgeber die ihm nach dem gesetzlichen Schwerbehindertenrecht obliegenden Aufgaben erfüllt. Hierzu gehören auch die Informationen über die für den Zuständigkeitsbereich der Mitarbeitervertretung maßgeblichen Inhalte des Verzeichnisses gemäß § 80 Abs. 2 S. 1 SGB IX sowie der Anzeige gemäß § 80 Abs. 2 S. 1 SGB IX. Mit dieser Begründung hat der *KAGH* in seiner Entscheidung vom 27. 2. 2009[15] schon nach den allgemeinen Bestimmungen der §§ 26 Abs. 2, 3 (§ 26 Rn 83) zur Vorlage des Verzeichnisses und der Anzeige verpflichtet.

25 § 27 Abs. 2 fünfter Spiegelstrich dient der Klarstellung und Rechtssicherheit.

f. Einrichtung von Langzeitkonten und deren Inhalte

26 Neue Arbeitszeitmodelle gestatten es, einen Arbeitszeitkorridor zu bilden, der die regelmäßige wöchentliche Arbeitszeit übersteigt oder Rahmenzeiten festzulegen, innerhalb derer der Dienstgeber im Rahmen einer festgelegte Höchstarbeitszeit/Tag, die Arbeitszeit – anders als bei der Gleitzeit – im Rahmen des Direktionsrechts anordnen kann. Zwangsläufig entstehen bei derartigen Arbeitszeitmodellen, wie schon heute bei der üblichen Gleitzeit, Zeitüberhänge.

27 Hierbei stellt sich sodann auch die Fragestellung der Einrichtung von sog. Langzeitkonten. Langzeitkonten dienen dazu, für den Arbeitnehmer Arbeitszeitguthaben anzusammeln, um sich sodann für einen längeren Zeitraum aus dem Dienstvertrag zurückziehen zu können (Sabbatical) oder in den vorgezogenen Altersruhestand zu gehen.

---

15 *KAGH*, 27. 2. 2009 – M14/08, n. v.

Werden derartige Langzeitkonten eingerichtet, so hat der Dienstgeber die MAV über die Einrichtung 28
der Langzeitkonten und deren Inhalte zu unterrichten.

II. Erfüllung der Informationspflicht durch den Dienstgeber

Die MAVO enthält keine ausdrückliche Regelung, wie der Dienstgeber seine Informationspflicht zu 29
erfüllen hat. Er kann daher sowohl schriftlich wie mündlich die MAV über eine Angelegenheit des
§ 27 Abs. 2 informieren. Die MAV hat keinen generellen Anspruch auf eine schriftliche Unterrichtung. Bei jeder Unterrichtung durch den Dienstgeber wird eine vollständige, den Tatsachen objektiv entsprechende Unterrichtung vorausgesetzt. Das gebietet bereits der in § 26 Abs. 1 S. 1 enthaltene Grundsatz vertrauensvoller Zusammenarbeit (§ 26 Rn 2 f.).

Der Dienstgeber ist somit in der Wahl seiner Informationsmittel grundsätzlich frei.[16] 30

Insbesondere bei umfangreichen, komplexen Informationen ist er allerdings nach § 2 Abs. 1 BetrVG 31
regelmäßig verpflichtet, dem Betriebsrat die erforderliche Auskunft schriftlich zu erteilen.[17] Bei einer nur mündlichen Auskunft wird es dem Betriebsrat in einem solchen Fall nämlich häufig nicht möglich sein zu prüfen, ob sich mitarbeitervertretungsrechtliche Aufgaben ergeben und wie er diese verantwortlich wahrnehmen kann. Maßgeblich sind insoweit die Umstände des Einzelfalls.[18]

Daher kann es dem Dienstgeber obliegen, vor allem bei der Information über **Änderungen und Er-** 32
gänzungen des Stellenplanes der MAV die bisherigen Stellenpläne mit den vorgesehenen Änderungen
bzw. Ergänzungen vorzulegen und diese Änderungen bzw. Ergänzungen zu erläutern. Im Zweifel hat
der Dienstgeber auch zu prüfen, ob er zusätzlich durch weitere **Rechtsvorschriften außerhalb der
MAVO** verpflichtet ist, die MAV zu informieren. Anhaltspunkte bieten etwa arbeitsvertragsrechtliche
Informationspflichten wie etwa gemäß § 2 Abs. 1 der Anlage 23 zur KAVO der Diözesen in NRW im
Falle von **Rationalisierungsmaßnahmen.** Danach ist der Dienstgeber verpflichtet, die MAV rechtzeitig und umfassend über eine vorgesehene Rationalisierungsmaßnahme zu unterrichten. Er hat die
personellen und sozialen Auswirkungen mit der MAV zu beraten. Die Beteiligungsrechte der
MAV gemäß MAVO werden durch die Vorschrift nicht angetastet (§ 2 Abs. 2 der Anlage 23 zur
KAVO; § 2 Regelung über den Rationalisierungsschutz für Mitarbeiter gemäß Arbeitsvertragsrecht
der Bayerischen (Erz-)Diözesen – ABD).

III. Sanktionen gegen den Dienstgeber wegen Verstößen gegen § 27 Abs. 2

Die MAV hat mehrere Möglichkeiten, gegen Verstöße des Dienstgebers gegen seine Pflichten aus 33
§ 27 Abs. 2 vorzugehen:

1. Feststellungsantrag

Sie kann nach § 2 Abs. 2 KAGO auch schon bei einem einzigen Verstoß ein Verfahren beim Kirch- 34
lichen Arbeitsgericht einleiten, in dem sie die Feststellung begehrt, dass »der Dienstgeber durch sein
Verhalten (nähere Tatsache mit Datum) gegen seine Informationspflicht nach § 27 Abs. 2 verstoßen
hat«. Bei einer für die MAV positiven Entscheidung des Kirchlichen Arbeitsgerichts steht dann
bindend fest, dass ein für den konkreten Feststellungsantrag (schuldhafter) Verstoß des Dienstgebers
gegen seine Informationspflicht vorliegt. Soweit allerdings ein Leistungsantrag (Rn 35) noch zur Erfüllung einer bestehenden Verpflichtung möglich ist, dürfte es am Feststellungsinteresse für die
Feststellungsklage fehlen. Weitere Sanktionen gegen den Dienstgeber sind mit der feststellenden Verurteilung nicht damit verbunden. Allerdings dürfte eine solche Feststellung des Kirchlichen Arbeitsgerichts den Dienstgeber zur Änderung seines künftigen Verhaltens veranlassen.

---

16 *Weber* GK-BetrVG § 80 Rn 67.
17 ErfK-*Kania*, § 80 BetrVG Rn 23.
18 *BAG*, 10. 10. 2006 – 1 ABR 68/05, NZA 2007, 99.

2. Leistungsantrag

35 Die MAV kann – soweit die Erfüllung einer bestehenden Verpflichtung noch möglich ist – gegen den Dienstgeber auf Leistung, also auf die Erteilung der unterlassenen Information im Rahmen des § 27 Abs. 2, vor dem Kirchlichen Arbeitsgericht klagen (§ 2 Abs. 2 KAGO).

36 Die Rechtsgrundlage dafür ist § 27 Abs. 2, denn es handelt sich bei der Unterlassung einer nach § 27 Abs. 2 notwendigen Information um eine »Rechtsstreitigkeit« mitarbeitervertretungsrechtlicher Art im Sinne dieser Bestimmung. Das Kirchliche Arbeitsgericht hat bei dieser Leistungsklage zu entscheiden, ob der Dienstgeber im konkreten Fall zur Erteilung einer Information verpflichtet ist.

3. Zustimmungsverweigerung

37 Bei einem Verstoß gegen die Prüfpflicht bezüglich der Besetzungsmöglichkeit eines Arbeitsplatzes mit einem schwerbehinderten Bewerber (§ 81 Abs. 1 S. 1 SGB IX) besteht für die MAV ein Zustimmungsverweigerungsrecht analog § 34 Abs. 2 Nr. 1 MAVO. Nach der ständigen Rechtsprechung des Bundesarbeitsgerichts kann nämlich bei einer personellen Maßnahme die Zustimmung gestützt auf einen Normenverstoß dann verweigert werden, wenn die Maßnahme selbst gegen ein Gesetz oder eine sonstige Norm verstößt. Dazu muss es sich nicht um eine Verbotsnorm im technischen Sinn handeln, die unmittelbar die Unwirksamkeit der Maßnahme herbeiführt. Es muss dabei allerdings hinreichend deutlich zum Ausdruck kommen, dass der Zweck der betreffenden Norm darin besteht, die personelle Maßnahme selbst zu verhindern.[19] Nach Maßgabe dieser Grundsätze hat das Bundesarbeitsgericht angenommen, dass ein Verstoß eines Arbeitgebers gegen seine Pflichten aus § 81 Abs. 1 S. 1 und 2 SGB IX ein Zustimmungsverweigerungsrecht bei Einstellungen, nicht aber bei Versetzungen begründet. Die MAV kann also die Zustimmung zu einer vom Dienstgeber gewünschten Einstellung verweigern, wenn diese auf einem derartigen Gesetzesverstoß beruht. Ein derartiger Verstoß ist auch anzunehmen, wenn der Arbeitgeber (Dienstgeber) etwa über Bewerbungen oder Vermittlungsvorschläge nach § 81 Abs. 1 S. 3 SGB IX keinerlei Auskünfte erteilt, obwohl die MAV auf diese Anspruch hat (§ 81 Abs. 1 S. 4 SGB IX). Ein derartiger Gesetzesverstoß liegt in diesem Fall jedenfalls vor, wenn der Dienstgeber (Arbeitgeber) bei der Stellenbesetzung die Berücksichtigung eines schwerbehinderten Menschen gar nicht in Erwägung gezogen hat (§ 81 Abs. 1 S. 7 SGB IX). Die MAV kann dann solange blockieren, bis das Kirchliche Arbeitsgericht auf Antrag des Dienstgebers die verweigerte Zustimmung ersetzt hat (§ 33 Abs. 4 MAVO).[20]

4. Geldbuße

38 Schuldhafte Verstöße gegen das Gebot der unmittelbaren Unterrichtung (§ 81 Abs. 1 S. 4 und S. 9 SGB IX) oder gegen die Erörterungspflicht (§ 81 Abs. 1 S. 7 SGB IX) können – im Gegensatz zu einem Verstoß gegen die Prüfpflicht – auch als Ordnungswidrigkeiten geahndet werden (§ 156 Abs. 1 Nr. 7 und 8 SGB IX), zumindest wenn die Schwerbehindertenvertretung betroffen ist. (Die MAV wird allerdings im Gegensatz zu Betriebsräten und Personalvertretungen in den Vorschriften des SGB IX nicht genannt).

§ 27a Information in wirtschaftlichen Angelegenheiten

(1) Der Dienstgeber einer Einrichtung, in der in der Regel mehr als 50 Mitarbeiterinnen und Mitarbeiter ständig beschäftigt sind und deren Betrieb überwiegend durch Zuwendungen der öffentlichen Hand, aus Leistungs- und Vergütungsvereinbarungen mit Kostenträgern oder Zahlungen sonstiger nicht-kirchlicher Dritter finanziert wird, hat die Mitarbeitervertretung über die wirtschaftlichen Angelegenheiten der Einrichtung rechtzeitig, mindestens aber einmal im Kalenderjahr unter Vorlage der erforderlichen Unterlagen schriftlich zu unterrichten sowie die sich daraus erge-

---

19 BAG, 17. 6. 2008 – 1 ABR 20/07, NZA 2008, 1139.
20 *Rolfs/Paschke*, BB 2002, 1260.

benden Auswirkungen auf die Personalplanung darzustellen. Die Mitarbeitervertretung kann Anregungen geben. Besteht eine Gesamtmitarbeitervertretung oder erweiterte Gesamtmitarbeitervertretung, so ist diese anstelle der Mitarbeitervertretung zu informieren.

(2) Zu den wirtschaftlichen Angelegenheiten im Sinne dieser Vorschrift gehören insbesondere
1. der allgemeine Rahmen der wirtschaftlichen und finanziellen Lage der Einrichtung;
2. Rationalisierungsvorhaben;
3. die Änderung der Organisation oder des Zwecks einer Einrichtung sowie
4. sonstige Veränderungen und Vorhaben, welche die Interessen der Mitarbeiterinnen und Mitarbeiter der Einrichtung wesentlich berühren können.

(3) Als erforderliche Unterlagen im Sinne des Abs. 1 sind diejenigen Unterlagen vorzulegen, die ein den tatsächlichen Verhältnissen entsprechendes Bild der Einrichtung vermitteln. Sofern für die Einrichtung nach den Vorschriften des Handels- oder Steuerrechts Rechnungs-, Buchführungs- und Aufzeichnungspflichten bestehen, sind dies der Jahresabschluss nach den jeweils maßgeblichen Gliederungsvorschriften sowie der Anhang und, sofern zu erstellen, der Lagebericht; für Einrichtungen einer Körperschaft des öffentlichen Rechts sind dies der auf die Einrichtung bezogene Teil des Verwaltungshaushalts und der Jahresrechnung.

(4) Die Mitarbeitervertretung oder an ihrer Stelle die Gesamtmitarbeitervertretung oder erweiterte Gesamtmitarbeitervertretung können die Bildung eines Ausschusses zur Wahrnehmung der Informationsrechte nach Abs. 1 beschließen. Soweit es zur ordnungsgemäßen Erfüllung der Aufgaben der Mitarbeitervertretung oder des Ausschusses erforderlich ist, hat der Dienstgeber sachkundige Mitarbeiterinnen und Mitarbeiter zur Verfügung zu stellen; er hat hierbei die Vorschläge des Ausschusses oder der Mitarbeitervertretung zu berücksichtigen, soweit einrichtungsbedingte Notwendigkeiten nicht entgegenstehen. Für diese Mitarbeiterinnen und Mitarbeiter gilt § 20 entsprechend.

(5) In Einrichtungen im Sinne des Absatz 1 mit in der Regel nicht mehr als 50 ständig beschäftigten Mitarbeiterinnen und Mitarbeitern hat der Dienstgeber mindestens einmal in jedem Kalenderjahr in einer Mitarbeiterversammlung über das Personal- und Sozialwesen der Einrichtung und über die wirtschaftliche Lage und Entwicklung der Einrichtung zu berichten.

(6) Die Informationspflicht besteht nicht, soweit dadurch Betriebs- oder Geschäftsgeheimnisse gefährdet werden.

Übersicht

	Rn		Rn
I. **Vorbemerkungen**	1–11	c. Zahlungen sonstiger, nicht-kirchlicher Dritter	16
1. Adressatenkreis	2–7	d. Ordensinstitute	17, 18
2. Richtlinie zur Festlegung eines allgemeinen Rahmens für die Unterrichtung und Anhörung der Arbeitnehmer in der Europäischen Gemeinschaft (RL 2002/14/EG)	8, 9	3. Rechtzeitige Information	19, 20
		4. Personalplanung	21, 22
		5. Vorlage der Unterlagen	23, 24
		6. Allgemeine Informationen	25
		7. Von der Informationspflicht ausgenommene Rechtsträger	26, 27
3. Fehlende Mitarbeitervertretung	10, 11	III. **Wirtschaftliche Angelegenheiten (§ 27a Abs. 2)**	28–34
II. **Informationspflicht (§ 27a Abs. 1)**	12–27	1. Der allgemeine Rahmen der wirtschaftlichen und finanziellen Lage der Einrichtung (§ 27a Abs. 2 Nr. 1)	29–31
1. Einrichtung mit mehr als 50 Mitarbeiterinnen und Mitarbeitern	12		
2. Drittmittelfinanzierung	13–18	2. Rationalisierungsvorhaben (Abs. 2 Nr. 2)	32
a. Zuwendungen der öffentlichen Hand	14	3. Änderung der Organisation oder	
b. Leistungs- und Vergütungsvereinbarungen mit Kostenträgern	15		

	Rn		Rn
des Zwecks einer Einrichtung (Abs. 2 Nr. 3)	33	V. Dialogpartner des Dienstgebers und ihre Unterstützung (§ 27a Abs. 4)	36–39
4. Sonstige Veränderungen und Vorhaben, welche die Interessen der Mitarbeiter der Einrichtung wesentlich berühren können (Abs. 2 Nr. 4)	34	1. Dialogpartner	36–38
		2. Unterstützung	39
		VI. Einrichtungen mit nicht mehr als 50 ständig beschäftigten Mitarbeitern (§ 27a Abs. 5)	40, 41
IV. Erforderliche Unterlagen (§ 27a Abs. 3)	35	VII. Gefährdung von Betriebs- und Geschäftsgeheimnissen (§ 27a Abs. 6)	42–44
		VIII. Streitigkeiten	45–47

I. Vorbemerkungen

1 Die Vorschrift verdrängt nicht § 27.[1] Sie verstärkt die Zusammenarbeit zwischen Dienstgeber und MAV durch Beteiligung der MAV (§ 1a oder 1b) oder der Gesamtmitarbeitervertretung bzw. erweiterten Gesamtmitarbeitervertretung (Abs. 4) in wirtschaftlichen Angelegenheiten. Abs. 5 verpflichtet davon abweichend die Dienstgeber kleiner Einrichtungen mit bis zu 50 Mitarbeiterinnen und Mitarbeitern zur Unterrichtung im Allgemeinen, wobei § 43 Abs. 2 S. 3 und § 110 BetrVG in etwa als Paten gestanden haben. Es geht um die **Unterrichtung der MAV** und in Einrichtungen mit in der Regel nicht mehr als 50 beschäftigten Mitarbeiterinnen und Mitarbeitern um die **unmittelbare Unterrichtung der Beschäftigten** in wirtschaftlichen Angelegenheiten, wie sie in § 27a Abs. 2 beispielhaft und im Abs. 5 aufgezählt sind. Ziel der Vorschrift ist es, der Dienstgemeinschaft insgesamt einen Informationsanspruch in wirtschaftlichen Angelegenheiten einzuräumen, um ihr so das Verständnis für die wirtschaftliche Planung des Dienstgebers zu ermöglichen. Die Zielsetzung des kirchlichen Dienstgebers mit seiner Einrichtung steht nicht zur Disposition im Wege einer Einigung zwischen Dienstgeber- und Mitarbeiterseite. Andererseits soll der Weg, auf dem das Ziel der Einrichtung erreicht werden soll, dem mitgestaltenden Dialog aller Beteiligten in der Einrichtung unterfallen. Der Dienstgeber hat also in der jährlichen Mitarbeiterversammlung (§§ 4, 21, 22) einen festen Platz in der Tagesordnung zur Unterrichtung der Mitarbeiterinnen und Mitarbeiter im Falle überwiegender Drittmittelfinanzierung nichtkirchlicher Seite (Rn 13 ff.). Zur Informationspflicht gemäß § 613a Abs. 5 BGB siehe § 27 Rn 2.

1. Adressatenkreis

2 Die Vorschrift gilt nicht für alle Einrichtungen. Ganz ausgenommen, sind solche Einrichtungen, die weder durch
- Zuwendungen der öffentlichen Hand,
- Leistungen aus Leistungs- und Vergütungsvereinbarungen mit Kostenträgern (vgl. z. B. §§ 78a ff. SGB VIII) noch
- Zahlungen sonstiger nichtkirchlicher Dritter

finanziert oder nicht überwiegend finanziert werden. Als Zuwendungen gelten nach der Vorschrift des § 27a nicht: weitergeleitete Kirchensteuermittel oder sonstige Leistungen kirchlicher Stellen an Einrichtungen kirchlicher Rechtsträger.

3 Die Vorschrift unterscheidet ferner zwischen Einrichtungen, mit in der Regel mehr als 50 Mitarbeiterinnen und Mitarbeitern in ständiger Beschäftigung (Abs. 1) und solchen Einrichtungen mit in der Regel nicht mehr als 50 ständig beschäftigten Mitarbeiterinnen und Mitarbeitern i. S. d. § 3 Abs. 1 S. 1 ohne Rücksicht auf deren jeweiligen Beschäftigungsumfang (Abs. 5) und ohne Rücksicht auf das Wahlrecht zur MAV. Im Übrigen gilt die Vorschrift zur Information in wirtschaftlichen Angelegenheiten für alle Rechtsträger ohne Rücksicht auf ihre Rechtsform (§ 1), wenn und soweit sie Einrichtungen i. S. v. § 27a Abs. 1 betreiben, deren Betrieb in den Anwendungsbereich der MAVO fällt und

---

[1] Vgl. *Thüsing*, in: *Frey/Coutelle/Beyer*, MAVO § 27a Rn 1.

der überwiegend (mit mehr als 50 v. H.) durch Zuwendungen der öffentlichen Hand, aus Leistungs- und Vergütungsvereinbarungen mit Kostenträgern (z. B. Krankenhäuser) oder Zahlungen sonstiger nichtkirchlicher Dritter erhält. Diese Tatsachen sind im Einzelfall festzustellen, um der Informationspflicht gerecht zu werden.

Der **Informationsgehalt** ist jedoch **unterschiedlich,** weil zwischen Einrichtungen mit in der Regel mehr als 50 Mitarbeiterinnen und Mitarbeitern und Einrichtungen mit in der Regel nicht mehr als 50 ständig Beschäftigten (i. S. v. § 3 Abs. 1 S. 1) unterschieden wird (§ 27a Abs. 1, Abs. 5). Die Information erfolgt nicht über das Unternehmen des Dienstgebers, sondern über die jeweilige **Einrichtung,** in der eine MAV besteht. Damit tritt die MAV demjenigen gegenüber, der die wirtschaftlichen Ziele als Unternehmer verfolgt, denen die arbeitstechnische Leistung der Einrichtung zu dienen bestimmt ist und der die Unternehmensziele, den finanziellen Rahmen und damit die Planungs- und Leistungsvorgaben der Einrichtung festsetzt. Aus diesem Grunde ist die Beteiligung der Gesamtmitarbeitervertretung sinnvoll (§ 27a Abs. 1 S. 3), während andererseits aber die besonders interessierte MAV der betroffenen Einrichtung von der unmittelbaren Information und Diskussion ausgeschlossen ist (siehe auch Rn 36). 4

Die MAV oder an ihrer Stelle die Gesamtmitarbeitervertretung oder sogar die erweiterte Gesamtmitarbeitervertretung kann die Bildung eines Ausschusses (vgl. § 14 Abs. 10) zur Wahrnehmung der Informationsrechte beschließen. In Einrichtungen mit in der Regel nicht mehr als 50 ständig Beschäftigten (§ 3 Abs. 1 S. 1, § 27a Abs. 5) hat der Dienstgeber wenigstens einmal im Kalenderjahr in der Mitarbeiterversammlung (§§ 5, 21) über das Personal- und Sozialwesen der Einrichtung und ihre wirtschaftliche Lange und Entwicklung mündlich zu berichten. 5

Die Informationspflicht insgesamt steht unter dem Vorbehalt der Gefährdung von Betriebs- oder Geschäftsgeheimnissen (Abs. 6), so dass es fraglich ist, ob eine erweiterte Gesamtmitarbeitervertretung dann überhaupt als Partner der Information in Betracht kommen kann, wenn ohnehin nur über eine speziell betroffene Einrichtung eines einzigen Dienstgebers zu unterrichten ist. Das gilt entsprechend auch im Falle einer für verschiedene Rechtsträger gebildete gemeinsame Mitarbeitervertretung (§ 1b). 6

Die Vorschrift des § 27a orientiert sich in ihren Absätzen 1 und 2 an § 106 BetrVG und dient der verstärkten Zusammenarbeit zwischen Dienstgeber und MAV durch zusätzliche Beteiligungsrechte zu den §§ 29 bis 37; sie entspricht aber nicht § 106 BetrVG. Außerdem gilt § 106 BetrVG für Tendenzbetriebe nicht (§ 118 Abs. 1 BetrVG), auch nicht im Geltungsbereich des BPersVG (§ 130 BPersVG). 7

2. Richtlinie zur Festlegung eines allgemeinen Rahmens für die Unterrichtung und Anhörung der Arbeitnehmer in der Europäischen Gemeinschaft (RL 2002/14/EG)

Die Vorschrift des § 27a MAVO empfiehlt sich mit Blick auf die Entwicklung europäischen Arbeitsrechts im Sinne einer Konkordanz im kirchlichen Bereich. Das zeigt ein Blick in die Richtlinie 2002/14/EG. Das Mitarbeitervertretungsrecht steht trotz der innerstaatlichen Rechtslage, wonach die Kirchen und ihre karitativen und erzieherischen Einrichtungen aus dem staatlichen Mitbestimmungsrecht ausgeklammert sind (§§ 118 Abs. 2, 130 BetrVG bzw. § 112 BPersVG), nicht außerhalb des Anwendungsvorrangs des EG-Rechtes, auch nicht mit Blick auf Art. 140 GG.[2] Allerdings kommt es auf die Umsetzung der hier interessierenden Richtlinie zur Festlegung eines allgemeinen Rahmens für die Unterrichtung und Anhörung der Arbeitnehmer in der Europäischen Gemeinschaft (RL 2002/14/EG) in nationales Recht durch den deutschen Gesetzgeber an (Art. 249 Abs. 3 EG). Denn gemäß Art. 137 Abs. 3 S. 1 WRV müssen die Kirchen die in nationales Recht umgesetzten EG-Richtlinien als »für alle geltendes Gesetz« beachten mit der Folge, dass die Bestimmungen der MAVO 8

---

[2] *Reichold*, Europarechtliche Anforderungen an das Recht der Mitarbeitervertretung, in: Europa und das deutsche kirchliche Arbeitsrecht, S. 45, 49 f. unter Hinweis auf *BVerfGE* 73, 339, 375; 75, 223, 240.

V. Zusammenarbeit zwischen Dienstgeber und Mitarbeitervertretung

richtlinienkonform auszulegen sind, wobei es allerdings auf das staatliche Gesetz ankommt. Nach Art. 3 Abs. 2 RL 2002/14/EG können die Mitgliedstaaten der EG – allerdings unter Einhaltung der in dieser Richtlinie festgelegten Grundsätze und Ziele – spezifische Bestimmungen für Unternehmen oder Betriebe vorsehen, die unmittelbar und überwiegend politischen, koalitionspolitischen, konfessionellen, karitativen, erzieherischen, wissenschaftlichen oder künstlerischen Bestimmungen oder Zwecken der Berichterstattung oder Meinungsäußerung dienen, wenn das innerstaatliche Recht Bestimmungen dieser Art zum Zeitpunkt des Inkrafttretens dieser Richtlinie bereits enthält.

9 Von einer entsprechenden Tendenzschutzklausel ist mit Blick auf § 118 Abs. 1 BetrVG und erst recht § 118 Abs. 2 BetrVG auszugehen, wenn dabei auch eine Gleichstellung der Kirchen mit einem Tendenzträger bzw. Tendenzbetrieb erfolgt[3] mit der Folge, dass dann im konkreten Fall staatliches Recht anzuwenden bzw. von den Kirchen im Rahmen ihrer eigenen Rechtsetzung einzuhalten ist.[4]

3. Fehlende Mitarbeitervertretung

10 In diesem Zusammenhang ist auf den Fall fehlender Mitarbeitervertretung hinzuweisen, wenn also der betriebliche Dialogpartner fehlt, der aber von den in Rede stehenden Regelungen (RL 2002/14/EG und § 27a MAVO) vorausgesetzt wird. Ist der Dienstgeber wegen fehlender MAV nicht in der Lage, seine Pflicht gemäß § 27a Abs. 1 und 2 zu erfüllen, muss er jedenfalls eine Mitarbeiterversammlung (§§ 4, 21) einberufen, um einerseits gemäß § 10 die Initiative zur Bildung einer MAV zu ergreifen, andererseits die Mitarbeiterinnen und Mitarbeiter von der nicht erzwingbaren, aber doch für seine Informationspflicht wichtigen Existenz einer MAV zu überzeugen. Jedenfalls hat er in der Mitarbeiterversammlung gemäß § 27a Abs. 5 nach dem Mindeststandard seiner Informationspflicht zu verfahren, um nicht jeden einzelnen Mitarbeiter bzw. jede einzelne Mitarbeiterin gesondert zu informieren und anzuhören. Vorstellbar ist zur Rettung des Verfahrens nach § 27a Abs. 1 und 2, dass die Mitarbeiterversammlung selbst wenigstens eine ad-hoc-Gruppe[5] von fünf Mitarbeiterinnen und Mitarbeitern wählt, die der Dienstgeber dann i. S. d. Bestimmungen des § 27a Abs. 1 und 2 unterrichtet und anhört. Der Dienstgeber darf die fehlende MAV nicht zum Vorwand überhaupt unterbleibender Unterrichtung nehmen.

11 Das Problem ist nicht auf § 27a begrenzt. Das EG-Recht sieht weder Regelungen geschweige denn Zwang zur Bildung von Arbeitnehmervertretungen auf nationaler Ebene vor, sondern setzt den Bestand solcher Arbeitnehmervertretungen bzw. Betriebsvertretungen voraus. Weil aber zunehmend europarechtliche Normen entstehen, die eine Beteiligung von Arbeitnehmervertretungen in näher bestimmten Angelegenheiten i. S. d. sozialen Dialogs fordern (vgl. Art. 2 Massenentlassungsrichtlinie, Art. 6 Betriebsübergangsrichtlinie, Art. 10 und 11 Arbeitsschutzrichtlinie und Richtlinie über den europäischen Betriebsrat), werden Arbeitgeber ihren Pflichten nur gerecht, wenn die Dialogpartnerin Arbeitnehmervertretung existiert. Zwar wenden sich die genannten Richtlinien nicht an die Kirchen, weil diese nicht zu den rechtlichen Adressaten der Umsetzung der Richtlinien in nationales Recht zählen. Politisch ist der Inhalt kirchlicher Regelungen jedoch insoweit betroffen, als sie selbst einen sozialen Dialog mit der MAV einfordern. Wenn also die Richtlinien in für alle geltendes Recht umgesetzt werden müssen, ist der staatliche Gesetzgeber frei, für Kirchen ausdrückliche Ausnahmen zuzulassen. Deshalb kommt auf die Kirchen praktisch ein Anpassungsmoment zu.[6] In diesem Zusammenhang wird als Beispiel auf § 13d, besonders § 13d Abs. 4 als Folge von Art. 5 RL 77/187/EWG vom 14. 2. 1977 hingewiesen.

---

3 *Reichold*, a. a. O. S. 53; NZA 2003, 289, 293.
4 *Schliemann*, NZA 2003, 407, 414; *Reichold*, NZA 2003, 294.
5 *Reichold*, NZA 2003, 295 l. Sp.
6 *Reichold*, NZA 2001, 1054, 1058.

II. Informationspflicht (§ 27a Abs. 1)

1. Einrichtung mit mehr als 50 Mitarbeiterinnen und Mitarbeitern

Der Dienstgeber hat seine Informationen danach einzurichten, welche seiner Einrichtungen unterrichtet werden soll. Dabei kommt es darauf an, ob in der Einrichtung mehr als 50 Mitarbeiterinnen und Mitarbeiter (vgl. Art. 3 Abs. 1 S. 1 Buchst. a RL 2002/14/EG) regelmäßig beschäftigt sind, was dem Ist-Stellenplan (§ 26 Rn 43 ff.) zu entnehmen ist. Weitere Voraussetzung ist, dass die Einrichtung »überwiegend durch Zuwendungen der öffentlichen Hand, aus Leistungs- und Vergütungsvereinbarungen mit Kostenträgern oder Zahlungen sonstiger nichtkirchlicher Dritter finanziert wird«.

12

2. Drittmittelfinanzierung

Die Finanzierung der Einrichtung spielt eine wesentliche Rolle für die Voraussetzung der Informationspflicht des Dienstgebers. Denn dort, wo Mitarbeiter durch ihre Arbeit wesentlich zur Erwirtschaftung von Zuwendungen Dritter beitragen und damit Grundlagen für ihre Vergütung schaffen, geht es um wirtschaftliche Fragen zur Führung der Einrichtung. Werden Einrichtungen überwiegend (mehr als 50 v. H.) oder ausschließlich durch die nachstehenden Maßnahmen (Rn 14–16) geführt, gilt Folgendes:

13

Die überwiegende Fremdfinanzierung ist Voraussetzung für den Unterrichtungsanspruch (§ 27a Abs. 1). Dazu bedarf es der Ermittlung:
– der Kosten, die die Einrichtung hat, um den Betrieb durchzuführen, wie Kosten für Personal und sachliche Betriebsausgaben,
– der Art der Einnahmen zur Finanzierung der Betriebskosten und der Höhe der Drittmittel (Rn 14–16) im Verhältnis zu den Gesamteinnahmen
im Wirtschafts- oder Haushaltsjahr.

a. Zuwendungen der öffentlichen Hand

Darunter werden staatliche Subventionen verstanden. Es handelt sich dabei um vermögenswerte Zuwendungen ohne konkrete marktmäßige Gegenleistung zur Förderung eines im öffentlichen Interesse liegenden Zwecks.[7] Der Wert der Zuwendung kann aber zurückgefordert werden, wenn das zugewendete Geld (vgl. z. B. § 5a Bundesfernstraßengesetz) zweckwidrig verwendet wird. Ein Zuwendungsbescheid ist dann aufzuheben (§ 49 Abs. 3 Ziffer 1 VwVfG). Zuwendungen können unentgeltlich (z. B. § 516 BGB) und entgeltlich sein. Im vom kirchlichen Gesetzgeber gebrauchten Sinn ist die Zuwendung der öffentlichen Hand kein privatrechtlicher Begriff. Unentgeltlichkeit bedeutet, dass der Verwendungsnachweis nicht zu erbringen ist. Kann man die Leistungen der öffentlichen Hand für Tageseinrichtungen für Kinder und Schulen an freie Träger auf Grund der Gesetzeslage nicht unter den Begriff »Zuwendung« subsumieren, sind die Leistungen jedenfalls unter dem Auffangtatbestand »Zahlungen sonstiger nichtkirchlicher Dritter« einzuordnen. Die Zuwendung kann sein eine Finanzhilfe zugunsten Privater als verlorener Zuschuss, Subvention, Darlehn, Bürgschaft. Sie kann auf Grund eines Haushaltsbeschlusses für einen gemeinnützigen Verein gegeben werden. Die Zuwendung der öffentlichen Hand ist an das öffentliche Recht gebunden.[8] Fiskalische Zwecke sind darunter nicht subsumierbar[9] wie dies aus den staatlichen Gesetzen zur Finanzierung von Ersatzschulen und Tageseinrichtungen für Kinder[10] hervorgeht. Von den Zuwendungen der öffentlichen Hand sind zu unterscheiden Zuwendungen von Trägern der freien Wohlfahrtspflege an Private zur Verbesserung ihrer wirtschaftlichen Situation. Keine Subventionen sind Leistungen auf Grund

14

---

7 *BVerwG*, 19. 12. 1958, NJW 1959, 1098; *Maurer*, Allg. Verwaltungsrecht, § 17 Rn 5.
8 *Forsthoff*, Lehrbuch des Verwaltungsrechts I. Bd., S. 88, 113, 181 Anm.3.
9 *Forsthoff* a. a. O. S. 181.
10 Vgl. z. B. § 8 Kindergartengesetz Baden-Württemberg, Amtsblatt der Erzdiözese Freiburg 1996 Nr. 58 S. 401.

von Rechtsansprüchen i. S. d. Sozialrechts (dazu unter Rn 15). Beispiele i. S. d. Vorschrift des § 27a Abs. 1 sind etwa: nicht auf dem Krankenhausfinanzierungsgesetz beruhende Zuweisungen und Zuschüsse der öffentlichen Hand für Investitionen in aktivierte Vermögensgegenstände des Anlagevermögens eines Krankenhausträgers (vgl. § 5 Abs. 2 KHBV – Krankenhaus-Buchführungsverordnung), öffentliche Fördermittel oder sonstige Zuwendungen Dritter an Träger einer Pflegeeinrichtung zur Anschaffung von Vermögensgegenständen des Anlagevermögens i. S. v. § 5 Abs. 2 PBV.

b. Leistungs- und Vergütungsvereinbarungen mit Kostenträgern

15 Nicht jeder Leistungserbringer wird von der Informationspflicht gemäß § 27a erfasst. Es kommt darauf an, dass die Leistungs- und Vergütungsvereinbarungen zwischen Kostenträger (z. B. gesetzliche Krankenkasse, Pflegekasse) und Leistungserbringer (z. B. Krankenhaus, Pflegeheim) auf der Grundlage des öffentlichen Rechts getroffen werden. Für den Bereich der Jugendhilfe sind einschlägig §§ 77, 78b, 78c, 78d SGB VIII, für den Bereich Krankenhäuser § 64 SGB V, für die Pflege §§ 69 ff., 75 Abs. 1 S. 2 SGB XI, auf dem Gebiet der Grundsicherung für Arbeitsuchende § 17 SGB II und auf dem Gebiet der Sozialhilfe § 75 Abs. 3, §§ 76, 77 SGB XII. Wo aber z. B. die Bewohner eines Altenheims Selbstzahler sind, sind deren Leistungen nicht Leistungen Dritter i. S. d. Vorschrift des § 27a Abs. 1.

c. Zahlungen sonstiger, nichtkirchlicher Dritter

16 Unter den Begriff sind die Zahlungen zu subsumieren, die nicht unter die vorgenannten Begriffe zu Buchstaben a. und b. fallen. Gar nicht zählen die Zahlungen aus dem Bereich der Kirche und den ihr zugeordneten Rechtsträgern. Das gilt z. B. für Leistungen aus Kirchensteuermitteln, die vom Bischöflichen Generalvikariat oder Ordinariat Einrichtungen der Pfarreien, Kirchenstiftungen oder Kirchengemeindeverbände zugewendet werden. Zahlungen sonstiger, nichtkirchlicher Dritter erfolgen etwa im Bildungsbereich, im Bereich der Kinder- und Jugendhilfe, der Kranken-, Alten- und Behindertenhilfe. Erfolgt die Finanzierung **überwiegend** durch Leistungen nichtkirchlicher Dritter, ist die Unterrichtung in wirtschaftlichen Angelegenheiten der Einrichtung geboten. Denn der Kreis der betroffenen Einrichtungen steht im Wettbewerb mit anderen Anbietern außerhalb des Geltungsbereichs der MAVO, so dass die wirtschaftlichen Rahmenbedingungen, von denen der Dienst abhängt, ein Arbeitsplatzrisiko schaffen können. Leistungen i. S. v. SGB VIII an Kindertageseinrichtungen durch die öffentliche Hand als Kostenträger der öffentlichen und freien Jugendhilfe sind sonstige Leistungen i. S. v. § 27a Abs. 1.

d. Ordensinstitute

17 Betreibt ein Institut des geweihten Lebens (Orden) unbeschadet seiner Rechtsform eine erzieherische oder karitative Einrichtung, kommt es darauf an, ob dort Mitarbeiter i. S. v. § 3 Abs. 1 S. 1 beschäftigt werden und aus diesem Grunde die MAVO Anwendung findet (§ 1 Abs. 2). Dann ist mit Blick auf den Betrieb dieser Einrichtung und der dort Beschäftigten das ausschließlich dazu verwendete Vermögen Gegenstand der Informationspflicht. Dann werden z. B. die Leistungen der Sozialhilfeträger oder der staatlichen Unterrichtsverwaltung beim Leistungserbringer auch den dort gegen Arbeitsentgelt Beschäftigten zugemessen. In diesen Fällen besteht die Informationspflicht über die wirtschaftlichen Angelegenheiten qua Einrichtung. In der Regel hat der Träger dafür einen besonderen Etat oder Nebenhaushalt (siehe weiter Rn 23, 35).

18 Für die Körperschaften des staatlichen öffentlichen Rechts – das können auch Ordensinstitute sein – (vgl. § 1 Abs. 1 Nrn. 1–5) gilt die Informationspflicht in wirtschaftlichen Angelegenheiten unter den gleichen Voraussetzungen, dass sie nämlich für eine bestimmte von ihnen betriebene Einrichtung überwiegend Mittel nichtkirchlicher Dritter einsetzen, um damit Leistungen, z. B. im Ersatzschulwesen, im Bildungsbereich, in karitativen und sonstigen erzieherischen Einrichtungen, zu erbringen. Auf den Haushalt jeder einzelnen Einrichtung ist abzustellen, nicht auf das Gesamtvolumen des Gesamthaushalts der Körperschaft. Betreibt ein Orden als Körperschaft des staatlichen öffentlichen Rechts aber einen Wirtschaftsbetrieb (Brauerei, Metzgerei, Gastwirtschaft), dann findet die MAVO

keine Anwendung, sondern staatliches Personalvertretungsrecht mit der Folge, dass keine Information in wirtschaftlichen Angelegenheiten i. S. v. § 27a stattfindet (siehe näher zu § 1 Rn 75 ff., 79 ff.).

3. Rechtzeitige Information

Der Dienstgeber hat die MAV vor möglichen Entscheidungen in wirtschaftlichen Angelegenheiten zu unterrichten, nämlich »**rechtzeitig**«. Der Zeitpunkt der Unterrichtung muss so gelegt sein, dass die Stellungnahme der MAV die Entscheidung des Dienstgebers noch beeinflussen kann.[11] Ein jährlicher Fixtermin für die Unterrichtung dürfte im Zweifel nicht ausreichen, um der Aktualität nicht zu schaden. Die rechtzeitige Information ist nur gewahrt, wenn der Dienstgeber die für die Unterrichtung der MAV erforderlichen Unterlagen (§ 26 Abs. 2) vorlegt. Schon der Entschluss zur Planung kann Unterrichtungspflichten auslösen, weil Ziele und Wege mit der MAV erörtert werden sollen (vgl. § 27a Abs. 2). 19

Die Unterrichtung muss aber auch **umfassend** erfolgen. Das ist der Fall, wenn die MAV alle Informationen erhält, die für eine sinnvolle Aussprache und Beratung der Angelegenheit erforderlich sind. Es geht um den gleichen Informationsstand. Gegenstand der Unterrichtung sind die Maßnahmen selbst, ihre Auswirkungen und ihre Gründe. Deshalb müssen die Informationen glaubwürdig und verständlich sein.[12] Die MAV muss zu eigenen Anregungen (§ 27a Abs. 1 S. 2) in der Lage sein. Deshalb hat die Information auch **schriftlich** zu erfolgen. 20

4. Personalplanung

Bei der Unterrichtung sind insbesondere auch die **Auswirkungen** der unternehmerischen Planungen »**auf die Personalplanung**« (§ 27a Abs. 1 S. 1 a. E.) darzustellen. Die Personalplanung erfolgt in der Regel jedenfalls in ihren Zieldaten bereits im Zusammenhang mit der Aufstellung der für die Planung des Dienstgebers zu erarbeitenden Teilpläne für die anzubietenden Dienstleistungen, die Investition und Finanzpolitik. Die Personalplanung für eine bestimmte Einrichtung kann also bestehen aus: 21
– dem Personalbedarfsplan mit Angaben zu Quantität, Qualität, zeitlichem und örtlichem Einsatz,
– dem Personalbeschaffungsplan mit innerbetrieblichen und außerbetrieblichen Stellenausschreibungen,
– dem Personalentwicklungsplan zu Ausbildung, Fortbildung, Umschulung, sonstigen Bildungsmaßnahmen, Altersteilzeit,
– der Personaleinsatzplanung,
– der Planung von Personalabbau,
– der Planung des Einsatzes von Zivildienstleistenden, Sozialhilfeempfängern, Mitarbeitern in Arbeitsbeschaffungsmaßnahmen,
– der Planung des Einsatzes von Fremdkräften zum Ersatz von Stellenplankräften, wie Leiharbeitnehmer, Dienstleistungen anderer Unternehmen, Gestellungsdienste.

Die Personalplanung hat Aktualität bei beabsichtigter Schließung, Einschränkung, Verlegung oder Zusammenlegung von Einrichtungen oder wesentlichen Teilen von ihnen (§ 29 Abs. 1 Nr. 17). In diesem Falle hat die MAV ein Anhörungs- und Mitberatungsrecht. In diesem Zusammenhang ist auch auf das besondere Vorschlagsrecht der MAV gemäß § 32 Abs. 1 Nr. 12 hinzuweisen, nämlich zu Maßnahmen zur Sicherung der Beschäftigung, flexiblen Gestaltung der Arbeitszeit, Förderung von Teilzeitarbeit und Altersteilzeitarbeit, und für Vorschläge für neue Formen der Arbeitsorganisation, Änderungen der Arbeitsverfahren und Arbeitsabläufe, Qualifizierung der Mitarbeiterinnen und Mitarbeiter (vgl. § 29 Abs. 1 Nrn. 5 und 6) und Alternativen zur Ausgliederung von Arbeit oder ihrer Vergabe an andere Unternehmen. 22

---

11 In diesem Sinne: *BAG*, 11. 7. 2000 – 1 ABR 43/99, NZA 2001, 402.
12 In diesem Sinne: *BAG*, 11. 7. 2000 – 1 ABR 43/99, NZA 2001, 402.

5. Vorlage der Unterlagen

23 Die Unterrichtung erfolgt schriftlich »**unter Vorlage der erforderlichen Unterlagen**« (Abs. 3), ohne dass es deshalb eines ausdrücklichen Verlangens der MAV – wie im Falle des § 26 Abs. 2 S. 1 – bedarf. Derartige Unterlagen sind z. B. der Jahresabschluss, der Wirtschaftsprüfungsbericht, sonstige Berichte (z. B. einer Unternehmensberatung oder eines Leistungsträgers), Pläne zur Verbesserung der Arbeitsmethoden, Bilanzen, Gewinn- und Verlustrechnungen, Erfolgsberechnungen, Statistiken, Marktanalysen. Nach Lage des Einzelfalles kommen auch Unterlagen über Lohn- und Leistungsbewertungen, Erfolgsabrechnungen, Betriebsabrechnungsbögen[13] in Betracht sowie Unterlagen, die dazu dienen, den Personalbedarf an Hand der Gegebenheiten und der Planziele der Einrichtung zu ermitteln. Vorzulegen sind Unterlagen, die dem Dienstgeber zur Verfügung stehen; dabei spielt es keine Rolle, ob er sie selbst oder Dritte sie angefertigt haben.[14] In diesem Zusammenhang wird auf die Arbeitshilfen 182 vom 2. 2. 2004[15] hingewiesen[16] mit Hinweisen zur Beachtung der Bestimmungen des Aktiengesetzes (§§ 91, 110, 111, 161, 170, 171) sowie der Bestimmungen des Handelsgesetzbuchs (§§ 289, 317, 318, 321, 322, 323) zur Ermöglichung innerkirchlicher Aufsicht über die sozialen Einrichtungen in katholischer Trägerschaft.

24 Die Unterlagen müssen der MAV vorgelegt werden. Der **Begriff** der **Vorlage** ist nicht eindeutig.[17] Die MAV hat Anspruch darauf, dass die schriftliche Unterrichtung unter Hinweis auf die vorhandenen Unterlagen erfolgt. Der Dienstgeber hat in seinen Berichten die Unterlagen zu verwerten. Die vorgeschriebene Schriftform des Berichts des Dienstgebers spricht für eine zeitweise Aushändigung der Unterlagen an die MAV, nämlich als Anlage zum schriftlichen Bericht. Insofern geht die Vorschrift des § 27a Abs. 1 über das hinaus, was gemäß § 106 BetrVG geschuldet wird. Dauerhafte Überlassung der Unterlagen scheidet mit Rücksicht auf die geschuldete Vorlage begrifflich aus. Andererseits geht die Vorlage über die bloße Einsicht in die Unterlagen hinaus. Einsicht erfolgt während der Sitzung mit dem Dienstgeber. Die zeitweise Überlassung der Unterlagen kommt aber in Betracht.[18] Denn den Mitgliedern der MAV kommt es zu, dem Dienstgeber Anregungen zum Bericht zu geben. Das setzt eine Beratung der MAV in ihrer Sitzung zur Vorbereitung auf die Sitzung mit dem Dienstgeber voraus. Nach der Sitzung mit dem Dienstgeber sind ihm die Unterlagen zurückgeben.[19] Mit Rücksicht auf den Inhalt der Unterlagen mit großen Zahlenwerken, umfangreichen Aufstellungen, Listen u. a. wird der Dienstgeber dem Unterrichtungsgedanken nur gerecht, wenn er die Unterlagen der MAV vor der Sitzung vorübergehend überlässt[20] oder wenigstens eine unbeeinflusste jederzeitige Möglichkeit der Einsichtnahme besteht,[21] während Abschriften und Fotokopien nicht angefertigt werden dürfen[22] wohl aber schriftliche Notizen. Ohne solche Maßnahmen dürfte die Auswertung der Unterlagen durch die MAV und sofortige Beratung im zeitlichen Rahmen einer Sitzung in der Regel gar nicht möglich sein.[23] Nach der Kenntnisnahme, spätestens bei Beendigung der Sitzung mit dem Dienstgeber, sind die Unterlagen wieder an den Dienstgeber zurückzugeben[24] weil sie der MAV nicht zu überlassen sind. Gemäß § 6 Abs. 3 der Ordnung für beschließende Unterkommissionen gemäß §§ 12 bis 14 der Ordnung der Arbeitsrechtlichen Kommission des Deutschen Caritas-

---

13 *BAG*, 17. 9. 1991, AP Nr. 13 zu § 106 BetrVG 1972.
14 *Hess. LAG*, 19. 3. 1996 – 4 TaBV 12/96, AiB 1996, 668.
15 Herausgeber: Sekretariat der Deutschen Bischofskonferenz, Bonn.
16 Näherhin auf den Leitfaden zur Struktur der Aufsicht bei Trägern von Einrichtungen und Diensten, Kapitel D, Seiten 15 ff.
17 Zum Meinungsstand ErfK-*Kania*, § 106 BetrVG Rn 6.
18 Unentschieden: *Thüsing/Wege*, KuR 2004, 25, 41.
19 DKK-*Däubler*, BetrVG § 106 Rn 47.
20 *BAG*, 20. 11. 1084 – 1 ABR 64/82, EzA § 106 BetrVG 1972 Nr. 6.
21 *Oetker*, GK-BetrVG 106 Rn 94.
22 *BAG*, 20. 11. 1984 – 1 ABR 64/82, EzA § 106 BetrVG 1972 Nr. 6.
23 ErfK-*Kania*, § 106 BetrVG Rn 6.
24 *BAG*, 20. 11. 1984 – 1 ABR 64/82, EzA § 106 BetrVG 1972 Nr. 6.

verbandes vom 17. 3. 2005[25] besteht bei Anträgen auf Beschlussfassung in den Unterkommissionen zur Absenkung von Vergütungen für eine Einrichtung oder für einen Träger Pflicht zur Vorlage einschlägiger Unterlagen – in demselben Sinne wie gemäß § 27a Abs. 3 MAVO – an die beschließende Unterkommission bzw. an die Arbeitsrechtliche Kommission (§ 7 Ordnung für beschließende Unterkommissionen). Diese Unterlagen sind sogar per Versand vorzulegen. Daraus ergibt sich, dass mit dem Begriff vorlegen gemeint ist, dass die Unterlagen jedenfalls vorübergehend auszuhändigen sind.

6. Allgemeine Informationen

Allgemeine Informationen, die nicht aus einem besonderen Anlass erforderlich sind, müssen **mindestens einmal im Kalenderjahr** schriftlich erfolgen. Der Dienstgeber kann die Angelegenheiten mit der MAV beraten (vgl. § 29), ist dazu aber nicht verpflichtet. Die MAV kann ihrerseits im Zusammenhang mit der Information des Dienstgebers Anregungen geben und Vorschläge unterbreiten (vgl. § 32 Abs. 1 Nr. 12).

7. Von der Informationspflicht ausgenommene Rechtsträger

Gemäß § 27a Abs. 1 S. 1 sind solche kirchlichen Rechtsträger von der Informationspflicht ausgenommen, die nicht oder nicht überwiegend die nach Abs. 1 S. 1 genannten Arten von Drittmitteln erhalten. Drittmittel sind nicht Zuwendungen aus dem Bistumshaushalt an Kirchengemeinden, Kirchenstiftungen oder Kirchengemeindeverbände. Dasselbe gilt für solche Leistungen an Ordensgemeinschaften. Was nicht zum Haushalt der Einrichtung eines Rechtsträgers (etwa nicht zum Teilhaushalt, in dem überwiegend Drittmittel i. S. v. § 27a Abs. 1 S. 1 enthalten sein können) gehört, ist nicht Gegenstand der Unterrichtung und Informationspflicht in wirtschaftlichen Angelegenheiten. So trifft eine Kirchengemeinde hinsichtlich der von ihr betriebenen Tageseinrichtungen für Kinder, für die sie überwiegend Mittel der öffentlichen Hand erhält (vgl. z. B. §§ 75 Abs. 3, 77 SGB VIII), die Informationspflicht, nicht aber darüber, was sie aus Kollekten und für liturgische Zwecke einnimmt. Die Bereiche Verkündigung, Liturgie, Sakramentenspendung und Verwaltung, die aus der Kirchensteuer oder aus Kirchenvermögen finanziert werden, fallen nicht unter die Berichtspflicht des § 27a Abs. 1 S. 1.

Die Ausnahme gilt nur, wenn die MAVO überhaupt Anwendung findet. Das ist z. B. dann nicht der Fall, wenn der Betrieb einer Ordensgemeinschaft reiner **Wirtschaftsbetrieb** ist, so dass er weder unter den Begriff einer erzieherischen noch einer karitativen Einrichtung (vgl. § 118 Abs. 2 BetrVG, § 112 BPersVG) fällt (dazu: § 1 Rn 75 ff.). Ist das Ordensinstitut Körperschaft des deutschen öffentlichen Rechts, so fällt sein unselbständiger Wirtschaftsbetrieb nicht unter das Betriebsverfassungsgesetz (§ 130 BetrVG),[26] so dass deshalb die Information in wirtschaftlichen Angelegenheiten i. S. v. § 27a MAVO völlig entfällt (Rn 18). Denn dem Personalvertretungsrecht ist die Beteiligung des Personalrats in wirtschaftlichen Angelegenheiten (bei Anwendung des Personalvertretungsrechts eines Landes oder des Bundes) unbekannt. Ist die im Beispiel erwähnte Ordensgemeinschaft andererseits nach staatlichem Recht privatrechtlich (etwa als e. V.) verfasst und betreibt sie einen Wirtschaftsbetrieb, ist dieser als Tendenzbetrieb gemäß § 118 Abs. 1 S. 1 Nr. 1 und S. 2 von der Anwendung der §§ 106 bis 110 BetrVG ausgenommen, nicht aber von § 43 Abs. 2 S. 3 BetrVG, während die MAVO wegen der Anwendung des BetrVG nicht gilt. Denn gemäß § 118 Abs. 2 BetrVG sind nur karitative und erzieherische Einrichtungen vom BetrVG ausgenommen, wenn sie einer Religionsgemeinschaft überhaupt zugeordnet sind. Außerdem ist das kirchlich bestimmte Selbstverwaltungsrecht der Ordensgemeinschaften durch den Diözesanbischof zu schützen, so dass ihm als Gesetzgeber auch insoweit Grenzen gezogen sind (can. 586 § 2, 634 ff. CIC).

---

25 Amtsblatt des Erzbistums Berlin 2005, S. 62; Amtsblatt für die Diözese Münster 2005 S. 145.
26 *BAG*, 30. 7. 1987 – 6 ABR 78/85, NJW 1988, 933 = DB 1987, 2658.

III. Wirtschaftliche Angelegenheiten (§ 27a Abs. 2)

28 In Abs. 2 Nrn. 1 bis 4 werden beispielhaft die nach der MAVO wichtigsten wirtschaftlichen Angelegenheiten aufgezählt. Der Katalog zum Inhalt der Information ist wegen der Verwendung des Wortes »insbesondere« nicht erschöpfend.[27] Er zählt nur auf, welche Gegenstände in jedem Falle bei Unterrichtung der MAV über die wirtschaftlichen Angelegenheiten der Einrichtung des Dienstgebers zu behandeln sind. Nr. 4 ist eine beschränkte Generalklausel. Der Katalog gibt keinen Anhaltspunkt, dass zu den wirtschaftlichen Angelegenheiten auch die laufende Geschäftsführung zählt. Das ist nur dann anzunehmen, wenn die Maßnahmen in § 27a Abs. 2 angesprochen sind, wie etwa Rationalisierungsmaßnahmen und Änderungen der Organisation oder des Zwecks der Einrichtung. In diesem Zusammenhang sind die in § 29 Abs. 1 Nr. 14 (grundlegende Änderungen von Arbeitsmethoden) sowie § 29 Abs. 1 Nr. 17 (Schließung, Einschränkung oder Zusammenlegung von Einrichtungen oder Dienststellen oder wesentlichen Teilen von ihnen) genannten Angelegenheiten wirtschaftlicher Art zu nennen. Die in § 27a Abs. 2 Nrn. 1 bis 4 aufgezählten Angelegenheiten sind mit Blick auf die Auswirkungen für die Personalplanung (Abs. 1 S. 1) darzustellen.

1. Der allgemeine Rahmen der wirtschaftlichen und finanziellen Lage der Einrichtung (§ 27a Abs. 2 Nr. 1)

29 Die Informationspflicht des Dienstgebers über den allgemeinen Rahmen der wirtschaftlichen und finanziellen Lage erstreckt sich nur auf die jeweilige konkrete Einrichtung, nicht dagegen auf das gesamte Unternehmen des Dienstgebers, der mehrere Einrichtungen, Dienststellen oder sonstige Betriebe führt.[28] Besteht eine gemeinsame Mitarbeitervertretung (§ 1b), so ist diese wegen der aktuell betroffenen Einrichtung des zuständigen Dienstgebers zu unterrichten (vgl. § 22a Abs. 1 S. 3). Eine Information der Gesamtmitarbeitervertretung (§ 24 Abs. 1) bzw. erweiterten Gesamtmitarbeitervertretung (§ 24 Abs. 2) erfolgt gemäß § 27a Abs. 4.

30 Der Informationspflicht ist unter den Voraussetzungen der in § 27a Abs. 2 genannten Angelegenheiten aktuell nachzukommen, nötigenfalls daher öfter im Kalenderjahr.

31 Zur wirtschaftlichen und finanziellen Lage gehören alle auf die Einrichtung bzw. Einrichtungen des Dienstgebers einwirkenden Gegebenheiten, die für seine Planung von Bedeutung sind. Dies betrifft insbesondere Verluste, Gewinne, Risikolage (z. B. Kreditschwierigkeiten, Belegung), Preisgestaltung und deren Kalkulationsgrundlage. Hierher gehört z. B. auch die wirtschaftliche Entwicklung einer bestimmten Branche und Liquidität. Vor allem gehört hierher die Absicht, die Eröffnung eines Insolvenzverfahrens zu beantragen (*Fitting*, BetrVG § 106 Rn 38). Der Einzugsbereich der Einrichtung und die Nachfrage nach ihren Diensten ist ebenfalls Gegenstand der Unterrichtung.

2. Rationalisierungsvorhaben (Abs. 2 Nr. 2)

32 Die Rationalisierung hat die zweckmäßigere anforderungsgerechte und kostengünstige Gestaltung der Arbeitsvorgänge einschließlich des Verwaltungsbereichs zum Ziel, um die Wirtschaftlichkeit der Einrichtung zu steigern, etwa durch Normung und Typisierung des Arbeitsablaufs. Das kann durch Rationalisierungsinvestitionen zur Einführung arbeitssparender oder qualitätsverbessernder Technologien oder durch betriebsorganisatorische Maßnahmen geschehen. Ziel ist neben der Erhöhung der Wirtschaftlichkeit gleichrangig die Erzielung menschengerechter Arbeitsbedingungen. Dazu gehören auch neue Arbeitsmethoden und damit u. U. einhergehend die Änderung der Organisation oder des Zwecks der Einrichtung. Soweit der Personalbedarf oder -einsatz sich infolge der angestrebten Rationalisierung ändern kann, hat der Dienstgeber hierauf gemäß Abs. 1 S. 1 hinzuweisen. In diesem Zusammenhang sind die Rationalisierungsfolgen für die Mitarbeiter von Interesse, zu deren Gunsten in kirchlichen Arbeitsvertragsordnungen Bestimmungen über den Rationalisierungs-

---

27 Ebenso *Thüsing*, in: *Frey/Coutelle/Beyer*, § 27a Rn 27.
28 Dazu kritisch: *Münzel*, NZA 2005, 449, 454.

schutz bestehen (vgl. § 45a KAVO mit Anlage 23 zur KAVO; ABD, Regelung über den Rationalisierungsschutz für Mitarbeiter – Teil C, 4).

3. Änderung der Organisation oder des Zwecks einer Einrichtung (Abs. 2 Nr. 3)

Unter Einrichtungsorganisation ist das bestehende Ordnungsgefüge für die Verbindung von Einrichtungszweck in der Einrichtung arbeitender Menschen und Einrichtungsanlagen mit dem Ziel der optimalen Erfüllung der Aufgaben der Einrichtung zu verstehen.[29] Der Zweck der Einrichtung wird vom Dienstgeber zur Erreichung der jeweiligen Ziele seiner Tätigkeit bestimmt. Der Zweck ist das Ergebnis seiner Planung, durch die der Einrichtung Aufgaben der Dienstleistung zugewiesen werden. Insbesondere die Stilllegung einer Einrichtung oder eines abgrenzbaren Teils mit eigener Aufgabenstellung führt zur dauerhafte Aufgabe des Betriebszwecks oder eines wesentlichen Teils und führt insoweit gleichzeitig zur Auflösung der dem Betriebszweck dienenden Arbeitsorganisation.[30] Die Informationspflicht nach Abs. 2 Nr. 3 erfasst bereits jede vom Dienstgeber in Betracht gezogene Änderung, nicht nur geplante grundlegende Änderungen. 33

4. Sonstige Veränderungen und Vorhaben, welche die Interessen der Mitarbeiter der Einrichtung wesentlich berühren können (Abs. 2 Nr. 4)

Abs. 2 Nr. 4 enthält eine beschränkte Generalklausel, die alle nicht bereits in den Nrn. 1 bis 3 aufgeführten Fragen erfasst, die das wirtschaftliche Leben der Einrichtung in entscheidenden Punkten betreffen. Voraussetzung für die Informationspflicht des Dienstgebers ist aber, dass die Interessen der Mitarbeiter der Einrichtung wesentlich berührt werden können.[31] Das kann für Rechtsstreitigkeiten von grundlegender Bedeutung gelten, für Maßnahmen der staatlichen Energiepolitik, der Gesetzgebung im sozialen Bereich, Zusammenarbeit mit anderen Rechtsträgern; Pilotprojekte über neue Dienstleistungen, wenn die Ergebnisse Auswirkung auf die Beschäftigungsverhältnisse der Mitarbeiter haben können,[32] Ausgliederung von Dienstleistungen,[33] Zusammenschlüsse von Rechtsträgern (Fusionen), Konzentrationsvorgänge, Veräußerung von Geschäftsanteilen einer GmbH und deren mögliche Auswirkungen auf Geschäftspolitik und Geschäftsführung und der Übergang der Einrichtung oder eines Teils derselben auf einen anderen Rechtsträger (§ 613a BGB). 34

Zu erwähnen sind weiter:
- das Investitionsprogramm des Dienstgebers für die Einrichtung,
- die Maßnahmen i. S. v. § 29 Abs. 1 Nr. 14, nämlich grundlegende Änderungen von Arbeitsmethoden, aber auch die Einführung neuer Arbeitsmethoden,
- die Änderung der Einrichtungsorganisation und des Zwecks der Einrichtung,
- die Maßnahmen i. S. v. § 29 Abs. 1 Nr. 17, nämlich
  - Einschränkung und Schließung der Einrichtung oder eines wesentlichen Teils davon,
  - Verlegung der Einrichtung oder eines wesentlichen Teils davon,
  - Zusammenlegung der Einrichtung oder eines wesentlichen Teils davon mit einer anderen Einrichtung. Auf die Kommentierung zu § 29 wird verwiesen.

Mit »Vorhaben« sind die vom Dienstgeber geplanten Maßnahmen gemeint. Dazu hat die MAV im Rahmen des § 29 Abs. 1 ein Anhörungs- und Mitberatungsrecht. Mit »Veränderungen« ist die Beschreibung der Lage im Vergleich zum status quo ante gemeint.

---

29 *BAG*, 22. 5. 1979 – 1 AZR 848/76 und 1 ABR 17/77, AP Nr. 3, 4 zu § 111 BetrVG 1972.
30 *BAG*, 16. 4. 2002 – 1 AZR 368/01, EzA § 112 BetrVG 1972 Nr. 111.
31 *BAG*, 11. 7. 2000 – 1 ABR 43/99, NZA 2001, 402.
32 *BAG*, 11. 7. 2000, 1 ABR 43/99, NZA 2001, 402.
33 *BAG*, 11. 7. 2000 – 1 ABR 43/99, NZA 2001, 402.

IV. Erforderliche Unterlagen (§ 27a Abs. 3)

35 Der Wortlaut der Vorschrift definiert nicht einheitlich den Begriff erforderliche Unterlagen. Als ausreichend gelten solche Unterlagen, die ein den tatsächlichen Verhältnissen entsprechendes Bild der Einrichtung vermitteln. Das heißt im Wesentlichen, dass es auf die Art der Einrichtung ankommt, aus deren Geschäftsführung mit Blick auf Drittmittel und erforderliche Verwendungsnachweise die erforderlichen Unterlagen resultieren. Das folgt aus § 27a Abs. 3 S. 2. Sofern nämlich für die Einrichtung nach den Vorschriften des Handels- oder Steuerrechts Rechnungs-, Buchführungs- und Aufzeichnungspflichten bestehen, sind dies der Jahresabschluss nach den jeweils maßgeblichen Gliederungsvorschriften sowie der Anhang und, falls zu erstellen, der Lagebericht (siehe dazu die einschlägigen Vorschriften des HGB §§ 242 ff.; §§ 264, 265, 266 ff.; §§ 275 ff.). Die GmbH hat diese Pflichten allerdings summarisch für alle ihre Einrichtungen. Dazu gehört auch die Jahresbilanz (§ 242 Abs. 1 S. 1, §§ 266 ff. HGB), die der Dienstgeber der MAV zu erläutern hat, sowie die Gewinn- und Verlustrechnung (§ 242 Abs. 2, §§ 275 ff. HGB). Die Unterrichtung gemäß § 27a MAVO hat sich nur auf die einzelne konkrete Einrichtung (§ 27a Abs. 1 S. 1, Abs. 2 und 3) zu erstrecken, wobei es auf die Rechtsform des Trägers der Einrichtung nicht ankommt. Die Bilanz der GmbH mit mehreren Einrichtungen vernachlässigt das Bild für die einzelne Einrichtung. Ist aber die GmbH Trägerin eines oder mehrerer **Krankenhäuser**, so hat sie in Ansehung des § 27a die Pflicht, der MAV die gemäß Krankenhaus-Buchführungsverordnung (KHBV) zu erstellenden Unterlagen qua Einrichtung (§ 4 KHBV) vorzulegen. In diesem Falle erübrigt sich die Vorlage der Bilanz der GmbH, wenn die GmbH Trägerin mehrerer verschiedener Einrichtungen ist, für die der Jahresabschluss nur gemeinsam erfolgt. Ist die GmbH lediglich Betreiberin eines einzigen Krankenhauses, ist der Jahresabschluss mit Bilanz sowie Gewinn- und Verlustrechnung vorzulegen, wobei die Vorschriften der KHBV nicht obsolet werden. Der Jahresabschluss für das Krankenhaus soll innerhalb von vier Monaten nach Ablauf des Geschäftsjahres aufgestellt werden (§ 4 Abs. 2 KHBV). Aufstellung und Inhalt des Jahresabschlusses für das Krankenhaus erfolgen u. a. gemäß §§ 242 bis 256 sowie § 264 Abs. 2, § 265 Abs. 2, 5 und 8, § 277 Abs. 2 Nr. 1 und 3, § 270 Abs. 2, § 271, § 275 Abs. 4, § 277 Abs. 2, Abs. 3 S. 1 und Abs. 4 S. 1, § 279 und § 284 Abs. 2 Nr. 1 und 3 HGB (§ 4 Abs. 3 KHBV). Ähnlich sieht es gemäß § 4 Pflege- und Buchführungsverordnung (PBV) für **Pflegeeinrichtungen** (§ 1 PBV) aus (§ 4 Abs. 2 PBV). Die genannten Bestimmungen der KHBV und PBV gelten ohne Rücksicht auf die Rechtsform des Trägers (§ 1 Abs. 1 KHBV; § 1 Abs. 1 PBV). Für Einrichtungen einer Körperschaft des deutschen öffentlichen Rechts[34] sind dies der auf die konkrete Einrichtung bezogene Teil des Verwaltungshaushalts und die einrichtungsbezogene Jahresrechnung. Eine besondere Anfertigung von Unterlagen für das Informationsverfahren wird nicht gefordert. Entscheidend ist die aus den Unterlagen mögliche Analyse der Personalplanung und ihre Plausibilität (§ 27a Abs. 1 S. 1).

V. Dialogpartner des Dienstgebers und ihre Unterstützung (§ 27a Abs. 4)

1. Dialogpartner

36 Dialogpartner des Dienstgebers sind die Mitarbeitervertretungen der Einrichtungen oder die gemeinsame Mitarbeitervertretung mit Blick auf eine konkrete Einrichtung. Gesamtmitarbeitervertretung (§ 24 Abs. 1) bzw. erweiterte Gesamtmitarbeitervertretung (§ 24 Abs. 2) verdrängen die Zuständigkeit der Mitarbeitervertretung bzw. gemeinsamen Mitarbeitervertretung (§ 27a Abs. 1 S. 3). Die diözesane MAVO kann jedoch eine abweichende Bestimmung enthalten, wonach wegen der Informationspflicht des Dienstgebers qua Einrichtung und nicht qua Unternehmen gerade deshalb nur die MAV der betroffenen Einrichtung zu informieren ist, nicht aber die Gesamtmitarbeitervertretung oder erweiterte Gesamtmitarbeitervertretung.[35]

---

34 Vgl. § 27a Abs. 3 S. 2, 2. Halbsatz Fußnote 2 MAVO München und Freising, Amtsblatt 2004 Nr. 115 S. 230 ff.
35 Vgl. § 31a MAVO Trier, Amtsblatt 2005 Nr. 6 S. 11, 22.

Abgesehen von der für die Einrichtung zuständigen Mitarbeitervertretung oder Gesamtmitarbeiter- 37
vertretung bzw. erweiterten Gesamtmitarbeitervertretung informiert der Dienstgeber an ihrer Stelle den **Ausschuss**, wenn ein solcher zur Wahrnehmung der Informationsrechte gemäß § 27a Abs. 1 und Abs. 4 S. 1 besteht. Die Bildung des Ausschusses erfolgt gemäß § 14 Abs. 10 (§ 14 Rn 85 ff.); sie ist dem Dienstgeber schriftlich anzuzeigen (§ 14 Abs. 10 S. 4). Der Ausschuss ist nicht zu verwechseln mit dem Wirtschaftsausschuss i. S. d. § 106 BetrVG.

Zulässig ist die Bildung des Ausschusses durch: 38
– die Mitarbeitervertretung (§ 1a) bzw. die gemeinsame Mitarbeitervertretung (§ 1b),
– die Gesamtmitarbeitervertretung (§ 24 Abs. 1) oder
– die erweiterte Gesamtmitarbeitervertretung (§ 24 Abs. 2).

2. Unterstützung

Die genannten Dialogpartner des Dienstgebers haben das Recht, sich zur ordnungsgemäßen Erfül- 39
lung ihrer Aufgaben (vgl. Abs. 1) sachkundiger Mitarbeiterinnen bzw. Mitarbeiter ihres Dienstgebers zu bedienen (vgl. Abs. 4 S. 2). Der Dienstgeber hat sie zur Verfügung zu stellen, wenn das erforderlich ist. Dabei hat er auf die personenbezogenen Vorschläge der MAV oder des Ausschusses Rücksicht zu nehmen. Davon darf er als Organisationsberechtigter abweichen, wenn einrichtungsbezogene Notwendigkeiten entgegenstehen (Abs. 4 S. 2 a. E.). Hat der Dienstgeber **sachkundige Personen** zum Dialog zur Verfügung gestellt, gilt für diese die gemäß § 20 MAVO normierte Schweigepflicht (Abs. 4 S. 3). Im Wesentlichen kann es nur darum gehen, den Schutz von Betriebs- und Geschäftsgeheimnissen zu wahren (§ 27a Abs. 6). In Kirchengemeinden und Kirchengemeindeverbänden wird die Unterrichtung durch die – nach diözesanem Recht – bestehenden Rendanturen sachkundig zu erfolgen haben.[36]

VI. Einrichtungen mit nicht mehr als 50 ständig beschäftigten Mitarbeitern (§ 27a Abs. 5)

Abs. 5 berücksichtigt kleinere Einrichtungen mit in der Regel nicht mehr als 50 ständig voll- oder 40
teilzeitbeschäftigten Mitarbeiterinnen und Mitarbeitern, verdrängt aber nicht die allgemeinen Rechte der MAV aus §§ 26, 27. Mit der Bestimmung wird unterstellt, dass die direkte Information der Belegschaft durch den Dienstgeber ausreichend ist, wenn die Informationsveranstaltung wenigstens einmal in jedem Kalenderjahr in einer ordentlichen oder außerordentlichen Mitarbeiterversammlung erfolgt. Der Dienstgeber beantragt dazu bei der MAV die **Einberufung der Mitarbeiterversammlung** (§ 21 Abs. 3 S. 2 bis 4). In der Einladung durch den Vorsitzenden der MAV ist bei der Angabe der Tagesordnung der Grund anzugeben. Der Dienstgeber nimmt an der Mitarbeiterversammlung teil, näherhin das zuständige Organ oder die bestellte Leitung (§ 2 Abs. 2), die berichtet (siehe auch Rn 39). Thema des mündlichen Berichts des Dienstgebers ist das Personal- und Sozialwesen der Einrichtung und die wirtschaftliche Lage und Entwicklung der Einrichtung und ihres Rechtsträgers. Darüber besteht Berichtspflicht. Auf die vergleichbare Vorschrift des § 43 Abs. 2 S. 3 BetrVG sei hingewiesen.

Der Lagebericht soll den Mitarbeitern in groben Zügen einen Überblick über die wirtschaftliche Lage 41
beim Rechtsträger überhaupt und die der Einrichtung im Besonderen, die wirtschaftlichen Leistungen, die Schwierigkeiten, die Marktlage und die Entwicklung, die die Einrichtung und die anderen Einrichtungen des Dienstgebers seit dem letzten Bericht genommen haben, sowie die Aussichten über die künftige Entwicklung gewähren. Dabei darf eine verallgemeinerte Gesamtschau entwickelt werden.[37] Mit Rücksicht auf das Interesse der Mitarbeiter an der Sicherheit der Arbeitsplätze ist im Bericht auf diesen Aspekt zu achten. Angaben, durch die Betriebs- oder Geschäftsgeheimnisse gefährdet werden könnten, braucht der Bericht nicht zu enthalten (Abs. 1 S. 2 analog).

---

36 Vgl. Amtsblatt des Erzbistums Köln 2004 Nrn. 24 u. 25 S. 22 ff. u. 24 ff.
37 *Fitting*, BetrVG § 106 Rn 37; ErfK-*Kania*, § 106 BetrVG Rn 7.

Durch die Vorschrift des § 27a Abs. 5 werden aber nicht die Beteiligungsrechte der MAV zu Vorhaben i. S. v. § 29 Abs. 1 Nr. 14 und 17 verdrängt, so dass also trotz der normierten Berichtspflicht des Dienstgebers in der Mitarbeiterversammlung die Anhörungs- und Mitberatungsrechte zugunsten der in der Einrichtung gebildeten MAV aufrecht bleiben und mit der MAV getrennte Erörterungen stattfinden. Dasselbe gilt auch für die dem Vorschlagsrecht der MAV zugeordneten Angelegenheiten i. S. v. § 32 Abs. 1 Nr. 12. Auf die Kommentierung zu § 32 wird verwiesen.

VII. Gefährdung von Betriebs- und Geschäftsgeheimnissen (§ 27a Abs. 6)

42 Sowohl der Umfang der Unterrichtung und Beratung als auch die Heranziehung und Vorlage von Unterlagen wird beschränkt durch das Recht des Dienstgebers, Auskünfte dann zu verweigern, wenn und soweit Betriebs- und Geschäftsgeheimnisse **objektiv gefährdet** werden, auch unter Einschluss vertraglich übernommener Geheimhaltungspflicht gegenüber Geschäftspartnern (Abs. 6). Ist der Gefährdungstatbestand gegeben, dann besteht dem Grunde nach keine Informationspflicht des Dienstgebers. Eine Gefährdung setzt allerdings konkrete Anhaltspunkte voraus, die es als überwiegend wahrscheinlich erscheinen lassen, dass das Betriebs- und Geschäftsgeheimnis nach der Mitteilung an die Mitglieder der MAV seinen Charakter als Geheimnis verlieren wird. Eine solche Gefährdung kommt nur in Ausnahmefällen in Betracht.[38] Das ist jedenfalls allerdings auch dann der Fall, wenn Tatsachen die Annahme rechtfertigen, dass einzelne MAV-Mitglieder die ihnen mitgeteilten Betriebs- und Geschäftsgeheimnisse unter Bruch der Verschwiegenheitspflicht offenbaren werden.[39] Davon ist z. B. dann auszugehen, wenn Mitglieder der MAV in der Vergangenheit nachweislich gegen ihre Verschwiegenheitspflicht verstoßen haben. Rein spekulative Befürchtungen reichen demzufolge nicht aus.

43 Geschäfts- oder Betriebsgeheimnisse sind Tatsachen, Erkenntnisse oder Unterlagen, die im Zusammenhang mit dem technischen Betrieb oder der wirtschaftlichen Betätigung der Einrichtung stehen, nur einem eng begrenzten Personenkreis bekannt, also nicht schon offenkundig oder auf andere Weise bekannt geworden sind. Nach dem bekundeten Willen des Dienstgebers sollen Angelegenheiten geheim gehalten werden, um u. a. mit Blick auf Konkurrenten auf dem Markt für die eigene Einrichtung keine Nachteile zu erleiden. Es geht um das materielle Geheimnis.[40] Ist keine Gefährdung gegeben, hat der Dienstgeber auch über Betriebs- und Geschäftsgeheimnisse zu informieren.[41] Der **Bruch der Verschwiegenheitspflicht** eines Mitglieds der Mitarbeitervertretung ist regelmäßig eine grobe Pflichtverletzung i. S. d. § 13c Nr. 5 (§ 20 S. 3), die durch Urteil des Kirchlichen Arbeitsgerichts (§ 2 Abs. 2 KAGO) zum Ausschluss aus der MAV führen kann.

44 Die Schweigepflicht lässt sich nicht aus § 20 ableiten, wenn das Mitglied der MAV das Betriebs- oder Geschäftsgeheimnis ohne Zusammenhang mit der Amtsführung der MAV – z. B. im Rahmen ihrer Tätigkeit als Mitarbeiter – erfahren hat. In einem solchen Falle wird sich allerdings in der Regel eine Schweigepflicht aus der allgemeinen Treuepflicht des Mitarbeiters ergeben (vgl. auch § 5 Abs. 1 AVR-Caritas Allg. Teil; § 9 ABD Teil A, 1; § 8 KAVO).

VIII. Streitigkeiten

45 Im Streitfall entscheidet das Kirchliche Arbeitsgericht über das Ausmaß der Unterrichtungspflicht des Dienstgebers gegenüber dem jeweiligen Dialogpartner (§ 2 Abs. 2 KAGO, *BAG*, 8. 8. 1989, AP Nr. 6 zu § 106 BetrVG). Das Antragsrecht steht aber nicht dem Ausschuss i. S. d. § 14 Abs. 10, sondern der ihn bildenden MAV zu (§ 8 Abs. 2 KAGO). Streitigkeiten können durch Verstoß des Dienstgebers insbesondere wegen

---

38 *Fitting*, BetrVG § 106 Rn 30; ErfK-*Kania* § 106 Rn 6.
39 *BAG*, 20. 7. 2000 – 1 ABR 43/99, NZA 2001, 402, 405 f.
40 *BAG*, 16. 3. 1982 – 3 AZR 83/79, AP Nr. 1 zu § 611 Betriebsgeheimnis; 26. 2. 1987 – 6 ABR 46/84, AP Nr. 2 zu § 79 BetrVG 1972; ErfK-*Kania* § 106 Rn 6.
41 *BAG*, 11. 7. 2000, AP Nr. 2 zu § 109 BetrVG 1972.

- Verletzung der Informationspflichten des Dienstgebers überhaupt,
- verspätet erteilter Auskünfte,
- unvollständiger Unterrichtung,
- unvollständiger Vorlage von Unterlagen,
- fehlender Bereitstellung von sachkundigen Mitarbeitern für die MAV,
- unbeachtlicher Berufung auf Betriebs- oder Geschäftsgeheimnisse,
- unberechtigter Geltendmachung der Gefährdung von Betriebs- oder Geschäftsgeheimnissen durch ein Mitglied der Mitarbeitervertretung,

entstehen.

Ist anstelle der MAV gemäß § 27a Abs. 5 die Mitarbeiterversammlung über wirtschaftliche Angelegenheiten zu informieren, so kann die MAV bei Pflichtverletzungen des Dienstgebers – Unterlassung der einmal jährlichen Mitarbeiterversammlung (§ 4) zum Bericht über das Personal- und Sozialwesen und über die wirtschaftliche Lage und Entwicklung der Einrichtung – Rechte für die Mitarbeiterversammlung geltend machen (§ 26 Abs. 1 S. 2). Sie kann das auch mit Blick auf ihre eigene Pflicht zur Einberufung der jährlich abzuhaltenden Mitarbeiterversammlung (§ 21 Abs. 2) tun, in der der Dienstgeber nach der Tagesordnung seinen Bericht gibt. Deshalb ist bei einem Rechtsstreit über die mitarbeitervertretungsgerechtlichen Pflichten eine Klage vor dem Kirchlichen Arbeitsgericht gemäß § 2 i. V. m. § 8 Abs. 2 Buchst. a KAGO zur Entscheidung über die Pflicht des Dienstgebers zulässig. Die Durchführung der Mitarbeiterversammlung hat im Falle eines zusprechenden Urteils des Kirchlichen Arbeitsgerichts nach Maßgabe von § 21 Abs. 3 S. 2–4 i. V. m. Abs. 1 MAVO, sobald das Urteil rechtskräftig ist, zu erfolgen. 46

Besteht keine MAV, so ist dem einzelnen Mitarbeiter bzw. der einzelnen Mitarbeiterin das Recht zur Klage eingeräumt (§ 8 Abs. 2 Buchst. b KAGO). Der Klageantrag lautet in diesem Fall auf Einberufung einer Mitarbeiterversammlung gemäß § 10 MAVO zur Abgabe des Berichts gemäß § 27a Abs. 5 MAVO. 47

§ 27b Einrichtungsspezifische Regelungen

Die Mitarbeitervertretung kann Anträge auf abweichende Gestaltung der Arbeitsentgelte und sonstigen Arbeitsbedingungen gegenüber einer nach Art. 7 GrO gebildeten Kommission zur Ordnung des Arbeitsvertragsrechts stellen, soweit die für die Kommission geltende Ordnung dies vorsieht.

Übersicht

		Rn			Rn
I.	Einführung	1–11		d. Vermittlungsverfahren	23
II.	Einrichtungsspezifische Regelungen unter Beteiligung der MAV	12–14		e. Inkraftsetzung des Beschlusses	24
III.	Das Verfahren zur einrichtungsspezifischen Regelung	15–27	3.	Anträge für Einrichtungen in mehreren Regionen	25
	1. Grundsätze der AK-Ordnung	15, 16	4.	Regelungsinhalte	26, 27
	2. Regelungen für die Einrichtung	17–24	IV.	Die Rolle der Mitarbeitervertretung	28, 29
	a. Antrag	18–20	V.	Streitigkeiten	30–34
	b. Prüfung des Antrages	21			
	c. Entscheidung über den Antrag	22			

I. Einführung

Das partikulare Kirchenrecht in Deutschland umfasst eine Fülle von Gesetzen, welche die Vergütung und sonstige Arbeitsbedingungen der im kirchlichen Dienst Beschäftigten regeln.[1] 1

---

1 Siehe *Frey/Bahles*, Das Dienst- und Arbeitsrecht in der katholischen Kirche.

2 Das allgemeine Kirchenrecht bestimmt im CIC, dass Kleriker und Laien für ihren Dienst Anspruch auf Vergütung haben, dass für soziale Hilfe in Fällen von Krankheit, Arbeitsunfähigkeit und im Alter vorzusorgen ist (can. 281, 231 § 2 CIC), dass die kirchlichen Vermögensverwalter verpflichtet sind, den gegen Entgelt beschäftigten Arbeitnehmern entsprechend den Vorschriften des jeweiligen Staates zum Lebensunterhalt, zur Altersvorsorge, für den Familienunterhalt und die Krankenfürsorge die gebotenen Leistungen zu erbringen (can. 1286 CIC). Schwarzarbeit ist verboten, Mindestlohn geboten. Ferner gilt gemäß can. 1290 CIC, dass das jeweilige staatliche Recht für Verträge zu befolgen ist. Folglich gelten die §§ 305 ff. BGB auch im kirchlichen Bereich, wenn Arbeitsverträge geschlossen sind.[2] Vorformulierte Arbeitsvertragsbedingungen, auf die in Arbeitsverträgen Bezug genommen wird, unterliegen als Allgemeine Geschäftsbedingungen der Inhaltskontrolle (§§ 307 ff. BGB). Kirchliche Arbeitsvertragsregelungen, wie etwa die AVR-Caritas, unterliegen als Allgemeine Geschäftsbedingungen grundsätzlich einer Überprüfung nach den §§ 305 ff. BGB.[3] Allerdings sind auf dem Dritten Weg ordnungsgemäß zustande gekommene Arbeitsvertragsregelungen unabhängig davon, ob sie tarifvertragliche Regelungen des öffentlichen Dienstes ganz oder im Wesentlichen übernehmen, wie Tarifverträge nur daraufhin zu überprüfen, ob sie gegen die Verfassung, gegen anderes höherrangiges zwingendes Recht oder gegen die guten Sitten verstoßen. Bei der Inhaltskontrolle von im Arbeitsvertrag dynamisch in Bezug genommenen kirchlichen Arbeitsvertragsregelungen ist als im Arbeitsrecht geltende Besonderheit zu berücksichtigen, dass das Verfahren des Dritten Weges mit paritätischer Besetzung einer arbeitsrechtlichen Kommission und Weisungsgebundenheit ihrer Mitglieder gewährleistet, dass die Arbeitgeberseite nicht einseitig ihre Interessen durchsetzen kann.[4] Bei der Beschäftigung von Arbeitskräften ist das weltliche Arbeitsrecht und Sozialrecht genauestens gemäß den von der Kirche überlieferten Grundsätzen zu beachten; denjenigen, die auf Grund eines Arbeitsvertrages Arbeit leisten, ist ein gerechter und angemessener Lohn zu zahlen, so dass sie in der Lage sind, für ihre und ihrer Angehörigen Bedürfnisse angemessen aufzukommen (can. 1286 CIC). In den einzelnen Diözesen hat es eine besondere Einrichtung zu geben, die Vermögen oder Gaben zu dem Zweck sammelt, dass der Unterhalt der Kleriker, die für die Diözese Dienst tun, gemäß can. 281 CIC gewährleistet ist, falls nicht anders für sie vorgesorgt ist (can. 1274 CIC).

3 Das diözesane Recht (partikulares Kirchenrecht) in den 27 deutschen Diözesen hat dazu spezifische Bestimmungen getroffen. Zu unterscheiden ist nach dem CIC zwischen Klerikern (can. 266 CIC)[5] und Laien (can. 207 § 1 CIC).

4 Das Recht für die Laien unterscheidet zwischen Kirchenbeamten,[6] beamtenähnlich Beschäftigten[7] und rentenversicherungspflichtigen Arbeitnehmern und Auszubildenden im weiteren Sinne, also auch Praktikanten.[8] Während für die Laien mit Beamtenstatus in der Regel das staatliche Besoldungs- und Versorgungsrecht für die Beamten des jeweiligen territorial angesprochenen Bundeslandes rezipiert wird und kein Arbeits-, sondern ein Beamtenverhältnis begründet wird, ist für Arbeitnehmer im kirchlichen Dienst ein besonderes Arbeitsrechtsregelungsverfahren etabliert (Art. 7 Abs. 1 GrO). Soweit Arbeitnehmer beamtenähnlich angestellt sind, gilt für sie arbeitsvertraglich die Anwendung des staatlichen Besoldungsrechts für Beamte einschließlich Kranken- und Unfallfürsorge und Altersversorgung, so dass die Pflichtversicherung in der gesetzlichen Rentenversicherung entfällt (§ 5 Abs. 1 Nr. 3 SGB VI).

---

2 BVerfGE 70, 138.
3 *BAG*, 17. 11. 2005 – 6 AZR 160/05, NZA 2006, 872 mit Hinweisen auf gegenteilige Ansichten in der Literatur; *BAG*, 22. 7. 2010 – 6 AZR 847/07 und 6 AZR 170/08.
4 *BAG*, 22. 7. 2010 – 6 AZR 847/07 und 6 AZR 170/08.
5 Vgl. z. B. Dienstordnung für Ständige Diakone im Erzbistum Köln, Amtsblatt des Erzbistums Köln 2006 Nr. 255 S. 235.
6 Z. B. Gesetz über eine Beamtenordnung, Kirchliches Amtsblatt für die Diözese Fulda 2010 Nr. 85 S. 55; dazu: *Sydow*, Kirchliche Beamtenverhältnisse zwischen staatlichem Recht und kirchlicher Ämterautonomie, KuR 2/2009 S. 229.
7 Z. B. Lehrer im kirchlichen Ersatzschuldienst.
8 Z. B. AVR-Caritas, KAVO, ABD, Ordnung für Praktikanten in den Diözesen in NRW.

Durch Art. 7 Abs. 1 GrO ist mit Blick auf rentenversicherungspflichtige und andere Arbeitnehmer 5
i. S. d. staatlichen Rechts bestimmt, dass das Arbeitsvertragsrecht nicht einseitig durch den kirchlichen Arbeitgeber oder die Kirchenbehörde dekretiert wird, sondern dass die Arbeitsvertragsbedingungen in paritätisch besetzten Kommissionen mit Vertretern der Dienstgeber und Vertretern der Mitarbeiterinnen und Mitarbeiter ausgehandelt werden (Dritter Weg). Dazu sind Kommissionen entsprechend den diözesanen Ordnungen (KODA-Ordnungen) gebildet. Für den Bereich des Deutschen Caritasverbandes besteht die Ordnung der Arbeitsrechtlichen Kommission des Deutschen Caritasverbandes (AK-Ordnung).[9] In ihr ist bestimmt, dass es eine Bundeskommission mit umfassender Regelungskompetenz gibt und sechs Regionalkommissionen mit speziellen Regelungskompetenzen auf den Gebieten Vergütung, Urlaub und Arbeitszeit (§§ 1, 2, 10 AK-Ordnung). Außerdem kann die Regionalkommission im Falle von Anträgen einer Einrichtung oder ihrer MAV auf Erlass einrichtungsspezifischer Regelungen eine Ad-hoc-Unterkommission bilden, die über den Antrag berät und entscheidet, falls nicht im Falle einer Pattsituation in der Unterkommission der Vermittlungsausschuss angerufen wird (§ 11 AK-Ordnung). Die Umsetzung der Arbeitsvertragsrechtsregelungen und des Dritten Weges erfolgt durch die Gesetzesadressaten, die qua Verfassung der Grundordnung des kirchliches Dienstes im Rahmen kirchlicher Arbeitsverhältnisse gemäß Art. 2 Abs. 1 GrO unterworfen sind und solchen, die gehalten sind, die GrO rechtsverbindlich zu übernehmen (Art. 2 Abs. 2 GrO). Die Möglichkeit, die GrO nicht anzuwenden oder sich von ihr abzuwenden, hat das Delegationsgericht der Apostolischen Signatur mit Urteil vom 31. 3. 2010 mit Blick auf Art. 2 Abs. 2 GrO anerkannt.[10] Das hat u. a. zur Folge, dass dann u. a. kirchliches Mitarbeitervertretungsrecht nicht gilt, sondern evtl. staatliches Betriebsverfassungs- oder Personalvertretungsrecht, wenn sie am kirchlichen Selbstbestimmungsrecht nicht (mehr) teilhaben.[11] Andererseits ist zu prüfen, ob für die Mitgliedschaft beim Deutschen Caritasverband oder bei einem Diözesancaritasverband die Anwendung der GrO qua Satzung zur Voraussetzung dieser Mitgliedschaft des Rechtsträgers bei ihnen gemacht ist.[12] Zutreffendenfalls kann sich der Rechtsträger nicht von der Anwendung der GrO und damit auch nicht von der MAVO abwenden.[13]

Für den Bereich der Diözesen und ihrer Untergliederungen (Kirchengemeindeverbände, Kirchen- 6
gemeinden, Kirchenstiftungen etc.) bestehen diözesane oder Regionalkommissionen i. S. v. Art. 7 Abs. 1 GrO. Regionalkommissionen umfassen mehrere Diözesen, wie etwa in Nordrhein-Westfalen, Bayern und in dem Gebiet der Diözesen des nordostdeutschen Raumes. Daneben bestehen für kleinere Bereiche in einigen Diözesen (hier in Nordrhein-Westfalen) besondere Kommissionen bei näher bezeichneten Rechtsträgern, wie etwa die Kommission beim Verband der Diözesen Deutschlands, die Dombau- Kommission am Kölner Dom und andere Träger näher bezeichneter Bereiche.[14] Das Ziel zur Schaffung flächendeckender Tarife wird damit allerdings verfehlt, wie das auch aus der Regelung des § 11 AK-Ordnung hervorgeht, um etwa Personalkosten einzusparen oder für bestimmte Berufsgruppen attraktiv zu bleiben.[15] Eine Verweisungsklausel in einem Arbeitsvertrag mit einem kirchlich-diakonischen Anstellungsträger, die nicht ausschließlich auf die auf dem Dritten Weg von einer paritätisch mit weisungsunabhängigen Mitgliedern besetzten arbeitsrechtlichen Kommission beschlossenen Arbeitsvertragsregelungen Bezug nimmt, sonder darüber hinaus – etwa bei

---

9 Vgl. u. a. Kirchlicher Anzeiger für die Diözese Aachen 2010 Nr. 194 S. 199.
10 KuR 1/2010 S. 127; Vorinstanz: *KAGH*, 27. 2. 2009 – M 13/08, Fundstelle: www.dbk.de/entscheidungen – kagh.html. m. Anm. von *Menges*: Kirchliche Einrichtungen am Scheideweg zwischen kirchlichem und weltlichem Arbeitsrecht, KuR 1/2010 S. 56.
11 *Menges*, a. a. O.; *Dütz*, Kirchliche Einrichtungen im gesetzlichen Normengeflecht, KuR 2/2010 S. 151, 157.
12 *KAGH*, 25. 6. 2010 – M 06/10.
13 *KAGH*, wie vor; siehe auch z. B. § 2 Nr. 4 und 5 Teil 2 Verbandsordnung des Deutschen Caritasverbandes (neue caritas 22/2006 S. 21); § 5 Abs. 1 S. 2 Buchstaben b und c Satzung des Diözesan-Caritasverbandes für das Erzbistum Köln e. V. (Amtsblatt des Erzbistums Köln 2006 Nr. 184 S. 202).
14 § 1 Abs. 3 KODA-Ordnung der (Erz-) Diözesen Aachen, Essen, Köln, Münster (nordrhein-westfälischer Teil) und Paderborn.
15 *Feldhoff*, Dombau KODA – Die Ausnahme von der Regel, KuR 1/2010, 67, 71.

einem kirchenrechtlich vorgesehenen Letztentscheidungsrecht der Synode oder des Diözesanbischofs – auch einseitig von der Dienstgeberseite vorgegebene Regelungen erfasst und damit inhaltlich ein Vertragsänderungsrecht der Dienstgeberseite darstellt, dürfte nach Ansicht des BAG zu weit gefasst und daher insgesamt unwirksam sein.[16]

7 Arbeitsvertragsbedingungen können gemäß § 38 Abs. 1 Nr. 1 auch durch Dienstvereinbarungen geregelt werden. Voraussetzung ist aber, dass dazu in einer Arbeitsvertragsordnung (z. B. AVR-Caritas, ABD, KAVO) eine näher formulierte Öffnungsklausel enthalten ist, die den Betriebsparteien eine entsprechende Regelungskompetenz zuweist, wobei eine von der MAV oder dem Dienstgeber beantragte Regelung im Streitfall nicht von der Einigungsstelle entschieden werden kann (§ 45).[17]

8 Die Beschlüsse der Kommissionen für das Arbeitsvertragsrecht werden von den zuständigen Diözesanbischöfen als Gesetzgeber (can. 391 CIC) in Kraft gesetzt und in den diözesanen Amtsblättern promulgiert, um kirchliche Gesetzeskraft zu erlangen (can. 8 § 2 CIC).

9 Die Zentrale Kommission zur Ordnung des Arbeitsvertragsrechts im kirchlichen Dienst (Zentral-KODA) ist in ihrer Zuständigkeit für das Gebiet der Deutschen Bischofskonferenz auf wenige näher bezeichnete Regelungsgegenstände beschränkt zuständig (§ 3 Zentral-KODA-Ordnung). Ihre Beschlüsse stehen den Beschlüssen der vorgenannten Kommissionen gleich (§ 3 Abs. 1 Zentral-KODA-Ordnung). Sie bedürfen, um diözesanes Kirchenrecht zu sein, der diözesanbischöflichen Inkraftsetzung.

10 Das Inkraftsetzungsverfahren für die Beschlüsse der Arbeitsrechtlichen Kommission ist in den Richtlinien für die Inkraftsetzung der Beschlüsse der Arbeitsrechtlichen Kommission des Deutschen Caritasverbandes durch die Diözesanbischöfe geregelt, welche die Diözesanbischöfe eigens zur Transformation in diözesanes Kirchenrecht erlassen haben. Das gilt auch für die Beschlüsse der Unterkommissionen der Regionalkommissionen.

11 Die kirchlichen Arbeitsvertragsordnungen enthalten nicht Mindestarbeitsbedingungen wie Tarifverträge.[18] Sie sind den betroffenen Dienstgebern zum Normvollzug aufgegeben.[19] Vergleichbar ist die Rechtslage mit der Praxis zu Tarifverträgen im öffentlichen Dienst, wo hinsichtlich der Tarifverträge ebenso wie bei beamtenrechtlichen Gesetzen Rechtsanwendung, also Normvollzug geboten ist. Um Abweichungen von den Bestimmungen der AVR-Caritas einrichtungsspezifisch zu ermöglichen, ist durch § 11 AK-Ordnung ein spezielles Verfahren unter Einschluss der zuständigen MAV oder Gesamtmitarbeitervertretung geregelt.

II. Einrichtungsspezifische Regelungen unter Beteiligung der MAV

12 Gemäß § 11 Abs. 1 AK-Ordnung in der Fassung vom 24. 3. 2010[20] ist es zulässig, dass jede (Gesamt-)Mitarbeitervertretung oder jeder Dienstgeber oder beide Betriebspartner zusammen für die Gesamtheit der Einrichtungen des Trägers, für eine Einrichtung oder für Teile einer Einrichtung einen schriftlich begründeten Antrag an die zuständige Regionalkommission der Arbeitsrechtlichen Kommission des Deutschen Caritasverbandes stellen darf, von den durch die Regionalkommission festgelegten Regelungen zum Arbeitsvertragsrecht abzuweichen.[21] Die Rolle der Mitarbeitervertretungen im Geltungsbereich der AVR-Caritas wird auch in § 27b durch eine ergänzende Bestimmung kodifiziert. Mit den neuen Bestimmungen wird den Betriebspartnern die Möglichkeit eröffnet, von in einer Region flächendeckenden Bestimmungen der AVR-Caritas so abzuweichen, dass

---

16 *BAG*, 22. 7. 2010 – 6 AZR 847/07 und 6 AZR 170/08.
17 *Thiel*, Aktivierung der Einigungsstellen i. S. d. MAVO, ZMV 2010, 64.
18 Vgl. § 4 Abs. 3 TVG.
19 *Papenheim*, in: Beyer/Papenheim, Arbeitsrecht der Caritas AT § 2 Rn 5 und 6.
20 Neue caritas 9/2010 S. 31 ff.; diözesanbischöflich in Kraft gesetzt u. a. in Kirchliches Amtsblatt Erzbistum Hamburg 2010 Art. 67 S. 78.
21 Dazu: *Andelewski*, ZMV 2010, 123.

auch für einzelne Berufsgruppen einer Einrichtung Sonderbestimmungen durchsetzbar werden. Dabei ist keineswegs nur der Weg zur Absenkung des AVR-Tarifs geöffnet. Es geht auch um an Tarifverträgen für den öffentlichen Dienst orientierte – höhere – Vergütungen als nach den AVR-Caritas, die aber jedenfalls über den so genannten Dritten Weg (Art. 7 Abs. 1 GrO) zustande kommen sollen, während eine Dienstvereinbarung i.S.v. § 38 Abs. 1 Nr. 1 nicht in Betracht kommt. Besteht keine MAV, kann der Dienstgeber dennoch Antrag an die Regionalkommission stellen, weil er sonst uneingeschränkt an die AVR-Caritas gebunden wäre, obwohl einrichtungsspezifische Regelungen angezeigt erscheinen.

Die AVR-Caritas schreiben den Dienstgebern vor, den Inhalt des Arbeitsvertragsrechts durch schriftliche Arbeitsverträge mit den Mitarbeiterinnen und Mitarbeitern verbindlich zu machen (§ 7 Abs. 1 und 2 AVR-Caritas). Die Dienstgeber sind als Mitglied eines Diözesancaritasverbandes verpflichtet, mit ihren Mitarbeiterinnen und Mitarbeitern Arbeitsverträge nach den »Richtlinien für Arbeitsverträge in den Einrichtungen des Deutschen Caritasverbandes« abzuschließen.[22] Mit Blick auf die allgemeine Wirtschaftslage und den Wettbewerb bei der Personalgewinnung in Krankenhäusern werden auf betrieblicher Ebene Regelungen praktiziert, die von den Bestimmungen der AVR-Caritas als Flächentarif abweichen. Das wird auch an Stellenanzeigen deutlich, wenn dort einerseits die AVR-Caritas als Tarif angeboten werden, andererseits aber zusätzlich in der Anzeige deutlich wird, dass es einen Zuschlag zum AVR-Tarif geben wird, wenn es gilt eine etwaige Verschlechterung im Verhältnis zum im öffentlichen Dienst angewendeten Tarifvertrag zu vermeiden. 13

Die zuständige MAV mag zwar die Ausschreibung der angebotenen Stelle zur Kenntnis nehmen (§ 27 Abs. 2), wird aber u. U. dem Werben des Dienstgebers um dringend gebrauchte Fachkräfte nicht im Wege stehen wollen, um den Bestand der Einrichtung am Markt nicht zu gefährden. Sie könnte durch die AVR-Caritas nicht gedeckten Eingruppierungen die gemäß § 35 MAVO erforderliche Zustimmung verweigern. Um also auch betrieblichen Besonderheiten oder Notwendigkeiten den Dritten Weg zu ebnen, bietet sich das Verfahren zu einrichtungsspezifischen Regelungen i. S. v. § 11 AK-Ordnung an. Dazu hat die betriebliche MAV oder sogar die Gesamtmitarbeitervertretung eine aktiv tragende Rolle allein oder mit dem Dienstgeber zusammen zur Initiative. Für diesen Fall sehen die AVR-Caritas keine Öffnungsklausel zu Dienstvereinbarungen i. S. v. § 38 Abs. 1 Nr. 1 vor. 14

III. Das Verfahren zur einrichtungsspezifischen Regelung

1. Grundsätze der AK-Ordnung

Die Bundeskommission hat im Prinzip eine umfassende Regelungskompetenz. Diese ist jedoch durchbrochen zugunsten der Kompetenz der Regionalkommission. Denn den Regionalkommissionen sind ausschließlich im Rahmen vorgegebener Bandbreiten übertragen
– die Festlegung der Höhe aller Vergütungsbestandteile abweichend von dem mittleren Wert 15 v. H. Differenz nach oben und nach unten.
– Festlegung des Umfangs der regelmäßigen Arbeitszeit pro Woche und Festlegung des Umfangs des Erholungsurlaubs von dem mittleren Wert 10 v. H. Differenz nach oben und nach unten. 15

Die Bundeskommission legt den jeweils mittleren Wert fest (§ 10 Abs. 1 AK-Ordnung). Die Regionalkommissionen haben im Rahmen ihrer Zuständigkeit die von der Bundeskommission festgelegten Bandbreiten einzuhalten (§ 10 Abs. 2 AK-Ordnung), sie können durch Beschluss bei der Bundeskommission beantragen, von einer festgelegten Bandbreite abweichen zu dürfen (§ 10 Abs. 4 AK-Ordnung). 16

---

22 So z. B. § 5 Abs. 3 Nr. 3 Satzung des Caritasverbandes für die Diözese Osnabrück, in: Kirchliches Amtsblatt für die Diözese Osnabrück 2010 Art. 72 S. 105 ff.; § 2 Nr. 5, § 8 Nr. 5 Teil 2 Verbandsordnung des Deutschen Caritasverbandes vom 18. 10. 2006, in: neue caritas 22/2006 S. 21; dazu: *KAGH*, 25. 6. 2010 – M 06/2010.

2. Regelungen für die Einrichtung

17 Während die Beschlüsse der Bundeskommission bundesweite Geltung beanspruchen (§ 2 Abs. 3 AK-Ordnung), die der Regionalkommissionen jeweils für ihre Regionen (§§ 4 und 5 AK-Ordnung), geht es bei einrichtungsspezifischen Regelungen entsprechend § 11 AK-Ordnung um eine oder mehrere Einrichtungen eines und desselben Rechtsträgers oder auch nur für Teile einer Einrichtung. Den Regelungsinhalt formulieren eine Betriebspartei allein oder beide Betriebsparteien gemeinsam.

a. Antrag

18 Der diesbezügliche ausformulierte Antrag ist an die zuständige Regionalkommission zu stellen und ist beschränkt auf Abweichungen von den von dieser Kommission festgelegten Regelungen.

19 Zur Begründung des Antrages hat der Antragsteller geeignete Unterlagen vorzulegen. Allerdings reicht bei Anträgen einer MAV bzw. einer Gesamtmitarbeitervertretung eine substantiierte Darstellung der wirtschaftlichen Lage aus (§ 11 Abs. 1 AK-Ordnung). Zu denken ist an den Informationsgehalt der Berichte des Dienstgebers gemäß § 27a MAVO. Die Qualität der Unterlagen, die der Dienstgeber vorzulegen hat, muss so beschaffen sein, dass die Regionalkommission und daran anschließend die von ihr eingesetzte Unterkommission (§ 11 Abs. 3 AK-Ordnung) ein Bild über die wirtschaftliche Lage der betroffenen Einrichtung oder der betroffenen Einrichtungen des Dienstgebers (Rechtsträgers) erhalten. Zu denken ist deshalb an diejenigen Unterlagen, die der Dienstgeber gemäß § 27a Abs. 3 der MAV bzw. der Gesamtmitarbeitervertretung vorzulegen hat.

20 Gemäß § 11 Abs. 3 AK-Ordnung entscheidet allerdings nicht die Regionalkommission über den Antrag, sondern eine aus ihren Reihen von ihr mit je zwei Vertretern der Dienstgeber und der Mitarbeiter gebildete Unterkommission. Sie fordert die andere Betriebspartei unter Fristsetzung zur Stellungnahme zu dem Antrag auf, falls nicht beide Betriebsparteien den Antrag gemeinsam gestellt haben. Die Rolle der Unterkommission i. S. d. AK-Ordnung unterscheidet sich von einer bei einem Dienstgeber (Rechtsträger) gebildeten Kommission (z. B. Dombau KODA in Köln; Kommission bei dem Rechtsträger eines Berufsbildungswerks) dadurch, dass die Unterkommission nicht von den Betriebsparteien selbst gebildet ist, sondern von der Regionalkommission. Die Rechtsprechung des BAG berücksichtigt bei der inhaltlichen Überprüfung der auf dem Dritten Weg ergangenen Arbeitsvertragsregelungen, dass sie von weisungsunabhängigen Kommissionsmitgliedern beschlossen worden sind,[23] um sie dann wie Tarifverträge nur daraufhin zu überprüfen, ob Verstöße gegen die Verfassung, gegen anderes höherrangiges zwingendes Recht oder gegen die guten Sitten vorliegen. Die Unabhängigkeit einer auf betriebliche Ebene gebildeten Kommission bestehend aus den Betriebsparteien (Dienstgeber und Vertreter der Mitarbeiterseite) ist von der Sache her nicht auszumachen.

b. Prüfung des Antrages

21 An den Antrag schließt sich das Prüfverfahren gemäß § 11 Abs. 4 AK-Ordnung an. Besetzung und Verfahren der Unterkommission regelt die zuständige Regionalkommission. Die Mitglieder der Unterkommission sollen Gespräche mit den Betriebsparteien führen, unabhängig davon, wer Antragsteller ist (§ 11 Abs. 4 S. 8 AK-Ordnung). Besteht eine Gesamtmitarbeitervertretung, so sollte sie zu den Gesprächen hinzugezogen werden, zumal ihr gemäß § 27a Abs. 1 das Recht auf Unterrichtung in wirtschaftlichen Angelegenheiten zusteht. Bestehen dazu diözesanrechtlich abweichende Vorschriften der MAVO, hat das für das Verfahren nach § 11 Abs. 4 AK-Ordnung keine Auswirkungen. In einem solchen Fall sind die Gesamtmitarbeitervertretung und die betrieblich betroffene MAV zum Gespräch einzuladen. Es gilt auch in diesem Fall der Grundsatz der Einheit der Rechtsordnung, wovon weder die Regionalkommission noch ihre Unterkommission beliebig abweichen können. Die Prüfung des Antrages hat sich auch auf die Einhaltung zwingenden staatlichen Rechts zu erstrecken.

---

23 *BAG*, 22. 7. 2010 – 6 AZR 847/07 und 6 AZR 170/08.

c. Entscheidung über den Antrag

Die Unterkommission entscheidet über den Antrag, eventuell unter Einschluss eines Gegenantrages, durch einstimmigen Beschluss oder wenigstens mit der Mehrheit von drei Vierteln ihrer Mitglieder positiv oder negativ, aber abschließend (§ 11 Abs. 6 AK-Ordnung), nachdem die Betriebsparteien gehört worden sind. 22

d. Vermittlungsverfahren

Ein Vermittlungsverfahren beim Vermittlungsausschuss (§ 11 Abs. 8 AK-Ordnung) beendet das Verfahren vor der Unterkommission (§ 11 Abs. 6 S. 2 AK-Ordnung). Es ist zulässig, wenn die Hälfte der Mitglieder der Unterkommission dem Antrag zugestimmt hat oder die Unterkommission aus Gründen, die der Antragsteller oder die Antragsteller nicht zu vertreten haben, nicht innerhalb von drei Monaten über den Antrag entschieden hat (§ 11 Abs. 6 S. 1 AK-Ordnung). Der Vermittlungsausschuss wird nur auf Antrag des Antragstellers oder der beiden Antragsteller tätig, nicht etwa wegen einer Initiative aus den Reihen der Unterkommission oder der Regionalkommission; sie ist nicht vorgesehen. Das Vermittlungsverfahren endet mit dem Spruch des Vermittlungsausschusses (§ 11 Abs. 8 AK-Ordnung). Der Spruch tritt an die Stelle eines Beschlusses der Unterkommission der Regionalkommission. Wenn auch die einrichtungsspezifische Regelung nur für einen Dienstgeber erfolgt, ist sie als Lohngestaltung durch Dritte (§ 317 BGB) zu werten, weil der Dienstgeber sich dem Spruch der Unterkommission bzw. des Vermittlungsausschusses zu unterwerfen hat. Das hat gemäß AVR-Arbeitsvertrag auch für die betroffenen Mitarbeiterinnen und Mitarbeiter zu gelten. 23

e. Inkraftsetzung des Beschlusses

Während die Beschlüsse der Bundeskommission und der Regionalkommission in der Verbandszeitschrift »neue caritas« bzw. in geeigneten diözesanen Medien veröffentlicht werden sollen, gilt das nicht für die Beschlusstexte der Unterkommissionen (§ 18 Abs. 2 AK-Ordnung). Gemäß § 1 der Richtlinien für die Beschlüsse der AK durch die Diözesanbischöfe sind die Beschlüsse der AK durch die Diözesanbischöfe in Kraft zu setzen, um wirksam zu werden. Die Beschlüsse der Unterkommissionen werden nicht erwähnt. Da es sich jedoch um Regelungen i. S. d. Dritten Weges handelt (Art. 7 Abs. 1 GrO), hat ihre Inkraftsetzung auch in diesen Fällen zu erfolgen. Zur Inkraftsetzung gehört aber auch die Promulgation gemäß can. 7 und 8 § 2 CIC.[24] Dabei ist es dem Diözesanbischof überlassen zu bestimmen, auf welche Weise promulgiert wird. Es reicht auch ein Hinweis auf die ergangene Inkraftsetzung des Beschlusses aus. Die Regelung des § 18 Abs. 2 AK-Ordnung stellt darauf ab, die Beschlüsse der Unterkommission nicht in die Öffentlichkeit zu tragen, wie dies noch mit Beschlüssen von Regionalkommissionen geschehen ist, die ebenfalls nur einzelne namentlich genannte Einrichtungen betrafen.[25] 24

3. Anträge für Einrichtungen in mehreren Regionen

Für Anträge, die die Gesamtheit der Einrichtungen eines Trägers betreffen, die im Zuständigkeitsbereich mehrerer Regionalkommissionen liegen, ist die Regionalkommission zuständig, in der der Rechtsträger seinen Sitz hat (§ 11 Abs. 2 AK-Ordnung). Die Einschränkung der Zuständigkeit der angerufenen Regionalkommission wird abweichend von § 2 Abs. 5 AK-Ordnung territorial erweitert. 25

---

24 Vgl. z. B. Amtsblatt des Erzbistums Berlin 2010 Nr. 126 und 127 S. 72 f.
25 Z. B. Amtsblatt für das Bistum Magdeburg 2010 Nr. 107, 108, 109 S. 41 f.

4. Regelungsinhalte

26 Aus § 11 AK-Ordnung ist nicht ersichtlich, dass Anträge an die Regionalkommission nur im Rahmen von vorgegebenen Bandbreiten gestellt werden dürfen, über die die Unterkommission entscheiden soll. Denn es darf beantragt werden, von den durch die Regionalkommission festgelegten Regelungen nach oben oder nach unten abzuweichen (§ 11 Abs. 1 S. 1 AK-Ordnung). Hat die Regionalkommission aber z. B. die ihr vorgegebenen Bandbreiten schon ausgeschöpft, kann der Antrag auf Beschluss zugunsten einer einrichtungsspezifischen Regelung nur Sinn machen, wenn die Bandbreite übersprungen werden soll. Die Beschlüsse der Unterkommission müssen zeitlich befristet sein (§ 11 Abs. 3 AK-Ordnung). Zur Befristung gibt es keine zeitlichen Vorgaben. Befristungen machen Sinn, um Abweichungen nach unten zeitlich zu begrenzen. Bei Abweichungen nach oben wird unter dem Gesichtspunkt der Personalgewinnung gehandelt, so dass es schwierig sein wird, zum durchschnittlichen Maß der Regionalkommission mit ihrem Flächentarif zurückzukehren, wenn die Personaldecke einrichtungsspezifisch passen soll. Im Zweifel ist ein erneuter Antrag an die Regionalkommission zu stellen.

27 Problematisch wird die einrichtungsspezifische Abweichung vom Flächentarif, wenn zwei oder mehr miteinander örtlich konkurrierende dem AVR-Caritas-Bereich zugeordnete Dienstgeber sich um Abweichungsbeschlüsse bemühen. Dabei kann es nicht ausbleiben, dass die Regionalkommission der Unterkommission Vorgaben gibt, nach denen die Anträge zu bescheiden sind. Gegen die Beschlüsse der Unterkommission gibt es keinen Rechtsweg zu den kirchlichen Gerichten für Arbeitssachen, um eine aus der Sicht des Antragstellers günstigere Regelung zu erreichen.

IV. Die Rolle der Mitarbeitervertretung

28 Die MAV hat zur Eingruppierung gemäß § 35 Abs. 1 Nr. 1 MAVO und zur zeitlichen Lage der Arbeitszeit gemäß §§ 36 Abs. 1 Nr. 1 und 37 Abs. 1 Nr. 1 ein Mitbestimmungsrecht. Die MAV hat das Recht, die Zustimmung zur Eingruppierung zu verweigern, wenn die Eingruppierung gegen die Arbeitsvertragsordnung (hier AVR-Caritas) unter Berücksichtigung der Tabelle verstößt oder wenn der Mitarbeiter durch die Maßnahme der Vergütung ohne sachliche Gründe bevorzugt oder benachteiligt werden soll (§ 35 Abs. 2). Die Eingruppierung hat auf der Grundlage einer auf dem Dritten Weg zustande gekommenen Arbeitsvertragsordnung (Art. 7 Abs. 1 GrO) zu erfolgen.[26] Deshalb ist es richtig, den Dienstgeber in den Stand zu versetzen, eine auf dem Dritten Weg zustande gekommene Arbeitsvertragsregelung – und sei sie einrichtungsspezifisch geprägt – anzuwenden.[27]

29 Die MAV ist ebenso wie der Dienstgeber im Beschlussverfahren der Unterkommission anzuhören; die Mitglieder der Unterkommission sollen mit den Betriebspartnern Gespräche führen (§ 11 Abs. 4 S. 6 AK-Ordnung). Sachverständige können von der Unterkommission hinzugezogen werden (§ 11 Abs. 4 S. 7 AK-Ordnung), ehe die Unterkommission entscheidet. Fraglich ist, ob die Regionalkommission auf die Entscheidung der Unterkommission Einfluss nehmen darf, wenn der Antrag der Betriebsparteien oder eines Betriebspartners nicht in das Gesamtkonzept der Regionalkommission passt, gerade mit Blick auf die Bandbreitengrenzen. Das wird nicht auszuschließen sein. Wird deshalb ein Antrag abgelehnt, gibt es dazu ebenfalls keine Klagemöglichkeit, weil nur Verfahrensfehler vor dem Kirchlichen Arbeitsgericht gerügt werden können (§ 2 Abs. 1 KAGO). Es ist daher von Interesse, welche Verfahrensordnung die Regionalkommission für das Beschlussverfahren der Unterkommission (§ 11 Abs. 4 S. 5 AK-Ordnung) gesetzt hat.

V. Streitigkeiten

30 Die Einigungsstelle ist gemäß § 45 für Streitigkeiten aus Anlass des Beschlussverfahrens bei der Unterkommission nicht zuständig.

---

26 So ständige Rechtsprechung des *KAGH*, 30. 11. 2006 – M 02/06, ZMV 2007, 81; 12. 10. 2007 – M 03/07, ZMV 2008, 29; 7. 11. 2008 – M 09/08 und M 10/08, ZMV 2009, 105.
27 Ein Vergleich mit den Beschlüssen der Dombau KODA in Köln bietet sich an.

Gemäß § 11 Abs. 6 AK-Ordnung ist die Anrufung des Vermittlungsausschusses (§ 16 AK-Ordnung) zulässig, wenn ein Antrag in der Unterkommission der Regionalkommission nicht die erforderliche Mehrheit erreicht hat, ihm aber die Hälfte der Mitglieder der Unterkommission zugestimmt hat oder die Unterkommission der Regionalkommission aus Gründen, die der Antragsteller nicht zu vertreten hat, nicht innerhalb von drei Monaten über den Antrag entscheidet. Dann kann der Antragsteller innerhalb eines Monats ein Vermittlungsverfahren gemäß § 11 Abs. 8 AK-Ordnung einleiten. Die Anrufung des Vermittlungsausschusses beendet das Verfahren vor der Unterkommission. Für das Vermittlungsverfahren nach § 11 Abs. 6 AK-Ordnung wird der Vermittlungsausschuss nach § 16 Abs. 1 AK-Ordnung i. V. m. § 16 Abs. 10 AK-Ordnung tätig. Dieser entscheidet durch Spruch mit der Mehrheit seiner Mitglieder. Eine Stimmenthaltung ist nicht möglich. Der Spruch tritt an die Stelle eines Beschlusses der Unterkommission der Regionalkommission. Der erweiterte Vermittlungsausschuss i. S. v. § 15 Abs. 3 AK-Ordnung ist nicht zuständig (§ 11 Abs. 8 S. 4 AK-Ordnung). Der Vermittlungsausschuss hat zwei Vorsitzende (§ 16 Abs. 1 AK-Ordnung), die dem Vermittlungsausschuss einen gemeinsamen Vorschlag unterbreiten (§ 16 Abs. 4 S. 1 AK-Ordnung). Bei der Abstimmung über diesen Vorschlag haben die beiden Vorsitzenden des Vermittlungsausschusses allerdings nur eine einzige gemeinsame Stimme (§ 16 Abs. 4 S. 2 AK-Ordnung), um Stimmengleichheit zu vermeiden. Unklar ist, wie es sich verhält, wenn die beiden Vorsitzenden sich nicht einigen können. Im Zweifel gilt der Antrag als abgelehnt. Gegen den Vermittlungsausschuss kann vor dem Kirchlichen Arbeitsgericht nicht geklagt werden (§ 8 Abs. 1 i. V. m. § 2 Abs. 1 KAGO).[28] 31

Streiten Dienstgeber und MAV bzw. Gesamtmitarbeitervertretung über den Antrag eines der Beteiligten, so entscheidet im Falle der Zulässigkeitsfrage zunächst die Regionalkommission mit Rücksicht auf ihre Zuständigkeit. Im Falle der Ablehnung des Antrages wegen fehlender Kompetenz der Regionalkommission bzw. der von ihr einzusetzenden Unterkommission entscheidet im Streitfall gemäß § 2 Abs. 1 KAGO das Kirchliche Arbeitsgericht. Die MAV bzw. die Gesamtmitarbeitervertretung ist in diesem Falle nicht Beteiligte. Den Streit kann aber die Hälfte der Mitglieder der Regionalkommission oder sogar die Mehrheit der Mitglieder der Dienstgeberseite bzw. der Mitarbeiterseite der Kommission führen (§ 8 Abs. 1 Buchstabe a KAGO). Dienstgeber und MAV bzw. Gesamtmitarbeitervertretung können beigeladen werden (§ 9 KAGO). Eine Klage zur Durchsetzung des Antrages bei dem Kirchlichen Arbeitsgericht ist nicht zulässig. 32

Bestreitet der Dienstgeber der MAV bzw. der Gesamtmitarbeitervertretung die Antragskompetenz, handelt es sich um eine Rechtsstreitigkeit aus dem Mitarbeitervertretungsrecht, so dass gemäß § 2 Abs. 2 KAGO das Kirchliche Arbeitsgericht zuständig ist; Verfahrensbeteiligte sind gemäß § 8 Abs. 2 Buchstabe a KAGO der Dienstgeber und die MAV bzw. die Gesamtmitarbeitervertretung. Voraussetzung ist für ihre Klagebefugnis, dass die MAV bzw. die Gesamtmitarbeitervertretung in ihren eigenen Rechten verletzt ist (§ 10 KAGO). 33

Fühlt sich eine Mitarbeiterin oder ein Mitarbeiter durch die einrichtungsspezifische Regelung benachteiligt, können sie die beim Diözesancaritasverband bestehende Schlichtungsstelle gemäß § 22 AVR-Caritas anrufen. Der Weg zum staatlichen Arbeitsgericht ist ebenfalls offen für Rechtsstreitigkeiten aus dem Arbeitsverhältnis (§ 2 Abs. 1 Nr. 3 Buchstabe a ArbGG). 34

---

28 *KAGH*, 27.11. 2009 – M 09/09.

§ 28 Formen der Beteiligung, Dienstvereinbarung

(1) Die Beteiligung der Mitarbeitervertretung an Entscheidungen des Dienstgebers vollzieht sich im Rahmen der Zuständigkeit der Einrichtung nach den §§ 29 bis 37.

Formen der Beteiligung sind:
- Anhörung und Mitberatung,
- Vorschlagsrecht,
- Zustimmung,
- Antragsrecht.

(2) Dienstvereinbarungen sind im Rahmen des § 38 zulässig.

Übersicht

		Rn			Rn
I.	Beteiligung der MAV an Entscheidungen des Dienstgebers	1–6	3.	Vorschlagsrecht	12
II.	Formen der Beteiligung der MAV	7–19	4.	Zustimmung	13–15
	1. Anhörung und Mitberatung	8–10	5.	Antragsrecht	16
	2. Dienstgeberseitige Kündigungen	11	6.	Dienstvereinbarungen	17–19
			III.	Arbeitsvertragsordnungen	20–26

I. Beteiligung der MAV an Entscheidungen des Dienstgebers

1 § 28 Abs. 1 S. 1 enthält zwei allgemein für die Beteiligungsrechte der MAV geltende Grundsätze, auf denen die Beteiligungsrechte aufbauen:
   a) Eine Beteiligung der MAV ist nur im Rahmen der Zuständigkeit der Einrichtung zugelassen.
   b) Die Beteiligung vollzieht sich in den in § 28 Abs. 1 S. 2 generell festgelegten Formen nach den abschließenden Vorschriften der §§ 29 bis 37 und des § 18 Abs. 2 und 4.

2 Die Beteiligung der MAV vollzieht sich im Rahmen der Zuständigkeit der kirchlichen Einrichtung. Das setzt voraus, dass der kirchlichen Einrichtung eine genau abgegrenzte Zuständigkeit von der sie errichtenden kirchlichen Autorität zugewiesen worden ist. Der kirchlichen Einrichtung ist eine genau abgegrenzte Zuständigkeit zugewiesen entweder durch:
   - die sie errichtende kirchliche Autorität (z. B. Pfarrei, öffentlicher Verein i. S. d. CIC) oder
   - die kirchliche Anerkennung als kirchliche Einrichtung unter Berücksichtigung der Statuten ihres Rechtsträgers, wie etwa einer GmbH oder einer Stiftung.

3 Zu prüfen ist, ob der kirchlichen Einrichtung eine genau abgegrenzte Zuständigkeit von der sie errichtenden kirchlichen Autorität zugewiesen worden ist oder die vom Träger der Einrichtung bestimmte Zuständigkeit kirchlich anerkannt ist. Die kirchliche Einrichtung wendet die Grundordnung des kirchlichen Dienstes im Rahmen kirchlicher Arbeitsverhältnisse (GrO) an (Art. 2 Abs. 1 und 2 GrO). Die kirchliche Autorität bestimmt, welche Funktionen und welche Aufgaben die kirchliche Einrichtung wahrzunehmen hat. Dies entspricht auch der Rechtsprechung des *Bundesverfassungsgerichts*, wonach gemäß Art. 140 GG i. V. m. Art. 137 Abs. 3 WRV nicht nur die organisierte Kirche und die rechtlich selbständigen Teile dieser Organisation, sondern alle der Kirche in bestimmter Weise zugeordneten Einrichtungen ohne Rücksicht auf ihre Rechtsform Objekte sind, bei deren Ordnung und Verwaltung die Kirche grundsätzlich frei ist, wenn sie nach kirchlichem Selbstverständnis ihrem Zweck oder ihrer Aufgabe entsprechend berufen sind, ein Stück Auftrag der Kirche in dieser Welt wahrzunehmen und zu erfüllen.[1]

4 Legt also der Diözesanbischof, sein Generalvikar oder eine von ihm bevollmächtigte Stelle oder eine andere kirchliche anerkannte Autorität den Zuständigkeitsbereich der kirchlichen Einrichtung fest, ist dieser Bereich der Beteiligung für die MAV offen. Im Bereich der MAVO entspricht damit der

---

1 *BVerfG*, 11. 10. 1977 – 2 BvR 209/76, NJW 1978, 581; 31. 10. 2001 – 1 BvR 619/92, NZA 2001, 717.

Begriff »kirchliche Einrichtung« den gleichen Begriffen »Betrieb« aus dem Betriebsverfassungsgesetz bzw. »Dienststelle« aus dem Personalvertretungsrecht. Die **kirchliche Einrichtung** ist nach § 1a Abs. 1 die **maßgebliche organisatorische Einheit**, in der sich die Beteiligung der MAV vollzieht. Gemäß § 1a Abs. 2 regelt der Dienstgeber, was als Einrichtung gilt, wobei der MAV zuvor Gelegenheit zur Stellungnahme zu geben ist, wenn eine MAV besteht und die Neugliederung der Einrichtung in gegebenenfalls mehrere Aufgabenbereiche erfolgen soll. Die Regelung bedarf allerdings der Genehmigung des »Ordinarius«. Darunter ist in der Regel der Generalvikar zu verstehen (can. 391 § 2 CIC), der für den Ortsordinarius (Diözesanbischof) handelt (can. 134 §§ 1 und 2 CIC). Das hat zur Folge, dass eine weitergehende, die Zuständigkeitsgrenzen der Einrichtung überschreitende Beteiligung der MAV an anderen, organisatorisch und funktional selbständigen Einrichtungen nicht möglich und folglich unzulässig ist.

Eine weitere, aus § 28 Abs. 1 S. 1 abzuleitende Folge der Beschränkung der Beteiligung auf die kirchliche Einrichtung, in der die MAV gewählt wurde, ist: **Die Organisationsbefugnis** der zuständigen kirchlichen Autorität bei der Errichtung einer kirchlichen Einrichtung kann nicht beschnitten werden. Erst der Errichtungsakt schafft die Voraussetzungen für die Wahl einer MAV und damit für Beteiligungsrechte. 5

Mit der Festlegung der Beteiligungsformen der MAV durch § 28 Abs. 1 S. 2 in ihrer Ausprägung in den Regelungen der §§ 29 bis 37 einschließlich § 18 Abs. 2 und 4 ist gleichzeitig festgestellt, dass die Beteiligung auf die dort geregelten Tatbestände – von der Dienstvereinbarung (§ 38) abgesehen – beschränkt ist. Dieser Hinweis ist geboten, um die MAV und den Dienstgeber vor einer freiwillig vereinbarten Erweiterung der Beteiligungsrechte – die z. B. nach §§ 88, 102 Abs. 6 BetrVG in der dem BetrVG unterliegenden privaten Wirtschaft zulässig ist – zu bewahren. Denn eine so erfolgte Erweiterung der Beteiligungsrechte der MAV verstößt gegen § 28 Abs. 1 MAVO und ist unwirksam. Im Übrigen darf von den Regelungen der MAVO ohnehin nicht abgewichen werden (§ 55). 6

II. Formen der Beteiligung der MAV

Die Beteiligung der MAV vollzieht sich qualitativ in folgenden Formen: 7

1. Anhörung und Mitberatung

Die erste Form/Art der Beteiligungsrechte der MAV ist als Doppelrecht ausgebildet. Sie besteht aus der **Anhörung und Mitberatung**. Sie ist im Einzelnen in § 29 näher festgelegt: Das Verfahren regelt sich nach § 29 Abs. 2–4. Generell gilt für dieses Beteiligungsrecht: 8

Anhörung zu einer Maßnahme bedeutet zunächst ordnungsgemäße, insbesondere vollständige Unterrichtung über die Absichten des Dienstgebers. Die MAV muss sich anhand der Unterrichtung ein Bild von der vorgesehenen Maßnahme machen, sie prüfen und sachgerechte Einwendungen erheben können.[2] 9

Für den Fall, dass die MAV – nicht nur sachgerechte – Einwendungen erhebt, muss der Dienstgeber mit der MAV über die von ihr erhobenen Einwendungen beraten. Die **Beratung** ist Voraussetzung dafür, dass der Dienstgeber nach Abschluss der Beratung mit der MAV, auch gegen die Einwendung der MAV, selbständig entscheiden kann (§ 29 Rn 107 f.) 10

2. Dienstgeberseitige Kündigungen

Einen in sich abgeschlossenen Teil zur Anhörung und Mitberatung bilden die Beteiligungsrechte vor der beabsichtigten ordentlichen (§§ 30, 30a) und außerordentlichen (§ 31) Kündigung des Arbeitsvertrages durch den Dienstgeber. Im Falle von Einwendungen der MAV hat der Dienstgeber mit der MAV zu beraten, ehe er die ordentliche Kündigung aussprechen darf. Im Falle der beabsichtigten 11

---

2 *BAG*, 28. 6. 2005 – 1 ABR 26/04, NZA 2006, 111.

außerordentlichen Kündigung ist er nach fristgerechter Äußerung der MAV zur Kündigung berechtigt; einer besonderen Verhandlung mit der MAV wie im Falle des § 30 bedarf es nicht, weil der Dienstgeber trotz ordnungsgemäß erhobener Einwendungen der MAV im Ausspruch der außerordentlichen Kündigung frei ist.

3. Vorschlagsrecht

12 Die MAVO kennt als eigenständige Form der Beteiligung der Mitarbeitervertretung als Initiativrecht ein **Vorschlagsrecht** im Rahmen der abschließend aufgezählten Angelegenheiten des § 32. Dieses Vorschlagrecht soll den Dienstgeber veranlassen, sich mit den Vorstellungen der MAV auseinanderzusetzen und sie bei seiner Entscheidung zu berücksichtigen. Die Vorschläge der MAV können schriftlich wie mündlich erfolgen. Im Rahmen der Behandlung des Vorschlages ist nach § 32 Abs. 2 der Dienstgeber zur Abhaltung einer gemeinsamen Sitzung mit der MAV verpflichtet, wenn er dem Vorschlag nicht oder in abgeänderter Form entsprechen will.

4. Zustimmung

13 **Die Form der Zustimmung** zu einer Maßnahme des Dienstgebers bedeutet **Mitbestimmung bei einer Maßnahme.** Die Maßnahme oder Entscheidung kann in diesen Fällen nur mit Zustimmung der MAV wirksam erfolgen. Die Initiative zur Erlangung der Zustimmung liegt ausschließlich beim Dienstgeber, der um die Zustimmung der MAV nachsuchen (§ 33 Abs. 2 S. 1) oder das Verfahren vor der Einigungsstelle in den Fällen der §§ 36 Abs. 1, 18 Abs. 2 oder das Verfahren vor dem Kirchlichen Arbeitsgericht in den Fällen der §§ 18 Abs. 4, 34 und 35 einleiten muss (§ 33 Abs. 4). Es ist also keinesfalls Sache der MAV, bei Verweigerung der Zustimmung von sich aus die Einigungsstelle oder das Kirchliche Arbeitsgericht anzurufen, um die Begründetheit der Zustimmungsverweigerungsgründe feststellen zu lassen. Die Mitbestimmung durch Zustimmung ist in der Form eines positiven Konsensprinzips gestaltet: Der Dienstgeber bedarf zur Durchführung der zustimmungspflichtigen Maßnahme positiv der Zustimmung der MAV oder der Entscheidung des Kirchlichen Arbeitsgerichts, dass keine Gründe zur Zustimmungsverweigerung vorlagen, oder in den Fällen der §§ 18 Abs. 2 und § 36 Abs. 1 der Ersetzung der Zustimmung durch die Einigungsstelle.

14 Auch hier ist der Kreis der mitbestimmungspflichtigen Maßnahmen durch die MAVO abschließend und damit nicht erweiterungsfähig festgelegt (§ 55). Es handelt sich bei den zustimmungspflichtigen Maßnahmen um:
– Zustimmung zur Versetzung oder Abordnung eines Mitgliedes der MAV gegen seinen Willen in eine andere Einrichtung (§ 18 Abs. 2),
– Zustimmung zur Ablehnung des Dienstgebers, ein in einem Berufsausbildungsverhältnis stehendes Mitglied der MAV in einem Arbeitsverhältnis nach Beendigung seines Ausbildungsvertrages weiterzubeschäftigen (§ 18 Abs. 4),
– Zustimmung zur Einstellung und Anstellung (§ 34),
– Zustimmung bei sonstigen personellen Angelegenheiten von Mitarbeitern nach der Einstellung (§ 35),
– Zustimmung zu Angelegenheiten der Dienststelle (§ 36).

15 Nimmt der Dienstgeber eine dieser Maßnahmen ohne die vorherige Zustimmung der MAV vor, so ist sie fehlerhaft. Zu den daraus erwachsenden Rechtsfolgen ist bei den einzelnen Mitbestimmungstatbeständen Stellung genommen.

5. Antragsrecht

16 Als weitere Form der Beteiligung sieht § 28 das Antragsrecht vor. Es ist nach § 37 auf die dort in Abs. 1 Nr. 1–11 genannten Tatbestände beschränkt. Auch diese sind nicht erweiterungsfähig (§ 55). Das Antragsrecht ist ein Initiativrecht der MAV. Es wirkt wie das Zustimmungsrecht als Mitbestimmungsrecht. Der Dienstgeber wird zu Verhandlungen mit der MAV über ihre Anträge veranlasst und kann zum Abschluss einer Dienstvereinbarung nach § 38 gezwungen werden, wenn die MAV nach

gescheiterter Einigung die Einigungsstelle anruft. Die Einigungsstelle entscheidet bei dienstgeberseitiger Ablehnung des Antrages der MAV im Rahmen des Einigungsstellenverfahrens, ob und in welchem Umfang dem Antrag der MAV zu entsprechen ist (§ 45 Abs. 3 Nr. 2, § 47 Abs. 2 und 3). Diese Entscheidung bindet die MAV und den Dienstgeber (§ 47 Abs. 3 S. 2) vorbehaltlich der Entscheidung des Kirchlichen Arbeitsgerichts (§ 47 Abs. 4), wenn gegen den Spruch der Einigungsstelle Klage erhoben werden sollte.

6. Dienstvereinbarungen

§ 28 Abs. 2 lässt den Abschluss von Dienstvereinbarungen im Rahmen des § 38 zu. Damit ist der 17 Abschluss von Dienstvereinbarungen ausschließlich auf
– den Kreis der Angelegenheiten, die in § 38 Abs. 1 Nrn. 2 bis 15 genannt sind
und
– ergänzende Regelungen für Arbeitsentgelte und sonstige Arbeitsbedingungen, die gemäß § 38 Abs. 1 Nr. 1 durch Öffnungsklauseln der Arbeitsvertragsordnungen zum Gegenstand betrieblicher Regelung zugelassen sind,[3]

beschränkt. Davon liefern insbesondere Öffnungsklauseln der AVR-Caritas beredtes Zeugnis (vgl. AVR Anlage 1, früher: Abschnitt XVI, Öffnungsklausel für Notsituationen; Abschnitt XVII Härtefallklauseln zur Vergütung für näher benannte Zeiträume in bestimmten Einrichtungen; ab 1. 7. 2003: AVR Anlage 1 Abschnitt II b, Öffnungsklauseln zu Absenkung u. Erhöhung der Vergütung). Wichtig ist die Zulässigkeit einer Dienstvereinbarung nach § 38 Abs. 1 Nr. 13, die eine dem Sozialplan nach § 112 BetrVG ähnliche Regelung bei Schließung, Einschränkung, Verlegung oder Zusammenlegung von Einrichtungen (wesentlichen Teilen von ihnen) vorsieht. Über diese in § 38 Abs. 1 aufgezählten Tatbestände hinaus können Dienstvereinbarungen in kirchlichen Einrichtungen nicht wirksam abgeschlossen werden (§ 55).

Die Dienstvereinbarung ist demnach ein **Rechtsinstitut des kollektiven Arbeitsrechts**, das auf der 18 durch die MAVO gestalteten Verfassung der kirchlichen Einrichtung beruht. Sie entspricht der Dienstvereinbarung des § 73 BPersVG bzw. der Betriebsvereinbarung des § 77 BetrVG. Sie hat normative Wirkung für die in der kirchlichen Einrichtung bestehenden Arbeitsverhältnisse, die unter ihren Geltungsbereich fallen. Ihre Regelungen wirken in ihrem nach § 38 Abs. 1 zulässigen Bereich unmittelbar und zwingend (§ 38 Abs. 3a). Voraussetzung für diese normative Wirkung ist neben der Regelungsbefugnis nach § 38 Abs. 1 der Abschluss in der Schriftform des § 38 Abs. 4.

Dienstvereinbarung und Arbeitsvertragsordnung sind Rechtsnormen des **kollektiven Arbeitsrechts** 19 **im kirchlichen Bereich**. Normen einer Dienstvereinbarung sind gegenüber Normen einer Arbeitsvertragsordnung die schwächere Rechtsquelle. Das folgt aus § 38 Abs. 3. Die Dienstvereinbarung ist ohne positive Öffnungsklausel in einer Arbeitsvertragsordnungsnorm unzulässig, sie darf nicht im Widerspruch zu Rechtsnormen, insbesondere in kirchlichen Arbeitsvertragsordnungen stehen. Mit Inkrafttreten einer Rechtsnorm, welche Angelegenheiten von § 38 Abs. 1 betrifft, wird die Rechtsnorm einer zuvor abgeschlossenen Dienstvereinbarung unwirksam. Unzulässige Dienstvereinbarungen, d. h. solche über andere als die nach § 38 zugelassenen Regelungsinhalte, sind ebenfalls unwirksam. Zu den Konkurrenzproblemen zwischen Dienstvereinbarung und Arbeitsvertragsordnung im Einzelnen § 38 Rn 33 ff., 57 ff.

III. Arbeitsvertragsordnungen

Arbeitsvertragsordnungen kommen zustande durch mit qualifizierter Mehrheit gefasste Beschlüsse 20 in mit Vertretern der Dienstgeber und der Mitarbeiter paritätisch besetzten Kommissionen zur Ordnung des diözesanen Arbeitsvertragsrechts (KODA), die Arbeitsrechtliche Kommission des Deutschen Caritasverbandes (AK) bzw. ihre beschließenden Unterkommissionen und nach Maßgabe

---

3 Dazu: *Thiel*, Öffnungsklauseln für Dienstvereinbarungen, ZMV-Sonderheft 1998 S. 15; seit der Novelle vom 25. 6. 2007 geregelt in § 38 Abs. 1 Nr. 1.

näher geregelter Zuständigkeit durch die Zentral-KODA für das gesamte Gebiet der Deutschen Bischofskonferenz. Aufgabe der Kommission (auch als Regional-KODA mehrerer Diözesen gebildet) ist die Aufstellung von Normen, welche Inhalt, Abschluss und Beendigung von Arbeitsverhältnissen regeln, soweit nicht die AK oder die Zentral-KODA zuständig ist. Rechtsgrundlage sind die KODA-Ordnungen der Diözesen einschließlich der Zentral-KODA-Ordnung und die Ordnung der Arbeitsrechtlichen Kommission des Deutschen Caritasverbandes einschließlich der Ordnung für beschließende Unterkommissionen gemäß §§ 12 bis 14 der Ordnung der AK[4] und die Grundordnung des kirchlichen Dienstes im Rahmen kirchlicher Arbeitsverhältnisse (GrO). Ihr Artikel 7 schreibt vor, dass das Verhandlungsleichgewicht der im kirchlichen Dienst beschäftigten Mitarbeiterinnen und Mitarbeiter (Arbeitnehmer) bei Abschluss und Gestaltung der Arbeitsverträge durch die katholische Kirche in der oben beschriebenen Weise durch Kommissionsbeschlüsse gesichert wird. Die Beschlüsse bedürfen der diözesanbischöflichen Inkraftsetzung für das jeweilige Bistum (Art. 7 Abs. 1 GrO). Diese Art des Zustandekommens von Arbeitsvertragsordnungen oder auch Arbeitsvertragsrichtlinien vollzieht sich im Rahmen des Dritten Weges der Kirche, die den Abschluss von Tarifverträgen nach dem Tarifvertragsgesetz (TVG) mit den Gewerkschaften ablehnt (Art. 7 Abs. 2 GrO).

21 Die Arbeitsvertragsordnung ist zwar eine den Tarifverträgen angenäherte kollektive Regelung von Arbeitsbedingungen in den kirchlichen Einrichtungen. Umstritten ist allerdings, ob die Arbeitsvertragsordnungen wie Tarifverträge Rechtsnormcharakter haben oder nur kraft einzelarbeitsvertraglicher Vereinbarung zum Inhalt des Arbeitsverhältnisses werden.[5] Nach der Rechtsprechung des BAG handelt es sich bei den Arbeitsvertragsrichtlinien um Kollektivvereinbarungen besonderer Art. Gegen arbeitsvertragliche Bezugnahmeklauseln für die Anwendung derartiger Arbeitsvertragsrichtlinien bestehen keine rechtlichen Bedenken.[6]

22 Die Arbeitsvertragsordnungen sind jedenfalls keine Tarifverträge i. S. d. TVG,[7] weil sie nicht von den Tarifvertragsparteien ausgehandelt werden und nicht nach Maßgabe des TVG zustande kommen.[8]

23 Für die Rechtsgeltung der im kirchlichen Arbeitsrechtsregelungsverfahren erlassenen Arbeitsvertragsordnungen ist mit Rücksicht auf die angeführte Rechtsprechung zu unterscheiden zwischen den kirchlichen Adressaten der Arbeitsvertragsordnungen, welche die von der KODA bzw. AK beschlossenen und vom Diözesanbischof als kirchlichem Gesetzgeber (can. 391 CIC) erlassenen Bestimmungen als Arbeitgeber (Dienstgeber) mit Einschluss der GrO anzuwenden haben (vgl. § 3 Abs. 1 Bayerische Regional-KODA-Ordnung), und sei es auf der Grundlage des Satzungsrechts für den privatrechtlich verfassten Bereich des Deutschen Caritasverbandes,[9] und andererseits den Mitarbeitern und Mitarbeiterinnen, mit denen die Arbeitsvertragsordnungen einzelarbeitsvertraglich zu kontrahieren sind.[10] Es fehlt eine staatliche gesetzliche Bestimmung über die unmittelbare Wirkung der

---

[4] Amtsblatt der Erzdiözese Freiburg 2005 S. 133.
[5] Ausführlich: *Richardi*, Arbeitsrecht in der Kirche, § 15 Rn 1 ff.; *Hammer*, ZTR 2002, 302; *Hanau/Thüsing*, Änderungen der Arbeitsbedingungen in Kirche und Diakonie, KuR 350, 1999 S. 143; für fehlenden Normcharakter allerdings bereits *BAG*, 24. 9. 1980 – 4 AZN 289/80, AP Nr. 9 zu § 72a ArbGG 1979 Grundsatz; ebenso *BAG*, 15. 11. 2001 – 6 AZR 88/01, ZMV 2002, 246.
[6] *BAG*, 18. 11. 2009 – 4 AZR 493/08, NZA 2010, 599.
[7] Schon *BAG*, 6. 11. 1996 – 10 AZR 287/96, ZMV 1997, 90; 23. 2. 1995 – 6 AZN 1080/94, ZMV 1995, 138 unter Hinweis auf § 72a Abs. 1 Nr. 2 ArbGG.
[8] Ständige Rechtsprechung *BAG*, 14.1. 2004 – 10 AZR 188/03, AP AVR Caritasverband Anlage 1 Nr. 3; 8. 6. 2005 – 4 AZR 412/04, EzA § 611 BGB 2002 Kirchliche Arbeitnehmer Nr. 6; 13. 6. 2006 – 4 AZR 1/06, ZMV 2007, 148; 23. 1. 2007 – 9 AZR 624/06, AP AVR Diakonisches Werk § 1 Nr. 14; 26. 7. 2007 – 7 AZR 515/05, BAGE 119, 157; 10. 12. 2008 – 4 AZR 801/07, NZA-RR 2010, 7; 21. 10. 2009 – 4 AZR 880/07, juris.
[9] Vgl. u § 5 Abs. 1 S. 2 Buchst. c der Satzung des Diözesan-Caritasverbandes für das Erzbistum Köln e. V. vom 3. 2. 2000, Amtsblatt des Erzbistums Köln 2000 Nr. 138 S. 112.
[10] So *BAG*, 5. 3. 1997 – 4 AZR 392/95, KirchE 35. Bd. 2001 S. 86; 24. 9. 1997 – 4 AZR 452/96, AR-Blattei ES 960 Kirchenbedienstete Nr. 60; *Bepler*, KuR 2004, 139 = Nr. 350 S. 191.

im dritten Weg zustande gekommenen Arbeitsvertragsordnungen. Der Staat geht aber davon aus, dass die Kirchen und öffentlich-rechtlichen Religionsgesellschaften auf den Gebieten ihnen zugestandener Regelungsbefugnis zu Arbeitsvertragsbedingungen die Arbeitnehmer ihres Bereichs erreichen. Deshalb ist der Auffassung zuzustimmen, dass den Kirchen im Rahmen des ihnen zustehenden eigenen Regelungsauftrages für ihre eigenen Angelegenheiten (Art. 140 GG, 137 Abs. 3 WRV) auch die Schaffung arbeitsrechtlicher Einheitsregelungen mit Rechtsnorm-Charakter auf die in kirchlichen Einrichtungen begründeten Arbeitsverhältnisse zugebilligt werden muss.[11] Für diese Auffassung spricht im Übrigen, dass in vielen Normen des staatlichen Rechts eine Gleichstellung von Arbeitsvertragsordnungen mit Tarifverträgen (beispielsweis in § 7 Abs. 4; § 3 Abs. 1 Nr. 1 AltersteilzeitG; § 21a Abs. 3 JArbSchG) enthalten ist.[12]

Aus kirchenrechtlicher Sicht setzt can. 11 CIC allerdings eine Schranke, während über can. 1290 CIC der Vertrag mit Blick auf § 611 BGB Handlungs- und Rechtsgrundlage ist.

Das *BAG* prüft bei der Frage der Inhaltskontrolle der kirchlichen Arbeitsvertragsordnungen nach dem Maßstab, ob ihre jeweilige Bestimmung einem Tarifvertrag entspricht und zieht für diesen Fall zutreffendenfalls die für Tarifverträge geltenden Maßstäbe heran, soweit in Arbeitsvertragsrichtlinien die entsprechenden Tarifvertragsnormen des öffentlichen Dienstes für gleich gelagerte Sachbereiche ganz oder mit im Wesentlichen gleichen Inhalten übernommen werden[13] (vgl. jetzt § 310 Abs. 4 BGB n. F.). 24

Für die Auslegung von Arbeitsvertragsrichtlinien wendet das BAG die für die Tarifauslegung maßgeblichen Grundsätze an.[14] 25

Die kirchlichen Gerichte für Arbeitssachen sind zuständig für Rechtsstreitigkeiten aus dem Recht der nach Art. 7 GrO gebildeten Kommissionen zur Ordnung des Arbeitsvertragsrechts (§ 2 Abs. 1 KAGO). 26

§ 28a Aufgaben und Beteiligung der Mitarbeitervertretung zum Schutz schwerbehinderter Menschen

(1) Die Mitarbeitervertretung fördert die Eingliederung schwerbehinderter Menschen. Sie achtet darauf, dass die dem Dienstgeber nach §§ 71, 72, 81, 83 und 84 SGB IX obliegenden Verpflichtungen erfüllt werden und wirkt auf die Wahl einer Vertrauensperson der schwerbehinderten Mitarbeiterinnen und Mitarbeiter hin.

(2) Der Dienstgeber trifft mit der Vertrauensperson der schwerbehinderten Mitarbeiterinnen und Mitarbeiter und der Mitarbeitervertretung in Zusammenarbeit mit dem Beauftragten des Dienstgebers gemäß § 98 SGB IX eine verbindliche Integrationsvereinbarung. Auf Verlangen der Vertrauensperson der schwerbehinderten Mitarbeiterinnen und Mitarbeiter wird unter Beteiligung der Mitarbeitervertretung hierüber verhandelt. Ist eine Vertrauensperson der schwerbehinderten Mitarbeiterinnen und Mitarbeiter nicht vorhanden, so steht das Recht, die Aufnahme von Verhandlungen zu verlangen, der Mitarbeitervertretung zu. Der Dienstgeber oder die Vertrauensperson der schwerbehinderten Mitarbeiterinnen und Mitarbeiter können das Integrationsamt einladen,

---

11 *Pahlke*, NJW 1986, 350, 356; *ders.* in der Anmerkung zu AP Nr. 19 zu Art. 140 GG; *ders.*, Kirche und Koalitionsrecht S. 29 ff, S, 235 ff; *Müller-Vollbehr*, FS für Ernst Wolf, S. 535, 545; *Mayer-Maly*, Anmerkung zu BAG, AP Nr. 1 zu § 7 AVR Caritasverband.
12 *Dütz*, FS Joseph Listl, S. 573, 577 ff.; *Jurina*, FS Joseph Listl, S. 519, 540 ff.; a. A. *Hammer*, ZTR 2002, 302, 309 ff.
13 *BAG*, 28. 1. 1998 – 4 AZR 491/96, ZevKR Bd 44 – 1999 – S. 90 unter Hinweis auf *BAG*, 6. 11. 1996 – 5 AZR 334, AP Nr. 1 zu § 10a AVR Caritasverband = NZA 1997, 778.
14 *BAG*, 14. 1. 2004 – 10 AZR 188/03, AP AVR Caritasverband Anlage 1 Nr. 3; 13. 6. 2006 – 4 AZR 1/06, ZMV 2007, 148; 23. 1. 2007 – 9 AZR 624/06, AP AVR Diakonisches Werk § 1 Nr. 14; 26. 7. 2007 – 7 AZR 515/05, BAGE 119, 157.

sich an den Verhandlungen über die Integrationsvereinbarung zu beteiligen. Der Agentur für Arbeit und dem Integrationsamt, die für den Sitz des Dienstgebers zuständig sind, wird die Vereinbarung übermittelt. Der Inhalt der Integrationsvereinbarung richtet sich nach § 83 Abs. 2 SGB IX.

(3) Treten ernsthafte Schwierigkeiten in einem Beschäftigungsverhältnis einer schwerbehinderten Mitarbeiterin oder eines schwerbehinderten Mitarbeiters auf, die dieses Beschäftigungsverhältnis gefährden können, sind zunächst unter möglichst frühzeitiger Einschaltung des Beauftragten des Dienstgebers nach § 98 SGB IX, der Vertrauensperson der schwerbehinderten Mitarbeiterinnen und Mitarbeiter und der Mitarbeitervertretung sowie des Integrationsamtes alle Möglichkeiten und alle zur Verfügung stehenden Hilfen zu erörtern, mit denen die Schwierigkeiten beseitigt werden können und das Beschäftigungsverhältnis möglichst dauerhaft fortgesetzt werden kann.

Übersicht

		Rn			Rn
I.	Vorbemerkung	1	2.	Integrationsvereinbarung (§ 28a Abs. 2)	6–9
II.	Wahl der Schwerbehindertenvertretung	2, 3	3.	Prävention bei ernsthaften Schwierigkeiten im Beschäftigungsverhältnis (§ 28a Abs. 3)	10, 11
III.	Förderung der Eingliederung schwerbehinderter Menschen	4–11			
	1. Pflichtenkatalog	4, 5	IV.	Streitigkeiten	12

I. Vorbemerkung

1 Die Vorschrift ist adressiert an Dienstgeber, Mitarbeitervertretung und die Schwerbehindertenvertretung unter fallweiser Einbeziehung des Integrationsamtes. Die MAVO bestätigt, dass das Sozialgesetzbuch (SGB) Neuntes Buch (IX) ein für alle geltendes Gesetz i. S. v. Art. 137 Abs. 3 WRV ist. Denn gemäß § 28a Abs. 1 hat die MAV auf die Wahl einer Schwerbehindertenvertretung nach Maßgabe des SGB IX hinzuwirken; die MAVO regelt die Wahl nicht. Gemäß § 52 geht die MAVO von der Wahl der Schwerbehindertenvertretung nach staatlichem Recht aus und regelt die Zusammenarbeit der Betriebsparteien unter Einschluss der Schwerbehindertenvertretung unter Bezugnahme auf das staatliche Recht. Da die staatlichen Bestimmungen die innerbetriebliche Mitwirkung der Schwerbehindertenvertretung für den kirchlichen Dienst nicht regeln, ist es richtig, dass die MAVO ergänzend eingreift. Das geschieht mit den Bestimmungen von § 26 Abs. 3 Nrn. 3 und 5, § 27 Abs. 2 vierter und sechster Spiegelstrich, §§ 28a und 52. Mit den Bestimmungen in § 28a wird ebenso wie in § 52 auf eine Angleichung der Beteiligungsrechte der MAV an die Rechte der in § 93 SGB IX genannten jeweiligen Betriebsvertretung hingewirkt (§ 52 Abs. 5 S. 2) und die Rolle der Schwerbehindertenvertretung (Vertrauensperson der schwerbehinderten Menschen) durch kirchliches Recht bestätigt. Das hat auch Auswirkungen auf die Gerichtsbarkeit auf dem Gebiet des Rechts der Schwerbehindertenvertretung nach Maßgabe der MAVO und der KAGO, soweit das Recht der Schwerbehindertenvertretung in die MAVO inkorporiert ist (§ 8 Abs. 2 Buchstabe e KAGO). Allerdings darf der Kreis der Behinderten i. S. d. AGG nicht übersehen werden, weil im Unterschied zu § 81 Abs. 2 SGB IX (schwerbehinderte Beschäftigte) das Verbot der Benachteiligung in § 7 Abs. 1, § 1 AGG auf Benachteiligung aus Gründen einer Behinderung (§ 2 Abs. 1 S. 1 SGB IX) erstreckt wird.[1]

II. Wahl der Schwerbehindertenvertretung

2 Gemäß § 94 Abs. 1 S. 1 SGB IX sind in Dienststellen, Einrichtungen und Betrieben in denen wenigstens fünf schwerbehinderte Menschen nicht nur vorübergehend beschäftigt sind, eine Vertrauensperson und wenigstens ein stellvertretendes Mitglied zu wählen. Das stellvertretende Mitglied vertritt im Falle der Verhinderung die Vertrauensperson der schwerbehinderten Menschen. Das Gesetz ermöglicht da, wo die Zahl der schwerbehinderten Menschen zur Wahl der Schwerbehindertenvertretung nicht erreicht ist, eine Zusammenfassung mehrerer räumlich naher Dienststellen, Einrichtungen und

---

1 *BAG*, 3. 4. 2007 – 9 AZR 823/06, ZTR 2007, 622; *Düwell*, BB 2006, 1741.

Betriebe eines und desselben Arbeitgebers, um die Wahl einer Schwerbehindertenvertretung zu ermöglichen (§ 94 Abs. 1 S. 4 SGB IX). Über die Zusammenfassung entscheidet der Dienstgeber im Benehmen mit dem für den Sitz der Dienststellen, Einrichtungen und Betriebe zuständigen Integrationsamt (§ 94 Abs. 1 S. 5 SGB IX). In einem solchen Fall entsteht ein Zuordnungsproblem der Schwerbehindertenvertretung zu ggf. mehreren Mitarbeitervertretungen, wenn die betrieblichen Einheiten gemäß § 1a oder 1b MAVO mit denen nach § 94 Abs. 1 S. 4 SGB IX nicht deckungsgleich sind und deshalb eine Schwerbehindertenvertretung mit mehreren Mitarbeitervertretungen zusammenarbeiten muss.

In einem solchen Fall haben die jeweiligen Mitarbeitervertretungen bzw. gemeinsamen Mitarbeitervertretungen nach Maßgabe der Verhältnisse ihrer jeweiligen Einrichtung oder Dienststelle unter Einschluss des Dienstgebers und seines Beauftragten (§ 98 SGB IX) die Vertrauensperson der schwerbehinderten Menschen zu ihren Sitzungen einzuladen (§ 52 Abs. 1 MAVO), während umgekehrt die Vertrauensperson der schwerbehinderten Menschen sich wegen der Belange der von ihr repräsentierten schwerbehinderten Mitarbeiterinnen und Mitarbeiter der jeweils zuständigen MAV oder aber allen beteiligten Mitarbeitervertretungen ins Benehmen setzen muss, wie etwa im Falle der Verhandlung einer Integrationsvereinbarung (§ 83 SGB IX; § 28a Abs. 2 MAVO).

III. Förderung der Eingliederung schwerbehinderter Menschen

1. Pflichtenkatalog

§ 28a Abs. 1 wiederholt die Bestimmungen des § 26 Abs. 3 Nrn. 3 und 5 und § 27 Abs. 2 vierter und sechster Spiegelstrich sinngemäß. Es geht um die Förderung der Arbeitsaufnahme und Arbeitsplatzerhaltung schwerbehinderter Menschen in der Einrichtung unter Einbeziehung der Vertrauensperson der schwerbehinderten Menschen. Maßstab sind dazu gemäß § 28a Abs. 1 die Bestimmungen des SGB IX zu

- Erfüllung der Beschäftigungspflichtquote für schwerbehinderte Menschen durch den Dienstgeber (§ 71 SGB IX i. V. m. § 29 Abs. 1 Nr. 19 MAVO),
- Beschäftigung von nach Art und Schwere ihrer Behinderung im Arbeitsleben besonders Betroffenen (§ 72 SGB IX),
- Verzeichnis der bei dem Dienstgeber qua Betrieb, Einrichtung oder Dienststelle beschäftigten schwerbehinderten, ihnen gleichgestellten behinderten Menschen und sonstigen anrechnungsfähigen Personen (§ 80 Abs. 1 SGB IX),
- Anzeige der Daten an die Agentur für Arbeit, die zur Berechnung des Umfangs der Beschäftigungspflicht, zur Überwachung ihrer Erfüllung und der Ausgleichsabgabe notwendig sind (§ 80 Abs. 2 S. 1 SGB IX),
- Pflichten des Dienstgebers zur Erkundigung nach arbeitsuchenden schwerbehinderten Menschen und Vermeidung ihrer Benachteiligung bei Bewerbung,[2] Eingehung und Durchführung[3] ihres Beschäftigungsverhältnisses (§ 81 SGB IX),
- Zumutbarkeit der Beschäftigung schwerbehinderter Menschen und ihrer Beschäftigung entgegenstehenden Arbeitsschutzvorschriften (§ 81 Abs. 4 S. 3 SGB IX),
- verbindliche Integrationsvereinbarungen zwischen Schwerbehindertenvertretung, Mitarbeitervertretung und Dienstgeber zusammen mit seinem nach § 98 SGB IX Beauftragten (§ 83 SGB IX),[4]
- Verhütung von Arbeitsplatzverlust im Falle aufkommender personen-, verhaltens- oder betriebsbedingter Schwierigkeiten im Beschäftigungsverhältnis unter Einschaltung der Schwerbehindertenvertretung und der MAV (§ 84 Abs. 1 SGB IX),

---

[2] *LAG Rheinland-Pfalz*, 1. 9. 2005 – 4 Sa 865/04, ZTR 2006, 207; *BAG*, 18. 11. 2008 – 9 AZR 643/07, ZTR 2009, 381.
[3] *BAG*, 4. 10. 2005 – 9 AZR 632/04, DB 2006, 902.
[4] Vgl. Integrationsvereinbarung des Bischöflichen Ordinariats Speyer, OVB Speyer 2007, S. 264 mit Beilage zum Oberhirtlichen Verordnungsblatt Nr. 4/2007.

Thiel

V. Zusammenarbeit zwischen Dienstgeber und Mitarbeitervertretung

– Klärung der Überwindung der Arbeitsunfähigkeit, der Vorbeugung erneuter Arbeitsunfähigkeit und der Erhaltung des Arbeitsplatzes für jeden betroffenen Mitarbeiter im Wege betrieblichen Eingliederungsmanagements[5] mit der MAV, ggf. auch der Schwerbehindertenvertretung (§ 84 Abs. 2 SGB IX).

5 Die MAV wirkt auf die Wahl einer Vertrauensperson der schwerbehinderten Menschen und mindestens ein stellvertretendes Mitglied gemäß § 94 SGB IX (Schwerbehindertenvertretung § 94 Abs. 1 SGB IX) hin (§ 28a Abs. 1 MAVO). Im Übrigen hat der Dienstgeber gemäß § 26 Abs. 2 S. 1 auf deren Verlangen die zur Durchführung ihrer Aufgaben erforderlichen Unterlagen vorzulegen. Dazu gehören z. B. auch diejenigen Unterlagen und Dateien, die wegen des Zusammenwirkens des Dienstgebers mit der Bundesagentur für Arbeit vorzulegen bzw. anzuzeigen sind (§ 80 Abs. 1 und Abs. 2 S. 1 SGB IX).[6]

2. Integrationsvereinbarung (§ 28a Abs. 2)

6 Dienstgeber, Vertrauensperson der schwerbehinderten Mitarbeiterinnen und Mitarbeiter und MAV treffen mit dem Beauftragten des Dienstgebers (§ 98 SGB IX) eine verbindliche Integrationsvereinbarung, wobei die Initiative jedem der Beteiligten offen steht. Dazu hat allerdings die Vertrauensperson der schwerbehinderten Menschen das hervorgehobene Recht, Verhandlungen zur Integrationsvereinbarung zu verlangen. Daran ist die MAV zu beteiligen. Wenn in einer Einrichtung keine Vertrauensperson der schwerbehinderten Menschen vorhanden ist, auf die Gründe kommt es nicht an, so steht der MAV das Initiativrecht zur Aufnahme von Verhandlungen mit dem Dienstgeber über eine Integrationsvereinbarung zu. Das Beteiligungsrecht der MAV gemäß § 28a ist ein außerhalb der Beteiligungskataloge der §§ 29 bis 37 angesiedeltes spezielles Recht[7]; die Einigungsstelle ist bei Meinungsverschiedenheiten nicht zuständig (vgl. Katalog des § 45). Aus dem Beteiligungsrecht des Integrationsamtes (§ 28a Abs. 2 S. 4) folgt, dass dieses auf Anforderung Hilfestellung zum Abschluss der nach staatlichem Recht (§ 83 SGB IX) und von der MAVO (§ 28a Abs. 2) geforderten Integrationsvereinbarung leistet. Im Falle der Verweigerung des Abschlusses der Integrationsvereinbarung ist das Kirchliche Arbeitsgericht zur Entscheidung einer Rechtsfrage auf Antrag eines der nach der MAVO Beteiligten zuständig (§ 2 Abs. 2 KAGO).

7 Gemäß § 28a Abs. 2 S. 4 können der Dienstgeber oder die Vertrauensperson der schwerbehinderten Mitarbeiterinnen und Mitarbeiter das Integrationsamt zu den Verhandlungen über eine Integrationsvereinbarung zwecks Beteiligung einladen. Weil die MAV aber ebenfalls Verhandlungspartner ist, muss ihr das Einladungsrecht zugestanden werden, wenn keine Vertrauensperson amtiert. Das folgt aus dem Grundsatz der vertrauensvollen Zusammenarbeit zwischen Dienstgeber und MAV (§ 26 Abs. 1) und den besonders genannten Aufgaben der MAV in § 26 Abs. 3 Nrn. 3 und 5 und § 27 Abs. 2 vierter Spiegelstrich, § 28a Abs. 1 MAVO i. V. m. § 81 SGB IX).

8 Der **Inhalt der Integrationsvereinbarung** enthält Regelungen im Zusammenhang mit der Eingliederung schwerbehinderter Menschen. Näherhin geht es um Regelungen zur Personalplanung, zur Arbeitsplatzgestaltung, Gestaltung des Umfeldes, zur Arbeitsorganisation, Arbeitszeit sowie Regelungen über die praktische Durchführung in den Einrichtungen und Dienststellen des Dienstgebers (§§ 28a Abs. 2 S. 6 MAVO i. V. m. § 83 Abs. 2 und 2a SGB IX). Diese Beteiligungsform berührt mit Rücksicht auf ihre Vereinbarungsinhalte auch die nach der MAVO der MAV grundsätzlich zustehenden Beteiligungsrechte i. S. v. § 29 Abs. 1 Nrn. 4, 14, 15, 16; § 34; §§ 36 Abs. 1 Nr. 1 und 37 Abs. 1 Nr. 1.

9 Ist die Integrationsvereinbarung abgeschlossen, wird sie der Agentur für Arbeit und dem Integrationsamt, die für den Sitz des Dienstgebers zuständig sind, übermittelt (§ 28a Abs. 2 S. 5). Ausfertigungen

---

5 Dazu: *BAG*, 10. 12. 2009 – 2 AZR 198/09, DB 2010, 1015; *Joussen*, DB 2009, 286.
6 So schon *KAGH*, 27. 2. 2009 – M 14/08, ZMV 2009, 157; vgl. auch: *BAG*, 19. 2. 2008 – 1 ABR 84/06, ZTR 2008, 578.
7 Vgl. zum BetrVG: *Leuchten*, DB 2007, 2482.

Aufgaben u. Bet. d. Mitarbeitervertretung z. Schutz schwerbehinderter Menschen § 28a

der Integrationsvereinbarung erhalten die Beteiligten. Hilfen zur Abfassung von Integrationsvereinbarungen bieten bei den Integrationsämtern erhältliche Musterfassungen.

3. Prävention bei ernsthaften Schwierigkeiten im Beschäftigungsverhältnis (§ 28a Abs. 3)

So wie gemäß § 84 Abs. 1 SGB IX regelt § 28a Abs. 3 MAVO Pflichten zum Schutze des Bestandes des Beschäftigungsverhältnisses mit einem schwerbehinderten Mitarbeiter bzw. einer schwerbehinderten Mitarbeiterin im Falle ernster Schwierigkeiten im Beschäftigungsverhältnis. Als Auslöser sind Personen-, Verhaltens- oder betriebsbedingte Schwierigkeiten im Arbeitsverhältnis oder sonstigen Beschäftigungsverhältnis genannt, die zur Gefährdung dieses Verhältnisses führen können, wie etwa eine Abmahnung des Dienstgebers bei verhaltensbedingten Gründen, der Hinweis auf sich häufende Krankmeldungen, die beabsichtigte Streichung von Stellen, auf denen schwerbehinderte Menschen beschäftigt sind (vgl. auch § 1 Abs. 2 KSchG). Hier ist rasches Handeln unter Einschaltung:

– des Beauftragten des Dienstgebers (§ 98 SGB IX),
– der Vertrauensperson der schwerbehinderten Menschen,
– der Mitarbeitervertretung bzw. gemeinsamen Mitarbeitervertretung sowie
– des Integrationsamtes

geboten, um alles zu erörtern, wie und mit welchen Möglichkeiten und Hilfen die Schwierigkeiten so behoben werden können, damit das Beschäftigungsverhältnis möglichst dauerhaft fortgesetzt werden kann.[8]

Die Vorschrift des § 84 Abs. 2 SGB IX hat in der MAVO keine Entsprechung, ist aber ebenfalls anwendbar, wobei zuständige Interessenvertretung i. S. v. § 93 SGB IX die Mitarbeitervertretung bzw. gemeinsame Mitarbeitervertretung ist (Rn 4 letzter Spiegelstrich). Inhaltlich schafft § 84 Abs. 2 SGB IX eine Verfahrensregelung, die dem Ziel dient, frühzeitig gesundheitsbedingte Gefährdungen des Arbeitsverhältnisses abwenden zu können. Der Dienstgeber ist folglich verpflichtet, Präventionsmaßnahmen mit dem betroffenen Mitarbeiter und der MAV zu klären, etwa auch mit Blick auf § 30. Dazu wird eine Verfahrensbestimmung für die Einschaltung von präventiven und teilhabesichernden Dienstleistungen der Servicestellen und Integrationsämter sowie ein Initiativrecht der MAV auf Klärung betrieblicher Präventionsmaßnahmen und auf Regelung eines betrieblichen Eingliederungsmanagements geschaffen.[9] Das abgekürzt als BEM bezeichnete betriebliche Eingliederungsmanagement findet statt, wenn ein Beschäftigter innerhalb eines Jahres länger als sechs Wochen ununterbrochen oder wiederholt arbeitsunfähig ist. Dann klärt der Dienstgeber (Arbeitgeber) mit der zuständigen Interessenvertretung, bei schwerbehinderten Menschen außerdem mit der Schwerbehindertenvertretung, mit Zustimmung und Beteiligung des betroffenen Beschäftigten die Möglichkeit, wie die Arbeitsunfähigkeit möglichst überwunden und mit welchen Leistungen oder Hilfen erneuter Arbeitsunfähigkeit vorgebeugt werden kann (§ 84 Abs. 2 S. 1 SGB IX). § 52 Abs. 5 S. 2 bestimmt, dass weitergehende Rechte und Pflichten, die sich aus den Bestimmungen des SGB IX für die Schwerbehindertenvertretung ergeben und etwa außerhalb der Bestimmungen der MAVO stehen, unangetastet bleiben. Folglich sind Berechtigungen der Schwerbehindertenvertretung gemäß SGB IX insoweit auf die MAVO übertragbar. Dann kann allerdings die MAV kirchlicherseits nicht weniger berechtigt behandelt werden als die Schwerbehindertenvertretung. Die MAV ist entsprechend den Berechtigungen und Pflichten der gemäß § 93 SGB IX genannten Interessenvertretungen insoweit mitwirkungsberechtigt. Die Pflichten des Dienstgebers ergeben sich mit Rücksicht auf das Arbeitsverhältnis ohnehin aus dem SGB IX.

---

[8] Vgl. *BAG*, 4. 10. 2005 – 9 AZR 632/04, DB 2006, 902.
[9] *Joussen*, DB 2009, 286 f.

IV. Streitigkeiten

12 Wegen Streitigkeiten, welche die Rechte der Vertrauensperson der schwerbehinderten Menschen und die der MAV nach dieser Vorschrift betreffen, kann das Kirchliche Arbeitsgericht zur Entscheidung angerufen werden (§ 2 Abs. 2 KAGO).

§ 29 Anhörung und Mitberatung

(1) Das Recht der Anhörung und der Mitberatung ist bei folgenden Angelegenheiten gegeben:
1. Maßnahmen innerbetrieblicher Information und Zusammenarbeit,
2. Änderung von Beginn und Ende der täglichen Arbeitszeit einschließlich der Pausen sowie der Verteilung der Arbeitszeit auf die einzelnen Wochentage für Mitarbeiterinnen und Mitarbeiter für pastorale Dienste oder religiöse Unterweisung, die zu ihrer Tätigkeit der ausdrücklichen bischöflichen Sendung oder Beauftragung bedürfen, sowie für Mitarbeiterinnen und Mitarbeiter im liturgischen Dienst,
3. Regelung der Ordnung in der Einrichtung (Haus- und Heimordnungen),
4. Festlegung von Richtlinien zur Durchführung des Stellenplans,
5. Verpflichtung zur Teilnahme oder Auswahl der Teilnehmerinnen oder Teilnehmer an beruflichen Fort- und Weiterbildungsmaßnahmen,
6. Durchführung beruflicher Fort- und Weiterbildungsmaßnahmen, die die Einrichtung für ihre Mitarbeiterinnen und Mitarbeiter anbietet,
7. Einführung von Unterstützungen, Vorschüssen, Darlehen und entsprechenden sozialen Zuwendungen sowie deren Einstellung,
8. Fassung von Musterdienst- und Musterarbeitsverträgen,
9. Regelung zur Erstattung dienstlicher Auslagen,
10. Abordnung von mehr als drei Monaten, Versetzung an eine andere Einrichtung, Zuweisung oder Personalgestellung an einen anderen Rechtsträger von Mitarbeiterinnen oder Mitarbeitern für pastorale Dienste oder religiöse Unterweisung, die zu ihrer Tätigkeit der ausdrücklichen bischöflichen Sendung oder Beauftragung bedürfen,
11. vorzeitige Versetzung in den Ruhestand, wenn die Mitarbeiterin oder der Mitarbeiter die Mitwirkung beantragt,
12. Entlassung aus einem Probe- oder Widerrufsverhältnis in Anwendung beamtenrechtlicher Bestimmungen, wenn die Mitarbeiterin oder der Mitarbeiter die Mitwirkung beantragt,
13. Überlassung von Wohnungen, die für Mitarbeiterinnen oder Mitarbeiter vorgesehen sind,
14. grundlegende Änderungen von Arbeitsmethoden,
15. Maßnahmen zur Hebung der Arbeitsleistung und zur Erleichterung des Arbeitsablaufes,
16. Festlegung von Grundsätzen für die Gestaltung von Arbeitsplätzen,
17. Schließung, Einschränkung, Verlegung oder Zusammenlegung von Einrichtungen oder wesentlichen Teilen von ihnen,
18. Bestellung zur Mitarbeiterin oder zum Mitarbeiter in leitender Stellung gemäß § 3 Abs. 2 Nrn. 3 und 4,
19. Zurückweisung von Bewerbungen schwerbehinderter Menschen um einen freien Arbeitsplatz, soweit die Beschäftigungspflicht des § 71 Abs. 1 SGB IX noch nicht erfüllt ist,
20. Regelung einer Einrichtung nach § 1a Abs. 2.

(2) In den in Abs. 1 genannten Fällen wird die Mitarbeitervertretung zu der vom Dienstgeber beabsichtigten Maßnahme oder Entscheidung angehört. Diese ist der Mitarbeitervertretung rechtzeitig mitzuteilen.

(3) Erhebt die Mitarbeitervertretung binnen einer Frist von einer Woche keine Einwendungen, so gilt die vorbereitete Maßnahme oder Entscheidung als nicht beanstandet. Auf Antrag der Mitarbeitervertretung kann der Dienstgeber eine Fristverlängerung um eine weitere Woche bewilligen. Erhebt die Mitarbeitervertretung Einwendungen, so werden die Einwendungen in einer gemein-

samen Sitzung von Dienstgeber und Mitarbeitervertretung mit dem Ziel der Verständigung beraten.

(4) Hält die Mitarbeitervertretung auch danach ihre Einwendungen aufrecht und will der Dienstgeber den Einwendungen nicht Rechnung tragen, so teilt er dies der Mitarbeitervertretung schriftlich mit.

(5) Der Dienstgeber kann bei Maßnahmen oder Entscheidungen, die der Anhörung und Mitberatung der Mitarbeitervertretung bedürfen und der Natur der Sache nach keinen Aufschub dulden, bis zur endgültigen Entscheidung vorläufige Regelungen treffen. Die Mitarbeitervertretung ist über die getroffene Regelung unverzüglich zu verständigen.

Übersicht	Rn		Rn
I. Einleitung	1, 2	Ruhestand, wenn der Mitarbeiter die Mitwirkung beantragt (Nr. 11)	55, 56
II. Die Einzelfälle der Anhörung und Mitberatung gemäß § 29	3– 92	12. Entlassung aus einem Probe- oder Widerrufsverhältnis in Anwendung beamtenrechtlicher Bestimmungen, wenn der Mitarbeiter die Mitwirkung beantragt (Nr. 12)	57– 59
1. Maßnahmen innerbetrieblicher Information und Zusammenarbeit (Nr. 1)	3, 4	13. Überlassung von Wohnungen, die für Mitarbeiter vorgesehen sind (Nr. 13)	60– 62
2. Änderung von Beginn und Ende der täglichen Arbeitszeit einschließlich der Pausen sowie der Verteilung der Arbeitszeit auf die einzelnen Wochentage für Mitarbeiter pastoraler Dienste und religiöser Unterweisung (Nr. 2)	5– 15	14. Grundlegende Änderung von Arbeitsmethoden (Nr. 14)	63, 64
3. Regelung der Ordnung der Einrichtung (Haus- und Heimordnungen, Nr. 3)	16– 21	15. Maßnahmen zur Hebung der Arbeitsleistung und zur Erleichterung des Arbeitsablaufes (Nr. 15)	65– 67
4. Festlegung der Richtlinien zur Durchführung des Stellenplanes (Nr. 4)	22– 25	a. Hebung der Arbeitsleistung	65
		b. Erleichterung des Arbeitsablaufs	66
5. Verpflichtung zur Teilnahme oder Auswahl der Teilnehmer an beruflichen Fort- und Weiterbildungsmaßnahmen (Nr. 5)	26– 34	c. Qualitätsmanagement	67
		16. Festlegung von Grundsätzen für die Gestaltung von Arbeitsplätzen (Nr. 16)	68– 70
6. Durchführung beruflicher Fort- und Weiterbildungsmaßnahmen, die die Einrichtung für ihre Mitarbeiter anbietet (Nr. 6)	35– 38	17. Schließung, Einschränkung, Verlegung oder Zusammenlegung von Einrichtungen oder wesentlichen Teilen davon (Nr. 17)	71– 80
7. Einführung von Unterstützungen, Vorschüssen, Darlehen und entsprechenden sozialen Zuwendungen sowie deren Einstellung (Nr. 7)	39– 44	18. Bestellung zu Mitarbeitern in leitender Stellung gemäß § 3 Abs. 2 Nr. 3 und 4 (Nr. 18)	81– 85
8. Fassung von Musterdienst- und Musterarbeitsverträgen (Nr. 8)	45, 46	19. Zurückweisung von Bewerbungen schwerbehinderter Menschen um einen freien Arbeitsplatz, soweit die Beschäftigungspflicht gemäß § 71 Abs. 1 SGB IX noch nicht erfüllt ist (Nr. 19)	86– 91
9. Regelung zur Erstattung dienstlicher Auslagen (Nr. 9)	47, 48	a. Ermittlung eines freien Arbeitsplatzes	87, 88
10. Abordnung von mehr als drei Monaten, Versetzung an eine andere Einrichtung, Zuweisung oder Personalgestellung von Mitarbeitern für pastorale Dienste und religiöse Unterweisung (Nr. 10)	49– 54	b. Prüfpflicht und Entscheidung des Dienstgebers	89
11. Vorzeitige Versetzung in den		c. Besondere Pflichten der öffentlichen Arbeitgeber	90

	Rn		Rn
d. Integrationsvereinbarung	91	über die erhobenen Einwendungen	105, 106
20. Regelung einer Einrichtung nach § 1a Abs. 2	92	4. Stufe: Letztentscheidung des Dienstgebers	107, 108
III. **Durchführung der Anhörung und Mitberatung**	93–108	IV. **Vorläufige Entscheidungen des Dienstgebers**	109–117
1. Stufe: Unterrichtung der MAV	94– 98	1. Eilfall	112
2. Stufe: Einwendungen der MAV	99–104	2. Notfall	113–117
3. Stufe: Gemeinsame Beratungen zwischen Dienstgeber und MAV		V. **Streitigkeiten**	118

I. Einleitung

1 Das Recht der Anhörung und Mitberatung der MAV zu vom Dienstgeber geplanten Maßnahmen gemäß § 29 Abs. 1 korrespondiert teilweise mit den entsprechenden Vorschlagsrechten der MAV gemäß § 32 Abs. 1. Weder das Recht der Anhörung und Mitberatung noch das Vorschlagsrecht der MAV zu Maßnahmen des Dienstgebers sind mit der Möglichkeit ausgestattet, mit Hilfe der Einigungsstelle regelnd einzugreifen, wie dies gemäß §§ 36 Abs. 1 und 37 Abs. 1 der Fall ist (§ 45). Das Recht der Anhörung und Mitberatung besteht – abgesehen von den Sonderregelungen der §§ 30, 30a, 31 – nur zu den unter § 29 Abs. 1 Nrn. 1–20 abschließend aufgezählten Maßnahmen, die der Dienstgeber herbeiführen will. Eine Ergänzung oder eine Änderung (Erweiterung) dieser Tatbestände durch eine formfreie Vereinbarung (Regelungsabrede) oder eine förmliche Dienstvereinbarung nach § 38 ist ausgeschlossen.

2 Allerdings ist der Dienstgeber gezwungen, jede anhörungspflichtige Angelegenheit der MAV vor seiner Entscheidung zu unterbreiten.

Zum Begriff des Beteiligungsrechts »Anhörung und Mitberatung« siehe § 28 Rn 8 ff.

II. Die Einzelfälle der Anhörung und Mitberatung gemäß § 29

1. Maßnahmen innerbetrieblicher Information und Zusammenarbeit (Nr. 1)

3 Die Funktionsfähigkeit einer kirchlichen Einrichtung setzt Organisations- und Verwaltungsentscheidungen des Dienstgebers voraus. Über seine Organisations- und Verwaltungsentscheidungen muss der Dienstgeber folglich die Mitarbeiter seiner Einrichtung bzw. Dienststelle informieren. § 29 Abs. 1 Nr. 1 zwingt nun den Dienstgeber zur Initiative gegenüber der MAV. Er muss die MAV über **Art und Umfang der beabsichtigten Informationen an die Mitarbeiter zu anstehenden Organisations- und Verwaltungsmaßnahmen** anhören und mit ihr darüber beraten. Umgekehrt hat die MAV zu Inhalt und Methode der Information ein Vorschlagsrecht gemäß § 32 Abs. 1 Nr. 1. Damit soll durch die MAVO sichergestellt werden, dass die Mitarbeiter über Organisationsentscheidungen des Dienstgebers **in einer mit der MAV abgestimmten Information** unterrichtet werden. Anhörungstatbestand ist nach Nr. 1 also nicht die konkrete Organisationsentscheidung selbst. Diese kann gemäß §§ 29–37 zwar einem Beteiligungsrecht der MAV unterliegen und ist dann aus einem solchen speziellen Grund mit der MAV zu diskutieren. § 29 Abs. 1 Nr. 1 ergreift jedoch lediglich die Art und Weise der Information der Mitarbeiter über getroffene Entscheidungen (z. B. Organisationsumstellung, Stellenplanänderungen, Personalabbau, Sparmaßnahmen, neu entwickeltes Personalkonzept mit geplanter Umsetzung).[1] Die dazu beabsichtigte Information der Mitarbeiter unterliegt vorher dem Anhörungs- und Mitberatungsrecht der zuständigen MAV. Dazu kommt zusätzlich die Art und Weise der Zusammenarbeit der Mitarbeiter in der Einrichtung oder Dienststelle als innerbetriebliches Thema. Denn es geht um die Erfüllung der Aufgaben durch den einzelnen Mitarbeiter im Zusammenwirken mit den anderen Mitarbeitern, ggf. als Arbeitsgruppe. Über die Weitergabe der innerbetrieblichen Information kann zwischen Dienstgeber und MAV über eine Aufgabenteilung

---

[1] Vgl. *Schlichtungsstelle Rottenburg-Stuttgart*, 16. 6. 2000 – SV 05/2000, SV 06/2000.

gesprochen werden. Das hat Bedeutung für den Anteil der Information der MAV in der jährlichen Mitarbeiterversammlung, falls nicht der Dienstgeber eine außerordentliche Mitarbeiterversammlung einberufen lässt (§ 21), für Publikationen des Dienstgebers innerhalb der Einrichtung mit Informationsschrift, E-Mail, Intranet oder Fragebogenaktion.

Unter Nr. 1 fällt auch die Information der MAV und dann eine Anhörung und Mitberatung über die Erhebung, Verarbeitung und Nutzung personenbezogener Daten von Mitarbeitern. Hier geht es um eine Maßnahme, die die Organisation der kirchlichen Einrichtung betrifft. Daher hat die MAV zu den in der Einrichtung selbst oder außerhalb vorgenommenen Maßnahmen des Umgangs mit personenbezogenen Daten einen Unterrichtungsanspruch. Sie hat darüber hinaus – und zwar ohne Rücksicht, ob die Maßnahme des Umgangs mit personenbezogenen Daten den Bestimmungen des BDSG, anderen staatlichen oder kircheneigenen Datenschutzbestimmungen (z. B. KDO und Verordnung zur Durchführung der Anordnung über den kirchlichen Datenschutz [KDO-DVO] für das Erzbistum Paderborn; s. auch § 20 Rn 37 ff.)[2] unterliegt – ein Anhörungs- und Mitberatungsrecht.[3] Das gilt auch bei einem Systemwechsel in der elektronischen Datenverarbeitung.[4] Auch hier geht es um eine Maßnahme der »Zusammenarbeit« nach Nr. 1. 4

2. Änderung von Beginn und Ende der täglichen Arbeitszeit einschließlich der Pausen sowie der Verteilung der Arbeitszeit auf die einzelnen Wochentage für Mitarbeiter pastoraler Dienste und religiöser Unterweisung (Nr. 2)

Diese Regelung gilt **nur** für Mitarbeiter pastoraler Dienste und religiöser Unterweisung, die zu ihrer Tätigkeit der bischöflichen Sendung oder Beauftragung bedürfen, sowie für Mitarbeiter im liturgischen Dienst. Dazu gehören Gemeinde- und Pastoralreferenten, Kirchenmusiker, Küster und Mesner. Weitere Sonderbestimmungen enthalten § 34 Abs. 1, § 35 Abs. 1 Nr. 5, § 36 Abs. 2. 5

Für alle **anderen** Mitarbeiter gilt hinsichtlich der Arbeitszeitregelungen der Zustimmungstatbestand des § 36 Abs. 1 Nr. 1 und das Antragsrecht der MAV nach § 37 Abs. 1 Nr. 1. Für **pastorale und liturgische Dienste** gilt demnach nur ein Anhörungs- und Mitberatungsrecht nach § 29. 6

Dieses Recht erstreckt sich nur auf die Lage der Arbeitszeit, nicht ihre Dauer. Die Dauer der Arbeitszeit und der Pausen ist zur zulässigen Höchstarbeitszeit einschließlich der Ruhezeiten und zum zeitlichen Umfang der Pausen vorgegeben durch Gesetz (ArbZG), im Übrigen durch kollektive Regelungen (KODA-Regelungen) oder durch den Arbeitsvertrag bestimmt. Zweck des Anhörungs- und Mitberatungsrechtes ist allein das Interesse der erfassten Mitarbeiter an der Lage ihrer Arbeitszeit (und damit ihrer Freizeit).[5] 7

Die Vorschrift gilt in gleicher Weise für Vollzeit- wie Teilzeitbeschäftigte. Der Bestimmung des § 29 unterliegt:
– die Lage der regelmäßigen Arbeitszeit,
– die Lage von Mehrarbeit,
– auch eine einmalige Verlegung der Arbeitszeit.[6] 8

Voraussetzung ist allerdings immer ein kollektiver Bezug, so dass Regelungen im vorgenannten Sinne, zu denen es auf einen individuellen Wunsch einer Mitarbeiterin oder eines Mitarbeiters kommt, nicht umfasst sind. Deshalb unterliegt beispielsweise die Abgabe der Annahmeerklärung des Dienstgebers zu einem Neuverteilungsantrag nach § 8 TzBfG nicht der Mitbestimmung.[7] 9

---

2 Kirchl. Amtsbl. 2003 Nr. 194 S. 168 und Nr. 195 S. 176.
3 So *BAG*, 17. 3. 1987 – 1 ABR 59/85, AP Nr. 29 zu § 80 BetrVG 1972; 28. 1. 1992 – 1 ABR 41/91, NZA 1992, 707.
4 *Hess. VGH*, 24. 8. 1988 – HPV – TL 23/81, PersV 1990, 37.
5 *BAG*, 14. 11. 2006 – 1 ABR 5/06, BAGE 120, 162.
6 *BAG*, 13. 7. 1977 – AP Nr. 2 zu § 87 BetrVG 1972 Kurzarbeit.
7 *BAG*, 16. 12. 2008 – 9 AZR 893/07, NZA 2009, 565.

10 Anhörungs- und beratungspflichtig ist somit die Lage der Arbeitszeit, also:
- täglicher Arbeitsbeginn und Arbeitsende,
- Lage der Pausen,
- Verteilung der Arbeitszeit auf die Arbeitstage bzw. Wochentage.

11 Bei **Pausen** ist nicht nur die zeitliche Lage, sondern auch die Dauer der Pausen dem § 29 unterworfen, immer unter der Voraussetzung, dass damit die Dauer der wöchentlichen Arbeitszeit unverändert bleibt. Dabei haben die Partner der Einrichtung die gesetzlich vorgeschriebenen Pausenzeiten (§ 4 ArbZG) und Ruhezeiten (§ 5 ArbZG) strikt zu beachten.

12 Von daher gesehen können die Einwirkungen der angeordneten Überstundenregelung auf die feststehende regelmäßige tägliche Arbeitszeit weder ignoriert noch nach § 29 vernachlässigt werden. Daher greift bei der **Verteilung der angeordneten Überstunden** auf die einzelnen Arbeitstage das Anhörungs- und Mitberatungsrecht der MAV nach § 29 Abs. 1 Nr. 2 ein.[8] Diese Auffassung entspricht der vergleichbaren Regelung des § 75 Abs. 3 Nr. 1 BPersVG[9] als auch des § 87 Abs. 1 Nr. 3 BetrVG.[10]

13 Soweit **gleitende oder variable Arbeitszeit** eingeführt werden soll, fällt die tatsächliche Gestaltung dieser Arbeitszeitsysteme unter das Anhörungs- und Mitberatungsrecht des § 29. Diese Arbeitszeitsysteme verschieben auf der einen Seite die Arbeitszeit innerhalb des Arbeitstages, auf der anderen Seite bewirken sie unterschiedlich lange Arbeitszeiten innerhalb der Arbeitswoche.

14 Daher fallen unter § 29 alle notwendigen Systemeinzelheiten, also beispielsweise:
- Kernspannen,
- Kernzeiten,
- frühester täglicher Arbeitsbeginn,
- spätestes tägliches Arbeitszeitende,
- der Ausgleichszeitraum für Zeitrückstände und Zeitguthaben.

15 Selbstverständlich haben Dienstgeber und MAV darauf zu achten, dass sich die von ihnen beratenen Arbeitszeitregelungen einschließlich der zeitlichen Lage der Ruhepausen an die **zahlreichen gesetzlichen Bestimmungen** über die Lage der Arbeitszeit und der Pausen zu halten haben. Einschlägige Vorschriften enthalten die Bestimmungen des Arbeitszeitgesetzes (ArbZG), § 8 MuSchG, §§ 8 ff. Jugendarbeitsschutzgesetz. Solche zwingenden öffentlich-rechtlichen Regelungen gelten auch für kirchliche Einrichtungen.[11] Gemäß § 18 Abs. 1 Nr. 4 ArbZG ist sein Geltungsbereich nicht auf den liturgischen Bereich der Kirchen und der Religionsgemeinschaften bezogen.

3. Regelung der Ordnung der Einrichtung (Haus- und Heimordnungen, Nr. 3)

16 Zur Regelung der Ordnung der Einrichtung – zu Haus- und Heimordnungen vor allem insbesondere im karitativen Bereich – gehören alle Anordnungen des Dienstgebers, die sich auf das Verhalten der Mitarbeiter erstrecken, um die Ordnung innerhalb der Einrichtung in sachgerechter Weise aufrechtzuerhalten. Dazu gehören nicht Fragen, die sich auf die einzelnen, den Mitarbeitern zugewiesenen Arbeiten beziehen (Arbeitsverhalten). Sie sind im Einzelarbeitsvertrag oder kraft Weisungsrecht des Dienstgebers geregelt. Dem Dienstgeber bleibt das Weisungsrecht gegenüber den Mitarbeitern uneingeschränkt trotz § 29 Abs. 1 Nr. 3 erhalten. Mit diesem Beteiligungstatbestand sind nur solche Maßnahmen des Dienstgebers angesprochen, die das Verhalten der Mitarbeiter regeln im Hinblick auf ihr Zusammenwirken zur Aufrechterhaltung der Ordnung in der Einrichtung (Ordnungsverhalten). Es geht also um die innere Ordnung innerhalb der Einrichtung, die das Zusammenwirken und

---

[8] *Schlichtungsstelle Berlin*, 3. 8. 1988 – 7/88 – MAV – CV – n. v.
[9] *BVerwG*, 20. 7. 1984 – 6 P 16.83, PersV 1985, 71 = ZBR 1984, 379.
[10] *BAG*, 10. 6. 1986 – 1 ABR 61/84, AP Nr. 18 zu § 87 BetrVG 1972 Arbeitszeit; 24. 4. 2007 – 1 ABR 47/06, NZA 2007, 818.
[11] *BVerfG*, 19. 6. 1985 – 1 BvL 57/79, BVerfGE 70, 198.

das Verhalten der Mitarbeiter regelt. Das Ordnungsverhalten ist bereits dann betroffen, wenn eine Anordnung nicht ausschließlich dem Arbeitsverhalten dient.[12]

Solche in einer Ordnung festgelegten **verbindlichen Verhaltensregeln** zur Sicherung des ungestörten Arbeitsablaufs und reibungslosen Zusammenlebens und Zusammenwirkens der Mitarbeiter können betreffen: An- und Abmeldungen der Mitarbeiter, Telefonkontrollen, Aufzeichnung von privaten Telefongesprächen, Kleiderordnungen – einschließlich der Einführung von Namensschildern auf der Dienstkleidung[13] –, Rauch- und Alkoholverbote,[14] Verbote von Warengeschäften in der Einrichtung, Benutzung von gesicherten Ablagemöglichkeiten für das Eigentum der Mitarbeiter, Anschluss privater Geräte an die Stromversorgung der Einrichtung, Nutzung des Kommunikationsnetzes.[15] Die Freigabe bestimmter Zeiten für betriebsinterne Feiern aus privatem Anlass und Einführung eines absoluten Alkoholverbotes in diesem Rahmen sind demgegenüber nicht als Maßnahme des Ordnungsverhaltens am Arbeitsplatz zu werten.[16] 17

Die **Abgrenzung** zwischen beteiligungsfreien **arbeitstechnischen Weisungen** des Dienstgebers und beteiligungspflichtigen Regelungen der **Ordnung innerhalb der Einrichtung** ist im Einzelfall oft schwierig, wie etwa bei der Mitnahme und Benutzung von Fotohandys in der Einrichtung.[17] Die Rechtsprechung des *BAG* hat sich im Beschluss vom 8. 11. 1994[18] in Fortsetzung seiner bisherigen Rechtsprechung dazu entschieden, dass reines Arbeitsverhalten alle Regeln und Weisungen des Dienstgebers betrifft, die bei der unmittelbaren Erbringung der Arbeitsleistung selbst vom Mitarbeiter zu beachten sind. Das Arbeitsverhalten des Mitarbeiters wird nur dann berührt, wenn der Dienstgeber kraft seiner Organisationsgewalt und Leitungsmacht bestimmt, welche Arbeiten in welcher Weise auszuführen sind. Solche Anordnungen sind nicht beteiligungspflichtig, weil damit die Arbeitspflicht konkretisiert wird. Dieser Auffassung ist auch für § 29 Abs. 1 Nr. 3 zuzustimmen. Sollen dagegen betriebliche Verhaltensregeln für das betriebliche Zusammenleben und Zusammenwirken der Mitarbeiter aufgestellt werden, ist das ein beteiligungspflichtiger Tatbestand (siehe dazu nachstehende Beispiele und das Beispiel »formalisierte Krankengespräche« Rn 21). 18

▶ **Beispiel:** Die Arbeit einer Pflegekraft in einem Krankenhaus oder einem Altenheim kann ohne weiteres auch ohne Anlegung der Dienstkleidung verrichtet werden. Der Erlass einer »**Kleiderordnung**« für die Einrichtung ist **beteiligungspflichtig** und unterliegt dem Beteiligungsrecht der MAV.[19] Das gilt trotz der Regelung des § 21 AVR. Dienstkleidung i. S. v. § 21 Abs. 2 AVR-Caritas sind solche Kleidungsstücke, die auf Anordnung des Dienstgebers zur besonderen Kenntlichmachung im dienstlichen Interesse während der Arbeitszeit zu tragen sind. Dieser Zweck kann durch eine Vorgabe hinsichtlich der Farbe und des Materials der während der Arbeit zu tragenden Kleidung erreicht werden.[20] 19

Beteiligungsfrei sind dagegen alle Anordnungen und Maßnahmen des Dienstgebers, die unmittelbar mit der zu erbringenden Arbeitsleistung in Zusammenhang zu bringen sind. Ordnet der Dienstgeber die Führung von **Abwesenheitslisten** an, in die von den Mitarbeitern vor Verlassen des Dienstgebäudes der Zeitraum, der Anlass (dienstlich oder privat) sowie bei Dienstgängen der entsprechende Aufenthaltsort einzutragen ist, ist diese Anordnung beteiligungsfrei.[21] Das Gleiche gilt, wenn der 20

---

12 So *BAG*, 21. 7. 2009 – 1 ABR 42/08, NZA 2009, 1049.
13 *BAG*, 11. 6. 2002 – 1 ABR 46/01, NZA 2002, 1299.
14 *BAG*, 13. 2. 1990 – 1 ABR 11/89, AiB 1991, 272.
15 Vgl. Amtsblatt des Erzbistums Köln 2002 Nr. 172 S. 145.
16 *Hess. VGH*, 19. 11. 1984 – HPV TL 11/83, ZBR 1985, 256.
17 *Hunold*, NZA 2004, 1206.
18 *BAG*, 8. 11. 1994 – 1 ABR 22/94, AP Nr. 24 zu § 87 BetrVG 1972 Ordnung des Betriebes, unter Abschnitt II 1 der Gründe.
19 *BAG*, 8. 8. 1989 – 1 ABR 65/88, EzA § 87 BetrVG 1972 Betriebliche Ordnung Nr. 13 = NZA 1990, 320 = DB 1990, 893.
20 *BAG*, 13. 2. 2003 – 6 AZR 536/01, NZA 2003, 1196.
21 *BVerwG*, 19. 6. 1990 – 6 P 3.87, PersV 1990, 534.

Dienstgeber die Kontrolle und Überwachung oder Arbeitsleistung durch die Führung sog. »**Erledigungslisten**« verfügt.[22] Das gilt auch für **dienstliche Weisungen** an die personalverwaltende Stelle einer Einrichtung zum **Verhalten** gegenüber langzeiterkrankten oder häufig kurzzeit**erkrankten Mitarbeitern**.[23] Auf die Mitwirkungsrechte der MAV hinsichtlich der Prävention gemäß § 84 SGB IX i. V. mit § 26 Abs. 3 Nr. 3 und 7 und § 28a Abs. 3 MAVO sei hingewiesen.

21 Dagegen wiederum unterliegen dem Anhörungs- und Mitberatungsrecht die Führung **formalisierter Krankengespräche** zur Aufklärung eines überdurchschnittlichen Krankenstandes. Hier geht es um eine Frage des Ordnungsverhaltens der Mitarbeiter in der Einrichtung und nicht um das reine Arbeitsverhalten, das nicht § 29 unterliegen würde. Arbeitsverhalten wird von einer Anordnung des Dienstgebers immer dann betroffen, wenn er Regeln und Weisungen für die unmittelbare Erbringung der Arbeitsleistung erteilt. Dagegen berühren formalisierte Krankengespräche nicht das »Krankheitsverhalten« des Mitarbeiters, sondern das Verhalten des Mitarbeiters bei diesen Gesprächen selbst. Ziel solcher Krankengespräche ist die Aufklärung von krankheitsbedingten Fehlzeiten. Es geht letztlich um eine Aufklärungsaktion innerhalb der Einrichtung. Wenn dann Mitarbeiter zu solchen, nach strikten Regeln ablaufenden Krankengesprächen herangezogen werden und teilnehmen müssen, geht es um die Erfüllung einer arbeitsvertraglichen Nebenpflicht und letztlich damit um das Ordnungsverhalten der Mitarbeiter in der Einrichtung: Sie sind verpflichtet zu diesem Krankengespräch zu erscheinen und Rede und Antwort auf die gestellten Fragen zu geben. Daher können solche Krankengespräche nur nach Anhörung und Mitberatung der MAV wirksam eingeführt werden.[24] Das gilt auch für ein vom Dienstgeber eingeführtes **Formular** zur Bescheinigung eines **Arztbesuches während der Arbeitszeit**.[25] Ebenso ist die MAV zu beteiligen, wenn der Dienstgeber regeln will, ob und wann die Arbeitsunfähigkeit von Mitarbeitern im Rahmen seines Regelungsrechts bereits vor dem vierten Tag (§ 5 Abs. 1 S. 3 EFZG) nachzuweisen ist.[26]

4. Festlegung der Richtlinien zur Durchführung des Stellenplanes (Nr. 4)

22 Stellenpläne geben für einen bestimmten Zeitraum (= Kalender- oder Haushaltsjahr) die Personalvorgabe für die kirchliche Einrichtung wieder. Sie sind konkret gefasste, auf der Personalplanung und dem Personalbedarf beruhende Besetzungspläne für die in einer Einrichtung im Haushaltsplan eingestellten und finanzierten Arbeitsplätze. Zu den hier einschlägigen Begriffen bei der Personalplanung und der Stellenpläne wird auf § 27 Rn 11 ff. verwiesen.

23 § 29 Abs. 1 Nr. 4 regelt ein Beteiligungsrecht bei der Festlegung allgemeiner Richtlinien zur Durchführung des Stellenplanes, ohne den Begriff »Richtlinie« näher zu definieren. Dieser Begriff wird in § 36 Abs. 1 Nr. 2 und 4 sowie in § 37 Abs. 1 Nr. 2 nochmals verwendet. Es kann sich demnach nur um allgemeine Gesichtspunkte handeln, die bei der Aufstellung und Abwicklung des Stellenplanes vom Dienstgeber beachtet werden müssen. Solche Richtlinien können betreffen: Ausbildungsvoraussetzungen für die ausgeworfenen Stellen, Ausschreibung der Stellen oder freihändige Vergabe, generelle Ausschreibung innerhalb der Einrichtung, Regelungen bezüglich Probezeiten, Besetzung von vorhandenen Stellen (in welchem Umfang) mit Aushilfskräften, Regelung des Auswahlverfahrens (Testverfahren, Arbeitsproben für die Feststellung der fachlichen Eignung).

24 Auch eine Regelung, die ein Verfahren zur **Wiederbesetzung freigewordener Planstellen** zum Gegenstand hat, ist eine Richtlinie zur Durchführung des Stellenplanes.[27] Die Richtlinien müssen bei der Wiederbesetzung von Stellen nach vorherigem betriebsbedingten Stellenabbau die von der Rechtsprechung entwickelten individualrechtlichen Grundsätze für den sog. Wiedereinstellungsanspruch

---

22 *OVG Bremen*, 24. 1. 1989 – OVG PV 3/88, PersV 1990, 267.
23 *VGH Baden-Württemberg*, 20. 4. 1993 – PB 15 S 879/92, rkr., PersV 1995, 131.
24 *BAG*, 8. 11. 1994 – 1 ABR 22/94, AP Nr. 24 zu § 87 BetrVG 1972 Ordnung des Betriebes.
25 *BAG*, 21. 1. 1997 – 1 ABR 53/96, EzA § 87 BetrVG Betriebliche Ordnung Nr. 22.
26 *BAG*, 25. 1. 2000 – 1 ABR 3/99, b+p 2000, 465 f.
27 *Schlichtungsstelle München*, 8. 1. 1996 – 1 AR 95, ZMV 1996, 99.

beachten. Ein solcher Wiedereinstellungsanspruch setzt voraus, dass nach dem Ausspruch einer betriebsbedingten Kündigung sich während der Kündigungsfrist unvorhergesehen eine Weiterbeschäftigungsmöglichkeit für den gekündigten Arbeitnehmer ergibt.[28] Gleiches gilt, wenn während des Laufs der Kündigungsfrist der Betriebsübergang zwar beschlossen, aber noch nicht vollzogen ist.[29]

Die genannten Beispiele zeigen auf, dass Nr. 4 der MAV ein Beteiligungsrecht bei der Durchführung des Stellenplanes und damit bei der Besetzung der ausgewiesenen Stellen nur insoweit einräumt, als der Dienstgeber allgemeine Gesichtspunkte für die Stellenbesetzung aufstellen will. Dazu muss er die MAV vorher anhören und mit ihr darüber beraten. In der **Aufstellung** des Stellenplanes selbst ist er frei. 25

5. Verpflichtung zur Teilnahme oder Auswahl der Teilnehmer an beruflichen Fort- und Weiterbildungsmaßnahmen (Nr. 5)

Sowohl die Auswahl von Teilnehmern als auch die Verpflichtung bereits ausgewählter Mitarbeiter zur Teilnahme an beruflichen Fortbildungs- und Weiterbildungsmaßnahmen unterliegt dem Beteiligungsrecht der MAV nach § 29.[30] Die Vorschrift bezweckt, die Mitarbeiter nach möglichst gleichmäßigen Kriterien auszuwählen und allen Mitarbeitern unter Berücksichtigung ihrer Eignung und Leistung die Chance zur Fortbildung zu ermöglichen. § 29 Abs. 1 Nr. 5 sieht das Recht auf Anhörung und Beratung bei der Auswahl der Teilnehmer an beruflichen Fort- und Weiterbildungsmaßnahmen vor. Dieses Beteiligungsrecht setzt anders als das Beteiligungsrecht nach § 98 Abs. 3 und 4 BetrVG nicht voraus, dass die MAV zuvor eigene Vorschläge für die Person der Teilnehmer gemacht hat.[31] 26

Der Begriff »**Fort- und Weiterbildung**« ist vor allem in Art. 9 Grundordnung vom 22. 9. 1993 enthalten. Dort heißt es, dass die Mitarbeiter einen Anspruch auf berufliche Fort- und Weiterbildung haben. Dieser Anspruch umfasst die fachlichen Erfordernisse zur Leistung der Arbeit, aber genauso die ethischen und religiösen Aspekte des Dienstes. Hierbei müssen auch Fragen des Glaubens und der Wertorientierung sowie die Bewältigung der spezifischen Belastungen der einzelnen Dienste angemessen berücksichtigt werden. 27

Die Begründung zu diesem Art. 9 GrO lässt erkennen, dass berufliche Fort- und Weiterbildung für kirchliche Beschäftigte selbstverständlich und von grundsätzlicher Bedeutung ist. Es geht hierbei um eine fortdauernde Bildung insbesondere für die Besonderheiten des kirchlichen Arbeitsverhältnisses, so wie sie in der Erklärung zum kirchlichen Dienst und in der Grundordnung zum kirchlichen Dienst konkretisiert werden.

Daraus folgt für § 29 Abs. 1 Nr. 5 und 6, dass nicht nur die berufliche Fortbildung unter das Anhörungs- und Mitberatungsrecht der MAV fällt, sondern in noch weiterem Umfang Weiterbildungsmaßnahmen, die Kenntnisse vermitteln, die über das berufliche Umfeld des Mitarbeiters hinausgehen (Rn 30). Es ist zunächst Sache des Dienstgebers dazu geeignete Bildungsmaßnahmen aufzuzeigen und Anregungen sowohl der MAV als auch den betroffenen Mitarbeitern zu geben, in welcher Weise eine Teilnahme daran ermöglicht wird. 28

Zunächst geht es um die Teilnahme an **beruflichen Fortbildungsmaßnahmen**, also an allen Maßnahmen, die i. S. d. Berufsbildungsgesetzes der Berufsausbildung (§ 1 Abs. 3 BBiG), der beruflichen Fortbildung nach Abschluss der Ausbildungszeit (§ 1 Abs. 4 BBiG) und der beruflichen Umschulung (§ 1 Abs. 5 BBiG) dienen. Zu den Maßnahmen der betrieblichen Berufsbildung gehören auch Seminare, 29

---

28 *BAG*, 25. 10. 2007 – 8 AZR 989/06, EzA § 613a BGB 2002 Nr. 80; 21. 8. 2008 – 8 AZR 201/07, NZA 2009, 29.
29 *BAG*, 25. 9. 2008 – 8 AZR 607/07, NZA-RR 2009, 469.
30 *BVerwG*, 4. 9. 1985 = 6 P 12/95, ZBR 1986, 124; *BAG*, 4. 12. 1990 – 1 ABR 10/90, AP Nr. 1 zu § 97 BetrVG 1972 = DB 1991, 971; *LAG Frankfurt*, 12. 9. 1989 – 5 TaBV 38/89, LAGE § 98 BetrVG Nr. 2.
31 So für § 98 BetrVG: *BAG*, 20. 4. 2010 – 1 ABR 78/08, AuA 2010, 304.

die den Mitarbeitern die für die Ausfüllung ihres Arbeitsplatzes und ihrer beruflichen Tätigkeit notwendigen Kenntnisse und Fähigkeiten vermitteln.[32] Bei solchen beruflichen Fortbildungsmaßnahmen geht es entscheidend um die Vermittlung solcher beruflichen Kenntnisse, die der Mitarbeiter für die Ausübung der von ihm übernommenen Tätigkeit an seinem Arbeitsplatz braucht.

Dazu gehören dann auch Maßnahmen, die sowohl auf die Erhaltung und Vertiefung bereits durch die Ausbildung vermittelter Kenntnisse als auch auf eine Erweiterung bereits vorhandener Kenntnisse gerichtet sind.

30 Darüber hinaus erstreckt sich das Beteiligungsrecht aber auch auf **Weiterbildungsmaßnahmen**, solche Bildungsmaßnahmen also, die Kenntnisse vermitteln sollen, die über ihre unmittelbare berufliche Verwendbarkeit am Arbeitsplatz hinausgehen. Insoweit kann auf Art. 9 der Grundordnung verwiesen werden, der für die Mitarbeiter einen Anspruch nicht nur auf berufliche Fortbildung, sondern auch auf Weiterbildung festlegt. Die Grundordnung stellt dazu fest, dass zur Weiterbildung auch die ethischen und religiösen Aspekte des Dienstes ebenso gehören wie Fragen des Glaubens und der Wertorientierung und die Bewältigung spezifischer Belastungen des Dienstes. »Weiterbildung« in diesem Sinne wäre beispielsweise eine Seminarreihe über die Bewältigung des »burn out« gerade bei dem Mitarbeiter auferlegten schwierigen Aufgaben in der Kranken- und Altenpflege oder bei der umfassenden Betreuung alter und kranker Menschen – auch auf seelischem und religiösem Hintergrund.

31 Wichtig ist, dass es für solche Maßnahme der Fort- und Weiterbildung nicht darauf ankommt, ob der Dienstgeber selbst Träger oder Veranstalter dieser Maßnahme ist, die er ausschließlich für seine Mitarbeiter durchführt. In diesem Sinne Träger und Veranstalter ist der Dienstgeber auch, wenn er sie in Zusammenarbeit mit einem Dritten durchführt und hierbei auf Inhalt und Organisation rechtlich oder tatsächlich einen beherrschenden Einfluss ausübt.[33]

32 Das Beteiligungsrecht der MAV betrifft sowohl die Auswahl der Teilnehmer (Rn 26) als auch die Verpflichtung der ausgewählten Mitarbeiter zur Teilnahme. Zur Auswahl gehören auch Grundsätze bzw. Richtlinien, die für eine Mehrzahl von Auswahlentscheidungen vorwegnehmend festlegen, welche Kriterien der Entscheidung über die Auswahl zugrunde zu legen sind. Solche antizipierten Festlegungen bezwecken, dass die auf ihnen beruhenden und durch Ermessens- und Beurteilungsspielräume gekennzeichneten ihrem Inhalt nach durch Festlegung bestimmten Vorgaben im Interesse einer gerechten Entscheidung vereinheitlicht werden. Sie entfalten in aller Regel eine Selbstbindung des Dienstgebers. Die Aufstellung von Grundsätzen über die Kriterien der Auswahl für die Teilnahme an einer Fortbildungsveranstaltung ist für die Mitarbeiter dann besonders folgenreich, wenn sich die Auswahl im eigentlichen Sinn auf eine Maßnahme bezieht, deren Absolvierung Voraussetzung für eine spätere Beförderung ist. Aus diesem Grunde ist insbesondere ein der Auswahl dienendes **Assessment-Center**, das Teilnehmer für eine vorgesehene Fortbildung vorentscheidet, Gegenstand der Beteiligung der MAV. Verfahrensregelungen unterfallen jedenfalls insoweit der Anhörung und Mitberatung, als sie sich auf die Auswahl im eigentlichen Sinn auswirken können.[34] Die Partner der Einrichtung müssen hierüber Einverständnis erzielen oder aber das Verfahren nach § 29 einhalten. Unter Assessment-Center wird ein »systematisches Verfahren zur qualifizierten Festlegung von Verhaltensleistungen bzw. Verhaltensdefiziten« verstanden, »das von mehreren Beobachtern gleichzeitig für mehrere Teilnehmer (Prüflinge) in Bezug auf vorher definierte Anforderungen angewandt wird.[35]

33 Dieser Beteiligungstatbestand erfasst demnach nicht die Frage, welche Fort- und Weiterbildungsmaßnahmen überhaupt in der Einrichtung durchgeführt werden. Siehe dazu unter Rn 35 ff.

---

32 *BAG*, 23. 4. 1991, AP Nr. 7 zu § 98 BetrVG 1972.
33 *BAG*, 12. 11. 1991 – 1 ABR 21/91, AP Nr. 8 zu § 98 BetrVG 1972; *Schlichtungsstelle Hildesheim*, 21. 12. 1994, ZMV 1995, 88.
34 *BVerwG*, 29. 1. 2003 – 6 P 19.01, ZTR 2003, 253.
35 *Schönfeld/Gennen*, NZA 1989, 543.

Stellen einzelne Mitarbeiter den Antrag auf Teilnahme an einer beruflichen Fort- oder Weiterbildungsmaßnahme, so ist es zunächst Sache des Dienstgebers zu entscheiden, ob er den Antrag in seine Förderung aufnehmen oder ablehnen will. Entscheidet er sich für die Teilnahme des Antragstellenden, so muss er korrekt das Beteiligungsverfahren nach § 29 durchführen. Der vom Dienstgeber abgelehnte Mitarbeiter kann sich an die MAV wenden und diese kann darauf drängen, dass der vom Dienstgeber abgelehnte Mitarbeiter im Rahmen ihrer Einwendungen (Rn 99 ff.) doch noch in das Beteiligungsverfahren eingebracht und auch berücksichtigt wird. 34

6. Durchführung beruflicher Fort- und Weiterbildungsmaßnahmen, die die Einrichtung für ihre Mitarbeiter anbietet (Nr. 6)

Zu den Begriffen »berufliche Fortbildung« und »Weiterbildung« wird auf Rn 29, 30 f. verwiesen. Diese Begriffe sind in Nr. 5 und 6 identisch. 35

Das Beteiligungsrecht erstreckt sich auf die konkrete Planung und Durchführung solcher Maßnahmen, die vom Dienstgeber für seine Mitarbeiter eingerichtet und von ihm – ggf. unter Kostenbeteiligung der Mitarbeiter – angeboten werden. 36

Dabei erstreckt sich das Beteiligungsrecht – wie bei Nr. 5 – nicht nur auf Maßnahmen, die der Dienstgeber in seiner Einrichtung auf Grund seiner eigenen Planung und unter seiner eigenen Verantwortung durchführt. Es gilt auch für solche Bildungsmaßnahmen, die er finanziell und personell maßgebend beeinflusst.[36] 37

Erfasst werden hier nicht **externe Fortbildungs- und Weiterbildungsmaßnahmen**, die von Dritten als allgemein offene Bildungsveranstaltungen durchgeführt werden, also nicht von der Einrichtung ausgerichtet werden. Die Fragen, ob solche Bildungsveranstaltungen überhaupt in Erwägung gezogen werden, wer für solche freien Bildungsveranstaltungen (gegen Entgeltfortzahlung und Übernahme der Lehrgangskosten) freigestellt wird, fallen nicht unter Nr. 6. Hierfür ist aber in jedem Fall ein Informationsrecht der MAV nach § 27 Abs. 1 zu bejahen, mit Rücksicht auf die Personalplanung auch nach § 27a Abs. 1. 38

7. Einführung von Unterstützungen, Vorschüssen, Darlehen und entsprechenden sozialen Zuwendungen sowie deren Einstellung (Nr. 7)

Diese Regelung ist auf dem Hintergrund des Zustimmungs- und Antragsrechtes der MAV nach §§ 36 Abs. 1 Nr. 7, 37 Abs. 1 Nr. 7 zu beurteilen. Sie ergänzt diese Mitbestimmungsregelungen, die sich mit der Schaffung von »Richtlinien« für die genannten sozialen Zuwendungen befasst, also mit kollektiven Rechtsnormen für die Gewährung von solchen Zuwendungen. 39

Der Beteiligungstatbestand der Nr. 7 befasst sich demgegenüber generell mit der **Einführung** der genannten sozialen Zuwendungen und auch mit deren **Einstellung**. 40

Die Beteiligten haben im Rahmen des Verfahrens es zunächst in der Hand, sich über die Einführung solcher sozialer Zuwendungen schlüssig zu werden und eine generelle Entscheidung darüber herbeizuführen. Sie müssen diese Entscheidung nicht vorab im Rahmen des § 29 treffen, ob und welche soziale Zuwendung sie einführen wollen. Sie können sich auch sofort über die Grundfrage einig sein und dann nur im Rahmen der §§ 36, 37, 38 eine verbindliche Regelung über die vereinbarte soziale Zuwendung vereinbaren. 41

Im Falle eines Betriebsausfluges ist zu unterscheiden. Ihm fehlt die Dauerhaftigkeit, falls sie der Dienstgeber nicht eigens festgelegt hat. Sollte Letzteres zutreffen, geht es um die Klärung, ob der Dienstgeber dazu einen finanziellen Zuschuss geben will. Trifft das zu, kann die MAV zur Höhe des Zuschusses als soziale Zuwendung im Rahmen des § 37 Abs. 1 Nr. 3 (Planung und Durchführung von Veranstaltungen für die Mitarbeiterinnen und Mitarbeiter) keinen diesbezüglichen Antrag

---

36 *BAG*, 12. 11. 1991 – 1 ABR 21/91, AP Nr. 8 zu § 98 BetrVG 1972.

an den Dienstgeber stellen (§ 36 Rn 46), wohl aber gemäß § 32 Abs. 1 Nr. 6 dem Dienstgeber einen Vorschlag unterbreiten.

Die Teilnahme am **Betriebsausflug** selbst kann nicht zur Pflicht gemacht werden, weil sie außerhalb der arbeitsvertraglichen Pflichten liegt (§ 611 BGB).

42 Da allerdings eine grundsätzliche Einigung in einem ordnungsgemäß durchgeführten Verfahren nach § 29 eine ganz sichere Grundlage für die »Richtlinien« nach § 36 ff. darstellt, sollte von dem Verfahren nach § 29 Gebrauch gemacht werden.

43 Bei der **Einstellung** einer bereits durch eine Richtlinie festgelegten sozialen **Zuwendung** bedarf es jedoch immer zunächst der Durchführung des Beteiligungsverfahrens nach § 29. Der Dienstgeber kann nicht einfach seine Zuwendung einstellen, auch nicht unter Berufung auf fehlende finanzielle Mittel. § 47 Abs. 3 Satz 3 gilt **nur** für die Entscheidungen der Einigungsstelle. Wenn also der Dienstgeber eine einmal festgelegte soziale Zuwendung einstellen will, so muss er zunächst das Beteiligungsverfahren nach § 29 korrekt durchführen. Er bleibt an die »Richtlinien« i. S. d. §§ 36, 37, 38 jedenfalls so lange gebunden, bis er das Verfahren nach § 29 ordnungsgemäß durchgeführt hat. Erst danach stellt sich die Frage, ob überhaupt und unter welchen Voraussetzungen er sich von den eingeführten Richtlinien lösen kann. Auch die Kündigung einer entsprechenden Dienstvereinbarung nach § 38 Abs. 4 S. 2 (§ 38 Rn 83 ff.) setzt die ordnungsgemäße Durchführung des Verfahrens nach § 29 Abs. 2–4 voraus.

44 Gewährt die kirchliche Einrichtung zusätzlich zum Entgelt eine besondere »**Behördenzulage**«, so ist diese Zulage keine »soziale Zuwendung«, die unter § 29 Abs. 1 Nr. 7 fällt. Sie ist wesentlicher Bestandteil der Vergütung. Ihre Einstellung oder ihr Wegfall kann daher unter Umständen, wenn sie nur durch eine Änderungskündigung vorgenommen werden kann, unter § 30 fallen. Ein Beteiligungs- und Mitberatungsrecht nach § 29 besteht hier für die MAV nicht.[37]

8. Fassung von Musterdienst- und Musterarbeitsverträgen (Nr. 8)

45 Das Beteiligungsrecht der MAV betrifft nur die von der Einrichtung selbst entwickelten und niedergelegten (gespeicherten) Musterverträge. Beteiligungspflichtig ist nicht ein vom Dienstgeber nach Dienstvorschrift anzuwendendes Muster eines Dienst- oder Arbeitsvertrages, wie es sich aus Arbeitsvertragsordnungen (KAVO) oder aus Anweisungen des Bischöflichen Ordinariats bzw. Generalvikariats als den Kirchengemeinden übergeordnete Behörde ergibt.[38]

46 Soweit der Dienstgeber neben der Anwendung von Arbeitsvertragsordnungen noch die Notwendigkeit sieht, in Musterdienst- oder Musterarbeitsverträgen eine einheitliche Gestaltung der Bedingungen seiner eigenen Verträge vorzunehmen, ist die MAV zu beteiligen.[39] Sie hat dabei darauf zu achten, dass die allgemein geltenden gesetzlichen Regelungen, z. B. für den Abschluss befristeter Verträge, sorgfältig beachtet werden und eine unterschiedliche Behandlung von Mitarbeitern aus sachlich nicht gerechtfertigten Gründen unterbleibt. Insoweit gelten die bereits aufgezeigten Grundsätze von Recht und Billigkeit (§ 26 Rn 14 ff.). Zu beachten ist dabei insbesondere, das Musterdienstverträge dieser Art als sog. Allgemeine Geschäftsbedingungen der gerichtlichen Inhaltskontrolle nach §§ 305 ff. BGB unterliegen. Zu weit gefasste Klauseln in derartigen Verträgen führen zu deren Unwirksamkeit. Insbesondere gilt, dass hierbei eine geltungserhaltende Reduktion nicht vorgesehen ist. Lediglich dann, wenn Teile einer Klausel sprachlich und inhaltlich eindeutig abtrennbar sind, kommt die Teilung in einen zulässigen und einen unzulässigen Teil in Betracht. Dann wird nicht eine zu weit-

---

[37] So auch *Schlichtungsstelle Evang. Landeskirche Baden*, 27. 11. 1995 – 1 Sch 21/95, ZMV 1996, 101.
[38] Vgl. z. B. Amtsblatt der Erzdiözese Freiburg 2002 Nr. 424 S. 377 ff.; *Schlichtungsstelle Freiburg*, 23. 9. 1994 –1994/3, ZMV 1995, 87.
[39] *Schlichtungsstelle Osnabrück*, 20. 2. 2004 – 09 – 2003; *Thiel*, ZMV 5/1992, 177.

gehende Klausel neu gefasst, sondern eine teilbare Klausel ohne ihren unwirksamen Bestandteil mit ihrem zulässigen Inhalt aufrechterhalten.[40]

Zum Zustimmungsrecht bei persönlichen Angaben der Mitarbeiter in solchen Musterarbeitsverträgen siehe § 36 Rn 61 ff., 64 ff.

9. Regelung zur Erstattung dienstlicher Auslagen (Nr. 9)

Zu denken ist bei diesem Beteiligungstatbestand an Reisekostenregelungen, Festlegung von Reisekostenpauschalen, Abwesenheitsgelder, Kilometergelder. Die MAV ist vor einer generellen Festlegung solcher Regelung, die auf alle Mitarbeiter zur Anwendung gelangen soll, anzuhören, kann ihre eigenen Vorschläge unterbreiten und hat über die vom Dienstgeber vorgesehene Fassung mitzuberaten, aber nicht mitzubestimmen.[41] 47

Allerdings scheitert die Anwendung des § 29 Abs. 1 Nr. 9 fast immer daran, dass Reisekostenordnungen in allgemein-geltenden kircheneigenen Regelungen oder durch vertragliche Bezugnahme auf öffentliches Reisekostenrecht bereits festliegen. 48

10. Abordnung von mehr als drei Monaten, Versetzung an eine andere Einrichtung, Zuweisung oder Personalgestellung von Mitarbeitern für pastorale Dienste und religiöse Unterweisung (Nr. 10)

Das Beteiligungsverfahren nach § 29 ist einzuhalten, wenn der Dienstgeber Mitarbeiter für pastorale Dienste oder religiöse Unterweisung, die zu ihrer Tätigkeit der ausdrücklichen bischöflichen Sendung oder Beauftragung bedürfen, länger als drei Monate an eine andere Einrichtung abordnen oder versetzen will. 49

Begriffe:

»**Abordnung**« – beamtenrechtlicher Begriff: Vorübergehende Zuweisung eines Arbeitsbereiches in einer anderen Einrichtung desselben Dienstgebers unter Aufrechterhaltung des Beschäftigungsverhältnisses zur abordnenden Dienststelle. 50

»**Versetzung**« – arbeitsrechtlicher Begriff: Zuweisung eines anderen Arbeitsplatzes in einer anderen Einrichtung desselben Dienstgebers auf Grund des arbeitsvertraglichen Weisungsrechtes. 51

Während dieser Tatbestand an sich bei Mitarbeitern der Zustimmungspflicht nach § 35 Abs. 1 Nr. 5 unterliegt, sind hier die Mitarbeiter für pastorale Dienste und religiöse Unterweisung aus dieser Zustimmungspflicht herausgenommen. 52

»**Personalgestellung und Zuweisung**« sind tarifliche Begriffe des öffentlichen Dienstes: Im Falle der Personalgestellung werden Mitarbeiter, die in einem Arbeitsverhältnis zu ihrem Vertragsarbeitgeber verbleiben, verpflichtet, die im Rahmen ihres Arbeitsvertrages geschuldete Arbeitsleistung auf Verlangen des Dienstgebers bei dem Dritten zu erbringen. Sie werden dadurch der aufnehmenden Einrichtung des Dritten zugewiesen und gelten als Mitarbeiter i. S. d. MAVO (§ 3 Abs. 1 Ziff. 3). 53

Während dieser Tatbestand an sich bei Mitarbeitern der Zustimmungspflicht nach § 35 Abs. 1 Nr. 5 unterliegt, sind auch hier die Mitarbeiter für pastorale Dienste und religiöse Unterweisung aus dieser Zustimmungspflicht herausgenommen

Sie unterliegen bei einer Abordnung oder Versetzung, die drei Monate übersteigt, nur dem Beteiligungsverfahren nach § 29. 54

---

40 *BAG*, 14. 1. 2009 – 3 AZR 900/07, EzA § 611 BGB 2002 Ausbildungsbeihilfe Nr. 12.
41 *Schlichtungsstelle Paderborn*, 7. 4. 2000 – II/2000, ZMV 4/2000, 188.

11. Vorzeitige Versetzung in den Ruhestand, wenn der Mitarbeiter die Mitwirkung beantragt (Nr. 11)

55 Dieser Beteiligungstatbestand betrifft nur Mitarbeiter, die in einem dem öffentlich-rechtlichen Beamtenverhältnis angenäherten Dienstverhältnis zur kirchlichen Einrichtung stehen (Kirchenbeamte).

56 Er betrifft die vorzeitige Versetzung dieses Kirchenbeamten in den Ruhestand, der nach beamtenrechtlichen Grundsätzen unter genau festgelegten Voraussetzungen zulässig ist. Die MAV ist an dieser vorzeitigen Versetzung des Mitarbeiters in den Ruhestand nur dann nach § 29 zu beteiligen, wenn der Mitarbeiter diese Beteiligung ausdrücklich beantragt.

12. Entlassung aus einem Probe- oder Widerrufsverhältnis in Anwendung beamtenrechtlicher Bestimmungen, wenn der Mitarbeiter die Mitwirkung beantragt (Nr. 12)

57 Dieser Beteiligungstatbestand betrifft nur Mitarbeiter, die in einem dem öffentlich-rechtlichen Beamtenverhältnis angenäherten Dienstverhältnis zur kirchlichen Einrichtung stehen (Kirchenbeamte). Hier kommt die Beteiligung in Frage, wenn der Kirchenbeamte zunächst **auf Probe** vor seiner Übernahme auf Lebenszeit eingestellt ist oder wenn er **auf Widerruf** (z. B. im Vorbereitungsdienst, für eine vorübergehende Aufgabe) beschäftigt wird. **Kirchenbeamte auf Probe** können oft in Anlehnung an einen der in § 31 Abs. 1 Nr. 2–4 Bundesbeamtengesetz genannten Gründe unter Einhaltung einer Frist entlassen werden. Auch **Beamte auf Widerruf** können unter Einhaltung der entsprechenden Frist ohne Angabe besonderer Gründe entlassen werden (§§ 32 i. V. m. § 31 Abs. 3 BBG).

58 Ob ein **Grund zur Entlassung** aus dem Probeverhältnis vorliegt oder im Falle des Widerrufs die kirchliche Einrichtung nach pflichtgemäßem Ermessen gehandelt hat, wird zwar von den staatlichen Gerichten entschieden. Der betroffene Mitarbeiter kann aber zuvor die MAV beteiligen und auf diesem Wege den Versuch unternehmen, Klarheit in die Willensbildung der kirchlichen Einrichtung zu bringen, bevor die Entscheidung fällt.

59 Die Regelung der Nr. 12 gilt **nur** für Mitarbeiter mit **Beamtenstatus**, nicht für Angestellte. Für diese gibt es das Beteiligungsrecht der MAV bei einer Kündigung. Der Dienstgeber ist insoweit zu einer Beteiligung der MAV vor Kündigung verpflichtet (§ 30).

13. Überlassung von Wohnungen, die für Mitarbeiter vorgesehen sind (Nr. 13)

60 Unter diese Bestimmung fällt nur die **Überlassung von Wohnungen** und die **Festlegung allgemeiner Nutzungsbedingungen** für diese Wohnungen, nicht die Kündigung von Wohnungen. Nicht unter Nr. 13 fällt die Festlegung der Miete für diese Wohnung im Einzelfall, allenfalls die Festlegung **allgemeiner Regeln für die Mietpreisgestaltung**. »Überlassung« bedeutet sowohl entgeltliche Vermietung als auch die Gestellung im Rahmen des Arbeitsverhältnisses auf Grund vertraglicher Verpflichtungen des Dienstgebers. Der Abschluss eines privatrechtlichen Mietvertrages ist demnach nicht Voraussetzung dieses Beteiligungsgegenstandes. Erfasst wird demnach auch die Zuweisung einer Wohnung, z. B. als Dienstwohnung (vgl. Anlage 11 zur KAVO).

61 Der Begriff »Überlassung« setzt weiter voraus, dass der Dienstgeber über die Vergabe dieser Wohnungen verfügen kann.[42] Es muss sein Recht sein, den Wohnberechtigten für die Wohnung bestimmen zu können. Sein Eigentum an der zu vergebenden Wohnung ist nicht ausschlaggebend. Es genügt für das Beteiligungsrecht der MAV, wenn der Dienstgeber auf die Zuweisung der Wohnung an einen Mitarbeiter den entscheidenden Einfluss Dritten gegenüber auszuüben in der Lage ist. Hier besteht dieses Beteiligungsrecht nur gegenüber der Dienststelle, nicht gegenüber dem Dritten, der Eigentümer der Wohnung ist.

---

42 *BAG*, 18. 7. 1978 – 1 ABR 20/75, EzA § 87 BetrVG Werkwohnungen Nr. 6.

Das Beteiligungsrecht setzt weiter voraus, dass die Wohnung für Mitarbeiter der kirchlichen Einrichtung vorgesehen ist. Die Zugehörigkeit des Mitarbeiters zu der Einrichtung, die über die Wohnungen verfügen kann, gibt den Ausschlag: Nur dieser Mitarbeiter wird nämlich von der MAV repräsentiert.

14. Grundlegende Änderung von Arbeitsmethoden (Nr. 14)

»Arbeitsmethode« ist der Einsatz der menschlichen Arbeitskraft bei Abwicklung der Arbeit, also das »Wie« der Arbeitsleistung. Darunter fällt sowohl der Einsatz dieser menschlichen Arbeit bei Abwicklung der zu verrichtenden Arbeit (körperlicher Einsatz), ebenso der Einsatz technischer Hilfsmittel, EDV-Anlagen, Bildschirmgeräte, Rechenanlagen,[43] aber auch die vorgesehenen Arbeitsmethoden (Einzel- oder Gruppenarbeit). Erkennbar wird damit, dass das »Wie« der Arbeitsleistung sich nicht auf Fragen des Arbeitsentgeltes erstrecken kann.

Nur eine grundlegende Änderung einer in der kirchlichen Einrichtung vorhandenen Arbeitsmethode löst das Beteiligungsrecht der MAV aus. Eine laufende Verbesserung der in der Einrichtung bereits vorhandenen Arbeitsmethoden wird nicht von Nr. 14, allenfalls von Nr. 15 (Rn 65) erfasst. Maßstab sind die Verhältnisse in der betroffenen Einrichtung vor und nach der beabsichtigten Änderung, nicht dagegen ein Vergleich zu einem üblichen Standard.[44]

Beispiele für grundlegende Änderungen der Arbeitsmethode: Übergang von einer manuellen Bearbeitung von Zahlungsvorgängen auf Abwicklung über die EDV-Anlage, Schreibeinsatz von mechanischen/elektrischen Schreibmaschinen auf Bildschirmgeräte mit Speicherkapazitäten, Einsatz von Spracherkennungsprogrammen für die Fertigung von Schriftwechsel, Abwicklung des Pflegeeinsatzes in einem Krankenhaus von Stationen zu Pflege-/Versorgungszentren, Umstellung der Mittelzuweisung und des Mittelabrufes auf Datenverarbeitung.

15. Maßnahmen zur Hebung der Arbeitsleistung und zur Erleichterung des Arbeitsablaufes (Nr. 15)

a. Hebung der Arbeitsleistung

Die Begriffe »Hebung der Arbeitsleistung« wie auch »Erleichterung des Arbeitsablaufes« sind voneinander zu trennen. Deshalb werden unter Nr. 15 also zwei verschiedene Beteiligungstatbestände erfasst. Es genügt, wenn einer der Beteiligungstatbestände erfüllt ist.[45] Das Beteiligungsrecht der Anhörung und Mitberatung bei Maßnahmen zur »Hebung der Arbeitsleistung« bezieht sich auf Steuerungen des Dienstgebers, die das Verhältnis von Arbeitsaufwand und Arbeitsergebnis verbessern.[46] Es geht um das Ziel, die Effektivität der Arbeit in der vorgegebenen Zeit qualitativ oder auch nur quantitativ zu fördern, d. h. die Güte und/oder die Menge der zu leistenden Arbeit zu steigern. Entscheidend ist damit, ob die beabsichtigte Maßnahme darauf angelegt ist, auf einem oder mehreren Arbeitsplätzen einen mengenmäßig höheren Arbeitsertrag zu erzielen oder die Qualität des Arbeitsproduktes zu verbessern.[47] Dabei ist Hebung der Arbeitsleistung nicht die Steigerung der Menge und der Qualität des Arbeitsertrages, sondern vielmehr die erhöhte Inanspruchnahme des oder der betroffenen Mitarbeiter,[48] zu solche Maßnahmen typischer Weise führen, wie etwa die Zusammenlegung zweier Stationen eines Krankenhauses, wenn für die früher in einer anderen Station Beschäftigten auf Grund der gestiegenen Anforderungen insbesondere im geistig-psychischen Bereich eine (weiter) erhöhte Inanspruchnahme hinzugetreten ist.[49] Der Begriff der Arbeitsleistung in Nr. 15 bezeichnet also weder die Menge der während der festgelegten Arbeitszeit geleisteten Arbeit noch ihren sach-

---

43 *BVerwG*, 27. 11. 1991 – 6 P 7.90 –, DVBl. 1992, 892.
44 ErfK-*Kania* § 111 BetrVG Rn 18.
45 *VGH Baden-Württemberg*, 27. 11. 1984 – 15 S 3059/83, ZBR 1985, 175.
46 *Hess. VGH*, 10. 1. 1990, PersR 1991, 60.
47 *BVerwG*, 1. 9. 2004 – 6 P 3.04, ZTR 2004, 656 f.
48 *Hess. VGH* 22. 9. 1994 – TK 1845/93, DÖV 1995, 431.
49 *OVG Nordrhein-Westfalen*, 30. 1. 2003 – 1 A 5765/00 PVL, ZTR 2003, 322.

lichen Ertrag, das Arbeitsprodukt. Er meint vielmehr den körperlichen Einsatz und den geistigen Aufwand, den der Mitarbeiter erbringen muss, um das ihm abverlangte Arbeitsergebnis in qualitativer und quantitativer Hinsicht zu erzielen.[50] Der Zweck dieses Beteiligungstatbestandes »Hebung der Arbeitsleistung« besteht demnach darin, den/die Mitarbeiter vor einer unnötigen und unzumutbaren Belastung zu bewahren.[51] In der Entscheidung vom 23. 1. 1996 hat das *BVerwG* es abgelehnt, die Anordnung von Überstunden unter den Tatbestand »Hebung der Arbeitsleistung« zu subsumieren. Auch die Anhebung der Schülerzahl pro Klasse fällt nach der Entscheidung des *BVerwG* vom 17. 5. 1995[52] ebenso wenig unter diesen Begriff wie die Einschaltung von Führungskräften bei der Abarbeitung von zeitlichen Bearbeitungsrückständen.[53] Das *BVerwG* hat es im Urteil vom 26. 9. 1995[54] auch abgelehnt, den Wegfall von Entlastungs- und Ausgleichsstunden unter diesem Tatbestand zu erfassen. Die Heraufsetzung der Pflichtstundenzahl von 25 auf 26 für Realschullehrer sah es als eine auf Hebung der Arbeitsleistung gerichtete Maßnahme abzielend[55] an. Die Unausweichlichkeit einer Mehrbelastung fehlt, wenn in einem Teilbereich der Beschäftigung zwar Mehrarbeit mit erhöhten Anforderungen an die Mitschüler anfällt, jedoch in anderen Aufgabenbereichen eine Entlastung möglich ist. Das ist der Fall, wenn Lehrer an Schulen im Hinblick auf ihnen eröffnete Gestaltungsmöglichkeiten ihrer außerunterrichtlichen Tätigkeiten andere Prioritäten setzen können.[56]

Die **Streichung der Altersermäßigung** für die Lehrerstundenzuweisung hat das *BVerwG* in seiner Entscheidung vom 1. 9. 2004 als Maßnahme zur Hebung der Arbeitsleistung und damit als beteiligungspflichtige Maßnahme anerkannt.[57] Die Streichung bedeutet für die davon betroffenen Lehrkräfte eine arbeitsabhängige Leistungsverdichtung, wenn sie im Rahmen ihrer Vollbeschäftigung wöchentlich etwa eine oder zwei Unterrichtsstunden mehr leisten müssen und deshalb auch erhöhten Vor- und Nachbereitungsaufwand haben, der nicht durch andere Umstände kompensiert wird. **Kompensation** aber liegt nur vor, wenn die älteren Lehrkräfte von anderen Dienstpflichten entbunden werden. Wenn sie aber gehalten sind, bei nahezu gleich bleibender Wochenarbeitszeit mehr Unterrichtsstunden zu erteilen, werden sie – jedenfalls in geistig-psychischer Hinsicht – in höherem Maße als bisher in Anspruch genommen. Dieses Ergebnis ist bezweckt, wenn dafür Lehrerstellen eingespart werden sollen. Zielt die Maßnahme des Dienstgebers darauf ab, den Mitarbeitern bei gleich bleibender Arbeitszeit mehr oder bessere Dienstleistungen abzuverlangen, so greift das Beteiligungsrecht der MAV ein, ohne dass denkbaren oder anheim gestellten Entlastungsmöglichkeiten oder der Frage nach einer etwaigen Geringfügigkeit der Mehrbelastung nachzugehen ist. Damit wird der Berechenbarkeit des Beteiligungstatbestandes für Dienstgeber und MAV Rechnung getragen.[58] Einfluss auf die Hebung der Arbeitsleistung haben auch staatliche Gesetze, wie etwa nach § 301 SGB V den Krankenhäusern auferlegte Dokumentation und Verschlüsselung von Diagnosen und Prozeduren nach neuen Verschlüsselungskatalogen und -richtlinien, die durch das Krankenhaus umzusetzen sind und von diesem z. B. den Ärzten als Aufgabe übertragen werden.[59]

b. Erleichterung des Arbeitsablaufs

66   Unter Arbeitsablauf ist die räumliche, organisatorische und zeitliche Gestaltung des Arbeitsprozesses im Zusammenwirken von Mensch, Arbeitsmittel, Stoff, Energie und Informationen in einem Arbeitssystem zu verstehen. Nicht erfasst sind Einzelanweisungen innerhalb einer unverändert gebliebenen

---

50 *BVerwG*, 30. 8. 1985 – 6 P 20.83, DVBl. 1986, 352.
51 *BVerwG*, 23. 1. 1996 – 6 P 53/93, PersV 1996, 457 (459); 1. 9. 2004 – 6 P 3.04, ZTR 2004, 656.
52 *BVerwG*, 17. 5. 1995 – 6 P 47.93, PersV 1996, 178.
53 *BVerwG*, 20. 7. 1995 – 6 P 8/94, PersV 1996, 188.
54 *BVerwG*, 26. 9. 19995 – 6 P 18/93, PersV 1996, 275.
55 *BVerwG*, 28. 12. 1998 – 6 P 1.97, DVBl. 1999, 926 ff.
56 *Schlichtungsstelle Köln*, 27. 1. 2004 – MAVO 31/2003, ZMV 2004, 78 m. Anm. *Thiel*, ZMV 2004, 55.
57 *BVerwG*, 1. 9. 2004 – 6 P 3.04, ZTR 2004, 656 f.
58 *BVerwG*, 1. 9. 2004, – 6 P 3.04, ZTR 2004, 656, 658.
59 *BVerwG*, 18. 5. 2004 – 6 P 13. 03, ZTR 2004, 549.

Aufgabenstellung.⁶⁰ Der jeweilige Arbeitsablauf steht im unmittelbaren Zusammenhang mit der Arbeitsmethode, weil diese die Gestaltung des Arbeitsprozesses mitbestimmt. Mit dem Arbeitsablauf verbunden ist die Erfüllung der Arbeitsaufgabe unter Berücksichtigung der sich dabei insgesamt ergebenden Beanspruchungen der Mitarbeiter. Dabei geht es im Einzelnen etwa um Gruppen- oder Einzelarbeit, Schichtarbeit, EDV-gestützte Arbeit, Projektmanagement, Maßnahmen zur Verwirklichung des kontinuierlichen Verbesserungsprozesses, alle Formen des Qualitätsmanagement und auch die Ausgliederung von Arbeitsbereichen.⁶¹ Auch Rationalisierungsmaßnahmen gehören hierher. Mit der Ausgliederung interner Arbeitsbereiche (outsourcing) sollen z. B. Dienstleistungen für die Einrichtung oder das Unternehmen erbracht werden, die umgekehrt für die Einrichtung oder das Unternehmen eine Entlastung bei der Arbeitsorganisation mit sich bringen.

c. Qualitätsmanagement

In diesem Zusammenhang ist die Einführung und Anwendung von Qualitätsmanagement-Systemen zu nennen.⁶² Um in Arbeitsbereichen, in denen eine rein quantitative Bewertung der Arbeitsleistung unangemessen ist, um Leistungsstandards zu bestimmen, werden Arbeitsabläufe und Verfahren beschrieben. Auf diese Weise können Verwaltungsvorgänge, Beratungsvorgänge und auch therapeutische Aufgaben nach Leistungsdaten erfasst werden, indem die einzelnen Schritte des Bearbeitungs- oder Beratungsablaufs praktisch nach Maßgabe einer Checkliste abgearbeitet und dokumentiert werden. Diese Form der Standardisierung ist Teil des so genannten Qualitätsmanagements. Dieses QM oder TQM kann als Gesamtheit aller qualitätsbezogenen Tätigkeiten und Zielsetzungen verstanden werden. Hiernach ist der Begriff Qualität nicht mehr produktbezogen sondern bedeutet eine alle unternehmerischen Aktivitäten umfassende Darstellung und Festlegung der Qualitätsfähigkeit durch das Unternehmen in seinen Einrichtungen und Dienststellen. Qualität wird also von vornherein planmäßig produziert.⁶³ Wegen damit verbundener Verpflichtung zur Fortbildung siehe unter Rn 26 ff.; zu Personalentwicklungsgesprächen § 36 Abs. 1 Nr. 5.

16. Festlegung von Grundsätzen für die Gestaltung von Arbeitsplätzen (Nr. 16)

Die Gestaltung des einzelnen, konkreten Arbeitsplatzes ist nicht Gegenstand des Beteiligungsrechtes. Es geht hier ausschließlich um die Festlegung von allgemeinen Grundsätzen, die anhand gesicherter arbeitswissenschaftlicher Erkenntnisse über die menschengerechte Gestaltung der Arbeit bei der Gestaltung von Arbeitsplätzen ihren Ausdruck finden müssen. In der Festlegung solcher allgemeiner Grundsätze sollen die Arbeitsplätze mit ihrer menschengerechten Gestaltung der Leistungsfähigkeit der Mitarbeiter angepasst werden und Gefahren für Leben und Gesundheit der Mitarbeiter ausgeschlossen bleiben (§ 618 BGB). Die sachgerechte Festlegung der Grundsätze soll gewährleisten, dass sich jeder Mitarbeiter an seinem Arbeitsplatz wohl fühlt. Zu denken ist hier an eine generelle Regelung von Beleuchtung, Belüftung, Verhinderung von Belastungen und Hitze, Staub, Lärm, Gerüchen (Tabakrauch). Die Vorsorge vor solchen Belastungen am Arbeitsplatz durch geeignete Maßnahmen baulicher oder technischer Art (Klima- bzw. Belüftungsanlagen) gehört in diesen Beteiligungstatbestand.

Auch die Gestaltung von **Bildschirmarbeitsplätzen** unterliegt dem Beteiligungsrecht der MAV nach § 29 Abs. 1 Nr. 16. Zwar kann die MAV nicht jede denkbare Ausgestaltung, Vorbereitung und Kontrolle von Bildschirmarbeitsplätzen fordern.⁶⁴ Diese Entscheidung behandelt aber alle Fragen des Gesundheitsschutzes an Bildschirmarbeitsplätzen, nimmt zu Fragen der vorbeugenden Augenuntersuchungen und Unterbrechungspausen bei der Bildschirmarbeit Stellung und behandelt den Einfluss

---

60 *LAG Hamm*, 3. 12. 1976 – 3 TaBV 68/76, EzA § 90 BetrVG 1972 Nr. 1; ErfK-*Kania*, § 90 BetrVG Rn 4.
61 *Fitting*, BetrVG § 90 Rn 27.
62 *Baumann-Czichon/Germer*, MVG-EKD, § 40 Rn 65.
63 *Fitting*, BetrVG § 90 Rn 28 m. N.
64 So auch für §§ 87, 91 BetrVG: *BAG*, 2. 4. 1996 – 1 ABR 47/95, AP Nr. 5 zu §§ 87 BetrVG 1972 Gesundheitsschutz.

der EG-Bildschirmrichtlinie vom 25. Mai 1990 (RL 90/270/EG-Amtsblatt EG vom 25. 6. 1990 Nr. L 156/14) auf das deutsche Arbeitsschutzrecht. Diese EG-Richtlinie, die in nationales Recht umgesetzt ist (BildscharbV),[65] sieht vor, dass eine Analyse des Bildschirmarbeitsplatzes zum Zwecke der Gesundheits- und Sicherheitsbedingungen zu erfolgen hat, wobei insbesondere eine mögliche Gefährdung des Sehvermögens und psychische Belastungen zu beachten sind (Art. 3), sie verlangt Einlegung regelmäßiger Pausen oder Unterbrechung durch andere Tätigkeiten (Art. 7), sie fordert regelmäßige Augenuntersuchungen und Überlassung von Sehhilfen, wobei den Mitarbeiter keine finanziellen Mehrbelastungen treffen dürfen.

70 Von der Möglichkeit, Regelungen für Bildschirmarbeitsplätze zu treffen, haben teilweise die Diözesen bereits Gebrauch gemacht, so z. B. die Diözese Limburg in ihrer »Verordnung zur Gestaltung von Bildschirmarbeitsplätzen und zur Tätigkeit an Bildschirmarbeitsplätzen« vom 19. 2. 1993.

17. Schließung, Einschränkung, Verlegung oder Zusammenlegung von Einrichtungen oder wesentlichen Teilen davon (Nr. 17)

71 Dem Beteiligungsrecht unterliegen alle **Maßnahmen des Dienstgebers**, die objektiv zu einer Beendigung oder Beschränkung der Tätigkeit der kirchlichen Einrichtung oder wesentlicher Teile davon zu einem konkreten Zeitpunkt[66] führen können. An eine bestimmte Mindestgröße der Einrichtung ist das Beteiligungsrecht der MAV nicht gebunden. Es besteht daher in jeder kirchlichen Einrichtung, in der im Zeitpunkt der Durchführung der Maßnahme ordnungsgemäß eine MAV gewählt worden ist. Zu unterscheiden von der Beteiligung an Maßnahmen i. S. v. § 29 Abs. 1 Nr. 17 sind die mitbestimmungspflichtigen Folgemaßnahmen des Dienstgebers i. S. v. § 36 Abs. 1 Nr. 11, nämlich zum Ausgleich und zur Milderung von wesentlichen wirtschaftlichen Nachteilen für die betroffenen Mitarbeiterinnen und Mitarbeiter (vgl. § 36 Rn 116 ff.; § 38 Rn 44 ff.). Keine Maßnahmen eines Dienstgebers sind die des Diözesanbischofs als Leiter seiner Diözese, wie etwa die Neugliederung seiner Diözese, die Neuordnung der Pfarreien (Kirchengemeinden), woraus neue Pfarreien entstehen,[67] die Aufhebung oder Zusammenlegung von Pfarreien,[68] die Zuordnung von Gebietsteilen einer Pfarrei zu einer anderen, die Errichtung von Pfarrverbänden und Kirchengemeindeverbänden (can. 374, 381 § 1, 515 CIC). Erst die sich aus den Veränderungen ergebenden Folgemaßnahmen auf der örtlichen Dienstgeberebene können Beteiligungsrechte der MAV auslösen.

72 »**Schließung**« ist die vollständige, planmäßige Einstellung der betreffenden Arbeitseinrichtung für einen von vornherein nicht überschaubaren und jedenfalls erheblichen Zeitraum unter Aufgabe des Zweckes der Einrichtung und der Entlassung der Mitarbeiter.[69] Entscheidend ist die **Auflösung** der zwischen Dienstgeber und Mitarbeitern bestehenden **Gemeinschaft** zur Erreichung der Schließung. Eine vorübergehende Unterbrechung der Tätigkeit der Einrichtung durch Naturkatastrophen, Verwaltungsanordnungen genügt nicht.

73 »**Einschränkung**« der Einrichtung ist die planmäßige, teilweise Einstellung der Arbeit ebenfalls für einen unübersehbaren, jedoch erheblichen Zeitraum. Ob der Dienstgeber diese Einschränkung durch Verkleinerung seiner Einrichtung oder durch Herabsetzung der Zahl der Mitarbeiter[70] vornimmt, ist ohne Belang. Auch bloßer **Personalabbau** kann eine Einschränkung sein (siehe Rn 78 f.). Als Einschränkung sind auch Ausgliederungen von Betriebsteilen, wie etwa Reinigungs- und Küchendienste eines Krankenhauses (Outsourcingmaßnahmen) anzusehen. Denkbar sind echte Fremdvergabe der Aufgaben, Gründung einer besonderen Servicegesellschaft, ggf. auch unter Beteiligung des

---

65 V. 4. 12. 1996 – BGBl. I S. 1841.
66 So *Schlichtungsstelle Limburg*, 13. 11. 2000 – 22/00.
67 Vgl. Amtsblatt des Erzbistums Köln 2002 Nrn. 9 ff. S. 21 ff.; 2006 Nrn. 6 – 15 S. 6 ff.
68 Vgl. Kirchliches Amtsblatt Erzbistum Hamburg 2005 Art. 53 ff. S. 52 ff.
69 *BAG*, 30. 10. 2008 – 8 AZR 397/07, NZA 2009, 485.
70 *BAG*, 28. 3. 2006 – 1 ABR 5/05, NZA 2006, 932.

Dienstgebers, um die Abkoppelung von der für die Einrichtung des Dienstgebers geltenden Arbeitsvertragsordnung (z. B. AVR) zu erreichen.

»**Verlegung**« der Einrichtung ist eine Standortveränderung der Einrichtung ohne Änderung des Zweckes. Eine räumlich nur geringfügige Standortveränderung fällt nicht unter den Verlegungsbegriff des § 29, vor allem wenn sie keine nachteiligen Auswirkungen für die betroffenen Mitarbeiter hat.[71] 74

»**Zusammenlegung**« von Einrichtungen kann in **zwei Formen** erfolgen: **Eingliederung** einer Einrichtung in eine andere mit der Folge, dass nur letztere fortbesteht oder **Zusammenlegung mehrerer Einrichtungen** zu einer neuen Einrichtung. 75

Das Beteiligungsrecht besteht nicht nur, wenn die gesamte kirchliche Einrichtung durch eine solche Maßnahme berührt wird. Es genügt, wenn **wesentliche Teile** betroffen sind. Ob eine solche Maßnahme wesentliche Teile betrifft, entscheidet sich zunächst danach, ob es sich um solche Teile der Einrichtung handelt, die in einer objektiven Gesamtschau von erheblicher Bedeutung für die gesamte Einrichtung sind. Eine Änderung nur unbedeutender Teile (Betriebsmittel) der Einrichtung kann diese Voraussetzung nicht erfüllen. Hat der Dienstgeber entschieden, welche Funktionen in seiner Dienststelle entfallen und welche Abteilungen verkleinert, geschlossen oder mit anderen bei Verringerung der Zahl der Mitarbeiter zusammengelegt werden sollen, ist diese beabsichtigte Maßnahme Gegenstand der Anhörung und Mitberatung auch dann, wenn die Maßnahme in sehr kleinen Schritten mit jeweils sukzessive geringfügiger Personalentlassung erfolgen soll, um am Ende das gesetzte Gesamtziel zu erreichen. 76

Zum Begriff »wesentlicher Betriebsteil« einer kirchlichen Einrichtung hatte die *Schlichtungsstelle Köln* zu entscheiden, als es um die Schließung der Apotheke eines Krankenhauses ging.[72] Von insgesamt 360 ständigen Mitarbeitern waren in der Krankenhausapotheke sechs Mitarbeiter bzw. Mitarbeiterinnen angestellt. 77

Bleibt bei einer solchen Beurteilung zweifelhaft, ob wesentliche Teile der Einrichtung betroffen sind, hat die Zahl der Mitarbeiter indizielle Bedeutung, die von der Maßnahme betroffen sind. Dabei kann auf die Rechtsprechung des *BAG* zu § 111 S. 2 Nr. 1 BetrVG verwiesen werden, dass bei Betriebsänderungen die Zahlen und Prozentsätze des § 17 KSchG heranzuziehen sind.[73] 78

Das bedeutet konkret, dass wesentliche Teile der Einrichtung betroffen sind:
bei mehr als 20 bis zu 59 Mitarbeitern – Entlassung von 6 Mitarbeitern,
bei 60–499 Mitarbeitern – Entlassung von 10 % oder 26 Mitarbeitern,
bei 500 – 999 Mitarbeitern – Entlassung von 30 Mitarbeitern,
über 1000 Mitarbeiter – Entlassung von mindestens 5 % der Mitarbeiter.[74] 79

Bei einem stufenweisen Personalabbau ist entscheidend, ob er auf einer einheitlichen unternehmerischen Planung beruht.[75]

Bei der Berechnung der Entlassungen ist nicht auf die Arbeitnehmerzahl des betroffenen Teils der Einrichtung, sondern die Mitarbeiter der gesamten Einrichtung abzustellen.[76] 80

---

71 *BAG*, 17. 12. 1982 – 1 ABR 40/80, EzA § 111 BetrVG 1972 Nr. 14.
72 *Schlichtungsstelle Köln* 14. 3. 1996 – MAVO 6/96, ZMV 1996, 304.
73 *BAG*, 26. 10. 1982 – 1 ABR 11/81, EzA § 111 BetrVG 1972 Nr. 15.
74 *BAG*, 28. 3. 2006 – 1 ABR 5/05, NZA 2006, 932.
75 *BAG*, 28. 3. 2006 – 1 ABR 5/05, NZA 2006, 932.
76 *BAG*, 22. 1. 1980 – 1 ABR 281/78, EzA § 111 BetrVG 1972 Nr. 11; *Schlichtungsstelle Rottenburg-Stuttgart*, 10. 1. 2003 – SV 23/2002, ZMV 2004, 86.

18. Bestellung zu Mitarbeitern in leitender Stellung gemäß § 3 Abs. 2 Nr. 3 und 4 (Nr. 18)

81 Dem Beteiligungsrecht nach § 29 unterliegt auch die Bestellung zu leitenden Mitarbeitern nach § 3 Abs. 2 Nr. 3 (selbständige Einstellungs-, Anstellungs- und Kündigungsbefugnis) und Nr. 4 (sonstige Mitarbeiter in leitender Stellung).

82 Zu diesen Voraussetzungen wird auf § 3 Rn 71 ff. verwiesen.

83 In § 3 Abs. 2 Satz 2 heißt es ausdrücklich, dass die Bestellung nach Nr. 3 und 4 der Beteiligung der MAV bedarf. Das Beteiligungsverfahren muss also ordnungsgemäß durchgeführt und notfalls auch die Entscheidung des Ordinarius herbeigeführt worden sein, bevor der betreffende Mitarbeiter wirksam zum »Leitenden« Mitarbeiter nach Nr. 3 und 4 bestellt ist.[77]

84 Der Begriff des »sonstigen Mitarbeiters in leitender Stellung« (§ 3 Abs. 2 S. 1 Nr. 4) ist nicht definiert. Zu beachten sind folgende Verfahrensschritte (§ 3 Abs. 2 S. 2 i. V. m. § 29 Abs. 1 Nr. 18):
– Entscheidung eines Dienstgebers,
– (als Grundlage für die) Beteiligung der MAV (§ 29 Abs. 1 Nr. 18),
– ggf. die Genehmigung des Ordinarius (§ 3 Abs. 2 S. 3),
– Letztentscheidung des Dienstgebers (§ 3 Abs. 2 S. 4).

85 Die Beteiligung der MAV ist konstitutiv für die Exemtion aus dem Mitarbeiterbegriff,[78] soweit eine MAV zum fraglichen Zeitpunkt der Entscheidung des Dienstgebers besteht. Nicht zu übersehen ist, dass in diözesanen Regelungen festgelegt ist, welche Stelleninhaber zu Mitarbeitern in leitender Stellung zählen dürfen, wenn sie zu solchen bestellt werden[79] (§ 3 Rn 73 ff.). Die Kirchlichen Arbeitsgerichte überprüfen im Streitfall die Einhaltung des ordnungsgemäßen Verfahrens unter Beachtung des § 3 Abs. 2.[80] Im Falle des Missbrauchs (Rechtsstreitigkeit) kann das Kirchliche Arbeitsgericht gemäß § 2 Abs. 2 KAGO sowohl von der MAV als auch vom betroffenen Mitarbeiter angerufen werden, insbesondere wenn er Mitglied der MAV ist und sein Mandat nicht verlieren will (§ 8 Abs. 2 Buchst. d KAGO).

19. Zurückweisung von Bewerbungen schwerbehinderter Menschen um einen freien Arbeitsplatz, soweit die Beschäftigungspflicht gemäß § 71 Abs. 1 SBG IX noch nicht erfüllt ist (Nr. 19)

86 Mit dieser Vorschrift wird klar gestellt, dass die Mitarbeitervertretungen i. S. d. MAVO den Betriebsvertretungen, wie sie im SGB IX erwähnt sind (vgl. § 93 SGB IX), funktional und rechtlich gleichgestellt sind, was gemäß § 52 MAVO mit Blick auf die Zusammenarbeit mit der Schwerbehindertenvertretung (= Vertrauensperson der schwerbehinderten Menschen) bestätigt wird.

a. Ermittlung eines freien Arbeitsplatzes

87 Gemäß § 71 Abs. 1 SGB IX haben die Arbeitgeber mit mindestens 20 Arbeitsplätzen (§ 73 SGB IX) auf wenigstens 5 % der Arbeitsplätze schwerbehinderte Menschen oder ihnen gleichgestellte behinderte Menschen (§ 68 SGB IX) zu beschäftigen. Dabei sind schwerbehinderte Frauen besonders zu berücksichtigen (siehe auch zu § 52). Die Berechnung der Mindestzahl von Arbeitsplätzen und der Pflichtarbeitsplatzzahl hat gemäß § 74 SGB IX zu erfolgen, die Anrechnung von Beschäftigten auf die Zahl der Pflichtarbeitsplätze für schwerbehinderte Menschen ist in §§ 75, 76 SGB IX geregelt.

88 Gemäß § 80 Abs. 1 SGB IX haben die Arbeitgeber (Dienstgeber) gesondert für jeden Betrieb und jede Dienststelle bzw. Einrichtung ein Verzeichnis der bei ihnen beschäftigten schwerbehinderten, ihnen

---

77 *LAG Niedersachsen*, 18. 2. 2001 – 12 Sa 694/01, ZMV 2002, 253.
78 *LAG Niedersachsen*, 18. 2. 2001 – 12 Sa 694/01, ZMV 2002, 253; *LAG Hamm*, 23. 10. 1990 – 7 Sa 1040/90, KirchE Bd. 28, 258; *BAG*, 10. 12. 1992 – 2 AZR 271/92, NZA 1993, 593.
79 Vgl. Kirchlicher Anzeiger für das Erzbistum Köln 1972 Nr. 212, S. 234 f.
80 *Schlichtungsstelle Köln*, 5. 11. 1996 – MAVO 11/96 n. v.

gleichgestellten behinderten Menschen und sonstigen anrechnungsfähigen Personen laufend zu führen und dieses den Vertretern oder Vertreterinnen der Agentur für Arbeit und des Integrationsamtes, die für den Sitz des Betriebes, der Dienststelle oder Einrichtung zuständig sind, auf Verlangen vorzulegen. Außerdem müssen die Arbeitgeber einmal jährlich der zuständigen Agentur für Arbeit bis zum 31. März für das vorangegangene Kalenderjahr nach Monaten aufgegliedert die Daten anzeigen, die zur Berechnung des Umfangs der Beschäftigungspflicht, zur Überwachung ihrer Erfüllung und der Ausgleichsabgabe (§ 77 SGB IX) notwendig sind (§ 80 Abs. 2 S. 1 SGB IX). Der Betriebsvertretung, der Schwerbehindertenvertretung und dem Beauftragten des Arbeitgebers (§ 98 SGB IX) ist je eine Kopie der Anzeige und des Verzeichnisses zu übermitteln (§ 80 Abs. 2 S. 3 SGB IX).

b. Prüfpflicht und Entscheidung des Dienstgebers

Jeder Arbeitgeber muss gemäß § 81 Abs. 1 S. 1 SGB IX prüfen, ob freie Arbeitsplätze für schwerbehinderte Menschen zur Verfügung stehen. Daran hat der Arbeitgeber (Dienstgeber) die Schwerbehindertenvertretung (= Vertrauensperson der schwerbehinderten Menschen, § 96 SGB IX) nach § 95 Abs. 2 SGB IX zu beteiligen und die Betriebsvertretungen, hier also die MAV, anzuhören (§ 81 Abs. 1 S. 6 SGB IX). Erfüllt der Dienstgeber (Arbeitgeber) seine Beschäftigungspflicht nicht und ist die Schwerbehindertenvertretung oder die MAV mit der beabsichtigten Entscheidung des Dienstgebers nicht einverstanden, ist diese unter Darlegung der Gründe mit ihnen zu erörtern (§ 81 Abs. 1 S. 7 SGB IX). Dabei wird der betroffene schwerbehinderte Mensch angehört (§ 81 Abs. 1 S. 8 SGB IX) und die Integrationsvereinbarung beachtet (§ 83 Abs. 2 SGB IX). Über die dann vom Dienstgeber getroffene Entscheidung werden alle Beteiligten (vorbehaltlich des Falles des § 81 Abs. 1 S. 10 SGB IX) unter Darlegung der Gründe unverzüglich unterrichtet (§ 81 Abs. 1 S. 9 SGB IX; § 29 Abs. 4 MAVO). Auf die Ausführungen zur Durchführung der Anhörung und Mitberatung (Rn 93 ff.) wird hingewiesen.

89

c. Besondere Pflichten der öffentlichen Arbeitgeber

Gemäß § 82 SGB IX haben die öffentlichen Arbeitgeber besondere Pflichten zu erfüllen, damit schwerbehinderte Menschen vermittelt werden können; sie müssen der Agentur für Arbeit frühzeitig frei werdende und neu zu besetzende sowie neue Arbeitsplätze (§ 73 SGB IX) melden. Zu den öffentlichen Arbeitgebern zählen auch die nach staatlichem Recht öffentlich-rechtlich verfassten Körperschaften der Kirche (§ 71 Abs. 3 Nr. 4 SGB IX i. V. m. Art. 140 GG, Art. 137 Abs. 5 WRV). Der Bewerber ist zu einem Vorstellungsgespräch einzuladen (§ 82 S. 2 SGB IX). Die Einladung ist nur entbehrlich, wenn die fachliche Eignung offensichtlich fehlt (§ 82 S. 3 SGB IX).

90

d. Integrationsvereinbarung

Gemäß § 83 SGB IX treffen die Arbeitgeber Integrationsvereinbarungen zu Regelungen im Zusammenhang mit der Eingliederung schwerbehinderter Menschen, insbesondere zur Personalplanung, Arbeitsplatzgestaltung, Gestaltung des Arbeitsumfeldes, Arbeitsorganisation, Arbeitszeit sowie Regelungen über die Durchführung in den Dienststellen und Einrichtungen. Bei der Personalplanung werden besondere Regelungen zur Beschäftigung eines angemessenen Anteils von schwerbehinderten Frauen vorgesehen (§ 83 Abs. 2 Satz 2 SGB IX) Siehe § 28a.

91

Antragsberechtigt sind:
– die Schwerbehindertenvertretung, falls nicht vorhanden
– die Mitarbeitervertretung (MAV).

Dazu kann der Dienstgeber (Arbeitgeber) durch seinen Beauftragten (§ 98 SGB IX) oder die Schwerbehindertenvertretung das Integrationsamt einladen, sich an den Integrationsvereinbarungen zu beteiligen (§ 83 Abs. 1 SGB IX). Siehe § 28a.

20. Regelung einer Einrichtung nach § 1a Abs. 2

92 Bereits in § 1a Abs. 2 ist das Anhörungsrecht der MAV bei der Bildung eigenständiger Mitarbeitervertretungen durch den Rechtsträger geregelt. Im Rahmen der Beteiligungsrechte der MAV i. S. d. § 29 wird verdeutlicht, dass die beteiligte MAV ein Anhörungsrecht und Mitberatungsrecht hat, wenn der Dienstgeber eine Umorganisation vornimmt, die sich auf das Einrichtungsgefüge i. S. d. MAVO auswirkt. Bestehen eine oder mehrere Mitarbeitervertretungen bei dem Dienstgeber, der im Wege der Umorganisation die Einheiten für eine oder mehrere Einrichtungen verändern will, so dass davon auch die Bildung einer oder mehrerer Mitarbeitervertretungen abhängt, besteht für jede beteiligte MAV ein Anhörungs- und Mitberatungsrecht. Im Ergebnis ist der Dienstgeber in seiner Entscheidung frei, wenn er nach Darlegung seiner Gründe und nach Erörterung seiner Absicht zur Umorganisation mit der MAV seinen Plan verwirklichen will (§ 29 Abs. 4). Im **Streitfall** kann lediglich überprüft werden, ob durch die Veränderung der Einrichtungseinheiten ein Verstoß gegen die MAVO vorliegt. Das kann z. B. der Fall sein, wenn der Dienstgeber wegen der Zahl der Mitarbeiter kleinere Einheiten schaffen will, um z. B. der Freistellungsvorschrift des § 15 Abs. 3 zu entgehen (§ 55 MAVO, § 2 Abs. 2 KAGO). Die Regelung zur Bildung eigenständiger Mitarbeitervertretungen durch den Rechtsträger bedarf der Genehmigung durch den Ordinarius (§ 1a Abs. 2 S. 2 MAVO) und darf nicht missbräuchlich erfolgen (§ 1a Abs. 2 S. 3 MAVO).

III. Durchführung der Anhörung und Mitberatung

93 Die Anhörung und Mitberatung vollzieht sich in vier Stufen:

1. Stufe: Unterrichtung der MAV über die geplante Maßnahme durch den Dienstgeber (Rn 94 ff.).

2. Stufe: Möglichkeit der MAV, binnen einer Woche Einwendungen zu erheben (Rn 99 ff.).

3. Stufe: Gemeinsame Beratung zwischen Dienstgeber und MAV über die erhobenen Einwendungen (Rn 105 f.).

4. Stufe: Entscheidung des Dienstgebers bei fehlender Einigung über die erhobenen Einwendungen der MAV (Rn 107 f.).

1. Stufe: Unterrichtung der MAV

94 § 29 Abs. 2 schreibt die Anhörung in den genannten Einzelfällen vor. Der Dienstgeber ist verpflichtet, rechtzeitig (§ 29 Abs. 2 S. 2) die Mitarbeitervertretung von der geplanten Maßnahme bzw. Entscheidung zu unterrichten, ihr ein **vollständiges** Bild seiner Absichten zu geben und ihr damit die Möglichkeit zu eröffnen, innerhalb der MAV über die geplante Maßnahme zu beraten. Die vorgeschriebene Unterrichtung soll es der MAV ermöglichen, in eigener Verantwortung zu prüfen, wie sie zur Wahrnehmung ihres Beteiligungsrechts tätig werden will.[81] Diese Anhörung hat rechtzeitig zu erfolgen. »Rechtzeitig« ist eine Unterrichtung in diesem Sinne auf keinen Fall, wenn der Dienstgeber seine Planungen abgeschlossen hat und vor dem Vollzug der Maßnahme nun auch noch, weil es in § 29 Abs. 2 vorgesehen ist, die MAV unterrichtet. Die MAV ist spätestens nach Abschluss der Planung der Maßnahme, aber vor den ersten Schritten zum Vollzug zu unterrichten. Sie muss nicht nur die Möglichkeit zur internen Beratung haben, sondern vor allem nach § 29 Abs. 3 und 4 Einwendungen und eigene Vorschläge gegenüber den Planungen des Dienstgebers erheben können. »Rechtzeitige Unterrichtung« setzt die Offenheit des Dienstgebers für solche Vorschläge und Einwendungen der MAV voraus. Daraus ergibt sich nach § 29 Abs. 3, dass die Unterrichtung der MAV in jedem Falle **mindestens 1 Woche** vor der Durchführung der geplanten Maßnahme zu erfolgen hat, um in die Beratung mit dem Dienstgeber einsteigen zu können. Ein nicht ordnungsgemäß eingeleitetes Anhörungsverfahren oder die unvollständige Unterrichtung der MAV setzt die Wochenfrist nicht in Lauf.[82]

---

[81] So für die Unterrichtungspflichten nach dem BetrVG: *BAG*, 23. 3. 2010 – 1 ABR 81/08, EzA-SD 2010, Nr. 14, S. 14.

[82] *Schlichtungsstelle Freiburg*, 18. 2. 1999 – 5/1998; ebenso *BAG*, 28. 6. 2005 – 1 ABR 26/04, BAGE 115, 173.

Die Unterrichtung der MAV ist an **keine Form** gebunden. Sie kann **schriftlich** oder **mündlich** erfolgen. Falls der Dienstgeber schriftliche Form wählt, was auch aus Gründen des Nachweises einer ordnungsgemäßen Unterrichtung anzuraten ist, kann er zu Zwecken des Fristnachweises eine Empfangsbestätigung für seine Unterrichtung fordern. Die Unterrichtung hat dem **Vorsitzenden der MAV** gegenüber zu erfolgen. Ist er verhindert, ist die Unterrichtung gegenüber dem **Stellvertreter** vorzunehmen. 95

Die Vertretungsbefugnis zur Entgegennahme von Erklärungen durch den Vorsitzenden bzw. seinen Stellvertreter ist eindeutig durch **§ 14 Abs. 1 S. 5** geregelt. 96

Die Unterrichtung **anderer MAV-Mitglieder** genügt also grundsätzlich **nicht**.[83] Eine Ausnahme wird zugelassen, wenn die MAV für eine zusätzliche Vertretung gesorgt hat. Nur in diesem Fall wäre die Unterrichtung des bestellten MAV-Mitgliedes ordnungsgemäß und würde die Wochenfrist des § 29 Abs. 3 in Lauf setzen.[84] 97

Die Unterrichtung muss vollständig sein. Der Dienstgeber muss alle Informationen erteilen, die objektiv für eine Behandlung seiner Maßnahme oder Entscheidung durch die MAV erforderlich sind.[85] Dazu zwingt ihn die durch § 26 Abs. 1 (Rn 2) geforderte vertrauensvolle Zusammenarbeit mit der MAV. Auf Verlangen sind der MAV auch Unterlagen für die geplante Maßnahme/Entscheidung vorzulegen (§ 26 Abs. 2; Rn 33 ff.). 98

2. Stufe: Einwendungen der MAV

Ist die Unterrichtung rechtzeitig, vollständig und an einen richtigen Adressaten erfolgt (Rn 95 ff.), so beginnt damit die **Wochenfrist**, innerhalb der durch die MAV Einwendungen erhoben werden können. 99

Die Frist beginnt also erst zu laufen, wenn die MAV **ordnungsgemäß unterrichtet** wurde. Sie beginnt also überhaupt **nicht**, wenn keine Unterrichtung **durch den Dienstgeber** erfolgte.[86] Das ist vor allem von Bedeutung, wenn die MAV auf andere, auch an sich sichere Art und Weise von beteiligungspflichtigen Maßnahmen/Entscheidungen des Dienstgebers Kenntnis erlangte. Sind die Informationen des Dienstgebers nicht ausreichend, muss die MAV auf die unvollständige Unterrichtung innerhalb der Wochenfrist ausdrücklich unter genauer Angabe der nach ihrer Meinung fehlenden Tatsachen hinweisen. In diesem Falle beginnt die Wochenfrist erst mit Zugang der vollständigen, ordnungsgemäßen Unterrichtung.[87] 100

Für die Berechnung der Wochenfrist gilt § 187 Abs. 1 BGB: Der Tag, an dem die ordnungsgemäße Unterrichtung erfolgt, wird bei der Berechnung der Frist nicht mitgezählt. Fällt das Ende der Frist auf einen Sonnabend, Sonntag oder gesetzlichen Feiertag, verlängert sich die Frist auf den nächstfolgenden Werktag (§ 193 BGB). Die Frist berechnet sich nach Kalendertagen, nicht nach Werk- oder Arbeitstagen. 101

▶ **Beispiel:** Ordnungsgemäße Unterrichtung der MAV:

Samstag, 1. Mai 2010

Beginn der Frist: Sonntag, 2. Mai 2010

Ablauf der Frist: Montag, 10. Mai 2010, da nach § 193 BGB die Frist weder am Samstag noch am Sonntag ablaufen kann.

---

83 *BAG*, 28. 2. 1974 – 2 AZR 455/73, EzA § 102 BetrVG 1972 Nr. 8.
84 *LAG Frankfurt*, 28. 11. 1989 – 4 TaBV 98/88, DB 1990, 1728.
85 *Schlichtungsstelle Rottenburg-Stuttgart*, 28. 8. 2004 – 5 V 14/2004, ZMV 5/2004, 240.
86 *BAG*, 28. 6. 2005 – 1 ABR 26/04, BAGE 115, 173.
87 *BAG*, 28. 1. 1986 – 1 ABR 10/84, AP Nr. 34 zu § 99 BetrVG 1972 = EzA § 99 BetrVG 1972 Nr. 48 = DB 1986, 1077.

102 Durch eine ausdrückliche Vereinbarung zwischen Dienstgeber und MAV kann auf Antrag der MAV diese Frist um eine weitere Kalenderwoche **verlängert** werden (§ 29 Abs. 3 S. 2).[88] Eine Verlängerung darüber hinaus ist ausgeschlossen. Allerdings hat die MAV einen Anspruch auf die Verlängerung um diese weitere Woche auch ohne Angabe von Gründen. Nach Ablauf der ersten bzw. – bei Verlängerung – der zweiten Woche **fingiert** die MAVO in § 29 Abs. 3 S. 1, dass die Maßnahme des Dienstgebers als »**nicht beanstandet**« gilt, wenn keine Einwendungen erfolgen.

103 Die MAV kann innerhalb der genannten Fristen Einwendungen erheben. Diese **Einwendungen** können wirksam **schriftlich** wie **mündlich** beim Dienstgeber vorgetragen werden. Sie müssen begründet werden. Die Formulierung »Einwendungen erheben« führt dazu, dass ein **nicht begründeter Einspruch** gegen eine Maßnahme des Dienstgebers **unzulässig** ist mit der Folge, dass die Maßnahme des Dienstgebers als »nicht beanstandet« gilt. Die Einwendungen schriftlich niederzulegen – wenngleich nicht vorgeschrieben – ist zweckmäßig.

104 Die MAV kann ihre **Einwendungen** mit allen **Gründen** erheben, die sich **sachbezogen** mit der Maßnahme des Dienstgebers auseinandersetzen. Sie ist nicht, wie in § 30 Abs. 3 (Rn 73 ff.) auf genau fixierte Gründe für ihre Einwendungen verwiesen. Eine Begründung, die offensichtlich keine sachbezogenen Einwendungen vorbringt ist allerdings unbeachtlich und führt dazu, dass die Maßnahme als nicht beanstandet gilt.[89] Auch ist die MAV nach Fristablauf nicht mehr in der Lage, ihre Einwendungen zu verändern. Die Bekanntgabe der Einwendungen gegenüber dem Dienstgeber präzisiert den Streitstoff über die Maßnahme auf diese rechtzeitig vorgebrachten Einwendungen. Eine Ergänzung ist zulässig. **Ein Nachschieben neuer Einwendungen** nach dem Ablauf der Frist ist ausgeschlossen.[90]

3. Stufe: Gemeinsame Beratungen zwischen Dienstgeber und MAV über die erhobenen Einwendungen

105 § 29 Abs. 2 S. 2 zwingt den Dienstgeber und die MAV bei der Erhebung von Einwendungen innerhalb der Frist, nur diese – nicht auch nachgeschobene (Rn 104) – Einwendungen zum Gegenstand einer **gemeinsamen Sitzung zwischen Dienstgeber und MAV** zu machen. Diese Sitzung wird vom Dienstgeber einberufen. Er leitet diese Sitzung. Zu ihr sind **alle Mitglieder der MAV**, nicht nur der Vorsitzende und sein Stellvertreter, **einzuladen.** Alle Mitglieder haben ein Teilnahmerecht, können auf dieser gemeinsamen Sitzung an den Dienstgeber Fragen stellen und Auskünfte fordern. Sie sind insoweit von der Arbeit freizustellen. Der Dienstgeber hat für die Dauer der gemeinsamen Sitzung nach § 15 Abs. 2 (§ 15 Rn 11) den Lohn fortzuzahlen.

106 Die **gemeinsame Beratung** hat mit dem Ziele einer **Verständigung** zu erfolgen. Das bedeutet, dass weder die vorgeschlagene Maßnahme/Entscheidung des Dienstgebers noch die Einwendungen der MAV unverrückbare Maximalforderungen bleiben können. Beide Partner müssen mit dem Willen zur Verständigung bereit sein, eine Einigung zu erzielen. Diese **Verständigung** ist **allein** Sache der **Partner** der Einrichtung. Sie ist weder über die Einigungsstelle oder das Kirchliche Arbeitsgericht noch über die staatlichen Gerichte erzwingbar. Zweckmäßig ist eine schriftliche Niederlegung der gefundenen Verständigung.

4. Stufe: Letztentscheidung des Dienstgebers

107 Kommt eine **Verständigung** auf der gemeinsamen Sitzung **nicht** zustande, hält die MAV ihre Einwendungen weiter aufrecht **und** will der Dienstgeber ihnen nicht Rechnung tragen, so **entscheidet** der **Dienstgeber**, dass er seine Maßnahme/Entscheidung in der von ihm, in der Unterrichtung vorgesehenen Form durchführt (§ 29 Abs. 3). Entscheidend dabei bleibt, dass der Dienstgeber die Maßnahme **nicht** in einer **anderen Form** durchführen kann, als die Unterrichtung der MAV erfolgte.

---

[88] *BAG*, 15. 4. 1986 – 1 ABR 55/84, EzA § 99 BetrVG 1972 Nr. 49.
[89] *BAG*, 6. 8. 2002 – 1 ABR 49/01, BAGE 102, 135.
[90] *BAG*, 15. 4. 1986 – 1 ABR 55/84, EzA § 99 BetrVG 1972 Nr. 49; 18. 8. 2009 – 1 ABR 49/08, NZA 2010, 112.

Mit der Unterrichtung bindet sich der Dienstgeber für die Durchführung der von ihm vorgesehenen Maßnahme.

Diese **Letztentscheidung** des Dienstgebers ist **bindend**. Sie kann **nicht** über ein Verfahren vor der Einigungsstelle nach § 45 überprüft werden. Soweit nach § 2 Abs. 2 KAGO ein Verfahren wegen »Verstoßes gegen § 29 MAVO« von der MAV beim Kirchlichen Arbeitsgericht eingeleitet werden kann, kann es daher nicht um diese Letztentscheidung des Dienstgebers gehen. Gegenstand des Verfahrens können allein Streitfragen um Verstöße des Dienstgebers gegen seine Unterrichtungs-, Anhörungs- und Mitberatungsverpflichtung, wie sie hier in Rn 94–107 näher dargestellt wurden, sein. 108

IV. Vorläufige Entscheidungen des Dienstgebers

§ 29 Abs. 5 gibt dem Dienstgeber das Recht, vorläufige Notfallentscheidungen zu treffen. Solche vorläufigen Regelungen setzen voraus: 109
– Es muss sich um eine Maßnahme oder Entscheidung des Dienstgebers handeln, die unter den abschließenden Katalog der Maßnahmen des § 29 Abs. 1 Nr. 1–20 einzuordnen ist.
– Diese Maßnahme darf der Natur der Sache nach keinen Aufschub dulden.

Ob eine Maßnahme oder Entscheidung des Dienstgebers in diesem Sinne eilbedürftig ist, entscheidet sich nach objektiven Maßstäben, nicht nach der subjektiven Meinung des Dienstgebers. 110

Der Eilfall ist vom Notfall zu unterscheiden. 111

1. Eilfall

Ein Eilfall ist gegeben, wenn im Interesse des geordneten Betriebs- oder Verwaltungsablaufes in der kirchlichen Einrichtung die Anhörung und Mitberatung der MAV alsbald erfolgen muss, derzeit aber diese Anhörung und Mitberatung noch nicht vorliegt und auch nicht zu erreichen ist. Alle beteiligungspflichtigen Angelegenheiten des § 29 Abs. 1 kennt der Dienstgeber in angemessenem zeitlichen Rahmen vor der Beteiligung. Es ist zunächst seine Sache abzuschätzen, wann er die MAV anhört und beteiligt. Daher gehört es auch grundsätzlich zu seinem Risiko, die MAV über eine von ihm vorgesehene Maßnahme rechtzeitig zu unterrichten. Die Initiative dafür liegt bei ihm. Die nicht rechtzeitige Ausübung dieses Initiativrechts geht also zu seinen Lasten. Dennoch hat die MAV auch im Rahmen der vertrauensvollen Zusammenarbeit auf eine als eilig bezeichnete Maßnahme rasch zu reagieren, sich unverzüglich damit auseinanderzusetzen, ihre etwaigen Einwendungen, soweit möglich in derartigen Fällen, auch schon vor Ablauf der Wochenfrist dem Dienstgeber bekannt zu geben und mit ihm in einer gemeinsam Sitzung zu beraten. Sie muss bei einer begründet als »eilig« bezeichneten Maßnahme dem Dienstgeber die Möglichkeit zur beschleunigten und dennoch korrekten Abwicklung ihrer Beteiligungsrechte geben. 112

Für solche Eilfälle gilt die Regelung des § 29 Abs. 5 nicht.

2. Notfall

Der Notfall dagegen ist eine Situation, in der der Dienstgeber auf Grund einer für ihn nicht vorhersehbar gewesenen Lage und zur Vermeidung nicht wieder gutzumachender Schäden für die Einrichtung zu sofortigen Maßnahmen gezwungen ist. Zu denken ist hier an plötzliche Notsituationen im Pflegedienst eines Krankenhauses oder Altenheimes, Ausbruch eines Brandes in der Einrichtung, Unglück in der Einrichtung mit Auswirkungen auf ihre weitere Funktionsfähigkeit. 113

In einem solchen Notfall, wenn also eine vom Dienstgeber vorgesehene Maßnahme der Natur der Sache nach keinem Aufschub duldet, kann der Dienstgeber zunächst einseitig Maßnahmen und Entscheidungen treffen. 114

Liegt ein solcher, seiner Natur nach nicht vorhersehbarer Notfall vor, so kann der Dienstgeber vorläufige Maßnahmen treffen, ohne sich vorher mit der MAV in Verbindung zu setzen und mit ihr zu beraten. Es ist allerdings verpflichtet, die MAV über die von ihm getroffenen vorläufigen Entschei- 115 dungen zu unterrichten und gleichzeitig ordnungsgemäß eine Anhörung und Mitberatung in den 4 Stufen (Rn 93 ff.) einzuleiten und abzuwickeln. Die Notfallentscheidung ist also keine endgültige Entscheidung. Sie wird erst zu einer endgültigen Maßnahme des Dienstgebers nach korrekter Abwicklung der Beteiligungsrechte der MAV.

116 Ein Verstoß gegen § 29 Abs. 5 kann vom Kirchlichen Arbeitsgericht nach § 2 Abs. 2 KAGO dahingehend überprüft werden, dass festgestellt wird, dass der Dienstgeber zu einer vorläufigen Regelung nach § 29 Abs. 5 nicht berechtigt war. Gegenstand eines gerichtlichen Verfahrens kann auch sein, dass festgestellt werden soll, dass die MAV über die vorläufige Regelung nicht unverzüglich verständigt worden ist (§ 29 Abs. 5 S. 2). Dies gilt bereits für einen erstmaligen Verstoß des Dienstgebers.

117 Schließlich kann die MAV nach § 2 Abs. 2 KAGO auch die Rechtsfrage zur Entscheidung stellen, ob ein Notfall i. S. d. § 29 Abs. 5 überhaupt vorgelegen hat.

V. Streitigkeiten

118 Für die Regelungsfälle des § 29 Abs. 1 ist das Einigungsstellenverfahren im Falle von Meinungsverschiedenheiten zwischen den Einrichtungspartnern nicht vorgesehen. Das folgt aus dem nicht erweiterbaren Katalog des § 45. Andererseits können sich allerdings Rechtsstreitigkeiten ergeben, wenn der Dienstgeber nämlich das Anhörungs- und Mitberatungsrecht verletzt hat, indem er der Beteiligung der MAV vor seiner Maßnahme i. S. d. § 29 Abs. 1 nicht Rechnung getragen hat oder das Anhörungs- und Mitberatungsverfahren gemäß § 29 Abs. 2 und 3 nicht ordnungsgemäß durchgeführt oder sogar eine rechtsmissbräuchliche Entscheidung (vgl. etwa § 1a Abs. 2 S. 3 i. V. m. § 29 Abs. 1 Nr. 20) getroffen hat. Im Falle einer Rechtsstreitigkeit – und sei sie gepaart mit einer Regelungsstreitigkeit – hat jeder der Einrichtungspartner das Recht zur Klage vor dem Kirchlichen Arbeitsgericht (§ 2 Abs. 2, § 8 Abs. 2 Buchst. a KAGO).

§ 30 Anhörung und Mitberatung bei ordentlicher Kündigung

(1) Der Mitarbeitervertretung ist vor jeder ordentlichen Kündigung durch den Dienstgeber schriftlich die Absicht der Kündigung mitzuteilen. Bestand das Arbeitsverhältnis im Zeitpunkt der beabsichtigten Kündigung bereits mindestens sechs Monate, so hat er auch die Gründe der Kündigung darzulegen.

(2) Will die Mitarbeitervertretung gegen die Kündigung Einwendungen geltend machen, so hat sie diese unter Angabe der Gründe dem Dienstgeber spätestens innerhalb einer Woche schriftlich mitzuteilen. Erhebt die Mitarbeitervertretung innerhalb der Frist keine Einwendungen, so gilt die beabsichtigte Kündigung als nicht beanstandet. Erhebt die Mitarbeitervertretung Einwendungen und hält der Dienstgeber an der Kündigungsabsicht fest, so werden die Einwendungen in einer gemeinsamen Sitzung von Dienstgeber und Mitarbeitervertretung mit dem Ziel einer Verständigung beraten. Der Dienstgeber setzt den Termin der gemeinsamen Sitzung fest und lädt hierzu ein.

(3) Als Einwendung kann insbesondere geltend gemacht werden, dass nach Ansicht der Mitarbeitervertretung;
1. die Kündigung gegen ein Gesetz, eine Rechtsverordnung, kircheneigene Ordnung oder sonstiges geltendes Recht verstößt,
2. der Dienstgeber bei der Auswahl der zu kündigenden Mitarbeiterin oder des zu kündigenden Mitarbeiters soziale Gesichtspunkte nicht oder nicht ausreichend berücksichtigt hat,
3. die zu kündigende Mitarbeiterin oder der zu kündigende Mitarbeiter an einem anderen Arbeitsplatz in einer Einrichtung desselben Dienstgebers weiter beschäftigt werden kann,
4. die Weiterbeschäftigung der Mitarbeiterin oder des Mitarbeiters nach zumutbaren Umschulungs- oder Fortbildungsmaßnahmen möglich ist oder
5. eine Weiterbeschäftigung der Mitarbeiterin oder des Mitarbeiters unter geänderten Vertragsbedingungen möglich ist und die Mitarbeiterin oder der Mitarbeiter sein Einverständnis hiermit erklärt hat.

Diese Einwendungen bedürfen der Schriftform und der Angabe der konkreten, auf den Einzelfall bezogenen Gründe.

(4) Kündigt der Dienstgeber, obwohl die Mitarbeitervertretung Einwendungen gemäß Abs. 3 Nrn. 1 bis 5 erhoben hat, so hat er der Mitarbeiterin oder dem Mitarbeiter mit der Kündigung eine Abschrift der Einwendungen der Mitarbeitervertretung zuzuleiten.

(5) Eine ohne Einhaltung des Verfahrens nach den Absätzen 1 und 2 ausgesprochene Kündigung ist unwirksam.

Übersicht

	Rn
I. Vorbemerkung	1– 8
II. Zweck des Anhörungsverfahrens	9
III. Anwendungsbereich	10– 24
1. Geschützter Personenkreis	10, 11
2. Ordentliche Kündigung als Gegenstand des Anhörungsrechts	12– 16
3. Bestehen und Handlungsfähigkeit der Mitarbeitervertretung	17– 24
IV. Anhörung der Mitarbeitervertretung	25– 60
1. Art und Weise der Anhörung	25– 27
a. Wer hat anzuhören?	26
b. Prinzip der subjektive Determination	27
2. Adressat der Anhörung	28
3. Notwendiger Inhalt und Umfang der Unterrichtung	29– 52
a. Person des zu kündigenden Mitarbeiters	29– 35
b. Kündigungsfrist und Kündigungstermin	36
c. Kündigungsgründe	37– 48
d. Nachschieben von Kündigungsgründen	49– 52
4. Zeitpunkt der Anhörung	53– 57
5. Form der Anhörung	58– 60
V. Stellungnahme der Mitarbeitervertretung	61– 98
1. Ordnungsgemäße Beschlussfassung	61
2. Inhalt, Form und Frist der Stellungnahme	62– 72
3. Einwendungsbegründung	73– 98
a. Allgemeines	73– 75
b. § 30 Abs. 3 Nr. 1: Die Kündigung verstößt gegen Rechtsvorschriften	76– 83
c. § 30 Abs. 3 Nr. 2: Nichtberücksichtigung sozialer Gesichtspunkte bei der Auswahl des zu Kündigenden	84, 85
d. § 30 Abs. 3 Nr. 3: Weiterbeschäftigungsmöglichkeit an einem anderen Arbeitsplatz in einer der Einrichtung desselben Dienstgebers	86– 92
e. § 30 Abs. 3 Nr. 4: Weiterbeschäftigung nach zumutbaren Umschulungs- oder Fortbildungsmaßnahmen	93– 96
f. § 30 Abs. 3 Nr. 5: Weiterbeschäftigung unter geänderten Vertragsbedingungen mit Einverständnis des Mitarbeiters	97, 98
VI. Gemeinsame Sitzung des Dienstgebers und der MAV sowie Abschluss des Mitberatungsverfahrens (§ 30 Abs. 2 S. 3 und 4)	99–103
VII. Abschrift der Einwendungen an den Mitarbeiter (§ 30 Abs. 4)	104, 105
VIII. Fehler im Anhörungsverfahren	106–111
1. Fehler im Verantwortungsbereich des Dienstgebers	107–110
2. Fehler im Verantwortungsbereich der MAV	111
IX. Beendigung des Anhörungsverfahrens und Rechtsfolgen für die Kündigung	112–115
X. Darlegungs- und Beweislast im Prozess	116–119
XI. Weiterbeschäftigungsanspruch nach Ablauf der ordentlichen Kündigungsfrist	120–129
XII. Streitigkeiten	130, 131

I. Vorbemerkung

Die Mitwirkungsrechte für die Repräsentativorgane der Mitarbeiter bei Arbeitgeberkündigungen im profanen und kirchlichen Bereich weisen in ihrer Grundausrichtung große Ähnlichkeiten auf, im Detail sind sie aber teilweise unterschiedlich ausgestaltet. Das zeigt sowohl der Vergleich der verschiedenen Mitwirkungsordnungen miteinander als auch die Genese der einzelnen Mitwirkungsvorschriften.

V. Zusammenarbeit zwischen Dienstgeber und Mitarbeitervertretung

2 Während das **Betriebsrätegesetz 1920** (BRG) gar keine Beteiligung der Betriebsräte bei Kündigungen vorsah, § 84 BRG enthielt lediglich ein Einspruchsrecht des einzelnen Arbeitnehmers, war in § **66 Abs. 1 BetrVG 1952** erstmals ein Mitwirkungsrecht des Betriebsrats verankert.[1] Nach dieser Bestimmung war der Betriebsrat bei Einzelkündigungen zu hören, während bei Massenentlassungen der Arbeitgeber mit dem Betriebsrat zu beraten hatte, wie Härten vermieden werden konnten.[2] Die Anhörung des Betriebsrats stellte nach Ansicht des BAG und der herrschenden Meinung im Schrifttum aber grundsätzliche **keine Wirksamkeitsvoraussetzung für die Kündigung** dar.[3]

3 Der Gesetzgeber hat die Rechtsstellung des Betriebsrats durch die Vorschrift des § **102 BetrVG**, die am 19. 1. 1972 im Zuge der großen BetrVG-Novelle in Kraft trat, erheblich gestärkt und gleichzeitig den kollektiven mit dem individualrechtlichen Schutz verknüpft.[4] Die seither unverändert gebliebene Vorschrift regelt, dass eine ohne Anhörung des Betriebsrats ausgesprochene Kündigung unwirksam ist, § 102 Abs. 1 S. 2 BetrVG. Die Gründe, aus denen einer ordentlichen Kündigung widersprochen werden kann, sind abschließend aufgezählt, § 102 Abs. 3 BetrVG. § 102 BetrVG Abs. 5 sieht unter bestimmten Voraussetzungen vor, dass der gekündigte Arbeitnehmer weiterzubeschäftigen ist. Außerdem kann die Zustimmung des Betriebsrats durch Betriebsvereinbarung zur Wirksamkeitsvoraussetzunge für jede Kündigung gemacht werden, § 102 Abs. 6 BetrVG.

4 Die Beteiligung der **Personalvertretung** bei der Beendigung eines Arbeitsverhältnisses durch ordentliche und außerordentliche Kündigung weist **viele Parallelen zum BetrVG** auf. Gegenüber der Vorgängerregelung (§ 70 Abs. 1b Nr. 5 PersVG 1955) hat das geltende Recht die Beteiligungsrecht des Personalrats erheblich ausgebaut.[5] Nach § **79 Abs. 4 BPersVG** ist eine ordentliche Kündigung (§ 79 Abs. 1) unwirksam, wenn der Personalrat nicht beteiligt worden ist. Vor Ausspruch der Kündigung ist die ordnungsgemäße Anhörung des Personalrats notwendig. Die Möglichkeit der Personalvertretung, gegen die Kündigung Einwendungen zu erheben (§ 79 Abs. 1 BPersVG), entspricht dem Widerspruchsrecht des Betriebsrats. § 79 Abs. 2 BPersVG gewährt dem gekündigten Arbeitnehmer einen Weiterbeschäftigungsanspruch bis zur rechtskräftigen Entscheidung über seine Kündigungsschutzklage, für den Fall, dass der Personalrat der Kündigung widersprochen hat. Auch insoweit besteht eine Parallele zum BetrVG. Nach § 79 Abs. 3 BPersVG ist bei fristlosen Entlassungen und außerordentlichen Kündigungen der Personalrat anzuhören.

5 Blickt man in die **Landespersonalvertretungsgesetze**, so entsprechen die personalrechtlichen Mitwirkungsvorschriften bei Kündigungen in **Baden-Württemberg**, in **Bayern**, **Rheinland-Pfalz** und **Sachsen** weitgehend den Regelungen im Bundesrecht. Einige Bundesländer (z. B. **Berlin, Brandenburg, Bremen, Niedersachsen sowie Schleswig-Holstein**) sehen dagegen weiter gehende Beteiligungsrechte des Personalrats bei Arbeitgeberkündigungen vor.[6]

6 In dem für leitende Angestellte geltenden **Sprecherausschussgesetz** (SprAuG) findet sich in § 31 Abs. 2 eine dem § 102 Abs. 1 und 2 BetrVG nachgebildete Regelung. Danach ist der Sprecherausschuss vor jeder Kündigung eines leitenden Angestellten zu hören. Ihm sind die Gründe für die Kündigung mitzuteilen. Eine ohne Anhörung des Sprecherausschusses ausgesprochene Kündigung ist ebenfalls unwirksam. Bedenken gegen eine ordentliche Kündigung hat der Sprecherausschuss dem Arbeitgeber spätestens innerhalb einer Woche, gegen eine außerordentliche Kündigung unverzüglich, spätestens innerhalb von drei Tagen, unter Angabe der Gründe schriftlich mitzuteilen. Einen speziellen **Weiterbeschäftigungsanspruch** entsprechend § 102 Abs. 5 BetrVG kennt das SprAuG nicht.

---

1 *Düwell-Braasch*, BetrVG § 102 Rn 1.
2 *Düwell-Braasch*, BetrVG § 102 Rn 1.
3 *BAG*, 15. 9. 1954 – 1 AZR 258/54, AP BetrVG [1952] § 66 Nr. 1; vgl. *Richardi/Thüsing*, BetrVG § 102 Rn 2.
4 *Raab*, GK-BetrVG § 102 Rn 1.
5 Nach dem PersVG 1955 bestand nur ein Mitwirkungsrecht bei der ordentlichen Kündigung, für den Fall der fristlosen Entlassung war der Arbeitgeber nur verpflichtet, den Personalrat unverzüglich zu verständigen, vgl. *Richardi/Benecke*, § 79 BPersVG Rn 1.
6 Vgl. Überblick bei *Richardi/Benecke*, § 79 BPersVG Rn 144 ff.

Für Mitarbeitervertretungen in **katholischen Einrichtungen** sieht § 30 MAVO bei ordentlichen Kündigungen ein Anhörungs- und Mitberatungsrecht der MAV vor. In ihrer Grundstruktur ist diese Regelung dem § 102 BetrVG und § 79 BPersVG nachgebildet, mit drei Ausnahmen: Im Gegensatz zum Widerspruch des Betriebs- bzw. Personalrats ist in § 30 weder eine Weiterbeschäftigungspflicht vorgesehen (vgl. hierzu Rn 120), noch tritt die in § 1 Abs. 2 S. 2 und S. 3 KSchG enthaltene kündigungsschutzrechtliche Wirkung als absoluter Grund der Sozialwidrigkeit ein. Außerdem gibt es in der MAVO **keinen abschließenden Katalog an Einwendungsgründen**, wie etwa im BetrVG oder im BPersVG. Die MAV kann nach § 30 Abs. 3 gegen die beabsichtigte Kündigung **aus jedwedem Grund** Einwendungen erheben (»insbesondere«). Sie müssen sich nicht auf die Rechtmäßigkeit der Kündigung beziehen, die Kündigung kann vielmehr auch hinsichtlich der Zweckmäßigkeit hinterfragt werden.[7] Anders als in § 102 Abs. 6 BetrVG, aber insoweit inhaltsgleich mit dem Bundespersonalvertretungsrecht (vgl. §§ 3, 73 Abs. 1, 97 BPersVG), regelt die MAVO (vgl. § 55), dass die Vorschriften des Mitarbeitervertretungsrechts nicht zur Disposition der Tarifvertrags- und Betriebsparteien stehen (Stichwort: Unabdingbarkeit), vgl. auch Rn 71. Seit der MAVO-Novelle 2003 besteht auch eine **Anhörungspflicht für Kündigungen während der Probezeit**. Damit hat der kirchliche Ordnungsgeber eine weitere Angleichung an profanrechtliche Vorschriften sowie an die Bestimmung des §§ 45, 46b und 46c MVG.EKD vollzogen.[8]

7

In der **evangelischen Kirche** unterliegt die ordentliche Kündigung nach Ablauf der Probezeit der eingeschränkten Zustimmung der MAV, § 42b MVG.EKD. Die ordentliche Kündigung innerhalb der Probezeit (§ 46 lit. c MVG.EKD) sowie die außerordentliche Kündigung (vgl. § 46 lit. b MVG.EKD) unterliegen der Mitberatung (§ 45 MVG.EKD). Zumindest für den Bereich der ordentlichen Kündigung nach der Probezeit wird das Kündigungsrecht des Dienstgebers damit relativ stark eingeschränkt. Ordentliche Kündigungen nach der Probezeit können im Anwendungsbereich der MVG.EKD erst ausgesprochen werden, wenn die Zustimmung der MAV vorliegt oder kirchengesetzlich ersetzt wurde (§ 41 Abs. 3 i. V. m. 38 Abs. 1 S. 1 MVG.EKD). Folge: Wenn die MAV ihre Zustimmung zu einer beabsichtigten ordentlichen Kündigung nach der Probezeit mit der Begründung verweigert, die Kündigung verstoße gegen eine Vorschrift des KSchG, wird diese Kündigung einer doppelten gerichtlichen Kontrolle unterworfen – zum einen wird die Wirksamkeit der beabsichtigten Kündigung im Rahmen der Überprüfung der Rechtmäßigkeit der Zustimmungsverweigerung inzident durch das Kirchengericht geprüft, zum anderen wird später über die Rechtmäßigkeit der ausgesprochenen ordentlichen Kündigung durch die staatlichen Arbeitsgerichte befunden, falls der gekündigte Mitarbeiter Kündigungsschutzklage einreicht. Im evangelischen Bereich geht damit das Mitwirkungsrecht der MAV – und mittelbar der Kündigungsschutz des Mitarbeiters – bei einer ordentlichen Kündigung nach der Probezeit weiter als in den Betrieben im Geltungsbereich des BetrVG, in den Dienststellen im Geltungsbereich des BPersVG und in den Einrichtungen im Anwendungsbereich der MAVO. § 46 MVG.EKD weist in seiner Grundausrichtung insoweit eher Ähnlichkeiten mit den Regelungen in einigen Landespersonalvertretungsgesetzen auf (z. B. § 65 Abs. 2 Nr. 9 PersVG-Niedersachsen; § 87 Nr. 9 PersVG-Berlin; § 63 Abs. 1 Nr. 17 PersVG-Brandenburg; § 65 Abs. 1 PersVG-Bremen) als mit dem BetrVG oder dem BPersVG.

8

II. Zweck des Anhörungsverfahrens

§ 30 räumt der MAV ein Anhörungsrecht bei ordentlichen Kündigungen durch den Dienstgeber ein. Anders als etwa bei der Einstellung oder Versetzung eines Mitarbeiters[9] bedarf die Kündigung nicht der Zustimmung durch die MAV; es reicht aus, sie ordnungsgemäß anzuhören und im Falle von Einwendungen diese mit der MAV zu beraten. Das Anhörungsverfahren verfolgt einen doppelten Zweck:

9

---

7 *Frey/Coutelle/Beyer*, MAVO § 30 Rn 38.
8 *Frey/Coutelle/Beyer*, MAVO § 30 Rn 3.
9 Wenn im nachfolgenden Text ausschließlich die männliche Schreibweise (Mitarbeiter, Dienstnehmer, Dienstgeber Leiharbeitnehmer usw.) benutzt wird, geschieht dies ausschließlich mit Blick auf die Lesbarkeit des Textes. Selbstverständlich gilt die weibliche Bezeichnung sinngemäß.

Erstens soll durch die Mitwirkung der MAV der individuelle Kündigungsschutz verstärkt werden. Die Anhörung dient aber nicht dazu, eine Kündigung grundsätzlich oder überhaupt zu verhindern. Sie soll lediglich eine gewisse »Richtigkeitsgewähr durch Verfahren« ermöglichen.[10] Nicht weniger wichtig ist – zweitens – die kollektivrechtliche Bedeutung des Anhörungsverfahrens. Dieses soll neben dem Schutz des einzelnen Mitarbeiters auch den Einfluss der MAV auf die Zusammensetzung der Belegschaft gewährleisten.[11] Die Unterrichtungs- und Beratungspflicht gibt der MAV Gelegenheit, auf den Willensbildungsprozess des Dienstgebers Einfluss zu nehmen. Durch die Mitwirkung der MAV wird der Dienstgeber in die Lage versetzt, sich mit den Argumenten der MAV auseinanderzusetzen, damit er bei seiner Entscheidung die Auffassung der Mitarbeiterseite, insbesondere etwaige Einwände gegen die beabsichtigte Kündigung berücksichtigen kann.[12] Allerdings kann der Dienstgeber auch kündigen, wenn die MAV sich gegen die Kündigung ausspricht. Durch die Einschaltung der MAV vor Ausspruch einer Kündigung will der Gesetzgeber letztlich erreichen, dass sich der Dienstgeber bereits im Vorfeld über die Sinnhaftigkeit, Notwendigkeit und Rechtmäßigkeit der Kündigung Gedanken macht und Rechenschaft ablegt. Darüber hinaus soll das Anhörungsverfahren sicherstellen, dass auch die Sicht der Dienstnehmerseite in den Entscheidungsprozess einfließt.

III. Anwendungsbereich

1. Geschützter Personenkreis

10 Die Pflicht zur Durchführung eines Anhörungsverfahrens gilt für **alle Mitarbeiter im Sinne der § 3 Abs. 1 S. 1**, mit Ausnahme des in § 3 Abs. 2 aufgeführten Personenkreises sowie der Leiharbeitnehmer (§ 3 Abs. 1 S. 2). Letztere gehören nicht zu der von der MAV repräsentierten Belegschaft. Unerheblich ist die Art des Dienst- oder Arbeitsverhältnisses. Es kann sich um ein Probe- oder Aushilfsarbeitsverhältnis handeln, um eine Teilzeitbeschäftigung oder um ein befristetes Arbeitsverhältnis, soweit die ordentliche Kündigung eines befristeten Arbeitsverhältnisses überhaupt zulässig ist (vgl. § 15 Abs. 3 TzBfG). Seit der MAVO-Novelle 2003 erstreckt sich die Anhörungs- und Beratungspflicht grundsätzlich **auch auf ordentliche Kündigungen von Arbeitsverhältnissen in den ersten sechs Monaten**. Damit werden auch Mitarbeiterinnen und Mitarbeiter erfasst, die noch keinen allgemeinen Kündigungsschutz nach dem KSchG genießen, weil deren Arbeitsverhältnis im Zeitpunkt des Zugangs der Kündigung noch nicht sechs Monate bestanden hat (**sog. Probezeitkündigungen**).

11 Bei der ordentlichen Kündigung von **leitenden Angestellten** entfällt die Anhörungspflicht. Bestehen allerdings Zweifel, ob die Person, der gekündigt werden soll, zum Kreis der leitenden Angestellten gehört, sollte der Dienstgeber vorsorglich das Anhörungsverfahren durchführen. Denn stellt sich im Kündigungsschutzprozess heraus, dass der gekündigte Arbeitnehmer kein leitender Angestellter ist, ist die Kündigung wegen unterlassener Beteiligung der MAV nach § 30 unwirksam.[13] Selbst wenn die Vertragsparteien einen bestimmten Mitarbeiter übereinstimmend, aber irrtümlich für einen leitenden Angestellten halten, kann dieser gleichwohl im Kündigungsschutzprozess geltend machen, er gehöre nicht zum Kreis der leitenden Angestellten.[14] Der Einwand des Rechtsmissbrauchs geht in diesen Fällen regelmäßig fehl. Das gilt auch bei der Kündigung von **freien Mitarbeitern**. Weil die Feststellung, ob jemand freier Mitarbeiter oder Arbeitnehmer ist, mitunter schwierig ist, empfiehlt es sich auch hier, in Zweifelsfällen vorsorglich eine Anhörung der MAV durchzuführen.[15]

---

10 *Berkowsky*, NZA 1996, 1065, 1067.
11 *BAG*, 13. 7. 1978 – 2 AZR 717/76, DB 1979, 314.
12 Ständige Rechtsprechung vgl. nur *BAG*, 28. 2. 1974 – 2 AZR 455/73, DB 1974, 1294; 17. 2. 2000 – 2 AZR 913/98, DB 2000, 1130; 23. 10. 2008 – 2 AZR 163/07, BB 2009, 1758.
13 KR-*Etzel*, § 102 BetrVG Rn 15; *Richardi/Thüsing*, § 102 BetrVG Rn 33.
14 *BAG*, 19. 08. 1975 – 1 AZR 613/74, DB 1975, 2138; 07. 12. 1979 – 7 AZR 1063/77, DB 1980, 742.
15 *LAG Frankfurt*, 20. 6. 1979 – 10/7 Sa 821/78, AuR 1980, 251.

2. Ordentliche Kündigung als Gegenstand des Anhörungsrechts

Die Anhörungspflicht nach § 30 besteht nur, wenn der **Dienstgeber** (§ 2) oder der **Insolvenzverwalter**[16] das Arbeitsverhältnis durch ordentliche Kündigung auflösen. Die Kündigung ist eine einseitig empfangsbedürftige Willenserklärung, durch die das Arbeitsverhältnis für die Zukunft beendet wird. § 30 gilt **für alle Formen der ordentlichen (= fristgemäßen) Kündigung** (z. B. Tatkündigung, Verdachtskündigung,[17] Druckkündigung[18]). Die Vorschrift erfasst auch ordentliche Kündigungen **vor Vertragsantritt**.[19]

12

Spricht der Dienstgeber hingegen eine **außerordentliche (= fristlose) Kündigung** aus, richtet sich das Mitwirkungsrecht der MAV nach § 31. Beabsichtigt der Dienstgeber sog. **Massenentlassungen** durchzuführen, ist § 30a einschlägig.

13

Anzuhören ist die MAV sowohl bei der ordentlichen **Beendigungskündigung** als auch bei jeder **Änderungskündigung**.[20] Sofern die mit der Änderungskündigung beabsichtigte Maßnahme zugleich den Tatbestand einer mitbestimmungspflichtigen Angelegenheit erfüllt (z. B. eine personelle Angelegenheiten gemäß § 35 darstellt, wie etwa die Abordnung, Versetzung, Rückgruppierung usw.), ist daneben das hierfür vorgesehene Beteiligungsverfahren durchzuführen. Die verschiedenen Beteiligungsverfahren – also z. B. Anhörung und Mitberatung nach § 30 und Zustimmung nach § 35 – stehen grundsätzlich **nebeneinander**, weil ihre Tatbestandsvoraussetzungen und Rechtsfolgen nicht deckungsgleich sind. Beide Verfahren können verbunden werden, was aber deutlich zum Ausdruck kommen muss.[21]

14

Schwierigkeiten bereitet die Beantwortung der Frage, welches Beteiligungsverfahren – nach § 30 (ordentliche Kündigung) oder nach § 31 (außerordentliche Kündigung) – bei der **Kündigung** von einzel- bzw. kollektivvertraglich oder gesetzlich **unkündbaren Arbeitnehmern** durchzuführen ist. Für diese Kündigungsart hat sich in der Literatur der Begriff »**Orlando-Kündigung**« eingebürgert. Gemeint ist damit die »außerordentliche ordentliche Kündigung ordentlich unkündbarer Arbeitnehmer«.[22] Hierbei handelt es sich um eine Art »Zwitterkündigung«, die weder vollständig den Regeln der außerordentlichen noch denen der ordentlichen Kündigung unterfällt. Ordentliche Unkündbarkeit kann in unterschiedlichen Spielarten auftreten. Sie kann sich aus dem Gesetz (z. B. § 9 MuSchG: Mutterschutz; § 19 MAVO: Mandatsträgerschaft), aus (Tarif-)Vertrag (z. B. § 53 Abs. 3 BAT; § 34 Abs. 2 TVöD) oder einer Dienstvereinbarung ergeben. Entgegen landläufiger Meinung gibt es jedoch keine absolut unkündbaren Arbeitnehmer. Ausgeschlossen werden kann nur die ordentliche Kündigung, nicht jedoch die außerordentliche. Das Recht zur außerordentlichen Kündigung ist zwingendes Recht (vgl. auch § 314 BGB). Niemand soll über die Zumutbarkeit hinaus an einem Rechtsverhältnis festgehalten werden.[23] Um eine Schlechterstellung im Vergleich zu einem ordentlich kündbaren Arbeitnehmer zu vermeiden, hält die staatliche Arbeitsgerichtsbarkeit eine fristlose Kündigung gegenüber einem ordentlich unkündbaren Arbeitnehmer nur unter bestimmten Voraussetzungen für zulässig.[24] Ihre Wirksamkeit setzt insbesondere die Wahrung einer **notwendigen (sozialen) Auslauffrist** voraus, die der gesetzlichen oder (tarif-) vertraglichen Kündigungsfrist entspricht, die gelten würde, wenn die ordentliche Kündigung nicht ausgeschlossen wäre.[25] Im Hinblick auf die

15

---

16 *BAG*, 16. 09. 1993 – 2 AZR 267/93, DB 1994, 381.
17 Vgl. hierzu ausführlich *Berkowsky*, Die personen- und verhaltensbedingte Kündigung, § 12.
18 Vgl. hierzu ausführlich *Berkowsky*, Die personen- und verhaltensbedingte Kündigung, § 13.
19 *Richardi/Thüsing*, BetrVG § 102 Rn 14.
20 *BAG*, 3. 11. 1977 – 2 AZR 277/76, DB 1978, 1135; 10. 3. 1982 – 4 AZR 158/79, DB 1982, 1520; 29. 3. 1990 – 2 AZR 420/89, DB 1990, 2124.
21 *BAG*, 3. 11. 1977 – 2 AZR 277/76, DB 1978, 1135.
22 *Bröhl*, in: FS für Schaub, 1998, S. 55, 72; *Etzel*, ZTR 2003, 210 ff.
23 *BAG*, 5. 2. 1998 – 2 AZR 227/97, DB 1998, 1035.
24 Vgl. ausführlich *Etzel*, ZTR 2003, 210 ff.; *Bröhl*, Die außerordentliche Kündigung mit notwendiger Auslauffrist, 2005.
25 *BAG*, 11. 3. 1999 – 2 AZR 427/98, DB 1999, 1612.

Beteiligung der MAV ist bei einer außerordentlichen Kündigung mit einer sozialen Auslauffrist zur Vermeidung eines Wertungswiderspruchs geboten, die MAV wie bei einer ordentlichen Kündigung, also nach § 30, zu beteiligen. Hält der Dienstgeber diese Vorschrift nicht ein, und beteiligt die MAV nur wie bei einer außerordentlichen Kündigung, also nach § 31, ist die Kündigung unwirksam.[26] Daraus folgt: Der Dienstgeber muss die MAV neben dem außerordentlichen Kündigungsgrund auch über die beabsichtigte Auslauffrist informieren und anhören.[27]

16 **Keine ordentliche Kündigung des Dienstgebers i. S. d. § 30** liegt vor und infolgedessen ist **keine Anhörung der MAV erforderlich** in folgenden Fällen der Beendigung bzw. Änderung des Arbeitsverhältnisses:[28]
- bei Kündigung des Arbeitsverhältnisses durch den Arbeitnehmer (Eigenkündigung),
- bei einer einvernehmlichen Auflösung des Arbeitsverhältnisses im Wege eines Aufhebungsvertrages (anders bei einem Abwicklungsvertrag),[29]
- bei Anfechtung des Arbeitsvertrages (z. B. wegen arglistiger Täuschung nach § 123 BGB),[30]
- wenn ein befristetes Arbeitsverhältnis durch Zeitablauf oder durch Zweckerreichung endet,[31]
- bei Eintritt einer auflösenden Bedingung (§ 158 Abs. 2 BGB),
- bei Freistellung eines Arbeitnehmers während der Kündigungsfrist,[32]
- wenn das Arbeitsverhältnis nur suspendiert wird oder sein Ruhen kraft Vereinbarung oder kraft Gesetzes eintritt,
- wenn die MAV die Kündigung verlangt hat und der Dienstgeber diesem Verlangen entspricht.[33]

3. Bestehen und Handlungsfähigkeit der Mitarbeitervertretung

17 Voraussetzung für die Anwendung des § 30 ist, dass eine MAV **besteht** und **handlungsfähig** ist. Ist eine MAV nicht vorhanden oder nicht handlungsfähig, kann das Beteiligungsrecht nicht ausgeübt werden.

18 Eine Anhörungspflicht besteht erst dann, wenn die Amtszeit der MAV begonnen und sie sich gemäß § 14 **konstituiert**, d. h. ihren Vorsitzenden und dessen Stellvertreter gewählt hat.[34] Handlungsfähig ist die MAV aber bereits mit der Wahl des Vorsitzenden. Das ist vor allem dann von Bedeutung, wenn zwar der Vorsitzende ordnungsgemäß gewählt, sein Stellvertreter aber nicht gewählt wird.[35] Vor ihrer Konstituierung kann die MAV mangels Amtsausübungsbefugnis keine rechtswirksamen Beschlüsse fassen. Der Dienstgeber kann daher nicht verpflichtet werden, eine noch nicht konstituierte MAV

---

26 *BAG*, 5. 2. 1998 – 2 AZR 227/97, DB 1998, 1035.
27 *BAG*, 18. 10. 2000 – 2 AZR 627/99, DB 2001, 338; 15. 11. 2001 – 2 AZR 605/00, ZTR 2002, 339.
28 Vgl. *Richardi/Thüsing*, BetrVG § 102 Rn 15 ff.; *Raab*, GK-BetrVG § 102 Rn 25 ff.; KR-*Etzel*, § 102 BetrVG Rn 38 ff.; DKK-*Bachner*, BetrVG § 102 Rn 19 ff.
29 Vom **Aufhebungsvertrag** ist der sog. **Abwicklungsvertrag** zu unterscheiden. Durch einen Aufhebungsvertrag wird das Arbeitsverhältnis einvernehmlich durch die Parteien beendet, ohne dass zuvor seitens des Arbeitgebers eine Kündigung ausgesprochen wurde. Dem Abwicklungsvertrag geht hingegen eine arbeitgeberseitige, fristgerechte Kündigung des Arbeitsverhältnisses voraus. Im Abwicklungsvertrag bringt der Arbeitnehmer zum Ausdruck, die Kündigung seitens des Arbeitgebers hinzunehmen, und regelt mit dem Arbeitgeber ferner einvernehmlich Pflichten und Rechte im Zusammenhang mit der Beendigung des Arbeitsverhältnisses, vgl. *Bauer*, Arbeitsrechtliche Aufhebungsverträge, 7. Aufl. S. 8; *Hümmerich*, NJW 2004, 2921 ff. Im Gegensatz zum Aufhebungsvertrag ist beim Abwicklungsvertrag, soweit der Auflösungstatbestand eine arbeitgeberseitige Kündigung ist, die MAV nach § 30 zu beteiligen, vgl. zum Ganzen *BAG*, 28. 6. 2005 – 1 ABR 25/04, DB 2005, 2827.
30 *BAG*, 11. 11. 1993 – 2 AZR 467/93, DB 1994, 939.
31 Die Mitteilung des Dienstgebers, dass ein befristetes Arbeitsverhältnis nicht verlängert werde, ist keine Kündigung, vgl. *BAG*, 26. 4. 1979 – 2 AZR 431/77, DB 1979, 1991.
32 *BAG*, 22. 1. 1998 – 2 AZR 267/97, NZA 1998, 699.
33 *BAG*, 15. 5. 1997 – 2 AZR 519/96, DB 1997, 2227.
34 *BAG*, 23. 8. 1984 – 6 AZR 520/82, DB 1985, 1085; 28. 10. 1992 – 10 ABR 75/91, NZA 1993, 420.
35 *Richardi/Thüsing*, BetrVG § 29 Rn 14.

nach § 30 anzuhören.[36] Er braucht mit dem Ausspruch der Kündigung auch nicht zu warten, bis die MAV sich konstituiert hat.[37]

Die **Amtszeit der MAV** beträgt nach § 13 Abs. 2 **vier Jahre.** Sie beginnt mit dem Tage der Wahl (genauer: mit der Bekanntgabe des Wahlergebnisses) oder, wenn zu diesem Zeitpunkt noch eine Mitarbeitervertretung besteht, mit dem Ablauf der Amtszeit dieser Mitarbeitervertretung. Sie endet – bei einem einheitlichen Wahlzeitraum in der Zeit vom 1. März bis 30. Juni (§ 13 Abs. 1) – spätestens am 30. Juni des Jahres, in dem nach § 13 Abs. 1 die regelmäßigen Mitarbeitervertretungswahlen stattfinden (Ausnahme: § 13 Abs. 5: Wahl außerhalb des einheitlichen Wahlzeitraumes). Das bedeutet: Wird keine neue MAV im einheitlichen Wahlzeitraum gewählt, endet die Amtszeit einer ordnungsgemäß gewählten MAV in jedem Fall mit **Ablauf des 30. Juni des Jahres**, in dem die regelmäßigen MAV-Wahlen stattfinden. 19

Bis zu diesem Zeitpunkt muss die amtierende MAV zu Kündigungen im Rahmen der §§ 30, 30a, 31 angehört werden. Erst ab 1. 7. 2012 besteht keine MAV mehr, so dass die Anhörungspflicht entfällt. Die am 15. April 2008 gewählte MAV amtiert nicht über den 30. Juni 2012 hinaus. Allerdings regelt § 13a hierzu eine **Ausnahme**: Ist nämlich bei Ablauf der Amtszeit (§ 13 Abs. 2) noch keine neue MAV gewählt, führt die bisherige MAV die Geschäfte bis zur Übernahme durch die neu gewählte MAV fort, längstens für die Dauer von sechs Monaten seit dem Tag der Beendigung der Amtszeit. Das gilt auch in den Fällen des § 13 Abs. 3 Nrn. 1 bis 3. 20

Durch eine **nichtige Wahl** entsteht keine Mitarbeitervertretung. Nach der Rechtsprechung des Kirchlichen Arbeitsgerichtshofs[38] und des Bundesarbeitsgerichts[39] ist eine nichtige Wahl nur in besonderen Ausnahmefällen anzunehmen, wenn etwa »gegen wesentliche Grundsätze der Wahl in so hohem Maße verstoßen worden ist, dass nicht einmal der Anschein einer dem Gesetz entsprechenden Wahl vorliegt«[40] (vgl. zur Nichtigkeit ausführlich § 12 Rn 5 ff.). Der Dienstgeber braucht die aus der nichtigen Wahl hervorgegangene MAV vor einer Kündigung nicht zu hören.[41] 21

Ist die Wahl nach § 12 **angefochten**, besteht bis zu einer unanfechtbaren Entscheidung entweder des Wahlausschusses (§ 12 Abs. 2 S. 2) oder einer Entscheidung des Kirchlichen Arbeitsgerichts (§ 12 Abs. 3) die MAV fort. Bis zur bindenden Feststellung der Unwirksamkeit der Wahl muss die MAV bei Kündigungen daher angehört werden. 22

Geht eine Einrichtung durch **Stilllegung, Spaltung** oder **Zusammenlegung** unter, so bleibt deren MAV so lange im Amt, wie dies zur Wahrnehmung der damit im Zusammenhang stehenden Beteiligungsrechte erforderlich ist (vgl. § 13e). Das bedeutet, dass in diesen Fällen die MAV so lange fortbesteht, als noch Beteiligungsrechte wahrgenommen und Ansprüche der MAV gegen den Dienstgeber geltend gemacht werden müssen. Insoweit hat der Dienstgeber die MAV mit Restmandat auch vor Kündigungen anzuhören.[42] 23

Damit der Dienstgeber das Anhörungsverfahren nach § 30 einleiten kann, muss eine MAV nicht nur existieren, sie muss darüber hinaus **handlungsfähig** sein. Handlungsunfähigkeit liegt vor, wenn **alle** MAV-Mitglieder und Ersatzmitglieder gleichzeitig nicht nur kurzfristig, d. h. nicht nur für wenige Tage, an der Ausübung ihres Amtes verhindert sind.[43] Die MAV ist nicht dadurch handlungsunfähig, dass ein Teil seiner Mitglieder **ausgeschieden** oder **zeitweilig verhindert** ist, da in diesen Fällen gemäß § 13b ein Ersatzmitglied nachrückt. Sind Ersatzmitglieder nicht mehr vorhanden, die für die aus- 24

---

36 *Richardi/Thüsing*, BetrVG § 102 Rn 30; *HSWGN-Schlochauer*, BetrVG § 102 Rn 16.
37 *Richardi/Thüsing*, BetrVG § 102 Rn 30; **a. A.** *Raab*, GK-BetrVG § 102 Rn 10.
38 *KAGH*, 2. 2. 2007 – M 03/06.
39 *BAG*, Beschl. v. 22. 3. 2000 – 7 ABR 34/98, NZA 2000, 1119.
40 *KAGH*, 2. 2. 2007 – M 03/06 Rn 24.
41 KR-*Etzel*, § 102 BetrVG Rn 19.
42 *LAG Niedersachsen*, 23. 4. 2007 – 9 Sa 815/06, ArbuR 2007, 444.
43 *BAG*, 18. 8. 1982 – 7 AZR 437/80, NJW 1983, 2836; KR-*Etzel*, § 102 BetrVG Rn 24a; *Raab*, GK-BetrVG § 102 Rn 10.

geschiedenen oder zeitweilig verhinderten MAV-Mitglieder nachrücken können, so kann dies dazu führen, dass die MAV gemäß § 14 Abs. 5 **nicht mehr beschlussfähig** ist. Für diesen Fall nehmen die restlichen MAV-Mitglieder die Mitwirkungsrechte nach § 30 wahr. In entsprechender Anwendung des § 13a sind die verbleibenden Mitglieder als befugt anzusehen, während der Zeit der Verhinderung die Geschäfte der MAV weiterzuführen. Ist noch ein einziges ordnungsgemäß gewähltes **Mitglied oder Ersatzmitglied** vorhanden, das in der Lage ist, die Geschäfte der MAV fortzuführen, ist dieses einzige Mitglied vor Ausspruch der Kündigung zu beteiligen. Nur wenn die MAV völlig handlungsunfähig ist, weil entweder alle Mitarbeitervertreter und ihre Ersatzmitglieder aus ihr ausgeschieden oder – sofern noch Mitglieder vorhanden sind – die verbleibenden Mitglieder an der Amtsausübung für eine längere Zeit verhindert sind (etwa durch eine langwierige, schwere Krankheit usw.), entfallen die Beteiligungsrechte der MAV nach §§ 30, 30a, 31.

IV. Anhörung der Mitarbeitervertretung

1. Art und Weise der Anhörung

25 Ein ordnungsgemäßes Anhörungsverfahren wird dadurch eingeleitet, dass der **Dienstgeber** die MAV **rechtzeitig, vollständig** und **schriftlich** über die beabsichtigte Kündigung unterrichtet.

a. Wer hat anzuhören?

26 Für die Einleitung der Anhörung ist der **Dienstgeber** verantwortlich. Für den Dienstgeber können die dazu berufenen und befugten Personen handeln (§ 2 Abs. 2). Das sind entweder das vertretungsberechtigte Organ, die von ihm bestellte Leitung oder ein Mitarbeiter in leitender Stellung mit schriftlicher Vertretungsbefugnis. Wird das Anhörungsverfahren durch einen mitarbeitervertretungsrechtlich **nicht zuständigen Vertreter oder Beauftragten** des Dienstgebers durchgeführt, führt dies nicht automatisch zur Unwirksamkeit der Kündigung. Die **MAV muss den Fehler** im Beteiligungsverfahren **rügen**, da er sonst gegenüber dem gekündigten Mitarbeiter wirkungslos bleibt.[44]

b. Prinzip der subjektive Determination

27 Die Mitteilungspflicht des Dienstgebers ist **subjektiv determiniert**.[45] Das bedeutet: Der Dienstgeber muss nicht alle Gründe mitteilen, die ihm bekannt sind, er braucht nur die Gründe anzugeben, die für seinen Kündigungsentschluss – und zwar mit allem Für und Wider – maßgebend sind.[46] An die Mitteilungspflicht des Dienstgebers im Anhörungsverfahren sind geringere Anforderungen zu stellen als an seine Darlegungs- und Beweislast in einem Kündigungsschutzprozess.[47] Die MAV ist ordnungsgemäß angehört worden, wenn der Dienstgeber der MAV die aus seiner Sicht subjektiv tragenden Kündigungsgründe mitgeteilt hat.[48] Das Prinzip der subjektiven Determination, das auch im kirchlichen Mitarbeitervertretungsrecht gilt,[49] darf aber nicht als Befugnis des Dienstgebers zu einer **bewusst unvollständigen** oder **unrichtigen Sachdarstellung** missverstanden werden.[50] Subjektive Determination gewährt keinen Freibrief zur selektiven Mitteilung. Die »arglistige Nichtoffenbarung«[51]

---

44 *LAG München*, 7. 2. 2002 – 4 Sa 218/01, ZMV 2002, 145; *BAG*, 25. 2. 1998 – 2 AZR 743/94, AP Nr. 8 zu § 79 BPersVG; 29. 10. 1998 – 2 AZR 61/98, NZA 1999, 429.
45 *BAG*, 23. 3. 2006 – 2 AZR 343/05, DB 2006, 1906; 24. 6. 2004 – 2 AZR 461/03, NZA 2004, 1330; *ErfK-Kania*, § 102 BetrVG Rn 6.
46 *BAG*, 21. 6. 2001 – 2 AZR 30/00, ZTR 2002, 45.
47 *BAG*, 6. 2. 1997 – 2 AZR 265/96, NZA 1997, 656; 21. 9. 2000 – 2 AZR 385/99, DB 2001, 1207.
48 Ständige Rechtsprechung vgl. nur *BAG*, 24. 6. 2004 – 2 AZR 461/03, NZA 2004, 1330; 6. 11. 2003 – 2 AZR 690/02, NZA 2005, 218; 26. 9. 2002 – 2 AZR 424/01, ZTR 2003, 410.
49 *LAG München*, 20. 1. 2005 – 6 Sa 489/03, KirchE 47, 8–17; *LAG Köln*, 8. 3. 1996 – 11 (13) Sa 1164/95, juris.
50 »Der Grat zwischen richtiger und vollständiger Mitteilung einerseits und gesetzeswidriger Mitteilung des Kündigungssachverhalts andererseits ist schmal«, so zutreffend *Berkowsky*, NZA 1996, 1065, 1068.
51 *Berkowsky*, NZA 1996, 1065, 1068.

von Tatsachen, die für den Kündigungsentschluss relevant waren, ist unzulässig. Eine aus Sicht des Dienstgebers **bewusst unrichtige oder unvollständige und dadurch irreführende Darstellung** des Kündigungssachverhalts stellt **keine ordnungsgemäße Anhörung** dar.[52] Der Dienstgeber verletzt durch eine bewusst unvollständige oder unrichtige Darstellung nicht nur seine Pflicht zur vertrauensvollen Zusammenarbeit, sondern setzt die MAV außerstande, sich ein treffendes Bild von den tatsächlich zur Kündigung maßgebenden Gründen zu machen.[53] Aus dem Erfordernis einer vollständigen und zutreffenden Unterrichtung folgt zugleich die Verpflichtung des Dienstgebers, **auch die zugunsten des Mitarbeiters und daher gegen eine Kündigung sprechenden Umstände** (z. B. Entlastungszeugen im Fall einer auf Pflichtverletzungen gestützten Kündigung) der MAV **mitzuteilen**. Das kann vor allem bei verhaltensbedingten Kündigungen bedeutsam sein.[54]

2. Adressat der Anhörung

Die Mitteilungen des Dienstgebers über die Kündigungsabsicht und die Kündigungsgründe sind an den Vorsitzenden der MAV, an den stellvertretenden Vorsitzenden oder einem von der MAV gemäß § 14 Abs. 1 S. 5 ermächtigten Mitglied zu richten. Im Gegensatz zum profanen Betriebsverfassungsrecht (§ 26 Abs. 3 S. 2 BetrVG) gibt es im kirchlichen Mitarbeitervertretungsrecht **eine konkurrierende gleichrangige Empfangsberechtigung bei der Entgegennahme von Erklärungen**.[55] Bei einer mehrgliedrigen MAV hat der Dienstgeber dadurch grundsätzlich mehr Unterrichtungsalternativen als der weltliche Arbeitgeber. Der Zugang der vollständigen Information über die geplante Kündigung bei **einem** der drei vorgenannten Mitglieder der MAV setzt die Frist zu Einwendungen der MAV gegen die bevorstehende Kündigung in Gang. Nur wenn kein zur Entgegennahme Berechtigter vorhanden ist (etwa wegen Urlaubsabwesenheit und wenn keine Vertretungsregelung besteht), ist jedes MAV-Mitglied berechtigt und verpflichtet, Erklärungen des Dienstgebers für die MAV entgegenzunehmen.[56]

3. Notwendiger Inhalt und Umfang der Unterrichtung

a. Person des zu kündigenden Mitarbeiters

Zur ordnungsgemäßen Unterrichtung der MAV gehört, dass der Dienstgeber gegenüber der MAV seine Kündigungsabsicht eindeutig zu erkennen gibt und die geplante Kündigung konkretisiert. Dazu ist erforderlich, dass er die Person des zu kündigenden Dienstnehmers konkret bezeichnet. Zur Bezeichnung der Person gehören neben dem **Namen** und **Vornamen** die grundlegenden **sozialen Daten** des Dienstnehmers, soweit sie dem Dienstgeber bekannt und für den Kündigungsentschluss maßgeblich sind. Hierzu gehören in der Regel: **Dauer der Betriebszugehörigkeit, Lebensalter, Unterhaltspflichten** und **ggf. Umstände, die geeignet sind einen besonderen Kündigungsschutz zu begründen** (z. B. Schwerbehinderung, Schwangerschaft, Mutterschaft, Eltern- und Pflegezeit, ordentliche Unkündbarkeit usw.).[57]

Soweit die MAV nicht darüber informiert ist, welche **Tätigkeit** der zu kündigende Dienstnehmer in der Einrichtung ausübt bzw. welche Tätigkeit im Arbeitsvertrag vereinbart ist, muss der Dienstgeber die MAV auch über diesen Umstand in Kenntnis setzen. Denn nur so kann sie feststellen, ob eine

---

52 *BAG*, 23. 3. 2006 – 2 AZR 343/05, NZA 2006, 971; 6. 10. 2005 – 2 AZR 316/04, NZA 2006, 990.
53 *BAG*, 22. 9. 1994 – 2 AZR 31/94, NZA 1995, 363.
54 *BAG*, 31. 8. 1989 – 2 AZR 453/88, EzA § 102 BetrVG 1972 Nr. 75: So ist der Arbeitgeber gehalten, nicht nur die der Kündigung vorausgegangenen Abmahnungen dem Personalrat mitzuteilen, sondern auch die auf diese Abmahnungen ggf. erfolgten Gegendarstellungen des Arbeitnehmers, damit sich der Personalrat ein vollständiges Bild über den Sachstand machen kann.
55 Zur Rechtslage im profanen Betriebsverfassungsrecht *Raab*, GK-BetrVG § 102 Rn 43 ff.; *Richardi/Thüsing*, BetrVG § 102 Rn 79 ff.
56 *BAG*, 27. 2. 1985 – 2 AZR 412/84, NZA 1986, 426.
57 KR-*Etzel*, § 102 BetrVG Rn 58a.

V. Zusammenarbeit zwischen Dienstgeber und Mitarbeitervertretung

Weiterbeschäftigungsmöglichkeit nach § 30 Abs. 3 Nr. 5 in Betracht kommt und sie deshalb ggf. Einwendungen geltend machen soll.[58]

31 Fraglich ist, ob der Dienstgeber bei der Anhörung die **Anschrift** und **Telefonnummer** des Dienstnehmers mitteilen muss. Man wird die Anschrift in der Regel nicht zu den notwendigen Angaben rechnen können.[59] Gleichwohl dürfte ihre Mitteilung in bestimmten Konstellationen unentbehrlich sein, etwa wenn die MAV die Anschrift benötigt, um ein Gespräch mit dem Mitarbeiter über die beabsichtigte Änderungskündigung zu führen und dieser sich zum Zeitpunkt des Anhörungsverfahrens wegen Krankheit, Urlaubs oder Freistellung nicht in der Einrichtung aufhält. In der soeben geschilderten Konstellation liefe die Einwendungsmöglichkeit der MAV im Falle des § 30 Abs. 3 Nr. 5 ohne Kenntnis der Anschrift des Dienstnehmers praktisch ins Leere, da die MAV die Weiterbeschäftigung unter geänderten Vertragsbedingungen (Änderungskündigung) nur mit Einverständnis des Mitarbeiters verlangen darf. Hierfür ist die Kontaktaufnahme zum Dienstnehmer aber unerlässlich.

32 Der Mitteilung der Sozialdaten im Rahmen des Anhörungsverfahrens stehen die Vorschriften des **Datenschutzrechtes** nicht entgegen, wenn man – für den weltlichen Bereich – den Betriebsrat als unselbständigen Teil der verantwortlichen Stelle (Arbeitgeber) i. S. v. § 3 Abs. 7 BDSG ansieht (vgl. auch § 20 Rn 37 ff.).[60] Auf Einrichtungen, die der Kirche zugeordnet sind, findet das staatliche Datenschutzrecht jedoch keine Anwendung; es gelten insoweit die Datenschutzgesetze der Kirchen.[61] Die »Anordnung über den kirchlichen Datenschutz (KDO)« enthält in § 2 Abs. 8 eine Regelung, die identisch ist mit § 3 Abs. 7 BDSG, so dass die im weltlichen Datenschutzrecht entwickelten Grundsätze auf Mitarbeitervertretungen in kirchlich-katholischen Einrichtungen übertragbar sind.

33 Der Dienstgeber ist im Rahmen des Anhörungsverfahrens **nicht verpflichtet**, die **Richtigkeit der in der Personalakte dokumentierten Daten** zu überprüfen.[62] Er kann daher mangels anderweitiger Kenntnisse auch von den Eintragungen in der Lohnsteuerkarte ausgehen, hat dies aber dann gegenüber der MAV zu kennzeichnen (z. B. »Kinder laut Steuerkarte: Keine«).[63] Für die Unterrichtung des Arbeitgebers über Veränderungen seiner Personalien ist grundsätzlich der Dienstnehmer verantwortlich.[64] Überreicht der Arbeitnehmer lediglich eine Lohnsteuerkarte, ohne den Arbeitgeber über davon abweichende persönliche Daten aufzuklären, muss er davon ausgehen, dass der Arbeitgeber sich bei seinen Angaben gegenüber der MAV auf die dort dokumentierten Daten verlässt.[65] Das gilt auch, wenn der Arbeitnehmer dem Arbeitgeber eine Anschriftenänderung nicht mitteilt und der Arbeitgeber die letzte ihm bekannte, nicht mehr aktuelle Adresse der MAV übermittelt.

34 Die **Mitteilung der Sozialdaten** ist dann **entbehrlich**, wenn die MAV sie bereits aus anderen Quellen kennt[66] oder wenn und soweit sie für den Kündigungsentschluss des Dienstgebers ohne Bedeutung

---

58 KR-*Etzel*, § 102 BetrVG Rn 58c; ErfK-*Kania*, § 102 BetrVG Rn 5.
59 So auch LAG Hamm, 27. 2. 1992 LAGE § 622 BGB Nr. 25.
60 KR-*Etzel*, § 102 BetrVG Rn 71; *HSWGN-Schlochauer*, BetrVG § 102 Rn 38; diff. *Raab*, GK-BetrVG § 102 BetrVG Rn 65.
61 Zum Datenschutz in der Kirche vgl. HdbStKirchR, Bd. 1, 2. Aufl., § 24; *Germann*, ZevKR 48 (2003), 446 ff.; *Fachet*, Datenschutz in der katholischen Kirche, 1998. Die Totalexemtion aller kirchlichen Einrichtungen vom Geltungsanspruch des Bundesdatenschutzgesetzes, jedenfalls soweit die Kirchen ein eigene Datenschutzrecht geschaffen haben, wird von der h. M. aus Art. 140 GG i. V. m. Art. 137 Abs. 3 S. 1 WRV abgeleitet, vgl. nur *v. Campenhausen/de Wall*, Staatskirchenrecht, S. 293 m. w. N. – Empfehlenswert ist die Materialsammlung zum kirchlichen Datenschutz und Melderecht, Arbeitshilfe Nr. 206, hrsg. vom Sekretariat der Deutschen Bischofskonferenz, Bonn 2006.
62 *BAG*, 24. 11. 2005 – 2 AZR 514/04, NZA 2006, 665; 23. 3. 2006 – 2 AZR 343/05, NZA 2006, 971.
63 *BAG*, 23. 3. 2006 – 2 AZR 343/05, NZA 2006, 971.
64 *BAG*, 24. 11. 2005 – 2 AZR 514/04, NZA 2006, 665; 23. 3. 2006 – 2 AZR 343/05, NZA 2006, 971.
65 *BAG*, 23. 03. 2006 – 2 AZR 343/05, NZA 2006, 971.
66 *BAG*, 23. 10. 2008 – 2 AZR 163/07, DB 2009, 1248; ErfK-*Kania*, § 102 BetrVG Rn 7.

sind.⁶⁷ Ist zum Beispiel eine Sozialauswahl wegen der Stilllegung des gesamten Betriebs nicht vorzunehmen, muss der Dienstgeber die MAV nicht über Familienstand und Unterhaltspflichten des zu kündigenden Arbeitnehmers unterrichten.⁶⁸ Deutlich abgesenkte Anforderungen an die Unterrichtungspflicht bzgl. der Sozialdaten hat das BAG bei **Wartezeitkündigungen**, d. h. in den ersten sechs Monaten des Arbeitsverhältnisses. So ist der Arbeitgeber bei einer Wartezeitkündigung nicht verpflichtet, der Arbeitnehmervertretung Sozialdaten, die bei vernünftiger Betrachtung weder aus seiner Sicht noch aus Sicht der Arbeitnehmervertretung für die Beurteilung der Wirksamkeit der Kündigung eine Rolle spielen können, mitzuteilen. Unterhaltspflichten des Arbeitnehmers sind deshalb ebenso wie dessen Lebensalter für die Wirksamkeit einer Wartezeitkündigung in der Regel ohne Bedeutung.⁶⁹

Allerdings hat das BAG im Rahmen der Auslegung des § 102 BetrVG wiederholt festgestellt, der Arbeitgeber dürfe dem Betriebsrat keine – ihm bekannten und von ihm bedachten – persönlichen Umstände des Arbeitnehmers vorenthalten, die sich im Rahmen der Interessenabwägung entscheidend zugunsten des Arbeitnehmers auswirken können.⁷⁰ 35

b. Kündigungsfrist und Kündigungstermin

Will der Dienstgeber ordentlich kündigen, so hat er der MAV die **Kündigungsfrist** mitzuteilen, wenn dies der MAV nicht ohnehin bekannt ist.⁷¹ Nicht abschließend geklärt ist die Frage, inwieweit der Dienstgeber den Zeitpunkt anzugeben hat, zu dem gekündigt werden soll (**Kündigungstermin**). In einigen früheren Entscheidungen hat sich das BAG auf den Standpunkt gestellt, der Arbeitgeber müsse ggf. auch den möglichen Kündigungstermin (Kündigungsfrist, Auslauffrist) angeben.⁷² Später hat das BAG hingegen geurteilt, dass die Angabe des Endtermins der Kündigungsfrist in der Regel nicht verlangt werden könne, da dieser zur Zeit der Anhörung noch nicht sicher feststehe.⁷³ Auch im Schrifttum werden insoweit unterschiedliche Auffassungen vertreten.⁷⁴ Der Dienstgeber muss jedenfalls dann keine besonderen Ausführungen zum Kündigungstermin machen, wenn er die Kündigung alsbald nach Abschluss des Anhörungsverfahrens zum nächstmöglichen Termin aussprechen will. Unabhängig davon, ob es der Angabe des Kündigungstermins bedarf, ist die Unterrichtung nicht allein deshalb fehlerhaft, weil der Arbeitgeber eine unrichtige Kündigungsfrist oder einen unrichtigen Endtermin angegeben hat.⁷⁵ 36

c. Kündigungsgründe

Aus dem Sinn und Zweck der Anhörung (siehe Rn 9) folgt für den Dienstgeber die Verpflichtung, alle relevanten Gründe und Tatsachen mitzuteilen, die ihn zu der beabsichtigten Kündigungen veranlassen. Eine **Ausnahme** hiervon sieht die MAVO vor, wenn der Dienstgeber **eine Kündigung in den ersten sechs Monaten des Arbeitsverhältnisses (Probezeitkündigung)** aussprechen will (§ 30 Abs. 1 S. 2). Anders als im BetrVG stellt der kirchliche Gesetzgeber an die Begründungspflicht des Dienst- 37

---

67 *BAG*, 23. 4. 2009 – 6 AZR 516/08, NJW 2009, 3469; 16. 3. 2000 – 2 AZR 828/98, NZA 2000, 1337; 15. 11. 1995 – 2 AZR 974/94, NZA 1996, 419; *LAG Hessen*, 24. 1. 2000 – 6 Sa 943/99, NZA-RR 2001, 34; *LAG Düsseldorf*, 2. 3. 1993 – 3 Sa 1592/92, LAGE § 102 BetrVG 1972 Nr. 35.
68 *BAG*, 23. 4. 2009 – 6 AZR 516/08, NJW 2009, 3469.
69 *BAG*, 23. 4. 2009 – 6 AZR 516/08, NJW 2009, 3469; 16. 3. 2000 – 2 AZR 828/98, NZA 2000, 1337.
70 *BAG*, 13. 3. 2008 – 2 AZR 88/07, EzA § 1 KSchG Verhaltensbedingte Kündigung Nr. 73; 2. 3. 1989 – 2 AZR 280/88, NZA 1989, 755.
71 *BAG*, 29. 3. 1990 – 2 AZR 420/89, NZA 1990, 894.
72 *BAG*, 28. 2. 1974 – 2 AZR 455/73, DB 1974, 1294; ebenso *BAGE* 35, 118, 123 = AP Nr. 1 zu § 77 LPVG Baden-Württemberg [m. Anm. *G. Hueck*] zu den §§ 77, 72 LPVG Baden-Württemberg.
73 *BAG*, 29. 1. 1986 – 7 AZR 257/84, NZA 1987, 32.
74 Für die Mitteilungspflicht: *Richardi/Thüsing*, BetrVG § 102 Rn 52; KR-*Etzel*, § 102 BetrVG Rn 59. Gegen die Mitteilung des Kündigungstermins: *HSWGN-Schlochauer*, BetrVG § 102 Rn 30.
75 *BAG*, 29. 1. 1986 – 7 AZR 257/84, NZA 1987, 32.

gebers bei Kündigungen in den ersten sechs Monaten geringere Anforderungen.[76] Der eindeutige Wortlaut der Vorschrift (Umkehrschluss aus § 30 Abs. 2 S. 2) lässt eine Übertragung der Rechtsprechung des BAG auf das kirchliche Mitarbeitervertretungsrecht nicht zu, mit der Folge, dass der Dienstgeber bei ordentlichen Kündigungen in den ersten sechs Monaten **überhaupt keine Aussage zu den Gründen machen muss**, die für seinen Kündigungsentschluss maßgeblich waren.

38 Nach Ablauf der ersten sechs Monate des Arbeitsverhältnisses hat die Umschreibung des für die Kündigung maßgeblichen Sachverhalts so umfassend und genau zu sein, dass die MAV ohne zusätzliche eigene Nachforschungen in der Lage ist, selbst die Stichhaltigkeit der Kündigungsgründe zu prüfen und sich ein Bild zu machen.[77] Der Dienstgeber genügt der ihm obliegenden Unterrichtungspflicht nicht, wenn er den Kündigungssachverhalt nur pauschal, schlagwort- oder stichwortartig umschreibt, ohne die für die Bewertung maßgeblichen Tatsachen mitzuteilen.[78] Ungenügend sind z. B. unbestimmte Kurzbeschreibungen, wie etwa »schlechte Leistung«, »häufige Fehlzeiten«, »Verstöße gegen die betriebliche Ordnung«, »häufige Verspätungen«, »Umsatz- oder Auftragsrückgang«, »Wegfall des Arbeitsplatzes«, »Rationalisierung«, »überdurchschnittlich hohe Krankheitsfehlzeiten« usw. An die Substantiierung der Unterrichtungspflicht des Dienstgebers im Anhörungsverfahren sind allerdings nicht dieselben hohen Anforderungen zu stellen, wie sie an die Darlegungslast des Dienstgebers im späteren Kündigungsschutzverfahren gestellt werden.[79]

39 Eine Kündigung ist nicht nur dann unwirksam, wenn der Dienstgeber gekündigt hat, ohne die MAV zuvor überhaupt beteiligt zu haben, sondern auch dann, **wenn der Dienstgeber seiner Unterrichtungspflicht** nach § 30 **nicht richtig, insbesondere nicht ausführlich genug nachkommt**.[80] Die Einschaltung der MAV im Rahmen des Anhörungsverfahrens vor einer Kündigung hat über die reine Unterrichtung hinaus den Sinn, ihr die Gelegenheit zu geben, ihre Überlegungen zu der Kündigungsabsicht aus der Sicht der Arbeitnehmervertretung zur Kenntnis zu bringen. Die Anhörung soll in geeigneten Fällen dazu beitragen, dass es gar nicht zum Ausspruch einer Kündigung kommt.[81]

40 Überaus wichtig ist, dass die Anhörung **subjektiv determiniert** ist (vgl. Rn 27).[82] Das heißt: Der Dienstgeber hat der MAV nur Gründe mitzuteilen, auf die er die auszusprechende Kündigung zu stützen beabsichtigt, mögen diese Umstände die Kündigung objektiv nicht zu rechtfertigen, sich im Prozess als unzutreffend herausstellen oder nicht bewiesen werden. Umstände, die der Dienst-

---

76 Zur Rechtslage im Anwendungsbereich des BetrVG und des Personalvertretungsrechts vgl. *BAG*, 21.7.2005 – 6 AZR 498/04, NZA-RR 2006, 331; 11.7.1991 – 2 AZR 119/91, NZA 1992, 38; 8.9.1988 – 2 AZR 103/88, NZA 1989, 852; *Raab*, GK-BetrVG § 102 Rn 60; *HSWGN-Schlochauer*, BetrVG § 102 Rn 42. Kürzlich hat das BAG noch einmal bekräftigt, dass für eine ordnungsgemäße Anhörung der Personalvertretung vor Ausspruch einer Probezeitkündigung eine pauschale, schlagwortartige Begründung des Arbeitgebers ausreiche, wenn dieser seinen Kündigungsentschluss lediglich auf subjektive Wertungen stützen wolle, vgl. *BAG*, 22.4.2010, 6 AZR 828/08, NJW-Spezial 2010, 402.
77 Beispiel aus der Rechtsprechung: *BAG*, 28.9.1978 – 2 AZR 2/77, DB 1979, 1135: »Der einzige Satz »Die Leistungen von Frau C. sind nicht zufrieden stellend« ist kaum mehr als eine nur pauschale, schlagwort- oder stichwortartige Bezeichnung des Kündigungsgrundes und läuft im Ergebnis auf ein Werturteil hinaus. Damit darf sich aber der Arbeitgeber im Rahmen des Anhörungsverfahrens nicht begnügen. Er hat dem Betriebsrat den für die Kündigung maßgebenden Sachverhalt näher zu umschreiben, insbesondere die Tatsachen anzugeben, aus denen er seinen Kündigungsentschluss herleitet. Der Betriebsrat muss durch die Unterrichtung des Arbeitgebers in die Lage versetzt werden, ohne zusätzliche eigene Nachforschungen die Stichhaltigkeit der Kündigungsgründe zu prüfen und sich über seine Stellungnahme schlüssig zu werden.«
78 *BAG*, 2.11.1983 – 7 AZR 65/82, DB 1984, 407; 17.2.2000 – 2 AZR 913/98, NZA 2000, 761; KR-*Etzel*, § 102 BetrVG Rn 62 ff.; *Richardi/Thüsing*, BetrVG § 102 Rn 56 ff.; *HSWGN-Schlochauer*, BetrVG § 102 Rn 31 ff.
79 *BAG*, 21.9.2000 – 2 AZR 385/99, NZA 2001, 535.
80 So zuletzt z. B. *BAG*, 13.3.2008 – 2 AZR 88/07, EzA § 1 KSchG Verhaltensbedingte Kündigung Nr. 73; 27.11.2008 – 2 AZR 98/07, NZA 2009, 604; 21.9.2000 – 7 AZR 385/99, NZA 2001, 535.
81 *BAG*, 17.2.2000 – 2 AZR 913/98, NZA 2000, 761; 22.9.1994 – 2 AZR 31/94, NZA 1995, 363.
82 Vgl. nur *BAG*, 23.10.2008 – 2 AZR 163/07, EzA § 1 KSchG Interessenausgleich Nr. 16.

geber nicht für erheblich hält, die ihm nicht bekannt sind oder die er aus bestimmten Gründen (Beweisschwierigkeiten, Schonung des Dienstnehmers, prozesstaktische Erwägungen usw.) nicht nennen will, braucht er nicht mitzuteilen.[83]

Einer näheren Darlegung der Kündigungsgründe durch den Dienstgeber bedarf es vor allem nicht, **wenn die MAV** bei Einleitung des Anhörungsverfahrens **bereits über den erforderlichen Kenntnisstand verfügt**, um zu der konkret beabsichtigten Kündigung eine sachgerechte Stellungnahme abgeben zu können.[84] Auch fehlende Ausführungen im Anhörungsschreiben des Dienstgebers über Sozialdaten des zu kündigenden Mitarbeiters bleiben folgenlos, wenn im Zeitpunkt der Anhörung die Sozialdaten der MAV **bereits bekannt** waren.[85] 41

Die Unterrichtung ist nicht fehlerhaft, wenn der Dienstgeber im Kündigungsschutzverfahren nicht mehr alle in der Unterrichtung erhobenen Vorwürfe weiterverfolgt hat. Eine **nachträgliche Beschränkung des mitgeteilten Kündigungssachverhalts** ändert nichts an der ordnungsgemäßen Unterrichtung.[86] 42

Welche Kündigungsgründe im konkreten Einzelfall mitzuteilen sind, hängt nicht zuletzt von der **Art der Kündigung** ab. Daher setzt die ordnungsgemäße Anhörung der MAV Grundkenntnisse des materiellen Kündigungsrechts beim Dienstgeber voraus. 43

Beabsichtigt der Dienstgeber eine **betriebsbedingte Kündigung** auszusprechen, sollte die Unterrichtung der MAV folgende Informationen enthalten: 44
- Konkrete Angaben, warum der Dienstgeber den Mitarbeiter oder die Mitarbeiterin nicht mehr benötigt, d. h. genaue Informationen über die Gründe für den Wegfall eines konkreten Arbeitsplatzes bzw. Rückgang des Beschäftigungsbedarfs aufgrund einer unternehmerischen Entscheidung, die auf außer- oder innerbetrieblichen Gründen beruht.
- Der allgemeine Hinweis auf fehlende anderweitige Beschäftigungsmöglichkeiten reicht in der Regel aus, wenn aus Sicht des Dienstgebers eine solche nicht besteht.[87] Ausnahmsweise hat der Dienstgeber weitergehende Mitteilungen zu machen, wenn die MAV ihn vor Einleitung des Anhörungsverfahrens gezielt darauf aufmerksam macht, ein konkreter Arbeitsplatz sei kürzlich frei geworden, auf dem eine Weiterbeschäftigungsmöglichkeit bestünde. In diesem Fall genügt der pauschale Hinweis auf fehlende Weiterbeschäftigungsmöglichkeit nicht.[88]
- Darstellung der Sozialauswahlüberlegungen: Der Dienstgeber ist verpflichtet, der MAV unaufgefordert die Gründe, die Namen und die Sozialdaten derjenigen Arbeitnehmer mitzuteilen, zwischen denen eine Auswahl getroffen worden ist.[89] Dies gilt allerdings nur dann, wenn tatsächlich eine Sozialauswahl stattgefunden hat.[90] Der Dienstgeber hat den Kreis der vergleichbaren Arbeitnehmer zu bezeichnen und darzulegen, nach welchen Kriterien er die Vergleichbarkeit bestimmt hat. Sodann muss er die maßgeblichen Sozialdaten und deren Gewichtung mitteilen. Sinnvollerweise fertigt der Dienstgeber für die Anhörung der MAV eine tabellarische Aufstellung mit mindestens folgenden Angaben: Name, Vorname, Funktion, Eintrittsdatum, Geburtsdatum, Familienstand, Unterhaltspflichten, Schwerbehinderung, Sonderkündigungsschutz, Eingruppierung. Will der Dienstgeber Arbeitnehmer aus der Sozialauswahl herausnehmen (§ 1 Abs. 3 S. 2

---

83 *BAG*, 6. 2. 1997 – 2 AZR 265/96, NZA 1997, 656.
84 *BAG*, 23. 10. 2008 – 2 AZR 163/07, EzA § 1 KSchG Interessenausgleich Nr. 16; 20. 5. 1999 – 2 AZR 532/98, NZA 1999, 1101; 28. 8. 2003 – 2 AZR 377/02, DB 2004, 937.
85 *LAG München*, 20. 1. 2005 – 6 Sa 489/03, KirchE 47, 8–17.
86 *BAG*, 27. 11. 2008 – 2 AZR 98/07, NZA 2009, 604.
87 *BAG*, 17. 2. 2000 – 2 AZR 913/98, NZA 2000, 761.
88 *BAG*, 17. 2. 2000 – 2 AZR 913/98, NZA 2000, 761.
89 *BAG*, 29. 3. 1984 – 2 AZR 429/83 (A), NZA 1984, 169 (unter ausdrücklicher Aufgabe seiner früheren Rechtsprechung); 26. 10. 1995 – 2 AZR 1026/94, NZA 1996, 703; KR-*Fitzel*, § 102 BetrVG 62 f.; *Richardi/Thüsing*, BetrVG § 102 Rn 67 ff.
90 *BAG*, 16. 1. 1987 – 7 AZR 495/85, BB 1987, 2302; 26. 10. 1995 – 2 AZR 1026/94, NZA 1996, 703.

KSchG), so hat er diese Überlegungen mitzuteilen (z. B. besondere Qualifikation, Erhaltung der Altersstruktur usw.).[91]

45 Stützt der Dienstgeber die Kündigung auf verhaltensbedingte Gründe (**verhaltensbedingte Kündigung**), ist es ratsam, wenn die Unterrichtung der MAV im Hinblick auf die Kündigungsgründe folgende Aspekte enthält:
- Mitteilung der verletzten arbeitsvertraglichen Pflicht (Fehlverhalten des Arbeitnehmers).
- Mitteilung der negativen Prognose, d. h. warum der Dienstgeber befürchtet, dass es künftig zu weiteren vergleichbaren Vertragsverstößen kommen wird. Diese negative Prognose folgt regelmäßig aus bisher erteilten Abmahnungen, die keine Verhaltensänderung beim Dienstnehmer bewirkt hatten.[92] Eine Abmahnung ist ausnahmsweise entbehrlich, wenn es um schwere Pflichtverletzungen geht, deren Rechtswidrigkeit für den Arbeitnehmer ohne weiteres erkennbar und bei denen eine Hinnahme des Verhaltens durch den Arbeitgeber offensichtlich ausgeschlossen ist.[93]
- Hat der Dienstnehmer eine Gegendarstellung zu der Abmahnung verfasst, die zur Personalakte genommen wurde, muss der Dienstgeber die MAV auch über die Gegendarstellung informieren.[94]
- Angaben über die Beachtung des Ultima ratio-Prinzips, d. h. Angaben, warum die Kündigung nicht durch mildere Maßnahmen (z. B. Versetzung, Beschäftigung zu geänderten, ggf. schlechteren Bedingungen usw.) vermeidbar ist.

46 Bei einer **Verdachtskündigung** sind mitzuteilen:[95]
- Objektive und erhebliche Tatsachen, aus denen sich der dringende Verdacht ergibt, der sich auf schweres und für das Arbeitsverhältnis erhebliches Fehlverhalten bezieht.
- Mitteilung, zu welchem Ergebnis die Nachforschungen des Dienstgebers zur Aufklärung des Sachverhalts geführt haben.
- Umstände aus denen sich die Unzumutbarkeit der Weiterbeschäftigung aufgrund des Verdachts ergibt (z. B. aufgebrachtes Betriebsklima, schwerwiegender Verstoß, nachhaltige und dauerhafte Erschütterung des Vertrauens).
- Inhalt und Ergebnis der Anhörung des Arbeitnehmers, zu der die MAV sinnvoller Weise hinzugezogen werden sollte.

47 Beim wichtigsten Fall der **personenbedingten Kündigung**, der **krankheitsbedingten** Kündigung, hat der Dienstgeber bei der Unterrichtung der MAV in der Regel folgende Angaben zu machen:
- Informationen zum Vorliegen einer negativen Gesundheitsprognose: Hier ist es sinnvoll, eine Aufstellung zu fertigen, aus der sich Lage und Dauer der krankheitsbedingten Fehlzeiten[96] im Referenzraum ergeben, d. h. mindestens in den letzten zwei Jahren. Sind dem Dienstgeber die Krankheitsursachen bekannt, sollen diese ebenfalls mitgeteilt werden, weil daraus ggf. Schlüsse auf künftige Fehlzeiten gezogen werden können.[97] Krankheitsfehlzeiten, die auf einem Arbeitsunfall beruhen, sind gesondert auszuweisen, da sie grundsätzlich nicht zu Lasten des Arbeitnehmers berücksichtigt werden dürfen.
- Mitteilung konkreter Tatsachen, aus denen sich eine unzumutbare Beeinträchtigung betrieblicher Interessen ergibt.[98] Zu informieren ist z. B. über die Höhe der Entgeltfortzahlungskosten.[99] Stützt

---

91 *Richardi/Thüsing*, BetrVG § 102 Rn 69.
92 Die MAV hat zwar keinen Anspruch auf Vorlage von Kopien der erfolgten Abmahnungen, da der Dienstgeber die MAV jedoch nicht nur über die Tatsache des Ausspruchs von Abmahnungen als solche, sondern auch über deren Inhalt zu unterrichten hat, wird es sich häufig empfehlen, der MAV-Unterrichtung die vorangegangenen Abmahnungen in Kopie beizufügen.
93 *BAG*, 10. 2. 1999 – 2 ABR 31/98, NZA 1999, 708.
94 *BAG*, 7. 12. 1989 – NZA 1990, 658; 31. 8. 1989 – 2 AZR 453/88, EzA § 102 BetrVG 1972 Nr. 75.
95 *BAG*, 27. 11. 2008 – 2 AZR 98/07, NZA 2009, 604.
96 *LAG Mecklenburg-Vorpommern*, 10. 2. 2005 – 1 Sa 455/04, juris; *BAG*, 18. 9. 1986 – 2 AZR 638/85, juris.
97 KR-*Etzel*, § 102 BetrVG Rn 63.
98 *BAG*, 24. 11. 1983 – 2 AZR 347/82, NZA 1984, 93.
99 *LAG Schleswig-Holstein*, 1. 9. 2004 – 3 Sa 210/04, LAGE § 102 BetrVG 2001 Nr. 4; *Richardi/Thüsing*, BetrVG § 102 Rn 64; KR-*Etzel*, § 102 BetrVG Rn 63a.

der Dienstgeber die Belastung auf betriebliche Ablaufstörungen, so sollten diese konkret vorgetragen werden.
- Auszuführen ist schließlich, warum aus Dienstgebersicht das Beendigungsinteresse überwiegt (Interessenabwägung nebst Unvermeidbarkeit der Kündigung durch Versetzung auf einen leidensgerechten Arbeitsplatz).

Plant der Dienstgeber eine **Änderungskündigung** auszusprechen, so hat er der MAV neben den Gründen, die einer Weiterbeschäftigung mit dem bisherigen Vertragsinhalt entgegenstehen, das Änderungsangebot (in allen Einzelheiten) und die Gründe für die beabsichtigte Änderung der Arbeitsbedingungen mitzuteilen.[100] **48**

d. Nachschieben von Kündigungsgründen

Beschränkt sich der Dienstgeber bei der Unterrichtung der MAV auf bestimmte Kündigungsgründe, so wird er hierdurch prozessual gebunden. Ihm ist es verwehrt, im Kündigungsrechtstreit Gründe nachzuschieben, die nicht Gegenstand der MAV-Anhörung waren. Diese Unzulässigkeit des Nachschiebens von Kündigungsgründen gilt allerdings nur für kündigungsrechtlich relevante Tatsachen, die dem Dienstgeber **zum Zeitpunkt des Ausspruchs** der Kündigung **bekannt** waren, die er der MAV **bewusst nicht mitgeteilt** hat und die er **später in den Kündigungsschutzprozess einführen will**. Das BAG begründet die Unzulässigkeit des Nachschiebens von Kündigungsgründen mit dem Sinn und Zweck des Anhörungsverfahrens, der Arbeitnehmervertretung Gelegenheit zu geben, vor Ausspruch der Kündigung auf den Kündigungsentschluss des Arbeitgebers einzuwirken.[101] Diesem Zweck widerspreche es, dem Arbeitgeber zu gestatten, sich im späteren Kündigungsschutzprozess auf Kündigungsgründe zu berufen, die zwar seinen Kündigungsentschluss mit beeinflusst haben, hinsichtlich derer er jedoch der Arbeitnehmervertretung keine Gelegenheit zur Stellungnahme gegeben hatte. Durch das Nachschieben von Gründen wird die Anhörung der Arbeitnehmervertretung aber nicht unwirksam; es hat vielmehr zur Folge, dass die sog. Präklusionswirkung eintritt, d. h. der Dienstgeber kann im Prozess nur mit Punkten gehört werden, die der MAV im Anhörungsverfahren mitgeteilt wurden. **49**

Ein echtes Nachschieben von Gründen lässt das BAG zu, wenn die entsprechenden Tatsachen **nach Ausspruch** der Kündigung erst **bekannt geworden** sind und die Arbeitnehmervertretung **vor ihrer Einführung in den Kündigungsschutzprozess erneut angehört** wurde.[102] Im Streitfall hat der Dienstgeber darzulegen und zu beweisen, dass er von den nachzuschiebenden Gründen erst nach Ausspruch der Kündigung erfahren hat.[103] **50**

Von einem solchen Nachschieben von Kündigungsgründen zu unterscheiden ist die bloße **Erläuterung** (**Konkretisierung**[104] oder **Substantiierung**) der Kündigungsgründe.[105] Im Einzelnen ist die Abgrenzung zwischen der zulässigen Erläuterung und dem unzulässigen Nachschieben von Kündigungsgründen nicht einfach.[106] Nach Ansicht des BAG liegt eine Erläuterung der Kündigungsgründe vor, wenn die neuen Tatsachen weder zusätzliche Kündigungsgründe noch Vorwürfe enthalten, die den bisherigen Vortrag erst zu einem kündigungsrechtlich relevanten Kündigungsgrund machen oder **51**

---

100 *BAG*, 3. 11. 1977 – 2 AZR 277/76, DB 1978, 1135; 20. 3. 1986 – 2 AZR 294/85, DB 1986, 2442; 30. 11. 1989 – 2 AZR 197/89, NZA 1990, 529.
101 *BAG*, 11. 4. 1985 – 2 AZR 239/84, NZA 1986, 674.
102 *BAG*, 11. 4. 1985 – 2 AZR 239/84, NZA 1986, 674; 4. 6. 1997 – 2 AZR 362/96, NZA 1997, 1158; *LAG Hamm*, 29. 3. 2007 – 16 Sa 435/06, juris.
103 *BAG*, 11. 4. 1985 – 2 AZR 239/84, NZA 1986, 674.
104 Beispiel für eine Konkretisierung aus dem kirchlichen Bereich: *LAG München*, 20. 1. 2005 – 6 Sa 489/03, KirchE 47, 8–17.
105 *BAG*, 18. 12. 1980 – 2 AZR 1006/78, DB 1981, 1624; 11. 4. 1985 – 2 AZR 239/84, NZA 1986, 674.
106 Beispiel für ein unzulässiges Nachschieben aus dem kirchlichen Bereich: *LAG Rheinland-Pfalz*, 13. 12. 2005 – 5 Sa 645/05, juris.

ihm erheblich mehr Gewicht verleihen.[107] Das BAG verdeutlicht den Unterschied folgendermaßen: Nennt der Arbeitgeber gegenüber dem Betriebsrat als Kündigungsgrund, der Arbeitnehmer habe unentschuldigt an zwei Tagen gefehlt, und ergänzt er diesen Vorwurf im Kündigungsschutzprozess durch die Angabe der Daten der Fehltage, dann handelt es sich um die nähere zeitliche Konkretisierung des angegebenen Kündigungsgrundes. Trägt dagegen der Arbeitgeber im Kündigungsschutzprozess vor, der Arbeitnehmer habe an sieben Montagen hintereinander ohne Entschuldigung gefehlt, dann wird der ursprüngliche Kündigungssachverhalt hierdurch unzulässig wesentlich erweitert, indem der bisherige Kündigungsgrund die Bedeutung einer beharrlichen Pflichtverletzung erhält.[108] Nicht mehr als Konkretisierung wurde das Nachschieben im Prozess einer zuvor nicht mitgeteilten Abmahnung angesehen.[109]

52 Kündigungsgründe, die erst **nach Ausspruch der Kündigung entstanden** sind, erfordern eine neue Anhörung der MAV und den Ausspruch einer neuen Kündigung.

4. Zeitpunkt der Anhörung

53 Die Anhörung der MAV muss abgeschlossen sein, **bevor** die Kündigung erklärt wird. Erklärt wird die Kündigung, wenn das Kündigungsschreiben den Machtbereich des Dienstgebers verlassen hat, z. B. zur Post gegeben wurde.[110] Eine **nachträglich eingeholte Stellungnahme** der MAV kann die Unwirksamkeit der ohne vorherige Anhörung erklärten Kündigung nicht beheben.[111] Hat der Dienstgeber die Anhörung versäumt, muss er eine neue Kündigung aussprechen. Grundsätzlich ist die MAV bei **jedem neuen** Kündigungsvorgang oder dem **Hinzutreten eines neuen Kündigungsgrundes** erneut anzuhören. Dies gilt insbesondere, wenn der Dienstgeber wegen Bedenken gegen die Wirksamkeit der ersten Kündigung erneut kündigt.

54 Der Dienstgeber kann die **Anhörung nicht präventiv** einleiten. Die Kündigungsgründe, auf die der Dienstgeber seine konkrete Kündigung stützen will, müssen vielmehr im Zeitpunkt der Einleitung des Anhörungsverfahrens tatsächlich vorliegen. Der Dienstgeber muss seinen Kündigungsentschluss – bei Kirchengemeinden und Kirchengemeindeverbänden durch Beschluss des Kirchenvorstandes bzw. des Verwaltungsausschusses – aufgrund eines realen Kündigungssachverhalts vor der Einleitung des Anhörungsverfahrens gefasst haben.[112]

55 Ebenso wenig kommt eine Anhörung »**auf Vorrat**« in Betracht, also eine Anhörung ohne eine dahinter stehende wirkliche Kündigungsabsicht.[113] Eine Verpflichtung, die Kündigung in einer unmittelbaren zeitlichen Nähe zur Anhörung auszusprechen, besteht jedoch nicht. Zwischen der Anhörung der MAV und dem Ausspruch der Kündigung kann durchaus eine längere Zeitspanne liegen.[114] Lässt der Dienstgeber nach Abschluss des Anhörungsverfahrens geraume Zeit bis zum Ausspruch der Kündigung verstreichen, dann ist eine erneute Anhörung der MAV zu dieser Kündigung jedenfalls dann nicht zu verlangen, wenn sich in der Zwischenzeit der Kündigungssachverhalt nicht oder nicht wesentlich verändert hat. Dagegen muss bei einer wesentlichen Änderung, vor allem beim Hinzutreten neuer Kündigungsgründe, die MAV nochmals Gelegenheit erhalten, die beabsichtigte Kündigung unter den geänderten Gegebenheiten zu überprüfen.[115]

---

107 *BAG*, 18. 12. 1980 – 2 AZR 1006/78, DB 1981, 1624.
108 *BAG*, 18. 12. 1980 – 2 AZR 1006/78, DB 1981, 1624.
109 *BAG*, 18. 12. 1980 – 2 AZR 1006/78, DB 1981, 1624.
110 *BAG*, 11. 7. 1991 – 2 AZR 119/91, NZA 1992, 38.
111 *BAG*, 28. 2. 1974 – 2 AZR 455/73, DB 1974, 1294.
112 *BAG*, 19. 1. 1983 – 7 AZR 514/80, DB 1983, 1153.
113 *BAG*, 26. 5. 1977 – 2 AZR 201/76, DB 1977, 2455.
114 Zum diskutierten Zeitkorridor zwischen Anhörung und Kündigungserklärung vgl. *Hümmerich* RdA 2000, 345, 347.
115 *BAG*, 26. 5. 1977 – 2 AZR 201/76, DB 1977, 2455.

Die Anhörung der MAV ist nicht schon deshalb fehlerhaft, weil der Dienstgeber sich seinen **Kündigungsentschluss bei Einleitung des Anhörungsverfahrens** schon **abschließend gebildet** hatte. Der Zweck der Anhörung wird nur dann nicht erreicht, wenn der Dienstgeber die MAV erst beteiligt, nachdem die Kündigungsabsicht verwirklicht, d. h. die Kündigung ausgesprochen ist. Bis dahin kann nicht ausgeschlossen werden, dass es der MAV gelingt, auf den Kündigungswillen des Dienstgebers Einfluss zu nehmen, auch wenn dieser zuvor erklärt hat, er wolle auf alle Fälle kündigen.[116] 56

Ist die **Kündigung von der vorherigen Zustimmung einer Behörde** (z. B. des Integrationsamtes gem. § 85 SGB IX oder der obersten Landesbehörde nach § 9 Abs. 3 MuSchG, § 18 BEEG) **abhängig**, kann der Dienstgeber nach der ständigen Rechtsprechung des BAG die Anhörung der Mitarbeitervertretung **vor** oder **während** der Durchführung des Zustimmungsverfahrens, aber auch erst **nach** dessen Abschluss einleiten.[117] Hört er die MAV **vor** Durchführung des Zustimmungsverfahrens an, genügt es in der Regel, dass er die Mitarbeitervertretung auf die einzuholende Zustimmung hinweist. 57

5. Form der Anhörung

Anders als das BetrVG schreibt § 30 Abs. 1 **Schriftform** für die Mitteilung der Kündigungsabsicht durch den Dienstgeber vor. Die Vorschriften der §§ 125, 126 BGB finden Anwendung. Das heißt: Der Dienstgeber hat seine Kündigungsabsicht in einer **schriftlichen Erklärung** mit **eigenhändiger Unterschrift** des Dienstgebers, seines gesetzlichen Vertreters oder einer von ihm bevollmächtigten Person gegenüber dem Vorsitzenden der MAV, seinem Stellvertreter oder einem von der MAV zur Entgegennahme von Erklärungen ermächtigten Mitglied (§ 14 Abs. 1 S. 5) bekannt zu geben. Eine **ausschließlich mündliche Information** der MAV stellt keine ordnungsgemäße Mitteilung i. S. d. § 30 Abs. 1 dar.[118] Ob eine **Mitteilung per Telefax, Telegramm oder E-Mail** die gesetzlichen Formvoraussetzungen erfüllt, ist höchstrichterlich noch nicht entschieden, insbesondere ist unklar, ob die Aufweichung des Schriftformerfordernisses durch die jüngste Judikatur des BAG im Hinblick auf die Stellungnahme der Mitarbeitervertretung bzw. des Betriebsrats auch auf die schriftliche Mitteilung der Kündigungsabsicht durch den Dienstgeber übertragbar ist (vgl. Rn 66).[119] 58

Die Formvorschrift bezieht sich insoweit ausdrücklich nur auf die **Kündigungsabsicht** und bei Arbeitsverhältnissen, die länger als sechs Monate bestanden haben, auch auf die **Kündigungsgründe** (Abs. 1 S. 2). Diese Punkte sollten daher immer schriftlich fixiert sein.[120] Bzgl. der Kündigungsgründe reicht es aus, wenn der Dienstgeber die Art der Kündigung schriftlich fixiert. Im Hinblick auf evtl. Beweisschwierigkeiten ist es ratsam, jedoch nicht rechtlich verpflichtend, den darüber hinausgehenden notwendigen Inhalt der Unterrichtung ebenfalls schriftlich festzuhalten. Der Dienstgeber ist rechtlich nicht verpflichtet, aber durchaus berechtigt, der MAV weitere Unterlagen zur Verfügung zu stellen, aus denen sich die für die Kündigung maßgeblichen Tatsachen ergeben.[121] 59

Eine mit der MAV **vereinbarte Aufhebung des Schriftformerfordernisses** ist unwirksam (vgl. § 55). 60

---

116 *BAG*, 28. 9. 1978 – 2 AZR 2/77, DB 1979, 1135.
117 *BAG*, 23. 10. 2008 – 2 AZR 163/07, BB 2009, 1758; 18. 5. 1994 – 2 AZR 626/93, NZA 1995, 65; 11. 3. 1998 – 2 AZR 401/97, juris.
118 *BAG*, 16. 10. 1991 – 2 AZR 156/91, EzA § 102 BetrVG 1972 Nr. 83 = KirchE 29, 345–354.
119 *BAG*, 9. 12. 2008 – 1 ABR 79/07, NZA 2009, 627; vgl. auch KR-*Etzel*, § 102 BetrVG Rn 142; *Raab*, GK-BetrVG § 102 Rn 98.
120 *LAG Köln*, 28. 10. 1992 – 7 Sa 692/92, LAGE § 611 BGB Kirchliche Arbeitnehmer Nr. 7.
121 *BAG*, 26. 1. 1995 – 2 AZR 386/94, NZA 1995, 672.

V. Stellungnahme der Mitarbeitervertretung

1. Ordnungsgemäße Beschlussfassung

61 Die MAV fasst ihre Beschlüsse, die der Vorsitzende bzw. sein Stellvertreter dem Dienstgeber mitzuteilen hat, auf Grund einer **Beschlussfassung** nach § 14 Abs. 5 (§ 14 Rn 54 ff.). Bei der Zustimmung zu einer ordentlichen Kündigung bzw. der Erhebung von Einwendungen gegen eine ordentliche Kündigung handelt es sich **nicht** um die Führung der laufenden Geschäfte, die zur Vorbereitung von MAV-Sitzungen und zur Durchführung gefasster Beschlüsse notwendig sind. Daher kann der MAV-Vorsitzende weder aus eigener Machtvollkommenheit Erklärungen im Anhörungsverfahren abgeben noch kann er im Umlaufverfahren das Anhörungsverfahren nach § 30 abwickeln. Unerlässlich ist die **Einberufung einer Sitzung der MAV mit einer entsprechenden Tagesordnung** (§ 14 Rn 37 f.) und eine Beschlussfassung, die § 14 Abs. 5 (§ 14 Rn 58) entspricht.[122] Im Fall der durch Verhinderung von Mitgliedern und Ersatzmitgliedern eingetretenen Beschlussunfähigkeit der MAV (§ 14 Abs. 5 S. 1) nimmt die amtierende Rest-MAV in entsprechender Anwendung des § 13a S. 2 die Beteiligungsrechte der MAV gemäß § 30 wahr (§ 14 Rn 55).[123]

2. Inhalt, Form und Frist der Stellungnahme

62 § 30 gibt der MAV die Möglichkeit, **Einwendungen** gegen eine geplante Kündigung vorzubringen. Sie muss aber keine Einwendungen erheben; die MAV kann der Kündigung auch **zustimmen, schweigen** oder **erklären, keine Äußerung machen zu wollen.** Für welche der vier Handlungsoptionen sie sich entscheidet, muss die MAV **nach pflichtgemäßem Ermessen** entscheiden. Zu den gesetzlichen Pflichten der MAV gehört es aber, sich mit der Kündigung überhaupt zu befassen und innerhalb der Äußerungsfrist über eine Stellungnahme zu der beabsichtigten Kündigung zu beraten und zu beschließen. Die **MAV kann nicht auf die** Durchführung **der Anhörung verzichten**, weil sie es im Interesse der gesamten Belegschaft und des einzelnen Dienstnehmers wahrnimmt.[124]

63 Der betroffene **Mitarbeiter hat keinen einklagbaren Anspruch auf Tätigwerden der MAV**, ein ermessensfehlerhaftes Verhalten stellt aber eine Amtspflichtverletzung gegenüber dem betroffenen Mitarbeiter dar.[125]

64 Obwohl in § 30 nicht ausdrücklich geregelt (anders etwa in § 102 Abs. 2 S. 4 BetrVG) **kann** die MAV, soweit sie dies für erforderlich hält, vor ihrer Stellungnahme zu der beabsichtigten Kündigung **den betroffenen Mitarbeiter hören**. Eine Anhörung ist vor allem dann zu empfehlen, wenn die Einwendungsgründe aus § 30 Abs. 3 Nr. 3 bis 5 in Betracht kommen. Unterlässt die MAV den betroffenen Mitarbeiter anzuhören, hat dies keinen Einfluss auf die Ordnungsmäßigkeit des Anhörungsverfahrens.[126]

65 **Einwendungen** sind innerhalb einer Frist von einer Woche unter Einhaltung der **Schriftform** und **unter Angabe von Gründen** zu erheben (§ 30 Abs. 2 S. 1). Erhebt die Mitarbeitervertretung innerhalb dieser Frist keine Einwendungen, so gilt das als Zustimmung zur Kündigung. Erhebt die MAV Einwendungen, ohne sie schriftlich zu begründen, so gilt das ebenso als Zustimmung wie die mündliche Erhebung von Einwendungen mit Gründen (§ 30 Abs. 2 S. 2). Einwendungen der MAV unterliegen also nicht nur dem Formzwang, sie unterliegen auch dem Begründungszwang. Ein Verstoß gegen den Form- und/oder den Begründungszwang führt zur Unwirksamkeit der von der MAV erhobenen Einwendungen. Es tritt damit die Zustimmungsfiktion des § 30 Abs. 2 S. 2 ein: Die beabsichtigte Kündigung gilt als nicht beanstandet. Das Anhörungsverfahren ist beendet. Der Dienstgeber kann die Kündigung aussprechen.[127]

---

122 *LAG München*, 8. 4. 1991 – 9 Sa 72/90, KirchE 29, 85.
123 *BAG*, 18. 8. 1982 – 7 AZR 437/80, NJW 1983, 2836.
124 *HSWGN-Schlochauer*, BetrVG § 102 Rn 63.
125 *Fitting*, BetrVG § 102 Rn 71; *Raab*, GK-BetrVG § 102 Rn 90.
126 *LAG München*, 20. 1. 2005 – 6 Sa 489/03, KirchE 47, 8–17.
127 *BAG*, 8. 4. 2003 – 2 AZR 515/02, NZA 2003, 961.

Einwendungen gegen die beabsichtigte Kündigung sind **schriftlich** dem Dienstgeber mitzuteilen. **66** Umstritten ist, ob insoweit die **Schriftform** des § 126 Abs. 1 BGB gilt. Nach neuester Rechtsprechung des BAG zu § 99 BetrVG bedarf die Mitteilung der Zustimmungsverweigerung nach § 99 Abs. 3 Satz 1 BetrVG nicht der Schriftform nach § 126 Abs. 1 BGB; ausreichend ist die Textform nach § 126b BGB.[128] Die dortigen Ausführungen gelten wohl auch für die Einwendungen des Betriebsrats im Rahmen des § 102 BetrVG bzw. der MAV im Rahmen des § 30 MAVO, da es sich in beiden Fällen nicht um Willenserklärungen, sondern um **rechtsgeschäftsähnliche Handlungen** handelt. In Fortführung dieser Rechtsprechung hat das BAG in einer weiteren Entscheidung kürzlich erkannt, dass der Betriebsrat auch durch E-Mail wirksam seine Zustimmung zu einer personellen Maßnahme verweigern kann.[129] Mit diesem weiten Verständnis der Schriftlichkeit erteilt das BAG der bislang überwiegenden Auffassung in der Instanzrechtsprechung und Literatur eine Absage, die unter Betonung der Beweisfunktion mit Blick auf die Identität des Ausstellers zur formwirksamen Verweigerung der Zustimmung eine (Original-)Unterschrift oder – bei E-Mails – zumindest eine qualifizierte Signatur nach § 126a BGB verlangte.[130] Die Praxis wird sich nach der nunmehr erfolgten höchstrichterlichen Klärung auf diese erweiterte Auslegung des Begriffs der Schriftlichkeit einzustellen haben. Die Einwendungen gegen eine beabsichtigte Kündigung nach § 30 MAV kann die MAV auf Grundlage der Rechtsprechung des BAG nunmehr nicht nur per **Telefax**, sondern auch via **E-Mail** verweigern. Dabei ist allerdings zu beachten, dass die MAV – gerade bei E-Mails – das Risiko trägt, dass ihre Nachricht auch tatsächlich dem Dienstgeber zugegangen ist. Sofern dieser den Zugang bestreitet, dürfte die MAV oftmals kaum das Gegenteil beweisen können. Bereits aus diesem Grund empfiehlt es sich, an den »klassischen« Kommunikationsformen festzuhalten, z. B. indem ein eigenhändig unterzeichnetes Schreiben gegen Empfangsbestätigung beim Dienstgeber bzw. der Personalabteilung eingereicht wird.

Schriftform und **Begründungszwang** sind nur bedeutsam, wenn die MAV **Einwendungen** gegen die **67** beabsichtigte Kündigung hat. Die Zustimmung zur Kündigung oder die Erklärung, keine Äußerung machen zu wollen, kann ohne Angabe von Gründen auch mündlich erteilt werden.

Die **Frist** zur Erhebung der Einwendungen **beginnt** mit der ordnungsgemäßen schriftlichen Unter- **68** richtung des Dienstgebers gegenüber dem Vorsitzenden der MAV, dessen Stellvertreter oder gegenüber einem von der MAV gemäß § 14 Abs. 1 S. 5 ermächtigten Mitglied MAV-Vorsitzenden. Der Tag der Unterrichtung wird bei der Berechnung der Frist nicht mitgerechnet (§ 187 Abs. 1 BGB). Die Frist beträgt eine Woche. Fällt der Ablauf der Wochenfrist auf einen Sonnabend, Sonntag oder gesetzlichen Feiertag, so endet die Wochenfrist mit dem Ablauf des nächsten Werktages (§ 193 BGB). Ansonsten ist im Falle der Wochenfrist Fristende gemäß § 188 Abs. 2 BGB der Ablauf des Tages der Woche, welcher durch seine Benennung dem Tag entspricht, an dem die Mitteilung des Dienstgebers an die MAV erfolgt. Der Tag läuft dann um 24.00 Uhr ab. **Beispiel:** Die Kündigungsmitteilung geht der MAV am Montag, dem 17. Mai 2010 zu. Die Wochenfrist des § 30 würde damit ablaufen am Montag, dem 24. Mai 2010. Dieser Tag ist gesetzlicher Feiertag (Pfingstmontag). Daher endet die Frist erst mit Ablauf des Dienstag, 25. Mai 2010.

Wenn der Dienstgeber auf Nachfrage der MAV im Anhörungsverfahren seine **Unterrichtung ergänzt** **69** oder von sich aus seine Information vervollständigt, ist es ratsam die **Frist** des § 30 Abs. 2 mit der Nachinformation **neu beginnen** zu lassen und deren Verstreichen bzw. die abschließende Stellungnahme der MAV abzuwarten. Denn nach Ansicht des BAG läuft erst ab dem Zeitpunkt der vollstän-

---

128 *BAG*, 9. 12. 2008 – 1 ABR 79/07, NZA 2009, 627; vgl. auch KR-*Etzel*, § 102 BetrVG Rn 142; *Raab*, GK-BetrVG § 102 Rn 98.
129 *BAG*, 10. 3. 2009 – 1 ABR 93/07, BB 2009, 1181.
130 Vgl. *LAG Stuttgart*, 1. 8. 2008 – 5 TaBV 8/07, AuA 2009, 48; *LAG Frankfurt*, 18. 9. 2007 – 4 TaBV 83/07, ArbuR 2008, 77; krit. auch *Richardi/Thüsing*, BetrVG § 99 Rn 262: »dogmatisch nicht befriedigend«.

digen und zutreffenden Unterrichtung die Äußerungsfrist der Mitarbeitervertretung.[131] Die auf Nachfrage der MAV oder aus Initiative des Dienstgebers nachträglich mitgeteilten Tatsachen sind im Kündigungsschutzprozess dann jedenfalls verwertbar.[132]

70 Die **Wochenfrist** kann vom Dienstgeber **nicht einseitig verkürzt** werden. Eine Abkürzungsmöglichkeit – wie etwa in § 33 Abs. 2 S. 4 – sieht § 30 Abs. 2 nicht vor. Daher muss auch in **Eilfällen** der Dienstgeber den Ablauf der Wochenfrist grundsätzlich abwarten, wenn seine Kündigung nicht nach § 30 Abs. 5 unwirksam sein soll.[133] Nach Ansicht des BAG ist eine einseitig vom Arbeitgeber veranlasste Verkürzung der gesetzlichen Anhörungsfrist vor allem aus Gründen der Rechtssicherheit und der Rechtsklarheit in Eilfällen nicht möglich.[134] Im Schrifttum wird allerdings die Ansicht vertreten, dass aus dem Gebot der vertrauensvollen Zusammenarbeit (vgl. § 26) sich im Einzelfall die Pflicht ergeben kann, die Wochenfrist nicht auszuschöpfen, wenn der Arbeitgeber erkennbar ein besonderes Interesse an der Einhaltung eines bestimmten Kündigungstermins hat und eine vorzeitige Stellungnahme für die MAV zumutbar ist.[135]

71 Die **Anhörungsfrist** kann **durch eine Vereinbarung** zwischen Dienstgeber und MAV **nicht verlängert** oder **verkürzt** werden. Dem steht die Unabdingbarkeit des kirchlichen Mitarbeitervertretungsrechts (vgl. § 55) entgegen. Die MAVO darf weder durch anderweitige Regelungen noch durch Vereinbarungen erweitert oder verkürzt werden. Das BetrVG kennt eine dem § 55 MAVO entsprechende Regelung nicht.[136] Daher kann die Rechtsprechung des BAG[137] zu BetrVG, die eine einverständliche Verlängerung bzw. Verkürzung der Wochenfrist nach § 102 Abs. 2 BetrVG grundsätzlich zulässt, insoweit **nicht** auf den Bereich der MAVO übertragen werden.[138]

72 **Vor Ablauf der Wochenfrist** ist der Ausspruch der Kündigung nur in zwei Fällen zulässig: Erstens, wenn die MAV der geplanten Kündigung ausdrücklich zustimmt.[139] Die **Zustimmung ist**, wenn sie dem Dienstgeber mitgeteilt worden ist, **unwiderruflich** und **unanfechtbar**.[140] Zweitens, wenn vor Fristablauf eine unmissverständliche Erklärung der MAV vorliegt, aus der sich unter Zugrundelegung der ständigen Übung eindeutig ergibt, dass die MAV keine weitere Erörterung des Sachverhaltes wünscht und dass sie ihre **Stellungnahme** als **abschließend** betrachtet.[141] Vom Dienstgeber in einem solchen Fall noch ein Abwarten bis zum Ablauf der gesetzlichen Frist zu verlangen, wäre ein überflüssiger Formalismus. Eine abschließende Stellungnahme der MAV[142] kann auch in der **Mitteilung** liegen, **dass sie sich zu der beabsichtigten Kündigung nicht äußern werde** oder wenn sie mitteilt, **sie werde die ihr zustehende Frist ohne Abgabe einer Stellungnahme verstreichen lassen**.[143] Das **bloße Schweigen** der MAV kann dagegen niemals als deren Stellungnahme gedeutet werden. In diesem Fall endet das Anhörungsverfahren erst nach Ablauf der Anhörungsfrist.[144] Besondere Vorsicht ist für den Dienstgeber geboten, wenn die MAV lediglich mitteilt, sie habe die beabsichtigte Kündi-

---

131 *BAG*, 3. 4. 1987 – 7 AZR 66/86, NZA 1988, 37; 6. 2. 1997 – 2 AZR 265/96, NZA 1997, 656; KR-*Etzel*, § 102 BetrVG Rn 111a.
132 *BAG*, 6. 2. 1997 – 2 AZR 265/96, NZA 1997, 656.
133 *BAG*, 13. 11. 1975 – 2 AZR 610/74, EzA § 102 BetrVG Nr. 20.
134 Ebenso *Raab*, GK-BetrVG § 102 Rn 100; *Fitting*, BetrVG § 102 Rn 20; a. A. *HSWGN-Schlochauer*, BetrVG § 102 Rn 22.
135 *Richardi/Thüsing*, BetrVG § 102 Rn 103; *Raab*, GK-BetrVG § 102 Rn 101.
136 Der Gedanke der Unabdingbarkeit entstammt dem Personalvertretungsrecht, vgl. z. B. § 97 BPersVG und ist vom kirchlichen Gesetzgeber übernommen worden.
137 *BAG*, 14. 8. 1986 – 2 AZR 561/85, DB 1987, 1050.
138 A. A. *Frey/Coutelle/Beyer* MAVO § 30 Rn 35.
139 *BAG*, 16. 1. 2003 – 2 AZR 707/01, NZA 2003, 927.
140 *Raab*, GK-BetrVG § 102 Rn 95; KR-*Etzel*, § 102 BetrVG Rn 127.
141 *BAG*, 12. 3. 1987 – 2 AZR 176/86, NZA 1988, 137; 24. 6. 2004 – 2 AZR 461/03, NZA 2004, 1330.
142 Zu den verschiedenen Formen der abschließenden Stellungnahme, z. B. die kommentarlose Rückgabe des Anhörungsbogens, und deren Auslegung vgl. *Hunold*, NZA 2010, 797 ff.
143 *BAG*, 12. 3. 1987 – 2 AZR 176/86, NZA 1988, 137.
144 *BAG*, 12. 3. 1987 – 2 AZR 176/86, NZA 1988, 137; 18. 9. 1975 – 2 AZR 594/74, DB 1976, 344.

gung **zur Kenntnis genommen**. Hierin kann grundsätzlich keine abschließende Stellungnahme gesehen werden, da die Kenntnisnahme nicht ausschließt, dass die MAV innerhalb der Wochenfrist noch eine Stellungnahme zu der Kündigung abgibt.

3. Einwendungsbegründung

a. Allgemeines

Die Einwendungen sind nur wirksam erhoben unter **Angabe von Gründen** (§ 30 Abs. 2 S. 1, Abs. 3 S. 2). Dabei betont § 30 Abs. 3 S. 2 ausdrücklich, dass es der Angabe der konkreten, **auf den Einzelfall bezogenen Gründe** bedarf. Dieser Begründungszwang der Einwendungen der MAV ist Wirksamkeitsvoraussetzung der erhobenen Einwendungen. Allgemein erhobene Einwendungen ohne Bezug auf den konkreten Kündigungsfall sind nicht ausreichend.[145] Der Dienstgeber könnte in diesem Fall die ordentliche Kündigung aussprechen, ohne das Verfahren nach § 30 Abs. 2 S. 3 einzuleiten (Anberaumung einer gemeinsamen Sitzung von Dienstgeber und MAV) und eine Verständigung mit der MAV zu versuchen. 73

Ein **Nachschieben von Gründen** durch die MAV nach Ablauf der Wochenfrist ist nicht möglich.[146] Daher sind Einwendungen nach Ablauf der Wochenfrist grundsätzlich rechtlich unbeachtlich. Ausnahmsweise kann für den Fall der unvollständigen Unterrichtung durch den Arbeitgeber die MAV innerhalb einer Woche weitere, sich aus der nachgeholten Unterrichtung ergebende Einwendungen geltend machen.[147] 74

Die MAV kann zur Begründung ihrer Einwendungen gegen die vorgesehene ordentliche Kündigung **jede Begründung**, die mit dem Arbeitsplatz und der Person des Mitarbeiters und der Lage der kirchlichen Einrichtung im Hinblick auf den vorgesehenen Arbeitsplatz in Verbindung zu bringen ist, vorbringen. Sie ist, wie die Formulierung »insbesondere« zeigt, nicht auf die Einwendungsgründe des Katalogs § 30 Abs. 3 angewiesen. Einzige Voraussetzung für das weitere Verfahren mit dem Dienstgeber (§ 30 Abs. 2 S. 3) ist, dass die **Einwendungen einen konkreten Bezug** zu dem Kündigungsfall haben, den der Dienstgeber der MAV im Anhörungsverfahren unterbreitet hat.[148] Im Umkehrschluss gilt: Wenn die Einwendungsgründe sich offensichtlich – d. h. auf den ersten Blick erkennbar – nicht mit der konkreten Arbeitsplatzsituation des von der Kündigung betroffenen Mitarbeiters befassen, kann der Dienstgeber die Kündigung aussprechen, ohne die gemeinsame, auf Verständigung ausgerichtete Sitzung mit der MAV anzuberaumen. 75

b. § 30 Abs. 3 Nr. 1: Die Kündigung verstößt gegen Rechtsvorschriften

Die MAV kann einwenden, die ordentliche Kündigung des Mitarbeiters verstoße gegen eine in Nr. 1 genannte Rechtsvorschrift. Darunter fallen alle Rechtsnormen i. S. d. § 2 EGBGB sowie kirchenrechtliche Rechtsvorschriften. Im Rahmen des Anhörungsverfahrens gemäß § 30 kann es nicht die Aufgabe der MAV sein, die Rechtmäßigkeit der Kündigung unter allen denkbaren rechtlichen Gesichtspunkten zu prüfen. Ob im konkreten Einzelfall ein Verstoß gegen Rechtsvorschriften vorliegt, kann letztlich nur das zuständige staatliche Arbeitsgericht entscheiden. Die MAV ist keine »Vorprüfungsinstanz« der staatlichen Arbeitsgerichte und daher weder befugt noch – in der Regel jedenfalls – befähigt, eine umfassende und verbindliche Prüfung der Rechtswirksamkeit einer Kündigung vorzunehmen. Aufgrund der Komplexität des Kündigungsschutzrechts und der fehlenden arbeitsrechtlichen Fachkenntnisse sind die meisten Mitglieder der MAV mit einer umfassenden rechtlichen Prüfung ohnehin in der Regel überfordert. Die Mitglieder der MAV können und sollten aber von ihrem Einwendungsrecht aus § 30 Abs. 3 Nr. 1 Gebrauch machen, wenn sie nach kursorischer Prü- 76

---

145 *BAG*, 18. 7. 1978 – 1 ABR 43/75, EzA § 99 BetrVG 1972 Nr. 33.
146 *BAG*, 3. 7. 1984 – 1 ABR 74/82, EzA § 99 BetrVG 1972 Nr. 37; 15. 4. 1986 – 1 ABR 55/84, NZA 1986, 755.
147 *BAG*, 20. 12. 1988 – 1 ABR 68/87, NZA 1989, 518.
148 *BAG*, 25. 3. 2004 – 2 AZR 380/03, ZMV 2/2005, 100 = AP Nr. 40 zu § 611 BGB Kirchendienst.

fung der Ansicht sind, dass der Dienstgeber durch die beabsichtigte Kündigung **offenkundig** gegen geltendes Recht verstößt. Ein solcher evidenter Rechtsverstoß kann z. B. bei Verletzung formaler Vorschriften, etwa der Einhaltung der Kündigungsfristen oder bei Missachtung von gesetzlichen Kündigungsverboten, angenommen werden. Beispiel: Fehlen auf der von einer katholischen Kirchengemeinde ausgesprochenen Kündigung entgegen § 14 des Gesetzes über die Verwaltung des katholischen Kirchenvermögens NRW (NWVermVerwG) sowohl die Unterschrift des Kirchenvorstandsvorsitzenden oder seines Stellvertreters als auch die Beidrückung des Amtssiegels, ist die Kündigung nach § 125 S. 1 BGB nichtig.[149] Danach verpflichten Willenserklärungen des Kirchenvorstands die Gemeinde also nur dann, wenn sie der Vorsitzende oder sein Stellvertreter und zwei Mitglieder schriftlich unter Beidrückung des Amtssiegels abgeben.

77 Als Verstöße gegen Rechtsvorschriften i. S. d. § 30 Abs. 3 Nr. 1 kommen insbesondere **Verstöße gegen allgemeine gesetzliche Unwirksamkeitsgründe (1)**, **Verstöße gegen den gesetzlichen Sonderkündigungsschutz für bestimmte Personengruppen (2)** sowie **Verstöße gegen das Kündigungsschutzgesetz (3)** in Betracht.

(1) Verstöße gegen allgemeine gesetzliche Unwirksamkeitsgründe

78 Eine Kündigung, die gegen ein gesetzliches Verbot verstößt, ist unwirksam (§ 134 BGB). Gesetzliche Verbote bewirken, dass die Kündigung nichtig ist, soweit sich nicht etwas anderes ergibt. Als gesetzliches Verbot, deren Verletzung gemäß § 134 BGB zur Nichtigkeit der Kündigung führt, kommen eine Vielzahl von Rechtsvorschriften in Betracht.[150] Eine Kündigung kann beispielsweise gegen das Maßregelungsverbot des § **612a BGB** verstoßen. Nichtig ist auch die Kündigung wegen eines Betriebs- oder Betriebsteilüberganges nach § **613a Abs. 4 BGB**.

79 Auch eine Kündigung, die **gegen die guten Sitten** verstößt, ist nichtig, § **138 BGB**. Allerdings ist bei weitem nicht jede unrechtmäßige Kündigung bereits sittenwidrig. Da § 138 BGB lediglich die Einhaltung eines ethischen Minimums verlangt, wird eine Kündigung nur in besonders krassen Fällen an dieser Vorschrift scheitern. Das ist z. B. dann anzunehmen, wenn die Kündigung auf einem verwerflichen Motiv des Kündigenden, wie insbesondere Rachsucht oder Vergeltung, beruht oder wenn sie aus anderen Gründen dem Anstandsgefühl aller billig und gerecht Denkenden widerspricht.[151]

80 Verstößt die Kündigung gegen **Grundgesetzartikel**[152] oder den Grundsatz von **Treu und Glauben**, so ist sie ebenfalls unwirksam, § **242 BGB**. Allerdings ist die Heranziehung des Grundsatzes von Treu und Glauben zur Begründung der Unwirksamkeit einer Kündigung durch das Kündigungsschutzgesetz (KSchG) im Allgemeinen ausgeschlossen, weil im KSchG die Anforderungen, die § 242 BGB an eine Kündigung stellt, näher konkretisiert sind.[153] **Praktisch bedeutsam** kann die **Berufung auf § 242 BGB** für Arbeitnehmer sein, die nach §§ 1 Abs. 1, 23 Abs. 1 S. 2 KSchG nicht dem Kündigungsschutzgesetz unterliegen (**Kündigung im Kleinbetrieb** oder bei **Nichterfüllung der sechsmonatigen Wartezeit**).[154] Der durch Treu und Glauben vermittelte Schutz darf aber nicht dazu führen, dass dem Kleinunternehmen praktisch die im KSchG vorgesehenen Maßstäbe der Sozialwidrigkeit auferlegt werden.[155]

81 Ein Verstoß gegen Grundgesetz oder gegen Treu und Glauben liegt **nicht** vor, wenn im kirchlichen Dienst der Dienstgeber mit einer Kündigung auf **Verstöße gegen die Glaubens- und Sittengrund-**

---

149 *ArbG Essen*, 15. 12. 2006 – 2 Ca 3652/05, juris. Zum Problem der kirchenaufsichtlichen Genehmigungsvorbehalte im Arbeitsrecht vgl. *Kapischke*, ZevKR 2009, 205 ff.; *Zilles/Kämper*, NVwZ 1994, 109 ff.
150 Vgl. ausf. Zusammenstellung in KR-*Friedrich*, § 13 KSchG Rn 174 ff.
151 *BAG*, 21. 2. 2001 – 2 AZR 15/00, NZA 2001, 833; KR-*Friedrich*, § 13 KSchG Rn 125 ff.
152 Vgl. die ausf. Erläuterungen bei KR-*Friedrich*, § 13 KSchG Rn 177 ff.
153 *BAG*, 25. 4. 2001 – 5 AZR 360/99, NZA 2002, 87.
154 *BAG*, 21. 2. 2001 – 2 AZR 15/00, EzA § 242 BGB Kündigung Nr. 1; 22. 5. 2003 – 2 AZR 426/02, EzA § 242 BGB 2002 Kündigung Nr. 2; 6. 2. 2003 – 2 AZR 673/01, EzA § 242 BGB 2002 Kündigung Nr. 1, 28. 8. 2003 – 2 AZR 333/02, EzA § 242 BGB 2002 Kündigung Nr. 4.
155 *BVerfG*, 27. 1. 1998 – 1 BvL 15/87, NZA 1998, 470.

sätze der katholischen Kirche oder auf einen Kirchenaustritt reagieren möchte, um die eigene Glaubwürdigkeit zu wahren. Nach der Verfassungsgarantie des kirchlichen Selbstbestimmungsrechts (Art. 140 GG i. V. m. Art. 137 Abs. 3 WRV) steht den Kirchen zwar kein »Sonderkündigungsrecht« zu; sie unterliegen vielmehr weiter dem staatlichen Kündigungsschutzrecht. Es bleibt aber grundsätzlich den Kirchen überlassen, den Inhalt und die Reichweite des kirchenspezifischen Loyalitätsrechts zu definieren. In seiner Grundsatzentscheidung vom 4. Juni 1985 stellte das Bundesverfassungsgericht wörtlich fest: »Es bleibt danach grundsätzlich den verfassten Kirchen überlassen, verbindlich zu bestimmen, was die ›Glaubwürdigkeit der Kirche und ihre Verkündigung‹ erfordert, was ›spezifisch kirchliche Aufgaben‹ sind, was ›Nähe‹ zu ihnen bedeutet, welches die ›wesentlichen Grundsätze der Glaubens- und Sittenlehre‹ sind und was als – gegebenenfalls schwerer – Verstoß gegen diese anzusehen ist. Auch die Entscheidung darüber, ob und wie innerhalb der im kirchlichen Dienst tätigen Mitarbeiter eine ›Abstufung‹ der Loyalitätsobliegenheiten eingreifen soll, ist grundsätzlich eine dem kirchlichen Selbstbestimmungsrecht unterliegende Angelegenheit.«[156] Die katholische Kirche hat in der »**Grundordnung des kirchlichen Dienstes im Rahmen kirchlicher Arbeitsverhältnisse (GrO)**« Maßstäbe normiert, die für die Bewertung kirchenspezifischer Loyalitätsobliegenheiten zu beachten sind. Die GrO sagt allerdings noch nichts Endgültiges darüber aus, ob im konkreten Einzelfall ein ordentlicher oder außerordentlicher Kündigungsgrund vorliegt. Vielmehr wird insoweit von der Kirche nur bestimmt, von welchen generellen kirchlichen Festlegungen allgemeiner Art im konkreten Streitfall die staatlichen Arbeitsgerichte bei der Überprüfung einer Kündigung auszugehen haben. Ein Kündigungsautomatismus ist dem Arbeitsrecht in der Kirche fremd. Art. 5 GrO sieht bei Verstößen gegen die kirchlichen Loyalitätsobliegenheiten vielmehr ein abgestuftes und ausdifferenziertes Reaktionssystem des Dienstgebers vor, das den besonderen Umständen des Einzelfalles Rechnung tragen soll.[157]

(2) Verstöße gegen den gesetzlichen Sonderkündigungsschutz für bestimmte Personengruppen

Besonders praxisrelevant sind die gesetzlichen Bestimmungen zum Schutz bestimmter Mitarbeitergruppen. Inwieweit die Kündbarkeit eingeschränkt bzw. ausgeschlossen ist, ist den einzelnen Bestimmungen zu entnehmen. **Beispiele:** Der **Kündigungsschutz für Frauen während der Schwangerschaft** und bis zum Ablauf von vier Monaten nach der Niederkunft ist als absolutes Kündigungsverbot mit Erlaubnisvorbehalt ausgestaltet, vgl. § 9 MuSchG. Das heißt: Eine ohne Erlaubnis der zuständigen Landesbehörde ausgesprochene Kündigung ist wegen Verstoßes gegen ein gesetzliches Verbot i. S. d. § 134 BGB nichtig. Von dem Zeitpunkt an, in dem ein berechtigter Arbeitnehmer die Gewährung von **Elternzeit** verlangt, frühestens jedoch ab der achten Woche vor der Elternzeit bietet § 18 BEEG einen dem § 9 MuSchG vergleichbaren Kündigungsschutz. Auch für die Zeit von der Ankündigung bis zur Beendigung einer kurzzeitigen Arbeitsverhinderung, um die **Pflege** für einen nahen Angehörigen sicherzustellen, oder während einer Pflegezeit besteht Kündigungsschutz nach § 5 **Pflegezeitgesetz**. Eine Kündigung von **schwerbehinderten Menschen**, sowie deren Gleichgestellten, die länger als sechs Monate in der Einrichtung beschäftigt sind, bedarf nach **§§ 85, 90 Abs. 1 SGB IX** der vorherigen Zustimmung des Integrationsamtes. Eine ohne vorherige Zustimmung des Integrationsamtes ausgesprochene Kündigung ist nichtig. Die ordentliche Kündigung des **Berufsbildungsverhältnisses** durch den Arbeitgeber ist nach Ablauf der Probezeit ausgeschlossen, § 22 Abs. 2 Nr. 2 BBiG. **Wehrpflichtigen** darf von der Zustellung des Einberufungsbescheids bis zur Beendigung

82

---

156 *BVerfG*, 4. 6. 1985 – 2 BvR 1703/83, 2 BvR 1718/83, 2 BvR 856/84, NJW 1986, 367.
157 Ausführlich zu den Loyalitätsobliegenheiten und den Folgen bei Verstößen vgl. *Richardi*, Arbeitsrecht in der Kirche, 5. Aufl., S. 79 ff.; *Rüfner*, Individualrechtliche Aspekte des kirchlichen Dienst- und Arbeitsrechts, in: Listl/Pirson, Handbuch des Staatskirchenrechts, Bd. 2, 2. Aufl., § 66, S. 901 ff.; *Thüsing*, Kirchliches Arbeitsrecht, S. 100 ff.; *Dütz*, NZA 2006, 65 ff.; *Lüdicke*, Loyalität und Arbeitsverhältnis in der Kirchendienst; in: engagement – Zeitschrift für Erziehung und Schule 4/2002, 236–249; *Weiß*, Die Loyalität der Mitarbeiter im kirchlichen Dienst, in: Hengsbach/Koschel (Hrsg.), 10 Jahre Grundordnung des kirchlichen Dienstes im Rahmen kirchlicher Arbeitsverhältnisse – eine Bestandsaufnahme, 2004, S. 36–62. Vgl. auch die Monographien von *Arntzen*, Loyalität und Loyalitätsprobleme in kirchlichen Arbeitsverhältnissen, 2003 und *Öing*, Loyalitätsbindungen des Arbeitnehmers im Dienst der katholischen Kirche, 2004.

des Grundwehrdienstes sowie während einer Wehrübung nicht ordentlich gekündigt werden, § 2 Abs. 1 ArbPlSchG. Ein besonderer Kündigungsschutz besteht auch für **Mitglieder der MAV**, für **Mitglieder des Wahlvorstandes und für Wahlbewerber** bei der Mitarbeitervertretungswahl, für **Jugend- und Auszubildendenvertreter** sowie für die **Vertrauenspersonen der schwerbehinderten Menschen** (vgl. § 19 Rn 10 ff.).

(3) Verstöße gegen das Kündigungsschutzgesetz

83 Die geplante Kündigung kann insbesondere gegen das Kündigungsschutzgesetz (KSchG) verstoßen.[158] Voraussetzung hierfür ist zunächst, dass das KSchG auf den betreffenden Mitarbeiter gemäß § 1 Abs. 1 KSchG in **persönlicher** und gemäß § 23 Abs. 1 S. 2 KSchG in **betrieblicher** Hinsicht anwendbar ist. Personell gilt das KSchG nur für Arbeitnehmer, aber nicht für Organmitglieder einer juristischen Person und vertretungsberechtigte Gesellschafter einer Personengesellschaft, § 14 Abs. 1 KSchG. Leitende Angestellte werden zwar vom persönlichen Geltungsbereich des KSchG erfasst, § 14 Abs. 2 KSchG. Allerdings besteht wegen des notwendigen Vertrauensverhältnisses zwischen Arbeitgeber und leitendem Angestellten eine erleichterte Lösungsmöglichkeit, vgl. §§ 14 Abs. 2 S. 2, 9 Abs. 1 S. 2 KSchG. Der allgemeine Kündigungsschutz beginnt erst **nach Ablauf einer sechsmonatigen Wartezeit** (sog. gesetzliche Probezeit). Während dieser Wartezeit kann der Arbeitgeber kündigen, ohne dass die Kündigung einer sozialen Rechtfertigung bedarf. Er ist aber an die anderen Kündigungsbeschränkungen gebunden, insbesondere an die Einhaltung der Kündigungsfrist. Auch muss für diese Kündigungen das Mitwirkungsrecht der MAV beachtet werden. Das KSchG findet nicht in allen Betrieben Anwendung. Der **betriebliche Geltungsbereich** des KSchG ist vielmehr zweigeteilt: Arbeitnehmer, die am 31. 12. 2003 in einem Betrieb mit mehr als fünf regelmäßig Beschäftigten tätig waren, bleiben kündigungsgeschützt. Für alle anderen gilt der neue Schwellenwert. Sie haben Kündigungsschutz nur, wenn der Betrieb mehr als 10 Arbeitnehmer mit Ausnahme der zu ihrer Berufsausbildung Beschäftigten aufweist. Teilzeitbeschäftigte werden anteilig berücksichtigt. Nach § 1 Abs. 1 KSchG ist eine Kündigung unwirksam, wenn sie sozial ungerechtfertigt ist. Sozial gerechtfertigt ist eine Kündigung nach § 1 Abs. 2 KSchG aber nur, wenn einer der in § 1 Abs. 1 S. 1 KSchG aufgezählten Kündigungsgründe vorliegt. Die Kündigung muss durch Gründe, die in der **Person** oder dem **Verhalten** des Arbeitnehmers liegen, oder durch **dringende betriebliche Erfordernisse**, die einer Weiterbeschäftigung des Arbeitnehmers entgegenstehen, bedingt sein. Die Kündigung eines Arbeitsverhältnisses löst das Arbeitsverhältnis erst einmal auf und wird nach § 7 KSchG wirksam, wenn der Arbeitnehmer nicht rechtzeitig Klage erhebt, mit der er die Unwirksamkeit feststellen lässt. Im Streit um die Wirksamkeit einer Arbeitgeberkündigung ist es also nicht Aufgabe des Arbeitgebers den Arbeitnehmer »herauszuklagen«, vielmehr liegt es am Arbeitnehmer, sich in den Betrieb »zurückzuklagen«. Macht er von diesem Recht keinen Gebrauch, etwa weil er die dreiwöchige Klagefrist (§ 4 KSchG) verstreichen lässt, wird die Kündigung grundsätzlich rechtswirksam.

c. § 30 Abs. 3 Nr. 2: Nichtberücksichtigung sozialer Gesichtspunkte bei der Auswahl des zu Kündigenden

84 Nach § 30 Abs. 3 Nr. 2 kann die MAV gegen eine beabsichtigte Kündigung Einwendungen erheben, wenn der Dienstgeber bei der Auswahl der zu kündigenden Mitarbeiter soziale Gesichtspunkte nicht oder nicht ausreichend berücksichtigt hat. Diese Einwendung kommt **nur bei betriebsbedingten Kündigungen** in Frage, denn nur hier ist eine soziale Auswahl zu treffen.[159] Die fehlerhafte soziale Auswahl macht eine betriebsbedingte Kündigung sozialwidrig, vgl. § 1 Abs. 3 S. 1 KSchG. Die MAV muss **konkrete Einwendungen** geltend machen, inwieweit der Dienstgeber ausschlaggebende soziale Gesichtspunkte unberücksichtigt gelassen hat. Da die Vorschrift an § 1 Abs. 3 KSchG anknüpft, zäh-

---

158 Ausführliche Darstellungen zum Kündigungsrecht: *Stahlhacke/Preis/Vossen*, Kündigung und Kündigungsschutzrecht im Arbeitsverhältnis, 9. Aufl. 2005; KR-Gemeinschaftskommentar zum Kündigungsschutzgesetz und zu sonstigen kündigungsschutzrechtlichen Vorschriften, 9. Aufl. 2009.
159 ErfK-*Kania*, § 102 BetrVG Rn 18; KR-*Etzel*, § 102 BetrVG Rn 149; *Richardi/Thüsing*, BetrVG § 102 Rn 150.

len seit der Neufassung dieser Regelung mit Wirkung zum 1. 1. 2004 nur die dort genannten Kriterien, also **Dauer der Betriebszugehörigkeit**, **Lebensalter**, **Unterhaltspflichten**, **Schwerbehinderung** (§ 1 Abs. 3 KSchG). Das heißt: Die MAV darf ihre Einwendung zumindest im Rahmen des Abs. 3 Nr. 3 nur noch auf die Nichtbeachtung oder nicht ausreichende Beachtung dieser vier Kriterien stützen.[160] Da die Einwendungsgründe in § 30 Abs. 3 – anders als im BetrVG – aber nicht abschließend sind, könnten andere soziale Umstände, wie z. B. Pflegebedürftigkeit naher Angehöriger, Einkünfte des Ehegatten, Alleinerziehung, Familienstand, Chancen auf dem Arbeitsmarkt usw. von der MAV zwar nicht unter Berufung auf Abs. 3 Nr. 3, aber als eigenständige, gesetzlich nicht ausdrücklich normierte Einwendungsgründe ins Feld geführt werden.

Zu einer ordnungsgemäß erhobenen Einwendung genügt es, dass die MAV auf einen oder mehrere Gesichtspunkte hinweist, die nicht ausreichend bei der sozialen Auswahl berücksichtigt wurden. Macht die MAV geltend, dass der Dienstgeber zu Unrecht Mitarbeiter nicht in die soziale Auswahl einbezogen habe, müssen diese Mitarbeiter von der MAV entweder **konkret benannt** oder anhand abstrakter Merkmale aus dem Einwendungsschreiben **bestimmbar** sein.[161] Die Rechtsprechung verlangt, dass sich aus dem Schreiben der MAV hinreichend deutlich ergibt, **welche** Mitarbeiter im Hinblick auf ihre soziale Schutzwürdigkeit miteinander in den Vergleich einbezogen werden sollen. Außerdem muss die MAV plausibel darlegen, **warum** ein anderer Mitarbeiter sozial weniger schutzwürdig ist. Die MAV hat insbesondere aufzuzeigen, welche Gründe aus ihrer Sicht zu einer anderen Bewertung der sozialen Schutzwürdigkeit führen. Bei **mehreren** zur gleichen Zeit beabsichtigten **betriebsbedingten Kündigungen** kann die MAV gegen die Kündigungen nur dann wirksam Einwendungen erheben, wenn sie **in jedem Einzelfall** auf bestimmte oder bestimmbare, ihrer Ansicht nach weniger schutzwürdige Arbeitnehmer verweist.[162]

85

d. § 30 Abs. 3 Nr. 3: Weiterbeschäftigungsmöglichkeit an einem anderen Arbeitsplatz in einer der Einrichtung desselben Dienstgebers

Diese Einwendung, die in engem Zusammenhang zu § 1 Abs. 2 Nr. 2b) KSchG steht, kommt in Betracht, wenn die MAV geltend macht, dass der zu kündigende Mitarbeiter an einem anderen Arbeitsplatz in einer Einrichtung desselben Dienstgebers weiter beschäftigt werden kann. Ist die Weiterbeschäftigung des Mitarbeiters nur nach einer Umschulung oder nach Änderung des Arbeitsvertrages möglich, so haben die Einwendungsgründe aus Nr. 4 und Nr. 5 als speziellere Vorschriften regelmäßig Vorrang vor Nr. 3. Die Einwendung der MAV nach Nr. 3 ist – im Gegensatz zu Nr. 5 – **nicht** davon abhängig, dass der Mitarbeiter sich mit der Weiterbeschäftigung an einem anderen Arbeitsplatz **einverstanden** erklärt.

86

Voraussetzung für die Weiterbeschäftigungsmöglichkeit ist das Vorhandensein eines »**freien**« Arbeitsplatzes. Als frei sind solche Arbeitsplätze anzusehen, die zum Zeitpunkt des Zugangs der Kündigung unbesetzt sind. Sofern der Dienstgeber bei Ausspruch der Kündigung mit hinreichender Sicherheit vorhersehen kann, dass ein Arbeitsplatz bis zum Ablauf der Kündigungsfrist, z. B. aufgrund des Ausscheidens eines anderen Mitarbeiters zur Verfügung stehen wird, ist ein derartiger Arbeitsplatz ebenfalls als »frei« anzusehen.[163]

87

Dabei muss die MAV den freien Arbeitsplatz möglichst **konkret** angeben. Der allgemeine **Hinweis auf irgendeine Beschäftigungsmöglichkeit** ist nach Ansicht des BAG **nicht ausreichend**, die MAV muss vielmehr konkret darlegen, auf welchem (freiem) Arbeitsplatz eine Weiterbeschäftigung des

88

---

160 ErfK-*Kania*, § 102 BetrVG Rn 18; a. A.: *Fitting*, BetrVG § 102 Rn 78.
161 BAG, 9. 7. 2003 – 5 AZR 305/02, DB 2003, 2233; zust. KR-*Etzel*, § 102 BetrVG Rn 151; *Richardi/Thüsing*, BetrVG § 102 Rn 156. In der Praxis wird von diesem Einwendungsrecht häufig kein Gebrauch gemacht, weil die MAV nicht bereit ist, einen anderen, sozial weniger schutzwürdigen Mitarbeiter zu benennen und ihn damit »ans Messer zu liefern«.
162 BAG, 9. 7. 2003 – 5 AZR 305/02, DB 2003, 2233.
163 BAG, 29. 3. 1990 – 2 AZR 369/89, NZA 1991, 181; 2. 2. 2006 – 2 AZR 38/05, EzA § 1 KSchG Betriebsbedingte Kündigung Nr. 144.

Mitarbeiters in Betracht kommt oder zumindest den Bereich bezeichnen, in dem der Mitarbeiter anderweitig beschäftigt werden kann.[164] Zu pauschal ist etwa der Vortrag, während der Urlaubszeit oder bei Krankheit herrsche in den einzelnen Abteilungen Personalmangel, denn es bleibt dabei unklar, ob und wo der zu kündigende Mitarbeiter eingesetzt werden könnte.[165]

89 Der Dienstgeber ist zu einer Weiterbeschäftigung des Mitarbeiters auf einem anderen freien vergleichbaren (gleichwertigen) Arbeitsplatz oder auf einem freien Arbeitsplatz zu geänderten (schlechteren) Arbeitsbedingungen verpflichtet, wenn der Mitarbeiter die fachlichen und persönlichen Anforderungen des Arbeitsplatzes erfüllt. Vergleichbar ist ein Arbeitsplatz, wenn der Arbeitgeber aufgrund seines Weisungsrechts den Arbeitnehmer ohne Änderung seines Arbeitsvertrages weiterbeschäftigen kann. Die Beschäftigung zu geänderten, schlechteren Arbeitsbedingungen wird regelmäßig im Wege der Änderungskündigung erfolgen. Der Mitarbeiter, dem gekündigt werden soll, hat aber **keinen mitarbeitervertretungsrechtlichen Anspruch auf eine Beförderungsstelle**.[166] Ebenso wenig kann die MAV vom Dienstgeber verlangen, dass er neue Arbeitsplätze schafft[167] oder dass er einen bereits besetzten Arbeitsplatz »freikündigt«, um den jetzt zu kündigenden Mitarbeiter dort zu beschäftigen.[168]

90 Der Dienstgeber ist also verpflichtet, vor einer Kündigung sorgfältig zu prüfen, ob der zu kündigende Mitarbeiter nicht **umgesetzt** oder **versetzt** werden kann. Diese Prüfung kommt insbesondere bei betriebsbedingten Kündigungen in Betracht, kann aber auch bei **personenbedingten Kündigungen** geboten sein. Bei einer **verhaltensbedingten Kündigung** wird der Einwendungsgrund des Nr. 3 nur in Frage kommen, wenn das Fehlverhalten rein arbeitsplatzbedingt ist (z. B. wenn einem Mitarbeiter wegen persönlicher Auseinandersetzungen mit einem Kollegen gekündigt werden soll, eine Weiterbeschäftigung auf einem freien Arbeitsplatz in einer anderen Einrichtung desselben Dienstgebers möglich ist, auf dem eine Zusammenarbeit mit jenem Kollegen nicht erforderlich ist).[169]

91 Die Prüfung, ob ein freier Arbeitsplatz vorhanden ist, erstreckt sich **auf alle Einrichtungen desselben Dienstgebers**. Betreibt z. B. eine Kirchengemeinde mehrere Kindergärten, so erstreckt sich die Prüfung einer anderweitigen Beschäftigungsmöglichkeit daher auf alle Kindergärten dieser Kirchengemeinde.

92 Einwendungen nach § 30 Abs. 3 Nr. 3 können nur erhoben werden, wenn der betroffene Mitarbeiter auf einem anderen Arbeitsplatz weiterbeschäftigt werden kann. Wenn der Mitarbeiter **auf seinem bisherigen Arbeitsplatz** weiterbeschäftigt werden kann, besteht dagegen kein Einwendungsrecht; andernfalls hätte die MAV das Recht, das Vorliegen des Kündigungsgrundes überhaupt zu bestreiten.[170]

e. § 30 Abs. 3 Nr. 4: Weiterbeschäftigung nach zumutbaren Umschulungs- oder Fortbildungsmaßnahmen

93 Anknüpfungspunkt für die Einwendung nach § 30 Abs. 3 Nr. 4 ist § 1 Abs. 2 S. 3 KSchG. Die MAV muss konkret darlegen, welche für den Dienstgeber zumutbare Umschulungs- oder Fortbildungsmaßnahmen in Frage kommen und auf welchem freien Arbeitsplatz der Mitarbeiter nach der Umschulung bzw. Fortbildung weiterbeschäftigt werden kann. Anders als im Falle des Abs. 3 Nr. 3 kann die Ein-

---

164 *BAG*, 17. 6. 1999 – 2 AZR 608/98, NZA 1999, 1154.
165 *BAG*, 11. 5. 2000 – 2 AZR 54/99, NZA 2000, 1055.
166 *BAG*, 29. 3. 1990 – 2 AZR 369/89, NZA 1991, 181.
167 *BAG*, 11. 5. 2000 – 2 AZR 54/99, NZA 2000, 1055.
168 *BAG*, 29. 3. 1990 – 2 AZR 369/89, NZA 1991, 181.
169 *BAG*, 31. 3. 1993 – 2 AZR 492/92, NZA 1994, 409; *Richardi/Thüsing*, BetrVG § 102 Rn 161 f.; KR-*Etzel*, § 102 BetrVG Rn 163. **A. A.** *HSWGN-Schlochauer*, BetrVG § 102 Rn 96; *Löwisch/Kaiser*, BetrVG § 102 Rn 62.
170 *BAG*, 12. 9. 1985 – 2 AZR 324/84, NZA 1986, 424; 11. 5. 2000 – 2 AZR 54/99, NZA 2000, 1055; *Raab*, GK-BetrVG § 102 Rn 119; *Löwisch/Kaiser*, BetrVG § 102 Rn 64; ErfK-*Kania*, § 102 BetrVG Rn 20; a. A. KR-*Etzel*, § 102 BetrVG Rn 164; *Fitting*, BetrVG § 102 Rn 90.

wendung auch damit begründet werden, dass nach der Umschulung bzw. Fortbildung die Weiterbeschäftigung **auf demselben Arbeitsplatz** möglich wäre.[171]

Die Umschulung muss **auf einen gleichwertigen Arbeitsplatz** gerichtet sein, nicht aber auf einen höherwertigen.[172] 94

Ob Fortbildungs- oder Umschulungsmaßnahmen **dem Dienstgeber zumutbar** sind, hängt vor allem von den **Kosten** und der **Dauer** der Maßnahme ab. Bei der Beurteilung der Zumutbarkeit ist auch zu prüfen, ob der betroffene Mitarbeiter für Umschulungen bzw. Fortbildungen überhaupt geeignet ist (**Erfolgsaussichten der Umschulung**). Für langjährig beschäftigte Mitarbeiter wird man größere Aufwendungen erwarten dürfen als bei kurzfristig beschäftigten. Die Aufwendungen für die Maßnahmen müssen sich in einem vernünftigen, sachlich vertretbaren Rahmen halten. Langjährige Fortbildungen und Umschulungen kommen regelmäßig nicht in Frage, weil im Kündigungszeitpunkt mit an Sicherheit grenzender Wahrscheinlichkeit feststehen muss, dass für den Mitarbeiter zum Zeitpunkt der Beendigung der Umschulungs- oder Fortbildungsmaßnahme ein der Qualifizierung entsprechender Arbeitsplatz frei sein wird.[173] Eine solche Prognose kann in der Regel nur bei einige Monate dauernden Maßnahmen abgegeben werden. Auch wenn es keine festen zeitlichen Grenzen gibt, so ist auf jeden Fall derjenige Umschulungszeitraum für den Dienstgeber zumutbar, welchen ein Stellenbewerber für die Einarbeitung auf demjenigen Arbeitsplatz benötigen würde, auf welchen die Umschulung des betroffenen Mitarbeiters erfolgen soll.[174] 95

Ob die Fortbildungs- oder Umschulungsmaßnahme **für den betroffenen Mitarbeiter zumutbar** ist, spielt keine Rolle, da die MAV von ihrem Einwendungsrecht nach Abs. 3 Nr. 4 nur Gebrauch machen darf, **wenn sich der Mitarbeiter** mit der Fortbildung bzw. Umschulung **zuvor einverstanden erklärt hat**.[175] Das Einverständnis des Mitarbeiters ist zwar nicht ausdrücklich im Gesetz erwähnt, muss aber vom Sinn und Zweck der Norm hinzugedacht werden. Denn ein Mitarbeiter kann nicht zu einer Fortbildungs- bzw. Umschulungsmaßnahme gezwungen werden, abgesehen davon, dass eine solche Maßnahme ohne die Bereitschaft des Mitarbeiters sinnlos ist.[176] 96

f. § 30 Abs. 3 Nr. 5: Weiterbeschäftigung unter geänderten Vertragsbedingungen mit Einverständnis des Mitarbeiters

Die MAV kann schließlich ihre Einwendungen auch darauf stützen, dass die Weiterbeschäftigung des Mitarbeiters an einem freien Arbeitsplatz in der Einrichtung zu veränderten Arbeitsbedingungen möglich ist und der Mitarbeiter damit einverstanden ist. Hierbei handelt es sich um einen Auffangtatbestand, der zum Tragen kommt wenn die Einwendungsgründe aus Nr. 3 und Nr. 4 ausscheiden. Eine Weiterbeschäftigung zu **veränderten** Arbeitsbedingungen ist in der Regel eine **Verschlechterung** der Arbeitsbedingungen, also die Umsetzung auf Teilzeitarbeit, die Kürzung der Vergütung, die Versetzung in einen anderen Bereich der Einrichtung usw.[177] Ehe der Mitarbeiter die Einrichtung verlassen muss und damit Gefahr läuft arbeitslos zu werden, soll die MAV prüfen, ob nicht doch das Arbeitsverhältnis, unter geänderten und für den Dienstnehmer regelmäßig schlechteren Arbeitsvertragsbedingungen, fortgesetzt werden kann. 97

Die MAV muss hier das **Einverständnis des Mitarbeiters** mit der Änderung der Arbeitsbedingungen bei der Erhebung der Einwendung darlegen, anderenfalls braucht der Dienstgeber darauf nicht einzugehen.[178] Diese Einverständniserklärung des Mitarbeiters bezieht sich nur auf die Vorschläge der 98

---

171 *Raab*, GK-BetrVG § 102 Rn 128; KR-*Etzel*, § 102 BetrVG Rn 169a.
172 *Richardi/Thüsing*, BetrVG § 102 Rn 172.
173 BAG, 15. 12. 1994 – 2 AZR 327/94, NZA 1995, 521; 7. 2. 1991 – 2 AZR 205/90, NZA 1991, 806.
174 BAG, 15. 12. 1994 – 2 AZR 327/94, NZA 1995, 521; 7. 2. 1991 – 2 AZR 205/90, NZA 1991, 806.
175 *Richardi/Thüsing*, BetrVG § 102 Rn 173; *Raab*, GK-BetrVG § 102 Rn 132; *Fitting* BetrVG § 102 Rn 91.
176 *Raab*, GK-BetrVG § 102 Rn 132; KR-*Etzel*, § 102 BetrVG Rn 169c.
177 BAG, 23. 11. 2004 – 2 AZR 38/04, DB 2005, 1225.
178 *Löwisch/Kaiser*, BetrVG § 102 Rn 70; *Richardi/Thüsing*, BetrVG § 102 Rn 176.

MAV. Sie setzt ein entsprechendes Änderungsangebot des Dienstgebers nicht voraus. Der Mitarbeiter kann sein Einverständnis unter der Bedingung erklären kann, das die vorgeschlagene, von ihm akzeptierte Änderung seiner Arbeitsbedingungen sozial gerechtfertigt ist (Vorbehalt des § 2 KSchG).[179] Die Möglichkeit der gerichtlichen Überprüfung der vollzogenen Änderungen bleibt dem Mitarbeiter dann offen. Ebenso wie im Rahmen des Einwendungsgrundes gemäß Nr. 3 gilt auch für Nr. 5, dass die Zustimmung der MAV zu den angeführten Änderungen der Arbeitsbedingungen als erteilt gilt. Folgt der Dienstgeber dem Vorschlag der MAV und beschäftigt er den Mitarbeiter zu geänderten Arbeitsbedingungen, so bedarf es insoweit keiner nochmaligen Anhörung der MAV bzgl. der Änderungskündigung.[180]

VI. Gemeinsame Sitzung des Dienstgebers und der MAV sowie Abschluss des Mitberatungsverfahrens (§ 30 Abs. 2 S. 3 und 4)

99 Erhebt die MAV form- und fristgerecht Einwendungen gegen die beabsichtigte Kündigung, hat der Dienstgeber drei Handlungsoptionen: (1) Er kann seine Kündigungsabsicht aufgeben. (2) Er kann, falls er die Einwendungen für (teilweise) berechtigt hält, die Einwände aufgreifen und seine Kündigung »anpassen« (z. B. statt einer Beendigungskündigung eine Änderungskündigung aussprechen). (3) Er kann die gesamte MAV zu einer gemeinsamen Sitzung einladen, um in dieser Sitzung die von ihr form- und fristgerecht erhobenen Einwendungen zu erörtern (§ 30 Abs. 2 S. 3 und 4). In den ersten beiden Fällen ist das Beteiligungsverfahren abgeschlossen. Einer weiteren Beratung mit der MAV bedarf es in diesen Fällen nicht.

100 Hält jedoch der Dienstgeber unverändert trotz der erhobenen Einwendungen an seiner Kündigungsabsicht fest, kann er die ordentliche Kündigung erst aussprechen, wenn er die Einwendungen auf einer gemeinsamen Sitzung mit der MAV **beraten** hat (§ 30 Abs. 2 S. 3). Hat die MAV form- und fristgerecht Einwendungen erhoben, so ist die beabsichtigte **Kündigung in der Regel unwirksam, falls** der Dienstgeber die nach § 30 Abs. 2 S. 3 und 4 vorgeschriebene **Erörterung** mit der MAV **unterlassen** hat.[181] Unwirksamkeit tritt nur dann nicht ein, wenn die MAV eine Erörterung nicht wünscht.[182]

101 **Zeitpunkt** und **Ort** der Sitzung setzt der Dienstgeber fest (§ 30 Abs. 2 S. 4). Für den Dienstgeber können die dazu berufenen und befugten Personen handeln (§ 2 Abs. 2). Das sind entweder das vertretungsberechtigte Organ, bei Kirchengemeinden und Kirchengemeindeverbänden die von ihm bevollmächtigte Rendantur,[183] die vom Dienstgeber bestellte Leitung oder ein Mitarbeiter bzw. eine Mitarbeiterin in leitender Stellung mit schriftlicher Vertretungsbefugnis (§ 2 Abs. 2 S. 2). Wird das Beteiligungsverfahren durch einen mitarbeitervertretungsrechtlich **nicht zuständigen Vertreter oder Beauftragten** des Dienstgebers durchgeführt, führt dies nicht automatisch zur Unwirksamkeit der Kündigung. Die **MAV muss den Fehler** im Beteiligungsverfahren **rügen**, da er sonst gegenüber dem gekündigten Mitarbeiter wirkungslos bleibt.[184]

102 Die **Einladung zur Sitzung** ist an den oder die Vorsitzende(n) der MAV zu richten, während diese Person dann innerhalb der MAV die Benachrichtigung über die Einladung bekannt gibt.[185] Dabei ist vom Regelfall des § 14 Abs. 1 S. 5 auszugehen. Danach ist zur Entgegennahme von Erklärungen der Vorsitzende, sein Stellvertreter oder ein von der MAV dem Dienstgeber benanntes MAV-Mitglied berechtigt. Zu den Erklärungen i. S. d. § 14 Abs. 1 S. 5 gehören insbesondere die an die MAV zu Zwecken ihrer Beteiligungsrechte gerichteten Mitteilungen und Anträge des Dienstgebers. Ein möglicher

---

179 KR-*Etzel*, § 102 BetrVG Rn 173; *Richardi/Thüsing*, BetrVG § 102 Rn 178.
180 *Richardi/Thüsing*, BetrVG § 102 Rn 178.
181 *BAG*, 20. 1. 2000 – 2 AZR 65/99, NZA 2000 S. 367.
182 *BAG*, 3. 2. 1982 – 7 AZR 907/79, DB 1982, 1416.
183 Vgl. z. B. Amtsblatt des Erzbistums Köln 2004 Nr. 25 S. 24.
184 *LAG München*, 7. 2. 2002 – 4 Sa 218/01, ZMV 2002, 145; *BAG*, 25. 2. 1998 – 2 AZR 743/94, AP Nr. 8 zu § 79 BPersVG.
185 *BAG*, 25. 3. 2004 – 2 AZR 380/03, ZMV 2/2005, 100.

Kommunikations- oder Benachrichtigungsfehler innerhalb der MAV hat grundsätzlich keinen Einfluss auf die Wirksamkeit der dienstgeberseitig ausgesprochenen Kündigung.[186]

In der **Beratung** haben beide Partner die Einwendungen der MAV mit dem **Ziel der Verständigung** zu behandeln. Kommt eine Verständigung nicht zustande, ist der Dienstgeber im Ausspruch der Kündigung frei. Er kann also nun nicht mehr gezwungen werden, seine vorgesehene Kündigung zurückzustellen. Da mit Ablauf der Wochenfrist des § 30 Abs. 2 S. 1 keine neuen Einwendungen mehr vorgetragen werden können, hat die MAV auch keine Möglichkeit mehr, nach Abschluss der Beratungen und Beendigung der gemeinsamen Sitzung neue Einwendungen beim Dienstgeber vorzubringen und darüber eine erneute Beratung zu fordern. 103

VII. Abschrift der Einwendungen an den Mitarbeiter (§ 30 Abs. 4)

Um die Position des gekündigten Mitarbeiters in einem etwaigen Kündigungsschutzprozess zu verbessern, ist nach **§ 30 Abs. 4** der Dienstgeber im Falle der Kündigung verpflichtet, dem betroffenen Mitarbeiter mit der Kündigung die **Einwendungen der MAV in Abschrift** zuzuleiten, sofern es sich um Einwendungen aus dem Katalog des § 30 Abs. 3 Nr. 1 bis 5 handelt. Hat die MAV andere Einwendungen erhoben, besteht diese Mitteilungspflicht nicht. Diese Unterrichtungspflicht gemäß Abs. 4 gilt auch für Mitarbeiter, die nicht unter das KSchG fallen.[187] Die Anordnung der Aushändigung der Abschrift der Einwendungen der MAV gegen die Kündigung soll dem Mitarbeiter helfen, die Erfolgsaussichten des Kündigungsschutzprozesses besser abzuschätzen. 104

Kommt der Dienstgeber seiner Mitteilungspflicht nicht nach, so führt das **nicht zur Unwirksamkeit** der dennoch ausgesprochenen Kündigung.[188] Die Vorschrift des § 30 Abs. 5 sanktioniert nur einen Verstoß gegen das in § 30 Abs. 1 und 2 festgelegte Verfahren mit der Unwirksamkeit der Kündigung. Allerdings kann bei Verletzung der Mitteilungspflicht des § 30 Abs. 4 ein **Schadensersatzanspruch des Mitarbeiters wegen positiver Forderungsverletzung** entstehen, wenn die unterbliebene Beifügung der Stellungnahme der MAV kausal für den vom Mitarbeiter geltend gemachten Schaden ist, z. B. wenn er von einer Klageerhebung abgesehen hätte und nun Prozess- und Rechtsanwaltskosten zu tragen hat.[189] 105

VIII. Fehler im Anhörungsverfahren

Die Anhörung i. S. d. § 30 ist nur dann erfolgt, wenn sie ordnungsgemäß eingeleitet, durchgeführt und abgeschlossen wurde. In jedem Verfahrensstadium können Fehler auftreten. Zu unterscheiden sind Fehler im Verantwortungsbereich des Dienstgebers auf der einen und Fehler im Verantwortungsbereich der MAV auf der anderen Seite (sog. **Sphärenzuordnung bei Verfahrensfehlern**). 106

1. Fehler im Verantwortungsbereich des Dienstgebers

Der Dienstgeber ist verpflichtet, das Anhörungsverfahren ordnungsgemäß einzuleiten und der MAV innerhalb der Anhörungsfrist Gelegenheit zur Stellungnahme zu geben. Fehler, die dem Dienstgeber bei der **Einleitung des Anhörungsverfahrens** und **bei Art und Inhalt der Information** unterlaufen, gehen zu seinen Lasten und führen regelmäßig zur **Unwirksamkeit der Kündigung** (vgl. Rn 25 ff.).[190] Dabei können insbesondere folgende Fehler auftreten: 107
- Der Dienstgeber führt überhaupt keine Anhörung durch (Rechtsfolge: Unwirksamkeit der Kündigung gemäß § 30 Abs. 5).
- Der Dienstgeber spricht eine Kündigung vor Ablauf der Anhörungsfrist aus, ohne dass eine endgültige Stellungnahme der MAV vorliegt (vgl. Rn 53 ff.).

---

186 *BAG*, 25. 3. 2004 – 2 AZR 380/03, ZMV 2/2005, 100.
187 *Raab*, GK-BetrVG § 102 BetrVG Rn 143; *Richardi/Thüsing*, BetrVG § 102 Rn 189.
188 *Richardi/Thüsing*, BetrVG § 102 Rn 191; *HSWGN-Schlochauer*, BetrVG § 102 Rn 140.
189 *Fitting*, BetrVG § 102 Rn 100; ErfK-*Kania*, § 102 BetrVG Rn 28.
190 *BAG*, 27. 2. 1997 – 2 AZR 513/96, DB 1997, 1573.

- Der Dienstgeber informiert die MAV bewusst unrichtig oder unvollständig, und verschweigt damit einen für die Meinungsfindung der MAV wesentlichen Umstand (vgl. Rn 37 ff.).[191]
- Die Mitteilung an die MAV erfolgt ausschließlich mündlich bzw. nicht in der dafür vorgesehenen Form (vgl. Rn 58 ff.).
- Die Anhörung wird durch einen nicht zuständigen Vertreter des Dienstgebers durchgeführt und dieser Mangel wird von der MAV gerügt (vgl. Rn 26).
- Es wird der falsche Adressat angehört, z. B. ein unzuständiges Mitglied der MAV bzw. eine unzuständige MAV (vgl. Rn 28).
- Durch unsachgemäßes Verhalten des Dienstgebers werden Mängel bei der Beteiligung der MAV veranlasst (z. B. wenn der Dienstgeber der MAV als Gremium zeitlich keine Gelegenheit zur ordnungsgemäßen Beschlussfassung gibt oder weil er den MAV-Vorsitzenden auffordert zu einer geplanten Kündigung unverzüglich Stellung zu nehmen oder wenn er den MAV-Vorsitzenden auffordert, die Stellungnahme im Umlaufverfahren einzuholen oder wenn er bewusst auf eine fehlerhafte Zusammenarbeit der MAV bei ihrer Beschlussfassung hinwirkt).[192]
- Der Dienstgeber muss nach der Form der Mitteilung (z. B. Spontanäußerung des MAV-Vorsitzenden ohne vorherige Beratung) oder aus anderen Gründen sicher davon ausgehen, dass ein wirksamer Beschluss des Gremiums »MAV« überhaupt nicht vorliegt.[193]

108 Eine fehlende, fehlerhafte oder unvollständige Unterrichtung der MAV kann der Dienstgeber **jederzeit beheben**, indem er die **Anhörung nachholt** bzw. wenn er vollständige und zutreffende Angaben macht. Allerdings beginnt damit eine neue Wochenfrist nach § 30 Abs. 2 S. 1.

109 Mängel bei der Anhörung **können nicht** dadurch **geheilt** werden, dass die MAV vor Ausspruch der Kündigung zu ihr abschließend Stellung nimmt oder vor oder nach Ausspruch der Kündigung dieser zustimmt.[194] Auch wenn sich die MAV die notwendigen Informationen anderweitig beschafft, heilt das die Mängel des Anhörungsverfahrens grundsätzlich nicht.[195]

110 Auch im **Mitberatungsverfahren** trägt der Dienstgeber die ausschließliche Verantwortung für die ordnungsgemäße Abwicklung. Er ist nach der Erhebung von Einwendungen für die Einberufung der gemeinsamen Sitzung verantwortlich, in der über die Einwendungen der MAV beraten werden muss. Vor Beendigung der Beratungen, kann der Dienstgeber die ordentliche Kündigung nicht erklären. Eine vor Abschluss des Mitberatungsverfahrens erklärte Kündigung ist rechts- unwirksam (vgl. § 30 Abs. 5).

2. Fehler im Verantwortungsbereich der MAV

111 Leidet das Anhörungsverfahren an **Mängeln, die in den Zuständigkeitsbereich der MAV fallen**, so wird dadurch **die Wirksamkeit der Kündigung nicht berührt**.[196] Hierzu zählen insbesondere alle Fehler, die bei der Willensbildung (Beschlussfassung) oder bei der Übermittlung der Stellungnahme an den Dienstgeber auftreten. Das gilt grundsätzlich auch dann, wenn der Dienstgeber weiß oder vermuten kann, dass die Behandlung der Angelegenheit durch die MAV nicht fehlerfrei erfolgt ist.[197] Solche Fehler gehen schon deshalb nicht zu Lasten des Dienstgebers, weil er keine wirksamen recht-

---

191 Vermeidbare oder unbewusste Unvollständigkeiten bewirken dagegen nicht die Unwirksamkeit, vgl. *BAG*, 22. 9. 1994 – 2 AZR 31/94, NZA 1995, 363.
192 Beispiele: *BAG*, 4. 8. 1975 – 2 AZR 266/74, DB 1975, 2184; 28. 2. 1974 – 2 AZR 455/73, DB 1974, 1294; 18. 9. 1974 – 2 AZR 594/74, DB 1976, 344; *LAG Düsseldorf*, 25. 4. 1975 – (15) Sa 364/75, DB 1975, 2041.
193 *BAG*, 28. 3. 1974 – 2 AZR 472/73, DB 1974, 1438: Fraglich ist, ob dieses Urteil heute noch Bestand hat, da jüngere Entscheidungen (vgl. etwa *BAG*, 16. 1. 2003 – 2 AZR 707/01, NZA 2003, 927) strenger auf die Sphärenabgrenzung abstellen.
194 KR-*Etzel*, § 102 BetrVG Rn 112 m. ausf. Hinw. auf die Rechtsprechung; a. A. *Raab*, GK-BetrVG § 102 BetrVG Rn 74.
195 *BAG*, 6. 2. 1997 – 2 AZR 265/96, DB 1997, 1287; 27. 6. 1985 – 2 AZR 412/84, NZA 1986, 426.
196 *LAG München*, 20. 1. 2005 – 6 Sa 489/03, KirchE 47, 8–17.
197 *BAG*, 16. 1. 2003 – 2 AZR 707/01, NZA 2003, 927.

lichen Einflussmöglichkeiten auf die Beschlussfassung der MAV hat.[198] Außerdem kann vom Dienstgeber nur verlangt werden, dass er die ihm auferlegten Pflichten in seinem Verantwortungsbereich erfüllt. Der **Dienstgeber** ist auch grundsätzlich **nicht verpflichtet, von sich aus Nachforschungen anzustellen**, ob das Verfahren innerhalb der MAV ordnungsgemäß abgewickelt worden ist.[199] Der Dienstgeber muss nicht allein auf Grund des Umstands, dass bereits kurz nach Übermittlung des Anhörungsschreibens per Telefax an die MAV eine Antwort gleichfalls per Telefax erfolgt, davon ausgehen, es liege nur eine persönliche Äußerung des Vorsitzenden der MAV vor.[200] Etwas anderes gilt jedoch, wenn der Dienstgeber das fehlerhafte Anhörungsverfahren der MAV veranlasst bzw. herbeigeführt hat, wenn er z. B. die MAV gedrängt hat, die Zustimmung zur Kündigung der Dringlichkeit wegen im Umlaufverfahren herbeizuführen und der MAV-Vorsitzende diesem Verlangen nachkommt. Typische Fehler aus dem Verantwortungsbereich der MAV, die jedoch nicht die Ordnungsmäßigkeit des Anhörungsverfahrens berühren, sind:

- Nichteinberufung einer MAV-Sitzung zur Befassung mit der geplanten Kündigung;
- fehlerhafte Beratung und Beschlussfassung der MAV aufgrund fehlerhafter Besetzung, z. B. infolge nicht ordnungsgemäßer Ladung;
- fehlerhafte Beschlussfassung wegen Beschlussunfähigkeit;
- MAV hat ihren Beschluss nicht in einer ordnungsgemäß einberufenen Sitzung, sondern im Umlaufverfahren gefasst;
- MAV-Vorsitzende teilt dem Dienstgeber eine abschließende Stellungnahme mit, obwohl die MAV keine oder eine andere Stellungnahme beschlossen hatte;
- verspätete Stellungnahme;
- fehlerhafte Stellungnahme, etwa wegen mangelnder Schriftlichkeit oder mangelnder Begründung.

IX. Beendigung des Anhörungsverfahrens und Rechtsfolgen für die Kündigung

112 Der Dienstgeber darf erst **nach Abschluss des Anhörungsverfahrens** die Kündigung des Arbeitsverhältnisses aussprechen. Ausspruch der Kündigung bedeutet, dass die schriftliche Erklärung der Kündigung den Machtbereich des Dienstgebers verlassen hat, z. B. zur Post gegeben worden ist.[201] Das Anhörungsverfahren ist in jedem Falle abgeschlossen, wenn die Äußerungsfrist von einer Woche abgelaufen ist und die MAV sich nicht positioniert hat. Schweigen gilt insoweit als Zustimmung, aber nicht vor Ablauf der Frist zur Stellungnahme.

113 Da die Einwendungen nach § 30 Abs. 2 schriftlich unter Angabe von Gründen innerhalb der Frist geltend gemacht werden müssen, liegt keine Stellungnahme bzw. keine wirksame Stellungnahme und damit eine fingierte **Zustimmungserteilung vor,** wenn (1) sich die MAV überhaupt nicht äußert oder erklärt, sich nicht äußern zu wollen, (2) sie sich mündlich äußert, (3) sie sich schriftlich äußert, aber nicht innerhalb der Frist, (4) wenn sie sich schriftlich und fristgerecht äußert, aber ohne Angabe von Gründen.

114 Die ordnungsgemäße Anhörung der MAV ist für die Kündigung eine **zivilrechtliche Wirksamkeitsvoraussetzung.** Eine Kündigung, die ohne ordnungsgemäße Anhörung ausgesprochen wird, ist daher **absolut unwirksam**, vgl. Abs. 5.

115 Eine **nach Erklärung der Kündigung** zugegangene Zustimmung der MAV oder eine **nachträglich** vom Dienstgeber **eingeholte zustimmende Stellungnahme** der MAV kann die Unwirksamkeit der **ohne vorherige Anhörung** der MAV erklärten Kündigung nicht verhindern. Die Kündigung bleibt unwirksam.[202]

---

198 *BAG*, 6. 10. 2005 – 2 AZR 316/04, NZA 2006, 990; 24. 6. 2004 – 2 AZR 461/03, NZA 2004, 1330.
199 *BAG*, 24. 6. 2004 – 2 AZR 461/03, NZA 2004, 1330.
200 *BAG*, 16. 1. 2003 – 2 AZR 707/01, NZA 2003, 927.
201 *BAG*, 8. 4. 2003 – 2 AZR 515/02, NZA 2003, 961.
202 ErfK-*Kania*, § 102 BetrVG Rn 29.

X. Darlegungs- und Beweislast im Prozess

116 Verstößt eine ordentliche Kündigung gegen die Vorgaben des § 30, so muss der gekündigte Mitarbeiter, falls er Rechtsvorteile aus diesem Verstoß ziehen will, **die Unwirksamkeit** – wie jeden anderen Unwirksamkeitsgrund – **innerhalb von drei Wochen nach Zugang der schriftlichen Kündigung beim Arbeitsgericht geltend machen** und die Feststellung beantragen, dass das Arbeitsverhältnis durch die Kündigung nicht aufgelöst ist (§ 4 S. 1 KSchG).

117 Hinsichtlich der ordnungsgemäßen Anhörung der MAV gilt eine **abgestufte Darlegungs- und Beweislast**.[203] Der Mitarbeiter hat im Kündigungsrechtsstreit zunächst vorzutragen, dass a) die MAVO im konkreten Fall Anwendung findet, b) dass in der Einrichtung eine funktionsfähige MAV besteht und c) der Arbeitgeber seiner Pflicht zur Anhörung gemäß § 30 nicht nachgekommen ist. Andernfalls ist das Arbeitsgericht nicht berechtigt und nicht verpflichtet, eine ordnungsgemäße Anhörung der MAV von Amts wegen zu prüfen.[204]

118 Auf einen entsprechenden Sachvortrag des Mitarbeiters hin obliegt es dem kirchlichen Arbeitgeber, darzulegen, dass die MAV ordnungsgemäß angehört worden ist. Er muss Tatsachen vortragen, aus denen auf eine ordnungsgemäße Anhörung der MAV geschlossen werden kann.

119 Hat der Dienstgeber eine ordnungsgemäße Anhörung der MAV schlüssig dargelegt, kann sich der Mitarbeiter dann nicht mehr darauf beschränken, die ordnungsgemäße Anhörung pauschal mit Nichtwissen zu bestreiten, sondern muss nach § 138 ZPO vollständig und im Einzelnen darlegen, ob die MAV entgegen der Behauptung des Dienstgebers überhaupt nicht angehört worden ist oder in welchen Punkten er die Erklärungen des Dienstgebers über die MAV-Anhörung für falsch oder für unvollständig hält.[205]

XI. Weiterbeschäftigungsanspruch nach Ablauf der ordentlichen Kündigungsfrist

120 Im Gegensatz zum Betriebsverfassungsrecht (§ 102 Abs. 5 BetrVG) und zum Personalvertretungsrecht des Bundes (§ 79 Abs. 2 BPersVG) **enthält das Mitarbeitervertretungsrecht keinen speziell kodifizierten Weiterbeschäftigungsanspruch** für den Fall, dass die MAV Einwendungen gegen die ordentliche Kündigung geltend macht. Der Forderung, auch in der MAVO einen mitarbeitervertretungsrechtlichen Weiterbeschäftigungsanspruch analog zu § 102 Abs. 5 BetrVG, § 79 Abs. 2 BPersVG zu verankern, ist der kirchliche Ordnungsgeber im Rahmen der letzten MAVO-Novellierung 2010 nach intensiver Prüfung mit guten Gründen nicht nachgekommen.[206] Gegen die Schaffung eines mitarbeitervertretungsrechtlichen Weiterbeschäftigungsanspruchs sprechen zunächst die ernüchternden Erfahrungen mit dem vorläufigen Weiterbeschäftigungsanspruch nach § 102 Abs. 5 BetrVG und die insgesamt geringe praktische Bedeutung dieses Anspruchs seit der Grundsatzentscheidung des Großen Senats des BAG[207] zum »allgemeinen Weiterbeschäftigungsanspruch«. Giesen hält die komplizierte Kombination aus der Zustimmung, der Zustimmungsfiktion, dem Widerspruchsrecht und dem sich daran anschließenden Weiterbeschäftigungsanspruch des Arbeitnehmers aus § 102 Abs. 5 BetrVG für missglückt und wenig praxistauglich.[208] Die Regelung überfordere viele Betriebsräte. In kleineren und mittleren Betrieben sei die Durchsetzung des vorläufigen Weiterbe-

---

[203] *BAG*, 16. 3. 2000 – 2 AZR 75/99, NZA 2000, 1332.
[204] *BAG*, 23. 6. 2005 – 2 AZR 193/04, NZA 2005, 1233.
[205] *BAG*, 16. 3. 2000 – 2 AZR 75/99, NZA 2000 1332.
[206] Vgl. die Ausführungen in den Gutachten v. Prof. Dr. Richard Giesen und von Prof. Dr. Gregor Thüsing zur Novellierung der Rahmen-Mitarbeitervertretungsordnung 2009/2010 (nicht veröffentlicht) und in der öffentlichen Anhörung am 5. 11. 2009 in Würzburg.
[207] *BAG*, 10. 11. 1955 – 2 AZR 591/54, EzA § 611 BGB Nr. 1. Diese Entscheidung ist im Hinblick auf die Weiterbeschäftigung im gekündigten Arbeitsverhältnis bestätigt worden durch das Urteil des *BAG* v. 27. 2. 1985 – GS 1/84, NZA 1985, 702.
[208] *Giesen*, Gutachten zur Novellierung der Rahmen-Mitarbeitervertretungsordnung 2009/2010, S. 8 n. v.

schäftigungsanspruchs nach § 102 Abs. 5 BetrVG überhaupt unüblich.[209] Darüber hinaus habe der vom BAG entwickelte allgemeine Weiterbeschäftigungsanspruch, der auch in kirchlichen Einrichtungen gelte, faktisch die Funktion des betriebsverfassungsrechtlichen Weiterbeschäftigungsanspruchs übernommen[210] und schütze die Interessen der Dienstnehmer weit reichend.[211] Außerdem bringe die Anwendung des § 102 Abs. 5 BetrVG den Betriebsrat mitunter in eine heikle Lage: Wenn er es mit einer Kündigung zu tun hat, die rechtswidrig ist, aber die Rechtswidrigkeitsgründe des § 102 Abs. 3 BetrVG nicht erfüllt, muss er auf den Widerspruch verzichten und positioniert sich so scheinbar auf der Arbeitgeberseite. Wenn er sich andererseits gegen die Kündigung wendet und Widerspruch erhebt, dann führt die Rechtswidrigkeit dieses Widerspruchs dazu, dass damit dem Arbeitnehmer mehr geschadet als geholfen wurde.[212] Die Einführung einer dem § 102 Abs. 5 BetrVG entsprechenden Regelung im kirchlichen Mitarbeitervertretungsrecht würde schließlich erhebliche prozessuale Probleme schaffen: Während für den Kündigungsschutzprozess das weltliche Arbeitsgericht zuständig ist, müsste für den Weiterbeschäftigungsanspruch entsprechend § 102 Abs. 5 BetrVG, wenn er durch die MAV ausgelöst wird, die Zuständigkeit der kirchlichen Arbeitsgerichte begründet werden. Über ein und dieselbe Rechtsfrage würden unterschiedliche Gerichte urteilen. Die damit verbundenen Kollisionen, Abstimmungsschwierigkeiten und prozessualen Verzögerungen könnten, wenn überhaupt, nur mit sehr viel Aufwand vermieden werden.[213]

Im Jahre 1985 hat der Große Senat des BAG **Grundsätze für einen allgemeinen Weiterbeschäftigungsanspruch** – außerhalb der engen Voraussetzungen des § 102 Abs. 5 BetrVG – für den Zeitraum zwischen Ablauf der Kündigungsfrist bzw. Zugang der außerordentlichen Kündigung und der rechtskräftigen Entscheidung im Kündigungsschutzprozess aufgestellt.[214] Diese Grundsätze gelten auch für gekündigte Mitarbeiter im kirchlichen Dienst. **Der allgemeine Weiterbeschäftigungsanspruch gibt dem gekündigten Mitarbeiter bis zur rechtskräftigen Entscheidung über die Arbeitgeberkündigung das Recht, vorläufig weiter beschäftigt zu werden.** Der Anspruch hängt davon ab, ob der Arbeitgeber ein überwiegendes Interesse an der Nichtbeschäftigung des Arbeitnehmers hat oder ob das Interesse des Arbeitnehmers an seiner Beschäftigung höher zu bewerten ist. Das Beschäftigungsinteresse des Arbeitnehmers überwiegt in zwei Fällen: Wenn die Kündigung »offensichtlich unwirksam« ist oder wenn der Arbeitnehmer im Kündigungsschutzprozess in der 1. Instanz obsiegt hat und keine Anhaltspunkte dafür bestehen, dass beim Arbeitgeber ein überwiegendes Interesse an der Nichtbeschäftigung des Arbeitnehmers existiert.[215] 121

»**Offenkundig unwirksam**« ist eine Kündigung, wenn für jeden Sachkundigen – ohne Beweiserhebung und ohne dass ein Beurteilungsspielraum gegeben wäre – sich die Unwirksamkeit der Kündigung geradezu aufdrängen muss.[216] Solche Fälle sind in der Praxis selten. Offensichtlich unwirksam ist etwa die Kündigung, die ohne gesetzlich erforderliche behördliche Zustimmung erfolgt ist (etwa bei Schwangeren oder Schwerbehinderten), die ordentliche Kündigung eines MAV-Mitglieds (§ 19 Rn 10) oder die ordentliche Kündigung eines Mitarbeiters, die unstreitig ohne ordnungsgemäße Anhörung und Mitberatung der MAV ausgesprochen wurde.[217] 122

Ist die Kündigung nicht offensichtlich unwirksam, besteht ein Weiterbeschäftigungsanspruch **wenn der Arbeitnehmer** im Kündigungsschutzprozess **in der 1. Instanz obsiegt hat** und keine Anhalts- 123

---

209 *Thüsing*, Gutachten zur Novellierung der Rahmen-Mitarbeitervertretungsordnung 2009/2010, S. 15 n. v. m. Hinw. auf *APS-Koch*, § 102 BetrVG Rn 4 und 185.
210 *Giesen*, Gutachten zur Novellierung der Rahmen-Mitarbeitervertretungsordnung 2009/2010, S. 8 n. v.
211 *Thüsing*, Gutachten zur Novellierung der Rahmen-Mitarbeitervertretungsordnung 2009/2010, S. 15 n. v.
212 *Giesen*, Gutachten zur Novellierung der Rahmen-Mitarbeitervertretungsordnung 2009/2010, S. 8 n. v.
213 *Giesen*, Gutachten zur Novellierung der Rahmen-Mitarbeitervertretungsordnung 2009/2010, S. 9 n.v.
214 *BAG* v. 27. 2. 1985, GS 1/84, NZA 1985, 702. Das *BAG* leitet den Anspruch aus §§ 611, 613 BGB i. V. m. § 242 BGB (ausgefüllt durch die Wertentscheidungen des Art. 1, 2 GG).
215 Ausführlich zum allgemeinen Weiterbeschäftigungsanspruch MüArbR-*Wank* § 99 Rn 58 ff.
216 *BAG*, 19. 12. 1985 – 2 AZR 190/85, NZA 1986, 566.
217 KR-*Etzel*, § 102 BetrVG Rn 274.

punkte dafür vorliegen, die ein überwiegendes Interesse des Arbeitgebers begründen, den Arbeitnehmer nicht weiter zu beschäftigen. Ein überwiegendes Interesse des Arbeitgebers ist anzunehmen, wenn dem Arbeitgeber durch die Weiterbeschäftigung des Mitarbeiters ein erheblicher Schaden droht, z. B. durch den Umgang mit Geschäftsgeheimnissen. Weiter kann sich ein überwiegendes Interesse des Arbeitgebers an der Nichtbeschäftigung auch aus der Stellung des gekündigten Arbeitnehmers im Betrieb sowie bei wirtschaftlicher Unzumutbarkeit ergeben.[218]

124 Der Mitarbeiter kann den Antrag »den Arbeitgeber zu verurteilen, ihn zu unveränderten Arbeitsbedingungen bis zum rechtskräftigen Abschluss des Kündigungsschutzrechtsstreits weiterzubeschäftigen« als **unbedingten Hauptantrag im Kündigungsschutzprozess** stellen. Da er sich dann aber in jedem Fall – also auch bei Abweisung des Kündigungsschutzantrags – streitwerterhöhend und folglich auch kostenerhöhend auswirkt, empfiehlt es sich, den Antrag als **uneigentlichen Hilfsantrag** nur für den Fall zu stellen, dass der Kündigungsschutzklage stattgegeben wird. Das ist zulässig.[219]

125 Die **Zwangsvollstreckung des Weiterbeschäftigungsanspruchs** erfolgt nach § 888 ZPO durch Verhängung von Zwangsgeld oder Zwangshaft. Unzulässig ist die Zwangsvollstreckung des Weiterbeschäftigungsanspruchs, wenn der Arbeitgeber den Anspruch nicht erfüllen kann, etwa weil der Arbeitsplatz entfallen ist. Die entsprechende Unternehmerentscheidung muss der Arbeitgeber glaubhaft machen.[220]

126 Spricht der Arbeitgeber, nachdem ein Instanzgericht ihn zur Weiterbeschäftigung verurteilt hat, eine **weitere Kündigung** aus, so beendet diese den Weiterbeschäftigungsanspruch, wenn sie auf einen neuen Lebenssachverhalt gestützt ist, der es möglich erscheinen lässt, dass die erneute Kündigung eine andere rechtliche Beurteilung erfährt.[221] Eine **weitere offensichtlich unwirksame** Kündigung beendet jedoch den Weiterbeschäftigungsanspruch ebenso wenig wie eine weitere Kündigung, die auf dieselben Gründe gestützt wird, die nach Auffassung des Arbeitsgerichts schon für die erste Kündigung nicht ausgereicht haben.[222]

127 Fordert der Arbeitgeber einen gekündigten Arbeitnehmer nach Ablauf der Kündigungsfrist auf, seine Tätigkeit bis zur Entscheidung über die Kündigungsschutzklage fortzusetzen, um das Risiko hoher Lohnnachzahlungen nach rechtskräftiger Feststellung der Unwirksamkeit der Kündigung zu vermeiden und ist der Arbeitnehmer mit der Weiterarbeit einverstanden, so ist nach Auffassung des BAG in der Regel davon auszugehen, dass die Parteien das **ursprüngliche Arbeitsverhältnis fortsetzen** wollen, bis Klarheit darüber besteht, ob die Kündigung wirksam ist oder nicht.[223] Die **einvernehmliche (freiwillige) Fortsetzung des Arbeitsverhältnisses** braucht nicht ausdrücklich zu erfolgen, sondern kann sich konkludent aus dem Verhalten der Parteien ergeben. Bei der einvernehmlichen Fortsetzung des Arbeitsverhältnisses bestimmen sich die **Rechte und Pflichten** der Parteien – bis zur rechtskräftigen Klärung der Wirksamkeit der Kündigung – **grundsätzlich nach den Vereinbarungen des gekündigten Vertrages** einschließlich der anzuwendenden arbeitsrechtlichen Schutzvorschriften, soweit diese nicht den Bestandsschutz zum Gegenstand haben.[224] Stellt sich später heraus, dass die Kündigung wirksam war und das ursprünglich begründete Arbeitsverhältnis beendet hat, so war bei der Vereinbarung über die Weiterbeschäftigung die vertragliche Grundlage des ursprünglichen Arbeitsverhältnisses bereits weggefallen. In diesem Fall sind die Rechtsbeziehungen der Parteien nach den **Grundsätzen des faktischen Arbeitsverhältnisses** abzuwickeln.[225]

---

218 *BAG* v. 27. 2. 1985 – GS 1/84, NZA 1985, 702.
219 *BAG*, 8. 4. 1988 – 2 AZR 777/87, NZA 1988, 741.
220 *LAG Köln*, Beschl. v. 23. 8. 2001 – 7 (13) Ta 190/01, juris; *LAG Schleswig-Holstein*, Beschl. v. 11. 12. 2003 – 2 Ta 257/03, juris.
221 *BAG*, 19. 12. 1985 – 2 AZR 190/85, NZA 1986, 566.
222 *BAG*, 19. 12. 1985 – 2 AZR 190/85, NZA 1986, 566.
223 *BAG*, 15. 1. 1986 – 5 AZR 237/84, NZA 1986, 561.
224 *BAG*, 15. 1. 1986 – 5 AZR 404/83, NZA 1986, 561.
225 *BAG*, 15. 1. 1986 – 5 AZR 404/83, NZA 1986, 561.

Anders gestaltet sich die Rückabwicklung, wenn das Arbeitsverhältnis **nicht einvernehmlich, d. h. unfreiwillig** fortgesetzt wird. Das ist der Fall, wenn der Arbeitgeber verurteilt wird, den Arbeitnehmer bis zum rechtskräftigen Abschluss des Kündigungsrechtsstreits weiterzubeschäftigen und er den Arbeitnehmer daraufhin **zur Abwendung der Zwangsvollstreckung** weiterbeschäftigt.[226] Wird dann letztinstanzlich die Wirksamkeit der Kündigung bestätigt, kommt durch die unfreiwillige Weiterbeschäftigung kein Arbeitsverhältnis, auch kein faktisches Arbeitsverhältnis zustande, denn auch das faktische Arbeitsverhältnis setzt einen Beschäftigungswillen des Arbeitgebers voraus.[227] Die Weiterbeschäftigung ist vielmehr ohne Rechtsgrund erfolgt und die **Rückabwicklung** hat **nach Bereicherungsrecht** zu erfolgen. Der Arbeitgeber schuldet Wertersatz nach § 818 Abs. 2 BGB, da ihm die Herausgabe der Arbeitsleistung des Arbeitnehmers nicht möglich ist. Der Wertersatz orientiert sich grundsätzlich am Tariflohn,[228] kann diesen aber auch übersteigen.[229] Zahlt der Arbeitgeber im Falle von Krankheit, Urlaub oder anderen Arbeitsverhinderungen keine Vergütung, so scheidet im Falle der Wirksamkeit der Kündigung ein entsprechender Zahlungsanspruch des Arbeitnehmers aus. Gezahlter Kranken-, Urlaubslohn usw. kann als ungerechtfertigte Bereicherung zurückgefordert werden.[230]

128

Der **Weiterbeschäftigungsanspruch erlischt** mit Rechtskraft des Urteils im Kündigungsschutzverfahren oder wenn der Arbeitnehmer die Kündigungsschutzklage zurücknimmt. Außerdem erlischt der Weiterbeschäftigungsanspruch, wenn der Arbeitgeber eine weitere Kündigung ausspricht, ab dem Zeitpunkt, zu dem diese Kündigung wirksam werden soll.

129

XII. Streitigkeiten

Die **MAV** hat im Falle der Nichtbeachtung ihres Beteiligungsrechts zur Kündigung das Recht zur Anrufung des Kirchlichen Arbeitsgerichts (§ 2 Abs. 2 KAGO i. V. m. § 30 MAVO).

130

Der **Antrag** ist auf die **Feststellung** gerichtet, **dass das Anhörungsverfahren im Hinblick auf die durch den Dienstgeber ausgesprochene Kündigung des Mitarbeiters nicht ordnungsgemäß durchgeführt und demgemäß die ausgesprochene Kündigung unwirksam ist.**[231] Auf ein Verschulden des Dienstgebers kommt es nicht an.

Die Einhaltung des § 30 kann indes nicht nur auf Initiative der MAV im Rahmen einer Feststellungsklage durch die Kirchliche Arbeitsgerichtsbarkeit überprüft werden, sondern auch im Wege der **Inzidentkontrolle durch die staatlichen Arbeitsgerichte** im Rahmen einer individualrechtlichen **Kündigungsschutzklage des gekündigten Mitarbeiters**.[232] Obwohl es sich beim Mitarbeitervertretungsrecht der katholischen Kirche um autonomes Kirchenrecht handelt, zu dessen Erlass die Kirchen aufgrund eigenständiger Rechtsetzungsmacht im Rahmen der verfassungsmäßigen Gewährleistung ihres Selbstbestimmungsrechts gem. Art. 140 GG i. V. m. Art. 137 Abs. 3 WRV befugt sind, entfaltet es nicht nur eine Bindung innerhalb der kirchlichen Organisation, sondern wirkt darüber hinaus auch unmittelbar gegenüber den im kirchlichen Dienst beschäftigten Mitarbeiter.[233] Bei Rechtsstreitigkeiten über die Wirksamkeit einer Kündigung **ist das staatliche Arbeitsgericht daher grundsätzlich befugt, inzident zu prüfen, ob der kirchliche Dienstgeber die MAV ordnungsgemäß beteiligt hat.**[234] § 30 bildet damit eine Brückennorm, die staatliches und kirchliches Recht miteinan-

131

---

226 *BAG*, 1. 3. 1990 – 6 AZR 649/88, NZA 1990, 696.
227 *BAG*, 17. 1. 1991 – 8 AZR 483/89, NJW 1991, 2589.
228 *BAG*, 10. 3. 1987 – 8 AZR 146/84, DB 1987, 1045.
229 *BAG*, 12. 2. 1992 – 5 AZR 297/90, NJW 1993, 484.
230 KR-*Etzel*, § 102 BetrVG Rn 280 ff., insbes. 282 und 299.
231 *Schlichtungsstelle Dresden-Meißen*, Entscheidung v. 21. 3. 1997 – 2001/96.
232 *BAG*, 10. 12. 1992 – 2 AZR 271/92, AP GG Art. 140 Nr. 41.
233 *Richardi*, Arbeitsrecht in der Kirche, § 17 Rn 18.
234 *BAG*, 10. 12. 1992 – 2 AZR 271/92, AP GG Art. 140 Nr. 41; 4. 7. 1991 – 2 AZR 16/91, KirchE 29, 214–218; 16. 10. 1991 – 2 AZR 156/91, KirchE 29, 345–354; 21. 5. 1992 – 2 AZR 49/92, KirchE 30, 225–237.

der verbindet. Soweit es um die Überprüfung kirchlichen Mitarbeitervertretungsrechts durch staatliche Arbeitsgerichte als Vorfrage für die Wirksamkeit einer Kündigung geht, greift das staatliche Gericht jedenfalls **so lange nicht unzulässig** in die garantierte Autonomie der Kirche ein, ihren Rechtskreis eigenständig zu regeln einschließlich der Kompetenz zur selbständigen Kontrolle des gesetzten Rechts durch kircheneigene Gerichte, **als es an einer rechtsverbindlichen Entscheidung der autonomen Kirchengerichtsbarkeit fehlt.** Ist im Zeitpunkt der letzten mündlichen Verhandlung über die Kündigungsschutzklage die Frage der ordnungsgemäßen Beteiligung der MAV bereits durch die kirchlichen Arbeitsgerichte entschieden (z. B. aufgrund eines Antrags der MAV im Rahmen einer Feststellungsklage), so ist den staatlichen Arbeitsgerichten die eigenständige Überprüfung der Vorfrage verwehrt. In diesem Fall sind sie gehalten, die Entscheidung des Kirchengerichts ihrem Urteil unhinterfragt zugrunde zu legen.

§ 30a Anhörung und Mitberatung bei Massenentlassungen

Beabsichtigt der Dienstgeber, nach § 17 Abs. 1 des Kündigungsschutzgesetzes anzeigepflichtige Entlassungen vorzunehmen, hat er der Mitarbeitervertretung rechtzeitig die zweckdienlichen Auskünfte zu erteilen und sie schriftlich insbesondere zu unterrichten über
1. die Gründe für die geplanten Entlassungen,
2. die Zahl und die Berufsgruppen der zu entlassenden Mitarbeiterinnen und Mitarbeiter,
3. die Zahl und die Berufsgruppen der in der Regel beschäftigten Mitarbeiterinnen und Mitarbeiter,
4. den Zeitraum, in dem die Entlassungen vorgenommen werden sollen,
5. die vorgesehenen Kriterien für die Auswahl der zu entlassenden Mitarbeiterinnen und Mitarbeiter,
6. die für die Berechnung etwaiger Abfindungen vorgesehen Kriterien.

Dienstgeber und Mitarbeitervertretung haben insbesondere die Möglichkeiten zu beraten, Entlassungen zu vermeiden oder einzuschränken und ihre Folgen zu mildern.

Übersicht

	Rn		Rn
I. Allgemeines	1– 6	2. Stellungnahme der MAV	24–27
1. Verhältnis des § 30a zu §§ 17 bis 22 KSchG	1– 3	3. Rechtsfolge bei unterbliebener oder nicht ordnungsgemäßer Konsultation	28
2. Europarechtliche Grundlage	4, 5	IV. Massenentlassungsanzeige an die Agentur für Arbeit	29–40
3. Sinn und Zweck der Regelung	6	1. Form und Inhalt der Anzeige	30–33
II. Anwendungsbereich des § 17 KSchG	7–19	2. Zeitpunkt der Massenentlassungsanzeige	34–38
1. Betrieblicher Anwendungsbereich	7– 9	3. Sperrfrist	39
2. Persönlicher Anwendungsbereich	10, 11	4. Rechtsfolge bei unterbliebener oder nicht ordnungsgemäßer Massenentlassungsanzeige	40
3. Sachlicher Anwendungsbereich	12–19	V. Streitigkeiten	41–43
III. Konsultation der MAV	20–28		
1. Inhalt der Unterrichtungs- und Beratungspflicht	20–23		

I. Allgemeines

1. Verhältnis des § 30a zu §§ 17 bis 22 KSchG

1 Wer als kirchlicher Dienstgeber in seiner Einrichtung in größerem Umfang – aus welchen Gründen auch immer – Personal abbauen will, sollte mit den Vorschriften des dritten Abschnitts des KSchG vertraut sein, denn die Nichtbeachtung der Formalbestimmungen der §§ 17 bis 22 KSchG kann zu Verzögerungen der geplanten Maßnahmen und vor allem zu finanziellen Mehrbelastungen führen. Die Vorschrif-

ten im Dritten Abschnitt des KSchG (»Anzeigepflichtige Entlassungen«) **verpflichten auch den kirchlichen Arbeitgeber** beabsichtigte **Massenentlassungen bei der Agentur für Arbeit anzuzeigen**.[1]

Darüber hinaus enthalten § 17 Abs. 2 und 3 KSchG – eigentlich systemwidrig – betriebsverfassungsrechtliche Regelungen, die das **Beteiligungsverfahren des Betriebsrats** bei Massenentlassungen normieren. Aufgrund der Bereichsausnahme des § 118 Abs. 2 BetrVG finden diese Vorschriften, sofern sie die Beteiligung des Betriebsrats zum Gegenstand haben, im kirchlichen Dienst keine Anwendung. Um diese Lücke im kirchlichen Mitarbeitervertretungsrecht zu schließen, hat der kirchliche Gesetzgeber in **§ 30a die Mitwirkung der MAV bei Massenentlassungen durch die Gewährung eines Anhörungs- und Mitberatungsrechts geregelt**. Das Mitwirkungsrecht erstreckt sich auf alle kirchlichen Einrichtungen, ungeachtet ihrer Rechtsform. Anders als im profanen Recht, wo Betriebe der öffentlichen Hand nur dann in den Anwendungsbereich der § 17 ff. KSchG fallen, wenn sie wirtschaftliche Zwecke verfolgen,[2] gilt § 30a für alle Dienstnehmer der Kirche, auch wenn sie bei Körperschaften des öffentlichen Rechts angestellt sind, die keine wirtschaftlichen Zwecke verfolgen.[3] 2

§ 30a ist der Regelung des § 17 Abs. 2 KSchG nachgebildet. Um das relativ komplizierte Zusammenspiel von kündigungsschutzrechtlichen und mitarbeitervertretungsrechtlichen Vorgaben verständlich zu machen, werden nachfolgend sowohl die Regelungsmaterie des KSchG (insbesondere die Anzeigepflicht gegenüber der Agentur für Arbeit) als auch die Vorschrift des § 30a im Zusammenhang erläutert. Wichtig für das Verständnis ist die grundsätzliche **Trennung des mitarbeitervertretungsrechtlichen Beteiligungsverfahrens**, das kirchenrechtlich geregelt ist, **von dem sich anschließenden Anzeigeverfahren**, das durch staatliches Gesetz normiert ist. Da beide Prozesse miteinander verschränkt sind, aufeinander aufbauen und europarechtlich vorgeformt sind, folgt die Erläuterung der §§ 17 ff. KSchG und § 30a MAVO in Zweifelsfällen europarechtlichen Maßstäben. 3

2. Europarechtliche Grundlage

Die Vorschriften über die »Anzeigenpflichtigen Entlassungen« im KSchG sind maßgeblich durch EU-Recht überlagert. Die Richtlinie des Rates der Europäischen Gemeinschaften vom 17. 2. 1975 zur Angleichung der Rechtsvorschriften der Mitgliedstaaten über Massenentlassungen (RL 75/129/EWG – nachfolgend: **ME-RL**) und die Ergänzungen und Präzisierungen in den Richtlinien 92/95/EWG vom 24. 8. 1992 und zuletzt 98/59/EG vom 12. 8. 1998 verpflichten die Arbeitgeber in den Mitgliedstaaten der Europäischen Union, bei Massenentlassungen die Personalvertreter zu konsultieren. Die ME-RL regelt insbesondere, welche Punkte bei dieser Konsultation zu behandeln sind und welche Informationen der Arbeitgeber erteilen muss. Darüber hinaus bestimmt die Richtlinie das nähere Verfahren und die Modalitäten für Massenentlassungen. 4

Am 27. 1. 2005 hat der Europäische Gerichtshof (EuGH) durch seine Entscheidung in der **Rechtssache Junk** (C-188/03)[4] das bisherige Verständnis des Rechts der Massenentlassung grundlegend revidiert. Er hat entschieden, dass der Begriff »Entlassung« im Sinne der ME-RL die Kündigungserklärung des Arbeitgebers und nicht die rechtliche Beendigung des Arbeitsverhältnisses nach Ablauf der Kündigungsfrist meint. Zudem darf die Kündigung erst nach dem Ende des Konsultationsverfahrens mit den Arbeitnehmervertretern und nach der Anzeige der beabsichtigten Massenentlassung bei der zuständigen Behörde ausgesprochen werden. Mittlerweile hat sich das BAG der Judikatur des EuGH angeschlossen, mit der Folge, dass es nun die Vorschriften des §§ 17 bis 22 KSchG entsprechend den Vorgaben des EuGH europarechtskonform auslegt.[5] 5

---

1 Vgl. Überblick zum aktuellen Stand der Rechtsprechung *Niklas/Koehler*, NZA 2010, 913 ff.; *Krieger/Ludwig*, NZA 2010, 919 ff.
2 KR-*Weigand*, § 17 KSchG Rn 25 mit Hinweis auf Art. 1 Abs. 2b) RL 98/59/EG.
3 *Coutelle/Frey/Beyer*, MAVO § 30a Rn 13.
4 *EuGH*, 27. 1. 2005 – C-188/03, NZA 2005, 213.
5 *BAG*, 23. 3. 2006 – 2 AZR 343/05, NZA 2006, 971; 13. 7. 2006 – 6 AZR 198/06, NZA 2007, 25; 29. 11. 2007 – 2 AZR 763/06, EzA § 1 KSchG Soziale Auswahl Nr. 79.

3. Sinn und Zweck der Regelung

6 Die Vorschriften über »Anzeigepflichtige Entlassungen« dienen zum einen **arbeitsmarktpolitischen Zwecken**. Die Arbeitsverwaltung soll die Möglichkeit erhalten, rechtzeitig Maßnahmen zur Vermeidung oder wenigstens zur Verzögerung von Belastungen des Arbeitsmarktes einzuleiten und für die anderweitige Beschäftigung der Entlassenen zu sorgen.[6] Zum anderen bezwecken die Vorschriften auch, den **Schutz der Arbeitnehmer bei Massenentlassungen zu stärken** (vgl. Erwägungsgründe 2 und 7 der RL 98/59/EG).[7]

II. Anwendungsbereich des § 17 KSchG

1. Betrieblicher Anwendungsbereich

7 §§ 17 ff. KSchG gelten gemäß § 23 Abs. 2 KSchG für alle Betriebe und Verwaltungen des privaten Rechts sowie für Betriebe, die von einer öffentlichen Verwaltung geführt werden, soweit sie wirtschaftliche Zwecke verfolgen. Abzustellen ist zunächst auf die Organisationseinheit **Betrieb i. S. d. BetrVG**. Darunter ist die organisatorische Einheit von Arbeitsmitteln zu verstehen, mit deren Hilfe ein Unternehmer allein oder als Arbeitgeber gemeinsam mit seinen Mitarbeitern einen bestimmten arbeitstechnischen Zweck fortgesetzt verfolgt.[8] Die Rechtsprechung stellt bei der Definition des Begriffs darauf ab, wo der Kern der Arbeitgeberfunktionen im Bereich der personellen und sozialen Mitbestimmung ausgeübt wird. Ein selbständiger Betrieb liegt danach immer dann vor, wenn die menschliche Arbeitskraft durch einen einheitlichen Leitungsapparat gesteuert wird.[9]

8 Dieser betriebsverfassungsrechtliche Betriebsbegriff ist mit dem **Einrichtungsbegriff der MAVO** weitgehend identisch (vgl. § 1a Rn 2). Zu Abweichungen kann es kommen, falls der Dienstgeber von den Möglichkeiten des § 1a Abs. 2 oder die Betriebsparteien durch Vereinbarung von den Möglichkeiten des § 1b Gebrauch machen.

9 Die Begriffsbestimmung nach deutschem Recht ist indes nicht deckungsgleich mit dem **gemeinschaftsrechtlichen Betriebsbegriff**. Nach der ständigen Rechtsprechung des EuGH bezeichnet der »Betrieb« die Einheit, der die von der Entlassung betroffenen Arbeitnehmer angehören.[10] Anders als im deutschen Recht kommt es danach nicht darauf an, ob die fragliche Einheit über einen Leitungsapparat verfügt, der selbständig Massenentlassungen vornehmen kann.[11] Im Zweifel ist im Wege der richtlinienkonformen Auslegung des nationalen bzw. kirchlichen Rechts der gemeinschaftsrechtlichen Begriffsbestimmung der Vorzug zu geben (vgl. Rn 3).[12]

2. Persönlicher Anwendungsbereich

10 Der persönliche Anwendungsbereich der §§ 17 ff. KSchG erstreckt sich auf alle **Arbeitnehmer** einschließlich der Auszubildenden. Auch Teilzeitbeschäftigte sind zu berücksichtigen.[13] Unerheblich ist das Lebensalter, die Dauer der Betriebszugehörigkeit, der Beschäftigungsumfang. Mitgezählt werden auch die Arbeitnehmer mit Beschäftigungszeiten von weniger als sechs Monaten.[14] Ausgenommen

---

6 *BAG*, 13. 4. 2000 – 2 AZR 215/99, NZA 2001, 144.
7 KR-*Weigand*, § 17 KSchG Rn 8: Wörtlich heißt es in Erwägungsgrund 2 der RL: »Unter Berücksichtigung der Notwendigkeit einer ausgewogenen wirtschaftlichen und sozialen Entwicklung in der Gemeinschaft ist es wichtig, den Schutz der Arbeitnehmer bei Massenentlassungen zu stärken.«
8 *BAG*, 31. 5. 2000 – 7 ABR 78/98, NZA 2000, 1350.
9 *BAG*, 14. 5. 1997 – 7 ABR 26/96, NZA 1997, 1245.
10 *EuGH*, 15. 2. 2007 – C-270/05, NZA 2007, 496.
11 *EuGH*, 7. 12. 1995 – C-449/93, NZA 1996, 471.
12 ErfK-*Kiel*, § 17 KSchG Rn 8.
13 Jeder Teilzeitbeschäftigte zählt ohne Rücksicht auf das von ihm zu leistende Arbeitszeitvolumen als ein Arbeitnehmer.
14 *BAG*, 13. 4. 2000 – 2 AZR 215/99, NZA 2001, 144.

sind die in § 17 Abs. 5 Nr. 1 bis 3 KSchG bezeichneten Personen. Hierunter fallen auch **leitende Angestellte**. Da die ME-RL jedoch keine Ausnahme für leitende Angestellte vorsieht, steht § 17 Abs. 5 Nr. 3 KSchG insoweit in Widerspruch zu europäischem Sekundärrecht.[15]

Auch wenn in § 30a von »**Mitarbeitern**« die Rede ist, kommt es für die Auslegung aus Gründen der Kohärenz auf den **Arbeitnehmerbegriff des KSchG** an.[16] Andernfalls würde die Konsultationspflicht nach § 30a am Mitarbeiterbegriff i. S. d. § 3 anknüpfen, die Anzeigenpflicht gegenüber der Agentur für Arbeit hingegen am Arbeitnehmerbegriff des KSchG, was im Konfliktfall ggf. zu verschiedenen Berechnungsmodalitäten bei den Schwellenwerten und zu kaum auflösbaren Widersprüchen führen würde. Da § 30a S. 1 ausdrücklich auf § 17 Abs. 1 KSchG verweist und mit dieser Norm weitgehend überein stimmt, ist für die Auslegung des § 30a daher nicht auf den Gesetzeswortlaut abzustellen, sondern auf die Regelung im KSchG, die dem kirchlichen Gesetzgeber als Vorbild gedient hat. 11

3. Sachlicher Anwendungsbereich

Die Vorschriften im Dritten Abschnitt des KSchG erfassen **sämtliche Entlassungen, die vom Dienstgeber veranlasst worden sind**. Dazu zählt grundsätzlich jede vom Arbeitnehmer nicht gewollte Beendigung des Arbeitsvertrages, d. h. alle ordentlichen Beendigungskündigungen, Änderungskündigungen,[17] arbeitgeberseitig veranlasste Eigenkündigungen des Arbeitnehmers[18] und die Aufhebungsverträge.[19] Nicht unter den Anwendungsbereich der §§ 17 ff. KSchG fallen gemäß § 17 Abs. 4 KSchG fristlose Entlassungen aus wichtigem Grund gemäß § 626 Abs. 1 BGB. Gleiches gilt für arbeitnehmerseitige Eigenkündigungen, Aufhebungsverträge und Entlassungen, die auf einer Befristung des Arbeitsverhältnisses beruhen.[20] 12

Seit der grundlegenden Entscheidung in der Rechtssache Junk steht fest, dass mit »**Entlassung**« die **Kündigungserklärung** des Arbeitgebers gemeint ist und **nicht die tatsächliche Beendigung des Arbeitsverhältnisses**. Das BAG hat sich unter ausdrücklicher Aufgabe seines früheren Rechtsstandpunktes dieser Judikatur des EuGH angeschlossen (vgl. Rn 5). 13

Das Eingreifen der Anzeigenpflicht ist abhängig von einer bestimmten **Betriebsgröße** und **dem Vorliegen bestimmter Schwellenwerte**. Nach § 17 Abs. 1 KSchG, auf den in § 30a Bezug genommen wird, müssen in Betrieben: 14
- mit in der Regel mehr als 20 und weniger als 60 Arbeitnehmern mehr als 5 Arbeitnehmer,
- in Betrieben mit in der Regel mindestens 60 und weniger als 500 Arbeitnehmern 10 % der im Betrieb regelmäßig beschäftigten Arbeitnehmer oder mehr als 25 Arbeitnehmer,
- sowie in Betrieben mit in der Regel mindestens 500 Arbeitnehmern mindestens 30 Arbeitnehmer

entlassen werden.

Kleinbetriebe mit weniger als 20 Arbeitnehmern sind nicht erfasst. Folglich sind Entlassungen in Kleinbetrieben nicht anzeigepflichtig.[21] 15

---

15 ErfK-*Kiel*, § 17 KSchG Rn 19; *Thüsing*, Europäisches Arbeitsrecht, S. 209. Vgl. auch *EuGH*, 18. 1. 2007 – C-385/05, NZA 2007, 193: »Zum anderen kann die RL 98/59/EG [...] nicht dahin ausgelegt werden, dass die Berechnungsmodalitäten für die Schwellenwerte und damit diese Schwellenwerte selbst zur Disposition der Mitgliedstaaten stehen, da eine derartige Auslegung den Mitgliedstaaten erlaubte, den Anwendungsbereich der RL zu verändern und ihr somit ihre volle Wirksamkeit zu nehmen.« – Zu den Rechtsfolgen des Europarechtsverstoßes vgl. einerseits ErfK-*Kiel*, § 17 KSchG Rn 10: richtlinienkonforme Reduktion entgegen dem Wortlaut, andererseits KR-*Weigand*, § 17 KSchG, Rn 30: nationales Recht bleibt weiter anwendbar, aber Schadensersatzanspruch eines leitenden Angestellten gegen Deutschland, falls ihm aus der nichtvollständigen Umsetzung der RL ein Schaden entsteht.
16 A. A. *Coutelle/Frey/Beyer*, MAVO § 30a Rn 11.
17 *ArbG Berlin*, 30. 9. 2009 – 55 Ca 7676/09, juris.
18 *BAG*, 6. 12. 1973 – 2 AZR 10/73, AP Nr. 1 zu § 17 KSchG 1969.
19 *BAG*, 13. 11. 1996 – 10 AZR 340/96, NZA 1997, 390.
20 KR-*Weigand*, § 17 KSchG Rn 32 ff.
21 ErfK-*Kiel*, § 17 KSchG Rn 8.

16 Mit »**in der Regel**« meint der Gesetzgeber, diejenige Personalstärke, die für den Betrieb im Allgemeinen, also bei regelmäßigem Gang des Betriebs kennzeichnend ist.[22]

17 Nach § 17 Abs. 1 KSchG ist weitere Voraussetzung für die Anzeigepflicht, dass die Beendigung des Arbeitsverhältnisses **innerhalb eines Zeitkorridors von 30 Kalendertagen** wirksam wird. Alle zu berücksichtigenden Kündigungen innerhalb von 30 Kalendertagen (Rahmenfrist) sind zusammenzurechnen. Hierbei handelt es sich um einen zusammenhängenden Zeitraum, der sowohl in die Zukunft als auch in die Vergangenheit greifen kann. Der Kalendertage-Zeitraum ist daher für jeden Entlassungstermin neu festzulegen. Beginn und Ende der Frist bestimmen sich nach den §§ 187 Abs. 1 und 188 Abs. 1 BGB.

18 ▶ **Beispiel:** In einer Einrichtung mit 600 Arbeitnehmern erfolgt zum 30. Juni ein Personalabbau von 50 Arbeitnehmern. Die jeweiligen Kündigungserklärungen, die das Arbeitsverhältnis betriebsbedingt auflösen sollen, erhalten 20 Arbeitnehmer am 15. März, 5 Arbeitnehmer am 10. April und 25 Arbeitnehmer am 15. Mai. Eine anzeigepflichtige Massenentlassung i. S. d. § 17 KSchG liegt nicht vor, denn weder ab 15. März noch ab 10. April wird in einem Zeitkorridor von 30 Kalendertagen die für diese Betriebsgröße maßgebliche Mindestzahl von 30 Entlassungen erreicht.

Abwandlung: Die Kündigungserklärungen, die das Arbeitsverhältnis zum 30. Juni auflösen sollen, erhalten 20 Arbeitnehmer am 15. März, 5 Arbeitnehmer am 30. April und 25 Arbeitnehmer am 15. Mai. Es besteht Anzeigepflicht nach § 17 KSchG, denn ab 30. April gerechnet fallen in einem Zeitraum von 30 Kalendertagen insgesamt 30 Entlassungen an.

19 Die Zusammenfassung der jeweils innerhalb von 30 Kalendertagen gekündigten Arbeitnehmer kann dazu führen, dass zunächst ordnungsgemäß durchgeführte Kündigungen nachträglich anzeigepflichtig werden, weil der Arbeitgeber gegen Ende des Berechnungszeitraumes Kündigungen vornimmt, mit denen unter Hinzuziehung der bereits erklärten Kündigungen die kritische Grenze erreicht wird. In diesem Fall müssen alle Kündigungen angezeigt werden, nicht nur die zuletzt durchgeführten.[23]

III. Konsultation der MAV

1. Inhalt der Unterrichtungs- und Beratungspflicht

20 Sollen in einer Einrichtung, in der eine MAV gewählt worden ist, anzeigepflichtige Massenentlassungen vorgenommen werden, ist die MAV nach Maßgabe des § 30a zu beteiligen. Die Norm verlangt von dem Dienstgeber, dass er bei beabsichtigten anzeigepflichtigen Entlassungen der MAV **rechtzeitig**, d. h. im Hinblick auf § 17 Abs. 3 S. 3 KSchG **mindestens zwei Wochen vor Erstattung der Anzeige bei der Agentur für Arbeit**,
- die **zweckdienlichen Auskünfte** erteilt **und**
- ihn **schriftlich** insbesondere unterrichtet über:
  1. die Gründe für die geplanten Entlassungen,
  2. die Zahl und die Berufsgruppen der zu entlassenden Mitarbeiterinnen und Mitarbeiter,
  3. die Zahl und die Berufsgruppen der in der Regel beschäftigten Mitarbeiterinnen und Mitarbeiter,
  4. den Zeitraum, in dem die Entlassungen vorgenommen werden sollen,
  5. die vorgesehenen Kriterien für die Auswahl der zu entlassenden Mitarbeiterinnen und Mitarbeiter,
  6. die für die Berechnung etwaiger Abfindungen vorgesehenen Kriterien.[24]

21 Darüber hinaus haben Dienstgeber und MAV **zu beraten**, wie Entlassungen zu vermeiden oder einzuschränken sind bzw. deren Folgen zu mildern, vgl. § 30a S. 2. Aus Art. 2 Abs. 1 ME-RL folgt, dass

---

[22] *BAG*, 13. 4. 2000 – 2 AZR 215/99, NZA 2001, 144; 24. 2. 2005 – 2 AZR 207/04, NZA 2005, 766.
[23] KR-*Weigand*, § 17 KSchG Rn 54.
[24] Zu den einzelnen Punkten vgl. KR-*Weigand*, § 17 KSchG Rn 60 ff.

die Beratungen **mit dem Willen zur Einigung** zu führen sind. Diese Vorgabe ist bei der Auslegung des 30a zu berücksichtigen. Der Dienstgeber ist deshalb **verpflichtet, ernsthafte Verhandlungen** mit der MAV **zu führen**. Die Beratungen müssen sich auf die Vermeidung und Einschränkung der Entlassungen sowie darauf beziehen, die Folgen der Entlassungen durch soziale Begleitmaßnahmen, insbesondere Hilfen für eine anderweitige Verwendung und Umschulung der entlassenen Mitarbeiter zu mildern. Die dahingehende Pflicht ergibt sich aus Art. 2 Abs. 2 Unterabsatz 1 der ME-RL und ist bei der Auslegung der Beratungsverpflichtung nach § 30a heranzuziehen.

Das **Konsultationsverfahren** mit der MAV erfordert nach Ansicht des BAG die Erteilung von Informationen und die Beratung mit der MAV, **nicht jedoch eine Einigung** zwischen Dienstgeber- und MAV über den Abschluss eines Interessenausgleichs- und Sozialplans (zum Streitstand vgl. auch Rn 36).[25] 22

Die schriftliche Unterrichtung der MAV muss der Dienstgeber nach § 17 Abs. 3 S. 1 KSchG in Form einer **Durchschrift** (»gleichzeitig«) **der Agentur für Arbeit zuleiten**.[26] 23

2. Stellungnahme der MAV

Die **MAV** hat auf Grund der Erörterung mit dem Dienstgeber **eine schriftliche Stellungnahme** zu den beabsichtigten Entlassungen **abzugeben**. Der Dienstgeber hat sie seiner Massenentlassungsanzeige an die Agentur für Arbeit beizufügen. Die **Stellungnahme der MAV ist Bestandteil der Anzeige des Arbeitgebers und Voraussetzung ihrer Wirksamkeit** (vgl. § 17 Abs. 3 KSchG).[27] 24

Liegt **keine Stellungnahme** der MAV vor, z. B. weil sich die MAV weigert, eine solche abzugeben, so ist die Anzeige gleichwohl wirksam, wenn der Dienstgeber **glaubhaft macht**, dass er die MAV **mindestens zwei Wochen** vor der Erstattung der Anzeige unterrichtet hat und er den Stand der Beratungen darlegt (§ 17 Abs. 3 S. 3 KSchG). Die Glaubhaftmachung erfolgt durch Vorlage der Durchschrift der Unterrichtung an die MAV (vgl. Rn 23). Damit ist eine feste zeitliche Grenze gesetzt, über die hinaus das Verfahren grundsätzlich nicht verzögert werden kann. Aus dieser Regelung folgt: Zwischen der Mitteilung über die geplante Massenentlassung an die MAV und der Anzeige an die Agentur für Arbeit muss eine Frist von mindestens zwei Wochen verstrichen sein, es sei denn die MAV hat vorher eine Stellungnahme abgegeben.[28] 25

Die **Stellungnahme der MAV** kann auch **nachgereicht** werden. Allerdings laufen die Fristen gemäß § 18 KSchG erst ab diesem Zeitpunkt.[29] 26

Die Unterrichtung der MAV nach § 30a kann mit der Anhörung nach § 30 verbunden werden. Der Dienstgeber muss allerdings klar zu erkennen geben, dass er mit seiner Benachrichtigung sowohl die Unterrichtung nach § 30a als auch die Anhörung nach § 30 durchführen will.[30] 27

3. Rechtsfolge bei unterbliebener oder nicht ordnungsgemäßer Konsultation

Die Rechtsfolgen im Falle eines Verstoßes gegen die Konsultations- und Beratungsverpflichtung sind nicht gesetzlich geregelt. Konsultation der MAV und Beratung mit ihr sind jedoch Voraussetzung sowohl für die Wirksamkeit der Massenentlassungsanzeige als auch für die Wirksamkeit der Kündigungen. Massenentlassungen dürfen nach Ansicht des EuGH erst ausgesprochen werden, wenn das Beratungsverfahren ordnungsgemäß durchgeführt ist.[31] Eine fehlerhafte oder unterlassene Unterrich- 28

---

25 *BAG*, 21. 5. 2008 – 8 AZR 84/07, NZA 2008, 753. Aufgehoben durch *BVerfG*, 25. 2. 2010 – 1 BvR 230/09, NZA 2010, 439.
26 ErfK-*Kiel*, § 17 KSchG Rn 21.
27 KR-*Weigand*, § 17 KSchG Rn 91.
28 ErfK-*Kiel*, § 17 KSchG Rn 30.
29 KR-*Weigand*, § 17 KSchG Rn 92.
30 *Fitting*, BetrVG § 102 Rn 134a; KR-*Weigand*, § 17 KSchG Rn 70.
31 *EuGH*, 27. 1. 2005 – C-188/03, NZA 2005, 213.

tung der MAV führt daher zur Unwirksamkeit der Kündigung.[32] Dies folgt bereits aus dem Gebot der effektiven Durchsetzung der gemeinschaftsrechtlichen Vorgaben.

IV. Massenentlassungsanzeige an die Agentur für Arbeit

29 Auf das mitarbeitervertretungsrechtliche Beteiligungsverfahren folgt das Anzeigeverfahren gegenüber der Agentur für Arbeit. Das Anzeigeverfahren, das in § 17 Abs. 1 und 3 KSchG geregelt ist, ist größtenteils europarechtlich determiniert (vgl. Art. 3 ME-RL) und gilt auch für den kirchlichen Dienstgeber.

1. Form und Inhalt der Anzeige

30 Die Anzeige ist **schriftlich** unter Beifügung der Stellungnahme der MAV zu den Entlassungen zu erstatten (§ 17 Abs. 3 S. 2 KSchG). Wegen der Schriftform ist die Anzeige vom Dienstgeber oder seinem Bevollmächtigten eigenhändig zu unterschreiben. Eine telefonische oder mündliche Anzeige genügt nicht.

31 Die Vorschrift unterscheidet zwischen Angaben, die in der Anzeige enthalten sein **müssen** und solchen, die in ihr enthalten sein **sollen**. Die Anzeige muss Angaben über den Namen des Dienstgebers, den Sitz und die Art des Betriebs enthalten, ferner die Gründe für die genannten Kündigungen, die Zahl und die Berufsgruppen der zu Kündigenden und der in der Regel beschäftigten Arbeitnehmer, den Zeitpunkt, an dem die Kündigungen ausgesprochen werden sollen und die vorgesehenen Kriterien für die Auswahl der zu kündigenden Arbeitnehmer (§ 17 Abs. 3 S. 4 KSchG). Fehlt auch nur eine dieser Angaben ist die Anzeige unwirksam.[33]

32 In der Anzeige **sollen** ferner im Einvernehmen mit der MAV für die Arbeitsvermittlung Angaben über Geschlecht, Alter, Beruf und Staatsangehörigkeit der zu entlassenden Arbeitnehmer gemacht werden.

33 Die Agentur für Arbeit stellt im Internet unter www.arbeitsagentur.de **Vordrucke für anzeigepflichtige Entlassungen** zur Verfügung. Deren Verwendung ist ratsam, damit nicht wegen des Übersehens einer Formalvorschrift die Anzeige unwirksam ist.

2. Zeitpunkt der Massenentlassungsanzeige

34 Die Massenentlassungsanzeige kann der kirchliche **Dienstgeber frühestens zwei Wochen nach Unterrichtung und nach Beratung** mit der MAV erstatten, es sei denn, die MAV hat vorher eine Stellungnahme abgegeben (vgl. Rn 25).

35 Die Anzeige muss auf jeden Fall **vor Ausspruch der** beabsichtigten **Kündigungen** erfolgen.

36 Umstritten ist die Frage, ob die Massenentlassungsanzeige auch dann wirksam erstattet ist, wenn die **Beratungen** zwischen Dienstgeber und MAV zwar **eingeleitet, aber noch nicht abgeschlossen** wurden. Nach Ansicht der bisher herrschenden Meinung in Literatur und Rechtsprechung gibt es nur eine Verpflichtung, Beratungen durchzuführen, aber keinen Zwang zur Einigung. Die Beratungen mit der MAV müssten daher **nicht abgeschlossen** sein.[34] Demgegenüber ist der EuGH der Ansicht, das Konsultationsverfahren sei abzuschließen.[35] Kündigungen können demzufolge **nicht vor** oder **während** der Verhandlungen mit der Arbeitnehmervertretung angezeigt und ausgesprochen werden. Weil der vorrangige Zweck der ME-RL der Schutz der Arbeitnehmer vor Massenentlassungen ist,

---

32 Zum Meinungsstand vgl. KR-*Weigand*, § 17 KSchG Rn 101 ff.
33 KR-*Weigand*, § 17 KSchG Rn 83.
34 Vgl. Übersicht bei KR-*Weigand*, § 17 KSchG Rn 62 u. 75; ErfK-*Kiel*, § 17 KSchG Rn 22a; *Fitting*, BetrVG § 102 Rn 134b; *BAG*, 28. 5. 2009 – 8 AZR 273/08, NZA 2009, 1267; 21. 5. 2008 – 8 AZR 84/07, NZA 2008, 753. A. A. *ArbG Berlin*, Vorlagebeschl. v. 21. 2. 2006 – 79 Ca 22399/05, NZA 2006, 739 [Vorlage inzwischen zurückgenommen]; *Wolter* AuR 2005, 135.
35 *EuGH*, 27. 1. 2005 – C-188/03, NZA 2005, 213.

müssten die Arbeitnehmervertreter die Möglichkeit haben, noch mäßigend auf den kündigungswilligen Arbeitgeber einzuwirken. Deshalb reiche eine bloße Unterrichtung der Arbeitnehmervertretungen ohne Verhandlung nicht zur Erfüllung der Vorgaben der ME-RL aus.

Der genaue Zeitpunkt, zu welchem der Arbeitgeber seiner richtlinienkonform verstandenen Verhandlungsobliegenheit genügt hat, geht jedoch auch aus der Junk-Entscheidung des EuGH nicht klar hervor. Das **BVerfG hat** aus diesem Grund mit Beschluss v. 25. 2. 2010[36] **die Entscheidung des BAG aufgehoben** und die Sache dorthin zurückverwiesen. Seine Begründung: Das BAG habe das Recht auf den gesetzlichen Richter verletzt, weil es von einem Vorabentscheidungsersuchen an den EuGH gem. Art. 267 AEUV in der Frage, wann das Konsultationsverfahren nach Art. 2 ME-RL endet, abgesehen habe. Das BVerfG hält es offenbar für möglich, dass der 8. Senat des BAG der möglicherweise europarechtlich gebotenen Reihenfolge von Konsultationsverfahren und Massenentlassungsanzeige nicht gerecht geworden sei. Insbesondere sei der durch die ME-RL vorgegebene Ablauf der Beteiligung der Arbeitnehmervertretung im Verfahren der Massenentlassungsanzeige in der Rechtsprechung des EuGH noch nicht erschöpfend geklärt und könne auch nicht eindeutig unmittelbar aus der ME-RL hergeleitet werden

Bis zu einer endgültigen Klärung der Frage durch den EuGH sollte die Massenentlassungsanzeige sicherheitshalber erst erfolgen, **wenn die Verhandlung über den Abschluss eines Sozialplans beendet ist** oder **ihr Scheitern endgültig feststeht**.[37] Zur Aufnahme von Verhandlungen über den Abschluss eines Sozialplans ist der Dienstgeber grundsätzlich verpflichtet, wenn die von § 36 Abs. 1 Nr. 11 geforderten Voraussetzungen gegeben sind. Darüber hinaus räumt § 37 Abs. 1 Nr. 11 der MAV ein eigenes Antragsrecht für Verhandlungen über einen Sozialplan ein. Dieser Antrag kann, falls der Dienstgeber ihm nicht entsprechen will, durch Anrufung der Einigungsstelle durchgesetzt werden (vgl. § 37 Abs. 3).

3. Sperrfrist

Mit Zugang der ordnungsgemäßen Anzeige nach § 17 Abs. 1 KSchG bei der Agentur für Arbeit tritt eine Sperrfrist von einem Monat in Kraft, während der Entlassungen nicht wirksam werden (§ 18 Abs. 1 KSchG). Bei der Sperrfrist handelt es sich um eine Art Mindestkündigungsfrist. Die Agentur für Arbeit kann die Frist auf zwei Monate verlängern (§ 18 Abs. 2 KSchG). Innerhalb der Sperrfrist werden Kündigungen nur mit ausdrücklicher Zustimmung der Agentur für Arbeit wirksam (§ 18 Abs. 1 KSchG). Mit dem »Wirksamwerden« ist nicht der Ausspruch, sondern die Beendigung des Arbeitsverhältnisses gemeint.[38] Demzufolge können Dienstgeber nach der höchstrichterlichen Entscheidung des BAG im Falle von Massenentlassungen unmittelbar nach Anzeigenerstattung an die Arbeitsagentur wirksam Kündigungen aussprechen. Sogar in den Fällen, in denen die Kündigungsfrist kürzer als ein Monat ist, wird bei einem »vorzeitigen« Ausspruch der Kündigung diese nicht unwirksam; das Arbeitsverhältnis wird dann erst mit Ablauf der Sperrfrist beendet. § 18 Abs. 1 KSchG hat damit eine sehr beschränkte praktische Bedeutung, zumindest bei der einmonatigen Regelsperrfrist. Im Wesentlichen werden nur Arbeitsverhältnisse, die eine Kündigungsfrist von weniger als einem Monat aufweisen, von der Norm erfasst.

4. Rechtsfolge bei unterbliebener oder nicht ordnungsgemäßer Massenentlassungsanzeige

Liegen die Voraussetzungen anzeigepflichtiger Massenentlassungen vor und versäumt es der Dienstgeber gleichwohl, diese gegenüber der zuständigen Agentur für Arbeit anzuzeigen, oder ist die An-

---

36 *BVerfG*, 25. 2. 2010 – 1 BvR 230/09, NZA 2010, 439.
37 Das Verfahren zur Herbeiführung eines Interessenausgleichs, wie es etwa in §§ 111–112 BetrVG geregelt ist, findet in der MAVO keine Entsprechung. Der Dienstgeber ist in seiner Freiheit, eine Einrichtungsänderung durchzuführen, nicht eingeschränkt. Er ist lediglich zur Aufnahme von Verhandlungen über den Sozialplan verpflichtet.
38 *BAG*, 6. 11. 2008 – 2 AZR 935/07, BB 2009, 725.

zeige fehlerhaft, weil ihr beispielsweise die Stellungnahme der MAV nicht beigefügt ist, sie nicht alle zwingend vorgeschriebenen Angaben enthält oder sie nicht in zureichender Schriftform eingereicht worden ist, so hat dies zur Folge, dass alle anzeigepflichtigen **Entlassungen (Kündigungen) unwirksam** sind (§ 18 Abs. 1 Halbs. 1 KSchG). Dies gilt auch für den Fall, dass die Entlassung durch einen Aufhebungsvertrag herbeigeführt werden soll.[39] Eine Heilung durch nachträgliche Anzeige ist nicht möglich.[40] Die Unwirksamkeit wirkt sich allerdings nur aus, wenn sich der gekündigte Mitarbeiter darauf beruft.

V. Streitigkeiten

41 Die Verletzung der Anzeigepflicht nach § 17 Abs. 1 KSchG oder der Konsultations- und Beratungsverpflichtung nach § 30a muss **innerhalb von drei Wochen nach Zugang der Kündigungserklärung** im Klagewege vor den **staatlichen Arbeitsgerichten** geltend gemacht werden. Nimmt dagegen der Mitarbeiter die Entlassung (z. B. gegen Zahlung einer Abfindung) hin, wirkt sich die an sich zur Unwirksamkeit führende Verletzung der Anzeige- bzw. Konsultationspflicht nicht aus. Die Einhaltung des § 30a kann im Wege der Inzidentkontrolle von den staatlichen Arbeitsgerichten geprüft werden (vgl. § 30 Rn 131).

42 Darüber hinaus hat die **MAV** im Falle der Nichtbeachtung ihres Beteiligungsrechts nach § 30a das Recht zur Anrufung des **Kirchlichen Arbeitsgerichts** (§ 2 Abs. 2 KAGO i. V. m. § 30a MAVO). Der Antrag ist auf die Feststellung gerichtet, dass das Beteiligungsverfahren im Hinblick auf die durch den Dienstgeber ausgesprochenen Kündigungen der Mitarbeiter nicht ordnungsgemäß durchgeführt und demgemäß die ausgesprochenen Kündigungen unwirksam sind (zu Abgrenzung der Prüfungsbefugnisse zwischen den staatlichen und kirchlichen Arbeitsgerichten vgl. § 30 Rn 131).

43 Für Rechtsstreitigkeiten, die das Verhältnis des Dienstgebers zur Agentur für Arbeit betreffen, sind die **Sozialgerichte** zuständig.

§ 31 Anhörung und Mitberatung bei außerordentlicher Kündigung

(1) Der Mitarbeitervertretung sind vor einer außerordentlichen Kündigung durch den Dienstgeber schriftlich die Absicht der Kündigung und die Gründe hierfür mitzuteilen.

(2) Will die Mitarbeitervertretung gegen die Kündigung Einwendungen geltend machen, so hat sie diese unter Angabe der Gründe dem Dienstgeber spätestens innerhalb von drei Tagen schriftlich mitzuteilen. Diese Frist kann vom Dienstgeber auf 48 Stunden verkürzt werden. Erhebt die Mitarbeitervertretung innerhalb der Frist keine Einwendungen, so gilt die beabsichtigte Kündigung als nicht beanstandet. Erhebt die Mitarbeitervertretung Einwendungen, so entscheidet der Dienstgeber über den Ausspruch der außerordentlichen Kündigung.

(3) Eine ohne Einhaltung des Verfahrens nach den Absätzen 1 und 2 ausgesprochene Kündigung ist unwirksam.

Übersicht	Rn		Rn
I. Vorbemerkung	1– 5	c. Umdeutung einer außerordentlichen in eine ordentliche Kündigung	21, 22
II. Zweck der Vorschrift	6		
III. Wirksamkeitsvoraussetzungen . . .	7–22	IV. Einwendungen der MAV	23–32
1. Unterrichtung der MAV durch den Dienstgeber	8–22	1. Einwendungsverfahren: Form und Frist, Abs. 2	23–28
a. Zeitpunkt der Unterrichtung	8–17	2. Einwendungen	29, 30
b. Inhalt und Form der Unterrichtung	18–20		

---

[39] *BAG*, 11. 3. 1999 – 2 AZR 461/98, NZA 1999, 761.
[40] ErfK-*Kiel*, § 17 KSchG Rn 36.

	Rn		Rn
3. Ablauf und Abschluss des Anhörungsverfahrens	31, 32	VI. Kündigung gewählter Amtsträger	36–38
		VII. Streitigkeiten	39
V. Mängel des Anhörungsverfahrens; Nichtigkeit der Kündigung	33–35		

I. Vorbemerkung

Dienstgeber und Dienstgeber können bei Vorliegen eines wichtigen Grundes sowohl das befristete als auch das unbefristete Arbeitsverhältnis **ohne Einhaltung einer Kündigungsfrist** kündigen, § 626 Abs. 1 BGB.[1] Ein wichtiger Grund liegt vor, wenn einem der Vertragspartner unter Berücksichtigung aller Umstände des Einzelfalles und unter Abwägung der Interessen beider Vertragspartner die Fortsetzung des Arbeitsverhältnisses bis zum Ablauf der Kündigungsfrist oder bis zur vereinbarten Beendigung des Arbeitsverhältnisses nicht zumutbar ist. Die Kündigung muss gemäß § 626 Abs. 2 BGB innerhalb von zwei Wochen ab Kenntnis des wichtigen Grundes erklärt werden. **1**

Die außerordentliche Kündigung ist **typischerweise auf die sofortige (fristlose) Beendigung** des Arbeitsverhältnisses **gerichtet**. In **Ausnahmefällen** kann die außerordentliche Kündigung aber auch mit einer sog. »**sozialen Auslauffrist**« verbunden werden, in der Regel dann, wenn die ordentliche Kündigung durch Gesetz, Tarif- oder Einzelvertrag ausgeschlossen ist, dem Dienstgeber aber die Fortsetzung des Arbeitsverhältnisses bis zur Verrentung des Dienstnehmers nicht zuzumuten ist (sog. Orlando-Kündigung, vgl. § 30 Rn 15). Bei der außerordentlichen Kündigung mit einer sozialen Auslauffrist ist die MAV nach Auffassung der Rechtsprechung nach den für die ordentliche Kündigung geltenden Bestimmungen, also nach § 30, zu beteiligen.[2] **2**

Das Anhörungs- und Beratungsrecht nach § 31 besteht auch im Falle des beabsichtigten Ausspruchs einer **außerordentlichen Änderungskündigung**.[3] Diese setzt voraus, dass die Änderung der Arbeitsbedingungen unabweisbar notwendig ist und die neuen Arbeitsbedingungen für den Dienstnehmer zumutbar sind.[4] **3**

Nach § 31 Abs. 1 ist der Dienstgeber verpflichtet, der MAV vor jeder außerordentlichen Kündigung die Absicht der Kündigung und die Gründe hierfür **schriftlich** mitzuteilen. Die Kündigung kann wirksam erst ausgesprochen werden, wenn sich die MAV zur Kündigung abschließend geäußert hat oder die **3-Tage-Frist** (bzw. **ggf. die 48-Stunden-Frist**) ohne Stellungnahme hat verstreichen lassen. Trotz ordnungsgemäß und zeitgerecht erhobener Einwendungen der MAV ist der Dienstgeber im Ausspruch der außerordentlichen Kündigung frei (Abs. 2 S. 4). Ein Verstoß gegen dieses Anhörungsverfahren, der objektiv vorliegen muss und ein Verschulden des Dienstgebers nicht voraussetzt, führt zur Unwirksamkeit der ausgesprochenen außerordentlichen Kündigung (§ 31 Abs. 3). Die Beachtung des § 31 ist demnach **Wirksamkeitsvoraussetzung für die** – auch in der Probezeit auszusprechende – **außerordentliche Kündigung**, die auch staatliche Gerichte zu beachten haben.[5] **4**

Eine Pflicht, vor Ausspruch einer außerordentlichen Kündigung das betriebliche Repräsentativorgan anzuhören, kennt sowohl das **Betriebsverfassungsrecht** (vgl. § 102 BetrVG) als auch das **Personalvertretungsrecht** (vgl. § 79 Abs. 3 BPersVG). Eine vergleichbare Vorschrift enthält auch das Mitarbeitervertretungsrecht in der evangelischen Kirche, vgl. § 46b) **MVG.EKD**. Diese Regelungen sind weitgehend identisch mit dem Beteiligungsrecht in der MAVO – mit einer Ausnahme: Im Gegensatz zu den anderen Ordnungen hat der Dienstgeber nach der MAVO das Recht, die Einwendungsfrist der MAV von drei Tagen auf 48 Stunden verkürzen. **5**

---

[1] Zur Kommentierung des § 626 BGB vgl. insbes. KR-*Fischermeier* § 626 Rn 1 ff.
[2] *BAG*, 5. 2. 1998 – 2 AZR 227/97, NZA 1998, 771; 18. 10. 2000 – 2 AZR 627/99, DB 2001, 338; 15. 11. 2001 – 2 AZR 605/00, ZTR 2002, 154. So auch im evangelischen Bereich *KGH.EKD*, 12. 9. 2005, II – 0124/L42–05.
[3] *LAG Berlin-Brandenburg*, 15. 9. 2008 – 10 Sa 818/08, juris; 22. 7. 2008 – 19 Sa 748/08, juris.
[4] *BAG*, 6. 3. 1986 – 2 ABR 15/85, NZA 1987, 102.
[5] *LAG Niedersachsen*, 18. 12. 2001 – 12 Sa 694/01, ZMV 2002, 253–255.

II. Zweck der Vorschrift

6 Die Vorschrift beabsichtigt nicht, die Erklärung einer außerordentlichen Kündigung durch den Dienstgeber von der Zustimmung oder Berücksichtigung der Einwendungen der MAV abhängig zu machen. Die Regelung zwingt den Dienstgeber lediglich zu einer korrekten Einhaltung des Anhörungsverfahrens gemäß § 31. Die Verfahrensvorschrift dient dazu, dass der Dienstgeber sich bereits im Vorfeld Rechenschaft über die Sinnhaftigkeit der außerordentlichen Kündigung ablegt. Darüber hinaus ermöglicht die Anhörung der MAV, die Sicht der Dienstnehmerseite in den Entscheidungsprozess einfließen zu lassen. Entgegen der insoweit irreführenden Normüberschrift (»Anhörung und Mitberatung«) gewährt § 31 nur ein Anhörungs-, aber kein Mitberatungsrecht der MAV. Denn macht die MAV Einwendungen gemäß § 31 Abs. 2 S. 4 geltend, so ist der Dienstgeber nicht verpflichtet, diese Bedenken in einer gemeinsamen Sitzung mit der MAV zu erörtern (vgl. Rn 32).

III. Wirksamkeitsvoraussetzungen

7 Für die außerordentliche Kündigung gilt hinsichtlich der Mitwirkungsrechte der MAV in vielerlei Hinsicht das Gleiche wie für die ordentliche Kündigung. Daher kann in weitem Umfang auf die Ausführungen zu § 30 verwiesen werden.

1. Unterrichtung der MAV durch den Dienstgeber

a. Zeitpunkt der Unterrichtung

8 Die Anhörung der MAV hat **vor Ausspruch** der außerordentlichen Kündigung zu erfolgen. Die Mitteilung hat so frühzeitig zu ergehen, dass der MAV genügend Zeit bleibt, die beabsichtigte Kündigung zu prüfen. Der Zeitpunkt der Mitteilung wird durch § 31 Abs. 2 konkretisiert. Da die MAV bei der außerordentlichen Kündigung im Regelfall eine **Äußerungsfrist von drei Tagen** hat, **muss** der MAV **die Mitteilung** über die beabsichtigte Kündigung **vier Tage vor Ausspruch der Kündigung zugegangen sein**, Grund: Der Tag des Zugangs der Mitteilung zählt bei der Fristberechnung nicht mit (§ 187 Abs. 1 BGB).

9 Der Dienstgeber hat zusätzlich darauf zu achten, die Anhörung der MAV so rechtzeitig durchzuführen, dass der Zugang der Kündigung **noch innerhalb der zweiwöchigen Ausschlussfrist des § 626 Abs. 2 BGB** gewährleistet ist. Die zweiwöchige Überlegungsfrist für den Ausspruch der außerordentlichen Kündigung wird durch die Dreitagesfrist (bzw. Zweitagesfrist), die der MAV zur Stellungnahme zusteht, verkürzt.[6] Das bedeutet, dass der Dienstgeber das Anhörungsverfahren spätestens am 10. Tage nach Kenntniserlangung von den für die Kündigung maßgebenden Tatsachen einleiten muss, um nach Ablauf der dreitägigen Einwendungsfrist am 14. Tage die Kündigung noch aussprechen zu können. Wenn er von der Kürzungsmöglichkeit auf 48 Stunden (§ 31 Abs. 2 S. 2) Gebrauch macht, kann er einen Tag länger zuwarten.

10 **Nach Ablauf der Ausschlussfrist** wird **unwiderlegbar vermutet**, dass dem Kündigungsberechtigten die **Fortsetzung** des Arbeitsverhältnisses **zumutbar** ist. Es handelt sich um eine materiellrechtliche **Ausschlussfrist** ohne die Möglichkeit der Wiedereinsetzung in den vorherigen Stand.[7] Die wegen Fristversäumung ausgeschlossenen Kündigungsgründe können aber zur Begründung einer ordentlichen (fristgemäßen) Kündigung herangezogen werden.[8]

11 Die **Ausschlussfrist beginnt**, sobald **der Kündigungsberechtigte** so zuverlässig und vollständig Kenntnis vom Kündigungssachverhalt hat, dass ihm eine Entscheidung darüber, ob die Fortsetzung des Arbeitsverhältnisses für ihn zumutbar ist, möglich ist.[9] **Zur Kündigung berechtigt** sind grund-

---

[6] *Richardi/Thüsing*, § 102 BetrVG Rn 74.
[7] BAG, 17. 3. 2005 – 2 AZR 245/04, NZA 2006, 101: Konkretisierung des Tatbestandes einer Verwirkung des wichtigen Kündigungsgrundes aus Gründen des reinen Zeitablaufs.
[8] *BAG*, 15. 8. 2002 – 2 AZR 514/01, NZA 2003, 795.
[9] *BAG*, 21. 4. 2005 – 2 AZR 255/04, NZA 2005, 991.

sätzlich nur der Dienstgeber und der Dienstnehmer bzw. deren gesetzliche Vertreter. Bei juristischen Personen handelt es sich um diejenigen Personen, die nach den jeweils einschlägigen Vorschriften den Arbeitgeber selbst repräsentieren.[10] Beispiel: Wenn der Dienstnehmer bei einem **rechtsfähigen Verein** oder **GmbH** beschäftigt ist, kann die Kündigung, **soweit die Satzung nichts anderes bestimmt**, nur aufgrund eines von allen gesetzlichen Vertretern gefassten Beschlusses oder durch einen Vertreter aufgrund einer ihm durch die übrigen Mitglieder des Vertretungsorgans erteilten Ermächtigung ausgesprochen werden (vgl. § 26 Abs. 2 BGB, § 35 Abs. 2 GmbHG).[11] Darüber hinaus ist auf Dienstgeberseite derjenige – regelmäßig leitende – Mitarbeiter kündigungsberechtigt, dem der Dienstgeber das Recht zur Kündigung übertragen hat.[12] Bei Rechtsträgern der verfassten Kirche sind im Hinblick auf die Person des Kündigungsberechtigten oftmals besondere Zuständigkeitsregelungen und Formvorschriften zu beachten, vgl. § 30 Rn 76.

Maßgeblich für den Fristbeginn ist die **Kenntnis** des Kündigungsberechtigten. Kenntnis setzt nach der Rechtsprechung voraus, dass der Kündigungsberechtigte eine sichere und **möglichst vollständige positive Kenntnis** der für die Kündigung maßgebenden Tatsachen hat.[13] Sind dem Kündigungsberechtigten Umstände bekannt, die auf einen wichtigen Grund für eine fristlose Kündigung hindeuten, **darf er erst den Sachverhalt aufklären, ohne dass die Ausschlussfrist läuft**.[14] Er darf den betroffenen Mitarbeiter anhören, muss es aber nicht, es sei denn, es handelt sich um eine Verdachtskündigung. Entschließt sich der Dienstgeber zu einer Anhörung des zu kündigenden Mitarbeiters, so hat dies innerhalb einer Regelfrist von einer Woche zu geschehen.[15] Solange der Kündigungsberechtigte die Aufklärung des Sachverhalts durchführt, kann die Ausschlussfrist grundsätzlich nicht beginnen. Die **Sachverhaltsaufklärung muss** allerdings **zügig durchgeführt werden**. Die Frist ist nur so lange gehemmt, wie der Kündigungsberechtigte aus verständigen Gründen mit der gebotenen Eile noch Ermittlungen anstellt, die ihm eine umfassende und zuverlässige Kenntnis des Kündigungssachverhalts verschaffen.[16] Einen Zeitzuschlag für die Einholung von Rechtsrat gewähren die Arbeitsgerichte dem Kündigenden nicht.[17]

12

Der Dienstgeber darf seinen Kündigungsentschluss auch vom **Fortgang eines Strafermittlungs- bzw. Strafverfahrens** abhängig machen, es sei denn, der Mitarbeiter räumt die ihm zur Last gelegte Straftat ein.[18] Wartet der Dienstgeber den Ausgang des Strafverfahrens ab, wird die Ausschlussfrist gewahrt, wenn die Kündigung binnen zwei Wochen ab Kenntnis von der Verurteilung zugeht.[19]

13

Ist ein **Kollegialorgan** kündigungsberechtigt, kommt es grundsätzlich auf die **Kenntnis eines Mitglieds dieses Organs** an.[20] Setzt der Ausspruch der Kündigung den **ordnungsgemäßen Beschluss eines Organs** (z. B. einer Gesellschafterversammlung) voraus, ist aber **nicht** auf die Kenntnis eines einzelnen Mitglieds des Kollektivorgans abzustellen, sondern auf den Zeitpunkt, in dem der Sachverhalt den Mitgliedern des Kollektivorgans in einer ordnungsgemäß einberufenen Sitzung unterbreitet

14

---

10 Weiß der außerordentlich gekündigte Dienstnehmer nicht, ob der Kündigende zur Kündigung berechtigt ist, kann er die Kündigung nach § 174 S. 1 BGB zurückweisen. Weist der Kündigende seine Vollmacht daraufhin nicht nach, ist die Kündigung bereits aus diesem Grund unwirksam. Beanstandet der Dienstnehmer die Kündigung hingegen nicht und war derjenige, der sie erklärt hat, nicht dazu berechtigt, kann sie der Dienstgeber genehmigen (§§ 180 S. 2, 177 Abs. 1 BGB). Der Dienstnehmer kann den Dienstgeber auffordern, die Genehmigung zu erklären oder sie zu verweigern, Antwortet der Dienstgeber nicht innerhalb von zwei Wochen, gilt die Genehmigung als verweigert, sodass die Kündigung unwirksam ist, § 177 Abs. 2 BGB.
11 *BAG*, 18.12.1980 – 2 AZR 980/78, NJW 1981, 2374.
12 *BAG*, 28.10.1971 – 2 AZR 32/71, NJW 1972, 463.
13 *BAG*, 10.6.1988 – 2 AZR 25/88 NZA 1989, 733; 17.3.2005 – 2 AZR 245/04, NZA 2006, 101.
14 *BAG*, 29.7.1993 – 2 AZR 90/93, NZA 1994, 171; 2.2.2006 – 2 AZR 57/05, NZA-RR 2006, 440.
15 *BAG*, 10.6.1988 – 2 AZR 25/88, NZA 1989, 105.
16 *BAG*, 10.6.1988 – 2 AZR 25/88, NZA 1989, 105.
17 *LAG Hamm*, 1.10.1998 – 8 Sa 969/88, MDR 1998, 683.
18 *BAG*, 17.3.2005 – 2 AZR 245/04, NZA 2006, 101; 14.2.1996 – 2 AZR 274/95, NZA 1996, 873.
19 *BAG*, 18.11.1999 – 2 AZR 852/98, NZA 2000, 381.
20 KR-*Fischermeier* § 626 BGB Rn 349.

wird.[21] Wird allerdings von einberufungsberechtigten Mitgliedern die Einberufung der Sitzung nach Kenntniserlangung **unangemessen verzögert**, so muss sich die Gesellschaft so behandeln lassen, als wäre die Einberufung mit der gehörigen Beschleunigung erfolgt.[22]

15 Bei sog. **Dauertatbeständen**, d. h. wenn fortlaufend neue kündigungsrelevante Tatbestände auftreten (z. B. ständige Unpünktlichkeit, ständiges unerlaubtes Fehlen am Arbeitsplatz) und bei Pflichtverletzungen, die zu einem **Gesamtverhalten** zusammengefasst werden können, beginnt die Ausschlussfrist, wenn bis in die letzten zwei Wochen vor Ausspruch der Kündigung der Dauertatbestand angehalten hat und damit die Störung des Arbeitsverhältnisses noch nicht abgeschlossen war.[23] So ist z. B. die Ausschlussfrist gewahrt, wenn bei anhaltendem Mobbing die letzte Mobbing-Handlung innerhalb der letzten zwei Wochen vor Ausspruch der Kündigung erfolgte.[24] Fehlt der Dienstnehmer unentschuldigt, beginnt die Ausschlussfrist erst mit dem Ende der Fehlzeit.[25] Nimmt der Mitarbeiter eigenmächtig Urlaub, beginnt die Ausschlussfrist erst mit seiner Rückkehr aus dem Urlaub.[26]

16 Soll die außerordentliche Kündigung gegenüber einer **schwangeren Mitarbeiterin** (§ 9 Abs. 3 MuSchG), einem in **Elternzeit** befindlichen (§ 18 Abs. 1 BEEG) oder einem **schwerbehinderten Dienstnehmer** (§§ 85, 91 Abs. 1 SGB IX) ausgesprochen werden, so ist die Durchführung innerhalb der Ausschlussfrist regelmäßig nicht möglich. Der Dienstgeber ist jedoch verpflichtet, das erforderliche verwaltungsbehördliche Zustimmungsverfahren **innerhalb der Zweiwochenfrist einzuleiten, d. h. den Antrag zu stellen, die beabsichtigte Kündigung für zulässig zu erklären.** Hat die zuständige Behörde der Kündigung zugestimmt, muss der Dienstgeber die Kündigung unverzüglich aussprechen (vgl. den allgemeine Rechtsgedanken in § 91 Abs. 5 SGB IX).[27] Mit anderen Worten: Die Ausschlussfrist ist auch dann gewahrt, wenn die Kündigung erst sehr viel später ausgesprochen wird, der Dienstgeber aber innerhalb der Zweiwochenfrist einen Antrag auf Zustimmung gestellt hat.

17 Dem Dienstgeber steht auch in **Eilfällen** nicht das Recht zu, ohne vorherige Anhörung die außerordentliche Kündigung auszusprechen. Wird die Kündigung ohne Einhaltung der Anhörungsfrist ausgesprochen, ist sie absolut unwirksam (zur Verkürzung der Anhörungsfrist vgl. Rn 27).[28]

b. Inhalt und Form der Unterrichtung

18 Der Dienstgeber muss seine Absicht, eine außerordentliche Kündigung auszusprechen, **schriftlich** mitteilen und die **Gründe** hierfür darlegen. Für die Schriftform gelten dieselben Regeln wie für die Schriftform bei der ordentlichen Kündigung (vgl. § 30 Rn 58 ff.). Hinsichtlich der Reichweite der Unterrichtungspflicht gilt auch im Hinblick auf die außerordentliche Kündigung der **Grundsatz subjektiven Determination** (vgl. § 30 Rn 27, 40). Zum notwendigen Inhalt der Unterrichtung wird ebenfalls auf die Ausführungen in § 30 Rn 29 ff., insbes. Rn 37 verwiesen. Der Dienstgeber muss also den betroffenen Mitarbeiter bezeichnen sowie den für die Kündigung maßgebenden Sachverhalt näher umschreiben, insbesondere die Tatsachen angeben, aus denen er seinen Kündigungsentschluss herleitet.

19 Die **Mitteilung des Dienstgebers** an die MAV über eine beabsichtigte außerordentliche Kündigung **unterliegt** dem betroffenen Mitarbeiter gegenüber **nicht der Schweigepflicht des § 20**. Die MAV muss die Möglichkeit haben, mit dem Mitarbeiter die beabsichtigte Kündigung und ihre Gründe zu erörtern und mit ihm darüber zu beraten, ob sie Einwendungen dagegen erhebt oder nicht. Die unterlassene Anhörung des Mitarbeiters oder eine unterlassene Erörterung der Gründe der be-

---

21 *BAG*, 11. 3. 1998 – 2 AZR 287/97, NZA 1998, 997.
22 *BAG*, 11. 3. 1998 – 2 AZR 287/97, NZA 1998, 997.
23 *BAG*, 22. 1. 1998 – 2 ABR 19/97, NZA 1998, 708.
24 *BAG*, 16. 5. 2007 – 8 AZR 709/06, NZA 2007, 1154.
25 *BAG*, 22. 1. 1998 – 2 ABR 19/97, NZA 1998, 708.
26 *BAG*, 25. 2. 1983 – 2 AZR 298/81, DB 1983, 1605.
27 KR-*Fischermeier* § 626 BGB Rn 337.
28 *LAG Köln*, 2. 2. 2001 – 11 Sa 1292/00, KirchE 39, 16–18.

absichtigten außerordentlichen Kündigung mit dem Dienststellen- oder Einrichtungsleiter berührt die Wirksamkeit der Kündigung nicht. Unterlässt die MAV eine Kontaktnahme mit dem Mitarbeiter, hat dies keinen Einfluss auf die dem Dienstgeber gegen die außerordentliche Kündigung vorzutragenden Einwendungen. Die Unterlassung wirkt sich weder zu Lasten des Dienstgebers aus noch beeinflusst sie den Ablauf des Anhörungsverfahrens. Dieser Mangel fällt ausschließlich in den Zuständigkeits- und Verantwortungsbereich der MAV.[29]

Der Dienstgeber ist nach dem Grundsatz der vertrauensvollen Zusammenarbeit (§ 26 Rn 3) verpflichtet, **das Anhörungsverfahren** auch bei einer außerordentlichen Kündigung **grundsätzlich während der regelmäßigen Arbeitszeit des MAV-Vorsitzenden** bzw. bei dessen Verhinderung des Stellvertreters einzuleiten. Auch in Eilfällen ist daher der Vorsitzende der MAV bzw. sein Stellvertreter grundsätzlich nicht verpflichtet, wohl aber berechtigt, die Mitteilung über die Kündigungsabsicht außerhalb der Dienststunden entgegenzunehmen. Nimmt jedoch der Vorsitzende bzw. sein Stellvertreter die Mitteilung der Kündigungsabsicht außerhalb der Dienststunden und außerhalb der Diensträume widerspruchslos entgegen, so beginnt damit auch die Drei-Tage-Frist des § 31 Abs. 2 S. 1 oder gar die auf 48 Stunden verkürzte Frist des § 31 Abs. 2 S. 2.[30] 20

c. Umdeutung einer außerordentlichen in eine ordentliche Kündigung

Will der Dienstgeber die außerordentliche Kündigung **hilfsweise als ordentliche Kündigung gelten lassen**, so **muss er die MAV deutlich auf diese zusätzliche Absicht hinweisen**. Denn die Anhörung allein zur außerordentlichen Kündigung ersetzt nicht die Anhörung zur ordentlichen Kündigung. Hört der Dienstgeber die MAV zu einer außerordentlichen Kündigung an, mit der er bei Unwirksamkeit eine von ihm vorsorglich erklärte oder dahin umgedeutete ordentliche Kündigung verbindet, so muss er die für die ordentliche Kündigung maßgebliche Wochenfrist gemäß § 30 Abs. 2 S. 1 einhalten, innerhalb der von der MAV die in § 30 Abs. 3 aufgezählten Einwendungen erhoben werden können. Wenn ihm dies wegen der Ausschlussfrist des § 626 Abs. 2 BGB nicht möglich ist, kann er die Kündigung nur zu verschiedenen Zeitpunkten aussprechen. 21

Die **Umdeutung einer unwirksamen außerordentlichen Kündigung** im Arbeitsgerichtsverfahren **in eine ordentliche Kündigung** ist ohne die vorherige Anhörung der MAV zu der hilfsweise erklärten oder umgedeuteten fristgerechten Kündigung grundsätzlich unwirksam.[31] Eine Ausnahme lässt die Rechtsprechung bei der Auslegung des § 102 BetrVG zu, wenn der Betriebsrat, der nur zu einer beabsichtigten außerordentlichen Kündigung angehört wurde, dieser ausdrücklich und vorbehaltlos zugestimmt hat und auch aus sonstigen Umständen nicht zu ersehen ist, dass er für den Fall der Unwirksamkeit der außerordentlichen Kündigung der dann verbleibenden ordentlichen Kündigung entgegengetreten wäre.[32] Diese Judikatur, die auch für das Personalvertretungsrecht bestätigt wurde,[33] muss auch im Bereich der MAVO gelten. Wenn die MAV schon einer außerordentlichen Kündigung ausdrücklich und vorbehaltlos zugestimmt hat, wird man in Regelfall davon ausgehen können, dass sie einer ordentlichen Kündigung als minder schwerwiegende Maßnahmes ebenfalls zugestimmt hätte. 22

IV. Einwendungen der MAV

1. Einwendungsverfahren: Form und Frist, Abs. 2

Einwendungen der MAV gegen die außerordentliche Kündigung müssen gemäß § 31 Abs. 2 S. 1 **schriftlich** vorgetragen werden. Zum Schriftlichkeitsgebot vgl. die Ausführungen zu § 30 Rn 66. Ein- 23

---

29 *BAG*, 3. 2. 1982 – 7 AZR 907/79, NJW 1982, 2791.
30 *BAG*, 27. 8. 1982 – 7 AZR 30/80, NJW 1983, 2835.
31 *LAG Köln*, 25. 2. 1999 – 10 Sa 1652/97, ZTR 1999, 424; *BAG*, 16. 3. 1978 – 2 AZR 424/87, NJW 1979, 76.
32 *BAG*, 16. 3. 1978 – 2 AZR 424/87, NJW 1979, 76.
33 *BAG*, 23. 10. 2008 – 2 AZR 388/08, EzA § 626 BGB 2002 Nr. 23.

wendungen können nur vorgebracht werden, wenn die MAV vom Dienstgeber – subjektiv determiniert – vollständig informiert worden ist. Auf das Einverständnis des betroffenen Mitarbeiters mit den Einwendungen der MAV kommt es nicht an.

24 Die **Frist** für den Vortrag der Einwendungen der MAV beginnt mit dem Zeitpunkt der schriftlichen Mitteilung der Kündigungsgründe an die MAV, und beträgt drei Tage (nicht Arbeitstage). Der Tag, an dem die schriftliche Mitteilung über die Absicht und die Gründe der Kündigung der MAV zugeht, wird dabei nicht mitgerechnet (§ 187 Abs. 1 BGB). Für den Ablauf der Frist von drei Tagen ist § 188 Abs. 1 BGB zu beachten.

25 ▶ **Beispiel 1**: Zugang der Mitteilung über die beabsichtigte Kündigung am Dienstag. Drei Tage Frist = Mittwoch, Donnerstag, Freitag. Freitag ist der letzte Tag für den Vortrag der Einwendungen. An diesem Tag muss der Dienstgeber von der MAV die schriftliche Stellungnahme erhalten haben.

26 ▶ **Beispiel 2**: Zugang der Mitteilung über die beabsichtigte Kündigung am Mittwoch. Die Drei-Tage-Frist läuft am folgenden Montag ab, weil der rechnerisch letzte Tag der Frist auf einen Samstag fällt und ein Sonntag folgt. Beide Tage werden nicht gezählt, so dass erst der nächste Werktag (Montag) maßgebendes Fristende ist (§ 193 BGB). Sollte der Montag beim Dienstgeber gesetzlicher Feiertag sein, läuft die Frist erst am folgenden Werktag (Dienstag) ab.

27 Diese **Frist** von drei Tagen **kann auf 48 Stunden verkürzt werden**. Diese kürzere Frist beginnt dann mit der Tagesstunde nach der Mitteilung der Kündigungsabsicht an die MAV und endet 48 Zeitstunden nach der Mitteilung an die MAV. Zur Fristberechnung wird auf § 33 Rn 36 ff. verwiesen.

28 Die **Verkürzung der Frist auf 48 Zeitstunden** (§ 31 Abs. 2 S. 2) kann der Dienstgeber nicht willkürlich vornehmen. Er muss dazu gewichtige und nachprüfbare Gründe haben, die seine einseitige Maßnahme rechtfertigen können. Hier kann es sich nur um ganz außergewöhnliche Fälle von fristloser Kündigung handeln, die einen Aufschub von drei Arbeitstagen nicht vertragen könnten. Schon die Zeitspanne zwischen der auf 48 Zeitstunden verkürzten Frist und drei Arbeitstage normaler Frist zeigt, dass nur eine außergewöhnliche Ausnahmesituation, die der Dienstgeber bei seiner Verkürzung zu begründen hat,[34] eine Abkürzung der Frist rechtfertigt. Die MAVO schweigt sich über die Gründe der Verkürzung aus (etwa »besondere Eilbedürftigkeit« in § 33 Abs. 2). Daher verlangt der Grundsatz vertrauensvoller Zusammenarbeit auch die genaue Angabe der Gründe, die eine Verkürzung der Frist rechtfertigen.

2. Einwendungen

29 Die MAV kann gegen die beabsichtigte außerordentliche Kündigung – auch ohne Einverständnis des Betroffenen – Einwendungen erheben. Sie ist hierbei **nicht an einen bestimmten Katalog von Einwendungsgründen** gebunden, also nicht etwa an den Katalog der Gründe, die in § 30 Abs. 3 für eine ordentliche Kündigung aufgezählt sind. Zu dem nicht abschließenden Inhalt dieses Kataloges siehe § 30 Rn 73 ff.

30 Es wird allerdings auch bei der außerordentlichen Kündigung erwartet werden müssen, dass sich die Gründe der Einwendungen auf das Arbeitsverhältnis, die Person und das soziale Umfeld des Betroffenen beziehen. Hinweise auf mildere Sanktionsmittel im Sinne des Art. 5 Abs. 1 GrO kommen wegen der außerordentlichen Kündigung nicht in Betracht, wenn die Gründe gemäß § 626 Abs. 1 BGB die weitere Zusammenarbeit mit dem Mitarbeiter unzumutbar erscheinen lassen.[35] Die MAV ist gut beraten, wenn sie ihre Einwendungen auf solche Gründe beschränkt und damit Bedenken gegen die außerordentliche Kündigung äußert, mit denen sich der Dienstgeber sachlich auseinandersetzen muss.

---

34 *LAG Köln* 2. 2. 2001 – 11 Sa 1292/00, KirchE 39, 16–18.
35 *BAG*, 10. 2. 1999 – 2 ABR 31/98, ZTR 1999, 277.

3. Ablauf und Abschluss des Anhörungsverfahrens

Erhebt die MAV nach Mitteilung der schriftlich begründeten Kündigungsabsicht innerhalb der Frist – entweder drei Tage oder gegebenenfalls innerhalb der gesetzten verkürzten Frist – keine Einwendungen, gilt die beabsichtigte außerordentliche Kündigung als nicht beanstandet (§ 31 Abs. 2 S. 3). Der Dienstgeber kann sie nach Ablauf der Frist aussprechen. Spricht er sie noch während des Laufes der Frist aus, ist sie unwirksam (§ 31 Abs. 3). 31

Die MAV kann gegen die beabsichtigte außerordentliche Kündigung Einwendungen erheben. Danach entscheidet der Dienstgeber allein und **ohne nochmalige Beratung** mit der MAV über den Ausspruch der außerordentlichen Kündigung.[36] Er ist auch im Rahmen des § 26 Abs. 1 **nicht mehr zu einer weiteren Kontaktnahme oder Behandlung der von der MAV vorgetragenen Einwendungsgründe verpflichtet**. Insoweit widerspricht die in der Überschrift zu § 31 gewählte Formulierung »Anhörung und Mitberatung bei außerordentlicher Kündigung« den im Normtext der MAV eingeräumten Möglichkeiten, die auf eine Anhörung beschränkt sind. Die MAV hat im Rahmen des § 31 **nur ein Anhörungs-, aber kein Mitberatungsrecht**. Es entspricht jedoch dem Grundsatz der vertrauensvollen Zusammenarbeit, wenn der Dienstgeber dem Wunsch der MAV nach einer Erörterung nachkommt. Das kann vom Dienstgeber aber nur dann erwartet werden, wenn die Beratung im Rahmen der Zweiwochenfrist des § 626 Abs. 2 BGB noch möglich ist. 32

V. Mängel des Anhörungsverfahrens; Nichtigkeit der Kündigung

Der Dienstgeber kann erst nach ordnungsgemäßer Durchführung und Abschluss des Anhörungsverfahrens die außerordentliche Kündigung aussprechen. Eine ohne Einhaltung des Verfahrens nach den Absätzen 1 und 2 ausgesprochene außerordentliche Kündigung ist unwirksam (§ 31 Abs. 3). Die Einhaltung dieses Verfahrens ist demnach **Wirksamkeitsvoraussetzung** der außerordentlichen Kündigung.[37] Eine mehrköpfige MAV muss in ihrer Gesamtheit über ihre Stellungnahme gegenüber dem Dienstgeber Beschluss fassen. Hält der Dienstgeber das Verfahren nicht ein, so macht sein Verstoß dagegen die Kündigung unheilbar nichtig.[38] Das gilt auch, wenn der Dienstgeber nach Ausspruch der außerordentlichen Kündigung die ausdrückliche Zustimmung der MAV einholt oder die MAV von sich aus durch einen Beschluss die bereits ausgesprochene außerordentliche (fristlose) Kündigung ausdrücklich in einem ordnungsgemäßen Beschluss billigt.[39] Die Kündigung bleibt auch dann unheilbar nichtig.[40] 33

Der Mitarbeiter muss bei dieser unheilbar nichtigen außerordentlichen Kündigung die Vorschrift des § 13 Abs. 1 S. 2 KSchG einhalten, d. h. wenn er die Rechtsunwirksamkeit einer außerordentlichen Kündigung gerichtlich geltend machen will, muss er dies innerhalb der dreiwöchigen Klagefrist tun. Ansonsten gilt die außerordentliche Kündigung nach § 7 KSchG als von Anfang an rechtswirksam. 34

Zu den Mängeln im Anhörungsverfahren gilt das zu § 30 bereits Festgestellte: Fehler im Verantwortungsbereich des Dienstgebers (§ 30 Rn 107 ff.) gehen zu Lasten des Dienstgebers, Fehler im Vertrauensbereich der MAV (§ 30 Rn 111 ff.) gehen zu Lasten der MAV. 35

---

36 *Schlichtungsstelle Rottenburg-Stuttgart*, 18. 4. 1997 – SV 04/1997.
37 *LAG Niedersachsen*, 18. 12. 2001 – 12 Sa 694/01, ZMV 2002, 253–255; *LAG Düsseldorf*, 15. 1. 1991 – 16 Sa 1416/90, NZA 1991, 600; *BAG*, 16. 10. 1991 – 2 AZR 156/91, ZMV 1992, 247.
38 *LAG Düsseldorf*, 15. 1. 1991 – 16 Sa 1416/90, NZA 1991, 600 = ZMV 1991, 217 m. Anm. *Leser*.
39 *BAG*, 28. 2. 1974 – 2 AZR 455/73, AP Nr. 2 zu § 102 BetrVG 1972 = EzA § 102 BetrVG 1972 Nr. 8 = BB 1972, 836.
40 *BAG*, 1. 4. 1976 – 2 AZR 179/75, AP Nr. 8 zu § 102 BetrVG 1972 = EzA § 102 BetrVG 1972 Nr. 23 = BB 1976, 884.

VI. Kündigung gewählter Amtsträger

36 Alle KODA-Ordnungen und § 19 enthalten spezielle Kündigungsschutzregelungen für Amtsträger. Sie schließen in der Regel die ordentliche Kündigung dieser Amtsträger aus, nicht aber die außerordentliche (fristlosen) Kündigung aus wichtigem Grunde (§ 626 BGB). Allerdings gilt der Schutz vor der ordentlichen Kündigung nicht in Fällen eines schwerwiegenden Verstoßes gegen Loyalitätsobliegenheiten (Art. 5 Abs. 2 bis 5 GrO) oder im Falle von Betriebsschließungen (§ 19 MAVO, § 10 Bayerische Regional-KODA-Ordnung; § 6 Zentral-KODA-Ordnung). In diesen Fällen also hat der Dienstgeber vor Ausspruch einer außerordentlichen Kündigung zunächst zu prüfen, ob eine ordentliche Kündigung als Ausnahme vom grundsätzlichen Verbot der ordentlichen Kündigung zulässig ist. Denn stets ist die mildere Sanktion anzuwenden. Das ergibt sich für jeden Mitarbeiter und jede Mitarbeiterin auch aus den allgemeinen Bestimmungen in kirchlichen Arbeitsvertragsordnungen (vgl. etwa § 41 Abs. 3 KAVO der Diözesen in NRW, § 40 Abs. 3 KAVO Trier) und aus dem allgemeinen Gedanken des Kündigungsschutzes, wonach im Falle eines wichtigen Kündigungsgrundes zur Vermeidung eines Wertungswiderspruchs die Fristen für eine ordentliche Kündigung (Auslauffrist) zu beachten sind, wenn es darum geht, den ordentlich unkündbaren Mitarbeiter nicht schlechter zu stellen als den ordentlich kündbaren Mitarbeiter.

37 Im Übrigen setzt eine auf Grund des Status als Mitglied einer MAV oder der KODA allein mögliche außerordentliche Kündigung das Vorhandensein eines wichtigen Grundes (§ 626 Abs. 1 BGB) voraus, weil nämlich auch danach zu unterscheiden ist, ob das Verhalten des Mitarbeiters seinen Grund in der Funktion als Mitglied einer MAV oder KODA hat oder in der Tätigkeit als Dienstnehmer.[41] Fristlos kann einem Mitglied der MAV nur gekündigt werden, wenn dem Dienstgeber bei einem vergleichbaren Mitarbeiter, der nicht Mitglied der MAV ist, dessen Weiterbeschäftigung bis zum Ablauf der einschlägigen ordentlichen Kündigungsfrist unzumutbar ist, weil nur so auch der Schutzbestimmung des § 18 Abs. 1 angemessen Rechnung getragen werden kann, wonach Mitglieder der MAV wegen ihrer MAV-Tätigkeit nicht benachteiligt werden dürfen.[42]

38 Auch wenn der Dienstgeber beabsichtigt, ein **Mitglied der MAV außerordentlich zu kündigen**, hat er vor Ausspruch der Kündigung das Anhörungsverfahren ordnungsgemäß durchzuführen. Besteht die MAV aus mehreren Mitgliedern, **darf das persönlich betroffene Mitglied an der Beratung und Beschlussfassung der MAV nicht teilnehmen**. Wegen Befangenheit ist das Ersatzmitglied zu beteiligen.[43] Obwohl nicht ausdrücklich geregelt, entspricht dies dem allgemeinen Grundsatz, dass eine Person in eigenen, sie selbst unmittelbar betreffenden Angelegenheiten sich nicht an der Beratung und Abstimmung beteiligen darf.[44] Das betroffene MAV-Mitglied hat in diesen Fällen aber einen Anspruch auf rechtliches Gehör.[45] Ist die von der geplanten Kündigung betroffene Person alleiniges MAV-Mitglied und ist kein Ersatzmitglied vorhanden, entfällt das Anhörungsverfahren.[46]

VII. Streitigkeiten

39 Hier gilt dasselbe wie unter § 30 Rn 130 ff.

§ 32 Vorschlagsrecht

(1) Die Mitarbeitervertretung hat in folgenden Angelegenheiten ein Vorschlagsrecht:
1. Maßnahmen innerbetrieblicher Information und Zusammenarbeit,

---

41 *LAG München*, 7. 2. 2002 – 4 Sa 218/01, ZMV 2002, 145.
42 *BAG*, 10. 2. 1999 – 2 ABR 31/98, NZA 1999, 708.
43 *ArbG Bonn*, 29. 5. 1996 – 5 Ca 3380/95, n. v.
44 GK-BetrVG/*Raab*, § 33 Rn 23.
45 GK-BetrVG/*Raab*, § 33 Rn 25.
46 *ArbG Bonn*, 2. 7. 1992 – 2 Ca 39/96, n. v.

2. Änderung von Beginn und Ende der täglichen Arbeitszeit einschließlich der Pausen sowie der Verteilung der Arbeitszeit auf die einzelnen Wochentage für Mitarbeiterinnen und Mitarbeiter für pastorale Dienste oder religiöse Unterweisung, die zu ihrer Tätigkeit der ausdrücklichen bischöflichen Sendung oder Beauftragung bedürfen, sowie für Mitarbeiterinnen und Mitarbeiter im liturgischen Dienst,
3. Regelung der Ordnung in der Einrichtung (Haus- und Heimordnungen),
4. Durchführung beruflicher Fort- und Weiterbildungsmaßnahmen, die die Einrichtung für ihre Mitarbeiterinnen und Mitarbeiter anbietet,
5. Regelung zur Erstattung dienstlicher Auslagen,
6. Einführung von Unterstützungen, Vorschüssen, Darlehen und entsprechenden sozialen Zuwendungen und deren Einstellung,
7. Überlassung von Wohnungen, die für Mitarbeiterinnen und Mitarbeiter vorgesehen sind,
8. grundlegende Änderungen von Arbeitsmethoden,
9. Maßnahmen zur Hebung der Arbeitsleistung und zur Erleichterung des Arbeitsablaufes,
10. Festlegung von Grundsätzen für die Gestaltung von Arbeitsplätzen,
11. Regelungen gemäß § 6 Abs. 3,
12. Sicherung der Beschäftigung, insbesondere eine flexible Gestaltung der Arbeitszeit, die Förderung von Teilzeitarbeit und Altersteilzeit, neue Formen der Arbeitsorganisation, Änderungen der Arbeitsverfahren und Arbeitsabläufe, die Qualifizierung der Mitarbeiterinnen und Mitarbeiter, Alternativen zur Ausgliederung von Arbeit oder ihrer Vergabe an andere Unternehmen.

(2) Will der Dienstgeber einem Vorschlag der Mitarbeitervertretung im Sinne des Abs. 1 nicht entsprechen, so ist die Angelegenheit in einer gemeinsamen Sitzung von Dienstgeber und Mitarbeitervertretung mit dem Ziel der Einigung zu beraten. Kommt es nicht zu einer Einigung, so teilt der Dienstgeber die Ablehnung des Vorschlages der Mitarbeitervertretung schriftlich mit.

Übersicht	Rn		Rn
I. Sinn und Zweck der Vorschrift	1, 2	arbeiterinnen und Mitarbeiter anbietet (Nr. 4)	10
II. Abschließende Aufzählung der Beteiligungstatbestände, Anrufung des Kirchlichen Arbeitsgerichts	3– 6	5. Regelung zur Erstattung dienstlicher Auslagen (Nr. 5)	11
III. Inhalt der einzelnen Vorschlagsrechte	7–24	6. Einführung von Unterstützungen, Vorschüssen, Darlehen und entsprechenden sozialen Zuwendungen (Nr. 6)	12
1. Innerbetriebliche Information und Zusammenarbeit (Nr. 1)	7		
2. Änderung von Beginn und Ende der täglichen Arbeitszeit einschließlich der Pausen sowie der Verteilung der Arbeitszeit auf die einzelnen Wochentage für Mitarbeiterinnen und Mitarbeiter für pastorale Dienste und religiöse Unterweisung, die zu ihrer Tätigkeit der ausdrücklichen bischöflichen Sendung oder Beauftragung bedürfen, sowie für Mitarbeiter im liturgischen Dienst (Nr. 2)	8	7. Überlassung von Wohnungen, die für Mitarbeiterinnen und Mitarbeiter vorgesehen sind (Nr. 7)	13
		8. Grundlegende Änderung von Arbeitsmethoden (Nr. 8)	14
		9. Maßnahmen zur Hebung der Arbeitsleistung und zur Erleichterung des Arbeitsablaufs (Nr. 9)	15
		10. Festlegung von Grundsätzen für die Gestaltung von Arbeitsplätzen (Nr. 10)	16
3. Regelung der Ordnung in der Einrichtung (Haus- und Heimordnungen) (Nr. 3)	9	11. Regelungen gemäß § 6 Abs. 3 (Nr. 11)	17
4. Durchführung beruflicher Fort- und Weiterbildungsmaßnahmen, die die Einrichtung für ihre Mit-		12. Sicherung der Beschäftigung, insbesondere eine flexible Gestaltung der Arbeitszeit, Förderung von Teilzeitarbeit und	

Jüngst

	Rn		Rn
Altersteilzeit, neue Formen der Arbeitsorganisation, Änderungen der Arbeitsverfahren und Arbeitsabläufe, Qualifizierung der Mitarbeiterinnen und Mitarbeiter, Alternativen zur Ausgliederung von Arbeit oder ihrer Vergabe an andere Unternehmen	18–24	c. Neue Formen der Arbeitsorganisation	22
		d. Qualifizierung der Mitarbeiterinnen und Mitarbeiter . .	23
		e. Ausgliederung von Arbeit . .	24
		IV. Verfahren bei Abwicklung des Vorschlagsrechtes: Verfahrensstufen . .	25–30
		1. Zustimmung des Dienstgebers .	25
		2. Ablehnung des Vorschlags der MAV durch den Dienstgeber . .	26–30
a. Flexible Gestaltung der Arbeitszeit	19	V. Streitigkeiten	31
b. Förderung von Teilzeitarbeit	20, 21		

I. Sinn und Zweck der Vorschrift

1 Die MAV ist nicht nur darauf angewiesen, Vorschläge des Dienstgebers entgegenzunehmen, mit ihm darüber zu beraten und zu entscheiden. § 32 räumt der MAV ein selbständiges **Vorschlagsrecht** in den unter Nr. 1 bis 12 genannten Angelegenheiten ein. Vorschlagsrecht bedeutet **Initiativrecht der MAV**: Sie kann von sich aus tätig werden, um damit Anstoß zu geben, dass diese Angelegenheiten auch geregelt werden.

2 Das Vorschlagsrecht des § 32 ist zu unterscheiden vom Antragsrecht des § 37. Während der Dienstgeber im Rahmen des Vorschlagsrechtes allenfalls durch eine Einigung mit der MAV auf die vorgeschlagenen Regelungen eingehen und sie beim Scheitern der Einigung ablehnen kann, entscheidet in den Fällen des Antragsrechts des § 37 die Einigungsstelle über den Antrag der MAV (§§ 37 Abs. 3, 45 Abs. 3 Nr. 2). Das Vorschlagsrecht des § 32 setzt demnach hohe Anforderungen an den Willen des Dienstgebers zur Zusammenarbeit mit der MAV voraus. Dabei fällt auf, dass die Neuregelungen der MAVO 1985, 1995, 2003 und 2005 wie auch die jetzige Neufassung im Gegensatz zur MAVO 1977 (§ 21 Abs. 3) einen Begründungszwang für die Ablehnung eines Vorschlages der MAV nicht vorsehen. Eine vergleichbare ausdrückliche Regelung fehlt nach geltender MAVO. Das ist ein an sich nicht verständlicher Rückschritt. Es ist mit dem Grundgedanken des § 26 Abs. 1, nämlich vertrauensvoller Zusammenarbeit zwischen Dienstgeber und MAV, nicht vereinbar, wenn der Dienstgeber einen Vorschlag der MAV zurückweist, ohne sich die Mühe zu machen, seine Zurückweisung auch nur kurz zu begründen.

II. Abschließende Aufzählung der Beteiligungstatbestände, Anrufung des Kirchlichen Arbeitsgerichts

3 § 32 Abs. 1 Nr. 1–12 enthält einen **abschließenden, nicht erweiterungsfähigen Katalog** für das Vorschlagsrecht der MAV. Der Dienstgeber muss sich auf eine gemeinsame Sitzung – mit dem Ziele der Einigung – mit der MAV nur einlassen, wenn der von ihr gemachte Vorschlag sich unter eine der Fallgruppen Nr. 1–12 einordnen lässt.

4 Besteht Streit darüber, ob überhaupt eine Angelegenheit vorliegt, die unter den Katalog des § 32 Abs. 1 Nr. 1–12 fällt, so handelt es sich um eine mitarbeitervertretungsrechtliche Rechtsfrage im Sinne des § 2 Abs. 2 KAGO. Die MAV kann deswegen das Kirchliche Arbeitsgericht anrufen, wenn sie geltend macht, durch die Ablehnung der Einlassung auf ihr Vorschlagsrecht durch den Dienstgeber werde sie in ihren Rechten verletzt (§ 10 KAGO).

5 Das Kirchliche Arbeitsgericht kann allerdings den Dienstgeber nicht veranlassen, entsprechend dem Vorschlag der MAV eine Dienstvereinbarung oder eine Regelungsabrede für einen der Bereiche abzuschließen, die in § 32 Abs. 1 erfasst sind. Die Regelung des § 32 geht nur von einem Vorschlagsrecht aus, das ein Verfahren nach § 32 Abs. 2 auslöst, wenn der Dienstgeber dem Vorschlag der MAV nicht entsprechen will. Das Verfahren nach § 32 Abs. 2 geht aber ins Leere, wenn der Dienstgeber keine Regelungsabsicht hat und dabei bleibt.

Der Dienstgeber kann einen Vorschlag bei gescheiterter Einigung ablehnen, ohne dass nun für die 6
MAV die Möglichkeit zur Anrufung des Kirchlichen Arbeitsgerichts eröffnet ist. Das Initiativrecht
der MAV nach § 32 erweist sich damit als schwach. Durchsetzbare Regelungen können gegen den
Willen des Dienstgebers nicht erzielt werden. Das muss im Ergebnis aber als geltende Regelung hingenommen werden. De lege ferrenda würde bei Ablehnung des Vorschlages durch den Dienstgeber
eine Anrufung der Einigungsstelle in Erwägung zu ziehen sein. Das aber scheitert an § 45.

III. Inhalt der einzelnen Vorschlagsrechte

1. Innerbetriebliche Information und Zusammenarbeit (Nr. 1)

Diese Angelegenheit stimmt mit dem Beteiligungsgegenstand in § 29 Abs. 1 Nr. 1 überein. Auf die 7
Ausführungen zu § 29 Rn 3 f. wird verwiesen.

2. Änderung von Beginn und Ende der täglichen Arbeitszeit einschließlich der Pausen sowie der Verteilung der Arbeitszeit auf die einzelnen Wochentage für Mitarbeiterinnen und Mitarbeiter für pastorale Dienste und religiöse Unterweisung, die zu ihrer Tätigkeit der ausdrücklichen bischöflichen Sendung oder Beauftragung bedürfen, sowie für Mitarbeiter im liturgischen Dienst (Nr. 2)

Die Maßnahme stimmt im Wortlaut mit § 29 Abs. 1 Nr. 2 überein, weshalb auf § 29 Rn 5 ff. verwie- 8
sen wird.

3. Regelung der Ordnung in der Einrichtung (Haus- und Heimordnungen) (Nr. 3)

Hier liegt eine wörtliche Übereinstimmung mit § 29 Abs. 1 Nr. 3 vor. Deshalb wird auf § 29 Rn 16 ff. 9
verwiesen.

4. Durchführung beruflicher Fort- und Weiterbildungsmaßnahmen, die die Einrichtung für ihre Mitarbeiterinnen und Mitarbeiter anbietet (Nr. 4)

Wörtliche Übereinstimmung mit § 29 Abs. 1 Nr. 6. Auf § 29 Rn 35 ff. wird verwiesen. 10

5. Regelung zur Erstattung dienstlicher Auslagen (Nr. 5)

Wörtliche Übereinstimmung mit § 29 Abs. 1 Nr. 9. Auf § 29 Rn 47 f. wird verwiesen. 11

6. Einführung von Unterstützungen, Vorschüssen, Darlehen und entsprechenden sozialen Zuwendungen (Nr. 6).

Wörtliche Übereinstimmung mit § 29 Abs. 1 Nr. 7. Auf § 29 Rn 39 ff. wird verwiesen. 12

7. Überlassung von Wohnungen, die für Mitarbeiterinnen und Mitarbeiter vorgesehen sind (Nr. 7)

Wörtliche Übereinstimmung mit § 29 Abs. 1 Nr. 13. Auf § 29 Rn 60 ff. wird verwiesen. Ergänzend 13
wird angemerkt, dass sich sowohl das Mitberatungsrecht nach § 29 als auch das Vorschlagsrecht nach
§ 32 nicht auf die Festsetzung konkreter Nutzungsbedingungen für Dienst- oder Werkdienstwoh-
nungen erstreckt, sondern nur auf allgemein geltende Nutzungsbedingungen.[1]

8. Grundlegende Änderung von Arbeitsmethoden (Nr. 8)

Wörtliche Übereinstimmung mit § 29 Abs. 1 Nr. 14. Auf § 29 Rn 63 f. wird verwiesen, ferner auf die 14
Ausführungen zu Nr. 12 (Rn 18 ff.).

---

1 *BVerwG*, 21. 3. 1985 – 6 P 18/823, ZBR 1985, 281.

9. Maßnahmen zur Hebung der Arbeitsleistung und zur Erleichterung des Arbeitsablaufs (Nr. 9)

15 Wörtliche Übereinstimmung mit § 29 Abs. 1 Nr. 15. Auf § 29 Rn 65 ff. wird verwiesen.

10. Festlegung von Grundsätzen für die Gestaltung von Arbeitsplätzen (Nr. 10)

16 Wörtliche Übereinstimmung mit § 29 Abs. 1 Nr. 16. Auf § 29 Rn 68 ff. wird verwiesen.

Ergänzend aus der Praxis: Der Vorschlag zur Streichung von zwei Fachbereichsleiterstellen zielt auf eine Maßnahme, die ausschließlich dem Organisations- und Direktionsrecht des Dienstgebers unterliegt und bei der ein Beteiligungsrecht der MAV nicht besteht, selbst wenn durch die Abschaffung von Fachbereichen und einer Leitungsebene im Ergebnis eine Erleichterung des Arbeitsablaufs eintritt. Der Eingriff der MAV in grundlegende Bereiche des Organisations- und Direktionsrechts des Dienstgebers im vorstehenden Sinne wird durch das Beteiligungsrecht der MAV nicht gedeckt.[2]

11. Regelungen gemäß § 6 Abs. 3 (Nr. 11)

17 Es geht um die Gewährleistung der Repräsentanz der Mitarbeiter und Mitarbeiterinnen durch nur eine einzige MAV, die in einer Einrichtung mit einer oder mehreren nicht selbständig geführten Dienststellen zu wählen ist (vgl. § 1a) oder auch um die gemäß § 1b zu bildende gemeinsame Mitarbeitervertretung für den Bereich mehrerer Dienstgeber. Hier kann der Dienstgeber (bzw. mehrere Dienstgeber) durch eine von § 11 Abs. 6 abweichende Regelung das Mehrheitswahlrecht in ein Verhältniswahlrecht abändern, damit die Mitarbeiter und Mitarbeiterinnen der verschiedenen betrieblichen Teilbereiche bzw. Einrichtungen (§ 1b) nach einem bestimmten Proporz von der MAV repräsentiert werden. Die von § 11 Abs. 6 abweichende Regelung kann nur mit Zustimmung der amtierenden MAV wirksam getroffen werden. Auf § 6 Rn 26 ff. wird verwiesen. Die amtierende MAV hat zur abweichenden Regelung ein nicht erzwingbares, aber konstruktives Vorschlagsrecht (§ 6 Abs. 3 S. 2).

12. Sicherung der Beschäftigung, insbesondere eine flexible Gestaltung der Arbeitszeit, Förderung von Teilzeitarbeit und Altersteilzeit, neue Formen der Arbeitsorganisation, Änderungen der Arbeitsverfahren und Arbeitsabläufe, Qualifizierung der Mitarbeiterinnen und Mitarbeiter, Alternativen zur Ausgliederung von Arbeit oder ihrer Vergabe an andere Unternehmen

18 Die Vorschrift – angelehnt an § 92a BetrVG – lenkt die Mitverantwortung der MAV auf Fragen der Beschäftigungssicherung im Rahmen der vertrauensvollen Zusammenarbeit mit dem Dienstgeber. Sie führt über § 26 Abs. 3 Nr. 1 hinaus. Zur Sicherung der Beschäftigung kann die MAV nach dieser Vorschrift eine **Reihe themenbezogener Vorschläge** machen, die den Dienstgeber zur Erörterung mit der MAV veranlassen (§ 2 Abs. 1). Die MAV muss allerdings mit einem klaren Konzept aufwarten, wenn sie wegen einer oder mehrerer Methoden zur Erreichung des Ziels mit dem Dienstgeber in ein weiterführendes Gespräch kommen will. Die Vorschläge der MAV müssen substantiell präzisiert sein, weil der Dienstgeber nur dann in der Lage ist, die Angelegenheiten nach seinen Möglichkeiten, nach der Rechtslage im Arbeitsrecht, den betrieblichen Bedingungen und Erfordernissen, den Fähigkeiten der Mitarbeiterinnen und Mitarbeiter, den Betriebs- und Personalkosten zu beurteilen und zu entscheiden. Er kann Gegenvorschläge machen (vgl. § 29 Abs. 1 Nrn. 14–16).

a. Flexible Gestaltung der Arbeitszeit

19 Die flexible Gestaltung der Arbeitszeit kann je nach arbeitsvertraglicher Regelung möglich sein, entweder durch die gleitende Arbeitszeit, die Mobilzeit mit verschiedenen Möglichkeiten des Einsatzes von Zeitguthaben (vgl. Anlage 5b zu den AVR-Caritas) oder durch Langzeitkonten gemäß Anlage 5c

---

2 *Schlichtungsstelle Rottenburg-Stuttgart*, 13. 5. 2005 – SV 15/2005, ZMV 2005, 205.

zu den AVR-Caritas. Gegebenenfalls sind dazu Dienstvereinbarungen gemäß § 38 Abs. 2 abzuschließen (vgl. Anlage 5a zu den AVR-Caritas).

b. Förderung von Teilzeitarbeit

Die Förderung von Teilzeitarbeit, hat der Gesetzgeber geregelt; es ist Sache der Mitarbeiter darüber zu befinden, ob sie Teilzeitarbeit nach Maßgabe der einzelarbeitsvertraglichen oder gesetzlichen Möglichkeiten in Anspruch nehmen wollen. Die MAV kann auf diesem Gebiet mit ihren Vorschlägen dazu beitragen, dass die betrieblichen Rahmenbedingungen flexibilisiert werden. In die Einzelarbeitsverträge darf sie nicht eingreifen. Kommen derartige Regelungen zustande, sind sie in der Regel ein geeignetes Instrument, einrichtungsbedingte Hindernisse für die praktische Umsetzbarkeit nach § 8 und 9 TzBfG von Mitarbeitern gewünschter Veränderungen der Teilzeitarbeit (Verringerung oder Verlängerung) abzubauen. 20

Vergleichbares gilt bei der Frage der Inanspruchnahme der Möglichkeiten der Altersteilzeitarbeit (vgl. § 46a KAVO und KAVO-Anlage 22). 21

c. Neue Formen der Arbeitsorganisation

Neue Formen der Arbeitsorganisation können auch dazu beitragen, die Zahl der Arbeitsplätze zu verringern, die Aufgaben neu zu definieren, um auf diese Weise Beschäftigung, wenn auch auf veränderter Basis, überhaupt zu sichern. In diesem Zusammenhang sind auch die Mitarbeiterjahresgespräche von Bedeutung, deren Durchführung von der Zustimmung der MAV gemäß § 36 Abs. 1 Nr. 9 abhängig sein kann. Das betrifft in gleicher Weise Änderungen der Arbeitsverfahren und Arbeitsabläufe, die Qualifizierung der Mitarbeiterinnen und Mitarbeiter. 22

d. Qualifizierung der Mitarbeiterinnen und Mitarbeiter

Zur Qualifizierung der Mitarbeiterinnen und Mitarbeiter gehören die Durchführung der Berufsbildung in der Einrichtung oder mit Hilfe des Dienstgebers außerhalb der Einrichtung (vgl. Nr. 4). 23

e. Ausgliederung von Arbeit

Die Ausgliederung von Arbeit, um auf diese Weise durch Neugründung von Unternehmen von den Vergütungsordnungen kirchlicher Arbeitsvertragsordnungen frei zu kommen, findet statt. Durch die Vorschrift der Nr. 12 bekommt die MAV die Möglichkeit, mit dem Dienstgeber eine beabsichtigte unternehmerische Maßnahme zu erörtern, wenn er die MAV gemäß § 27 Abs. 1 über die Absicht einer Ausgliederung unterrichtet hat. Siehe auch § 29 Abs. 1 Nr. 17. Die MAV darf Alternativen vorschlagen zur Ausgliederung von Arbeit oder Vergabe von Arbeit an andere Unternehmen. In Betracht kommt insoweit auch die Zuweisung oder Personalgestellung an andere Rechtsträger (§ 29 Rn 49 ff.). 24

IV. Verfahren bei Abwicklung des Vorschlagsrechtes: Verfahrensstufen

1. Zustimmung des Dienstgebers

Der **Dienstgeber stimmt** dem Vorschlag der MAV **zu**. Dann gilt der Vorschlag als **verbindliche Abrede** zwischen Dienstgeber und MAV. Der Dienstgeber muss den von ihm angenommenen Vorschlag beachten – sowohl im Verhältnis zur MAV als auch den einzelnen, davon betroffenen Mitarbeitern. 25

2. Ablehnung des Vorschlags der MAV durch den Dienstgeber

Will der Dienstgeber dem Vorschlag der MAV nicht entsprechen, so muss er zu einer gemeinsamen Sitzung mit der MAV einladen (§ 32 Abs. 2 S. 1). Als Tagesordnungspunkt legt der Dienstgeber die Beratung über den Vorschlag der MAV fest. In dieser gemeinsamen Sitzung ist über den Vorschlag der MAV mit dem Ziel der Einigung zu beraten. 26

27 Die Unterlassung der Beratung durch den Dienstgeber gibt der MAV keinen Unterlassungsanspruch in Bezug auf Maßnahmen zum Regelungsfeld der von der MAV vorgeschlagenen Maßnahmen; auch in prozessualen Auseinandersetzungen mit von der Maßnahme betroffenen Mitarbeitern, insbesondere im Kündigungsfall, wirkt sich der Verstoß des Dienstgebers gegen die Beratungspflicht nicht zu dessen Lasten aus.[3]

28 Es bleibt einzig die Klage der MAV zur Feststellung von Verstößen gegen die MAVO (Rn 31).

29 **Kommt** eine Einigung **zustande**, so ist das Ergebnis in einer **Niederschrift** festzuhalten, die vom Dienstgeber und vom Vorsitzenden der MAV zu unterzeichnen ist (§ 39 Abs. 1 S. 4). Beide erhalten eine Ausfertigung der Niederschrift (§ 39 Abs. 1 S. 5). Auch hier bildet die **gefundene Einigung** die **Rechtsgrundlage** für das weitere Verhalten des Dienstgebers gegenüber der MAV und den betroffenen Mitarbeitern.

30 Kommt es auf der gemeinsamen Sitzung zu **keiner Einigung**, ist der Dienstgeber verpflichtet, seine **Ablehnung** des Vorschlages der MAV **schriftlich** mitzuteilen. Ohne diese schriftliche Mitteilung des Dienstgebers fehlt es an einer wirksamen Ablehnung des Vorschlages der MAV. Zur fehlenden Begründungspflicht der Ablehnung siehe Rn 2.

V. Streitigkeiten

31 Rechtsstreitigkeiten können sich ergeben, wenn der Dienstgeber Beratungsverfahren nach § 32 Abs. 2 negiert oder nicht einhält und nicht zu einer gemeinsamen Sitzung einlädt (§ 32 Abs. 2 S. 1) oder wenn er der MAV die Ablehnung seines Vorschlags nicht schriftlich mitteilt. Hierin liegen Verstöße gegen Verpflichtungen des Dienstgebers gegenüber der MAV, die als Verletzung bestehender Verpflichtungen aus der MAVO, auf Klage der MAV, vom Kirchlichen Arbeitsgericht gerichtlich festgestellt werden können (§ 2 Abs. 2, § 8 Abs. 2 Buchst. a KAGO).

§ 33 Zustimmung

(1) In den Angelegenheiten der §§ 34 bis 36 sowie des § 18 Absätze 2 und 4 kann der Dienstgeber die von ihm beabsichtigte Maßnahme oder Entscheidung nur mit Zustimmung der Mitarbeitervertretung treffen.

(2) Der Dienstgeber unterrichtet die Mitarbeitervertretung von der beabsichtigten Maßnahme oder Entscheidung und beantragt ihre Zustimmung. Die Zustimmung gilt als erteilt, wenn die Mitarbeitervertretung nicht binnen einer Woche nach Eingang des Antrages bei ihr Einwendungen erhebt. Auf Antrag der Mitarbeitervertretung kann der Dienstgeber die Frist um eine weitere Woche verlängern. Wenn Entscheidungen nach Ansicht des Dienstgebers eilbedürftig sind, so kann er die Frist auf drei Tage, bei Anstellungen und Einstellungen auch bis zu 24 Stunden unter Angabe der Gründe verkürzen.

(3) Erhebt die Mitarbeitervertretung Einwendungen, so haben Dienstgeber und Mitarbeitervertretung mit dem Ziel der Einigung zu verhandeln, falls nicht der Dienstgeber von der beabsichtigten Maßnahme oder Entscheidung Abstand nimmt. Der Dienstgeber setzt den Termin für die Verhandlung fest und lädt dazu ein. Die Mitarbeitervertretung erklärt innerhalb von drei Tagen nach Abschluss der Verhandlung, ob sie die Zustimmung erteilt oder verweigert. Äußert sie sich innerhalb dieser Frist nicht, gilt die Zustimmung als erteilt.

(4) Hat die Mitarbeitervertretung die Zustimmung verweigert, so kann der Dienstgeber in den Fällen der §§ 34 und 35 das Kirchliche Arbeitsgericht, in den Fällen des § 36 die Einigungsstelle anrufen.

---

3 *BAG*, 18. 10. 2006 – 2 AZR 434/05, NZA 2007, 552.

(5) Der Dienstgeber kann in Angelegenheiten der §§ 34 bis 36, die der Natur der Sache nach keinen Aufschub dulden, bis zur endgültigen Entscheidung vorläufige Regelungen treffen. Er hat unverzüglich der Mitarbeitervertretung die vorläufige Regelung mitzuteilen und zu begründen und das Verfahren nach den Absätzen 2 bis 4 einzuleiten oder fortzusetzen.

Übersicht	Rn		Rn
I. Zweck der Vorschrift	1–12	a. Verlängerung der Frist	30, 31
II. Mitbestimmungspflichtige Angelegenheiten	13–15	b. Verkürzung der Frist	32–39
		3. Phase: Einwendungen der MAV	40–53
III. Phasen für den Ablauf des Zustimmungsverfahrens	16–19	a. Keine Einwendungen	40, 41
IV. Einzelheiten zu den Phasen des Zustimmungsverfahrens	20–56	b. Fristgerecht erhobene Einwendungen	42–53
1. Phase: Unterrichtung der MAV von der beabsichtigten Maßnahme – Antrag des Dienstgebers auf Zustimmung der MAV (§ 33 Abs. 2 S. 1)	20–25	4. Phase: Einigungsverhandlung und ihr Abschluss	54–56
		V. Verfahren in Eilfällen (§ 33 Abs. 5)	57–63
		VI. Streitigkeiten	64–69
		1. Antrag des Dienstgebers (§ 33 Abs. 4)	64
2. Phase: Beginn der Wochenfrist für die Erhebung von Einwendungen	26–39	2. Antrag der Mitarbeitervertretung	65–68
		3. Fristen	69

I. Zweck der Vorschrift

Die Bestimmung des § 33 regelt das Verfahren in den der Mitbestimmung der MAV unterliegenden Angelegenheiten. Dabei ist die Mitbestimmung die stärkste Form der Beteiligung der MAV. In der MAVO ist das Mitbestimmungsrecht unterschiedlich ausgestaltet. Bei einer Nichteinigung von Dienstgeber und MAV entscheidet in den Fällen der § 18 Abs. 2 und 36 Abs. 1 (§ 33 Abs. 4 i. V. m. § 45 Abs. 1 und 2) die Einigungsstelle verbindlich (§ 47 Abs. 3 S. 2). In den Fällen der §§ 18 Abs. 4, 34 und 35 entscheidet hingegen das Kirchliche Arbeitsgericht (§ 33 Abs. 4 und § 18 Abs. 4 S. 3 MAVO i. V. m. § 2 Abs. 2 KAGO). 1

Dem Dienstgeber steht dabei in der Sache in allen von der Mitbestimmung erfassten Angelegenheiten die MAV als **gleichberechtigter Partner** gegenüber. Ohne die Zustimmung oder eine sie ersetzende Entscheidung der Einigungsstelle bzw. des Kirchlichen Arbeitsgerichts kann der Dienstgeber eine von ihm beabsichtigte Maßnahme nicht treffen (»positives Konsensprinzip«). Das Mitbestimmungsrecht der MAV beschränkt somit die alleinige Entscheidungsbefugnis des Dienstgebers. 2

Die **Zustimmung** der MAV **muss vorliegen, bevor** die Maßnahme durch den Dienstgeber **durchgeführt** wird. 3

§ 33 Abs. 5 sieht allerdings vor, dass der Dienstgeber ausnahmsweise unter den dort festgelegten, eng begrenzten Voraussetzungen eine **vorläufige Maßnahme** treffen kann. Voraussetzung ist dafür, dass es sich bei der beabsichtigten Maßnahme um eine der **Natur der Sache unaufschiebbare Maßnahme** handelt, die einerseits einer vorläufigen Regelung überhaupt zugänglich ist, andererseits aber auch keine tatsächlich und rechtlich vollendeten Tatsachen schafft.[1] Die unerlässlichen, strengen Voraussetzungen für eine solche vorläufige Maßnahme sind in Rn 57 ff. näher dargestellt. 4

Der Dienstgeber verletzt seine Pflichten aus der MAVO, wenn er **ohne ordnungsgemäße Beteiligung** der MAV eine der Mitbestimmung unterliegende Maßnahme durchführt. Die Rechtsverletzung stellt, auf Klage der MAV hin, das Kirchliche Arbeitsgericht fest (§ 2 Abs. 2, § 8 Abs. 2 Buchst. a KAGO). 5

---

1 *BVerwG*, 20. 7. 1984, PersV 1985, 71 = ZBR 1984, 379.

V. Zusammenarbeit zwischen Dienstgeber und Mitarbeitervertretung

6 Die MAVO **regelt nicht**, wie sich diese Pflichtwidrigkeit auf die Maßnahme selbst **auswirkt**. § 33 Abs. 1 S. 1 legt aber fest, dass der Dienstgeber eine dort genannte Maßnahme oder Entscheidung nur mit Zustimmung der MAV treffen kann. Daraus folgt, dass die Zustimmung der MAV eine **Wirksamkeitsvoraussetzung** ist. Das bedeutet, dass bei Nichtbeteiligung der MAV oder im Verfahrensgang abschließend verweigerter Zustimmung der MAV (dazu im Einzelnen Rn 54 f.) die vom Dienstgeber getroffene Maßnahme grundsätzlich unwirksam ist[2] (siehe weiter § 35 Rn 66 f.). Eine Heilung dieses Mangels ist auch durch eine nachträgliche korrekte Abwicklung des Zustimmungsverfahrens rückwirkend nicht möglich. Der Dienstgeber muss folglich ein »neues« Mitbestimmungsverfahren einleiten und kann sodann nach vorliegender Zustimmung der MAV die Maßnahme umsetzen.

7 Dennoch ist zu unterscheiden: Handelt es sich um **Verwaltungsakte einer kirchlichen Behörde**, dann kommt diesen – wie Verwaltungsakten allgemein – Bestandskraft und damit Wirksamkeit auch zu, wenn sie rechtswidrig zustande gekommen sind. Verletzt der Dienstgeber das Mitbestimmungsrecht, so ist der Verwaltungsakt fehlerhaft zustande gekommen. Er ist aber aus diesem Grunde nicht nichtig. Da der Weg zur staatlichen Verwaltungsgerichtsbarkeit nicht eröffnet ist, eine eigene kirchliche Verwaltungsgerichtsbarkeit (noch) nicht besteht, bleibt daher nur die Möglichkeit, sich an die kirchliche Aufsichtsbehörde zu wenden und um Überprüfung der getroffenen Entscheidung des Dienstgebers zu ersuchen.

8 Soweit es sich um **privatrechtliche Rechtsgeschäfte** handelt, hat das *BAG*[3] für den öffentlichen Dienst entschieden, dass ein ohne Beteiligung der Personalvertretung abgeschlossener Arbeitsvertrag nicht nichtig ist, sondern voll wirksam bleibt. Der Dienstherr darf nur den Arbeitnehmer nicht beschäftigen, solange die Personalvertretung ihre Zustimmung nicht erteilt hat. Das Mitbestimmungsrecht dient nämlich neben dem Schutz der Belegschaft und auch dem Schutz des von der Maßnahme betroffenen Mitarbeiters.[4] An dieser Auffassung ist auch für das Zustimmungsrecht der MAV festzuhalten. Das bedeutet, dass ein Arbeitsvertrag mit einem Mitarbeiter, der vom Dienstgeber unter Verletzung des Mitbestimmungsrechtes der MAV abgeschlossen wurde, vor allem mit der Lohnzahlungspflicht wirksam bleibt.[5] Es ist für den betroffenen Mitarbeiter unzumutbar und unbillig, wenn sein Dienstgeber aus seiner Pflichtwidrigkeit bei der Einhaltung von Mitbestimmungsregeln für sich Rechtsvorteile im Rahmen eines einzelnen Arbeitsverhältnisses ziehen würde (etwa die einseitige Lösung aus einem dann bestehenden faktischen Arbeitsverhältnis, Verweigerung der Lohnzahlung unter Hinweis auf den nichtigen Vertrag.[6] Beruft sich allerdings die (nicht beteiligte) MAV gar nicht auf ihr Mitbestimmungsrecht, kann der betroffene Mitarbeiter kein Zurückbehaltungsrecht geltend machen.[7]

9 Im Übrigen gilt aber für **privatrechtliche Rechtsgeschäfte** die Maßnahmen betreffen, die der Zustimmung der MAV bedürfen, dass sie **ohne die Zustimmung der MAV** nichtig sind. Dabei ist es ohne Bedeutung, ob der Dienstgeber die Mitbestimmung der MAV überhaupt nicht beachtet hat, oder ob die Mitbestimmung in mangelhafter Form stattgefunden, also nicht den Regeln des § 33 entsprochen hat. In beiden Fällen tritt die Nichtigkeit der Maßnahme des Dienstgebers ein. Jedoch genießt der Mitarbeiter bei der dem Dienstgeber anzulastenden Pflichtwidrigkeit sozialen Bestandsschutz im Umfange der von ihm getroffenen personellen Maßnahme (so z. B. bei einer ohne Zustimmung der MAV erfolgten Höhergruppierung: § 35 Rn 34).

---

2 So auch *BAG*, 1. 7. 1970 – 4 AZR 351/69, AP Nr. 11 zu § 71 PersVG = DB 1970, 1984; *Schlichtungsstelle Dresden-Meißen*, 4. 6. 1998 – 2 – 007/98.
3 *BAG*, 2. 7. 1980 – 5 AZR 1241/79, EzA § 99 BetrVG 1972 Nr. 28 = BB 1981, 119, in Anlehnung an seine Rechtsprechung zu § 99 BetrVG.
4 *BAG*, 29. 4. 2004 – 1 AZR 473/03, NZA-RR 2005, 616.
5 Ausführlich *Weber, Claus*, Individualrechtliche Auswirkungen betriebsverfassungsrechtlicher personeller Einzelmaßnahmen, 2000.
6 Ebenso auch *Frey/Coutelle/Beyer*, MAVO § 33 Rn 21; ErfK-*Kania*, § 99 BetrVG Rn 45.
7 *BAG*, 5. 4. 2001 – 2 AZR 580/99, NZA 2001, 893.

Für die **Eingruppierung, Umgruppierung, Höhergruppierung oder Rückgruppierung**, die auf Grund 10
einer **kollektiv-rechtlichen Ordnung** (Anwendung von TVöD, AVR, ABD oder KAVO) zu erfolgen
hat, bedeutet das Mitbestimmungsrecht in der Sache nur ein Mitbeurteilungsrecht der MAV. Der Anspruch des betroffenen Mitarbeiters ist durch diese Normen vorgegeben, die MAV und der Dienstgeber
sind an die richtige Anwendung dieser Normen gebunden. Daher gibt die Rechtsprechung der MAV –
wie allen anderen Betriebsgremien – nur ein **Mitbeurteilungsrecht**, das Gewähr für eine ordnungsgemäße Eingruppierung, die Sicherung der Lohngerechtigkeit und des innerbetrieblichen Lohngefüges gewährleisten soll.[8] Wie zu verfahren ist, wenn das Kirchliche Arbeitsgericht endgültig den Eingruppierungsvorschlag des Dienstgebers verwirft, ist unter § 35 Rn 5 ff. näher dargestellt.

Ist der Dienstgeber mit gewichtigen Gründen der Auffassung, dass eine von ihm vorgesehene Maß- 11
nahme **nicht der Zustimmung der MAV unterliegt**, könnte er dieser Überzeugung folgen, die er zu
begründen hat. Er könnte die Maßnahme dann als zustimmungsfrei behandeln. Allerdings kann
dann die MAV, da insoweit ein mitarbeitervertretungsrechtlicher Streit i. S. d. § 2 Abs. 2 KAGO vorliegt, diese streitige Rechtsfrage durch das Kirchliche Arbeitsgericht klären lassen.[9]

Soweit die zustimmungspflichtige Maßnahme **ohne Beteiligung der MAV** durchgeführt worden ist, 12
kann diese – unter der Voraussetzung, dass die Maßnahme tatsächlich und rechtlich rücknehmbar
oder abänderbar ist – vom Dienstgeber die nachträgliche Einleitung des Mitbestimmungsverfahrens
und eine vollständige Unterrichtung verlangen. Soweit ein wirksamer Rechtsschutz nicht ausnahmsweise etwas anderes erfordert, vor allem die Durchsetzung einer entsprechenden gerichtlichen Entscheidung gewährleistet ist, kann dieser verfahrensrechtliche Anspruch von der MAV in einem Verfahren nach § 2 Abs. 2 KAGO geltend gemacht werden. In diesem Verfahren kann dem Dienstgeber
beispielsweise aufgegeben werden, eine Eingruppierungsentscheidung vorzunehmen und zuvor die
MAV im Verfahren nach § 33 um Zustimmung zu ersuchen.[10]

II. Mitbestimmungspflichtige Angelegenheiten

§ 33 Abs. 1 legt fest, welche Angelegenheiten zustimmungspflichtig sind: 13
– § 34: Zustimmung bei Einstellung oder Anstellung,
– § 35: Zustimmung bei sonstigen persönlichen Angelegenheiten,
– § 36: Zustimmung bei Angelegenheiten der Dienststelle.

Zustimmungspflichtig sind darüber hinaus:
– § 18 Abs. 2: Versetzung und Abordnung von Mitgliedern der MAV in eine andere Einrichtung
  (§ 18 Rn 23 ff.),
– § 18 Abs. 4: Ablehnung des Antrages eines Auszubildenden, der Mitglied der MAV ist, auf Weiterbeschäftigung nach Beendigung der Ausbildungszeit (§ 18 Rn 62 ff.).

Zu erwähnen ist noch § 6 Abs. 3 wegen spezifischer Regelung in Abweichung von § 11 Abs. 6 mit 14
Zustimmung der MAV.

Unberührt von dieser Zustimmungspflicht der MAV bleibt der Personenkreis des § 3 Abs. 2 (§ 3
Rn 68); siehe auch § 3 Abs. 1 S. 2. Im Übrigen unterliegt nach der Musterordnung sowohl die Einstellung als auch die Anstellung von Mitarbeitern, soweit die Tätigkeit »geringfügig« nach § 8 Abs. 1
Nr. 2 SGB IV ist, und für pastorale Dienste und religiöse Unterweisung (siehe § 34 Abs. 1 S. 3 Ziff. 1
und 2) nicht der Zustimmung. Für diese beiden Fälle von Maßnahmen verbleibt es bei der Anhörung
und Mitberatung durch die MAV nach § 29.

Die in § 33 Abs. 1 genannten zustimmungspflichtigen Angelegenheiten sind **abschließend** festgelegt. 15
Eine **Ergänzung** durch einen kirchlichen Dienstgeber, eine **Erweiterung**, aber auch die **Streichung**

---

8 Ständige Rechtsprechung, zuletzt *BAG*, 14. 4. 2010 – 7 ABR 91/08, DB 2010, 1536.
9 So für § 69 BPersVG: *BVerwG*, 25. 8. 1986, PersV 1987, 287 = ZBR 1987, 60.
10 *BVerwG*, 15. 3. 1995 – 6 P 31/93, AP Nr. 1 zu § 76 LPersVG Baden-Württemberg = PersV 1996, 121;
  ebenso *BAG*, 14. 4. 2010 – 7 ABR 91/08, DB 2010, 1536.

eines Komplexes sind **unzulässig** (§ 55). Der MAV steht in jedem Falle ungeschmälert das Mitbestimmungsrecht in allen in § 33 Abs. 1 genannten Angelegenheiten zu.

III. Phasen für den Ablauf des Zustimmungsverfahrens

16 1. Phase:

Unterrichtung der MAV von der beabsichtigten mitbestimmungspflichtigen Maßnahme oder Entscheidung durch den Dienstgeber und Antrag an MAV auf Zustimmung (Rn 20).

17 2. Phase:

Mit Abschluss der 1. Phase beginnt eine **Frist für die MAV von 1 Woche** zur Erhebung von Einwendungen (Rn 26). **Fristverlängerung** um eine weitere Woche ist auf Antrag der MAV zu gewähren (Rn 30). **Fristverkürzungen** durch Dienstgeber auf 3 Tage sind zulässig, bei Anstellungen und Einstellungen bis zu 24 Stunden (Rn 32 f.).

18 3. Phase:

In der 3. Phase hat die MAV folgende Möglichkeiten:

Erste Möglichkeit für die MAV: Sie erhebt **keine Einwendungen** innerhalb der Fristen der zweiten Phase. Dann gilt die Zustimmung als erteilt. Das Mitbestimmungsverfahren ist damit abgeschlossen (Rn 40).

Zweite Möglichkeit: Die MAV erhebt sachlich begründete, in der MAVO näher bestimmte **Einwendungen** innerhalb der Fristen der zweiten Phase. Dann muss der Dienstgeber die MAV zu einer **Einigungsverhandlung** einladen (Rn 51 ff.).

19 4. Phase:

Nach der Einigungsverhandlung hat die MAV noch eine **Frist von drei Tagen** zur Äußerung (Rn 54 ff.).

Erste Möglichkeit: Die MAV erteilt ausdrücklich ihre Zustimmung (Rn 53) oder äußert sich nicht oder nicht fristgerecht mit der Rechtsfolge, dass die Zustimmung der MAV als erteilt gilt (Rn 56).

Zweite Möglichkeit: Die MAV verweigert fristgerecht die Zustimmung. Dann muss der Dienstgeber die Zustimmung ersetzen lassen (Rn 55) entweder durch die Einigungsstelle in den Fällen der §§ 18 Abs. 2 und 36 oder durch das Kirchliche Arbeitsgericht in den Fällen der §§ 18 Abs. 4 und 34, 35.

IV. Einzelheiten zu den Phasen des Zustimmungsverfahrens

1. Phase: Unterrichtung der MAV von der beabsichtigten Maßnahme – Antrag des Dienstgebers auf Zustimmung der MAV (§ 33 Abs. 2 S. 1)

20 Die erste Phase beruht auf einer Initiative des Dienstgebers: Der Dienstgeber hat die MAV über die von ihm beabsichtigte Maßnahme oder Entscheidung, die er nur mit Zustimmung der MAV ausführen kann, zu **unterrichten**. Die MAVO legt nicht die **Form** der **Unterrichtung** fest. Sie kann **mündlich** oder **schriftlich** erfolgen. Sie hat gegenüber dem Vorsitzenden der MAV (im Verhinderungsfalle seinem Stellvertreter) zu erfolgen. Schriftform ist empfehlenswert, weil damit der Beginn der Wochenfrist mit Zugang des Unterrichtungsschreibens festgehalten und der Inhalt der Unterrichtung dokumentiert wird. Die **Unterrichtung** hat **rechtzeitig** zu erfolgen. Die Rechtzeitigkeit wird in der MAVO dahin konkretisiert, dass die MAV eine **Frist von einer Woche** nach Eingang des Antrages als Zeit zur Beratung und Beschlussfassung hat. Die Unterrichtung hat **umfassend** zu erfolgen.[11] Der Dienstgeber muss seine Maßnahme daher **begründen**, auch wenn die Begründungspflicht nicht mehr aus-

---

11 *Schlichtungsstelle Köln*, 9. 5. 1995 – MAVO 3/95, ZMV 1995, 295; *Schlichtungsstelle Limburg*, 13. 11. 1995 – 9/95, ZMV 1996, 246.

drücklich in § 33 Abs. 2 enthalten ist. Sie folgt aus § 26 Abs. 1 S. 1. Die MAV hat einen Anspruch auf Vorlage der für ihre Zustimmung erforderlichen Unterlagen (§ 26 Abs. 2 S. 1 – Rn 33 ff.).

Die Unterrichtung hat zu erfolgen, sobald der Dienstgeber die Maßnahme »**beabsichtigt**«. Sie ist beabsichtigt, wenn der Dienstgeber nach Abschluss seiner Planungen eine Veränderung des zustimmungspflichtigen Sachverhalts vornehmen will. Nur vorbereitende Maßnahmen, die nicht bereits eine zustimmungspflichtige Maßnahme oder Entscheidung des Dienstgebers endgültig festlegen, sind keine »Maßnahmen« i. S. d. § 33 Abs. 2. Allerdings dürften hier die Grenzen zwischen einer beteiligungsfreien Maßnahme und einem beteiligungspflichtigen Vorgang zweifelhaft werden, wenn sich aus der beteiligungsfreien Maßnahme bereits eine »**Vorentscheidung**« für den zustimmungspflichtigen Tatbestand ergeben hat. Hier ist die MAV bereits an dieser Vorentscheidung zu beteiligen.[12] Eine zustimmungspflichtige Maßnahme ist auch gegeben, wenn die Maßnahme nur **versuchs- oder probeweise** durchgeführt werden soll.[13]

Der Dienstgeber hat mit der Unterrichtung die **Zustimmung der MAV** zu der beabsichtigten Maßnahme zu beantragen. Dieser Antrag ist vom Leiter der Dienststelle/kirchlichen Einrichtung oder seinem ständigen oder sonst bevollmächtigten Vertreter oder einem nach § 3 Abs. 2 beauftragten leitenden Mitarbeiter zu stellen. Andere Personen sind zur Stellung des Antrages nicht befugt. Auch dieser Antrag bedarf **keiner Form**. Er kann **stillschweigend** dadurch gestellt sein, dass der Dienstgeber die MAV über eine zustimmungspflichtige Maßnahme unterrichtet, wenn sich aus der Unterrichtung der Wille zur Durchführung dieser Maßnahme entnehmen lässt. In jedem Fall aber muss sich aus der Unterrichtung der MAV incident oder durch klare Äußerungen bei der Unterrichtung ergeben, dass der Dienstgeber eine Zustimmung der MAV begehrt. Nur in diesem Falle beginnt die Wochenfrist des § 33 Abs. 2 S. 2. Zweifelhaft ist, ob die MAV **im Voraus ihre Zustimmung** zu mitbestimmungspflichtigen Maßnahmen erteilen kann.[14]

Das Bundesarbeitsgericht verlangt für die Zustimmung zu personellen Einzelmaßnahmen im Voraus, dass sich diese aus einer Betriebsvereinbarungen nach Wortlaut, Zweck und dem Sinnzusammenhang der jeweilgen Betriebsvereinbarung eindeutig ergeben müsse. Der Wille des Betriebsrats, im Rahmen einer Betriebsvereinbarung vorab in Ausübung seines Beteiligungsrechts in personelle Einzelmaßnahmen einzuwilligen, müsse dafür unmissverständlich aus der Betriebsvereinbarung zu entnehmen sein.

Eine derartige Möglichkeit scheidet für den Bereich der MAVO aus, da der Katalog der Möglichkeiten für Regelungen in Dienstvereinbarungen in § 38 abschließend geregelt ist, Regelungen durch Dienstvereinbarungen bezüglich personeller Einzelmaßnahmen nicht vorsieht und wegen § 55 nicht erweitert werden kann (§ 38 Rn 40).

Der Hessische VGH bejaht diese Möglichkeit, wenn über all diejenigen mitbestimmungspflichtigen Maßnahmen, die diese Zustimmung im Voraus betreffen, laufend unterrichtet wird und der Personalrat jederzeit nähere Aufklärung über die Entwicklung und den Stand dieser Angelegenheiten verlangen kann. Er weist zudem darauf hin, dass die Frage, für welchen Zeitraum hierbei eine Zustimmung erteilt wird oder als erteilt gelten soll, nur unter Beachtung des Grundsatzes der vertrauensvollen Zusammenarbeit beantwortet werden kann.

Aus den vorgenannten Gründen ist anzuraten die Zustimmung der MAV im Voraus auf vergleichbare, eng umgrenzte und konkret definierte Fälle zu beschränken und auch einen genauen zeitlichen Rahmen für die hiernach im Voraus mitbestimmten Fälle zu definieren.

---

12 *BVerwG*, 12. 1. 1962 – P 1/60, ZBR 1962, 156.
13 *BVerwG*, 15. 12. 1978, ZBR 1980, 59; *Schlichtungsstelle Münster*, 7. 11. 1994 – 6/94, ZMV 1995, 294.
14 Für den Bereich der Privatwirtschaft zustimmend für Fragen der Arbeitszeit: *BAG*, 2. 3. 1982 – 1 ABR 74/79, EzA § 87 BetrVG 1972 Arbeitszeit Nr. 11; für personelle Einzelmaßnahmen nach Maßgabe verbindlicher Festlegung in einer Betriebsvereinbarung: *BAG*, 13. 7. 1993 – 1 ABR 2/93, juris; für den Bereich des öffentlichen Dienstes: *Hess. VGH*, 29. 3. 1989 – BPV TK 3821/87, PersV 1990, 176; 25. 9. 1991 – BPV TK 458/91, DVBl. 1992, 167.

2. Phase: Beginn der Wochenfrist für die Erhebung von Einwendungen

26 Mit der Unterrichtung und dem Antrag auf Zustimmung beginnt die Wochenfrist für die MAV zur Erhebung von Einwendungen (§ 33 Abs. 2 S. 2).

27 Voraussetzung ist die ordnungsgemäße und vollständige Information (Rn 20) verbunden mit dem Antrag des Dienstgebers auf Zustimmung. Die Frist beginnt nicht, solange die Unterrichtung der MAV nicht oder nach Hinweisen der MAV nicht vollständig abgeschlossen ist. Nur so kann die MAV die Wochenfrist zur Erhebung möglicher Einwendungen nutzen.[15] Durch eine offensichtlich unvollständige Unterrichtung der MAV wird die Wochenfrist des § 33 Abs. 2 auch dann nicht in Gang gesetzt, wenn die MAV zum Zustimmungsersuchen des Dienstgebers in der Sache Stellung nimmt.[16]

28 Der Tag der ordnungsgemäßen Unterrichtung wird bei der Berechnung der Frist nicht mitgerechnet (§ 187 Abs. 1, § 188 Abs. 2 BGB).

▶ **Beispiele:**
1. Unterrichtung erfolgt am Montag, 7.11.2011. Die Wochenfrist endet am Montag, 14.11.2011.
2. Unterrichtung erfolgt am Montag, 26.9.2011. Die Wochenfrist endet nicht am Montag, 3.10.2011, da der Montag, 3.10.2011 gesetzlicher Feiertag ist; die Frist endet erst am Dienstag, 4.10.2011, weil ein gesetzlicher Feiertag, ein Sonnabend und Sonntag einen Fristaufschub bewirken mit der Folge, dass der Fristablauf erst am darauf folgenden Werktag eintritt (§ 193 BGB).

29 Hat der Dienstgeber die MAV nicht ordnungsgemäß unterrichtet oder fehlt sein Antrag auf Zustimmung, so beginnt die Wochenfrist erst mit dem Tag des Zugangs der vollständigen Information.[17]

a. Verlängerung der Frist

30 Die Wochenfrist kann auf Antrag der MAV nach § 33 Abs. 2 S. 3 um eine weitere Woche verlängert werden. Auf die Verlängerung hat die MAV einen Rechtsanspruch, wenn sie innerhalb der Wochenfrist § 33 Abs. 2 S. 1 einen Antrag an den Dienstgeber stellt. Der Antrag bedarf keiner Begründung. Die MAV sollte aber im Interesse einer vertrauensvollen Zusammenarbeit die Gründe nennen, weswegen die Verlängerung beantragt wird.

31 Eine weitere Verlängerung der Frist ist ausgeschlossen (§ 55). Die der MAV eingeräumte Höchstfrist zur Geltendmachung von Einwendungen beträgt demnach zwei Wochen nach ordnungsgemäßer Unterrichtung.

b. Verkürzung der Frist

32 Die Wochenfrist kann vom Dienstgeber **verkürzt** werden (§ 33 Abs. 2 Satz 4). Die Verkürzung erfolgt durch eine vom Dienstgeber zu begründende Mitteilung an die MAV. Sie kann nur mit besonderer **Eilbedürftigkeit** begründet werden. Ob eine solche Eilbedürftigkeit gegeben ist, entscheidet sich danach, ob außergewöhnliche Umstände vorliegen, die die Abkürzung der Beteiligungsfrist rechtfertigen. Das muss der Dienstgeber exakt vortragen.

33 Die Regelung des § 33 Abs. 2 S. 4 unterscheidet sich von der vorläufigen Vornahme einer mitbestimmungspflichtigen Maßnahme nach § 33 Abs. 5 dadurch, dass eine solche vorläufige Maßnahme überhaupt nur in Betracht kommen kann, wenn die in § 33 Abs. 2 S. 4 vorgesehene Abkürzung der Betei-

---

[15] *Schlichtungsstelle Köln*, 15.2.1995 – MAVO 17/94, ZMV 1995, 295; *BAG*, 10.8.1993 – 1 ABR 22/93, NZA 1994, 187.
[16] Vgl. *BAG*, 14.12.2004 – 1 ABR 55/03, ZTR 2005, 493.
[17] *BAG*, 15.4.1986 – 1 ABR 55/84, EzA § 99 BetrVG 1972 Nr. 49; 14.12.2004 – 1 ABR 55/03, ZTR 2005, 493.

ligungsfrist unzureichend wäre oder wenn von vornherein nicht mit einer Zustimmung der MAV gerechnet werden kann. Ist der Dienstgeber der Auffassung, dass die MAV innerhalb der von ihm abgekürzten Frist beraten und einen Beschluss fassen könnte, dann muss er von der Möglichkeit der Abkürzung der Frist Gebrauch machen und kann nicht über § 33 Abs. 5 eine vorläufige Regelung treffen.

Die MAV kann der Fristverkürzung **widersprechen.** Ist ihr Widerspruch gegen die Verkürzung der Beteiligungsfristen objektiv berechtigt, liegt also keine Eilbedürftigkeit vor, so treten die Folgen einer nicht ordnungsgemäßen Beteiligung der MAV ein (siehe Rn 5 f., 65 f.). 34

Das Beteiligungsverfahren ist nicht ordnungsgemäß durchgeführt. Der Dienstgeber kann die vorgesehene, zustimmungspflichtige Maßnahme wirksam in der abgekürzten Frist nicht durchführen. 35

Die **Abkürzung der Wochenfrist** des § 33 Abs. 2 S. 2 bei Eilbedürftigkeit ist zulässig auf: 36
– 3 Kalendertage, beginnend am Tage nach der Unterrichtung,
– 24 Stunden ab Zugang der Unterrichtung bei Anstellungen und Einstellungen.

Der Dienstgeber hat nur die Möglichkeit diese in der MAVO genannten abgekürzten Fristen zu wählen. Er kann nicht andere, in diesem zeitlichen Rahmen liegende abgekürzte Fristen bestimmen. 37

Beispiel für die auf 24 Stunden abgekürzte Frist:

Unterrichtung mit Abkürzung der Frist: Montag, 7. 11. 2011, 9.30 Uhr.

Ende der 24-Stunden-Frist: Dienstag, 8. 11. 2011, 10.00 Uhr.

§ 187 BGB ist für die Berechnung einer nach Stunden bemessenen Frist, wie die auf 24 verkürzte Frist i. S. d. § 33 Abs. 2 S. 3, unmittelbar nicht anzuwenden. Für eine derartige Frist gilt allerdings § 187 Abs. 1 BGB analog. Dies bedeutet, dass die Stundenfristen auf volle Stunden zu berechnen sind.[18] Daher kann die MAV im Beispielsfall bis Dienstag, 8. 11. 2011, 10.00 Uhr die Zustimmung mit einer ausreichenden Begründung nach § 34 Abs. 2 verweigern. Sie kann sich innerhalb dieser Frist auch darauf berufen, dass ein Fall von Eilbedürftigkeit nicht vorgelegen habe und deswegen die vom Dienstgeber verlangte Anhörung innerhalb der abgekürzten Frist keine »ordnungsgemäße« Anhörung sei. Er könne die Maßnahme demnach ohne die Zustimmung der MAV, über die innerhalb der Regel-Wochenfrist des § 33 Abs. 2 S. 2 eine Entscheidung erfolge, nicht vornehmen. 38

Im Streitfall lässt sich die Frage, ob ein Eilfall vorlag, also die Fristverkürzung wirksam war oder nicht, und ob daher das Beteiligungsverfahren ordnungsgemäß durchgeführt wurde oder nicht, in einem Verfahren vor dem Kirchlichen Arbeitsgericht (§ 2 Abs. 2 KAGO) klären. Dies birgt jedoch das Risiko in sich, dass sich eine Maßnahme im Nachhinein als mitbestimmungswidrig darstellt und die entsprechenden Folgen eintreten (Rn 34). 39

3. Phase: Einwendungen der MAV

Erteilt die MAV ausdrücklich ihre Zustimmung ist das Mitbestimmungsverfahren beendet. Der Dienstgeber kann die Maßnahme in der beantragten **Form** ausführen. Erhebt die MAV Einwendungen beginnt die 3. Phase.

a. Keine Einwendungen

Die MAV erhebt keine Einwendungen und lässt die Wochenfrist, die verlängerte oder vom Dienstgeber abgekürzte Frist widerspruchslos verstreichen: 40
– § 33 Abs. 2 S. 2 fingiert die Zustimmung.
– Der Dienstgeber kann die Maßnahme in der beantragten **Form** ausführen.

---

18 *Repgen*, in: Staudinger, § 187 BGB Rn 13.

41 Die MAV **versäumt die Frist: Zustimmungsfiktion des § 33 Abs. 2 S. 2.**

Gegen die Fristversäumung gibt es keine Wiedereinsetzung, auch wenn die Fristversäumnis von der MAV nicht schuldhaft herbeigeführt wurde. Die Frist ist eine Ausschlussfrist. Sie beseitigt das Recht zur Zustimmungsverweigerung mit ihrem Ablauf. Nur in den Fällen, in denen der Dienstgeber durch sein Verhalten den verspäteten Eingang der Zustimmungsverweigerung verursacht hat, wäre seine Berufung auf den Fristablauf ein Verstoß gegen die vertrauensvolle Zusammenarbeit und damit eine unzulässige Rechtsausübung. Also greift selbst bei nicht verschuldeter Versäumung der Frist durch die MAV die Zustimmungsfiktion des § 33 Abs. 2 S. 2.

b. Fristgerecht erhobene Einwendungen

42 Für die Einwendungen ist die Einhaltung der **Schriftform nicht** zwingend vorgeschrieben.

43 Sie können also auch **mündlich** unter Angabe der Gründe innerhalb der Frist beim Dienstgeber vorgebracht werden. Schriftlichkeit ist anzuraten, zu Beweiszwecken für die einzuhaltende Frist sollte der Zugang bestätigt sein.

44 Das Erheben von Einwendungen setzt einen ordnungsgemäß nach § 14 Abs. 5 S. 2 (§ 14 Rn 54 ff.) gefassten **Beschluss der MAV** voraus, dessen Nachweis im Zweifelsfalle der Dienstgeber fordern kann. Der Vorsitzende der MAV, der kein gesetzlicher Vertreter der MAV ist, kann aus eigener Machtvollkommenheit Einwendungen wirksam nicht erheben.[19]

45 Werden die Einwendungen schriftlich erhoben, muss das Schreiben vom Vorsitzenden der MAV, seinem Stellvertreter oder einem dazu bevollmächtigten Mitglied der MAV unterzeichnet sein.[20]

46 **aa.** Die MAV erhebt fristgerecht Einwendungen, sie entsprechen jedoch nicht den festgelegten Zustimmungsverweigerungsgründen der §§ 34 Abs. 2 und 35 Abs. 2 oder geben nur formelhaft den Text der Gründe wieder; damit erfolgt eine Erklärung der Zustimmungsverweigerung durch die MAV ohne Angabe von Gründen, so dass die Zustimmungsverweigerung unwirksam ist. Die Zustimmung gilt als erteilt.[21]

47 Die Angabe von Gründen gehört zum notwendigen Inhalt einer Zustimmungsverweigerungserklärung. Nach Ablauf der Fristen für die Zustimmungsverweigerung ist eine Ergänzung ausgeschlossen. Rechtsfolge ist, dass die Zustimmung als erteilt gilt (§ 33 Abs. 2 S. 2).

48 **bb.** Die Zustimmungsverweigerung der MAV wiederholt floskelhaft nur den Text der Zustimmungsverweigerung, ohne konkret Tatsachen vorzutragen, wie die einzelnen Tatbestände ausgefüllt werden: Keine gesetzmäßige Zustimmungsverweigerung. Es muss zumindest möglich erscheinen, dass einer der gesetzlich genannten Zustimmungsverweigerungsgründe geltend gemacht werden soll. Ist dies nicht der Fall, so ist die Zustimmungsverweigerung so zu behandeln wie unter aa., nämlich als Zustimmungsverweigerung ohne Angabe von Gründen.[22]

49 **cc.** Die Zustimmungsverweigerung der MAV wird mit Gründen versehen, die »offenkundig«, d. h. auf den ersten Blick erkennbar für jeden Kundigen, die Zustimmungsverweigerung nicht rechtfertigen können, weil sie sich überhaupt nicht unter den Katalog der Zustimmungsverweigerungsgründe der §§ 34 Abs. 2, 35 Abs. 2 einordnen lassen:[23] Die Zustimmung gilt hier als erteilt.

---

[19] BVerwG, 11.10.1972, ZBR 1972, 381 = PersV 1973, 48; BAG, 19.8.1992 – 7 ABR 58/91, DB 1993, 1196; BAG, 6.12.2006 – 7 ABR 62/05, AP Nr. 5 zu § 21b BetrVG 1972.
[20] BAG, 24.7.1979 – 1 ABR 78/77, AP Nr. 11 zu § 99 BetrVG 1972 = DB 1979, 2327.
[21] BVerwG, 4.4.1985, ZBR 1985, 283 = PersV 1987, 155; 20.6.1986, ZBR 1987, 28 = PersV 1987, 63; BAG, 2.8.2006 – 10 ABR 48/05, NZA-RR 2007, 554.
[22] BVerwG, 27.7.1979 – 6 P 38.78 ZBR 1980, 335 = PersV 1981, 162; BAG, 2.8.2006 – 10 ABR 48/05, NZA-RR 2007, 554; Schlichtungsausschuss der Evang. Landeskirche Baden, 27.11.1990 – 31/89, ZMV 1991, 65.
[23] BAG, 2.8.2006 – 10 ABR 48/05, NZA-RR 2007, 554.

50 Es besteht keine Verpflichtung des Dienstgebers zur Einleitung des Einigungsverfahrens nach § 33 Abs. 4 um geltend zu machen der offenkundig nicht einem Zustimmungsverweigerungsgrund zuordnungsfähige Einwand sei unbeachtlich.[24]

51 **dd.** Ist die Zustimmungsverweigerung fristgerecht (z. B. per Telefax) und mit gesetzmäßigen Gründen beim Dienstgeber eingegangen, dann gilt Folgendes:

52 Der Dienstgeber hat die Pflicht zur Einleitung des Einigungsverfahrens. Die Einigungsverhandlung hat nach § 33 Abs. 3 S. 2 der Dienstgeber einzuleiten. Er setzt den Termin für die Verhandlung fest und lädt dazu ein. Eine bestimmte Frist zur Anberaumung der Einigungsverhandlung legt die MAVO nicht fest. Der Dienstgeber muss jedoch an einem alsbaldigen Termin deswegen Interesse haben, weil er die von ihm beabsichtigte Maßnahme ohne wirksame Zustimmung der MAV nicht vornehmen kann. Beide Beteiligte sollten das Einigungsverfahren damit beginnen, dass sie **Vorschläge für eine Einigung** vorlegen, die Grundlage für eine Verständigung sein könnten. Der Einigungsvorschlag des Dienstgebers ist dabei deswegen besonders wichtig, weil er im Rahmen des § 36 bei Versäumung der Drei-Tages-Frist durch die MAV oder bei Nichtäußerung innerhalb dieser Drei-Tages-Frist (Rn 56) die zustimmungspflichtige Maßnahme **nur** so durchführen kann, wie er sie im Einigungsverfahren zunächst vorgeschlagen hat. Abweichungen davon könnte er nur insoweit berücksichtigen, als darüber vollständige Einigung über Teilpunkte zwischen ihm und der MAV gegeben ist, die in der von ihm zu fertigenden Niederschrift dieser Verhandlung festgehalten und von beiden Beteiligten unterzeichnet sind (§ 36 Rn 135 ff.).

53 In dieser Verhandlung muss mit dem **Ziele der Einigung** verhandelt werden. Das gefundene Ergebnis hat der Dienstgeber in einer von ihm zu fertigenden Niederschrift festzuhalten (§ 39 Abs. 1 S. 4). Einigen sich die Partner auf die Zustimmung der MAV, so ist damit das Zustimmungsverfahren beendet: Der Dienstgeber kann die beabsichtigte Maßnahme durchführen.

4. Phase: Einigungsverhandlung und ihr Abschluss

54 **Einigen** sich die Parteien auf dieser gemeinsamen Sitzung **nicht**, beginnt mit ihrem Abschluss (nicht erst mit Zugang der Niederschrift des Dienstgebers an die MAV) eine **Frist von drei Kalendertagen**. In diesen drei Kalendertagen muss die MAV erklären, ob
– sie die Zustimmung erteilt oder
– die Zustimmung weiter verweigert.

55 Nur wenn sie ausdrücklich dem Dienstgeber innerhalb der Drei-Tage-Frist erklärt, sie verweigere ihre Zustimmung, muss der Dienstgeber gemäß § 33 Abs. 4 in Verbindung mit Abs. 1 in den Fällen der §§ 18 Abs. 4, 34 und 35 das Kirchliche Arbeitsgericht, in den Fällen der § 18 Abs. 2 und § 36 die Einigungsstelle anrufen, um sich die verweigerte Zustimmung ersetzen zu lassen (Rn 64).

56 Gibt die MAV innerhalb der Drei-Tage-Frist keine Erklärung ab oder versäumt sie diese Ausschlussfrist (Rn 40), so gilt die Zustimmung als erteilt (§ 33 Abs. 3 S. 4; Rn 41).[25]

> Beispiel:
> Abschluss der Einigungsverhandlungen am Mittwoch, 8. 6. 2011. Beginn der Drei-Tage-Frist: Donnerstag 9. 6. 2011. Rechnerischer Fristablauf Samstag, 11. 6. 2011. Aber rechtlicher Ablauf der Frist erst am Dienstag, 14. 6. 2011. Begründung: Am Samstag, 11. 6. 2011, und Sonntag, 12. 6. 2011, kann die Frist nicht ablaufen, weil diese beiden Tage nach § 193 BGB als Fristablauftage ausfallen (Rn 28). Der folgende Montag, 13. 6. 2011, ist gesetzlicher Feiertag (Pfingstmontag) und fällt ebenfalls als Fristablauftag aus. Deshalb muss die Mitteilung, dass die Zustimmung weiter verweigert bleibt, dem Dienstgeber am 14. 6. 2011 zugehen und wahrt dann die Drei-Tage-

---

[24] *Schlichtungsstelle Freiburg*, 29. 1. 1996 – 1995/5, ZMV 1996, 147, zum Einwand »allgemeiner arbeitsmarktpolitischer Gründe«.
[25] *Schlichtungsstelle Köln*, 12. 5. 2005 – MAVO 13/2005, ZMV 5/2005, 255.

Frist des § 33 Abs. 3 S. 3. Geht die Mitteilung erst am 15. 6. 2011 dem Dienstgeber zu, gilt die Zustimmung als erteilt (§ 33 Abs. 3 S. 4).

V. Verfahren in Eilfällen (§ 33 Abs. 5)

57 § 33 Abs. 5 enthält eine Sonderregelung für Eilfälle durch **vorläufige einseitige Maßnahmen des Dienstgebers.**

58 Das bedeutet nicht, dass der Dienstgeber dadurch eigene Versäumnisse bei der Einleitung und der Durchführung des Zustimmungsverfahrens ausgleichen kann. Es ist und bleibt trotz des § 33 Abs. 5 Pflicht des Dienstgebers, das Zustimmungsverfahren so rechtzeitig einzuleiten und es so zügig durchzuführen, dass es vor der tatsächlichen Umsetzung der zustimmungspflichtigen Maßnahme abgeschlossen ist. Wenn die Zustimmung Wirksamkeitsvoraussetzung für eine Maßnahme ist, dann muss **vor** der Durchführung der Maßnahme die Zustimmung auf dem gesetzmäßigen Weg und unter Beachtung der gesetzlichen Fristen eingeholt werden und vorliegen.

59 Daraus folgt aber, dass die Sonderregelung des § 33 Abs. 5 nur für **unaufschiebbare Maßnahmen** verwendet werden kann: Voraussetzung ist, dass es sich um eine Angelegenheit handelt, »die der Natur der Sache nach keinen Aufschub duldet«. Das bedeutet aber, dass eine vorläufige Regelung nach § 33 Abs. 5 überhaupt nur in Frage kommen kann, wenn wegen der fehlenden Zustimmung der MAV oder eines noch laufenden Zustimmungsverfahrens eine Regelung im Hinblick auf wichtige Belange der Einrichtung, auf die von Dienstgeber und MAV zu beachtenden Interessen der gesamten Einrichtung oder ein von der Allgemeinheit abhängiges, vorrangig zu bewertendes Interesse zwingend für eine vorläufige Regelung sprechen.[26] Dass eine Angelegenheit nur eilbedürftig ist, genügt dazu nicht.[27] Die Eingruppierungsentscheidung des Dienstgebers gegenüber einem zu befördernden Mitarbeiter kann regelmäßig keinen Grund für eine Eilsache bilden und damit eine vorläufige Regelung nicht rechtfertigen.[28]

60 Die vorläufige Durchführung der zustimmungspflichtigen Maßnahme muss bei einer allseitigen Abwägung der bereits genannten Interessen so sehr im Vordergrund stehen, dass die Maßnahme umgehend, wenn auch nur **vorläufig** durchgeführt werden **muss und** das Interesse der MAV am ordnungsgemäßen Vollzug ihres Zustimmungsrechtes zurücktreten muss. Vor allem darf die zustimmungspflichtige Maßnahme im vorläufigen Verfahren nicht endgültig vollzogen werden und damit das Zustimmungsrecht völlig außer Kraft setzen. Dabei kann es auch von Bedeutung sein, ob dem Dienstgeber bei der Beurteilung der zustimmungspflichtigen Tatbestandes und der rechtzeitigen Einleitung des Zustimmungsverfahrens Versäumnisse vorzuwerfen sind. Der Dienstgeber kann nicht in einer für ihn objektiv erkennbaren zustimmungspflichtigen Maßnahme mit der Einleitung eines Zustimmungsverfahrens so lange zuwarten, bis er keine andere Möglichkeit mehr sieht, als auf das vorläufige Verfahren nach § 33 Abs. 5 zurückzugreifen. So wie eine selbstverschuldete Verzögerung einer Hauptsacheentscheidung keine besondere Eilbedürftigkeit für ein einstweiliges Verfügungsverfahren begründen kann,[29] dürfen nämlich auch die Umstände, die dazu führen, eine Maßnahme in Angelegenheiten der §§ 34 bis 36 als unaufschiebbar zu bewerten, nicht durch Verzögerung eines nach § 33 einzuleitenden Mitbestimmungsverfahrens verursacht sein.

61 Liegen allerdings ausnahmsweise dringliche und beachtenswerte Gründe vor, die die vorläufige Maßnahme nach § 33 Abs. 5 rechtfertigen, so kann die MAV nicht eine **einstweilige Verfügung** erwirken und dem Dienstgeber die vorläufige Maßnahme **untersagen** lassen. – Hat allerdings die MAV ihre Zustimmung zu einer mitbestimmungspflichtigen Maßnahme zu Recht endgültig verweigert, so darf der Dienstgeber die vorläufige Maßnahme nicht weiter aufrechterhalten. Er muss diese vorläufige

---

26 *LAG Berlin-Brandenburg*, 8. 11. 2007 – 26 Sa 1226/07, juris.
27 So auch *BVerwG*, 25. 10. 1979 – 6 P 53/78, PersV 1981, 203.
28 *Schlichtungsstelle Limburg*, 29. 5. 2000 – 8/00, n. v.
29 *LAG Köln*, 14. 5. 2008 – 3 SaGa 3/08, juris.

Regelung aufheben. Denn nach dem ausdrücklichen Wortlaut des § 33 Abs. 5 darf die vorläufige Maßnahme nur »bis zur endgültigen Entscheidung« aufrechterhalten werden.

Der Dienstgeber ist bei der Vornahme einer vorläufigen Maßnahme an einen in § 33 Abs. 5 Satz 2 festgelegten **Verfahrensgang** gebunden und muss ihn strikt beachten: 62
– Er muss unverzüglich der MAV die von ihm getroffene vorläufige Regelung mitteilen,
– er muss sowohl die Dringlichkeit der vorläufigen Maßnahme als auch die von ihm zur Behebung des Notstandes durchgeführte Maßnahme darlegen und begründen,
– er muss unverzüglich das Zustimmungsverfahren nach § 33 Abs. 2–4 einleiten oder das bereits eingeleitete Verfahren weiterbetreiben.

Nach § 2 Abs. 2 KAGO entscheidet das Kirchliche Arbeitsgericht über die Zulässigkeit einer vorläufigen Regelung. 63

VI. Streitigkeiten

1. Antrag des Dienstgebers (§ 33 Abs. 4)

Hat die MAV die Zustimmung zu der vom Dienstgeber beabsichtigten Maßnahme verweigert 64 (Rn 54 ff.), kann der Dienstgeber:
– in den Fällen der §§ 34 und 35 und 18 Abs. 4 das Kirchliche Arbeitsgericht,
– in den Fällen des § 18 Abs. 2 und des § 36 die Einigungsstelle (§ 45 Abs. 1 und 2)
anrufen mit dem Antrag auf Ersetzung der Zustimmung zu der beabsichtigten Maßnahme. Der Antrag des Dienstgebers ist jedoch solange nicht zulässig, als die Verhandlungen mit der MAV noch nicht abgeschlossen sind, so wenn etwa noch ein neuer Besprechungstermin angesetzt ist, zwischenzeitlich aber die Einigungsstelle oder das Kirchliche Arbeitsgericht zur Beschleunigung des Zustimmungsverfahrens angerufen wird.[30]

Bezüglich der Überprüfung des Spruchs der Einigungsstelle wird auf § 47 Rn 22 ff. verwiesen.

2. Antrag der Mitarbeitervertretung

Gemäß § 2 Abs. 2 KAGO i. V. m. § 33 Abs. 1, 2 und 3 MAVO entscheidet das Kirchliche Arbeitsgericht auf Antrag der MAV bei Verletzung des Zustimmungsverfahrens durch den Dienstgeber. 65

Steht eine vorläufige Entscheidung des Dienstgebers im Streit, so entscheidet das Kirchliche Arbeitsgericht auf Antrag der MAV (§ 2 Abs. 2, § 8 Abs. 2 Buchst. a KAGO i. V. m. § 33 Abs. 5 MAVO). 66

Ob der MAV bei Verletzung ihrer Mitbestimmungsrechte ein allgemeiner Anspruch auf Unterlassung der mitbestimmungspflichtigen Maßnahme zusteht ist streitig.[31]

Die Grundsätze der Entscheidung des *BAG* vom 23. 6. 2009[32] sind auch auf die Regelungen in § 33 67 MAVO zu übertragen. Auch die MAVO enthält die Befugnis, eine Angelegenheit i. S. d. Norm unter den dort genannten Voraussetzungen (Rn 57 ff.) ohne Zustimmung der MAV vorläufig, d. h. bis zur Entscheidung über ihre materielle Rechtmäßigkeit durchzuführen. Damit nimmt – wie § 99 BetrVG – auch § 33 in Kauf, dass eine Angelegenheit nach §§ 34 bis 36 zumindest vorübergehend praktiziert wird, ohne dass ihre materielle Rechtmäßigkeit feststünde.

---

30 *Schlichtungsstelle Limburg*, 13. 11. 1995 – 9/95; *Thiel*, ZMV 1996, 64, 65.
31 Dafür *Schlichtungsstelle Köln*, 16. 5. 1991 – MAVO 3/91; offen gelassen bisher *BAG*, 6. 12. 1994 – 1 ABR 30/94, BAGE 78, 379; 11. 12. 2007 – 1 ABR 73/06, EzA § 95 BetrVG 2001 Nr. 7; inzwischen ausdrücklich abgelehnt *BAG*, 23. 6. 2009 – 1 ABR 23/08, EzA § 99 BetrVG 2001 Nr. 13 = NZA 2009, 1430.
32 BAG, 23. 6. 2009 – 1 ABR 23/08, EzA § 99 BetrVG 2001 Nr. 13 = NZA 2009, 1430.

68 Ist eine mitbestimmungspflichtige Maßnahme ohne ordnungsgemäße Beteiligung der MAV durchgeführt worden, so kann die MAV jedenfalls die nachträgliche Einleitung des Mitbestimmungsverfahrens und eine vollständige Unterrichtung verlangen, wenn die Maßnahme tatsächlich und rechtlich rücknehmbar oder abänderbar ist.[33] Hinzukommt, dass der Dienstgeber einen Mitarbeiter nicht beschäftigen darf, wenn in Angelegenheiten nach §§ 34 und 35 die Zustimmung der MAV fehlt (Rn 8), so dass spätestens nach Abschluss des Mitbestimmungsverfahrens zu Lasten des Dienstgebers die Maßnahme nunmehr aufzuheben ist. Dieser Anspruch kann von der MAV im Klageweg vor dem Kirchlichen Arbeitsgericht durchgesetzt werden (§ 2 Abs. 2, § 8 Abs. 2 Buchst. a KAGO).

3. Fristen

69 In den Fällen des § 18 Abs. 2 und 4 sowie der §§ 34, 35, 36 ist nicht geregelt, innerhalb welcher Frist Einigungsstelle oder Kirchliches Arbeitsgericht anzurufen ist. Deshalb sind die zuständigen Stellen unverzüglich anzurufen. Die Reaktionszeit dazu beginnt jedoch erst, wenn der Dienstgeber die MAV ordnungsgemäß und vollständig über die zustimmungspflichtige Maßnahme unterrichtet hat[34] und im Falle des Widerspruchs der MAV zu der beabsichtigten Maßnahme eine klare Mitteilung seiner Entscheidung der MAV zukommen lässt.[35]

§ 34 Zustimmung bei Einstellung und Anstellung

(1) Die Einstellung und Anstellung von Mitarbeiterinnen und Mitarbeitern bedürfen der Zustimmung der Mitarbeitervertretung. Dasselbe gilt für die Beschäftigung von Personen, die dem Dienstgeber zur Arbeitsleistung überlassen werden im Sinne des Arbeitnehmerüberlassungsgesetzes (§ 3 Absatz 1 Satz 2). Der Zustimmung der Mitarbeitervertretung bedarf es nicht im Falle von
1. Mitarbeiterinnen und Mitarbeitern für pastorale Dienste oder religiöse Unterweisung handelt, die zu ihrer Tätigkeit der ausdrücklichen bischöflichen Sendung oder Beauftragung bedürfen,
2. Mitarbeiterinnen und Mitarbeitern, deren Tätigkeit geringfügig im Sinne von § 8 Abs. 1 Nr. 2 SGB IV ist.

(2) Die Mitarbeitervertretung kann die Zustimmung nur verweigern, wenn
1. die Maßnahme gegen ein Gesetz, eine Rechtsverordnung, kircheneigene Ordnungen oder sonstiges geltendes Recht verstößt oder
2. durch bestimmte Tatsachen der Verdacht begründet wird, dass die Bewerberin oder der Bewerber durch ihr oder sein Verhalten den Arbeitsfrieden in der Einrichtung in einer Weise stören wird, die insgesamt für die Einrichtung unzuträglich ist oder
3. der Dienstgeber eine Person, die ihm zur Arbeitsleistung überlassen wird im Sinne des Arbeitnehmerüberlassungsgesetzes, länger als sechs Monate beschäftigen will. Mehrere Beschäftigungen eines Leiharbeitnehmers bei demselben Dienstgeber werden zusammengerechnet.

(3) Bei Einstellungs- oder Anstellungsverfahren ist die Mitarbeitervertretung für ihre Mitwirkung über die Person der oder des Einzustellenden zu unterrichten. Der Mitarbeitervertretung sind auf Verlangen ein Verzeichnis der eingegangenen einrichtungsinternen Bewerbungen sowie der Bewerbungen von Schwerbehinderten zu überlassen und Einsicht in die Bewerbungsunterlagen der oder des Einzustellenden zu gewähren. Anstelle der Überlassung eines Verzeichnisses können auch die erforderlichen Bewerbungsunterlagen zur Einsicht vorgelegt werden.

---

33 *BVerwG*, 15. 3. 1995 – 6 P 31/93, NVwZ 1997, 80; *BAG*, 14. 4. 2010 – 7 ABR 91/08, DB 2010, 1536.
34 *Schlichtungsstelle Köln*, 8. 5. 1995 – MAVO 3/95, ZMV 1995, 295.
35 *Schlichtungsstelle Köln*, 10. 1. 1995 – MAVO 12/94.

Übersicht	Rn		Rn
I. Die Besonderheit des kirchlichen Dienstes	1– 9	IV. Zustimmungsverweigerungsgründe	56–78
II. Begriffe »Einstellung« – »Anstellung«	10–44	1. Allgemeine Voraussetzungen	56, 57
1. Personenkreis	10–27	2. Zustimmungsverweigerungsgrund des § 34 Abs. 2 Nr. 1	58–70
2. Einstellung	28–41		
3. Anstellung	42, 43	3. Zustimmungsverweigerungsgrund des § 34 Abs. 2 Nr. 2	71–75
4. Freie Mitarbeit	44		
III. Unterrichtungspflicht des Dienstgebers (§ 34 Abs. 3)	45–55	4. Zustimmungsverweigerungsgrund des § 34 Abs. 2 Nr. 3	76–78
		V. Streitigkeiten	79–81
1. Unterrichtung über die Person des Einzustellenden	45–51	1. Verstoß des Dienstgebers gegen das Mitbestimmungsrecht	79
2. Einsicht in die Bewerbungsunterlagen	52–55	2. Zustimmungsverweigerungsgründe	80
		3. Schwerbehinderte Menschen	81

I. Die Besonderheit des kirchlichen Dienstes

Gemäß Art. 1 GrO tragen alle in einer Einrichtung der katholischen Kirche Tätigen durch ihre Arbeit 1
ohne Rücksicht auf die arbeitsrechtliche Stellung gemeinsam dazu bei, dass die Einrichtung ihren Teil am **Sendungsauftrag der Kirche** erfüllen kann. Diese Erfüllungsgemeinschaft ist Dienstgemeinschaft. Denn alle Beteiligten, seien sie Dienstgeber, leitende oder ausführende Mitarbeiterinnen und Mitarbeiter müssen das Proprium der kirchlichen Einrichtung anerkennen, weil sie sich bei ihrer Tätigkeit in der Einrichtung innerhalb der Glaubens- und Sittenlehre und der Rechtsordnung der katholischen Kirche bewegen und ihr Handeln danach auszurichten haben.[1] Damit geht einher die **Verfassungsgarantie des kirchlichen Selbstbestimmungsrechts (Art. 140 GG, 137 Abs. 3 WRV)**, wonach die Kirchen berechtigt sind, darüber zu befinden, welche Dienste es in ihren Einrichtungen geben soll, in welchen Rechtsformen sie wahrzunehmen sind, und die spezifischen Obliegenheiten der Mitarbeiter im kirchlichen Dienst verbindlich zu machen.[2] Welche Einschränkungen sich aus den Urteilen des Europäischen Gerichtshofs für Menschenrechte vom 23. 9. 2010[3] hierbei aus der EMRK ableiten, wird in Streitfällen einer abschließenden gerichtlichen Klärung vorzubehalten sein (siehe auch § 26 Rn 23).

Jeden kirchlichen Dienstgeber trifft die Pflicht, bei der Einstellung von Mitarbeiterinnen und Mit- 2
arbeitern darauf zu achten, dass sie mit ihrer Dienstbereitschaft die Eigenart des kirchlichen Dienstes bejahen. Er hat zu prüfen, ob der Bewerber geeignet und befähigt ist, die zu übertragende Aufgabe so zu erfüllen, dass er der Stellung in der Einrichtung in der Kirche und der übertragenen Funktion gerecht wird; (Art. 3 Abs. 1 GrO). Dabei hat der Dienstgeber zu differenzieren. Denn pastorale, katechetische sowie in der Regel erzieherische und leitende Aufgaben kann er nur einer Person übertragen, die der katholischen Kirche angehört (Art. 3 Abs. 2 GrO). Der kirchliche Dienstgeber hat vor Abschluss des Arbeitsvertrages durch Befragung und Aufklärung der Bewerber und Bewerberinnen sicherzustellen, dass sie die für sie nach dem Arbeitsvertrag geltenden Loyalitätsobliegenheiten (Art. 4 GrO) erfüllen (Art. 3 Abs. 5 GrO). Zur Sicherung dieser Grundsätze hat die Diözese Rottenburg-Stuttgart Richtlinien zur aufsichtsrechtlichen Genehmigung bei Stellenbeschreibungen/-besetzungen für das Personal der ortskirchlichen Rechtspersonen im Hinblick auf die Vorgaben der Grundordnung des Kirchlichen Dienstes erlassen.[4] Für keinen Dienst ist geeignet, wer sich kirchen-

---

1 Dazu: *Pottmeyer*, Das kirchliche Krankenhaus, in: Essener Gespräche, Bd. 17 S. 62 ff.; *Pree*, Zur Frage nach dem Proprium kirchlicher Einrichtungen, in: Essener Gespräche, Bd. 34 S. 47 ff.
2 *BVerfG*, 4. 6. 1985 – 2 BvR 1703/83, 2 BvR 1718/83, 2 BvR 856/84, BVerfGE 70, 138.
3 Urteile des *EGMR*, 23.9.2010 – 423/03 (Obst) und – 1620/03 (Schüth), EuGRZ 2010, 571 und EuGRZ 2010, 560.
4 Kirchliches Amtsblatt Rottenburg-Stuttgart 2010, S. 302 ff.

feindlich betätigt oder aus der katholischen Kirche ausgetreten ist (Art. 3 Abs. 4, Art. 5 Abs. 2 und 5 GrO).

3   Die Kirche verkündet ihre Glaubens- und Sittenlehre an alle Gläubigen, macht sie nicht von der Funktion eines Mitarbeiters abhängig. Aber gemäß Art. 4 GrO erfolgt eine Abstufung in der Fähigkeit und Eignung für die Erfüllung der im Arbeitsvertrag übernommenen Aufgabe. Abstufungen ergeben sich auch aus der Tatsache unterschiedlicher Konfession der Mitarbeiter. Von katholischen Mitarbeitern wird erwartet, dass sie die Grundsätze der katholischen Glaubens- und Sittenlehre anerkennen und beachten (Art. 4 Abs. 1 S. 1 GrO). Dazu wird das persönliche Lebenszeugnis i. S. d. Grundsätze von Mitarbeitern erwartet, die auf Grund einer Missio canonica tätig sind, von leitenden, im pastoralen und katechetischen[5] sowie im erzieherischen Dienst Stehenden (Art. 4 Abs. 1 S. 2 und 3, Art. 5 Abs. 2 und 3 GrO). Von nicht katholischen Mitarbeiterinnen und Mitarbeitern wird erwartet, dass sie die Wahrheiten und Werte des Evangeliums achten und dazu beitragen, sie in der Einrichtung zur Geltung zu bringen (Art. 4 Abs. 2 GrO). Nicht christliche Mitarbeiterinnen und Mitarbeiter müssen bereit sein, die ihnen in einer kirchlichen Einrichtung zu übertragenden Aufgaben i. S. d. Kirche zu erfüllen (Art. 4 Abs. 3 GrO).

4   Den Besonderheiten des kirchlichen Dienstes trägt auch **das Europäische Recht** Rechnung. Die Richtlinie (RL) 2000/78/EG zur Festlegung eines allgemeinen Rahmens für die Verwirklichung der Gleichbehandlung in Beschäftigung und Beruf vom 27. 11. 2000 (Art. 1 RL 2000/78/EG) lässt Ungleichbehandlung wegen eines Merkmals zu, wenn dieses auf Grund der Art einer bestimmten beruflichen Tätigkeit oder der Bedingungen ihrer Ausübung eine wesentliche und entscheidende berufliche Anforderung darstellt, sofern es sich um einen rechtmäßigen Zweck und eine angemessene Anforderung handelt. Unter Einhaltung der Bestimmungen der RL können die **Kirchen** und anderen öffentlichen oder privaten Organisationen, deren Ethos auf religiösen Grundsätzen oder Weltanschauungen beruht, im Einklang mit den einzelstaatlichen verfassungsrechtlichen Bestimmungen und Rechtsvorschriften von den für sie arbeitenden Personen verlangen, dass sie sich loyal und aufrichtig i. S. d. Ethos der Organisation verhalten (Art. 4 Abs. 2 Unterabsatz 2 RL 2000/78/EG).

5   Die Mitgliedstaaten der EG können in Bezug auf **berufliche Tätigkeiten innerhalb von Kirchen** und anderen öffentlichen oder privaten Organisationen, deren Ethos auf religiösen Grundsätzen oder Weltanschauungen beruht, Bestimmungen beibehalten oder künftig vorsehen, wonach eine Ungleichbehandlung wegen der Religion oder Weltanschauung einer Person keine Diskriminierung darstellt, wenn die Religion oder die Weltanschauung dieser Person nach Art dieser Tätigkeiten oder der Umstände ihrer Ausübung eine wesentliche, rechtmäßige und gerechtfertigte berufliche Anforderung angesichts des Ethos der Organisation darstellt (Art. 4 Abs. 2 Unterabsatz 1 RL 2000/78/EG). Daraus folgt im Kontext mit dem Erwägungsgrund Nr. 24 der genannten RL, der wiederum auf Nr. 11 der Schlussakte von Amsterdam hinweist, die Anerkennung eines kirchlichen Selbstbestimmungsrechts jedenfalls auf der Ebene des Sekundärrechts[6] mit dem Recht zur Einforderung von Loyalitätsobliegenheiten von den Mitarbeiterinnen und Mitarbeitern im kirchlichen Dienst.[7]

6   Die Umsetzung (auch) der Richtlinie (RL) 2000/78/EG zur Festlegung eines allgemeinen Rahmens für die Verwirklichung der Gleichbehandlung in Beschäftigung und Beruf vom 27. 11. 2000 in staatliches Recht ist mit Inkrafttreten des Allgemeinen Gleichbehandlungsgesetzes (AGG) zum 18. 8. 2006[8] erfolgt.

7   Neben den allgemein zulässigen Abweichungen wegen beruflicher Anforderungen nach § 8 AGG, ist in § 9 AGG ausdrücklich bestimmt:

---

5 Vgl. Richtlinien über persönliche Anforderungen an Diakone und Laien im pastoralen Dienst im Hinblick auf Ehe und Familie vom 28. 9. 1995, Amtsblatt des Erzbistums Köln 1995 Nr. 297 S. 331; dazu: *Weiß*, Die Richtlinien über persönliche Anforderungen an Diakone und Laien im pastoralen Dienst, FS Listl, S. 543 ff.
6 *Weber, Hermann*, ZevKR 47. Bd. [2002] S. 221, 240.
7 *de Wall*, ZevKR, 47. Bd. [2002] S. 205, 211.
8 BGBl. I S. 1897.

Ungeachtet des § 8 ist eine unterschiedliche Behandlung wegen der Religion oder der Weltanschauung bei der Beschäftigung durch Religionsgemeinschaften, die ihnen zugeordneten Einrichtungen ohne Rücksicht auf ihre Rechtsform oder durch Vereinigungen, die sich die gemeinschaftliche Pflege einer Religion oder Weltanschauung zur Aufgabe machen, auch zulässig, wenn eine bestimmte Religion oder Weltanschauung unter Beachtung des Selbstverständnisses der jeweilgen Religionsgemeinschaft oder Vereinigung im Hinblick auf ihr Selbstbestimmungsrecht oder nach der Art der Tätigkeit eine gerechtfertigte berufliche Anforderung darstellt.

Das Verbot unterschiedlicher Behandlung wegen der Religion oder der Weltanschauung berührt nicht das Recht der in Absatz 1 genannten Religionsgemeinschaften, der ihnen zugeordneten Einrichtungen ohne Rücksicht auf ihre Rechtsform oder der Vereinigungen, die sich die gemeinschaftliche Pflege einer Religion oder Weltanschauung zur Aufgabe machen, von ihren Beschäftigten ein loyales und aufrichtiges Verhalten im Sinne ihres jeweiligen Selbstverständnisses verlangen zu können.

In das Geflecht der Beurteilung der Einstellungs- und Anstellungsvoraussetzungen ist die MAV unter den in § 34 genannten Voraussetzungen gemäß §§ 33 und 34 einbezogen. Allerdings unterliegt **nicht jede Einstellung und Anstellung** ihrem Zustimmungsrecht. Denn nur die Anstellung und die Einstellung von Mitarbeiterinnen und Mitarbeitern i. S. v. § 3 Abs. 1 S. 1 ist von der Zustimmung der MAV abhängig und das auch nur dann, wenn nicht eine zusätzliche Ausnahmebestimmung das Mitbestimmungsrecht der MAV weiter einschränkt (vgl. § 3 Abs. 1 S. 2, Abs. 2, Abs. 3 S. 2; § 34 Abs. 1 S. 3 Nr. 1 und 2). Abgesehen von den genannten Ausnahmen können Einstellungen und Anstellungen nur mit Zustimmung der MAV erfolgen.[9] Vom Mitbestimmungsrecht der MAV ausgenommen sind die Einstellungen von Zivildienstleistenden (§ 3 Rn 112, auch § 53), kurzzeitig Beschäftigten (§ 34 Abs. 1 S. 3 Nr. 2 i. V. m. § 8 Abs. 1 Nr. 2 SGB IV) und Mitarbeiterinnen und Mitarbeitern für pastorale Dienste oder religiöse Unterweisung (Kleriker und Laien), die zu ihrer Tätigkeit der ausdrücklichen Sendung oder Beauftragung bedürfen (§ 34 Abs. 1 S. 3 Nr. 1), und eben Kleriker und Ordensleute (§ 3 Abs. 3). 8

Auf die besonderen Ausnahmevorschriften des § 54 Abs. 2 und 3 wird hingewiesen.

Die Zustimmungsverweigerung kann nur auf die in § 34 Abs. 2 genannten, sehr eng begrenzten Zustimmungsverweigerungsgründe gestützt werden, wobei – nach den Erfahrungen der staatlichen Rechtsprechung mit einer sinngemäßen Regelung wie in § 34 Abs. 2 Nr. 2 – dieser letztere Zustimmungsverweigerungsgrund ohne eigentliche praktische Auswirkung ist. 9

II. Begriffe »Einstellung« – »Anstellung«

1. Personenkreis

Das Zustimmungsrecht der MAV erfasst 10
– Mitarbeiter und Mitarbeiterinnen i. S. v. § 3 Abs. 1 S. 1,
– solche Personen, die darüber hinaus in die Einrichtung zur Arbeitsleistung zum Zwecke der Erfüllung des Betriebszwecks integriert werden, ohne Arbeitnehmer des Dienstgebers zu sein,
– Beamte (§ 3 Rn 31) unter den Voraussetzungen des § 3 Abs. 1 S. 1 als Beschäftigte der Diözesen als Körperschaften des öffentlichen Rechts oder anderer Körperschaften, Anstalten (z. B. KZVK/ VDD) oder Stiftungen des öffentlichen Rechts.

Als Körperschaften des öffentlichen Rechts haben die Diözesen in der Bundesrepublik Deutschland Dienstherrenfähigkeit. Sie können, was vereinzelt geschieht, Dienstverhältnisse der bei ihnen Beschäftigten nach öffentlich-rechtlichen Grundsätzen ordnen. Daraus folgt die Begründung von **Beamtenverhältnissen** (so z. B. in den Diözesen Freiburg, Fulda, Hildesheim, Limburg, Mainz, Osnabrück, Stuttgart, Speyer).[10] Macht die Kirche davon Gebrauch, wird das Dienstverhältnis nicht durch einen 11

---

9 *Schlichtungsstelle Köln*, 15. 2. 1995 – MAVO 18/94.
10 Überblick bei: *Schlief*, Beamte in der katholischen Kirche, KuR 320 S. 1, 1999 S. 97.

Arbeitsvertrag, sondern einseitig durch einen Hoheitsakt der Kirche begründet. Auf dieses so begründete Beamtenverhältnis der Kirche findet Arbeitsrecht keine Anwendung, sondern es gilt ausschließlich die kirchliche Ordnung für dieses Beamtenverhältnis. Für die Annahme, dass es sich um ein öffentlich-rechtliches Dienstverhältnis handelt, muss als Voraussetzung verlangt werden, dass die Kirche Besoldung und Versorgung nach allgemein geltenden beamtenrechtlichen Grundsätzen zusagt.[11] Auch die ausdrückliche, gesetzliche Regelung des Landes NRW im Gesetz v. 15.7.1976 über die Errichtung der »Kirchlichen Zusatzversorgungskasse des Verbandes der Diözesen Deutschlands«[12] (dort § 2), gibt der KZVK/VDD das Recht, Kirchenbeamte zu haben. Das bedeutet, dass die »Einstellung« eines Kirchenbeamten unter Begründung eines Beamtenverhältnisses der Zustimmung unter dem Begriff der »Anstellung« (Rn 42 f.) unterliegt.

12 Erfasst werden durch § 34 die auf Grund von **Gestellungsverträgen** Beschäftigten, seien es **Ordensleute** oder **DRK-Schwestern**[13] und sonstige Zuweisungen von Mitarbeitern anderer Rechtsträger. Dies ist nunmehr ausdrücklich klargestellt. Aufgrund eines Gestellungsvertrages tätige Personen sind Mitarbeiter i. S. d. MAVO (§ 3 Abs. 1 S. 1 Nr. 3). Tritt daher im Rahmen eines Gestellungsvertrages (§ 29 Rn 53) zwischen dem Dienstgeber und dem Gestellungsvertragspartner (Orden, Schwesternschaft, sonstiger anderer Rechtsträger) z. B. eine neue Schwester ihren Dienst in einer die MAVO anwendenden Einrichtung an, so hat der Dienstgeber vor Antritt der Arbeitsaufnahme bei der MAV die Zustimmung zur Einstellung zu beantragen, weil es u. a. um die Schutzinteressen der beim Dienstgeber als Träger der Einrichtung angestellten Mitarbeiter geht. Ein Eingriff in die Rechte der Schwesternschaft erfolgt hierdurch nicht, weil eine Beschäftigung einer von der Schwesternschaft gestellten Person, deren Einstellung die MAV begründet verweigern könnte (§ 34 Abs. 2), sich dann allerdings gleichzeitig als Verstoß gegen die vertraglichen Vereinbarungen zwischen dem Dienstgeber und der Schwesternschaft darstellen würde.[14]

13 Auf Leiharbeitnehmer i. S. d. AÜG ist der Einstellungsbegriff anwendbar, da sie eine weisungsgebundene Tätigkeit zur Verwirklichung des arbeitstechnischen Zwecks der Einrichtung ausüben sollen.[15] Gemäß § 14 Abs. 3 S. 1 AÜG liegt bei Arbeitsaufnahme von Leiharbeitnehmern eine Einstellung vor. Die MAV ist vor der Übernahme eines Leiharbeitnehmers zur Arbeitsleistung nach § 34 zu beteiligen. Das folgt nunmehr ausdrücklich aus § 34 Abs. 1 S. 2. Im Übrigen ist durch § 3 Abs. 1 S. 2 weiterhin festgelegt, dass Leiharbeitnehmer keine Mitarbeiterinnen und Mitarbeiter i. S. d. MAVO sind.

14 Die Aufnahme eines bei einer Drittfirma angestellten Arbeitnehmers in eine Einrichtung zur Arbeitsleistung kann – völlig unabhängig von der Bezeichnung des der Arbeitsaufnahme zugrunde liegenden Vertrages zwischen Einrichtung und der Drittfirma und der mit diesem Vertrag beabsichtigten Rechtsfolgen – als Arbeitnehmerüberlassung den Tatbestand der »Einstellung« erfüllen.[16] § 34 Abs. 1 stellt nämlich im Unterschied zu § 99 BetrVG nicht auf die »Einstellung« als solche sondern auf die »Einstellung und Anstellung von Mitarbeiterinnen und Mitarbeitern« ab. Nach § 99 BetrVG kommt es nicht zusätzlich auf den Arbeitnehmerbegriff sondern lediglich auf die weisungsgebundene Tätigkeit an, die im Betrieb zu verrichten ist.[17] Die MAVO kennt ebenfalls wie das BetrVG verschiedene Sonderformen des Beschäftigungsverhältnisses, wie dies durch § 3 Abs. 1 S. 1 Nr. 1–4 zum Ausdruck kommt. Zudem ist zu bedenken, dass das Mitbestimmungsrecht bei der Einstellung den Schutz der

---

11 Zu den Problemen des öffentlichen Dienstrechtes im kirchlichen Raum: *BVerfG*, 21.9.1976, BVerfGE 42, 312, 339; *Jurina*, Dienst- und Arbeitsrecht im Bereich der Kirchen, 65; *von Campenhausen*, Essener Gespräche. Die Verantwortung der Kirche und des Staates für die Regelung von Arbeitsverhältnissen im kirchlichen Bereich, Bd. 18 S. 9, 32.
12 GVBl. 1976, 264.
13 Dazu: *Thiel*, ZMV 2000, 162.
14 So bereits zur bisherigen Fassung der MAVO: *Schlichtungsstelle Köln*, 12.1.2000 – MAVO 8/99 = ZMV 2000, 53, 58 f.; vgl. auch: *BVerwG*, 27.8.1997 – 6 P 7.95, ZTR 1998 S. 33.
15 ErfK-*Kania*, BetrVG § 99 Rn 8.
16 *BVerwG*, 6.9.1995 – 6 P 9.93, PersV 1996, 258 = NVwZ 1997, 82.
17 *Fitting*, BetrVG § 99 Rn 33, 36.

bereits Beschäftigten in der Einrichtung bei der personellen Zusammensetzung der Dienstgemeinschaft zu gewährleisten hat.[18]

Sollte von vornherein die Beschäftigung eines Leiharbeitnehmers über 24 Monate hinaus beabsichtigt sein, so ist eine solche beabsichtigte Regelung gesetzlich nicht mehr unzulässig. Allerdings gilt hier sodann der besondere Zustimmungsverweigerungsgrund nach § 34 Abs. 2 Nr. 3. Eine zustimmungspflichtige Einstellung liegt nicht vor, wenn der Arbeitnehmer auf Grund eines zwischen der Einrichtung und der Drittfirma abgeschlossenen Werk- oder Dienstvertrages bei der Einrichtung tätig wird.[19] Dabei stellt die Rechtsprechung, vor allem die des *BAG*, für eine Arbeitnehmerüberlassung entscheidend darauf ab, ob der Arbeitnehmer in den Betrieb der Einrichtung des Entleihers eingegliedert ist und den Weisungen der Einrichtung unterliegt. Für den Dienst- oder Werkvertrag ist entscheidend, ob der Dienst- oder Werkunternehmer über die betrieblichen oder personellen Voraussetzungen verfügt, die Tätigkeiten der von ihm zur Erfüllung vertraglicher Pflichten im Betrieb eines Dritten (der Einrichtung) eingesetzten Arbeitnehmer vor Ort zu organisieren und ihnen Weisungen zu erteilen.[20] 15

Auch für Teilzeitbeschäftigte (§ 2 TzBfG) gilt § 34. Werden Arbeitnehmer auch nur eine Stunde pro Woche beschäftigt, so besteht das Zustimmungsrecht der MAV uneingeschränkt.[21] Auch die Einstellung von **Studenten**, die von einem Dienstgeber nur tageweise zur Aushilfe beschäftigt werden, ohne dass sie kurzfristig i. S. d. § 8 Abs. 1 Nr. 2 SGB IV eingestellt sind, unterliegt dem Zustimmungsrecht der MAV.[22] Jedoch kann die Zustimmungsverweigerung nicht auf die Tatsache gestützt werden, dass der Dienstgeber ein befristetes Teilzeitarbeitsverhältnis begründet hat.[23] Etwas anderes könnte nur gelten, wenn der Dienstgeber fortlaufend über die Befristungsgrenze des § 14 Abs. 2 TzBfG hinaus, jeweils auf ein halbes Jahr befristete Einstellungen vornimmt, vor allem wenn er damit die Schaffung neuer Arbeitsplätze und die Anhebung vorhandener Planstellen absichtlich verhindern will.[24] 16

Ausgenommen von der Zustimmungspflicht der MAV bei der Einstellung sind geringfügig (kurzzeitig) Beschäftigte i. S. d. § 8 Abs. 1 Nr. 2 SGB IV, § 34 Abs. 1 S. 3 Nr. 2. Es ist dafür wichtig, die Bestimmungen des § 8 Abs. 1 Nr. 1 SGB IV von der Regelung des § 8 Abs. 1 Nr. 2 SGB IV strikt zu unterscheiden. 17

§ 8 Abs. 1 Nr. 1 SGB IV hat folgenden Wortlaut: »Eine geringfügige Beschäftigung liegt vor, wenn das Arbeitsentgelt aus dieser Beschäftigung regelmäßig im Monat 400 Euro nicht übersteigt.« 18

Dieser Personenkreis unterliegt der Zustimmungspflicht der MAV bei der Einstellung. 19

§ 8 Abs. 1 Nr. 2 SGB IV hat dagegen folgenden Wortlaut: »Eine geringfügige Beschäftigung liegt vor, wenn die Beschäftigung innerhalb eines Kalenderjahres auf längstens zwei Monate oder 50 Arbeitstage nach ihrer Eigenart begrenzt zu sein pflegt oder im voraus vertraglich begrenzt ist, es sei denn, dass die Beschäftigung berufsmäßig ausgeübt wird und ihr Entgelt 400 Euro im Monat übersteigt.« 20

Nur der unter Nr. 2 genannte Personenkreis wird aus dem Geltungsbereich des § 34 herausgenommen. 21

---

18 Vgl. *BAG*, 20. 9. 1990, AP Nr. 84; 5. 3. 1991, AP 90 zu § 99 BetrVG 1972.
19 Zu den Unterscheidungsmerkmalen zwischen einem freien Dienst- oder Werkvertrag und einer Arbeitnehmerüberlassung siehe *BVerwG*, 20. 5. 1992 – 6 P 4/90, Buchholz 251.8; *BAG*, 9. 11. 1994 – 7 AZR 217/94, AP Nr. 18 zu § 1 AÜG; 30. 1. 1991 – 7 AZR 497/89, AP Nr. 8 zu § 10 AÜG.
20 *ErfK-Wank*, § 1 AÜG Rn 12 ff.
21 *Schlichtungsstelle Freiburg*, 23. 9. 1994 – 1994/2, ZMV 1994, 297.
22 *OVG Hamburg*, 20. 5. 1986 – Bs PB 8/85, ZBR 1987, 27.
23 Ständige Rechtsprechung, *BVerwG*, 14. 11. 1989 – 6 P 4/87, PersVG 1990, 234; ebenso *BAG*, 16. 7. 1985 – 1 ABR 35/83, AP Nr. 21 zu § 99 BetrVG 1972.
24 *BVerwG*, 3. 2. 1993 – 6 P 28/91, PersV 1994, 225.

22 Systematisch betrachtet unterscheidet § 8 Abs. 1 SGB IV also zwei Beschäftigungsgruppen:
– Die Gruppe der geringfügig entlohnten Beschäftigten ohne Rücksicht auf den wöchentlichen Beschäftigungsumfang (§ 8 Abs. 1 Nr. 1 SGB IV),
– die Gruppe der kurzzeitig (auch kurzfristig) und nicht beruflich Beschäftigten (§ 8 Abs. 1 Nr. 2 SGB IV).

23 Bei der Tätigkeit der kurzzeitig Beschäftigten, die aus dem Zustimmungsrecht des § 34 herausgenommen sind, handelt es sich um eine Beschäftigung, die nicht berufsmäßig ausgeübt wird. Unbefristet nebenberuflich tätige Lehrer mit an einem Tag in der Woche zu erteilendem Unterricht erreichen zwar nicht 50 Arbeitstage im Jahr, üben ihre Tätigkeit aber beruflich aus und sind deshalb, wenn nicht von vornherein befristet, nicht geringfügig (kurzzeitig) beschäftigt. Denn das Gesetz regelt, dass eine kurzzeitige Beschäftigung nur vorliegt, wenn sie innerhalb eines Kalenderjahres auf längstens zwei Monate oder 50 Arbeitstage im Kalenderjahr beschränkt ist und diese Beschäftigungszeiten innerhalb eines Kalenderjahres eingehalten und auch die Nichtberuflichkeit gewahrt werden. Nur unter diesen beiden Voraussetzungen fallen diese Beschäftigten unter § 8 Abs. 1 Nr. 2 SGB IV und werden dann vom Geltungsbereich des § 34 nicht erfasst.

24 Man wird zu § 34 die Auffassung vertreten können, dass bei dem von der Mitbestimmung ausgenommenen Personenkreis die Beschäftigung nicht zu einer echten Eingliederung in die Einrichtung führt. Die einrichtungsmäßige und soziale Bindung fehlt, die für die Eingliederung dieses Personenkreises in die Einrichtung entscheidend ist. Eine Eingliederung in die Einrichtung ist bei der Art der oft nur vorübergehenden Tätigkeit auch gar nicht beabsichtigt. Zu denken ist hier an kurzfristige Ferienbeschäftigungen von Studenten, an kurzfristige Urlaubs- und Krankheitsvertretungen.[25]

25 Andererseits gilt: Sobald bei einem Mitarbeiter – mag er auch nur geringfügig beschäftigt sein – eine regelmäßige und dauernde, nicht nur eine vorübergehende Beschäftigung festgestellt wird, gehört er nicht mehr zum Personenkreis des § 8 Abs. 1 Nr. 2 SGB IV. Hier handelt es sich nicht mehr um eine »unbedeutende« Tätigkeit, die aus dem Geltungsbereich des § 34 herauszunehmen wäre.

26 Ausgenommen sind auch Mitarbeiter für **pastorale Dienste** und religiöse Unterweisung, die zu ihrer Tätigkeit der ausdrücklichen bischöflichen Sendung bedürfen, (§ 34 Abs. 1 S. 3 Nr. 1). Dieser Vorbehalt ist deswegen gemacht worden, um die besondere Verantwortung des jeweiligen Diözesanbischofs für die Auswahl im pastoralen Bereich hervorzuheben. Seine Zuständigkeit kann im Bereich der Glaubensverkündung nur gesichert bleiben, wenn er bei der Auswahl und Einstellung solcher Mitarbeiter nicht an die Mitbestimmung durch die MAV gebunden ist. Was der jeweilige Ortsbischof als pastorale Dienste oder religiöse Glaubensunterweisung ansieht und wieweit daher die Einschränkung des Rechtes der MAV nach § 34 diesem Personenkreis gegenüber geht, bestimmt der Bischof. Er kann die Dienste generell festlegen, für die sein Vorbehalt gilt. Er könnte aber auch in einem Einzelfall eines einzustellenden Mitarbeiters festlegen, dass dieser seine Aufgabe nur im Rahmen einer ausdrücklichen bischöflichen Sendung ausüben kann und darf.

27 Diese Ausnahme von § 34 gilt gemäß § 34 Abs. 1 S. 3 Nr. 1 und 2 nur für die Anstellung und Einstellung von Mitarbeitern im pastoralen Dienst und Personen mit kurzzeitig befristeten Arbeitsverträgen i. S. v. § 8 Abs. 1 Nr. 2 SGB IV. Im Rahmen des § 35 – also der Mitbestimmung an anderen persönlichen Angelegenheiten des Mitarbeiters tritt gemäß § 35 Abs. 1 Nr. 5 für die Mitarbeiter für pastorale Dienste oder religiöse Unterweisung an die Stelle der Mitbestimmung die Beteiligung der MAV in Form der Anhörung und Mitberatung (§ 29 Abs. 1 Nr. 10); im Übrigen gilt die Mitbestimmung für diesen Personenkreis nicht in den Fällen des § 36 Abs. 2 i. V. m. § 36 Abs. 1 Nr. 1; dazu § 29 Abs. 1 Nr. 2.

Auf die **Sonderregelung in § 54 Abs. 2 und 3** wird hingewiesen.

---

25 *BVerwG*, 27. 11. 1991 – 6 P 15/90, PersV 1992, 225; schon *BVerwG*, 11. 2. 1981, PersV 1982, 110.

2. Einstellung

Einstellung ist die Begründung eines Beschäftigungsverhältnisses, sei es befristet oder unbefristet. **28** Entscheidend ist bereits die tatsächliche Eingliederung in eine kirchliche Einrichtung, nicht erst der spätere Abschluss des Arbeitsvertrages.[26] Allerdings ist der Abschluss des Arbeitsvertrages maßgebender Zeitpunkt für die Mitbestimmung der MAV, wenn der Antritt des Dienstes zu einem späteren Termin arbeitsvertraglich vereinbart wird.[27] Die Zustimmung der MAV ist also vor dem Abschluss des Arbeitsvertrages einzuholen.[28] Grundlage für die Arbeitsaufnahme sind u. a. außerdem der Gestellungsvertrag (z. B. mit einer DRK-Schwesternschaft),[29] das Beamtenverhältnis, das Praktikum, das Berufspraktikum, der Ausbildungsvertrag. Einstellung ist also gegeben, wenn Personen in die Einrichtung eingegliedert werden, um zusammen mit den in der Einrichtung schon beschäftigten Mitarbeitern den arbeitstechnischen Zweck der Einrichtung durch weisungsgebundene Tätigkeit, die vom Dienstgeber organisiert wird, zu verwirklichen.[30] Eine zustimmungspflichtige Einstellung liegt auch vor, wenn Personen für eine in Aussicht genommene Beschäftigung eine Ausbildung (z. B. Training) erhalten, ohne die eine solche Beschäftigung nicht möglich wäre. Auf die Art der späteren Beschäftigung – Arbeitsverhältnis, Ausbildung – kommt es nicht an,[31] wohl aber auf die Mitarbeitereigenschaft (§ 34 Abs. 1).

Die Überführung eines Arbeiters in ein Angestelltenverhältnis fällt unter den Begriff Einstellung und **29** löst die Mitbestimmungsrechte der MAV aus. Dasselbe gilt bei der Aufstockung der Teilzeitarbeit auf eine Vollbeschäftigung[32] und der erheblichen **Erweiterung des Volumens der arbeitsvertraglichen regelmäßigen Arbeitszeit** schon beschäftigter Mitarbeiter der Einrichtung über mehr als einen Monat. Besetzt nämlich der Dienstgeber einen zuvor ausgeschriebenen Arbeitsplatz im Wege einer Erhöhung der vertraglichen Arbeitszeit schon beschäftigter Mitarbeiter, so liegt darin bei länger als einmonatiger Dauer eine mitbestimmungspflichtige Einstellung. Im Hinblick auf die von der MAV wahrzunehmenden Interessen der schon vorhandenen Belegschaft kommt eine Einstellung nicht nur bei der erstmaligen Eingliederung eines Mitarbeiters in die Einrichtung in Betracht. Sinn und Zweck des Mitbestimmungsrechts verlangen vielmehr eine **erneute Beteiligung der MAV** dann, wenn sich die Umstände der Beschäftigung aufgrund einer neuen Vereinbarung grundlegend ändern. Dadurch können Zustimmungsgründe erwachsen, die bei der Ersteinstellung nicht voraussehbar waren und deshalb bei der ursprünglichen Zustimmungsentscheidung der MAV noch nicht berücksichtigt werden konnten. Die Verlängerung der Wochenarbeitszeit kann eine Einstellung darstellen, wenn sie nach Dauer und Umfang eine nicht erhebliche Erweiterung der arbeitsvertraglich geschuldeten regelmäßigen Arbeitszeit bewirkt. Die »Einstellung« i. S. einer Eingliederung in die Einrichtung wird auch vom zeitlichen Ausmaß der Eingliederung bestimmt. So ist eben ein Mitarbeiter nicht mehr in der bisherigen Weise in den Betrieb eingegliedert, wenn er z. B. statt bisher zehn Wochenstunden künftig vierzig Wochenstunden anwesend ist. Die Erhöhung des regelmäßig geschuldeten Arbeitszeitvolumens beendet die bisherige Zuweisung des Arbeitsbereichs und ersetzt sie durch eine neue. Dieser Vorgang lässt sich auch nach dem Wortsinn – ebenso wie die Umwandlung eines bisher befristeten in ein unbefristetes Arbeitsverhältnis – als erneute Einstellung qualifizieren.[33] Der *KAGH* hat in seinem Urteil vom 7. 11. 2008 die Aufstockung des wöchentlichen Beschäftigungsumfangs um 7,25 Stunden nicht als erheblich angesehen und deshalb in diesem Fall mitbestimmungsrechtlich

---

26 *BVerwG*, 25. 8. 1988 – 6 P 36.85, PersV 1989, 271; 14. 11. 1989 – 6 P 4.87, PersV 1990, 234.
27 *Schlichtungsstelle Köln*, 15. 2. 1995 – MAVO 18/94, ZMV 1998, 35 LS.
28 *BAG*, 28. 4. 1992 – 1 ABR 73/91, NZA 1992, 1141.
29 *Schlichtungsstelle Köln*, 14. 3. 1986 – MAVO 1/85, NZA 1986, 690; 12. 4. 1988 – MAVO 8/87; 12. 1. 2000 – MAVO 8/99, ZMV 2000, 58 f.
30 *BAG*, 1. 8. 1989 – 1 ABR 54/88, AR-Blattei ES 640 Einstellung Nr. 15; 22. 4. 1997– 1 ABR 74/96, NZA 1997, 1297.
31 *BAG*, 20. 4. 1993 – 1 ABR 59/92, AR-Blattei ES 640 Einstellung Nr. 22.
32 *BAG*, 16. 7. 1991 – 1 ABR 69/90, DB 1991, 2492; *LAG Niedersachsen*, 12. 9. 2000 – 7 TaBV 84/99, LAGE § 99 BetrVG 1972 Einstellung Nr. 2; *BVerwG*, 2. 6. 1993 – 6 P 3.92, ZTR 1993, 525.
33 *BAG*, 25. 1. 2005 – 1 ABR 59/03, DB 2005, 1630; ebenso *KAGH*, 7. 11. 2008 – M 12/08, ZMV 2009, 33.

keine Einstellung angenommen.[34] Der Übergang infolge einer Versetzung in die aufnehmende Einrichtung zur dort aufzunehmenden Tätigkeit ist eine mitbestimmungspflichtige Einstellung aus der Sicht der MAV der aufnehmenden Einrichtung.[35] Als Einstellung gilt also auch die durch Versetzung von der abgebenden Stelle in die neue Dienststelle erfolgende Eingliederung. Dasselbe gilt im Falle der mitbestimmungspflichtigen Abordnung zu der aufnehmenden Dienststelle.[36]

30 Der MAV steht mit **Ausnahme der kurzzeitigen Beschäftigung** (§ 8 Abs. 1 Nr. 2 SGB IV) auch beim Abschluss befristeter Arbeitsverträge das Mitbestimmungsrecht gemäß § 34 zu.[37] Das gilt sowohl für Befristungen mit Sachgrund (z. B. zur Vertretung oder für einen vorübergehenden Arbeitskräftebedarf (§ 14 Abs. 1 TzBfG) wie für eine Befristung ohne Grund nach dem Teilzeit- und Befristungsgesetz (§ 14 Abs. 2, Abs. 2a, Abs. 3 TzBfG). Ohne sachlichen Grund ist die Befristung von Arbeitsverhältnissen generell für die Dauer bis zu zwei Jahren zulässig. Es kommt auf eine Neueinstellung an. Innerhalb dieser Gesamtdauer von zwei Jahren kann ein befristeter Arbeitsvertrag bis zu dreimal für eine Höchstdauer von zwei Jahren ohne Grund verlängert werden. Nach Ablauf der grundlosen Befristung kann aus sachlichem Grund befristet weiterbeschäftigt werden (§ 14 Abs. 2 S. 2 TzBfG). Die Befristungsabrede bedarf zu ihrer Wirksamkeit der Schriftform (§ 14 Abs. 4 TzBfG). Keines sachlichen Grundes bedarf die Befristung des Arbeitsvertrages, wenn der Arbeitnehmer bei Beginn des befristeten Arbeitsverhältnisses das 58. Lebensjahr vollendet hat (§ 14 Abs. 3 TzBfG). Die Befristung ist jedoch nicht zulässig, wenn bereits zuvor ein befristetes oder unbefristetes Arbeitsverhältnis bestanden hat (§ 14 Abs. 2 S. 2 TzBfG).

31 Die Mitbestimmung der MAV bei der Einstellung erstreckt sich weder auf die Frage, ob der Arbeitsvertrag befristet oder unbefristet abzuschließen ist[38] noch auf eine dabei vorgesehene Teilzeitbeschäftigung.[39] Der Arbeitgeber hat die »Arbeitnehmervertretung« über die Anzahl der befristet beschäftigten Arbeitnehmer und ihren Anteil an der Gesamtbelegschaft des Betriebes und des Unternehmens zu informieren (§ 20 TzBfG).

32 Die **Einstellung von ABM-Kräften** unterliegt dem Zustimmungsrecht der MAV gemäß § 34 Abs. 1. Die Rechtsbeziehungen zwischen dem zugewiesenen Arbeitnehmer und dem Dienstgeber richten sich bei ABM-Kräften unbeschadet der vorherigen Zuweisung durch die Agentur für Arbeit allein nach den Vorschriften des Arbeitsrechts (§ 260 Abs. 1 SGB III). Damit bleibt auch für solche ABM-Kräfte die Zuordnung zu »Mitarbeitern« i. S. d. § 3 Abs. 1 uneingeschränkt möglich.[40] Dasselbe gilt bei **Beschäftigung von Sozialhilfeempfängern,** wenn sie zusätzliche und gemeinnützige Arbeit i. S. v. früher § 19 Abs. 2 BSHG leisten,[41] jetzt gemäß § 11 Abs. 3 SGB XII, nicht allerdings bei **Zivildienstleistenden,** wenn sie dem Dienstgeber zugewiesen werden. Zivildienstleistende werden dadurch nicht Mitarbeiter i. S. d. § 3 Abs. 1 S. 1; sie werden zwar in die Einrichtung, in der sie ihren Zivildienst ausüben, eingegliedert und weisungsgebunden beschäftigt, so dass zur Aufnahme ihrer Tätigkeit nach den Grundsätzen der Rechtsprechung des BAG eigentlich die Zustimmung der MAV einzuholen wäre.[42] Dies hätte aber nur zu gelten, wenn sie Mitarbeiter i. S. d. MAVO wären. Nach der MAVO kommt es aber nicht auf die Einstellung als solche, wie nach § 99 BetrVG (vgl. dazu: ErfK-*Kania* § 99 Rn 4 ff.), sondern grundsätzlich – von der Erweiterung nach § 34 Abs. 1 S. 2 abgesehen – auf die »Einstellung von Mitarbeitern« an (§ 34 Abs. 1 S. 1). Zivildienstleistende sind aber keine Mitarbeiter i. S. d. MAVO (vgl. § 3 Rn 112). Das verdeutlicht auch § 53.

---

34 *KAGH*, 7. 11. 2008 – M 12/08, a. a. O.
35 *ArbG Siegburg*, 15. 4. 2002 – 2 Ca 2141, ZMV 2002, 202; vgl. *BVerwG*, 16. 9. 1994 – 6 P 32.92, DVBl. 1995, 199.
36 *Schlichtungsstelle Essen*, 27. 11. 2001 – 85 1 54/1 – 1/01.
37 *BVerwG*, 5. 5. 1978 – 6 P 8.78, ZBR 1978, 374.
38 *BAG*, 5. 5. 2004 – 7 AZR 629/03, ZTR 2005, 213.
39 *BVerwG*, 17. 8. 1989 – 6 P 11.87, PersV 1990, 226; 15. 11. 1989 – 6 P 2.87, PersV 1990, 235.
40 *BVerwG*, 15. 3. 1994 – 6 P 24.92, PersV 1995, 26.
41 *BVerwG*, 26. 1. 2000 – 6 P 2.99, ZTR 2000, 479.
42 *BAG*, 19. 6. 2001 – 1 ABR 25/00, BB 2002, 4.

Für sog. »**Abrufkräfte**« ist die Zustimmungspflicht nach § 34 dann zu bejahen, wenn sie zunächst in 33
eine Abrufliste aufgenommen werden und dabei noch nicht endgültig der Zeitpunkt der Dienstaufnahme und die voraussichtliche Dauer der Beschäftigung feststehen. Zustimmungspflichtig ist der zusammengehörige Lebensvorgang, der mit der Aufnahme der Bewerber in die Liste beginnt und alle nachfolgenden Arbeitsverhältnisse umfasst, die auf der Grundlage der Liste für eine und dieselbe Person abgeschlossen werden. Es ist also für die Einstellung von Abrufkräften für dieselbe Person und denselben Arbeitsplatz nicht bei jeder neuen Abrufbeschäftigung ein neues Zustimmungsverfahren nach § 34 durchzuführen. Vielmehr handelt es sich um ein einheitliches Zustimmungsverfahren an dem Zeitpunkt der Aufnahme in die Abrufliste.[43] Im Übrigen wird wegen der materiell-rechtlichen Problematik solcher Abrufarbeitsverhältnisse auf § 12 TzBfG hingewiesen.

Auch die **Einstellung zur Ausbildung** ist mitbestimmungspflichtig.[44] Zu diesem Kreis gehören **Auszubildende** 34
i. S. d. Berufsbildungsgesetzes (§ 3 Abs. 1 MAVO), andere Personen im Rahmen einer Ausbildungsmaßnahme, wie **Praktikanten** und **Berufspraktikanten**, die zu ihrer Ausbildung in der Einrichtung beschäftigt werden. Eine berufliche Hinführung zu einer erst noch zu erfolgenden Berufsausbildung reicht aus,[45] nicht hingegen Schülerpraktikanten, da lediglich informatorische Zwecke des Kennenlernens der Arbeitswelt im Vordergrund stehen.[46] Vom Arbeitsverhältnis unterscheidet sich das Praktikantenverhältnis durch die im Vordergrund der Vertragsbeziehungen stehende Ausbildung, während das Arbeitsverhältnis den reinen Austausch von Arbeitsleistungen gegen Arbeitsvergütung zum Gegenstand hat. Das Berufsausbildungsverhältnis unterscheidet sich vom Praktikantenverhältnis dadurch, dass im Berufsausbildungsverhältnis die Ausbildung nach einer Berufsausbildungsordnung für einen anerkannten Ausbildungsberuf bis zum Prüfungsabschluss erfolgt, was z. B. bei einem **Vorpraktikanten** nicht der Fall ist. Das Praktikantenverhältnis ist ein Arbeitsverhältnis besonderer Art.[47] Es gelten ebenso wie für den Berufsausbildungsvertrag (§ 10 BBiG) die für den Arbeitsvertrag geltenden Rechtsvorschriften und Rechtsgrundsätze (§ 26 i. V. m. § 10 BBiG).[48] Das bezeugen die Ordnungen für Berufspraktikanten im kirchlichen Dienst nach abgelegtem Examen (z. B. AVR-Caritas, Anlage 7 D; Praktikantenordnung der Diözesen in NRW, wonach außer der Praktikantenvergütung wesentliche Vorschriften der KAVO der Diözesen in NRW Anwendung finden; vgl. auch Regelung der Arbeitsbedingungen für Praktikanten, ABD Teil D, 2.1).

Bei der Besetzung sog. Arbeitsgelegenheiten gem. § 16d SBG II (**Ein-Euro-Job**) handelt es sich nicht 35
um eine Einstellung einer Mitarbeiterin/eines Mitarbeiters. Es handelt sich vielmehr um eine sozialrechtliche Maßnahme, durch die kein Arbeitsverhältnis begründet wird. Es geht im eigentlichen Sinne um die Erbringung von »im öffentlichen Interesse liegenden, zusätzlichen Arbeiten«.[49] Damit unterscheidet sich deren Beschäftigung deutlich von der Tätigkeit der Mitarbeiterinnen und Mitarbeiter der MAVO, durch die die Einrichtung ihren Teil am Sendungsauftrag der Kirche erfüllt. Da somit die sog. ein-Euro-Jobber nicht als Mitarbeiter anzusehen sind scheidet das Mitbestimmungsrecht nach § 34 aus.[50]

Wegen der Vorschrift des § 34 Abs. 1 S. 3 Nr. 2 zu den kurzzeitig Beschäftigten (§ 8 Abs. 1 Nr. 2 36
SGB IV) ist das Zustimmungsverfahren erst erforderlich, wenn die Ausnahme nach § 8 Abs. 1 Nr. 2 SGB IV nicht mehr greift, weil die Maßnahme länger als zwei Monate oder 50 Arbeitstage dauern soll.

---

43 *BVerwG*, 3. 2. 1993 – 6 P 28/91, AP Nr. 43 zu § 75 BPersVG.
44 *BAG*, 3. 10. 1989 – 1 ABR 68/88, EzA § 99 BetrVG 1972 Nr. 79.
45 *LAG Rheinland-Pfalz*, 8. 6. 1984 – 6 Sa 51/84, NZA 1986 S. 293.
46 *BAG*, 8. 5. 1990 – 1 ABR 97/89, NZA 1990, 896.
47 *Schlichtungsstelle Köln*, 22. 11. 1993 – MAVO 6/93, ZMV 1994, 36.
48 *BAG*, 19. 6. 1974 – 4 AZR 463/73, AP Nr. 3 zu § 3 BAT; *Papenheim*, Arbeitsbedingungen, S. 31, 111 ff.
49 *Fuhrmann*, in: Grundkonsens in der Dienstgemeinschaft, Festschrift für Rückl, S. 105 [109-111].
50 So für die seinerzeit geltende wortgleiche Regelung in § 16 Abs. 3 S. 2 SGB II: *KAGH*, 30. 11. 2006 – M 01/06, ZMV 2007, 79.

37 Als **zustimmungspflichtige Einstellung** ist anzusehen die Verlängerung eines befristeten Arbeitsverhältnisses, ebenso die Umwandlung eines zunächst befristet abgeschlossenen Arbeitsverhältnisses in einen Dauerarbeitsvertrag.[51] Wird das Arbeitsverhältnis, das nach einer entsprechenden Vereinbarung oder nach § 19 Abs. 3 AVR-Caritas mit dem 65. Lebensjahr endet, fortgesetzt, besteht das Mitbestimmungsrecht der MAV. Aus § 19 Abs. 4 S. 1 AVR ergibt sich, dass in diesem Falle ein neuer Arbeitsvertrag abzuschließen ist[52] (vgl. dazu auch § 35 Abs. 1 Nr. 8 MAVO).

38 **Keine Einstellung** i. S. v. § 34 liegt vor bei Umwandlung eines Vollzeitarbeitsverhältnisses in ein Teilzeitarbeitsverhältnis nach dem Altersteilzeitgesetz[53] und bei der Wiederaufnahme eines ruhenden Arbeitsverhältnisses. Dabei macht es keinen rechtlichen Unterschied, ob das Arbeitsverhältnis kraft Gesetzes z. B. gemäß §§ 15, 16 BEEG wegen der Elternzeit, § 1 ArbPlSchG während des Wehrdienstes bzw. Zivildienst (§ 78 ZDG i. V. m. § 1 ArbPlSchG) oder auf Grund einer vertraglichen Vereinbarung wegen Studiums oder aus Gründen der Pflege von Kindern oder pflegebedürftigen Angehörigen im Wege eines unbezahlten Sonderurlaubs i. S. v. § 50 Abs. 1 ABD, § 38 Abs. 2 KAVO oder § 10 der Anlage 14 zu den AVR-Caritas ruht.

In den genannten Fällen besteht bereits ein Arbeitsverhältnis, wenn es – wenn auch möglicherweise zu veränderten Arbeits- und Entgeltbedingungen – wieder aufgenommen wird. Ändert sich die Eingruppierung, besteht u. U. ein Zustimmungsrecht nach § 35 Abs. 1 Nr. 1 bzw. Nr. 3. Eine Einstellung erfolgt aber dann, wenn ein Mitarbeiter oder eine Mitarbeiterin aus der Elternzeit zur Vertretung einer ausgefallenen oder eine Arbeitskraft teilzeitbeschäftigt eingesetzt wird.[54] Die Umwandlung eines unbefristeten in ein befristetes Arbeitsverhältnis ist eine Vereinbarung über die Auflösung eines Arbeitsverhältnisses zu einem bestimmten Zeitpunkt[55] und daher nicht mitbestimmungspflichtig.

39 Keine »Einstellung« i. S. d. § 34 liegt vor, wenn der Arbeitgeber eine **Kündigung** »**zurücknimmt**«. Eine Kündigung wird gegenstandslos, wenn der Arbeitnehmer, der »Rücknahme« zustimmt, das Arbeitsverhältnis also ohne Unterbrechung fortgesetzt wird. Dasselbe – ein Fortbestand des Arbeitsverhältnisses – ist anzunehmen, wenn die ausgesprochene Kündigung absolut unwirksam ist (z. B. Kündigung einer Schwangeren, die nach § 9 MuSchG gesetzlich ausdrücklich verboten ist). Auch die **Weiterbeschäftigung eines Auszubildenden nach § 18 Abs. 4** (§ 18 Rn 62 ff.) fällt nicht unter den Begriff »Einstellung«. Der Auszubildende muss auf Grund einer gesetzlichen Bestimmung weiterbeschäftigt werden, wenn die Voraussetzungen für diese Weiterbeschäftigung gegeben sind. Dagegen ist die Weiterbeschäftigung eines Auszubildenden nach Beendigung seiner Ausbildungszeit auf Grund einer vertraglichen Vereinbarung mit dem Dienstgeber bzw. nach § 24 BBiG (Weiterarbeit nach Beendigung der Ausbildung) eine Einstellung und unterliegt der Zustimmung nach § 34.[56]

40 Das Mitbestimmungsrecht der MAV besteht erst, wenn der Dienstgeber sich für die Einstellung eines bestimmten Bewerbers entschlossen hat. Die **Entscheidung, welchen Bewerber er einstellt (Auswahlentscheidung)** und für wen er die Zustimmung der MAV einholt, ist ausschließlich **Sache des Dienstgebers**. Die MAV hat im Rahmen der Zustimmungsverweigerungsgründe die Möglichkeit, zu beanstandende beabsichtigte Einstellungen zu verhindern. Sie kann aber weder erreichen, dass ein abgelehnter Stellenbewerber gegen den Willen des Dienstgebers eingestellt wird, noch kann sie mit der Begründung, ein anderer Mitarbeiter oder Bewerber sei für die vorgesehene Position besser geeignet, seine Einstellung im Zustimmungsverfahren durchsetzen.

---

51 *BVerwG*, 13. 2. 1979 – 6 AP 48.78, ZBR 1979, 279; *BAG*, 28. 10. 1986 – 1 ABR 16/85, EzA § 118 BetrVG 1972 Nr. 38; *Schlichtungsstelle Münster*, 30. 8. 1993 – SchliV MAVO 8/93, ZMV 1994, 254; 10. 3. 1999 – SchliV MAVO 10/98, ZMV 1999, 186.
52 *BAG*, 12. 7. 1988 – 1 ABR 85/86, EzA § 99 BetrVG 1972 Nr. 59.
53 *BVerwG*, 12. 6. 2001 – 6 P 11/00, NZA 2001, 1091.
54 *BAG*, 28. 4. 1998 – 1 ABR 63/97, AR-Blattei ES 640 Einstellung Nr. 25 = NZA 1998, 1352.
55 *Schlichtungsstelle Paderborn*, 30. 6. 2000 – V/2000.
56 *LAG Hamm*, 14. 7. 1982 – 12 TaBV 27/82, DB 1982, 2303.

Zustimmung bei Einstellung und Anstellung § 34

Eine ganz andere Frage ist es, ob der Dienstgeber seine Einstellungsentscheidung sachlich und umfassend zu begründen hat (§ 33 Abs. 2 S. 1 = § 33 Rn 20; § 34 Abs. 3 = Rn 45 ff.). Aus Landesrecht und diözesanem Kirchenrecht kann sich ergeben, dass der Dienstgeber weitere Beteiligte zu geplanten Einstellungen – wie auch Entlassungen – anzuhören hat, wie dies z. B. bei den Gremien der Erziehungsberechtigten in den Tageseinrichtungen für Kinder vorgesehen ist (vgl. etwa § 6 Abs. 4 GTK NRW; § 3 Abs. 4 Statut für die katholischen Tageseinrichtungen für Kinder in den (Erz-)Diözesen Aachen, Essen, Köln, Münster und Paderborn (Amtsblätter der Diözesen, vgl. Amtsblatt des Erzbistums Köln 1993 Nr. 4 S. 9). 41

3. Anstellung

Die MAV bestimmt auch mit bei der »Anstellung« von Mitarbeitern, die im Beamtenverhältnis eingestellt werden. Dass die Kirche als öffentlich-rechtliche Körperschaft auch in ihrem Bereich Beamtenverhältnisse begründen kann, folgt aus § 135 BRRG. »Anstellung« im beamtenrechtlichen Sinn bedeutet die Ernennung eines Mitarbeiters unter erster Verleihung eines Amtes, das in der Besoldungsordnung aufgeführt ist (§§ 2 und 5 BRRG). Dabei kann ein Beamtenverhältnis begründet werden als Beamtenverhältnis auf Zeit, auf Widerruf, zur Probe und auf Lebenszeit (§ 3 Abs. 1 BRRG). 42

Wird ein Mitarbeiter als Angestellter eingestellt und erhält er eine **beamtenähnliche vertragliche** Regelung zugesagt, so ist er kein Kirchenbeamter, sondern Angestellter (Arbeitnehmer) der kirchlichen Einrichtung. Seine Stellung bleibt die eines Angestellten so auch für die vergleichbaren DO-Angestellten der öffentlich-rechtlichen Sozialversicherungsträger,.[57] Auf dieses Dienstverhältnis finden arbeitsvertragliche Grundsätze Anwendung. Mitbestimmungsrechtlich fällt dieses Dienstverhältnis unter den Begriff der »Einstellung«. 43

4. Freie Mitarbeit

Ob ein freier Mitarbeiter wegen seiner Arbeitsaufnahme vom Zustimmungsrecht der MAV erfasst wird, hängt von der Art seiner Tätigkeit in der Einrichtung ab. Nach der Rechtsprechung des *BAG* liegt eine mitbestimmungspflichtige Einstellung nicht vor, wenn weisungsfreie Tätigkeit verrichtet wird. Das ist nicht der Fall, wenn nach Art und Intensität der Beschäftigung eine Weisungsabhängigkeit in Betracht zu ziehen ist, die dann Mitbestimmungsrechte der MAV begründet.[58] 44

III. Unterrichtungspflicht des Dienstgebers (§ 34 Abs. 3)

1. Unterrichtung über die Person des Einzustellenden

Der Dienstgeber hat die MAV vor jeder beabsichtigten Einstellung oder Anstellung umfassend zu unterrichten (§ 33 Rn 20–22) und die Zustimmung der MAV zu diesen Maßnahmen zu beantragen. 45

Dabei hat er der MAV mitzuteilen: 46
– Angaben über die **Person** des Ein- bzw. Anzustellenden (§ 34 Abs. 3)
– den vorgesehenen **Einstellungstermin**
   den **Arbeitsplatz** (§ 73 SGB IX) sowie die Eingruppierung des Bewerbers (§ 35 Abs. 1 Nr. 1).

Anders als nach dem BetrVG und dem BPersVG, die eine Information des Betriebsrats bzw. Personalrats über alle, auch zur Einstellung nicht vorgesehenen Bewerber fordern,[59] grenzt § 34 Abs. 3 die Vorlagepflicht von Unterlagen auf die **Person des Einzustellenden** ein. Wichtige Neuerungen sind nunmehr die Regelung in Abs. 3 S. 2 und 3. Der Mitarbeitervertretung sind danach auf Verlangen ein Verzeichnis der einrichtungsinternen Bewerbungen sowie der Bewerbungen von Schwerbehinder- 47

---

57 *BAG*, 25.4.1979 – 4 AZR 791/77, AP Nr. 49 zu § 611 BGB Dienstordnungsangestellte.
58 *BAG*, 15.12.1998 – 1 ABR 9/98, BB 1999, 1497.
59 So *BAG* in ständiger Rechtsprechung, 3.12.1985 – 1 ABR 72/83, DB 1986, 917; 14.12.2004 – 1 ABR 55/03, NZA 2005, 827; *BVerwG*, 11.2.1981, ZBR 1981, 381.

ten zu überlassen. Anstelle der Überlassung eines Verzeichnisses können auch die erforderlichen Bewerbungsunterlagen zur Einsicht vorgelegt werden. Allerdings erfordert die Erweiterung, dass die MAV ihr Recht insoweit einfordert. Zum anderen ist der Dienstgeber nach wie vor nicht verpflichtet – soweit es nicht um schwerbehinderte Menschen geht – die MAV über externe Bewerber in irgendeiner Weise zu informieren. Diese Regelungen in § 34 Abs. 3 gehen als »Lex specialis« § 26 Abs. 2 vor.[60] Trotz dieses Zurückbleibens der Informationen gegenüber den Regelungen im BetrVG und dem BPersVG ist festzustellen, dass damit der Informationsstand der MAV gegenüber der bisherigen Rechtslage erweitert wird. Diese Erweiterung verbessert die Möglichkeiten der Mitwirkung der MAV für ihr Prüfungsrecht dahingehend zu kontrollieren, ob der Dienstgeber gegen den Zustimmungsverweigerungsgrund des § 34 Abs. 2 Nr. 1 verstoßen hat.

Haben sich einer oder mehrere schwerbehinderte Menschen auf den Arbeitsplatz beworben, so hat der Dienstgeber zudem gemäß § 27 Abs. 2, 4. Spiegelstrich die MAV zu informieren. Siehe auch § 29 Abs. 1 Nr. 19.

48 Soweit eine Mitteilungspflicht über den zur Einstellung vorgesehenen Bewerber nach §§ 33, 34 Abs. 3 besteht, gilt: Mitzuteilen hat der Dienstgeber die genauen Personalien, alle Umstände über die persönliche und fachliche Eignung (gegebenenfalls nach Maßgabe gesetzlicher Ausbildungskriterien) für den vorgesehenen Arbeitsplatz, die betrieblichen Auswirkungen der vorgesehenen Ein- oder Anstellung. Dabei muss der Dienstgeber alle ihm vom Bewerber mitgeteilten, aber auch von ihm selbst ermittelten Angaben der MAV zugänglich machen – also auch das vom Bewerber vorgelegte Gesundheits- und ggf. nach § 72a SGB VIII i. V. m. § 30a Abs. 1 Bundeszentralregistergesetz erweiterte polizeiliche Führungszeugnis.[61] Dazu gehören das Bestehen einer Schwangerschaft ebenso wie das Vorliegen der Schwerbehinderteneigenschaft (vgl. dazu § 26 Rn 94).[62]

49 Datenschutz steht der Mitteilung dieser Personaldaten an die MAV nicht entgegen, weil die MAV kein »Dritter« i. S. d. Datenschutzrechts ist. Die MAV ist vielmehr Teil der speichernden Stelle. Der Datenfluss zwischen Dienstgeber und MAV wird von den Vorschriften des Datenschutzrechts nicht erfasst.[63]

50 Darüber hinaus hat der Dienstgeber die MAV auch über **Vorstrafen** des Einzustellenden zu unterrichten, wenn sich daraus für die Eignung des Stellenbewerbers Schlüsse ziehen lassen (Zur Zulässigkeit dieser Frage: § 36 Rn 70) oder Schlüsse auf eine Störung des Arbeitsfriedens gezogen werden können (§ 34 Abs. 2 Nr. 2 – Rn 71 f.).

51 Der **Bewerber** kann nicht um **vertrauliche Behandlung** seiner Angaben bei der Weitergabe an die MAV bitten. Er muss von vornherein damit rechnen, dass der Dienstgeber die MAV umfassend unterrichten muss. Dazu gehört auch die vollständige Weitergabe seiner Angaben. Verlangt der Bewerber von seinem Dienstgeber die Nichtweitergabe von Auskünften und Unterlagen an die MAV, so kann dieser solche, vom Bewerber als »vertraulich« bezeichnete Unterlagen und Tatsachen bei der Information der MAV nicht zurückhalten. Bleibt der Bewerber bei seiner Auffassung, muss der Dienstgeber von der Einstellung absehen.

---

60 So zur bisherigen Rechtslage: *Zentrale Gutachterstelle beim VDD*, Gutachten vom 24. 8. 1996, n. v.; a. A. *Schlichtungsstelle München*, 21. 8. 1996 – 19 AR 96, n. v. für die Sozialdaten der Bewerber.
61 *VerwG der EKD*, 30. 5. 1996 – 0124/A 1/96, ZMV 1996, 192. Kirchliche Rechtsträger müssen sicherstellen, dass keine Personen, die in ihren Einrichtungen mit Kindern und Jugendlichen arbeiten oder diese betreuen, eingesetzt werden, die rechtskräftig wegen einer Straftat nach §§ 171, 174 bis 174c, 176 bis 180a, 181a, 182 bis 184, 225, 232 bis 233a, 235 oder 236 StGB verurteilt worden sind; z. B. Kirchl. Amtsblatt Osnabrück 2010 Art. 88 S. 133; siehe auch § 72a SGB VIII.
62 So auch *Schlichtungsstelle Köln*, 28. 10. 1991 – MAVO 7/91 n. v.; *Schlichtungsstelle München*, 21. 8. 1996 – 19 AR 96, n. v.
63 Allg. Auffassung: *Ilbertz/Widmaier*, BPersVG, § 68 Rn 54 f.; *Fitting*, BetrVG § 83 Rn 41; *BAG*, 17. 3. 1983 – 6 ABR 33/80, AP Nr. 18 zu § 80 BetrVG 1972 = EzA § 80 BetrVG 1972 Nr. 24 = BB 1983, 1280: für Einblicksrecht des Betriebsrates in Gehaltslisten.

2. Einsicht in die Bewerbungsunterlagen

Die Unterrichtung kann mündlich wie schriftlich wirksam erfolgen (§ 33 Rn 20–22). Gemäß § 34 Abs. 3 S. 2 ist der MAV auf Verlangen im Einzelfall Einsicht in die Bewerbungsunterlagen des Einzustellenden zu gewähren. Bewerbungsunterlagen sind zunächst alle im Zusammenhang mit der Bewerbung um die Stelle vom Bewerber selbst eingereichten Unterlagen, wie Bewerbungsschreiben, Zeugnisse, Teilnahmebestätigungen über Lehrgänge, Lebenslauf, Lichtbild, Angaben über den Gesundheitszustand, der ausgefüllte Bewerbungs- bzw. Personalbogen[64] (zum Personalbogen weiter: § 36 Rn 61 ff.). Der Dienstgeber muss in die entsprechenden Unterlagen der MAV »Einsicht« »gewähren«. Bei einer mehrköpfigen MAV gelingt das regelmäßig nur durch die Überlassung, also vorübergehende Aushändigung der Akten.[65] Als Bewerbungsunterlagen sind neben den vom Bewerber selbst eingereichten auch solche Unterlagen anzusehen, die erst der Dienstgeber anlässlich der Bewerbung über die Person des Bewerbers erstellt hat, wie etwa schriftliche Auskünfte von dritter Seite und Ergebnisse von Tests, Einstellungsprüfungen oder ein Einstellungsinterview des Dienstgebers. Gerade damit gewinnt die MAV das Beurteilungsvermögen zur Prüfung möglicher Zustimmungsverweigerungsgründe.[66] Unzulässig ist die doppelte Personalaktenführung bei MAV und Dienstgeber. Lebensläufe darf die MAV nicht in ihren Akten führen (§ 34 Abs. 3 S. 2). Das ist mit dem Datenschutz gemäß § 3 KDO nicht vereinbar. Durch eine offensichtlich unvollständige Unterrichtung der MAV wird die Wochenfrist des § 33 Abs. 2 S. 2 auch dann nicht in Gang gesetzt, wenn die MAV zum Zustimmungsersuchen des Dienstgebers in der Sache Stellung nimmt.[67] 52

Weder die **Vorlage des abzuschließenden Arbeitsvertrages**,[68] noch die Angabe **der genauen Höhe des vereinbarten Entgeltes**, abgesehen von der vorgesehenen Eingruppierung[69] muss der Dienstgeber im Rahmen seiner Unterrichtungspflicht vornehmen. 53

Die Mitglieder der MAV sind verpflichtet, über die ihnen im Rahmen der Unterrichtung bekannt gewordenen persönlichen Verhältnisse und Angelegenheiten des Mitarbeiters absolutes Stillschweigen zu bewahren (§ 20). Diese Schweigepflicht ist zugunsten des betroffenen Mitarbeiters ein Schutzgesetz i. S. d. § 823 Abs. 2 BGB. Die schuldhafte – auch leicht fahrlässige – Verletzung dieser Schweigepflicht gegenüber dem Bewerber oder Mitarbeiter führt zu Schadensersatzpflichten des MAV-Mitgliedes, für das die Sonderregelungen der Arbeitnehmerhaftung wegen seiner außerarbeitsvertraglichen Stellung als MAV-Mitglied nicht gelten.[70] Da es sich auch um eine grobe Verletzung der Pflichten als Mitarbeitervertreter handelt, kann durch Urteil des Kirchlichen Arbeitsgerichts dieses MAV-Mitglied nach § 13c Nr. 5 aus der MAV ausgeschlossen werden (§ 20 S. 3). 54

Der Unterrichtungspflicht kommt der Dienstgeber nicht i. S. d. § 34 nach, wenn er die MAV unvollständig über den zur Einstellung vorgesehenen Bewerber informiert. Dasselbe gilt, wenn er dem Verlangen der MAV nicht nachkommt (i. S. v. § 34 Abs. 3 S. 2 oder 3) über die Bewerbungen einrichtungsinterner Bewerber und/oder schwerbehinderter Menschen zu unterrichten (Rn 47). Als Folge dieses Verstoßes beginnt die Wochenfrist des § 33 Abs. 2 S. 2 für das Zustimmungsverfahren[71] (§ 33 Rn 29) nicht zu laufen. Ist danach das Mitbestimmungsverfahren schon nicht ordnungsgemäß eingeleitet, kann insbesondere die Zustimmungsfiktion nach § 33 Abs. 2 S. 2 nicht eintreten (§ 33 Rn 40 f.). Dasselbe gilt für die gemäß § 33 Abs. 2 S. 4 abgekürzten Fristen. 55

---

64 *BAG*, 14. 12. 2004 – 1 ABR 55/03, NZA 2005, 827.
65 A. A. *Frey/Coutelle/Beyer*, MAVO § 34 Rn 10.
66 *BAG*, 14. 12. 2004 – 1 ABR 55/03, NZA 2005, 827.
67 *BAG*, 14. 12. 2004 – 1 ABR 55/03, NZA 2005, 827.
68 *BAG*, 18. 10. 1988 – 1 ABR 33/87, EzA § 99 BetrVG 1972 Nr. 69.
69 *Schlichtungsstelle Köln*, 7. 1. 1988 – MAVO 10/87; *BAG*, 3. 10. 1989 – 1 ABR 73/88, EzA § 99 BetrVG 1972 Nr. 71.
70 *Fitting*, BetrVG § 1 Rn 218.
71 Vgl. *BAG*, 14. 12. 2004 – 1 AR 55/03, NZA 2005, 827.

IV. Zustimmungsverweigerungsgründe

1. Allgemeine Voraussetzungen

56 Die Zustimmungsverweigerung durch die MAV setzt einen ordnungsgemäß gefassten Beschluss der MAV voraus (§ 14 Abs. 5). Sie ist zunächst als Einwendung innerhalb der Fristen des § 33 Abs. 2 unter Angabe der Gründe zu erheben (2. Phase der Mitbestimmung: siehe § 33 Rn 26 ff.). In dieser Phase kann die MAV Einwendungen jeder Art erheben.

57 Der Dienstgeber muss aber das weitere Einigungsverfahren (3. Phase der Mitbestimmung: § 33 Rn 42 ff.) nur durchführen, wenn die MAV einen der in Rn 56–68 genannten **ausschließlichen** Zustimmungsverweigerungsgründe des § 34 Abs. 2 Nr. 1 und/oder Nr. 2 und/oder 3 vorträgt.[72]

2. Zustimmungsverweigerungsgrund des § 34 Abs. 2 Nr. 1

58 Die MAV kann die Zustimmung zu einer Ein- bzw. Anstellung verweigern, wenn die Maßnahme gegen ein Gesetz, eine Rechtsverordnung, kircheneigene Ordnungen oder sonstiges geltendes Recht verstößt. Die MAV kann die Zustimmung zur Einstellung nach § 34 Abs. 2 Nr. 1 nur dann verweigern, wenn die Maßnahme selbst gegen ein Gesetz, einen Tarifvertrag oder eine sonstige Norm verstößt. Die durch die Einstellung verletzte Norm muss die Einstellung als solche untersagen. Der Zustimmungsverweigerungsgrund des § 34 Abs. 2 Nr. 1 ist lediglich dann gegeben, wenn der Zweck der Verbotsnorm nur dadurch erreicht werden kann, dass die Einstellung insgesamt unterbleibt.[73] Die MAV hat kein Mitspracherecht bei der Auswahl der Bewerber, so dass aus dieser Fragestellung auch kein Zustimmungsverweigerungsgrund ableiten kann.

59 Gegen ein Gesetz oder eine Rechtsverordnung wird verstoßen, wenn die Einstellung zwingendes staatliches Recht verletzt. Dann ist der Abschluss des Arbeitsvertrages ohnehin nach § 134 BGB nichtig. Hierzu zählen: Verstöße gegen § 4 MuSchG, § 3 ArbZG, §§ 22 ff. JArbSchG, §§ 14–16 JArbSchG, § 284 SGB III (Beschäftigung von Ausländern, die einer Arbeitserlaubnis bedürfen ohne Arbeitserlaubnis), Nichterfüllung der Beschäftigungspflicht eines schwerbehinderten oder ihm gleichgestellten behinderten Menschen (§ 81 Abs. 1 S. 7 SGB IX; § 27 Rn 37) unter Bevorzugung eines nicht behinderten Bewerbers. Die Einstellung eines nicht schwerbehinderten Arbeitnehmers verstößt dann gegen eine gesetzliche Vorschrift i. S. d. § 34 Abs. 2 Nr. 1, wenn der Dienstgeber vor der Einstellung nicht nach §§ 81 ff. SGB IX geprüft hat, ob der freie Arbeitsplatz mit einem schwerbehinderten Menschen besetzt werden kann.[74] Womögliche Integrationsvereinbarungen (§ 83 SGB IX) sind einzuhalten (dazu: §§ 28a, 29 Abs. 1 Nr. 19).

60 Die MAV kann die Zustimmung zur Einstellung nicht verweigern, wenn sie der Ansicht ist, dass eine andere als vom Dienstgeber angewendete Arbeitsvertragsordnung anzuwenden sei.[75] Ebenso kann die MAV die Zustimmung zur Einstellung eines Bewerbers nicht deshalb verweigern, weil sie einen anderen – z. B. hausinternen – Bewerber gegenüber einem externen Bewerber bevorzugt oder für besser geeignet hält oder weil durch die Einstellung des vorgeschlagenen Bewerbers ein im Betrieb bereits tätiger Mitarbeiter Nachteile erleiden würde. Auf das Alleinentscheidungsrecht des Dienstgebers, welche Person eingestellt wird, kann die MAV im Rahmen des Zustimmungsverfahrens gemäß § 34 keinen Einfluss nehmen[76] (Rn 58). Die Einstellung eines Mitarbeiters über den Stellenplan hinaus ist kein Grund zur Verweigerung der Zustimmung, weil der Stellenplan weder Gesetz, Rechtsverordnung, kircheneigene Ordnung noch sonstiges geltendes Recht ist. Er ist Teil der Personalpla-

---

[72] Vgl. *OVG NRW*, 6. 8. 2003 – 1A 1068/01. PVL, ZTR 2004, 103; *Schlichtungsstelle Münster*, 25. 3. 1991, AP Art. 140 GG Nr. 38.
[73] *BAG*, 14. 12. 2004 – 1 ABR 54/03, EzA § 99 BetrVG 2001 Einstellung Nr. 1.
[74] *BAG*, 14. 11. 1989 – ABR 88/88, EzA § 99 BetrVG 1972 Nr. 84.
[75] *Schlichtungsstelle Limburg*, 15. 6. 1998 – 4/98.
[76] *Schlichtungsstelle Freiburg*, 2. 11. 1993 – 1993/8.

nung der Einrichtung.⁷⁷ Das kann jedoch dann anders sein, wenn z. B. für Tageseinrichtungen für Kinder durch besondere Vereinbarungen zwischen dem Land und den Spitzenverbänden der Freien Träger der Wohlfahrtspflege festgelegt ist, welche Personalstellen die Einrichtung hinsichtlich der Plätze oder Gruppen haben soll.⁷⁸

Hat der Dienstgeber die Einstellung oder Anstellung – auch in einem Eilfall – ohne Beachtung des Mitbestimmungsrechts der MAV vorgenommen, so ist der entsprechende Rechtsakt (Arbeitsvertrag oder Ernennung) zwar wirksam,⁷⁹ es liegt aber eine Verletzung der Vorschriften der §§ 33, 34 MAVO vor, die von der MAV zum Gegenstand des Verfahrens vor dem Kirchlichen Arbeitsgericht gemacht werden kann⁸⁰ (§ 33 Rn 8, 66). 61

Kein Verstoß gegen ein Gesetz oder eine Rechtsverordnung liegt in einer Tarif-(AVR-)Klausel oder einer, einzelvertraglichen Regelung, dass das Arbeitsverhältnis mit **Vollendung des 65. Lebensjahres** endet.⁸¹ 62

Daran hat das BAG für Klauseln, die eine Beendigung mit Erfüllen der Voraussetzungen für den Bezug von Altersrente vorsehen, ausdrücklich nach Inkrafttreten des AGG festgehalten: 63

Bei einer auf das Rentenalter bezogenen Altersgrenze endet das Arbeitsverhältnis zu einem Zeitpunkt, in dem der Arbeitnehmer Anspruch auf eine Rente wegen Alters i. S. d. § 35 SGB VI hat. Eine in einem Tarifvertrag enthaltene Befristung des Arbeitsverhältnisses auf den Zeitpunkt des Erreichens des Regelrentenalters hat das *BAG* als sachlich gerechtfertigt i. S. d. § 14 Abs. 1 S. 1 TzBfG angesehen, wenn der Arbeitnehmer nach dem Inhalt des Arbeitsvertrags und der Vertragsdauer eine Altersversorgung in der gesetzlichen Rentenversicherung erwerben kann oder er bei Abschluss des Arbeitsvertrags die für den Bezug einer Altersrente erforderliche rentenrechtliche Wartezeit erfüllt hat.⁸²

Nicht abschließend geklärt ist die Fragestellung für spezielle frühere Altergrenzen, die zur Beendigung des Arbeitsvertrages führen sollen, bei bestimmten Berufsgruppen. Hierzu hat das *BAG*⁸³ dem *EuGH* folgende Frage vorgelegt: 64

Sind Art. 2 Abs. 5, Art. 4 Abs. 1 und/oder Art. 6 Abs. 1 S. 1 der Richtlinie 2000/78/EG des Rates vom 27. November 2000 zur Festlegung eines allgemeinen Rahmens zur Verwirklichung der Gleichbehandlung in Beschäftigung und Beruf und/oder der allgemeine Grundsatz des Gemeinschaftsrechts über das Verbot der Diskriminierung wegen des Alters so auszulegen, dass sie Regelungen des nationalen Rechts entgegenstehen, die eine auf Gründen der Gewährleistung der Flugsicherheit beruhende tarifliche Altersgrenzenregelung von 60 Jahren für Piloten anerkennen? Die Vorlage ist beim EuGH anhängig.⁸⁴

Ebenso wenig liegt ein Gesetzesverstoß vor, wenn die MAV Bedenken gegen den **befristet abgeschlossenen Arbeitsvertrag** – etwa nach dem TzBfG – hat. Damit kann die MAV ihre Zustimmungsverweigerung nicht begründen.⁸⁵ Das Gleiche gilt, wenn die MAV Bedenken gegen die vereinbarte **Teilzeitarbeit** hat.⁸⁶ Rechtsansprüche auf Teilzeitarbeit sind zu erfüllen (§§ 6 ff. TzBfG). 65

---

77 *Schlichtungsstelle Osnabrück*, 22. 2. 1999 – 2/99.
78 Vgl. z. B. Amtsblatt des Erzbistums Köln 1999 Nr. 202 S. 109 ff.
79 *BAG*, 5. 4. 2001 – 2 AZR 580/99, DB 2001, 2403.
80 Vgl. noch: *Schlichtungsstelle Rottenburg-Stuttgart*, 7. 3. 1997 – SV 2/1997.
81 Rechtsprechung vor Inkrafttreten des AGG: *BAG*, 1. 12. 1993 – 7 AZR 428/93, AP Nr. 4 zu § 41 SGB VI; 26. 5. 1995 – 7 AZR 984/93, AP Nr. 6 zu § 41 SGB VI. – Neufassung des § 41 Abs. 4 S. 3 SGB VI ab 1. 8. 1994 [BGBl. I S. 1797]: *BAG*, 11. 6. 1997 – 7 AZR 186/96, NZA 1997, 1290.
82 *BAG*, 18. 6. 2008 – 7 AZR 116/07, EzA § 14 TzBfG Nr. 49.
83 *BAG*, 17. 6. 2009 – 7 AZR 112/08, EzA Richtlinie 2000/78 EG-Vertrag 1999 Nr. 12.
84 *EuGH*, 11. 2. 2010 – C-447/09, ABl EU 2010, Nr. C 24, 29.
85 Ständige Rechtsprechung, z. B. *BAG*, 16. 7. 1985 – 1 ABR 35/83, DB 1986, 124; 28. 6. 1994 – 1 ABR 59/93, NZA 1995, 387; *BVerwG*, 15. 11. 1989 – 6 P 2.87, PersV 1990, 235.
86 *BVerwG*, 14. 11. 1989 – 6 P 4.87, PersV 1990, 234.

66 Die **Zustimmung zur Einstellung** kann nicht mit der Begründung verweigert werden, die **vorgesehene Eingruppierung sei unrichtig**, insoweit liege ein Verstoß gegen »sonstiges geltendes Recht« vor. Zum einen ist für die Eingruppierung ein eigenes Zustimmungsverfahren im Rahmen des § 35 Abs. 1 Nr. 1 vorgesehen.(Rn 4), zum anderen entspricht es der ständigen Rechtsprechung des *BAG*, dass die Einstellung eines Mitarbeiters nicht über die Zustimmungsverweigerung bei seiner Eingruppierung blockiert werden kann.[87] Das gilt auch für die von der MAV als »gesetzwidrig« angesehene Anwendung von Absenkungserlassen. Die Absenkung der Anfangsvergütung ist keine Lohngestaltung.[88]

67 Jeder Dienstgeber hat bei Einstellungen **kirchliches Recht** zu beachten (Rn 1 ff.), das vom zuständigen kirchlichen Gesetzgeber erlassen worden ist. Verfassungsrechtlich gehört kirchliche Gesetzgebung zu den eigenen Angelegenheiten der Kirche im Rahmen ihres verfassungsrechtlich garantierten Selbstbestimmungsrechts (Art. 140 GG i. V. m. Art. 137 Abs. 3 WRV). Dazu zählen das allgemeine Kirchenrecht (z. B. CIC) und u. a. das diözesane Kirchenrecht des jeweiligen Diözesanbischofs als Gesetzgeber seiner Teilkirche (can. 391 CIC). Die MAVO spricht von kircheneigenen Ordnungen, wozu u. a. der CIC, die MAVO selbst die KAGO, die KODA-Ordnungen; die Arbeitsvertragsordnungen bzw. Arbeitsvertragsrichtlinien, wie AVR-Caritas, ABD, KAVO u. a.; die Grundordnung des kirchlichen Dienstes im Rahmen kirchlicher Arbeitsverhältnisse, weitere Grundordnungen für katholische Schulen und Krankenhäuser; Ordnungen für bestimmte Berufsgruppen; das Datenschutzrecht – KDO – und etwa auch Anordnungen zur Vermögensverwaltung in Kirchengemeinden, Kirchengemeindeverbänden und Kirchenstiftungen gehören. **Gegen kircheneigene Ordnungen wird verstoßen**, wenn der Dienstgeber gegen rechtmäßig erlassene arbeitsrechtlich bindende Anordnungen handelte, die mit den Grundrechten des GG in Einklang stehen. Verstöße sind bei Einstellungen auszumachen, wenn z. B. der Bewerber Einstellungsvoraussetzungen nicht erfüllt, obwohl sie kirchenrechtlich gefordert sind. Das ist z. B. der Fall, wenn ein Bewerber die Beschäftigungsvoraussetzungen aus den in Art. 3, 4 und 5 Abs. 2 bis 5 GrO genannten Gründen nicht erfüllt.[89] Dazu zählt der Kirchenaustritt aus der katholischen Kirche (Art. 3 Abs. 4 GrO).[90] Weiter zählen dazu z. B. außereheliche Beziehungen eines Bewerbers zu einer Mitarbeiterin, die zur Trennung der Ehegatten geführt haben.[91] Gemäß Art. 4 GrO sind Loyalitätsobliegenheiten tangiert. Dasselbe gilt im Falle der eingetragenen Lebenspartnerschaft.[92] Die Einstellungspraxis sollte mit den Vorgaben der GrO im Einklang stehen, damit aus dem Blickwinkel des Europäischen Rechts kirchliches Selbstbestimmungsrecht in der Praxis wahrgenommen wird.[93]

68 Die etwaige »Übung, bei gleicher Qualifikation der Bewerber einen hausinternen Bewerber zu bevorzugen«, ist weder Gesetz noch Rechtsverordnung, so dass ein Abweichen von der Praxis kein Zustimmungsverweigerungsrecht der MAV begründen kann.[94] Anders liegt der Fall, wenn sich der Dienstgeber etwa gegenüber der MAV generell verpflichtet hat, zu besetzende Stellen auszuschreiben, ehe er der MAV den Zustimmungsantrag zu einer Ein- oder Anstellung zuleitet.[95] Dann hat die MAV bei Nichteinhaltung der Absprache über die Stellenausschreibung ein Zustimmungsverweigerungsrecht (siehe auch § 27 Abs. 2, erster Spiegelstrich).

69 Verstoß gegen **sonstiges geltendes Recht** bezieht sich auf gerichtliche Entscheidungen oder behördliche Anordnungen, die die Beschäftigung eines Mitarbeiters unmöglich machen. Zu denken ist hier z. B. an das Verbot der Beschäftigung von Jugendlichen (§ 27 Abs. 2 JArbSchG) oder die behördliche

---

[87] *BAG*, 10. 2. 1976 – 1 ABR 49/74, EzA § 99 BetrVG 1972 Nr. 9.
[88] *BVerwG*, 15. 3. 1988 – 6 P 23.87, ZBR 1988, 257 = PersV 1989, 163.
[89] *Thiel*, ZMV 1994, 4.
[90] Gegenteilig noch die vor dem Erlass der GrO ergangene Entscheidung der *MAVO-Schlichtungsstelle Rottenburg-Stuttgart*, 1. 3. 1991 – SV 5/90, ZMV 1991, 220.
[91] *Schlichtungsstelle Limburg*, 11. 1. 1993 – 6/92.
[92] Amtsblatt des Bistums Limburg 2002 Nr. 92 S. 71.
[93] *Link*, Antidiskriminierung, ZevKR Bd. 50 (2005) S. 403, 414.
[94] *Schlichtungsstelle Münster*, 25. 3. 1991, AP Art. 140 GG Nr. 38.
[95] Vgl. *BAG*, 14. 12. 2004 – 1 ABR 54/03, NZA 2005, 424.

Untersagung der Ausbildung, weil die persönliche oder fachliche Eignung nicht (mehr) vorliegt (§§ 27–33 BBiG, §§ 23, 24 HandwO). Hierzu gehören auch Verstöße gegen den **Gleichbehandlungsgrundsatz** (§ 26 Abs. 1 S. 2 MAVO = Rn 18–23) und das **Diskriminierungsverbot** nach dem AGG (§§ 1, 7 AGG; s. auch Rn 6). Zu sonstigem Recht zählen u. a. auch Vereinbarungen zwischen staatlichen Behörden und den Trägern der freien Jugendhilfe über die Voraussetzungen der Eignung des zu beschäftigenden Personals in Einrichtungen für Kinder- und Jugendliche i. S. v. § 45 Abs. 2 S. 3 SGB VIII.

Begründet die MAV ihre Zustimmungsverweigerung zur Einstellung damit, dass sie ihr eigenes Werturteil über die Eignung, Befähigung und fachliche Leistung des Bewerbers an die Stelle der Beurteilung des Dienstgebers setzt, so ist dieser auch nicht zur Einleitung des Einigungsverfahrens gemäß § 33 Abs. 3 verpflichtet.[96] 70

3. Zustimmungsverweigerungsgrund des § 34 Abs. 2 Nr. 2

Die MAV kann die Zustimmung verweigern, wenn der durch Tatsachen begründete Verdacht gegen den Bewerber besteht, dass er durch sein Verhalten den Arbeitsfrieden in der Einrichtung in einer Weise stören wird, die insgesamt für die Einrichtung unzuträglich ist. 71

Damit ist im Kern – wie für die geringeren Anforderungen für § 99 Abs. 2 Nr. 6 BetrVG – nicht das vergangene tatsächliche, sondern das künftig zu besorgende Verhalten ausschlaggebend.[97] 72

Da § 34 Abs. 1 Nr. 2 allerdings auf einen Verdacht abstellt, der sich auf bestimmte Tatsachen gründet, kann es dafür nur auf Tatsächliches, also in der Regel ein gezeigtes Verhalten des Bewerbers in der Vergangenheit ankommen. Hieraus muss der Verdacht ableiten, der Bewerber werde ein derartiges Verhalten nach Durchführung der Einstellung wiederholen. 73

Die Prüfung hat für diese Fälle in drei Schritten zu erfolgen:[98] 74
1. Liegen objektive Tatsachen eines früheren Fehlverhaltens des Bewerbers vor.
2. Es muss sodann, gestützt auf nachvollziehbare Umstände, der Verdacht gerechtfertigt sein, dass sich dieses Verhalten nach der Einstellung wiederholen würde.
3. Ist auch dies zu bejahen, müsste sodann festzustellen sein, dass dieses Verhalten den Arbeitsfrieden in einer Weise stört, die für die Einrichtung unzuträglich ist.

Diese Anforderungen bereits im Tatsächlichen – Vermutungen und Gerüchte genügen nicht – an diesen Zustimmungsverweigerungsgrund sind so hoch gestellt, dass er kaum mit Erfolg geltend gemacht werden kann, zumal der MAV in der Regel Informationen aus der Vergangenheit, zu dem zur Einstellung vorgesehenen Bewerber, nicht vorliegen. Das zeigt schon die Auswertung der Rechtsprechung zur gleichlautenden Regelung des § 99 Abs. 2 Nr. 6 BetrVG und § 77 Abs. 2 Nr. 3 BPersVG, die nur von einer »Besorgnis« der Störung des Betriebsfriedens sprechen. Die Rechtsprechung hat sich mit diesem Zustimmungsverweigerungsgrund der »Besorgnis« – von einem Falle abgesehen, in welchem die Voraussetzungen für den geltend gemachten Zustimmungsverweigerungsgrund nicht als gegeben angenommen worden sind[99] – nicht befasst. Die MAVO verlangt aber hier sogar ein »Mehr«, nämlich den durch konkrete Tatsachen begründeten **Verdacht** der Störung des Arbeitsfriedens durch einen Bewerber. Damit wird von der MAV praktisch Unmögliches gefordert (siehe auch § 35 Rn 103 ff.). 75

---

96 *Schlichtungsstelle Münster*, 25. 3. 1991 AP Art. 140 GG Nr. 38.
97 *BAG*, 6. 11. 2004 – 1 ABR 48/03, NZA 2005, 775.
98 Ebenso für die Prüfung der Voraussetzungen nach § 99 Abs. 2 Nr. 6 BetrVG: *BAG*, 6. 11. 2004 – 1 ABR 48/03, NZA 2005, 775.
99 *BAG*, 6. 11. 2004 – 1 ABR 48/03, NZA 2005, 775.

Jüngst

4. Zustimmungsverweigerungsgrund des § 34 Abs. 2 Nr. 3

76 Durch § 34 Abs. 1 S. 2 ist nunmehr ausdrücklich klargestellt, dass die Beschäftigung von Personen, die dem Dienstgeber zur Arbeitsleistung überlassen werden i. S. d. Arbeitnehmerüberlassungsgesetzes der Zustimmung der MAV bedarf.

Dies gilt durch die vorgenannte Klarstellung ungeachtet des Umstandes, das Leiharbeitnehmer keine Mitarbeiterinnen und Mitarbeiter i. S. d. MAVO sind (§ 3 Abs. 1 S. 2).

Das Mitbestimmungsrecht bei der Beschäftigung dieses Personenkreises wird durch § 34 Abs. 2 Nr. 3 erheblich gestärkt. Hiernach kann nämlich die MAV die vom Dienstgeber beantragte Zustimmung verweigern, wenn dieser eine Person, die ihm zur Arbeitsleistung überlassen wird i. S. d. Arbeitnehmerüberlassungsgesetzes, länger als sechs Monate beschäftigen will, wobei § 34 Abs. 2 Nr. 3 S. 2 klarstellt, dass mehrere Beschäftigungen eines Leiharbeitnehmers bei demselben Dienstgeber zusammengerechnet werden.

77 § 34 Abs. 2 Nr. 3 dient damit im Ergebnis der Stärkung der Dienstgemeinschaft. Für den Bereich der Evangelischen Kirche in Deutschland hatte der dortige Kirchengerichtshof[100] entschieden, dass es mit dem Leitbild der Dienstgemeinschaft unvereinbar ist, Leiharbeit außerhalb eines kurzfristigen Beschäftigungsbedarfs (Vertretungsfälle, kurzfristiger zusätzlicher Personalbedarf) zuzulassen.

78 Die Novellierung der MAVO macht sich diese Wertung zu eigen. Mit der Koppelung des Zustimmungsverweigerungsgrundes an die festgelegte Dauer von sechs Monaten ist dieser Zustimmungsverweigerungsgrund für die Praxis einfach zu handhaben. Eine auf Dauer angelegte Beschäftigung von wechselnden Leiharbeitnehmern zur Wahrnehmung bestehender Daueraufgaben in einer Einrichtung, dürften nach der der Norm des § 34 zugrunde liegenden Wertung, als Umgehungstatbestände zu werten sein. Derartige Einstellungen dürften daher, da sie der Grundwertung des § 34 widersprechen, die Zustimmungsverweigerung nach § 34 Abs. 2 Nr. 3 rechtfertigen, auch wenn im Einzelfall, bezogen auf die Person des zur Einstellung anstehenden Leiharbeitnehmers, eine erstmalige Einstellung im Rahmen der Arbeitnehmerüberlassung von bis zu sechs Monaten ansteht.

V. Streitigkeiten

1. Verstoß des Dienstgebers gegen das Mitbestimmungsrecht

79 Gemäß § 2 Abs. 2 KAGO entscheidet das Kirchliche Arbeitsgericht auf Antrag der MAV bei einem Verstoß des Dienstgebers gegen das vorgeschriebene Mitbestimmungsverfahren (§§ 33 Abs. 1, 2, 3; 34 Abs. 1 und 3 MAVO).[101] Dasselbe gilt bei falsch behandelten vorläufigen oder Eilentscheidungen (§ 33 Abs. 2 S. 4 oder Abs. 5 MAVO i. V. m. § 2 Abs. 2 und § 8 Abs. 2 Buchst. a KAGO).[102] Das ist von besonderer Bedeutung in Fällen, in denen die MAV überhaupt nicht von der beabsichtigten Maßnahme informiert worden ist (§ 33 Abs. 2 MAVO) oder der Dienstgeber trotz Zustimmungsverweigerung der MAV die Maßnahme ohne Anrufung des Kirchlichen Arbeitsgerichts durchgezogen hat (§ 33 Abs. 1). Der Dienstgeber muss das Kirchliche Arbeitsgericht anrufen, wenn die MAV die Zustimmung zur Einstellung verweigert hat (§ 33 Abs. 4 MAVO i. V. m. § 2 Abs. 2 i. V. m. § 8 Abs. 2 Buchst. a KAGO). Sein Antrag ist unverzüglich – ohne schuldhaftes Zögern – auf Ersetzung der Zustimmung zur Einstellung bzw. Anstellung zu stellen, welche die MAV verweigert hat.

2. Zustimmungsverweigerungsgründe

80 Für die Zustimmungsverweigerung der MAV zur Einstellung oder Anstellung muss ein Rechtsgrund i. S. v. § 34 Abs. 2 vorliegen und benannt werden, der aus Sicht der MAV die Verweigerung stützt. Im

---

100 *KGH.EKD*, 9. 10. 2006 – II-0124/M35–06 und 2. 4. 2008 – II-0124/N72–07.
101 *Schlichtungsstelle Münster*, 7. 11. 1994 – 8/94, n. v.; 7. 11. 1994 – 6/94, ZMV 1995 S. 294.
102 *Schlichtungsstelle Köln*, 19. 8. 1997 – MAVO 7/97, ZMV 1998, 83 LS.

Streitfall geht es um die Klärung der Rechtsfrage (vgl. § 2 Abs. 2 KAGO) des Zustimmungsverweigerungsgrundes. Es reicht also nicht, wenn die MAV die Zustimmung zur Ein- oder Anstellung eines Mitarbeiters bzw. einer Mitarbeiterin (§ 3 Abs. 1 S. 1) ohne Angabe von Gründen verweigert hat. Ist das der Fall, gilt die Zustimmung gemäß § 33 Abs. 2 S. 2 als erteilt (Rn 56). In diesem Fall kann der Dienstgeber die Maßnahme ohne vorherige Entscheidung des Kirchlichen Arbeitsgerichts vornehmen.

3. Schwerbehinderte Menschen

Wegen der **Beschäftigungsansprüche schwerbehinderter Menschen** ist davon auszugehen, dass im Falle der von einem schwerbehinderten Menschen beantragten Beschäftigung in einer anderen Einrichtung des Dienstgebers die Zustimmung der MAV der aufnehmenden Einrichtung einzuholen ist. Unter den Voraussetzungen des § 259 ZPO kann der Dienstgeber zu dieser Beschäftigung unter dem Vorbehalt der Zustimmung der MAV vom staatlichen Arbeitsgericht verurteilt werden; der schwerbehindertenrechtliche Beschäftigungsanspruch nach § 81 Abs. 4 S. 1 Nr. 1 SGB IX lässt nämlich die Mitbestimmungsrechte der MAV nach § 34 MAVO unberührt (Art. 140 GG i. V. m. Art. 137 Abs. 3 WRV).[103] Soweit für die Erfüllung des schwerbehindertenrechtlichen Beschäftigungsanspruchs eine Versetzung erforderlich ist, hat der schwerbehinderte Mensch einen Anspruch darauf, dass der Dienstgeber die Zustimmung nach § 34 bei der MAV der aufnehmenden Einrichtung einholt. Wird diese verweigert und steht nicht fest, dass der MAV objektiv Zustimmungsverweigerungsgründe nach § 34 Abs. 2 MAVO zustehen, hat der schwerbehinderte Mensch auch einen Anspruch auf Durchführung des mitarbeitervertretungsrechtlichen Zustimmungsersetzungsverfahrens nach § 2 Abs. 2 i. V. m. § 10 KAGO. Der schwerbehindertenrechtliche Beschäftigungsanspruch liefe sonst ins Leere. Führt der Dienstgeber das Zustimmungsersetzungsverfahren schuldhaft unzureichend durch, kann das einen Schadensersatzanspruch begründen.[104]

81

§ 35 Zustimmung bei sonstigen persönlichen Angelegenheiten

(1) Die Entscheidung des Dienstgebers bedarf in folgenden persönlichen Angelegenheiten von Mitarbeiterinnen und Mitarbeitern der Zustimmung der Mitarbeitervertretung:
  1. Eingruppierung von Mitarbeiterinnen und Mitarbeitern,
  2. Höhergruppierung oder Beförderung von Mitarbeiterinnen und Mitarbeitern,
  3. Rückgruppierung von Mitarbeiterinnen und Mitarbeitern,
  4. nicht nur vorübergehende Übertragung einer höher oder niedriger zu bewertenden Tätigkeit,
  5. Abordnung von mehr als drei Monaten, Versetzung an eine andere Einrichtung, Zuweisung oder Personalgestellung an einen anderen Rechtsträger, es sei denn, dass es sich um Mitarbeiterinnen oder Mitarbeiter für pastorale Dienste oder religiöse Unterweisung handelt, die zu ihrer Tätigkeit der ausdrücklichen bischöflichen Sendung oder Beauftragung bedürfen,
  6. Versagen und Widerruf der Genehmigung einer Nebentätigkeit sowie Untersagung einer Nebentätigkeit,
  7. Weiterbeschäftigung über die Altersgrenze hinaus,
  8. Hinausschiebung des Eintritts in den Ruhestand wegen Erreichens der Altersgrenze,
  9. Anordnungen, welche die Freiheit in der Wahl der Wohnung beschränken mit Ausnahme der Dienstwohnung, die die Mitarbeiterin oder der Mitarbeiter kraft Amtes beziehen muss.
  10. Auswahl der Ärztin oder des Arztes zur Beurteilung der Leistungsfähigkeit der Mitarbeiterin oder des Mitarbeiters, sofern nicht die Betriebsärztin/der Betriebsarzt beauftragt werden soll, soweit eine kirchliche Arbeitsvertragsordnung dies vorsieht.*
      * (Muster für eine diözesane Fassung)

---

103 Ebenso für das Verfahren nach § 99 BetrVG: *BAG*, 3. 12. 2002 – 9 AZR 481/01, NZA 2003, 1215.
104 *BAG*, 3. 12. 2002 – 9 AZR 481/01, NZA 2003, 1215.

V. Zusammenarbeit zwischen Dienstgeber und Mitarbeitervertretung

(2) Die Mitarbeitervertretung kann die Zustimmung nur verweigern, wenn
1. die Maßnahme gegen ein Gesetz, eine Rechtsverordnung, kircheneigene Ordnungen, eine Dienstvereinbarung oder sonstiges geltendes Recht verstößt,
2. der durch bestimmte Tatsachen begründete Verdacht besteht, dass durch die Maßnahme die Mitarbeiterin oder der Mitarbeiter ohne sachliche Gründe bevorzugt oder benachteiligt werden soll.

Übersicht

	Rn
I. Zweck der Vorschrift	1, 2
II. Die Zustimmungstatbestände	3– 97
1. Allgemeine Feststellungen	3, 4
2. Die einzelnen Zustimmungstatbestände	5– 97
a. Eingruppierung von Mitarbeitern (Nr. 1)	5– 23
aa. Ersteingruppierung	5– 17
bb. Umgruppierung	18
cc. Zulagen	19– 21
dd. Bewährung	22
ee. Stellenbewertung	23
b. Höhergruppierung oder Beförderung von Mitarbeitern (Nr. 2)	24– 36
aa. Höhergruppierung	25– 27
bb. Hineinwachsen in eine andere Vergütungs- oder Entgeltgruppe	28– 30
cc. Kein Initiativrecht der MAV	31
dd. Beförderung	32
ee. Rechtsfolgen der Verletzung des Zustimmungsrechts	33– 36
c. Rückgruppierung von Mitarbeitern (Nr. 3)	37– 47
d. Nicht nur vorübergehende Übertragung einer höher oder niedriger zu bewertenden Tätigkeit (Nr. 4)	48– 54
e. Abordnung von mehr als drei Monaten (Nr. 5, erste Alternative)	55– 62
f. Versetzung an eine andere Einrichtung (Nr. 5, zweite Alternative)	63– 68
g. Zuweisung oder Personalgestellung (Nr. 5, dritte Alternative)	69, 70
h. Versagen und Widerruf einer Nebentätigkeitsgenehmigung sowie Untersagung einer Nebentätigkeit (Nr. 6)	71– 76
i. Weiterbeschäftigung über die Altersgrenze hinaus (Nr. 7)	77
j. Hinausschieben des Eintritts des Ruhestandes wegen Erreichung der Altersgrenze (Nr. 8)	78– 80
k. Anordnungen, welche die Freiheit der Wahl der Wohnung beschränken, mit Ausnahme der Dienstwohnung, die der Mitarbeiter kraft Amtes beziehen muss (Nr. 9)	81– 87
l. Arztwahl zur Beurteilung der Leistungsfähigkeit der Mitarbeiterin/des Mitarbeiters	88– 97
III. Zustimmungsverweigerung und ihre Gründe	98–106
1. Allgemeine Feststellungen	98, 99
2. Zustimmungsverweigerungsgrund gemäß § 35 Abs. 2 Nr. 1	100–102
3. Zustimmungsverweigerungsgrund gemäß § 35 Abs. 2 Nr. 2	103–106
IV. Ausnahmen vom Geltungsbereich der Vorschrift	107
V. Streitigkeiten	108–111
1. Verfahren vor dem Kirchlichen Arbeitsgericht	108–110
2. Staatliches Arbeitsgericht	111

I. Zweck der Vorschrift

1 Neben der Einstellung und Anstellung als Angelegenheiten der personellen Mitbestimmung bei der Begründung des Beschäftigungsverhältnisses (§ 34) sind nach § 35 **alle wichtigen persönlichen Angelegenheiten**, die **nach der Einstellung** auftreten, der Zustimmungspflicht der MAV unterworfen. Damit soll die MAV während des bestehenden Beschäftigungsverhältnisses eine Einflussnahme auf seine weitere Gestaltung erhalten. Es wird also anerkannt, dass die MAV mit dem Dienstgeber zusammen für die weitere Entwicklung der Arbeitsverhältnisse die Verantwortung trägt. Dass das gewollt ist, zeigt der Katalog der Zustimmungstatbestände des § 35 Abs. 1 Nr. 1–9, § 18 Abs. 2.

An dieser Grundaussage zu § 35 ändert sich nichts, wenn **die in § 3 Abs. 3 genannten Personen ganz** 2
aus der Vorschrift des § 35 und die Mitarbeiter und Mitarbeiterinnen für pastorale Dienste und religiöse Unterweisung hinsichtlich § 35 Abs. 1 Nr. 5 aus sachlich vertretbarem Anlass aus der vollen Mitbestimmung, nicht aber aus der Beteiligung schlechthin (§ 29 Abs. 1 Nr. 10), **herausgenommen** werden.

II. Die Zustimmungstatbestände

1. Allgemeine Feststellungen

Die Aufzählung der Mitbestimmungsfälle des § 35 Abs. 1 Nr. 1 bis 9 ist erschöpfend und abschließender Natur.[1] Die MAV muss in ihrer Gesamtheit diese Mitbestimmungsrechte wahrnehmen. Sie kann sie weder auf ihren Vorsitzenden noch auf ein Mitglied übertragen (§ 14 Abs. 10). Sie kann auch nicht für die Zukunft auf die Mitbestimmungsrechte oder bestimmte Teilbereiche verzichten.[2] Das wäre ein Verstoß gegen die Pflichten der MAV und ihre Befugnisse. Es bleibt ihr unbenommen, in einem konkreten, zustimmungspflichtigen Entscheidungstatbestand auf die Geltendmachung von Rechten durch Verstreichenlassen der Einwendungsfrist zu verzichten (§ 33 Rn 40). Andererseits darf **das von einer Maßnahme i. S. d. § 35 Abs. 1 bis 9 betroffene Mitglied der MAV** bei der Beschlussfassung zur Frage der Zustimmung (§ 14 Abs. 5) nicht mitwirken. An seine Stelle tritt wegen eines klar erkennbaren Verhinderungsfalles, falls vorhanden, das nächstberechtigte Ersatzmitglied (§ 13b Abs. 2).[3] Die Nichtbeachtung des Ausschlusses von der Beschlussfassung führt zur Unwirksamkeit des MAV-Beschlusses; die Stellungnahme der MAV gilt als nicht erfolgt mit der Folge, dass der Dienstgeber die beabsichtigte Maßnahme durchführen kann. 3

Auch für die Mitbestimmungsfälle des § 35 Nr. 1–9 gilt: Eine Maßnahme, die der Dienstgeber **ohne** 4
die vorliegende Zustimmung der MAV oder – bei einer Zustimmungsverweigerung der MAV – ohne die ersetzte Zustimmung durch das Kirchliche Arbeitsgericht durchführt, ist dem betroffenen Mitarbeiter gegenüber materiell-rechtlich unwirksam. Das bedeutet, dass eine Rückgruppierung, eine Versetzung oder Abordnung dem Mitarbeiter gegenüber erst wirksam wird, wenn die Zustimmung der MAV dazu vorliegt. Dabei kann das Mitbestimmungsrecht der MAV nicht dadurch unterlaufen werden, dass der Dienstgeber mit seinem Mitarbeiter eine **vertragliche Regelung** des streitigen Zustimmungstatbestandes trifft.[4] Auch im Falle vertraglicher Regelung ist das Zustimmungsrecht der Mitarbeitervertretung gegeben.

2. Die einzelnen Zustimmungstatbestände

a. Eingruppierung von Mitarbeitern (Nr. 1)

aa. Ersteingruppierung

Zur Einstellung gehört mit Rücksicht auf die zu übertragende Arbeitsaufgabe die Eingruppierung des 5
Mitarbeiters bzw. der Mitarbeiterin. Eingruppierung ist die Einordnung des einzelnen Mitarbeiters in ein vorgegebenes kollektives Entgeltschema.[5] Bei der Eingruppierung geht es um die – erstmalige – Festsetzung der für den Mitarbeiter nach den Merkmalen seiner ab seiner Einstellung (Tätigkeitsaufnahme) auszuübenden Tätigkeit maßgebenden Vergütung durch Zuordnung zu einer Lohn-, Gehalts-, Vergütungs-, Entgelt- oder Besoldungsgruppe durch den zur Vergütung arbeits- oder dienstrechtlich Verpflichteten. Die Festsetzung erfolgt bei Anwendung einer vorgegebenen tariflichen

---

[1] So für den Katalog des § 75 BPersVG *BVerwG*, 28. 2. 1958 – VII P 19/57, ZBR 1958 S. 211.
[2] *BVerwG*, 16. 9. 1977 – VII P 1/75, BVerwGE 54, 323.
[3] Dazu: *Thiel*, Die Eine-Person-Mitarbeitervertretung, ZMV 1998, 9.
[4] *BAG*, 18. 2. 1986 – 1 ABR 27/84, AP Nr. 33 zu § 99 BetrVG 1972; 26. 1. 1988 – 1 AZR 531/86, AP Nr. 50 zu § 99 BetrVG 1972; *BVerwG*, 4. 8. 1988, PersV 1989, 266; *Schlichtungsstelle Köln*, 2. 12. 1991 – MAVO 9/91, ZMV 1993, 31.
[5] *BAG*, 12. 12. 2000 – 1 ABR 23/00, ZTR 2001, 435; 30. 10. 2001 – 1 ABR 8/01, DB 2002, 798.

Regelung (etwa TVöD) oder eines vorgegebenen Vergütungssystems einer kircheneigenen Vergütungsregelung, die durch KODA oder Arbeitsrechtliche Kommission des Deutschen Caritasverbandes auf dem Wege des vorgeschriebenen Arbeitsrechtsregelungsverfahrens (Art. 7 Abs. 1 GrO) als kirchliches Gesetz erlassen worden ist.[6] Als Beispiele kircheneigener Vergütungs- oder Entgeltregelung seien genannt: AVR-Caritas, ABD, AVVO, AVO, KAVO, DVO. Der *KAGH* verlangt grundsätzlich und ausschließlich die Anwendung eines solchen kirchengesetzlich legitimierten Entgeltsystems.[7] Die MAV ist dementsprechend berechtigt, die Zustimmung zu einer Eingruppierung gemäß § 35 zu verweigern, wenn es sich bei der Vergütungsregelung um keine Regelung i. S. d. »Dritten Weges« gemäß Art. 7 Abs. 1 der Grundordnung des kirchlichen Dienstes im Rahmen kirchlicher Arbeitsverhältnisse (GrO) handelt. Danach ist der Dienstgeber nicht berechtigt, den TVöD der Eingruppierung zugrunde zu legen.[8] Der Mitarbeiter wird in die in der für die Einrichtung gültigen Vergütungsordnung zutreffende Vergütungs- bzw. Entgeltgruppe eingruppiert. Es ist bei diesem Vorgang also zu klären, welchen Merkmalen der in der Einrichtung geltenden Vergütungsordnung die auszuübende Tätigkeit entspricht. Das verlangt die Subsumtion eines bestimmten Sachverhalts unter die vorgegebene Ordnung.[9] Dieser Vorgang erfolgt im Verhältnis der Arbeitsvertragsparteien zueinander.[10] An diesem Akt der Rechtsanwendung (Normvollzug des Dienstgebers) ist die MAV des eingruppierenden Dienstgebers gemäß § 35 Abs. 1 Nr. 1 zu beteiligen. Ihre Beteiligung soll sicherstellen, dass die Anwendung allgemeiner und interpretationsbedürftiger Vergütungsmerkmale auf den Einzelfall zutreffend erfolgt. Dazu gehört sowohl die Prüfung, ob der Mitarbeiter nach der von ihm konkret – nach vorgegebenen Tätigkeitsmerkmalen – ausgeübten Tätigkeit der zutreffenden Vergütungsgruppe zugeordnet ist als auch, ob der Dienstgeber das zutreffende Entgeltschema anwendet. Insoweit hat die MAV mit ihrem Zustimmungsrecht das Recht der Richtigkeitskontrolle.[11]

6 Eingruppierung bedeutet die Festsetzung der geschuldeten Vergütung bzw. des geschuldeten Entgelts nach Maßgabe der für das Arbeitsverhältnis geltenden Vergütungs- oder Entgeltordnung. Die Eingruppierung eines Mitarbeiters in Anwendung der Vergütungs- oder Entgeltordnung ist kein Akt der rechtlichen Gestaltung von Arbeitsbedingungen[12] sondern **Rechtsanwendung**. Das gilt auch bei der Festsetzung der Praktikanten- oder Ausbildungsvergütung nach Maßgabe diesbezüglicher Ordnungen (vgl. etwa AVR-Caritas Anlage 7 B bis D). Deshalb stellt sich das Mitbestimmungsrecht der MAV im Ergebnis als **Mitbeurteilungsrecht** dar.[13] Deshalb kann die MAV einer beabsichtigten Eingruppierung z. B. mit der Begründung widersprechen, die höhere oder die niedrigere als die vorgesehene Vergütungs- oder Entgeltgruppe sei zutreffend[14] oder die vom Dienstgeber verwendete Vergütungsordnung sei nicht diejenige, welche in der Einrichtung zur Anwendung gelangen müsse.[15] Die MAV hat kein Recht auf Mitgestaltung des Arbeitsvertrages. Das Zustimmungsrecht der MAV ist dahingehend zu verstehen, dass die MAV gegenzuprüfen hat, ob der Dienstgeber nach der anzuwendenden Vergütungs- bzw. Entgeltordnung eine korrekte Eingruppierung vornimmt.[16]

7 Im Falle der Fortsetzung des Arbeitsverhältnisses nach Ablauf des vorhergehenden Arbeitsvertrages handelt es sich um eine Einstellung i. S. v. § 34 Abs. 1,[17] womit zwangsläufig neuerlich die Eingruppierungsfrage verbunden ist; an dieser ist die MAV dann nicht zu beteiligen, wenn eine erneute Ein-

---

6 *Schlichtungsstelle Rottenburg-Stuttgart*, 1. 8. 1997 – SV 3/1997 und SV 5/1997, ZMV 1997, 284.
7 *KAGH*, 30. 11. 2006 – M 02/06, ZMV 2007, 81 f.
8 *KAGH*, 30. 11. 2006 – M 02/06; 12. 10. 2007 – M 03/07; 7. 11. 2008 – M 09/08 und M 10/08.
9 *BAG*, 27. 7. 1993 – 1 ABR 11/93, BAGE 74, 10; 30. 10. 2001 – 1 ABR 8/01, NZA 2002, 920.
10 *BAG*, 30. 10. 2001 – 1 ABR 8/01, NZA 2002, 920.
11 *Schlichtungsstelle Köln*, 2. 6. 2005 – MAVO 1/2005.
12 *BAG*, 30. 10. 2001 – 1 ABR 8/01, NZA 2002, 920.
13 Zu § 99 BetrVG: *BAG* in ständiger Rechtsprechung, 31. 5. 1983 – 1 ABR 57/80, EzA § 118 BetrVG 1972 Nr. 36; 30. 10. 2001 – 1 ABR 8/01, ZTR 2002, 349; *BVerwG*, 13. 2. 1976 – VII P 9/74, BVerwGE 50, 176.
14 *BAG*, 28. 4. 1998 – 1 ABR 50/97, ZTR 1998, 521 ff.
15 *BAG*, 27. 6. 2000 – 1 ABR 367/99, ZTR 2001, 238.
16 *Schlichtungsstelle Köln*, 2. 6. 2005 – MAVO 6–8/2005.
17 *Schlichtungsstelle Münster*, 10. 3. 1999 – SchliV-MAVO 10/98.

gruppierung deshalb nicht erforderlich ist, weil sich weder die Tätigkeit des Mitarbeiters noch das maßgebliche Entgeltgruppenschema ändern.[18] Siehe auch zu § 35 Abs. 1 Nr. 7 (Rn 77).

Bei Eingruppierungen ist das Zustimmungsverfahren erst abgeschlossen, wenn es zu einer Eingruppierung geführt hat, für die eine von der MAV erteilte oder vom Kirchlichen Arbeitsgericht ersetzte Zustimmung vorliegt.[19] Richtig ist, dass die MAV im Zustimmungsersetzungsverfahren nicht die Aufhebung einer nach ihrer Meinung unzutreffenden Eingruppierung verlangen kann, weil dies ein Akt der Rechtsanwendung, aber keine nach außen hin wirksame Maßnahme des Dienstgebers ist; sie kann vom staatlichen Gericht überprüft werden. Bei der Eingruppierung des Mitarbeiters geht es nicht um einen Vergleich mit anderen Mitarbeitern und deren Eingruppierung; es geht um seine Einordnung oder Einstufung in die zutreffende Lohn-, Gehalts-, Vergütungs-, Entgelt- oder Besoldungsgruppe nach Maßgabe der anzuwendenden Arbeitsvertragsordnung.[20] Der Mitarbeiter, der in eine kollektive Entgeltregelung eingruppiert wird, ist nach der Art seiner Tätigkeit, die von den Tätigkeitsmerkmalen einer bestimmten Vergütungsgruppe bzw. Entgeltgruppe erfasst wird, »eingruppiert«. Dieser Tarifautomatismus führt mit der Aufnahme einer bestimmten Tätigkeit zur Eingruppierung in die zutreffende Vergütungsgruppe.[21]

8

Die quantitative Ausdehnung der Tätigkeit eines Mitarbeiters kann die Eingruppierung qualitativ beeinflussen. Sieht der Dienstgeber aber keinen Anlass zu neuer Eingruppierung, so entsteht deshalb für die MAV kein Anspruch auf Beteiligung an dieser Entscheidung des Dienstgebers.[22] Die MAV kann aber im Verfahren vor dem Kirchlichen Arbeitsgericht beantragen, dass der im Zustimmungsersetzungsverfahren vor dem Kirchlichen Arbeitsgericht erfolglos gebliebene Dienstgeber ein neues Zustimmungsverfahren einzuleiten hat, das die Eingruppierung in eine andere Vergütungsgruppe vorsieht.[23]

9

Zu einer ordnungsgemäßen Unterrichtung zur Eingruppierung war für die bisher anstehenden Eingruppierungen für die Entscheidung der MAV anerkannt, dass diese auch die Angabe einer **Fallgruppe dann** verlangen konnte, wenn in einer Vergütungsordnung (z. B. ABD, KAVO, AVR) die Rechtsfolgewirkung einer Eingruppierung von einer zutreffenden Ersteingruppierung abhängig werden konnte. Das war z. B. der Fall, wenn ein Bewährungsaufstieg von einer bestimmten Ersteingruppierung in eine bestimmte Fallgruppe abhängig war (*BAG*, 27. 7. 1993 – 1 ABR 11/93, AP Nr. 110 zu § 99 BetrVG 1972 = NZA 1994, 952; *Bleistein*, ZMV 1994, 54) oder ein Fallgruppenwechsel erfolgte.[24]

10

In Fortführung dieser Rechtsprechung ist für die heutigen Eingruppierungen im Beteiligungsverfahren nicht nur die vorgesehene Vergütungsgruppe, sondern auch die Regelvergütungsstufe mitzuteilen. Allerdings muss die Stufenzuordnung im Zusammenhang mit der Festlegung der Vergütungsgruppe stehen. Die Stufenzuordnung kann somit nicht isoliert einen Mitbestimmungstatbestand darstellen.[25]

11

Auch die nur **strukturelle Änderung des Vergütungsgruppenschemas** und die **Neu-Eingruppierung** unterliegt der Zustimmungspflicht.[26]

12

---

18 *BAG*, 11. 11. 1997 – 1 ABR 29/97, DB 1998 S. 1923.
19 Vgl. noch: *Schlichtungsstelle Köln*, 24. 8. 1993 – MAVO 2/93 n. v.; *BAG*, 3. 5. 1994 – 1 ABR 58/93, ZTR 1995, 42.
20 *Schlichtungsstelle Köln*, 24. 8. 1993 – MAVO 2/93.
21 *BAG*, 16. 2. 2000 – 4 AZR 62/99, BAGE 93, 340.
22 *Schlichtungsstelle Passau*, 22. 11. 2004, ZMV 2005, 93.
23 So für das gleichgelagerte Zustimmungsverfahren des § 99 BetrVG 1972: *BAG*, 3. 5. 1994 – 1 ABR 58/93, AP Nr. 2 zu § 99 BetrVG 1972 (Eingruppierung).
24 *BVerwG*, 8. 10. 1997 – 6 P 5.95, ZTR 1998, 137.
25 *KAGH*, 19. 3. 2010 – M 16/09.
26 *Schlichtungsstelle Freiburg*, 14. 6. 1995 – 4/95, ZMV 1995, 292; *Thiel*, ZMV 2002, 164.

13 **Bei nicht tariflich** entlohnten Mitarbeitern ist die Festlegung der betriebsüblichen Entlohnung der Zustimmungstatbestand. Sie muss Recht und Billigkeit entsprechen. Nach Maßgabe der Grundsätze des *KAGH* (Rn 5) dürfte es derartige Verträge mit Mitarbeitern kirchlicher Einrichtungen allerdings gar nicht geben, da jeder Dienstgeber als verpflichtet anzusehen ist, das für die Einrichtung fachlich einschlägige kirchengesetzlich legitimierte Entgeltsystem (z. B. KAVO oder AVR) anzuwenden.

14 Die Mitteilung des Dienstgebers, ein bestimmter Mitarbeiter werde nicht in das tarifliche Schema eingeordnet, sondern erhalte als **außertariflicher Angestellter eine frei vereinbarte Vergütung,** ist im Hinblick auf den Anteil der »übertariflichen« Vergütung keine zustimmungspflichtige Eingruppierung.[27] Bezüglich des Anteils der »tariflichen« Vergütung, also dem Arbeitsvertrag zugrundezulegenden Grundvergütung, handelt es sich um eine mitbestimmungspflichtige Eingruppierung i. S. d. § 35. Bezüglich der nicht der Mitbestimmung unterliegenden Festlegung der »übertariflichen« Vergütung besteht ggf. eine Informationspflicht über das vereinbarte Gehalt im Rahmen der Einstellung, soweit nicht der Mitarbeiter nach § 3 Abs. 2 Ziffer 3 und 4 (Rn 72 ff.) aus dem Geltungsbereich der MAVO völlig herausgenommen ist. Die MAV kann in Fällen der frei vereinbarten Vergütung daher auch nicht der Einstellung die Zustimmung mit der Begründung verweigern, die Einstellung verstoße gegen anzuwendende Entgeltsysteme.

15 Wenn Streit herrscht zwischen MAV und Dienstgeber über die richtige tarifliche Eingruppierung, kann die MAV nicht der Einstellung ihre Zustimmung verweigern. Sie muss ihre Zustimmungsverweigerung auf die Eingruppierung beschränken.[28]

16 Ausnahmsweise kann die **Zustimmungsverweigerung gemäß** § 35 Abs. 2 Nr. 2 bei »übertariflicher« Entlohnung damit begründet werden, dass der arbeitsvertraglich geltende Gleichbehandlungsgrundsatz eklatant verletzt worden ist.[29] Das gilt vor allem, wenn der Dienstgeber mit der MAV für derartige Fälle eine innerbetriebliche Regelung vereinbart und sich bislang auch daran gehalten hat, er nun aber mit sachlich nicht begründbaren Argumenten davon abweichen will.

17 Das Zustimmungsrecht umfasst nicht das Recht, auf die Aufstellung eines neuen oder aber auf die Änderung eines vorhandenen Vergütungssystems hinzuwirken[30] (s. a. Rn 5). Ebenso wenig kann die MAV einen rechtlichen Gestaltungsspielraum in Anspruch nehmen, wenn sie die vorgegebene Vergütungsordnung für nicht rechtmäßig hält[31] (s. a. Rn 5).

bb. Umgruppierung

18 Ein Spezialfall der Eingruppierung ist die Umgruppierung. Es handelt sich um eine neue Eingruppierung in eine Lohn-, Gehalts-, Vergütungs-, Entgelt- oder Besoldungsgruppe bedingt durch
– Änderung der Tätigkeitsmerkmale einer Vergütungsordnung,[32]
– Änderung der übertragenen Aufgabe,[33]

---

27 *BAG*, 31. 5. 1983 – 1 ABR 57/80, EzA § 228 BetrVG 1972 Nr. 36.
28 *BAG*, 10. 2. 1976 – 1 ABR 49/74, AP Nr. 4 zu § 99 BetrVG 1972 = EzA § 99 BetrVG 1972 Nr. 9; *BVerwG*, 13. 2. 1976 – VII P 9.74, PersV 1977, 179.
29 *BAG*, 17. 5. 1978 – 5 AZR 132/77, EzA § 242 BGB Gleichbehandlung Nr. 14 = AP Nr. 42 zu § 242 BGB Gleichbehandlung; *Schlichtungsstelle Köln*, 18. 1. 1988 – MAVO 11/87, n. v.
30 *BVerwG*, 14. 6. 1995 – 6 P 43/93, PersV 1996, 182.
31 *Schlichtungsstelle Rottenburg-Stuttgart*, 7. 12. 2001 – SV 32/2001; *VerwG der EKD*, 4. 5. 2000 – 0124/D 39/99, ZMV 2000, 183; 4. 5. 2000 – 0124/D 38/99, ZMV 2000, 180; *Schlichtungsstelle beim Diakonischen Werk in Kurhessen-Waldeck e. V.*, 14. 3. 2000 – S 1/00, ZMV 2000, 186; *Zentrale Gutachterstelle beim VDD*, 16. 8. 2001, ZMV 2002, 188.
32 *BAG*, 20. 3. 1990 BAGE 64, 254; beispielsweise seinerzeitige neue Tätigkeitsmerkmale für Kirchenmusiker gemäß KAVO der Diözesen in NRW, Amtsblatt des Erzbistums Köln 2005 Nr. 75 S. 81 ff.
33 *BVerwG*, 8. 12. 1999 – 6 P 3.98, ZTR 2000, 234.

- irrtümliche vorangegangene Eingruppierung.[34] Die Unrichtigkeit ist bereits gegeben, wenn es auch an nur einer der tariflichen Voraussetzungen für die mitgeteilte bisherige Eingruppierung fehlt.[35] Die Darlegung eines Tarifirrtums ist nicht erforderlich.[36]
- Änderung der Tätigkeit durch Hineinwachsen in ein anderes Tätigkeitsmerkmal,
- Tätigkeit in einer anderen als der bisherigen Fallgruppe in derselben Vergütungsgruppe,[37]
- Änderung der Vergütungsordnung bzw. Entgeltordnung, wobei sich die arbeitsvertragliche Tätigkeit des Mitarbeiters nicht ändert.[38] Die fehlende Beteiligung der MAV bei der Umgruppierung auf Grund der Änderung der Vergütungsordnung ohne Änderung der Tätigkeit führt nicht dazu, dass der Dienstgeber verpflichtet ist, weiterhin die höhere bisherige Vergütung zu zahlen (*BAG*, 14. 1. 2004 – 4 AZR 10/03, ZTR 2004, 643);
- Herausnahme des Mitarbeiters aus der Vergütungsordnung (z. B. gemäß § 3 Buchstabe g AVR-Caritas, Allgemeiner Teil),
- Herauswachsen des Mitarbeiters aus einer Vergütungsordnung mit Umgruppierung und damit verbundener Eingruppierung,[39]
- Zuordnung bisheriger Vergütungsgruppen nach der KAVO der Diözesen in Nordrhein-Westfalen zu neuen Entgeltgruppen nach der KAVO entsprechend dem Muster BAT/TVöD ab 1. Oktober 2005,[40] auch wenn die Steuerung über EDV erfolgt. Dabei geht es nicht allein um die Zuordnung gemäß Zuordnungstabelle (vgl. Anlage 5 a zur KAVO ab 1. 10. 2005), sondern auch um die sich aus Überleitungs- und Besitzstandsbestimmungen zu den Änderungen der KAVO gemäß deren Anlage 27[41] ergebende zusätzliche Umgruppierungen mit bis zu drei verschiedenen Entgeltgruppen (§§ 2, 5 Abs. 1, § 6 Abs. 3 Buchstabe a der Anlage 27 zur KAVO). Im Falle von Neueinstellungen ab 1. 10. 2005 erfolgen zunächst vorläufige Zuordnungen zu Entgeltgruppen der KAVO, die nach In-Kraft-Treten neuer Eingruppierungsvorschriften zu entsprechenden Eingruppierungen führen.[42]

cc. Zulagen

Zur Eingruppierung gehört auch die Prüfung und Festsetzung einer mit der Vergütungs- bzw. Entgeltgruppe verbundenen Zulage. Die Anlage 1 zu den AVR-Caritas enthält in ihrem Abschnitt VIII Bestimmungen über sonstige Zulagen. Zulagen sind geregelt als 19
- Vergütungsgruppenzulagen (vgl. AVR-Caritas Anlage 2d, Anmerkungen A bis F),
- Leistungszulagen (vgl. AVR-Caritas Anlage 1 Abschnitt VII a; bei vorübergehender Ausübung einer höherwertigen Tätigkeit, AVR-Caritas Anlage 1 Abschnitt I b),
- Stellenzulagen.

Die Vergütungsgruppenzulagen sind der Höhe nach festgelegt. Grundlage der Berechnung der prozentual als Zuschlag festgelegten Stellenzulagen und Leistungszulagen ist die Regelvergütung(vgl. Abschnitt VIII Abs. c der Anlage 1 zu den AVR-Caritas), also die Bestimmung der Eingruppierung. Geht es um eingruppierungsgebundene Zulagen, hat die MAV auch dazu ein Mitbeurteilungsrecht i. S. v. § 35 Abs. 1 Nr. 1. 20

---

34 *Gem. KArbG Hamburg*, 30. 4. 2008 – MAVO 25/07.
35 *BAG*, 16. 5. 2002 – 8 AZR 460/01, AP BAT-O §§ 22, 23 Nr. 21; 20. 6. 2001 – 4 AZR 288/00, ZTR 2002, 178.
36 *BAG*, 17. 5. 2000 – 4 AZR 232/99, EzA § 4 TVG Rückgruppierung Nr. 4.
37 *BAG*, 27. 7. 1993 – 1 ABR 11/93, AP Nr. 110 zu § 99 BetrVG 1972 = ZMV 1994, 96; *Bleistein*, ZMV 1994, 54, 56; *Richardi/Thüsing*, BetrVG 8. Aufl. § 99 Rn 88.
38 *Schlichtungsstelle Osnabrück*, 18. 3. 1996, ZMV 1996, 194; *BAG*, 27. 6. 2000 – 1 ABR 29/99, ZTR 2001, 188.
39 *BAG*, 26. 10. 2004 – 1 ABR 37/03, NZA 2005, 367.
40 Vgl. nur Kirchliches Amtsblatt Bistum Essen 2005 Nr. 110 S. 131 ff.
41 Vgl. Amtsblatt für das Bistum Essen 2005 S. 141 ff.
42 Anlage 5b zur KAVO, Amtsblatt für das Bistum Essen 2005 S. 133.

21 Die *Schlichtungsstelle der Diözese Rottenburg-Stuttgart*[43] hat festgestellt, dass die Bewilligung der über die Vergütung nach AVR-Caritas freiwillig gezahlten Zulage von damals 180 DM monatlich eine Eingruppierungsmaßnahme sei. Gegenteilig entschied die *Schlichtungsstelle Paderborn* über die Gewährung einer widerruflichen Leistungszulage nach Anlage l zu den AVR-Caritas Abschnitt VIII Abs. b. Sie räumte ein, dass ein in mehrere Gehaltsgruppen untergliedertes Vergütungssystem durch Zulagen, die jeweils einen Teil des zwischen zwei Vergütungsgruppen bestehenden Abstandes ausgleichen, faktisch um Zwischengruppen erweitert werden; die Feststellung, dass ein Arbeitnehmer Anspruch auf eine solche Zulage hat, sei dann nicht anders als eine Eingruppierung zu bewerten.[44] Dies treffe jedoch nicht zu, wenn die Gewährung der Zulage nichts über die Stellung des Arbeitnehmers innerhalb der Vergütungsordnung aussage und die Zulage nicht in das Vergütungsgruppensystem eingebunden sei.[45] Wesensmerkmal eines Eingruppierungssystems sei die schematische Zuordnung von Tätigkeiten zu bestimmten Vergütungsstufen, zwischen denen mehr oder weniger große Abstände bestehen.[46] Daran fehlt es, wenn in der Vergütungsordnung kein prozentualer Zuschlag benannt ist und außerdem auf die Zulage als Kann-Bestimmung kein Rechtsanspruch besteht, so dass ein Fall der Rechtsanwendung ausscheidet; es geht um eine rechtsgestaltende Ermessensentscheidung, die als solche nicht der Zustimmung der MAV bedarf.[47] Jedenfalls die Zahlung eines »übertariflichen« Anteils der Vergütung i. S. einer individuellen »Zulage« unterliegt nicht der Mitbestimmung nach § 35 (Rn 14).

dd. Bewährung

22 KAVO und AVR sahen im Falle der Bewährung während der Dauer in der Tätigkeit in einer bestimmten Vergütungsgruppe und Fallgruppe je nach der Vergütungsordnung entweder
– die Höhergruppierung (Rn 24 ff.) oder
– eine Vergütungsgruppenzulage (Rn 19 f.)

bestimmt. In beiden Fällen besteht ein Mitbeurteilungsrecht der MAV. Das Erfordernis der Bewährung ist erfüllt, wenn der Mitarbeiter bzw. die Mitarbeiterin während der nach der Vergütungsordnung vorgeschriebenen Bewährungszeit sich den in der übertragenen Tätigkeit auftretenden Anforderungen gewachsen gezeigt hat. Maßgebend ist die Tätigkeit, die der Vergütungsgruppe entspricht, in der die Mitarbeiterin bzw. der Mitarbeiter eingruppiert ist (vgl. etwa § 23a Abschnitt A S. 2 Nr. 1 ABD; Anlage l zu den AVR-Caritas Abschnitt 1a Abs. d; § 21a KAVO in der Fassung bis 30. 9. 2005; § 23a BAT). Der Bewährung stehen nur solche **Verfehlungen des Mitarbeiters** entgegen, die unter Berücksichtigung seiner im Übrigen gezeigten Leistungen und der Dauer der für den Aufstieg jeweils erforderlichen Bewährungszeit nennenswert ins Gewicht fallen.[48] Diese Grundsätze sind im Hinblick auf bestehende Übergangsvorschriften für Besitzstandsregelungen und die vorläufige Zuordnung der Tätigkeitsmerkmale zu den Entgeltgruppen (KAVO, Anlage 26, Abschnitt Ia der Anlage 1 und Anlage 1a AVR-Caritas) und wegen teilweise bei Vergütungsgruppenzulagen zu prüfender Bewährung in einer dienstvertraglichen Aufgabenstellung (z. B. Anlage 2d AVR-Caritas Anmerkung C) nach wie vor zu beachten.

ee. Stellenbewertung

23 Für viele Einrichtungen bestehen Personal-Stellenpläne, in denen neben der Anzahl der Stellen die verschiedenen Funktionen der einzelnen Stelleninhaber aufgelistet sind. Zusätzlich werden auch die für die jeweiligen Funktionen zu gewährenden Entgeltgruppen angefügt (vgl. dazu: § 27 Rn 11 ff.). Häufig werden die Stellen im Wege einer Organisationsentscheidung des Dienstgebers, besonders in

---

43 *Schlichtungsstelle Rottenburg-Stuttgart*, 1. 3. 1991 – SV 7/90, ZMV 1992, 32.
44 *BAG*, 24. 6. 1986 – 1 ABR 31/84, BB 1987, 60.
45 *Schlichtungsstelle Paderborn*, 7. 4. 2000 – III 2000, ZMV 2000, 189.
46 *BAG*, 2. 4. 1996 – 1 ABR 50/95, AP Nr. 7 zu § 99 BetrVG 1972 Eingruppierung.
47 Vgl. *BAG*, 24. 6. 1986 – 1 ABR 31/84, LS AR-Blattei ES 530 14.3 Nr. 109.
48 *BAG*, 17. 2. 1993 – 4 AZR 153/92, DB 1993, 2601.

Verwaltungen, vergütungsgruppenmäßig abstrakt bewertet. Diese Bewertung ist keine Eingruppierung, weil nicht auf die konkrete Tätigkeit einer bestimmten Person abgestellt wird sondern eine abstrakte Beurteilung erfolgt. Diese Maßnahme fällt nicht unter das Zustimmungsrecht der MAV. In der Praxis empfiehlt sich die Teilnahme der MAV oder eines ihrer Mitglieder in der Arbeitsgruppe, in der Stellenbewertungen erarbeitet werden. Grundlage ist § 27 Abs. 1. Im konkreten Einzelfall kann es dazu kommen, dass ein Mitarbeiter bzw. eine Mitarbeiterin auf die Stelle gesetzt wird, für die die betreffende Person jedoch nicht die gedachten Eingruppierungskriterien wegen fehlender fachlicher Berufsausbildung erfüllt. Das ist zum Beispiel der Fall, wenn eine Kinderpflegerin auf der Stelle einer Gruppenleiterin in einer Tageseinrichtung für Kinder tätig werden soll. War in einem solchen Fall die Stelle nach Vergütungsgruppe VI b, V c oder V c BAT mit Zulage bewertet, waren dennoch auf die Kinderpflegerin diese Eingruppierungsmerkmale wegen fehlender Erzieherausbildung nicht anwendbar.[49] Es bleibt dann bei dem durch die Vergütungsordnung vorgeschriebenen Tätigkeitsmerkmal für die fachlich nicht ausgebildete Gruppenleiterin (vgl. Anlage 1 zu KAVO Diözesen in NRW Vergütungsgruppe VII, Fallgruppe 5.1.3; Stand: 1. 3. 2010).

b. Höhergruppierung oder Beförderung von Mitarbeitern (Nr. 2)

Höhergruppierung und Beförderung von Mitarbeitern sind Maßnahmen von Dauer ab einem bestimmten Kalendertag. 24

aa. Höhergruppierung

Um eine Höhergruppierung kann es sich handeln, wenn ein Mitarbeiter entweder 25
– eine andere Tätigkeit mit Tätigkeitsmerkmalen einer höheren Vergütungs- bzw. Entgeltgruppe zugewiesen erhält,
– durch die Korrektur seiner bisherigen Eingruppierung (wegen falscher Eingruppierung) in eine zutreffende höhere Vergütungsgruppe bzw. Entgeltgruppe eingereiht werden muss,
– wegen Änderung einer Vergütungs- bzw. Entgeltgruppeneinteilung in eine höhere Vergütungs- bzw. Entgeltgruppe eingruppiert werden muss (Umgruppierung Rn 18), etwa wegen struktureller Änderung der Vergütungsregelung,
– wegen eines möglichen Bewährungsaufstiegs (Rn 22) oder eines möglichen Zeitaufstiegs eine höhere Vergütungs- bzw. Entgeltgruppe erreicht hat oder
– eine seiner Tätigkeit förderliche Ausbildung abgeschlossen hat (vgl. § 20 Abs. 2 Unterabsatz 6 KAVO der Diözesen in NRW; AVR-Caritas Anlage 1 Abschnitt I c).

Auch die **probeweise Übertragung** einer höher zu bewertenden Tätigkeit unterliegt dem Zustimmungsrecht nach § 35.[50] Diese probeweise Übertragung stellt regelmäßig die entscheidende Maßnahme für die Höhergruppierung dar. Sie wirkt sich durchgreifend auf den beruflichen Aufstieg des Mitarbeiters aus. Der Dienstgeber soll nämlich damit die Möglichkeit erhalten, im Falle der Nichtbewährung den Mitarbeiter innerhalb der Erprobungszeit wieder auf seinen alten Arbeitsplatz ohne eine Änderung des Arbeitsvertrages zurückzunehmen. Auch die nur **vorübergehende oder vertretungsweise Übertragung** einer höher oder niedriger zu bewertenden Tätigkeit in der Absicht, den Mitarbeiter zu erproben, unterliegt daher dem Zustimmungsrecht nach § 35. Sie fällt auch nicht unter § 35 Abs. 1 Nr. 4, der nur die »nicht nur vorübergehende« Übertragung einer höher oder niedriger zu bewertenden Tätigkeit erfassen will (Rn 49). 26

Zum »Widerruf« einer bereits ausgesprochenen Beförderung: Rn 47. 27

---

49 So *BAG*, 8. 10. 1997 – 4 AZR 151/96, ZMV 1998, 86; 17. 1. 1996 – 4 AZR 602/94, ZTR 1996, 360; vgl. auch *BAG*, 16. 6. 1993 – 4 AZR 464/92, ZMV 1994, 90.
50 *BVerwG*, 14. 12. 1962 – VII P 3/62, AP Nr. 8 zu § 71 PersVG; *BAG*, 28. 1. 1992 – 1 ABR 56/90 (A), AP Nr. 44 zu § 75 BPersVG = PersV 1992, 898; *BAG*, 28. 1. 1992 – 1 ABR 56/90 (B), AP Nr. 36 zu § 75 BPersVG = NZA 1992, 805.

bb. Hineinwachsen in eine andere Vergütungs- oder Entgeltgruppe

28 Auf den Tatbestand des Hineinwachsens in eine andere Vergütungs- oder Entgeltgruppe gingen u. a. § 23 Abs. 1 ABD, § 21 Abs. 1 KAVO ein. Voraussetzung für die Höhergruppierung bei eingetretener höherwertiger Tätigkeit ist die ununterbrochene Tätigkeit von mindestens sechs Monaten, welche dazu führt, dass mit Beginn des darauf folgenden Kalendermonats der Mitarbeiter in die höhere Vergütungs- bzw. Entgeltgruppe eingruppiert ist. Für die zurückliegenden Zeiten wird eine der höherwertigen Tätigkeit entsprechende persönliche Zulage gezahlt (vgl. noch § 23 Abs. 1 S. 2 ABD, §§ 21 Abs. 1 S. 2, 22 Abs. 1 KAVO).

29 Allerdings sind im Falle des Hineinwachsens in eine andere Vergütungs- bzw. Entgeltgruppe verschiedene Konstellationen denkbar, entweder das Hineinwachsen in eine höhere, eine niedrigere Vergütungs- bzw. Entgeltgruppe durch veränderte Aufgabenstellungen oder die Veränderung der Fallgruppe innerhalb der Vergütungs- bzw. Entgeltgruppe mit möglichem folgenden Bewährungsaufstieg. Das Ergebnis des Hineinwachsens muss der Dienstgeber feststellen, weil er danach die zutreffende Eingruppierung bzw. Höhergruppierung vorzunehmen hat.

30 Im Falle des »Hineinwachsens« in eine andere Vergütungs- bzw. Entgeltgruppe gibt es unterschiedliche Auffassungen des *BAG* und des *BVerwG*. Das *BAG*[51] vertritt die Auffassung, ein Zustimmungsrecht des Personalrates bestehe deswegen nicht, weil keine mitbestimmungspflichtige Maßnahme vorliege. Vielmehr habe der Mitarbeiter im Rahmen der von ihm auszuübenden Tätigkeit, die ihm von vornherein wirksam zugewiesen worden sei, kraft Tarifautomatik einen Anspruch auf die höhere Mindestvergütung erworben. Dagegen meint das *BVerwG* in drei Beschlüssen vom 13. 2. 1976,[52] dass auch die Tarifautomatik bei normvollziehenden Maßnahmen der Zuordnung einer Tätigkeit zu einer anderen VergGr. das Zusammenwirken von Dienststelle und Personalvertretung als zusätzliche Kontrolle der Richtigkeit vorsehe. Der Auffassung des *BVerwG* ist der Vorzug zu geben, auch wenn das *BAG* in seinem Urteil 4 AZR 225/79 vom 4. 10. 1981 darauf hinweist, in diesem Falle liege weder eine rechtsgeschäftliche Erklärung des Dienstgebers vor noch eine sonstige Maßnahme von seiner Seite, die zu einer höheren Bewertung der Tätigkeit des Mitarbeiters führe. Diese Höherbewertung trete unmittelbar aus Rechtsgründen (Tarifautomatik) ein. Diese Argumente können deswegen nicht überzeugen, weil auch die Eingruppierung unter den gleichen Prämissen erfolgt und dennoch hierfür das Zustimmungs-(Mitbeurteilungs-)recht der MAV unangefochten bejaht wird. Schließlich ist beim Hineinwachsen in die andere Tätigkeit auf die Auswirkungen im Ist-Stellenplan hinzuweisen.

cc. Kein Initiativrecht der MAV

31 Ein **Initiativrecht der MAV** für eine »Höhergruppierung« besteht nach §§ 33, 35 Abs. 1 Nr. 2 **nicht**. Allenfalls hat die MAV die Möglichkeit, im Rahmen des § 26 Abs. 3 Nr. 2 auf Beschwerde des Mitarbeiters seine nicht ordnungsgemäße Eingruppierung beim Dienstgeber zu rügen und einer Nachprüfung unterziehen zu lassen (§ 26 Rn 61 ff.). Der Rechtsweg zu den Gerichten für Arbeitssachen zur gerichtlichen Überprüfung seiner Eingruppierung bleibt dem Mitarbeiter ohnehin immer offen.

dd. Beförderung

32 Beförderung von Mitarbeitern bzw. Mitarbeiterinnen ist die Ernennung eines Beamten oder einer Beamtin kirchlichen oder staatlichen Rechts, durch die der betroffenen Person ein anderes Amt mit höherem Endgrundgehalt und anderer Amtsbezeichnung übertragen wird. Dazu bedarf es der Zustimmung der MAV in dem nach § 33 geregelten Verfahren. Die Verleihung eines anderen als des bisherigen Titels ist keine Beförderung, wenn damit kein höheres Endgrundgehalt zugebilligt wird. Dasselbe gilt auch im Falle von Arbeitnehmern, denen die Übertragung einer höherwertigen

---

[51] *BAG*, 2. 12. 1981 – 4 AZR 301/79, AP Nr. 52 zu §§ 22, 23 BAT 1975.
[52] *BVerwG*, 13. 2. 1976 – VII P 9/74, P 4/75 und P 24/75.

Tätigkeit (z. B. Beförderung des Gruppenleiters in einer Tageseinrichtung für Kinder zum Leiter der Tageseinrichtung) zu einer Eingruppierung in eine höhere Entgeltgruppe verhilft. Die Beförderung und die damit verbundene Höhergruppierung unterliegen der Mitbestimmung der MAV. Die Schaffung der neuen Funktionsstelle eines Oberstufenlehrers an einem Gymnasium ist keine Maßnahme des Dienstgebers i. S. v. § 35 Abs. 1, weder i. S. v. Beförderung oder Höhergruppierung (Abs. 1 Nr. 2) noch im Sinne einer Eingruppierung (Abs. 1 Nr. 1). Die Schaffung der Arbeitsstelle ist keine personelle Maßnahme.[53] Allerdings wird dadurch der Soll-Stellenplan geändert, worüber die MAV gemäß § 27 Abs. 2 ein Informationsrecht hat.

ee. Rechtsfolgen der Verletzung des Zustimmungsrechts

Bei den **Rechtsfolgen** der Verletzung des Zustimmungsrechtes der MAV ist zu unterscheiden: 33
– Wird das Zustimmungsrecht der MAV bei der Umgruppierung verletzt, weil wegen der Änderung der Vergütungsordnung oder Entgeltordnung mit veränderten Eingruppierungsvorschriften der Dienstgeber betroffene Mitarbeiter und Mitarbeiterinnen neu einzugruppieren hat, führt die Verletzung der Mitbestimmungsrechte der MAV nicht zur Unwirksamkeit der Umgruppierung, die nach kirchlichem Recht Rechtsanwendung ist, die im Rahmen der Rechtskontrolle der MAV ihrer Mitbeurteilung unterliegt; es handelt sich bei der Umgruppierung nicht um ein Mitgestaltungsrecht der MAV.[54]

– Wird das Zustimmungsrecht der MAV bereits bei der **Übertragung der höherwertigen Tätigkeit** 34 unbeachtet gelassen und verletzt, so muss geprüft werden, ob der Mitarbeiter aus seinem Arbeitsverhältnis einen Rechtsanspruch auf Höhergruppierung hat. Dann muss sie der Dienstgeber durchführen. Auf diesen Rechtsanspruch des Mitarbeiters (z. B. bei einer falschen Eingruppierung oder dem »Hineinwachsen« in eine höherwertige Tätigkeit) hat die Verletzung des auch hier bestehenden Zustimmungsrechts der MAV keinen Einfluss.[55]

– Hat der Mitarbeiter keinen Rechtsanspruch auf Übertragung der höherwertigen Tätigkeit, so ist diese Übertragung durch den Dienstgeber allein unwirksam, wenn die MAV nicht entsprechend dem Verfahrensgang des § 33 beteiligt wurde. Dennoch gibt diese Pflichtwidrigkeit dem Dienstgeber nicht das Recht, sich nun einseitig aus seiner Höhergruppierungszusage zu lösen. Der Mitarbeiter genießt insoweit sozialen Bestandschutz (siehe dazu im Einzelnen § 33 Rn 8).

– Wird das Zustimmungsrecht dagegen nur bei der **Höhergruppierung des Mitarbeiters** verletzt, so 35 hat die MAV ohnehin nur eine »Richtigkeitskontrolle« (Rn 5 f.) der vom Dienstgeber vorgenommenen Eingruppierung. Die Wirksamkeit der Höhergruppierung hängt also letztlich davon ab, ob sie richtig ist oder nicht. Auch bei einer Verletzung des Zustimmungsrechts der MAV bleibt dem Mitarbeiter in jedem Falle der Rechtsweg zu den Arbeitsgerichten offen, ob sein Dienstgeber verpflichtet ist, ihn in eine bestimmte Vergütungsgruppe bzw. Entgeltgruppe einzugruppieren.[56]

– Sieht die auf das Arbeitsverhältnis anwendbare kollektiv-rechtliche Regelung eine Höhergruppie- 36 rung im **Bewährungsaufstieg**, wie – früher – die tarifliche Regelung des BAT oder der AVR Anlage 1 Abschnitt 1a vor (Rn 22), so besteht hier das Zustimmungsrecht der MAV nach Nr. 2.[57] Hierbei handelt es sich um einen Wechsel in die nächsthöhere Vergütungsgruppe auf Grund der tariflich vorgesehenen und erfüllten Bewährungszeit, ohne dass sich die Tätigkeit ändert.[58]

---

53 *Schlichtungsstelle Dresden-Meißen*, 19. 3. 2004 – 2–029/03, ZMV 2004, 247.
54 *BAG*, 14. 1. 2004 – 4 AZR 10/03, ZTR 2004, 643.
55 So auch *BAG*, 19. 7. 1978 – 4 AZR 31/77, EzA §§ 22–23 BAT Nr. 18.
56 So *BAG*, 30. 5. 1990 – 4 AZR 74/90, AP Nr. 31 zu § 75 BPersVG = DB 1991, 338; 26. 8. 1992 – 4 AZR 210/92, AP Nr. 37 zu § 75 BPersVG = DB 1993, 839.
57 *BVerwG*, 17. 4. 1970 – VII P 8/69, ZBR 1970, 269; *Schlichtungsstelle Essen*, 17. 3. 2003 – 85 1354/1 – 4/02.
58 Zur Frage der ins Gewicht fallenden Verfehlungen während der Bewährungszeit: *BAG*, 17. 2. 1993 – 4 AZR 153/92, AP Nr. 31 zu § 23a und 17. 2. 1993 – 4 AZR 196/92, NZA 1994, 672.

c. Rückgruppierung von Mitarbeitern (Nr. 3)

37 Die Rückgruppierung eines Mitarbeiters ist die Herabsetzung der Vergütung von der gegenwärtigen in irgendeine niedrigere Vergütungs- bzw. Entgeltgruppe. Die Grundlagen für die Maßnahme sind unterschiedlich. In Betracht kommen
- Abänderung des Arbeitsvertrages mit Veränderung der Arbeitsleistung in einer niedrigeren Vergütungs- bzw. Entgeltgruppe durch Einvernehmen der Arbeitsvertragsparteien,
- dienstgeberseitige Änderungskündigung mit dem Angebot einer niedriger vergüteten Tätigkeit an einem anderen Arbeitsplatz,
- korrigierende Rückgruppierung wegen irrtümlich zu hoher Eingruppierung.[59] Eine Besonderheit besteht materiell-rechtlich insoweit als der Dienstgeber dem Mitarbeiter gegenüber den »tarifwidrigen« Zustand einseitig korrigieren kann,[60]
- Feststellung des Dienstgebers, dass sich die Tätigkeitsmerkmale der Tätigkeit des Mitarbeiters so geändert haben, dass sie einer niedrigeren Vergütungs- bzw. Entgeltgruppe entsprechen,[61]
- nachfolgender verschlechternder Tarifvertrag mit der Folge der Eingruppierungskorrektur ohne Änderungskündigung,[62]
- Absenkung der Vergütung oder des Entgeltes durch Beschluss einer kirchlichen arbeitsrechtlichen Kommission, wenn sich der Arbeitnehmer der jeweiligen Beschlusslage der Kommission arbeitsvertraglich unterworfen hat[63] (vgl. § 4 Abs. 1 ABD),
- betriebsbedingte Änderungskündigung auf der Grundlage kollektiver Regelung zum Zweck der Herabgruppierung um eine Vergütungsgruppe bei ordentlich unkündbaren Mitarbeitern.[64]

38 Kein Fall der Rückgruppierung ist die Absenkung der Vergütung in der Einarbeitungsphase oder Probezeit; sie ist unzulässig und mit Rücksicht auf kollektive Eingruppierungskriterien, die keine Probezeit kennen, unwirksam.[65] Es handelt sich um eine falsche Eingruppierung, die zu korrigieren ist.[66]

39 Eine einseitige Änderungsmöglichkeit auf Grund des Weisungsrechts des Dienstgebers ist regelmäßig ausgeschlossen (zu den Besonderheiten der korrigierenden Rückgruppierung Rn 37 dritter Spiegelstrich). Neben einer wirksamen vertraglichen Grundlage für die Rückgruppierung, auch wenn sie auf einem Rückgruppierungsvertrag beruht, ist die Zustimmung der MAV als kollektivrechtlicher Teil dieser Maßnahme unerlässliche Wirksamkeitsvoraussetzung.[67]

40 Bei der Rückgruppierung fallen im Regelfall zusammen einerseits die **Versetzung auf einen anderen – niedriger bewerteten – Arbeitsplatz** und andererseits die gleichzeitig erfolgende **Herabgruppierung in eine niedrigere Vergütungs- bzw. Entgeltgruppe.** Während die Versetzung unter Umständen nach den arbeitsvertraglichen Vereinbarungen auf Grund des einseitig ausgeübten Weisungsrechtes des Dienstgebers erfolgen könnte, kann dagegen einseitig durch das Weisungsrecht die Vergütung oder das Entgelt des Mitarbeiters nicht herabgesetzt werden. Es bedarf dazu der Zustimmung des Mitarbeiters. Aber auch wenn diese Rückgruppierung mit Zustimmung des Mitarbeiters erfolgt, unterliegt sie als kollektiv-rechtliche Maßnahme der Zustimmung der MAV (Rn 16).

41 Wird die Versetzung und die Rückgruppierung durch eine Änderungskündigung des Dienstgebers durchgeführt, laufen zwei Mitwirkungsverfahren nebeneinander:

---

59 *BAG*, 30. 5. 1990 – 4 AZR 74/90, DB 1991, 338; 18. 2. 1998 – 4 AZR 581/96, NZA 1998, 950 ff.; 16. 2. 2000 – 4 AZR 62/99; *LAG Köln*, 20. 4. 1994 – 2 Sa 1180/93, ZTR 1994, 374.
60 Zuletzt *BAG*, 9. 12. 2009 – 10 AZR 850/08, NZA-RR 2010, 336.
61 *BAG*, 20. 3. 1990 – 1 ABR 20/89, BB 1990, 1271.
62 *BAG*, 9. 7. 1997 – 4 AZR 635/95, NZA 1998, 494.
63 *BAG*, 15. 11. 2001 – 6 AZR 88/01.
64 Vgl. noch: § 55 Abs. 2 BAT, § 55 Abs. 2 ABD, § 43 Abs. 2 KAVO Diözesen NRW, § 15 AVR-Caritas Allg. Teil.
65 *Schlichtungsstelle Aachen*, 25. 6. 1998 – MAVO 05/1998.
66 *Schlichtungsstelle Trier*, 14. 4. 1993 – 1/93 S, ZMV 1993, 171.
67 *Schlichtungsstelle Köln*, 2. 12. 1991 – MAVO 9/91, ZMV 1993, 31.

– für die Änderungskündigung muss die Anhörung und Mitberatung bei der Kündigung nach § 30 ordnungsgemäß durchgeführt werden,
– für die Rückgruppierung bedarf es der Zustimmung der MAV nach §§ 35, 33.

Beide Verfahren müssen korrekt abgewickelt werden, bevor die durch eine Änderungskündigung beabsichtigte Rückgruppierung und Beschäftigung auf dem vorgesehenen anderen Arbeitsplatz wirksam werden kann.[68] 42

Die Änderungskündigung kann wirksam erklärt werden und gerichtlich überprüft werden, sobald das Anhörungsverfahren nach § 30 ordnungsgemäß durchgeführt worden ist. Sie ist nicht schwebend unwirksam, bis die MAV im Rückgruppierungsverfahren nach §§ 35, 33 ihre Zustimmung erteilt hat oder die Zustimmung durch das Kirchliche Arbeitsgericht ersetzt ist. 43

Die geänderten Arbeitsbedingungen kann aber der Dienstgeber erst umsetzen, wenn er das Zustimmungsverfahren wegen der Rückgruppierung ordnungsgemäß durchgeführt und positiv abgeschlossen hat. Solange die Zustimmung der MAV zur Rückgruppierung nicht vorliegt, muss er den Mitarbeiter auf seinem alten Arbeitsplatz weiterbeschäftigen, der ihm ohne die vorliegende Zustimmung der MAV nicht wirksam entzogen worden ist, es sei denn ein Eilverfahren nach § 33 Abs. 5 liegt vor. Ob tragende Gründe für ein Eilverfahren nach § 33 Abs. 5 gegeben sind, beurteilt sich nach der Erfüllung der dort genannten zwingenden Voraussetzungen (§ 33 Rn 57 ff.). 44

Der Zustimmung unterliegt auch die **korrigierende Rückgruppierung** (Rn 37). Davon wird gesprochen, wenn die bei der Einstellung vorgenommene oder bisher geltende Eingruppierung in eine niedrige Vergütungs- bzw. Entgeltgruppe »korrigiert« werden muss.[69] Der Beschäftigte rückt also nicht automatisch in eine niedrigere Vergütungs- bzw. Entgeltgruppe ein. Es wird zwar in diesen Fällen keine andere Tätigkeit zugewiesen. Der Arbeitsvertrag muss auch nicht geändert werden. Der Dienstgeber stellt nur fest, dass die vorgenommene Eingruppierung zurückgeführt werden muss.[70] Die korrigierende Rückgruppierung wirkt also nicht rechtsgestaltend, sondern stellt nur die zutreffende Eingruppierung fest. Dennoch besteht auch hier bei den Maßnahmen des Dienstgebers eine mitbeurteilende Richtigkeitskontrolle der MAV.[71] Ist eine Vergütungs- bzw. Entgeltgruppe konstitutiv vereinbart, kann eine Rückgruppierung durch den Dienstgeber nicht einseitig durch korrigierende Rückgruppierung, sondern nur im Rahmen einer Änderungskündigung erfolgen.[72] 45

Ein Zustimmungsrecht der MAV besteht aber vor allem bei der **Korrektur einer fehlerhaften Eingruppierung.** Hier wird wegen der fehlerhaften Eingruppierung eine »Rückführung« auf die zutreffende Lohn- oder Gehaltsgruppe vorgenommen. Diese auf Grund einer irrigen Eingruppierung durchzuführende Rückgruppierung bedarf – unabhängig von der materiell-rechtlichen Zulässigkeit – der Zustimmung der MAV.[73] 46

Zu den zustimmungspflichtigen Maßnahmen gehört auch der **Widerruf einer Beförderung** eines im beamtengleichen Vertragsverhältnis angestellten Mitarbeiters, auch wenn dieser Widerruf mit schweren Pflichtwidrigkeiten des Mitarbeiters begründet werden kann. 47

---

68 *BAG*, 30. 9. 1993 – 2 AZR 283/93, AP Nr. 33 zu § 2 KSchG.
69 *BAG*, 26. 8. 1993 – 4 AZR 210/92, AP Nr. 37 zu § 75 BPersVG; zuletzt 9. 12. 2009 – 10 AZR 850/08, NZA-RR 2010, 336.
70 *Sächsisches LAG*, 7. 1. 2000 – 3 Sa 601/99, ZTR 2000, 370.
71 Vgl. *OVG Bremen*, 27. 11. 1990 – PV – B 3/90, PersV 1994, 22.
72 *BAG*, 22. 7. 2004 – 8 AZR 203/03, ZTR 2005, 198.
73 *BAG*, 30. 5. 1990 – 4 AZR 74/90, AP Nr. 31 zu § 75 BPersVG; 26. 8. 1992 – 4 AZR 210/92, AP Nr. 37 zu § 75 BPersVG mit dem Hinweis, dass eine höhere Vergütung nicht automatisch aus der Verletzung des Zustimmungsrechtes folgt.

d. Nicht nur vorübergehende Übertragung einer höher oder niedriger zu bewertenden Tätigkeit (Nr. 4)

48 Im Grundsatz ist zu unterscheiden zwischen der
– nur vorübergehenden Übertragung einer anderen – höher oder niedriger zu bewertenden – Tätigkeit und
– der auf Dauer, also nicht nur vorübergehend zu übertragenden höher oder niedriger zu bewertenden Tätigkeit.

49 Nur die zweite Alternative mit ihren beiden Bewertungsvarianten führt zur Mitbestimmung gemäß Nr. 4. In diesen beiden Fällen ist nicht erforderlich, dass – im Gegensatz zu Nr. 2 oder Nr. 3 – mit der Übertragung einer höher oder niedriger zu bewertenden Tätigkeit zwangsläufig auch ein Wechsel der Vergütungs- bzw. Entgeltgruppe verbunden sein muss. Der Wechsel in eine andere Vergütungs- bzw. Entgeltgruppe oder der Zugewinn einer Vergütungs- bzw. Entgeltgruppenzulage ist jedenfalls nicht Voraussetzung des hier in Rede stehenden Zustimmungstatbestandes.[74] Beispiel: Die Erhebung zum Chefarzt einer Krankenhausabteilung ist gegenüber der bisherigen Tätigkeit als Chefarzt einer Subdisziplin in einer Abteilung eine höher zu bewertende Tätigkeit, wenn die Funktionen der allgemeinen Abteilung gegenüber der Spezialabteilung vielseitiger und umfassender sind. Die Übertragung einer höherwertigen Tätigkeit im Chefarztbereich kann dem Mitbestimmungsrecht unterliegen, wenn der Dienstgeber den betreffenden Chefarzt nicht zum leitenden Mitarbeiter i. S. v. § 3 Abs. 2 Nr. 4 MAVO bestellt hat.[75] Das gilt auch bei probeweiser Übertragung einer Stelle.[76]

50 Für die Anwendung der Vorschrift Nr. 4 kommt es auf die Organisation des Dienstgebers an und die richtige Einordnung des Mitarbeiters in diese Organisation durch eine andere Tätigkeit, die übertragen wird. Ist dagegen nur eine vorübergehende Übertragung einer höherwertigen Tätigkeit vorgesehen oder z. B. die zeitliche Vertretung der durch Krankheit verhinderten Kindergartenleiterin, ist wegen der damit verbundenen persönlichen Leistungszulage (vgl. Abschnitt I b Anlage 1 zu den AVR-Caritas) der Mitbestimmungstatbestand gemäß Nr. 2 gegeben.

51 Eine **Übertragung auf Dauer** ohne die vorher vorliegende Zustimmung der MAV ist unwirksam.[77]

Der Dienstgeber handelt rechtsmissbräuchlich, wenn er bei einer vorliegenden Daueraufgabe eine höherwertige Tätigkeit nur vorübergehend überträgt. Er kann den Weg einer vorübergehenden Übertragung einer höherwertigen Tätigkeit überhaupt nur dann als arbeitsvertragliches Gestaltungsmittel wählen, wenn die wahrzunehmende Tätigkeit keine Daueraufgabe darstellt, wenn der bisherige Arbeitsplatzinhaber vorübergehend abwesend ist oder sonstige berechtigte Interessen der Übertragung der Tätigkeit auf Dauer entgegenstehen. Eine Daueraufgabe liegt auch dann vor, wenn ständiger Vertretungsbedarf besteht. Besteht eine Daueraufgabe und der Dienstgeber holt dazu irrigerweise die Zustimmung der MAV nicht ein, bleibt er zur Zahlung der damit verbundenen höheren Vergütungs- bzw. Entgeltgruppe auch dann verpflichtet, wenn er die MAV nicht beteiligt hat. Er muss dann das Zustimmungsverfahren nachholen (§ 33 Rn 12, 66).

52 Die MAVO definiert nicht, was unter nicht nur vorübergehender Übertragung einer Tätigkeit zu verstehen ist. Als Übertragung auf Dauer ist auch die so genannte Abwesenheitsvertretung zu sehen. Bei kurz- oder langfristiger Abwesenheit einer Schulleiterin muss z. B. die bestellte Stellvertreterin die Funktion der Schulleiterin übernehmen, ohne dass es deswegen jedes Mal einer besonderen Bestellung bedarf. Eine vorübergehende Übertragung läge nur dann vor, wenn aus besonderem Anlass (z. B. Urlaub, längere Krankheit, Kur, Mutterschutzfrist usw.) für die jeweilige Abwesenheitszeit eine besondere Bestellung erfolgen würde. An der Übertragung einer höherwertigen Tätigkeit mit dem Pos-

---

[74] *Schlichtungsstelle Münster*, 11. 2. 1998 – SchliV - MAVO Nr. 12/97, ZMV 1998, 299; *Schlichtungsstelle Freiburg*, 16. 3. 1995 – 1994/6, ZMV 1997, 35.
[75] *Schlichtungsstelle Münster*, 11. 2. 1998 – SchliV - MAVO Nr. 12/97, ZMV 1998, 299.
[76] *Schlichtungsstelle Osnabrück*, 8. 11. 2001 – 06/2001.
[77] *BAG*, 16. 1. 1991 – 4 AZR 301/90, AP Nr. 3 zu § 24 MTA.

ten der stellvertretenden Schulleiterin auf Dauer kann z. B. kein Zweifel bestehen. Die Funktion hebt sich aus der Funktion der übrigen Lehrkräfte einer Schule heraus, wird also höher bewertet. Auf den damit verbundenen Umfang der höherwertigen Tätigkeit (etwa wegen der Frage einer Höhergruppierung) kommt es nicht an (*Schlichtungsstelle Freiburg*, 16. 3. 1995 – 1994/6, ZMV 1997, 35).

In § 42 Buchst. d, e MVG-EKD wird die drei Monate überschreitende Dauer der Übertragung einer höher oder niedriger bewerteten Tätigkeit dem Mitbestimmungsrecht der MAV unterstellt. Nach der MAVO hat zu gelten, dass bei Nichtvorhersehbarkeit der erforderlichen Dauer der Übertragung der anderen Tätigkeit das Zustimmungsverfahren einzuleiten ist. Denn in diesem Falle geht es nicht mehr um eine klar »vorübergehende« Übertragung der neuen Tätigkeit. Zu einer probeweisen vorübergehenden Übertragung einer höher zu bewertenden Tätigkeit siehe Rn 26. 53

Geht es um eine höher oder niedriger bewertete Tätigkeit und ihre Übertragung auf Dauer, so ist im Falle des damit verbundenen Eingruppierungsaktes (Höhergruppierung, Herabgruppierung) das Zustimmungsverfahren auch auf die Mitbeurteilung der neuen Vergütungs- bzw. Entgeltgruppe auszudehnen (Nr. 2 oder Nr. 3). Ist zur Übertragung der niedriger bewerteten Tätigkeit eine Änderungskündigung erforderlich, so ist außerdem das Verfahren der Anhörung und Mitberatung (§ 30) durchzuführen, ehe die Maßnahme erfolgen darf (Rn 41). 54

e. Abordnung von mehr als drei Monaten (Nr. 5, erste Alternative)

Eine **Abordnung** ist (u. a. beamtenrechtlich) die **vorübergehende Übertragung einer Tätigkeit in einer anderen Dienststelle oder Einrichtung desselben oder eines anderen (öffentlich-rechtlichen) Dienstherrn bei Aufrechterhaltung des Arbeitsverhältnisses und der Zugehörigkeit zur bisherigen abordnenden Dienststelle**.[78] Die Abordnung ist immer zulässig, wenn sie im Arbeitsvertrag zugelassen ist.[79] Von der Versetzung unterscheidet sie sich dadurch, dass sie nur **vorübergehender Natur** ist. Abordnung und Versetzung ist jedoch gemeinsam, dass sie mit einem Wechsel der Dienststelle bzw. Einrichtung verbunden sind, während die **Umsetzung** (in der MAVO nicht erwähnt) die Zuweisung eines anderen Dienstpostens innerhalb derselben Dienststelle bzw. Einrichtung bedeutet.[80] Der Mitbestimmung der MAV unterliegt nicht nur die Abordnung in vollem Umfang, sondern auch die **Teilabordnung**, d. h. die vorübergehende Übertragung eines Teils von Tätigkeiten in einer anderen Dienststelle.[81] Die Teilabordnung eines an einer Gesamtschule beschäftigten Lehrers an eine Schule anderer Schulform (Gymnasium, Realschule, Hauptschule) unterliegt auch dann der Mitbestimmung der MAV, wenn sich beide Schulen in einem Gebäudekomplex befinden.[82] Keine Abordnung ist der Auftrag, in einer anderen Dienststelle Aufgaben zu erfüllen, für deren Ausführung die eigene Dienststelle des Mitarbeiters zuständig ist (z. B. Kontrollaufgaben seitens des Generalvikariats in einem Kirchengemeindeverband oder bei einer Kirchengemeinde, Revision). 55

Ein Fall der Abordnung ist gegeben, wenn z. B. ein Referendar aus dem staatlichen Dienst in den privaten Dienst einer kirchlichen Einrichtung überwiesen wird. 56

Der Unterschied zwischen Abordnung und Versetzung (Rn 63) besteht darin, dass die **Versetzung die dauernde Zuweisung eines anderen Arbeitsplatzes (bzw. Amtes) in einer anderen Einrichtung**, also der Wechsel der Dienststelle oder sogar des Dienstgebers ist. 57

Die **Umsetzung** ist lediglich die Versetzung auf einen anderen Arbeitsplatz innerhalb derselben Einrichtung bzw. Dienststelle, mit der u. U. die Höhergruppierung oder Herabgruppierung verbunden sein kann. Die Umsetzung als solche, etwa die Zuweisung aus der Position als Gruppenleiterin auf die 58

---

78 *OVG Münster*, 3. 7. 1986, RiA 1987, 71, *BAG*, 11. 6. 1992 – 6 AZR 218/91, PersV 1993, 418.
79 *BAG*, 20. 1. 1960 – BAGE 8, 338.
80 *BVerwG*, 28. 5. 2002 – 6 P 9.01, ZTR 2002, 398.
81 *OVG Münster*, 4. 11. 1980, RiA 1981, S. 79; 3. 7. 1986, RiA 1987, 71; *BVerwG*, 28. 5. 2002 – 6 P 9.01, ZTR 2002, 398; *BAG*, 11. 6. 1992 – 6 AZR 218/91, PersV 1993, 418.
82 *OVG Münster*, 3. 7. 1986, RiA 1987, 71.

Stelle als Erzieherin in einer Hortgruppe, wird von der MAVO nicht erfasst, solange mit der Umsetzung weder eine Höher- oder Herabgruppierung noch eine Vergütungs- bzw. Entgeltgruppenzulage verbunden ist.

59 Die Mitbestimmung der MAV greift erst ein, wenn die Abordnung für einen Zeitraum von mehr als drei Monaten erfolgt. Stellt sich bei einer zunächst für eine kürzere Zeit erfolgten Abordnung heraus, dass sie über drei Monate verlängert werden muss, ist die MAV an dieser Verlängerung zu beteiligen (§ 33). Auf den Abordnungsschutz für Mitglieder der MAV und der Jugend- und Auszubildendenvertretung wird hingewiesen: § 18 Abs. 2; § 51 Abs. 2). Von der der Abordnung ist die abgebende wie die aufnehmende Einrichtung betroffen. Zu den Beteiligungsrechten der MAV der abgebenden Einrichtung einerseits und der aufnehmenden Einrichtung andererseits sowie – soweit vorhanden – der Gesamtmitarbeitervertretung siehe weiter unter Rn 67.

60 Unabhängig vom Zustimmungsverfahren, das fehlende rechtliche Grundlagen für eine Abordnung nicht ersetzen kann, bedarf es zur Zulässigkeit der Abordnung vertraglicher Vereinbarungen oder der Anwendung entsprechender kollektiver Normen (§ 4 Abs. 1 TVöD, § 9 AVR-Caritas Allg. Teil, § 12 ABD, § 11 KAVO der Diözesen in NRW).

61 Wird allerdings die MAV überhaupt **nicht** oder nicht ordnungsgemäß an der Abordnung eines Mitarbeiters **beteiligt**, ist die Abordnung **rechtsunwirksam**. Der Mitarbeiter begeht daher keine beharrliche Arbeitsverweigerung, wenn er dieser unwirksamen Anordnung der Abordnung keine Folge leistet. Zu beachten ist, dass das Zustimmungsrecht der MAV nicht deshalb entfällt, weil der Mitarbeiter der Abordnung zugestimmt hat und mit ihr einverstanden ist.[83]

62 Ausgenommen von der Zustimmungspflicht der MAV sind die Mitarbeiter und Mitarbeiterinnen im pastoralen Dienst oder zur religiösen Unterweisung Bestellten, die zu ihrer Tätigkeit der bischöflichen Sendung bedürfen. Im Falle ihrer Abordnung gilt § 29 Abs. 1 Nr. 10, also die Anhörung und Mitberatung der MAV. In diesem Zusammenhang sei auch auf § 34 Abs. 1 verwiesen. Handelt es sich um ein Mitglied der MAV gilt zusätzlich § 18 Abs. 2.

f. Versetzung an eine andere Einrichtung (Nr. 5, zweite Alternative)

63 Die **Versetzung** ist Umsetzung zu einer anderen Dienststelle bzw. Einrichtung mit Übertragung einer Dauerbeschäftigung daselbst im Bereich desselben oder eines anderen (öffentlich-rechtlichen) Dienstherrn bei Aufrechterhaltung des Arbeitsverhältnisses. Die MAVO übernimmt den Versetzungsbegriff aus dem Beamtenrecht. Maßgebend für den Begriff der Versetzung ist allerdings die mitarbeitervertretungsrechtliche Abgrenzung, wie dies z. B. aus § 23 bzw. § 1a Abs. 2 hervorgeht.[84] Wenn nämlich eine Organisationseinheit mit einer einzigen Mitarbeitervertretung geschaffen ist, dann ist der Wechsel eines Mitarbeiters von der einen zur anderen Dienststelle derselben Einrichtung keine Versetzung i. S. d. MAVO, auch wenn die Einrichtung sieben Regionen umfasst.[85]

64 Die **Umsetzung** in derselben Einrichtung kann sein die Fortsetzung der Beschäftigung auf einem gleichwertigen, auf einem höher oder niedriger bewerteten Arbeitsplatz. Im ersten Fall besteht kein Mitbestimmungsrecht der MAV, in den beiden weiter genannten Fällen ist auf die Ausführungen zu Nrn. 2, 3 und 4 hinzuweisen.

65 Rechtsgrundlage für die Versetzung ist die vertragliche Vereinbarung der Arbeitsvertragsparteien, ggf. durch Inbezugnahme eines Tarifvertrages oder einer kirchlichen Arbeitsvertragsordnung (z. B. § 9 Abs. 1 AVR-Caritas Allg. Teil, § 11 KAVO der Diözesen in NRW, § 12 ABD), wobei die kirchlichen Arbeitsvertragsordnungen die Versetzung in der Regel nur in eine andere Einrichtung oder innerhalb des Jurisdiktionsbereichs (wie z. B. bei Gemeindereferenten mit Versetzungsbereitschaft

---

83 Anders für den Fall der Versetzung *BAG*, 30. 4. 1981 – 6 ABR 59/78, EzA § 95 BetrVG 1972 Nr. 4.
84 Vgl. *Schlichtungsstelle Paderborn*, 20. 3. 1996 – III/96, ZMV 1996, 306.
85 *Schlichtungsstelle Paderborn*, 20. 3. 1996 – III/96, ZMV 1996, 306.

von Kirchengemeinde zu Kirchengemeindeverband u. Ä.) desselben Dienstgebers (§ 4 Dienstordnung für Gemeindereferenten in den bayerischen Diözesen) zulassen.

Die Anordnung der Versetzung unterliegt dem **Zustimmungsrecht der MAV.** Dabei ist es grundsätzlich ohne Belang, ob der Mitarbeiter mit seiner Versetzung einverstanden ist,[86] falls die Arbeitsvertragsordnung keinen entsprechenden Zustimmungsvorbehalt zugunsten des Mitarbeiters in bestimmten Fällen einräumt (z. B. § 12 Abs. 2 ABD, § 11 Abs. 2 KAVO, § 9 Abs. 2 und 3 AVR-Caritas Allg. Teil). Im Übrigen gilt hinsichtlich der Rechtsfolgen einer unterbliebenen oder nicht ordnungsgemäßen Beteiligung der MAV bei einer Versetzung die Ausführung zu Rn 61. **Ausgenommen** vom Zustimmungsrecht der MAV sind die zu Rn 62 genannten Personen. Im Falle ihrer Versetzung gilt § 29 Abs. 1 Nr. 10. Handelt es sich um ein Mitglied der MAV, gilt zusätzlich § 18 Abs. 2. Wird die MAV an der Entscheidung zur Versetzung eines Lehrers zum Schuljahresbeginn beteiligt, erklärt aber der Dienstgeber später die entsprechende Versetzungsverfügung für gegenstandslos und entschließt sich zu einer Versetzung zum zweiten Schulhalbjahr, so hat die MAV auch bei dieser neuen beabsichtigten personellen Einzelmaßnahme mitzubestimmen.[87] 66

Von der Versetzung ist ebenso wie im Falle der Abordnung die **abgebende** wie die **aufnehmende Einrichtung** betroffen. Dasselbe ist je nach Sachlage auch bei der jeweiligen Mitarbeitervertretung der Fall. Zweifellos ist das Mitbestimmungsverfahren in der abgebenden Stelle einzuleiten (§ 33). Denn die abgebende Einrichtung bzw. Dienststelle verliert einen Mitarbeiter. Anderseits gewinnt dadurch eine andere, die aufnehmende Dienststelle bzw. Einrichtung einen Mitarbeiter. Wird er in die aufnehmende Stelle eingegliedert, handelt es sich um eine Einstellung; zu dieser Maßnahme hat die MAV der aufnehmenden Einrichtung bzw. Dienststelle ein Zustimmungsrecht gemäß § 34.[88] Besteht eine **Gesamtmitarbeitervertretung**, so ist diese gemäß § 24 Abs. 4 S. 1 das für die Mitbestimmung i. S. v. § 35 Abs. 1 Nr. 5 und § 34 Abs. 1 zuständige Gremium (§ 24 Rn 30 f.). Denn die Gesamtmitarbeitervertretung wirkt bei den Angelegenheiten i. S. d. §§ 26 bis 38 mit, die Mitarbeiterinnen und Mitarbeiter aus dem **Zuständigkeitsbereich mehrerer Mitarbeitervertretungen** betreffen. Dazu gehören u. a. Abordnung und Versetzung eines oder mehrerer Mitarbeiter. Die Mitbestimmung der MAV der aufnehmenden Einrichtung bzw. Dienststelle ist geboten, wenn die Versetzung oder Abordnung in die Einrichtung oder Dienststelle eines anderen Dienstgebers (Rechtsträgers) erfolgt. Denn nur mit dessen Einverständnis ist die Versetzung (hier Einstellung bzw. Anstellung) möglich. 67

Befasst der Dienstgeber die jeweils beteiligte MAV oder die Gesamtmitarbeitervertretung nicht mit dem Zustimmungsverfahren, ist die Versetzung unwirksam mit der Folge, dass der von der Versetzung betroffene Mitarbeiter oder die betroffene Mitarbeiterin dem Versetzungsbefehl nicht zu folgen braucht. 68

g. Zuweisung oder Personalgestellung (Nr. 5, dritte Alternative)

In den kirchlichen Arbeitsvertragsregelungen sind entsprechend den neuen Regelungen im Bereich des öffentlichen Dienstes nunmehr auch »Zuweisung und Personalgestellung« vorgesehen. 69

Im Falle der Personalgestellung werden Mitarbeiter, die in einem Arbeitsverhältnis zu ihrem Vertragsarbeitgeber verbleiben, verpflichtet, die im Rahmen ihres Arbeitsvertrages geschuldete Arbeitsleistung auf Verlangen des Dienstgebers bei dem Dritten zu erbringen. Sie werden dadurch der aufnehmenden Einrichtung des Dritten zugewiesen und gelten als Mitarbeiter i. S. d. MAVO (§ 3 Abs. 1 Ziff. 3).

---

86 Anders für den Betriebsrat des abgebenden Betriebs *BAG*, 30. 4. 1981 – 6 ABR 59/78, EzA § 95 BetrVG 1972 Nr. 4.
87 *BAG*, 21. 8. 1990 – 1 AZR 576/89, NZA 1991, 392.
88 In diesem Sinne *ArbG Siegburg*, 15. 4. 2002 – 2 Ca 2141/01, ZMV 2002, 202; *BVerwG*, 16. 9. 1994 – 6 P 32/92, DVBl. 1995, 199.

70 Dieser Tatbestand unterliegt bei Mitarbeitern der Zustimmungspflicht nach § 35 Abs. 1 Nr. 5. Dies ist durch Aufnahme in die Norm ausdrücklich klargestellt.

h. Versagen und Widerruf einer Nebentätigkeitsgenehmigung sowie Untersagung einer Nebentätigkeit (Nr. 6)

71 Arbeitsvertragsordnungen und Tarifverträge regeln die Frage der Nebentätigkeiten der Mitarbeiter bei demselben oder einem anderen Arbeitgeber. Nebentätigkeit ist Wahrnehmung einer nach Arbeitszeit und Entgelt in der Regel untergeordneten Tätigkeit neben einem Hauptarbeitsverhältnis (vgl. § 10 Abs. 1 S. 1 KAVO der Diözesen in NRW). Die Ausübung einer Nebentätigkeit ist grundsätzlich zulässig (Art. 12 GG), allerdings ist der Dienstgeber über die Aufnahme der Nebentätigkeit zu unterrichten. Der Mitarbeiter hat Anzeigepflicht (§ 5 Abs. 2 AVR-Caritas, § 10 Abs. 2 KAVO für die Diözesen in NRW). Der Dienstgeber hat nämlich die Einhaltung der höchstzulässigen werktäglichen Arbeitszeit (§ 3 ArbZG) und die Ruhezeiten (§ 5 ArbZG) als Adressat des Arbeitsschutzes zu überwachen.[89] Eine Nebentätigkeit ist unzulässig, wenn dadurch die Arbeitskraft des Mitarbeiters oder berechtigte Interessen des Dienstgebers erheblich beeinträchtigt werden. In diesem Fall kann der Dienstgeber eine Nebentätigkeit untersagen bzw. die Erlaubnis zur Nebentätigkeit einschränken (vgl. § 5 Abs. 2 AVR-Caritas; § 10 Abs. 2 und 3 KAVO; § 11 ABD). Interessen des Dienstgebers stehen auf dem Spiel, wenn der Mitarbeiter durch seine Nebentätigkeit unerlaubte Konkurrenz machen oder die ordnungsgemäße Erfüllung seiner dem Dienstgeber zugesagten Leistung in Frage stellen würde.[90] Nach § 5 Abs. 2 AVR-Caritas ist es einem in einem Krankenhaus beschäftigten Krankenpfleger nicht gestattet, eine Nebentätigkeit als Leichenbestatter auszuüben, weil dadurch berechtigte Interessen des Dienstgebers erheblich beeinträchtigt werden.[91]

72 **Beamte im Kirchendienst** sind in diesem Zusammenhang auf das Beamtenrecht verwiesen. Hier obliegt die Entscheidung über die Genehmigung der Nebentätigkeit dem pflichtgemäßen Ermessen des Dienstherrn. Die Versagung kann nicht auf arbeitsmarktpolitische Gründe gestützt werden.[92]

73 Gemäß §§ 64 ff. BBG kann die Genehmigung zur Aufnahme der Nebentätigkeit erforderlich sein. Dann steht die Aufnahme einer Nebentätigkeit unter Erlaubnisvorbehalt.[93]

74 Wo arbeits- und dienstrechtliche Genehmigungen von Nebentätigkeiten nicht erforderlich sind, aber Anzeigepflicht vorgeschrieben ist, wie in den genannten Bestimmungen in § 5 Abs. 2 AVR-Caritas, § 10 Abs. 2 KAVO für die Diözesen in NRW stellt die Neufassung in § 35 Abs. 1 Nr. 6 nunmehr klar, dass die Nebentätigkeit untersagt werden kann.

75 Für das Mitbestimmungsrecht der MAV bedeutet dies, dass der Dienstgeber auf der Grundlage jeweiliger arbeitsvertraglicher oder dienstrechtlicher Bestimmungen entweder:
1. die MAV über die Gründe für die beabsichtigte Versagung beziehungsweise den beabsichtigten Widerruf der Nebentätigkeitsgenehmigung

oder

2. die MAV über die Gründe für die beabsichtigte Untersagung der Nebentätigkeit zu unterrichten hat.

Mit der Unterrichtung ist der Antrag auf Erteilung der Zustimmung der MAV zu verbinden.

76 Im Ergebnis geht es um die **Untersagung einer unzulässigen Nebentätigkeit**. Die Nebentätigkeit ist auch dann unzulässig, wenn die MAV der beabsichtigten Untersagung durch den Dienstgeber widersprochen hat und die Untersagung mitarbeitervertretungsrechtlich deshalb rechtsunwirksam ist. Denn der Mitarbeiter darf eine unzulässige Nebentätigkeit nicht ausüben. Es kommt nicht darauf

---

89 *BAG*, 11. 12. 2001 – 9 AZR 464/00, DB 2002, 1507.
90 *BAG*, 26. 8. 1976 – 2 AZR 377/75, AP Nr. 68 zu § 626 BGB = EzA § 626 n. F. Nr. 49 = DB 1977, 544.
91 *BAG*, 28. 2. 2002 – 6 AZR 357/01, DB 2002, 1560.
92 *BVerwG*, 25. 1. 1990 – 2 C 10. 89, ZBR 1990, 321.
93 *BAG*, 11. 12. 2001 – 9 AZR 464/00, DB 2002, 1507.

an, dass unter Beachtung des Mitbestimmungsrechts die Nebentätigkeit wirksam untersagt wird.[94] Denn die einzelvertraglich unzulässige Nebentätigkeit wird durch unterlassene Untersagung nicht zulässig. Das hat zur Folge, dass der Mitarbeiter eine unzulässige Nebentätigkeit auch solange nicht ausüben darf, bis sie der Dienstgeber nach Durchführung des Zustimmungsverfahrens untersagt oder eingeschränkt erlaubt.[95]

i. Weiterbeschäftigung über die Altersgrenze hinaus (Nr. 7)

Voraussetzung für die Weiterbeschäftigung des Mitarbeiters oder der Mitarbeiterin ist, dass vertraglich überhaupt eine Altersgrenze besteht, die zur Folge hat, dass der Mitarbeiter bzw. die Mitarbeiterin nach Erreichung der Altersgrenze aus dem Beschäftigungsverhältnis auszuscheiden hat. Mit Rücksicht auf das staatliche Rentenrecht ist die arbeitsvertragliche Altersgrenze durch das RV-Altersgrenzenanpassungsgesetz vom 1. 1. 2008 vom vollendeten 65. Lebensjahr, gestaffelt in Monats- bzw. 2-Monatsschritten, nach Geburtsjahren, beginnend mit dem Geburtsjahr 1947 bis zum Geburtsjahr 1963 heraufgesetzt. Ab dem Geburtsjahr 1964 gilt nunmehr eine Altersgrenze von 67 Jahren. Diesen Grenzen sind die kollektiv-rechtlichen Regelungen für Arbeitsverträge bei Staat und Kirche angeglichen (vgl. § 33 TVöD, § 60 ABD, § 49 Abs. 1 KAVO; § 19 Abs. 3 AVR-Caritas Allg. Teil sieht noch eine Beendigung mit Ablauf des Monats der Vollendung des 65. Lebensjahres vor).

Der Tatbestand der Weiterbeschäftigung ist zugleich auch unter den Tatbestand der Einstellung gemäß § 34 zu subsumieren, weil zum Zwecke der Weiterbeschäftigung einer neuer Arbeitsvertrag abzuschließen ist. Insoweit kann auf die Ausführungen zu § 34 verwiesen werden.

Allerdings ist der Tatbestand der Weiterbeschäftigung i. S. v. § 35 Abs. 1 Nr. 7 gegenüber dem Tatbestand der Einstellung des § 34 Abs. 1 ein Sondertatbestand insofern, als bei der Weiterbeschäftigung von Mitarbeitern und Mitarbeiterinnen in pastoralen Diensten das Mitbestimmungsrecht der MAV zum Zuge kommt, das bei Einstellungen i. S. v. § 34 Abs. 1 nicht besteht. Der genannte Mitarbeiterkreis wird anders als in § 35 Abs. 1 Nr. 5 in § 35 Abs. 1 Nr. 7 nicht erwähnt.[96] Da die Weiterbeschäftigung mit neuem Arbeitsvertrag ein Fall der Einstellung ist, hätte es der Regelung in § 35 Abs. 1 Nr. 7 nicht bedurft, wenn Einstellungen abschließend von § 34 geregelt werden. Dies gilt um so mehr, als die möglichen Zustimmungsversagungsgründe in § 34 Abs. 2 umfassender sind und alle in § 35 Abs. 2 angeführten Gründe mit umfassen (§ 34 Abs. 2 Nr. 1 und 2), abgesehen davon, dass in § 34 Abs. 2 Nr. 1 ein Verstoß gegen eine Dienstvereinbarung nicht ausdrücklich erwähnt ist.[97]

j. Hinausschieben des Eintritts des Ruhestandes wegen Erreichung der Altersgrenze (Nr. 8)

Die Vorschrift gilt – anders als die Vorschrift der Nr. 7 – für Beamte im kirchlichen Dienst. Für sie endet das Dienstverhältnis, soweit sie vor dem 1. 1. 1947 geboren wurden, regelmäßig mit Ablauf des Monats, in dem der Beamte das 65. Lebensjahr vollendet. Für die Geburtsjahre ab 1947 bis 1963 ist gem. § 51 Abs. 2 BBG eine nach Monaten gestaffelte Verlängerung über das 65 Lebensjahr hinaus vorgesehen. Ab dem Geburtsjahrgang 1964 wird das Dienstverhältnisses mit Ablauf des Monats enden, in dem der Beamte das 67. Lebensjahr vollendet.

Das staatliche Beamtenrecht lässt unter bestimmten Voraussetzungen das Hinausschieben des Eintritts in den Ruhestand bis zu drei Jahren zu (§ 53 BBG). Die kirchlichen Rechtsvorschriften müssten eine vergleichbare generelle Regelung enthalten, damit das Zustimmungsrecht gemäß Nr. 8 überhaupt eingreift. Besteht eine solche Regelung und will der Dienstgeber mit Zustimmung des Beamten

---

94 *BAG*, 28. 2. 2002 – 6 AZR 357/01, DB 2002, 1560.
95 *BAG*, 28. 2. 2002 – 6 AZR 357/01, DB 2002, 1560.
96 *Schlichtungsstelle Rottenburg-Stuttgart*, 14. 1. 2005 – SV 19/2004, SV 22/2004, SV 23/2004, SV 24/2004 und SV 25/2004, ZMV 2005, 91.
97 *Schlichtungsstelle Rottenburg-Stuttgart*, 14. 1. 2005 – SV 19/2004, SV 22/2004, SV 23/2004, SV 24/2004 und SV 25/2004, ZMV 2005, 91.

den Eintritt des Ruhestandes hinausschieben, kann er das rechtswirksam nur mit Zustimmung der MAV. Auf den Vorbehalt des § 3 Abs. 3 wird hingewiesen.

80 Besteht eine generelle beamtenrechtliche Weiterbeschäftigungsregelung nicht, endet das Beamtenverhältnis mit Erreichung der Altersgrenze. Eine Weiterbeschäftigung des Beamten ist dann allenfalls im Rahmen eines Arbeitsverhältnisses möglich, das wegen des Abschlusses des Arbeitsvertrages der Zustimmung der MAV nach § 34 bedarf.

k. **Anordnungen, welche die Freiheit der Wahl der Wohnung beschränken, mit Ausnahme der Dienstwohnung, die der Mitarbeiter kraft Amtes beziehen muss (Nr. 9)**

81 Zum Verständnis der Vorschrift ist zu unterscheiden zwischen
 – der Pflicht zum Bezug der kraft Amtes zugewiesenen Dienstwohnung,
 – der Pflicht, eine Wohnung am Arbeitsort oder in bestimmter Nähe zur Dienststelle zu nehmen (Residenzpflicht) und
 – dem Bezug einer vom Dienstgeber angebotenen Werkswohnung (§ 29 Abs. 1 Nr. 13).

82 Klassischer Fall der Dienstwohnung kraft Amtes ist die Dienstwohnung für Geistliche, die eine ihnen zugewiesene Dienstwohnung beziehen müssen, wobei die Dienstwohnung zugleich Bestandteil der Besoldung ist. Dieser Personenkreis fällt allerdings gemäß § 3 Abs. 3 nicht in den Bereich der Beteiligung der MAV.

83 Wegen besonderer Funktionen sind für bestimmte Mitarbeiterinnen und Mitarbeiter **Dienstwohnungen** bereit zu halten. Das betrifft grundsätzlich solche Personen, die arbeitsvertraglich verpflichtet sind, eine ihnen zugewiesene Dienstwohnung zu beziehen, wenn die dienstlichen Verhältnisse das erfordern (z. B. § 54 KAVO der Diözesen in NRW; Abschnitt IX a Abs. a der Anlage 1 zu den AVR-Caritas). Über das Erfordernis entscheidet der Dienstgeber nach seinem ihm durch die Arbeitsvertragsordnung eingeräumten Ermessen.[98] Eine Beschränkung in der Freiheit der Wahl der Wohnung folgt auch aus der Residenzpflicht.

84 Für die Zuweisung von Dienstwohnungen und die Bemessung der Dienstwohnungsvergütung gelten diözesane Regelungen. Nach der Definition in § 1 der Anlage 11 zur KAVO der Diözesen in NRW sind Dienstwohnungen solche, die dem Mitarbeiter unter ausdrücklicher Bezeichnung als Dienstwohnung und ohne Abschluss eines Mietvertrages aus dienstlichen Gründen zugewiesen werden (§ 576b BGB). Da wo also Dienstwohnungen wegen des Amtes zugewiesen werden, besteht für die MAV kein Mitbestimmungsrecht.

85 Das Dienstwohnungsverhältnis spielt da eine Rolle, wo der Objektschutz Gegenstand der Arbeitspflicht ist (z. B. bei Küstern/Mesnern und Hausmeistern). Ferner erhalten – je nach diözesaner Regelung – die Mitarbeiter in pastoralen Diensten mit Rücksicht auf ihre Residenzpflicht Dienstwohnungen, um ihre Residenzpflicht erfüllen zu können (vgl. KAVO der Diözesen in NRW Anlage 20 Nr. 10). Besteht **Residenzpflicht**, wird aber keine Dienstwohnung zugewiesen, so besteht das Mitbestimmungsrecht der MAV. Dieser Fall kann z. B. im Zusammenhang mit einer **Versetzung** an einen anderen dienstlichen Wohnsitz erfolgen, wo die Wohnungsnahme erfolgen soll. Gemäß § 9 Abs. 1 S. 3 AVR – Caritas Allg. Teil ist allerdings die Zustimmung des Mitarbeiters zum Wohnortwechsel erforderlich, ehe es überhaupt zum Zustimmungsverfahren nach § 33 i. V. m. § 35 Abs. 1 Nr. 9 kommen kann.

86 Für **Kirchenbeamte** kann sich aus kirchenrechtlichen, generellen Regelungen ergeben, dass sie ihre Wohnung so zu nehmen haben, dass die ordnungsgemäße Wahrnehmung ihrer Dienstgeschäfte nicht beeinträchtigt wird (Regelung entsprechend § 72 Abs. 1 BBG). Dann müsste der Kirchenbeamte auf eine Anweisung seines Dienstgebers seine Wohnung innerhalb einer bestimmten Entfernung von der Dienststelle nehmen (Regelung wie § 72 Abs. 2 BBG). Diese Anordnung unterliegt der Zustimmung

---

98 *Schlichtungsstelle Köln*, 29. 4. 2002 – MAVO 30/2001 (KODA), ZMV 2002, 190, 193.

der MAV. Wird dem Kirchenbeamten dagegen eine Dienstwohnung zugewiesen, die er kraft Amtes beziehen muss, hat die MAV kein Beteiligungsrecht.

Zur Überlassung von Wohnungen aus dem Bestande des Dienstgebers (**Werkswohnungen**) an Mitarbeiterinnen und Mitarbeiter wird auf § 29 Abs. 1 Nr. 13 hingewiesen. 87

l. Arztwahl zur Beurteilung der Leistungsfähigkeit der Mitarbeiterin/des Mitarbeiters

Bestehen begründete Zweifel an der Leistungsfähigkeit/Dienstfähigkeit einer Mitarbeiterin oder eines Mitarbeiters so kann der Dienstgeber verlangen, dass eine ärztliche Untersuchung stattfindet, um die Leistungsfähigkeit/Dienstfähigkeit festzustellen (§ 7 Abs. 2 KAVO für die Diözesen in NRW, AVR-Caritas, § 8 Abs. 1 Allgemeiner Teil; auch § 3 Abs. 4 S. 1 TVöD). 88

Die Beurteilung der Leistungsfähigkeit ist für die Beschäftigungspflicht des Dienstgebers und in diesem Zusammenhang für die Frage, ob bei unterlassener Beschäftigung Lohn/Gehalt aus Annahmeverzug geschuldet ist von ausschlaggebender Bedeutung. 89

Kann der Arbeitnehmer nur noch Arbeiten verrichten, die der Arbeitgeber ihm nicht im Wege des Direktionsrechts zuweisen kann, gerät der Arbeitgeber nicht in Annahmeverzug, wenn er die Übertragung solcher Tätigkeiten unterlässt. Zu einer Vertragsänderung ist der Arbeitgeber zur Vermeidung von Annahmeverzugsansprüchen nicht verpflichtet.[99] 90

Dass sich eine Mitarbeiterin oder ein Mitarbeiter zur Klärung der Leistungsfähigkeit/Dienstfähigkeit einer Untersuchung durch die Betriebsärztin/den Betriebsarzt zu stellen hat, begegnet keinen Bedenken. Das hierfür ein Mitbestimmungsrecht der MAV nicht vorgesehen ist, erscheint berechtigt, zumal der Betriebsarzt zu den Betriebsbeauftragten zählt (§§ 2 ff. ASiG), auf deren Bestellung die MAV im Rahmen ihrer allgemeinen Aufgaben nach § 26 zu achten hat (§ 26 Rn 98). 91

§ 8 Abs. 1 AVR-Caritas sieht eine solche Untersuchung durch einen Arzt des Vertrauens des Dienstgebers vor. § 7 Abs. 2 KAVO benennt für diese Untersuchung einen Vertrauensarzt oder das Gesundheitsamt. 92

Durch das Mitbestimmungsrecht der MAV bei der Auswahl dieser Person, soweit es sich nicht um die Betriebsärztin/den Betriebsarzt handelt, ist gewährleistet, dass der von der ärztlichen Untersuchung betroffenen Mitarbeiterin/dem betroffenen Mitarbeiter eine nicht erforderliche Untersuchung erspart bleibt. 93

Eine ärztliche Untersuchung zur Beurteilung der Leistungsfähigkeit/Dienstfähigkeit darf nämlich nicht willkürlich verlangt werden (so ausdrücklich § 7 Abs. 2 S. 2 KAVO für die Diözesen in NRW). Allerdings kann sich je nach den Umständen des Einzelfalles die Untersuchungspflicht des Dienstgebers schon allein aus seiner Fürsorgepflicht ergeben.[100] 94

Liegen begründete Zweifel an der Leistungsfähigkeit/Dienstfähigkeit einer Mitarbeiterin oder eines Mitarbeiters vor, so hat der Dienstgeber, unter Darstellung der die Zweifel begründenden tatsächlichen Umstände, der MAV die Person einer Ärztin/eines Arztes für die vorgesehene Beurteilung vorzuschlagen und die Zustimmung der MAV zu dieser Person zu beantragen. 95

Liegt die Zustimmung vor oder wird sie durch das *KArbG* auf Klage des Dienstgebers rechtskräftig ersetzt, so ist die Mitarbeiterin/der Mitarbeiter verpflichtet sich untersuchen zu lassen.[101] Eine Weigerung stellt einen Arbeitsvertragsverstoß dar, der nach Abmahnung die Kündigung des Arbeitsvertrages rechtfertigen kann.[102] Vorab sollten in einem Gespräch allerdings die Gründe für die Weige- 96

---

99 *BAG*, 27. 8. 2008 – 5 AZR 16/08, EzA § 615 BGB 2002 Nr. 26; 4. 10. 2005 – 9 AZR 632/04, BAGE 116, 121.
100 *BAG*, 25. 6. 1992 – 6 AZR 279/91, NZA 1993, 81.
101 *BAG*, 25. 6. 1992 – 6 AZR 279/91, NZA 1993, 81.
102 *BAG*, 7. 11. 2002 – 2 AZR 475/01, NZA 2003, 719.

rung besprochen sein und der Versuch unternommen werden, die Bedenken gegen die ärztliche Untersuchung auszuräumen.

97 Solange die Zustimmung nicht vorliegt, ist die Mitarbeiterin/der Mitarbeiter berechtigt, eine ärztliche Untersuchung abzulehnen.

III. Zustimmungsverweigerung und ihre Gründe

1. Allgemeine Feststellungen

98 Die MAV kann, nachdem der Dienstgeber das Zustimmungsverfahren zu einer der in § 35 Abs. 1 genannten Maßnahmen durch Information und Antrag an die MAV eingeleitet hat, nach einem von ihr ordnungsgemäß gefassten Beschluss (§ 14 Abs. 5)
- die erforderliche Zustimmung erteilen,
- die Widerspruchsfrist ohne Reaktion gegenüber dem Dienstgeber verstreichen lassen, was als erteilte Zustimmung gilt, oder
- die Zustimmung durch einen förmlichen Widerspruch ablehnen.

99 Dazu wird auf § 34 Rn 56, 57 verwiesen. Das Zustimmungsverweigerungsrecht der MAV ist abschließend in § 35 Abs. 2 Nr. 1 und 2 geregelt.

2. Zustimmungsverweigerungsgrund gemäß § 35 Abs. 2 Nr. 1

100 Der Widerspruch muss, wenn er beachtlich sein soll, am Katalog der Widerspruchsgründe gemäß § 35 Abs. 2 Nr. 1 orientiert sein. Zur Vermeidung der Zustimmungsfiktion ist mit Blick auf den Zustimmungstatbestand der konkrete sachliche Grund für die Verweigerung der Zustimmung geltend zu machen.[103] Der Widerspruch muss weiterhin fristgerecht nach § 33 Abs. 3 S. 3 dem Dienstgeber mitgeteilt werden. Im Falle schriftlichen Widerspruchs muss die Urkunde unterschrieben sein. Der Zustimmungsverweigerungsgrund gemäß § 35 Abs. 2 Nr. 1 stimmt mit dem Zustimmungsverweigerungsgrund des § 34 Abs. 2 Nr. 1 überein. Ergänzt wird er allerdings durch die weitergehende Möglichkeit hier einen Verstoß gegen eine wirksam abgeschlossene Dienstvereinbarung i. S. v. § 38 geltend machen zu können. Auf die Erläuterungen zu § 34 Rn 56 bis 66 wird hingewiesen. Bei Streitigkeiten über die Frage zutreffender Eingruppierung nach den Vorschriften kircheneigener Arbeitsvertragsordnungen (z. B. AVR-Caritas) entscheidet auf Antrag das Kirchliche Arbeitsgericht, ob ein geltend gemachter Verstoß gegen kirchliches Vergütungsrecht vorliegt.[104]

101 Die Stellungnahme der MAV kann nicht vom Vorsitzenden allein oder durch einzelne Mitglieder der MAV abgegeben werden. Eine solche Stellungnahme wäre wirkungslos und würde im Ergebnis als Verzicht auf die Stellungnahme gewertet, so dass der Dienstgeber die beabsichtigte Maßnahme nach Ablauf der Frist für die Rückäußerung der MAV durchführen könnte, weil die Zustimmung der MAV als erteilt gilt.

102 Um einen inhaltlich nicht ordnungsgemäß und deshalb unbeachtlichen Widerspruch der MAV handelt es sich beispielsweise auch, wenn der Widerspruch lediglich den im Gesetz (MAV) genannten Grund (z. B. Verstoß gegen kircheneigene Ordnung) oder gar nur die Gesetzesbezeichnung (z. B. ABD, KAVO, AVR-Caritas nennen würde.[105] Es ist erforderlich, aber auch ausreichend, wenn die MAV mit der Begründung ihrer Zustimmungsverweigerung konkrete, einzelfallbezogene Widerspruchsgründe mit Tatsachen anführt und diese Begründung es als möglich erscheinen lässt, dass einer der in § 35 Abs. 2 Nr. 1 genannten Zustimmungsverweigerungsgründe geltend gemacht

---

103 Vgl. *OVG NRW*, 6. 8. 2003 – 1 A 1086/01.PVL, ZTR 2004, 103.
104 Vgl. noch: *Schlichtungsstelle Freiburg*, 29. 1. 1996 – 1995/5, ZMV 1996, 147; *Schlichtungsstelle Münster*, 19. 6. 1995 – SchliV-MAVO 1/95; jetzt: *KAGH*, 12. 10. 2007 – M 03/07, ZMV 2008, 29.
105 Schon *BAG*, 24. 7. 1979 – 1 ABR 78/77, DB 1979, 2327.

wird[106] z. B. Eingruppierung gemäß Bewährungsaufstieg statt Ersteingruppierung.[107] Sollten beim Dienstgeber Zweifel an der inhaltlichen Substanz des Widerspruchs auftreten, dann sollte der Dienstgeber zur Vermeidung von Risiken vor dem Vollzug der beabsichtigten Personalmaßnahme eher im Klagewege das Zustimmungsersetzungsverfahren beim Kirchlichen Arbeitsgericht beantragen (§ 33 Abs. 4), falls er es mit Rücksicht auf das Gebot der vertrauensvollen Zusammenarbeit nicht sogar vorzieht, mit der MAV die Angelegenheit zum Zwecke abschließender Verständigung zu erörtern. Das ist gemäß § 33 Abs. 3 der sichere Weg.[108] Das Verfahren beim *KArbG*, bei dem allein das kollektive Mitbeurteilungsrecht der MAV zur Überprüfung ansteht, hat keine präjudizielle Wirkung zu Lasten des Mitarbeiters. Der gerichtlich vor dem staatlichen Arbeitsgericht einklagbare individuelle Anspruch beispielsweise der Anspruch auf die richtige arbeitsvertraglich geschuldete Eingruppierung bleibt davon unberührt.[109]

3. Zustimmungsverweigerungsgrund gemäß § 35 Abs. 2 Nr. 2

Hier muss zur Zustimmungsverweigerung der durch **Tatsachen** begründete Verdacht bestehen, dass durch eine der Maßnahmen des Abs. 1 der betroffene Mitarbeiter ohne sachliche Gründe bevorzugt oder benachteiligt werden soll. Es ist also zunächst Sache der MAV, solche **konkreten Tatsachen** mit ihren Einwendungen gegen die personelle Maßnahme vorzutragen (§ 33 Rn 26 ff.). Die Einwendungen sind unbeachtlich, wenn sie der Sache nach weder eine Bevorzugung noch ein Benachteiligung in Betracht ziehen lassen und/oder wenn sie nur formelhaft, nicht auf den Einzelfall abgestellt sind. Bloße Vermutungen für eine Bevorzugung oder Benachteiligung des **betroffenen** Mitarbeiters genügen nicht. Allerdings reicht die konkret erfassbare Möglichkeit einer Benachteiligung aus. 103

Der Begriff »ohne sachliche Gründe« erfasst sowohl dienstliche als auch persönliche Gründe, die konkret für eine Bevorzugung oder Benachteiligung des Betroffenen durch die Maßnahme sprechen. Es könnte von einer Benachteiligung nicht erst dann gesprochen werden, wenn der Mitarbeiter durch die Maßnahme eine Rechtsposition oder eine rechtserhebliche Anwartschaft einbüßt. Eine Benachteiligung liegt schon vor, wenn ein bestehender Zustand ohne sachliche Gründe zu Lasten des Mitarbeiters eine Veränderung erfahren soll. Schutzzweck dieses Zustimmungsverweigerungsgrundes ist, worauf *Richardi*[110] zutreffend hinweist, die Erhaltung des Status quo des Mitarbeiters. 104

Es genügt für die Zustimmungsverweigerung **nicht** die **Besorgnis**, dass möglicherweise Nachteile für den Betroffenen entstehen können, oder er aus unsachlichen Gründen bevorzugt wird. Es muss der **Verdacht** durch Tatsachen erhärtet sein, der Dienstgeber habe für seine Maßnahme keine sachlichen Gründe. Verdacht ist ein durch konkrete Tatsachen erhärtetes Wissen dem nur die letzte Gewissheit noch fehlt. Für die MAV ist es sehr schwer, wenn nicht fast unmöglich, dem Dienstgeber einen so schwerwiegenden Verdacht unsachlicher Maßnahmen gegen einen Mitarbeiter nachzuweisen.[111] 105

Es gibt im Falle geplanter Übertragung einer auf Dauer angelegten höherwertigen Tätigkeit regelmäßig mehrere Bewerber, von denen nur einer die besser dotierte Stelle erhalten kann. In diesem Falle könnte die MAV ihre Zustimmungsverweigerung gegen die Besetzung der Stelle mit einem Konkurrenten anmelden, wenn sie weiß (vage Vermutung reicht nicht aus), dass der Dienstgeber einen besser qualifizierten Bewerber, der durch umfangreiche erfolgreiche Fortbildungen das Anforderungsprofil – anders als der ausgesuchte Mitbewerber – optimal erfüllt ohne jede sachliche Begründung nicht befördern will, weil der Dienstgeber dies in der Einigungsverhandlung (§ 33 Rn 54 ff.) unumwunden eingeräumt hat. Dies liefe im Ergebnis auf eine gezielte Bevorzugung des Konkurrenten hinaus und 106

---

106 *BAG*, 26. 1. 1988 – 1 AZR 531/86, DB 1988, 1167.
107 *Schlichtungsstelle Speyer*, 30. 10. 2003 – 6 I 2003, ZMV 2004, 36.
108 *Schlichtungsstelle Köln*, 23. 6. 1992 – MAVO 3/92, ZMV 1992, 193.
109 *Schlichtungsstelle Freiburg*, 23. 11. 1999 – 7/1999.
110 *Richardi*, BPersVG § 77 Rn 61.
111 Zu diesen Bedenken: *Schlichtungsstelle Köln*, 14. 3. 1996 – MAVO 2/96, ZMV 1996, 244; *Schlichtungsstelle Aachen*, 30. 10. 1996 – MAVO 7/96, n. v.

rechtfertigte daher die Zustimmungsverweigerung nach § 35 Abs. 2 Nr. 2. Dagegen kann eine MAV die Zustimmung zu einer beabsichtigten Beförderung oder Höhergruppierung nicht schon deshalb verweigern, weil sie eine solche Maßnahme für einen anderen Mitarbeiter erreichen möchte. Denn der nicht Beförderte büßt seine bestehende Position nicht ein; er erleidet schon keine Verschlechterung, weil die Beförderungschance keine Rechtsposition darstellt. Deshalb erfährt auch der zur Beförderung oder Höhergruppierung vorgesehene Mitarbeiter durch seine verwirklichte Beförderungschance keine Bevorzugung ohne Sachgrund.[112]

IV. Ausnahmen vom Geltungsbereich der Vorschrift

107 Nach der Rahmenordnung (Musterordnung) gilt zweierlei. Ausgeschlossen ist das Zustimmungsrecht der MAV für die in § 35 Abs. 1 genannten personellen Einzelmaßnahmen hinsichtlich der in § 3 Abs. 2 und 3 bezeichneten Personen. Für Mitarbeiter in pastoralen Diensten und für religiöse Unterweisung (Laien) wird das Zustimmungsrecht der MAV für die in § 35 Abs. 1 genannten personellen Einzelmaßnahmen mit Ausnahme der Tatbestände der Nr. 5 (Rn 62, 66) nicht eingeschränkt; § 35 Abs. 1 Nr. 5 bringt eine Abweichung für diesen Personenkreis nur bei Abordnungen und Versetzungen, es gilt § 29 Abs. 1 Nr. 10.

V. Streitigkeiten

1. Verfahren vor dem Kirchlichen Arbeitsgericht

108 Hat die MAV die Zustimmung zu einer Maßnahme i. S. d. § 35 Abs. 1 Nrn. 1 bis 10 verweigert und für die Verweigerung sachliche Gründe i. S. v. § 35 Abs. 2 Nrn. 1 und 2 genannt, so muss der Dienstgeber gemäß § 33 Abs. 4 MAVO i. V. m. § 2 Abs. 2 KAGO das Kirchliche Arbeitsgericht mit dem Klageantrag anrufen, dass es die von der MAV verweigerte Zustimmung ersetzt, wenn er die geplante Maßnahme umsetzen will.[113] Wird die Zustimmung zu einer einen Mitarbeiter betreffenden Maßnahme mit einer Begründung verweigert, die offenkundig nicht unter den Katalog der Zustimmungsverweigerungsgründe des § 35 Abs. 2 MAVO eingeordnet werden kann, gilt die Zustimmung zu dieser personellen Maßnahme als erteilt.[114]

109 Hat der Dienstgeber eine Maßnahme ohne Beteiligung der MAV oder ohne ordnungsgemäßes Zustimmungsverfahren i. S. v. § 33 getroffen, kann die MAV den Rechtsverstoß bei dem Kirchlichen Arbeitsgericht durch Feststellungsklage rügen (§ 2 Abs. 2 KAGO i. V. m. § 33 Abs. 1, 2 oder 3, § 35 Abs. 1 Nrn. 1 bis MAVO). Sie kann aber darüber hinaus die Unwirksamkeit der Maßnahme durch das Kirchliche Arbeitsgericht feststellen lassen.

110 In allen Streitfällen haben die Antragsteller Fristen zur Anrufung des Kirchlichen Arbeitsgerichts zu wahren, um ihre Rechte nicht zu verwirken. Maßgeblich waren früher die in den diözesanen Schlichtungsverfahrensordnungen enthaltenen Bestimmungen. In diesem Zusammenhang ist darauf zu achten, ob eine Maßnahme ohne Beteiligung der MAV oder im Zuge eines fehlerhaften Beteiligungsverfahrens getroffen wurde. In diesen Fällen galt vor In-Kraft-Treten der KAGO je nach Schlichtungsverfahrensordnung eine Ausschlussfrist.[115]

Geht es um eine Zustimmungsersetzung, ist unverzügliche Antragstellung geboten, sobald die Verhandlung zwischen Dienstgeber und MAV ergebnislos abgeschlossen ist und nachdem die MAV sich innerhalb der Frist des § 33 Abs. 3 S. 3 ablehnend erklärt hat. Ansonsten in Analogie zu § 44 KAGO

---

112 *Schlichtungsstelle Aachen*, 30. 10. 1996 – 7/1996 – MAVO; *BAG*, 18. 9. 2002 – 1 ABR 56/01, NZA 2003, 622.
113 Vgl. *BAG*, 9. 2. 1993 – 1 ABR 51/92, NZA 1993, 664.
114 *Schlichtungsstelle Köln*, 30. 4. 1996 – MAVO 16/95 n. v.
115 *Schlichtungsstelle München und Freising*, 21. 7. 1997 – 11 AR 97, ZMV 1997, 248; *Schlichtungsstelle Aachen*, 9. 11. 1999 – 07/99 - MAVO.

die Frist von vier Wochen heranzuziehen erscheint im Hinblick auf die hier für Sonderfälle geregelte Frist zweifelhaft.

2. Staatliches Arbeitsgericht

Die in § 35 Abs. 1 genannten Maßnahmen betreffen neben dem jeweiligen von der MAV zu beurteilenden kollektivrechtlichen Aspekt auch das individualrechtliche Arbeitsverhältnis zwischen Mitarbeiterin/Mitarbeiter und Dienstgeber. Streitigkeiten aus dem Arbeitsverhältnis zwischen diesen beiden Partnern werden von den staatlichen Arbeitsgerichten entschieden.[116] Das kann z. B. zur Folge haben, dass die Entscheidung des Kirchlichen Arbeitsgerichts zu einer Eingruppierungsfrage in eine Entgeltgruppe oder Vergütungsgruppe anders ausfällt als beim staatlichen Arbeitsgericht, weil die Entscheidung des Kirchlichen Arbeitsgerichts die des staatlichen Arbeitsgerichts nicht präjudiziert.[117]

§ 36 Zustimmung bei Angelegenheiten der Dienststelle

(1) Die Entscheidung bei folgenden Angelegenheiten der Dienststelle bedarf der Zustimmung der Mitarbeitervertretung, soweit nicht eine kirchliche Arbeitsvertragsordnung oder sonstige Rechtsnorm Anwendung findet:
 1. Änderung von Beginn und Ende der täglichen Arbeitszeit einschließlich der Pausen sowie der Verteilung der Arbeitszeit auf die einzelnen Wochentage,
 2. Festlegung der Richtlinien zum Urlaubsplan und zur Urlaubsregelung,
 3. Planung und Durchführung von Veranstaltungen für die Mitarbeiterinnen und Mitarbeiter,
 4. Errichtung, Verwaltung und Auflösung sozialer Einrichtungen,
 5. Inhalt von Personalfragebogen für Mitarbeiterinnen und Mitarbeiter,
 6. Beurteilungsrichtlinien für Mitarbeiterinnen und Mitarbeiter,
 7. Richtlinien für die Gewährung von Unterstützungen, Vorschüssen, Darlehen und entsprechenden sozialen Zuwendungen,
 8. Durchführung der Ausbildung, soweit nicht durch Rechtsnormen oder durch Ausbildungsvertrag geregelt,
 9. Einführung und Anwendung technischer Einrichtungen, die dazu bestimmt sind, das Verhalten oder die Leistung der Mitarbeiterinnen und Mitarbeiter zu überwachen,
 10. Maßnahmen zur Verhütung von Dienst- und Arbeitsunfällen und sonstigen Gesundheitsschädigungen,
 11. Maßnahmen zum Ausgleich und zur Milderung von wesentlichen wirtschaftlichen Nachteilen für die Mitarbeiterinnen und Mitarbeiter wegen Schließung, Einschränkung, Verlegung oder Zusammenlegung von Einrichtungen oder wesentlichen Teilen von ihnen.
 12. Zuweisung zu den einzelnen Stufen des Bereitschaftsdienstes, soweit eine kirchliche Arbeitsvertragsordnung dies vorsieht.

(2) Abs. 1 Nr. 1 findet keine Anwendung auf Mitarbeiterinnen und Mitarbeiter für pastorale Dienste oder religiöse Unterweisung, die zu ihrer Tätigkeit der ausdrücklichen bischöflichen Sendung oder Beauftragung bedürfen, sowie auf Mitarbeiterinnen und Mitarbeiter im liturgischen Dienst.

(3) Muss für eine Einrichtung oder für einen Teil der Einrichtung die tägliche Arbeitszeit gemäß Abs. 1 Nr. 1 nach Erfordernissen, die die Einrichtung nicht voraussehen kann, unregelmäßig oder kurzfristig festgesetzt werden, ist die Beteiligung der Mitarbeitervertretung auf die Grundsätze für die Aufstellung der Dienstpläne, insbesondere für die Anordnung von Arbeitsbereitschaft, Mehrarbeit und Überstunden beschränkt.

---

116 *BVerfG*, 4. 6. 1985 – 2 BvR 1703/83, 2 BvR 1718/83, 2 BvR 856/84, EzA § 611 BGB Kirchliche Arbeitnehmer Nr. 24.
117 *Schlichtungsstelle Freiburg*, 23. 2. 2000 – 18/1999; *Schlichtungsstelle Aachen*, 21. 5. 2001 – 11/00 – MAVO.

V. Zusammenarbeit zwischen Dienstgeber und Mitarbeitervertretung

Übersicht

		Rn
I.	Zweck der Vorschrift – Allgemeine Hinweise	1– 16
II.	Die einzelnen Zustimmungstatbestände	17–129
	1. Änderung von Beginn und Ende der täglichen Arbeitszeit einschließlich der Pausen sowie die Verteilung der Arbeitszeit auf die einzelnen Wochentage (Nr. 1)	17– 40
	a. Einzelfälle	28– 31
	b. Ausgenommener Mitarbeiterkreis nach § 36 Abs. 2	32, 33
	c. Ausnahmeregelung des § 36 Abs. 3	34– 40
	2. Festlegung von Richtlinien zum Urlaubsplan und zur Urlaubsregelung (Nr. 2):	41– 45
	3. Planung und Durchführung von Veranstaltungen für Mitarbeiter (Nr. 3)	46– 50
	4. Errichtung, Verwaltung und Auflösung sozialer Einrichtungen (Nr. 4)	51– 60
	5. Inhalt von Personalfragebogen (Nr. 5)	61– 85
	a. Begriff	61– 63
	b. Zulässiger Inhalt von Personalfragebogen	64– 66
	c. Besondere Fragen	67– 74
	d. Unzulässige Fragen	75– 78
	e. Datenschutz	79
	f. Mitbestimmung	80– 84
	g. Beurteilungen	85
	6. Aufstellung von Beurteilungsrichtlinien (Nr. 6)	86, 87
	7. Richtlinien für die Gewährung von Unterstützungen, Vorschüssen, Darlehen und entsprechenden sozialen Zuwendungen (Nr. 7)	88– 92
	8. Durchführung der Ausbildung, soweit sie nicht durch Rechtsnormen oder den Ausbildungsvertrag geregelt ist (Nr. 8)	93, 94
	9. Einführung und Anwendung technischer Einrichtungen, die dazu bestimmt sind, das Verhalten oder die Leistung der Mitarbeiter zu überwachen (Nr. 9)	95–109
	10. Maßnahmen zur Verhütung von Dienst- und Arbeitsunfällen und sonstigen Gesundheitsschädigungen (Nr. 10)	110–115
	11. Maßnahmen zum Ausgleich und zur Milderung von wesentlichen Nachteilen für Mitarbeiter wegen Schließung, Einschränkung, Verlegung oder Zusammenlegung von Einrichtungen oder wesentlichen Teilen davon (Nr. 11)	116–127
	12. Zuweisung zu den einzelnen Stufen des Bereitschaftsdienstes, soweit eine kirchliche Arbeitsvertragsordnung dies vorsieht (Nr. 12)	128, 129
III.	Mitbestimmungsverfahren – Zustimmungsverweigerungsgründe	130–137
IV.	Streitigkeiten	138

I. Zweck der Vorschrift – Allgemeine Hinweise

1 Das Mitbestimmungsrecht in **Angelegenheiten der Dienststelle** sichert die Beteiligung der MAV an den in § 36 Abs. 1 genannten, abschließend aufgezählten Angelegenheiten. Ohne die Zustimmung der MAV bzw. ohne die nach §§ 33 Abs. 4, 47 Abs. 3 erfolgte Ersetzung der verweigerten Zustimmung durch die Einigungsstelle kann der Dienstgeber die Maßnahme nicht vornehmen.[1] Dem Dienstgeber steht in den Angelegenheiten des § 36 die MAV als gleichberechtigte Partnerin gegenüber. Das hat zur Folge, dass zur Durchführung einer Maßnahme ihre positive Einigung mit dem Dienstgeber erforderlich ist, die auch zum Abschluss einer Dienstvereinbarung (§ 38) führen kann.

2 Die Initiative für eine zustimmungspflichtige Maßnahme geht vom Dienstgeber aus. Jedoch hat die MAV nach § 37, der alle Bereiche aus § 36 abdeckt, ein besonderes Antragsrecht, das sie über die Einigungsstelle durchsetzen kann (§ 37 Abs. 3 i. V. m. § 45 Abs. 3 Nr. 2).

3 Der Mitbestimmungskatalog des § 36 Abs. 1 Nr. 1–11 ist **abschließender** Natur. Er kann weder einseitig vom Dienstgeber gekürzt, noch kann die MAV veranlasst werden, ohne einen konkreten Anlass generell auf die Ausübung eines Mitbestimmungsrechtes zu verzichten. Auch eine Erweiterung des

---

1 § 33 Abs. 1; *Schlichtungsstelle Dresden-Meißen*, 4. 6. 1998 – Az.: 2 – 007/98.

Kataloges durch eine Vereinbarung zwischen Dienstgeber und MAV ist ausgeschlossen (§ 55). Die **Durchführung der** im Zustimmungsverfahren gefassten **Beschlüsse** ist ausschließlich Sache des Dienstgebers.

Die Beteiligten können jedoch im Einzelfall eine **abweichende Regelung** treffen, also auch die Durchführung einer Entscheidung **der MAV** überlassen. Dazu kann z. B. die **Verwaltung sozialer Einrichtungen** (§ 36 Abs. 1 Nr. 4) oder Planung und Durchführung von Veranstaltungen für Mitarbeiter (§ 36 Abs. 1 Nr. 3) gehören. 4

Soweit solche abweichenden Regelungen nicht ausdrücklich vereinbart sind, kann die MAV **nicht eigenmächtig** in den laufenden **Dienstbetrieb eingreifen.** Das gilt auch, wenn sie der Ansicht ist, dass die Anordnungen des Dienstgebers rechtsunwirksam sind oder ein geltendes Gesetz verletzen. Die MAV kann weder Anordnungen des Dienstgebers abändern noch widerrufen, sie darf durch keine eigenmächtigen Handlungen in den Dienstbetrieb eingreifen, selbst wenn sie einen ordnungsgemäßen Beschluss darüber gefasst haben sollte. 5

Die MAV hat als Sanktion die Möglichkeit, das Kirchliche Arbeitsgericht anzurufen (§ 2 Abs. 2 KAGO), um einen Verstoß des Dienstgebers gegen seine Pflichten aus §§ 36, 33 feststellen zu lassen. Dazu genügt zwar ein einziger Verstoß des Dienstgebers gegen eine zustimmungspflichtige Angelegenheit nach § 36 Abs. 1 Nr. 1–12. In diesem Verfahren wird aber nur nachträglich festgestellt, dass ein Verstoß des Dienstgebers, der objektiv vorliegen muss, gegeben ist. Ob der Dienstgeber eine für ihn negative Entscheidung des Kirchlichen Arbeitsgerichts in seinem zukünftigen Verhalten der MAV gegenüber beachtet und weitere Verstöße vermeidet, kann von ihm nicht erzwungen werden.[2] Die Entscheidung hat damit keinen vollstreckungsfähigen Inhalt, so dass auch die eingeschränkten Vollstreckungsmöglichkeiten nach §§ 53 und 54 KAGO nicht greifen. Die MAV ist auf die Einsicht und ein generöses Verhalten des Dienstgebers angewiesen. Sie hat dann zwar eine Entscheidung gegen den Dienstgeber. Diese bleibt aber, wenn es darauf ankommt, ohne Folgen. 6

Daher muss als strengere und auch angemessenere Sanktion der MAV zugestanden werden, dem Dienstgeber in einem allgemeinen **Unterlassungsantrag** aufzugeben, sein zustimmungswidriges Verhalten in Zukunft zu unterlassen. Dem Dienstgeber könnte demnach im Wege eines vorbeugenden **Unterlassungsantrages** z. B. aufgegeben werden, die Verwendung von Personalfragebogen in der von ihm verfassten Form zu unterlassen (Fall des § 36 Abs. 1 Nr. 5) oder es zu unterlassen, die von ihm eingeführten, auf Datenverarbeitung mit einem bestimmten Programm beruhenden und von ihm gespeicherten Operationsprotokolle weiter aufzunehmen und zu verwerten (Fall des § 36 Abs. 1 Nr. 9). 7

Insoweit fällt dann dieses Begehren der MAV nicht mehr unter das Einigungsstellenverfahren nach § 45 Abs. 1 MAVO, sondern ist als »Rechtsstreitigkeit« mitarbeitervertretungsrechtlicher Art i. S. d. § 2 Abs. 2 KAGO anzusehen, über die das Kirchliche Arbeitsgericht zu entscheiden hat. 8

Nach der ständigen Rechtsprechung des Bundesarbeitsgerichts kann sich der Betriebsrat vorbeugend bereits gegen zu erwartende Verstöße des Arbeitgebers gegen ein Mitbestimmungsrecht aus § 87 Abs. 1 BetrVG im Wege eines allgemeinen Unterlassungsanspruchs wehren.[3] 9

Dieselbe rechtliche Situation besteht im Hinblick auf das Mitbestimmungsrecht der MAV im Rahmen des § 36: 10

§ 36 räumt der MAV – wie § 87 BetrVG dem Betriebsrat – ein Zustimmungsrecht bei allen Maßnahmen des Dienstgebers für die dort abschließend aufgezählten Fälle ein. Im Rahmen des § 36 bestehen zu einer ordnungsgemäßen Verwirklichung einer zustimmungspflichtigen Maßnahme enge Rechtsbeziehungen zwischen MAV und Dienstgeber, wie sie grundsätzlich in § 33 näher festgelegt 11

---

2 Dazu: *Leser,* ZMV 1996, 121.
3 Grundlegend *BAG*, 3. 5. 1994 – 1 ABR 24/93, BAGE 76, 364; 3. 5. 2006 – 1 ABR 14/05, EzA § 87 BetrVG 2001 Arbeitszeit Nr. 9; zuletzt *BAG*, 24. 4. 2007 – 1 ABR 47/06, NZA 2007, 818, 821.

sind. § 26 Abs. 1 Satz 1 enthält zudem das Gebot der vertrauensvollen Zusammenarbeit. Die MAVO verlangt damit von Dienstgeber und MAV eine partnerschaftliche Zusammenarbeit, die keiner der Beteiligten durch eigenmächtiges Handeln verletzen und stören darf. Daraus muss aber als Nebenpflicht für die Zustimmungstatbestände des § 36 auch das Gebot abgeleitet werden, dass der Dienstgeber alles zu unterlassen hat, was die Verwirklichung des Zustimmungsrechtes für die MAV erschwert, stört oder unmöglich macht. Daher muss der MAV im Bereich der zustimmungspflichtigen Maßnahmen – bei den Maßnahmen also, die der Dienstgeber **nur mit Zustimmung der MAV** durchführen darf und die materiell-rechtlich nur mit Zustimmung der MAV wirksam werden – ein Unterlassungsanspruch zugebilligt werden, wenn der Dienstgeber gegen diese partnerschaftliche vertrauensvolle Zusammenarbeit verstößt. Damit wird zusätzlich garantiert, dass mitbestimmungswidrig durchgeführte Maßnahmen, die gegenüber den einzelnen Mitarbeitern ohnehin keine Rechtswirkung erzeugen[4] faktisch nicht umgesetzt werden. Der Dienstgeber kann sich auch nicht allgemein darauf berufen, eine Maßnahme sei besonders eilbedürftig. Soweit der kirchliche Gesetzgeber wegen **Eilbedürftigkeit** vorläufige Maßnahmen zugelassen hat, sind die Voraussetzungen dafür unter engen Voraussetzungen in § 33 Abs. 5 ausdrücklich geregelt (§ 33 Rn 57 ff.).

Der allgemeine Unterlassungsanspruch lässt sich erforderlichenfalls vor dem Kirchlichen Arbeitsgericht im Wege der einstweiligen Verfügung durchsetzen, § 52 KAGO (auch § 47 Rn 52).[5]

12 Liegen die Voraussetzungen des § 33 Abs. 5 nicht vor, darf der Dienstgeber einseitig nicht in die Abwicklung eines Zustimmungstatbestandes eingreifen und seine Auffassung durchsetzen. Ohne einen **Unterlassungsanspruch**, der bis zum ordnungsgemäßen Abschluss des Zustimmungsverfahrens im konkreten Einzelfall gilt, ließe sich die gesetzmäßige Durchführung der Maßnahme im Rahmen des § 36 zugunsten der MAV nicht sichern. Daher muss der MAV auf Grund des § 36 Abs. 1 i. V. m. § 26 Abs. 1 Satz 1 dieser Unterlassungsanspruch als ein selbständiger Nebenleistungsanspruch aus einem zustimmungspflichtigen Tatbestand zugebilligt werden und zustehen. Dieser Anspruch ist vor dem kirchlichen Arbeitsgericht durchsetzbar.

13 Allerdings besteht nach § 36 Abs. 1 – Eingangssatz – ein Zustimmungsrecht nur, soweit **nicht** eine kirchliche **Arbeitsvertragsordnung** oder sonstige **Rechtsnorm besteht.** In § 36 ist demnach ein allgemeiner Gesetzesvorbehalt für kirchliche Regelungen enthalten. Diese kirchlichen Regelungen müssen tatsächlich vorhanden sein und in das Zustimmungsrecht so eingreifen, dass kein weiterer Schutz der Mitarbeiter durch das Zustimmungsrecht mehr nötig ist.[6] Zu solchen vorgreiflichen **gesetzlichen Regelungen** gehören alle zwingenden Rechtsnormen nicht nur des kircheneigenen, sondern auch des staatlichen Rechts.[7] Zu denken ist hier an die Vorschriften über die Berufsausbildung oder über arbeitszeitrechtliche Vorschriften zwingender Art (etwa die Regelung des § 4 ArbZG, dass in bestimmten Abständen während der Arbeitszeit Pausen eingehalten werden müssen). Das Zustimmungsrecht bleibt aber erhalten, soweit keine zwingenden, sondern nachgiebige Rechtsvorschriften einen bestimmten Komplex regeln.

14 Von besonderer Bedeutung sind die Eingriffe von kirchlichen Arbeitsvertragsordnungen oder Arbeitsvertragsrichtlinien in die Zustimmungsrechte der MAV. Die MAVO regelt die Zuständigkeiten der MAV zu Maßnahmen des Dienstgebers, während die KODA-Ordnungen und die Ordnung für die Arbeitsrechtliche Kommission des Deutschen Caritasverbandes die Zuständigkeiten der Kommission regeln. Das ist so durch Artikel 7 und 8 GrO vorgegeben, so dass es eigens einer Öffnungsklausel in den Arbeitsvertragsordnungen und Arbeitsvertragsrichtlinien bedarf, ob und mit welchem Inhalt

---

4 *BAG GS*, Beschl., 3. 12. 1991 – GS 2/90, EzA § 87 BetrVG 1972 Betriebliche Lohngestaltung Nr. 30.
5 *KArbG Mainz*, 2. 4. 2007 – M 9/07 Sp, Einstweilige Verfügung: Mitbestimmung Dienstplan – Verpflichtung des Antragsgegners zur Nichtanwendung von Dienstplänen; 30. 5. 2010 – M 15/10 Mz, Einstweilige Verfügung: Untersagung der Auswertung von Telefondaten ohne Beteiligung der MAV; 30. 4. 2010 – M 09/10 Mz, Einstweilige Verfügung: Untersagung der Auswertung der Internetdaten ohne Beteiligung der MAV.
6 *BAG*, 24. 2. 1987 – 1 ABR 18/85, AP Nr. 21 zu § 77 BetrVG 1972.
7 *BAG*, 13. 3. 1973 – 1 ABR 16/72, AP Nr. 1 zu 87 BetrVG 1972 Werkmietwohnungen.

betriebliche Regelungen z. B. durch Dienstvereinbarungen zulässig sind (vgl. § 38 Abs. 2 und Einleitungssätze in § 36 Abs. 1 und § 37 Abs. 1). Sobald in einer Arbeitsvertragsordnung z. B. die Frage der Arbeitszeit in Krankenhäusern geregelt ist (Anlage 5 zu den AVR – Caritasverband), ist dieser Komplex nicht mehr dem Zustimmungsrecht der MAV nach § 36 Abs. 1 Nr. 1 unterworfen. Allerdings muss diese Arbeitsvertragsordnung in Kraft sein, also tatsächlich vorhanden sein und für die betroffene Einrichtung auch gelten. Sie muss auch abschließend den Fragenkomplex regeln. Nur wenn die Arbeitsvertragsordnung noch ausfüllungsbedürftig ist, besteht das Zustimmungsrecht nach § 36. Das bedeutet, dass jede einigermaßen vollständige Regelung durch eine Arbeitsvertragsordnung das Zustimmungsrecht nach § 36 ausschließt.[8]

Das Verhältnis zwischen § 36 Abs. 1 – Eingangssatz – und § 38 Abs. 2 geht von den gleichen Rechtsgrundsätzen aus. Das Zustimmungsrecht nach § 36 und das Recht zum Abschluss von Dienstvereinbarungen nach § 38 können nicht ausgeübt werden, wenn kirchengesetzliche Vorschriften tatsächlich vorhanden oder üblich sind (Wortlaut des § 38 Abs. 2 MAVO in Anlehnung an § 77 Abs. 3 BetrVG). Für die Geltendmachung der Rechte aus §§ 36, 37 und 38 durch die MAV kommt es darauf an, dass ihr Zustimmungsrecht, ihr Antragsrecht und ihr Recht zum Abschluss von Dienstvereinbarungen wegen der Einheitlichkeit bei der Ausübung der Beteiligungsrechte durch die o. g. Öffnungsklausel geregelt ist. Sonst wäre die Zuständigkeit von KODA oder AK beeinträchtigt (vgl. § 2 KODA-Ordnungen, § 3 Zentral-KODA-Ordnung, § 1 Abs. 3 AK-Ordnung). 15

Ergänzende Dienstvereinbarungen zu kirchengesetzlichen Vorschriften werden also nur zugelassen, wenn die Bestimmungen eine Öffnungsklausel enthalten, also – wie § 38 Abs. 2 festlegt – in den kirchengesetzlichen Vorschriften »ausdrücklich zugelassen« sind. 16

II. Die einzelnen Zustimmungstatbestände

1. Änderung von Beginn und Ende der täglichen Arbeitszeit einschließlich der Pausen sowie die Verteilung der Arbeitszeit auf die einzelnen Wochentage (Nr. 1)

Gegenstand des Zustimmungsrechtes ist die **generelle kollektive Festlegung** der täglichen Arbeitszeit einschließlich der Pausen sowie die Verteilung der Arbeitszeit auf die einzelnen Wochentage in der Einrichtung oder in einem Arbeitsbereich.[9] Die Einrichtung eines Rufbereitschaftsdienstes unterliegt nicht der Mitbestimmung der MAV.[10] Allerdings unterliegt jedenfalls die Bestimmung der zeitlichen Lage von Bereitschaftsdiensten der Mitbestimmung.[11] 17

Dagegen besteht kein Mitbestimmungsrecht bei der Festlegung der Dauer der wöchentlichen Arbeitszeit, verstanden als Umfang des vom Arbeitnehmer vertraglich geschuldeten Arbeitszeitvolumens.[12]

Auch hat die MAV nicht darüber mitzubestimmen, wie Zeiten von Arbeitsbereitschaft und Bereitschaftsdienst arbeitszeitrechtlich zu qualifizieren sind. Dies ist keine der Mitbestimmung nach § 36 zugängliche Regelungsfrage, sondern eine von den Gerichten zu entscheidende Frage der Auslegung arbeitszeitrechtlicher Vorschriften.[13]

Zweck dieses Mitbestimmungsrechtes ist ein **doppelter:** Es soll sowohl die Interessen der Mitarbeiter vor allem an der Lage ihrer Arbeitszeit und damit auch ihrer Freizeit für die Gestaltung ihres privaten 18

---

8 So für § 87 BetrVG: *BAG*, 8. 3. 1983 – 1 ABR 38/81, AP Nr. 14 zu § 87 BetrVG 1972 Lohngestaltung.
9 *Schlichtungsstelle Freiburg*, 18. 4. 2002 – 04/2002, ZMV 2002, 291.
10 Vgl. *VGH Mannheim*, 16. 9. 2003 – PL 15 S 1078/03, ZTR 2004, 100; anders bereits hierzu *BAG*, 29. 2. 2000 – 1 ABR 15/99, EzA § 87 BetrVG 1972 Arbeitszeit Nr. 61; 22. 7. 2003 – 1 ABR 28/02, NZA 2004, 507.
11 *BAG*, 29. 2. 2000 – 1 ABR 15/99, EzA § 87 BetrVG 1972 Arbeitszeit Nr. 61; 22. 7. 2003 – 1 ABR 28/02, NZA 2004, 507.
12 *BAG*, 27. 1. 1998 – 1 ABR 35/97, EzA § 87 BetrVG 1972 Arbeitszeit Nr. 58.
13 *BAG*, 22. 7. 2003 – 1 ABR 28/02, NZA 2004, 507.

Bereiches zur Geltung bringen,[14] aber auch einen kollektiven Schutzauftrag für die MAV sichern, die Einhaltung der arbeitszeitrechtlichen Vorschriften für die Mitarbeiter zu gewährleisten.[15] Mitbestimmungspflichtig sind generelle Regelungen der Arbeitszeit. Es muss sich eine Regelungsfrage stellen, die die Interessen der Mitarbeiter unabhängig von der Person und den individuellen Wünschen des Einzelnen berührt. Dabei ist die Zahl der Mitarbeiter nicht erheblich, sondern allenfalls ein Indiz dafür, dass ein kollektiver Tatbestand vorliegt.[16] Ausgeschlossen vom Mitbestimmungsrecht sind demgegenüber alle individuell abgrenzbaren Einzelanordnungen gegenüber bestimmten Mitarbeitern, wie z. B. die Anordnung von Dienstbesprechungen im Rahmen der täglichen Arbeitszeit der Mitarbeiterschaft,[17] die Umsetzung von der Nacht- in die Tagarbeit im Rahmen des Direktionsrechts des Dienstgebers[18] oder Veränderungen zu Beginn und Ende der täglichen Arbeitszeiten aus persönlichen Gründen der Mitarbeiterin oder des Mitarbeiters.

19 Der Wortlaut des § 36 Abs. 1 Nr. 1 ist **identisch** mit den Bestimmungen des § 87 Abs. 1 Nr. 2 **BetrVG** und § 75 Abs. 3 Nr. 1 **BPersVG**. Die Rechtsgrundsätze, die von der Rechtsprechung des *BAG* und des *BVerwG* zu den gleichen Rechtsfragen entwickelt worden sind, können daher entsprechend auch bei der Auslegung des § 36 Abs. 1 Nr. 1 herangezogen werden.

20 Auch hier gilt es zunächst, den **Vorbehalt des § 36 Abs. 1 – Eingangssatz** – zu beachten. Soweit vor allem durch **Arbeitsvertragsrichtlinien** die Arbeitszeit, die Pausen und die Verteilung der festgelegten Wochenarbeitszeit auf die Arbeitstage geregelt sind, besteht das Zustimmungsrecht nicht bzw. nur in den Punkten, die durch eine Öffnungsklausel in den Arbeitsvertragsrichtlinien für die Partner der Einrichtung zugelassen worden sind. Zutreffende Beispiele dafür sind die Öffnungsklauseln in § 1 Abs. 1 und Abs. 7, § 5 der Anlage 5 zu den AVR-Caritas und die Anlagen 5a und 5b zu den AVR-Caritas zur Verteilung der Arbeitszeit; sie lassen den Abschluss von Dienstvereinbarungen in den dort näher genannten Fällen ausdrücklich zu. Im Übrigen wird hinsichtlich solcher Öffnungsklauseln in Arbeitsvertragsrichtlinien bzw. Arbeitsvertragsordnungen auf Rn 13 ff. verwiesen.

21 Die Einrichtungspartner müssen bei der Ausübung des Zustimmungsrechtes zwingende Vorschriften des öffentlich-rechtlichen **Arbeitszeitrechtes** (ArbZG, MuSchG, JArbSchG, SGB IX) beachten. Das gilt mit Rücksicht auf die Rechtsprechung des *EuGH*[19] auch für den **Bereitschaftsdienst** in Krankenhäusern, der arbeitsschutzrechtlich der Arbeitszeit i. S. d. Art. 2 Nr. 1 RL 93/104/EG zuzuordnen ist.[20] Dem hat der deutsche Gesetzgeber per 1. 1. 2004 durch Änderung des ArbZG entsprochen (u. a. § 5 Abs. 3, § 7 Abs. 2a, 4, 7, 8 und 9 ArbZG).

22 **Nicht** der Zustimmungspflicht unterliegt die **Dauer der wöchentlichen Arbeitszeit**. Diese ist vorgegeben. Sie beruht entweder auf kollektiven Regelungen (Arbeitsvertragsordnungen auf Grund von KODA-Beschlüssen) oder auf einzelvertraglichen Vereinbarungen, die sich im Rahmen des ArbZG halten müssen. Auch die dauerhafte Erhöhung der regelmäßigen wöchentlichen Arbeitszeit ist nicht mitbestimmungspflichtig.[21] Der zeitliche Umfang der dem einzelnen Mitarbeiter wöchentlich obliegenden Verpflichtung zur Arbeitsleistung ist demnach zustimmungsfrei.[22] Das individuelle Interesse des Arbeitnehmers wird besonders geschützt, wenn er die werktägliche Arbeitszeit einschließlich Arbeitsbereitschaft und Bereitschaftsdienst über acht Stunden nicht akzeptieren will (§ 7 Abs. 7 ArbZG; vgl. auch ArbZRL 93/104/EG Art. 18 Abs. 1 Buchst. b). § 7 Abs. 8 ArbZG bestimmt,

---

14 *BAG*, ständige Rechtsprechung, 15. 12. 1992 – 1 ABR 34/92, AP Nr. 7 zu § 14 AÜG.
15 *BVerwG*, 23. 12. 1982, PersV 1983, 413.
16 *BVerwG*, 12. 8. 2002 – 6 P 17.01, ZfPR 2002, 299.
17 *Schlichtungsstelle Osnabrück*, 21. 8. 2003 – 04/2003.
18 *LAG Köln*, 26. 7. 2002 – 11 Ta 224/02, ZTR 2003, 403 LS.
19 *EuGH*, 9. 9. 2003 – C – 151/02, NZA 2003, 1019.
20 Vgl. auch *BAG*, 18. 2. 2003 – 1 ABR 2/02, NZA 2003, 742 im Anschluss an *EuGH*, 3. 10. 2000, NZA 2000, 1227.
21 *BAG*, 15. 5. 2007 – 1 ABR 32/06, NZA 2007, 1240.
22 *BAG*, 22. 6. 1993 – 1 ABR 62/92, DB 1994, 234; 27. 1. 1998 – 1 ABR 35/97, EzA BetrVG 1972 § 87 Arbeitszeit Nr. 58; *BVerwG*, 4. 4. 1985, PersV 1987, 155.

dass im Falle höherer werktäglicher Arbeitszeiten als acht Stunden (im Falle kirchlicher Regelung gemäß § 7 Abs. 4 ArbZG) die Arbeitszeit 48 Stunden wöchentlich im Durchschnitt von 12 Kalendermonaten nicht überschreiten darf (§ 7 Abs. 8 S. 1 ArbZG).

Zustimmungspflichtig ist die **Verteilung der vorgegebenen Arbeitszeit auf die einzelnen Wochentage**.[23] Dem Begriff Arbeitszeit unterfallen in diesem Zusammenhang die Vollarbeit, die Arbeitsbereitschaft (vgl. § 1 Abs. 2 Anlage 5 zu den AVR-Caritas) bzw. die Bereitschaftszeit (§ 9 TVöD), der Bereitschaftsdienst (vgl. § 7 Abs. 1 und 2 Anlage 5 zu den AVR), die Rufbereitschaft (vgl. § 7 Abs. 3 Anlage 5 zu den AVR). Es geht nicht um die Frage, ob Bereitschaftsdienst oder auch Rufbereitschaft eingeführt wird (dazu Rn 17), auch nicht darum, wie diese Arten der Arbeitszeit arbeitszeit- oder vergütungsrechtlich zu bewerten sind, jedenfalls Letzteres unterliegt nicht der Mitbestimmung (Rn 17). Kern der Mitbestimmung sind Begrenzungen der Freizeitgestaltung, die mit der geschuldeten Arbeitsleistung im Zusammenhang stehen. Bei der hier in Rede stehenden Verteilung der Arbeitszeit ist also von der feststehenden Dauer der wöchentlichen Arbeitszeit auszugehen. Das Zustimmungsrecht erfasst zunächst, wenn keine entsprechende kollektive Regelung besteht, die Verteilung dieser Arbeitszeit auf die einzelnen Wochentage und welche Arbeitsstunden an diesen Wochentagen konkret geleistet werden müssen.[24] Auch die Frage, ob z. B. am Freitag einer Woche kürzer gearbeitet wird, unterliegt dem Zustimmungsrecht der MAV. Wird die werktägliche Arbeitszeit über zwölf Stunden hinaus verlängert, muss im unmittelbaren Anschluss an die Beendigung der Arbeitszeit eine Ruhezeit von mindestens elf Stunden gewährt werden (§ 7 Abs. 9 ArbZG). 23

Das Zustimmungsrecht erstreckt sich auch auf die Frage, ob die Arbeit zu festen Zeiten erbracht werden muss oder ob **gleitende Arbeitszeit** eingeführt wird. Die Modalitäten der Gleitzeitarbeit können nur mit Zustimmung der MAV geregelt werden, also z. B. die Festlegung der Kernarbeitszeit (Anwesenheitspflicht) und der Gleitzeitspanne (Dispositionsfreiheit des Mitarbeiters), der Aufbau eines Zeitkontos, die Verrechnung bzw. das Abfeiern der angesparten Zeiten. Soweit zur Zeiterfassung ein Zeiterfassungsgerät eingeführt wird, unterliegt dies zudem der Mitbestimmung der MAV nach § 36 Abs. 1 Nr. 9. 24

Soll **Sonntagsarbeit** in gesetzlich zulässiger Weise (§§ 9–11 ArbZG) eingeführt werden, kann dies nur mit Zustimmung der MAV geschehen. 25

Beginn und Ende der täglichen Arbeitszeit sind zustimmungspflichtig.[25] Soweit in Schichten gearbeitet werden soll, erfasst das Zustimmungsrecht zunächst die Entscheidung, ob überhaupt in Schicht gearbeitet werden soll und wann jeweils die Schichten beginnen und enden sollen. Das gilt auch für den Fall der Änderung von Arbeitszeiten und Schichtzeiten. Dann umfasst das Zustimmungsrecht sowohl die Aufstellung der einzelnen Schichtpläne wie eine Aufstellung allgemeiner Grundsätze für die Schichtarbeit. Bestehen solche allgemeinen Grundsätze, kann der Dienstgeber den einzelnen Schichtplan allein aufstellen.[26] Die Partner der Einrichtung sind demnach frei, ob sie jeden einzelnen Schichtplan zustimmungspflichtig halten oder nur eine generelle Regelung aller Fragen der Schichtarbeit einführen. Auf Schutzrechte schwerbehinderter Mitarbeiter ist Rücksicht zu nehmen (§ 124, § 81; § 81 Abs. 4 Nr. 4 SGB IX).[27] Wo die Arbeitszeit beginnt, wird zumeist in kollektiven Regelungen bestimmt, z. B. für Krankenhausdienste in Anlage 5 zu den AVR § 1 Abs. 9 = Beginn an der »Arbeitsstelle«.[28] Beginn der Arbeitszeit einer in einem Krankenhaus beschäftigten Krankenschwester ist regelmäßig das Eintreffen auf der Krankenhausstation, auf der die Arbeitsleistung zu erbringen ist. Der Ausfall bzw. die Streichung von Schichten bedarf der Zustimmung der 26

---

23 *Schlichtungsstelle Limburg*, 13. 12. 1999 – 34/99.
24 *Schlichtungsstelle Freiburg*, 18. 4. 2002 – 04/2002, ZMV 2002, 291.
25 Dazu exemplarisch: Amtsblatt für die Diözese Rottenburg-Stuttgart 2003 S. 362.
26 *BAG*, 18. 4. 1989 – 1 ABR 2/88, AP Nr. 34 zu § 87 BetrVG 1972 Arbeitszeit.
27 *BAG*, 3. 12. 2002 – 9 AZR 462/01, ZTR 2003, 516.
28 Dazu *BAG*, 28. 7. 1994 – 6 AZR 220/94, AP Nr. 32 zu § 15 BAT.

MAV.[29] Die Zuweisung der Mitarbeiterinnen und Mitarbeiter zu den einzelnen Schichten im ausgehandelten Rahmendienstplan ist mitbestimmungsfreier Vollzug.[30]

27 Das Zustimmungsrecht erstreckt sich auch auf die **Dauer und Lage der Pausen.** Pausen sind Unterbrechungen der Arbeitszeit, in denen der Mitarbeiter keine Arbeit leisten muss. Sie sind vom Dienstgeber zu verfügen, nachdem sie mit Zustimmung der MAV festgelegt sind. Der Dienstgeber kann nicht einer Gruppe von Arbeitnehmern überlassen, einvernehmlich die festgelegten Pausen abzunehmen. Für den Mitarbeiter muss im Voraus feststehen, wann er die mit Zustimmung der MAV festgelegten Pausen abnehmen kann.[31]

a. Einzelfälle

28 Zustimmungspflichtig ist die Festlegung der Arbeitszeit von **Teilzeitbeschäftigten.** Das Zustimmungsrecht umfasst hier die Lage der gegebenen wöchentlichen Arbeitszeit. Festlegung der Mindestdauer der täglichen Arbeitszeit, die Verteilung der Arbeitszeit auf die einzelnen Wochentage, Bestimmung arbeitsfreier Tage, die Entscheidung, ob die Teilzeitarbeit in Schichtarbeit geleistet werden kann[32] die vorübergehende Verlängerung der Arbeitszeit von Teilzeitbeschäftigten,[33] die Festlegung, ob Teilzeitbeschäftigte zu festen Zeiten oder nach Bedarf (KAPOVAZ) arbeiten.[34] § 8 TzBfG, der Arbeitnehmern unter den dort genannten Voraussetzungen einen Rechtsanspruch auf die Verringerung der vertraglich vereinbarten wöchentlichen Arbeitszeit einräumt, schränkt das Mitbestimmungsrecht in Bezug auf die Festlegung der Arbeitszeit von Teilzeitbeschäftigten nicht ein.[35]

29 Anordnung und Lage von **Mehrarbeit oder Überstunden**, auch wenn es sich um eine einmalige Verlängerung der Arbeitszeit für eine Abteilung oder einzelne Mitarbeiter handelt,[36] auch die Duldung von Überstunden und Entgegennahme der Bezahlung schließen das Zustimmungsrecht der MAV nicht aus.[37]

30 Erfasst werden auch nur **vorübergehende Verkürzungen oder Verlängerungen der Arbeitszeit.** Das Zustimmungsrecht bezieht sich dabei auf eine Verkürzung oder Verlängerung der regelmäßigen betriebsüblichen Arbeitszeit. Solche Regelungen sind unabdingbare Voraussetzungen für eine rechtmäßige kollektivrechtliche Verkürzung der Arbeitszeit bei einer beabsichtigten Einführung von Kurzarbeit. Der Dienstgeber kann ohne eine mit der MAV festgelegte Verkürzung der Arbeitszeit Kurzarbeit nicht wirksam einführen. Er bleibt dann aus Annahmeverzug (§ 615 BGB) zur Fortzahlung der vollen vereinbarten Vergütung verpflichtet.[38]

31 Auch die Einführung und Modalitäten des sog. »**Ansparmodells**« unterliegen der Zustimmung der MAV nach § 36 Abs. 1 Nr. 1: Hier geht es um die Problematik, was geschehen soll, wenn die Mitarbeiter einer Einrichtung in altem tariflichen Umfang zu den Arbeitszeiten weiterarbeiten, die jedoch durch eine neue kollektive Regelung verkürzt worden ist. Hier werden den Mitarbeitern Zeitguthaben gutgeschrieben, die bei einem dann festgelegten Umfang in einen Freizeitanspruch umge-

---

29 *BAG*, 13. 7. 1977 – 1 AZR 336/75, AP Nr. 2 zu § 87 BetrVG Kurzarbeit; 18. 9. 2002 – 1 AZR 668/01; 1. 7. 2003 – 1 ABR 22/02, NZA 2003, 1209.
30 *Kirchengerichtshof der EKD*, 5. 8. 2004 – I – 0124/H 38 – 03 –, Amtsblatt der EKD Beilage zu Heft 4 vom 15. 4. 2005 S. 41 f.
31 *BAG*, 27. 2. 1992 – 6 AZR 78/90, AP Nr. 5 zu § 3 AZO.
32 *BAG*, grundlegend 13. 10. 1987 – 1 ABR 10/86, AP Nr. 24 zu § 87 BetrVG 1972 Arbeitszeit.
33 *BAG*, 23. 7. 1996 – 1 ABR 13/96, AP Nr. 68 zu § 87 BetrVG 1972 Arbeitszeit.
34 *BAG*, 28. 9. 1988 – 1 ABR 41/87, AP Nr. 29 zu § 87 BetrVG 1972 Arbeitszeit = DB 1989, 1033.
35 *BAG*, 24. 6. 2008 – 9 AZR 313/07, NZA 2008, 1309.
36 *OVG Nordrhein-Westfalen*, 29. 3. 1990 – CL 15/87.
37 *BAG*, 27. 11. 1990 – 1 ABR 77/89, AP Nr. 41 zu § 87 BetrVG 1972 (Arbeitszeit); *Schlichtungsstelle Freiburg*, 18. 4. 2002 – 04/2002, ZMV 2002, 291.
38 *BAG*, 12. 10. 1994 – 7 AZR 398/93, AP Nr. 66 zu § 87 BetrVG 1972 Arbeitszeit.

wandelt werden. Auch diese Modalitäten des Ansparmodells, vor allem die Gewährung der angesparten Freizeit, unterliegen der Zustimmungspflicht.³⁹

Zu den Informationspflichten betreffend die Einrichtung von Langzeitkonten und deren Inhalten wird auf § 27 Abs. 2 letzter Spiegelstrich verwiesen (§ 27 Rn 26 f.).

b. Ausgenommener Mitarbeiterkreis nach § 36 Abs. 2

Nach § 36 Abs. 2 findet § 36 Abs. 1 **Nr. 1** keine Anwendung auf Mitarbeiter für pastorale Dienste und religiöse Unterweisung, die zu ihrer Tätigkeit der ausdrücklichen bischöflichen Sendung oder Beauftragung bedürfen, sowie Mitarbeiter im liturgischen Dienst. Nur für **diesen Kreis** von Mitarbeitern ist das Zustimmungsrecht für die Regelung von Arbeitszeitfragen nach Nr. 1 ausgeschlossen. Der Ausschluss betrifft auch **nur** das Mitbestimmungsrecht nach Nr. 1, nicht die Mitbestimmungsrechte nach Nrn. 2–12.

Der Ausschluss der Nr. 1 für diese Mitarbeiter wird damit begründet, dass sie zum engeren bischöflichen Verantwortungskreis gehören, bei dem der Diözesanbischof wegen seiner Verantwortung für die Seelsorge in seiner Entscheidung nicht gebunden werden soll. Es gilt aber das Recht der Anhörung und Mitberatung gemäß § 29 Abs. 1 Nr. 2, § 32 Abs. 1 Nr. 2.

c. Ausnahmeregelung des § 36 Abs. 3

Muss für die ganze Einrichtung oder für einen Teil der Einrichtung die tägliche Arbeitszeit gemäß Abs. 1 Nr. 1 nach Erfordernissen, die die Einrichtung nicht voraussehen kann, unregelmäßig oder kurzfristig festgesetzt werden, ist die Beteiligung der MAV auf die Grundsätze für die Aufstellung von Dienstplänen, insbesondere die Anordnung von Arbeitsbereitschaft (und wohl auch Bereitschaftsdienst), Mehrarbeit und Überstunden beschränkt.

Diese Bestimmung entspricht in ihrem Wortlaut im wesentlichen § 75 Abs. 4 BPersVG, wobei die Regelung des § 36 Abs. 3 auf die ganze Einrichtung, nicht nur auf Teile von ihr ausgedehnt ist.

Sie hat zur Folge, dass das Zustimmungsrecht der MAV bei Beginn und Ende der Arbeitszeit beschränkt ist auf die Grundsätze für die Aufstellung von Dienstplänen, die insbesondere die Anordnung von Arbeitsbereitschaft, Bereitschaftsdienst, Mehrarbeit und Überstunden regeln.

Voraussetzung für diese Beschränkung ist:
– Die Einrichtung kann den Eintritt des Arbeitsanfalles nicht vorhersehen,
– die Arbeitsleistung muss entweder unregelmäßig anfallen oder
– die Arbeitsleistung muss kurzfristig festgesetzt werden.

Die Arbeiten müssen demnach so unregelmäßig anfallen, dass dies nicht vorauszusehen ist und eine kurzfristige Disposition für den Dienstgeber unerlässlich wird *BVerwG*, 1. 6. 1987 – 6 P 8/85, PersV 1989, 255.

Liegen diese außergewöhnlichen Voraussetzungen vor, die der Dienstgeber vorzutragen und notfalls nachzuweisen hat, dann soll das dann noch bestehende, beschränkte Zustimmungsrecht der MAV sicherstellen, dass bei der konkret notwendigen Anordnung von Dienstbereitschaften, vorübergehender Mehrarbeit und Überstunden nach einheitlichen Gesichtspunkten verfahren wird. Dem Zustimmungsrecht der MAV unterliegt dann lediglich die zeitliche Lage, also die Bestimmung der Tage und der Tageszeiten, an denen Arbeitsbereitschaft, Bereitschaftsdienst, Mehrarbeit und Überstunden geleistet werden sollen, die vorher auf Grund der Ausnahmebestimmung des § 36 Abs. 3 vom Dienstgeber angeordnet worden sind. Dabei geht es nicht um Regelungen in Einzelfällen, sondern nur um generelle Regelungen dieser Fragen. Umgekehrt gilt, dass bei Nichtvorliegen der genannten Ausnah-

---

39 Ständige Entscheidung der *Schlichtungsstelle Köln*, 7. 5. 1990, MAVO 6/90, n. v.; *Schlichtungsstelle Paderborn*, 4. 7. 1990 – MAVO VI/89, n. v.; *Schlichtungsstelle Berlin*, 28. 6. 1989 – 5/89, n. v.

men, insbesondere bei Vorhersehbarkeit des dienstlichen Erfordernisses die Fragen von Festlegungen bei der Arbeitszeit i. S. d. § 36 in vollem Umfang mitbestimmungspflichtig bleiben.[40]

40 Ob die Voraussetzungen des § 36 Abs. 3 MAVO überhaupt vorliegen, kann die MAV als mitarbeitervertretungsrechtliche Streitigkeit nach § 2 Abs. 2 KAGO durch das Kirchliche Arbeitsgericht überprüfen lassen.

2. Festlegung von Richtlinien zum Urlaubsplan und zur Urlaubsregelung (Nr. 2):

41 Zu unterscheiden ist zwischen dem individuellen Urlaubsanspruch der Mitarbeiter unter Berücksichtigung der gesetzlichen Bestimmungen für den **Jahresurlaub**, dem **Sonderurlaub** nach staatlichem und kirchlichem Recht und dem **Weiterbildungsurlaub** nach den Weiterbildungsgesetzen mehrerer Bundesländer[41] einerseits und der betrieblichen Umsetzung zur Erfüllung der Urlaubsansprüche andererseits; dazu gehört der **Urlaubsplan**. Nach der Vorschrift des § 36 Abs. 1 Nr. 2 geht es aber nicht um die Aufstellung eines Urlaubsplanes für die Einrichtung und auch nicht um die Entscheidung über die zeitliche Lage des Urlaubs eines Mitarbeiters, wenn zwischen ihm und dem Dienstgeber keine Einigung erzielt werden kann (anders insoweit § 75 Abs. 3 Nr. 3 BPersVG, § 87 Abs. 1 Nr. 5 BetrVG).

42 § 36 Abs. 1 Nr. 2 beschränkt das Zustimmungsrecht der MAV auf die Festlegung von **Richtlinien** zu Urlaubsplan und Urlaubsregelung; es geht um Regelungen für einen Ausgleich der Urlaubswünsche mit den betrieblichen Interessen an der Kontinuität des Betriebsablaufs. Solche Richtlinien müssen die gesetzlichen Vorschriften über die Urlaubsgewährung nach dem BUrlG beachten, da sie nicht gegen gesetzliche Vorschriften verstoßen dürfen **Richtlinien für einen Urlaubsplan** können demnach nur das Verfahren betreffen, das der Gewährung von Urlaub durch den Dienstgeber vorgeschaltet ist. Dazu gehört die Auslegung der Urlaubsliste, die Dauer der Auslegung, der Zeitpunkt, bis zu dem Eintragungen zu erfolgen haben, Regelungen der Vertretung im Urlaub.

43 **Richtlinien zur Urlaubsregelung** sollten auf der Bestimmung des § 7 Abs. 1 und Abs. 2 BUrlG aufbauen, also auf dem Vorrang des Urlaubswunsches des Mitarbeiters, es sei denn, ihm stehen dringende betriebliche Belange oder Urlaubswünsche anderer Mitarbeiter entgegen, die aus sozialen Gründen den Vorzug verdienen (Urlaub in den Schulferien aus familiären Gründen oder mit erholungsbedürftigen alten Eltern). Ziel der Mitbestimmung ist die Harmonisierung der Urlaubswünsche der einzelnen Mitarbeiter untereinander und der Ausgleich dieser Wünsche mit den betrieblichen Interessen an der Kontinuität des Betriebsablaufs. Grund für die Mitbestimmung der MAV ist das Bedürfnis nach einer kollektiven Regelung, die sowohl den Erholungsurlaub aller als auch den von mehreren Mitarbeitern gewünschten Sonderurlaub sowie Bildungsurlaub betrifft.[42] Dass der Urlaub grundsätzlich zusammenhängend zu gewähren ist, ergibt sich aus § 7 Abs. 2 BUrlG. Zudem ist die Stückelung des Urlaubs auf einzelne Tage unzulässig.[43] Im Hinblick auf den Gesamtumfang des Jahresurlaubs ist allerdings die Gewährung in mehren Teilen gestattet, wegen der Urlaubswünsche anderer Mitarbeiter erforderlich und üblich. Bei der Teilung des Jahresurlaubes muss allerdings einer der Urlaubsteile mindestens 12 aufeinanderfolgende Werktage betragen (§ 7 Abs. 2 S. 2 BUrlG). Die MAV tut gut daran, für ihre Mitarbeiter keine von diesen bewährten gesetzlichen Vorgaben abweichenden internen Richtlinien mit dem Dienstgeber zu vereinbaren. Das gilt auch für die Bestimmungen zur Gewährung des erwähnten Sonderurlaubs einschließlich des Weiterbildungsurlaubs nach Landesrecht.[44] Deshalb ist in den Richtlinien den gesetzlichen Regelungen über den geteilten Urlaub Rechnung zu tragen. Weiter sollten in den Richtlinien Regelungen für die Verteilung des Urlaubs

---

40 *BVerwG*, 30. 6. 2005 – 6 P 9.04, ZTR 2005, 545; 3. 12. 2001 – 6 P 12.00, ZTR 2002, 193; *BAG*, 10. 10. 2006 – 1 AZR 811/05, NZA 2007, 637.
41 *BAG*, 28. 5. 2002 – 1 ABR 37/01, NZA 2003, 171.
42 *BAG*, 28. 5. 2002 – 1 ABR 37/01, NZA 2003, 171.
43 *BAG*, 21. 11. 2006 – 9 AZR 97/06, AP Nr. 59 zu § 11 BUrlG.
44 *BAG*, 28. 5. 2002 – 1 ABR 37/01, NZA 2003, 171.

innerhalb des Kalenderjahres, über die Abstimmung paralleler Urlaubswünsche, über eine etwaige **Urlaubssperre** wegen erhöhten Arbeitsanfalls und über die Urlaubsvertretung enthalten sein. Im Hinblick auf den Umstand, dass die Regelungen des gesetzlichen Urlaubs von 24 Werktagen ausgehen, ist auch der Umstand zu berücksichtigen, dass die Urlaubsansprüche nach KAVO und AVR-Caritas (§ 37 KAVO und KAVO Anlage 19, AVR-Caritas § 13 i. V. m. Anlage 14) diesen Anspruch übersteigen, so dass in der Regel jeder Mitarbeiterin und jedem Mitarbeiter – soweit gewünscht – einmal im Jahr ein zusammenhängender Urlaub von drei Wochen zustehen dürfte. Auch dies sollte in den Richtlinien beachtet werden.

Zu den zustimmungspflichtigen Angelegenheiten gehört hier auch die Einführung von **Betriebsferien** in der Einrichtung.[45] Bei der Einführung von Betriebsferien, die rechtlich zulässig ist, hat der Dienstgeber eine umfassende Interessenabwägung vorzunehmen, die einerseits das durch die Art der Einrichtung bedingte Interesse des Dienstgebers gerade an der Einführung dieser Betriebsferien und andererseits die berechtigten Interessen der Mitarbeiter an der Gewährung des individuellen Urlaubs zum Gegenstand hat. Dabei ist davon auszugehen, dass die Betriebsferien nicht den gesamten Jahresurlaubsanspruch des Mitarbeiters erfassen durfen. Ihm sollte allerdings noch ein angemessener Teil seines Urlaubs zur individuellen Verwirklichung bleiben. Betriebsferien von drei Wochen sind nicht zu beanstanden. Es verbleibt dann ausgehend vom Umfang des Jahresurlaubs nach KAVO bzw. AVR-Caritas ein angemessener Teil zur individuellen Verwirklichung.[46] Dies gilt insbesondere auch dann, wenn die Betriebsferien in die für Urlaubsreisen teuren Schulferien gelegt werden, soweit dies nach den Interessen der Einrichtung und/oder einer Vielzahl von Mitarbeiterinnen und Mitarbeitern, die auf die Schulferien angewiesen sind, angebracht erscheint. Unter den Begriff der Betriebsferien fallen auch die für Tageseinrichtungen für Kinder verfügten sog. **Schließzeiten**. Die Mitbestimmung der MAV erstreckt sich bei aufsichtsbehördlich verfügten Rahmenvorgaben (wie z. B. »sollen während der Sommerferien der Schulen mindestens drei Wochen und zwischen Heiligabend und Neujahr« erfolgen) auf die konkrete Umsetzung der Anordnung in der Einrichtung. Denn dem Dienstgeber ist ein zeitlicher Ermessensspielraum zur Festlegung der zeitlichen Lage der Schließungen, also die Möglichkeit zu einer Urlaubsregelung gegeben.[47] Ist aber in einer Arbeitsvertragsordnung bereits verfügt, bis wann die Schließzeiten festzulegen sind oder dass die Schließzeiten auf den Jahresurlaub anzurechnen sind, ist der Dienstgeber gebunden, so dass insoweit für die MAV kein Raum für ein Beteiligungsrecht besteht.[48] Entsprechendes gilt auch für den Bereich der **Schulen** auf Grund der für sie bestehenden **Ferienordnungen**, nach denen sich die Erfüllung der Urlaubsansprüche zu richten hat.[49]

Zu beachten ist aber, dass die **Arbeitszeit der Lehrer** und die Zeit der **Schulferien** als unterrichtsfreie Zeit mit dem **Jahresurlaub der Lehrer** (d. h. arbeitsfreie Zeit) nicht gleich zu setzen ist. Die Ferienzeit bedeutet unterrichtsfreie Zeit, nicht aber Urlaub der Lehrer. Der Urlaub ist aber durch die Ferienzeit abgegolten (vgl. § 22 Abs. 3 Dienstordnung für die Leiter und Lehrer an Katholischen Freien Schulen des Erzbistums Köln), so dass es deshalb nicht üblich ist, dass Lehrer ausdrücklich Urlaub beantragen. Dann ist allerdings die Ansetzung von Dienstbesprechungen für die Lehrer in der letzten Schulferienwoche kein Verstoß gegen die Urlaubsregelung. Dienstbesprechungen beeinflussen lediglich die zeitlich nicht gebundene Arbeitszeit des Lehrers hinsichtlich des täglichen Anteils an der Gesamtarbeitszeit. Die Festlegung von einzelnen Dienstbesprechungen enthält oder ändert allgemeine Richtlinien zum Urlaubsplan und zur Urlaubsregelung nicht, falls nicht ausdrücklich in der Einrichtung ein Ur-

---

45 *Schlichtungsstelle Köln*, 12. 9. 1996 – MAVO 14/96, ZMV 1997, 37.
46 Siehe dazu auch *BAG*, 28. 7. 1981 – 1 ABR 79/79, AP Nr. 2 zu § 87 BetrVG 1972 Urlaub; *LAG Niedersachsen*, 3. 9. 2009 – 7 Sa 2024/08, AE 2010, 35.
47 *Schlichtungsstelle Limburg*, 13. 9. 1999 – 4/99.
48 *Schlichtungsstelle Limburg*, 13. 9. 1999 – 1/99.
49 Vgl. z. B. § 12 Allg. Dienstordnung für Lehrer und Lehrerinnen, Schulleiter und Schulleiterinnen an öffentlichen Schulen – ADO – RdErl. d. Kultusministeriums NRW v. 20. 9. 1992, GABl. NW I S. 235 i. V. m. kirchlichen Dienstordnungen.

laubsplan oder eine Urlaubsregelung getroffen wurde.[50] Es bleibt dem einzelnen Lehrer unbenommen, einen ausdrücklichen Urlaubsantrag zu stellen, wenn er während der Ferienzeit bzw. zur Zeit der Dienstbesprechung Urlaub nehmen will.

45 Umgekehrt kann der Dienstgeber auch eine dienstlich oder betrieblich bedingte **Urlaubssperre** anordnen. Die Anordnung fällt unter die Zustimmungspflicht der MAV, wobei es nicht darauf ankommt, ob die Urlaubssperre entweder unter den Begriff Richtlinie zur Urlaubsregelung oder Richtlinie zum Urlaubsplan fällt.[51] Die Urlaubssperre hat ihren Grund in dringenden betrieblichen Belangen, die unter sozialen Gesichtspunkten den Vorrang vor den Urlaubswünschen der Mitarbeiter verdienen (§ 7 Abs. 1 S. 1 BUrlG). Auch die Regelung zur Gewährleistung von Urlaubsvertretungen (Rn 43) sind hierunter zu verstehen.

3. Planung und Durchführung von Veranstaltungen für Mitarbeiter (Nr. 3)

46 Veranstaltungen i. S. d. Vorschrift sind u. a. Betriebsausflüge, Betriebsfeste, Jubiläumsveranstaltungen, Vortragsveranstaltungen, Advent- oder Weihnachtsfeiern, Gruppensupervisionen, die im Interesse und zugunsten der Mitarbeiter und Mitarbeiterinnen durchgeführt werden.[52] Der Dienstgeber trifft selbst die Entscheidung, ob er überhaupt eine Veranstaltung zulassen und ggf. finanzieren will. Gegenstand des Mitbestimmungrechts ist hier das Wie nicht aber das Ob der Maßnahme. Die MAV hat dazu kein Antrags- oder Initiativrecht.[53]

47 Der Dienstgeber bedarf aber der Zustimmung der MAV, wenn er Veranstaltungen jeglicher Art für Mitarbeiterinnen und Mitarbeiter zu planen und durchzuführen beabsichtigt. Die MAV hat dann ein Zustimmungsrecht zur Art und Weise, zum Zeitpunkt und Ort der Durchführung (Regelungen zum Wie der Maßnahme). Zur Planung der Veranstaltung gehört das Entwerfen, nämlich die konkrete Skizzierung von Maßnahmen oder ihre zeitliche Vorausbestimmung. Dabei kommt es dann auch noch auf die Durchführbarkeit an, insbesondere wenn ein **Betriebsausflug** während der Dienstzeit stattfinden soll. Sind die Bewohner eines Heimes für Behinderte betroffen, deren Versorgung voll zu gewährleisten ist, kann unter Umständen schon aus diesem Grund ein gemeinsamer Betriebsausflug undurchführbar werden. Wesentlich ist, welche Einzelheiten für oder gegen die Durchführbarkeit des Betriebsausfluges sprechen.

48 Zur Art und Weise der Veranstaltung gehört auch die Festlegung des Teilnehmerkreises, ob z. B. auch die in einer karitativen Einrichtung ehrenamtlichen Mitarbeiter an der Veranstaltung teilnehmen oder ehemalige Mitarbeiter, die im Ruhestand leben. Die *Schlichtungsstelle Köln* hat nach dem Widerspruch der MAV gegen die Teilnahme der Ehrenamtlichen am Betriebsausflug auf Antrag des Dienstgebers die von der MAV verweigerte Zustimmung ersetzt.[54]

49 Geht das Begehren der MAV auf volle Freistellung von der Arbeitspflicht am Tage des Betriebsausfluges, so handelt es sich nicht um einen Anspruch mitarbeitervertretungsrechtlicher Art. Im Falle von Streitigkeiten zur Festlegung der Freistellung sind für den Fall bestehender Ansprüche Fragen des Individualarbeitsvertrages der Mitarbeiter berührt, so dass nicht das Kirchliche Arbeitsgericht, sondern das staatliche Arbeitsgericht für die Streitigkeit zuständig ist.[55]

50 Die Mitwirkungsrechte der Schwerbehindertenvertretung (§ 52) und der Sprecher der Jugendlichen und Auszubildenden (§ 51) sowie des Vertrauensmannes der Zivildienstleistenden (§ 53) sind bei Planung und Durchführung von Veranstaltungen zu berücksichtigen.

---

50 *Schlichtungsstelle Osnabrück*, 21. 8. 2003.
51 *Schlichtungsstelle Limburg*, 10. 7. 1995 – 14/94; auch *BAG*, 28. 5. 2002 – 1 ABR 37/01, NZA 2003, 171.
52 *Schlichtungsstelle Limburg*, 8. 1. 2001 – 24/00.
53 *Schlichtungsstelle Freiburg*, 15. 1. 1993 – AZ 1991/7.
54 *Schlichtungsstelle Köln*, 12. 9. 1996 – MAVO 12/96, ZMV 1997, 34.
55 *Schlichtungsstelle Köln*, 15. 2. 1995 – MAVO 17/94, ZMV 1995, 294.

4. Errichtung, Verwaltung und Auflösung sozialer Einrichtungen (Nr. 4)

Sozialeinrichtungen in diesem Sinne sind auf Dauer angelegte, institutionalisierte Einrichtungen, die der Dienstgeber entweder allein oder mit den Mitarbeitern der Einrichtung errichtet, um den Mitarbeitern in ihrer Gesamtheit oder einzelnen Gruppen soziale Vorteile zukommen zu lassen, die keine unmittelbare Gegenleistung für die geschuldete Arbeitsleistung sind.[56] Für eine Sozialeinrichtung ist Voraussetzung, dass diese für die Mitarbeiterinnen und Mitarbeiter der Einrichtung vorgesehen ist und nicht einem unbestimmten Personenkreis zugänglich ist. Unschädlich ist es allerdings, wenn Außenstehende als Gäste zugelassen werden.[57] 51

▶ **Beispiele für Sozialeinrichtungen** in diesem Sinne: Pensions- und Unterstützungskassen, Werksküchen, Kantinen (auch Cafeteria), Betriebskindergärten und Kindertagesstätten, Sportplätze, Erholungsheime, Büchereien, Kasse für Gewährung von zinsgünstigen Darlehen.[58] 52

Keine Sozialeinrichtung: Betriebszeitungen, verbilligter Warenbezug, Essensgeldzuschüsse, Abschluss günstiger Versicherungen. Soweit **Kostenzuschüsse** zu Kosten von **Essenmarken** gezahlt werden, hat die MAV kein Zustimmungsrecht, wenn der Dienstgeber ausschließlich die Höhe seines Zuschusses verringert.[59] Nach der Rechtsprechung des Bundesarbeitsgerichts liegt insoweit der Mitbestimmungstatbestand der Änderung von Entlohnungsgrundsätze i. S. v. § 87 Abs. 1 Nr. 10 BetrVG vor,[60] ein Mitbestimmungstatbestand, den die MAVO nicht vorsieht. 53

Mitarbeiter können in diesem Zusammenhang nicht verpflichtet werden, die Kosten für das Kantinenessen auch dann zu tragen, wenn sie es nicht in Anspruch nehmen.[61]

Unter den Begriff »Sozialeinrichtung« fällt auch nicht die Gewährung eines **freien** halben **Tages** anlässlich des Geburtstages[62] oder Namenstages. 54

Das Mitbestimmungsrecht der MAV – auch in Form eines Initiativrechtes nach § 37 Abs. 1 Nr. 4, (§ 37 Rn 1) – besteht für die Errichtung, Verwaltung und Auflösung dieser sozialen Einrichtung. 55

Errichtung, die nach § 37 Abs. 3 (§ 37 Rn 16 f.) über die Einigungsstelle erreicht werden könnte, bedeutet den Errichtungsakt. Welche Rechtsform für die Sozialeinrichtung gewählt wird, unterliegt der Zustimmung der MAV. 56

Die MAV kann **nicht Träger** von Sozialeinrichtungen sein, auch nicht einer Kantine, weil sie weder rechts- noch vermögensfähig ist.[63] Die MAV kann allenfalls im Rahmen der ihr gesetzlich zugewiesenen Aufgaben berechtigt und verpflichtet werden, nicht aber als Rechtssubjekt außerhalb ihres gesetzlichen Wirkungskreises. Dazu gehört im Rahmen des § 36 Abs. 1 Nr. 4 **nicht** der selbständige Betrieb einer Kantine durch die MAV mit allen Risiken. 57

Eine **bestimmte Dotierung** der errichteten sozialen Einrichtung kann im Wege des Zustimmungs- oder Antragsverfahrens nach § 37 nicht erzwungen werden. Der Dienstgeber ist bei der Entscheidung über Umfang und Zweck der für soziale Einrichtungen und ihre Leistungen zur Verfügung gestellten finanziellen Mittel frei.[64] Daran scheitert auch ein für die MAV günstiger Beschluss im Einigungsstellenverfahren nach §§ 46, 47 (siehe § 47 Rn 12 ff.). § 47 Abs. 3 S. 3 beschränkt nämlich die 58

---

56 Klare Definition des Begriffes: *BVerwG*, 16. 9. 1977 – VII P 1/75, BVerwGE 54, 323; im Ergebnis ebenso *BAG*, 10. 2. 2009 – 1 ABR 94/07, NZA 2009, 562.
57 *BAG*, 21. 6. 1979 – 3 ABR 3/78, BAGE 32, 39; 11. 7. 2000 – 1 AZR 551/99, BAGE 95, 221.
58 So *BAG*, 9. 12. 1980 – 1 ABR 80/77, EzA § 87 BetrVG 1972 Betriebliche Lohngestaltung Nr. 1.
59 *BAG*, 15. 1. 1987 – 6 AZR 599/84, EzA § 4 TVG Rundfunk Nr. 14; vgl. dazu auch *OVG Nordrhein-Westfalen*, 31. 5. 1988 – CL 11/86, PersV 1991, 37 zur Frage der Erhöhung des Essenspreises in einer Kantine.
60 *BAG*, 11. 12. 2007 – 1 AZR 869/06, juris.
61 *BAG*, 11. 7. 2000 – 1 AZR 551/99, NZA 2001, 462.
62 *Schlichtungsstelle Freiburg*, 9. 10. 1990 – MAVO 1990/5, n. v.
63 *BAG*, 24. 4. 1986 – 6 AZR 607/83, AP Nr. 7 zu § 87 BetrVG 1972 Sozialeinrichtung.
64 *Fitting*, § 87 Rn 350 ff. m. w. N.

Bindung eines entsprechenden Beschlusses darauf, dass der Dienstgeber für die Maßnahme finanzielle Deckung in seinen Haushalts-, Wirtschafts- und Finanzierungsplänen ausgewiesen haben muss. Ein Errichtungsbeschluss der Einigungsstelle geht daher ins Leere, wenn der Dienstgeber nicht **vorher** den notwendigen Dotierungsrahmen zur Verfügung gestellt hat.

59 Die MAV kann aber bei der Errichtung generelle Grundsätze für die **Verwaltung** der Sozialeinrichtung durchsetzen. Sie kann zu erreichen versuchen, dass ein Mitglied der MAV in die Verwaltungsleitung der Sozialeinrichtung entsandt wird. Dabei ist unter **Verwaltung** eine ordnungsgemäße, ordnende oder gestaltende Tätigkeit innerhalb der Sozialeinrichtung zu verstehen. Die MAV wirkt aber auch bei einzelnen Verwaltungsmaßnahmen mit, also beispielsweise bei der Festsetzung von Essenspreisen in der Kantine, bei der Festsetzung der Öffnungszeiten einer Cafeteria zur ausreichend langen Zeit der Inanspruchnahme kostengünstiger Angebote,[65] bei der Aufstellung einer Hausordnung für ein Erholungsheim, eine Entleihordnung für eine Bücherei, Festlegung von Richtlinien für die Gewährung von Darlehen. Haben Dienstgeber und MAV eine allgemein geltende Regelung für die Verwaltung der Sozialeinrichtung geschaffen, entfällt die Mitbestimmung bei jeder Einzelmaßnahme. Die Verwaltungsspitze der Sozialeinrichtung entscheidet dann unter Zuhilfenahme der generell festgelegten Richtlinien die Einzelfälle. Aus dem Wort »Verwaltung« lässt sich aber nicht ableiten, dass die MAV bei Einzelmaßnahmen ihr Mitbestimmungsrecht verliert, wenn keine generelle Regelung mit dem Dienstgeber geschaffen worden ist.

60 Das Mitbestimmungsrecht erstreckt sich auch auf die **Auflösung** der Sozialeinrichtung. Dies ist in § 36 Abs. 1 Nr. 4 ausdrücklich so bestimmt. Die MAV kann damit ihre Auffassung in die Diskussion einbringen, ob die Sozialeinrichtung weiter bestehen soll oder nicht. Gibt sie ihre Zustimmung nicht, entscheidet die Einigungsstelle über die Auflösung der Sozialeinrichtung (§ 45 Abs. 1 Nr. 4). Auch hier gilt allerdings, dass der Spruch der Einigungsstelle nur bindet, wenn der Dienstgeber für die Maßnahme finanzielle Deckung in seinen Haushalts-, Wirtschafts- und Finanzierungsplänen ausweist. In der Sache erweist sich daher das Mitbestimmungsrecht der MAV insoweit nur als ein Recht – bis in die Einigungsstelle hinein – auf die Entscheidungsfindung Einfluss zu nehmen.

5. Inhalt von Personalfragebogen (Nr. 5)

a. Begriff

61 In jeder Einrichtung und Dienststelle eines Dienstgebers ist der Personalfragebogen unentbehrlich für die Personalwirtschaft. Zu den Personalfragebogen i. S. d. Vorschrift gehören:
- der zum Zwecke der Einstellung oder Anstellung verwendete Fragebogen des Dienstgebers zur Person des Bewerbers (auch Bewerberbogen genannt),
- der nach der Einstellung verwendete Ermittlungsbogen zur Feststellung erforderlicher Personaldaten für die Durchführung des Beschäftigungsverhältnisses, so etwa auch aus Mitarbeiterjahresgesprächen gewonnene und notierte Daten (vgl. auch: Personalentwicklungsgespräche, Kirchl. Amtsblatt Osnabrück 2005 Art. 279 S. 298),
- der in Musterarbeitsverträgen befindliche Vorspann mit persönlichen Daten des Mitarbeiters, soweit das Vertragsformular nicht Bestandteil einer Arbeitsvertragsordnung (vgl. etwa Anlage 2 zur KAVO) ist,
- die formularmäßig zusammengefasste Zusammenstellung von Fragen (Checklisten), die der Dienstgeber mündlich durch seinen Personalbeauftragten nacheinander stellen und die Antworten des Bewerbers/Mitarbeiters jeweils selbst vermerken lässt,[66]
- die Eingaben von Personalangaben über ein Datensichtgerät zur Datenverarbeitung in einem Datenträger.[67]

---

[65] *Schlichtungsstelle Limburg*, 11. 11. 1999 – 25/97.
[66] *Fitting*, § 94 Rn 8.
[67] *Richardi/Thüsing*, BetrVG § 94 Rn 6.

Der Personalfragebogen ist also die **formularmäßige Zusammenfassung von Fragen über die per-** 62
sönlichen Verhältnisse, Eignung, Kenntnisse und Fähigkeiten (Qualifikation) einer Person[68]
nach einem vom Dienstgeber bestimmten und festgelegten Schema, um über sie als Mitarbeiter informiert zu werden.[69] Dabei spielt es keine Rolle, ob den Fragenkatalog eine Aufsichtsbehörde der kirchlichen Einrichtung oder eine Prüfungsbehörde zur Prüfung der Haushalts- und Wirtschaftsführung der Einrichtung zuleitet, um sie von den Mitarbeitern ausfüllen zu lassen.[70]

Dem Mitbestimmungsrecht der MAV unterliegt der solchermaßen standardisierte Fragenkatalog 63
(**Checkliste**) gleichgültig, ob er zur Einstellung oder Anstellung oder von Mitarbeitern der Einrichtung wegen Änderungen in den persönlichen Verhältnissen oder aus anderen Gründen ausgefüllt werden soll. Das Mitbestimmungsrecht der MAV erstreckt sich also auch auf einzuführende oder zu verändernde Fragebogen zur Verwendung bei Mitarbeiterjahresgesprächen bzw. Personalentwicklungsgesprächen, in denen der Beschäftigte Angaben über sich und seine Arbeitsleistung und etwa erforderliche Fortbildung machen soll, ob er sich unter- oder überfordert fühlt.[71] In diesen Zusammenhang gehören auch Zielvereinbarungsgespräche, weil bei ihnen im Regelfall auf die Person des Mitarbeiters bezogene Angaben verlangt werden, die zuvor genannt sind. Damit sind die Voraussetzungen für einen Personalfragebogen i. S. d. Mitbestimmungstatbestandes erfüllt, der nach allgemeiner Auffassung jedes standardisierte Mittel zur Erhebung von Mitarbeiterdaten erfasst.[72] Dazu gehören auch formalisierte Krankengespräche.[73] Dasselbe gilt dann, wenn ein Katalog von Kontrollfragen Verwendung findet, mit dessen Hilfe der Umfang der Zielvereinbarung überprüft werden soll. Das **Assessment-Center-Verfahren** als Personalauswahl- und Beurteilungsinstrument unterliegt ebenfalls der Mitbestimmung der MAV.

b. Zulässiger Inhalt von Personalfragebogen

Das Betriebsverfassungsgesetz, die Personalvertretungsgesetze des Bundes und der Länder sowie die 64
MAVO enthalten keinen Hinweis auf zulässige Fragen. Es handelt sich um ein Problem, das nach individualrechtlichen Grundsätzen zu beurteilen ist.[74] Bei der Entscheidung über die Zulässigkeit einer Frage ist einerseits das schutzwürdige Interesse des Mitarbeiters an seiner Individual- und Intimsphäre, andererseits das berechtigte Auskunftsbedürfnis des Dienstgebers hinsichtlich solcher Umstände zu berücksichtigen, die für die Tätigkeit der befragten Person in der Einrichtung von Bedeutung sind. Fragen folgenden Inhalts sind vor der Einstellung uneingeschränkt zulässig: Name, Vorname, Personenstand, Wohnort, Schulbildung, Berufsausbildung, Zeugnisse, bestandene Prüfungen, Staatsangehörigkeit, beruflicher Werdegang, letzte Arbeitsstelle, Konkurrentenklausel im letzten Arbeitsverhältnis, Religionszugehörigkeit (vgl. § 34 Rn 1 ff.).[75] Einschränkungen hierzu ergeben sich insbesondere nicht aus den Bestimmungen des AGG. Die Frage nach der Religionszugehörigkeit erlaubt sich für den Kirchlichen Arbeitgeber nach § 9 AGG.[76]

Die Zulässigkeit der Frage nach der **Mitgliedschaft in einer Kirche** oder kirchlichen Gemeinschaft 65
und dem **Austritt aus der Kirche** ergibt sich aus dem kirchlichen Selbstbestimmungsrecht[77] (Art. 3 Abs. 4 GrO). In Bezug auf die Beachtung der Menschenrechtskonvention wird auf § 26 Rn 23 und § 34 Rn 1 verwiesen. Gefragt werden darf nach der Zugehörigkeit zur Scientologykirche.[78]

---

68 *BAG*, 21. 9. 1993 – 1 ABR 28/93, NZA 1994 S. 375.
69 *BVerwG*, 26. 3. 1985 – 6 P 31/82, ZBR 1985 S. 174.
70 *BVerwG*, 2. 8. 1989 – 6 P S. 88, ZBR 1990 S. 52 = PersV 1990 S. 170.
71 *LAG Köln*, 21. 4. 1997 – 3 TaBV 79/96, NZA-RR 1997, 481.
72 ErfK/*Kania*, § 94 Rn 2; *Fitting*, § 94 Rn 8 m. w. N.
73 ErfK/*Kania*, § 94 Rn 2; *Fitting*, § 94 Rn 8.
74 *Etzel*, NJW 1987, 2054, 2057.
75 *Richardi*, Arbeitsrecht in der Kirche, § 6 Rn 9 f.
76 *Schleusener/Suckow/Vogt*, AGG § 3 Rn 35.
77 *BVerfG*, 4. 6. 1985 – 2 BvR 1703/83, 2 BvR 1718/83, 2 BvR 856/84, BVerfGE 70, 138.
78 *LAG Berlin*, 11. 6. 1997 – 13 Sa 19/97, DB 1997, 2542.

Daraus folgt dann auch das Recht zu Fragen mit Blick auf die Bereitschaft und Fähigkeit zur Einhaltung von **Loyalitätsobliegenheiten** (vgl. Art. 3 und 4 GrO), die für das eventuelle spätere Arbeitsverhältnis verbindlich gemacht werden dürfen[79] (Art. 3 GrO). Dazu gehören aber auch Fragen zu Ehe, Familie, eingetragener Lebenspartnerschaft des Bewerbers oder Mitarbeiters.[80] Diese Berechtigung ist auch durch § 9 AGG abgesichert.

66 Ansonsten gilt als Grundsatz, dass nach Auffassung des *BAG* auf unzulässige Fragen wahrheitswidrig geantwortet werden darf.[81] Zulässige Fragen sind demgegenüber wahrheitsgemäß zu beantworten.[82] Die wahrheitswidrige Beantwortung einer zulässigerweise gestellten Frage rechtfertigt die Anfechtung eines – auch bereits in Vollzug befindlichen – Arbeitsvertrages wegen arglistiger Täuschung durch den Dienstgeber nach § 123 BGB. Die Anfechtung wirkt auflösend mit ihrem Zugang beim Mitarbeiter (ex nunc Wirkung).[83]

Davon wird in der Rechtsprechung des *BAG* nur dann eine Ausnahme gemacht, wenn das Arbeitsverhältnis – aus welchen Gründen auch immer – zwischenzeitlich wieder außer Funktion gesetzt worden ist; dann soll die Anfechtung auf den Zeitpunkt der Außerfunktionssetzung des Arbeitsvertrages zurückwirken.[84] Für eine Anfechtung greift anders als bei einer Kündigung nicht der Schutz des Kündigungsschutzgesetzes.

c. Besondere Fragen

67 Das Fragerecht des Dienstgebers gegenüber Bewerber setzt eine Interessenabwägung voraus. Fragen sind grundsätzlich, da sie in das Persönlichkeitsrecht des Bewerbers eingreifen, nur als zulässig zu erachten, wenn ein vorrangiges Interesse des Dienstgebers anzunehmen ist.[85]

Ein solches berechtigtes Interesse ist nur dann gegeben, wenn das Interesse des Arbeitgebers so gewichtig ist, dass dahinter das Interesse des Arbeitnehmers, seine persönlichen Lebensumstände zum Schutz seines Persönlichkeitsrechts und zur Sicherung der Unverletzlichkeit seiner Individualsphäre geheim zu halten, zurückzutreten hat.[86]

Interviews und **psychologische Tests** sind in den gesetzlichen Bestimmungen der Betriebsvertretung nicht berücksichtigt, obwohl sie vielfach an die Stelle einfacher Fragebogen treten. Deshalb ist das Interview ein vorgelesener Fragebogen, der Test ein nichtverbaler Fragebogen.[87] **Ärztliche Fragebogen** für Einstellungsuntersuchungen sind von den Personalfragebogen zu unterscheiden, weil die Formulierung dieser Fragebogen vom Weisungsrecht unabhängig ist und die darauf enthaltenen Antworten der ärztlichen Schweigepflicht unterliegen. Die Information ist auf die Auskunft über Geeignetheit oder Ungeeignetheit für den Arbeitsplatz beschränkt.[88] Insbesondere sind ärztliche Einstellungsuntersuchungen zulässig. Der Bewerber ist allerdings nicht verpflichtet, an einer Einstellungs-

---

79 *BVerfG*, 4. 6. 1985 – 2 BvR 1703/83, 2 BvR 1718/83, 2 BvR 856/84, BVerfGE 70, 138.
80 Vgl. Richtlinien über persönliche Anforderungen an Diakone und Laien im pastoralen Dienst im Hinblick auf Ehe und Familie, in: Amtsblatt des Erzbistums Köln 1995 Nr. 297 S. 331; Authentische Interpretation des Bischofs von Limburg zur Grundordnung des kirchlichen Dienstes im Rahmen kirchlicher Arbeitsverhältnisse, Amtsblatt des Bistums Limburg 2002 Nr. 92 S. 71 aus Anlass der diesbezüglichen Erklärung des Ständigen Rates der Deutschen Bischofskonferenz vom 24. 6. 2002 in Würzburg; *Richardi*, Kirche und Arbeitsrecht, in: ZevKR 32. Bd. (1987) S. 628 ff.; *ders.*, Arbeitsrecht in der Kirche, § 6 Rn 4 ff.; Rn 20 ff.
81 *BAG*, 15. 10. 1992 – 2 AZR 227/92, AR-Blattei ES 1220 Mutterschutz Nr. 98 m. Anm. *Buchner*.
82 *BAG*, 2. 12. 1999 – 2 AZR 724/98, DB 2000, 1092.
83 *BAG*, 3. 12. 1998 – 2 AZR 754/97, NZA 1999, 584.
84 So schon *BAG*, 16. 9. 1982 – 2 AZR 228/80, BAGE 41, 54; 3. 12. 1998 – 2 AZR 754/97, NZA 1999, 584.
85 *BAG*, 11. 11. 1993 – 2 AZR 467/93, NZA 1994, 407.
86 *BAG*, 7. 6. 1984 – 2 AZR 270/83, AP Nr. 26 zu § 123 BGB.
87 *Hanau*, BB 1972, 451, 453.
88 *Fitting*, § 94 Rn 25 m. w. N.

untersuchung teilzunehmen, wobei er zwangsläufig damit das Risiko in Kauf nimmt, nicht eingestellt zu werden.

Dasselbe gilt auch für psychologische Testverfahren, die nur von Fachpsychologen durchgeführt werden dürfen und die wie Ärzte der Schweigepflicht unterliegen und nur das wertende Ergebnis der Begutachtung dem Dienstgeber mitteilen dürfen.[89] 68

In vielen Fällen werden Bewerber um Angabe von **Referenzen**, also zur Abgabe von Auskünften Dritter zu ihrer Eignung gebeten. Es liegt an den Bewerbern, derartige Auskünfte zu ermöglichen. 69

Nach **Vorstrafen** darf gezielt nur gefragt werden, soweit sie für das Arbeitsverhältnis objektiv von Bedeutung sein können,[90] etwa bei Kassieren, Kraftfahrern, Jugendbetreuern, wenn es um einschlägige Delikte geht, wie Vermögensdelikt, Verkehrsstraftat, Sittlichkeitsdelikt usw.[91] Der Bewerber darf sich als unbestraft bezeichnen (§ 51 BZRG), wenn arbeitsplatzbezogene Vorstrafen im Register nicht mehr (5 Jahre nach Verurteilung) eingetragen oder in das Führungszeugnis nicht aufzunehmen sind.[92] Unter sehr engen Voraussetzungen darf auch nach einem eingeleiteten Ermittlungsverfahren in einer Strafsache gefragt werden, wenn dies mit Rücksicht auf die Art des zu besetzenden Arbeitsplatzes erforderlich ist.[93] 70

Umstritten ist, ob die Frage danach, ob **Lohn- oder Gehaltspfändungen** vorliegen, zulässig ist. Soweit dies bejaht wird, wird angeführt, dass vorliegende Lohn- oder Gehaltspfändungen für den Arbeitgeber mit beträchtlichem Verwaltungsaufwand und haftungsrechtlichen Risiken verbunden sind. Dies ausreichen zu lassen erscheint bedenklich, zumal dadurch der Kreislauf »mit Schulden keine Arbeit ohne Arbeit keine Möglichkeit für den Abbau von Schulden« nur perpetuiert wird. Daher sollte die Fragestellung erst nach einer Einstellung/Anstellung als zulässig erachtet werden.[94] 71

Die Frage nach dem **Gesundheitszustand** ist ausnahmsweise zulässig, sofern er für den vorgesehenen Arbeitsplatz und die dort zu leistende Arbeit von Bedeutung ist. Dasselbe gilt für die Frage nach schweren oder chronischen Krankheiten in jüngster Zeit, wenn diese Krankheiten noch Einfluss auf die Erfüllung der Arbeitspflicht haben können.[95] 72

Bei der Thematik AIDS ist zwischen Infizierung und Erkrankung zu unterscheiden. Die Frage nach einer AIDS-Infektion dürfte generell unzulässig sein; sie wird ausnahmsweise für zulässig erachtet, soweit – wie bei Heil- und Pflegeberufen – die Gefahr einer Ansteckung Dritter bestehen könnte.[96]

Bei einer AIDS-Erkrankung kann sich die Verpflichtung zur Beantwortung der Frage ergeben, soweit das Krankheitsbild des Bewerbers nach dem Informationsstand des Bewerbers über dessen behandelnde Ärzte eine erhebliche Einschränkung für die in Aussicht genommene Tätigkeit erkennen lassen.[97]

Nunmehr untersagt § 19 Nr. 2 des Gesetzes über genetische Untersuchungen bei Menschen, Gendiagnostikgesetz (GenDG)[98] ausdrücklich jedes Ermitteln der genetischen Veranlagung eines Bewerbers. Der Dienstgeber darf danach von Beschäftigten weder vor noch nach Begründung des Beschäftigungsverhältnisses die Vornahme genetischer Untersuchungen oder Analysen verlangen oder die Mitteilung von Ergebnissen bereits vorgenommener genetischer Untersuchungen oder Analysen verlangen, solche Ergebnisse entgegennehmen oder verwenden.

---

89 *Scholz*, NJW 1981, 1987; *Fitting* § 94 Rn 25.
90 *BAG*, 20. 5. 1999 – 2 AZR 320/98, EzA § 123 BGB Nr. 52.
91 *Fitting*, § 94 Rn 19.
92 *LAG Berlin*, 22. 3. 1996 – 6 Sa 15/96, DB 1997, 101.
93 *BAG*, 20. 5. 1999 – 2 AZR 320/98, EzA § 123 BGB Nr. 52.
94 *Richardi/Thüsing*, BetrVG § 94 Rn 22; *Raab*, GK-BetrVG § 94 Rn 32; *Fitting* § 94 Rn 24.
95 *Fitting*, § 94 Rn 25.
96 *Richardi/Thüsing*, BetrVG § 94 Rn 17.
97 Zum Meinungsstand *Fitting* § 94 Rn 25a.
98 BGBl. I 2009 S. 2529.

73 Die **Schwerbehinderteneigenschaft** oder die Gleichstellung kann Bedeutung für die Einstellungspflichtquote des Arbeitgebers in Betrieben mit ab 1. 1. 2001 zwanzig und mehr Arbeitnehmern (§ 71 SGB IX) haben. Das *BAG* hat Fragen danach für zulässig erachtet.[99] Diese Rechtsprechung dürfte sich angesichts der Richtlinie 2000/78/EG[100] und nach Inkrafttreten des Benachteiligungsverbots in § 81 Abs. 2 SGB IX überholt haben.

Die Frage nach körperlichen Beeinträchtigungen, die sich gerade auch aus einer Schwerbehinderung ergeben können, dürfte sich nur noch insoweit gestatten, als es um eine bestehende Beeinträchtigung, die für die vorgesehene auszuübende Tätigkeit ein offenkundiges Hindernis darstellt, geht.[101] Damit bezieht sich die Fragestellung im Ergebnis auf Fälle, in denen den Bewerber bereits eine Offenbarungspflicht (Rn 74) treffen dürfte.

Die tätigkeitneutrale Frage nach einer anerkannten Schwerbehinderung oder Gleichstellung ist daher als unzulässig anzusehen. Sie stellt eine sachlich nicht gerechtfertigte Benachteiligung schwerbehinderter Menschen dar.[102]

74 Über das Fragerecht des Dienstgebers hinaus kann eine Offenbarungspflicht für den Bewerber bestehen, die diesen ungefragt zur Offenlegung verpflichten. Es geht dabei um Fallkonstellationen, in denen der Bewerber Anlass hat, annehmen zu müssen, dass in seiner Person eine Beeinträchtigung vorliegt, die ihn zumindest mit hoher Wahrscheinlichkeit hindert, die vorgesehene arbeitsvertragliche Aufgabe dauerhaft wahrzunehmen.

Eine Offenbarungspflicht des Bewerbers besteht beispielsweise vor Antritt einer verhängten Freiheitsstrafe[103] oder bei Einstellung eines Berufskraftfahrers dem aktuell die Fahrerlaubnis entzogen ist. Die Schwangerschaft ist nicht offenzulegen (Rn 75). Die schwangere Bewerberin ist nicht auf Dauer gehindert die vertraglich vorgesehene Tätigkeit wahrzunehmen. Zeitlich befristete Beschäftigungsverbote sind insoweit nicht von Bedeutung.

d. Unzulässige Fragen

75 Die Frage nach bestehender **Schwangerschaft** ist nicht zulässig,[104] selbst wenn die vorgesehene Tätigkeit im Falle der Schwangerschaft gar nicht ausgeübt werden darf. Es geht nach der Rechtsprechung um die Vermeidung einer unzulässigen Benachteiligung wegen des Geschlechts; die Frage verstößt gegen das Diskriminierungsverbot nach dem AGG, gleichgültig, ob sich nur Frauen oder Frauen und Männer um den Arbeitsplatz bewerben.[105] Ein Verstoß gegen das Diskriminierungsverbot liegt nach Ansicht des *EuGH*[106] bei Ablehnung des Abschlusses eines unbefristeten Arbeitsvertrages mit einer schwangeren Mitarbeiterin vor, der während einer Schwangerschaft wegen eines Beschäftigungsverbotes nicht erfüllt werden kann. Art. 2 Abs. 1 und 3 der Richtlinie 76/207/EG zur Verwirklichung des Grundsatzes der Gleichbehandlung von Männern und Frauen verbietet es, eine Schwangere deshalb nicht auf eine unbefristete Stelle einzustellen, weil sie für die Dauer der Schwangerschaft, wegen eines aus ihrem Zustand folgenden gesetzlichen Beschäftigungsverbots, auf dieser Stelle von Anfang an nicht beschäftigt werden darf.[107]

Steht die Schwangere im Arbeitsverhältnis, soll sie dem Dienstgeber über ihre Schwangerschaft gemäß § 5 MuSchG Mitteilung machen, damit der Dienstgeber in der Lage ist, die Bestimmungen des Mutterschutzes einzuhalten.

---

99 *BAG*, 11. 11. 1993 – 2 AZR 467/93, NZA 1994, 407.
100 ABl. Nr. L 303/16.
101 *Fitting*, § 94 Rn 24 m. w. N.
102 *Hess. LAG*, 24. 3. 2010 – 6/7 Sa 1373/09, juris, Revision anhängig *BAG* – 2 AZR 396/10.
103 *LAG Frankfurt/Main*, 7. 8. 1986 – 12 Sa 361/86, NZA 1987, 352.
104 *BAG*, 15. 10. 1992 – 2 AZR 227/92, AP Nr. 8 zu § 611a BGB.
105 *EuGH*, 4. 10. 2001 – C-109/00, DB 2001, 2451 m. Anm. *Thüsing/Lambrich*, BB 2002, 1146 ff.
106 *EuGH*, 3. 2. 2000 – C 207/98, DB 2000, 380.
107 *EuGH*, 3. 2. 2000 – C 207/98, DB 2000, 380.

Unzulässig sind Fragen nach **Partei- und Gewerkschaftszugehörigkeit**, u. a. weil der Dienstgeber 76
nicht tarifgebunden ist (Art. 7 Abs. 2 GrO). Politische Aktivitäten fallen in den privaten Bereich, soweit sie nicht gegen Loyalitätsobliegenheiten gerichtet sind (Art. 4 Abs. 4 GrO).[108]

Allgemeine **Intelligenztests**, die Erstellung von Persönlichkeitsprofilen, Stressinterviews sowie Ge- 77
nomanalysen sind generell unzulässig.[109] Psychologische Tests müssen sich auf solche Eigenschaften
beschränken, die für die in Aussicht genommene Tätigkeit von Bedeutung sind.[110]

Seit dem 1. 2. 2010 untersagt § 19 Abs. 2 GenDG ausdrücklich jedes Ermitteln der genetischen Veranlagung eines Bewerbers (Rn 72).

Fragen nach der früheren Vergütung (Vergütungsgruppe) sind nur zulässig, wenn dies entweder für 78
das neue Arbeitsverhältnis mit Rücksicht auf die hier vorzunehmende Eingruppierung von Bedeutung ist oder ansonsten für die angestrebte Tätigkeit aussagekräftig ist.[111]

e. Datenschutz

Die Erhebung der Personaldaten durch Ausfüllen des Personalbogens und andere Methoden fällt 79
unter den Datenschutz ebenso wie Speicherung und Datenverarbeitung. Es dürfen keine Daten erhoben werden, die für die Erfüllung der Aufgaben der erhebenden Stelle nicht erforderlich sind (§ 9
Abs. 1 KDO). Die Erhebung der Daten ist beim Betroffenen durchzuführen (§ 9 Abs. 2.1 KDO).[112]

f. Mitbestimmung

Die MAV hat kein Recht, die Einführung und Verwendung von Personalbogen zu beantragen oder zu 80
verhindern. Ihr Mitbestimmungsrecht ist auf die Zustimmung zu den Inhalten des Fragebogens beschränkt, was die Einführung von Personalbogen voraussetzt. Die MAV kann aber gemäß § 37 Abs. 1
Nr. 5 Initiativen zur inhaltlichen Gestaltung ergreifen, also auch zu Änderungen aktiv werden. Personalfragebogen, die ausschließlich für **Mitarbeiter und Mitarbeiterinnen in leitender Stellung**
i. S. d. § 3 Abs. 2 bestimmt sind, unterliegen dem Mitbestimmungsrecht der MAV nicht, weil dieser
Personenkreis aus dem Mitarbeiterbegriff i. S. d. § 3 Abs. 1 S. 1 ausgeklammert ist. Das Mitbestimmungsrecht der MAV hat den Sinn, unzulässige Fragen zu verhindern und zulässige Fragen zu fördern
(siehe zu § 37 Rn 18 f.).

Die Zustimmung der MAV zu Fragen im Personalfragebogen begründet ihre Zulässigkeit nur im Rah- 81
men der generellen Grenzen des Fragerechts des Dienstgebers. Das Mitbestimmungsrecht der MAV
dient vornehmlich dem **Schutz der Persönlichkeitssphäre der Mitarbeiterinnen und Mitarbeiter**.[113]

Die MAV kann die Zustimmung zur Anwendung von bestimmten Testtypen und einzelnen Tests 82
verweigern, wenn diese nicht der Ermittlung arbeitsplatzrelevanter Eigenschaften und Fähigkeiten
der Testperson dienen oder massiv deren verfassungsrechtlich geschützte Privatsphäre verletzen.
Das Mitbestimmungsrecht bezieht sich auch auf den **Verwendungszweck** der mittels Fragebogen ermittelten Angaben.[114] Für die Anwendung der Vorschrift des § 36 Abs. 1 Nr. 5 ist es unerheblich, ob
vorformulierte Fragen in Worten ausgedrückt oder in Testform gestellt werden.[115]

Die Erhebung von Personaldaten ist unzulässig, wenn der Dienstgeber Mitbestimmungsrechte der 83
MAV übergeht (siehe auch § 36 Abs. 1 Nr. 9). Denn die Beachtung von Beteiligungsrechten der
MAV ist Wirksamkeits- und Rechtmäßigkeitsvoraussetzung der einzelnen Datenerhebungs- und Da-

---

108 *BAG*, 28. 3. 2000 – 1 ABR 16/99, NZA 2000, 1294.
109 Vgl. *Wiese*, BB 2005, 2073.
110 ErfK/*Wank*, § 28 BDSG Rn 7.
111 *BAG*, 19. 5. 1983 – 2 AZR 171/81, DB 1984, 298.
112 *Fachet*, Datenschutz in der katholischen Kirche, 3.1 – KDO § 9 Rn 2.4.
113 *BAG*, 21. 9. 1993 – 1 ABR 28/93, NZA 1994, 375.
114 *Jedzig*, DB 1996, 1337, 1340 unter Hinweis auf *BAG*, 21. 9. 1993 – 1 ABR 28/93, NZA 1994, 375 ff.
115 *Hanau*, BB 1972, 453.

tenverarbeitungsmaßnahme. Allerdings ist auch die überdehnte – auch mit Billigung der MAV erfolgte – in die Intimsphäre tief eindringende Datenerhebung unzulässig.

84 Das Zustimmungsverfahren ist gemäß § 33 durchzuführen. Will die MAV einen Antrag zu Inhalten des Fragebogens einbringen, also Ergänzungen, Änderungen, Streichungen vornehmen lassen, hat sie dieses Recht gemäß § 37 Abs. 1 Nr. 5 i. V. m. Abs. 3. Kommt keine Einigung über den Inhalt des Personalfragebogens zustande, entscheidet auf Antrag eines der Beteiligten, der mit seinen Vorstellungen nicht durchgedrungen ist, die **Einigungsstelle** (§ 37 Abs. 3 S. 3, § 45 Abs. 1 Nr. 5), deren Entscheidung die fehlende Einigung zwischen Dienstgeber und MAV ersetzt (§ 47 Abs. 3 S. 1). Hierbei kann es um Regelungs- und Rechtsfragen gehen.

g. Beurteilungen

85 Nicht zu den Personalfragebogen gehören schriftliche Beurteilungen der Mitarbeiter etwa zu Arbeitseinsatz, Sorgfalt und Qualität der Arbeitsleistung, Zusammenarbeit mit Vorgesetzten und Mitarbeitern durch den Dienstgeber. Durch die MAVO ist eine sachliche Abgrenzung erfolgt. Die Mitbestimmung bei der Aufstellung von Beurteilungsrichtlinien ist in § 36 Abs. 1 Nr. 6 geregelt, die Erhebung von Daten über Verhalten und Leistung des Mitarbeiters hat ihren Mitbestimmungstatbestand in § 36 Abs. 1 Nr. 9. Die gewonnenen Informationen dienen der Personalplanung und Personalwirtschaft.

6. Aufstellung von Beurteilungsrichtlinien (Nr. 6)

86 Beurteilungsrichtlinien sind allgemeine Grundsätze, nach denen der Dienstgeber die Beurteilung seiner Mitarbeiter in persönlicher und fachlicher Hinsicht vornimmt. Sie beziehen sich sowohl auf die **materiellen Grundsätze der Beurteilung** (Beurteilung des Arbeitseinsatzes, der Sorgfalt, der Qualität der Arbeitsleistung, Zusammenarbeit mit Vorgesetzten und Mitarbeitern, persönliche Eignung für die berufliche Entwicklungsmöglichkeit in der Einrichtung), aber auch das Verfahren der Beurteilung (wer beurteilt, welche Methode wird angewandt, wie wird die Beurteilung dem Mitarbeiter zur Kenntnis gebracht, welche Einspruchsmöglichkeiten hat er, wie sind die zeitlichen Abstände der Beurteilung.[116] Erreicht werden soll ein einheitliches Vorgehen bei der Beurteilung und Bewertung nach einheitlichen Maßstäben mit dem Ziel, eine Vergleichbarkeit von Beurteilungsergebnissen zu schaffen.[117] Lässt der Dienstgeber ohne Kenntnis der Arbeitnehmer durch ein Fremdunternehmen Tests zur Überprüfung der Beratungs- oder Betreuungsqualität einer Einrichtung durchführen, ohne dass der Dienstgeber die Ergebnisse einzelnen Mitarbeitern zuordnen kann, so hat die MAV bei dieser Beauftragung des Fremdunternehmens kein Mitbestimmungsrecht nach § 36 Abs. 1 Nr. 6.[118]

In diesen Zusammenhang gehören auch Teilnahme der Mitarbeiter an beruflichen Fort- und Weiterbildungsveranstaltungen und ihre Durchführung, wozu eigenständige Beteiligungsrechte der MAV gemäß § 29 Abs. 1 Nr. 5 und 6 bestehen. Zu beachten ist auch das Vorschlagsrecht der MAV nach § 32 Abs. 1 Nr. 4.

Treffen die Arbeitsvertragsparteien eine **Zielvereinbarung**, wird das Verhalten des Mitarbeiters während der vorgesehenen Periode an der Vereinbarung gemessen und mit dem Mitarbeiter im **Mitarbeitergespräch** erörtert. Die ergehende Feststellung zum Umfang der Zielerreichung ist eine Beurteilung, die einen wesentlichen Aspekt des Mitarbeiterverhaltens zum Gegenstand hat.[119] Die Zielvereinbarung selbst ist kein allgemeiner Beurteilungsgrundsatz. Aber er besteht darin, dass überhaupt von dem Instrument der Zielvereinbarung Gebrauch gemacht wird. Die Mitbestimmung der MAV bezieht sich dabei auf die Beurteilungsmerkmale. Diese bestehen dann, wenn bestimmte Ziele

---

116 Für **Lehrer** vgl. Amtsblatt des Erzbistums Köln 2005 Nr. 212 S. 244.
117 *BAG*, 18. 4. 2000 – 1 ABR 22/99, NZA 2000, 1176.
118 *BAG*, 18. 4. 2000 – 1 ABR 22/99, NZA 2000, 1176.
119 Vgl. Mitarbeitergespräche, Amtsblatt für die Diözese Rottenburg-Stuttgart 2005 S. 221 ff.

abstrakt formuliert werden, die für den Mitarbeiter maßgebend sind. Einbezogen ist auch das Verfahren, in dem die Zielerreichung festgestellt wird und wenn vereinbart ist, dass bei Meinungsverschiedenheiten über die Zielerreichung ein Ausschuss entscheiden soll, in den die MAV und der Dienstgeber gleich viele Vertreter entsenden. Für das Mitbestimmungsrecht der MAV kommt es also darauf an, ob der Dienstgeber überhaupt Beurteilungsgrundsätze anwendet.[120] Praktische Bedeutung gewinnen Beurteilungsrichtlinien für die Ermittlung des arbeitsvertraglichen bzw. tarifvertraglichen Anspruchs auf Leistungsentgelte (vgl. § 18 TVöD) und leistungsbezogenen Stufenaufstieg in der Entgeltgruppe (vgl. § 17 TVöD).

Beteiligungsfähig ist nur die Aufstellung allgemeiner Grundsätze für die Beurteilung, nicht die Anwendung der Beurteilungsgrundsätze im konkreten Fall auf einen einzelnen Mitarbeiter.[121] Allerdings unterliegt § 36 Abs. 1 Nr. 6 auch die Festsetzung von generellen Beurteilungsdurchschnittswerten in diesen Beurteilungsrichtlinien.[122] Die Erstellung von **Beurteilungsrichtlinien** unterliegt der Anhörung und Mitberatung durch die MAV, wenn die betroffenen Mitarbeiter als **Gemeinde- und Pastoralreferenten** beschäftigt werden. Auch nach den Rahmenstatuten der Deutschen Bischofskonferenz für Gemeinde- und Pastoralreferenten sind diese Personen Mitarbeiter i. S. d. § 3 Abs. 1 S. 1 MAVO. Dieses Recht auf Anhörung und Mitberatung steht einer bestehenden eigenen MAV für Gemeinde- und Pastoralreferenten zu (vgl. § 23). 87

7. Richtlinien für die Gewährung von Unterstützungen, Vorschüssen, Darlehen und entsprechenden sozialen Zuwendungen (Nr. 7)

Die in Nr. 7 genannten Leistungen an Mitarbeiter werden ohne eine rechtliche Verpflichtung des Dienstgebers **aus sozialen Gründen** oder zur Erleichterung einer individuellen Notlage gewährt. Ein Rechtsanspruch darauf besteht nicht. Die MAV wird also an Ermessensentscheidungen des Dienstgebers beteiligt, denen sie ihre Zustimmung geben muss. Nicht erfasst werden Leistungen des Dienstgebers, zu denen er rechtlich verpflichtet ist (z. B. Beihilfen jeder Art; KAVO Anlage 10 zu § 33, AVR-Caritas Anlage 11). Positiv geht es um: 88

Unterstützungen = Zuwendungen des Dienstgebers zur Vermeidung/Erleichterung einer individuellen Notlage des Mitarbeiters. 89

Vorschüsse = Gewährung einer Geldleistung im Vorgriff auf das Arbeitsentgelt, um Ausgaben, die durch besondere Umstände (Heirat, Umzug, Todesfall usw.) entstanden sind, abzudecken, weil sie der Mitarbeiter aus seinen laufenden Einkünften nicht bestreiten kann.

Darlehen = Geldleistungen für einen genau bestimmten Zweck unter Vereinbarung der ratenweisen Rückzahlung (mit und ohne Zinsen) (z. B. Familienheimdarlehen). 90

Zuschüsse des Dienstgebers zu **Fahrtkosten zwischen Arbeitsort und Wohnung** fallen nicht unter § 36 Nr. 7. Sie sind keine »entsprechende soziale Zuwendung«. Als soziale Zuwendung sind nur anzusehen die Leistungen des Dienstgebers, die
– durch eine typische Beschränkung auf vorhandene Haushaltsmittel gekennzeichnet sind und
– ausschließlich sozialen Charakter haben.[123] 91

Zuschüsse zu den Fahrtkosten sind Teil der materiellen Arbeitsbedingungen. Sie haben eine vertragliche Grundlage. Daher ist die Gewährung wie die Kürzung oder Entziehung von Fahrtkostenzuschüssen dem materiellen Arbeitsrecht zuzuordnen, also kein Mitbestimmungstatbestand des § 36 Nr. 7. Sie können daher auch nur durch eine vertragliche Vereinbarung oder eine Änderungskündigung gekürzt oder entzogen werden. Diese Maßnahmen des Dienstgebers sind – falls sie durch

---

120 *Däubler*, Zielvereinbarungen als Mitbestimmungsproblem, NZA 2005, 793, 795; *Frey/Pulte*, S. 37 ff.
121 *BVerwG*, 15. 2. 1980 – 6 P 84.78, ZBR 1981, 71 = PersV 1980, 241.
122 *Hess. VGH*, 24. 5. 1989 – 1 UE 1270/84, PersV 1990, 491.
123 *BVerwG*, 12. 7. 1968 – VII P 10/67, ZBR 1968, 284.

eine Änderungskündigung erfolgen (§ 30) – gerichtlich vor den Arbeitsgerichten nach §§ 2, 4 KSchG überprüfbar.[124]

92 Entscheidend für die Einordnung einer der genannten Zuwendungen ist ihr **sozialer Charakter**. Das ist zweifelhaft bei **Anschaffungsdarlehen für Kraftfahrzeuge**, auch wenn es sich um anerkannt privateigene Fahrzeuge i. S. d. Reisekostenbestimmungen handelt.[125] Aus Reisekostenbestimmungen (vgl. § 6 Abs. 3 der Anlage 15 zur KAVO) ergibt sich ein Anspruch des Mitarbeiters auf Gewährung eines Darlehens zur Anschaffung eines privateigenen PKW, wenn der Mitarbeiter mit dem PKW aus dienstlichen Gründen Fahrten zu erledigen hat, um seinen Dienstobliegenheiten gerecht zu werden. Durch die Arbeitsvertragsordnung, welche KODA-Materie ist, wird die MAV wegen der Sperrregelung im Einleitungssatz des § 36 Abs. 1 MAVO insoweit von der Mitbestimmung auch ausgeschlossen.

8. Durchführung der Ausbildung, soweit sie nicht durch Rechtsnormen oder den Ausbildungsvertrag geregelt ist (Nr. 8)

93 Zu unterscheiden ist zwischen betrieblicher Ausbildung einerseits und Rechtsvorschriften sowie Ausbildungsvertrag andererseits. Beruhen Ausbildungsmaßnahmen auf staatlichen oder kirchlichen Rechtsvorschriften oder einem Ausbildungsvertrag, ist das Zustimmungsrecht der MAV nicht gegeben. Eine Berufsausbildung, die in systematischen Ausbildungsverträgen mit Mitarbeitern festgelegt ist (Erstausbildung) oder gesetzlich nach dem BBiG geregelt ist, ist keine Angelegenheit des Mitbestimmungsrechts. Folglich sind Ausbildungsmaßnahmen, die generell für einen bestimmten Kreis von Mitarbeitern und Mitarbeiterinnen über den Bereich des örtlichen Dienstgebers hinaus durchgeführt werden sollen, kein Gegenstand der Mitbestimmung der MAV. Das gilt u. a. für den Beruf der Gemeinde- und Pastoralreferenten bis zur Ablegung der zweiten Dienstprüfung nach Maßgabe des Rahmenstatuts und der Rahmenordnungen der Deutschen Bischofskonferenz und der diözesanen Ordnungen über den Dienst der Gemeinde- und Pastoralreferenten und die zweite Dienstprüfung für diese Personengruppe. Fortbildungsmaßnahmen nach der zweiten Dienstprüfung unterliegen der Mitbestimmung nicht, wenn sie kirchengesetzlich geregelt sind oder die Maßnahme nicht betrieblich durchgeführt wird. Insoweit besteht auch kein Antragsrecht der MAV gemäß § 37 Abs. 1 Nr. 8.

94 Das Zustimmungsrecht ist beschränkt auf Ausbildungsmaßnahmen bei der Einrichtung, für die die MAV gewählt wurde. Damit geht es bei diesem Zustimmungstatbestand um die Vermittlung einer Grundbildung, gezielt für die in der kirchlichen Einrichtung beschäftigten Mitarbeiter. Entschließt sich der Dienstgeber, die bei ihm tätigen Mitarbeiter für ihre besonderen Aufgaben in seiner Einrichtung auszubilden, so bedarf er der Zustimmung der MAV über das angestrebte Ausbildungsziel und die Ausbildungsinhalte. Das Zustimmungsrecht erstreckt sich auch auf Regeln, wie die Ausbildung in der Einrichtung abgewickelt wird, also in welcher Reihenfolge die einzelnen Abteilungen ihre Ausbildung erfahren, wer mit der Ausbildung beauftragt wird, auch wie diese Ausbilder von ihrer beruflichen Tätigkeit freigestellt werden. Zu Vortragsveranstaltungen ist auf § 36 Abs. 1 Nr. 3 (Rn 46) zu verweisen. Die MAV hat mitzubestimmen, wenn der Dienstgeber generell eine gesetzlich verkürzte Ausbildung vorsehen will.[126]

9. Einführung und Anwendung technischer Einrichtungen, die dazu bestimmt sind, das Verhalten oder die Leistung der Mitarbeiter zu überwachen (Nr. 9)

95 Diese Vorschrift dient dem Persönlichkeitsschutz des einzelnen Mitarbeiters gegen anonyme Kontrolleinrichtungen, die in den persönlichen Bereich des Mitarbeiters eingreifen. Das Mitbestimmungsrecht der MAV ist dabei in der Form eines **präventiven Schutzes** (bei der »Einführung«) ausgebaut, um von vornherein der MAV die Möglichkeit und die Macht zu geben, unzulässige Eingriffe

---

124 So im Ergebnis auch *Schlichtungsstelle Limburg*, 10. 12. 1990 – MAVO 11/90, n. v.
125 *Schlichtungsstelle Limburg*, 20. 8. 1990 – MAVO 2/90, n. v.
126 *BAG*, 24. 8. 2004 – 1 ABR 28/03, DB 2005, 781.

in den Persönlichkeitsbereich der Mitarbeiter abzuwehren und zu verhindern. Soweit solche Eingriffe überhaupt rechtlich zulässig sind, sollen sie auf das **unbedingt Notwendige** beschränkt werden.

Vom Mitbestimmungsrecht werden **alle technischen Einrichtungen** erfasst, die geeignet und dazu bestimmt sind, das Verhalten oder/und die Leistung der Mitarbeiter zu überwachen. »**Überwachung**« und »**Kontrolle**« sind nach allgemeinem Sprachgebrauch verwandte Begriffe. Zu den technischen Einrichtungen gehören 96
- Stechuhren zur Messung von Arbeitsbeginn, Arbeitsende und Arbeitsunterbrechungen,
- Elektronische Zeiterfassung,
- Arbeit an Bildschirmen (Bildschirmarbeitsplätze), wenn Leistung und Verhalten der Mitarbeiter damit kontrolliert werden (können),
- EDV-Systeme, also Hardware- und Softwaresysteme, die geeignet sind, das Verhalten oder die Leistung der Mitarbeiter zu überwachen, und/oder personenbezogene bzw. personenbeziehbare Daten aus Arbeitsabläufen zu erfassen, zu speichern, zu verarbeiten und/oder zu übermitteln,
- Telefondatenerfassung durch Telefonanlagen,
- Video-/Kamera-Überwachung u. a. zur Verhinderung von Straftaten,
- Mobilfunkgeräte als Teil der betrieblichen Telefonanlage,
- Erfassung der mitarbeiterseitig verursachten Nutzungsdaten von Internetdiensten durch den Arbeitgeber,
- Überwachung der Nutzung von E-Mails, des Intranets und des Internets, etwa unter Verwendung von sog. Firewalls.

Die Überwachung muss sich auf die **Leistung** und/oder das **Verhalten** der Mitarbeiter beziehen. 97

Die maschinelle Erfassung von Personalstammdaten – z. B. Name, Anschrift, Personenstand, Kinderzahl, Steuerklasse, Tarifgruppe, Ausbildung, Vorbeschäftigung, Gesundheitsdaten, Schwerbehinderteneigenschaft – begründet kein Mitbestimmungsrecht nach Nr. 9. 98

Die Überwachung muss durch eine **technische Einrichtung** erfolgen. Die **Überwachung durch Personen** unterliegt nicht dem Mitbestimmungsrecht. Arbeitszeitmessung durch manuelle Betätigung einer Stoppuhr ist keine technische Überwachung. Unter den Begriff der technischen Überwachung fällt nur ein Vorgang, bei dem zumindest die Erhebung von Daten oder deren Auswertung auf technischem Wege erfolgt. 99

Bereits die bloße Erhebung von leistungs- und verhaltensrelevanten Daten durch eine technische Einrichtung unterfällt dem Mitbestimmungsrecht, ohne dass es auf die Auswertung durch die technische Einrichtung ankommt.[127] Ausreichend ist bereits, wenn ein Teil des Vorgangs mittels einer technischen Einrichtung i. S. d. § 36 erfolgt.[128]

Eine Stoppuhr ist ein technisches Gerät. Sie selbst bewirkt aber keine Überwachung.[129] Auch Anordnungen des Dienstgebers, Tätigkeitsberichte zu erstellen, Arbeitsbelege, Aufzeichnungen über geleistete Überstunden zu fertigen, sind nicht mitbestimmungspflichtig.[130] Es ist deshalb nicht zutreffend, wenn schon herkömmliche Schreibgeräte, mit deren Hilfe der Mitarbeiter bestimmte Daten auf Anordnung des Dienstgebers auf Papier festzuhalten hat, als »technische Einrichtungen« i. S. d. Ziffer 9 angesehen werden.[131] Wenn allerdings solche Daten in ein automatisiertes Personalinformationssystem eingegeben **und** ausgewertet werden, besteht ebenfalls ein Mitbestimmungsrecht.[132] Entscheidend ist für das Mitbestimmungsrecht, ob der Dienstgeber die von ihm angeordneten Aufzeichnun-

---

127 *BAG*, 29. 6. 2004 – 1 ABR 21/03, NZA 2004, 1278.
128 *BAG*, 27. 1. 2004 – 1 ABR 7/03, NZA 2004, 556.
129 *BAG*, 8. 11. 1994 – 1 ABR 20/94, ZTR 1995, 232.
130 *BAG*, ständige Rechtsprechung, 24. 11. 1981 – 1 ABR 108/79, EzA § 87 BetrVG 1972 Betriebliche Ordnung Nr. 7.
131 So aber *BAG*, 24. 11. 1981 – 1 ABR 108/79, EzA § 87 BetrVG 1972 Betriebliche Ordnung Nr. 7.
132 *BAG*, 11. 3. 1986 – 1 ABR 12/84, BB 1986, 1292.

gen in einem solchen System speichert und als leistungs- und verhaltensbezogene Daten der Mitarbeiter **auswerten kann.**

100 Nicht erforderlich ist, dass die technische Einrichtung **ausschließlich** oder **überwiegend zur Überwachung** eingesetzt wird. Das könnte zwar aus der Wortfolge »bestimmt ist« gefolgert werden. Jedoch ist insoweit diese Formulierung die gleiche wie in § 87 Abs. 1 Ziffer 6 BetrVG 1972 und § 75 Abs. 3 Ziffer 17 BPersVG. Die zu diesen gesetzlichen Regelungen von staatlichen Gerichten ergangene Rechtsprechung kann daher auch zur Auslegung des § 36 Abs. 1 Nr. 9 herangezogen werden. Es entspricht aber sowohl der ständigen Rechtsprechung des Bundesarbeitsgerichtes als auch der ständigen Rechtsprechung des Bundesverwaltungsgerichtes zu den genannten gesetzlichen Bestimmungen, dass es für die Ausübung des Mitbestimmungsrechtes nicht darauf ankommt, ob der Arbeitgeber die Absicht hat, Verhaltens- oder Leistungskontrollen auszuüben, sondern entscheidend ist die **objektive Eignung** einer solchen Anlage zu solchen Kontrollen.[133] Es besteht daher kein Anlass, von dieser auch in der Literatur gebilligten Auslegung der Wortfolge »bestimmt ist« für die wortgleiche Fassung des § 36 Abs. 1 Nr. 9 abzuweichen.[134] Sie findet ihre Begründung darin, dass das Mitbestimmungsrecht der MAV, folgte man dieser Auffassung nicht, allein von subjektiven Vorstellungen und Absichten des Dienstgehers abhängig wäre.

101 Es genügt die objektive und unmittelbare Eignung der technischen Einrichtung zur Überwachung auf Grund ihrer technischen Konstruktion. Die Zusicherung des Dienstgebers, einen bestimmten Teil des Programms nicht zu benutzen, hat keinen Einfluss auf das Mitbestimmungsrecht der MAV.

102 Solche **technischen Einrichtungen** können sein: Optische, akustische und sonstige **Kontrollgeräte** (Film- und Videogeräte, Fernsehkameras, Monitoren), **Fahrtenschreiber** in Kraftfahrzeugen, Installierung von **Mikrophonen, Bandaufnahmen** von Gesprächen oder Ferngesprächen, **Stechuhren** und sonstige automatische **Zeiterfassungsgeräte**, automatische **Telefondaten-** und **Telefongebührengeräte, Bildschirmgeräte, Computer,** die mit einem Rechnersystem so verbunden sind, dass die Tätigkeiten der sie bedienenden Mitarbeiter festgehalten und ausgewertet werden können, **Videoaufzeichnungsanlagen.**[135]

103 Auch eine zur verdeckten Beobachtung von Mitarbeitern am Arbeitsplatz eingesetzte **Betriebsfernsehanlage (Videoanlage)** ist dann eine zur Überwachung des Verhaltens und der Leistung der Mitarbeiter bestimmte technische Einrichtung, wenn ihr Einsatz nur der Aufklärung von Unregelmäßigkeiten dient und sie keine reproduzierbaren Aufzeichnungen herstellt.[136] Die Betriebsparteien haben dabei gemäß § 26 Abs. 1 S. 2 das grundrechtlich geschützte allgemeine Persönlichkeitsrecht der Mitarbeiter und Mitarbeiterinnen zu beachten.[137] Auch ein **rechnergesteuertes Zugangssystem**, das bei jedem Zutritt Ort, Zeit und Nummer der benutzten Karte aufzeichnet, ist dazu bestimmt, das Verhalten der Mitarbeiter zu überwachen.[138] Die Einführung einer biometrischen Zugangskontrolle (Fingerabdruckerfassung) der Mitarbeiter unterliegt der Mitbestimmung der MAV[139] einerseits und auch der Anhörung und Mitberatung (§ 29 Abs. 1 Nr. 3) andererseits.

104 Zur **Telefonerfassung** hat das *BAG*[140] entschieden, dass der Dienstgeber in einer Dienstvereinbarung mit der MAV wirksam eine Telefondatenerfassung mit Zielnummer und Dauer der Gespräche vereinbaren kann bei **Dienstgesprächen** und Privatgesprächen mit dienstlichem Anlass.

---

133 *BAG*, 23. 4. 1985 – 1 ABR 2/82, EzA § 87 BetrVG 1972 Kontrolleinrichtung Nr. 13; *BVerwG*, 31. 8. 1988 – 6 P 35.85, PersV 1989, 216.
134 So *Schlichtungsstelle Köln*, 16. 5. 1991 – MAVO 3/91, ZMV 1992, 244.
135 Dazu: *Tinnefeld/Viethen*, NZA 2003, 468, 471 f.
136 *BVerwG*, 31. 8. 1988 – 6 P 35.85, PersV 1989, 216.
137 *BAG*, 29. 6. 2004 – 1 ABR 21/03, NZA 2004, 1278.
138 *OVG Hamburg*, 4. 7. 1988 – Bs PB 11/87, PersV 1990, 269.
139 *BAG*, 27. 1. 2004 – 1 ABR 7/03, NZA 2004, 556.
140 *BAG*, 27. 5. 1986 – 1 ABR 48/84, EzA § 87 BetrVG Kontrolleinrichtung Nr. 16.

Die Dienstvereinbarung darf demgegenüber bei erlaubten Privatgesprächen eines Mitarbeiters nur die Erfassung des Zeitpunktes und der Dauer des Gespräches festlegen. Die Erfassung der angewählten Telefonnummer muss so anonymisiert sein, dass zwar der Mitarbeiter das Telefonat als privat geführtes identifizieren kann, es allerdings für einen Dritten nicht dem Angerufenen zugeordnet werden kann. Unzulässig ist eine Dienstvereinbarung auch für die Telefondatenerfassung für Dienstgespräche und Privatgespräche aus dienstlichem Anlass, wenn die Art der Arbeitsleistung des Mitarbeiters absolute Vertraulichkeit auch der von ihm geführten Telefongespräche voraussetzt.[141]

Das Mitbestimmungsrecht besteht bei der **Einführung**, also bei der Gesamtheit aller Maßnahmen, die die geplante Anwendung schon vorbereiten. Einführung ist also nicht erst die erstmalige **Anwendung** einer bereits voll installierten technischen Einrichtung.[142] 105

Das Mitbestimmungsrecht erstreckt sich sodann auf die **Anwendung** der technischen Einrichtung, also die allgemeine Handhabung der Kontrolleinrichtung: Festlegung der Art und Weise ihrer Verwendung, Zeiten der Einschaltung, inhaltliche Gestaltung des Speicherungsprogramms und seiner Verwendung, Festlegung des Verwendungszweckes der gespeicherten Leistungs- und Verhaltensdaten. Die **Zielrichtung der Mitbestimmung der MAV** muss sein, mögliche Gefahren der Persönlichkeitssphäre der Mitarbeiter durch Eingriffsmöglichkeiten anonymer technischer Einrichtungen einzudämmen oder doch zumindest auf das betrieblich unerlässliche Maß zu beschränken. 106

Führt der Dienstgeber technische Überwachungseinrichtungen **unter völliger Umgehung** des Zustimmungsrechtes der MAV oder unter **Nichtbeachtung des Zustimmungsverfahrens** des § 33 ein, so kann die MAV im Rahmen des von ihr einzuleitenden Verfahrens beim Kirchlichen Arbeitsgericht gemäß § 2 Abs. 2 KAGO die Beseitigung der Anlage fordern. Sie kann nach § 2 Abs. 2 KAGO auf weitere Unterlassung der Verwendung klagen (Rn 8, 11). Notfalls ist eine einstweilige Verfügung gemäß § 52 KAGO geboten, die die MAV beim Kirchlichen Arbeitsgericht beantragen kann (Rn 9).[143] 107

Der Anspruch auf Beseitigung rechtswidriger Anlagen oder Aufzeichnungen mit diesen Anlagen beruht auf dem allgemeinen Rechtsgrundsatz der §§ 862 Abs. 1 Satz 2, 1004 Abs. 1 Satz 2 BGB (Störung des Besitzes und des Eigentums einer Person). Danach hat die in ihren absoluten Rechten verletzte Person einen Anspruch gegen den Verletzer (Störer) auf Beseitigung dieser Beeinträchtigung. Dieser in den beiden genannten gesetzlichen Bestimmungen enthaltene Grundgedanke wird längst generell auf die Verletzung anderer absoluter Rechte und bloßer Rechtsgüter ausgedehnt.[144] Es gibt keinen Grund, diesen Schutz nicht auch der MAV hinsichtlich der ihr eingeräumten Mitbestimmungsrechte zu gewähren.[145] Zudem ist der Hinweis zu wiederholen, dass § 26 Abs. 1 S. 1 das Gebot der vertrauensvollen Zusammenarbeit enthält. Die MAVO kann hiernach vom Dienstgeber partnerschaftliche Zusammenarbeit verlangen, wonach dieser die Mitbestimmungsrechte nicht durch eigenmächtiges Handeln verletzen und stören darf. Daraus muss aber als Nebenpflicht für § 36 Abs. 1 Nr. 9 auch das Gebot abgeleitet werden, dass der Dienstgeber rechtswidrig installierte technische Einrichtungen i. S. d. § 36 zu beseitigen hat, beziehungsweise ohne Durchführung des Mitbestimmungsverfahrens nicht weiter nutzen darf. Rechtswidrig erstellte Aufzeichnungen sind zu vernichten. 108

---

141 Bejaht für einen Diplompsychologen in einer Beratungsstelle für Erwachsene, Kinder und Jugendliche eines Landkreises; BAG, 13. 1. 1987 – 1 AZR 267/85, EzA § 87 BetrVG Kontrolleinrichtung Nr. 17.
142 *Schlichtungsstelle Limburg*, 13. 2. 2000 – 25/99.
143 *KArbG Mainz*, 30. 5. 2010 – M 15/10 Mz, Einstweilige Verfügung: Untersagung der Auswertung von Telefondaten ohne Beteiligung der MAV; 30. 4. 2010 – M 09/10 Mz, Einstweilige Verfügung: Untersagung der Auswertung der Internetdaten ohne Beteiligung der MAV.
144 Dazu die Übersicht bei *Palandt-Bassenge*, BGB, § 1004 Rn 4.
145 So *LAG Hamm*, DB 1980, 1336; *LAG Berlin*, LAGE § 87 BetrVG Kontrolleinrichtung Nr. 8; *Schlichtungsstelle Köln*, 16. 5. 1991 – MAVO 3/91, ZMV 1992, 244.

109 Mitarbeiter können bei nicht ordnungsgemäßer, ohne Zustimmung der MAV erfolgter Einrichtung der technischen Kontrolleinrichtungen ihre Arbeitsleistung verweigern, ohne dass ihnen arbeitsvertragliche Konsequenzen drohen dürfen (keine Berechtigung des Dienstgebers wegen beharrlicher Arbeitsverweigerung abzumahnen oder zu kündigen, keine Lohnkürzung). Die Arbeitsanordnung des Dienstgebers ist in diesem Falle nämlich nicht rechtmäßig.

10. Maßnahmen zur Verhütung von Dienst- und Arbeitsunfällen und sonstigen Gesundheitsschädigungen (Nr. 10)

110 Das Zustimmungsrecht der MAV bezieht sich auf alle Maßnahmen, die im Rahmen von zwingenden gesetzlichen **Arbeitsschutzvorschriften** und **Unfallverhütungsbestimmungen** vom Dienstgeber zu treffen sind. Entschließt sich der Dienstgeber über die zwingenden öffentlich-rechtlichen Regelungen hinaus zusätzlich für den Arbeitsschutz oder die Gesundheitsförderung Maßnahmen auf diesen Gebieten durchzuführen, muss er die MAV beteiligen. Soweit nach § 16 Arbeitssicherheitsgesetz (ASiG) kirchliche Einrichtungen die Bestimmungen des ASiG zu beachten haben, indem ein den Grundsätzen des ASiG gleichwertiger arbeitsmedizinischer oder sicherheitstechnischer Schutz zu gewährleisten ist, hat die MAV bei jeder Maßnahme, die der Erfüllung dieser Verpflichtung – etwa auf der Grundlage einer Vereinbarung mit dem Träger der Unfallversicherung – dient, ein Zustimmungsrecht. Das gilt sowohl für die **Bestellung von Betriebsärzten** als auch von **Fachkräften für Arbeitssicherheit**, aber auch in Einrichtungen mit mehr als 20 Beschäftigten für die **Bestellung eines Sicherheitsbeauftragten** (§ 22 SGB VII). Die MAV ist demnach vor jeder personellen Entscheidung für einen Betriebsarzt oder einen Sicherheitsbeauftragten zu hören und hat mitzubestimmen.[146] Der staatliche Gesetzgeber bestimmt in § 1 Abs. 4 ArbSchG, dass bei öffentlich-rechtlichen Religionsgemeinschaften an die Stelle der Betriebs- und Personalräte die Mitarbeitervertretungen entsprechend dem kirchlichen Recht treten. Aus diesem Grunde hat die MAV auch ein Mitbestimmungsrecht bei der Bestellung der Person des **Hygienebeauftragten** und der **Hygienefachkräfte**.[147]

111 Der MAV steht ein Zustimmungsrecht nicht zu, wenn die betreffende Maßnahme gesetzlich vorgeschrieben ist. Sie kann dann erst tätig werden, wenn die gesetzliche Vorschrift oder die Anordnung einen Rahmen setzt, innerhalb dessen eine Einzelmaßnahme getroffen werden kann (so zu § 2 Abs. 1 VBG 1 (Unfallverhütungsvorschriften – Allgemeine Vorschriften).[148] Denn die MAV soll an betrieblichen Regelungen beteiligt werden, die der Dienstgeber zwar auf Grund einer öffentlich-rechtlichen Rahmenvorschrift zu treffen hat, bei deren Umsetzung ihm aber Handlungsspielräume verbleiben. Mitzubestimmen hat die MAV bei der Ausfüllung dieses Spielraums. Dadurch soll im Interesse der betroffenen Mitarbeiterinnen und Mitarbeiter eine möglichst effiziente Umsetzung des gesetzlichen Arbeitsschutzes in der Einrichtung erreicht werden. Das Mitbestimmungsrecht setzt danach ein, wenn eine gesetzliche Handlungspflicht objektiv besteht und wegen Fehlens einer zwingenden Vorgabe betriebliche Regelungen verlangt, um das vom Gesetz – auch von einem kirchlichen Gesetz – vorgegebene Ziel des Arbeits- und Gesundheitsschutzes zu erreichen. Ob diese Rahmenvorschrift dem Gesundheitsschutz mittelbar oder unmittelbar dient, ist unerheblich.[149]

Der nicht rauchende Mitarbeiter hat das Recht auf Schutz vor dem Raucher am Arbeitsplatz, um sich vor Gesundheitsschäden zu schützen

Der Nichtraucherschutz ist den Arbeitgebern/Dienstgebern als verbindliche Verpflichtung auferlegt. Die Arbeitsstättenverordnung vom 1. 9. 2007[150] bestimmt in § 5 ausdrücklich, dass der Arbeitgeber

---

146 *BAG*, 24. 3. 1988 – 2 AZR 368/87, DB 1989, 227.
147 Vgl. z. B. §§ 4 und 5 der Ordnung zur Sicherstellung der Hygiene in katholischen Krankenhäusern im Erzbistum Köln, Amtsblatt des Erzbistums Köln 1991 Nr. 51 S. 99.
148 *BAG*, 16. 6. 1998 – 1 ABR 68/97, NZA 1999, 49, 51; 8. 6. 2004 – 1 ABR 13/03, NZA 2004, 1175.
149 *BAG*, 15. 1. 2002 – 1 ABR 13/01, DB 2002, 2278.
150 BGBl. I 2007, 1557.

die erforderlichen Maßnahmen zu treffen hat, damit die nicht rauchenden Beschäftigten in Arbeitsstätten wirksam vor den Gesundheitsgefahren durch Tabakrauch geschützt sind.

Soweit erforderlich, hat der Arbeitgeber ein allgemeines oder auf einzelne Bereiche der Arbeitsstätte beschränktes Rauchverbot zu erlassen.

In Arbeitsstätten mit Publikumsverkehr hat der Arbeitgeber diese Schutzmaßnahmen nur insoweit zu treffen, als die Natur des Betriebes und die Art der Beschäftigung es zulassen.

Gesetzlich Verpflichteter ist hiernach der Arbeitgeber (Dienstgeber). Die MAV hat bei der Umsetzung der zwingenden Vorschrift zugunsten des Nichtraucherschutzes über die Art und Weise des betrieblichen **Rauchverbots** mitzubestimmen, während der Dienstgeber von sich aus den **Nichtraucherschutz** überhaupt durchsetzen muss.[151] Die Einrichtungspartner sind gemäß § 38 Abs. 1 Nr. 10 gehalten, durch Dienstvereinbarung den Raucherschutz zu gewährleisten und ggf. ein betriebliches Rauchverbot zu erlassen.

Ein generelles Rauchverbot im Freien kann in der Regel nicht mit dem Gesundheitsschutz der Nichtraucher begründet werden.[152]

Das Zustimmungsrecht erstreckt sich auch auf die **Gestaltung von Bildschirmarbeitsplätzen**.[153] Der Antrag der Betriebsvertretung in der *BAG*-Entscheidung vom 2. 4. 1996 auf Befreiung schwangerer Frauen von der Bildschirmarbeit war ebenso erfolglos wie die Einrichtung von Musterbildschirmplätzen und der Antrag auf Überlassung eines EDV-Bestandsverzeichnisses, weil diese geltend gemachten Ansprüche vom Mitbestimmungsrecht nicht umfasst sind. Dagegen billigte das *BAG* der Betriebsvertretung ein Mitbestimmungsrecht auf Unterbrechung der Bildschirmarbeit zu. Bei dem Mitbestimmungstatbestand nach § 36 Nr. 9 geht es nämlich um vorbeugenden Gesundheitsschutz und folglich um die Abwehr von Gefahren für Sicherheit und Gesundheit der Beschäftigten.[154] Im Übrigen regelt die Verordnung über Sicherheit und Gesundheitsschutz bei der Arbeit an Bildschirmgeräten (BildscharbV)[155] die Anforderungen an die Gestaltung von solchen Arbeitsplätzen (§ 4), die Augenuntersuchungen und Sehhilfen (§ 6). Nach § 5 BildscharbV hat der Dienstgeber die Tätigkeit der Beschäftigten so zu organisieren, dass die tägliche Arbeit an Bildschirmgeräten regelmäßig durch andere Tätigkeiten oder durch Pausen unterbrochen wird, die jeweils die Belastung durch die Arbeit am Bildschirmgerät verringern. Diese normierte Verpflichtung des Dienstgebers dient dem Schutz der Gesundheit der Beschäftigten.[156]

112

Mannigfaltige andere Vorordnungen, die einen Rahmen für die Ausübung des Mitbestimmungsrechts zu Maßnahmen zur Verhütung von Dienst- und Arbeitsunfällen setzen, sind auf Betriebe der gewerblichen Wirtschaft zugeschnitten und bedürfen daher im Rahmen der Regelungen für kirchliche Einrichtungen keiner Kommentierung.

Nicht unter Ziffer 10 fallen formalisierte **Krankengespräche**. Sie betreffen nämlich nicht das Verhalten des Mitarbeiters bei seiner Arbeitsleistung und dem ihm dabei zukommenden Gesundheitsschutz, sondern das Verhalten des Mitarbeiters in Bezug auf die betriebliche Ordnung. Sie unterfallen daher dem Anhörungs- und Mitberatungsrecht nach § 29 Abs. 1 Ziffer 3 (siehe dort Rn 21).

113

Da nur generelle, auf die gesamte Einrichtung anwendbare Regelungen hier betroffen sind, scheitert dieses Anhörungs- und Mitberatungsrecht an einzelvertraglich zulässigen Anordnungen einer **ver-**

114

---

151 *Klempt*, Rauchen am Arbeitsplatz, b+p 2002, 691, 693.
152 *BAG*, 19. 1. 1999 – 1 AZR 499/98, NJW 1999, 2203.
153 Bereits *BAG*, 6. 12. 1983 – 1 ABR 43/81, AP Nr. 7 zu § 87 BetrVG 1972 Überwachung; 2. 4. 1996 – 1 ABR 47/95, AP Nr. 5 zu § 87 BetrVG Gesundheitsschutz.
154 *BVerwG*, 8. 1. 2001 – 6 P 6/00, NZA 2001, 570.
155 Vom 4. 12. 1996 BGBl. I, 1843, i. d. F. vom 17. 8. 2010 BGBl. I, 2768.
156 *BVerwG*, 8. 1. 2001 – 6 P 6/00, NZA 2001, 570.

trauensärztlichen Untersuchung, für die es jedoch eine besondere Rechtsgrundlage im Arbeitsvertrag geben muss (z. B. § 8 AVR-Caritas; § 7 Abs. 2 KAVO).

115 Das Beteiligungsrecht der MAV besteht auch bei **zusätzlichen Maßnahmen zur Gesundheitsförderung** in der Einrichtung, also etwa bei Erste-Hilfe-Kursen, bei der Einrichtung von Unfallzimmern, bei vorbeugenden Gesundheitsmaßnahmen (Vorträge zu gesunder Lebensweise, zu Krankheiten oder zum Umgang mit Suchtproblemen wie Rauchen und Alkohol, die der Dienstgeber für geboten hält).

11. Maßnahmen zum Ausgleich und zur Milderung von wesentlichen Nachteilen für Mitarbeiter wegen Schließung, Einschränkung, Verlegung oder Zusammenlegung von Einrichtungen oder wesentlichen Teilen davon (Nr. 11)

116 Der Wortlaut der Nr. 11 vermeidet zwar das Wort »**Sozialplan**«. Er verwendet aber die im § 112 Abs. 1 S. 2 BetrVG geprägte gesetzliche Definition des Wortes »Sozialplan«. Als »Sozialplan« wird dort bezeichnet eine Einigung über »den Ausgleich oder die Milderung der wirtschaftlichen Nachteile, die den Arbeitnehmern infolge der geplanten Betriebsänderung entstehen«. Dabei sind als Betriebsänderung in diesem Sinne nach § 111 S. 2 BetrVG zu verstehen die Einschränkung und Stilllegung des ganzen Betriebes oder von wesentlichen Betriebsteilen (Nr. 1), die Verlegung des ganzen Betriebes oder von wesentlichen Betriebsteilen (Nr. 2), der Zusammenschluss mit anderen Betrieben oder die Spaltung von Betrieben (Nr. 3), die grundlegende Änderung der Betriebsorganisation, des Betriebszweckes oder der Betriebsanlagen (Nr. 4) und die Einführung grundlegend neuer Arbeitsmethoden oder Fertigungsverfahren (Nr. 5).

Aus diesem Katalog der Betriebsänderungen des § 111 S. 2 BetrVG übernimmt § 36 Abs. 1 Nr. 11 die Stilllegung und Einschränkung von Einrichtungen oder wesentlichen Teilen davon (Nr. 1), die Verlegung der Einrichtung oder wesentlichen Teilen davon (Nr. 2) und die Zusammenlegung von Einrichtungen oder wesentlichen Teilen von Einrichtungen (Nr. 3). Nur auf diese Einrichtungs- (Betriebs-)Änderungen bezieht sich demnach § 36 Nr. 11. Er bezieht sich **nicht** auf grundlegende Änderung der Betriebsorganisation, des Betriebszweckes oder der Betriebsanlagen sowie auf die Einführung grundlegend neuer Arbeitsmethoden und Fertigungsverfahren. Diese Beschränkung gilt es bei der Anwendung des § 36 Abs. 1 Nr. 11 zu beachten. Nicht jede denkbare Betriebsänderung wird vom Zustimmungsrecht des § 36 Abs. 1 Nr. 11 erfasst. Für das Anhörungs- und Mitberatungsrecht in diesen Angelegenheiten wird auf die wortgleiche Regelung in § 29 Abs. 1 Nr. 17 verwiesen (§ 29 Rn 71, 74 ff.).

117 Grundsätzlich gibt es für die in § 36 Abs. 1 Nr. 11 festgelegten Fälle einer Einrichtungsänderung die rechtliche **Möglichkeit zum Abschluss eines Sozialplanes**. Entschließt sich der Dienstgeber, von sich aus einen solchen Sozialplan anzustreben, so bedarf er dazu der Zustimmung der MAV nach § 36 Abs. 1 Nr. 11. Die MAV hat zudem ein eigenes Antragsrecht nach § 37 Abs. 1 Nr. 11 und beide Partner haben die Möglichkeit zum Abschluss einer Dienstvereinbarung nach § 38 Abs. 1 Nr. 11.

118 Damit stellt sich die Frage, ob sich der Dienstgeber – wenn einer der Tatbestände nach § 36 Nr. 11 gegeben ist – auf Verhandlungen mit der MAV einlassen muss oder ob er mit dem Hinweis auf § 47 Abs. 3 Satz 3, er habe dafür keine finanziellen Mittel, Verhandlungen zum Abschluss eines Sozialplanes von vornherein ablehnen kann. Diese Frage kann, um nicht das eingeräumte Mitbestimmungsrecht leerlaufen zu lassen, nur dahingehend beantwortet werden, dass der Dienstgeber zur **Aufnahme von Verhandlungen** über den Abschluss eines Sozialplanes verpflichtet ist.[157] Soweit sich der Dienstgeber auf § 47 Abs. 3 Satz 3 beruft, kann er damit schon deswegen keinen Erfolg haben, weil diese Bestimmung ihrem Wortlaut nach nur für Einigungssprüche gilt. Sie kann nicht dahin ausgedehnt werden, dass damit schon Verhandlungen über einen Sozialplan, dessen Inhalt nicht nur in der Fest-

---

157 So für die vergleichbaren Regelungen im MVG EKD, Beschl. des *VerwG der EKD*, 16. 11. 1995, ZMV 1996, 142.

legung von Abfindungen, sondern gerade auch in anderen Maßnahmen bestehen kann, blockiert werden können. Denn § 37 Abs. 1 Nr. 11 gibt der MAV ein eigenes Antragsrecht für Verhandlungen über einen Sozialplan, der – wenn ihm der Dienstgeber nicht entsprechen will – zu einer gemeinsamen Sitzung und schließlich zu einem Verfahren vor der Einigungsstelle führen muss (§ 45 Abs. 1 Nr. 11).

Gegenstand der Sozialplanverhandlungen sind nicht die Entscheidung über die Einleitung oder Durchführung von anderen Maßnahmen oder die Durchführung von Rationalisierungsmaßnahmen zur Vermeidung von wirtschaftlichen Nachteilen für die Mitarbeiter. In der Entscheidung, ob er eine nach § 36 Abs. 1 Nr. 11 fallende Betriebsänderung durchführt, ist der Dienstgeber vielmehr frei. Das ist seine ureigenste Entscheidung, in die die MAV nicht verhindernd eingreifen kann (vgl. § 29 Abs. 1 Nr. 17, dort Rn 99 ff., 107 ff.). **Zweck des Sozialplanes** sind nur Maßnahmen, die **auf Grund der getroffenen Entscheidungen des Dienstgebers wirtschaftliche Nachteile** für die Mitarbeiter **ausgleichen oder mildern können.** 119

Die MAV würde ihre Zuständigkeit überschreiten, wenn sie in die getroffenen Maßnahmen des Dienstgebers eingreifen wollte. 120

Der Sozialplan soll und kann nur **wirtschaftliche** Nachteile der Mitarbeiter ausgleichen. Sonstige Belastungen, vor allem nicht ideale oder immaterielle Nachteile, die durch eine Betriebsänderung entstehen können, sind nicht Gegenstand der Sozialplanverhandlungen. Zu solchen nicht ausgleichspflichtigen Nachteilen gehören z. B. die Stellung eines Mitarbeiters im Betrieb und das Ansehen aus dieser Stellung, Qualifikationsverluste durch geringere Anforderungen an die Arbeit, ggf. bei der Zusammenlegung von Einrichtungen, in der neuen Einrichtung bestehende Kontrollen durch technische Einrichtungen und/oder das Vorhandensein »unangenehmer« Vorgesetzter. 121

Die abschließend aufgeführten Fälle, die einen Sozialplan auslösen können, in § 36 Abs. 1 Nr. 11 sind: 122
– **Schließung der Einrichtung:**
Schließung der Einrichtung bedeutet ihre Stilllegung unter Aufgabe des Einrichtungszweckes unter gleichzeitiger Auflösung ihrer Organisation – und zwar auf Grund des ernstlichen Willensentschlusses für unbestimmte, nicht nur für eine vorübergehende Zeit.[158]
– **Einschränkung der Einrichtung:**
Einschränkung der Einrichtung heißt, dass ihr Zweck zwar weiterverfolgt wird, aber in seinem Umfang und in seiner Leistung herabgesetzt wird. Die Einschränkung muss ungewöhnlich sein, so dass typische Schwankungen unerheblich sind.[159]
– **Verlegung der Einrichtung:**
Jede wesentliche – nicht nur geringfügige – Veränderung der örtlichen Lage des Betriebes. Das *BAG* hat dies für eine Verlegung des Betriebssitzes um drei Kilometer unter dem Gesichtspunkt einer Versetzung geprüft und ohne Hinzutreten weitere Umstände eine Versetzung im Rechtssinne abgelehnt.[160]
– **Zusammenlegung von Einrichtungen:**
Verschmelzung einer Einrichtung mit einer anderen, wobei es keine Rolle spielt, ob aus den bisherigen Einrichtungen eine neue Einrichtung gebildet wird oder ob sie unter Aufgabe einer Einrichtung mit der anderen zusammengeschlossen wird. Die zusammenzuschließenden Einrichtungen können auch verschiedenen Trägern gehören, wenn sie nur nach dem Zusammenschluss eine einheitliche Leitung haben.

---

158 *BAG*, 27. 2. 1987 – 7 AZR 652/85, AP Nr. 41 zu § 1 KSchG Betriebsbedingte Kündigung; 19. 6. 1991 – 2 AZR 127/91, AP Nr. 53 zu § 1 KSchG Betriebsbedingte Kündigung; 21. 6. 2001 – 2 AZR 137/00, EzA § 15 KSchG n. F. Nr. 53 = NZA 2002, 212.
159 *BAG*, 7. 8. 1990 – 1 AZR 445/89, AP Nr. 30 zu § 111 BetrVG 1972; 28. 4. 1993 – 10 AZR 38/92, EzA § 111 BetrVG 1972 Nr. 28 = NZA 1993, 1142.
160 *BAG*, 27. 6. 2005 – 1 ABR 35/05, EzA § 95 BetrVG 2001 Nr. 3 = NZA 2006, 1289.

123 Die Bestimmung des § 36 Abs. 1 Nr. 11 gilt auch, wenn solche Betriebsänderungen **wesentliche Teile von Einrichtungen** betreffen. Um wesentliche Teile von Einrichtungen handelt es sich nach der insoweit anwendbaren Rechtsprechung des *BAG*,[161] wenn der Personalabbau in einem von beiden nachstehenden Kriterien zutrifft:
1. Die Zahl von der Betriebsänderung im betroffenen Teil der Einrichtung beschäftigten Mitarbeiter wird in Anlehnung an die Bestimmung des § 17 KSchG bestimmt, also werden die Zahlenangaben des § 17 Abs. 1 Nr. 1–3 KSchG (Beschäftigtenzahlen und Zahlen der zu Entlassenden) zugrunde gelegt. Es reicht aber für den Begriff »wesentlicher Einrichtungsteil« aus, wenn **mindestens 5 % der Arbeitnehmer** im betroffenen Einrichtungsteil beschäftigt sind.[162]
2. Auf die Anzahl der betroffenen Mitarbeiter trotz Nichterreichens der 5 % kommt es nicht an, wenn der betroffene Einrichtungsteil wirtschaftlich oder aus sonstigen beachtlichen Gründen für die Gesamteinrichtung von »**großer Bedeutung**« ist.

Unter den vorgenannten Voraussetzungen zu 2. zieht das *BAG* das Vorliegen einer Betriebsänderung jedenfalls in Betracht. Das *BAG* hat in seinen bisherigen Entscheidungen allerdings die Voraussetzungen hierfür in den geprüften Fällen jeweils nach Maßgabe der Umstände des Einzelfalls nicht als erfüllt angesehen.[163] Im Fall der Schlichtungsentscheidung der Erzdiözese Köln vom 14. 3. 1996[164] ist bei der Schließung einer Krankenhausapotheke mit sechs von ca. 500 Beschäftigten die Annahme eines »wesentlichen Einrichtungsteils« ebenfalls verneint worden.

124 Die Prüfung, ob über einen Sozialplan zu **verhandeln und dieser abzuschließen** ist, erfolgt in zwei Stufen:
1. Stufe: Liegt eine Einrichtungsänderung i. S. d. § 36 Abs. 1 Nr. 11 vor? Wird also eine Einrichtung oder wesentliche Teile von ihr geschlossen, eingeschränkt, verlegt oder mit einer anderen Einrichtung zusammengelegt? Die Prüfung dieser ersten Stufe muss ergeben, dass einer dieser Tatbestände erfüllt ist.
2. Stufe: Werden nunmehr durch eine solche Einrichtungsänderung wesentliche wirtschaftliche, für die Mitarbeiter nachteilige Folgen ausgelöst?

125 Hinsichtlich der Fragestellung zu Stufe 2 kann für § 36 Abs. 1 Nr. 11, der den §§ 111, 112 BetrVG in seinem wesentlichen Inhalt nachgebildet ist, nichts anderes als für diese staatliche gesetzliche Regelung gelten.[165] Nach dieser Rechtsprechung gilt die Vermutung, dass durch eine solche Einrichtungsänderung stets wesentliche wirtschaftliche, für die Mitarbeiter nachteilige Folgen ausgelöst werden können. Die Anwendung dieser Rechtsprechung des *BAG* lässt sich schon deswegen rechtfertigen, weil der Text des § 36 Abs. 1 Nr. 11 davon ausgeht, dass die dort genannten Änderungen der Einrichtung »Maßnahmen zum Ausgleich und zur Milderung wesentlicher wirtschaftlicher Nachteile«, die der Zustimmungspflicht der MAV unterliegen, auslösen können.

126 Ob tatsächlich wesentliche wirtschaftliche Nachteile entstehen, die auszugleichen sind, ist daher für den Anspruch der MAV auf Verhandlungen über einen Sozialplan nicht noch gesondert zu prüfen und festzustellen. Es wird vermutet, dass solche Nachteile für die Mitarbeiterschaft oder wesentliche Teile von ihr entstehen können. Zutreffend ist jedoch, dass ein Anspruch auf Abschluss eines Sozialplanes nur dann besteht, wenn wesentliche wirtschaftliche Nachteile tatsächlich feststellbar sind. Dies zu klären ist Aufgabe der Einigungsstelle. Stellt die Einigungsstelle dies fest, ist über dessen Inhalt zu verhandeln und ein Sozialplan mit Regelungen für Maßnahmen zum Ausgleich und zur Milderung von wesentlichen Nachteilen für die Mitarbeiterinnen und Mitarbeiter abzuschließen.

---

161 So *Schlichtungsstelle Köln*, 14. 3. 1996 – MAVO 6/96, ZMV 1996, 304.
162 *BAG*, 28. 3. 2006 – 1 ABR 5/05, EzA § 111 BetrVG 2001 Nr. 4 = NZA 2006, 932.
163 *BAG*, 7. 8. 1990 – 1 AZR 445/89, AP Nr. 30 zu § 111 BetrVG 1972; 28. 3. 2006 – 1 ABR 5/05, EzA § 111 BetrVG 2001 Nr. 4 = NZA 2006, 932.
164 *Schlichtungsstelle Köln*, 14. 3. 1996 – MAVO 6/96, ZMV 1996, 304.
165 Siehe dazu die ständige Rechtsprechung des *BAG* zu dieser Rechtsfrage, so vor allem *BAG*, 17. 8. 1982 – 1 ABR 40/80; 17. 8. 1982 – 1 ABR 40/80, AP Nr. 11 zu § 111 BetrVG 1972.

Zu den **Gestaltungsprinzipien** eines Sozialplanes: § 38 Rn 44 ff. 127

12. Zuweisung zu den einzelnen Stufen des Bereitschaftsdienstes, soweit eine kirchliche Arbeitsvertragsordnung dies vorsieht (Nr. 12)

Spezielle Regelungen für das Bereitschaftsentgelt enthalten die arztspezifischen Regelungen für Ärzte 128
in Krankenhäusern (TVöD BT-K) und Ärzte in Pflegeeinrichtungen (TVöD BT-B). § 46 TVöD BT-K und § 46 TVöD BT-B bestimmen in den Einzelheiten unterschiedlich, dass der Bereitschaftsdienst nach Erfahrungswerten der anfallenden Arbeitsleistungen nach prozentualen Stufen als Arbeitszeit gewertet und vergütet wird. Die Stufenzuordnung ist dabei durch die Betriebsparteien vorzunehmen.

Für den Bereich der AVR-Caritas finden sich Regelungen zum Bereitschaftsdienst für Ärzte in § 8 der Anlage 5 und zum Bereitschaftsdienstentgelt in § 7 Abs. 5 der Anlage 5.

Durch § 36 Nr. 12 ist nun der MAV ein Mitbestimmungsrecht bei der Festlegung des Bereitschafts- 129
dienstentgeltes in Hinblick auf die einzelnen Stufen des Bereitschaftsdienstes eingeräumt, soweit eine kirchliche Arbeitsvertragordnung dies vorsieht.

Solange eine kirchliche Arbeitsvertragordnung das Bereitschaftsdienstentgelt abschließend regelt, greift § 36 Abs. 1 S. 1 2. HS 1. Alternative; ein Mitbestimmungsrecht der MAV scheidet aus.

III. Mitbestimmungsverfahren – Zustimmungsverweigerungsgründe

Die **Abwicklung des Mitbestimmungsverfahrens** richtet sich nach § 33. Davon gibt es keine Ausnah- 130
me, auch nicht Ausnahmeregelungen, die die Beteiligten sich selbst schaffen oder vom Dienstgeber als die zweckmäßigere Form vorgeschlagen werden. Einer solchen abweichenden Regelung steht § 55 entgegen. Es bleibt also bei der Abwicklung des Zustimmungsverfahrens nach § 33. Auf die Erläuterungen zu § 33 Rn 1 ff. wird verwiesen.

In der **Geltendmachung von Einwendungen** gegen die Vorschläge und Maßnahmen des Dienst- 131
gebers ist die MAV nach § 36 nicht beschränkt.

Sie kann alle Einwendungen gegen die zustimmungspflichtige Maßnahme erheben, die ihr sachlich 132
geboten erscheinen. Eine **Beschränkung** der Einwendungen bzw. der Zustimmungsverweigerungsgründe zu den Vorschlägen und Vorstellungen des Dienstgebers **besteht nicht**.

Die Einwendungen können mündlich erhoben werden. Sie setzen einen ordnungsgemäß gefassten 133
Beschluss der MAV voraus (§ 33 Rn 44). Sie müssen innerhalb der Wochenfrist des § 33 Abs. 2 Satz 2 nach ordnungsgemäßer und vollständiger Unterrichtung beim Dienstgeber eingegangen sein (§ 33 Rn 26 ff.).

Der Dienstgeber muss **jede Einwendung** beachten und versuchen, sie im Verfahren nach § 33, vor 134
allem im Einigungsverfahren nach § 33 Abs. 3 (§ 33 Rn 51 ff.) einer gemeinsamen Lösung zuzuführen.

Scheitert die Einigungsverhandlung, muss die MAV binnen drei Kalendertagen nach ihrer Beendi- 135
gung dem Dienstgeber erklären, dass sie bei ihren Einwendungen verbleibt (Berechnungsweise: § 33 Rn 54 ff.).

Gibt sie diese Erklärung fristgerecht ab, so muss der Dienstgeber nun die Einigungsstelle anrufen 136
(§ 33 Rn 55 f.). Diese – nicht mehr der Dienstgeber – entscheidet dann endgültig, wie die zustimmungspflichtige Angelegenheit eine Regelung findet.

Versäumt die MAV die Drei-Tages-Frist oder gibt sie keine Erklärung ab, gilt der Einigungsvorschlag, 137
den der Dienstgeber in der Einigungsverhandlung vorgeschlagen hat, als gebilligt (§ 33 Abs. 3 S. 3 und 4; § 33 Rn 56).

Der Dienstgeber kann dann die zustimmungspflichtige Angelegenheit so durchführen, wie sie in der Einigungsverhandlung von ihm vorgeschlagen wurde. Er kann zunächst **nur auf der Basis des Einigungsvorschlages** die zustimmungspflichtige Angelegenheit durchführen.

Ausnahmsweise wird man ihm auch die Durchführung der Angelegenheit in einer zum Einigungsvorschlag geänderten Form gestatten müssen, soweit sich die Beteiligten in der Einigungsverhandlung eindeutig geeinigt haben. **Voraussetzung** hierfür ist, dass diese Einigung auch in der vom Dienstgeber verfassten Niederschrift enthalten **und** von beiden Beteiligten – Dienstgeber und MAV-Vorsitzenden – unterzeichnet ist. Diese Einigung (Betriebsabsprache) ist nicht zu verwechseln mit der gemäß § 38 Abs. 4 formgerecht abzuschließenden Dienstvereinbarung.

IV. Streitigkeiten

138 Gemäß § 33 Abs. 4 kann der Dienstgeber im Falle der Zustimmungsverweigerung der MAV zu einer von ihm beabsichtigten Maßnahme die **Einigungsstelle** (§ 45) mit dem Ziel anrufen, dass sie die verweigerte Zustimmung ersetzt, wenn die MAV keinen Grund zur Verweigerung der Zustimmung hat (§ 47 Abs. 3). Andererseits hat die MAV das Recht zur Anrufung des **Kirchlichen Arbeitsgerichts**, wenn der Dienstgeber eine Maßnahme ohne Beteiligung der MAV getroffen hat, welche dem Mitbestimmungsrecht der MAV unterliegt, § 36 MAVO i. V. m. § 2 Abs. 2 KAGO), wie etwa im Falle einer Dienstanweisung zur Änderung von Beginn und Ende der täglichen Arbeitszeit der Mitarbeiter und Mitarbeiterinnen in der Einrichtung oder in einem Arbeitsbereich.[166] Zum Schutze des Mitbestimmungsrechts kommt dabei auch ein Unterlassungsanspruch gegen mitbestimmungswidrige Maßnahmen des Dienstgebers in Betracht (Rn 11 f.), der sich erforderlichenfalls vor dem Kirchlichen Arbeitsgericht im Wege der einstweiligen Verfügung durchsetzen lässt, § 52 KAGO (auch § 47 Rn 52).[167]

Die MAV kann zudem von ihrem Antragsrecht gemäß § 37 Abs. 1 Gebrauch machen. Geht der Dienstgeber nicht darauf ein, kann die MAV gemäß § 45 Abs. 3 Nr. 2 ihrerseits die Einigungsstelle zur Regelung anrufen. Auch in diesen Fällen entscheidet im Rahmen des bestehenden Antragsrechts die Einigungsstelle endgültig, wie die zustimmungspflichtige Angelegenheit zu regeln ist.

§ 37 Antragsrecht

(1) Die Mitarbeitervertretung hat in folgenden Angelegenheiten ein Antragsrecht, soweit nicht eine kirchliche Arbeitsvertragsordnung oder sonstige Rechtsnorm Anwendung findet:
1. Änderung von Beginn und Ende der täglichen Arbeitszeit einschließlich der Pausen sowie der Verteilung der Arbeitszeit auf die einzelnen Wochentage,
2. Festlegung der Richtlinien zum Urlaubsplan und zur Urlaubsregelung,
3. Planung und Durchführung von Veranstaltungen für die Mitarbeiterinnen und Mitarbeiter,
4. Errichtung, Verwaltung und Auflösung sozialer Einrichtungen,
5. Inhalt von Personalfragebogen für Mitarbeiterinnen und Mitarbeiter,
6. Beurteilungsrichtlinien für Mitarbeiterinnen und Mitarbeiter,
7. Richtlinien für die Gewährung von Unterstützungen, Vorschüssen, Darlehen und entsprechenden sozialen Zuwendungen,
8. Durchführung der Ausbildung, soweit nicht durch Rechtsnormen oder durch Ausbildungsvertrag geregelt,

---

166 Z. B. OP-Bereich; *Schlichtungsstelle Freiburg*, 18. 4. 2002 – 04/2002, ZMV 2002, 291.
167 *KArbG Mainz*, 2. 4. 2007 – M 9/07 Sp, Einstweilige Verfügung: Mitbestimmung Dienstplan – Verpflichtung des Antragsgegners zur Nichtanwendung von Dienstplänen; 30. 5. 2010 – M 15/10 Mz, Einstweilige Verfügung: Untersagung der Auswertung von Telefondaten ohne Beteiligung der MAV; 30. 4. 2010 – M 09/10 Mz, Einstweilige Verfügung: Untersagung der Auswertung der Internetdaten ohne Beteiligung der MAV.

9. Einführung und Anwendung technischer Einrichtungen, die dazu bestimmt sind, das Verhalten oder die Leistung der Mitarbeiterinnen und Mitarbeiter zu überwachen,
10. Maßnahmen zur Verhütung von Dienst- und Arbeitsunfällen und sonstigen Gesundheitsschädigungen,
11. Maßnahmen zum Ausgleich und zur Milderung von wesentlichen wirtschaftlichen Nachteilen für die Mitarbeiterinnen und Mitarbeiter wegen Schließung, Einschränkung, Verlegung oder Zusammenlegung von Einrichtungen oder wesentlichen Teilen von ihnen.
12. Zuweisung zu den einzelnen Stufen des Bereitschaftsdienstes, soweit eine kirchliche Arbeitsvertragsordnung dies vorsieht.

(2) § 36 Absätze 2 und 3 gelten entsprechend.

(3) Will der Dienstgeber einem Antrag der Mitarbeitervertretung im Sinne des Abs. 1 nicht entsprechen, so teilt er ihr dies schriftlich mit. Die Angelegenheit ist danach in einer gemeinsamen Sitzung von Dienstgeber und Mitarbeitervertretung zu beraten. Kommt es nicht zu einer Einigung, so kann die Mitarbeitervertretung die Einigungsstelle anrufen.

Übersicht	Rn		Rn
I. Zweck der Vorschrift	1– 3	3. Phase: Gemeinsame Sitzung von Dienstgeber und MAV (§ 37 Abs. 3 S. 2)	13–15
II. Einzelfälle des Antragsrechtes	4– 7		
III. Abwicklung des Antrags-(Initiativ-)Verfahrens	8–16	4. Phase: Anrufung der Einigungsstelle (§ 37 Abs. 3 S. 3)	16
1. Phase: Antrag der MAV (§ 37 Abs. 3 S. 1)	9, 10	IV. Beispiel für einen Antrag an die Einigungsstelle	17–19
2. Phase: Zurückweisung des Antrages durch den Dienstgeber (§ 37 Abs. 3 S. 1)	11, 12		

I. Zweck der Vorschrift

§ 37 räumt der MAV ein **erzwingbares Initiativrecht** in den dort abschließend genannten Angelegenheiten zu Maßnahmen der Dienststelle ein. 1

Die MAV kann auch in allen anderen Angelegenheiten, die die Mitarbeiter und die Dienststelle betreffen, Einwendungen sowohl im Rahmen der vertrauensvollen Zusammenarbeit (§ 26 Abs. 1) und ihrer allgemeinen Aufgaben (§ 26 Abs. 3) dem Dienstgeber vortragen und Anregungen zur Lösung der vorgetragenen Fälle geben. Sie kann auch im Rahmen der Angelegenheiten des § 29 ihren Anspruch auf Anhörung und Mitberatung geltend machen. In diesen Fällen der §§ 26 und 29 hat aber der Dienstgeber die letzte Entscheidungsbefugnis. Er kann – wenn er vor allem das Verfahren nach § 29 (Rn 93 ff.) einhält – letztlich anordnen, was geschehen soll.

Davon unterscheidet sich § 37: Die MAV hat ein **durchsetzbares** Antragsrecht zunächst in dem Sinne, dass der Dienstgeber die von ihr genannten Angelegenheiten, die unter den Katalog des § 37 Abs. 1 fallen, mit ihr berät (§ 37 Abs. 3 Satz 2). Auf diese Beratung mit dem Dienstgeber hat sie nach § 37 Abs. 3 S. 2 einen **Rechtsanspruch**, dem der Dienstgeber nicht ausweichen kann. Er muss sich einer Beratung in einer gemeinsamen Sitzung mit der MAV über den begehrten Gegenstand, der die Voraussetzungen des § 37 Abs. 1 erfüllen muss, stellen. Kommt es auf dieser gemeinsamen Sitzung zu keiner Einigung, kann die MAV durch die Anrufung der Einigungsstelle unter Umständen eine Dienstvereinbarung i. S. v. § 38 **erzwingen**, auch wenn der Dienstgeber in der gemeinsamen Sitzung die Regelung der streitigen zustimmungspflichtigen Angelegenheit durch eine Dienstvereinbarung zunächst ausdrücklich abgelehnt hat.[1] 2

---

1 *Schlichtungsstelle Essen*, 11.11.1997 – 6372 41–6/97.

3 Das Antragsrecht, das auf die in § 37 Abs. 1 Nr. 1–12 genannten Angelegenheiten beschränkt ist und durch eine **Vereinbarung zwischen Dienstgeber und MAV nicht erweitert** werden kann, gewährt demnach zunächst der MAV ein **Initiativrecht**. Sie kann also den Anstoß zur Regelung einer zustimmungspflichtigen Maßnahme geben. Darüber hinaus hat sie einen durchsetzbaren Anspruch auf Abschluss einer Dienstvereinbarung für die mit dem Initiativrecht geltend gemachte regelungsbedürftige Angelegenheit. Diese Regelung des § 37 geht also über Anhörungs- und Mitberatungsrechte nach §§ 26, 27a, 28a, 29, 32 hinaus.

II. Einzelfälle des Antragsrechtes

4 Zu allen Fällen des Zustimmungsrechtes des § 36 hat die MAV ein selbständiges Antrags- und Initiativrecht gemäß § 37. Eine Ausnahme von dem Katalog des § 37 Abs. 1 gibt es nicht, soweit nicht über Arbeitsvertragsordnungen bzw. Arbeitsvertragsrichtlinien mit Öffnungsklauseln einzelne Gegenstände in Dienstvereinbarungen geregelt werden dürfen (vgl. § 36 Rn 13 ff.).

Allerdings ergibt sich auch aus dem jeweiligen Gegenstand einer Maßnahme ggf. eine Beschränkung des Antragsrechts der MAV. So kann die MAV nicht auf der Grundlage ihres Mitbestimmungsrechts bei der Einführung technischer Überwachungseinrichtungen (§ 37 Abs. 1 Nr. 9) durch einen Initiativantrag die **Einführung** einer solchen Einrichtung verlangen.[2] Im Ergebnis liefe ein solcher Antrag der MAV darauf hinaus, den Informationsanspruch der MAV über die Vorlage von Unterlagen hinaus zu erweitern. Der Dienstgeber braucht nur solche Unterlagen vorzulegen, die er hat (§ 26 Abs. 2). Die MAV kann nicht verlangen, dass der Dienstgeber für sie Unterlagen erstellt und zu deren Erstellung erforderliche Anlagen anschafft. Das Mitbestimmungsrecht der MAV nach § 37 Abs. 1 Nr. 9 dient nach Sinn und Zweck nicht dazu, den Informationsanspruch der MAV über § 26 Abs. 2 zu erweitern. Schließlich greifen technische Kontrolleinrichtungen stark in den persönlichen Bereich der Mitarbeiter ein, so dass eher anzunehmen ist, dass die MAV durch ihr Mitbestimmungsrecht die Initiative des Dienstgebers kontrolliert und erforderlichen Falles durch ihr Gegenantragsrecht womöglichen Überwachungsdruck für die Mitarbeiter reduziert.[3] Auch die Abschaffung einer solchen technischen Kontrolleinrichtung bedarf daher nicht der Zustimmung der MAV.[4] Zustimmungsrecht und Initiativrecht der MAV sind beim Tatbestand des § 36 Abs. 1 Nr. 9 und des § 37 Abs. 1 Nr. 9 daher nicht symmetrisch ausgestaltet.

5 Ferner sei auf die besondere Ausnahmeregelung des § 36 Abs. 2 und 3 (§ 36 Rn 32, 33 und Rn 34–40) hingewiesen, weil sie auch für das Antragsrecht der MAV zu beachten ist (§ 37 Abs. 2). Das heißt, dass die Mitarbeiter der pastoralen Dienste und religiösen Unterweisung sowie im liturgischen Dienst bei der Regelung der Arbeitszeit und der Pausen sowie der Verteilung der Arbeitszeit auf die einzelnen Wochentage aus dem Antragsrecht der MAV herausgenommen bleiben (§ 36 Abs. 2). Die Herausnahme dieses Mitarbeiterkreises gilt nur für den Antragstatbestand der Nr. 1. Allerdings besteht für die MAV für den genannten Mitarbeiterkreis insoweit ein Vorschlagsrecht gemäß § 32 Abs. 1 Nr. 2.

6 Der Dienstgeber kann sich gegenüber einem Antrag der MAV aus § 37 Abs. 1 Nr. 1 auch auf die Ausnahmeregelung des § 36 Abs. 3 berufen (§ 37 Abs. 2) und unter den dort genannten Voraussetzungen (siehe § 36 Rn 34 ff.) die Beteiligung der MAV auf die Grundsätze für die Aufstellung von Dienstplänen beschränken. Ob diese Voraussetzungen der Beschränkung nach § 36 Abs. 3 für das Antragsrecht bestehen, ist eine mitarbeitervertretungsrechtliche Streitigkeit, über die die Einigungsstelle im Wege des Regelungsspruchs zu entscheiden hat. Soll z. B. die jahrelang praktizierte Arbeitsfreistellung am Karnevalsdienstag für die Zukunft aufgehoben werden, hat die MAV im Ge-

---

[2] *BVerwG*, 29. 9. 2004 – 6 P 4.04, ZTR 2005, 108; *BAG*, 28. 11. 1989 – 1 ABR 97/88, NZA 1990, 406; a. A. *Fitting*, § 87 Rn 251 m. w. N.
[3] *BVerwG*, 29. 9. 2004 – 6 P 4.04, ZTR 2005, 108; *BAG*, 28. 11. 1989 – 1 ABR 97/88, NZA 1990, 406.
[4] *BAG*, 28. 11. 1989 – 1 ABR 97/88.

genzug nach § 37 Abs. 1 Nr. 1 die Befugnis initiativ zu werden, um für einen bestimmten Tag im Jahr Ausnahmen von der regulären Arbeitszeitregelung vorzusehen.[5]

Wegen des **Inhaltes des Antragsrechtes** kann auf die Darstellung zu § 36 Rn 20–127 verwiesen werden. Das Antragsrecht der MAV beschränkt in keiner Weise die Zustimmungsrechte nach § 36 Nr. 1–12. Wesentlich ist eine klare Formulierung dessen, was geregelt werden soll, ggf. schriftlich mit den erforderlichen Einzelheiten. Strebt die MAV eine Regelung i. S. v. § 37 Abs. 1 Nr. 10 an, kommt es darauf an, dass eine Handlungspflicht des Dienstgebers zu Maßnahmen zur Verhütung von Dienst- und Arbeitsunfällen und sonstigen Gesundheitsschädigungen besteht, wozu aber bei fehlender zwingender Vorgabe eine konkrete Regelung in der Einrichtung erforderlich ist. Der Antrag der MAV zu einer Regelung durch die Einigungsstelle muss erkennen lassen, welche konkreten betrieblichen Regelungen zur Umsetzung der Handlungspflicht (z. B. auf dem Gebiet der Prävention; vgl. § 21 SGB VII) mitbestimmt werden sollen.[6]

III. Abwicklung des Antrags-(Initiativ-)Verfahrens

Die Abwicklung des Antragsverfahrens geschieht in vier Phasen (§ 37 Abs. 3).

1. Phase: Antrag der MAV (§ 37 Abs. 3 S. 1)

Der Antrag bedarf keiner Form. Er kann von der MAV mündlich wie schriftlich beim Dienstgeber angebracht werden. Es wird allerdings schriftliche Form mit einer ausführlichen Begründung unter Berufung auf das Vorliegen eines Tatbestandes der Nrn. 1–12 angebracht sein. Da es sich um ein Initiativrecht der MAV handelt, soweit sich nicht ausnahmsweise aus dem Gegenstand der Maßnahme Gegenteiliges ergibt (Rn 4), muss im Antrag zumindest in groben Zügen angegeben werden, wie sich die MAV die von ihr beantragte Regelung im Einzelnen vorstellt. Es können auch keine Einwendungen gegen einen vollständig ausgearbeiteten Regelungsvorschlag der MAV (Dienstvereinbarung) erhoben werden.

Der Dienstgeber kann – wenn er mit dem Initiativvorschlag der MAV übereinstimmt – entweder eine Regelungsabrede (§ 38 Rn 102 ff.) treffen oder, wenn die Angelegenheit eine Maßnahme nach § 38 Abs. 1 Nrn. 1–11 betrifft, auch eine Dienstvereinbarung nach § 38 Abs. 4 abschließen. Damit wäre das Antragsrecht der MAV erfüllt. Das Verfahren wäre damit abgeschlossen.

2. Phase: Zurückweisung des Antrages durch den Dienstgeber (§ 37 Abs. 3 S. 1)

Vertritt der Dienstgeber die Auffassung, dass für die beantragte Maßnahme ein Initiativrecht der MAV nicht bestehe, oder will er bei bestehendem Initiativrecht dem Antrag oder den detailliert vorgeschlagenen Regelungen der MAV nicht entsprechen, so weist er den Antrag zurück. Die **Zurückweisung** hat **schriftlich** und – auch wenn das nicht ausdrücklich festgelegt ist – mit einer Begründung zu erfolgen. Eine **Begründung** zur **Zurückweisung** gebietet der Grundsatz vertrauensvoller Zusammenarbeit. Er entspricht im Übrigen einem rechtsstaatlichen Gebot, dass Anträge, die zurückgewiesen werden, zu begründen sind.

Eine Frist für die Zurückweisung ist nicht vorgesehen. Im Allgemeinen wird eine **Frist von einem Monat** zur Prüfung des Antrages der MAV als ausreichend angesehen werden müssen. Sollte die Prüfung einen darüber hinausgehenden Zeitraum beanspruchen, kann die MAV einen Zwischenbescheid des Dienstgebers erwarten. Notfalls kann bei längeren Fristen die MAV unter Hinweis auf § 39 Abs. 1 S. 2 vom Dienstgeber die Einberufung der gemeinsamen Sitzung fordern. Diesem Antrag muss der Dienstgeber entsprechen (§ 39 Rn 5).

---

5 *BAG*, 26. 10. 2004 – 1 ABR 31/03, NZA 2005, 538.
6 *BAG*, 15. 1. 2002 – 1 ABR 13/01, ZTR 2002, 504.

3. Phase: Gemeinsame Sitzung von Dienstgeber und MAV (§ 37 Abs. 3 S. 2)

13   Nach der schriftlichen Zurückweisung des Antrages der MAV besteht eine Pflicht des Dienstgebers eine gemeinsame Sitzung von Dienstgeber und MAV einzuberufen. Darauf hat die MAV einen Anspruch (§ 37 Abs. 3 S. 2). Gegenstand dieser Sitzung ist die gemeinsame Beratung des Antrages der MAV mit dem Ziele der Einigung. Die Sitzung hat der **Dienstgeber unverzüglich** nach seiner schriftlichen Zurückweisung des Antrages anzuberaumen. »Unverzüglich« (§ 121 BGB) muss er das deswegen tun, weil er einerseits bei seiner schriftlichen Zurückweisung seine Gründe kennt, andererseits die von der MAV beantragte Maßnahme kein zeitliches Hinausschieben duldet. Sie ist – wie ihr Antrag erkennen lässt – für sie eine dringliche Angelegenheit geworden (§ 39 Rn 5).

14   Auf der gemeinsamen Sitzung haben beide Partner mit dem ernsthaften Ziel der Einigung (so schon beim Vorschlagsrecht § 32 Abs. 2 S. 1) zu beraten.

15   Erfolgt eine Einigung, ist diese entweder in Form einer Regelungsabrede (§ 38 Rn 102 ff.) oder – wenn es der Gegenstand der Maßnahme zulässt (§ 38 Abs. 1 Nrn. 1–11) – einer Dienstvereinbarung (§ 38 Rn 40) schriftlich festzulegen.

4. Phase: Anrufung der Einigungsstelle (§ 37 Abs. 3 S. 3)

16   Kommt es zu keiner Einigung, kann die MAV die Einigungsstelle (§ 37 Abs. 3 S. 3 i. V. m. § 45 Abs. 3 Nr. 2) anrufen, die auf einen entsprechenden Antrag der MAV dann verbindlich Art und Umfang der beantragten Maßnahme durch einen Spruch (§ 47 Abs. 2, 3) festlegt. Die MAV könnte im Rahmen dieses Verfahrens bei der Einigungsstelle auch beantragen, über eine von ihr ausformulierte, vom Dienstgeber aber abgelehnte **Dienstvereinbarung** zu entscheiden.[7]

IV. Beispiel für einen Antrag an die Einigungsstelle

17   Die MAV überlegt nach Notwendigkeit oder Zweckmäßigkeit für das Einigungsstellenverfahren auch, ob sie mit dem Antrag gemäß 37 Abs. 3 S. 3 auch einen Antrag auf Zulassung eines Bevollmächtigten der MAV gemäß § 17 Abs. 1 S. 2 dritter Spiegelstrich verbinden will. Sie fasst Beschluss gemäß § 14 Abs. 5.

18   Der Antrag an die Einigungsstelle könnte z. B. in einem Streit über den Inhalt des Personalfragebogens des Dienstgebers seine Ursache haben.

19   Absender: MAV

An die Einigungsstelle
der Diözese ....
Straße ....

PLZ ....

Ort ....

(Ort und Datum)

In dem Einigungsstellenverfahren
1. Der Mitarbeitervertretung der Einrichtung E. in .... (Straße, Ort), vertreten durch die Vorsitzende/den Vorsitzenden der Mitarbeitervertretung, Frau/Herrn ....,

– Beteiligte zu 1.

---

[7] So auch *Schlichtungsstelle Köln*, 7. 5. 1990 – MAVO 6/90, n. v.; 6. 12. 1996 – MAVO 15/96, n. v. – für eine ausformulierte Dienstvereinbarung zum Betrieb einer EDV-Anlage; *Schlichtungsstelle Essen*, 11. 11. 1997 – Az.: 637241 – 6/97, Sozialplan gemäß § 37 Abs. 1 Nr. 11, § 38 Abs. 1 Nr. 11.

2. des/der [genaue Bezeichnung des Trägers der Einrichtung] in ....
   (Straße, Ort), vertreten [genaue Bezeichnung der gesetzlichen Vertretung des Trägers der Einrichtung]

– Beteiligte/Beteiligter zu 2. –

wegen Inhalts eines Personalfragebogens (§ 37 Abs. 1 Nr. 5 MAVO) wird beantragt:

der Inhalt der bei dem Beteiligten zu 2. verwendete Personalfragebogen wird wie folgt geändert:
a. die Frage nach der Zugehörigkeit zu einer politischen Partei entfällt,
b. die Frage nach der Zugehörigkeit zu einem religiösen Bekenntnis wird in den Personalfragebogen aufgenommen,
c. Fragen nach anderweitiger Berufstätigkeit und ehrenamtlicher Tätigkeit werden in den Personalfragebogen aufgenommen.

Begründung:

Die Beteiligte zu 1. hat gegenüber dem Beteiligten zu 2. die Frage zu a. beanstandet, nachdem sie ohne Beteiligung der Beteiligten zu 1. in den Personalfragebogen aufgenommen worden ist, während die Fragen zu b. und c. ohne Beteiligung der Beteiligten zu 1. aus dem Personalfragebogen entfernt worden sind. Der Beteiligte zu 2. bestreitet ein Beteiligungsrecht der Beteiligten zu 1. Er hat die hier gestellten Anträge der Antragstellerin gegenüber unter Hinweis auf sein alleiniges Organisationsrecht abgelehnt. Die Beteiligte zu 1. hält die Frage nach der Parteizugehörigkeit für unzulässig, während sie die Frage zu b. wegen der Zuordnung des Beteiligten zu 2. zum zuständigen Caritasverband C und zur katholischen Kirche für die Personalauswahl – auch unter Berücksichtigung der Grundordnung – für erforderlich hält. Die Frage zu c. bezweckt Aufschluss über die Einhaltung höchstzulässiger wöchentlicher Arbeitszeit im Sinne des Arbeitszeitgesetzes. Der Personalfragebogen ist beigefügt.

....
Unterschrift der/des Vorsitzenden der MAV

§ 38 Dienstvereinbarungen

(1) Dienstvereinbarungen sind in folgenden Angelegenheiten zulässig:
1. Arbeitsentgelte und sonstige Arbeitsbedingungen, die in Rechtsordnungen, insbesondere in kirchlichen Arbeitsvertragsordnungen, geregelt sind oder üblicherweise geregelt werden, wenn eine Rechtsnorm den Abschluss ergänzender Dienstvereinbarungen ausdrücklich zulässt,
2. Änderung von Beginn und Ende der täglichen Arbeitszeit einschließlich der Pausen sowie der Verteilung der Arbeitszeit auf die einzelnen Wochentage; § 36 Abs. 2 gilt entsprechend,
3. Festlegung der Richtlinien zum Urlaubsplan und zur Urlaubsregelung,
4. Planung und Durchführung von Veranstaltungen für die Mitarbeiterinnen und Mitarbeiter,
5. Errichtung, Verwaltung und Auflösung sozialer Einrichtungen,
6. Inhalt von Personalfragebogen für Mitarbeiterinnen und Mitarbeiter,
7. Beurteilungsrichtlinien für Mitarbeiterinnen und Mitarbeiter,
8. Richtlinien für die Gewährung von Unterstützungen, Vorschüssen, Darlehen und entsprechenden sozialen Zuwendungen,
9. Durchführung der Ausbildung, soweit nicht durch Rechtsnormen oder durch Ausbildungsvertrag geregelt,
10. Durchführung der Qualifizierung der Mitarbeiterinnen und Mitarbeiter,
11. Einführung und Anwendung technischer Einrichtungen, die dazu bestimmt sind, das Verhalten oder die Leistung der Mitarbeiterinnen und Mitarbeiter zu überwachen,
12. Maßnahmen zur Verhütung von Dienst- und Arbeitsunfällen und sonstigen Gesundheitsschädigungen,

13. Maßnahmen zum Ausgleich und zur Milderung von wesentlichen wirtschaftlichen Nachteilen für die Mitarbeiterinnen und Mitarbeiter wegen Schließung, Einschränkung, Verlegung oder Zusammenlegung von Einrichtungen oder wesentlichen Teilen von ihnen,
14. Festsetzungen nach § 1b und § 24 Abs. 2 und 3,
15. Verlängerungen des Übergangsmandats nach § 13d Abs. 1 Satz 4.

(2) Zur Verhandlung und zum Abschluss von Dienstvereinbarungen im Sinne des Abs. 1 Nr. 1 kann die Mitarbeitervertretung Vertreter der Diözesanen Arbeitsgemeinschaft der Mitarbeitervertretungen oder Vertreter einer in der Einrichtung vertretenen Koalition im Sinne des Art. 6 GrO beratend hinzuziehen. Die Aufnahme von Verhandlungen ist der Diözesanen Arbeitsgemeinschaft oder einer in der Einrichtung vertretenen Koalition durch die Mitarbeitervertretung anzuzeigen.

(3) Dienstvereinbarungen dürfen Rechtsnormen, insbesondere kirchlichen Arbeitsvertragsordnungen, nicht widersprechen. Bestehende Dienstvereinbarungen werden mit dem Inkrafttreten einer Rechtsnorm gemäß Satz 1 unwirksam.

(3a) Dienstvereinbarungen gelten unmittelbar und zwingend. Werden Mitarbeiterinnen oder Mitarbeitern durch die Dienstvereinbarung Rechte eingeräumt, so ist ein Verzicht auf sie nur mit Zustimmung der Mitarbeitervertretung zulässig.

(4) Dienstvereinbarungen werden durch Dienstgeber und Mitarbeitervertretung gemeinsam beschlossen, sind schriftlich niederzulegen, von beiden Seiten zu unterzeichnen und in geeigneter Weise bekannt zu machen. Dienstvereinbarungen können von beiden Seiten mit einer Frist von 3 Monaten zum Monatsende schriftlich gekündigt werden.

(5) Im Falle der Kündigung wirkt die Dienstvereinbarung in den Angelegenheiten des Abs. 1 Nr. 2 bis 13 nach. In Dienstvereinbarungen nach Abs. 1 Nr. 1 kann festgelegt werden, ob und in welchem Umfang darin begründete Rechte der Mitarbeiterinnen und Mitarbeiter bei Außerkrafttreten der Dienstvereinbarung fortgelten sollen. Eine darüber hinausgehende Nachwirkung ist ausgeschlossen.

Übersicht

	Rn		Rn
I. Einführung	1, 2	formeln (Grundsätze) für Abfindungen	51– 54
II. Begriffe »Arbeitsvertragsordnung« – »Dienstvereinbarung«	3– 39	5. Beispiel für einen Sozialplan nach der Punktwertmethode	55, 56
1. Arbeitsvertragsordnung bzw. Arbeitsvertragsrichtlinien	3– 19	IV. Ausschluss, Nachrang und Wirkung von Dienstvereinbarungen	57– 75
2. Rechtsqualität der Arbeitsvertragsordnungen (Arbeitsvertragsrichtlinien)	20– 32	1. Ausschluss von Dienstvereinbarungen	57– 59
3. Rechtsqualität von Dienstvereinbarungen	33– 39	2. Öffnungsklausel (§ 38 Abs. 1 Nr. 1)	60
III. Einzelfälle der Zulässigkeit von Dienstvereinbarungen	40– 56	3. Externe Unterstützung der Mitarbeitervertretung bei freiwilligen Dienstvereinbarungen (§ 38 Abs. 2)	61– 63
1. Einzelfälle des § 38 Abs. 1 Nrn. 2–15	40– 43	4. Kein Widerspruch zu Arbeitsvertragsordnungen, Abs. 3	64– 66
2. Gestaltungsbedingungen für eine Dienstvereinbarung über einen Sozialplan (§ 38 Abs. 1 Nr. 13)	44– 46	5. Zwingende Wirkung, Abs. 3a	67– 75
3. Wichtige Grundregeln für die Aufstellung eines Sozialplanes	47– 50	V. Abschluss der Dienstvereinbarung (§ 38 Abs. 4 S. 1)	76– 78
a. Formelle Regelungen	47	1. Willenserklärungen der Parteien	76
b. Materielle Regelungen	48, 49	2. Form	77
c. Generelle Grundsätze für Abfindungen in Sozialplänen	50	3. Bekanntmachung	78
4. Praxisbewährte Berechnungs-		VI. Ende der Dienstvereinbarung – Nachwirkung – Weitergeltung	79– 97
		1. Ende der Dienstvereinbarung	79– 90

	Rn		Rn
a. Zeitablauf	80–82	2. Gesamtdienstvereinbarung nach einer Umwandlung	99, 100
b. Kündigung	83–90	a. Änderung der Organisation	99
2. Nachwirkung	91–95	b. Folgen für die Gesamtdienstvereinbarung	100
3. Weitergeltung	96, 97	3. Dienstvereinbarung für den Bereich einer gemeinsamen Mitarbeitervertretung	101
VII. Die Geltung von Dienstvereinbarungen nach einem Rechtsträgerwechsel	98–101	VIII. Regelungsabreden	102–107
1. Einrichtungsbezogene Dienstvereinbarung	98	IX. Streitigkeiten	108–110

I. Einführung

Die MAVO unterscheidet zwischen freiwilligen Dienstvereinbarungen und erzwingbaren Regelungen. § 38 Abs. 1 und 2 regelt neben § 1b Abs. 1 S. 1, § 13d Abs. 1 S. 4, § 24 Abs. 2 und 3 S. 3 die zulässigen Gegenstände für eine Dienstvereinbarung. Der Katalog des § 38 Abs. 1 ist erschöpfend, er entspricht mit den Regelungen zu Nrn. 2–9 und 11–13 den Katalogen der §§ 36 Abs. 1 und 37 Abs. 1 jeweils mit den dortigen Nrn. 1–11. Die dort genannten Regelungsgegenstände sind im begründeten Fall als Regelungen erzwingbar, für den Dienstgeber gemäß § 33 Abs. 4 i. V. m. § 45 Abs. 1, für die MAV gemäß § 37 Abs. 3 S. 3 i. V. m. § 45 Abs. 3 Nr. 2. Die Kataloge von §§ 36 Abs. 1, 37 Abs. 1 und 38 Abs. 1 können nicht erweitert werden (§ 55). § 38 regelt in Abs. 4 das Verfahren zum Abschluss von Dienstvereinbarungen und in Abs. 5 die Kündbarkeit in den Fällen von Abs. 1 und 2. § 38 Abs. 1 Nr. 1 regelt die Zulässigkeit von Dienstvereinbarungen über Arbeitsentgelte und sonstige Arbeitsbedingungen. Dazu sind aber näher geregelte Voraussetzungen zu beachten. Denn soweit in Rechtsnormen, insbesondere in kirchlichen Arbeitsvertragsordnungen oder Arbeitsvertragsrichtlinien Arbeitsentgelte bereits geregelt sind oder durch KODA- und AK-Beschlüsse üblicher Weise geregelt werden, sind dazu betriebliche Dienstvereinbarungen nicht zulässig. Hiervon besteht dann eine Ausnahme, wenn nämlich eine Rechtsnorm vorgenannter Rechtsquellen den Abschluss ergänzender Dienstvereinbarungen durch eine diesbezügliche, näher formulierte Öffnungsklausel ausdrücklich zulässt. Diese Einschränkung ergibt sich aus dem System betrieblicher und überbetrieblicher Regelungs- und Mitbestimmungskompetenz im kirchlichen Dienst (Art. 7 und 8 GrO). Denn gemäß Art. 7 GrO werden Arbeitsvertragsregelungen in mit Vertretern der Dienstgeber und der Mitarbeiter paritätisch besetzten Kommissionen auf der Grundlage von KODA-Ordnungen und der Ordnung für die Arbeitsrechtliche Kommission des Deutschen Caritasverbandes (AK) bzw. der Ordnung für beschließende Unterkommissionen[1] beschlossen und durch den zuständigen Diözesanbischof kirchenrechtlich als Gesetz in Kraft gesetzt (Dritter Weg), während Angelegenheiten innerbetrieblicher Organisation entsprechend kirchlicher betriebsverfassungsrechtlicher Ordnung von der MAV gemäß MAVO mitbestimmt werden. Die Dienstvereinbarung ist im Verhältnis zur Arbeitsvertragsordnung bzw. zu Arbeitsvertragsrichtlinien die schwächere Norm (§ 38 Abs. 3); sie bedarf zu ihrer Gültigkeit der in § 38 Abs. 4 S. 1 vorgeschriebenen Form; sie ist kündbar (§ 38 Abs. 4 S. 2) und wirkt in den Regelungsfällen des Abs. 1 Nr. 2–13 gemäß § 38 Abs. 5 nach der Kündigung nach. In Dienstvereinbarungen nach Abs. 1 Nr. 1 kann lediglich festgelegt werden, ob und in welchem Umfang darin begründete Rechte der Mitarbeiterinnen und Mitarbeiter bei Außerkrafttreten der Dienstvereinbarung fortgelten sollen, § 38 Abs. 5 S. 2.

Die arbeitsrechtliche Regelungskompetenz wird nachstehend dargestellt. 2

---

1 Amtsblatt des Erzbistums Köln 2005 S. 263.

II. Begriffe »Arbeitsvertragsordnung« – »Dienstvereinbarung«

1. Arbeitsvertragsordnung bzw. Arbeitsvertragsrichtlinien

3   In der katholischen wie auch in der evangelischen Kirche wurde über den einzuschlagenden Weg eines Systems der Arbeitsvertragsregelung diskutiert und nach Lösungen gesucht, die eine dem Wesen der kirchlichen Dienstgemeinschaft entsprechende normative Regelung aller dort bestehenden Arbeitsverhältnisse zulassen. Dabei standen folgende Lösungsvorschläge und letztlich auch Lösungsansätze zur Debatte:

4   **»Erster Weg«**: Einseitige Festlegung des Inhalts der Arbeitsverhältnisse in kirchlichen Einrichtungen durch den kirchlichen Gesetzgeber (Bischof) oder kirchliche Leitungsorgane. Dieses Modell entspricht nicht der Stellung der Mitarbeiter in kirchlichen Einrichtungen und verletzt die auch von der Kirche gesehenen und anerkannten Grundsätze der Partnerschaft, Parität und Mitbestimmung im Arbeitsrecht. Die Grundordnung des kirchlichen Dienstes im Rahmen kirchlicher Arbeitsverhältnisse (GrO) zeigt, dass über diesen »Ersten Weg« mit Ausnahme der Dienstrechtsverhältnisse der Kleriker und Beamten ernsthaft nicht mehr gesprochen wird.

5   **»Zweiter Weg«**: Hier wird eine tarifvertragliche Regelung der Arbeitsverhältnisse kirchlicher Mitarbeiter angesprochen, wobei sich nach den Regeln des TVG Kirchen und Gewerkschaften als freie Tarifpartner gegenüberstehen. Die dazu bisher von evangelischen Kirchen mit Gewerkschaften des DGB abgeschlossenen Tarifverträge lassen erkennen, dass die Partner dieser Tarifverträge im Hinblick auf die Besonderheiten des kirchlichen Dienstes für die Dauer der Tarifverträge absolute Friedenspflicht vereinbart haben.

6   Entscheidungen für die tarifvertragliche Lösung haben die Nordelbische Kirche und die Evangelische Kirche in Berlin-Brandenburg getroffen. Im Jahre 2002 haben Vertreter der Gewerkschaft Kirche und Diakonie (VKM-NE) sowie der Vereinten Dienstleistungsgewerkschaft Landesbezirke Hamburg und Nord einerseits und die Vertreter des Verbandes kirchlicher und diakonischer Anstellungsträger (VKDA) den kirchlichen Tarifvertrag der Diakonie abgeschlossen.[2] Dieser »KTD« ist der Versuch, den Deregulierungstendenzen in diakonischen Einrichtungen entgegenzuwirken.[3] Der KTD ist für Einrichtungen geschaffen, die nicht unter den Geltungsbereich des Kirchlichen Angestelltentarifvertrages (KAT) fallen. Die landeskirchlichen Tarifvertragsgesetze[4] weichen vom staatlichen Tarifvertragsgesetz ab mit der Folge, dass der »Zweite Weg« nicht – worauf *Richardi*[5] mit Recht hinweist – die Übernahme des Tarifvertragssystems des TVG durch die beiden Kirchen bedeutet, sondern nur eine besondere Form der Regelung für Arbeitsverhältnisse in kirchlichen Einrichtungen. Wenn aber schon im »Zweiten Weg« die Regeln des staatlichen Tarifvertragsrechts nicht übernommen werden können, weil Kirche und damit der kirchliche Dienst nicht im Spannungsverhältnis von »Kapital und Arbeit« leben, dann muss die Kirche die rechtliche Möglichkeit haben, ein eigenes Regelungssystem für die bei ihr bestehenden Arbeitsverhältnisse zu entwickeln, das dem Wesen der kirchlichen Dienstgemeinschaft entspricht.

7   In der katholischen Kirche wurde der »Zweite Weg« von vornherein nicht beschritten. Er ist durch Art. 7 Abs. 2 GrO ausgeschlossen.

8   **»Dritter Weg«**: Kirchlicher Dienst entfaltet sich im Rahmen der staatlich geordneten Gesellschaft.[6] Der Staat hat sein Verhältnis zu den Kirchen in den von Art. 140 GG übernommenen Kirchenarti-

---

2 *Schwarz-Seeberger*, ZMV 2002, 209.
3 *Schuckart-Witsch*, Sonderheft ZMV 2003, 62 f.
4 Arbeitsrechtsregelungsgesetz der Nordelbisch-Evangelischen Kirche vom 9. 6. 1977, Amtsblatt der EKD 1979 S. 482; Kirchengesetz der Evangelischen Kirche in Berlin-Brandenburg vom 18. 11. 1979, Amtsblatt der EKD 1980 S. 89, abgelöst durch TVO vom 16. 11. 1981 – KABl. S. 162.
5 Arbeitsrecht in der Kirche, § 13 Rn 21.
6 *Richardi*, a. a. O. § 1 Rn 1.

keln der Weimarer Reichsverfassung festgelegt. Für den »Dritten Weg« ist Art. 137 Abs. 3 der Weimarer Reichsverfassung die Rechtsgrundlage. Dort ist festgelegt, dass »jede Religionsgesellschaft ihre Angelegenheiten selbständig innerhalb der Schranken des für alle geltenden Gesetzes ordnet und verwaltet. Sie verleiht ihre Ämter ohne Mitwirkung des Staates oder der bürgerlichen Gemeinde«.

Daraus wird das Recht der Kirche abgeleitet, im Wege von Kirchengesetzen die Rechtsverhältnisse der Mitarbeiter im kirchlichen Dienst durch eigene, – wie angenommen wird – mit kollektiver Wirkung ausgestattete Rechtsnormen zu regeln. Dieser »Dritte Weg«, seine grundsätzlichen Probleme und seine Zulässigkeit sind teilweise heftig umstritten.[7]

Die Kirche hat sich für diesen »Dritten Weg« entschieden. Das ist jedenfalls der Tenor des Artikels 7 der Grundordnung (GrO) vom 22. 9. 1993. Dort ist in Art. 7 Abs. 1 Satz 1 festgelegt, dass das Verhandlungsgleichgewicht der abhängig beschäftigten Mitarbeiter bei Abschluss und Gestaltung der Arbeitsverträge durch die Kirche gesichert wird durch das ihr verfassungsrechtlich gewährleistete Recht, ein eigenes Arbeitsrechts-Regelungssystem zu schaffen. Rechtsnormen für den Inhalt von Arbeitsverhältnissen kommen danach zustande durch Beschlüsse der Kommissionen, die mit Vertretern der Dienstgeber und Vertretern der Mitarbeiter paritätisch besetzt sind. Sie bedürfen der bischöflichen Inkraftsetzung. Die Kommissionen sind an die Grundordnung gebunden. 9

Wegen der Einheit des kirchlichen Dienstes und der Dienstgemeinschaft als Strukturprinzip des kirchlichen Arbeitsrechtes schließen kirchliche Dienstgeber grundsätzlich keine Tarifverträge mit Gewerkschaften ab. Streik und Aussperrung scheiden ebenfalls aus (Art. 7 Abs. 2 GrO). 10

Die einzelnen Diözesanbischöfe haben teilweise schon vor Erlass der Grundordnung durch Kirchengesetze eigene KODA-Ordnungen (KODA = Kommission zur Ordnung des diözesanen Arbeitsvertragsrechtes) erlassen. Auf diesem Gesetzgebungsakt des Diözesanbischofs beruht das kirchliche Arbeitsrecht. 11

Dazu gibt es regional unterschiedliche Strukturen. Kommissionen für jeweils einzelne Diözesen bestehen in den (Erz-)Bistümern Freiburg, Fulda, Hildesheim, Limburg, Mainz, Rottenburg-Stuttgart, Speyer und Trier. Zu Regionen mit dem Zweck einer Regional-KODA verbunden sind 12
– die (Erz-)Diözesen in Bayern mit Augsburg, Bamberg, Eichstätt, München und Freising, Passau, Regensburg, Würzburg;
– die (Erz-)Diözesen im Raum Region Nord-Ost mit Berlin, Dresden-Meißen, Erfurt, Görlitz, Hamburg und Magdeburg;
– die (Erz-)Diözesen in Nordrhein-Westfalen mit Aachen, Essen, Köln, Münster (nordrhein-westfälischer Teil) und Paderborn;
– die Diözese Osnabrück und der oldenburgische Teil der Diözese Münster.

Dazu kommen auf der Grundlage der KODA-Ordnung der (Erz-)Diözesen in NRW noch besondere Kommissionen für bestimmte Rechtsträger und ihre Einrichtungen, die weder die AVR-Caritas noch die KAVO anwenden.[8] Beim Verband der Diözesen Deutschlands ist eine besondere KODA gebildet. Der Deutsche Caritasverband schließlich hat die Arbeitsrechtliche Kommission gebildet, die für die Fortentwicklung der AVR-Caritas zuständig ist, so dass für diesen Regelungsbereich keine Zuständigkeit der diözesanen Kommissionen gegeben ist (§ 1 Abs. 4 KODA-Ordnung). 13

Nach § 2 der Regional-KODA-Ordnung NRW ist es Aufgabe der Kommission, durch ihre Beschlüsse bei der Aufstellung von Normen mitzuwirken, welche Inhalt, Abschluss und Beendigung von Arbeitsverhältnissen ordnen. Die Kommission ist nach § 4 aus der gleichen Anzahl von Vertretern der Dienstgeber und Mitarbeiter besetzt. Die von der Kommission mit einer mindestens 3/4-Mehrheit ihrer Mitglieder gefassten Beschlüsse werden dem jeweiligen Diözesanbischof vor- 14

---
7 *Dütz*, Essener Gespräche, Staat und Kirche Bd. 18 S. 85 ff.; *Zetl/Bauer*, Der Dritte Weg – die Kath. Kirche und die neue AVGO, ZTR 1991, 150 ff.; *Richardi* a. a. O. § 13 Rn 26; *Hammer*, Kirchliches Arbeitsrecht S. 57 ff.
8 Amtsblatt des Erzbistums Köln 2006 Nr. 36 S. 30.

gelegt. Dieser muss den Beschluss der KODA in Kraft setzen (§ 10). Damit existieren als kirchliches Recht »Arbeitsvertragsrichtlinien«. Der Begriff »**Arbeitsvertragsordnung**« (= KAVO) ist damit **identisch**.

15 Wie nicht anders zu erwarten, wenn partikulare Rechtsnormen entstehen, sind die KODA-Ordnungen unterschiedlich gefasst; die von der Vollversammlung des Verbandes der Diözesen Deutschlands verabschiedeten Musterordnungen sahen sogar alternative Regelungen vor, so dass Abweichungen der einzelnen KODA-Ordnungen voneinander erklärbar, wegen der Einzelheiten hier aber nicht darzustellen sind. Nicht richtig ist aber die Behauptung,[9] dass die Vertreter der Mitarbeiterinnen und Mitarbeiter bei den KODA-Wahlen durchweg über Wahlmänner, also mittelbar gewählt werden. Zur Regional-KODA der Diözesen in NRW hat jeder wahlberechtigte Mitarbeiter und jede wahlberechtigte Mitarbeiterin das Recht zur Wahl des Kandidaten oder der Kandidatin für die Regional-KODA unmittelbar (§ 5 Abs. 2 KODA-Ordnung). Dasselbe gilt gemäß § 5b BayRKO, § 5 Abs. 2, 4, 5 Regional-KODA-Ordnung Nord-Ost und § 5 Abs. 2, 4 Regional-KODA-Ordnung Osnabrück/Offizialatsbezirk Oldenburg. Das ist gemäß anderen diözesanen KODA-Ordnungen unterschiedlich. Die Wahlordnung für die Wahl der Vertreter der Mitarbeiter zur Arbeitsrechtlichen Kommission des Deutschen Caritasverbandes bestimmt, dass je ein Mitglied der Mitarbeitervertretungen den Vertreter der Mitarbeiter in je einer Wahlversammlung auf Diözesanebene in die AK wählt (§ 4 i. V. m. § 2 Wahlordnung der Vertreter der Mitarbeiter). In die Regional-KODA der (Erz-)Diözesen in NRW entsendet der ZKD zusätzliche Vertreter der Mitarbeiter, wirkt also unmittelbar bei der Besetzung der Sitze auf der Mitarbeiterseite in der Kommission und als Verband der Mitarbeiter mit (§ 5 Abs. 7 KODA-Ordnung der Diözesen in NRW). Gemäß § 5b Abs. 4 BayRKO können Koalitionen i. S. v. Art. 6 GrO Wahlvorschläge einreichen.

16 Im überdiözesanen Bereich haben die Bistümer für den Bereich der Deutschen Bischofskonferenz einschließlich des Deutschen Caritasverbandes eine Zentral-KODA installiert. Sie ist gemäß § 3 Abs. 1 Zentral-KODA-Ordnung zur Beschlussfassung über Rechtsnormen in den Angelegenheiten
   • Ausfüllung von Öffnungsklauseln in staatlichen Gesetzen,
   • Fassung von Einbeziehungsabreden für Arbeitsverträge hinsichtlich der Loyalitätsobliegenheiten und Nebenpflichten gemäß der Grundordnung (GrO),
   • kirchenspezifischer Regelungen:
     – für die Befristung von Arbeitsverhältnissen,
     – soweit nicht bereits von 1., umfasst Regelungen für den kirchlichen Arbeitsschutz, insbesondere für den liturgischen Dienst,
     – für Mehrfacharbeitsverhältnisse bei verschiedenen Dienstgebern,
     – für die Rechtsfolgen des Wechsels von einem Dienstgeber zu einem anderen Dienstgeber
   zuständig.

17 Darüber hinaus kann die Zentral-KODA Empfehlungen für die Beschlussfassung über Rechtsnormen durch die anderen Kommissionen i. S. v. Art. 7 Abs. 1 GrO geben (§ 3 Abs. 3 Zentral-KODA-Ordnung).

18 Nicht zu verwechseln mit der Zentral-KODA ist die **Arbeitsrechtliche Kommission (AK) des Deutschen Caritasverbandes**, die eine ständige paritätisch besetzte Kommission besonderer Art der Delegiertenversammlung des Deutschen Caritasverbandes (§ 9 Abs. 3 seiner Satzung) ist (§ 1 Abs. 1 S. 1, § 2 AK-Ordnung). Die Arbeitsrechtliche Kommission besteht aus einer Bundeskommission und sechs Regionalkommissionen. Aufgabe der AK ist die Beschlussfassung von Rechtsnormen über Inhalt, Abschluss und Beendigung von Dienstverhältnissen im Bereich des Deutschen Caritasverbandes, solange und soweit die Zentral-KODA von ihrer Regelungsbefugnis gemäß § 3 Zentral-KODA-Ordnung keinen Gebrauch gemacht hat oder macht (§ 1 Abs. 3 AK-Ordnung). Auf die einschlägigen Ordnungen zur AK wird hingewiesen; sie sind in den jährlichen Textausgaben der

---

9 Vgl. *Wiznewski*, in: *Hammer*, Kirchliches Arbeitsrecht, S. 365.

AVR - Richtlinien für Arbeitsverträge in den Einrichtungen des Deutschen Caritasverbandes abgedruckt.[10] Die Beschlüsse der AK und ihrer beschließenden Unterkommissionen bedürfen einer $^3/_4$-Mehrheit (§ 13 Abs. 1 AK-Ordnung), sie sind vom Vorsitzenden der AK zu unterzeichnen. Kommt eine Einigung nicht zustande kann zunächst der Ältestenrat angerufen werden, 14 Abs. 1 AK-Ordnung. Kommt auch hier eine Einigung nicht zustande, kann von mindestens der Hälfte der Mitglieder der Verhandlungskommission der Vermittlungsausschuss angerufen werden, der einen Vermittlungsvorschlag unterbreitet. Wird dem Vermittlungsvorschlag nicht zugestimmt, bleibt es bei der bisherigen Rechtslage, § 15 Abs. 2 S. 4 AK-Ordnung. Als Kirchenrecht bedürfen die gemäß der Ordnung der AK zustande gekommenen Beschlüsse zu ihrer Wirksamkeit der In-Kraft-Setzung. Dies geschieht nach Maßgabe der Richtlinien für die In-Kraft-Setzung der Beschlüsse der Arbeitsrechtlichen Kommission des Deutschen Caritasverbandes in ihrer jeweils geltenden Fassung, § 2 Abs. 1 der Richtlinien.

Die Beschlüsse der Bundeskommission sind in der Verbandszeitschrift »neue caritas« zu veröffentlichen. Die Beschlüsse der Regionalkommissionen sollen in geeigneten diözesanen Medien veröffentlicht werden (§ 18 Abs. 2 S. 2 AK-Ordnung). 19

2. Rechtsqualität der Arbeitsvertragsordnungen (Arbeitsvertragsrichtlinien)

Weder Arbeitsvertragsordnungen noch Arbeitsvertragsrichtlinien i. S. d. Dritten Weges sind Tarifverträge i. S. d. Tarifvertragsgesetzes (TVG), wie die Rechtsprechung zeigt.[11] Darüber besteht weitgehend Einigkeit.[12] Kirchlicherseits werden Tarifverträge (§ 2 Abs. 1 TVG) nicht angestrebt (Art. 7 Abs. 2 GrO). 20

Umstritten war, ob Arbeitsvertragsrichtlinien Mindestarbeitsbedingungen als kirchliche Rechtsnormen setzen, ob sie also – wie Tarifnormen – kollektive Bedeutung haben und kollektives Arbeitsrecht im kirchlichen Bereich schaffen. Sind sie nämlich kollektive Normen, so wirken sie unmittelbar und zwingend auf die Arbeitsverhältnisse ein. Sie sind dann allgemeinverbindliche Normen für die Arbeitsverhältnisse, die unter ihren Geltungsbereich fallen. Dabei besteht Einigkeit, dass sie günstigere einzelvertragliche Regelungen nicht außer Kraft setzen können.[13] Dazu ist Folgendes festzustellen: 21

Das *BAG* hat wiederholt entschieden,[14] dass die dort für die Verfahren maßgebenden Arbeitsvertragsrichtlinien des Deutschen Caritasverbandes bzw. die KAVO der Diözesen in NRW kraft einzelarbeitsvertraglicher Inbezugnahme auf die Arbeitsverhältnisse einwirken.[15] Nach ständiger Rechtsprechung des BAG kommt kirchlichen Arbeitsvertragsordnungen keine normative Wirkung für das Arbeitsverhältnis zu.[16] 22

---

10 Lambertus-Verlag Freiburg.
11 *BAG*, 25. 3. 2009 – 7 AZR 710/07, NZA 2009, 1417; 23. 1. 2002 – AZN 760/01, ZMV 2002, 87; 15. 11. 2001 – 6 AZR 88/01, ZTR 2002, 537; 19. 2. 2003 – 4 AZR 11/02, NZA 2004, 54; 26. 1. 2005 – 4 AZR 171/03, NZA 2005, 1059.
12 *Richardi*, Arbeitsrecht in der Kirche, § 15 Rn 3; *Schwerdtner*, Anmerkung zu *BAG*, 4. 2. 1976 – 5 AZR 83/75, EzA § 242 BGB Gleichbehandlung Nr. 10; *BAG*, 24. 9. 1980 – 4 AZN 289/80, EzA § 72a ArbGG 19/9 Nr. 17 = DM 1981, 1340; 7. 9. 1988 – 4 AZN 436/88, EzA § 72a ArbGG 1979 Nr. 52; 6. 12. 1990 – 6 AZR 259/89, DB 1991, 866; *Bietmann*, Betriebliche Mitbestimmung im kirchlichen Dienst S. 39; *Jurina*, Dienst- und Arbeitsrecht in der katholischen Kirche, Essener Gespräche Bd. 10 S. 88; *Müller-Volbehr*, Dritter Weg und Tarifvertrag – kollektives Arbeitsrecht im kirchlichen Bereich, in Festschrift für Ernst Wolf S. 542; *Grunsky*, Anm. zu AP Nr. 9 zu § 72a ArbGG 1979 (Grundsatz); *Hammer*, ZTR 2002, 302.
13 *Grethlein*, in NZA-Sonderbeilage 1/1986 S. 18 ff., insbesondere S. 23; *Pahlke*, NJW 1986, 350 ff., 354, 355 – dort unter Fußnote 87 m. w. N.; *von Campenhausen*, Essener Gespräche Bd. 18 S. 34–39.
14 Vgl. *BAG*, 25. 1. 1963, BB 1963, 187; 4. 2. 1976 – 5 AZR 83/75, EzA § 242 BGB Gleichbehandlung Nr. 10; 6. 11. 1996 – 5 AZR 334/95, AP Nr. 28 zu § 611 BGB Kirchendienst; 5. 3. 1997 – 4 AZR 392/95, KirchE 35. Bd. S. 86; 24. 9. 1997 – 4 AZR 452/96, AR-Blattei ES 960 Kirchenbedienstete Nr. 60; 28. 1. 1998 – 4 AZR 491/96, ZevKR Bd. 44 (1999) S. 90.
15 Dazu: *Richardi*, a. a. O. § 15 Rn 3, 52
16 *BAG*, 25. 3. 2009 – 7 AZR 710/07, NZA 2009, 417; dazu auch: *Deinert*, ZTR 2005, 461, 471.

23   Soweit nach § 3 Abs. 1 Nr. 1 Altersteilzeitgesetz, § 21a Abs. 3 JArbSchG, § 7 Abs. 4 ArbZG (früher noch Art. 1 § 6 Abs. 3 BeschFG 1985) die Subsidiarität arbeitsrechtlicher gesetzlicher Regelungen gegenüber Tarifverträgen, aber auch gegenüber Regelungen der Kirchen und öffentlich-rechtlichen Religionsgesellschaften gesetzlich ausdrücklich festgelegt ist,[17] bestehen unterschiedliche Meinungen.[18] Die staatliche Gesetzeslage kann zudem den Bestand von Öffnungsklauseln, wie das Beispiel des BeschFG 1985 mit Öffnungsklausel im Verhältnis zum TzBfG ohne Öffnungsklausel zeigt, ändern.[19] Nach der Rechtsprechung des *BAG* verletzen gesetzliche Regelungen, die Öffnungsklauseln für Tarifverträge, nicht aber für kirchliche Arbeitsvertragsrichtlinien enthalten, die Kirchen weder in ihrem durch Art. 140 GG i. V. m. Art. 137 Abs. 3 WRV garantierten Selbstverwaltungs- und Selbstbestimmungsrecht, noch verstoßen sie gegen den allgemeinen Gleichheitssatz des Art. 3 Abs. 1 GG.[20]

Gibt es somit keine Bestandsgarantie für Öffnungsklauseln, so kann es für die Beurteilung der Rechtsqualität der kirchlichen Arbeitsvertragsordnungen nicht auf das Vorliegen einer solchen gesetzlichen Öffnungsklausel ankommen, weil sonst nur die auf den in staatlichen Gesetzen enthaltenen Öffnungsklauseln beruhenden Arbeitsvertragsregelungen besondere Qualität hätten, obwohl es dazu keine gesetzliche Bestimmung gibt.

24   Der verfassungsrechtliche Ansatz zum kirchlichen Selbstbestimmungsrecht einschließlich des kirchenrechtlichen Selbstbestimmungsrechts[21] ist jedenfalls für den innerkirchlichen Bereich relevant, als nämlich die Verbindlichkeit der Arbeitsvertragsordnung für die kirchlichen Arbeitgeber festzustellen ist, sodass diese die jeweilige Arbeitsvertragsordnung auf die Arbeitsverhältnisse anwenden.[22] Die Rechtsprechung des Bundesverfassungsgerichts[23] zeigt auf, dass der Arbeitsvertrag der Schlüssel für den Inhalt des Arbeitsverhältnisses mit dem kirchlichen Arbeitgeber ist. Das ist insofern von Bedeutung, weil der Tarifvertrag gemäß § 4 TVG nur die beiderseits Tarifgebundenen normativ erreicht, also nicht die nicht tarifgebundenen Arbeitnehmer, die bei einem tarifgebundenen Arbeitgeber des öffentlichen Dienstes beschäftigt werden; für sie gilt z. B. der TVöD nur auf Grund einzelarbeitsvertraglicher Inbezugnahme.[24] Das zeigt in ähnlicher Weise der Fall des Mitarbeiters der Diakonie im Bereich der Nordelbischen Kirche, dessen Arbeitsvertrag mit BAT den Tarifvertrag schließenden Parteien nicht unterfiel und der sich mit Hilfe seines arbeitsvertraglichen Status quo gegen die tarifvertragliche Schlechterstellung mit außerordentlicher Kündigung erfolgreich zur Wehr gesetzt hat.[25]

25   Die im kirchlichen Arbeitsrechtsregelungsverfahren erlassenen Bestimmungen über den Inhalt von Arbeitsverträgen binden den kirchlichen Arbeitgeber nach Maßgabe des darin bestimmten Geltungsbereichs (vgl. beispielsweise § 2 AVR-Caritas i. V. m. den Richtlinien für die Inkraftsetzung der Beschlüsse der Arbeitsrechtlichen Kommission und der Unterkommissionen des Deutschen Caritasverbandes durch die Diözesanbischöfe in der Bundesrepublik Deutschland[26]; § 1 KAVO; § 1 ABD; § 1 AVVO Freiburg). Der privatrechtlich verfasste Arbeitgeber im AVR-Bereich ist durch Satzung des zuständigen Diözesancaritasverbandes zur Anwendung der AVR verpflichtet.[27] Daraus wird gefolgert, dass der betroffene Arbeitnehmer seinerseits die Geltung der AVR-Caritas uneingeschränkt geltend

---

17 Vgl. z. B. *Dütz*, Die »Tarif«Wirkung, FS Schaub S. 157–172.
18 Vgl. *Hammer*, Neuere Entwicklungen, ZTR 2002, 302.
19 Vgl. § 6 Abs. 1 und 3 BeschFG 1985 mit §§ 12 Abs. 3, 13 Abs. 4 TzBfG.
20 *BAG*, 25. 3. 2009 – 7 AZR 710/07, NZA 2009, 1417.
21 Vgl. u. a. *Richardi*, a. a. O. § 15 Rn 51, 53 m. N., Rn 76 f.
22 *Richardi*, a. a. O. § 15 Rn 75.
23 BVerfG, 4. 6. 1985 – 2 BvR 1703/83, 2 BvR 1718/83, 2 BvR 856/84, BVerfGE 70, 138.
24 *Richardi*, a. a. O. § 15 Rn 73.
25 *BAG*, 25. 10. 2001 – 2 AZR 216/00, ZMV 2002, 198.
26 In: Amtsblatt des Erzbistums Köln 2005 Nr. 304 S. 345.
27 Vgl. § 5 Satzung des Diözesancaritasverbandes für das Erzbistum Köln e. V., Amtsblatt des Erzbistums Köln 2000 Nr. 138 S. 112; § 6 Satzung des Caritasverbandes der Diözese Rottenburg-Stuttgart e. V., Amtsblatt für die Diözese Rottenburg-Stuttgart 1999 S. 423.

machen kann.²⁸ Wie sonst sollten auch Mitarbeitervertretungen in Wahrnehmung ihrer Beteiligungsrechte gemäß § 35 MAVO von ihrer Mitbeurteilungskompetenz zur Eingruppierung, Höhergruppierung oder Herabgruppierung Gebrauch machen. Dasselbe galt für die Schlichtungsstellen und gilt jetzt für die Kirchlichen Arbeitsgerichte, die bei Streitigkeiten feststellen müssen, welche Arbeitsvertragsordnung beim Dienstgeber gilt, um z. B. über die zutreffende Vergütungsgruppe bei Eingruppierungen entscheiden zu können (§ 35 Rn 5 f.). Das Kirchenrecht statuiert in can. 1290 CIC mit Blick auf die Verträge, dass das Vertragsrecht des jeweiligen Staates gilt, in dem der Vertrag geschlossen ist und sich entfaltet. Infolge dessen gelten vom Diözesanbischof erlassene Arbeitsvertragsordnungen gegenüber den Arbeitnehmern nicht normativ, sondern durch einzelarbeitsvertragliche Inbezugnahme, weil aus kirchenrechtlicher Sicht vom Kirchenrecht nur die Glieder der katholischen Kirche verpflichtet und berechtigt werden (can. 11 CIC). Die Arbeitsvertragsmuster für die Abschlüsse von Arbeitsverträgen im kirchlichen Bereich setzen in Übereinstimmung mit can. 1290 CIC auf die einzelarbeitsvertragliche Inbezugnahme der jeweiligen Arbeitsvertragsordnungen (vgl. § 3 KAVO der Diözesen in Nordrhein-Westfalen, § 4 KAVO Trier, § 4 ABD; § 1 Abs. 3 AVVO Freiburg).

Ordnungsgemäß von den Kommissionen gemäß KODA-Ordnungen und von der AK bzw. ihren beschließenden Unterkommissionen verabschiedete und von den Diözesanbischöfen in Kraft gesetzte Arbeitsvertragsordnungen bzw. Arbeitsvertragsrichtlinien sind im Ergebnis von den Dienstgebern durch kirchenrechtlichen bzw. satzungsrechtlichen Befehl arbeitsvertraglich umzusetzen mit der Folge, dass sich die betroffenen Mitarbeiter auf den Anwendungsbefehl berufen können. Damit steht fest, dass kirchliche Arbeitgeber bei Anwendung auf dem Dritten Weg entstandener Arbeitsvertragsordnungen bzw. Arbeitsvertragsrichtlinien die darin enthaltenen Arbeitsvertragsbedingungen nicht einseitig verschlechternd abändern können. 26

Allerdings gilt auch für die Kirchen, dass sie – wie die Tarifvertragsparteien – bei der Schaffung ihrer Rechtsnormen zwingendes staatliches Arbeitnehmerschutzrecht beachten müssen, wollen sie nicht die Nichtigkeit ihrer Normen in Kauf nehmen. Staatliches Recht wird nicht verdrängt. 27

Umstritten war, ob kirchliche Arbeitsvertragsordnungen der rechtlichen Kontrolle wie die Normen von Tarifverträgen oder auch der Billigkeitskontrolle durch die staatlichen Gerichte unterliegen. Im Falle der Gleichsetzung kirchlicher Arbeitsvertragsordnungen mit Tarifverträgen bliebe nur nach dem Maßstab der Kontrolle tarifvertraglicher Regelungen die staatliche Kontrolle von Kirchenrecht erhalten. 28

Das Bundesarbeitsgericht **unterschied:** 29

Stimmen kirchliche Regelungen des Arbeitsvertragsrechts mit denen von Tarifverträgen überein, erfolgte keine Billigkeitskontrolle.²⁹ Für die Inhaltskontrolle kirchlicher Arbeitsvertragsrichtlinien sind hiernach die für **Tarifverträge** geltenden Maßstäbe heranzuziehen, soweit in die Arbeitsvertragsrichtlinien die entsprechenden Tarifvertragsregelungen des öffentlichen Dienstes für gleich gelagerte Sachbereiche ganz oder mit im Wesentlichen gleichen Inhalten übernommen werden.³⁰ Denn bei tarifvertraglichen Regelungen ist es nach *BAG* nicht Sache der Gerichte zu prüfen, ob jeweils die gerechteste oder zweckmäßigste Regelung gefunden wurde. Tarifverträge sind allein daraufhin zu untersuchen, ob sie gegen die Verfassung, gegen ein höherrangiges zwingendes Recht oder gegen die guten Sitten verstoßen.³¹

Stimmten Arbeitsvertragsrichtlinien nicht mit vergleichbaren Tarifverträgen überein fand eine gesetzliche Inhaltskontrolle statt. Nach § 310 Abs. 4 S. 1 BGB sind Arbeitsvertragsordnung bzw. Arbeitsvertragsrichtlinien als allgemeine Geschäftsbedingungen zu qualifizieren, weil sie keine Tarifverträge sind. Allgemeine Geschäftsbedingungen sind gemäß § 305 Abs. 1 S. 1 BGB alle für eine Viel-

---

28 *Richardi*, a. a. O. § 15 Rn 77.
29 *BAG*, 4. 4. 2001 – 4 AZR 232/00, ZTR 2001 S. 512.
30 *BAG*, 6. 11. 1996 – 5 AZR 334/95, NZA 1997, 778; 28. 1. 1998 – 4 AZR 491/96, ZevKR Bd. 44, 90.
31 *BAG*, 6. 9. 1995 – 5 AZR 174/94, NZA 1996, 437; 6. 11. 1996 – 5 AZR 334/95, NZA 1997, 778.

zahl von Verträgen vorformulierten Vertragsbedingungen, die eine Vertragspartei (Verwender) der anderen Vertragspartei bei Abschluss eines Vertrages stellt. Sie unterliegen grundsätzlich der gesetzlichen Inhaltskontrolle nach § 307 BGB.

30 Mit dieser Unterscheidung hat die Rechtsprechung des *BAG* dem System des Dritten Weges nicht angemessen Rechnung getragen, weil die aus mit Vertretern der Dienstgeber und der Mitarbeiterinnen und Mitarbeiter paritätisch besetzten Kommissionen i. S. d. KODA-Ordnungen und der AK-Ordnung hervorgehenden Arbeitsvertragsordnungen bzw. Arbeitsvertragsrichtlinien beiderseits formulierte Vertragsbedingungen sind, die die Dienstgeber arbeitsvertraglich umzusetzen haben. Das hat der staatliche Gesetzgeber nicht berücksichtigt, obwohl auch im Bereich der Geltung eines Tarifvertrages die nicht tarifgebundenen Arbeitnehmer nur im Wege der arbeitsvertraglichen Inbezugnahme von dem Tarifvertrag erreicht werden.[32] Die Rechtsprechung hat in diesem Zusammenhang allerdings die Struktur des Dritten Weges berücksichtigt.[33] Soweit das *BAG* dabei eine Billigkeitskontrolle erörtert hat, orientierte es sich wegen der Struktur des Dritten Weges nicht an § 315 BGB sondern wendet § 317 BGB an, so dass für den Fall anerkannter Billigkeitskontrolle die streitige Bestimmung einer Arbeitsvertragsordnung für die Arbeitsvertragsparteien dann nicht verbindlich ist, wenn sie offenbar unbillig ist (§ 319 Abs. 1 S. 1 BGB).[34]

31 Inzwischen hat das *BAG* seine bisherige Unterscheidung aufgegeben. Es hat allgemein klargestellt, dass kirchliche Arbeitsvertragsrichtlinien nur daraufhin zu untersuchen sind, ob sie gegen die Verfassung, gegen anderes höherrangiges zwingendes Recht oder die guten Sitten verstoßen. Voraussetzung ist allein, dass die Arbeitsvertragsregelungen auf dem Dritten Weg gemäß den einschlägigen Organisations- und Verfahrensvorschriften entstanden sind, von einer paritätisch mit weisungsunabhängigen Mitgliedern besetzten Arbeitsrechtlichen Kommission beschlossen wurden und damit nicht der Dienstgeberseite zugeordnet werden können. Das *BAG* macht diese eingeschränkte Kontrolle daher grundsätzlich nicht mehr davon abhängig, dass einschlägige tarifvertragliche Regelungen des öffentlichen Dienstes ganz oder mit im Wesentlichen gleichen Inhalten übernommen werden.[35]

32 Als Folge davon, dass Arbeitsvertragsordnungen bzw. Arbeitsvertragsrichtlinien keine Tarifverträge sind, bleibt im Falle des Betriebsübergangs gemäß § 613a BGB festzuhalten, dass die Weitergeltung des bisherigen Arbeitsvertragsinhalts beim neuen Arbeitgeber erhalten bleibt. **Beispiel**: Wird eine pfarrliche Einrichtung, welche die KAVO oder das ABD anwendet auf einen AVR-Anwender rechtsgeschäftlich übertragen, gelten KAVO bzw. ABD weiter.[36] Dasselbe gilt auch im umgekehrten Fall, wenn eine Einrichtung aus dem AVR-Bereich auf einen Träger im KAVO- oder ABD-Bereich übergeht; die AVR gelten weiter. Die einvernehmliche Anpassung der Arbeitsvertragsbedingungen durch die Parteien des Arbeitsvertrages ist jedoch möglich.

3. Rechtsqualität von Dienstvereinbarungen

33 Das Recht der Dienstvereinbarung ist in § 38 ausdrücklich geregelt. Bei ihr geht es um einen privatrechtlichen Vertrag i. S. der §§ 145 ff. BGB.[37] Nach dem Ordnungstext der MAVO wird verlangt, dass Dienstvereinbarungen von Dienstgeber und MAV gemeinsam beschlossen werden. Damit erfüllt die Kirche einen ihr zukommenden Regelungsauftrag für den Bereich einer Einrichtung.[38] Die

---

32 *Richardi*, ZMV 2002 S. 161.
33 *BAG*, 6. 11. 1996 – 5 AZR 334/95, NZA 1997, 778.
34 *BAG*, 17. 4. 1996 – 10 AZR 558/95, NZA 1997, 55; 15. 11. 2001 – 6 AZR 88/01, ZMV 2002, 246.
35 *BAG*, 22. 7. 2010 – 6 AZR 847/07, EzA-SD 2010 Nr. 19, S. 9; ebenso *Thüsing*, Anm. zu *BAG* v. 6. 11. 1996 – 5 AZR 334/95, EzA § 611 BGB Ausbildungsbeihilfe Nr. 16; *Schliemann* FS Hanau S. 577, 597; *Staudinger/ Coester* (2006) § 310 Rn 89.
36 Vgl. *BAG*, 20. 3. 2002 – 4 AZR 101/01, NZA 2002, 1402.
37 Vgl. zur Vertragstheorie für Betriebsvereinbarung ErfK/*Kania*, § 77 Rn 19; *Fitting*, § 77 Rn 13; *Kreutz*, GK-BetrVG, § 77 Rn 31 m. N. zu den Theorien, wie Satzungstheorie, Vertrags- und Vereinbarungstheorie; *Richardi*, BetrVG § 77 Rn 26 ff.
38 Vgl. Mater et magistra Nr. 91 f.

Dienstvereinbarung gemäß MAVO ist ein kollektiver Normenvertrag, den die Einrichtungspartner aufgrund der dazu erteilten besonderen kirchenrechtlichen Ermächtigung (vgl. auch Öffnungsklausel gemäß Abs. 1 Nr. 1) abschließen können. Soweit die MAVO bzw. eine arbeitsvertragsordnungsrechtliche Öffnungsklausel dem Dienstgeber das Recht zum Abschluss von Dienstvereinbarungen zugestehen, haben die ordnungsgemäß und formgerecht festgelegten Dienstvereinbarungen **Rechtsnormcharakter**[39] wie eine Betriebsvereinbarung nach § 77 Abs. 4 S. 1 BetrVG bzw. Dienstvereinbarung nach § 73 BPersVG. Sie wirken unmittelbar und zwingend auf die Arbeitsverhältnisse der Mitarbeiter, die persönlich, räumlich und zeitlich vom Geltungsbereich der Dienstvereinbarung erfasst werden. So jetzt ausdrücklich § 38 Abs. 3a S. 1. Denn soll die Bestimmung des § 38 im System der Mitbestimmungsregelungen überhaupt einen Sinn haben, müssen diejenigen auch rechtsverbindlich durch die Dienstvereinbarung erfasst werden, für die sie abgeschlossen worden ist. Begrenzt wird die Dienstvereinbarung inhaltlich von den auch hier geltenden einschränkenden Normen zwingenden staatlichen und kirchlichen Rechts (§ 38 Abs. 3). Es gibt allerdings keine Dienstvereinbarungsautonomie, soweit die Gegenstände der Dienstvereinbarung (Abs. 1 Nrn. 2–9 und 11–13) auf die Mitbestimmungstatbestände des § 36 Abs. 1 abgestimmt sind. Die Bestimmung des § 38 Abs. 1 Nr. 1 erweitert das Recht zum Abschluss von Dienstvereinbarungen zu Arbeitsentgelten und sonstigen Arbeitsbedingungen, die in Rechtsnormen, insbesondere kirchlichen Arbeitsvertragsordnungen, geregelt sind oder üblicherweise geregelt werden, unter dem ausdrücklichen Vorbehalt, dass eine Rechtsnorm den Abschluss ergänzender Dienstvereinbarungen überhaupt zulässt. Vorrang haben also die Rechtsnormen, die im Arbeitsrechtsregelungsverfahren nach den Ordnungen der KODA bzw. der AK des Deutschen Caritasverbandes zustande gekommen sind oder üblicherweise zustande kommen[40]; es geht um die Sicherung der Einheit des kirchlichen Dienstes.

Wegen des normativen Charakters der Dienstvereinbarungen setzen sie objektive Rechtsnormen für die einzelnen Arbeitsverhältnisse. Die Normen gelten allerdings für solche einzelarbeitsvertraglichen Regelungen nicht, die für die Mitarbeiter insgesamt günstiger sind (**Günstigkeitsprinzip**). Die Normen wirken unmittelbar auf die unter den Geltungsbereich fallenden Arbeitsverhältnisse ein. Unmittelbar in diesem Sinne bedeutet, dass die Normen der Dienstvereinbarung ohne Rücksicht auf das Wollen und die Kenntnis des davon betroffenen Mitarbeiters vor Bestehen oder dem Inhalt dieser Dienstvereinbarung auf sein Arbeitsverhältnis einwirken.

Der Beginn der unmittelbaren Wirkung der Dienstvereinbarung richtet sich nach ihrem Inkrafttreten. Nach diesem Zeitpunkt werden alle neu abgeschlossenen oder bereits bestehenden Arbeitsverhältnisse erfasst. Die unmittelbare Wirkung endet, wenn die vereinbarte Dauer ausläuft oder die in § 38 Abs. 4 S. 2 fristgebundene Kündigung ausgesprochen und die Kündigungsfrist abgelaufen ist.

Die Normen einer Dienstvereinbarung wirken zwingend (§ 38 Abs. 3a). Arbeitsvertragliche Abreden, die ihnen widersprechen, sind nichtig (§ 134 BGB). Von ihrer zwingenden Natur besteht aber eine Ausnahme, wenn nämlich die einzelarbeitsvertragliche Regelung für den betroffenen Mitarbeiter oder die Gesamtheit der Mitarbeiter der Einrichtung, für die die Dienstvereinbarung gilt, insgesamt günstiger ist. Das muss aber im Einzelfall eindeutig festzustellen sein.

Nach der für Tarifvertragsnormen (§ 4 Abs. 4 S. 1 TVG) und für Betriebsvereinbarungen (§ 77 Abs. 4 S. 2 BetrVG) geltenden und anwendbaren Regelung kann ein Arbeitnehmer auf Rechte aus einer Betriebsvereinbarung nur mit ausdrücklicher Zustimmung des Betriebsrats verzichten. Diese Regelung ist in § 38 Abs. 3a S. 2 MAVO für die kirchlichen Mitarbeiterinnen und Mitarbeiter mit Blick auf **Dienstvereinbarungen** normiert. Das **Recht zum Verzicht** gilt, gleich ob dieser Verzicht in einem Erlassvertrag (§ 397 Abs. 1 BGB), einem negativen Schuldanerkenntnis (§ 397 Abs. 2 BGB) oder in einer Ausgleichsquittung enthalten ist. Nicht von diesem Verzichtsverbot ist ein Vergleich zwischen den Arbeitsvertragsparteien betroffen, der Meinungsverschiedenheiten über die tatsächlichen Voraussetzungen eines Anspruchs beseitigen soll.

---

39 *LAG Rheinland-Pfalz*, 3. 3. 2005 – 4 Sa 884/04, ZTR 2006, 51.
40 *Richardi*, a. a. O. § 18 Rn 125.

38 **Ausschluss-** oder **Verfallsfristen** für Ansprüche aus einer Dienstvereinbarung müssen in ihr oder einer Arbeitsvertragsordnung enthalten sein. Sind also in einer auf das Arbeitsverhältnis anwendbaren Arbeitsvertragsordnung Verfallsfristen festgelegt, gelten diese auch für Ansprüche aus der Dienstvereinbarung.

39 Im Verhältnis der Dienstvereinbarung zu anderen auf das Arbeitsverhältnis anwendbaren Rechtsquellen gilt:
- Gegenüber **gesetzlichen Regelungen** ist die Dienstvereinbarung die schwächere Rechtsquelle. Sie ist nur zulässig, soweit Gesetze keine Regelung der Frage enthalten, abdingbar sind oder eine Öffnungsklausel für betriebliche Ergänzungen enthalten.
- Gegenüber **Arbeitsvertragsordnungen** enthält § 38 Abs. 1 Nr. 1 eine eindeutige Abgrenzung (siehe Rn 57 ff.).
- Gegenüber dem **Einzelarbeitsvertrag** enthält § 38 Abs. 3a eine ausdrückliche Regelung. Die MAV und der Dienstgeber haben generelle Regelungsmacht, in Form einer Dienstvereinbarung kollektive Arbeitsbedingungen zu gestalten oder zu ändern, soweit nicht die Schranken des § 38 Abs. 1 Nr. 1 entgegenstehen. Die in § 38 Abs. 1 und 4 enthaltene Verpflichtungsermächtigung gibt beiden Partnern dazu die Legitimation.

III. Einzelfälle der Zulässigkeit von Dienstvereinbarungen

1. Einzelfälle des § 38 Abs. 1 Nrn. 2–15

40 § 38 Abs. 1 Nrn. 2 bis 15 enthält einen abschließenden, nicht durch eine Vereinbarung zwischen Dienstgeber und MAV erweiterungsfähigen Katalog von Tatbeständen, in denen der Abschluss einer Dienstvereinbarung zulässig ist (§ 55). Diese Einzeltatbestände betreffen einerseits
a. den vollständigen Katalog des § 36 Abs. 1 Nrn. 1 bis 12 (§ 38 Abs. 1 Nrn. 2 bis 9 sowie 11 bis 13),
b. in Nr. 10 den freiwillig hinzugekommenen Regelungstatbestand der Durchführung von Qualifizierungen der Mitarbeiterinnen und Mitarbeiter

und schließlich
c. in Abs. 1 Nrn. 14 und 15 besondere nach § 1b und § 24 Abs. 2 und 3 zu regelnde Angelegenheiten zur Bildung von gemeinsamen Mitarbeitervertretungen und erweiterten Gesamtmitarbeitervertretungen sowie zur Verlängerung des Übergangsmandats gemäß § 13d Abs. 1 S. 4. Auf die Ausführungen zu den unter b. genannten Bestimmungen wird verwiesen.

41 Da sich die Fälle des Zustimmungsrechts nach § 36 Abs. 1 Nrn. 1 bis 11 wörtlich mit denen des § 38 Abs. 1 Nrn. 2 bis 9 und 11 bis 13 decken, kann auf die Kommentierung zu § 36 Rn 17–127 verwiesen werden. Soweit in § 36 Abs. 2 (§ 36 Rn 32, 33) der Personenkreis der in pastoralen Diensten und im liturgischen Dienst beschäftigten Mitarbeiter aus dem Anwendungsbereich des § 36 Abs. 1 Nr. 1 herausgenommen worden ist, ist für diesen Personenkreis keine Dienstvereinbarung i. S. v. § 38 Abs. 1 Nr. 1 zulässig, also auch nicht über § 37 Abs. 1 Nr. 2 erzwingbar.

42 Da der Regelungstatbestand der Durchführung von Qualifizierungen der Mitarbeiterinnen und Mitarbeiter weder in § 36 noch in § 37 aufgenommen ist, besteht für die Einführung derartiger Qualifizierungsmaßnahmen weder ein Mitbestimmungsrecht der MAV nach § 36 noch gar ein Antragsrecht nach § 37. Es handelt sich demnach hier um einen zusätzlichen Regelungstatbestand freiwilliger Art.

43 Auf Beispiele für Dienstvereinbarungen wird hingewiesen:
- zu Abs. 1 Nr. 2: bezüglich Arbeitszeitregelung[41];
- zu Abs. 1 Nr. 9: für die Verwendung einer EDV-Anlage auf der Grundlage eines Antrags der MAV für eine Dienstvereinbarung gemäß § 37 Abs. 1 Nr. 11:[42]

---

41 Würzburger Diözesanblatt 1999 S. 252.
42 *Schlichtungsstelle Köln*, 3. 12. 1996 – MAVO 7/96.

1) Im Rahmen einer Regelungsstreitigkeit kann die Einigungsstelle ständige Verstöße des Dienstgebers gegen § 36 MAVO dadurch beenden, dass in der Einigungsstelle eine verbindliche Regelung zwischen den Beteiligten vereinbart wird.
2) Bei der Schaffung einer Dienstvereinbarung bezüglich der Einführung von zur Verhaltenskontrolle geeigneten technischen Einrichtungen sind im Rahmen des § 38 Abs. 1 Nr. 11 die berechtigten beiderseitigen Interessen – auf der einen Seite die Belange des Dienstgebers, auf der anderen Seite die berechtigten Belange der Mitarbeiter – angemessen zu berücksichtigen[43];
– zu Abs. 1 Nr. 12 gehören Regelungen über den Umgang mit Suchtproblematik am Arbeitsplatz[44];
– zu Abs. 1 Nr. 13 im Hinblick auf Sozialpläne[45] (siehe auch Rn 44).

2. Gestaltungsbedingungen für eine Dienstvereinbarung über einen Sozialplan (§ 38 Abs. 1 Nr. 13)

Die Gestaltung eines Sozialplans nach § 38 Abs. 1 Nr. 13 wird in Grundzügen, die keine Vollständigkeit beanspruchen, die aber auf Praxiserfahrung beruhen, nachstehend dargestellt. Die Bestimmungen der §§ 36 Abs. 1 Nr. 11, 37 Abs. 1 Nr. 11 und 38 Abs. 1 Nr. 13 übernehmen nicht den ganzen Katalog der Betriebsänderungen des § 111 S. 3 BetrVG, sondern daraus nur 44
– die Schließung von Einrichtungen oder wesentlichen Teilen davon,
– die Einschränkung von Einrichtungen oder wesentlichen Teilen davon,
– die Verlegung von Einrichtungen oder wesentlichen Teilen davon,
– die Zusammenlegung von Einrichtungen oder wesentlichen Teilen davon.

Zu unterscheiden sind aber **zwei Problemkreise,** nämlich anstehende Kündigungen, Änderungskündigungen oder Versetzungen wegen dringender betrieblicher Belange (§ 1 Abs. 2 S. 1 KSchG) einerseits und deshalb durchsetzbarer Anspruch auf Verhandlungen und Abschluss eines Sozialplans zum Ausgleich wirtschaftlicher Nachteile betroffener Mitarbeiterinnen und Mitarbeiter andererseits. Zu den materiell-rechtlichen Voraussetzungen, die für einen Sozialplan vorliegen müssen, wird auf § 36 Rn 116–127 verwiesen. Nur wenn diese materiell-rechtlichen Voraussetzungen vorliegen, wenn vor allem wesentliche wirtschaftliche Nachteile ursächlich bedingt durch einen der Tatbestände des § 36 Abs. 1 Nr. 11 zu Lasten der Mitarbeiter entstehen und feststellbar sind, besteht ein Rechtsanspruch auf Abschluss eines Sozialplanes.[46] Entstehen solche Härten durch die Maßnahmen des Dienstgebers nicht, ist kein Raum für einen Sozialplan.[47]

Für die Gestaltung dieses Sozialplanes besteht weitgehend zwischen den Partnern der Einrichtung (Dienstgeber und MAV, nicht Diözesane Arbeitsgemeinschaft der Mitarbeitervertretungen) Gestaltungsfreiheit, soweit sie nicht in zwingende gesetzliche Regelungen (z. B. Sonderkündigungsschutz für Schwangere und Mütter, sowie Mitarbeiterinnen und Mitarbeiter in Elternzeit nach §§ 9 MuSchG, 18 BEEG, Sonderkündigungsschutz für schwerbehinderte Menschen nach §§ 85, 91 SGB IX) eingreifen. Der Sozialplan soll demnach die Mitarbeiter auf sozialem und personellem Gebiet vor **wesentlichen** wirtschaftlichen **Nachteilen** schützen. Ein direkter Weg des Dienstgebers und der MAV ist der sog. Transfersozialplan zur Einrichtung einer Qualifizierungs- oder Transfergesell- 45

---

43 *Schlichtungsstelle Köln*, MAVO 3/93: Dienstvereinbarung zum Einsatz eines computerunterstützten Kommunikations- und Datenverarbeitungssystems; *Besgen*, Privattelefonate des Arbeitnehmers (Privatnutzung von Kommunikationseinrichtungen des Arbeitgebers), in: b+p 2000 S. 112, 114.
44 *Bleistein*, Betriebsvereinbarung über ein Alkoholverbot und den Umgang mit alkoholgefährdeten und -kranken Betriebsangehörigen, in: b+p 1998, 547; Dienstvereinbarung zur internen Suchtberatung, Amtsblatt des Erzbistums Köln 2002 Nr. 87 S. 85; ZMV 2002, 69.
45 Vorschlag des Vorsitzenden der Schlichtungsstelle Köln, 4. 7. 1990 – MAVO 2/90 als Vermittler gemäß § 38 Abs. 2 MAVO a. F.; Muster-Sozialplan, BB 2000, 1624.
46 Dazu: *Bleistein*, ZMV 5/1997, 210.
47 *BAG*, 17. 8. 1982 – 1 ABR 40/80, DB 1983, 344, bereits die Verlegung eines Betriebes um 4,3 km, ohne messbare sonstige wirtschaftliche Nachteile für die Arbeitnehmer, löste die Verpflichtung aus einen Sozialplan aufzustellen.

schaft (§§ 216a, 216b SBG III).[48] Eine Transfergesellschaft hat die Aufgabe, innerhalb der gesetzlichen Möglichkeiten und Instrumente von Arbeitslosigkeit bedrohte Arbeitnehmer zu übernehmen, sie bei Bedarf zu qualifizieren und in Arbeit zu vermitteln.[49] Der Transfersozialplan kann daher als Alternative zum klassischen Interessenausgleich und Sozialplan nach § 38 Abs. 1 Nr. 13 bezeichnet werden.[50] Der Transfersozialplan kann auch mit Hilfe der Einigungsstelle durchgesetzt werden (§ 45 Abs. 1 Nr. 11, Abs. 3 Nr. 2).

46 Der Abschluss eines Sozialplanes kann nicht die **Kündigung** des Arbeitsverhältnisses durch den Dienstgeber ersetzen. Der Dienstgeber muss ordnungsgemäß eine Kündigung aussprechen, wenn er sich vom Mitarbeiter lösen will. Der Dienstgeber kann auch Leistungen aus dem Sozialplan nicht grundsätzlich davon abhängig machen, dass der Mitarbeiter **keine Kündigungsschutzklage** erhebt,[51] wohl aber davon, dass der Mitarbeiter im Kündigungsschutzprozess unterliegt und dass die Abfindung erst fällig ist, wenn die Beendigung des Arbeitsverhältnisses gem. § 7 KSchG oder aufgrund rechtskräftigen Urteils feststeht.[52] Zudem können und sollten die Parteien des Sozialplanes festlegen, dass eine Kündigungsabfindung in einem vom Mitarbeiter angestrengten Kündigungsschutzprozess auf eine Abfindung nach dem Sozialplan zur Anrechnung gelangt. Der Verzicht des Arbeitnehmers auf Durchführung des Kündigungsschutzverfahrens ist zulässig (siehe auch § 1a Abs. 1 KSchG).

3. Wichtige Grundregeln für die Aufstellung eines Sozialplanes

a. Formelle Regelungen

47 Für den formellen Regelungsteil des Sozialplanes empfiehlt sich folgender Katalog:
1) Festlegung des persönlichen Geltungsbereiches (Wer wird in den Geltungsbereich einbezogen? Auch die »Leitenden Mitarbeiter« nach § 3 Abs. 2 Nr. 3 und 4?);
2) Vereinbarung eines Stichtages für
   – die Berechnung des Lebensalters,
   – die Berechnung von Beschäftigungsjahren,
   – die Höhe des Entgeltes (Gehaltes) für die Festlegung der Abfindungshöhe.
   Als Stichtag kann man beispielsweise wählen den Beginn eines Kalenderjahres oder den Abschlusstag der Dienstvereinbarung. Die genaue Festlegung vermeidet ansonsten fast unvermeidbare Auseinandersetzungen. Ebenso kann man die Höhe des zugrunde zu legenden Entgelts nach dem Durchschnittsverdienst eines genau zu bezeichnenden Referenzzeitraums, in welchem Ansprüche auf Lohn oder Gehalt beziehungsweise Entgeltfortzahlung oder Urlaubsentgelt geschuldet waren, festlegen;
3) Festlegung von Fälligkeitsterminen für die Abfindung ggf. in Abhängigkeit vom rechtskräftigen Abschluss eines Kündigungsschutzprozesses (s. o. Rn 46): Das ist wichtig für die Geltendmachung der Abfindung (z. B. bei Gericht);
4) Festlegung von Auszahlungsbedingungen für die Abfindung (Einmalige oder Ratenzahlung zu welchen Zeitpunkten?);
5) Genauer Zeitpunkt für das Inkrafttreten des Sozialplanes (Wichtig für die Feststellung, wer unter den Sozialplan fällt);
6) Verfallsfristen für die zu gewährenden Leistungen: Verfallsfristen sind insoweit rechtlich zulässig und entscheidend für die Frage, wie lange und unter welchen Voraussetzungen Leistungen aus dem Sozialplan noch gefordert werden können. Sonst verjähren nach § 195 BGB Ansprüche 3 Jahre nach ihrer Entstehung (§§ 194, 198, 199 BGB).

---

48 *Praß/Rücker-Schaps*, ZMV 3/2005, 130; ErfK/*Kania*, § 112a BetrVG Rn 37c.
49 Dazu: *Mengel/Ullrich*, BB 2005, 1109.
50 *Küttner/Eisemann*, Sozialplan Rn 30 f.
51 BAG, 20. 12. 1983 – 1 AZR 442/82, DB 1984, 723.
52 BAG, 31. 5. 2005 – 1 AZR 254/05, NZA 2005, 997.

b. Materielle Regelungen

Beim materiellen Regelungsteil des Sozialplanes sollten nachfolgende Punkte beachtet werden: 48
1) Arbeitsfreistellung bis zu einem bestimmten Zeitpunkt (Ablauf der ordentlichen Kündigungsfrist? – Anrechnung auf den Urlaub? – Anrechnung anderweitigen Verdienstes während der Zeit der Freistellung auf das weitergezahlte Entgelt);
2) Abfindungen für den Verlust des Arbeitsplatzes;
3) Übernahme von Kosten für Umschulungs- und Fortbildungsmaßnahmen;
4) Finanzielle Zuschüsse für den Fall der Arbeitslosigkeit (wichtig für ältere Arbeitnehmer bis zum Bezug einer Altersrente);
5) Ausgleichszahlungen für Lohneinbußen (z. B. Schicht-, Nachtzuschläge);
6) Regelung für verfallbare Versorgungsanwartschaften (Unverfallbare Anwartschaften sind durch das Betriebsrentengesetz ohnehin geschützt; dennoch empfiehlt sich auch hier, Fortbestandserklärung dieser unverfallbaren Versorgungsanwartschaften und ihre nähere Ausgestaltung beim Versorgungsträger (!) in den Sozialplan mit aufzunehmen);
7) Sicherung von Sonderzahlungen für das Jahr des Ausscheidens;
8) Änderung (?) der Rückzahlungsbedingungen für Dienstgeberdarlehen;
9) Regelung der Weiterbenutzung von Dienstwohnungen und sonstigen betrieblichen Sozialeinrichtungen (zu welchen Bedingungen?);
10) Gewährung von Trennungsentschädigungen und Aufwandsentschädigungen;
11) Fahrtkostenzuschüsse;
12) Mietbeihilfen bei notwendigen Versetzungen und Beteiligungen an Umzugskosten;
13) Bildung eines Härtefonds und Verteilungsmodalitäten;
14) Bedingungen für einen etwaigen Wiedereinstellungsanspruch insbesondere für Fragen der Personalauswahl, da regelmäßig für einen derartigen Fall weniger Arbeitsplätze für die Wiedereinstellung zur Verfügung stehen als zuvor Mitarbeiter haben entlassen werden müssen (dabei Rückzahlungspflicht bezüglich einer ggf. bereits gezahlten Abfindung vereinbaren).

Dieser Katalog beansprucht keine Vollständigkeit. Er beruht auf praktischen Erfahrungen bei der Gestaltung von Sozialplänen und ist auf die jeweilige Einrichtung abzustellen und auf ihre besondere Lage und die besonderen Bedürfnisse der betroffenen Mitarbeiter.

MAV und Dienstgeber sind grundsätzlich in ihrer Entscheidung frei, welche Nachteile sie in welchem 49
Umfang ausgleichen oder mildern wollen. Sie verfügen hierzu über einen weiten Ermessensspielraum.[53]

c. Generelle Grundsätze für Abfindungen in Sozialplänen

Folgende generelle Grundsätze gelten für Abfindungen in Sozialplänen: 50
1) Keine Höchstgrenzen für die Bemessung der Sozialplanabfindung, auch nicht aus der gesetzlichen Regelung der Abfindungshöhe in § 10 KSchG. Sie gilt nur für die Festsetzung einer Abfindung in einem Kündigungsschutzprozess.
Die steuerrechtlichen und sozialversicherungsrechtlichen Bedingungen für Abfindungen gelten auch für Abfindungen nach einem Sozialplan! Legt die Einigungsstelle die Abfindungshöhe verbindlich fest, so ist diese Höhe nach § 47 Abs. 3 nur daraufhin überprüfbar, ob sie wirtschaftlich vertretbar ist, ob sie also die Interessen der Einrichtung und der Mitarbeiter angemessen (§ 315 BGB) berücksichtigt. Eine Überschreitung dieses Ermessens ist durch das Kirchliche Arbeitsgericht überprüfbar (§ 47 Abs. 4 MAVO i. V. m. § 2 Abs. 2 KAGO). Dabei kann der Dienstgeber auch seine Einwendungen aus § 47 Abs. 4 (fehlende finanzielle Mittel) detailliert vortragen.
Es ist auch zulässig, sog. »**Höchstbegrenzungsklauseln**« **für Abfindungen** – also Wertgrenzen, die auf keinen Fall mit der Abfindung überschritten werden dürfen – einzuführen.[54] Eine solche Kap-

---

53 *BAG*, 14. 8. 2001 – 1 AZR 760/00, NZA 2002, 451; 19. 6. 2007 – 1 AZR 340/06, NZA 2007, 1357.
54 *BAG*, 23. 8. 1988 – 1 AZR 284/87, DB 1988, 2465.

pungsgrenze behandelt alle davon betroffenen Mitarbeiterinnen und Mitarbeiter gleich. Das *BAG* hat auch entschieden, dass Kappungsgrenzen mit dem betriebsverfassungsrechtlichen Gleichbehandlungsgrundsatz zu vereinbaren sind.[55] Nach diesen Grundsätzen dürften auch Kappungsgrenzen in einem Sozialplan nach § 38 Abs. 1 Nr. 13 nicht zu beanstanden sein.

2) Es findet keine Billigkeitskontrolle in einem besonderen »Angemessenheitsprozess« statt, wenn ein einzelner Arbeitnehmer die von der MAV und dem Dienstgeber ausgehandelte, im Sozialplan festgelegte Abfindung einklagt. In diesem Rechtsstreit über die Gewährung der Abfindung kann demnach der Dienstgeber sich auch nicht auf fehlende finanzielle Mittel berufen (§ 47 Abs. 3 – siehe oben unter 1). Er muss dazu das Verfahren vor der Einigungsstelle nach § 45 Abs. 1 Nr. 11 durchführen.

3) Die Abfindung soll nur **wesentliche wirtschaftliche Nachteile** ausgleichen oder wenigstens mildern[56] Dabei sind zwei Grenzen zu beachten: das Gesamtvolumen des Sozialplans dient entweder dem vollen Ausgleich aller wesentlichen wirtschaftlichen Nachteile der Mitarbeiter oder es werden Leistungen vorgesehen, die wenigstens noch als substanzielle, spürbare Milderung der wesentlichen wirtschaftlichen Nachteile angesehen werden können. Aber die wirtschaftlichen Verhältnisse des Dienstgebers können es gebieten, selbst von einer substanziellen Milderung der wesentlichen wirtschaftlichen Nachteile der Mitarbeiter abzusehen.[57]

4) Sozialplanabfindungen dürfen nicht vom Verzicht auf die Erhebung einer Kündigungsschutzklage abhängig gemacht werden (§ 612a BGB). An dieser Rechtslage hat sich durch den zum 1. 1. 2004 neu eingeführten § 1a KSchG nichts geändert (siehe auch Rn 46).[58]

5) Ideelle Nachteile (§ 36 Rn 121) sind nicht zu berücksichtigen.

6) Zulässig ist es für ältere Arbeitnehmer nur ein Überbrückungsgeld bis zum Zeitpunkt der möglichen Inanspruchnahme von Rentenansprüchen vorzusehen[59] oder sie von Sozialplanleistungen ganz auszuschließen, wenn sie nach dem Bezug von Arbeitslosengeld unmittelbar anschließend (ggf. vorgezogene) Altersrente beziehen können.[60]

4. Praxisbewährte Berechnungsformeln (Grundsätze) für Abfindungen

51 MAV und Dienstgeber sind nicht gehalten Sozialplanleistungen nach einer abstrakten Formel zu bestimmen. Sie können die Leistungen – insbesondere für kleinere Einrichtungen – auch nach den vorliegenden Verhältnissen der Mitarbeiterinnen und Mitarbeiter für jeden einzelnen Betroffenen festlegen.[61]

52 Der Sozialplan muss lediglich immer dem Normzweck entsprechen, die wirtschaftlichen Nachteile der Mitarbeiterinnen und Mitarbeiter auszugleichen oder zu mildern, die diese durch die Betriebsänderung hinzunehmen haben.[62]

53 Aus der Praxis soll nachstehend abstrakt auf drei Methoden für Abfindungen wegen Entlassung hingewiesen werden.

a. Berechnung nach einem bestimmten Prozentsatz des Monatsgehaltes, Zuschläge für Kinder und schwerbehinderte Menschen – Festsetzung von Höchstgrenzen (**Formelmethode**):[63]

---

55 *BAG*, 21. 7. 2009 – 1 AZR 566/08, NZA 2009, 1107.
56 *BAG*, 24. 8. 2004 – 1 ABR 23/03, NZA 2005, 302.
57 *BAG*, wie vor.
58 *BAG*, 31. 5. 2005 – 1 AZR 254/04, NZA 2005, 997.
59 *BAG*, 11. 11. 2008 – 1 AZR 475/07, NZA 2009, 210.
60 *BAG*, 20. 1. 2009 – 1 AZR 740/07, NZA 2009, 495.
61 *Fitting*, §§ 112, 112a Rn 140.
62 *BAG*, 19. 6. 2007 – 1 AZR 340/06, NZA 2007, 1357.
63 Vgl. Amtsblatt des Erzbistums Berlin 2003 Nr. 118 S. 85; Kirchlicher Anzeiger für die Diözese Aachen 2005 Nr. 10 S. 10.

▶ **Beispiele:**

»Jeder Mitarbeiter erhält eine Abfindung. Die Abfindung beträgt pro Beschäftigungsjahr . . . . % des Bruttomonatsgehaltes«

»Die Abfindung erhöht sich für jedes zum Zeitpunkt des Inkrafttretens des Sozialplanes auf der Steuerkarte eingetragene unterhaltspflichtige Kind um . . . . Euro.«

»Bei schwerbehinderten Menschen und Gleichgestellten erhöht sich die Abfindung um . . . . Euro.«

Beispiel für eine Berechnungsformel:

Bruttomonatsgehalt × (Lebensalter + Beschäftigungsjahre)/$_{\text{Divisor}}$ = Abfindung

Entscheidend ist hier die Festsetzung des Divisors. Je kleiner der Divisor, desto höher ist die einzelne Abfindung und damit das Volumen des Sozialplans.[64]

b. Jeder Mitarbeiter erhält einen individuell festgesetzten Abfindungsbetrag (**Individuelle Methode**):
Eine solche Regelung ist rechtlich nicht zu beanstanden.[65]
Aber: Eine solche Methode ist nur für kleinere Einrichtungen praktikabel, in der die zu berücksichtigenden individuellen Verhältnisse der betroffenen Mitarbeiterinnen und Mitarbeiter bekannt sind. Nur unter diesen Voraussetzungen kann abgeschätzt werden, welche Abfindung angemessen ist. Diese Methode kann kombiniert werden mit Grundbeträgen und Höchstbeträgen.[66]

c. Punktwerttabelle (**Punktwertmethode**):
Wichtig ist die Festlegung, was überhaupt mit einer Punktzahl bewertet wird und welcher Punktwert (Geldbetrag) für jede Punktzahl unter Berücksichtigung der persönlichen, einrichtungsbedingten und wirtschaftlichen Daten ausgeworfen wird.
Diese Methode ist letztlich die gerechteste!

Eine empfehlenswerte Anweisung für eine Dienstvereinbarung nach § 38 zum Abschluss von Sozialplänen enthält die »Rahmendienstvereinbarung«, die zwischen dem Caritasverband der Erzdiözese München und der Gesamtmitarbeitervertretung des Caritasverbandes abgeschlossen wurde.[67]

5. Beispiel für einen Sozialplan nach der Punktwertmethode

Folgender Text sei als Beispiel für einen Sozialplan nach der Punktwertmethode vorgestellt. Unterstellt wird in dem Beispiel die Schließung einer Einrichtung mit dadurch sich ergebenden Entlassungen der Beschäftigten:

Zwischen der X-Krankenhaus GmbH, vertreten durch . . . . , in . . . . , und der Mitarbeitervertretung des X-Krankenhauses in . . . . wird folgende Dienstvereinbarung gemäß § 38 Abs. 1 Nr. 13 MAVO wegen folgender Maßnahme des Dienstgebers . . . . (Schließung der Einrichtung) getroffen:

---

64 Vgl. zu den Einzelheiten *Küttner/Eisemann*, Sozialplan Rn 27 ff.
65 BAG, 23. 8. 1988 – 1 AZR 284/87, DB 1988, 2465; *Fitting*, §§ 112, 112a Rn 140.
66 Vgl. Amtsblatt für das Bistum Trier 2005 Nr. 229 S. 303.
67 Veröffentlicht in der Beilage zu Heft 2/1994 ZMV zu Musterformulierungen vgl. *Kleinebrink*, ArbRB 2004, 254; *Schaub*, § 56 Rn 61–74 mit umfangreichen Hinweisen auf Literatur und Rechtsprechung.

§ 1
Persönlicher Geltungsbereich

(1) Dem persönlichen Geltungsbereich dieser Dienstvereinbarung unterfallen alle Mitarbeiter/Mitarbeiterinnen i. S. v. § 3 Abs. 1 S. 1 MAVO, die am .... in einem Arbeitsverhältnis stehen und seit mehr als einem Jahr in der o. g. Einrichtung in .... beschäftigt sind und infolge der o. g. Maßnahme in der Zeit vom .... bis .... aus der Einrichtung ausgeschieden sind oder noch ausscheiden werden.

(2) Anspruchsberechtigt nach dieser Dienstvereinbarung sind diejenigen Personen i. S. v. Absatz 1, die
– von einer betriebsbedingten Kündigung des Dienstgebers betroffen sind,
– wegen der Schließung der Einrichtung einen Auflösungsvertrag geschlossen haben[68] oder
– selbst wegen der Schließung gekündigt haben.[69]

§ 2
Ausschluss

Nicht anspruchsberechtigt sind diejenigen Mitarbeiter/Mitarbeiterinnen, die bis zum .... vom Dienstgeber anderweitig eingestellt werden.

Die Beschäftigungszeit in der geschlossenen Einrichtung wird auf das neue Arbeitsverhältnis angerechnet.

Wird die Wiedereinstellung von einer Mitarbeiterin oder einem Mitarbeiter abgelehnt, so besteht für sie kein Anspruch aus dieser Dienstvereinbarung. Nicht anspruchsberechtigt sind Personen, die spätestens mit Ablauf des Zeitraums zum Bezug von Arbeitslosengeld, Rente aus der gesetzlichen Rentenversicherung aus dem Arbeitsverhältnis in Anspruch nehmen können (siehe Rn 50).

§ 3
Höhe der Abfindung

Die Anspruchsberechtigten werden nach der Punktwertmethode abgefunden. Dazu ist die Anlage 1 zu dieser Dienstvereinbarung mit den Spalten
– Name, Vorname
– Geburtsdatum
– Familienstand
– auf der Lohnsteuerkarte eingetragene Kinderzahl
– Beschäftigungszeit
– Schwerbehinderung
– Punkte
verbindlich.

§ 4
Punktwerte

(1) Folgende Punktezahlen [auf eine angemessene Bewertung und Gewichtung bei der Punktevergabe ist insbesondere zur Vermeidung von Altersdiskriminierung i. S. d. AGG dringend zu achten.]

werden vergeben:[70]

---

68 *BAG*, 28. 4. 1993 – 10 AZR 222/92, DB 1993, 2034.
69 *BAG*, 15. 1. 1991 – 1 AZR 80/91, DB 1991, 1526; 13. 2. 2007 – 1 AZR 163/06, NZA 2007, 756.
70 *Das BAG*, 6. 11. 2008 – 2 AZR 523/07, NZA 2009, 51 hat das nachfolgende Punktsystem gebilligt: Lebensalter für jedes vollendete Jahr nach dem 18. Lebensjahr 1,0 Punkte, Dauer der Betriebszugehörigkeit für jedes Beschäftigungsjahr 1,5 Punkte, unterhaltspflichtiger Ehegatte 5,0 Punkte, Schwerbehinderte 11,0 Punkte, Gleichgestellte 9,0 Punkte.

1. Beschäftigungsjahre
Für jedes volle Beschäftigungsjahr in der Einrichtung bis zu 10 Beschäftigungsjahren wird je ein Punkt angesetzt. Für jedes volle Beschäftigungsjahr ab dem 11. Beschäftigungsjahr werden je 2 Punkte angesetzt. Als Stichtag für die Berechnung der Beschäftigungsjahre gilt der ....
2. Lebensalter
Für jedes volle Lebensjahr ab dem vollendeten 25. Lebensjahr wird ein Punkt angesetzt. Als Stichtag gilt für die Berechnung des Lebensalters auch hier der .... (Datum).
3. Für jedes auf der Lohnsteuerkarte eingetragene Kind werden 7 Punkte in Ansatz gebracht.
4. Für verheiratete Mitarbeiterinnen/Mitarbeiter werden 5 Punkte berücksichtigt.
5. Für schwerbehinderte Menschen werden 11 Punkte; für Gleichgestellte 9 Punkte in Ansatz gebracht.

(2) Der Punktwert für die vorstehend zu errechnenden Punkte wird mit .... Euro festgesetzt.

§ 5
Sonderbetrag für schwerbehinderte Menschen

(gesonderte Regelung nur, soweit nicht durch Punkte in § 4 berücksichtigt)

§ 6
Anrechnung des Übergangsgeldes

Soweit der Arbeitsvertrag der Anspruchsberechtigten nach dieser Dienstvereinbarung einen Anspruch auf Zahlung eines Übergangsgeldes einräumt, ist der zu zahlende Betrag auf den Anspruch nach dieser Dienstvereinbarung voll anzurechnen. Dasselbe gilt im Falle einer in einem arbeitsgerichtlichen Rechtsstreit vereinbarten oder gerichtlich festgesetzten Abfindung.

§ 7
Urlaub

§ 8
Urlaubsgeld und Weihnachtsgeld

§ 9
Vermögenswirksame Leistungen

§ 10
Fälligkeit der Abfindung

§ 11
Auszahlungsbedingungen

§ 12
Verfallfristen

(Hier sollte lediglich eine Verweisung auf die Verfallfristen nach KAVO bzw. AVR erfolgen.)

§ 13
In-Kraft-Treten der Dienstvereinbarung

Bedenkenswert erscheint es zudem einen Härtefonds für Sonderzahlungen einzurichten. Dabei kann die Bestimmung einer Sonderzahlung im Einzelfall einer paritätisch besetzten Kommission übertragen sein und festgelegt werden, dass Sonderzahlungen bis zu einem bestimmten Termin beantragt werden müssen und dass ein nicht vergebener Restbetrag aus dem Härtefonds nach Abwicklung aller Härtefälle auf alle Anspruchsberechtigten des Sozialplans entsprechend der Quote ihres Anteils am Gesamtvolumen des Sozialplans zu verteilen ist.

IV. Ausschluss, Nachrang und Wirkung von Dienstvereinbarungen

1. Ausschluss von Dienstvereinbarungen

57 Dienstvereinbarungen außerhalb des Katalogs des § 38 Abs. 1 Nr. 2–15 sind gemäß § 38 Abs. 1 Nr. 1 nur eingeschränkt zulässig. Geht es um Arbeitsentgelte und sonstige Arbeitsbedingungen, kommt es darauf an, ob diesbezügliche Rechtsnormen, insbesondere kirchliche Arbeitsvertragsordnungen überhaupt darüber hinaus über so genannte Öffnungsklauseln den Abschluss ergänzender Dienstvereinbarungen dazu ausdrücklich zulassen. Die Vorschrift geht davon aus, dass in der Einrichtung kirchliches Arbeitsvertragsrecht angewendet wird (vgl. Abschnitt II b der Anlage 1 an den AVR-Caritas) oder staatliche Rechtsnormen ihrerseits den Abschluss einer Dienstvereinbarung nach staatlicher gesetzlicher Vorgabe zulassen. Zum Vorrangsprinzip allgemein § 36 Rn 14, 15.

58 § 38 Abs. 1 Nr. 1 legt eindeutig den Vorrang von wirksam zustande gekommenen, also bereits vorliegenden (nicht erst beabsichtigten) Arbeitsvertragsordnungen und sonstigen kirchengesetzlichen und staatlichen Normen fest, auch wenn sie – wie bei Arbeitsentgelten – üblicherweise durch die Kommissionen des Dritten Weges (Art. 7 Abs. 1 GrO) verabschiedet werden.

59 Besteht über eine Angelegenheit des § 38 Abs. 1 Nr. 2–13 bereits eine Regelung in einer Arbeitsvertragsordnung, hat diese eine Sperrwirkung gegenüber dem Abschluss einer Dienstvereinbarung über den gleichen Bereich. Insoweit gilt auch nicht das »Günstigkeitsprinzip« in der Weise, dass eine günstigere Regelung der Angelegenheit durch die Dienstvereinbarung einer schlechteren Regelung in einer Arbeitsvertragsordnung vorgeht. Die Arbeitsvertragsordnung geht in jedem Falle vor.

2. Öffnungsklausel (§ 38 Abs. 1 Nr. 1)

60 Enthält die Arbeitsvertragsordnung oder die kirchengesetzliche Regelung ausdrücklich die Zulässigkeit ergänzender Regelungen einer Dienstvereinbarung (»Öffnungsklausel«), so wird insoweit die Sperrwirkung der Arbeitsvertragsordnung aufgehoben, aber nur soweit die Öffnungsklausel geht. Unter Berücksichtigung von Recht und Billigkeit ist eine rückwirkende Öffnungsklausel zugunsten einer Dienstvereinbarung i. S. v. § 38 Abs. 1 Nr. 1 unzulässig, wenn dadurch in bestehende arbeitsvertragliche Besitzstände eingegriffen werden soll. Dasselbe gilt auch für den rückwirkenden Abschluss einer Dienstvereinbarung, wenn im Einzelarbeitsvertrag eine Klausel enthalten ist, wonach die in Bezug genommene Arbeitsvertragsordnung bzw. Arbeitsvertragsrichtlinien in ihrer jeweiligen Fassung Bestandteil des Arbeitsvertrages sind. Das ist anders, wenn bereits bei der Beschlussfassung in der KODA oder in der AK in der Öffnungsklausel ein Vorbehalt zugunsten einer – verschlechternden – Abweichung enthalten ist, so dass z. B. kein Vertrauensschutz hinsichtlich der allgemein erwarteten linearen Vergütungserhöhung entstehen kann.[71] Beispielhaft sei auf Härtefallklauseln in Abschnitt II b der Anlage 1 zu den AVR-Caritas[72] hingewiesen.

Unabhängig von vorstehenden Grundsätzen gilt:

Wird das in der Öffnungsklausel vorgeschriebene formale Verfahren der Dienstvereinbarung nicht eingehalten, ist ihr materieller Gehalt unwirksam.[73]

---

[71] Vgl. *BAG*, 20. 4. 1999 – 1 AZR 631/98, NZA 1999, 1059.
[72] Anlage zum Amtsblatt für die Diözese Münster 2003 Nr. 22 vom 15. 11. 2003, S. 30 zu Art. 266 S. 252 des Amtsblatts; Amtsblatt für die Diözese Rottenburg-Stuttgart 2003 S. 798 ff.; Amtsblatt des Erzbistums Köln 2003, Nr. 327 S. 307, 329.
[73] Vgl. *BAG*, 11. 6. 2002 – 1 AZR 390/01, DB 2002, 2725.

3. Externe Unterstützung der Mitarbeitervertretung bei freiwilligen Dienstvereinbarungen (§ 38 Abs. 2)

Zur freiwilligen Dienstvereinbarung gemäß § 38 Abs. 1 Nr. 1 soll die MAV beratende Unterstützung 61
bei den Verhandlungen und zum Abschluss in Anspruch nehmen. Beratungsfunktion, nicht aber Abschlussfunktion haben je nach Wahl der MAV
- entweder **Vertreter der Diözesanen Arbeitsgemeinschaft der Mitarbeitervertretungen** (§ 25 Abs. 1–4)
- oder Vertreter einer in der Einrichtung vertretenen **Koalition** (Berufsverband, Gewerkschaft), wie dies gemäß **§ 38 Abs. 2 S. 1** vorgesehen ist. Die MAV ist nicht verpflichtet, die beratende Hilfe in Anspruch zu nehmen, muss aber gemäß **§ 38 Abs. 2 S. 2** die Aufnahme von Verhandlungen zum Abschluss einer Dienstvereinbarung i. S. v. § 38 Abs. 1 Nr. 1 der Diözesanen Arbeitsgemeinschaft der Mitarbeitervertretungen (DiAG-MAV) oder einer in der Einrichtung vertretenen Koalition anzeigen. Eine **Gewerkschaft** ist im Betrieb vertreten, wenn ihr mindestens ein Arbeitnehmer des Betriebes als Mitglied angehört und dieser nach der Satzung nicht offensichtlich zu Unrecht als Mitglied aufgenommen wurde. Eine Tarifzuständigkeit der Gewerkschaft für den Betrieb oder das Unternehmen des Dienstgebers ist dazu nicht erforderlich.[74] Weder Koalition noch DiAG-MAV haben einen Rechtsanspruch auf ihren Einsatz, solange die MAV deren Beratung nicht verlangt. Durch die Pflicht zur Anzeige von Verhandlungen an DiAG-MAV oder Koalition soll erreicht werden, dass DiAG-MAV oder Koalition feststellen kann, ob Beratung wegen der zu verhandelnden Materie geboten ist. Dem Dienstgeber entstehen durch den Einsatz der Beratung auf der Seite der MAV keine Kosten (§ 25 Abs. 4 S. 1).

Art. 6 GrO bestätigt die gemäß Art. 9 Abs. 3 GG verfassungsrechtlich gewährleistete **Koalitionsfrei-** 62
heit der Mitarbeiterinnen und Mitarbeiter des kirchlichen Dienstes und gibt ihrer Entfaltung im kirchlichen Dienst das Gepräge. Das hat zur Folge, dass sich die Mitarbeiterinnen und Mitarbeiter zur Beeinflussung der Gestaltung ihrer Arbeits- und Wirtschaftsbedingungen in Vereinigungen (Koalitionen) zusammenschließen, diesen beitreten und sich in ihnen betätigen können. Sie sind berechtigt, innerhalb ihrer Einrichtung für den Beitritt zu diesen Koalitionen zu werben, über deren Aufgaben und Tätigkeiten zu informieren sowie Koalitionsmitglieder zu betreuen. Die Koalitionsfreiheit entbindet sie aber nicht von der Pflicht, ihre Arbeit als Beitrag zum Auftrag der Kirche zu leisten (Art. 6 Abs. 1 GrO). Die Koalitionsfreiheit umfasst die Unterstützung der Mitglieder der Koalition. Die Vorschrift des § 38 Abs. 2 S. 1 konkretisiert die Betätigung der Koalition in einer kirchlichen Einrichtung. Die **Koalition** hat damit **Zutrittsrecht zur Einrichtung** aus Anlass von Verhandlung und Abschluss freiwilliger Dienstvereinbarungen i. S. v. § 38 Abs. 1 Nr. 1 zur Unterstützung der MAV (§ 38 Abs. 2 S. 1), um nach maßgebender Entscheidung der MAV und **ohne Eigenberechtigung** für ihre in der Einrichtung tätigen Mitglieder aktiv zu werden (Art. 6 Abs. 2 GrO). Wegen der Zielsetzung des kirchlichen Dienstes hat die Koalition (Vereinigung) allerdings besonders genannte Kriterien zu erfüllen: Die Vereinigung muss die Eigenart des kirchlichen Dienstes und die sich daraus für die Mitarbeiterinnen und Mitarbeiter ergebenden Loyalitätsobliegenheiten anerkennen (Art. 6 Abs. 2 GrO). Bei zulässiger Koalitionsbetätigung haben Koalition und die ihr angehörenden Mitarbeiterinnen und Mitarbeiter darauf zu achten, dass die Arbeit einer kirchlichen Einrichtung unter einem geistig-religiösen Auftrag steht (Art. 6 Abs. 2 S. 3 GrO). Sie müssen das verfassungsmäßige Selbstbestimmungsrecht der Kirche zur Gestaltung der sozialen Ordnung ihres Dienstes respektieren (Art. 6 Abs. 2 S. 4 GrO).[75] Die Zugehörigkeit von Mitgliedern der MAV zu einer Koalition kann also für die Entscheidung der MAV (§ 14 Abs. 5), mit wessen Hilfe sie in die Verhandlungen zu einer Dienstvereinbarung gehen will, ausschlaggebend sein.

Im Falle von **Streitigkeiten** über die Inanspruchnahme der Unterstützung für die MAV entscheidet 63
das Kirchliche Arbeitsgericht auf Antrag des Dienstgebers oder der MAV (§ 2 Abs. 2 KAGO; Rechts-

---

74 Vgl. *BAG*, 10. 11. 2004 – 7 ABR 19/04, NZA 2005, 426.
75 Dazu *Thiel*, ZMV 6/2003, 276.

streitigkeit). Handelt es sich um die Rechtsfrage der zulässigen Unterstützung durch eine Koalition, ist auch die Erfüllung der für die Koalition gemäß Art. 6 Abs. 2 GrO festgelegten Kriterien zu überprüfen. Ein eigenes Klagerecht hat die Koalition deshalb nicht, weil sie gar keinen Rechtsanspruch auf Inanspruchnahme und Mitwirkung bei Dienstvereinbarungen gemäß § 38 Abs. 2 S. 1 hat. Sie ist abhängig von ihrer Hinzuziehung durch die MAV, die nicht verpflichtet ist, die Koalition in Anspruch zu nehmen. Die MAV hat selbst ein freies Wahlrecht, ob sie überhaupt die DiAG-MAV oder die Koalition in Anspruch nehmen will oder nicht. Es besteht für die MAV lediglich die Pflicht, die Aufnahme von Verhandlungen i. S. d. § 38 Abs. 1 Nr. 1 anzuzeigen. Dabei hat die MAV wiederum ein freies Wahlrecht darüber, wem sie die Anzeige machen will (§ 38 Abs. 2 S. 2).

4. Kein Widerspruch zu Arbeitsvertragsordnungen, Abs. 3

64 Dienstvereinbarungen dürfen Rechtsnormen, insbesondere in kirchlichen Arbeitsvertragsordnungen, nicht widersprechen (§ 38 Abs. 3 S. 1). Eine Öffnungsklausel in der Rechtsnorm kann allerdings eine von ihr abweichende Regelungsmöglichkeit zulassen.

65 § 38 Abs. 3 S. 2 legt fest, dass bestehende Dienstvereinbarungen mit Inkrafttreten einer Arbeitsvertragsordnung oder kirchengesetzlichen Regelung, welche die in der Dienstvereinbarung umschriebenen Angelegenheiten regeln, unwirksam werden.

66 Auch eine günstigere Regelung durch die Dienstvereinbarung wird dann mit Inkrafttreten der nachfolgenden Arbeitsvertragsordnung verdrängt.[76]

5. Zwingende Wirkung, Abs. 3a

67 Im Übrigen gilt: Die Regelungen einer Dienstvereinbarung wirken unmittelbar und zwingend (§ 38 Abs. 3a S. 1; vgl. dazu auch: § 77 Abs. 4 BetrVG, § 36 Abs. 2 MVG-EKD). Damit wird festgelegt, dass die Dienstvereinbarung unabhängig vom Willen des einzelnen Mitarbeiters gesetzesgleich Wirkung auf den Inhalt des Arbeitsverhältnisses entfaltet. Werden durch die Dienstvereinbarung Rechte und Pflichten der Mitarbeiter festgelegt, bestimmt die Dienstvereinbarung den Inhalt des Arbeitsverhältnisses, ohne in die einzelnen Arbeitsverträge einzugehen.[77] Da der Sozialplan ebenfalls eine Dienstvereinbarung ist, enthält er gemäß § 38 Abs. 1 Nr. 13 i. V. m. Abs. 3a S. 2 unabdingbare Rechtsansprüche der Mitarbeiter, die diese im Urteilsverfahren beim staatlichen Arbeitsgericht einklagen können.[78] Die Regelungen einer Dienstvereinbarung sind unabdingbar (§ 38 Abs. 3a S. 2). Das gilt uneingeschränkt für eine **ungünstigere** Regelung durch den Einzelarbeitsvertrag. Sie wird durch die günstigere Regelung der Dienstvereinbarung verdrängt und ersetzt. Die MAV hat das Recht der Kontrolle über die Einhaltung der Bestimmungen der Dienstvereinbarung im Wege der Klage vor dem Kirchlichen Arbeitsgericht (§ 2 Abs. 2 KAGO). Allerdings hat zudem jeder betroffene Mitarbeiter das Recht, die Vereinbarkeit von Dienstvereinbarung und individuellem Arbeitsvertrag durch das staatliche Gericht überprüfen zu lassen (§ 2 Abs. 1 Nr. 3a ArbGG). Andererseits ist gemäß § 38 Abs. 3a S. 2 ein **Verzicht** des Mitarbeiters auf durch die Dienstvereinbarung eingeräumte Rechte nur mit Zustimmung der MAV zulässig. Damit wird zum Ausdruck gebracht, dass die unmittelbare und zwingende Geltung der Dienstvereinbarung nicht zur Disposition der Parteien des Arbeitsvertrages steht, weil sie sonst entgegen der Übereinkunft mit der MAV unterlaufen werden könnte. Der Dienstgeber bleibt gegenüber der MAV gemäß den Regeln über die Bestandskraft der Dienstvereinbarung, deren Inhalt von ihm nicht angetastet werden darf, verpflichtet, falls nicht zuvor ordnungsgemäß die Kündigung der Dienstvereinbarung erfolgt ist.

68 Die unmittelbare und zwingende Geltung der Dienstvereinbarung steht nur zur Disposition der Betriebspartner. Sieht eine Dienstvereinbarung z. B. zwingend einen Gleitzeitrahmen vor, so kann die MAV bei einem Verstoß dagegen vom Dienstgeber verlangen, dass dieser die Überschreitung des

---

76 *BAG*, 12. 12. 1962 – 5 AZR 221/61, DB 1962, 485.
77 *Richardi*, BetrVG § 77 Rn 134 ff.
78 ErfK/*Kania*, §§ 112a BetrVG, Rn 13.

Gleitzeitrahmens durch die Mitarbeiter verhindert.[79] Der Verzicht – und sei es im Wege des Vergleichs oder gar des Prozessvergleichs – auf Rechte (vor allem künftige und bereits entstandene Ansprüche) der Mitarbeiter gegen den Dienstgeber in jedem Einzelfall ist **nur mit** – formloser – **Zustimmung der MAV** als Vertragspartei der Dienstvereinbarung zulässig. Die Vertragsfreiheit der Arbeitsvertragsparteien ist damit eingeschränkt, auch im Zusammenhang mit der Beendigung und nach Ende des Arbeitsverhältnisses. Die Zustimmung der MAV ist für jede einzelne Verzichtserklärung erforderlich.[80] Das Interventionsrecht der MAV unterstützt den Bestand der Dienstvereinbarung und vermeidet Verstöße gegen sie. Ohne die Zustimmung der MAV vereinbarte Verzichtserklärungen sind unwirksam. Für die Zustimmung der MAV gelten §§ 182 ff. BGB. Sie kann vor der Verzichterklärung durch Einwilligung, aber auch nachträglich durch Genehmigung erteilt werden.[81]

Das **Verzichtsverbot** erfasst Rechte und Ansprüche i. S. v. Abs. 1. Das gilt uneingeschränkt für Angelegenheiten i. S. d. Abs. 1 Nrn. 2–13, auch im Nachwirkungszeitraum nach der Kündigung der Dienstvereinbarung. In Dienstvereinbarungen nach Abs. 1 Nr. 1 kann festgelegt werden, ob und in welchem Umfang darin begründete Rechte der Mitarbeiterinnen und Mitarbeiter bei Außerkrafttreten der Dienstvereinbarung fortgelten sollen. Eine darüber hinaus geltende Nachwirkung ist ausgeschlossen (§ 38 Abs. 5 S. 2).

Ob eine **günstigere** Regelung durch den Einzelarbeitsvertrag durch den Abschluss einer Dienstvereinbarung verdrängt werden kann, ist jedenfalls für die Frage, wenn die betroffen Ansprüche auf einer vom Arbeitgeber gesetzten Gesamtzusage oder einer Einheitsregelung und damit auf einer vom Arbeitgeber gewollten generellen vertraglichen Ordnung beruhen, durch die Entscheidung des *Großen Senates des BAG*[82] für die Betriebsvereinbarung, die den gleichen Rang wie eine Dienstvereinbarung nach § 38 hat, geklärt: Ist die Neuregelung durch die Betriebsvereinbarung, die vertragliche Ansprüche des Arbeitnehmers in den Grenzen von Recht und Billigkeit beschränkt, bei kollektiver Betrachtung insgesamt nicht ungünstiger, so ist eine Beschränkung der Rechte aus dem Einzelarbeitsvertrag mit Inkrafttreten der Betriebsvereinbarung wirksam. Besonderer Schutz gilt im Hinblick auf Einschränkungen in Dienstvereinbarungen zur betrieblichen Altersversorgung (Rn 84). 69

Ist die Betriebsvereinbarung jedoch insgesamt ungünstiger, so ist sie nur zulässig, soweit der Arbeitgeber wegen eines vorbehaltenen Widerrufes oder wegen Wegfalls der Geschäftsgrundlage die Kürzung oder Streichung von Sozialleistungen verlangen kann. Die insgesamt ungünstigere Dienstvereinbarung kann demnach nicht schrankenlos in bestehende Besitzstände der Arbeitnehmer eingreifen. Grundsätzlich gilt nämlich, dass günstigere einzelvertragliche Vereinbarungen gegenüber belastenden Regelungen einer Betriebsvereinbarung vorrangig sind.[83] Alle Eingriffe müssen zudem dem Grundsatz der Verhältnismäßigkeit (§ 315 BGB) entsprechen. 70

Auch wenn demnach eine Dienstvereinbarung durch eine andere Dienstvereinbarung verdrängt wird oder eine Dienstvereinbarung in einzelvertragliche Regelungen eingreift, die den gleichen Regelungsgegenstand betreffen, wenn also letztlich die spätere Regelung die frühere Regelung ablöst oder die Regelung durch die Dienstvereinbarung in einzelvertraglich begründete Rechte des Mitarbeiters eingreift, bleiben die erworbenen Besitzstände der betroffenen Mitarbeiter nicht völlig schutzlos. Entschieden worden ist dieses wichtige Problem an der von einem Arbeitgeber durch eine vertragliche Einheitsregelung für alle Mitarbeiter aus Anlass des Dienstjubiläums eingeführten Jubiläumssonderzuwendung, die durch eine schlechtere Regelung im Rahmen einer Betriebsvereinbarung (die Regelung für zehnjährige Jubiläen sollte völlig entfallen) abgelöst wurde. 71

---

79 *BAG*, 29. 4. 2004 – 1 ABR 30/02, NZA 2004, 671.
80 *BAG*, 11. 12. 2007 – 1 AZR 824/06, NZA-RR 2008, 298.
81 *Fitting*, § 77 Rn 132.
82 *BAG GS*, 16. 9. 1986 – 1/82, DB 1987, 383; zuletzt bestätigt *BAG*, 6. 11. 2007 – 1 AZR 862/06, BAGE 124, 323.
83 *BAG*, 12. 12. 2006 – 1 AZR 96/06, BAGE 120, 308.

72 Dass sich mit der Zulässigkeit der Ablösung der einzelvertraglichen Regelung durch eine ungünstigere Betriebsvereinbarung der Große Senat des BAG beschäftigte, zeigt die Bedeutung dieser Rechtsfrage. Sie kann nach dieser Entscheidung nicht generell für alle denkbaren Fälle beantwortet werden, sondern verlangt eine auf den Einzelfall abgestellte Abwägung, ob und inwieweit in bereits erworbene Besitzstände von Arbeitnehmern durch eine ungünstigere kollektive Regelung durch eine Betriebsvereinbarung eingegriffen werden kann und ob dieser Eingriff noch verhältnismäßig ist.

73 Diese von der arbeitsgerichtlichen Rechtsprechung entwickelten Grundsätze gelten in gleicher Weise auch für eine Dienstvereinbarung nach § 38 und ihre Eingriffsmöglichkeiten in bestehende arbeitsvertragliche Vereinbarungen und in die Ablösung einer vorhandenen durch eine neue Dienstvereinbarung.

74 Mit Blick auf § 310 Abs. 4 BGB stehen Dienstvereinbarungen i. S. v. § 38 MAVO Betriebs- und Dienstvereinbarungen auf der Grundlage staatlicher Gesetze gleich. Denn durch § 112 BPersVG ist es den Religionsgemeinschaften überlassen worden, das Personalvertretungsrecht selbständig zu ordnen. Dazu gehört entsprechend dem staatlichen Personalvertretungsrecht die Zulässigkeit Dienstvereinbarungen zu regeln mit der Folge, dass die jeweiligen Betriebspartner davon Gebrauch machen. Das hat zur Folge, dass Dienstvereinbarungen nicht unter den Begriff der »Allgemeinen Geschäftsbedingungen« fallen. Dies ist auch deshalb nicht der Fall, weil die Dienstvereinbarung begrifflich nicht unter die Legaldefinition des § 305 Abs. 1 S. 1 BGB für Allgemeine Geschäftsbedingungen fällt. Als Folge der Regelungskompetenz gemäß § 112 BPersVG ist es auch richtig, die Wirkungsweise der Dienstvereinbarung im Sinne der MAVO der Dienstvereinbarung i. S. d. staatlichen Rechts (vgl. § 73 BPersVG und § 77 Abs. 4 BetrVG) gleich zu stellen.[84]

75 Deshalb unterliegen Dienstvereinbarungen keiner allgemeinen Billigkeitskontrolle im Sinne einer Angemessenheitskontrolle. Einer Rechtskontrolle steht auch § 310 Abs. 4 BGB nicht entgegen.

V. Abschluss der Dienstvereinbarung (§ 38 Abs. 4 S. 1)

1. Willenserklärungen der Parteien

76 Entgegen dem Wortlaut des § 38 Abs. 4 S. 1 kommen Dienstvereinbarungen nicht durch einen gemeinsamen Beschluss des Dienstgebers und der MAV zustande, sondern als **privatrechtlicher Vertrag** durch inhaltlich übereinstimmende Willenserklärungen der Einrichtungspartner.[85] Gemeint ist nicht die gemeinsame Sitzung der Partner mit Abstimmung über die betreffenden Angelegenheiten; es gibt auch keine gleichen Beschlüsse jedes der beiden Partner. Getroffen werden Vereinbarungen zwischen Dienstgeber und MAV im Wege des Austausches zweier übereinstimmender bzw. sich ergänzender Willenserklärungen. Die Willenserklärung der MAV setzt einen vor ihr ordnungsgemäß gefassten Beschluss (§ 14 Abs. 5) über ihre Willensbildung voraus. Auf der Seite der Mitarbeiter kann auch der Gesamtmitarbeitervertretung der Abschluss einer Dienstvereinbarung obliegen, wenn die Gesamtmitarbeitervertretung gemäß § 24 Abs. 4 S. 1 zuständig ist. Ein Ausschuss i. S. v. § 14 Abs. 10 ist zum Abschluss einer Dienstvereinbarung nicht befugt (§ 14 Abs. 10 S. 2, 2. Halbsatz). Nicht zum Abschluss einer Dienstvereinbarung berechtigt sind der Sprecher der Jugendlichen und Auszubildenden (§ 51 Abs. 2), die Vertrauensperson der schwerbehinderten Menschen (§ 52 Abs. 5) sowie der Vertrauensmann der Zivildienstleistenden (§ 53). In den Angelegenheiten des § 38 Abs. 1 Nrn. 2 – 9 und 11 – 13, die mit denen des § 36 Abs. 1 Nrn. 1–11 übereinstimmen, kann die Fiktion der Zustimmung der MAV zu einer beabsichtigten Maßnahme des Dienstgebers nicht eintreten, wenn die MAV die Verhandlungsfristen des § 33 Abs. 2 und 3 versäumt hat (siehe dazu § 33 Rn 16 ff., 54 ff.; unten Rn 77). § 33 erstreckt sich nicht auf § 38.

---

84 *Richardi*, Arbeitsrecht in der Kirche, § 15 Rn 43.
85 *Kreutz*, GK-BetrVG § 77 Rn 35 ff.; *Richardi*, BetrVG § 77 Rn 30; *Fitting* § 77 Rn 18.

2. Form

Die Dienstvereinbarung bedarf zwingend der **Schriftform**. Eine nur **mündlich** beschlossene Dienstvereinbarung ist **nichtig**. Die Unterschrift des Dienstgebers und des Vorsitzenden der MAV muss auf der derselben Urkunde geleistet sein. Der Austausch einseitig vom jeweiligen Partner unterzeichneter Urkunden genügt nicht. Auch eine gemeinsame, von beiden Partnern unterzeichnete Sitzungsniederschrift genügt den Anforderungen an die Schriftform nicht. Die Sitzungsniederschrift hat nur den Zweck der Protokollierung eines Sitzungsverlaufs. Für den Dienstgeber handelt entweder das ihn vertretende Organ oder sein bevollmächtigter Vertreter; für die MAV unterschreibt der Vorsitzende der MAV oder bei seiner Verhinderung sein Stellvertreter. Die formlose Einigung zwischen Dienstgeber und MAV in betrieblichen Angelegenheiten (vgl. § 36 Abs. 1 Nr. 1–11, § 37 Abs. 1 Nr. 1–11) ist als Betriebsabrede zu bewerten.[86] Das gilt in den Fällen des § 36 Abs. 1 sogar dann, wenn die MAV auf einen Antrag des Dienstgebers auf Zustimmung zu einer beabsichtigten Maßnahme schweigt (§ 33 Abs. 2 S. 2) oder verspätet reagiert (§ 33 Abs. 2 S. 2, § 33 Abs. 3 S. 3). In diesen Fällen gilt die Zustimmung der MAV als erteilt (§ 33 Abs. 2 S. 2, § 33 Abs. 3 S. 4). Die Betriebsabsprache entfaltet jedoch keine normative Wirkung (Umkehrschluss aus § 38 Abs. 3a S. 1). Deshalb ist eine formlose Betriebsabsprache nicht in Betracht zu ziehen, wenn ihre normative Geltung erreicht werden soll, wie etwa bei einem Sozialplan gemäß § 38 Abs. 1 Nr. 13. Der Spruch der Einigungsstelle ersetzt die Form des Abschlusses einer Dienstvereinbarung; er hat die Bedeutung einer Dienstvereinbarung.[87]

77

3. Bekanntmachung

Der Dienstgeber hat die **Pflicht**, die Dienstvereinbarung in geeigneter Weise **bekannt zu geben**. Dazu genügt, ist aber auch erforderlich, dass er sie in einer oder mehreren Abschriften so auslegt, dass alle Mitarbeiter in der Lage sind, ihren Inhalt zur Kenntnis zu nehmen. Nach Maßgabe inzwischen üblicher Informationswege kann die Bekanntgabe auch in elektronischer Form etwa im Intranet erfolgen, wenn jedem Mitarbeiter die Einsichtnahme über Bildschirm möglich ist. Nicht erforderlich ist die Aushändigung des Textes an jeden einzelnen Mitarbeiter. Die Bekanntmachung der Dienstvereinbarung hat keine konstitutive Wirkung, weil die Bestimmung über die Bekanntmachungspflicht des Dienstgebers nur als Ordnungsvorschrift zu bewerten ist. Andernfalls hätte es der Dienstgeber in der Hand, die Wirksamkeit der Dienstvereinbarung auf diese Weise zu verhindern.[88] Bekanntgabe ist nicht damit erfüllt, dass der Dienstgeber die Dienstvereinbarung auf eine entsprechende Aufforderung des Mitarbeiters zur Verfügung stellt. Notfalls kann die MAV durch Anschlag an ihrem Schwarzen Brett oder auf ihrer Seite im Intranet die Mitarbeiter über den Inhalt der Dienstvereinbarung unterrichten. Das Nachweisgesetz verpflichtet den Dienstgeber zudem zu einem in allgemeiner Form gehaltenen Hinweis an jeden Mitarbeiter und jede Mitarbeiterin auf die in seiner Einrichtung geltenden Dienstvereinbarungen (§ 2 Abs. 1 S. 2 Nr. 10 NachwG).

78

VI. Ende der Dienstvereinbarung – Nachwirkung – Weitergeltung

1. Ende der Dienstvereinbarung

Die Dienstvereinbarung endet mit Ablauf der vereinbarten Geltungszeit oder der **Erreichung des festgelegten Zwecks** oder mit Ablauf der Kündigungsfrist nach § 38 Abs. 4 S. 2. Sie endet auch mit Abschluss einer die Regelung erfassenden Arbeitsvertragsordnung (§ 38 Abs. 3 S. 2, siehe Rn 65).

79

a. Zeitablauf

Gemäß § 1b Abs. 1 zustande gekommene Dienstvereinbarungen (§ 38 Abs. 1 Nr. 12) über die Bildung einer gemeinsamen Mitarbeitervertretung unterliegen gemäß § 1b Abs. 2 S. 2 dem Zeitablauf

80

---
86 *Richardi*, BetrVG § 77 Rn 226; *Fitting*, § 77 Rn 216.
87 Vgl. *Richardi*, BetrVG § 76 Rn 111.
88 Vgl. *Fitting*, § 77 Rn 25; *Richardi*, BetrVG § 77 Rn 40.

der Amtszeit dieser MAV. Diese Regelung geht der Regelung in § 38 Abs. 4 S. 2 als Spezialnorm vor, so dass die Kündbarkeit der Dienstvereinbarung i. S. v. § 1b Abs. 1 gedanklich ausscheidet. Die Regelung nach § 1b Abs. 1 S. 4, wonach die beteiligten Rechtsträger die Bildung einer für sie gemeinsamen Mitarbeitervertretung vereinbaren können, ist mit Rücksicht auf den Zweck der Bildung einer gemeinsamen Mitarbeitervertretung für eine volle Amtszeit von vier Jahren ebenfalls nicht gemäß § 38 Abs. 4 S. 2 kündbar.

81 In den Fällen des § 24 Abs. 2 und 3 sind die dort genannten Festsetzungen (vgl. § 38 Abs. 1 Nr. 14), seien sie Dienstvereinbarungen gemäß § 24 Abs. 2 S. 1 oder gemäß § 24 Abs. 3 S. 3 nicht gemäß § 38 Abs. 4 S. 2 kündbar, weil gemäß § 24 Abs. 5 bestimmt ist, dass eine einmal errichtete Gesamtmitarbeitervertretung oder erweiterte Gesamtmitarbeitervertretung nur im Wege der Zustimmung aller betroffenen Mitarbeitervertretungen und aller betroffenen Dienstgeber zulässig ist. Diese Regelung erfasst auch die gemäß § 24 Abs. 1 gebildete Gesamtmitarbeitervertretung. Soll die Auflösung einer Gesamtmitarbeitervertretung (§ 24 Abs. 1) oder einer erweiterten Gesamtmitarbeitervertretung (§ 24 Abs. 2) ohne volles Einvernehmen aufgelöst werden können, müssen dazu besondere Regelungen bei Einvernehmen gemäß § 24 Abs. 1 und Dienstvereinbarung gemäß § 24 Abs. 2 S. 1 oder § 24 Abs. 2 S. 3 getroffen werden. Insoweit wäre die Kündigung zulässig, wenn dies ausdrücklich in den Abmachungen unter Angabe der einzuhaltenden Kündigungsfrist geregelt ist.

82 Dienstvereinbarungen zur Verlängerung des Übergangsmandats (§ 13d Abs. 1 S. 4 i. V. m. § 38 Abs. 1 Nr. 15) sind ebenfalls wegen der vereinbarten verlängerten Dauer des Übergangsmandats nicht gemäß § 38 Abs. 4 S. 2 kündbar. Es gilt die einmal getroffene Dienstvereinbarung zur Sicherstellung der Dauer des verlängerten Übergangsmandats. Die Sonderregelung des § 13 Abs. 3 Nr. 6 bleibt davon unberührt.

b. Kündigung

83 Das **Kündigungsrecht**, das mit einer **Frist** von drei Monaten zum Monatsende wirkt, kann von beiden Vertragspartnern ausgeübt werden. Für die Kündigung ist **Schriftform** Wirksamkeitsvoraussetzung (§ 125 BGB). Die Kündigung muss eigenhändig von einem Kündigungsberechtigten unterzeichnet sein.

84 Die Kündigung bedarf **keines sachlichen Grundes**, es sei denn in der Dienstvereinbarung sind bestimmte Kündigungsgründe, die ausschließlich für eine Kündigung maßgebend sein sollen, ausdrücklich festgelegt. Einen »Kündigungsschutz« für Dienstvereinbarungen gibt es nicht.[89] Es besteht damit für jede Dienstvereinbarung durch beide Partner eine freie Kündigungsmöglichkeit. Eine andere Frage, die von der freien Zulässigkeit der Kündigung einer Dienstvereinbarung getrennt werden muss, ist, wie es um die Rechtsfolgen der Kündigung steht. Hier ist zu unterscheiden, ob es sich um eine Betriebsvereinbarung mit zukünftigen Rechtsfolgen oder Ansprüchen für die Mitarbeiter (insbesondere auf dem Gebiete der Altersversorgung) oder ob es sich um freiwillige Leistungen des Dienstgebers handelt. Im ersten Fall können bereits entstandene Leistungen des Dienstgebers, die auf einer Gegenleistung des Mitarbeiters beruhen (wie z. B. die Arbeitsleistung für die Altersversorgung) nicht einfach mit der Kündigung entfallen. Für den Wegfall solcher Leistungen müssten billigenswerte Gründe vorliegen.[90] Jedenfalls kann eine neue Betriebsvereinbarung bereits entstandene Ansprüche der Arbeitnehmer grundsätzlich nicht schmälern oder entfallen lassen. Die Möglichkeit einer Rückwirkung normativer Regelungen ist durch das Vertrauensschutz- und das Verhältnismäßigkeitsprinzip beschränkt.[91]

85 Eine Dienstvereinbarung kann bei **Vorliegen eines wichtigen Grundes** ausnahmsweise auch **fristlos** gekündigt werden. Dazu muss ein Grund vorhanden sein, der unter Berücksichtigung aller Umstände

---

[89] *BAG*, 17. 1. 1995 – 1 ABR 29/94, DB 1995, 1410.
[90] *BAG*, 10. 3. 1992 – 3 ABR 54/91, DB 1992, 1735.
[91] *BAG*, 23. 1. 2008 – 1 AZR 988/06, NZA 2008, 709; 2. 10. 2007 – 1 AZR 815/06, ZIP 2008, 570; *BVerfG* 15. 10. 1996 – 1 BvL 44, 48/92, BVerfGE 95, 64.

und unter Abwägung der Interessen beider Beteiligten ein Festhalten an der Dienstvereinbarung bis zum Ablauf der ordentlichen Kündigungsfrist nicht mehr zumutbar erscheinen lässt.[92] Dieses Recht zur außerordentlichen Kündigung ist nicht abdingbar, kann also in der Dienstvereinbarung nicht ausgeschlossen werden. An die Gründe für eine fristlose Kündigung einer Dienstvereinbarung sind strenge Anforderungen zu stellen. Der Kündigende muss sie vortragen und beweisen.

Die **Änderungskündigung** ist zulässig, hat aber wegen des zu ändernden Wortlauts der Dienstvereinbarung schriftlich zu erfolgen. Eine **Teilkündigung** ist ausgeschlossen, aber zulässig, wenn sie in der Dienstvereinbarung ermöglicht ist. 86

Die Dienstvereinbarung kann außer auf rechtsgeschäftlichem Wege auch durch Veränderung der tatsächlichen Umstände ihr Ende finden, etwa wegen eingetretener Gegenstandslosigkeit z. B. infolge einer Stilllegung der Einrichtung. Das gilt aber z. B. nicht für aus diesem Anlass vereinbarte Sozialplanregelungen. 87

Keinen Einfluss auf den Bestand einer Dienstvereinbarung haben: 88
– der Wechsel der Trägerschaft einer Einrichtung,
– der Zusammenschluss des Dienstgebers mit einem anderen Einrichtungsträger bei Aufrechterhaltung der Einrichtung,
– Spaltung der Einrichtung mit Übergang und Fortführung eines Einrichtungsteils bei einem anderen Rechtsträger (§ 613a Abs. 1 S. 2 bis 4 BGB).

Der Bestand der Dienstvereinbarung ist unabhängig von: 89
– Wechsel der MAV, da die MAV die Mitarbeiterschaft repräsentiert, der die Dienstvereinbarung gilt;
– anderer Zusammensetzung des Personals der Einrichtung bei Aufrechterhaltung der Identität der Einrichtung;
– Wegfall der MAV durch Amtsverlust, Amtsablauf und noch nicht erfolgte Neuwahl einer MAV.[93]

Bei Wegfall der Mitarbeitervertretungsfähigkeit der Einrichtung ist der Bestand der ohnehin auf fehlender Dienstvereinbarungsautonomie beruhenden Dienstvereinbarung ebenso anzuerkennen wie im Falle der unterbliebenen Neuwahl einer MAV. Die Neuwahl kann jederzeit erfolgen, weil sie vom Dienstgeber oder aus dem Kreis der Mitarbeiterschaft initiiert werden kann (§ 10). Die Kündigung der Dienstvereinbarung ist aber gegenüber den Mitarbeitern möglich, wenn die Dienstvereinbarung auf ihr Arbeitsverhältnis einwirkt. 90

2. Nachwirkung

§ 38 Abs. 5 S. 1 enthält eine Bestimmung über die Nachwirkung einer **Dienstvereinbarung. Im Falle einer Kündigung** – also nicht im Falle der Beendigung durch Fristablauf oder Aufhebungsvertrag – wirkt die Dienstvereinbarung in **Angelegenheiten des Abs. 1 Nr. 2–9 und 11 – 13** nach. Nachwirkung ist die Zeit der Überbrückung der bisherigen Dienstvereinbarung mit **erzwingbarem Regelungsinhalt** bis zu einer neuen Abmachung, sei es eine neue Dienstvereinbarung oder ein Aufhebungsvertrag nach Ablauf der Kündigungsfrist. Zu den Besonderheiten des § 38 Abs. 1 Nrn. 10, 14 und 15 siehe Rn 42 und 80–82. 91

Nicht von der Nachwirkung wird demnach eine Dienstvereinbarung betroffen, die beide Partner durch einen jederzeit zulässigen **Aufhebungsvertrag** außer Kraft gesetzt haben. Dieser Aufhebungsvertrag für eine in Kraft befindliche Dienstvereinbarung bedarf jedoch ebenso der **Schriftform** wie ihr formgerechter Abschluss. Das folgt aus dem Rechtsnormcharakter der Dienstvereinbarung. Die Rechtswirkungen einer Dienstvereinbarung können also nicht durch eine formlose Regelungsabrede (Rn 102) beseitigt werden.[94] 92

---

92 *BAG*, 29. 5. 1964 – AP Nr. 24 zu § 59 BetrVG 1952 = DB 1964, 1342.
93 Vgl. *Kreutz*, GK-BetrVG § 77 Rn 383; *Richardi*, BetrVG § 77 Rn 213; *Fitting*, § 77 Rn 175.
94 *BAG*, 20. 11. 1990 – 1 AZR 643/89, EzA § 77 BetrVG 1972 Nr. 37.

93 Das bedeutet, dass die abgeschlossene Dienstvereinbarung über eine Angelegenheit des § 38 Abs 1 Nr. 2–9 und 11–13 solange in Kraft bleibt, bis sie durch eine neue Dienstvereinbarung abgelöst wird oder die Beteiligten ihre Beendigung durch übereinstimmende Erklärungen (Aufhebungsvertrag)[95] festgestellt haben.

94 Im Zeitraum der Nachwirkung haben die Rechtsnormen der Dienstvereinbarung **keine zwingende Wirkung** mehr. Von ihnen kann deshalb auch zuungunsten der Mitarbeiter abgewichen werden. Jede im Nachwirkungszeitraum getroffene andere Abmachung beendet die Nachwirkung – gleichgültig ob es sich um eine Regelung durch eine Arbeitsvertragsordnung, eine andere Regelung durch eine Dienstvereinbarung oder eine einzelvertragliche Abrede mit dem Mitarbeiter handelt.[96]

95 Die Dienstvereinbarung wirkt im Nachwirkungszeitraum nur noch mittelbar. Das bedeutet, dass sie im Rahmen ihres persönlichen und sachlichen Geltungsbereiches für alle Arbeitsverhältnisse der Einrichtung maßgebend ist und anzuwenden ist, soweit sie nicht abgeändert worden ist. Sie gilt insoweit auch für neu eintretende Mitarbeiter.

3. Weitergeltung

96 Die **freiwillige Dienstvereinbarung** i. S. d. § 38 Abs. 1 Nr. 1 kann eine Fortgeltung (= Weitergeltung) entfalten, wenn in ihr festgelegt ist, ob und in welchem Umfang darin begründete Rechte der Mitarbeiterinnen und Mitarbeiter bei Außerkrafttreten – nicht nur im Falle der Kündigung – der Dienstvereinbarung fortgelten sollen (§ 38 Abs. 5 S. 2). Ohne die **Fortgeltungsregelung** sind Dienstvereinbarungen i. S. v. § 38 Abs. 1 Nr. 1 mit Ablauf ihrer Geltungsdauer einschließlich des Kündigungsfalles nicht mehr wirksam, während bei gewollter Fortgeltung eine differenzierte Fallregelung möglich ist, also auch hinsichtlich der Weitergeltung bis zum Abschluss einer neuen Dienstvereinbarung; das kann allerdings sehr riskant sein (*Loritz*, DB 1997, 2074). Gegen den Willen der Einrichtungspartner ist eine Weitergeltung der freiwilligen Dienstvereinbarung ausgeschlossen.

97 Die Begriffe **Nachwirkung** und **Fortgeltung** im Sprachgebrauch der MAVO sind sachlich von einander zu **trennen**. Denn bei freiwilligen Dienstvereinbarungen besteht keine Erzwingbarkeit wie bei Angelegenheiten des § 38 Abs. 1 Nrn. 2–9 und 11–13, deren Regelung gemäß §§ 36 und 37 erzwingbar ist. Die Fortgeltung ist zu regeln § 38 Abs. 5 S. 2 (§ 38 Abs. 1 Nr. 1), während die Nachwirkung gemäß § 38 Abs. 5 S. 3 bei freiwilligen Dienstvereinbarungen jedenfalls ausgeschlossen ist (vgl. auch § 38 Abs. 1 Nrn. 10, 14 und 15).

VII. Die Geltung von Dienstvereinbarungen nach einem Rechtsträgerwechsel

1. Einrichtungsbezogene Dienstvereinbarung

98 Wird ein Rechtsträgerwechsel durch Untergang des bisherigen Rechtsträgers und Übernahme seiner Einrichtungen auf den neuen Rechtsträger rechtsgeschäftlich oder im Wege der Gesamtrechtsnachfolge herbeigeführt, so behalten die Dienstvereinbarungen ihre Gültigkeit für die von ihnen vor dem Übergang betroffenen Mitarbeiter (§ 613a BGB), so etwa die Dienstvereinbarung über Beginn und Ende der täglichen Arbeitszeit (§ 38 Abs. 1 Nr. 2). Das gilt unabhängig vom Fortbestand der MAV, welche Vertragspartei der Dienstvereinbarung war, wenn nur die betroffene Einrichtung fortbesteht.[97] Wird dagegen in Vollzug einer Unternehmensumwandlung die Betriebsorganisation insgesamt aufgelöst, so geht die bisherige Einrichtung unter, verliert ihre Identität, so dass eine kollektivrechtliche Weitergeltung der Dienstvereinbarung ohne Fortbestand der Einrichtung nicht eintreten kann. In diesem Falle kommt nur eine individualrechtliche Weitergeltung der Dienstvereinbarung in Betracht (§ 613a Abs. 1 S. 2–4 BGB). Das gilt auch im Falle einer Einrichtungsspaltung.

---

[95] So auch *BAG*, 17. 1. 1995, DB 1995, 1918.
[96] *BAG*, 22. 3. 1995 – 5 AZR 934/93, DB 1995, 2073.
[97] *Röder/Haußmann*, DB 1999, 1754 m. N.

2. Gesamtdienstvereinbarung nach einer Umwandlung

a. Änderung der Organisation

Hat die Gesamtmitarbeitervertretung (§ 24 Abs. 1) eine Gesamtdienstvereinbarung mit dem Dienstgeber abgeschlossen, also keine einrichtungsbezogene, sondern eine unternehmensbezogene Dienstvereinbarung (Gesamtdienstvereinbarung), so kommt es darauf an, welches Schicksal das Unternehmen nach einer Neuorganisation (etwa Umwandlung) erfährt. Für die Gesamtmitarbeitervertretung kommt es auf den Fortbestand des Unternehmens an. Gehen die an einer Verschmelzung zur Neugründung beteiligten Unternehmen (Rechtsträger) unter, verlieren die Gesamtmitarbeitervertretungen ihre Existenz. Dann kann bei dem neu gegründeten Unternehmen (Rechtsträger) eine Gesamtmitarbeitervertretung errichtet werden. Im Falle der Verschmelzung zur Aufnahme des übertragenden Unternehmens in das aufnehmende Unternehmen geht die Gesamtmitarbeitervertretung des aufgenommenen Unternehmens unter. Allerdings bleibt eine im aufnehmenden Unternehmen bestehende Gesamtmitarbeitervertretung im Amt. Bei einer Abspaltung bleibt die Gesamtmitarbeitervertretung für das abgebende Unternehmen im Amt, soweit dort wenigstens zwei Einrichtungen mit je einer MAV vorhanden sind. 99

b. Folgen für die Gesamtdienstvereinbarung

Auch wenn die Gesamtmitarbeitervertretung untergeht, kommt die Weitergeltung von Gesamtdienstvereinbarungen in Betracht, wenn nämlich die jeweilige betriebliche Einheit, für die sie geschaffen wurde, weiter besteht. Denn die Zuständigkeit der Gesamtmitarbeitervertretung für die Gesamtdienstvereinbarung bestimmt deren Geltungsbereich. Man wird deshalb zu unterscheiden haben, für welchen Bereich konkret die Gesamtdienstvereinbarung abgeschlossen wurde, etwa für das gesamte Unternehmen in seiner Gesamtheit oder für mehrere Einrichtungen innerhalb des Unternehmens. Hätte die Gesamtdienstvereinbarung inhaltlich auch auf Einrichtungsebene abgeschlossen werden können, kann sie auch auf dieser Ebene fortgelten, wenn keine Gesamtmitarbeitervertretung mehr besteht, wenn nur die Identität der betroffenen Einrichtung gewahrt bleibt. Nach § 24 Abs. 4 S. 1 besteht zwar eine originäre Zuständigkeit der Gesamtmitarbeitervertretung, was aber die Weitergeltung der Gesamtdienstvereinbarung im Grundsatz nicht tangiert, wenn die Gesamtmitarbeitervertretung nicht mehr besteht. Wenn wegen einer mehrere Einrichtungen betreffenden Angelegenheit eine Gesamtdienstvereinbarung getroffen wurde (§ 24 Abs. 4 S. 1), gilt diese weiter, solange die betroffenen Einrichtungen identisch weiter bestehen. 100

3. Dienstvereinbarung für den Bereich einer gemeinsamen Mitarbeitervertretung

Solange der Bereich für die gemeinsame MAV besteht, weil die ihm zugrunde liegende Dienstvereinbarung gemäß § 1b Bestand hat, bleibt eine gemäß § 38 geschlossene Dienstvereinbarung in Kraft, falls sie nicht gekündigt wird. Wird innerhalb des Bereichs der gemeinsamen Mitarbeitervertretung ein Rechtsträger aufgelöst, hat das für die nicht aufgelösten Rechtsträger keine Folgen. Wird innerhalb des Bereichs nach Auflösung eines oder mehrerer Rechtsträger ein neuer Rechtsträger gebildet, der als Gesamtrechtsnachfolger in die Rechte und Pflichten der aufgelösten Rechtsträger eintritt, gilt diese Rechtsfolge auch mit Blick auf die Dienstvereinbarung gemäß § 1b und § 38. 101

VIII. Regelungsabreden

Neben dem Abschluss von Dienstvereinbarungen mit Rechtsnormcharakter haben die Partner einer Einrichtung die Möglichkeit zu so genannten Regelungsabreden. Solche Regelungsabreden, die z. B. eine Absprache zwischen den Partnern über die Klärung eines aktuellen Falles herbeiführen oder vorübergehende mit der MAV abgesprochene Maßnahmen des Dienstgebers, die nicht in die Arbeitsverträge der Mitarbeiter eingreifen, sind zulässig. 102

Sie dürfen nur nicht mit einer abschließenden Regelung solcher Angelegenheiten befasst sein, in denen ein Mitbestimmungsrecht der MAV besteht (§ 55). Die MAVO lässt zu unterschiedlichen Angelegenheiten Einigungen zwischen Dienstgeber und MAV zu. Hierbei geht es z. B. um die Einigung 103 über die Freistellung eines Mitglieds der MAV gemäß § 15 Abs. 3 S. 2, über die erforderliche Teilnahme von Mitgliedern der MAV an einer Schulung (§ 16 Abs. 1), die Art der sachlichen und personellen Hilfen des Dienstgebers für die MAV (§ 17 Abs. 2), die Bildung einer Gesamtmitarbeitervertretung (§ 24 Abs. 1). Hierfür eignet sich der aus dem Betriebsverfassungsrecht entwickelte Begriff der Regelungsabrede, die keine Normwirkung hat. Sie hat ihre Berechtigung auf Gebieten, auf denen Dienstvereinbarungen nicht zulässig sind.

104 Die Regelungsabrede ist an keine bestimmte Form gebunden; Schriftform ist zweckmäßig. Die MAV muss vor der Regelungsabrede intern einen förmlichen Beschluss zu ihrem Inhalt fassen.

105 Hierher gehören deshalb die Angelegenheiten der Anhörung und Mitberatung (§§ 29, 30–31, 32), aber auch Fragen von Zeit und Ort der Sprechstunden, Art und Zeitpunkt der Mitarbeiterversammlung, Zeitpunkt und Ort der Sitzungen der MAV, Absprachen zur Behandlung der Angelegenheiten gemäß § 26 Abs. 3.

106 Regelungsabreden mit einem schuldrechtlichen Inhalt gewähren dem Berechtigten einen Rechtsanspruch darauf, dass sich der Verpflichtete entsprechend der getroffenen Absprache verhält. Die Regelungsabrede endet in vielen Fällen durch Zweckerreichung oder mit Ablauf der Zeit, für die sie getroffen wurde. Sie kann einvernehmlich aufgehoben oder durch eine andere Regelung ersetzt werden. Die Kündigung der Regelungsabrede ist jedenfalls dann in entsprechender Anwendung von § 38 Abs. 4 S. 2 zulässig, wenn die Regelungsabrede auf längere Dauer angelegt ist.[98]

107 Meinungsverschiedenheiten darüber, ob der Dienstgeber eine mit der MAV getroffene Vereinbarung richtig durchführt oder einer der Betriebspartner die Vereinbarung nicht beachtet, können gemäß § 2 Abs. 2 KAGO vom Kirchlichen Arbeitsgericht auf Antrag eines Beteiligten entschieden werden.

IX. Streitigkeiten

108 Bei einem Verstoß gegen Inhalte einer Dienstvereinbarung gemäß § 38 findet auf Antrag des Dienstgebers oder der MAV das Verfahren vor dem Kirchlichen Arbeitsgericht statt (§ 2 Abs. 2 KAGO).

109 Rechtsstreitigkeiten über die Frage der Zulässigkeit des Abschlusses einer Dienstvereinbarung wie auch über die Unwirksamkeit einer bereits bestehenden Dienstvereinbarung wegen Verstoßes gegen eine bestehende Arbeitsvertragsordnung (vgl. § 38 Abs. 2 und 3) werden vom Kirchlichen Arbeitsgericht auf Antrag gemäß § 2 Abs. 2 KAGO entschieden. Siehe auch Rn 63.

110 Über **arbeitsvertragsrechtliche Streitigkeiten**, die auf einer Dienstvereinbarung i. S. v. § 38 Abs. 2 beruhen, und die Parteien des Arbeitsverhältnisses betreffen, entscheiden die staatlichen Arbeitsgerichte (§ 2 Abs. 1 Nr. 3 ArbGG). Je nach Arbeitsvertragsordnung ist die diözesane Schlichtung für Individualstreitigkeiten einzuschalten. Gemäß § 22 AVR Allg. Teil ist die Schlichtungsstelle beim Diözesancaritasverband mit der Angelegenheit zu befassen. Die Zuständigkeit des staatlichen Arbeitsgerichts ist deshalb nicht ausgeschlossen.

§ 39 Gemeinsame Sitzungen und Gespräche

(1) Dienstgeber und Mitarbeitervertretung kommen mindestens einmal jährlich zu einer gemeinsamen Sitzung zusammen. Eine gemeinsame Sitzung findet ferner dann statt, wenn Dienstgeber oder Mitarbeitervertretung dies aus besonderem Grund wünschen. Zur gemeinsamen Sitzung lädt der Dienstgeber unter Angabe des Grundes und nach vorheriger einvernehmlicher Terminabstimmung mit der Mitarbeitervertretung ein. Die Tagesordnung und das Besprechungsergebnis sind in einer Niederschrift festzuhalten, die vom Dienstgeber und von der oder dem Vorsitzenden der Mitarbeitervertretung zu unterzeichnen ist. Dienstgeber und Mitarbeitervertretung erhalten eine Ausfertigung der Niederschrift.

---

98 *BAG*, 10. 3. 1992, AP Nr. 1 zu § 77 BetrVG 1972 Regelungsabrede.

(2) Außer zu den gemeinsamen Sitzungen sollen Dienstgeber und Mitarbeitervertretung regelmäßig zu Gesprächen über allgemeine Fragen des Dienstbetriebes und der Dienstgemeinschaft sowie zum Austausch von Anregungen und Erfahrungen zusammentreffen.

Übersicht

		Rn			Rn
I.	Zweck der Vorschrift	1– 3	IV.	Gemeinsame Gespräche (Abs. 2) .	15–19
II.	Gemeinsame Sitzung (Abs. 1)	4, 5	V.	Streitigkeiten	20
III.	Verfahren	6–14			

I. Zweck der Vorschrift

Die Bestimmung enthält allgemeine Regelungen über die Zusammenarbeit zwischen Dienstgeber und MAV. Damit wird der Grundsatz vertrauensvoller Zusammenarbeit zwischen den Einrichtungspartnern (§ 26 Abs. 1) ergänzt und für die Praxis verdeutlicht. 1

Zum Zwecke der Zusammenarbeit sind 2
– gemeinsame Sitzungen mindestens einmal im Kalenderjahr (§ 39 Abs. 1 S. 1; § 22a Abs. 1 S. 2; § 27a Abs. 1),
– weitere gemeinsame Sitzung(en) auf Wunsch einer der beiden Einrichtungspartner aus besonderem Grund (§ 39 Abs. 1 S. 2),
– regelmäßige Gespräche (§ 39 Abs. 2)
vorgesehen. Verantwortlich für das Zustandekommen der Begegnungen sind beide Einrichtungspartner.

Die Bedeutung der Regelung des § 39 besteht nicht in den Ergebnissen, die auf gemeinsamen Sitzungen und Gesprächen erzielt werden, sondern in der Tatsache, dass die Partner kirchlicher Einrichtungen in einer Runde zusammenkommen, dort ihre Probleme und möglichen Streitfragen diskutieren und Lösungen zu finden suchen. Gegenstand des jährlichen Treffens können alle Angelegenheiten sein, die die Einrichtung bzw. Dienststelle und die Mitarbeiterinnen und Mitarbeiter betreffen und überhaupt in den Zuständigkeitsbereich der MAV fallen, also nicht nur die Angelegenheiten der förmlichen Beteiligung der MAV, wie etwa gemäß §§ 27a Abs. 1, 28a Abs. 2, 29 Abs. 3 S. 3, 30 Abs. 2 S. 3, 30a S. 2, 32 Abs. 2 S. 1, 33 Abs. 3, 37 Abs. 3 S. 2, 38 Abs. 4. 3

II. Gemeinsame Sitzung (Abs. 1)

Eine gemeinsame Sitzung zwischen Dienstgeber und MAV bzw. gemeinsamer MAV ist zwingend einmal jährlich vorgeschrieben (Satz 1). Den Partnern der Einrichtung bleibt es überlassen, die gemeinsame Sitzung in kürzeren Zeitabständen stattfinden zu lassen; z. B. § 27a Abs. 1. 4

Eine gemeinsame Sitzung muss ferner dann stattfinden, wenn Dienstgeber oder MAV dies aus »besonderem Grund« wünschen (Satz 2). Die MAV hat einen Anspruch auf Anberaumung einer solchen gemeinsamen Sitzung, und sei es wegen ihrer Initiativrechte gemäß § 32 und § 37. Diese gemeinsame Sitzung hat der Dienstgeber unverzüglich (das heißt: ohne schuldhaftes Zögern – § 121 BGB) einzuberufen. 5

III. Verfahren

Zu der gemeinsamen Sitzung lädt der Dienstgeber unter Angabe von Grund und Tagesordnung ein (Abs. 1 S. 3). Die MAV hat dieses Recht nicht, kann aber wegen der Vorschrift des Abs. 1 S. 1 den Dienstgeber auf die erforderliche Sitzung hinweisen. Die Sitzung wird zwischen den beiden Einrichtungspartnern terminlich abgestimmt (Abs. 1 S. 3). Diese Vereinbarung ist Merkmal für die Parität der Gesprächspartner. Die MAV meldet bei der Vorbereitung der gemeinsamen Sitzung ihre Wünsche zur Tagesordnung an. Im Falle der gemeinsamen Sitzung auf besonderen Wunsch ist das sachnotwendig (Abs. 1 S. 2). An der gemeinsamen Sitzung nehmen alle Mitglieder der MAV teil. 6

7 Dienstgeber ist gemäß § 2 Abs. 1 der Rechtsträger der Einrichtung bzw. Dienststelle. Gesprächspartner der MAV ist daher gemäß § 2 Abs. 2 S. 1 das für den Dienstgeber vertretungsberechtigte Organ oder die von ihm bestellte Leitung, so dass für den Dienstgeber ein Gremium auftreten kann (Kirchenvorstand, Kuratorium, Krankenhausbetriebsleitung etc.). Sowohl das mehrköpfige Organ als auch die mehrköpfige bestellte Leitung können (vorbehaltlich Rn 17 ff.) aus ihrer Mitte bestimmen, wer mit der MAV das gemeinsame Gespräch führt. Das ergibt sich praktisch auch aus § 2 Abs. 2 S. 2, weil der Dienstgeber sogar eine Mitarbeiterin oder einen Mitarbeiter in leitender Stellung – schriftlich – beauftragen kann, ihn zu vertreten. Das gilt auch für die Jahressitzung (*Frey/Coutelle/Beyer*, MAVO, 3/2005, § 39 Rn 1). Im Rahmen der Vereinbarung der gemeinsamen Sitzung ist folglich für die Klärung der adäquaten Repräsentanz des Dienstgebers zu sorgen. Das ist u. a. dann geboten, wenn die MAV auch die Zusammenarbeit mit dem für die MAV sonst zuständigen dienstgeberseitigen Beauftragten und etwaige Verfahren vor der Einigungsstelle (§ 45) oder dem Kirchlichen Arbeitsgericht (§ 2 Abs. 2 KAGO) und ihre Ergebnisse zur Sprache bringen will.

8 Zur Durchführung der gemeinsamen Jahressitzung (§ 39 Abs. 1 S. 1) lädt der Dienstgeber zur **Aussprache** unter Angabe des Grundes und nach vorheriger einvernehmlicher Terminabstimmung mit der MAV ein (§ 39 Abs. 1 S. 3). Diese gemeinsame Sitzung leitet der Dienstgeber (vgl. insoweit § 74 Abs. 1 BetrVG im Verhältnis zu § 29 Abs. 4 BetrVG und § 66 Abs. 1 BPersVG zu § 34 Abs. 4 BPersVG). Die Leitung der gemeinsamen Sitzung obliegt jedoch dem Vorsitzenden der MAV in den **förmlichen Sitzungen der MAV**, an denen der Dienstgeber zur **Verhandlung** mit der MAV i. S. der Beteiligungsrechte der MAV teilnimmt und dazu gemäß §§ 30, 33, 38 einlädt. In den Fällen des § 29 Abs. 3 und § 37 Abs. 3 lädt der Dienstgeber gemäß § 39 Abs. 1 S. 2 ein. Dabei handelt es sich aber um förmliche Sitzungen der MAV mit dem Dienstgeber, so dass diese Sitzungen vom Vorsitzenden der MAV, im Verhinderungsfall von seinem Stellvertreter geleitet werden.[1] Denn in diesen Sitzungen hat der Dienstgeber kein Stimmrecht. Deshalb hat die MAV auch das Recht, ihre Beschlussfassung erst bei Abwesenheit des Dienstgebers herbeizuführen.[2]

9 Die gemeinsamen Sitzungen sind nicht öffentlich. Dienstgeber und MAV treffen im Rahmen der Terminvereinbarung Absprache, wer aus dem Anlass dazu eingeladen wird. Das können je nach Anlass die Vertretung der schwerbehinderten Menschen (§ 52 Abs. 1 Nr. 3) und auch der Sprecher bzw. die Sprecherin der Jugendlichen und Auszubildenden sein (§ 51 Abs. 1 Nr. 3).

10 Besteht eine **Gesamtmitarbeitervertretung** bzw. erweiterte Gesamtmitarbeitervertretung, so gilt auch für sie § 39. Das folgt aus § 24 Abs. 6. Da jede **Sondervertretung** i. S. v. § 23 eine Mitarbeitervertretung ist, gilt auch für sie § 39.

11 Über die gemeinsamen Sitzungen ist eine Niederschrift zu fertigen, in der u. a. die Tagesordnung und das Besprechungsergebnis festgehalten ist. Die Niederschrift ist vom Dienstgeber bzw. dessen Beauftragten und vom Vorsitzenden der MAV zu unterschreiben (Abs. 1 S. 4). Beide Partner erhalten eine Ausfertigung der Niederschrift (Abs. 1 S. 5).

12 Haben die Partner in der gemeinsamen Sitzung eine **Dienstvereinbarung** mit zulässigem Inhalt (§ 38 Abs. 1) vereinbart, bedarf es der Errichtung einer besonderen, von beiden Partnern unterzeichneten Urkunde; die Niederschrift über die gemeinsame Sitzung genügt nicht, auch wenn sie von beiden Partnern unterzeichnet ist (§ 38 Abs. 4 S. 1).

13 In jedem Falle aber ist der Inhalt der von beiden Partnern unterzeichneten Sitzungsniederschrift als Regelungsabrede anzusehen (§ 38 Rn 102), wenn sie einen regelungsfähigen Inhalt betrifft.

14 Die Sitzungsniederschrift über die gemeinsame Sitzung ist **nicht geheim zu halten**. Sowohl der Dienstgeber als auch die MAV können sie im Rahmen von Mitarbeiterversammlungen oder zur Unterrichtung der Mitarbeiter und Mitarbeiterinnen über das Ergebnis einer gemeinsamen Verhand-

---

1 *Fitting*, § 29 Rn 61.
2 *Fitting*, § 29 Rn 59.

lung verwerten, ohne dass der MAV oder dem Dienstgeber der Vorwurf einer groben Verletzung der vertrauensvollen Zusammenarbeit gemacht werden könnte.³ Etwas **anderes** gilt nur, wenn der Dienstgeber oder die MAV fordert, dass die Sitzungsniederschrift geheim zu halten ist. Dann müssen aber geheimhaltungspflichtige Tatsachen i. S. d. § 20 bzw. § 27a Abs. 6 vorliegen.

IV. Gemeinsame Gespräche (Abs. 2)

Außer den gemeinsamen Sitzungen sollen die Partner regelmäßig zu gemeinsamen und allgemeinen Gesprächen zusammentreffen, die: 15
– allgemeine Fragen des Dienstbetriebes (§ 26 Abs. 2 S. 1, § 27 Abs. 2),
– allgemeine Fragen der Dienstgemeinschaft (§ 27 Abs. 1 MAVO; Art. 1 GrO),
– Austausch von Anregungen und Erfahrungen (§ 26 Abs. 3)
zum Gegenstand haben können.

Auch zu diesen gemeinsamen Gesprächen lädt der Dienstgeber ein. Er muss einladen, wenn die MAV 16 dieses gemeinsame Gespräch unter Angabe eines in ihren Bereich fallenden Tagesordnungspunktes beantragt.

Die Diözesanbischöfe in Nordrhein-Westfalen haben eine »Grundordnung für katholische Krankenhäuser in Nordrhein-Westfalen« erlassen.⁴ Gemäß Abschnitt IV Absatz 3 der Grundordnung gilt, 17 dass **Krankenhausbetriebsleitung und MAV** in regelmäßigen Zeitabständen, mindestens zweimal im Jahr, zu Besprechungen allgemeiner Fragen des Krankenhauses und der Dienstgemeinschaft und zum Austausch von Vorschlägen und Anregungen zusammenkommen.

Hier wirkt sich die Bildung einer MAV in einer kirchlichen Einrichtung unmittelbar auf dem Kran- 18 kenhaussektor auf die Gestaltung der Beziehungen zwischen Dienstgeber und den durch die MAV repräsentierten Mitarbeitern aus. Die Regeln des § 39 gelten auch für diese gemeinsame Sitzung zwischen Krankenhausbetriebsleitung und MAV.

Der Krankenhausbetriebsleitung gehören an der Leitende Arzt des Krankenhauses, der Leiter des 19 Pflegedienstes sowie der Leiter des Wirtschafts- und Verwaltungsdienstes, soweit nicht noch zusätzliche Personen in die Krankenhausbetriebsleitung berufen worden sind (Abschnitt II Nr. 1 Grundordnung für katholische Krankenhäuser).

V. Streitigkeiten

Bestehen zwischen Dienstgeber und MAV Meinungsverschiedenheiten über die Pflicht zur gemein- 20 samen Sitzung gemäß § 39 Abs. 1 oder die gemeinsame Besprechung gemäß Grundordnung für katholische Krankenhäuser (Rn 17), so kann jeder der Einrichtungspartner das Kirchliche Arbeitsgericht gemäß § 2 Abs. 2 KAGO anrufen, um die Sitzung durchzuführen. Die Nichtbeachtung der Pflicht ist eine Verletzung der MAVO bzw. der vorgenannten Grundordnung. Das kann im Falle der Weigerung der MAV zur Abhaltung der Sitzung bei grobem Verstoß gegen die Pflicht auf Antrag des Dienstgebers zum Amtsenthebungsverfahren gemäß § 13 Abs. 3 Nr. 6 bei dem Kirchlichen Arbeitsgericht führen.

---

3 *Schlichtungsstelle Köln*, 5. 11. 1996 – MAVO 15/96.
4 Amtsblatt des Erzbistums Köln 1996 Nr. 256 S. 321.

VI. Einigungsstelle

§ 40 Bildung der Einigungsstelle – Aufgaben

(1) Für den Bereich der (Erz-)Diözese wird beim (Erz-)Bischöflichen Ordinariat/Generalvikariat in .... eine ständige Einigungsstelle gebildet.[1]

(2) Für die Einigungsstelle wird eine Geschäftsstelle eingerichtet.

(3) Die Einigungsstelle wirkt in den Fällen des § 45 (Regelungsstreitigkeiten) auf eine Einigung zwischen Dienstgeber und Mitarbeitervertretung hin. Kommt eine Einigung nicht zustande, ersetzt der Spruch der Einigungsstelle die erforderliche Zustimmung der Mitarbeitervertretung (§ 45 Abs. 1) oder tritt an die Stelle einer Einigung zwischen Dienstgeber und Mitarbeitervertretung (§ 45 Abs. 2 und 3).

Übersicht

		Rn			Rn
I.	Grundsätze des kirchlichen Rechtsschutzes	1–6		i. Verfahrensvorschriften	39
II.	Organe zur Beilegung von Streitigkeiten	7–54		j. Intervention der Apostolischen Signatur	40
	1. Kirchliches Gericht	8–11		4. Die Einigungsstelle (§§ 40–47 MAVO)	41, 42
	2. Disziplinargerichte	12		5. Die Schlichtungsstelle (§§ 40 bis 42 MAVO in der Fassung bis 2005)	43
	3. Kirchliche Arbeitsgerichtsbarkeit	13–40		6. Vermittlungsstelle	44
	a. Errichtung diözesaner Arbeitsgerichte	14–18		7. Vermittlungsausschuss	45
	b. Der Kirchliche Arbeitsgerichtshof	19		8. Organe für einzel(arbeits)vertragliche Streitigkeiten	46–49
	c. Sachliche Zuständigkeit des Kirchlichen Arbeitsgerichts	20–27		a. Schlichtungsstelle/Schlichtungsausschuss	46, 47
	d. Verbot der Normenkontrolle (§ 2 Abs. 4 KAGO)	28		b. Einrichtungskommission	48, 49
	e. Örtliche Zuständigkeit	29–33		9. Verwaltungsakte	50–54
	aa. Streitigkeiten i. S. d. § 2 Abs. 2 KAGO	29, 30	III.	Hinweise auf das Recht kollektiver Streitigkeiten	55–63
	bb. Streitigkeiten i. S. d. § 2 Abs. 1 KAGO	31	IV.	Die Bildung einer Einigungsstelle (§ 40 Abs. 1)	64–72
	cc. Mehr- und überdiözesane Rechtsträger	32, 33		1. Bereich einer Diözese	64
	f. Zusammensetzung des Kirchlichen Arbeitsgerichts	34		2. Mehrdiözesan, überdiözesan agierende Rechtsträger	65, 66
	g. Besetzung des Kirchlichen Arbeitsgerichts	35		3. Besondere MAVO für einen bestimmten Rechtsträger	67
	h. Rechtsstellung und Ernennung der Richter, Beendigung des Richteramtes	36–38		4. Ständige Einigungsstelle	68
				5. Geschäftsstelle, § 40 Abs. 2	69
				6. Aufgaben der Einigungsstelle, § 40 Abs. 3	70–72

I. Grundsätze des kirchlichen Rechtsschutzes

Mit Blick auf das Einigungsstellenverfahren der §§ 40 ff. MAVO und das Verfahren vor dem Kirchlichen Arbeitsgericht nach KAGO, die wegen der Anfechtbarkeit von Entscheidungen (Sprüchen) 1

---

[1] Die Bildung einer gemeinsamen Einigungsstelle durch mehrere Diözesen wird nicht ausformuliert, ist jedoch möglich.

von Einigungsstellen verknüpft sein können (vgl. § 47 Abs. 4 MAVO), sollen einige Aspekte des kirchlichen Rechtsschutzes aufgezeigt werden.

2 Gemäß can. 221 § 1 CIC steht es den Gläubigen (can. 204 CIC) zu, ihre Rechte, die sie in der Kirche besitzen, rechtmäßig geltend zu machen und nach Maßgabe des Rechts vor der zuständigen kirchlichen Behörde zu verteidigen. Dazu gibt es die Möglichkeit der friedlichen Beilegung, die Wege der gerichtlichen Klage oder des hierarchischen Rekurses. Das partikulare Arbeitsrecht konkretisiert die universalrechtlichen Vorgaben und ermöglicht, notwendigen Anforderungen des jeweiligen staatlichen Rechts – im religionsverfassungsrechtlichen Rahmen – gerecht zu werden (can. 22 CIC).

3 Gemäß Art. 140 GG i. V. m. Art. 137 Abs. 3 WRV ordnet die Kirche ihre Angelegenheiten selbständig innerhalb der Schranken des für alle geltenden Gesetzes. Damit verbunden ist auch eine arbeitsrechtliche Regelungsautonomie.[2] Dazu gehört auch das kirchliche Mitarbeitervertretungsrecht.[3] Durch Art. 10 GrO wie auch durch das Mitarbeitervertretungsrecht wird ein Konfliktpotenzial im kirchlichen Dienst nicht geleugnet. Partizipation und Konflikt bilden keine Alternative. So wichtig die Stärkung des partizipatorischen Moments der Mitarbeiterbeteiligung für die Vermeidung von Spannungen und für die Betonung des Handelns aus gemeinsamer Verantwortung auch sein mag, kann das Konfliktmoment dennoch nicht eliminiert werden. Menschliches Verhalten ermöglicht Konfliktmomente auch innerhalb beteiligungsrechtlicher und gemeinschaftsbezogener Haltungen und Strukturen (Art. 1 und 10 GrO). Man darf daher den Konflikt in der Kirche nicht für uneigentlich erklären, man muss ihn ekklesiologisch ernst nehmen.[4] Deshalb ist Rechtsschutz geboten. Schutz der subjektiven Rechte, Rechtssicherheit und Ausschluss von Willkür sind sicherzustellen.[5]

4 Die richterliche Gewalt dient der amtlichen, verbindlichen Entscheidung von Einzelfällen in Anwendung der generell-abstrakten Rechtssätze, um Rechtsstreitigkeiten zu entscheiden, welche die Verfolgung oder den Schutz subjektiver Rechte natürlicher oder juristischer Personen, die Feststellung rechtlich relevanter Sachverhalte zum Gegenstand haben. Aufgrund rechtmäßig eingebrachter Klage muss der Richter handeln, weil Rechtsverweigerung in Ansehung der MAVO und der KAGO verboten ist. Wer Rechtssetzungsbefugnis hat, muss auch den daraus resultierenden Rechtsschutz gewährleisten.

5 Jeder Richter ist zwar zur Rechtsschutzgewährung verpflichtet. Dennoch soll er zu Beginn eines Rechtsstreits die Parteien zu bewegen versuchen, sich gütlich zu einigen und eine außergerichtliche Lösung des Streitfalles anzustreben (vgl. can. 1446 CIC). Die Pflicht zur Gewährung von Rechtsschutz besteht für den Richter aber nur dann, wenn er zuständig ist und das Klagebegehren rechtmäßig gestellt ist. Einem Gericht, das keine Zuständigkeit besitzt, ist es verwehrt, sich einer Streitsache anzunehmen. Daneben hat die belangte Partei das Recht, auf dem Weg der Einrede ein Gericht wegen Unzuständigkeit abzulehnen (vgl. can. 1460 CIC).

6 Die Kirchliche Arbeitsgerichtsordnung (KAGO) übernimmt diese Grundsätze, die bereits mit dem Beschluss der Vollversammlung des Verbandes der Diözesen Deutschlands zur Grundordnung des kirchlichen Dienstes im Rahmen kirchlicher Arbeitsverhältnisse (GrO) vom 22. September 1993 für das kollektive kirchliche Arbeitsrecht gefordert wurde (Art. 10 GrO). Auch in der KAGO ist das Prinzip verankert, dass das Kirchliche Arbeitsgericht in jeder Lage des Verfahrens auf eine gütliche Beilegung des Rechtsstreits hinwirken soll (§ 7 Abs. 5 KAGO).

II. Organe zur Beilegung von Streitigkeiten

7 Dem Gedanken der Beilegung von Streitigkeiten dienen innerhalb der Kirche verschiedene Organe je nach dem Inhalt der Konfliktlage.

---

2 *BVerfGE* 46, 73; 70, 138.
3 *Kalb*, Kirchliches Dienst- und Arbeitsrecht, Hdb. kath. KR 2. Aufl. § 20 S. 258, 260.
4 *Luf*, Rechtsphilosophische Grundlagen des Kirchenrechts, Hdb. kath. KR 2. Aufl. § 4 S. 33, 44.
5 *Pree*, Die Ausübung der Leitungsgewalt, Hdb. kath. KR 2. Aufl. § 12 S. 156, 169.

1. Kirchliches Gericht

Der Papst ist der oberste Richter für den gesamten katholischen Erdkreis. Er spricht Recht entweder persönlich oder durch von ihm delegierte Richter (can. 1442 CIC). In jedem Bistum und für alle vom Recht nicht ausdrücklich ausgenommenen Gerichtssachen ist der Diözesanbischof Richter erster Instanz; er kann seine richterliche Gewalt persönlich oder durch andere ausüben (can. 1419 § 1 CIC). Jeder Diözesanbischof ist gehalten, einen Gerichtsvikar, d. h. einen Offizial mit ordentlicher richterlicher Gewalt zu bestellen, der vom Generalvikar verschieden ist (can. 1420 § 1 CIC). Sowohl der Gerichtsvikar als auch die beigeordneten Gerichtsvikare müssen Priester sein (can. 1420 § 4 CIC). Auch die vom Diözesanbischof zu bestellenden Diözesanrichter müssen Kleriker sein (§ 1421 § 1 CIC); aber auch Laien können dieses Amt in einem – mit sonst Klerikern besetzten – Kollegialgericht ausüben (can. 1421 § 2 CIC). Die Ernennung der Amtsträger erfolgt auf bestimmte Zeit; sie können nur aus einem rechtmäßigen und schwerwiegenden Grund ihres Amtes enthoben werden (can. 1422 CIC). Die Deutsche Bischofskonferenz hat Erlaubnis erteilt, dass Laien gemäß can. 1421 § 2 CIC als Richter bestellt werden können.[6]

Die kirchliche Gerichtsbarkeit ist dreistufig gegliedert (can. 1444 CIC). Außerdem befindet das höchste Gericht der Apostolischen Signatur über:
1. Nichtigkeitsbeschwerden und Anträge auf Wiedereinsetzung in das Verfahren und andere Beschwerden gegen Urteile der Rota;
2. Beschwerden in Personenstandssachen, die die Römische Rota zu neuer Prüfung zuzulassen verweigert,
3. Befangenheitseinreden und andere Sachen gegen Richter der Römischen Rota wegen Handlungen in der Ausübung ihres Amtes;
4. Kompetenzkonflikte i. S. d. can. 1416 CIC (can. 1445 § 1 CIC).

Gemäß can. 1445 § 2 entscheidet dieses Gericht über Streitigkeiten, die aus einem Akt der kirchlichen Verwaltungsgewalt entstanden und rechtmäßig an es herangetragen worden sind, über andere Verwaltungsstreitigkeiten, die ihm vom Papst oder Behörden der Römischen Kurie zugewiesen worden sind, sowie über Kompetenzkonflikte zwischen diesen Behörden. Es kommt gemäß can. 1445 § 3 CIC darüber hinaus dem höchsten Tribunal zu,
1. über die rechte Verwaltung der Gerichtsbarkeit zu wachen und, sofern es nötig ist, gegen Anwälte und Prozessstellvertreter einzuschreiten;
2. die Zuständigkeit von Gerichten zu erweitern;
3. die Errichtung von Gerichten i. S. v. can. 1423 und 1439 CIC zu fördern und zu genehmigen.

Diese Behörde sorgt neben dem Dienst des höchsten Gerichts, den es ausübt, dafür, dass die Gerichtsbarkeit in der Kirche recht verwaltet wird (Art. 121 Past.Bon). Die im Bereich der Deutschen Bischofskonferenz errichtete Kirchliche Arbeitsgerichtsbarkeit mit erster und zweiter Instanz gemäß KAGO untersteht gemäß Art. 121 Past.Bon der Aufsicht der Apostolischen Signatur, ist aber auch das höchste prozessuale Rechtsmittelgericht der lateinischen Kirche. Es urteilt u. a. über prozessuale Einwendungen gegen Entscheidungen der Untergerichte. Dazu kann der Papst Richter eigens delegieren. Dies ist z. B. im Fall der Berufung gegen ein Urteil des *KAGH*[7] geschehen. Es wurde zu diesem Zweck vom höchsten Gericht der Apostolischen Signatur auf dessen Bitte an den Papst ein delegiertes Gericht mit drei Richtern nach Zustimmung und unter Erteilung der erbetenen Vollmachten des Papstes bestellt, um die Streitsache in einem einzigen Spruch zu entscheiden, und zwar ohne jedes weitere Rechtsmittel.[8]

---

6 Kirchliches Amtsblatt Münster 1996 S. 19; zur kirchlichen Rechtsprechung siehe u. a.: *de Wall/Muckel* § 19 Rn 56 ff.
7 *KAGH* 27. 2. 2009 – M 13/08, ZMV 2009, 153.
8 Tribunal Delegatum et a Supremo Signaturae Apostolicae Tribunali constitutum, 31. 3. 2010 – 42676/09 VT, *Paderbornen*; in: ZMV 2010, 145.

VI. Einigungsstelle

11 Jeder, ob getauft oder ungetauft, kann vor Gericht als Kläger auftreten; die rechtmäßig beklagte Partei ist verpflichtet, sich zu verantworten (can. 1476 CIC).

2. Disziplinargerichte

12 Einige Diözesen in Deutschland haben besondere Vorschriften zum Dienst- und Disziplinarrecht für ihre Beamten erlassen.[9] Der CIC enthält im Unterschied zu den Klerikern für Laien kein ausformuliertes Dienstrecht. Für den Fall eines Dienstvergehens sind Disziplinarmaßnahmen angedroht, die im Falle der Verwirklichung eines Dienstvergehens verhängt werden, wie Gehaltskürzung, Entfernung aus dem Dienst, Aberkennung und Kürzung des Ruhegehalts, und zwar aufgrund eines förmlichen Disziplinarverfahrens – in Hildesheim – vor der Disziplinarkammer. Die Disziplinarkammer entscheidet in der Besetzung mit dem Vorsitzenden oder dessen Stellvertreter und vier weiteren Mitgliedern, von denen einer Kleriker, ein anderer Beamter sein muss (§ 33 Abs. 3 und § 39 Abs. 4 der Ordnung). Der Vorsitzende und sein Stellvertreter werden auf Vorschlag der Mehrheit der Mitglieder der Disziplinarkammer im gegenseitigen Einvernehmen durch die für den Zuständigkeitsbereich der Disziplinarkammer verantwortlichen Diözesanbischöfe (Hildesheim, Osnabrück, Offizial in Vechta) bestellt; sie müssen die Befähigung zum Richteramt nach dem Deutschen Richtergesetz erlangt haben (§ 33 Abs. 4 der Ordnung). Gegen die Urteile der Disziplinarkammer ist die Berufung an den Disziplinarhof binnen eines Monats nach der Zustellung zulässig (§ 38 Abs. 1 S. 1 der Ordnung). Im Bistum Limburg ist Vorsitzender der Disziplinarkammer der Offizial des Bistums Limburg, ein Beisitzer ist der Justitiar des Bistums, der die Befähigung zum Richteramt haben muss. Ein weiterer Beisitzer wird auf vier Jahre befristet berufen.[10] Eine zweite Instanz besteht in Limburg nicht. Die bestehenden Ordnungen zeigen, dass die Disziplinargerichte außerhalb des CIC durch die Diözesanbischöfe eingerichtet sind. Die Ordnungen der Erzdiözese Freiburg und der Diözese Rottenburg-Stuttgart haben je ein Disziplinargericht mit einem Vorsitzenden und zwei Beisitzern eingerichtet. Das jeweils andere Disziplinargericht der beiden Diözesen ist Gericht zweiter Instanz.[11] Im Bistum Fulda kann gegen einen Beamten im Kirchendienst wegen eines Dienstvergehens ein Disziplinarverfahren durchgeführt werden (§ Abs. 2 Gesetz über eine Beamten-Ordnung mit Änderung der Mitarbeitervertretungsordnung und Errichtung eines Disziplinargerichtes.[12] Das Disziplinarverfahren ist zweistufig aufgebaut. Auf die Disziplinarmaßnahmen und das behördliche Disziplinarverfahren finden die Vorschriften des Hessischen Disziplinargesetzes in der jeweiligen Fassung entsprechende Anwendung, soweit nicht außerkirchliche Angelegenheiten und Sachverhalte zutreffen. Gegen das behördliche Disziplinarverfahren (§ 8 Abs. 3 der Ordnung) steht dem betroffenen Beamten das Recht der Beschwerde an das Disziplinargericht zu (§ 8 Abs. 5, 6 der Ordnung). Auf das Verfahren vor dem Disziplinargericht finden ergänzend die jeweils zutreffenden Bestimmungen der KAGO in der jeweiligen Fassung Anwendung. Das Disziplinargericht entscheidet durch Urteil (§ 8 Abs. 7 der Ordnung).

3. Kirchliche Arbeitsgerichtsbarkeit

13 Die Errichtung der kirchlichen Arbeitsgerichte beruht auf der Forderung von Art. 10 Abs. 2 und 3 GrO, wonach die Rechtsprechung zum eigenständigen kirchlichen kollektiven Arbeitsrecht zu erfolgen hat (§§ 1 und 2 KAGO). Verfassungsrechtliche Grundlage für die Schaffung kirchlicher Arbeitsgerichtsbarkeit ist die Garantie des kirchlichen Selbstbestimmungsrechts in Art. 140 GG i. V. m. Art. 137 Abs. 3 WRV.[13] Die katholische Kirche lehnt sich an das staatliche Prozessrecht an. Die Ge-

---

9 Vgl. Kirchliches Amtsblatt für die Diözese Fulda 2010 Nr. 85 S. 55; Kirchliches Amtsblatt Osnabrück 2001 Art. 205 S. 235; 2006, Art. 145 S. 140 ff.; Kirchliches Amtsblatt Mainz 2005 Nr. 119 S. 124; Kirchlicher Anzeiger für das Bistum Hildesheim 2001 S. 77; dazu: *Thiel*, ZMV 2002, 12; ferner: Disziplinarordnung des Katholischen Schulwerks in Bayern, Amtsblatt für die Diözese Regensburg 2006 S. 144.
10 Amtsbl. Limburg 1992 S. 171.
11 Amtsblatt der Erzdiözese Freiburg 1992 S. 517; Amtsblatt für die Diözese Rottenburg-Stuttgart 1988 S. 111; für die Diözese Mainz siehe Amtsblatt 2005 Nr. 119 S. 124.
12 Kirchliches Amtsblatt für die Diözese Fulda 2010 Nr. 85 S. 55.
13 Dazu: *Belling*, NZA 2006, 1132.

> 1. Das wird durch die Bestimmungen der §§ 27 und 46 KAGO deutlich.

richte werden u. a. mit Vertretern von Dienstnehmer- und Dienstgeberseite besetzt, die keine fachlichen Voraussetzungen haben müssen, wie das auch im staatlichen Recht der Fall ist. Die kirchliche Arbeitsgerichtsbarkeit versperrt nicht den Rechtsweg zur staatlichen Arbeitsgerichtsbarkeit, soweit es um individualrechtliche Streitigkeiten geht (§ 2 Abs. 3 KAGO; § 2 Abs. 1 Nr. 3b ArbGG).[14] Allerdings geht es kirchenrechtlich um die Frage, wer denn überhaupt zur Ausübung kirchlicher Arbeitsgerichtsbarkeit befugt ist.[15] Nach der KAGO können Laien im kirchenrechtlichen Sinn, also Personen, die nicht Kleriker sind und folglich keine Weihegewalt besitzen, ohne Beteiligung von Amtsträgern mit Weihegewalt rechtskräftig urteilen. Die Deutsche Bischofskonferenz hat ein Mandat nach can. 455 § 1 CIC vom Apostolischen Stuhl erhalten und die KAGO als allgemeines Dekret mit Gesetzescharakter (can. 29 CIC) zur Errichtung kirchlicher Arbeitsgerichte erlassen. Die von der Vollversammlung der Deutschen Bischofskonferenz am 21. September 2004 beschlossene KAGO trat am 1. Juli 2005 in Kraft und wurde zunächst bis zum 30. Juni 2010 befristet.[16] Dies geschah mit Rücksicht auf die kodikarische Ordnung als Rahmenrecht auch für die kirchlichen Arbeitsgerichte, zumal durch die Zulassung der KAGO von wesentlichen Bestimmungen des CIC dispensiert worden ist, nämlich vom Prozessrecht des CIC (vgl. can. 1402, 1421 §§ 1 und 3, 1423, 1441 CIC). Denn nach Erteilung des Mandats und Erlass der KAGO durch die Deutsche Bischofskonferenz war eine recognitio durch den Apostolischen Stuhl erforderlich. Zusätzlich wurde für die kirchlichen Arbeitsgerichte, die nicht diözesan, sondern mehrdiözesan errichtet wurden, eine besondere probatio des Apostolischen Stuhls gefordert. Damit wurde zum Ausdruck gebracht, dass die kirchliche Arbeitsgerichtsbarkeit der Aufsicht nach kanonischem Recht unterworfen ist. Folglich kann wegen einer Streitsache in jeder Instanz und in jedem Prozessabschnitt der Apostolische Stuhl zur Entscheidung angerufen werden (can. 1417 CIC). Mit Wirkung ab 1. Juli 2010 gilt die KAGO in der Fassung des Beschlusses der Vollversammlung der Deutschen Bischofskonferenz vom 25. Februar 2010[17] mit einigen Änderungen gegenüber der KAGO in der Fassung von 2004 (siehe Anhang).

a. Errichtung diözesaner Arbeitsgerichte

Vom kirchlichen Gericht i. S. des CIC (Rn 8) zu unterscheiden ist die kirchliche Arbeitsgerichtsbarkeit i. S. d. Kirchlichen Arbeitsgerichtsordnung der Deutschen Bischofskonferenz (KAGO), also Kirchliches Arbeitsgericht erster Instanz und Kirchlicher Arbeitsgerichtshof als Gericht zweiter Instanz. Das Kirchliche Arbeitsgericht erster Instanz wird entweder für eine Diözese oder von mehreren Diözesanbischöfen als gemeinsames (interdiözesanes) Kirchliches Arbeitsgericht für den Bereich ihrer Diözesen errichtet. 14

Diözesane Kirchliche Arbeitsgerichte mit sachlicher Zuständigkeit gemäß § 2 Abs. 1 und 2 KAGO für den Bereich ihrer Diözesen haben jeweils gebildet die Diözesanbischöfe von: 15
– Fulda,[18]
– Freiburg,[19]
– Rottenburg-Stuttgart.[20]

---

14 *Belling*, NZA 2006, 1135.
15 *Amann*, Die Ausübung der Sacra Potestas im kirchlichen Arbeitsgericht, AfkKR 2006, S. 435.
16 Amtsblatt des Erzbistums Köln 2005 Nr. 190 S. 225.
17 U. a. Kirchlicher Anzeiger für die Diözese Aachen 2010 Nr. 169 S. 162; Amtsblatt des Erzbistums Berlin 2010 Nr. 84 S. 49 mit Anlage zum Amtsblatt; Amtsblatt der Erzdiözese Freiburg 2010 Nr. 311 S. 315; Amtsblatt des Erzbistums Köln 2010 Nr. 136 S. 139; Kirchliches Amtsblatt für die Diözese Mainz 2010 Nr. 73 S. 63; Kirchliches Amtsblatt für das Bistum Trier 2010 Nr. 101 S. 102.
18 Kirchliches Amtsblatt für die Diözese Fulda 2005 Nr. 91 S. 53 mit Änderungen in Kirchliches Amtsblatt für die Diözese Fulda 2010 Nr. 83 S. 45 mit Approbation des Obersten Gerichtshofs der Apostolischen Signatur vom 25. 3. 2010, Kirchliches Amtsblatt für die Diözese Fulda 2010 S. 53.
19 Amtsblatt der Erzdiözese Freiburg 2005 Nr. 100 S. 91 mit Änderungen in Amtsblatt der Erzdiözese Freiburg 2010 Nr. 312 S. 327.
20 Kirchliches Amtsblatt für die Diözese Rottenburg-Stuttgart 2005 S. 138.

16 Allerdings können mehrere Diözesanbischöfe mit Genehmigung des Apostolischen Stuhls einvernehmlich anstelle der in can. 1419–1421 CIC erwähnten Diözesangerichte für ihre Bistümer zusammen ein einziges Gericht der ersten Instanz errichten. In diesem Fall kommen den beteiligten Diözesanbischöfen gemeinsam oder einem von diesen bestimmten Diözesanbischof alle Vollmachten zu, die der Diözesanbischof bezüglich seines Gerichtes besitzt (can. 1423 § 1 CIC). Das gemeinsame Gericht kann entweder für alle beliebigen Gerichtssachen oder nur für einzelne Arten von Prozesssachen eingerichtet werden (can. 1423 § 2 CIC). So genannte **interdiözesane Kirchliche Arbeitsgerichte** mit sachlicher Zuständigkeit gemäß § 2 Abs. 1 und 2 KAGO sind gebildet worden mit Sitz in:
   – Augsburg für die Bereiche der (Erz-)Diözesen Augsburg, Bamberg, Eichstätt, München und Freising, Passau, Regensburg, Würzburg[21];
   – Hamburg für die Bereiche der (Erz-)Diözesen Berlin, Dresden-Meißen, Erfurt, Görlitz, Hamburg, Hildesheim, Magdeburg, Osnabrück sowie den Oldenburgischen Teil des Bistums Münster[22];
   – Mainz für die Bereiche der Diözesen Limburg, Mainz, Speyer und Trier.[23]

17 Ein interdiözesanes Arbeitsgericht mit sachlicher Zuständigkeit nur gemäß § 2 Abs. 1 KAGO mit Sitz seiner Geschäftsstelle beim Erzbischöflichen Offizialat in Köln ist gebildet worden für den Bereich der (Erz-)Diözesen Aachen, Essen, Köln, Münster (nordrhein-westfälischer Teil) und Paderborn nach Approbation des Hl. Stuhls vom 15. 6. 2005.[24]

18 Diözesane Kirchliche Arbeitsgerichte mit sachlicher Zuständigkeit nur gemäß § 2 Abs. 2 KAGO für jeweils ihre (Erz-)Diözesen haben gebildet die:

(Erz-)Bischöfe von
– Aachen,[25]
– Essen,[26]
– Köln,[27]
– Münster,[28]
– Paderborn.[29]

b. Der Kirchliche Arbeitsgerichtshof

19 Der Kirchliche Arbeitsgerichtshof besteht seit dem 1. Juli 2005 als kirchliches Arbeitsgericht zweiter Instanz mit Sitz in Bonn beim Verband der Diözesen Deutschlands gemäß §§ 1 und 21 KAGO und Dekret der Deutschen Bischofskonferenz über die Errichtung des Kirchlichen Arbeitsgerichtshofes in der Fassung des Beschlusses der Vollversammlung der Deutschen Bischofskonferenz vom 21. September 2004.[30] Die Vorschriften der §§ 21 bis 26 KAGO bestimmen den Sitz des Kirchlichen Arbeitsgerichtshofes (§ 21 KAGO), seine Zusammensetzung und Besetzung (§ 22 KAGO), die

---

21 Vgl. u. a. Amtsblatt für das Erzbistum München und Freising 2005 Nr. 136 S. 329; Würzburger Diözesanblatt 2005 S. 291; Approbation durch den Hl. Stuhl am 13. Mai 2005; geändert nach Approbation vom 25. 3. 2010, Amtsblatt für das Erzbistum Bamberg 2010 S. 206.
22 Vgl. u. a. Kirchlicher Anzeiger für das Bistum Hildesheim 2005 S. 146; Approbation des Hl. Stuhls am 5. 9. 2005, Amtsblatt für die Erzdiözese Hamburg 2005 Art. 141 S. 205 f.
23 Vgl. u. a. Amtsblatt für die Diözese Mainz 2005 Nr. 100 S. 102; Approbation des Hl. Stuhls wurde am 13. 5. 2005 erteilt, Kirchliches Amtsblatt für das Bistum Trier 2005 S. 199.
24 Amtsblatt des Erzbistums Köln 2005 Nr. 273 S. 324; Nr. 274 S. 328 f.; mit Änderungen des Dekrets vom 1. Dezember 2005 durch Dekret vom 1. 6. 2010, Amtsblatt des Erzbistums Köln 2010 Nr. 137 S. 149.
25 Kirchlicher Anzeiger für die Diözese Aachen 2005 Nr. 222 S. 322.
26 Amtsblatt für das Bistum Essen 2005 Nr. 132 S. 164.
27 Amtsblatt des Erzbistums Köln 2005 Nr. 275 S. 329.
28 Amtsblatt für die Diözese Münster 2005 Art. 281 S. 193.
29 Amtsblatt für die Erzdiözese Paderborn 2005 Nr. 173 S. 193.
30 Vgl. u. a. Amtsblatt des Erzbistums Köln 2005 Nr. 191 S. 233; Kirchliches Amtsblatt für die Diözese Mainz 2005 Nr. 98 S. 95.

§ 40 Bildung der Einigungsstelle – Aufgaben

Dienstaufsicht über die Richter und die Verwaltung (§ 23 KAGO), die Rechtsstellung und die Ernennung der Richter und die Beendigung des Richteramtes (§§ 24, 25, 26 KAGO). Auf die Ausführungen zu § 47 Rn 40 ff. wird hingewiesen. Die KAGO in der Fassung des Beschlusses der Vollversammlung der Deutschen Bischofskonferenz vom 25. Februar 2010 ist abgedruckt im Anhang 1.

c. Sachliche Zuständigkeit des Kirchlichen Arbeitsgerichts

Das Kirchliche Arbeitsgericht (Gericht erster Instanz, § 1 KAGO) ist gemäß § 2 KAGO zuständig für:

– Rechtsstreitigkeiten aus dem Recht der nach Art. 7 GrO gebildeten Kommissionen zur Ordnung des Arbeitsvertragsrechts (§ 2 Abs. 1 KAGO); dazu gehören Diözesan- und Regional-KODA sowie die Zentral-KODA, die Arbeitsrechtliche Kommission des Deutschen Caritasverbandes bestehend aus einer Bundeskommission und sechs Regionalkommissionen (§ 2 Ordnung der AK des Deutschen Caritasverbandes),

– Rechtsstreitigkeiten aus dem Mitarbeitervertretungsrecht (MAVO) sowie dem Recht der Mitwirkung in Caritas-Werkstätten für Menschen mit Behinderungen (CWMO)[31] einschließlich des Wahlverfahrensrechts und des Verfahrens vor der Einigungsstelle (§ 2 Abs. 2 KAGO; §§ 45 ff. MAVO).

Grundsätzlich ist zwar der Staat gemäß dem Rechtsstaatsgebot verpflichtet, umfassenden Rechtsschutz zu gewährleisten (Art. 19 Abs. 4, Art. 20 GG, § 92 BVerfGG). Doch im System der staatlichen Gerichtsverfassung gibt es keine Regelung, die Streitigkeiten aus der Anwendung der MAVO einem Gerichtszweig zuweist. Wegen des von der Kirche selbst gesetzten Rechts ist das Mitarbeitervertretungsrecht eigene Angelegenheit der Kirche und steht als Teil ihres Selbstbestimmungsrechts außerhalb des für alle geltenden Rechts. Der Befugnis zur Rechtsetzung in diesem Bereich folgt auch die Kompetenz zur Rechtskontrolle des selbst gesetzten Rechts mit der Folge der Begrenzung der Zuständigkeit staatlicher Gerichtsbarkeit.[32] Eine Ausnahme davon besteht dann, wenn eine kirchliche Streitigkeit in den Bereich des für alle geltenden Gesetzes hinein wirkt, wenn also der Streit auf dem Gebiete des kirchlichen Mitarbeitervertretungsrechts unmittelbar in das Gebiet des weltlichen Arbeitsrechts hinein wirkt und die individualrechtliche Stellung des Mitarbeiters im kirchlichen Dienst betrifft.[33] Rechtsstreitigkeiten aus dem Arbeitsverhältnis entscheiden die staatlichen Arbeitsgerichte im Urteilsverfahren (§ 2 Abs. 1 Nr. 3 und Abs. 5 ArbGG). Das wird durch Art. 10 Abs. 1 GrO und § 2 Abs. 3 KAGO klargestellt.

Mit dem Bundesverfassungsgericht ist davon auszugehen, dass die Frage, ob und in welcher Weise betriebliche Mitbestimmung in einer kirchlichen Einrichtung Gestalt anzunehmen hat, die Kirche allein bestimmt, weil das Mitarbeitervertretungsrecht ihre Angelegenheit i. S. d. verfassungsrechtlich garantierten Selbstbestimmungsrechts (Art. 140 GG i. V. m. Art. 137 Abs. 3 WRV) ist.[34] Durch die Grundordnung des kirchlichen Dienstes im Rahmen kirchlicher Arbeitsverhältnisse (GrO) ist klar gestellt, dass die Diözesanbischöfe für die Streitentscheidungen auf dem Gebiete der MAVO und der CWMO die Zuständigkeit des kirchlichen Arbeitsgerichtsbarkeit bejahen (Art. 10 Abs. 2 GrO und § 1 KAGO) und durch die KAGO und KAGO-Anpassungsgesetze eingeführt haben. Die Aufgaben kirchlicher Arbeitsgerichte wurden vor der Errichtung der kirchlichen Gerichte für Arbeitssachen von der jeweiligen diözesanen Schlichtungsstelle i. S. d. §§ 41 und 42 MAVO a. F. er-

---

31 U. a. in: Amtsblatt des Erzbistums Köln 2005 S. 328.
32 *BVerfG* (2. Kammer des Zweien Senats), 9. 12. 2008 – 2 BvR 717/09, ZTR 2009, 106; *May*, Hdb. kath. KR S. 953 ff.; *Richardi*, NZA 2000, 1305, 1306 f. unter Hinweis auf: BAG, 11. 3. 1986, NZA 1986, 685; BAG, 25. 4. 1989, NJW 1989, 2284; BAG, 9. 9. 1992, NZA 1993, 597; BGH, 11. 2. 2000, NJW 2000, 1555, 1556 f.
33 BAG, NZA 1993, 593; NZA 1995, 1197; *LAG* Niedersachsen, 18. 12. 2001 – 12 Sa 694/01, ZMV 2002, 253; *Dütz*, Staatskirchenrechtliche Gerichtsschutzfragen im Arbeitsrecht, FS Henckel S. 145, 147 f.
34 BVerfGE 46, 73, 94; *Bernards*, Die Schlichtungsstelle im Mitarbeitervertretungsrecht der katholischen Kirche, S. 9.

füllt.³⁵ Sie entschieden aber nicht nur zu Rechtsstreitigkeiten, sondern auch zu Regelungsstreitigkeiten.

23 Streitigkeiten über Rechtsfragen aus der Mitarbeitervertretungsordnung können aber auch als Vorfragen im staatlichen arbeitsgerichtlichen Urteilsverfahren auftreten. Dann haben die Gerichte für Arbeitssachen die **Kompetenz zur Inzidentkontrolle.**³⁶

24 Die Kirchen benutzen in großem Umfang für die Gestaltung der Dienstverhältnisse ihrer Mitarbeiter die Regeln des weltlichen Privatrechtes, die – wie §§ 15 Abs. 2, 17 Abs. 1, 18 Abs. 1a und 2, 18 Abs. 4, 19, 30 Abs. 5, 31 Abs. 3, 35, 36 zeigen – eine enge Verknüpfung mit dem Mitarbeitervertretungsrecht aufweisen. Wenn aber in dieser Weise das Mitarbeitervertretungsrecht als der Kirche vorbehaltenes, durch die MAVO ausgefülltes Rechtsgebiet in den allgemeinen staatlichen Rechtsbereich eingreift, muss sich die Kirche in diesem von ihr selbst geordneten Umfang einer staatlichen Nachprüfung unterziehen. Wenn z. B. eine ordentliche oder außerordentliche Kündigung ohne das in §§ 30, 30a, 31 geregelte Verfahren ausgesprochen wird und die MAVO ausdrücklich die ordnungsgemäße Abwicklung der genannten Verfahren zur Wirksamkeitsvoraussetzung für die Kündigung erhebt, müssen die staatlichen Gerichte die volle Nachprüfungskompetenz haben, ob die Kündigung nach diesen Regeln der MAVO wirksam erklärt worden ist. Insofern ist der von den Landesarbeitsgerichten und vom *BAG* in ständiger Rechtsprechung (§ 30 Rn 116 ff.; § 31 Rn 33 ff.) vertretenen Auffassung zu folgen, dass ein Verstoß gegen die Regeln der MAVO, der vom staatlichen Gericht festgestellt wird, als ein Verstoß gegen ein Gesetz i. S. d. § 134 BGB anzusehen ist; denn die MAVO als kirchliches Gesetz ist »Gesetz« i. S. d. Art. 2 EGBGB, § 134 BGB.³⁷

25 Diese **Inzidentkontrolle** durch die staatlichen Gerichte entfällt, wenn die abschließende Zuständigkeit für die entscheidende Rechtsfrage dem Kirchlichen Arbeitsgericht zugewiesen ist. Hier ist dann dessen Entscheidung für die staatlichen Gerichte bindend für die Beantwortung der Vorfrage.

26 ▶ **Beispiel:** Gemäß § 2 Abs. 2 KAGO entscheidet das Kirchliche Arbeitsgericht die Rechtsfrage, ob bei einem Mitglied der MAV infolge grober Verletzung oder Vernachlässigung seiner Befugnisse und Pflichten die Mitgliedschaft in der MAV erlischt (§ 13c Nr. 4 MAVO). Stellt das Kirchliche Arbeitsgericht die grobe Vernachlässigung oder Verletzung fest und schließt es das MAV-Mitglied aus der MAV aus, so entfällt mit der Verkündung dieses Urteils mit Rechtskraft der Schutz dieses Mitarbeiters nach § 18 und der besondere Kündigungsschutz nach § 19. Dieses Urteil des Kirchlichen Arbeitsgerichts bindet die staatlichen Gerichte für Arbeitssachen, wenn es um die ordentliche Kündigung des amtsenthobenen MAV-Mitgliedes geht (§ 19 Abs. 1, vor allem S. 3; § 19 Rn 27). Insoweit hat das Kirchliche Arbeitsgericht die Vorfragenkompetenz über das Erlöschen des Amtes als MAV-Mitglied. Die staatlichen Arbeitsgerichte können nur nachprüfen, ob die vom Dienstgeber in wirksamer Weise ausgesprochene ordentliche Kündigung sozial gerechtfertigt oder aus anderen Gründen, die nicht von dem besonderen Kündigungsschutz des § 19 abhängen, unwirksam ist (§§ 138, 242 BGB). Daraus folgt dann aber umgekehrt auch, dass ohne diese Vorfragenentscheidung des Kirchlichen Arbeitsgerichts die staatlichen Arbeitsgerichte davon auszugehen haben, dass der Mitarbeiter ordnungsgemäß amtierendes Mitglied der MAV mit allen Rechten und Pflichten ist. Eine ordentliche Kündigung dieses MAV-Mitgliedes wäre demnach unzulässig.

27 Die Geltung einer kirchlichen Mitarbeitervertretungsordnung in einer privatrechtlichen Einrichtung setzt deren Zuordnung zur Kirche voraus. Die Ausgründung in eine GmbH begründet nicht notwen-

---

35 Dazu: *Bleistein*, RdA 1998, 37 ff.
36 *Richardi*, Arbeitsrecht in der Kirche, § 21 Rn 2; *Richardi*, ZMV 1995, 3 ff.; *Fink* (Erwiderung auf den Beitrag *Richardi*), ZMV 1995, 111; *Dütz*, Staatskirchenrechtliche Gerichtsschutzfragen im Arbeitsrecht in »Festschrift für Wolfram Henckel«, 1995, S. 145 ff., 149.
37 So eindeutig: *BAG*, 26. 7. 1995 – 2 AZR 578/94, AP Nr. 20 zu § 611 BGB Kirchendienst (Abschnitt II/1 der Gründe) = BB 1995, 2380 = NZA 1995, 1197; *LAG Köln*, 28. 10. 1992 – 7 Sa 692/92, LAGE § 611 BGB Kirchliche Arbeitnehmer Nr. 7.

digerweise eine Abspaltung von der Kirche. Staatskirchenrechtlich ist anerkannt, dass die Verfassungsgarantie des Selbstbestimmungsrechts den Kirchen gewährleistet, sich auch der Organisationsform des staatlichen Rechts zu bedienen, um ihren Auftrag in der Welt zu erfüllen, ohne dass dadurch die Zugehörigkeit zur Kirche aufgehoben wird.[38] Allerdings muss die Verbindung mit den Amtsträgern der Kirche gewährleistet sein, die auch über die Mitgliedschaft in einem Diözesan-Caritasverband bestehen kann. Die bloße Assoziierung zu ihm reicht nicht aus. Auch ein Kooperationsvertrag mit ihm ist im Gegensatz zu einer in ihm übernommenen Verpflichtung, die Arbeitsvertragsrichtlinien des Deutschen Caritasverbandes anzuwenden, keine Rechtsgrundlage für die Geltung der Mitarbeitervertretungsordnung; es müssen vielmehr die Geltungsvoraussetzungen vorliegen.[39] Andernfalls ist das Kirchliche Arbeitsgericht für den an ihn herangetragenen Rechtsstreit nicht zuständig. Nach § 2 Abs. 2 KAGO sind die kirchlichen Gerichte für Arbeitssachen für Rechtsstreitigkeiten aus der MAVO zwar zuständig; es muss sich bei dieser Ordnung aber um ein diözesanes Gesetz handeln, das auf die Prozessbeteiligten aufgrund ihrer Zuordnung zur katholischen Kirche Anwendung findet. Wendet ein Dienstgeber eine von ihm selbst verfasste Mitarbeitervertretungsordnung an, so ist das Kirchliche Arbeitsgericht für einen aus der bischöflich in Kraft gesetzten MAVO ableitbaren Anspruch der MAV sachlich nicht zuständig.[40] Ist der Rechtsweg zur kirchlichen Arbeitsgerichtsbarkeit nicht eröffnet, kann keine Kostenentscheidung nach § 12 Abs. 1 S. 2 KAGO ergehen.[41]

d. Verbot der Normenkontrolle (§ 2 Abs. 4 KAGO)

Die Zuständigkeit der kirchlichen Gerichte für Arbeitssachen erstreckt sich nicht auf die Überprüfung der Rechtmäßigkeit kirchlicher Rechtsnormen (§ 2 Abs. 4 KAGO). Das gilt auch hinsichtlich der Ordnung der Arbeitsrechtlichen Kommission des Deutschen Caritasverbandes, wenn die Diözesanbischöfe für ihren Zuständigkeitsbereich die AK-Ordnung durch Publikation in ihren Amtsblättern in Kraft gesetzt haben.[42] Es ist unzulässig, dass ein kirchliches Gericht den Diözesanbischof oder die anderen kirchlichen Gesetzgebungsorgane korrigiert. Die Korrektur ist Sache des Gesetzgebers selbst oder eines übergeordneten kirchlichen Gesetzgebers. Das folgt aus can. 135 § 2 CIC, wonach die gesetzgebende Gewalt, die ein Gesetzgeber in der Kirche unterhalb der höchsten Autorität besitzt, nicht gültig delegiert werden darf. Aber das päpstliche Gericht kann in seiner Rechtsprechung durchaus darüber befinden, ob ein Rechtssatz in diözanbischöflicher Ordnung verbindlich ist. Normenkontrolle ist also seitens der päpstlichen Autorität möglich. Im Falle eines Rechtsstreits vor dem staatlichen Gericht kann dieses allerdings darüber befinden, ob aufgrund von Arbeitsvertragsregelungen, die von einer Kommission i. S. v. Art. 7 Abs. 1 GrO beschlossen und vom Diözesanbischof in Kraft gesetzt worden sind (Dritter Weg), mit Blick auf staatliche Rechtsnormen wirksam sind (vgl. § 1290 CIC; §§ 305 ff. BGB).[43]

28

e. Örtliche Zuständigkeit

aa. Streitigkeiten i. S. d. § 2 Abs. 2 KAGO.

Die **örtliche Zuständigkeit** des Kirchlichen Arbeitsgerichts regelt § 3 KAGO. Maßgebend ist:
– der Dienstbezirk des Gerichts, in dem
– eine beteiligungsfähige Person (§ 8 KAGO), gegen die Klage zu erheben ist, ihren Sitz hat, bzw.
– eine natürliche Person als Beklagte ihren dienstlichen Einsatzort hat (§ 3 Abs. 1 KAGO),
– in Rechtsstreitigkeiten nach § 2 Abs. 2 KAGO, an denen ein mehrdiözesaner oder überdiözesaner Rechtsträger beteiligt ist, der Sitz der Hauptniederlassung des Rechtsträgers.

29

---

38 *BVerfGE* 53, 366, 392; 57, 220, 243; 70, 138, 163 f., 165.
39 *KAGH*, 27. 11. 2009 – M 04/09.
40 *KAGH*, 19. 3. 2010 – M 11/09, ZMV 2010, 153.
41 *KAGH*, 27. 11. 2009 – M 04/09.
42 *KAGH*, 28. 8. 2009 – M 02/09, ZMV 2009, 322.
43 *BAG*, 19. 11. 2009 – 6 AZR 561/08, ZTR 2010, 151.

VI. Einigungsstelle

30 Beispiel: Anfechtung der MAV-Wahl durch eine Mitarbeiterin. Die Klage ist bei dem Kirchlichen Arbeitsgericht zu erheben, in dessen Bezirk die Einrichtung der zu beklagenden MAV belegen ist (Normalfall, § 3 Abs. 1 S. 2). Wegen Angelegenheiten mehrdiözesaner oder überdiözesaner Rechtsträger ist auf § 3 Abs. 3 KAGO hinzuweisen.

bb. Streitigkeiten i. S. d. § 2 Abs. 1 KAGO

31 Wegen Rechtsstreitigkeiten nach § 2 Abs. 1 KAGO (**Rechtsstreitigkeiten aus dem Recht der nach Art. 7 Abs. 1 GrO gebildeten Kommissionen zur Ordnung des Arbeitsvertragsrechts**) ist örtlich dasjenige Kirchliche Arbeitsgericht ausschließlich zuständig, in dessen Dienstbezirk die Geschäftsstelle der für das Arbeitsvertragsregelungsverfahren zuständigen Kommission ihren Sitz hat (§ 3 Abs. 2 S. 1 KAGO). Sind mehrere Kommissionen am Verfahren beteiligt, ist ausschließlich dasjenige Kirchliche Arbeitsgericht zuständig, in dessen Dienstbezirk die beklagte Kommission ihre Geschäftsstelle betreibt.

cc. Mehr- und überdiözesane Rechtsträger

32 In **Angelegenheiten mehrdiözesaner und überdiözesaner Rechtsträger** ist dasjenige Kirchliche Arbeitsgericht ausschließlich zuständig, in dessen Dienstbezirk sich der Sitz der Hauptniederlassung des Rechtsträgers eines Verfahrensbeteiligten befindet (§ 3 Abs. 3 erster Halbsatz KAGO). Beispiel: Einrichtung des Rechtsträgers gelegen in der Diözese Osnabrück. Hauptsitz des Rechtsträgers ist Köln. Die MAV der Einrichtung muss das Kirchliche Arbeitsgericht für den Bereich der Erzdiözese Köln anrufen. Umgekehrt muss der Dienstgeber im Falle einer Klage gegen die MAV ebenfalls dasselbe Gericht anrufen.

33 Eine Ausnahme gilt, wenn ein kirchliches Gesetz eine die örtliche Zuständigkeit anders regelnde Bestimmung getroffen hat (§ 3 Abs. 3 zweiter Halbsatz KAGO).

f. Zusammensetzung des Kirchlichen Arbeitsgerichts

34 Das Kirchliche Arbeitsgericht besteht aus dem Vorsitzenden, dem stellvertretenden Vorsitzenden (Mann oder Frau), sechs beisitzenden Richtern aus den Kreisen der Dienstgeber und gleich vielen beisitzenden Richtern aus den Kreisen der Mitarbeiter und Mitarbeiterinnen (§ 16 Abs. 1 KAGO).

g. Besetzung des Kirchlichen Arbeitsgerichts

35 Von der Zusammensetzung des Gerichts ist zu unterscheiden seine Besetzung bei Verhandlung und Entscheidung (§ 16 Abs. 2 KAGO); Entscheidungen ergehen in der Besetzung mit dem Vorsitzenden oder dem stellvertretenden Vorsitzenden und zwei beisitzenden Richtern, von denen einer aus dem Bereich der Dienstgeber, der andere aus dem Bereich der Mitarbeiter stammt. Wann der Vorsitzende oder der stellvertretende Vorsitzende das Verfahren leitet, ist im Geschäftsverteilungsplan schriftlich festgelegt (§ 16 Abs. 3 KAGO). Ist der Vorsitzende oder der stellvertretende Vorsitzende an der Ausübung seines Amtes gehindert, tritt an seine Stelle der stellvertretende Vorsitzende oder der Vorsitzende (§ 16 Abs. 4).

h. Rechtsstellung und Ernennung der Richter, Beendigung des Richteramtes

36 Rechtsstellung und Ernennung der Richter bestimmen die §§ 17 bis 20 KAGO. Die beisitzenden Richter werden für die Teilnahme an Verhandlungen im notwendigen Umfang von ihrer dienstlichen Tätigkeit freigestellt (§ 17 Abs. 4 S. 1 KAGO). Fällt die Tätigkeit als beisitzender Richter in die arbeitsfreie Zeit, besteht kein Anspruch auf Freizeitausgleich; ihre Tätigkeit ist ehrenamtlich (§ 17 Abs. 3 S. 1 KAGO). Auf die beisitzenden Richter der Mitarbeiterseite finden die §§ 18 und 19 der Mitarbeitervertretungsordnung (MAVO) entsprechende Anwendung (§ 17 Abs. 4 S. 2 KAGO); auf die Kommentierung der §§ 18 und 19 MAVO wird hingewiesen.

Ernennung, Ernennungsvoraussetzungen und Beendigung des Richteramtes regeln die §§ 18 bis 20 37
KAGO. Zum Richter darf nur ernannt werden, wer katholisch ist und nicht in der Ausübung der allen
Kirchenmitgliedern zustehenden Rechte behindert ist sowie die Gewähr dafür bietet, dass er jederzeit
für das kirchliche Gemeinwohl eintritt (§ 18 Abs. 1 KAGO). Den Vorsitzenden und stellvertretenden
Vorsitzenden des Kirchlichen Arbeitsgerichts und die beisitzenden Richter ernennt der Diözesanbischof für die Dauer von fünf Jahren gemäß § 19 und § 20 KAGO. Näheres regelt das diözesane
Recht. Der Vorsitzende und der stellvertretende Vorsitzende müssen die Befähigung zum Richteramt
nach deutschem Recht oder nach kanonischem Recht besitzen, dürfen keinen anderen kirchlichen
Dienst als den eines Richters oder eines Hochschullehrers beruflich ausüben und keinem Leitungsorgan einer kirchlichen Körperschaft oder eines anderen Trägers einer kirchlichen Einrichtung
angehören, sollen Erfahrung auf dem Gebiet des kanonischen Rechts und Berufserfahrung im Arbeitsrecht oder Personalwesen haben (§ 18 Abs. 2 KAGO). Für die Richter am Kirchlichen Arbeitsgerichtshof mit Befähigung zum Richteramt sowie deren Stellvertreter gelten zu ihrer Qualifikation
§§ 22 Abs. 1, 24 Abs. 2, 18 Abs. 1 und 2 KAGO. Ihre Ernennung ist in § 25 KAGO geregelt.

Wegen Einzelheiten zur Feststellung des Wegfalls der Ernennungsvoraussetzungen oder der Feststel- 38
lung eines schweren Dienstvergehens eines Richters sind diözesane Bestimmungen zu beachten (vgl.
§ 18 Abs. 4 Buchst. b KAGO mit Fußnote).

i. Verfahrensvorschriften

Das Verfahren vor den kirchlichen Arbeitsgerichten für Arbeitssachen ist gegliedert in das Verfahren 39
im ersten Rechtszug gemäß §§ 27 bis 45 KAGO und das Verfahren im zweiten Rechtszug (Revision)
am Kirchlichen Arbeitsgerichtshof (§§ 46 bis 51 KAGO). Es schließen sich an Bestimmungen zum
Erlass einer einstweiligen Verfügung (§ 52 KAGO), zu Vollstreckungsmaßnahmen (§§ 53, 54 KA-
GO), zum Beschwerdeverfahren in Anlehnung an § 78 Abs. 1 ArbGG (§ 55 KAGO). Auf § 47
Rn 22 ff. wird verwiesen. Gemäß § 12 Abs. 1 S. 2 KAGO entscheidet das Gericht durch Urteil,
ob Auslagen erstattet werden und wer diese zu tragen hat. Ist das Gericht jedoch für den Rechtsstreit
sachlich nicht zuständig, kann keine Kostenentscheidung ergehen.[44] Die Verteilung der Verfahren
zwischen dem Vorsitzenden und dem stellvertretenden Vorsitzenden erfolgt anhand eines Geschäftsverteilungsplans (§ 16 Abs. 3, § 22 Abs. 3 KAGO). die beisitzenden Richter wirken in alphabetischer
Reihenfolge an der mündlichen Verhandlung mit. Zieht sich ein Verfahren über mehrere Verhandlungstage hin, findet ein Wechsel der beisitzenden Richter in diesem Verfahren grundsätzlich nicht
statt. Bei Verhinderung eines beisitzenden Richters tritt an dessen Stelle derjenige, der in der Reihenfolge an nächster Stelle steht. Bei unvorhergesehener Verhinderung kann der Vorsitzende abweichend
von der Reihenfolge einen beisitzenden Richter heranziehen, der am Gerichtssitz oder in der Nähe
wohnt oder seinen Dienstsitz hat (§ 20 Abs. 2 und 3, § 26 Abs. 2 KAGO).

j. Intervention der Apostolischen Signatur

Unabhängig von den Vorschriften der KAGO, welche auf Grund eines Mandats des Heiligen Stuhls 40
von der Deutschen Bischofskonferenz erlassen wurde, hat aber die Apostolische Signatur, wenn ein
Rechtsstreit bei einem kirchlichen Arbeitsgericht anhängig ist, auf Antrag eines Beteiligten das
Recht, die Streitsache als dritte Instanz an sich zu ziehen. Das dort eingeleitete Streitverfahren
wird terminologisch als Berufungsverfahren bezeichnet.[45] Erforderlich für die Streitentscheidung
ist gemäß can. 1501 CIC ein den gesetzlichen Erfordernissen entsprechender Klageantrag mit entsprechender Klageschrift (can. 1502 CIC). Aufgrund des Primats des Papstes steht es jedem Gläubigen frei, seine Streit- oder Strafsache in jeder Gerichtsinstanz und in jedem Prozessabschnitt dem
Heiligen Stuhl zur Entscheidung zu übergeben oder bei ihm einzubringen (can. 1417 § 1 CIC).
Schwebt bei einem Kirchlichen Arbeitsgericht ein Verfahren, unterbricht die Anrufung des Apos-

---

44 *KAGH*, 27. 11. 2009 – M 04/09.
45 *Delegiertes Gericht des Obersten Gerichts der Apostolischen Signatur*, 31. 3. 2010 – 42676/09 VT, *Paderbornen*, ZMV 2010, 145.

tolischen Stuhles nicht die Ausübung der Jurisdiktion des Kirchlichen Arbeitsgerichts, welches die streitige Angelegenheit schon in Angriff genommen hat. Das Verfahren kann bis zum Endurteil fortgesetzt werden. Das gilt nicht, wenn der Apostolische Stuhl dem Kirchlichen Arbeitsgericht mitgeteilt hat, dass er die Sache an sich gezogen hat (can. 1417 § 2 CIC). Im Fall der Berufung wird die Ausübung der Jurisdiktion stets unterbrochen (can. 1417 § 2 CIC). Die KAGO kennt nicht das Rechtsmittel der Berufung. Hat der KAGH in seinem Urteil den Rechtsstreit an das Kirchliche Arbeitsgericht zurückverwiesen, kann also das Kirchliche Arbeitsgericht erneut verhandeln und entscheiden. Wird durch spätere Entscheidung eines Gerichts der Apostolischen Signatur jedoch das zurückverweisende Urteil des KAGH aufgehoben, ist auch die Entscheidung des Kirchlichen Arbeitsgerichts obsolet.[46] Das Urteil des Delegierten Gerichts der Apostolischen Signatur ist nicht anfechtbar und mit seiner Verkündung rechtskräftig. Die eventuellen Auslagen und Unkosten tragen die Parteien selbst. Eine vom Kirchlichen Arbeitsgericht zugelassene Revision an den KAGH ist hinfällig. Der KAGH kann über die eingelegte Revision und die den Parteien entstandenen Kosten bzw. Auslagen nicht mehr entscheiden.[47]

4. Die Einigungsstelle (§§ 40–47 MAVO)

41 Die Einigungsstelle i. S. d. §§ 40–47 MAVO dient der Vermittlung und schließlich der Entscheidung in den in § 45 abschließend aufgeführten Streitfällen.[48]

Zu den Einzelheiten wird auf die Ausführungen zu den §§ 40 bis 47 in diesem Kommentar verwiesen (vgl. § 40 Rn 64 ff.).

42 An dieser Stelle wird deshalb nur die inhaltliche Struktur der §§ 40 bis 47 im Überblick vorgestellt. Die Bestimmungen sind wie folgt gegliedert:
– Aufgaben der Einigungsstelle (§ 40 Abs. 3 i. V. m. § 45),
– Bildung der Einigungsstelle und Errichtung ihrer Geschäftsstelle für ein bestimmtes Gebiet, in der Regel für eine Diözese (§ 40 Abs. 1 und 2),
– personelle Zusammensetzung der Einigungsstelle (§ 41 Abs. 1),
– Besetzung der Einigungsstelle bei ihren Sitzungen und Verhandlungen (§ 41 Abs. 2 und 3),
– Rechtsstellung der Mitglieder der Einigungsstelle (§ 42),
– Berufung der Mitglieder der Einigungsstelle
  – Berufungsvoraussetzungen (§ 43 Abs. 1 bis 4),
  – Berufung der Mitglieder (§ 44 Abs. 1, 2 und 4),
– Amtszeit der Mitglieder der Einigungsstelle (§ 43 Abs. 5),
– vorzeitiger Ablauf der Amtszeit der Mitglieder der Einigungsstelle (§ 44 Abs. 3),
– Sachliche Zuständigkeit der Einigungsstelle (§ 45),
– Einigungsstellenverfahren (§ 46, § 47 Abs. 1, 2, 5),
– Spruch der Einigungsstelle (§ 47 Abs. 2 und 3),
– Kosten des Einigungsstellenverfahrens und Auslagen der Verfahrensbeteiligten (§ 47 Abs. 5),
– Anfechtung des Spruchs der Einigungsstelle beim Kirchlichen Arbeitsgericht (§ 47 Abs. 4 MAVO i. V. m. § 2 Abs. 2 KAGO).

5. Die Schlichtungsstelle (§§ 40 bis 42 MAVO in der Fassung bis 2005)

43 Infolge der Neuordnung zur Beilegung von Streitigkeiten auf den Gebieten der MAVO und der KODA-Ordnungen sind im Jahr 2005 die Schlichtungsstellen durch die Einigungsstellen und die Kirchlichen Arbeitsgerichte abgelöst worden.[49] Zum Wechsel der Zuständigkeit von der Schlichtungsstelle

---

46 *Delegiertes Gericht der Apostolischen* Signatur, 31. 3. 2010 – 42676/09 VT, *Paderbornen*, ZMV 2010, 145.
47 *KAGH*, 25. 6. 2010 – M 01/10.
48 Dazu: *Thiel*, ZMV Sonderheft 2005 S. 71.
49 Dazu: *Thiel*, ZMV 4/2005 S. 165.

zu Kirchlichem Arbeitsgericht und Einigungsstelle wurden diözesane Übergangsvorschriften im Wege von KAGO-Anpassungsgesetzen erlassen.[50]

6. Vermittlungsstelle

Von der Einigungsstelle i. S. d. MAVO ist die Vermittlungsstelle i. S. v. § 9 Caritas-Werkstätten-Mitwirkungsordnung[51] zu unterscheiden. Sie hat die Aufgabe, bei Streitigkeiten zwischen dem Werkstattrat und der Werkstatt in den dort näher genannten Fällen durch Einigungsvorschläge zu vermitteln.

7. Vermittlungsausschuss

In Fällen ergebnisloser Verhandlung in einer Kommission für das Arbeitsrechtsrechtsregelungsverfahren i. S. v. Art. 7 Abs. 1 GrO kann nach näherer Maßgabe der KODA-Ordnungen und § 15 AK-Ordnung[52] der Vermittlungsausschuss angerufen werden, damit mit Hilfe seines Vermittlungsvorschlages Dienstgeber- und Mitarbeiterseite einen Weg zur Einigung in einer arbeitsvertragsrechtlichen Regelungsangelegenheit in der Kommission finden können.[53] Das Kirchliche Arbeitsgericht ist gemäß § 2 Abs. 1 KAGO dagegen für Rechtsstreitigkeiten aus dem Gebiet der nach Art. 7 GrO gebildeten Kommissionen zur Ordnung des Arbeitsvertragsrechts zuständig, so etwa wegen Anfechtung der Wahl zur Regionalkommission der Arbeitsrechtlichen Kommission des Deutschen Caritasverbandes[54] und Freistellung eines Mitglieds einer Regionalkommission des Deutschen Caritasverbandes von seinen dienstlichen Pflichten zur Wahrnehmung seiner Aufgaben als Mitglied der Regionalkommission.[55] Der Vermittlungsausschuss i. S. d. AK-Ordnung kann gemäß § 11 Abs. 8 i. V. m. Abs. 6 AK-Ordnung auf Antrag einer Betriebspartei im Falle einer Pattsituation in der Unterkommission einer Regionalkommission eine einrichtungsspezifische Regelung auf dem Gebiete des Arbeitsvertragsrechts (§ 11 Abs. 1 AK-Ordnung) treffen; die Einigungsstelle i. S. d. MAVO ist nicht zuständig.

8. Organe für einzel(arbeits)vertragliche Streitigkeiten

a. Schlichtungsstelle/Schlichtungsausschuss

In den kirchlichen Arbeitsvertragsordnungen ist bestimmt, dass im Falle einer Streitigkeit aus dem Arbeitsverhältnis unbeschadet staatlicher Gesetze ein Ausgleich unter den Arbeitsvertragsparteien zu suchen ist. So ist gemäß § 22 AT AVR-Caritas die örtlich zuständige Schlichtungsstelle[56] von den Betroffenen anzurufen. Die Ordnung für die kirchliche Schlichtungsstelle im Offizialatsbezirk Oldenburg zur außergerichtlichen Beilegung von Streitigkeiten aus Dienstverhältnissen gilt für die Römisch-Katholische Kirche im Oldenburgischen Teil der Diözese Münster und den Bereich des Landescaritasverbandes für Oldenburg.[57] Die Erzbischöfliche Schlichtungsstelle beim Erzbischöflichen Ordinariat Berlin hat die Aufgabe, zur Vermeidung von Rechtsstreitigkeiten Zweifelsfragen zu klären, die sich bei der Anwendung und Auslegung der Dienstverträge sowie der kirchlichen Dienstvertragsordnung mit den dazu ergangenen Ausführungsbestimmungen etc. ergeben, und Unstimmigkeiten zu bereinigen, die aus Anlass und im Zusammenhang mit kirchlichen Dienst- und Vertragsverhältnissen entstanden sind. Die Schlichtungsstelle kann von allen Organen kirchlicher Rechtsträger, deren Mitarbeitervertretungen sowie allen Mitarbeitern im kirchlichen Dienst angerufen werden. Die Zuständigkeit der Schlichtungsstelle des Diözesancaritasverbandes gemäß 22 AVR-Caritas bleibt da-

---

50 Siehe 5. Auflage, § 48 Rn 38.
51 Vgl. Amtsblatt der Erzdiözese Freiburg 2003 Nr. 139 S. 131.
52 Abgedruckt u. a. in: neue caritas 9/2010 S. 31; Kirchlicher Anzeiger für die Diözese Aachen 2010, S. 208; Amtsblatt des Erzbistums Berlin 2010 Nr. 88 S. 51.
53 Vgl. § 14 Zentral-KODA-Ordnung, Amtsblatt des Erzbistums Köln 1998 Nr. 307 S. 325.
54 *KAGH*, 26. 6. 2009 – M 22/08.
55 *KAGH*, 26. 6. 2009 – M 01/09.
56 Vgl. Amtsblatt des Bistums Essen 1996 S. 25.
57 Amtsblatt für die Diözese Münster 2005 Art. 249 S. 237.

von unberührt.[58] Gemäß § 47 KAVO der Diözesen in Nordrhein-Westfalen soll in einzelarbeitsvertraglichen Streitigkeiten der beim Generalvikariat gebildete Schlichtungsausschuss zwischen den Parteien des Arbeitsverhältnisses vermitteln. Diese Art der Organe hat unterschiedliche Bezeichnungen, wie etwa Individualrechtliche Schlichtungsstelle[59] im Unterschied zur (regionalen) Schlichtungsstelle für Angelegenheiten der Pfarrgemeinde- und Dekanatsräte im Erzbistum Freiburg, die der gütlichen Beilegung von Streitfällen über die Auslegung und Anwendung der Satzung für die Pfarrgemeinderäte, der Satzung für die Dekanatsräte sowie der diese ergänzenden Ordnungen (§ 2 SchlVerfO)[60] dient; Schieds- und Einigungsstelle.[61] Andere Schieds- und Einigungsstellen sollen auch in anderen zivilrechtlichen Streitigkeiten[62] oder auch auf rein kirchenrechtlicher Ebene auszutragende Streitigkeiten durch Einigung der Parteien zu beheben suchen und den möglichen Rechtsweg zu den staatlichen Gerichten vermeiden helfen.[63] Die genannten Organe sind keine Gerichte. Die Anrufung der Schlichtungsstelle berührt nicht das Recht, den Klageweg beim staatlichen Arbeitsgericht zu beschreiten.[64]

47 Die Zuständigkeit der staatlichen Arbeitsgerichte bleibt gewahrt (Art. 10 Abs. 1 GrO; § 2 Abs. 3 KAGO). Denn diese ergibt sich aus der Rechtswahl des kirchlichen Dienstgebers, mit dem Mitarbeiter ein Arbeitsverhältnis begründet zu haben.[65] Die Verpflichtung zur Anrufung der Schlichtungsstelle oder des Schlichtungsausschusses begründet kein Prozesshindernis für den Zugang zur staatlichen Gerichtsbarkeit (vgl. § 22 Abs. 4 AVR-Caritas Allg. Teil).[66]

b. Einrichtungskommission

48 Mit Einführung von Stufenlaufzeiten im Zusammenhang mit der Festsetzung einer Entgeltgruppe und der zusätzlich festzusetzenden Stufe dieser Entgeltgruppe (vgl. z. B. § 24 KAVO der Diözesen in NRW) wurde die Möglichkeit der Bewertung der Leistungen eines Mitarbeiters eingeführt, um seine Stufenlaufzeiten zu verkürzen oder zu verlängern (§ 25 Abs. 2 KAVO der Diözesen in NRW). Will der sich benachteiligt fühlende Mitarbeiter beschweren, so ist eine Kommission der Einrichtung zur Beratung über die Beschwerde zuständig. Die Mitglieder der Einrichtungskommission werden je zur Hälfte vom Dienstgeber und von der MAV benannt. Der Dienstgeber entscheidet auf Vorschlag der Einrichtungskommission darüber, ob und in welchem Unfang der Beschwerde abgeholfen werden soll. eine vergleichbare Vorschrift enthält § 17 Abs. 2 TVöD.

49 Die Einrichtungskommission wirkt auch mit – unbeschadet der Rechte der MAV – bei allen generellen Regelungen im Zusammenhang mit der Entwicklung, Einführung und dem ständigen Controlling eines Systems der leistungsbezogenen Bezahlung (vgl. Anlage 28 zur KAVO § 4). Das System der leistungsbezogenen Bezahlung wird in der Einrichtung durch Dienstvereinbarung (§ 38) eingeführt (§ 26 KAGO der Diözesen in NRW). Die Ausgestaltung der Dienstvereinbarung ist durch § 3 der Anlage 28 zur KAGO vorgegeben. Hinsichtlich der vom Dienstgeber vorgenommenen Entscheidung über Leistungsentgelte berät die Einrichtungskommission über schriftlich begründete Be-

---

58 Amtsblatt des Erzbistums Berlin 2005 Nr. 178 S. 141.
59 Amtsblatt der Erzdiözese Freiburg 2005 Nr. 155 S. 165.
60 Amtsblatt der Erzdiözese Freiburg 2005 Nr. 176 S. 190.
61 Oberhirtliches Verordnungsblatt für das Bistum Speyer 1991 S. 434.
62 Amtsblatt für das Bistum Essen 1996 S. 27.
63 Vgl. Ordnung für das Schlichtungsverfahren bei Streitigkeiten in pastoralen Angelegenheiten im Bistum Hildesheim, Kirchlicher Anzeiger 2002 S. 243; Kirchlicher Anzeiger für die Diözese Aachen 1997 Nr. 200 S. 215.
64 Vgl. Schlichtungsordnung für die Diözese Würzburg, Würzburger Diözesanblatt – Amtliches Verordnungsblatt der Diözese Würzburg 2010 S. 224.
65 *BVerfGE* 70, 138, 165.
66 Vgl. auch: Ordnung für ein Schlichtungsverfahren nach § 22 Abs. 1 AVR für den Bereich des Diözesan-Caritasverbandes für das Erzbistum Köln e. V., Amtsblatt des Erzbistums Köln 1994 Nr. 204 S. 210; Ordnung für Schlichtungsverfahren nach § 22 AVR, Pastoralblatt des Bistums Eichstätt 2005 Nr. 5 S. 26; *BAG*, 18. 5. 1999 – 9 AZR 682/98, EzA § 611 Kirchliche Arbeitnehmer Nr. 45.

schwerden von Mitarbeitern (§ 4 Abs. 3 der Anlage 28 zur KAVO). Die Einrichtungskommission leitet unter Berücksichtigung der Stellungnahme des für die Leistungsentgeltbemessung zuständigen Vorgesetzten ihre Empfehlung dem Dienstgeber zu. Der Dienstgeber entscheidet, ob der Beschwerde ganz oder teilweise abgeholfen wird. Eine vergleichbare Regelung ist in § 18 Abs. 7 TVöD/VkA enthalten.

9. Verwaltungsakte

Bestimmungen in der MAVO und der KAGO regeln, dass die Ämter in der Einigungsstelle und das Richteramt gemäß KAGO unter näher genannten Voraussetzungen vorzeitig enden können. Nach § 44 Abs. 3 Buchst. b MAVO endet das Amt eines Mitgliedes der Einigungsstelle vor Ablauf der regulären Amtszeit mit der **Feststellung** des Wegfalls der Voraussetzungen für seine Berufung durch den Diözesanbischof, nach § 18 Abs. 4 Buchst. b KAGO endet das Amt eines Richters an einem kirchlichen Arbeitsgericht vorzeitig mit der Feststellung des Wegfalls der Ernennungsvoraussetzungen oder der Feststellung eines schweren Dienstvergehens, die der Diözesanbischof oder ein von ihm bestimmtes Gremium nach Maßgabe des diözesanen Rechts getroffen hat.

Das Nähere zu § 18 Abs. 4 Buchst. b KAGO regeln jeweils in der Diözese geltende disziplinarrechtliche Bestimmungen oder anwendbar erklärte Bestimmungen des staatlichen Rechts, hilfsweise die can. 192–195 CIC. Auf das jeweils anwendbare Recht ist bezüglich der Vorschrift des § 18 Abs. 4 Buchst. b KAGO zu verweisen. Diözesane KAGO-Anpassungsgesetze enthalten dazu Bestimmungen (variierend zwischen Art. 4 bis 8), wonach einerseits der Diözesanbischof sowohl nach § 18 Abs. 4 Buchstabe b KAGO als auch nach § 44 Abs. 3 MAVO die Feststellungen in entsprechender Anwendung der can. 192 bis 194 CIC nach Anhörung des Diözesanvermögensverwaltungsrates trifft (vgl. Art. 6 KAGO-AnpG Hildesheim,[67] Art. V KAGO-AnpG Freiburg).[68] Der Bischof von Fulda hat zu § 18 Abs. 4 KAGO in Art. 4 KAGO-AnpG bestimmt, dass die Feststellungen des Diözesanbischofs in der Diözese Fulda in entsprechender Anwendung der Vorschriften für Richter im allgemeinen Recht ergehen,[69] während er die Entscheidung gemäß § 44 Abs. 3 MAVO in entsprechender Anwendung der can. 192 bis 194 CIC nach Anhörung des Diözesanvermögensverwaltungsrates,[70] wie etwa in anderen Diözesen geregelt, trifft. Der Erzbischof von Köln wendet gemäß § 5 Abs. 1 des Dekrets über die Errichtung des Kirchlichen Arbeitsgerichts erster Instanz für die Erzdiözese Köln zur Feststellung des Wegfalls der Berufungsvoraussetzungen oder eines schweren Dienstvergehens der Richter die can. 192 bis 194 CIC entsprechend an.[71] Dasselbe gilt gemäß § 44 Abs. 3 Buchst. b MAVO Köln zur Feststellung des Wegfalls der Berufungsvoraussetzungen für ein Mitglied der Einigungsstelle.[72] Als schweres Dienstvergehen gilt insbesondere ein Verhalten, das bei Mitarbeitern einen Loyalitätsverstoß i. S. d. Grundordnung des kirchlichen Dienstes im Rahmen kirchlicher Arbeitsverhältnisse darstellen würde.

Die Feststellungen der vorbezeichneten Art sind kirchenrechtlich Verwaltungsakte. Sie sind kein Gegenstand für in § 2 Abs. 2 KAGO genannte Rechtsstreitigkeiten, so dass im Falle einer Anfechtung des Verwaltungsaktes das Kirchliche Arbeitsgericht sachlich nicht zuständig und eine Anfechtungsklage deshalb unzulässig ist (§ 44 Rn 20).

Gegen den bischöflichen Feststellungsbescheid (Verwaltungsakt, can. 35, 48 ff. CIC) bietet der **hierarchische Rekurs** die einzige Möglichkeit der Anfechtung (can. 1732–1739 CIC). Der Rekursweg geht über den Diözesanbischof als Autor des Verwaltungsaktes. Hilft er nicht ab, geht der Rekurs an die Kongregation der Römischen Kurie. Gegen deren Entscheid ist der Widerspruch innerhalb von

---

67 Kirchl. Anzeiger 2005 S. 160.
68 Amtsblatt 2005 S. 94.
69 Amtsblatt 2005 Nr. 90 S. 53.
70 Amtsblatt für die Diözese Fulda 2005 S. 78.
71 Amtsblatt des Erzbistums Köln 2005 Nr. 275 S. 329.
72 Amtsblatt des Erzbistums Köln 2005 Nr. 274 S. 325, 327.

zehn Tagen möglich sowie die **Klage bei der Apostolischen Signatur** (can. 1445 § 2 CIC). Zu Stellung und Aufgaben der Apostolischen Signatur wird auf Art. 121 ff. der Apostolischen Konstitution über die Römische Kurie Pastor bonus hingewiesen.

54 Entscheidungen zur Anerkennung von Schulungsveranstaltungen als geeignet durch Diözese oder Diözesancaritasverband gemäß § 16 Abs. 1 MAVO sind kirchenrechtlich keine Verwaltungsakte (vgl. can. 35 CIC), sie sind aber auch keine Verwaltungsakte i. S. d. staatlichen Rechts (vgl. § 35 VwVfG), so dass sie unanfechtbar sind.

III. Hinweise auf das Recht kollektiver Streitigkeiten

55 Die MAVO sieht zur Beilegung von Meinungsverschiedenheiten zwischen Dienstgeber und MAV eine besondere mitarbeitervertretungsrechtliche Institution vor, nämlich die Einigungsstelle (§§ 40 bis 47 MAVO). Die Einigungsstelle ist eine Institution eigener Art, aber kein Gericht. Sie ist gegenüber Dienstgeber und MAV eine selbständige Schlichtungsstelle der kirchlichen Betriebsverfassung (vgl. Art. 8 GrO). Für das Verfahren vor der Einigungsstelle gilt der Grundsatz der gütlichen Einigung in Angelegenheiten, die nach der MAVO erzwingbar sind.[73] Die MAVO stellt für die Fälle, in denen der Spruch der Einigungsstelle die Einigung zwischen Dienstgeber und MAV ersetzt, ausdrücklich fest, dass die Einigungsstelle ihre Beschlüsse (Sprüche) unter angemessener Berücksichtigung der Belange der Einrichtung des Dienstgebers und der betroffenen Mitarbeiter nach billigem Ermessen fasst. Die Überschreitung des Entscheidungsrahmens der Einigungsstelle soll aber im Interesse des Betriebsfriedens in der Einrichtung nur binnen einer Ausschlussfrist von zwei Wochen nach Zugang des Spruchs bei den Beteiligten beim Kirchlichen Arbeitsgericht geltend gemacht werden können. Eine längere Frist von vier Wochen ist gegeben in den Fällen, in denen der Dienstgeber sich zugleich auf finanzielle Deckungslücken beruft (§ 47 Abs. 4 i. V. m. Abs. 3 S. 3) oder ein Beteiligter rechtliche Mängel des Spruchs oder des Verfahrens geltend macht (§ 47 Abs. 4 S. 2).

56 Im staatlichen Recht fehlt es an einer gesetzlichen Grundlage, die Streitigkeiten aus der Anwendung der MAVO einem bestimmten Gerichtszweig zuweist. Die Zuständigkeit der Gerichte für Arbeitssachen wird durch § 2a Abs. 1 Nr. 1 ArbGG nicht eröffnet. Sie betrifft nur Streitigkeiten aus dem Betriebsverfassungsrecht. Der Rechtsweg zu den Verwaltungsgerichten scheitert an §§ 83, 106 BPersVG. Dieser Rechtsweg ist allein für Streitigkeiten aus den Personalvertretungsgesetzen gegeben.

57 Die katholische Kirche hat daher mit Recht die bestehende Lücke im arbeitsgerichtlichen Beschlussverfahren bzw. verwaltungsrechtlichen Verfahren durch die Errichtung der Einigungsstellen (§§ 40–47 MAVO) einerseits und die kirchliche Arbeitsgerichtsbarkeit andererseits wegen Mitarbeitervertretungsstreitigkeiten (§ 2 Abs. 2 KAGO) geschlossen. Dem hat schon zu Zeiten bestehender kirchlicher Schlichtungsstellen das *BAG* mit seinem Beschluss vom 25. 4. 1989[74] Rechnung getragen für den Fall, dass die Schlichtungsstelle den Mindestanforderungen an ein Gericht entspricht. Dazu zählte das *BAG*, dass die Mitglieder der kirchlichen Schlichtungsstelle nicht an Weisungen gebunden seien, dass sie institutionell von den übrigen kirchlichen Organen getrennt und ihre Mitglieder persönlich und sachlich unabhängig seien. Dies ist jetzt durch § 17 Abs. 1, § 18 Abs. 2 Buchst. b KAGO für die kirchlichen Arbeitsgerichte geregelt.

58 Die Tatsache, dass die Mitglieder der Schlichtungsstelle nur auf eine bestimmte Zeit berufen wurden, sah das BAG nicht für geeignet an, Bedenken gegen ihre sachliche Unabhängigkeit zu erheben. Das ist jetzt mit Blick auf die Mitglieder der kirchlichen Arbeitsgerichte und die kirchlichen Einigungsstellen ebenfalls nicht anders anzunehmen. Die MAVO unterscheidet – wenn auch nicht mehr verbal ausgedrückt – zwischen Regelungsstreitigkeiten und Rechtsstreitigkeiten. Der Katalog der Streitigkeiten, die vor der Einigungsstelle zu behandeln sind, ist in § 45 abschließend aufgeführt, während Rechtsstreitigkeiten dem Kirchlichen Arbeitsgericht gemäß § 2 Abs. 2 KAGO zugewiesen sind.

---

73 *Thiel*, Das Einigungsstellenverfahren, in: ZMV-Sonderheft 2005 S. 71.
74 *BAG*, 25. 4. 1989 – 1 ABR 88/87, AP Nr. 34 zu Art. 140 GG = EzA § 611 BGB Kirchliche Arbeitnehmer Nr. 28 = ZTR 1989, 409.

Voraussetzung für eine Klage beim Kirchlichen Arbeitsgericht ist ein begründetes Rechtsschutzinteresse. Die Klage ist nur zulässig, wenn der Kläger geltend macht, in eigenen Rechten verletzt zu sein, oder wenn er eine Verletzung von Rechten eines Organs, dem er angehört, geltend macht (§ 10 KAGO). 59

Die Bestimmungen der §§ 40 bis 47 MAVO regeln Errichtung, Organisation und Verfahren der Einigungsstelle. Sie ist auch bei Meinungsverschiedenheiten zwischen Dienstgeber und gemeinsamer Mitarbeitervertretung (§ 1b), Sondervertretung (§ 23), Gesamtmitarbeitervertretung (§ 24 Abs. 1) oder erweiterter Gesamtmitarbeitervertretung (§ 24 Abs. 2) zuständig. Gegen die Entscheidung der Einigungsstelle kann gemäß § 47 Abs. 4 das Kirchliche Arbeitsgericht angerufen werden. 60

Um **Regelungsstreitigkeiten** handelt es sich, soweit etwas geregelt werden soll, was in der Zukunft Rechtens sein soll; bei **Rechtsstreitigkeiten** geht es um die Feststellung, was Rechtens ist.[75] Deshalb liegt die Kompetenz zur Entscheidung über Rechtsstreitigkeiten bei dem Kirchlichen Arbeitsgericht (§ 2 Abs. 2 KAGO). Die Unterscheidung ist mit Blick auf die Anwendung der KAGO wesentlich, in § 45 MAVO aber nicht konsequent durchgeführt, da dort nicht ausschließlich Regelungsstreitigkeiten zum Gegenstand des Einigungsstellenverfahrens erklärt sind, wie § 45 Abs. 2 und Abs. 3 Nr. 1 MAVO zeigt. Um Regelungsfragen geht es auch in den Fällen der §§ 29 und 32, die aber dem Verfahren vor der Einigungsstelle nicht zugänglich sind, weil der Dienstgeber gemäß § 29 Abs. 4 die beabsichtigte Regelung auch ohne Zustimmung der MAV treffen kann. Gemäß § 32 Abs. 2 S. 2 kann er einen Vorschlag der MAV ablehnen. Diese Regelungsangelegenheiten sind nicht erzwingbar. 61

Ergeben sich aber neben Regelungsfragen zugleich auch Rechtsfragen, so ist wegen der Rechtsfragen das Kirchliche Arbeitsgericht anrufbar. Das ist der Fall, wenn es um den Streit geht, ob ein Beteiligungsrecht der MAV überhaupt vorliegt und das Beteiligungsverfahren ordnungsgemäß durchgeführt wurde.[76] Dasselbe gilt bei Fragen des Rechtsmissbrauchs (vgl. § 17 Abs. 1 S. 2, zweiter Spiegelstrich). 62

Die Zuständigkeit des Kirchlichen Arbeitsgerichts ist daher gegeben bei den Tatbeständen des § 29 Abs. 1 Nrn. 1 bis 20, wenn es um die Überprüfung der Letztentscheidung des Dienstgebers auf Gesetzmäßigkeit und ihre Übereinstimmung mit Treu und Glauben (§ 242 BGB, Willkürverbot) geht.[77] Das ergibt sich nun auch aus der Bestimmung des § 1a Abs. 2 i. V. m. § 29 Abs. 1 Nr. 20 MAVO. 63

IV. Die Bildung einer Einigungsstelle (§ 40 Abs. 1)

1. Bereich einer Diözese

Der Diözesanbischof setzt die MAVO für seine Diözese in Kraft und verfügt damit die Errichtung der Einigungsstelle als Gesetzgeber. Damit ist die örtliche und sachliche Zuständigkeit einer bestimmten Einigungsstelle festgelegt. Sie wird für alle Einrichtungen i. S. d. § 1 Abs. 1 zuständig, deren Träger ihren Sitz im Bereich der Diözese haben und die MAVO anwenden bzw. anzuwenden haben (Territorialprinzip). Die Einigungsstelle wird nicht von den Betriebspartnern gebildet; sie ist eine Einrichtung der Diözese. 64

2. Mehrdiözesan, überdiözesan agierende Rechtsträger

Soweit Rechtsträger (Dienstgeber) in mehreren Diözesen tätig werden und Einrichtungen mit Mitarbeitern betreiben, ist § 1 Abs. 3 erheblich. Danach spielt eine Rolle, welche MAVO der Rechtsträger anwendet. Er muss die MAVO der Diözese anwenden, in der er seinen Sitz mit Hauptniederlassung (Hauptsitz) hat (§ 1 Abs. 3 S. 1). Davon darf er abweichen. Voraussetzung ist sein Antrag an den Diözesanbischof der Belegenheitsdiözese des Hauptsitzes mit dem Ziel, die jeweilige MAVO derje- 65

---

75 *Richardi*, BetrVG § 76 Rn 26.
76 *KAGH*, 19. 3. 2010 – M 13/09.
77 Vgl. *Schlichtungsstelle Köln*, 15. 2. 1995 – MAVO 9/94.

nigen Diözese außerdem anwenden zu dürfen, wo er seine jeweilige Einrichtung außerhalb der Diözese des Hauptsitzes betreibt, wie z. B. ein größeres Unternehmen der Caritas mit verschiedenen Krankenhäusern oder Heimen in verschiedenen Gebieten der Bundesrepublik Deutschland, also in verschiedenen Diözesen. Mit der Anwendbarkeit der jeweils diözesanen MAVO verschafft er der jeweiligen Einrichtung die Ortsnähe zur Einigungsstelle der jeweiligen Belegenheitsdiözese und erspart der MAV längere Reisen zur Einigungsstelle der Diözese, in der sein Hauptsitz gelegen ist. Damit wird dem Territorialprinzip Rechnung getragen, wenn der jeweilige Diözesanbischof im Einvernehmen mit dem Diözesanbischof des Hauptsitzes dem Antrag des Dienstgebers entspricht (§ 1 Abs. 3 S. 2).

66 Die Anwendung der MAVO einer bestimmten Diözese bestimmt die örtliche Zuständigkeit der Einigungsstelle dieser Diözese.

3. Besondere MAVO für einen bestimmten Rechtsträger

67 Anstelle der oben genannten unterschiedlichen Möglichkeiten der Anwendung nur einer oder verschiedener diözesaner Mitarbeitervertretungsordnungen bei einem mehr- oder überdiözesan tätigen Rechtsträger kann der Diözesanbischof des Hauptsitzes eine besondere Mitarbeitervertretungsordnung für den dazu Antrag stellenden Rechtsträger erlassen (§ 1 Abs. 3 S. 2, zweite Alternative). Ein Beispiel dafür ist die MAVO für KNA.[78] Wegen der Einzelheiten zu § 1 Abs. 3 wird auf die dortigen Ausführungen verwiesen (§ 1 Rn 78).

4. Ständige Einigungsstelle

68 Die Einigungsstelle gemäß MAVO ist anders als die Einigungsstelle gemäß § 76 Abs. 1 S. 1 BetrVG als eine ständige Einrichtung konzipiert, wenn auch die Amtszeit ihrer Mitglieder zeitlich auf fünf Jahre befristet ist (§ 43 Abs. 5). Die Errichtung der Einigungsstelle ist Pflicht. Je nach diözesaner Ordnung ist es auch möglich, dass eine Einigungsstelle von mehreren Diözesanbischöfen gemeinsam errichtet wird. Sie hat enumerativ näher bestimmte Aufgaben mit ständigen Mitgliedern (§ 41 Abs. 1 Buchst. a und b) und Beisitzern, die zur jeweiligen Durchführung eines Einigungsstellenverfahrens von den Beteiligten zusätzlich benannt werden und die deshalb als Ad-hoc-Beisitzer bezeichnet werden (§ 41 Abs. 1 Buchst. c).

5. Geschäftsstelle, § 40 Abs. 2

69 Die Einigungsstelle wird am Sitz des Generalvikars der Diözese errichtet, wo auch die Geschäftsstelle der Einigungsstelle angesiedelt ist (§ 40 Abs. 2 und § 46 Abs. 1 S. 1). Zur personellen Besetzung der Geschäftsstelle bestehen in der MAVO keine Bestimmungen, ebenso nicht zur Ausstattung der Geschäftsstelle, so dass die Angelegenheit in die Organisationszuständigkeit des Generalvikars fällt. Dabei kann auf die Erfahrungen mit den Geschäftsstellen der früheren Schlichtungsstellen zurückgegriffen werden. Die Anschrift der Geschäftsstelle der Einigungsstelle ist im diözesanen Amtsblatt bekannt zu geben. Das erforderliche Personal bestimmt der Generalvikar und hält den Geschäftsbedarf vor. Das Personal arbeitet mit dem Vorsitzenden der Einigungsstelle nach dessen Weisungen und Verfügungen zusammen. Die Kosten für den Betrieb und die Geschäftsführung der Geschäftsstelle trägt die Diözese (§ 47 Abs. 5 Unterabsatz 1 S. 2).

6. Aufgaben der Einigungsstelle, § 40 Abs. 3

70 Zur Lösung von Meinungsverschiedenheiten zwischen Dienstgeber und MAV, die nicht im – vorrangigen – Weg von Verhandlungen (§ 39 Abs. 1 S. 2) beigelegt werden können, sieht § 40 Abs. 3 vor, dass im Falle fehlender Einigung in Mitbestimmungsangelegenheiten die Einigungsstelle aufgerufen werden kann. Eine Fristsetzung nennt die MAVO nicht. Das Einigungsstellenverfahren ist die Kon-

---

78 Amtsblatt des Erzbistums Köln 1992 Nr. 279 S. 344; 1993 Nr. 157 S. 156.

sequenz des Gebotes der vertrauensvollen Zusammenarbeit zwischen Dienstgeber und MAV (§ 26 Abs. 1 S. 1). Die schlichtende Instanz ist aber auch erforderlich, wenn man die Beteiligungsrechte der MAV ernst nimmt. Die Einigungsstelle ist eine besondere Instanz der auf vertrauensvolle Zusammenarbeit der Einrichtungspartner angelegten Grundkonzeption der MAVO im Rahmen einer Dienstgemeinschaft (Art. 1 GrO). Deswegen wirkt die Einigungsstelle in den Fällen von Regelungsstreitigkeiten (vgl. dazu § 45) auf eine Einigung zwischen Dienstgeber und MAV hin (§ 40 Abs. 3 S. 1).

Die Einigungsstelle ist kein Gericht und keine Behörde, sondern ein nach ihrer Zusammensetzung besonderes Organ des Mitarbeitervertretungsrechts, dem kraft Kirchengesetzes gewisse Befugnisse zur Beilegung von Meinungsverschiedenheiten übertragen sind. Sie ist eine kirchengesetzliche, betriebsfremde Schlichtungsstelle mit Entscheidungskompetenz, die allerdings ersatzweise Funktionen der Betriebspartner wahrnimmt (§ 40 Abs. 3 S. 2). Die Bestellung des Vorsitzenden der ständigen Einigungsstelle durch den Diözesanbischof und die Bestellung und Zusammensetzung der Beisitzer (§§ 41, 44) nimmt nichts von dem Charakter der intendierten vertrauensvollen Zusammenarbeit der Betriebspartner, weil in jedem Moment des Verfahrens die Möglichkeit einer Einigung der Beteiligten des Einigungsstellenverfahrens anzustreben ist, worauf der Vorsitzende der Einigungsstelle hinzuwirken hat (§ 40 Abs. 3 S. 1, § 46 Abs. 2). Die Verhandlung vor der Einigungsstelle ist deshalb auch nicht öffentlich (§ 46 Abs. 4 S. 1).

71

Hat die Einigungsstelle aber die Kompetenz einer für den Dienstgeber und die MAV verbindlichen Entscheidung, handelt es sich um eine Zwangsschlichtung (§ 47 Abs. 3 S. 2). Denn kommt eine Einigung der Beteiligten des Einigungsstellenverfahrens nicht zustande, ersetzt der Spruch der Einigungsstelle die erforderliche Zustimmung der MAV (§ 47 Abs. 3 S. 1) oder er tritt an die Stelle einer fehlenden Einigung zwischen Dienstgeber und MAV (§ 40 Abs. 3 S. 2 i. V. m. § 45 Abs. 2 und 3). Die MAVO nennt eine Reihe von Gegenständen, die freiwillig durch Dienstvereinbarung geregelt werden können, sieht dafür im Falle von Konflikten zwischen Dienstgeber und MAV die Zuständigkeit der Einigungsstelle nicht vor, wie z. B. auf dem Gebiet zulässiger Dienstvereinbarungen zu betrieblichen Lohnregelungen (§ 38 Abs. 1 Nr. 1, Abs. 2).[79]

72

§ 41 Zusammensetzung – Besetzung

(1) Die Einigungsstelle besteht aus
a) der oder dem Vorsitzenden und der oder dem stellvertretenden Vorsitzenden,
b) jeweils …* Beisitzerinnen oder Beisitzern aus den Kreisen der Dienstgeber und der Mitarbeiter, die auf getrennten Listen geführt werden (Listen-Beisitzerinnen und Listen-Beisitzer),
c) Beisitzerinnen oder Beisitzern, die jeweils für die Durchführung des Verfahrens von der Antragstellerin oder dem Antragsteller und von der Antragsgegnerin oder dem Antragsgegner zu benennen sind (Ad-hoc-Beisitzerinnen und Ad-hoc-Beisitzer).

(2) Die Einigungsstelle tritt zusammen und entscheidet in der Besetzung mit der oder dem Vorsitzenden, je einer Beisitzerin oder einem Beisitzer aus den beiden Beisitzerlisten und je einer oder einem von der Antragstellerin oder dem Antragsteller und der Antragsgegnerin oder dem Antragsgegner benannten Ad-hoc-Beisitzerinnen und Ad-hoc-Beisitzer. Die Teilnahme der Listen-Beisitzerinnen und Listen-Beisitzer an der mündlichen Verhandlung bestimmt sich nach der alphabetischen Reihenfolge in der jeweiligen Beisitzerliste. Bei Verhinderung einer Listen-Beisitzerin oder eines Listen-Beisitzers tritt an dessen Stelle die Beisitzerin oder der Beisitzer, welche oder welcher der Reihenfolge nach an nächster Stelle steht.

(3) Ist die oder der Vorsitzende an der Ausübung ihres oder seines Amtes gehindert, tritt an ihre oder seine Stelle die oder der stellvertretende Vorsitzende.

---

79 Dazu *Thiel*, ZMV 2010, 64.
* Die Zahl der Beisitzerinnen und Beisitzer bleibt der Festlegung durch die Diözesen vorbehalten; es müssen jedoch mindestens jeweils zwei Personen benannt werden.

VI. Einigungsstelle

Übersicht

	Rn			Rn
I. Die Mitglieder der Einigungsstelle	1–8		2. Besetzung der Einigungsstelle im Verfahren, Abs. 2	3–8
1. Zusammensetzung der Einigungsstelle, Abs. 1	2	II.	Der Vorsitzende	9–15
		III.	Fehlerhafte Besetzung	16

I. Die Mitglieder der Einigungsstelle

1 Die Ordnung unterscheidet zwischen Zusammensetzung und Besetzung der Einigungsstelle. Zusammensetzung meint alle Mitglieder der Einigungsstelle, Besetzung meint die Mitglieder der Einigungsstelle, die in der mündlichen Verhandlung mitwirken und nach Beratung entscheiden.

1. Zusammensetzung der Einigungsstelle, Abs. 1

2 Die Einigungsstelle besteht aus einer je nach diözesaner MAVO gleichen Anzahl von ständigen Beisitzern aus dem Lager der Dienstgeber und dem der Mitarbeiter (Listen-Beisitzer, § 41 Abs. 1 Buchst. b), ferner aus je einem von den beiden Verfahrensbeteiligten (Dienstgeber und Mitarbeitervertretung) eigens für das konkrete Verfahren benannten Beisitzer; letztere werden als Ad-hoc-Beisitzer bezeichnet (§ 41 Abs. 1 Buchst. c). Dazu kommt der unparteiische Vorsitzende der Einigungsstelle und sein Stellvertreter. Die Funktionen können Frauen und Männer ausüben. Die Berufung und die Voraussetzungen der Berufung sind in den §§ 43 und 44 geregelt. Die Zahl der (ständigen) Listenbeisitzer dienstgeber- und mitarbeiterseitig ist je nach diözesaner Ordnung gemäß § 41 Abs. 1 Buchst. b MAVO unterschiedlich festgesetzt; z. B. bei der Einigungsstelle Hildesheim je zwei Listenbeisitzer,[1] bei der Einigungsstelle Rottenburg-Stuttgart je drei Listenbeisitzer,[2] bei der Einigungsstelle Freiburg je vier Listenbeisitzer.[3]

2. Besetzung der Einigungsstelle im Verfahren, Abs. 2

3 Tritt die Einigungsstelle zusammen, dann entscheidet sie in der Besetzung mit dem Vorsitzenden, einem Listen-Beisitzer aus der Liste der Beisitzer der Dienstgeber, einem Listen-Beisitzer aus der Liste der Mitarbeiter, einem vom Antragsteller benannten Ad-hoc-Beisitzer und einem vom Antragsgegner benannten Ad-hoc-Beisitzer (§ 41 Abs. 2 S. 1).

4 Zu den weiteren Berufungsvoraussetzungen wird auf § 43, zur Berufung auf § 44 verwiesen. Die Auswahl der Ad-hoc-Beisitzer (§ 41 Abs. 1 Buchst. c) obliegt allein dem Dienstgeber und der an dem Verfahren beteiligten MAV bzw. der gemeinsamen Mitarbeitervertretung (§ 1b), der Sondervertretung (§ 23), der Gesamtmitarbeitervertretung (§ 24 Abs. 1) oder der erweiterten Gesamtmitarbeitervertretung (§ 24 Abs. 2). Jede Seite bestellt den auf sie entfallenden Beisitzer selbst; das kann eine Frau oder ein Mann sein. Die MAV bestellt ihren Beisitzer nach Beschluss (§ 14 Abs. 5). Der Beschluss muss den Anforderungen für einen wirksamen Beschluss der MAV genügen.

5 Keine Partei des Einigungsstellenverfahrens kann den von der anderen Seite benannten Ad-hoc-Beisitzer ablehnen,[4] wenn sie nicht solche Gründe vorbringen kann, die gemäß § 43 Abs. 1 S. 1 und Abs. 3 einer Bestellung bzw. Benennung der Listen-Beisitzer entgegen stehen. Eine Ablehnung wegen **Befangenheit** scheidet also aus.[5]

6 Entstehen durch die Heranziehung den Beisitzern Kosten, sind diese gemäß Reisekostenrecht (§ 42 Abs. 2 S. 2) zu erstatten. Kostenträger ist die Diözese, bei der die Einigungsstelle eingerichtet ist (§ 47 Abs. 5).

---

1 Kirchl. Anzeiger 2005 S. 198.
2 Amtsblatt 2005 S. 98.
3 Amtsblatt 2005 S. 115.
4 Vgl. *Richardi*, BetrVG § 76 Rn 49 m. N.
5 *Fitting*, § 76 Rn 10.

Bei der Auswahl der Ad-hoc-Beisitzer hat jede Seite das Gebot der vertrauensvollen Zusammenarbeit zu beachten (§ 26 Abs. 1 S. 1).

Gemäß § 41 Abs. 2 S. 2 ist bestimmt, dass die Teilnahme der Listen-Beisitzer an der mündlichen Verhandlung sich nach den Beisitzerlisten der beiden Seiten des Dienstgeberkreises und des Mitarbeiterkreises richtet. Die jeweilige **Beisitzerliste** nennt **in alphabetischer Reihenfolge** (§ 44 Abs. 2 S. 1) die Namen der Beisitzer und ihre Anschrift. Sie werden bei der Geschäftsstelle der Einigungsstelle geführt, um im Falle der Anberaumung eines Termins für den Zusammentritt der Einigungsstelle gemäß der vorgegebenen Reihenfolge die ständigen Listenbeisitzer zu laden, nämlich einen aus der Liste des Dienstgeberkreises und einen aus der Liste des Mitarbeiterkreises. Die Listen der Beisitzer werden gemäß § 43 Abs. 3 und § 44 Abs. 2 zusammengestellt. Wer in einem bestimmten Verfahren als Listen-Beisitzer nicht fungiert, kann dennoch nicht etwa als Ad-hoc-Beisitzer von einem Beteiligten des Verfahrens bestellt werden, wenn er gerade als Listen-Beisitzer nicht am Zuge ist. Denn die Befugnis zur Bestellung der Beisitzer ist abschließend und ausschließlich geregelt, so dass in dieses Recht von Dritten nicht eingegriffen werden darf.[6] Kein Listen-Beisitzer darf im Falle seiner Verhinderung einen anderen Listen-Beisitzer als seinen Vertreter in das Verfahren entsenden. Die Ladung zum Termin zur mündlichen Verhandlung der Einigungsstelle erfolgt allein durch den Vorsitzenden über die Geschäftsstelle, wo die Listen der Beisitzer geführt werden und aus denen sich die turnusmäßige Einteilung der Listen-Beisitzer zu den Sitzungen der Einigungsstelle ergibt.

II. Der Vorsitzende

Dem Vorsitzenden der Einigungsstelle kommt eine leitende Funktion zu, die aus verschiedenen Vorschriften innerhalb der §§ 41–47 und des § 17 Abs. 1 S. 2, dritter Spiegelstrich resultiert. Dabei ist zwischen dem schriftlichen Verfahren (§ 46 Abs. 1 und 2) und der mündlichen Verhandlung der Einigungsstelle zu unterscheiden (§ 46 Abs. 3 und 4, § 47 Abs. 1 bis 3). Dazu folgende Auflistung:

Der Vorsitzende oder im Verhinderungsfall, den der Vorsitzende feststellt, der stellvertretende Vorsitzende (§ 41 Abs. 3 MAVO):
– führt die Einigungsstelle,
– leitet das schriftliche und ggf. mündliche Verfahren (§§ 46, 47),
– prüft von Amts wegen den vorliegenden Antrag des Antragstellers mit Blick auf die sachliche Zuständigkeit (§ 45 MAVO)
– und die nicht verhandelbare örtliche Zuständigkeit der Einigungsstelle (§ 40 Abs. 1 MAVO) als Zulässigkeitsvoraussetzung für die Tätigkeit der Einigungsstelle unter besonderer Berücksichtigung der Vorschrift des § 1 Abs. 3 MAVO bei mehrdiözesan und überdiözesan agierenden Dienstgebern (Rechtsträgern);
– bereitet die Verhandlung der Einigungsstelle vor,
– übersendet den Antrag an den Antragsgegner und
– bestimmt eine Frist zur schriftlichen Erwiderung (§ 41 Abs. 1 S. 3 MAVO),
– entscheidet über den Antrag auf Zulassung eines Bevollmächtigten zugunsten der MAV nach den Kriterien von Notwendigkeit oder Zweckmäßigkeit zur Wahrung ihrer Rechte (§ 17 Abs. 1 S. 2, dritter Spiegelstrich MAVO),
– übermittelt die Antragserwiderung an den Antragsteller,
– bestimmt einen Termin, bis zu dem abschließend schriftlich vorzutragen ist (§ 46 Abs. 1 S. 4 MAVO), um dem Grundsatz rechtlichen Gehörs zu entsprechen,
– prüft nach Eingang der Antragserwiderung aufgrund der Aktenlage die Möglichkeit der Einigung (§ 46 Abs. 2 MAVO),
– unterbreitet ggf. einen schriftlich begründeten Einigungsvorschlag (§ 46 Abs. 2 S. 1 MAVO),
– beurkundet im Falle der Einigung diese und übersendet den Beteiligten eine Abschrift des Vereinbarten (§ 46 Abs. 2 S. 2 MAVO).

---

6 *Thiel*, ZMV Sonderheft 2005 S. 71, 75.

11 Erfolgt jedoch keine Einigung im schriftlichen Verfahren,
 – bestimmt der Vorsitzende einen Termin zur mündlichen Verhandlung vor der Einigungsstelle (§ 46 Abs. 3 S. 1 MAVO),
 – bestimmt deshalb Ort und Zeit mit geeignetem Verhandlungsraum,
 – setzt Antragsteller und Antragsgegner eine Frist zur Äußerung (§ 46 Abs. 3 S. 2 MAVO),
 – veranlasst unter Einhaltung einer angemessenen Ladungsfrist (etwa zwei Wochen)
   – die Ladung der Beteiligten,
   – die Benennung der Ad-hoc-Beisitzer und ihre Ladung,
   – die Ladung der Listen-Beisitzer nach Vorgabe der fortlaufend aus der Liste ersichtlichen Reihenfolge (§ 46 Abs. 3 S. 3 MAVO) zum Termin. Je nach Regelungsangelegenheit können mehrere Sitzungstage erforderlich werden.

12 Finden am Sitzungstag der Einigungsstelle mehrere Verhandlungen statt, sind die Beisitzer jeweils nur für eine Verhandlung zu laden, wird eine Verhandlung fortgesetzt, sind wegen der Sachbezogenheit dieselben Beisitzer zur Fortsetzung des Verfahrens zu laden.

13 Der Vorsitzende leitet die Verhandlung (§ 46 Abs. 4 S. 2 MAVO) und führt nach Aufruf der Sache und Feststellung der Erschienenen in den von der Einigungsstelle von Amts wegen aufzuklärenden Sach- und Streitgegenstand ein (§ 46 Abs. 4 S. 3 MAVO).

14 Die Einigungsstelle erörtert in ihrer für die Verhandlung gesetzmäßigen Besetzung mit den Beteiligten – ggf. mit Bevollmächtigten – das gesamte Streitverhältnis, gibt ihnen entsprechend dem Gebot des rechtlichen Gehörs Gelegenheit zur Stellungnahme (§ 46 Abs. 4 S. 4 MAVO) und prüft die Einigungsmöglichkeit der Beteiligten (§ 46 Abs. 4 S. 5, § 47 Abs. 1 MAVO), die in den Fällen der §§ 36 Abs. 1 und 37 Abs. 1 MAVO auch zu einer Dienstvereinbarung der Beteiligten (§ 38 Abs. 1 Nrn. 1–11, Abs. 4 MAVO) führen kann.

15 Bei unentschuldigtem Ausbleiben des Antragstellers weist die Einigungsstelle den Antrag ab; andernfalls wird neuer Termin auf Antrag eines Beteiligten bestimmt.

III. Fehlerhafte Besetzung

16 Fehlt bei der mündlichen Verhandlung, bei Beratung und Entscheidung ein Mitglied der Einigungsstelle, ist sie nicht ordnungsgemäß besetzt. Sie kann dann weder verhandeln noch entscheiden und muss sich deshalb vertagen. Fällt sie dennoch eine Entscheidung, ist ihre Entscheidung nicht von der ordnungsgemäß besetzten Einigungsstelle ergangen; die Entscheidung ist wegen fehlerhaften Verfahrens nicht bindend. Zuständig für die Entscheidung dieser Rechtsfrage ist im Falle einer diesbezüglichen Klage das Kirchliche Arbeitsgericht (§ 47 Abs. 4 MAVO i. V. m. § 2 Abs. 2 KAGO). Siehe aber weiter unter § 46 Rn 14.

§ 42 Rechtsstellung der Mitglieder

(1) Die Mitglieder der Einigungsstelle sind unabhängig und nur an Gesetz und Recht gebunden. Sie dürfen in der Übernahme oder Ausübung ihres Amtes weder beschränkt, benachteiligt noch bevorzugt werden. Sie unterliegen der Schweigepflicht auch nach dem Ausscheiden aus dem Amt.

(2) Die Tätigkeit der Mitglieder der Einigungsstelle ist ehrenamtlich. Die Mitglieder erhalten Auslagenersatz gemäß den in der Diözese jeweils geltenden reisekostenrechtlichen Vorschriften. Der oder dem Vorsitzenden und der oder dem stellvertretenden Vorsitzenden kann eine Aufwandsentschädigung gewährt werden.

(3) Die Beisitzerinnen und Beisitzer werden für die Teilnahme an Sitzungen der Einigungsstelle im notwendigen Umfang von ihrer dienstlichen Tätigkeit freigestellt.

(4) Auf die von der Diözesanen Arbeitsgemeinschaft der Mitarbeitervertretungen bestellten Beisitzerinnen und Beisitzer finden die §§ 18 und 19 entsprechende Anwendung.

Übersicht

		Rn			Rn
I.	Zweck der Vorschrift	1–3	VI.	Amtspflichtverletzung eines Mitglieds der Einigungsstelle	10
II.	Schweigepflicht, Abs. 1 S. 3	4	VII.	Rücktrittsrecht	11
III.	Ehrenamt, Abs. 2	5, 6	VIII.	Abberufung	12
IV.	Freistellung von der dienstlichen Tätigkeit, Abs. 3	7	IX.	Streitigkeiten	13, 14
V.	Schutz der Beisitzer aus dem Kreis der Mitarbeiter, Abs. 4	8, 9			

I. Zweck der Vorschrift

Die Vorschrift regelt die Rechtsstellung der Mitglieder der Einigungsstelle, deren Zusammensetzung gemäß § 41 Abs. 1 näher geregelt ist. Dazu bestehen folgende Grundsätze: 1
- Unabhängigkeit, Weisungsfreiheit,
- Bindung nur an Gesetz und Recht, nicht an Weisungen der berufenden oder bestellenden Stelle,
- Freiheit zur Übernahme und Ausübung ihres Amtes ohne Beschränkung, Benachteiligung oder Bevorzugung,
- Schweigepflicht auch nach dem Ausscheiden aus dem Amt (§ 42 Abs. 1 MAVO),
- Ehrenamtlichkeit (§ 42 Abs. 2 S. 1 MAVO),
- Freistellung von der dienstlichen Tätigkeit für die Teilnahme an Sitzungen der Einigungsstelle im notwendigen Umfang (§ 42 Abs. 3 MAVO),
- Auslagenersatz nach diözesanem Reisekostenrecht (§ 42 Abs. 2 S. 2 MAVO).

Dem Vorsitzenden und dem stellvertretenden Vorsitzenden kann eine Aufwandsentschädigung gewährt werden (§ 42 Abs. 2 S. 3 MAVO). Zur Höhe gibt es keine Regelung. 2

Auf die von der Diözesanen Arbeitsgemeinschaft der Mitarbeitervertretungen berufenen Listen-Beisitzer finden die Bestimmungen des § 18 MAVO und das besondere Kündigungsschutzrecht wie für Mitglieder der MAV gemäß § 19 MAVO entsprechende Anwendung (§ 42 Abs. 4 MAVO). Als Ehrenamtsträger sind die Mitglieder der Einigungsstelle auch wegen Dienstunfällen in der gesetzlichen Unfallversicherung versichert (§ 2 Abs. 1 Nr. 10 SGB VII), falls nicht besonderer Unfallversicherungsschutz nach beamtenrechtlichen Grundsätzen besteht (vgl. § 18 Abs. 3 MAVO). 3

II. Schweigepflicht, Abs. 1 S. 3

Die Mitglieder der Einigungsstelle unterliegen der Schweigepflicht. Dieses Gebot gilt während der Amtszeit (§ 43 Abs. 4) und nach dem Ausscheiden aus dem Amt. Die Vorschrift erfasst auch die Adhoc-Beisitzer wegen ihrer Mitwirkung in der Einigungsstelle. Die Schweigepflicht erstreckt sich insbesondere auf das Beratungsgeheimnis. Der Spruch der Einigungsstelle ergeht nach Beratung, Beschlussfassung und Abstimmung der am Verfahren beteiligten Mitglieder der Einigungsstelle. Darüber ist Stillschweigen zu wahren. Die Verletzung der Schweigepflicht ist eine Amtspflichtverletzung (siehe zu Abschnitt VI. Rn 10). Auf die Schweigepflicht hat der Vorsitzende der Einigungsstelle ausdrücklich hinzuweisen, weil es um die Sicherung der Vertraulichkeit der Beratungen in der Einigungsstelle zur Vorbereitung eines Einigungsvorschlages und der Entscheidung (Spruch) der Einigungsstelle geht. 4

III. Ehrenamt, Abs. 2

Die Tätigkeit der Mitglieder der Einigungsstelle ist ehrenamtlich, also unentgeltlich zu verrichten. Für Mitarbeiter, die ein Beisitzeramt ausüben, hat diese Tätigkeit keinen Einfluss auf ihre arbeitsvertraglichen Vergütungsansprüche. Da aber wegen der Anreise zur Einigungsstelle Fahrtkosten entstehen, besteht für die Mitglieder der Einigungsstelle ein Rechtsanspruch auf Auslagenersatz. Das gilt u. a. auch für notwendige Parkgebühren, Telefonate mit der Geschäftsstelle der Einigungsstelle u. Ä. Maßstab für den Auslagenersatz ist das Reisekostenrecht, das für die Diözese gilt, welche die Einigungsstelle errichtet hat und trägt (§ 47 Abs. 5 S. 2). 5

6 Dem Vorsitzenden der Einigungsstelle und seinem Stellvertreter kann eine Aufwandsentschädigung gewährt werden (§ 42 Abs. 2 S. 3). Hierbei geht es außer dem Auslagenersatz gemäß § 42 Abs. 2 S. 2 um einen zusätzlichen Betrag für die leitende Tätigkeit in der Einigungsstelle und im Einigungsstellenverfahren, wie Übersendung von Schriftstücken, Ladungen, Erarbeitung eines Einigungsvorschlages mit Begründung (§ 46), Verhandlungsführung (§ 47), schriftliche Abfassung des Spruchs der Einigungsstelle einschließlich Begründung (§ 47 Abs. 2 S. 3). Eine § 76a Abs. 3 und 4 BetrVG vergleichbare Regelung besteht in der MAVO nicht. Die Höhe der Aufwandsentschädigung ist in der MAVO nicht geregelt. Dazu ist eine Vereinbarung zwischen Diözese und Amtsinhaber erforderlich.

IV. Freistellung von der dienstlichen Tätigkeit, Abs. 3

7 Die Beisitzer der Einigungsstelle, nämlich die ständigen Listen-Beisitzer und die Ad-hoc-Beisitzer, sind zur Ausübung ihrer Amtstätigkeit, das ist die Teilnahme an den Sitzungen der Einigungsstelle einschließlich der erforderlichen Fahrzeit im notwendigen Umfang von ihrer dienstlichen Tätigkeit von ihrem Dienstgeber ohne Entgelteinbuße freizustellen. Dadurch ist zugleich geregelt, dass die Inanspruchnahme für die Teilnahme an Sitzungen in der Einigungsstelle außerhalb der persönlichen Arbeitszeit nicht zum Freizeitausgleich führt. Wer sich zum Beisitzer bestellen lässt, obwohl er zur Annahme des Amtes nicht gezwungen ist, muss die **Freizeitopfer** einkalkulieren, falls er es nicht vorzieht, von dem Ehrenamt Abstand zu nehmen. Kirchliche Arbeitsvertragsordnungen enthalten in Anlehnung an das Tarifvertragsrecht für den öffentlichen Dienst u. a. Bestimmungen über Arbeitsbefreiungen für Mitarbeiter unter Fortzahlung der Vergütung (vgl. z. B. § 10 AVR-Caritas, § 40 KAVO Diözesen in NRW). Danach erhalten Mitarbeiter bzw. Mitarbeiterinnen von ihrem Dienstgeber z. B. die Freistellung zur Teilnahme an Sitzungen der Schlichtungsstelle i. S. v. § 22 AT AVR-Caritas oder gemäß § 40 Abs. 2 Unterabsatz 2 KAVO der Diözesen in NRW zur Wahrnehmung amtlicher Termine kirchlicher Schlichtungs-, Schieds- und Einigungsstellen für die Dauer der unumgänglichen notwendigen Abwesenheit unter Fortzahlung der Vergütung, soweit die Angelegenheit nicht außerhalb der Arbeitszeit, ggf. nach ihrer Verlegung, erledigt werden kann (vgl. auch § 29 Abs. 2 TVöD AT; § 29 Abs. 2 TV-L). Daraus folgt, dass die als Beisitzer der Einigungsstelle tätigen Mitarbeiter bzw. Mitarbeiterinnen des kirchlichen Dienstes für die Ausübung des Ehrenamtes Gleitzeit in Anspruch nehmen müssen, soweit ihnen das aufgrund einer Gleitzeitvereinbarung, z. B. per Dienstvereinbarung, möglich ist.[1] Die außerhalb der Kernarbeitszeit erledigte ehrenamtliche Tätigkeit ergibt keinen Vergütungsanspruch, zumal dem Dienstgeber innerhalb des dem Mitarbeiter eingeräumten Gleitzeitrahmens im Grundsatz kein Direktionsrecht zusteht.

V. Schutz der Beisitzer aus dem Kreis der Mitarbeiter, Abs. 4

8 Auf die von der Diözesanen Arbeitsgemeinschaft der Mitarbeitervertretungen bestellten Listen-Beisitzer finden die Schutzvorschriften des § 18 und des § 19 entsprechende Anwendung. Näherhin kommen in Betracht § 18 Abs. 1, 1a und 3 sowie § 19 Abs. 1 und 3. Auf die Kommentierung dieser Vorschriften wird verwiesen.

9 Die Ad-hoc-Beisitzer werden von den Schutzvorschriften der §§ 18 und 19 nicht erreicht; sie dürfen aber bei ihrer Tätigkeit weder benachteiligt, begünstigt noch behindert werden (§ 42 Abs. 1 S. 2). Es gelten die gesetzlichen Unfallschutzbestimmungen.

VI. Amtspflichtverletzung eines Mitglieds der Einigungsstelle

10 Die MAVO schweigt zum Problem der Amtspflichtverletzung eines Mitglieds oder der Mitglieder der Einigungsstelle. Nach staatlichem Recht ist die Amtsenthebung von Richtern geregelt (§ 30 Deutsches Richtergesetz). Nach kirchlichem Recht ist z. B. die Amtsenthebung von Mitgliedern der MAV gemäß § 13c Nr. 5 und der gesamten MAV gemäß § 13 Abs. 3 Nr. 6 geregelt. Die MAVO muss in der Weise ausgelegt werden, dass im Falle der Amtspflichtverletzung eines Mitglieds der Ei-

---

1 *BAG*, 22. 1. 2009 – 6 AZR 78/08, ZTR 2009, 371.

nigungsstelle, etwa im Falle der Verletzung der Schweigepflicht (vgl. für Mitglieder der MAV § 20) der Diözesanbischof in Analogie zu § 44 Abs. 3 Buchst. b erforderliche Maßnahmen trifft. Gemäß § 18 Abs. 4 Buchst. b KAGO endet das Amt eines Richters am Kirchlichen Arbeitsgericht vor Ablauf der Amtszeit u. a. auf Grund eines schweren Dienstvergehens, wenn es durch den Diözesanbischof oder ein von ihm bestimmtes kirchliches Gericht nach Maßgabe des diözesanen Rechts festgestellt worden ist. Dazu kommt es auf die zutreffende diözesane Regelung an. Hilfsweise regeln die Bestimmungen der canones 192–195 CIC das Nähere (§ 40 Rn 50 ff.).

VII. Rücktrittsrecht

Gemäß § 44 Abs. 3 Buchst. a haben die Mitglieder der Einigungsstelle ein Rücktrittsrecht. Mit der Erklärung des Rücktritts endet das Amt als Mitglied der Einigungsstelle vorzeitig. Ein ständiges Mitglied der Einigungsstelle aus den Kreisen der Mitarbeiter bzw. Mitarbeiterinnen, das im Falle von Altersteilzeitarbeit im Blockmodell in die Freistellungsphase tritt, verliert sein aktives Wahlrecht zur MAV (§ 7 Abs. 3 Nr. 3) und damit auch sein passives Wahlrecht zur MAV (§ 8 Abs. 1). Damit ergibt sich für das Mitglied die Möglichkeit des Rücktritts vom Amt, um einer Feststellung des Wegfalls der Berufungsvoraussetzungen durch den Diözesanbischof (§§ 44 Abs. 3) zuvorzukommen (vgl. auch § 13c Rn 9 ff.). 11

VIII. Abberufung

Gemäß § 44 Abs. 3 Buchst. b endet das Amt des Mitglieds der Einigungsstelle vor Ablauf der Amtszeit mit der Feststellung des Wegfalls der Berufungsvoraussetzungen (§ 43) durch den Diözesanbischof. Übernimmt etwa ein Beisitzer aus den Kreisen der Mitarbeiter oder der Dienstgeber während der Amtszeit eine Funktion auf der jeweils anderen Seite, entfällt eine Voraussetzung seiner Berufung. Das folgt aus dem Grundsatz der paritätischen Besetzung der Einigungsstelle mit ehrenamtlichen Beisitzern beider Seiten. Dasselbe gilt auch für die beisitzenden Richter an den Kirchlichen Arbeitsgerichten (vgl. § 18 Abs. 3 i. V. m. § 18 Abs. 4 Buchst. b KAGO). 12

IX. Streitigkeiten

Streitigkeiten mit Blick auf die Befugnis zur Amtsausübung der Mitglieder der Einigungsstelle können gemäß § 47 Abs. 4 wegen eines Verfahrensmangels beim Kirchlichen Arbeitsgericht ausgefochten werden, indem Klage auf Feststellung der Unwirksamkeit des Spruchs der Einigungsstelle erhoben wird. Für ein Verfahren auf Amtsenthebung eines Mitglieds der Einigungsstelle ist wegen der besonderen Rechte des Diözesanbischofs das Kirchliche Arbeitsgericht nicht zuständig. Das gilt auch für den Fall der Klage gegen die Amtsenthebung. 13

Staatliche Gerichte sind für Streitigkeiten mitarbeitervertretungsrechtlicher Art nicht zuständig (Art. 10 Abs. 2 GrO). Die Besetzung der Einigungsstelle ist eine innerkirchliche Maßnahme ebenso wie die vorausgehende Errichtung der Einigungsstelle und der Erlass einer Mitarbeitervertretungsordnung überhaupt (*BVerfGE* 46, 73) im Rahmen des verfassungsrechtlich garantierten Selbstbestimmungsrechts der Kirche (Art. 140 GG i. V. m. Art. 137 Abs. 3 WRV). 14

§ 43 Berufungsvoraussetzungen

(1) **Die Mitglieder der Einigungsstelle müssen der katholischen Kirche angehören, dürfen in der Ausübung der allen Kirchenmitgliedern zustehenden Rechte nicht behindert sein und müssen die Gewähr dafür bieten, jederzeit für das kirchliche Gemeinwohl einzutreten. Wer als Vorsitzende/r oder beisitzende/r Richter/in eines kirchlichen Gerichts für Arbeitssachen tätig ist, darf nicht gleichzeitig der Einigungsstelle angehören.**

(2) **Die oder der Vorsitzende und die oder der stellvertretende Vorsitzende sollen im Arbeitsrecht oder Personalwesen erfahrene Personen sein und dürfen innerhalb des Geltungsbereichs dieser Ordnung keinen kirchlichen Beruf ausüben.**

(3) Zur Listen-Beisitzerin oder zum Listen-Beisitzer aus den Kreisen der Dienstgeber und zur oder zum vom Dienstgeber benannten Ad-hoc-Beisitzerin oder Ad-hoc-Beisitzer kann bestellt werden, wer gemäß § 3 Abs. 2 Nummer 1–5 nicht als Mitarbeiterin oder Mitarbeiter gilt. Zur Listen-Beisitzerin oder zum Listen-Beisitzer aus den Kreisen der Mitarbeiter und zur oder zum von der Mitarbeitervertretung benannten Ad-hoc-Beisitzerin oder Ad-hoc-Beisitzer kann bestellt werden, wer gemäß § 8 die Voraussetzungen für die Wählbarkeit in die Mitarbeitervertretung erfüllt und im Dienst eines kirchlichen Anstellungsträgers im Geltungsbereich dieser Ordnung steht.

(4) Mitarbeiterinnen und Mitarbeiter, die im Personalwesen tätig sind oder mit der Rechtsberatung der Mitarbeitervertretungen betraut sind, können nicht zur Listen-Beisitzerin oder zum Listen-Beisitzer bestellt werden.

(5) Die Amtszeit der Mitglieder der Einigungsstelle beträgt fünf Jahre.

Übersicht

	Rn		Rn
I. Zweck der Vorschrift	1	setzungen bei den Beisitzern, Abs. 3	18–21
II. Berufungsvoraussetzungen	2–21	a. Aus dem Kreis der Dienstgeber, Abs. 3 S. 1	18, 19
1. Zugehörigkeit zur katholischen Kirche, Abs. 1	2–5	b. Aus dem Kreis der Mitarbeiter, Abs. 3 S. 2	20
2. Hinderung an der Ausübung der allgemeinen Gliedschaftsrechte	6–13	c. Mitarbeiter im Personalwesen	21
3. Einsatz für das kirchliche Gemeinwohl	14	III. Ausschluss von der Berufung als Listen-Beisitzer, Abs. 4	22, 23
4. Keine Tätigkeit bei einem kirchlichen Arbeitsgericht, § 43 Abs. 1 S. 2	15	1. Mitarbeiter im Personalwesen	22
5. Zusätzliche Berufungsvoraussetzungen beim Vorsitzenden, Abs. 2	16, 17	2. Mitarbeiter in der Rechtsberatung	23
6. Zusätzliche Berufungsvoraus-		IV. Die Amtszeit der Mitglieder der Einigungsstelle, Abs. 5	24–26

I. Zweck der Vorschrift

1 Mit der Vorschrift des § 43 wird bezweckt, dass die Mitglieder der Einigungsstelle sorgfältig nach den vorgegebenen Kriterien ausgewählt und berufen werden. Es geht um persönlich und sachlich zu erfüllende Voraussetzungen, die alle Mitglieder der Einigungsstelle erfüllen müssen. Die besonderen Berufungsvoraussetzungen für den Vorsitzenden der Einigungsstelle und seinen Stellvertreter sind in § 43 Abs. 2, die der Beisitzer in § 43 Abs. 3 geregelt. Von den gesetzlichen Berufungsvoraussetzungen darf nicht abgewichen werden (§ 55). Andernfalls ist die Einigungsstelle nicht ordnungsgemäß besetzt und damit ein Grund zur Anrufung des Kirchlichen Arbeitsgerichts wegen eines Verfahrensfehlers gegeben (§ 47 Abs. 4).

II. Berufungsvoraussetzungen

1. Zugehörigkeit zur katholischen Kirche, Abs. 1

2 Alle Mitglieder der Einigungsstelle müssen der katholischen Kirche angehören (vgl. can. 11 CIC). Als Mitglied der katholischen Kirche, z. B. i. S. d. KMAO, gilt jeder, der durch die Taufe in der katholischen Kirche oder durch Übertritt von einer andern Kirche (z. B. Kirchenaustritt) oder christlichen Religionsgemeinschaft oder durch Wiederaufnahme (z. B. nach Kirchenaustritt) der katholischen Kirche angehört[1] und nicht nach den Bestimmungen des staatlichen Rechts aus der Kirche ausgetreten ist. Die Kirchenmitgliedschaft wird vermutet, wenn die Daten des staatlichen oder kommunalen

---

[1] Vgl. *Pree*, Zur Frage nach dem Proprium kirchlicher Einrichtungen, In. Essener Gespräche, Bd. 34 (2000) S. 47, 59 f.

Melderegisters entsprechende Angaben enthalten (§ 1 KMAO). Die Mitglieder der Einigungsstelle dürfen in der Ausübung der allen Kirchengliedern zustehenden Rechte nicht behindert sein und müssen die Gewähr dafür bieten, jederzeit für das kirchliche Gemeinwohl einzutreten (§ 43 Abs. 1 S. 1; Rn 14). Die Tätigkeit am Kirchlichen Arbeitsgericht schließt von einem Amt in der Einigungsstelle aus (§ 43 Abs. 1 S. 2).

Die grundlegenden Rechte und Pflichten eines katholischen Christen innerhalb der kirchlichen Gemeinschaft werden nach can. 96 CIC durch die Taufe erworben. Er wird damit in die Kirche eingegliedert und unterliegt damit allen Pflichten und erwirbt damit alle Rechte, die den Christen unter Beachtung ihrer jeweiligen Stellung eigen sind. Diese Gliedschaftsrechte behält der Getaufte, solange er sich in der kirchlichen Gemeinschaft gemäß can. 205 CIC befindet. Demnach kann er sich auch Rechtsbeschränkungen unterschiedlicher Art zuziehen. Die katholische Identität des Individuums kann verlorengehen, wenn eines der drei vincula gemäß can. 205 CIC beeinträchtigt oder zerstört ist. Dies bewirkt eine Reduzierung in der Rechtsstellung innerhalb der katholischen Kirche aufgrund der an den Abfall geknüpften Sanktionen, beendet jedoch nicht die Unterworfenheit unter die Pflichten des katholischen Kirchenrechts (can. 11 CIC). Der Katholik kann für Tatbestände verantwortlich sein, auf die die kirchliche Autorität rechtmäßig durch Verhängung von Sanktionen (z. B. Exkommunikation, Interdikt) oder andere Gegenmaßnahmen reagiert. Dies kommt in der Schlussklausel des can. 96 CIC zum Ausdruck, die weit zu interpretieren ist.[2] Es ist jedwede Form der Rechtsbeschränkung eingeschlossen, die vom Gesetz vorgegeben ist (z. B. Nichtzulassung zur Eucharistie gemäß can. 915, 916 CIC). Er kann Gliedschaftsrechte verlieren, wenn er aus der katholischen Kirche ausscheidet, wenn gegen ihn eine rechtmäßige Kirchenstrafe verhängt wird (can. 96 CIC letzter Halbsatz) oder wenn er gegen elementare Grundsätze des Glaubens verstößt.

Das bedeutet zunächst, dass der Katholik, der aufgrund entsprechender staatlicher Gesetze mit bürgerlicher Wirkung aus der Kirche austritt, seine kirchlichen Gliedschaftsrechte verliert. Ein Kirchenaustritt nach staatlichem Recht lässt erkennen, dass der austretende Katholik – aus welchen Gründen auch immer – sich von seiner Kirche trennt: Er verzichtet damit aufgrund seiner eigenen Entscheidung auf die Gliedschaftsrechte, die sich auf seine Mitgliedschaft in der Kirche stützen, also auf seine Pflichten und Rechte in dieser Kirche.

Das Gleiche gilt, wenn ein Katholik zu einer anderen Kirche oder Religionsgemeinschaft übertritt (can. 751 CIC). Auch damit gibt der Übertretende zu erkennen, dass er nicht mehr Mitglied der katholischen Kirche sein will. Das genügt für den Wegfall seiner Rechte – ohne Rücksicht darauf, dass kirchenrechtlich damit unter Umständen im Bereich der Gliedschaftsrechte nicht eine radikale Trennung vollzogen wird.[3]

2. Hinderung an der Ausübung der allgemeinen Gliedschaftsrechte

Zur Erfüllung der Bestellungsvoraussetzungen zur Mitgliedschaft in der Einigungsstelle muss zunächst der Tatbestand »Angehörigkeit in der katholischen Kirche« erfüllt sein. Das ist nach objektiven Kriterien zu entscheiden. Fehlt es an dieser Voraussetzung, kommt es auf die weitere Voraussetzung »volle Ausübung der allgemeinen Gliedschaftsrechte« nicht mehr an. Beide Voraussetzungen müssen kumulativ vorliegen. Die kirchlichen Gliedschaftsrechte können zunächst nicht ausgeübt werden, wenn sie durch eine rechtmäßig verhängte Kirchenstrafe suspendiert worden sind. Solche die allgemeinen Gliedschaftsrechte beeinträchtigenden Kirchenstrafen können sein die Exkommunikation, das Interdikt und die Suspension (nur für Kleriker) can. 1131 ff. CIC. Der Kirchenaustritt nach staatlichem Recht ist als Folge einer Trennung von der katholischen Kirche zu bewerten, so dass ein Schisma vorliegt, welches den Eintritt der Tatstrafe der Exkommunikation nach sich zieht.[4] Zur Vermeidung von Missverständnissen hat die Deutsche Bischofskonferenz festgestellt:

---

2 *Gänswein*, Kirchengliedschaft S. 216.
3 Siehe dazu: *Schwendenwein*, Das neue Kirchenrecht S. 544 Anm. 11.
4 *Nelles*, Der Kirchenaustritt, AfkKR 2006, S. 353, 363 ff., 372.

VI. Einigungsstelle

1. Durch die Erklärung des Austritts aus der katholischen Kirche vor einer staatlichen Behörde wird mit öffentlicher Wirkung die Trennung von der Kirche vollzogen. Der Kirchenaustritt ist der öffentlich erklärte und amtlich beurkundete Abfall von der Kirche und erfüllt den Tatbestand des Schismas i. S. d. can. 751 CIC.
2. Die Erklärung des Austritts vor der staatlichen Behörde wird durch die Zuleitung an die zuständige kirchliche Autorität auch kirchliche wirksam. Dies wird durch die Eintragung im Taufbuch dokumentiert.
3. Wer – aus welchen Gründen auch immer – den Austritt aus der katholischen Kirche erklärt, zieht sich die Tatstrafe der Exkommunikation zu, d. h. er verliert die mit der Zugehörigkeit zur kirchlichen Gemeinschaft (Communio) verbundenen Gliedschaftsrechte, insbesondere zum Empfang der Sakramente und zur Mitwirkung in der Kirche. Ebenso treten die im kirchlichen Eherecht vorgesehenen Rechtsfolgen (can. 1086, 1117, 1124 CIC) ein.
4. Wer den Austritt aus der katholischen Kirche erklärt, kann nicht in einem kirchlichen Dienst- bzw. Arbeitsverhältnis stehen.
5. Die Exkommunikation ist eine Beugestrafe, die zur Umkehr auffordert. Nach dem Austritt wird sich die Kirche durch den zuständigen Seelsorger um eine Versöhnung mit der betreffenden Person und um eine Wiederherstellung ihrer vollen Gemeinschaft mit der Kirche bemühen«.[5]

7 Auch der Übertritt von der katholischen Kirche zu einer anderen Religionsgemeinschaft ist nur durch die Austrittserklärung aus der katholischen Kirche wirksam.[6] Die Wiederaufnahme in die Kirche, also die Befreiung von der Exkommunikation, kann der Ausgetretene beim Ortspfarrer beantragen.[7]

8 Die **Exkommunikation** führt gemäß can. 1331 § 1 Nr. 3 dazu, dass dem Exkommunizierten untersagt ist, jedwede kirchlichen Ämter, Dienste und Aufgaben auszuüben oder Akte der Leitungsgewalt zu setzen. Wenn die Exkommunikation festgestellt worden ist (vgl. Amtsblatt des Erzbistums Berlin 2002 Nr. 149 S. 95), kann der Betroffene gültig keine Würde, kein Amt und keinen anderen Dienst in der Kirche erlangen (can. 1331 § 2 Nr. 4 CIC). Zu diesen Aufgaben bzw. Diensten gehört auch die Übernahme des Vorsitzenden- oder Beisitzeramtes in der Einigungsstelle oder eines Amtes bei den kirchlichen Arbeitsgerichten.

9 Soweit ein **Interdikt** verhängt wird, wird die Untersagung der Ausübung kirchlicher Ämter, Dienste und Aufgaben davon nicht erfasst; denn nach can. 1332 CIC betrifft das Interdikt nicht das Verbot der Nr. 3 can. 1331 § 1 CIC. Die Suspension, die nur gegen Kleriker verhängt werden kann, kann auch die Ausübung »aller oder einiger mit dem Amt verbundenen Rechte und Aufgaben« verbieten. Ob dazu auch das Amt eines Beisitzers einer Einigungsstelle gehört, erscheint zweifelhaft. Jedenfalls bedürfte es ohnehin nach dem Wortlaut des can. 1331 § 1 CIC im Interdikt einer genauen Bezeichnung des Amts, dessen Ausübung verboten werden soll. Außer Kirchenstrafen, die Einfluss auf die Gliedschaftsrechte eines Kirchenmitgliedes haben können, besteht auch die Möglichkeit, durch ein rein tatsächliches, nicht einmal schuldhaftes Verhalten, das mit der Mitgliedschaft in der Kirche objektiv im Gegensatz steht, in den allgemeinen kirchlichen Gliedschaftsrechten behindert zu sein.

10 Entscheidend wird darauf abzustellen sein, ob der betroffene Katholik vom **Sakramentenempfang**, vor allem vom Empfang der heiligen Kommunion, ausgeschlossen ist. Das ist vor allem der Fall, wenn er hartnäckig in einer offenkundig schweren Sünde verharrt (can. 915 CIC).[8]

11 Es muss also – da sich dieser Bereich regelmäßig mangels Kenntnis des Sachverhaltes der Beurteilung bei der Bestellung zum Vorsitzenden oder Beisitzer in der Einigungsstelle entzieht – entscheidend auf die **Offenkundigkeit** eines derartigen Sachverhalts und seiner Beurteilung als schweren Verstoß gegen die Gliedschaftsrechte in der Kirche ankommen (so noch Art. 10 Abs. 3 S. 2 GrO a. F.).

---

5 Erklärung der Deutschen Bischofskonferenz vom 24. 4. 2006, Kirchliches Amtsblatt des Bistums Münster 2006, Art. 195 S. 150.
6 Amtsblatt der Erziözese Freiburg 2008 Nr. 298 S. 290.
7 Amtsblatt für die Diözese Regensburg 2006 S. 142.
8 Enzyklika Ecclesia de Eucharistia Nr. 37, Amtsblatt des Erzbistums Köln 2003 Nr. 133 S. 113, 121 f.

▶ **Beispiele:** Zu denken wäre hier an den Entzug der missio canonica (Erlaubnis zur Erteilung des katholischen Religionsunterrichts in Schulen) infolge eines dauernden Verstoßes gegen die katholische Glaubens- und Sittenlehre, standesamtliche Heirat trotz eines kirchlichen Ehehindernisses (noch bestehende, nach kanonischem Recht gültige Ehe, vgl. § 5 Abs. 2 GrO), außereheliche Beziehung eines Mitarbeiters zu einer verheirateten Person, Mitgliedschaft in oder Förderung einer politischen Partei, die sich gegen die Interessen der Kirche stellt (can. 1374 CIC), öffentliche Stellungnahme zur Rechtfertigung des Schwangerschaftsabbruchs (vgl. Art. 5 Abs. 2 GrO).

Es ist Sache des jeweiligen Diözesanbischofs, der für die Bestellung des Vorsitzenden der Einigungsstelle und seines Stellvertreters die Verantwortung trägt (§§ 44 Abs. 3 Buchst. b), sich vor der Bestellung zu vergewissern, ob ein solcher Hinderungsgrund vorliegt. In diesem Sinne ist auf die Sorgfalt bei der Bestellung der Beisitzer hinzuwirken. Zur Bestellung der Richter an den kirchlichen Arbeitsgerichten sei auf § 18 Abs. 1 und § 24 Abs. 2 KAGO hingewiesen.

3. Einsatz für das kirchliche Gemeinwohl

Die Mitglieder der Einigungsstelle müssen die Gewähr dafür bieten, jederzeit für das kirchliche Gemeinwohl einzutreten. Neben dem Wohl des Einzelnen gibt es eines, das an das Leben der Menschen in der Gesellschaft gebunden ist. Dieses Gemeinwohl ist für alle gedacht, die zur sozialen Gemeinschaft gehören. Sich für das Gemeinwohl einzusetzen bedeutet, die Gesamtheit der Institutionen, die das soziale Leben rechtlich, zivil, politisch und kulturell strukturieren, zu schützen und sich ihrer zu bedienen.[9] Der Begriff kirchliches Gemeinwohl erschließt sich aus einer Reihe von Bestimmungen des CIC (vgl. can. 212 § 3, 223, 282 § 2, 287 § 2, 264 § 2, 795, 946 CIC), ohne ihn zu definieren. Geht man vom Begriff der Kirche als Gemeinschaft aus, so geht es darum, diese Gemeinschaft zu unterstützen, ihre geistlichen und caritativen Anliegen zu fördern, ihrer Lehre und ihrer Rechtsordnung zu folgen, ihre Selbständigkeit gegenüber dem Staat, ihr Selbstbestimmungs- und Gesetzgebungsrecht im Rahmen der Religionsfreiheit anzuerkennen und ihre Entwicklung ideell und materiell zu begünstigen, damit sie ihre Heilsaufgabe und ihre Dienstfunktion im Rahmen der Gesellschaft erfüllen kann.[10]

4. Keine Tätigkeit bei einem kirchlichen Arbeitsgericht, § 43 Abs. 1 S. 2

Niemand kann in der Einigungsstelle als dessen Mitglied mitwirken, der bereits als Vorsitzender oder beisitzender Richter eines kirchlichen Arbeitsgerichts fungiert. Es geht um die Unabhängigkeit der einzelnen Spruchkörper voneinander und jede Erhabenheit über einen Verdacht von Interessenkollision. Wer eine Tätigkeit bei einem kirchlichen Arbeitsgericht aufnehmen will, muss zuvor von seinem Amt in der Einigungsstelle zurücktreten (§ 44 Abs. 3 Buchst. a).

5. Zusätzliche Berufungsvoraussetzungen beim Vorsitzenden, Abs. 2

Der Vorsitzende der Einigungsstelle und sein Stellvertreter brauchen weder Richter, Rechtsanwalt noch überhaupt Juristen in anderen Berufen zu sein. Es reicht aus, wenn sie »im Arbeitsrecht oder Personalwesen erfahrene Personen« sind. Die Berufserfahrung ist wichtig und nachzuweisen. Geeignet können deshalb Leiter bzw. Leiterinnen von Personalabteilungen eines Unternehmens oder einer Behörde im außerkirchlichen Bereich sein. Es geht aber um die Praxis mit dem Recht der Betriebsverfassung oder Personalvertretung bzw. der MAVO. Denn die Einigungsstelle ist gerade auf dem Gebiet von Regelungsfragen in einer Einrichtung befasst, so dass Erfahrungen auf dem Gebiete der Verhandlungen mit einer Personalvertretung in betrieblichen Organisationsfragen (§§ 36, 37, 38 MAVO) einzubringen sind. Außerdem müssen die in Betracht zu ziehenden Personen die Gewähr

---

9 *Papst Benedikt XVI.*, Enzyklika Caritas in veritate Nr. 7, 29. 6. 2009, in: Verlautbarungen des Apostolischen Stuhls Nr. 186, hrsgg. vom Sekretariat der Deutschen Bischofskonferenz, Bonn 2009.
10 *Listl*, Die Lehre der Kirche über das Verhältnis von Kirche und Staat, Hdb. kath. KR § 116 S. 1239 ff., 1244 ff.

dafür bieten, dass sie unparteiisch sind. Erweist sich der Vorsitzende als parteiisch, kann das zur Anfechtung der Entscheidung der Einigungsstelle durch die Beteiligten bei dem Kirchlichen Arbeitsgericht führen (§ 2 Abs. 2, § 8 Abs. 2 Buchst. a KAGO). Denn rechtliche Mängel des Verfahrens der Einigungsstelle können durch den Dienstgeber oder die MAV beim Kirchlichen Arbeitsgericht geltend gemacht werden (§ 47 Abs. 4 MAVO, § 2 Abs. 2 KAGO).

17 Der Vorsitzende und sein Stellvertreter dürfen innerhalb des Geltungsbereichs der diözesanen MAVO bzw. innerhalb des Bezirks der Einigungsstelle keinen kirchlichen Beruf ausüben, also nicht in abhängigen Diensten eines kirchlichen Rechtsträgers stehen (§ 43 Abs. 2). Die Formulierung »kirchlicher Beruf« könnte zu eng ausgelegt werden, wenn man darunter nur Kleriker, Gemeinde- und Pastoralreferenten und Ordensleute verstünde. Gemeint sind eben auch Laien, die im kirchlichen Dienst stehen und dort etwa im Arbeitsrecht Personalverantwortung tragen. Auch sie sind von der Berufung ausgeschlossen. Es geht um die Wahrung der Neutralität des Amtes des Einigungsstellenvorsitzenden und seines Stellvertreters. Deshalb darf die betreffende Person keinen Beruf in der Kirche ausüben, also weder in einem Arbeitsverhältnis noch in einem Beamten- oder Klerikerverhältnis. Ehrenamtliche Tätigkeit in kirchlichen Funktionen, wie etwa als Mitglied des Pfarrgemeinderates oder eines Kirchenvorstandes hindert die Übernahme des Amtes nicht, auch nicht die Ausübung eines kirchlichen Berufs außerhalb der Diözese oder des Bezirks der Einigungsstelle. Zusammengefasst sind also Voraussetzungen: Neutralität, Verhandlungsgeschick, Sachkenntnisreichtum und Persönlichkeit. Es geht um Ausgewogenheit, Fairness, Integrität und gesunden Menschenverstand mit Moderationsfähigkeit.

6. Zusätzliche Berufungsvoraussetzungen bei den Beisitzern, Abs. 3

a. Aus dem Kreis der Dienstgeber, Abs. 3 S. 1

18 Die zum **Listen-Beisitzer** aus den Kreisen der Dienstgeber und zum Ad-hoc-Beisitzer zu bestellenden Personen (Männer und Frauen) können nur berufen werden, wenn sie im kirchlichen Dienst stehen, aber dort mindestens eine herausgehobene Funktion in leitender Stellung ausüben. Dazu gehören solche Beschäftigten, die wegen einer Stellung i. S. v. § 3 Abs. 2 Nrn. 1 bis 5 nicht als Mitarbeiter i. S. d. MAVO gelten (auf die Ausführungen zu § 3 Abs. 2 Nrn. 1 bis 5 wird hingewiesen). Das sind also Personen, die wegen ihrer Ausklammerung aus dem Mitarbeiterbegriff weder aktives noch passives Wahlrecht zur Mitarbeitervertretung haben. Unter diesen Voraussetzungen sind sie berufungsfähig.

19 Zum **Ad-hoc-Beisitzer** aus dem Lager der Dienstgeber kann nur berufen werden, wer wenigstens Mitarbeiter in leitender Stellung ist (§ 43 Abs. 3 S. 1 i. V. m. § 3 Abs. 2 S. 1 Nrn. 1 bis 5 und S. 2–4) und deshalb nicht als Mitarbeiter i. S. d. MAVO gilt (§ 3 Abs. 1 S. 1). Bei der Berufung der Beisitzer aus den Kreisen der Dienstgeber sind Personen aus dem kirchlich-caritativen Bereich angemessen zu berücksichtigen (§ 44 Abs. 2 S. 2).

b. Aus dem Kreis der Mitarbeiter, Abs. 3 S. 2

20 Zu **Listen-Beisitzern** und **Ad-hoc-Beisitzern** aus den Kreisen der Mitarbeiter können umgekehrt nur solche Personen (Männer und Frauen) berufen werden, die gemäß § 8 die Voraussetzungen für die Wählbarkeit in die MAV, gemeinsame Mitarbeitervertretung oder Sondervertretung erfüllen und im aktiven Dienst eines kirchlichen Anstellungsträgers (vgl. § 1) im Geltungsbereich der diözesanen MAVO stehen. Wegen der Wählbarkeit zur MAV wird auf die Ausführungen zu § 8, ergänzend zu § 7, verwiesen. Denn wer das aktive Wahlrecht nicht hat, hat in der Regel auch deshalb nicht das passive Wahlrecht.

c. Mitarbeiter im Personalwesen

21 Gemäß § 43 Abs. 4 können Mitarbeiter, die im Personalwesen tätig sind oder mit der Rechtsberatung der MAV betraut sind, zum **Ad-hoc-Beisitzer** bestellt werden; sie sind aber **vom Amt des Listen-Beisitzers ausgeschlossen**. Gemeint sind die Listen-Beisitzer aus den Kreisen der Mitarbeiter. Denn Lis-

ten-Beisitzer aus dem Kreis der Dienstgeber sind keine Mitarbeiter i. S. d. MAVO, weil sie gemäß § 3 Abs. 2 Nrn. 1 bis 5 begrifflich aus dem Kreis der Mitarbeiter ausgeklammert sind. Die Mitgliedschaft in einer MAV, in der KODA, Zentral-KODA oder Arbeitsrechtlichen Kommission des Deutschen Caritasverbandes, einer ihrer beschließenden Unterkommissionen, in einem Arbeitnehmerverband oder in einer Koalition schließt von der Berufung in die Einigungsstelle nicht aus, wohl aber die Mitgliedschaft in einem Kirchenvorstand oder vergleichbaren Organ einer Kirchengemeinde, Kirchenstiftung oder eines Kirchengemeindeverbandes (§ 3 Abs. 2 Nr. 1).

III. Ausschluss von der Berufung als Listen-Beisitzer, Abs. 4

1. Mitarbeiter im Personalwesen

Eine bestimmte Gruppe von Personen ist von der Berufung zum Listen-Beisitzer überhaupt ausgenommen. Dazu gehören Mitarbeiterinnen und Mitarbeiter im Personalwesen. Der Begriff Personalwesen ist nicht definiert, sondern als bekannt vorausgesetzt. Es geht im Grundsatz um die Unbefangenheit im Umgang mit der im Einigungsstellenverfahren zu behandelnden Streitigkeit. Streitigkeiten dieser Art werden in der Regel in Personalverwaltungen der Einrichtungen bekannt und zwischen den Einrichtungspartnern ausgefochten, wobei der Leiter der Personalverwaltung die Stellung des Dienstgebers als dessen Beauftragter einnimmt. In diesem Sinne erfährt auch das ausführende Personal über Direktion und Bearbeitungsaufträge, wie die Haltung des Dienstgebers sich darstellt. Aus dieser besonderen Stellung im Personalwesen kann sich eine beeinflusste Haltung mit dienstgeberfreundlicher Tendenz ergeben, die die innere Unabhängigkeit als Mitglied der Einigungsstelle in Frage stellen kann. In diesem Sinne gilt gemäß § 43 Abs. 4 S. 1 MAVO Köln eine Sperre für den Zugang zum Amt des Listen-Beisitzers aus den Kreisen der Dienstgeber. 22

2. Mitarbeiter in der Rechtsberatung

Von der Fähigkeit zum Listen-Beisitzer bestellt zu werden, sind auch die mit der Rechtsberatung der Mitarbeitervertretungen betrauten Mitarbeiter ausgeschlossen (§ 43 Abs. 4). Es handelt sich dabei regelmäßig um diejenigen Personen, die in der Geschäftsstelle der diözesanen Arbeitsgemeinschaft der Mitarbeitervertretungen Aufgaben für die Mitarbeitervertretungen wahrnehmen, diese sogar in Streitigkeiten vor der Einigungsstelle oder dem Kirchlichen Arbeitsgericht vertreten. 23

IV. Die Amtszeit der Mitglieder der Einigungsstelle, Abs. 5

Die Amtszeit der ständigen Mitglieder der Einigungsstelle beträgt regulär **fünf Jahre**. Damit wird die vierjährige Amtszeit der Mitarbeitervertretungen (§ 13 Abs. 2 S. 2) übersprungen. 24

Nicht geregelt ist der **Beginn der Amtszeit** der Mitglieder der Einigungsstelle. Dennoch ist die Frage von Bedeutung, weil das Berufungsverfahren der Mitglieder der Einigungsstelle gemäß § 44 in mehreren zeitlichen Schritten erfolgt. Der Vorsitzende der Einigungsstelle kann erst ernannt werden, wenn zuvor die Listen-Beisitzer eine Beschluss gefasst haben, wen sie als Vorsitzenden und seinen Stellvertreter vorschlagen und diesen Beschluss dem Diözesanbischof präsentiert haben. Aus dieser Reihenfolge gemäß § 44 Abs. 1 S. 1 oder aus der alternativen Reihenfolge gemäß § 44 Abs. 1 S. 3 ergibt sich, dass die gleichzeitig laufende Amtszeit der Mitglieder der Einigungsstelle zwar mit der Ernennung des Vorsitzenden der Einigungsstelle beginnt, während zuvor die ständigen Beisitzer schon wegen ihrer Beschlussfassung zur Ernennung des Vorsitzenden und seines Stellvertreters früher amtieren müssen. 25

In der **Ernennungsurkunde** für den Vorsitzenden der Einigungsstelle und seinen Stellvertreter muss also bestimmt sein, an welchem Tage die Amtszeit des Vorsitzenden und seines Stellvertreters beginnt. Das ist auch unter Berücksichtigung der noch laufenden Amtszeit der Vorgänger wichtig. Ab Wirksamkeit der Ernennung rechnet die Dauer der fünfjährigen Amtszeit aller Mitglieder der Einigungsstelle. 26

VI. Einigungsstelle

§ 44 Berufung der Mitglieder

(1) Die oder der Vorsitzende und die oder der stellvertretende Vorsitzende werden aufgrund eines Vorschlags der Listen-Beisitzerinnen und Listen-Beisitzer vom Diözesanbischof ernannt. Die Abgabe eines Vorschlages bedarf einer Zweidrittelmehrheit der Listen-Beisitzerinnen und Listen-Beisitzer. Kommt ein Vorschlag innerhalb einer vom Diözesanbischof gesetzten Frist nicht zustande, ernennt der Diözesanbischof die Vorsitzende oder den Vorsitzenden und die stellvertretende Vorsitzende oder den stellvertretenden Vorsitzenden nach vorheriger Anhörung des Domkapitels als Konsultorenkollegium und/oder des Diözesanvermögensverwaltungsrates[1] und des Vorstandes/der Vorstände der diözesanen Arbeitsgemeinschaft(en) der Mitarbeitervertretungen. Sind zum Ende der Amtszeit die oder der neue Vorsitzende und die oder der stellvertretende Vorsitzende noch nicht ernannt, führen die oder der bisherige Vorsitzende und deren Stellvertreterin oder Stellvertreter die Geschäfte bis zur Ernennung der Nachfolgerinnen und Nachfolger weiter.

(2) Die Bestellung der Listen-Beisitzerinnen und Listen-Beisitzer erfolgt aufgrund von jeweils vom Generalvikar sowie dem Vorstand/den Vorständen der diözesanen Arbeitsgemeinschaft(en) der Mitarbeitervertretungen zu erstellenden Beisitzer-Listen, in denen die Namen in alphabetischer Reihenfolge geführt werden.[2] Bei der Aufstellung der Liste der Beisitzerinnen und Beisitzer aus den Kreisen der Dienstgeber werden Personen aus Einrichtungen der Caritas, die vom zuständigen Diözesan-Caritasverband benannt werden, angemessen berücksichtigt.

(3) Das Amt eines Mitglieds der Einigungsstelle endet vor Ablauf der Amtszeit
a) mit dem Rücktritt
b) mit der Feststellung des Wegfalls der Berufungsvoraussetzungen durch den Diözesanbischof.[3]

(4) Bei vorzeitigem Ausscheiden des Vorsitzenden oder des stellvertretenden Vorsitzenden ernennt der Diözesanbischof die Nachfolgerin oder den Nachfolger für die Dauer der verbleibenden Amtszeit. Bei vorzeitigem Ausscheiden einer Listen-Beisitzerin oder eines Listen-Beisitzers haben der Generalvikar bzw. der Vorstand der diözesanen Arbeitsgemeinschaft der Mitarbeitervertretungen die Beisitzer-Liste für die Dauer der verbleibenden Amtszeit zu ergänzen.

Übersicht	Rn			Rn
I. Das Berufungsverfahren	1–11		3. Ernennung	7–10
1. Die Bestellung der Listen-Beisitzer	2–4	II.	4. Verlängerung der Amtszeit	11
			Vorzeitiges Amtsende	12–19
a. Beisitzer aus den Kreisen der Dienstgeber	2		1. Vorzeitiges Amtsende des Vorsitzenden und seines Stellvertreters – Abberufung	14, 15
b. Beisitzer aus den Kreisen der Mitarbeiter	3, 4		2. Vorzeitiges Ausscheiden der Listen-Beisitzer (§ 44 Abs. 4 S. 2)	16–18
2. Der Vorschlag zur Ernennung des Vorsitzenden der Einigungsstelle und seines Stellvertreters, Abs. 1	5, 6	III.	3. Diözesane Bestimmungen	19
			Streitigkeiten	20

---

1 Das Nähere regelt das diözesane Recht.
2 Die Festlegung der Zahl der Beisitzer bleibt der Regelung durch diözesanes Recht überlassen.
3 Vgl. etwa Art. 6 aus dem KAGO-Anpassungsgesetz für das Bistum Hildesheim, Kirchlicher Anzeiger 2005 S. 160:
»Verfahren gemäß § 18 Absatz 4 KAGO und § 44 Abs. 3 MAVO
Die Feststellungen nach § 18 Absatz 4 Buchstabe b der Kirchlichen Arbeitsgerichtsordnung und § 44 Absatz 3 der Mitarbeitervertretungsordnung trifft der Diözesanbischof in entsprechender Anwendung der can. 192 bis 194 CIC nach Anhörung des Diözesanvermögensverwaltungsrates.«

I. Das Berufungsverfahren

Liegen die Voraussetzungen zur Berufung der ständigen Mitglieder der Einigungsstelle vor, dann ist aus praktischen Gründen folgende Reihenfolge bei der Berufung zu empfehlen. 1

1. Die Bestellung der Listen-Beisitzer

a. Beisitzer aus den Kreisen der Dienstgeber

Gemäß § 44 Abs. 2 S. 1 bestellt der Generalvikar Personen seiner Wahl zu Listen-Beisitzern aus den Kreisen der Dienstgeber (vgl. § 43 Abs. 3 S. 1) und trägt ihre Namen in alphabetischer Reihenfolge und ihre Anschrift in seine Beisitzerliste ein. Zur Anzahl der zu bestellenden Listen-Beisitzer enthalten die diözesanen Mitarbeitervertretungsordnungen verbindliche Angaben. Es ist sinnvoll, wenigstens zwei oder mehr Personen für jede der beiden Listen zu bestellen, um bei Verhinderung der einen oder anderen Person flexibel handeln zu können und außerdem bei häufigen Verfahren die einzelnen Mitglieder der Einigungsstelle nicht zeitlich zu überfordern. Bei der Aufstellung seiner Liste berücksichtigt der Generalvikar solche Personen, die besonders mit Problemen des kirchlichen Arbeitsrechts i. S. d. MAVO in den Einrichtungen und Dienststellen vertraut sind. Deshalb hat der Generalvikar bei der Aufstellung seiner Liste der Beisitzer aus den Kreisen der Dienstgeber Personen aus Einrichtungen der Caritas, die der zuständige Diözesancaritasverband ihm benennt, angemessen zu berücksichtigen (§ 44 Abs. 2 S. 2). 2

b. Beisitzer aus den Kreisen der Mitarbeiter

Ebenfalls gemäß § 44 Abs. 2 S. 1 erstellt die diözesane Arbeitsgemeinschaft der Mitarbeitervertretungen ihre Beisitzerliste mit den alphabetisch geordneten Namen der Beisitzer mit ihren Anschriften aus den Kreisen der Mitarbeiterinnen und Mitarbeiter (§ 43 Abs. 3 S. 2). Bestehen in einer Diözese mehrere diözesane Arbeitsgemeinschaften der Mitarbeitervertretungen, dann stellen sie zusammen die Beisitzerliste der Listen-Beisitzer aus den Kreisen der Mitarbeiter auf. Die Anzahl der Listen-Beisitzer ist ebenfalls vorgegeben, die gleich groß wie auf der Liste der Beisitzer aus den Kreisen der Dienstgeber sein muss. Denn beide Seiten müssen sich bei gleicher Stärke gemeinsam mit qualifizierter Mehrheit von zwei Dritteln auf einen Vorschlag zur Ernennung des Vorsitzenden der Einigungsstelle und seines Stellvertreters verständigen (§ 44 Abs. 1 S. 1 und 2). 3

Die Bestellung der Listen-Beisitzer hat zur Folge, dass sie nicht mehr von anderer Seite als etwaige Ad-hoc-Beisitzer in einem Verfahren vor der Einigungsstelle von dem einen oder anderen Verfahrensbeteiligten in Anspruch genommen werden können, wenn ihr Einsatz im konkret anstehenden Verfahren gerade nicht erfolgt. Durch das gesetzlich geregelte Bestellungsrecht zu Listen-Beisitzern ist zugleich ein Recht Dritter auf Zugriff auf Listen-Beisitzer für das Verfahren vor der Einigungsstelle ausgeschlossen. Das ständige Mitglied der Einigungsstelle kann zugleich gewillkürter Ad-hoc-Beisitzer auch dann nicht sein, wenn es zu einem bestimmten Verfahren nicht eingeteilt ist. 4

2. Der Vorschlag zur Ernennung des Vorsitzenden der Einigungsstelle und seines Stellvertreters, Abs. 1

Die Listen-Beisitzer beider Seiten (§ 43 Abs. 3) sind verpflichtet, dem Diözesanbischof einen Vorschlag zu den Personen des 5
– Vorsitzenden der Einigungsstelle und
– Stellvertretenden Vorsitzenden der Einigungsstelle

zu präsentieren, damit der Diözesanbischof diese Personen (Mann oder Frau) ernennt. Eine Ernennungspflicht besteht allerdings nur, wenn die Berufungsvoraussetzungen gemäß § 43 Abs. 1 und 2 erfüllt sind. Dazu hat der Diözesanbischof ein Prüfungs- und Beanstandungsrecht (vgl. § 44 Abs. 3 Buchst. b). Einen fehlerhaften Ernennungsvorschlag weist er daher mit Begründung zurück. Dazu gibt er den Listen-Beisitzern eine Frist zur Präsentation des neuen Vorschlags. Das gilt für beide vorgeschlagene Personen, weil die Ernennungen zusammen erfolgen müssen.

VI. Einigungsstelle

6   Nicht geregelt ist, wie das Vorschlagsverfahren der Listen-Beisitzer untereinander zu organisieren ist. Das ist folglich ihre Angelegenheit. Es empfiehlt sich z. B. folgende Vorgehensweise ohne Präjudiz für eine andere. Die Beisitzer-Listen gehen der Geschäftsstelle der Einigungsstelle zu (§ 40 Abs. 2). Die Geschäftsstelle lädt die Listen-Beisitzer zur Herbeiführung und Abgabe der Ernennungsvorschläge ein oder fordert zur gemeinsamen Abgabe der Ernennungsvorschläge innerhalb der vom Diözesanbischof gesetzten Frist auf (§ 44 Abs. 1 S. 3). Die Abgabe jedes der beiden gemeinsamen Ernennungsvorschläge bedarf der Zwei-Drittel-Mehrheit sämtlicher Listen-Beisitzer. Darüber haben sich die Listen-Beisitzer gemeinsam zu verständigen. Die gemeinsamen Vorschläge schicken sie mit einem entsprechenden Vermerk über ihren Konsens über die Geschäftsstelle der Einigungsstelle zur Weiterleitung an den Diözesanbischof. Der gemeinsame Vorschlag zur Berufung des Vorsitzenden der Einigungsstelle und seines Stellvertreters muss dem Diözesanbischof innerhalb der von ihm gesetzten Frist zugegangen sein, um gültig zu sein.

3. Ernennung

7   Sind die Vorschläge zur Ernennung des Vorsitzenden der Einigungsstelle und des stellvertretenden Vorsitzenden dem Diözesanbischof fristgemäß zugegangen, ernennt er die Vorgeschlagenen, nachdem er Gewissheit darüber gewonnen hat, dass diese die Ernennungsvoraussetzungen erfüllen und auch zur Übernahme des Amtes bereit sind. Sind die Berufungsvoraussetzungen erfüllt, muss der Diözesanbischof die Ernennungen vornehmen. Die Ernennungsurkunden nennen das jeweils übertragene Amt und das Datum, ab dem die fünfjährige Amtszeit der Ernannten beginnt.

8   Liegen die Berufungsvoraussetzungen nicht vor, ist zu unterscheiden, ob der Diözesanbischof den vorgeschlagenen Vorsitzenden oder seinen Stellvertreter zurückweist. Da die Einigungsstelle in jedem Fall einen Vorsitzenden haben muss, führt die Zurückweisung des vorgeschlagenen Vorsitzenden dazu, dass der Vorschlag insgesamt neu vorgelegt werden muss. Der Diözesanbischof kann nicht einen Stellvertreter ernennen und das Vorsitzendenamt offen lassen. Die Ernennung eines Vorsitzenden ist für die Funktionsfähigkeit der Einigungsstelle entscheidend. Erfüllt nur der Stellvertreter nicht die Berufungsvoraussetzungen, kann der Diözesanbischof den Vorsitzenden ernennen und auf einem neuen gemeinsamen Vorschlag für einen Stellvertreter bestehen.

9   Eine Fristsetzung für einen neuen Vorschlag ist deswegen angebracht, weil nur auf diese Weise die Regelung des § 44 Abs. 1 S. 3 in Kraft treten kann.

10 Danach ist der Diözesanbischof bei der Berufung eines Vorsitzenden und seines Stellvertreters frei, wenn ein gemeinsamer Vorschlag nicht zustande kommt und dem Diözesanbischof nicht innerhalb der von ihm gesetzten Frist vorgelegt wird. Der Diözesanbischof kann dann nach seinem Gutdünken ernennen, dies allerdings erst nach Anhörung – je nach diözesaner Ordnung – des Domkapitels (so MAVO Würzburg) oder des Diözesanvermögensverwaltungsrats (so MAVO Mainz) und des Vorstandes der diözesanen Arbeitsgemeinschaft der Mitarbeitervertretungen. Der Diözesanbischof ernennt die geeigneten Personen für die Amtszeit von fünf Jahren (§ 43 Abs. 5).

4. Verlängerung der Amtszeit

11 Sind bis zum Ende der Amtszeit des Vorsitzenden der Einigungsstelle und seines Stellvertreters die neuen Amtsinhaber noch nicht ernannt, verlängert sich die Amtszeit der bisherigen Amtsinhaber. Sie führen die Geschäfte bis zur Berufung der Nachfolger weiter (§ 44 Abs. 1 S. 4). Die Wiederernennung eines oder auch beider Amtsträger ist mangels entgegenstehender Bestimmung zulässig gemäß dem in § 44 Abs. 1 S. 1 bis 3 geregelten Verfahren.

II. Vorzeitiges Amtsende

12 Das Amt des Vorsitzenden der Einigungsstelle, des Stellvertreters sowie der Listen-Beisitzer endet vor Ablauf der gesetzlichen Amtszeit aus zwei namentlich genannten Gründen, nämlich:
    – mit dem Rücktritt,

– mit der Feststellung des Wegfalls der Ernennungsvoraussetzungen durch den Diözesanbischof (§ 44 Abs. 3).

Solange Mängel beim Berufungsverfahren oder der Wegfall von Ernennungsvoraussetzungen nicht festgestellt sind, führen die Amtsinhaber ihre Geschäfte weiter.

1. Vorzeitiges Amtsende des Vorsitzenden und seines Stellvertreters – Abberufung

Im Falle des Rücktritts des Vorsitzenden (Niederlegung des Amtes) endet seine Amtszeit mit der Erklärung des Rücktritts, die dem Diözesanbischof schriftlich zuzuleiten ist. Die Angabe von Gründen ist entbehrlich. Das ergibt sich aus der Natur des Ehrenamtes. Außerdem kann im Falle des Rücktritts ein Grund der Amtsunfähigkeit gegeben sein, so dass damit eine Amtsenthebung unterbleiben kann. Das Amt des Vorsitzenden der Einigungsstelle geht mit dessen Amtsende nicht auf den Stellvertreter über. Das Amt des Vorsitzenden der Einigungsstelle oder des Stellvertreters endet durch Tod oder auch wegen dauernder Erkrankung mit Geschäftsunfähigkeit. In diesen Fällen ist unverzüglich (§ 121 BGB) im Interesse der Funktionsfähigkeit der Einigungsstelle die Einleitung des gesetzlich vorgeschriebenen Berufungsverfahrens erforderlich und durchzuführen.

Die **Abberufung** eines Mitgliedes der Einigungsstelle während der Amtszeit – außer in den vorgenannten Fällen – ist nicht eigens vorgesehen. Andernfalls wäre die Unabhängigkeit der Einigungsstelle nicht gewährleistet. Die Ausnahme bildet die **Feststellung des Wegfalls der Ernennungsvoraussetzungen durch den Diözesanbischof**. In diesem Falle endet das Amt mit dem Zugang der entsprechenden Abberufungsurkunde des Diözesanbischofs bei dem Amtsträger nach dessen Anhörung (can. 50 CIC). Eingeleitete Einigungsstellenverfahren werden mit den verbleibenden Amtsträgern neu durchgeführt. Der Nachfolger wird für die Dauer der Restamtszeit der Einigungsstelle berufen (§ 44 Abs. 4 S. 1).

2. Vorzeitiges Ausscheiden der Listen-Beisitzer (§ 44 Abs. 4 S. 2)

Das vorzeitige Ausscheiden eines Listen-Beisitzers aus den Gründen zu § 44 Abs. 3 führt dazu, dass die jeweils betroffene Beisitzer-Liste für die Dauer der Restamtszeit der Einigungsstelle unter Beachtung der Berufungsvoraussetzungen (§ 43) zu ergänzen ist. Der Generalvikar bestimmt im Falle zu ergänzender Liste aus dem Kreis der Dienstgeber den Amtsnachfolger, die diözesane Arbeitsgemeinschaft der Mitarbeitervertretungen ergänzt die Liste der Beisitzer aus dem Kreis der Mitarbeiter (§ 44 Abs. 4). Bestehen in einer Diözese mehrere diözesane Arbeitsgemeinschaften der Mitarbeitervertretungen, so ergänzen sie die Liste aus dem Kreis der Mitarbeiter gemeinsam.

Die Rücktrittserklärung eines Listen-Beisitzers erfolgt gegenüber seinem Besteller (§ 44 Abs. 2).

Das vorzeitige Ausscheiden eines mitarbeiterseitigen Listen-Beisitzers kommt in Betracht bei:
- Wegfall der Voraussetzungen für die Bestellung (§ 43 Abs. 1 und 3 i. V. m. § 44 Abs. 3 Buchst. b),
- Übernahme einer Tätigkeit im Personalwesen oder mit Aufgaben der Rechtsberatung der Mitarbeitervertretungen (§ 43 Abs. 4),
- Aufnahme der Tätigkeit in einem kirchlichen Arbeitsgericht,
- Rücktritt,
- dauernder Krankheit und Verlust der Geschäftsfähigkeit,
- Tod.

3. Diözesane Bestimmungen

Auf besondere Bestimmungen diözesaner Mitarbeitervertretungsordnungen ist zu achten. Gemäß § 44 Abs. 3 Buchst. b MAVO der Erzdiözese Köln endet das Amt als Mitglied der Einigungsstelle auch im Falle eines schweren Dienstvergehens. Als solches gilt »insbesondere ein Verhalten, das bei Mitarbeiterinnen und Mitarbeitern einen Loyalitätsverstoß i. S. d. Grundordnung des kirchlichen

Dienstes im Rahmen kirchlicher Arbeitsverhältnisse darstellen würde«.[4] Auf Art. 5 Abs. 2 GrO wird in diesem Zusammenhang hingewiesen.

III. Streitigkeiten

20 Rechtsstreitigkeiten im Zusammenhang mit der Feststellung des Diözesanbischofs zum Wegfall der Berufungsvoraussetzungen und zur Amtsenthebung eines Mitglieds der Einigungsstelle können nicht vor dem Kirchlichen Arbeitsgericht ausgetragen werden. Die Feststellung des Diözesanbischofs ist ein außerhalb der Beurteilung der Kirchlichen Arbeitsgerichte liegender Verwaltungsakt (Dekret) des Diözesanbischofs (can. 48 CIC). Aktivlegitimation i. S. v. § 8 Abs. 2 KAGO für den Betroffenen ist nicht gegeben. Wer sich durch das Dekret (can. 48 CIC) der Abberufung beschwert fühlt, kann aus jedem gerechten Grund Beschwerde (Rekurs) beim hierarchischen Oberen dessen einlegen, der das Dekret erlassen hat; dieser muss sie sofort an den hierarchischen Oberen weiterleiten (can. 1737 § 1 CIC). Vor der Beschwerde ist aber auf die Rücknahme oder Abänderung des Dekrets schriftlich bei dem zu beantragen, der es erlassen hat, also im Falle des § 44 Abs. 3 Buchst. b MAVO beim Diözesanbischof. Mit der Einreichung des Antrages gilt ohne weiteres auch die Aussetzung des Vollzuges des Dekrets als beantragt (can. 1734 § 1 CIC). Der Antrag muss gemäß can. 1734 § 2 CIC innerhalb einer ausschließenden Nutzfrist von zehn Tagen nach rechtmäßiger Bekanntgabe des Dekrets gestellt werden. Bei Zurückweisung des Antrages ist die Beschwerde innerhalb einer ausschließenden Nutzfrist von fünfzehn Tagen einzureichen. Die Beschwerdefrist richtet sich nach can. 1737 § 2 i. V. m. can. 1735 CIC. Der Rekursweg geht über den Diözesanbischof zu der Kongregation der Römischen Kurie. Gegen ihren Entscheid ist ein Widerspruch innerhalb von zehn Tagen möglich sowie die Klage bei der Apostolischen Signatur (can. 1445 § 2 CIC) innerhalb von 30 Tagen (Art. 123 Apostolische Konstitution über die Römische Kurie – Pastor bonus).[5]

§ 45 Zuständigkeit

(1) Auf Antrag des Dienstgebers findet das Verfahren vor der Einigungsstelle in folgenden Fällen statt:
1. bei Streitigkeiten über Änderung von Beginn und Ende der täglichen Arbeitszeit einschließlich der Pausen sowie der Verteilung der Arbeitszeit auf die einzelnen Wochentage (§ 36 Abs. 1 Nr. 1),
2. bei Streitigkeiten über Festlegung der Richtlinien zum Urlaubsplan und zur Urlaubsregelung (§ 36 Abs. 1 Nr. 2),
3. bei Streitigkeiten über Planung und Durchführung von Veranstaltungen für die Mitarbeiterinnen und Mitarbeiter (§ 36 Abs. 1 Nr. 3),
4. bei Streitigkeiten über Errichtung, Verwaltung und Auflösung sozialer Einrichtungen (§ 36 Abs. 1 Nr. 4),
5. bei Streitigkeiten über Inhalt von Personalfragebogen für Mitarbeiterinnen und Mitarbeiter (§ 36 Abs. 1 Nr. 5),
6. bei Streitigkeiten über Beurteilungsrichtlinien für Mitarbeiterinnen und Mitarbeiter (§ 36 Abs. 1 Nr. 6),
7. bei Streitigkeiten über Richtlinien für die Gewährung von Unterstützungen, Vorschüssen, Darlehen und entsprechenden sozialen Zuwendungen (§ 36 Abs. 1 Nr. 7),
8. bei Streitigkeiten über die Durchführung der Ausbildung, soweit nicht durch Rechtsvorschriften oder durch Ausbildungsvertrag geregelt (§ 36 Abs. 1 Nr. 8),
9. bei Streitigkeiten über Einführung und Anwendung technischer Einrichtungen, die dazu bestimmt sind, das Verhalten oder die Leistung der Mitarbeiterinnen und Mitarbeiter zu überwachen (§ 36 Abs. 1 Nr. 9),

---

4 Amtsblatt des Erzbistums Köln 2005 S. 327.
5 *Lüdicke*, Verwaltungsbeschwerde und Verwaltungsgerichtsbarkeit, Hdb. kath. KR S. 1227, 1230; *Thiel*, ZMV 2003, 276, 279 f.

10. bei Streitigkeiten über Maßnahmen zur Verhütung von Dienst- und Arbeitsunfällen und sonstigen Gesundheitsschädigungen (§ 36 Abs. 1 Nr. 10),
11. bei Streitigkeiten über Maßnahmen zum Ausgleich und zur Milderung von wesentlichen wirtschaftlichen Nachteilen für die Mitarbeiterinnen und Mitarbeiter wegen Schließung, Einschränkung, Verlegung oder Zusammenlegung von Einrichtungen oder wesentlichen Teilen von ihnen (§ 36 Abs. 1 Nr. 11).
12. bei Streitigkeiten über die Zuweisung zu den einzelnen Stufen des Bereitschaftsdienstes (§ 36 Abs. 1 Nr. 12).

(2) Darüber hinaus findet auf Antrag des Dienstgebers das Verfahren vor der Einigungsstelle statt bei Streitigkeiten über die Versetzung, Abordnung, Zuweisung oder Personalgestellung eines Mitglieds der Mitarbeitervertretung (§ 18 Abs. 2).

(3) Auf Antrag der Mitarbeitervertretung findet das Verfahren vor der Einigungsstelle in folgenden Fällen statt:
1. bei Streitigkeiten über die Freistellung eines Mitglieds der Mitarbeitervertretung (§ 15 Abs. 5),
2. bei Streitigkeiten im Falle der Ablehnung von Anträgen der Mitarbeitervertretung (§ 37 Abs. 3).

Übersicht	Rn		Rn
I. Vorbemerkung	1–3	5. Erlöschen der Mitgliedschaft eines MAV Mitgliedes in der MAV (§ 13c Nr 4)	40–43
II. Zuständigkeit der Einigungsstelle	4–6		
1. Örtliche Zuständigkeit	4		
2. Aktivlegitimation	5, 6	6. Freistellung von Mitarbeitern und Mitarbeiterinnen von der Arbeit zur Teilnahme an einer Schulungsveranstaltung (§ 16)	44, 45
III. Zuständigkeitskatalog für die sachliche Zuständigkeit	7–18		
1. Grundsätzliches	7–11		
2. Beispiele für Anträge an die Einigungsstelle	12–18	7. Verstöße des Dienstgebers gegen Vorschriften der MAVO	46–48
IV. Ausschluss der Zuständigkeit der Einigungsstelle	19–24	8. Zulässigkeit von vorläufigen Regelungen (§ 33 Abs. 5)	49
1. Regelungsangelegenheiten	19–23	9. Verstöße gegen eine Dienstvereinbarung (§ 38)	50–52
2. Sonstige Streitfälle	24		
V. Zuständigkeit des Kirchlichen Arbeitsgerichts, § 2 Abs. 2 KAGO	25–74	10. Verweigerung der Kostenübernahme für die Tätigkeit sachkundiger Personen (§ 17 Abs. 1 S. 2, 2. Spiegelstrich)	53–55
1. Fehlerhafte und rechtsmissbräuchliche Rechtsausübung bei der Festlegung der Einrichtung (§ 1a Abs. 2)	27, 28	11. Weitere Beispiele für mitarbeitervertretungsrechtliche Rechtsstreitigkeiten	56–61
2. Errichtung einer Mitarbeitervertretung (§ 10)	29–31		
3. Anfechtung einer Mitarbeitervertretungswahl (§ 12 Abs. 3)	32–35	12. Beteiligtenfähigkeit, Beteiligungs- und Klageantragsbefugnis im Rahmen des § 2 Abs. 2 KAGO	62–74
4. Auflösung der Mitarbeitervertretung (13 Abs. 3 Nr. 6)	36–39		

I. Vorbemerkung

Die Vorschriften der §§ 45, 46 47 regeln das Verfahren vor der Einigungsstelle wegen 1
– sachlicher Zuständigkeit, § 45 i. V. m. § 40 Abs. 3,
– Einzelheiten zur Einleitung und Durchführung des Verfahrens bis zur mündlichen Verhandlung, § 46,
– des Spruchs der Einigungsstelle bei fehlender Einigung der Einrichtungspartner (Beteiligten), § 47 Abs. 1–3,
– der Anfechtung des Spruchs der Einigungsstelle beim Kirchlichen Arbeitsgericht, § 47 Abs. 4,
– Kosten anlässlich des Verfahrens, § 47 Abs. 5.

2 Die Einigungsstelle ist ausdrücklich nicht zuständig in den Angelegenheiten des § 18 Abs. 4 (§ 18 Abs. 4 S. 3), der §§ 34 und 35 (§ 33 Abs. 4), sondern das Kirchliche Arbeitsgericht. Nicht zuständig ist die Einigungsstelle ferner im Falle des § 15 Abs. 3 (§ 15 Abs. 5); im Falle einer Rechtsstreitigkeit ist dann gemäß § 2 Abs. 2 KAGO das Kirchliche Arbeitsgericht zuständig. Der Spruch der Einigungsstelle unterliegt gemäß § 47 Abs. 4 der Rechtskontrolle durch das Kirchliche Arbeitsgericht. Der Spruch der Einigungsstelle ist keine Basis für eine Vollstreckung i. S. der §§ 53, 54 KAGO. Im Verfahren vor dem Kirchlichen Arbeitsgericht gemäß § 47 Abs. 4 sind Dienstgeber und MAV Beteiligte, nicht aber die Einigungsstelle. Bei Verstößen gegen den Spruch der Einigungsstelle kann das Kirchliche Arbeitsgericht angerufen werden (§ 2 Abs. 2 KAGO).

3 Die Zuständigkeit der Einigungsstelle für die in § 45 genannten Streitigkeiten ist abschließend geregelt. § 45 enthält keine § 76 BetrVG adäquate Reichweite. Entscheidungen zu Rechtsverstößen trifft die Einigungsstelle nicht. Das ergibt sich aus § 40 Abs. 3 S. 2, wonach die Einigungsstelle bei fehlender Einigung zu Maßnahmen i. S. v. § 45 Abs. 1 die von der MAV verweigerte Zustimmung im berechtigten Fall ersetzt. Dasselbe gilt umgekehrt in den Fällen des § 45 Abs. 3 Nr. 2, wenn der Dienstgeber einen Antrag i. S. v. § 37 Abs. 1 ablehnt (§ 37 Abs. 3). In den Streitigkeiten i. S. v. § 45 Abs. 2 i. V. m. § 18 Abs. 2 und § 45 Abs. 3 Nr. 1 i. V. m. § 15 Abs. 5 wird durch den Spruch der Einigungsstelle die fehlende Einigung der Einrichtungspartner ersetzt (§ 40 Abs. 3 i. V. m. § 45 Abs. 2 und Abs. 3 Nr. 1). Allerdings prüft die Einigungsstelle vor ihrem Spruch die materielle Rechtsfrage, ob das behauptete Zustimmungsrecht überhaupt besteht oder in den Fällen des § 45 Abs. 2 berechtigte Interessen der MAV verletzt werden oder im Falle des § 45 Abs. 3 Nr. 1 berechtigte Ansprüche eines Mitglieds der MAV bestehen. Dennoch ist die Einigungsstelle im Prinzip nicht zur Klärung von Rechtsfragen zuständig. Ihre Befugnis endet da, wo keine Verfügungsmacht der Einrichtungspartner besteht. Aufgabe der Einigungsstelle ist allein die Regelung an Stelle der Einrichtungspartner. Sie ist kein Schiedsgericht.

II. Zuständigkeit der Einigungsstelle

1. Örtliche Zuständigkeit

4 Nach der MAVO des jeweiligen Diözesanbischofs ist seine Einigungsstelle (§ 40 Abs. 1) für die Streitigkeiten im Rahmen des § 45 örtlich zuständig. Das hat besondere Bedeutung für mehr- und überdiözesan agierende Dienstgeber und ihre jeweiligen Mitarbeitervertretungen in den Einrichtungen (§ 1 Abs. 3). Die örtliche Zuständigkeit der Einigungsstelle ist ausschließlich und deshalb zwischen den Beteiligten (Dienstgeber und MAV) einer Streitigkeit nicht verhandelbar. Die örtliche ist ebenso wie die sachliche Zuständigkeit Voraussetzung für die Durchführung des Verfahrens vor der Einigungsstelle. Ihre Zuständigkeit hat die Einigungsstelle stets von Amts wegen zu prüfen.

2. Aktivlegitimation

5 Die Einigungsstelle hat im Falle eines Antrages (§ 46 Abs. 1) stets zu prüfen, ob die Antrag stellende Partei (Beteiligte) die Befugnis zur Antragstellung hat und der vorgetragene Regelungsfall (Sachverhalt) auf dem Gebiet der in § 45 normierten Fälle angesiedelt ist. Die Frage der Aktivlegitimation bei der Einigungsstelle steht oben an, weil es Antragsteller geben kann, für die die MAVO gar nicht gilt, obwohl eine MAV gebildet ist, die MAVO zwar angewendet wird, die Grundordnung des kirchlichen Dienstes im Rahmen kirchlicher Arbeitsverhältnisse (GrO) demgegenüber entweder unvollständig oder gar nicht,[1] wenn also z. B. das staatliche BetrVG oder Personalvertretungsrecht für den Träger und dessen Betrieb gilt.[2] Es geht dann um die Entscheidung über die Zulässigkeit des Antrages. Antragsberechtigung haben je nach Interessenlage der Dienstgeber (§ 45 Abs. 1 und 2) und die MAV (§ 45 Abs. 3), der Sprecher der Jugendlichen und Auszubildenden (§ 51 Abs. 2 i. V. m. § 15 Abs. 5) sowie die Vertrauensperson der schwerbehinderten Menschen (§ 52 Abs. 5 S. 1 i. V. m. § 15 Abs. 5).

---

1 Vgl. *Schlichtungsstelle Köln*, 18. 10. 2000 – MAVO 8/2000, ZMV 2001, 38.
2 *ArbG Mönchengladbach*, 12. 7. 2001 – 4 BV 34/01, ZMV 2001, 244.

Die fehlende Antragsbefugnis kann sich z. B. auch aus der Klärung der Vorfrage einer nichtigen Mitarbeitervertretungswahl ergeben. Die Nichtigkeit der MAV-Wahl kann stets ohne Ansehung der Ausschlussfrist für die Anfechtung der Wahl (§ 12 Abs. 1) geltend gemacht werden.[3] Wenn für eine Einrichtung die Grundordnung (GrO) nicht gilt, so gilt im Zweifel auch nicht die MAVO (Art. 8 S. 2 GrO). Dann ist die Wahl der MAV nichtig mit der Folge, dass die MAV rechtlich nie bestanden hat. Sie ist dann nicht Trägerin der von ihr behaupteten Rechte. 6

III. Zuständigkeitskatalog für die sachliche Zuständigkeit

1. Grundsätzliches

Die Regelungen in § 45 enthalten einen abschließenden Katalog für die sachliche Zuständigkeit der Einigungsstelle. Im Einigungsstellenverfahren steht am Ende die Einigung der Beteiligten oder der Spruch der Einigungsstelle. Der Spruch entfaltet in den Fällen des § 45 Abs. 1 und Abs. 3 Nr. 2 die Wirkung einer Dienstvereinbarung nämlich dann, wenn Maßnahmen geregelt werden, die dem Direktions- und Organisationsrecht des Dienstgebers unterliegen, zu dem aber das Einigungsstellenverfahren erzwingbar ist (§ 33 Abs. 4 i. V. m. § 36 Abs. 1 und § 45 Abs. 1; § 37 Abs. 1 und 3 i. V. m. § 45 Abs. 3 Nr. 2). 7

Im Falle des § 45 Abs. 2 i. V. m. § 18 Abs. 2 ist der Antrag des Dienstgebers auf die Feststellung der Zulässigkeit der Versetzung oder Abordnung, Zuweisung oder Personalgestellung eines Mitgliedes der MAV gerichtet, auch wenn die MAV die Zustimmung verweigert hat. Im Fall des § 45 Abs. 3 Nr. 1 geht es um die Interessen der MAV zu Freistellungen ihrer Mitglieder von der Arbeitspflicht (§ 15 Abs. 2 und 4 i. V. m. § 15 Abs. 5). 8

Im Falle des § 45 Abs. 1 Nrn. 1–12 geht es um die Frage der Zustimmungspflicht der MAV zu vom Dienstgeber beabsichtigten Regelungen mit damit verbundener Ersetzung der Zustimmung durch die Einigungsstelle. 9

Trägt ein befugter Antragsteller schlüssig vor, dass es sich um einen unter § 45 einzuordnenden Streitfall handelt, ist die sachliche Zuständigkeit der Einigungsstelle eröffnet. Stellt sich im Verfahren heraus, dass der behauptete Streitfall nach § 45 nicht vorliegt, muss der Antrag durch Spruch der Einigungsstelle als unzulässig abgewiesen werden. 10

Die in § 45 genannten Einzelfälle sind unter §§ 36, 37, 18 Abs. 2, 15 Abs. 2 und 4 behandelt. Auf die jeweiligen Kommentierungen wird verwiesen. 11

2. Beispiele für Anträge an die Einigungsstelle

Der Antrag auf Freistellung von Mitgliedern der MAV von der Arbeit (§ 15 Abs. 2 und 4), der auf einem ordnungsgemäß gefassten Beschluss der MAV (§ 14 Abs. 5) beruhen muss, bedarf nach § 15 Abs. 5 der Einigung zwischen Dienstgeber und MAV. 12

> Im Streitfall entscheidet die Einigungsstelle z. B. auf Antrag der MAV: 13
>
> Der Dienstgeber wird verurteilt, das MAV-Mitglied ...... von seiner Arbeitsleistung am ...... freizustellen bzw. dem MAV-Mitglied Freizeitausgleich am ...... zu gewähren.

In den Fällen der Verweigerung der Zustimmung der MAV zu einer vom Dienstgeber geplanten Maßnahme i. S. v. § 36 Abs. 1 oder § 18 Abs. 2 kann der Dienstgeber die Einigungsstelle anrufen (§ 33 Abs. 4). Die MAV kann die Einigungsstelle anrufen, wenn der Dienstgeber einen Antrag der MAV im Rahmen des § 37 ablehnt (vgl. § 37 Rn 17 ff.). Im Falle verweigerter Zustimmung der MAV beantragt der Dienstgeber die Ersetzung der Zustimmung zu der begehrten Maßnahme durch die Einigungsstelle.[4] 14

---

3 *Schlichtungsstelle Köln*, wie vor, zu § 41 Abs. 1 S. 2 MAVO a. F.
4 *Schlichtungsstelle Köln*, 12. 9. 1996 – MAVO 14/96, ZMV 1997, 37.

15 ▶ **Beispiel** Nr. 1, zu § 36 Abs. 1 Nr. 2: Die verweigerte Zustimmung der MAV zu den auf den 9. bis 28. Juli 2007 festgelegten Betriebsferien wird ersetzt.

16 ▶ **Beispiel** Nr. 2, Antrag des Dienstgebers i. S. v. § 36 Abs. 1 Nr. 1: Im ärztlichen Bereich des Antragstellers wird ab 1. 4. 2007 die wöchentliche Arbeitszeit wie folgt festgesetzt:
  1. Montag bis Donnerstag einschließlich 8.00 Uhr bis 16.30 Uhr (einschließlich 30 Minuten Pause),
  2. Freitag 8.00 Uhr bis 15.00 Uhr (einschließlich 30 Minuten Pause).

17 Im Falle der Ablehnung eines Antrags der MAV durch den Dienstgeber beantragt die MAV unter Formulierung der begehrten Regelung deren Erlass durch Spruch der Einigungsstelle.

18 ▶ **Beispiel** für einen Antrag der MAV zu § 37 Abs. 1 Nr. 1: Die Arbeitszeitverkürzung von 40 auf 39 Wochenstunden ab – genaues Datum – wird wie folgt geregelt: Für alle Mitarbeiter des Antragsgegners wird ab – genaues Datum – eine Wochenstunde angespart und die angesparte Arbeitszeit in einem Zeitraum von 13 Wochen abgefeiert.

IV. Ausschluss der Zuständigkeit der Einigungsstelle

1. Regelungsangelegenheiten

19 Die MAVO bestimmt außerhalb der oben genannten weitere Regelungstatbestände im Zusammenwirken mit der Mitarbeitervertretung.

20 Es handelt sich um
  – Regelung dessen, was als Einrichtung gilt, wobei die Regelung nicht missbräuchlich sein darf, § 1a Abs. 2;
  – die Bildung einer gemeinsamen Mitarbeitervertretung gemäß § 1b, soweit sie von einer freiwilligen Dienstvereinbarung abhängig ist;
  – die Entscheidung des Dienstgebers zur Bestimmung von Mitarbeitern mit Aufgaben in leitenden Stellungen i. S. v. § 3 Abs. 2 S. 1 Nrn. 3 und 4 i. V. m. § 3 Abs. 2 S. 2 und § 29 Abs. 1 Nr. 18;
  – die Regelung über das Verhältniswahlrecht zur MAV in einer Einrichtung mit mehreren nicht selbständig geführten Stellen in Abweichung vom Mehrheitswahlrecht des § 11 Abs. 6 gemäß § 6 Abs. 3;
  – die Einigung zwischen Dienstgeber und MAV über das Freistellungskontingent für die MAV in Einrichtungen mit mehr als 300 aktiv Wahlberechtigten (§ 7) gemäß § 15 Abs. 3 S. 2;
  – die Bildung einer Gesamtmitarbeitervertretung gemäß § 24 Abs. 1;
  – die Bildung einer erweiterten Gesamtmitarbeitervertretung i. S. v. § 24 Abs. 2 und 3;
  – den Zusammenschluss der diözesanen Arbeitsgemeinschaft der Mitarbeitervertretungen zu einer Bundesarbeitsgemeinschaft (§ 25 Abs. 5);
  – Regelungen des Dienstgebers nach Anhörung und Beratung mit der MAV gemäß § 29;
  – Vorschläge der MAV zu Regelungen gemäß § 32;
  – Freiwillige Dienstvereinbarungen, § 38 Abs. 1 Nrn. 1, 14 und 15.

21 Im Falle von Verstößen gegen die in den genannten Bestimmungen enthaltenen Rechte ist im Streitfall das Kirchliche Arbeitsgericht auf Antrag zur Entscheidung zuständig (§ 2 Abs. 2 KAGO). Das ist etwa der Fall, wenn der Dienstgeber das Beteiligungsverfahren im Sinne der §§ 29–37 nicht eingehalten hat.

22 Hat sich der Dienstgeber z. B. in einer gemäß § 36 Abs. 1 zustimmungspflichtigen Angelegenheit zustimmungswidrig verhalten, muss der MAV eine angemessene Sanktion zugestanden werden, nämlich dem Dienstgeber in einem allgemeinen Unterlassungsantrag aufzugeben, sein zustimmungswidriges Verhalten in Zukunft zu unterlassen (§ 36 Rn 7 ff.). Dafür ist das Kirchliche Arbeitsgericht zuständig (§ 2 Abs. 2 KAGO). Denn es geht allein um die Rechtsfrage, ob in einer bestimmten Angelegenheit ein Mitbestimmungsrecht besteht oder nicht. Daher muss das Kirchliche Arbeitsgericht angerufen werden. Es geht dann nicht um die Ersetzung einer Einigung in einem Regelungs-

streit.⁵ Dasselbe gilt für die Frage, ob das Mitbestimmungsrecht wirksam ausgeübt worden ist, über das Bestehen, den Inhalt oder die Durchführung einer Dienstvereinbarung, über die Einhaltung von Verpflichtungen aus Betriebsabsprachen, die durch eine Einigung der Einrichtungspartner oder im Wege eines verbindlichen Spruchs der Einigungsstelle begründet worden sind, über die Rückgängigmachung von Maßnahmen des Dienstgebers bei Verletzung der Mitbestimmung oder über die Voraussetzungen eines Eilfalles. All dies sind Rechtsfragen, über die in einem Rechtsstreit das zuständige Gericht zu entscheiden hat. Nur soweit in einer mitbestimmungspflichtigen Fragestellung eine Regelung zu treffen ist, ist dies nach Maßgabe des Mitbestimmungsrechts der Einigungsstelle vorbehalten.⁶

Zur Sicherung des Anspruchs auf Unterlassung bzw. Beseitigung eines rechtswidrigen Zustandes ist grundsätzlich auch eine einstweilige Verfügung zulässig (§ 52 KAGO). Siehe auch § 36 Rn 1 ff.; § 47 Rn 52 ff. 23

2. Sonstige Streitfälle

Unzuständig ist die Einigungsstelle in allen Fällen, in denen sich an sie gerichtete Anträge unter keinen der in § 45 genannten Beteiligungstatbestände subsumieren lassen. Dazu zählen auch die Mitbestimmungsangelegenheiten der § 34 und 35, § 18 Abs. 4. Ausgeschlossen sind daher u. a. Anträge von einzelnen Mitarbeiterinnen und Mitarbeitern wegen ihrer womöglichen einzelarbeitsvertraglichen Anliegen. Maßnahmen des Dienstgebers, die ein Verhalten eines Mitarbeiters oder einer Mitarbeiterin im Verhältnis zum Dienstgeber betreffen, sind nicht in § 45 normierter Gegenstand. Deshalb kann in einem solchen Fall auch die MAV die Einigungsstelle nicht anrufen.⁷ Will die MAV die Unwirksamkeit einer Maßnahme des Dienstgebers festgestellt wissen, handelt es sich um eine Rechtsfrage, deretwegen das Kirchliche Arbeitsgericht zur Entscheidung anzurufen ist (§ 2 Abs. 2 KAGO). Das gilt auch in Fällen des § 36 Abs. 1 MAVO, wenn der Dienstgeber eine Maßnahme ohne Zustimmung der MAV getroffen hat und die MAV deshalb die Unwirksamkeit der Maßnahme festgestellt wissen will. Dazu ist das Kirchliche Arbeitsgericht zuständig. 24

V. Zuständigkeit des Kirchlichen Arbeitsgerichts, § 2 Abs. 2 KAGO

Wegen des abschließenden Zuständigkeitskatalogs für das Einigungsstellenverfahren (§ 45 MAVO), soll an dieser Stelle zur Abrundung die Zuständigkeit des Kirchlichen Arbeitsgerichts für Rechtsstreitigkeiten i. S. d. § 2 Abs. 2 KAGO behandelt werden. 25

Die Bestimmung des § 2 Abs. 2 KAGO selbst enthält ihrerseits keinen abschließenden Katalog der Zuständigkeit für das Verfahren vor dem Kirchlichen Arbeitsgericht bei **Rechtsstreitigkeiten**. Deshalb muss in den in § 2 Abs. 2 KAGO genannten Fällen gesondert geprüft werden, ob eine Rechtsstreitigkeit mitarbeitervertretungsrechtlicher Art vorliegt, während andererseits zur Abgrenzung festzustellen ist, dass die Zuständigkeit der Einigungsstelle gemäß § 45 MAVO ausgeschlossen ist.

Liegt hiernach eine mitbestimmungsrechtliche Rechtsstreitigkeit vor, so gilt Folgendes:

Im Gerichtsverfahren sind abhängig vom Streitgegenstand Leistungs- (Verpflichtungs-), Feststellungs- und Gestaltungsanträge – also nicht nur Feststellungsanträge – zulässig, nicht aber Anträge zur Erstellung von Rechtsgutachten:.⁸
– Beispiel für eine **Verpflichtungsklage**: Einberufung einer Mitarbeiterversammlung zur Wahl eines Wahlausschusses durch den Dienstgeber gemäß § 10 Abs. 1, 1a und 2 MAVO; Zahlung einer bestimmten Geldsumme wegen Kosten der MAV (§ 17 MAVO);

---

5 Vgl. *Fitting*, BetrVG § 87 Rn 592.
6 *Fitting*, BetrVG nach § 1 Rn 11 f.
7 Vgl. *LAG Frankfurt/Main*, 24. 3. 1992 – 4 Ta BV 137/91 m. N., NZA 1993, 237, Krankenverhalten.
8 Nicht konsequent: *Schlichtungsstelle München und Freising*, 10. 4. 2002 – 1 R 02, ZMV 2003, 31.

VI. Einigungsstelle

- Beispiel für eine **Feststellungsklage**: im Falle der Wahlanfechtung richtet sich der Antrag auf die Feststellung der Unwirksamkeit der Wahl (§ 12 Abs. 3 MAVO); im Falle des § 7 Abs. 4 i. V. m. § 8 Abs. 1, des § 8 Abs. 2 und § 13c Nr. 4 MAVO auf Feststellung des Verlustes der Wählbarkeit zur MAV; siehe auch § 47 Rn 24;
- Beispiel für eine **Gestaltungsklage**: Antrag auf Amtsenthebung der MAV (§ 13 Abs. 3 Nr. 6 MAVO) oder eines Mitgliedes der MAV (§ 13c Nr. 4 MAVO).

26 Trägt ein Kläger schlüssig vor, dass es sich um einen unter § 2 Abs. 2 KAGO einzuordnenden Streitfall handelt, ist die sachliche Zuständigkeit des Kirchlichen Arbeitsgerichts eröffnet, ohne dass es weiterer Nachprüfungen über die Zulässigkeit der Klage bedarf. Stellt sich im Verfahren heraus, dass der behauptete Streitfall nach § 2 Abs. 2 KAGO nicht vorliegt, muss die Klage – bei Vorliegen einer reinen Regelungsstreitigkeit – als unzulässig abgewiesen werden.

Einzelfälle i. S. v. § 2 Abs. 2 KAGO sind zum Beispiel:

1. Fehlerhafte und rechtsmissbräuchliche Rechtsausübung bei der Festlegung der Einrichtung (§ 1a Abs. 2)

27 Das Kirchliche Arbeitsgericht kann von der MAV angerufen werden, wenn der Dienstgeber die Bildung einer oder mehrerer betrieblicher Einheiten (Dienststellen, Einrichtungen) ohne die ordnungsgemäße Anhörung der MAV und ohne Gelegenheit zu ihrer Stellungnahme oder ohne Genehmigung des Ordinarius vorgenommen hat. Dasselbe gilt auch im Falle der Aufteilung einer großen Betriebseinheit, wenn z. B. durch die Gewinnung kleinerer Mitarbeiterzahlen die Freistellung von Mitgliedern der MAV gemäß § 15 Abs. 3 rechtsmissbräuchlich verhindert werden soll, auch wenn die Genehmigung des Ordinarius erfolgt ist.[9]

28 Antragsberechtigt ist die MAV nach ordnungsgemäß gefasstem Beschluss.

> **Antragsformulierung:**
> Es wird festgestellt, dass der Beschluss des Beklagten (Dienstgebers) vom ...., die Einrichtung .... in mehrere selbständige Einrichtungen i. S. d. § 1a Abs. 2 MAVO aufzuteilen, rechtsunwirksam ist.[10]

2. Errichtung einer Mitarbeitervertretung (§ 10)

29 Ein Verstoß des Dienstgebers gegen seine Pflichten liegt vor, wenn er es unterlässt, die Bildung einer MAV in seiner Einrichtung zu betreiben oder wenn er die Bildung der MAV verzögert. Zu denken ist an
- Verstoß des Dienstgebers gegen § 10 Abs. 1: Pflicht zur Einberufung einer Mitarbeiterversammlung zur Bildung eines Wahlausschusses für die MAV-Wahl,
- Verstoß des Dienstgebers gegen § 10 Abs. 1a: Pflicht zur Einberufung einer Mitarbeiterversammlung zur Bildung eines Wahlausschusses, weil die amtierende MAV keinen Wahlausschuss fristgerecht nach § 9 Abs. 1 und § 9 Abs. 2 gebildet hat. Die MAV kann trotz des Tätigwerdens des Dienstgebers bis zur Entscheidung in der Mitarbeiterversammlung einen Wahlausschuss bestellen, auch wenn die ihr gesetzten Fristen des § 9 Abs. 1 und 2 abgelaufen sind[11];
- Verstoß des Dienstgebers gegen § 10 Abs. 2: Bleibt eine vom Dienstgeber einberufene Mitarbeiterversammlung – ohne Bildung eines Wahlausschusses – erfolglos, so muss der Dienstgeber entweder innerhalb eines Jahres – vom Zeitpunkt der erfolglosen Mitarbeiterversammlung an gerechnet – auf Antrag von einem Zehntel der wahlberechtigten Mitarbeiter oder nach Ablauf eines Jahres

---

9 *Schlichtungsstelle Köln*, 29. 1. 1997 – MAVO 17/96, ZMV 1997, 85.
10 *Entscheidung einer Rechtsfrage*.
11 *LAG Hamm*, 29. 9. 1954 – 3a TA 87/54, AP Nr. 1 zu § 15 BetrVG 1952 – zum gleich gelagerten § 16 BetrVG 1972 *Fitting*, BetrVG § 16 Rn 57.

aufgrund eigener Entscheidung eine Mitarbeiterversammlung zur Bildung eines Wahlausschusses einberufen.

Antrags- und klageberechtigt ist ein wahlberechtigter Mitarbeiter (§ 8 Abs. 2 Buchst. b KAGO). 30

> Antragsformulierung: 31
>
> Dem Dienstgeber wird aufgegeben, binnen zwei Wochen nach der Entscheidung des Kirchlichen Arbeitsgerichts eine Mitarbeiterversammlung zur Wahl eines Wahlausschusses zur Wahl einer Mitarbeitervertretung in der Einrichtung .... einzuberufen.[12]

3. Anfechtung einer Mitarbeitervertretungswahl (§ 12 Abs. 3)

Gegen die Entscheidungen des Wahlausschusses oder beim vereinfachten Wahlverfahren nach 32 §§ 11a ff. gegen eine Entscheidung des Wahlleiters (§ 11c Abs. 4), die die Anfechtung einer MAV-Wahl zurückgewiesen haben, ist binnen einer Ausschlussfrist von zwei Wochen nach Zugang der Entscheidung des Wahlausschusses/Wahlleiters die Anrufung des Kirchlichen Arbeitsgerichts (§ 12 Abs. 3) zulässig. Klageberechtigt ist jeder wahlberechtigte Mitarbeiter und der Dienstgeber (§ 12 Abs. 1).

> Antragsformulierung: 33
>
> Es wird festgestellt, dass die Mitarbeitervertretungswahl vom .... unwirksam ist.[13]

Das Kirchliche Arbeitsgericht entscheidet nach § 2 Abs. 2 KAGO auch über die Frage, ob eine durch- 34 geführte Mitarbeitervertretungswahl absolut nichtig ist. Klageberechtigt sind der Dienstgeber und ein einzelner Mitarbeiter (§ 8 Abs. 2 Buchst. b KAGO).

> Antragsformulierung: 35
>
> Es wird festgestellt, dass die MAV-Wahl vom .... nichtig ist.[14]

4. Auflösung der Mitarbeitervertretung (13 Abs. 3 Nr. 6)

Der Dienstgeber sowie ein Viertel der wahlberechtigten Mitarbeiter und Mitarbeiterinnen kann die 36 Auflösung der MAV (Amtsenthebung) beim Kirchlichen Arbeitsgericht beantragen, wenn ihr eine grobe Vernachlässigung oder Verletzung ihrer Befugnisse oder Verpflichtungen als Mitarbeitervertretung nachgewiesen ist.

Klagerecht: Der Dienstgeber, nicht aber wahlberechtigte Mitarbeiterinnen und Mitarbeiter (vgl. § 8 37 Abs. 2 KAGO).

> Klageantrag: 38
>
> Es wird festgestellt, dass die am .... gewählte Mitarbeitervertretung wegen grober Vernachlässigung/Verletzung ihrer Befugnisse mit Wirkung vom .... aufgelöst ist.[15]

Klagefrist: innerhalb von vier Wochen, nachdem der Kläger vom Sachverhalt Kenntnis erlangt hat 39 (§ 44 KAGO).

5. Erlöschen der Mitgliedschaft eines MAV Mitgliedes in der MAV (§ 13c Nr 4)

Die Mitgliedschaft in der MAV erlischt bei **Verlust der Wählbarkeit** und bei **grober Vernachlässigung** 40 **oder Verletzung der Befugnisse und Pflichten eines Mitarbeitervertreters** (§ 13c Nr. 4) durch Urteil des Kirchlichen Arbeitsgerichts.

---

12 Entscheidung einer Rechtsfrage.
13 Entscheidung einer Rechtsfrage.
14 Entscheidung einer Rechtsfrage.
15 Entscheidung einer Rechtsfrage.

41 Klagerecht: Der Dienstgeber, die MAV (§ 8 Abs. 2 Buchst. a KAGO).

42 **Klageantrag:**

Es wird festgestellt, dass die Mitgliedschaft des MAV-Mitgliedes .... in der Mitarbeitervertretung mit Wirkung ab .... erloschen ist.[16]

43 Klagefrist im Falle des § 13c Nr. 4 innerhalb von vier Wochen, nachdem der Kläger vom Sachverhalt Kenntnis erlangt hat (§ 44 KAGO).

6. Freistellung von Mitarbeitern und Mitarbeiterinnen von der Arbeit zur Teilnahme an einer Schulungsveranstaltung (§ 16)

44 Es bedarf der Freistellung durch den Dienstgeber, wenn nach § 16 Abs. 1 Mitarbeitervertreter bzw. nach § 16 Abs. 2 Mitglieder des Wahlausschusses an Schulungsmaßnahmen teilnehmen wollen. Im Streitfall entscheidet das Kirchliche Arbeitsgericht. Antragsberechtigt ist das jeweilige Gremium.

45 **Formulierung des Klageantrags:**

Es wird festgestellt, dass das MAV-Mitglied ..../Mitglied des Wahlausschusses .... berechtigt ist, an der Schulungsveranstaltung in.............. (Schulungsstätte) am ..../von ...... bis .... teilzunehmen.[17]

Siehe auch § 16 Rn 124 ff.

7. Verstöße des Dienstgebers gegen Vorschriften der MAVO

46 Das Klageverfahren vor dem Kirchlichen Arbeitsgericht findet gegen den Dienstgeber bei nachstehenden Verstößen gegen die Bestimmungen der MAVO statt, wenn auch nur ein einmaliger Verstoß vorliegt:
   a) Verstoß gegen § 3 Abs. 2 Satz 2: Verstoß gegen das Beteiligungsverfahren der MAV bei der Bestellung von »Leitenden Mitarbeitern« nach Nr. 3 (Befugnis zur selbständigen Einstellung, Anstellung oder Kündigung) oder Nr. 4 (»sonstige« Mitarbeiter in leitender Stellung).
   b) Verstoß gegen § 11 Abs. 8 Satz 2: Kostentragungspflicht des Dienstgebers für die MAV-Wahl.
   c) Verstoß gegen § 15 Abs. 3: Verstoß gegen die Freistellungspflicht des Dienstgebers gegenüber Mitgliedern der MAV nach Antrag der MAV entweder gemäß Satz 1 oder Satz 2.
   d) Verstoß gegen § 17: Verstoß des Dienstgebers gegen die Pflicht zur Kostentragung für die MAV (siehe auch zu Nr. 10 Rn 53 ff.) und den Wahlausschuss (§ 17 Abs. 1 S. 2 i. V. m. § 16 Abs. 2).
   e) Verstoß gegen § 18 Abs. 1: Verstoß des Dienstgebers gegen die Pflicht, die MAV-Mitglieder bei der Ausübung ihrer Tätigkeit nicht zu behindern und zu benachteiligen.
   f) Verstoß gegen § 26 Abs. 2: Verstoß des Dienstgebers gegen die Vorlagepflicht erforderlicher Unterlagen.
   g) Verstoß gegen § 27 Abs. 2: Verstoß des Dienstgebers gegen die Informationspflicht in den besonderen Fällen des § 27 Abs. 2.
   h) Verstoß gegen § 27a: Verstoß des Dienstgebers gegen die Informationspflicht in wirtschaftlichen Angelegenheiten gemäß § 27a.
   i) Verstoß gegen §§ 29–32: Verstöße des Dienstgebers gegen die Anhörung und Mitberatung in den Fällen des § 29, bei der ordentlichen Kündigung (§ 30), der Massenentlassung (§ 30a), der außerordentlichen Kündigung (§ 31) und dem Vorschlagsrecht der MAV (§ 32).
   j) Verstöße gegen § 33 Abs. 1, 2 und 3: Verstöße des Dienstgebers gegen die ordnungsgemäße Abwicklung des Zustimmungsverfahrens.

---

16 Entscheidung einer Rechtsfrage.
17 Entscheidung einer Rechtsfrage.

k) Verstöße gegen § 34 Abs. 1 oder 3: Verstöße des Dienstgebers beim Einstellungsverfahren (Abs. 1) und bei der Unterrichtungspflicht und Vorlage von Unterlagen im Einstellungsverfahren (Abs. 3).
l) Verstoß gegen § 35 Abs. 1: Verstöße des Dienstgebers gegen die Zustimmungspflicht bei sonstigen persönlichen Angelegenheiten.
m) Verstöße des Dienstgebers gegen die Vorschriften zur erforderlichen Verhandlung mit der MAV im Falle von Mitbestimmungsangelegenheiten (§ 33 Abs. 3, § 37 Abs. 3).
n) Verstoß des Dienstgebers gegen das Recht der MAV, gemäß § 39 Abs. 1 gemeinsame Sitzungen zu verlangen.

Klagerecht der MAV nach einem ordnungsgemäß gefassten Beschluss (§ 14 Abs. 5).

Entscheidung von Rechtsfragen.

8. Zulässigkeit von vorläufigen Regelungen (§ 33 Abs. 5)

Die MAV kann das Kirchliche Arbeitsgericht anrufen, um feststellen zu lassen, dass die Voraussetzungen für die Eilbedürftigkeit einer Maßnahme nach (§ 33 Abs. 5 nicht gegeben waren.

Antragsformulierung:

Es wird festgestellt, dass die Voraussetzungen für die Eilbedürftigkeit der .... Maßnahme .... (genau zu benennen) nach § 33 Abs. 5 nicht vorlagen.[18]

9. Verstöße gegen eine Dienstvereinbarung (§ 38)

Als Rechtsnormen des kollektiven Rechtes müssen Dienstgeber wie Mitarbeitervertretung eine ordnungsgemäß abgeschlossene Dienstvereinbarung korrekt beachten und in der Einrichtung auch vereinbarungsgemäß ausführen. § 38 Abs. 3a MAVO i. V. m. § 2 Abs. 2 KAGO sichert diese Ausführungspflicht für eine Dienstvereinbarung. Ein einmaliger Verstoß dagegen genügt. Es muss sich um einen objektiven Verstoß eines Partners der Dienstvereinbarung handeln. Verschulden des Dienstgebers oder der MAV ist für die gerichtliche Durchsetzbarkeit eines Feststellungsantrags (Rn 52) oder Unterlassungsantrags (Rn 52) des Mitbestimmungspartners nicht erforderlich.

Antragsberechtigt: Dienstgeber oder Mitarbeitervertretung

Verstöße des Dienstgebers bzw. der MAV gegen die Pflichten aus einer Dienstvereinbarung können:
– einen Feststellungsantrag der MAV bzw. des Dienstgebers auslösen, dass der Antragsgegner gegen die Dienstvereinbarung vom .... verstoßen hat, oder weiterführend
– einen Unterlassungsanspruch der MAV bzw. des Dienstgebers begründen.[19] Verantwortlich für die Beachtung und Durchführung der Dienstvereinbarung ist der Dienstgeber.[20]

10. Verweigerung der Kostenübernahme für die Tätigkeit sachkundiger Personen (§ 17 Abs. 1 S. 2, 2. Spiegelstrich).

Der Dienstgeber ist Kostenträger für die Geschäftsführung der MAV. Das gilt auch für die Schulungskosten von MAV-Mitgliedern. Besonders geregelt ist das Antragsrecht der MAV auf Übernahme der Kosten durch den Dienstgeber, die durch die notwendige Beiziehung sachkundiger Personen bei der Aufgabenerfüllung der MAV entstehen, während der Dienstgeber die Kostenlast missbräuchlich ablehnt.

Antragsberechtigt: Mitarbeitervertretung nach ordnungsgemäß gefasstem Beschluss.

---

18 Entscheidung einer Rechtsfrage.
19 Vgl. *LAG Baden-Württemberg*, 11. 7. 2002 – 2 Ta BV 2/01, BB 2002, 1751.
20 Entscheidung von Rechtsfragen.

VI. Einigungsstelle

55   **Antragsformulierung:**

Es wird festgestellt, dass der Antragsgegner (Dienstgeber) verpflichtet ist, die Antragstellerin (MAV) für die Beiziehung des Herrn/der Frau .... als sachkundige Person in der Angelegenheit – genaue Bezeichnung der Angelegenheit – .... von den erforderlichen Kosten bis zur Höhe von – beziffeter Betrag –.......................... Euro freizustellen.[21]

11. Weitere Beispiele für mitarbeitervertretungsrechtliche Rechtsstreitigkeiten

56   Hinzuweisen gilt es zunächst darauf, dass nach § 45 MAVO keine Allzuständigkeit des Kirchlichen Arbeitsgerichts besteht.

Nur Rechtsstreitigkeiten in mitarbeitervertretungsrechtlichen Angelegenheiten eröffnen die Zuständigkeit des Kirchlichen Arbeitsgerichts. Voraussetzung für den Kläger ist also, dass dieser in seinen Rechten aus der MAVO verletzt ist (§ 10 KAGO). Es kann ein Streit über nachstehende Rechtsfragen sein:
– ob es sich um eine selbständige Einrichtung i. S. d. § 1a Satz 2 handelt,
– ob ein Mitarbeiter zu Recht zum leitenden Mitarbeiter nach § 3 Abs. 2 Nr. 2–4 berufen worden ist (*Schlichtungsstelle Köln*, 5. 11. 1996 – MAVO 11/96, n. v.),
– ob die MAV berechtigt ist, Teilmitarbeiterversammlungen abzuhalten (§§ 4, 21),
– ob die MAV in einer dienstlichen Erfordernissen entsprechenden Weise ihre Sitzungen angesetzt hat (§ 14 Abs. 4 Satz 3),
– ob ein Mitarbeiter Anspruch auf Erstattung der Fahrtkosten für die Teilnahme an einer erforderlichen Mitarbeiterversammlung hat, die über die höchstens zweimalige Mitarbeiterversammlung des § 21 Abs. 4 Satz 1 hinausgehen.

57   Diese Aufzählung ist nicht vollständig und kann das auch nicht sein. Sie soll nur beispielhaft zeigen, wann eine **Rechtsstreitigkeit** vorliegt, die unter die Zuständigkeit gemäß § 2 Abs. 2 KAGO fällt.

58   Die Zuständigkeit besteht auch, wenn es sich um **Rechtsfragen in Verbindung mit Regelungsfragen** handelt.[22]

59   Damit ist z. B. auch bei Regelungsfragen aus § 29, die nur einer Anhörung und Mitberatung durch die MAV unterliegen, die Zuständigkeit des Kirchlichen Arbeitsgerichts gegeben, wenn Streit um die Auslegung und Anwendung eines Tatbestandes des § 29 zwischen den Beteiligten herrscht, § 2 Abs. 2 KAGO (vgl. § 29 Rn 65).

60   Dagegen ist es eine reine Regelungsstreitigkeit, wie die wöchentliche Arbeitszeit nach § 29 Abs. 1 Nr. 2 auf die einzelnen Wochentage verteilt wird. Diese Regelungsstreitigkeit ist aber untrennbar mit einer mitarbeitervertretungsrechtlichen Rechtsstreitigkeit verbunden, wenn der Dienstgeber der MAV überhaupt ein Anhörungs- und Mitberatungsrecht aus § 29 Abs. 1 Nr. 2 bestreiten würde. Dann könnte der Bestand und der Umfang dieser Anhörungs- und Mitberatungsrechte der MAV nach § 29 im Rahmen der Zuständigkeit nach § 2 Abs. 2 KAGO geklärt werden.

61   In einem solchen Streitfall könnte die MAV einen konkreten Verstoß des Dienstgebers gegen § 29 feststellen lassen. Eine solche Feststellung klärt allerdings nicht abschließend die rechtliche Situation zwischen den Beteiligten. Sie ist beschränkt auf den konkreten Verstoß gegen § 29 und stellt ihn fest, ohne damit eine Bindung für die Zukunft schaffen zu können. Hierzu wäre ein Feststellungsantrag zu stellen, der die Feststellung eines genau umrissenen Umfangs und Inhalts des Anhörungs- und Mitberatungsrechts aus § 29 Abs. 1 Nr. 2 zum Gegenstand hat. Nur ein solcher Antrag, der nach § 256 ZPO zulässig ist, ist geeignet, das Anhörungs- und Mitberatungsrecht der MAV nach Umfang und Inhalt abschließend zu klären. Nur diese Klärung führt zum Rechtsfrieden zwischen den Beteiligten.

---

21 Entscheidung einer Rechtsfrage.
22 *Schlichtungsstelle Köln*, 15. 2. 1995 – MAVO 9/94, ZMV 1996, 135.

12. Beteiligtenfähigkeit, Beteiligungs- und Klageantragsbefugnis im Rahmen des § 2 Abs. 2 KAGO

Die Beteiligtenfähigkeit, Beteiligungsbefugnis und die Antragsbefugnis fallen im Verfahren vor dem Kirchlichen Arbeitsgericht nicht notwendigerweise zusammen (§ 9 KAGO). 62

Beteiligtenfähigkeit ist die Fähigkeit, in einem Gerichtsverfahren – wie eine Partei – wirksam auftreten zu können und an ihm teilnehmen zu können. Sie kommt nicht nur natürlichen Personen zu, wie § 8 Abs. 2 KAGO zeigt. Danach ist auch die Mitarbeitervertretung, die nicht rechtsfähig ist, beteiligungsfähig. Rechtsfähigkeit ist also keine Voraussetzung für die Beteiligtenfähigkeit. Die MAV kann sich demnach mit eigenen Anträgen an einem Gerichtsverfahren beim Kirchlichen Arbeitsgericht beteiligen. Beteiligtenfähigkeit ist also – kurz gesagt – die »Parteifähigkeit« im Verfahren vor dem Kirchlichen Arbeitsgericht. 63

Davon zu unterscheiden ist die Beteiligtenbefugnis. Beteiligungsbefugt ist i. S. d. § 2 Abs. 2 KAGO jeder, der durch das konkrete Gerichtsverfahren in seiner mitarbeitervertretungsrechtlichen Stellung beeinflusst wird. Der Beteiligte muss in seiner mitarbeitervertretungsrechtlichen Stellung unmittelbar berührt sein. Die Beteiligungsbefugnis ist die Fähigkeit, als Partei – als Antragsteller oder Antragsgegner oder als beteiligungsfähiger Dritter – im Verfahren auftreten zu können. Einem Beteiligungsbefugten kann demnach die Antragsbefugnis fehlen.[23] 64

Nach § 8 Abs. 2 KAGO sind u. a. für ein Gerichtsverfahren antragsbefugt: 65
– in Angelegenheiten der MAVO einschließlich des Verfahrens vor der Einigungsstelle (§ 2 Abs. 2 KAGO a. E.): Die Mitarbeitervertretung und der Dienstgeber,
– in Angelegenheiten des Wahlverfahrensrechts und des Rechts der Mitarbeiterversammlung: die MAV, der Dienstgeber, jeder Mitarbeiter und die Wahlorgane,
– in Angelegenheiten des § 25 die Organe der Arbeitsgemeinschaften, jeder Dienstgeber und das Bistum,
– in Angelegenheiten, welche die eigene Rechtsstellung als Mitglied einer MAV, als Sprecherin oder Sprecher der Jugendlichen und Auszubildenden, als Vertrauensperson der schwerbehinderten Menschen, als Vertrauensmann der Zivildienstleistenden oder als Mitglied einer Arbeitsgemeinschaft der Mitarbeitervertretungen betreffen, die jeweils betroffene Person, die Mitarbeitervertretung und der Dienstgeber.

Auch in einer mitarbeitervertretungslosen Einrichtung hat der Dienstgeber gemäß § 27a Abs. 5 MAVO der Mitarbeiterversammlung einmal jährlich über das Personal- und Sozialwesen und über die wirtschaftliche Entwicklung der Einrichtung (§ 1a MAVO) zu berichten. Dazu hat er selbst in analoger Anwendung von § 10 Abs. 1 S. 1 und 2 MAVO die Mitarbeiterversammlung einzuberufen. Im Falle eines Rechtsstreits über die Pflicht des Dienstgebers hat daher jeder einzelne Mitarbeiter und jede einzelne Mitarbeiterin gemäß § 8 Abs. 2 Buchst. b KAGO ein Klagerecht auf Einberufung der Mitarbeiterversammlung durch den Dienstgeber und die Abgabe des Berichts des Dienstgebers. 66

Durch die Kirchliche Arbeitsgerichtsordnung i. d. F. des Beschlusses der Deutschen Bischofskonferenz vom 25. 2. 2010 ist die Antragsbefugnis in Angelegenheiten aus dem Recht der Mitwirkung in Caritas-Werkstätten für Menschen mit Behinderungen (Streitigkeiten mitbestimmungsrechtlicher Art nach der Caritas-Werkstätten-Mitwirkungsordnung [CWMO]) nunmehr ausdrücklich in § 8 Abs. 2d KAGO aufgenommen worden. Antragsbefugt sind insoweit der Werkstattrat und der Rechtsträger der Werkstatt. Diese Änderung ist mit Wirkung vom 1. 7. 2010 in Kraft gesetzt worden. 67

Ein Antrag an das Kirchliche Arbeitsgericht (Klage) ist nach § 10 KAGO zunächst nur zulässig, wenn der Kläger geltend macht, durch eine Handlung oder Unterlassung in seinen Rechten verletzt zu sein. Das bedeutet aber, dass eine Klage immer dann unzulässig ist, wenn die Handlungen oder Unterlas- 68

---

23 So für das arbeitsgerichtliche Beschlussverfahren: *BAG*, 31. 10. 1986 – 6 ABR 52/83, AP Nr. 6 zu § 47 BetrVG 1972 = DB 1987, 1642.

VI. Einigungsstelle

sungen des Dienstgebers sich nicht in der Amtsperiode der MAV, sondern in bereits abgelaufenen Amtsperioden vorhergehender Mitarbeitervertretungen ereigneten.[24] Hierzu fehlt nämlich der amtierenden MAV die Klagebefugnis.

Anders liegt der Fall bei vermögensrechtlichen Ansprüchen der MAV i. S. v. § 17 aus der vorhergehenden Amtsperiode. Die Ansprüche kann die amtierende MAV oder ggf. die noch geschäftsführende MAV aus der vergangenen Amtsperiode geltend machen. Auf § 17 Rn 94 wird hingewiesen.

69 Gemäß der in § 8 Abs. 2 KAGO festgelegten Klagebefugnis der Mitarbeitervertretung (MAV) gilt diese auch für
– die gemeinsame MAV (§ 1b MAVO),
– die Sondervertretung (23 MAVO).

70 Für die Gesamtmitarbeitervertretung (§ 24 Abs. 1 MAVO) und die erweiterte Gesamtmitarbeitervertretung (§ 24 Abs. 2) gilt § 8 Abs. 2 Buchstabe a, soweit für sie die Bestimmungen der MAVO im Übrigen gelten.

71 Mit der Aufzählung der Klagebefugnis in § 8 Abs. 2 KAGO zeigt der Gesetzgeber an, dass alle mitarbeitervertretungsrechtlichen Rechtsstreitigkeiten einer Überprüfung durch Kirchliche Arbeitsgerichte unterworfen sein sollen. Dieses wichtige Postulat, auf dem Gebiet des Mitarbeitervertretungsrechts umfassenden Rechtsschutz zu gewähren, kann nur durch eine uneingeschränkte Klage- und Antragsbefugnis der Beteiligten bewerkstelligt werden. Die Gewährung umfassenden Rechtsschutzes darf nicht durch die Beschränkung der Klagebefugnis auf einige Beteiligte (vgl. noch § 41 Abs. 2 MAVO 1995) beschnitten werden. Die Regelung der Klagebefugnis in § 8 Abs. 2 KAGO muss daher Ergänzungen zulassen, wenn sicher feststeht, dass ein sonstiger Kläger ein eigenes schutzwürdiges Interesse an der Klärung von ihm aufgeworfener mitarbeitervertretungsrechtlicher Rechtsfragen hat Die Klagebefugnis ist nämlich nach den Regeln über die Einleitung eines gerichtlichen Verfahrens zu bestimmen. Danach ist derjenige klagebefugt, der eigene Rechte geltend macht. Bei Streitfragen mitarbeitervertretungsrechtlicher Art ist daher zu untersuchen, ob die den Streitgegenstand betreffenden Normen der Mitarbeitervertretungsordnung dem Kläger eine eigene schutzwerte Rechtsposition zuordnen.[25]

72 Für die Klagebefugnis ist stets zu verlangen, dass der Kläger tatsächlich Träger des von ihm behaupteten Streit befangenen Rechts aus der MAVO bzw. CWMO ist. Er muss also schlüssig darlegen können, auf welcher Rechtsgrundlage aus der MAVO bzw. CWMO seine Antragsbefugnis beruht. Andererseits kann die Klagebefugnis nicht dazu dienen, allgemeine mitarbeitervertretungsrechtliche Erwägungen zur Entscheidung des Kirchlichen Arbeitsgerichts – etwa in Form einer unzulässigen Popularklage – zu stellen. Die Regelungen zur Klagebefugnis dienen nämlich auch dazu derartige Popularklagen auszuschließen.[26]

73 Zwei Voraussetzungen müssen für die Klagebefugnis des Klageberechtigten i. S. d. § 2 Abs. 2 KAGO gegeben sein:
– Der Kläger muss unmittelbar in dem konkreten Fall durch die begehrte Entscheidung des Gerichts betroffen sein.
– Sein Klageantrag muss eine auf Bestimmungen der MAVO bzw. CWMO beruhende Begründung haben, die seine eigene Rechtsposition betrifft.

74 Diese Auffassung lässt sich aus § 10 KAGO ableiten, wonach eine Klage an das Kirchliche Arbeitsgericht nur zulässig ist, wenn der Kläger geltend macht, durch eine Handlung oder Unterlassung in seinen Rechten nach der MAVO oder der CWMO verletzt zu sein.

---

24 *Schlichtungsstelle Köln*, 21. 11. 1995 – MAVO 11/95, ZMV 1996, 39.
25 So für die Antragsbefugnis im arbeitsgerichtlichen Beschlussverfahren: *BAG*, 30. 10. 1986 – 6 ABR 52/83, AP Nr. 6 zu § 47 BetrVG 1972 = DB 1987, 1642 ff.
26 So für die Antragsbefugnis im arbeitsgerichtlichen Beschlussverfahren *LAG Schleswig-Holstein*, 26. 1. 2010 – 5 TaBV 38/09, n. v., zitiert nach juris.

§ 46 Verfahren

(1) Der Antrag ist schriftlich in doppelter Ausfertigung über die Geschäftsstelle an den Vorsitzenden zu richten. Er soll die Antragstellerin oder den Antragsteller, die Antragsgegnerin oder den Antragsgegner und den Streitgegenstand bezeichnen und eine Begründung enthalten. Die oder der Vorsitzende bereitet die Verhandlung der Einigungsstelle vor, übersendet den Antrag an die Antragsgegnerin oder den Antragsgegner und bestimmt eine Frist zur schriftlichen Erwiderung. Die Antragserwiderung übermittelt er an die Antragstellerin oder den Antragsteller und bestimmt einen Termin, bis zu dem abschließend schriftsätzlich vorzutragen ist.

(2) Sieht die oder der Vorsitzende nach Eingang der Antragserwiderung aufgrund der Aktenlage eine Möglichkeit der Einigung, unterbreitet sie oder er schriftlich einen begründeten Einigungsvorschlag. Erfolgt eine Einigung, beurkundet die oder der Vorsitzende diese und übersendet den Beteiligten eine Abschrift.

(3) Erfolgt keine Einigung, bestimmt die oder der Vorsitzende einen Termin zur mündlichen Verhandlung vor der Einigungsstelle. Sie oder er kann der Antragstellerin oder dem Antragsteller und der Antragsgegnerin oder dem Antragsgegner eine Frist zur Äußerung setzen. Die oder der Vorsitzende veranlasst unter Einhaltung einer angemessenen Ladungsfrist die Ladung der Beteiligten und die Benennung der Ad-hoc-Beisitzerinnen und Ad-hoc-Beisitzer durch die Beteiligten.

(4) Die Verhandlung vor der Einigungsstelle ist nicht öffentlich. Die oder der Vorsitzende leitet die Verhandlung. Sie oder er führt in den Sach- und Streitgegenstand ein. Die Einigungsstelle erörtert mit den Beteiligten das gesamte Streitverhältnis und gibt ihnen Gelegenheit zur Stellungnahme. Im Falle der Nichteinigung stellen die Beteiligten die wechselseitigen Anträge. Über die mündliche Verhandlung ist ein Protokoll zu fertigen.

Übersicht

		Rn
I.	Überblick	1
II.	Aktivlegitimation	2
III.	Einzelheiten des Verfahrens	3–21
	1. Schriftlicher Antrag des Antragstellers	3–5
	2. Erwiderung des Antragsgegners	6
	3. Einigungsvorschlag	7–9
	a. Annahme	7, 8
	b. Ablehnung	9
	4. Die Zulassung eines Bevollmächtigten der Mitarbeitervertretung (§ 17 Abs. 1 S. 2, dritter Spiegelstrich)	10
	5. Terminbestimmung, § 46 Abs. 3	11
	6. Mündliche Verhandlung	12, 13
	7. Ausbleiben von Mitgliedern der Einigungsstelle	14
	8. Ausbleiben des Antragstellers im Termin	15
	9. Fehlende Regelungen	16, 17
	a. Beweisaufnahme	16
	b. Befangenheit	17
	10. Verweisung wegen Unzuständigkeit der Einigungsstelle	18
	11. Nachschieben von Gründen	19
	12. Niederschrift	20, 21

I. Überblick

Die Bestimmung des § 46 regelt mit §§ 45 und 47 Grundsätze für die Durchführung des Einigungsstellenverfahrens. 1
1. Die Einigungsstelle wird nur auf Antrag tätig (Antragsprinzip, § 46 Abs. 1), der in der Regel unverzüglich erfolgen muss, nachdem der Antragsgrund vorliegt.
2. Die Antragsberechtigung muss bestehen.
3. § 45 legt die sachliche Zuständigkeit der Einigungsstelle für Einigungsstellenverfahren enumerativ fest.
4. § 46 Abs. 2 lässt das schriftliche Verfahren unter Leitung des Vorsitzenden der Einigungsstelle zu, solange die Möglichkeit der Einigung der Beteiligten nach Aktenlage besteht.
5. Mündliche Verhandlung wird anberaumt bei fehlender Einigung der Beteiligten im schriftlichen Verfahren mit dem Ziel einer Einigung der Beteiligten (§ 46 Abs. 3, § 47 Abs. 1).

VI. Einigungsstelle

6. § 46 Abs. 4 schafft generell zu beachtende Verfahrensgrundsätze für das Einigungsstellenverfahren.
7. § 47 regelt schließlich die Art der Beendigung des Einigungsstellenverfahrens durch Einigung der Beteiligten (§ 47 Abs. 1) oder Entscheidung der Einigungsstelle durch Spruch (§ 47 Abs. 2).
8. § 17 Abs. 1 S. 2, dritter Spiegelstrich räumt dem Vorsitzenden der Einigungsstelle das Alleinentscheidungsrecht über die Zulassung der Beauftragung eines Bevollmächtigten der MAV für das Einigungsstellenverfahren ein.
9. Angelegenheiten der §§ 1b, 24 Abs. 2, 29 und 32 sind dem Einigungsstellenverfahren nicht zugänglich. Im Falle einer Rechtsstreitigkeit kann allerdings das Kirchliche Arbeitsgericht angerufen werden (§ 2 Abs. 2 KAGO).

II. Aktivlegitimation

2   Die Einigungsstelle hat die Antragsberechtigung des Antragstellers von Amts wegen zu prüfen und festzustellen. Die Einigungsstelle prüft, ob der schriftlich vorgetragene Sachverhalt (Streitfall) auf einem der in § 45 benannten Gebiete angesiedelt ist. Aktiv legitimiert sind der Dienstgeber (§ 45 Abs. 1 und 2) und die Mitarbeitervertretung (§ 45 Abs. 3). Die Antragsbefugnis der MAV besteht nicht, wenn die MAVO nicht gilt oder die MAV nicht wirksam gewählt worden ist, weil die Wahl nichtig war, was jederzeit wegen der Rechtsfrage vom Kirchlichen Arbeitsgericht festgestellt werden kann (§ 2 Abs. 2 KAGO). Die Beteiligungsbefugnis steht auch der gemeinsamen MAV (§ 1b), der Sondervertretung (§ 23), der Gesamtmitarbeitervertretung (§ 24 Abs. 1) und der erweiterten Gesamtmitarbeitervertretung (§ 24 Abs. 2) zu, ebenso dem Sprecher der Jugendlichen und Auszubildenden (§ 51 Abs. 2) und der Vertrauensperson der schwerbehinderten Menschen (§ 52 Abs. 5) im Falle des § 15 Abs. 5.

III. Einzelheiten des Verfahrens

1. Schriftlicher Antrag des Antragstellers

3   Gemäß § 46 Abs. 1 S. 1 und 2 muss der Antrag an die Einigungsstelle in Form und Inhalt bestimmten Anforderungen entsprechen. Er ist schriftlich in doppelter Ausfertigung an die örtlich zuständige Geschäftsstelle der Einigungsstelle zu senden. Diese leitet den Antrag an den Vorsitzenden der Einigungsstelle weiter. Auf den Zugang der Antragsschrift bei der örtlich zuständigen Geschäftsstelle kommt es an.

4   Die Antragsschrift muss den Antragsteller genau nennen und seine Anschrift. Es muss auch der Antragsgegner mit Name und Anschrift angegeben werden, damit der Vorsitzende der Einigungsstelle die Antragsschrift (eine der zwei Ausfertigungen) zur Stellungnahme mit Antragserwiderung zuleiten kann. Die Antragsschrift muss einen ganz bestimmten Regelungsgegenstand benennen, über den es bei der Einigungsstelle nach Möglichkeit zu einer Einigung der Beteiligten (Antragsteller und Antragsgegner) kommen kann. Will der Dienstgeber als Antragsteller die Ersetzung der fehlenden Zustimmung der MAV zu einer von ihm etwa gemäß § 45 Abs. 1 genannten Maßnahme erreichen, muss er einen diesbezüglichen Antrag mit Formulierung der beabsichtigten Maßnahme mit dem Ersetzungsantrag verbinden. Will die MAV als Antragstellerin mit einem Antrag auf dem Gebiete des § 37 Abs. 1 gegenüber dem Dienstgeber als Antragsgegner durchdringen, muss sie die von ihr beim Dienstgeber vergeblich beantragte Maßnahme mit ihrem Wortlaut nennen, um ggf. die Entscheidung der Einigungsstelle zugunsten der Maßnahme zu erreichen.

5   Der Antragsteller muss zusätzlich den gestellten Antrag begründen, damit die Einigungsstelle selbst in die Lage versetzt wird zu beurteilen, wie die Angelegenheit rechtlich zu würdigen ist und dies unter Berücksichtigung der Einlassung des Antragsgegners in der Erwiderung der Antragsschrift. Zum Beispiel für eine Antragsschrift § 37 Rn 17 ff.

2. Erwiderung des Antragsgegners

Der Vorsitzende der Einigungsstelle muss bei der Übersendung der Antragsschrift an den Antragsgegner diesem eine **Frist** zur schriftlichen Erwiderung setzen. Die Antragserwiderung des Antragsgegners übermittelt der Vorsitzende der Einigungsstelle über die Geschäftsstelle an den Antragsteller und bestimmt einen Termin, bis zu dem abschließend schriftsätzlich vorzutragen ist (§ 46 Abs. 1 S. 3 und 4). 6

3. Einigungsvorschlag

a. Annahme

Der Vorsitzende prüft nach Eingang der Schriftsätze aufgrund der Aktenlage eine Möglichkeit zur Einigung der Beteiligten. Dazu unterbreitet er bei den gegebenen Voraussetzungen den Beteiligten im schriftlichen Verfahren einen Einigungsvorschlag mit Begründung. 7

Die Beteiligten haben nach Zugang des Einigungsvorschlages die Gelegenheit, sich mit dem Vorschlag zu befassen und sich zu äußern. Dabei haben sie die Möglichkeit gegenseitiger Kontaktnahme in der Einrichtung, um die Details des Vorschlags zu besprechen. Kommen sie überein, den Vorschlag anzunehmen, teilen sie das der Einigungsstelle gemeinsam oder in getrennten Schreiben mit. Dann beurkundet der Vorsitzende diese Einigung und übersendet den Beteiligten je eine Abschrift der Urkunde. Damit ist das Einigungsstellenverfahren beendet (§ 46 Abs. 2). 8

b. Ablehnung

Erfolgt keine Einigung der Beteiligten, muss der Vorsitzende der Einigungsstelle einen Termin zur mündlichen Verhandlung vor der Einigungsstelle bestimmen. Damit kann er zugleich dem Antragsteller und dem Antragsgegner eine Frist zur Äußerung setzen, um jede Einigungsmöglichkeit, auch Alternativen für eine Einigung auszuloten. Das Schweigen des Antragsgegners zur Antragsschrift verhindert nicht den Fortgang des Verfahrens, weil die Einigungsstelle letztlich durch Spruch entscheidet. 9

4. Die Zulassung eines Bevollmächtigten der Mitarbeitervertretung (§ 17 Abs. 1 S. 2, dritter Spiegelstrich)

Die MAV kann gemäß § 17 Abs. 1 S. 2, dritter Spiegelstrich beantragen, dass der Vorsitzende der Einigungsstelle feststellt, dass die Beauftragung eines Bevollmächtigten im Verfahren vor der Einigungsstelle zur Wahrung der Rechte der MAV notwendig ist und demnach die Beauftragung durch die MAV zugelassen wird. Die Kosten der Beauftragung des Bevollmächtigten trägt dann der Dienstgeber. Die Entscheidung des Vorsitzenden der Einigungsstelle ist nicht anfechtbar. 10

5. Terminbestimmung, § 46 Abs. 3

Die Terminbestimmung nimmt der Vorsitzende der Einigungsstelle so vor, dass für die Beteiligten eine angemessene Ladungsfrist zur Verfügung steht. Die Ladung zur mündlichen Verhandlung nach Ort und Zeit ergeht dann an die Beteiligten (§ 46 Abs. 3). Die Beteiligten bestellen auf Veranlassung des Vorsitzenden die Ad-hoc-Beisitzer (§ 41 Abs. 1 Buchst. c), damit sie vom Vorsitzenden zum Termin der mündlichen Verhandlung geladen werden können. Gleichzeitig sind die turnusmäßig bestimmten Listen-Beisitzer (§ 41 Abs. 1 Buchst. b) zur Sitzung der Einigungsstelle einzuladen. Dafür hat der Vorsitzende unter Beachtung der Reihenfolge nach den Beisitzerlisten (§ 41 Abs. 2) zu sorgen. 11

6. Mündliche Verhandlung

Die Verhandlung vor der Einigungsstelle ist nicht öffentlich (§ 46 Abs. 4 S. 1). Das ist dem Verfahren angemessen, weil an ihm nur die vom Antrag betroffene Einrichtung beteiligt ist und zudem Angelegenheiten der Einrichtung erörtert werden, die vertraulich zu behandeln sind. Die Nichtöffentlich- 12 keit des Verfahrens entspricht dem Verfahren sowohl vor der Einigungsstelle nach dem BetrVG als auch nach dem BPersVG.

13 Der Vorsitzende leitet unter gleichzeitiger Anwesenheit der Listen-Beisitzer und der Ad-hoc-Beisitzer die Verhandlung (§ 46 Abs. 4 S. 2). Er führt in den Sach- und Streitgegenstand in der Sitzung ein (§ 46 Abs. 4 S. 3). Dann erörtert er mit den Beteiligten das gesamte Streitverhältnis und gibt den Beteiligten entsprechend dem Gebot des rechtlichen Gehörs Gelegenheit zur Stellungnahme (§ 46 Abs. 4 S. 4), die mündlich vorzutragen ist. Er prüft die Einigungsmöglichkeit der Beteiligten (§ 46 Abs. 4 S. 5, § 47 Abs. 1), die in den Fällen der §§ 36 Abs. 1 Nr. 1–11 und 37 Abs. 1 Nr. 1–11 auch zu einer Dienstvereinbarung der Beteiligten (§ 38 Abs. 1 Nrn. 2–9, 11–13 und Abs. 4) führen kann. Ist es dennoch nicht zu einer Verständigung und Einigung der Beteiligten gekommen, stellen die Beteiligten die wechselseitigen Anträge auf Entscheidung durch Spruch der Einigungsstelle (§ 46 Abs. 4 S. 5).

Die Entscheidung kann im Erlass eines zusprechenden Spruchs der Einigungsstelle bzw. der Zurückweisung eines gestellten Antrags bestehen.

7. Ausbleiben von Mitgliedern der Einigungsstelle

14 Sind nicht alle Beisitzer zur Sitzung erschienen und haben nicht alle an der Sitzung der Einigungsstelle teilgenommen, weil sie etwa nicht ordnungsgemäß geladen wurden, kann kein Spruch der Einigungsstelle ergehen; er wäre unwirksam.[1] Denn gemäß § 41 Abs. 2 entscheidet die Einigungsstelle in der vorgeschriebenen Besetzung. Ein anderes Vorgehen führt zu einem angreifbaren Verfahrensfehler (§ 47 Abs. 4). Die MAVO des Erzbistums Köln erweiterte wohl deshalb den Wortlaut des § 46 Abs. 3 bisher wie folgt: »Benennt eine Seite keine Ad-hoc-Beisitzerin oder keinen Ad-hoc-Beisitzer oder bleibt die oder der von einer Seite genannte Ad-hoc-Beisitzerin oder Ad-hoc-Beisitzer trotz rechtzeitiger Einladung dem Termin fern, so entscheiden die oder der Vorsitzende und die erschienenen Mitglieder nach Maßgabe von § 47 Abs. 2 allein.«[2] Mit einer derartigen Regelung kann einer evtl. Blockade der Einigungsstelle angemessen vorgebeugt werden.[3]

8. Ausbleiben des Antragstellers im Termin

15 Bei unentschuldigtem Ausbleiben des Antragstellers im Termin zur mündlichen Verhandlung weist die Einigungsstelle den Antrag ab; andernfalls wird ein neuer Termin auf Antrag eines Beteiligten bestimmt.

9. Fehlende Regelungen

a. Beweisaufnahme

16 Nicht geregelt sind Fragen der Beweisaufnahme durch Zeugen, Sachverständige, Augenschein, Urkunden.[4] Im Rahmen der der Einigungsstelle zukommenden Ausübung pflichtgemäßen Ermessens bei der Führung ihrer Amtsgeschäfte ist sie verpflichtet, die von Amts wegen zu leistende Sachaufklärung erforderlichenfalls auch durch Beweisaufnahmen zu bewerkstelligen (Offizialmaxime),[5] um eine fehlerhafte Ermessensausübung bei ihrem Spruch zu vermeiden. Die Einigungsstelle verfügt allerdings über keine Zwangsmittel zur Aufklärung des Sachverhalts. Es besteht auch keine Pflicht als Zeuge auszusagen, auch kann ein Zeuge nicht vereidigt werden. Die Einigungsstelle kann auch nicht

---

1 Vgl. *BAG*, 27. 6. 1995 – 1 ABR 3/95, NZA 1996, 161.
2 Amtsblatt des Erzbistums Köln 2005 S. 328.
3 *Thiel*, ZMV Sonderheft 2005, S. 71, 79.
4 Vgl. dazu noch die Schlichtungsverfahrensordnung zu § 42 Abs. 1 S. 4 MAVO 1995 i. V. m. der Ordnung für das Schlichtungsverfahren nach der MAVO für das Bistum Münster, Amtsblatt 2004 Art. 139 S. 131, § 15.
5 ErfK/*Kania*, § 76 BetrVG Rn 17.

das Kirchliche Arbeitsgericht ersuchen, eine Zeugenvernehmung durchzuführen.[6] Denkbar ist, dass sich angesichts der wenigen Regeln für das Einigungsstellenverfahren die ständige Einigungsstelle eine Verfahrensordnung gibt, die sich zu Rechten und Pflichten des Vorsitzenden, Ladungsfristen, Fristen zu Stellungnahmen der Beteiligten, Beweisanträgen äußert.[7]

b. Befangenheit

Ebenfalls nicht geregelt sind Möglichkeiten für Befangenheitsanträge, insbesondere gegen den Vorsitzenden oder den stellvertretenden Vorsitzenden.[8] Hierzu zählt auch die Selbstablehnung des Vorsitzenden wegen Befangenheit. 17

Im Falle der Selbstablehnung ist der Fall der Verhinderung gegeben, so dass der stellvertretende Vorsitzende das Verfahren leitet.

Ein Befangenheitsantrag ist ein Antrag, der eine Rechtsfrage zum Gegenstand hat. Er muss daher gemäß § 2 Abs. 2 KAGO durch Entscheidung des Kirchlichen Arbeitsgerichts beschieden werden. Den Befangenheitsantrag können Beisitzer der Einigungsstelle nicht stellen[9]; sie sind nämlich Teil der Einigungsstelle. Die in die Einigungsstelle berufenen Beisitzer der Einigungsstelle werden durch ihre Bestellung nicht Träger des Mitbestimmungsrechts. Der Befangenheitsantrag muss daher von einer der Parteien des Einigungsstellenverfahrens gestellt werden. Den Befangenheitsantrag leitet der Vorsitzende der Einigungsstelle an das Kirchliche Arbeitsgericht mit seiner Stellungnahme. Dieses Vorgehen ist deshalb einzuhalten, weil ansonsten nach Abschluss des Einigungsstellenverfahrens das Kirchliche Arbeitsgericht schon wegen eines Rechtsfehlers zur Entscheidung angerufen werden könnte.

Die Listen-Beisitzer gehören den Lagern der Beteiligten an, so dass die Frage eventueller Befangenheit nur dann von Bedeutung sein kann, wenn die Sache einem Beteiligten als Mitglied zugerechnet werden kann. Voraussetzung für die Amtsführung der Listen-Beisitzer ist ihre persönliche Unabhängigkeit. Die Ad-hoc-Beisitzer sind stets als Interessenvertreter ihrer Besteller zu sehen.[10]

10. Verweisung wegen Unzuständigkeit der Einigungsstelle

Nicht geregelt sind Verweisungsmöglichkeiten von der Einigungsstelle an eine andere örtlich zuständige Einigungsstelle oder an das Kirchliche Arbeitsgericht wegen der sachlichen Zuständigkeit des Gerichts. Gegebenenfalls gibt die Einigungsstelle einen sachdienlichen Hinweis, um das Streitverhältnis bei der örtlich zuständigen Einigungsstelle oder beim Kirchlichen Arbeitsgericht anhängig zu machen. 18

11. Nachschieben von Gründen

Es kann vorkommen, dass der Dienstgeber im Einigungsstellenverfahren Gründe für seine Absichten nachschieben will, weil er sie in den Verhandlungen mit der MAV im Zustimmungsverfahren (§ 33 MAVO) nicht erörtert hat. Die Zulässigkeit des Nachschiebens von Gründen ist abzulehnen. Denn der Dienstgeber ist zur umfassenden Information der MAV verpflichtet,[11] ehe überhaupt das Zustimmungsverfahren mit der MAV als abgeschlossen bewertet werden kann (§ 33 Abs. 2 S. 1) und damit 19

---

6 ErfK/*Kania*, § 76 Rn 17.
7 *Ilbertz/Widmaier*, BPersVG, § 71 Rn 19.
8 Zum gleichen Problem nach BetrVG: *BAG*, 11. 9. 2001 – 1 ABR 5/01, in: b+p Arbeitsrecht 2002 S. 197 ff. mit entsprechender Anwendung der §§ 1036 ff. ZPO.
9 Vgl. *BAG*, 29. 1. 2002 – 1 ABR 18/01, EzA § 76 1972 Nr. 70; zum Befangenheitsantrag bei der Einigungsstelle i. S. v. § 76 BetrVG: *LAG Köln*, 11. 7. 2001 – 8 Ta BV 4/01, NZA 2002, 926; *BAG*, 11. 9. 2001 – 1 ABR 5/01, NZA 2002, 572 unter Hinweis auf die entsprechende Anwendbarkeit von § 1037 Abs. 2 und 3 ZPO.
10 *Thiel*, ZMV Sonderheft 2005 S. 71, 78.
11 (§ 26 Abs. 1 S. 1 MAVO; siehe auch § 33 Rn 20 m. w. N.

geklärt ist, ob die eine oder andere Seite mit ihrer Haltung in der Mitbestimmungsangelegenheit i. S. v. § 45 überhaupt überzeugen kann. Dabei muss der Dienstgeber die MAV so umfassend unterrichten, dass sie alle entscheidenden Gesichtspunkte kennt, die für die Ausübung des Mitbestimmungsrechts von Bedeutung sein können. Umgekehrt muss die Einigungsstelle nachgeschobene Gründe unbeachtet lassen, weil sie nur so entscheiden kann, ob eine Zustimmungsverweigerung der MAV richtig oder falsch war.

Die Einigungsstelle könnte allerdings das Verfahren unterbrechen und den Beteiligten Gelegenheit geben, die Angelegenheit außerhalb des Verfahrens zu erörtern und zu beraten,[12] und sodann, soweit hierbei keine Einigung erzielt werden kann, das Einigungsstellenverfahren wieder aufnehmen.

Lediglich die Mitteilung von Rechtsansichten über die bestehende tatsächliche Situation ist unschädlich und kann zu jedem Zeitpunkt, auch noch im Verfahren vor der Einigungsstelle, geändert oder ergänzt werden.[13]

12. Niederschrift

20 Über die mündliche Verhandlung ist ein Protokoll zu fertigen, das der Vorsitzende der Einigungsstelle unterschreibt (§ 46 Abs. 4 S. 5). Er kann einen Protokollführer hinzuziehen. In dem Protokoll werden die Mitglieder der tagenden Einigungsstelle in ihrer Besetzung, die Beteiligten (erschienen oder nicht erschienen), das Datum der Verhandlung und ggf. Beweisaufnahmen festgehalten. Ebenso sind die wechselseitigen Anträge der Beteiligten und das Verhandlungsergebnis zu protokollieren. Das Protokoll wird den Beteiligten übersandt.

21 Kommt eine Einigung in der mündlichen Verhandlung zustande, wird dies beurkundet und den Beteiligten eine Abschrift der Urkunden übersandt (§ 47 Abs. 1).

§ 47 Einigungsspruch

(1) Kommt eine Einigung in der mündlichen Verhandlung zustande, wird dies beurkundet und den Beteiligten eine Abschrift der Urkunden übersandt.

(2) Kommt eine Einigung der Beteiligten nicht zustande, so entscheidet die Einigungsstelle durch Spruch. Der Spruch der Einigungsstelle ergeht unter angemessener Berücksichtigung der Belange der Einrichtung des Dienstgebers sowie der betroffenen Mitarbeiter nach billigem Ermessen. Der Spruch ist schriftlich abzufassen.

(3) Der Spruch der Einigungsstelle ersetzt die nicht zustande gekommene Einigung zwischen Dienstgeber und Mitarbeitervertretung bzw. Gesamtmitarbeitervertretung. Der Spruch bindet die Beteiligten. Der Dienstgeber kann durch den Spruch nur insoweit gebunden werden, als für die Maßnahmen finanzielle Deckung in seinen Haushalts-, Wirtschafts- und Finanzierungsplänen ausgewiesen ist.

(4) Rechtliche Mängel des Spruchs oder des Verfahrens der Einigungsstelle können durch den Dienstgeber oder die Mitarbeitervertretung beim Kirchlichen Arbeitsgericht geltend gemacht werden; die Überschreitung der Grenzen des Ermessens kann nur binnen einer Frist von zwei Wochen nach Zugang des Spruchs beim Kirchlichen Arbeitsgericht geltend gemacht werden. Beruft sich der Dienstgeber im Fall des Absatzes 3 Satz 3 auf die fehlende finanzielle Deckung, können dieser Einwand sowie rechtliche Mängel des Spruchs oder des Verfahrens vor der Einigungsstelle nur innerhalb einer Frist von vier Wochen nach Zugang des Spruchs geltend gemacht werden.

---

12 Zum verfrühten Antrag: *Thiel*, ZMV 1996, 64 f.
13 *Ilbertz/Widmaier*, a. a. O. § 71 Rn 20.

(5) Das Verfahren vor der Einigungsstelle ist kostenfrei. Die durch das Tätigwerden der Einigungsstelle entstehenden Kosten trägt die (Erz-)Diözese. Jeder Verfahrensbeteiligte trägt seine Auslagen selbst; der Mitarbeitervertretung werden gemäß § 17 Abs. 1 die notwendigen Auslagen erstattet.

Übersicht

	Rn
I. Vorbemerkung	1
II. Einigungsspruch	2–10
1. Die Einigung, Abs. 1	2
2. Dienstvereinbarung	3
3. Der Spruch der Einigungsstelle, Abs. 2	4–10
a. Beschluss der Einigungsstelle	4–6
b. Entscheidungsformel	7
c. Verkündung des Spruchs	8–10
III. Wirkungen des Spruchs der Einigungsstelle (Abs. 3)	11–13
1. Bindung der Beteiligten	11
2. Berufung auf fehlende finanzielle Deckungsmöglichkeiten	12, 13
IV. Anfechtung des Spruchs der Einigungsstelle, Abs. 4	14–19
V. Kosten, Abs. 5	20, 21
VI. Verfahren vor dem Kirchlichen Arbeitsgericht	22–41
1. Klage gegen den Spruch der Einigungsstelle	22–25
2. Verfahrensgang	26
3. Fristen	27
4. Allgemeine Verfahrensgrundsätze	28–36
a. Öffentlichkeit der Verhandlung	29
b. Anhörung von Kläger, Beklagtem, Beteiligtem und Beigeladenem	30, 31
c. Anhörung von Zeugen und sachkundigen Dritten	32–34
d. Einigungvorschlag des Kirchlichen Arbeitsgerichts	35, 36
5. Urteil	37–41
VII. Revision	42–51
1. Zulassung und Zweck	42–48
2. Nichtzulassungsbeschwerde	49–51
VIII. Einstweilige Verfügung, § 52 KAGO	52–63
1. Rechtsgrundlagen	52
2. Verfahren	53–58
3. Beschluss	59–62
4. Unzulässigkeit der Revision, § 47 Abs. 4 KAGO	63
IX. Vollstreckung der Entscheidungen kirchlicher Arbeitsgerichte	64–78
1. Keine Zwangsvollstreckung nach staatlichem Recht	64–69
2. Die Vollstreckungsmaßnahmen gemäß § 53 KAGO	70–76
a. Berichtspflicht bei verpflichtendem Urteil, § 53 Abs. 1 KAGO	70, 71
b. Unterlassung der Berichtspflicht, § 53 Abs. 2 KAGO	72, 73
c. Steigerung der Vollstreckungsmaßnahmen, § 53 Abs. 3 KAGO	74–76
3. Vollstreckung von Willenserklärungen, § 54 KAGO	77
4. Disziplinarische Maßnahmen	78

I. Vorbemerkung

Die Vorschrift des § 47 gliedert sich in vier Teile. Zunächst geht es um die Folge einer Einigung der beteiligten Einrichtungspartner in der mündlichen Verhandlung vor der Einigungsstelle (§ 47 Abs. 1). Sodann geht es im Falle nicht zustande gekommener Einigung um den Spruch der Einigungsstelle mit Bindungswirkung für die Beteiligten (§ 47 Abs. 2 und 3). Der Spruch der Einigungsstelle unterliegt der Rechtskontrolle durch das Kirchliche Arbeitsgericht (§ 47 Abs. 4 MAVO i. V. m. § 2 Abs. 2 KAGO). Zu Kostenfragen verhält sich schließlich § 47 Abs. 5. 1

II. Einigungsspruch

1. Die Einigung, Abs. 1

Kommt eine Einigung in der mündlichen Verhandlung vor der Einigungsstelle zustande, wird dies durch den Vorsitzenden der Einigungsstelle beurkundet. Er nimmt den Text auf, so wie ihn die Beteiligten inhaltlich vereinbart haben. Die Urkunde mit dem Einigungstext wird den Beteiligten abschriftlich an ihre Anschriften übersandt (§ 47 Abs. 1). Die Urkunde ist von den Beteiligten und vom Vorsitzenden der Einigungsstelle zu unterzeichnen. 2

2. Dienstvereinbarung

3 Je nach Sachgegenstand der Regelungsangelegenheit i. S. v. § 36 Abs. 1 bzw. § 37 Abs. 1 ist im Falle der Einigung auch noch zu prüfen, ob die Einigung Grundlage für den Abschluss einer Dienstvereinbarung i. S. v. § 38 Abs. 1 Nrn. 2–9 und 11–13 sein kann. Die Form der Einigung der Beteiligten im Einigungsstellenverfahren ist ihnen überlassen. Die Einigungsstelle kann insbesondere auch eine Dienstvereinbarung vermitteln. Dazu kann sie den Text vorschlagen, der sich aus den Einigungsverhandlungen kristallisiert hat. Zu Begriff und Wesen der Dienstvereinbarung wird auf die Ausführungen zu § 38 verwiesen.

3. Der Spruch der Einigungsstelle, Abs. 2

a. Beschluss der Einigungsstelle

4 Ist es nicht möglich gewesen, die Beteiligten zu einer Einigung zu bewegen, muss die Einigungsstelle durch bindenden Spruch entscheiden. Dabei kann sie dem Antrag des Antragstellers stattgeben oder den Antrag abweisen (§ 47 Abs. 2 S. 1). Der Spruch ergeht nach billigem Ermessen der Einigungsstelle nach **Beratung** der an der Verhandlung beteiligten Mitglieder der Einigungsstelle, also des Vorsitzenden, der Listen-Beisitzer und der Ad-hoc-Beisitzer. Die Mitglieder der Einigungsstelle sind an das Beratungsgeheimnis gebunden.

5 Der **Beschluss** bedarf der Stimmenmehrheit der fünf an der Entscheidung mitwirkenden Mitglieder der Einigungsstelle, die alle an der Beratung und Beschlussfassung zu dem Spruch der Einigungsstelle teilnehmen müssen. Stimmenthaltung ist ausgeschlossen[1] (vgl. § 42 Abs. 2 S. 2 KAGO). An der Beratung und Beschlussfassung dürfen mit dem Vorsitzenden nur die ordnungsgemäß zur Sitzung der Einigungsstelle eingeteilten Beisitzer teilnehmen. Die Anwesenheit weiterer Mitglieder der Einigungsstelle und anderer Personen ist unzulässig. Es entscheidet die **absolute Mehrheit der Stimmen** (drei von fünf Stimmen). Die Mitglieder der Einigungsstelle stimmen in der Weise ab, dass zunächst die Beisitzer nach ihrem Lebensalter, zuletzt der Vorsitzende ihre Stimmen abgeben.

6 In der Ermessensentscheidung sind die Belange der Einrichtung des Dienstgebers sowie der betroffenen Mitarbeiter (z. B. bei einem Sozialplan gemäß § 37 Abs. 1 Nr. 11) angemessen zu berücksichtigen (§ 47 Abs. 2 S. 2).

b. Entscheidungsformel

7 Der Spruch der Einigungsstelle hat eine **Entscheidungsformel** zu enthalten. Bei dem Spruch ist die Einigungsstelle an die gestellten Anträge gebunden; sie darf nicht darüber hinausgehen. Die Einigungsstelle gibt dem Antrag statt (auch teilweise) oder weist ihn zurück. Der Vorsitzende der Einigungsstelle hat auf sachdienliche Anträge hinzuwirken, um rechtliche Mängel des Spruchs der Einigungsstelle insoweit zu vermeiden.

c. Verkündung des Spruchs

8 Die **Spruchformel ist zu verkünden.** Das kann im Anschluss an die mündliche Verhandlung oder durch Zustellung der Spruchformel an die Beteiligten geschehen. Damit keine Unklarheiten über die verkündete Spruchformel aufkommen, ist sie **schriftlich niederzulegen** und von allen Mitgliedern der Einigungsstelle, die an der Entscheidung mitgewirkt haben, zu unterzeichnen. Nach Verkündung ist die Spruchformel nicht mehr abänderbar, wenn man von offensichtlichen Unrichtigkeiten einmal absieht; sie sind zu korrigieren.

9 Der den Beteiligten zuzustellende Spruch der Einigungsstelle hat zu enthalten
   – das Rubrum, also die Angabe der Beteiligten des Einigungsstellenverfahrens und ihrer Vertreter sowie der eventuell tätig gewordenen Verfahrensbevollmächtigten,

---

[1] *Thiel*, ZMV Sonderheft 2005 S. 71, 80.

- die Bezeichnung der Einigungsstelle mit den Namen der an der Entscheidung mitwirkenden Mitglieder der Einigungsstelle,
- die Spruchformel,
- die Kostenfestsetzung,
- die erforderlichen Unterschriften der Mitglieder der Einigungsstelle,
- den Tag, an dem die mündliche Verhandlung geschlossen worden ist.

Der Vorsitzende hat den Spruch der Einigungsstelle mit seinem Tenor schriftlich abzufassen (§ 47 Abs. 2 S. 3). Je eine Ausfertigung erhalten die beteiligten Antragsteller und Antragsgegner. In den Angelegenheiten der §§ 36 Abs. 1 und 37 Abs. 1 hat der Spruch der Einigungsstelle materiell den Charakter einer Dienstvereinbarung. Die Entscheidungsgründe werden nicht als Bestandteil des Spruchs der Einigungsstelle in der MAVO genannt. Sie sind aber gerade mit Rücksicht auf das von der Einigungsstelle ausgeübte Ermessen im Falle einer Anfechtung des Spruchs beim Kirchlichen Arbeitsgericht von Bedeutung, weil sie Aufschluss über die Umstände für die Entscheidung liefern.

III. Wirkungen des Spruchs der Einigungsstelle (Abs. 3)

1. Bindung der Beteiligten

Der (mit den Entscheidungsgründen versehene) Spruch der Einigungsstelle schafft im Rahmen der gestellten Anträge, über die entschieden worden ist, Recht zwischen den Beteiligten. Er bindet sie (§ 47 Abs. 3 S. 2). Der Spruch der Einigungsstelle ersetzt die nicht zustande gekommene Einigung zwischen Dienstgeber und MAV, gemeinsamer Mitarbeitervertretung, Sondervertretung, Gesamtmitarbeitervertretung oder erweiterter Gesamtmitarbeitervertretung (§ 47 Abs. 3 S. 1). Das bedeutet:
- Das gleiche Verfahren mit gleichen Anträgen kann nicht noch einmal zum Gegenstand eines Einigungsstellenverfahrens gemacht werden (äußere Rechtskraft des Spruchs). Wenn der eine oder andere Beteiligte des Verfahrens zu einem Tun oder Unterlassen verpflichtet worden ist, hat er dem Spruch der Einigungsstelle nachzukommen.
- Die Einigungsstelle ist an ihre einmal verkündete Entscheidung gebunden, soweit die Spruchformel geht. Die Regelungsentscheidung hat der Dienstgeber durchzuführen.
- Ein nicht schriftlich abgefasster Spruch entfaltet keine Wirksamkeit. Die Begründung des Spruchs ist nicht zwingend vorgeschrieben, sollte allerdings erfolgen. Dies ist für eine in Betracht kommende Überprüfung des Spruchs der Einigungsstelle auch deshalb von Bedeutung, da aus den die Entscheidung tragenden Gründen zu ersehen ist, welche Wertungen die Einigungsstelle im Rahmen billigen Ermessens vorgenommen und welche Maßstäbe sie insoweit für die getroffene Entscheidung angelegt hat (§ 47 Abs. 2).

2. Berufung auf fehlende finanzielle Deckungsmöglichkeiten

§ 47 Abs. 3 S. 3 enthält zugunsten des Dienstgebers für den Spruch der Einigungsstelle eine – in etwa mit § 71 Abs. 3 S. 4 BPersVG vergleichbare – salvatorische Klausel. Der Dienstgeber ist an die von der Einigungsstelle getroffene Entscheidung durch Spruch nur insoweit gebunden, als für die Maßnahmen finanzielle Deckung in seinen Haushalts-, Wirtschafts- und Finanzierungsplänen vorgesehen ist. Die Regelung des § 47 Abs. 3 S. 3 gibt dem Dienstgeber aber nicht das Recht, unter Berufung auf fehlende finanzielle Deckung eine Einlassung in die Anträge der MAV im Rahmen des § 37 oder in Verhandlungen über den Abschluss von Regelungen nach § 36 – insbesondere bei der Aufstellung eines Sozialplanes (§ 36 Abs. 1 Nr. 11) – zu verweigern.[2] Die Vorschrift will nur verhindern, dass die Einigungsstelle – als eine für die Haushaltsführung nicht verantwortliche Instanz – haushaltswirksame Sprüche treffen kann. Dafür ist der Dienstgeber ausschließlich zuständig. Die Einigungsstelle muss sich daher vergewissern, ob für den von ihr geplanten Spruch und in welcher Höhe Haushalts-

---

2 *VerwG der EKD*, 16.11.1996, ZMV 1996, 142.

und Finanzierungsmittel zur Verfügung stehen. Umgekehrt kann aber die Verwaltung einer kirchlichen Einrichtung nicht dadurch in die Entscheidungskompetenz der Einigungsstelle eingreifen, dass sie generell die Bereitstellung von Haushalts- und Finanzierungsmitteln im Zusammenhang mit Entscheidungen der Einigungsstelle ablehnt. Das wäre eine unzulässige Beschränkung der Befugnis der Einigungsstelle. Die Sprüche der Einigungsstelle können nur durch bindende kirchengesetzliche Vorschriften beschränkt werden. Dazu gehört die Vorschrift des § 47 Abs. 3 S. 3 nicht, so dass der betroffene Dienstgeber nicht allein über eine Berufung auf fehlende Haushalts- und Finanzierungsmittel die Entscheidungen der Einigungsstelle in seinem Sinne beeinflussen kann.

13 Das gilt insbesondere bei der Aufstellung von Sozialplänen nach §§ 36, 37, 38 Abs. 1 Nr. 11. Hier hat sich der kirchliche Gesetzgeber entschlossen und der Einigungsstelle den ausdrücklichen Auftrag erteilt, zum Ausgleich und zur Milderung von wesentlichen wirtschaftlichen Nachteilen der Mitarbeiter der MAV im Falle von Betriebsänderungen auch ein Zustimmungs- und Antragsrecht zuzulassen. Dabei ist zu beachten, dass die Einigungsstelle erst entscheidend tätig wird, wenn es z. B. nicht zu einer Dienstvereinbarung gekommen ist. Der Dienstgeber muss zur Befolgung des Spruchs der Einigungsstelle in Aufbietung aller seiner finanziellen Möglichkeiten bereit sein, wenn die Bestimmungen der §§ 36 ff. überhaupt in der kirchengesetzlichen Regelung Geltung beanspruchen wollen. Es ist Sache der Einigungsstelle, sich vor einer kostenträchtigen Entscheidung zu vergewissern, welche finanziellen Mittel für einen Sozialplan zur Verfügung stehen.

IV. Anfechtung des Spruchs der Einigungsstelle, Abs. 4

14 Gemäß § 47 Abs. 4 kann der Spruch der Einigungsstelle von den Beteiligten des Einigungsstellenverfahrens beim Kirchlichen Arbeitsgericht angefochten werden. Voraussetzung ist, dass der Spruch rechtliche Mängel enthält oder das Verfahren vor der Einigungsstelle rechtsfehlerhaft war. Der Spruch der Einigungsstelle ist anfechtbar, wenn er rechtswidrige Regelungen enthält, selbst wenn der Beschwerdeführer deshalb nicht materiell-rechtlich beschwert ist. Denn im Verfahren vor dem Kirchlichen Arbeitsgericht geht es insoweit um Rechtskontrolle des Spruchs (§ 47 Abs. 4 Unterabsatz 1 S. 1 MAVO i. V. m. § 2 Abs. 2 KAGO). Soll die Einigungsstelle z. B. Regelungen zur Gefährdungsbeurteilung und zur Unterweisung der Beschäftigten nach ArbSchG erstellen, muss sie eine eigene Entscheidung in den zu regelnden Angelegenheiten treffen und darf dies nicht der einseitigen Festlegung durch den Dienstgeber überlassen. Die Einigungsstelle erfüllt ihren Regelungsauftrag auch nicht, wenn sie den Dienstgeber verpflichtet, das Ergebnis seiner Festlegung der MAV zur Beratung oder Zustimmung vorzulegen (*BAG*, 8. 6. 2004 – 1 ABR 4/03, NZA 2005, 227).

15 Daneben kann durch das Kirchliche Arbeitsgericht die Ermessensentscheidung der Einigungsstelle zur Überprüfung gestellt werden. Die **Überschreitung der Grenzen des Ermessen** durch die Einigungsstelle kann allerdings nur binnen einer Frist von zwei Wochen nach Zugang des Spruchs der Einigungsstelle beim Kirchlichen Arbeitsgericht geltend gemacht werden. Hierbei handelt es sich um eine materiell-rechtliche Ausschlussfrist. Sie wird nicht gewahrt, wenn innerhalb der Frist die Feststellung der Unwirksamkeit ohne **Begründung** beantragt wird.[3] Gegenstand der gerichtlichen Überprüfung des von der Einigungsstelle ausgeübten Ermessens ist allein die von dieser getroffene Regelung als solche. Ob die von der Einigungsstelle angenommenen tatsächlichen und rechtlichen Umstände zutreffen und ihre weiteren Überlegungen frei von Fehlern sind, ist ohne Bedeutung. Die Frage, ob die der Einigungsstelle gezogenen Grenzen des Ermessens eingehalten sind, ist eine Rechtsfrage, die der uneingeschränkten Überprüfung durch das Kirchliche Arbeitsgericht unterliegt.[4]

16 Beinhaltet der Spruch der Einigungsstelle einen **Sozialplan** i. S. v. § 36 Abs. 1 Nr. 11 bzw. § 37 Abs. 1 Nr. 11, liegt wegen geringer Höhe des Gesamtvolumens kein Ermessensfehler vor, wenn andernfalls das Sozialplanvolumen für den Dienstgeber wirtschaftlich nicht vertretbar wäre (*BAG*, 24. 8. 2004 – 1 ABR 23/03, NZA 2005, 302). In diesem Zusammenhang ist aber zu prüfen, ob die Möglichkeit

---

3 *BAG*, 26. 5. 1988 – 1 ABR 11/87, DB 1988, 2154.
4 Vgl. *BAG*, 6. 5. 2003 – 1 ABR 11/02, NZA 2004, 108.

eines Durchgriffs auf einen Konzern oder eine die Haushaltsmittel zuteilende Stelle besteht. Gemäß § 36 Abs. 1 Nr. 11 geht es entweder um den Ausgleich oder eben nur um Milderung von wesentlichen wirtschaftlichen Nachteilen der Mitarbeiter. Ficht der Dienstgeber den Sozialplanspruch der Einigungsstelle wegen Überdotierung an, ist er verpflichtet darzulegen, weshalb die dem Dienstgeber zumutbare Obergrenze überschritten wird. Ficht die MAV den Sozialplan wegen Unterdotierung an, so hat sie Umstände darzulegen aus denen sie ableitet, dass die Regelungen des Spruchs der Einigungsstelle die Untergrenze einer gebotenen und zumutbaren Mindestausstattung verletzen.[5]

Beruft sich der Dienstgeber auf die **fehlende finanzielle Deckung**, kann dieser Einwand zusammen mit der Geltendmachung rechtlicher Mängel des Spruchs oder des Verfahrens vor der Einigungsstelle nur innerhalb einer Frist von vier Wochen nach Zugang des Spruchs der Einigungsstelle geltend gemacht werden. Der diesbezügliche Antrag an das Kirchliche Arbeitsgericht ist schriftlich abzufassen und zu begründen (§ 47 Abs. 4 Unterabsatz 2). 17

Für die gerichtliche Überprüfung der wirtschaftlichen Vertretbarkeit eines durch Spruch der Einigungsstelle aufgestellten Sozialplans kommt es auf die objektiven Umstände an, wie sie im Aufstellungszeitpunkt tatsächlich vorlagen. Ob diese Umstände der Einigungsstelle bekannt waren oder bekannt sein konnten, ist für die Beurteilung ohne Bedeutung. Der Umfang der zulässigen Belastung des Dienstgebers richtet sich nach dem Einzelfall, wobei bei einem wirtschaftlich leistungsstarken Unternehmen im Falle der Entlassung eines großen Teils der Mitarbeiterschaft auch einschneidende Belastungen bis an den Rand der Bestandsgefährdung möglich sind.[6] 18

Der Spruch der Einigungsstelle ist im Wege der auf Feststellung seiner Unwirksamkeit gerichteten Feststellungsklage beim Kirchlichen Arbeitsgericht anzufechten.[7] Ein rechtliches Interesse an der Feststellung, dass ein Spruch der Einigungsstelle unwirksam ist, besteht nur, soweit und solange dem ein mitarbeitervertretungsrechtlicher Konflikt zu Grunde liegt und fortbesteht (§ 256 ZPO). Streiten die Einrichtungspartner über die Rechtswirksamkeit eines Spruchs der Einigungsstelle, ist die **Feststellungsklage** die zutreffende Verfahrensart beim Kirchlichen Arbeitsgericht.[8] Wird eine Einrichtung stillgelegt, erledigt sich ein anhängiges Gerichtsverfahren zur Anfechtung eines Einigungsstellenspruchs, weil nach der Rechtshängigkeit des Antrages tatsächliche Umstände eingetreten sind, auf Grund derer der Antrag aktuell als unbegründet oder unzulässig abgewiesen werden müsste. Die Erledigungserklärung kann in der Anfechtungsinstanz erfolgen.[9] 19

V. Kosten, Abs. 5

Das Verfahren vor der Einigungsstelle ist kostenfrei (**§ 47 Abs. 5 S. 1**); Gebühren werden nicht erhoben. Die durch die Tätigkeit der Einigungsstelle entstehenden Kosten trägt die Diözese, welche die Einigungsstelle errichtet hat (**§ 47 Abs. 5 S. 2**). 20

Der Dienstgeber trägt seine Auslagen und Aufwendungen aus Anlass des Einigungsstellenverfahrens selbst. Die beteiligte MAV hat Anspruch auf Erstattung ihrer notwendigen Auslagen einschließlich bewilligter Rechtsberatung (§ 17 Abs. 1). Es werden allerdings nur die notwendigen Kosten erstattet. Im Falle eines Streits über die Höhe der Kostenerstattung entscheidet gemäß § 2 Abs. 2 KAGO das Kirchliche Arbeitsgericht auf Antrag. Die Kostenfragen bleiben interessant für mögliche Verfahren vor dem Kirchlichen Arbeitsgericht (§ 2 Abs. 2 KAGO). In diesem Zusammenhang ist zu unterscheiden. Die MAV hat das Recht, gemäß § 17 Abs. 1 S. 2, dritter und vierter Spiegelstrich mit entsprechendem Antrag sicherzustellen, dass der Dienstgeber die Kosten der Beauftragung ihres Bevollmächtigten nach Entscheidung des Vorsitzenden der Einigungsstelle (dritter Spiegelstrich) bzw. im Falle eines Rechtsstreits vor dem Kirchlichen Arbeitsgericht nach Entscheidung des Vorsitzenden des 21

---

5 *BAG*, 24. 8. 2004 – 1 ABR 11/02, a. a. O.
6 *BAG*, 6. 5. 2003 – 1 ABR 11/02, NZA 2004, 108.
7 Vgl. *BAG*, 28. 5. 2002 – 1 ABR 37/01, NZA 2005, 171.
8 Vgl. *BAG*, 19. 2. 2002 – 1 ABR 20/01, NZA 2003, 1160.
9 Vgl. *BAG*, 19. 6. 2001 – 1 ABR 48/00, NZA 2002, 756.

VI. Einigungsstelle

Kirchlichen Arbeitsgerichts (vierter Spiegelstrich) zu tragen hat. Die Vorschriften des § 17 MAVO sind zu unterscheiden von denen gemäß § 12 KAGO. Das Kirchliche Arbeitsgericht entscheidet durch Urteil, ob Auslagen zu erstatten sind und wer diese zu tragen hat (§ 12 Abs. 1 S. 2 KAGO). Ist bereits über die Beauftragung eines Bevollmächtigten zugunsten der MAV gemäß § 17 Abs. 1 S. 2 MAVO entschieden worden, kann es nur noch um andere Auslagen gehen. Mitarbeitervertretungsrechtliche Vorschriften sind die Rechtsgrundlage (§ 12 Abs. 1 S. 2 KAGO). Die Entscheidung darüber ist auf Antrag eines Prozessbeteiligten auch schon vor Verkündung des Urteils durch das Kirchliche Arbeitsgericht durch selbständig anfechtbaren Beschluss (§ 55 KAGO) zulässig (§ 12 Abs. 2 KAGO), soweit nicht bereits Festlegungen gemäß § 17 Abs. 1 S. 2 vierter Spiegelstrich bzw. dritter Spiegelstrich getroffen worden sind.

VI. Verfahren vor dem Kirchlichen Arbeitsgericht

1. Klage gegen den Spruch der Einigungsstelle

22 Gemäß § 47 Abs. 4 MAVO können Dienstgeber und MAV sich mit der Klage an das Kirchliche Arbeitsgericht wenden wegen
– rechtlicher Mängel des Spruchs der Einigungsstelle,
– rechtlicher Mängel des Verfahrens,
– Überschreitung der Grenzen des Ermessens.

23 Der Dienstgeber kann außerdem unter Berufung auf die fehlende finanzielle Deckung der durch den Spruch verfügten Maßnahmen in seinen Haushalts-, Wirtschafts- und Finanzierungsplänen, die er bereits im Einigungsstellenverfahren geltend gemacht hat, den Spruch der Einigungsstelle beim Kirchlichen Arbeitsgericht mit der Klage anfechten (§ 2 Abs. 2 KAGO).

24 Beteiligtenbefugnis besteht gemäß § 8 Abs. 2 i. V. m. § 2 Abs. 2 KAGO. Die Klage ist nur zulässig, wenn der klagende Beteiligte geltend macht, in eigenen Rechten verletzt zu sein (§ 10 KAGO). Der **Klageantrag** ist **auf die Feststellung der Unwirksamkeit des Spruchs der Einigungsstelle** zu richten.

25 Gemäß § 11 KAGO ist Prozessvertretung durch eine sach- und rechtskundige Person zulässig. Will die MAV die Kosten der zu bevollmächtigenden Person dem Dienstgeber gemäß § 17 Abs. 1 S. 2, vierter Spiegelstrich MAVO aufbürden lassen, muss sie dazu den mit der Klageschrift bzw. Klageerwiderung zu verbindenden Antrag auf Bewilligung eines Bevollmächtigten stellen. Über den Antrag entscheidet das Kirchliche Arbeitsgericht (§ 12 Abs. 2 i. V. m. Abs. 1 S. 2 KAGO; dazu näher § 17 Rn 31 ff., 64 ff., 69 ff.). Der Antrag erübrigt sich nicht etwa, weil der MAV bereits im Einigungsstellenverfahren ein Bevollmächtigter gemäß § 17 Abs. 1 S. 2, dritter Spiegelstrich KAGO bewilligt wurde; er ist neu zu stellen, damit das Kirchliche Arbeitsgericht darüber entscheidet. Das kann auch dann geboten sein, wenn der Dienstgeber gerade wegen der Bewilligung des Bevollmächtigten für das Einigungsstellenverfahren Klage erhoben hat. Gegen die Entscheidung über die Bewilligung eines Prozessbevollmächtigten durch Beschluss nach § 12 Abs. 2 KAGO ist die Beschwerde gemäß § 55 KAGO zulässig.

2. Verfahrensgang

26 Gemäß § 27 KAGO finden auf das Verfahren vor den Kirchlichen Arbeitsgerichten im ersten Rechtszug die Vorschriften des staatlichen Arbeitsgerichtsgesetzes (ArbGG) über das Urteilsverfahren in ihrer jeweiligen Fassung Anwendung, soweit die KAGO nichts anderes bestimmt. Das Verfahren wird durch Erhebung der Klage gemäß § 28 KAGO eingeleitet. Allerdings kann die Klage jederzeit gemäß § 29 KAGO zurückgenommen werden. Zur Klageerwiderung verhält sich § 30 KAGO. Der Vorsitzende des Kirchlichen Arbeitsgerichts stellt dem Beklagten die Klageschrift zur fristgerechten Erwiderung zu (§ 31 KAGO) und bestimmt nach Eingang der Klageerwiderung, spätestens nach Ablauf der gesetzten Erwiderungsfrist, Termin zur mündlichen Verhandlung und weist auf die Folgen

des Ausbleibens der Beteiligten hin (§ 32 KAGO). Auf die weiteren Einzelheiten der Verfahrensvorschriften für den ersten Rechtszug (§§ 27–43 KAGO) wird verwiesen.[10]

3. Fristen

Die beim Kirchlichen Arbeitsgericht zu erhebende **Klage wegen des Spruchs der Einigungsstelle ist** innerhalb der in § 47 Abs. 4 MAVO gesetzten Fristen zu erheben. Die Überschreitung der Grenzen des Ermessens kann nur binnen einer Frist von zwei Wochen nach Zugang des Spruchs beim Kirchlichen Arbeitsgericht geltend gemacht werden, während rechtliche Mängel des Spruchs oder des Verfahrens der Einigungsstelle innerhalb einer Frist von vier Wochen nach Zugangs des Spruchs geltend zu machen sind; dasselbe gilt im Falle des Einwandes des Dienstgebers hinsichtlich fehlender Finanzmittel (§ 47 Abs. 4 Unterabsatz 2 i. V. m. Abs. 3 S. 3). 27

Die **ansonsten gemäß § 2 Abs. 2 KAGO** beim Kirchlichen Arbeitsgericht zu erhebende Klage ist **in der Regel unverzüglich** anzubringen, nachdem der in seinen Rechtsinteressen verletzte Kläger von den Tatsachen erfahren hat, die sein Rechtsschutzinteresse begründen (§ 10 KAGO). Soweit im **Einzelfall** in der MAVO Fristen zur Geltendmachung eines Anspruchs bestimmt sind, wie z. B. die zur Wahlanfechtung gemäß § 12 Abs. 3 MAVO, sind diese einzuhalten, sonst die in der KAGO ausdrücklich genannten, wie in § 44 KAGO i. V. m. § 13 Abs. 3 Nr. 6 und § 13c Nr. 4 MAVO: Ausschlussfrist von vier Wochen zur Klage auf Amtsenthebung, seitdem der Kläger vom Sachverhalt des Verstoßes der MAV bzw. eines Mitgliedes der MAV Kenntnis erlangt hat.

4. Allgemeine Verfahrensgrundsätze

Eingeschoben seien an dieser Stelle, auch wenn sie sich nicht nur auf das Verfahren bei Anfechtung des Spruchs der Einigungsstelle beziehen, einige Hinweise auf allgemeine Verfahrensgrundsätze vor dem Kirchlichen Arbeitsgericht, auf dessen Verfahren auch staatliches Prozessrecht anzuwenden ist (§ 27 KAGO), soweit nicht besondere Bestimmungen der KAGO bestehen. Auf § 7 und §§ 27–43 KAGO wird hingewiesen und ebenso auf die Ausführungen in diesem Kommentar unter § 45 Rn 25 ff. mit Beispielen zu Klageanträgen im Falle von Rechtsstreitigkeiten i. S. v. § 2 Abs. 2 KAGO. Siehe auch § 16 Rn 125 ff. 28

a. Öffentlichkeit der Verhandlung

Gemäß § 7 Abs. 2 S. 1 KAGO sind Verhandlung und Beweisaufnahme vor dem Kirchlichen Arbeitsgericht grundsätzlich öffentlich.[11] Andererseits kann bei erheblicher Beeinträchtigung kirchlicher Belange, schutzwürdiger Interessen oder Dienstgeheimnissen eines Beteiligten das Gericht die Öffentlichkeit ganz oder teilweise von der Verhandlung ausschließen (§ 7 Abs. 2 und 3 KAGO). Das ist im Fall der Klage gegen den Spruch der Einigungsstelle nicht außer Acht zu lassen. Denn im Einigungsstellenverfahren ist die Öffentlichkeit ausgeschlossen. 29

b. Anhörung von Kläger, Beklagtem, Beteiligtem und Beigeladenem

Der Grundsatz des rechtlichen Gehörs (Art. 103 Abs. 1 GG) zwingt das Kirchliche Arbeitsgericht zur Anhörung der Partner der Einrichtung, die als Kläger und Beklagter (§ 28 S. 2 KAGO) Beteiligte des Verfahrens (§ 32 S. 2 KAGO) sind, und etwaiger weiterer Beteiligter (z. B. des Mitgliedes der MAV bei einem Verfahren nach § 13c Nr. 4 MAVO) und im Verfahren nach § 18 Abs. 4 MAVO i. V. m. § 9 KAGO. 30

---

10 In diesem Kommentar Seiten 976 ff.
11 Zur Praxis: Amtsblatt des Bistums Limburg 2005 Nr. 213 S 224.

31 Soweit personelle Einzelmaßnahmen der Zustimmung der MAV unterliegen (§§ 34, 35 MAVO), ist der davon betroffene Mitarbeiter bei Verweigerung der Zustimmung der MAV im Verfahren vor dem Kirchlichen Arbeitsgericht nicht Beteiligter, er hat insbesondere kein eigenes Antragsrecht.[12]

c. Anhörung von Zeugen und sachkundigen Dritten

32 Das Gericht erforscht den Sachverhalt von Amts wegen. Die am Verfahren Beteiligten haben allerdings an der Aufklärung des Sachverhalts mitzuwirken. Zur Aufklärung des Sachverhalts können daher Urkunden eingesehen, Auskünfte eingeholt, Zeugen, Sachverständige und Beteiligte vernommen und Augenschein eingenommen werden (§ 7 Abs. 3 KAGO).

33 Zeugen und Sachverständige können zur Klärung tatsächlicher Verhältnisse (Begutachtung) herangezogen werden. Dabei ist das Kirchliche Arbeitsgericht an Anträge der Partner der Einrichtung und der Beteiligten bei der Hinzuziehung von Sachverständigen nicht gebunden (analog § 144 Abs. 1 ZPO). Die Anhörung der Zeugen setzt eine mündliche Verhandlung vor dem vollständig besetzten Gericht (§ 16 Abs. 2 KAGO) voraus. Ein Zeugniszwang besteht nicht. Die Zeugen sind zur wahrheitsgemäßen Aussage verpflichtet, können aber nicht wegen Verletzung der Wahrheitspflicht strafrechtlich belangt werden. Die Straftatbestände der §§ 153 ff. StGB sind nicht auf die Verfahren vor kirchlichen Gerichten anwendbar. Sie erfassen nur staatliche Gerichte oder staatliche Instanzen, die zur Vernehmung von Zeugen und Sachverständigen befugt sind.[13]

34 Letztlich scheiden die Straftatbestände aus, weil eine Beeidigung von Zeugen und Sachverständigen durch die Kirchlichen Arbeitsgerichte ausgeschlossen ist.

d. Einigungvorschlag des Kirchlichen Arbeitsgerichts

35 Das Kirchliche Arbeitsgericht soll vor der Verkündung eines Urteils einen Einigungsvorschlag unterbreiten. Dieser Vorschlag kann in der mündlichen Verhandlung erfolgen und zur Sitzungsniederschrift genommen werden. Er kann auch schriftlich nach Beendigung der mündlichen Verhandlung oder bei schriftlichen Verfahren den Verfahrensbeteiligten unterbreitet werden (§ 7 Abs. 5 KAGO).

36 Das Gericht entscheidet, welche Verfahrensweise gewählt wird, ob sich die Verfahrensbeteiligten in der mündlichen Verhandlung sofort zu entscheiden haben oder eine Erklärungsfrist erhalten. Haben die Parteien eine Erklärungsfrist und geben sie keine oder eine negative Erklärung ab, kann für die Verkündung des Urteils ein besonderer Verkündungstermin angesetzt werden.

5. Urteil

37 Das Kirchliche Arbeitsgericht entscheidet grundsätzlich aufgrund mündlicher Verhandlung (§ 7 Abs. 1 und § 38 KAGO) in der Besetzung mit dem Vorsitzenden, einem beisitzenden Richter aus den Kreisen der Dienstgeber und einem beisitzenden Richter aus den Kreisen der Mitarbeiter (§ 16 Abs. 2 KAGO) durch Urteil nach seiner freien, aus dem Gesamtergebnis des Verfahrens gewonnenen Überzeugung (§ 43 KAGO), falls die Streitsache nicht auf andere Weise beendet werden konnte, wie etwa durch Vergleich oder Erledigungserklärung (§ 41 KAGO). An der dem Urteil vorausgehenden Beratung nehmen ausschließlich der Vorsitzende und die beisitzenden Richter teil. Das Gericht entscheidet mit der Mehrheit der Stimmen. Stimmenthaltung ist nicht gestattet, weil die Stimmabgabe nicht verweigert werden darf. Der Vorsitzende stimmt zuletzt ab. Über den Hergang der Beratung und die Abstimmung ist Stillschweigen zu bewahren (§ 42 KAGO).

38 Im Verfahren vor den kirchlichen Arbeitsgerichten werden **Gebühren** nicht erhoben (§ 12 Abs. 1 S. 1 KAGO). Im Übrigen entscheidet das Gericht durch Urteil, ob **Auslagen** gemäß den KODA-Ordnungen bzw. den mitarbeitervertretungsrechtlichen Vorschriften erstattet werden und wer diese zu tragen

---

12 So für § 99 BetrVG in ständiger Rechtsprechung: *BAG*, 27. 5. 1982 – 6 ABR 105/79, AP Nr. 3 zu § 80 ArbGG = EzA § 83 GG 1979 Nr. 1 = BB 1983, 442.
13 So *Schönke/Schröder*, StGB § 153 Rn 5 ff., § 154 Rn 6 ff.

hat (vgl. § 17 MAVO). Das Gericht kann auf Antrag eines Beteiligten bereits vor Verkündung des Urteils durch selbständig anfechtbaren Beschluss (§ 55 KAGO) entscheiden, ob Auslagen erstattet werden (§ 12 Abs. 1 und 2 KAGO).

Über die **Kosten** der Beauftragung eines Verfahrensbevollmächtigten hat gemäß § 17 Abs. 1 S. 2, vierter Spiegelstrich MAVO der Vorsitzende des Kirchlichen Arbeitsgerichts insofern zu entscheiden, als er die Bevollmächtigung zur Wahrung der Rechte des am Verfahren beteiligten Bevollmächtigten (z. B. Mitarbeitervertretung) als notwendig beurteilt. Der zu Beginn des Verfahrens zu stellende Antrag ist also kein Antrag auf Kostenentscheidung. Die Kostenlast des Dienstgebers ist eine Folge der Zulassung des Bevollmächtigten (Rn 21; § 17 Rn 31 ff., 64 ff., 69 ff.). 39

Das Urteil ist schriftlich abzufassen, zu begründen und von allen mitwirkenden Richtern zu unterschreiben (§ 43 KAGO). Die Zustellung des Urteils erfolgt durch die Geschäftsstelle des Gerichts binnen dreier Wochen seit Übergabe des Urteils an die Geschäftsstelle. Die Zustellung setzt den Lauf der Rechtsmittelfrist in Gang, durch deren Ablauf die formelle Rechtskraft des Urteils eintritt. Mit ihr kann das Urteil nicht mehr mit Rechtsmitteln angegriffen werden. Ist ein Urteil formell rechtskräftig, entfaltet es auch materielle Rechtskraft, d. h. der Urteilsspruch ist bindend unter den Parteien festgestellt und kann auch in einem neuen Rechtsstreit nicht mehr in Frage gestellt werden. 40

Das Urteil enthält die Überschrift mit der Nennung des Kirchlichen Arbeitsgerichts. Danach folgen das Rubrum mit der Bezeichnung der Parteien mit Name und Anschrift, die Namen der gesetzlichen Vertreter und der Prozessbevollmächtigten, die Bezeichnung des Gerichts und die Namen der Richter, die bei der Entscheidung mitgewirkt haben. Nachfolgend wird der Tag angegeben, an dem die mündliche Verhandlung geschlossen wurde. Darauf folgt die Urteilsformel, auch Tenor genannt. Dies ist der Leitsatz der Entscheidung. Er besteht aus dem eigentlichen Entscheidungssatz, der Kostenentscheidung und der Festsetzung des Gegenstandswertes (§ 61 Abs. 1 ArbGG). Die Kosten werden jedoch gesondert festgesetzt. Daran schließen Tatbestand und Entscheidungsgründe an. Die Entscheidungsgründe enthalten die Erwägungen des Gerichts zur Begründung der Entscheidung (§ 313 Abs. 3 ZPO). 41

VII. Revision

1. Zulassung und Zweck

Ob gegen das Urteil des Kirchlichen Arbeitsgerichts die Revision zulässig ist, hängt von der Entscheidung des Kirchlichen Arbeitsgerichts oder vom Beschluss des Kirchlichen Arbeitsgerichtshofes ab (§ 47 Abs. 1 und 2, § 48 Abs. 5 S. 1 KAGO). Auf die Vorschriften über das Verfahren im zweiten Rechtszug (§§ 46–51 KAGO) wird hingewiesen. Zur Beauftragung eines Bevollmächtigten der MAV zur Durchführung der Revision wird auf die Ausführungen zu § 17 Rn 73 ff. verwiesen. Anwaltszwang besteht nicht (§ 11 KAGO). 42

Hat das Kirchliche Arbeitsgericht die Revision zugelassen, so ist der Kirchliche Arbeitsgerichtshof an diese Entscheidung, die im Tenor des Urteils des Kirchlichen Arbeitsgerichts enthalten sein muss, gebunden (§ 47 Abs. 1 und 3 KAGO). 43

Die Revision ist das Rechtsmittel, das sich im Wesentlichen gegen Urteile der Kirchlichen Arbeitsgerichte richtet. Mit der Revision können keine neuen Tatsachen mehr in den Rechtsstreit eingeführt werden; die tatsächliche Urteilsgrundlage ist durch das Kirchliche Arbeitsgericht festgestellt. Die Revision dient allein der rechtlichen Nachprüfung des vorangegangenen Urteils. Damit wahrt die Revision zwar die Interessen der Parteien. Ein weiteres Hauptziel ist aber, eine einheitliche Rechtsprechung im Gebiet der Deutschen Bischofskonferenz zu gewährleisten[14] und dadurch Rechtssicherheit zu fördern (§ 47 Abs. 2 Buchstaben a und b KAGO). 44

---

14 *Frank*, ZMV Sonderheft 2005 S. 13, 16.

45 Gemäß § 47 Abs. 2 KAGO ist die Revision zuzulassen, wenn:
– die Rechtssache grundsätzliche Bedeutung hat,
– das Urteil des Kirchlichen Arbeitsgerichts von einer Entscheidung des Kirchlichen Arbeitsgerichtshofs (Revisionsinstanz) oder, solange eine Entscheidung des Kirchlichen Arbeitsgerichtshofs in der Rechtsfrage nicht ergangen ist, von einer Entscheidung eines anderen Kirchlichen Arbeitsgerichts abweicht und die Entscheidung auf dieser Abweichung beruht oder
– ein Verfahrensmangel geltend gemacht wird, auf dem die Entscheidung beruhen kann.

46 Grundsätzliche Bedeutung setzt voraus, dass die Entscheidung über den Einzelfall hinaus von Bedeutung ist und es nicht lediglich um die Rechtsbeziehung der konkreten Verfahrensparteien geht. Grundsätzlichkeit besteht entweder auf rechtlichem Gebiet (Auslegung unklarer Bestimmungen, Wahrung der Einheitlichkeit der Rechtsprechung), sie kann aber auch auf wirtschaftlichem Gebiet liegen, sofern die wirtschaftliche Bedeutung über die konkrete Parteibeziehung hinausgeht. Die Rechtsfrage muss von entscheidungserheblicher Bedeutung sein. Sie kann auf materiellem wie prozessualem Gebiet liegen, wie auch auf sonstigen Rechtsgebieten, wenn das Kirchliche Arbeitsgericht etwa als Vorfrage hierüber zu entscheiden hatte. In jedem Fall müssen die Wirkungen des Urteils des Kirchlichen Arbeitsgerichts über seinen Bezirk hinausgehen, denn sonst reicht seine Entscheidung zur Wahrung der Rechtseinheit aus.

47 Die Revision kann nur auf die in § 49 KAGO genannten Gründe gestützt werden. Die Einlegung der Revision erfolgt nach der Vorschrift des § 50 KAGO. Auf die Revision erfolgt die Revisionsentscheidung des Kirchlichen Arbeitsgerichtshofes gemäß § 51 KAGO.

48 Ist die Revision unzulässig, verwirft sie der Kirchliche Arbeitsgerichtshof ohne Mitwirkung der beisitzenden Richter durch Beschluss, der ohne mündliche Verhandlung ergehen kann (§ 51 Abs. 2 KAGO). Ist die Revision unbegründet, so weist der Kirchliche Arbeitsgerichtshof die Revision durch Urteil in seiner Gesamtbesetzung (§ 22 Abs. 2 KAGO) zurück (§ 51 Abs. 3 KAGO). Ist die Revision begründet, kann der Kirchliche Arbeitsgerichtshof entweder in der Sache selbst entscheiden (vgl. § 563 Abs. 3 ZPO analog i. V. m. §§ 46, 27 KAGO, § 72 Abs. 5 ArbGG) oder muss das angefochtene Urteil des Kirchlichen Arbeitsgerichts aufheben und die Sache zur anderweitigen Verhandlung und Entscheidung zurückverweisen (vgl. § 563 Abs. 1 und 4 ZPO analog i. V. m. §§ 46, 27 KAGO, § 72 Abs. 5 ArbGG). Das Kirchliche Arbeitsgericht hat bei Zurückverweisung in seiner Entscheidung die rechtliche Beurteilung des Kirchlichen Arbeitsgerichtshofes zugrunde zu legen (§ 51 Abs. 6 KAGO).

2. Nichtzulassungsbeschwerde

49 Die Nichtzulassung der Revision durch das Kirchliche Arbeitsgericht ist von diesem schriftlich zu begründen (§ 47 Abs. 1 S. 2 KAGO); sie kann selbständig durch Beschwerde an den Kirchlichen Arbeitsgerichtshof angefochten werden. Die Nichtzulassungsbeschwerde ist nur statthaft, wenn:
a) das Kirchliche Arbeitsgericht rechtsirrig eine grundsätzliche Bedeutung verneint hat (§ 47 Abs. 2 Buchst. a KAGO) oder
b) eine Divergenzbeschwerde erhoben wird. Solches ist der Fall, wenn der Beschwerdeführer das Abweichen der Entscheidung von einer Entscheidung eines anderen Kirchlichen Arbeitsgerichts bzw. des Kirchlichen Arbeitsgerichtshofes (§ 47 Abs. 2 Buchst. b KAGO) rügt.

50 Die Nichtzulassungsbeschwerde ist innerhalb eines Monats nach Zustellung des vollständigen Urteils des Kirchlichen Arbeitsgerichts beim Kirchlichem Arbeitsgerichtshof einzulegen (§ 48 Abs. 2 S. 1 KAGO). Die Frist ist auch gewahrt, wenn die Beschwerde innerhalb der Frist bei dem Gericht, dessen Urteil angefochten wird, eingelegt wird. Die Beschwerde muss das angefochtene Urteil bezeichnen (§ 48 Abs. 2 S. 3 KAGO). Innerhalb von zwei Monaten nach Zustellung des vollständigen Urteils ist die Beschwerde zu begründen. Die Begründung ist beim Kirchlichen Arbeitsgerichtshof einzureichen (§ 48 Abs. 3 S. 1 und 2 KAGO). In der Begründung muss die grundsätzliche Bedeutung der Rechtssache dargelegt oder die Entscheidung, von der das Urteil abweicht, oder der Verfahrensmangel bezeichnet werden (§ 48 Abs. 3 S. 3 KAGO). Die Einlegung der Beschwerde hemmt die Rechtskraft des Urteils des Kirchlichen Arbeitsgerichts (§ 48 Abs. 4 KAGO).

Über die Beschwerde entscheidet der Kirchliche Arbeitsgerichtshof[15] ohne Hinzuziehung der beisitzenden Richter durch Beschluss, der ohne mündliche Verhandlung ergehen kann (§ 48 Abs. 5 S. 1 KAGO). Der Beschluss soll eine Begründung enthalten; von einer Begründung kann abgesehen werden, wenn sie nicht geeignet ist, zur Klärung der Voraussetzungen beizutragen, unter denen eine Revision zugelassen ist (§ 48 Abs. 5 S. 2 KAGO). Mit der Ablehnung der Beschwerde durch den Kirchlichen Arbeitsgerichtshof wird das Urteil des Kirchlichen Arbeitsgerichts rechtskräftig (§ 48 Abs. 5 S. 3 KAGO).

VIII. Einstweilige Verfügung, § 52 KAGO

1. Rechtsgrundlagen

Das Gebot des effektiven Rechtsschutzes führt zur Frage der Zulässigkeit von einstweiligen Verfügungen im Falle von Streitigkeiten. Die Antwort gibt § 52 KAGO für Fälle von Klagen beim Kirchlichen Arbeitsgericht. Es geht um die **Vermeidung einer Rechtsvereitelung.** Auf Antrag kann, auch schon vor Erhebung der Klage, eine einstweilige Verfügung in Bezug auf den Streitgegenstand getroffen werden, wenn die Gefahr besteht, dass in dem Zeitraum bis zur rechtskräftigen Beendigung des Verfahrens vor dem Kirchlichen Arbeitsgericht die Verwirklichung eines Rechtes des Klägers vereitelt oder wesentlich erschwert werden könnte oder wenn die Regelung eines vorläufigen Zustandes in einem streitigen Rechtsverhältnis erforderlich ist, um wesentliche Nachteile abzuwenden (§ 52 Abs. 1 KAGO).

2. Verfahren

Für das Verfahren nimmt § 52 Abs. 2 KAGO auf die Vorschriften der §§ 935 bis 944 ZPO als entsprechend anwendbar Bezug. Die Bestimmungen gelten mit der Maßgabe, dass die Entscheidungen durch den Vorsitzenden Richter des Kirchlichen Arbeitsgerichts ohne mündliche Verhandlung ergehen und die erforderlichen Zustellungen durch den Vorsitzenden von Amts wegen erfolgen.

Die einstweilige Verfügung ergeht durch Beschluss ohne mündliche Verhandlung. Dazu bedarf es eines Verfügungsgrundes, das ist die besondere Eilbedürftigkeit, und eines Verfügungsanspruchs, die glaubhaft zu machen sind (§ 920 ZPO).[16] Die Glaubhaftmachung richtet sich nach § 294 ZPO. Neben allen üblichen Beweismitteln insbesondere Zeugen, Sachverständigen und Urkunden ist danach auch die Versicherung an Eides statt zugelassen. Die Versicherung an Eides statt wird neben dem Urkundsbeweis im Verfahren auf Erlass einer einstweiligen Verfügung vor dem Kirchlichen Arbeitsgericht das einzige Mittel der Glaubhaftmachung sein, weil die Entscheidung durch den Vorsitzenden Richter des Kirchlichen Arbeitsgerichts ohne mündliche Verhandlung ergeht.

Die einstweilige Verfügung kann nur auf **Antrag eines Beteiligten** ergehen, allerdings auch bevor ein Verfahren in der Hauptsache eingeleitet wurde; der Antrag kann auch noch nach Antragstellung in der Hauptsache gestellt werden. Der Vorsitzende kann ggf. auch andere geeignete Regelungen treffen, sofern sich diese im Rahmen des Rechtsschutzbegehrens des Antragstellers bewegen. Dies folgt aus der Vorschrift des § 938 Abs. 1 ZPO.

An den Erlass einer einstweiligen Verfügung sind besondere **Anforderungen** zu stellen. Dies gilt insbesondere dann, wenn wegen der Eilbedürftigkeit keine Möglichkeit mehr besteht, dem Antragsgegner Gelegenheit zur Stellungnahme zu geben (s. a. Rn 58). Denn in diesem Fall wird, da die Entscheidung ohne mündliche Verhandlung ergeht, das Recht des Antragsgegners auf rechtliches Gehör beeinträchtigt. Das Gericht ist zudem auf den schriftlichen Vortrag des Antragstellers, insbesondere auf seine Richtigkeit und Vollständigkeit angewiesen. Dazu hat der Antragsteller seine Angaben glaub-

---

15 Das Kirchliche Arbeitsgericht entscheidet über die Beschwerde nicht mehr, wie das noch die KAGO des Jahres 2005 vorsah; dazu *Thiel*, ZMV 2006, 284.
16 *Schlichtungsstelle nach MVG-EKD der Nordelbischen Ev.-Luth. Kirche*, 26. 5. 2000 – 13/2000, ZMV 2001, 135; *Schlichtungsstelle Köln*, 3. 8. 2005 – MAVO 25/2005.

haft zu machen. Dazu gehört die Vorlage von Urkunden, aber auch die Abgabe einer eidesstattlichen Versicherung (Rn 54).

An der **Zulässigkeit des Antrages** fehlt es regelmäßig, wenn ein lediglich vorbeugendes Unterlassungsbegehren beantragt wird.[17] An der **Begründetheit** fehlt es beispielsweise, wenn die Unzulässigkeit einer außerordentlichen Kündigung festgestellt werden soll, obwohl der Dienstgeber alle erforderlichen Schritte des Anhörungsverfahrens gemäß § 31 MAVO gegenüber der MAV vollzogen hat, während er die MAV zur vorhergehenden Abmahnung nicht gehört hat; die Abmahnung ist nämlich keine mitwirkungsbedürftige Maßnahme für die MAV.

57 Unbegründet ist ein Antrag auf einstweilige Verfügung auch dann beispielsweise, wenn zur Teilnahme an einer Schulungsveranstaltung gemäß § 16 Abs. 1 MAVO ein Eilantrag gestellt wird, wenn der Dienstgeber die Teilnahme eines Mitgliedes der MAV abgelehnt hat, die MAV eine volle Amtszeit noch vor sich hat und vergleichbare Schulungsangebote zu wenig späteren Terminen bei demselben Veranstalter bestehen.[18]

58 Stehen Zweck und Eilbedürftigkeit der begehrten einstweiligen Verfügung nicht entgegen, ist dem Antragsgegner **Gelegenheit zur Stellungnahme** zu geben. Die einstweilige Verfügung ist grundsätzlich auf die unmittelbar notwendigen Maßnahmen zu beschränken. Einstweilige Verfügungen dürfen nämlich nur vorläufige Maßnahmen zum Gegenstand haben. Grundsätzlich darf eine im ordentlichen Verfahren zu treffende Entscheidung in der Hauptsache durch einstweilige Verfügung nicht vorweggenommen werden,[19] wenn eine anderweitige Entscheidung in der Hauptsache möglich ist. Dies gilt deshalb, weil die durch die einstweilige Verfügung geschaffenen Fakten nicht mehr rückgängig gemacht werden können.[20]

3. Beschluss

59 Die Entscheidung zur beantragten einstweiligen Verfügung ergeht durch **Beschluss**, der den Beteiligten zuzustellen ist; er ist zu begründen.

60 Der Erlass einer einstweiligen Verfügung kann ergehen:
– in Bezug auf den Streitgegenstand, wenn sonst Gefahr besteht, dass die Verwirklichung eines Rechtes des Antragstellers vereitelt oder wesentlich erschwert werden könnte (§ 935 ZPO); das kann z. B. bei einem Informationsanspruch der MAV der Fall sein, wenn die MAV auf die Unterrichtung dringend angewiesen ist, um nicht vor vollendete Tatsachen gestellt zu werden.[21]
– zur Regelung eines vorläufigen Zustandes in Bezug auf ein streitiges Rechtsverhältnis; sie ist zulässig, wenn der Erlass zur Abwendung wesentlicher Nachteile notwendig erscheint (§ 940 ZPO). Das kann der Fall sein, wenn ein Mitbestimmungsrecht der MAV konkret gefährdet ist und eine hohe Wahrscheinlichkeit dafür besteht, dass ein Bestehen dieses Rechtes im Hauptsacheverfahren festgestellt werden wird und ohne Gewährung des vorläufigen Rechtsschutzes der MAV unzumutbare Nachteile drohen. Das ist z. B. der Fall, wenn der Dienstgeber eine Dienstvereinbarung hinsichtlich der Arbeitszeitregelung kündigt und er dann allein eine vorläufige Regelung trifft.[22]

61 Gegenstand eines Verfahrens zur einstweiligen Verfügung können unter diesen Voraussetzungen insbesondere sein:
– Herausgabe von Listen zur Erstellung eines Wählerverzeichnisses (§ 9 Abs. 4 S. 1 MAVO),

---

17 *Schlichtungsstelle Essen*, 2. 9. 1997 – 637241 – 17/97.
18 *Schlichtungsstelle Köln*, 3. 2. 2000 – MAVO 3/2000, ZMV 2000, 54.
19 *Schlichtungsstelle der Evang. Landeskirche in Baden*, 11. 8. 1999 – 2 Sch 57/99.
20 *Schaub*, ZTR 2001 S. 97, 102 m. N.; *Schlichtungsstelle Rottenburg-Stuttgart*, 8. 8. 1997 – SV 12/1997.
21 *LAG Hamm*, 2. 10. 2001 – 13 TaBV 106/01, AiB 2002, 114.
22 *Schlichtungsstelle nach dem MVG-EKD der Nordelbischen Ev.-Luth. Kirche*, 26. 5. 2000 – 13/2000, ZMV 2001, 135: Die einstweilige Verfügung ist hier auf das Unterlassen mitbestimmungswidriger Maßnahmen gerichtet.

- Abwendung von Wahlbehinderungen (§ 11 Abs. 1, 4 MAVO),
- Aufschub der MAV-Wahl,
- Bereitstellung von Mitteln für die MAV Tätigkeit (§ 17 Abs. 2 MAVO),
- Freistellung von MAV-Mitgliedern zur Schulung (§ 16 Abs. 1 MAVO),
- Freistellung von MAV-Mitgliedern zur Amtsausübung (§ 15 Abs. 2 i. V. m. § 18 Abs. 1 MAVO),
- Unterlassung mitbestimmungswidriger Maßnahmen zum Schutz bestehender Mitbestimmungsrechte (insbesondere § 36 MAVO).

Solange die Hauptsache noch nicht anhängig ist, kann der Antragsgegner oder ein sonstiger Beteiligter beantragen, dem Antragsteller aufzugeben, die Klage in der Hauptsache zu erheben. Kommt der Antragsteller dieser Aufforderung nicht nach, ist nach Ablauf der gesetzten Frist die einstweilige Verfügung aufzuheben (§ 926 ZPO). 62

4. Unzulässigkeit der Revision, § 47 Abs. 4 KAGO

Die Revision ist nicht zulässig gegen Beschlüsse, durch die über die Anordnung, Abänderung oder Aufhebung einer einstweiligen Verfügung entschieden wird (§ 47 Abs. 4 KAGO). Deshalb ist ein etwa eingeleitetes Nichtzulassungsbeschwerdeverfahren mittels Verfahren der einstweiligen Verfügung gesetzlich ausgeschlossen. 63

IX. Vollstreckung der Entscheidungen kirchlicher Arbeitsgerichte

1. Keine Zwangsvollstreckung nach staatlichem Recht

Ist einem Beteiligten durch Urteil oder Vergleich eine Verpflichtung (Tun, Dulden oder Unterlassen) auferlegt worden, richtet sich die Vollstreckung nach §§ 53 und 54 KAGO. 64

Das Urteil des Kirchlichen Arbeitsgerichts ist nach staatlichem Recht nicht vollstreckungsfähig. Was als Vollstreckungstitel i. S. d. staatlichen Zwangsvollstreckungsrechts (§§ 704 ff. ZPO) geeignet ist, regeln § 704 und § 794 ZPO. Dazu zählen zwar auch Entscheidungen von Schiedsgerichten nach den Bestimmungen der ZPO (§ 794 Abs. 1 Nr. 4a ZPO). Das Kirchliche Arbeitsgericht ist jedoch kein Schiedsgericht im Sinne der §§ 1025 ff. ZPO. Die Urteile des Kirchlichen Arbeitsgerichts sind daher zur Zwangsvollstreckung nach staatlichem Recht ungeeignet.[23] 65

Unter dem Eindruck früherer Einwände der staatlichen Rechtsprechung, für die Durchsetzungsfähigkeit von Entscheidungen kirchlicher Schlichtungsstellen (§§ 40–42 MAVO a. F.) Sorge zu tragen, die teilweise von der staatlichen Rechtsprechung[24] in recht rigider Form formuliert wurden,[25] hat der kirchliche Gesetzgeber eine kircheninterne Durchsetzung der Urteile der Kirchlichen Arbeitsgerichte im Blick. 66

Der staatliche Arm kann nicht tätig werden, wenn es dazu keine staatliche gesetzliche Grundlage gibt. Das Selbstbestimmungsrecht der Kirche zur Verwaltung ihrer eigenen Angelegenheiten (Art. 137 Abs. 3 S. 1 WRV) setzt dem Staat Grenzen. Umgekehrt gilt der Einwand, dass wer das begründete Urteil des Kirchlichen Arbeitsgerichts missachtet, im Ergebnis die Geltung des Mitarbeitervertretungsrechts in Frage stellt. Er stellt sich dann auch gegen die Grundordnung des kirchlichen Dienstes im Rahmen kirchlicher Arbeitsverhältnisse (vgl. Art. 8 GrO). 67

Eine besondere rechtliche Situation besteht bei Abfindungen, die zugunsten eines Mitarbeiters in einer Entscheidung i. S. v. § 36 Abs. 1 Nr. 11, § 37 Abs. 1 Nr. 11, § 38 Abs. 1 Nr. 13 MAVO im Rah- 68

---

23 *Ehlers*, Rechtsfragen der Vollstreckung kirchlicher Gerichtsentscheidungen, ZevKR 2004, 496 ff.; *Jüngst*, Probleme der Durchsetzbarkeit, ZMV Sonderheft 2005, 46, 48.
24 So *LAG Hamm*, 9. 8. 1994 – 7 Ta Bv 82/94, ZMV 1994, 301.
25 Vgl. auch Kritik bei *Korta*, Effektivierung des Rechtsschutzes im Mitarbeitervertretungsrecht? – Verfahren und Vollstreckung, in: ZMV Sonderheft 2002, 56, 59 ff., allerdings ohne Angabe eines Beispiels, wie eine Vollstreckungsmaßnahme – unter Anwendung von Zwangsmitteln – aussehen könnte.

VI. Einigungsstelle

men eines Sozialplans festgesetzt worden sind. Hier könnte der Mitarbeiter seinen Anspruch auf die festgesetzte Abfindung als einen ihm zustehenden Individualanspruch vor staatlichen Arbeitsgerichten aus seinem Arbeitsverhältnis (§ 2 Abs. 1 Nr. 3a ArbGG) einklagen, einen vollstreckungsfähigen Titel nach § 794 ZPO erstreiten und dann im Wege der Zwangsvollstreckung durchsetzen.

69 Fragen stellen sich zum sachlichen Inhalt der Bestimmungen des § 53 KAGO. Unklar ist, wer der kirchliche Vorgesetzte i. S. d. § 53 Abs. 2 KAGO, insbesondere im Hinblick auf die sonstigen kirchlichen Rechtsträger und ihre Einrichtungen unbeschadet ihrer Rechtsform sowie im Hinblick auf den Verband der Diözesen Deutschlands und den Deutschen Caritasverband (Art. 2 Abs. 2 GrO) sein könnte. Zu § 53 Abs. 3 KAGO ist nicht klar, wer das Zwangsgeld bzw. Ordnungsgeld bei Nichtbefolgung der Verpflichtung beitreiben soll, wem das Geld zufließen soll, welches Zwangsmittel zur Verfügung steht, nachdem das Kirchliche Arbeitsgericht gegen den untätigen Verpflichteten die Geldbuße verhängt hat, und welche Entscheidung des Kirchlichen Arbeitsgerichts – Urteil oder Beschluss über die Geldbuße – im Amtsblatt des Bistums zu veröffentlichen ist (*Jüngst*, a. a. O. S. 55).

2. Die Vollstreckungsmaßnahmen gemäß § 53 KAGO

a. Berichtspflicht bei verpflichtendem Urteil, § 53 Abs. 1 KAGO

70 Wer als Beteiligter des Verfahrens vor dem Kirchlichen Arbeitsgericht rechtskräftig, also auch erst nach eventueller zweiter Instanz, zu einer Leistung, nämlich einem Tun, Dulden oder Unterlassen verpflichtet worden ist, hat dem Gericht, das die Streitigkeit verhandelt und entschieden hat, innerhalb eines Monats nach Eintritt der Rechtskraft zu berichten, dass die auferlegten Verpflichtungen erfüllt sind. Die Berichtspflicht gilt gegenüber dem erstinstanzlichen Kirchlichen Arbeitsgericht. Soweit ein Tun auferlegt worden ist, hat der Bericht die Erledigung zu erläutern. Ist jedoch ein Unterlassen oder Dulden auferlegt worden, hat der verpflichtete Verfahrensbeteiligte mitzuteilen, dass er Unterlassung bzw. Dulden einhält.

71 Die Berichtspflicht entsteht erst nach dem Eintritt der Rechtskraft des Urteils, also erst nachdem ggf. auch der Kirchliche Arbeitsgerichtshof in zweiter Instanz abschließend entschieden hat. Ist die Streitsache an das Kirchliche Arbeitsgericht zurückverwiesen worden, wo neu zu entscheiden ist, muss das weitere Verfahren und der Eintritt der Rechtskraft des Urteils abgewartet werden. Jedenfalls muss das Kirchliche Arbeitsgericht von Amts wegen darüber Buch führen und nach Ablauf der Monatsfrist prüfen, ob der verpflichtete Beteiligte, im Vollstreckungsverfahren also der Schuldner, innerhalb der Frist gemäß § 53 Abs. 1 KAGO berichtet hat.

b. Unterlassung der Berichtspflicht, § 53 Abs. 2 KAGO

72 Hat der verpflichtete Beteiligte nicht innerhalb eines Monats nach Rechtskraft des Urteils berichtet, hat der Vorsitzende des Kirchlichen Arbeitsgerichts den Beteiligten aufzufordern, die Verpflichtungen unverzüglich, also ohne schuldhaftes Zögern, zu erfüllen. Bei erfolglos bleibender Aufforderung ersucht das Gericht den kirchlichen Vorgesetzten des verpflichteten Beteiligten um Vollstreckungshilfe. Das bedeutet, dass der Vorgesetzte wiederholt, was der Vorsitzende des Kirchlichen Arbeitsgerichts zuvor vergeblich gefordert hat. Sodann hat der kirchliche Vorgesetzte dem Kirchlichen Arbeitsgericht über die getroffenen Maßnahmen zu berichten. Sinnvoll ist, dass der Vorsitzende des Kirchlichen Arbeitsgerichts dem kirchlichen Vorgesetzten mitteilt, wie der Aufforderung durch das Gericht am ehesten nachzukommen ist. Denn ohne zureichende Hinweise kann der kirchliche Vorgesetzte womöglich nicht über zureichend getroffene Maßnahmen berichten.

73 Unklar ist, wer unter dem kirchlichen Vorgesetzten zu verstehen ist. Im Bereich der verfassten Kirche ist das ohne Zweifel der (Erz-)Bischöfliche Generalvikar. Bei dem eingetragenen Verein gibt es regelmäßig keinen kirchlichen Vorgesetzten. Organ des Vereins ist der Vorstand. Vereine i. S. d. staatlichen Rechts haben die nach staatlichem Recht vorgesehenen Organe. Denkbar ist daher allenfalls, dass der Vorstand des Vereins in die Vollstreckungshilfe durch den Generalvikar einbezogen wird, wenn der eingetragene Verein zugleich auch kirchlicher Verein ist.

Handelt es sich bei dem Beteiligten um eine Gesellschaft mit beschränkter Haftung (GmbH; eventuell g GmbH), geht es um die Einwirkung auf den oder die Geschäftsführer der GmbH, so dass das Kuratorium oder der Aufsichtsrat in die Vollstreckungsvorgänge einzubeziehen ist, weil die GmbH das Mitarbeitervertretungsrecht anwendet. Im Ergebnis geht es um den Vollzug der MAVO mit allen sich aus ihr ergebenden Konsequenzen, der sich der Dienstgeber unterworfen hat und die er in allen Einzelheiten unter dem Gesichtspunkt der vertrauensvollen Zusammenarbeit zwischen Dienstgeber und MAV und innerhalb der kirchlichen Dienstgemeinschaft einschließlich des Rechtsschutzes durch die Rechtsprechung des Kirchlichen Arbeitsgerichts zu respektieren hat.

c. Steigerung der Vollstreckungsmaßnahmen, § 53 Abs. 3 KAGO

Bleiben die Aufforderungen gemäß § 53 Abs. 2 KAGO ohne Resonanz, weil der betroffene verpflichtete Beteiligte keine Reaktion zeigt, kann das Kirchliche Arbeitsgericht auf Antrag den sich verweigernden Beteiligten mit einer Geldbuße bis zu 2 500 Euro belegen und anordnen, dass die Entscheidung des Gerichts unter Nennung der Verfahrensbeteiligten im Amtsblatt des für den schuldnerischen Beteiligten zuständigen Bistum zu veröffentlichen ist. 74

Die Verhängung der Geldbuße erfordert wiederum ihre Vollstreckbarkeit. Die ohne staatliche Hilfe aber aussichtslos erscheint. Für die staatliche Hilfe gibt es keine Rechtsgrundlage. 75

Die Veröffentlichung im diözesanen Amtsblatt, wonach der leistungsverpflichtete Beteiligte des kirchlichen Arbeitsgerichtsverfahrens gemäß Entscheidung des Kirchlichen Arbeitsgerichts bzw. des Kirchlichen Arbeitsgerichtshofs zu handeln hat, ist die deklaratorisch wiederholte Bekanntgabe des Tenors des Urteils des Kirchlichen Arbeitsgerichts, wobei offen ist, ob auch die verhängte Geldbuße mitzuteilen ist. 76

3. Vollstreckung von Willenserklärungen, § 54 KAGO

Ist ein Beteiligter zur Abgabe einer Willenserklärung verurteilt, so gilt die Erklärung als abgegeben, sobald das Urteil Rechtskraft erlangt hat. Die Regelung in § 54 KAGO entspricht § 894 ZPO. Insoweit wird daher durch die fingierte Abgabe der Willenserklärung dasselbe vollstreckungsrechtliche Ziel erreicht wie bei Urteilen staatlicher Gerichte gerichtet auf die Abgabe einer Willenserklärung. Es empfiehlt sich für die Praxis, in geeigneten Fällen darauf zu achten, von der Klagemöglichkeit auf Abgabe einer Willenserklärung Gebrauch zu machen (*Jüngst*, a. a. O. S. 54). 77

4. Disziplinarische Maßnahmen

Im Zusammenhang mit der fehlenden Befolgung des Urteils kirchlicher Arbeitsgerichte wird die Ansicht vertreten, dass etwa vorhandene Aufsichtsorgane der Dienstgeber Beschwerden der MAV wegen Verstoßes gegen Pflichten nach der MAVO nachgehen und auf Abhilfe hinwirken sollten. Für die verfasste Kirche wird vorgeschlagen, Amtsträger disziplinarisch zu belangen.[26] Diese Maßnahmen liegen aber außerhalb der Zuständigkeit der kirchlichen Arbeitsgerichte. Gerichtlich festgestellte Verstöße gegen die MAVO und ihre ergänzenden Ordnungen sollten aber zuständigen Aufsichtsgremien angezeigt werden. Bei schuldhaften und schwerwiegenden Verstößen, die gleichzeitig einen Verstoß gegen die dienst- bzw. arbeitsvertraglichen Pflichten seitens des verantwortlichen leitenden Angestellten darstellen, können eine Abmahnung und im Wiederholungsfalle weitere Maßnahmen bis hin zur Entlassung die Folge sein.[27] 78

---

26 *Jüngst*, Das kirchliche Arbeitsgericht, S. 246, 256.
27 *Jüngst*, wie vor.

Als Sprecherinnen und Sprecher können Mitarbeiterinnen und Mitarbeiter vom vollendeten 16. Lebensjahr bis zum vollendeten 26. Lebensjahr gewählt werden.

VII. Sprecherinnen und Sprecher der Jugendlichen und der Auszubildenden, Vertrauensperson der schwerbehinderten Mitarbeiterinnen und Mitarbeiter, Vertrauensmann der Zivildienstleistenden

§ 48 Wahl und Anzahl der Sprecherinnen und Sprecher der Jugendlichen und der Auszubildenden

In Einrichtungen mit in der Regel mindestens fünf Mitarbeiterinnen oder Mitarbeitern, die das 18. Lebensjahr noch nicht vollendet haben (Jugendliche) oder die zu ihrer Berufsausbildung beschäftigt sind und das 25. Lebensjahr noch nicht vollendet haben (Auszubildende), werden von diesen Sprecherinnen und Sprecher der Jugendlichen und der Auszubildenden gewählt.

Es werden gewählt
- eine Sprecherin oder ein Sprecher bei 5 bis 10 Jugendlichen und Auszubildenden sowie
- drei Sprecherinnen oder Sprecher bei mehr als 10 Jugendlichen und Auszubildenden.

Übersicht	Rn			Rn
I. Zweck der Vorschrift	1		dung Beschäftigte (Auszubildende)«	12–15
II. Voraussetzungen für die Wahl des Sprechers der Jugendlichen und Auszubildenden	2–15	III.	Wahlberechtigung – Wählbarkeit	16–23
			1. Wahlberechtigung	16–21
			2. Wählbarkeit	22, 23
1. Voraussetzung: Bestehen einer Mitarbeitervertretung am Wahltag	2– 6	IV.	Zahl der zu wählenden Sprecher (§ 48 Satz 2)	24, 25
2. Voraussetzung: Mindestens 5 Mitarbeiter unter 18 Jahren oder zu ihrer Berufsausbildung Beschäftigte unter 25 Jahren	7–11	V.	Durchführung der Wahl	26–35
			1. Vereinfachtes Wahlverfahren (§§ 11a–11c)	26–29
			2. Wahlausschuss	30–35
3. Begriff »Zu ihrer Berufsausbil-		VI.	Außerbetriebliche Berufsbildung	36

I. Zweck der Vorschrift

Die §§ 48–51 sehen – im Gegensatz zum BetrVG und BPersVG – nicht die Wahl einer Jugend- und Auszubildendenvertretung vor, sondern nur die Wahl von Sprechern der Jugendlichen und der Auszubildenden. Damit wird noch deutlicher als in den staatlichen Gesetzen, dass die MAVO für diese Gruppe von Mitarbeitern einer kirchlichen Einrichtung keine eigenen, selbständig neben der Mitarbeitervertretung bestehenden Organe kirchlicher Betriebsverfassung für die Jugendlichen und Auszubildenden schaffen will. Es ist und bleibt Aufgabe der MAV, die Belange der Mitarbeiter und Mitarbeiterinnen in ihrer Gesamtheit wahrzunehmen. Keines ihrer Rechte geht auf die Sprecherinnen und Sprecher der Jugendlichen und Auszubildenden über oder kann an sie übertragen werden.[1] Es gilt der Grundsatz: Ohne Mitarbeitervertretung kein Sprecher der Jugendlichen und Auszubildenden. Dennoch zeigen die Vorschriften der §§ 48 ff. auf, dass die nicht zur MAV Wahlberechtigten motiviert werden sollen, ihre Angelegenheiten zusammen mit den Auszubildenden im Zusammenwirken mit der MAV zur Sprache zu bringen und sie in die Einrichtung bzw. Dienststelle einzuglie-

1

---

[1] So aber gemäß § 57 BPersVG: *BVerwG*, 8. 7. 1977 – VII P 19.75, ZBR 1978, 178; gemäß § 60 BetrVG: *BAG*, 15. 8. 1978 – 6 ABR 10/76, AP Nr. 1 zu § 23 BetrVG 1972 = EzA § 23 BetrVG 1972 Nr. 7 = BB 1979, 522.

dern. Der Wortlaut des § 48 Satz 1 ist zwar gegenüber dem Text früherer Fassungen der Rahmen-MAVO geändert worden, hat aber materiellrechtlich keine neue Lage herbeigeführt. Es bleibt dabei, dass Sprecher der in § 48 Satz 1 genannten Personengruppe nur gewählt werden können, wenn eine Mitarbeitervertretung in der Einrichtung besteht (vgl. § 49 Abs. 1 S. 1 und 2, § 51 Abs. 1).

II. Voraussetzungen für die Wahl des Sprechers der Jugendlichen und Auszubildenden

1. Voraussetzung: Bestehen einer Mitarbeitervertretung am Wahltag

2 § 48 stellte vor der Änderung seines Wortlauts ausdrücklich fest, dass ein Sprecher der Jugendlichen und Auszubildenden (Sprecher bzw. Sprecherin) grundsätzlich nur gewählt werden kann, wenn in der betreffenden Einrichtung eine Mitarbeitervertretung (MAV) gebildet ist. Trotz der Änderung der Bestimmung unter Weglassung der Bedingung einer bestehenden MAV hat sich in der Sache deshalb nichts geändert, weil der Sprecher der Jugendlichen und Auszubildenden kein eigenständiges Vertretungsorgan neben der MAV ist. Siehe auch § 49 Abs. 1 S. 1 und § 51 Abs. 1.

3 Voraussetzung für die Sprecherwahl ist demnach das Bestehen einer MAV am Wahltag. Die Wahl von Sprechern in einer Einrichtung, in der eine MAV nicht ordnungsgemäß besteht, ist unzulässig und nichtig. Die Nichtigkeit kann in einem Verfahren vor dem Kirchlichen Arbeitsgericht nach § 2 Abs. 2 KAGO festgestellt werden.

4 Unschädlich wäre, wenn die Wahl einer MAV stattgefunden hat, die Wahl **angefochten** worden ist und eine Neuwahl erfolgt. Das Gleiche hat zu gelten, wenn die Wahl einer MAV **nichtig** wäre und unverzüglich nach der Feststellung der Nichtigkeit eine Neuwahl angesetzt wird und erfolgt. Ein nur **kurzfristiger Wegfall einer Mitarbeitervertretung** führt demnach nicht zum Wegfall von ordnungsgemäß gewählten Sprechern während ihrer Amtszeit (§ 50 Abs. 1 Satz 1 = Rn 2).

5 Wenn allerdings nach Ablauf der Amtszeit einer MAV (§ 13 Abs. 2 S. 2) keine Neuwahl mehr zustande kommt, vor allem nicht innerhalb des Zeitraumes von sechs Monaten nach Ablauf der Amtszeit (§ 13a S. 1), endet auch die Amtszeit der Sprecher.

6 Für den/die Sprecher ist demnach das Bestehen einer ordnungsgemäß gewählten MAV Voraussetzung für ihr Tätigwerden: Ihre Aufgabe besteht für Jugendlichen- und Auszubildendenangelegenheiten in einem besonderen Antragsrecht gegenüber der MAV (§ 51 Abs. 1 Nr. 1 = Rn 6), in einem Stimmrecht in MAV-Sitzungen (§ 51 Abs. 1 Nr. 2 = Rn 9) und einem Anspruch, zu Besprechungen mit dem Dienstgeber einen Sprecher zu entsenden (§ 51 Abs. 1 Nr. 3 = Rn 13).

2. Voraussetzung: Mindestens 5 Mitarbeiter unter 18 Jahren oder zu ihrer Berufsausbildung Beschäftigte unter 25 Jahren

7 Weitere Voraussetzung für die Wahl von Sprechern für Jugendliche und Auszubildende ist die Angehörigkeit von in der Regel mindestens 5 Mitarbeitern entweder:
– unter 18 Jahren (Jugendliche; § 7 Abs. 1 Nr. 2 SGB VIII) oder
– zu ihrer Berufsausbildung Beschäftigten, die das 25. Lebensjahr noch nicht vollendet haben (Auszubildende).

8 Die Mindestzahl von 5 Mitarbeitern, die entweder Jugendliche oder Auszubildende sind, muss kumulativ erreicht sein. Es würde also genügen, wenn in einer Einrichtung 4 Jugendliche und 1 Auszubildender oder 1 Jugendlicher und 4 Auszubildende in der Regel tätig sind.

9 Diese Anzahl von 5 Mitarbeitern, die diese Voraussetzungen erfüllen, muss »in der Regel« erfüllt sein, also nicht exakt im Zeitpunkt der »Einleitung« der Wahl – des Erlasses des Wahlausschreibens durch den Wahlvorstand (§ 9 Abs. 5 = Rn 36) – vorliegen. Es reicht aus, wenn mindestens 5 Mitarbeiter, die die Voraussetzungen des § 48 Abs. 1 S. 1 erfüllen, durch die diesbezügliche Mitarbeiterzahl der Einrichtung bei »normalem« Zustand (regelmäßiger Besetzung) vorhanden ist. Dabei kommt es auf

einen Rückblick auf die bisherige Mitarbeiterzahl, aber auch auf einen Ausblick (Prognose) auf die voraussichtliche mitarbeitermäßige Entwicklung der Einrichtung an.[2]

Ein Ersatz für einen erkrankten Mitarbeiter ist deshalb unberücksichtigt zu lassen. Nur zur Deckung eines vorübergehend angefallenen Arbeitskräftebedarfes eingestellte Mitarbeiter sind nicht mitzurechnen. Dagegen sind vorübergehend ruhende Arbeitsverhältnisse (durch Wehr- oder Zivildienst oder wegen Elternzeit) mitzurechnen, nicht aber die für diese Arbeitnehmer eingestellten Ersatzkräfte.[3] 10

Teilzeitbeschäftigte Jugendliche sind wie Vollzeitkräfte zu bewerten. Entscheidend ist nicht die mit diesen Teilzeitkräften vereinbarte wöchentliche Arbeitszeit. Sie dürfen nicht benachteiligt werden. 11

3. Begriff »Zu ihrer Berufsausbildung Beschäftigte (Auszubildende)«

Der Begriff der »Berufsausbildung« ist in § 1 Abs. 3 BBiG enthalten. Dort ist festgelegt, dass die Berufsausbildung die für die Ausübung einer qualifizierten beruflichen Tätigkeit in einer sich wandelnden Arbeitswelt notwendigen beruflichen Fertigkeiten, Kenntnisse und Fähigkeiten (berufliche Handlungsfähigkeit) in einem geordneten Ausbildungsgang vermittelt. 12

Der zweite Abschnitt des BBiG »Berufsausbildungsverhältnis« regelt in §§ 10–26 alle rechtlichen Fragen des Berufsausbildungsverhältnisses. Nur wer nach § 10 BBiG mit einem Ausbildenden einen in § 11 BBiG inhaltlich festgelegten Berufsausbildungsvertrag abschließt, ist »Auszubildender«. 13

Nur der hier genannte Auszubildende nach § 10 BBiG (mit einem ordnungsgemäßen Ausbildungsvertrag), der die Voraussetzungen der §§ 11, 13 BBiG erfüllt, fällt unter den Begriff des »zu ihrer Berufsausbildung Beschäftigten« nach § 48 Abs. 1, 2. Alternative. Nicht erfasst von § 48 werden die anderen Zweige der Berufsbildung nach § 1 Abs. 1 BBiG, also berufliche Fortbildung (§ 1 Abs. 4) und die berufliche Umschulung (§ 1 Abs. 5). Dazu gehören auch nicht Praktikanten und Volontäre. 14

Sinkt die Zahl der wählbaren Jugendlichen/Auszubildenden während der Amtszeit auf die Dauer unter fünf Mitarbeiter, endet das Amt der gewählten Sprecher. eine der Voraussetzungen für ihre Wahl liegt dann nicht mehr vor. 15

III. Wahlberechtigung – Wählbarkeit

1. Wahlberechtigung

Wahlberechtigt (aktives Wahlrecht) sind zunächst alle jugendlichen Arbeitnehmer **unter 18 Jahren**. Das sind alle jugendlichen Mitarbeiter einer Einrichtung ab vollendetem 14. Lebensjahr (§ 7 Abs. 1 Nr. 2 SGB VIII), die wegen fehlender Volljährigkeit am Wahltag (bei der Wahl an mehreren Tagen am letzten Wahltag) nicht zur MAV-Wahl wahlberechtigt sind (siehe dort: § 7 Abs. 1). Weitere Voraussetzungen für die Wahlberechtigung ergeben sich aus § 51 Abs. 2 i. V. m. § 7. Für Minderjährige bedarf es einer Ermächtigung zur Ausübung des Wahlrechtes durch den Erziehungsberechtigten nicht. 16

Wahlberechtigt sind auch die **zu ihrer Berufsausbildung Beschäftigten**, die am Wahltag das 25. Lebensjahr noch nicht vollendet haben. Das Wahlrecht verliert, wer das Berufsausbildungsverhältnis beendet hat. Das Berufsausbildungsverhältnis wird nicht kraft Gesetzes verlängert, wenn die Prüfung erst nach Ende der vereinbarten Ausbildungszeit abgelegt wird (§ 21 Abs. 3 BBiG); es bedarf zur Verlängerung eines entsprechendem Antrags, wobei die Verlängerung höchstens um ein Jahr erfolgt.[4] Der Auszubildende kann je nach kirchlichen Bestimmungen die diesbezügliche Verlängerung des Ausbildungsverhältnisses verlangen (vgl. u. a. § 23 Abs. 2 Berufsausbildungsordnungen der (Erz-)Di- 17

---

2 *BAG*, 31. 1. 1991 – 2 AZR 356/90, AP Nr. 11 zu § 23 KSchG 1969 = DB 1992, 48.
3 *BAG*, 31. 1. 1991 – 2 AZR 356/90, AP Nr. 11 zu § 23 KSchG 1969 = DB 1992, 48 – für eine Arbeitnehmerin, die in Elternzeit war und für die eine Ersatzkraft eingestellt worden war.
4 *BAG*, 14. 1. 2009 – 3 AZR 427/07, ZTR 2010, 35 LS.

özesen in Nordrhein-Westfalen). Dasselbe gilt im Falle des Nichtbestehens der Abschlussprüfung, höchstens bis zur Dauer eines Jahres (§ 23 Abs. 1 S. 2 Berufsausbildungsordnung).

18 Maßgebend für beide Voraussetzungen ist der **Wahltag** – also sowohl für das Lebensalter als auch die bestehende Berufsausbildung. Nur solche Mitarbeiter, die am Wahltag das 25. Lebensjahr noch nicht erreicht haben **und** sich noch in Berufsausbildung befinden, sind wahlberechtigt.

19 Das aktive Wahlrecht zur MAV für diesen Mitarbeiterkreis wird durch die Wahlberechtigung zum Jugend-/Auszubildendensprecher nicht berührt.

20 Sie können das Wahlrecht allerdings nur ausüben, wenn sie in das Wählerverzeichnis eingetragen sind (§ 9 Abs. 4, § 9 Rn 30 = formelle Voraussetzung des Wahlrechtes).

21 § 7 Abs. 3 bestimmt, dass das Wahlrecht für Mitarbeiter, die in einem Ausbildungsverhältnis stehen, **nur** bei der Einrichtung ausgeübt werden kann, von der sie eingestellt worden sind (§ 7 Rn 28).

2. Wählbarkeit

22 Wählbarkeit (passives Wahlrecht) haben alle Mitarbeiterinnen und Mitarbeiter vom vollendeten 14. Lebensjahr bis zum vollendeten 25. Lebensjahr. Wählbarkeitsvoraussetzung ist zunächst ein **Lebensalter** zwischen dem vollendeten 14. und dem vollendeten 25. Lebensjahr. **Maßgebender Zeitpunkt** für diese Abgrenzungen ist der **Tag der Wahl zum Sprecher** der Jugendlichen und Auszubildenden. Wer bereits das 25. Lebensjahr vollendet hat, ist weder aktiv noch passiv wahlberechtigt, wenn er das 25. Lebensjahr am Wahltag vollendet hat. Siehe weiter § 50 S. 2.

23 Eine bestimmte Dauer der Zugehörigkeit zur Einrichtung oder im kirchlichen Dienst (§ 8 Abs. 1) wird verlangt, weil durch die Verweisungsvorschrift des § 51 Abs. 2 auch für die Wahl zum Sprecher bzw. zur Sprecherin fehlende Wählbarkeitsvoraussetzungen erheblich sind.[5] Dagegen scheidet die Anwendung des § 8 Abs. 2 nach der Natur dieser Bestimmung aus.

IV. Zahl der zu wählenden Sprecher (§ 48 Satz 2)

24 § 48 Satz 2 legt die Zahl der zu wählenden Sprecher fest:
– von 5–10 Jugendlichen und Auszubildenden: ein Sprecher;
– bei mehr als 10 Jugendlichen und Auszubildenden: drei Sprecher.

25 Eine Abweichung davon ist unzulässig (§ 55).

V. Durchführung der Wahl

1. Vereinfachtes Wahlverfahren (§§ 11a–11c)

26 Die Durchführung der Wahl der Sprecherinnen und Sprecher der Jugendlichen und der Auszubildenden (Sprecherwahl) ist nur durch die Verweisung in § 51 Abs. 2 auf die entsprechende Anwendung der Bestimmungen der §§ 7 bis 20 geregelt. Das bedeutet die Anwendung der §§ 9 bis 11c für das Wahlverfahren.

27 Ein Wahlausschuss ist nur zu bestimmen, wenn ein vereinfachtes Wahlverfahren i. S. v. §§ 11a bis 11c nicht in Betracht kommt (§ 11a Abs. 1 und 2). Die Vorbereitung der Wahl liegt in der Verantwortung der MAV. Sie lädt spätestens drei Wochen vor Ablauf der Amtszeit der Sprecher die wahlberechtigten Jugendlichen und Auszubildenden (§ 48) durch Aushang oder in sonst geeigneter Weise zur Wahlversammlung ein und legt gleichzeitig die Liste der wahlberechtigten Jugendlichen und Auszubildenden aus (§ 11b Abs. 1).

28 Ist in einer Einrichtung eine MAV nicht im Amt, kann keine Sprecherwahl stattfinden (Rn 2 und 3).

---

5 *Müller*, Freiburger Kommentar zur MAVO § 48 Rn 4.

Die Durchführung der Wahl im vereinfachten Wahlverfahren gemäß § 11c erfolgt unter Leitung 29
eines Mitglieds der MAV als Wahlleiter, dessen Amtsführung die Wahl zum Wahlleiter vorauszugehen hat. Auf die Kommentierung zu § 11c wird verwiesen.

2. Wahlausschuss

Ist gemäß § 11a Abs. 2 die Durchführung der Wahl der Sprecher nach den §§ 9 bis 11 beschlossen 30
worden, dann ist wie folgt zu verfahren.

Der Wahlausschuss für diese Wahl wird von der MAV bestimmt, und zwar spätestens acht Wochen 31
vor Ablauf der Amtszeit des Sprechers bzw. der Sprecher. Die Größe des Wahlausschusses muss mindestens drei Mitglieder betragen, also aus einer ungeraden Zahl von Mitgliedern bestehen. In der Bestellung der Mitglieder ist die MAV frei. Mitglieder, die Mitarbeiter sind, müssen für das Amt als Mitglied des Wahlausschusses das passive Wahlrecht zur MAV besitzen (§ 9 Abs. 2 S. 1–2).

Die MAV kann auch jugendliche Mitarbeiter und Mitarbeiterinnen in der Ausbildung zu Wahlausschussmitgliedern bestellen. Ein Mitglied des Wahlausschusses ist zum Wahlausschussvorsitzenden 32
zu wählen (§ 9 Abs. 2 S. 3).

Kommt die MAV ihrer Pflicht zur Bestellung eines Wahlausschusses nicht nach, muss der Dienst- 33
geber die Wahlversammlung der Jugendlichen und Auszubildenden einberufen, auf der ein Wahlausschuss gewählt wird (§ 10 Abs. 1a Nr. 1).

Es ist Sache des Wahlausschusses, die Wahl ordnungsgemäß in Gang zu bringen, wie es nach § 9 für 34
die Wahl einer MAV vorgeschrieben ist, und sie gemäß § 11 durchzuführen. Auf die Kommentierung dieser Bestimmungen wird verwiesen.

Das passive Wahlrecht kann von einem Wahlberechtigten allerdings nur wahlweise beansprucht werden, entweder für die MAV-Wahl oder für die Wahl zum Sprecher. Denn eine gleichzeitige Kandidatur für beide Ämter ist nach § 51 Abs. 2 S. 2 ausgeschlossen. Ein Mitglied der MAV kann also bei der 35
Sprecherwahl nicht kandidieren.

VI. Außerbetriebliche Berufsbildung

Berufsbildung wird auch in sonstigen Berufsbildungseinrichtungen außerhalb der schulischen und 36
betrieblichen Berufsbildung durchgeführt (§ 2 Abs. 1 Nr. 3 BBiG). Findet dort praktische Berufsbildung mit in der Regel mindestens fünf Auszubildenden statt, die nicht i. S. d. Betriebsverfassungsrechts wahlberechtigt sind (§§ 7, 60 BetrVG, § 36 SGB IX), wählen diese Auszubildenden eine Interessenvertretung (§ 51 Abs. 1 BBiG). Das gilt jedoch nicht für Berufsbildungseinrichtungen von Religionsgemeinschaften sowie andere Berufsbildungseinrichtungen, soweit sie eigene gleichwertige Regelungen getroffen haben (§ 51 Abs. 2 BBiG). Die Diözesanbischöfe in Deutschland haben das mit dem Erlass der Caritas-Werkstätten-Mitwirkungsordnung (CWMO) getan.[6] Danach ist in Werkstätten ein Werkstattrat zu wählen, der am Gesamtgeschehen der Werkstatt verantwortungsvoll mitwirkt.

§ 49 Versammlung der Jugendlichen und Auszubildenden

(1) Die Sprecherinnen und Sprecher der Jugendlichen und Auszubildenden können vor oder nach einer Mitarbeiterversammlung im Einvernehmen mit der Mitarbeitervertretung eine Versammlung der Jugendlichen und Auszubildenden einberufen. Im Einvernehmen mit der Mitarbeitervertretung und dem Dienstgeber kann die Versammlung der Jugendlichen und Auszubildenden auch zu einem anderen Zeitpunkt einberufen werden. Der Dienstgeber ist zu diesen Versammlungen unter Mitteilung der Tagesordnung einzuladen. Er ist berechtigt, in der Versammlung zu sprechen.

---

6 Vgl. u. a. Amtsblatt der Erzdiözese Freiburg 2003 Nr. 139 S. 131.

§ 2 Abs. 2 Satz 2 findet Anwendung. An den Versammlungen kann die oder der Vorsitzende der Mitarbeitervertretung oder ein beauftragtes Mitglied der Mitarbeitervertretung teilnehmen. Die Versammlung der Jugendlichen und Auszubildenden befasst sich mit Angelegenheiten, die zur Zuständigkeit der Mitarbeitervertretung gehören, soweit sie Jugendliche und Auszubildende betreffen.

(2) § 21 Abs. 4 gilt entsprechend.

Übersicht	Rn		Rn
I. Zweck der Vorschrift	1, 2	der Jugendlichen und Auszubildenden	6–17
II. Voraussetzungen für die Einberufung der Versammlung der Jugendlichen und der Auszubildenden	3–5	1. Anzahl und Zeitpunkt	6–11
		2. Einberufung und Leitung	12–17
III. Anzahl und Zeitpunkt – Einberufung und Leitung der Versammlung		IV. Themen der Versammlung der Jugendlichen und Auszubildenden	18–21
		V. Fahrtkosten	22

I. Zweck der Vorschrift

1 Die Versammlung der Jugendlichen und der Auszubildenden (Versammlung) bietet den Jugendlichen und Auszubildenden – wie die Mitarbeiterversammlung – die Möglichkeit, die sie betreffenden Angelegenheiten und Probleme untereinander zu besprechen und nach Lösungen zu suchen (§ 49 Abs. 1 S. 7). § 49 Abs. 1 legt fest, dass diese Versammlung vor oder nach der Mitarbeiterversammlung stattfindet. Sie kann nur im Einvernehmen mit der MAV und dem Dienstgeber außerhalb der zeitlichen Festlegung des § 49 Abs. 1 S. 1 angesetzt werden (§ 49 Abs. 1 S. 2).

2 Grundlage für die Themen der Versammlung sind dieselben, die zur Zuständigkeit der MAV gehören, allerdings zugeschnitten auf die Belange der Jugendlichen und der Auszubildenden. Für die Versammlung gelten die Grundsätze für die Mitarbeiterversammlung entsprechend, was indirekt aus § 21 Abs. 4 hinsichtlich der Übernahme eventuell notwendiger Fahrtkosten zu den Versammlungen hervorgeht (§ 49 Abs. 2).

II. Voraussetzungen für die Einberufung der Versammlung der Jugendlichen und der Auszubildenden

3 Die Einberufung der Versammlung erfordert eine Entscheidung bzw. einen Beschluss des Sprechers bzw. der Sprecher und das Einvernehmen mit der MAV. »Einvernehmen mit der MAV« bedeutet Zustimmung der MAV. Dieses »Einvernehmen« trifft die MAV nach pflichtgemäßem Ermessen durch einen mit einfacher Mehrheit gefassten Beschluss, zu dem der Sprecher bzw. die Sprecher der Jugendlichen und Auszubildenden stimmberechtigt sind (§ 51 Abs. 1 S. 2 Nr. 2).

4 Die Zustimmung der MAV erstreckt sich sowohl auf die Durchführung als auch auf die zeitliche Lage und auf die Tagesordnung der Versammlung.

5 Der Sprecher bzw. die Sprecher müssen daher – um eine sachgerechte Entscheidung der MAV herbeizuführen – nicht nur den Zeitpunkt, sondern auch ihre vorgesehene Tagesordnung der MAV zur Beschlussfassung mitteilen. Das gilt auch für eine nachträgliche Änderung der Tagesordnung, die nach der Beschlussfassung der MAV vom Sprecher bzw. den Sprechern der Zustimmung der MAV bedarf.

III. Anzahl und Zeitpunkt – Einberufung und Leitung der Versammlung der Jugendlichen und Auszubildenden

1. Anzahl und Zeitpunkt

6 Eine Versammlung der Jugendlichen und Auszubildenden kann vor oder nach jeder Mitarbeiterversammlung angesetzt werden. Dabei ist es ohne Bedeutung, ob es sich um eine regelmäßige Mitarbei-

terversammlung (§ 21 Abs. 2) oder eine außerordentliche Mitarbeiterversammlung auf Antrag eines Drittels der wahlberechtigten Mitarbeiterinnen und Mitarbeiter (§ 21 Abs. 3 S. 1) oder des Dienstgebers (§ 21 Abs. 3 S. 2) handelt.

Die Anberaumung einer Versammlung der Jugendlichen und Auszubildenden scheidet nur aus, wenn diese Mitarbeiterversammlung aus einem besonderen gesetzlichen Grund angeordnet wird, wie die Mitarbeiterversammlung auf Einberufung des Dienstgebers aus Anlass der Bildung eines Wahlausschusses (§ 10 Abs. 1).

Die Versammlung der Jugendlichen und Auszubildenden darf nach § 49 Abs. 1 S. 1 ohne Einverständnis des Dienstgebers, aber mit Zustimmung der MAV, grundsätzlich **nur vor oder nach jeder Mitarbeiterversammlung** stattfinden. Sie ist demnach grundsätzlich in zeitlichem Zusammenhang mit der Mitarbeiterversammlung am gleichen Tag abzuhalten.[1] In diesem Beschluss stellt das BAG für das staatliche Recht (§ 71 BetrVG 1972) überzeugend fest, dass die Jugendversammlung für den Tag einzuberufen ist, an dem die Betriebsversammlung stattfindet, soweit dies möglich und zumutbar ist. Würde die Jugendversammlung ohne besonderen Grund an einem anderen Tag stattfinden – etwa zwei oder drei oder mehr Tage vor oder nach der Betriebsversammlung, so würde dies zu einer zusätzlichen Belastung des Betriebsablaufes führen. Dazu kommt, dass Jugend- und Betriebsversammlung, insbesondere hinsichtlich der erörterten Themen, vielfach in einer Wechselbeziehung zueinander stehen. Aus diesen Gründen sollte von Teilversammlungen der Jugendlichen und Auszubildenden (etwa i. S. v. § 4 S. 2) abgesehen werden.[2]

Nur ausnahmsweise ist eine Versammlung der Jugendlichen und Auszubildenden auch an einem Tag vor oder nach einer Mitarbeiterversammlung dann zulässig, wenn entweder besondere betriebliche Umstände oder die persönlichen Verhältnisse der teilnehmenden Jugendlichen/Auszubildenden ihre Teilnahme am Tage der Mitarbeiterversammlung unmöglich machen oder doch zumindest erheblich erschweren würden. Dafür lassen sich abstrakte Maßstäbe nicht aufstellen. Es kommt auf die konkrete dienstliche Situation an.

Der Besuch zweier Versammlungen ist demnach für Jugendliche nicht unzumutbar, vor allem wenn beide Versammlungen durch eine Pause getrennt liegen. Im Einverständnis mit dem Sprecher/den Sprechern der Jugendlichen und Auszubildenden, dem Dienstgeber und der MAV kann die Versammlung der Jugendlichen und Auszubildenden auch zu einem **anderen Zeitpunkt** stattfinden (§ 49 Abs. 1 S. 2).

Sie findet grundsätzlich – wie die Mitarbeiterversammlung – während der Arbeitszeit statt, so dass damit die Frage der **Entgeltfortzahlung** geklärt ist. Das gilt selbstverständlich nicht nur für die ordentliche, sondern im Einverständnis mit dem Dienstgeber auch für die durchgeführte außerordentliche Versammlung.

2. Einberufung und Leitung

Die Einberufung der Versammlung der Jugendlichen und Auszubildenden obliegt dem Sprecher/den Sprechern der Jugendlichen und Auszubildenden. Sie sind dabei an die Zustimmung der MAV gebunden. Bei der Einberufung muss die von der MAV gebilligte Tagesordnung bekannt gegeben werden.

Der Dienstgeber ist zu dieser Versammlung unter Mitteilung der Tagesordnung einzuladen (§ 49 Abs. 1 S. 3).

Die Leitung der Versammlung der Jugendlichen und Auszubildenden obliegt dem Sprecher der Jugendlichen und Auszubildenden. An den Versammlungen kann der Vorsitzende der MAV oder von ein von ihr beauftragtes Mitglied der MAV teilnehmen. Sowohl der Dienstgeber als auch das MAV-

---

1 *BAG*, 15.8.1978 – 6 ABR 10/76, AP Nr. 1 zu § 23 BetrVG 1972 = DB 1978, 2275.
2 A.A. *Müller*, Freiburger Kommentar zur MAVO § 49 Rn 9.

VII. Sprecherinnen und Sprecher der Jugendlichen und der Auszubildenden

Mitglied können auf der Versammlung das Wort ergreifen und zu den einzelnen Tagesordnungspunkten Stellung nehmen (§ 49 Abs. 1 S. 4 für Dienstgeber, § 49 Abs. 1 S. 5 für MAV-Mitglied).

15 Die **Versammlung** der Jugendlichen und Auszubildenden ist **nicht öffentlich** (entsprechend § 21 Abs. 1 S. 1). Es ist auch nicht zulässig, unberechtigten Dritten – etwa Journalisten – durch einen Mehrheitsbeschluss der Teilnehmer der Versammlung den Zutritt und die Teilnahme zu gestatten.

16 Das **Hausrecht** auf dieser Versammlung der Jugendlichen und Auszubildenden hat der Sprecher der Jugendlichen und Auszubildenden. Er hat das Wort zu erteilen und den ordnungsgemäßen Ablauf der Versammlung sicherzustellen. Er darf vor allem keine unzulässigen Themen, vor allem solche außerhalb der von der MAV genehmigten Tagesordnung, zulassen.

17 Kommt der Sprecher der Jugendlichen und Auszubildenden dieser Pflicht nicht nach, so kann der Dienstgeber wie auch ein MAV-Mitglied darauf hinwirken, dass die Versammlung ordnungsgemäß im gesetzmäßigen Rahmen abläuft. Haben diese Versuche keinen Erfolg, kann der Dienstgeber bei groben Verstößen von seinem Hausrecht wieder Gebrauch machen und letztendlich die Versammlung beenden.

IV. Themen der Versammlung der Jugendlichen und Auszubildenden

18 Entsprechend § 22 Abs. 1 S. 2 hat der Sprecher der Jugendlichen und Auszubildenden zunächst einen Bericht über seine Arbeit zu erstatten.

19 Nach § 49 Abs. 1 S. 7 ist es Aufgabe der Versammlung, sich mit Angelegenheiten der Jugendlichen und Auszubildenden zu befassen, die zur Zuständigkeit der MAV gehören, soweit sie Jugendliche und Auszubildende betreffen (siehe auch § 51).

20 Hierunter fallen neben besonderen tarifpolitischen Themen (Regelung für die Umsetzung von Ausbildungsordnungen, Ausbildungsvergütungen, besondere Arbeitszeitregelungen für Auszubildende, Gestaltung und Teilnahme am Berufsschulunterricht, Ausbildung außerhalb der Einrichtung) auch sozialpolitische Fragen (vor allem Fragen des Jugendarbeitsschutzes im Betrieb). Es kann nicht verlangt werden, dass diese Fragen ausschließlich die Jugendlichen und Auszubildenden betreffen. Es reicht aus, wenn sie diese Fragen »auch« angehen.

21 Über die diskutierten zulässigen Themen kann die Versammlung der Jugendlichen und Auszubildenden **Beschlüsse** fassen, die protokolliert werden, und der MAV **Vorschläge** unterbreiten oder zu bereits ergangenen Beschlüssen der MAV, die die Interessen der Jugendlichen und Auszubildenden berühren, Stellung nehmen (§ 22 Abs. 1 S. 3 analog). Jede ordnungsgemäß einberufene Versammlung der Jugendlichen und Auszubildenden ist beschlussfähig unabhängig von der Zahl der Erschienenen (§ 22 Abs. 3 analog).[3]

V. Fahrtkosten

22 Die Fahrkostenregelung des § 21 Abs. 4 gilt gemäß § 49 entsprechend auch für die Teilnehmer an der Versammlung der Jugendlichen und Auszubildenden (siehe § 21 Rn 52 ff.).

§ 50 Amtszeit der Sprecherinnen und Sprecher der Jugendlichen und Auszubildenden

Die Amtszeit der Sprecherinnen und Sprecher der Jugendlichen und der Auszubildenden beträgt zwei Jahre. Die Sprecherinnen und Sprecher der Jugendlichen und der Auszubildenden bleiben im Amt, auch wenn sie während der Amtszeit das 26. Lebensjahr vollendet haben.

---

3 *Müller*, Freiburger Kommentar zur MAVO § 49 Rn 9.

Übersicht

	Rn		Rn
I. Amtszeit	1–4	III. Der Bestand der MAV	7, 8
II. Weiterführung der Geschäfte	5, 6		

I. Amtszeit

Die regelmäßige Amtszeit der Sprecherinnen und Sprecher der Jugendlichen und der Auszubildenden 1 (Sprecher) beträgt gemäß der besonderen Vorschrift in § 50 S. 1 zwei Jahre. Soweit § 51 Abs. 2 S. 1 die §§ 7–20 unter den Voraussetzungen ihrer Anwendbarkeit überhaupt sinngemäße Anwendung finden lässt, gehen die speziellen Bestimmungen der §§ 48–51 ausdrücklich vor. Demgemäß gelten z. B. die Bestimmungen des § 13 Abs. 1, 2 S. 2 u. 3 und Abs. 5 über die Amtszeit und die Wahlzeiträume der MAV nicht. Einzelheiten zu § 51 Abs. 2.

Aus der Verweisungsvorschrift des § 51 Abs. 2 S. 1 ergibt sich positiv: 2
– Die Amtszeit der Sprecher beginnt mit der Wahl, oder wenn die Sprecher zu diesem Zeitpunkt noch im Amt sind, mit Ablauf von deren Amtszeit (§ 51 Abs. 2 S. 1 i. V. m. § 13 Abs. 2 S, 1); sie endet zwei Jahre nach Amtsbeginn (§ 50 S. 1).
– Neuwahlen zur MAV haben keinen Einfluss auf die Amtszeit der Sprecher.
– Im Falle des Rücktritts eines Sprechers ist das Nachrücken des Ersatzmitgliedes die Regel (§ 51 Abs. 2 S. 1 i. V. m. § 13b Abs. 1).
– Im Falle des Rücktritts der Sprecher insgesamt, also bei einer mehrköpfigen Sprecherschaft, ist die Neuwahl durch die MAV anzusetzen (vgl. § 13 Abs. 3 Nr. 3)
– Ist die Sprecherwahl erfolgreich angefochten worden (§ 13 Abs. 3 Nr. 4), ist unverzüglich eine Neuwahl einzuleiten; dasselbe gilt im Falle des Beschlusses des Kirchlichen Arbeitsgerichts wegen festgestellter grober Vernachlässigung oder Verletzung der Befugnisse und Verpflichtungen als Sprecher der Jugendlichen und der Auszubildenden (§ 51 Abs. 2 S. 1 i. V. m. § 13 Abs. 3 Nr. 6).

Die Möglichkeit des Misstrauensvotums hat die Versammlung der Jugendlichen und der Auszubil- 3 denden nicht, weil § 51 Abs. 2 S. 1 nicht auf § 22 verweist.[1] Denn es gelten eben nur die Grundsätze der Mitarbeiterversammlung (§ 49 Rn 2).

Das Mandat der Sprecher erlischt individuell unter den Voraussetzungen des § 13c. 4

II. Weiterführung der Geschäfte

Keine Bedenken bestehen gegen die entsprechende Anwendung des § 13a (vgl. § 51 Abs. 2 S. 1) we- 5 gen der Weiterführung der Geschäfte der Sprecher der Jugendlichen und Auszubildenden, nämlich wenn nach Ablauf der regulären Amtszeit noch kein neuer Sprecher bzw. keine neuen Sprecher gewählt sind, obwohl die Voraussetzungen dazu vorliegen. In diesem Fall führen die bisherigen Amtsträger die Geschäfte fort bis zur Übernahme durch die neu gewählten Sprecher, längstens jedoch bis zur Dauer von sechs Monaten vom Tag der Beendigung der Amtszeit gerechnet.

Im Interesse der **Kontinuität** der Arbeit der Sprecher bestimmt § 50 S. 2, dass mit Überschreitung des 6 26. Lebensjahres während der Amtszeit eines Jugendsprechers sein Amt nicht endet. Durch den Verlust der Wählbarkeit während der Amtszeit verliert der betroffene Sprecher nicht sein Amt. Er behält es bis zum Ablauf der zweijährigen Amtszeit, für die er gewählt wurde. Diese Sonderregelung gilt nur, wenn der Sprecher nach Beginn der Amtszeit (Rn 1) das 26. Lebensjahr vollendet. Hat er sein 25. Lebensjahr vor Beginn der Amtszeit, aber nach seiner Wahl vollendet, war er nicht wählbar nach § 48 S. 1 (Rn 18 ff.). Dieser Fall kann nur eintreten, wenn der Jugendsprecher am Tage der Wahl das 25. Lebensjahr noch nicht vollendet hat, in diesem Zeitpunkt also seine Wählbarkeit vorliegt, am Tage des Beginns der Amtszeit, der zeitlich hinter dem Wahltag liegt, jedoch 25 Jahre alt war. Dieser Fall kann insbesondere eintreten, wenn ein Ersatzmitglied nach der Wahl, aber vor seinem Amts-

---

1 A. A. *Müller*, Freiburger Kommentar zur MAVO § 49 Rn 9.

III. Der Bestand der MAV

7 Gemäß § 48 ist die bestehende MAV Voraussetzung für die Wahl der Sprecher der Jugendlichen und Auszubildenden. Die Amtszeit der Sprecher endet folglich, wenn eine MAV nicht mehr besteht, wenn sie also keine Amtsgeschäfte mehr führt und eine unverzügliche Neuwahl der MAV nicht eingeleitet worden ist.

8 Kommen Dienstgeber und MAV überein, für ein erweitertes Gebiet eine gemeinsame MAV i. S. v. § 1b zu bilden, richtet sich die Amtszeit der Sprecher der Jugendlichen und Auszubildenden nach der Amtszeit ihrer MAV, falls die reguläre Amtszeit der Sprecher noch andauert.

§ 51 Mitwirkung der Sprecherinnen und Sprecher der Jugendlichen und Auszubildenden

(1) Die Sprecherinnen und Sprecher der Jugendlichen und der Auszubildenden nehmen an den Sitzungen der Mitarbeitervertretung teil. Sie haben, soweit Angelegenheiten der Jugendlichen und Auszubildenden beraten werden,
1. das Recht, vor und während der Sitzungen der Mitarbeitervertretung Anträge zu stellen. Auf ihren Antrag hat die oder der Vorsitzende der Mitarbeitervertretung eine Sitzung in angemessener Frist einzuberufen und den Gegenstand, dessen Beratung beantragt wird, auf die Tagesordnung zu setzen,
2. Stimmrecht,
3. das Recht, zu Besprechungen mit dem Dienstgeber eine Sprecherin oder einen Sprecher der Jugendlichen und Auszubildenden zu entsenden.

(2) Für eine Sprecherin oder einen Sprecher der Jugendlichen und der Auszubildenden gelten im Übrigen die anwendbaren Bestimmungen der §§ 7 bis 20 sinngemäß. Die gleichzeitige Kandidatur für das Amt einer Sprecherin oder eines Sprechers der Jugendlichen und Auszubildenden und das Amt der Mitarbeitervertreterin oder des Mitarbeitervertreters ist ausgeschlossen.

Übersicht	Rn		Rn
I. Zweck der Vorschrift	1	IV. Teilnahmerecht an Besprechungen der MAV mit dem Dienstgeber (§ 51 Abs. 1 S. 2 Nr. 3)	13
II. Allgemeines Teilnahmerecht an MAV-Sitzungen (§ 51 Abs. 1 S. 1)	2– 5	V. Sinngemäße Anwendbarkeit der Bestimmungen der §§ 7–20	14–22
III. Mitberatungs-, Antrags- und Stimmrecht der Sprecher der Jugendlichen und Auszubildenden (§ 51 Abs. 1 S. 2 Nr. 1 und 2) ...	6–12	VI. Streitigkeiten	23, 24

I. Zweck der Vorschrift

1 § 51 Abs. 1 legt die Mitwirkungsrechte der Sprecher der Jugendlichen und Auszubildenden (Sprecher) fest. Die Sprecher sind nicht Mitglieder der MAV. Sie haben aber nach § 51 Abs. 1 S. 1 einen Anspruch, an allen Sitzungen der MAV teilzunehmen ohne Rücksicht darauf, ob Angelegenheiten beraten werden, die Jugendliche und Auszubildende betreffen. Schließlich räumt § 51 Abs. 1 S. 2 den Sprechern besondere Rechte ein, soweit Angelegenheiten der Jugendlichen und Auszubildenden beraten werden.

---

2 *LAG Düsseldorf*, 13. 10. 1992 – 8 Ta BV 119/92, NZA 1993, 474.

II. Allgemeines Teilnahmerecht an MAV-Sitzungen (§ 51 Abs. 1 S. 1)

Alle gewählten Sprecher haben einen Anspruch, an den **Plenarsitzungen der MAV** teilzunehmen. 2
Eine Beschränkung der Einladung und des Teilnahmerechts auf bestimmte Tagesordnungspunkte
ist unzulässig. Hat die MAV besondere Ausschüsse gebildet, die bestimmte Fragen vorbereiten
und vorberaten sollen, so besteht kein Anspruch der Sprecher zur Teilnahme an den Sitzungen dieser
Ausschüsse, die in der MAVO gemäß § 14 Abs. 10 installiert sind. Das ist anders, wenn in einem
gemäß § 14 Abs. 10 gebildeten **Ausschuss** abschließende Beratungen erfolgen mit der Maßgabe,
dass die Angelegenheit nicht mehr im Plenum der MAV zu behandeln ist, weil dem Ausschuss die
selbständige Erledigung von Aufgaben übertragen ist (§ 14 Abs. 10 S. 3). In diesem Falle besteht
für die Sprecher ein Anspruch auf Teilnahme an den Sitzungen des Ausschusses.

Verantwortlich für die Einladungen zu den Sitzungen des Plenums der MAV ist der Vorsitzende der 3
MAV, für die Einladungen zu den Sitzungen eines entscheidungsbefugten Ausschusses der MAV der
Vorsitzende des betreffenden Ausschusses. Die Einladung hat zu enthalten die Angabe von Ort, Zeitpunkt und allen Tagesordnungspunkten und ist den Sprechern bekannt zu geben. Eine Einladungsfrist und eine bestimmte Einladungsform ist nicht vorgeschrieben. Gegebenenfalls gibt die Geschäftsordnung der MAV Auskunft (§ 14 Abs. 8). Die Einladungsfrist ist angemessen, wenn die Sprecher
sich auf die Sitzungen der MAV oder ihrer Ausschüsse vorbereiten, Informationen noch einholen
und sich – wenn drei Sprecher gewählt wurden – gemeinsam vorberaten können. Die Einladung
kann auch mündlich erfolgen, wenn dringende Umstände eine unverzügliche Anberaumung einer
MAV-Sitzung ausgelöst haben.

Eine Verpflichtung der Sprecher zur Teilnahme an der MAV-Sitzung besteht nicht. Von dem all- 4
gemeinen Teilnahmerecht der Sprecher an den Sitzungen der MAV oder einem entscheidungsbefugten Ausschuss der MAV wird eine **Ausnahme** zu machen sein, wenn interne Probleme zwischen MAV
und Sprechern (oder ein bestimmtes Verhalten des Sprechers oder der Sprecher) in der Sitzung der
MAV oder einem ihrer Ausschüsse zunächst vorberaten werden sollen. Die Sprecher haben dann aber
einen Anspruch auf Unterrichtung, weshalb ohne ihre Anwesenheit verhandelt wurde und welches
Ergebnis die Beratung hatte.

Der **Verstoß** des Vorsitzenden der MAV oder eines Vorsitzenden eines Ausschusses der MAV gegen 5
die Pflicht, die Sprecher zu den Sitzungen einzuladen oder die unzulässige Beschränkung der Teilnahme der Sprecher auf bestimmte Tagesordnungspunkte ist eine grobe Verletzung der betreffenden
Mitglieder der MAV hinsichtlich ihrer Befugnisse und Pflichten, der zum Ausschluss aus der MAV
und damit nach § 13c Nr. 5 zum Erlöschen der Mitgliedschaft in der MAV führen kann. Antragsberechtigt sind die unter § 8 Abs. 2 Buchst. a KAGO Genannten.

III. Mitberatungs-, Antrags- und Stimmrecht der Sprecher der Jugendlichen und Auszubildenden (§ 51 Abs. 1 S. 2 Nr. 1 und 2)

Zunächst haben die Sprecher der Jugendlichen und Auszubildenden ein reines **Mitberatungsrecht**. 6
Soweit aber Angelegenheiten beraten werden, die überwiegend (so die zutreffende Formulierung
des § 67 Abs. 2 BetrVG, die im Wort »soweit« enthalten ist) jugendliche und auszubildende Mitarbeiter und Mitarbeiterinnen betreffen, steht den Sprechern neben dem Mitberatungsrecht ein eigenes
Antragsrecht zu. Der Begriff »überwiegend« ist quantitativ gemeint. Angelegenheiten, die »überwiegend« die jugendlichen und auszubildenden Mitarbeiter und Mitarbeiterinnen betreffen, liegen dann
vor, wenn der Beratungsgegenstand und der zu fassende Beschluss zahlenmäßig mehr Jugendliche
und Auszubildende betrifft als die anderen Mitarbeiterinnen und Mitarbeiter. Das kann aber
auch der Fall sein, wenn eine personelle Einzelmaßnahme beraten und über sie beschlossen wird,
die Jugendliche und Auszubildende besonders betrifft. Dazu zählt etwa die Einstellung eines Ausbilders nach § 34 Abs. 1, die Versetzung eines Ausbilders nach § 35 Abs. 1 an eine andere Einrichtung,
die Durchführung der Ausbildung nach § 36 Abs. 1 Nr. 8, § 37 Abs. 1 Nr. 8, die fristlose oder ordentliche Kündigung eines Sprechers der Jugendlichen und Auszubildenden nach § 19, die Übernahme eines Sprechers vom Ausbildungs- in ein Beschäftigungsverhältnis nach § 18 Abs. 4. In diesen

VII. Sprecherinnen und Sprecher der Jugendlichen und der Auszubildenden

überwiegend die Jugendlichen und Auszubildenden betreffenden Angelegenheiten können die Sprecher vor und während den Sitzungen der MAV Anträge stellen (§ 51 Abs. 1 S. 2 Nr. 1).

7   Die Sprecher haben in diesen Angelegenheiten darüber hinaus einen eigenen Anspruch auf Anberaumung einer besonderen MAV-Sitzung, zu der auf entsprechenden Antrag der Sprecherseite der Vorsitzende der MAV in angemessener Frist einzuladen und den beantragten Beratungsgegenstand auf die Tagesordnung zu setzen hat. Schließlich haben die Sprecher nach § 51 Abs. 1 S. 2 Nr. 2 in diesen überwiegend die Jugendlichen und Auszubildenden betreffenden Angelegenheiten auch ein eigenes Stimmrecht. Die ordnungsgemäß eingeladenen und anwesenden Sprecher nehmen mit den MAV-Mitgliedern an der Abstimmung teil.

8   Für die **Beschlussfähigkeit der MAV** kommt es allein auf die Bestimmung des § 14 Abs. 5 an. Mehr als die Hälfte der MAV-Mitglieder muss anwesend sein. Für die Ermittlung der Beschlussfähigkeit zählen die Stimmen der Sprecher der Jugendlichen und Auszubildenden nicht. Denn die Sprecher sind nicht Mitglied der MAV, ihr Stimmrecht in der Sitzung der MAV ist eingeschränkt (§ 51 Abs. 1 S. 2 Nr. 2), so dass sie an Beschlussfassungen der MAV im Rahmen der Beteiligungsrechte der MAV nicht mitwirken. Denn die Sprecher sind nicht wie die MAV von der Mitarbeiterschaft gewählt, sondern nur von den Jugendlichen und Auszubildenden zur Wahrnehmung der Aufgaben im Rahmen des § 51. Ausdrücklich ist bestimmt, dass die gleichzeitige Kandidatur für das Amt einer Sprecherin bzw. eines Sprechers der Jugendlichen und Auszubildenden und das Amt als Mitglied der MAV ausgeschlossen ist (§ 51 Abs. 2 S. 2).

9   Bei der Abstimmung werden sie allerdings wegen des Stimmrechts hinzugezählt, so dass ihre Stimmen bei der Feststellung, ob der Antrag die nach § 14 Abs. 5 S. 2 erforderliche einfache Mehrheit gefunden hat, mitgezählt werden.

10 ▶ **Beispiel:** 11 Mitglieder der MAV, drei Sprecher der Jugendlichen und Auszubildenden; in der Sitzung anwesend: 6 Mitglieder der MAV und 3 Sprecher der Jugendlichen und Auszubildenden. Beschlussfähigkeit der MAV liegt vor. Beschluss über eine Angelegenheit nach § 51 Abs. 1 S. 2: Stimmberechtigt sind 6 MAV-Mitglieder und die drei Sprecher der Jugendlichen und Auszubildenden. Das Stimmverhältnis ergibt 5 gegen den Antrag, 4 für den Antrag mit dem Ergebnis, dass der Antrag abgelehnt ist (§ 14 Abs. 5 S. 2).

11 Nach einer Mehrheitsentscheidung der MAV, die eine Angelegenheit, die überwiegend Jugendliche und Auszubildende betrifft oder von den Sprechern beantragt war, können die Sprecher keine Aussetzung dieses Beschlusses und eine neue Beratung – wie etwa in §§ 66 BetrVG, 74 BPersVG – verlangen. Die Entscheidung der MAV unter ordnungsgemäßer Beteiligung der Sprecher der Jugendlichen und Auszubildenden ist endgültig.

12 Hat die MAV dagegen einen **Beschluss ohne Beteiligung der Sprecher der Jugendlichen und Auszubildenden** gefasst, obwohl eine Angelegenheit vorlag, die überwiegend Jugendliche und Auszubildende betraf, ist dieser Beschluss nicht wirksam zustande gekommen. Dieser Beschluss ist unwirksam. Die Beschlussfassung muss wiederholt werden unter Beteiligung der Sprecher der Jugendlichen und Auszubildenden. Unter Umständen kann jedoch unter Berücksichtigung einer Entscheidung des *BAG*[1] eine erneute Beschlussfassung dann unterbleiben, wenn dem Antrag der Sprecher entsprochen wurde oder aber die Entscheidung der MAV so eindeutig ist, dass die Teilnahme der Sprecher das Stimmenergebnis nicht hätte ändern können.

IV. Teilnahmerecht an Besprechungen der MAV mit dem Dienstgeber (§ 51 Abs. 1 S. 2 Nr. 3)

13 Die Sprecher der Jugendlichen und Auszubildenden haben einen Anspruch auf Entsendung eines ihrer Sprecher (des Sprechers) zu gemeinsamen Besprechungen der MAV und des Dienstgebers. Voraus-

---

1 *BAG*, 6. 5. 1975 – 1 ABR 135/73, AP Nr. 5 zu § 65 BetrVG 1972 = EzA § 65 BetrVG 1972 Nr. 5 = BB 1975, 1112.

setzung ist, dass Angelegenheiten besprochen werden, die überwiegend Jugendliche und Auszubildende betreffen (Rn 6). Teilnahmeberechtigt ist nur ein Sprecher, auch wenn drei gewählt sind. Es ist Sache des Vorsitzenden der MAV, den Sprecher von der gemeinsamen Besprechung zu verständigen und ihn einzuladen.

V. Sinngemäße Anwendbarkeit der Bestimmungen der §§ 7–20

Für die Wahl der Sprecher der Jugendlichen und der Auszubildenden und ihre Rechte und Pflichten sind sinngemäß die Bestimmungen der §§ 7–20 anwendbar, soweit sie überhaupt anwendbar sind (§ 51 Abs. 2 S. 1). Die Anwendbarkeit der §§ 7 und 8 (aktives und passives Wahlrecht zur Sprecherwahl) ist bereits in § 48 Rn 7 ff. behandelt. 14

§ 9 (Vorbereitung der Wahl) gilt ebenso wie § 11 bzw. §§ 11a–11c und § 12 (Durchführung und Anfechtung der Wahl). 15

In der Regel unanwendbar ist § 10, weil die Wahl von Sprechern der Jugendlichen und Auszubildenden eine ordnungsgemäß gewählte, amtierende MAV voraussetzt (§ 48 Rn 2). Im Falle der Voraussetzungen für die Bildung einer Vertretung der Jugendlichen und Auszubildenden kann bei Untätigkeit der MAV der Dienstgeber zur Vorbereitung der Wahl des Sprechers der Jugendlichen und Auszubildenden gemäß § 10 tätig werden.[2] 16

Wichtig ist eine sinngemäße Anwendung des § 9 Abs. 6 (doppelt so viele Wahlkandidaten wie zu wählende Sprecher) im Hinblick auf § 11 Abs. 6 (Ersatz für einen ausgeschiedenen Sprecher). 17

§ 13 Abs. 1 (Amtszeit der MAV) ist durch § 50 als lex specialis ersetzt. Im Übrigen sind aber die Vorschriften der Absätze 2 S. 1 bis 4 des § 13 sinngemäß anwendbar. Das gilt auch für §§ 13a bis 13c. 18

Die Bestimmungen der §§ 13d und 13e gelten dem Übergangs- und dem Restmandat der MAV. Solange die MAV noch eines der Mandate ausübt, ist die Zusammenarbeit mit dem Sprecher bzw. den Sprechern der Jugendlichen und Auszubildenden möglich, wenn auch die Voraussetzungen für die Bildung einer Vertretung der Jugendlichen und Auszubildenden erfüllt sind, also die notwendige Anzahl Jugendlicher und Auszubildender überhaupt noch besteht. 19

Im Falle des § 13d Abs. 4 bleibt auch eine nicht nach der MAVO gebildete Jugend- und Auszubildendenvertretung im Amt, solange die übernommene Arbeitnehmervertretung noch im Amt ist. 20

§ 14 ist in seinem Absatz 4 (Sitzungen der Sprecher) und seinen Absätzen 5 bis 7 anwendbar. 21

§ 15 ist mit Abs. 1, 2, 4 und 5 auf die Sprecher entsprechend anwendbar. Die §§ 16, 17, 18 (hier insbesondere § 18 Abs. 4), 19 und 20 finden auch auf die Sprecher der Jugendlichen und Auszubildenden Anwendung, also die Regelungen über Schulung, Kostenersatz, Schutz der Sprecher, Kündigungsschutz und Schweigepflicht der Sprecher. 22

VI. Streitigkeiten

Im Falle einer Rechtsstreitigkeit zwischen 23
– Dienstgeber und Sprecher der Jugendlichen und Auszubildenden,
– MAV und Sprecher der Jugendlichen und Auszubildenden
ist Klage beim Kirchlichen Arbeitsgericht gemäß § 2 Abs. 2 i. V. m. § 8 Abs. 2 Buchst. d KAGO zulässig.

Im Falle von Streitigkeiten i. S. v. § 15 Abs. 2 und § 15 Abs. 4 ist gemäß § 45 Abs. 3 Nr. 1 i. V. m. § 15 Abs. 5 und § 51 Abs. 2 MAVO die Einigungsstelle zuständig. 24

---

2 So auch: *Müller*, Freiburger Kommentar zur MAVO § 48 Rn 7.

VII. Sprecherinnen und Sprecher der Jugendlichen und der Auszubildenden

§ 52 Mitwirkung der Vertrauensperson der schwerbehinderten Mitarbeiterinnen und Mitarbeiter

(1) Die entsprechend den Vorschriften des Sozialgesetzbuches IX gewählte Vertrauensperson der schwerbehinderten Mitarbeiterinnen und Mitarbeiter nimmt an den Sitzungen der Mitarbeitervertretung teil. Die Vertrauensperson hat, soweit Angelegenheiten der schwerbehinderten Menschen beraten werden,
1. das Recht, vor und während der Sitzungen der Mitarbeitervertretung Anträge zu stellen. Auf ihren Antrag hat die oder der Vorsitzende der Mitarbeitervertretung eine Sitzung in angemessener Frist einzuberufen und den Gegenstand, dessen Beratung beantragt wird, auf die Tagesordnung zu setzen,
2. Stimmrecht,
3. das Recht, an Besprechungen bei dem Dienstgeber teilzunehmen.

(2) Der Dienstgeber hat die Vertrauensperson der schwerbehinderten Mitarbeiterinnen und Mitarbeiter in allen Angelegenheiten, die einen einzelnen oder die schwerbehinderten Menschen als Gruppe berühren, unverzüglich und umfassend zu unterrichten und vor einer Entscheidung anzuhören; er hat ihr die getroffene Entscheidung unverzüglich mitzuteilen. Ist dies bei einem Beschluss der Mitarbeitervertretung nicht geschehen oder erachtet die Vertrauensperson der schwerbehinderten Mitarbeiterinnen und Mitarbeiter einen Beschluss der Mitarbeitervertretung als eine erhebliche Beeinträchtigung wichtiger Interessen schwerbehinderter Menschen, wird auf ihren Antrag der Beschluss für die Dauer von einer Woche vom Zeitpunkt der Beschlussfassung ausgesetzt. Durch die Aussetzung wird eine Frist nicht verlängert.

(3) Die Vertrauensperson der schwerbehinderten Mitarbeiterinnen und Mitarbeiter hat das Recht, mindestens einmal im Jahr eine Versammlung der schwerbehinderten Mitarbeiter und Mitarbeiterinnen in der Dienststelle durchzuführen. Die für die Mitarbeiterversammlung geltenden Vorschriften der §§ 21, 22 gelten entsprechend.

(4) Die Räume und der Geschäftsbedarf, die der Dienstgeber der Mitarbeitervertretung für deren Sitzungen, Sprechstunden und laufenden Geschäftsbedarf zur Verfügung stellt, stehen für die gleichen Zwecke auch der Vertrauensperson der schwerbehinderten Mitarbeiterinnen und Mitarbeiter zur Verfügung, soweit hierfür nicht eigene Räume und sachliche Mittel zur Verfügung gestellt werden.

(5) Für die Vertrauensperson der schwerbehinderten Mitarbeiterinnen und Mitarbeiter gelten die §§ 15 bis 20 entsprechend. Weitergehende persönliche Rechte und Pflichten, die sich aus den Bestimmungen des SGB IX ergeben, bleiben hiervon unberührt.

Übersicht	Rn		Rn
I. Zweck der Vorschrift	1–3	III. Regelungen des § 52 im Überblick	21–27
II. Die Vertrauensperson der schwerbehinderten Menschen	4–20	1. Rechtsnatur der §§ 94 bis 99 SGB IX	21
1. Wahl	4–10	2. Einzelvorschriften des § 52	22–27
a. Aktives Wahlrecht	5	IV. Rechtsstellung der Vertrauensperson der schwerbehinderten Menschen	28, 29
b. Passives Wahlrecht	6, 7		
c. Durchführung der Wahl	8, 9		
d. Amtszeit	10	V. Streitigkeiten	30, 31
2. Aufgaben und Rechte	11–20	VI. Der Werkstattrat	32–35

I. Zweck der Vorschrift

1 Die im Sozialgesetzbuch (SGB) Neuntes Buch (IX) – Rehabilitation und Teilhabe behinderter Menschen – vom 19.6.2001[1] in den §§ 94 bis 97 festgelegte Wahl und die persönlichen Rechte und

---

1 BGBl. I S. 1046 mit späteren Änderungen.

Pflichten der Vertrauensperson für schwerbehinderte Menschen (§ 2 Abs. 2 SGB IX) finden ihre Übertragung in die MAVO im Rahmen ihrer §§ 52 und 28a. Der kirchliche Gesetzgeber anerkennt die nach staatlichem Recht vorgeschriebene Bildung einer Schwerbehindertenvertretung; er gibt für ihre Errichtung keine besondere Vorschrift, obwohl ihre Einrichtung betriebsverfassungsrechtlichen Charakter hat.[2] Die Entwicklung der MAVO seit 1971 zeigt, dass die gemäß staatlichem Recht gebildete Schwerbehindertenvertretung schrittweise in die MAVO integriert worden ist. 1971 fand sie noch keine Erwähnung.[3] Mit der Novelle der MAVO von 1977 wird mit § 31 MAVO 1977 für die schwerbehinderten Mitarbeiter und Mitarbeiterinnen im kirchlichen Dienst dem Vertrauensmann der Schwerbehinderten eine »besondere Stellung innerhalb der MAV eingeräumt«.[4] Seine Wahl, seine Rechte und Pflichten wurden aus dem Schwerbehindertengesetz[5] abgeleitet[6] und mit mitarbeitervertretungsrechtlichem Charakter gemäß § 46 MAVO-Novelle 1985 ausgestattet.[7] Das Problem einer eigenständigen kirchlichen Betriebsverfassung auf Grund des Selbstbestimmungsrechts der Kirchen gemäß Art. 140 GG i. V. m. Art. 137 Abs. 3 WRV war qua MAVO nicht thematisiert. Mit der Novelle der MAVO 2003 wurden die mitarbeitervertretungsrechtlichen Rechte der Vertrauensperson der schwerbehinderten Mitarbeiterinnen und Mitarbeiter durch Einfügung eines § 28a mit Blick auf die MAV und durch § 46 MAVO erweitert. § 46 wurde durch die Novelle der MAVO von 2004 redaktionell nach § 52 transferiert, ohne eine völlig eigenständige Regelung zu etablieren. Mit der Novelle von 2010 wurde § 52 Abs. 5 um einen Satz 2 ergänzt, um die Rechtsstellung der Schwerbehindertenvertretung nach staatlichem Recht auch im kirchlichen Bereich zu bestätigen. Die Schwerbehindertenvertretung darf nicht mit dem Werkstattrat i. S. d. CWMO verwechselt werden (dazu Rn 32 ff.).

Wahl und Amtszeit der Vertrauensperson der schwerbehinderten Menschen richten sich nach § 94 SGB IX,[8] ihre Aufgaben nach § 95 SGB IX unter Einschluss der schwerbehinderten beruflichen Rehabilitanden (§ 3 Rn 96). Ihre persönlichen Rechte und Pflichten sind in § 96 SGB IX geregelt; sie werden durch die MAVO ergänzt, um innerhalb der kirchlichen Betriebsverfassung (Art. 8 GrO) die Zusammenarbeit mit den Gremien der MAVO zu regeln (vgl. § 26 Abs. 3 Nr. 3 und Nr. 5, § 28a MAVO). 2

Die Regelung der Rechte der Vertrauensperson durch § 52 MAVO ist deswegen geboten, weil das SGB IX selbst mit seinen betriebsverfassungsrechtlichen Bestimmungen auf kirchliche Einrichtungen im Geltungsbereich der MAVO nur eingeschränkte Möglichkeiten eröffnet und die nach kirchlichem Recht gebildete MAV gar nicht erwähnt (vgl. § 93 SGB IX).[9] Daher ergänzen auf der Grundlage des kirchlichen Selbstbestimmungsrechts (Art. 140 GG i. V. m. Art. 137 Abs. 3 WRV) die in § 52 MAVO enthaltenen Bestimmungen – in Anlehnung an die gleich gelagerten Bestimmungen des staatlichen Rechts (§ 32 BetrVG, § 40 Abs. 1 BPersVG) – auch im Rahmen des kirchlichen Mitarbeitervertretungsrechts die besonderen Aufgaben und die Stellung der Vertrauensperson der schwerbehinderten Menschen in einer Einrichtung bzw. Dienststelle. Die MAV wirkt auf die Wahl der Schwerbehindertenvertretung hin (§ 28a Abs. 1 S. 2; vgl. § 93 SGB IX). 3

---

2 *Richardi*, Arbeitsrecht in der Kirche, § 18 Rn 102.
3 Vgl. z. B. MAVO Erzbistum Köln, Kirchlicher Anzeiger 1971 Nr. 266 S. 277.
4 *Frey/Schmitz-Elsen*, MAVO-Kurzkommentar 1978 § 31 Rn 1, in: caritas korrespondenz Sonderheft I 1978.
5 BGBl. I 1979 S. 1649, BGBl. I 1986 S. 1421.
6 *Frey/Schmitz-Elsen/Couetelle*, MAVO-Kommentar, 2. Aufl., § 31 Rn 2, in: caritas korrespondenz Sonderheft I 1981.
7 *Frey/Schmitz-Elsen/Coutrelle*, MAVO-Kommentar, 3. Aufl., § 46 Rn 2, in: caritas korrespondenz Sonderheft III 1988.
8 ArbG Trier, 7. 5. 2003 – 1 BV 35/02, ZMV 2003, 314.
9 *KAGH*, 27. 2. 2009 – M 14/08, ZMV 3/2009, 157.

II. Die Vertrauensperson der schwerbehinderten Menschen

1. Wahl

4 Ausgehend von § 52 Abs. 1 S. 1 MAVO ist in **kirchlichen Einrichtungen,** deren Träger entweder privatrechtlich oder öffentlich-rechtlich verfasst sind (§ 71 SGB IX), eine Vertrauensperson der schwerbehinderten Menschen und wenigstens ein Stellvertreter (= Schwerbehindertenvertretung) zu wählen, wenn dort wenigstens fünf schwerbehinderte Menschen nicht nur vorübergehend beschäftigt sind (§ 94 Abs. 1 S. 1 SGB IX). Mitzuzählen sind den schwerbehinderten Menschen gleichgestellte behinderte Menschen (§ 2 Abs. 3, §§ 68, 69 SGB IX). Es ist kein Kollegialorgan vorgesehen, auch nicht durch die Bestellung von Stellvertretern. In Betrieben und Dienststellen, in denen in der Regel mehr als 100 schwerbehinderte Menschen beschäftigt sind, kann die Schwerbehindertenvertretung nach § 95 Abs. 1 S. 4 SGB IX das mit der höchsten Stimmenzahl gewählte stellvertretende Mitglied zu bestimmten Aufgaben heranziehen. Die Unterrichtung des Dienstgebers ist erforderlich. Die Wahl, das Wahlrecht und die Amtsführung richten sich nach dem SGB IX und nach der MAVO. Die MAVO knüpft an die Wahl nach SGB IX an, regelt sie aber nicht. Deshalb ist nach staatlichem Recht zu bestimmen, wo örtlich die Wahl der Schwerbehindertenvertretung stattfindet, ggf. in räumlich nahe liegenden Betrieben bzw. Dienststellen, nicht aber auf der Grundlage von § 1a MAVO, sondern nach den Vorgaben von § 94 Abs. 1 S. 4 SGB IX, wozu gemäß § 94 Abs. 1 S. 5 SGB IX das Benehmen des kirchlichen Rechtsträgers mit dem zuständigen Integrationsamt herzustellen ist.[10] Die Bildung einer gemeinsamen Schwerbehindertenvertretung in Analogie zu § 1b MAVO hat keine Rechtsgrundlage.[11]

a. Aktives Wahlrecht

5 Zur Wahl der Vertrauensperson der schwerbehinderten Menschen **aktiv wahlberechtigt** sind nach § 94 Abs. 2 SGB IX alle in der Einrichtung oder Dienststelle beschäftigten schwerbehinderten Menschen und die ihnen Gleichgestellten, auch schwerbehinderte Rehabilitanden.[12] Unmaßgeblich ist die Dauer der Beschäftigung (Befristung) ebenso wie der Zeitpunkt des Eintritts in die Einrichtung. Das Wahlrecht gilt auch dann, wenn der Beschäftigungsumfang unter den Grenzen des § 73 Abs. 3 SGB IX liegt.

b. Passives Wahlrecht

6 **Wählbar** sind alle in der Einrichtung oder Dienststelle nicht nur vorübergehend Beschäftigten, die am Wahltage das 18. Lebensjahr vollendet haben und der Dienststelle bzw. Einrichtung seit sechs Monaten angehören. Zu den wählbaren Mitarbeitern, die nicht schwerbehindert sein müssen, gehören auch Mitglieder der MAV sowie der Sprecher der Jugendlichen und Auszubildenden, die die Wählbarkeitsvoraussetzungen erfüllen (§ 94 Abs. 3 S. 1 SGB IX).

7 **Nicht wählbar** ist in Analogie zu § 94 Abs. 3 S. 2 SGB IX, wer Mitarbeiter in leitender Stellung i. S. d. § 3 Abs. 2 Nrn. 3 und 4 MAVO ist, also gemäß dieser Vorschrift nicht der MAV angehören kann.

c. Durchführung der Wahl

8 Die Wahl erfolgt geheim und unmittelbar nach den Grundsätzen der **Mehrheitswahl** (§ 94 Abs. 6 SGB IX). Sie findet regelmäßig alle vier Jahre in der Zeit vom 1. Oktober bis 30. November statt (§ 94 Abs. 5 SGB IX). Die Vorschriften über das Wahlverfahren, den Wahlschutz und die Wahlanfechtung sowie die Wahlkosten enthält das staatliche Recht; denn die MAVO nimmt auf die Bestimmungen der §§ 7 bis 12 anders als § 51 Abs. 2 keinen Bezug. Zur Wahlanfechtung siehe Rn 31.

---

10 *ArbG Trier*, 7. 5. 2003 – 1 BV 35/02, ZMV 2003, 314.
11 Vgl. *BAG*, 10. 11. 2004 – 7 ABR 17/04, NZA 2005, 895.
12 *BAG*, 27. 6. 2001 – 7 ABR 50/99, NZA 2002, 50= BAGE 98, 151.

Die **Einleitung der Wahl** obliegt der gewählten Vertrauensperson der schwerbehinderten Menschen 9
während ihrer Amtszeit. Ist in einer kirchlichen Einrichtung bzw. Dienststelle eine Vertrauensperson
der schwerbehinderten Menschen nicht gewählt, obwohl die Voraussetzungen vorliegen, kann das
zuständige Integrationsamt zu einer Versammlung schwerbehinderter Menschen zum Zwecke der
Wahl eines Wahlvorstandes einladen (§ 94 Abs. 6 S. 4 SGB IX).

d. Amtszeit

Die **Amtszeit** der Vertrauensperson der schwerbehinderten Menschen beträgt vier Jahre (§ 94 Abs. 7 10
S. 1 SGB IX). Ihr Amt erlischt vorzeitig aus den in § 94 Abs. 7 S. 3 und 5 SGB IX genannten Gründen.

2. Aufgaben und Rechte

Die Aufgaben der Vertrauensperson der schwerbehinderten Menschen sind geregelt 11
- nach staatlichem Gesetz in § 95 Abs. 1 bis 3 SGB IX und im Zusammenhang mit den Mitwirkungsrechten in §§ 81, 83, 84, 95 Abs. 4 und 6 SGB IX,
- nach kirchlichem Recht in §§ 52 und 28a und § 52 Abs. 5 i. V. m. §§ 15–20 MAVO.

Die Vertrauensperson der schwerbehinderten Menschen hat darüber zu wachen, dass die zugunsten 12
der schwerbehinderten Menschen geltenden Schutzvorschriften beachtet werden (§ 95 Abs. 1 S. 2
Nr. 1 SGB IX), sie kann Maßnahmen zugunsten der schwerbehinderten Menschen bei den zuständigen Stellen beantragen (§ 95 Abs. 1 S. 2 Nr. 2 SGB IX) und Anregungen und Beschwerden entgegennehmen (§ 95 Abs. 1 S. 2 Nr. 3 SGB IX). Sie ist in allen Angelegenheiten, die einen einzelnen
schwerbehinderten Menschen oder diese als Gruppe betreffen, rechtzeitig und umfassend zu unterrichten und vor einer Entscheidung des Dienstgebers zu hören (§ 95 Abs. 2 S. 1 SGB IX, § 52 Abs. 2
S. 1 MAVO). »Angelegenleiten« i. S. v. § 95 Abs. 2 S. 1 SGB IX sind u. a. personelle Einzelmaßnahmen wie Einstellungen, Versetzungen, Ein- oder Umgruppierungen, Abmahnungen.

Dazu gehört auch die Unterrichtung und Anhörung der Vertrauensperson der schwerbehinderten 13
Menschen (unbeschadet der Beteiligung der MAV) vor einer Kündigung eines schwerbehinderten
Menschen. Jedoch ist hier die Verletzung der Anhörungspflicht der Vertrauensperson ohne rechtliche
Konsequenzen.[13] Sie ist also ebenso wie eine ohne Unterrichtung und Anhörung der Vertrauensperson durchgeführte Einstellung, Versetzung oder Eingruppierung des schwerbehinderten Menschen
nicht unwirksam. Auf den Kündigungsschutz gemäß §§ 85 ff. SGB IX wird hingewiesen.

Die Vertrauensperson der schwerbehinderten Menschen kann vom schwerbehinderten Menschen 14
hinzugezogen werden, wenn er Einsicht in seine **Personalakten** nimmt (§ 95 Abs. 3 SGB IX). Die
Vertrauensperson hat absolutes Stillschweigen über den Inhalt der Akten zu bewahren, es sei denn,
der schwerbehinderte Mensch hat sie von der Schweigepflicht befreit (§ 95 Abs. 3 S. 2 SGB IX).

§ 52 Abs. 1 S. 1 MAVO gibt der Vertrauensperson der schwerbehinderten Menschen das Recht, an 15
allen Sitzungen der MAV beratend teilzunehmen. Sie kann beantragen, Angelegenheiten einzelner
schwerbehinderter Menschen oder der Gruppe auf die Tagesordnung der nächsten Sitzung der
MAV zu setzen (§ 95 Abs. 4 S. 1 SGB IX; § 52 Abs. 1 S. 2 Nr. 1 MAVO); sie hat dann Stimmrecht
in der Sitzung der MAV (§ 52 Abs. 1 S. 2 Nr. 2). Die Berechtigungen beruhen auf der Wahl gemäß
SGB IX.

Hat die MAV für die Regelung bestimmter Fragen besondere Arbeitsgruppen gebildet, z. B. für die 16
Aufstellung eines Sozialplans und Vorbereitung einer entsprechenden Dienstvereinbarung (§ 37
Abs. 1 Nr. 11), so besteht ein Teilnahmerecht der Vertrauensperson der schwerbehinderten Menschen.[14]

---

13 *BAG*, 28. 7. 1983 – 2 AZR 122/83, AP Nr. 1 zu § 22 SchwbG = EzA § 22 SchwbG Nr. 1 = DB 1984, 133.
14 *BAG*, 21. 4. 1993 – 7 ABR 44/92, AP Nr. 4 zu § 25 SchwbG 1986 = DB 1993, 2388.

17 Erachtet die Vertrauensperson der schwerbehinderten Menschen einen Beschluss der MAV als eine erhebliche Beeinträchtigung wichtiger Interessen der schwerbehinderten Menschen oder ist sie bei der Beschlussfassung nicht unterrichtet und angehört worden, ist auf ihren Antrag der Beschluss auf die Dauer von einer Woche vom Zeitpunkt der Beschlussfassung auszusetzen (§ 52 Abs. 2 S. 2; vgl. § 95 Abs. 4 S. 2 SGB IX). Dazu kann die Vertrauensperson der schwerbehinderten Menschen einen Antrag auf Einberufung einer gesonderten Sitzung der MAV stellen, dem der Vorsitzende der MAV in angemessener Frist zu entsprechen hat. Er muss den beantragten Gegenstand auf die Tagesordnung dieser Sondersitzung setzen (§ 52 Abs. 1 S. 2 Nr. 1), bei der die Vertrauensperson Stimmrecht hat (§ 52 Abs. 1 S. 2 Nr. 2).

18 Die Vertrauensperson der schwerbehinderten Menschen ist zu den Besprechungen zwischen der MAV und dem Dienstgeber hinzuzuziehen (§ 95 Abs. 5 SGB IX; § 52 Abs. 1 S. 2 Nr. 3 MAVO).

19 Mindestens einmal im Kalenderjahr findet eine **Versammlung der schwerbehinderten Menschen** und der ihnen gleichgestellten behinderten Menschen in der Einrichtung bzw. Dienststelle statt, für die die Vorschriften über die Mitarbeiterversammlung (§§ 21 f. MAVO) entsprechende Anwendung finden (§ 52 Abs. 3).

20 Die persönliche Rechtsstellung der Vertrauensperson der schwerbehinderten Menschen hat der eines Mitgliedes der MAV zu entsprechen (§ 52 Abs. 5 S. 1 MAVO i. V. m. § 96 SGB IX). Weitergehende persönliche Rechte und Pflichten, die sich aus den Bestimmungen des SGB IX ergeben, bleiben von den Bestimmungen der MAVO unberührt (§ 52 Abs. 5 S. 2). Die sachlichen Kosten für die Tätigkeit der Vertrauensperson der schwerbehinderten Menschen trägt der Dienstgeber (§ 96 Abs. 9 SGB IX; § 52 Abs. 4 und 5 i. V. m. § 17 MAVO).

III. Regelungen des § 52 im Überblick

1. Rechtsnatur der §§ 94 bis 99 SGB IX

21 Die Bestimmungen der **§§ 94 bis 99 SGB IX sind zwingende arbeitsrechtliche Vorschriften,** die von der kirchlichen Mitarbeitervertretungsordnung nicht verdrängt werden. Sie haben nach der Installierung einer Mitarbeitervertretung nach der MAVO Vorrang vor kirchengesetzlichen Regelungen, die den Bestimmungen der §§ 94 bis 99 SGB IX entgegenstehen. Etwaige im Vergleich zu §§ 94 bis 99 SGB IX geltende günstigere Regelungen in § 52 MAVO gelten in kirchlichen Einrichtungen bzw. Dienststellen, die unter den Geltungsbereich der MAVO fallen. Andererseits bleiben weitergehende persönliche Rechte und Pflichten, die sich aus den Bestimmungen des SGB IX ergeben, von den Bestimmungen der MAVO unberührt (§ 52 Abs. 5 S. 2). Unter Hinweis auf § 28a MAVO sei außerdem verwiesen auf §§ 81 Abs. 1 S. 3 und 6 bis 10, 83 Abs. 1, 84 Abs. 1 und 2 SGB IX.

2. Einzelvorschriften des § 52

22 Die Vertrauensperson der schwerbehinderten Menschen nimmt an allen **Sitzungen der MAV** beratend teil (§ 52 Abs. 1 S. 1).

23 Sie hat das Recht, soweit Angelegenheiten der schwerbehinderten Menschen beraten werden, vor und während der Sitzungen, **Anträge** zu stellen (§ 52 Abs. 1 S. 2 Nr. 1). Der Vorsitzende der MAV muss auf einen entsprechenden Antrag der Vertrauensperson in angemessener Frist eine MAV-Sitzung einberufen und den beantragten Gegenstand auf die Tagesordnung setzen (§ 52 Abs. 1 S. 2 Nr. 1).

24 Die Vertrauensperson der schwerbehinderten Menschen hat bei Angelegenheiten der schwerbehinderten Menschen, welche die MAV berät und beschließt, ein eigenes **Stimmrecht.** Sie nimmt also bei Beschlussfähigkeit der MAV an der Stimmabgabe teil (§ 52 Abs. 1 S. 2 Nr. 2).

25 Die Vertrauensperson der schwerbehinderten Menschen hat ein Teilnahmerecht an **Besprechungen der MAV mit dem Dienstgeber,** in denen Angelegenheiten der schwerbehinderten Menschen beraten werden (§ 52 Abs. 1 S. 2 Nr. 3). Darüber hinaus ergeben sich Gespräche der Vertrauensperson mit

dem Dienstgeber im Rahmen der Anhörung gemäß § 52 Abs. 2 S. 1, weil das Anhörungsverfahren nicht schriftlich durchgeführt werden muss.

Die Vertrauensperson der schwerbehinderten Menschen hat Anspruch, mindestens einmal im Kalenderjahr eine Versammlung der schwerbehinderten Menschen und der ihnen gleichgestellten behinderten Menschen durchzuführen (§ 52 Abs. 3). Die für die Mitarbeiterversammlung geltenden Vorschriften der §§ 21, 22 gelten entsprechend. Die Zahl der Mitarbeiterversammlungen ist nicht auf eine pro Jahr beschränkt. Das folgt aus dem Wort »mindestens« und der Verweisung auf § 21 mit den Absätzen 2 und 3. Allerdings ist das gemäß § 22 Abs. 2 mögliche Misstrauensvotum gegen die MAV auf die Vertrauensperson nicht anwendbar, weil ihre Wahl gemäß den Vorschriften des SGB IX, nicht aber nach der MAVO erfolgt. § 94 SGB IX ermöglicht kein Misstrauensvotum der Versammlung schwerbehinderter Menschen.

Klar geregelt ist das Recht der Vertrauensperson der schwerbehinderten Menschen, die Aussetzung von Beschlüssen der MAV nach § 52 Abs. 2 S. 2 zu verlangen. Die Vertrauensperson der schwerbehinderten Menschen kann bei der MAV unter den Voraussetzungen, dass sie in einer Angelegenheit, die einen einzelnen oder die schwerbehinderten Menschen als Gruppe nicht unverzüglich oder nicht umfassend unterrichtet und angehört worden ist, die Aussetzung des gefassten Beschlusses für eine Woche seit der Beschlussfassung verlangen. Danach hat die MAV erneut zu beschließen. Sie kann ihren zunächst gefassten Beschluss bestätigen oder ändern. Im Übrigen gelten die zu § 39 BPersVG, § 35 BetrVG entwickelten Grundsätze. Allerdings wird durch die Aussetzung eines Beschlusses der MAV eine nach MAVO einzuhaltende Frist nicht verlängert (§ 52 Abs. 2 S. 3).

IV. Rechtsstellung der Vertrauensperson der schwerbehinderten Menschen

§ 52 Abs. 5 S. 1 legt fest, dass die Schutzbestimmungen für die Mitglieder der MAV entsprechend auch für die Vertrauensperson der schwerbehinderten Menschen gelten, also die Bestimmungen der §§ 15 bis 20 MAVO..[15] Darüber hinaus bleiben weitergehende persönliche Rechte und Pflichten, die sich für die Vertrauensperson der schwerbehinderten Menschen aus den Bestimmungen des SGB IX ergeben, von den Bestimmungen der MAVO unberührt (§ 52 Abs. 5 S. 2).

Das bedeutet im Wesentlichen:
- Das Amt einer Vertrauensperson der schwerbehinderten Menschen ist ein Ehrenamt (§ 15 Abs. 1 MAVO; vgl. § 96 Abs. 1 SGB IX);
- wer in dieses Amt gewählt worden ist, darf weder behindert, benachteiligt noch begünstigt werden; dies gilt auch für die berufliche (§ 18 Abs. 1 und § 18 Abs. 1b) und die vergütungsmäßige (§ 18 Abs. 1a) Entwicklung der Vertrauensperson (vgl. § 96 Abs. 2 SGB IX);
- die Vertrauensperson genießt Schutz vor der ordentlichen Kündigung (§ 19 MAVO ohne die Einschränkungen des § 19 Abs. 1 S. 2; vgl. § 96 Abs. 3 SGB IX), vor Versetzung und Abordnung, Zuweisung oder Personalgestellung an einen anderen Rechtsträger (§ 18 Abs. 2 MAVO);
- die Regeln über die Arbeitsbefreiung zur Wahrnehmung der Aufgaben als Vertrauensperson und zur Teilnahme an Schulungen gelten auch für sie (§ 15 Abs. 2 MAVO; vgl. § 96 Abs. 4 SGB IX; § 16 Abs. 1 MAVO); die Freistellung zu Schulungen gilt auch für das mit der höchsten Stimmenzahl gewählte stellvertretende Mitglied der Schwerbehindertenvertretung gemäß § 96 Abs. 4 S. 4 SGB IX unter den dort zu Nr. 1 bis 3 genannten Voraussetzungen (siehe auch § 16 Abs. 1 S. 3 i. V. m. § 52 Abs. 5 S. 1 MAVO);
- die Vertrauensperson wird auf ihren Wunsch von der Arbeitspflicht freigestellt, wenn in der Einrichtung in der Regel wenigstens 200 schwerbehinderte Menschen beschäftigt werden, wobei weitergehende Vereinbarungen zulässig sind (§ 96 Abs. 4 S. 2 SGB IX);
- für die Zeiten der Tätigkeit der Vertrauensperson in Angelegenheiten ihres Amtes außerhalb der persönlichen Arbeitszeit hat sie einen Anspruch auf bezahlten Freizeitausgleich (§ 96 Abs. 6 SGB IX, § 15 Abs. 4 MAVO);

---

15 Zu diesem Problem: *BAG*, 14. 8. 1986 – 6 AZR 622/85 = EzA § 23 SchwbG Nr. 4 = DB 1986, 2682.

x BAG, 27.7.2011 – 7 AZR 412/10, ZTR 2012, 129

VII. Sprecherinnen und Sprecher der Jugendlichen und der Auszubildenden

– die Vertrauensperson unterliegt der Schweigepflicht (§ 20 MAVO, § 96 Abs. 7 SGB IX);
– der Dienstgeber muss die notwendigen Kosten für die Tätigkeit der Vertrauensperson der schwerbehinderten Menschen tragen (§ 96 Abs. 8 und 9 SGB IX), wozu auch die Kosten für eine Schulung (§ 17 Abs. 1 S. 2 erster Spiegelstrich) gehören (§ 52 Abs. 5 i. V. m. § 16 Abs. 1), ggf. auch Kosten gemäß § 17 Abs. 1 S. 2 zweiter, dritter und vierter Spiegelstrich. *Die Erstattung von Reisekosten richtet sich einer in der Einrichtung allgemein angewandten, zumutbaren Reisekostenvertrag.*

V. Streitigkeiten

30 Rechtsstreitigkeiten auf dem Gebiet der MAVO zwischen Dienstgeber und Vertrauensperson der schwerbehinderten Menschen und zwischen dieser und der MAV werden gemäß § 2 Abs. 2 KAGO vom Kirchlichen Arbeitsgericht entschieden. Die Beteiligtenbefugnis ist in § 8 Abs. 2 KAGO geregelt. Streitigkeiten in den Fällen des § 15 Abs. 5 werden auf Antrag von der Einigungsstelle entschieden; antragsberechtigt ist gemäß § 52 Abs. 5 S. 1 i. V. m. § 15 Abs. 5 und § 45 Abs. 3 Nr. 1 analog die Vertrauensperson. Rechtsstreitigkeiten über die nach § 52 Abs. 5 S. 1 bestehende Pflicht des Dienstgebers, die Kosten der Schwerbehindertenvertretung zu tragen, sind im Verfahren vor dem Kirchlichen Arbeitsgericht zu entscheiden.[16]

31 Weil die Vertrauenspersonen der schwerbehinderten Menschen aber gemäß §§ 94 SGB IX gewählt sind und gemäß § 95 SGB IX Aufgaben wahrnehmen, ist zu prüfen, welche Gerichtsbarkeit bei Streitigkeiten zur Verfügung steht. § 52 Abs. 5 S. 2 erfasst die sich aus dem SGB IX ergebenden persönlichen Rechte und Pflichten der Vertrauensperson, soweit sie nicht schon in der MAVO geregelt sind. Daraus folgt, dass bei diesbezüglichen Rechtsstreitigkeiten das Kirchliche Arbeitsgericht sachlich zuständig ist (§ 2 Abs. 2 KAGO). Die Vertrauensperson ist gemäß § 8 Abs. 2 Buchstabe e KAGO Beteiligte, wenn es um Angelegenheiten geht, welche ihre eigene Rechtsstellung betreffen. In diesem Sinne hat das Arbeitsgericht München seine Zuständigkeit für Rechtsstreitigkeiten zwischen Dienstgeber und Schwerbehindertenvertretung wegen Verletzung von Beteiligungsrechten i. S. v. § 95 SGB IX mit Rücksicht auf das Selbstbestimmungsrecht der Kirche zur Ordnung ihrer eigenen Angelegenheiten (Art. 140 GG i. V. m. Art. 137 Abs. 3 WRV) verneint und die Zuständigkeit der kirchlichen Arbeitsgerichtsbarkeit als gegeben erachtet.[17] Durch die Ergänzung der MAVO mit § 52 Abs. 5 S. 2 ist jedenfalls geregelt, dass in den Angelegenheiten des § 96 SGB IX bei Rechtsstreitigkeiten die kirchlichen Gerichte für Arbeitssachen zuständig sind (§ 8 Abs. 2 Buchstabe e KAGO), so dass bei Rechtsstreitigkeiten über persönliche Rechte und Pflichten der Vertrauensperson der schwerbehinderten Menschen nach § 96 SGB IX das Beschlussverfahren i. S. d. staatlichen Rechts[18] nicht zum Zuge kommt. Das Wahl- und Wahlverfahrensrecht zur Schwerbehindertenvertretung ist in der MAVO nicht geregelt. § 8 Abs. 2 Buchstabe b KAGO nimmt auf das Wahlverfahrensrecht gemäß SGB IX keinen Bezug, wie sich das aus der Nennung der Beteiligten ergibt.[19] § 52 nimmt auf die Bestimmungen zum Wahl- und Wahlverfahrensrecht nach der MAVO (§§ 7 – 12) keinen Bezug, während das in § 51 Abs. 2 zur Wahl der Jugend- und Auszubildendenvertretung der Fall ist. § 8 Abs. 2 KAGO regelt die Beteiligtenfähigkeit in Rechtsstreitigkeiten gemäß § 2 Abs. 2 KAGO. Danach ist sie u. a. gegeben in Angelegenheiten, welche die eigene Rechtsstellung als Vertrauensperson der Schwerbehinderten betreffen (§ 8 Abs. 2 Buchstabe e KAGO). Unberührt bleiben demnach die gemäß § 95 SGB IX wahrzunehmenden Aufgaben der Schwerbehindertenvertretung. Das Arbeitsgericht München hat seine Zuständigkeit für Rechtsstreitigkeiten zwischen Dienstgeber und Schwerbehindertenvertretung wegen Verletzung von Beteiligungsrechten nach dem SGB IX mit Rücksicht auf das Selbstbestimmungsrecht der Kirche zur Ordnung ihrer eigenen Angelegenheiten (Art. 140 GG i. V. m. Art. 137 Abs. 3 WRV) verneint und die Zuständigkeit der kirchlichen Arbeitsgerichtsbarkeit als gegeben erachtet.[20] Aus der Ergänzung der MAVO mit § 52 Abs. 5 S. 2 ist zu folgern, dass in den An-

---

16 Zum profanen Bereich siehe *BAG*, 30. 3. 2010 – 7 AZB 32/09, MDR 2010, 936.
17 *ArbG München*, 7. 7. 2009 – 21 BV 181/08, ZMV 2009, 338.
18 *OVG Nordrhein-Westfalen*, 6. 8. 2002 – 1 E 141/02.PVL, ZTR 2003, 103.
19 *Müller*, in: Freiburger Kommentar zur MAVO § 52 Rn 14.
20 *ArbG München*, 7. 7. 2009 – 21 BV 181/08, ZMV 2009, 338.

gelegenheiten des § 96 SGB IX bei Rechtsstreitigkeiten die kirchlichen Gerichte für Arbeitssachen zuständig sind (§ 8 Abs. 2 Buchstabe e KAGO), so dass bei Rechtsstreitigkeiten über persönliche Rechte und Pflichten der Vertrauensperson der schwerbehinderten Menschen nach § 96 SGB IX das Beschlussverfahren i. S. d. staatlichen Rechts[21] nicht zum Zuge kommt. Bei der Wahlanfechtung geht es um die eigene Rechtsstellung der gewählten Vertrauensperson i. S. v. § 8 Abs. 2 Buchstabe e KAGO, so dass die sachliche Zuständigkeit des Kirchlichen Arbeitsgerichts mit Blick auf die Inbezugnahme staatlicher Ordnung der Schwerbehindertenvertretung in der MAVO gemäß § 2 Abs. 2 KAGO als gegeben zu erachten ist.

VI. Der Werkstattrat

Gemäß § 139 SGB IX ist in Werkstätten für behinderte Menschen ein Werkstattrat zu wählen. Es geht um Menschen im Arbeitsbereich anerkannter Werkstätten, die nicht Arbeitnehmer sind, aber zu den Werkstätten in einem arbeitnehmerähnlichen Rechtsverhältnis stehen (§ 138 Abs. 1 SGB IX). Auf der Grundlage von § 144 Abs. 2 SGB IX hat das Bundesministerium für Arbeit und Sozialordnung durch Rechtsverordnung die Einrichtung, Zusammensetzung und Aufgaben des Werkstattrats durch die Werkstätten-Mitwirkungsverordnung vom 25. 6. 2001 bestimmt. Diese Verordnung findet auch Anwendung auf Religionsgemeinschaften und ihre Einrichtungen.[22] Das gilt dann nicht, soweit sie eigene gleichwertige Regelungen getroffen haben (§ 144 Abs. 2 S. 2 SGB IX und § 1 Abs. 2 Werkstätten-Mitwirkungsverordnung). Soweit keine eigenen gleichwertigen kirchlichen Regelungen erlassen sind, sind in den betroffenen Einrichtungen – in der Regel von Trägern, die dem Deutschen Caritasverband angeschlossen sind – Werkstatträte gemäß § 139 SGB IX zu bilden. 32

Die Vollversammlung des Verbandes der Diözesen Deutschlands hat auf ihrer Sitzung am 23. Juni 2003 die In-Kraft-Setzung der **Caritas-Werkstätten-Mitwirkungsordnung** empfohlen. Infolgedessen haben die Diözesanbischöfe die Ordnung (CWMO) als partikulares Kirchengesetz in Kraft gesetzt und in ihren diözesanen Amtsblättern veröffentlicht.[23] Die In-Kraft-Setzung ist ab 1. August 2001 erfolgt, in der Diözese Würzburg ab 1. 8. 2003. Mit der Einführung der KAGO zum 1. Juli 2005 ist die CWMO an die neue Rechtslage nach Ablösung der Schlichtungsstellen angepasst worden. Die Novelle der KAGO mit Wirkung ab 1. Juli 2010 formuliert in § 2 Abs. 2 KAGO ausdrücklich, dass die kirchlichen Gerichte für Arbeitssachen auch zuständig sind für Rechtsstreitigkeiten aus dem Mitarbeitervertretungsrecht sowie dem Recht der Mitwirkung in Caritas-Werkstätten für Menschen mit Behinderungen einschließlich des Wahlverfahrensrechts und des Verfahrens vor der Einigungsstelle (§ 2 Abs. 2 KAGO). 33

Der Werkstattrat repräsentiert die in der Werkstatt tätigen behinderten Menschen. Gemäß § 7 CWMO arbeiten die Werkstatt, ihre Mitarbeitervertretung, sonstige Gremien und der Werkstattrat im Interesse der Beschäftigten vertrauensvoll zusammen; Werkstattrat und Werkstatt treten regelmäßig, mindestens vierteljährlich zu einer Besprechung zusammen. Sie haben über strittige Fragen mit dem ernsten Willen zur Einigung zu verhandeln und Vorschläge für die Beilegung von Meinungsverschiedenheiten zu machen. Die Werkstatt hat dem Werkstattrat auf dessen Wunsch aus dem Fach- 34

---

21 Vgl. *OVG Nordrhein-Westfalen*, 6. 8. 2002 – 1 E 141/02.PVL, ZTR 2003, 103.
22 Vgl. dazu: *Thiel*, ZMV 2001, 219.
23 Vgl. Amtsblatt der Erzdiözese Freiburg 2003 Nr. 139 S. 131; Kirchlicher Anzeiger für die Diözese Aachen 2003 Nr. 144 S. 206; Amtsblatt für die Diözese Augsburg 2003 S. 394; Amtsblatt für das Erzbistum Bamberg 2003 S. 425; Amtsblatt des Erzbistums Berlin 2003 Nr. 185 S. 136; Amtsblatt für das Bistum Dresden-Meißen 2003 Nr. 94 S. 165; Amtsblatt für das Bistum Erfurt 2003 Nr. 84 S. 30; Amtsblatt für das Bistum Essen 2003 Nr. 94 S. 87; Amtsblatt des Bistums Görlitz 2003 Nr. 96; Amtsblatt für die Erzdiözese Hamburg 2003 Art. 128 S. 140; Kirchl. Anzeiger für das Bistum Hildesheim 2003. 196; Amtsblatt des Erzbistums Köln 2003 Nr. 196 S. 209; Amtsblatt für das Bistum Magdeburg 2005 Nr. 120 S. 59; Amtsblatt für die Diözese Münster 2003 Art. 155 S. 139; Amtsblatt für die Diözese Osnabrück 2003 Art. 235 S. 266; Amtsblatt für die Diözese Mainz 2003 Nr. 87 S. 92 ff.; Amtsblatt für die Erzdiözese Paderborn 2003 Nr. 171 S. 139; Amtsblatt für die Diözese Regensburg 2003 S. 111; Oberhirtliches Verordnungsblatt für das Bistum Speyer 2003 Nr. 172 S. 406; Amtsblatt für das Bistum Trier Nr. 168 S. 212.

personal eine Person seines Vertrauens zur Verfügung zu stellen, die ihn bei seiner Tätigkeit unterstützt. Der Werkstattrat hat ein Vorschlagsrecht. Die Vertrauensperson nimmt ihre Aufgaben unabhängig von Weisungen der Werkstatt wahr (§ 39 Abs. 3 CWMO).

35 Im Falle von Streitigkeiten zwischen dem Werkstattrat und der Werkstatt (§§ 5–8 CWMO) kann jede Seite die Vermittlungsstelle anrufen (§ 9 Abs. 1 CWMO). Darüber hinaus kann im Falle von Rechtsstreitigkeiten das Kirchliche Arbeitsgericht gemäß § 2 Abs. 2 KAGO angerufen werden (§ 40 i. V. m. §§ 27, 37 Abs. 7 S. 3 CWMO).[24]

§ 53 Rechte des Vertrauensmannes der Zivildienstleistenden

(1) Der Vertrauensmann der Zivildienstleistenden kann an den Sitzungen der Mitarbeitervertretung beratend teilnehmen, wenn Angelegenheiten behandelt werden, die auch die Zivildienstleistenden betreffen.

(2) Ist ein Vertrauensmann nicht gewählt, so können sich die Zivildienstleistenden an die Mitarbeitervertretung wenden. Sie hat auf die Berücksichtigung der Anliegen, falls sie berechtigt erscheinen, beim Dienstgeber hinzuwirken.

Übersicht

		Rn			Rn
I.	Zweck der Vorschrift	1, 2	2.	Aufgaben des gewählten Vertrauensmannes (§ 53 Abs. 1) ..	8–11
II.	Inhalt der Regelung des § 53	3–14			
	1. Wahl eines Vertrauensmannes der Zivildienstleistenden (§ 53 Abs. 1)	3– 7	3.	Verfahren, wenn kein Vertrauensmann der Zivildienstleistenden gewählt ist (§ 53 Abs. 2) ..	12–14

I. Zweck der Vorschrift

1 Vor allem in caritativen kirchlichen Einrichtungen arbeiten zahlreiche Zivildienstleistende. Diese Zivildienstleistenden werden zwar keine Mitarbeiter i. S. d. § 3 MAVO. Sie können aber durch die Einordnung in eine anerkannte Beschäftigungsstelle (§§ 3, 4 Zivildienstgesetz) ihre Zivildienstpflicht ableisten. Sie sind dann nach § 30 ZDG verpflichtet, den dienstlichen Anordnungen des Einrichtungsleiters, der mit den Aufgaben der Leitung und Aufsicht über den Zivildienstleistenden beauftragt worden ist, Folge zu leisten. Sie müssen nach § 32 ZDG die Arbeitszeit an dem ihnen zugewiesenen Arbeitsplatz wie die vergleichbaren, in einem Arbeitsverhältnis befindlichen Mitarbeiter einhalten und die dort vorgesehenen Dienste nach ihrer Zuweisung bis zur Beendigung des Zivildienstes in der Beschäftigungsstelle leisten (§ 43 Abs. 1 Nr. 1 ZDG). Sie werden daher von den Maßnahmen der Einrichtung (Arbeitszeitregelungen, Pausenregelungen, Arbeitssicherheit, Gesundheitsschutz) ebenso wie angestellte Mitarbeiter betroffen.

2 Daher hat der kirchliche Gesetzgeber das »**Gesetz über den Vertrauensmann der Zivildienstleistenden**« vom 16. 1. 1991[1] mit den späteren Fassungen in die Regelung des § 53 MAVO umgesetzt. Die sich aus dem Gesetz über den Vertrauensmann der Zivildienstleistenden ergebenden Rechte und Pflichten, wie Schutz in der Ausübung seiner Befugnisse, Schweigepflicht, Unfallschutz, Niederlegung des Amtes, Beteiligungsrechte, wie Zusammenarbeit zwischen Vorgesetzten und Dienstleistenden, Anhörung, Vorschlagsrecht, Mitbestimmung, Personalangelegenheiten von Dienstleistenden, Dienstbetrieb gemäß staatlichem Recht, bleiben von der MAVO unberührt.

---

24 Vgl. Kirchliches Amtsblatt für das Bistum Dresden-Meißen 2005 S. 146; Amtsblatt des Erzbistums Köln 2005 S. 328.
 1 BGBl. I S. 47.

II. Inhalt der Regelung des § 53

1. Wahl eines Vertrauensmannes der Zivildienstleistenden (§ 53 Abs. 1)

Nach § 2 des Zivildienstvertrauensmanngesetzes wählen die Dienstleistenden in geheimer und unmittelbarer Wahl unabhängig von der Existenz einer MAV:
- in Dienststellen mit 5 bis zu 20 Dienstleistenden
je einen Vertrauensmann und je einen Stellvertreter,
- in Dienststellen mit 21 und mehr Dienstleistenden
je einen Vertrauensmann und zwei Stellvertreter.

Wahlberechtigt dazu sind alle Dienstleistenden, die dem Wahlbereich angehören, für den der Vertrauensmann zu wählen ist (§ 2 Abs. 3).

Wählbar (§ 2 Abs. 4) ist jeder Wahlberechtigte mit Ausnahme:
- der Dienstleistenden, die infolge Richterspruches die Fähigkeit, Rechte aus öffentlichen Wahlen zu erlangen, nicht besitzen und
- der Dienstleistenden, die vor dem Tage der Stimmabgabe durch das Verwaltungsgericht als Vertrauensmann abberufen worden sind.

Die Wahl wird nach den Grundsätzen durchgeführt, die für die Wahl eines Vertrauensmannes von Mannschaften in militärischen Einheiten gelten (§ 2 Abs. 5).

Die Wahl ist **nicht Sache des Trägers** der kirchlichen Einrichtung oder des **Leiters** der kirchlichen Einrichtung, nicht der Beteiligung der MAV.

2. Aufgaben des gewählten Vertrauensmannes (§ 53 Abs. 1)

§ 3 Abs. 1 des Zivildienstvertrauensmanngesetzes bestimmt, dass der gewählte Vertrauensmann an den Sitzungen des Betriebs- oder Personalrates der Dienststelle beratend teilnehmen darf, wenn Angelegenheiten behandelt werden, die auch Dienstleistende betreffen.

Diese gesetzliche Regelung übernimmt § 53 Abs. 1 wörtlich.

Es besteht daher das Recht des gewählten Vertrauensmannes der Zivildienstleistenden, an den Sitzungen der MAV teilzunehmen, wenn Angelegenheiten behandelt werden, die auch Zivildienstleistende betreffen können. Das kann z. B. bei der Festlegung der Dauer der täglichen Arbeitszeit und der Pausen (§ 36 Abs. 1 Nr. 1) der Fall sein.

Der MAV-Vorsitzende ist demnach verpflichtet, in Fällen dieser Art auch den Vertrauensmann der Zivildienstleistenden unter Mitteilung der Tagesordnung zur Sitzung einzuladen. Auf dieser Sitzung hat der Vertrauensmann kein Stimmrecht. Er kann sich nur an den Beratungen über den Zivildienstleistende betreffenden Tagesordnungspunkt ohne Stimmrecht beteiligen. Er hat keinen Anspruch, an der ganzen MAV-Sitzung teilzunehmen. Der **Zivildienstbeauftragte** hat **kein eigenes Amt,** kraft dessen er eine besondere rechtliche Stellung dem Einrichtungsleiter gegenüber einnimmt. Er bleibt ihm gegenüber weisungsgebunden. Er handelt als Vertreter des Leiters der Einrichtung. Daher können ihm die Aufgaben eines Zivildienstbeauftragten nach billigen Ermessen **entzogen werden** (§ 315 BGB), soweit der Arbeitsvertrag hierüber keine Bestimmungen enthält.[2]

3. Verfahren, wenn kein Vertrauensmann der Zivildienstleistenden gewählt ist (§ 53 Abs. 2)

§ 53 Abs. 2 stimmt in seinem Inhalt mit den Vorschriften des § 3 Abs. 2 des Zivildienstvertrauensmanngesetzes überein.

---

[2] *BAG*, 5 AZR 30/95 – 12. 9. 1996, DB 1997, 484.

13 Ist kein Vertrauensmann gewählt worden, so kann sich **jeder Zivildienstleistende** unmittelbar an die Mitarbeitervertretung wenden.

14 Hält sie das von ihm vorgetragene Anliegen für berechtigt, hat sie auf eine Berücksichtigung und Behebung des Anliegens beim Dienstgeber **hinzuwirken**. Möglichkeiten zur Durchsetzung dieses Anliegens hat sie nicht.

Siehe jetzt: Gesetz über den Bundesfreiwilligendienst (Bundesfreiwilligendienstgesetz – BFDG) vom 28.4.2011 (BGBl. I S. 687 ff).

§ 10: Beteiligung der Freiwilligen Sprecherinnen und Sprecher, die die Interessen der Freiwilligen vertreten gegenüber den
- Einsatzstellen,
- Trägern,
- Zentralstellen und der
- zuständigen Bundesbehörde

Einzelheiten durch Rechtsverordnung.

Streitigkeiten:
siehe Art. 6 BFDG-Einführungsgesetz
Angelegenheiten aus § 10 BFDG werden von den Arbeitsgerichten entschieden, § 2a Abs. 1 Nr. 3d ArbGG (n.F.)

VIII. Schulen, Hochschulen

§ 54

(1) Die Ordnung gilt auch für die Schulen und Hochschulen im Anwendungsbereich des § 1.[1]

(2) Bei Hochschulen finden die für die Einstellung und Anstellung sowie die Eingruppierung geltenden Vorschriften keine Anwendung, soweit es sich um hauptberuflich Lehrende handelt, die in einem förmlichen Berufungsverfahren berufen werden.

(3) Lehrbeauftragte an Hochschulen sind keine Mitarbeiterinnen oder Mitarbeiter im Sinne dieser Ordnung.

Übersicht	Rn			Rn
I. Zweck der Vorschrift	1	IV.	Besondere Rechtsträger	6–11
II. Eingeschränkte Geltung der MAVO	2–4		1. Bereich der Deutschen Bischofskonferenz	6–8
1. Hauptberuflich Lehrende an Hochschulen (Abs. 2)	2, 3		2. Katholische Universität Eichstätt-Ingolstadt	9
2. Ausnahme der Lehrbeauftragten aus dem Kreis der Mitarbeiter (Abs. 3)	4		3. Fachhochschulen	10
			4. Katholische Hochschule Nordrhein-Westfalen	11
III. Landesbedienstete	5			

I. Zweck der Vorschrift

Die Vorschrift des § 54 Abs. 1 stellt in Übereinstimmung mit § 118 Abs. 2 BetrVG und § 112 BPersVG klar, dass die MAVO auch für 1
- allgemeinbildende Schulen, wie Grund-, Haupt- und Gesamtschulen sowie die weiterführenden Schulen der Sekundarstufe I und II (Realschulen und Gymnasien)
- Fachschulen, Berufskollegs,
- Fachhochschulen,
- Hochschulen,
- wissenschaftliche Hochschulen, Universitäten

Geltung beansprucht, die von einem der in § 1 genannten Rechtsträger betrieben werden. Das ist bei Einrichtungen, die der Jurisdiktion des Diözesanbischofs unterliegen, nicht zweifelhaft. Hier hat der Diözesanbischof eine unmittelbare Rechtsetzungsbefugnis. Aber auch Schulen und Hochschulen in Ordensträgerschaft oder in Trägerschaften ähnlicher kirchlicher Träger werden von der jeweiligen diözesanen MAVO erfasst. Dagegen werden unter Berufung auf das Motu proprio »Ecclesiae Sanctae« vom 6. 8. 1966 (29 § 1; 39 § 1) teilweise Bedenken erhoben. Es ist jedoch der Auffassung zuzustimmen, dass der Diözesanbischof auch gegenüber kirchlichen Rechtsträgern, die unter § 1 Abs. 1 Nr. 5 und Abs. 2 fallen, ein Anordnungsrecht hinsichtlich der Einführung und Anwendung der MAVO hat. Die MAVO ist generell gedacht als Rahmenordnung für eine kircheneigene Mitarbeitervertretung in solchen Einrichtungen, die Aufgaben des Apostolats gewidmet sind und dafür eine Mindestzahl von Mitarbeitern beschäftigen, die nicht Ordensleute sind. Mit der MAVO wird ein Doppelzweck verfolgt. Auf der einen Seite strebt sie im Rahmen des der Kirche eingeräumten Selbstbestimmungsrechts (Art. 140 GG i. V. m. Art. 137 Abs. 3 WRV) eine ihr entsprechende Mitarbeitervertretung an, auf der anderen Seite stellt sie sich als ein geeignetes Instrument für die geordnete, von

---

[1] Für Mitarbeiterinnen und Mitarbeiter an Schulen, die im Dienste eines Bundeslandes stehen, können Sonderregelungen getroffen werden.

außerkirchlichen Einflüssen freie Durchführung des Apostolats dar.² Der in der MAVO verwendete Begriff Hochschule erschließt sich aus § 1 Abs. 3 der Partikularnormen der Deutschen Bischofskonferenz zur Apostolischen Konstitution Ex Corde Ecclesiae.³

II. Eingeschränkte Geltung der MAVO

1. Hauptberuflich Lehrende an Hochschulen (Abs. 2)

2   Die Einstellung, Anstellung und Eingruppierung von hauptberuflich Lehrenden an Hochschulen ist nach der Rahmenvorschrift des § 54 Abs. 2 aus den Mitbestimmungs- und Mitwirkungsregelungen herausgenommen, soweit diese personellen Maßnahmen in einem förmlichen Berufungsverfahren, das anderen Grundsätzen als die herkömmliche Art der Einstellung und Anstellung unterliegt, durchgeführt wird.

3   Diese Einschränkung ist auch für die in Berufungsverfahren der hauptberuflich Lehrenden an Fachhochschulen anzunehmen. Die von solchen Berufungsverfahren betroffenen Mitarbeiter werden von den besonderen Vertretungsgremien der Fachhochschulen und Hochschulen berufen, die eine Interessenvertretung der jeweiligen Einrichtung wahrnehmen, so dass eine zusätzliche Beteiligung einer Mitarbeitervertretung bedeutungslos wäre.

2. Ausnahme der Lehrbeauftragten aus dem Kreis der Mitarbeiter (Abs. 3)

4   Lehrbeauftragte an Fachhochschulen und Hochschulen sind keine Mitarbeiterinnen bzw. Mitarbeiter i. S. d. § 3 Abs. 1 S. 1, weil sie gemäß § 54 Abs. 3 aus dem Mitarbeiterbegriff ausgenommen sind. Soweit diese Personen im kirchlichen Dienst anderweitig beschäftigt sind, bestimmt sich ihre Stellung als Mitarbeiter nach § 3 MAVO. Der Lehrbeauftragte unterscheidet sich vom hauptberuflichen Dozenten durch seine nebenberufliche Tätigkeit, seinen zeitlich und funktional begrenzten Lehrauftrag. Er ist in der Regel nicht voll in den Lehrbetrieb eingegliedert und nimmt seine Aufgaben nach Maßgabe seines Lehrauftrages selbständig wahr.

III. Landesbedienstete

5   Entsprechend der Anmerkung zu § 54 Abs. 1 gilt: Mitarbeiterinnen und Mitarbeiter an Schulen, die im Dienste eines Bundeslandes stehen und vorübergehend an eine Schule, die von einem der in § 1 genannten Rechtsträger betrieben wird, abgeordnet oder dafür freigestellt sind, behalten ihr Grundverhältnis zu ihrem staatlichen Dienstherrn aufrecht. Das gilt auch im Grundsatz für ihre Berechtigungen nach dem staatlichen Personalvertretungsgesetz des Landes, während die Bestimmungen für die Folgen von Abordnungen und Freistellungen Bedeutung erlangen. Man wird davon auszugehen haben, dass bei Zahlung der Vergütung durch den kirchlichen Schulträger der abgeordnete oder freigestellte Lehrer beim kirchlichen Schulträger nach Maßgabe der MAVO Mitarbeiter wird (§ 3 Abs. 1 S. 1). In bayerischen Diözesen ist dagegen klar gestellt, dass dem kirchlichen Schulträger zugeordnete oder beurlaubte staatliche Lehrkräfte nicht Mitarbeiter des kirchlichen Schulträgers werden. Diese Mitarbeiter wählen deshalb im vereinfachten Wahlverfahren (§§ 11b und 11c) eine Sprecherin oder einen Sprecher in Einrichtungen mit einer MAV bei fünf bis zehn staatlichen Lehrkräften und zwei Sprecherinnen oder Sprecher bei mehr als zehn staatlichen Lehrkräften in der Einrichtung. Die Amtszeit der Sprecher und Sprecherinnen beträgt zwei Jahre.⁴

---

2   So auch Gutachten *Aymans* vom 19. 11. 1982 über das Recht des Diözesanbischofs zum Erlass einer MAVO aufgrund der nachkonziliaren Rechtslage – n. v.
3   Amtsblatt des Erzbistums Köln 2009 Nr. 208 S. 221; Amtsblatt der Erzdiözese Freiburg 2009 Nr. 132 S. 135.
4   Vgl. Pastoralblatt des Bistums Eichstätt 2005 Nr. 6 S. 32.

IV. Besondere Rechtsträger

1. Bereich der Deutschen Bischofskonferenz

Die Herbst-Vollversammlung der Deutschen Bischofskonferenz vom 22. bis 25. September 2008 hat Partikularnormen zur Apostolischen Konstitution Ex Corde Ecclesiae (ECE) beschlossen, die der Heilige Stuhl am 21. Juli 2009 für fünf Jahre ad experimentum approbiert hat. Die Partikularnormen sind am 1. Oktober 2009 in Kraft getreten.[5] Sie finden Anwendung auf Katholische Hochschulen im Bereich der Deutschen Bischofskonferenz (identisch mit dem Gebiet der Bundesrepublik Deutschland), die als Universitäten oder Hochschulen i. S. v. can. 807 – 814 CIC 1983 der Apostolischen Konstitution ECE vom 15. August 1990 unterliegen. Die Partikularnormen finden keine Anwendung auf Hochschulen oder Fakultäten bzw. Fachbereiche, die als kirchliche Universitäten oder Fakultäten i. S. v. can. 815 – 821 CIC 1983 der Apostolischen Konstitution Sapientia christiana vom 15. April 1979 unterliegen. Ergänzt werden die Partikularnormen durch die Normen zur Erteilung des Nihil obstat bei der Berufung von Professoren der Katholischen Theologie an den staatlichen Universitäten im Bereich der Deutschen Bischofskonferenz, ergangen mit Dekret der Kongregation für das Katholische Bildungswesen vom 25. März 2010, in Kraft gesetzt für zunächst fünf Jahre ad experimentum.[6] Die Normen sind sinngemäß auch auf die Katholisch-Theologischen Fakultäten und Hochschulen in kirchlicher Trägerschaft anzuwenden. Bei der Berufung von Professoren, die an einer Katholischen Fachhochschule in anwendungsbezogener Form religionspädagogische bzw. theologische Disziplinen vertreten, ist das Mandat des Diözesanbischofs gemäß can. 812 CIC erforderlich.

Katholische Hochschulen i. S. d. Partikularnormen sind nach dem Stand vom 1. Oktober 2009 folgende Einrichtungen
- Katholische Universität Eichstätt-Ingolstadt,
- Katholische Hochschule für Sozialwesen Berlin,
- Katholische Fachhochschule Freiburg,
- Katholische Fachhochschule Mainz,
- Katholische Stiftungsfachhochschule München,
- Katholische Hochschule Nordrhein-Westfalen (vorher Katholische Fachhochschule Nordrhein-Westfalen),
- Philosophisch-Theologische Hochschule Vallendar.

Katholische Hochschulen können in der Regel nur von kirchlichen Körperschaften oder Stiftungen oder von deren Zusammenschlüssen auf verbandsrechtlicher Grundlage getragen werden. Die Wissenschaftspflege an Katholischen Hochschulen ist geprägt von der Treue gegenüber der christlichen Botschaft, so wie sie von der Kirche übermittelt wird. Die Katholischen Hochschulen halten Gemeinschaft mit der Gesamtkirche und mit dem Heiligen Stuhl sowie mit dem Diözesanbischof und der Deutschen Bischofskonferenz. Die Mitglieder der Hochschule (die Lehrenden, Studierenden, die an der Hochschule tätigen Mitarbeiter, die Ehrenmitglieder) sind verpflichtet, den kirchlichen Auftrag und den katholischen Charakter der Hochschule anzuerkennen und zu beachten. Für Lehrende und Mitarbeiter, die der katholischen Kirche angehören, schließt das die Verpflichtung ein, in ihrem dienstlichen und außerdienstlichen Verhalten ihre Treue zur katholischen Glaubens- und Sittenlehre zu wahren sowie den kirchlichen Auftrag der Hochschule zu fördern. Die kirchliche Hochschulaufsicht wird von der für die jeweilige Hochschule zuständigen kirchlichen Autorität wahrgenommen. Die Hochschulen und ihre Träger sind verpflichtet, ihre Regelungswerke (Satzungen, Hochschulverfassung bzw. Grundordnung) den Partikularnormen in der Zeit bis zum 30. September 2011 anzupassen.

---

5 Amtsblatt des Erzbistums Köln 2009 Nr. 208 S. 221.
6 Kirchliches Amtsblatt für die Diözese Münster 2010 Art. 114 S. 121.

2. Katholische Universität Eichstätt-Ingolstadt

9 Die **Katholische Universität Eichstätt-Ingolstadt** ist eine durch Dekret der Kongregation für das katholische Bildungswesen vom 1. April 1980 errichtete Universitas Catholica i. S. d. Canones 807 bis 814 des Codex Juris Canonici und gleichzeitig eine vom Freistaat Bayern gewährleistete und anerkannte nicht-staatliche Hochschule i. S. d. Artikel 108 bis 112 des Bayerischen Hochschulgesetzes (§ 2 Grundordnung der Katholischen Universität Eichstätt-Ingolstadt vom 21. September 2001). Träger ist die Stiftung Katholische Universität Eichstätt, Kirchliche Stiftung öffentlichen Rechts (§ 3 der vorgenannten Grundordnung). Infolge der Rechtsform des Trägers wendet die Universität das bayerische Personalvertretungsrecht entsprechend, aber noch nicht die MAVO an.[7] Es bestehen jedoch Einschränkungen im Rahmen des Dekretes zur Anwendung der Grundordnung des kirchlichen Dienstes im Rahmen kirchlicher Arbeitsverhältnisse (GrO) an der Katholischen Universität Eichstätt-Ingolstadt in Folge der Ausführungsbestimmungen zu Art. 17 Abs. 2 der Stiftung Katholische Universität Eichstätt vom 10. 2. 1988 in der Fassung der Bekanntmachung vom 25. 11. 1991. Hinsichtlich Art. 8 GrO gelten auch im Bereich des Personalvertretungsrechts die einschlägigen staatlichen Rechtsvorschriften nur entsprechend, soweit dies dem kirchlichen Charakter der Katholischen Universität Eichstätt-Ingolstadt nicht widerspricht. Daraus folgt, dass das bayerische Personalvertretungsgesetz nicht kraft staatlicher Rechtsetzung, sondern als Eigenrecht der Universität gilt. Im Falle von Rechtsstreitigkeiten aus dem entsprechend angewandten Personalvertretungsgesetz ist daher das Kirchliche Arbeitsgericht in Augsburg zuständig (§ 2 Abs. 2 KAGO i. V. m. Dekret über die Errichtung des gemeinsamen Kirchlichen Arbeitsgerichts der bayerischen Diözesen).[8] Denn das aufgrund bischöflicher Anordnung angewandte bayerische Personalvertretungsgesetz ist als die MAVO noch ersetzende und deshalb ergänzende Ordnung i. S. v. § 2 Abs. 2 KAGO zu bewerten. Wegen der Eigenart des kirchlichen Dienstes finden insbesondere die die Gewerkschaften betreffenden Bestimmungen keine Anwendung (§ 2 der Ausführungsbestimmungen).[9]

3. Fachhochschulen

10 Ist der Träger einer **Fachhochschule** eine **Gesellschaft mit beschränkter Haftung** (GmbH) i. S. d. staatlichen GmbH-Gesetzes, kommt es für die Einordnung der GmbH auf ihre Zuordnung zur Kirche an, selbst wenn die Gesellschafter Diözesen sind. Die durch die Gesellschaft entstehende Rechtsperson im staatlichen Rechtskreis bedarf einer im **Gesellschaftsvertrag** klar geregelten Zuordnung zur verfassten Kirche, der als solcher das staatlich garantierte Selbstbestimmungsrecht zusteht.[10] Die GmbH ist kein Gebilde des Kirchenrechts, so dass schon deshalb die Zuordnung zur Kirche sicherzustellen ist, um die Teilhabe am staatlich garantierten Selbstbestimmungsrecht der Kirche auf die GmbH zu erstrecken und damit die Ausnahme vom staatlichen Personal- und Betriebsverfassungsrecht folgen zu lassen (§ 118 Abs. 2 BetrVG, § 112 BPersVG). Maßgeblich ist dabei, dass die materiellen Kriterien, nämlich die Erfüllung einer kirchlichen Grundfunktion im Einklang mit dem Bekenntnis der Kirche und in Verbindung mit den Amtsträgern gewahrt bleiben. Die für die Einrichtung gewählte Rechtsform kann dabei Schranken setzen, weil das verfassungsrechtlich gewährleistete Selbstbestimmungsrecht der Kirche nicht gestattet, eine vom staatlichen Recht verschiedene Kapitalgesellschaft (AG oder GmbH) zu gründen. Wenn der Zweck der GmbH aber den Betrieb einer Einrichtung zum Gegenstand hat, der kirchliche Aufgaben erfüllen soll, wie sie vom Selbstbestimmungsrecht der Kirche vorgegeben sind (vgl. can. 794 § 1; 800 ff., 807 ff.), ist gerade mit Blick auf die Rechtsform des Trägers dessen Zuordnung zur Kirche zu manifestieren, dass die Einrichtung teilhat »an der Verwirklichung eines Stücks Auftrag der Kirche im Geist katholischer Religiosität, im Ein-

---

7 Vgl. Pastoralblatt des Bistums Eichstätt 1999 Nr. 196 S. 253.
8 Pastoralblatt des Bistums Eichstätt 2005 Nr. 85 S. 161.
9 Pastoralblatt des Bistums Eichstätt 2001 Nr. 153 S. 251 f.; zur katholischen Universität: *Krämer*, in: AfkKR 1991, 25, 37 ff.
10 BVerfGE 46, 73.

klang mit dem Bekenntnis der katholischen Kirche und in Verbindung mit den Amtsträgern der katholischen Kirche«.[11]

4. Katholische Hochschule Nordrhein-Westfalen

Aufschluss für die Zuordnung einer Fachhochschule in Trägerschaft einer GmbH gibt etwa das Statut der Katholischen Hochschule Nordrhein-Westfalen in der Fassung vom 27. Mai 2009. Zur Erfüllung des kirchlichen Bildungsauftrages haben die fünf (Erz-)Bistümer in Nordrhein-Westfalen die Katholische Hochschule Nordrhein-Westfalen als kirchliche Bildungseinrichtung errichtet. Sie ist eine katholische Hochschuleinrichtung i. S. d. can. 807 – 814 CIC und der Apostolischen Konstitution Ex Corde Ecclesiae vom 15. August 1990 und zugleich eine anerkannte nichtstaatliche Hochschule i. S. d. §§ 113–116 des Gesetzes über die Hochschulen des Landes Nordrhein-Westfalen vom 14. März 2000. Sie ist eine rechtlich unselbständige Einrichtung der »Katholischen Fachhochschule Gemeinnützige GmbH« (Fachhochschulträger). Die hauptberuflichen Mitarbeiter der Katholischen Hochschule Nordrhein-Westfalen sind Bedienstete des Fachhochschulträgers »Katholische Fachhochschule Gemeinnützige GmbH«, dem die Personalangelegenheiten der Katholischen Hochschule Nordrhein-Westfalen obliegen.

11

---

11 BVerfGE 46, 73, 87; *VG Trier*, 27. 6. 2002 – 1 K 183/01.TR.

IX. Schlussbestimmungen

§ 55

Durch anderweitige Regelungen oder Vereinbarung kann das Mitarbeitervertretungsrecht nicht abweichend von dieser Ordnung geregelt werden.

Übersicht	Rn			Rn
I. Zwingende Regelung	1– 4	III.	Ordenseigene MAVO	15
II. § 55 als »Verbotsgesetz« und die Folgen eines Verstoßes	5–14	IV.	Selbst erlassene Mitarbeitervertretungsordnung eines Dienstgebers	16

I. Zwingende Regelung

§ 55 stellt ausdrücklich heraus, dass die MAVO zwingendes kirchliches Recht ist. Sie kann weder in ihrem formellen Teil (der Wahl der MAV und deren Voraussetzungen) noch in ihren Mitbestimmungs- und Mitwirkungsregelungen geändert werden. Dabei ist es ohne Belang, ob diese Änderungen eine für die MAV günstigere Regelung enthalten. Auch durch eine einzelvertragliche Vereinbarung mit einem Mitarbeiter wie durch eine Dienstvereinbarung oder Regelungsabrede kann das Mitarbeitervertretungsrecht nicht, auch nicht zugunsten eines Mitarbeiters, geändert werden. Das hat der Adressat des Gesetzes (der MAVO) zu befolgen. 1

Der kirchliche Gesetzgeber hat die Befugnis, seine Vorschriften über die Mitbestimmung und Mitwirkung der Mitarbeitervertretung in der in § 55 geschehenen Form für abschließend und nicht mehr erweiterungsfähig zu erklären (ebenso für die Regelung des BayPersVG und des BPersVG).[1] Die MAVO kann als bischöfliches Gesetz vom diözesanbischöflichen Gesetzgeber auch durch Bestimmungen in anderen seiner Gesetze geändert werden. Es besteht keine Notwendigkeit, im Falle einer gesetzlichen Regelung außerhalb der MAVO zugleich die MAVO redaktionell zu ändern. Ein Vergleich mit der staatlichen Gesetzgebung bestätigt diese Auffassung. Denn betriebsverfassungsrechtliche Bestimmungen bestehen auch außerhalb des staatlichen Betriebsverfassungsgesetzes. Als Beispiele seien u. a. genannt: § 9 ASiG, § 6 Drittelbeteiligungsgesetz, § 6 Abs. 4 S. 2 ArbZG, § 17 Abs. 2 AGG, §§ 120, 218 Abs. 3 InsO, § 7 Abs. 3 TzBfG. Änderungen der MAVO können auch durch Gesetz der Deutschen Bischofskonferenz erfolgen, wie dies zur Mitwirkung von Gremien i. S. d. MAVO bei der Ernennung der Richterschaft bei den kirchlichen Gerichten für Arbeitssachen (§§ 19, 20, 25, 26 KAGO) geschehen ist. Demgemäß wurden die Bestimmungen des § 25 ergänzt. Zu erwähnen sind auch solche Bestimmungen in Arbeitsvertragsordnungen, mit denen der MAV das Recht eingeräumt wird, zur Bildung von betrieblichen Beschwerdekommissionen (Einrichtungskommissionen) Mitglieder zu benennen (vgl. § 25 Abs. 2 KAVO der Diözesen in NRW; § 4 der Anlage 28 zur KAVO der Diözesen in NRW). Das spiegelt sich in § 26 Abs. 3 Nr. 9 wider. 2

Satzungsrecht eines der Kirche zugeordneten Rechtsträgers (z. B. Deutscher Caritasverband) vermag die MAVO nicht zu ändern. Durch Bestimmungen der Ordnung der Arbeitsrechtlichen Kommission des Deutschen Caritasverbandes zum 1. April 2010 sind sowohl der MAV wie auch der Gesamtmitarbeitervertretung Antragsrechte an die zuständige Regionalkommission eingeräumt worden, wenn es gilt, von den durch die Regionalkommission der AK des Deutschen Caritasverbandes festgelegten Regelungen einrichtungsbezogen oder für die Gesamtheit der Einrichtungen eines Rechtsträgers Abweichungen vornehmen zu dürfen (§ 11 Abs. 1 und 2, § 9 Abs. 3 S. 2 Ordnung der AK).[2] Werden die Änderungen der Ordnung der AK des Deutschen Caritasverbandes durch Inkraftsetzung und Promulgation des Diözesanbischofs diözesanes Gesetz, werden auch die darin enthaltenen Bestimmun- 3

---

1 BAG, 15. 7. 1986 – 1 AZR 654/84, AP Nr. 1 zu Art. 31 LPVG Bayern = DB 1987, 283.
2 U. a. Amtsblatt des Erzbistums Berlin 2010 Nr. 88 S. 51; Amtsblatt des Bistums Limburg 2010 Nr. 458 S. 356; Amtsblatt für die Diözese Mainz 2010 Nr. 74 S. 75.

gen zum Mitarbeitervertretungsrecht seiner Diözese wirksam, also ebenso Gesetz wie die MAVO oder eine kirchliche Ordnung zur Regelung des diözesanen Arbeitsvertragsrechts (KODA-Ordnung) selbst.[3] Zur redaktionellen Vollständigkeit der MAVO empfiehlt sich eine entsprechende Ergänzung der Ordnung.

4 Gemäß § 38 Abs. 1 Nr. 1 wird der Handlungsrahmen der MAV immer dann erweitert, wenn in kirchlichen Arbeitsvertragsordnungen Rechtsnormen die MAV zum Abschluss ergänzender Dienstvereinbarungen mit dem Dienstgeber berechtigen (vgl. z. B. §§ 5 und 8 Abs. 8 der Anlage 5 zu den AVR-Caritas sowie Anlagen 5b – Mobilzeit durch Dienstvereinbarung – und 5c – Langzeitkonten – zu den AVR-Caritas). Die gemäß § 9 Abs. 1 Buchstabe c der Anlage 5 zu den AVR-Caritas zulässige Zuweisung zu den einzelnen Stufen des Bereitschaftsdienstes unterliegt der Beteiligung der MAV. Das gilt auch zur Pauschalierung von Zeitzuschlägen gemäß § 1 Abs. 4 der Anlage 6a zu den AVR-Caritas.

II. § 55 als »Verbotsgesetz« und die Folgen eines Verstoßes

5 § 55 ist ein sog. »Verbotsgesetz«: Alle Handlungen und Maßnahmen, vor allem auch rechtsgeschäftliche Handlungen, die gegen das gesetzliche Verbot des § 55 verstoßen, sind nach § 134 BGB nichtig. § 55 lässt in seinem Wortlaut keine Ausnahmen von diesem Verbot zu.

6 Für das Vorliegen eines Verstoßes gegen § 55 ist es ohne Bedeutung, ob eine Handlung oder ein Rechtsgeschäft unmittelbar verboten ist oder ob deren Inhalte mit dem Gesetz in Widerspruch stehen. Entscheidend ist, ob sich das gesetzliche Verbot gegen den Erfolg der verbotenen Abweichung von der gesetzlichen Regelung wendet. Das aber ist der Inhalt des § 55.[4] Auf die **Kenntnis** des Verbotsgesetzes **kommt es nicht an.**

7 Die Nichtigkeit nach § 134 BGB setzt kein schuldhaftes, also vorwerfbares Verhalten voraus.

8 Es genügt **ein objektiv festgestellter Verstoß gegen die Verbotsnorm zur Nichtigkeit.**

9 Auch eine zur **Umgehung** des Verbotsgesetzes vorgenommene Maßnahme ist ohne Rücksicht auf eine Umgehungsabsicht oder ein Umgehungsbewusstsein nichtig, wenn das Verbot nach dem Willen des Gesetzgebers und nach dem Zweck des Gesetzes gerade die Verwirklichung des damit beabsichtigten Erfolges verhindern wollte.

10 Diese Auffassung gilt auch für § 55: Der Wille des kirchlichen Gesetzgebers war, **jede Abweichung** von seinen Regeln über die Mitarbeitervertretung durch die Verbotsnorm zu **unterbinden.**

11 Das hat auch zu gelten, wenn eingewandt wird, die beabsichtigte Maßnahme bzw. das beabsichtigte Rechtsgeschäft sei nach den Regeln der MAVO zulässig. Wenn damit ein Erfolg eintrete, der sich als eine Abweichung von Vorschriften der MAVO darstelle, müsse das hingenommen werden.

12 ▶ **Beispiel:** In einer Einrichtung sind 590 Mitarbeiter und Mitarbeiterinnen beschäftigt. Nach § 15 Abs. 3 S. 1 müssen dafür auf Antrag der MAV zwei Mitglieder der MAV jeweils zur Hälfte der regelmäßigen Arbeitszeit eines Vollbeschäftigten von der Arbeit freigestellt werden. Der Dienstgeber teilt nun die bisher als eine einzige Einrichtung konzipierte Dienststelle in zwei Einrichtungen zu je 295 Mitarbeiterinnen und Mitarbeitern auf. Das hat für die zwei neu gebildeten Einrichtungen i. S. v. § 1a Abs. 2 die Folge, dass dann nach § 15 Abs. 3 – da die Zahl von 300 wahlberechtigten Mitarbeitern und Mitarbeiterinnen in keiner der beiden neu gebildeten Einrichtungen mehr erreicht wird – kein Mitglied der MAV mehr gemäß § 15 Abs. 3 freizustellen ist. Der Dienstgeber ist der Ansicht, er habe mit der Aufteilung in zwei Einrichtungen nur getan, wozu er nach § 1a Abs. 2 rechtlich befugt war. Dass damit unter dem Blickwinkel des § 15 Abs. 3 nachteilige Folgen hinsichtlich der Freistellung von Mitgliedern der MAV eingetreten sind, müsse hingenommen werden.

---

3 *KAGH*, 28. 6. 2009 – M 02/09, ZMV 2009, 322.
4 *Kirchliches Arbeitsgericht für die Bayerischen (Erz-)Diözesen*, 9. 3. 2010 – 28 MV 09, ZMV 2010, 323.

Dieser aus dem Schuldrecht stammende Einwand des »rechtmäßigen Alternativverhaltens«[5] kann allenfalls im Schadensersatzrecht – und auch hier nicht ohne Bedenken – jedenfalls nicht angewandt werden, wenn damit der Schutzzweck der verletzten Norm (§ 15 Abs. 3) nach dem Willen des Dienstgebers unterlaufen werden soll und objektiv unterlaufen wird.[6]   13

Die Verbotsnorm des § 55 enthält daher einen umfassenden Schutz gegen jede beabsichtigte und auch unbeabsichtigte Änderung der Bestimmungen der MAVO. Ein solches striktes Verbot enthält der Wortlaut des § 55, der nicht nur die Unwirksamkeit von »Vereinbarungen« feststellt, sondern diese Nichtigkeit auch auf »anderweitige Regelungen« ausdehnt.   14

III. Ordenseigene MAVO

Durch § 1 Abs. 3 S. 2 letzte Alternative ist geregelt, dass der Diözesanbischof eine Mitarbeitervertretungsordnung eigens für einen Rechtsträger erlassen kann, der mehrdiözesan oder überdiözesan tätig ist.[7] Das hat jedoch hier und da einige Orden (Provinzobere) nicht davon abgehalten, für ihren Tätigkeitsbereich (z. B. Schulen) selbst eine MAVO zu erlassen, die nicht mit dem zuständigen Diözesanbischof abgestimmt wurde. Das führte – je nach ordenseigener MAVO – bei Schlichtungsverfahren zur Frage der Zuständigkeit der diözesanen Schlichtungsstelle i. S. d. § 40 MAVO a. F. Die MAVO berücksichtigt im Kontext mit der Grundordnung des kirchlichen Dienstes im Rahmen kirchlicher Arbeitsverhältnisse (GrO) die Tatsache, dass die Kirche ihren Sendungsauftrag weitgehend mit Arbeitnehmern i. S. d. staatlichen Arbeitsrechts erfüllt, nicht etwa nur mit satzungsmäßigen Mitgliedern von Ordensgemeinschaften oder Klerikern im besonderen Inkardinationsverhältnis. Um aber in Einrichtungen mit dort beschäftigten Arbeitnehmern i. S. d. staatlichen Rechts die Mitglieder von Ordensgemeinschaften in derselben Einrichtung nicht aus dem Mitarbeiterbegriff und der Dienstgemeinschaft begrifflich zu verdrängen, sieht die MAVO in § 3 Abs. 1 S. 1 vor, dass nicht allein ein Arbeitsverhältnis zum Begriff des Mitarbeiters führt, sondern auch andere anders geartete Beschäftigungsverhältnisse (Art. 1 GrO und § 3 Abs. 1 S. 1 MAVO). Das hat Bedeutung für jene Orden, die entsprechend ihrem Auftrag Werke des Apostolats betreiben und dazu auch Personen beschäftigen, die nicht satzungsmäßige Mitglieder des Ordens sind,[8] also vom Selbstordnungsrecht der Orden nicht unmittelbar berührt werden.   15

IV. Selbst erlassene Mitarbeitervertretungsordnung eines Dienstgebers

Hat ein Rechtsträger für seine Einrichtungen eigenmächtig ohne Mitwirkung des kirchlichen Gesetzgebers eine Mitarbeitervertretungsordnung erlassen, ergeben sich für den Dienstgeber daraus gegenüber Mitarbeitern und etwa gewählter Mitarbeitervertretungsordnung schuldrechtliche Verpflichtungen nach Maßgabe der von ihm erlassenen Ordnung, im Streitfalle ist aber nicht das Kirchliche Arbeitsgericht sachlich zuständig, weil dieses nur gemäß kirchenrechtlich gesetzter MAVO gemäß § 2 Abs. 2 KAGO zuständig ist. Eine dennoch an das Kirchliche Arbeitsgericht herangetragene Klage wegen eines Mitwirkungsrechts der auf der Grundlage der selbst erlassenen Mitarbeitervertretungsordnung gebildeten MAV ist als unzulässig abzuweisen[9] mit der Folge, dass dann auch keine Kostenentscheidung ergehen kann. In der selbst erlassenen Mitarbeitervertretungsordnung kann keine diözesane Stelle einseitig vom Dienstgeber zur Streitentscheidung verpflichtet werden und das erst recht nicht, wenn es eine namentlich in der selbst erlassenen Ordnung genannte Stelle diözesanrechtlich gar nicht (mehr) gibt. Die diözesane Arbeitsgemeinschaft der Mitarbeitervertretungen i. S. v. § 25 ist für die außerhalb diözesanbischöflich gesetzter Ordnung für die auf diesem Wege gebildete Ordnung nicht zuständig und kann daher im Wege der Klage durch das Kirchliche Arbeitsgericht die Feststel-   16

---

5 BGHZ 96, 173; *BAG*, 23. 8. 1984 – 7 AZR 37/81, AP Nr. 8 zu § 276 BGB Vertragsbruch = DB 1984, 1731 Abschnitt II 2 der Gründe.
6 *Schlichtungsstelle Köln*, 14. 1. 1997 – MAVO 17/96, ZMV 1997, 85.
7 Vgl. etwa MAVO für KNA, Amtsblatt des Erzbistums Köln 1992 Nr. 279 S. 344; 1993 Nr. 157, S. 156.
8 *Haering/Bischof*, Ordensschulen und Arbeitsrecht, S. 363, 366.
9 *KAGH*, 19. 3. 2010 – M 11/09, ZMV 2010, 153.

IX. Schlussbestimmungen

lung erreichen, dass die betroffene Mitarbeitervertretung nicht der Diözesanen Arbeitsgemeinschaft der Mitarbeitervertretungen angehört. Dazu ist sie auch aktiv legitimiert (§ 2 Abs. 2 i. V. m. § 8 Abs. 2 Buchstabe c KAGO), wenn sie geltend macht, in eigenen Rechten verletzt zu sein (§ 10 KAGO).[10]

§ 56

(1) Vorstehende Ordnung gilt ab ....

(2) **Beim Inkrafttreten bestehende Mitarbeitervertretungen** bleiben für die Dauer ihrer Amtszeit bestehen. Sie führen ihre Tätigkeit weiter nach Maßgabe der Bestimmungen in den Abschnitten III, IV, V und VI.

I. Zu Absatz 1

1   Aus der Vorschrift des § 56 Abs. 1, die als Rahmenordnung naturgemäß unvollständig ist, geht hervor, dass die Rahmenordnung zur MAVO selbst kein Gesetz ist, sondern die Musterordnung, nach der die Beschluss fassenden Diözesanbischöfe in der Vollversammlung des Verbandes der Diözesen Deutschlands sich darauf verständigt haben, jeweils für ihren Jurisdiktionsbereich ein entsprechendes partikulares Kirchengesetz zu erlassen bzw. ein bestehendes Kirchengesetz zu ändern. Das jeweilige diözesane Gesetz legt das In-Kraft-Treten der diözesanen MAVO bzw. ihrer Änderungen fest und wird im jeweiligen diözesanen Amtsblatt zur Erlangung der Rechtswirksamkeit veröffentlicht (can. 7 i. V. m. can. 8 § 2 CIC).

2   Infolge des Erlasses der Kirchlichen Arbeitsgerichtsordnung (KAGO) durch die Deutsche Bischofskonferenz vom 21. September 2004 mit Wirkung zum 1. Juli 2005 und fortgeführt mit Wirkung ab 1. Juli 2010 mit Änderungen (abgedruckt in diesem Kommentar als Anhang 1) haben im Jahre 2005 alle Diözesanbischöfe in Deutschland so genannte KAGO-Anpassungsgesetze erlassen, die u. a. Bestimmungen der MAVO geändert haben.[1] Dabei ist neben redaktionellen Hinweisen auf die Zuständigkeit des Kirchlichen Arbeitsgerichts bei Rechtsstreitigkeiten auf dem Gebiet der MAVO (§ 2 Abs. 2 KAGO) insbesondere die Einigungsstelle als Organ zur Schlichtung der in § 45 KAVO näher bezeichneten Streitigkeiten und ihr Verfahren (§§ 40 bis 47 MAVO) zu nennen.

3   Die bis ins Jahr 2005 geltenden diözesanen Schlichtungsverfahrensordnungen zu Streitigkeiten aus der MAVO sind im Laufe des Jahres 2005 aufgehoben worden, weil im selben Jahr durch Errichtung von Einigungsstellen (§§ 40 ff.) und kirchlichen Arbeitsgerichten (KAGO) die diözesanen Schlichtungsstellen für Streitigkeiten aus der MAVO bis zum Ablauf des Jahres 2005 abgelöst worden sind. Die für arbeitsvertragsrechtliche Streitigkeiten zuständigen Gremien (z. B. Schlichtungsausschüsse, Schlichtungsstellen, Schieds- und Einigungsstellen) sind davon nicht berührt.

II. Zu Absatz 2

4   § 56 Abs. 2 bestimmt für **bestehende Mitarbeitervertretungen,** dass sie für die Dauer der Amtszeit, für die sie nach der bisherigen Ordnung gewählt wurden, im Amt bleiben. Erst mit dem Ablauf ihrer Amtszeit wird eine neue MAV nach den neuen Regeln der MAVO gewählt. Diese Ausführungen über den Fortbestand der MAV gelten in entsprechender Weise auch für im Zeitpunkt des Inkrafttretens der neuen MAVO ordnungsgemäß gewählte Sprecher der Jugendlichen und Auszubildenden nach § 48. Die Rechte und Pflichten der beim In-Kraft-Treten der neuen Fassung bestehenden MAV und Sprecher der Jugendlichen und Auszubildenden richten sich ab diesem Zeitpunkt bereits nach den Abschnitten III, IV, V und VI der neuen Fassung. Das bedeutet, dass vor allem die Mitwir-

---

10 *KAGH*, 25. 6. 2010 – M 04/10, M 05/10.
1   Siehe z.B. Kirchlicher Anzeiger für das Bistum Hildesheim 2005 S. 160.

kung und Mitbestimmung der MAV und die Rechte der Sprecher der Jugendlichen und Auszubildenden ab In-Kraft-Treten der neuen Fassung sich danach zu richten haben. Dasselbe gilt entsprechend für die Schwerbehindertenvertretung (§ 52), die Arbeitsgemeinschaften gemäß § 25 sowie gemeinsame Mitarbeitervertretungen (§§ 1b, 22a).

Anhang

Anhang 1 Kirchliche Arbeitsgerichtsordnung (KAGO)

in der Fassung des Beschlusses der Vollversammlung der Deutschen Bischofskonferenz vom 25. Februar 2010 (veröffentlicht in allen diözesanen Amtsblättern des Jahres 2010, siehe Anmerkung) Approbation des Supremum Signaturae Apostolicae Tribunal vom 25. März 2010 (Kirchlicher Anzeiger Bistum Hildesheim 2010 S. 90 ff.).

Inhaltsübersicht

Präambel

Erster Teil
Allgemeine Vorschriften

§ 1   Kirchliche Gerichte für Arbeitssachen
§ 2   Sachliche Zuständigkeit
§ 3   Örtliche Zuständigkeit
§ 4   Besetzung der Gerichte
§ 5   Aufbringung der Mittel
§ 6   Gang des Verfahrens
§ 7   Verfahrensgrundsätze
§ 8   Verfahrensbeteiligte
§ 9   Beiladung
§ 10 Klagebefugnis
§ 11 Prozessvertretung
§ 12 Kosten (Gebühren und Auslagen)
§ 13 Rechts- und Amtshilfe

Zweiter Teil
Aufbau der Kirchlichen Gerichte für Arbeitssachen

1. Abschnitt Kirchliche Arbeitsgerichte erster Instanz

§ 14 Errichtung
§ 15 Gerichtssitz/Dienstaufsicht/Geschäftsstelle
§ 16 Zusammensetzung/Besetzung
§ 17 Rechtsstellung der Richter
§ 18 Ernennungsvoraussetzungen/Beendigung des Richteramtes
§ 19 Ernennung des Vorsitzenden
§ 20 Ernennung/Mitwirkung der beisitzenden Richter

2. Abschnitt Kirchlicher Arbeitsgerichtshof

§ 21 Errichtung
§ 22 Zusammensetzung/Besetzung
§ 23 Dienstaufsicht/Verwaltung
§ 24 Rechtsstellung der Richter/Ernennungsvoraussetzungen/Beendigung des Richteramtes
§ 25 Ernennung des Präsidenten und der weiteren Mitglieder mit der Befähigung zum Richteramt
§ 26 Ernennung/Mitwirkung der beisitzenden Richter aus den Kreisen der Dienstgeber und Mitarbeiter

Anhang 1   KAGO Gesetztext

Dritter Teil
Verfahren vor den kirchlichen Gerichten für Arbeitssachen

1. Abschnitt   Verfahren im ersten Rechtszug

1. Unterabschnitt   Allgemeine Verfahrensvorschriften

§ 27   Anwendbares Recht
§ 28   Klageschrift
§ 29   Klagerücknahme
§ 30   Klageänderung
§ 31   Zustellung der Klage/Klageerwiderung
§ 32   Ladung zur mündlichen Verhandlung
§ 33   Vorbereitung der mündlichen Verhandlung
§ 34   Alleinentscheidung durch den Vorsitzenden
§ 35   Ablehnung von Gerichtspersonen
§ 36   Zustellungen und Fristen
§ 37   Wiedereinsetzung in versäumte Fristen

2. Unterabschnitt   Mündliche Verhandlung

§ 38   Gang der mündlichen Verhandlung
§ 39   Anhörung Dritter
§ 40   Beweisaufnahme
§ 41   Vergleich, Erledigung des Verfahrens
§ 42   Beratung und Abstimmung
§ 43   Urteil

3. Unterabschnitt   Besondere Verfahrensarten

§ 44   Auflösung der Mitarbeitervertretung/Verlust der Mitgliedschaft in der Mitarbeitervertretung
§ 44a   Verlust der Mitgliedschaft in einer Kommission nach Art. 7 GrO
§ 44b   Wahlprüfungsklage
§ 45   Organstreitverfahren über Zuständigkeit einer nach Artikel 7 GrO gebildeten Kommission

2. Abschnitt   Verfahren im zweiten Rechtszug

§ 46   Anwendbares Recht
§ 47   Revision
§ 48   Nichtzulassungsbeschwerde
§ 49   Revisionsgründe
§ 50   Einlegung der Revision
§ 51   Revisionsentscheidung

3. Abschnitt   Vorläufiger Rechtsschutz

§ 52   Einstweilige Verfügung

4. Abschnitt   Vollstreckung gerichtlicher Entscheidungen

§ 53   Vollstreckungsmaßnahmen
§ 54   Vollstreckung von Willenserklärungen

5. Abschnitt   Beschwerdeverfahren

§ 55   Verfahrensbeschwerde

Vierter Teil
Schlussvorschriften

§ 56   Inkrafttreten

Präambel

Die Deutsche Bischofskonferenz erlässt aufgrund eines besonderen Mandats des Apostolischen Stuhles gemäß can. 455 § 1 CIC in Wahrnehmung der der Kirche durch das Grundgesetz für die Bundesrepublik Deutschland garantierten Freiheit, ihre Angelegenheiten selbständig innerhalb der Schranken des für alle geltenden Gesetzes zu ordnen,

- zur Sicherung der Glaubwürdigkeit der Einrichtungen, welche die Kirche unterhält und anerkennt, um ihren Auftrag in der Gesellschaft wirksam wahrnehmen zu können,
- zur Herstellung und Gewährleistung eines wirksamen gerichtlichen Rechtsschutzes auf den Gebieten der kirchlichen Ordnungen für das Zustandekommen von arbeitsvertragsrechtlichen Regelungen und das Mitarbeitervertretungsrecht, wie dies in Artikel 10 Absatz 2 der »Grundordnung des kirchlichen Dienstes im Rahmen kirchlicher Arbeitsverhältnisse« (GrO) vorgesehen ist,
- zur Sicherstellung einer einheitlichen Auslegung und Anwendung der in den deutschen Bistümern übereinstimmend geltenden arbeitsrechtlichen Grundlagen

die folgende Ordnung:

Erster Teil
Allgemeine Vorschriften

§ 1
Kirchliche Gerichte für Arbeitssachen

Die Gerichtsbarkeit in kirchlichen Arbeitssachen (§ 2) wird in erster Instanz durch Kirchliche Arbeitsgerichte und in zweiter Instanz durch den Kirchlichen Arbeitsgerichtshof ausgeübt.

§ 2
Sachliche Zuständigkeit

(1) Die kirchlichen Gerichte für Arbeitssachen sind zuständig für Rechtsstreitigkeiten aus dem Recht der nach Art. 7 GrO gebildeten Kommissionen zur Ordnung des Arbeitsvertragsrechts.

(2) Die kirchlichen Gerichte für Arbeitssachen sind ferner zuständig aus dem Mitarbeitervertretungsrecht sowie dem Recht der Mitwirkung in Caritas-Werkstätten für Menschen mit Behinderungen einschließlich des Wahlverfahrensrechts und des Verfahrens vor der Einigungsstelle.

(3) Die Zuständigkeit der kirchlichen Gerichte für Arbeitssachen ist nicht gegeben für Streitigkeiten aus dem Arbeitsverhältnis.

(4) Ein besonderes Verfahren zur Überprüfung der Rechtmäßigkeit von kirchlichen Rechtsnormen (Normenkontrollverfahren) findet nicht statt.

§ 3
Örtliche Zuständigkeit

(1) Das Gericht, in dessen Dienstbezirk eine beteiligungsfähige Person (§ 8) ihren Sitz hat, ist für alle gegen sie zu erhebenden Klagen zuständig. Ist der Beklagte eine natürliche Person, bestimmt sich der Gerichtsstand nach dem dienstlichen Einsatzort des Beklagten.

(2) In Rechtsstreitigkeiten nach § 2 Absatz 1 ist das Gericht ausschließlich zuständig, in dessen Dienstbezirk die Geschäftsstelle der Kommission ihren Sitz hat. Sind mehrere Kommissionen am Verfahren beteiligt, ist das für die beklagte Kommission errichtete Gericht ausschließlich zuständig.

(3) In Rechtsstreitigkeiten nach § 2 Absatz 2, an denen ein mehrdiözesaner und überdiözesaner Rechtsträger beteiligt ist, ist das Gericht ausschließlich zuständig, in dessen Dienstbezirk sich der Sitz der Hauptniederlassung des Rechtsträgers eines Verfahrensbeteiligten befindet, soweit nicht durch Gesetz eine hiervon abweichende Regelung der örtlichen Zuständigkeit getroffen wird.

Anhang 1   KAGO Gesetztext

§ 4
Besetzung der Gerichte

Die kirchlichen Gerichte für Arbeitssachen sind mit Personen, welche die Befähigung zum Richteramt nach staatlichem oder kirchlichem Recht besitzen, und mit ehrenamtlichen Richtern (beisitzenden Richtern) aus den Kreisen der Dienstgeber und Mitarbeiter, welche nach Maßgabe dieser Ordnung stimmberechtigt an der Entscheidungsfindung mitwirken, besetzt.

§ 5
Aufbringung der Mittel

Die Kosten des Kirchlichen Arbeitsgerichts trägt das Bistum, für das es errichtet ist. Im Falle der Errichtung eines gemeinsamen kirchlichen Arbeitsgerichts durch mehrere Diözesanbischöfe (§ 14 Absatz 2) tragen die beteiligten Bistümer die Kosten nach einem zwischen ihnen vereinbarten Verteilungsmaßstab. Die Kosten des Kirchlichen Arbeitsgerichtshofs trägt der Verband der Diözesen Deutschlands.

§ 6
Gang des Verfahrens

(1) Im ersten Rechtszug ist das Kirchliche Arbeitsgericht zuständig.

(2) Gegen das Urteil des Kirchlichen Arbeitsgerichts findet die Revision an den Kirchlichen Arbeitsgerichtshof nach Maßgabe des § 47 statt.

§ 7
Verfahrensgrundsätze

(1) Das Gericht entscheidet, soweit diese Ordnung nichts anderes bestimmt, auf Grund mündlicher Verhandlung durch Urteil. Mit Einverständnis der Beteiligten kann das Gericht ohne mündliche Verhandlung entscheiden.

(2) Die Verhandlung einschließlich der Beweisaufnahme ist öffentlich. Das Gericht kann die Öffentlichkeit für die Verhandlung oder für einen Teil der Verhandlung aus wichtigem Grund ausschließen, insbesondere wenn durch die Öffentlichkeit eine erhebliche Beeinträchtigung kirchlicher Belange oder schutzwürdiger Interessen eines Beteiligten zu besorgen ist oder wenn Dienstgeheimnisse zum Gegenstand der Verhandlung oder der Beweisaufnahme gemacht werden. Die Entscheidung wird auch im Fall des Satzes 2 öffentlich verkündet.

(3) Das Gericht erforscht den Sachverhalt von Amts wegen. Die am Verfahren Beteiligten haben an der Aufklärung des Sachverhalts mitzuwirken. Zur Aufklärung des Sachverhalts können Urkunden eingesehen, Auskünfte eingeholt, Zeugen, Sachverständige und Beteiligte vernommen und ein Augenschein eingenommen werden.

(4) Alle mit einem befristeten Rechtsmittel anfechtbaren Entscheidungen enthalten die Belehrung über das Rechtsmittel. Soweit ein Rechtsmittel nicht gegeben ist, ist eine entsprechende Belehrung zu erteilen. Die Frist für ein Rechtsmittel beginnt nur, wenn der Beteiligte über das Rechtsmittel und das Gericht, bei dem das Rechtsmittel einzulegen ist, die Anschrift des Gerichts und die einzuhaltende Frist und Form schriftlich belehrt worden ist. Ist die Belehrung unterblieben oder unrichtig erteilt, so ist die Einlegung des Rechtsmittels nur innerhalb eines Jahres seit Zustellung der Entscheidung zulässig.

(5) Das Gericht soll in jeder Lage des Verfahrens auf eine gütliche Beilegung des Rechtsstreits hinwirken.

§ 8
Verfahrensbeteiligte

(1) In Rechtsstreitigkeiten gemäß § 2 Absatz 1 können beteiligt sein:
a) in allen Angelegenheiten die Hälfte der Mitglieder der nach Artikel 7 GrO gebildeten Kommission oder die Mehrheit der Mitglieder der Dienstgeber- bzw. Mitarbeiterseite der Kommission,
b) in Angelegenheiten, welche die eigene Rechtsstellung als Kommissions-Mitglied betreffen, das einzelne Mitglied der Kommission und der Dienstgeber,
c) in Angelegenheiten des Wahlverfahrensrechts darüber hinaus der Dienstgeber, der einzelne Mitarbeiter und die Wahlorgane und Koalitionen nach Art. 6 GrO,
d) in Angelegenheiten, welche die Rechtsstellung als Koalition nach Art. 6 GrO betreffen, die anerkannte Koalition.

(2) In Rechtsstreitigkeiten gemäß § 2 Absatz 2 können beteiligt sein:
a) in Angelegenheiten der Mitarbeitervertretungsordnung einschließlich des Verfahrens vor der Einigungsstelle die Mitarbeitervertretung und der Dienstgeber,
b) in Angelegenheiten des Wahlverfahrensrechts und des Rechts der Mitarbeiterversammlung die Mitarbeitervertretung, der Dienstgeber und der einzelne Mitarbeiter und die Wahlorgane,
c) in Angelegenheiten aus dem Recht der Arbeitsgemeinschaften für Mitarbeitervertretungen die Organe der Arbeitsgemeinschaft, der Dienstgeber und die (Erz-)Bistümer bzw. Diözesan-Caritasverbände,
d) in Angelegenheiten aus dem Recht der Mitwirkung in Caritas-Werkstätten für Menschen mit Behinderungen der Werkstattrat und der Rechtsträger der Werkstatt,
e) in Angelegenheiten, welche die eigene Rechtsstellung als Mitglied einer Mitarbeitervertretung, als Sprecherin oder Sprecher der Jugendlichen und Auszubildenden, als Vertrauensperson der Schwerbehinderten, als Vertrauensmann der Zivildienstleistenden oder als Mitglied einer Arbeitsgemeinschaft der Mitarbeitervertretungen betreffen, die jeweils betroffene Person, die Mitarbeitervertretung und der Dienstgeber.

§ 9
Beiladung

(1) Das Gericht kann, solange das Verfahren noch nicht rechtskräftig abgeschlossen oder in höherer Instanz anhängig ist, von Amts wegen oder auf Antrag andere, deren rechtliche Interessen durch die Entscheidung berührt werden, beiladen.

(2) Sind an dem streitigen Rechtsverhältnis Dritte derart beteiligt, dass die Entscheidung auch ihnen gegenüber nur einheitlich ergehen kann, so sind sie beizuladen (notwendige Beiladung). Dies gilt auch für einen Dritten, der aufgrund Rechtsvorschrift verpflichtet ist, einer Partei oder einem Beigeladenen die Kosten des rechtshängig gemachten Anspruchs zu ersetzen (Kostenträger).

(3) Der Beiladungsbeschluss ist allen Beteiligten zuzustellen. Dabei sollen der Stand der Sache und der Grund der Beiladung angegeben werden. Die Beiladung ist unanfechtbar.

(4) Der Beigeladene kann innerhalb der Anträge eines Beteiligten selbständig Angriffs- und Verteidigungsmittel geltend machen und alle Verfahrenshandlungen wirksam vornehmen. Abweichende Sachanträge kann er nur stellen, wenn eine notwendige Beiladung vorliegt.

§ 10
Klagebefugnis

Die Klage ist nur zulässig, wenn der Kläger geltend macht, in eigenen Rechten verletzt zu sein, oder wenn er eine Verletzung von Rechten eines Organs, dem er angehört, geltend macht.

§ 11
Prozessvertretung

Die Beteiligten können vor den kirchlichen Gerichten für Arbeitssachen den Rechtsstreit selbst führen oder sich von einer sach- und rechtskundigen Person vertreten lassen.

§ 12
Kosten (Gebühren und Auslagen)

(1) Im Verfahren vor den kirchlichen Gerichten für Arbeitssachen werden Gebühren nicht erhoben. Im Übrigen entscheidet das Gericht durch Urteil, ob Auslagen aufgrund materiell-rechtlicher Vorschriften erstattet werden und wer diese zu tragen hat.

(2) Der Vorsitzende kann auf Antrag eines Beteiligten auch vor Verkündung des Urteils durch selbständig anfechtbaren Beschluss (§ 55) entscheiden, ob Auslagen gemäß Absatz 1 Satz 2 erstattet werden.

(3) Zeugen und Sachverständige werden in Anwendung des staatlichen Gesetzes über die Entschädigung von Zeugen und Sachverständigen entschädigt.

§ 13
Rechts- und Amtshilfe

(1) Die kirchlichen Gerichte für Arbeitssachen leisten einander Rechtshilfe. Die Vorschriften des staatlichen Gerichtsverfassungsgesetzes über Rechtshilfe finden entsprechende Anwendung.

(2) Alle kirchlichen Dienststellen und Einrichtungen leisten den kirchlichen Gerichten für Arbeitssachen auf Anforderung Amtshilfe.

Zweiter Teil
Aufbau der kirchlichen Gerichte für Arbeitssachen

1. Abschnitt
Kirchliche Arbeitsgerichte erster Instanz

§ 14
Errichtung

(1) Für jedes Bistum/Erzbistum wird ein Kirchliches Arbeitsgericht als Gericht erster Instanz errichtet. Das Nähere wird im Errichtungsdekret des zuständigen Diözesanbischofs geregelt.

(2) Für mehrere Bistümer/Erzbistümer kann aufgrund Vereinbarung der Diözesanbischöfe ein gemeinsames Kirchliches Arbeitsgericht als Gericht erster Instanz errichtet werden. Dem gemeinsamen Kirchlichen Arbeitsgericht können alle nach dieser Ordnung wahrzunehmenden Zuständigkeiten oder nur die Zuständigkeiten nach § 2 Absatz 1 oder § 2 Absatz 2 übertragen werden. Das Nähere wird im gemeinsamen Errichtungsdekret der Diözesanbischöfe geregelt.

§ 15
Gerichtssitz/Dienstaufsicht/Geschäftsstelle

(1) Der Sitz des Gerichts wird durch diözesanes Recht bestimmt.

(2) Die Dienstaufsicht über die Mitglieder des Kirchlichen Arbeitsgerichts übt der Diözesanbischof des Bistums, in dem sich der Sitz des Gerichtes befindet, aus.[1]

---

1 Die Einzelheiten bleiben der Regelung durch diözesanes Recht überlassen.

(3) Die Geschäftsstelle des Kirchlichen Arbeitsgerichts wird beim Erz-/Bischöflichen Diözesangericht (Offizialat/Konsistorium) eingerichtet.

§ 16
Zusammensetzung/Besetzung

(1) Das Kirchliche Arbeitsgericht besteht aus dem Vorsitzenden, dem stellvertretenden Vorsitzenden, sechs beisitzenden Richtern aus den Kreisen der Dienstgeber, drei beisitzenden Richtern aus den Kreisen der Mitarbeitervertretungen und drei beisitzenden Richtern aus den Kreisen der Mitarbeiter.

(2) Das Kirchliche Arbeitsgericht entscheidet in der Besetzung mit dem Vorsitzenden oder dem stellvertretenden Vorsitzenden, einem beisitzenden Richter aus den Kreisen der Dienstgeber und einem beisitzenden Richter aus den Kreisen der Mitarbeiter.

(3) Die Verteilung der Verfahren zwischen dem Vorsitzenden und dem stellvertretenden Vorsitzenden erfolgt anhand eines Geschäftsverteilungsplans, der spätestens am Ende des laufenden Jahres für das folgende Jahr vom Vorsitzenden nach Anhörung des stellvertretenden Vorsitzenden schriftlich festzulegen ist.

(4) Ist der Vorsitzende oder der stellvertretende Vorsitzende an der Ausübung seines Amtes gehindert, tritt an seine Stelle der stellvertretende Vorsitzende oder der Vorsitzende.

§ 17
Rechtsstellung der Richter

(1) Die Richter sind von Weisungen unabhängig und nur an Gesetz und Recht gebunden. Sie dürfen in der Übernahme oder Ausübung ihres Amtes weder beschränkt, noch wegen der Übernahme oder Ausübung ihres Amtes benachteiligt oder bevorzugt werden. Sie unterliegen der Schweigepflicht auch nach dem Ausscheiden aus dem Amt.

(2) Dem Vorsitzenden und dem stellvertretenden Vorsitzenden kann eine Aufwandsentschädigung oder eine Vergütung gewährt werden.

(3) Die Tätigkeit der beisitzenden Richter ist ehrenamtlich. Sie erhalten Auslagenersatz gemäß den am Sitz des Gerichts geltenden reisekostenrechtlichen Vorschriften.

(4) Die beisitzenden Richter werden für die Teilnahme an Verhandlungen im notwendigen Umfang von ihrer dienstlichen Tätigkeit freigestellt. Auf die beisitzenden Richter der Mitarbeiterseite finden die §§ 18 und 19 der Mitarbeitervertretungsordnung entsprechend Anwendung.

§ 18
Ernennungsvoraussetzungen/Beendigung des Richteramtes

(1) Zum Richter kann ernannt werden, wer katholisch ist und nicht in der Ausübung der allen Kirchenmitgliedern zustehenden Rechte behindert ist sowie die Gewähr dafür bietet, dass er jederzeit für das kirchliche Gemeinwohl eintritt.

(2) Der Vorsitzende und der stellvertretende Vorsitzende
a) müssen die Befähigung zum Richteramt nach dem Deutschen Richtergesetz[2] oder nach kanonischem Recht besitzen,
b) dürfen keinen anderen kirchlichen Dienst als den eines Richters oder Hochschullehrers beruflich ausüben und keinem Leitungsorgan einer kirchlichen Körperschaft oder eines anderen Trägers einer kirchlichen Einrichtung angehören,

---

[2] Der Befähigung zum Richteramt nach dem Deutschen Richtergesetz steht die Befähigung zum Dienst als Berufsrichter nach Anlage I Kapitel III Sachgebiet A Abschnitt III Nr. 8 des Einigungsvertrages gleich.

c) sollen Erfahrung auf dem Gebiet des kanonischen Rechts und Berufserfahrung im Arbeitsrecht oder Personalwesen haben.

(3) Die beisitzenden Richter der Dienstgeberseite müssen die Voraussetzungen für die Mitgliedschaft in einer Kommission nach Artikel 7 GrO erfüllen. Die beisitzenden Richter der Mitarbeiterseite müssen die Voraussetzungen für die Wählbarkeit in die Mitarbeitervertretung erfüllen und im Dienst eines kirchlichen Anstellungsträgers im Geltungsbereich dieser Ordnung stehen.

(4) Das Amt eines Richters endet vor Ablauf der Amtszeit
a) mit dem Rücktritt;
b) mit der Feststellung des Wegfalls der Ernennungsvoraussetzungen oder der Feststellung eines schweren Dienstvergehens. Diese Feststellungen trifft der Diözesanbischof oder ein von ihm bestimmtes kirchliches Gericht nach Maßgabe des diözesanen Rechts.[3]

Endet das Amt eines Richters vor Ablauf seiner regulären Amtszeit, wird für die Dauer der Amtszeit, die dem ausgeschiedenen Richter verblieben wäre, ein Nachfolger ernannt.

(5) Das Amt eines Richters an einem Kirchlichen Arbeitsgericht endet auch mit Beginn seiner Amtszeit beim Kirchlichen Arbeitsgerichtshof. Absatz 4 Satz 2 gilt entsprechend. Niemand darf gleichzeitig beisitzender Richter der Dienstgeberseite und der Mitarbeiterseite sein oder als beisitzender Richter bei mehr als einem kirchlichen Gericht für Arbeitssachen ernannt werden.

(6) Sind zum Ende der Amtszeit neue Richter noch nicht ernannt, führen die bisherigen Richter die Geschäfte bis zur Ernennung der Nachfolger weiter.

§ 19
Ernennung des Vorsitzenden

Der Vorsitzende und der stellvertretende Vorsitzende des Kirchlichen Arbeitsgerichts werden vom Diözesanbischof für die Dauer von fünf Jahren ernannt. Der Diözesanbischof gibt dem Domkapitel als Konsultorenkollegium und/oder dem Diözesanvermögensverwaltungsrat,[4] dem Diözesancaritasverband, sowie der/den diözesanen Arbeitsgemeinschaft(en) für Mitarbeitervertretungen und der Mitarbeiterseite der Bistums/Regional-KODA zuvor Gelegenheit zur Stellungnahme. Die Wiederernennung ist zulässig.

§ 20
Ernennung/Mitwirkung der beisitzenden Richter

(1) Die sechs beisitzenden Richter aus den Kreisen der Dienstgeber werden auf Vorschlag des Domkapitels als Konsultorenkollegium und/oder des Diözesanvermögensverwaltungsrats[5] vom Diözesanbischof ernannt. Die drei beisitzenden Richter aus den Kreisen der Mitarbeiter werden auf Vorschlag des Vorstands/der Vorstände der diözesanen Arbeitsgemeinschaft(en) für Mitarbeitervertretungen und drei beisitzende Richter auf Vorschlag der Mitarbeitervertreter in der Bistums-/Regional-KODA vom Diözesanbischof ernannt. Die Ernennung erfolgt für die Dauer von fünf Jahren. Bei der Abgabe der Vorschläge durch die vorschlagsberechtigten Gremien werden Vertreter aus Einrichtungen der Caritas, die jeweils von der Dienstgeberseite und der Mitarbeiterseite der zuständigen Regional-Kommission der Arbeitsrechtlichen Kommission des Deutschen Caritasverbandes nominiert werden, angemessen berücksichtigt. Die Wiederernennung ist zulässig.

---

3 Das Nähere regeln die jeweiligen in der Diözese geltenden disziplinarrechtlichen Bestimmungen oder für anwendbar erklärte Bestimmungen des staatlichen Rechts, hilfsweise die cc. 192–195 CIC, auf das jeweils anwendbare Recht wird an dieser Stelle verwiesen.
4 Das Nähere regelt das diözesane Recht.
5 Das Nähere regelt das diözesane Recht.

(2) Die beisitzenden Richter wirken in alphabetischer Reihenfolge an der mündlichen Verhandlung mit. Zieht sich ein Verfahren über mehrere Verhandlungstage hin, findet ein Wechsel bei den beisitzenden Richtern grundsätzlich nicht statt. Bei Verhinderung eines beisitzenden Richters tritt an dessen Stelle derjenige, der in der Reihenfolge an nächster Stelle steht.

(3) Bei unvorhergesehener Verhinderung kann der Vorsitzende abweichend von Absatz 2 aus der Beisitzerliste einen beisitzenden Richter heranziehen, der am Gerichtssitz oder in der Nähe wohnt oder seinen Dienstsitz hat.

2. Abschnitt
Kirchlicher Arbeitsgerichtshof

§ 21
Errichtung

Für die Bistümer im Bereich der Deutschen Bischofskonferenz wird als Kirchliches Arbeitsgericht zweiter Instanz der Kirchliche Arbeitsgerichtshof mit Sitz in Bonn errichtet.

§ 22
Zusammensetzung/Besetzung

(1) Der Kirchliche Arbeitsgerichtshof besteht aus dem Präsidenten und dem Vizepräsidenten (§ 18 Abs. 2 Buchstabe a), einem Mitglied mit der Befähigung zum staatlichen Richteramt (§ 5 DRiG) und dessen Stellvertreter, einem Mitglied mit der Befähigung zum kirchlichen Richteramt (can. 1421 § 3 CIC) und dessen Stellvertreter, sechs beisitzenden Richtern aus den Kreisen der Dienstgeber und sechs beisitzenden Richtern aus den Kreisen der Mitarbeiter.

(2) Der Kirchliche Arbeitsgerichtshof entscheidet in der Besetzung mit dem Präsidenten oder dem Vizepräsidenten, den beiden Mitgliedern mit der Befähigung zum Richteramt, einem beisitzenden Richter aus den Kreisen der Dienstgeber und einem beisitzenden Richter aus den Kreisen der Mitarbeiter.

(3) Die Verteilung der Verfahren zwischen dem Präsidenten und dem Vizepräsidenten erfolgt anhand eines Geschäftsverteilungsplans, der spätestens am Ende des laufenden Jahres für das folgende Jahr vom Präsidenten nach Anhörung des Vizepräsidenten schriftlich festzulegen ist (§ 16 Abs. 3).

(4) Sind der Präsident bzw. Vizepräsident oder ein Mitglied mit der Befähigung zum Richteramt an der Ausübung ihres Amtes gehindert, treten an deren Stelle der Vizepräsident bzw. Präsident bzw. die jeweiligen Stellvertreter.

§ 23
Dienstaufsicht/Verwaltung

(1) Die Dienstaufsicht über die Mitglieder des Kirchlichen Arbeitsgerichtshofes übt der Vorsitzende der Deutschen Bischofskonferenz aus.

(2) Die Geschäftsstelle des Kirchlichen Arbeitsgerichtshofs wird beim Sekretariat der Deutschen Bischofskonferenz eingerichtet.

§ 24
Rechtsstellung der Richter/Ernennungsvoraussetzungen/Beendigung des Richteramtes

(1) § 17 gilt entsprechend.

(2) § 18 gilt entsprechend mit der Maßgabe, dass auch für die weiteren Mitglieder mit der Befähigung zum Richteramt sowie deren Stellvertreter die Voraussetzungen für die Ernennung nach § 18 Absatz 2 Buchstaben b) und c) entsprechende Anwendung finden und dass die Feststellungen nach § 18 Absatz 4 durch den Vorsitzenden der Deutschen Bischofskonferenz oder durch ein von ihm be-

stimmtes Gericht auf der Grundlage der entsprechenden Vorschriften des Bistums, in dem der Kirchliche Arbeitsgerichtshof seinen Sitz hat, zu treffen sind.

§ 25
Ernennung des Präsidenten und der weiteren Mitglieder mit der Befähigung zum Richteramt

Der Präsident und die weiteren Mitglieder mit der Befähigung zum Richteramt werden auf Vorschlag des Ständigen Rates der Deutschen Bischofskonferenz vom Vorsitzenden der Deutschen Bischofskonferenz für die Dauer von fünf Jahren ernannt. Der Vorsitzende der Deutschen Bischofskonferenz gibt dem Verwaltungsrat des Verbandes der Diözesen Deutschlands, dem Deutschen Caritasverband, der Bundesarbeitsgemeinschaft der Mitarbeitervertretungen, der Mitarbeiterseite der Zentral-KODA und der Deutschen Ordensobernkonferenz zuvor Gelegenheit zur Stellungnahme. Die Wiederernennung ist zulässig.

§ 26
Ernennung/Mitwirkung der beisitzenden Richter aus den Kreisen der Dienstgeber und Mitarbeiter

(1) Die beisitzenden Richter aus den Kreisen der Dienstgeber werden auf Vorschlag des Verwaltungsrates des Verbandes der Diözesen Deutschlands, die beisitzenden Richter aus den Kreisen der Mitarbeiter werden auf Vorschlag des Vorstandes der Bundesarbeitsgemeinschaft der Mitarbeitervertretungen und auf Vorschlag der Mitarbeiterseite der Zentral-KODA vom Vorsitzenden der Deutschen Bischofskonferenz für die Dauer von fünf Jahren ernannt. Bei der Abgabe des Vorschlages für die beisitzenden Richter aus den Kreisen der Dienstgeber werden Vertreter aus Einrichtungen der Caritas bzw. der Orden, die von der Dienstgeberseite der Bundeskommission der Arbeitsrechtlichen Kommission bzw. der Deutschen Ordensobernkonferenz nominiert werden, angemessen berücksichtigt. Bei der Abgabe des Vorschlages für die beisitzenden Richter aus den Kreisen der Mitarbeiter werden Vertreter der Caritas, die von der Mitarbeiterseite der Bundeskommission der Arbeitsrechtlichen Kommission nominiert werden, angemessen berücksichtigt. Die Wiederernennung ist zulässig.

(2) § 20 Absatz 2 und 3 gilt entsprechend.

Dritter Teil
Verfahren vor den kirchlichen Gerichten für Arbeitssachen

1. Abschnitt
Verfahren im ersten Rechtszug

1. Unterabschnitt
Allgemeine Verfahrensvorschriften

§ 27
Anwendbares Recht

Auf das Verfahren vor den Kirchlichen Arbeitsgerichten im ersten Rechtszug finden die Vorschriften des staatlichen Arbeitsgerichtsgesetzes über das Urteilsverfahren in ihrer jeweiligen Fassung Anwendung, soweit diese Ordnung nichts anderes bestimmt.

§ 28
Klageschrift

Das Verfahren wird durch Erhebung der Klage eingeleitet; die Klage ist bei Gericht schriftlich einzureichen oder bei seiner Geschäftsstelle mündlich zur Niederschrift anzubringen. Die Klage muss den Kläger, den Beklagten, den Streitgegenstand mit einem bestimmten Antrag und die Gründe für die Klage bezeichnen. Zur Begründung dienende Tatsachen und Beweismittel sollen angegeben werden.

§ 29
Klagerücknahme

Die Klage kann jederzeit in derselben Form zurückgenommen werden. In diesem Fall ist das Verfahren durch Beschluss des Vorsitzenden einzustellen. Von der Einstellung des Verfahrens ist den Beteiligten Kenntnis zu geben, soweit ihnen die Klage vom Gericht mitgeteilt worden ist.

§ 30
Klageänderung

Eine Änderung der Klage ist zuzulassen, wenn die übrigen Beteiligten zustimmen oder das Gericht die Änderung für sachdienlich hält. Die Zustimmung der Beteiligten zu der Änderung der Klage gilt als erteilt, wenn die Beteiligten sich, ohne zu widersprechen, in einem Schriftsatz oder in der mündlichen Verhandlung auf die geänderte Klage eingelassen haben. Die Entscheidung, dass eine Änderung der Klage nicht vorliegt oder zugelassen wird, ist unanfechtbar.

§ 31
Zustellung der Klage/Klageerwiderung

Der Vorsitzende stellt dem Beklagten die Klageschrift zu mit der Aufforderung, auf die Klage innerhalb einer von ihm bestimmten Frist schriftlich zu erwidern.

§ 32
Ladung zur mündlichen Verhandlung

Der Vorsitzende bestimmt nach Eingang der Klageerwiderung, spätestens nach Fristablauf Termin zur mündlichen Verhandlung. Er lädt dazu die Beteiligten mit einer Frist von mindestens zwei Wochen. Dabei ist darauf hinzuweisen, dass auch in Abwesenheit einer Partei verhandelt und entschieden werden kann.

§ 33
Vorbereitung der mündlichen Verhandlung

(1) Der Vorsitzende hat die streitige Verhandlung so vorzubereiten, dass sie möglichst in einem Termin zu Ende geführt werden kann. Zu diesem Zweck soll er, soweit es sachdienlich erscheint, insbesondere
1. den Parteien die Ergänzung oder Erläuterung ihrer vorbereitenden Schriftsätze sowie die Vorlegung von Urkunden und von anderen zur Niederlegung bei Gericht geeigneten Gegenständen aufgeben, insbesondere eine Frist zur Erklärung über bestimmte klärungsbedürftige Punkte setzen;
2. kirchliche Behörden und Dienststellen oder Träger eines kirchlichen Amtes um Mitteilung von Urkunden oder um Erteilung von Auskünften ersuchen;
3. das persönliche Erscheinen der Parteien anordnen;
4. Zeugen, auf die sich eine Partei bezogen hat, und Sachverständige zur mündlichen Verhandlung laden sowie eine Anordnung nach § 378 der Zivilprozessordnung treffen.

Von diesen Maßnahmen sind die Parteien zu benachrichtigen.

(2) Angriffs- und Verteidigungsmittel, die erst nach Ablauf einer nach Absatz 1 Satz 2 Nr. 1 gesetzten Frist vorgebracht werden, sind nur zuzulassen, wenn nach der freien Überzeugung des Gerichts ihre Zulassung die Erledigung des Rechtsstreits nicht verzögern würde oder wenn die Partei die Verspätung genügend entschuldigt. Die Parteien sind über die Folgen der Versäumung der nach Absatz 1 Satz 2 Nr. 1 gesetzten Frist zu belehren.

§ 34
Alleinentscheidung durch den Vorsitzenden

(1) Der Vorsitzende entscheidet allein
1. bei Zurücknahme der Klage;
2. bei Verzicht auf den geltend gemachten Anspruch;
3. bei Anerkenntnis des geltend gemachten Anspruchs.

(2) Der Vorsitzende kann in den Fällen des Absatzes 1 eine Entscheidung ohne mündliche Verhandlung treffen.

(3) Der Vorsitzende entscheidet ferner allein, wenn eine das Verfahren beendende Entscheidung ergehen kann und die Parteien übereinstimmend eine Entscheidung durch den Vorsitzenden beantragen; der Antrag ist in die Niederschrift aufzunehmen.

(4) Der Vorsitzende kann vor der streitigen Verhandlung einen Beweisbeschluss erlassen, soweit er anordnet
1. eine Beweisaufnahme durch den ersuchten Richter;
2. eine schriftliche Beantwortung der Beweisfrage nach § 377 Abs. 3 der Zivilprozessordnung;
3. die Einholung amtlicher Auskünfte;
4. eine Parteivernehmung.

Anordnungen nach Nummer 1 bis 3 können vor der streitigen Verhandlung ausgeführt werden.

§ 35
Ablehnung von Gerichtspersonen

Für die Ausschließung und die Ablehnung von Gerichtspersonen gelten die §§ 41 bis 49 der Zivilprozessordnung entsprechend mit der Maßgabe, dass die Entscheidung über die Ausschließung oder die Ablehnung eines beisitzenden Richters aus den Kreisen der Dienstgeber und der Mitarbeiter der Vorsitzende trifft. Ist der Vorsitzende betroffen, entscheidet der Arbeitsgerichtshof ohne mündliche Verhandlung und ohne Hinzuziehung der beisitzenden Richter aus den Kreisen der Dienstgeber und der Mitarbeiter.

§ 36
Zustellungen und Fristen

(1) Anordnungen und Entscheidungen, durch die eine Frist in Lauf gesetzt wird, sind gegen Empfangsbescheinigung oder durch Übergabeeinschreiben mit Rückschein zuzustellen.

(2) Der Lauf einer Frist beginnt mit der Zustellung.

§ 37
Wiedereinsetzung in versäumte Fristen

(1) Ist jemand ohne eigenes Verschulden gehindert, eine Ausschlussfrist einzuhalten, ist ihm auf Antrag Wiedereinsetzung in versäumte Fristen zu gewähren.

(2) Der Antrag muss die Angabe der die Wiedereinsetzung rechtfertigenden Tatsachen und der Mittel zu ihrer Glaubhaftmachung enthalten.

(3) Der Antrag ist innerhalb von zwei Wochen nach Wegfall des Hindernisses zu stellen. In derselben Frist ist die versäumte Rechtshandlung nachzuholen.

(4) Über den Antrag entscheidet die Stelle, die über die versäumte Rechtshandlung zu befinden hat.

2. Unterabschnitt
Mündliche Verhandlung

§ 38
Gang der mündlichen Verhandlung

(1) Der Vorsitzende eröffnet und leitet die Verhandlung. Nach Aufruf der Sache trägt er den bisherigen Streitstand vor. Hierauf erhalten die Beteiligten das Wort, um ihr Begehren zu nennen und zu begründen.

(2) Der Vorsitzende erörtert die Sache mit den Beteiligten sachlich und rechtlich. Dabei soll er ihre Einigung fördern.

(3) Die beisitzenden Richter haben das Recht, Fragen zu stellen.

§ 39
Anhörung Dritter

In dem Verfahren können der Dienstgeber, die Dienstnehmer und die Stellen gehört werden, die nach den in § 2 Absatz 1 und 2 genannten Ordnungen im einzelnen Fall betroffen sind, ohne am Verfahren im Sinne der §§ 8 und 9 beteiligt zu sein.

§ 40
Beweisaufnahme

(1) Das Gericht erhebt Beweis in der mündlichen Verhandlung. Es kann insbesondere Zeugen, Sachverständige und Beteiligte vernehmen und Urkunden heranziehen.

(2) Das Gericht kann schon vor der mündlichen Verhandlung durch eines seiner Mitglieder Beweis erheben lassen oder ein anderes Gericht um die Beweisaufnahme ersuchen. Die Beteiligten werden von allen Beweisterminen benachrichtigt und können der Beweisaufnahme beiwohnen.

§ 41
Vergleich, Erledigung des Verfahrens

(1) Die Beteiligten können, um das Verfahren ganz oder zum Teil zu erledigen, zur Niederschrift des Gerichts oder des Vorsitzenden einen Vergleich schließen, soweit sie über den Gegenstand des Vergleichs verfügen können, oder das Verfahren für erledigt erklären.

(2) Haben die Beteiligten das Verfahren für erledigt erklärt, so ist es vom Vorsitzenden des Arbeitsgerichts einzustellen. § 30 Satz 3 ist entsprechend anzuwenden.

(3) Hat der Kläger das Verfahren für erledigt erklärt, so sind die übrigen Beteiligten binnen einer von dem Vorsitzenden zu bestimmenden Frist von mindestens zwei Wochen aufzufordern, mitzuteilen, ob sie der Erledigung zustimmen. Die Zustimmung gilt als erteilt, wenn sich der Beteiligte innerhalb der vom Vorsitzenden bestimmten Frist nicht äußert.

§ 42
Beratung und Abstimmung

(1) An der Beratung und Abstimmung nehmen ausschließlich der Vorsitzende und die beisitzenden Richter teil.

(2) Das Gericht entscheidet mit der Mehrheit der Stimmen. Die Stimmabgabe kann nicht verweigert werden. Der Vorsitzende stimmt zuletzt ab.

(3) Über den Hergang der Beratung und Abstimmung ist Stillschweigen zu bewahren.

§ 43
Urteil

(1) Das Gericht entscheidet nach seiner freien, aus dem Gesamtergebnis des Verfahrens gewonnenen Überzeugung. Das Urteil ist schriftlich abzufassen. In dem Urteil sind die Gründe tatsächlicher und rechtlicher Art anzugeben, die für die richterliche Überzeugung leitend gewesen sind. Das Urteil ist von allen mitwirkenden Richtern zu unterschreiben.

(2) Das Urteil darf nur auf Tatsachen und Beweisergebnisse gestützt werden, zu denen sich die Beteiligten äußern konnten.

3. Unterabschnitt
Besondere Verfahrensarten

§ 44
Auflösung der Mitarbeitervertretung/Verlust der Mitgliedschaft in der Mitarbeitervertretung

Sieht das materielle Recht die Möglichkeit einer Klage auf Auflösung der Mitarbeitervertretung, auf Amtsenthebung eines einzelnen Mitglieds einer Mitarbeitervertretung oder auf Feststellung des Verlusts der Mitgliedschaft in der Mitarbeitervertretung vor, ist die Erhebung der Klage innerhalb einer Frist von vier Wochen von dem Tage an zulässig, an dem der Kläger vom Sachverhalt Kenntnis erlangt hat. Eine Klage nach Satz 1 kann nur von mindestens der Hälfte der Mitglieder der Mitarbeitervertretung oder vom Dienstgeber erhoben werden.

§ 44a
Verlust der Mitgliedschaft in einer Kommission nach Art. 7 GrO

§ 44 Satz 1 gilt entsprechend für Klagen auf Amtsenthebung oder Feststellung des Verlusts der Mitgliedschaft in einer Kommission nach Art. 7 GrO. Eine Klage nach Satz 1 kann nur von der Hälfte der Mitglieder der Kommission oder der Mehrheit der Mitglieder einer Seite der Kommission erhoben werden.

§ 44b
Wahlprüfungsklage

Eine Klage auf Feststellung der Ungültigkeit einer Wahl einer Mitarbeitervertretung, eines Mitglieds einer Mitarbeitervertretung, einer Kommission nach Art. 7 GrO oder eines Mitarbeitervertreters in einer Kommission nach Art. 7 GrO ist nur innerhalb einer Frist von zwei Wochen nach Bekanntgabe der Entscheidung* zulässig.

* Anmerkung der Herausgeber: gemeint ist die Entscheidung des Wahlorgans, bei dem die Wahl angefochten worden ist und von dem eine Entscheidung über die Wahlanfechtung ergangen und bekannt gegeben worden ist. Siehe z. B. § 12 Abs. 3 MAVO; § 6 Wahlordnung der Mitarbeiterseite gemäß § 4 Abs. 5 der Ordnung der Arbeitsrechtlichen Kommission des Deutschen Caritasverbandes sowie § 6 Wahlordnung der Dienstgeberseite gemäß § 5 Abs. 6 der Ordnung der Arbeitsrechtlichen Kommission des Deutschen Caritasverbandes.

§ 45
Organstreitverfahren über Zuständigkeit einer nach Artikel 7 GrO gebildeten Kommission

In Verfahren über den Streitgegenstand, welche Kommission für den Beschluss über eine arbeitsvertragsrechtliche Angelegenheit zuständig ist, sind nur Kommissionen im Sinne von § 2 Absatz 1 beteiligungsfähig. Die Beschlussfassung über die Anrufung des Kirchlichen Arbeitsgerichts bedarf mindestens einer Drei-Viertel-Mehrheit der Gesamtzahl der Mitglieder der Kommission.

2. Abschnitt
Verfahren im zweiten Rechtszug

§ 46
Anwendbares Recht

Auf das Verfahren vor dem Kirchlichen Arbeitsgerichtshof im zweiten Rechtszug finden die Vorschriften über das Verfahren im ersten Rechtszug (§§ 27 bis 43) Anwendung, soweit die Vorschriften dieses Abschnitts (§§ 47 bis 51) nichts anderes bestimmen.

§ 47
Revision

(1) Gegen das Urteil des Kirchlichen Arbeitsgerichts findet die Revision an den Kirchlichen Arbeitsgerichtshof statt, wenn sie in dem Urteil des Kirchlichen Arbeitsgerichts oder in dem Beschluss des Kirchlichen Arbeitsgerichtshofes nach § 48 Abs. 5 Satz 1 zugelassen worden ist. Die Nichtzulassung der Revision ist schriftlich zu begründen.

(2) Die Revision ist zuzulassen, wenn
a) die Rechtssache grundsätzliche Bedeutung hat oder
b) das Urteil von einer Entscheidung des Kirchlichen Arbeitsgerichtshofes oder, solange eine Entscheidung des Kirchlichen Arbeitsgerichtshofes in der Rechtsfrage nicht ergangen ist, von einer Entscheidung eines anderen Kirchlichen Arbeitsgerichts abweicht und die Entscheidung auf dieser Abweichung beruht oder
c) ein Verfahrensmangel geltend gemacht wird, auf dem die Entscheidung beruhen kann.

(3) Der Kirchliche Arbeitsgerichtshof ist an die Zulassung der Revision durch das Kirchliche Arbeitsgericht gebunden.

(4) Gegen Beschlüsse, durch die über die Anordnung, Abänderung oder Aufhebung einer einstweiligen Verfügung entschieden wird, ist die Revision nicht zulässig.

§ 48
Nichtzulassungsbeschwerde

(1) Die Nichtzulassung der Revision kann durch Beschwerde angefochten werden.

(2) Die Beschwerde ist beim Kirchlichen Arbeitsgerichtshof innerhalb eines Monats nach Zustellung des vollständigen Urteils schriftlich einzulegen. Die Frist ist auch gewahrt, wenn die Beschwerde innerhalb der Frist bei dem Gericht, dessen Urteil angefochten wird, eingelegt wird. Die Beschwerde muss das angefochtene Urteil bezeichnen.

(3) Die Beschwerde ist innerhalb von zwei Monaten nach der Zustellung des vollständigen Urteils zu begründen. Die Begründung ist beim Kirchlichen Arbeitsgerichtshof einzureichen. In der Begründung muss die grundsätzliche Bedeutung der Rechtssache dargelegt oder die Entscheidung, von welcher das Urteil abweicht, oder der Verfahrensmangel bezeichnet werden.

(4) Die Einlegung der Beschwerde hemmt die Rechtskraft des Urteils.

(5) Über die Beschwerde entscheidet der Kirchliche Arbeitsgerichtshof ohne Hinzuziehung der beisitzenden Richter durch Beschluss, der ohne mündliche Verhandlung ergehen kann. Der Beschluss soll kurz begründet werden; von einer Begründung kann abgesehen werden, wenn sie nicht geeignet ist, zur Klärung der Voraussetzungen beizutragen, unter denen eine Revision zugelassen ist. Mit der Ablehnung der Beschwerde durch den Kirchlichen Arbeitsgerichtshof wird das Urteil rechtskräftig.

§ 49
Revisionsgründe

(1) Die Revision kann nur darauf gestützt werden, dass das Urteil des Kirchlichen Arbeitsgerichts auf der Verletzung einer Rechtsnorm beruht.

(2) Ein Urteil ist stets als auf der Verletzung einer Rechtsnorm beruhend anzusehen, wenn
a) das erkennende Gericht nicht vorschriftsmäßig besetzt war,
b) bei der Entscheidung ein Richter mitgewirkt hat, der von der Ausübung des Richteramtes kraft Gesetzes ausgeschlossen oder wegen Besorgnis der Befangenheit mit Erfolg abgelehnt war,
c) einem Beteiligten das rechtliche Gehör versagt war,
d) das Urteil auf eine mündliche Verhandlung ergangen ist, bei der die Vorschriften über die Öffentlichkeit des Verfahrens verletzt worden sind, oder
e) die Entscheidung nicht mit Gründen versehen ist.

§ 50
Einlegung der Revision

(1) Die Revision ist beim Kirchlichen Arbeitsgerichtshof innerhalb eines Monats nach Zustellung des vollständigen Urteils oder des Beschlusses über die Zulassung der Revision nach § 48 Abs. 5 Satz 1 schriftlich einzulegen. Die Frist ist auch gewahrt, wenn die Revision innerhalb der Frist bei dem Gericht, dessen Urteil angefochten wird, eingelegt wird. Die Revision muss das angefochtene Urteil bezeichnen.

(2) Die Revision ist innerhalb von zwei Monaten nach Zustellung des vollständigen Urteils oder des Beschlusses über die Zulassung der Revision nach § 48 Abs. 5 Satz 1 zu begründen. Die Begründung ist bei dem Kirchlichen Arbeitsgerichtshof einzureichen. Die Begründungsfrist kann auf einen vor ihrem Ablauf gestellten Antrag vom Präsidenten einmalig um einen weiteren Monat verlängert werden. Die Begründung muss einen bestimmten Antrag enthalten, die verletzte Rechtsnorm und, soweit Verfahrensmängel gerügt werden, die Tatsachen angeben, die den Mangel ergeben.

§ 51
Revisionsentscheidung

(1) Der Kirchliche Arbeitsgerichtshof prüft, ob die Revision statthaft und ob sie in der gesetzlichen Form und Frist eingelegt und begründet worden ist. Mangelt es an einem dieser Erfordernisse, so ist die Revision unzulässig.

(2) Ist die Revision unzulässig, so verwirft sie der Kirchliche Arbeitsgerichtshof ohne Mitwirkung der beisitzenden Richter durch Beschluss, der ohne mündliche Verhandlung ergehen kann.

(3) Ist die Revision unbegründet, so weist der Kirchliche Arbeitsgerichtshof durch Urteil die Revision zurück.

(4) Ist die Revision begründet, so kann der Kirchliche Arbeitsgerichtshof
a) in der Sache selbst entscheiden,
b) das angefochtene Urteil aufheben und die Sache zur anderweitigen Verhandlung und Entscheidung zurückverweisen.

(5) Ergeben die Entscheidungsgründe zwar eine Verletzung des bestehenden Rechts, stellt sich die Entscheidung selbst aber aus anderen Gründen als richtig dar, so ist die Revision zurückzuweisen.

(6) Das Kirchliche Arbeitsgericht, an das die Sache zur anderweitigen Verhandlung und Entscheidung zurückverwiesen ist, hat seiner Entscheidung die rechtliche Beurteilung des Kirchlichen Arbeitsgerichtshofes zugrunde zu legen.

3. Abschnitt
Vorläufiger Rechtsschutz

§ 52
Einstweilige Verfügung

(1) Auf Antrag kann, auch schon vor der Erhebung der Klage, eine einstweilige Verfügung in Bezug auf den Streitgegenstand getroffen werden, wenn die Gefahr besteht, dass in dem Zeitraum bis zur rechtskräftigen Beendigung des Verfahrens die Verwirklichung eines Rechtes des Klägers vereitelt oder wesentlich erschwert werden könnte, oder wenn die Regelung eines vorläufigen Zustandes in einem streitigen Rechtsverhältnis erforderlich ist, um wesentliche Nachteile abzuwenden.

(2) Für das Verfahren gelten die Vorschriften des Achten Buches der Zivilprozessordnung über die einstweilige Verfügung (§§ 935 – 944) entsprechend mit der Maßgabe, dass die Entscheidungen ohne mündliche Verhandlung und ohne Hinzuziehung der beisitzenden Richter ergehen und erforderliche Zustellungen von Amts wegen erfolgen.

4. Abschnitt
Vollstreckung gerichtlicher Entscheidungen

§ 53
Vollstreckungsmaßnahmen

(1) Ist ein Beteiligter rechtskräftig zu einer Leistung verpflichtet worden, hat er dem Gericht, das die Streitigkeit verhandelt und entschieden hat, innerhalb eines Monats nach Eintritt der Rechtskraft zu berichten, dass die auferlegten Verpflichtungen erfüllt sind.

(2) Berichtet der Beteiligte nicht innerhalb eines Monats, fordert der Vorsitzende des Gerichts ihn auf, die Verpflichtungen unverzüglich zu erfüllen. Bleibt die Aufforderung erfolglos, ersucht das Gericht den kirchlichen Vorgesetzten des verpflichteten Beteiligten um Vollstreckungshilfe. Dieser berichtet dem Gericht über die von ihm getroffenen Maßnahmen.

(3) Bleiben auch die nach Absatz 2 getroffenen Maßnahmen erfolglos, kann das Gericht auf Antrag gegen den säumigen Beteiligten eine Geldbuße bis zu 2 500 Euro verhängen und anordnen, dass die Entscheidung des Gerichts unter Nennung der Verfahrensbeteiligten im Amtsblatt des für den säumigen Beteiligten zuständigen Bistums zu veröffentlichen ist.

§ 54
Vollstreckung von Willenserklärungen

Ist ein Beteiligter zur Abgabe einer Willenserklärung verurteilt, so gilt die Erklärung als abgegeben, sobald das Urteil Rechtskraft erlangt hat.

5. Abschnitt
Beschwerdeverfahren

§ 55
Verfahrensbeschwerde

Hinsichtlich der Beschwerde gegen Entscheidungen des Kirchlichen Arbeitsgerichts oder seines Vorsitzenden gilt § 78 Absatz 1 des Arbeitsgerichtsgesetzes entsprechend mit der Maßgabe, dass über die Beschwerde der Präsident des Arbeitsgerichtshofes durch Beschluss ohne mündliche Verhandlung entscheidet.

Anhang 1   KAGO Gesetztext

Vierter Teil
Schlussvorschriften

§ 56
Inkrafttreten

Diese Ordnung tritt am 1. Juli 2010 in Kraft.

Für die Deutsche Bischofskonferenz
Erzbischof Dr. Robert Zollitsch
Vorsitzender der Deutschen Bischofskonferenz

Anmerkung: Die KAGO ist in den diözesanen Amtsblättern veröffentlicht worden.

Kirchlicher Anzeiger für die Diözese Aachen 2010 Nr. 169 S. 161,

Amtsblatt für die Diözese Augsburg 2010 S. 218, erneut veröffentlicht: Amtsblatt 2010 S. 341,

Amtsblatt für das Erzbistum Bamberg 2010 S. 179,

Amtsblatt des Erzbistums Berlin 2010 Nr. 84 S. 49 mit Anlage 1 zu 2010, S. 6,

Kirchliches Amtsblatt für das Bistum Dresden-Meißen 2010 Nr. 65 S. 78,

Pastoralblatt des Bistums Eichstätt 2010 Nr. 68 S. 101,

Amtsblatt für das Bistum Erfurt 2010 Sonderausgabe Nr. 1 vom 29. 6. 2010,

Kirchliches Amtsblatt Bistum Essen 2010 Nr. 53 S. 68,

Amtsblatt der Erzdiözese Freiburg 2010 Nr. 311 S. 315,

Kirchliches Amtsblatt für die Diözese Fulda 2010 Nr. 84 S. 45,

Amtsblatt Bistum Görlitz 2010 Nr. 34,

Kirchliches Amtsblatt Erzbistum Hamburg 2010 Art. 72 S. 93,

Kirchlicher Anzeiger für das Bistum Hildesheim 2010 S. 93,

Amtsblatt des Erzbistums Köln 2010 Nr. 136 S. 139,

Amtsblatt des Bistums Limburg 2010 Nr. 459 S. 364,

Amtsblatt für das Bistum Magdeburg 2010 Nr. 94 S. 35 mit Anlage,

Kirchliches Amtsblatt für die Diözese Mainz 2010 Nr. 73 S. 63,

Amtsblatt für das Erzbistum München und Freising 2010 Nr. 108 S. 170,

Kirchliches Amtsblatt für die Diözese Münster 2010 Art. 129 S. 142,

Kirchliches Amtsblatt für die Diözese Osnabrück 2010 Art. 62 S. 69,

Kirchliches Amtsblatt für die Erzdiözese Paderborn 2010 Nr. 72 S. 81,

Amtsblatt für das Bistum Passau 2010 Nr. 50 S. 55,

Amtsblatt für die Diözese Regensburg 2010 S. 69,

Kirchliches Amtsblatt für die Diözese Rottenburg-Stuttgart 2010 S. 202,

Oberhirtliches Verordnungsblatt – Amtsblatt für das Bistum Speyer 2010 Nr. 54 S. 150,

Kirchliches Amtsblatt für das Bistum Trier 2010 Nr. 101 S. 102,

Würzburger Diözesanblatt 2010 S. 305.

Anhang 2 Kirchliche Arbeitsgerichte

Dekret der Deutschen Bischofskonferenz über die Errichtung des Kirchlichen Arbeitsgerichtshofs

in der Fassung des Beschlusses der Vollversammlung der Deutschen Bischofskonferenz vom 21.09.2004 (u. a. Kirchliches Amtsblatt für die Diözese Mainz 2005 Nr. 98 S. 95)

§ 1
Errichtung

Für die Bistümer im Bereich der Deutschen Bischofskonferenz wird gemäß can. 1439 §§ 1 und 2 CIC und § 14 der Kirchlichen Arbeitsgerichtsordnung der Kirchliche Arbeitsgerichtshof mit Sitz in Bonn als Kirchliches Arbeitsgericht zweiter Instanz errichtet.

§ 2
Sachliche Zuständigkeit

Der Kirchliche Arbeitsgerichtshof ist sachlich zuständig für die nach § 2 der Kirchlichen Arbeitsgerichtsordnung der Deutschen Bischofskonferenz – KAGO – als Gericht zweiter Instanz wahrzunehmenden Angelegenheiten.

§ 3
Ernennung des Präsidenten und der weiteren Mitglieder mit der Befähigung zum Richteramt

Der Präsident und die weiteren Mitglieder mit der Befähigung zum Richteramt werden auf Vorschlag des Ständigen Rates der Deutschen Bischofskonferenz vom Vorsitzenden der Deutschen Bischofskonferenz für die Dauer von fünf Jahren ernannt. Der Vorsitzende der Deutschen Bischofskonferenz gibt dem Verwaltungsrat des Verbandes der Diözesen Deutschland, dem Deutschen Caritasverband, der Bundesarbeitsgemeinschaft der Mitarbeitervertretungen und der Mitarbeiterseite der Zentral-KODA zuvor Gelegenheit zur Stellungnahme. Eine Wiederernennung ist zulässig.

§ 4
Ernennung/Mitwirkung der beisitzenden Richter aus den Kreisen der Dienstgeber und Mitarbeiter

Die beisitzenden Richter aus den Kreisen der Dienstgeber werden auf Vorschlag des Verwaltungsrates des Verbandes der Diözesen Deutschlands, die beisitzenden Richter aus den Kreisen der Mitarbeiter werden auf Vorschlag der Bundesarbeitsgemeinschaft der Mitarbeitervertretungen und auf Vorschlag der Mitarbeiterseite der Zentral-KODA vom Vorsitzenden der Deutschen Bischofskonferenz für die Dauer von fünf Jahren ernannt. Bei der Abgabe des Vorschlages werden Vertreter aus Einrichtungen der Caritas, die vom Deutschen Caritasverband nominiert werden, angemessen berücksichtigt. Eine Wiederernennung ist zulässig.

§ 5
Dienstaufsicht/Geschäftsstelle

(1) Die Dienstaufsicht über die Mitglieder des Kirchlichen Arbeitsgerichtshofes übt der Vorsitzende der Deutschen Bischofskonferenz aus.

(2) Die Geschäftsstelle des Kirchlichen Arbeitsgerichtshofs wird beim Sekretariat der Deutschen Bischofskonferenz eingerichtet.

§ 6
Verfahren

Für das Verfahren am Kirchlichen Arbeitsgerichtshof gilt die Kirchliche Arbeitsgerichtsordnung der Deutschen Bischofskonferenz.

§ 7
Inkrafttreten

Dieses Dekret wurde am 21. 09. 2004 durch die Deutsche Bischofskonferenz beschlossen und durch Dekret des Obersten Gerichtshofs der Apostolischen Signatur vom 31. 01. 2005 approbiert. Es tritt am 01. Juli 2005 in Kraft.

Kirchliche Arbeitsgerichte im Sinne von Art. 10 Abs. 2 GrO und § 1 KAGO im Bereich der Deutschen Bischofskonferenz

I.
Kirchliche Arbeitsgerichte erster Instanz (§ 14 KAGO) mit sachlicher Zuständigkeit gemäß § 2 Abs. 1 und 2 KAGO mit Sitz in:

1.
Augsburg

für die Bereiche der (Erz-)Diözesen Augsburg, Bamberg, Eichstätt, München und Freising, Passau, Regensburg, Würzburg (Würzburger Diözesanblatt 2005 S. 291; Errichtung des gemeinsamen Gerichts durch den Hl. Stuhl am 13. Mai 2005 approbiert; Amtsblatt für das Erzbistum München und Freising 2005 Nr. 136 S. 329); siehe dazu auch: Vereinbarung der Bayerischen (Erz-)Diözesen über die Errichtung eines gemeinsamen Kirchlichen Arbeitsgerichts als Gericht erster Instanz gemäß § 14 Abs. 2 der Kirchlichen Arbeitsgerichtsordnung der Deutschen Bischofskonferenz (Amtsblatt für das Erzbistum München und Freising 2005 Nr. 135 S. 326; Änderung des Errichtungsdekrets am 14. 6. 2010, u. a. Amtsblatt für das Erzbistum Bamberg 2010 S. 206; Pastoralblatt des Bistums Eichstätt 2010 Nr. 69 S. 124; die Änderung wurde vom Obersten Gerichtshof der Apostolischen Signatur am 25. 3. 2010 approbiert.

Anschrift:
Gemeinsames kirchliches Arbeitsgericht erster Instanz in Bayern
c/o Bischöfliches Offizialat
Fronhof 4
86152 Augsburg

2.
Freiburg

für den Bereich der Erzdiözese Freiburg, Dekret über die Errichtung des Kirchlichen Arbeitsgerichts erster Instanz für die Erzdiözese Freiburg (Amtsblatt der Erzdiözese Freiburg 2005 Nr. 100 S. 91) einschließlich der Rechtsstreitigkeiten auf den Gebieten der AK-Ordnung des Deutschen Caritasverbandes (§ 2 Dekret i. V. m. § 3 Abs. 2 und § 2 Abs. 1 KAGO); Änderung des Errichtungsdekrets, Amtsblatt der Erzdiözese Freiburg 2010 Nr. 312 S. 327.

Anschrift:
Kirchliches Arbeitsgericht der Erzdiözese Freiburg
Erzbischöfliches Offizialat
Schoferstr. 2
79098 Freiburg

3.
Fulda

für das Bistum Fulda, Dekret über die Errichtung des Kirchlichen Arbeitsgerichts erster Instanz für die Diözese Fulda, Amtsblatt für die Diözese Fulda 2005 Nr. 91 S. 53; Änderung Kirchliches Amtsblatt für die Diözese Fulda 2010 Nr. 83 S. 45.

Anschrift:
Kirchliches Arbeitsgericht für die Diözese Fulda
Bischöfliches Offizialat
Paulustor 5
36037 Fulda

Anhang 2 Kirchliche Arbeitsgerichte

4.
Hamburg

für die Bereiche der (Erz)Diözesen Berlin, Dresden-Meißen, Erfurt, Görlitz, Hamburg, Hildesheim, Magdeburg, Osnabrück, Oldenburgischer Teil des Bistums Münster (Kirchlicher Anzeiger für das Bistum Hildesheim 2005 S. 146); siehe dazu auch:

- Ausführungsbestimmungen zu § 4 Abs. 1 des Dekrets über die Errichtung des gemeinsamen Kirchlichen Arbeitsgerichtes 1. Instanz mit Sitz in Hamburg (Kirchlicher Anzeiger für das Bistum Hildesheim 2005 S. 149);
- Vereinbarung über ein gemeinsames Kirchliches Arbeitsgericht (Amtsblatt für das Bistum Dresden-Meißen 2005 S. 119).

Die Approbation des Heiligen Stuhls wurde am 5. September 2005 erteilt, das Errichtungsdekret zum 15. 11. 2005 in Kraft gesetzt (Kirchliches Amtsblatt Erzbistum Hamburg 2005 Art. 141 S. 205f).

Das Errichtungsdekret vom 25. April 2005 über die Errichtung des Gemeinsamen Kirchlichen Arbeitsgerichts erster Instanz für die (Erz-)Bistümer Berlin, Dresden-Meißen, Erfurt, Görlitz, Hamburg, Hildesheim, Magdeburg, Osnabrück und den Oldenburgischen Teil des Bistums Münster wurde am 25. 6. 2010 geändert (Amtsblatt des Erzbistums Berlin 2010 Nr. 98 S. 53; Kirchlicher Anzeiger Bistum Hildesheim Nr. 4/2010; Kirchliches Amtsblatt für die Diözese Münster 2010 Art. 150 S. 180).

Anschrift:
Gemeinsames Kirchliches Arbeitsgericht in Hamburg
Danziger Str. 52a
20099 Hamburg

5.
Mainz

für die Bereiche der Diözesen Limburg, Mainz, Speyer, Trier (Amtsblatt für die Diözese Mainz 2005 Nr. 100 S. 102; Kirchliches Amtsblatt für das Bistum Trier 2005 Nr. 130 S. 198). Die Approbation des Hl. Stuhls wurde am 13. 5. 2005 erteilt (Kirchliches Amtsblatt für das Bistum Trier 2005 S. 199). Der Wortlaut des Approbationsdekrets des Obersten Gerichtshofs der Apostolischen Signatur ist veröffentlicht im Oberhirtlichen Verordnungsblatt der Diözese Speyer 8/2005 S. 482 f.

Anschrift:
Kirchliches Arbeitsgericht für die Diözesen Limburg, Mainz, Speyer, Trier in Mainz
Bischofsplatz 2
55116 Mainz

6.
Rottenburg

für die Diözese Rottenburg-Stuttgart (Amtsblatt 2005 S. 138) mit Änderung, Kirchliches Amtsblatt für die Diözese Rottenburg-Stuttgart 2010 S. 213.

Anschrift:
Kirchliches Arbeitsgericht für den Bereich der Diözese Rottenburg-Stuttgart
Bischöfliches Offizialat
Marktplatz 11
72108 Rottenburg a. N.

II.
Gemeinsames Kirchliches Arbeitsgericht erster Instanz für Rechtsstreitigkeiten aus dem Recht der nach Art. 7 GrO gebildeten Kommissionen zur Ordnung des Arbeitsvertragsrechts gemäß § 2 Abs. 1 KAGO in Verbindung mit der KODA-Ordnung der (Erz-)Diözesen in NRW mit Sitz der Geschäftsstelle in

Köln

für die Bereiche der (Erz-)Diözesen Aachen, Essen, Köln, Münster (nordrhein-westfälischer Teil), Paderborn (vgl. Amtsblatt des Erzbistums Köln 2005 Nr. 273 S. 324) und für die Zentral-KODA wegen der in Bonn belegenen Geschäftsstelle der Zentral-KODA beim Verband der Diözesen Deutschlands (§ 3 Abs. 2 KAGO; vgl. auch Art. 5 Nr. 2 KAGO-Anpassungsgesetz, Amtsblatt des Erzbistums Köln 2005 Nr. 274 S. 325, 328 f.). Die Approbation des Heiligen Stuhls erfolgte am 15. 6. 2005. Änderungen durch gemeinsames Dekret der beteiligten Diözesanbischöfe vom 1. Juni 2010 (Kirchlicher Anzeiger für die Diözese Aachen 2010 Nr. 170 S. 174; Kirchliches Amtsblatt Bistum Essen 2010 Nr. 54 S. 78; Amtsblatt des Erzbistums Köln 2010 Nr. 137 S. 149; Kirchliches Amtsblatt für die Diözese Münster 2010 Art. 130 S. 154; Kirchliches Amtsblatt für die Erzdiözese Paderborn 2010 Nr. 73 S. 92). Approbation durch den Obersten Gerichtshof der Apostolischen Signatur am 22. Mai 2010 (Amtsblatt des Erzbistums Köln 2010 Nr. 138 S. 151; Kirchliches Amtsblatt für die Diözese Münster 2010 Art. 142 S. 165). Das Änderungsdekret wurde vom Obersten Gerichtshof der Apostolischen Signatur am 22. Mai 2010 (Prot. N.4164/1 – L/10 SAT) approbiert (Kirchlicher Anzeiger für die Diözese Aachen 2010 Nr. 89 S. 195).

Anschrift:
Interdiözesanes Arbeitsgericht für den KODA-Bereich
c/o Erzbischöfliches Offizialat
Kardinal-Frings-Str. 12
50668 Köln

III.
Kirchliche Arbeitsgerichte erster Instanz für Rechtsstreitigkeiten aus der MAVO und der diese ergänzenden Ordnungen einschließlich des Wahlverfahrensrechts und des Verfahrens vor der Einigungsstelle gemäß § 2 Abs. 2 KAGO für die jeweiligen (Erz-)Diözesen mit Sitz in

- Aachen (Kirchlicher Anzeiger für die Diözese Aachen 2005 Nr. 222 S. 322; 2010 Nr. 171 S. 161)
  Anschrift: Kirchliches Arbeitsgericht für die Diözese Aachen, Klosterplatz 7, 52062 Aachen
- Essen (Amtsblatt für das Bistum Essen 2005 Nr. 132 S. 164)
  Anschrift: Kirchliches Arbeitsgericht Essen, c/o Erzbischöfliches Offizialat Köln, Zwölfling 14, 45127 Essen
- Köln (Amtsblatt des Erzbistums Köln 2005 Nr. 275 S. 329; 2010 Nr. 139 S. 151)
  Anschrift: Diözesanes Arbeitsgericht für den MAVO-Bereich Köln, Erzbischöfliches Offizialat, Kardinal-Frings-Str. 12, 50668 Köln
  Münster (Amtsblatt für die Diözese Münster 2005 Art. 289 S. 265; 2010 Art. 131 S. 155)
  Anschrift: Kirchliches Arbeitsgericht, 1. Instanz der Diözese Münster, Horsteberg 11, 48143 Münster
- Paderborn (Amtsblatt für die Erzdiözese Paderborn 2005 Nr. 173 S. 193; 2010 Nr. 74 S. 92)
  Anschrift: Kirchliches Arbeitsgericht, c/o Erzbischöfliches Generalvikariat, Domplatz 3, 33098 Paderborn

Anhang 2 Kirchliche Arbeitsgerichte

IV.
Kirchlicher Arbeitsgerichtshof (Kirchliches Arbeitsgericht zweiter Instanz) mit Sitz in Bonn

gemäß § 1 und § 21 KAGO und dem Dekret der Deutschen Bischofskonferenz über die Errichtung des Kirchlichen Arbeitsgerichtshofs in der Fassung des Beschlusses der Vollversammlung der Deutschen Bischofskonferenz vom 21. September 2004 (vgl. u. a. Amtsblatt des Erzbistums Köln 2005 Nr. 191 S. 233; Kirchliches Amtsblatt für die Diözese Mainz 2005 Nr. 98 S. 95).

Anschrift:
Kirchlicher Arbeitsgerichtshof
c/o Sekretariat der Deutschen Bischofskonferenz
Kaiserstr. 161
53113 Bonn

Stichwortverzeichnis

A
Abmahnung 13c 32, 15 18, 18 11, 19 92
– Mitglied der MAV 15 19, 18 11
– Pflichtverletzung 18 11
Abmeldung 15 22
– Mitglied der MAV 15 22
Abordnung 7 50, 18 38 ff., 29 50, 35 55
– Teilabordnung 35 55
Ad-hoc-Beisitzer
– aus dem Lager der Dienstgeber 43 19
– aus den Kreisen der Mitarbeiter 43 20
– Berufungsvoraussetzungen 43 18 ff.
AK-Ordnung
– Bundeskommission 27b 5
– einrichtungsspezifische Regelungen 27b 5
– Regionalkommissionen 27b 5
– Unterkommission 27b 5
Akten der MAV
– Aufbewahrungspflicht 17 126 ff.
– Eigentum 17 126
– Protokolle über Mitarbeiterversammlungen 17 126
– Vernichtung 17 127 f.
– Wahlunterlagen 17 126
Allgemeine Aufgaben der Mitarbeitervertretung 26 69 ff.
– Arbeitsschutz 26 93
– Behandlung von Anregungen und Beschwerden von Mitarbeitern 26 72
– berufliche Förderung schwerbehinderter Mitarbeiter 26 85
– Eingliederung von Ausländern 26 84
– Förderung für schwerbehinderte, andere schutzbedürftige und ältere Mitarbeiter 26 79
– Gesundheitsförderung 26 93
– Hinwirken auf frauen- und familienfreundliche Arbeitsbedingungen 26 99
– Initiativrecht 26 69
– Unfallverhütung 26 93
– Zugangsrecht zum Arbeitsplatz 26 72
– Zusammenarbeit mit dem Sprecher der Jugendlichen und Auszubildenden 26 90
Altersteilzeit 3 22
– Freistellungsphase 3 22
– Mitarbeiter 3 22
Altersteilzeiter 7 40
Amtsenthebung 13c 19
Amtszeit der MAV 13 12
– Altersteilzeit in der Freistellungsphase 13b 12
– Beginn 13 16
– Ende 13 18
– reguläre Amtszeit 13 12
– Rücktritt 13 31
Änderungskündigung 30 14
Änderungsvertrag 26 137

Angelegenheiten der Dienststelle 36 1
– allgemeiner Unterlassungsanspruch 36 9
– einstweilige Verfügung 36 11, 138
– Initiativrecht 36 2, 46, 37 3
– Mitbestimmungskatalog 36 3
– Öffnungsklausel 36 14
– Zustimmungsrecht der MAV 36 1
Anhörung und Mitberatung 29 93
– Durchführung 29 93
– Eilfall 29 112
– Einwendungen der MAV 29 99
– gemeinsame Beratungen zwischen Dienstgeber und MAV 29 105
– Letztentscheidung des Dienstgebers 29 107
– Notfall 29 113
– Unterrichtung der MAV 29 94
– vorläufige Entscheidungen des Dienstgebers 29 109
– Wochenfrist 29 99
Anhörung und Mitberatung der MAV 29 1
– Abordnung von mehr als drei Monaten, Versetzung an eine andere Einrichtung, Zuweisung oder Personalgestellung an einen anderen Rechtsträger von Mitarbeitern für pastorale Dienste und religiöse Unterweisung 29 49
– Änderung von Arbeitsmethoden 29 63
– Änderung von Beginn und Ende der täglichen Arbeitszeit 29 5
– Bestellung zu Mitarbeitern in leitender Stellung 29 81
– Durchführung beruflicher Fort- und Weiterbildungsmaßnahmen 29 35
– Einführung von Unterstützungen, Vorschüssen, Darlehen und entsprechenden sozialen Zuwendungen sowie deren Einstellung 29 39
– Einschränkung der Einrichtung 29 73
– Entlassung aus einem Probe- oder Widerrufsverhältnis in Anwendung beamtenrechtlicher Bestimmungen 29 57
– Erleichterung des Arbeitsablaufs 29 66
– Fassung von Musterdienst- und Musterarbeitsverträgen 29 45
– Festlegung der Richtlinien zur Durchführung des Stellenplanes 29 22
– Festlegung von Grundsätzen für die Gestaltung von Arbeitsplätzen 29 68
– Hebung der Arbeitsleistung 29 65
– Maßnahmen innerbetrieblicher Information und Zusammenarbeit 29 3
– Maßnahmen zur Erleichterung des Arbeitsablaufes 29 65
– Qualitätsmanagement 29 67
– Regelung der Ordnung der Einrichtung 29 16
– Regelung einer Einrichtung nach § 1a Abs. 2 29 92

Stichwortverzeichnis

- Regelung zur Erstattung dienstlicher Auslagen 29 47
- Schließung, Einschränkung, Verlegung oder Zusammenlegung von Einrichtungen oder wesentlichen Teilen davon 29 71
- Überlassung von Wohnungen 29 60
- Verlegung der Einrichtung 29 74
- Verpflichtung zur Teilnahme oder Auswahl der Teilnehmer an beruflichen Fort- und Weiterbildungsmaßnahmen 29 26
- vorzeitige Versetzung in den Ruhestand 29 55
- Wiedereinstellungsrichtlinie 29 24
- Zurückweisung von Bewerbungen schwerbehinderter Menschen 29 86
- Zusammenlegung von Einrichtungen 29 75

Anordnung über den kirchlichen Datenschutz 20 37
Anstellung 34 42
Antragsrecht 37 2
- Einzelfälle 37 4
- MAV 37 2

Antragsverfahren 37 8
- Anrufung der Einigungsstelle 37 16
- Antrag der MAV 37 9
- gemeinsame Sitzung von Dienstgeber und MAV 37 13
- Zurückweisung des Antrages durch den Dienstgeber 37 11

Apostolische Signatur 40 40
Arbeitnehmer 3 12
- Mitarbeiter 3 12

Arbeitnehmerüberlassung 3 63
Arbeitsbedingungen
- einrichtungsspezifische 27b 1
- Letztentscheidungsrecht 27b 6
- soziale Hilfe 27b 2
- Vergütung 27b 2

Arbeitsbefreiung 15 76
- Lehrer 15 77
- Reduzierung der übertragenen Aufgaben 15 76

Arbeitsgemeinschaften
- Anzahl pro Bistum 25 3
- Entstehungsgeschichte 25 1
- Ersatzgewerkschaft 25 5

Arbeitslosigkeit 19 107
Arbeitsplatz 5 45
Arbeitsrechtsregelungsverfahren 27b 4, 28 23, 38 25
Arbeitsschutz 5 42
Arbeitsschutzausschuss 26 98
Arbeitssicherheit 5 42
Arbeitsvertrag Präambel 33
Arbeitsvertragsordnung 38 25
- Anwendungsbefehl 38 26
- Arbeitsrechtliche Kommission des Deutschen Caritasverbandes 28 20
- beschließende Unterkommissionen 28 20
- Billigkeitskontrolle 38 28
- einzelarbeitsvertragliche Inbezugnahme 38 25
- Inkraftsetzung 28 20

- KODA 28 20
- Zentral-KODA 28 20

Arbeitsvertragsregelungen 38 3
- Allgemeine Geschäftsbedingungen 27b 2
- AVR-Caritas 27b 2
- Dritter Weg 38 8
- Erster Weg 38 4
- Inhaltskontrolle 27b 2
- Zweiter Weg 38 5

Arbeitsvertragsrichtlinien 38 14
- Arbeitsrechtliche Kommission des Deutschen Caritasverbandes 38 18
- Arbeitsvertragsordnung 38 14
- Rechtsqualität 38 20

Arbeitszeit 36 18
- Arbeitsvertragsrichtlinien 36 20
- Bereitschaftsdienst 36 21
- Erweiterung 34 29
- Lage 36 18
- Verkürzung 36 30
- Verlängerung 36 30

Arbeitszeitmodelle 27 26
Assessment-Center 29 32
Assessment-Center-Verfahren 36 63
Aufhebungsvertrag 26 137
Aufwandsentschädigung des Vorsitzenden der Einigungsstelle 42 6
Außerordentliche Kündigung 19 32, 31
- Anhörungsverfahren 31 8
- außerordentliche Änderungskündigung 31 3
- Ausschlussfrist 31 9
- Beratung 31 32
- BetrVG 31 5
- Dauertatbestand 31 15
- Einwendungen der MAV 31 23
- Kenntnis 31 12
- Kündigung gewählter Amtsträger 31 36
- Kündigungsberechtigung 31 11
- Mängel des Anhörungsverfahrens 31 33
- MVG.EKD 31 5
- Personalvertretungsrecht 31 5
- Sinn und Zweck 31 6
- Strafverfahren 31 13
- subjektive Determination 31 18
- Umdeutung in ordentliche Kündigung 31 21
- verwaltungsbehördliches Zustimmungsverfahren 31 16

Ausgliederung 1 44
Auslagenersatz des Vorsitzenden der Einigungsstelle 42 6
Auszubildende 48 7

B

Beamtenverhältnis 3 31, 27b 4
Befangenheit, Einigungsstellenverfahren 46 17
Begünstigung der Mitglieder der MAV 18 13
Beilegung von Streitigkeiten, Organe 40 7

Stichwortverzeichnis

Beisitzer der Einigungsstelle, Freistellung von der dienstlichen Tätigkeit 42 7
Benachteiligung 18 6
Berufsausbildung 3 36
Beschwerden 26 72
– Mitarbeiter 26 72, 40...
Bestellung des Wahlausschusses 9 1
Beteiligung der MAV 28 2
– Anhörung und Mitberatung 28 8
– Antragsrecht 28 16
– Dienstvereinbarungen 28 17
– Formen 28 1
– Mitbestimmung 28 13
– Vorschlagsrecht 28 12
– Zuständigkeit der Einrichtung 28 1
Betriebsarzt 26 98
Betriebsausflug 36 47
Betriebsbeauftragter 26 98
Betriebsbedingte Kündigung, Schließung der Dienststelle 19 109
Betriebsferien 36 44
Bewährung 35 22
Bewerbungsunterlagen 34 47
– Einsicht 34 52
Bildschirmarbeitsplätze 29 69
Bischofsvikar 2 11
Bossing 26 76
Briefwahl 11 7
Bruttolohn- und Gehaltslisten 26 55
Bundesarbeitsgemeinschaft der Mitarbeitervertretungen
– Aufgaben 25 46
– Mitgliederversammlung 25 57
– Mitgliedschaft 25 56
– Rechtsstreitigkeiten 25 60
– Richtlinien 25 53 f.
– Zusammensetzung 25 54

C
Caritas 1 34
Caritas-Werkstätten-Mitwirkungsordnung, Werkstattrat 52 33
Checkliste 36 63
Chefärzte 3 73

D
Datenschutz 5 44, 20 37
– KDO 20 37
– Telefonanlagen 26 66
Deutscher Caritasverband 1 32
Diakone 3 33
Dienst der Kirche Präambel 9
– Heilsdienst Präambel 9
– Sendungsauftrag Präambel 11
Dienst- und Werkvertrag 3 54
Dienstgeber 2 2, 10 9
– Mitarbeiterversammlung 10 9
– Rechtsträger 2 4

Dienstgebergespräch, Beteiligung eines Mitglieds der MAV 26 121
Dienstgemeinschaft Präambel 21
– can. 207 § 2; 672 CIC Präambel 21
– Dienstgeber Präambel 21
– Kleriker Präambel 21
– Laien Präambel 21
– Mitarbeiter Präambel 21
– Ordensleute Präambel 21
– Untergebener Präambel 37
– Vertretungsorgane Präambel 37
– Vorgesetzter Präambel 37
– Wesen Präambel 22
Dienststellen Präambel 24, 1 3
Dienstvereinbarung 38 1
– Bekanntmachung 38 78
– Einzelfälle des § 38 Abs. 1 Nrn. 1 bis 13 38 40
– Ende 38 79
– externe Unterstützung der Mitarbeitervertretung bei freiwilligen Dienstvereinbarungen 38 61
– Günstigkeitsprinzip 38 34
– Katalog des § 38 Abs. 1 38 1
– Koalition 38 61
– Kündigung 38 83
– Nachwirkung 38 91
– privatrechtlicher Vertrag 38 76
– Recht zum Verzicht 38 37
– Rechtsqualität 38 33
– Rechtsträgerwechsel 38 98
– Regelungsgegenstände 38 1
– Schriftform 38 77
– Verstoß 38 108
– Vertreter der Diözesanen Arbeitsgemeinschaft der Mitarbeitervertretungen 38 61
– Verzicht 38 67
– Weitergeltung 38 96
– Zeitablauf 38 80
– Zulässigkeit von Dienstvereinbarungen 38 40
– zwingende Wirkung 38 67
Dienstwohnungen 35 83
Differenzierungsverbot
– absolute 26 18
– bei Dienstvereinbarungen 26 19
Diözesanbischof 2 8
– Letztentscheidungsrecht des – 27b 6
Diözesane Arbeitsgemeinschaft der Mitarbeitervertretungen 25 6
– Arbeitsbefreiung 25 40
– Aufgaben 25 15
– Bildung 25 7
– DiAG-MAV 25 42
– diözesane Regelungen 25 42
– Entlastung des Dienstgebers 25 42
– Freizeitausgleich 25 41
– Interessengemeinschaft der Mitarbeiter/innen in Caritas und Kirche (IgMiCK) 25 14
– Klagebefugnis 25 23
– Kostentragung 25 39

Stichwortverzeichnis

- Landesarbeitsgemeinschaften 25 12
- Mitgliederversammlung 25 34
- Organe 25 33
- Reisekosten 25 39
- Schulungsanspruch 25 44
- Sitzungen 25 38
- Vorstand 25 35

Diskriminierungsverbot, AGG 26 20
Disziplinargerichte 40 12
Dritter Weg
- AK-Ordnung 27b 5
- der Kirche 28 20

DRK
- Schwestern 34 12
- Schwesternschaft 3 50

E

Ehrenamt 15 4, 42 5
- ehrenamtlich 3 60
- Ehrenamtsträger 3 108

Eigenart des kirchlichen Dienstes Präambel 16
- Evangelium Präambel 16
- Glaubens- und Sittenlehre der Kirche Präambel 16
- religiöse Dimension Präambel 16

Eingruppierung 35 5
- Fallgruppe 35 10
- Mitbeurteilungsrecht 35 6
- Rechtsanwendung 35 6
- Regelvergütungsstufe 35 11
- Umgruppierung 35 18
- Zulage 35 19

Einigungsstelle 40 41, 55
- Ad-hoc-Beisitzer 41 2
- Aktivlegitimation 45 5
- Antrag 37 18, 45 12
- Aufgaben 40 70
- Beisitzerliste 41 8
- Beratung 47 4
- Beschluss 47 5
- Besetzung 41 3
- Errichtung 40 64
- Geschäftsstelle 40 69
- Listen-Beisitzer 41 2
- Mitglieder 41 1
- örtliche Zuständigkeit 45 4
- Regelungsfall 45 5
- sachliche Zuständigkeit 45 1
- Sitz 40 69
- Überprüfung der Ermessensentscheidung 47 15
- Unzuständigkeit 46 18
- Vorsitzender 41 2
- Zusammensetzung 41 2
- Zuständigkeit 40 64

Einigungsstellenverfahren
- Antragsberechtigung 46 1
- Antragsprinzip 46 1
- Beauftragung des Bevollmächtigten 46 10
- Befangenheit 46 17

- Befangenheitsanträge 46 17
- Beweisaufnahme 46 16
- Einigung 47 2
- Einigung der Beteiligten 46 7
- Einigungstext 47 2
- Einigungsvorschlag 46 7
- Kosten 47 20
- Nachschieben von Gründen 46 19
- Protokoll 46 20
- Spruch 47 4
- Terminbestimmung 46 11
- Verhandlung 46 12

Einrichtung 1 4, 1a 2
- Anhörung und Mitberatung der MAV 1a 14
- Begriff 1a 2
- Dienstgeber 1a 12
- Dienststelle 1a 2
- Genehmigung des Ordinarius 1a 15
- Stilllegung 1a 21
- Trennung 1a 21
- Übernahme 1a 21
- Zusammenlegung 1a 21

Einrichtungsspezifische Regelungen 27b 12
- Antrag 27b 18
- Beschluss 27b 22
- Dienstgeber 27b 29
- MAV 27b 29
- Streitigkeiten 27b 30
- Vermittlungsausschuss 27b 23
- Vermittlungsverfahren 27b 23

Einstellung 34 1, 28
- ABM-Kräfte 34 32
- Abrufkräfte 34 33
- Altersklausel 34 62
- Beschäftigungsansprüche schwerbehinderter Menschen 34 81
- Besonderheit des kirchlichen Dienstes 34 1
- Eingruppierung 34 66
- kirchliches Recht 34 67
- Leiharbeitnehmer 34 13
- Mitteilungspflicht über den zur Einstellung vorgesehenen Bewerber 34 48
- Praktikanten 34 34
- Sozialhilfeempfänger 34 32
- Streitigkeiten 34 79
- Unterrichtungspflicht des Dienstgebers 34 45
- Verlängerung eines befristeten Arbeitsverhältnisses 34 37
- Zivildienstleistende 34 32
- zur Ausbildung 34 34
- Zustimmungsverweigerungsgründe 34 56

Einstweilige Verfügung 47 52
- Anforderungen 47 56
- Antrag eines Beteiligten 47 55
- Beschluss 47 59
- des Kirchlichen Arbeitsgerichts 47 53
- Verfahren 47 53

Elternzeit 7 59

Stichwortverzeichnis

Entgeltschutz 15 55
– Benachteiligungsverbot 18 15
Ersatzmitglieder 13b 1
– MAV 13b 1
– Nachrücken von - 13b 1
– Rechtsstellung 13b 13
– Verhinderung des Nachrückens 13b 5
– Verhinderung eines Mitgliedes der MAV 13b 4
Europäische Union Präambel 61
– Status der Kirchen Präambel 61
Europäisches Recht Präambel 58
– Union Präambel 58
Exkommunikation 43 8

F
Fachhochschulen 54 1
Fachkraft für Arbeitssicherheit 26 98
Fachschulen 54 1
Fahrtkosten, Mitarbeiterversammlung 21 52
Finanzdirektor 2 12
Fort- und Weiterbildung 29 27
Frauenförderung 5 46
Freigestellte Mitglieder der MAV 15 51
– Rechtsstellung 15 49
Freistellung 15 9
– Dauerfreistellungsanspruch 15 25
– Freistellungsstaffel 15 31
– für die Dauer einer Amtsperiode 15 25
– Umfang 15 33
– Verfahren zur Freistellung 15 40
Freizeitausgleich 15 78
– Abgeltung 15 85
– Abgeltungsanspruch 15 78
Fremdfirmenarbeitnehmer 3 54

G
Gehaltslisten 26 56
Geistlicher 3 33
Gemeindereferent, Mitarbeiter 3 31
Gemeinsame Gespräche 39 15
– Dienstgeber 39 16
– MAV 39 16
Gemeinsame Mitarbeitervertretung 22a 1
– Mitarbeiterversammlung 22a 3
– Wahlverfahren 22a 7
Gemeinsame Sitzungen 39 2
– Dienstgeber und MAV 39 4
– Einrichtungspartner 39 2
– Gesamtmitarbeitervertretung 39 10
– Sitzungsniederschrift 39 14
– Sondervertretung 39 10
– Verfahren 39 6
Generalvikar 2 10
Geringfügig Beschäftigte 7 41
Gesamtdienstvereinbarung 38 99
– Umwandlung 38 99
Gesamtmitarbeitervertretung 24 2
– Amtszeit 24 38
– Austritt eines Beteiligten 24 48
– Bildung 24 7
– erweiterte 24 42
– Pflichten 24 37
– Rechte 24 37
– Rechtsstellung 24 24
– Selbstauflösung 24 45
– Zusammensetzung 24 13
– Zuständigkeit 24 30
Geschäftsführung der MAV 14 2
– Sitzungen 14 32
Geschäftsordnung der MAV 14 78
– Beschluss der MAV 14 79
– Wortlaut 14 84
– Zweck 14 78
Gesellschaften mit beschränkter Haftung 1 43
Gesetze Präambel 44 ff.
Gestellungsvertrag Präambel 34, 3.55
Gewerkschaft 38 61
– Zutrittsrecht 17 123
Gleichstellung von Männern und Frauen 5 46
Gliedschaftsrechte, Sakramentenempfang 43 10
– Hinderung an der Ausübung 43 6
– Taufe 43 3
Grundordnung Präambel 1, 19 64 ff.
– für katholische Krankenhäuser Präambel 32, 19 66
– Kündigungsschutz 19 64 ff.

H
Hebung der Arbeitsleistung 29 65
Hineinwachsen in eine andere Vergütungsgruppe 35 28
Hochschulen
– hauptberuflich Lehrender 54 2
– Lehrbeauftragter 54 4
Höhergruppierung 35 25
Homosexuelle Praxis 19 87

I
Informationsanspruch in wirtschaftlichen Angelegenheiten
– unmittelbare Unterrichtung der Beschäftigten 27a 1
– Unterrichtung der MAV 27a 1
Informationsblatt der MAV 17 121
Informationspflicht 27 1
– Änderungen und Ergänzungen des Stellenplanes 27 11
– Behandlung der von der MAV vorgetragenen Anregungen und Beschwerden 27 21
– Betriebsübergang 27 2
– Bewerbungen von schwerbehinderten Menschen und Vermittlungsvorschläge 27 22
– Dienstgemeinschaft 27 1
– Erfüllung der Informationspflicht durch den Dienstgeber 27 29
– gegenseitige Pflicht 27 1

Stichwortverzeichnis

- Outsourcing 27 2
- Personalplanung 27 12
- Rationalisierungsmaßnahmen 27 32
- Sanktionen gegen den Dienstgeber wegen Verstößen 27 33
- Soll- und Ist-Stellenplan 27 19
- Stellenausschreibungen 27 6
- Stellenplan 27 12
- Unterrichtungsanspruch 27 2
- Verzeichnisse gem. § 80 Abs. 2 S. 1 und Anzeige gem. § 80 Abs. 2 S. 1 SGB IX 27 24

Integrationsamt 28a 7
- Integrationsvereinbarung 28a 7

Integrationsvereinbarung 26 86, 28a 6
- Dienstgeber 28a 6
- Inhalt 28a 8
- MAV 28a 6
- Verhandlungen 28a 6
- Vertrauensperson der schwerbehinderten Mitarbeiterinnen und Mitarbeiter 28a 6

Interdikt 43 9
Interessenkollision, Mitglied der MAV 14 65

J

Jahresurlaub 36 41
Jugendliche 48 7

K

KAGO, Kirchenrecht Präambel 70, 40 13 ff., Anh. 1
KAGO-Anpassungsgesetze 40 43
Katholische Nachrichtenagentur 1 69, 78
Kirche Präambel 31
- Arbeitsverhältnisse Präambel 31
- Dienstgemeinschaft Präambel 31
- Kloster 1 86
- Zuordnung 1 83
- Zuordnung einer Einrichtung 1 42

Kirchenaustritt 19 76
Kirchenrecht Präambel 46
- Bischofskonferenzen Präambel 50
- Diözesanbischöfe Präambel 48
- Kirchliche Arbeitsgerichtsordnung (KAGO) Präambel 51, Anh. 1
- Konzil Präambel 47
- MAVO Präambel 64
- Militärbischof Präambel 48
- Papst Präambel 46

Kirchliche Zusatzversorgungskasse 1 78
Kirchlicher Arbeitsgerichtshof 40 19
Kirchliches Arbeitsgericht 40 14, 47 37, Anh. 2
- Antragsbefugnis 45 62
- Besetzung 40 35
- Beteiligtenfähigkeit 45 62
- Beteiligungsbefugnis 45 62
- diözesane Kirchliche Arbeitsgerichte 40 15
- interdiözesane Kirchliche Arbeitsgerichte 40 16
- kirchliche Arbeitsgerichtsbarkeit 40 14
- Kirchlicher Arbeitsgerichtshof 40 19

- Klage gegen den Spruch der Einigungsstelle 47 22
- örtliche Zuständigkeit 40 29
- Rechtsstreitigkeiten 45 25
- Urteil 47 37
- Verfahren 40 39, 47 22
- Zusammensetzung 40 34
- Zuständigkeit 45 25

Kirchliches Gemeinwohl, Begriff 43 14
Kirchliches Gericht 40 8
Kirchliches Selbstbestimmungsrecht 19 55
- Grundordnung 19 64
- Kündigungsschutz 19 64
- Loyalitätsobliegenheiten 19 57
- Personalauswahl 19 62

Klagebefugnis 45 71
Kleiderordnung 29 19
Kleriker 3 33
Klosterbrauerei 1 81
Koalition 38 61
- Dienstvereinbarung 38 61
- Zutrittsrecht zur Einrichtung 38 62

KODA
- KODA-Ordnungen 38 11
- Regional-KODA 38 12

Kommission für Leistungsbeurteilungen 26 117
- Beteiligung der MAV 26 119

Kommission für Personalwesen des Verbandes der Diözesen Deutschlands 25 50
Kommission zur Ordnung des Arbeitsvertragsrechts
- Besetzung 26 143
- Beteiligung der MAV bei Wahl der ~ 26 145
- Wahl der ~ 26 146

Kosten
- Abgrenzung zu Schulungskosten 17 18
- Abtretung an Dritte 17 28
- Änderungen durch letzte Novellierung 17 3
- Anspruch auf Freistellung von Verbindlichkeiten 17 26
- Aufteilung der Kosten unter mehreren Dienstgebern 17 135
- Beauftragung von Bevollmächtigten 17 64 ff.
- Beiziehung sachkundiger Personen 17 53
- Beurteilungsmaßstab 17 14 ff., 61
- Beurteilungszeitpunkt 17 14
- Ersatzansprüche des Dienstgebers 17 29
- Folgen bei Fehlbeurteilung 17 17, 32
- Haftung 17 25, 89
- Höhe der Anwaltskosten 17 57, 80 ff.
- Inhalt der Kostenerstattungspflicht 17 20
- irrtümliche kirchliche Zuordnung 17 10
- Kinderbetreuungskosten 17 90
- Kostentragung bei Insolvenz 17 150
- Leitprinzip der Kostentragung 17 1
- nichtige MAV-Wahl 17 10
- Pauschalierung 17 23
- Rechtsanwalt 17 56, 65 ff.
- Reisekosten 17 34
- Schulungskosten 17 49

Stichwortverzeichnis

- Schwerbehindertenvertretung **17** 8
- soziale Aufmerksamkeiten **17** 15
- Sparsamkeit **17** 31, 60
- Streitigkeiten **17** 137
- Streitwertfeststellung **17** 80
- Umlageverbot **17** 2
- Unfälle von MAV-Mitgliedern **17** 45 ff.
- Veranschlagung im Haushalt **17** 11
- Verhältnismäßigkeit **17** 16
- Verzinsung **17** 30
- Voraussetzung für die Kostentragungspflicht **17** 13
- Vorschuss **17** 21
- Zahlungsanspruch gegen Dienstgeber **17** 27

Krankengespräche 29 21
Krankenhausbetriebsleitung MAV, Besprechungen 39 17
Krankenhäuser Präambel 26
Kündigung 19 5
- mit sozialer Auslauffrist **31** 2

Kündigung aus kirchenspezifischen Gründen 19 69
- Abstufungstheorie **19** 95
- Abtreibung **19** 69
- Distanzierung von der katholischen Kirche **19** 69
- eingetragene Lebenspartnerschaft **19** 69
- gerichtliche Überprüfung **19** 93
- Kirchenaustritt **19** 69
- Kündigungsfälle **19** 74
- ungültige Ehe **19** 69

Kündigungsschutz 19 1, 10, 24
- betriebsbedingte Kündigung **19** 108
- geschützter Personenkreis **19** 10
- Mitglieder des Wahlausschusses **19** 13
- Mitglieder in Gremien der MAVO **19** 1
- Nachwirkender Kündigungsschutz **19** 24
- ordentliche Kündigung **19** 43
- Sprecher der Jugendlichen und der Auszubildenden **19** 22
- Streitigkeiten über die Kündigung **19** 127
- Verhältnis zu anderen Kündigungsschutzvorschriften **19** 123
- Vertrauensperson der schwerbehinderten Menschen **19** 23
- Wahlbewerber **8** 56, **19** 20

L

Laien Präambel 17
- Mitarbeit **Präambel** 17
- Stellung der ~ **Präambel** 18
- Zeugen des Evangeliums **Präambel** 17

Langzeitkonten 27 27
- Unterrichtung über Einrichtung und Inhalte **27** 28

Leiharbeitnehmer 3 61, **34** 13
Letztentscheidungsrecht des Diözesanbischofs 27b 6
Listen-Beisitzer
- aus den Kreisen der Dienstgeber **43** 18
- aus den Kreisen der Mitarbeiter **43** 20
- Berufungsvoraussetzungen **43** 18 ff.
- Einigungsstelle **40** ff.

Lohngleichheit 26 102
Loyalitätsobliegenheiten 19 57
- Europäisches Recht **19** 61
- kirchliches Selbstbestimmungsrecht **19** 57
- Mitgliedschaft in einer kirchenfeindlichen Partei **19** 86
- Werbung für eine andere Glaubensgemeinschaft **19** 85

M

Massenentlassung
- Anzeige an die Agentur für Arbeit **30a** 29
- Arten der Kündigung **30a** 12
- betrieblicher Anwendungsbereich **30a** 7
- Betriebsgröße **30a** 14
- Entlassungsbegriff **30a** 5, 13
- EU-Recht **30a** 4
- Mitwirkungsrechte der MAV **30a** 1
- persönlicher Anwendungsbereich **30a** 10
- Rahmenfrist **30a** 17
- Schwellenwert **30a** 14
- Sinn und Zweck **30a** 6
- Sperrfrist **30a** 39
- Stellungnahme der MAV **30a** 24
- Streitigkeiten **30a** 41
- unterbliebene oder fehlerhafte Anzeige **30a** 40
- unterbliebene oder fehlerhafte Konsultation **30a** 28
- Unterrichtungs- und Beratungspflicht **30a** 20
- Zeitpunkt der Anzeige **30a** 34

MAV-Mitglieder, berufliche Bildung der ~ 18 26
MAVO 1 1
- besondere Ordnungen **1** 69
- Fachhochschulen **1** 74
- Forschungsinstitut **1** 73
- Geltungsbereich **1** 1
- GmbH **1** 71
- In-Kraft-Treten **56** 1
- KAGO-Anpassungsgesetze **56** 2
- Musterordnung **56** 1
- sozial-caritative und erzieherische Einrichtungen **1** 71
- staatliche Rechtsprechung **1** 70
- Stiftung **1** 71
- Wirtschaftsbetriebe **1** 75
- Wohnungsbau-GmbH **1** 72
- zwingendes kirchliches Recht **55** 1
- § 55 als Verbotsgesetz **55** 5

Mehrarbeit 36 29
Mehrheitswahlprinzip 6 25
- Abweichung **6** 25

Meinungsfreiheit 18 5
Militärbischof Präambel 6
missio canonica, Entzug 19 8
Misstrauensvotum 13 36

Stichwortverzeichnis

Mitarbeiter 3 1, 19 97, 26 72
– Angestellter 3 12
– Anlernling 3 35
– Arbeit auf Abruf 3 20
– Arbeiter 3 12
– Arbeitnehmer 3 11
– Arbeitsbeschaffung 3 15
– Ausbildung 3 35
– Aushilfskraft 3 45
– Auszubildender 3 35 f.
– Beamter 3 31
– Begriff 3 5
– Berufspraktikant 3 35
– Beschwerden 26 72
– freier Mitarbeiter 3 58
– freiwilliger Dienst im Rahmen eines freiwilligen ökologischen Jahres 3 48
– Freiwilliger i. S. d. Gesetzes zur Förderung eines freiwilligen sozialen Jahres 3 47
– Geistlicher 3 33
– Gemeindereferenten 3 32
– Gestellungsverträge 3 50
– Heimarbeiter 3 27
– Kleriker 3 33
– Krankenpflegeschüler 3 35
– nichtchristlicher Mitarbeiter 19 103
– nichtkatholische, Getaufte 19 97
– Ordensleute 3 34
– Pastoralreferenten 3 32
– Praktikant 3 35
– Referendar 3 43
– studentische Hilfskraft 3 21
– stufenweise Wiedereingliederung 3 17
– Telearbeit 3 27
– Volontär 3 35
– Vorpraktikant 3 35
– Wehr- oder Zivildienst 3 57
Mitarbeiter in leitender Stellung 2 23, 3 73
– Exemtionsentscheidung 3 73
Mitarbeiterbegriff 3 68
– Ausklammerung 3 68
Mitarbeiterversammlung 10 9
– Alternativen 4 9
– Änderungen 16 2
– Antragsrecht 22 15
– Anwesenheit des Dienstgebers 21 2
– Anwesenheitsliste 22 43
– Anzahl der Versammlungen 21 19
– Arten 4 1, 36, 21 6
– außerordentliche ~ 21 20
– Befugnisse 4 10 f.
– Belegschaftsversammlung 4 7, 35, 21 31
– Beratungsgegenstand 22 4
– Beschlussfähigkeit 22 33
– Dauer 21 45
– Demokratie 4 1
– Durchführung 4 23
– Einberufung 21 7

– Einladung 10 11
– Einladungsfrist 21 8
– Erörterung unzulässiger Themen 22 11
– Fahrtkosten 21 52
– Form der Einladung 21 10
– Gäste 21 5
– gesetzeswidriger Verlauf 21 61
– Hausrecht 21 3, 22 11
– Leiharbeitnehmer 4 16
– Leitung 21 7
– Meinungsfreiheit 22 12
– Misstrauensvotum 4 11, 22 21 ff.
– Mitarbeiter in Altersteilzeit 4 12
– Mitarbeiter in Elternzeit 4 12
– Nicht-Teilnahmeberechtigte 4 15 ff., 21 3 f.
– Nichtöffentlichkeit 4 18, 21 3
– Niederschrift 22 40
– ordentliche ~ 21 7
– Parallelversammlung 4 34
– politische Betätigung 22 5
– Selbstversammlung 4 6
– Sinn und Zweck 4 4
– Streitigkeiten 21 66, 22 45
– Tagesordnung 21 11
– Tätigkeitsbericht 21 13, 22 13
– Tätigkeitsbericht der MAV 22 13
– Teilnahmeberechtigte 4 12
– Teilnahmerecht 4 12
– Teilversammlung 4 26 f.
– Unfallversicherung 21 63
– Unterschriftensammlung 21 24
– Vergütungsanspruch 21 46
– Verschwiegenheitspflicht 4 22, 22 14
– Wahlausschuss 4 2, 10 12
– Wahlversammlung 4 3
– Wegezeiten 21 46
– zeitliche Lage 21 34
Mitarbeitervertreter 19 43
– Amtsenthebung 13c 13 ff.
– Freistellung 15 9 ff.
– Freizeitausgleich 15 64 ff.
– ordentliche Kündigung 19 43
– Rechtsstellung 15 4 ff.
– Schulung 16 13 ff.
– Schutz des Arbeitsentgelts 18 15 ff.
Mitarbeitervertretung 5 6, 18
– Amtsenthebungsverfahren 13 38
– Amtszeit 13 7
– Arten 5 18
– Aufbewahrung der Unterlagen 14 71
– Ausschüsse 14 85
– Begriff 5 1
– Beschlussfähigkeit 14 55
– Beschlussfassung 14 58
– Bildung 1a 1, 6 1
– Dienstbereiche 6 41
– Einberufung 14 2
– Einrichtungen 1a 2

Stichwortverzeichnis

- einrichtungsspezifische Regelungen 27b 12
- Ende der Mitgliedschaft in der MAV 13c 1
- Ersatzmitglieder 6 46
- Frauen 6 44
- gemeinsame 1b 1
- Gruppen 6 42
- Haftung 5 33
- konstituierende Sitzung 14 2
- Männer 6 44
- Niederschrift 14 66
- Rechtsstellung 5 26, 15 3
- reguläre Amtszeit 13 12
- Religion 6 45
- Ruhen der Mitgliedschaft in der MAV 13b 10
- Schriftführer 14 10
- Sitzungen 14 32
- stellvertretender Vorsitzender 14 10
- Vorsitzender 14 1
- Weiterführung der Geschäfte 13a 1
- Weltanschauung 6 45
- Zahl der Mitglieder der MAV 6 8

Mitarbeitervertretungsordnung Präambel 64
- Bildung von Mitarbeitervertretungen Präambel 64
- kirchliche Betriebsverfassung Präambel 1
- Mitwirkung Präambel 64

Mitarbeitervertretungsrecht 5 2
- Grundordnung 5 2

Mitbestimmung 33 1
- Dienstvereinbarung 38 33 ff.
- Mitbestimmungspflichtige Angelegenheiten 33 13
- Verfahren 33 1
- Zustimmungsrecht der MAV 33 1

Mitglieder der Einigungsstelle
- Amtspflichtverletzung 42 10
- Amtszeit 43 24
- aus den Kreisen der Dienstgeber 44 2
- aus den Kreisen der Mitarbeiterinnen und Mitarbeiter 44 3
- Auslagenersatz 42 5
- Berufungsverfahren 44 1
- Berufungsvoraussetzungen 43 2
- Kirchenaustritt 43 4
- Rechtsstellung 42 1
- Rücktrittsrecht 42 11
- Schweigepflicht 42 4
- Zugehörigkeit zur katholischen Kirche 43 2

Mitwirkung der Mitarbeiter Präambel 40

Mobbing 5 47, 26 76

N

Nachwirkender Kündigungsschutz 19 24
- Kündigungsschutz 19 24

Natürliche Personen 1 68
- Kirchenrecht 1 68
- MAVO 1 68

Nebentätigkeit
- Beamte im Kirchendienst 35 72
- Untersagung 35 76

Nichtraucherschutz 36 111

Niederschrift 14 24

O

Offizial 2 13

Öffnungsklausel 38 60
- Arbeitsvertragsordnung 38 60
- Dienstvereinbarung 38 60

Ökumenisch 1 89
- Kirchen 1a 28
- kirchliche Verbände 1a 28
- Zusammenarbeit 1a 28

Orden 1 23
- Apostolatstätigkeit 1 27
- Autonomie 1 26
- MAVO 1 8

Ordensleute 3 103, 34 12

Ordentliche Kündigung 19 43
- abschließende Stellungnahme 30 69 ff.
- Abschrift der Einwendungen 30 104
- Änderungskündigung 30 14, 31, 48, 89, 98
- Angaben zur Person des zu kündigenden Mitarbeiters 30 29
- Anhörungsverfahren 30 25
- Aufhebungsvertrag 30 16
- Beendigung des Anhörungsverfahrens 30 112
- betriebsbedingte Kündigung 30 44
- Darlegungs- und Beweislast 30 117
- Druckkündigung 30 12
- Einwendungsbegründung 30 73
- Fehler im Mitberatungsverfahren 30 110
- Fehler im Verantwortungsbereich der MAV 30 111
- Fehler im Verantwortungsbereich des Dienstgebers 30 107
- Form der Einwendungen 30 65
- freier Mitarbeiter 30 11
- Frist der Einwendungen 30 68
- gemeinsame Sitzung 30 99
- gesetzliche Unwirksamkeitsgründe 30 78
- handlungsfähige MAV 30 17
- Handlungsoptionen der MAV 30 62
- Konkretisierung von Kündigungsgründen 30 51
- krankheitsbedingte Kündigung 30 47
- Kündigungsfrist 30 36
- Kündigungsgründe 30 37
- Kündigungsschutzgesetz 30 83
- Kündigungstermin 30 36
- leitender Angestellter 30 11
- Mitarbeitervertreter 19 43
- Mitwirkungsrechte im Betriebsrätegesetz 1920 30 2
- Mitwirkungsrechte im BetrVG 30 3
- Mitwirkungsrechte im Personalvertretungsrecht 30 4
- Mitwirkungsrechte MVG.EKD 30 8
- Nachschieben von Gründen 30 49, 74

999

Stichwortverzeichnis

- ordnungsgemäße Beschlussfassung 30 61
- personenbedingte Kündigung 30 47
- Probezeitkündigung 30 10, 37
- Schriftform der Anhörung 30 58
- Sonderkündigungsschutz 30 81
- Sozialauswahl 30 84
- Stellungnahme MAV 30 62, 113
- Streitigkeiten 30 130, 30a 42
- subjektive Determination 30 27, 40
- Tatkündigung 30 12
- Umschulung bzw. Fortbildung 30 93
- Unkündbarkeit 30 15
- unvollständige oder unrichtige Unterrichtung 30 27
- Verdachtskündigung 30 12, 46
- verhaltensbedingte Kündigung 30 45
- Verlängerung oder Verkürzung der Anhörungsfrist 30 71
- vor Vertragsantritt 30 12
- Weiterbeschäftigung unter geänderten Vertragsbedingungen 30 97
- Weiterbeschäftigungsanspruch 30 120
- Weiterbeschäftigungsmöglichkeit 30 86
- Zeitpunkt der Anhörung 30 53
- Zweck des Anhörungsverfahrens 30 9

P

Pastoralreferenten 3 32
- Mitarbeiter 3 31

Pausen 36 27
- Dauer und Lage 36 27

Personalabbau 29 73
Personalakten 18 14, 26 58
- Begriff 26 59
- dienstliche Beurteilung 18 14
- Dienstzeugnisse 18 14
- Einsichtsrecht 26 58
- Erwähnung der MAV-Tätigkeit in Beurteilung 18 14

Personalauswahl Präambel 39
Personalbestellung an einen Dritten 18 39
Personalcomputer 17 112
Personalfragebogen 36 61
- Interviews 36 67
- Mitbestimmungsrecht 36 80
- psychologische Tests 36 67
- schriftliche Beurteilungen 36 85
- unzulässige Fragen 36 75
- zulässige Fragen 36 64

Personalführung Präambel 39
Personalgespräch 26 73
Personalgestellung 18 39, 44, 29 53
Personalplanung 26 43, 27 12
Personalprälatur 1 38
Personelle Hilfen, Schreibkraft 17 131
Persönliche Angelegenheiten 35 1
- Mitbestimmungsfälle 35 3
- Streitigkeiten 35 108

- Zustimmungsverweigerung und ihre Gründe 35 98

Persönlichkeitsrecht 26 76
Politische Betätigung, keine MAV-Aufgabe 22 5
Praktikanten 3 37
Pressefreiheit 18 5
Priesteramtskandidaten 3 40
Proprium einer kirchlichen Einrichtung Präambel 39

R

Rahmenordnung Präambel 2
- Muster für eine diözesane MAVO Präambel 2
- Novelle Präambel 2

Rechtsetzungsrecht Präambel 44
Rechtsfragen in Verbindung mit Regelungsfragen 45 58
Rechtsschutz 40 1
Rechtsstellung der Funktionsträger 15 4
Rechtsstreitigkeiten 40 61
- Einzelfälle i. S. v. § 2 Abs. 2 KAGO 45 26

Rechtsträger
- bestellte Leitung 2 19
- Organe 2 14

Referendar 3 111
Regelungsabreden 38 102
Regelungsstreitigkeiten 40 61
Regelungstatbestände im Zusammenwirken mit der Mitarbeitervertretung
- Ausschluss der Zuständigkeit der Einigungsstelle 45 19
- Kirchliches Arbeitsgericht 45 21

Rehabilitation 3 93
Residenzpflicht 35 85
Resozialisierung 3 93
Restmandat
- der MAV 13e 2
- Spaltung 13e 5
- Stilllegung 13e 4
- Zusammenlegung von Einrichtungen 13e 7

Revision
- Nichtzulassung 47 49
- Nichtzulassungsbeschwerde 47 49
- Urteil des Kirchlichen Arbeitsgerichts 47 42

Richter am Kirchlichen Arbeitsgericht
- Ernennung 40 36
- Rechtsstellung 40 36

Rituswechsel 19 79
Rote-Kreuz-Schwestern 3 50
Rückgruppierung 35 37
Rücktritt der MAV 13 31

S

Sabbatical 27 27
Sachliche Hilfen
- Akten 17 126
- Anrufbeantworter 17 103
- Bereitstellung von Räumen 17 92

Stichwortverzeichnis

- Computer **17** 112
- Eigentum **17** 125
- Fachliteratur **17** 107
- Fotokopiergerät **17** 104
- Hausrecht **17** 96
- Homepage MAV **17** 118
- Informationsblätter **17** 121
- Inter- und Intranetzugang **17** 114 ff.
- juristische Datenbanken **17** 119
- Laptop **17** 113
- Leitmotiv **17** 98
- Mobiliar **17** 97
- Mobiltelefon **17** 101
- Postfach **17** 106
- Schwarzes Brett **17** 105
- technische Ausrüstung **17** 97
- Telefax **17** 102
- Telefon **17** 99
- Umfang **17** 91
- Zeitung der MAV **17** 122

Sachliche Zuständigkeit, Kirchliches Arbeitsgericht 40 20
Säkularinstitut 1 23
Schlichtungsstelle 40 43
Schlichtungsverfahrensordnungen 56 3
Schriftführer 14 22
Schulen 54 1
- Landesbedienstete **54** 5

Schülerpraktikanten 34 34
Schulleiter 3 73
Schulung
- Abgeltungsanspruch **16** 54
- Abgrenzung zu Konferenzen **16** 15
- AGG **16** 38
- Anerkennung **16** 86
- Anspruch **16** 1
- Antragstellung **16** 69
- Arbeitsbefreiung **16** 13, 44, 53
- außerhalb der Normalarbeitszeit **16** 47
- Beschlussfassung MAV **16** 66
- Betriebsbezogenheit **16** 36
- Beurteilungsspielraum **16** 22
- Bildungsurlaub **16** 13, 80
- Diözesane Arbeitsgemeinschaft der Mitarbeitervertretungen **16** 102
- einstweilige Verfügung **16** 73
- Erforderlichkeit der vermittelten Kenntnisse **16** 20
- Ersatzansprüche **16** 100
- Ersatzmitglied **16** 8
- Folgen bei unberechtigter Teilnahme **16** 124
- Fortzahlung der Bezüge **16** 46
- freigestellte MAV-Mitglieder **16** 58
- Grundkenntnisse **16** 26
- Inhalt **16** 23
- Klageantrag **16** 139
- KODA-Mitglieder **16** 121
- Kostentragung **16** 74
- Mitglieder des Wahlausschusses **16** 109

- Mobbing **16** 39
- persönlicher Geltungsbereich **16** 4
- schulungsbedürftige Personen **16** 16
- Spezialkenntnisse **16** 33
- Streitigkeiten **16** 101, 125
- teilzeitbeschäftigte MAV-Mitglieder **16** 49 f.
- Unfallschutz **16** 123
- Unfallversicherungsträger **16** 85
- Veranstalter **16** 14
- Wirtschaftskenntnisse **16** 43
- zeitlicher Umfang **16** 59
- Zweck der Schulung **16** 22

Schulungsveranstaltungen 16 1
- Arbeitsbefreiung **16** 13, 44
- geeignete **16** 86
- Sprecher der Jugendlichen und Auszubildenden **16** 4
- Unfallversicherung **16** 123
- Veranstalter **16** 14
- Versagung der Anerkennung **16** 97
- Vertrauensperson der schwerbehinderten Menschen **16** 4

Schutzbestimmungen 18 1
- Abordnung **18** 34
- Begünstigungsverbot **18** 13
- Behinderung, Begriff **18** 2
- Behinderung der MAV **18** 3
- Behinderungsverbot **18** 2
- Benachteiligung **18** 6
- Benachteiligungsverbot **18** 6
- Schutz des Arbeitsentgelts **18** 15
- Schutzgesetz **18** 12
- Umsetzung **18** 35
- Unfallfürsorge für Mitarbeiter nach beamtenrechtlichen Grundsätzen **18** 52
- Versetzung und Abordnung von MAV-Mitgliedern **18** 29
- Weiterbeschäftigung von MAV-Mitgliedern im Anschluss an ihre Berufsausbildung **18** 62

Schwangerschaftsabbruch 19 90
Schweigepflicht
- Adressatenkreis des Schweigegebots **20** 8
- Ausnahmen von der Schweigepflicht **20** 26
- Datenschutz **20** 37
- Folgen der Verletzung des Schweigegebots **20** 33
- Sinn des Schweigegebots **20** 7
- Umfang des Schweigegebots **20** 23

Schwerbehinderte Menschen 28a 2, **29** 87
- Arbeitsaufnahme **28a** 4
- Arbeitsplatzerhaltung **28a** 4
- Beschäftigungspflicht **29** 88
- Ermittlung eines freien Arbeitsplatzes **29** 87
- Förderung **28a** 4
- Pflichtarbeitsplätze **29** 87
- Pflichten zum Schutze des Bestandes des Beschäftigungsverhältnisses **28a** 10
- Prävention bei ernsthaften Schwierigkeiten im Beschäftigungsverhältnis **28a** 10

Stichwortverzeichnis

Schwerbehindertenvertretung 28a 1, 52 1 ff.
– Dienstgeber 28a 2
– Dienststellen 28a 2
– Einrichtungen 28a 2
– Integrationsamt 28a 2
– Mitarbeitervertretungen 28a 3
– Vertrauensperson der schwerbehinderten Menschen 28a 2
– Wahl 28a 2
Selbstbestimmungsrecht Präambel 54
– Ämter Präambel 54
– Kirchen Präambel 54
– Kirchengesetze Präambel 54
– Religionsgemeinschaften Präambel 54
– Staatskirchenrecht Präambel 54
Sicherheitsbeauftragte 26 98
Sitzung der MAV 14 34
– Leitung 14 47
– Nichtöffentlichkeit 14 43
– Niederschrift 14 66
Sonderurlaub 36 41
Sondervertretung 1a 30, 23 1
– Beteiligungsrechte 23 17
– Doppelmandat 23 12
– Mitarbeitervertretung 23 1
– Wahlrecht 23 13
– Zweck 23 2
Sonntagsarbeit 36 25
Sonstige selbständig geführte Stellen 1 4
Sozialhilfe, Mitarbeiter 3 18, 113
Sozialplan 36 116, 38 44
– Abfindungen 38 50 ff.
– Aufstellung eines Sozialplanes 38 47
– Einschränkung der Einrichtung 36 122
– Formelmethode 38 53
– Gestaltungsbedingungen für eine Dienstvereinbarung 38 44
– Härtefonds 38 56
– individuelle Methode 38 53
– Punktwertmethode 38 55
– Schließung der Einrichtung 36 122
– Verlegung der Einrichtung 36 122
– Zusammenlegung von Einrichtungen 36 122
Sprecher der Jugendlichen und Auszubildenden
– Amtszeit 50 1
– Mitberatungsrecht 51 6
– Mitwirkungsrechte 51 1
– Rechte und Pflichten 51 14
– Wahl 48 3, 51 14
Sprechstunden 5 37, 14 75
Spruch der Einigungsstelle 47 7
– Anfechtung 47 14
– finanzielle Deckung 47 12
– Klageantrag 47 24
– Wirkungen 47 11
Stellenausschreibungen 27 6
Stellenbewertung 35 23

Stellenplan 26 43
– Ist-Stellenplan 26 43
– Soll-Stellenplan 26 45
Stellvertretender Vorsitzender der Einigungsstelle, Ernennung 44 5
Stellvertreter des MAV-Vorsitzenden 14 20
Stiftungen 1 63
Streitigkeit aus dem Arbeitsverhältnis
– Schlichtungsausschuss 40 46
– Schlichtungsstelle 40 46
– Zuständigkeit der staatlichen Arbeitsgerichte 40 47
Studenten 3 37, 34 16

T
Tarifverträge 38 5
Tätigkeitsschutz 15 63
Technische Einrichtungen 36 96
– Kontrolle 36 96
– Leistung 36 97
– Überwachung 36 96
– Verhalten der Mitarbeiter 36 97
Telefonanlage 17 100

U
Übergangsmandat der MAV 13d 1
Überstunden 36 29
Übertritt 19 80
Umgruppierung 35 18
– Eingruppierung 35 18
Umsetzung 7 49, 35 55
Unentgeltlich Beschäftigte 3 109
Unfallversicherungsschutz 15 6
Universitäten Präambel 25
Unterlagen
– Abschrift 26 40
– Anfertigung von Fotokopien 26 40
– Begriff Vorlegen 26 35
– Beteiligungsrechte der MAV 26 61
– Datenschutz 26 63
– erforderliche Unterlagen 26 36
– Leistungsklage 26 68
– Mitarbeitervertretung 26 38
– Stellenplan 26 43
– Verletzung der Vorlagepflicht 26 67
– Vorlage 26 33
Unterlagen der MAV
– Eigentümer 14 72
– Sitzungsniederschriften 14 71
– Wahlunterlagen 14 71
Urlaubsplan 36 42
– Richtlinien 36 42
Urlaubsregelung 36 43
– Richtlinien 36 43
Urlaubssperre 36 43

Stichwortverzeichnis

V
Verband der Diözesen Deutschlands Präambel 52, 1 31
Verbände Präambel 69
Vereine 1 47
– Verhältnis zur kirchlichen Autorität 1 56
– Verhältnis zur MAVO 1 58
Vereinfachtes Wahlverfahren 11a 1
– Wahlanfechtung 11c 14
– Wahlversammlung 11a 6
Vereinstypen des kanonischen Rechts 1 49
Verfahren vor dem Kirchlichen Arbeitsgericht 47 26
– Auslagen 47 38
– Gebühren 47 38
– Kosten der Beauftragung eines Verfahrensbevollmächtigten 47 39
Verlag mit angeschlossener Druckerei 1 79
Vermittlungsausschuss, KODA-Ordnungen 40 45
Vermittlungsstelle, Caritas-Werkstätten-Mitwirkungsordnung 40 44
Versammlung der Jugendlichen und der Auszubildenden 49 1
– Einberufung 49 3
Versammlung der schwerbehinderten Menschen 52 19
Versetzung 7 49, 18 33 ff., 29 51, 35 63
– aufnehmende Einrichtung 35 67
Versetzung und Abordnung von MAV-Mitgliedern 18 29
Vertragsfreiheit 26 18
Vertrauensmann der Zivildienstleistenden
– Recht 53 10
– Wahl 53 3
Vertrauensperson der schwerbehinderten Menschen
– Amtsführung 52 4
– Amtszeit 52 2
– Aufgaben 52 11
– Rechtsstellung 52 28
– Wahl 52 2 ff.
– Wahlrecht 52 4
Vertrauensvolle Zusammenarbeit 26 1
– Darstellung der wirtschaftlichen Lage 26 12
– Dienstgeber 26 1
– Gleichbehandlung 26 15
– Grundsätze für die Behandlung der Mitarbeiter 26 13
– Mitarbeitervertretung 26 1
– Mitverantwortung 26 30
– Recht und Billigkeit 26 14
– Seminar Konfliktmanagement 26 9
– Verletzung des Grundsatzes der ~ 26 11
Verwaltungsakt 40 52, 44 20
– Rechtsstreitigkeiten 44 20
Vollstreckung
– Urteil 47 64
– Vergleich 47 64
Vollversammlung des Verbandes der Diözesen Deutschlands Präambel 52

Vorschlagsrecht der MAV 32 1
– Altersteilzeitarbeit 32 21
– Ausgliederung von Arbeit 32 24
– flexible Gestaltung der Arbeitszeit 32 19
– Förderung von Teilzeitarbeit 32 20
– Inhalt 32 7
– Initiativrecht der MAV 32 1
– Katalog 32 3
– neue Formen der Arbeitsorganisation 32 22
– Qualifizierung der Mitarbeiterinnen und Mitarbeiter 32 23
– Regelungen gemäß § 6 Abs. 3 32 17
– Sicherung der Beschäftigung 32 18
– Verfahren 32 25
Vorsitzender der Einigungsstelle
– Ernennung 44 5
– Funktion 41 9
Vorsitzender der MAV 14 16
– Vertrauensentzug 14 28
Vorzeitiges Amtsende, Einigungsstelle 44 12

W
Wahl der MAV 9 1
– Abbruch der Wahl 11 1
– Anfechtung 12 1
– Anfechtungsberechtigung 12 21
– Anfechtungsverfahren 12 23
– Annahme der Wahl 11 17
– Aufbewahrung der Wahlunterlagen 11 20
– Aushang des Wahlergebnisses 11 18
– Briefwahl 11 4
– Durchführung der Wahl 11 1
– einheitlicher Wahltermin 9 7
– Feststellung des Wahlergebnisses 11 11
– Formulare 9 56
– Fristen 9 51
– Kandidatenliste 9 43
– Kosten 9 54, 11 21
– Nichtigkeit 12 5
– vereinfachtes Wahlverfahren 11a 1
– Wahlanfechtungsfrist 11 18
– Wahlausschreiben 9 36
– Wahlausschuss 9 1, 11 1
– Wahlergebnis 11 16
– Wahlkabinen 11 3
– Wahlniederschrift 11 13
– Wahltag 9 5
– Wahlvorschläge 9 36
– Wahlzeitraum 13 7
Wahl des Wahlausschusses 10 15
– Mitarbeiterversammlung 10 15
Wahlanfechtung, Rücktritt 12 42
Wahlausschuss 9 1, 8, 11 22
– Amtszeit 11 24
– Aufgaben 9 29
– Beginn und Ende des Amtes 9 22
– Bestellung 9 9
– Ehrenamt 9 27

Stichwortverzeichnis

- Ersatzmitglieder **9** 20
- Kündigungsschutz **9** 24
- Mitglieder **9** 15
- Rechtsstellung **9** 22
- Rücktritt **9** 22
- Vorsitzender **9** 19
- Wahlanfechtungen **11** 24

Wählbarkeit 8 1
Wahlberechtigung 7 2
Wahlen, Kirchliches Arbeitsgericht 12 56
Wahlergebnis, Berichtigung 12 50
Wählerverzeichnis, Einspruch 9 33
Wahlunterlagen 11 25
Wahlversammlung 11b 1, **11c** 1

- Durchführung der MAV-Wahl **11c** 4
- Einladung **11b** 2
- Form der Einladung **11b** 4
- Frist zur Einladung **11b** 2
- vereinfachtes Wahlverfahren **11a** 6
- Wählerverzeichnis **11b** 5

Wahlvorschläge 9 37
Wehrdienst 7 51
Weltgeistliche 3 102
Werkstätten für behinderte Menschen 3 97

- Werkstattrat **52** 32

Werkstattrat,
 Caritas-Werkstätten-Mitwirkungsordnung 52 33
Werkstudenten 3 41
Werkszeitungen 18 5
Wiederaufnahme in die katholische Kirche 19 82
Wirtschaftliche Angelegenheiten 27a 28

- Allgemeine Informationen **27a** 25
- Änderung der Organisation oder des Zwecks einer Einrichtung **27a** 33
- Ausschuss **27a** 37
- Betriebs- und Geschäftsgeheimnisse **27a** 42
- Dialogpartner des Dienstgebers **27a** 36
- Dienstgeber **27a** 12
- Einrichtungen mit nicht mehr als 50 voll- oder teilzeitbeschäftigten Mitarbeitern **27a** 40
- erforderliche Unterlagen **27a** 35
- fehlende Mitarbeitervertretung **27a** 10
- Finanzierung der Einrichtung **27a** 13
- Informationsgehalt **27a** 4
- Informationspflicht **27a** 12
- Informationsveranstaltung **27a** 40
- Katalog **27a** 28
- Lagebericht **27a** 41
- Mitarbeiterversammlung **27a** 40
- Rahmen der wirtschaftlichen und finanziellen Lage der Einrichtung **27a** 29
- Rationalisierungsvorhaben **27a** 32
- rechtzeitige Information **27a** 19
- Richtlinie 2002/14/EG **27a** 8
- sachkundige Personen **27a** 39
- Streitigkeiten **27a** 45
- unmittelbare Unterrichtung der Beschäftigten **27a** 1
- Unterrichtung der MAV **27a** 1, 19
- Veränderungen und Vorhaben, welche die Interessen der Mitarbeiter der Einrichtung wesentlich berühren können **27a** 34
- von der Informationspflicht ausgenommene Rechtsträger **27a** 26
- Vorlage der erforderlichen Unterlagen **27a** 23

Wirtschaftsbetriebe 1 75
- klösterliche Eigenbetriebe **1** 79

Wissenschaftliche Hochschulen 54 1

Z

Zeitausgleich 15 67
- Mitglied der MAV **15** 68

Zentral-KODA 27b 9, **38** 16
Zeugnis über die Tätigkeit als MAV-Mitglied 15 92
Zielvereinbarungen 27 1
Zivildienst 7 51
Zivildienstleistende 3 112, **7** 56, **53** 1
Zugehörigkeit zur katholischen Kirche
- Gliedschaftsrechte **43** 3
- Mitglieder der Einigungsstelle **43** 2
- Taufe **43** 3

Zusammenlegung von Einrichtungen 13d 9
Zusammenlegung von Pfarreien 13d 10
Zustimmungsrecht der MAV 34 10
- Abordnung von mehr als drei Monaten **35** 55
- Änderung von Beginn und Ende der täglichen Arbeitszeit **36** 17
- Anordnungen, welche die Freiheit der Wahl der Wohnung beschränken **35** 81
- Anstellung **34** 10
- Aufstellung von Beurteilungsrichtlinien **36** 86
- Beförderung **35** 32
- Durchführung der Ausbildung **36** 93
- Einführung und Anwendung technischer Einrichtungen **36** 95
- Eingruppierung von Mitarbeitern **35** 5
- Einstellung **34** 10
- Errichtung, Verwaltung und Auflösung sozialer Einrichtungen **36** 51
- Gestaltung von Bildschirmarbeitsplätzen **36** 112
- Hinausschieben des Eintritts des Ruhestandes wegen Erreichung der Altersgrenze **35** 78
- Höhergruppierung **35** 24
- Inhalt von Personalfragebogen **36** 61
- Maßnahmen zum Ausgleich und zur Milderung von wesentlichen Nachteilen für Mitarbeiter wegen Schließung, Einschränkung, Verlegung oder Zusammenlegung von Einrichtungen oder wesentlichen Teilen davon **36** 116
- Maßnahmen zur Verhütung von Dienst- und Arbeitsunfällen und sonstigen Gesundheitsschädigungen **36** 110
- Nebentätigkeiten **35** 71
- persönliche Angelegenheiten **35** 1
- Planung und Durchführung von Veranstaltungen für Mitarbeiter **36** 46

Stichwortverzeichnis

- Richtlinien für die Gewährung von Unterstützungen, Vorschüssen, Darlehen und entsprechenden sozialen Zuwendungen 36 88
- Richtlinien zur Urlaubsregelung 36 43
- Rückgruppierung 35 37
- Sozialplan 36 116
- Übertragung einer höher oder niedriger zu bewertenden Tätigkeit 35 48
- Untersagung oder Widerruf einer Nebentätigkeitsgenehmigung 35 71
- Urlaubsplan 36 41
- Urlaubssperre 36 45
- Versetzung 35 63
- Weiterbeschäftigung über die Altersgrenze hinaus 35 77

Zustimmungsverfahren 33 16
- Antrag des Dienstgebers auf Zustimmung der MAV 33 20 ff.
- Eilbedürftigkeit 33 32
- Einigungsverhandlung und ihr Abschluss 33 54
- Einwendungen der MAV 33 40
- Streitigkeiten 33 64
- Unterrichtung der MAV von der beabsichtigten Maßnahme 33 20
- Verfahren in Eilfällen 33 57
- Wochenfrist für die Erhebung von Einwendungen 33 26
- Zustimmung im Voraus 33 22

Zustimmungsverweigerungsgründe 34 56, 35 98

Zuweisung 18 44
- an einen Dritten 18 39